Lexikon Arbeitsrecht 2013

Die wichtigen Praxisthemen

von A wie Abmahnung bis Z wie Ze

von

Henning Rabe v. Pappenheim, Rechtsanwalt, Regensburg (Hrsg.)

Gabriel Berger, Rechtsanwalt, Südwestmetall, Stuttgart

Anke Dodt, Rechtsassessorin, Südwestmetall, Stuttgart

Juliane Gengenbach, Rechtsanwältin, Südwestmetall, Stuttgart

Dr. Gerrit Hempelmann, Fachanwalt für Arbeitsrecht, München

Michael H. Korinth, Richter am Arbeitsgericht, Berlin

Mechthild Pathe, Abteilungsdirektorin,
Deutsche Rentenversicherung Bund, Berlin

Dirk Pollert, Rechtsanwalt, Stellvertretender Hauptgeschäftsführer
des Verbands der Bayerischen Metall- und Elektroindustrie e. V., München

Gundula Roßbach, Erste Direktorin,
Deutsche Rentenversicherung
Berlin-Brandenburg

13. Auflage

Rechtsstand: 1. Januar 2013

Bibliografische Informationen Der Deutschen Nationalbibliothek

Die Deutsche Nationalbibliothek verzeichnet diese Publikation in der
Deutschen Nationalbibliografie; detaillierte bibliografische Daten sind
im Internet über http://dnb.d-nb.de abrufbar.

ISBN 978-3-8073-0235-5

Verlagsgruppe Hüthig Jehle Rehm GmbH
Heidelberg/München/Landsberg/Frechen/Hamburg

Satz: Reemers Publishing Services GmbH, Krefeld
Druck: CPI Clausen & Bosse, Leck

Vorwort

Das Arbeitsrecht ist das notwendige Handwerkszeug für jeden, der Personalmaßnahmen vorzubereiten, beratend zu begleiten oder durchzuführen hat. Dieser Personenkreis, an den sich das vorliegende Lexikon in erster Linie richtet, hat es jedoch nicht leicht, einen umfassenden Überblick über die zu beachtenden Vorschriften zu bekommen und vor allem zu behalten: Die einschlägigen Regeln verstecken sich in einer Vielzahl von Einzelgesetzen und richterlichen Entscheidungen. Deren Umfang und schwer verständlicher Wortlaut schaffen zusätzliche Schwierigkeiten im praktischen Umgang mit den sich dauernd verändernden Vorschriften.

Das „Lexikon Arbeitsrecht" soll hier Abhilfe schaffen durch die aktuelle und alphabetisch geordnete Darstellung aller relevanten Problemkreise des Arbeitsrechts. Bei der Bearbeitung der einzelnen Schlagworte wurde besonders Wert auf die Übersichtlichkeit und Verständlichkeit der Ausführungen gelegt. In praxisbezogener Weise soll auch der nicht juristisch ausgebildete Leser auf die zur Verfügung stehenden Möglichkeiten, aber auch auf Risiken und Fallen aufmerksam gemacht werden.

Durch die jedem Schlagwort vorangestellte Gliederung und das ausführliche Stichwortverzeichnis erhält der Leser schnellen Zugriff auf die benötigten Informationen. Auf juristische Fachsprache wird so weit wie möglich verzichtet. Besonders wichtige Aspekte und praxisrelevante Tipps werden optisch herausgestellt. Konkrete Beispiele dienen zusätzlich der Klarheit. Muster und Check-Listen sind dazu gedacht, dem Leser die Umsetzung der erforderlichen Maßnahmen in die betriebliche Praxis zu erleichtern.

Im Internet stehen Ihnen die Musterschreiben kostenfrei zur Verfügung.

Folgen Sie dem **quicklink** und Sie können sofort auf Ihre Arbeitshilfen zugreifen.

Qlink-Code:
Q02355

Geben Sie den Qlink-Code auf **http://www.rehmnetz.de** in das Sucheingabefeld rechts oben („Suchbegriff eingeben") ein, um die Seite aufzurufen.

Dort können Sie dann bequem Ihre Arbeitshilfen downloaden.

Das Autorenteam setzt sich aus praxiserfahrenen Spezialisten verschiedener arbeits- und sozialrechtlicher Betätigungsfelder zusammen. Jeder Autor hat die in seinem Fachbereich gewonnenen Erfahrungen und Erkenntnisse mit der Maßgabe in das Lexikon eingebracht, dem Leser die Materie verständlich zu machen und so viele Hinweise und Empfehlungen wie irgendmöglich weiterzugeben.

Der wesentliche Zweck des Lexikons ist die praxisnahe Unterstützung des Lesers bei der Klärung arbeitsrechtlicher Fragen und der Umsetzung von Personalmaßnahmen. Dennoch können die Ausführungen selbstverständlich eine im Einzelfall eventuell erforderliche anwaltliche Beratung nicht ersetzen. Gerade bei schwierigeren Personalmaßnahmen, die über die alltäglichen Anforderungen und Risiken hinausgehen, wird daher empfohlen, möglichst frühzeitig einen fachkundigen Berater hinzuzuziehen.

Für Anregungen und Verbesserungsvorschläge unserer Leser sind wir jederzeit dankbar. Um uns die Bearbeitung Ihrer Anfragen und Hinweise zu erleichtern, möchten wir Sie darum bitten, uns diese per E-Mail (gisela.scholz@hjr-verlag.de) an den Verlag zu schicken oder per E-Mail an den Herausgeber (hrvp@rvp-law.com) zu übermitteln.

Regensburg, im Dezember 2012

Henning Rabe v. Pappenheim
– Herausgeber –

Inhaltsverzeichnis

	Seite
Abmahnung	1
Altersteilzeit	6
Änderungskündigung	10
Anfechtung	15
Anwesenheitsprämie	17
Arbeitgeberdarlehen	19
Arbeitnehmererfindung	20
Arbeitnehmerüberlassung	24
Arbeitsgerichtsverfahren	28
Arbeitspflicht	31
Arbeitsschutz	33
Arbeitsunfähigkeit	35
Arbeitsunfall	39
Arbeitsvertrag	43
Arbeitszeit	57
Aufbewahrungs- und Aufzeichnungspflichten	61
Aufhebungsvertrag	62
Ausländische Arbeitnehmer	73
Ausschlussfrist	76
Aussperrung	77
Beendigung des Arbeitsverhältnisses	78
Befristetes Arbeitsverhältnis	78
Bereitschaftsdienst	86
Berufsausbildungsverhältnis	88
Beschwerde	90
Betriebliche Altersversorgung	92
Betriebliche Mitbestimmung	97
Betriebliche Übung	106
Betriebliches Eingliederungsmanagement	108
Betriebsänderung	110
Betriebsbuße	115
Betriebsprüfung	117
Betriebsrat	119
Betriebsübergang	142
Betriebsvereinbarung	148
Betriebsversammlung	155
Datenschutz	160
Dienstreise	164
Dienstwagen	167
Direktionsrecht	172
Einigungsstelle	177
Einstellung	183
Elternzeit	188
Entgeltfortzahlung	195
Erwerbsminderung	204
Familienpflegezeit	206
Feiertage	208
Fürsorgepflicht	211

	Seite
Gehaltserhöhung	213
Gewinnbeteiligung	215
Gleichbehandlung	217
Gratifikation	226
Haftung des Arbeitgebers	230
Haftung des Arbeitnehmers	233
Heimarbeit	237
Insolvenz	239
Internet und Telekommunikation	243
Jugend- und Auszubildendenvertretung	249
Kündigung	253
Kündigungsschutz	277
Kurzarbeit	306
Lohnabtretung	308
Lohnpfändung	310
Mehrarbeit	326
Mobbing	330
Mutterschutz	332
Nachweisgesetz	340
Nebentätigkeit	342
Personalakte	344
Pflegezeit	345
Politische Betätigung	349
Praktikanten	350
Provision	351
Rauchverbot	355
Rufbereitschaft	357
Scheinselbstständigkeit	357
Schwarzarbeit	361
Schwerbehinderte Menschen	363
Selbstständige mit einem Auftraggeber	372
Sexuelle Belästigung	374
Streik	375
Tarifvertrag	378
Teilzeitarbeit	382
Telearbeit	394
Unfallverhütung	395
Urheberrechte im Arbeitsverhältnis	397
Urlaub	400
Vergütung	411
Verschwiegenheitspflicht	420
Wehr- und Bundesfreiwilligendienst	422
Weiterbildung	423
Werkwohnung	425
Wettbewerbsverbot	427
Zeugnis	434
Zielvereinbarung	441

Abkürzungsverzeichnis

Abs.	Absatz
a. E.	am Ende
AFG	Arbeitsförderungsgesetz
AGG	Allgemeines Gleichbehandlungsgesetz
ArbG	Arbeitsgericht
ArbGG	Arbeitsgerichtsgesetz
ArbNErfG	Arbeitnehmererfindungsgesetz
ArbPlSchG	Gesetz über den Schutz des Arbeitsplatzes bei Einberufung zum Wehrdienst (Arbeitsplatzschutzgesetz)
ASiG	Gesetz über Betriebsärzte, Sicherheitsingenieure und andere Fachkräfte für Arbeitssicherheit (Arbeitssicherheitsgesetz)
ArbStättVO	Arbeitsstättenverordnung
ArbZG	Arbeitszeitgesetz
AltTZG	Altersteilzeitgesetz
AU-Bescheinigung	Arbeitsunfähigkeitsbescheinigung
AÜG	Arbeitnehmerüberlassungsgesetz
Az.	Aktenzeichen
BAG	Bundesarbeitsgericht
BB	Betriebsberater (Zeitschrift)
BBiG	Berufsbildungsgesetz
BErzGG	Bundeserziehungsgeldgesetz
BeschFG	Beschäftigungsförderungsgesetz
BetrAVG	Gesetz zur Verbesserung der betrieblichen Altersversorgung
BetrVG	Betriebsverfassungsgesetz
BfA	Bundesversicherungsanstalt für Angestellte
BEEG	Bundeselterngeld- und Elternzeitgesetz
BGB	Bürgerliches Gesetzbuch
BGBl.	Bundesgesetzblatt
BGH	Bundesgerichtshof
BMA	Bundesministerium für Arbeit und Sozialordnung
BPersVG	Bundespersonalvertretungsgesetz
BSG	Bundessozialgericht
BSGE	Entscheidungen des Bundessozialgerichts
BSchG	Beschäftigtenschutzgesetz
BUrlG	Bundesurlaubsgesetz
BVerfG	Bundesverfassungsgericht
DB	Der Betrieb (Zeitschrift)
d. h.	das heißt
ders.	derselbe

DEÜV	Datenerfassungs- und -übermittlungsverordnung
EBRG	Europäisches Betriebsräte-Gesetz
EFZG	Entgeltfortzahlungsgesetz
EU	Europäische Union
f., ff.	folgende
FPfZG	Familienpflegezeitgesetz
gem.	gemäß
GewO	Gewerbeordnung
GG	Grundgesetz
ggf.	gegebenenfalls
GmbH	Gesellschaft mit beschränkter Haftung
HAG	Heimarbeitsgesetz
HandwO	Handwerksordnung
HGB	Handelsgesetzbuch
i. d. R.	in der Regel
i. S. d./v.	im Sinne des/von
i. V. m.	in Verbindung mit
JArbSchG	Jugendarbeitsschutzgesetz
KSchG	Kündigungsschutzgesetz
LadschlG	Gesetz über den Ladenschluss
LAG	Landesarbeitsgericht
LAGE	Entscheidungen der Landesarbeitsgerichte
LFZG	Lohnfortzahlungsgesetz
LG	Landgericht
LSG	Landessozialgericht
LVA	Landesversicherungsanstalt
MHRG	Gesetz zur Regelung der Miethöhe
MitbestG	Mitbestimmungsgesetz
MTV	Manteltarifvertrag
MuSchG	Mutterschutzgesetz
MuSchV	Mutterschutzverordnung
NachweisG	Nachweisgesetz
n. F.	neue Fassung
Nr.	Nummer
n. rkr.	nicht rechtkräftig
NZA	Neue Zeitschrift für Arbeitsrecht
NZA-RR	NZA-Rechtsprechungsreport
OWiG	Gesetz über Ordnungswidrigkeiten
RVO	Reichsversicherungsordnung
SachBezVO	Sachbezugsverordnung
SchwArbG	Gesetz zur Bekämpfung der Schwarzarbeit

SchwbG	Schwerbehindertengesetz
S.	Seite
SG	Sozialgericht
SGB	Sozialgesetzbuch
SGG	Sozialgerichtsgesetz
s. o./u.	siehe oben/unten
SprAuG	Gesetz über Sprecherausschüsse der leitenden Angestellten (Sprecherausschussgesetz)
StGB	Strafgesetzbuch
TV	Tarifvertrag
TVG	Tarifvertragsgesetz
TzBfG	Teilzeit- und Befristungsgesetz
u. a.	unter anderem

UrhG	Urheberrechtsgesetz
UWG	Gesetz gegen den unlauteren Wettbewerb
VDR	Verband Deutscher Rentenversicherungsträger
vgl.	vergleiche
VO	Verordnung
WahlO	Erste Verordnung zur Durchführung des Betriebsverfassungsgesetzes (Wahlordnung zum Betriebsverfassungsgesetz)
WpflG	Wehrpflichtgesetz
z. B.	zum Beispiel
ZDG	Zivildienstgesetz
ZPO	Zivilprozessordnung

Bearbeiterverzeichnis

Das Lexikon Arbeitsrecht wurde begründet von

Henning Rabe von Pappenheim (Herausgeber)
Rechtsanwalt, Regensburg

Dr. Gerrit Hempelmann,
Fachanwalt für Arbeitsrecht, München

Michael H. Korinth,
Richter am Arbeitsgericht, Berlin

Mechthild Pathe,
Abteilungsdirektorin, Berlin

Dirk Pollert,
Rechtsanwalt, München

Gundula Roßbach,
Erste Direktorin, Berlin-Brandenburg

Rolf Stein,
Rechtsanwalt, London

Aktuell wird das Lexikon Arbeitsrecht bearbeitet von

Gabriel Berger, Rechtsanwalt, Südwestmetall Stuttgart Abt. Arbeitsrecht und Soziale Sicherung	Betriebsübergang, Einstellung, Sexuelle Belästigung, Verschwiegenheitspflicht
Anke Dodt, Rechtsassessorin, Südwestmetall Stuttgart Abt. Arbeitsrecht und Soziale Sicherung	Gleichbehandlung, Nachweisgesetz, Wehr- und Zivildienst
Juliane Gengenbach, Rechtsanwältin, Südwestmetall Stuttgart Abt. Arbeitsrecht und Soziale Sicherung	Anfechtung, Arbeitsvertrag, Ausschlussfrist
Dr. Gerrit Hempelmann, Fachanwalt für Arbeitsrecht, München	Anwesenheitsprämie, Arbeitgeberdarlehen, Bereitschaftsdienst, Beschwerde, Betriebliche Mitbestimmung, Betriebsbuße, Betriebsrat, Betriebsvereinbarung, Betriebsversammlung, Dienstreise, Einigungsstelle, Gehaltserhöhung, Gewinnbeteiligung, Gratifikation, Insolvenz, Jugend- und Auszubildendenvertretung, Kurzarbeit, Lohnabtretung, Lohnpfändung, Provision, Vergütung, Werkwohnung
Michael H. Korinth, Richter am Arbeitsgericht, Berlin	Arbeitsgerichtsverfahren, Arbeitspflicht, Arbeitsunfähigkeit, Arbeitszeit, Aussperrung, Betriebliche Altersversorgung, Betriebliche Übung, Elternzeit/Erziehungsurlaub, Entgeltfortzahlung, Familienpflegezeit, Feiertage, Fürsorgepflicht, Haftung des Arbeitgebers, Haftung des Arbeitnehmers, Heimarbeit, Mehrarbeit, Mutterschutz, Nebentätigkeit, Politische Betätigung, Schwerbehinderte Menschen, Streik, Tarifvertrag, Teilzeitarbeit, Urlaub
Mechthild Pathe, Abteilungsdirektorin, Deutsche Rentenversicherung Bund, Berlin	Altersteilzeit, Aufhebungsvertrag, Betriebliche Altersversorgung, Betriebliches Eingliederungsmanagement, Betriebsprüfung, Erwerbsminderung, Insolvenz, Kurzarbeit, Scheinselbstständigkeit, Schwarzarbeit, Selbstständige mit einem Auftraggeber, Wettbewerbsverbot
Dirk Pollert, Rechtsanwalt, Stellvertretender Hauptgeschäftsführer des Verbands der Bayerischen Metall- und Elektroindustrie e. V., München	Altersteilzeit, Arbeitnehmerüberlassung, Arbeitsschutz, Arbeitsunfall, Aufbewahrungsfristen, Ausländische Arbeitnehmer, Berufsausbildungsverhältnis, Datenschutz, Personalakte, Pflegezeit, Praktikanten, Rauchverbot, Rufbereitschaft, Telearbeit, Unfallverhütung, Weiterbildung, Zielvereinbarung
Henning Rabe von Pappenheim, Rechtsanwalt, Regensburg	Abmahnung, Änderungskündigung, Arbeitnehmererfindung, Aufhebungsvertrag, Beendigung des Arbeitsverhältnisses, Befristetes Arbeitsverhältnis, Betriebsänderung, Dienstwagen, Direktionsrecht, Internet/Telekommunikation, Kündigung, Kündigungsschutz, Mobbing, Schwarzarbeit, Urheberrechte im Arbeitsverhältnis, Wettbewerbsverbot, Zeugnis
Gundula Roßbach, Erste Direktorin, Deutsche Rentenversicherung Berlin-Brandenburg	Altersteilzeit, Aufhebungsvertrag, Betriebliche Altersversorgung, Betriebliches Eingliederungsmanagement, Betriebsprüfung, Erwerbsminderung, Insolvenz, Kurzarbeit, Scheinselbstständigkeit, Schwarzarbeit, Selbstständige mit einem Auftraggeber, Wettbewerbsverbot

Abmahnung

I.   Begriff und Abgrenzung

II.   Abmahnungsgegenstand
   1. Störungen im Leistungsbereich
   2. Störungen im Betriebsbereich
   3. Störungen im Vertrauensbereich
   4. Außerdienstliches Verhalten

III.   Funktionen und notwendiger Inhalt der Abmahnung
   1. Hinweisfunktion
   2. Warn- und Androhungsfunktion
   3. Dokumentationsfunktion

IV.   Die Abmahnung als Kündigungsvoraussetzung
   1. Angemessenheit einer Kündigung (Grundsatz)
   2. Notwendigkeit einer Abmahnung
   3. Entbehrlichkeit einer Abmahnung

V.   Wirksamkeitsvoraussetzungen
   1. Bestimmtheit
   2. Form
   3. Frist
   4. Abmahnungsberechtigte Person
   5. Anhörungs- und Mitbestimmungspflichten
   6. Kenntnisnahme durch den Arbeitnehmer

VI.   Mehrere Pflichtverstöße (Sammelabmahnung)

VII.   Folgen der Abmahnung
   1. Verwirkung des Kündigungsrechts
   2. Neuer Pflichtverstoß

VIII. Reaktionsmöglichkeiten des Arbeitnehmers
   1. Entfernung der Abmahnung aus der Personalakte
      1.1 Unberechtigte Abmahnung
      1.2 Berechtigte Abmahnung
   2. Beschwerde beim Betriebsrat
   3. Gegenerklärungsrecht/Äußerungsrechte
   4. Bestreiten im Kündigungsschutzprozess

IX.   Checkliste Abmahnung
   I.   Sachverhaltsaufklärung
   II. Rechtliche Vorüberlegungen
   III. Formulierung der Abmahnung
   IV. Sonstiges

X.   Muster: Abmahnung

I. Begriff und Abgrenzung

Die Abmahnung dient dem Arbeitgeber dazu, dem Arbeitnehmer die Pflichtwidrigkeit eines bestimmten Verhaltens vor Augen zu führen und ihn – unter Androhung möglicher Rechtsfolgen für die Zukunft – zu einer Verhaltensänderung zu veranlassen.

Eine Abmahnung kommt immer dann in Betracht, wenn eine unmittelbare Sanktion des pflichtwidrigen Verhaltens unange-

messen wäre, weil dem Arbeitnehmer zunächst Gelegenheit zur Besserung seines Verhaltens eingeräumt werden soll.

Im Gegensatz zu einer bloßen **Ermahnung,** mit der der Arbeitgeber lediglich auf eine Pflichtverletzung hinweist, gehört zur Abmahnung also die Androhung von Rechtsfolgen (→ *Kündigung*) für die Zukunft.

Besteht im Betrieb eines Arbeitgebers eine rechtswirksame Bußenordnung und enthält die Abmahnung eine über den Warnzweck hinausgehende Sanktion (Verwarnung, Verweisung oder Geldbuße), ist sie als mitbestimmungspflichtige → *Betriebsbuße* anzusehen.

Die Abmahnung ist schließlich von der Vertragsstrafe abzugrenzen, die für den Fall vereinbart wird, dass der andere Vertragspartner seine Verpflichtungen aus dem Arbeitsverhältnis nicht oder nicht richtig erfüllt. Die Vertragsstrafe dient ausschließlich zur Sicherung von Schadensersatzansprüchen des anderen Vertragsteils.

II. Abmahnungsgegenstand

Der Abmahnungsgegenstand kann sich aus unterschiedlichen Bereichen der arbeitsvertraglichen Beziehungen ergeben. Nicht immer wird sich das abmahnungsgegenständliche Verhalten eindeutig einem bestimmten Bereich zuordnen lassen. Bei Überschneidungen ist darauf abzustellen, in welchem Bereich die Störung besonders einschneidend ist.

1. Störungen im Leistungsbereich

Abgemahnt werden kann bei Störungen im Leistungsbereich, also bei Verletzungen der → *Arbeitspflicht*. Hierzu gehören vor allem Mängel, die aus dem steuerbaren (Fehl-)Verhalten des Arbeitnehmers herrühren.

Beispiele:
> Unentschuldigtes Fehlen im Anschluss an den Urlaub; wiederholte Unpünktlichkeit; unerlaubtes Verlassen des Arbeitsplatzes; Missachten von Arbeitsanweisungen; unkollegiales Verhalten; ausländerfeindliche Äußerungen; Alkoholisierung am Arbeitsplatz.

Die Störungen im Leistungsbereich können jedoch auch personenbedingte Ursachen haben.

Beispiele:
> Mangelhafte Führungsqualifikation; unterdurchschnittliche Arbeitsleistung.

Auch ist es für eine Abmahnung nicht immer erforderlich, dass den Arbeitnehmer ein Verschulden an der Störung trifft.

Beispiel:
> Wer mit einem Firmenfahrzeug einen Unfall verursacht und dabei Schaden anrichtet, muss eine Abmahnung hinnehmen, auch wenn ihm kein persönlicher Schuldvorwurf gemacht werden kann (LAG Rheinland-Pfalz v. 9.2.2004, Az. 7 Sa 1201/03).

2. Störungen im Betriebsbereich

Ferner können Störungen im Bereich der betrieblichen Ordnung Gegenstand einer Abmahnung sein. Gemeint sind hierbei Störungen des technischen Arbeitsablaufes oder der betrieblichen Organisation sowie der Zusammenarbeit zwischen einzelnen Arbeitnehmern oder im Verhältnis zu Vorgesetzten.

Beispiele:
> Politische Meinungsäußerungen; parteipolitische Betätigung im Betrieb; Verweigerung der Arbeit aus Gewissensgründen; Teilnahme an politischen Demonstrationen; Verstoß gegen betriebliche Rauch- und Alkoholverbote; Verletzung von Arbeitsschutzvorschriften; Verstöße gegen die Autorität von Vorgesetzten; Beleidigungen und/oder Tätlichkeiten gegenüber Mitarbeitern/Vorgesetzten; sexuelle Belästigung.

3. Störungen im Vertrauensbereich

Auch Störungen im Vertrauensbereich können abgemahnt werden. Hierunter versteht man solche Handlungen des Arbeitnehmers, die das für das Arbeitsverhältnis notwendige Vertrauensverhältnis der Arbeitsvertragsparteien berühren.

Beispiele:

> Unerlaubte Handlungen wie Diebstähle; Unterschlagungen; Untreue; Betrug; Tätlichkeiten oder grobe Beleidigungen von Vorgesetzten und Arbeitskollegen; Verrat von Betriebsgeheimnissen; Erstellung unrichtiger Arbeitsberichte; Missbrauch des Diensttelefons; falsche Inventuren; Fälschung einer Arbeitsunfähigkeitsbescheinigung.

4. Außerdienstliches Verhalten

Mit einer Abmahnung kann grundsätzlich nur eine dienstliche Pflichtverletzung gerügt werden, so dass das außerdienstliche Verhalten des Arbeitnehmers nur in besonderen Ausnahmefällen Gegenstand einer Abmahnung sein kann. Voraussetzung hierfür ist, dass sich das außerdienstliche Verhalten unmittelbar auf das Arbeits- und/oder Vertrauensverhältnis auswirkt (z. B. bei einer unerlaubten Nebentätigkeit).

 WICHTIG!

Den früher geltenden Grundsatz, dass hinsichtlich der Erforderlichkeit einer Abmahnung vor Ausspruch einer Kündigung nach den einzelnen Bereichen zu unterscheiden ist, hat die Rechtsprechung zwischenzeitlich aufgegeben. Es hat insoweit immer eine Prüfung im Einzelfall – unabhängig von dem betroffenen Bereich – stattzufinden (Näheres hierzu s.u. IV).

III. Funktionen und notwendiger Inhalt der Abmahnung

Der notwendige Inhalt einer Abmahnung ergibt sich aus ihren Funktionen:

1. Hinweisfunktion

Mit der Abmahnung soll der Arbeitnehmer auf die Pflichtwidrigkeit seines Verhaltens hingewiesen werden. Das beanstandete Verhalten ist dabei präzise zu bezeichnen, wobei eine genaue Zeit- und ggf. Ortsangabe zwingend ist.

▷ **Formulierungsbeispiel:**

„Nach der am 13.3. .... vorgelegten Arbeitsunfähigkeitsbescheinigung vom 5.3. .... waren Sie in der Zeit vom 5.3. .... bis zum 11.3. .... arbeitsunfähig erkrankt. Die Arbeitsunfähigkeit wurde uns erst am 13.3. .... mitgeteilt. Durch die verspätete Mitteilung haben Sie gegen Ihre in § 5 Abs. 1 EFZG normierte Anzeigepflicht verstoßen, wonach dem Arbeitgeber die Arbeitsunfähigkeit und deren voraussichtliche Dauer unverzüglich mitzuteilen ist. Hierdurch haben Sie Ihre Pflichten aus dem Arbeitsvertrag verletzt."

2. Warn- und Androhungsfunktion

Die wichtigste Funktion der Abmahnung ist die Warn- und Androhungsfunktion. Dem Arbeitnehmer soll eindringlich vor Augen geführt werden, dass der Arbeitgeber nicht mehr bereit ist, ein bestimmtes (vertragswidriges) Verhalten hinzunehmen und im Fortsetzungsfall Konsequenzen ziehen wird. Der Warnzweck erfordert also, dass die Warnung eindeutig und bestimmt erfolgt; dies kann durchaus in höflicher Form geschehen.

Dem Androhungszweck einer Abmahnung wird dann genügt, wenn für den Wiederholungsfall die Beendigung des Arbeitsverhältnisses angedroht wird. Auch dies kann in höflicher Form geschehen.

▷ **Formulierungsbeispiel:**

„Wir weisen Sie darauf hin, dass im Wiederholungsfall der Bestand des Arbeitsverhältnisses gefährdet wird." Oder „Im Wiederholungsfalle sehen wir uns zu unserem großen Bedauern gezwungen, das Arbeitsverhältnis mit Ihnen zu beenden."

Selbstverständlich kann der Arbeitgeber auch eine allgemeine Androhung von Sanktionen aussprechen, zu denen neben der ordentlichen und außerordentlichen → *Kündigung* auch die → *Änderungskündigung* oder eine Versetzung zählen können. Die Androhung bestimmter kündigungsrechtlicher Maßnahmen ist nicht erforderlich.

▷ **Formulierungsbeispiel:**

„Im Wiederholungsfall müssen Sie mit arbeitsrechtlichen Sanktionen bis hin zur ordentlichen oder außerordentlichen Kündigung rechnen."

▷ **ACHTUNG!**

Die Warnfunktion einer Abmahnung kann erheblich dadurch abgeschwächt werden, dass der Arbeitgeber bei ständig neuen Pflichtverletzungen des Arbeitnehmers stets nur mit einer Kündigung droht, ohne jemals arbeitsrechtliche Konsequenzen folgen zu lassen. In diesen Fällen muss er die letzte Abmahnung vor Ausspruch der Kündigung besonders eindringlich gestalten („letztmalige Abmahnung", scharfes Abmahnungsgespräch etc.) (BAG v. 15.11.2001, Az. 2 AZR 609/00).

Fehlt eine Androhung arbeitsrechtlicher Konsequenzen, handelt es sich lediglich um eine Ermahnung, die als Voraussetzung für eine Kündigung grundsätzlich nicht ausreicht.

3. Dokumentationsfunktion

Schließlich hat die Abmahnung auch eine Dokumentationsfunktion. Der Pflichtverstoß und die darauf begründete vertragliche Rüge sollen dokumentiert werden. Unbeschadet etwaiger Formvorschriften sollte der Arbeitgeber die Abmahnung schon aus diesem Grund schriftlich erteilen und sie dann zur Personalakte nehmen.

IV. Die Abmahnung als Kündigungsvoraussetzung

1. Angemessenheit einer Kündigung (Grundsatz)

Die → *Kündigung* kommt regelmäßig nur dann in Betracht, wenn kein milderes Mittel zur Verfügung steht (Ultima-Ratio-Prinzip). Vor der Aussprache einer Kündigung ist daher regelmäßig zu prüfen, ob der gewünschte Erfolg nicht auch mit milderen Mitteln erreicht werden kann.

In jedem Einzelfall ist anhand der konkreten Umstände (wie Schwere und Bedeutung der Pflichtwidrigkeit, sonstiges Verhalten des Arbeitnehmers, Dauer der Betriebszugehörigkeit etc.) zu überprüfen, ob die Abmahnung als geeignetes Reaktionsmittel in Betracht kommt und verhältnismäßig erscheint.

2. Notwendigkeit einer Abmahnung

Vor Ausspruch einer verhaltensbedingten Kündigung wird der Arbeitgeber daher in aller Regel versuchen müssen, den Arbeitnehmer durch eine Abmahnung zu einem vertragsgerechten Verhalten zu veranlassen. Vor einer außerordentlichen Kündigung gilt dies unabhängig davon, ob das Kündigungsschutzgesetz anwendbar ist. Auch bei einer ordentlichen verhaltensbedingten Kündigung gilt, dass Pflichtwidrigkeiten zunächst im Wege der Abmahnung zu rügen bzw. zu ahnden sind. Erst im Wiederholungsfalle darf wegen solcher Verstöße eine Kündigung ausgesprochen werden.

Spricht der Arbeitgeber wegen einer bestimmten Vertragspflichtverletzung eine Abmahnung aus, so kann er wegen des darin gerügten Verhaltens des Arbeitnehmers (also dieses konkreten Vorfalls) das Arbeitsverhältnis nicht mehr – außerordentlich oder ordentlich – kündigen. Treten anschließend weitere Pflichtverletzungen zu den abgemahnten hinzu oder werden frühere Pflichtverletzungen dem Arbeitgeber erst nach Ausspruch der Abmahnung bekannt, kann er auf diese zur Begründung einer Kündigung zurückgreifen und dabei die bereits

 ::**rehm**

abgemahnten Verstöße unterstützend heranziehen (BAG v. 26.11.2009, Az. 2 AZR 751/08).

Auf eine Abmahnung kann nur dann verzichtet werden, wenn die Pflichtverletzung so schwerwiegend ist, dass eine Hinnahme des Verhaltens durch den Arbeitgeber beim besten Willen nicht mehr erwartet werden kann.

ACHTUNG!
Stellt sich erst im nachfolgenden Kündigungsrechtsstreit heraus, dass eine Abmahnung erforderlich gewesen wäre, ist die Kündigung bereits aus diesem Grund unwirksam.

3. Entbehrlichkeit einer Abmahnung

Als Kündigungsvoraussetzung ist die Abmahnung entbehrlich, wenn sie dem Arbeitgeber weder möglich noch zumutbar ist, sie keinen Erfolg verspricht oder die zugrunde liegende Pflichtverletzung das Vertragsverhältnis grundlegend erschüttert hat. Entbehrlich ist die Abmahnung auch dann, wenn der Arbeitnehmer offensichtlich nicht gewillt oder in der Lage ist, sich vertragsgerecht zu verhalten. Dies gilt insbesondere dann, wenn er seine Pflichtverletzungen hartnäckig fortsetzt oder eine endgültige Leistungsverweigerung durch Wort und Tat untermauert.

V. Wirksamkeitsvoraussetzungen

1. Bestimmtheit

Mit der Abmahnung soll dem Arbeitnehmer eindringlich vor Augen geführt werden, dass der Arbeitgeber nicht länger bereit ist, ein bestimmtes Verhalten hinzunehmen und daher Rechtsfolgen androht. Um diese Warn- und Androhungsfunktionen zu entfalten, muss die Abmahnung hinreichend bestimmt sein. Dem Arbeitnehmer ist in der Abmahnung mitzuteilen, durch welches (örtlich, zeitlich und inhaltlich bestimmte) Verhalten er gegen seine arbeitsvertraglichen Pflichten verstoßen haben soll. Es empfiehlt sich darüber hinaus, mögliche Beweismittel für diesen Sachverhalt mit zu benennen. Bleibt nämlich in einem nachträglichen Prozess zweifelhaft, ob die Vorwürfe zutreffen (der Arbeitgeber hat dies ggf. zu beweisen), kann der Arbeitgeber keine Abmahnungsgründe nachschieben.

WICHTIG!
Das abmahnungsgegenständliche Verhalten ist (nebst Beweismitteln) genau zu ermitteln und in dem Abmahnungsschreiben konkret darzulegen. Ggf. ist darüber hinaus eine Aktennotiz über die Ermittlungen nebst Beweismitteln in die Personalakte zu nehmen.

2. Form

Für eine Abmahnung besteht kein gesetzliches Formerfordernis. Eine Vielzahl von Tarifverträgen sieht jedoch vor, dass eine Abmahnung schriftlich zu erklären ist. Ohnehin empfiehlt es sich, die Abmahnung schriftlich zu fassen, da der Arbeitgeber im Falle einer späteren Kündigung oder einer weiteren Abmahnung den Inhalt der vorangegangenen Abmahnung nachweisen muss. Auch um der Dokumentationsfunktion Rechnung zu tragen, dürfte eine schriftliche Abmahnung zweckmäßig sein.

Wenn kein tarifliches oder arbeitsvertragliches Schriftformerfordernis besteht, kann es ausreichend sein, eine mündliche Abmahnung im Rahmen eines Personalgesprächs vorzunehmen. Hierdurch kann der Abmahnung die Schärfe genommen werden.

TIPP!
Bei mündlichen Abmahnungen Zeugen (z. B. Mitglied des Betriebsrats) mitnehmen und Aktennotiz anfertigen!

3. Frist

Eine Regelausschlussfrist, innerhalb derer eine Abmahnung erklärt werden muss, gibt es nicht. Der Arbeitgeber kann also frei entscheiden, ob und wann er eine Abmahnung ausspricht. Je länger er jedoch zuwartet, umso schwächer dürften die Wirkungen der Abmahnung sein. Unabhängig davon kann ein Arbeitgeber auch das Recht zur Abmahnung verwirken, wenn neben einem längeren Zeitablauf auf Seiten des Arbeitnehmers auch ein Vertrauen darauf begründet wird, dass eine frühere Verfehlung nicht mehr geahndet wird. Teilweise gehen die Arbeitsgerichte davon aus, dass allein durch das längere Zuwarten ein entsprechendes Vertrauen begründet wird. So hat das LAG Nürnberg in seiner Entscheidung vom 14.6.2005, Az. 6 Sa 367/05 entschieden, dass der Arbeitgeber nach untätigem Zuwarten von fast **sechs Monaten** gezeigt habe, dass er das Verhalten des Arbeitnehmers nicht (mehr) für sanktionswürdig erachte.

4. Abmahnungsberechtigte Person

Beim Ausspruch einer Abmahnung ist darauf zu achten, dass die unterzeichnende oder erklärende Person auch berechtigt ist, das vertragliche Rügerecht des Arbeitgebers wahrzunehmen. Das BAG vertritt insoweit die Auffassung, dass solche Mitarbeiter, die bezüglich Ort, Zeit, Art und Weise der arbeitsvertraglich geschuldeten Leistungen Anweisungen erteilen können, auch abmahnungsberechtigt sind. Dies gilt unabhängig davon, ob die abmahnungsberechtigten Personen letztendlich auch zur Aussprache einer Kündigung befugt wären. Auch Fachvorgesetzte, die keine eigene Einstellungs- oder Entlassungsbefugnis haben, können mithin eine Abmahnung rechtswirksam aussprechen.

Diese Auffassung des BAG ist nicht unumstritten. Teilweise wird die Auffassung vertreten, dass die Warn- und Androhungsfunktionen der Abmahnung nur durch eine kündigungsberechtigte Person herbeigeführt werden können. Darüber hinaus kann fraglich sein, ob die Abmahnung durch einen zuständigen Personalsachbearbeiter, der also weder Dienst- noch Fachvorgesetzter ist, rechtswirksam ausgesprochen werden kann.

TIPP!
Um nachträgliche Auseinandersetzungen hinsichtlich der Abmahnungsberechtigung schon im Vorfeld zu vermeiden, ist zu empfehlen, die Abmahnung von einer kündigungsberechtigten Person unterzeichnen bzw. erklären zu lassen.

5. Anhörungs- und Mitbestimmungspflichten

Aus gesetzlichen Gründen ist es nicht erforderlich, den Arbeitnehmer vor Ausspruch einer Abmahnung anzuhören. Allerdings ist in einer Vielzahl von Tarifverträgen die vorherige Anhörung des Arbeitnehmers vorgeschrieben. Teilweise wird eine solche Anhörungsverpflichtung auch im Arbeitsvertrag festgelegt.

TIPP!
Vor Ausspruch einer Abmahnung sollte überprüft werden, ob tarifvertragliche oder einzelvertragliche Anhörungspflichten bestehen.

Für den Ausspruch einer Abmahnung besteht grundsätzlich kein Mitbestimmungsrecht des Betriebsrats. Seine ursprüngliche Rechtsauffassung, dass eine Mitbestimmung des Betriebsrats immer dann erforderlich sei, wenn die Abmahnung einen kollektivrechtlichen Bezug hat (z. B. bei Verstößen gegen die betriebliche Ordnung), hat das BAG mittlerweile aufgegeben.

Stellt jedoch die Abmahnung der Sache nach eine Betriebsbuße dar, wird also eine Sanktion nach der einschlägigen Bußenordnung des Betriebs verhängt, kann hieraus ein Mitbestimmungsrecht erwachsen.

Ferner ist zu berücksichtigen, dass die Abmahnung ja generell auch als Kündigungsvorbereitung dient. Im Falle der → *Kündigung* besteht nach § 102 BetrVG ein Beteiligungsrecht des Betriebsrats. In dem hiernach erforderlichen Anhörungsverfahren ist es unumgänglich, dass dem Betriebsrat auch eine vorangegangene Abmahnung und die Reaktion des Arbeitnehmers hierauf mitgeteilt werden muss.

TIPP!

Um einem späteren Anhörungsverfahren gemäß § 102 BetrVG Genüge zu tun, ist eine frühzeitige Information des Betriebsrats über die erfolgte Abmahnung zu empfehlen. Der Arbeitgeber sollte also spätestens im Anhörungsverfahren gemäß § 102 BetrVG den Betriebsrat über die kündigungsrelevante Abmahnung informieren.

In diesem Zusammenhang ist darauf hinzuweisen, dass eine Abmahnung auch gegenüber Betriebsratsmitgliedern möglich ist. Nur wenn der abmahnungsgegenständliche Pflichtverstoß aus der Wahrnehmung von Betriebsratstätigkeiten resultiert, ist eine Abmahnung von Betriebsratsmitgliedern generell ausgeschlossen. Dies gilt auch dann, wenn das Betriebsratsmitglied in objektiv nachvollziehbarer Weise darauf vertraut, mit dem abmahnungsgegenständlichen Pflichtverstoß eine Betriebsratsaufgabe wahrgenommen zu haben. Soweit das Betriebsratsmitglied sich jedoch entgegen seiner Pflicht aus § 37 Abs. 2 BetrVG vor der Aufnahme seiner Betriebsratstätigkeit nicht ordnungsgemäß abgemeldet hat, ist eine Abmahnung zulässig.

6. Kenntnisnahme durch den Arbeitnehmer

Ihre Rechtsfolgen entfaltet die Abmahnung erst mit Kenntnisnahme durch den Arbeitnehmer. Grundsätzlich ist hierfür der Zugang (z. B. Übergabe oder Eingang im Postkasten) entscheidend. Kann der Adressat jedoch von dem Inhalt der zugegangenen Erklärung deshalb keine Kenntnis erlangen, weil er z. B. urlaubsbedingt abwesend ist oder nur unzureichende Deutschkenntnisse hat, können die Rechtsfolgen erst nach tatsächlicher Kenntnisnahme des Erklärungsinhalts eintreten.

TIPP!

Der Arbeitgeber sollte sich die Kenntnisnahme der Abmahnung vom Arbeitnehmer schriftlich bestätigen lassen.

VI. Mehrere Pflichtverstöße (Sammelabmahnung)

Eine Abmahnung kann unwirksam werden, wenn in ihr mehrere Pflichtverstöße angeführt (Sammelabmahnung) und nur einzelne davon begründet werden oder tatsächlich zutreffend sind. Ist die Abmahnung nur zum Teil berechtigt, kann auf Seiten des Arbeitnehmers ein Anspruch auf Entfernung der gesamten Abmahnung aus der Personalakte begründet werden. Der Arbeitgeber müsste dann wegen des wirksamen Restes eine neue Abmahnung aussprechen, soweit dies noch in einem zeitlichen Zusammenhang zu dem Pflichtverstoß möglich ist.

TIPP!

Mehrere Pflichtverstöße sollten immer in einzelnen Abmahnungen behandelt werden.

VII. Folgen der Abmahnung

1. Verwirkung des Kündigungsrechts

Mit Ausspruch der Abmahnung ist das abgemahnte Verhalten bzw. die gerügte Leistungsstörung „geahndet". Auf das konkret gerügte Verhalten selbst kann der Arbeitgeber also keine Kündigung mehr stützen. Ein Kündigungsrecht kann sich erst im Wiederholungsfalle und nur dann ergeben, wenn der erneute Pflichtverstoß mit dem abgemahnten Pflichtverstoß gleichartig ist.

Beispiel:

Einem Arbeitnehmer, der gegen das betriebliche Rauchverbot verstoßen hat, kann nicht deshalb gekündigt werden, weil er zuvor wegen wiederholter Unpünktlichkeit abgemahnt worden ist. Hier fehlt es an einer Gleichartigkeit des abgemahnten Verhaltens und des kündigungsrelevanten Pflichtverstoßes. Als gleichartige Pflichtverstöße gelten z. B. mehrmaliges unentschuldigtes Fehlen, Verlassen des Arbeitsplatzes ohne Abmeldung, unerlaubtes Fernbleiben von der Arbeit, unterlassene Mitteilung der Arbeitsverhinderung und verspätetes Einreichen der Arbeitsunfähigkeitsbescheinigung.

ACHTUNG!

Kündigt der Arbeitgeber im unmittelbaren zeitlichen Zusammenhang mit der Abmahnung, spricht dies dafür, dass die Kündigung wegen der abgemahnten Pflichtverletzung erfolgt ist. Dies gilt auch für eine Abmahnung, die innerhalb der Wartezeit des § 1 Abs. 1 KSchG – also bevor ein allgemeiner Kündigungsschutz besteht – erklärt wird. Es ist dann Sache des Arbeitgebers darzulegen, dass ihn andere Gründe zur Kündigung bewogen haben (BAG v. 13.12.2007, Az. 6 AZR 145/07).

Treten anschließend weitere Pflichtverletzungen zu den abgemahnten hinzu oder werden frühere Pflichtverletzungen dem Arbeitgeber erst nach Ausspruch der Abmahnung bekannt, kann er auf diese zur Begründung einer Kündigung zurückgreifen und dabei die bereits abgemahnten Verstöße unterstützend heranziehen (BAG v. 26.11.2009, Az. 2 AZR 751/08).

2. Neuer Pflichtverstoß

Ob der Arbeitgeber nach einem neuerlichen Pflichtverstoß kündigen darf oder zunächst eine weitere Abmahnung aussprechen muss, hängt von der Schwere des neuerlichen Vertragsverstoßes ab. Eine zweite Abmahnung kann deshalb notwendig werden, weil zwischen dem abgemahnten Verhalten und dem neuen (gleichartigen) Sachverhalt ein längerer Zeitraum liegt. Die Auswirkungen einer Abmahnung sind nämlich zeitlich begrenzt. Es besteht allerdings keine Regelfrist, innerhalb derer sie ihre Wirkung verliert. Vielmehr richtet sich dies nach den Umständen des Einzelfalls.

VIII. Reaktionsmöglichkeiten des Arbeitnehmers

1. Entfernung der Abmahnung aus der Personalakte

1.1 Unberechtigte Abmahnung

Zunächst ist festzuhalten, dass jeder Arbeitnehmer einen Anspruch auf Einsicht in seine → Personalakte hat. Nach Rechtsprechung des BAG kann er die Entfernung einer missbilligenden Äußerung aus der Personalakte verlangen, wenn diese unrichtige Tatsachenbehauptungen enthält, die den Arbeitnehmer in seiner Rechtsstellung und seinem beruflichen Fortkommen beeinträchtigen können.

WICHTIG!

Der Arbeitnehmer hat auch nach Beendigung des Arbeitsverhältnisses einen Anspruch, den Inhalt seiner fortgeführten Personalakte auf ihren Wahrheitsgehalt zu überprüfen. Der Anspruch folgt aus der vertraglichen Rücksichtnahmepflicht (§ 241 II BGB) des Arbeitgebers im Rahmen derer er auf das Wohl und die berechtigten Interessen des Arbeitnehmers Rücksicht zu nehmen hat. Hierzu zählt auch das aus dem allgemeinen Persönlichkeitsrecht des Arbeitnehmers resultierende Recht auf informationelle Selbstbestimmung (BAG v. 16.11.2010, Az. 9 AZR 573/09).

Ist also eine schriftliche Abmahnung oder ein schriftlicher Vermerk über die Erteilung einer mündlichen Abmahnung zu den Personalakten genommen worden, so kann der Arbeitnehmer deren Entfernung verlangen, wenn der darin erhobene Vorwurf nicht den Tatsachen entspricht oder unzutreffend beurteilt wurde.

Beispiel 1:

Wird einem Arbeitnehmer in einem Abmahnungsschreiben vorgeworfen, dass er einen Arbeitskollegen beleidigt habe, und entspricht dieser Vorwurf nicht den Tatsachen, kann die Entfernung des Abmahnungsschreibens wegen unrichtiger Tatsachenbehauptungen verlangt werden.

Beispiel 2:

Wird einem Arbeitnehmer in einem Abmahnungsschreiben vorgeworfen, dass er durch das Fernbleiben von der Arbeit gegen seine arbeitsvertraglichen Pflichten verstoßen habe und hatte der Arbeitnehmer tatsächlich beantragten und genehmigten Urlaub, kann die Entfernung des Abmahnungsschreibens wegen unzutreffender rechtlicher Würdigung verlangt werden.

 ACHTUNG!

Ungerechtfertigt ist eine Abmahnung, die dem Arbeitnehmer objektiv zu Unrecht vorwirft, sich arbeitsvertragswidrig verhalten zu haben, sei es, dass die Abmahnung auf falschen Tatsachenbehauptungen beruht, oder dass sie aus zutreffenden Tatsachen objektiv falsche rechtliche Schlüsse zieht. Besteht der Abmahnungsvorwurf darin, eine arbeitsvertraglich gebotene Handlung unterlassen zu haben, so umfasst die Darlegungs- und Beweislast des Arbeitgebers für die Berechtigung der Abmahnung auch den Umstand, dass die Vornahme der Handlung dem Arbeitnehmer überhaupt möglich war (LAG Köln v. 17.1.2007, Az. 7 Sa 526/06).

Der Entfernungsanspruch des Arbeitnehmers ist gerichtlich einklagbar. Hierbei ist zu beachten, dass der Arbeitgeber die Darlegungs- und Beweislast für die Behauptung trägt, es liege ein Pflichtverstoß des Arbeitnehmers vor. In Beispiel 1 müsste also der Arbeitgeber nachweisen, dass eine Beleidigung des Arbeitskollegen stattgefunden hat.

Macht ein Arbeitnehmer Rechtfertigungsgründe für sein Verhalten geltend, muss er diese im Streitfall nachweisen. Im Beispiel 2 müsste also der Arbeitgeber das Fernbleiben von der Arbeit vortragen und der Arbeitnehmer sodann seine Rechtfertigungsgründe – nämlich den genehmigten Urlaub – darlegen und beweisen.

1.2 Berechtigte Abmahnung

Eine Abmahnung kann ihre Rechtswirkung verlieren, wenn der Arbeitnehmer längere Zeit unbeanstandet seine Pflichten erfüllt hat oder der Arbeitgeber weitere Pflichtverletzungen des Arbeitnehmers oder anderer Mitarbeiter unbeanstandet hinnimmt. Auch wenn es keine regelmäßige Geltungsdauer einer Abmahnung gibt, kann als Faustregel gelten, dass eine berechtigte Abmahnung nach etwa zwei Jahren ihre Rechtswirkungen verliert. Sie ist dann aus der Personalakte zu nehmen.

 TIPP!

Angesichts der Bedeutung eines langjährigen beanstandungsfreien Arbeitsverhältnisses (vgl. Fall Emmely, BAG v. 10.6.2010, Az. 2 AZR 541/09) sollte der Arbeitgeber Abmahnungen nur auf besondere Veranlassung (z. B. Gerichtsentscheid) aus der Personalakte entfernen. Zwar verliert die Abmahnung nach einer gewissen Zeit ihre Warnfunktion, mit der Folge, dass sie im Rahmen des eigentlichen Kündigungsgrundes nach einem gewissen Zeitablauf keine unmittelbare Bedeutung mehr hat. Dennoch kann ihr erhebliche Bedeutung bei der im Kündigungsverfahren anzustellenden Interessenabwägung zukommen. Denn nur durch (auch länger zurück liegende) Abmahnungen kann der Arbeitgeber ggf. nachweisen, dass ein langjähriges Arbeitsverhältnis tatsächlich nicht beanstandungsfrei gewesen ist.

2. Beschwerde beim Betriebsrat

Eine weitere Reaktionsmöglichkeit ist die → Beschwerde nach § 84 BetrVG. Jeder Arbeitnehmer hat das Recht, sich beim Betriebsrat zu beschweren, wenn er sich vom Arbeitgeber oder von anderen Arbeitnehmern des Betriebes benachteiligt oder ungerecht behandelt fühlt. Diese Beschwerde kann an den Arbeitgeber oder den Betriebsrat gerichtet werden. Der Betriebsrat muss dann die Beschwerde aufgreifen und beim Arbeitgeber vorstellig werden.

3. Gegenerklärungsrecht/Äußerungsrechte

Nach § 83 Abs. 2 BetrVG kann der Arbeitnehmer verlangen, dass seine Stellungnahme zur Personalakte genommen wird. Eine Rücknahme, also eine ausdrückliche Erklärung, dass die Abmahnung zurückgenommen werde, kann vom Arbeitnehmer nicht gerichtlich eingeklagt werden (LAG Nürnberg v. 14.6.2005, Az. 6 Sa 582/04). In Ausnahmefällen, wenn dies zur Wiederherstellung des Rufs des Arbeitnehmers erforderlich ist, kann allerdings ein Widerruf der in der Abmahnung zu Unrecht aufgestellten Behauptungen durchgesetzt werden (LAG Nürnberg, a.a.O.).

4. Bestreiten im Kündigungsschutzprozess

Schließlich kann ein Arbeitnehmer auch zunächst die Abmahnung hinnehmen und erst in einem nachfolgenden Kündigungsschutzverfahren – also bei einer im Wiederholungsfall ausgesprochenen Kündigung – die Begründetheit der Abmahnung bestreiten. Für einen Arbeitnehmer besteht nämlich nach Ansicht des BAG keine arbeitsvertragliche Obliegenheit, die Unrichtigkeit einer Abmahnung im Wege des Entfernungsverlangens gerichtlich geltend zu machen. Er kann sich darauf beschränken, die Richtigkeit der abgemahnten Vertragsverstöße bzw. die hierauf resultierende rechtliche Würdigung des Arbeitgebers im Kündigungsschutzprozess zu bestreiten.

 TIPP!

Nachdem ein Arbeitnehmer also die Begründetheit einer vorangegangenen Abmahnung noch im Kündigungsschutzverfahren bestreiten kann und dann der Arbeitgeber die Richtigkeit des Abmahnungsinhalts nachweisen muss, empfiehlt es sich, das abmahnungsgegenständliche Verhalten nebst entsprechenden Beweismitteln in der Personalakte so genau zu dokumentieren, dass der erforderliche Nachweis auch noch zu einem späteren Zeitpunkt (nämlich im Kündigungsschutzverfahren) geführt werden kann.

IX. Checkliste Abmahnung

I. Sachverhaltsaufklärung

☐ Welches Verhalten soll abgemahnt werden?

☐ Ist der Sachverhalt abschließend geklärt?

☐ Welche Beweismittel stehen zur Verfügung und sind diese gesichert?

II. Rechtliche Vorüberlegungen

☐ Gegen welche Pflichten wurde verstoßen?

☐ Ist die Abmahnung zulässig? Nein, wenn der Verstoß nur geringfügig ist

☐ Ist die Abmahnung erforderlich? Nein, wenn der Verstoß so schwerwiegend und/oder beharrlich ist, dass eine sofortige Kündigung ausgesprochen werden kann

☐ Wurde wegen gleichartigen Sachverhalts bereits abgemahnt? Wenn ja: ggf. Kündigung!

☐ Besteht ein unmittelbarer zeitlicher und sachlicher Zusammenhang zwischen Pflichtverstoß und Abmahnung? Wenn nein: Verwirkung des Abmahnungsrechts!

☐ Ist (nach Tarif- oder Arbeitsvertrag) eine vorherige Anhörung des Arbeitnehmers erforderlich?

III. Formulierung der Abmahnung

☐ Ist (nach Tarif- oder Arbeitsvertrag) Schriftform erforderlich?

❑ Wird der Pflichtverstoß präzise (Art, Ort und Zeit) dargelegt?

❑ Wird die Pflichtwidrigkeit des abgemahnten Verhaltens
deutlich?

❑ Wird der Arbeitnehmer zu künftigem pflichtgerechten Verhalten aufgefordert?

❑ Wird für den Wiederholungsfall die Rechtsfolge der Kündigung angedroht?

❑ Bei mehreren Verstößen: Gesonderte Abmahnung für
jeden Verstoß ratsam!

IV. Sonstiges

❑ Wurde die Abmahnung durch eine dazu berechtigte Person erklärt?

❑ Hat der Arbeitnehmer die Kenntnisnahme der Abmahnung
bestätigt?

X. Muster: Abmahnung

Sehr geehrter Herr ..../Sehr geehrte Frau ....,

*am .... um .... Uhr, haben Sie .... [konkreter
Tatsachenvorwurf].*

[oder, bei Leistungsmängeln]:

*Wir müssen (erneut) feststellen, dass die von Ihnen gezeigten Leis-
tungen nicht den vertraglichen Vereinbarungen entsprechen. Diese
Feststellung beruht im Einzelnen auf folgenden Erkenntnissen:
.... [konkrete Leistungsmängel].*

Durch dieses Verhalten haben Sie gegen [wahlweise]:

▶ *Ihre arbeitsvertraglichen Pflichten – nämlich*

▶ *die Betriebsvereinbarung vom*

▶ *die Ihnen bekannte Arbeitsanweisung vom*

▶ *die innerbetriebliche Weisung Ihres Dienstvorgesetzten vom*

▶ *§ .... des Tarifvertrags*

▶ *§ .... des Arbeitsvertrags*

▶ *die Unfallverhütungsvorschrift*

verstoßen.

*Wir beanstanden dieses Verhalten und fordern Sie hiermit auf, in
Zukunft .... [Hinweis auf das gewünschte ordnungsgemäße
Verhalten, z. B. „pünktlich am Arbeitsplatz zu erscheinen"] und hierdurch Ihren vertraglichen Pflichten ordnungsgemäß nachzukommen.*

*Wir weisen Sie abschließend darauf hin, dass wir uns im Wieder-
holungsfall gezwungen sehen, einschneidende Maßnahmen für das
Arbeitsverhältnis – bis hin zur ordentlichen oder außerordentlichen
Kündigung – zu veranlassen.*

[oder:]

*Wir bitten Sie eindringlich, in Zukunft Ihren arbeitsvertraglichen
Pflichten nachzukommen und die Wiederholung eines gleichartigen
Verhaltens zu vermeiden. Andernfalls müssten wir – zur Wahrung
unserer rechtlichen und betrieblichen Belange – nämlich einschnei-
dendere Maßnahmen bis hin zur ordentlichen oder außerordentlichen Kündigung des Arbeitsverhältnisses ergreifen.*

Diese Abmahnung wird zu Ihrer Personalakte genommen.

Mit freundlichen Grüßen

....
Ort, Datum *Abmahnungsberechtigter*

*Von dem Inhalt des Originalschreibens habe ich Kenntnis genom-
men.*

[oder:] *Ich bestätige hiermit, die vorstehende Abmahnung im Original erhalten und zur Kenntnis genommen zu haben.*

[oder:] *Die Abmahnung ist mir am .... ausgehändigt worden.
Ich habe den Inhalt zur Kenntnis genommen und erkenne die gegen
mich erhobenen Vorwürfe in tatsächlicher Hinsicht als zutreffend an.*

....
Ort, Datum *Arbeitnehmer*

Altersteilzeit

I. Begriff

II. Voraussetzungen

III. Der Altersteilzeitarbeitsvertrag

IV. Vorzeitiger Rentenbezug

V. Staatliche Förderung

VI. Altersteilzeit in Tarifverträgen und
Betriebsvereinbarungen
1. Verbesserungen für Arbeitnehmer
2. Rechtsanspruch auf Altersteilzeit
3. Besonderheiten beim verblockten Modell

VII. Einführung einer speziellen Insolvenzsicherung

VIII. Muster: Auf Tarifvertrag basierender
Altersteilzeitarbeitsvertrag (verblocktes Modell)

I. Begriff

Mit dem Altersteilzeitgesetz (ATG) hat der Gesetzgeber die Möglichkeit einvernehmlicher Vereinbarungen zwischen Arbeitgebern und älteren Arbeitnehmern über das vorzeitige Ausscheiden aus dem Erwerbsleben geschaffen. Zugleich wurde
ein Rentenbeginn ab dem vollendeten 60. Lebensjahr nach
Altersteilzeit ermöglicht. Diese Altersgrenze wurde zwischenzeitlich schrittweise auf 63 Jahre angehoben (s. IV.).

Altersteilzeitarbeitsverhältnisse wurden bis zum 31.12.2009
durch die Bundesagentur für Arbeit staatlich gefördert, allerdings nur unter der Voraussetzung, dass die auf diesem Weg
frei werdenden Arbeitsplätze mit einem Arbeitslosen oder einem
Arbeitnehmer nach Abschluss der Ausbildung (Ausgebildeter)
wieder besetzt werden. Noch rechtzeitig abgeschlossene, geförderte Altersteilzeitverträge können noch bis 2016 laufen.

II. Voraussetzungen

Damit nicht der Wechsel von einem unbefristeten Vollzeitarbeitsverhältnis in Teilzeit, sondern der Abschluss eines Alters-

teilzeitarbeitsverhältnisses unter Einhaltung der gesetzlichen Voraussetzungen des Altersteilzeitgesetzes bejaht werden kann, müssen folgende Voraussetzungen vorliegen:

▸ Der Arbeitnehmer muss zu Beginn der Altersteilzeit das 55. Lebensjahr vollendet haben und innerhalb der davor liegenden fünf Jahre mindestens 1080 Kalendertage in einem sozialversicherungspflichtigen Arbeitsverhältnis gestanden haben.

▸ Die bisherige Arbeitszeit muss um die Hälfte reduziert werden, allerdings muss auch während der Altersteilzeit ein sozialversicherungspflichtiges Arbeitsverhältnis bestehen.

▸ Der Arbeitgeber muss das Regelarbeitsentgelt für die Altersteilzeit um mindestens 20 vom Hundert aufstocken, wobei die Aufstockung auch weitere Entgeltbestandteile umfassen kann. Das Regelarbeitsentgelt ist das auf einen Monat entfallende vom Arbeitgeber regelmäßig zu zahlende sozialversicherungsrechtliche Arbeitsentgelt, soweit es die Beitragsbemessungsgrenze des SGB III nicht überschreitet. Entgeltbestandteile, die nicht laufend bezahlt werden, müssen nicht berücksichtigt werden.

▸ Der Arbeitgeber muss zusätzliche Beiträge (Arbeitgeber- und Arbeitnehmeranteil) zur gesetzlichen Rentenversicherung zahlen, und zwar in Höhe des Differenzbetrags zwischen mindestens 80 % des Regelarbeitsentgelts begrenzt auf den Unterschiedsbetrag zwischen 90 % der monatlichen Beitragsbemessensgrenze und dem Regelarbeitsentgelt, höchstens bis zur Betragsbemessungsgrenze.

▸ Die Dauer der Altersteilzeit darf mindestens zwei bis höchstens zehn Jahre betragen.

TIPP!
Bei praktischen Fragen zur Altersteilzeit sollte auf die Durchführungsanweisung der Bundesagentur für Arbeit (DA ATG) zurückgegriffen werden, die von den Arbeitsagenturen als Anwendungshilfe genutzt wird.

III. Der Altersteilzeitarbeitsvertrag

Beim Abschluss des Altersteilzeitarbeitsvertrags muss sichergestellt sein, dass die genannten Voraussetzungen des Altersteilzeitgesetzes im konkreten Fall erfüllt werden. Ansonsten besteht die erhebliche Gefahr, dass

▸ nach Ablauf des vermeintlichen Altersteilzeitarbeitsverhältnisses der vorzeitige Rentenbezug ab Vollendung des 63. Lebensjahres nach Altersteilzeit durch die Deutsche Rentenversicherung verneint wird und/oder

▸ der Arbeitgeber bereits erstattet bekommene Aufstockungsbeträge (s. u. V. Staatliche Förderung) an die Arbeitsverwaltung zurückzahlen muss.

Ansonsten ist ein Altersteilzeitarbeitsverhältnis arbeitsrechtlich betrachtet ein Teilzeitarbeitsverhältnis, bei dem es wenig Besonderheiten zu beachten gilt. Die Altersteilzeit kann sowohl „unverblockt", also als klassisches Teilzeitarbeitsverhältnis, als auch „verblockt", d. h. in zwei gleich großen Zeitblöcken (Arbeits- und Freistellungsphase) erbracht werden.

Der Arbeitnehmer hat nach dem Altersteilzeitgesetz keinen Anspruch auf Altersteilzeit. Ein derartiger Anspruch kann sich aber aus Tarifvertrag, Betriebsvereinbarung oder aus dem Arbeitsvertrag ergeben.

TIPP!
Findet auf das Arbeitsverhältnis eines an Altersteilzeit interessierten Arbeitnehmers ein Tarifvertrag „Altersteilzeit" Anwendung, sollte der jeweilige Muster-Altersteilzeitarbeitsvertrag dieses Tarifbereichs genutzt werden, da in der Regel tarifvertragliche Besonderheiten zu beachten sind.

IV. Vorzeitiger Rentenbezug

Ein Arbeitnehmer hat Anspruch auf Altersrente nach Altersteilzeit, wenn er vor dem 1.1.1952 geboren ist und mindestens 24 Monate in Altersteilzeit gearbeitet hat (§ 237 SGB VI). Geht der Arbeitnehmer vor seinem „regelmäßigen" Rentenalter liegenden Termin in Rente, muss er für jeden Monat des vorzeitigen Rentenbeginns einen Abschlag von 0,3 % hinnehmen. Das „regelmäßige" Rentenalter ist vom Geburtsjahrgang abhängig. Hat der Arbeitnehmer auch Ansprüche auf eine Betriebsrente, muss er dort (abhängig vom Inhalt der jeweiligen Versorgungszusage) ebenfalls mit erheblichen Abschlägen rechnen.

TIPP!
Der an Altersteilzeit interessierte Arbeitnehmer sollte vor Abschluss eines Altersteilzeitarbeitsvertrags eine verbindliche Rentenauskunft bei dem für ihn zuständigen Träger der gesetzlichen Rentenversicherung einholen.

V. Staatliche Förderung

Die Bundesagentur für Arbeit erstattet dem Arbeitgeber, wenn die gesetzlichen Voraussetzungen (s. o. II.) vorliegen, den Mindest-Aufstockungsbetrag zum Arbeitsentgelt sowie die Höherversicherungsleistungen zur gesetzlichen Rentenversicherung (§ 4 Abs. 1 ATG).

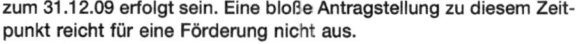
WICHTIG!
Die Förderung der Bundesagentur für Arbeit war befristet bis zum 31.12.2009. Um die Leistungen der Bundesagentur für Arbeit beanspruchen zu können, mussten die Voraussetzungen des § 2 AltersteilzeitG am 1.1.2010 vorgelegen haben. Dies bedeutet, die Arbeitszeitreduzierung des betroffenen Arbeitnehmers musste spätestens zum 31.12.09 erfolgt sein. Eine bloße Antragstellung zu diesem Zeitpunkt reicht für eine Förderung nicht aus.

Neben den unter II. genannten Voraussetzungen erfolgt die staatliche Förderung nur dann, wenn der Arbeitgeber den durch die Altersteilzeit frei gewordenen Arbeitsplatz mit einem bei der Agentur für Arbeit arbeitslos gemeldeten Arbeitnehmer oder einem Ausgebildeten wieder besetzt (§ 3 Abs. 1 ATG). Anerkannt werden nur Ersatzeinstellungen mit einer durchschnittlichen wöchentlichen Arbeitszeit von mindestens 15 Stunden bzw. einem Verdienst von mehr als € 400, damit ein sozialversicherungspflichtiges Arbeitsverhältnis vorliegt.

Darüber hinaus muss die Wiederbesetzung des frei gewordenen Arbeitsplatzes aus Anlass des Übergangs des älteren Arbeitnehmers in die Altersteilzeit erfolgt sein. Beim sog. Blockmodell kann die Wiederbesetzung ab dem Beginn der Arbeitsphase bis spätestens drei Monate nach Beginn der Freistellungsphase erfolgen.

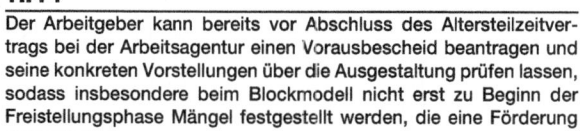
TIPP!
Der Arbeitgeber kann bereits vor Abschluss des Altersteilzeitvertrags bei der Arbeitsagentur einen Vorausbescheid beantragen und seine konkreten Vorstellungen über die Ausgestaltung prüfen lassen, sodass insbesondere beim Blockmodell nicht erst zu Beginn der Freistellungsphase Mängel festgestellt werden, die eine Förderung ausschließen.

In Unternehmen, die nicht mehr als 50 Arbeitnehmer beschäftigen, reicht es aus, wenn ein Ausgebildeter oder ein arbeitslos gemeldeter Arbeitnehmer aus Anlass des Übergangs eines älteren Arbeitnehmers in Altersteilzeit in den Betrieb neu eintritt, und zwar auf einem beliebigen Arbeitsplatz. Darüber hinaus besteht hier auch die Möglichkeit, einen Auszubildenden für den ausscheidenden Arbeitnehmer einzustellen.

In größeren Unternehmen reicht es aus, wenn der frühere Arbeitsplatz des Altersteilzeitarbeitnehmers mit einem angestammten Arbeitnehmer aus demselben „Funktionsbereich" besetzt wird und in diesem Bereich ein arbeitslos gemeldeter

Arbeitnehmer bzw. ein Ausgebildeter eintritt. Die Bestimmung solcher Funktionsbereiche eines Betriebs muss der Arbeitgeber mit der für die Entscheidung über die Wiederbesetzung zuständigen Arbeitsagentur gemeinsam vornehmen (z. B. Verwaltung und Geschäftsbereiche).

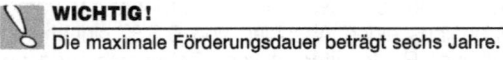 **WICHTIG!**
Die maximale Förderungsdauer beträgt sechs Jahre.

Liegen die Voraussetzungen für den Anspruch auf staatliche Förderung nicht mehr vor, weil der Arbeitnehmer neben seiner Altersteilzeit Beschäftigungen oder selbstständige Tätigkeiten ausübt, die die Geringfügigkeitsgrenze (§ 8 SGB IV) überschreiten oder aufgrund derer er eine Entgeltersatzleistung erhält, ruht dieser Anspruch. Ab einem Ruhezeitraum von 150 Kalendertagen erlischt der Anspruch ganz. Bei mehrmaliger Unterbrechung werden die verschiedenen Ruhezeiten zusammengerechnet.

TIPP!
Zur Frage der optimalen Ausnutzung der staatlichen Förderung durch von der Arbeitsverwaltung anerkannte Wiederbesetzung sollten in jeden Fall rechtzeitig die Information sowie die Beratung der örtlichen Arbeitsagentur beansprucht werden.

Die Höhe der Erstattungsleistungen wird zu Beginn der Förderung (Zeitpunkt der Wiederbesetzung) im Rahmen des Erstattungsverfahrens festgeschrieben. Dies bedeutet, dass z. B. während der Altersteilzeit erfolgte Gehaltserhöhungen nicht mehr berücksichtigt werden. Die dargestellten Verteuerungen der Altersteilzeit sollen dieses Instrument eines sozialverträglichen, vorzeitigen Ausscheidens aus dem Erwerbsleben unattraktiver machen.

VI. Altersteilzeit in Tarifverträgen und Betriebsvereinbarungen

In zahlreichen Branchen gibt es Tarifverträge über Altersteilzeit. Bei Betriebsvereinbarungen über Altersteilzeit ist zu unterscheiden, ob es sich um eine aufgrund eines Tarifvertrags abgeschlossene Betriebsvereinbarung oder um eine Betriebsvereinbarung handelt, die lediglich an der gesetzlichen Ausgestaltung der Altersteilzeit anknüpft. Soweit solche Regelungen auf ein Altersteilzeitverhältnis Anwendung finden, sind sie zwingend vom Arbeitgeber zu beachten und eine günstigere Ausgestaltung der Altersteilzeit aufgrund eines Tarifvertrags darf durch eine → Betriebsvereinbarung nicht unterschritten werden.

Im Hinblick auf die zum 1.1.2010 weggefallene staatliche Förderung (s. V) wurden viele Tarifverträge und Betriebsvereinbarungen zur Altersteilzeit neu verhandelt.

1. Verbesserungen für Arbeitnehmer

Tarifvertragliche oder betriebliche Regelungen zur Altersteilzeit beinhalten meist für den Arbeitnehmer günstigere Bedingungen als die gesetzlichen. So wird z. B. oft festgelegt, dass der Altersteilzeitarbeitnehmer mehr als 70 % seines vor der Altersteilzeit bezogenen Nettoentgelts erhält, dass die während der Altersteilzeit insgesamt zu erbringenden Beiträge zur gesetzlichen Rentenversicherung mehr als 90 % betragen und dass der Arbeitnehmer bei Ausscheiden eine Abfindung erhält, mit der er die eintretenden Rentenabschläge aufgrund des früheren Renteneintritts abmildern soll. Regelungen über den Bezug von Urlaubs- und Weihnachtsgeld bzw. zur Krankheit während der Altersteilzeit sind ebenfalls häufig zu finden.

Da die maximale Förderungsdauer durch die Bundesagentur für Arbeit sechs Jahre betrug, haben Altersteilzeitarbeitsverhältnisse, die auf Basis eines Tarifvertrags abgeschlossen werden, in der Regel ebenfalls höchstens eine sechsjährige Laufzeit.

2. Rechtsanspruch auf Altersteilzeit

In einigen Branchen wird den Arbeitnehmern mittlerweile ein tariflicher Anspruch auf Altersteilzeit ab einem bestimmten Lebensalter eingeräumt. So regelt der Tarifvertrag zum flexiblen Übergang in die Rente für die Arbeitnehmer in der bayerischen Metall- und Elektro-Industrie beispielsweise, dass Arbeitnehmer ab dem vollendeten 57. Lebensjahr grundsätzlich einen Anspruch auf Altersteilzeit zu den im Tarifvertrag normierten Konditionen haben. Die tarifvertragliche Regelung sieht allerdings einen Überforderungsschutz vor, sodass Arbeitgeber den Abschluss eines Altersteilzeitarbeitsvertrags ablehnen können, wenn eine bestimmte Anzahl von Arbeitnehmern des Betriebs bereits in Altersteilzeit ist. Auch wenn der an Altersteilzeit interessierte Arbeitnehmer eine Schlüsselqualifikation innehat, sehen tarifvertragliche Regelungen die Ablehnung des ansonsten bestehenden Anspruchs vor.

3. Besonderheiten beim verblockten Modell

In vielen Unternehmen (insbesondere im produzierenden Bereich) ist aufgrund eines Mehrschichtbetriebs Teilzeit außerhalb der vereinbarten Schichten nicht möglich. Deshalb machen Tarifverträge häufig die Gewährung der verbesserten Altersteilzeitbedingungen davon abhängig, dass die Altersteilzeit im sog. verblockten Modell erbracht wird. Zeitlich ist allerdings eine im „Blockmodell" erbrachte Altersteilzeit gemäß § 2 Abs. 2 Nr. 1 ATG nur mit einer maximalen Laufzeit von drei Jahren zulässig, sofern ein Tarifvertrag zur Altersteilzeit oder eine aufgrund eines solchen Tarifvertrages abgeschlossene Betriebsvereinbarung nicht ausdrücklich einen längeren Zeitraum vorsieht.

 **ACHTUNG!**
Für AT-Angestellte kann – wie in Branchen ohne tarifvertraglichen Regelungen zur Altersteilzeit – bei Vorliegen einer entsprechenden Betriebsvereinbarung oder einzelvertraglich eine Laufzeit von bis zu zehn Jahren vereinbart werden. Für Leitende Angestellte einzelvertraglich ebenso.

Dies bedeutet, dass der Arbeitnehmer z. B. bei einer vereinbarten Dauer der Altersteilzeit von vier Jahren zunächst zwei Jahre im bisherigen Umfang arbeitet (Arbeitsphase) und unmittelbar im Anschluss daran die zweijährige Freistellungsphase beginnt, in der der Arbeitnehmer keine Arbeitsleistungen mehr zu erbringen hat und weiterhin das gleiche Entgelt wie während der Arbeitsphase erhält.

Bei der Wiederbesetzung im verblockten Modell ist zu beachten, dass die Wiederbesetzung zu Beginn der Freistellungsphase bzw. (ab Beginn der Arbeitsphase) in zeitlicher Nähe zu ihr erfolgen muss. Mögliche Erstattungsleistungen durch die Arbeitsverwaltung aufgrund einer Wiederbesetzung im Blockmodell führen also zu einer Nachentrichtung für die gesamte Arbeitsphase, da die Förderung stets erst mit dem Beginn der Wiederbesetzung einsetzt.

VII. Einführung einer speziellen Insolvenzsicherung

Gemäß § 8a ATG muss der Arbeitgeber nunmehr im Falle, dass der Altersteilzeitarbeitnehmer mit seiner zu leistenden Arbeit z. B. wie im „verblockten Modell" in Vorausleistungen geht, das Wertguthaben einschließlich des darauf entfallenden Arbeitgeberanteils am Gesamtsozialversicherungsbeitrag mit der ersten Gutschrift in geeigneter Weise gegen das Risiko seiner Zahlungsunfähigkeit absichern, sofern das auf diesem Wege entstehende Wertguthaben den Betrag des Dreifachen des Regelarbeitsentgeltes nach § 6 Abs. 1 ATG einschließlich des darauf entfallenden Arbeitgeberanteils am Gesamtsozialversicherungsbeitrag übersteigt. Nicht geeignete Sicherungsmittel sind z. B. bestimmte konzernbezogene Sicherungsmodelle wie

:: **rehm**

Patronatserklärungen oder Bürgschaften. Der Arbeitgeber muss ferner diese gesonderte Nachweispflicht ab der ersten Gutschrift und danach alle sechs Monate in Textform nachweisen.

VIII. Muster:
Auf Tarifvertrag basierender Altersteilzeitarbeitsvertrag (verblocktes Modell)

Arbeitsvertrag für verblockte Altersteilzeit

Zwischen .... (Arbeitgeber)
und
Herrn/Frau ...., geb. am ....
Wohnort: .... Straße: ....

Wird auf der Grundlage des Tarifvertrages über Altersteilzeit folgende Altersteilzeit-Vereinbarung geschlossen:

§ 1 Beginn der Altersteilzeitarbeit

Das zwischen den Parteien bestehende Arbeitsverhältnis wird unter Abänderung und Ergänzung des Arbeitsvertrages vom .... mit Wirkung vom .... als Altersteilzeitarbeitsverhältnis fortgeführt.

§ 2 Tätigkeit

Der Arbeitnehmer/Die Arbeitnehmerin übt seine/ihre bisherige Tätigkeit weiter aus.

§ 3 Arbeitszeit und zusätzliche Arbeit

1. Die individuelle regelmäßige wöchentliche Arbeitszeit des Arbeitnehmers/der Arbeitnehmerin beträgt die Hälfte seiner/ihrer bisher vereinbarten individuellen regelmäßigen wöchentlichen Arbeitszeit, das sind nunmehr .... Stunden.

2. Die Arbeitszeit wird so verteilt, dass sie im ersten Abschnitt des Altersteilzeitarbeitsverhältnisses vom .... bis .... voll geleistet wird (Arbeitsphase) und der Arbeitnehmer/die Arbeitnehmerin anschließend bis .... von der Arbeitsleistung freigestellt wird (Freistellungsphase).

3. Mehrarbeit, die über die in § 5 Abs. 4 Altersteilzeitgesetz genannten Grenzen hinausgeht, ist ausgeschlossen.

§ 4 Vergütung

1. Der Arbeitnehmer/Die Arbeitnehmerin erhält für die Dauer des Altersteilzeitarbeitsverhältnisses ein Altersteilzeitentgelt, das sich nach der reduzierten Arbeitszeit errechnet.

   Das bisher monatliche Arbeitsentgelt beträgt .... €. Daraus ergibt sich ein monatliches Altersteilzeitentgelt von .... €.

   Das Altersteilzeitentgelt wird unabhängig von der Verteilung der Arbeitszeit für die Gesamtdauer des Altersteilzeitarbeitsverhältnisses fortlaufend gezahlt.

2. Die zeitabhängigen und die leistungsabhängigen monatlichen Entgeltbestandteile werden während der Arbeitsphase ausbezahlt. In der Freistellungsphase wird der Durchschnittswert der Arbeitsphase bezahlt.

   Tipp: Eine Vereinbarung über die Auszahlung der variablen Entgeltbestandteile (soweit tariflich zulässig) sollte in den Arbeitsvertrag aufgenommen werden, falls der einschlägige TV-AtZ hierüber keine Regelung enthält.

3. Das anteilige 13. Monatseinkommen sowie das zusätzliche Urlaubsgeld werden während der Arbeitsphase auf Teilzeit-Basis bezahlt.

   Während der Freistellungsphase besteht kein Anspruch.

   Im Jahr des Wechsels von der Arbeits- in die Freistellungsphase besteht ein Anspruch zeitanteilig entsprechend der Dauer der Arbeitsphase.

§ 5 Aufstockungsbetrag und Beiträge zur Rentenversicherung (Altersteilzeitleistungen)

Der Arbeitnehmer/Die Arbeitnehmerin erhält einen Aufstockungsbetrag auf das Altersteilzeitentgelt entsprechend § .... TV-AtZ.

Der Arbeitgeber entrichtet für den Arbeitnehmer/die Arbeitnehmerin zusätzlich Beiträge zur gesetzlichen Rentenversicherung entsprechend § .... TV-AtZ.

Ein Ausgleich von Rentenabschlägen bei vorzeitiger Inanspruchnahme von Altersrente erfolgt nicht.

§ 6 Urlaubsanspruch

Der Urlaubsanspruch richtet sich nach den tariflichen Regelungen. Im Jahr des Wechsels entsteht der Urlaub anteilig entsprechend der Dauer der Arbeitsphase und ist in dieser Zeit abzuwickeln. Mit der Freistellung sind alle tariflichen und gesetzlichen Urlaubsansprüche abgegolten.

§ 7 Entgeltfortzahlung bei Krankheit

Die Entgeltfortzahlung im Krankheitsfall richtet sich nach den tariflichen Bestimmungen (§ .... TV-AtZ).

Im Falle des Bezugs von Krankengeld, Versorgungskrankengeld, Verletztengeld oder Übergangsgeld nach Ablauf der Entgeltfortzahlung, tritt der Arbeitnehmer/die Arbeitnehmerin seine/ihre Ansprüche auf Altersteilzeitleistungen gegen die Bundesanstalt für Arbeit (§ 10 Abs. 2 Altersteilzeitgesetz) im Voraus an den Arbeitgeber ab. Der Arbeitgeber erbringt diese Leistungen insoweit anstelle der Bundesanstalt für Arbeit im Umfang der abgetretenen Ansprüche an den Arbeitnehmer/die Arbeitnehmerin.

§ 8 Nebenbeschäftigungsverbot, Folgen eines Verstoßes

Nebenbeschäftigungen sind dem Arbeitgeber anzuzeigen. Der Arbeitnehmer verpflichtet sich, keine Beschäftigung oder selbstständige Tätigkeit auszuüben, die die Geringfügigkeitsgrenze des § 8 SGB IV überschreitet.

Der Arbeitnehmer/Die Arbeitnehmerin verpflichtet sich, dem Arbeitgeber jeden möglichen Schaden aus einer Zuwiderhandlung zu ersetzen.

§ 9 Ende des Altersteilzeitarbeitsverhältnisses

Die Altersteilzeit und das Arbeitsverhältnis enden ohne Kündigung am ....

Sie enden außerdem

▶ mit Ablauf des Kalendermonats, in dem der Arbeitnehmer/die Arbeitnehmerin das 67. Lebensjahr vollendet,

▶ mit Beginn des Kalendermonats, für den der Arbeitnehmer/die Arbeitnehmerin eine der in § 5 Abs. 1 Nr. 3 Altersteilzeitgesetz aufgeführten Leistungen bezieht,

▶ mit Ablauf des Kalendermonats vor dem Kalendermonat, für den der Arbeitnehmer/die Arbeitnehmerin eine ungeminderte Altersrente beanspruchen kann (§ 5 Abs. 1 Nr. 2 Altersteilzeitgesetz),

▶ wenn der Anspruch auf Altersteilzeitleistungen gemäß § 5 Altersteilzeitgesetz erlischt (vgl. Hinweis in § 8).

Im Übrigen bleibt das Recht zur Kündigung unberührt.

§ 10 Abfindung

Endet das Arbeitsverhältnis auf Wunsch des Arbeitgebers mit Vollendung des 63. und vor Vollendung des 67. Lebensjahres, erhält der Arbeitnehmer bei Ausscheiden eine Abfindung entsprechend § .... TV-AtZ.

§ 11 Vorzeitiges Ende der Altersteilzeit

Endet das Arbeitsverhältnis vorzeitig, hat der Arbeitnehmer/die Arbeitnehmerin Anspruch auf eine etwaige Differenz zwischen den ausgezahlten Leistungen (Altersteilzeitentgelt und Aufstockungs-

betrag) und dem Entgelt für den Zeitraum seiner/ihrer tatsächlichen Beschäftigung (Arbeitsphase).

Der Arbeitnehmer/die Arbeitnehmerin hat ebenfalls Anspruch auf den anteiligen Betrag für nicht ausbezahlte Sonderzahlung und nicht ausgezahltes Urlaubsentgelt.

Dies gilt auch bei einer Insolvenz des Arbeitgebers. Bei Tod des Arbeitnehmers/der Arbeitnehmerin steht dieser Anspruch seinen/ihren Erben zu.

Bei der Auszahlung werden die aktuellen Tarifentgelte zugrunde gelegt.

§ 12 Mitteilungs- und Mitwirkungspflichten

Der Arbeitnehmer/Die Arbeitnehmerin verpflichtet sich, dem Arbeitgeber alle Umstände und deren Änderungen, die seinen/ihren Vergütungsanspruch, den Aufstockungsbetrag und die zusätzlichen Rentenversicherungsbeträge berühren können unverzüglich mitzuteilen.

Der Arbeitnehmer/Die Arbeitnehmerin ist verpflichtet, frühestmöglich den Antrag auf eine Rente wegen Alters oder auf vergleichbare Leistungen, die zum Erlöschen des Altersteilzeitarbeitsverhältnisses nach § 5 Abs. 1 Ziff. 2 Altersteilzeitgesetz führen, zu stellen und den Arbeitgeber unverzüglich zu informieren. Der Arbeitnehmer/Die Arbeitnehmerin hat den frühestmöglichen Zeitpunkt mitzuteilen, ab dem er/sie eine solche Altersrente oder eine vergleichbare Leistung beanspruchen kann.

Der Arbeitgeber hat ein Zurückbehaltungsrecht, wenn der Arbeitnehmer/die Arbeitnehmerin seinen/ihren Mitteilungs- und Mitwirkungspflichten nicht nachkommt, oder unvollständige oder unrichtige Auskünfte gibt. Zu Unrecht empfangene Leistungen sind zurückzuerstatten.

§ 13 Schlussbestimmungen

Mündliche Nebenabreden bestehen nicht. Änderungen und Ergänzungen dieses Vertrages bedürfen der Schriftform.

Im Übrigen gelten die Bestimmungen des Arbeitsvertrages vom ...... soweit sie nicht durch diesen Vertrag abgeändert werden.

....
Datum

....
Arbeitgeber   *Arbeitnehmer/in*

Änderungskündigung

I. Begriff

II. Kündigungserklärung
1. Kündigungsvoraussetzungen
2. Form
3. Frist
4. Inhalt

III. Reaktionsmöglichkeiten des Arbeitnehmers
1. Annahme ohne Vorbehalt
2. Annahme unter Vorbehalt
   2.1 Form und Frist
   2.2 Folge
3. Ablehnung

4. Klage
   4.1 Klage bei Ablehnung des Änderungsangebots
   4.2 Klage bei Annahme unter Vorbehalt
   4.3 Klage als erste Reaktion
5. Anspruch auf Abfindung statt Klage

IV. Muster: Änderungskündigung

I. Begriff

Eine Änderungskündigung (§ 2 KSchG) ist eine Erklärung des Arbeitgebers, mit der das ursprüngliche Arbeitsverhältnis gekündigt und gleichzeitig die Fortsetzung eines neuen Arbeitsverhältnisses zu geänderten Bedingungen angeboten wird. Rechtlich handelt es sich um eine normale Kündigung, verbunden mit dem Vertragsangebot, das Arbeitsverhältnis zu veränderten Bedingungen fortzusetzen.

Die Änderungskündigung dient in erster Linie dazu, eine Neugestaltung der Arbeitsbedingungen vorzunehmen, die nicht mehr vom → *Direktionsrecht* umfasst ist. Liegt die vom Arbeitgeber gewünschte Änderung nicht mehr innerhalb des Direktionsrechts, muss er zur Änderungskündigung greifen, um die Neugestaltung notfalls auch gegen den Willen des Arbeitnehmers durchsetzen zu können.

Kann der Arbeitgeber die gewünschte Änderung mit dem Direktionsrecht – also durch einseitige Weisung innerhalb der vereinbarten Arbeitsbedingungen – erreichen, darf er keine Änderungskündigung aussprechen; diese wäre dann unwirksam (vgl. BAG v. 26.1.2012, Az. 2 AZR 102/11; BAG v. 19.7.2012, Az. 2 AZR 25/11).

 TIPP!
In Zweifelsfällen sollte die Änderung unter Hinweis auf das Direktionsrecht verfügt und die Änderungskündigung vorsorglich für den Fall erklärt werden, dass das Direktionsrecht überschritten ist.

 Formulierungsbeispiel:
[Im Anschluss an beabsichtigte Änderung/Weisung:] „Sollte die vorbezeichnete Maßnahme (Weisung) unser Direktionsrecht überschreiten, erklären wir vorsorglich die nachfolgende Änderungskündigung." *[weiter wie Muster, s. u. IV.].*

II. Kündigungserklärung

1. Kündigungsvoraussetzungen

Sämtliche Kündigungsbeschränkungen und Kündigungsverbote (→ *Kündigungsschutz*) sowie die allgemeinen Kündigungsvoraussetzungen (→ *Kündigung*) finden grundsätzlich auch auf die Änderungskündigung Anwendung.

Eine betriebsbedingte Änderungskündigung bedarf daher zwingend eines dringlichen betrieblichen Erfordernisses (s. „Kündigungsschutz" III.1.). Eine betriebsbedingte Änderungskündigung ist sozial gerechtfertigt, wenn sich der Arbeitgeber bei Vorliegen eines Kündigungsgrundes darauf beschränkt hat, solche Änderungen anzubieten, die der Arbeitnehmer billigerweise hinnehmen muss. Im Rahmen von § 1 Abs. 2 Satz 1 i. V. m. § 2 KSchG ist zu prüfen, ob ein Beschäftigungsbedürfnis für den Arbeitnehmer zu den bisherigen Vertragsbedingungen entfallen ist und dem Arbeitnehmer in Anwendung des Verhältnismäßigkeitsgrundsatzes die am wenigsten beeinträchtigende Änderung angeboten wurde (BAG v. 16.12.2010, Az. 2 AZR 576/09; BAG v. 29.9.2011, Az. 2 AZR 451/10).

Den Maßstab für die rechtliche Bewertung eines betriebsbedingten Änderungsangebots hat das BAG wie folgt definiert (BAG v. 23.6.2005, Az. 2 AZR 642/04):

▶ Eine betriebsbedingte Änderungskündigung ist wirksam, wenn sich der Arbeitgeber bei einem an sich anerkennenswerten Anlass darauf beschränkt hat, lediglich solche Änderungen vorzuschlagen, die der Arbeitnehmer billigerweise hinnehmen muss.

▶ Dieser Maßstab gilt unabhängig davon, ob der Arbeitnehmer das Änderungsangebot abgelehnt oder unter Vorbehalt angenommen hat.

▶ Ein „an sich anerkennenswerter Anlass" setzt voraus, dass das Bedürfnis für die Weiterbeschäftigung des Arbeitnehmers im Betrieb zu den bisherigen Bedingungen entfallen ist.

▶ Dies kann auf einer unternehmerischen Entscheidung zur Umstrukturierung des gesamten oder von Teilen eines Betriebes oder einzelner Arbeitsplätze beruhen, von der auch das Anforderungsprofil der im Betrieb nach Umstrukturierung verbliebenen Arbeitsplätze erfasst werden kann.

▶ Eine solche Organisationsentscheidung unterliegt im Kündigungsschutzprozess nur einer Missbrauchskontrolle. Sie ist lediglich dahingehend zu überprüfen, ob sie offenbar unvernünftig oder willkürlich ist und ob sie ursächlich für den vom Arbeitgeber geltend gemachten Änderungsbedarf ist.

▶ Ob der Arbeitnehmer die vorgeschlagenen Änderungen billigerweise hinnehmen muss, richtet sich nach dem Verhältnismäßigkeitsgrundsatz: Die Änderungen müssen geeignet und erforderlich sein, um den Inhalt des Arbeitsvertrages den geänderten Beschäftigungsmöglichkeiten anzupassen. Diese Voraussetzungen müssen für alle Vertragsänderungen vorliegen. Ausgangspunkt ist die bisherige vertragliche Regelung, d. h.: Die angebotenen Änderungen dürfen sich nicht weiter vom Inhalt des bisherigen Arbeitsverhältnisses entfernen, als zur Erreichung des angestrebten Zieles erforderlich ist.

▶ Auch dann, wenn durch das Änderungsangebot nicht nur die Vergütung, sondern zusätzlich die Tätigkeit des Arbeitnehmers geändert werden soll, ist das Änderungsangebot insgesamt, also einschließlich der vorgeschlagenen Vergütung, am Verhältnismäßigkeitsgrundsatz zu messen. Eine Rechtfertigung der vorgeschlagenen Vergütung ist nur dann entbehrlich, wenn sich die geänderte Vergütung für die neue Tätigkeit aus einem im Betrieb angewandten Vergütungssystem ergibt.

▶ Der Arbeitgeber ist grundsätzlich nicht verpflichtet, sich einem wie auch immer gearteten Vergütungssystem zu unterwerfen. Er kann deshalb dem Arbeitnehmer eine von ihm selbst und unabhängig von Vergütungssystemen festgesetzte Gegenleistung (Entgelt) anbieten. Bei der Festsetzung muss er allerdings den Änderungsschutz im oben niedergelegten Sinne berücksichtigen und im Prozess die Gründe darlegen, die ihn unter Berücksichtigung des Änderungsschutzes zu den angebotenen Vertragsbedingungen bewogen haben.

Beispiele aus der Rechtsprechung:

Die Entscheidung, ob ein bestimmter Dienstleistungsbedarf nur mit Volltags- oder teilweise auch mit Halbtagsbeschäftigten abgedeckt werden soll, gehört zum Bereich der „freien Unternehmerentscheidung", die von den Arbeitsgerichten nur auf eine Missbrauchskontrolle hin überprüft werden kann (s. hierzu „Kündigungsschutz" III. 1.1; BAG v. 22.4.2004, Az. 2 AZR 385/03).

Eine Änderungskündigung zur Entgeltsenkung ist nicht allein deshalb sozial gerechtfertigt, weil eine neue gesetzliche Regelung die

Möglichkeit bietet, durch Parteivereinbarung einen geringeren (tariflichen) Lohn festzulegen, als er dem Arbeitnehmer bisher gesetzlich oder vertraglich zustand (BAG v. 12.1.2006, Az. 2 AZR 126/05). Ist jedoch eine Entgeltreduzierung in einem Betrieb (z. B. zur Abwendung einer Insolvenz) grundsätzlich zur sozialen Rechtfertigung einer Änderungskündigung geeignet, so kann sich ein betroffener Arbeitnehmer nicht darauf berufen, dass angesichts der Zustimmung einer Vielzahl von anderen Arbeitnehmern zu der Entgeltreduzierung, die ihm erteilte Änderungskündigung überflüssig und somit sozial ungerechtfertigt sei (BAG v. 26.6.2008, Az. 2 AZR 139/07). Ergibt sich bei einer Änderungskündigung die Höhe der Vergütung für die geänderte Tätigkeit nicht automatisch etwa aus einem Tarifvertrag oder einer vom Arbeitgeber aufgestellten Vergütungsordnung, so hat der Arbeitgeber die Vergütung in das frei ausgehandelte Vergütungsgefüge einzuordnen. Bietet er dabei dem Arbeitnehmer eine Vergütung an, die die durchschnittlich gezahlte Vergütung merklich unterschreitet, so muss er triftige Gründe hierfür darlegen und beweisen. Gelingt ihm dies nicht, so ist von der Sozialwidrigkeit der Änderungskündigung auszugehen. Bewegt sich die angebotene Vergütung für den geänderten Arbeitsplatz jedoch im oberen Bereich der frei ausgehandelten Gehaltsstruktur vergleichbarer Arbeitnehmer, so muss der Arbeitnehmer konkrete Gründe vortragen, warum es gerade bei ihm unter Berücksichtigung seines Änderungsschutzes geboten ist, dass seine geänderte Tätigkeit noch höher vergütet wird (BAG v. 3.4.2008, Az. 2 AZR 500/06).

Liegen aufgrund der Stilllegung eines Betriebsteils an sich Gründe für eine Änderungskündigung vor und stehen für eine Weiterbeschäftigung der betroffenen Arbeitnehmer freie Arbeitsplätze an anderen Orten zur Verfügung, die vom bisherigen Arbeitsort räumlich unterschiedlich weit entfernt liegen, hat der Arbeitgeber, wenn die Zahl der am näher gelegenen Arbeitsort zur Verfügung stehenden Arbeitsplätze geringer als die Zahl der insgesamt zu versetzenden Arbeitnehmer ist, im Rahmen einer sozialen Auswahl analog § 1 Abs. 3 KSchG zu entscheiden, welchem Arbeitnehmer er die Weiterbeschäftigung an dem näher gelegenen Ort anbietet. Diese Grundsätze sind auch anzuwenden, wenn der Arbeitgeber Arbeitnehmern vor Ausspruch einer Änderungskündigung die einvernehmliche Versetzung auf einen der freien Arbeitsplätze anbietet. Der Arbeitgeber kann eine Auswahlentscheidung nach § 1 Abs. 3 KSchG nicht dadurch vermeiden, dass er zunächst die freien, günstiger gelegenen Arbeitsplätze auf freiwilliger Basis besetzt. Erfolgen Stellenbesetzungen und spätere Änderungskündigungen aufgrund eines einheitlichen Entschlusses, sind bei der Prüfung der Kündigungsvoraussetzungen beide Erklärungen des Arbeitgebers als Einheit zu würdigen (BAG v. 12.8.2010, Az. 2 AZR 945/08).

Bei einer betriebsbedingten Änderungskündigung sind auch soziale Gesichtspunkte zu beachten. Da bei einer derartigen Kündigung die soziale Rechtfertigung des Änderungsangebots im Vordergrund steht, ist anders als bei einer Beendigungskündigung bei der Sozialauswahl primär darauf abzustellen, wie sich die vorgeschlagene Vertragsänderung auf den sozialen Status vergleichbarer Arbeitnehmer auswirkt. Deshalb ist vor allem zu prüfen, ob der Arbeitgeber, statt die Arbeitsbedingungen des gekündigten Arbeitnehmers zu ändern, diese Änderung einem anderen Arbeitnehmer hätte anbieten können, dem sie in sozialer Hinsicht eher zumutbar gewesen wäre. Für eine Vergleichbarkeit der Arbeitnehmer im Rahmen einer Änderungskündigung müssen die Arbeitnehmer auch für die Tätigkeit, die Gegenstand des Änderungsangebotes ist, wenigstens annähernd gleich geeignet sein. Die Austauschbarkeit bezieht sich auch auf den mit der Änderungskündigung angebotenen Arbeitsplatz. Weitere Anforderungen ergeben sich aus dem allgemeinen und besonderen Kündigungsschutz (s. → *Kündigungsschutz*).

✎ WICHTIG!

Auch bei einer Änderungskündigung ist der Betriebsrat anzuhören (§ 102 Abs. 1 BetrVG). Bei einer Änderungskündigung hat der Arbeitgeber dem Betriebsrat sowohl die Gründe für die Änderung der Arbeitsbedingungen als auch das Änderungsangebot mitzuteilen. Dabei muss er nur die Umstände mitteilen, die seinen Kündigungsentschluss tatsächlich bestimmt haben. Das gilt auch für das Erfordernis einer sozialen Auswahl (BAG v. 12.8.2010, Az. 2 AZR 945/08). Auch bei betriebsbedingten Änderungskündigungen und nicht nur bei Beendigungskündigungen wird, wenn ein Interessenausgleich mit Namensliste vorliegt, zugunsten des Arbeitgebers vermutet, dass die Änderung der Arbeitsbedingungen durch betriebliche Erfordernisse veranlasst war. Auch ist die Sozialauswahl in diesen Fällen nur auf grobe Fehlerhaftigkeit hin zu überprüfen (BAG v. 19.6.2007, Az. 2 AZR 304/06).

2. Form

Eine Kündigung muss (wenn sie zur Beendigung des Arbeitsverhältnisses führen soll) in jedem Fall schriftlich erfolgen (§ 623 BGB). Dies gilt auch für eine Änderungskündigung, mit der ja die Beendigung des Arbeitsverhältnisses für den Fall der Ablehnung des Änderungsangebots erklärt wird.

> ◁ **ACHTUNG!**
>
> Will der Arbeitgeber eine Änderung der Arbeitsbedingungen in mehreren Punkten erreichen und erklärt er zur Durchsetzung einer jeden Änderung eine gesonderte Kündigung, muss jede der Kündigungen das Änderungsangebot deutlich und zweifelsfrei abbilden. Ein Angebot, mit dem der Arbeitgeber erklärt, die „sonstigen Arbeitsbedingungen" blieben unverändert, und zugleich darauf verweist, der Arbeitnehmer werde zeitgleich noch weitere Änderungskündigungen erhalten, ist widersprüchlich und führt zur Unwirksamkeit der Kündigung (BAG v. 10.9.2011, Az. 2 AZR 822/07).

Die gesetzlich angeordnete Schriftform bedeutet, dass die Kündigungserklärung von dem Kündigenden (oder seinem Vertreter) **eigenhändig** unterschrieben sein muss. Stempel, Kopien (auch Telefaxkopien!), Faksimile oder digitale Unterschriften reichen hierzu nicht. Zusätzliche Formerfordernisse können sich aus Tarifvertrag, Betriebsvereinbarung oder Arbeitsvertrag ergeben. Die gesetzlichen Formerfordernisse können nicht durch Vereinbarung ausgeschlossen werden. Eine Kündigung muss daher immer (also auch wenn dies anders vereinbart wurde) schriftlich erklärt werden.

3. Frist

Eine Änderungskündigung muss grundsätzlich als ordentliche Kündigung unter Einhaltung der Kündigungsfrist erfolgen. Liegt jedoch ein wichtiger Grund i. S. d. § 626 BGB vor, kann sie auch als außerordentliche → *Kündigung* erklärt werden. Zu den Fristen s. Kündigung A.III.

Als dritte Form der Änderungskündigung, die neben der ordentlichen und außerordentlichen Änderungskündigung steht, wäre eine sog. Änderungskündigung mit sofortiger Wirkung denkbar. Eine solche Änderungskündigung erscheint immer dann erforderlich, wenn betriebsbedingt ein Arbeitsplatz wegfällt und eine anderweitige Beschäftigungsmöglichkeit nur genutzt werden kann, wenn diese alsbald besetzt wird und es dem Arbeitgeber unzumutbar ist, den freien Arbeitsplatz bis zum Ablauf der ordentlichen Kündigungsfrist freizuhalten.

Das BAG hat jedoch festgestellt, dass eine ordentliche Änderungskündigung mit dem Angebot, die Arbeitsbedingungen bereits erhebliche Zeit vor Ablauf der ordentlichen Kündigungsfrist zu ändern, nach § 1 Abs. 2, § 2 KSchG unwirksam ist (BAG v. 21.9.2006, Az. 2 AZR 120/06). Eine ordentliche Kündigung wirkt erst zum Ablauf der ordentlichen Kündigungsfrist, daran hat sich auch das Änderungsangebot des Arbeitgebers bei einer ordentlichen Änderungskündigung zu orientieren. Der Arbeitnehmer ist nicht verpflichtet, auf einen Teil der ihm zustehenden Kündigungsfrist zu verzichten und vorzeitig in eine Vertragsänderung mit schlechteren Arbeitsbedingungen (insbesondere eine Lohnminderung) einzuwilligen.

Das Angebot des Arbeitgebers bei einer ordentlichen Änderungskündigung, die Arbeitsbedingungen schon vor Ablauf der ordentlichen Kündigungsfrist zu ändern, kann nicht ohne weiteres als Angebot ausgelegt werden, die neuen Arbeitsbedingungen bei Unzulässigkeit der vorfristigen Änderung erst mit dem Ablauf der ordentlichen Kündigungsfrist eintreten zu lassen. Nach Ansicht des BAG bestehen daher schon aus der Rechtsnatur der Änderungskündigung heraus grundsätzliche

Bedenken gegen die Umdeutung eines nicht auslegungsfähigen Änderungsangebots in ein Angebot mit erheblich abweichenden Arbeitsbedingungen. Da der Arbeitnehmer auf das Vertragsangebot des Arbeitgebers reagieren und sich entscheiden muss, ob er die geänderten Arbeitsbedingungen ablehnt oder mit bzw. ohne Vorbehalt annimmt, erfordert schon die Rechtssicherheit, dass zweifelsfrei klargestellt ist, zu welchen neuen Arbeitsbedingungen das Arbeitsverhältnis nach dem Willen des Arbeitgebers fortbestehen soll (BAG a.a.O.).

> ◁ **ACHTUNG!**
>
> Aus den vorgenannten Gründen sollte von einer ordentlichen Änderungskündigung mit sofortiger Wirkung Abstand genommen werden. Stattdessen sollte dem Arbeitnehmer ein entsprechendes Änderungsangebot im Wege eines Änderungsvertrages unterbreitet werden. Lehnt er dieses Änderungsangebot ernsthaft und endgültig ab, kommt ggf. eine ordentliche Beendigungskündigung in Betracht. Erklärt sich der Arbeitnehmer zu dem Änderungsangebot nicht (ernsthaft und endgültig), muss der Arbeitgeber in diesen Fällen eine Änderungskündigung aussprechen, in der sich ordentliche Kündigungsfrist und Änderungsangebot decken.

4. Inhalt

Die Änderungskündigung zielt auf die inhaltliche Änderung des bestehenden Arbeitsvertrags ab. Da der Arbeitgeber eine Vertragsänderung nicht einseitig vornehmen kann, muss er mit der Änderungskündigung das bestehende Arbeitsverhältnis – unter Einhaltung der einschlägigen Kündigungsfrist – kündigen und gleichzeitig ein neues – zu geänderten Bedingungen – anbieten. Das mit der Änderungskündigung unterbreitete Angebot muss eindeutig bestimmt bzw. bestimmbar sein. Für den gekündigten Arbeitnehmer muss erkennbar sein, welche Arbeitsbedingungen zukünftig gelten sollen und welchen Inhalt das Arbeitsverhältnis künftig haben soll. Das Änderungsangebot muss also so genau beschrieben werden, dass der Arbeitnehmer nur noch „Ja" zu sagen braucht. Dies gilt insbesondere für die neuen (geänderten) Arbeitsbedingungen.

> ◌ **WICHTIG!**
>
> Das Schriftformerfordernis des § 623 BGB erstreckt sich nicht nur auf die Kündigung, sondern auch auf das Änderungsangebot (BAG v. 16.9.2004, Az. 2 AZR 628/03). Daher ist ein lediglich mündlich erklärtes Änderungsangebot nicht ausreichend.

Hinsichtlich der unveränderten Regelungen sollte der Arbeitgeber klarstellen: „Im Übrigen bleibt es bei den vertraglichen Regelungen aus dem Arbeitsvertrag vom .... "

> ◌ **WICHTIG!**
>
> Seit 1.7.2003 ist der Arbeitgeber gesetzlich dazu verpflichtet, Arbeitnehmer frühzeitig vor der Beendigung des Arbeitsverhältnisses über die Notwendigkeit eigener Aktivitäten bei der Suche nach einer anderen Beschäftigung sowie über die Verpflichtung zur Meldung der Beendigung bei der zuständigen Agentur für Arbeit zu informieren.

Diese Belehrung sollte bereits mit der Kündigungserklärung schriftlich erfolgen.

> ▭ **Formulierungsbeispiel:**
>
> „Für den Fall, dass Sie mit einer Fortsetzung des Arbeitsverhältnisses zu den geänderten Bedingungen (ggf. auch unter dem Vorbehalt einer arbeitsgerichtlichen Überprüfung der Änderungen) nicht einverstanden sind, weisen wir Sie darauf hin, dass das Arbeitsverhältnis mit Ablauf des . . . (Datum) endet."
>
> „Wir weisen Sie darauf hin, dass Sie in diesem Fall gem. § 37b SGB III verpflichtet sind, sich spätestens drei Monate vor Beendigung des Arbeitsverhältnisses persönlich bei der Agentur für Arbeit zu melden . . ."
>
> oder (wenn zwischen Kenntnis des Beendigungszeitpunktes und der Beendigung weniger als drei Monate liegen):
>
> „Wir weisen Sie darauf hin, dass Sie gem. § 37b SGB III verpflichtet sind, sich innerhalb von drei Tagen nach Kenntnis des Beendigungszeitpunktes, also nach Erhalt dieses Schreibens, persönlich bei der Agentur für Arbeit zu melden . . ."

:: **rehm**

und (in beiden Fällen):

„... Andernfalls kann Ihr Anspruch auf Arbeitslosengeld verkürzt werden. Sie sind ferner dazu verpflichtet, selbst bei der Suche nach einem anderen Arbeitsplatz aktiv zu werden."

III. Reaktionsmöglichkeiten des Arbeitnehmers

Auf das mit der Änderungskündigung ausgesprochene Änderungsangebot des Arbeitgebers kann der Arbeitnehmer in unterschiedlicher Weise reagieren. Er kann es mit oder ohne Vorbehalt annehmen oder gänzlich ablehnen.

1. Annahme ohne Vorbehalt

Wird das Änderungsangebot ohne Vorbehalt angenommen, kommt es zu einer inhaltlichen Änderung des Arbeitsvertrags. Die Kündigung wird gegenstandslos.

> **WICHTIG!**
> Setzt der Arbeitnehmer die Arbeit zu den geänderten Arbeitsbedingungen nach Ablauf der Kündigungsfrist fort, stellt dies eine vorbehaltlose Annahme des Änderungsangebots dar.

Hat der Arbeitnehmer erst einmal die Annahme erklärt und ist diese Erklärung dem Arbeitgeber zugegangen, so ist der Arbeitnehmer hieran gebunden. Ein einseitiger Widerruf durch den Arbeitnehmer kann dann nicht mehr erfolgen.

2. Annahme unter Vorbehalt

Der Arbeitnehmer kann gemäß § 2 KSchG das Änderungsangebot bzw. die neuen Arbeitsbedingungen unter dem Vorbehalt annehmen, dass die Änderung dieser Bedingungen nicht sozial ungerechtfertigt ist.

> **WICHTIG!**
> Die Annahme unter Vorbehalt gemäß § 2 KSchG steht nur solchen Arbeitnehmern zu, die in einem Betrieb mit in der Regel mehr als fünf Arbeitnehmern schon länger als sechs Monate beschäftigt sind.

2.1 Form und Frist

Der Vorbehalt muss gegenüber dem Arbeitgeber erklärt werden. Die Erklärung ist an keine bestimmte Form gebunden. Die bloße Fortsetzung des Arbeitsverhältnisses zu den geänderten Bedingungen reicht allerdings nicht aus, da durch sie der Vorbehalt nicht deutlich wird. Sie gilt als vorbehaltlose Annahme des Änderungsangebots (s. o. 1.).

Bei der ordentlichen Änderungskündigung muss der Arbeitnehmer den Vorbehalt innerhalb von **drei Wochen** nach Zugang der Kündigung erklären. Sollte die Kündigungsfrist ausnahmsweise weniger als drei Wochen betragen, so hat der Arbeitnehmer den Vorbehalt bis zum **Ablauf der Kündigungsfrist** auszusprechen. Bei der außerordentlichen Kündigung muss er den Vorbehalt **unverzüglich** erklären, es sei denn, die Kündigung wurde mit einer sozialen Auslauffrist ausgesprochen. Dann gelten die Regeln für die ordentliche Änderungskündigung entsprechend.

Der Vorbehalt muss dem Arbeitgeber innerhalb der Frist zugehen. Es genügt nicht, wenn der Arbeitnehmer am letzten Tage des Fristablaufs die Erklärung abgibt und diese dem Arbeitgeber erst am darauf folgenden Tag, z. B. per Post, zugeht.

Um möglichst schnell Planungssicherheit zu erhalten, kann der Arbeitgeber den Arbeitnehmer auffordern, sich innerhalb einer angemessenen Überlegungsfrist zu dem Änderungsangebot zu erklären (s. Muster u. IV.). Unproblematisch ist es jedenfalls, wenn der Arbeitgeber hier die gesetzlich geregelte Drei-Wochen-Frist in Ansatz bringt. Diese bezieht sich zwar nur auf die Geltendmachung des Vorbehalts. Dennoch wird teilweise vertreten, dass die Aufforderung des Arbeitgebers, sich innerhalb einer kürzeren (als der gesetzlichen) Frist zum Änderungsange-

bot zu erklären, die Unwirksamkeit der Änderungskündigung zur Folge hätte. Nach einer Entscheidung des BAG v. 1.2.2007, Az. 2 AZR 44/06 ist dies jedoch nicht der Fall. Spricht der Arbeitgeber eine Änderungskündigung aus und will der Arbeitnehmer das Änderungsangebot unter Vorbehalt annehmen, so steht ihm hierfür gem. § 2 Satz 2 KSchG längstens eine Erklärungsfrist von drei Wochen zur Verfügung. Diese gilt als Mindestfrist auch für die Möglichkeit einer vorbehaltlosen Annahme des Änderungsangebots, und zwar auch dann, wenn der Arbeitgeber eine zu kurze Annahmefrist festgelegt hat (BAG a.a.O.).

Versäumt der Arbeitnehmer die gesetzliche Frist, hat er nicht mehr das Recht, das Angebot unter Vorbehalt anzunehmen. Das Angebot gilt damit als abgelehnt und die Kündigung ist als Beendigungskündigung zu behandeln (s. u. 3.).

> **WICHTIG!**
> Hat der Arbeitnehmer das Änderungsangebot des Arbeitgebers unter Vorbehalt angenommen und Änderungsschutzklage nach § 4 Satz 2 KSchG erhoben, streiten die Parteien nicht über die Beendigung des Arbeitnehmerverhältnisses und damit nicht über die Rechtswirksamkeit der ausgesprochenen Kündigung, sondern nur noch über die Berechtigung des Angebots auf Änderung der Arbeitsbedingungen. Streitgegenstand der Änderungsschutzklage ist nicht die Wirksamkeit der Kündigung, sondern der Inhalt der für das Arbeitsverhältnis geltenden Vertragsbedingungen (BAG v. 26.1.2012, Az. 2 AZR 102/11; BAG v. 19.7.2012, Az. 2 AZR 25/11). Bei einer unter Vorbehalt angenommenen Änderungskündigung ist der Arbeitgeber grundsätzlich nicht verpflichtet, den Arbeitnehmer vorläufig zu den bisherigen Bedingungen weiterzubeschäftigen. Etwas anderes könnte nur dann gelten, wenn die Änderung der Arbeitsbedingungen gleichzeitig eine Versetzung nach § 95 Abs. 3 BetrVG darstellt und weder der Betriebsrat nach § 99 BetrVG zugestimmt hat oder die Zustimmung gerichtlich nicht ersetzt ist, noch der Arbeitgeber das Verfahren nach § 100 BetrVG durchführt (LAG Nürnberg v. 6.8.2012, Az. 2 Sa 643/11).

Die Erklärung des Vorbehalts ist an keine bestimmte Form gebunden. Die bloße Fortsetzung des Arbeitsverhältnisses zu den geänderten Bedingungen reicht allerdings nicht aus, da durch sie der Vorbehalt nicht deutlich wird und sie deshalb vielmehr als vorbehaltlose Annahme des Änderungsangebots anzusehen ist.

Gibt der Arbeitnehmer keine ausdrückliche Erklärung zum Vorbehalt ab, sondern erhebt (nur) Kündigungsschutzklage mit dem Antrag, die Sozialwidrigkeit der Änderung festzustellen, kann darin die Erklärung des Vorbehalts gesehen werden. Auch bei dieser „Umdeutung" gilt jedoch die dreiwöchige Erklärungsfrist. Deshalb ist der Vorbehalt verspätet erklärt, wenn die Kündigungsschutzklage dem Arbeitgeber erst nach Ablauf der Erklärungsfrist zugestellt wird. Auch dann liegt eine Beendigungskündigung vor (s. u. 3.).

2.2 Folge

Hat der Arbeitnehmer die Änderungskündigung unter Vorbehalt angenommen, kann er nach Ablauf der Kündigungsfrist vorläufig zu den geänderten Arbeitsbedingungen weiterbeschäftigt werden (z. B. auf einem anderen Arbeitsplatz oder zu einer geringeren Vergütung). Er hat dann nicht mehr das Recht, die Weiterbeschäftigung zu den geänderten Arbeitsbedingungen unter Hinweis auf die Unwirksamkeit der Änderungskündigung abzulehnen.

Erst wenn die gerichtliche Überprüfung der Änderungsbedingungen zur rechtskräftigen Feststellung führt, dass die Änderungskündigung unwirksam ist, muss der Arbeitnehmer wieder zu den ursprünglichen Arbeitsbedingungen weiterbeschäftigt werden. Die Änderungskündigung ist in diesen Fällen als von Anfang an unwirksam anzusehen (§ 8 KSchG), sodass dem Arbeitnehmer die in der Vergangenheit entstandenen Nachteile (z. B. Vergütungseinbußen) auszugleichen sind.

Hält das Arbeitsgericht die geänderten Bedingungen jedoch für sozial gerechtfertigt, so steht mit Rechtskraft des Urteils fest, dass die Änderung von Anfang an verbindlich und die Beschäftigung zu den geänderten Bedingungen rechtens war.

3. Ablehnung

Die Ablehnung oder nicht fristgerechte Annahme durch den Arbeitnehmer hat zur Folge, dass sich die Änderungskündigung in eine Beendigungskündigung umwandelt. Hat der Arbeitnehmer erst einmal die Ablehnung erklärt und ist diese Erklärung dem Arbeitgeber zugegangen, so ist der Arbeitnehmer hieran gebunden. Ein einseitiger Widerruf durch den Arbeitnehmer kann dann nicht mehr erfolgen.

> **ACHTUNG!**
>
> Wird das Änderungsangebot abgelehnt, so verliert der Arbeitnehmer u. U. im Falle einer erfolgreichen Klage gegen die Beendigungskündigung seinen Anspruch auf Vergütungsfortzahlung wegen Annahmeverzugs (s. hierzu Kündigung IV.3). So hat das LAG Köln im Falle einer wegen fehlerhafter Betriebsratsanhörung unwirksamen Änderungskündigung entschieden. Der Arbeitgeber habe für die Dauer der Nichtbeschäftigung keinen Verzugslohn zu zahlen, da der Arbeitnehmer das Änderungsangebot zumindest für die Dauer des Rechtsstreits (als „Ersatzbeschäftigung") hätte annehmen müssen (LAG Köln v. 21.6.2005, Az. 13 Sa 179/05).

Bei fristgerechtem und ordnungsgemäßem Widerspruch des Betriebsrats gemäß § 102 Abs. 3 BetrVG kann der Arbeitnehmer im Kündigungsschutzprozess die einstweilige Weiterbeschäftigung (also bis zur Rechtskraft des Urteils) zu den ursprünglichen Arbeitsbedingungen verlangen. Hat der Betriebsrat nicht ordnungsgemäß widersprochen, kann der Arbeitnehmer nur dann eine vorläufige Weiterbeschäftigung durchsetzen, wenn die Änderungskündigung offensichtlich unwirksam oder rechtsmissbräuchlich ist.

Wird durch ein (noch nicht rechtskräftiges) Urteil die Unwirksamkeit der Änderungskündigung festgestellt, hat das Arbeitsgericht auch einem (bis zur Rechtskraft) einstweiligen Weiterbeschäftigungsbegehren des Arbeitnehmers stattzugeben, es sei denn, es liegen ausnahmsweise Umstände vor, aus denen sich im Einzelfall ein überwiegendes Interesse des Arbeitgebers ergibt, den Arbeitnehmer nicht weiterzubeschäftigen.

4. Klage

Will der Arbeitnehmer gegen die Änderungskündigung gerichtlich vorgehen, muss er innerhalb einer Frist von drei Wochen nach Zugang der Kündigung Klage erheben (§ 4 KSchG). Andernfalls gilt die Kündigung als sozial gerechtfertigt.

Die Art und die Rechtsfolgen der Klage sind davon abhängig, wie der Arbeitnehmer auf die Änderungskündigung reagiert hat.

4.1 Klage bei Ablehnung des Änderungsangebots

Hat der Arbeitnehmer das Änderungsangebot vorbehaltlos abgelehnt, ist die Kündigung als (normale) Beendigungskündigung zu behandeln (Kündigung, Kündigungsschutz). Der Arbeitnehmer muss dann die Feststellung der Unwirksamkeit der Kündigung insgesamt beantragen. Stellt sich die Kündigung als rechtswirksam heraus, gilt das Arbeitsverhältnis (rückwirkend) zum genannten Kündigungszeitpunkt als beendet. Wird durch das Arbeitsgericht rechtskräftig die Unwirksamkeit der Kündigung festgestellt, ist das Arbeitsverhältnis zu den ursprünglichen Arbeitsbedingungen fortzusetzen. Für die Zeiten der Nichtbeschäftigung des Arbeitnehmers muss der Arbeitgeber dann ggf. das gesamte Gehalt aus dem Gesichtspunkt des Annahmeverzugs nachzahlen.

4.2 Klage bei Annahme unter Vorbehalt

Hat der Arbeitnehmer die Änderung der Arbeitsbedingungen unter Vorbehalt (der sozialen Rechtfertigung dieser geänderten Bedingungen) angenommen, kann er sog. Änderungsschutzklage erheben. Hierzu muss er sinngemäß den Antrag auf Feststellung erheben, dass die Änderung der Arbeitsbedingungen sozial ungerechtfertigt ist. Das Arbeitgericht überprüft dann nur, ob die angebotene Änderung der Arbeitsbedingungen hinreichend begründet bzw. sozial gerechtfertigt ist. Wenn dies der Fall ist, muss der Arbeitnehmer auch nach Abschluss des gerichtlichen Verfahrens auf dem neuen Arbeitsplatz weiterarbeiten. Stellt das Arbeitsgericht jedoch rechtskräftig die Unwirksamkeit der Änderungskündigung fest, muss eine Weiterbeschäftigung zu den ursprünglichen Bedingungen erfolgen. Sollten dem Arbeitnehmer durch die zwischenzeitliche (nachträglich als unzulässig festgestellte) Beschäftigung auf einem anderen Arbeitsplatz Nachteile (z. B. Vergütungseinbußen) entstanden sein, muss der Arbeitgeber diese ausgleichen (z. B. Gehalt nachzahlen).

4.3 Klage als erste Reaktion

Reagiert der Arbeitnehmer auf die Änderungskündigung unmittelbar mit einer Klage, hängt das weitere Verfahren von dem Klageantrag ab: Will der Arbeitnehmer festgestellt wissen, dass das Arbeitsverhältnis nicht durch die Änderungskündigung beendet worden ist, liegt darin die Ablehnung des Änderungsangebots. Es wird dann nur über die Beendigung des Arbeitsverhältnisses verhandelt.

Stellt er jedoch den Antrag, festzustellen, dass die Änderung der Arbeitsbedingungen sozial ungerechtfertigt ist, liegt darin eine Annahme unter Vorbehalt (wenn die Klage dem Arbeitgeber innerhalb der Drei-Wochen-Frist (s. o. 2.1) zugestellt wird). Der Arbeitnehmer muss dann zunächst zu den neuen Arbeitsbedingungen seine Arbeit leisten.

5. Anspruch auf Abfindung statt Klage

Im Falle einer betriebsbedingten Kündigung kann der Arbeitnehmer seit 1.1.2004 wählen, ob er gegen eine Kündigung Klage erhebt (s. o. 4.1) oder sich eine Abfindung gem. § 1a KSchG auszahlen lässt. § 1a KSchG ist auch auf eine aus dringenden betrieblichen Gründen ausgesprochene Änderungskündigung anwendbar, soweit diese wegen Nichtannahme oder vorbehaltsloser Ablehnung des Änderungsangebots zur Beendigung des Arbeitsverhältnisses führt. Nimmt jedoch ein Arbeitnehmer die geänderten Vertragsbedingungen vorbehaltlos an, ist dies kein Fall des § 1a KSchG, da es in diesem Fall nicht zu einer Beendigung des Arbeitsverhältnisses kommt (BAG v. 13.12.2007, Az. 2 AZR 663/06).

Voraussetzung für einen Anspruch nach § 1a KSchG ist immer eine betriebsbedingte Änderungskündigung, die den Hinweis des Arbeitgebers auf die Möglichkeit des gesetzlichen Abfindungsanspruchs enthält. Liegen die gesetzlichen Voraussetzungen vor (Einzelheiten hierzu s. u. „Kündigungsschutz" A.III.4.) entsteht der Abfindungsanspruch in Höhe eines halben Monatsverdienstes für jedes Beschäftigungsjahr mit Verstreichenlassen der Klagefrist gem. § 4 KSchG. Die Abfindung wird dann nach Ablauf der Kündigungsfrist zur Zahlung fällig, sofern der Arbeitnehmer nicht Klage erhebt.

> **WICHTIG!**
>
> Der Arbeitgeber muss sich bereits bei Ausspruch der Kündigung überlegen, ob er dem Arbeitnehmer durch den Hinweis auf die Möglichkeit der gesetzlichen Abfindung ein entsprechendes Wahlrecht einräumt. Dies ist immer nur dann zu empfehlen, wenn die Wirksamkeit der Kündigung zumindest zweifelhaft ist und dem Arbeitnehmer durch die Abfindungsmöglichkeit die Unterlassung einer Kündigungsschutzklage schmackhaft gemacht werden soll.

Sehr geehrter Herr .... /Sehr geehrte Frau ....,

.... [nach Belieben Schilderung der Kündigungsgründe – gesetzlich nicht erforderlich]

Hiermit kündigen wir das seit .... bestehende Arbeitsverhältnis unter Einhaltung der ordentlichen Kündigungsfrist zum ....

Gleichzeitig bieten wir die Fortsetzung des Arbeitsverhältnisses unter Maßgabe folgender Änderungen an:

Im Übrigen verbleibt es bei den ursprünglichen Bedingungen des Arbeitsverhältnisses. Die geänderten Arbeitsbedingungen treten mit Ablauf der vorbezeichneten Kündigungsfrist in Kraft, sofern Sie die angebotene Fortsetzung des Arbeitsverhältnisses nicht ausdrücklich ablehnen.

Der Betriebsrat wurde zu dieser Kündigung gehört und hat

[wahlweise:]

▶ *keine Einwände erhoben.*

▶ *die Kündigung zur Kenntnis genommen.*

▶ *der Kündigung widersprochen.*

Bitte teilen Sie uns innerhalb der Kündigungsfrist, spätestens jedoch bis zum .... [Dreiwochenfrist] mit, ob Sie mit der angebotenen Fortsetzung des Arbeitsverhältnisses einverstanden sind.

Für den Fall, dass Sie mit einer Fortsetzung des Arbeitsverhältnisses zu den geänderten Bedingungen (ggf. auch unter dem Vorbehalt einer arbeitsgerichtlichen Überprüfung der Änderungen) nicht einverstanden sind, weisen wir Sie darauf hin, dass das Arbeitsverhältnis mit Ablauf des .... (Datum) endet.

„Wir weisen Sie darauf hin, dass Sie in diesem Fall gem. § 38 SGB III verpflichtet sind, sich spätestens drei Monate vor Beendigung des Arbeitsverhältnisses persönlich bei der Agentur für Arbeit zu melden ..."

oder (wenn zwischen Kenntnis des Beendigungszeitpunktes und der Beendigung weniger als drei Monate liegen):

„Wir weisen Sie darauf hin, dass Sie gem. § 38 SGB III verpflichtet sind, sich innerhalb von drei Tagen nach Kenntnis des Beendigungszeitpunktes, also nach Erhalt dieses Schreibens, persönlich bei der Agentur für Arbeit zu melden ..."

und (in beiden Fällen):

„... Andernfalls kann Ihr Anspruch auf Arbeitslosengeld verkürzt werden. Sie sind ferner dazu verpflichtet, selbst bei der Suche nach einem anderen Arbeitsplatz aktiv zu werden."

Optional bei betriebsbedingter Kündigung: Wir weisen ferner darauf hin, dass die Kündigung aus dringenden betrieblichen Gründen erfolgt und Ihnen wegen der betriebsbedingten Beendigung ein gesetzlicher Anspruch auf Zahlung einer Abfindung gem. § 1a KSchG zusteht, sofern Sie gegen die Kündigung innerhalb der gesetzlichen Klagefrist keine Klage erheben. Die Höhe der Abfindung beträgt gem. § 1a Abs. 2 KSchG 0,5 Monatsverdienste für jedes Jahr des Bestehens des Arbeitsverhältnisses. Als Monatsverdienst gilt gem. § 10 Abs. 3 KSchG, was Ihnen bei der für Sie maßgebenden regelmäßigen Arbeitszeit in dem Monat, in dem das Arbeitsverhältnis endet, an Geld und Sachbezügen zusteht. Bei der Ermittlung der Dauer des Arbeitsverhältnisses ist ein Zeitraum von mehr als sechs Monaten auf ein volles Jahr aufzurunden. Sollten Sie also gegen die Kündigung bis zum Ablauf der gesetzlichen Klagefrist keine Klage erheben, steht Ihnen nach Ablauf der Kündigungsfrist eine Abfindung in Höhe von € .... zu.

Mit freundlichen Grüßen

Anfechtung

I. Begriff

II. Verhältnis von Anfechtung und außerordentlicher Kündigung

III. Anfechtungsgrund
1. Anfechtung wegen Irrtums
   1.1 Erklärungsirrtum
   1.2 Inhaltsirrtum
   1.3 Eigenschaftsirrtum
2. Anfechtung wegen arglistiger Täuschung/widerrechtlicher Drohung

IV. Anfechtungsfrist
1. Anfechtung wegen Irrtums
2. Anfechtung wegen arglistiger Täuschung/widerrechtlicher Drohung

V. Form und Inhalt der Anfechtungserklärung

VI. Rechtsfolgen der Anfechtung

I. Begriff

Der Arbeitsvertrag kann vom Arbeitgeber oder vom Arbeitnehmer angefochten werden. Die Anfechtung führt zur Nichtigkeit des Vertrags.

II. Verhältnis von Anfechtung und außerordentlicher Kündigung

Die Anfechtung und die außerordentliche Kündigung bestehen als Rechtsinstitute nebeneinander und schließen sich nicht aus (BAG v. 12.5.2011, Az. 2 AZR 479/09). Ein Arbeitsverhältnis kann außerordentlich aus wichtigem Grund ohne Einhaltung der Kündigungsfrist gekündigt werden, wenn dem Arbeitgeber aufgrund der Schwere der Pflichtverletzung des Arbeitnehmers das Festhalten am Arbeitsverhältnis bis zum Ablauf der Kündigungsfrist nicht mehr zugemutet werden kann (siehe hierzu → Außerordentliche Kündigung). Die Anfechtung setzt einen Grund voraus, der schon bei Abschluss des Arbeitsvertrags vorgelegen hat, während die Kündigung dazu dient, ein durch nachträgliche Umstände belastetes oder sinnlos gewordenes Arbeitsverhältnis zu beenden. Dabei ist denkbar, dass ein Anfechtungsgrund im zustande gekommenen Arbeitsverhältnis so stark nachwirkt, dass dem Arbeitgeber die Fortsetzung des Arbeitsverhältnisses auch nur bis zum Ablauf der Kündigungsfrist unzumutbar ist (BAG v. 7.7.2011, Az. 2 AZR 296/10). In diesen Fällen hat der Arbeitgeber ein Wahlrecht darüber, ob er anfechten oder kündigen will (BAG v. 28.3.1974, Az. 2 AZR 92/73). Eine außerordentliche Kündigung kann auch dann vorsorglich ausgesprochen werden, wenn zuvor die Anfechtung erklärt wurde. Im Ergebnis führen beide Institute zur Auflösung des Arbeitsverhältnisses.

Eine Anfechtung kann aufgrund des Grundsatzes von Treu und Glauben (§ 242 BGB) dann unwirksam sein, wenn der Anfechtungsgrund im Zeitpunkt der Anfechtungserklärung für die Durchführung des Arbeitsverhältnisses bedeutungslos geworden ist (BAG v. 18.9.1987, Az. 7 AZR 507/86), also z. B. weil das Arbeitsverhältnis trotzdem seit Jahren ohne Beanstandung durchgeführt wird.

Der Anfechtende muss in einem Gerichtsverfahren beweisen und darlegen, dass ein Anfechtungsgrund bestand und dass die Anfechtung entsprechend erklärt wurde.

Für die Anfechtung ist der Arbeitgeber darüber hinaus nicht an evtl. Sonderkündigungsschutzvorschriften gebunden, da diese ausschließlich vor Kündigungen schützen sollen (wie z. B. § 9 MuSchG). Ebenso ist im Falle der Anfechtung der Betriebsrat nicht nach § 102 BetrVG zu beteiligen.

III. Anfechtungsgrund

Die Anfechtung kann wegen Irrtums, falscher Übermittlung der Willenserklärung, Drohung oder arglistiger Täuschung erfolgen.

1. Anfechtung wegen Irrtums

Es gibt drei verschiedene Formen des Irrtums:

1.1 Erklärungsirrtum

Hier wollte der Erklärende den Inhalt der Erklärung in dieser Form nicht. Es handelt sich also entweder um einen **Schreibfehler** oder **Versprecher**.

Beispiel:

> Im Einstellungsgespräch werden 25 Urlaubstage mündlich vereinbart, in dem später folgenden schriftlichen Arbeitsvertrag stehen aber aufgrund eines Versehens 30 Tage.

1.2 Inhaltsirrtum

Hier weiß der Erklärende zwar, was er sagt, versteht aber nicht, was er damit sagt.

Beispiel:

> Im Einstellungsgespräch wird ein Gehalt von € 2 500 vereinbart. In den später folgenden Arbeitsvertrag schreibt der Arbeitgeber € 2 500 „netto", ohne dass er weiß, was dies bedeutet. Später erfährt er, dass er ein Gehalt zugesagt hat, auf das die Lohnsteuer und die Sozialversicherungsbeiträge noch aufgerechnet werden müssen.

1.3 Eigenschaftsirrtum

Hier irrt sich der Erklärende, also meist der Arbeitgeber, über wesentliche Eigenschaften des Vertragspartners, also des Arbeitnehmers. D. h., dass der Arbeitgeber über Eigenschaften irrt, die zur Erbringung der vertraglich geschuldeten Arbeitsleistung objektiv notwendig sind.

Beispiel:

> Der Arbeitgeber stellt einen Arbeitnehmer als Busfahrer ein. Unmittelbar nach Aufnahme der Tätigkeit ist zu erkennen, dass der Arbeitnehmer an Epilepsie leidet. Der Arbeitgeber kann den Arbeitsvertrag anfechten.

2. Anfechtung wegen arglistiger Täuschung/widerrechtlicher Drohung

Wird der Arbeitgeber bei der → Einstellung durch falsche Angaben des Arbeitnehmers getäuscht, kann ihn dies ebenfalls zur Anfechtung berechtigen. Voraussetzung ist, dass der Arbeitnehmer durch ausdrücklich falsche Darstellung von Tatsachen den Arbeitgeber zum Abschluss des Arbeitsvertrages bewegt. Auch wenn der Arbeitnehmer den Arbeitgeber durch Verfremdung von Tatsachen dazu veranlasst, den Arbeitsvertrag abzuschließen, kann eine Anfechtung möglich sein, wenn der Arbeitnehmer erkennen kann, dass die verfremdeten Tatsachen den Arbeitgeber zum Abschluss des Arbeitsvertrages veranlassen.

Voraussetzung für die Anfechtung ist damit, dass der Arbeitnehmer eine zulässige Frage des Arbeitgebers wissentlich falsch beantwortet hat oder (auch ohne Frage) bestimmte Tatsachen von sich aus hätte mitteilen müssen und das nicht getan hat.

Beispiele:

> Bewirbt sich ein Arbeitnehmer mit einem von ihm gefälschten Ausbildungszeugnis auf einen Arbeitsplatz und wird auf der Grundlage dieses Zeugnisses eingestellt, so kann der Arbeitgeber das Arbeitsverhältnis selbst dann wegen arglistiger Täuschung anfechten, wenn ihm diese erst acht Jahre nach Einstellung bekannt geworden ist (LAG Baden-Württemberg v. 13.10.2006, Az. 5 Sa 25/06).

> Bei der Einstellung antwortet eine Arbeitnehmerin auf Frage des Arbeitgebers, dass sie nicht schwanger sei. Zwei Monate nach Beginn der unbefristeten Tätigkeit stellt sich heraus, dass sie bereits im 5. Monat schwanger ist. Der Arbeitgeber kann nicht wegen arglistiger Täuschung anfechten, da die Frage nach der Schwangerschaft unzulässig war (vgl. BAG v. 6.2.2003, Az. 2 AZR 621/01).

Wenn der Arbeitsvertrag aufgrund einer widerrechtlichen Drohung zustande gekommen ist, kann er ebenfalls angefochten werden.

Beispiel:

> Der Arbeitnehmer ist seit zwei Monaten beim Arbeitgeber als Schwarzarbeiter beschäftigt. Nun droht er mit einer Anzeige für den Fall, dass er nicht ordnungsgemäß eingestellt wird. Hier kann der Arbeitgeber, wenn er daraufhin einen Arbeitsvertrag abschließt, diesen nicht anfechten. Die Drohung mit der Anzeige soll nur dazu dienen, ein legales Beschäftigungsverhältnis zu begründen und ist deshalb nicht widerrechtlich.

IV. Anfechtungsfrist

Hier ist nach dem jeweiligen Anfechtungsgrund zu unterscheiden:

1. Anfechtung wegen Irrtums

Grundsätzlich muss die Anfechtung wegen Irrtums „unverzüglich", d. h. „ohne schuldhaftes Zögern" erklärt werden (§ 121 BGB). Im Arbeitsrecht wendet das BAG die Frist des § 626 Abs. 2 BGB auch auf die Anfechtung an. D. h., dass eine Anfechtung nur dann „unverzüglich" erfolgt, wenn zwischen der Kenntnis des Arbeitgebers vom Anfechtungsgrund und dem Zugang der Anfechtungserklärung beim Arbeitnehmer höchstens zwei Wochen liegen (BAG v. 21.2.1991, Az. 2 AZR 449/90). Dies wird damit begründet, dass die Anfechtung und die außerordentliche Kündigung in diesem Fall gleich zu werten sind und damit den gleichen Grundsätzen unterliegen müssen, denn sonst könnte die Frist des § 626 Abs. 2 BGB umgangen werden.

2. Anfechtung wegen arglistiger Täuschung/widerrechtlicher Drohung

Die Anfechtung wegen Täuschung oder Drohung muss nach § 124 Abs. 1 BGB innerhalb eines Jahres nach Kenntnis vom Anfechtungsgrund bzw. der Beendigung der Bedrohungslage erklärt werden.

V. Form und Inhalt der Anfechtungserklärung

Wurde nichts anderes vereinbart, kann die Anfechtungserklärung gegenüber dem Arbeitnehmer auch mündlich erfolgen. Das ist jedoch nicht zu empfehlen. Die Anfechtung sollte immer schriftlich erklärt werden. Der Arbeitgeber ist beweispflichtig für den Zugang!

TIPP!

> Bei persönlicher Übergabe sollte man sich den Erhalt vom Arbeitnehmer schriftlich bestätigen lassen. Für den Fall, dass er die Unterschrift verweigert, sollte die Übergabe vor Zeugen erfolgen. Wird die Erklärung zugestellt, sollte dies per Bote, der den Inhalt des zuzustellenden Schreibens kennt, erfolgen.

Es ist noch nicht abschließend geklärt, ob die Anfechtungserklärung notwendigerweise auch die Angabe des Anfechtungsgrundes enthalten muss. Um eine praktikable Lösung für diese

::**rehm**

Frage zu finden, wird vertreten, dass Anfechtungsgründe, die dem Erklärungsempfänger bekannt oder erkennbar sind, nicht in die Erklärung aufgenommen werden müssen. Eine abschließende Klarstellung steht insoweit durch die Rechtsprechung noch aus.

VI. Rechtsfolgen der Anfechtung

Wird ein Arbeitsvertrag wirksam angefochten, ist er als von Anfang an nichtig (§ 142 BGB) anzusehen. Hat der Arbeitnehmer bereits die Arbeit aufgenommen, liegt ein sog. **fehlerhaftes Arbeitsverhältnis** vor, d. h. der Arbeitsvertrag gilt für die Vergangenheit als fehlerfrei zustande gekommen. Für die Vergangenheit hat der Arbeitnehmer Anspruch auf alle ihm nach dem Arbeitsvertrag zustehenden Leistungen (Gehalt, Urlaub etc.). Für die Zukunft wird durch die Anfechtungserklärung das Arbeitsverhältnis aufgelöst. Hat der Arbeitnehmer die Arbeit noch nicht aufgenommen, bleibt es dabei, dass die Anfechtung das Vertragsverhältnis rückwirkend vernichtet.

Anwesenheitsprämie

I.   Begriff und Abgrenzung

II.   Inhalt einer Prämienzusage

III.   Kürzung durch den Arbeitgeber
1.   Kürzung bei Fehlzeiten infolge Krankheit
2.   Kürzung bei anderen Fehlzeiten
      2.1   Fehlzeiten mit Entgeltanspruch
      2.2   Fehlzeiten ohne Entgeltanspruch

IV.   Beteiligung des Betriebsrats

V.   Muster: Anwesenheitsprämie

I. Begriff und Abgrenzung

Die Anwesenheitsprämie ist eine Sonderform der → *Vergütung*, die neben der Grundvergütung gezahlt wird. Mit der Zusage einer Anwesenheitsprämie will der Arbeitgeber die tatsächliche und ununterbrochene Anwesenheit der Arbeitnehmer am Arbeitsplatz honorieren. Sie soll daher nicht nur bei unentschuldigtem Fehlen, sondern so weit wie möglich auch bei entschuldigten Fehlzeiten, wie insbesondere bei Krankheit, entfallen. Der Arbeitgeber kann die Prämie an einen bestimmten Fehlzeitendurchschnitt in der Gesamtbelegschaft knüpfen, der nicht überschritten werden darf, oder er kann Regelungen treffen, nach denen sich die Prämie nach den individuellen Fehlzeiten des einzelnen Mitarbeiters richtet. Bei der Entscheidung für einen kollektiven oder individuellen Ansatz ist Folgendes zu bedenken: Die Prämie soll dazu beitragen, beeinflussbare Fehlzeiten zu verringern. Der Mitarbeiter, der nicht ernsthaft erkrankt ist, sondern sich nur leicht unwohl fühlt, soll mit Gedanken an die Anwesenheitsprämie ermutigt werden, es zu versuchen und zur Arbeit zu gehen. Dies aber misslingt, wenn – vor allem in größeren Betrieben – der Mitarbeiter weiß, dass seine individuelle Fehlzeitenquote die Gesamtquote überhaupt nicht oder unmaßgeblich beeinflussen wird. Daher dürfte im Allgemeinen einem individuellen Ansatz der Vorzug zu geben sein.

Die Anwesenheitsprämie ist sozialpolitisch nicht unumstritten, weil sie dazu führen kann, dass Arbeitnehmer trotz Krankheit arbeiten und dadurch ihre Gesundheit gefährden. Auf der anderen Seite steht das Interesse des Arbeitgebers, Missbräuche bei der Entgeltfortzahlung zurückzudrängen.

Mit der Anwesenheitsprämie wird keine besondere Leistung honoriert, sondern eine Arbeits- bzw. Verhaltensweise, auf die der Arbeitgeber grundsätzlich ohnehin Anspruch hat. Das unterscheidet die Anwesenheitsprämie vom Prämienlohn als einer besonderen Form der Leistungsentlohnung.

Rechtsgrundlage für eine Anwesenheitsprämie können ein Tarifvertrag oder eine Betriebsvereinbarung sein, doch finden sich entsprechende Regelungen im Hinblick auf die erwähnten sozialpolitischen Bedenken hier nur sehr selten. Im Allgemeinen beruhen Anwesenheitsprämien auf einzelvertraglicher Zusage, arbeitsvertraglicher Einheitsregelung, Gesamtzusage oder betrieblicher Übung.

II. Inhalt einer Prämienzusage

Die Anwesenheitsprämie kann in zwei Formen ausgestaltet werden: entweder als **laufende** Prämie, d. h. als Aufschlag zur laufenden Vergütung (Beispiele: Zulage pro Anwesenheitsstunde; monatliche Zulage bei einer vom Arbeitgeber festgelegten Mindestanwesenheit), oder als **einmalige**, in der Regel jährliche Prämie (Beispiel: einmalige jährliche Sonderzahlung, gestaffelt nach Anwesenheitszeiten.

Eine auf Basis der Jahresabwesenheitsquote errechnete Prämie bietet den Vorteil, dass sich höhere Beträge ergeben. Generell gilt jedoch, dass die Wirksamkeit einer Anwesenheitsprämie umso größer ist, je zeitnäher die Reaktion auf Anwesenheit bzw. Fehlzeiten erfolgt. Wird die Prämie jeweils im Folgemonat geleistet, ist mit einem stärkeren Rückgang der Kurzfehlzeiten zu rechnen als bei jährlicher Zahlungsweise. Denn der Mitarbeiter, der im Januar bei einer Erkältung vor der Entscheidung steht, zur Arbeit zu gehen oder sich krank zu melden, wird nur wenig in seiner Entscheidung davon beeinflusst werden, dass im Falle einer Krankmeldung die erst im Dezember zahlbare Jahresanwesenheitsprämie niedriger ausfallen wird.

Die Prämienzusage sollte unbedingt folgende Punkte enthalten:

▶   Höhe der Anwesenheitsprämie.

▶   Detaillierte Regelung der Kürzungsmöglichkeiten (s. u. III.).

 ACHTUNG!

Allein aus der Bezeichnung einer Sondervergütung als Anwesenheitsprämie folgt nicht zugleich automatisch, dass diese bei Abwesenheitszeiten gekürzt oder gar gänzlich gestrichen werden kann.

▶   Hinweis darauf, dass die Prämie freiwillig gezahlt wird und kein Rechtsanspruch für die Zukunft besteht.

 WICHTIG!

Fehlt dieser Hinweis, kann sich der Arbeitgeber von der Anwesenheitsprämie später nur durch eine rechtlich schwer durchsetzbare Änderungskündigung wieder befreien.

Grundsätzlich ist auch die Verknüpfung einer Anwesenheitsprämie mit einer weiteren Voraussetzung zulässig, wie z.B. das Bestehen eines ungekündigten Arbeitsverhältnisses zum Zeitpunkt der vereinbarten Auszahlung. Für Kleinbetriebe, in denen das KSchG nicht gilt, vertritt indes das LAG Düsseldorf (10.5.2010, Az. 16 Sa 235/10) die Auffassung, dass der Arbeitnehmer durch eine derartige Verknüpfung unangemessen benachteiligt werde. Während in einem dem KSchG unterliegenden Betrieb die Hürde der sozialen Rechtfertigung genommen werden müsse, um ihm die durch sein Verhalten „erdiente" Prämie entziehen zu können, könne der Arbeitnehmer im Kleinbetrieb durch eine im Grundsatz voraussetzungslose Kündigung des Arbeitgebers seine Prämie jederzeit wieder verlieren.

III. Kürzung durch den Arbeitgeber

Die Kürzung der Anwesenheitsprämie bei Fehlzeiten ist zulässig, wenn hierzu eine klare Regelung in der Zusage enthalten ist. In bestimmten Fällen ist der Arbeitgeber jedoch auch bei einer Kürzungsvereinbarung verpflichtet, einem Arbeitnehmer trotz Abwesenheit die Prämie weiterzuzahlen:

1. Kürzung bei Fehlzeiten infolge Krankheit

Mit der Zusage einer Anwesenheitsprämie kann festgelegt werden, dass diese für Zeiten der Arbeitsunfähigkeit infolge Krankheit gekürzt wird (§ 4a EFZG). Die Kürzung darf aber für jeden Tag der → *Arbeitsunfähigkeit* ein Viertel des Arbeitsentgelts, das im Jahresdurchschnitt auf einen Arbeitstag entfällt, nicht überschreiten.

Beispiel:

Arbeitnehmer A verdient im Jahr € 39 000. Bei einer Fünf-Tage-Woche ergeben sich 260 Arbeitstage pro Jahr (52 Wochen × 5). Der arbeitstägliche Verdienst beträgt € 150 (€ 39 000 geteilt durch 260). Ist A für 20 Arbeitstage arbeitsunfähig krank, errechnet sich die Kürzung der Anwesenheitsprämie wie folgt:

150 € × 20 Tage : 4 = € 750

Wurde also z. B. eine Anwesenheitsprämie von € 2 250 jährlich vereinbart, bedeutet das, dass die Prämie nach weiteren 40 Arbeitsunfähigkeitstagen vollständig entfällt.

 ACHTUNG!

Die Grenze des § 4a EFZG ist unbedingt einzuhalten. Von dieser Regelung darf nicht zu Lasten der Arbeitnehmer abgewichen werden. Eine Missachtung führt dazu, dass eine ausgelobte Anwesenheitsprämie auch dann zu zahlen ist, wenn ein Arbeitnehmer über erhebliche krankheitsbedingte Fehlzeiten verfügt. Die Bedingung – etwa kein einziger Fehltag im Kalenderjahr – wird als unwirksam gewertet, so dass lediglich eine Prämienzusage ohne jede Bedingung bestehen bleibt. In diesen Fällen erfolgt auch kein Rückgriff auf die höchstzulässige Grenze nach § 4a EFZG (LAG Hamm v. 13.1.2011, Az. 16 Sa 1521/09).

Selbst wenn eine entsprechende individualvertragliche Regelung grundsätzlich geeignet wäre, eine mittelbare Benachteiligung Behinderter im Sinne des AGG zu begründen, so folgt doch aus der ausdrücklichen gesetzlichen Wertung des § 4a EFZG, dass die Verhinderung von Fehlzeiten und die Reduzierung der Kostenbelastung des Arbeitgebers ein legitimes Ziel und damit keinen Verstoß gegen das AGG darstellen.

Der Umfang der Kürzung muss ausdrücklich vereinbart sein. Nicht ausreichend soll eine Vereinbarung sein, in der es lediglich heißt: „Gewährt der Arbeitgeber zusätzlich zum laufenden Arbeitsentgelt Sonderzuwendungen, ist der Arbeitgeber berechtigt, eine prozentuale Kürzung vorzunehmen, sofern der Arbeitnehmer infolge Krankheit arbeitsunfähig ist. Für die Kürzung von Sonderzuwendungen gelten die gesetzlichen Bestimmungen (§ 4a EFZG)." Nach Auffassung des LAG Hamm (7.3.2007, Az. 18 Sa 1663/06) ist diese Regelung unwirksam, weil sie nicht die konkrete Prozentangabe der Kürzung enthalte.

Im Falle der Vereinbarung einer monatlichen Anwesenheitsprämie ist zudem darauf zu achten, dass nicht der Eindruck entsteht, die Anwesenheitsprämie solle laufendes Arbeitsentgelt sein. Führt die Auslegung der jeweiligen Vereinbarung dazu, dass die Anwesenheitsprämie als laufendes Arbeitsentgelt einzuordnen ist, soll es nach Auffassung des LAG München (11.8.2009, Az. 8 Sa 131/09) auch dann nicht kürzbar sein, wenn der Mitarbeiter erhebliche Fehlzeiten hatte.

2. Kürzung bei anderen Fehlzeiten

2.1 Fehlzeiten mit Entgeltanspruch

Bei Abwesenheit wegen bezahlten Urlaubs ist eine Kürzung nicht zulässig, ebenso wenig für Zeiten des → *Mutterschutzes*

(§ 7 i. V. mit § 3 Abs. 1 Satz 2 AGG). Dagegen bestehen keine rechtlichen Bedenken gegen eine Kürzung im Falle der kurzfristigen unverschuldeten Verhinderung an der Arbeitsleistung aus Gründen, die in der Person des Arbeitnehmers liegen (z. B. Hochzeit, Geburt, Betreuung oder Pflege eines erkrankten Kindes usw.). Voraussetzung ist jedoch eine ausdrückliche Vereinbarung.

Eine entsprechende Kürzungsvereinbarung wird auch dann als zulässig anzusehen sein, wenn für bestimmte Ereignisse (etwa Geburt, Hochzeit, Umzug usw.) freie Tage unter Fortzahlung des Gehalts tarifvertraglich festgelegt sind.

2.2 Fehlzeiten ohne Entgeltanspruch

Für berechtigte Fehlzeiten ohne Entgeltanspruch (insbesondere Elternzeit, Pflegezeiten nach dem Pflegezeitgesetz, zusätzlicher unbezahlter Urlaub) ist eine Kürzung zulässig. Das Gleiche gilt für unberechtigte Fehlzeiten, hier ist sogar die Vereinbarung einer überproportionalen Kürzung zulässig.

IV. Beteiligung des Betriebsrats

Es liegt in der alleinigen Entscheidung des Arbeitgebers, ob er eine Anwesenheitsprämie einführen will oder nicht. Der Betriebsrat hat in dieser Frage kein Mitbestimmungsrecht. Insbesondere kann er die Einführung nicht über ein Einigungsstellenverfahren erzwingen.

Hat der Arbeitgeber sich jedoch für die Einführung der Prämie entschieden, hat der Betriebsrat bei der Ausgestaltung, insbesondere hinsichtlich der Kürzungsmöglichkeiten, ein erzwingbares Mitbestimmungsrecht (§ 87 Abs. 1 Nr. 10 BetrVG). Dieses erzwingbare Beteiligungsrecht wird regelmäßig durch Abschluss einer → *Betriebsvereinbarung* ausgeübt. Dabei handelt es sich um eine sog. teilmitbestimmte Betriebsvereinbarung.

V. Muster: Anwesenheitsprämie

Vertragstext:

„Der Arbeitnehmer enthält für das Kalenderjahr eine Anwesenheitsprämie in Höhe von € .... Für Zeiten der vorübergehenden Arbeitsverhinderung mit Entgeltanspruch, krankheitsbedingte Fehlzeiten sowie für rechtmäßige Fehlzeiten ohne Entgeltanspruch erfolgt pro Ausfalltag ein Abzug in Höhe von ¼ des Arbeitsentgelts, das im Jahresdurchschnitt auf einen Arbeitstag entfällt. Bei allen rechtswidrigen, unberechtigten Fehlzeiten wird die Prämie für jeden Fehltag um ein Tagesarbeitsentgelt gekürzt.

Jeder volle Monat eines Kalenderjahres, in dem das Arbeitsverhältnis nicht besteht oder ruht, führt zu einer Kürzung um 1/12. Die so ermittelte Prämie ist zur Auszahlung fällig zu Ende Januar des nachfolgenden Jahres.

Bei der Anwesenheitsprämie handelt es sich um eine freiwillige Leistung, über deren Gewährung und Voraussetzungen jeweils zu Beginn eines neuen Kalenderjahres neu entschieden wird. Auch aus der wiederholten Zahlung kann kein Rechtsanspruch für die Zukunft abgeleitet werden."

Arbeitgeberdarlehen

I.   **Begriff und Abgrenzung**

II.   **Gewährung**

III.   **Darlehensvertrag**
       1. Zinsvereinbarung
       2. Rückzahlungsbedingungen
          2.1 Im laufenden Arbeitsverhältnis
          2.2 Bei Ausscheiden des Arbeitnehmers

IV.   **Verbot der Kreditierung eigener Waren**

V.   **Beteiligung des Betriebsrats**

VI.   **Streitigkeiten**

VII.   **Muster: Darlehensvertrag**

I. Begriff und Abgrenzung

Ein Arbeitgeberdarlehen liegt vor, wenn der Arbeitgeber dem Arbeitnehmer ein Darlehen gewährt. Im umgekehrten Fall spricht man vom Arbeitnehmerdarlehen.

Beim Arbeitgeberdarlehen stellt der Arbeitgeber dem Arbeitnehmer einen Betrag zur Verfügung, der über die jeweilige Entgeltzahlung (erheblich) hinausgeht und für den der Arbeitnehmer sonst üblicherweise Kredit in Anspruch nehmen müsste.

Das Arbeitgeberdarlehen ist zu unterscheiden von Abschlagszahlungen und Vorschüssen. Abschlagszahlungen sind Zahlungen des Arbeitgebers auf das bereits verdiente, aber noch nicht abgerechnete Entgelt. Vorschüsse sind Zahlungen auf noch nicht verdientes Entgelt. Hier wird der Fälligkeitstermin des Gehalts vorverlegt, damit der Arbeitnehmer einen finanziellen Engpass überbrücken kann. Der Vorschuss ist damit anders als das Darlehen, das losgelöst von Gehaltsansprüchen gewährt wird, eng mit den in absehbarer Zeit anstehenden Gehaltsansprüchen verknüpft.

II. Gewährung

Der Arbeitgeber ist nicht zur Vergabe von Darlehen an seine Arbeitnehmer verpflichtet. Die Fürsorgepflicht kann im Einzelfall (Notlage des Arbeitnehmers) allenfalls einen Anspruch auf eine Vorschusszahlung begründen. Gewährt der Arbeitgeber seinen Arbeitnehmern jedoch Darlehen, ist er bei der Vergabe und den Konditionen an den Gleichbehandlungsgrundsatz gebunden (→ *Gleichbehandlung*). Daraus folgt, dass er einzelne Arbeitnehmer oder Arbeitnehmergruppen (z. B. Teilzeitbeschäftigte) nicht willkürlich ausschließen darf. Nur dann, wenn sachliche Gründe vorliegen, kann er einzelnen Arbeitnehmern ein Darlehen verweigern.

Beispiel:

> Der Arbeitgeber kann bei der Vergabe eines Darlehens die Erklärung des Arbeitnehmers verlangen, dass keine anderweitigen Darlehen bzw. anderweitige Darlehen nur bis zu einem Betrag X aufgenommen sind. Arbeitnehmer, die diese Erklärung nicht abgeben können, darf er ausschließen. Gleiches gilt z. B. für Arbeitnehmer, bei denen bereits eine Lohnpfändung vorliegt.

III. Darlehensvertrag

Grundlage des Arbeitgeberdarlehens ist ein Darlehensvertrag, den der Arbeitgeber mit dem Arbeitnehmer abschließt. In diesem ist ausdrücklich festzulegen, dass der geleistete Betrag darlehensweise gewährt wird und der Arbeitnehmer zur Rückzahlung verpflichtet ist. Aus Beweisgründen sollte der Darlehensvertrag schriftlich abgeschlossen werden. Die weiteren Bestimmungen des Kreditvertrags (insbesondere die Rückzahlungsmodalitäten) dürfen – gerade auch bei Verwendung eines Vertragsformulars – keine unangemessene Benachteiligung des Arbeitnehmers darstellen.

1. Zinsvereinbarung

Der Arbeitgeber hat nur dann Anspruch auf Zinsen, wenn eine Verzinsung ausdrücklich mit dem Arbeitnehmer vereinbart worden ist. Fehlt eine Vereinbarung, ist das Darlehen zinslos gewährt.

Wenn der Arbeitgeber den Arbeitnehmern allgemein einen gegenüber dem marktüblichen Zins günstigeren Zins einräumt, können alle Arbeitnehmer des Betriebs diesen Zinssatz verlangen. Einzelne Arbeitnehmer dürfen dann nicht von dieser Vergünstigung ausgeschlossen werden.

2. Rückzahlungsbedingungen

2.1 Im laufenden Arbeitsverhältnis

Im Darlehensvertrag sollten die Rückzahlungsmodalitäten, d. h. die Fälligkeiten (in der Regel monatlich) und die Höhe der Raten vereinbart werden. Fehlt eine Vereinbarung, greift die gesetzliche Regelung des § 609 BGB. Danach kann der Arbeitgeber nicht einseitig die Modalitäten festlegen, sondern er muss das Darlehen kündigen, wobei die Kündigungsfrist drei Monate beträgt (bei Kleindarlehen von maximal € 200 einen Monat). Nach Ablauf der Kündigungsfrist kann er den als Darlehen gewährten Betrag insgesamt zurückfordern.

Haben Arbeitgeber und Arbeitnehmer Raten vereinbart und sollen diese bei den zukünftigen Gehaltsabrechnungen in Abzug gebracht werden, sind die Pfändungsgrenzen zu beachten. Dem Arbeitnehmer muss ein Betrag zum Bestreiten des notwendigen Unterhalts verbleiben. Vorpfändungen und zeitlich früher erfolgte Lohnabtretungen gehen bei der Verteilung des pfändbaren Gehaltsanteils vor (→ *Lohnpfändung*).

2.2 Bei Ausscheiden des Arbeitnehmers

Da bei Ausscheiden des Arbeitnehmers die Rückzahlung des Darlehens nicht automatisch fällig wird, sollten auch für diesen Fall vertragliche Regelungen getroffen werden. Andernfalls gelten die vereinbarten Rückzahlungsbedingungen, z. B. ratenweise Rückzahlung zu einem Vorzugszinssatz, auch über das Ende des Arbeitsverhältnisses hinaus weiter.

Bei einer entsprechenden Vereinbarung ist allerdings zu beachten, dass bei betriebsbedingten Kündigungen des Arbeitgebers und bei Kündigungen des Arbeitnehmers, für die der Arbeitgeber einen wichtigen Grund gesetzt hat, keine sofortige Rückzahlung des Darlehens bei Beendigung des Arbeitsverhältnisses verlangt werden kann. Im Falle sonstiger Arbeitnehmerkündigungen darf die Vereinbarung zu keiner unzulässigen Kündigungserschwerung führen: Da jeder Arbeitnehmer die grundgesetzlich geschützte Freiheit hat, den Arbeitsplatz zu wechseln, darf eine Rückzahlungsklausel ihn in dieser Freiheit nicht beschränken. Insbesondere bei Darlehen, die das monatliche Gehalt eines Arbeitnehmers erheblich übersteigen, muss daher eine angemessene Regelung gefunden werden.

Zulässig sind Vereinbarungen, nach denen im Falle der Kündigung durch den Arbeitnehmer ab Beendigung des Arbeitsverhältnisses die zu zahlenden Zinsen auf den marktüblichen Zins angehoben werden.

Haben Arbeitgeber und Arbeitnehmer keine Rückzahlungs-modalitäten vereinbart, kann der Arbeitgeber das Darlehen wie auch im laufenden Arbeitsverhältnis kündigen und den als Darlehen gewährten Betrag insgesamt zurückfordern. Die Kündigungsfrist beträgt drei Monate (bei Kleindarlehen von maximal € 200 einen Monat).

> ◁ **ACHTUNG!**
>
> Ansprüche aus einem selbstständig neben dem Arbeitsvertrag abgeschlossenen Darlehensvertrag können von Ausschlussfristen oder einer allgemeinen Abgeltungsklausel in Aufhebungsverträgen erfasst werden. Dies gilt jedenfalls dann, wenn die Ausgleichsklausel sehr weit gefasst ist und sich ausdrücklich auf alle Ansprüche bezieht, „die mit dem Arbeitsverhältnis in Verbindung stehen". Eine vertraglich vereinbarte Ausgleichklausel, nach der „mit diesem Vertrag sämtliche aus dem bestehenden Arbeitsverhältnis und seiner Beendigung abzuleitenden wechselseitigen Ansprüche ... geregelt und abgegolten sind, erfasst dagegen die Zins- und Rückzahlungsansprüche eines Arbeitgebers gegen seinen Arbeitnehmer aus einem gewährten Arbeitgeberdarlehen grundsätzlich nicht (BAG v. 19.1.2011, Az. 10 AZR 873/08). Dennoch sollte in einem Aufhebungsvertrag immer ausdrücklich aufgenommen werden, dass ein gewährtes Arbeitgeberdarlehen von der Ausgleichsklausel ausgenommen ist.

IV. Verbot der Kreditierung eigener Waren

Das gewährte Darlehen darf nicht dazu verwandt werden, Waren des Arbeitgebers zu erwerben (§ 107 Abs. 2 GewO).

V. Beteiligung des Betriebsrats

Ein Mitbestimmungsrecht des Betriebsrats besteht, wenn der Arbeitgeber zinsgünstige, d. h. unterhalb des marktüblichen Zinssatzes liegende Darlehen gewährt. In diesem Fall handelt es sich um eine Frage der betrieblichen Lohngestaltung (§ 87 Abs. 1 Nr. 10 BetrVG). Danach hat der Betriebsrat hinsichtlich der Vergabekriterien ein über die → Einigungsstelle erzwingbares Mitbestimmungsrecht. Dagegen handelt es sich bei der Gewährung von Darlehen durch den Arbeitgeber um keine nach § 87 Abs. 1 Nr. 8 BetrVG mitbestimmungspflichtige Sozialeinrichtung, es sei denn, es wird eine eigenständige Organisation und Verwaltung etabliert.

VI. Streitigkeiten

Bei einem Streit über ein Arbeitgeberdarlehen ist das Arbeitsgericht zuständig. Dies gilt jedenfalls dann, wenn das Darlehen mit Rücksicht auf das Arbeitsverhältnis etwa zinsvergünstigt oder im Rahmen von Sonderkonditionen für Mitarbeiter und insbesondere ohne Anspruch des Arbeitgebers auf Vorfälligkeitsentschädigung bei Rückzahlung vor Ablauf der Zinsbindungsfrist gewährt wurde (LAG München v. 2.1.2007, Az. 4 Ta 361/06).

VII. Muster: Darlehensvertrag

Zwischen der Firma .... und Herrn/Frau .... wird mit Rücksicht auf das bestehende Anstellungsverhältnis folgender Darlehensvertrag geschlossen:

1. *Die Firma .... gewährt Herrn/Frau .... ein zinsloses Darlehen in Höhe von € ....*

   [oder:]

   Die Firma .... gewährt Herrn/Frau .... ein Darlehen in Höhe von € ...., das mit .... % beginnend mit dem .... zu verzinsen ist. Die Zinsen werden monatlich/vierteljährlich/halbjährlich berechnet.

2. *Das Darlehen ist in monatlichen Raten in Höhe von € ...., beginnend mit dem .... zurückzuzahlen. Die errechneten Zinsen sind in dem auf die Errechnung folgenden Monat neben der Rückzahlungsrate zu zahlen. Die Firma ist berechtigt, die monatliche Vergütung von Herrn/Frau .... mit der Rückzahlungsverpflichtung zu verrechnen.*

3. *Bei Beendigung des Anstellungsverhältnisses ist der noch offen stehende Betrag des Darlehens nebst Zinsen am letzten Tag des Anstellungsverhältnisses fällig. Dies gilt nur dann nicht, wenn*

   (1) das Anstellungsverhältnis von der Firma aus dringenden betrieblichen Gründen gekündigt wird oder

   (2) das Anstellungsverhältnis von Herrn/Frau .... wirksam fristlos gekündigt wird oder

   (3) der noch offen stehende Betrag des Darlehens höher als ein Brutto-Monatsgehalt ist.

   In diesen Fällen ist der zum Zeitpunkt des Ausscheidens noch offen stehende Betrag des Darlehens nebst Zinsen, die nach Beendigung des Anstellungsverhältnisses auf das marktübliche Niveau angehoben werden, in drei monatlichen Raten zurückzuzahlen. Die erste dieser drei Raten ist am letzten Tag des Monats fällig, der dem Monat der Beendigung des Anstellungsverhältnisses folgt.

4. *Herr/Frau .... verpflichtet sich, jede Änderung seiner/ihrer Anschrift unverzüglich mitzuteilen.*

5. *Änderungen dieses Vertrags bedürfen der Schriftform. Dies gilt auch für eine etwaige Änderung der Schriftformklausel. Mündliche Nebenabreden sind nicht getroffen und können auch künftig wirksam nicht getroffen werden. Sollte eine Bestimmung dieses Vertrags unwirksam sein oder werden, so gelten die übrigen Teile des Vertrags gleichwohl. An die Stelle der unwirksamen Bestimmung tritt eine andere, wirksame, die den Interessen beider Parteien entspricht.*

Erfüllungsort ist ....
Es gilt deutsches Recht.

....
Datum

....
Arbeitgeber   *Arbeitnehmer*

Arbeitnehmererfindung

I. **Begriff, Abgrenzung**

II. **Diensterfindungen**
   1. Begriff, Abgrenzung
   2. Meldepflicht des Arbeitnehmers
   3. Reaktionsmöglichkeiten des Arbeitgebers
      3.1 Die unbeschränkte Inanspruchnahme
      3.2 Die beschränkte Inanspruchnahme
      3.3 Freigabe
   4. Vergütung
      4.1 Vergütungsanspruch
      4.2 Höhe der Vergütung
   5. Anmeldung von Schutzrechten

III. Freie Erfindungen
1. Begriff, Abgrenzung
2. Meldepflicht des Arbeitnehmers
3. Anbietungspflicht des Arbeitnehmers

IV. Technische Verbesserungsvorschläge
1. Begriff, Abgrenzung
2. Meldepflicht des Arbeitnehmers
3. Vergütung

I. Begriff, Abgrenzung

Arbeitnehmererfindungen sind alle Erfindungen, die auf einer individuellen schöpferischen Geistesleistung des Arbeitnehmers beruhen, unabhängig davon, auf welchem Gebiet oder aus welchen Gründen sie entwickelt wurden.

Gesetzliche Grundlage des Arbeitnehmererfinderrechts ist das Arbeitnehmererfindungsgesetz (ArbNErfG). Dieses wurde mit Wirkung zum 1.10.2009 in wesentlichen Bestimmungen zur Meldung und Inanspruchnahme von Arbeitnehmererfindungen reformiert.

Erfindungen i. S. d. Arbeitnehmererfindungsgesetzes sind aber nur solche, die patent- oder gebrauchsmusterfähig sind.

Davon zu unterscheiden sind technische Verbesserungsvorschläge über technische Neuerungen, die nicht patent- oder gebrauchsmusterfähig sind (s. u. IV.).

> ✎ **WICHTIG!**
> Liegen die Voraussetzungen einer Erfindung oder eines technischen Verbesserungsvorschlages i. S. d. ArbNErfG nicht vor, können Urheberrechte im Arbeitsverhältnis (s.dort) zu berücksichtigen sein.

Das ArbNErfG unterscheidet zwischen Diensterfindungen (s. u. II.) und freien Erfindungen (s. u. III.).

Das ArbNErfG findet auf alle Erfindungen von Personen Anwendung, die Arbeitnehmer im privaten oder öffentlichen Dienst sind sowie auf Beamte und Soldaten (§ 1 ArbNErfG). Über die Eigenschaft als Arbeitnehmer entscheidet der arbeitsrechtliche Arbeitnehmerbegriff.

Nicht diesem Gesetz unterliegen Erfindungen von:
- freien Mitarbeitern und Selbstständigen,
- Rentnern bzw. Pensionären,
- Gesellschaftern von Personengesellschaften,
- Vertretern juristischer Personen.

Aufgrund der gesetzlich garantierten Freiheit von Lehre und Forschung (Art. 5 Abs. 3 GG) enthält § 42 ArbNErfG für Hochschulprofessoren, Dozenten und wissenschaftliche Assistenten eine Ausnahmebestimmung. Danach sind Erfindungen dieses Personenkreises immer freie Erfindungen.

II. Diensterfindungen

1. Begriff, Abgrenzung

Diensterfindungen sind solche Erfindungen, die während des rechtlichen Bestands des Arbeitsverhältnisses gemacht werden. Alle während der Dauer eines Arbeitsverhältnisses fertig gestellten Erfindungen unterliegen dem ArbNErfG. Gleichgültig ist, ob sie während des Dienstes oder in der Freizeit entstanden sind.

Entscheidend ist die tatsächliche Dauer des Arbeitsvertrages. Unschädlich ist, wenn Vorarbeiten schon vor Begründung des Arbeitsverhältnisses geleistet wurden, die Erfindung aber erst danach fertig gestellt wurde. Ausnahmsweise können Erfindungen auch wenn sie erst nach Beendigung des Arbeitsverhältnisses fertig gestellt wurden, noch als Diensterfindung gelten, wenn die Vollendung der Erfindung pflichtwidrig auf die Zeit danach hinausgezögert wurde.

Die Beweislast dafür, dass eine Erfindung während der Dauer des Arbeitsverhältnisses fertig gestellt wurde bzw. pflichtwidrig nicht fertig gestellt wurde, trägt der Arbeitgeber.

Weiterhin muss die Erfindung:

- aus der dem Arbeitnehmer im Betrieb oder in der öffentlichen Verwaltung obliegenden Tätigkeit entstanden sein (Obliegenheitserfindung) oder

- maßgeblich auf Erfahrungen oder Arbeiten des Betriebes oder der öffentlichen Verwaltung beruhen (Erfahrungserfindung), § 4 Abs. 2 ArbNErfG.

Der Begriff der sog. Obliegenheitserfindung wird weit verstanden, darunter zählen alle Erfindungen, die mit den Aufgaben des Arbeitnehmers im Betrieb eng verknüpft sind. Die Erfahrungserfindung ist dagegen eng auszulegen. Sie ist nur dann anzunehmen, wenn für die Erfindung betriebsinterne Erfahrungen, die über dem allgemeinen Stand der Technik liegen, ganz maßgeblich von Bedeutung waren.

Sog. Anregungserfindungen, die lediglich durch betriebliche Erfahrungen bzw. durch die Tätigkeit im Unternehmen angeregt worden sind, zählen nicht zu den Diensterfindungen.

Während der Arbeitgeber früher die Inanspruchnahme einer Diensterfindung ausdrücklich erklären musste, gilt seit dem 1.10.2009 eine sog. Fiktion der Inanspruchnahme. So wird der Arbeitgeber automatisch ausschließlicher Nutzungsberechtigter einer ihm ordnungsgemäß gemeldeten Diensterfindung, wenn und solange er diese nicht ausdrücklich freigibt (mehr hierzu unter 3.).

2. Meldepflicht des Arbeitnehmers

Der Arbeitnehmer muss die Erfindung dem Arbeitgeber unverzüglich (d. h. ohne schuldhaftes Zögern) in Textform (also auch per E-Mail, Fax, SMS etc.) mitteilen. Dabei ist die Meldung als Erfindermeldung kenntlich zu machen, in ihr muss nach § 5 Abs. 2 ArbNErfG die technische Aufgabe, ihre Lösung und das Zustandekommen der Diensterfindung detailliert beschrieben und erläutert sein. Des Weiteren soll der Arbeitnehmer die dienstlich erteilten Weisungen oder Richtlinien, die benutzten Erfahrungen und Arbeiten des Betriebs, die Mitarbeiter und den Umfang ihrer und seiner Mitarbeit angeben.

> ✎ **WICHTIG!**
> Versäumt der Arbeitnehmer die von ihm beanspruchte Erfindung in der gesetzlich vorgeschriebenen Weise zu melden, kann er eine Arbeitnehmererfindungsvergütung gem. §§ 9, 10 ArbNErfG nicht beanspruchen (BGH v. 23.10.2001, Az. X ZR 72/98). Es können jedoch u. U. Vergütungsansprüche wegen technischen Verbesserungsvorschlägen (s. u. IV.3.) oder aus urheberrechtlichen Gesichtspunkten (s. Urheberrechte im Arbeitsverhältnis III.) begründet sein.

3. Reaktionsmöglichkeiten des Arbeitgebers

Der Arbeitgeber ist verpflichtet, dem Arbeitnehmer den Eingangszeitpunkt der Meldung unverzüglich in Textform (also auch per E-Mail, Fax, SMS etc.) zu bestätigen (§ 5 Abs. 1 S. 3 ArbNErfG). Falls der Arbeitgeber innerhalb von zwei Monaten keine Ergänzung zu dieser Meldung verlangt, gilt die Meldung als ordnungsgemäß, ansonsten kann er vom Arbeitnehmer entsprechende Ergänzungen verlangen.

Nunmehr kann der Arbeitgeber folgendermaßen reagieren:

▶ er kann die Diensterfindung ohne Weiteres in Anspruch nehmen

▶ er kann sie freigeben, wobei die Freigabeerklärung in Textform (also auch per E-Mail, Fax, SMS etc.) gegenüber dem Arbeitnehmer erfolgen muss.

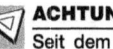 **ACHTUNG!**

Seit dem 1.10.2009 gilt, dass der Arbeitgeber die ihm ordnungsgemäß gemeldete Erfindung automatisch in Anspruch nimmt, wenn er deren Freigabe nicht innerhalb von vier Monaten (nach Zugang der ordnungsgemäßen Meldung) in Textform (also auch per E-Mail, Fax, SMS etc.) gegenüber dem Arbeitnehmer erklärt. Die Möglichkeit einer beschränkten Inanspruchnahme gibt es seit dem Inkrafttreten der Gesetzesnovelle am 1.10.2009 nicht mehr (Alles-oder-nichts-Prinzip).

Durch die sog. Inanspruchnahmefiktion wird der Arbeitgeber ohne Weiteres dazu berechtigt, die Arbeitnehmererfindung nach ihrer Meldung zu nutzen. Hierdurch wird die Gefahr vermieden, dass der Arbeitgeber die Erfindung zwar nutzt, aber die fristgerechte Erklärung der Inanspruchnahme versäumt (und der Arbeitnehmer daher gebrauchsmuster- oder patentrechtliche Verletzungsansprüche geltend machen konnte).

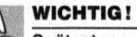 **WICHTIG!**

Spätestens nach Ablauf der viermonatigen Freigabefrist schuldet der Arbeitgeber dem Arbeitnehmer die Erfindervergütung gem. § 9 ArbNErfG (s. u. 4.). Sollte der Arbeitgeber die fristgerechte Freigabeerklärung versäumen, kann er diese auch zu einem späteren Zeitpunkt nachholen. In diesem Fall entfällt die Vergütungspflicht; wenngleich auch nur für die Zukunft. Hat der Arbeitgeber die Erfindung bis zur Freigabe nicht verwertet, dürfte i. d. R. auch keine Vergütung anfallen. ABER: gem. § 13 Abs. 1 u. 2 Nr. 1 ArbNErfG hat der Arbeitgeber eine Arbeitnehmererfindung, die nicht explizit freigegeben wird, zur Gebrauchsmuster- bzw. Patenterteilung anzumelden. Wird dies versäumt, stehen dem Erfinder ggf. Schadensersatzansprüche gegen den Arbeitgeber zu.

3.1 Die unbeschränkte Inanspruchnahme

Durch die (unbeschränkte) Inanspruchnahme gehen alle vermögenswerten Rechte und Pflichten an der Diensterfindung auf den Arbeitgeber über, § 7 ArbNErfG. Dem Arbeitnehmer verbleiben die Erfinderpersönlichkeitsrechte, insbesondere das Recht auf Erfinderbenennung. Die Nutzungsrechte gehen unmittelbar mit der Inanspruchnahme auf den Arbeitgeber über. Eine besondere Erklärung des Arbeitgebers ist hierfür nicht mehr erforderlich, da mit Ablauf der Freigabefrist des § 6 Abs. 2 ArbNErfG die Inanspruchnahme ohne Weiteres als erklärt gilt.

Verfügungen, die der Arbeitnehmer über eine Diensterfindung vor der Inanspruchnahme getroffen hat, sind dem Arbeitgeber gegenüber unwirksam, soweit seine Rechte beeinträchtigt werden.

3.2 Die beschränkte Inanspruchnahme

Die Möglichkeit einer beschränkten Inanspruchnahme durch den Arbeitgeber (z. B. Beschränkung auf einfaches Nutzungsrecht) ist seit dem 1.10.2009 weggefallen.

3.3 Freigabe

Diensterfindungen werden seit dem 1.10.2009 nur frei, wenn der Arbeitgeber die Freigabe ausdrücklich in Textform erklärt.

4. Vergütung

4.1 Vergütungsanspruch

Nimmt der Arbeitgeber die Diensterfindung in Anspruch, so entsteht automatisch ein Vergütungsanspruch des Arbeitnehmers, und zwar sowohl bei einer unbeschränkten als auch bei einer beschränkten Inanspruchnahme.

Bei unbeschränkter Inanspruchnahme entsteht bereits mit Zugang der Erklärung bzw. mit Ablauf der Viermonatsfrist (s. o.) ohne Weiteres der Vergütungsanspruch. Dieser endet mit Ablauf der Laufzeit des Schutzrechtes bzw. mit einer Freigabe. Eine Auflösung des Arbeitsverhältnisses berührt den Vergütungsanspruch nicht.

Anders war es bei der beschränkten Inanspruchnahme, die nach dem 1.10.2009 nicht mehr möglich ist. Hier hing der Vergütungsanspruch von der tatsächlichen Verwertung der Diensterfindung durch den Arbeitgeber ab, und zwar unabhängig davon, ob ein Schutzrecht angemeldet wurde oder nicht.

 WICHTIG!

Nimmt der Arbeitgeber die Diensterfindung nicht in Anspruch, so kann der Arbeitnehmer keine Vergütung für eine Diensterfindung verlangen. Eventuell stehen ihm aber Vergütungsansprüche wegen technischer Verbesserungsvorschläge (s. u. IV.3.) oder aus urheberrechtlichen Gesichtspunkten (s. Urheberrechte im Arbeitsverhältnis III.) zu. Wird eine Freigabe seitens des Arbeitgebers erst nach Ablauf der Viermonatsfrist (s. o.) erklärt, so können Vergütungsansprüche für den Zeitraum zwischen Meldung und Freigabeerklärung entstehen. I. d. R. setzt dies jedoch eine zwischenzeitliche Verwertung der Erfindung durch den Arbeitgeber voraus. Hiervon zu unterscheiden sind etwaige Schadensersatzansprüche des Arbeitnehmers, die durch eine verspätete oder versäumte Anmeldung der Erfindung zur Gebrauchsmuster- oder Patenterteilung entstehen können (§ 13 Abs. 1 u. 2 Nr. 1 ArbNErfG).

 ACHTUNG!

Nach neuerer Rechtsprechung des BGH steht dem Erfinder selbst dann ein Vergütungsanspruch zu, wenn die Erfindung nicht schutzfähig ist, da die wahre Grundlage des Erfinderrechts die schöpferische Tat des Erfinders sei, die völlig unabhängig davon sei, ob später ein Schutzrecht nachgesucht und erteilt werde (BGH v. 18.5.2010, Az. X ZR 79/07). Ein Anspruch auf Erfindervergütung kommt auch dann in Betracht, wenn bei der Verwertung eines auf eine gemeldete Diensterfindung zurückgehenden Patents ein Element wirtschaftliche Bedeutung erlangt, das aufgrund des Beitrags einer weiteren Person der Patentanmeldung hinzugefügt worden ist und nicht bereits Gegenstand der Erfindungsmeldung war (BGH v. 22.11.2011, Az. X ZR/09).

4.2 Höhe der Vergütung

Bei der Berechnung einer angemessenen Vergütung des Arbeitnehmer-Erfinders für die unbeschränkte Inanspruchnahme sind nach § 9 ArbNErfG insbesondere

▶ die wirtschaftliche Verwertbarkeit der Diensterfindung (Erfindungswert)

▶ die Aufgaben und die Stellung des Arbeitnehmers im Betrieb und

▶ der Anteil des Betriebes an dem Zustandekommen der Diensterfindung

zu berücksichtigen.

Der Erfindungswert kann in dreifacher Weise ermittelt werden:

▶ Lizenzanalogie

▶ Erfassbarer betrieblicher Nutzen

▶ Schätzung.

Bei der beschränkten Inanspruchnahme ist anstelle des Erfindungswertes nur die tatsächliche wirtschaftliche Verwertung der Erfindung erheblich.

TIPP!

Für die Berechnung der Vergütung gibt der Bundesminister für Arbeit und Soziales Vergütungsrichtlinien heraus, die als Empfehlung gelten.

Zur Bezifferung seiner Vergütungsansprüche steht dem Arbeitnehmer auch ein Anspruch auf Auskunft- und Rechnungslegung gegenüber dem Arbeitgeber zu, soweit die zur Bemessung der Vergütung heranzuziehenden Kriterien nur dem

Arbeitgeber bekannt sind. Unter Aufgabe seiner bisherigen Rechtsprechung hat der BGH aber zwischenzeitlich entschieden, dass der Auskunftsanspruch des Erfinders nicht auf die Mitteilung der Gewinnmargen sowie der Gestehungs- und Vertriebskosten des erfindungsgemäßen Produkts bezogen ist (BGH v. 17.11.2009, Az. X ZR 137/07). Informationen über Herstellungsmengen, -zeiten und Preise sowie Umsätze reichen aus. Ist der Arbeitgeber in eine Konzernstruktur eingebunden, sind auch Lieferungen innerhalb des Konzerns vom Auskunftsanspruch erfasst (BGH a.a.O.).

5. Anmeldung von Schutzrechten

Der Arbeitgeber ist zunächst unabhängig von der Entscheidung über die Inanspruchnahme verpflichtet, die Schutzrechtanmeldung durch entsprechende (bundesdeutsche oder europäische) Patentanmeldung im Inland unverzüglich vorzunehmen. Diese Verpflichtung des Arbeitgebers entfällt nur dann, wenn:

▶ die Erfindung frei geworden ist;

▶ der Arbeitnehmer der Nichtanmeldung zustimmt;

▶ durch die Anmeldung die Gefahr von der Offenlegung von Betriebsgeheimnissen begründet wird und der Arbeitgeber die Schutzfähigkeit der Erfindung anerkennt (§ 17 ArbNErfG).

Mit einer Gebrauchsmusteranmeldung kommt der Arbeitgeber seiner Verpflichtung nur dann nach, wenn diese im Verhältnis zum Patentschutz zweckdienlicher erscheint.

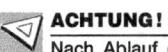 **ACHTUNG!**
Versäumt der Arbeitgeber schuldhaft die unverzügliche Anmeldung, kann der Arbeitnehmer Schadensersatzansprüche geltend machen. Hat der Arbeitnehmer vor dem Jahr 2000 keine Patentanmeldung für Computerprogramme vorgenommen, dürfte dies angesichts der früheren Rechtsprechung (wonach Computerprogramme nicht patentfähig waren) nicht schuldhaft sein.

Über die Schutzrechtsanmeldung und den Verlauf des Verfahrens muss der Arbeitgeber den Arbeitnehmer umfassend und vollständig unterrichten.

Nur im Falle der Freigabe der Diensterfindung oder wenn der Arbeitnehmer der Nichtanmeldung zustimmt, entfällt die Pflicht zur Schutzrechtsanmeldung.

Das Recht zur Schutzrechtsanmeldung im Ausland hat der Arbeitgeber, wenn er die Diensterfindung unbeschränkt in Anspruch nimmt. Falls er von diesem Recht nicht Gebrauch machen will, muss der Arbeitgeber dem Arbeitnehmer die Diensterfindung für das Ausland unaufgefordert freigeben, so dass der Arbeitnehmer u. U. dort selbst Schutzrechte erwerben kann.

III. Freie Erfindungen

1. Begriff, Abgrenzung

Fehlt es an einem Zusammenhang zwischen der Erfindung und der betrieblichen Tätigkeit des Arbeitnehmers, handelt es sich um eine freie Erfindung, über die der Arbeitnehmer grundsätzlich frei verfügen kann. Es bestehen lediglich Melde- (s. u. 2.) und Anbietungspflichten (s. u. 3.).

Freie Erfindungen sind insbesondere solche:

▶ die die Voraussetzungen einer Diensterfindung nicht erfüllen,

▶ die frei geworden sind (II.3.3), oder

▶ Erfindungen im Hochschulbereich.

2. Meldepflicht des Arbeitnehmers

Obwohl freie Erfindungen vom Arbeitgeber nicht in Anspruch genommen werden können, muss der Arbeitnehmer dem Arbeitgeber seine Erfindung unverzüglich in Textform mitteilen (§ 18 ArbNErfG). Hierbei muss der Arbeitnehmer über die Erfindung (und ihre Entstehung) so viel mitteilen, dass der Arbeitgeber beurteilen kann, ob die Erfindung tatsächlich frei ist. Sinn dieser Vorschrift ist, dem Arbeitgeber die Möglichkeit einzuräumen, zu ermitteln, ob tatsächlich eine freie Erfindung oder nicht doch eine Diensterfindung vorliegt. Bestreitet nämlich der Arbeitgeber nicht innerhalb von drei Monaten nach Zugang der ordnungsgemäßen Meldung nicht in Textform, dass es sich hierbei um eine freie Erfindung handelt, kann diese nicht mehr als Diensterfindung in Anspruch genommen werden.

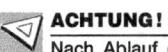 **ACHTUNG!**
Nach Ablauf der Dreimonatsfrist kann sich der Arbeitgeber nicht mehr darauf berufen, es handle sich um eine Diensterfindung.

Wenn allerdings die Erfindung im Betrieb des Arbeitgebers offensichtlich nicht verwendbar ist, so besteht seitens des Arbeitnehmers auch keine Mitteilungspflicht (§ 18 Abs. 3 ArbNErfG).

3. Anbietungspflicht des Arbeitnehmers

Ebenso muss der Arbeitnehmer seinem Arbeitgeber eine einfache (= nicht ausschließliche) Lizenz auf Nutzung der Erfindung zu angemessenen Bedingungen einräumen, § 19 ArbNErfG. Nur wenn der Arbeitgeber dieses Angebot annimmt, kommt ein Lizenzvertrag zustande. Nimmt der Arbeitgeber das Angebot auf Abschluss eines Lizenzvertrages nicht innerhalb von drei Monaten an, so erlischt sein Vorrecht. Erklärt sich der Arbeitgeber innerhalb der Frist allerdings zum Erwerb des ihm angebotenen Rechts bereit, macht er jedoch geltend, dass die Bedingungen des Angebots nicht angemessen seien, so setzt das Gericht auf Antrag des Arbeitgebers oder des Arbeitnehmers die Bedingungen fest.

IV. Technische Verbesserungsvorschläge

1. Begriff, Abgrenzung

Unter Verbesserungsvorschlägen des Arbeitnehmers werden Vorschläge verstanden, die – im Gegensatz zu Erfindungen – nicht patent- oder gebrauchsmusterfähig sind. Detaillierte Regelungen hierzu finden sich häufig in Tarifverträgen oder Betriebsvereinbarungen.

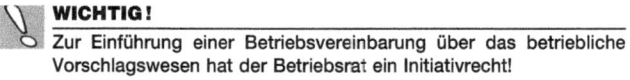 **WICHTIG!**
Zur Einführung einer Betriebsvereinbarung über das betriebliche Vorschlagswesen hat der Betriebsrat ein Initiativrecht!

Ist der Arbeitnehmer aufgrund seines Arbeitsvertrages zur Entwicklung technischer Verbesserungsvorschläge verpflichtet, stehen diese ohne Einschränkung dem Arbeitgeber zu. Entsprechendes gilt für sonstige technische Verbesserungsvorschläge, die der Arbeitnehmer im Zusammenhang mit seiner betrieblichen Tätigkeit entwickelt.

2. Meldepflicht des Arbeitnehmers

Aus der arbeitsrechtlichen Treuepflicht ergibt sich die Verpflichtung des Arbeitnehmers, den Arbeitgeber auf mögliche Verbesserungen im Betrieb hinzuweisen. Gesetzliche Spezialvorschriften gibt es hierfür nicht.

3. Vergütung

Im Falle von sog. qualifizierten Verbesserungsvorschlägen, also bei solchen, die dem Arbeitgeber eine ähnliche Vorzugsstellung gewähren wie ein gewerbliches Schutzrecht (z. B. Patent), hat der Arbeitnehmer Anspruch auf eine Vergütung. Die Regeln zur

Vergütung bei Arbeitnehmererfindungen (s. o. II.4.) sind entsprechend anzuwenden.

Bei sonstigen Verbesserungsvorschlägen ist grundsätzlich eine Vergütung nur dann zu gewähren, wenn dies in einem Tarifvertrag, einer Betriebsvereinbarung oder im Arbeitsvertrag selbst festgelegt wurde.

Wenn eine geistige Schöpfung „nur" dem urheberrechtlichen Schutz unterliegt, kann auch nur eine Vergütung nach dem Urheberrechtsgesetz (s. Urheberrechte im Arbeitsverhältnis III.) beansprucht werden (BGH a. a. O.).

Arbeitnehmerüberlassung

I. Begriff und Abgrenzung
1. Arbeitsvermittlung
2. Mittelbares Arbeitsverhältnis
3. Subunternehmen
4. Dienst-/Werkvertrag

II. Voraussetzungen
1. Erlaubnis
2. Beteiligung des Entleiher-Betriebsrats

III. Rechtsverhältnisse der Beteiligten
1. Verleiher und Entleiher
2. Auskunftspflichten des Entleihers/Auskunftsanspruch des Leiharbeitnehmers
3. Verleiherpflichten nach dem Nachweisgesetz
4. Verleiher und (Leih-)Arbeitnehmer
5. Entleiher und (Leih-)Arbeitnehmer

IV. Rechtsfolgen bei Verstößen gegen das AÜG
1. Unwirksamkeit
   1.1 Grundsatz der Gleichbehandlung von Leiharbeitnehmern mit vergleichbaren Arbeitnehmern des Entleihers bzgl. deren wesentlichen Arbeitsbedingungen einschließlich des Arbeitsentgelts gemäß §§ 3 Abs. 1 Nr. 3, 9 Nr. 2, 10 Abs. 4 AÜG
2. Rechtsfolgen fehlender Verleih-Erlaubnis
   2.1 Arbeitsverhältnis mit dem Entleiher
   2.2 Haftung des Verleihers
3. Ordnungswidrigkeiten und Straftaten

I. Begriff und Abgrenzung

Arbeitnehmerüberlassung (auch Arbeitskräfteverleih, Zeitarbeit, Leiharbeit, Arbeitskräfteleasing) liegt vor, wenn ein Arbeitgeber (Verleiher) einem Dritten (Entleiher) aufgrund einer Vereinbarung vorübergehend geeignete, bei ihm angestellte Arbeitskräfte (Leiharbeitnehmer) zur Arbeitsleistung zur Verfügung stellt. Diese Leiharbeitnehmer setzt der Entleiher nach seinen Vorstellungen und Zielen in seinem Betrieb wie eigene Arbeitnehmer ein; sie unterliegen seinem → *Direktionsrecht*. Das Arbeitnehmerüberlassungsverhältnis ist ein Dreiecksverhältnis.

Die gewerbsmäßige Arbeitnehmerüberlassung ist im Arbeitnehmerüberlassungsgesetz (AÜG) in der jeweils aktuellen Fassung

geregelt. Die Anwendung des AÜG wird durch den Dienstblatt-Runderlass 13/95 der Bundesagentur für Arbeit (BA) vom 31.1.1995 konkretisiert und in einem Merkblatt erläutert; beides kann über die Arbeitsagenturen in der jeweils gültigen Fassung bezogen werden.

Bedingt durch die zum 1. Mai 2011 eingetretene volle Arbeitnehmerfreizügigkeit in der Europäischen Union, durch das Umsetzungserfordernis der Leiharbeitsrichtlinie 2008/104/EG der Europäischen Union bis zum 5. Dezember 2011 in deutsches Recht sowie aufgrund der in der Öffentlichkeit diskutierten einzelnen Missbrauchsfälle hatte die Bundesregierung einen Gesetzesentwurf zur Verhinderung von Missbrauch der Arbeitnehmerüberlassung verabschiedet. Das Gesetz ist seit 1. Dezember 2011 in Kraft. Diese gesetzliche Regelung soll insbesondere den sog. „Drehtüreffekt" verhindern, in dem die tariflichen Abweichungsmöglichkeiten vom „equal-payment-Grundsatz" für Leiharbeitnehmer ausgeschlossen werden (§ 9 Ziff. 2 AÜG), die in den letzten sechs Monaten vor der Überlassung an den Entleiher aus einem Arbeitsverhältnis bei diesem oder einem mit diesem einen Konzern im Sinne des § 18 AktG bildenden Arbeitgeber ausgeschieden sind. Zudem wird gemäß § 13b AÜG nunmehr normiert, dass der Entleiher dem Leiharbeitnehmer Zugang zu den Gemeinschaftseinrichtungen oder Gemeinschaftsdiensten wie vergleichbaren Stammarbeitnehmern des Entleihers einzuräumen hat. Ferner wurde durch Mindestlohnverordnung die Aufnahme der Zeitarbeit in das Arbeitnehmerentsendegesetz ein Mindestlohn für die Zeitarbeit auf den Weg gebracht.

Der Mindestlohn hat demnach am 1.1.2012 mit 7,01 €/Stunde im Osten und 7,89 €/Stunde im Westen betragen und wurde zum 1.11.2012 auf 7,50 € im Osten und 8,19 € im Westen angehoben. Die Verordnung ist befristet bis zum 31.10.2013.

Ausgelöst durch die in 2004 erfolgte Einführung des gesetzlichen Equal Payment (§ 3 Abs. 1 Nr. 3 AÜG) und die tariflichen Abrechnungsmöglichkeiten haben die Tarifpartner der Zeitarbeitsbranche attraktive Tarifverträge zur Zeitarbeit aufgelegt, deren Anwendung in der Praxis der Regelfall ist. Seit November 2012 sind bzw. werden verschiedene Tarifverträge „Branchenzuschläge" in Kraft treten, die für die jeweiligen Branchen ein Heranführen der Vergütung von Zeitarbeitnehmern an die materiellen Arbeitsbedingungen vergleichbarer Stammarbeitnehmer je nach Entleihbetrieb vorsehen.

Arbeitnehmerüberlassung liegt **nicht** vor in folgenden Fällen:

1. Arbeitsvermittlung

Im Gegensatz zur Arbeitnehmerüberlassung endet die Arbeitsvermittlung mit dem Abschluss des Arbeitsvertrags. Die private Arbeitsvermittlung als selbstständige Tätigkeit ist anzeigepflichtig nach § 14 GewO.

2. Mittelbares Arbeitsverhältnis

Ein mittelbares Arbeitsverhältnis liegt vor, wenn ein Arbeitnehmer von einem Mittelsmann (Zwischenmeister), der selbst Arbeitnehmer bei einem Dritten (Unternehmer) ist, beschäftigt wird und die Arbeit mit Wissen des Unternehmers für diesen unmittelbar geleistet wird.

3. Subunternehmen

Der Subunternehmer ist gegenüber einem Generalunternehmer verpflichtet, für diesen mit eigenen Arbeitskräften und unter Zurverfügungstellung von Material und Maschinen einen bestimmten Abschnitt eines Gesamtwerks zu erstellen oder sonstige Dienstleistungen zu erbringen. Die Arbeitnehmer unterliegen nur dem → *Direktionsrecht* des Subunternehmers, der Generalunternehmer ist nicht weisungsbefugt.

::**rehm**

4. Dienst-/Werkvertrag

Wird eine Fremdfirma mit der Erbringung einer Dienstleistung oder eines Werkes beauftragt und schickt zu diesem Zweck Arbeitnehmer in das beauftragende Unternehmen, liegt keine Arbeitnehmerüberlassung vor, wenn die Fremdfirma allein das → *Direktionsrecht* gegenüber ihren Arbeitnehmern behält (z. B. zur Urlaubsgewährung, Festlegung der Arbeitszeit, Anwesenheitskontrolle). In diesen Fällen liegt ein Werk- bzw. Dienstvertrag zwischen der Fremdfirma und dem beauftragenden Unternehmen vor.

Beispiele:

Eine Softwarefirma schickt eigenes Personal zu einem Anwenderunternehmen, um ein Software-Programm auf dessen Anlagen lauffähig zu machen oder zu entwickeln. Findet die Unterweisung dieser Arbeitnehmer allein durch die Softwarefirma statt, liegt keine Arbeitnehmerüberlassung, sondern ein Werkvertrag vor. Geschuldet wird nicht die Arbeitsleistung, sondern die Fertigstellung des Programms.

Wird in einem Unternehmen kontinuierlich ein Software-Programm durch Fremdkräfte betrieben, liegt in der Regel Arbeitnehmerüberlassung vor, denn diese Arbeitnehmer unterliegen dem Direktionsrecht des Auftraggebers und sind in seine betriebliche Struktur eingegliedert.

Unschädlich ist, wenn der Auftraggeber (Unternehmer) dem Auftragnehmer (Fremdfirma) näher erläutert, was genau er sich unter der zu erbringenden Leistung vorstellt. Damit liegt noch keine Arbeitnehmerüberlassung vor.

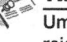 **TIPP!**

Um zu vermeiden, dass Mitarbeiter der Fremdfirma aufgrund zahlreicher Einzelanweisungen im Ergebnis dem Weisungsrecht des Auftraggebers unterliegen (und damit Arbeitnehmerüberlassung vorliegt), sollten Präzisierungen des Auftrags (keine Weisungen!) nur an einen im Vertrag genannten Repräsentanten der Fremdfirma erteilt werden.

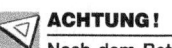 **ACHTUNG!**

Nach dem Betriebsverfassungsgesetz erstreckt sich die Unterrichtung des Betriebsrats durch den Arbeitgeber nach § 80 Abs. 2 BetrVG auch auf die Beschäftigung von Personen, die nicht in einem Arbeitsverhältnis zum Arbeitgeber stehen.

Bei der Abgrenzung kommt es in Zweifelsfällen nicht auf den Vertragswortlaut oder den Willen der Parteien an, sondern auf die Art und Weise der **tatsächlichen** Durchführung. Entscheidend sind u. a.:

▶ Ist die Erbringung einer Dienstleistung oder eines Werkes geschuldet?

▶ die Organisation der Arbeitsleistung (Wer organisiert den Arbeitsvorgang?)

▶ das Direktionsrecht (Wer weist an und überwacht?)

▶ die Risikoverteilung (Wer haftet für die mangelfreie Herstellung?)

▶ die Berechnung der Vergütung (Stundensatz → Arbeitnehmerüberlassung; Pauschalvergütung oder nach vereinbarten Maßstäben berechneter Preis → Werkvertrag).

II. Voraussetzungen

1. Erlaubnis

Die Arbeitnehmerüberlassung im Rahmen der wirtschaftlichen Tätigkeit ist nur zulässig, wenn der Verleiher eine entsprechende Erlaubnis hat. Sie muss schriftlich bei der zuständigen Arbeitsagentur beantragt werden. Die Kosten und Auslagen trägt der Antragsteller. Der umfangreiche Formularsatz für die Antragstellung kann über die Arbeitsagentur bezogen werden.

Die Erlaubnis

▶ kann unter Bedingungen, Auflagen und/oder dem Vorbehalt des Widerrufs erteilt werden,

▶ ist zunächst auf ein Jahr befristet; der Verlängerungsantrag muss spätestens drei Monate vor Ablauf des Jahres gestellt werden,

▶ kann unbefristet erteilt werden, wenn der Verleiher drei aufeinander folgende Jahre erlaubt gewerbsmäßige Arbeitnehmerüberlassung betrieben hat,

▶ erlischt, wenn der Verleiher von der Erlaubnis drei Jahre keinen Gebrauch gemacht hat,

▶ wird nicht erteilt, wenn für die Ausübung (Neben-)Betriebe oder Betriebsteile vorgesehen sind, die nicht in einem Mitgliedstaat der Europäischen Union oder in einem EFTA-Staat (Ausnahme: Schweiz) liegen.

Der Verleiher muss der Arbeitsagentur

▶ nach der Erlaubniserteilung unaufgefordert die Verlegung, Schließung und Errichtung von (Neben-)Betrieben oder Betriebsteilen vorher anzeigen, wenn diese Arbeitnehmerüberlassung ausüben oder ausgeübt haben (§ 7 Abs. 1 AÜG),

▶ wahrheitsgemäß, vollständig, fristgemäß und unentgeltlich Auskünfte erteilen (§ 7 Abs. 2 AÜG),

▶ das Betreten seines Betriebsgeländes (Grundstücke und Geschäftsräume) gestatten und Prüfungen dulden (§ 7 Abs. 3 AÜG),

▶ statistische Meldungen erstatten (§ 8 AÜG).

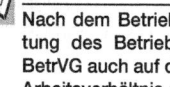 **ACHTUNG!**

Gewerbsmäßige Arbeitnehmerüberlassung von Arbeitern in Betrieben des Baugewerbes ist generell verboten (§ 1b AÜG).

Welcher Betrieb ein solcher des Baugewerbes ist, bestimmt die Baubetriebe-Verordnung.

Keiner Erlaubnis bedarf

▶ ein Arbeitgeber mit weniger als 50 Beschäftigten, der zur Vermeidung von Kurzarbeit oder Entlassungen einen Arbeitnehmer für maximal zwölf Monate überlässt, wenn er die Überlassung vorher schriftlich der Bundesagentur für Arbeit angezeigt hat (§ 1a AÜG),

▶ die Arbeitnehmerüberlassung zwischen Arbeitgebern desselben Wirtschaftszweigs zur Vermeidung von Kurzarbeit und Entlassungen, wenn ein für den Entleiher und Verleiher geltender Tarifvertrag dies vorsieht (§ 1 Abs. 3 Nr. 1 AÜG),

▶ die vorübergehende Arbeitnehmerüberlassung zwischen Konzernunternehmen i. S. d. § 18 AktG, d. h. Unternehmen mit mindestens 50 % Beteiligung des herrschenden Unternehmens, wenn der Arbeitnehmer nicht zum Zwecke der Überlassung eingestellt oder beschäftigt wird (§ 1 Abs. 3 Nr. 2 AÜG). Der Unterschied zum Normalfall des AÜG liegt darin, dass Verleiher und Entleiher Teil desselben Konzerns sind.

▶ zwischen Arbeitgebern, wenn die Überlassung nur gelegentlich erfolgt und der Arbeitnehmer nicht zum Zweck der Überlassung eingestellt und beschäftigt wird (§ 1 Abs. 3 Nr. 2a AÜG).

▶ die Arbeitnehmerüberlassung in das Ausland, wenn der Leiharbeitnehmer in ein auf der Grundlage zwischenstaatlicher Vereinbarungen begründetes deutsch-ausländisches Gemeinschaftsunternehmen verliehen wird, an dem der Verleiher beteiligt ist (§ 1 Abs. 3 Nr. 3 AÜG).

2. Beteiligung des Entleiher-Betriebsrats

Vor der Übernahme eines Leiharbeitnehmers muss der Betriebsrat des Entleiherbetriebs nach § 99 BetrVG beteiligt werden (§ 14 Abs. 3 AÜG). Dem Betriebsrat muss Einsicht in den Arbeitnehmerüberlassungsvertrag gestattet werden; die Einsichtnahme in den Arbeitsvertrag zwischen Verleiher und Leiharbeitnehmer kann aber nicht verlangt werden.

⚠ ACHTUNG!

Leiharbeitnehmer haben aufgrund des § 7 BetrVG im Entleiherbetrieb das aktive Wahlrecht, wenn sie länger als drei Monate im Betrieb eingesetzt werden (Prognoseentscheidung). Leiharbeitnehmer sind aber gemäß einer Entscheidung des Bundesarbeitsgerichts keine Arbeitnehmer des Entleiherbetriebs i. S. d. BetrVG. Sie sind für die Anzahl der zu wählenden Betriebsratsmitglieder maßgeblichen Belegschaftsstärke nicht zu berücksichtigen. Anderes gilt nach BAG v. 15.12.2011, ABR 65/10 hinsichtlich der in Privatbetrieben tätigen Arbeitnehmer des Öffentlichen Dienstes.

III. Rechtsverhältnisse der Beteiligten

1. Verleiher und Entleiher

Zwischen dem Verleiher und dem Entleiher wird ein Arbeitnehmerüberlassungsvertrag geschlossen, für den Schriftform erforderlich ist (§ 12 Abs. 1 AÜG). In diesem Vertrag verpflichtet sich der Verleiher, dem Entleiher vorübergehend die Arbeitskraft eines Arbeitnehmers zu verschaffen. Der Entleiher zahlt das vereinbarte Entgelt an den Verleiher (in der Regel ein Stundenverrechnungssatz).

Im Vertrag muss der Verleiher erklären, dass er die erforderliche Erlaubnis der Regionaldirektion der Bundesagentur für Arbeit für gewerbsmäßige Arbeitnehmerüberlassung besitzt, welche besonderen Merkmale die für den Leiharbeitnehmer vorgesehene Tätigkeit hat und welche berufliche Qualifikation hierfür erforderlich ist (§ 12 AÜG).

Wird die Erlaubnis dem Verleiher entzogen, muss er den Entleiher sofort benachrichtigen (§ 12 Abs. 2 AÜG).

✍ TIPP!

Aufgrund der Rechtslage nach der Entscheidung des BAG über die Tarifunfähigkeit der Tarifgemeinschaft Christliche Gewerkschaften für Zeitarbeit mit Personalserviceagenturen CGZP (BAG v. 14.12.2010, Az. 1 ABR 15/10) offenbaren sich Risiken für den Entleiher bei der Anwendung riskanter Tarifverträge. Aufgrund der gesamtschuldnerischen Haftung des Entleihers ist es zum Zwecke der Risikominimierung sinnvoll, sich die Anwendung der üblichen und wirksamen Tarifverträge der Zeitarbeitsbranche sowie die Abführung der Sozialversicherungsbeiträge und der Lohnsteuer an die zuständigen Stellen nachweisen zu lassen.

2. Auskunftspflichten des Entleihers/ Auskunftsanspruch des Leiharbeitnehmers

Der Entleiher hat gemäß § 12 Abs. 1 S. 3 AÜG in dem Arbeitnehmerüberlassungsvertrag v. a. anzugeben, welche im Betrieb des Entleihers für einen vergleichbaren Arbeitnehmer des Entleihers geltenden wesentlichen Arbeitsbedingungen einschließlich des Arbeitsentgelts gelten.

Der Leiharbeitnehmer hat gemäß § 13 AÜG im Falle der Überlassung einen Auskunftsanspruch gegenüber dem Entleiher hinsichtlich der im Entleiherbetrieb für einen vergleichbaren Arbeitnehmer des Entleihers geltenden wesentlichen Arbeitsbedingungen einschließlich des Arbeitsentgelts.

Der Leiharbeitnehmer hat gemäß § 13a AÜG Anspruch auf Information über Arbeitsplätze des Entleihers, die besetzt werden sollen. Die Information kann durch allgemeine Bekanntgabe an einer, dem Leiharbeitnehmer zugänglichen Stelle beim Entleiher erfolgen.

3. Verleiherpflichten nach dem Nachweisgesetz

Die neu gefasste gesetzliche Regelung des § 11 Abs. 1 AÜG sieht vor, dass der Nachweis der wesentlichen Vertragsbedingungen des Leiharbeitsverhältnisses sich nunmehr nach den Bestimmungen des → Nachweisgesetzes richtet.

4. Verleiher und (Leih-)Arbeitnehmer

Zwischen dem Verleiher und dem Leiharbeitnehmer besteht ein Arbeitsvertrag (§ 11 AÜG). Auch während der Zeit ihrer Arbeitsleistung bei einem Entleiher bleiben Leiharbeitnehmer Angehörige des Betriebs des Verleihers (§ 14 AÜG).

Für die Dauer der Überlassung muss der Verleiher dem Leiharbeitnehmer die gleichen Arbeitsbedingungen (einschließlich des Arbeitsentgelts) gewähren, die ein vergleichbarer Arbeitnehmer im Betrieb des Entleihers erhält. Dieser so genannte Equal-Pay-Grundsatz gilt nicht, wenn für das Leiharbeitsverhältnis ein Tarifvertrag für Leiharbeitsverhältnisse gilt oder der Leiharbeitnehmer zuvor arbeitslos war und er ein Nettoentgelt mindestens in Höhe des letzten Arbeitslosengelds erhält. Letztere Regelung gilt für maximal sechs Wochen Überlassung.

5. Entleiher und (Leih-)Arbeitnehmer

Zwischen dem Entleiher und dem Leiharbeitnehmer bestehen keine vertraglichen Beziehungen. Der Leiharbeitnehmer untersteht zwar dem → Direktionsrecht des Entleihers, ist aber nicht dessen Arbeitnehmer.

Der Entleiher ist neben dem Verleiher verantwortlich für die Arbeitssicherheit des Leiharbeitnehmers. Er hat auch beim Leiharbeitnehmer für die Beachtung der für seinen Betrieb geltenden Vorschriften des Arbeitsschutzrechts, insbesondere der Unfallverhütungsvorschriften zu sorgen (§ 11 Abs. 6 AÜG). Einen → Arbeitsunfall des Leiharbeitnehmers muss der Entleiher der hierfür zuständigen Berufsgenossenschaft des Verleihers unverzüglich anzeigen. Auch Betriebsärzte und Fachkräfte für Arbeitssicherheit sind über den Einsatz von Leiharbeitnehmern zu unterrichten (§§ 2 und 5 ASiG).

IV. Rechtsfolgen bei Verstößen gegen das AÜG

Im Zusammenhang mit Verstößen gegen das AÜG hat sich mittlerweile der Begriff der „illegalen Arbeitnehmerüberlassung" eingebürgert. Illegale Arbeitnehmerüberlassung liegt vor, wenn

- ein Verleiher nicht die für die Arbeitnehmerüberlassung erforderliche Erlaubnis besitzt,

- gegen das Verbot der Überlassung von Arbeitnehmern für Bauarbeitertätigkeiten in Baubetrieben verstoßen wird,

- der Verleiher nicht die gesetzlichen Arbeitgeberpflichten (u. a. Entgeltzahlung, Urlaubsgewährung) und das Arbeitgeberrisiko (d. h. das Risiko, aufgrund der Auftragslage die vorhandenen Arbeitskräfte nicht nutzen zu können) trägt.

1. Unwirksamkeit

Nach § 9 AÜG sind unwirksam:

- Arbeitsverträge zwischen Verleiher und Leiharbeitnehmer bei fehlender Verleih-Erlaubnis (s. u. 2.),

- Überlassungsverträge zwischen Verleiher und Entleiher bei fehlender Verleih-Erlaubnis,

- Vereinbarungen, die den Zugang des Leiharbeitnehmers zu den Gemeinschaftseinrichtungen oder -diensten im Unternehmen des Entleihers entgegen § 13b beschränken,

- Vereinbarungen, die für den Leiharbeitnehmer für die Zeit der Überlassung schlechtere Arbeitsbedingungen (einschließlich des Arbeitsentgelts) vorsehen, als für einen vergleichbaren Arbeitnehmer im Betrieb des Entleihers gelten (sog. Equal-Pay),

▸ vertragliche Verbote, wonach Entleiher und Arbeitnehmer kein Arbeitsverhältnis miteinander begründen dürfen, zu einem Zeitpunkt, in dem das Arbeitsverhältnis zum Verleiher nicht mehr besteht,

▸ Vereinbarungen, nach denen der Leiharbeitnehmer eine Vermittlungsvergütung an den Verleiher zu zahlen hat.

1.1 Grundsatz der Gleichbehandlung von Leiharbeitnehmern mit vergleichbaren Arbeitnehmern des Entleihers bzgl. deren wesentlichen Arbeitsbedingungen einschließlich des Arbeitsentgelts gemäß §§ 3 Abs. 1 Nr. 3, 9 Nr. 2, 10 Abs. 4 AÜG

Der Leiharbeitnehmer kann gemäß § 10 Abs. 4 AÜG vom Verleiher die Gewährung der im Betrieb des Entleihers für einen vergleichbaren Arbeitnehmer des Entleihers geltenden wesentlichen Arbeitsbedingungen einschließlich des Arbeitsentgelts verlangen, sofern die Vereinbarung mit dem Verleiher nach § 9 Nr. 2 AÜG unwirksam ist.

Dies ist der Fall, wenn:

„Vereinbarungen, die für den Leiharbeitnehmer für die Zeit der Überlassung an einen Entleiher schlechtere als die im Betrieb des Entleihers für einen vergleichbaren Arbeitnehmer des Entleihers geltenden wesentlichen Arbeitsbedingungen einschließlich des Arbeitsentgelts vorsehen; ein Tarifvertrag kann abweichende Regelungen zulassen, soweit er nicht die in einer Rechtsverordnung nach § 3a Absatz 2 festgesetzten Mindeststundenentgelte unterschreitet; im Geltungsbereich eines solchen Tarifvertrages können nicht tarifgebundene Arbeitgeber und Arbeitnehmer die Anwendung der tariflichen Regelungen vereinbaren; eine abweichende tarifliche Regelung gilt nicht für Leiharbeitnehmer, die in den letzten sechs Monaten vor der Überlassung an den Entleiher aus einem Arbeitsverhältnis bei diesem oder einem Arbeitgeber, der mit dem Entleiher einen Konzern im Sinne des § 18 des Aktiengesetzes bildet, ausgeschieden sind."

Dem Verleiher ist gemäß § 3 Abs. 1 Nr. 3 AÜG die Erlaubnis oder ihre Verlängerung zu versagen, wenn Tatsachen die Annahme rechtfertigen, dass der Antragsteller

„dem Leiharbeitnehmer für die Zeit der Überlassung an einen Entleiher die im Betrieb dieses Entleihers für einen vergleichbaren Arbeitnehmer des Entleihers geltenden wesentlichen Arbeitsbedingungen einschließlich des Arbeitsentgelts nicht gewährt. Ein Tarifvertrag kann abweichende Regelungen zulassen, soweit er nicht die in einer Rechtsverordnung nach § 3a Absatz 2 festgesetzten Mindeststundenentgelte unterschreitet. Im Geltungsbereich eines solchen Tarifvertrages können nicht tarifgebundene Arbeitgeber und Arbeitnehmer die Anwendung der tariflichen Regelungen vereinbaren. Eine abweichende tarifliche Regelung gilt nicht für Leiharbeitnehmer, die in den letzten sechs Monaten vor der Überlassung an den Entleiher aus einem Arbeitsverhältnis bei diesem oder einem Arbeitgeber, der mit dem Entleiher einen Konzern im Sinne des § 18 des Aktiengesetzes bildet, ausgeschieden sind."

2. Rechtsfolgen fehlender Verleih-Erlaubnis

Fehlt die Erlaubnis und ist der Arbeitsvertrag deshalb unwirksam, dann

▸ gilt ein Arbeitsverhältnis zwischen dem Arbeitnehmer und dem Entleiher als zustande gekommen (sog. fingiertes Arbeitsverhältnis, § 10 Abs. 1 AÜG),

▸ haftet der Verleiher trotz der Unwirksamkeit des Arbeitsvertrags dem Arbeitnehmer und Dritten gegenüber.

2.1 Arbeitsverhältnis mit dem Entleiher

Fehlt die Verleih-Erlaubnis bereits zu Beginn der Überlassung, gilt das Arbeitsverhältnis zwischen Entleiher und Leiharbeitnehmer bereits zu diesem Zeitpunkt als zustande gekommen. Erlischt die Erlaubnis später (d. h. nach Beginn der Überlassung), entsteht das Arbeitsverhältnis zwischen Entleiher und Arbeitnehmer erst in diesem Zeitpunkt.

Grundsätzlich ist das fingierte Arbeitsverhältnis unbefristet; nur wenn bereits der Verleiher mit dem Arbeitnehmer eine Befristung vereinbart hatte und ein sachlicher Grund hierfür vorlag, ist auch das fingierte Arbeitsverhältnis befristet.

Der Leiharbeitnehmer kann vom Entleiher mindestens das Entgelt verlangen, das er mit dem Verleiher vereinbart hatte.

Als Arbeitszeit gilt diejenige, die Verleiher und Entleiher vereinbart hatten.

Die übrigen Arbeitsbedingungen richten sich nach den für den Betrieb des Entleihers geltenden Vorschriften und sonstigen Regelungen; gibt es solche nicht, gelten diejenigen vergleichbarer Betriebe.

 **ACHTUNG!**

Das fingierte Arbeitsverhältnis kommt automatisch zustande, es kann also nicht im Vorhinein durch Vertrag ausgeschlossen werden.

2.2 Haftung des Verleihers

Da der Vertrag zwischen Verleiher und Arbeitnehmer unwirksam ist, hat der Arbeitnehmer keinen Anspruch auf Entgelt. Allerdings kann er vom Verleiher Schadensersatz verlangen (§ 10 Abs. 2 AÜG), wenn er für die Vergangenheit noch kein Entgelt erhalten hat. Die Ersatzpflicht tritt nicht ein, wenn der Leiharbeitnehmer den Grund der Unwirksamkeit kannte.

Hat der Verleiher dem Arbeitnehmer in der Vergangenheit bereits Entgelt gezahlt, kann er dieses nicht aufgrund der Unwirksamkeit des Arbeitsvertrags zurückverlangen. Darüber hinaus haftet er (als sog. Gesamtschuldner neben dem Entleiher) Dritten gegenüber für „sonstige Teile" des bereits gezahlten Arbeitsentgelts, also z. B. für nicht abgeführte Sozialversicherungsbeiträge, vermögenswirksame Leistungen, Lohnpfändungen etc. (§ 10 Abs. 3 AÜG).

3. Ordnungswidrigkeiten und Straftaten

§ 16 Abs. 1 AÜG enthält einen Katalog von Ordnungswidrigkeiten, die mit Geldbuße bedroht sind; dieser „Bußgeldkatalog" hat in der Praxis eine große Bedeutung. Die Geldbußen sind je nach Verstoß unterschiedlich hoch. Mit einer Geldbuße kann belegt werden, wer

▸ ohne Verleiherlaubnis einen Arbeitnehmer an Dritte überlässt,

▸ einen Arbeitnehmer in seinem Betrieb tätig werden lässt, dessen Verleiher keine Erlaubnis hat,

▸ in Betrieben des Baugewerbes für Tätigkeiten, die üblicherweise von Arbeitern erledigt werden, gewerbsmäßige Arbeitnehmerüberlassung betreibt,

▸ einen überlassenen ausländischen Leiharbeitnehmer ohne Arbeitserlaubnis nach § 284 Abs. 1 SGB III tätig werden lässt,

▸ seine Anzeige-, Auskunfts-, Melde- und Aufbewahrungspflichten bzw. die ihm erteilten Auflagen nicht ordnungsgemäß erfüllt,

▶ seine Pflicht zur Information über freie Arbeitsplätze oder zur Gewährung des Zugangs zu Gemeinschaftseinrichtungen oder -diensten nicht ordnungsgemäß erfüllt.

Einen gesonderten Straftatbestand enthält § 15a AÜG. Danach wird mit Freiheitsstrafe bis zu drei Jahren oder Geldstrafe bestraft, wer als Entleiher einen Ausländer ohne Arbeitserlaubnis zu Bedingungen tätig werden lässt, die in einem auffälligen Missverhältnis zu den Arbeitsbedingungen deutscher Leiharbeitnehmer stehen, die eine gleiche oder vergleichbare Tätigkeit ausüben. In besonders schweren Fällen, d. h. wenn der Entleiher gewerbsmäßig oder aus grobem Eigennutz handelt, beträgt die Strafe Freiheitsstrafe von sechs Monaten bis zu fünf Jahren.

Mit Freiheitsstrafe bis zu einem Jahr oder Geldstrafe wird bestraft, wer als Entleiher gleichzeitig mehr als fünf Ausländer ohne Arbeitserlaubnis tätig werden lässt oder die Beschäftigung eines Ausländers ohne Arbeitserlaubnis vorsätzlich beharrlich wiederholt. Handelt der Entleiher aus grobem Eigennutz, ist die Strafe Freiheitsstrafe bis zu drei Jahren oder Geldstrafe.

Arbeitsgerichtsverfahren

I. Grundsätze

II. Urteilsverfahren
1. Einleitung
2. Güteverhandlung
3. Schriftsätze
4. Kammerverhandlung
5. Kosten
6. Berufung
7. Revision

III. Beschlussverfahren

I. Grundsätze

Das arbeitsgerichtliche Verfahren richtet sich nach dem Arbeitsgerichtsgesetz (ArbGG) und ist in zwei große Bereiche unterteilt:

▶ **Urteilsverfahren:**

Hier geht es um Ansprüche zwischen Arbeitgeber und Arbeitnehmern, die aus dem Arbeitsvertrag herrühren, also z. B. Lohnansprüche oder Kündigungsschutzverfahren.

▶ **Beschlussverfahren:**

Hier wird über Streitigkeiten zwischen dem Arbeitgeber und dem Betriebsrat entschieden, also z. B. ob der Betriebsrat ein Mitbestimmungsrecht in einer bestimmten Angelegenheit hat.

Die Gerichte sind mit Berufsrichtern und ehrenamtlichen Richtern (Vertretern der Arbeitgeber- und der Arbeitnehmerseite) besetzt.

Die Parteien müssen zur Verhandlung unbedingt erscheinen oder sich vertreten lassen. In der ersten Instanz, also vor dem Arbeitsgericht, besteht kein Zwang, sich durch einen Rechtsanwalt vertreten zu lassen. Dies ist erst ab der zweiten Instanz, dem Landesarbeitsgericht, notwendig. In der ersten Instanz

können bestimmte volljährige Personen die Vertretung übernehmen. Dazu ist eine schriftliche Vollmachtserklärung notwendig.

 WICHTIG!

Auch in der ersten Instanz kann nicht jede volljährige Person die Vertretung übernehmen. Vertretungsbefugt sind nur Beschäftigte der Partei oder eines mit ihr verbundenen Unternehmens, volljährige Familienangehörige, Personen mit Befähigung zum Richteramt und Streitgenossen, soweit die Vertretung nicht im Zusammenhang mit einer entgeltlichen Tätigkeit steht, selbstständige Vereinigungen von Arbeitnehmern mit sozial- oder berufspolitischer Zwecksetzung für ihre Mitglieder, Gewerkschaften und Vereinigungen von Arbeitgebern sowie Zusammenschlüsse solcher Verbände und von diesen zur Rechtsberatung gebildeten Organisationen (§ 11 ArbGG).

Wenn das persönliche Erscheinen der Parteien oder ihres gesetzlichen Vertreters angeordnet worden ist, müssen diese auch dann zur Verhandlung kommen, wenn sie einen Prozessbevollmächtigten entsenden. Nur wenn dieser Vertreter den Sachverhalt genau wie die Partei selbst kennt und zu allen Verfahrenshandlungen (also auch zum Abschluss eines Vergleichs) ermächtigt ist, muss die Partei nicht selbst zur Verhandlung erscheinen.

Beispiel:

Der Arbeitgeber ist eine GmbH. Das persönliche Erscheinen des Geschäftsführers ist angeordnet worden. Er kann sich z. B. durch den Personalleiter vertreten lassen, wenn dieser umfassende Kompetenzen hat.

WICHTIG!

Die Anordnung des persönlichen Erscheinens sollte nie ignoriert werden. Die Parteien bringen sich damit selbst um die Möglichkeit, noch wichtige Einzelheiten zu erläutern. Überdies kann ein Ordnungsgeld verhängt und der Prozessbevollmächtigte ausgeschlossen werden. Wenn man zum Termin verhindert ist (z. B. bei lange vorher geplantem Urlaub), sollte man bei Gericht die Terminsverlegung oder die Aufhebung der Anordnung des persönlichen Erscheinens beantragen.

Formulierungsbeispiel: In dem Rechtsstreit X ./. Y (Az. ...) ist mein persönliches Erscheinen zum Termin am ... angeordnet worden. Ich habe aber bereits eine Urlaubsreise für den Zeitraum von ... bis ... gebucht (Bestätigung anbei). Daher bitte ich um

alternativ:

▶ die Verlegung des Termins; meine Teilnahme daran erscheint sehr wichtig, da es auch um Einzelfragen geht, die ich dem Gericht aus meiner persönlichen Kenntnis am besten schildern kann

oder

▶ die Aufhebung der Anordnung meines persönlichen Erscheinens. Es geht im Wesentlichen um Rechtsfragen. Mein Prozessbevollmächtigter ist umfassend mandatiert, auch zum Abschluss eines Vergleichs

oder

▶ Ich werde Herrn/Frau ... zum Termin entsenden. Er/Sie ist genau wie ich zur Aufklärung des Sachverhaltes in der Lage und auch entscheidungsbefugt hinsichtlich eines eventuellen Vergleichs.

Ein normales Arbeitsgerichtsverfahren dauert in der Regel mehrere Monate. Wenn die Angelegenheit so eilig ist, dass das normale Verfahren nicht abgewartet werden kann, kann auch eine einstweilige Verfügung beantragt werden. Dies ist sowohl im Urteils- als auch im Beschlussverfahren möglich.

Beispiel:

Der Arbeitgeber erfährt, dass ihm einer seiner Arbeitnehmer Konkurrenz macht, indem er teilweise auch für ein anderes Unternehmen derselben Branche tätig ist. Während des Prozesses könnte der Arbeitnehmer diese Tätigkeit fortsetzen und dem Arbeitgeber nachhaltig schaden. Wenn der Arbeitgeber hier den Erlass einer einstweiligen Verfügung beantragt, kann eine Entscheidung innerhalb kurzer Zeit ergehen.

II. Urteilsverfahren

1. Einleitung

Das Urteilsverfahren vor dem Arbeitsgericht wird durch die Klageerhebung eingeleitet. Sowohl Arbeitnehmer als auch Arbeitgeber sind berechtigt, eine solche Klage zu erheben. In der weitaus größten Zahl der Fälle ist der Arbeitnehmer in der Position des Klägers, denn der Arbeitgeber kann seine Interessen meist durch einseitige Handlungen wie z. B. die Ausübung des Direktionsrechts oder eine Kündigung durchsetzen.

✎ WICHTIG!

Der Arbeitnehmer kann auch an dem Ort Klage erheben, an dem er vertragsgemäß seine Arbeit leistet (§ 48 Abs. 1 ArbGG). Er muss also nicht an dem – möglicherweise weit entfernt liegenden – Geschäftssitz des Arbeitgebers klagen. In Einzelfällen kann auch am Wohnort des Arbeitnehmers geklagt werden, etwa bei Außendienstmitarbeitern.

Es gibt jedoch auch Fälle, in denen der Arbeitgeber das Arbeitsgericht zur Durchsetzung seiner Rechte benötigt.

Beispiel:

Der Arbeitnehmer hat nach seiner Kündigung weder den firmeneigenen Laptop noch seinen Dienstwagen herausgegeben und reagiert auf Anfragen nicht. Der Arbeitgeber kann ihn auf Herausgabe verklagen und sogar eine einstweilige Verfügung erwirken. Auch wenn der Arbeitnehmer ausgeschieden ist und zuviel Lohn erhalten hat, muss der Arbeitgeber Klage erheben, will er sein Geld zurückhaben.

Im Urteilsverfahren muss jede Partei die Tatsachen vortragen und erforderlichenfalls beweisen, die für sie günstig sind (sog. Beibringungsgrundsatz). Das Gericht ermittelt den Sachverhalt nicht von sich aus.

Beispiel:

Der Arbeitnehmer verklagt den Arbeitgeber auf Gewährung von Urlaub. Der Arbeitgeber trägt vor, dass der Arbeitnehmer schon mehr Urlaub bekommen habe, als ihm zusteht, und er daher keinen weiteren beanspruchen könne. Zum Beweis bezieht er sich auf die Zeugenaussage der Personalsachbearbeiterin. Das Gericht wird nicht durch Vernehmung dieser Mitarbeiterin von sich aus ermitteln, wann der Arbeitnehmer genau Urlaub bekommen hat. Es ist vielmehr Sache des Arbeitgebers, diese Tatsachen präzise vorzutragen. Er muss hier also genau darlegen, dass der Arbeitnehmer z. B. vom 3.7. bis 2.8. und noch vom 11.11. bis 23.11. Urlaub erhalten habe. Die Personalsachbearbeiterin kann das dann durch ihre Zeugenaussage bestätigen.

2. Güteverhandlung

Im arbeitsgerichtlichen Verfahren findet immer zunächst eine sog. Güteverhandlung vor dem Vorsitzenden der Kammer ohne die ehrenamtlichen Richter statt. Das Ziel der Güteverhandlung ist es, einen Vergleich abzuschließen, bei dem beide Parteien nachgeben. Wenn – wie meist üblich – nur zur Güteverhandlung geladen wird und keine Auflagen zur schriftlichen Stellungnahme gemacht wurden, braucht vorher keine schriftliche Erklärung bei Gericht eingereicht zu werden. Die Beklagtenseite kann jedoch dem Gericht schriftlich ihre Sicht der Dinge mitteilen. Dies muss in doppelter Ausfertigung geschehen, damit das Gericht eine Abschrift der Klägerseite übermitteln kann.

Der Vorsitzende kann anordnen, dass sich die Kammerverhandlung unmittelbar an die Güteverhandlung anschließt, und dem Beklagten aufgeben, schon vor der Güteverhandlung schriftlich Stellung zu nehmen.

✎ WICHTIG!

Der Beklagte muss die Ladung zur Gerichtsverhandlung genau prüfen, ob in ihr Schriftsatzauflagen enthalten sind. Ist dies der Fall, muss die Frist unbedingt eingehalten werden. Maßgeblich ist der Eingang bei Gericht.

In der Verhandlung wird die Sach- und Rechtslage erörtert. Geht es um eine Kündigung, wird der Arbeitgeber in der Regel zunächst aufgefordert, die Kündigungsgründe zu nennen,

wenn vorher kein Schriftsatz erstellt wurde. Hier müssen die juristisch wichtigsten Punkte vorgetragen werden. Der Vorsitzende versucht, durch Vergleichsvorschläge eine gütliche Einigung herbeizuführen. Die Parteien können aber auch von sich aus Vergleichsvorschläge machen.

Die Güteverhandlung kann folgende Ergebnisse haben:

▶ **Versäumnisurteil:**

Erscheint eine Partei nicht und lässt auch nicht vertreten, kann ein sog. „Versäumnisurteil" gegen sie ergehen. Hiergegen kann innerhalb von einer Woche nach der förmlichen Zustellung des mit einer Rechtsmittelbelehrung versehenen Urteils (nicht des Protokolls) Einspruch eingelegt werden.

▶ **Ruhen des Verfahrens:**

Erscheinen beide Parteien nicht, wird in der Güteverhandlung das Ruhen des Verfahrens angeordnet.

▶ **Vergleich:**

Die Parteien können in der Güteverhandlung einen Vergleich schließen, der das Verfahren beendet. Muss ein Parteivertreter noch Rücksprache halten, kann ein Vergleich auf Widerruf geschlossen werden: Der Vergleich wird protokolliert, eine Partei oder beide behalten sich aber vor, ihn innerhalb einer bestimmten Frist zu widerrufen. Dieser Widerruf muss schriftlich innerhalb dieser Frist bei Gericht eingehen. Das Verfahren geht dann weiter. Wird der Vergleich nicht widerrufen, ist es beendet.

▶ **Zweiter Gütetermin:**

Können sich die Parteien noch nicht gleich auf einen Vergleich einigen, können sie übereinstimmend einen zweiten Gütetermin beantragen, wenn Aussichten bestehen, dass man sich in naher Zukunft verständigen wird. Damit wird vermieden, dass das Gericht dem Beklagten gleich aufgibt, einen Schriftsatz zu erstellen, der dann eventuell überflüssig ist. Der Termin wird auch wesentlich früher anberaumt werden als ein Kammertermin.

▶ **Entscheidung durch den Vorsitzenden allein:**

Ist der Sachverhalt einfach oder hat der Beklagte schon vor der Güteverhandlung alles Notwendige in einem Schriftsatz dargelegt, können die Parteien übereinstimmend beantragen, dass der Vorsitzende alleine ohne ehrenamtliche Richter in einer unmittelbar anschließenden Kammerverhandlung entscheidet. Dies hat den Vorteil, dass kein Zeitverlust eintritt. Es ist jedoch Vorsicht geboten:

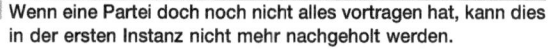

⚠ ACHTUNG!

Wenn eine Partei doch noch nicht alles vortragen hat, kann dies in der ersten Instanz nicht mehr nachgeholt werden.

Wenn der Vorsitzende in der Güteverhandlung eine Auffassung vertritt, mit der eine Partei nicht einverstanden ist, sollte diese einer Alleinentscheidung nicht zustimmen. Die Überzeugung des Vorsitzenden kann durch einen präzisen Sachvortrag in den Schriftsätzen noch in eine andere Richtung gelenkt werden. Darüber hinaus kann der Vorsitzende der Kammerverhandlung durch die ehrenamtlichen Richter überstimmt werden, sodass noch ein anderes Ergebnis möglich ist.

▶ **Kammerverhandlung:**

Scheitern die Vergleichsbemühungen in der Güteverhandlung, beraumt das Gericht einen Kammertermin an. Es setzt der Beklagtenseite, also in der Regel dem Arbeitgeber, eine Frist zur Erwiderung auf die Klage. Daran schließt sich eine Frist für die Klägerseite an.

3. Schriftsätze

Im sog. Klageerwiderungsschriftsatz muss der Beklagte seine Einwände gegen die Behauptungen des Klägers vorbringen. Handelt es sich um ein Kündigungsschutzverfahren, gelten Besonderheiten: Der Arbeitgeber muss dann die Kündigungsgründe im Schriftsatz sehr genau darlegen. Es ist ein sog. „substanziierter" Sachvortrag erforderlich, d. h. die Darstellung muss „Substanz" haben.

Beispiel:

> Bei einer Kündigung wegen Verspätungen muss dargelegt werden, wann der Mitarbeiter zur Arbeit hätte erscheinen müssen und wann er an welchem Tag stattdessen erschienen ist. Bei Abmahnungen muss genau dargestellt werden, wer den Arbeitnehmer wann abgemahnt hat und welchen Inhalt diese Abmahnung hatte.

Beim Klageerwiderungsschriftsatz sind die Auflagen des Gerichts zu beachten.

Beispiel:

> Hat das Gericht die Auflage gemacht, dass der Arbeitgeber „unter Beweisantritt den Gang der Betriebsratsanhörung darlegen" soll, so muss dargelegt werden, wer den Betriebsrat angehört hat, in welcher Form dies geschah, welchen Inhalt die Anhörung hatte (persönliche Daten des Arbeitnehmers, Kündigungsgründe), wann dies geschah, wer die Erklärung für den Betriebsrat entgegengenommen hat sowie ob und ggf. wann der Betriebsrat hierauf mit welchem Inhalt erwidert hat.

Für die vorgetragenen Tatsachen muss jeweils ein Beweis angeboten werden. Das Gericht wird so in die Lage versetzt, Beweis zu erheben, wenn die Gegenseite die Behauptungen bestreitet. Sicherheitshalber sollten auch gleich für diejenigen vorgetragenen Tatsachen Beweis angeboten werden, die voraussichtlich nicht bestritten werden.

Beispiel:

> Der Arbeitgeber behauptet, der Arbeitnehmer sei zehnmal zu spät gekommen und dafür zweimal mündlich abgemahnt worden. Die entsprechenden Daten trägt er präzise vor. Er meint, dass der Arbeitnehmer dies gar nicht bestreiten könne, da die Stempelkarten vorhanden sind und der Meister als Zeuge zur Verfügung steht. Bestreitet der Arbeitnehmer wider Erwarten, jemals zu spät gekommen zu sein und jeweils eine Abmahnung erhalten zu haben, muss der Arbeitgeber diese Vorwürfe auch beweisen. Daher sollte der Arbeitgeber von vornherein ein geeignetes Beweismittel nennen. Er kann einen Zeugen (z. B. den Meister) benennen oder die Vorlage der Stempelkarte anbieten.

Bei den vom Gericht im Prozess gesetzten Fristen handelt es sich um sog. Ausschlussfristen. Die Parteien müssen bei allen Stellungnahmen und Schriftsätzen diese Fristen unbedingt einhalten. Maßgeblich ist der Tag des Eingangs bei Gericht, nicht der der Absendung. Geht ein Schriftsatz zu spät ein, muss das Gericht ihn nicht mehr beachten und es besteht die Gefahr, dass der Prozess nur wegen der Fristversäumnis verloren wird.

4. Kammerverhandlung

Die Kammerverhandlung wird so genannt, weil sie vor der voll besetzten Kammer des Arbeitsgerichts stattfindet. Neben dem Vorsitzenden ist je ein ehrenamtlicher Richter von der Arbeitnehmer- und Arbeitgeberseite beteiligt. Diese haben volles Stimmrecht, können also den Vorsitzenden auch überstimmen. Daher kann auch ein sachlich überzeugendes Auftreten in der Kammerverhandlung, in der der Fall noch einmal gründlich besprochen wird, Einfluss auf die Entscheidungsfindung haben. Bei dieser erneuten Erörterung wird all das berücksichtigt, was die Parteien in ihren Schriftsätzen vorgetragen haben. Das Gericht versucht auch hier, die Parteien zum Abschluss eines Vergleichs zu bewegen. Gelingt dies nicht, wird der Rechtsstreit durch Urteil entschieden. Dies muss nicht in der ersten Kammerverhandlung erfolgen. Das Gericht kann auch z. B. beschließen, dass in einem neuen Termin Zeugen zu vernehmen sind oder dass ein Sachverständigengutachten eingeholt werden soll.

5. Kosten

Der Verlierer des Rechtsstreits muss die Kosten tragen. Wird der Klage teilweise stattgegeben und sie zum anderen Teil abgewiesen, werden die Kosten geteilt. Aus dem Urteil ergibt sich, wer welchen Anteil zu tragen hat. Die Kosten umfassen sowohl die Gerichtsgebühren, die vor dem Arbeitsgericht geringer sind als beim Zivilgericht, als auch Aufwendungen für Sachverständigengutachten, Zeugenentschädigungen etc. Die Anwaltskosten muss jede Partei in erster Instanz selbst tragen, auch wenn sie gewinnt.

6. Berufung

Gegen ein Urteil erster Instanz kann Berufung zum Landesarbeitsgericht (LAG) eingelegt werden, wenn diese im Urteil zugelassen worden ist oder der Verlierer mit mehr als 600,– EUR unterlegen ist.

Beispiel:

> Der Arbeitnehmer hat auf Zahlung von 2000,– EUR geklagt. Der Arbeitgeber wird verurteilt, 1600,– EUR zu zahlen. Hier kann nur der Arbeitgeber Berufung einlegen. Der Arbeitnehmer ist nur mit 400,– EUR unterlegen. Wenn es sich um grundsätzliche Rechtsfragen handelt, kann das Arbeitsgericht aber die Berufung zulassen.

In Kündigungssachen ist die Berufung immer zulässig. Im Berufungsverfahren ist die Vertretung durch einen Rechtsanwalt, Gewerkschaftssekretär oder Verbandsvertreter notwendig. Der Verlierer muss hier auch die Anwaltskosten des Gegners tragen.

7. Revision

Die Revision zum Bundesarbeitsgericht (BAG) ist nur möglich, wenn das LAG sie zugelassen hat. Dies kommt bei einer grundsätzlichen Bedeutung der Rechtssache in Betracht. Das BAG prüft nur die richtige Rechtsanwendung, nicht aber, wie sich der Sachverhalt abgespielt hat.

Beispiel:

> Die Arbeitnehmerin wird wegen des Tragens eines Kopftuches entlassen. Das Bundesarbeitsgericht prüft nur, ob dies die Kündigung rechtfertigt, nicht aber, ob sie tatsächlich ständig ein Kopftuch trägt.

III. Beschlussverfahren

Bestehen zwischen Arbeitgeber und Betriebsrat Meinungsverschiedenheiten, kann das Arbeitsgericht im Beschlussverfahren entscheiden.

Beispiel:

> Der Betriebsrat beruft eine Betriebsversammlung zu einem Zeitpunkt ein, an dem üblicherweise ein sehr hoher Umsatz erzielt wird. Der Arbeitgeber kann versuchen, durch eine einstweilige Verfügung im Beschlussverfahren eine Verlegung zu erzwingen.

Der Name „Beschlussverfahren" kommt daher, dass das Gericht nicht durch Urteil, sondern durch Beschluss entscheidet. Sowohl Arbeitgeber als auch Betriebsrat sind antragsberechtigt. Sie müssen sich in erster Instanz nicht durch einen Rechtsanwalt vertreten lassen. Eine Güteverhandlung ist im Beschlussverfahren möglich, sie muss jedoch (im Gegensatz zum Urteilsverfahren) nicht stattfinden. Das Gericht ist befugt, den Sachverhalt von sich aus zu ermitteln, aber nur so weit, wie er vom Antragsteller vorgetragen wurde.

Beispiel:

> Der Betriebsrat beantragt, dem Arbeitgeber zu verbieten, eine Stempeluhr ohne vorherige Betriebsvereinbarung zu installieren. Nur dies ist Gegenstand des Beschlussverfahrens. Das Arbeitsgericht darf nicht etwa prüfen, ob der Betriebsrat auch bei der Anordnung bestimmter Überstunden ein Mitbestimmungsrecht hat.

Das Gericht macht den Beteiligten entweder in der Güteverhandlung oder in einem schriftlichen Beschluss Auflagen, zum

Sachverhalt innerhalb einer bestimmten Frist Stellung zu nehmen. Auch diese Frist ist eine Ausschlussfrist, d. h. ein verspätetes Vorbringen braucht vom Gericht nicht mehr beachtet zu werden.

In einem Anhörungstermin vor der Kammer wird die Sach- und Rechtslage erörtert, wobei das Gericht auch im Beschlussverfahren versucht, eine gütliche Einigung herbeizuführen. Erscheint einer der Beteiligten nicht, kann (anders als im Urteilsverfahren) kein Versäumnisurteil ergehen. Vielmehr wird die Entscheidung dann aufgrund der Aktenlage getroffen. Gegen eine Entscheidung des Arbeitsgerichts kann der Unterlegene Beschwerde zum Landesarbeitsgericht einlegen. Bei Fragen von grundsätzlicher Bedeutung kann die Rechtsbeschwerde zum BAG zugelassen werden.

Beim Beschlussverfahren werden keine Gerichtskosten erhoben (§ 2 Abs. 2 des Gerichtskostengesetzes – GKG). Der Arbeitgeber hat jedoch sowohl seine eigenen Kosten als auch die des Betriebsrats zu tragen. Dies gilt unabhängig davon, wer das Verfahren gewinnt.

Beispiel:

> Der Betriebsrat leitet ein Beschlussverfahren vor dem Arbeitsgericht ein, in dem festgestellt werden soll, dass er in einer bestimmten Frage ein Mitbestimmungsrecht hat. Der Antrag wird in zwei Instanzen zurückgewiesen. Der Arbeitgeber muss hier nicht nur seinen eigenen Anwalt, sondern auch den des Betriebsrats bezahlen.

Eine Ausnahme gilt nur dann, wenn die Anrufung des Arbeitsgerichts erkennbar unnötig war.

Besonderheiten gelten bei dem Beschlussverfahren zur Einrichtung einer Einigungsstelle (s. unter diesem Stichwort unter II.1.).

Arbeitspflicht

I.   Begriff

II.   Inhalt der Arbeitspflicht

III. Sonderfall: Vertragsbruch

IV.   Durchsetzung der Arbeitspflicht

V.   Loyalitätspflicht

I. Begriff

Die Arbeitspflicht stellt die Hauptleistungspflicht des Arbeitnehmers aus dem Arbeitsvertrag dar (§ 611 BGB). Er muss sie in eigener Person erbringen, kann sich also nicht durch einen Stellvertreter vertreten lassen (§ 613 BGB). Nur wenn eine solche Vertretungsmöglichkeit vereinbart wurde, muss der Arbeitnehmer die Leistung nicht in eigener Person erbringen. Welchen Inhalt die Arbeitsleistung hat, ergibt sich meist schlagwortartig aus dem Arbeitsvertrag (z. B. Sekretärin, kaufmännische Angestellte, Produktionshelfer). Die konkret zu leistende Tätigkeit kann der Arbeitgeber durch sein → *Direktionsrecht* bestimmen. Dabei muss er gem. § 106 Satz 1 GewO nicht nur die Grenzen von Gesetz, Tarifvertrag und Betriebsvereinbarung einhalten, sondern auch billiges Ermessen walten lassen. D. h., dass er die berechtigten Interessen des Arbeitnehmers bei der Erteilung von Anweisungen berücksichtigen muss. Dies gilt in besonderem Maße, wenn der Arbeitnehmer schwerbehindert

ist (§ 106 Satz 3 GewO). In Ausnahmefällen der schuldlosen Arbeitsverhinderung ist der Arbeitnehmer von der Arbeitsleistung befreit und erhält trotzdem seine Vergütung (→ *Entgeltfortzahlung*). Dies gilt auch für den Urlaub. Die Arbeitspflicht ist auch dann ausgesetzt, wenn gesetzliche Beschäftigungsverbote bestehen, wie z. B. beim Mutterschutz. Grundsätzlich besteht nicht nur eine Arbeitspflicht des Arbeitnehmers, sondern auch eine Beschäftigungspflicht des Arbeitgebers.

II. Inhalt der Arbeitspflicht

Der Arbeitnehmer ist verpflichtet, dem Arbeitgeber seine Arbeitskraft zur Verfügung zu stellen und dabei dessen Weisungen zu befolgen (s. i. E. unter → *Direktionsrecht*). Der Arbeitnehmer darf auch nicht der Arbeit fernbleiben, um an Sitzungen des Ortsvorstandes seiner Gewerkschaft teilzunehmen (BAG v. 13.8.2010, Az. 1 AZR 173/09).

Sowohl bei der Arbeitsintensität als auch bei der Qualität der Arbeit muss der Arbeitnehmer das leisten, was ihm persönlich möglich ist. Es kommt also nicht auf den Durchschnitt des Betriebs an, sondern auf das persönliche Leistungsvermögen des Arbeitnehmers. Dieses muss er ausschöpfen und sorgfältig und konzentriert arbeiten. Einen bestimmten Arbeitserfolg schuldet er grundsätzlich nicht.

Die Arbeitsleistung muss nur gegenüber dem Arbeitgeber erbracht werden. Die Parteien können jedoch auch vereinbaren, dass der Arbeitnehmer für andere tätig wird, z. B. bei Montagearbeiten. Stirbt der Arbeitgeber, so tritt der Erbe in die Arbeitgeberstellung ein.

III. Sonderfall: Vertragsbruch

Von einem Vertragsbruch spricht man, wenn sich der Arbeitnehmer ohne rechtfertigenden Grund oder nicht fristgemäß vom Arbeitsverhältnis lossagt und seine Arbeitspflicht nicht erfüllt. Dies kann in folgenden Fällen vorliegen:

▶ Der Arbeitnehmer erscheint erst gar nicht zur Arbeit.

▶ Der Arbeitnehmer bleibt irgendwann der Arbeit fern, ohne dass man etwas von ihm hört.

▶ Der Arbeitnehmer kündigt mit einer zu kurzen Kündigungsfrist, z. B. weil er kurzfristig einen besser bezahlten Arbeitsplatz gefunden hat.

In diesen Fällen muss der Arbeitgeber keine Vergütung für die nicht geleistete Arbeit zahlen und kann ggf. fristlos kündigen. Darüber hinaus aber stehen ihm auch Schadensersatzansprüche zu, denn der Arbeitnehmer verletzt seine vertragliche Hauptpflicht, Arbeit zu leisten. Als Schadensersatzpositionen kommen in Betracht:

▶ entgangener Gewinn,

▶ Mehrvergütung für eine kurzfristig eingestellte Ersatzkraft,

▶ Kosten wegen des Stillstands von Maschinen,

▶ Konventionalstrafen des Arbeitgebers an Auftraggeber.

Es ist jedoch häufig schwierig, die genaue Höhe des Schadens zu ermitteln und in einem Prozess auch zu beweisen. Der Arbeitgeber versucht natürlich in der Regel alles, um den Schaden gering zu halten, ohne dass er seine Aufwendungen immer genau beziffern könnte.

Beispiel:

> Ein Arbeitnehmer erklärt am Freitag, dass er am Montag nicht mehr komme, weil er eine besser bezahlte Stelle bekommen habe, die er aber nur sofort antreten könne. Der Arbeitgeber bekommt auf die Schnelle keine Ersatzkraft und arbeitet „rund um die Uhr", um die Arbeit des vertragsbrüchigen Arbeitnehmers mitzuerledigen. Hier ist es schwer möglich, den Schaden zu beziffern.

Wegen dieser Schwierigkeiten ist es zulässig, eine Vertragsstrafe im Arbeitsvertrag zu vereinbaren, durch die eine Art pauschaler Schadensersatz geleistet wird. Dies gilt trotz des Schuldrechtsreformgesetzes auch für Formulararbeitsverträge. Allerdings kann die Vertragsstrafe im Einzelfall zu hoch sein. Dann muss der Arbeitnehmer gar keine Vertragsstrafe zahlen. Bei Formularverträgen wird also nicht, wie sonst vorgesehen, die Höhe der Vertragsstrafe reduziert (LAG Niedersachsen v. 15.9.2011, Az. 7 Sa 1908/10). In der Regel ist maximal ein Bruttomonatsverdienst angemessen. Es muss allerdings genau vereinbart werden, welches Verhalten die Vertragsstrafe auslöst. Die Vertragsstrafe muss zudem der Höhe nach klar und bestimmt sein. Eine Klausel, nach der der Arbeitgeber „für jeden Fall der Zuwiderhandlung eine Vertragsstrafe in Höhe von zwei durchschnittlichen Brutto-Monatseinkommen verlangen" kann und „im Falle einer dauerhaften Verletzung der Verschwiegenheitspflicht oder des Wettbewerbsverbotes jeder angebrochene Monat als eine erneute Verletzungshandlung" gilt, benachteiligt den Arbeitnehmer unangemessen i. S. d. § 307 Abs. 1 S. 2 i. V. m. § 307 Abs. 1 S. 1 BGB. Unwirksam ist auch eine Vertragsstrafe in Höhe einer „Bruttomonatsvergütung", wenn der Arbeitnehmer ein Festgehalt und zusätzlich eine variable Umsatzbeteiligung erhält. Hier muss klar definiert werden, wie hoch die Vertragsstrafe sein soll.

Folgende Klausel ist hingegen wirksam: Bei Auflösung des Arbeitsverhältnisses ohne Einhaltung der maßgeblichen Kündigungsfrist ist ein sich aus der Bruttomonatsvergütung zu errechnendes Bruttotagegeld für jeden Tag der Zuwiderhandlung vereinbart, insgesamt jedoch nicht mehr als das in der gesetzlichen Mindestkündigungsfrist ansonsten zu zahlende Arbeitsentgelt. Eine höhere Vertragsstrafe als die o. g. ist in der Regel unzulässig, es gibt jedoch Ausnahmen, wenn das Interesse des Arbeitgebers an der Durchsetzung der Arbeitspflicht besonders groß ist. So wurde ein Vertragsstrafenversprechen von zwei Bruttomonatsgehältern für wirksam gehalten, obwohl die Kündigungsfrist nur 30 Tage betrug. Der Arbeitnehmer war aber Vertriebsleiter eines kleinen Logistikunternehmens und daher von besonderer Wichtigkeit (LAG Schleswig-Holstein v. 28.2.2012, Az. 1 Sa 235b/11).

WICHTIG!

Wenn die Vereinbarung über die Vertragsstrafe an einem Punkt nicht mit dem Recht vereinbar ist, entfällt die gesamte Regelung, soweit sie zu Lasten des Arbeitnehmers geht. Es kommt somit auf eine sehr sorgfältige Formulierung des Vertragsstrafeversprechens an. So wird etwa die Vertragsstrafe nicht fällig, wenn sie nur für den Fall der Nichteinhaltung der Kündigungsfrist vereinbart wird, der Arbeitnehmer die Kündigungsfrist zwar einhält, aber während ihrer Dauer seine Arbeitspflicht verletzt.

Eine Vertragsstrafe kann im Übrigen nur dann gefordert werden, wenn der Verstoß schuldhaft erfolgt ist (LAG Berlin-Brandenburg v. 21.10.2010, Az. 25 Sa 586/10).

IV. Durchsetzung der Arbeitspflicht

Der Arbeitgeber kann versuchen, den Arbeitnehmer durch Androhung rechtlicher Schritte zur Arbeitsleistung zu bewegen.

Beispiel:

Der Arbeitnehmer weigert sich, eine bestimmte Tätigkeit auszuführen, die zu seinem Tätigkeitsbereich gehört. Der Arbeitgeber kann ihm eine Abmahnung erteilen und ihm für den Wiederholungsfall die Kündigung androhen. Weigert er sich weiterhin beharrlich, kann er diese auch aussprechen. Außerdem kann er Schadensersatzansprüche ankündigen.

Gleiches gilt, wenn der Arbeitnehmer den oben geschilderten Vertragsbruch begeht. Über diese mittelbaren Druckinstrumente hinaus kann der Arbeitnehmer aber auch auf Arbeitsleistung verklagt werden.

Beispiel:

Der Arbeitnehmer erklärt, dass er ab nächstem Montag nicht mehr zur Arbeit erscheinen werde, obwohl er eine Kündigungsfrist von vier Monaten hat. Der Arbeitgeber kann ihn vor dem Arbeitsgericht auf Erfüllung seiner Arbeitspflicht verklagen.

Dieses Urteil kann jedoch nicht vollstreckt werden, da das Gesetz den Zwang zu einer höchstpersönlichen Arbeitsleistung ausschließt (§ 888 Abs. 2 ZPO). Ein mittelbarer Druck kann aber dadurch ausgeübt werden, dass der Arbeitgeber beantragt, den Arbeitnehmer für den Fall, dass er dem Urteil nicht nachkommt, zur Zahlung einer Entschädigung zu verurteilen (§ 61 Abs. 2 ArbGG). Letztlich bleibt dem Arbeitgeber also immer nur der indirekte Druck zur Erfüllung der Arbeitspflicht.

V. Loyalitätspflicht

Die Loyalitätspflicht des Arbeitnehmers umfasst dessen Verpflichtung zur Wahrung der Interessen des Arbeitgebers und stellt eine Nebenpflicht aus dem Arbeitsverhältnis dar. Das Gegenstück auf der Arbeitgeberseite wird Fürsorgepflicht genannt. Beide Pflichten basieren auf dem Grundsatz von Treu und Glauben. Dieser ist im § 241 Abs. 2 BGB dahin konkretisiert worden, dass ein Vertragspartner „zur Rücksicht auf die Rechte, Rechtsgüter und Interessen" des anderen verpflichtet sein kann. Dies gilt verstärkt im Arbeitsverhältnis. Der Arbeitnehmer muss seine Pflichten aus dem Arbeitsverhältnis so erfüllen, wie dies vernünftigerweise vom Arbeitgeber verlangt werden kann. Welchen Inhalt die Loyalitätspflicht hat, kann nicht abstrakt bestimmt, sondern muss vielmehr im Einzelfall ermittelt werden. Dabei kommt es auch auf die Stellung des Arbeitnehmers im Betrieb an. Ein leitender Angestellter hat wesentlich größere Loyalitätspflichten als ein Fließbandarbeiter. Die Loyalitätspflicht verbietet dem Arbeitnehmer jedoch nicht die Wahrnehmung eigener Interessen, auch wenn sie denen des Arbeitgebers zuwiderlaufen.

Einige typische Inhalte der Loyalitätspflicht sind Folgende:

▶ **Abwerbungen:**

Der Versuch von Abwerbungen eines Arbeitnehmers, der aus dem Betrieb ausscheiden will, stellt nur dann einen Verstoß gegen die Loyalitätspflicht dar, wenn er gegen die guten Sitten verstößt.

▶ **Anzeigepflicht bei Störungen und Schäden im Arbeitsbereich:**

Im Rahmen des Zumutbaren kann der Arbeitnehmer auch verpflichtet sein, Kollegen anzuzeigen, die mit rechtswidrigen Handlungen den Arbeitgeber schädigen. Hier wird eine gesetzliche Regelung erwogen, in der auch geregelt werden soll, unter welchen Voraussetzungen der Arbeitnehmer befugt sein soll, innerbetriebliche Missstände etwa bei Behörden anzuzeigen.

▶ **Politische Meinungsäußerungen:**

Politische Meinungsäußerungen des Arbeitnehmers können den Betriebsfrieden stören und einen Verstoß gegen die Loyalitätspflicht darstellen, wenn sie besonders plakativ und provokativ erfolgen. Eine gesteigerte Pflicht zur Zurückhaltung besteht im öffentlichen Dienst und in Tendenzbetrieben wie z. B. Zeitschriftenverlagen (s. im Einzelnen unter → *Politische Betätigung*).

▶ **Schmiergelder:**

Der Arbeitnehmer darf keine Schmiergelder oder sonstige Zuwendungen annehmen, die ihm andere geben, um ihn „gefügig" zu machen. Lediglich die gebräuchlichen Werbegeschenke wie Kugelschreiber und Kalender darf er annehmen.

▶ Verschwiegenheitspflicht:

Der Arbeitnehmer muss auch ohne besondere Vereinbarung die Geschäfts- und Betriebsgeheimnisse des Arbeitgebers wahren (Verschwiegenheitspflicht).

Beispiel:

> Der Arbeitnehmer versucht, einen Kollegen zu überreden, mit ihm gemeinsam einen neuen Betrieb zu gründen. Dies ist zulässig. Die Loyalitätspflicht verbietet es ihm jedoch z. B., diesen Kollegen zu veranlassen, Kundenlisten zu kopieren, damit man auf diese Weise neue Geschäftskontakte knüpfen kann.

Die Loyalitätspflicht des Arbeitnehmers besteht nicht nur während der Dauer des Arbeitsverhältnisses. Sie beginnt schon während der Verhandlungen über den Abschluss eines Arbeitsvertrags und endet nicht mit dem Auslaufen des Arbeitsverhältnisses, sondern kann auch noch im Ruhestand fortwirken.

Beispiel:

> Dem Arbeitnehmer ist es aufgrund seiner Loyalitätspflicht auch nach dem Ende des Arbeitsverhältnisses untersagt, rechtswidrig zurückbehaltene Listen oder sonstige Informationsträger seines früheren Arbeitgebers zu verwenden. Macht er dies trotzdem, kommt der Erlass einer einstweiligen Verfügung in Betracht.

Eine Verletzung der Loyalitätspflicht berechtigt den Arbeitgeber zur → *Abmahnung* und im Wiederholungsfall zur → *Kündigung*. In besonderen Fällen kann auch eine sofortige außerordentliche → *Kündigung* gerechtfertigt sein. Auch Schadensersatzansprüche kommen in Betracht. Ein schwerer Verstoß gegen die Loyalitätspflicht kann auch zur Verwirkung des Betriebsrentenanspruchs führen.

Arbeitsschutz

I. Begriff

II. Verantwortung für den Arbeitsschutz
1. Arbeitgeber
2. Führungskräfte und Vorgesetzte
3. Arbeitnehmer

III. Pflicht zur Beschäftigung von Fachspezialisten
1. Fachkräfte für Arbeitssicherheit
2. Sicherheitsbeauftragte
3. Betriebsarzt
4. Arbeitsschutzausschuss

IV. Aufgaben des Betriebsrats
1. Mitbestimmungsrechte
2. Freiwillige Betriebsvereinbarungen
3. Beteiligung bei der Ausgestaltung des Arbeitsschutzes

I. Begriff

Aufgrund der gewollten Ausgestaltung des Arbeitsrechts als Arbeitnehmerschutzrecht gibt es zahlreiche Gesetze, die dem Schutz des Arbeitnehmers dienen und ihn gegen Gefahren für Leben und Gesundheit bei der Arbeit und durch die Arbeit schützen sollen. Adressat dieser Vorschriften ist in erster Linie der Arbeitgeber. Auch wenn er aufgrund seiner Fürsorgepflicht bereits zum Arbeitsschutz verpflichtet ist, sollen durch die gesetzlichen Vorschriften die konkreten Gefahren, die dem Arbeit-

nehmer tätigkeitsbedingt am Arbeitsplatz drohen, möglichst gering gehalten werden.

Beispiel:

> Der Arbeitgeber ist verpflichtet, die im Arbeitszeitgesetz geregelten höchstens zulässigen Arbeitszeiten im Betrieb einzuhalten, und zwar unabhängig davon, ob ein Arbeitnehmer freiwillig länger arbeiten will.

Die gesetzlichen Regelungen (z. B. Arbeitsschutzgesetz, Gerätesicherheitsgesetz, Arbeitsstättenverordnung, Gefahrstoffverordnung) geben dem Arbeitgeber konkret vor, was er zum Wohl des Arbeitnehmers beachten muss.

Daneben wird der Schutz des Arbeitnehmers insbesondere durch Unfallverhütungsvorschriften realisiert (→ *Unfallverhütung*). Diese sind konkret auf die Gefahrenquelle einer bestimmten Branche abgestimmt und werden von den Trägern der gesetzlichen Unfallversicherung (im Regelfall den Berufsgenossenschaften) erlassen. Sie müssen wie die gesetzlichen Vorschriften sowohl vom Arbeitgeber als auch vom Arbeitnehmer beachtet werden.

II. Verantwortung für den Arbeitsschutz

1. Arbeitgeber

Der Arbeitgeber ist verpflichtet,

▶ die erforderlichen Maßnahmen unter Berücksichtigung der Umstände zu treffen, die die Sicherheit und Gesundheit der Arbeitnehmer beeinflussen,

▶ für eine geeignete Organisation zur Durchführung des Arbeitsschutzes zu sorgen und die erforderlichen Mittel bereitzustellen,

▶ dafür zu sorgen, dass die Maßnahmen von Führungskräften und Arbeitnehmern beachtet werden,

▶ die Arbeit so zu gestalten, dass die Gefährdung für Leben und Gesundheit möglichst vermieden wird,

▶ dafür zu sorgen, dass den Arbeitnehmern geeignete Anweisungen erteilt werden und dass sie über Sicherheit und Gesundheitsschutz bei der Arbeit ausreichend informiert werden,

▶ je nach Art der Tätigkeit und Zahl der Beschäftigten eine Dokumentation über die Gefährdungsbeurteilung, die von ihm festgelegten Schutzmaßnahmen und ihre Wirksamkeit anzulegen.

Ein Verstoß gegen diese Pflichten kann als Ordnungswidrigkeit mit Bußgeld belegt werden; in schweren Fällen drohen Geld- oder sogar Freiheitsstrafen (§§ 25, 26 ArbSchG).

Die Arbeitnehmer können u. U. auch Ansprüche auf Schadensersatz haben. Eventuelle Schadensersatzansprüche beschränken sich allerdings auf Sachschäden, da für die Personenschäden grundsätzlich der gesetzliche Unfallversicherungsträger einsteht. Die privatrechtliche → *Haftung des Arbeitgebers* für Personenschäden eines Versicherten ist ausgeschlossen, wenn nicht Vorsatz vorliegt oder sich der Unfall auf einem versicherten Weg ereignet hat (§ 105 Abs. 1 SGB VII).

2. Führungskräfte und Vorgesetzte

Grundsätzlich kann der Arbeitgeber sämtliche ihm obliegenden Unternehmerpflichten, die sich ihm gegenüber aus den Vorschriften des Arbeitsschutzes ergeben oder ihn als Inhaber des Betriebs betreffen, an zuverlässige und fachkundige Personen übertragen. Die Beauftragung hat schriftlich zu erfolgen (§ 13 Abs. 2 ArbSchG), tut er dies, treffen ihn aber weiterhin Organisations-, Aufsichts- und Kontrollpflichten. Aber auch der Vorgesetzte bzw. die Führungskraft ist unmittelbar in seinem/ihrem

Verantwortungsbereich und insbesondere gegenüber seinen/ ihren Mitarbeitern für die Einhaltung der jeweils einschlägigen Arbeitsschutzvorschriften verantwortlich, so dass im Falle des Verstoßes ein Bußgeld in Betracht kommt bzw. auch eine strafrechtliche Verantwortung. Wie auch beim Unternehmer ist eine privatrechtliche Haftung des Vorgesetzten für Personenschäden eines Versicherten ausgeschlossen, wenn nicht Vorsatz vorliegt oder sich der Unfall auf einem versicherten Weg ereignet hat (§ 105 Abs. 1 SGB VII). Eventuelle Schadensersatzansprüche beschränken sich allerdings auf Sachschäden, da für die Personenschäden grundsätzlich der gesetzliche Unfallversicherungsträger einsteht.

3. Arbeitnehmer

Auch die versicherten Arbeitnehmer haben die einschlägigen Vorschriften des Arbeitsschutzes an ihrem Arbeitsplatz zu beachten. Dazu dienenden Weisungen des Arbeitgebers bzw. des Vorgesetzten ist Folge zu leisten. Andererseits ist der Arbeitnehmer nicht zur Arbeitsleistung verpflichtet, wenn sein Arbeitsplatz den Vorschriften des Arbeitsschutzes nicht entspricht. Er ist auch nicht zur Arbeitsleistung verpflichtet, wenn der Arbeitgeber oder ein Vorgesetzter von ihm gegen den Arbeitsschutz verstoßende Tätigkeiten (z. B. den Abbau einer vorgeschriebenen Schutzvorrichtung) verlangt.

> **ACHTUNG!**
> In diesen Fällen kann der Arbeitnehmer die Arbeitsleistung verweigern, ohne seinen Anspruch auf Vergütung zu verlieren.

III. Pflicht zur Beschäftigung von Fachspezialisten

Da das ordnungsgemäße und sichere Betreiben eines Unternehmens mit zunehmender Automatisation, Technisierung und durch den Einsatz komplexer Maschinen immer schwieriger wird, ist der Arbeitgeber gesetzlich verpflichtet, Spezialisten für Arbeitsschutz zu bestellen. Sie beraten den Arbeitgeber lediglich, die Gesamtverantwortung bleibt aber bei ihm. Der Arbeitgeber ist ihnen gegenüber nicht weisungsbefugt. Im Einzelnen handelt es sich um folgende Personen:

1. Fachkräfte für Arbeitssicherheit

Der Arbeitgeber muss nach Maßgabe des Arbeitssicherheitsgesetzes Fachkräfte für Arbeitssicherheit bestellen. Die jeweils für die Branche einschlägigen Unfallverhütungsvorschriften legen fest (abhängig von der Größe des Betriebs und dessen Gefahrenpotenzial), wie viele Personen hierfür zu bestellen sind. Der Arbeitgeber hat drei verschiedene Möglichkeiten zur Auswahl:

▶ die Fachkraft für Arbeitssicherheit wird als eigener Arbeitnehmer eingestellt,

▶ die Verpflichtung einer freiberuflich tätigen Fachkraft für Arbeitssicherheit oder

▶ die Verpflichtung eines überbetrieblichen Dienstes von Fachkräften für Arbeitssicherheit.

Seit Januar 2011 gelten geänderte Vorgaben gemäß der neuen DGUV Vorschrift 2 für die betriebsärztliche und sicherheitstechnische Betreuung. Diese Vorschrift ist bis Ende 2011 bei allen Berufsgenossenschaften in Kraft getreten.

Der Arbeitgeber ist dafür verantwortlich, dass die von ihm bestellten Fachkräfte für Arbeitssicherheit ihre Aufgabe erfüllen. Sie üben ihr Amt in einer Stabsstelle aus (§ 8 ASiG) und sind unmittelbar dem Leiter des Betriebs (im Regelfall Werksleiter) zu unterstellen. Daneben muss ein unmittelbares Vortragsrecht zum Arbeitgeber also z. B. bei einer Aktiengesellschaft zum Vorstand bestehen. Ist eine leitende Fachkraft für Arbeitssicherheit bestellt worden, so ist es ausreichend, wenn diese das unmittelbare Vortragsrecht gegenüber dem Arbeitgeber hat und dem Leiter des Betriebs unterstellt ist.

2. Sicherheitsbeauftragte

Der Arbeitgeber muss, wenn er mehr als 20 Beschäftigte hat, neben den Fachkräften für Arbeitssicherheit sog. Sicherheitsbeauftragte bestellen (§ 22 SGB VII). Die Sicherheitsbeauftragten haben die Aufgabe, den Arbeitgeber bei der Durchführung des Unfallschutzes zu unterstützen. Ihre Anzahl ergibt sich aus den jeweils einschlägigen Unfallverhütungsvorschriften.

3. Betriebsarzt

Für die Bestellung von Betriebsärzten gelten die gleichen Anforderungen wie für die Bestellung von Fachkräften für Arbeitssicherheit. Die Einzelheiten, insbesondere die durch den Arbeitgeber zu gewährleistenden Einsatzzeiten, ergeben sich aus den jeweils einschlägigen Unfallverhütungsvorschriften. Betriebsärzte sind nur ihrem ärztlichen Gewissen unterworfen und haben die Regeln der ärztlichen Schweigepflicht zu beachten.

4. Arbeitsschutzausschuss

In Betrieben mit mehr als 20 Beschäftigten muss der Arbeitgeber einen Arbeitsschutzausschuss einrichten (§ 11 ASiG). Diesem Ausschuss gehören der Arbeitgeber oder ein von ihm Beauftragter, zwei vom Betriebsrat zu bestimmende Betriebsratsmitglieder, die Betriebsärzte, die Fachkräfte für Arbeitssicherheit und die Sicherheitsbeauftragten an.

Der Arbeitsschutzausschuss hat die Aufgabe, Angelegenheiten des Arbeitsschutzes und der → Unfallverhütung zu beraten, und zwar mindestens vierteljährlich. Der Arbeitsschutzausschuss ist ein reines Beratungsgremium, das dem Arbeitgeber Vorschläge unterbreiten kann bzw. soll. Die konkrete Entscheidung über die Notwendigkeit von Maßnahmen auf dem Gebiet des Arbeitsschutzes liegt aber beim Arbeitgeber.

Daneben hat der Arbeitgeber – abhängig von der Art seines Betriebs – zahlreiche weitere Betriebsbeauftragte zu bestellen wie z. B.

▶ Betriebsbeauftragter für Abfall (§§ 59–60 KrWG-/AbfG),

▶ Strahlenschutzbeauftragter (§§ 30–31 StrlSchV),

▶ Gewässerschutzbeauftragter (§§ 64–65 WHG),

▶ Betriebsbeauftragter für Immissionsschutz (§§ 53–58 BImSchG),

▶ Beauftragter für den Datenschutz (§§ 4f, 4g BDSG),

▶ Gefahrgutbeauftragter (§ 1 ff. GbV).

IV. Aufgaben des Betriebsrats

Der Betriebsrat hat darüber zu wachen, dass die zu Gunsten der Arbeitnehmer des Betriebs geltenden Gesetze, Verordnungen, Unfallverhütungsvorschriften, Tarifverträge und Betriebsvereinbarungen ordnungsgemäß angewandt werden (§ 80 Abs. 1 Nr. 1 BetrVG). Auch in diesem Zusammenhang gilt das Gebot der vertrauensvollen Zusammenarbeit, sodass der Betriebsrat kein dem Arbeitgeber übergeordnetes Kontrollorgan darstellt, sondern vielmehr gemeinsam die Zielsetzung der ordnungsgemäßen Anwendung der Unfallverhütungsvorschriften zum Wohle der Beschäftigten erreicht werden soll.

Der Betriebsrat hat sich gemäß § 89 Abs. 1 BetrVG durch Unterstützung der für den Arbeitsschutz zuständigen Behörden und Träger der gesetzlichen Unfallversicherung für die Einhaltung der Vorschriften zum Arbeitsschutz einzusetzen.

Um dem Betriebsrat die ordnungsgemäße Erfüllung dieser Aufgaben zu ermöglichen, muss er vom Arbeitgeber regelmäßig informiert werden (§ 80 Abs. 2, § 89 Abs. 2 BetrVG). Mit den Anregungen und Anträgen des Betriebsrats zu Maßnahmen auf dem Gebiet des Arbeitsschutzes muss sich der Arbeitgeber auseinandersetzen.

1. Mitbestimmungsrechte

Ein erzwingbares Mitbestimmungsrecht hat der Betriebsrat bei Regelungen des Arbeitgebers über die Verhütung von Arbeitsunfällen und Berufskrankheiten sowie über den Gesundheitsschutz im Rahmen der gesetzlichen Vorschriften sowie der Unfallverhütungsvorschriften (§ 87 Abs. 1 Nr. 7 BetrVG).

Voraussetzung hierfür ist, dass der Arbeitgeber eine Regelung trifft, die das Belegschaftsinteresse insgesamt oder zumindest Teile der Belegschaft und nicht nur das individuelle Interesse einzelner Arbeitnehmer berührt, und dass den Betriebspartnern ein Spielraum für eigene Regelungen im Rahmen der gesetzlichen Vorschriften und der Unfallverhütungsvorschriften bleibt.

Beispiel:

Arbeitgeber und Betriebsrat vereinbaren für den gesamten Betrieb ein Alkoholverbot.

Beispiel:

Mitbestimmungsrechte bestehen auch für die Einzelheiten einer Gefährdungsbeurteilung und Unterweisung der Arbeitnehmer nach § 5 ArbSchG und die Dokumentation nach § 6 ArbSchG.

2. Freiwillige Betriebsvereinbarungen

Im Wege freiwilliger Betriebsvereinbarungen können die Betriebspartner zusätzliche Maßnahmen zur → *Unfallverhütung* – also über den gesetzlich vorgeschriebenen Mindestschutz hinaus – vereinbaren (§ 88 BetrVG). Die Regelungen solcher freiwilligen Betriebsvereinbarungen sind von den Arbeitnehmern ebenfalls zwingend einzuhalten.

3. Beteiligung bei der Ausgestaltung des Arbeitsschutzes

Der Arbeitgeber bzw. seine gesetzlichen Vertreter sind in erster Linie verantwortlich für den Arbeitsschutz und damit auch für die Frage, wie der Arbeitsschutz im Betrieb organisiert wird. Zu solchen Organisationsentscheidungen gehört z. B., ob der Arbeitgeber von der Möglichkeit der Bestellung einer leitenden Sicherheitsfachkraft Gebrauch machen will, aber auch, ob er Fachkräfte für Arbeitssicherheit als eigene Arbeitnehmer einstellen will oder stattdessen auf einen überbetrieblichen Dienst zurückgreift.

Auch bei solchen Entscheidungen bestehen Mitbestimmungsrechte des Betriebsrats nach § 87 Abs. 1 Nr. 7 BetrVG, z. B. bei der Frage, ob die Fachkräfte für Arbeitssicherheit als eigene Arbeitnehmer eingestellt, als Freiberufler tätig werden oder aber auf einen überbetrieblichen Dienst zurückgegriffen wird. Die Abberufung und Bestellung angestellter Betriebsärzte und Sicherheitsfachkräfte ist von der Zustimmung des Betriebsrats abhängig (§ 9 ASiG).

An Besprechungen des Arbeitgebers mit den Sicherheitsbeauftragten nehmen Beauftragte des Betriebsrates teil (§ 89 Abs. 4 BetrVG). Außerdem sind der Arbeitgeber und die für den Arbeitsschutz zuständigen Stellen verpflichtet, den Betriebsrat bei Besichtigungen in Zusammenhang mit dem Arbeitsschutz und bei Unfalluntersuchungen hinzuzuziehen (§ 89 Abs. 2 BetrVG).

Von der Bestellung und der Abberufung nach dem Arbeitssicherheitsgesetz ist die Begründung, die Änderung bzw. die Beendigung des Arbeitsverhältnisses z. B. mit einem angestellten Betriebsarzt zu unterscheiden.

 ACHTUNG!

Betriebsbeauftragte, wie z. B. der Beauftragte für Immissionsschutz, unterstehen zum Teil einem besonderen Kündigungsschutz, sodass während der Amtszeit die ordentliche Kündigung ausgeschlossen ist.

Arbeitsunfähigkeit

I.   **Begriff**

II. **Pflichten des Arbeitnehmers**
   1. Anzeigepflicht
      1.1 Form und Zeitpunkt der Anzeige
      1.2 Anzeigepflicht bei ruhendem Arbeitsverhältnis
      1.3 Inhalt der Anzeige
   2. Nachweispflicht
      2.1 Form und Inhalt
      2.2 Folgebescheinigung
      2.3 Erkrankung im Ausland
      2.4 Fristberechnung
      2.5 Frühere Vorlage auf Verlangen des Arbeitgebers
   3. Pflicht zu gesundheitsförderndem Verhalten

III. **Beweislast**

IV. **Reaktionsmöglichkeiten des Arbeitgebers**
   1. Bei Zweifeln an der Arbeitsunfähigkeit
   2. Bei Verstoß gegen Anzeige- und Nachweispflicht
      2.1 Verweigerung der Entgeltfortzahlung
      2.2 Abmahnung
      2.3 Kündigung
   3. Nach Rückkehr des Arbeitnehmers

V.   **Checkliste Arbeitsunfähigkeit**
   I.   Arbeitsunfähigkeit
   II. Anzeigepflicht
   III. Nachweispflicht (AU-Bescheinigung)

I. Begriff

Der häufigste Grund für Arbeitsunfähigkeit ist die Krankheit. Als Krankheit gilt in diesem Zusammenhang jeder Zustand, der eine Heilbehandlung erfordert. Auch eine nicht rechtswidrige Sterilisation oder ein nicht rechtswidriger Schwangerschaftsabbruch fallen darunter. **Keine** Krankheiten sind dagegen eine normal verlaufende Schwangerschaft oder eine Schönheitsoperation, es sei denn, sie ist erforderlich, um ein psychisches Leiden zu beseitigen oder zu lindern.

Die Ursache der Krankheit ist unerheblich, und zwar auch dann, wenn sie auf einem → *Arbeitsunfall* beruht, der sich im Zusammenhang mit einer erlaubten → *Nebentätigkeit* (egal, ob im abhängigen Beschäftigungsverhältnis oder als selbstständige Tätigkeit) ereignet hat.

Nicht jede Krankheit führt jedoch automatisch zur Arbeitsunfähigkeit. Diese liegt nur dann vor, wenn der Arbeitnehmer aufgrund der Krankheit

▶ nicht in der Lage ist, die ihm nach dem Arbeitsvertrag obliegende Arbeit durchzuführen oder

▶ die Arbeit nur unter der Gefahr fortsetzen könnte, damit in absehbarer Zeit seinen Zustand zu verschlimmern.

Dabei muss die Arbeitsunfähigkeit stets konkret auf den erkrankten Arbeitnehmer bezogen geprüft werden. Ein und dieselbe Krankheit kann bei einem Arbeitnehmer zur Arbeitsunfähigkeit führen, bei einem anderen nicht.

Beispiel:

> Eine Sehnenscheidenentzündung führt bei einer Schreibkraft zur Arbeitsunfähigkeit, beim leitenden Angestellten nicht. Die Verstauchung des kleinen Fingers macht den Flötisten eines Opernhauses arbeitsunfähig, den Pförtner nicht.

Bei der Prüfung ist daher auf die konkrete einzelvertragliche Arbeitsverpflichtung abzustellen. Es ist also zu fragen, ob der Arbeitnehmer trotz der Erkrankung noch in der Lage ist, seine Tätigkeit ohne die Gefahr der Verschlimmerung des Leidens auszuüben.

Für die Arbeitsunfähigkeit sind ausschließlich objektive Gesichtspunkte maßgeblich. Es kommt weder auf die Kenntnis des Arbeitnehmers noch auf die des Arbeitgebers an. Daher ist auch derjenige arbeitsunfähig, der in Unkenntnis seiner gesundheitlichen Beeinträchtigung tatsächlich arbeitet.

Arbeitsunfähigkeit liegt nicht nur dann vor, wenn die Krankheit als solche den Arbeitnehmer an der Erbringung der Arbeitsleistung hindert (z. B. Schlaganfall). Sie ist auch dann gegeben, wenn nur mittelbare Krankheitsauswirkungen vorliegen, etwa wenn ein für sich allein nicht arbeitsunfähig machender Umstand (z. B. Notwendigkeit der Herausnahme der Mandeln) stationäre Krankenpflege erforderlich macht. Ambulante Behandlungen führen jedoch in der Regel nicht zur Arbeitsunfähigkeit im Sinne des Entgeltfortzahlungsgesetzes (zu den Einzelheiten → *Entgeltfortzahlung*).

Arbeitsunfähigkeit liegt **nicht** vor, wenn der Arbeitnehmer wegen einer Krankheit nur den Weg zur Arbeitsstätte nicht zurücklegen kann, jedoch zur Arbeitsleistung als solcher in der Lage ist.

Teilarbeitsunfähigkeit liegt vor, wenn der Arbeitnehmer seine Arbeitsleistung nur teilweise erbringen kann, z. B. in einem zeitlich verringerten Ausmaß, zu anderen Tageszeiten oder nur beschränkt auf bestimmte Tätigkeiten. Auch eine solche Teilarbeitsunfähigkeit ist als Arbeitsunfähigkeit anzusehen, sodass das Arbeitsentgelt fortgezahlt werden muss. Allerdings soll der Arzt gem. § 74 SGB V auf der AU-Bescheinigung Art und Umfang einer möglichen Tätigkeit angeben, wenn ein bislang arbeitsunfähiger Arbeitnehmer seine bisherige Tätigkeit teilweise verrichten könnte und deren stufenweise Wiederaufnahme voraussichtlich seine Eingliederung in das Erwerbsleben verbessert. Daraus folgt aber keine Pflicht der Arbeitsvertragsparteien, eine solche Sonderform des Arbeitsverhältnisses auch tatsächlich zu vereinbaren.

II. Pflichten des Arbeitnehmers

1. Anzeigepflicht

Der Arbeitnehmer ist verpflichtet, dem Arbeitgeber eine Arbeitsunfähigkeit und deren voraussichtliche Dauer unverzüglich (d. h. so schnell wie möglich) anzuzeigen (§ 5 Abs. 1 EntgFG). Dies gilt auch dann, wenn im konkreten Fall kein Entgeltfortzahlungsanspruch gegeben ist. Auch wenn sich der Arbeitnehmer im Ausland aufhält, muss er seine Arbeitsunfähigkeit anzeigen. Dauert die Arbeitsunfähigkeit über den zunächst mitgeteilten Zeitpunkt hinaus an, ist der Arbeitnehmer zu einer weiteren Anzeige verpflichtet.

Die Pflicht entfällt, wenn der Arbeitgeber bereits Kenntnis von der Arbeitsunfähigkeit hat bzw. der Arbeitnehmer sicher davon ausgehen kann, dass dem Arbeitgeber die Arbeitsunfähigkeit und das Ausmaß der Erkrankung bekannt ist. Dies kann z. B. nach einem → *Arbeitsunfall* gegeben sein. Durch die Anzeigepflicht soll dem Arbeitgeber die Möglichkeit eingeräumt werden, entsprechend zu disponieren, insbesondere für Ersatzkräfte zu sorgen.

Die Mitteilung der Arbeitsunfähigkeit ist an die zuständige Stelle (z. B. die Personalabteilung) zu richten. Nicht ausreichend ist die Mitteilung an Arbeitskollegen, etwa den Vorarbeiter, an die Telefonzentrale oder den Pförtner, es sei denn, in dem Betrieb ist es üblich, die Mitteilung in dieser Form zu machen.

1.1 Form und Zeitpunkt der Anzeige

Eine bestimmte Form der Anzeige ist nicht vorgeschrieben, sie kann also mündlich oder schriftlich erfolgen. Die Regel ist jedoch wegen des Erfordernisses der Unverzüglichkeit eine mündliche Mitteilung per Telefon. Eine Mitteilung per Fax bzw. E-Mail oder SMS ist ebenfalls zulässig. Der Arbeitnehmer muss die Mitteilung nicht persönlich machen. Er kann im Hinblick auf die Eilbedürftigkeit sogar verpflichtet sein, ggf. Verwandte oder Freunde zu beauftragen, mit dem Arbeitgeber Kontakt aufzunehmen, wenn er dazu nicht selbst in der Lage ist.

Dabei hat er im Normalfall dafür Sorge zu tragen, dass der Arbeitgeber bereits am ersten Tag der Arbeitsunfähigkeit während der üblichen Betriebsstunden informiert wird; in der Regel hat die Mitteilung vor Arbeitsbeginn zu erfolgen. Eine schriftliche Anzeige, die erst am nächsten Tag mit der Post beim Arbeitgeber eingeht, wird nicht als unverzügliche Benachrichtigung anzusehen sein, es sei denn, der Arbeitnehmer war an einer früheren Mitteilung verhindert (etwa bei einem Verkehrsunfall auf dem Weg zur Arbeit).

> ✎ **WICHTIG!**
> Maßgeblich ist der Eingang der Benachrichtigung beim Arbeitgeber und nicht der Zeitpunkt der Absendung.

Eine schuldhafte Pflichtverletzung liegt nicht vor, wenn der Arbeitnehmer, der bei einem Arztbesuch an einem Freitagnachmittag für die folgende Woche krankgeschrieben worden ist, am Sonnabend die Arbeitsunfähigkeitsbescheinigung in einen Briefkasten wirft und dem Arbeitgeber am Montagmorgen fernmündlich die Arbeitsunfähigkeit mitteilt.

Erkrankt der Arbeitnehmer während des Urlaubs und ist absehbar, dass die Arbeitsunfähigkeit über das Ende des Urlaubs hinaus andauern wird, muss auch hier die Anzeige unverzüglich erfolgen. Erhält der Arbeitgeber erst am ersten Arbeitstag nach dem Urlaub die telefonische Mitteilung von der Arbeitsunfähigkeit, ist diese verspätet. Das Gleiche gilt für teilzeitbeschäftigte Arbeitnehmer, die nicht an allen Tagen der Woche arbeiten.

Beispiel:

> Ein Arbeitnehmer arbeitet nur von Mittwochmittag bis Freitagabend. Am Sonntag erkrankt er und kann absehen, dass er am Mittwoch nicht arbeiten kann. Er muss die Arbeitsunfähigkeit bereits am Montag anzeigen.

Die genannten Grundsätze gelten auch, wenn die Arbeitsunfähigkeit über das zunächst attestierte Ende hinaus andauert. Der Arbeitnehmer muss die Fortdauer der Arbeitsunfähigkeit auch anzeigen, wenn der Zeitraum der Entgeltfortzahlung schon abgelaufen ist.

1.2 Anzeigepflicht bei ruhendem Arbeitsverhältnis

Erkrankt der Arbeitnehmer in einer Zeit, in der das Arbeitsverhältnis, z. B. wegen Erziehungsurlaubs ruht, und zeichnet sich ab, dass die Arbeitsunfähigkeit auch noch über den Tag der geplanten Wiederaufnahme der Arbeit andauern wird, muss er die Arbeitsunfähigkeit dem Arbeitgeber bereits vor Wiederaufnahme der Arbeit mitteilen.

Der Arbeitnehmer ist z. B. im Falle des Ruhens des Arbeitsverhältnisses gehalten, rechtzeitig einen Arzt zu konsultieren, wenn nicht ausgeschlossen ist, dass die Arbeitsunfähigkeit zum Zeitpunkt der vorgesehenen Arbeitsaufnahme fortbesteht. Unterlässt er dies, kann es im Einzelfall eine Verletzung der Anzeigepflicht darstellen, die eine → *Abmahnung* rechtfertigt. Eine solche Verpflichtung besteht jedoch nicht, wenn nicht zu befürchten ist, dass die Arbeitsunfähigkeit über das Ende des Ruhens hinausgeht.

Beispiel:

Erkrankt der Arbeitnehmer, der noch ein Jahr Erziehungsurlaub bzw. Elternzeit vor sich hat, an einer Grippe, muss er dies nicht dem Arbeitgeber anzeigen, wohl aber, wenn die Erkrankung eine Woche vor der geplanten Wiederaufnahme der Arbeit auftritt. Die Anzeige muss erfolgen, sobald der Arbeitnehmer damit rechnen muss, dass er wegen der Erkrankung die Arbeit nicht wie geplant aufnehmen kann. Erfolgt die Anzeige erst am Tag der vorgesehenen Arbeitsaufnahme, ist sie verspätet.

Auch wenn der Entgeltfortzahlungszeitraum abgelaufen ist, muss der Arbeitnehmer eine Fortdauer der Arbeitsunfähigkeit jeweils anzeigen.

1.3 Inhalt der Anzeige

Der Arbeitnehmer muss mitteilen, dass er arbeitsunfähig erkrankt ist und wie lange die Erkrankung nach seiner Einschätzung noch andauern wird. Wenn sich nach einem Arztbesuch herausstellt, dass die Prognose unrichtig war, muss der Arbeitgeber umgehend darüber informiert werden. Eine Verpflichtung des Arbeitnehmers dem Arbeitgeber die Art der Erkrankung mitzuteilen, besteht nicht, es sei denn, deren Kenntnis ist für den Arbeitgeber aus betrieblichen Gründen von Bedeutung (z. B. bei ansteckenden Krankheiten oder zur Geltendmachung von Schadensersatzansprüchen gegen Dritte). Liegt eine Fortsetzungserkrankung, also eine Fortdauer oder ein erneutes Auftreten eines Grundleidens vor, muss der Arbeitnehmer dies mitteilen.

Bei Eintritt der Arbeitsunfähigkeit im Ausland muss der Arbeitnehmer auch seine ausländische Adresse mitteilen. Dabei ist der schnellstmögliche Weg der Übermittlung zu wählen. Allerdings muss der Arbeitgeber die Kosten der Übermittlung tragen. Seine Rückkehr aus dem Ausland muss der Arbeitnehmer dem Arbeitgeber in jedem Fall anzeigen. Dies gilt auch dann, wenn die Arbeitsunfähigkeit nicht mehr besteht.

TIPP!

Wenn der Arbeitnehmer telefonisch aus dem Ausland seine Arbeitsunfähigkeit anzeigt, sollte ihn der Arbeitgeber nach seiner dortigen Anschrift fragen. Tut er das nicht, kann er die Entgeltfortzahlung nicht mit der Begründung verweigern, dass er keine Möglichkeit gehabt habe, die Arbeitsunfähigkeit überprüfen zu lassen.

2. Nachweispflicht

Der Arbeitnehmer muss zusätzlich zur Anzeige der Arbeitsunfähigkeit dem Arbeitgeber eine ärztliche Bescheinigung über das Bestehen der Arbeitsunfähigkeit vorlegen, wenn die Arbeitsunfähigkeit länger als drei Kalendertage dauert (§ 5 Abs. 1 EntgFG). Es bestehen hierbei keine Unterschiede zwischen Arbeitern und Angestellten.

WICHTIG!

Für die ersten drei Tage bleibt der Arbeitnehmer von der Nachweispflicht befreit, wenn er zunächst annahm, dass sich die Arbeitsunfähigkeit nur auf diesen Zeitraum beschränken werde und er kein rückwirkendes Attest erhalten kann.

Dies gilt auch, wenn die Arbeitsunfähigkeit über sechs Wochen hinaus andauert.

2.1 Form und Inhalt

Die AU-Bescheinigung muss schriftlich und von einem approbierten Arzt ausgestellt sein. Bei Arbeitnehmern, die in der gesetzlichen Krankenversicherung versichert sind, erfolgen die erforderlichen Angaben in einem Vordruck. Angegeben ist das Datum der Feststellung der Arbeitsunfähigkeit sowie die voraussichtliche Dauer.

Aussagen zur Art der Erkrankung dürfen wegen der ärztlichen Schweigepflicht nicht in die Bescheinigung aufgenommen wer-

den. Der Arbeitnehmer ist auch nicht verpflichtet, den Arzt von der Schweigepflicht zu entbinden oder den Arbeitgeber über die Art der Erkrankung zu informieren.

§ 106 Abs. 3a SGB V sieht vor, dass der Arzt zum Schadensersatz gegenüber der Krankenkasse und dem Arbeitgeber verpflichtet sein kann, wenn er die Arbeitsunfähigkeit grob fahrlässig oder vorsätzlich attestiert, obwohl die Voraussetzungen nicht vorlagen.

2.2 Folgebescheinigung

Wenn die Arbeitsunfähigkeit länger dauert, als in der Bescheinigung angegeben, ist der Arbeitnehmer verpflichtet, eine neue Bescheinigung vorzulegen (§ 5 Abs. 1 Satz 4 EntgFG). Hierbei gilt die für die Erstbescheinigung vorgesehene Dreitagefrist entsprechend.

2.3 Erkrankung im Ausland

Bei Erkrankungen in Ländern, mit denen zwischenstaatliche Sozialversicherungsabkommen bestehen (z. B. das deutschtürkische Sozialversicherungsabkommen) sowie in EU-Ländern gilt ein vereinfachtes Nachweisverfahren (§ 5 Abs. 2 EntgFG): Der Arbeitnehmer muss unverzüglich dem für den Aufenthaltsort zuständigen ausländischen Sozialversicherungsträger eine Bescheinigung des behandelnden Arztes über die Arbeitsunfähigkeit vorlegen. Der ausländische Versicherungsträger lässt den Versicherten durch einen Vertrauensarzt untersuchen und unterrichtet dann die deutsche Krankenkasse vom Beginn und der voraussichtlichen Dauer der Arbeitsunfähigkeit des Arbeitnehmers. Die deutsche Krankenkasse informiert ihrerseits den Arbeitgeber.

2.4 Fristberechnung

Die Berechnung der Frist zur Vorlage der AU-Bescheinigung wird wie folgt vorgenommen:

Der erste Tag der Arbeitsunfähigkeit ist der, an dem die Erkrankung aufgetreten ist. Somit ist die AU-Bescheinigung am vierten Tag der Arbeitsunfähigkeit beim Arbeitgeber vorzulegen, wenn es sich dabei um einen Arbeitstag handelt, an dem im Betrieb gearbeitet wird. Die Frist verlängert sich entsprechend, wenn dieser Tag auf einen arbeitsfreien Sonnabend, einen Sonntag oder einen gesetzlichen Feiertag fällt oder wenn an diesem Tag im Betrieb aus anderen Gründen nicht gearbeitet wird.

Beginn der Arbeitsunfähigkeit	Vorlagetag
Sonntag	Mittwoch
Montag	Donnerstag
Dienstag	Freitag
Mittwoch	Montag
Donnerstag	Montag
Freitag	Montag
Sonnabend	Dienstag

Die AU-Bescheinigung muss so rechtzeitig vorgelegt werden, dass der Arbeitgeber am Vorlagetag innerhalb der üblichen Betriebszeiten von ihr Kenntnis nehmen kann. Lässt der Arbeitnehmer die Bescheinigung durch jemand anderen überbringen, trägt er die Verantwortung für eventuell auftretende Verzögerungen. Wenn er sie mit der Post schickt und sie so rechtzeitig absendet, dass nach den gewöhnlichen Postlaufzeiten mit dem Eingang am Stichtag zu rechnen ist, trifft ihn allerdings keine Verantwortung.

2.5 Frühere Vorlage auf Verlangen des Arbeitgebers

Der Arbeitgeber ist nach § 5 Abs. 1 Satz 3 EntgFG berechtigt, die Vorlage der AU-Bescheinigung früher zu verlangen. Das gilt unabhängig davon, wie lange die Erkrankung dauert, also auch bei Erkrankungen von weniger als vier Tagen. Ein besonderer Grund für die Anordnung ist nicht erforderlich; die frühere Vorlage darf aber nicht nur zu dem Zweck verlangt werden, den Arbeitnehmer zu schikanieren.

Der Arbeitgeber muss die Anordnung dem Arbeitnehmer gegenüber deutlich äußern. Er kann das mündlich tun; aus Beweisgründen empfiehlt sich aber die Schriftform. Eine Begründung ist nicht erforderlich. Der Arbeitgeber hat ein nicht gebundenes Ermessen bei der Anordnung. Es ist nicht erforderlich, dass gegen den Arbeitnehmer ein begründeter Verdacht besteht, er habe in der Vergangenheit eine Erkrankung nur vorgetäuscht (BAG v. 14.11.2012, Az. 5 AZR 886/11). Eine entsprechende Vereinbarung ist sowohl im Arbeitsvertrag als auch in einem Tarifvertrag zulässig. Der Tarifvertrag kann die nach dem Gesetz grundsätzlich bestehende Befugnis des Arbeitgebers aber auch einschränken. Bei einer generellen Anordnung der früheren Vorlage muss eine Beteiligung des Betriebsrats erfolgen.

Formulierungsbeispiel:
„Wir weisen Sie hiermit an, bei jeder Arbeitsunfähigkeit bereits ab dem ersten Tag eine ärztliche Arbeitsunfähigkeitsbescheinigung beizubringen."

Will der Arbeitgeber im Einzelfall ohne vorherige generelle Anweisung von diesem Recht Gebrauch machen, und hat der Arbeitnehmer rechtzeitig telefonisch sein Fehlen angezeigt, darf die frühere Vorlage nur am Tag der Anzeige verlangt werden und nicht mehr am nächsten Tag oder noch später.

WICHTIG!
Die Anordnung der Vorlage schon ab dem ersten Tag der Arbeitsunfähigkeit sollte sorgfältig bedacht werden. Zwar lassen sich spontane Krankmeldungen so möglicherweise verhindern. Diese Krankmeldung ohne Arztbesuch dauert jedoch höchstens drei Tage, wohingegen eine ärztliche Bescheinigung selten für weniger als eine Woche ausgestellt wird.

3. Pflicht zu gesundheitsförderndem Verhalten

Der Arbeitnehmer ist nicht von vornherein zu einer möglichst gesunden Lebensführung verpflichtet. Nach Eintritt einer krankheitsbedingten Arbeitsunfähigkeit muss er jedoch Vorsichtsregeln einhalten, um eine Verschlimmerung des Zustands oder eine Verzögerung des Heilungsprozesses zu vermeiden. Tut er dies nicht, kann der Arbeitgeber u. U. die → *Entgeltfortzahlung* verweigern. Als Argument könnte er vorbringen, dass der Arbeitnehmer selbst an der Fortdauer der Krankheit schuld sei.

III. Beweislast

Grundsätzlich muss der Arbeitnehmer darlegen und beweisen, dass er arbeitsunfähig erkrankt ist. Dieser Beweis wird in der Regel durch die AU-Bescheinigung erbracht. Auch ausländische AU-Bescheinigungen haben einen hohen Beweiswert (insbesondere wenn sie aus einem Mitgliedstaat der EU stammen). Die Bescheinigung enthält jedoch keine Angabe der Diagnose, sodass der Arbeitgeber nicht überprüfen kann, ob die Krankheit auch tatsächlich eine Arbeitsunfähigkeit zur Folge hat. Er kann den Arbeitnehmer auch nicht zwingen, dazu Angaben zu machen.

Der Beweiswert der AU-Bescheinigung kann aber durch das Verhalten des Arbeitnehmers erschüttert werden. Z. B. ist die Beweiskraft eines Arbeitsunfähigkeitsattestes aus einem Staat, der nicht Mitglied der Europäischen Union ist, erschüttert, wenn Umstände zusammenwirken wie die Erkrankung gegen Ende eines nur teilweise gewährten Heimaturlaubes sowie die Annahme im Attest, der Arbeitnehmer sei nach empfohlener 30-tägiger Bettruhe wieder arbeitsfähig (LAG Rheinland-Pfalz

v. 24.6.2010, Az. 11 Sa 178/10). Der Arbeitnehmer muss dann in einem Prozess mit anderen Mitteln, z. B. der Aussage seines behandelnden Arztes, beweisen, dass er tatsächlich arbeitsunfähig war. Außerdem können Freizeitaktivitäten, die nur schwer mit der Arbeitsunfähigkeit in Einklang zu bringen sind, einen Verstoß gegen vertragliche Rücksichtnahmepflichten beinhalten, der sogar zur Kündigung berechtigt.

Beispiel:
Der Arbeitnehmer geht trotz einer ärztlich attestierten Arbeitsunfähigkeit einer Beschäftigung nach, die ähnliche Belastungen mit sich bringt. Klar ist der Fall, wenn er „schwarz" eine Erwerbstätigkeit ausübt, die der beim Arbeitgeber geschuldeten Arbeitsleistung ähnelt. Gleiches gilt, wenn er eine an sich erlaubte Nebentätigkeit ausübt, die ähnliche Belastungen wie die Hauptarbeit mit sich bringt. Nicht ausreichend ist es in der Regel, wenn der Arbeitnehmer beim Spazierengehen gesehen wird. Dies kann den Beweiswert nur erschüttern, wenn der Arbeitnehmer z. B. das Vorliegen einer schweren, mit Bettlägerigkeit verbundenen Krankheit behauptet hat.

IV. Reaktionsmöglichkeiten des Arbeitgebers

1. Bei Zweifeln an der Arbeitsunfähigkeit

Hat der Arbeitgeber Zweifel daran, dass der Arbeitnehmer tatsächlich arbeitsunfähig ist, kann er den medizinischen Dienst der Krankenkassen einschalten, um dies überprüfen zu lassen. Dazu muss er sich unverzüglich nach Eingang der Arbeitsunfähigkeitsbescheinigung an die Krankenkasse wenden, diese dorthin übermitteln und die Gründe mitteilen, die zu Zweifeln am Bestehen der Arbeitsunfähigkeit Anlass geben. Im Sozialgesetzbuch (SGB) V werden Regelbeispiele genannt, die Zweifel begründen, wie z. B. dass der Arbeitnehmer sich häufig oder auffallend häufig für eine kurze Zeit arbeitsunfähig meldet, dass die Arbeitsunfähigkeit häufig auf einen Tag am Beginn oder Ende der Woche fällt oder dass der behandelnde Arzt dadurch auffällt, dass er häufig AU-Bescheinigungen ausstellt. Die Krankenkasse ist verpflichtet, das Verfahren durchzuführen. Eine Untersuchung des Arbeitnehmers durch den medizinischen Dienst kann nur dann erfolgen, wenn der Antrag rechtzeitig vor dem Ablauf der Arbeitsunfähigkeitsbescheinigung erfolgt ist. Anderenfalls bleibt dem medizinischen Dienst nur der Telefonanruf beim behandelnden Arzt. Dieser hat keinen Einfluss auf die konkrete AU-Bescheinigung, kann aber zu einer größeren Vorsicht des Arztes bei Folgebescheinigungen führen. Wenn der Arbeitnehmer eine Folgebescheinigung angekündigt hat, ermöglicht die sofortige Einschaltung des medizinischen Dienstes diesem eine schnellere Handlungsweise, als wenn erst das Eintreffen der Bescheinigung abgewartet wird. Der medizinische Dienst übermittelt sein Ergebnis der Krankenkasse, die wiederum den Arbeitgeber informiert. Auskünfte über die Diagnose werden jedoch nicht erteilt. Es wird lediglich mitgeteilt, ob das Gutachten mit der AU-Bescheinigung übereinstimmt. Zur Überprüfung der Arbeitsunfähigkeit kann der Arbeitgeber bei schwerwiegenden Verdachtsmomenten auch ein Detektivbüro einschalten. Unter Umständen kann der Arbeitnehmer zur Erstattung dieser Kosten verpflichtet sein (BAG v. 28.5.2009, Az. 8 AZR 226/08).

2. Bei Verstoß gegen Anzeige- und Nachweispflicht

2.1 Verweigerung der Entgeltfortzahlung

Der Arbeitgeber kann die → *Entgeltfortzahlung* so lange verweigern, bis der Arbeitnehmer die AU-Bescheinigung vorlegt (§ 7 Abs. 1 EntgFG). Eine Ausnahme gilt nur dann, wenn den Arbeitnehmer keine Schuld an der verspäteten Vorlage trifft.

2.2 Abmahnung

Hat der Arbeitnehmer die Arbeitsunfähigkeit nicht unverzüglich angezeigt oder die AU-Bescheinigung nicht rechtzeitig beigebracht, kann ihm hierfür eine → *Abmahnung* erteilt werden. Dabei ist jedoch genau festzustellen, was der Arbeitnehmer falsch gemacht hat. Nur dafür kann ihm eine rechtswirksame Abmahnung erteilt werden.

Beispiel:

> Der Arbeitnehmer erscheint nicht zur Arbeit und meldet sich auch nicht. Der Arbeitgeber spricht deshalb eine Abmahnung wegen unentschuldigten Fernbleibens aus. Nach Ablauf der Frist legt der Arbeitnehmer eine AU-Bescheinigung vor. Die ursprüngliche Abmahnung muss zurückgenommen werden, da das Fernbleiben mit Vorlage der AU-Bescheinigung nicht mehr unentschuldigt ist. Der Arbeitgeber kann aber eine neue Abmahnung aussprechen wegen verspäteter Vorlage der Bescheinigung.

2.3 Kündigung

Wenn der Arbeitnehmer die Krankheit nur vorgetäuscht hat, kommt eine fristlose verhaltensbedingte Kündigung in Betracht. Der Arbeitgeber muss aber eingehend die Umstände darlegen, die gegen die Richtigkeit der AU-Bescheinigung sprechen und dies auch beweisen. Es müssen danach ernsthafte Zweifel an der krankheitsbedingten Arbeitsunfähigkeit bestehen. Gleiches gilt bei einem Freizeitverhalten, das mit der Arbeitsunfähigkeit nicht in Einklang zu bringen ist. Hat der Arbeitnehmer wiederholt gegen seine Anzeige- und Nachweispflichten verstoßen und ist er deshalb abgemahnt worden, kommt eine verhaltensbedingte Kündigung in Betracht.

Dauert die Krankheit besonders lange an oder ist der Arbeitnehmer sehr häufig krank, so kann der Arbeitgeber u. U. auch eine krankheitsbedingte → *Kündigung* aussprechen.

3. Nach Rückkehr des Arbeitnehmers

Wenn der Arbeitnehmer wieder an seinem Arbeitsplatz erscheint, kann es in bestimmten Fällen sinnvoll sein, mit ihm ein sog. Rückkehrergespräch zu führen. Dabei kann ihm verdeutlicht werden, dass durch sein Fehlen durchaus eine Lücke entstanden war, die andere Kollegen füllen mussten. Manchmal gibt es auch betriebliche Ursachen für bestimmte Erkrankungen, die vom Arbeitnehmer erfragt werden können. Generell sind Rückkehrergespräche geeignet, das Verantwortungsgefühl des Arbeitnehmers zu erhöhen. Er ist jedoch nicht verpflichtet, Auskünfte über die Art der Erkrankung zu erteilen und es ist unzulässig, einen entsprechenden Druck auf ihn auszuüben.

V. Checkliste Arbeitsunfähigkeit

I. Arbeitsunfähigkeit

☐ Vorliegen einer Krankheit (Ursache unerheblich)

☐ Krankheit muss dazu führen, dass die geschuldete Arbeitsleistung unmöglich wird

☐ Keine Arbeitsunfähigkeit, wenn nur der Weg zur Arbeit nicht bewältigt werden kann

☐ Auch Teilarbeitsunfähigkeit ist Arbeitsunfähigkeit

☐ Beweislast: Zunächst beim Arbeitnehmer, liegt aber eine ärztliche AU-Bescheinigung vor, muss der Arbeitgeber deren Beweiswert erschüttern

II. Anzeigepflicht

☐ Anzeige muss unverzüglich erfolgen

☐ Mitteilung muss nicht persönlich erfolgen

☐ Adressat ist die zuständige Stelle beim Arbeitgeber, nicht irgendein Kollege (Ausnahme: Im Betrieb so üblich)

☐ Inhalt: Arbeitsunfähigkeit, voraussichtliche Dauer, bei Auslandsaufenthalt auch dortige Anschrift

☐ Keine bestimmte Form nötig

☐ Besteht auch während des Urlaubs, wenn die Krankheit über den Arbeitsbeginn hinaus andauern könnte

☐ Besteht auch bei ruhendem Arbeitsverhältnis, wenn die Krankheit über den Zeitpunkt der geplanten Wiederaufnahme der Arbeit hinaus andauern könnte

III. Nachweispflicht (AU-Bescheinigung)

☐ Ab dem vierten Tag der Arbeitsunfähigkeit vom Arbeitnehmer vorzulegen

☐ Muss schriftlich sein und von approbiertem Arzt stammen

☐ Muss keine Angaben über Art der Krankheit enthalten

☐ Auch Folgebescheinigungen sind innerhalb der Dreitagefrist vorzulegen

☐ Besonderheiten bei Erkrankung im Ausland

☐ Arbeitgeber kann frühere Vorlage verlangen

Arbeitsunfall

I.   **Begriff**

II.   **Voraussetzungen des Versicherungsschutzes**
    1.   Versicherter in der gesetzlichen Unfallversicherung
    2.   Unfall
    3.   Zusammenhang zwischen Unfall und versicherter Tätigkeit
       3.1   Betriebliche Veranstaltungen und Reisen
       3.2   Essen und Trinken
       3.3   Handgreiflichkeiten im Betrieb
       3.4   Alkohol, Medikamente und Drogen
    4.   Meldepflicht
    5.   Sonderfall: Wegeunfall
       5.1   Versicherter Weg
       5.2   Zusammenhang zwischen versicherter Tätigkeit und Wegeunfall

III.   **Haftungsbeschränkungen**
    1.   Haftung des Arbeitgebers
    2.   Haftung des Arbeitnehmers und anderer für denselben Betrieb tätiger Personen
    3.   Haftung anderer Personen und Haftung bei gemeinsamer Betriebsstätte

I. Begriff

Der Arbeitsunfall ist immer ein Versicherungsfall der gesetzlichen Unfallversicherung. Er liegt vor, wenn ein Arbeitnehmer in Zusammenhang mit einer versicherten Tätigkeit einen Unfall erleidet. Im Unterschied zur privaten Unfallversicherung besteht der gesetzliche Unfallversicherungsschutz kraft Zwangsmitgliedschaft des Arbeitgebers bei den gesetzlichen Unfallversicherungsträgern. Das sind die gewerblichen Berufsgenossenschaften im gewerblichen und industriellen Bereich, die land-wirtschaftlichen Berufsgenossenschaften, die Unfallkasse des Bundes sowie die Unfallkassen der Länder und Gemeinden. Das gesamte Recht der Unfallversicherung ist im SGB VII geregelt.

Die Unternehmen sind verpflichtet, im Wege des Umlageverfahrens, das sich u. a. an der Unfallgefährlichkeit des einzelnen Betriebs orientiert, an den zuständigen Versicherungsträger Beiträge abzuführen (§ 150 ff. SGB VII). Von Arbeitnehmern sind keine Beiträge zu leisten. Erleidet ein Beschäftigter bei der Arbeit einen Personenschaden, können sich aus dieser gesetzlichen Unfallversicherung Leistungsansprüche zugunsten des Verletzten bzw. seiner Hinterbliebenen ergeben. Die private Haftung bei Personenschäden ist dann ausgeschlossen, d. h. für diese Personenschäden haftet der Arbeitgeber oder ein den Arbeitsunfall (mit-)verursachender Arbeitnehmer desselben Betriebs nicht oder nur sehr eingeschränkt (§§ 104 Abs. 1, 105 f. SGB VII).

II. Voraussetzungen des Versicherungsschutzes

Voraussetzung für Leistungen aus der gesetzlichen Unfallversicherung ist das Vorliegen eines Arbeitsunfalls. Dieser ist immer dann gegeben, wenn

▸ ein Versicherter in der gesetzlichen Unfallversicherung

▸ im Zusammenhang mit seiner versicherten Tätigkeit

▸ einen Unfall erleidet.

1. Versicherter in der gesetzlichen Unfallversicherung

Dieser Punkt ist bei Arbeitnehmern nicht weiter problematisch. Sie sind kraft Gesetzes, also automatisch in der gesetzlichen Unfallversicherung versichert, unabhängig von der Dauer der Beschäftigung und der Höhe des Gehalts. Jedoch können auch Selbstständige, sollten sie in die Arbeitsorganisation eines Unternehmens weisungsgebunden eingegliedert sein und damit als Arbeitnehmer gelten, unter die gesetzliche Unfallversicherung fallen.

2. Unfall

Ein Unfall ist ein von außen auf den menschlichen Körper einwirkendes, unfreiwilliges Ereignis, das zu einem Gesundheitsschaden oder zum Tod führt (§ 8 Abs. 1 SGB VII).

Ein Unfall liegt nicht vor bei allen Vorgängen aus innerer Ursache (z. B. epileptischer Anfall, Herz-Kreislauf-Versagen); trotzdem besteht eine äußere Ursache, wenn z. B. ein Herzinfarkt durch physisch oder psychisch überanstrengende Arbeit ausgelöst wird. Eine Einwirkung von außen wird beispielsweise bewirkt durch herabstürzende Teile, Stromschläge, Aufprall auf den Boden, gefährliche Maschinen, Eindringen von Krankheitserregern in den Körper etc.

Unfreiwillig ist ein Unfall nur, solange keine absichtliche Eigenverletzung vorliegt. Ob die Verletzungshandlung verboten ist, spielt für das Vorliegen eines Arbeitsunfalls keine Rolle.

3. Zusammenhang zwischen Unfall und versicherter Tätigkeit

Der Unfall muss in Ausübung einer versicherten Tätigkeit passiert sein. Es ist nicht erforderlich, dass diese Tätigkeit alleinige oder wesentliche Ursache des Unfalls ist, sie muss aber zumindest Mitursache sein. Der Verletzte muss der Gefahr infolge der versicherten Tätigkeit ausgesetzt gewesen sein.

Wenn sich ein Unfall auf dem Betriebsgelände und während der → *Arbeitszeit* ereignet, muss noch kein Arbeitsunfall vorliegen. Umgekehrt kann auch ein Unfall außerhalb des Betriebsgeländes und außerhalb der Arbeitszeit ein Arbeitsunfall sein.

Die betriebliche und damit versicherte Tätigkeit umfasst alles, was mit oder ohne ausdrückliche Anweisung des Arbeitgebers in dessen Interesse geschieht. Ob die versicherte Tätigkeit ordnungsgemäß oder fehlerhaft, vorsichtig oder leichtsinnig ausgeführt wird, spielt für das Vorliegen eines Arbeitsunfalls keine Rolle.

Nicht versichert sind sog. eigenwirtschaftliche Tätigkeiten, d. h. Tätigkeiten, mit denen der Versicherte persönliche und private Belange verfolgt. Sie sind auch dann nicht versichert, wenn sie sich auf dem Betriebsgelände und während der Arbeitszeit ereignen. Nur ganz kurze oder geringfügige Unterbrechungen der versicherten Tätigkeit lassen den Versicherungsschutz aber nicht entfallen.

Beispiel:

> Erleidet der Versicherte bei einem kurzen Privatgespräch am Arbeitsplatz einen Unfall, besteht Versicherungsschutz. Umgekehrt ist das Benutzen von Arbeitsgeräten zu eigenwirtschaftlichen Zwecken während oder außerhalb der Arbeitszeit nicht versichert.

Bei sog. gemischten Tätigkeiten, die sich nicht ausschließlich dem eigenwirtschaftlichen oder dem betrieblichen Bereich zuordnen lassen, liegt Versicherungsschutz vor, wenn sie wesentlich (auch) dem betrieblichen Bereich dienen sollen. Nicht erforderlich ist es, dass sie überwiegend betrieblichen Interessen dienen; den betrieblichen Belangen muss aber mindestens annähernd das gleiche Gewicht zukommen wie den eigenwirtschaftlichen.

3.1 Betriebliche Veranstaltungen und Reisen

Für Veranstaltungen, die der Arbeitgeber abhält oder die mit seiner Billigung stattfinden und von allen Betriebsangehörigen bzw. bestimmten Gruppen besucht werden oder ihnen offen stehen, ist Versicherungsschutz gegeben (z. B. betriebliche Weihnachtsfeiern, Betriebsversammlungen), da sie in einem inneren Zusammenhang mit der versicherten Tätigkeit stehen. Das gilt auch für Tätigkeiten zur körperlichen Erholung, die mit dem Gesamtzweck der Veranstaltung vereinbar sind (z. B. Grillveranstaltung mit Radtour). Kein Versicherungsschutz besteht dagegen für Veranstaltungen, die von Kollegen untereinander abgehalten werden (z. B. Stammtisch, Ausflug) oder für Reisen, die überwiegend touristischen Zwecken dienen.

Dienstreisen, Dienstgänge oder Lieferfahrten gehören zur Arbeitsleistung und sind versichert. Bei sonstigen Reisen im betrieblichen Interesse muss der Zusammenhang mit der versicherten Tätigkeit geprüft werden und es muss zwischen Tätigkeiten unterschieden werden, die von ihrem Zweck her mit der Reise zusammenhängen und damit dem Versicherungsschutz unterfallen, und solchen, die dem eigenwirtschaftlichen Bereich zuzuordnen sind.

◁ **ACHTUNG!**

Wird die → *Dienstreise* für private Zwecke unterbrochen, besteht kein Versicherungsschutz.

3.2 Essen und Trinken

Essen und Trinken – auch während der Arbeitszeit und auf dem Betriebsgelände, d. h. in der Betriebskantine – sind in der Regel nicht versichert. Nur dann, wenn die Nahrungsaufnahme überwiegend zur Erhaltung der Arbeitsfähigkeit erforderlich ist und sich betriebseigene Gefahren realisieren, tritt das eigenwirtschaftliche Moment in den Hintergrund und greift der Versicherungsschutz. Das Aufsuchen der Toilette ist versichert. Bei Geschäftsessen mit ausschließlich beruflichem Anlass besteht ebenfalls Versicherungsschutz.

WICHTIG!
Der Weg zur Kantine oder zur mittäglichen Nahrungsaufnahme außerhalb des Betriebs ist versichert.

3.3 Handgreiflichkeiten im Betrieb

Bei körperlichen Auseinandersetzungen liegt ein Arbeitsunfall dann vor, wenn die betriebliche Tätigkeit oder betriebliche Vorgänge die wesentliche Ursache hierfür sind. Liegt die Ursache rein im privaten Bereich, besteht kein Versicherungsschutz.

Beispiel:

Entsteht ein Streit über Arbeitsabläufe, kann Versicherungsschutz gegeben sein; nicht versichert sind dagegen Streitigkeiten unter Kollegen aus persönlichen Gründen.

3.4 Alkohol, Medikamente und Drogen

Hat der Arbeitnehmer trotz des Alkoholgenusses bzw. der Einnahme von Medikamenten oder Drogen noch eine ernstliche, dem Unternehmen förderliche Arbeit leisten können, bleibt der Versicherungsschutz im Allgemeinen erhalten. War der Arbeitnehmer aufgrund seines Rauschmittelkonsums nicht mehr in der Lage, seine Arbeitsleistung zu erbringen, entfällt der Zusammenhang mit der versicherten Tätigkeit und damit der Versicherungsschutz. Hat sich der Unfall im Straßenverkehr ereignet, so gilt bei relativer oder absoluter Fahruntüchtigkeit die – widerlegbare – Vermutung, dass der Rauschmittelkonsum die alleinige Unfallursache war. Damit entfällt der Versicherungsschutz.

4. Meldepflicht

Unternehmer müssen Unfälle eines Arbeitnehmers dem Unfallversicherungsträger anzeigen, wenn der Arbeitnehmer getötet wird oder so verletzt ist, dass er mehr als drei Tage arbeitsunfähig wird (§ 193 Abs. 1 und 5 SGB VII).

 WICHTIG!
Der Arbeitgeber hat dem Betriebsrat eine Durchschrift der nach § 193 Abs. 5 SGB VII vom Betriebsrat zu unterschreibende Unfallanzeige auszuhändigen (§ 89 Abs. 6 BetrVG).

5. Sonderfall: Wegeunfall

Der Wegeunfall gilt als Arbeitsunfall; erleidet ein Arbeitnehmer auf einem versicherten Weg einen Personenschaden, ist dieser von der gesetzlichen Unfallversicherung abgedeckt (§ 8 Abs. 2 SGB VII).

5.1 Versicherter Weg

Der von der Unfallversicherung geschützte Weg beginnt mit dem Verlassen der Wohnung (Durchschreiten der Ausgangstür) und endet mit dem Erreichen der Arbeitsstätte (Durchschreiten des Werkstors) und umgekehrt. Dies kann z. B. dazu führen, dass der Weg von der Haustür zur Garage bereits versichert ist (der häusliche Lebensbereich wird verlassen), der Weg von der Wohnung zur Tiefgarage dagegen nicht.

Beispiel:

Ein Unfall im Wohnhaus oder im Fahrstuhl des Wohnhauses ist kein Wegeunfall.

„Weg" bezeichnet nicht die Wegstrecke, sondern das Zurücklegen des Wegs durch Fortbewegung. Mit welchem Fortbewegungsmittel der Weg zurückgelegt wird, ist nicht entscheidend. Auch die Wahl des Weges steht dem Versicherten grundsätzlich frei; er muss nicht den kürzesten Weg wählen, insbesondere dann nicht, wenn ein längerer Weg schneller zurückzulegen ist oder das Verkehrsrisiko mindert.

Unterbrechungen des Wegs zur/von der Arbeitsstätte, Abwege oder Umwege können zu einem Ende des Versicherungsschutzes führen:

- ▸ **Abwege:**

  Ein Abweg liegt vor, wenn der Versicherte seinen üblichen Arbeitsweg verlässt, um private Tätigkeiten zu erledigen (z. B. Einkaufen, Arztbesuch, Tanken) und nach Erledigung wieder auf den üblichen Arbeitsweg zurückkehrt. Der Versicherungsschutz endet hier mit Verlassen des versicherten Wegs und beginnt wieder mit der Rückkehr auf diesen Weg.

- ▸ **Umwege:**

  Umwege sind nicht unerhebliche Verlängerungen des unmittelbaren Arbeitswegs aus privaten Gründen (Ausnahmen s. u. 5.2). Ist ein Grund nicht feststellbar, geht dies im Zweifel zu Lasten des Versicherten: Der Versicherungsschutz entfällt.

- ▸ **Unterbrechungen:**

  Erledigt der Versicherte „im Vorbeigehen" private Dinge, bleibt der Versicherungsschutz erhalten (z. B. Kauf von Zigaretten aus dem Automaten am Gehweg). Eine Unterbrechung des versicherten Wegs führt aber gleichzeitig zu einer Unterbrechung des Versicherungsschutzes (z. B. Kauf von Zigaretten in einem Laden). Der Weg wird immer dann unterbrochen, wenn der Straßenraum verlassen und ein Grundstück oder Geschäftsraum betreten wird; Versicherungsschutz besteht dann wieder ab dem Erreichen des Straßenraums. Die Rechtsprechung macht hiervon nur in seltenen Fällen Ausnahmen, z. B. wenn ein Arbeitnehmer seine Tätigkeit wegen plötzlich auftretender Kopfschmerzen unterbricht und eine Apotheke aufsucht, um so die Arbeitsfähigkeit zu erhalten – dieser Weg soll versichert sein.

 WICHTIG!
Dauert die Unterbrechung länger als zwei Stunden, entfällt der Versicherungsschutz in der Regel komplett, d. h. auch für den „Restweg".

5.2 Zusammenhang zwischen versicherter Tätigkeit und Wegeunfall

Der Wegeunfall muss in Ausübung einer versicherten Tätigkeit eingetreten sein. Versicherte Tätigkeit ist auch

- ▸ das Zurücklegen des mit der versicherten Tätigkeit zusammenhängenden unmittelbaren Wegs nach und von dem Ort der Tätigkeit,

- ▸ das Zurücklegen eines hiervon abweichenden Wegs, um entweder eigene, im gemeinsamen Haushalt lebende Kinder aufgrund der eigenen oder der beruflichen Tätigkeit des Ehegatten in fremde Obhut zu geben oder um mit anderen Berufstätigen oder Versicherten gemeinsam ein Fahrzeug zu benutzen,

- ▸ das Zurücklegen eines vom unmittelbaren Weg abweichenden Wegs der Kinder von Personen, die mit ihnen in einem gemeinsamen Haushalt leben, wenn die Abweichung darauf beruht, dass die Kinder wegen der beruflichen Tätigkeit dieser Personen oder deren Ehegatten fremder Obhut anvertraut werden,

- ▸ das Zurücklegen des mit der versicherten Tätigkeit zusammenhängenden Weges von und nach der ständigen Familienwohnung, wenn die Versicherten wegen der Entfernung ihrer Familienwohnung von dem Ort der Tätigkeit an diesem oder in dessen Nähe eine Unterkunft haben (sog. Familienheimfahrten).

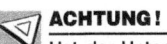
ACHTUNG!

Unfälle auf Dienstreisen oder auf Betriebswegen sind keine Wegeunfälle, denn sie gehören zur Arbeitsleistung und damit zur versicherten Tätigkeit; es handelt sich um Arbeitsunfälle.

Nicht ausreichend ist ein rein zeitlicher oder rein örtlicher Zusammenhang zwischen versicherter Tätigkeit und Wegeunfall. Die versicherte Tätigkeit muss zumindest Mitursache für den Wegeunfall gewesen sein.

Handelt es sich bei dem Wegeunfall um einen Verkehrsunfall und stand der Arbeitnehmer derart unter dem Einfluss von Alkohol, Medikamenten oder Drogen, dass er dadurch zur Erbringung seiner Arbeitsleistung nicht mehr in der Lage war, ist das als die alleinige Unfallursache anzusehen. Der Versicherungsschutz entfällt damit. Bei relativer oder absoluter Fahruntüchtigkeit (d. h. einer Blutalkoholkonzentration von bis 1,1 bzw. über 1,1 Promille) muss im Einzelfall untersucht werden, ob diese Fahruntüchtigkeit die wesentliche Unfallursache war. Der Unfallversicherungsträger muss das Vorliegen und die Ursächlichkeit der Fahruntüchtigkeit beweisen, der Arbeitnehmer das Vorliegen und die Ursächlichkeit betrieblicher Umstände.

III. Haftungsbeschränkungen

Die Vorschriften der §§ 104, 105 SGB VII sehen bei Vorliegen eines Arbeitsunfalls eine weitgehende Haftungsbeschränkung für Personenschäden (nicht für Sachschäden!) vor.

1. Haftung des Arbeitgebers

Nach allgemeinen Haftungsgrundsätzen hätte der Unternehmer, der schuldhaft (d. h. mindestens fahrlässig) einen Arbeitsunfall eines Arbeitnehmers verursacht, für beim Verletzten eingetretene Körperschäden einzustehen und Ersatz zu leisten. § 104 SGB VII beschränkt diese Haftung auf

▸ Vorsatz, d. h. Vorgänge, die sich mit Wissen und Wollen des Unternehmers ereignet haben und

▸ Wegeunfälle.

Die Haftungsbeschränkung gilt gegenüber

▸ Versicherten, die für das Unternehmen tätig sind oder

▸ zum Unternehmen in einer Beziehung stehen, die die Unfallversicherung begründet (z. B. Leiharbeitnehmer oder Arbeitnehmer einer Arbeitsgemeinschaft [ARGE]), sowie

▸ den Angehörigen und Hinterbliebenen.

Erhält der Versicherte aufgrund seines Arbeitsunfalls Sozialversicherungsleistungen (insbesondere seitens der Krankenkasse), so mindert sich in dieser Höhe sein Ersatzanspruch gegen den Unfallversicherungsträger (§ 104 Abs. 3 SGB VII).

ACHTUNG!

Hat der Unternehmer den Arbeitsunfall vorsätzlich oder grob fahrlässig verursacht (das ist der Fall bei einem Verstoß gegen die Unfallverhütungsvorschriften!), können ihn sämtliche Sozialversicherungsträger (d. h. nicht nur der Unfallversicherungsträger!) in Regress nehmen.

2. Haftung des Arbeitnehmers und anderer für denselben Betrieb tätiger Personen

Auch die im Unternehmen tätigen Personen haften nur für Vorsatz und Wegeunfälle (§ 105 SGB VII).

Das gilt auch für alle Personen, die durch eine betriebliche Tätigkeit „wie ein Arbeitnehmer" einen Arbeitsunfall zu Lasten eines Versicherten desselben Betriebs verursachen. Der Begriff

der „betrieblichen Tätigkeit" ist weit auszulegen; erforderlich ist nur eine mit den Betriebszwecken zusammenhängende oder durch den Betrieb bedingte Tätigkeit; es muss sich jeweils um denselben Betrieb handeln.

Von einer betrieblichen Tätigkeit ist regelmäßig auch bei Tätigkeiten unter Arbeitskollegen auszugehen, wenn der Schädiger aus Motiven handelt, die objektiv den betrieblichen Abläufen zuzuordnen sind.

Verletzter kann sowohl der versicherte Arbeitgeber als auch ein im Betrieb versicherter Arbeitnehmer sein, denn § 105 Abs. 1 SGB VII erfasst sämtliche „Versicherten desselben Betriebs".

Auch bei Verletzung eines nicht versicherten Arbeitgebers haftet der unfallverursachende Arbeitnehmer nur eingeschränkt, denn die Begründung des Versicherungsschutzes für den Arbeitgeber kann der Arbeitnehmer nicht beeinflussen. Da der nicht versicherte Arbeitgeber keine Leistungen aus der gesetzlichen Unfallversicherung beziehen kann, sind seine Ansprüche in zweifacher Hinsicht begrenzt: Für die Berechnung von Geldleistungen gilt der Mindestjahresarbeitsverdienst als Jahresarbeitsverdienst und Geldleistungen werden nur bis zur Höhe eines zivilrechtlichen Schadensersatzanspruchs erbracht (§ 105 Abs. 2 SGB VII).

Die Haftungsbeschränkung greift auch bei Verletzung einer versicherungsfreien Person (z. B. eines Beamten).

ACHTUNG!

Auch nach § 105 SGB VII sind haftungsprivilegierte Unfallverursacher bei Vorsatz oder grober Fahrlässigkeit einem Regressanspruch sämtlicher Sozialversicherungsträger ausgesetzt (§ 110 SGB VII).

3. Haftung anderer Personen und Haftung bei gemeinsamer Betriebsstätte

Die Haftungsbeschränkung gilt nach § 106 SGB VII auch für

▸ Lernende während der beruflichen Aus- und Fortbildung in Betriebsstätten, Lehrwerkstätten, Schulungskursen und ähnlichen Einrichtungen (§ 2 Abs. 1 Nr. 2 SGB VII),

▸ Personen, die sich Untersuchungen, Prüfungen oder ähnlichen Maßnahmen unterziehen, die aufgrund von Rechtsvorschriften zur Aufnahme einer versicherten Tätigkeit oder infolge einer abgeschlossenen versicherten Tätigkeit erforderlich sind, soweit diese Maßnahmen vom Unternehmen oder einer Behörde veranlasst worden sind (§ 2 Abs. 1 Nr. 3 SGB VII),

▸ den Besuch von Tageseinrichtungen, Schulen und Hochschulen (§ 2 Abs. 1 Nr. 8 SGB VII),

▸ Pflegepersonen (§ 2 Abs. 1 Nr. 17 SGB VII),

▸ Personen, die beim Zusammenwirken mehrerer Unternehmen zur Hilfe bei Unglücksfällen und im Bereich des Zivilschutzes oder beim vorübergehenden Tätigwerden mehrerer Unternehmen auf einer gemeinsamen Betriebsstätte tätig werden,

▸ Betriebsangehörige gegenüber Personen, die sich auf der Unternehmensstätte aufhalten und kraft Satzung versichert sind (Achtung: nicht umgekehrt!).

Die Haftungsbeschränkung dieser Personen gilt für sämtliche denkbaren Fallkonstellationen, d. h. sowohl für Ansprüche der Versicherten untereinander als auch für Ansprüche der Versicherten gegen Betriebsangehörige und umgekehrt, für Ansprüche der Pflegepersonen gegenüber Pflegebedürftigen und umgekehrt sowie die Ansprüche der Pflegepersonen desselben Pflegebedürftigen untereinander.

Arbeitsvertrag

I. Begriff und Abgrenzung

II. Abschluss
1. Zustandekommen und Form des Arbeitsvertrags
2. Vertretung
3. Abschluss- und Beschäftigungsverbote

III. Pflichten der Arbeitsvertragsparteien

IV. Unwirksamkeit des Arbeitsvertrags
1. Gründe der Unwirksamkeit
2. Rechtsfolgen der Nichtigkeit, fehlerhaftes Arbeitsverhältnis

V. Inhalt des Arbeitsvertrags
1. Mindestinhalt, Gestaltungsfreiheit
2. Kollektivrechtliche Vereinbarungen
3. Inhaltskontrolle bei Standard- oder
    Formulararbeitsverträgen
    3.1 Anwendungsbereich
    3.2 Arbeitnehmer als Verbraucher
    3.3 Rechtsfolgen
    3.4 Gesetzliche Klauselverbote
    3.5 Unangemessene Benachteiligung
4. Wichtige Regelungspunkte
    4.1 Beginn des Arbeitsverhältnisses
    4.2 Dauer des Arbeitsverhältnisses
    4.3 Probezeit
    4.4 Art und Ort der Tätigkeit
    4.5 Arbeitszeit
    4.6 Vergütung
    4.7 Gratifikationen
    4.8 Zulagen
    4.9 Dienstwagen
    4.10 Gehaltspfändung und -abtretung
    4.11 Spesen und Auslagen
    4.12 Arbeitsverhinderung und Arbeitsunfähigkeit
    4.13 Urlaub
    4.14 Nebentätigkeit
    4.15 Verschwiegenheits- und Herausgabepflichten
    4.16 Nachvertragliches Wettbewerbsverbot
    4.17 Beendigung und Ruhen des Arbeitsverhältnisses
    4.18 Vertragsstrafe
    4.19 Geltung von Betriebsvereinbarungen
    4.20 Persönliche Daten
    4.21 Ausschlussfristen
    4.22 Schriftform bei Vertragsänderungen
    4.23 Salvatorische Klausel

VI. Checkliste Arbeitsvertrag

VII. Muster: Arbeitsvertrag

Im Text wird – ohne jede Diskriminierungsabsicht – ausschließlich die männliche Form verwendet. Grundsätzlich ist die weibliche Form mit einbezogen.

I. Begriff und Abgrenzung

Durch einen Arbeitsvertrag wird ein Arbeitsverhältnis begründet. Er ist eine Sonderform des Dienstvertrags. Die Abgrenzung zu anderen Dienstverträgen liegt im Wesentlichen darin, dass beim Arbeitsvertrag der Dienstleistende in Bezug auf Art der Tätigkeit, Arbeitsort und Arbeitszeit an die Weisungen des Arbeitgebers gebunden ist. Ein selbstständiger Dienstleistender (auch freier Mitarbeiter genannt) bestimmt den Arbeitsort, die Arbeitszeit und die Art der Durchführung der Tätigkeit selbst. Näheres zur Abgrenzung Arbeitnehmer/Freier Mitarbeiter unter → *Scheinselbstständigkeit*.

Durch die im Einzelfall vereinbarten Vertragsbedingungen lässt sich also festlegen, ob ein Arbeitsvertrag oder z. B. freie Mitarbeit beabsichtigt wurde.

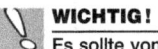 **WICHTIG!**
Es sollte von Anfang an Klarheit darüber herrschen, ob ein Arbeitsverhältnis gewollt ist oder freie Mitarbeit.

II. Abschluss

1. Zustandekommen und Form des Arbeitsvertrags

Der Arbeitsvertrag kann grundsätzlich schriftlich oder mündlich abgeschlossen werden oder auch „stillschweigend" durch schlüssiges Verhalten, indem der Arbeitnehmer die Arbeit tatsächlich aufnimmt. Ist durch Tarifvertrag die Schriftform vorgeschrieben, muss der Vertrag schriftlich geschlossen werden.

Befristungsabreden in befristeten Arbeitsverträgen müssen in jedem Fall schriftlich geschlossen werden (§ 14 Abs. 4 TzBfG, siehe hierzu → *Befristetes Arbeitsverhältnis*).

Es empfiehlt sich auch sonst, den Arbeitsvertrag schriftlich zu formulieren. Nach dem Nachweisgesetz ist der Arbeitgeber ohnehin verpflichtet, bestimmte arbeitsvertragliche Bedingungen schriftlich festzuhalten und das Papier dem Arbeitnehmer auszuhändigen (siehe → *Nachweisgesetz*).

2. Vertretung

Der Arbeitgeber wird sich in der Regel (insbesondere in größeren Betrieben) bei Vertragsabschluss vertreten lassen (z. B. vom Personalleiter) und muss dafür sorgen, dass eine entsprechende Vollmacht erteilt wurde. Der Vertreter muss erkennen lassen, dass er im Namen des Arbeitgebers handelt.

Der Arbeitnehmer wird sich in den seltensten Fällen bei Abschluss eines Arbeitsvertrags vertreten lassen; die Vertretung ist aber zulässig. Jugendliche können Arbeitsverträge selbst abschließen, wenn ihre gesetzlichen Vertreter (dies sind in der Regel die Eltern) es genehmigen.

3. Abschluss- und Beschäftigungsverbote

Grundsätzlich sind die Arbeitsvertragsparteien nicht nur in der Entscheidung einen Arbeitsvertrag zu schließen frei, sondern auch dessen Ausgestaltung bleibt den Parteien größtenteils überlassen. Eine Einschränkung besteht durch Abschluss- und Beschäftigungsverbote zum Schutz der Arbeitnehmer. Abschlussverbote untersagen bereits den Abschluss eines Arbeitsvertrages, um so einen möglichst weitgehenden Schutz zu erreichen. Wird ein Arbeitsvertrag entgegen einem Abschlussverbot geschlossen, ist der Arbeitsvertrag nichtig.

Beschäftigungsverbote untersagen das tatsächliche Tätigwerden auf einem bestimmten Arbeitsplatz, nicht aber bereits den Abschluss des Arbeitsvertrages. Beschäftigungsverbote sind im Arbeitsrecht häufiger anzutreffen als Abschlussverbote.

Auch aus Tarifverträgen oder Betriebsvereinbarungen können sich Abschlussverbote ergeben.

Beispiele:

Abschlussverbot:

▶ Abschluss eines Arbeitsvertrags mit Kindern unter 14 Jahren (Verbot der Kinderarbeit, § 5 Abs. 1 JArbSchG).

Beschäftigungsverbot:

▶ Verbot schwerer oder gesundheitsschädlicher Arbeiten für werdende Mütter (§§ 4 Abs. 1, 2; 6 Abs. 3 MuSchG).

III. Pflichten der Arbeitsvertragsparteien

Die Hauptleistungspflicht des Arbeitnehmers ist die Erbringung von Arbeitsleistungen. Ihr gegenüber steht die Hauptleistungspflicht des Arbeitgebers, nämlich die Entgeltzahlungspflicht. Diese Pflichten gelten in jedem Arbeitsverhältnis und werden durch die gesetzlichen Vorschriften, den Arbeitsvertrag und die kollektivrechtlichen Regelungen (Tarifverträge und Betriebsvereinbarungen) konkretisiert.

Neben den Hauptpflichten haben sowohl Arbeitgeber wie auch Arbeitnehmer Nebenpflichten. Diese beruhen in erster Linie auf dem Grundsatz von Treu und Glauben (§ 242 BGB):

Dem Arbeitgeber obliegt die Fürsorgepflicht. Damit ist der Arbeitgeber verpflichtet, bei der Ausübung seiner Rechte aus dem Arbeitsverhältnis die Interessen des Arbeitnehmers unter Abwägung mit den betrieblichen Interessen zu berücksichtigen. Dem gegenüber steht die Treuepflicht des Arbeitnehmers. Auch er muss im Gegenzug die Interessen des Arbeitgebers und des Betriebs in dem ihm zumutbaren Umfang wahren. Aus diesen grundsätzlichen Verpflichtungen lassen sich konkrete Handlungs- und Unterlassungspflichten für die Arbeitsvertragsparteien ableiten.

Beispiele:

▶ Schutz des Persönlichkeitsrechts des Arbeitnehmers durch den Arbeitgeber,

▶ Verpflichtung für den Arbeitnehmer, nicht zum Arbeitgeber in Wettbewerb zu treten.

IV. Unwirksamkeit des Arbeitsvertrags

1. Gründe der Unwirksamkeit

Arbeitsverträge oder Teile davon können aus verschiedenen Gründen unwirksam sein. So ist ein Arbeitsvertrag, der gegen ein Abschlussverbot verstößt, von Anfang an nichtig (vgl. → Einstellung). Bei Abschluss können auch mangelnde Vertretungsmacht oder Geschäftsunfähigkeit die Nichtigkeit zur Folge haben. Wird ein Arbeitsvertrag wirksam angefochten, dann ist er ebenfalls von Anfang an nichtig (siehe → Anfechtung).

Auch ein Arbeitsvertrag, der gegen die guten Sitten verstößt, ist nichtig. Etwas ist sittenwidrig, wenn es gegen das Anstandsgefühl aller billig und gerecht denkenden Menschen verstößt.

Seit 1.1.2003 unterliegen **alle** vom Arbeitgeber verwendeten Standardarbeitsverträge einer sog. Inhaltskontrolle nach den gesetzlichen Regelungen zur Kontrolle von Allgemeinen Geschäftsbedingungen (s. u. V.3.). Hierdurch kann sich in solchen Verträgen die Unwirksamkeit einzelner Klauseln ergeben.

Auch bei Verträgen, die im Einzelnen mit dem Arbeitnehmer ausgehandelt werden, also solche, die nicht standard- oder formularmäßig verwendet werden, können einzelne Klauseln wegen eines Verstoßes gegen Treu und Glauben unwirksam sein.

2. Rechtsfolgen der Nichtigkeit, fehlerhaftes Arbeitsverhältnis

Ist der Arbeitsvertrag nichtig, z. B. aufgrund des Bestehens eines Abschlussverbots, hat aber der Arbeitnehmer dennoch bereits die Arbeit aufgenommen, liegt ein sog. **fehlerhaftes** (früher auch faktisches) **Arbeitsverhältnis** vor. In diesen Fällen wurde also ein von Anfang an wegen eines Rechtsverstoßes nichtiger Vertrag tatsächlich in Vollzug gesetzt. Da in diesem Fall die Rückabwicklung der bereits erbrachten Arbeitsleistung und Vergütungszahlung als praktisch nicht handhabbar betrachtet werden muss, wird der Arbeitsvertrag für die Vergangenheit als wirksames Arbeitsverhältnis behandelt. Daraus folgt, dass der Arbeitnehmer für die Vergangenheit bzw. während der Dauer des fehlerhaften Arbeitsverhältnisses Anspruch auf alle ihm nach dem Arbeitsvertrag zustehenden Leistungen (Gehalt, Urlaub etc.) hat.

Für die Zukunft können sich allerdings sowohl der Arbeitgeber als auch der Arbeitnehmer jederzeit durch einfache Erklärung gegenüber der anderen Vertragspartei lösen. Eine Kündigungsfrist muss nicht eingehalten werden.

Nur bei ganz schweren Nichtigkeitsmängeln finden die Grundsätze des faktischen Arbeitsverhältnisses keine Anwendung.

Sind nur einzelne Regelungen nichtig, führt dies in der Regel nicht zur Nichtigkeit des gesamten Arbeitsvertrags.

V. Inhalt des Arbeitsvertrags

1. Mindestinhalt, Gestaltungsfreiheit

Beim Abschluss des Arbeitsvertrags müssen sich Arbeitgeber und Arbeitnehmer über folgende Punkte einig sein:

▶ Wer sind die Vertragsparteien?

▶ Für welche Arbeitsleistung wird der Arbeitnehmer eingestellt?

▶ Wann soll die Arbeitsleistung beginnen?

▶ Wie hoch ist das Gehalt? Wird dazu nichts geregelt, gilt die übliche Vergütung als vereinbart (§ 612 Abs. 1 BGB). Dies kann jedoch bei Auseinandersetzungen zum Streitpunkt werden. Eine Vereinbarung sollte deshalb unbedingt getroffen werden.

Die Vereinbarung weiterer Einzelheiten ist zwar nicht zwingend erforderlich, aber auf jeden Fall ratsam, da der Arbeitgeber hierdurch das Arbeitsverhältnis optimal auf seine betrieblichen Bedürfnisse „zuschneiden" kann. In der Ausgestaltung des Vertrags sind Arbeitgeber und Arbeitnehmer weitgehend frei, solange die gesetzlichen Vorgaben beachtet werden.

2. Kollektivrechtliche Vereinbarungen

Zwingende Bedingungen eines Arbeitsvertrags können sich aber nicht nur aus dem Gesetz, sondern auch aus kollektivrechtlichen Vereinbarungen (also Tarifverträgen oder Betriebsvereinbarungen) ergeben. Der Arbeitgeber darf dann beim Abschluss eines Arbeitsvertrags nicht zu Ungunsten des Arbeitnehmers davon abweichen.

Vor Abschluss eines Arbeitsvertrags sollte immer geklärt werden, ob ein Tarifvertrag und/oder Betriebsvereinbarungen auf das Arbeitsverhältnis Anwendung finden oder durch einen entsprechenden Verweis Anwendung finden sollen.

3. Inhaltskontrolle bei Standard- oder Formulararbeitsverträgen

Seit dem 1.1.2002 unterliegen Arbeitsverträge der Inhaltskontrolle von Standard- oder Formulararbeitsverträgen nach den Grundsätzen des AGB-Rechts, allerdings unter Berücksichtigung der „Besonderheiten des Arbeitsrechts". Seit dem 1.1.2003 gilt dies auch für solche Arbeitsverträge, die vor dem 1.1.2002 abgeschlossen wurden.

Hierdurch haben sich in der arbeitsrechtlichen Praxis bei der Gestaltung von Arbeitsverträgen erhebliche Unwägbarkeiten ergeben, da es bisher an einschlägiger Rechtsprechung zu der neuen Inhaltskontrolle fehlt. Insbesondere die Frage, welche „Besonderheiten des Arbeitsrechts" mit welcher Rechtsfolge zu berücksichtigen sind, bleibt zunächst offen.

 **WICHTIG!**

Daher können die nachfolgenden Ausführungen nur einen Anhalt zur Formulierung und Handhabung von Standardarbeitsverträgen bieten. Keinesfalls kann vorhergesehen werden, ob die vorgeschlagenen Klauseln tatsächlich einer Inhaltskontrolle auf der Grundlage der neuen gesetzlichen Regelungen standhalten.

3.1 Anwendungsbereich

Dem Recht der Allgemeinen Geschäftsbedingungen unterliegen „alle für eine Vielzahl von Verträgen vorformulierten Vertragsbedingungen", die der Arbeitgeber dem Arbeitnehmer bei Abschluss eines Vertrags stellt (§ 305 BGB). Unerheblich ist in diesem Zusammenhang, ob der Arbeitgeber die für eine Vielzahl von Verträgen vorformulierten Vertragsbedingungen selbst erstellt oder anderweitig (z. B. bei einem Arbeitgeberverband, einem Rechtsanwalt oder im Buchhandel) besorgt hat. Immer dann, wenn er dem Arbeitnehmer einen mehrfach verwendeten Formularvertrag anbietet und die darin enthaltenen Regelungen zum Gegenstand des Arbeitsvertrages gemacht (also in das Vertragsverhältnis einbezogen) werden, findet das Recht der Allgemeinen Geschäftsbedingungen Anwendung.

3.2 Arbeitnehmer als Verbraucher

Bestimmte Neuregelungen der am 1.1.2002 in Kraft getretenen und ab 1.1.2003 für alle Verträge geltenden Schuldrechtsmodernisierung schützen in besonderer Weise den „Verbraucher". Das BAG hat zwischenzeitlich festgestellt, dass auch der Arbeitnehmer bei Abschluss eines Arbeitsvertrages als Verbraucher im Sinne dieser Vorschriften zu behandeln ist (BAG v. 25.5.2005, Az. 5 AZR 572/04).

Dem Verbraucherschutzrecht liegt der Gedanke zugrunde, dass zwischen dem Verbraucher und dem Unternehmer ein „systemisches Ungleichgewicht" besteht, aufgrund dessen der Verbraucher besonders geschützt werden muss. Da dieses „systemische Ungleichgewicht" auch zwischen dem Arbeitnehmer und dem Arbeitgeber besteht, soll der Arbeitnehmer nach der Intention des Gesetzgebers in gleichem Maße geschützt werden. Allerdings finden die Besonderheiten des Arbeitsrechts im jeweiligen Einzelfall Berücksichtigung.

Die Einordnung des Arbeitnehmers als Verbraucher warf insbesondere die Frage auf, ob sich ein Arbeitnehmer entsprechend des dem Verbraucher eingeräumten Widerrufsrechts bei Haustürgeschäften (§ 312 BGB) bei Unterzeichnung eines Arbeits- oder Aufhebungsvertrages am Arbeitsplatz ebenfalls auf dieses Widerrufsrecht berufen kann. Für die Unterzeichnung eines Aufhebungsvertrages hat das BAG diese Frage bereits verneint, da nach dem Sinn und Zweck des Widerrufsrechts aus § 312 BGB die typische Überrumpelungssituation – vor der § 312 BGB schützen soll – nicht vorliegt. Die Unterzeichnung eines Aufhebungsvertrages am Arbeitsplatz geschieht an dem dafür üblichen und gerade nicht an einem atypischen Ort (BAG v. 27.11.2003, Az, 2 AZR 135/03). Es ist daher davon auszugehen, dass sich § 312 BGB grundsätzlich auf situationsbezogene Verbraucherverträge bezieht (was auch die Überschrift des Titels im Gesetz mit „Besondere Vertriebsformen" nahelegt). Diese spezifische Situation liegt auch bei der Unterzeichnung eines Arbeitsvertrages nicht vor, sodass § 312 BGB auch auf Arbeitsverträge nicht anzuwenden sein dürfte.

3.3 Rechtsfolgen

Wenn das Recht der Allgemeinen Geschäftsbedingungen anzuwenden ist, wird die Vertragsfreiheit zum Schutze des Arbeitnehmers eingeschränkt. So sind z. B. Klauseln, mit denen ein Arbeitnehmer den Umständen nach nicht zu rechnen braucht (sog. überraschende Klauseln) oder solche, die ihn „entgegen den Geboten von Treu und Glauben unangemessen benachteiligen" unwirksam.

 WICHTIG!

Die Unwirksamkeit oder die Nichteinbeziehung einzelner Klauseln, führt nicht zur Unwirksamkeit des gesamten Vertrags, es sei denn, ein Festhalten an den übrigen vertraglichen Regelungen führt zu einer unzumutbaren Härte für eine Vertragspartei, also i. d. R. für den Arbeitgeber. Im Regelfall kann sich der Arbeitnehmer nicht auf die unwirksame Klausel berufen; der Vertrag bleibt aber im Übrigen, also mit Ausnahme der unwirksamen Klausel(n), für beide Seiten verbindlich und wirksam.

Zweifel über den Inhalt von Klauseln gehen zu Lasten des Verwenders, also zu Lasten des Arbeitgebers (§ 305c Abs. 2 BGB).

Beispiel:

Eine Klausel, mit der sich ein Arbeitnehmer zur Rückzahlung von Gratifikationen in bestimmten Fällen verpflichtet, muss überschaubar und in allen Einzelheiten klar geregelt werden; andernfalls kann sich der Arbeitgeber hierauf nicht berufen und somit auch keine Rückzahlung verlangen.

Eine Klausel, die unwirksam ist oder nicht wirksam in den Vertrag einbezogen worden ist, kann nicht auf ein nach dem Maßstab des AGB-Rechts zulässiges Maß reduziert werden (Verbot der geltungserhaltenden Reduktion). Ist eine Klausel unwirksam oder nicht in den Vertrag einbezogen, unterfällt die darin behandelte Materie den gesetzlichen Vorschriften.

Demgegenüber unterliegen individuell ausgehandelte Klauseln und Verträge nicht der AGB-Kontrolle. Verhandeln Arbeitgeber und Arbeitnehmer eine Vertragsklausel miteinander und legen im Zuge der Verhandlung den Inhalt dieser Klausel fest, wird der Inhalt der Klausel nicht einseitig vom Arbeitgeber „gestellt". Damit bedarf diese Klausel nicht der Kontrolle am Maßstab des AGB-Rechts. Darüber hinaus geht auch eine z. B. nach Abschluss eines Formulararbeitsvertrags individuell ausgehandelte Klausel einer anders lautenden Klausel aus dem Formulararbeitsvertrag immer vor (§ 305b BGB).

3.4 Gesetzliche Klauselverbote

Bestimmte Klauseln sind nach dem Recht der Allgemeinen Geschäftsbedingungen verboten. Das Gesetz unterscheidet zwischen sog. „Klauselverboten mit Wertungsmöglichkeit" (§ 308 BGB) und „Klauselverboten ohne Wertungsmöglichkeit" (§ 309 BGB). Während bei Ersteren noch ein gewisser Bewertungsspielraum für die Gerichte bleibt, gelten die Letzteren unbedingt.

Besondere Bedeutung dürfte bei den Klauselverboten mit Wertungsmöglichkeit die eingeschränkte Wirksamkeit einseitiger Änderungsvorbehalte gem. § 308 Nr. 4 BGB haben. Hiernach sind Klauseln, die einseitige Änderungsmöglichkeiten enthalten, nur unter dem Vorbehalt wirksam, dass die Änderung für den Vertragspartner zumutbar ist. Hiervon betroffen sind insbesondere Klauseln, bei denen sich der Arbeitgeber einen Widerruf vertraglich vorbehalten hat. Beispiele hierfür sind Widerrufsvorbehalte im Zusammenhang mit Gratifikationszahlungen, der Zahlung übertariflicher Zulagen, der Gestellung eines Dienstwagens oder der Gestattung der privaten Nutzung von Telefon oder Internet. Es ist davon auszugehen, dass die Vereinbarung eines solchen Änderungs- oder Widerrufsvorbehalts nur noch zulässig ist, wenn in der Klausel selbst die Voraussetzungen hierfür (z. B. das Vorliegen eines wichtigen Grundes) genannt werden. Klauseln, nach denen eine Änderung oder der Widerruf einer Leistung willkürlich bzw. im freien Ermessen des Arbeitgebers erfolgen können, dürften unwirksam sein (siehe hierzu unten 4.7).

3.5 Unangemessene Benachteiligung

Darüber hinaus sind Klauseln in Formulararbeitsverträgen unwirksam, wenn sich den Vertragspartner (hier den Arbeitnehmer) entgegen den Geboten von Treu und Glauben unangemessen benachteiligen (§ 307 BGB).

Eine solche unangemessene Benachteiligung kann auch vorliegen, wenn die Vertragsklausel nicht klar und verständlich ist. Das daraus abgeleitete **Transparenzgebot** führt damit dazu, dass Arbeitgeber die Vertragsklauseln so gestalten müssen, dass die damit beabsichtigten Regelungsinhalte sich für jeden sofort schon beim Durchlesen der Klausel erschließen. Die Regelungen müssen auch hinreichend bestimmt sein, d. h. es muss sich daraus konkret ergeben, welche Handlungen, Leistungen und Pflichten sich für die Vertragspartner ergeben und welche Rechtsfolgen sich daraus ableiten.

Auch dürfen sich aus einer Vertragsklausel keine Widersprüche ergeben.

Des Weiteren ist wichtig, dass vorformulierte Standardverträge auch strukturiert und übersichtlich gestaltet sind. Eine Unterteilung nach Sachthemen, die durch Überschriften und entsprechende Nummerierung strukturiert werden, ist dringend zu empfehlen. Große Sammelklauseln, wie sie früher üblicherweise am Ende eines Arbeitsvertrages zu finden waren, meist unter der Überschrift „Sonstiges", sind zu vermeiden. Bei Klauseln, die für den Arbeitnehmer weitreichende Konsequenzen haben können (wie z. B. Ausschlussfristen), empfiehlt sich zudem eine drucktechnische Hervorhebung solcher Regelungen. So kann gewährleistet werden, dass der Arbeitnehmer solche Regelungen auch wirklich wahrnimmt. In einer Sammelklausel versteckte Regelungen (z. B. Punkt 13 unter „Sonstiges" enthält die Ausschlussfristen) sind nach den Maßstäben des AGB-Rechts nicht wirksam gestellt.

Beispiel 1:

> Wird in einem Standardarbeitsvertrag für den Fall eines Verstoßes gegen ein nachvertragliches Wettbewerbsverbot und/oder gegen eine nachvertragliche Verschwiegenheitsverpflichtung eine Vertragsstrafe vereinbart, die in jedem Fall der Zuwiderhandlung und bei einer dauerhaften Verletzung für jeden Monat der Beschäftigung bei einem Konkurrenzunternehmen erneut verwirkt sein soll, bleibt nach Auffassung des BAG unklar, wann eine „dauernde Verletzung" und wann ein „einmaliger Verstoß" anzunehmen ist. Eine solche Klausel verstößt somit gegen das Transparenzgebot und ist unwirksam (BAG v. 14.8.2007, Az. 8 AZR 973/06).

Beispiel 2:

> Nach der Auffassung des BAG ist eine Klausel in einem Standardarbeitsvertrag unwirksam, die eine Weihnachtsgratifikation zusagt und gleichzeitig regelt, dass ein Rechtsanspruch des Arbeitnehmers hierauf nicht bestehe und es sich hierbei um eine freiwillige, stets widerrufbare Leistung des Arbeitgebers handele (BAG v. 30.7.2008, Az. 10 AZR 606/07).

Von einem Freiwilligkeitsvorbehalt, mit dem der Arbeitgeber darauf hinweist, dass bestimmte Leistungen freiwillig sind und ein Rechtsanspruch des Arbeitnehmers auf diese Leistungen nicht begründet werden soll, ist der Vorbehalt des Widerrufs, mit dem sich der Arbeitgeber den Widerruf bestimmter Leistungen – auf die der Arbeitnehmer grundsätzlich einen Anspruch haben soll – (z. B. Erlaubnis zur privaten Nutzung von Dienstwagen oder betrieblicher Kommunikationsmittel) vorbehält, strikt zu trennen. Im oben genannten Beispiel 2 entstand ein Widerspruch dadurch, dass ein Anspruch auf die Weihnachtsgratifikation zunächst begründet wurde, dann aber festgelegt wurde, dass aufgrund der Freiwilligkeit der Leistung kein Anspruch entsteht. Die Leistung sollte dann aber wiederum widerrufbar sein, was aber voraussetzt, dass ein Anspruch besteht.

Die Kombination aus sich ausschließenden Instituten wie der Freiwilligkeit und der Widerruflichkeit einer Leistung vermittelt dem Arbeitnehmer keine klare und verständliche Information über seine Rechte und Pflichten aus dem Vertrag und verstieß daher gegen das Transparenzgebot (siehe hierzu unten unter 4.7).

4. Wichtige Regelungspunkte

Nachfolgend werden die wichtigen Punkte eines individuellen Arbeitsvertrags (mit Formulierungsbeispielen) vorgestellt, deren Regelung sinnvoll oder empfehlenswert sein kann (siehe hierzu auch → *Nachweisgesetz*).

4.1 Beginn des Arbeitsverhältnisses

Der Zeitpunkt des Beginns bestimmt, wann der Arbeitnehmer zur Arbeit anzutreten hat und ist daher wichtig für eventuelle Schadensersatzansprüche des Arbeitgebers (z. B. aufgrund zusätzlicher Inseratskosten, Produktionsausfälle usw.) bei unentschuldigter Nichtaufnahme der Arbeit. Da die verschiedenen Schadenspositionen nur schwer nachweisbar sind, empfiehlt es sich, eine Vertragsstrafe wegen Nichtaufnahme der Arbeit in den Arbeitsvertrag aufzunehmen (s. u. 4.23).

Der Zeitpunkt der Arbeitsaufnahme ist außerdem wichtig für die Dauer der Betriebszugehörigkeit, insbesondere bei Fragen des Kündigungsschutzes und der Kündigungsfristen.

4.2 Dauer des Arbeitsverhältnisses

Im Regelfall wird ein Arbeitsverhältnis auf unbestimmte Zeit geschlossen und kann demnach ordentlich oder außerordentlich gekündigt werden. Wird nichts anderes vereinbart, ist davon auszugehen, dass der Arbeitsvertrag auf unbestimmte Zeit geschlossen ist.

Demgegenüber stehen Arbeitsverhältnisse mit bestimmter Dauer, die sogenannten befristeten Arbeitsverhältnisse. Diese unterliegen gesonderten Regelungen (siehe → *Befristetes Arbeitsverhältnis*).

Hinsichtlich der Beendigung des Arbeitsverhältnisses mit Erreichen der sozialversicherungsrechtlichen Regelaltersgrenze für den Rentenbezug siehe unten 4.17.

4.3 Probezeit

In der Regel wird eine Probezeit vereinbart, damit der Arbeitgeber feststellen kann, ob der Arbeitnehmer tatsächlich den Anforderungen genügt. Da der allgemeine Kündigungsschutz erst nach sechs Monaten Betriebszugehörigkeit greift, kann der Arbeitgeber die ersten sechs Monate zur Beurteilung des Arbeitnehmers nutzen.

Während dieser Zeit beträgt die Kündigungsfrist zwei Wochen (§ 622 Abs. 3 BGB), wenn nicht eine längere Frist im Arbeitsvertrag vereinbart oder durch Tarifvertrag bzw. Betriebsvereinbarung festgelegt wurde.

Formulierungsbeispiel:

> „Die ersten sechs Monate gelten als Probezeit. Während dieser Zeit kann das Arbeitsverhältnis mit einer Frist von zwei Wochen gekündigt werden."

Diese Bestimmung hat lediglich den Vorteil, dass die Kündigungsfrist während der Probezeit kürzer ist als die normale Kündigungsfrist.

Unter Umständen kann es für einen Arbeitgeber interessanter sein, zunächst ein befristetes Arbeitsverhältnis abzuschließen. Dies wird insbesondere dann der Fall sein, wenn eine Beurteilung des Arbeitnehmers innerhalb der ersten sechs Monate nur schwer möglich ist. Bei solchen Probearbeitsverhältnissen sind die normalen Regeln eines befristeten Arbeitsverhältnisses anzuwenden (siehe → *Befristetes Arbeitsverhältnis*).

4.4 Art und Ort der Tätigkeit

Im Arbeitsvertrag werden auch die Funktion oder der Tätigkeitsbereich sowie der Arbeitsort des Arbeitnehmers angegeben. Die Festlegung von Art und Inhalt der vereinbarten Tätigkeit im Arbeitsvertrag begrenzt das Direktionsrecht des Arbeitgebers. Mittels des Direktionsrechts konkretisiert der Arbeitgeber die vom Arbeitnehmer zu erbringende Arbeitsleistung. Dabei gilt folgende Faustformel: Je konkreter der Tätigkeitsbereich im Vertrag umschrieben ist, desto weniger kann der Arbeitgeber dem Arbeitnehmer durch einseitige Weisung eine andere Tätigkeit zuweisen.

Ist im Arbeitsvertrag ein konkreter Arbeitsort festgelegt, so kann der Arbeitgeber sein Weisungsrecht nur in dieser räumlichen Begrenzung ausüben. Um Arbeitnehmer auch entsprechend flexibel einsetzen zu können, können Klauseln in den Arbeitsvertrag aufgenommen werden, die dem Arbeitgeber ermöglichen, dem Arbeitnehmer einseitig andere als die vertraglich vereinbarten Tätigkeiten oder einen anderen Arbeitsort zuzuweisen. Geschieht dies nicht, sind Änderungen der Tätigkeit oder des Arbeitsorts nur im Einvernehmen mit dem Arbeitnehmer möglich. Ist eine Einigung nicht möglich, kann eine Änderung nur im Rahmen einer Änderungskündigung erreicht werden (→ *Änderungskündigung*).

Die Ausübung des Direktionsrechts muss nach den §§ 106 GewO, 315 BGB nach billigem Ermessen erfolgen, d. h. der erteilten Weisung muss ein sachlicher Grund zugrunde liegen.

Die Kehrseite der so erhaltenen Flexibilität tritt im Falle von betriebsbedingten Kündigungen zu Tage. In diesem Zusammenhang muss im Rahmen der Sozialauswahl der Kreis der vergleichbaren Arbeitnehmer bestimmt werden, innerhalb dessen die Arbeitnehmer nach den vorgegebenen Kriterien miteinander verglichen werden (Kündigungsschutz). Je weiter der Arbeitnehmer kraft einseitiger Weisung durch den Arbeitgeber eingesetzt werden kann, desto größer wird der Kreis der mit ihm vergleichbaren Personen und desto eher kann sich der Arbeitnehmer auf eine Weiterbeschäftigungsmöglichkeit auf einem anderen Arbeitsplatz berufen.

ACHTUNG!
Ist der Tätigkeitsbereich eng gefasst, kann das für die Sozialauswahl bei einer betriebsbedingten Kündigung vorteilhaft sein, es führt aber auch gleichzeitig zu einer Einschränkung des Direktionsrechts.

Die dem Arbeitgeber so vermittelte einseitige Weisungsmöglichkeit darf den Arbeitnehmer wiederum nicht unangemessen benachteiligen und darf daher auch nicht zu weit gehen. Klauseln, die dem Arbeitgeber insoweit einen zu weiten Spielraum einräumen, sind daher unwirksam. Von § 106 GewO umfasst ist die Zuweisung einer neuen Tätigkeit, die mit der vertraglich vereinbarten Tätigkeit gleichwertig ist (BAG v. 9.5.2006, Az. 9 AZR 424/05). Folglich sollte dies in der vertraglichen Formulierung Niederschlag finden.

Formulierungsbeispiel:
„Der Arbeitnehmer wird als .... in .... angestellt.

Der Arbeitgeber behält sich unter Wahrung der Interessen des Arbeitnehmers das Recht vor, dem Arbeitnehmer andere gleichwertige Tätigkeiten zuzuweisen. Der Arbeitnehmer kann an einen anderen zumutbaren Arbeitsplatz mit gleichwertiger Tätigkeit versetzt werden. Der Arbeitnehmer kann an einen anderen Betriebsort innerhalb des Unternehmens versetzt werden."

4.5 Arbeitszeit

Eine konkrete Vereinbarung über die Arbeitszeit ist für den Arbeitgeber ebenfalls wichtig. Hier sind die Grenzen des Arbeitszeitgesetzes und – wenn vorhanden – kollektivrechtliche Vorschriften (also Tarifverträge oder Betriebsvereinbarungen) zu beachten.

Die Aufnahme einer Verpflichtung des Arbeitnehmers zur Erbringung von Mehrarbeit in den Arbeitsvertrag ist zwingend notwendig. Ohne eine vertragliche Vereinbarung zur Leistung von Mehrarbeit und Überstunden ist der Arbeitnehmer dazu nur ausnahmsweise (in Notfällen) aufgrund seiner Treuepflicht verpflichtet.

Die Aufnahme der Verpflichtung des Arbeitnehmers zu Spät- und Nachtarbeit sowie Wechselschicht, Sonn- und Feiertagsarbeit, Rufbereitschaft und Bereitschaftsdienst ist möglich und schafft die Grundlage für einen entsprechend flexiblen Einsatz des Arbeitnehmers.

Eine Klausel, die den Arbeitnehmer berechtigt, Kurzarbeit anzuordnen, soll die notwendigen vertraglichen Voraussetzungen, um das Instrument der Kurzarbeit zu nutzen, schaffen. Hinsichtlich der Anforderungen, die an die Formulierung einer solchen Klausel zu stellen sind, hat sich das BAG noch nicht abschließend geäußert. Für tarifliche Regelungen zur Kurzarbeit hat das BAG entschieden, dass diese umfängliche Angaben enthalten müssen: So sind z. B. der Anlass für die Einführung der Kurzarbeit, die Erfüllung der Voraussetzungen nach dem SGB III, der Umfang oder die Dauer der Kurzarbeit zu benennen. Ebenso sollen ein Hinweis auf die Anzeige bei der Agentur für Arbeit und eine Erklärung darüber, ob die Gewährung von Kurzarbeitergeld durch die Agentur für Arbeit gesichert sein muss, enthalten sein. Schließlich ist eine Ankündigungsfrist notwendig, um die Verhältnismäßigkeit aufgrund der existenzsichernden Funktion des Arbeitsentgelts zu wahren (BAG v. 27.1.1994, Az. 6 AZR 541/93). In der jüngeren Rechtsprechung der Untergerichte wurde angedeutet, dass unter dem Lichte der AGB-Kontrolle dementsprechend auch vertragliche Kurzarbeitsklauseln z. B. über Umfang und Ausmaß der Kurzarbeit, den betroffenen betrieblichen Bereich, den betroffenen Personenkreis, die Art und Weise der Einbeziehung dieses Personenkreises usw. Auskunft geben müssen, um den Arbeitnehmer nicht unangemessen zu benachteiligen (LAG Berlin-Brandenburg v. 7.10.2010, Az. 2 Sa 1230/10). Da es kaum möglich sein wird, zum Zeitpunkt des Vertragsschlusses zu diesen Kriterien bereits konkrete Angaben zu machen, kann diese Auffassung nur als praxisfern und nicht umsetzbar bezeichnet werden. Es bleibt abzuwarten, ob das BAG diese Auffassung bestätigt oder einen handhabbaren Weg einschlägt. Will man als Arbeitgeber die Grundlage für die Anordnung von Kurzarbeit schaffen, muss man sich aktuell bei der Verwendung einer Kurzarbeitsklausel in einem Arbeitsvertrag des benannten Risikos bewusst sein.

Unabhängig von den individualrechtlichen Regelungen zur Arbeitszeit ist der Arbeitgeber auch verpflichtet, die entsprechenden Mitbestimmungsrechte des Betriebsrates nach § 87 Abs. 1 Nrn. 2, 3 BetrVG zu wahren.

Formulierungsbeispiel:
„Die regelmäßige Arbeitszeit beträgt ohne Pausen ... Stunden wöchentlich.

Lage und Verteilung der Arbeitszeit richten sich nach den jeweiligen betrieblichen Bestimmungen.

Der Arbeitnehmer ist zur Verrichtung von Mehrarbeit im Rahmen der gesetzlichen und betrieblichen Bestimmungen verpflichtet.

Der Arbeitnehmer ist zu Spät- und Nachtarbeit, einschließlich Arbeit in Wechselschicht, sowie Sonn- und Feiertagsarbeit und Arbeits- und Rufbereitschaft sowie Bereitschaftsdienst verpflichtet.

Der Arbeitgeber ist berechtigt, bei einem erheblichen Arbeitsausfall aus wirtschaftlichen Gründen oder infolge eines unabwendbaren Ereignisses mit einer Ankündigungsfrist von 3 Wochen Kurzarbeit anzuordnen, wenn die Voraussetzungen für die Gewährung von Kurzarbeitergeld vorliegen (§§ 95 ff. SGB III), insbesondere der Arbeitsausfall der Agentur für Arbeit angezeigt ist. Für die Dauer der Kurzarbeit vermindern sich Arbeitszeit und Arbeitsentgelt des Arbeitnehmers entsprechend."

4.6 Vergütung

Zur Vergütung sollte eine klare Regelung getroffen werden. Richtet sich die Vergütung ausschließlich nach Tarifvertrag, reicht ein Hinweis darauf. Ist dies nicht der Fall oder werden übertarifliche Vergütungen gezahlt, muss die Regelung genau (und unmissverständlich!) formuliert sein.

Zeit, Ort und Art der Auszahlung sollten auch geregelt werden. Der Betriebsrat hat u. U. diesbezüglich und auch in Bezug auf die Lohngestaltung ein erzwingbares Mitbestimmungsrecht nach § 87 Abs. 1 Nrn. 4, 10 BetrVG.

Die früher häufig in Arbeitsverträgen anzufindende Regelung zur pauschalen Abgeltung von Mehrarbeit und Überstunden durch das normale Entgelt ist so nach aktueller Rechtslage nicht mehr möglich. Nach der Auffassung des BAG muss der Arbeitnehmer direkt aus dem Arbeitsvertrag ablesen können, wie viel er für welche Vergütung arbeiten muss. Eine Klausel, die bestimmt, dass „erforderliche Überstunden mit dem Entgelt abgegolten" sind, genügt diesen Anforderungen nicht und ist daher intransparent und unwirksam, Eine Abgeltung von Mehrarbeit durch das „normale" Entgelt kann daher nur in einem geringen Rahmen zulässig sein, damit das Verhältnis von Leistung und Gegenleistung nicht gestört wird. Hierbei ist umstritten, ab wann nicht mehr von einer „geringen" Abweichung gesprochen werden kann. Das BAG hat die Abgeltung von bis zu 20 Stunden pro Monat in einem entschiedenen Fall als zulässig erachtet (BAG v. 16.5.2012, Az. 5 AZR 331/11). Dies lässt sich jedoch nur schwerlich verallgemeinern, da in diesen Fällen stets die Umstände des Einzelfalls zu berücksichtigen sind. Es wird in der Literatur vertreten, dass lediglich ca. 10 % der regelmäßigen Arbeitszeit abgegolten sein können. In jedem Fall muss die Klausel im Arbeitsvertrag erkennen lassen, welche Regelung der Arbeitgeber gewählt hat, denn nur dann kann der Arbeitnehmer abschätzen, welcher Gegenwert seiner Arbeitsleistung gegenübersteht. Der Vergütungsanspruch richtet sich der Höhe nach auf die übliche Vergütung nach § 612 Abs. 1 BGB, da in der Regel in diesen Fällen auch die objektive Vergütungserwartung bejaht werden kann.

Auch hierzu gibt es jedoch Ausnahmen: Erbringt der Arbeitnehmer sog. „Dienste höherer Art", besteht nach Auffassung des BAG keine objektive Erwartung dahingehend, dass Mehrarbeit auch entsprechend vergütet wird (BAG v. 17.8.2011, Az. 5 AZR 406/10). Den Anspruch eines Rechtsanwalts auf Überstundenvergütung hat das BAG daher in dem genannten Fall verneint. Daran anschließend entschied das BAG auch, dass keine Vergütungserwartung angenommen werden kann, wenn der Arbeitnehmer mit seinem Verdienst die Beitragsbemessungsgrenze in der gesetzlichen Rentenversicherung überschreitet (BAG v. 22.2.2012, Az. 5 AZR 765/10). Schließlich kann je nach Einzelfall eine Vergütungserwartung z. B. auch dann nicht bestehen, wenn der Arbeitnehmer zusätzlich zur Festvergütung für einen Teil seiner Arbeitsaufgaben in nicht unerheblichem Maße Provisionen erhält. Hier verlangte das BAG zusätzlich noch „besondere Umstände" oder eine „entsprechende Verkehrssitte" (BAG v. 27.6.2012, Az. 5 AZR 530/11).

✎ Formulierungsbeispiel:

„Der Arbeitnehmer erhält ein monatliches Bruttoentgelt in Höhe von € ... Es werden zusätzlich die folgenden Zuschläge zum Gehalt gezahlt:

Nachtarbeit ... i. H. v. ... % des Bruttoentgelts pro Stunde, Nachtarbeit ist die Arbeit, die in der Zeit von ... Uhr und ... Uhr geleistet wird.

Sonn- und Feiertagsarbeit ... i. H. v. ... % des Bruttoentgelts pro Stunde

Mit dem vereinbarten Bruttoentgelt sind bis zu ... Mehrarbeits- und Überstunden monatlich abgegolten.

Oder:

Mit dem vereinbarten Bruttoentgelt sind Mehrarbeits- und Überstunden bis zu ... % der vereinbarten monatlichen Arbeitszeit abgegolten.

Die Vergütung ist jeweils fällig am Ende eines jeden Kalendermonats. Die Vergütung wird bargeldlos gezahlt.

Der Arbeitnehmer hat die Entgeltabrechnung und -zahlung unverzüglich zu überprüfen sowie zu viel gezahlte Bezüge anzuzeigen und zurückzuzahlen. Er kann sich auf den Einwand der Entreicherung nicht berufen, wenn er die Überzahlung erkannt hat oder hätte erkennen müssen oder wenn die Überzahlung auf Umständen beruht, die er zu vertreten hat".

4.7 Gratifikationen

Eine Gratifikation oder Sonderzuwendung (z. B. Urlaubs- und Weihnachtsgeld, Jubiläumszuwendungen) wird vom Arbeitgeber aus bestimmten Anlässen gezahlt. Bei der Vereinbarung sollte sich der Arbeitgeber über die folgenden Punkte Gedanken machen und diese entsprechend berücksichtigen:

▶ Soll es sich um eine widerrufliche oder eine freiwillig gewährte Leistung handeln?

▶ Welche Höhe, Fälligkeit und Zahlungsmodalitäten sollen der Gratifikation zugrunde liegen?

▶ Soll die Gratifikation den Bestand des Arbeitsverhältnisses am Stichtag und-/oder eine bestimmte Dauer der Betriebszugehörigkeit am Stichtag voraussetzen?

▶ Welche Rechtsfolgen sollen sich aus dem vorzeitigen Ausscheiden des Arbeitnehmers oder des Ruhens des Arbeitsverhältnisses (z. B. bei langfristiger Erkrankung) ergeben?

▶ Soll für den Arbeitnehmer eine Rückzahlungsverpflichtung im Falle des Ausscheidens vor einem bestimmten Zeitpunkt folgen?

Die Beantwortung der Frage nach der Widerruflichkeit oder Freiwilligkeit der Gratifikation bestimmt deren rechtliches Schicksal:

Bei einem Widerruf besteht ein Anspruch des Arbeitnehmers auf die Leistung, der Arbeitgeber hat jedoch die Möglichkeit, die Gewährung der Leistung für die Zukunft durch Widerruf zu beenden. Dies setzt voraus, dass der Widerruf ausdrücklich im Arbeitsvertrag vereinbart ist. Dies ist auch durch vorformulierte Klauseln, die der Arbeitgeber stellt, grundsätzlich möglich. Diese Widerrufsklauseln müssen dann jedoch im Einklang mit § 308 Nr. 4 BGB und § 307 BGB stehen, d. h. der Arbeitnehmer darf durch das Widerrufsrecht des Arbeitgebers nicht unangemessen benachteiligt werden. Von einer solchen unangemessenen Benachteiligung des Arbeitnehmers ist auszugehen, wenn das Widerrufsrecht es dem Arbeitgeber ermöglicht, wesentliche Elemente des Arbeitsvertrages einseitig zu ändern. Der Arbeitgeber könnte auf diese Weise ohne Einwirkungsmöglichkeit durch den Arbeitnehmer in das Gegenseitigkeitsverhältnis aus dem Arbeitsvertrag eingreifen. Hiervor muss der Arbeitnehmer geschützt werden, weshalb die Hauptleistungspflichten des Arbeitsvertrages – also Arbeitsleistung und Vergütungspflicht – nicht unter einen Widerruf gestellt werden können. Aus denselben Beweggründen hat das BAG entschieden, dass auch nur 25 bis 30 % des Entgelts eines Arbeitnehmers widerruflich ausgestaltet werden können und das auch nur, wenn der geltende Tariflohn dadurch nicht unterschritten wird (BAG v. 12.1.2005, Az. 5 AZR 364/04). Der Widerruf eignet sich per se dadurch eigentlich nur für zusätzliche, über die Gegenleistungsverpflichtung hinausgehende Leistungen des Arbeitgebers.

Auch hier gilt, dass der Arbeitnehmer wissen muss, „woran er ist". Für die Formulierung einer Widerrufsklausel im Arbeitsvertrag ist daher zu beachten, dass darin bereits die Widerrufsgründe benannt sind. Aus der Klausel muss bereits konkret hervorgehen, welche Leistung unter welchen Voraussetzungen widerrufen werden kann. Hierbei ist noch nicht geklärt, wie konkret die Angabe der Widerrufsgründe tatsächlich sein muss. Es ist insoweit fraglich, ob es ausreicht zu formulieren, dass die Leistung widerrufen wird, wenn der Arbeitgeber aufgrund seiner wirtschaftlichen Situation nicht in der Lage ist, die Leistung zu gewähren. Evtl. muss in diesem Fall im Arbeitsvertrag auch bereits konkreter benannt werden, worin die wirtschaftlichen Schwierigkeiten bestehen können, die zum Widerruf ermächtigen. Die Ausübung des Widerrufsrechts muss zudem „billigem Ermessen" entsprechen, d. h. der Arbeitgeber muss auch die Interessen des Arbeitnehmers bei seiner Entscheidung ausreichend berücksichtigen.

Demgegenüber können Gratifikationen auch unter einem Freiwilligkeitsvorbehalt gewährt werden. Der entscheidende Unterschied zu einer widerruflichen Gratifikation besteht darin, dass auf freiwillig gewährte Leistungen gerade wegen der Freiwilligkeit kein Anspruch für den Arbeitnehmer entsteht. Damit ist es naturgemäß ausgeschlossen, dass die dem Arbeitnehmer geschuldete Leistung – also das Arbeitsentgelt – unter einen Freiwilligkeitsvorbehalt gestellt wird (BAG v. 25.4.2007, Az. 5 AZR 627/06). Sagt der Arbeitgeber dem Arbeitnehmer im Arbeitsvertrag eine Leistung ausdrücklich zu (z. B. „Der Arbeitnehmer erhält ein Weihnachtsgeld i. H. v. 500 Euro"), ist dadurch ein Anspruch begründet. Somit kann diese Leistung nicht auch noch gleichzeitig einem Freiwilligkeitsvorbehalt unterstellt werden. Enthält in obigem Beispiel derselbe Arbeitsvertrag auch noch einen Freiwilligkeitsvorbehalt hinsichtlich des Weihnachtsgeldes, ist dieser wegen Verstoßes gegen das Transparenzgebot und/oder wegen unangemessener Benachteiligung des Arbeitnehmers unwirksam.

ACHTUNG!

Die früher häufig eingesetzte Kombination aus Freiwilligkeits- und Widerrufsvorbehalt („Es wird ausdrücklich darauf hingewiesen, dass die Gratifikation freiwillig gezahlt wird und hierauf auch nach wiederholter Zahlung kein Rechtsanspruch erwächst. Der jederzeitige Widerruf bleibt vorbehalten.") ist nach der Rechtsprechung des BAG intransparent und damit unwirksam! Die Kombination ist wegen der damit verbundenen Widersprüchlichkeit und Unklarheit und der somit einhergehenden unangemessenen Benachteiligung des Arbeitnehmers unzulässig (zuletzt BAG v. 14.9.2011, Az. 10 AZR 526/10).

Darüber hinaus ist eine pauschale Freiwilligkeitsklausel im Arbeitsvertrag, nach der alle zukünftigen Leistungen unabhängig von ihrer Art und ihrem Entstehungsgrund erfasst sein sollen, ebenfalls unzulässig, da solche Klauseln auch laufende Leistungen einbeziehen und einem Verbot der Individualabrede gleichkommen, was wiederum unzulässig ist (BAG v. 14.9.2011, Az. 10 AZR 526/10).

WICHTIG!

Die Aufnahme von generellen Freiwilligkeitsvorbehalten kann daher keine ausreichende Sicherheit mehr für Arbeitgeber bieten, die sich die Gewährung der Leistung tatsächlich vorbehalten wollen. Es ist daher zu empfehlen, dass der Arbeitgeber vor jeder Gewährung der Leistung dem Arbeitnehmer ausdrücklich und am besten schriftlich zum Ausdruck bringt, dass es sich um eine freiwillige Leistung handeln soll!

Gratifikationen sollen zudem meist auch nur gewährt werden, wenn der Arbeitnehmer – neben der Erbringung der Arbeitsleistung – weitere Bedingungen erfüllt. So dienen Gratifikationen z. B. neben der Entlohnung der erbrachten Arbeitsleistung auch der Honorierung von vergangener oder zukünftiger Betriebstreue. In diesen Fällen spricht man von Gratifikationen mit Mischcharakter. Soweit mit der Gratifikation also auch die arbeitsvertragliche Leistung des Arbeitnehmers vergütet werden soll, muss der Arbeitgeber wiederum das Gegenseitigkeitsverhältnis von Leistung und Gegenleistung beachten. Der Arbeitgeber kann nicht rückwirkend in das Vergütungsgefüge

eingreifen, wodurch in diesem Fall keine Stichtags- oder Rückzahlungsklausel für die Gratifikation vereinbart werden können (BAG v. 18.1.2012, Az. 10 AZR 612/10). Denn dadurch würde der Arbeitgeber dem Arbeitnehmer bereits verdientes Arbeitsentgelt wieder wegnehmen.

Will der Arbeitgeber die reine Betriebstreue honorieren oder ausschließlich eine Zahlung wegen Weihnachten leisten, handelt es sich um keine Leistung, die im Gegenseitigkeitsverhältnis steht. Somit kann für solche Leistungen auch eine Stichtags- bzw. Rückzahlungsklausel vereinbart werden, die ihrerseits natürlich der AGB-Kontrolle standhalten muss. Das BAG hat bestätigt, dass die Auszahlung einer „echten" Weihnachtsgratifikation an den ungekündigten Bestand des Arbeitsverhältnisses zum Stichtag der Auszahlung angeknüpft werden kann (BAG v. 18.1.2012, Az. 10 AZR 667/10). Das BAG hat es in dieser Entscheidung sogar für zulässig erachtet, das Weihnachtsgeld zu versagen, obwohl die Beendigung des Arbeitsverhältnisses auf eine Kündigung des Arbeitgebers zurückzuführen war.

Gratifikationen, die der Höhe nach einen wesentlichen Teil der Gesamtvergütung des Arbeitnehmers ausmachen, sind nach Ansicht des BAG als Arbeitsentgelt zu betrachten (BAG v. 18.1.2012, Az. 10 AZR 667/10). Für diese „Gratifikationen" können Stichtags- und Rückzahlungsklauseln natürlich nicht vereinbart werden.

Formulierungsbeispiel:

„Neben der in § ... festgelegten Vergütung kann die folgende Gratifikation gewährt werden: ...

Soweit dem Arbeitnehmer eine Gratifikation gezahlt wird, die nicht Bestandteil des laufenden monatlichen Arbeitsentgelts ist, handelt es sich um eine freiwillige Leistung des Arbeitgebers, auf die auch bei wiederholter Gewährung kein Rechtsanspruch für die Zukunft besteht. Der Arbeitgeber behält sich insoweit vor, jedes Jahr neu darüber zu entscheiden, ob und in welcher Höhe er die Gratifikation gewährt.

Dies gilt nicht, wenn es sich dabei um eine individuell gewährte Leistung oder um eine im Gegenseitigkeitsverhältnis stehende Vergütungsleistung handelt.

Wird das Arbeitsverhältnis beendet, dann entfällt der Anspruch auf Gratifikation, wenn der Arbeitnehmer am Fälligkeitstag nicht mehr in den Diensten des Arbeitgebers steht.

Der Arbeitnehmer ist verpflichtet, die Gratifikation zurückzuzahlen, wenn er aufgrund einer eigenen Kündigung oder aufgrund außerordentlicher oder verhaltensbedingter Kündigung des Arbeitgebers bis zum ... des auf die Auszahlung folgenden Kalenderjahres oder, sofern die Gratifikation € ... übersteigt, bis zum ... des auf die Auszahlung folgenden Kalenderjahres ausscheidet.

Die Rückzahlungsverpflichtung gilt entsprechend, wenn das Arbeitsverhältnis innerhalb des vorgenannten Zeitraums durch Aufhebungsvertrag beendet wird und Anlass des Aufhebungsvertrags ein Recht zur außerordentlichen oder verhaltensbedingten Kündigung des Arbeitgebers oder ein Aufhebungsbegehren des Arbeitnehmers ist.

Der Arbeitgeber ist berechtigt, die Rückzahlungsforderung mit den noch fällig werdenden Vergütungsansprüchen aufzurechnen."

4.8 Zulagen

Neben den übrigen Vergütungsansprüchen werden oftmals Zulagen vereinbart, die i. d. R. an das Vorliegen bestimmter Voraussetzungen geknüpft werden (z. B. Hitze-, Lärm- oder Schmutzzulagen für Arbeiten unter besonders schweren oder gesundheitsgefährdenden Umständen).

WICHTIG!

Laufende Zulagen, die keine Sondervergütung wie z. B. Weihnachtsgeld oder sonstige Gratifikationen darstellen, können nicht ohne weiteres wieder entzogen werden. Im Zweifelsfall bedarf es hierzu einer Änderungskündigung (s. → *Änderungskündigung*). Dies gilt selbst dann, wenn diese Zulage mit einem Freiwilligkeitsvorbehalt (s. hierzu 4.7) versehen wurde. Ein pauschaler Freiwilligkeitsvorbehalt im Zusammenhang mit einer laufenden Zulage benachteiligt den Arbeitnehmer nach Auffassung des BAG nämlich unangemes-

sen und ist daher – zumindest bei der Verwendung von Standardverträgen – unwirksam (BAG v. 25.4.2007, Az. 5 AZR 627/06).

Wird die Zahlung einer Zulage an bestimmte Voraussetzungen
geknüpft (z. B. an die Erbringung der Arbeit unter einer bestimmten Lärmeinwirkung), so empfiehlt es sich, den Zweck
der Zulage ausdrücklich in den Vertrag oder die Zusage aufzunehmen. Fällt der Gewährungsgrund weg, kann die Zulage
widerrufen werden, wenn ein entsprechend wirksamer Widerrufsvorbehalt vereinbart worden ist (s. oben 4.7).

Formulierungsbeispiel:

„Für die Dauer der Übernahme der Tätigkeit als ... in der Abteilung ...
wird Ihnen eine monatliche Lärmzulage in Höhe von € ... brutto
gezahlt, weil Sie dort einer Lärmeinwirkung von aktuell ... dB ausgesetzt sind. Die Gewährung dieser Zulage kann vom Arbeitgeber
für die Zukunft widerrufen werden, wenn hierfür ein sachlicher Grund
vorliegt. Ein solcher Grund für den Widerruf ist insbesondere gegeben, wenn der Grund für die Gewährung der Lärmzulage entfällt,
insbesondere, wenn Sie nicht mehr in der Abteilung ... tätig sind
oder die Lärmeinwirkung durch technische Entwicklungen zurückgeht."

4.9 Dienstwagen

Soll Arbeitnehmern ein Dienstwagen überlassen werden, stellt
sich für den Arbeitgeber die Frage, ob dem Arbeitnehmer auch
die Möglichkeit eingeräumt werden soll, diesen für private Zwecke zu nutzen. Entscheidet sich der Arbeitgeber dafür, dem
Arbeitnehmer einen Dienstwagen auch zur privaten Nutzung
zur Verfügung zu stellen, bedarf dies einer entsprechenden
Vereinbarung. Für den Arbeitnehmer stellt die gewährte Privatnutzung dann einen geldwerten Vorteil dar, der zu versteuern
ist. Zu den besonderen steuerlichen Konsequenzen s. das im
selben Verlag erschienene Lexikon für das Lohnbüro, „Firmenwagen zur privaten Nutzung". Die Überlassung kann entweder
im Arbeitsvertrag oder in einem separaten Dienstwagenüberlassungsvertrag geregelt werden (s. hierzu weiterführend
→ *Dienstwagen*).

Damit ist die Gewährung des Dienstwagens in Fällen der
erlaubten Privatnutzung eine zusätzliche Gegenleistung für die
geschuldete Arbeitsleistung. Damit ist sie nur so lange geschuldet, wie der Arbeitgeber überhaupt Arbeitsentgelt leisten muss,
und sei es – wie im Fall der Entgeltfortzahlung bei krankheitsbedingter Arbeitsunfähigkeit – ohne Erhalt einer Gegenleistung
(vgl. BAG v. 14.12.2010, Az. 9 AZR 631/09).

Im Falle einer Freistellung bis zum Ablauf der ordentlichen Kündigungsfrist zahlt der Arbeitgeber dem Arbeitnehmer bis zum
Beendigungszeitpunkt die vertraglich geschuldete Vergütung.
Die gewährte Privatnutzung ist ein Vergütungsbestandteil, der
dem Arbeitnehmer in diesem Fall ebenso bis zum Beendigungszeitpunkt weiter einzuräumen ist. Verlangt der Arbeitgeber in diesem Fall die Herausgabe des Dienstwagens, kann
er dies unter Umständen durchsetzen, wenn er sich ein solches
Herausgabeverlangen im Arbeitsvertrag für die Freistellung vorbehalten hat. Er muss in diesem Fall dem Arbeitnehmer jedoch
den Nutzungswert des Dienstwagens in Geld ersetzen.

4.10 Gehaltspfändung und -abtretung

Jeder Arbeitnehmer kann grundsätzlich seine Vergütungsansprüche verpfänden oder abtreten. Da dies beim Arbeitgeber
zu erhöhtem Verwaltungsaufwand führen kann, ist es sinnvoll,
Verpfändung und Abtretung im Arbeitsvertrag zu regeln. Ein
solcher Ausschluss gilt zwar nicht für Pfändungen durch Dritte,
z. B. bei Zwangsvollstreckung gegenüber dem Arbeitnehmer
(Lohnpfändung). Für solche Fälle kann sich aber der Arbeitgeber das Recht vorbehalten, die bei ihm anfallenden Mehrkosten vom Arbeitnehmer ersetzt zu verlangen. Eine Pauschalierung dieser Kosten ist gem. § 309 Nr. 5b BGB nicht mehr
zulässig, wenn dem Arbeitnehmer hierdurch der Nachweis
eines geringeren Aufwandes verwehrt wird. Die AGB-rechtliche

Zulässigkeit von generellen Abtretungsverboten in vorformulierten Standardarbeitsverträgen ist bislang noch nicht durch die
Rechtsprechung geklärt, Bedenken gegen ein solches Verbot
stehen jedoch im Raum. Um diesen zu begegnen, kann – alternativ zum generellen Abtretungsverbot – eine Klausel in den
Arbeitsvertrag aufgenommen werden, nach der die Abtretung
von Vergütung der vorherigen Zustimmung des Arbeitgebers
bedarf. Dabei steht auch noch nicht fest, ob eine solche Einschränkung ausreicht, um eine unangemessene Benachteiligung des Arbeitnehmers zu verhindern oder ob z. B. auch die
Gründe angegeben werden müssen, aus denen der Arbeitgeber die Zustimmung verweigern kann. Die Gestaltung einer
solchen Klausel ist also noch nicht final geklärt, worüber man
sich bei Verwendung einer solchen Klausel im Klaren sein
muss.

Formulierungsbeispiel:

„Die Abtretung sowie die Verpfändung von Vergütungsansprüchen
an Dritte ist dem Arbeitnehmer nicht gestattet.

Oder

Die Abtretung sowie die Verpfändung von Vergütungsansprüchen an
Dritte ist dem Arbeitnehmer nur nach vorheriger schriftlicher Zustimmung des Arbeitgebers gestattet.

Der Arbeitnehmer hat die durch Pfändung, Verpfändung oder Abtretung dem Arbeitgeber entstehenden Bearbeitungskosten in der vom
Arbeitgeber nachgewiesenen Höhe oder ohne einen solchen Nachweis durch eine Pauschale in Höhe von 15 € für jeden einzelnen
Bearbeitungsvorgang zu erstatten.

Der Arbeitnehmer ist berechtigt, den Nachweis zu erbringen, dass
dem Arbeitgeber keine Kosten entstanden sind oder dass diese
Kosten unter der Kostenpauschale liegen."

4.11 Spesen und Auslagen

Auch die Erstattung von Spesen und Auslagen des Arbeitnehmers sollte klar geregelt sein.

Formulierungsbeispiel:

„Reisekosten und sonstige Aufwendungen, die im Interesse und auf
Verlangen des Arbeitgebers notwendig sind, werden entsprechend
den steuerlichen Vorschriften erstattet. Höhere Aufwendungen werden auf Einzelnachweis erstattet."

ACHTUNG!

Eine in Allgemeinen Geschäftsbedingungen bzw. Musterverträgen
enthaltene Klausel, Reisezeiten seien mit der Bruttomonatsvergütung abgegolten, ist wegen fehlender Transparenz unwirksam,
wenn sich aus dem Arbeitsvertrag nicht klar ergibt, welche Reisetätigkeit von ihr in welchem Umfang erfasst werden soll (BAG v.
20.4.2011, Az. 5 AZR 200/10).

4.12 Arbeitsverhinderung und Arbeitsunfähigkeit

Hinsichtlich der Arbeitsverhinderung aufgrund von Arbeitsunfähigkeit existieren gesetzliche und überwiegend auch tarifliche
Regelungen. Anders ist dies bei Fällen der Arbeitsverhinderung,
die nicht auf Krankheit und Arbeitsunfähigkeit zurückzuführen
ist. Hierzu existieren u. U. maximal tarifliche Regelungen, sodass die arbeitsvertragliche Regelung der Materie durchaus
sinnvoll sein kann.

Bei krankheitsbedingter Arbeitsunfähigkeit ist der Arbeitnehmer
gesetzlich verpflichtet, die Arbeitsverhinderung und die voraussichtliche Dauer unverzüglich dem Arbeitgeber mitzuteilen und
ihm eine ärztliche Bescheinigung nach spätestens drei Tagen
vorzulegen (§ 5 Abs. 1 EFZG). Für den Arbeitgeber kann es von
Interesse sein, diese Nachweisfrist einzelvertraglich zu verkürzen. Die Vereinbarung im Arbeitsvertrag, dass eine Arbeitsunfähigkeitsbescheinigung bereits für den ersten Tag der krankheitsbedingten Arbeitsunfähigkeit vorgelegt werden muss, ist
zulässig (BAG v. 1.10.1997, Az. 5 AZR 726/96). Dabei hat das
BAG jüngst auch entschieden, dass der Arbeitgeber die Vorlage einer Arbeitsunfähigkeitsbescheinigung ab dem ersten Tag
der Arbeitsunfähigkeit verlangen darf, ohne dass besondere

Voraussetzungen (wie z. B. der Verdacht des Vortäuschens der Arbeitsunfähigkeit) dieses Verlangen rechtfertigen (BAG v. 14.11.2012, Az. 5 AZR 886/11).

Der Arbeitgeber ist bei krankheitsbedingter Arbeitsunfähigkeit zur Entgeltfortzahlung verpflichtet (§§ 1 ff. EFZG). Er kann aber die Zahlung verweigern, wenn und solange der Arbeitnehmer die ärztliche Arbeitsunfähigkeitsbescheinigung nicht vorlegt (§ 7 EFZG). Auch wenn beides gesetzlich festgelegt ist, kann es nicht schaden, im Arbeitsvertrag nochmal ausdrücklich darauf hinzuweisen.

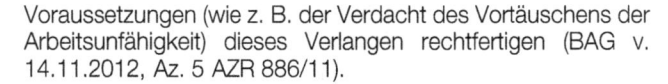 **Formulierungsbeispiel:**

„Jede Arbeitsverhinderung ist, sobald sie dem Arbeitnehmer bekannt ist, dem Arbeitgeber unter Angabe der Gründe und der voraussichtlichen Dauer sowie ggf. der Adresse eines vom Wohnsitz abweichenden Aufenthaltsortes unverzüglich mitzuteilen.

Der Arbeitgeber ist dabei über die im Betrieb zu erledigenden unaufschiebbaren Aufgaben zu unterrichten.

Gleiches gilt, wenn sich die Arbeitsverhinderung verlängert.

Im Falle der Arbeitsunfähigkeit hat der Arbeitnehmer außerdem auch die hierfür geltenden besonderen gesetzlichen Mitteilungs- und Nachweispflichten zu erfüllen.

Dauert die Arbeitsunfähigkeit länger als in der Bescheinigung angegeben, so hat der Arbeitnehmer – unabhängig von der Dauer der Arbeitsunfähigkeit und auch nach Ablauf des Zeitraums der Entgeltfortzahlung – unverzüglich die Fortdauer der Arbeitsunfähigkeit anzuzeigen und eine neue ärztliche Bescheinigung vorzulegen.

Stellt der Arbeitnehmer einen Antrag auf Bewilligung eines Kur- oder Heilverfahrens, so hat er dem Arbeitgeber unverzüglich davon Kenntnis zu geben.

Solange der Arbeitnehmer seinen Mitteilungs- und Nachweispflichten nicht nachkommt, ist der Arbeitgeber unter den Voraussetzungen des § 7 Abs. 2 EFZG berechtigt, die Fortzahlung des Arbeitsentgeltes zu verweigern."

4.13 Urlaub

Das BUrlG gewährt jedem Arbeitnehmer einen gesetzlichen Mindesturlaub von 20 Tagen bei einer Fünf-Tage-Woche. Dieser gesetzliche Mindesturlaub darf durch den Arbeitsvertrag nicht unterschritten werden. Das BUrlG selbst sieht nur für konkret benannte Fälle Kürzungsmöglichkeiten für den Urlaub vor (siehe hierzu → *Urlaub*). Durch Tarifverträge, Betriebsvereinbarungen oder Arbeitsverträge können dem Arbeitnehmer zusätzliche Urlaubstage eingeräumt werden.

Durch die Schultz-Hoff-Entscheidung des EuGH v. 20.1.2009 (Az. C-350/06) hat das deutsche Urlaubsrecht in Bezug auf langzeiterkrankte Arbeitnehmer tiefgreifende Umwälzungen erfahren. Das BAG hat daraufhin seine seit den 1980-er Jahren gefestigte Rechtsprechung zu § 7 Abs. 3, 4 BUrlG aufgegeben (BAG v. 24.3.2009, Az. 9 AZR 983/07). Dies hat sich auch auf die Gestaltung von Urlaubsklauseln in Arbeitsverträgen ausgewirkt (siehe ergänzend → *Urlaub*).

Demnach verfällt der gesetzliche Urlaubsanspruch bei dauerhafter Arbeitsunfähigkeit bis zum Ende des Übertragungszeitraums nicht mehr. Ein Verfall kann somit nur noch für den Anteil des Urlaubs eintreten, der zusätzlich zum gesetzlichen Urlaub gewährt wird. Diese Unterscheidung muss bereits im Arbeitsvertrag (oder im Tarifvertrag, falls dieser die Rechtsgrundlage für den übergesetzlichen Urlaubsanspruch darstellt) getroffen sein. Der gesetzliche Mindesturlaub verfällt nach jüngster Rechtsprechung des BAG nun 15 Monate nach Ablauf des jeweiligen Urlaubsjahres (BAG v. 7.8.2012, Az. 9 AZR 353/10). Vor diesem Hintergrund sollte um zu verhindern, dass während einer evtl. eintretenden Langzeiterkrankung Urlaubsansprüche angehäuft werden, vereinbart werden, dass der gesetzliche Mindesturlaub im Kalenderjahr zuerst genommen wird, damit ein Verbrauch dieses Urlaubs eintritt.

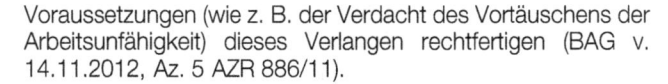 **Formulierungsbeispiel:**

„Der Urlaub beträgt derzeit ... Arbeitstage je Kalenderjahr, er setzt sich zusammen aus dem gesetzlichen Mindesturlaub von 20 Tagen und den zusätzlich gewährten Urlaubstagen.

Zuerst wird der gesetzliche Mindesturlaub und dann der zusätzliche Urlaub gewährt.

Soweit der gesetzliche Mindesturlaub von 20 Tagen nicht im laufenden Urlaubsjahr genommen werden kann, verfällt dieser am 31.3. des übernächsten Jahres.

Abweichend von den rechtlichen Vorgaben für den gesetzlichen Mindesturlaub muss der zusätzliche vertragliche Urlaub im laufenden Kalenderjahr gewährt und genommen werden. Eine Übertragung auf das nächste Kalenderjahr ist nur statthaft, wenn dringende betriebliche oder in der Person des Beschäftigten liegende Gründe dies rechtfertigen. Im Fall der Übertragung muss der Urlaub in den ersten drei Monaten des folgenden Kalenderjahres gewährt und genommen werden, andernfalls verfällt der Urlaub mit Ablauf des 31.3. des folgenden Kalenderjahres.

Scheidet der Beschäftigte in der zweiten Hälfte des Kalenderjahres aus, beträgt der Urlaub so viel Zwölftel des Jahresurlaubes, als der Beschäftigte volle Kalendermonate im Betrieb in dem Kalenderjahr beschäftigt ist, mindestens in Höhe des gesetzlichen Mindesturlaubs.

Bei Beendigung des Arbeitsverhältnisses erfolgt eine etwaige Urlaubsabgeltung nur bis zur Höhe des gesetzlichen Mindesturlaubs."

Zu beachten ist, dass der Betriebsrat echtes Mitbestimmungsrecht nach § 87 Abs. 1 Nr. 5 BetrVG in Bezug auf den Urlaub hat.

4.14 Nebentätigkeit

Aufgrund der verfassungsrechtlich garantierten Berufsfreiheit (Art. 12 GG) ist ein grundsätzliches Nebentätigkeitsverbot unzulässig. Möglich ist es, im Arbeitsvertrag festzulegen, dass die Aufnahme einer Nebentätigkeit nur nach vorheriger Genehmigung durch den Arbeitgeber möglich ist.

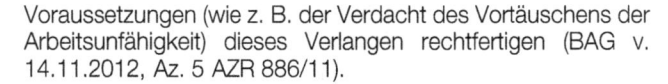 **Formulierungsbeispiel:**

„Solange das Arbeitsverhältnis besteht, ist jede Wettbewerbstätigkeit untersagt.

Im Übrigen dürfen Nebentätigkeiten nur mit vorheriger schriftlicher Zustimmung des Arbeitgebers ausgeübt werden. Der Arbeitgeber kann die Zustimmung verweigern oder widerrufen, wenn durch die Nebentätigkeit die vertraglich geschuldeten Leistungen des Arbeitnehmers oder sonstige Interessen des Arbeitgebers beeinträchtigt werden können."

4.15 Verschwiegenheits- und Herausgabepflichten

Während des Arbeitsverhältnisses darf der Arbeitnehmer grundsätzlich keine Betriebs- und Geschäftsgeheimnisse des Arbeitgebers an Dritte weitergeben (Verschwiegenheitspflicht). Diese Pflicht kann vertraglich erweitert werden und kann unter Umständen auch durch eine entsprechende Vereinbarung über das Ende des Arbeitsverhältnisses hinaus erstreckt werden. Es muss insoweit konkret geprüft werden, inwieweit eine umfassende Verschwiegenheitsklausel je nach Einzelfall evtl. auch gekürzt werden kann.

Außerdem sollte bei Arbeitnehmern, die aufgrund ihrer Tätigkeit mit sensiblen Informationen in Berührung kommen, durch eine eigens mit diesen Arbeitnehmern geschlossene Verschwiegenheitsvereinbarung dem Risiko begegnet werden, dass solche Verschwiegenheitspflicht-Klauseln im Rahmen der AGB-Kontrolle als nicht ausreichend verhältnismäßig erachtet werden.

Eine Erweiterung der Verschwiegenheitspflicht auf Angelegenheiten dritter Unternehmen kann sinnvoll sein, wenn Arbeitnehmer mit solchen Informationen in Kontakt kommen und aus einer Verschwiegenheitspflichtverletzung eine Gefährdung der Geschäftsbeziehung bis hin zur Geltendmachung von Schadensersatzansprüchen folgen kann.

Es ist insgesamt noch nicht abschließend geklärt, inwieweit Verschwiegenheitsklauseln überhaupt wirksam in Formulararbeitsverträgen rechtssicher formuliert werden können. Dessen muss sich der Verwender solcher Klauseln bewusst sein.

Die Erstreckung der Verschwiegenheitspflicht auf die Zeit nach der Beendigung des Arbeitsverhältnisses ist möglich, muss aber in Abgrenzung zu einem nachvertraglichen Wettbewerbsverbot stehen. Der Arbeitnehmer ist im Zuge der nachvertraglichen Verschwiegenheitsverpflichtung nicht daran gehindert, das bei seinem vorigen Arbeitgeber erworbene Wissen für sich selbst zu verwerten. Die Verpflichtung im Arbeitsvertrag schließt lediglich die Weitergabe der Betriebsgeheimnisse an Dritte aus.

Ebenso kann es sinnvoll sein, eine Rückgabeverpflichtung für Dokumente des Arbeitgebers zu vereinbaren, um so die Weitergabe von Informationen zu unterbinden.

⬦ Formulierungsbeispiel:

„Der Arbeitnehmer hat über die ihm zur Kenntnis gelangenden Angelegenheiten des Arbeitgebers Stillschweigen zu bewahren, soweit es sich um Betriebs- und Geschäftsgeheimnisse handelt. Dies gilt auch für solche Tatsachen, die der Arbeitgeber als vertraulich bezeichnet oder bei denen aus den Umständen ersichtlich ist, dass sie gegenüber Dritten nicht offenbart werden dürfen.

Die Verschwiegenheitspflicht erstreckt sich auch auf die in Absatz 1 bezeichneten Angelegenheiten anderer Unternehmen, mit denen der Arbeitgeber rechtlich, organisatorisch oder wirtschaftlich verbunden ist. Das gilt auch für Angelegenheiten anderer Unternehmen, mit denen der Arbeitgeber in geschäftlichem Kontakt steht.

Die Verschwiegenheitspflicht des Arbeitnehmers über die in Absatz 1 bis 3 bezeichneten Umstände besteht – unbeschadet weitergehender gesetzlicher Vorschriften – auch nach Beendigung des Arbeitsverhältnisses fort; der Arbeitnehmer darf die geheimzuhaltenden Tatsachen nicht durch Weitergabe an Dritte verwerten.

Der Arbeitnehmer ist verpflichtet, alle seine dienstliche Tätigkeit betreffenden Schriftstücke, Informationsträger und sonstige Unterlagen, auch soweit es um persönliche Aufzeichnungen, die Geschäftsvorgänge betreffen, handelt, als ihm anvertrautes Eigentum des Arbeitgebers sorgfältig zu behandeln und aufzubewahren und sie dem Arbeitgeber auf dessen Verlangen jederzeit, spätestens aber bei Beendigung des Arbeitsverhältnisses zurückzugeben. Das gilt auch für Abschriften, Vervielfältigungen, gespeicherte Daten und Gegenstände.

Auf Verlangen des Arbeitgebers ist der Arbeitnehmer verpflichtet, zu versichern, dass er solche Unterlagen, sei es im Original oder in Kopie, nicht mehr besitzt und auch nicht an Dritte weitergegeben hat."

4.16 Nachvertragliches Wettbewerbsverbot

Während der Dauer des Arbeitsverhältnisses hat der Arbeitnehmer den Wettbewerb gegen seinen Arbeitgeber zu unterlassen. Diese Pflicht wird oft vertraglich konkretisiert. Sie kann auch durch schriftliche Vereinbarung über das Ende des Arbeitsverhältnisses hinaus erstreckt werden, allerdings muss der Arbeitgeber sich dann zur Zahlung einer Karenzentschädigung verpflichten (siehe hierzu umfassend → *Wettbewerbsverbot*).

◁ ACHTUNG!

Die Vereinbarung eines nachvertraglichen Wettbewerbsverbots ist eine komplizierte Angelegenheit und kann erhebliche Kosten für den Arbeitgeber verursachen!

Wettbewerbsverbote unterliegen strengen Formvorschriften, aufgrund derer sie sich nicht eignen, Bestandteil eines vorformulierten Arbeitsvertrages zu sein. So muss z. B. nach § 74 Abs. 1 HGB ein vom Arbeitgeber unterzeichnetes Original der Wettbewerbsvereinbarung an den Arbeitnehmer ausgehändigt werden (vgl. weiterführend → *Wettbewerbsverbot*). Wettbewerbsverbote müssen wohl überlegt eingesetzt werden, da sie den Arbeitgeber zu hohen Zahlungen verpflichten können. Denn während der Dauer des Wettbewerbsverbots erhält der Arbeitnehmer eine Entschädigung, die für jedes Jahr des Verbots die Hälfte der von dem Arbeitnehmer zuletzt bezogenen vertragsgemäßen Leistungen beträgt (§ 74 Abs. 2 HGB).

4.17 Beendigung und Ruhen des Arbeitsverhältnisses

Die Beendigung durch Kündigung ist ebenfalls gesetzlich (oft auch tarifvertraglich) geregelt; abweichende Regelungen können im Arbeitsvertrag getroffen werden, aber nur **zugunsten** des Arbeitnehmers.

§ 622 BGB sieht für die Kündigung durch den Arbeitgeber – gekoppelt an die Betriebszugehörigkeit des Arbeitnehmers – verlängerte Kündigungsfristen vor. Es ist möglich, diese auch auf die arbeitnehmerseitige Kündigung zu erstrecken.

Die Kündigung vor Dienstantritt ist grundsätzlich zulässig, will der Arbeitgeber verhindern, dass der Arbeitnehmer vor Dienstantritt bereits kündigen kann, muss dies im Arbeitsvertrag ausdrücklich vereinbart sein.

Die Vereinbarung einer einseitigen Freistellungsmöglichkeit ermöglicht es dem Arbeitgeber im Falle einer Kündigung den Arbeitnehmer einseitig von der Erbringung der Arbeitsleistung freizustellen. Dies kann sinnvoll sein, wenn zu befürchten ist, dass die Anwesenheit des gekündigten Arbeitnehmers im Betrieb zu Problemen führen wird. Die Vereinbarung der Freistellungsmöglichkeit ist notwendig, da der Arbeitnehmer bis zum Ablauf der Kündigungsfrist einen Anspruch auf tatsächliche Beschäftigung an seinem Arbeitsplatz hat. Ist z. B. zu befürchten, dass der gekündigte Arbeitnehmer in der Zeit seiner Weiterbeschäftigung während der Kündigungsfrist wichtige Dokumente oder Informationen vernichten könnte, ist auch ein ausreichend gewichtiges Arbeitgeberinteresse gegeben, das eine einseitige Freistellung zu begründen vermag. Es gibt mehrere Möglichkeiten der Freistellung (widerruflich und unwiderruflich). Hierbei ist zu beachten, dass die Freistellung auch häufig dazu genutzt werden soll, noch vorhandene Urlaubstage und Zeitguthaben zu verbrauchen, damit diese nicht abgegolten werden müssen. Ein solcher Verbrauch kann jedoch nur eintreten, wenn der Arbeitnehmer unwiderruflich freigestellt wird. Enthält die Klausel im Arbeitsvertrag ein Wahlrecht hinsichtlich der Art der Freistellung, muss dieses durch den Arbeitgeber mit einer gesonderten Erklärung auch noch ausgeübt werden.

Zwingend notwendig ist die Aufnahme einer Klausel in den Arbeitsvertrag, nach der das Arbeitsverhältnis mit Erreichen der Altersgrenze für die Regelaltersrente beendet wird. Ohne eine solche Regelung wird das Arbeitsverhältnis mit Erreichen der Altersgrenze nicht automatisch beendet und kann nur mit den allgemein zur Verfügung stehenden Mitteln (Kündigung und Aufhebungsvertrag) beendet werden. Das Erreichen der Regelaltersgrenze stellt dabei keinen ausreichenden Kündigungsgrund dar! Aufgrund der schrittweisen Anhebung der Altersgrenze für alle ab 1947 geborenen Arbeitnehmer ist in der Formulierung auf das Erreichen der Regelaltersgrenze als Beendigungszeitpunkt abzustellen.

Die Beendigung des Arbeitsverhältnisses kann auch für den Bezug einer vollen unbefristeten Erwerbsminderungsrente in den Vertrag aufgenommen werden. Die Einschränkung in Bezug auf eine evtl. Teilzeittätigkeit erfolgt wegen des sich aus § 81 Abs. 5 SGB IX ergebenden Teilzeitanspruchs für schwerbehinderte Menschen.

Auch ein Ruhen des Arbeitsverhältnisses tritt nicht automatisch ein und bedarf einer entsprechenden Regelung im Arbeitsvertrag. Diese kann insbesondere in Fällen zum Tragen kommen, in denen langzeiterkrankte Arbeitnehmer nach dem Ende des Krankengeldbezugs Arbeitslosengeld beziehen.

Da die Beendigung des Arbeitsverhältnisses mit Erreichen der Altersgrenze für die Regelaltersrente auch als Befristung im Sinne des TzBfG verstanden werden kann, bedarf die ordentliche Kündbarkeit des Arbeitsverhältnisses nach § 15 Abs. 3 TzBfG der ausdrücklichen Vereinbarung.

Formulierungsbeispiel:

„Das Arbeitsverhältnis kann von beiden Seiten unter Einhaltung der gesetzlichen Kündigungsfristen ordentlich gekündigt werden. Eine Verlängerung der gesetzlichen Kündigungsfrist für eine Kündigung durch den Arbeitgeber gilt auch für eine Kündigung durch den Arbeitnehmer.

Eine ordentliche Kündigung vor Dienstantritt ist ausgeschlossen.

Der Arbeitgeber ist berechtigt, den Arbeitnehmer ab Ausspruch der Kündigung bis zum Ablauf der Kündigungsfrist und gegebenenfalls bis zum rechtskräftigen Abschluss eines etwaigen Rechtsstreits über die Wirksamkeit der Kündigung ganz oder teilweise widerruflich oder unwiderruflich von der Arbeit freizustellen. Vergütungsansprüche bleiben dem Beschäftigten während der Freistellung erhalten, soweit die gesetzlichen Voraussetzungen des Annahmeverzuges gemäß § 615 BGB erfüllt sind.

Das Arbeitsverhältnis endet ohne Kündigung mit Ablauf des Monats, in dem der Arbeitnehmer die Altersgrenze für eine Regelaltersrente in der gesetzlichen Rentenversicherung (derzeit §§ 35, 235 SGB VI) erreicht hat.

Das Arbeitsverhältnis endet ebenfalls ohne Kündigung mit Ablauf des Monats, in dem dem Arbeitnehmer der Bescheid eines Rentenversicherungsträgers über eine Rente auf Dauer wegen voller Erwerbsminderung zugeht, wenn eine Weiterbeschäftigung des Arbeitnehmers mit verringerter Arbeitszeit oder auf einem anderen geeigneten freien Arbeitsplatz – auch mit verringerter Arbeitszeit – nicht möglich ist.

Das Arbeitsverhältnis ruht während des Bezugs von Arbeitslosengeld sowie ab dem Zeitpunkt, in dem dem Arbeitnehmer der Bescheid eines Rentenversicherungsträgers über eine Rente auf Zeit wegen voller Erwerbsminderung zugeht, wenn eine Weiterbeschäftigung des Arbeitnehmers mit verringerter Arbeitszeit oder auf einem anderen geeigneten freien Arbeitsplatz – auch mit verringerter Arbeitszeit – nicht möglich ist.

Die vorstehenden Absätze berühren nicht das Recht zur ordentlichen Kündigung.

Der Arbeitnehmer hat den Arbeitgeber unverzüglich über den Zugang eines Rentenbescheids oder den Bezug von Arbeitslosengeld zu unterrichten.

§ 616 BGB findet keine Anwendung."

4.18 Vertragsstrafe

Vertragsstrafen sind grundsätzlich auch in Standardarbeitsverträgen zulässig. Sie müssen jedoch ebenso wie andere Klauseln ausreichend transparent, klar und verständlich sowie verhältnismäßig sein, um ihre Wirkung zu entfalten. Zur Ermittlung der Höhe der Vertragsstrafe ist ein Bruttomonatsgehalt als Maßstab heranzuziehen (BAG v. 28.5.2009, Az. 8 AZR 896/07). Ausgehend von diesem Maßstab muss die vorgegebene Vertragsstrafe im Verhältnis zu der Pflichtverletzung stehen.

 Formulierungsbeispiel:

„Der Arbeitnehmer ist verpflichtet, dem Arbeitgeber eine Vertragsstrafe zu zahlen, wenn er schuldhaft die Arbeit nicht oder nicht zum vereinbarten Zeitpunkt antritt oder wenn er ohne Grund fristlos kündigt.

Der Arbeitnehmer ist auch dann zur Zahlung einer Vertragsstrafe verpflichtet, wenn er durch schuldhaftes vertragswidriges Verhalten, d. h. durch Eigentums- und Vermögensdelikte sowie Tätlichkeiten, schutzwürdige Interessen des Arbeitgebers verletzt und den Arbeitgeber zur fristlosen Kündigung veranlasst.

Die Höhe der Vertragsstrafe bemisst sich nach der Höhe des Bruttoentgelts, das bei Einhaltung der ordentlichen Kündigungsfrist gezahlt worden wäre; die Vertragsstrafe beträgt aber höchstens ein aktuelles Bruttomonatsentgelt, wie in § ... festgelegt.

Die Vertragsstrafe ist sofort fällig und kann gegen Gehaltsforderungen, soweit sie pfändbar sind, aufgerechnet werden.

Der Arbeitgeber kann einen weitergehenden Schaden geltend machen."

4.19 Geltung von Betriebsvereinbarungen

Zur Klarstellung sollte darauf verwiesen werden, dass Betriebsvereinbarungen auf das Arbeitsverhältnis Anwendung finden. Die Regelung soll dafür sorgen, dass der Arbeitsvertrag „be-

triebsvereinbarungsoffen" ist, d. h. dass individualrechtliche Ansprüche des Arbeitnehmers (auch solche aus betrieblicher Übung und Gesamtzusage) durch Betriebsvereinbarung auch zu seinen Ungunsten abgeändert werden können. Ist ein solcher Vorbehalt im Arbeitsvertrag nicht enthalten, ist die Ablösung von Individualansprüchen durch Betriebsvereinbarung nur unter eingeschränkten Voraussetzungen möglich.

 Formulierungsbeispiel:

„Es finden die jeweils gültigen Betriebsvereinbarungen Anwendung, soweit der Beschäftigte unter den persönlichen Geltungsbereich fällt und im Einzelfall nicht ausdrücklich etwas anderes vereinbart worden ist.

Die Texte können im zuständigen Personalbüro/am Schwarzen Brett/im Intranet eingesehen werden.

Einzelvertragliche Rechte können durch Betriebsvereinbarung abgelöst oder geändert werden."

4.20 Persönliche Daten

Es ist sinnvoll für den Arbeitgeber den Arbeitnehmer vertraglich dazu zu verpflichten, ihn über Änderungen persönlicher Daten auf dem Laufenden zu halten, da diese Daten für die Durchführung des Arbeitsverhältnisses unverzichtbar sind.

 Formulierungsbeispiel:

„Änderungen persönlicher Daten, die für das Arbeitsverhältnis von Bedeutung sein können, insbesondere Änderungen der Anschrift oder des Familienstandes, sind unverzüglich mitzuteilen."

4.21 Ausschlussfristen

Ausschlussfristen sind vereinbarte Fristen für die Geltendmachung bestimmter Rechte des Arbeitgebers oder des Arbeitnehmers. Wird die festgelegte Frist nicht eingehalten, erlöschen die entsprechenden Rechte ohne Rücksicht auf die Kenntnis der Parteien (siehe weiterführend hierzu → Ausschlussfristen).

Grundsätzlich ist die Vereinbarung von Ausschlussfristen, nach deren Ablauf die gegenseitigen Forderungen erlöschen, zulässig, wenn es sich um Ansprüche handelt, die ausgeschlossen werden können.

Zu unterscheiden sind einstufige und zweistufige Ausschlussfristen.

Bei einer einstufigen Ausschlussfrist ist der Anspruch mündlich oder schriftlich innerhalb einer bestimmten Frist geltend zu machen. Das BAG hat in einer Entscheidung insoweit festgelegt, dass eine einzelvertragliche Ausschlussfrist, die die schriftliche Geltendmachung aller Ansprüche aus dem Arbeitsverhältnis innerhalb einer Frist von weniger als drei Monaten ab Fälligkeit verlangt, den Arbeitnehmer unangemessen benachteiligt. Eine so kurze Frist ist mit wesentlichen Grundgedanken des gesetzlichen Verjährungsrechts nicht vereinbar und schränkt wesentliche Rechte, die sich aus der Natur des Arbeitsvertrags ergeben, so ein, dass die Erreichung des Vertragszwecks gefährdet ist. Rechtsfolge ist, dass die Ausschlussklausel aufgrund der unangemessen kurzen Frist insgesamt unwirksam ist, sie fällt bei Aufrechterhaltung des übrigen Arbeitsvertrags ersatzlos weg (BAG v. 28.9.2005, Az. 5 AZR 52/05).

Zweistufige Ausschlussfristen schreiben darüber hinaus vor, dass der Anspruch binnen einer weiteren Frist rechtshängig gemacht, also gerichtlich eingeklagt wird. Hier ist zu beachten, dass die Frist auf jeder Stufe nicht unter drei Monaten angesetzt sein darf (BAG v. 25.5.2005, Az. 5 AZR 572/04).

 Formulierungsbeispiel:

„Ansprüche aus dem Arbeitsverhältnis sind innerhalb einer Frist von 3 Monaten nach Fälligkeit schriftlich gegenüber der anderen Vertragspartei geltend zu machen. Ansonsten sind die Ansprüche verwirkt.

Lehnt die Gegenseite den Anspruch schriftlich ab oder erklärt sie sich nicht innerhalb einer Frist von einem Monat nach Geltendmachung des Anspruchs, so verfällt dieser, wenn er nicht innerhalb von 3 Monaten nach Ablehnung oder Fristablauf gerichtlich geltend gemacht wird.

Ausgenommen sind Ansprüche aus unerlaubter Handlung."

4.22 Schriftform bei Vertragsänderungen

Der Arbeitgeber sollte im eigenen Interesse sicherstellen, dass Vertragsänderungen grundsätzlich nur schriftlich vorgenommen werden. Eine solche Klausel darf jedoch den Arbeitnehmer nicht dadurch unangemessen benachteiligen, indem sie den Eindruck vermittelt, dass auch alle mündlichen Individualvereinbarungen zugunsten des Arbeitnehmers unwirksam seien. Gemäß § 305b BGB gilt nämlich der Vorrang von einzeln ausgehandelten Vertragsbedingungen vor dem standardmäßig vorformulierten Arbeitsvertrag, selbst wenn diese nur mündlich vereinbart werden. Eine sog. doppelte Schriftformklausel, d. h. eine Regelung dahingehend, dass sämtliche Änderungen und Ergänzungen des Arbeitsvertrages – einschließlich der Aufhebung der Schriftformklausel der Schriftform selbst – der Schriftform bedürfen, ist in Formulararbeitsverträgen daher wegen unangemessener Benachteiligung gem. § 307 Abs. 1 S. 1 BGB unwirksam (BAG v. 20.5.2008, Az. 9 AZR 382/07). Daher sollte eine solche Klausel unbedingt den Zusatz enthalten, dass nachträgliche mündliche Nebenabreden von dem sonst erforderlichen Schriftformerfordernis ausgeklammert werden.

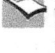 **Formulierungsbeispiel:**

„Mündliche Nebenabreden sind bis zum Zeitpunkt des Vertragsschlusses nicht getroffen worden.

Änderungen und Ergänzungen dieses Vertrages bedürfen, um rechtsverbindlich zu sein, der Schriftform. Dies gilt auch für die Aufhebung dieses Schriftformerfordernisses selbst. Ausgenommen hiervon sind Individualabreden i. S. v. § 305b BGB.

Durch die bloße mehrfache Gewährung von Leistungen, auf die weder ein individualvertraglicher noch ein kollektivrechtlicher (Betriebsvereinbarung) Anspruch besteht, kann ein Anspruch auf künftige Gewährung dieser Leistung nicht begründet werden."

4.23 Salvatorische Klausel

Die obligatorischen salvatorischen Klauseln sind durch die Geltung des AGB-Rechts hinsichtlich des Arbeitsvertrages überflüssig, da hier § 306 BGB gilt. Falls dennoch nicht auf eine entsprechende Formulierung verzichtet werden soll, bietet sich die unten genannte Formulierung an.

Formulierungsbeispiel:

„Sollten einzelne Bestimmungen dieses Vertrages unwirksam sein, wird hierdurch die Wirksamkeit des Vertrages im Übrigen nicht berührt."

VI. Checkliste Arbeitsvertrag

Beim Abschluss eines Arbeitsvertrags sollten folgende Punkte beachtet werden:

❏ Ein Arbeitsverhältnis und nicht freie Mitarbeit ist gewollt

❏ Der Arbeitsvertrag sollte schriftlich geschlossen werden

❏ Die Anforderungen des Nachweisgesetzes sind zu beachten

❏ Der Betriebsrat muss im Rahmen der Einstellung nach § 99 BetrVG beteiligt werden

❏ Findet ein Tarifvertrag Anwendung?

❏ Klare Regelungen sind zu treffen:

- ▶ zur Frage, ob ein Tarifvertrag Anwendung findet
- ▶ zur Frage, ob ein befristeter oder unbefristeter Vertrag gewünscht ist
- ▶ zum Arbeitsbeginn
- ▶ zu Tätigkeit, Arbeitsort, Arbeitszeit (ggfs. mit entsprechenden Änderungsvorbehalten)
- ▶ zu allen Vergütungsformen
- ▶ für den Fall der Arbeitsverhinderung
- ▶ zu allen weiteren gewünschten Punkten (Urlaub, Dienstwagen etc.)

❏ Zum Schutz des Arbeitgebers können aufgenommen werden (soweit zulässig):

- ▶ Nebentätigkeitsverbot
- ▶ Verschwiegenheitsverpflichtung
- ▶ Freistellungsvorbehalt während der Kündigungsfrist
- ▶ Vertragsstrafenvereinbarung

❏ Arbeitgeber und Arbeitnehmer unterschreiben beide und erhalten je eine Ausfertigung

VII. Muster: Arbeitsvertrag

Die Vertragsgestaltung muss den jeweiligen Notwendigkeiten und den individuellen Bedürfnissen der Arbeitsvertragsparteien Rechnung tragen. Das Muster kann hierbei nur eine Hilfe sein. Das unten angefügte Muster stellt lediglich ein Beispiel dar, dass nicht alle oben genannten Aspekte der Arbeitsvertragsgestaltung aufgreift. Deshalb ist im Einzelfall zu prüfen, inwieweit hier vorgeschlagene Regelungen im Arbeitsvertrag sinnvoll oder entbehrlich sind, weil sie bereits in einer Arbeitsordnung oder Ähnlichem enthalten sind. Die Anpassung an den jeweiligen Einzelfall ist daher zwingend notwendig.

Arbeitsvertrag für Beschäftigte
– ohne Bezug auf tarifliche Regelungen –

Arbeitsvertrag
zwischen Herrn/Frau .... (im Folgenden: Beschäftigter[1]))
Wohnort: ....
Straße: ....

und der Firma .... (im Folgenden: Arbeitgeber)
in ....
Straße ....

§ 1 Beginn, Ende und Art der Tätigkeit

(1) Der Beschäftigte wird ab dem ....

als ....

für den Bereich ....

im Betrieb ....

tätig.

(2) Dem Beschäftigten können, ohne dass es einer Kündigung bedarf, andere gleichwertige Tätigkeiten übertragen werden.

---

1) Im Text wird – ohne jede Diskriminierungsabsicht – ausschließlich die männliche Form verwendet. Grundsätzlich ist die weibliche Form mit einbezogen.

Der Beschäftigte kann an einen anderen zumutbaren Arbeitsplatz mit gleichwertiger Tätigkeit versetzt werden.

Der Beschäftigte kann an einen anderen Betriebsort innerhalb des Unternehmens versetzt werden.

Der Beschäftigte kann auch außerhalb des Betriebes, z. B. auf Montagestellen, Messen usw. – auch im Ausland*) – beschäftigt werden.

(3) Der Arbeitsvertrag wird vorbehaltlich der Zustimmung des Betriebsrats zur Einstellung abgeschlossen.*)

(4) Der Arbeitsvertrag wird vorbehaltlich einer betriebsärztlich festgestellten gesundheitlichen Eignung abgeschlossen, soweit die Erfüllung bestimmter gesundheitlicher Voraussetzungen wegen der Art der auszuübenden Tätigkeit oder der Bedingungen ihrer Ausübung eine wesentliche und entscheidende berufliche Anforderung darstellt.*)

Der Beschäftigte willigt nach Aufklärung über die Art und den Umfang der Untersuchung in die Weitergabe des Untersuchungsergebnisses zur gesundheitlichen Eignung an den Arbeitgeber ein.

§ 2 Geltung von Betriebsvereinbarungen

(1) Es finden die jeweils gültigen Betriebsvereinbarungen Anwendung, soweit der Beschäftigte unter den persönlichen Geltungsbereich fällt und im Einzelfall nicht ausdrücklich etwas anderes vereinbart worden ist.

(2) Die Texte können im zuständigen Personalbüro/am Schwarzen Brett/im Intranet*) eingesehen werden.

(3) Einzelvertragliche Rechte können durch Betriebsvereinbarung abgelöst oder geändert werden.

§ 3 Arbeitszeit

(1) Die regelmäßige wöchentliche Arbeitszeit beträgt derzeit ohne Pausen … Stunden. Lage und Verteilung der Arbeitszeit richten sich nach den jeweiligen betrieblichen Bestimmungen.

(2) Der Beschäftigte ist zur Verrichtung von Mehrarbeit im Rahmen der gesetzlichen und betrieblichen Bestimmungen verpflichtet.

(3) Der Beschäftigte ist zu Spät- und Nachtarbeit, einschließlich Arbeit in Wechselschicht, sowie Sonn- und Feiertagsarbeit und Arbeits- und Rufbereitschaft sowie Bereitschaftsdienst verpflichtet.

(4) Der Arbeitgeber ist berechtigt, bei einem erheblichen Arbeitsausfall aus wirtschaftlichen Gründen oder infolge eines unabwendbaren Ereignisses mit einer Ankündigungsfrist von 3 Wochen Kurzarbeit anzuordnen, wenn die Voraussetzungen für die Gewährung von Kurzarbeitergeld vorliegen (§§ 95 ff. SGB III), insbesondere der Arbeitsausfall der Agentur für Arbeit angezeigt ist. Für die Dauer der Kurzarbeit vermindern sich Arbeitszeit und Arbeitsentgelt des Arbeitnehmers entsprechend.

Von dieser Ankündigungsfrist kann durch Betriebsvereinbarung auch zu Ungunsten des Beschäftigten abgewichen werden.

(5) Der Arbeitgeber ist ferner berechtigt, nach Maßgabe anderer gesetzlicher Bestimmungen eine vorübergehende Absenkung der Arbeitszeit anzuordnen. Auch in diesem Fall vermindern sich Arbeitszeit und Arbeitsentgelt des Beschäftigten entsprechend.

§ 4 Vergütung

(1) Das monatliche Bruttoentgelt beträgt .... €.

Ggf. Aufschlüsselung in unterschiedliche Vergütungsbestandteile, Zusage von Entgelterhöhung nach der Probezeit, Sonderzahlungen etc. je nach betrieblicher Gepflogenheit

(2) Der/die Beschäftigte hat die Entgeltabrechnung und -zahlung unverzüglich zu überprüfen sowie zu viel gezahlte Bezüge anzuzeigen und zurückzuzahlen. Er/Sie kann sich auf den Einwand der Entreicherung nicht berufen, wenn er/sie die Überzahlung erkannt hat oder hätte erkennen müssen oder wenn die Überzahlung auf Umständen beruht, die er/sie zu vertreten hat.

(3) Die Entgelte sind jeweils zu den betrieblich festgelegten Zeiten/ zum Monatsletzten*) fällig.

§ 5 Widerruflichkeit und Freiwilligkeit von Verdienstbestandteilen

(1) Entgeltbestandteile, die zusätzlich zum monatlich laufenden Entgelt gewährt werden, können bei Vorliegen eines sachlichen Grundes (z. B. Gründe im Verhalten oder in der Person des Beschäftigten) jederzeit widerrufen werden. Der Widerruf kann auch bei einer Verschlechterung der wirtschaftlichen Situation des Unternehmens erfolgen.

(2) Auf Entgeltbestandteile, die dem Beschäftigten aus einem bestimmten Grund, z. B. wegen besonderer Arbeitsbedingungen, gewährt werden, hat der Beschäftigte keinen Anspruch mehr, wenn der Grund für die Gewährung dieser Entgeltbestandteile entfällt.

(3) Bei nicht geschuldeten Gratifikationen, Prämien und anderen Einmalzahlungen des Arbeitgebers, die nicht Bestandteil des laufenden monatlichen Arbeitsentgelts sind, handelt es sich um freiwillige Leistungen des Arbeitgebers, auf die auch bei wiederholter Gewährung kein Rechtsanspruch für die Zukunft besteht.

Bei betrieblichen Sonderleistungen des Arbeitgebers oder sonstigen Vergünstigungen, die aus sozialen Gründen gewährt werden, handelt es sich ebenfalls um freiwillige Leistungen, auf die auch bei wiederholter Gewährung kein Rechtsanspruch für die Zukunft besteht.

Dies gilt nicht, wenn es sich dabei um eine individuell gewährte Leistung oder um eine im Gegenseitigkeitsverhältnis stehende Vergütungsleistung handelt.

§ 6 Urlaub

(1) Der Urlaub beträgt derzeit 30 Arbeitstage je Kalenderjahr, er setzt sich zusammen aus dem gesetzlichen Mindesturlaub von 20 Tagen und den zusätzlich gewährten Urlaubstagen.

Zuerst wird der gesetzliche Mindesturlaub und dann der zusätzliche Urlaub gewährt.

(2) Soweit der gesetzliche Mindesturlaub von 20 Tagen nicht im laufenden Urlaubsjahr genommen werden kann, verfällt dieser am 31.03. des übernächsten Jahres.

(3) Abweichend von den rechtlichen Vorgaben für den gesetzlichen Mindesturlaub muss der zusätzliche vertragliche Urlaub im laufenden Kalenderjahr gewährt und genommen werden. Eine Übertragung auf das nächste Kalenderjahr ist nur statthaft, wenn dringende betriebliche oder in der Person des Beschäftigten liegende Gründe dies rechtfertigen. Im Fall der Übertragung muss der Urlaub in den ersten drei Monaten des folgenden Kalenderjahres gewährt und genommen werden, andernfalls verfällt der Urlaub mit Ablauf des 31. März des folgenden Kalenderjahres.

(4) Scheidet der Beschäftigte in der zweiten Hälfte des Kalenderjahres aus, beträgt der Urlaub so viel Zwölftel des Jahresurlaubes, als der Beschäftigte volle Kalendermonate im Betrieb in dem Kalenderjahr beschäftigt ist, mindestens in Höhe des gesetzlichen Mindesturlaubs.

(5) Bei Beendigung des Arbeitsverhältnisses erfolgt eine etwaige Urlaubsabgeltung nur bis zur Höhe des gesetzlichen Mindesturlaubs.

§ 7 Probezeit

Die ersten sechs Monate gelten als Probezeit. Während dieser Zeit kann das Anstellungsverhältnis mit einer Frist von … (mindestens zwei Wochen) gekündigt werden.

§ 8 Beendigung und Ruhen des Arbeitsverhältnisses

(1) Das Arbeitsverhältnis kann von beiden Seiten unter Einhaltung der gesetzlichen Kündigungsfristen ordentlich gekündigt werden. Eine Verlängerung der gesetzlichen Kündigungsfrist für eine Kündigung durch den Arbeitgeber gilt auch für eine Kündigung durch den Beschäftigten.

(2) Eine ordentliche Kündigung vor Dienstantritt ist ausgeschlossen.

(3) Der Arbeitgeber ist berechtigt, den Beschäftigten ab Ausspruch der Kündigung bis zum Ablauf der Kündigungsfrist und gegebenenfalls bis zum rechtskräftigen Abschluss eines etwaigen Rechtsstreits über die Wirksamkeit der Kündigung ganz oder teilweise widerruflich

---

*) Unzutreffendes streichen.

oder unwiderruflich von der Arbeit freizustellen. Vergütungsansprüche bleiben dem Beschäftigten während der Freistellung erhalten, soweit die gesetzlichen Voraussetzungen des Annahmeverzuges gemäß § 615 BGB erfüllt sind.

(4) Das Arbeitsverhältnis endet ohne Kündigung mit Ablauf des Monats, in dem der Beschäftigte die Altersgrenze für eine Regelaltersrente in der gesetzlichen Rentenversicherung (derzeit §§ 35, 235 SGB VI) erreicht hat.

(5) Das Arbeitsverhältnis endet ebenfalls ohne Kündigung mit Ablauf des Monats, in dem dem Beschäftigten der Bescheid eines Rentenversicherungsträgers über eine Rente auf Dauer wegen voller Erwerbsminderung zugeht, wenn eine Weiterbeschäftigung des Beschäftigten mit verringerter Arbeitszeit oder auf einem anderen geeigneten freien Arbeitsplatz – auch mit verringerter Arbeitszeit – nicht möglich ist.

(6) Das Arbeitsverhältnis ruht während des Bezugs von Arbeitslosengeld sowie ab dem Zeitpunkt, in dem dem Beschäftigten der Bescheid eines Rentenversicherungsträgers über eine Rente auf Zeit wegen voller Erwerbsminderung zugeht, wenn eine Weiterbeschäftigung des Beschäftigten mit verringerter Arbeitszeit oder auf einem anderen geeigneten freien Arbeitsplatz – auch mit verringerter Arbeitszeit – nicht möglich ist.

(7) Die vorstehenden Absätze berühren nicht das Recht zur ordentlichen Kündigung.

(8) Der Beschäftigte hat den Arbeitgeber unverzüglich über den Zugang eines Rentenbescheids oder den Bezug von Arbeitslosengeld zu unterrichten.

(9) § 616 BGB findet keine Anwendung.

§ 9 Arbeitsverhinderung, Arbeitsunfähigkeit

(1) Jede Arbeitsverhinderung ist, sobald sie dem Beschäftigten bekannt ist, dem Arbeitgeber unter Angabe der Gründe und der voraussichtlichen Dauer sowie ggf. der Adresse eines vom Wohnsitz abweichenden Aufenthaltsortes unverzüglich mitzuteilen.

Der Arbeitgeber ist dabei über die im Betrieb zu erledigenden unaufschiebbaren Aufgaben zu unterrichten.

Gleiches gilt, wenn sich die Arbeitsverhinderung verlängert.

(2) Im Falle der Arbeitsunfähigkeit hat der/die Beschäftigte außerdem auch die hierfür geltenden besonderen gesetzlichen Mitteilungs- und Nachweispflichten zu erfüllen.

Dauert die Arbeitsunfähigkeit länger als in der Bescheinigung angegeben, so hat der Beschäftigte – unabhängig von der Dauer der Arbeitsunfähigkeit und auch nach Ablauf des Zeitraums der Entgeltfortzahlung – unverzüglich die Fortdauer der Arbeitsunfähigkeit anzuzeigen und eine neue ärztliche Bescheinigung vorzulegen.

(3) Stellt der Beschäftigte einen Antrag auf Bewilligung eines Kur- oder Heilverfahrens, so hat er dem Arbeitgeber unverzüglich davon Kenntnis zu geben.

(4) Solange der Beschäftigte seinen Mitteilungs- und Nachweispflichten nicht nachkommt, ist der Arbeitgeber unter den Voraussetzungen des § 7 Abs. 2 EFZG berechtigt, die Fortzahlung des Arbeitsentgeltes zu verweigern.

§ 10 Verschwiegenheits- und Herausgabepflichten

(1) Der Beschäftigte hat über die ihm zur Kenntnis gelangenden Angelegenheiten des Arbeitgebers Stillschweigen zu bewahren, soweit es sich um Betriebs- und Geschäftsgeheimnisse handelt. Dies gilt auch für solche Tatsachen, die der Arbeitgeber als vertraulich bezeichnet oder bei denen aus den Umständen ersichtlich ist, dass sie gegenüber Dritten nicht offenbart werden dürfen.

(2) Die Verschwiegenheitspflicht erstreckt sich auch auf die in Absatz 1 bezeichneten Angelegenheiten anderer Unternehmen, mit denen der Arbeitgeber rechtlich, organisatorisch oder wirtschaftlich verbunden ist. Das gilt auch für Angelegenheiten anderer Unternehmen, mit denen der Arbeitgeber in geschäftlichem Kontakt steht.

(3) Die Verschwiegenheitspflicht des Beschäftigten über die in Absatz 1 bis 3 bezeichneten Umstände besteht – unbeschadet weitergehender gesetzlicher Vorschriften – auch nach Beendigung des Arbeitsverhältnisses fort; der Beschäftigte darf die geheimzuhaltenden Tatsachen nicht durch Weitergabe an Dritte verwerten.

(4) Der Beschäftigte ist verpflichtet, alle seine dienstliche Tätigkeit betreffenden Schriftstücke, Informationsträger und sonstige Unterlagen, auch soweit es sich um persönliche Auf-zeichnungen, die Geschäftsvorgänge betreffen, handelt, als ihm anvertrautes Eigentum des Arbeitgebers sorgfältig zu behandeln und aufzubewahren und sie dem Arbeitgeber auf dessen Verlangen jederzeit, spätestens aber bei Beendigung des Arbeitsverhältnisses zurückzugeben. Das gilt auch für Abschriften, Vervielfältigungen, gespeicherte Daten und Gegenstände.

Auf Verlangen des Arbeitgebers ist der Beschäftigte verpflichtet zu versichern, dass er solche Unterlagen, sei es im Original oder in Kopie, nicht mehr besitzt und auch nicht an Dritte weitergegeben hat.

§ 11 Nebentätigkeit

(1) Solange das Arbeitsverhältnis besteht, ist jede Wettbewerbstätigkeit untersagt.

(2) Im Übrigen dürfen Nebentätigkeiten nur mit vorheriger schriftlicher Zustimmung des Arbeitgebers ausgeübt werden. Der Arbeitgeber kann die Zustimmung verweigern oder widerrufen, wenn durch die Nebentätigkeit die vertraglich geschuldeten Leistungen des Beschäftigten oder sonstige Interessen des Arbeitgebers beeinträchtigt werden können.

§ 12 Abtretung und Verpfändung

(1) Die Abtretung oder Verpfändung von Gehaltsansprüchen an Dritte ist dem Beschäftigten nicht/nur nach vorheriger schriftlicher Zustimmung*) des Arbeitgebers gestattet.

(2) Der Beschäftigte hat die durch Pfändung, Verpfändung oder Abtretung*) dem Arbeitgeber entstehenden Bearbeitungskosten in der vom Arbeitgeber nachgewiesenen Höhe oder ohne einen solchen Nachweis durch eine Pauschale in Höhe von 15 € für jeden einzelnen Bearbeitungsvorgang zu erstatten.

§ 13 Persönliche Daten

Änderungen persönlicher Daten, die für das Arbeitsverhältnis von Bedeutung sein können, insbesondere Änderungen der Anschrift oder des Familienstandes, sind unverzüglich mitzuteilen.

§ 14 Vertragsstrafe

(1) Der Beschäftigte ist verpflichtet, dem Arbeitgeber eine Vertragsstrafe zu zahlen, wenn er schuldhaft die Arbeit nicht oder nicht zum vereinbarten Zeitpunkt antritt oder wenn er ohne Grund fristlos kündigt.

(2) Der Beschäftigte ist auch dann zur Zahlung einer Vertragsstrafe verpflichtet, wenn er durch schuldhaftes vertragswidriges Verhalten, d. h. durch Eigentums- und Vermögensdelikte sowie Tätlichkeiten, schutzwürdige Interessen des Arbeitgebers verletzt und den Arbeitgeber zur fristlosen Kündigung veranlasst.

(3) Die Höhe der Vertragsstrafe bemisst sich nach der Höhe des Bruttoentgelts, das bei Einhaltung der ordentlichen Kündigungsfrist gezahlt worden wäre; die Vertragsstrafe beträgt aber höchstens ein aktuelles Bruttomonatsentgelt im Sinne von § 4 Abs. 1.

(4) Die Vertragsstrafe ist sofort fällig und kann gegen Gehaltsforderungen, soweit sie pfändbar sind, aufgerechnet werden.

(5) Der Arbeitgeber kann einen weitergehenden Schaden geltend machen.

§ 15 Ausschlussfristen

(1) Ansprüche aus dem Arbeitsverhältnis sind innerhalb einer Frist von 3 Monaten nach Fälligkeit schriftlich gegenüber der anderen Vertragspartei geltend zu machen. Ansonsten sind die Ansprüche verwirkt.

---

*) Unzutreffendes streichen.

(2) Lehnt die Gegenseite den Anspruch schriftlich ab oder erklärt sie sich nicht innerhalb einer Frist von einem Monat nach Geltendmachung des Anspruchs, so verfällt dieser, wenn er nicht innerhalb von 3 Monaten nach Ablehnung oder Fristablauf gerichtlich geltend gemacht wird.

(3) Ausgenommen sind Ansprüche aus unerlaubter Handlung.

§ 16 Vertragsänderungen

(1) Mündliche Nebenabreden sind bis zum Zeitpunkt des Vertragsschlusses nicht getroffen worden.

(2) Änderungen und Ergänzungen dieses Vertrages bedürfen, um rechtsverbindlich zu sein, der Schriftform. Dies gilt auch für die Aufhebung dieses Schriftformerfordernisses selbst. Ausgenommen hiervon sind Individualabreden i. S. v. § 305b BGB.

(3) Durch die bloße mehrfache Gewährung von Leistungen, auf die weder ein individualvertraglicher noch ein kollektivrechtlicher (Betriebsvereinbarung) Anspruch besteht, kann ein Anspruch auf künftige Gewährung dieser Leistung nicht begründet werden.

....
(Ort, Datum)   *(Arbeitgeber)*   *(Beschäftigter)*

Arbeitszeit

I.   Begriff

II.   Gesetzliche Höchstarbeitszeiten

III. Ruhepausen

IV.   Gesetzliche Ruhezeiten
1. Sonderregelung für Gaststätten und Pflegebereich
2. Sonderregelungen für Jugendliche

V.   Sonderregelungen durch Tarifverträge

VI.   Lage der Arbeitszeit

VII. Nachtarbeit
1. Begriff
2. Arbeitsmedizinische Untersuchung
3. Umsetzungsanspruch
4. Beschäftigungsverbot von Schwangeren
5. Ausgleichsanspruch

VIII. Schichtarbeit

IX.   Gleitzeit/Arbeitszeitkonto

I. Begriff

Die Arbeitszeit ist in verschiedenen Vorschriften geregelt:

► Auf EU-Ebene in einer Richtlinie, die derzeit überarbeitet wird.

► Im **Arbeitszeitgesetz** (ArbZG) finden sich die für alle Arbeitsverhältnisse (außer für leitende Angestellte) geltenden Regelungen. Diese stellen den äußersten Rahmen der zulässigen Arbeitszeitregelungen dar.

► In **Tarifverträgen** finden sich vielfältige Regelungen zur Arbeitszeit, bis hin zu den teilweise komplizierten Modellen der flexiblen Arbeitszeit; teilweise kann durch solche Tarifverträge vom Arbeitszeitgesetz abgewichen werden; diese Regelungen gelten nur für den Bereich des jeweiligen Tarifvertrags.

► **Einzelarbeitsverträge** enthalten häufig Bestimmungen über die Arbeitszeit, die dann für den jeweiligen Arbeitnehmer gelten.

► Schließlich gibt es auch noch die **betriebsübliche Arbeitszeit,** die im Betrieb praktiziert wird, ohne dass eine ausdrückliche Vereinbarung existiert.

Zunehmend nimmt auch europäisches Recht Einfluss auf die Arbeitszeit. Neue Richtlinien hierzu sind in Vorbereitung.

Nach dem Arbeitszeitgesetz gilt die Zeit von Beginn bis zum Ende der Arbeit ohne die Ruhepausen als Arbeitszeit. Zur Arbeitszeit zählt auch, wenn

► der Arbeitnehmer nicht arbeitet, weil ihm keine Arbeit zugewiesen wurde;

► der Arbeitnehmer sich in der sog. Arbeitsbereitschaft befindet, d. h. er am Arbeitsplatz ist, dort aktuell nichts zu tun hat, aber jederzeit mit Ereignissen rechnen muss, die sein Eingreifen erfordern (z. B.: ein Rettungssanitäter wartet in der Leitstelle auf einen Einsatz);

► Dienstreisen und dienstliche Wege zu unternehmen sind;

► der Arbeitnehmer sich umkleiden muss, wenn dies zu seinen dienstlichen Aufgaben gehört (z. B.: Mannequin auf einer Modenschau) oder der Arbeitgeber das Tragen von Dienstkleidung anordnet (BAG v. 19.9.2012, Az. 5 AZR 678/11);

Zur Arbeitszeit zählt auch

► der Bereitschaftsdienst, für den allerdings besondere Regeln gelten (→ s. dort).

► Die Lenkzeit eines Busfahrers während einer Verspätung; diese darf auch nicht teilweise auf die Lenkzeitunterbrechung angerechnet werden.

► Die Teilnahme an Betriebsversammlungen i. S. v. § 42 BetrVG (OVG Nordrhein-Westfalen v. 10.5.2011, Az. 4 A 1403/08).

Nicht zur Arbeitszeit zählen

► die Rufbereitschaft, bei der der Arbeitnehmer sich an einem belieben Ort aufhalten kann, dort jedoch ständig erreichbar sein und die Arbeit auf Anforderung sofort aufnehmen können muss; die Abgrenzung zum Bereitschaftsdienst ist nicht immer einfach. So handelt es sich um Bereitschaftsdienst, wenn eine Sozialarbeiterin – auch ohne Frist zur Arbeitsaufnahme – die Aufgabe hat, über eine Notrufnummer erreichbar zu sein und bei Mitteilung einer akuten Kindeswohlgefährdung durch Bürger oder öffentliche Stellen schnell und fallgerecht reagieren muss (LAG Köln v. 13.12.2011, Az. 11 Sa 863/11).

► der Weg von der Wohnung zur Arbeitsstätte;

► die Zeit des Umkleidens, wenn dies lediglich der persönlichen Vorbereitung dient (z. B.: Koch).

WICHTIG!

Diese Einteilung gilt nur für die gesetzliche Arbeitszeit, also für die Frage, wie lange ein Arbeitnehmer maximal arbeiten darf. Die Frage der Vergütung ist davon zu trennen. So ist die Zeit, die ein Fernfahrer in der Kabine schläft, zwar keine Arbeitszeit im Sinne des Arbeitszeitgesetzes, kann aber durchaus vergütungspflichtig sein (BAG v. 20.4.2011, Az. 5 AZR 200/10). In Tarifverträgen kann z. B. bestimmt werden, dass etwa die Rufbereitschaft voll zu vergüten ist oder die Zeit des Umkleidens.

Bei allen Bundesländern sind Aufsichtsbehörden für die Überwachung des Arbeitszeitgesetzes gebildet worden. Ihnen obliegt es auch, Ausnahmegenehmigungen für Abweichungen vom Gesetz zu erteilen. Wo die jeweilige Behörde angesiedelt ist, kann bei der Landesregierung erfragt werden.

II. Gesetzliche Höchstarbeitszeiten

Die werktägliche Arbeitszeit beträgt regulär acht Stunden (§ 3 ArbZG). Dies bedeutet unter Einbeziehung des Samstags als Werktag 48 Wochenstunden. Dabei ist immer zu beachten, dass dies die gesetzlichen Grenzen sind. In der Praxis ist die Arbeitszeit durch Tarifverträge und Einzelarbeitsverträge deutlich geringer. Arbeitnehmer, die Fahrtätigkeiten im Bereich des Straßentransports ausüben, haben gegen ihren Arbeitgeber einen Anspruch auf Herausgabe der schriftlichen Aufzeichnungen, welche der Arbeitgeber bei Überschreitung der werktäglichen Arbeitszeit von acht Stunden erstellen und aufbewahren muss.

Die Verteilung auf die einzelnen Wochentage muss nicht gleichmäßig sein. Es wäre z. B. zulässig, in einem Arbeitsvertrag eine Arbeitszeit von wöchentlich fünf Tagen mit je neun Arbeitsstunden zu vereinbaren.

Besonders wichtig ist, dass die gesetzlich mögliche Arbeitszeit täglich auf bis zu zehn Stunden und wöchentlich bis zu 60 Stunden ausgedehnt werden kann, wenn innerhalb von sechs Kalendermonaten oder 24 Wochen acht Stunden werktäglich (d. h. 48 Stunden wöchentlich) nicht überschritten werden. Hier sind vielfältige Möglichkeiten der flexiblen Arbeitszeit denkbar. Bei einem Ausgleichszeitraum von 24 Wochen bedeutet dies, dass innerhalb dieser Zeit 1 152 Stunden (acht Stunden × sechs Tage × 24 Wochen) zur Verteilung zur Verfügung stehen. Im Extremfall könnten daher bei einer vereinbarten Arbeitszeit von 48 Stunden an 115 Werktagen zehn Stunden und an einem Werktag zwei Stunden gearbeitet werden, wenn 28 Werktage arbeitsfrei bleiben.

Beispiel:

> Mit dem Arbeitnehmer ist eine wöchentliche Arbeitszeit von 36 Wochenstunden vereinbart. Hier wäre eine Arbeitszeit von 86 Arbeitstagen zu zehn Stunden und einem Arbeitstag von vier Stunden möglich (unter Einbezug des Samstags als Werktag). 57 Werktage müssten arbeitsfrei bleiben.

Entscheidend für die Arbeitszeitverteilung sind daher nach dem Arbeitszeitgesetz folgende Faktoren:

▸ tägliche Höchstarbeitszeit von zehn Stunden,

▸ wöchentliche Höchstarbeitszeit von 60 Stunden,

▸ wöchentliche Normalarbeitszeit 48 Stunden,

▸ Ausgleichszeitraum von sechs Kalendermonaten.

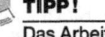 **TIPP!**
Das Arbeitszeitgesetz verlangt keinen Grund für die unterschiedliche Verteilung der Arbeitszeit. Diese unterliegt, wenn nicht z. B. in einem Tarifvertrag anders geregelt, der freien Vereinbarung.

Die tägliche Höchstarbeitszeit stellt auf den einzelnen Arbeitnehmer ab und nicht auf das jeweilige Arbeitsverhältnis. Hieraus ergibt sich, dass ein Arbeitnehmer beispielsweise auch bei zwei Teilzeitarbeitsverträgen die tägliche Arbeitszeit von zehn Stunden nicht überschreiten darf.

Bereitschaftsdienst wird grundsätzlich als Arbeitszeit behandelt und kann daher nicht bei den Ruhezeiten berücksichtigt werden. Deshalb sind z. B. im Pflegebereich die im Bereitschaftsdienst erbrachten Arbeitsleistungen mit demselben Mindestentgeltsatz gem. § 2 PflegeArbbV zu vergüten wie Arbeitsleistungen während der Vollarbeitszeit (LAG Baden-Württemberg v. 28.11.2012, Az. 4 Sa 48/12). Jedoch berücksichtigt der Gesetzgeber die u. U. geringere Belastung durch den Bereitschaftsdienst und gestattet es, im Geltungsbereich eines Tarifvertrages oder einer entsprechenden Betriebsvereinbarung die Arbeitszeit auch ohne Ausgleich über acht Stunden hinaus zu verlängern, wenn hierin regelmäßig und in erheblichem Umfang Bereitschaftsdienst oder Arbeitsbereitschaft fällt. Es muss durch besondere Regeln sichergestellt werden, dass die Gesundheit der Arbeitnehmer nicht gefährdet wird. Darüber hinaus muss sich der Arbeitnehmer schriftlich mit der Verlängerung einverstanden erklären.

III. Ruhepausen

Ein Arbeitnehmer kann bis zu sechs Stunden hintereinander ohne Ruhepause beschäftigt werden (§ 4 ArbZG). Bei einer Arbeitszeit von mehr als sechs bis zu neun Stunden muss eine Pausenzeit von 30 Minuten eingehalten werden. Bei einer Arbeitszeit von mehr als neun Stunden besteht eine Pausenzeit von 45 Minuten. Eine Aufteilung der Ruhepausen in Zeitabschnitte von jeweils mindestens 15 Minuten ist möglich, wobei jedoch mindestens nach sechs Stunden eine erneute Pause gewährt werden muss.

Beispiel:

> Der Arbeitnehmer hat an einem Arbeitstag zehn Stunden zu arbeiten. Nach sechs Stunden muss ihm spätestens die erste Pause eingeräumt werden. Sie muss mindestens 15 Minuten lang sein. Wird ihm diese erste Pause von 15 Minuten bereits nach zwei Stunden gewährt, muss spätestens nach weiteren sechs Stunden eine weitere eingeräumt werden.

Die Ruhepausen müssen im Voraus feststehen. Dies bedeutet, dass zu Beginn der täglichen Arbeitszeit zumindest ein bestimmter Zeitrahmen feststehen muss, innerhalb dessen der Arbeitnehmer seine Ruhepause in Anspruch nehmen kann. Der Arbeitgeber muss auch sicherstellen und kontrollieren, dass die getroffene Regelung eingehalten wird. Ruhepausen können nicht an den Anfang oder das Ende der Arbeitszeit gelegt werden.

IV. Gesetzliche Ruhezeiten

Von den Pausen, die während der Arbeitszeit zu gewähren sind, muss man die Ruhezeiten unterscheiden. Diese liegen zwischen den einzelnen Arbeitstagen, der Arbeitnehmer geht in dieser Zeit typischerweise nach Hause. § 5 ArbZG geht von einer Mindestruhezeit von elf Stunden aus, die nicht unterbrochen werden darf.

Die Ruhezeit von elf Stunden ist nicht an den Kalendertag gebunden. Sie muss lediglich zwischen zwei Zeiten der Beschäftigung eines Arbeitnehmers liegen.

1. Sonderregelung für Gaststätten und Pflegebereich

In bestimmten Betrieben ist eine Verkürzung der Ruhezeit möglich (§ 5 Abs. 2 ArbZG). Dazu gehören:

▸ Krankenhäuser und andere Einrichtungen zur Behandlung, Pflege und Betreuung, wie z. B. Altenheime, Pflegeheime, Kinder- und Jugendheime,

▸ Gaststätten,

▸ Beherbergungsbetriebe,

▸ Verkehrsbetriebe,

▸ Rundfunk und Fernsehen,

▸ Landwirtschaft und Tierhaltung.

Hier kann die Ruhezeit um eine Stunde verkürzt werden. Allerdings muss dann innerhalb eines Kalendermonats oder von vier Wochen ein Ausgleich durch Verlängerung einer anderen Ruhezeit auf mindestens 12 Stunden erfolgen.

Beispiel:

Eine Kellnerin musste am 15.2. bis 1 Uhr nachts arbeiten. Am nächsten Morgen hatte sie ab 11 Uhr wieder Dienst. Die Verkürzung der Ruhezeit um eine Stunde ist zulässig, aber der Arbeitgeber muss ihr entweder im Februar oder in den vier Wochen, die auf den 15.2. folgen, eine mindestens zwölfstündige Ruhezeit gewähren.

Verkürzt der Arbeitgeber die Ruhezeit um weniger als eine Stunde, muss er trotzdem eine mindestens zwölfstündige Ruhezeit gewähren. Er kann aber mehrere kleinere Verkürzungen der Ruhezeit zusammenziehen.

Beispiel:

Im obigen Fall wird die Ruhezeit der Kellnerin am 15., 16. und 17.2. jeweils um 20 Minuten verkürzt. Hier muss der Arbeitgeber innerhalb des genannten Zeitraums nur insgesamt eine verlängerte Ruhezeit gewähren. Der Ausgleichszeitraum beginnt hier mit dem 15.2. Hat der Arbeitgeber aber nur einmal die Ruhezeit um 20 Minuten verkürzt, muss er sie trotzdem innerhalb dieses Zeitraums um eine Stunde verlängern.

2. Sonderregelungen für Jugendliche

Jugendliche (ab dem 15. Lebensjahr) dürfen nicht mehr als acht Stunden täglich und 40 Stunden pro Woche beschäftigt werden. Anders als bei Erwachsenen gehört die Rufbereitschaft zur Arbeitszeit. Nach dem Ende der täglichen Arbeitszeit dürfen sie nicht vor Ablauf von 12 Stunden wieder arbeiten (§ 13 JArbSchG). Eine Verkürzung ist nur in Notfällen möglich. Zwischen 20 und 6 Uhr ist eine absolute Nachtruhe zu gewährleisten. Ausnahmen gibt es nur für Jugendliche über 16 Jahren, die

▶ im Gaststätten- und Schaustellergewerbe bis 22 Uhr,

▶ in mehrschichtigen Betrieben bis 23 Uhr,

▶ in der Landwirtschaft ab 5 oder bis 21 Uhr oder

▶ in Bäckereien und Konditoreien ab 5 Uhr (bei über 17-Jährigen ab 4 Uhr)

beschäftigt werden dürfen.

Auch die Pausenregelung ist für Jugendliche abweichend vom Arbeitszeitgesetz geregelt. Bei einer Arbeitszeit bis zu sechs Stunden müssen mindestens 30 Minuten, ansonsten 60 Minuten gewährt werden. Nach spätestens 4,5-stündiger Beschäftigung muss eine Pause von mindestens 15 Minuten Länge eingeräumt werden. Ausnahmen vom Arbeitszeitschutz sind durch Tarifverträge möglich.

V. Sonderregelungen durch Tarifverträge

Von den Regelungen des Arbeitszeitgesetzes kann durch → *Tarifvertrag* abgewichen werden. Die elfstündige Mindestruhezeit kann auf bis zu neun Stunden verkürzt werden, wenn die Art der Arbeit dies erfordert und diese Kürzung ausgeglichen wird. Wenn also ein Tarifvertrag anwendbar ist, muss immer auch geprüft werden, welche Möglichkeiten dieser eröffnet.

In folgenden weiteren Fällen kommt eine abweichende tarifliche Regelung in Betracht:

▶ Möglichkeiten der Verlängerung der werktäglichen Arbeitszeit ohne Ausgleich über zehn Stunden werktäglich hinaus, wenn in der Arbeitszeit regelmäßig und in erheblichem Umfang Arbeitsbereitschaft anfällt (auch bei Nachtarbeit). Außerdem muss durch besondere Regelungen im Tarifvertrag oder in einer Betriebs- oder Dienstvereinbarung sicher-

gestellt sein, dass die Gesundheit der Arbeitnehmer nicht gefährdet wird (BAG v. 23.6.2010, Az. 10 AZR 543/09);

▶ Möglichkeit, einen anderen (längeren) Ausgleichszeitraum festzulegen (z. B. anstelle von sechs Monaten ein Jahr): Dies gilt auch für Nachtarbeit;

▶ Möglichkeit, ohne Ausgleich die Arbeitszeit an bis zu 60 Tagen im Jahr auf zehn Stunden werktäglich zu verlängern;

▶ Möglichkeit, in Schichtbetrieben und Verkehrsbetrieben die Ruhepausen auf Kurzpausen von angemessener Dauer aufzuteilen;

▶ Möglichkeit, den Beginn des siebenstündigen Nachtzeitraumes zwischen 22 und 24 Uhr festzulegen. Verkürzt werden kann der Nachtzeitraum nicht.

WICHTIG!

Auch nicht tarifgebundene Arbeitgeber haben im Geltungsbereich eines Tarifvertrags die Möglichkeit, eine oder mehrere abweichende tarifvertragliche Regelungen durch Betriebsvereinbarungen zu übernehmen (§ 7 Abs. 3 ArbZG).

In Betrieben ohne Betriebsrat kann eine entsprechende Vereinbarung auch in den Einzelarbeitsvertrag aufgenommen werden.

Beispiel:

Der einschlägige Tarifvertrag sieht vor, dass die werktägliche Arbeitszeit über zehn Stunden hinaus verlängert wird, wenn in der Arbeitszeit viel Arbeitsbereitschaft anfällt. Hier kann der Arbeitgeber, der nicht im Arbeitgeberverband ist, eine entsprechende Betriebsvereinbarung abschließen. Besteht kein Betriebsrat, kann er die Vereinbarung auch individuell mit den Arbeitnehmern treffen.

VI. Lage der Arbeitszeit

Die Lage der Arbeitszeit ist selten in den Einzelarbeitsverträgen festgelegt. Typischerweise ist sie Gegenstand von Betriebsvereinbarungen, seltener auch von Tarifverträgen. Es besteht ein Mitbestimmungsrecht des Betriebsrats.

Beispiel:

In einem Betrieb war die Arbeitszeit von 8 bis 16 Uhr festgelegt. Zwischenzeitlich wird ein Betriebsrat gewählt. Der Arbeitgeber möchte die Arbeitszeit um eine halbe Stunde nach hinten verlegen. Er muss hierfür eine Betriebsvereinbarung abschließen und kann dies nicht einseitig tun.

Ist kein Betriebsrat vorhanden, kann der Arbeitgeber die Lage der Arbeitszeit durch → *Direktionsrecht* bestimmen. Er muss dabei „billiges Ermessen" im Sinne von § 106 Satz 1 GewO walten lassen. Die Grenzen billigen Ermessens sind gewahrt, wenn der Arbeitgeber bei der Bestimmung der Zeit der Arbeitsleistung nicht nur eigene, sondern auch berechtigte Interessen des Arbeitnehmers angemessen berücksichtigt hat. Er muss auf schutzwürdige familiäre Belange des Arbeitnehmers Rücksicht nehmen, soweit einer vom Arbeitnehmer gewünschten Verteilung der Arbeitszeit nicht betriebliche Gründe oder berechtigte Belange anderer Arbeitnehmer entgegenstehen. Auch bei Anwendung dieser Grundsätze kann die Anordnung von Sonntagsarbeit billigem Ermessen entsprechen, selbst wenn dies fast 30 Jahre lang nicht gemacht wurde. Dies setzt natürlich voraus, dass diese Sonntagsarbeit den gesetzlichen Regeln entspricht.

Erfordert die Verteilung der Arbeitszeit eine personelle Auswahlentscheidung des Arbeitgebers zwischen mehreren Arbeitnehmern, finden die Grundsätze zur sozialen Auswahl im Rahmen einer betriebsbedingten Kündigung keine Anwendung. Der Arbeitgeber ist also deutlich freier in seiner Entscheidung als bei der betriebsbedingten Kündigung, muss aber eine ausgewogene Entscheidung treffen.

VII. Nachtarbeit

1. Begriff

Die Nachtarbeit ist in § 2 ArbZG besonders geregelt:

▸ Nachtarbeit ist jede Arbeit, die mehr als zwei Stunden der Nachtzeit umfasst (§ 2 Abs. 4 ArbZG).

▸ Nachtzeit ist die Zeit von 23 bis 6 Uhr (§ 2 Abs. 3 ArbZG).

▸ Nachtarbeitnehmer sind Arbeitnehmer, die entweder normalerweise Nachtarbeit in Wechselschicht oder Nachtarbeit an mindestens 48 Tagen im Kalenderjahr leisten.

Beispiel:

> Bei Schichtende um 1 Uhr oder bei Schichtbeginn um 4 Uhr liegt keine Nachtarbeit vor, da die Schicht nicht mehr als zwei Stunden der Nachtzeit, sondern genau zwei Stunden der Nachtzeit umfasst.

Auch bei Nachtarbeit kann die regelmäßige werktägliche Arbeitszeit von acht Stunden auf zehn Stunden verlängert werden, allerdings wird der Ausgleichszeitraum zum Schutz der Arbeitnehmer deutlich verkürzt. Der Ausgleich muss innerhalb eines Kalendermonats oder innerhalb von vier Wochen erfolgen.

2. Arbeitsmedizinische Untersuchung

Nachtarbeitnehmer haben Anspruch auf eine regelmäßige arbeitsmedizinische Untersuchung vor Beginn der Beschäftigung und danach in Zeitabständen von nicht weniger als drei Jahren (§ 2 Abs. 3 ArbZG). Nach Vollendung des 50. Lebensjahres besteht Anspruch auf eine Untersuchung in Zeitabständen von einem Jahr. Die Kosten sind vom Arbeitgeber zu tragen, wenn dieser nicht die Untersuchungen kostenlos durch einen Betriebsarzt oder überbetrieblichen Dienst anbietet. Eine arbeitsmedizinische Untersuchung muss nur auf Wunsch des Arbeitnehmers durchgeführt werden.

3. Umsetzungsanspruch

Der Arbeitgeber ist nach § 6 Abs. 4 ArbZG zur Umsetzung von Nachtarbeitnehmern auf geeignete Tagesarbeitsplätze verpflichtet, wenn

▸ nach arbeitsmedizinischer Feststellung die weitere Verrichtung von Nachtarbeit den Arbeitnehmer in seiner Gesundheit gefährdet oder

▸ im Haushalt des Arbeitnehmers ein Kind unter 12 Jahren lebt, das nicht von einer anderen im Haushalt lebenden Person betreut werden kann, oder der Arbeitnehmer einen schwer Pflegebedürftigen zu versorgen hat, der nicht von einer anderen im Haushalt lebenden Person versorgt werden kann.

4. Beschäftigungsverbot von Schwangeren

Werdende und stillende Mütter dürfen nicht in der Nacht zwischen 20 und 6 Uhr beschäftigt werden (§ 8 Abs. 1 MuSchG). Ausnahmen gibt es lediglich für Schwangere in den ersten vier Monaten der Schwangerschaft und stillende Mütter. Diese dürfen in Gast- und Schankwirtschaften und im übrigen Beherbergungsgewerbe bis 22 Uhr, in der Landwirtschaft ab 5 Uhr mit dem Melken von Vieh beschäftigt werden und als Künstlerinnen bei Musikaufführungen, Theatervorstellungen und Ähnlichem bis 23 Uhr tätig sein (§ 8 Abs. 3 MuSchG).

5. Ausgleichsanspruch

Nachtarbeitnehmer haben Anspruch auf eine „angemessene" Anzahl bezahlter freier Tage oder einen „angemessenen" Zuschlag (§ 6 Abs. 5 ArbZG). Solche Zuschläge sind häufig in Tarifverträgen geregelt. Die Höhe des angemessenen Nacht-

zuschlags i. S. v. § 6 Abs. 5 ArbZG richtet sich nach der Gegenleistung, für die sie bestimmt ist. Ein geringerer Ausgleich ist erforderlich, wenn in die Nachtarbeit Arbeitsbereitschaft fällt. Nach der Art der Arbeitsleistung ist auch zu beurteilen, ob der vom Gesetzgeber mit dem Lohnzuschlag verfolgte Zweck, im Interesse der Gesundheit des Arbeitnehmers Arbeit zu verteuern, zum Tragen kommt (BAG v. 11.2.2009, Az. 5 AZR 148/08).

Bei einem Auslieferungsfahrer der Brot- und Backindustrie wurden 25 % für angemessen erachtet.

VIII. Schichtarbeit

Von Schichtarbeit spricht man dann, wenn die tägliche Arbeitsaufgabe nicht in der üblichen Arbeitszeit von Arbeitnehmern des Betriebs erbracht werden kann und es deshalb notwendig ist, dass andere Arbeitnehmer im unmittelbaren Anschluss an die Arbeit ihrer Kollegen weiterarbeiten. Es arbeiten also nicht alle Arbeitnehmer eines Betriebs zur gleichen Zeit.

In der Praxis gibt es verschiedene Schichtsysteme: Zwei- und Dreischichtsysteme, Schichtsysteme mit Nachtarbeit, aber ohne Wochenendarbeit und solche, bei denen auch am Wochenende gearbeitet wird.

Die Schichtarbeit, die vielfach mit der Nachtarbeit verbunden ist, führt zu vielfältigen Belastungen der Arbeitnehmer. Das Arbeitszeitgesetz sieht daher vor, dass die Arbeitszeit der Schichtarbeiter nach den Erkenntnissen über die menschengerechte Gestaltung der Arbeit festzulegen ist (§ 6 Abs. 1). Daher sehen Tarifverträge regelmäßig Schichtzulagen vor, die solche Belastungen ausgleichen sollen. Diese Wechselschichtzulage darf nicht mit Tariflohnerhöhungen verrechnet werden. Da die Behandlung der Schichtarbeit in den Tarifverträgen sehr unterschiedlich ist, muss der jeweils anwendbare Tarifvertrag herangezogen werden.

Der Betriebsrat hat bei der Einführung von Schichtarbeit und bei der Ausgestaltung ein Mitbestimmungsrecht (§ 87 Abs. 1 Nr. 2 BetrVG). Das bedeutet konkret, dass die vorherige Zustimmung des Betriebsrats vorliegen muss, wenn

▸ Schichtarbeit eingeführt werden soll,

▸ die Schichten geändert werden sollen,

▸ Beginn und Ende der einzelnen Schichten festgelegt werden,

▸ allgemeine Grundsätze über die Aufstellung eines Schichtplans aufgestellt werden.

Auch bei der Zuweisung von einzelnen Arbeitnehmern zu einer bestimmten Schicht hat der Betriebsrat ein Mitbestimmungsrecht. Anstelle des örtlichen Betriebsrates kann auch der Gesamtbetriebsrat für einen Schichtrahmenplan zuständig sein, wenn der Arbeitgeber in mehreren Betrieben eine Dienstleistung erbringt, deren Arbeitsabläufe technisch-organisatorisch miteinander verknüpft sind (BAG v. 19.6.2012, Az. 1 ABR 19/11).

Wenn kein Betriebsrat vorhanden ist, kann der Arbeitgeber die Schichtarbeit durch Ausübung seines Direktionsrechts anordnen, wenn nicht im Arbeitsvertrag andere Festlegungen der Arbeitszeit getroffen worden sind. Wenn er an einen Tarifvertrag gebunden ist, muss er die dortigen Regelungen beachten.

Wenn der Arbeitgeber nicht Mitglied des Arbeitgeberverbands ist und der Tarifvertrag weder im Einzelvertrag vereinbart noch für allgemein verbindlich erklärt wurde, muss er nur die Grundsätze des sog. billigen Ermessens beachten. Das heißt, dass er bei der Ausgestaltung auch die berechtigten Interessen der betroffenen Arbeitnehmer angemessen berücksichtigen muss, konkret auch deren familiäre Verpflichtungen. Der Arbeitgeber ist aber nicht verpflichtet, einen finanziellen Ausgleich für die mit der Schichtarbeit verbundenen Belastungen zu leisten. Im Gegensatz zur Nachtarbeit muss hier nur dann ein Ausgleich gewährt werden, wenn ein konkret anwendbarer Tarifvertrag oder der Einzelarbeitsvertrag dies vorsieht.

Besonderheiten für die Schichtarbeit ergeben sich bei der Vergütung für → *Feiertage*. Die Aufsichtsbehörde kann kontinuierlichen Schichtbetrieb und bei Bau- und Montagestellen längere Arbeitszeiten als zehn Stunden pro Tag genehmigen. Voraussetzung ist aber, dass dadurch zusätzliche Freischichten geschaffen werden.

Bei der Beschäftigung von Jugendlichen darf die Schichtzeit höchstens zehn Stunden betragen, in Gaststätten, der Landwirtschaft, der Tierhaltung und auf Bau- und Montagestellen elf Stunden. Im Bergbau unter Tage ist die Schichtzeit auf acht Stunden begrenzt. Zur Schichtzeit gehören, anders als bei der Arbeitszeit, auch die Pausen.

IX. Gleitzeit/Arbeitszeitkonto

Das Gesetz lässt in dem oben beschriebenen Rahmen einen erheblichen Spielraum für Arbeitszeitmodelle, die von einem starren System abweichen. Diese Regelungen können durch Tarifvertrag getroffen werden. Fehlt ein solcher, kommt auch eine Betriebsvereinbarung in Betracht. Wenn diese Betriebsvereinbarung aufgrund eines Tarifvertrages abgeschlossen wurde, gestattet das Arbeitszeitgesetz (§§ 7 und 12 ArbZG) auch Abweichungen vom Gesetz zulasten der Arbeitnehmer (s. o. unter V.). Auch eine einzelvertragliche Regelung ist möglich, allerdings besteht ein Mitbestimmungsrecht des Betriebsrats (§ 87 Abs. 1 Nr. 2 BetrVG). Es besteht eine sehr große Fülle möglicher Regelungen. Ihnen gemeinsam ist, dass der Arbeitgeber gem. § 16 Abs. 2 ArbZG verpflichtet ist, die über die Regelarbeitszeit von acht Stunden pro Tag hinausgehende Arbeitszeit aufzuzeichnen und die Aufzeichnungen mindestens zwei Jahre lang aufzubewahren hat. Dies gilt auch bei einer sog. Vertrauensarbeitszeit. Aufbau und Abbau eines Arbeitszeitkontos können jeweils eigenen Regeln folgen. Bereitschaftszeiten können z. B. beim Abbau eines Arbeitszeitkontos auch dann als Arbeitszeit abzurechnen sein, wenn sie zuvor beim Ansparen des Arbeitszeitguthabens nicht berücksichtigt worden sind (BAG v. 17.3.2010, Az. 5 AZR 296/09).

Der Arbeitgeber bleibt auch dann für die Umsetzung der gesetzlichen und tariflichen Vorgaben hinsichtlich der Arbeitszeitgestaltung verantwortlich, wenn er mit seinen Arbeitnehmern vereinbart, dass sie die Arbeitszeit entsprechend den betrieblichen Anforderungen und Abläufen nach eigenem Ermessen gestalten können. Der Arbeitgeber hat keine Befugnis, einseitig den Abbau von Zeitguthaben anzuordnen, wenn in der Betriebsvereinbarung eine Vertrauensarbeitszeit vereinbart worden ist.

Innerhalb der Grenzen des ArbZG und ggf. der tarifvertraglichen Bestimmungen können die Parteien des Arbeitsvertrages die Länge der Arbeitszeit frei vereinbaren. Bei Fehlen einer ausdrücklichen Teilzeitvereinbarung ist ein Vollzeitarbeitsverhältnis zustande gekommen (zu den Einzelheiten s. → *Teilzeit*). Dabei sind vertragliche Bandbreitenregelungen zulässig, wonach die Arbeitszeit um bis zu 25 % erhöht werden kann, wenn betriebliche Gründe hierfür vorliegen. Die Vergütung erhöht sich entsprechend.

Aufbewahrungs- und Aufzeichnungspflichten

I.   **Begriff**

II. **Gesetzliche Aufbewahrungs- und Aufzeichnungspflichten**
1. Arbeitsrecht
2. Lohnsteuerrecht
3. Sozialversicherungsrecht

III. **Verstöße/Rechtsfolgen**

I. Begriff

Der Arbeitgeber hat sowohl im laufenden Arbeitsverhältnis als auch nach dessen → *Beendigung* verschiedene Aufbewahrungs- und Aufzeichnungspflichten, die steuerrechtlicher, sozialversicherungsrechtlicher (siehe hierzu auch das im selben Verlag erschienene Lexikon für das Lohnbüro B.7.) und auch arbeitsrechtlicher Natur sind.

Im laufenden Arbeitsverhältnis müssen verschiedene Daten über die persönlichen und beruflichen Verhältnisse des Arbeitnehmers zur → *Personalakte* genommen werden. Nach der → *Beendigung des Arbeitsverhältnisses* sollten Unterlagen unbedingt dann aufbewahrt werden, wenn mit einer Geltendmachung von Ansprüchen durch den Arbeitnehmer noch gerechnet werden muss (→ *Ausschlussfrist*).

Bewerbungsunterlagen von abgelehnten Bewerbern sollten mindestens zwei Monate (§ 15 Abs. 4 AGG) lang aufbewahrt werden, um im Falle einer Geltendmachung von Entschädigungs- und/oder Schadensersatzansprüchen einen fehlenden Verstoß gegen das Benachteiligungsverbot nachweisen zu können. Ob eine zeitlich darüber hinausgehende Aufbewahrung zulässig ist, ist grundsätzlich noch nicht geklärt, wird aber bis zu einem Zeitraum von fünf Monaten im Schrifttum für zulässig erachtet.

Sonstige Unterlagen, die im Rahmen des Arbeitsverhältnisses erstellt wurden, sollten vernichtet werden, wenn sie dem Arbeitgeber nicht aufbewahrungswürdig erscheinen.

 **ACHTUNG!**

Nach § 14 TzBfG darf ein Arbeitgeber ohne Sachgrund eine zulässige Befristung des Arbeitsverhältnisses nur dann vereinbaren, wenn mit diesem Arbeitnehmer erstmals seit mindestens drei Jahren ein Arbeitsverhältnis begründet wird. Auch wenn Arbeitnehmer, die bereits zuvor schon einmal bei demselben Arbeitgeber z. B. als Werkstudent beschäftigt waren, vor einer erneuten Einstellung Offenbarungspflichten treffen, sollten arbeitgeberseits Unterlagen über die Begründung von Arbeitsverhältnissen auch nach dessen Beendigung dauerhaft aufbewahrt werden, damit später ggf. geprüft werden kann, ob es sich tatsächlich um eine Neuanstellung handelt.

II. Gesetzliche Aufbewahrungs- und Aufzeichnungspflichten

Den Arbeitgeber treffen im Einzelnen folgende Aufbewahrungs- und Aufzeichnungspflichten mit den jeweils dazu genannten Fristen:

1. Arbeitsrecht

▸ Sonn- und Feiertagsbeschäftigung im Handel und Dienstleistungsgewerbe (§§ 21, 22 Ladenschlussgesetz). Hier sind die Belege u. a. mit den Namen der Beschäftigten der zuständigen Aufsichtsbehörde vorzulegen oder zur Einsicht zuzusenden.	bis zum Ablauf eines Jahres nach der letzten Eintragung
▸ Verzeichnis der beschäftigten Jugendlichen, u. a. Name, Geburtsdatum, Beschäftigungsbeginn (§§ 49, 50 JArbSchG)	bis zum Ablauf von zwei Jahren nach der letzten Eintragung
▸ Verzeichnisse und Unterlagen über werdende Mütter, u. a. Name, Beschäftigungsart und -zeiten (§ 19 Abs. 2 MuSchG)	bis zum Ablauf von zwei Jahren nach der letzten Eintragung
▸ Überschreitungen der werktäglichen → Arbeitszeit von 8 Stunden nach § 3 Satz 1 Arbeitszeitgesetz (§ 16 Abs. 2 ArbZG)	zwei Jahre
▸ Beitragsrelevante Unterlagen zur betrieblichen Altersversorgung (§ 11 Abs. 2 BetrAVG)	sechs Jahre
▸ Quittungsbelege über Zahlungen von Arbeitslohn (§ 257 HGB)	zehn Jahre

Der Arbeitgeber ist über sein → Direktionsrecht auch berechtigt, Aufzeichnungspflichten auf den Arbeitnehmer zu übertragen, z. B. das Führen eines Fahrtenbuchs bei Außendienstmitarbeitern oder die Verpflichtung, Überschreitungen der zulässigen werktäglichen → Arbeitszeit aufzuzeichnen und aufzubewahren.

2. Lohnsteuerrecht

▸ Lohnberechnungsunterlagen (§ 147 Abs. 3 AO)	zehn Jahre
▸ Lohnkonto und die dazugehörigen Belege (§ 41 Abs. 1 Satz 10 EStG)	Ablauf des 6. Kalenderjahres, das auf die zuerst eingetragene Lohnzahlung erfolgt

3. Sozialversicherungsrecht

▸ Lohnunterlagen sowie Beitragsberechnungsunterlagen (§ 28f SGB IV i. V. m. der Beitragsüberwachungsverordnung)	Für jeden Beschäftigten getrennt nach Kalenderjahr bis zum Ablauf des auf die letzte Betriebsprüfung folgenden Kalenderjahres
▸ Aufzeichnung über gezahlte Entgelte in der Künstlersozialversicherung (§ 28 KSVG)	fünf Jahre nach Ablauf des Kalenderjahres, indem die Entgelte fällig geworden sind

III. Verstöße/Rechtsfolgen

Erfüllt der Arbeitgeber seine Aufzeichnungs- und Aufbewahrungspflichten nicht bzw. nicht vollständig, kommen abhängig von den jeweils einschlägigen Rechtsgrundlagen Auflagen, aber auch – u. U. erhebliche – Bußgelder in Betracht.

Aufhebungsvertrag

I. Begriff und Abgrenzung

II. Zustandekommen
1. Angebot/Annahme
2. Form
3. Beteiligung des Betriebsrats
4. Fürsorge- und Belehrungspflichten
5. Belehrung über Widerrufsrecht?

III. Inhalt
1. Beendigungszeitpunkt und -art, Beendigungsgrund
2. Abfindung
   2.1 Höhe
   2.2 Formulierung
   2.3 Steuerrecht
   2.4 Sozialversicherungsrecht
3. Freistellung
4. Vergütung
5. Urlaubsabgeltung
6. Darlehen
7. Werkwohnung
8. Dienstwagen
9. Nachvertragliches Wettbewerbsverbot
10. Verschwiegenheitspflicht
11. Firmeneigentum/-unterlagen
12. Zeugnis und Arbeitspapiere
13. Abgeltungsklausel
14. Kosten
15. Salvatorische Klausel

IV. Rechtsfolgen des Aufhebungsvertrags
1. Beendigung des Arbeitsverhältnisses
2. Prozessbeendigung
3. Sperrzeit und Ruhen des Anspruchs auf Arbeitslosengeld
4. Erstattungspflichten bei älteren Arbeitnehmern

V. Muster: Aufhebungsvertrag

I. Begriff und Abgrenzung

Unter einem Aufhebungsvertrag versteht man eine Vereinbarung, durch die das Arbeitsverhältnis beendet wird. Im Gegensatz zu einer → Kündigung, die einseitig erfolgt, setzt der Abschluss eines Aufhebungsvertrags übereinstimmende Erklärungen von Arbeitgeber und Arbeitnehmer voraus.

Geht dem Aufhebungsvertrag eine Kündigung voraus, spricht man auch von einem „Abwicklungsvertrag".

Eine weitergehende Bedeutung hat die begriffliche Unterscheidung jedoch nicht, sodass die folgenden Erläuterungen für beide gelten, sofern in den nachfolgenden Ausführungen nicht ausdrücklich unterschieden wird.

Von einem Aufhebungs- oder Abwicklungsvertrag zu unterscheiden ist die einseitige Verzichtserklärung des Arbeitnehmers auf Erhebung einer Kündigungsschutzklage (sog. „Ausgleichsquittung").

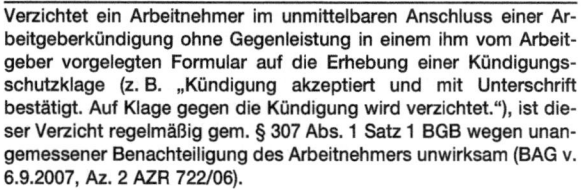

ACHTUNG!

Verzichtet ein Arbeitnehmer im unmittelbaren Anschluss einer Arbeitgeberkündigung ohne Gegenleistung in einem ihm vom Arbeitgeber vorgelegten Formular auf die Erhebung einer Kündigungsschutzklage (z. B. „Kündigung akzeptiert und mit Unterschrift bestätigt. Auf Klage gegen die Kündigung wird verzichtet."), ist dieser Verzicht regelmäßig gem. § 307 Abs. 1 Satz 1 BGB wegen unangemessener Benachteiligung des Arbeitnehmers unwirksam (BAG v. 6.9.2007, Az. 2 AZR 722/06).

II. Zustandekommen

1. Angebot/Annahme

Wie jede andere Vereinbarung setzt auch der Aufhebungsvertrag die Annahme eines konkreten Vertragsangebots voraus. Eine → Kündigung stellt grundsätzlich kein Angebot zum Abschluss eines Aufhebungsvertrags dar, sodass deren einfache Hinnahme auch nicht als Vertragsannahme gewertet werden kann. Wird aus einer schriftlichen Kündigung jedoch der Wille des Kündigenden deutlich, dass er das Arbeitsverhältnis unter allen Umständen beenden will, so ist nach der Rechtsprechung eine Umdeutung in ein Aufhebungsangebot möglich. Der Kündigungsempfänger muss dieses dann aber ausdrücklich (und seit dem 1.5.2000 auf dem Kündigungsschreiben schriftlich) annehmen, damit ein Aufhebungsvertrag zustande kommt.

Die sog. Ausgleichsquittung, auf der ein Arbeitnehmer – meist im Zusammenhang mit dem Erhalt seiner Arbeitspapiere – einseitig bestätigt, dass er „keine Rechte aus dem Arbeitsverhältnis und seiner Beendigung" mehr hat, reicht zur Beendigung des Arbeitsverhältnisses oder zum Verzicht auf → Kündigungsschutz **nicht** aus. Die Erklärung eines Arbeitnehmers, auf Kündigungsschutz zu verzichten, kann aber je nach Lage des Falls und der korrespondierenden Erklärung des Arbeitgebers einen Aufhebungsvertrag, einen Vergleich, einen (vertraglichen) Klageverzicht oder ein Klagerücknahmeversprechen darstellen. In jedem Fall ist nach Auffassung des BAG für einen wirksamen Klageverzicht die Einhaltung der in § 623 BGB vorgeschriebenen Schriftform erforderlich. Eine Klageverzichtsvereinbarung muss daher zwingend von beiden Arbeitsvertragsparteien unterzeichnet sein (s. u. 2.). Dies gilt jedenfalls, wenn die Klageverzichtsvereinbarung im unmittelbaren zeitlichen und sachlichen Zusammenhang mit dem Ausspruch einer Kündigung steht (BAG v. 19.4.2007, Az. 2 AZR 208/06).

ACHTUNG!

In diesen Fällen sieht das BAG grundsätzlich eine tatsächliche Vermutung dafür gegeben, dass die Kündigungsverzichtsvereinbarung von dem Arbeitgeber vorformuliert und deren Verwendung erkennbar für die Vielzahl von Fällen vorgesehen ist, sodass die gesetzlichen Regelungen über Allgemeine Geschäftsbedingungen Anwendung finden. Dies ist nur dann nicht der Fall, wenn eine Vertragsbedingung von dem Arbeitgeber inhaltlich ernsthaft zur Disposition gestellt wird und dem Verhandlungspartner eine Gestaltungsfreiheit zur Wahrung eigener Interessen mit der realen Möglichkeit, die inhaltliche Ausgestaltung der Vertragsbedingungen zu beeinflussen, verbleibt. Dies wiederum setzt voraus, dass der Arbeitgeber deutlich und ernsthaft zu gewünschten Änderungen der zutreffenden Vereinbarung bereit ist. Findet wegen der formularmäßigen Verwendung von Allgemeinen Geschäftsbedingungen eine Inhaltskontrolle durch das Arbeitsgericht statt, stellt der ohne Gegenleistung erklärte, formularmäßige Verzicht des Arbeitnehmers auf die Erhebung einer Kündigungsschutzklage eine unangemessene Benachteiligung i. S. v. § 307 Abs. 1 Satz 1 BGB dar, was wiederum zur Unwirksamkeit der Klageverzichtsvereinbarung führt (BAG v. 6.9.2007, Az. 2 AZR 722/06).

TIPP!

Erfolgt also eine Klageverzichtserklärung auf einem Formular, sollte der Arbeitgeber dieses Formular ebenfalls unterzeichnen und eine Gegenleistung für den Verzicht mit in die Regelung aufnehmen. Eine solche Gegenleistung sollte über einen Symbolcharakter hinausgehen.

2. Form

Aufhebungsverträge sind gem. § 623 BGB nur wirksam, wenn sie schriftlich geschlossen wurden. Dies bedeutet, dass ein Aufhebungsvertrag auf (mindestens) einer Urkunde von Arbeitgeber (bzw. einer kündigungsberechtigten Person) und Arbeitnehmer **eigenhändig** unterzeichnet sein muss. Kopien, Stempel, Faksimiles, E-Mails oder Telefaxschreiben reichen hierzu ebenso wenig aus, wie ein originalschriftlicher Schriftwechsel, auf dem jeweils nur eine Unterschrift der Parteien erfolgt ist. Ein gerichtlich protokollierter Vergleich, der die vertraglichen Erklärungen beider Parteien beinhaltet, ersetzt die gesetzliche Schriftform (§§ 126 Abs. 3, 127a BGB). Dies gilt nach der Rechtsprechung des BAG für Vergleiche, die im schriftlichen Verfahren durch richterlichen Beschluss nach § 278 Abs. 6 ZPO zustande gekommen sind (BAG v. 23.11.2006, Az. 6 AZR 394/06).

Zusätzliche Formerfordernisse können sich aus Tarifvertrag, Betriebsvereinbarung oder Arbeitsvertrag ergeben. Die Vereinbarung geringerer als der gesetzlichen Formerfordernisse ist unzulässig.

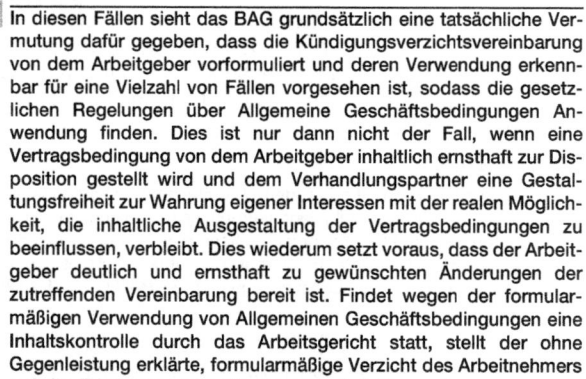

ACHTUNG!

Wird gegen das gesetzliche Schriftformerfordernis verstoßen, ist der Aufhebungsvertrag unwirksam.

Für Abwicklungsverträge gilt das gesetzliche Schriftformerfordernis zwar nicht, da die Beendigung des Arbeitsverhältnisses aufgrund einer (schriftlichen) Kündigung eintritt; dennoch wird unbedingt eine schriftliche Vereinbarung empfohlen.

3. Beteiligung des Betriebsrats

Im Gegensatz zu einer → Kündigung muss bei Abschluss eines Aufhebungsvertrags der Betriebsrat **nicht** beteiligt bzw. angehört werden. Der Aufhebungsvertrag kann also grundsätzlich ohne Mitwirkung des Betriebsrats abgeschlossen werden. Nur für den Fall, dass die Entlassung im Rahmen einer Betriebsänderung im Sinne des Betriebsverfassungsgesetzes erfolgt, ist der Betriebsrat zu beteiligen (zu den Einzelheiten → Betriebsänderung).

ACHTUNG!

Auch im Falle eines sog. unechten Abwicklungsvertrages, bei dem die Parteien von vornherein eine Kündigung mit anschließendem Abwicklungsvertrag vereinbaren, um sozialversicherungsrechtliche Nachteile für den Arbeitnehmer zu vermeiden, muss der Betriebsrat gem. § 102 BetrVG zur Kündigung angehört werden (BAG v. 28.6.2005, Az. 1 ABR 25/04).

Beabsichtigt ein Arbeitgeber eine Massenentlassung (→ Kündigung), muss er bei der Ermittlung der maßgeblichen Anzahl der zu entlassenden Arbeitnehmer auch solche mitzählen, mit denen ein Aufhebungsvertrag geschlossen wird oder werden soll. Andernfalls läuft der Arbeitgeber Gefahr, die Anzahl der zu entlassenden Arbeitnehmer nicht richtig zu ermitteln und damit u. U. die Unwirksamkeit der beabsichtigten Kündigungen herbeizuführen. Der Aufhebungsvertrag selbst bleibt aber wirksam, auch wenn keine Massenentlassungsanzeige erfolgt ist.

4. Fürsorge- und Belehrungspflichten

Grundsätzlich kann der Aufhebungsvertrag mit dem Arbeitnehmer frei verhandelt werden. Den Arbeitgeber treffen hierbei auch keine besonderen Fürsorgepflichten.

ACHTUNG!

Der Arbeitgeber darf den Arbeitnehmer jedoch nicht unter Androhung einer Kündigung, die ein vernünftig denkender Arbeitgeber (z. B. wegen offensichtlicher Unwirksamkeit) nicht aussprechen würde, zum Abschluss eines Aufhebungsvertrags zwingen oder ihn über vertragswesentliche Umstände täuschen, da der Aufhebungsvertrag sonst wegen Drohung oder arglistiger Täuschung angefochten werden kann (§ 123 BGB) (BAG v. 6.12.2001, Az. 2 AZR 396/00). Dies gilt selbst dann, wenn die Drohung von einem Vorgesetzten ausgeht, der selbst nicht kündigungsberechtigt ist (BAG v. 15.12.2005, Az. 6

AZR 197/05). Die Widerrechtlichkeit einer Drohung wird auch nicht durch eine dem Arbeitnehmer vom Arbeitgeber eingeräumte Bedenkzeit beseitigt.

Für die Frage des Vorliegens einer Drohung im Sinne des § 123 Abs. 1 BGB kommt es allein darauf an, ob der Arbeitgeber für den Fall der Nichtunterzeichnung eines Aufhebungsvertrages die Kündigung oder ein sonstiges zukünftiges Übel ausdrücklich oder schlüssig in Aussicht stellt. Wer in solcher Weise keine Aussage zu einer möglichen Kündigung oder einem sonstigen Übel trifft, droht nicht. Das Unterlassen einer Klarstellung gegenüber dem Arbeitnehmer, er müsse keine Konsequenzen für den Bestand seines Arbeitsverhältnisses fürchten, stellt keine Drohung im Sinne des § 123 Abs. 1 BGB dar. Anders als im Falle einer arglistigen Täuschung durch Unterlassen aufgrund einer bestehenden Rechtspflicht zur Aufklärung gibt es das Rechtsinstitut einer Drohung durch Unterlassen nicht (LAG Hamm v. 9.6.2011, Az. 15 Sa 410/11). Die Unterbreitung eines „jetzt und heute" anzunehmenden Aufhebungsangebots ohne Zulassung von Bedenkzeit, Rücktritts- oder Widerrufsrechten führt nicht generell zur Unwirksamkeit eines Aufhebungsvertrags. Das gilt erst recht, wenn der Arbeitnehmer nicht um eine Überlegungsfrist nachsucht (LAG Hamm, a.a.O.).

Für eine von der Drohung nicht mehr maßgeblich beeinflusste Willensbildung spricht jedoch, wenn der anfechtende Arbeitnehmer eine Bedenkzeit dazu genutzt hat, die zwischen den Parteien getroffene Vereinbarung durch aktives Verhandeln erheblich zu seinen Gunsten zu beeinflussen, insbesondere wenn er selbst rechtskundig ist oder zuvor Rechtsrat eingeholt hat bzw. aufgrund der Dauer der eingeräumten Bedenkzeit dies hätte tun können. Kommt – nach objektivem Verständnis eines vernünftig denkenden Arbeitgebers – tatsächlich eine Kündigung in Betracht, darf der Arbeitgeber dies selbstverständlich in den Verhandlungen über einen Aufhebungsvertrag zum Ausdruck bringen. Hat der Arbeitgeber bereits gekündigt und kommt später ein gerichtlicher Vergleich über die Beendigung des Arbeitsverhältnisses zustande, kann der Arbeitnehmer eine Anfechtung wegen widerrechtlicher Drohung jedenfalls nicht mit der vorausgegangenen Kündigung begründen; insoweit lag im Zeitpunkt des Zustandekommens des Vergleichs keine Drohung mehr vor (BAG v. 23.11.2006, Az. 6 AZR 394/06).

Da der Abschluss eines Aufhebungsvertrags (wie auch der eines Abwicklungsvertrages) auf Seiten des Arbeitnehmers zu Problemen beim anschließenden Bezug von Arbeitslosengeld führen kann (Sperrzeit oder Ruhen des Anspruchs auf Arbeitslosengeld, s. u. IV.3.), stellt sich die Frage, ob der Arbeitgeber ihn hierauf hinweisen muss. Eine Aufklärung ist jedenfalls dann erforderlich, wenn

▸ der Arbeitgeber den Abschluss des Aufhebungsvertrags veranlasst hat und er beim Arbeitnehmer den Eindruck erweckt, er werde bei der Beendigung des Arbeitsvertrags auch dessen Interessen wahrnehmen, oder

▸ der Arbeitgeber erkennt, dass der Arbeitnehmer sich über die möglichen Folgen des Abschlusses eines Aufhebungsvertrags nicht im Klaren ist, oder

▸ der Arbeitnehmer über die möglichen Folgen eines Aufhebungsvertrags Fragen stellt, die der Arbeitgeber zutreffend beantworten muss.

Nach der Rechtsprechung des BAG hat der Arbeitgeber seine Hinweispflicht jedenfalls dann erfüllt, wenn er dem Arbeitnehmer mitteilt, dass er u. U. mit der Verhängung einer Sperrzeit zu rechnen habe und ihn auffordert, sich hierüber selbst bei der Agentur für Arbeit zu erkundigen. Unterlässt der Arbeitgeber diesen Hinweis, bleibt der Aufhebungsvertrag zwar wirksam (er ist auch nicht anfechtbar), der Arbeitnehmer kann aber ggf. Schadensersatz in Höhe des entgangenen Arbeitslosengelds beanspruchen.

 TIPP!

Der Arbeitgeber sollte den Arbeitnehmer vor Abschluss eines Aufhebungsvertrags dazu auffordern, sich wegen möglicher Ansprüche auf Arbeitslosengeld und Sperr- oder Ruhenszeiten vorab bei der Agentur für Arbeit zu erkundigen.

 **ACHTUNG!**

Mangels einer Bindungswirkung arbeitsgerichtlicher Entscheidungen oder arbeitsgerichtlicher Vergleiche für das sozialgerichtliche Verfahren müssen die Sozialgerichte von Amts wegen selbst prüfen, ob der Arbeitnehmer durch ein arbeitsvertragswidriges Verhalten gem. § 144 Abs. 1 S. 2 Nr. 1 SGB III Anlass für eine Kündigung gegeben hat (vgl. BSG v. 6.3.2003, Az. B 11 AL 69/02; BSG v. 27.4.2011, Az. B 11 AL 11/11 B). Dies bedeutet, dass z. B. die Vereinbarung einer betriebsbedingten Kündigung statt einer verhaltensbedingten in einem arbeitsgerichtlichen Abwicklungsvergleich keine Gewähr dafür bietet, dass keine Sperr- oder Ruhenszeit verhängt wird.

Aus Beweisgründen sollte der Arbeitgeber sich die Belehrung vom Arbeitnehmer auf einem gesonderten Schreiben oder im Aufhebungsvertrag selbst bestätigen lassen.

Formulierungsbeispiel:

„Der Arbeitnehmer bestätigt, auf etwaige Nachteile, die ihm durch den Abschluss des vorliegenden Aufhebungsvertrags beim Bezug von Arbeitslosengeld entstehen können, vom Arbeitgeber hingewiesen worden zu sein."

 ACHTUNG!

Seit 1.7.2003 ist der Arbeitgeber gesetzlich dazu verpflichtet, Arbeitnehmer frühzeitig vor der Beendigung des Arbeitsverhältnisses über die Notwendigkeit eigener Aktivitäten bei der Suche nach einer anderen Beschäftigung sowie über die Verpflichtung zur Meldung der Beendigung bei der zuständigen Agentur für Arbeit innerhalb der gesetzlichen Fristen gem. § 387b SGB III zu informieren.

Diese Belehrung sollte bereits mit der Kündigungserklärung schriftlich erfolgen. Soll das Arbeitsverhältnis durch Aufhebungsvertrag oder Abwicklungsvertrag beendet werden, sollte die Belehrung in den Vertragstext mit aufgenommen werden.

Formulierungsbeispiel:

„Der Arbeitnehmer wurde darüber informiert, dass er gegenüber der Agentur für Arbeit verpflichtet ist, Eigenaktivitäten bei der Suche nach einer anderen Beschäftigung zu entfalten und dass er der zuständigen Agentur für Arbeit das Ende des Beschäftigungsverhältnisses unverzüglich, spätestens innerhalb von drei Tagen nach Unterzeichnung dieses Vertrages mitteilen muss. Der Arbeitnehmer wurde darauf hingewiesen, dass die verspätete Meldung bei der Agentur für Arbeit zu Kürzungen beim Bezug von Arbeitslosengeld führen kann."

Fraglich ist auch, ob der Arbeitgeber den Arbeitnehmer darauf hinweisen muss, dass gerade Verhandlungen mit dem Betriebsrat über den Abschluss eines Sozialplans geführt werden. Das BAG hat in seiner Entscheidung vom 22.4.2004 (BAG v. 22.4.2004, Az. 2 AZR 281/03) klargestellt, dass eine Hinweispflicht nur dann in Betracht kommt, wenn der Arbeitnehmer dem Sozialplan unterfallen und durch diesen besser gestellt worden wäre als durch den Aufhebungsvertrag. In dem der Entscheidung zugrunde liegenden Fall hat das BAG dies verneint, da der Arbeitnehmer gar nicht (betriebsbedingt) kündbar gewesen wäre.

 **ACHTUNG!**

Spiegelt der Arbeitgeber dem Arbeitnehmer wahrheitswidrig vor, dass der Betrieb stillgelegt werden solle, obwohl tatsächlich ein Betriebsübergang geplant ist, so kann dies – wegen Umgehung des § 613a BGB (s. „Betriebsübergang") – ohne Weiteres zur Unwirksamkeit eines Aufhebungsvertrages führen (BAG v. 23.11.2006, Az. 8 AZR 349/06).

Im Übrigen ist es grundsätzlich Sache des Arbeitnehmers, sich selbst über die rechtlichen Folgen eines Aufhebungsvertrags Klarheit zu verschaffen (so z. B. auch über den möglichen Verlust einer Versorgungsanwartschaft).

5. Belehrung über Widerrufsrecht?

Bestimmte Neuregelungen der am 1.1.2002 in Kraft getretenen und ab 1.1.2003 für alle Verträge geltenden Schuldrechtsmodernisierung schützen in besonderer Weise den „Verbraucher". Das Bundesarbeitsgericht hat nun festgestellt, dass auch der Arbeitnehmer bei Abschluss eines Arbeitsvertrages als Verbraucher im Sinne dieser Vorschriften zu behandeln ist (BAG v. 25.5.2005, Az. 5 AZR 572/04).

Noch nicht abschließend geklärt ist, ob dem Arbeitnehmer bei Abschluss von arbeitsrechtlichen Verträgen auch ein Widerrufsrecht gem. § 312 Abs. 1 Satz 1 BGB einzuräumen ist. Nach dieser Vorschrift kann ein Verbraucher innerhalb von zwei Wochen nach Erhalt der Vertragsurkunde und der Widerrufsbelehrung Verträge widerrufen, bei denen er durch mündliche Verhandlungen an seinem Arbeitsplatz zur Abgabe einer rechtsgeschäftlichen Willenserklärung bestimmt worden ist. Der Arbeitnehmer müsste also wie beim fremdfinanzierten Kauf einer Waschmaschine oder eines Autos ausdrücklich über das Bestehen eines Widerrufsrechts belehrt werden. Geschieht dies nicht, kann er seinen Widerruf zeitlich unbeschränkt ausüben (auch das ist umstritten!).

> **WICHTIG!**
>
> In einer Entscheidung hat das BAG (BAG v. 22.4.2004, Az. 2 AZR 281/03) klargestellt, dass § 312 BGB jedenfalls nicht für arbeitsrechtliche Aufhebungsverträge gilt, sodass diesbezüglich selbst dann kein Widerrufsrecht besteht, wenn der Arbeitnehmer vorwiegend zu Hause arbeitet.

III. Inhalt

Der Aufhebungsvertrag sollte über die Auflösung des Arbeitsverhältnisses hinaus sämtliche Aspekte regeln, die sich aus der Beendigung ergeben.

> **ACHTUNG!**
>
> Seit 1.1.2002 findet grundsätzlich auch auf Aufhebungsverträge das Recht der Allgemeinen Geschäftsbedingungen Anwendung. Zu den Anwendungsvoraussetzungen und den sich hieraus möglicherweise ergebenden Rechtsfolgen s. Arbeitsvertrag V.3. Insbesondere ist darauf zu achten, dass die Klauseln des Aufhebungsvertrags nicht überraschend sind und keine Zweifel an deren Regelungsinhalt bleiben. Die nachfolgenden Formulierungsvorschläge sollten unbedingt daraufhin überprüft werden, ob sie im Einzelfall auch tatsächlich passen. Im Zweifelsfall sollte fachkundiger Rat bei einem versierten Arbeitsrechtler eingeholt werden.

1. Beendigungszeitpunkt und -art, Beendigungsgrund

Die Überlegungen, wann das Arbeitsverhältnis aufgehoben bzw. beendet werden soll, sind vielseitig. So hat der Arbeitgeber in der Regel Interesse an einer möglichst schnellen Aufhebung, da er angesichts der bevorstehenden Beendigung des Arbeitsverhältnisses Loyalitätseinbußen auf Seiten des Arbeitnehmers befürchtet. Andererseits kann es für den Arbeitgeber aber auch interessant sein, einen hochqualifizierten Arbeitnehmer noch möglichst lange an das bis zur Beendigung des Arbeitsverhältnisses bestehende vertragliche → *Wettbewerbsverbot* zu binden, um ihn so von der Konkurrenz fernzuhalten.

Für den Arbeitnehmer hängt die Frage des Beendigungszeitpunkts in erster Linie davon ab, ob und zu welchem Zeitpunkt er mit dem Beginn eines neuen Arbeitsverhältnisses rechnet. Hat er bereits eine neue Stelle, wird er an einer schnellen Aufhebung interessiert sein; muss er sich erst noch bewerben, wird er den Zeitpunkt der Beendigung hinauszögern wollen. In jedem Fall sollte die einschlägige Kündigungsfrist eingehalten werden, da der Arbeitnehmer andernfalls mit erheblichen Nachteilen im Zusammenhang mit dem Bezug von Arbeitslosengeld rechnen muss (s. u. IV.3.).

> **ACHTUNG!**
>
> Wird der Beendigungszeitpunkt in einem Aufhebungsvertrag so spät festgesetzt, dass die einschlägige Kündigungsfrist um ein Vielfaches überschritten wird, so kann hierin eine nachträgliche Befristung des Arbeitsverhältnisses gesehen werden. Diese ist nur zulässig, sofern ein sachlicher Grund vorliegt. Wird nach Zugang einer ordentlichen

Arbeitgeberkündigung vor Ablauf der Klagefrist eine Beendigung des Arbeitsverhältnisses mit einer Verzögerung von zwölf Monaten vereinbart, so handelt es sich dabei in der Regel nicht um eine nachträgliche Befristung des Arbeitsverhältnisses, sondern um einen Aufhebungsvertrag, wenn nach der Vereinbarung keine Verpflichtung zur Arbeitsleistung bestehen soll (= „Kurzarbeit Null") und zugleich Abwicklungsmodalitäten wie Abfindung, Zeugniserteilung und Rückgabe von Firmeneigentum geregelt werden (BAG v. 15.2.2007, Az. 6 AZR 286/06).

Die Art der Beendigung spielt für den Arbeitnehmer ebenfalls eine erhebliche Rolle. So muss er mit sozialversicherungsrechtlichen Nachteilen (s. u. IV.3.) rechnen, wenn das Arbeitsverhältnis auf seine Veranlassung (sei es durch verhaltensbedingte Gründe oder durch eigenen Aufhebungswunsch) endet. Schließlich sollte der im Aufhebungsvertrag angegebene Beendigungsgrund auch „zeugnistauglich" sein. Daher empfiehlt sich folgende Formulierung:

Formulierungsbeispiel:

> „Die Parteien sind sich darüber einig, dass das seit .... bestehende Arbeitsverhältnis durch ordentliche, betriebsbedingte Arbeitgeberkündigung vom .... zum .... endet/geendet hat."

2. Abfindung

In der Regel findet eine einvernehmliche Aufhebung des Arbeitsverhältnisses nur gegen Zahlung einer Abfindung (= Entschädigung wegen des Arbeitsplatzverlusts) statt.

> **ACHTUNG!**
>
> Neben der in einem Aufhebungs-/Abwicklungsvertrag frei zu vereinbarenden Abfindung kann ein gesetzlicher Abfindungsanspruch des Arbeitnehmers bestehen. Ein solcher kann sich ergeben aus:
>
> ▶ § 1a KSchG (Abfindungsanspruch bei betriebsbedingter Kündigung; s. hierzu „Kündigungsschutz" A.III.4.);
>
> ▶ §§ 9, 10 KSchG (Abfindungsanspruch bei gerichtlicher Auflösung des Arbeitsverhältnisses);
>
> ▶ § 113 BetrVG i. V. m. § 10 KSchG (Abfindungsanspruch bei → *Betriebsänderungen*; s. hierzu „Betriebsänderung" IV.1.);
>
> ▶ § 112 BetrVG i. V. m. Sozialplan (Abfindungsanspruch bei → *Betriebsänderungen*; s. hierzu „Betriebsänderung" III.4.).

Der Arbeitgeber sollte vor der Aufnahme von Verhandlungen über eine Abfindung unbedingt überprüfen, ob dem Arbeitnehmer ein solcher Abfindungsanspruch zusteht. Ist dies der Fall, wird sich der Arbeitnehmer i. d. R. nur dann auf einen Aufhebungs-/Abwicklungsvertrag einlassen, wenn die vertragliche Abfindung den gesetzlichen Anspruch übersteigt.

Bei der Festlegung der Abfindung in einem Aufhebungs-/Abwicklungsvertrag sind folgende Aspekte zu beachten:

2.1 Höhe

Die Höhe der Abfindung bemisst sich üblicherweise nach folgender Faustformel:

Jahre der Betriebszugehörigkeit × 0,5 bis 1 Monatsgehalt

Wenn bereits ein Kündigungsschutzverfahren beim Arbeitsgericht anhängig ist, sollten die Prozessaussichten (also die Wahrscheinlichkeit, ob die → *Kündigung* wirksam ist oder nicht) mit etwaigen Zu- oder Abschlägen berücksichtigt werden.

Ist die Kündigung offensichtlich wirksam (z. B. weil der Arbeitnehmer nachweislich, wiederholt und unter Missachtung vorangegangener Abmahnungen grob gegen seine arbeitsvertraglichen Pflichten verstoßen hat), wird der Arbeitgeber keine oder nur eine geringe Abfindung zu zahlen brauchen. Der Abschluss eines Aufhebungsvertrags kann dann für ihn nur den Sinn haben, schnell und ohne gerichtliche Auseinandersetzungen eine Beendigung des Arbeitsverhältnisses herbeizuführen. Andererseits können natürlich auch moralische Aspekte eine Rolle spielen, wenn etwa ein langjährig beschäftigter Mitarbeiter aus betriebsbedingten Gründen entlassen werden soll, sodass die

Abfindung sozusagen als Dank für seine Loyalität auch dann in voller Höhe versprochen wird, wenn seine Prozesschancen als äußerst ungünstig eingestuft werden.

Ist die Kündigung hingegen offensichtlich unwirksam (weil z. B. der Betriebsrat nicht ordnungsgemäß angehört wurde), sollte der Arbeitgeber jedenfalls bis zur Höchstgrenze der oben genannten Formel gehen. Führt das arbeitsgerichtliche Verfahren nämlich nach möglicherweise jahrelanger Dauer zu dem (vorhersehbaren) Ergebnis, dass die Kündigung unwirksam ist, müssen u. U. dem Arbeitnehmer sämtliche Bezüge nachgezahlt werden (→ *Kündigung*). Gerade in der Begrenzung oder Vermeidung dieses Risikos liegt oftmals der Grund für den Abschluss eines Aufhebungsvertrags, mit dem sich der Arbeitnehmer jedoch in der Regel nur dann einverstanden erklärt, wenn ihm eine angemessene Abfindung gezahlt wird.

Ferner kann die Frage einer (bezahlten) Freistellung des Arbeitnehmers wesentlichen Einfluss auf die Abfindungshöhe haben. Die oben genannte Faustformel gilt für den Fall, dass der Arbeitnehmer bis zum vereinbarten Beendigungzeitpunkt seine Arbeitsleistung erbringt. Wird er für mehr als einen Monat – unter Fortzahlung seiner Bezüge – freigestellt, wird die Abfindung üblicherweise um die jeweiligen Monatsvergütungen reduziert. Etwas anderes gilt nur, wenn und soweit der Arbeitnehmer in den Freistellungszeitraum Resturlaubsansprüche einbringt. Diese Zeiten können sich selbstverständlich nicht abfindungsmindernd auswirken.

 WICHTIG!

Ist die Höhe einer Abfindung (Entlassungsentschädigung) in einem Sozialplan festgelegt, muss sich der Arbeitgeber hieran halten, um Nachforderungen zu vermeiden. Ein Verzicht des Arbeitnehmers auf Ansprüche aus dem Sozialplan ist nur mit Zustimmung des Betriebsrats wirksam.

2.2 Formulierung

Um Unklarheiten über die Bestimmung der einmaligen Abfindungszahlung zu vermeiden, sollte die vertragliche Regelung eindeutig sein.

Formulierungsbeispiel:

„Anlässlich der Beendigung des Arbeitsverhältnisses zahlt der Arbeitgeber dem Arbeitnehmer für den Verlust des Arbeitsplatzes eine einmalige Abfindung gemäß §§ 9, 10 KSchG in Höhe von € ...."

Grundsätzlich wird die Abfindung mit dem vereinbarten Beendigungstermin zur Zahlung fällig. Abweichend oder ergänzend hierzu können auch andere Zahlungsbedingungen vereinbart werden, z. B.:

Formulierungsbeispiel:

„Der vorbenannte Abfindungsbetrag ist an den Arbeitnehmer bis spätestens .... auszubezahlen."

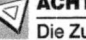 **ACHTUNG!**

Die Zustimmung des Arbeitnehmers zur Beendigung des Arbeitsverhältnisses steht grundsätzlich im Gegenseitigkeitsverhältnis zu der Verpflichtung des Arbeitgebers zur Zahlung einer Abfindung. Zahlt der Arbeitgeber eine in einem Aufhebungsvertrag geregelte Abfindung nicht, kann der Arbeitnehmer grundsätzlich gemäß § 323 Abs. 1 BGB vom Aufhebungsvertrag zurücktreten, es sei denn, dass der Anspruch auf Zahlung (z. B. wg. Insolvenz) nicht durchsetzbar ist (vgl. BAG v. 10.11.2011, Az. 6 AZR 357/10).

2.3 Steuerrecht

Abfindungen waren bis zum 31.12.2005 in den folgenden Grenzen **steuerfrei:**

▶ bis zu € 11.000, wenn der Arbeitnehmer bei Zahlung der Abfindung das **55. Lebensjahr** vollendet hat **und** das Beschäftigungsverhältnis mindestens **20 Jahre** bestanden hat;

▶ bis zu € 9.000, wenn der Arbeitnehmer bei Zahlung der Abfindung das **50. Lebensjahr** vollendet hat **und** das Beschäftigungsverhältnis mindestens **15 Jahre** bestanden hat;

▶ bis zu € 7.200 in allen übrigen Fällen.

 ACHTUNG!

Die Steuerfreiheit für Abfindungen wegen Auflösung des Dienstverhältnisses (§ 3 Nr. 9 EStG) sowie für Übergangsgelder und Übergangsbeihilfen wegen Entlassung aus dem Dienstverhältnis (§ 3 Nr. 10 EStG) ist ab 1.1.2006 aufgehoben. Hierzu gilt: „§ 3 Nr. 9 EStG in der bis zum 31.12.2005 geltenden Fassung ist weiter anzuwenden für vor dem 1.1.2006 entstandene Ansprüche der Arbeitnehmer auf Abfindungen oder für Abfindungen wegen einer vor dem 1.1.2006 getroffenen Gerichtsentscheidung oder einer am 31.12.2005 anhängigen Klage, soweit die Abfindungen dem Arbeitnehmer vor dem 1.1.2008 zufließen".

Sofern und soweit keine Steuerfreiheit gegeben ist, unterliegen Abfindungen dem Lohnsteuerabzugsverfahren. Entsprechendes gilt, wenn das Arbeitsverhältnis auf Veranlassung des Arbeitnehmers beendet wurde. Damit der Arbeitgeber vor einer nachträglichen Inanspruchnahme durch das Finanzamt geschützt ist und Missverständnisse über den Charakter der Abfindungszahlung (Brutto oder Netto) vermieden werden, sollte die Frage des Lohnsteuerabzugs im Aufhebungsvertrag selbst klar geregelt werden.

Formulierungsbeispiel:

„Die Parteien sind sich darüber einig, dass der Arbeitgeber bei der Auszahlung der vorbenannten Abfindung Lohnsteuer in Abzug bringt. Sollte das zuständige Finanzamt aufgrund dieser Vereinbarung Lohn- bzw. Kirchensteuer von dem Arbeitgeber nachfordern, so wird der Arbeitnehmer diesen – nach Vorlage eines entsprechenden Nachweises – unverzüglich von seiner Verbindlichkeit freistellen bzw. die vom Arbeitgeber gezahlte Lohn- und Kirchensteuer erstatten."

Jedenfalls sollte klargestellt werden, wer die anfallende Lohn- und Kirchensteuer trägt.

Formulierungsbeispiel:

„Auf die Abfindung anfallende Lohn- oder Kirchensteuer wird vom [*wahlweise:* Arbeitgeber oder Arbeitnehmer] getragen."

Wenn die Abfindungszahlung innerhalb eines Veranlagungszeitraums (Kalenderjahr) erfolgt und zu einer „Zusammenballung von Einkünften" auf Seiten des Arbeitnehmers führt (er also mehr Einkünfte hat, als er üblicherweise bei Fortbestand des Arbeitsverhältnisses gehabt hätte), können die (über den Freibetrag hinausgehenden) Abfindungsanteile steuerbegünstigt sein (§ 24 Nr. 1a EStG = Fünftelregelung). Zur genauen Berechnung, die der Arbeitgeber durchzuführen hat, s. das im selben Verlag erschienene Lexikon für das Lohnbüro, „Abfindung wegen Entlassung aus einem Dienstverhältnis".

2.4 Sozialversicherungsrecht

Soll mit der Abfindung das nach der Vertragsbeendigung entfallene Arbeitsentgelt ausgeglichen werden, ist sie in der Kranken-, Renten- und Arbeitslosenversicherung beitragsfrei. Werden mit der Abfindung noch offene Ansprüche aus dem Arbeitsverhältnis ausgeglichen, ist dieser Anteil insoweit auch beitragspflichtig.

Beispiel:

Der Arbeitgeber beendet das Arbeitsverhältnis mit dem Arbeitnehmer B durch Aufhebungsvertrag. Er zahlt an B insgesamt € 25.000. B hat noch Anspruch auf Gehalt aus dem Arbeitsverhältnis in Höhe von € 7.500. Von den € 25.000 besteht für € 7.500 Beitragspflicht.

Näheres hierzu s. das im selben Verlag erschienene Lexikon für das Lohnbüro, „Abfindung wegen Entlassung aus einem Dienstverhältnis".

Daher ist zu empfehlen, dass offene Vergütungsansprüche und sonstige finanzielle Ansprüche des Arbeitnehmers (z. B. Urlaubsabgeltung, Karenzentschädigung etc.) gesondert aufgeführt werden.

3. Freistellung

Wegen der mit der bevorstehenden Beendigung möglicherweise zu befürchtenden Motivations- oder Loyalitätseinbuße auf Seiten des Arbeitnehmers hat der Arbeitgeber häufig ein Interesse daran, dass der Arbeitnehmer bis zum vereinbarten Beendigungstermin nicht mehr am Arbeitsplatz erscheint. Ein Recht auf (einseitige) Suspendierung hat der Arbeitgeber jedoch nur in solchen Fällen, in denen die Weiterbeschäftigung des Arbeitnehmers (z. B. wegen Verdachts strafbarer Handlungen oder Wegfall des Arbeitsplatzes) unzumutbar bzw. unmöglich ist.

Meistens kommt der Freistellungswunsch des Arbeitgebers dem Arbeitnehmer jedoch gelegen, damit er sich voll und ganz der Suche nach einem neuen Arbeitsplatz widmen kann. Daher liegen die tatsächlichen Voraussetzungen für eine Freistellungsvereinbarung in der Regel vor.

 **WICHTIG!**

Im Juli 2005 hatten die Spitzenverbände der Sozialversicherungsträger Regelungen eingeführt, wonach ein sozialversicherungspflichtiges Beschäftigungsverhältnis im Falle einer einvernehmlich vereinbarten unwiderruflichen Freistellung bereits mit dem ersten Tag der Freistellung (und nicht erst zum Zeitpunkt der rechtlichen Beendigung des Arbeitsverhältnisses) endet. Dies hatte für den betroffenen Mitarbeiter erhebliche nachteilige Folgen (Verlust des Sozialversicherungsschutzes). Mit seiner Entscheidung vom 24.9.2008, Az. B 12 KR 22/07 R und B 12 KR 27/07 hat das BSG diese Rechtspraxis überholt. Nach der Auffassung des BSG besteht ein sozialversicherungsrechtliches Beschäftigungsverhältnis auch bei einer einvernehmlichen unwiderruflichen Freistellung fort, sofern das vereinbarte Arbeitsentgelt während der Freistellung fortgezahlt wird. Es ist daher zukünftig wieder möglich, eine unwiderrufliche Freistellung zu vereinbaren, ohne dadurch den Sozialversicherungsschutz des Arbeitnehmers zu gefährden.

Im Falle einer Freistellung ist zu beachten, dass während einer Freistellung die Rechte und Pflichten der Arbeitsvertragsparteien (mit Ausnahme der Beschäftigungs- und Arbeitspflicht) fortbestehen. Der Arbeitnehmer ist insbesondere an vertragliche Verschwiegenheitspflichten und → *Wettbewerbsverbote* gebunden. Der Arbeitgeber muss die vertraglich vereinbarte Vergütung weiter bezahlen, wozu u. a. auch die weitere Überlassung eines privat genutzten Dienstwagens zählt.

 **WICHTIG!**

Eine schwerwiegende Pflichtverletzung des Arbeitnehmers (z. B. die unbefugte Übermittlung geheimer Daten des Arbeitgebers auf sein privates E-Mail-Postfach) kann einen wichtigen Grund darstellen, der den Arbeitgeber sogar während einer Freistellung des Arbeitnehmers vor dem in einem Aufhebungsvertrag vereinbarten Ende des Arbeitsverhältnisses noch zu einer außerordentlichen Kündigung berechtigt (vgl. LAG Hessen v. 29.8.2011, Az. 7 Sa 248/11).

Stellt der Arbeitgeber den Arbeitnehmer nach Ausspruch einer ordentlichen Kündigung für die Dauer der Kündigungsfrist unter Anrechnung bestehender Urlaubsansprüche von der Arbeit frei und bittet er den Arbeitnehmer zugleich, ihm die Höhe des während der Freistellung erzielten Verdienstes mitzuteilen, überlässt der Arbeitgeber dem Arbeitnehmer die zeitliche Festlegung der Urlaubszeit und gerät während der verbleibenden Zeit in Annahmeverzug (BAG v. 6.9.2006, Az. 5 AZR 703/05), muss also das vertraglich vereinbarte Arbeitsentgelt fortbezahlen.

Zu klären ist auch die Frage, ob der Arbeitnehmer während des Freistellungszeitraumes anderweitig arbeiten darf und ob er sich die hieraus erzielten Einkünfte auf das vom Arbeitgeber fortzuzahlende Gehalt (entsprechend § 615 BGB) anrechnen lassen muss. In der Regel dürfte der Arbeitgeber nur dann ein

berechtigtes Interesse an der Versagung einer „Nebentätigkeit" haben, wenn diese in einem Konkurrenzunternehmen erfolgt.

 ACHTUNG!

Bei einer unwiderruflichen Freistellung unter dem Vorbehalt der Anrechnung etwaigen anderweitigen Verdienstes kann der Arbeitnehmer regelmäßig davon ausgehen, in der Verwertung seiner Arbeitsleistung frei und nicht mehr an vertragliche Wettbewerbsverbote (§ 60 HGB) gebunden zu sein. Einen abweichenden Willen hat der Arbeitgeber in der Freistellungserklärung/Freistellungsvereinbarung zum Ausdruck zu bringen. Ist die Freistellungserklärung des Arbeitgebers dahingehend auszulegen, dass abweichend von § 615 Satz 2 BGB eine Anrechnung anderweitigen Verdienstes nicht erfolgen soll, kann der Arbeitnehmer redlicherweise nicht ohne ausdrückliche Erklärung des Arbeitgebers annehmen, der Arbeitgeber hat aber auf die Einhaltung des vertraglichen Wettbewerbsverbots verzichtet (BAG v. 6.9.2006, Az. 5 AZR 703/05).

Durch die Anrechnung anderweitiger Einkünfte wird die Bereitschaft des Arbeitnehmers gemindert, schon frühzeitig bei einem anderen Arbeitgeber zu arbeiten. Außerdem wird durch Förderung einer anderweitigen Beschäftigung (außer bei einem Konkurrenzunternehmen) u. U. verhindert, dass der Arbeitnehmer nach Beendigung des Arbeitsverhältnisses (erneut) zu einem Wettbewerber wechselt. Wenn ein nachvertragliches → *Wettbewerbsverbot* vereinbart wurde, kann der Arbeitgeber (in der Hoffnung, dass der Arbeitnehmer eine während des Freistellungszeitraums aufgenommene konkurrenzfreie Tätigkeit nach Beendigung fortsetzt) ggf. auf die Einhaltung verzichten. Er ist jedoch auch dann noch für ein Jahr zur Zahlung der Karenzentschädigung verpflichtet (Wettbewerbsverbot).

 ACHTUNG!

Wird ein Mitarbeiter nach einer Kündigung vom Arbeitgeber bis zum Vertragsende von der Erbringung seiner Arbeitsleistung freigestellt, so ist damit nicht automatisch der ihm noch zustehende Resturlaub abgegolten (BAG v. 9.6.1998, Az. 9 AZR 43/97). Will der Arbeitgeber den Arbeitnehmer während des Laufs der Kündigungsfrist zum Zwecke der Gewährung von Erholungsurlaub von der Verpflichtung zur Erbringung der Arbeitsleistung freistellen, muss der Arbeitnehmer als Adressat der Erklärung hinreichend deutlich erkennen können, in welchem Umfang der Arbeitgeber den Urlaubsanspruch des Arbeitnehmers erfüllen will. Erklärt sich der Arbeitgeber nicht mit der erforderlichen Deutlichkeit, geht dies zu seinen Lasten. Dies gilt insbesondere dann, wenn der Arbeitnehmer nicht erkennen kann, ob der Arbeitgeber mit der Freistellung in der Kündigungsfrist nur den gekürzten Vollurlaub oder den Vollurlaub gewähren will (BAG v. 17.5.2011, Az. 9 AZR 189/10).

Die Behandlung etwaiger Resturlaubsansprüche sollte daher mit der Freistellung ausdrücklich vereinbart werden. Die Erklärung eines Arbeitgebers, einen Arbeitnehmer unter Anrechnung auf dessen Urlaubsansprüche nach der Kündigung von der Arbeitsleistung freizustellen, ist nach den §§ 133, 157 BGB aus Sicht des Arbeitnehmers auszulegen. Die Freistellung des Arbeitnehmers zum Zwecke der Gewährung von Erholungsurlaub erfolgt durch einseitige, empfangsbedürftige Willenserklärung des Arbeitgebers. Die Erklärung muss für den Arbeitnehmer hinreichend deutlich erkennen lassen, in welchem Umfang der Arbeitgeber die Urlaubsansprüche des Arbeitnehmers erfüllen will. Zweifel gehen zu Lasten des Arbeitgebers. Denn als Erklärender hat er es in der Hand, den Umfang der Freistellung eindeutig festzulegen (BAG v. 17.5.2011, Az. 9 AZR 189/10).

Formulierungsbeispiel:

„Die Parteien sind sich darüber einig, dass der Arbeitnehmer seinen gesamten Resturlaub von .... Tagen in der Zeit von .... bis .... nimmt. Nach Beendigung des Urlaubs wird er ab .... bis zur rechtlichen Beendigung des Arbeitsverhältnisses unwiderruflich von der Erbringung seiner Arbeitsleistung unter Fortzahlung seiner vertragsgemäßen Vergütung freigestellt.

4. Vergütung

In dem Aufhebungsvertrag sollte die Zahlung offener Gehaltsansprüche oder der bis zum Beendigungszeitpunkt noch ent-

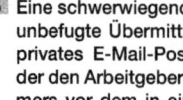

stehenden Bezüge geregelt werden, damit eine klare Trennung zwischen Abfindung und Vergütungsansprüchen erfolgt.

Formulierungsbeispiel:

> „Bis zu dem unter § .... genannten Beendigungszeitpunkt werden die vertragsgemäßen Bezüge vom Arbeitgeber fortbezahlt. Die Lohn-/Gehaltsabrechnung erfolgt wie bisher zum .... eines Kalendermonats."

Auch etwaige Gratifikationen sollten Berücksichtigung finden.

Formulierungsbeispiel:

> „Die arbeitsvertraglich zugesagte → *Gratifikation* für das Jahr .... erhält der Arbeitnehmer ungekürzt [*oder:* nicht *oder wahlweise:* in Höhe von € .... *oder:* zu .... Zwölfteln]."

Entsprechendes gilt für Gewinnbeteiligungen oder Erfolgsprovisionen.

Formulierungsbeispiel:

> „Der Arbeitnehmer hat für das laufende Geschäftsjahr .... Anspruch auf Gewinnbeteiligung in Höhe von .... v. H. des Jahresgewinns. Wegen der vorzeitigen Beendigung des Arbeitsverhältnisses zu dem in § .... genannten Beendigungszeitpunkt wird die Gewinnbeteiligung zu .... Zwölfteln gezahlt."

Wahlweise kann hierzu auch vereinbart werden:

Formulierungsbeispiel:

> „Die vertraglich vorgesehene Gewinnbeteiligung für das Geschäftsjahr .... wird pauschal mit € .... abgegolten. Die Parteien sind sich darüber einig, dass weitere Ansprüche auf eine Gewinnbeteiligung nicht bestehen."

5. Urlaubsabgeltung

Grundsätzlich hat ein Arbeitnehmer seinen Erholungsurlaub während des bestehenden Arbeitsverhältnisses zu nehmen. Nur wenn ihm dies wegen der Beendigung des Arbeitsverhältnisses nicht möglich ist, muss der Urlaub durch den Arbeitgeber finanziell abgegolten werden. Im Aufhebungsvertrag sollte zunächst festgestellt werden, in welcher Höhe noch Resturlaubsansprüche bestehen.

Formulierungsbeispiel:

> „Die Parteien sind sich darüber einig, dass dem Arbeitnehmer für das Jahr .... noch .... Urlaubstage zustehen."

Wenn der Resturlaub nicht bereits im Zusammenhang mit einer unwiderruflichen Freistellung abgegolten wird, sollte versucht werden, eine Einbringung bis zum Beendigungszeitpunkt zu vereinbaren.

Formulierungsbeispiel:

> „Der Arbeitnehmer wird den Urlaub – nach Absprache mit dem Arbeitgeber – bis zu dem in § .... genannten Beendigungszeitpunkt nehmen."

Wenn dies nicht möglich ist, kann auch die finanzielle Abgeltung vereinbart werden.

Formulierungsbeispiel:

> „Der Arbeitgeber bezahlt dem Arbeitnehmer zur Abgeltung des Urlaubs eine Urlaubsabgeltung in Höhe von € . . ., welche am . . . zur Zahlung fällig ist."

6. Darlehen

Wurde dem Arbeitnehmer ein Darlehen gewährt, sollte im Aufhebungsvertrag eine Bestandsaufnahme erfolgen und eine ggf. vom Darlehensvertrag abweichende Rückzahlung vereinbart werden.

Formulierungsbeispiel:

> „Der Arbeitnehmer hat vom Arbeitgeber am .... ein Darlehen in Höhe von € .... erhalten. Hierauf sind bis heute € .... getilgt. Der Restbetrag in Höhe von € .... wird in monatlichen Raten von jeweils € ...., zahlbar jeweils am .... eines Kalendermonats, beginnend ab dem .... zurückbezahlt."

Wahlweise kann dem Arbeitnehmer auch die Möglichkeit zur kurzfristigen Rückzahlung eingeräumt bzw. schmackhaft gemacht werden. Dies hat den Vorteil, dass nach der Beendigung des Arbeitsverhältnisses nicht noch weiterer Verwaltungsaufwand für den Arbeitgeber fortbesteht.

Formulierungsbeispiel:

> „Dem Arbeitnehmer wird die Möglichkeit eingeräumt, die per .... [Datum] noch offene Darlehensschuld in Höhe von € .... vorzeitig durch eine Einmalzahlung in Höhe von € .... abzulösen."

Wenn eine Ratenzahlung vereinbart wird, sollte sich der Arbeitgeber die Möglichkeit vorbehalten, den gesamten Restbetrag im Falle des Zahlungsverzugs einzufordern.

Formulierungsbeispiel:

> „Sobald der Arbeitnehmer mit der Zahlung einer Rate oder eines Teils hiervon mehr als zwei Wochen in Verzug gelangt, ist der gesamte Restbetrag zur sofortigen Zahlung fällig."

Der Arbeitgeber kann für die Aufrechterhaltung des Darlehens bzw. bis zur vollständigen Rückführung Sicherheiten verlangen, da er ja künftig nicht mehr in ständiger Geschäftsbeziehung zum Arbeitnehmer steht.

Formulierungsbeispiel:

> „Zur Sicherung der Darlehensforderung tritt der Arbeitnehmer die zukünftige Lohnforderung gegen jeden neuen Arbeitgeber in der jeweils gesetzlich zulässigen Höhe (Pfändungsfreigrenzen) an den Arbeitgeber ab."

7. Werkwohnung

Bei der Beendigung eines Arbeitsverhältnisses stellt sich auch die Frage, was mit einer dem Arbeitnehmer überlassenen → *Werkwohnung* passiert. Der Arbeitgeber wird in der Regel Interesse an einer baldigen Räumung haben. Grundsätzlich kann er dies nach Beendigung des Arbeitsverhältnisses durch eine ordentliche Kündigung erreichen. Hierzu muss er jedoch nachweisen, dass die Dienstwohnung (dringend) für einen anderen Mitarbeiter benötigt wird. Außerdem kann der Arbeitnehmer die Räumung durch die Geltendmachung sozialer Härten verzögern oder der Kündigung sogar insgesamt widersprechen. Aus diesem Grund sollte der Aufhebungsvertrag auch eine Regelung über die Räumung und Herausgabe der Werkwohnung beinhalten.

Formulierungsbeispiel:

> „Der Arbeitnehmer verpflichtet sich, die ihm vom Arbeitgeber überlassene Werkwohnung in .... [Anschrift] bis spätestens .... zu räumen und in vertragsgemäßem Zustand an den Arbeitgeber zu übergeben."

Wenn ein gesonderter Mietvertrag vorliegt und lediglich der Räumungstermin im Aufhebungsvertrag festgelegt werden soll, empfiehlt sich der Hinweis, dass die übrigen Regelungen des Mietvertrags weiter gelten sollen, da andernfalls sämtliche weiteren Pflichten des Arbeitnehmers aus dem Mietverhältnis (z. B. zur Renovierung etc.) durch die Aufhebungsklausel verdrängt werden.

Formulierungsbeispiel:

> „Im Übrigen bleiben die Regelungen aus dem Mietvertrag vom .... unberührt."

Selbstverständlich besteht auch die Möglichkeit, dem Arbeitnehmer die Wohnung zu ortsüblichen Konditionen auch nach Beendigung des Arbeitsverhältnisses weiter zu vermieten. Wenn dies beabsichtigt ist, empfiehlt sich eine klarstellende Klausel unter Bezugnahme auf einen gesondert abzuschließenden Mietvertrag.

Formulierungsbeispiel:

> „Die vom Arbeitgeber überlassene Werkwohnung wird vom Arbeitnehmer nach der unter § .... vereinbarten rechtlichen Beendi-

gung des Arbeitsverhältnisses entgeltlich weiter genutzt. Die Nutzungsbedingungen ergeben sich aus einem gesondert abzuschließenden Mietvertrag."

8. Dienstwagen

Wenn dem Arbeitnehmer ein Dienstwagen zur Verfügung gestellt wurde, sollte anlässlich der Aufhebung des Arbeitsverhältnisses die Rückgabe geregelt werden.

Formulierungsbeispiel:

„Der Arbeitnehmer verpflichtet sich, den ihm zur Verfügung gestellten Dienstwagen .... [Hersteller, Typ, amtliches Kennzeichen] bis zum .... in vertragsgemäßem Zustand an den Arbeitgeber zurückzugeben."

Existiert ein gesonderter Dienstwagen-Überlassungsvertrag, empfiehlt sich auch hier der Hinweis, dass die sonstigen Regelungen (z. B. zur Wartung und Pflege etc.) von dem vereinbarten Rückgabetermin unberührt bleiben.

Formulierungsbeispiel:

„Im Übrigen bleiben die Regelungen aus dem Dienstwagen-Überlassungsvertrag vom .... unberührt."

9. Nachvertragliches Wettbewerbsverbot

Wurde mit dem Arbeitnehmer ein nachvertragliches → *Wettbewerbsverbot* vereinbart, muss sich der Arbeitgeber vor Beendigung des Arbeitsverhältnisses Gedanken darüber machen, ob er nach wie vor Interesse an einer solchen Beschränkung hat. Immerhin muss der Arbeitgeber ja während der Dauer des nachvertraglichen Wettbewerbsverbots mindestens 50 % der Gehaltsbezüge an den Arbeitnehmer weiterzahlen.

Besteht aus diesen (oder anderen) Gründen kein Interesse (mehr) am nachvertraglichen Wettbewerbsverbot, sollte im Aufhebungsvertrag die einvernehmliche Aufhebung des Wettbewerbsverbots geregelt werden. Der Arbeitgeber kann zwar vor Beendigung des Arbeitsverhältnisses auch einseitig (durch schriftliche Erklärung) auf das Wettbewerbsverbot verzichten. Dieser Verzicht wirkt jedoch erst nach Ablauf eines Jahres (nach Zugang der Verzichtserklärung); bis dahin gilt das Wettbewerbsverbot und der Arbeitgeber muss die vereinbarte (mindestens die gesetzlich vorgesehene) Karenzentschädigung bezahlen.

Formulierungsbeispiel:

Die Parteien sind sich darüber einig, dass das am .... zwischen ihnen vereinbarte Wettbewerbsverbot mit sofortiger Wirkung aufgehoben wird. Der Arbeitnehmer ist somit in der Ausübung seiner nachvertraglichen Erwerbstätigkeit frei. Eine Karenzentschädigung ist durch den Arbeitgeber nicht zu zahlen.

Stellt der Arbeitgeber vor Beendigung des Arbeitsverhältnisses fest, dass die ursprünglich vereinbarte Karenzentschädigung zu niedrig ist, ist dringend eine Anpassung zu empfehlen; andernfalls wird das Wettbewerbsverbot unverbindlich, sodass der Arbeitnehmer die Wahl hat, ob er sich an das Wettbewerbsverbot hält (und mindestens 50 % seiner letzten Bezüge als Karenzentschädigung beanspruchen kann) oder ob er das Wettbewerbsverbot folgenlos missachtet.

Formulierungsbeispiel:

„Das zwischen den Parteien am .... vereinbarte nachvertragliche → *Wettbewerbsverbot* wird einvernehmlich dahingehend abgeändert, dass statt einer monatlichen Karenzentschädigung in Höhe von € .... monatlich € .... an den Arbeitnehmer zu zahlen sind. Die Laufzeit des Wettbewerbsverbots wird einvernehmlich auf die Zeit vom .... bis .... festgelegt."

Soll ein bereits vereinbartes nachvertragliches Wettbewerbsverbot von der Aufhebung des Arbeitsverhältnisses nicht betroffen sein, sollte auch dies im Aufhebungsvertrag klargestellt werden.

Formulierungsbeispiel:

„Das zwischen den Parteien am .... vereinbarte nachvertragliche Wettbewerbsverbot wird von dem vorliegenden Aufhebungsvertrag nicht berührt."

10. Verschwiegenheitspflicht

Unabhängig von dem Vorliegen eines nachvertraglichen Wettbewerbsverbots ist ein Arbeitnehmer während und nach der Beendigung des Arbeitsverhältnisses verpflichtet, Verschwiegenheit über Geschäfts- und Betriebsgeheimnisse des bisherigen Arbeitgebers zu bewahren. Eine ausdrückliche Regelung über den Umfang der → *Verschwiegenheitspflicht* und ggf. die Vereinbarung einer Vertragsstrafe bei Zuwiderhandlungen sorgt hier für Klarheit.

Formulierungsbeispiel:

„Der Arbeitnehmer ist verpflichtet, über alle ihm während seiner Tätigkeit bekannt gewordenen betriebsinternen Angelegenheiten – insbesondere Geschäfts- und Betriebsgeheimnisse – gegenüber Dritten strengstes Stillschweigen zu bewahren. Dies gilt auch für den Inhalt dieser Vereinbarung. Die Verschwiegenheitsverpflichtung bezieht sich nicht auf solche Umstände und Mitteilungen, die der Arbeitnehmer gegenüber Behörden oder Gerichten zur Wahrung seiner rechtlichen Interessen abzugeben hat."

Die Auferlegung einer Verschwiegenheitspflicht soll lediglich davor schützen, dass der Arbeitnehmer im Rahmen des Arbeitsverhältnisses erlangte (vertrauliche) Informationen an Dritte weitergibt. Die bloße Verwertung im Rahmen seiner Berufstätigkeit stellt jedoch keine Verletzung der Verschwiegenheitspflicht dar. Will der Arbeitgeber den Arbeitnehmer in der Ausnutzung seiner bei ihm erlangten beruflichen Erfahrungen hindern, muss er ein → *Wettbewerbsverbot* mit ihm vereinbaren.

▷ **ACHTUNG!**

Wird dem Arbeitnehmer die (geheime) Verwertung betrieblich erlangter Kenntnisse und Erfahrungen untersagt und kann ihn das an seinem beruflichen Fortkommen hindern, kann auch in einer solchen Verschwiegenheitsklausel ein Wettbewerbsverbot gesehen werden. Der Arbeitnehmer kann dann u. U. eine Karenzentschädigung verlangen.

11. Firmeneigentum/-unterlagen

Auch die Herausgabe von Firmeneigentum oder -unterlagen sollte im Aufhebungsvertrag klar geregelt werden, insbesondere wenn dies nicht bereits im Arbeitsvertrag erfolgt ist. Zwar besteht gem. § 667 BGB ein gesetzlicher Anspruch auf vollständige Herausgabe. Durch eine klare und verbindliche Regelung anlässlich der bevorstehenden Beendigung können jedoch Zweifel und Unwägbarkeiten hinsichtlich des Inhalts und Umfangs der Herausgabepflichten vermieden werden.

Formulierungsbeispiel:

„Der Arbeitnehmer verpflichtet sich, sämtliche der Firma gehörenden Unterlagen bis zum .... zurückzugeben."

Wahlweise kann vereinbart werden:

Formulierungsbeispiel:

„Der Arbeitnehmer verpflichtet sich, alle ihm von der Firma überlassenen Gegenstände, Waren, Geräte, Apparaturen und alle Unterlagen, die im Zusammenhang mit seiner Tätigkeit bei der Firma entstanden sind, vollständig an die Firma zurückzugeben. Zu diesen Unterlagen zählen insbesondere ...."

✎ **WICHTIG!**

Mit einer Ausgleichsklausel in einem auf die zukünftige Beendigung des Arbeitsverhältnisses gerichteten Aufhebungsvertrag, nach der „mit der Erfüllung des Vertrages ... alle wechselseitigen Ansprüche der vertragschließenden Parteien aus dem Dienstvertrag gegenseitig abgegolten" sind, wird ein Herausgabeanspruch nach § 667 BGB regelmäßig nicht erfasst (BAG v. 14.12.2011, Az. 10 AZR 283/10).

12. Zeugnis und Arbeitspapiere

Der Arbeitgeber ist gesetzlich dazu verpflichtet, dem Arbeitnehmer ein schriftliches → Zeugnis über das Arbeitsverhältnis und dessen Dauer auszustellen. Auf Verlangen muss sich das Zeugnis auch auf die Leistungen und die dienstliche Führung erstrecken.

Um unnötige Streitigkeiten über den Zeugnisinhalt zu vermeiden, empfiehlt es sich, im Rahmen der Aufhebungsverhandlungen den Zeugniswortlaut vorzuformulieren und dann als Anlage zum Aufhebungsvertrag einvernehmlich mit dem Arbeitnehmer festzulegen. Der Aufhebungsvertrag selbst muss dann nur noch auf das als Anlage beigefügte Zeugnis verweisen. In diesem Zusammenhang sollte auch die Vorlage der Arbeitsbescheinigung und die Herausgabe der Arbeitspapiere geregelt werden.

Formulierungsbeispiel:

„Der Arbeitnehmer erhält das als Anlage zu dieser Vereinbarung beigefügte [*wahlweise zusätzlich*: qualifizierte] Zeugnis. Der Arbeitgeber verpflichtet sich, dem Arbeitnehmer eine Arbeitsbescheinigung bis spätestens .... auszustellen. Als Grund für die Beendigung des Arbeitsverhältnisses wird dort angegeben: .... Die übrigen Arbeitspapiere werden dem Arbeitnehmer bis spätestens .... an seine Wohnanschrift übermittelt."

13. Abgeltungsklausel

Im Zusammenhang mit der einvernehmlichen Aufhebung des Arbeitsverhältnisses haben Arbeitgeber und Arbeitnehmer ein Interesse daran, durch eine allgemeine Abgeltungsklausel (Erledigungsklausel) die sich aus dem Bestand und der Beendigung des Arbeitsverhältnisses ergebenden Rechtsbeziehungen abschließend zu regeln. Häufig wird sinngemäß vereinbart: „Mit der Erfüllung dieser Vereinbarung sind alle gegenseitigen Ansprüche aus dem Arbeitsverhältnis erledigt."

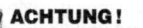 **ACHTUNG!**

Durch eine solche Abgeltungsklausel werden sämtliche Rechte des Arbeitgebers beseitigt! Auf Seiten des Arbeitnehmers hingegen sind einige Ansprüche unverzichtbar, sodass die Abgeltungsklausel nicht zur Beseitigung dieser Ansprüche führt. Daher sollte sich der Arbeitgeber Klarheit darüber verschaffen, welche Ansprüche verzichtbar sind und welche nicht.

Wenn der Arbeitnehmer auf bestimmte Ansprüche verzichten soll/will, so ist zunächst zu prüfen, ob dies überhaupt zulässig ist. Handelt es sich um Ansprüche aus Betriebsvereinbarungen (z. B. aus einem Sozialplan), so ist der Verzicht nur mit vorheriger Zustimmung des Betriebsrats wirksam. Auf zwingende gesetzliche und tarifvertragliche Ansprüche kann nicht verzichtet werden. Hier hilft nur ein sog. Tatsachenvergleich.

Formulierungsbeispiel:

„Die Parteien sind sich darüber einig, dass keine Resturlaubsansprüche des Arbeitnehmers mehr bestehen."

In jedem Fall sollten die Ansprüche, auf die verzichtet werden soll, in dem Aufhebungsvertrag konkret genannt werden.

 **ACHTUNG!**

Die in Aufhebungs- oder Abwicklungsverträgen üblichen Ausgleichs- oder Erledigungsklauseln, mit denen „alle beiderseitigen Ansprüche aus dem Arbeitsverhältnis abgegolten" sein sollen, können automatisch auch ein nachvertragliches Wettbewerbsverbot umfassen, und zwar selbst dann, wenn der ebenso übliche Zusatz „und seiner Beendigung, seien sie bekannt oder unbekannt" fehlt (BAG v. 22.10.2008, Az. 10 AZR 617/07).

14. Kosten

Wenn durch die Verhandlungen und den Abschluss des Aufhebungsvertrags Kosten entstanden sind oder entstehen, sollte eine klare Kostenregelung getroffen werden. Im Regelfall wird der Arbeitgeber seine Kosten selber tragen. Das sollte auch der Arbeitnehmer tun. Insbesondere wenn er sich anwaltlichen Rat

eingeholt hat, sollte im Aufhebungsvertrag klargestellt werden, dass er die Kosten hierfür selber zu tragen hat.

Formulierungsbeispiel:

„Die Kosten dieser Vereinbarung tragen die Parteien jeweils selbst."

Wird der Aufhebungsvertrag im Rahmen eines Kündigungsschutzprozesses geschlossen, ist auf die Verfahrenskosten abzustellen.

Formulierungsbeispiel:

„Die außergerichtlichen Kosten des Verfahrens tragen die Parteien jeweils selbst."

15. Salvatorische Klausel

Wie bei jedem Vertrag empfiehlt sich auch bei einem Aufhebungsvertrag die Klarstellung, dass im Falle der Unwirksamkeit einzelner Bestimmungen der Rest des Aufhebungsvertrags nicht betroffen sein soll und die unwirksamen Regelungen entsprechend zu ersetzen sind. Andernfalls droht die Unwirksamkeit des gesamten Aufhebungsvertrags.

Formulierungsbeispiel:

„Wenn eine Bestimmung dieses Vertrags unwirksam sein sollte, wird dadurch die Geltung des Vertrags im Übrigen nicht berührt. In diesem Fall sind die Parteien verpflichtet, die ungültige Bestimmung durch eine neue Bestimmung zu ersetzen, die in rechtlich zulässiger Weise der ungültigen Vertragsbestimmung unter wirtschaftlichen Gesichtspunkten entspricht oder ihr möglichst nahe kommt."

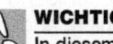 **ACHTUNG!**

Soweit ein Aufhebungsvertrag einer Inhaltskontrolle gemäß §§ 305 ff. BGB unterliegt, ist eine salvatorische Klausel unwirksam, da insoweit das Verbot der geltungserhaltenden Reduktion gem. § 306 Abs. 2 BGB gilt. In Formularverträgen ist eine solche Klausel daher nichtig. Bei individuell ausgehandelten Aufhebungsverträgen kann dagegen die Aufnahme einer salvatorischen Klausel sinnvoll sein.

IV. Rechtsfolgen des Aufhebungsvertrags

1. Beendigung des Arbeitsverhältnisses

Durch den Aufhebungsvertrag wird das Arbeitsverhältnis zu dem vereinbarten Zeitpunkt beendet. Sämtliche Rechte und Pflichten aus dem Arbeitsvertrag – auch wenn sie im Zusammenhang mit der Beendigung stehen – erlöschen, wenn sie nicht aufgrund gesetzlicher Arbeitnehmerschutzrechte unverzichtbar sind. Für die Abwicklung des beendeten Arbeitsverhältnisses gelten dann nur noch die Regelungen im Aufhebungsvertrag.

2. Prozessbeendigung

Wird der Aufhebungsvertrag im Rahmen eines gerichtlichen Vergleichs (also in der Verhandlung im Kündigungsschutzverfahren) geschlossen, wird der Prozess hierdurch automatisch beendet.

WICHTIG!

In diesem Fall ist das Vergleichsprotokoll auch gleichzeitig Vollstreckungstitel. Zur Durchsetzung der im Aufhebungsvergleich geregelten Ansprüche kann daher erforderlichenfalls direkt die Zwangsvollstreckung eingeleitet werden.

Ist zwar ein Kündigungsschutzverfahren rechtshängig, wird der Aufhebungsvertrag aber außerhalb dieses Prozesses (also außergerichtlich) geschlossen, muss noch eine Klagerücknahme oder eine einvernehmliche Erledigungserklärung gegenüber dem Gericht erfolgen, um das Verfahren zu beenden. Der Arbeitnehmer (Kläger) sollte hierzu im Rahmen des Aufhebungsvertrages verpflichtet werden.

Formulierungsbeispiel:

„Der Arbeitnehmer verpflichtet sich, die unter dem Az. .... beim Arbeitsgericht .... rechtshängige Klage binnen einer Woche nach Unterzeichnung des vorliegenden Aufhebungsvertrags zurückzunehmen."

3. Sperrzeit und Ruhen des Anspruchs auf Arbeitslosengeld

Die Agentur für Arbeit kann bei der Beendigung eines Arbeitsverhältnisses durch einen Aufhebungsvertrag eine Sperrfrist von regelmäßig zwölf Wochen verhängen. Dies setzt voraus, dass das Arbeitsverhältnis durch Aufhebungsvertrag auf Veranlassung des Arbeitnehmers (ohne wichtigen Grund) beendet wurde.

Beispiel:

Ein wichtiger Grund liegt vor, wenn ein gelernter Facharbeiter künftig nur noch mit ungelernten Arbeiten beschäftigt werden soll.

 **WICHTIG!**

Ein wichtiger Grund für den Abschluss eines Aufhebungsvertrages kann auch bereits dann gegeben sein, wenn dem Arbeitnehmer alternativ eine rechtmäßige Arbeitgeberkündigung droht (BSG v. 12.7.2006, Az. 11a AL 47/05 R).

In Fällen besonderer Härte kann die Sperrfrist sechs Wochen betragen. Sie beträgt drei Wochen, wenn das Arbeitsverhältnis ohne Aufhebungsvertrag innerhalb von sechs Wochen (gerechnet ab dem Datum des Aufhebungsvertrags) auf andere Weise geendet hätte. Das ist z. B. der Fall bei Ende eines befristeten Vertrags oder Ende der ordentlichen Kündigungsfrist.

Der Anspruch auf Arbeitslosengeld ruht bis zum Ende der ordentlichen Kündigungsfrist, wenn

▸ der Arbeitslose wegen der Beendigung des Arbeitsverhältnisses eine Abfindung erhalten hat oder beanspruchen kann **und**

▸ das Arbeitsverhältnis ohne Einhaltung einer der ordentlichen Kündigungsfrist des Arbeitgebers entsprechenden Frist beendet worden ist.

Besonderheiten für die sozialversicherungsrechtliche Handhabung der Kündigungsfristen ergeben sich aus § 143a SGB III. Der Anspruch auf Arbeitslosengeld ruht längstens ein Jahr. Zu den Abfindungen gehören alle Zahlungen, die über das Ende des Arbeitsverhältnisses hinaus erbracht werden mit Ausnahme der Zahlung von Karenzentschädigungen oder Schadensersatzansprüchen nach der Insolvenzordnung.

Kein Ruhen tritt ein bei einer wirksamen ordentlichen → *Kündigung*, beim Auslaufen des Arbeitsverhältnisses durch Befristung oder bei unwirksamer fristloser Kündigung.

Nur Abfindungen, die **wegen** der Beendigung gezahlt werden, führen zum Ruhen des Anspruchs auf Arbeitslosengeld. Das ist dann der Fall, wenn zwischen der vorzeitigen Beendigung des Arbeitsverhältnisses und der Abfindung ein ursächlicher Zusammenhang besteht. Daher stehen alle Leistungen, auf die auch bei einer ordentlichen Kündigung ein Rechtsanspruch bestand (z. B. Prämien, vermögenswirksame Leistungen), der Zahlung des Arbeitslosengelds nicht entgegen.

 **ACHTUNG!**

Im Falle einer vereinbarten unwiderruflichen Freistellung des Arbeitnehmers tritt die Arbeitslosigkeit mit dem ersten Tag der Freistellung ein. In der Regel wird also in diesen Fällen die ordentliche Kündigungsfrist nicht eingehalten. Die Gehaltsfortzahlung wird während der Freistellung wie eine Abfindung behandelt. Daher führt die vereinbarte unwiderrufliche Freistellung zu einem Ruhen des Anspruchs auf Arbeitslosengeld, und es findet eine volle Anrechnung statt. Siehe hierzu auch oben III.3.

War das Arbeitsverhältnis befristet, ruht der Anspruch auf Arbeitslosengeld nur bis zum vereinbarten Ende der Befristung. Hätte der Arbeitgeber das Arbeitsverhältnis aus wichtigem Grund ohne Einhaltung einer Kündigungsfrist kündigen können, ruht das Arbeitslosengeld nur bis zur Beendigung des Arbeitsverhältnisses aufgrund der außerordentlichen Kündigung.

 ∷rehm

4. Erstattungspflichten bei älteren Arbeitnehmern

 **WICHTIG!**

Nach Auslaufen von Übergangsregelungen ist nun die früher gegebenenfalls bestehende Pflicht des Arbeitgebers der Bundesagentur, Arbeitslosengeldzahlungen an entlassene ältere Arbeitnehmer zu erstatten, insgesamt entfallen.

V. Muster: Aufhebungsvertrag

Zwischen
der Firma .... (nachfolgend – Arbeitgeber – genannt)
und
Herrn/Frau .... (nachfolgend – Arbeitnehmer – genannt)

wird Folgendes vereinbart:

§ 1 Beendigung

Die Parteien sind sich darüber einig, dass das Arbeitsverhältnis mit Ablauf des .... auf Veranlassung des Arbeitgebers im gegenseitigen Einvernehmen endet/geendet hat.

oder

Die Parteien sind sich darüber einig, dass das seit .... bestehende Arbeitsverhältnis durch ordentliche, betriebsbedingte Arbeitgeberkündigung vom .... zum .... endet/geendet hat.

§ 2 Abfindung

Anlässlich der Beendigung des Arbeitsverhältnisses zahlt der Arbeitgeber dem Arbeitnehmer für den Verlust des Arbeitsplatzes eine einmalige Abfindung gemäß §§ 9, 10 KSchG in Höhe von € .... brutto.

und

Der vorbenannte Abfindungsbetrag ist an den Arbeitnehmer am Tag der Beendigung des Arbeitsverhältnisses auszubezahlen.

oder

Der vorbenannte Abfindungsbetrag ist an den Arbeitnehmer bis spätestens .... auszubezahlen.

und

Die Parteien sind sich darüber einig, dass der Arbeitgeber bei der Auszahlung der vorbenannten Abfindung Lohnsteuer in Abzug bringt. Sollte das zuständige Finanzamt aufgrund dieser Vereinbarung Lohn- bzw. Kirchensteuer von dem Arbeitgeber nachfordern, so wird der Arbeitnehmer diesen – nach Vorlage eines entsprechenden Nachweises – unverzüglich von seiner Verbindlichkeit freistellen bzw. die vom Arbeitgeber gezahlte Lohn- und Kirchensteuer erstatten.

oder

Auf die Abfindung anfallende Lohn- oder Kirchensteuer wird vom [wahlweise: Arbeitgeber oder Arbeitnehmer] getragen.

§ 3 Freistellung

Die Parteien sind sich darüber einig, dass der Arbeitnehmer seinen gesamten Resturlaub von .... Tagen in der Zeit von .... bis .... nimmt. Nach Beendigung des Urlaubs wird er ab .... bis zur rechtlichen Beendigung des Arbeitsverhältnisses unwiderruflich von der Erbringung seiner Arbeitsleistung unter Fortzahlung seiner vertragsgemäßen Vergütung freigestellt.

§ 4 Vergütung

Bis zu dem unter § 1 genannten Beendigungszeitpunkt werden die vertragsgemäßen Bezüge vom Arbeitgeber fortbezahlt. Die Lohn-/Gehaltsabrechnung erfolgt wie bisher zum .... eines Kalendermonats.

§ 5 Gratifikation

Die arbeitsvertraglich zugesagte Gratifikation für das Jahr ....
erhält der Arbeitnehmer ungekürzt [oder: nicht oder wahlweise: in
Höhe von € .... oder: zu .... Zwölfteln].

§ 6 Urlaub

Die Parteien sind sich darüber einig, dass dem Arbeitnehmer für das
Jahr .... noch .... Urlaubstage zustehen.

und *(falls kein Fall der Freistellung, § 3)*

Der Arbeitnehmer wird den Urlaub – nach Absprache mit dem
Arbeitgeber – bis zu dem in § 1 genannten Beendigungszeitpunkt
nehmen.

oder

Der Arbeitgeber bezahlt dem Arbeitnehmer zur Abgeltung des
Urlaubs eine Urlaubsabgeltung in Höhe von € ...., welche
am .... zur Zahlung fällig ist.

§ 7 Darlehen

Der Arbeitnehmer hat vom Arbeitgeber am .... ein Darlehen in
Höhe von € .... erhalten. Hierauf sind bis heute € ....
getilgt. Der Restbetrag in Höhe von € .... wird in monatlichen
Raten von jeweils € ...., zahlbar jeweils am .... eines
Kalendermonats, beginnend ab dem .... zurückbezahlt.
Sobald der Arbeitnehmer mit der Zahlung einer Rate oder eines Teils
hiervon mehr als zwei Wochen in Verzug gelangt, ist der gesamte
Restbetrag zur sofortigen Zahlung fällig. Zur Sicherung der Darle-
hensforderung tritt der Arbeitnehmer die zukünftige Lohnforderung
gegen jeden neuen Arbeitgeber in der jeweils gesetzlich zulässigen
Höhe (Pfändungsfreigrenzen) an den Arbeitgeber ab.

oder

Dem Arbeitnehmer wird die Möglichkeit eingeräumt, die per
.... [Datum] noch offene Darlehensschuld in Höhe von
€ .... vorzeitig durch eine Einmalzahlung in Höhe von
€ .... abzulösen. Eine Verrechnung mit dem Nettobetrag der
in § 2 vereinbarten Abfindung ist zulässig.

§ 8 Werkwohnung

Der Arbeitnehmer verpflichtet sich, die ihm vom Arbeitgeber über-
lassene Werkwohnung in .... [Anschrift] bis spätes-
tens .... zu räumen und in vertragsgemäßem Zustand an den
Arbeitgeber zu übergeben.

und *(evtl. bei Vorliegen eines Mietvertrages)*

Im Übrigen bleiben die Regelungen aus dem Mietvertrag vom
.... unberührt.

oder

Die vom Arbeitgeber überlassene Werkwohnung wird vom Arbeit-
nehmer nach der unter § 1 vereinbarten rechtlichen Beendigung des
Arbeitsverhältnisses entgeltlich weiter genutzt. Die Nutzungsbedin-
gungen ergeben sich aus einem gesondert abzuschließenden Miet-
vertrag.

§ 9 Dienstwagen

Der Arbeitnehmer verpflichtet sich, den ihm zur Verfügung gestellten
Dienstwagen .... [Hersteller, Typ, amtliches Kennzeichen] bis
zum .... in vertragsgemäßem Zustand an den Arbeitgeber
zurückzugeben.

und *(evtl. bei Vorliegen eines Überlassungsvertrages)*

Im Übrigen bleiben die Regelungen aus dem Dienstwagen-Über-
lassungsvertrag vom .... unberührt.

§ 10 Nachvertragliches Wettbewerbsverbot

Die Parteien sind sich darüber einig, dass das am .... zwi-
schen ihnen vereinbarte Wettbewerbsverbot mit sofortiger Wirkung
aufgehoben wird. Der Arbeitnehmer ist somit in der Ausübung seiner
nachvertraglichen Erwerbstätigkeit frei. Eine Karenzentschädigung
ist durch den Arbeitgeber nicht zu zahlen.

oder

Das zwischen den Parteien am .... vereinbarte nachvertrag-
liche Wettbewerbsverbot wird einvernehmlich dahingehend abge-
ändert, dass statt einer monatlichen Karenzentschädigung in Höhe
von € .... monatlich € .... an den Arbeitnehmer zu
zahlen sind. Die Laufzeit des Wettbewerbsverbots wird einvernehm-
lich auf die Zeit vom .... bis .... festgelegt.

oder

Das zwischen den Parteien am .... vereinbarte nachvertrag-
liche Wettbewerbsverbot wird von dem vorliegenden Aufhebungs-
vertrag nicht berührt.

§ 11 Geschäfts- und Betriebsgeheimnisse

Der Arbeitnehmer ist verpflichtet, über alle ihm während seiner
Tätigkeit bekannt gewordenen betriebsinternen Angelegenheiten –
insbesondere Geschäfts- und Betriebsgeheimnisse – gegenüber
Dritten strengstes Stillschweigen zu bewahren. Dies gilt auch für
den Inhalt dieser Vereinbarung. Die Verschwiegenheitsverpflichtung
bezieht sich nicht auf solche Umstände und Mitteilungen, die der
Arbeitnehmer gegenüber Behörden oder Gerichten zur Wahrung
seiner rechtlichen Interessen abzugeben hat.

§ 12 Herausgabe von Gegenständen und Unterlagen

Der Arbeitnehmer verpflichtet sich, sämtliche dem Arbeitgeber
gehörenden Unterlagen (z. B. Preislisten, Geschäftspapiere, Zeich-
nungen, Skizzen, Besprechungsberichte, Briefe, Fotos etc.) sowie
Kopien und Abschriften hiervon und Gegenstände (z. B. Schlüssel,
Codekarten, Handy, Laptop, Disketten, CD-ROMs etc.) bis zum
.... zurückzugeben.

oder

Der Arbeitnehmer verpflichtet sich, alle ihm vom Arbeitgeber über-
lassenen Gegenstände und Unterlagen, die im Zusammenhang mit
seiner Tätigkeit bei dem Arbeitgeber entstanden sind, vollständig an
diesen zurückzugeben. Zu diesen Unterlagen zählen insbesonde-
re ....

§ 13 Zeugnis, Arbeitsbescheinigung und Arbeitspapiere

Der Arbeitnehmer erhält in Anlage beigefügtes [wahlweise zusätz-
lich: qualifiziertes] Zeugnis.

oder

Der Arbeitnehmer hat Anspruch auf ein wohlwollendes [wahlweise
zusätzlich: qualifiziertes] Zeugnis.

Der Arbeitgeber verpflichtet sich, dem Arbeitnehmer eine Arbeits-
bescheinigung bis spätestens .... auszustellen. Als Grund für
die Beendigung des Arbeitsverhältnisses wird dort angege-
ben: ....

Die übrigen Arbeitspapiere werden dem Arbeitnehmer bis spätes-
tens .... an seine Wohnanschrift übermittelt.

§ 14 Belehrung

Der Arbeitnehmer bestätigt, über etwaige Nachteile, die ihm durch
den Abschluss des vorliegenden Aufhebungsvertrags beim Bezug
von Arbeitslosengeld oder aus sonstiger steuer- oder sozialrecht-
licher Hinsicht entstehen können, belehrt worden zu sein. Ihm ist
bekannt, dass die zuständigen Behörden (Finanzamt, Agentur für
Arbeit, Krankenkasse und Rentenversicherungsträger) zur Erteilung
von Auskünften verpflichtet sind.

Der Arbeitnehmer wurde ferner darüber informiert, dass er gegen-
über der Agentur für Arbeit verpflichtet ist, Eigenaktivitäten bei der
Suche nach einer anderen Beschäftigung zu entfalten und dass er
der zuständigen Agentur für Arbeit das Ende des Beschäftigungs-
verhältnisses unverzüglich, spätestens drei Tage nach Unterzeich-
nung dieses Vertrages mitteilen muss. Der Arbeitnehmer wurde
darauf hingewiesen, dass die verspätete Meldung bei der Agentur
für Arbeit zu Kürzungen beim Bezug von Arbeitslosengeld führen
kann.

§ 15 Kosten

Die Kosten dieser Vereinbarung tragen die Parteien jeweils selbst.

oder *(im Rahmen eines Kündigungsschutzprozesses)*

Der Arbeitnehmer verpflichtet sich, die unter dem Az. . . . . beim Arbeitsgericht . . . . rechtshängige Klage binnen einer Woche nach Unterzeichnung des vorliegenden Aufhebungsvertrags zurückzunehmen.

Die außergerichtlichen Kosten des Verfahrens tragen die Parteien jeweils selbst.

§ 16 Salvatorische Klausel

Wenn eine Bestimmung dieses Vertrags unwirksam sein sollte, wird dadurch die Geltung des Vertrags im Übrigen nicht berührt. In diesem Fall sind die Parteien verpflichtet, die ungültige Bestimmung durch eine neue Bestimmung zu ersetzen, die in rechtlich zulässiger Weise der ungültigen Vertragsbestimmung unter wirtschaftlichen Gesichtspunkten entspricht oder ihr möglichst nahe kommt.

Ausländische Arbeitnehmer

I. Anwendbarkeit des deutschen Arbeitsrechts
1. Arbeitsvertrag
2. Sonderurlaub
3. Betriebsverfassungsrecht

II. Aufenthaltstitel
1. Aufenthaltserlaubnis
2. Niederlassungserlaubnis
    2.1 Aufenthaltsverfestigung
    2.2 Hochqualifizierte
    2.3 Blaue Karte EU
3. Verfahren
4. Bestehende Arbeitsgenehmigungen nach vor 2005 geltendem Recht

III. Beschäftigung ohne Aufenthaltstitel
1. Folgen für den Arbeitgeber
2. Folgen für den Arbeitnehmer
3. Bußgeldverfahren

I. Anwendbarkeit des deutschen Arbeitsrechts

In jedem → *Arbeitsvertrag* kann eine Regelung darüber getroffen werden, ob für das Arbeitsverhältnis deutsches Recht oder das Recht eines anderen Staats gelten soll. Wird nichts vereinbart, gilt das Recht des Staats,

▸ in dem der Arbeitnehmer seine Arbeit gewöhnlich verrichtet, selbst wenn er vorübergehend in einen anderen Staat entsandt ist oder

▸ in dem sich die Niederlassung befindet, die den Arbeitnehmer eingestellt hat, wenn dieser seine Arbeit nicht gewöhnlich in ein und demselben Staat verrichtet.

Wird ein ausländischer Arbeitnehmer in Deutschland tätig, gilt für dieses Arbeitsverhältnis also deutsches Recht, wenn im Arbeitsvertrag nichts anderes vereinbart wurde. Um eventuellen späteren Missverständnissen vorzubeugen, sollte eine aus-

drückliche Regelung auf jeden Fall in den Arbeitsvertrag aufgenommen werden. Hinsichtlich der Rechtswahl ist jedoch die Einschränkung zu beachten, dass diese nicht zu einem Ergebnis führen darf, welches mit den wesentlichen Grundsätzen des deutschen Rechts offensichtlich nicht zu vereinbaren ist. Sollte das Vertragsverhältnis ausschließlich Verbindungen zu einem Staat haben, so kann die vertragliche Vereinbarung einer anderen Rechtsordnung die in diesem Staat zwingenden Bestimmungen nicht ausschließen.

Formulierungsbeispiel:
„Auf diesen Vertrag findet das Recht der Bundesrepublik Deutschland Anwendung."

1. Arbeitsvertrag

Ob der Arbeitsvertrag zweisprachig abzufassen ist, ist weniger ein rechtliches Problem als eine Frage der Praktikabilität. Hat der ausländische Arbeitnehmer Sprachschwierigkeiten, kann der Arbeitgeber aufgrund seiner Fürsorgepflicht zum zweisprachigen Vertrag verpflichtet sein. Wer letztlich das Sprachrisiko trägt, haben die Gerichte bislang nur in Einzelfällen entschieden. Die Tendenz geht aber dahin, dieses Risiko dem Arbeitgeber als dem überlegenen Vertragspartner aufzubürden.

Bei der → *Arbeitnehmerüberlassung* ist der Verleiher verpflichtet, das Merkblatt der Erlaubnisbehörde über den wesentlichen Inhalt des Arbeitnehmerüberlassungsgesetzes und den Nachweis der wesentlichen Vertragsbedingungen auf Verlangen des ausländischen Arbeitnehmers in seiner Muttersprache auszuhändigen.

Ansonsten gibt es keine Besonderheiten; die allgemeinen Regelungen, z. B. zum Kündigungsrecht, gelten auch für ausländische Arbeitnehmer.

2. Sonderurlaub

Ob ausländische Arbeitnehmer für besondere Anlässe (z. B. Ableistung des Grundwehrdienstes im Heimatstaat) einen Anspruch auf Sonderurlaub, also unbezahlte Freistellung haben, ist sehr umstritten. Die Gerichte beurteilen diese Frage sehr unterschiedlich.

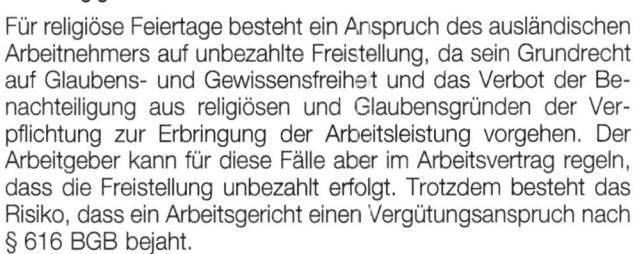 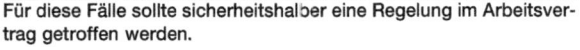
TIPP!
Für diese Fälle sollte sicherheitshalber eine Regelung im Arbeitsvertrag getroffen werden.

Für religiöse Feiertage besteht ein Anspruch des ausländischen Arbeitnehmers auf unbezahlte Freistellung, da sein Grundrecht auf Glaubens- und Gewissensfreiheit und das Verbot der Benachteiligung aus religiösen und Glaubensgründen der Verpflichtung zur Erbringung der Arbeitsleistung vorgehen. Der Arbeitgeber kann für diese Fälle aber im Arbeitsvertrag regeln, dass die Freistellung unbezahlt erfolgt. Trotzdem besteht das Risiko, dass ein Arbeitsgericht einen Vergütungsanspruch nach § 616 BGB bejaht.

Da der Arbeitnehmer ein Recht beansprucht, welches nur dann besteht, wenn er tatsächlich der entsprechenden Glaubensrichtung angehört, können im Zweifel „Nachweise" verlangt werden.

3. Betriebsverfassungsrecht

Hinsichtlich des aktiven und passiven Wahlrechts zum → *Betriebsrat* gelten für deutsche und ausländische Arbeitnehmer die Vorschriften des Betriebsverfassungsgesetzes gleichermaßen. Der Wahlvorstand sollte dafür sorgen, dass ausländische Arbeitnehmer, die der deutschen Sprache nicht mächtig sind, vor Einleitung der Betriebsratswahl über Wahlverfahren, Aufstellung der Wähler- und Vorschlagslisten, Wahlvorgang und Stimmabgabe in geeigneter Weise informiert werden (§ 2 Abs. 5 WahlO).

Der Arbeitgeber und der Betriebsrat müssen darauf achten, dass ausländische Arbeitnehmer ohne sachlichen Grund nicht wegen ihrer Abstammung, Religion oder Nationalität anders als ihre deutschen Kollegen behandelt werden (§ 75 BetrVG). Zu den allgemeinen Aufgaben des Betriebsrats gehört es außerdem, die Integration ausländischer Arbeitnehmer im Betrieb und das Verständnis zwischen ihnen und den deutschen Arbeitnehmern zu fördern (§ 80 Abs. 1 Nr. 7 BetrVG), sowie Maßnahmen zur Bekämpfung von Rassismus und Fremdenfeindlichkeit im Betrieb zu beantragen. Zum Zwecke der Integration ausländischer Arbeitnehmer sowie zur Bekämpfung von Rassismus und Fremdenfeindlichkeit sind nach dem Betriebsverfassungsgesetz folgende Regelungen zu beachten:

► Zustimmungsverweigerung des Betriebsrats, wenn durch einen konkreten Anlass die Besorgnis besteht, dass Bewerber oder Arbeitnehmer, insbesondere durch rassistische oder fremdenfeindliche Betätigung, den Betriebsfrieden stören (§ 99 Abs. 2 Nr. 6 BetrVG).

► Forderung des Betriebsrats nach Versetzung oder Entlassung bei rassistischer oder fremdenfeindlicher Betätigung, die den Betriebsfrieden wiederholt ernstlich gestört hat (§ 104 S. 1 BetrVG).

► Bei Betriebs- und Abteilungsversammlungen hat der Arbeitgeber gemäß § 43 Abs. 2 BetrVG nunmehr auch über die Integration der im Betrieb beschäftigten ausländischen Arbeitnehmer zu berichten.

► Die Beispielsaufzählung für den Abschluss freiwilliger Betriebsvereinbarungen ist um Maßnahmen zur Integration ausländischer Arbeitnehmer sowie zur Bekämpfung von Rassismus und Fremdenfeindlichkeit im Betrieb erweitert worden (§ 88 Nr. 4 BetrVG).

II. Aufenthaltstitel

Mit dem Inkrafttreten des Zuwanderungsgesetzes wurde insbesondere das Ausländergesetz durch das Aufenthaltsgesetz abgelöst. Damit sind seit 1.1.2005 umfassende Änderungen des Rechts der Beschäftigung ausländischer Arbeitnehmer verbunden, die im Folgenden in Grundzügen dargestellt werden:

Ausländer dürfen in Deutschland eine Beschäftigung grundsätzlich nur ausüben, wenn ihnen ein Aufenthaltstitel dies erlaubt. Sie dürfen von Arbeitgebern nur beschäftigt werden, wenn sie über einen solchen Aufenthaltstitel verfügen.

TIPP!

Der Arbeitgeber sollte sich vor Abschluss des Arbeitsvertrages den Aufenthaltstitel zeigen lassen und eine Kopie zur Personalakte nehmen.

Es gibt allerdings Ausnahmen:

► So bedürfen freizügigkeitsberechtigte Bürger der Europäischen Union keines Aufenthaltstitels. Für sie gilt das Freizügigkeitsgesetz/EU. Sie erhalten von Amts wegen eine Bescheinigung über ihr Aufenthaltsrecht.

► Die vollständige Arbeitnehmerfreizügigkeit/Dienstleistungsfreiheit gilt seit dem 1.5.2011 auch für folgende MOE-EU-Mitgliedstaaten: Estland, Lettland, Litauen, Polen, Slowakische Republik.

Die Übergangsregelung zum beschränkten Arbeitsmarktzugang ist für Staatsangehörige aus Rumänien und Bulgarien bis zum 31. Dezember 2013 verlängert worden. Für bestimmte Fachkräfte und Saisonarbeitnehmer wurde der Arbeitsmarktzugang erleichtert bzw. entfiel die Arbeitserlaubnispflicht zum 1. Januar 2012.

Die Erteilung eines Aufenthaltstitels setzt neben spezifischen Voraussetzungen der einzelnen Arten von Aufenthaltstiteln in der Regel voraus, dass

► die Passpflicht erfüllt ist,

► der Lebensunterhalt des Ausländers gesichert ist,

► die Identität und die Staatsangehörigkeit geklärt ist,

► kein Ausweisungsgrund vorliegt und

► kein Anspruch auf Erteilung eines Aufenthaltstitels besteht und

► der Aufenthalt des Ausländers nicht aus einem sonstigen Grund Interessen der BRD beeinträchtigt oder gefährdet.

Neben dem Visum gibt es mit Aufenthaltserlaubnis und Niederlassungserlaubnis nur zwei weitere Arten von Aufenthaltstiteln.

1. Aufenthaltserlaubnis

Die Aufenthaltserlaubnis ist ein befristeter Aufenthaltstitel und wird zu bestimmten Aufenthaltszwecken erteilt. In begründeten Fällen kann eine Aufenthaltserlaubnis auch für einen nicht im Aufenthaltsgesetz vorgesehenen Zweck erteilt werden.

Aufenthaltszwecke können nach dem Aufenthaltsgesetz unter anderem sein:

► Studium, Sprachkurs, Schulbesuch;

► weitere Ausbildungszwecke (betriebliche Aus- und Weiterbildung);

► Erwerbstätigkeit (von Qualifizierten oder von Geringqualifizierten);

► Familiennachzug;

► dringende humanitäre Gründe.

Bei den Aufenthaltszwecken der betrieblichen Aus- und Weiterbildung und der Erwerbstätigkeit ist Voraussetzung, dass die Bundesagentur für Arbeit zugestimmt hat oder die Zustimmung nach einer Rechtsverordnung entbehrlich ist (siehe dazu unter 3. Verfahren).

Für Geringqualifizierte gilt der Anwerbestopp weiterhin, so dass ihr Einsatz nur aufgrund von zwischenstaatlichen Vereinbarungen oder Rechtsverordnungen möglich ist. Die Beschäftigungsverordnung vom 22.11.2004 enthält entsprechende Bestimmungen z. B. zu Saisonbeschäftigten.

Für den Erwerbstätigkeitszweck (von Qualifizierten wie Geringqualifizierten) ist ein konkretes Arbeitsplatzangebot erforderlich.

Zum 1. November 2007 ist ein erleichterter Zugang für mittel- und osteuropäische Hochschulabsolventen im Bereich Maschinenbau, Fahrzeugbau, Elektroingenieure sowie für ausländische Absolventen deutscher Hochschulen zum deutschen Arbeitsmarkt geschaffen worden, indem für diese Qualifikationen die Vorrangprüfung der Bundesagentur für Arbeit entfällt.

Ein Anspruch auf Aufenthaltserlaubnis besteht lediglich beim Familiennachzug. Hinsichtlich des Arbeitsmarktzugangs werden nachziehende Familienangehörige grundsätzlich so gestellt wie der Ausländer, zu dem sie nachziehen.

2. Niederlassungserlaubnis

Die Niederlassungserlaubnis ist unbefristet. Sie ist zeitlich und räumlich unbeschränkt.

Ein Ausländer kann die Niederlassungserlaubnis insbesondere durch Aufenthaltsverfestigung oder als Hochqualifizierter erwerben.

2.1 Aufenthaltsverfestigung

Ein Ausländer erlangt einen Anspruch auf eine Niederlassungserlaubnis u. a. (§ 16 Abs. 1 AufenthG), wenn

▶ er seit fünf Jahren die Aufenthaltserlaubnis besitzt;

▶ sein Lebensunterhalt gesichert ist;

▶ er mindestens 60 Monate Beiträge zur gesetzlichen Rentenversicherung oder zu einer vergleichbaren Versorgungseinrichtung nachweist;

▶ Gründe der öffentlichen Sicherheit oder Ordnung unter Berücksichtigung der Schwere oder der Art des Verstoßes gegen die öffentliche Sicherheit oder Ordnung oder der vom Ausländer ausgehenden Gefahr unter Berücksichtigung der Dauer des bisherigen Aufenthalts und dem Bestehen von Bindungen im Bundesgebiet nicht entgegenstehen;

▶ ihm die Beschäftigung erlaubt ist, sofern er Arbeitnehmer ist;

▶ er im Besitz der sonstigen für eine dauernde Ausübung seiner Erwerbstätigkeit erforderlichen Erlaubnisse ist;

▶ er im Besitz der sonstigen für eine dauernde Ausübung seiner Erwerbstätigkeit erforderlichen Erlaubnisse ist;

▶ er über ausreichende Kenntnisse der deutschen Sprache verfügt;

▶ er über Grundkenntnisse der Rechts- und Gesellschaftsordnung und der Lebensverhältnisse im Bundesgebiet verfügt und

▶ er über ausreichend Wohnraum für sich und seine Familie verfügt.

Der Ausländer kann die geforderten sprachlichen und kulturellen Kenntnisse durch einen Integrationskurs nachweisen.

Bei den Aufenthaltszwecken Studium, Sprachkurs, Schulbesuch oder weiterer Ausbildungszwecken findet keine Verfestigung zur Niederlassungserlaubnis statt.

2.2 Hochqualifizierte

In besonderen Fällen kann einem hoch qualifizierten Ausländer eine Niederlassungserlaubnis erteilt werden (§ 19 Abs. 2 AufenthG). In Betracht kommen insbesondere besonders qualifizierte Wissenschaftler, Lehrpersonen in herausgehobener Position.

Voraussetzung ist ferner, dass die Bundesagentur für Arbeit zugestimmt hat oder die Zustimmung nach einer Rechtsverordnung entbehrlich ist (siehe dazu unter 3. Verfahren).

2.3 Blaue Karte EU

Die Blaue Karte EU (§ 19a AufenthG) soll den Aufenthalt in der EU für hochqualifizierte Drittstaatenangehörige ermöglichen, die einen Hochschulabschluss und einen Arbeitsvertrag mit mindestens 44 800,– Euro (2012) Jahresgehalt haben. In sog. Mangelberufen, z. B. Ingenieure und Ärzte, wurde die Gehaltsschwelle auf 34 944,– Euro (2012) gesenkt. Die entsprechenden Gehaltsgrenzen ergeben sich aus § 41a BeschV (Beschäftigungsverordnung) und sind jährlich neu zu berechnen, da sie an die jährlich festgesetzten Beitragsbemessungsgrenzen anknüpfen.

3. Verfahren

Die Einholung des Aufenthaltstitels obliegt dem ausländischen Arbeitnehmer selbst und nicht dem zukünftigen Arbeitgeber.

Zuständig für die Erteilung von Aufenthaltstiteln ist die Ausländerbehörde, die gegenüber dem antragstellenden Ausländer auftritt.

Für Aufenthaltstitel, die eine Beschäftigung erlauben, ist im Regelfall die intern im Verfahren zu erteilende Zustimmung der Bundesagentur für Arbeit erforderlich. Das bisherige doppelte Genehmigungsverfahren besteht somit nicht mehr.

Die Bundesagentur für Arbeit führt vor der Zustimmungserteilung eine Vorrangprüfung durch. Sie kann die Zustimmung erteilen, wenn

▶ sich durch die Beschäftigung von Ausländern nachteilige Auswirkungen auf den Arbeitsmarkt nicht ergeben,

▶ deutsche oder gleichgestellte ausländische Arbeitnehmer nicht zur Verfügung stehen und

▶ sie für einzelne Berufsgruppen oder einzelne Wirtschaftszweige festgestellt hat, dass die Besetzung der offenen Stellen mit Ausländern verantwortbar ist.

Die Zustimmung setzt ferner voraus, dass der Ausländer nicht zu ungünstigeren Arbeitsbedingungen als vergleichbare deutsche Arbeitnehmer beschäftigt wird.

Sie ist zu versagen, wenn das Arbeitsverhältnis aufgrund unerlaubter Arbeitsvermittlung oder Anwerbung zustande gekommen ist oder der Ausländer als Leiharbeitnehmer tätig werden will.

Die Bundesagentur kann die Zustimmung beschränken, was in den Aufenthaltstitel zu übernehmen ist.

Zustimmungsfreie Beschäftigungen sind in der Beschäftigungsverordnung in Verbindung mit der Beschäftigungsverfahrensverordnung vom 22.11.2004 festgelegt.

Gegen die Versagung der Erteilung oder Verlängerung des Aufenthaltstitels ist der Widerspruch zulässig, der innerhalb eines Monats nach Zustellung des ablehnenden Bescheids erhoben werden muss. Die Änderung oder Aufhebung einer Nebenbestimmung, die die Ausübung einer Beschäftigung betrifft, kann in manchen Fällen angegriffen werden. Gegen den wiederum ablehnenden Widerspruchsbescheid ist Klage innerhalb eines Monats nach Bekanntgabe statthaft. Darauf ist in der Rechtsbehelfsbelehrung des Bescheids jeweils hinzuweisen.

4. Bestehende Arbeitsgenehmigungen nach vor 2005 geltendem Recht

Bestehende Aufenthaltsrechte und Arbeitsgenehmigungen nach altem Recht gelten in der Regel mit ihrem Inhalt bis zur vorgesehenen Geltungsdauer weiter. In Zusammenhang mit einem Aufenthaltstitel nach neuem Recht gilt eine Arbeitserlaubnis nach altem Recht als Zustimmung der Bundesagentur zur Aufnahme einer Beschäftigung. Daneben bestehen verschiedene Überleitungsvorschriften.

III. Beschäftigung ohne Aufenthaltstitel

Bei Verstößen gegen die Vorschriften über die Beschäftigung von Ausländern drohen dem Arbeitgeber, aber auch dem Arbeitnehmer, erhebliche Geldbußen. In einigen Fällen kann sich der Arbeitgeber sogar strafbar machen.

ACHTUNG!

Verantwortlich sind auch Organvertreter (Vorstandsmitglieder der AG oder GmbH-Geschäftsführer), vertretungsberechtigte Gesellschafter, gesetzliche Vertreter sowie Personen, die den Betrieb leiten oder eigenverantwortlich Pflichten wahrnehmen, die den Betriebsinhaber treffen (z. B. Abteilungsleiter).

TIPP!

Sollte ein Arbeitgeber dennoch einmal einen ausländischen Arbeitnehmer eingestellt haben, dessen erforderlicher Aufenthaltstitel fehlt oder nicht verlängert wird, so sollte der Arbeitgeber zum Zwecke der Beendigung des Arbeitsverhältnisses eine ordentliche, personenbedingte Kündigung aussprechen, sofern das Arbeitsverhältnis nicht

auf Dauer des Vorliegens des Aufenthaltstitels befristet war. Allein durch das Ablaufen eines zeitlich befristeten Aufenthaltstitels endet das Arbeitsverhältnis nicht.

1. Folgen für den Arbeitgeber

Beschäftigt der Arbeitgeber selbst einen ausländischen Arbeitnehmer ohne erforderlichen Aufenthaltstitel, der die Beschäftigung erlaubt, so begeht er damit eine Ordnungswidrigkeit, die mit einem Verwarnungsgeld oder einer Geldbuße geahndet wird.

In besonderen Fällen kann sich der Arbeitgeber sogar strafbar machen.

Bisher bestehende Straftatbestände – wie z. B. die Beschäftigung von Ausländern ohne erforderliche Genehmigung zu Arbeitsbedingungen, die in einem auffälligen Missverhältnis zu den Arbeitsbedingungen deutscher Arbeitnehmer und Arbeitnehmerinnen stehen – wollte der Gesetzgeber offenbar der Sache nach nicht einschränken. Dennoch ist die Rechtslage durch eine offenbar unzureichende Anpassung der Strafvorschriften, die sich nun im Schwarzarbeitsbekämpfungsgesetz befinden, unklar geworden.

Besondere Straf- und Bußgeldvorschriften sieht das Arbeitnehmerüberlassungsgesetz für Ver- und Entleiher bei Überlassung beziehungsweise Einsatz von Ausländern ohne erforderlichen Aufenthaltstitel vor.

2. Folgen für den Arbeitnehmer

Wenn ein Ausländer ohne Aufenthaltstitel eine Beschäftigung ausübt, so handelt er ordnungswidrig.

3. Bußgeldverfahren

Zu einem Bußgeldverfahren kommt es dann, wenn der Verstoß nicht geringfügig war oder die Verwarnung nicht wirksam geworden ist (z. B. weil der Betroffene weiterhin gegen die Arbeitsgenehmigungsvorschriften verstößt).

Je nachdem, gegen welche Vorschrift verstoßen wurde, kann das Bußgeld für den Arbeitgeber bis zu € 500.000 betragen. Auch die Sanktionen für den Arbeitnehmer können empfindlich sein.

Ausschlussfrist

I.   Begriff

II. Erfasste Ansprüche
     1. Tarifliche Ausschlussfristen
     2. Vertragliche Ausschlussfristen

III. Beginn der Ausschlussfrist

IV. Geltendmachung
     1. Inhalt
     2. Form und Frist

I. Begriff

Ausschlussfristen (auch Verfalls-, Verwirkungs- oder Präklusionsfristen genannt) sind vereinbarte Fristen für die Geltendmachung bestimmter Rechte des Arbeitgebers oder des Arbeit-

nehmers. Wird die festgelegte Frist nicht eingehalten, erlöschen die entsprechenden Rechte.

Ausschlussfristen können in Tarifverträgen oder in Einzelarbeitsverträgen vereinbart werden. Tarifliche Ausschlussfristen gelten auch für nicht tarifgebundene Arbeitnehmer, in deren Arbeitsvertrag auf einen Tarifvertrag verwiesen wird. Ausschlussfristen für die Geltendmachung tariflicher Rechte können nur in Tarifverträgen enthalten sein.

Möglich ist die Ausgestaltung von Ausschlussfristen als einstufige oder zweistufige Ausschlussfrist. In vorformulierten Standardarbeitsverträgen darf eine einstufige Ausschlussfrist nicht kürzer als drei Monate sein, da sonst von der Rechtsprechung eine unangemessene Benachteiligung des Arbeitnehmers angenommen wird (BAG v. 28.9.2005, Az. 5 AZR 52/05). Aufgrund des Transparenzgebots muss sich aus der Ausschlussfristenklausel direkt sowie klar und verständlich ergeben, dass die Ansprüche des Arbeitnehmers erlöschen, wenn sie nicht rechtzeitig geltend gemacht werden.

Formulierungsbeispiel:

„Ansprüche aus dem Arbeitsverhältnis verfallen, wenn sie nicht innerhalb von drei Monaten nach Fälligkeit schriftlich gegenüber dem Vertragspartner geltend gemacht werden."

Zweistufige Ausschlussfristen schreiben darüber hinaus vor, dass der Anspruch binnen einer weiteren Frist rechtshängig gemacht, also gerichtlich eingeklagt wird. Nach einer Entscheidung des Bundesarbeitsgerichts sind solche zweistufigen Ausschlussfristen auch nach Einführung der Inhaltskontrolle von Standardverträgen im Arbeitsrecht grundsätzlich weiterhin zulässig (BAG v. 25.5.2005, Az. 5 AZR 572/04). Bei zweistufigen Ausschlussfristen darf keine der beiden Stufen eine Frist vorsehen, die kürzer als drei Monate ist.

Formulierungsbeispiel:

„Ansprüche aus dem Arbeitsverhältnis verfallen, wenn sie nicht innerhalb von drei Monaten nach Fälligkeit schriftlich gegenüber dem Vertragspartner geltend gemacht werden. Lehnt die Gegenpartei den Anspruch ab oder erklärt sie sich nicht innerhalb von zwei Wochen nach der Geltendmachung des Anspruches, so verfällt dieser, wenn er nicht innerhalb von weiteren drei Monaten nach der Ablehnung oder dem Fristablauf gerichtlich geltend gemacht wird."

Tarifliche Ausschlussfristen sind – anders als individualvertragliche – keine Allgemeinen Geschäftsbedingungen, sodass eine entsprechende Inhaltskontrolle durch die Arbeitsgerichte grundsätzlich nicht stattfindet.

II. Erfasste Ansprüche

Ausschlussfristen gelten regelmäßig sowohl für Arbeitgeberansprüche als auch für Arbeitnehmeransprüche.

1. Tarifliche Ausschlussfristen

Tarifliche Ausschlussfristen können unabdingbare gesetzliche Ansprüche (das sind Ansprüche, auf die der Arbeitnehmer nicht verzichten kann, also z. B. Mindesturlaubsansprüche) erfassen (BAG v. 9.8.2011, Az. 475/10).

Aufgrund des Vorrangs der Tarifverträge vor Betriebsvereinbarungen (§§ 77 Abs. 3, 87 BetrVG) sowie wegen § 77 Abs. 4 S. 4 BetrVG (Ausschlussfristen für Ansprüche aus Betriebsvereinbarungen müssen in Tarifverträgen oder Betriebsvereinbarungen vereinbart sein) wirken tarifliche Ausschlussfristen auch für Ansprüche aus Betriebsvereinbarungen.

Da zwischen Arbeitsverträgen und Tarifverträgen das Günstigkeitsprinzip gilt, ist fraglich, ob Ansprüche aus dem Arbeitsvertrag aufgrund von tariflichen Ausschlussfristen verfallen können. In der Regel werden dem Arbeitnehmer durch die Ausschlussfrist mehr Ansprüche genommen als dem Arbeitgeber, weshalb die arbeitsvertragliche Regelung günstiger für den Arbeitnehmer sein dürfte. Eine abschließende Bewertung dieser Frage durch die Rechtsprechung steht hier noch aus.

2. Vertragliche Ausschlussfristen

Abdingbare Ansprüche unterfallen unproblematisch wirksamen vertraglichen Ausschlussfristen. Für unabdingbare Ansprüche (wie z. B. den Mindesturlaubsanspruch) ist dies umstritten, hier liegen widersprüchliche Entscheidungen des BAG vor (BAG v. 24.3.1988, Az. 2 AZR 630/87 und BAG v. 5.4.1984, Az. 6 AZR 443/81).

Tarifliche Ansprüche können einer vertraglichen Ausschlussfrist unterfallen, wenn der Tarifvertrag im Arbeitsvertrag nur durch eine Bezugnahmeklausel Geltung hat. Besteht originäre Tarifbindung, ist also der Arbeitgeber z. B. Mitglied im tarifschließenden Arbeitgeberverband und der Arbeitnehmer Mitglied der tarifschließenden Gewerkschaft, gelten diesbezüglich höchstens tarifliche Ausschlussfristen, vertragliche Ausschlussfristen können die tariflichen Ansprüche dann nicht zum Erlöschen bringen (§ 4 Abs. 4 S. 3 TVG).

Für Ansprüche aus Betriebsvereinbarungen können vertragliche Ausschlussfristen wegen der Vorgabe aus § 77 Abs. 4 S. 4 BetrVG, nach der Ausschlussfristen für Ansprüche aus Betriebsvereinbarungen lediglich aus Tarifvertrag oder Betriebsvereinbarungen folgen können, keine Geltung erlangen.

III. Beginn der Ausschlussfrist

Wenn nichts anderes festgelegt ist, beginnt die Ausschlussfrist mit der Fälligkeit des Anspruchs.

TIPP!
Bei Bekanntwerden von möglichen Ansprüchen gegenüber einem Arbeitnehmer sollten die einschlägigen einzelvertraglichen und kollektivrechtlichen Vereinbarungen umgehend auf Ausschlussfristen überprüft werden.

IV. Geltendmachung

1. Inhalt

Will der Arbeitgeber unter Wahrung einer Ausschlussfrist seine Rechte geltend machen, muss jeder erhobene Anspruch genau genannt werden. Der Vertragspartner muss anhand der Geltendmachung erkennen können, um welchen Anspruch es gehen soll.

Daher müssen die Höhe der einzelnen Forderungen, der Grund und der Zeitraum, für den sie geltend gemacht werden, annähernd beziffert werden.

2. Form und Frist

Zur Erhaltung der von der Ausschlussfrist umfassten Ansprüche ist eine form- und fristgerechte Geltendmachung erforderlich.

Hier kommt es in erster Linie darauf an, wie die Ausschlussfrist ausgestaltet wurde. Wurde festgelegt, dass der Anspruch nur schriftlich geltend gemacht werden kann, muss die Schriftform eingehalten werden.

Für einstufige Ausschlussfristen wurde bereits entschieden, dass die Erhebung einer Kündigungsschutzklage die Vorgabe einer schriftlichen Geltendmachung für Ansprüche, die vom Ausgang des Kündigungsschutzprozesses abhängen, erfüllen kann (BAG v. 26.4.2006, Az. 5 AZR 403/05).

Bei zweistufigen Ausschlussfristen ist in der Regel die Klageerhebung vorgesehen, diese muss dann natürlich fristgemäß erfolgen und die in Rede stehenden Ansprüche als Streitgegenstand behandeln.

Für die fristgerechte Geltendmachung ist der Zeitpunkt des Zugangs beim Empfänger entscheidend. Der Zugang wird wie bei der Kündigung beurteilt.

TIPP!
Um auf Nummer sicher zu gehen, sollte der Zugang nachweisbar sein. Es empfiehlt sich also die schriftliche Geltendmachung mit persönlicher Überreichung an den Arbeitnehmer vor Zeugen bzw. mit Zustellung per Boten, der den Inhalt des zuzustellenden Schreibens kennt.

Aussperrung

I.   **Begriff und Wirkung**

II. **Zulässigkeit**

III. **Folgen**

I. Begriff und Wirkung

Die Aussperrung ist ein Mittel des Arbeitskampfs auf Arbeitgeberseite. Sie ist grundsätzlich zulässig, da durch sie nach Meinung des BAG die Kampfparität zwischen Arbeitgebern und Gewerkschaften hergestellt wird. Auch in der neueren Instanzrechtsprechung wird von der grundsätzlichen Zulässigkeit der Aussperrung ausgegangen (LAG Berlin-Brandenburg v. 13.4.2011, Az. 7 Ta 804/11). Dies sei deswegen notwendig, weil die Gewerkschaften durch einen → *Streik* erreichen können, dass die Arbeit ruht und die Arbeitsverhältnisse der Streikenden suspendiert werden. In welchem Umfang dies geschieht, entscheidet allein die Gewerkschaft. Die Aussperrung gibt dem Arbeitgeber die Möglichkeit, seinerseits eine Anzahl weiterer Arbeitsverhältnisse zu suspendieren. Die Arbeitsverhältnisse ruhen damit bis zum Ende des Arbeitskampfs (= suspendierende Aussperrung). Damit muss er auch diesen Arbeitnehmern kein Entgelt zahlen. Von der Aussperrung zu unterscheiden ist die Betriebsstilllegung, mit der sich der Arbeitgeber dem Streik beugt. Hierfür bedarf es keines Aussperrungsbeschlusses des Arbeitgebers. Eine solche suspendierende Betriebsstilllegung während eines Arbeitskampfes muss gegenüber den Arbeitnehmern in betriebsüblicher Weise erklärt werden. Einer individuellen Benachrichtigung der betroffenen Arbeitnehmer bedarf es nicht (BAG v. 13.12.2011, Az. 1 AZR 495/10).

II. Zulässigkeit

Die Aussperrung ist auch dann zulässig, wenn sie in einzelnen Gesetzen, wie z. B. der Hessischer Landesverfassung, untersagt ist. Es können auch Arbeitnehmer ausgesperrt werden, die einen besonderen → *Kündigungsschutz* haben, wie etwa Schwangere und Schwerbehinderte. Das BAG hat jedoch Kriterien für die Zulässigkeit von Aussperrungen aufgestellt.

Unzulässig und damit rechtswidrig sind folgende Maßnahmen:

▶ **Angriffsaussperrung:**

Üblicherweise wird mit der Aussperrung auf einen → *Streik* reagiert. Denkbar ist aber auch, dass die Arbeitgeberseite zuerst in die Offensive geht. Nach überwiegender Auffassung ist eine solche Maßnahme jedoch nicht zulässig.

▸ **Diskriminierung:**

Der Kreis der ausgesperrten Arbeitnehmer darf nicht nach unzulässigen Kriterien bestimmt werden. So dürfen z. B. nicht nur Mitglieder der streikführenden Gewerkschaft ausgesperrt werden.

▸ **Unverhältnismäßige Aussperrung:**

Die Aussperrungsmaßnahme darf nicht unverhältnismäßig sein im Vergleich zu dem → Streik, auf den reagiert werden soll. Werden bis zu 25 % der Arbeitnehmer des Tarifgebiets zum Streik aufgerufen (maßgeblich ist der Streikbeschluss, nicht, wie viele Arbeitnehmer ihm folgen), so können höchstens weitere 25 % der Arbeitnehmer ausgesperrt werden. Bei einem darüber liegenden Streikbeschluss können höchstens 50 % aller Arbeitnehmer ausgesperrt werden. Die Aussperrung muss immer auf das Tarifgebiet begrenzt werden. Auch in zeitlicher Hinsicht ist das Aussperrungsrecht begrenzt: Es ist z. B. unzulässig, mit einer zweitägigen Aussperrung auf einen halbstündigen Streik zu reagieren. Dieser Verhältnismäßigkeitsgrundsatz entspricht der ständigen Rechtsprechung des Bundesverfassungsgerichts. Der vom Streik betroffene Arbeitgeber darf aber auch die nicht organisierten Arbeitnehmer und die Mitglieder anderer als der streikführenden Gewerkschaft aussperren.

▸ **Wilde Aussperrung:**

Genauso wenig wie wilde Streiks, die nicht von der Gewerkschaft organisiert worden sind, durchgeführt werden dürfen, kann der einzelne Arbeitgeber ohne einen entsprechenden Beschluss seines Arbeitgeberverbands aussperren. Nur wenn die Gewerkschaft den Abschluss eines Firmentarifvertrags erzwingen will, ist dies zulässig.

Nimmt der Arbeitgeber eine Aussperrung mit der Folge vor, dass die Arbeitsverhältnisse der betroffenen Arbeitnehmer nicht nur ruhen, sondern endgültig enden, handelt es sich um eine sog. **lösende Aussperrung.**

 **ACHTUNG!**

Da die lösende Aussperrung heute weitgehend nicht mehr als zulässig angesehen wird, ist dringend davon abzuraten, zumal da die Arbeitnehmer in der Regel nach Beendigung des Arbeitskampfs ein Recht auf Wiedereinstellung haben.

Der Bundesverband der Deutschen Arbeitgeber (BDA) und weitere Verbände haben Arbeitskampfrichtlinien erarbeitet, die Einzelheiten zur Aussperrung enthalten. Informationen darüber können beim jeweiligen Verband eingeholt werden.

III. Folgen

Die **rechtmäßige** und damit wirksame Aussperrung führt dazu, dass der Arbeitgeber an die ausgesperrten Arbeitnehmer kein Entgelt zahlen muss. Er verringert damit auf der einen Seite die finanziellen Folgen des Streiks. Auf der anderen Seite wird der finanzielle Druck auf die Streikkasse der Gewerkschaft erhöht. Nach dem Ende der rechtmäßigen Aussperrung leben die Rechte und Pflichten aus den vorübergehend ruhenden Arbeitsverhältnissen wieder auf.

War die Aussperrung **rechtswidrig**, muss der Arbeitgeber all den Arbeitnehmern, die sich nicht im → Streik befanden und von der Aussperrung betroffen waren, nachträglich das Entgelt zahlen. Die Gewerkschaften können gegen rechtswidrige Aussperrungsmaßnahmen auch eine einstweilige Verfügung erwirken. Darüber hinaus kommen auch noch Schadensersatzansprüche in Betracht.

Beendigung des Arbeitsverhältnisses

Das Arbeitsverhältnis ist ein sog. Dauerschuldverhältnis. Dies bedeutet, dass es – anders als z. B. ein Auftrag oder ein Werkvertrag – nicht einfach durch die Erledigung bestimmter Aufgaben endet, sondern die Zusammenarbeit eben auf Dauer angelegt ist. Will entweder der Arbeitgeber oder der Arbeitnehmer das Arbeitsverhältnis beenden, muss dieser Beendigungswille der jeweils anderen Partei ausdrücklich mitgeteilt werden. Nur ausnahmsweise wird das Arbeitsverhältnis aufgrund äußerer Umstände automatisch beendet.

Zur Beendigung eines Arbeitsverhältnisses führen:

▸ → *Kündigung*

▸ → *Aufhebungsvertrag*

▸ Ablauf eines befristeten Arbeitsvertrags (→ *Befristetes Arbeitsverhältnis*)

▸ Auflösungsurteil oder Beschluss des Arbeitsgerichts

▸ → *Anfechtung* oder Nichtigkeit des Arbeitsvertrags

▸ Tod des Arbeitnehmers.

Nicht zur Beendigung von Arbeitsverhältnissen führen:

▸ → *Betriebsübergang*

▸ → *Insolvenz* des Arbeitgebers

▸ → *Streik*

▸ Verhinderung des Arbeitnehmers

▸ → *Wehr- und Zivildienst*

▸ Eintritt von → *Erwerbsminderung*

▸ Tod des Arbeitgebers.

In diesen Fällen wird das Arbeitsverhältnis nicht unmittelbar durch das betreffende Ereignis beendet. Eine Beendigung kann sich jedoch aus anschließenden Maßnahmen ergeben, z. B. personenbedingte Kündigung wegen dauerhafter Verhinderung des Arbeitnehmers.

Befristetes Arbeitsverhältnis

I.   Begriff

II.   Inhalt
1. Zeitbefristung
2. Zweckbefristung

III. Form

IV.   Befristung mit sachlichem Grund
1. Zeitbefristung
2. Zweckbefristung
3. Dauer der Befristung

V.   Befristung ohne sachlichen Grund
1. Voraussetzungen
2. Dauer der Befristung
3. Sonderregelungen für Existenzgründer

VI. Aushilfs- und Probearbeitsverhältnis
  1. Aushilfsarbeitsverhältnis
  2. Probearbeitsverhältnis

VII. Verlängerung der Befristung

VIII. Rechtsfolgen einer unwirksamen Befristung

IX. Informationspflichten des Arbeitgebers

I. Begriff

Wird in einem → *Arbeitsvertrag* vereinbart, dass das Arbeitsverhältnis nur für eine bestimmte Dauer bestehen soll, endet es mit Ablauf der vereinbarten Zeit, ohne dass hierfür eine → *Kündigung* erforderlich ist. Dies hat für den Arbeitgeber den Vorteil, dass der Arbeitnehmer sich bei der → *Beendigung* durch Zeitablauf nicht auf → *Kündigungsschutz* berufen kann. Der Arbeitgeber braucht die (automatische) → *Beendigung* weder zu begründen noch sozial zu rechtfertigen. Ferner müssen weder der → *Betriebsrat* noch irgendwelche Behörden bei der automatischen → *Beendigung* beteiligt werden.

> **ACHTUNG!**
> Wird das Recht zur ordentlichen Kündigung nicht ausdrücklich tarifvertraglich oder einzelvertraglich vereinbart, ist es in einem befristeten Arbeitsverhältnis ausgeschlossen (§ 15 Abs. 3 TzBfG). Sieht ein Vertragsmuster vor, dass zutreffende Regelungen angekreuzt und nichtzutreffende Regelungen gestrichen werden, wird grundsätzlich die ordentliche Kündbarkeit eines befristeten Arbeitsverhältnisses im Sinne von § 15 Abs. 3 TzBfG vereinbart, wenn unter der vom Schriftbild her hervorgehobenen Überschrift Tätigkeit, Lohn, Probezeit, Kündigung, Arbeitszeit die Regelung „Für die Kündigung des Arbeitsverhältnisses – nach Ablauf der Probezeit – gilt die gesetzliche Kündigungsfrist" angekreuzt wird (BAG v. 4.8.2011, Az. 6 AZR 436/10).

Da durch eine solche automatische Beendigung des Arbeitsverhältnisses nach Fristablauf der gesetzliche Kündigungsschutz des Arbeitnehmers entfällt, ist eine Befristung nur in bestimmten, gesetzlich geregelten Fällen möglich. Die gesetzlichen Anforderungen sind seit dem 1.1.2001 im Teilzeit- und Befristungsgesetz (TzBfG) geregelt. Ein Arbeitsverhältnis kann nur dann befristet werden, wenn

▸ ein sachlicher Grund vorliegt (s. u. IV.) oder

▸ die Befristung auch ohne sachlichen Grund erlaubt ist (s. u. V.).

> **WICHTIG!**
> Das TzBfG gilt nur für die Befristung von Arbeitsverträgen und nicht für die Befristung einzelner Arbeitsbedingungen. Dennoch bedarf es für die Befristung solcher einzelner Arbeitsvertragsbedingungen, die nur im Wege einer Änderungskündigung einseitig durchgesetzt werden können, des Vorliegens eines Sachgrundes (s. u. IV.). Hierdurch soll verhindert werden, dass der gesetzliche Kündigungsschutz durch Befristungsabreden umgangen wird (BAG v. 14.1.2004, Az. 7 AZR 213/03).

Die Vorschriften des Teilzeit- und Befristungsgesetzes können durch Tarifvertrag (zu Gunsten des Arbeitnehmers!) eingeschränkt oder ausgeschlossen werden. Bei beabsichtigter Befristung muss deshalb immer der einschlägige Tarifvertrag geprüft werden. Die Arbeitsvertragsparteien können die Möglichkeit zur sachgrundlosen Befristung vertraglich ausschließen. Allein die Benennung eines Sachgrundes im Arbeitsvertrag reicht für die Annahme einer solchen Vereinbarung regelmäßig nicht aus (BAG v. 29.6.2011, Az. 7 AZR 774/09). Die Zulässigkeit der sachgrundlosen Befristung nach § 14 Abs. 2 TzBfG setzt nach dem Teilzeit- und Befristungsgesetz keine Vereinbarung der Parteien voraus, die Befristung auf diese Rechts-

grundlage stützen zu wollen. Ausreichend ist, dass die Voraussetzungen für die Zulässigkeit der Befristung nach § 14 Abs. 2 TzBfG bei Vertragsschluss objektiv vorlagen (BAG a.a.O.).

Seit dem 1.7.2003 muss sich ein Arbeitnehmer, sobald er den Beendigungszeitpunkt seines Arbeitsverhältnisses kennt, unverzüglich beim Arbeitsamt arbeitsuchend melden. Dies gilt auch bei befristeten Arbeitsverhältnissen, allerdings unter der Maßgabe, dass die Meldung frühestens drei Monate vor dem Beendigungszeitpunkt erfolgen muss. Der Arbeitgeber muss den Arbeitnehmer auf diese Pflicht hinweisen. Bei Zweckbefristungen sollte dieser Hinweis spätestens mit der Mitteilung über die bevorstehende Zweckerreichung erfolgen (s. u. II.2. Formulierungsbeispiel). Bei Zeitbefristungen ist zu empfehlen, die Belehrung über die Pflichten des Arbeitnehmers bereits in den Arbeitsvertrag mit aufzunehmen (s. u. II.1. Formulierungsbeispiel).

II. Inhalt

1. Zeitbefristung

Üblicherweise wird eine Befristung bzw. die Dauer des Arbeitsverhältnisses kalendermäßig festgelegt.

> **Formulierungsbeispiel:**
> „Der Arbeitnehmer wird für die Dauer von .... Monaten [*oder:* bis zum ....] eingestellt. Das Arbeitsverhältnis endet nach Ablauf der Frist, ohne dass es einer → *Kündigung* bedarf. Der Arbeitnehmer wird bereits jetzt darauf hingewiesen, dass er nach § 38 SGB III verpflichtet ist, sich möglichst frühzeitig, spätestens jedoch drei Monate vor Beendigung des Arbeitsverhältnisses bei der Agentur für Arbeit persönlich arbeitssuchend zu melden."

2. Zweckbefristung

Außer der Zeitbefristung kann auch eine zweckgebundene Befristung vereinbart werden. Das ist insbesondere bei der Erledigung bestimmter Arbeiten (z. B. Fertigstellung eines Projekts) denkbar.

Die Vereinbarung einer Zweckbefristung muss so eindeutig sein, dass es hinsichtlich des Beendigungszeitpunkts bzw. des Beendigungsereignisses nicht zu Zweifeln kommen kann. Andernfalls ist die Befristung unwirksam, so dass zur → *Beendigung* eine → *Kündigung* erforderlich ist. Diese müsste der Arbeitgeber dann aber begründen und sozial rechtfertigen; die beabsichtigte Befristung reicht dabei als Rechtfertigung nicht aus!

> **Formulierungsbeispiel:**
> „Das Arbeitsverhältnis endet mit dem Tag, an dem die vollständige und vorbehaltlose Abnahme des vorbezeichneten Bauwerks durch den Auftraggeber erfolgt, ohne dass es einer → *Kündigung* bedarf."

> **WICHTIG!**
> Wenn sich für den Arbeitgeber die Erreichung des Zwecks zeitlich abzeichnet, muss er den Arbeitnehmer spätestens zwei Wochen vor der bevorstehenden → *Beendigung* des Arbeitsverhältnisses auf den Zeitpunkt der Zweckerreichung schriftlich hinweisen.

Andernfalls endet das Arbeitsverhältnis erst mit dem Ablauf der Zweiwochenfrist, beginnend mit dem Zugang der schriftlichen Mitteilung.

> **Formulierungsbeispiel:**
>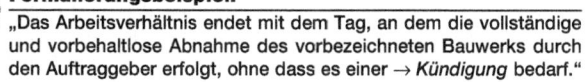
> „Hiermit teilen wir Ihnen mit, dass der im → *Arbeitsvertrag* vorgesehene Zweck Ihrer Beschäftigung am .... erreicht sein wird und Ihr Arbeitsverhältnis damit zu diesem Zeitpunkt endet."
>
> „Wir weisen Sie darauf hin, dass Sie gem. § 38 SGB III verpflichtet sind, sich spätestens drei Monate vor Beendigung des Arbeitsverhältnisses persönlich bei der Agentur für Arbeit zu melden ..."
>
> **oder** (wenn zwischen Kenntnis des Beendigungszeitpunktes und der Beendigung weniger als drei Monate liegen):

„Wir weisen Sie darauf hin, dass Sie gem. § 38 SGB III verpflichtet sind, sich innerhalb von drei Tagen nach Kenntnis des Beendigungszeitpunktes, also nach Erhalt dieses Schreibens, persönlich bei der Agentur für Arbeit zu melden ..."

und (in beiden Fällen):

„... Andernfalls kann Ihr Anspruch auf Arbeitslosengeld verkürzt werden. Sie sind ferner dazu verpflichtet, selbst bei der Suche nach einem anderen Arbeitsplatz aktiv zu werden."

III. Form

Eine Befristung muss schriftlich vereinbart werden. Das bedeutet, dass die Befristungsvereinbarung (mindestens) in einer Urkunde vom Arbeitgeber (bzw. einer vertretungsberechtigten Person) und Arbeitnehmer eigenhändig unterzeichnet sein muss. Kopien, Stempel, Faksimiles, E-Mails oder Telefaxschreiben reichen hierzu ebenso wenig aus, wie ein originalschriftlicher Schriftwechsel, auf dem jeweils nur eine Unterschrift der Parteien erfolgt ist.

WICHTIG!

Zur Wahrung der nach § 14 Abs. 4 TzBfG gesetzlich vorgeschriebenen Schriftform ist es jedoch ausreichend, wenn die eine Vertragspartei in einem von ihr unterzeichneten, an die andere Vertragspartei gerichteten Schreiben den Abschluss eines befristeten Arbeitsvertrags anbietet und die andere Partei dieses Angebot annimmt, indem sie dieses Schriftstück ebenfalls unterzeichnet (BAG v. 26.7.2006, Az. 7 AZR 514/05). Halten die Vertragsparteien die Befristungsabrede nach Arbeitsaufnahme durch den Arbeitnehmer in einem schriftlichen Arbeitsvertrag fest, liegt darin nach einer Entscheidung des BAG regelmäßig keine eigenständige Befristungsabrede über die nachträgliche Befristung des entstandenen Arbeitsverhältnisses, sondern nur die befristungsrechtlich bedeutungslose Wiedergabe des bereits mündlich Vereinbarten (BAG v. 13.6.2007, Az. 7 AZR 700/06). Haben die Vertragsparteien hingegen vor der Unterzeichnung des schriftlichen Arbeitsvertrages mündlich keine Befristung vereinbart oder eine Befristungsabrede getroffen, die inhaltlich mit der in dem schriftlichen Arbeitsvertrag enthaltenen Befristung nicht übereinstimmt, enthält der schriftliche Arbeitsvertrag eine eigenständige, im Schriftformgebot genügende Befristung. Ist diese Befristung daneben sachlich gerechtfertigt, so ist die Befristung insgesamt rechtmäßig (BAG a.a.O.). Etwas anderes gilt jedoch dann, wenn der Arbeitgeber dem Arbeitnehmer vor Arbeitsantritt einen unterzeichneten befristeten Arbeitsvertrag zuschickt, den der Arbeitnehmer alsbald gegenzeichnen soll. Wenn die Gegenzeichnung dann erst nach der Arbeitsaufnahme stattfindet, ist das Schriftformerfordernis des § 14 Abs. 4 TzBfG durch die Unterzeichnung des Arbeitsvertrages gewahrt. Bis zu dessen Gegenzeichnung durch den Arbeitnehmer ist nämlich kein Arbeitsverhältnis begründet worden, da der Arbeitgeber sein Angebot auf Abschluss eines befristeten Arbeitsvertrages von der Rückgabe des unterzeichneten Arbeitsvertrags abhängig gemacht hatte (BAG v. 16.4.2008, Az. 7 AZR 1048/06). Die (früher) übliche Verwaltungspraxis, den Durchschlag für die Personalakte arbeitgeberseits nur mit einem Namenszeichen zu versehen, ersetzt die Schriftform nicht. Die Einhaltung der Schriftform ist durch den darlegungs- und beweispflichtigen Arbeitgeber nicht nachgewiesen, wenn er allein nachweisen kann, dass ein beidseits vollständig unterzeichnetes Original ausgestellt und dem Arbeitnehmer ausgehändigt wird, wenn dieser bestreitet, ein solches erhalten zu haben (LAG München v. 21.8.2012, Az. 6 Sa 1149/11).

Ein gerichtlich protokollierter Vergleich, der die vertraglichen Erklärungen beider Parteien beinhaltet, ersetzt die gesetzliche Schriftform (§§ 126 Abs. 3, 127a BGB). Dies gilt auch für Vergleiche, die im schriftlichen Verfahren durch richterlichen Beschluss nach § 278 Abs. 6 ZPO zustande gekommen sind (BAG v. 23.11.2006, Az. 6 AZR 394/06).

Das Schriftformerfordernis gem. § 14 Abs. 4 TzBfG betrifft nur die Vereinbarung der Befristung und gilt nicht für den der Befristung zugrunde liegenden sachlichen Grund oder deren sonstige Rechtfertigung (BAG v. 26.7.2006, Az. 7 AZR 515/05).

Zusätzliche Formerfordernisse können sich aber aus → Tarifvertrag oder → Betriebsvereinbarung ergeben.

ACHTUNG!

Verstößt die Befristungsvereinbarung gegen Gesetz oder → Tarifvertrag (also z. B. auch gegen die vorgeschriebene Form), ist sie unwirksam. In diesem Fall gilt das Arbeitsverhältnis für unbestimmte Zeit. Zur → Beendigung ist eine → Kündigung erforderlich (s. u. VIII.). Sofern die Befristungsvereinbarung allein wegen fehlender Schriftform unwirksam ist, bleibt eine Kündigung grundsätzlich beiderseits und jederzeit möglich (BAG v. 23.4.2009, Az. 6 AZR 533/08). Selbstverständlich gelten dann im Falle einer Kündigung die entsprechenden Kündigungs(schutz)vorschriften (s. → Kündigung u. → Kündigungsschutz).

IV. Befristung mit sachlichem Grund

1. Zeitbefristung

Sachliche Gründe für eine Zeitbefristung können sein:

- vorübergehender Bedarf an der Besetzung des Arbeitsplatzes (z. B. saisonbedingter Arbeitskräftemehrbedarf);

- Vertretung eines anderen Arbeitnehmers (z. B. wegen → Mutterschutz, → Pflegezeit oder Elternzeit/Erziehungsurlaub);

- Erleichterung einer Anschlussbeschäftigung des Arbeitnehmers im unmittelbaren Anschluss an eine Ausbildung oder ein Studium;

- Eigenart der Arbeitsleistung (z. B. sog. Ferienjob);

- → Vergütung des Arbeitnehmers aus Haushaltsmitteln, die haushaltsrechtlich für eine befristete Beschäftigung bestimmt sind, wenn er entsprechend der Bestimmung beschäftigt wird;

- personenbedingte Gründe des Arbeitnehmers (z. B. befristete Arbeitserlaubnis, Wunsch des Arbeitnehmers nach Befristung);

- Erprobung des Arbeitnehmers;

- gerichtlicher Vergleich, in dem die Befristung vereinbart wird (BAG v. 23.11.2006, Az. 6 AZR 394/06).

Liegt einer dieser Gründe vor, ist eine Zeitbefristung zulässig (§ 14 Abs. 1 TzBfG).

Der Wunsch des Arbeitnehmers nach einer nur zeitlich begrenzten Beschäftigung kann auch die Befristung eines Arbeitsvertrages sachlich rechtfertigen. Entscheidend dafür ist, ob der Arbeitnehmer auch bei einem Angebot auf Abschluss eines unbefristeten Vertrages nur ein befristetes Arbeitsverhältnis gewählt hätte (BAG v. 19.1.2005, Az. 7 AZR 115/04).

ACHTUNG!

Die Gewährung einer finanziellen Förderung (Zuschuss) zur Aus- und Weiterbildung schwerbehinderter Menschen nach § 235a Abs. 1 SGB III seitens der Bundesagentur für Arbeit ist für sich alleine kein Sachgrund nach § 14 Abs. 1 Satz 1 TzBfG für die Befristung des zwischen dem Arbeitgeber und dem schwerbehinderten Menschen abgeschlossenen Arbeitsvertrags. Ein zulässiger Sachgrund kann jedoch gegeben sein, wenn dem Arbeitnehmer durch die Beschäftigung Kenntnisse und Erfahrungen vermittelt werden, die durch die übliche Berufstätigkeit nicht erworben werden können (BAG v. 22.4.2009, Az. 7 AZR 96/2008).

Sofern keine abweichenden spezialgesetzlichen oder tarifvertraglichen Regelungen etwas anderes vorsehen, setzt eine wirksame Befristung nicht voraus, dass der Befristungsgrund Vertragsinhalt geworden oder dem Arbeitnehmer bei Vertragsschluss mitgeteilt worden ist. Ausreichend ist, dass der sachliche Grund bei Vertragsschluss objektiv vorgelegen hat (BAG v. 15.8.2001, Az. 7 AZR 263/00). Das Schriftformerfordernis gem. § 14 Abs. 4 TzBfG betrifft nur die Vereinbarung der Befristung und gilt nicht für den der Befristung zugrunde liegenden sachlichen Grund oder deren sonstige Rechtfertigung (BAG v. 26.7.2006, Az. 7 AZR 515/05).

WICHTIG!

Wird ein Arbeitnehmer zur Vertretung eines anderen (abwesenden) Beschäftigten eingestellt, so ist hierfür nicht Voraussetzung, dass er die Aufgaben bekommt, die der ausgefallene Mitarbeiter zu verrichten gehabt hätte. Der Arbeitgeber kann frei entscheiden, ob er den Arbeitsausfall überhaupt überbrücken will oder ob er im Wege einer Umverteilung die von dem zeitweilig verhinderten Mitarbeiter zu erledigenden Arbeiten anderen Beschäftigten zuweist und deren Aufgaben ganz oder teilweise von einer Vertretungskraft erledigen lässt (BAG v. 21.2.2001, Az. 7 AZR 107/00). In einem solchen Fall sog. „mittelbarer Vertretung" muss der Arbeitgeber aber nachweisen, dass zwischen dem zeitweiligen Ausfall von Mitarbeitern und der befristeten Einstellung von Aushilfen ein ursächlicher Zusammenhang besteht (BAG v. 10.3.2004, Az. 7 AZR 402/03). Der Sachgrund der Vertretung setzt also nicht voraus, dass der befristet zur Vertretung eingestellte Mitarbeiter die vorübergehend ausfallende Stammkraft unmittelbar vertritt und die von ihr bislang ausgeübten Tätigkeiten erledigt. Der Vertreter kann auch mit anderen Aufgaben betraut werden. Die befristete Beschäftigung zur Vertretung lässt die Versetzungs- und Umsetzungsbefugnisse des Arbeitgebers unberührt. Es muss jedoch sichergestellt sein, dass die Beschäftigung des befristet eingestellten Arbeitnehmers wegen des Arbeitskräftebedarfs erfolgt, der durch die vorübergehende Abwesenheit des zu vertretenden Mitarbeiters entsteht. Fehlt dieser Kausalzusammenhang, ist die Befristung nicht durch den Sachgrund der Vertretung gerechtfertigt (BAG v. 25.3.2009, Az. 7 AZR 34/08 und BAG v. 20.1.2010, Az. 7 AZR 542/08).

Aus dem bloßen Umstand, dass ein Arbeitgeber gezwungen sein mag, wiederholt oder sogar dauerhaft auf befristete Vertretungen zurückzugreifen, und dass diese Vertretungen auch durch die Einstellung von Arbeitnehmern mit unbefristeten Arbeitsverträgen gedeckt werden könnten, folgt weder, dass kein sachlicher Grund i. S. d. § 5 Nr. 1 lit. a der genannten Rahmenvereinbarung über befristete Arbeitsverhältnisse im Anhang der Richtlinie 1999/70/EG des Rates vom 28.6.1999 zu der EGB-UNICE-CEEP-Rahmenvereinbarung über befristete Arbeitsverträge gegeben ist, noch das Vorliegen eines Missbrauchs im Sinne dieser Bestimmung (EuGH v. 26.1.2012, Az. C-586/10-Kücük). Dennoch kann die Befristung eines Arbeitsvertrags trotz Vorliegens eines Sachgrunds aufgrund der besonderen Umstände des Einzelfalls ausnahmsweise rechtsmissbräuchlich und daher unwirksam sein. Für das Vorliegen eines Rechtsmissbrauchs können insbesondere eine sehr lange Gesamtdauer (hier: 11 Jahre) oder eine außergewöhnlich hohe Anzahl von aufeinander folgenden befristeten Arbeitsverträgen (hier: 13) mit demselben Arbeitgeber sprechen (BAG v. 18.7.2012, Az. 7 AZR 443/09). Für den Fall einer Gesamtdauer von 7 Jahren und 9 Monaten bei 4 aufeinanderfolgenden befristeten Arbeitsverträgen erkannte das BAG allerdings keine Anhaltspunkte für einen derartigen Rechtsmissbrauch (BAG v. 18.7.2012, Az. 7 AZR 783/10).

Auch ein vorübergehend erhöhter Personalbedarf kann die Befristung eines Arbeitsvertrages nach § 14 Abs. 1 Satz 2 Nr. 1 TzBfG rechtfertigen. Dies setzt die zutreffende Prognose des Arbeitgebers voraus, dass für die Beschäftigung des Arbeitnehmers über das vereinbarte Vertragsende hinaus mit hinreichender Sicherheit kein dauerhafter Bedarf mehr besteht. Die Prognose des Arbeitgebers wird nach einer Entscheidung des BAG nicht unzutreffend, weil der Arbeitnehmer nach Fristablauf aufgrund seiner Qualifikation auf einem freien Arbeitsplatz in einem anderen Projekt hätte beschäftigt werden können. Die Prognose des Arbeitgebers muss sich somit nur auf das konkrete Projekt beziehen (BAG v. 25.8.2004, Az. 7 AZR 7/04).

Der vorübergehende betriebliche Bedarf an der Arbeitsleistung kann auf unterschiedlichen Sachverhalten beruhen. Er kann sich z. B. aus dem Umstand ergeben, dass für einen begrenzten Zeitraum in dem Betrieb oder der Dienststelle zusätzliche Arbeiten anfallen, die mit dem Stammpersonal allein nicht erle-

digt werden können, oder daraus, dass sich der Arbeitskräftebedarf künftig verringern wird – etwa wegen der Inbetriebnahme einer neuen technischen Anlage. Der vorübergehende Bedarf an der Arbeitsleistung kann auf einer zeitweise übernommenen Sonderaufgabe beruhen oder auf einer im Bereich der Daueraufgaben des Arbeitgebers vorübergehend angestiegenen Arbeitsmenge, für deren Erledigung das vorhandene Stammpersonal nicht ausreicht (BAG v. 20.2.2008, Az. 7 AZR 950/06). Die Befristung eines Arbeitsvertrags kann dagegen nicht auf § 14 Abs. 1 Satz 2 Nr. 1 TzBfG gestützt werden, wenn der vom Arbeitgeber zur Begründung angeführte Bedarf an der Arbeitsleistung tatsächlich nicht nur vorübergehend, sondern objektiv dauerhaft besteht.

ACHTUNG!

Ein sachlicher Grund für die Befristung eines Arbeitsvertrags wegen eines nur vorübergehenden Bedarfs an der Arbeitsleistung gem. § 14 Abs. 1 Satz 2 Nr. 1 TzBfG liegt nicht vor, wenn dem Arbeitnehmer Daueraufgaben übertragen werden, die von dem in der Dienststelle beschäftigten Stammpersonal wegen einer von vornherein unzureichenden Personalausstattung nicht erledigt werden können (BAG v. 17.3.2010, Az. 7 AZR 640/08).

Zum Sachgrund der Erprobung nennt § 14 Abs. 1 Satz 2 Nr. 5 TzBfG keine konkrete zeitliche Vorgabe. Allerdings kann der vereinbarten Vertragslaufzeit Bedeutung im Rahmen der Prüfung des Befristungsgrundes zukommen. Sie muss sich am Sachgrund der Befristung orientieren und so mit ihm im Einklang stehen, dass sie nicht gegen das Vorliegen des Sachgrundes spricht. Aus der vereinbarten Vertragsdauer darf sich nicht ergeben, dass der Sachgrund tatsächlich nicht besteht oder nur vorgeschoben ist. Steht die vereinbarte Dauer der Erprobungszeit in keinem angemessenen Verhältnis zu der in Aussicht genommenen Tätigkeit, trägt der Sachgrund der Erprobung nicht. Im Allgemeinen werden nach dem Vorbild des § 1 KSchG und der Kündigungsfristenregelung für Kündigungen während der Probezeit (§ 622 Abs. 3 BGB) sechs Monate als Erprobungszeit ausreichen. Einschlägige Tarifverträge können Anhaltspunkte geben, welche Probezeit angemessen ist. Längere Befristungen zur Erprobung aufgrund besonderer Einzelfallumstände sind aber – vorbehaltlich entgegenstehender einschlägiger und für das Arbeitsverhältnis geltender Tarifvorschriften – möglich. An einem sachlichen Grund der Erprobung fehlt es hingegen, wenn der Arbeitnehmer bereits ausreichende Zeit bei dem Arbeitgeber mit den von ihm zu erfüllenden Aufgaben beschäftigt war und der Arbeitgeber die Fähigkeiten des Arbeitnehmers hinreichend beurteilen kann. Ein vorheriges befristetes oder unbefristetes Arbeitsverhältnis, in dem der Arbeitnehmer mit den gleichen Arbeitsaufgaben betraut war, spricht daher regelmäßig gegen den Sachgrund der Erprobung. Unter besonderen Umständen kann aber auch eine Verlängerung der Probezeit bzw. eine erneute Befristung auf Probe geboten sein (vgl. BAG v. 2.6.2010, Az. 7 AZR 85/09 m. w. N.).

Die mit einer Wiedereinstellungszusage eingegangene Verpflichtung des Arbeitgebers gegenüber einem ausgeschiedenen Arbeitnehmer kann als sonstiger, in § 14 Abs. 1 Satz 2 Nr. 1–8 TzBfG nicht genannter Sachgrund i. S. v. § 14 Abs. 1 Satz 1 TzBfG die Befristung des Arbeitsvertrags mit einem anderen Arbeitnehmer rechtfertigen, wenn mit dem Inhalt der Wiedereinstellungszusage mit der Geltendmachung des Wiedereinstellungsanspruchs in absehbarer Zeit ernsthaft zu rechnen ist und die befristete Einstellung einer Ersatzkraft geeignet ist, eine Beschäftigungsmöglichkeit für den Fall der Wiedereinstellung des ausgeschiedenen Arbeitnehmers freizuhalten (BAG v. 2.6.2010, Az. 7 AZR 136/09).

Ein die Befristung eines Arbeitsverhältnisses rechtfertigender sachlicher Grund liegt nach § 14 Abs. 1 Satz 2 Nr. 2 TzBfG vor, wenn die Befristung im Anschluss an eine Ausbildung oder ein Studium erfolgt, um den Übergang des Arbeitnehmers in eine

Anschlussbeschäftigung zu erleichtern. Bestand nach der Ausbildung bereits ein Arbeitsverhältnis, erfolgt die Befristung nicht im Anschluss an die Ausbildung, sondern im Anschluss an die zwischenzeitliche Beschäftigung. Das BAG lässt offen, ob eine Ausnahme geboten sein kann, wenn der Arbeitnehmer nach Ausbildung oder Studium einem „kurzfristigen Gelegenheitsjob" nachgegangen ist (BAG v. 24.8.2011, Az. 7 AZR 368/10).

Die Aus- oder Weiterbildung eines Arbeitnehmers kann die Befristung eines Arbeitsvertrags nach § 14 Abs. 1 Satz 1 TzBfG sachlich rechtfertigen. Dies setzt voraus, dass dem Arbeitnehmer durch die Tätigkeit zusätzliche Kenntnisse und Erfahrungen vermittelt werden, die durch die übliche Berufstätigkeit nicht erworben werden können. Diese Voraussetzungen können auch vorliegen, wenn die Ausbildung hauptsächlich dazu dient, bereits erworbene theoretische Kenntnisse in die Praxis umzusetzen. Erforderlich ist allerdings stets, dass ein bestimmtes Ausbildungsziel systematisch verfolgt wird und die dem Arbeitnehmer vermittelten Kenntnisse, Erfahrungen oder Fähigkeiten auch außerhalb der Organisation des Arbeitgebers beruflich verwertbar sind (BAG v. 24.8.2011, Az. 7 AZR 368/10).

Die Befristung des Arbeitsvertrags kann nach § 14 Abs. 1 Satz 2 Nr. 6 TzBfG durch einen in der Person des Arbeitnehmers liegenden Grund gerechtfertigt sein. Ein solcher Grund kann vorliegen, wenn der Abschluss des Arbeitsvertrags in erster Linie einem sozialen Überbrückungszweck dient. Das ist der Fall, wenn es ohne den in der Person des Arbeitnehmers begründeten sozialen Zweck überhaupt nicht zum Abschluss eines Arbeitsvertrags gekommen wäre. In diesem Fall liegt es auch im objektiven Interesse des Arbeitnehmers, wenigstens für eine begrenzte Zeit bei diesem Arbeitgeber einen Arbeitsplatz zu erhalten. Die sozialen Erwägungen müssen das überwiegende Motiv des Arbeitgebers sein (BAG v. 24.8.2011, Az. 7 AZR 368/10).

Nach § 14 Abs. 1 Satz 2 Nr. 8 TzBfG liegt ein sachlicher Grund für die Befristung eines Arbeitsvertrags vor, wenn sie auf einem gerichtlichen Vergleich beruht. Voraussetzung ist die Vereinbarung einer Befristung in einem gerichtlichen Vergleich, soweit die Parteien darin – anlässlich eines „offenen Streits" – zur Beendigung eines Kündigungsschutzverfahrens oder eines sonstigen Feststellungsrechtsstreits über den (Fort-)Bestand des Arbeitsverhältnisses eine Einigung erzielen. Dies gilt nicht für den schriftlichen Vergleichsschluss nach § 278 Abs. 6 Satz 1 Alt. 1, Satz 2 ZPO. Insoweit fehlt es an der erforderlichen Mitwirkung des Gerichts (BAG v. 15.2.2012, Az. 7 AZR 734/10).

2. Zweckbefristung

Eine Zweckbefristung aus sachlichem Grund kommt z. B. in folgenden Fällen in Betracht:

▸ Einführung eines neuen Programms bei Rundfunkmitarbeitern;

▸ vorübergehender Mehrbedarf an Lehrkräften bei Lehrern;

▸ Befristung bis zum Bestehen der Staatsprüfung;

▸ Befristung bis zum Abschluss bestimmter Arbeiten.

Kein sachlicher Grund (weder für eine Zeit- noch für eine Zweckbefristung) liegt vor:

▸ wenn der Arbeitnehmer die Tätigkeit nur als → *Nebentätigkeit* ausübt;

▸ bei → *Betriebsübergang*;

▸ bei Unsicherheit über die künftige Entwicklung des Arbeitskräftebedarfs;

▸ bei ständiger Aushilfe;

▸ bei möglicher oder beabsichtigter Besetzung des Arbeitsplatzes mit einem anderen künftigen Bewerber;

▸ bei allgemeinen sozial- und beschäftigungspolitischen Erwägungen.

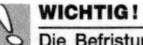
WICHTIG!
Die Befristung von Leiharbeitsverhältnissen ist nur dann zulässig, wenn sich für die Befristung aus der Person des Leiharbeitnehmers ein sachlicher Grund ergibt (§ 9 Nr. 2 AÜG). Hierbei ist der Vertrag zwischen dem Leiharbeitnehmer und dem Verleiher gemeint, denn zwischen dem Entleiher und dem Leiharbeitnehmer bestehen keine vertraglichen Beziehungen. Beim Entleiher führt der Einsatz von Leiharbeitnehmern **nicht** zum Wegfall des Befristungsgrundes des vorübergehenden Bedarfs an Arbeitskräften (BAG v. 17.1.2007, Az. 7 AZR 20/06).

3. Dauer der Befristung

Liegt ein sachlicher Grund zur Befristung des Arbeitsverhältnisses vor, kann dieses (solange der Grund fortbesteht) zeitlich unbegrenzt befristet werden. Das Arbeitsverhältnis endet dann mit Zeitablauf von selbst.

V. Befristung ohne sachlichen Grund

1. Voraussetzungen

Zur Förderung der Beschäftigung sieht das Teilzeit- und Befristungsgesetz die Möglichkeit vor, zeitbefristete Arbeitsverträge auch ohne sachlichen Grund abzuschließen (§ 14 Abs. 2 und 3 TzBfG). Voraussetzung hierfür ist immer, dass der Arbeitnehmer neu eingestellt wird.

Eine Neueinstellung liegt nicht vor, wenn der Arbeitnehmer bei demselben Arbeitgeber zuvor bereits (befristet oder unbefristet) beschäftigt war. Mit demselben Arbeitgeber bestand dann ein Arbeitsverhältnis, wenn der Arbeitsvertrag von dem Arbeitnehmer mit derselben juristischen oder natürlichen Person abgeschlossen wurde. Eine Vorbeschäftigung bei einem anderen Unternehmen im selben Konzern steht einer sachgrundlosen Befristung nicht im Wege.

WICHTIG!
Ein Berufsausbildungsverhältnis ist kein Arbeitsverhältnis i. S. d. Vorbeschäftigungsverbots für eine sachgrundlose Befristung in § 14 Abs. 2 Satz 2 TzBfG (BAG v. 21.9.2011, Az. 7 AZR 375/10).

Die bis zum 31.12.2000 geltende Regel, dass eine Befristung auch ohne sachlichen Grund immer dann zulässig war, wenn ein vorangegangenes Arbeitsverhältnis bereits länger als vier Monate beendet war, ist für eine nach diesem Zeitpunkt vereinbarte Befristung nicht mehr anwendbar. Ausschlaggebend ist nun einzig und allein, ob es sich bei dem zu befristenden Vertrag um das erste Arbeitsverhältnis mit dem Arbeitnehmer handelt, also keine sog. „Zuvor-Beschäftigung" stattgefunden hat. Nur dann, wenn dies nicht der Fall ist, darf eine Befristung ohne sachlichen Grund vereinbart werden. Im Rahmen der Höchstbefristungsdauer von zwei Jahren (s. u. 2.) darf die Befristung nach Neueinstellung dann allerdings auch ohne sachlichen Grund entsprechend verlängert werden (LAG Rheinland-Pfalz v. 12.4.2002, Az. 3 Sa 1469/01).

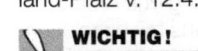
WICHTIG!
Eine „Zuvor-Beschäftigung" i. S. d. § 14 Abs. 2 Satz 2 TzBfG liegt nicht vor, wenn ein früheres Arbeitsverhältnis mehr als drei Jahre zurückliegt (BAG v. 6.4.2011, Az. 7 AZR 716/09; BAG v. 21.9.2011, Az. 7 AZR 375/10). Das ergibt die an ihrem Sinn und Zweck orientierte, verfassungskonforme Auslegung der gesetzlichen Regelung. Diese soll zum einen Arbeitgebern ermöglichen, auf schwankende Auftragslagen und wechselnde Marktbedingungen durch befristete Einstellungen zu reagieren, und für Arbeitnehmer eine Brücke zur Dauerbeschäftigung schaffen. Zum andern sollen durch das Verbot der „Zuvor-Beschäftigung" Befristungsketten und der Missbrauch befristeter Arbeitsverträge verhindert werden. Das Verbot kann allerdings auch zu einem Einstellungshindernis werden. Seine Anwendung ist daher nur insoweit gerechtfertigt, als dies zur Verhinderung von Befristungsketten erforderlich ist. Das ist bei lange Zeit zurück-

liegenden früheren Beschäftigungen typischerweise nicht mehr der Fall. Hier rechtfertigt der Gesetzeszweck die Beschränkung der Vertragsfreiheit der Arbeitsvertragsparteien und die damit verbundene Einschränkung der Berufswahlfreiheit des Arbeitnehmers nicht. **Die Gefahr missbräuchlicher Befristungsketten besteht regelmäßig nicht mehr, wenn zwischen dem Ende des früheren Arbeitsverhältnisses und dem sachgrundlos befristeten neuen Arbeitsvertrag mehr als drei Jahre liegen. Dieser Zeitraum entspricht auch der gesetzgeberischen Wertung, die in der regelmäßigen zivilrechtlichen Verjährungsfrist zum Ausdruck kommt (BAG v. 6.4.2011, Az. 7 AZR 716/09).**

Nach § 14 Abs. 3 TzBfG wäre eine sachgrundlose Befristung von Arbeitsverhältnissen mit älteren Arbeitnehmern (ab Vollendung des 52. Lebensjahres) möglich. In seiner Entscheidung vom 22.11.2005 hat der EuGH jedoch diese Regelung als Verstoß gegen die Antidiskriminierungsrichtlinie (2000/78) angesehen und daher für unzulässig erachtet (EuGH v. 22.11.2005, Az. C-144/04). Mit seiner Entscheidung vom 26.4.2006 hat das BAG klargestellt, dass die Entscheidung des EuGH für die nationalen Gerichte bindend ist und bezüglich der Anwendbarkeit der für gemeinschaftsrechtswidrig erklärten Befristungsnorm grundsätzlich auch kein Vertrauensschutz besteht.

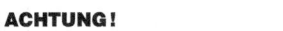 **ACHTUNG!**

Das Arbeitsverhältnis eines über 58 Jahre alten Arbeitnehmers konnte auf der Grundlage des TzBfG in der vom 1.1.2003 bis zum 30.4.2007 geltenden Fassung (a. F.) ohne Sachgrund nicht wirksam befristet werden, wenn dem letzten befristeten Vertrag mehrere befristete Verträge vorangegangen waren, die sich nahtlos an ein beendetes unbefristetes Arbeitsverhältnis angeschlossen hatten. Nach § 14 III 1 TzBfG (a. F.) bedurfte die Befristung eines Arbeitsvertrags keines sachlichen Grundes, wenn der Arbeitnehmer bei Beginn des befristeten Arbeitsverhältnisses das 58. Lebensjahr vollendet hatte. Nach § 14 III 2 TzBfG (a. F.) war die Befristung nicht zulässig, wenn zu einem vorhergehenden unbefristeten Arbeitsverhältnis mit demselben Arbeitgeber ein enger sachlicher Zusammenhang bestand. Ein solcher ist auch gegeben, wenn dem befristeten Vertrag nicht unmittelbar ein unbefristeter Vertrag vorausging, sondern in der Zeit zwischen dem letzten befristeten und dem früheren unbefristeten Vertrag mehrere jeweils nahtlos aneinander anschließende befristete Verträge lagen. § 14 III 2 TzBfG (a. F.) ist auch anwendbar, wenn das frühere Arbeitsverhältnis aufgrund einer tarifvertraglichen Altersgrenze endete. Zwar unterliegen tarifvertragliche Altersgrenzen der arbeitsgerichtlichen Befristungskontrolle. Arbeitsverträge, die auf unbestimmte Zeit geschlossen werden und lediglich einer allgemeinen tariflichen Altersgrenze unterfallen, sind aber im Sinne von § 14 III 2 TzBfG (a. F.) „unbefristet". Dies folgt insbesondere aus dem Sinn und Zweck der Vorschrift, die andernfalls ihren Anwendungsbereich weitgehend verlöre (BAG v. 19.10.2011, Az. 7 AZR 253/07).

Seit 1.5.2007 gilt nun Folgendes:

Arbeitnehmer, die das 52. Lebensjahr vollendet haben, können gem. § 14 Abs. 3 TzBfG bis zu fünf Jahre ohne Sachgrund befristet eingestellt werden, wenn sie zum Zeitpunkt der Einstellung mindestens vier Monate „beschäftigungslos" i. S. d. § 119 SGB III waren. Die mindestens viermonatige Dauer der Beschäftigungslosigkeit, des Transferkurzarbeitergeldbezugs oder der Teilnahme an einer öffentlich geförderten Beschäftigungsmaßnahme muss unmittelbar vor Beginn des befristeten Arbeitsverhältnisses liegen und grundsätzlich zusammenhängend sein. Kurzzeitige Beschäftigungen während der viermonatigen Beschäftigungslosigkeit, z. B. Aushilfstätigkeiten, unterbrechen den Viermonatszeitraum nicht. Bis zu der Gesamtdauer von fünf Jahren ist auch die mehrfache Verlängerung eines solchen befristeten Arbeitsvertrages zulässig.

Anders als bei der „allgemeinen" sachgrundlosen Befristung eines Arbeitsverhältnisses ist es bei dem Abschluss eines befristeten Arbeitsvertrages mit solchen beschäftigungslosen älteren Arbeitnehmern nach dem Gesetzeswortlaut nicht erforderlich, dass es sich um eine Neueinstellung handelt. Eine Befristung mit solchen Arbeitnehmern ist daher auch zulässig, wenn mit demselben Arbeitgeber bereits zuvor ein befristetes

oder unbefristetes Arbeitsverhältnis bestanden hat. Es dürfte allerdings unzulässig sein, zunächst ein bestehendes Arbeitsverhältnis mit einem älteren Arbeitnehmer durch Aufhebungsvertrag zu beenden und nach Ablauf von vier Monaten ein neues, dann nach § 14 Abs. 3 TzBfG befristetes Arbeitsverhältnis abzuschließen. Ein solches Vorgehen, das zwar gesetzlich nicht ausdrücklich ausgeschlossen wird, dürfte als unzulässige Umgehung des allgemeinen Kündigungsschutzes und des TzBfG jedenfalls unzulässig sein. Entsprechendes gilt für die (erneute) Befristung gem. § 14 Abs. 3 TzBfG nach Ablauf der Höchstgrenze von fünf Jahren.

Die Möglichkeit der Befristung nach dem Teilzeit- und Befristungsgesetz gilt auch für Personen, die Sonderkündigungsschutz in Anspruch nehmen können (z. B. Schwangere, → *Schwerbehinderte*, Wehrpflichtige).

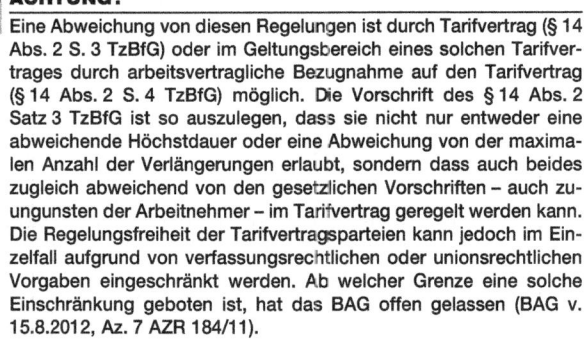 **ACHTUNG!**

Die Vorschriften des Teilzeit- und Befristungsgesetzes können durch → *Tarifvertrag* (zu Gunsten des Arbeitnehmers!) eingeschränkt oder ausgeschlossen werden. Bei beabsichtigter Befristung muss deshalb immer der einschlägige → *Tarifvertrag* geprüft werden. Die Arbeitsvertragsparteien können die Möglichkeit zur sachgrundlosen Befristung vertraglich ausschließen. Allein die Benennung eines Sachgrundes im Arbeitsvertrag reicht für die Annahme einer solchen Vereinbarung regelmäßig nicht aus (BAG v. 29.6.2011, Az. 7 AZR 774/09). Die Zulässigkeit der sachgrundlosen Befristung nach § 14 Abs. 2 TzBfG setzt nach dem Teilzeit- und Befristungsgesetz keine Vereinbarung der Parteien voraus, die Befristung auf diese Rechtsgrundlage stützen zu wollen. Ausreichend ist, dass die Voraussetzungen für die Zulässigkeit der Befristung nach § 14 Abs. 2 TzBfG bei Vertragsschluss objektiv vorlagen (BAG a.a.O.).

2. Dauer der Befristung

Wenn die oben genannten Voraussetzungen vorliegen, ist eine Befristung ohne sachlichen Grund mit folgenden zeitlichen Grenzen möglich:

▶ Die Höchstbefristungsdauer beträgt zwei Jahre (bei Existenzgründern ab 1.1.2004: vier Jahre, s. u. 3.; bei älteren Arbeitnehmern ab 1.5.2007: fünf Jahre, s. o. 1.).

▶ Innerhalb dieser zwei Jahre darf die Befristung höchstens dreimal (bei Existenzgründern ab 1.1.2004: innerhalb von vier Jahren mehrfach; s. u. 3.) verlängert werden.

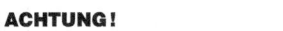 **ACHTUNG!**

Eine Abweichung von diesen Regelungen ist durch Tarifvertrag (§ 14 Abs. 2 S. 3 TzBfG) oder im Geltungsbereich eines solchen Tarifvertrages durch arbeitsvertragliche Bezugnahme auf den Tarifvertrag (§ 14 Abs. 2 S. 4 TzBfG) möglich. Die Vorschrift des § 14 Abs. 2 Satz 3 TzBfG ist so auszulegen, dass sie nicht nur entweder eine abweichende Höchstdauer oder eine Abweichung von der maximalen Anzahl der Verlängerungen erlaubt, sondern dass auch beides zugleich abweichend von den gesetzlichen Vorschriften – auch zuungunsten des Arbeitnehmer – im Tarifvertrag geregelt werden kann. Die Regelungsfreiheit der Tarifvertragsparteien kann jedoch im Einzelfall aufgrund von verfassungsrechtlichen oder unionsrechtlichen Vorgaben eingeschränkt werden. Ab welcher Grenze eine solche Einschränkung geboten ist, hat das BAG offen gelassen (BAG v. 15.8.2012, Az. 7 AZR 184/11).

Durch → *Tarifvertrag* kann die Anzahl der Verlängerungen oder die Höchstbefristungsdauer abweichend von den gesetzlichen Regelungen festgelegt werden.

Bei Arbeitnehmern, die zum Befristungszeitpunkt bereits das 52. Lebensjahr vollendet haben, kann in Tarifverträgen abweichend von diesen Voraussetzungen eine beliebig lange Befristungsdauer und eine beliebige Anzahl von Verlängerungen vereinbart werden.

3. Sonderregelungen für Existenzgründer

Um Existenzgründern die Schaffung von Arbeitsplätzen zu erleichtern, können diese ab dem 1.1.2004 in den ersten vier Jahren nach Gründung eines Unternehmens kalendermäßige Befristungen bis zur Dauer von vier Jahren vereinbaren, ohne einen sachlichen Grund hierfür zu haben (§ 14 Abs. 2a TzBfG). Innerhalb der Gesamtdauer von vier Jahren darf die Befristung mehrfach (also nicht nur wie sonst dreimal) verlängert werden.

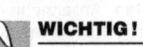 **ACHTUNG!**

Diese Sonderregelung gilt nicht für Neugründungen im Zusammenhang mit der rechtlichen Umstrukturierung von (bereits länger bestehenden) Unternehmen und Konzernen.

Maßgebend für den Zeitpunkt der Existenzgründung ist die Aufnahme der Erwerbstätigkeit des Unternehmens, die dem Finanzamt oder der Gemeinde mitzuteilen ist. Um die Sonderregelung in Anspruch nehmen zu können, darf dieser Zeitpunkt **bei Aufnahme der befristeten Beschäftigung** nicht länger als vier Jahre zurückliegen.

Im Übrigen gelten die allgemeinen Befristungsregeln, sodass eine solche (sachgrundlose) Befristung nur mit neu eingestellten Arbeitnehmern zulässig ist.

VI. Aushilfs- und Probearbeitsverhältnis

Die Hauptfälle der Befristung mit sachlichem Grund sind das Aushilfs- und das Probearbeitsverhältnis. Auch hier muss aber im konkreten Fall immer geprüft werden, ob ein sachlicher Grund tatsächlich vorliegt.

1. Aushilfsarbeitsverhältnis

Bei einem Aushilfsarbeitsverhältnis muss sich die Dauer nach dem beabsichtigten Aushilfszweck richten (z. B. saisonbedingte → *Mehrarbeit* bei Ernte oder Schlussverkauf; vorübergehender Mangel an Arbeitskräften), sonst ist die Befristung nicht zulässig.

Wurde eine Zeitbefristung vereinbart und fällt der Aushilfszweck weg, kann ein befristetes Aushilfsarbeitsverhältnis nicht fortgeführt werden. Bleibt die Befristungsdauer hinter dem voraussichtlichen Aushilfsbedarf zurück, kann eine Verlängerung der Zeitbefristung vereinbart werden.

2. Probearbeitsverhältnis

Von einem Aushilfsarbeitsverhältnis, in dem von Vertragsbeginn an die → *Beendigung* mit Erreichung des Aushilfszwecks vorgesehen ist, unterscheidet sich das Probearbeitsverhältnis dadurch, dass hierbei die Erprobung des Arbeitnehmers im Erfolgsfall zu einem unbefristeten Arbeitsverhältnis führen soll.

Kann der Arbeitgeber die Eignung des Arbeitnehmers bereits jetzt ausreichend beurteilen, fehlt ein sachlicher Grund für ein befristetes Probearbeitsverhältnis.

 **Beispiel:**

Übt der Arbeitnehmer die Tätigkeit bereits seit längerer Zeit aushilfsweise aus, kann nicht mehr zum Zweck einer Probezeit befristet werden.

Soll dagegen ein Auszubildender nach → *Beendigung* der Ausbildung beim ausbildenden Arbeitgeber in ein Arbeitsverhältnis übernommen werden, ist die Vereinbarung eines Probearbeitsverhältnisses zulässig.

 ACHTUNG!

Der Abschluss eines befristeten Arbeitsvertrages im Anschluss an eine beim Arbeitgeber absolvierte Berufsausbildung ist grundsätzlich nur einmalig zulässig. Weitere befristete Arbeitsverträge können nicht auf den § 14 Abs. 1 Satz 2 Nr. 2 TzBfG normierten Sachgrund gestützt werden (BAG v. 10.10.2007, Az. 7 AZR 795/06). Bestand nach der Ausbildung bereits ein Arbeitsverhältnis, erfolgt die Befristung nicht im Anschluss an die Ausbildung, sondern im Anschluss an die zwischenzeitliche Beschäftigung. Das BAG lässt offen, ob eine Ausnahme geboten sein kann, wenn der Arbeitnehmer nach Ausbildung oder Studium einem „kurzfristigen Gelegenheitsjob" nachgegangen ist (BAG v. 24.8.2011, Az. 7 AZR 368/10).

Die Dauer der Probezeit muss angemessen sein. Hierbei wird regelmäßig von der Wartezeit des allgemeinen Kündigungsschutzes (sechs Monate) ausgegangen. Ein Probearbeitsverhältnis kann nur dann länger befristet werden, wenn Eignung und Leistung des Arbeitnehmers wegen der besonderen Anforderungen des Arbeitsplatzes (z. B. bei künstlerischen oder wissenschaftlichen Tätigkeiten) innerhalb dieser Zeit nicht genügend beurteilt werden können. Die Befristung ist dann aber für höchstens ein Jahr zulässig.

Unterbrechungen der Tätigkeit führen nur zu einer automatischen Verlängerung der Probezeit, wenn dies im → *Arbeitsvertrag*, einem → *Tarifvertrag* oder einer → *Betriebsvereinbarung* vorgesehen ist. Es ist jedoch möglich, an die ursprünglich vereinbarte (angemessene) Probezeit eine neue befristete Probezeit anzuschließen, wenn innerhalb der ursprünglich vereinbarten Probezeit keine ausreichende Beurteilungsgrundlage geliefert wurde. Dies kann z. B. der Fall sein, wenn der Arbeitnehmer wegen längerer Krankheit die Tätigkeit nicht ausgeübt hat.

Allein die mangelnde Bewährung des Arbeitnehmers innerhalb der Probezeit rechtfertigt jedoch eine weitere Befristung zur Probe nicht.

 WICHTIG!

Tarifverträge oder Betriebsvereinbarungen können befristete Probearbeitsverhältnisse ausschließen oder weitere Voraussetzungen festlegen.

Allein die Vereinbarung einer Probezeit stellt noch keine Befristung dar. Will der Arbeitgeber für diese Zeit das Arbeitsverhältnis befristen, muss vertraglich klar vereinbart werden, dass das Arbeitsverhältnis mit Ablauf der Probezeit enden soll.

Formulierungsbeispiel:

„Der Arbeitnehmer wird für die Dauer von sechs Monaten zur Probe eingestellt. Das Arbeitsverhältnis endet nach Ablauf der Probezeit, ohne dass es einer → *Kündigung* bedarf."

Bei einer Neueinstellung hat eine solche Befristung für den Arbeitgeber nur den Vorteil, dass im Anschluss (maximal drei) weitere Befristungen bis zur Höchstdauer von insgesamt zwei Jahren vereinbart werden können. Innerhalb der ersten sechs Monate kann der Arbeitgeber ohnehin grundlos kündigen, da der Arbeitnehmer die nach dem Kündigungsschutzgesetz erforderliche Wartezeit noch nicht erfüllt hat.

Nur wenn der Arbeitnehmer Sonderkündigungsschutz hat (z. B. Schwangere oder → *Schwerbehinderte*) kann die ordentliche → *Kündigung* aber auch innerhalb der Probezeit unzulässig sein. In diesen Fällen wird durch die Befristung sichergestellt, dass das Probearbeitsverhältnis nach Ablauf der Befristung von selbst endet.

Will sich der Arbeitgeber auch innerhalb der Probezeit das Recht zur ordentlichen → *Kündigung* vorbehalten, sollte diese Möglichkeit zusätzlich vereinbart werden. Hierbei ist jedoch zu beachten, dass auch dem Arbeitnehmer das Recht zur ordentlichen → *Kündigung* eingeräumt werden muss.

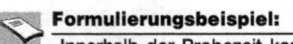 **Formulierungsbeispiel:**

„Innerhalb der Probezeit kann das Arbeitsverhältnis mit einer Frist von zwei Wochen gekündigt werden."

Will sich der Arbeitgeber in den ersten sechs Monaten definitiv entscheiden, ob das Arbeitsverhältnis danach auf unbestimmte Zeit fortgeführt wird und befürchtet er auch nicht, dass der Arbeitnehmer während dieser Zeit unter den Sonderkündigungsschutz fällt, reicht die Vereinbarung einer Probezeit aus. Eine Befristung ist dann nicht erforderlich.

 Formulierungsbeispiel:

„Die ersten sechs Monate gelten als Probezeit. Während dieser Zeit kann das Arbeitsverhältnis mit einer Frist von zwei Wochen gekündigt werden."

In diesem Fall endet das Arbeitsverhältnis mit Ablauf der Probezeit aber nicht automatisch; der Arbeitgeber muss innerhalb der ersten sechs Monate kündigen, wenn er den Arbeitnehmer nicht weiterbeschäftigen will. Der Vorteil einer solchen Vereinbarung liegt dann nur in der (auf mindestens zwei Wochen) verkürzten Kündigungsfrist, die ohne die vereinbarte Probezeit nach den gesetzlichen Vorschriften vier Wochen zum 15. oder zum Monatsende beträgt.

VII. Verlängerung der Befristung

Bereits vor Ablauf der Befristung sollte sich der Arbeitgeber rechtzeitig darüber Gedanken machen, ob das Arbeitsverhältnis mit Ablauf der Befristung enden soll oder ob eine (ggf. befristete) Fortführung gewünscht wird. Ist die → *Beendigung* gewünscht, muss der Arbeitgeber nichts weiter tun, es sei denn, es handelt sich um eine Zweckbefristung, bei der er dem Arbeitnehmer den Zeitpunkt der Zweckerreichung schriftlich mitteilen muss (s. o. II.2.). Er muss aber darauf achten, dass das Arbeitsverhältnis auch dann zu dem angegebenen Zeitpunkt als beendet behandelt wird.

Grundsätzlich steht es dem Arbeitgeber im Falle einer zeitlichen Befristung des Arbeitsverhältnisses frei, ob er dem Arbeitnehmer eine Fortführung des Arbeitsverhältnisses anbietet oder nicht. In Ausnahmefällen kann jedoch die Versagung eines Folgearbeitsverhältnisses rechtsmissbräuchlich sein und Schadensersatzansprüche des Arbeitnehmers auslösen.

Beispiel:

Ist eine zulässige Rechtsausübung des Arbeitnehmers das tragende Motiv des Arbeitgebers, mit dem Arbeitnehmer nach dem Ende eines befristeten Arbeitsvertrags kein unbefristetes Folgearbeitsverhältnis zu begründen, handelt es sich um eine verbotene Maßregelung i. S. d. § 612a BGB. Der Arbeitgeber übt nicht lediglich in zulässiger Weise seine Vertragsfreiheit aus. Sein Beweggrund dafür, dem Arbeitnehmer wegen der zulässigen Ausübung von Rechten den Vorteil eines unbefristeten Arbeitsvertrags vorzuenthalten, wird von der Rechtsordnung missbilligt. Das gilt gleichermaßen für vorangehende sachgrundlose Befristungen wie für Befristungen mit Sachgrund. Verletzt der Arbeitgeber das Maßregelungsverbot des § 612a BGB, indem er einem befristet beschäftigten Arbeitnehmer keinen Folgevertrag anbietet, weil der Arbeitnehmer in zulässiger Weise Rechte wahrgenommen hat, hat der Arbeitnehmer keinen Anspruch auf Abschluss eines Folgevertrags, sondern kann nur Geldersatz verlangen (BAG v. 21.9.2011, Az. 7 AZR 150/10).

Wird das Arbeitsverhältnis über den ursprünglichen Zeitraum hinaus mit Wissen des Arbeitgebers fortgesetzt, gilt es als auf unbestimmte Zeit verlängert, wenn der Arbeitgeber nicht unverzüglich widerspricht oder dem Arbeitnehmer die Zweckerreichung nicht unverzüglich mitteilt (§ 15 Abs. 5 TzBfG).

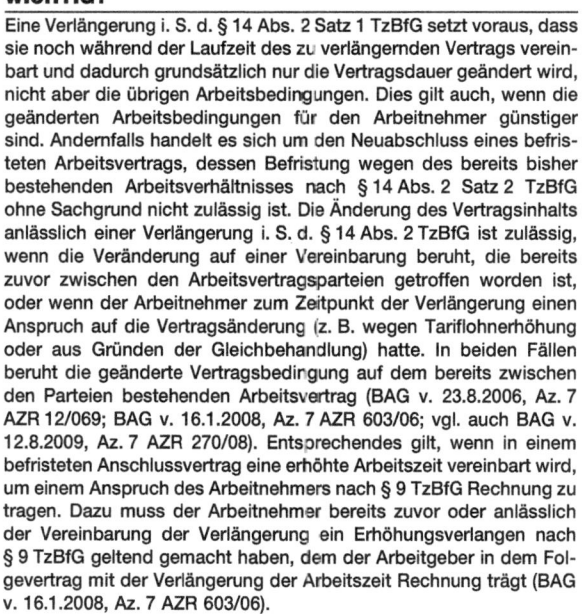 **ACHTUNG!**
Wird das Arbeitsverhältnis über den ursprünglichen Zeitraum hinaus mit Wissen des Arbeitgebers fortgesetzt, gilt es als auf unbestimmte Zeit verlängert, wenn der Arbeitgeber nicht unverzüglich widerspricht oder dem Arbeitnehmer die Zweckerreichung nicht unverzüglich mitteilt (§ 15 Abs. 5 TzBfG). Ein solcher Widerspruch kann konkludent auch darin liegen, dass der Arbeitgeber vor Befristungsende schriftlich auf das Auslaufen des befristeten Arbeitsvertrages hinweist und zugleich das Angebot eines weiteren befristeten Arbeitsvertrages macht (LAG Köln v. 18.9.2006, Az. 14 Sa 295/06). Bei einer Kombination von auflösender Bedingung und zeitlicher Höchstbefristung ist Rechtsfolge der widerspruchslosen Weiterarbeit i. S. v. §§ 21, 15 V TzBfG über den Bedingungseintritt hinaus nicht die unbefristete Fortdauer des Arbeitsverhältnisses. Die Fiktionswirkung ist nach Sinn und Zweck der §§ 21, 15 V TzBfG auf den nur befristeten Fortbestand des Arbeitsverhältnisses beschränkt (BAG v. 26.6.2011, Az. 7 AZR 6/10).

Wird also der Arbeitnehmer nach Ablauf der Befristung weiter im Betrieb eingesetzt und entsprechend bezahlt, ist die ursprüngliche Befristung hinfällig; und es entsteht ein normales (unbefristetes) Arbeitsverhältnis. Der Arbeitgeber kann dann

nicht mit der Begründung kündigen, dass eigentlich eine Befristung beabsichtigt war.

Liegt auch nach Ablauf des ursprünglichen Befristungszeitraums ein sachlicher Grund (weiter) vor, kann eine erneute Befristung vereinbart werden. Es ist jedoch darauf zu achten, dass der Zeitraum der neuerlichen Befristung nicht über den Zeitraum des Vorliegens des sachlichen Grunds hinausgeht.

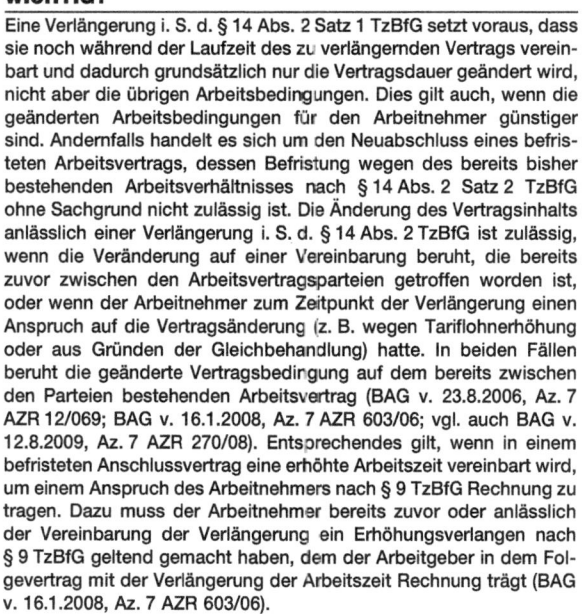 **ACHTUNG!**
Der Abschluss eines befristeten Arbeitsvertrages im Anschluss an eine beim Arbeitgeber absolvierte Berufsausbildung ist grundsätzlich nur einmalig zulässig. Weitere befristete Arbeitsverträge können nicht auf den in § 14 Abs. 1 Satz 2 Nr. 2 TzBfG normierten Sachgrund gestützt werden (BAG v. 10.10.2007, Az. 7 AZR 795/06).

Bestand nach der Ausbildung bereits ein Arbeitsverhältnis, erfolgt die Befristung nicht im Anschluss an die Ausbildung, sondern im Anschluss an die zwischenzeitliche Beschäftigung. Das BAG lässt offen, ob eine Ausnahme geboten sein kann, wenn der Arbeitnehmer nach Ausbildung oder Studium einem „kurzfristigen Gelegenheitsjob" nachgegangen ist (BAG v. 24.8.2011, Az. 7 AZR 368/10).

Der Abschluss eines befristeten Arbeitsvertrages im Anschluss an eine beim Arbeitgeber absolvierte Berufsausbildung ist nur einmalig zulässig. Weitere befristete Arbeitsverträge können nicht auf den § 14 Abs. 1 Satz 2 Nr. 2 TzBfG normierten Sachgrund gestützt werden (BAG v. 10.10.2007, Az. 7 AZR 795/06).

Für die Befristung nach § 14 Abs. 2 TzBfG, also ohne sachlichen Grund, darf die gesamte Dauer der befristeten Arbeitsverhältnisse nicht mehr als zwei Jahre (bei Existenzgründern: vier Jahre; s. o. V.3.) betragen. Insgesamt sind maximal drei Verlängerungen (bei Existenzgründern: mehrere; s. o. V.3.) zulässig.

Beispiel:

Zulässig wären eine ursprüngliche Befristung auf sechs Monate und drei weitere Befristungen auf jeweils sechs Monate.

Bei der Verlängerung der Befristung muss der Arbeitgeber darauf achten, dass nicht mehrere befristete Arbeitsverträge in der Form aneinander gehängt werden, dass jeweils mit Ablauf eines Vertrags ein **neuer** Vertrag zu laufen beginnt. Dann läge ein sog. – unzulässiges – Kettenarbeitsverhältnis vor.

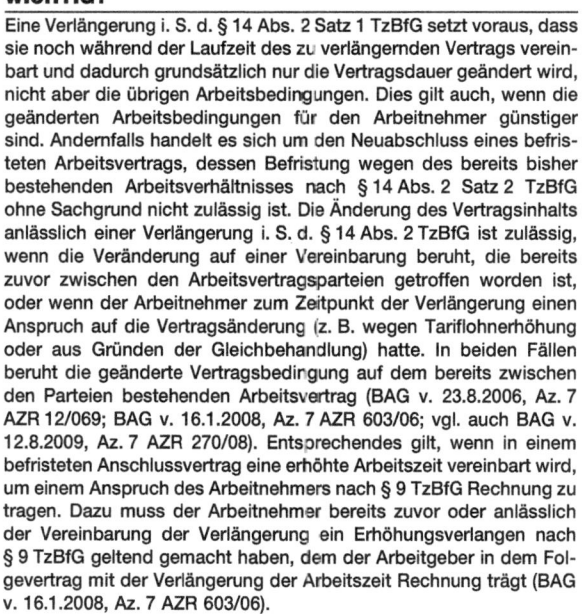 **WICHTIG!**
Eine Verlängerung i. S. d. § 14 Abs. 2 Satz 1 TzBfG setzt voraus, dass sie noch während der Laufzeit des zu verlängernden Vertrags vereinbart und dadurch grundsätzlich nur die Vertragsdauer geändert wird, nicht aber die übrigen Arbeitsbedingungen. Dies gilt auch, wenn die geänderten Arbeitsbedingungen für den Arbeitnehmer günstiger sind. Andernfalls handelt es sich um den Neuabschluss eines befristeten Arbeitsvertrags, dessen Befristung wegen des bereits bisher bestehenden Arbeitsverhältnisses nach § 14 Abs. 2 Satz 2 TzBfG ohne Sachgrund nicht zulässig ist. Die Änderung des Vertragsinhalts anlässlich einer Verlängerung i. S. d. § 14 Abs. 2 TzBfG ist zulässig, wenn die Veränderung auf einer Vereinbarung beruht, die bereits zuvor zwischen den Arbeitsvertragsparteien getroffen worden ist, oder wenn der Arbeitnehmer zum Zeitpunkt der Verlängerung einen Anspruch auf die Vertragsänderung (z. B. wegen Tariflohnerhöhung oder aus Gründen der Gleichbehandlung) hatte. In beiden Fällen beruht die geänderte Vertragsbedingung auf dem bereits zwischen den Parteien bestehenden Arbeitsvertrag (BAG v. 23.8.2006, Az. 7 AZR 12/069; BAG v. 16.1.2008, Az. 7 AZR 603/06; vgl. auch BAG v. 12.8.2009, Az. 7 AZR 270/08). Entsprechendes gilt, wenn in einem befristeten Anschlussvertrag eine erhöhte Arbeitszeit vereinbart wird, um einem Anspruch des Arbeitnehmers nach § 9 TzBfG Rechnung zu tragen. Dazu muss der Arbeitnehmer bereits zuvor oder anlässlich der Vereinbarung der Verlängerung ein Erhöhungsverlangen nach § 9 TzBfG geltend gemacht haben, dem der Arbeitgeber in dem Folgevertrag mit der Verlängerung der Arbeitszeit Rechnung trägt (BAG v. 16.1.2008, Az. 7 AZR 603/06).

Liegt ein unzulässiges Kettenarbeitsverhältnis vor, ist die letzte Befristung unwirksam. Damit entsteht automatisch ein unbefristetes Arbeitsverhältnis.

ACHTUNG!

Die Verlängerung eines befristeten Arbeitsverhältnisses stellt betriebsverfassungsrechtlich eine Einstellung gem. § 99 BetrVG dar. Daher muss der Arbeitgeber den Betriebsrat vor der Verlängerung rechtzeitig und umfassend unterrichten und die Zustimmung zu der Verlängerung einholen. Entsprechendes gilt für den Fall, dass das zunächst befristete Arbeitsverhältnis auf unbestimmte Zeit fortgeführt werden soll.

VIII. Rechtsfolgen einer unwirksamen Befristung

Wenn die Befristung

▸ unzulässig ist, weil weder ein sachlicher Grund noch die Voraussetzungen für eine Befristung ohne sachlichen Grund nach § 14 Abs. 2 oder 3 TzBfG vorliegen, oder

▸ gegen tarifvertragliche oder betriebsverfassungsrechtliche Vorschriften verstößt oder

▸ nicht schriftlich vereinbart wurde,

gilt das Arbeitsverhältnis als auf unbestimmte Zeit abgeschlossen.

Dies hat zur Folge, dass das Arbeitsverhältnis nicht mit Ablauf der vereinbarten Zeit oder der Erreichung des vereinbarten Zwecks endet, sondern auf unbestimmte Zeit fortgesetzt wird. Zur → *Beendigung* des Arbeitsverhältnisses muss der Arbeitgeber dann ordentlich kündigen. Hierbei sind sämtliche Kündigungsbeschränkungen (insbesondere → *Kündigungsschutz*) zu beachten. Die beabsichtigte Befristung reicht als Kündigungsgrund nicht aus!

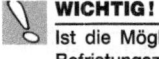 **WICHTIG!**

Ist die Möglichkeit einer ordentlichen → *Kündigung* während des Befristungszeitraums nicht ausdrücklich tarifvertraglich oder einzelvertraglich vorbehalten, kann die → *Kündigung* frühestens zum Ablauf der beabsichtigten Befristung ausgesprochen werden. Wenn die Befristung aber nur wegen mangelnder Schriftform unwirksam ist, kann auch vor dem vereinbarten Ende – unter Einhaltung der einschlägigen Kündigungsfrist – gekündigt werden.

Will ein Arbeitnehmer geltend machen, dass eine Befristung unwirksam ist, muss er innerhalb von drei Wochen nach dem vereinbarten Ende des befristeten Arbeitsvertrags beim Arbeitsgericht Klage auf Feststellung erheben, dass das Arbeitsverhältnis aufgrund der Befristung, der Zweckerreichung oder des Eintritts einer auflösenden Bedingung nicht beendet ist (§ 17 TzBfG). Bei einem Streit über den Eintritt der auflösenden Bedingung beginnt die Klagefrist des § 17 Satz 1 TzBfG in entsprechender Anwendung nach § 21 TzBfG mit Zugang der schriftlichen Erklärung des Arbeitgebers, dass das Arbeitsverhältnis aufgrund des Eintritts der Bedingung (z. B. Rentenbezug) beendet sei (BAG v. 6.4.2011, Az. 7 AZR 740/09; BAG v. 27.7.2011, Az. 7 AZR 402/10). Dies gilt nicht nur für die Geltendmachung der Rechtsunwirksamkeit der Bedingungsabrede, sondern auch für den Streit über den Eintritt der auflösenden Bedingung (BAG v. 6.4.2011, Az. 7 AZR 704/09). Die Klagefrist beginnt allerdings nicht, wenn der Arbeitgeber weiß, dass der Arbeitnehmer schwerbehindert ist, und das Integrationsamt der erstrebten Beendigung durch auflösende Bedingung nicht zugestimmt hat. Das folgt aus einer Analogie zu § 4 S. 4 KSchG (BAG v. 9.2.2011, Az. 7 AZR 221/10).

Nach Ablauf der Drei-Wochen-Frist kann der Arbeitnehmer die Unwirksamkeit der Befristung nur dann geltend machen, wenn das Arbeitsgericht seine verspätete Klage zulässt (§ 5 KSchG). Hierzu muss er beweisen, dass er aus von ihm nicht zu vertretenden Gründen nicht rechtzeitig Klage erheben konnte. Hat der Arbeitnehmer aber rechtzeitig Klage erhoben, kann er nach § 17 Satz 2 TzBfG i. V. m. § 6 Satz 1 KSchG bis zum Schluss der mündlichen Verhandlung erster Instanz die Unwirksamkeit

der Befristung aus anderen Gründen als denjenigen geltend machen, die er innerhalb der dreiwöchigen Klagefrist benannt hat (BAG v. 4.5.2011, Az. 7 AZR 252/10; BAG v. 24.8.2011, Az. 7 AZR 228/10).

 WICHTIG!

Wird das Arbeitsverhältnis nach dem vereinbarten Ende fortgesetzt, beginnt die Drei-Wochen-Frist erst mit Zugang der schriftlichen Erklärung des Arbeitgebers, dass das Arbeitsverhältnis aufgrund des Befristungsablaufs oder der Zweckerreichung beendet ist, zu laufen.

Kommt es wegen der Befristung zu einem arbeitsgerichtlichen Verfahren, muss der Arbeitgeber die Gründe für die Befristung angeben (und ggf. beweisen), die der Arbeitnehmer dann (unter Beweis) widerlegen muss. Ist die Dauer eines befristeten Arbeitsvertrags streitig, ist derjenige beweispflichtig, der sich auf die zeitlich frühere → *Beendigung* beruft.

 **ACHTUNG!**

Hat ein Arbeitnehmer die Unwirksamkeit einer Befristung mit einer Klage nach § 17 TzBfG geltend gemacht und schließen die Parteien nach Zustellung der Klage einen weiteren befristeten Arbeitsvertrag, liegt darin zugleich der konkludente Vorbehalt, dass der neue befristete Arbeitsvertrag nur gelten soll, wenn nicht bereits wegen der Unwirksamkeit der vorangegangenen Befristung ein unbefristetes Arbeitsverhältnis besteht. Wird aber der befristete Folgevertrag nach Einreichung, aber vor Zustellung der Klage an den Arbeitgeber abgeschlossen, kann wegen der fehlenden Kenntnis des Arbeitgebers von der Klageerhebung ohne weitere Anhaltspunkte nicht von der konkludenten Vereinbarung eines solchen Vorbehalts ausgegangen werden. Die Rechtmäßigkeit der neuen Befristung ist dann gesondert zu überprüfen (BAG v. 13.10.2004, Az. 7 AZR 218/04). Der Arbeitgeber ist grundsätzlich nicht verpflichtet, mit dem Arbeitnehmer einen derartigen Vorbehalt zu vereinbaren. Bietet der Arbeitgeber dem Arbeitnehmer den vorbehaltlosen Abschluss eines weiteren befristeten Arbeitsvertrages an und lehnt er anschließend den Antrag des Arbeitnehmers, den Folgevertrag unter Vorbehalt abzuschließen, bei unveränderter Aufrechterhaltung seines Angebots auf vorbehaltlosen Abschluss des Folgevertrags ab, liegt in der Weigerung des Arbeitgebers, den vom Arbeitnehmer gewünschten Vorbehalt zu vereinbaren, keine Maßregelung i. S. v. § 612a BGB (BAG v. 14.2.2007, Az. 7 AZR 95/06).

IX. Informationspflichten des Arbeitgebers

Der Arbeitgeber muss den → *Betriebsrat* über die Anzahl der befristet beschäftigten Arbeitnehmer und ihren Anteil an der Gesamtbelegschaft des Betriebs und des Unternehmens informieren (§ 20 TzBfG).

Die befristet beschäftigten Arbeitnehmer muss der Arbeitgeber über die zur Verfügung stehenden unbefristeten Arbeitsplätze im Betrieb auf dem Laufenden halten, damit sie sich hierfür bewerben können (§ 18 TzBfG). Im Sinne der Gleichbehandlung sollte die Information durch allgemeine Bekanntgabe (z. B. am schwarzen Brett oder in einer Mitarbeiterzeitung) erfolgen.

Bereitschaftsdienst

I. Begriff und Abgrenzung

II. Anordnung von Bereitschaftsdienst

III. Vergütung/Freizeitausgleich

IV. Beteiligung des Betriebsrats

V. Schutzvorschriften des Arbeitszeitgesetzes

I. Begriff und Abgrenzung

Bereitschaftsdienst verpflichtet den Arbeitnehmer, sich an einem vom Arbeitgeber bestimmten Ort innerhalb oder außerhalb des Betriebs aufzuhalten, damit er bei Bedarf seine Arbeit unverzüglich aufnehmen kann. Die ihm zur Verfügung stehende Zeit während des Bereitschaftsdienstes kann der Arbeitnehmer beliebig nutzen, ohne dass er in Bezug auf seine Arbeit stets wachsam sein müsste. Er muss jedoch sein Verhalten auf einen möglichen Arbeitseinsatz ausrichten.

Vom Bereitschaftsdienst ist die Rufbereitschaft zu unterscheiden. Von ihr spricht man, wenn der Arbeitnehmer verpflichtet ist, sich an einem selbst bestimmten, dem Arbeitgeber aber anzugebenden Ort auf Abruf zur Arbeit bereitzuhalten.

Gibt der Arbeitgeber dem Arbeitnehmer keinen konkreten Aufenthaltsort vor, beschränkt er aber die freie Wahl des Orts dadurch, dass er die Zeit zwischen Abruf und Aufnahme der Arbeit sehr eng gefasst vorgibt, liegt keine Rufbereitschaft, sondern Bereitschaftsdienst vor.

II. Anordnung von Bereitschaftsdienst

Der Arbeitgeber kann Bereitschaftsdienst nur dann anordnen, wenn er mit den betroffenen Arbeitnehmern eine entsprechende Regelung einzelvertraglich vereinbart hat. Häufig findet sich auch in Tarifverträgen eine Ermächtigungsvorschrift. Wenn dem Arbeitgeber einzelvertraglich oder tarifvertraglich das Recht zur Anordnung von Bereitschaftsdienst überlassen ist, ohne dass detaillierte weitere Voraussetzungen festgelegt worden sind, kann er Bereitschaftsdienst unter angemessener Berücksichtigung der beiderseitigen Interessen festlegen. Auch Teilzeitbeschäftigte sind, wenn sie nicht tarifvertraglich ausdrücklich ausgenommen sind, zur Teilnahme am Bereitschaftsdienst verpflichtet.

Sofern der Arbeitgeber aufgrund Arbeitsvertrag, Betriebsvereinbarung oder Tarifvertrag ermächtigt ist, den Arbeitnehmer zu Überstunden und Bereitschaftsdienst heranzuziehen, so kann er aufgrund seines Weisungsrechts grundsätzlich einseitig bestimmen, ob der Arbeitnehmer Bereitschaftsdienst oder Mehrarbeit leisten soll. Wann die tatsächliche Arbeitsleistung während des Bereitschaftsdienstes erbracht wird, bestimmt allein der Arbeitgeber. Zwischen dem Ende der Regelarbeitszeit und der Abforderung der Arbeitsleistung aus dem sich anschließenden Bereitschaftsdienst bedarf es keiner logischen bzw. tatsächlichen Zäsur von einer Sekunde. Die stillschweigende Anordnung des Arbeitgebers, die während der Regelarbeitszeit begonnene Arbeit über das Dienstende fortzusetzen und zu beenden, kann ihrem Wesen nach sowohl die Anordnung von Überstunden als auch der Abruf von Bereitschaftsarbeit sein. Wenn der Arbeitgeber durch Aufstellung eines Dienstplans Bereitschaftsdienst angeordnet hatte, bedarf es einer eindeutigen Erklärung, dass er diese Anordnung aufhebt und stattdessen nunmehr Überstunden anordnet. Fehlt es hieran, liegt Bereitschaftsarbeit vor (BAG v. 25.4.2007, Az. 6 AZR 799/06).

Arbeitnehmer haben ihrerseits keinen Anspruch auf Bereitschaftsdienst, auch wenn ihre mögliche Heranziehung arbeits- bzw. tarifvertraglich vereinbart ist.

III. Vergütung/Freizeitausgleich

Arbeitnehmer, die Bereitschaftsdienst leisten, haben Anspruch auf eine Vergütung. Diese Vergütung kann unter Berücksichtigung der erfahrungsgemäß tatsächlich anfallenden Arbeit pauschaliert werden, wobei unterschiedliche Pauschalen für Bereitschaftsdienste an Wochentagen, Samstagen/Sonntagen und Feiertagen anzusetzen sind. Keinesfalls besteht eine Verpflichtung, Bereitschaftsdienst wie die sonstige Arbeitszeit zu vergüten; vielmehr sind die Arbeitsvertragsparteien frei, für Bereitschaftsdienst und sog. Vollarbeit unterschiedliche Vergütungssätze vorzusehen. So hat das BAG (28.1.2004, Az. 5 AZR 530/02) eine Vergütungsvereinbarung, nach der der Bereitschaftsdienst mit 55 % (Zeitfaktor) und die tatsächlich in der Bereitschaftzeit zu leistende Vollarbeit mit 125 % (Geldfaktor) bewertet wurde, für nicht sittenwidrig oder wucherisch angesehen, wenn die Arbeitsbelastung (Vollarbeit) während des Bereitschaftsdienstes weniger als 50 % beträgt und der Arbeitnehmer damit im Ergebnis für die Dauer der Bereitschaftsdienste etwa 68 % der Vergütung der regulären Arbeitszeit erhält (vgl. aber auch BVerwG, 26.7.2012, 2 C 29/11, das bei einem Bereitschaftsdienst, der die Vorgaben des ArbZG – dazu unten V. – missachtet, einen Geldanspruch bejaht, der sich nach den Sätzen der Mehrarbeitsvergütung bemisst).

Soweit der Bereitschaftsdienst von Teilzeitkräften nicht die im Betrieb geltende regelmäßige Arbeitszeit überschreitet, ist der Arbeitgeber nicht verpflichtet, ihnen dieselbe Vergütung zu zahlen wie den Vollzeitbeschäftigten, deren Bereitschaftsdienst über die regelmäßige Arbeitszeit im Betrieb hinausgeht.

Alternativ zur Vergütung können Bereitschaftsdienstzeiten durch Freizeit ausgeglichen werden, sofern der Arbeitgeber sich diese Möglichkeit einzelvertraglich vorbehalten hat oder ihm dies – wie in der Praxis häufig – tarifvertraglich ermöglicht ist. Dabei kann der Freizeitausgleich auch in die gesetzliche Ruhezeit (§ 5 ArbZG; vgl. dazu unten V.) gelegt werden. Der Arbeitnehmer hat keinen Anspruch darauf, nach Ableisten eines Bereitschaftsdienstes zunächst unbezahlte Ruhezeit und anschließend bezahlten Freizeitausgleich gewährt zu bekommen (BAG v. 22.7.2010, Az. 6 AZR 78/09).

IV. Beteiligung des Betriebsrats

Der → *Betriebsrat* hat bei der Einführung und Gestaltung von Bereitschaftsdienst ein Mitbestimmungsrecht, soweit nicht ausnahmsweise eine tarifliche Regelung besteht, die alle Einzelheiten detailliert regelt (§ 87 Abs. 1 Nr. 2 BetrVG). Hat der Arbeitgeber sich nur einzelvertraglich vorbehalten, Bereitschaftsdienst anzuordnen, muss er in jedem Fall den Betriebsrat beteiligen. Eine Anordnung allein auf der Grundlage einer einzelvertraglichen Vereinbarung ist unwirksam. Kommen Arbeitgeber und Betriebsrat zu keiner Einigung, können beide Seiten die → *Einigungsstelle* anrufen, die eine verbindliche Entscheidung trifft.

In einer Betriebsvereinbarung sollte geregelt sein, welche Arbeitsbereiche und Mitarbeitergruppen einbezogen sind. Es sollten der Aufenthaltsort während des Bereitschaftsdienstes, die Bereitschaftszeiten sowie die Art und Weise der Vergütung bestimmt werden. Der Betriebsrat wird seinerseits darauf drängen, dass die Höchstzahl und Abstände der in einem bestimmten Zeitraum vom Einzelnen zu leistenden Bereitschaftsdienste festgelegt werden.

V. Schutzvorschriften des Arbeitszeitgesetzes

Bereitschaftsdienst gilt unter Einschluss der inaktiven Zeiten als Arbeitszeit im Sinne des Arbeitszeitgesetzes. Daraus folgt, dass Bereitschaftsdienste, die gemeinsam mit der regulären Arbeitszeit 48 Wochenstunden übersteigen, unzulässig sind.

Aus der Grundaussage, dass Bereitschaftsdienst Arbeitszeit im Sinne von § 2 Abs. 1 ArbZG ist, ergibt sich aber auch zugleich, dass Bereitschaftsdienst bei der Bestimmung der Dauer von gesetzlichen Ruhepausen nach § 4 Satz 1 ArbZG als Arbeitszeit zu berücksichtigen ist. Der Arbeitgeber ist demgemäß verpflichtet, bei einer Vollarbeitszeit von mehr als sechs Stunden Dauer mit anschließendem Bereitschaftsdienst eine Pause von mindestens 45 Minuten Dauer anzuordnen, wenn die gesamte aus Vollarbeitszeit und Bereitschaftsdienst bestehende Arbeitszeit länger als neun Stunden währt (BAG v. 16.12.2009, Az. 5 AZR 157/09). Die inaktiven Zeiten des Bereitschaftsdienstes stellen keine Pause i.S. von § 4 ArbZG dar.

Ebenso ist zu berücksichtigen, das der Arbeitgeber nach § 5 ArbZG eine Arbeitszeitgestaltung gewährleisten muss, wonach die Arbeitnehmer nach Beendigung der täglichen Arbeitszeit – also auch nach Beendigung eines Bereitschaftsdienstes! – eine ununterbrochene Ruhezeit von mindestens elf Stunden haben, in der sie nicht zur Arbeitsleistung herangezogen werden.

Berufsausbildungsverhältnis

I.   Begriff

II.   Zuständigkeit

III.   Andere Ausbildungsverhältnisse

IV.   Ausbildungsvertrag

V.   Rechte und Pflichten im Ausbildungsverhältnis
    1. Pflichten des Auszubildenden
    2. Pflichten des Ausbildenden

VI.   Beendigung des Ausbildungsverhältnisses
    1. Ablauf der Ausbildungszeit
    2. Kündigung
        2.1 Kündigung durch den Ausbildenden
        2.2 Kündigung durch den Auszubildenden
    3. Aufhebungsvertrag

I. Begriff

Anders als im Arbeitsverhältnis dient die Erbringung der Arbeitsleistung im Berufsausbildungsverhältnis nicht in erster Linie Erwerbszwecken, sondern der Ausbildung. Die Besonderheiten des Ausbildungsverhältnisses sind – von der Begründung bis zur Beendigung – im Berufsbildungsgesetz (BBiG) geregelt. Im Übrigen gelten die Regelungen des allgemeinen Arbeitsrechts überwiegend auch für das Berufsausbildungsverhältnis (§ 10 Abs. 2 BBiG).

II. Zuständigkeit

Zuständig für die Durchführung der Berufsausbildung sind im Regelfall die Kammern der verschiedenen Wirtschafts- und Berufszweige wie z. B. die Industrie- und Handelskammern oder die Handwerkskammern, vgl. § 71 ff. BBiG. Bei ihnen liegt u. a.

▶ die Feststellung und Überwachung des Vorliegens der persönlichen und fachlichen Eignung des Ausbildungspersonals,

▶ die Überprüfung der Eignung von Ausbildungsbetrieben, ggf. auch die Aufforderung zur Mängelbeseitigung,

▶ die Abkürzung und Verlängerung von Ausbildungszeiten,

▶ das Prüfungswesen,

▶ die Beratung und Überwachung der Ausbildenden und der Auszubildenden bei der Durchführung der Berufsausbildung,

▶ die Gleichstellung von Prüfungszeugnissen.

III. Andere Ausbildungsverhältnisse

Neben dem Berufsausbildungsverhältnis gibt es weitere Ausbildungsverhältnisse, auf die das Berufsbildungsgesetz, wenn auch teilweise mit unterschiedlichen Regelungen, Anwendung findet:

▶ Praktikum,

▶ Anlernverhältnis,

▶ Volontariat,

▶ berufliche Fortbildung,

▶ berufliche Umschulung,

▶ Teilqualifizierung.

IV. Ausbildungsvertrag

Der Berufsausbildungsvertrag kann formlos und damit auch mündlich abgeschlossen werden.

Da der Ausbildende aber gemäß § 11 Abs. 1 BBiG ohnehin verpflichtet ist, den wesentlichen Vertragsinhalt sofort nach Abschluss des Vertrags und spätestens vor Beginn der Berufsausbildung schriftlich niederzulegen, empfiehlt es sich, den Vertrag gleich schriftlich abzuschließen.

Folgende Punkte müssen geregelt und auch in den Vertrag aufgenommen werden (§ 11 Abs. 1 BBiG):

▶ Art und Ziel der Ausbildung,

▶ Beginn und Dauer der Ausbildung,

▶ Ausbildungsmaßnahmen außerhalb der Ausbildungsstätte,

▶ Dauer der regelmäßigen täglichen Ausbildungszeit,

▶ Dauer der Probezeit,

▶ Höhe und Zahlungsmodalitäten der Vergütung,

▶ Dauer des Urlaubs,

▶ Regelungen zur → *Kündigung*,

▶ Hinweis auf einschlägige Tarifverträge und Betriebsvereinbarungen.

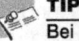 **TIPP!**
Bei den Industrie- und Handelskammern sind Musterberufsausbildungsverträge erhältlich, die den gesetzlichen Anforderungen entsprechen.

ACHTUNG!
§ 8 BBiG sieht die Möglichkeit einer Teilzeitberufsausbildung vor, ohne einen Rechtsanspruch auf Teilzeitausbildung einzuräumen.

Der Berufsausbildungsvertrag ist vom Ausbildenden, vom Auszubildenden und (bei Minderjährigen) auch von dessen gesetzlichen Vertretern (dies sind im Regelfall die Eltern) zu unterzeichnen. Neben dem Auszubildenden muss der Arbeitgeber auch den gesetzlichen Vertretern eine unterzeichnete Fassung des Ausbildungsvertrags aushändigen.

Nachträgliche Änderungen können nur schriftlich vorgenommen werden; auch von der geänderten Fassung müssen der Auszubildende und die gesetzlichen Vertreter je ein Exemplar erhalten.

WICHTIG!
Auch bei der Einstellung eines Auszubildenden muss der Betriebsrat beteiligt werden (§ 99 BetrVG).

V. Rechte und Pflichten im Ausbildungsverhältnis

1. Pflichten des Auszubildenden

Gemäß § 13 BBiG ist der Auszubildende verpflichtet

- zur sorgfältigen Ausführung übertragener Aufgaben,

- zur Befolgung von Weisungen des Ausbilders,

- zum sorgfältigen Umgang und Pflege der ihm anvertrauten Maschinen und Werkzeuge,

- zur Verschwiegenheit über sämtliche Betriebs- und Geschäftsgeheimnisse,

- zur regelmäßigen Teilnahme am Berufsschulunterricht, an Prüfungen und an außerbetrieblichen Ausbildungsmaßnahmen,

- zur Beachtung der einschlägigen Ausbildungsordnung.

2. Pflichten des Ausbildenden

Die wichtigste Zielsetzung ist der erfolgreiche Prüfungsabschluss des Auszubildenden. In diesem Rahmen treffen den Ausbildenden folgende Pflichten:

- die ordnungsgemäße Ausbildung (Vermittlung von Kenntnissen und Fähigkeiten zur Erreichung des Ausbildungsziels),

- die persönliche Wahrnehmung der Ausbildungspflicht,

- die kostenlose Bereitstellung der Ausbildungsmittel,

- den Auszubildenden zum regelmäßigen Besuch der Berufsschule anzuhalten,

- den Auszubildenden zur Führung von Berichtsheften anzuhalten, soweit dies im jeweiligen Ausbildungsberuf notwendig ist,

- die charakterliche Förderung des Auszubildenden sowie die Abwehr von Gefährdungen,

- die Freistellung für den Berufsschulbesuch, Prüfungen sowie sonstige Ausbildungsmaßnahmen,

- die Vergütungspflicht.

VI. Beendigung des Ausbildungsverhältnisses

1. Ablauf der Ausbildungszeit

Das Berufsausbildungsverhältnis ist ein befristetes Vertragsverhältnis. Es endet mit Ablauf der Ausbildungszeit (§ 21 BBiG). Die Länge der Ausbildungszeit richtet sich entweder nach der einschlägigen Ausbildungsordnung oder nach einer abweichenden Vereinbarung zwischen Arbeitgeber und Auszubildendem.

Besteht der Auszubildende **vor** Ablauf der Ausbildung seine Ausbildungsprüfung, endet das Ausbildungsverhältnis mit Bestehen dieser Prüfung.

 ACHTUNG!
> Wird der „Auszubildende" weiter beschäftigt, ohne das hierüber ausdrücklich etwas vereinbart worden ist, so gilt ein Arbeitsverhältnis auf unbestimmte Zeit als begründet (§ 24 BBiG).

Besteht er die Prüfung nicht, kann er vom Arbeitgeber die Verlängerung der Ausbildungszeit bis zur nächstmöglichen Wiederholungsprüfung (höchstens aber um ein Jahr!) verlangen.

2. Kündigung

2.1 Kündigung durch den Ausbildenden

Bei der → Kündigung von Berufsausbildungsverhältnissen sind Besonderheiten nach § 22 BBiG zu beachten, da der Gesetzgeber den Auszubildenden einem besonderen Schutz unterstellen will (→ Kündigungsschutz).

Während der Probezeit kann der Ausbildende jederzeit schriftlich ohne Frist und ohne Angabe von Gründen kündigen.

Nach Ablauf der Probezeit kann er nur noch aus wichtigem Grund kündigen. Die → Kündigung muss

- schriftlich und

- unter Angabe des Kündigungsgrunds und

- innerhalb von zwei Wochen, nachdem der Arbeitgeber von dem wichtigen Grund Kenntnis erlangt hat,

erfolgen.

 **ACHTUNG!**
> Das BBiG sieht seit dem 1.4.2005 eine Höchstdauer der Probezeit von vier Monaten statt bisher drei Monaten vor (§ 20 BBiG).

Bei der Prüfung, ob ein wichtiger Grund vorliegt, muss der Erziehungsgedanke des Berufsbildungsgesetzes berücksichtigt werden. Insbesondere bei jüngeren Auszubildenden sollte bei Pflichtverletzungen erst einmal zu dem geringeren Sanktionsmittel der → Abmahnung gegriffen werden. Zu beachten ist ferner, dass die Anforderungen an den wichtigen Grund steigen, je länger das Ausbildungsverhältnis andauert. Dies entspricht auch dem dem gesamten Kündigungsrecht zugrunde liegenden Prognoseprinzip, nach dem zu prüfen ist, ob es dem Arbeitgeber zugemutet werden kann, das Ausbildungsverhältnis bis zum Ende der Ausbildungszeit trotz der Pflichtverletzung fortzusetzen.

 WICHTIG!
> Soll einem minderjährigen Auszubildenden eine Abmahnung erteilt werden, muss diese auch den gesetzlichen Vertretern zugehen.

Empfehlenswert ist es daher, das Abmahnungsschreiben dem Auszubildenden im Beisein der gesetzlichen Vertreter unter konkreter Erläuterung der Gründe zu übergeben.

 **WICHTIG!**
> Der Betriebsrat muss vor der Kündigung beteiligt werden. Ist der Auszubildende Mitglied des Betriebsrats oder der Jugend- und Auszubildendenvertretung, muss vor Ausspruch der Kündigung die Zustimmung des Betriebsrats eingeholt werden.
>
> Sofern bei den jeweils zuständigen Kammern ein Schlichtungsausschuss für Streitigkeiten zwischen Auszubildenden und Ausbildenden eingerichtet worden ist, hat der Auszubildende das nach § 111 Arbeitsgerichtgesetz vorgesehene Verfahren z. B. im Rahmen eines Kündigungsschutzprozesses zu beachten.

2.2 Kündigung durch den Auszubildenden

Während der Probezeit kann der Auszubildende jederzeit schriftlich ohne Frist und ohne Angabe von Gründen kündigen.

Nach der Probezeit kann er mit einer Frist von vier Wochen kündigen, wenn er die Ausbildung aufgeben will oder sich für eine andere Berufsausbildung entscheidet. Die → Kündigung muss schriftlich und unter Angabe der Gründe erfolgen.

3. Aufhebungsvertrag

Arbeitgeber und Auszubildender können das Ausbildungsverhältnis auch jederzeit einvernehmlich durch → Aufhebungsvertrag beenden. Der Aufhebungsvertrag ist nur wirksam, wenn er schriftlich abgeschlossen wird (§ 623 BGB). Bei Minderjährigen ist die Zustimmung der gesetzlichen Vertreter (Eltern) erforderlich.

Beschwerde

I. Begriff

II. Beschwerdegegenstand

III. Einlegung/Rücknahme der Beschwerde
1. Einlegung beim Arbeitgeber
2. Einlegung beim Betriebsrat
3. Einlegung bei einer betrieblichen Beschwerdestelle (§ 13 AGG)

IV. Wirkung der Beschwerde

V. Entscheidung des Arbeitgebers über die Beschwerde
1. Anerkennung der Beschwerde
2. Ablehnung der Beschwerde
   2.1 Nach Einlegung beim Arbeitgeber
   2.2 Nach Einlegung beim Betriebsrat

VI. Benachteiligungsverbot

I. Begriff

Der Arbeitnehmer ist berechtigt, sich beim Arbeitgeber und/oder beim Betriebsrat zu beschweren, wenn er sich vom Arbeitgeber oder von Kollegen benachteiligt, ungerecht behandelt oder in sonstiger Weise beeinträchtigt fühlt (§ 84 BetrVG). Auch wenn sich diese Regelung im BetrVG findet, so handelt es sich beim Beschwerderecht um einen individualrechtlichen Anspruch des Arbeitnehmers, der nicht an die Existenz eines Betriebsrats gebunden ist.

Sonderfälle eines außerbetrieblichen Beschwerdeverfahrens finden sich für Diskrimierungen in § 13 AGG und für unzureichende Arbeitsschutzmaßnahmen des Arbeitgebers in § 17 Abs. 2 ArbSchG.

II. Beschwerdegegenstand

Die Beschwerde kann auf alle Maßnahmen gestützt werden, durch die der Arbeitnehmer persönlich benachteiligt, ungerecht behandelt oder in sonstiger Weise beeinträchtigt wird. Da es auf die individuelle Beeinträchtigung ankommt, sind Beschwerden wegen allgemeiner Missstände im Betrieb ausgeschlossen, wenn der Arbeitnehmer nicht persönlich betroffen ist oder sich nicht zumindest persönlich betroffen fühlt.

Der Kreis der beschwerdefähigen Angelegenheiten ist weit. So können rein tatsächliche Beeinträchtigungen ebenso zum Gegenstand einer Beschwerde gemacht werden wie betriebsverfassungsrechtliche Regelungsfragen oder die Nichterfüllung von Rechtsansprüchen. Unerheblich ist auch, ob die Beeinträchtigung vom Arbeitgeber oder von Kollegen ausgeht.

Beispiele:

> Verstoß gegen den Gleichbehandlungsgrundsatz, ungerechtfertigte Abmahnung, falsche tarifliche Eingruppierung, falsche Berechnung des Lohns, Leistungsbeurteilungen, sexuelle Belästigung am Arbeitsplatz, Arbeitsüberlastung, ständige Zuteilung besonders unangenehmer Arbeiten, dauernde Anordnung von Vertretungen, Mobbing, Hänseleien am Arbeitsplatz, ungünstige Lage der persönlichen Arbeitszeit, Beleidigungen, Einmischung (unzuständiger) Kollegen oder Vorgesetzter in den übertragenen Arbeitsbereich, mangelnde Bereitschaft zur Zusammenarbeit, Streitigkeiten zwischen Rauchern und Nichtrauchern, Lärm, Raumklima.

Wichtig ist, dass eine Beschwerde auch dann noch zulässig ist, wenn sie sich auf abgeschlossene Vorgänge bezieht, und eine Abhilfe daher nicht mehr möglich ist. Auch in diesem Fall ist nämlich der Anspruch auf Bescheidung nach § 84 Abs. 2 BetrVG noch erfüllbar.

Ein besonderes Beschwerderecht besteht ausdrücklich nach § 13 AGG im Falle von Diskriminierungen aus Gründen der Rasse oder wegen der ethnischen Herkunft, des Geschlechts, der Religion oder Weltanschauung, einer Behinderung, des Alters oder der sexuellen Identität.

Die Amtstätigkeit des Betriebsrats (Handlungen wie auch Versäumnisse) kann dagegen nicht Gegenstand einer Beschwerde sein.

III. Einlegung/Rücknahme der Beschwerde

Die Einlegung der Beschwerde ist weder an eine bestimmte Form noch an eine Frist gebunden, wenn dies nicht ausnahmsweise durch Tarifvertrag oder Betriebsvereinbarung festgelegt ist. Die Beschwerde kann vom Arbeitnehmer jederzeit zurückgenommen werden.

1. Einlegung beim Arbeitgeber

Die Beschwerde ist bei der „zuständigen Stelle des Betriebs" einzulegen (§ 84 Abs. 1 BetrVG). Eine Zuständigkeit kann nicht willkürlich begründet werden, sondern ist durch den organisatorischen Aufbau des Betriebs festgelegt. Regelmäßig wird es sich also um die dem Arbeitnehmer unmittelbar vorgesetzte Person handeln, also etwa den Abteilungsleiter, Gruppenleiter oder Meister, wenn nicht eine → *Betriebsvereinbarung* oder ein → *Tarifvertrag* etwas anderes vorsehen.

Eine zweite Instanz gibt es im Beschwerdeverfahren nicht. Der Arbeitnehmer hat daher nicht das Recht, bei Ablehnung durch eine untergeordnete, aber – aufgrund des organisatorischen Aufbaus – zuständige Stelle (z. B. direkter Vorgesetzter, Gruppenleiter) die ihr übergeordnete betriebliche Stelle (z. B. Abteilungsleiter, Personalleiter) anzurufen, um eine möglicherweise abweichende Entscheidung zu erhalten.

Der Arbeitnehmer kann bei der Einlegung der Beschwerde ein Mitglied des Betriebsrats seiner Wahl zur Unterstützung oder Vermittlung hinzuziehen.

2. Einlegung beim Betriebsrat

Neben der Möglichkeit, sich unmittelbar beim Arbeitgeber zu beschweren, hat der Arbeitnehmer auch die Möglichkeit, seine Beschwerde beim Betriebsrat einzulegen.

> **WICHTIG!**
> Der Arbeitnehmer kann jederzeit – etwa bei erfolglosem Abschluss eines direkt beim Arbeitgeber eingeleiteten Beschwerdeverfahrens – auf das andere Verfahren „umschwenken"; er ist rechtlich nicht einmal gehindert, beide Verfahrenswege parallel einzuschlagen!

Der Betriebsrat muss sich mit der Beschwerde befassen und über die Frage ihrer Berechtigung einen Beschluss fassen. Erscheint dem Betriebsrat die Beschwerde als berechtigt, nimmt er sie an und verhandelt mit dem Arbeitgeber über ihre Erledigung.

3. Einlegung bei einer betrieblichen Beschwerdestelle (§ 13 AGG)

Im Falle einer Beschwerde wegen Diskriminierung ist die Beschwerde in erster Linie bei einer vom Arbeitgeber zu benennenden Beschwerdestelle einzulegen. Zur Benennung dieser Beschwerdestelle ist der Arbeitgeber verpflichtet; er kann sich selbst, einen bestimmten Mitarbeiter, den Personalleiter oder auch ein (paritätisch besetztes) Gremium bestimmen.

In Unternehmen mit Betriebsrat hat dieser kein Mitbestimmungsrecht hinsichtlich der Fragen, wo der Arbeitgeber eine Beschwerdestelle errichtet (in jedem Betrieb, in jeder Dienststelle oder auch nur eine im Unternehmen) und wie er diese personell besetzt. So kann der Arbeitgeber, wenn er sich für die Errichtung einer unternehmensweiten Beschwerdestelle entscheidet, auch allein festlegen, in welchem Betrieb sie eingerichtet wird. In jedem Fall löst jedoch die Einführung bestimmter Regelungen zur Vereinheitlichung des Beschwerdeverfahrens ein Mitbestimmungsrecht aus, wie etwa eine Festlegung der Beschwerdeformalitäten, des Prüfungsablaufs oder der Bescheidungsmodalitäten. Dem Betriebsrat steht insoweit auch ein Initiativrecht zu. Solange der Betriebsrat von diesem Initiativrecht jedoch keinen Gebrauch macht, kann der Arbeitgeber den Umgang mit den angetragenen Beschwerden der „zuständigen Stelle" in eigener Verantwortung übertragen, da er gesetzlich nicht zur Beachtung eines bestimmten Verfahrens verpflichtet ist (BAG v. 21.7.2009, Az. 1 ABR 42/08).

Neben der Beschwerdemöglichkeit nach § 13 Abs. 1 AGG bei der „zuständigen Stelle" steht es dem Arbeitnehmer frei, sich mit seiner Beschwerde wegen Diskriminierung an den Betriebsrat zu wenden (§ 13 Abs. 2 AGG).

IV. Wirkung der Beschwerde

Die Beschwerde hat hinsichtlich Weisungen des Arbeitgebers keine aufschiebende Wirkung. Das bedeutet, dass der Arbeitnehmer einer Anordnung, über die er sich beschwert hat, zunächst einmal nachkommen muss, bis über die Beschwerde entschieden ist. Nur in schwerwiegenden Fällen, z. B. dann, wenn bei Befolgung der Weisung eine konkrete Gesundheitsgefährdung droht, hat er das Recht, die verlangte Leistung zu verweigern.

Durch die Beschwerde wird der Ablauf möglicher gesetzlicher oder tariflicher Ausschlussfristen nicht gehemmt. Die Beschwerde kann jedoch eine Geltendmachung im Sinne der tariflichen Ausschlussfristen darstellen, wenn für die Geltendmachung nicht bestimmte Formalien nach dem Tarifvertrag vorgeschrieben sind, die die Beschwerde nicht erfüllt.

Beispiel:

Der Tarifvertrag verlangt für die Geltendmachung eines Anspruchs die Schriftform. Wenn sich der Arbeitnehmer in diesem Fall nur mündlich beschwert, liegt keine wirksame Geltendmachung vor.

V. Entscheidung des Arbeitgebers über die Beschwerde

Der Arbeitgeber muss die Berechtigung der Beschwerde prüfen und dem Arbeitnehmer bei längerer Dauer der Prüfung einen Zwischenbescheid geben. Der Arbeitgeber hat sich zur Beschwerde zu äußern und darf sie nicht einfach übergehen. Nur auf wiederholte Beschwerden von Querulanten muss nicht mehr eingegangen werden. Auch wird sich der Arbeitgeber keiner Beschwerde stellen müssen, die lediglich eine rein subjektive Befindlichkeit des Arbeitnehmers verlautbart. Dies ist etwa der Fall, wenn hinter der Beschwerde völlig harmlose Vorfälle stehen, die gänzlich ungeeignet sind, bei einem Mindestmaß von vernünftiger Sicht bei einem Arbeitnehmer nachvollziehbar das subjektive Gefühl der Benachteiligung, ungerechten Behandlung oder sonstigen Beeinträchtigung auszulösen (Hessisches LAG v. 12.3.2002; Az. 4 TaBV 75/01).

Die Entscheidung über die Beschwerde kann dem Arbeitnehmer schriftlich oder mündlich mitgeteilt werden; aus Beweisgründen empfiehlt sich aber immer die schriftliche Mitteilung. Wird die Beschwerde vom Arbeitgeber abgelehnt, muss er die Ablehnung begründen.

1. Anerkennung der Beschwerde

Hält der Arbeitgeber die Beschwerde für berechtigt, muss er ihr abhelfen.

 ACHTUNG!

Die Anerkennung der Beschwerde führt zu einer Selbstbindung des Arbeitgebers. Der Arbeitnehmer hat dann einen Rechtsanspruch auf Abhilfe.

Wird die Beschwerde auf eine Diskriminierung oder sexuelle Belästigung am Arbeitsplatz gestützt, muss der Arbeitgeber geeignete Maßnahmen treffen, um die Fortsetzung der Diskriminierung bzw. Belästigung zu unterbinden. Bleibt er untätig oder ergreift ungeeignete Maßnahmen, ist der (sexuell) belästigte Beschäftigte – wenn dies zu seinem Schutz erforderlich ist – berechtigt, seine Tätigkeit am betreffenden Arbeitsplatz einzustellen, ohne dass er seine Gehaltsansprüche verliert (§ 14 AGG)! Der diskriminierte Arbeitnehmer kann Schmerzensgeld- und Schadensersatzansprüche geltend machen (§ 15 AGG).

2. Ablehnung der Beschwerde

2.1 Nach Einlegung beim Arbeitgeber

Hat der Arbeitnehmer seine Beschwerde unmittelbar beim Arbeitgeber eingelegt, muss er eine ablehnende Entscheidung hinnehmen. Falls er nicht gleichzeitig schon Beschwerde beim Betriebsrat eingelegt hatte, kann er dies auch jetzt noch tun.

Betrifft die Beschwerde Rechtsansprüche, kann der Arbeitnehmer nach Ablehnung durch den Arbeitgeber vor dem Arbeitsgericht klagen.

2.2 Nach Einlegung beim Betriebsrat

Hat der Arbeitnehmer die Beschwerde (auch) beim Betriebsrat eingelegt und hat dieser sie für berechtigt erachtet, muss der Arbeitgeber mit dem Betriebsrat über die Erledigung verhandeln.

Kommt es dabei zu keiner Einigung, ist hinsichtlich der weiteren Verfahrensweise danach zu unterscheiden, ob die Beschwerde eine Regelungsfrage, bei der dem Betriebsrat ein Mitbestimmungsrecht zusteht, oder einen (individuellen) Rechtsanspruch des Arbeitnehmers betrifft.

▶ Regelungsfrage: Hier kann der Betriebsrat die → *Einigungsstelle* anrufen, die dann über die Beschwerde entscheidet.

Beispiel:

Der Arbeitnehmer beklagt mangelnde oder unzureichende Informationen und Zielsetzung.

Voraussetzung für die Anrufung einer Einigungsstelle in einer Regelungsfrage ist allerdings, dass der Arbeitgeber der Beschwerde einseitig abhelfen kann. Ist dies nicht möglich, ist eine Entscheidung nicht durch eine Einigungsstelle herbeizuführen.

Beispiel:

Bei einer Arbeitnehmerbeschwerde über eine fehlerhafte oder benachteiligende Schichtplaneinteilung, kann die Einigungsstelle nicht nach § 85 BetrVG angerufen werden, denn der Arbeitgeber kann der Beschwerde nicht einseitig abhelfen. Ob ein Dienstplan die Mitbestimmungsrechte nach § 87 BetrVG richtig beachtet und entsprechend den abgeschlossenen Betriebsvereinbarungen umsetzt, kann der Betriebsrat aus eigenem Recht überprüfen. Er kann insoweit entweder einen Unterlassungsanspruch geltend machen, die Einigungsstelle nach § 87 BetrVG anrufen oder die Betriebsvereinbarung kündigen, wenn sie zu einer strukturellen Benachteiligung führt, die der Betriebsrat nicht mehr mittragen will (LAG Köln v. 17.9.2007, Az. 2 TaBV 42/07).

Aus dem Spruch der Einigungsstelle, mit dem sie die Beschwerde eines Arbeitnehmers für berechtigt erklärt, muss hervorgehen, welche konkreten tatsächlichen Umstände die Einigungsstelle als zu vermeidende Beeinträchtigung des Arbeitnehmers angesehen hat. So wäre etwa der schlichte Spruch „Die Beschwerde vom ... ist berechtigt" unwirksam, da der Arbeitgeber hier nicht erkennen kann, welchen Zustand er zu beseitigen oder künftig zu vermeiden hat. In welcher Weise der Arbeitgeber einer berechtigten Beschwerde abhilft, entscheidet er allein; Abhilfemaßnahmen darf die Einigungsstelle nicht festlegen.

Zu beachten ist darüber hinaus, dass die Einigungsstelle nicht entscheidungsbefugt ist, wenn Arbeitgeber und Betriebsrat über die Berechtigung einer ausschließlich vergangenheitsbezogenen Beschwerde eines Arbeitnehmers streiten.

► Rechtsanspruch: Hier kann der Betriebsrat keine Abhilfe über die Einigungsstelle durchsetzen. Der Betriebsrat kann dem Arbeitgeber nur ein freiwilliges Einigungsstellenverfahren vorschlagen, dies aber nicht erzwingen. Dem Arbeitnehmer bleibt die Möglichkeit der Klage vor dem Arbeitsgericht.

Beispiel:

Der Arbeitnehmer begehrt mit seiner Beschwerde die Entfernung einer Abmahnung aus der Personalakte.

VI. Benachteiligungsverbot

Durch die Erhebung der Beschwerde dürfen dem Arbeitnehmer keine Nachteile entstehen. Versäumnis von Arbeitszeit, die zur Erhebung der Beschwerde erforderlich ist, berechtigt nicht zur Lohnkürzung. Eine allein wegen der Beschwerdeerhebung ausgesprochene → *Kündigung* wäre unwirksam.

ACHTUNG!

Bei schuldhaftem Verstoß gegen das Benachteiligungsverbot macht sich der Arbeitgeber schadensersatzpflichtig.

Andererseits gibt das Beschwerderecht dem Arbeitnehmer nicht den Freiraum für haltlose oder beleidigende Vorwürfe. Vielmehr stehen dem Arbeitgeber in solchen Fällen die üblichen Reaktionsmöglichkeiten wie Ermahnung, → *Abmahnung* oder → *Kündigung* offen.

Betriebliche Altersversorgung

I. Begriff

II. Versorgungszusage
1. Arbeitsvertrag
2. Gesamtzusage
3. Betriebsvereinbarung
4. Betriebliche Übung
5. Gleichbehandlungsgrundsatz
6. Tarifvertrag
7. Betriebsübergang

III. Formen der betrieblichen Altersversorgung
1. Direktzusage
2. Direktversicherung
3. Pensionskasse
4. Unterstützungskasse
5. Entgeltumwandlung

IV. Anspruchsvoraussetzungen

V. Anwartschaft

VI. Unverfallbarkeit

VII. Auskunftsanspruch

VIII. Abfindungsverbot

IX. Änderung der Versorgungszusage
1. Arbeitsvertrag
2. Gesamtzusage
3. Betriebsvereinbarung/Tarifvertrag

X. Anpassungen der Versorgungsleistungen
1. Anpassungsbedarf
2. Belange des Versorgungsempfängers
3. Wirtschaftliche Belange des Arbeitgebers

XI. Widerruf von Versorgungszusagen

XII. Insolvenzsicherung

XIII. „Riester-Rente"

I. Begriff

Die betriebliche Altersversorgung umfasst alle Leistungen der Alters-, Invaliditäts- oder Hinterbliebenenversorgung, die einem Arbeitnehmer aus Anlass eines Arbeitsverhältnisses oder einer Tätigkeit für ein Unternehmen zugesagt worden sind. Sie ist im Gesetz zur Verbesserung der betrieblichen Altersversorgung (BetrAVG) geregelt. Dies gilt auch im Beitrittsgebiet. Der Versorgungsanspruch entsteht nur bei Alter, Invalidität oder Tod. Eine Hilfe bei wirtschaftlicher Notlage fällt ebenso wenig unter die betriebliche Altersversorgung wie eine Überbrückungsbeihilfe, die bis zum Eintritt des Versorgungsfalls gezahlt wird. Bei der betrieblichen Altersversorgung handelt es sich um eine freiwillige Sozialleistung des Arbeitgebers. Bei jeder Form der Altersversorgung ist darauf zu achten, dass Diskriminierungsverbote nach dem AGG und dem TzBfG nicht verletzt werden.

II. Versorgungszusage

Der Anspruch auf betriebliche Altersversorgung kann sich aus unterschiedlichen Grundlagen ergeben. In Betracht kommen:

1. Arbeitsvertrag

Der Arbeitgeber kann eine Zusage im Einzelarbeitsvertrag machen, was insbesondere bei leitenden Angestellten verbreitet ist. Die Vereinbarung muss nicht schriftlich erfolgen, die Schriftform ist aber gerade bei derart weitreichenden Erklärungen anzuraten. Der Arbeitgeber muss die Leistungen im Vertrag noch nicht im Einzelnen regeln; er kann eine allgemeine sog. „Blankettzusage" geben, die Details kann er dann auch später einseitig festlegen.

2. Gesamtzusage

Eine Gesamtzusage liegt vor, wenn der Arbeitgeber gegenüber der gesamten Belegschaft oder gegenüber einer bestimmten Gruppe eine bindende Versorgungszusage abgibt. Früher war dies die gängigste Weise zur Einführung der betrieblichen Altersversorgung. Gesamtzusagen werden dann wirksam, wenn sie gegenüber den Arbeitnehmern in einer Form verlautbart werden, die den einzelnen Arbeitnehmer typischerweise in die Lage versetzt, von der Erklärung Kenntnis zu nehmen.

3. Betriebsvereinbarung

Heute sind Versorgungszusagen häufig in Betriebsvereinbarungen enthalten. Der Arbeitgeber bestimmt, ob er eine betriebliche Altersversorgung einführt und wie viel er hierfür aufwenden will (Dotierungsrahmen). Er kann also nicht durch den Betriebsrat zur Einführung einer betrieblichen Altersversorgung gezwungen werden. Die Verteilung wird dann in der Betriebsvereinbarung geregelt.

4. Betriebliche Übung

Sie kann einen Rechtsgrund für eine Versorgungszusage darstellen, wenn der Arbeitgeber ein schutzwürdiges Vertrauen beim Arbeitnehmer erweckt hat, dass er eine Betriebsrente zahlen werde (→ *Betriebliche Übung*, BAG v. 16.2.2010, Az. 3 AZR 118/08). Es genügt der objektive Eindruck einer bindenden Zusage (LAG Köln v. 10.6.2011, Az. 10 Sa 1309/10). Die betriebliche Übung kann sich sowohl auf eine bestimmte Berechnungsweise der Betriebsrente über § 16 BetrAVG hinaus als auch auf Zahlung eines 13. Ruhegehalts beziehen. Dies gilt grundsätzlich auch für Leistungen, die in der Versorgungsordnung nicht vorgesehen sind. Auch auf die Fortgewährung einer zunächst nicht vorgesehenen, aber im Laufe der Zeit üblich gewordenen Leistung darf der Arbeitnehmer vertrauen. Dabei kann die betriebliche Übung schon zu Zeiten der aktiven Tätigkeit des Arbeitnehmers begründet werden, um dann nach seinem Eintritt in den Ruhestand anspruchsbegründend zu wirken. Im Falle einer langjährigen betrieblichen Praxis, nach der Arbeitnehmer und Betriebsrentner Beihilfen im Krankheitsfall erhalten, liegt es nahe, dass sich beide Gruppen darauf einrichten, indem sie auf den Abschluss von Zusatzversicherungen verzichten, weil sie darauf vertrauen, dass eine entsprechende einheitlich praktizierte Leistungsgewährung nur nach Abwägung aller maßgeblichen Gesichtspunkte und schonend für alle verschlechtert wird und nicht von einzelnen Gruppen Sonderopfer verlangt werden. Dies gilt insbesondere für die Betriebsrentner, für die es mit wirtschaftlich vertretbarem Aufwand in aller Regel nicht möglich ist, nachträglich Zusatzversicherungen abzuschließen. Daher kann ein Betriebsrentner grundsätzlich davon ausgehen, dass der Arbeitgeber die betriebliche Übung ihm gegenüber auch nach seinem Ausscheiden bei Eintritt des Versorgungsfalles fortführen wird. Auch durch die Erbringung von Versorgungsleistungen an Ruheständler kann zu deren Gunsten eine betriebliche Übung entstehen (BAG v. 23.8.2011, Az. 3 AZR 650/09).

5. Gleichbehandlungsgrundsatz

Auch aus dem arbeitsrechtlichen Gleichbehandlungsgrundsatz kann sich ein Anspruch auf betriebliche Altersversorgung ergeben (§ 1 Abs. 1 Satz 4 BetrAVG): Der Arbeitgeber darf auch bei einer Versorgungszusage keine willkürliche Ungleichbehandlung von Arbeitnehmern vornehmen, sondern muss sich von sachlichen Kriterien leiten lassen. Ist dies nicht der Fall, können die benachteiligten Arbeitnehmer verlangen, mit anderen Arbeitnehmern des Betriebs bzw. des Unternehmens gleich behandelt zu werden. Dies gilt erst recht bei einem Verstoß gegen das Allgemeine Gleichbehandlungsgesetz. Eingetragene Lebenspartner sind hinsichtlich der Hinterbliebenenversorgung Ehegatten gleichzustellen, soweit am 1. Januar 2005 zwischen dem Versorgungsberechtigten und dem Versorgungsschuldner noch ein Rechtsverhältnis bestand (BAG v. 14.1.2009, Az. 3 AZR 20/07).

Der bloße Statusunterschied zwischen Arbeitern und Angestellten kann grundsätzlich keine Ungleichbehandlung in einer Betriebsvereinbarung hinsichtlich der betrieblichen Altersversorgung rechtfertigen. Nur in engen Ausnahmefällen ist dies noch möglich (BAG v. 16.2.2010, Az. 3 AZR 216/09). Die Möglichkeit des vorzeitigen ungekürzten Rentenbezugs für Schwerbehinderte in der Sozialversicherung verpflichtet einen Arbeitgeber nicht, einem Schwerbehinderten ebenfalls eine ungekürzte Betriebsrente zukommen zu lassen. Eine für vorzeitigen Renten-

bezug vorgesehene Kürzung um 0,3 % pro Monat des Bezugs vor vollendetem 65sten Lebensjahr stellt keine unzulässige Ungleichbehandlung von Schwerbehinderten dar (LAG Köln v. 19.7.2010, Az. 2 Sa 249/10).

Auch das Verbot der mittelbaren Diskriminierung wegen des Geschlechts ist zu beachten (BAG v. 19.1.2011, Az. 3 AZR 29/09), ebenso das Verbot der Altersdiskriminierung (BAG v. 19.7.2011, Az. 3 AZR 434/09). Es verstößt nicht gegen den Gleichbehandlungsgrundsatz, Versorgungsberechtigte je nach ihrer anderweitigen Absicherung im Alter unterschiedlich zu behandeln (BAG v. 15.11.2011, Az. 3 AZR 113/10).

6. Tarifvertrag

Die Begründung von Versorgungszusagen durch → *Tarifvertrag* ist zulässig, wird aber außerhalb des öffentlichen Dienstes meist nur in Firmentarifverträgen vorgenommen. Tarifvertragliche Ansprüche können bei einem Betriebsübergang nicht von einer beim Betriebserwerber bestehenden Betriebsvereinbarung abgelöst werden.

7. Betriebsübergang

Bei einem Betriebsübergang tritt u. a. die Rechtsfolge ein, dass der neue Betriebsinhaber Schuldner der Versorgungsanwartschaft derjenigen Arbeitnehmer wird, deren Arbeitsverhältnisse auf ihn übergehen. Dies gilt auch hinsichtlich der beim bisherigen Betriebsinhaber zurückgelegten Dienstzeiten (LAG Rheinland-Pfalz v. 12.2.2010, Az. 6 Sa 596/09).

Eine im Zusammenhang mit einem Betriebsübergang abgeschlossene Betriebsvereinbarung ist am betriebsverfassungsrechtlichen Gleichbehandlungsgrundsatz (§ 75 BetrVG) zu messen. Werden dabei unterschiedliche Gruppen gebildet (übergegangene Arbeitnehmer werden von der Versorgung ausgenommen, neu eintretende erhalten sie) ist diese Ungleichbehandlung durch die besondere Situation, in der sich die Arbeitsvertragsparteien nach dem Betriebsübergang befinden, sachlich gerechtfertigt (BAG v. 19.1.2010, Az. 3 AZR 19/08).

III. Formen der betrieblichen Altersversorgung

Es gibt verschiedene Formen und Träger der betrieblichen Altersversorgung, wobei sich auch – häufig durch Betriebsübergang – Mischformen entwickelt haben. Im Einzelnen unterscheidet man:

1. Direktzusage

Sie ist eine unmittelbare Versorgungszusage durch den Arbeitgeber an die berechtigten Arbeitnehmer. Der Arbeitgeber ist dabei der Schuldner der Versorgungsleistung. Er stellt sie in der Regel durch Pensionsrückstellungen sicher.

2. Direktversicherung

Hier wird eine Einzel- oder Gruppenlebensversicherung auf das Leben der berechtigten Arbeitnehmer abgeschlossen. Dabei ist der Arbeitgeber der Versicherungsnehmer; bezugsberechtigt sind in der Regel der Arbeitnehmer im Erlebensfall und seine Angehörigen im Todesfall. Hinsichtlich der Überschussanteile der Lebensversicherung ist auch eine Aufspaltung des Bezugsrechts möglich. Bei den Bezugsrechten unterscheidet man zwischen den unwiderruflichen Bezugsrechten, die der Arbeitgeber nur widerrufen kann, wenn er zum Widerruf der Versorgungszusage berechtigt ist (s. u. XI.), und den eingeschränkt widerrufbaren Bezugsrechten, die der Arbeitgeber bis zum Eintritt der Unverfallbarkeit (s. u. VI.) widerrufen kann. Die Beiträge sind vom Arbeitgeber zu entrichten, wobei auch vereinbart werden kann, dass ein Teil der Arbeitsvergütung für die Beitragszahlung verwendet wird (= gehaltsumwandelnde Lebensversicherung). Das Arbeitsverhältnis als Grundlage der Versorgungszusage und der Versicherungsvertrag, mit dem Rechte und Pflichten gegenüber dem Versicherungsträger begründet werden, hängen rechtlich nicht zusammen. Vereinbaren die Arbeitsvertragsparteien, dass der Arbeitgeber für den Arbeitnehmer eine Direktversicherung abschließt und ein Teil der künftigen Entgeltansprüche des Arbeitnehmers durch Entgeltumwandlung für seine betriebliche Altersversorgung verwendet wird (§ 1a Abs. 1 BetrAVG), liegt insoweit kein pfändbares Arbeitseinkommen mehr vor.

Im Zusammenhang mit der Direktversicherung ist die sog. „Zillmerung" von rechtlicher Bedeutung. Dabei handelt es sich um ein Kostenverteilungsverfahren, das von dem Versicherungsmathematiker Dr. August Zillmer entwickelt wurde. Die beim Zustandekommen des Versicherungsvertrags anfallenden einmaligen Abschluss- und Vertriebskosten werden mit den sog. Sparanteilen der ersten Versicherungsprämien verrechnet. Dies führt dazu, dass der Rückkaufswert anfangs sehr gering, in den ersten beiden Jahren häufig sogar gleich Null ist. Die Zillmerung wirkt sich zwar nicht zwangsläufig auf den Rückkaufswert aus, weil dessen Höhe vertraglich vereinbart werden muss. Meist sind aber die Vereinbarungen so ausgestaltet, dass der Rückkaufswert der Lebensversicherung an die nach dem Zillmerungsverfahren gebildete Deckungsrückstellung anknüpft. Nach Auffassung des BAG ist es rechtlich problematisch, wenn der Arbeitgeber bei einer Entgeltumwandlung dem Arbeitnehmer anstelle von Barlohn eine Direktversicherung mit (voll) gezillmerten Tarifen zusagt. Es könnte angemessen sein, die bei der Direktversicherung anfallenden einmaligen Abschluss- und Vertriebskosten auf fünf Jahre zu verteilen. Wenn die Verwendung gezillmerter Versicherungstarife bei einer Entgeltumwandlung der Rechtskontrolle nicht standhält, führt dies nicht zur Unwirksamkeit der Entgeltumwandlungsvereinbarung und nicht zur Nachzahlung von Arbeitsentgelt, sondern zu einer höheren betrieblichen Altersversorgung (BAG v. 15.9.2009, Az. 3 AZR 17/09).

3. Pensionskasse

Sie ist eine rechtlich selbstständige Versorgungseinrichtung, die dem Arbeitnehmer und seinen Hinterbliebenen einen selbstständigen Rechtsanspruch auf Versorgungsleistungen gewährt (§ 1 Abs. 3 BetrAVG). Finanziert wird sie durch Beitragszahlungen, die entweder nur vom Arbeitgeber oder vom Arbeitgeber und Arbeitnehmer gemeinsam geleistet werden. Der Arbeitgeber bleibt jedoch der Schuldner der Versorgungsleistung.

So haftet der Arbeitgeber, wenn die Pensionskasse von ihrem satzungsmäßigen Recht Gebrauch macht, Fehlbeträge durch Herabsetzung ihrer Leistungen auszugleichen (BAG v. 19.6.2012, Az. 3 AZR 408/10).

Sagt der Arbeitgeber einem Arbeitnehmer eine Versorgung zu, hat der Arbeitnehmer gegen den Arbeitgeber einen aus dem arbeitsvertraglichen Versorgungsverhältnis folgenden Anspruch, der sich auf die Gewährung der versprochenen Versorgung richtet. Auch wenn die Durchführung nicht durch den Arbeitgeber selbst erfolgt, steht der Arbeitgeber für die von ihm zugesagten Leistungen ein (BAG v. 16.3.2010, Az. 3 AZR 744/08). Setzt die Pensionskasse wegen eines aufgetretenen Fehlbetrages satzungsgemäß ihre Leistungen herab, kann der Arbeitgeber verpflichtet sein, die Minderung auszugleichen (Hessisches LAG v. 3.3.2010, Az. 8 Sa 187/09). Allerdings ist eine dynamische Verweisung auf die Satzung der Unterstützungskasse möglich. In einem solchen Fall muss der Arbeitnehmer immer mit einer Änderung der Satzung rechnen (BAG v. 16.2.2010, Az. 3 AZR 181/08).

4. Unterstützungskasse

Sie ist ebenfalls eine rechtlich selbstständige Versorgungseinrichtung, der Arbeitnehmer hat ihr gegenüber (im Gegensatz zur Pensionskasse) aber keinen Rechtsanspruch auf Leistungen.

5. Entgeltumwandlung

Das ist die Umwandlung künftiger Entgeltansprüche in eine wertgleiche Anwartschaft auf Versorgungsleistungen, wobei die Anwartschaft sich auf eine der o. g. Möglichkeiten der Altersversorgung beziehen kann. Hierauf kann gem. § 1a BetrAVG auch ein Rechtsanspruch bestehen. Diese Pflicht des Arbeitgebers ist auch verfassungsgemäß (BVerfG v. 7.5.2012, Az. 1 BvR 2653/08).

IV. Anspruchsvoraussetzungen

Die Voraussetzungen, unter denen der Arbeitnehmer Anspruch auf Leistungen der betrieblichen Altersversorgung hat, werden in der jeweiligen Ruhegeldordnung festgelegt und können unterschiedlich ausgestaltet sein. Typischerweise werden Arbeitnehmer erfasst, deren Arbeitsverhältnis bis zum Eintritt des Versorgungsfalls andauert und die dann nach Erfüllung der in der Ruhegeldordnung festgesetzten Wartezeit und der dort genannten Altersgrenze in den Ruhestand gehen. Bei der Ausgestaltung sind gewisse rechtliche Vorgaben zu beachten. So dürfen z. B. Teilzeitbeschäftigte nicht vollständig von Versorgungsleistungen ausgeschlossen werden und es muss der arbeitsrechtliche Gleichbehandlungsgrundsatz beachtet werden.

Eine Versorgungszusage kann den Anspruch auf Witwen-/ Witwerversorgung davon abhängig machen, dass die Ehe vor dem (vorzeitigen) Ausscheiden aus dem Arbeitsverhältnis geschlossen wurde (BAG v. 30.4.2010, Az. 3 AZR 509/08). Der Ausschluss von Erziehungsurlaubszeiten von der Anwartschaftssteigerung stellt weder nach primärem europäischem Gemeinschaftsrecht noch nach deutschem Verfassungsrecht eine mittelbare Diskriminierung wegen des Geschlechts dar (BAG v. 20.4.2010, Az. 3 AZR 3707/08).

V. Anwartschaft

Unter einer Anwartschaft auf Leistungen der betrieblichen Altersversorgung versteht man eine Vorstufe des Ruhegeldanspruchs, also einen aufschiebend bedingten Versorgungsanspruch, der automatisch mit Eintritt der unter IV. genannten Anspruchsvoraussetzungen zum vollen Anspruch wird. Dabei unterscheidet man zwischen verfallbaren und unverfallbaren Anwartschaften: verfallbare erlöschen in der Regel mit dem vorzeitigen Ende des Arbeitsverhältnisses, aus unverfallbaren wird bei Eintritt des Versorgungsfalls ein zeitanteiliger Ruhegeldanspruch.

VI. Unverfallbarkeit

Bisher war eine Versorgungsanwartschaft unverfallbar und erlangte den Rang eines eigentumsähnlichen Rechts, wenn der Arbeitnehmer das 30. Lebensjahr vollendet und die Versorgungszusage mindestens 5 Jahre bestanden hatte (§ 1b Abs. 1 BetrAVG). Ab dem 1.1.2009 ist die Altersgrenze auf 25 Jahre herabgesetzt und die Übergangsregelung in § 30 BetrAVG entsprechend angepasst worden. Die Unverfallbarkeit bezieht sich auch auf sog. „Übergangsbezüge". Änderungen der Versorgungszusage (s. u. IX.) haben auf die Frist keinen Einfluss. Ob die Rechte aus einem Versicherungsvertrag in der Insolvenz des Arbeitgebers dem Arbeitnehmer oder der Masse zustehen, richtet sich danach, ob das Bezugsrecht nach den Regelungen im Versicherungsvertrag noch widerrufen werden kann. Nur wenn eine Widerrufsmöglichkeit besteht, stehen die Rechte der Masse zu (BAG v. 15.6.2010, Az. 3 AZR 334/06). Kommt es während des Insolvenzverfahrens zu einem Betriebsübergang, hat der Insolvenzverwalter für die während des Insolvenzverfahrens erworbenen Anwartschaften all derjenigen einzustehen, die nach Eröffnung des Insolvenzverfahrens, aber vor dem Betriebsübergang ausgeschieden sind, oder die von einem Betriebsübergang nicht erfasst werden oder einem Betriebsübergang gemäß § 613a Abs. 6 BGB widersprochen haben. Diese Anwartschaften kann der Insolvenzverwalter unter den Voraussetzungen des § 3 Abs. 4 BetrAVG abfinden (BAG v. 22.12.2009, Az. 3 AZR 815/07, s. zum Pensionssicherungsverein unter XII.).

VII. Auskunftsanspruch

Der Arbeitnehmer hat gegenüber dem Träger der betrieblichen Altersversorgung einen Auskunftsanspruch über die zu erwartenden Leistungen (§ 4a BetrAVG). Dies ist insbesondere dann von Bedeutung, wenn der Arbeitnehmer vor dem Erreichen der Altersgrenze aus dem Betrieb ausscheidet. In diesem Fall ist ein sog. „ratierliches Berechnungsverfahren" hinsichtlich der bis dahin erworbenen Anwartschaften durchzuführen (§ 2 BetrAVG). Die Berechnung erfolgt in der Weise, dass zunächst der Anspruch berechnet wird, wie er sich bei einem Fortbestand des Arbeitsverhältnisses bis zum Eintritt des Versorgungsfalls entwickelt hätte. Dieser Anspruch ist dann um die nicht erbrachte Dauer der Betriebszugehörigkeit zu kürzen.

VIII. Abfindungsverbot

Unverfallbare Versorgungsanwartschaften dürfen im Gegensatz zu den verfallbaren, die ohnehin mit dem Ausscheiden aus dem Betrieb ihre Gültigkeit verlieren, grundsätzlich nicht abgefunden werden, d. h. Arbeitgeber und Arbeitnehmer können nicht wirksam vereinbaren, dass eine bestimmte Geldsumme gezahlt wird und die Anwartschaft damit erlischt (§ 3 BetrAVG). Eine solche Vereinbarung ist nichtig, denn durch die betriebliche Altersversorgung soll der Lebensstandard im Ruhestand gesichert werden. Ausnahmen lässt das Gesetz nur in den Fällen zu, in denen die erworbene Anwartschaft so gering ist, dass der Verzicht den Lebensstandard im Alter nicht spürbar vermindert.

Ein Anspruch auf Übertragung von Anwartschaften auf einen neuen Arbeitgeber kann sich aus § 4 Abs. 3 i. V. m. § 30b BetrAVG ergeben.

Besonderheiten gelten bei der Insolvenz des Arbeitgebers: Der Teil der Anwartschaft, der während eines Insolvenzverfahrens erdient worden ist, kann abgefunden werden, wenn die Betriebstätigkeit vollständig eingestellt und das Unternehmen liquidiert wird. Hierzu bedarf es keiner Zustimmung des Arbeitnehmers (§ 3 Abs. 4 BetrAVG, BAG v. 22.12.2009, Az. 3 AZR 814/07).

IX. Änderung der Versorgungszusage

Der Arbeitgeber kann einmal gegebene Versorgungszusagen später nicht ohne weiteres wieder ändern. Die Möglichkeiten der inhaltlichen Änderung hängen davon ab, in welcher Form die Zusage gegeben wurde.

1. Arbeitsvertrag

Hier ist eine → *Änderungskündigung* erforderlich, sofern der Arbeitnehmer der Änderung nicht zustimmt. Wenn der Arbeits-

vertrag in einem gerichtlichen Vergleich aufgehoben wurde, der zugleich die Erledigung aller gegenseitigen Ansprüche vorsieht, sind Betriebsrentenansprüche davon in der Regel nicht erfasst, weil die große Bedeutung von Versorgungsansprüchen eine unmissverständliche Erklärung erfordert. Daher muss ein Verzicht eindeutig und zweifelsfrei zum Ausdruck gebracht werden (BAG v. 20.4.2010, Az. 3 AZR 225/08).

2. Gesamtzusage

Grundsätzlich gilt für die Gesamtzusage dasselbe. Steht sie jedoch unter dem Vorbehalt, dass sie von einer Betriebsvereinbarung abgelöst werden kann, so können auf betrieblicher Ebene ohne Einschränkungen neue Regelungen getroffen werden (durch eine ablösende Betriebsvereinbarung). Fehlt ein solcher Vorbehalt, kann die Gesamtzusage trotzdem durch eine Betriebsvereinbarung abgelöst werden. Dabei darf sich jedoch das Gesamtvolumen der Leistungen für die Belegschaft nicht verschlechtern. Die Versorgungssituation für einzelne Arbeitnehmer kann aber durchaus eingeschränkt werden (sog. kollektiver Günstigkeitsvergleich durch Betriebsvereinbarung). Richtlinien zur betrieblichen Altersversorgung können der Kontrolle nach den Grundsätzen des Rechts der allgemeinen Geschäftsbedingungen unterliegen (BAG v. 8.3.2011, Az. 3 AZR 666/09).

3. Betriebsvereinbarung/Tarifvertrag

Vertraglich geregelte Ansprüche von Arbeitnehmern auf Sozialleistungen können durch eine nachfolgende Betriebsvereinbarung wirksam abgelöst werden, wenn sich der Arbeitgeber bei der Zusage eine Abänderung durch Betriebsvereinbarung vorbehalten hat. Ein solcher Vorbehalt kann sich auch ohne ausdrückliche Formulierung aus den Gesamtumständen ergeben. Die Grundsätze des Vertrauensschutzes und der Verhältnismäßigkeit dürfen nicht verletzt werden (BAG v. 21.4.2009, Az. 3 AZR 674/07). Hier können die Vertragspartner jederzeit neue Regelungen vereinbaren, die die alten ablösen, auch wenn sie für den einzelnen Arbeitnehmer ungünstiger sind. Durch Betriebsvereinbarung können jedoch keine Änderungen zu Lasten der bereits ausgeschiedenen Arbeitnehmer getroffen werden, da der Betriebsrat für diese kein Mandat mehr hat. Der Arbeitgeber kann die Vereinbarung auch kündigen, wenn die ordentliche Kündigung nicht ausgeschlossen ist. Bei einem Betriebsübergang kann nicht der tarifliche Anspruch auf Versorgung durch eine beim Erwerber bestehende Betriebsvereinbarung abgelöst werden.

Unabhängig von der Form müssen für die Änderung auch Gründe vorhanden sein. Diese müssen ein umso größeres Gewicht haben, je stärker die Position des Arbeitnehmers bereits geschützt ist. Unverfallbare Anwartschaften können nicht zum Nachteil des Arbeitnehmers verändert werden, es sei denn, zwingende Gründe wären gegeben. In die zeitanteilig erdiente Dynamik kann nur aus einem triftigen Grund eingegriffen werden. Für eine Änderung der noch nicht erdienten Zuwachsraten reichen sachliche Gründe aus. Die notwendigen Gründe für die Änderung werden also immer schwächer, je weniger der Arbeitnehmer davon betroffen ist. Bei einer Neuregelung eines betrieblichen Versorgungswerks durch Betriebsvereinbarung, die in künftige Zuwächse eingreift, die auf der Grundlage der bisherigen, jetzt abgelösten Betriebsvereinbarung hätten erdient werden können, bedarf es sachlich-proportionaler Gründe. Es ist nicht erforderlich, dass Maßnahmen zur Kosteneinsparung ausgeschöpft sein müssen, bevor eine ablösende Betriebsvereinbarung Eingriffe in künftige Zuwächse vornehmen darf. Der Eingriff in noch nicht erdiente Zuwächse darf nicht willkürlich sein. Eines ausgewogenen Sanierungsplans bedarf es indes nicht. Zur Änderung durch Anpassung der Satzung der Unterstützungskasse s. o. unter III.3.

X. Anpassungen der Versorgungsleistungen

Von der inhaltlichen Änderung der Versorgungszusage zu unterscheiden ist die Anpassung der Höhe der Versorgungsleistungen an die Kaufkraftentwicklung. In den Bestimmungen der Versorgungsordnung kann mittels sog. Wertsicherungs- und Spannenklauseln festgelegt werden, dass sich die Versorgungsleistung in einem bestimmten Umfang erhöht. Es kann auch eine Anknüpfung an die Einkommen bestimmter im aktiven Erwerbsleben stehender Arbeitnehmer erfolgen. Fehlt eine solche Regelung, muss der Arbeitgeber alle drei Jahre eine Anpassung der betrieblichen Versorgungsleistung prüfen (§ 16 BetrAVG). Dies gilt auch für sog. Rentner- und Abwicklungsgesellschaften (BAG v. 26.10.2010, Az. 3 AZR 502/08). Eine zwischenzeitlich erfolgte Fusion verändert weder den Anpassungsstichtag noch die Kriterien. Dabei sind folgende Faktoren von Bedeutung:

1. Anpassungsbedarf

Maßstab hierfür ist der Preisindex für einen Vierpersonenhaushalt von Arbeitern und Angestellten mit mittlerem Einkommen. Dabei besteht eine Höchstgrenze in der Steigerungsrate der Nettoverdienste vergleichbarer Arbeitnehmergruppen im Unternehmen. Es ist die gesamte Zeit vom Rentenbeginn bis zum Anpassungsstichtag zu Grunde zu legen, auch für die Begrenzung des Anpassungsbedarfs im Wege der reallohnbezogenen Obergrenze (LAG Baden-Württemberg v. 26.7.2011, Az. 21 Sa 20/11).

2. Belange des Versorgungsempfängers

Wenn der Arbeitgeber eine unter dem Indexniveau liegende Anpassung vornehmen will, muss er die Interessen des früheren Arbeitnehmers angemessen berücksichtigen und mit den betrieblichen Interessen abwägen.

3. Wirtschaftliche Belange des Arbeitgebers

Sie sind vorrangig zu berücksichtigen, wenn es um den Erhalt des Betriebs und der Arbeitsplätze geht. Hier ist eine Prognose erforderlich, wie sich die Erhöhung der Versorgungsleistungen auf die betriebliche Entwicklung auswirken wird.

Nimmt der Arbeitgeber keine oder eine nach Ansicht des Versorgungsempfängers zu geringe Erhöhung vor, kann er vor dem Arbeitsgericht verklagt werden. Wartet er mit der Klage zu lange, kann sein Recht verwirken. Keine Anpassungspflicht besteht, wenn sich der Arbeitgeber bei Zusagen nach dem 31.12.1998 zu einer Anpassung von mindestens 1 % pro Jahr verpflichtet hat. Eine Sicherheitsleistung gem. § 303 AktG kann nicht für künftige Betriebsrentenanpassungen verlangt werden (BAG v. 26.5.2009, Az. 3 AZR 369/07).

Bei der Anpassung der Betriebsrenten ist die wirtschaftliche Lage des versorgungspflichtigen Arbeitgebers entsprechend den nach handelsrechtlichen Rechnungslegungsregeln erstellten Jahresabschlüssen (BAG v. 21.8.2012, Az. 3 ABR 20/10) und nicht die des Konzerns entscheidend. Auf eine schlechte wirtschaftliche Lage der Konzernobergesellschaft oder des Gesamtkonzerns kann es nur dann ankommen, wenn am Anpassungsstichtag ausreichend konkrete Anhaltspunkte dafür bestehen, dass in den nächsten drei Jahren die im Konzern bestehenden Schwierigkeiten mit hoher Wahrscheinlichkeit auf das Tochterunternehmen "durchschlagen" werden, und zwar in einem für die Betriebsrentenanpassung relevanten Umfang (BAG v. 10.2.2009, Az. 3 AZR 727/07). Bei der Prüfung der wirtschaftlichen Lage eines Bankkonzerns kann die internationale Finanzkrise nicht als einmaliges Ereignis herausgerechnet werden, wenn sie sich bis zum nächsten Stichtag noch auf das Betriebsergebnis auswirkt (LAG Berlin-Brandenburg v. 6.3.2012, Az. 7 Sa 1948/11).

XI. Widerruf von Versorgungszusagen

Die wirtschaftlichen Folgen von Versorgungszusagen reichen so weit in die Zukunft, dass es in bestimmten Fällen notwendig werden kann, dass sich der Arbeitgeber davon lossagt. Der Widerruf der Versorgungszusage ist in zwei Fällen möglich: zum einen bei einer existenzbedrohenden wirtschaftlichen Notlage des Betriebs, zum anderen bei einer schweren Verletzung der Treuepflicht des Arbeitnehmers – unabhängig davon, ob diese während des Bestehens des Arbeitsverhältnisses geschah oder danach. Maßgeblich ist, dass sich die erwiesene Betriebstreue im Nachhinein als wertlos herausstellt, weil der Arbeitnehmer den Arbeitgeber erheblich geschädigt hat. Für den Teilwiderruf einer Unterstützungskassenversorgung sind triftige wirtschaftliche Gründe erforderlich (LAG München v. 4.8.2010, Az. 11 Sa 459/09).

XII. Insolvenzsicherung

Die Versorgungszusagen unterliegen aufgrund der besonderen Bedeutung für den Einzelnen einer besonderen Sicherung gegen die → *Insolvenz* des Arbeitgebers. Der Pensionssicherungsverein (PSV) in Köln ist verpflichtet, in bestimmten Fällen und in einem bestimmten Umfang für die Ruhegeldverpflichtungen einzutreten. Dies betrifft insbesondere die Arbeitnehmer, die sich bereits im Ruhestand befinden. Eine Eintrittspflicht ist ausgeschlossen, wenn der Arbeitgeber zusammen mit dem Arbeitnehmer Regelungen trifft, die nur dem Zweck dienen, dass statt des Arbeitgebers der Pensionssicherungsverein für die Pensionslasten aufkommen muss.

Hat der Arbeitgeber zum Zwecke der betrieblichen Altersversorgung eine Direktversicherung abgeschlossen und dem Arbeitnehmer ein bis zum Ablauf der gesetzlichen Unverfallbarkeitsfrist widerrufliches Bezugsrecht eingeräumt, steht dem Arbeitnehmer in der Insolvenz des Arbeitgebers kein Aussonderungsrecht nach § 47 InsO an der Versicherung zu, wenn der Insolvenzverwalter das Bezugsrecht wirksam widerrufen hat. Die Zulässigkeit des Widerrufs richtet sich allein nach der versicherungsrechtlichen Rechtslage im Verhältnis zwischen Arbeitgeber und Versicherung, nicht nach dem arbeitsrechtlichen Vereinbarungen zwischen Arbeitgeber und Arbeitnehmer. Bei Verstößen sind Schadensersatzansprüche gegen den Insolvenzverwalter möglich (BAG v. 18.9.2012, Az. 3 AZR 176/10).

XIII. „Riester-Rente"

Arbeitnehmer haben seit 2002 einen rechtlichen Anspruch auf die Umwandlung eines Teils ihres Gehalts (z. B. Urlaubs- oder Weihnachtsgeld) in Beiträge zur betrieblichen Altersvorsorge, sofern sie zum begünstigten Personenkreis gehören und keine tariflichen Vorschriften entgegenstehen. Beiträge zur betrieblichen Altersvorsorge können durch staatliche Zulagen oder durch Sonderausgabenabzug („Riester-Förderung") gefördert werden. Daneben besteht etwa die Möglichkeit, Beiträge aus einer Entgeltumwandlung zu Gunsten der betrieblichen Altersvorsorge steuerfrei zu stellen oder pauschal zu versteuern und in begrenzter Höhe noch Sozialversicherungsbeiträge zu sparen. Die Arbeitnehmerbeiträge zu einer betrieblichen Altersvorsorge sind von Anfang an geschützt und bleiben auch beim Wechsel zu einem anderen Arbeitgeber bestehen. Wenn der Arbeitgeber nach dem 1. Januar 2001 eine Zusage auf eine betriebliche Altersvorsorge erteilt hat, ist die Anwartschaft schon nach 5 Jahren ununterbrochener Betriebszugehörigkeit sicher, sofern bei Ausscheiden aus dem Betrieb das 30. Lebensjahr vollendet ist. Dies soll die Bedingungen für die Mobilität der Arbeitnehmer verbessern. Auch Zusagen, die vor dem 1. Januar 2001 erteilt worden sind, werden über erleichterte

Voraussetzungen unverfallbar, bleibt die Zusage ab 1. Januar 2001 noch mindestens 5 Jahre bestehen, tritt auch dann Unverfallbarkeit der Anwartschaften ein. Für die betriebliche Altersvorsorge wird erstmals die international weit verbreitete Anlageform des Pensionsfonds zugelassen, in den ein Großteil des eingezahlten Kapitals in Aktien angelegt werden kann.

Betriebliche Mitbestimmung

I. Begriff
1. Informationsrechte, insbesondere § 80 Abs. 2 BetrVG
2. Anhörungs- und Beratungsrechte
3. Zustimmungs- und Vetorechte
4. Erzwingbare Mitbestimmungsrechte

II. Beteiligungsrechte nach der erstmaligen Wahl eines Betriebsrats

III. Allgemeine Vorschriften über die Beteiligungsrechte

IV. Beteiligung in sozialen Angelegenheiten
1. Die erzwingbare soziale Mitbestimmung
  1.1 Gegenstände der erzwingbaren Mitbestimmung
  1.2 Vorrang von Gesetz und Tarifvertrag
  1.3 Verfahren
  1.4 Rechtsfolgen mangelnder Beteiligung
  1.5 Feststellung des Mitbestimmungsrechts
2. Die freiwillige soziale Mitbestimmung
3. Die Mitwirkung beim Arbeits- und betrieblichen Umweltschutz und bei der Gestaltung des Arbeitsplatzes, des Arbeitsablaufs und der Arbeitsumgebung

V. Beteiligung in personellen Angelegenheiten
1. Beteiligung in allgemeinen personellen Angelegenheiten
  1.1 Personalplanung
  1.2 Beschäftigungssicherung
  1.3 Stellenausschreibung
  1.4 Personalfragebogen und Beurteilungsgrundsätze
  1.5 Auswahlrichtlinien
  1.6 Massenentlassungen
  1.7 Informationen zur Teilzeitarbeit
2. Berufsbildung
3. Beteiligungsrechte bei personellen Einzelmaßnahmen
  3.1 Einstellung, Eingruppierung, Umgruppierung und Versetzung
  3.2 Kündigung
  3.3 Entfernung betriebsstörender Arbeitnehmer

VI. Mitbestimmung in wirtschaftlichen Angelegenheiten
1. Unterrichtung des Betriebsrats
2. Wirtschaftsausschuss
  2.1 Errichtung eines Wirtschaftsausschusses
  2.2 Zuständigkeit des Wirtschaftsausschusses
  2.3 Wegfall des Wirtschaftsausschusses bei Verringerung der Belegschaft

I. Begriff

Das Betriebsverfassungsgesetz (BetrVG) räumt dem → *Betriebsrat* in zahlreichen betrieblichen Fragen ein Beteiligungs-recht ein und sichert den Arbeitnehmern damit eine Beteiligung an den Entscheidungen des Arbeitgebers. Abhängig von der jeweiligen Angelegenheit ist die Intensität dieses Beteiligungsrechts höchst unterschiedlich ausgestaltet. So finden sich neben Informationsrechten (Unterrichtungsrechten) Anhörungs- und Beratungs- sowie Initiativrechte (Vorschlagsrechte). In anderen Fällen ist das Beteiligungsrecht stärker ausgeprägt und es sind dem Betriebsrat Zustimmungs- und Vetorechte sowie insbesondere erzwingbare Mitbestimmungsrechte gesetzlich eingeräumt.

1. Informationsrechte, insbesondere § 80 Abs. 2 BetrVG

Verlangt das Betriebsverfassungsgesetz, dass der Betriebsrat zu informieren ist, wird dem Arbeitgeber damit aufgegeben, den Betriebsrat umfassend zu unterrichten und ihm gegebenenfalls die erforderlichen Unterlagen vorzulegen. Der Arbeitgeber ist dagegen im Rahmen des Informationsanspruchs nicht verpflichtet, die betreffende Angelegenheit mit dem Betriebsrat zu beraten, doch verlangt der Grundsatz der vertrauensvollen Zusammenarbeit, dass der Betriebsrat Gelegenheit zur Äußerung erhält. Informationsrechte finden sich insbesondere im Bereich der wirtschaftlichen Angelegenheiten. Die Entscheidung in der Sache liegt jedoch allein beim Arbeitgeber.

Ausdrücklich bestimmt auch § 80 Abs. 2 BetrVG, dass der Betriebsrat zur Durchführung seiner Aufgaben nach dem BetrVG rechtzeitig und umfassend vom Arbeitgeber zu unterrichten ist. Der Arbeitgeber muss die Unterrichtung unaufgefordert vornehmen und darf nicht ein Verlangen des Betriebsrats abwarten. Da der Betriebsrat nicht immer abschließend beurteilen kann, ob er eine bestimmte Aufgabe zu erfüllen hat und tätig werden muss, dient die Informationspflicht des Arbeitgebers nicht nur dazu, den Betriebsrat bei seiner Aufgabenerfüllung zu unterstützen, sondern auch dazu, ihn zunächst einmal in die Lage zu versetzen, in eigener Verantwortung prüfen zu können, ob für ihn eine Aufgabe besteht. In jedem Einzelfall ist bei der Frage nach einer Informationspflicht darauf abzustellen, ob eine gewisse Wahrscheinlichkeit für ein Mitwirkungsrecht des Betriebsrats besteht oder nicht. Besteht nur die entfernte Möglichkeit, dass ein Mitwirkungsrecht berührt ist, ist der Arbeitgeber nicht verpflichtet, unaufgefordert zu informieren.

So gehört es etwa nach § 80 Abs. 1 Nr. 1 BetrVG zu den Aufgaben des Betriebsrats, darüber zu wachen, dass die zugunsten der Arbeitnehmer geltenden Gesetze, Verordnungen, Unfallverhütungsvorschriften, Tarifverträge und Betriebsvereinbarungen sowie der Gleichbehandlungsgrundsatz eingehalten werden. Daraus folgt etwa ein Anspruch auf Auskunft über die mit den Arbeitnehmern im Rahmen eines tariflichen Leistungslohnsystems individuell vereinbarten Umsatzziels (BAG v. 21.10.2003, Az. 1 ABR 39/02) oder auch das Recht des Betriebsrats, vom Arbeitgeber Auskunft über Dauer und Lage der Arbeitszeiten der Arbeitnehmer zu verlangen. Der Arbeitgeber kann sich dabei nicht der Auskunftspflicht entziehen, indem er geltend macht, er verfüge wegen des bewussten Verzichts auf Kontrolle der Arbeitszeit (Vertrauensarbeitszeit) weder über die gewünschten Informationen noch über die entsprechenden Unterlagen. Das BAG verlangt vom Arbeitgeber, dass er sich die dafür erforderlichen und in seinem Betrieb anfallenden Informationen in geeigneter Weise zu beschaffen habe (BAG v. 6.5.2003, Az. 1 ABR 13/02). Vorhandene Zeitnachweislisten kann der Betriebsrat dementsprechend vom Arbeitgeber verlangen, da die Übergabe erforderlich ist, um die Einhaltung des Arbeitszeitgesetzes und einer gegebenenfalls vorhandenen Betriebsvereinbarung zur (gleitenden) Arbeitszeit zu überprüfen (LAG Köln v. 28.6.2011, Az. 12 TaBV 1/11).

Das Gesetz sieht keine bestimmte Form vor, wie der Arbeitgeber Auskunftsansprüche des Betriebsrats zu erfüllen hat. Je komplexer die begehrte Information ist, desto eher ist jedoch davon auszugehen, dass die Unterrichtung schriftlich erfolgen muss (BAG v. 30.9.2008, Az. 1 ABR 54/07). Nur auf Verlangen des Betriebsrats ist der Arbeitgeber nach § 80 Abs. 2 BetrVG verpflichtet, Unterlagen zur Verfügung zu stellen. Unterlagen sind schriftliche Aufzeichnungen, aber auch Fotos und elektronische Datenträger, nicht dagegen Personalakten.

WICHTIG!

Der Betriebsrat hat keinen Anspruch auf die Vorlage von Unterlagen, die dem Arbeitgeber selbst nicht zur Verfügung stehen. Aus § 80 Abs. 2 BetrVG folgt kein Herstellungs- oder Verschaffungsanspruch.

Die überlassenen Unterlagen muss der Betriebsrat in Abwesenheit des Arbeitgebers lesen und auswerten können; ebenso muss ihm das Anfertigen von Ablichtungen bzw. Abschriften und Aufzeichnungen erlaubt werden.

Dem Betriebsausschuss oder einem nach § 28 BetrVG gebildeten anderen Ausschuss gewährt § 80 Abs. 2 BetrVG schließlich auch das Recht zur Einsichtnahme in die Bruttolohn- und Bruttogehaltslisten. Soweit in kleineren Betrieben von 200 oder weniger Arbeitnehmern kein Betriebsausschuss gebildet werden kann, steht dieses Recht entgegen dem Gesetzeswortlaut auch dem Betriebsrat zu, wobei in diesem Fall nur der Betriebsratsvorsitzende oder das nach § 27 Abs. 3 BetrVG anderweitig bestimmte Betriebsratsmitglied zur Einsichtnahme berechtigt sind, nicht aber das gesamte Gremium. Mit der Einsichtnahme wird insbesondere die Prüfung der Einhaltung von (lohn- und gehalts-)tarifvertraglichen Regelungen und des Gleichbehandlungsgrundsatzes nach § 75 BetrVG ermöglicht.

Der Betriebsrat darf sich Aufzeichnungen aus den Bruttolohn- und Bruttogehaltslisten anfertigen. Es besteht jedoch kein Recht, Kopien anzufertigen oder die Listen abzuschreiben. Tatsächlich kann der Arbeitgeber jedoch praktisch nicht überprüfen, ob durch Abschrift nicht doch die vollständigen Listen an den Betriebsrat gelangen, da nämlich nach der Rechtsprechung des BAG der Arbeitgeber oder eine von ihm zur Überwachung beauftragte Person nicht zur Anwesenheit bei der Einsichtnahme befugt sind. So wird denn auch das Verbot vollständiger Abschriften immer mehr durchbrochen, wenn es etwa dem Betriebsrat gestattet sein soll, vorbereitete Listen mit den Namen aller Arbeitnehmer bei der Einsichtnahme zu verwenden (so LAG Hamm v. 11.12.2001, Az. 13 TaBV 85/01).

2. Anhörungs- und Beratungsrechte

Bei den Anhörungs- und Beratungsrechten ist der Arbeitgeber verpflichtet, dem Betriebsrat die Möglichkeit zu geben, Einwendungen zu erheben. Er muss sich mit den Anregungen und Einwendungen des Betriebsrats auseinandersetzen und im Falle eines Beratungsrechts den Verhandlungsgegenstand mit dem Betriebsrat erörtern und die Argumente abwägen. Die Entscheidung in der Sache liegt jedoch auch hier allein beim Arbeitgeber.

3. Zustimmungs- und Vetorechte

Im Bereich der personellen Angelegenheiten steht dem Betriebsrat bei verschiedenen Fragen ein Zustimmungs- bzw. Vetorecht zu. Lehnt der Betriebsrat seine Zustimmung zu einer bestimmten Maßnahme (z. B. Einstellung, Versetzung) ab, muss der Arbeitgeber eine arbeitsgerichtliche Ersetzung der Zustimmung erwirken, wenn er an der geplanten Maßnahme festhalten will.

4. Erzwingbare Mitbestimmungsrechte

Die stärkste Form des Beteiligungsrechts des Betriebsrats ist das erzwingbare Mitbestimmungsrecht. Die Wirksamkeit einer Maßnahme des Arbeitgebers hängt hier von der vorherigen Einigung mit dem Betriebsrat ab. Der Betriebsrat kann seinerseits selbst die Initiative ergreifen und den Arbeitgeber zu einer Einigung zwingen. Bei Meinungsverschiedenheiten, die nicht im Wege von Verhandlungen beizulegen sind, entscheidet die → *Einigungsstelle*. Von erheblicher Bedeutung ist das erzwingbare Mitbestimmungsrecht bei den sozialen Angelegenheiten.

II. Beteiligungsrechte nach der erstmaligen Wahl eines Betriebsrats

Solange kein Betriebsrat besteht, kann der Arbeitgeber ansonsten mitbestimmungspflichtige Angelegenheiten wirksam regeln, indem er sich mit den einzelnen Arbeitnehmern einigt oder von seinem Direktionsrecht Gebrauch macht. Selbst wenn sich die Mitarbeiter in anderen Mitarbeitergremien als dem Betriebsrat vereinigen, können diese keine kollektivrechtlichen betriebsverfassungsrechtlichen Rechte geltend machen. Erst mit Beginn der Amtszeit eines Betriebsrats kann dieser seine Mitbestimmungsrechte ausüben bzw. muss der Arbeitgeber sie beachten. Dies gilt auch dann, wenn bereits ein Wahlverfahren initiiert ist und der Arbeitgeber weiß, dass zeitnah ein Betriebsrat gewählt werden wird. Damit ist eine Unternehmerentscheidung, die vor der Wahl des Betriebsrats getroffen wird, nicht mitbestimmungspflichtig. Die Anhörungspflicht nach § 102 Abs. 1 BetrVG (dazu unten V.3.2) bei Kündigungen beginnt folgerichtig erst mit der Konstituierung des Betriebsrats, da dieser bis zu diesem Zeitpunkt funktionsunfähig ist (LAG Düsseldorf v. 24.6.2009, Az. 12 Sa 336/09).

Nach der erstmaligen Wahl eines Betriebsrats treten zuvor umgesetzte – jetzt mitbestimmungspflichtige – Maßnahmen nicht von selbst außer Kraft, sondern bestehen wirksam fort. Der Arbeitgeber ist daher nicht verpflichtet, Mitbestimmungsrechte des Betriebsrats nachträglich zu beachten und die Zustimmung zu bereits umgesetzten Maßnahmen einzuholen. Sobald der Arbeitgeber jedoch bereits umgesetzte mitbestimmungspflichtige Maßnahmen verändern will, hat er unmittelbar von sich aus die Mitbestimmungsrechte des jetzt bestehenden Betriebsrats zu beachten.

WICHTIG!

Mit der beabsichtigten Veränderung einer bereits vor Bestehen des Betriebsrats umgesetzten Maßnahme steht die gesamte Maßnahme zur Verhandlung. Dem Betriebsrat steht es frei, auch andere Änderungen zu fordern.

Unabhängig von bestehenden Änderungswünschen des Arbeitgebers kann der Betriebsrat auch von seiner Seite jederzeit verlangen, dass der Arbeitgeber sich mit ihm über einen bereits gestalteten – jetzt mitbestimmungspflichtigen – Sachverhalt auseinandersetzt (Initiativrecht). Bis zu einer Einigung – gegebenenfalls bis zum Spruch einer Einigungsstelle – kann jedoch entsprechend der bisher vom Arbeitgeber einseitig festgelegten Vorgehensweise verfahren werden. Der Betriebsrat hat gegen den Arbeitgeber keinen Unterlassungsanspruch nach § 23 Abs. 3 BetrVG, da der Arbeitgeber nicht grob gegen ihm obliegende Pflichten verstoßen hat (vgl. auch LAG Sachsen-Anhalt v. 17.6.2008, Az. 8 TaBVGa 10/08).

Im Hinblick auf das Gebot der vertrauensvollen Zusammenarbeit darf der erstmals gegründete Betriebsrat auch nicht hinsichtlich sämtlicher mitbestimmungspflichtiger Maßnahmen gleichzeitig sein Initiativrecht ausüben, sondern muss im Interesse eines ordnungsgemäßen Betriebsablaufs Prioritäten setzen.

III. Allgemeine Vorschriften über die Beteiligungsrechte

Arbeitgeber und → *Betriebsrat* sollen mindestens einmal im Monat zu einer Besprechung zusammentreten. Sie sollen über strittige Fragen mit dem ernsten Willen zur Einigung verhandeln

:: **rehm**

und Vorschläge für die Beilegung von Meinungsverschiedenheiten machen. Arbeitgeber und Betriebsrat dürfen keine Arbeitskämpfe gegeneinander führen. Sie haben vertrauensvoll zusammenzuarbeiten und im Falle einer Meinungsverschiedenheit die → *Einigungsstelle* anzurufen oder eine arbeitsgerichtliche Entscheidung herbeizuführen (§ 2 Abs. 1, § 74 BetrVG).

Macht ein Betriebsrat seine Zustimmung zu einer mitbestimmungspflichtigen Maßnahme von zusätzlichen Leistungen des Arbeitgebers abhängig (sog. Koppelungsgeschäft), wird dies von der Rechtsprechung weder als rechtsmißbräuchlich noch als ein Verstoß gegen § 2 Abs. 1 BetrVG gewertet, solange ein sachlicher Zusammenhang besteht.

Beispiel:

Zustimmung zu einer Veränderung der Lage der Arbeitszeit in die Abendstunden in Abhängigkeit von der Gewährung zusätzlicher finanzieller Leistungen.

Der Betriebsrat missbrauche seine Rechte in solchen Fällen nur dann, wenn er sich aus Gründen, die offensichtlich keinerlei Bezug zu der mitbestimmungspflichtigen Maßnahme aufweisen, einer Einigung widersetze (Hessisches LAG v. 13.10.2005, Az. 5/5 TaBV 51/05, LAG Düsseldorf v. 12.12.2007, Az. 12 TaBVGa 8/07).

Andere Maßnahmen, die den Arbeitsablauf oder den Betriebsfrieden stören, müssen unterbleiben. So sind Eingriffe des Betriebsrats in betriebliche oder technische Arbeitsabläufe ebenso unzulässig wie die Einberufung einer spontanen Betriebsversammlung, wenn diese nicht gesetzlich (wie z. B. in § 42 ff. BetrVG) gestattet ist. Die Verteilung von Flugblättern oder die Aufforderung des Betriebsrats, Weisungen des Arbeitgebers nicht zu befolgen, können eine unzulässige Beeinträchtigung des Betriebsfriedens darstellen. Der Arbeitgeber hat in diesen Fällen einen einklagbaren Unterlassungsanspruch gegen den Betriebsrat. Dasselbe gilt, wenn sich der Betriebsrat parteipolitisch betätigt.

Auf der anderen Seite darf der Arbeitgeber keine sachlich falschen, böswillig abwertenden Behauptungen aufstellen, mit denen der Betriebsrat in den Augen der Belegschaft herabgesetzt werden soll. Rechtlich unbedenklich soll jedoch die Aussage sein „den Betriebsräten scheine eine aktive Mitarbeit fremd zu sein und sie handelten nicht im Interesse der Mitarbeiter". Das LAG Niedersachsen (6.4.2004, 1 TaBV 64/03) bewertete diese Erklärungen als reine Werturteile, nicht aber als abwertende Tatsachenbehauptungen.

IV. Beteiligung in sozialen Angelegenheiten

Bei der Mitbestimmung des → *Betriebsrats* in sozialen Angelegenheiten handelt es sich um den Kernbereich der betrieblichen Mitbestimmung. Zu unterscheiden ist zwischen der erzwingbaren und der freiwilligen Mitbestimmung sowie der Mitwirkung bei der Gestaltung des Arbeitsschutzes, des Arbeitsplatzes, des Arbeitsablaufs und der Arbeitsumgebung.

Der Begriff der sozialen Angelegenheiten umfasst sämtliche Arbeitsbedingungen. Gemeint sind nicht nur die betrieblichen Angelegenheiten, wie Ordnungsvorschriften, Lage der Arbeitszeit oder Fragen des betrieblichen Arbeitsschutzes, sondern auch alle materiellen Bedingungen wie Lohn und Gehalt, Gratifikationen, Prämien, Urlaubsdauer und Länge der Arbeitszeit.

1. Die erzwingbare soziale Mitbestimmung

1.1 Gegenstände der erzwingbaren Mitbestimmung

Die Gegenstände der erzwingbaren Mitbestimmung sind in § 87 Abs. 1 Nr. 1 bis 13 BetrVG umfassend und abschießend beschrieben. Es handelt sich dabei um:

- Fragen der Ordnung des Betriebs und des Verhaltens der Arbeitnehmer im Betrieb;
- Beginn und Ende der täglichen Arbeitszeit einschließlich der Pausen sowie Verteilung der Arbeitszeit auf die einzelnen Wochentage;
- vorübergehende Verkürzung oder Verlängerung der betriebsüblichen Arbeitszeit;
- Zeit, Ort und Art der Auszahlung der Arbeitsentgelte;
- Aufstellung allgemeiner Urlaubsgrundsätze und des Urlaubsplans sowie Festsetzung der zeitlichen Lage des Urlaubs für einzelne Arbeitnehmer, wenn zwischen dem Arbeitgeber und den beteiligten Arbeitnehmern kein Einverständnis erzielt wird;
- Einführung und Anwendung von technischen Einrichtungen, die dazu bestimmt sind, das Verhalten oder die Leistung der Arbeitnehmer zu überwachen;
- Regelungen über die Verhütung von Arbeitsunfällen und Berufskrankheiten sowie über den Gesundheitsschutz im Rahmen der gesetzlichen Vorschriften oder der Unfallverhütungsvorschriften;
- Form, Ausgestaltung und Verwaltung von Sozialeinrichtungen, deren Wirkungsbereich auf den Betrieb, das Unternehmen oder den Konzern beschränkt ist;
- Zuweisung und Kündigung von Wohnräumen, die den Arbeitnehmern mit Rücksicht auf das Bestehen des Arbeitsverhältnisses vermietet werden, sowie die allgemeine Festlegung der Nutzungsbedingungen;
- Fragen der betrieblichen Lohngestaltung, insbesondere die Aufstellung von Entlohnungsgrundsätzen und die Einführung und Anwendung von neuen Entlohnungsmethoden sowie deren Änderung;
- Festsetzung der Akkord- und Prämiensätze und vergleichbarer leistungsbezogener Entgelte, einschließlich der Geldfaktoren;
- Grundsätze über das betriebliche Vorschlagswesen;
- Grundsätze über die Durchführung von Gruppenarbeit.

1.2 Vorrang von Gesetz und Tarifvertrag

Eine Mitbestimmung in den genannten Bereichen kann nur insoweit erfolgen, als die Angelegenheit nicht bereits durch Gesetz (bzw. Verordnung) oder → *Tarifvertrag* erschöpfend geregelt ist. Lässt das Gesetz – oder eine auf ihm beruhende behördliche Anordnung – keinen Regelungsspielraum, ist eine Beteiligung des Betriebsrats ausgeschlossen. Ordnet das Gesetz oder die behördliche Anordnung dagegen nur eine bestimmte Maßnahme an, ohne auch die konkrete Durchführung festzulegen, ist ein Mitbestimmungsrecht gegeben.

Beispiel:

Nach der Bildschirmarbeitsverordnung ist die Tätigkeit der Arbeitnehmer so zu organisieren, dass die tägliche Arbeit an Bildschirmgeräten regelmäßig durch andere Tätigkeiten oder durch Pausen unterbrochen wird. Wie diese Unterbrechung im Betrieb ausgestaltet wird, unterliegt der Mitbestimmung des Betriebsrats.

Ebenso wie Gesetze sperren auch einschlägige Tarifverträge die betriebliche Mitbestimmung. Wenn der Arbeitgeber wegen seiner Mitgliedschaft im Arbeitgeberverband an einen Tarifvertrag gebunden ist, der von diesem Verband geschlossen worden ist, können dort geregelte Fragen nicht mehr Gegenstand der betrieblichen Mitbestimmung sein. Nur dann, wenn der Tarifvertrag in zeitlicher Hinsicht abgelaufen ist oder noch Spielräume für betriebliche Regelungen lässt, kann der Betriebsrat sein Mitbestimmungsrecht geltend machen.

1.3 Verfahren

Die Einleitung des Mitbestimmungsverfahrens kann nicht nur vom Arbeitgeber, sondern auch vom Betriebsrat ausgehen. Er hat im Bereich der erzwingbaren Mitbestimmung in sozialen Angelegenheiten ein Initiativrecht.

Beispiel:

> Der Betriebsrat muss nicht abwarten, bis der Arbeitgeber mit ihm über Entlohnungsgrundsätze verhandelt, sondern kann seinerseits aktiv die Erstellung von entsprechenden Grundsätzen betreiben.

Lässt sich der Arbeitgeber auf keine Verhandlungen ein, oder können sich beide Seiten nicht einigen, kann der Betriebsrat die → *Einigungsstelle* anrufen.

Am Initiativrecht fehlt es nur dort, wo sich dies aus dem Mitbestimmungstatbestand selbst ergibt. Der Betriebsrat hat z. B. kein Initiativrecht hinsichtlich der Einführung und Anwendung von technischen Kontrolleinrichtungen. Zweck des Mitbestimmungsrechts ist es, Eingriffe in den Persönlichkeitsbereich der Arbeitnehmer durch Verwendung anonymer technischer Kontrolleinrichtungen nur bei gleichberechtigter Mitbestimmung des Betriebsrats zuzulassen. Diesem Zweck widerspräche es, wenn der Betriebsrat die Einführung einer technischen Kontrolleinrichtung verlangen könnte.

Für die Mitbestimmung genügt es, dass sich Arbeitgeber und Betriebsrat über die Regelung der mitbestimmungspflichtigen Angelegenheit einigen. Eine förmliche Betriebsvereinbarung ist nicht erforderlich, es genügt eine formlose Betriebsabsprache. Beide Seiten können aber den Abschluss einer Betriebsvereinbarung verlangen und ggf. über die → *Einigungsstelle* durchsetzen.

WICHTIG!

Der Arbeitgeber muss auch in eiligen Fällen das Mitbestimmungsrecht des Betriebsrats in vollem Umfang respektieren. Eilfälle werden grundsätzlich als das Ergebnis einer unzureichenden Organisation des Arbeitgebers angesehen. Insbesondere muss der Arbeitgeber auch bei der Anordnung von Überstunden, die oft nur mit kurzem Zeitvorlauf absehbar sind, vorab eine Einigung mit dem Betriebsrat erzielen.

1.4 Rechtsfolgen mangelnder Beteiligung

Maßnahmen, die der Arbeitgeber unter Missachtung des Mitbestimmungsrechts ergreift, sind unwirksam. Auch durch eine spätere Zustimmung des Betriebsrats kann die Unwirksamkeit der Maßnahme nicht geheilt werden.

ACHTUNG!

Der Arbeitgeber ist für die Vergangenheit an sein mitbestimmungswidriges Verhalten gebunden. Dies kann zu erheblichen Belastungen führen, z. B. dann, wenn er die Einführung einer freiwilligen Leistung beschließt und die Verteilung an die Arbeitnehmer ohne Beteiligung des Betriebsrats vornimmt. Die vorgenommene Verteilung ist unwirksam. Führt die ggf. über die Einigungsstelle erzwungene Regelung mit dem Betriebsrat zu einer anderen Verteilung, hat der Arbeitgeber den Mitarbeitern, die nach dieser neuen Regelung einen höheren Anspruch haben, den Differenzbetrag zu zahlen. Er kann jedoch andererseits von den nach der neuen Regelung zu großzügig bedachten Mitarbeitern nicht den Differenzbetrag zurückfordern.

Unterlässt ein Betriebsrat es über mehrere Jahre, einen Verstoß des Arbeitgebers gegen Mitbestimmungsrechte zu beanstanden, führt dies nicht zur Verwirkung des Mitbestimmungsrechts (LAG Schleswig-Holstein v. 4.3.2008, Az. 2 TaBV 42/07).

Betriebsrat und Arbeitgeber können nicht wirksam vereinbaren, dass im Falle der Verletzung der Beteiligungsrechte des Betriebsrats eine Vertragsstrafe zu zahlen ist. Dies gilt sowohl für die Vereinbarung von „Ordnungsgeldzahlungen" an den Betriebsrat selbst (BAG v. 29.9.2004, Az. 1 ABR 30/03) als auch für die Zahlung von Strafgeldern an einen neutralen außenstehenden Dritten – wie etwa eine gemeinnützige Organisation – (BAG v. 19.1.2010, Az. 1 ABR 62/08).

Dagegen steht dem Betriebsrat bei Verletzung seiner Mitbestimmungsrechte aus § 87 BetrVG ein Anspruch auf Unterlassung der mitbestimmungswidrigen Maßnahme zu. Dieser

Anspruch setzt keine grobe Pflichtverletzung des Arbeitgebers im Sinne von § 23 Abs. 3 BetrVG voraus (BAG v. 3.5.1994, Az. 1 ABR 24/93). Oftmals wird jedoch von der Rechtsprechung in einer Verletzung von Mitbestimmungsrechten zugleich eine grobe Verletzung von betriebsverfassungsrechtlichten Pflichten gesehen, sodass sich ein Unterlassungsanspruch unmittelbar aus § 23 Abs. 3 BetrVG ergibt (BAG v. 7.2.2012, Az. 1 ABR 77/10).

1.5 Feststellung des Mitbestimmungsrechts

Haben Arbeitgeber und Betriebsrat unterschiedliche Auffassungen zu der Frage, ob eine bestimmte Maßnahme überhaupt mitbestimmungspflichtig ist, können beide Seiten zur rechtlichen Klärung ein arbeitsgerichtliches Beschlussverfahren einleiten. Wird in einem solchen Verfahren festgestellt, dass ein Mitbestimmungsrecht nicht besteht, können sich auch einzelne Arbeitnehmer gegenüber dem Arbeitgeber nicht mehr auf die angebliche Verletzung des Mitbestimmungsrechts berufen.

2. Die freiwillige soziale Mitbestimmung

Neben den erzwingbaren sozialen Angelegenheiten, die abschließend im Betriebsverfassungsgesetz aufgeführt sind, können sich Arbeitgeber und Betriebsrat auch in anderen sozialen Angelegenheiten auf eine Regelung verständigen (§ 88 BetrVG). So können durch freiwillige Betriebsvereinbarung etwa zusätzliche Maßnahmen zur Verhütung von Arbeitsunfällen und Gesundheitsschädigungen, Maßnahmen des betrieblichen Umweltschutzes oder die Errichtung von betrieblichen Sozialeinrichtungen verabredet werden. Ebenso ist hier an Maßnahmen zur Vermögensbildung und Maßnahmen zur Integration ausländischer Arbeitnehmer sowie zur Bekämpfung von Rassismus und Fremdenfeindlichkeit im Betrieb zu denken.

WICHTIG!

Eine Verpflichtung des Arbeitgebers, sich mit dem → *Betriebsrat* zu verständigen, besteht hier nicht. Er kann alle Maßnahmen auch einseitig treffen.

Zu beachten ist jedoch, dass freiwillige und mitbestimmungspflichtige Fragen oft eng miteinander verknüpft sind. So ist z. B. die Entscheidung über die Einführung einer Gewinnbeteiligung und deren Gesamtvolumen mitbestimmungsfrei; die Verteilung an die Arbeitnehmer unterliegt dagegen der Mitbestimmung.

ACHTUNG!

Offene Drohungen, künftig nichts Überobligatorisches und Freiwilliges mehr zu leisten oder eine bisher gewährte Vergünstigung zu streichen, wenn der Betriebsrat auf eine andere Verteilung besteht, sollten vermieden werden. So hat das LAG Frankfurt (31.7.2008, Az. 9/4 TaBV 24/08) zuletzt die Auffassung vertreten, dass eine entsprechende Drohung gegenüber dem Betriebsrat den Versuch darstelle, diesen von der rechtmäßigen Wahrnehmung von Mitbestimmungsrechten abzuhalten. Mit dem Hinweis, dass es sich dabei um einen massiven Verstoß gegen den Grundsatz der vertrauensvollen Zusammenarbeit handele, billigte das Gericht einem Betriebsrat einen Unterlassungsanspruch nach § 78 Satz 1 BetrVG zu.

3. Die Mitwirkung beim Arbeits- und betrieblichen Umweltschutz und bei der Gestaltung des Arbeitsplatzes, des Arbeitsablaufs und der Arbeitsumgebung

Im Bereich des Arbeits- und betrieblichen Umweltschutzes ist der Arbeitgeber verpflichtet, den Betriebsrat bei allen Besichtigungen und Fragen sowie bei Unfalluntersuchungen hinzuzuziehen (§ 89 BetrVG). Zugleich muss er dem Betriebsrat unverzüglich die den → *Arbeitsschutz*, den betrieblichen Umweltschutz und die → *Unfallverhütung* betreffenden Auflagen und Anordnungen mitteilen. An Besprechungen des Arbeitgebers mit den Sicherheitsbeauftragten nehmen vom Betriebsrat beauftragte Betriebsratsmitglieder teil.

::rehm

Über die Planung von Neu-, Um- und Erweiterungsbauten ist der Betriebsrat unter Vorlage der erforderlichen Unterlagen rechtzeitig zu unterrichten (§ 90 BetrVG). Gleiches gilt für die Planung von technischen Anlagen, von Arbeitsverfahren und Arbeitsabläufen und der Arbeitsplätze. Die vorgesehenen Maßnahmen und ihre Auswirkungen auf die Arbeitnehmer sind mit dem Betriebsrat so rechtzeitig zu beraten, dass seine Vorschläge und Bedenken bei der Planung berücksichtigt werden können. So hat die Rechtsprechung es als grobe Pflichtverletzung gewertet, wenn der Arbeitgeber den Betriebsrat immer wieder so spät über betriebliche Bauplanungen und Umzüge informiert, dass dieser die Pläne aus faktischen Zwängen heraus nur noch zur Kenntnis nehmen kann, ohne dass noch eine realistische Chance für Änderungen besteht.

Beispiele:

Umzug des Betriebs zum 1.7. – Information des Betriebsrats am 12.6., als die neuen Räume schon angemietet sind; Umzug von Mitarbeitern innerhalb der Betriebsräume zum 1.9. – Information des Betriebsrats zwei Tage vorher.

Andererseits besteht bei einem Verstoß des Arbeitgebers gegen die Unterrichtungs- und Beratungsrechte nach § 90 BetrVG kein allgemeiner Unterlassungs- und Beseitigungsanspruch bezüglich der durchgeführten Maßnahme. Der Betriebsrat kann also beispielsweise nicht die Rückgängigmachung einer Baumaßnahme verlangen, über die mit ihm zuvor nicht ordnungsgemäß beraten worden ist. Davon ausgenommen sind grobe Verstöße nach § 23 Abs. 3 BetrVG.

Werden die Arbeitnehmer durch Veränderungen, die den gesicherten arbeitswissenschaftlichen Erkenntnissen über die menschengerechte Gestaltung der Arbeit offensichtlich widersprechen, in besonderer Weise belastet, kann der Betriebsrat angemessene Gegenmaßnahmen verlangen (§ 91 BetrVG). Kommt eine Einigung nicht zustande, können beide Seiten die → *Einigungsstelle* anrufen, die eine verbindliche Entscheidung trifft.

V. Beteiligung in personellen Angelegenheiten

Bei den personellen Angelegenheiten ist zwischen den allgemeinen personellen Angelegenheiten, der Berufsbildung und den personellen Einzelmaßnahmen zu unterscheiden. Die Beteiligungsrechte des → *Betriebsrats* sind hier sehr unterschiedlich ausgestaltet. Sie reichen vom einfachen Unterrichtungsrecht bis zur erzwingbaren Mitbestimmung.

1. Beteiligung in allgemeinen personellen Angelegenheiten

Zu den allgemeinen personellen Angelegenheiten, die die Beteiligung des Betriebsrats verlangen, zählt das BetrVG die Personalplanung, die Beschäftigungssicherung, die Ausschreibung von Arbeitsplätzen, die Erstellung von Personalfragebögen, die Aufstellung allgemeiner Beurteilungsgrundsätze sowie die Aufstellung von Richtlinien für Einstellungen, Versetzungen, Umgruppierungen und Kündigungen (Auswahlrichtlinien). Daneben finden sich außerhalb des BetrVG geregelte Informationsansprüche des Betriebsrats im KSchG (§ 17 Massenentlassungen) und im TzBfG (§ 7 Abs. 3).

1.1 Personalplanung

Im Bereich der Personalplanung (§ 92 BetrVG) muss der Arbeitgeber den Betriebsrat anhand von Unterlagen (Stellenbesetzungsplänen, Personalbedarfsmeldungen, Statistiken über Fluktuation und Krankenstand usw.) rechtzeitig und umfassend unterrichten. Eine über die Unterrichtung hinausgehende Beteiligungspflicht besteht nicht. Der Betriebsrat kann jedoch auch von sich aus an den Arbeitgeber herantreten und ihm Vor-

schläge für die Einführung einer Personalplanung machen. Der Arbeitgeber muss sich mit den Vorschlägen auseinander setzen und darf sie nicht einfach übergehen. Er ist jedoch nicht verpflichtet, den Vorschlägen des Betriebsrats zu folgen.

1.2 Beschäftigungssicherung

Ein Vorschlagsrecht hat der Betriebsrat bei Fragen der Sicherung und Förderung der Beschäftigung (§ 92a BetrVG). So kann er etwa Vorschläge hinsichtlich einer flexiblen Gestaltung der Arbeitszeit oder auch hinsichtlich der Förderung von Teilzeitarbeit und Altersteilzeit machen. Des Weiteren können sich die Vorschläge insbesondere auch auf neue Formen der Arbeitsorganisation, auf Änderungen der Arbeitsverfahren und Arbeitsabläufe, auf die Qualifizierung der Arbeitnehmer, auf Alternativen zur Ausgliederung von Arbeit oder ihre Vergabe an andere Unternehmern sowie auf das Produktions- und Investitionsprogramm beziehen. Der Arbeitgeber muss die Vorschläge mit dem Betriebsrat beraten. Er kann ebenso wie der Betriebsrat einen Vertreter des Arbeitsamts oder des Landesarbeitsamts zu den Beratungen hinzuziehen. Hält er den Vorschlag des Betriebsrats für ungeeignet, hat er dies gegenüber dem Betriebsrat zu begründen. In Betrieben mit mehr als 100 Arbeitnehmern muss die Begründung schriftlich erfolgen.

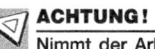 **ACHTUNG!**

Bei einem groben Verstoß des Arbeitgebers gegen die Begründungspflicht hat der Betriebsrat einen Unterlassungsanspruch nach § 23 Abs. 3 BetrVG, den er gerichtlich durchsetzen kann.

1.3 Stellenausschreibung

Der Betriebsrat kann vom Arbeitgeber verlangen, dass im Betrieb neu zu besetzende Stellen innerbetrieblich ausgeschrieben werden (§ 93 BetrVG). Dies gilt auch dann, wenn der Arbeitgeber Arbeitsplätze dauerhaft mit Leiharbeitnehmern besetzen will (BAG v. 1.2.2011, Az. 1 ABR 79/09). Macht der Betriebsrat von diesem Recht Gebrauch, ist der Arbeitgeber daran gebunden. Selbst dann, wenn mit internen Bewerbungen höchstwahrscheinlich nicht zu rechnen ist, darf er dass Verlangen des Betriebsrats nicht missachten (LAG Berlin-Brandenburg v. 14.1.2010, Az. 26 TaBV 1954/09). Der Betriebsrat darf die Forderung allerdings nur generell und nicht für einen Einzelfall stellen.

 ACHTUNG!

Nimmt der Arbeitgeber die Ausschreibung nicht vor, kann der Betriebsrat der konkreten personellen Einzelmaßnahme seine Zustimmung verweigern. Der Arbeitgeber muss dann das gesamte Einstellungs- oder Versetzungsverfahren samt vorheriger Ausschreibung und entsprechender Beteiligung des Betriebsrats erneut durchführen.

Inhalt und Form der innerbetrieblichen Ausschreibung legt allein der Arbeitgeber fest. Darauf hat der Betriebsrat keinen Einfluss.

ACHTUNG!

Verstößt eine Stellenausschreibung allerdings gegen §§ 11, 7, 1 AGG, weil sie etwa eine mittelbare Ungleichbehandlung wegen des Lebensalters der gesuchten Bewerber(innen) enthält, so kann der Betriebsrat eine Unterlassung beim Arbeitsgericht beantragen. Das BAG bejaht jedenfalls dann einen groben Verstoß i. S. von § 23 Abs. 3 BetrVG, wenn der Arbeitgeber seine Ausschreibungspraxis trotz der vom Betriebsrat erhobenen Einwendungen fortsetzt (BAG v. 18.8.2009, Az. 1 ABR 47/08).

Zur Vermeidung von Streitfällen empfiehlt es sich grundsätzlich, eine Betriebsvereinbarung über die innerbetriebliche Stellenausschreibung abzuschließen.

1.4 Personalfragebogen und Beurteilungsgrundsätze

Die Einführung von Personalfragebögen liegt allein in der Hand des Arbeitgebers. Entscheidet er sich jedoch für ihre Einführung, ist hinsichtlich des Inhalts die Zustimmung des Betriebsrats erforderlich. Kommt eine Einigung über den Inhalt nicht zustande, können beide Seiten die → *Einigungsstelle* anrufen, die eine verbindliche Entscheidung trifft (§ 94 BetrVG).

Gleiches gilt für Beurteilungsgrundsätze, mit denen die Leistungen und das Verhalten der Arbeitnehmer bewertet werden sollen.

1.5 Auswahlrichtlinien

Richtlinien für Einstellungen, Versetzungen, Umgruppierungen und Kündigungen kann der Arbeitgeber nur mit Zustimmung des Betriebsrats aufstellen (§ 95 BetrVG). So handelt es sich etwa bei der Anordnung einer generellen Überprüfung von Stellenbewerbern auf Alkohol- und Drogenmissbrauch um eine Richtlinie über die personelle Auswahl bei Einstellungen, wenn Bewerber mit positivem Testergebnis und Bewerber, die sich dem Test nicht unterziehen, nicht eingestellt werden (LAG Baden-Württemberg v. 13.12.2002, Az. 16 TaBV 4/02).

Während es dem Arbeitgeber in Betrieben bis 500 Mitarbeitern freigestellt ist, ob er überhaupt entsprechende Richtlinien einführen will, kann der Betriebsrat in Betrieben mit mehr als 500 Mitarbeitern ihre Aufstellung verlangen. Kommt eine Einigung über ihren Inhalt oder in Betrieben mit mehr als 500 Mitarbeitern auch über ihre grundsätzliche Einführung nicht zustande, entscheidet die → *Einigungsstelle*, wenn sie von einer Seite angerufen wird.

1.6 Massenentlassungen

Beabsichtigt der Arbeitgeber nach § 17 Abs. 1 KSchG anzeigepflichtige Entlassungen vorzunehmen, hat er dem Betriebsrat nach § 17 Abs. 2 S. 1 KSchG rechtzeitig die zweckdienlichen Auskünfte zu erteilen. Insbesondere hat er ihn schriftlich über

▶ die Gründe für die geplanten Entlassungen,

▶ die Zahl und die Berufsgruppen der zu entlassenden Arbeitnehmer,

▶ die Zahl und die Berufsgruppen der in der Regel beschäftigten Arbeitnehmer,

▶ den Zeitraum, in dem die Entlassungen vorgenommen werden sollen,

▶ die vorgesehenen Kriterien für die Auswahl der zu entlassenden Arbeitnehmer und

▶ die für die Berechnung etwaiger Abfindungen vorgesehenen Kriterien

zu unterrichten. Im Anschluss muss der Arbeitgeber mit dem Betriebsrat die Möglichkeiten beraten, Entlassungen zu vermeiden oder einzuschränken und ihre Folgen zu mildern.

ACHTUNG!

Die rechtzeitige und fehlerfreie Beteiligung des Betriebsrats ist Voraussetzung für eine wirksame Massenentlassungsanzeige, die gegenüber der Agentur für Arbeit erstattet werden muss. Fehlt es an einer wirksamen Anzeige der Massenentlassung, sind alle ausgesprochenen Einzelkündigungen gegenüber den Arbeitnehmern allein aus diesem Grund unwirksam.

1.7 Informationen zur Teilzeitarbeit

Nach § 7 Abs. 3 S. 1 TzBfG ist der Arbeitgeber verpflichtet, den Betriebsrat über Teilzeitarbeit im Betrieb zu informieren und ihm auf Verlangen die erforderlichen Unterlagen zur Verfügung zu stellen. Es handelt sich dabei um eine wiederkehrende Pflicht. Innerhalb von welchem Zeitraum eine erneute Information stattzufinden hat, ist ungeklärt, möglicherweise jedoch bereits bei jeder Veränderung des Bestands.

2. Berufsbildung

Der Arbeitgeber hat auf Verlangen des Betriebsrats den Berufsbildungsbedarf zu ermitteln und mit ihm Fragen der Berufsbildung (Ausbildung, Fortbildung und Umschulung) der Arbeitnehmer zu beraten (§ 96 BetrVG). Dazu gehören neben der Errichtung und Ausstattung betrieblicher Einrichtungen zur Berufsbildung (wie etwa eine Lehrwerkstatt oder ein Bildungszentrum) die Einführung betrieblicher Bildungsmaßnahmen (z. B. Traineeprogramme, Fortbildungskurse) und die Teilnahme an außerbetrieblichen Berufsbildungsmaßnahmen.

Hat der Arbeitgeber Maßnahmen geplant oder durchgeführt, die dazu führen, dass sich die Tätigkeit der betroffenen Arbeitnehmer ändert und ihre beruflichen Kenntnisse und Fähigkeiten zur Erfüllung ihrer Aufgaben nicht mehr ausreichen, erstarkt der Beratungsanspruch des Betriebsrats bei der Einführung von Maßnahmen der betrieblichen Berufsbildung zu einem Mitbestimmungsrecht (§ 97 Abs. 2 BetrVG).

WICHTIG!

Der Betriebsrat hat insoweit ein Initiativrecht, d. h. er kann von sich aus Maßnahmen der betrieblichen Berufsbildung verlangen und vorschlagen.

Können sich Arbeitgeber und Betriebsrat in diesem Fall nicht einigen, entscheidet die Eignungsstelle. Im Übrigen entscheidet der Arbeitgeber jedoch über die Einführung von betrieblichen Bildungsmaßnahmen allein. Hat er sich für die Einführung entschieden, muss er jedoch bei ihrer Durchführung das erzwingbare Mitbestimmungsrecht des Betriebsrats nach § 98 BetrVG beachten. Zur Durchführung gehören sämtliche Maßnahmen, die den Ablauf der betrieblichen Bildung bestimmen. Das Mitbestimmungsrecht erstreckt sich damit auf den gesamten Inhalt der Maßnahme, die Methoden der Wissensvermittlung und die zeitliche Dauer und Lage. Soweit die zwingenden Vorgaben des Berufsbildungsrechts Gestaltungsräume offen lassen, sind diese mit dem Betriebsrat auszufüllen. Im Streitfall entscheidet die → *Einigungsstelle* über die konkrete Durchführung.

Über die Teilnehmerzahl an einer betrieblichen Bildungsmaßnahme entscheidet allein der Arbeitgeber. Der → *Betriebsrat* kann jedoch Vorschläge machen, welche Arbeitnehmer an Bildungsmaßnahmen teilnehmen sollen. Kommt es zu keiner Einigung, entscheidet auch hier die → *Einigungsstelle*.

Wenn die mit der Durchführung der betrieblichen Berufsbildung beauftragte Person nicht die notwendige persönliche oder fachliche Eignung besitzt oder ihre Aufgaben vernachlässigt, kann der Betriebsrat ihrer Bestellung widersprechen oder ihre Abberufung verlangen. Können sich Arbeitgeber und Betriebsrat in dieser Frage nicht einigen, kann der Betriebsrat das Arbeitsgericht anrufen.

3. Beteiligungsrechte bei personellen Einzelmaßnahmen

Neben den allgemeinen personellen Angelegenheiten stehen dem Betriebsrat auch bei personellen Einzelmaßnahmen Beteiligungsrechte zu. Er kann damit die Interessen sowohl des einzelnen Arbeitnehmers als auch die der Gesamtbelegschaft wahrnehmen. So kann die Belegschaft durch die Versetzung eines Arbeitnehmers ebenso betroffen sein wie durch eine Kündigung oder Einstellung. Dem Betriebsrat wird mit der Gewährung des Mitbestimmungsrechts bei personellen Einzelmaßnahmen Einfluss auf die Sozialstruktur des Betriebs eingeräumt.

3.1 Einstellung, Eingruppierung, Umgruppierung und Versetzung

In Unternehmen, in denen regelmäßig mehr als 20 Arbeitnehmer beschäftigt werden, muss der Arbeitgeber vor jeder Einstellung, Eingruppierung, Umgruppierung oder Versetzung die Zustimmung des Betriebsrats einholen (§ 99 BetrVG). Maßgebend ist die durchschnittliche Beschäftigtenzahl (ohne leitende Angestellte) im Zeitpunkt der Durchführung.

Vor jeder Einstellung und Versetzung muss eine rechtzeitige und umfassende Unterrichtung des Betriebsrats erfolgen.

 WICHTIG!
Bei Neueinstellungen sind nicht nur die Unterlagen (Zeugnisse, Lebenslauf etc.) des ausgewählten Bewerbers vorzulegen, sondern es müssen dem Betriebsrat die Personalien aller Bewerber genannt werden. Hat eine Personalberatung die Einstellung vorbereitet, reicht es aus, wenn der Betriebsrat über die nach der Vorauswahl dem Arbeitgeber vorgeschlagenen Bewerber informiert wird.

Die Informationspflicht gilt unabhängig davon, ob es sich um eine unbefristete oder befristete Stelle handelt. Ebenso ist unerheblich, wie die zu besetzende Position beschrieben ist. So ist auch bei Aushilfen, Auszubildenden und bei der Beschäftigung von Leiharbeitnehmern – selbst dann, wenn diese sehr kurzfristig ist (BAG v. 9.3.2011, Az. 7 ABR 137/09) – der Betriebsrat ordnungsgemäß zu beteiligen. Das Gleiche gilt, wenn ein befristetes Arbeitsverhältnis in ein unbefristetes umgewandelt werden soll.

Bei der Einstellung sowie bei der Versetzung eines Arbeitnehmers sind insbesondere der vorgesehene Arbeitsplatz, die beabsichtigte Eingruppierung sowie die Auswirkungen der Einstellung bzw. Versetzung auf den Betrieb zu nennen. Der Arbeitgeber muss zudem umfassend über die fachliche und persönliche Eignung des Arbeitnehmers Auskunft geben. Er ist aber nicht verpflichtet, Informationen zu beschaffen, die er selbst nicht hat. Auch beim geplanten Einsatz von Leiharbeitskräften muss der Arbeitgeber dem Betriebsrat vor Tätigkeitsbeginn der Leiharbeitnehmer im Rahmen der Unterrichtung nach § 99 BetrVG die jeweiligen Namen nennen (BAG v. 9.3.2011, Az. 7 ABR 137/09).

Bei der Ein- und Umgruppierung von Arbeitnehmern muss der Arbeitgeber das Aufgabengebiet und die Gehaltsgruppe nennen, in die er den Arbeitnehmer eingruppieren will. Das Entgeltschema beruht in der Regel auf einem Tarifvertrag, kann sich aber auch aus einer betrieblichen Regelung ergeben. Bei Leiharbeitnehmern hat der Betriebsrat des Entleiherbetriebs kein Mitbestimmungsrecht bei der Eingruppierung, da der entleihende Arbeitgeber keine Entscheidung über die Eingruppierung der Leiharbeitnehmer trifft (BAG v. 17.6.2008, Az. 1 ABR 39/07).

 WICHTIG!
Der Betriebsrat hat nur Anspruch auf Angabe der Gehaltsgruppe, nicht aber auf Information über die konkrete Gehaltshöhe. Übertarifliche Gehaltsbestandteile müssen nicht mitgeteilt werden.

Mit der vollständigen Vorlage – aber auch nur mit vollständigen Vorlage! – der Unterlagen beginnt der Lauf einer einwöchigen Frist, innerhalb derer der Betriebsrat in dreifacher Weise reagieren kann. Er kann

▶ die Zustimmung zu der geplanten Maßnahme ausdrücklich erteilen,

▶ die Frist verstreichen lassen, wobei die Zustimmung in diesem Fall als erteilt gilt,

▶ der Maßnahme widersprechen.

Eine einvernehmliche Fristverlängerung ist rechtlich unbedenklich, solange das Fristende genau bestimmbar ist (BAG v. 6.10.2010, Az. 7 ABR 80/09).

Der Widerspruch ist nur wirksam, wenn ihm ein wirksamer Beschluss des Betriebsrats zugrunde liegt, er schriftlich unter Angabe von Gründen erfolgt und dem Arbeitgeber innerhalb der Wochenfrist zugeht. Eine durch E-Mail erfolgte Zustimmungsverweigerung ist wirksam, sofern die Textform im Sinne von § 126b BGB eingehalten ist: Die E-Mail muss die Person

des Erklärenden (in der Regel des Betriebsratsvorsitzenden) erkennen lassen und der Abschluss der Erklärung muss etwa durch eine Grußformel und/oder durch die Wiedergabe des Namens des Erklärenden erkennbar sein (BAG v. 10.3.2009, Az. 1 ABR 93/07).

Die Widerspruchsgründe sind im Betriebsverfassungsgesetz abschließend geregelt. Danach kann der Betriebsrat die Zustimmung verweigern, wenn

▶ die Maßnahme gegen ein Gesetz, eine Verordnung, eine Unfallverhütungsvorschrift, einen Tarifvertrag, eine Betriebsvereinbarung, eine gerichtliche Entscheidung, eine behördliche Anordnung oder eine Auswahlrichtlinie verstoßen würde,

▶ die Besorgnis besteht, dass infolge der Maßnahme andere Arbeitnehmer des Betriebs oder der betroffene Arbeitnehmer ungerechtfertigt benachteiligt werden, wobei als Nachteil bei unbefristeter Einstellung auch die Nichtberücksichtigung eines gleich geeigneten befristet Beschäftigten gilt,

▶ eine vom Betriebsrat zuvor allgemein verlangte innerbetriebliche Ausschreibung unterblieben ist oder

▶ die Besorgnis besteht, dass der Bewerber bzw. Arbeitnehmer den Betriebsfrieden durch sein Verhalten, insbesondere durch rassistische oder fremdenfeindliche Betätigung, stören wird.

 WICHTIG!
Eine Zustimmungsverweigerung des Betriebsrats muss der Arbeitgeber nur dann beachten, wenn sie begründet wird. Es reicht nicht aus, dass lediglich der Wortlaut des Gesetzes wiederholt wird.

Im Falle einer Zustimmungsverweigerung kann der Arbeitgeber die beabsichtigte Maßnahme nicht umsetzen. Er muss dann erst beim Arbeitsgericht die Ersetzung der Zustimmung beantragen. Dem Antrag wird das Arbeitsgericht dann stattgeben, wenn es feststellt, dass der vom Betriebsrat angeführte Zustimmungsverweigerungsgrund sachlich nicht haltbar ist. Ein solches Verfahren kann jedoch Monate in Anspruch nehmen, in denen der Arbeitgeber einen Bewerber nicht einstellen oder einen Arbeitnehmer nicht versetzen kann.

Hier hilft das Gesetz dem Arbeitgeber weiter, indem es ihm die Möglichkeit einräumt, bei besonderer Dringlichkeit eine personelle Maßnahme vorläufig durchzuführen (§ 100 BetrVG). Voraussetzung ist, dass der Arbeitgeber den Betriebsrat unverzüglich von der vorläufigen Maßnahme unterrichtet. Sieht der Betriebsrat keine sachlichen Gründe für die vom Arbeitgeber dargelegte Dringlichkeit, hat er dies unverzüglich mitzuteilen. Der Arbeitgeber darf in diesem Fall die Maßnahme nur dann aufrechterhalten, wenn er innerhalb von drei Tagen beim Arbeitsgericht die Ersetzung der Zustimmung und die Feststellung beantragt, dass die Maßnahme aus sachlichen Gründen dringend erforderlich war.

Führt der Arbeitgeber eine personelle Maßnahme durch, ohne die Beteiligungsrechte des Betriebsrats zu beachten, kann der Betriebsrat seinerseits ein arbeitsgerichtliches Verfahren einleiten und die Aufhebung der Maßnahme unter Zwangsgeldandrohung beantragen (§ 101 BetrVG).

Darüber hinaus kann der Betriebsrat auch im Wege einer einstweiligen Verfügung eine Unterlassung des mitbestimmungswidrigen Verhaltens erzwingen, wenn der Arbeitgeber die Mitbestimmungsrechte im Bereich der personellen Einzelmaßnahmen konsequent missachtet (LAG Köln v. 13.8.2002, Az. 12 Ta 244/02). Dabei bedarf es jedoch stets einer groben Missachtung der Mitbestimmungsrechte, da der Betriebsrat keinen allgemeinen Unterlassungsanspruch hat, um eine gegen § 99 Abs. 1 BetrVG verstoßende personelle Einzelmaßnahme zu verhindern (BAG v. 23.6.2009, Az. 1 ABR 23/08). An einer solchen groben Pflichtverletzung im Sinne von § 23 Abs. 3 BetrVG fehlt es etwa dann, wenn der Arbeitgeber in ungeklärter Rechtsfrage nach vertretbarer Rechtsansicht handelt.

3.2 Kündigung

Vor jeder → *Kündigung* durch den Arbeitgeber ist der Betriebsrat anzuhören (§ 102 BetrVG). Dies gilt unabhängig davon, ob der Arbeitgeber eine ordentliche oder außerordentliche Kündigung oder eine → *Änderungskündigung* aussprechen will. Ebenso ist unerheblich, ob er einer Aushilfe oder einer Teilzeitkraft kündigen oder eine Kündigung noch vor Arbeitsantritt aussprechen will. Eine ohne Anhörung des Betriebsrats ausgesprochene Kündigung ist unwirksam.

Der Betriebsrat muss nur vor einer → *Kündigung*, nicht aber vor Abschluss eines Aufhebungsvertrags angehört werden.

Die Anhörung kann mündlich, sollte aber aus Beweisgründen unbedingt schriftlich erfolgen. Der Arbeitnehmer muss namentlich bezeichnet werden; dabei sind folgende Mindestangaben zur Person zwingend erforderlich: Alter, Betriebszugehörigkeit, Familienstand, Kinderzahl, Privatanschrift, besondere soziale Umstände wie z. B. Schwerbehinderung oder Schwangerschaft. Aus der Anhörung muss sich zudem ergeben, ob der Arbeitgeber eine ordentliche oder eine außerordentliche Kündigung aussprechen will. Die Kündigungsfrist bzw. der Endtermin sollten ebenfalls mitgeteilt werden.

TIPP!

Da die Anhörung zu einer außerordentlichen Kündigung nicht die Anhörung zur ordentlichen Kündigung beinhaltet, sollte der Betriebsrat stets auch zu einer hilfsweisen ordentlichen Kündigung angehört werden. Stellt sich später die außerordentliche Kündigung als unwirksam heraus, so kann aber doch die ordentliche Kündigung möglicherweise wirksam sein.

Der Arbeitgeber muss den Kündigungssachverhalt so genau beschreiben, dass der Betriebsrat ohne eigene Nachforschungen in die Lage versetzt wird, die Stichhaltigkeit der Kündigungsgründe zu überprüfen. Keinesfalls genügen stichwortartige Begründungen wie etwa „Auftragsmangel", „wiederholtes Fehlen", „Diebstahl", „häufiges Zuspätkommen" usw. Bei verhaltensbedingten Kündigungen sind dem Betriebsrat die vorherigen Abmahnungen und eventuelle Gegendarstellungen des Arbeitnehmers mitzuteilen.

ACHTUNG!

Die schriftliche Anhörung sollte im Allgemeinen vom Arbeitgeber oder dem Personalleiter unterzeichnet sein. Erfolgt die Unterzeichnung etwa durch einen Abteilungsleiter ohne zeitgleiche Vorlage einer Originalvollmacht kann der Betriebsrat die Anhörung mangels fehlender Originalvollmacht jedoch nicht zurückweisen (BAG v. 13.12.2012, Az. 6 AZR 348/11).

Zu weiteren Einzelheiten des Anhörungsverfahrens s. u. Kündigung B.I.4.

Der Betriebsrat kann auf die Anhörung innerhalb einer Woche (im Falle einer außerordentlichen Kündigung innerhalb von drei Tagen) auf verschiedene Weise reagieren:

▸ Er kann der Kündigung zustimmen.

▸ Er kann sich nicht äußern, wobei die Zustimmung in diesem Fall nach Ablauf der dreitägigen bzw. einwöchigen Frist als erteilt gilt.

▸ Er kann unter Angabe von Gründen Bedenken äußern.

▸ Er kann der Kündigung widersprechen, wenn der Arbeitgeber keine oder eine unzureichende Sozialauswahl vorgenommen hat, die Kündigung gegen eine Auswahlrichtlinie verstößt, der Arbeitnehmer an anderer Stelle im Betrieb oder Unternehmen weiterbeschäftigt werden könnte, eine Weiterbeschäftigung nach Umschulung oder Fortbildung

oder bei Einverständnis des Arbeitnehmers unter veränderten Vertragsbedingungen möglich wäre.

▸ Er kann erklären, dass er die beabsichtigte Kündigung zur Kenntnis genommen hat, sich hierzu aber nicht weiter äußern will. Gibt er diese Erklärung bereits vor Ablauf der dreitägigen bzw. einwöchigen Frist ab, kann der Arbeitgeber die Kündigung sofort aussprechen, ohne den Ablauf der Frist abzuwarten. Voraussetzung ist jedoch, dass die Erklärung des Betriebsrats eine abschließende Stellungnahme zur Kündigung darstellt.

Unabhängig davon, wie der Betriebsrat reagiert, ist der Arbeitgeber allerdings in keinem Fall gehindert, die Kündigung auszusprechen.

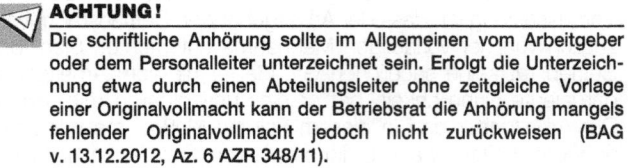

WICHTIG!

Der Betriebsrat kann die Kündigung nicht verhindern.

Mängel, die in den Zuständigkeits- und Verantwortungsbereich des Betriebsrats fallen, wirken sich grundsätzlich nicht auf das Anhörungsverfahren nach § 102 BetrVG aus. Dies gilt selbst dann, wenn der Arbeitgeber im Zeitpunkt der Kündigung weiß oder nach den Umständen vermuten kann, dass die Behandlung der Angelegenheit durch den Betriebsrat nicht fehlerfrei erfolgt ist. Etwas anderes gilt nur dann, wenn tatsächlich keine Stellungnahme des Gremiums „Betriebsrat", sondern erkennbar nur eine persönliche Äußerung des Betriebsratsvorsitzenden vorliegt (Der Vorsitzende erklärt im Rahmen einer mündlichen Anhörung sofort seine Zustimmung zur Kündigung.) oder der Arbeitgeber den Fehler durch unsachgemäßes Verhalten selbst veranlasst hat.

Im Falle des Widerspruchs hat der Arbeitnehmer jedoch – wenn er Kündigungsschutzklage erhoben hat – einen über die Kündigungsfrist hinausgehenden, bis zum rechtskräftigen Abschluss des Verfahrens andauernden Weiterbeschäftigungsanspruch.

3.3 Entfernung betriebsstörender Arbeitnehmer

Hat ein Arbeitnehmer durch sein Verhalten – insbesondere durch rassistische oder fremdenfeindliche Betätigung – den Betriebsfrieden wiederholt ernstlich gestört, kann der Betriebsrat vom Arbeitgeber fordern, dass dieser den Arbeitnehmer versetzt oder entlässt (§ 104 BetrVG). Kommt der Arbeitgeber dem Verlangen nicht nach, kann der Betriebsrat ein arbeitsgerichtliches Beschlussverfahren gegen den Arbeitgeber einleiten. Entspricht das Arbeitsgericht dem Antrag des Betriebsrats, muss der Arbeitgeber den Arbeitnehmer versetzen oder entlassen, wobei er zu dieser Maßnahme durch Zwangsgeld gezwungen werden kann.

VI. Mitbestimmung in wirtschaftlichen Angelegenheiten

Die Beteiligung des → *Betriebsrats* in wirtschaftlichen Angelegenheiten betrifft aus unternehmerischer Sicht den wohl sensibelsten Bereich, da hier grundlegende Fragen der unternehmerischen Freiheit betroffen werden. Dem Schutz dieser Freiheit wird durch das Betriebsverfassungsgesetz insoweit Rechnung getragen, als dem Betriebsrat bzw. einem zu bildenden Wirtschaftsausschuss nur Unterrichtungs- und Beratungsrechte, jedoch keine echten Mitbestimmungsrechte eingeräumt werden.

1. Unterrichtung des Betriebsrats

Der Arbeitgeber hat gegenüber dem Betriebsrat eine umfassende Unterrichtungspflicht in allen wirtschaftlichen Angelegenheiten. Er muss jedoch nur dann unterrichten, wenn er sich zur Durchführung bestimmter Maßnahmen entschlossen hat. Der

Betriebsrat muss auf Nachfrage darlegen, wozu er gewünschte Informationen benötigt. Der Arbeitgeber hat keine von konkreten Gegebenheiten unabhängige Verpflichtung zur umfassenden Informationserteilung.

Von praktischer Bedeutung ist das Unterrichtungs- und Beratungsrecht in wirtschaftlichen Angelegenheiten in erster Linie bei Betriebsänderungen (§ 111 BetrVG). Danach ist der Arbeitgeber, der regelmäßig mehr als 20 Arbeitnehmer beschäftigt, verpflichtet, den Betriebsrat vor Durchführung einer Betriebsänderung rechtzeitig und umfassend zu unterrichten. Umstritten ist, ob der Betriebsrat im Falle eines Verstoßes gegen das Beratungs- und Unterrichtungsrecht einen gerichtlichen Unterlassungsanspruch hat (ablehnend etwa LAG Köln v. 27.5.2009, Az. 2 TaBVGa 7/09, LAG Baden-Württemberg v. 20.10.2009, Az. 20 TaBVGa 1/09; bejahend dagegen etwa LAG Hessen v. 19.1.2010, Az. 4 TaBVGa 3/10).

 **ACHTUNG!**

Unabhängig von der Frage, ob der Betriebsrat einen Anspruch auf Unterlassung hat, wenn der Arbeitgeber bei Betriebsänderungen seiner Unterrichtungs- und Beratungspflicht nicht nachkommt, ist dringend zu raten, alle Beteiligungsrechte des Betriebsrats zu beachten. Andernfalls droht dem Arbeitgeber ein nach § 113 Abs. 3 BetrVG ein Nachteilsausgleichsanspruch der Arbeitnehmer, die infolge der Betriebsänderung entlassen werden oder andere wirtschaftliche Nachteile erleiden.

2. Wirtschaftsausschuss

Eine weitergehende Unterrichtungs- und Beratungsverpflichtung hat der Arbeitgeber gegenüber einem Wirtschaftsausschuss, der als Hilfsorgan des Betriebsrats angesehen wird. Er hat keine eigenen Mitbestimmungsrechte, insbesondere auch keine Initiativ- und Vetorechte.

2.1 Errichtung eines Wirtschaftsausschusses

Ein Wirtschaftsausschuss ist in Unternehmen mit in der Regel mehr als 100 ständig beschäftigten Arbeitnehmern zu errichten (§ 106 BetrVG). Der Wirtschaftsausschuss wird für das Unternehmen, nicht für den einzelnen Betrieb gebildet. Auch wenn ein Unternehmen mehrere Betriebe hat, kann es folglich immer nur einen Wirtschaftsausschuss geben.

Der Wirtschaftsausschuss besteht aus mindestens drei und höchstens sieben Mitgliedern. Die Mitglieder werden vom Betriebsrat (bzw. bei Bestehen mehrerer Betriebe vom Gesamtbetriebsrat) für die Dauer seiner Amtszeit bestimmt. Alle Mitglieder müssen dem Unternehmen angehören; ein Mitglied muss zugleich Betriebsratsmitglied sein. Die Mitglieder sollen die zur Erfüllung ihrer Aufgaben erforderliche fachliche und persönliche Eignung besitzen.

Durch Mehrheitsbeschluss ist es dem Betriebsrat möglich, die Aufgaben des Wirtschaftsausschusses einem besonderen Ausschuss des Betriebsrats zu übertragen.

2.2 Zuständigkeit des Wirtschaftsausschusses

Der Arbeitgeber ist verpflichtet, den Wirtschaftsausschuss rechtzeitig und umfassend über die wirtschaftlichen Angelegenheiten des Unternehmens unter Vorlage der erforderlichen Unterlagen (z. B. Berichte, Betriebsabrechnungsbögen, Analysen, Organisations- und Rationalisierungspläne) zu unterrichten. Über die Personalplanung selbst ist hingegen nach § 92 BetrVG der Betriebsrat zu informieren. Umfassend ist eine Unterrichtung dabei nur dann, wenn sie ein Informationsgefälle zwischen dem Arbeitgeber und dem Betriebsrat aufhebt (LAG Köln v. 14.1.2004, Az. 8 TaBV 72/03).

Zweck dieser dem Unternehmen auferlegten Verpflichtung ist es, dem Wirtschaftsausschuss die notwendigen Kenntnisse zu vermitteln, damit dieser die in seinen Zuständigkeitsbereich fallenden wirtschaftlichen Angelegenheiten mit dem Unternehmer

beraten kann. Sinn dieser Beratung ist es wiederum, auf die Entscheidung des Unternehmens in wirtschaftlichen Angelegenheiten Einfluss nehmen zu können. Die Information muss daher so frühzeitig erfolgen, dass der Wirtschaftsausschuss durch seine Stellungnahme und seine eigenen Vorschläge noch Einfluss auf die Gesamtplanung wie auch auf die einzelnen Maßnahmen nehmen kann.

Auch wenn die Vorlage von Unterlagen nicht gleichbedeutend ist mit einer dauerhaften Überlassung, hat doch der Arbeitgeber umfangreiche Aufstellungen, Listen usw. bereits vor einer anstehenden Sitzung in Kopie zu übergeben. Andernfalls wäre eine sachgemäße Sitzungsvorbereitung nicht gewährleistet. Nach Sitzungsende müssen die Unterlagen dem Arbeitgeber wieder herausgegeben werden. Die Mitglieder des Wirtschaftsausschusses sind nicht berechtigt, von den ihnen überlassenen Unterlagen Kopien anzufertigen.

Zu den wirtschaftlichen Angelegenheiten gehören insbesondere

▶ die wirtschaftliche und finanzielle Lage des Unternehmens,

▶ die Produktions- und Absatzlage,

▶ das Produktions- und Investitionsprogramm,

▶ Rationalisierungsvorhaben,

▶ Fabrikations- und Arbeitsmethoden (insbesondere die Einführung neuer Arbeitsmethoden),

▶ Fragen des betrieblichen Umweltschutzes,

▶ die Einschränkung, Stilllegung oder Verlegung von Betrieben oder von Betriebsteilen,

▶ der Zusammenschluss oder die Spaltung von Unternehmen oder Betrieben,

▶ die Änderung der Betriebsorganisation oder des Betriebszwecks,

▶ die Übernahme des Unternehmens, wenn hiermit der Erwerb der Kontrolle verbunden ist, sowie

▶ sonstige Vorgänge und Vorhaben, welche die Interessen der Arbeitnehmer wesentlich berühren können.

Beispiele für erforderliche Unterlagen sind demnach: Jahresabschluss (§ 242 HGB: Bilanz, Gewinn- und Verlustrechnung; bei Kapitalgesellschaften außerdem der Anhang, § 284 ff. HGB); Wirtschaftsprüfungsbericht (§ 321 HGB); Markt-/Rentabilitätsanalysen; Organisations-/Rationalisierungspläne; Betriebsstatistiken; Produktions-/Investitionsprogramm. Im Falle einer Unternehmensübernahme gehören zu den erforderlichen Unterlagen auch Angaben über den potentiellen Erwerber und dessen Absichten im Hinblick auf die zukünftige Geschäftstätigkeit des Unternehmens.

Rechtlich nicht geklärt ist hingegen das Bestehen einer Vorlagepflicht für den Lagebericht (§ 289 HGB), für die Steuerbilanz und für den Konzernabschluss.

Die Unterrichtungspflicht entfällt nur dann, wenn durch die Auskunft ein Betriebs- oder Geschäftsgeheimnis gefährdet wird. Der Arbeitgeber entscheidet hier zunächst nach eigenem Ermessen. Bezweifelt der Wirtschaftsausschuss die Gefährdung von Betriebs- oder Geschäftsgeheimnissen, muss er den Betriebs- bzw. Gesamtbetriebsrat mit der Angelegenheit befassen. Kommt auch zwischen Arbeitgeber und Betriebs- bzw. Gesamtbetriebsrat keine Einigung zustande, kann die → *Einigungsstelle* angerufen werden, die verbindlich über die Auskunftpflicht entscheidet.

Nach § 109a BetrVG ist in Unternehmen, in denen kein Wirtschaftsausschuss besteht, im Fall der Übernahme des Unternehmens (§ 106 Abs. 3 Nr. 9a) der Betriebsrat zu beteiligen.

2.3 Wegfall des Wirtschaftsausschusses bei Verringerung der Belegschaft

Sinkt die Belegschaftsstärke in einem Unternehmen nicht nur vorübergehend auf weniger als 101 Arbeitnehmer ab, so endet auch automatisch das Amt des Wirtschaftsausschusses. Er besteht in diesem Fall nicht bis zur Beendigung der Amtszeit des Betriebsrats fort.

Betriebliche Übung

I. **Begriff**

II. **Gegenstand**

III. **Geltungsbereich**

IV. **Beendigung**

V. **Verhinderung einer betrieblichen Übung**

I. Begriff

Unter einer betrieblichen Übung versteht man die regelmäßige Wiederholung bestimmter Verhaltensweisen des Arbeitgebers über einen gewissen Zeitraum hinweg. Dabei ist entscheidend, dass der Arbeitnehmer aus diesem Verhalten ein Vertrauen entwickeln kann, dass der Arbeitgeber diese Praxis auch in der Zukunft beibehält. Somit entsteht aus dem rein tatsächlichen Verhalten des Arbeitgebers eine rechtliche Bindung, und zwar unabhängig davon, ob er sich der Tragweite seines Handelns bewusst ist. Maßgeblich ist, wie das Verhalten vom Arbeitnehmer verstanden werden durfte.

Beispiel:

Der Arbeitgeber der Privatwirtschaft hat drei Jahre lang den Mitarbeitern am Rosenmontag einen bezahlten freien Tag gewährt. Einen Vorbehalt, dass diese Regelung nur für das konkrete Jahr gilt, hat er nie erklärt. Hier ist eine betriebliche Übung entstanden, die ihn genauso bindet, als wenn eine entsprechende Klausel in den Arbeitsverträgen aufgenommen worden wäre.

Ein Anspruch kann nur entstehen, wenn das Verhalten gleichförmig ist.

Die dreimalige Wiederholung der Leistung reicht allerdings nur bei jährlich anfallenden Gratifikationen und sonstigen Leistungen. Bei anderen Sozialleistungen gibt es keine verbindliche Regel, ab welcher Anzahl von Leistungen ein Anspruch aus einer betrieblichen Übung entsteht. Es ist vielmehr auf Art, Dauer und Intensität der Leistung abzustellen und es hängt von der Häufigkeit der erbrachten Leistungen ab, welcher Zeitraum für das Entstehen eines Vertrauenstatbestandes notwendig ist. Maßgeblich ist die Zahl der Anwendungsfälle im Verhältnis zur Belegschaftsstärke. Darüber hinaus sind auch Art und Inhalt der Leistung zu bewerten. Bei Leistungen, die für die Arbeitnehmer weniger bedeutsam sind, muss man an die Zahl der Wiederholungen höhere Anforderungen stellen als bei wichtigeren Leistungen. So ist es z. B. nicht ausreichend, dass der Arbeitgeber in fünf Quartalen an insgesamt acht Arbeitnehmer Zuwendungen für das 25-jährige Jubiläum gezahlt hat, um einen Anspruch aus betrieblicher Übung zu begründen.

Beispiel:

Der Arbeitnehmer zahlt drei Jahre lang ein Weihnachtsgeld „nach Gutdünken" in unterschiedlicher Höhe. Hier fehlt es bereits an einem gleichförmigen Verhalten; eine betriebliche Übung ist nicht entstanden. Hätte er es jeweils in gleicher Höhe gezahlt, wäre nach dem dritten Jahr ein Anspruch auch auf künftige Leistung begründet worden. Eine betriebliche Übung soll aber möglich sein, wenn es nur einen „Ausreißer" gibt und in keinem Jahr der tarifliche Mindestbetrag für das Weihnachtsgeld unterschritten wurde (LAG Hamm v. 8.12.2011, Az. 15 Sa 1038/11, nicht rechtskräftig). Für einzelvertragliche Boni ist aber entschieden worden, dass ein Anspruch auch entstehen kann, wenn der Arbeitgeber regelmäßig ca. 45 % des Jahresgehalts am Jahresende zahlt (s. hierzu auch unter dem Stichwort → *Gratifikation*).

Wenn der Arbeitgeber die Gehälter seiner außertariflichen Angestellten in Anlehnung an die Tarifentwicklung des Vorjahrs erhöht hat, entsteht daraus keine betriebliche Übung und damit kein Anspruch auf eine entsprechende Erhöhung in den Folgejahren. Der Arbeitgeber muss noch nicht einmal die Möglichkeit der Erhöhung prüfen. Ein Anspruch kommt nur in Betracht, wenn es deutliche Anhaltspunkte im Verhalten des Arbeitgebers gibt, dass er auf Dauer die von den Tarifvertragsparteien ausgehandelten Erhöhungen übernehmen will (LAG Hamm v. 16.5.2012, Az. 10 Sa 974/11). Gleiches gilt für den Fall, dass der Arbeitgeber ein Gehalt zahlt, das auf dem Niveau des Tarifvertrages liegt.

Ist der Arbeitgeber nach dem Gesetz, Tarifvertrag oder aufgrund einer Betriebsvereinbarung zu einer bestimmten Leistung verpflichtet, kann ebenfalls **keine** betriebliche Übung entstehen. Er erfüllt mit seinem Verhalten lediglich einen bereits aus anderen Rechtsgründen bestehenden Anspruch. Daher kann kein Vertrauen dahin entstehen, dass er sich über seine Verpflichtungen hinaus rechtlich binden will.

Beispiel:

Der Arbeitgeber ist nach einer freiwilligen Betriebsvereinbarung verpflichtet, die Arbeitnehmer am Heiligen Abend bereits um 12 Uhr zu entlassen. Wird diese Betriebsvereinbarung gekündigt, haben die Arbeitnehmer keinen dahin gehenden Anspruch mehr. Ein Anspruch aus betrieblicher Übung könnte nur entstehen, wenn keine sonstige Anspruchsgrundlage für die Arbeitsbefreiung vorhanden wäre. Setzt der Arbeitgeber aber sein Verhalten nach der Kündigung der Betriebsvereinbarung drei Jahre lang fort, könnte ein neuer Anspruch aus einer betrieblichen Übung begründet werden. Jedoch hat hierzu das BAG entschieden, dass eine betriebliche Übung dann nicht entsteht, wenn der Arbeitgeber irrtümlich glaubte, zur Leistung verpflichtet zu sein. Zahlt der Arbeitgeber etwa Feiertagszuschläge für die Arbeit am Ostersonntag und Pfingstsonntag, weil er irrtümlich meint, dies seien gesetzliche Feiertage, kann daraus keine betriebliche Übung entstehen (LAG Hessen v. 9.5.2011, Az. 7 Sa 1698/10 für den Fall der vermeintlichen Erfüllung eines Tarifvertrages und LAG Köln v. 6.4.2011 für die Bezahlung von Pausenzeiten). Der Arbeitnehmer muss dabei im Einzelnen darlegen, dass aus seiner Sicht hinreichende Anhaltspunkte dafür bestanden haben, der Arbeitgeber wolle die Leistungen erbringen, ohne hierzu etwa durch einen Tarifvertrag verpflichtet zu sein (BAG v. 29.8.2012, Az. 10 AZR 571/11). Nur wenn die Arbeitnehmer in einem solchen Fall von einem fehlerhaften Tarifverständnis des Arbeitgebers ausgehen durften, entsteht keine betriebliche Übung.

Auch die bloße Leistung an einzelne Arbeitnehmer reicht noch nicht aus. Allerdings kann hier u. U. ein einzelvertraglicher Anspruch durch eine schlüssige Ergänzung des Arbeitsvertrages entstehen.

II. Gegenstand

Der Inhalt des durch die betriebliche Übung entstandenen Anspruchs kann ganz unterschiedlich sein. Jede für den Arbeitnehmer günstige Leistung kann darunter fallen, wie z. B.

▶ Gratifikationen,

▶ betriebliche Altersversorgung: Die bindende Wirkung einer betrieblichen Übung tritt hier auch gegenüber Arbeitnehmern ein, die zwar unter Geltung der Übung im Betrieb gearbeitet, selbst aber die Vergünstigung noch nicht erhalten haben, weil sie die nach der Übung erforderlichen Vo-

raussetzungen noch nicht erfüllt haben (BAG v. 15.5.2012, Az. 3 AZR 610/11).

▶ Transport der Arbeitnehmer zur Arbeitsstelle,

▶ Essenszuschuss,

▶ Anwendung des Tarifvertrags auf Arbeitnehmer, die nicht der Gewerkschaft angehören,

▶ bezahlte Freistellung an regionalen Festtagen oder an Geburtstagen,

▶ Nichtanrechnung von Tariferhöhungen auf Zulagen,

▶ Zahlung einer Zulage, obwohl die tariflichen Voraussetzungen nicht vorliegen,

▶ Betriebsausflug,

▶ Urlaubsübertragung bis zum Ende des Folgejahres,

▶ Beihilfen im Krankheitsfall, auch zugunsten von Betriebsrentnern.

Bei Fragen der Organisation des Betriebs kann jedoch in der Regel kein Vertrauen dahin entstehen, dass der Arbeitgeber eine bestimmte Praxis beibehält. In solchen Fällen ist es üblich, dass sich der Arbeitgeber auch dann eine Änderung vorbehält, wenn er eine gewisse Zeit lang z. B. den Beginn der betriebsüblichen Arbeitszeit auf eine bestimmte Uhrzeit festlegt.

Beispiel:

In einem betriebsratslosen Betrieb besteht seit Jahren ein Schichtsystem. Der Arbeitgeber möchte dies nun ändern. Hier ist nur ausnahmsweise dann eine betriebliche Übung entstanden, wenn mit dem bisherigen System erkennbar den Interessen der betroffenen Arbeitnehmer entsprochen werden sollte. Ansonsten kann der Arbeitgeber eine Änderung durch Ausübung seines Direktionsrechts herbeiführen.

Besteht die betriebliche Übung in der Gewährung verbilligter Leistungen der vom Arbeitgeber vertriebenen Produkte, so steht dies unter dem Vorbehalt, dass der Arbeitgeber diese Produkte auch weiterhin vertreibt. Stellt der Arbeitgeber z. B. den Flugbetrieb ein, muss er keine verbilligten Flugscheine einer anderen Fluggesellschaft für die Arbeitnehmer besorgen. Eine betriebliche Übung kann auch darin bestehen, die nicht tarifgebundenen Arbeitnehmer so zu behandeln wie diejenigen, die Mitglied der Gewerkschaft sind. Im Zweifel ist hier eine dynamische Gleichstellung verbunden, d. h. Änderungen des Tarifvertrages werden auch Inhalt der betrieblichen Übung. Dies kann etwa bei Restrukturierungstarifverträgen auch zu einer Verschlechterung der Ansprüche führen, wenn z. B. das tarifliche Weihnachtsgeld wegfällt.

Auch Ruheständler können Ansprüche auf betriebliche Altersversorgung nach diesen Grundsätzen erwerben, und zwar sowohl auf eine bestimmte Berechnungsweise ihrer Betriebsrente über § 16 BetrAVG hinaus als auch auf Zahlung eines 13. Ruhegehalts. Dies gilt grundsätzlich auch für Leistungen, die in der Versorgungsordnung nicht vorgesehen sind. Auch auf die Fortgewährung einer zunächst nicht vorgesehenen, aber im Laufe der Zeit üblich gewordenen Leistung darf der Arbeitnehmer vertrauen. Dabei kann die betriebliche Übung schon zu Zeiten der aktiven Tätigkeit des Arbeitnehmers begründet werden, um dann nach seinem Eintritt in den Ruhestand anspruchsbegründend zu wirken. Im Falle einer langjährigen betrieblichen Praxis, nach der Arbeitnehmer und Betriebsrentner Beihilfen im Krankheitsfall erhalten, liegt es nahe, dass sich beide Gruppen darauf einrichten, indem sie auf den Abschluss von Zusatzversicherungen verzichten, weil sie darauf vertrauen, dass eine entsprechende einheitlich praktizierte Leistungsgewährung nur nach Abwägung aller maßgeblichen Gesichtspunkte und schonend für alle verschlechtert wird und nicht von einzelnen Gruppen Sonderopfer verlangt werden. Dies gilt insbesondere für die Betriebsrentner, für die es mit

wirtschaftlich vertretbarem Aufwand in aller Regel nicht möglich ist, nachträglich Zusatzversicherungen abzuschließen. Daher kann ein Betriebsrentner grundsätzlich davon ausgehen, dass der Arbeitgeber die betriebliche Übung ihm gegenüber auch nach seinem Ausscheiden bei Eintritt des Versorgungsfalles fortführen wird.

III. Geltungsbereich

Ansprüche aus einer betrieblichen Übung können die Arbeitnehmer ableiten, die bei ihrer Begründung im Betrieb beschäftigt waren. Auch solche, die erst danach eingetreten sind, können die Leistung beanspruchen, wenn keine abweichende Vereinbarung im Arbeitsvertrag getroffen wurde.

Beispiel:

Es besteht eine betriebliche Übung, nach der keine Anrechnung von Tariferhöhungen auf Zulagen erfolgt. Diese hat sich bei den letzten drei Tariflohnerhöhungen herausgebildet. Wenn jetzt ein Arbeitnehmer neu eintritt, kann er sich auch auf diese Übung berufen, es sei denn, der Arbeitgeber hat in den Arbeitsvertrag aufgenommen, dass eine solche Anrechnung erfolgen kann.

Die betriebliche Übung muss sich räumlich nicht auf den Betrieb beziehen. Der Arbeitgeber kann sie auf das ganze Unternehmen ausdehnen oder auf einzelne Betriebsteile oder Arbeitnehmergruppen beschränken. Auch in einem von mehreren Unternehmen gebildeten Gemeinschaftsbetrieb kann sich eine betriebliche Übung entwickeln. Maßgeblich ist, bei welchen Arbeitnehmern sich ein Vertrauen auf die Fortführung dieses Verhaltens herausbilden konnte.

IV. Beendigung

Auf welche Weise der Arbeitgeber eine betriebliche Übung beenden kann, richtet sich danach, ob er die Leistungen bisher vorbehaltlos erbracht hat oder nicht. Bei einer vorbehaltlosen Gewährung benötigt er das Einverständnis der betroffenen Arbeitnehmer oder muss eine → Änderungskündigung aussprechen. Hat er sich den Widerruf der Leistung vorbehalten, kann er sie mit Wirkung für die Zukunft widerrufen.

Für diesen Widerruf ist nicht wie für die Änderungskündigung eine soziale Rechtfertigung erforderlich. Der Arbeitgeber muss jedoch beim Widerruf auch die berechtigten Interessen der davon Betroffenen in seine Erwägungen einbeziehen. Hat er bei der Gewährung der Leistung jeweils erklärt, dass sie freiwillig sei und auch bei wiederholter Leistung keinen Rechtsanspruch für die Zukunft begründe (s. u. V.), muss er keine Widerrufserklärung abgeben, sondern kann die Leistung schlicht einstellen.

Beispiel:

Der Arbeitgeber hat drei Jahre lang Weihnachtsgeld gezahlt und dabei in jedem Jahr extra erklärt, dass es sich um eine freiwillige Leistung handle, die keine Ansprüche für die Zukunft begründet. Im vierten Jahr muss er kein Weihnachtsgeld zahlen, ohne dass er eine besondere Erklärung abgeben muss.

Durch eine Betriebsvereinbarung kann eine betriebliche Übung nur dann beendet werden, wenn der Anspruch „betriebsvereinbarungsoffen" gestaltet wurde, d. h. ein Vorrang von Betriebsvereinbarungen vereinbart wurde. Es müsste dann eine Vereinbarung bestehen, wonach Vergütungsabreden unter dem Vorbehalt einer ablösenden Betriebsvereinbarung stehen. Dieser Vorbehalt muss auch hinreichend klar und transparent sein (LAG Rheinland-Pfalz v. 24.7.2012, Az. 3 Sa 82/12 – für die Gesamtzusage).

Formulierungsbeispiel:

Sämtliche Sonderzahlungen, die neben dem laufend gezahlten monatlichen Arbeitsentgelt erfolgen, auch sofern sie durch betriebliche Übung begründet worden sind, können durch eine Betriebsvereinbarung abgelöst werden, die auch Verschlechterungen enthalten kann. Diese Betriebsvereinbarung geht der Individualabrede vor.

✍ WICHTIG!

Da das BAG noch nicht über eine solche Klausel entschieden hat, ist dies nur ein Vorschlag, der noch keiner höchstrichterlichen Prüfung unterzogen wurde.

Eine betriebliche Übung endet auch bei einer Betriebsstilllegung. Allerdings bleiben die bis dahin entstandenen Ansprüche erhalten, auch in der Insolvenz.

✍ WICHTIG!

Das BAG hat seine Rechtsprechung aufgegeben, wonach eine sog. gegenläufige betriebliche Übung den Anspruch beseitigen kann. Es nützt dem Arbeitgeber also nichts mehr, wenn er seine Leistungen nach Entstehen der betrieblichen Übung unter einen Vorbehalt stellt. Auch die klaglose jahrelange Weiterarbeit nach Einstellung der Zahlung führt nicht zu einem Wegfall des Anspruchs (LAG Hamm v. 19.1.2012, Az. 8 Sa 1099/11), ebensowenig die Weiterarbeit nach der Ankündigung des Geschäftsführers, es werde kein Weihnachtsgeld mehr gezahlt und wem das nicht gefalle, solle sich einen anderen Arbeitsplatz suchen (LAG v. 12.12.2011, Az. 15 Sa 1036/11, nicht rechtskräftig). Auch ein Aushang am schwarzen Brett, wonach der Arbeitgeber seine Leistungen einstelle, entbindet ihn nicht von seinen Verpflichtungen. Das Schweigen der Arbeitnehmer stellt keine Annahme durch schlüssiges Verhalten dar (LAG Rheinland-Pfalz v. 16.8.2011, Az. 3 Sa 167/11).

V. Verhinderung einer betrieblichen Übung

Der Arbeitgeber kann das Entstehen eines auf einer betrieblichen Übung beruhenden Anspruchs dadurch ausschließen, dass er die Leistung jeweils mit einem Freiwilligkeitsvorbehalt versieht und darüber hinaus zum Ausdruck bringt, dass er sich nicht für die Zukunft binden möchte. So kann kein Vertrauen darauf entstehen, dass er auch in Zukunft ein gleichförmiges Verhalten an den Tag legen werde. Ein solcher Freiwilligkeitsvorbehalt benachteiligt den Arbeitnehmer nicht unangemessen. Die Klausel ist auch dann wirksam, wenn die Sonderzahlung ausschließlich im Bezugszeitraum geleistete Arbeit zusätzlich vergütet.

✎ Formulierungsbeispiel:
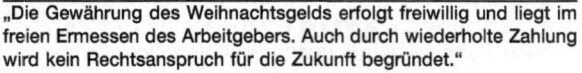
„Die Gewährung des Weihnachtsgelds erfolgt freiwillig und liegt im freien Ermessen des Arbeitgebers. Auch durch wiederholte Zahlung wird kein Rechtsanspruch für die Zukunft begründet."

Man kann allerdings eine Leistung nicht gleichzeitig als Anspruch und als freiwillige Leistung ausgestalten.

Ob ein solcher Vorbehalt von vornherein im Arbeitsvertrag vereinbart werden kann, ist nach neuerer Rechtsprechung zweifelhaft. Ein vertraglicher Freiwilligkeitsvorbehalt, der alle zukünftigen Leistungen unabhängig von ihrer Art und ihrem Entstehungsgrund erfasst, benachteiligt den Arbeitnehmer regelmäßig unangemessen (BAG v. 14.9.2011, Az. 10 AZR 526/10). Die bisher üblicherweise verwandten Formulierungen sind daher nicht mehr geeignet, eine betriebliche Übung zu verhindern. In der Literatur wird folgende Formulierung als noch zulässig angesehen:

✎ Formulierungsbeispiel:
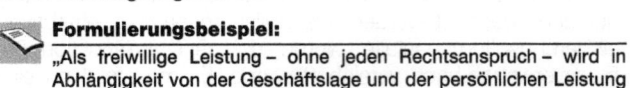
„Als freiwillige Leistung – ohne jeden Rechtsanspruch – wird in Abhängigkeit von der Geschäftslage und der persönlichen Leistung jeweils im November festgelegt, ob und in welcher Höhe ein Weihnachtsgeld gezahlt wird."

Eine Sonderzahlung mit Mischcharakter, die jedenfalls auch Vergütung für bereits erbrachte Arbeitsleistung darstellt, kann in Allgemeinen Geschäftsbedingungen nicht vom ungekündigten Bestand des Arbeitsverhältnisses zu einem Zeitpunkt außerhalb des Bezugszeitraums der Sonderzahlung abhängig gemacht werden (BAG v. 18.1.2012, Az. 10 AZR 612/10).

Im Zweifel muss der Arbeitnehmer beweisen, dass die Leistung vorbehaltlos erbracht wurde (LAG Hamm v. 11.4.2011, Az. 8 Sa 1582/09). Das Entstehen einer betrieblichen Übung kann durch die doppelte Schriftformklausel in einem Tarifvertrag verhindert werden. Gleiches gilt für eine doppelte Schriftformklausel im schriftlichen Arbeitsvertrag. Diese darf jedoch den Arbeitnehmer nicht dadurch unangemessen benachteiligen, indem sie den Eindruck vermittelt, auch alle mündlichen Abreden zugunsten des Arbeitnehmers seien unwirksam. Hier gilt nämlich, anders als bei der betrieblichen Übung, der Vorrang der einzeln ausgehandelten Vertragsbedingung vor dem standardmäßig vorformulierten Arbeitsvertrag.

✎ Formulierungsbeispiel:
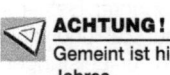
Änderungen und Ergänzungen des Arbeitsvertrages müssen schriftlich erfolgen. Dies gilt auch für die Aufhebung dieser Schriftformvereinbarung. Davon unberührt bleibt der Vorrang individueller Vereinbarungen i. S. v. § 305b BGB.

Betriebliches Eingliederungsmanagement

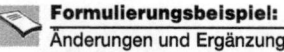

I. **Begriff und Zweck**

II. **Beteiligte Personen und Stellen**

III. **Datenschutz**

IV. **Maßnahmen/Unterstützung durch Dritte**

V. **Checkliste**

I. Begriff und Zweck

Sind Beschäftigte innerhalb eines Jahres länger als sechs Wochen ununterbrochen oder wiederholt arbeitsunfähig, klärt der Arbeitgeber nach § 84 Absatz 2 SGB IX mit Zustimmung und Beteiligung der betroffenen Personen und den zuständigen Interessenvertretungen wie die Arbeitsunfähigkeit überwunden, wie erneuter Arbeitsunfähigkeit vorgebeugt und der Arbeitsplatz erhalten werden kann (Betriebliches Eingliederungsmanagement – BEM).

▷ ACHTUNG!

Gemeint ist hier nicht das Kalenderjahr, sondern der Zeitraum eines Jahres.

Mit dem betrieblichen Eingliederungsmanagement wird der Arbeitgeber in die Pflicht genommen, sich frühzeitig mit den im Betrieb vorhandenen Akteuren und Strukturen unter Nutzung der spezifischen Potentiale um die dauerhafte Wiedereingliederung langzeitkranker Beschäftigter zu kümmern. Die gesetzliche Verpflichtung zum BEM soll durch geeignete gesundheitliche Präventionsmaßnahmen das Arbeitsverhältnis dauerhaft sichern, da eine Kündigung aus gesundheitlichen Gründen häufig zu Langzeitarbeitslosigkeit führt.

Um diesen Anforderungen gerecht werden zu können, muss der Arbeitgeber eine Struktur aufbauen, um gezielt die Mitarbeiter zu erreichen, für die ein Eingliederungsmanagement in Frage kommt. Das BEM gilt für alle Beschäftigte, nicht nur für schwerbehinderte Menschen.

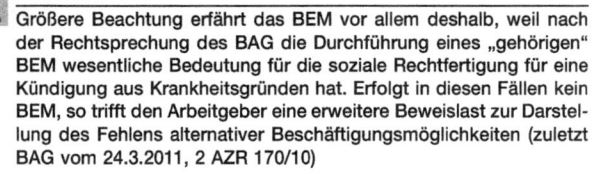
WICHTIG!

Größere Beachtung erfährt das BEM vor allem deshalb, weil nach der Rechtsprechung des BAG die Durchführung eines „gehörigen" BEM wesentliche Bedeutung für die soziale Rechtfertigung für eine Kündigung aus Krankheitsgründen hat. Erfolgt in diesen Fällen kein BEM, so trifft den Arbeitgeber eine erweiterte Beweislast zur Darstellung des Fehlens alternativer Beschäftigungsmöglichkeiten (zuletzt BAG vom 24.3.2011, 2 AZR 170/10)

BEM ist ein betrieblicher Gestaltungsauftrag, das Gesetz gibt nur die wenige Eckpunkte vor. Es handelt sich vom Grundsatz her um ein Hilfsangebot des Arbeitgebers an die Beschäftigten, mit der Verpflichtung des Arbeitgebers das BEM zu organisieren.

II. Beteiligte Personen und Stellen

Der Arbeitgeber hat den Betroffenen auf ein BEM anzusprechen, dessen Teilnahme ist aber freiwillig. Wenn die Zustimmung und Beteiligung nicht erteilt wird, dürfen für den Betroffenen daraus keine, insbesondere arbeitsrechtlichen, Nachteile entstehen (Benachteiligungsverbot siehe Checkliste). Dies unterscheidet das BEM auch von Fehlzeiten- oder Rückkehrgesprächen nach Krankenstand, die regelmäßig verpflichtend durchgeführt werden.

Die Durchführung eines BEM ist keine Voraussetzung für eine krankheitsbedingte Kündigung, verändert wird allerdings die Darlegungs- und Beweislast. In einem Prozess über die Zulässigkeit einer krankheitsbedingten Kündigung bleibt bei einer Verweigerung des Betroffenen die Darlegungs- und Beweislast der alternativen Beschäftigung bei ihm.

Die konkrete Suche nach den Möglichkeiten einer gesundheitsgerechten Beschäftigung des Betroffenen im Betrieb ist eine gemeinsame Aufgabe von Arbeitgeber, Betroffenen, Betriebsrat und ggf. Schwerbehindertenvertretung. Das BEM unterliegt daher der Mitbestimmung des Betriebsrates (z. B. § 87 Abs. 1 Nr. 1; 7 BetrVG)

TIPP!

Für die Festlegung der Regelungsinhalte insbesondere des Verfahrensablaufs des BEM (siehe Checkliste) bietet sich der Abschluss einer Betriebsvereinbarung an.

Gibt der Betroffene seine Zustimmung, so nehmen an einem BEM-Gespräch in der Regel teil:

▸ Arbeitgeberbeauftragte/r

▸ der betroffene Beschäftigte

▸ Interessenvertretung

▸ Schwerbehindertenvertrauensperson

▸ Optional: Betriebsarzt oder externe Vertrauensperson

III. Datenschutz

Um ein BEM erfolgreich durchführen zu können, werden einige sensible Daten des Betroffenen zusammengetragen und erörtert. Zum Schutz seiner Persönlichkeitsrechte ist der betroffene Beschäftigte über Art und Umfang der für das BEM erhobenen und verwendeten Daten zu informieren (§ 84 Absatz 2 Satz 3 SGB IX). Die Daten dürfen nur zum Zweck des BEM verwendet und nicht zur Personalakte genommen werden. In der Personalakte wird nur aufgenommen, dass ein BEM angeboten, angenommen oder abgelehnt wurde. Die BEM-Akte ist getrennt von der Personalakte verschlossen aufzubewahren. Wenn der Zweck des BEM-Verfahrens erfüllt ist, ist die BEM-Akte zu vernichten oder dem Beschäftigten auszuhändigen.

TIPP!

Gesetzliche Aufbewahrungspflichten für BEM-Unterlagen gibt es nicht. Es empfiehlt sich daher, dazu klare Regelungen in eine Betriebsvereinbarung (s. Checkliste) aufzunehmen.

IV. Maßnahmen/Unterstützung durch Dritte

In vielen Fällen ist für ein realistisches und erfolgreiches BEM die Prüfung hilfreich, ob Hilfen aus den sozialen Sicherungssystemen in Anspruch genommen werden können, wie z. B. Zuschüsse zu Arbeitshilfen oder Hilfen zur behinderungsgerechten Einrichtung des Arbeitsplatzes. Kommen solche Leistungen zur Teilhabe oder begleitende Hilfen im Arbeitsleben in Betracht sollten sich die Arbeitgeber an die gemeinsamen Servicestellen der Rehabilitationsträger oder direkt an den zuständigen Rehabilitationsträger (z. B. Rentenversicherungsträger, Krankenkassen, Berufsgenossenschaften, Agenturen für Arbeit) sowie bei schwerbehinderten Beschäftigten an das Integrationsamt wenden.

WICHTIG!

Eine Kostenübernahme ist nur möglich, wenn ein Antrag gestellt wurde, bevor Kosten entstanden sind.

TIPP!

Daneben können die Rehabilitationsträger die generelle Einführung des BEM, die über das gesetzliche Mindestmaß hinausgehen, mit Prämien oder einem Bonus wie beispielsweise Ermäßigung von Sozialversicherungsbeiträgen fördern.

V. Checkliste

Durch eine Betriebsvereinbarung sollten unter anderem folgende Inhalte festgelegt werden:

❑ Ziele des BEM

❑ Konzeption des BEM als Managementsystem

❑ Benachteiligungsverbot; Formulierungsbeispiel: „Nachteile, insbesondere arbeitsrechtliche Konsequenzen dürfen einem Arbeitnehmer, der der Teilnahme an einem BEM nicht zustimmt, nicht entstehen"

❑ Umfang und Struktur der Erhebung von krankheitsbedingten Fehlzeiten

❑ Kontaktaufnahme mit dem betroffenen Beschäftigten

❑ Regelungen zur Zusammenarbeit der Verantwortlichen z. B. durch Bildung eines Integrationsteams (Beauftragter des Arbeitgebers, Beauftragter des Betriebsrates, Schwerbehindertenvertretung, ggf Betriebsarzt)

❑ Regelungen zur Beteiligung interner und externer Fachkräfte (z. B. Ausbildungsleitung, Sicherheitsfachkraft, Integrationsamt, Reha-Träger)

❑ Qualifizierungsmaßnahmen z. B. der Vorgesetzten

❑ Datenschutz: Ausgestaltung der Zustimmung und Beteiligung der betroffenen Personen sowie der Umgang mit den Daten eines BEM-Verfahrens

❑ Dokumentation des Verfahrens

Weitere Informationen im Internet abrufbar unter: http://www.deutsche-rentenversicherung.de/Allgemein/de/Inhalt/3_Fachbereiche/02_arbeitgeberundsteuerberater/07_bem/bem_index_html

Betriebsänderung

I. Begriff und Abgrenzung

II. Formen
1. Einschränkung und Stilllegung
2. Verlegung
3. Grundlegende Änderungen
4. Einführung grundlegend neuer Arbeitsmethoden

III. Rechte des Betriebsrats
1. Allgemeine Voraussetzungen
2. Unterrichtung und Beratung
3. Interessenausgleich
   3.1 Vereinbarung
   3.2 Inhalt
   3.3 Vermittlung
4. Sozialplan
   4.1 Voraussetzungen
   4.2 Form und Rechtswirkungen
   4.3 Inhalt
   4.4 Erzwingbarkeit
   4.5 Zuschüsse zu Sozialplänen

IV. Rechte des Arbeitnehmers
1. Nachteilsausgleich
   1.1 Abweichung vom Interessenausgleich
   1.2 Unterlassener Interessenausgleich
2. Sozialplan

I. Begriff und Abgrenzung

In Unternehmen mit in der Regel mehr als 20 wahlberechtigten Arbeitnehmern hat der Arbeitgeber den Betriebsrat über geplante Betriebsänderungen, die wesentliche Nachteile für die Belegschaft oder erhebliche Teile der Belegschaft zur Folge haben können, rechtzeitig und umfassend zu unterrichten und die geplanten Betriebsänderungen mit dem Betriebsrat zu beraten (§ 111 BetrVG).

ACHTUNG!
Leiharbeitnehmer sind ebenso wie betriebsangehörige Arbeitnehmer bei der Feststellung der Unternehmensgröße mitzuzählen, wenn sie zu den „in der Regel" Beschäftigten gehören. Insoweit kommt es darauf an, ob sie normalerweise während des größten Teils eines Jahres, d. h. länger als sechs Monate beschäftigt werden (BAG v. 18.10.2011, Az. 1 AZR 335/10).

Unter einer Betriebsänderung versteht man alle Änderungen im Betrieb, die Organisation, Struktur, Tätigkeitsbereiche, Arbeitsweise oder Arbeitsablauf betreffen. Hierzu gehört auch der bloße Personalabbau, selbst wenn keine sonstigen Organisations- oder Strukturänderungen im Betrieb stattfinden.

Keine Betriebsänderung ist der → Betriebsübergang, da der Erwerber des Betriebs oder des Betriebsteils in die Arbeitsverhältnisse eintritt. Auch die Unternehmensaufspaltung ist – soweit sie keine unmittelbare Auswirkung auf die Betriebsorganisation hat – keine Betriebsänderung. Bei Zusammenschlüssen von Unternehmen (Fusionen) oder Umwandlung juristischer Personen kommt es darauf an, inwieweit diese Vorgänge tatsächlich zu Organisations- oder Strukturänderungen des Betriebs führen.

Wenn sich aus beabsichtigten Betriebsänderungen **wesentliche Nachteile** für die gesamte Belegschaft (oder erhebliche Teile hiervon) ergeben können, besteht ein Mitbestimmungsrecht des Betriebsrats. Wesentliche Nachteile können z. B. sein:

▶ Erschwerung der Arbeit,
▶ Verdienstminderungen,
▶ längere Anfahrtswege bzw. -zeiten,
▶ erhöhte Fahrtkosten,
▶ doppelte Haushaltsführung,
▶ nachteilige Versetzungen oder
▶ betriebsbedingte Entlassungen.

II. Formen

1. Einschränkung und Stilllegung

Die Einschränkung oder komplette Stilllegung des gesamten Betriebs oder wesentlicher Betriebsteile stellt eine mitbestimmungspflichtige Betriebsänderung dar (§ 111 Satz 2 Nr. 1 BetrVG). Unter einer Stilllegung wird die vollständige Aufgabe des Betriebszwecks und die Auflösung der betrieblichen Organisation verstanden, sofern dies nicht nur für eine vorübergehende Zeit erfolgt.

Eine Betriebseinschränkung liegt vor, wenn zwar der Betriebszweck weiterverfolgt wird, aber eine Reduzierung der Betriebsleistung erfolgt (Reduzierung der Produktion um 50 %). Es handelt sich auch dann um eine mitbestimmungspflichtige Betriebseinschränkung, wenn zwar die sachlichen Produktionsmittel (z. B. Maschinen) beibehalten werden, aber eine erhebliche Personalreduzierung erfolgt.

Von einer erheblichen Personalreduzierung kann immer nur dann gesprochen werden, wenn wenigstens 5 % der Gesamtbelegschaft betroffen sind. Die Rechtsprechung geht – unter Berücksichtigung der gesetzlichen Regelung zur Massenentlassung (§ 17 Abs. 1 KSchG) – im Einzelnen von folgenden Zahlen aus:

Betriebsgröße	zu entlassende Arbeitnehmer
21 bis 59 Arbeitnehmer	mindestens 6
60 bis 499 Arbeitnehmer	mindestens 10 % oder 26
500 bis 599 Arbeitnehmer	mindestens 30
mehr als 600 Arbeitnehmer	mindestens 5 %

Ist diese Mindestzahl erreicht, liegt eine erhebliche Personalreduzierung vor.

Beispiel:
Soll eine zu einem Supermarkt (mit 230 Arbeitnehmern) gehörende Gaststätte, in der 20 Personen beschäftigt werden, stillgelegt werden, handelt es sich nicht um eine mitbestimmungspflichtige Betriebsänderung, da kein wesentlicher Betriebsteil betroffen ist (BAG v. 21.10.1980). Wären 24 Arbeitnehmer in der Gaststätte beschäftigt, wäre von einer erheblichen – und somit mitbestimmungspflichtigen – Personalreduzierung auszugehen.

2. Verlegung

Die Verlegung des ganzen Betriebs oder von wesentlichen Teilen an einen anderen Ort ist eine mitbestimmungspflichtige Betriebsänderung (§ 111 Satz 2 Nr. 2 BetrVG). Von einer Verlegung kann immer nur dann gesprochen werden, wenn die Ortsveränderung mit nicht ganz unerheblichen Erschwernissen für die Belegschaft verbunden ist. So reicht der Umzug des

Betriebs auf die andere Straßenseite nicht aus. Eine Verlegung von einem Stadtteil in den anderen oder vom Zentrum an den Stadtrand löst jedoch das Mitbestimmungsrecht aus.

Werden wesentliche Teile der Belegschaft am neuen Arbeitsort nicht weiterbeschäftigt, so handelt es sich um eine Betriebsstilllegung und anschließenden Neuerrichtung des Betriebs. Dies wird bei der Verlegung eines Betriebes in eine andere Region oder ins Ausland i. d. R. der Fall sein.

Wenn aus zwei oder mehreren Betrieben ein neuer Betrieb gebildet werden soll oder ein bestehender Betrieb einen anderen Betrieb aufnimmt, liegt ein mitbestimmungspflichtiger Zusammenschluss (§ 111 Satz 2 Nr. 3 BetrVG) vor.

Wird ein Betriebsteil umstrukturiert, um ihn auf ein anderes Unternehmen zu übertragen, liegt in der organisatorischen Spaltung des Betriebs eine mitbestimmungspflichtige Betriebsänderung (§ 111 Satz 2 Nr. 3 BetrVG) vor.

3. Grundlegende Änderungen

Grundlegende Änderungen

▸ der Betriebsorganisation,

▸ des Betriebszwecks oder

▸ der Betriebsanlagen

sind auch dann mitbestimmungspflichtig, wenn sie auf einer Veränderung der Marktlage beruhen (§ 111 Satz 2 Nr. 4 BetrVG).

Der Übergang von Einzel- zu Großraumbüros, von der manuellen Personalverwaltung zur EDV, von der Dezentralisation zur Zentralisation stellt eine grundlegende Änderung der **Betriebsorganisation** dar.

Von einer grundlegenden Änderung des **Betriebszwecks** kann nur dann ausgegangen werden, wenn die Produktpalette völlig geändert wird (z. B. Fahrräder statt Autos), nicht dagegen bei der bloßen Erweiterung der Betriebsanlagen.

Eine Änderung der **Betriebsanlagen** setzt voraus, dass die technische Ausrüstung des Betriebs vollständig geändert wird. Der Austausch von veralteten oder abgenutzten Maschinen durch neue reicht hierzu nicht.

4. Einführung grundlegend neuer Arbeitsmethoden

Die Einführung grundlegend neuer Arbeitsmethoden und Fertigungsverfahren stellt auch dann eine mitbestimmungspflichtige Betriebsänderung dar, wenn die Arbeitsmethode nur dem technischen Fortschritt angepasst wird (§ 111 Satz 2 Nr. 5 BetrVG).

Entscheidend ist, ob die Arbeits- und Fertigungsmethoden dem konkreten Betrieb neu sind. So kann z. B. im Übergang von Einzel- zu Serienfertigungen oder von Fließband- zu Gruppenarbeit die Einführung grundlegend neuer Arbeitsmethoden gesehen werden.

III. Rechte des Betriebsrats

1. Allgemeine Voraussetzungen

Ein Beteiligungsrecht des Betriebsrats besteht nur in Unternehmen (zur Abgrenzung vgl. Betriebsrat II.1.) mit in der Regel mehr als 20 wahlberechtigten Arbeitnehmern und immer nur dann, wenn durch die beabsichtigte Betriebsänderung wesentliche Nachteile für die Belegschaft oder erhebliche Teile der Belegschaft entstehen können.

Hiervon wird in den unter II. genannten Fällen der Betriebsänderung immer ausgegangen.

ACHTUNG!
Bei der Ermittlung des Schwellenwerts von mehr als 20 wahlberechtigten Arbeitnehmern sind Leiharbeitnehmer, die länger als drei Monate im Unternehmen eingesetzt sind, zu berücksichtigen, obwohl sie nicht in einem Arbeitsverhältnis zum Entleiher stehen (BAG v. 18.10.2011, Az. 1 AZR 335/10).

2. Unterrichtung und Beratung

Plant der Arbeitgeber eine Betriebsänderung, muss er den Betriebsrat hierüber rechtzeitig und umfassend unterrichten und die geplante Betriebsänderung mit ihm beraten.

ACHTUNG!
In Unternehmen mit mehr als 300 Arbeitnehmern kann sich der Betriebsrat seit dem 28.7.2001 durch einen externen Berater (auf Kosten des Arbeitgebers) unterstützen lassen. Unabhängig von etwaigen beruflichen Verschwiegenheitspflichten (z. B. eines Rechtsanwalts), unterliegt der Berater einer besonderen gesetzlichen Schweigepflicht (§ 120 BetrVG).

Die Pflicht zur Unterrichtung des Betriebsrats trifft den Unternehmer, also die natürliche oder juristische Person oder die Personengesellschaft, die Inhaber des Betriebs ist. Handelt es sich hierbei um ein konzernabhängiges Unternehmen, so kann sich dessen Geschäftsführung/Vorstand nicht auf seine mangelnde Kenntnis oder Zuständigkeit für die beabsichtigten Maßnahmen berufen. In diesem Fall ist nämlich dann der Vorstand bzw. die Geschäftsführung des herrschenden Unternehmens zur Unterrichtung und ggf. zur Verhandlung über Interessenausgleich und Sozialplan verpflichtet.

Die Unterrichtung des Betriebsrats braucht erst dann zu erfolgen, wenn die geplante Betriebsänderung konkrete Züge angenommen hat. Die Entscheidung darf zu diesem Zeitpunkt jedoch noch nicht gefallen sein. Rechtzeitig ist die Unterrichtung nämlich nur dann, wenn noch Zeit für die Beratung und die nachfolgenden Entscheidungen (insbesondere zum Abschluss eines Interessenausgleichs und Sozialplans) besteht.

Der Zeitpunkt der Unterrichtung ist bei juristischen Personen spätestens dann erreicht, wenn der Vorstand oder die Geschäftsführung sich zu einer Maßnahme entschlossen hat, auch wenn hierzu noch nicht die Genehmigung des Aufsichtsrats, der Gesellschafterversammlung oder eines ähnlichen Gremiums vorliegt. Die Unterrichtung ist immer dann verspätet, wenn der Arbeitgeber schon mit der Durchführung der Maßnahmen begonnen hat oder wenn die Maßnahme schon von allen maßgeblichen Organen des Unternehmens beschlossen wurde.

Umfassend ist die Unterrichtung nur, wenn die Ursachen der geplanten Betriebsänderung und die bisherigen sowie künftigen Entwicklungen aufgrund der geplanten Maßnahmen und deren Auswirkungen auf die Belegschaft im Einzelnen mitgeteilt werden. Hierzu gehören insbesondere Inhalt, Umfang, Auswirkung, Gründe und Zeitplan der beabsichtigten Betriebsänderung.

Der Betriebsrat muss in die Lage versetzt werden, sich von den geplanten Maßnahmen und deren Auswirkungen ein vollständiges Bild machen zu können. Hat der Arbeitgeber zwischen mehreren Alternativen von Betriebsänderungen gewählt, muss er diese im Einzelnen darlegen und begründen, warum er sich für die beabsichtigte Maßnahme entschieden hat.

Im Rahmen seiner Unterrichtungspflichten muss der Arbeitgeber dem Betriebsrat auf Verlangen jederzeit die zur Durchführung seiner Aufgaben erforderlichen Unterlagen zur Verfügung stellen. Hierzu zählen insbesondere Gutachten von Unternehmensberatern, Wirtschaftsprüferberichte und Bilanzen. Der Arbeitgeber braucht aber nur die Unterlagen zur Verfügung zu stellen, die er selbst zur Verfügung hat.

 **ACHTUNG!**

Ein Verstoß gegen die Unterrichtungs- und Beratungspflicht führt zwar nicht zur Unwirksamkeit der Betriebsänderung; es können hierdurch jedoch finanzielle Ansprüche der einzelnen Arbeitnehmer (Nachteilsausgleich) ausgelöst und Geldbußen gegen den Arbeitgeber verhängt werden. Außerdem kann der Betriebsrat die Unterlassung konkreter organisatorischer Maßnahmen des Arbeitgebers im einstweiligen Verfügungsverfahren geltend machen (BAG v. 3.5.1994, Az. 1 ABR 24/93; LAG Thüringen v. 18.3.2003, Az. 1 Ta 104/03; LAG Köln v. 19.3.2004, Az. 8 TaBV 13/04).

3. Interessenausgleich

3.1 Vereinbarung

Neben der Unterrichtungs- und Beratungspflicht soll zwischen dem Arbeitgeber und dem Betriebsrat ein Interessenausgleich stattfinden (§ 112 Abs. 1 Satz 1 BetrVG). Der Interessenausgleich soll als Regelung zwischen Betriebsrat und Unternehmer klären, ob, wann und in welcher Weise die vorgesehene Betriebsänderung durchgeführt werden soll. Hierbei sind alle Fragen zu erörtern, die die organisatorische Durchführung einer Betriebsänderung betreffen. Zum Interessenausgleich gehört daher die Klärung, ob Arbeitnehmer entlassen, versetzt oder umgeschult werden. Ob und wieweit den Arbeitnehmern hierfür ein wirtschaftlicher Ausgleich eingeräumt wird, ist Frage des Sozialplans (s. u. 4.).

Der Interessenausgleich ist ein Vertrag zwischen Arbeitgeber und Betriebsrat, der (anders als eine Betriebsvereinbarung und der Sozialplan) nicht direkt auf die einzelnen Arbeitsverhältnisse wirkt. Deshalb hat der einzelne Arbeitnehmer aus dem Interessenausgleich auch keine unmittelbaren Rechte.

Nur wenn der Arbeitgeber von einem Interessenausgleich ohne zwingenden Grund abweicht, können diejenigen Arbeitnehmer, die infolge der Abweichung entlassen werden, Klage auf Abfindung erheben (§ 113 Abs. 1 BetrVG). Auch sonstige Nachteile sind dem Arbeitnehmer zu erstatten, wenn diese infolge einer Abweichung vom Interessenausgleich entstanden sind.

Der Interessenausgleich ist schriftlich niederzulegen und vom Unternehmer und dem Betriebsrat zu unterschreiben. Von Seiten des Betriebsrats ist die Unterschrift des Betriebsratsvorsitzenden ausreichend.

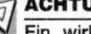 **ACHTUNG!**

Ein wirksamer Interessenausgleich setzt nach § 112 BetrVG die schriftliche Niederlegung und die Unterzeichnung durch die Betriebsparteien voraus. Ein mündlich vereinbarter Interessenausgleich ist unwirksam.

Der Arbeitgeber muss vor der Durchführung einer Betriebsänderung alle Möglichkeiten zur Herbeiführung eines wirksamen Interessenausgleichs ausschöpfen. Mit formlosen Mitteilungen des Betriebsratsvorsitzenden, der Betriebsänderung werde zugestimmt oder ein Interessenausgleich sei überflüssig, darf er sich nicht begnügen. Falls der Betriebsrat die Zustimmung zur Betriebsänderung beschlossen hat, muss der Arbeitgeber im eigenen Interesse die schriftliche Niederlegung verlangen. Erforderlichenfalls muss er die Einigungsstelle anrufen (BAG v. 26.10.2004, Az. 1 AZR 493/03). Führt der Arbeitgeber Maßnahmen der Betriebsänderung (z. B. Kündigungen oder Entfernung von Betriebsanlagen) aus, bevor er alle Möglichkeiten zur Herbeiführung eines wirksamen Interessenausgleichs ausgeschöpft hat, so steht dem Betriebsrat nach überwiegender Rechtsprechung ein Anspruch auf Unterlassung dieser Maßnahmen zu, der ggf. auch im Wege eines einstweiligen Verfügungsverfahrens durchgesetzt werden kann.

3.2 Inhalt

Der Inhalt eines Interessenausgleichs ist gesetzlich nicht geregelt. Er sollte jedoch möglichst konkrete und genaue Angaben

enthalten, sodass keine nachträglichen Auslegungsprobleme entstehen. Mögliche Inhalte des Interessenausgleichs sind:

▸ Zeitplan über konkrete betriebliche Änderungen,

▸ stufenweise Entlassungen,

▸ Kündigungsverbote,

▸ Aufhebungsverträge,

▸ Versetzungs- und Umschulungspflichten.

Einzelne personelle Maßnahmen müssen im Interessenausgleich nicht enthalten sein.

 WICHTIG!

Im Falle von betriebsbedingten Kündigungen ist dringend zu empfehlen, die betroffenen Arbeitnehmer im Interessenausgleich namentlich zu benennen. Seit dem 1.1.2004 wird nämlich gesetzlich vermutet, dass die Kündigung von den in einer solchen Namensliste genannten Arbeitnehmern durch dringende betriebliche Erfordernisse gerechtfertigt ist (§ 1 Abs. 5 KSchG). Die soziale Auswahl der namentlich genannten Arbeitnehmer kann von den Arbeitsgerichten nur auf grobe Fehlerhaftigkeit überprüft werden. Wichtig ist jedoch, dass in der Namensliste nur solche Mitarbeiter genannt werden, die (aus der Sicht der Betriebsparteien) aufgrund der dem Interessenausgleich zu Grunde liegenden Betriebsänderung (und nicht aus anderen Gründen) zu kündigen sind (BAG v. 26.3.2009, Az. 2 AZR 296/07). Ein Verstoß gegen das Verbot der Altersdiskriminierung bei der Aufstellung einer Namensliste i. S. d. § 1 Abs. 5 Satz 1 KSchG lässt die gesetzliche Vermutung des Vorliegens dringender betrieblicher Bedürfnisse für die betreffenden Kündigungen nicht entfallen. Der Verstoß kann allerdings zu einer groben Fehlerhaftigkeit der Sozialauswahl i. S. d. § 1 Abs. 5 Satz 2 KSchG führen.

Die Aufnahme einer solchen Namensliste in den Interessenausgleich führt zu erheblichen Kündigungserleichterungen. Zum einen führt dies zu einer sog. Beweislastumkehr; d. h. der gekündigte (in der Namensliste genannte) Arbeitnehmer muss in einem Kündigungsschutzprozess beweisen, dass die „gesetzlich vermuteten" dringenden betrieblichen Gründe für die Kündigung nicht vorliegen. Dies wird ihm i. d. R. kaum gelingen. Zum anderen kann die von den Betriebsparteien (Arbeitgeber und Betriebsrat) zugrunde gelegte soziale Auswahl der betroffenen Arbeitnehmer nur dann arbeitsgerichtlich beanstandet werden, wenn sie „jede Ausgewogenheit" (so der Gesetzgeber) vermissen lässt.

Die Erfolgsaussichten einer Kündigungsschutzklage werden durch diese gesetzlichen Regelungen bei Betriebsänderungen erheblich reduziert. Nur wenn der Arbeitnehmer beweisen kann, dass sich die Sachlage nach Zustandekommen des Interessenausgleichs wesentlich geändert hat, gelten die Kündigungserleichterungen nicht (§ 1 Abs. 5 Satz 3 KSchG) und die Beweislast für die Kündigungsgründe und die soziale Auswahl verbleibt (wie bei anderen betriebsbedingten Kündigungen) beim Arbeitgeber.

Von einer wesentlichen Änderung der Sachlage ist auszugehen, wenn die Betriebsänderung, auf die sich der Interessenausgleich bezieht, nicht mehr durchgeführt wird oder die Zahl der dort vorgesehenen Kündigungen erheblich verringert wird.

 ACHTUNG!

Die Beweislastumkehr gilt nicht bei außerordentlichen Kündigungen; und zwar auch dann nicht wenn diese betriebsbedingt sind und z. B. deshalb erfolgen, weil die im Interessenausgleich genannten Arbeitnehmer ordentlich unkündbar sind (BAG v. 28.5.2009, Az. 2 AZR 844/07).

 WICHTIG!

Ein Interessenausgleich über eine geplante Betriebsänderung ist schriftlich niederzulegen und vom Unternehmer und vom Betriebsrat zu unterschreiben. Das gesetzliche Schriftformerfordernis ist bezüglich der Namensliste jedoch auch dann erfüllt, wenn diese gemeinsam mit dem Interessenausgleich eine Urkunde bildet. Ausreichend ist es jedenfalls, wenn die Haupturkunde (= der Interessenausgleich) unterschrieben, in ihr auf die nicht unterschriebene Anlage ausdrücklich Bezug genommen wird und die Haupturkunde und die nachfolgende Anlage (= Namensliste) mittels Heftmaschine körperlich derart zu einer einheitlichen Urkunde verbunden wird, dass eine Lösung nur durch Gewaltanwendung (lösende Heftklammer) möglich ist (BAG v. 6.7.2006, Az. 2 AZR 520/05). Im Augenblick der Unterzeichnung müssen die beiden Schriftstücke jedoch als einheitliche Urkunde äußerlich erkennbar werden. Die erst nach Unterzeichnung erfolgte Zusammenheftung genügt daher dem Schriftformerfordernis nicht (BAG a.a.O.). Wird die Namensliste getrennt von dem Interessenausgleich erstellt, reicht es gem. BAG v. 26.3.2009, Az. 2 AZR 296/07 aus, wenn sie von den Betriebsparteien unterzeichnet ist und in ihr oder im Interessenausgleich auf sie Bezug genommen ist. Ein Interessenausgleich kann auch noch nach seinem Abschluss zeitnah um eine Namensliste ergänzt werden (BAG a.a.O.).

3.3 Vermittlung

Kommt ein Interessenausgleich nicht zustande, können Arbeitgeber oder Betriebsrat den Vorstand der Bundesagentur für Arbeit um Vermittlung bitten (§ 112 Abs. 2 BetrVG). Der Vorstand braucht die Vermittlung nicht selbst vorzunehmen, sondern kann hiermit einen Mitarbeiter aus seiner Behörde beauftragen (das ist der Regelfall). Es muss jedoch in jedem Fall ein Vermittlungsversuch unternommen werden. Um Nachteile zu vermeiden, sollte der Arbeitgeber sich auf den Vermittlungsversuch einlassen bzw. zumindest Stellung nehmen.

Wird von einer Einschaltung Externer beidseitig abgesehen oder bleibt sein Vermittlungsversuch ergebnislos, können sowohl der Arbeitgeber als auch der Betriebsrat die → *Einigungsstelle* anrufen.

 **ACHTUNG!**

Bis zum Abschluss der Verhandlungen über einen Interessenausgleich, der sowohl im Vertragsabschluss als auch im endgültigen Scheitern der Verhandlungen liegen kann, kann gegen den Willen des Betriebsrats keine Betriebsänderung durchgeführt werden. Der Betriebsrat kann sich u. U. hiergegen im Wege einer einstweiligen Unterlassungsverfügung wehren (LAG Thüringen v. 18.3.2003, Az. 1 Ta 104/03; LAG Hamm v. 28.8.2003, Az. 13 TaBV 127/03; LAG München v. 22.12.2008, Az. 6 TaBVGa 6/08).

4. Sozialplan

Unabhängig davon, ob ein Interessenausgleich versucht, abgeschlossen, gescheitert oder überhaupt unterblieben ist oder die Betriebsänderungen vorher bereits durchgeführt worden sind, besteht i. d. R. ein erzwingbares Mitbestimmungsrecht des Betriebsrats zur Aufstellung eines Sozialplans.

Ein Sozialplan soll Regelungen über den Ausgleich oder die Milderung von wirtschaftlichen Nachteilen der betroffenen Arbeitnehmer enthalten. Anders als beim Interessenausgleich geht es hier also in erster Linie um finanzielle Ansprüche der betroffenen Arbeitnehmer.

4.1 Voraussetzungen

Immer dann, wenn eine mitbestimmungspflichtige Betriebsänderung vorliegt, besteht auch ein Anspruch des Betriebsrats auf Abschluss eines Sozialplans. Wenn jedoch nur ein Personalabbau erfolgen soll, also keine sonstigen organisatorischen oder strukturellen Veränderungen vorgenommen werden, kann ein Sozialplan nur dann erzwungen werden, wenn in Betrieben mit in der Regel

▸ weniger als 60 Arbeitnehmern 20 % der regelmäßig beschäftigten Arbeitnehmer, aber mindestens 6 Arbeitnehmer

▸ mindestens 60 und weniger als 250 Arbeitnehmern 20 % der regelmäßig beschäftigten Arbeitnehmer, aber mindestens 37 Arbeitnehmer

▸ mindestens 250 und weniger als 500 Arbeitnehmern 15 % der regelmäßig beschäftigten Arbeitnehmer, aber mindestens 60 Arbeitnehmer

▸ mindestens 500 Arbeitnehmern 10 % der regelmäßig beschäftigten Arbeitnehmer, aber mindestens 60 Arbeitnehmer

aus betriebsbedingten Gründen entlassen werden sollen (§ 112a BetrVG).

WICHTIG!

Zu den betriebsbedingten Entlassungen zählen auch Aufhebungsverträge, die auf Veranlassung des Arbeitgebers zustande gekommen sind.

4.2 Form und Rechtswirkungen

Der Sozialplan ist ebenso wie der Interessenausgleich schriftlich niederzulegen und vom Arbeitgeber und vom Betriebsrat zu unterschreiben. Er unterscheidet sich vom Interessenausgleich dadurch, dass er (wie eine Betriebsvereinbarung) unmittelbare Wirkung auf die einzelnen Arbeitsverhältnisse hat; die Arbeitnehmer können daher aus dem Sozialplan direkte Ansprüche gegen den Arbeitgeber geltend machen.

4.3 Inhalt

Arbeitgeber und Betriebsrat können bei Abschluss eines Sozialplans frei darüber entscheiden, wie die durch die Betriebsänderung zu erwartenden Nachteile ausgeglichen werden sollen (z. B. unter welchen Voraussetzungen eine Abfindung zu zahlen ist). Hierbei ist jedoch der Gleichbehandlungsgrundsatz zu beachten, der eine sachlich ungerechtfertigte Ungleichbehandlung von vergleichbaren Arbeitnehmern verbietet.

Bei Entlassungen werden üblicherweise Abfindungen vereinbart, die eine Staffelung nach Lebensalter, Familienstand und Betriebszugehörigkeit vorsehen. Der genaue Berechnungsmodus sollte im Sozialplan ebenso niedergelegt werden wie die Methode, nach der die Zeiten der Betriebszugehörigkeit zu ermitteln sind. Üblicherweise wird nur die ununterbrochene Betriebszugehörigkeit berücksichtigt. Für die Berechnung des Lebensalters und der Betriebszugehörigkeit sollten dann Stichtage festgesetzt werden. Ferner ist festzulegen, welche Lohnersatzleistungen (Arbeitslosengeld, Kurzarbeitergeld etc.) auf die Abfindung anzurechnen sind. Auch die Frage der Verrentung älterer Arbeitnehmer sollte bei einem Sozialplan Berücksichtigung finden.

Die Betriebsparteien können zur Herstellung von Rechtssicherheit ein Verfahren oder einen Stichtag bestimmen und auf diese Weise festlegen, ob eine Eigenkündigung durch die konkrete Betriebsänderung veranlasst wurde oder nicht. Dazu kann die Ausgleichspflicht an einen Zeitpunkt anknüpfen, in dem die Art und Weise der durchzuführenden Betriebsänderung für die betroffenen Arbeitnehmer feststeht. Bei der gebotenen typisierenden Betrachtungsweise dürfen die Betriebsparteien in einem solchen Fall davon ausgehen, dass Arbeitnehmer, die auf eigene Veranlassung ihr Arbeitsverhältnis beenden, bevor das Ausmaß einer sie treffenden Betriebsänderung konkret absehbar und der Umfang der daran knüpfenden wirtschaftlichen Nachteile prognostizierbar ist, ihr Arbeitsverhältnis nicht aufgrund der Betriebsänderung beenden (BAG v. 12.4.2011, Az. 1 AZR 505/09).

ACHTUNG!

Im Rahmen von Sozialplänen dürfen Arbeitgeber und Betriebsräte in Zukunft nicht mehr zwischen tatsächlichen Beschäftigungszeiten und einem Ruhen des Arbeitsverhältnisses während der Elternzeit unterscheiden. Dies hat zur Folge, dass die Zeiten der Kindererziehung während der Elternzeit einer regulären Beschäftigung im Betrieb gleichzusetzen sind (BAG v. 12.11.2002, Az. 1 AZR 58/02; BAG v. 21.10.2003, Az. 1 AZR 407/02).

Weitere Ausgleichsregelungen können z. B. betreffen:

▸ Pensionen,

▸ Gewinnbeteiligungen,

- vermögenswirksame Leistungen,
- Umzugskostenzuschüsse,
- Fahrtkostenzuschüsse,
- Ausgleichsansprüche für Herabgruppierungen,
- Bestimmung über Werkwohnungen,
- Umschulungs- oder Weiterbildungsmaßnahmen.

✎ WICHTIG!

Es verstößt nicht gegen den nach § 75 Abs. 1 Satz 1 BetrVG zu beachtenden allgemeinen Gleichheitsgrundsatz, wenn ein Sozialplan keine Abfindung für Arbeitnehmer vorsieht, denen ihr bisheriger Arbeitgeber ein neues Arbeitsverhältnis mit einem gleichwertigen Arbeitsplatz vermittelt hat (BAG v. 22.3.2005, Az. 1 AZR 3/04). Entsprechendes gilt, wenn ein Sozialplan den Anspruch auf eine Abfindung im Falle einer vom Arbeitgeber veranlassten Eigenkündigung des Arbeitnehmers davon abhängig macht, dass der Arbeitgeber diesem zuvor ein – unzumutbares – Arbeitsplatzangebot gemacht hat (BAG v. 13.2.2007, Az. 1 AZR 163/06). Auch kann in einem Sozialplan Arbeitnehmern, die ein nach den Regelungen des Sozialplans örtlich unzumutbares Arbeitsangebot bei einem anderen Konzern angehörigen Unternehmen angenommen haben, eine Erprobungszeit eingeräumt werden, in der die Beschäftigten prüfen können, ob sie an dem neuen Arbeitsort dauerhaft weiterarbeiten wollen. Hierbei können die Betriebsparteien die Zahlung einer Abfindung im Falle einer Eigenkündigung des Arbeitnehmers nach dem Wechsel des Arbeitsorts von der Einhaltung eines bestimmten Kündigungstermins abhängig machen. Sofern der Arbeitnehmer in diesem Fall die ihm eingeräumte Erprobungszeit wegen einer anderen Beschäftigung vorzeitig abbricht und das Arbeitsverhältnis vorzeitig beendet, kann nach dem Sozialplan die Abfindung entfallen (BAG v. 20.4.2010, Az. 1 AZR 988/08). Ein Sozialplan kann auch die Kürzung einer Abfindung für den Fall der Ablehnung eines zumutbaren Weiterbeschäftigungsangebots vorsehen. Bietet der Arbeitgeber Arbeitnehmern das freiwillige Ausscheiden aus dem Arbeitsverhältnis gegen Abfindungszahlung an, stellt es keine unzulässige Benachteiligung dar, wenn er Teilzeitbeschäftigten nur eine Abfindung nach dem Grundsatz „pro rata temporis" (§ 4 Abs. 1 Satz 2 TzBfG) zusagt (BAG v. 13.2.2007, Az. 9 AZR 729/05). Sofern bei der Ermittlung einer Sozialplanabfindung die Beschäftigungsdauer der jeweiligen Mitarbeiter maßgeblich ist, können die Betriebsparteien auch Höchstgrenzen vorsehen. Eine sog. Kappungsgrenze behandelt nach der Auffassung des BAG alle davon betroffenen Arbeitnehmer gleich und ist somit grundsätzlich zulässig (BAG v. 21.7.2009, Az. 1 AZR 566/08). Sieht ein Sozialplan vor, dass Arbeitnehmer erst ab dem 40. Lebensjahr die volle Abfindung erhalten, vom 30. bis zum 39. Lebensjahr dagegen nur 90 % und bis zum 29. Lebensjahr nur 80 %, werden hierdurch jüngere Arbeitnehmer in der Regel nicht unzulässig wegen ihres Lebensalters benachteiligt (BAG v. 12.4.2011, Az. 1 AZR 743/09).

Arbeitgeber und Betriebsrat können in einem Sozialplan vereinbaren, dass solche Arbeitnehmer keine Abfindung erhalten, die wegen des Bezugs einer befristeten vollen Erwerbsminderungsrente nicht beschäftigt sind und bei denen damit zu rechnen ist, dass ihre Arbeitsunfähigkeit auf nicht absehbare Zeit fortbesteht. In einem derartigen Anspruchsausschluss liegt keine unmittelbare Benachteiligung des erwerbsgeminderten Arbeitnehmers wegen seiner Behinderung. Dieser erfährt durch die Sozialplanregelung keine weniger günstige Behandlung als eine andere Person in einer vergleichbaren Lage. Durch Sozialplanleistungen sollen die wirtschaftlichen Nachteile der Arbeitnehmer ausgeglichen werden, die infolge der Betriebsänderung ihren Arbeitsplatz und damit ihren Anspruch auf Arbeitsentgelt verlieren. Bereits längere Zeit erwerbsgeminderte Arbeitnehmer, die ihre Arbeitsfähigkeit in absehbarer Zeit nicht wiedererlangen werden, erleiden durch die Beendigung ihres Arbeitsverhältnisses keine vergleichbaren Nachteile. In Bezug auf diese Personengruppe können die Betriebsparteien typisierend davon ausgehen, dass sie auch zukünftig nicht in der Lage sein wird, durch den Einsatz ihrer Arbeitskraft Arbeitsentgelt zu erzielen (BAG v. 7.6.2011, Az. 1 AZR 34/10).

Ein von einer Betriebsänderung betroffener Arbeitnehmer hat nur Anspruch auf Leistungen aus einem Sozialplan, der in Folge dieser Betriebsänderung abgeschlossen wurde. Wird zu einem späteren Zeitpunkt ein weiterer, besser ausgestatteter Sozialplan in Folge einer weiteren Betriebsänderung vereinbart, von welcher der Arbeitnehmer jedoch nicht betroffen ist, kann er nicht nach § 75 Abs. 1

BetrVG verlangen, mit den vom persönlichen Geltungsbereich des zweiten Sozialplans erfassten Arbeitnehmern gleichgestellt zu werden. Dem steht entgegen, dass es sich bei den beiden Betriebsänderungen um zwei verschiedene betriebsverfassungsrechtliche Angelegenheiten handelt, die unterschiedlich geregelt werden (BAG v. 23.3.2010, Az. 1 AZR 981/08). Ein zwischen dem Arbeitgeber und dem Gesamtbetriebsrat vereinbarter vorsorglicher Sozialplan, der für eine Vielzahl künftig möglicher, noch nicht geplanter Betriebsänderungen den Ausgleich oder die Milderung wirtschaftlicher Nachteile vorsieht, begründet normative Ansprüche zugunsten von Arbeitnehmern typischerweise für den Fall, dass aus Anlass einer konkreten Betriebsänderung auf betrieblicher Ebene der Abschluss eines Sozialplans unterbleibt (BAG v. 17.4.2012, Az. 1 AZR 119/11).

4.4 Erzwingbarkeit

Kommt eine Einigung zwischen Betriebsrat und Arbeitgeber nicht zustande, kann ebenso wie beim Interessenausgleich der Präsident des Landesarbeitsamts um Vermittlung gebeten werden. Geschieht dies nicht oder bleibt der Vermittlungsversuch erfolglos, können sowohl Arbeitgeber als auch Betriebsrat die → *Einigungsstelle* anrufen.

Im Gegensatz zum Interessenausgleich entscheidet aber die Einigungsstelle über die Aufstellung eines Sozialplans verbindlich; damit kann also der Betriebsrat über die → *Einigungsstelle* einen Sozialplan erzwingen.

✎ WICHTIG!

Diese Erzwingbarkeit besteht auch noch während oder nach Durchführung der Betriebsänderung.

Gegen den Spruch der Einigungsstelle, kann dann beim Arbeitsgericht geklagt werden.

Beispiel:

Der Betriebsrat kann beim Arbeitsgericht geltend machen, dass der Spruch der Einigungsstelle nicht ermessensfehlerfrei zu Stande gekommen ist, weil das Gesamtvolumen der Entschädigung zu gering ist. Ein Sozialplan muss nämlich „bis an den Rand der Bestandsgefährdung eines Unternehmens" wenigstens eine „substantielle Milderung der wirtschaftlichen Nachteile" vorsehen (BAG v. 24.8.2004, Az. 1 ABR 23/03).

◁ ACHTUNG!

Gewerkschaften dürfen zu Streiks für einen Tarifvertrag aufrufen, in dem wirtschaftliche Nachteile aus einer Betriebsänderung ausgeglichen oder gemildert werden sollen. Für die Aufstellung betriebsbezogener Sozialpläne sind zwar nach §§ 111, 112 BetrVG Arbeitgeber und Betriebsrat zuständig. Das Betriebsverfassungsgesetz schränkt jedoch die Regelungsbefugnis von Tarifvertragsparteien insoweit nicht ein. Typische Sozialplaninhalte – wie Ansprüche auf Abfindungen oder Qualifizierungsmaßnahmen – sind zugleich tariflich regelbare Angelegenheiten. Ist der Arbeitgeber (Verband) zum Abschluss eines entsprechenden Tarifvertrages nicht bereit, darf hierfür gestreikt werden. Die Gewerkschaften können mit dem Streik auch sehr weitgehende Tarifforderungen verfolgen (BAG v. 24.4.2007, Az. 1 AZR 252/06).

4.5 Zuschüsse zu Sozialplänen

Träger von Arbeitsförderungsmaßnahmen (Arbeitsamt) können Zuschüsse zu Eingliederungsmaßnahmen aufgrund eines Sozialplans leisten (§ 254 ff. SGB III). Einzelheiten hierzu können bei den zuständigen Arbeitsämtern erfragt werden.

✎ WICHTIG!

Auf Antrag des Arbeitgebers oder der Einigungsstelle entscheidet das Landesarbeitsamt im Voraus, ob und unter welchen Vorraussetzungen eine Maßnahme gefördert werden kann.

IV. Rechte des Arbeitnehmers

1. Nachteilsausgleich

Immer dann, wenn der Arbeitgeber seine Pflichten im Zusammenhang mit dem anzustrebenden Interessenausgleich mit

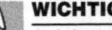

dem Betriebsrat verletzt hat, kommt ein Nachteilsausgleich gegenüber dem Arbeitnehmer in Betracht (§ 113 BetrVG).

Hierbei sind verschiedene Fallgruppen zu unterscheiden.

1.1 Abweichung vom Interessenausgleich

Weicht der Arbeitgeber von einem mit dem Betriebsrat geschlossenen Interessenausgleich ohne zwingenden Grund ab, kann der hiervon betroffene Arbeitnehmer Klage auf Abfindung erheben (§ 113 Abs. 1 BetrVG).

Voraussetzung hierfür ist, dass ein Interessenausgleich vorher wirksam zustande gekommen ist. In diesem Fall ist der Arbeitgeber zur Einhaltung seiner Zusagen verpflichtet. Nur aus zwingendem Grund darf er ohne nachteilige Folgen vom Interessenausgleich abweichen. Dies kann z. B. der Fall sein bei

- unvorhersehbaren plötzlichen Zahlungsschwierigkeiten,
- massiven Umsatzeinbrüchen oder Absatzschwierigkeiten,
- der Zerstörung von Produktionsanlagen.

Liegt ein zwingender Grund für die Abweichung vom Interessenausgleich nicht vor, können die betroffenen Arbeitnehmer beim Arbeitsgericht Klage auf Zahlung von Abfindungen erheben (entsprechend § 10 KSchG). Entstehen den Arbeitnehmern infolge der Abweichung andere wirtschaftliche Nachteile (z. B. durch Versetzungen oder Lohneinschränkungen), muss der Arbeitgeber diese Nachteile für einen Zeitraum von bis zu zwölf Monaten ausgleichen (§ 113 Abs. 2 BetrVG).

> **WICHTIG!**
> Der Anspruch auf Abfindung nach § 113 BetrVG unterliegt den tariflichen Ausschlussfristen und kann somit wie ein sonstiger Vergütungsanspruch verfallen.

1.2 Unterlassener Interessenausgleich

Hat der Arbeitgeber die Vereinbarung eines Interessenausgleichs mit dem Betriebsrat unterlassen, kann dies ebenfalls zu Abfindungsansprüchen der betroffenen Arbeitnehmer führen. Von einer Unterlassung ist auszugehen, wenn

- ein Interessenausgleich überhaupt nicht versucht wurde,
- ein Interessenausgleich verspätet – also bereits nach durchgeführter Betriebsänderung – versucht wurde,
- das Verfahren zur Einigung über einen Interessenausgleich nicht ausgeschöpft wurde (z. B. unterbliebene Anrufung des Präsidenten des Landesarbeitsamts).

Auch in diesen Fällen können die von der Betriebsänderung betroffenen Arbeitnehmer auf Abfindung klagen.

> **ACHTUNG!**
> Die Höhe des Nachteilsausgleichs wird in diesen Fällen weder von der finanziellen Leistungsfähigkeit noch von der individuellen Leistungsbereitschaft des Arbeitgebers begrenzt (BAG v. 22.7.2003, Az. 1 AZR 541/02).

> **WICHTIG!**
> Mit dem Nachteilsausgleich sind Ansprüche aus einem später vereinbarten Sozialplan nach §§ 112, 112a BetrVG zu verrechnen. Das gilt jedenfalls dann, wenn das Unternehmen vor Beginn der Betriebsänderung den Konsultationspflichten der EG-Massenentlassungsrichtlinie genügt hat (BAG v. 16.5.2007, Az. 8 AZR 693/06).

2. Sozialplan

Aus einem Sozialplan hat der einzelne Arbeitnehmer direkte Ansprüche gegen den Arbeitgeber. Diese können im Streitfall gerichtlich durchgesetzt werden.

Betriebsbuße

I. Begriff und Abgrenzung

II. Gegenstand der Betriebsbuße

III. Voraussetzungen der Betriebsbuße
1. Betriebsbußenordnung
2. Genaue Angabe der Ge- und Verbote
3. Festlegung zulässiger Bußen
4. Anhörung des Arbeitnehmers
5. Beteiligung des Betriebsrats

IV. Vollstreckung der Betriebsbuße

V. Reaktionsmöglichkeiten des Arbeitnehmers

VI. Muster: Betriebsbußenordnung

I. Begriff und Abgrenzung

Unter Betriebsbußen versteht man Maßnahmen (Verwarnung, Verweisung, Geldbuße) des Arbeitgebers zur Ahndung von Verstößen gegen die kollektive betriebliche Ordnung. Die Betriebsbuße soll als Disziplinarmaßnahme die Ordnung und Sicherheit im Betrieb aufrechterhalten. Sie ist aber keine Sanktion für die Schlechterfüllung des Arbeitsvertrags oder für den Verstoß gegen andere einzelvertragliche Pflichten.

Die Betriebsbuße ist zu unterscheiden von der Vertragsstrafe, die für den Fall vereinbart wird, dass der Arbeitnehmer seine Verpflichtungen aus dem individuellen Arbeitsvertrag nicht oder nicht richtig erfüllt. Die Vertragsstrafe bezweckt damit anders als die Betriebsbuße in erster Linie die Leistungserfüllung des individuellen Arbeitsverhältnisses und sichert Schadensersatzansprüche.

Von der → Abmahnung unterscheidet sich die Betriebsbuße durch ihren Strafcharakter. Mit der Abmahnung hält der Arbeitgeber dem Arbeitnehmer die Pflichtwidrigkeit eines bestimmten Verhaltens vor Augen, gleichzeitig fordert er ihn eindringlich – unter Androhung möglicher Rechtsfolgen für die Zukunft – zu vertragsgerechtem Verhalten auf. Die Abmahnung darf jedoch keinen über den Warnzweck vor einer drohenden Kündigung hinausgehenden Sanktionscharakter haben.

II. Gegenstand der Betriebsbuße

Gegenstand einer Betriebsbuße können nur Verstöße gegen die betriebliche Ordnung, nicht aber Arbeitsvertragsverletzungen sein.

Beispiele:

> Verstoß gegen Rauch- oder Alkoholverbote, Verstoß gegen eine untersagte Verteilung parteipolitischer Schriften, Dienstzeitversäumnisse, Verstoß gegen Kontrollvorschriften, Verstoß gegen einen untersagten Betriebshandel, Verstoß gegen die Pflege von Maschinen usw.

Stellt ein Verstoß gegen die betriebliche Ordnung zugleich ein arbeitsvertragswidriges Verhalten des Arbeitnehmers dar, steht es dem Arbeitgeber frei, ob er zur Betriebsbuße oder zur → Abmahnung greifen will. Letzteres empfiehlt sich insbesondere dann, wenn sich der Arbeitgeber im Wiederholungsfall vom Arbeitnehmer im Wege einer Kündigung trennen will. Möglich ist auch die gleichzeitige Verhängung einer Betriebsbuße und der Ausspruch einer Abmahnung.

III. Voraussetzungen der Betriebsbuße

1. Betriebsbußenordnung

Betriebsbußen dürfen nur verhängt werden, wenn eine wirksame Betriebsbußenordnung besteht.

Betriebsbußenordnungen können nur aufgrund eines Tarifvertrags oder durch → *Betriebsvereinbarung* geschaffen werden. Die Aufstellung der Betriebsbußenordnung ist mitbestimmungspflichtig nach § 87 Abs. 1 BetrVG; sie kann also nicht durch einseitige Weisung des Arbeitgebers oder betriebliche Übung eingeführt werden und auch nicht für die Arbeitnehmer einzelvertraglich geregelt werden.

Die Betriebsbußenordnung muss den Anforderungen einer wirksamen Betriebsvereinbarung genügen und im Betrieb bekannt gemacht werden. Dabei genügt der Aushang am schwarzen Brett. Die Betriebsbuße wird auf diese Weise generell angedroht.

2. Genaue Angabe der Ge- und Verbote

Die Betriebsbußenordnung muss die Umstände, die die Betriebsbuße auslösen sollen, genau beschreiben. Die Fälle müssen klar bestimmt und eindeutig gefasst werden. Für den Arbeitnehmer müssen sich Gebote und Verbote unmittelbar aus der Betriebsbußenordnung entnehmen lassen.

Formulierungsbeispiel:
„In Halle C ist das Rauchen wegen Feuergefährdung untersagt. Ausgenommen hiervon ist allein der angrenzende Aufenthaltsraum D."

3. Festlegung zulässiger Bußen

Die Betriebsbußenordnung kann bei Verstößen gegen betriebliche Ordnungs- und Sicherheitsvorschriften verschiedene Sanktionen vorsehen. In Betracht kommen in erster Linie die (auch mündlich mögliche) Verwarnung oder der (in der Regel schriftliche und in der Personalakte vermerkte) Verweis.

Sieht eine Betriebsbußenordnung ein abgestuftes System von Rügen vor – 1. Verwarnung und 2. Verweis –, so muss nicht nur nach dem Ausspruch **einer** Verwarnung, sondern auch noch nach dem Ausspruch **zweier** Verwarnungen zunächst bei einem weiteren Verstoß ein Verweis erteilt werden, bevor gekündigt werden darf. Dies gilt selbst dann, wenn in dem zweiten Verwarnungsschreiben ein Hinweis auf eine Kündigung bei einem weiteren Verstoß gegen die betriebliche Ordnung enthalten war (LAG Bremen v. 18.11.2004, Az. 3 Sa 170/04).

Neben einer Verwarnung und einem Verweis kommen bei schweren Verstößen auch Geldbußen in Betracht. Die Höhe der Geldbuße muss in der Betriebsbußenordnung geregelt sein. Es genügt jedoch die Angabe eines Rahmens, sodass die genaue Höhe erst im Einzelfall festgelegt werden kann. Als zulässige Höchststrafe gilt bei besonders schweren Verstößen ein Tagesverdienst, bei „normalen" Verstößen ein halber Tagesverdienst.

WICHTIG!
Eine Geldbuße darf nicht dem Arbeitgeber zugute kommen, sondern muss an eine betriebliche oder gemeinnützige Wohlfahrtseinrichtung abgeführt werden.

Eine Entlassung als Betriebsbuße wäre ein Verstoß gegen das Kündigungsschutzrecht und ist nicht zulässig. Das Gleiche gilt für eine Änderungskündigung, eine Rückgruppierung oder auch eine Versetzung. Darüber hinaus sind sämtliche Maßnahmen unzulässig, die das Persönlichkeitsrecht des Arbeitnehmers verletzen. So darf der Arbeitgeber nicht die Namen der Arbeitnehmer veröffentlichen (etwa am schwarzen Brett), die er wegen eines Ordnungsverstoßes gerügt hat.

4. Anhörung des Arbeitnehmers

Der Arbeitnehmer, gegen den eine Betriebsbuße verhängt werden soll, muss zuvor mit dem ihm vorgeworfenen Fehlverhalten konfrontiert werden. Er muss die Möglichkeit erhalten, zu diesem Vorwurf Stellung zu nehmen. Es muss ihm darüber hinaus auch gestattet werden, sich durch eine rechtskundige Person vertreten zu lassen.

5. Beteiligung des Betriebsrats

Das Mitbestimmungsrecht des Betriebsrats nach § 87 Abs. 1 Nr. 1 BetrVG beschränkt sich nicht auf die Aufstellung einer Bußenordnung, sondern es erstreckt sich auch auf die Verhängung einer Betriebsbuße im Einzelfall.

ACHTUNG!
Verstößt der Arbeitgeber bei Aufstellung der Betriebsbußenordnung und/oder bei Verhängung einer Buße im Einzelfall gegen das Mitbestimmungsrecht des Betriebsrats, ist die Maßnahme unwirksam.

IV. Vollstreckung der Betriebsbuße

Die Betriebsbuße wird durch den Arbeitgeber vollstreckt; Geldbußen werden dabei vom Gehalt einbehalten. Für jedes Fehlverhalten darf nur eine Betriebsbuße verhängt werden. Bei Geldbußen muss der Arbeitgeber die Pfändungsfreigrenzen beachten, die sich aus der Lohnpfändungstabelle ergeben (→ *Lohnpfändung*).

Betriebsbußen können zur → *Personalakte* genommen werden, müssen aber wieder gelöscht werden, wenn sich der Arbeitnehmer längere Zeit einwandfrei verhalten hat. In die Betriebsbußenordnung sollte eine entsprechende Tilgungsfrist (nicht mehr als zwei Jahre!) aufgenommen werden.

V. Reaktionsmöglichkeiten des Arbeitnehmers

Der Arbeitnehmer kann eine gegen ihn verhängte Betriebsbuße gerichtlich nachprüfen lassen. Das Arbeitsgericht kann überprüfen, ob die Bußenordnung wirksam erlassen worden ist und der Arbeitnehmer die ihm vorgeworfene Tat begangen hat. Es kann zudem die Beachtung der rechtsstaatlichen Verfahrensgrundsätze und die Angemessenheit der Betriebsbuße im Einzelfall kontrollieren.

Im Falle etwaiger Mängel ist der Arbeitgeber verpflichtet, die verhängte Betriebsbuße zurückzunehmen. Ein vom Gehalt einbehaltener Geldbetrag muss dem Arbeitnehmer ausgezahlt werden, ein zur Personalakte genommener Verweis muss aus der Akte genommen werden.

VI. Muster: Betriebsbußenordnung

§ 1   *Regeln der betrieblichen Ordnung [hier die Ge- und Verbote auflisten]* . . . .

§ 2   *Rechtswidrige und schuldhafte Verstöße gegen die in § 1 festgelegten Regeln der betrieblichen Ordnung können mit Verwarnungen, Verweisen oder Geldbußen geahndet werden.*

§ 3   *Vor Verhängung einer der in § 2 genannten Betriebsbußen wird dem Arbeitnehmer Gelegenheit zur Stellungnahme gegeben. Es ist ihm freigestellt, sich durch einen Dritten vertreten zu lassen.*

§ 4 Die Verhängung einer Betriebsbuße bedarf des Einverständnisses von Arbeitgeber und Betriebsrat. Beide Seiten können initiativ das Verfahren zur Verhängung einer Betriebsbuße betreiben.

§ 5 (1) Eine Geldbuße darf auch in schweren Fällen einen Tagesverdienst nicht überschreiten; im Regelfall soll sie die Hälfte eines Tagesverdienstes nicht übersteigen.

(2) Eine verhängte Geldbuße wird bei der nächsten Lohn- oder Gehaltsabrechnung einbehalten. Sie wird der betrieblichen Wohlfahrtseinrichtung zugeführt.

§ 6 Die die Betriebsbuße betreffenden Unterlagen sind zur Personalakte zu nehmen. Sie werden nach Ablauf von zwei Jahren aus der Akte entfernt, sofern gegen den Arbeitnehmer in diesem Zeitraum keine weitere Betriebsbuße verhängt wird. Im Falle eines weiteren Verstoßes erfolgt die Entfernung erst zwei Jahre nach der letzten Betriebsbuße.

§ 7 Sofern ein Verstoß gegen die in § 1 festgelegte Ordnung zugleich einen Verstoß gegen arbeitsvertragliche Verpflichtungen darstellt, wird das Recht des Arbeitgebers zur Ergreifung einzelvertraglicher Maßnahmen durch die Verhängung einer Buße nach dieser Vereinbarung nicht berührt. Gleiches gilt für etwaige Schadensersatzansprüche.

....
Ort, Datum

....
Arbeitgeber   *Betriebsrat*

Betriebsprüfung

I.   Begriff und Zweck

II.   Termin beim Arbeitgeber

III. Durchführung der Prüfung

IV.   Abschlussgespräch

V.   Ergebnis der Prüfung

VI.   Außerordentliche Betriebsprüfungen

VII. Checkliste Betriebsprüfung
   I.   Lohnunterlagen
   II. Beitragsabrechnung

I. Begriff und Zweck

Durch Betriebsprüfungen sollen Beitragsausfälle für die Sozialversicherungsträger verhindert, die Leistungsansprüche der Berechtigten sichergestellt und für nicht versicherungsberechtigte Personen Leistungsansprüche ausgeschlossen werden. Die Beitragsüberwachung ist alleinige Aufgabe der Rentenversicherungsträger (Deutsche Rentenversicherung Bund – ehemals Bundesversicherungsanstalt für Angestellte, Deutsche Rentenversicherung Knappschaft-Bahn-See und die Regionalträger der Deutschen Rentenversicherung – ehemals Landesversicherungsanstalten).

Für die Krankenkassen besteht noch die Möglichkeit, sich an Betriebsprüfungen zu beteiligen. Die Feststellung des Prüf-

ergebnisses erfolgt ausschließlich durch den prüfenden Rentenversicherungsträger. Die ggf. nach der Prüfung zu erstattenden Meldungen und der Einzug rückständiger Beitragsforderungen erfolgt jedoch weiter über die Krankenkassen als Einzugsstellen.

 WICHTIG!

Seit dem 1. Juli 2007 besteht für die Rentenversicherungsträger – neben der Künstlersozialkasse – auch die Verpflichtung, bei den Arbeitgebern die rechtzeitige und vollständige Entrichtung der Künstlersozialabgabe zu prüfen. Mit dieser Regelung wurde keine neue Aufgabe eingeführt, sondern es soll die bereits seit 1983 bestehende Abgabeverpflichtung nach dem Künstlersozialversicherungsgesetz konsequent überprüft werden, um Beitragsausfälle zu vermeiden und den Abgabesatz auf einem möglichst geringen Niveau zu halten.

ACHTUNG!

Die Rentenversicherungsträger prüfen seit dem 1. Januar 2009 auch die Insolvenzsicherung von Wertguthaben, die im Rahmen von flexiblen Arbeitszeitmodellen gebildet werden. Ein ausreichender Insolvenzschutz liegt dabei grundsätzlich vor, wenn die Übertragung des Wertguthabens auf Dritte unter Ausschluss der Rückführung (z.B. Treuhandmodelle, Versicherungsmodelle, schuldrechtliche Verpfändungs- oder Bürgschaftsmodelle) erfolgt („Flexi-II-Gesetz").

Ab dem 1. Januar 2010 werden die Rentenversicherungsträger im Rahmen ihrer turnusmäßigen Betriebsprüfung auch die Abgabeverpflichtung im Rahmen der Unfallversicherung prüfen. Geprüft werden die Beurteilung von Arbeitsentgelt als beitragspflichtig zur Unfallversicherung und die Zuordnung von Arbeitsentgelt zu den veranlagten Gefahrentarifstellen. Ein einheitliches Meldeverfahren für alle Sozialversicherungszweige besteht seit dem 1. Januar 2009.

Die Rentenversicherung prüft damit beim Arbeitgeber alle Zweige des Sozialversicherungsrechts. Die Zuständigkeit für die Prüfung richtet sich nach der letzten Ziffer der Betriebsnummer des Arbeitgebers, die von der Bundesagentur für Arbeit an jeden Betrieb, der Arbeitnehmer beschäftigt, vergeben wird. Für Betriebe mit den Endziffern 0–4 ist die Deutsche Rentenversicherung Bund und für Betriebe mit den Endziffern 5–9 der jeweils zuständige Regionalträger der Deutschen Rentenversicherung zuständig.

Die Prüfung, ob alle Vorschriften des Sozialversicherungsrechts eingehalten wurden, erfolgt im Unternehmen bei allen Stellen, die Personen gegen Arbeitsentgelt oder Arbeitseinkommen beschäftigen. Der Arbeitgeber ist zur Abführung der Sozialversicherungsbeiträge verpflichtet. Den jeweiligen Arbeitnehmeranteil behält er vom Gehalt ein.

Die Prüfdienste der Rentenversicherungsträger sind gesetzlich verpflichtet, bei jedem Arbeitgeber spätestens alle vier Jahre eine Betriebsprüfung durchzuführen, um zu verhindern, dass etwaige Forderungen auf Zahlung von Sozialversicherungsbeiträgen verjähren.

Auf Verlangen der gesetzlichen Krankenkassen als Einzugsstellen der Gesamtsozialversicherungsbeiträge sind Prüfungen z. B. bei Anzeigen der Arbeitsagenturen, der Hauptzollämter, der Kriminalpolizei, der Staatsanwaltschaft bei Verdacht auf Vorliegen von → *Schwarzarbeit,* illegaler Beschäftigung und → *Scheinselbstständigkeit* unverzüglich durchzuführen.

WICHTIG!

Die Rentenversicherungsträger überprüfen seit dem 1. Januar 2009 die Insolvenzsicherung von Wertguthaben. Geprüft wird dabei, ob

► für ein Wertguthaben Insolvenzschutzmaßnahmen getroffen wurden,

► die gewählten Sicherungsmittel geeignet sind (§ 7e Abs. 3 SGB IV),

► die Sicherungsmittel in ihrem Umfang das Wertguthaben um mehr als 30 % unterschreiten,

► die Sicherungsmittel den im Wertguthaben enthaltenen Gesamtsozialversicherungsbeitrag umfassen.

II. Termin beim Arbeitgeber

Zur Vereinbarung eines Prüftermins setzen sich die Außendienstmitarbeiter der Rentenversicherungsträger ein bis zwei Monate vor der beabsichtigten Betriebsprüfung mit dem Arbeitgeber bzw. dessen Steuerberater – wenn dieser Lohnabrechnungsstelle ist – telefonisch in Verbindung.

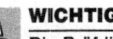 **TIPP!**
Das Schreiben, das den genauen Termin ankündigt, sollte als Hilfe zur Vorbereitung der Prüfung für den Arbeitgeber genutzt werden, da in diesem Schreiben alle bereitzuhaltenden Unterlagen aufgelistet sind.

Für den Prüfer müssen ein geeigneter Raum sowie angemessene Prüfhilfen und die erforderlichen Hilfsmittel (z. B. Lesegeräte für archivierte Abrechnungsunterlagen) kostenlos bereitgestellt werden.

Grundsätzlich sind Betriebsprüfungen am Betriebssitz des Arbeitgebers und hier in der Gehalts- und Lohnbuchhaltung durchzuführen. Hat der Arbeitgeber einen bevollmächtigten Steuerberater, Wirtschaftsprüfer oder ein Rechenzentrum mit der Abrechnung beauftragt, erfolgt die Prüfung am Sitz der Abrechnungsstelle. Für Betriebe, die nicht mehr als fünf Arbeitnehmer beschäftigen und die Lohn- und Gehaltsbuchhaltung nicht durch eine externe Abrechnungsstelle vornehmen lassen, gibt es zusätzlich die Möglichkeit einer sog. Vorlageprüfung, indem die prüfrelevanten Unterlagen an das regionale Prüfbüro des zuständigen Rentenversicherungsträgers gesandt werden.

III. Durchführung der Prüfung

Die Betriebsprüfung erstreckt sich auf alle Pflichten des Arbeitgebers, die im Zusammenhang mit dem Gesamtsozialversicherungsbeitrag stehen. Die Prüfung umfasst neben sämtlichen Lohnunterlagen auch die Finanzbuchhaltung, um die vom Arbeitgeber vorgenommenen Beurteilungen der Beschäftigungsverhältnisse (Scheinselbstständigkeit), die für die Beitragsberechnungen vorgenommenen Beurteilungen des Arbeitsentgelts, die Berechnungen und zeitlichen Zuordnungen der Beiträge und die in diesem Zusammenhang abgegebenen Meldungen an die Einzugsstellen nachprüfen zu können.

Ebenfalls vorzulegen sind etwaige Feststellungen von Lohnsteueraußenprüfungen der Finanzämter wie z. B. Lohnsteuerhaftungsbescheide und deren sozialversicherungsrechtliche Auswertung.

Die Rentenversicherungsträger treffen im Rahmen einer Betriebsprüfung anstelle der Einzugsstellen die Entscheidungen über die Versicherungspflicht und die Beitragshöhe in der Kranken-, Pflege-, Renten- und Arbeitslosenversicherung.

 WICHTIG!
Die Prüfdienste sind berechtigt, bereits ergangene Entscheidungen der Einzugsstellen bei Fehlbeurteilungen oder Veränderungen in den Verhältnissen unter Berücksichtigung des Vertrauensschutzes ggf. für die Zukunft zu verändern oder für die Vergangenheit aufzuheben.

Geprüft werden darüber hinaus auch die Pflichtbeiträge zur Pflegeversicherung für freiwillig krankenversicherte Arbeitnehmer sowie Umlagen (U1/U2) nach dem Lohnfortzahlungsgesetz. Daneben erfolgt eine Kontrolle des Meldeverfahrens und die Aufklärung von Abweichungen beim sog. Summenabgleich von gemeldeten und tatsächlich gezahlten Entgelten. Dabei kann die Prüfung auf Stichproben beschränkt werden.

WICHTIG!
Die Prüfung kann für alle Personen erfolgen, die im bzw. für den Betrieb innerhalb des gesetzlichen Verjährungszeitraums von vier Jahren tätig sind bzw. waren.

Die Betriebsprüfung findet in der Regel während der Betriebszeit in den Geschäftsräumen des Arbeitgebers bzw. der beauftragten Abrechnungsstelle statt.

Der Arbeitgeber muss dabei über alle Tatsachen Auskunft geben und alle Unterlagen (u. a. Prüfberichte und Bescheide der Finanzbehörden) vorlegen, die für die ordnungsgemäße Beitragserhebung erforderlich sind.

 WICHTIG!
Der Betriebsprüfung nach dem Künstlersozialversicherungsgesetz geht ein schriftliches Verfahren voraus. In dem dort versandten Erhebungsbogen werden Angaben zum Unternehmen, zur Branchenzugehörigkeit, zur Inanspruchnahme künstlerisch oder publizistischer Leistungen und den dafür gezahlten Entgelten an selbstständige Künstler und Publizisten erhoben. Der Arbeitgeber hat die gesetzliche Verpflichtung, über alle für die Feststellung der Abgabepflicht und Höhe der Künstlersozialabgabe erforderlichen Tatsachen Auskunft zu geben. Wird Abgabepflicht festgestellt, so wird auch geprüft, ob eine Pflicht zur Vorauszahlung auf die Abgabe besteht. Das Ergebnis der Prüfung wird den Arbeitgebern schriftlich mitgeteilt.

In den Fällen, in denen eine Entscheidung im schriftlichen Verfahren nicht getroffen werden kann, wird eine Prüfung vor Ort bei dem Arbeitgeber erfolgen. Zuständig ist der Träger der Rentenversicherung, der auch für die allgemeine Betriebsprüfung zuständig ist.

IV. Abschlussgespräch

Eine Betriebsprüfung endet in der Regel mit der gemeinsamen Erörterung der wesentlichen Arbeitsergebnisse des Betriebsprüfers. Das Prüfergebnis wird bekannt gegeben und der Arbeitgeber hat die Möglichkeit, dazu Stellung zu nehmen. Das Schlussgespräch gilt als Anhörung im Verwaltungsverfahren. Der Arbeitgeber hat Gelegenheit, sich vor Erlass des Beitragsbescheids bzw. der Prüfmitteilung zu den für die Entscheidung maßgeblichen Tatsachen direkt im Schlussgespräch gegenüber dem Prüfer oder nach Absprache anschließend schriftlich gegenüber der zuständigen Prüfbehörde zu äußern.

 **TIPP!**
Der Arbeitgeber kann das Abschlussgespräch für eine bedarfsorientierte Beratung nutzen, um Hinweise und Ratschläge zu erhalten, damit Fehlerschwerpunkte erkannt und zukünftig vermieden werden können.

V. Ergebnis der Prüfung

Das Ergebnis der Betriebsprüfung wird dem Arbeitgeber in Form einer Prüfmitteilung bzw. bei festgestellten beitragsrelevanten Beanstandungen in Form eines Beitragsbescheids innerhalb eines Monats nach Abschluss der Prüfung schriftlich mitgeteilt. Wenn die Prüfung bei einer Abrechnungsstelle durchgeführt wurde, erhält die Abrechnungsstelle das Original des Prüfergebnisses und der Arbeitgeber die Durchschrift.

WICHTIG!
Diese Unterlagen müssen bis zur nächsten Prüfung aufbewahrt werden.

Daneben erhalten auch die für den Arbeitgeber zuständigen Krankenkassen eine krankenkassenbezogene Mitteilung über das Ergebnis der Betriebsprüfung.

Der Arbeitgeber erhält eine Prüfmitteilung, wenn die Prüfung nicht zu Beanstandungen geführt hat. In ihr können auch weitere Hinweise enthalten sein.

Wurden anlässlich der Prüfung Beanstandungen festgestellt, wird dies – einschließlich der erforderlichen rechtlichen Würdigung und den daraus resultierenden Konsequenzen – dem Arbeitgeber als für die Sozialversicherung maßgeblichen Beitragsschuldner durch förmlichen Verwaltungsakt (Beitragsbescheid) mitgeteilt. Ist der Arbeitgeber mit dem Beitragsbescheid des Rentenversicherungsträgers nicht einverstanden, muss er Widerspruch erheben. Nähere Angaben zum Rechtsbehelfsverfahren enthält der jeweilige Beitragsbescheid.

 **Formulierungsbeispiel:**

„Gegen den Beitragsbescheid vom ... erhebe ich Widerspruch."

Hat der Arbeitgeber zu viel an Beiträgen gezahlt, hat die prüfende Behörde die Erstattung bzw. Verrechnung der zu viel gezahlten Beiträge im Beitragsbescheid festzustellen und der Arbeitgeber muss bei der für den betroffenen Arbeitnehmer zuständigen Krankenkasse einen Erstattungsantrag stellen.

 ACHTUNG!

Wird in dem Bescheid eine Beitragsforderung für die Vergangenheit festgestellt, wird für diesen Zeitraum ein Säumniszuschlag gefordert, wenn der Arbeitgeber nicht glaubhaft machen kann, dass er unverschuldet keine Kenntnis von der Zahlungspflicht hatte.

VI. Außerordentliche Betriebsprüfungen

Neben dem Vier-Jahres-Rhythmus können Arbeitgeber und Steuerberater auch jeweils kürzere Zeitabstände für die Betriebsprüfung veranlassen, um Sicherheit darüber zu erhalten, dass das Beitrags- und Meldeverfahren zutreffend ausgeführt wird. Dies hat für den Arbeitgeber zusätzlich den Vorteil, dass die Prüfdauer verkürzt und Lohnunterlagen nicht über einen längeren Zeitraum aufgehoben werden müssen. Bei einer Fortentwicklung des Rechts bleibt darüber hinaus der Zeitraum überschaubar und ggf. unvermeidliche Nachberechnungen bzw. Gutschriften können begrenzt werden. Zudem besteht die Möglichkeit, die Anwesenheit des Außendienstmitarbeiters der Rentenversicherungsträger im Betrieb für eine Beratung in sozialversicherungsrechtlichen Fragen zu nutzen.

VII. Checkliste Betriebsprüfung

I. Lohnunterlagen

Der Arbeitgeber muss in den Lohnunterlagen entsprechend der Beitragsüberwachungsverordnung folgende Angaben über den Beschäftigten bzw. Unterlagen, aus denen sich diese Angaben ergeben, aufnehmen:

- ☐ Familien- und Vorname und ggf. das betriebliche Ordnungsmerkmal
- ☐ Geburtsdatum
- ☐ Anschrift
- ☐ Beginn und Ende der Beschäftigung
- ☐ Beginn und Ende der Altersteilzeitarbeit
- ☐ Wertguthaben aus flexibler → *Arbeitszeit* einschl. der Änderungen
- ☐ Beschäftigungsart
- ☐ Unterlagen, die maßgebende Angaben für die Versicherungsfreiheit oder Befreiung von der Versicherungspflicht enthalten
- ☐ Arbeitsentgelt entsprechend § 14 SGB IV einschl. seiner Zusammensetzung und zeitlichen Zuordnung (Ausnahme: Sachbezüge und Belegschaftsrabatte, soweit keine Aufzeichnungspflichten nach dem Lohnsteuerrecht bestehen)
- ☐ Beitragspflichtiges Arbeitsentgelt bis zur Beitragsbemessungsgrenze der Rentenversicherung, seine Zusammensetzung und zeitliche Zuordnung

- ☐ Unterschiedsbetrag nach § 3 Abs. 1 Nr. 1b AltTZG
- ☐ Beitragsgruppenschlüssel
- ☐ Einzugsstelle für den Gesamtsozialversicherungsbeitrag
- ☐ Vom Beschäftigten zu tragender Anteil am Gesamtsozialversicherungsbeitrag getrennt nach Beitragsgruppen
- ☐ Daten für die Erstattung von Meldungen, soweit nicht bereits genannt
- ☐ Angaben über gezahltes Kurzarbeiter- oder Winterausfallgeld und die darauf entfallenden beitragspflichtigen Einnahmen
- ☐ Mitgliedsbescheinigungen der Krankenkassen für die Beschäftigten
- ☐ Belege oder erstattete Meldungen
- ☐ Bei Entsendung: Unterlagen über die Eigenart und zeitliche Begrenzung der Beschäftigung

II. Beitragsabrechnung

Der Arbeitgeber muss für jeden Abrechnungzeitraum alle Beschäftigten mit den folgenden Angaben listenmäßig und nach Einzugsstellen getrennt erfassen:

- ☐ Familien- und Vorname und ggf. das betriebliche Ordnungsmerkmal
- ☐ Beitragspflichtiges Arbeitsentgelt bis zur Beitragsbemessungsgrenze der Rentenversicherung
- ☐ Unterschiedsbetrag nach § 3 Abs. 1 Nr. 1b AltTZG
- ☐ Beitragsgruppenschlüssel
- ☐ Sozialversicherungstage
- ☐ Gesamtsozialversicherungsbeitrag, nach Beitragsgruppen getrennt und summiert
- ☐ Angabe und Summierung des gezahlten Saison- oder Kurzarbeitergelds und der darauf entfallenden beitragspflichtigen Einnahmen

Betriebsrat

I.   **Begriff**

II.   **Organisation der Betriebsverfassung**
1. Betriebsrat/Betrieb, Gesamtbetriebsrat/Unternehmen, Konzernbetriebsrat/Konzern
2. Betriebsrat und gemeinsamer Betrieb
3. Sonstige Formen der Arbeitnehmervertretung

III.   **Wahl des Betriebsrats**
1. Wahlberechtigung
2. Wählbarkeit
3. Zahl der Betriebsratsmitglieder
4. Regelmäßige und außerordentliche Betriebsratswahlen
5. Ablauf der Wahl
    5.1 Kleinbetriebe mit bis zu 50 Arbeitnehmern
        5.1.1 Bestellung des Wahlvorstandes
        5.1.2 Wahl des Betriebsrats
    5.2 Größere Betriebe mit mehr als 50 Arbeitnehmern
        5.2.1 Bestellung des Wahlvorstandes
        5.2.2 Wahl des Betriebsrats

    6. Nichtigkeit der Wahl

    7. Anfechtung der Wahl

    8. Wahlkosten

    9. Wahlschutz

    10. Wahlakten

IV. Auflösung des Betriebsrats/Erlöschen des Betriebsratsamts

V. Geschäftsführung des Betriebsrats

VI. Freistellung von Betriebsratsmitgliedern

    1. Vollständige Freistellung

    2. Arbeitsbefreiung

VII. Verbot der Benachteiligung und Begünstigung

VIII. Betriebsratsvergütung

IX. Betriebsratskosten

    1. Allgemeines

    2. Kosten des Betriebsrats, insbesondere Rechtsanwalts- und Sachverständigenkosten

    3. Kosten einzelner Betriebsratsmitglieder

    4. Überlassung von Räumen

    5. Kosten für Sachaufwand und Büropersonal

X. Schulung von Betriebsratsmitgliedern

    1. Schulungen nach § 37 Abs. 6 BetrVG

        1.1 Erforderlichkeit

        1.2 Zeitliche Lage und Dauer

        1.3 Kosten

        1.4 Entgeltfortzahlung

    2. Schulungen nach § 37 Abs. 7 BetrVG

    3. Schulungen nach § 38 Abs. 4 Satz 1 BetrVG

XI. Gesamtbetriebsrat

    1. Errichtung

    2. Geschäftsführung

    3. Beendigung der Mitgliedschaft im Gesamtbetriebsrat

    4. Amtsdauer des Gesamtbetriebsrats

    5. Zuständigkeit

        5.1 Zuständigkeit kraft Gesetzes

        5.2 Zuständigkeit kraft Auftrags

    6. Betriebsräteversammlung

XII. Konzernbetriebsrat

XIII. Europäischer Betriebsrat

I. Begriff

Der Betriebsrat ist die gesetzliche Interessenvertretung der Arbeitnehmer eines Betriebs. Er repräsentiert die Belegschaft (Arbeiter und Angestellte) und übt die Mitwirkungs- und Mitbestimmungsrechte gegenüber dem Arbeitgeber aus. Die Institution „Betriebsrat" sowie seine Rechte und Pflichten sind im Betriebsverfassungsgesetz (BetrVG) geregelt.

Für die leitenden Angestellten ist der Betriebsrat nicht zuständig. Sie werden durch den Sprecherausschuss vertreten. Als leitende Angestellte gelten nach § 5 Abs. 3 BetrVG die Mitarbei-

ter, die nach Arbeitsvertrag und Stellung selbstständig Arbeitnehmer einstellen und entlassen können, die Generalvollmacht oder Prokura haben oder die unternehmerische Leitungsaufgaben wahrnehmen (vgl. unten III.1.).

II. Organisation der Betriebsverfassung

1. Betriebsrat/Betrieb, Gesamtbetriebsrat/ Unternehmen, Konzernbetriebsrat/Konzern

Betriebsräte werden in Betrieben, in denen regelmäßig mindestens fünf wahlberechtigte Arbeitnehmer tätig sind, errichtet. Zur Feststellung der „in der Regel" beschäftigten Arbeitnehmer ist ein Rückblick in die Vergangenheit, aber auch eine Einschätzung der kommenden Entwicklung erforderlich. Nicht entscheidend ist ein vorübergehender, sondern der regelmäßige Zustand. Als „ständige" Arbeitnehmer sind diejenigen anzusehen, die wegen der ihnen übertragenen Arbeitsaufgaben nicht nur vorübergehend, sondern für unbestimmte, zumindest aber für längere Zeit dem Betrieb angehören. Leiharbeitnehmer – auch wenn sie länger als drei Monate im Betrieb eingesetzt werden (vgl. § 7 BetrVG) – sind nicht mitzurechnen. Teilzeitkräfte zählen dagegen als volle Arbeitnehmer.

Unter einem Betrieb im Sinne des BetrVG ist die organisatorische und räumliche Einheit zu verstehen, innerhalb derer der Unternehmer allein oder mit seinen Mitarbeitern mit Hilfe von sächlichen und immateriellen Mitteln bestimmte arbeitstechnische Zwecke fortgesetzt verfolgt, die sich nicht in der Befriedigung von Eigenbedarf erschöpfen.

Beispiele:

> Produktionsbetriebe, Dienstleistungsbetriebe, Ladengeschäfte, Apotheken, Krankenhäuser etc.

Vom Betrieb ist das Unternehmen zu unterscheiden. Bei einem Unternehmen handelt es sich um eine juristische Einheit, die eine selbstständige Organisation aufweist und in der ein bestimmter wirtschaftlicher Zweck verfolgt wird.

 WICHTIG!

Ein Unternehmen kann mehrere Betriebe (auch in verschiedenen Städten) haben, die jeweils über einen eigenen Betriebsrat verfügen.

In einem Unternehmen mit mehreren Betrieben und Betriebsräten ist ein Gesamtbetriebsrat zu errichten (vgl. unten X.).

Sind schließlich mehrere rechtlich selbstständige Unternehmen in der Weise zusammengefasst, dass eines der Unternehmen einen beherrschenden Einfluss auf die anderen Unternehmen ausüben kann, liegt ein Konzern im Sinne des BetrVG vor. In diesem kann ein Konzernbetriebsrat errichtet werden (vgl. unten XI.).

2. Betriebsrat und gemeinsamer Betrieb

Ebenso wie in einem Betrieb mit regelmäßig mindestens fünf Arbeitnehmern ist in einem **gemeinsamen** Betrieb mehrerer Unternehmen mit **insgesamt** regelmäßig mindestens fünf Arbeitnehmern ein Betriebsrat zu errichten.

Ein **gemeinsamer** Betrieb wird insbesondere dann vermutet, wenn zur Verfolgung arbeitstechnischer Zwecke die Betriebsmittel und die Arbeitnehmer von den Unternehmen gemeinsam eingesetzt werden (§ 2 Abs. 2 BetrVG). Die beteiligten Unternehmen müssen sich dazu zumindest stillschweigend zu einer gemeinsamen Führung rechtlich verbunden haben. Die einheitliche Leitung muss sich auf die wesentlichen Funktionen des Arbeitgebers in personellen und sozialen Angelegenheiten erstrecken. Entscheidend ist dabei vor allem, ob ein arbeitgeberübergreifender Personaleinsatz praktiziert wird, der charakteristisch für den normalen Betriebsablauf ist (BAG v. 25.5.2005, Az. 7 ABR 42/04).

Beispiel:

> Arbeitsgemeinschaften von Bauunternehmen, die Gebäude gemeinsam errichten.

Dafür genügt es jedoch nicht, dass sich die Unternehmen bei der Verfolgung ihrer arbeitstechnischen Zwecke mit ihren eigenen Betriebsmitteln und Arbeitnehmern lediglich abstimmen.

Beispiel:

> Handwerker, die auf einer Baustelle die Erbringung ihrer jeweiligen Bauleistung zeitlich koordinieren.

Ein in Ausnahmefällen vorgenommener wechselseitiger Arbeitnehmereinsatz ist unkritisch, solange dieser für den Betriebsablauf nicht prägend, sondern lediglich Ausdruck einer allgemeinen Kooperation der Unternehmen ist. Auch der Einsatz als Subunternehmer führt danach nicht zwingend zur Annahme eines gemeinsamen Betriebs mit dem Auftraggeber. Denn ein Unternehmen verliert nicht dadurch seine organisatorische Unabhängigkeit, dass seine Leistungen einem übergeordneten Zweck dienen (LAG Düsseldorf v. 20.12.2010, Az. 14 TaBV 24/10).

Im Übrigen wird ein gemeinsamer Betrieb vermutet, wenn nach Spaltung eines Unternehmens ein Betrieb oder mehrere Betriebsteile einem anderen an der Spaltung beteiligten Unternehmen rechtlich zugeordnet werden, ohne dass sich dabei die Organisation des betroffenen Betriebs wesentlich ändert (§ 1 Abs. 2 Nr. 2 BetrVG).

Die Vermutung eines gemeinsamen Betriebs ist widerlegbar. Sie ist widerlegt, wenn nachgewiesen ist, dass trotz der gemeinsamen Zielverfolgung und des gemeinsamen Einsatzes der Arbeitnehmer jedes Unternehmen die Arbeitgeberfunktion im sozialen und personellen Bereich gegenüber ihren jeweiligen Arbeitnehmern selbst wahrnimmt.

 TIPP!

Sofern Arbeitgeber eng zusammenarbeiten, sie aber die Annahme eines gemeinsamen Betriebs vermeiden möchten, sollten sie auf eine deutliche Trennung der jeweiligen organisatorischen Unternehmenssphären sowie auf eine getrennte Außendarstellung achten. Insbesondere für ihre originären Personalangelegenheiten sollten sie über eigenständige, räumlich voneinander getrennte Organisationen verfügen.

3. Sonstige Formen der Arbeitnehmervertretung

Als Alternative bzw. Ergänzung zu den „klassischen" Arbeitnehmervertretungen „Betriebsrat", „Gesamtbetriebsrat" und „Konzernbetriebsrat" lässt das BetrVG auch die Errichtung anderer betriebsverfassungsrechtlicher Gremien ausdrücklich zu (§ 3 BetrVG). Danach sind folgende alternative Arbeitnehmervertretungen denkbar:

- ▶ **Unternehmensbetriebsräte** anstelle eines zweistufigen Systems örtlicher Betriebsräte und eines Gesamtbetriebsrats;
- ▶ **Filialbetriebsräte** durch Zusammenfassung von eigenständigen Betrieben, wenn dies die Bildung eines Betriebsrats erleichtert oder einer sachgerechten Wahrnehmung der Interessen der Arbeitnehmer dient;
- ▶ **Spartenbetriebsräte** in Unternehmen und Konzernen bei produkt- oder projektbezogenen Organisationsbereichen;
- ▶ **andere Arbeitnehmervertretungsstrukturen,** soweit dies einer wirksamen und zweckmäßigen Interessenvertretung der Arbeitnehmer dient.

Diese Arbeitnehmervertretungen treten an die Stelle der im BetrVG vorgesehenen Vertretungen, d. h. an die Stelle des Betriebsrats, des Gesamtbetriebsrats bzw. des Konzernbetriebsrats. Die so gebildeten Organisationseinheiten sind als Betriebe im Sinne des BetrVG anzusehen.

Als zusätzliche Arbeitnehmervertretungen nennt das BetrVG:

- ▶ **zusätzliche** betriebsverfassungsrechtliche Gremien **(Arbeitsgemeinschaften),** die der unternehmensübergreifenden Zusammenarbeit von Arbeitnehmervertretungen dienen;
- ▶ **zusätzliche betriebsverfassungsrechtliche Vertretungen** der Arbeitnehmer, die die Zusammenarbeit zwischen Betriebsrat und Arbeitnehmern erleichtern.

Die Befugnis zur Bildung aller genannten alternativen bzw. zusätzlichen Arbeitnehmervertretungen wird vorrangig den Tarifvertragsparteien eingeräumt. Nur dann, wenn eine tarifliche Regelung nicht besteht, können sie auch durch eine Betriebsvereinbarung begründet werden.

Für den Abschluss einer Vereinbarung über einen Unternehmensbetriebsrat ist bei Fehlen einer tariflichen Regelung der Gesamtbetriebsrat zuständig. Trifft er mit dem Arbeitgeber eine entsprechende Vereinbarung, hat ein Betriebsrat, der dadurch seine Existenzberechtigung verliert, kein Vetorecht (LAG München v. 11.8.2011, Az. 2 TaBV 5/11).

In betriebsratslosen Unternehmen kann die Wahl eines Unternehmensbetriebsrats auch durch die Arbeitnehmer mit Stimmenmehrheit beschlossen werden (§ 3 Abs. 3 BetrVG).

III. Wahl des Betriebsrats

Der Betriebsrat wird von den Arbeitnehmern eines Betriebs gewählt. Der Arbeitgeber ist verpflichtet, auf Verlangen der Arbeitnehmer eines Betriebs mit in der Regel mindestens fünf ständigen wahlberechtigten Arbeitnehmern, von denen drei wählbar sind, Betriebsratswahlen durchzuführen (§ 1 BetrVG).

1. Wahlberechtigung

Wahlberechtigt sind alle Arbeitnehmer, die am Tag der Wahl das 18. Lebensjahr vollendet haben (§ 7 BetrVG). Dies gilt unabhängig davon, ob es sich um Vollzeitbeschäftigte, Teilzeit-, Probe-, Aushilfsarbeitnehmer oder geringfügig Beschäftigte handelt. Ebenso ist unerheblich, ob die Arbeitnehmer im Betrieb, im Außendienst oder mit Telearbeit beschäftigt werden. Auch volljährigen Auszubildenden steht das aktive Wahlrecht zu, obwohl sie, solange sie sich in der Berufsausbildung befinden und das 25. Lebensjahr noch nicht vollendet haben, auch an der Wahl der Jugend- und Auszubildendenvertretung teilnehmen (§ 60 Abs. 2 BetrVG). Als wahlberechtigte Arbeitnehmer gelten weiterhin die in Heimarbeit Beschäftigten, die in der Hauptsache für den Betrieb arbeiten, und Beamte, Soldaten und Arbeitnehmer des öffentlichen Dienstes, die in privatrechtlich organisierten Unternehmen tätig sind (LAG Berlin-Brandenburg v. 16.2.2011, Az. 15 TaBV 2347/10). Mitwählen dürfen auch Beschäftigte in einer Arbeitsbeschaffungsmaßnahme (ABM-Kräfte) sowie Praktikanten, und dies selbst dann, wenn sie überbetrieblich ausgebildet werden und nur die Praktikumstätigkeit im Betrieb der Betriebsratswahl absolvieren, ihre Vergütung aber von einem überbetrieblichen Ausbildungszentrum erhalten (LAG Schleswig-Holstein v. 25.3.2003, Az. 2 TaBV 39/02). Mitarbeitern in Altersteilzeit nach dem sog. Blockmodell steht das Wahlrecht nur während der Arbeitsphase, nicht dagegen in der sich anschließenden Freistellungsphase zu.

Die Dauer der Betriebszugehörigkeit spielt für die Wahlberechtigung keine Rolle. Mitarbeiter, die zum Wehr- oder Zivildienst einberufen sind oder sich in Elternzeit befinden, können ebenso an der Wahl teilnehmen wie gekündigte Arbeitnehmer bis zum Ablauf der Kündigungsfrist. Über diesen Zeitpunkt hinaus besteht für Gekündigte nur dann die Wahlberechtigung, wenn der Betriebsrat der Kündigung widersprochen hat und der Arbeitnehmer die Weiterbeschäftigung nach § 102 Abs. 5 BetrVG verlangt.

Arbeitet ein Arbeitnehmer in mehreren Betrieben desselben Unternehmens und ist er in diese jeweils eingegliedert, ist er auch in mehreren Betrieben wahlberechtigt zu den jeweiligen Betriebsratswahlen (LAG Köln v. 3.9.2007, Az. 14 TaBV 20/07). Arbeitnehmer eines anderen Arbeitgebers, die dem Betriebsinhaber zur Arbeitsleistung überlassen sind (Leiharbeitnehmer), erwerben das Wahlrecht zum Betriebsrat im Entleiherbetrieb, wenn sie dort länger als drei Monate eingesetzt werden. Dies ist der Fall, wenn die Arbeitnehmerüberlassung

▶ am Wahltag beginnt und verbindlich über länger als drei Monate angelegt ist oder

▶ am Wahltag endet und länger als drei Monate gedauert hat oder

▶ in den Wahlzeitraum fällt und verbindlich auf länger als drei Monate angelegt ist.

Nicht wahlberechtigt sind dagegen die leitenden Angestellten. Leitender Angestellter ist gemäß § 5 Abs. 3 BetrVG, wer nach Arbeitsvertrag und Stellung im Unternehmen

▶ zur selbstständigen Einstellung und Entlassung von im Betrieb oder in der Betriebsabteilung beschäftigten Arbeitnehmern berechtigt ist,

▶ Generalvollmacht bzw. Prokura hat und die Prokura auch im Verhältnis zum Arbeitgeber nicht unbedeutend ist oder

▶ regelmäßig sonstige Aufgaben wahrnimmt, die für den Bestand und die Entwicklung der Firma von Bedeutung sind, und deren Erfüllung besondere Erfahrungen und Kenntnisse voraussetzt, wenn er dabei entweder die Entscheidungen im Wesentlichen frei von Weisungen trifft oder sie maßgeblich beeinflusst; dies kann auch bei Vorgaben insbesondere aufgrund von Rechtsvorschriften, Plänen oder Richtlinien sowie bei Zusammenarbeit mit anderen leitenden Angestellten gegeben sein.

Da die Abgrenzung des leitenden vom nicht leitenden Angestellten allein mit diesen unbestimmten Regelungen oftmals sehr problematisch ist, sollte sich der Arbeitgeber im eigenen Interesse mit dem Wahlvorstand auf eine Lösung verständigen.

Eine weitere Hilfe gibt dazu § 5 Abs. 4 BetrVG. Danach ist im Zweifel leitender Angestellter, wer

▶ anlässlich der letzten Betriebsratswahl den leitenden Angestellten zugeordnet war, oder

▶ einer Leitungsebene angehört, auf der überwiegend leitende Angestellte vertreten sind, oder

▶ ein Jahresgehalt erhält, das für Leitende Angestellte in dem Unternehmen üblich ist oder das Dreifache der Bezugsgröße nach § 18 SGB IV überschreitet. Hiernach müsste das Jahresgehalt für das Jahr 2013 die Grenze von 97 020,– Euro im Westen bzw. 81 900,– Euro im Osten überschreiten.

Ist auch unter Berücksichtigung dieser Regelungen mit dem Wahlvorstand kein Einvernehmen über den Status eines Mitarbeiters zu erzielen, so kann dieser letztlich nur durch Gerichtsentscheidung im Beschlussverfahren geklärt werden.

2. Wählbarkeit

Wählbar sind alle wahlberechtigten Arbeitnehmer, die am Wahltag 18 Jahre alt sind und dem Betrieb sechs Monate angehören (§ 8 BetrVG). Angerechnet werden dabei Zeiten, in denen ein Arbeitnehmer unmittelbar vorher einem anderen Betrieb desselben Unternehmens oder Konzerns angehört hat. Besteht ein Betrieb weniger als sechs Monate, sind die wahlberechtig-

ten Arbeitnehmer wählbar, die bei der Einleitung der Betriebsratswahl im Betrieb beschäftigt sind. Die Wählbarkeit hängt damit immer von der Wahlberechtigung ab: Ein Arbeitnehmer, der nicht wählen darf, kann auch nicht gewählt werden.

Mitarbeiter in Elternzeit und Arbeitnehmer, die zum Wehr- oder Zivildienst einberufen sind, können gewählt werden. Sie sind zwar nicht im Betrieb tätig, gehören aber dem Betrieb an. Auszubildende zwischen 18 und 25 Jahren sind, obwohl sie Mitglied der Jugend- und Auszubildendenvertretung sein können, grundsätzlich zum Betriebsrat wählbar. Allerdings verbietet § 61 Abs. 2 S. 2 BetrVG eine Doppelmitgliedschaft. Nehmen sie also die Wahl zum Betriebsrat an, müssen sie ein mögliches Mandat in der Jugend- und Auszubildendenvertretung niederlegen.

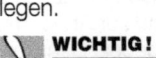 **WICHTIG!**

Gekündigte Arbeitnehmer sind auch nach Ablauf der Kündigungsfrist wählbar, wenn sie Kündigungsschutzklage erhoben haben. Dabei ist es unerheblich, ob sie nach Ablauf der Kündigungsfrist tatsächlich weiterbeschäftigt werden oder nicht.

Befristet eingestellte Mitarbeiter sind wählbar. Ihr Mandat endet jedoch bereits mit Ablauf der Befristung; das nächstfolgende Ersatzmitglied rückt als ordentliches Mitglied in den Betriebsrat nach.

Leiharbeitnehmer sind nur im Verleiher-, nicht aber im Entleiherbetrieb wählbar. Dies gilt bei gewerbsmäßiger Arbeitnehmerüberlassung ebenso wie bei nicht gewerbsmäßiger (BAG v. 17.2.2010, Az. 7 ABR 51/08).

3. Zahl der Betriebsratsmitglieder

Die Zahl der Betriebsratsmitglieder richtet sich nach der Zahl der „in der Regel" im Betrieb tätigen wahlberechtigten Arbeitnehmer. In § 9 BetrVG findet sich dazu eine detaillierte Staffelung:

Arbeitnehmerzahl			Betriebsratsmitglieder
5	bis	20	1
21	bis	50	3
51	bis	100	5
101	bis	200	7
201	bis	400	9
401	bis	700	11
701	bis	1.000	13
1.001	bis	1.500	15
1.501	bis	2.000	17
2.001	bis	2.500	19
2.501	bis	3.000	21
3.001	bis	3.500	23
3.501	bis	4.000	25
4.001	bis	4.500	27
4.501	bis	5.000	29
5.001	bis	6.000	31
6.001	bis	7.000	33
7.001	bis	9.000	35

Betriebsräte in Betrieben mit mehr als 9 000 Arbeitnehmern haben für je angefangene weitere 3 000 Arbeitnehmer 2 weitere Betriebsratsmitglieder. Für die Feststellung der „in der Regel" betriebszugehörigen und wahlberechtigten Arbeitnehmerzahl ist der Tag des Erlasses des Wahlausschreibens entscheidend. Dabei ist nicht nur ein Rückblick auf die bisherige personelle

Stärke vorzunehmen, sondern auch die absehbare zukünftige Entwicklung zu berücksichtigen.

Mitzuzählen sind betriebsangehörige Arbeitnehmer, die in einem Arbeitsverhältnis zum Betriebsinhaber stehen, aber auch Beamte, Soldaten und Arbeitnehmer des öffentlichen Dienstes, die in privatrechtlich organisierten Unternehmen tätig sind (BAG v. 15.12.2011, Az. 7 ABR 65/10). Beschäftigt der Arbeitgeber in seinem Betrieb regelmäßig Aushilfskräfte, mit denen er bei Bedarf jeweils für einen Tag befristete Arbeitsverträge abschließt, zählt die durchschnittliche Anzahl der an einem Arbeitstag beschäftigten Aushilfskräfte zu den in der Regel im Betrieb beschäftigten Arbeitnehmern (BAG v. 7.5.2008, Az. 7 ABR 17/07). Leiharbeitnehmer, die länger als drei Monate im Betrieb eingesetzt werden (vgl. § 7 BetrVG), sind nach geänderter Rechtsprechung des BAG ebenfalls nunmehr zu berücksichtigen (BAG v. 15.12.2011, Az. 7 ABR 63/10). Dagegen werden die bei einem selbstständigen Frachtführer beschäftigten Fahrer nicht mitgezählt, da sie keine Arbeitnehmer des Transportunternehmens sind, für das die Transportaufträge erledigt werden (BAG v. 21.7.2004, Az. 7 ABR 38/03). Leitende Angestellte und in der Freistellungsphase der Altersteilzeit befindliche Arbeitnehmer bleiben ebenfalls bei der Bemessung der Größe eines zu wählenden Betriebsrats unberücksichtigt.

Der Betriebsrat soll sich möglichst aus Arbeitnehmern der einzelnen Organisationsbereiche und der verschiedenen Beschäftigungsarten der im Betrieb tätigen Arbeitnehmer zusammensetzen (§ 15 Abs. 1 BetrVG). Das Geschlecht, das in der Belegschaft in der Minderheit ist, muss mindestens entsprechend seinem zahlenmäßigen Verhältnis im Betriebsrat vertreten sein, wenn dieser aus mindestens drei Mitgliedern besteht (§ 15 Abs. 2 BetrVG).

4. Regelmäßige und außerordentliche Betriebsratswahlen

Betriebsratswahlen finden alle vier Jahre in der Zeit vom 1.3. bis 31.5. statt. Die nächsten regelmäßigen Wahlen werden im Jahr 2014 abgehalten.

Abweichend vom Vier-Jahres-Rhythmus ist ein Betriebsrat zu wählen, wenn bei Ablauf von 24 Monaten nach der letzten Wahl die Zahl der beschäftigten Arbeitnehmer um die Hälfte, mindestens aber um fünfzig, gestiegen oder gesunken ist. Gleiches gilt für den Fall, wenn die Gesamtzahl der Betriebsratsmitglieder auch nach Hinzutreten der Ersatzmitglieder unter die in § 9 BetrVG festgelegte Zahl gesunken ist oder der Betriebsrat mit Mehrheit seinen Rücktritt beschlossen hat.

In Betrieben, die bisher ohne Betriebsrat waren, kann die Wahl zu jeder Zeit stattfinden.

Hat eine außerordentliche Betriebsratswahl stattgefunden, ist der Betriebsrat bei der nächsten ordentlichen Betriebsratswahl neu zu wählen, wenn er zu diesem Zeitpunkt länger als ein Jahr im Amt ist. Andernfalls ist er erst bei der übernächsten regelmäßigen Betriebsratswahl neu zu wählen.

5. Ablauf der Wahl

Vorbereitung und Ablauf der Wahl sind gesetzlich unterschiedlich ausgestaltet. So sieht das BetrVG für Kleinbetriebe mit bis zu 50 Arbeitnehmern zum Teil andere Regelungen vor als für größere Betriebe. Ebenso ist für den Ablauf der Wahl aber auch erheblich, ob bereits ein Betriebsrat besteht oder ein solcher erstmals gewählt werden soll.

5.1 Kleinbetriebe mit bis zu 50 Arbeitnehmern

5.1.1 Bestellung des Wahlvorstandes

Sofern ein Kleinbetrieb **ohne** Betriebsrat Teil eines Unternehmens oder Konzerns ist, wird der Wahlvorstand grundsätzlich

vom Gesamtbetriebsrat oder, falls ein solcher nicht besteht, vom Konzernbetriebsrat bestellt (§§ 17a, 17 Abs. 1 BetrVG). Dabei ist der Gesamtbetriebsrat (bzw. gegebenenfalls der Konzernbetriebsrat) jedoch nicht berechtigt, in betriebsratslosen Betrieben zum Zwecke der Bestellung eines Wahlvorstands für die Durchführung einer Betriebsratswahl Informationsveranstaltungen durchzuführen, die den Charakter von Belegschaftsversammlungen haben (BAG v. 16.11.2011, Az. 7 ABR 28/10).

Besondere Formvorschriften bestehen für die Einladung zur Wahlversammlung nicht. Es genügt, dass die Arbeitnehmer durch einen Aushang oder mittels vorhandener Informations- und Kommunikationstechnik eingeladen werden, sofern alle Arbeitnehmer auf diese Weise Kenntnis erlangen können. Bereitet ein Arbeitnehmer das Einladungsschreiben für die Wahlversammlung während der Arbeitszeit vor, so rechtfertigt dies nicht die Erteilung einer Abmahnung (ArbG Kiel v. 16.9.2010, Az. 5 Ca 1030d/10).

 **WICHTIG!**

Der Arbeitgeber hat der einladenden Stelle unverzüglich nach Aushang der Einladung zur Versammlung zur Wahl des Wahlvorstandes alle für die Anfertigung der Wählerliste erforderlichen Unterlagen in einem versiegelten Umschlag auszuhändigen (§ 28 Abs. 2 WO).

Die Wahlversammlung findet grundsätzlich während der Arbeitszeit statt. Die Wahl des Vorstandes erfolgt durch formlose Wahl, z. B. durch Abstimmung per Handzeichen; Wahlvorschläge können die Einladenden ebenso machen wie die Teilnehmer der Wahlversammlung. Die Wahl der einzelnen Mitglieder des aus drei Wahlberechtigten bestehenden Wahlvorstandes erfolgt jeweils mit der Mehrheit der anwesenden Arbeitnehmer. Nach der Bestellung des Wahlvorstandes wird aus seiner Mitte der Vorsitzende ebenfalls von der Mehrheit der anwesenden Arbeitnehmer gewählt.

Kommt trotz Einladung eine Versammlung nicht zustande oder wählt die Versammlung keinen Wahlvorstand, bestellt ihn das Arbeitsgericht auf Antrag von mindestens drei wahlberechtigten Arbeitnehmern oder einer im Betrieb vertretenen Gewerkschaft.

In Kleinbetrieben **mit** bestehendem Betriebsrat bestellt dieser spätestens **vier** Wochen vor Ablauf seiner Amtszeit einen Wahlvorstand. Besteht **drei** Wochen vor Ablauf der Amtszeit des bisherigen Betriebsrats kein Wahlvorstand, wird er in Betrieben, die in einem Unternehmens-/Konzernverbund stehen, vom Gesamt- bzw. Konzernbetriebsrat bestellt. Wird auch der Gesamt- bzw. Konzernbetriebsrat nicht tätig, erfolgt auch hier die Bestellung des Wahlvorstands durch das Arbeitsgericht auf Antrag von mindestens drei Wahlberechtigten oder einer im Betrieb vertretenen Gewerkschaft.

5.1.2 Wahl des Betriebsrats

Der Wahlvorstand, der in Betrieben **ohne** Betriebsrat in einer ersten Wahlversammlung bestellt worden ist, muss unmittelbar nach seiner Wahl die Betriebsratswahl einleiten. Noch in der Wahlversammlung erstellt er auf der Grundlage des ihm von der einladenden Stelle ausgehändigten versiegelten Umschlags (vgl. oben 5.1.1) die Wählerliste.

 **WICHTIG!**

Der Arbeitgeber ist verpflichtet, auch während der Wahlversammlung, erforderliche Auskünfte zu erteilen und Unterlagen zur Verfügung zu stellen, was die Verfügbarkeit einer hierfür kompetenten Person während der ersten Wahlversammlung erforderlich macht.

Im unmittelbaren Anschluss daran erlässt er – ebenfalls noch in der ersten Wahlversammlung! – das Wahlausschreiben, in dem insbesondere Ort, Tag und Zeit der zweiten Wahlversammlung mitzuteilen sind. Das Wahlausschreiben muss nachfolgend so ausgehängt werden, dass es von allen Wahlberechtigten zur Kenntnis genommen werden kann. In einem Betrieb mit mehreren räumlich getrennten Betriebsstätten ist deshalb regelmäßig in jeder Betriebsstätte ein Abdruck des Wahlausschreibens auszuhängen (BAG v. 5.5.2004, Az. 7 ABR 44/03). Eine Bekanntmachung des Wahlausschreibens ausschließlich in elektronischer Form ist nur zulässig, wenn alle Arbeitnehmer von der Bekanntmachung Kenntnis erlangen können und Vorkehrungen getroffen werden, dass Änderungen der Bekanntmachung nur vom Wahlvorstand vorgenommen werden können. Die technischen und organisatorischen Rahmenbedingungen im Betrieb müssen daher so beschaffen sein, dass der Zugriff auf das in elektronischer Form bekannt gemachte Dokument ausschließlich durch den Wahlvorstand erfolgen kann. Dies ist nicht der Fall, wenn andere Mitarbeiter des Arbeitgebers, wie z. B. die Systemadministratoren, ohne Mitwirkung des Wahlvorstands auf das Wahlausschreiben tatsächlich zugreifen können. Dabei spielt es keine Rolle, dass sie hierzu nicht berechtigt sind (BAG v. 21.1.2009, Az. 7 ABR 65/07).

▷ **ACHTUNG!**
Einsprüche gegen die Richtigkeit der Wählerliste können nur vor Ablauf von drei Tagen nach Erlass des Wahlausschreibens beim Wahlvorstand eingelegt werden (§ 30 Abs. 2 WO).

Den Arbeitnehmern ist sodann im Rahmen der Wahlversammlung Zeit zu gewähren, um Wahlvorschläge zu machen, da die Vorschlagsfrist bereits mit dem Ende der ersten Wahlversammlung abläuft.

Die zweite Wahlversammlung findet sodann eine Woche nach der ersten Wahlversammlung statt. An diesem Tag geben die Wahlberechtigten ihre Stimme für den Betriebsrat ab.

Ist hingegen in einem Betrieb **mit** Betriebsrat ein Wahlvorstand durch den Betriebsrat, Gesamt- bzw. Konzernbetriebsrat oder auch durch das Arbeitsgericht bestellt worden, muss dieser unverzüglich eine Sitzung anberaumen, in der er die Wählerliste (Liste der Wahlberechtigten) aufstellt und das Wahlausschreiben erlässt. Der Arbeitgeber muss dem Wahlvorstand die dazu notwendigen Unterlagen und Informationen zur Verfügung stellen.

▷ **ACHTUNG!**
Weigert sich der Arbeitgeber, diese Unterlagen und Informationen herauszugeben, so kann ihn der Wahlvorstand hierzu durch arbeitsgerichtliche einstweilige Verfügung zwingen.

Durch Aushang oder im Wege vorhandener Informations- und Kommunikationstechnik sind das Wahlausschreiben und die Wählerliste durch den Wahlvorstand bekannt zu machen. Wahlvorschläge für den Betriebsrat können von Arbeitnehmern und im Betrieb vertretenen Gewerkschaften bis spätestens eine Woche vor der Wahlversammlung zur Wahl des Betriebsrats gemacht und eingereicht werden. Die Vorschläge sind vom Wahlvorstand zu prüfen. Die als gültig anerkannten Vorschlagslisten sind spätestens eine Woche vor Beginn der Stimmabgabe zu veröffentlichen.

Der Betriebsrat wird stets in geheimer und unmittelbarer Wahl gewählt. Der Ablauf der Betriebsratswahl ist detailliert in der Wahlordnung (= Erste Verordnung zur Durchführung des BetrVG) festgelegt. Die Stimmabgabe erfolgt durch Stimmzettel in Wahlumschlägen. Wahlberechtigte Arbeitnehmer, die an der Wahlversammlung aus persönlichen oder betrieblichen Gründen nicht teilnehmen können, ist die Briefwahl zu ermöglichen. Der Arbeitgeber hat den Arbeitnehmern die Zeit zu vergüten, die notwendig ist, um von ihrem Wahlrecht Gebrauch zu machen. Bei den überschaubaren Verhältnissen in Kleinbetrieben sollten hier maximal 30 Minuten anzusetzen sein.

Der Wahlvorstand muss die Auszählung der Stimmen unverzüglich nach Abschluss der Wahl öffentlich vornehmen und das Wahlergebnis und die Sitzverteilung feststellen. Die Gewählten sind schriftlich zu benachrichtigen und vor Ablauf einer Woche nach dem Wahltag zur konstituierenden Sitzung des Betriebsrats zusammenzurufen.

5.2 Größere Betriebe mit mehr als 50 Arbeitnehmern

5.2.1 Bestellung des Wahlvorstandes

Auch in größeren Betrieben wird die Betriebsratswahl vom Wahlvorstand eingeleitet und durchgeführt. Der Wahlvorstand wird in weiten Teilen in gleicher Art und Weise bestellt wie der Wahlvorstand in einem Kleinbetrieb mit bis zu 50 wahlberechtigten Arbeitnehmern (vgl. oben 5.1.1).

In Betrieben **mit** bestehendem Betriebsrat bestellt dieser jedoch spätestens **zehn** Wochen vor Ablauf seiner Amtszeit einen Wahlvorstand. Besteht hier **acht** Wochen vor Ablauf der Amtszeit des bisherigen Betriebsrats kein Wahlvorstand, bestellt ihn der Gesamt- bzw. Konzernbetriebsrat oder bei deren Untätigbleiben das Arbeitsgericht auf Antrag von mindestens drei Wahlberechtigten oder einer im Betrieb vertretenen Gewerkschaft.

Der Wahlvorstand besteht aus drei wahlberechtigten Arbeitnehmern. Die Zahl kann erhöht werden, wenn dies zur ordnungsgemäßen Wahl erforderlich ist (z. B. in Groß- und Schichtbetrieben mit mehreren Wahllokalen); sie muss jedoch stets ungerade sein.

5.2.2 Wahl des Betriebsrats

Ebenso wie in Kleinbetrieben muss der bestellte Wahlvorstand die Wahl auch in größeren Betrieben unverzüglich einleiten. Dazu stellt er die Wählerliste mit Unterstützung des Arbeitgebers auf, der ihm Arbeitnehmerlisten (mit Namen und Geburtsdaten) überlassen muss und der ihm auch die erforderlichen Auskünfte erteilt, insbesondere im Zusammenhang mit der Feststellung, wer leitender Angestellter i. S. d. BetrVG ist. Der Anspruch des Wahlvorstands gegen den Arbeitgeber auf Vorlage einer Liste aller im Betrieb beschäftigten Arbeitnehmer ist nicht dadurch ausgeschlossen, dass der Arbeitgeber der Auffassung ist, dass kein betriebsratsfähiger Betrieb gegeben ist. Kommt der Arbeitgeber seiner Verpflichtung nicht nach, kann der Betriebsrat die Vorlage durch eine einstweilige Verfügung vor dem Arbeitsgericht erzwingen.

▷ **ACHTUNG!**
Einsprüche gegen die Richtigkeit der Wählerliste können nur vor Ablauf von zwei Wochen nach Erlass des Wahlausschreibens beim Wahlvorstand eingelegt werden (§ 4 Abs. 1 WO). Der Arbeitgeber muss daher die Liste sorgfältig durchsehen und bei Aufnahme etwa von leitenden Angestellten oder freien Mitarbeitern in dieser Frist reagieren.

Vor Ablauf von zwei Wochen seit Erlass des Wahlausschreibens können Vorschläge beim Wahlvorstand eingereicht werden. Dieser prüft die Vorschläge und macht sie spätestens eine Woche vor Beginn der Stimmabgabe bekannt. Der Wahlvorstand ist dabei nicht berechtigt, die Frist für die Einreichung von Wahlvorschlägen auf eine bestimmte Uhrzeit des letzten Tages der Frist (etwa 12.00 Uhr mittags) zu begrenzen (LAG Hessen v. 31.8.2006, Az. 9 TaBV 16/06). Zulässig ist es jedoch, die Einreichungsfrist auf das Ende der Arbeitszeit im Betrieb zu begrenzen, vorausgesetzt, der festgesetzte Fristablauf liegt nicht vor dem Ende der Arbeitszeit der überwiegenden Mehrheit der Arbeitnehmer. Der Wahlvorstand hat die Pflicht, insbesondere am vorletzten und letzten Tag vor Fristablauf, Vorkehrungen zu treffen, damit er eingehende Wahlvorschläge möglichst sofort prüfen und die Listenvertreter über etwaige Mängel informieren kann (BAG v. 18.7.2012, Az. 7 ABR 21/11). Verletzt er diese Pflicht, kann dies zur Anfechtbarkeit (s. u. 7.) der Betriebsratswahl führen, wenn nämlich der Mangel noch bis zum Ablauf der Frist hätte behoben werden können (BAG, a.a.O; LAG Schleswig-Holstein v. 14.2.2007, Az. 6 TaBV 27/06).

Unverzüglich nach Abschluss der Wahl sind die Stimmzettel öffentlich vom Wahlvorstand auszuzählen und das Ergebnis bekannt zu geben. Dabei bedeutet es keinen Verstoß gegen den Öffentlichkeitsgrundsatz, wenn Arbeitnehmer aus betriebstechnischen Gründen ihren Arbeitsplatz nicht verlassen können oder nur deshalb an der Stimmauszählung nicht teilnehmen, weil sie keinen Anspruch auf bezahlte Freistellung von der Arbeit haben. Anders als in Kleinbetrieben mit nicht mehr als 50 Arbeitnehmern erhalten Arbeitnehmer, die nicht persönlich am Wahltag ihre Stimme abgeben können, keine Gelegenheit zur schriftlichen Stimmabgabe.

6. Nichtigkeit der Wahl

Im Falle eines groben und offensichtlichen Verstoßes gegen die gesetzlichen Wahlregeln kann eine Betriebsratswahl nichtig sein. Die aus einer nichtigen Wahl hervorgegangene Vertretung der Arbeitnehmer ist kein Betriebsrat, mit der Folge, dass sämtliche vorgenommenen Amtshandlungen unwirksam sind. So ist eine Wahl etwa dann unwirksam, wenn die Anzahl der im Betrieb in der Regel beschäftigten Arbeitnehmer (vgl. § 9 BetrVG) unzutreffend bestimmt wird und deshalb ein zu großer oder zu kleiner Betriebsrat gewählt wird (BAG v. 7.5.2008, Az. 7 ABR 17/07). Ist die Bestellung des Wahlvorstands nichtig, weil er nur von einer Minderheit der Betriebsratsmitglieder gewählt worden ist, so ist auch die von diesem durchgeführte Betriebsratswahl nichtig (LAG Düsseldorf v. 7.9.2010, Az. 16 TaBV 57/10).

Weitere Beispiele:

Wahl des Betriebsrats ohne Wahlvorstand; Wahl eines Betriebsrats in einem nicht betriebsratsfähigen Betrieb; Wegschicken der Zuschauer bei Auszählung der Stimmen durch den Wahlvorstand und gleichzeitiges Verschwindenlassen von abgegebenen Wahlumschlägen.

Liegen mehrere Verstöße vor, die jeder für sich genommen nicht so wesentlich sind, als dass sie zur Nichtigkeit der Wahl führen, kann sich auch aus einer Gesamtwürdigung der einzelnen Verstöße nicht ergeben, dass die Betriebsratswahl nichtig ist (BAG v. 19.11.2003, Az. 7 ABR 24/03).

Die Nichtigkeit kann sowohl von Arbeitgeber- als auch von Arbeitnehmerseite, d. h. auch von einem einzelnen Arbeitnehmer, ohne Einhaltung einer Frist jederzeit geltend gemacht werden. Eine voraussichtlich nichtige Wahl kann – anders als eine nur sicher anfechtbare Wahl – sogar im Vorfeld bereits im Wege einer einstweiligen Verfügung abgebrochen werden (BAG v. 21.7.2011, Az. 7 ABR 61/10).

Beispiel:

Es soll ein Betriebsrat gewählt werden, obwohl ein Teil der Wahlberechtigten bereits einen eigenen Betriebsrat gebildet hat. Selbst wenn diese erste Wahl wegen Verkennung des Betriebsbegriffs anfechtbar wäre, so wäre eine Doppelzuständigkeit von zwei Betriebsräten für dieselben Mitarbeiter unzulässig. Der Arbeitgeber kann hier eine einstweilige Verfügung zum Abbruch der zweiten Betriebsratswahl erwirken (LAG Köln v. 8.5.2006, Az. 2 TaBV 22/06). Anders dagegen, wenn ein Betriebsrat für einen Betrieb besteht und ein Teil der Mitarbeiter für einen möglicherweise eigenständigen Betriebsteil einen eigenen Betriebsrat wählt, der aber erst nach Ende der Amtszeit des für den Betrieb bestehenden Betriebsrats seine Tätigkeit aufnehmen soll. Hier liegt keine Nichtigkeit vor (BAG v. 21.7.2004, Az. 7 ABR 57/03), so dass auch keine einstweilige Verfügung erwirkt werden kann. Für den Arbeitgeber besteht nur die Möglichkeit einer Anfechtungsklage (vgl. nachfolgend Ziff. 7).

7. Anfechtung der Wahl

Die Betriebsratswahl ist anfechtbar, wenn gegen wesentliche Vorschriften über

▶ das Wahlrecht (d. h. die Wahlberechtigung),

▶ die Wählbarkeit oder

▶ das Wahlverfahren

verstoßen worden ist, der Verstoß jedoch nicht so schwerwiegend ist, dass die Wahl bereits als nichtig anzusehen ist.

Ein anfechtbarer Verstoß gegen das **Wahlrecht** liegt z. B. vor, wenn jemand, der wahlberechtigt ist, nicht zur Wahl zugelassen wird, oder wenn sich nicht wahlberechtigte Personen (z. B. leitende Angestellte, Jugendliche) an der Wahl beteiligen.

Ein anfechtbarer Verstoß gegen die **Wählbarkeit** liegt vor, wenn jemand gewählt wird, der nicht wählbar ist.

Die Anfechtungsmöglichkeit entfällt, wenn der Fehler durch den Wahlvorstand berichtigt werden kann und berichtigt wird.

Ein anfechtbarer Verstoß gegen das **Wahlverfahren** ist z. B. anzunehmen bei nicht ordnungsgemäßer Berücksichtigung der Geschlechter (vgl. § 15 Abs. 2 BetrVG), bei fehlender Wählerliste, bei Nichteinhaltung der im Wahlausschreiben angegebenen Zeit für die Stimmabgabe (LAG Schleswig-Holstein v. 21.6.2011, Az. 2 TaBV 41/10), bei fehlerhafter Bestellung des Wahlvorstands oder bei Nichtzulassung von ordnungsgemäßen Wahlvorschlägen. Gleiches gilt, wenn das Wahlausschreiben nicht ordnungsgemäß im Betrieb ausgehängt wurde oder der Wahlvorstand ein Wahlausschreiben nur in deutscher Sprache bekannt macht und es unterlässt, ausländische Arbeitnehmer, die der deutschen Sprache nicht mächtig sind, über die Einzelheiten der Wahl gesondert zu informieren (BAG v. 13.10.2004, Az. 7 ABR 5/04). Weiterhin ist eine Betriebsratswahl auch dann anfechtbar, wenn der bisherige Betriebsrat keine wahlberechtigten Arbeitnehmer zu Mitgliedern des Wahlvorstandes bestellt hat.

Beispiel:

Ein versetzter Arbeitnehmer, der bereits vorläufig in einem anderen Betrieb eingesetzt ist, kann nicht in den Wahlvorstand für die Betriebsratswahl des abgebenden Betriebs gewählt werden. Dies gilt unabhängig davon, ob noch ein Verfahren zur Ersetzung der Zustimmung des Betriebsrats des aufnehmenden Betriebs anhängig ist und ob der Arbeitnehmer gegen die Versetzung Klage erhoben hat. Der Verstoß gegen die Wählbarkeit führt zur Anfechtbarkeit der Betriebsratswahl (LAG Köln v. 10.2.2010, Az. 8 TaVB 65/09).

Die Anfechtung ist ausgeschlossen, wenn durch den Verstoß das Wahlergebnis nicht geändert oder beeinflusst werden konnte (§ 19 BetrVG).

Beispiel:

Keine Anfechtungsmöglichkeit besteht, wenn das Ergebnis einer konkreten Betriebsratswahl durch die Zulassung oder Nichtzulassung von Arbeitnehmern zur Wahl, ganz gleichgültig, wie sie gestimmt hätten, unverändert geblieben wäre. Auch ein Wahlverstoß, der sich lediglich auf die Reihenfolge der Ersatzmitglieder auswirkt, berechtigt nicht zur Wahlanfechtung.

Anfechtungsberechtigt sind neben dem Arbeitgeber drei wahlberechtigte Arbeitnehmer oder eine im Betrieb vertretene Gewerkschaft. Anfechtungsgegner ist in allen Fällen der Betriebsrat.

WICHTIG!

Die Anfechtung ist nur innerhalb einer Frist von zwei Wochen nach Bekanntgabe des Wahlergebnisses zulässig. Sie muss innerhalb dieser Frist beim Arbeitsgericht eingegangen sein.

Wird der Wahlanfechtung durch rechtskräftigen Beschluss des Arbeitsgerichts stattgegeben, besteht für die Zukunft kein Betriebsrat mehr. Bereits vorgenommene Handlungen des Betriebsrats (z. B. eine mit dem Arbeitgeber abgeschlossene Betriebsvereinbarung) bleiben aber in Kraft, der Betriebsrat bis zur Rechtskraft des arbeitsgerichtlichen Beschlusses mit allen Rechten und Pflichten im Amt (BAG v. 9.6.2011, Az. 6 AZR 132/1).

Eine anfechtbare Wahl – selbst wenn sie ganz offensichtlich anfechtbar ist – kann anders als eine voraussichtlich nichtige Wahl nicht im Wege der einstweiligen Verfügung abgebrochen werden (BAG v. 27.7.2011, Az. 7 ABR 61/10).

8. Wahlkosten

Der Arbeitgeber trägt die Kosten der Wahl. Hierzu gehören die Kosten, die mit der Einleitung und der Durchführung der Wahl sowie mit einer etwaigen gerichtlichen Überprüfung des Wahlergebnisses verbunden sind. Zu nennen ist hier in erster Linie der Aufwand an materiellen Mitteln für die Vorbereitung und Durchführung der Wahl (z. B. Kosten für die Beschaffung von Wählerlisten, Stimmzetteln, Wahlurnen usw.). Die Kostentragungspflicht betrifft aber auch Anwaltskosten und Kosten eines arbeitsgerichtlichen Beschlussverfahrens zur Klärung von sonst nicht behebbaren Meinungsverschiedenheiten, die im Laufe eines Wahlverfahrens entstehen. Der Anspruch des Wahlvorstands auf Erstattung der Kosten für die Hinzuziehung eine Rechtsanwalts setzt jedoch eine vorherige Vereinbarung mit dem Arbeitgeber voraus (BAG v. 11.11.2009, Az. 7 ABR 26/08). Fehlt es an einer vorherigen Vereinbarung, kann der Arbeitgeber die Kostenübernahme ablehnen, selbst wenn die Hinzuziehung objektiv erforderlich war. Eine Ausnahme gilt nur für Kosten der gerichtlichen Vertretung des Wahlvorstands.

Auch eine beteiligte Gewerkschaft kann eine Erstattung der Kosten verlangen, die ihr bei der Ausübung von Rechten aus dem BetrVG im Zusammenhang mit der Betriebsratswahl entstehen.

Beispiel:

> Der Arbeitgeber erteilt einem Gewerkschaftssekretär Hausverbot, der zuvor vom Wahlvorstand gebeten worden war, bei der Stimmauszählung anwesend zu sein. Die Gewerkschaft beantragt daraufhin durch einen Rechtsanwalt eine einstweilige Verfügung, um den Zutritt des Gewerkschaftssekretärs zum Betrieb zwecks Teilnahme an der Stimmauszählung durchzusetzen. Die Rechtsanwaltskosten der Gewerkschaft muss der Arbeitgeber zahlen! (BAG v. 16.4.2003, Az. 7 ABR 29/02)

Die Mitglieder des Wahlvorstands haben Anspruch auf Lohnfortzahlung, wenn sie wegen dieser Tätigkeit ihrer Arbeit zeitweise nicht nachgehen können. Dabei steht dem Wahlvorstand – unter Berücksichtigung der Interessen des Betriebs – ein Beurteilungsspielraum bezüglich der Erforderlichkeit seiner Tätigkeit zu. Insbesondere soll es dem Arbeitgeber unter dem Gesichtspunkt der vertrauensvollen Zusammenarbeit nicht gestattet sein, den Wahlvorstand bezüglich der von ihm zu leistenden Tätigkeit ein Stundenkontingent vorzugeben (LAG Schleswig-Holstein v. 15.12.2004, Az. 3 Sa 269/04).

Die Wahl findet grundsätzlich während der Arbeitszeit statt. Die dafür versäumte Arbeitszeit berechtigt den Arbeitgeber nicht zur Lohnkürzung (§ 20 Abs. 3 BetrVG).

> **WICHTIG!**
> Will ein Arbeitnehmer der Auszählung der Stimmen zusehen, hat er für diese Zeit keinen Lohnfortzahlungsanspruch.

9. Wahlschutz

Jede Maßnahme, die darauf gerichtet ist, den Ablauf einer Betriebsratswahl zu beeinträchtigen, ist verboten (§ 20 BetrVG).

Beispiele:

> Kein Arbeitnehmer darf daran gehindert werden, sich in die Wählerlisten eintragen zu lassen, zur Wahl zu gehen oder Wahlvorschläge zu unterschreiben. Das Einladungsschreiben zur Betriebsratswahl oder das Wahlausschreiben dürfen nicht vom Schwarzen Brett oder aus dem Intranet entfernt werden; die Wahlversammlung darf nicht gestört oder manipuliert werden (vgl. auch ArbG Berlin v. 29.5.2009, Az. 16 BVGa 9922/09 – wonach die Anordnung einer Erste-Hilfe-Ausbildung während der Zeit einer Wahlversammlung eine verbotene Behinderung der Betriebsratswahl darstellt); Stimmzettel dürfen nicht unterschlagen oder gefälscht werden. Vor allem ist eine Versetzung oder Kündigung zu dem Zweck, die Wahl eines Arbeitnehmers unmöglich zu machen, unzulässig.

Eine Wahlbehinderung darf letztlich auch nicht durch Unterlassen erfolgen, etwa wenn der Arbeitgeber es entgegen seiner

Pflicht aus § 2 Abs. 2 Wahlordnung unterlässt, dem Wahlvorstand alle für die Anfertigung der Wählerliste erforderlichen Unterlagen zur Verfügung zu stellen.

Neben der Wahlbehinderung ist auch eine Beeinflussung der Wahl durch die Androhung von individuellen Nachteilen oder durch das Versprechen von individuellen Vorteilen nicht erlaubt.

Beispiele:

> Zusage einer Gehaltserhöhung an einen Arbeitnehmer, wenn er sich als Wahlkandidat aufstellen oder nicht aufstellen lässt; Androhung der Versetzung auf einen schlechteren Arbeitsplatz für den Fall der Wahlbeteiligung.

Ebenso wenig darf die Wahl von einseitigen Finanzierungshilfen des Arbeitgebers § 119 Abs. 1 S. 1 BetrVG begleitet werden. So stellt es eine unerlaubte Wahlbeeinflussung dar, wenn es der Arbeitgeber einer Wahlvorschlagsliste durch die Zuwendung von Geldmitteln ermöglicht, sich im Zusammenhang mit der Wahl nachhaltiger als sonst möglich zu präsentieren, und wenn dabei die finanzielle Unterstützung der Kandidaten durch den Arbeitgeber verschleiert wird (BGH v. 13.9.2010, Az. 1 StR 220/09).

Wer gegen das Verbot der Wahlbehinderung und/oder das Verbot der unzulässigen Wahlbeeinflussung verstößt, begeht nach § 119 Abs. 1 S. 1 BetrVG eine Straftat, die mit Freiheitsstrafe bis zu einem Jahr oder Geldstrafe bestraft werden kann. Darüber hinaus sind alle gegen diese Verbote verstoßenden Maßnahmen nichtig. Dies gilt insbesondere für Kündigungen und Versetzungen auf einen schlechteren Arbeitsplatz, die zum Zwecke der Beeinflussung einer Betriebsratswahl ausgesprochen wurden.

10. Wahlakten

Bis zum Abschluss der Betriebsratswahl sind sämtliche Wahlakten (Wählerlisten, Wahlausschreiben, Wahlvorschläge, aber auch alle sonstigen die Wahl betreffenden Schriftstücke) in der Hand des Wahlvorstands. Nach durchgeführter Wahl gehen sie in die Aufbewahrung des Betriebsrats über. Der Arbeitgeber hat ein Einsichtsrecht in diese Unterlagen, das grundsätzlich nicht von der Geltendmachung eines besonderen Interesses oder von der Darlegung von Anhaltspunkten für die Anfechtbarkeit oder Nichtigkeit der Betriebsratswahl abhängt. Das Einsichtsrecht besteht auch außerhalb der Anfechtungsfrist oder eines Wahlanfechtungsverfahrens. Ausgenommen sind nur die Unterlagen, aus denen Rückschlüsse auf das Wahlverhalten einzelner Arbeitnehmer gezogen werden können (z. B. die mit Stimmabgabevermerken des Wahlvorstandes versehenen Wählerlisten). Will der Arbeitgeber auch hier Einsicht nehmen, so muss er konkret darlegen, dass die Einsicht gerade in diese Schriftstücke zur Überprüfung der Ordnungsmäßigkeit der Wahl notwendig ist (BAG v. 27.7.2005, Az. 7 ABR 54/04).

IV. Auflösung des Betriebsrats/Erlöschen des Betriebsratsamts

Die regelmäßige Dauer der Amtszeit des Betriebsrats beträgt vier Jahre. Auf Antrag von mindestens 25 % der wahlberechtigten Arbeitnehmer, des Arbeitgebers oder einer im Betrieb vertretenen Gewerkschaft kann der Betriebsrat jedoch auch vorzeitig durch das Arbeitsgericht aufgelöst werden, wenn er seine gesetzlichen Pflichten grob verletzt (§ 23 Abs. 1 BetrVG). Die Verletzung ist dann als grob anzusehen, wenn sie objektiv erheblich und offensichtlich schwerwiegend ist. Eine grobe Verletzung gesetzlicher Pflichten kann bereits bei einem einmaligen schwerwiegenden Verstoß vorliegen, bei wiederholten schwerwiegenden Verstößen wird sie in der Regel offensichtlich sein.

Beispiele:

> Verletzung der Schweigepflicht, Aufruf zu Arbeitskämpfen, Werkbesetzungen, wiederholte parteipolitische Agitation im Betrieb.

Verstößt nur ein einzelnes Betriebsratsmitglied grob gegen seine gesetzlichen Pflichten, kann auch dessen Einzelausschluss von mindestens 25 % der wahlberechtigten Arbeitnehmer, vom Arbeitgeber, von einer im Betrieb vertretenen Gewerkschaft oder hier auch vom Betriebsrat beantragt werden.

Beispiele:

> ▶ Ein Betriebsratsmitglied droht dem Arbeitgeber – ohne Beteiligung des Betriebsrats und ohne vorherigen Lösungsversuch mit dem Arbeitgeber –, Anzeige bei den Aufsichtsbehörden zu erstatten (etwa wegen Verstößen gegen das ArbZG), um individuelle Interessen (wie z. B. seine Versetzung an einen anderen Arbeitsplatz zu verhindern) durchzusetzen (ArbG München v. 25.9.2006, Az. 22 BV 219/06).
>
> ▶ Ein Betriebsratsmitglied droht dem Betriebsrat, der seiner Versetzung in einen anderen Bereich zugestimmt hat, er werde die Auflösung des Betriebsrats betreiben und künftig sämtliche Verstöße der Gewerkschaft melden (ArbG München, wie oben).
>
> ▶ Ein Betriebsratsmitglied diffamiert und beschimpft in einem von ihm verfassten und im Betrieb verteilten Flugblatt Mitglieder und Sympathisanten der im Betrieb vertretenen Gewerkschaft (LAG Mecklenburg-Vorpommern v. 31.3.2005, Az. 1 TaBV 15/04),
>
> ▶ Ein Betriebsratsmitglied gewährt einem Dritten Einsicht in Bewerbungsunterlagen, die ihm nach § 99 BetrVG vorgelegt wurden und begeht damit einen objektiv erheblichen und offensichtlich schwerwiegenden Verstoß gegen die gesetzliche Geheimhaltungspflicht nach §§ 99 Abs. 1 Satz 2, 79 Abs. 1 BetrVG (ArbG Wesel v. 16.10.2008, Az. 5 BV 34/08).

Ob vor Einleitung eines Ausschlussverfahrens eine sog. betriebsverfassungsrechtliche Abmahnung in Betracht gezogen werden sollte, wird unterschiedlich beurteilt (vgl. einerseits ArbG Hildesheim v. 1.3.1996, Az. 1 BV 10/95 und andererseits LAG Düsseldorf v. 23.2.1993, Az. 8 TaBV 245/92). Eine formelle Voraussetzung für einen erfolgreichen Antrag nach § 23 Abs. 1 BetrVG stellt sie nicht dar.

Ist das Verfahren nach § 23 Abs. 1 BetrVG eingeleitet und ein Betriebsratsmitglied durch Beschluss des Arbeitgerichts ausgeschlossen worden, endet sein Amt mit Rechtskraft des arbeitsgerichtlichen Beschlusses. Auch als ausgeschlossenes Mitglied hat es jedoch nachwirkenden Kündigungsschutz für die Dauer eines Jahres nach § 15 Abs. 1 S. 2 KSchG.

Im Übrigen endet das Betriebsratsamt mit dem Ablauf der Amtszeit des Betriebsrats. Auch die Niederlegung des Amts und die Beendigung des Arbeitsverhältnisses – nicht jedoch das Ruhen des Arbeitsverhältnisses (z. B. infolge Einberufung zum Wehr- oder Ersatzdienst oder im Falle der Elternzeit) – führen zum Erlöschen des Betriebsratsamts (§ 24 BetrVG).

Ein gekündigtes Betriebsratsmitglied ist grundsätzlich bis zum Abschluss des Kündigungsschutzverfahrens an seiner Amtsausübung verhindert und hat kein Zutrittsrecht zum Betrieb. Etwas anderes gilt nur dann, wenn die Kündigung offensichtlich unwirksam ist oder das Betriebsratsmitglied den Anspruch auf vorläufige Weiterbeschäftigung arbeitsgerichtlich durchgesetzt hat (LAG München v. 27.1.2011, Az. 3 TaBvGa 20/10).

V. Geschäftsführung des Betriebsrats

Der Betriebsrat wählt aus seiner Mitte in gesonderten Wahlgängen den Vorsitzenden und dessen Stellvertreter (§ 26 BetrVG). Dem Betriebsratsvorsitzenden – oder im Falle seiner Verhinderung seinem Stellvertreter – obliegen insbesondere die Führung der laufenden Geschäfte des Betriebsrats, die Einberufung der Betriebsratssitzungen und die Leitung der Betriebsversammlung. Er vertritt den Betriebsrat im Rahmen der gefassten Beschlüsse. Trifft der Betriebsratsvorsitzende ohne

Beschluss des Betriebsrats – und damit ohne Rechtsgrundlage – im Namen des Betriebsrats eine Vereinbarung, so kann der Betriebsrat die Erklärung des Vorsitzenden grundsätzlich nachträglich genehmigen (BAG v. 10.10.2007, Az. 7 ABR 51/06).

Der Betriebsratsvorsitzende – oder im Falle seiner Verhinderung sein Stellvertreter – ist zur Entgegennahme von Erklärungen für den Betriebsrat befugt.

◁ ACHTUNG!

Wird eine dem Betriebsrat gegenüber abzugebende Erklärung (z. B. Kündigungsanhörung) nicht dem Vorsitzenden (bzw. im Falle seiner Verhinderung dem stellvertretenden Vorsitzenden), sondern einem anderen Betriebsratsmitglied gegenüber abgegeben, gilt die Erklärung erst als zugegangen, wenn sie dem Vorsitzenden oder dem Betriebsrat als solchem zur Kenntnis gelangt ist.

Dem Betriebsratsvorsitzenden obliegt die Einberufung der Betriebsratssitzungen. Er hat eine Sitzung u. a. dann einzuberufen, wenn der Arbeitgeber dies beantragt. Der Arbeitgeber nimmt an den Sitzungen teil, die auf sein Verlangen anberaumt sind oder zu denen er ausdrücklich eingeladen ist. Er kann einen Vertreter seines Verbands hinzuziehen. Die Betriebsratssitzungen finden in der Regel während der Arbeitszeit statt. Der Betriebsrat muss aber auf die betrieblichen Notwendigkeiten Rücksicht nehmen. Kommt er dieser Verpflichtung nicht nach und setzt er etwa regelmäßig Sitzungen zu einer Zeit an, in der zentrale Tätigkeiten anfallen, so soll der Arbeitgeber aber nicht „global" auf die zeitliche Lage der regelmäßigen Betriebsratssitzungen einwirken können. Vielmehr soll er nur in jedem Einzelfall – gegebenenfalls auch durch einstweilige Verfügung – eine Verschiebung gerichtlich geltend machen können (LAG Berlin-Brandenburg v. 18.3.2010, Az. 2 TaBV 2694/09).

Der Betriebsrat trifft seine Entscheidungen ausschließlich durch Beschlüsse (§ 33 BetrVG). Dabei ist ein Betriebsratsmitglied bei der Beschlussfassung grundsätzlich ausgeschlossen, wenn es in seiner Stellung als Arbeitnehmer individuell und unmittelbar betroffen ist.

Unabhängig von der Betriebsgröße kann der Betriebsrat Sprechstunden während der Arbeitszeit einrichten. Zeit (einschließlich der Dauer der einzelnen Sprechstunde) und Ort sind jedoch mit dem Arbeitgeber ebenso zu vereinbaren wie die Frage der Häufigkeit (z. B. täglich, an bestimmten Tagen in der Woche oder im Monat). Kommt eine Einigung nicht zustande, entscheidet die → *Einigungsstelle* (§ 39 BetrVG).

Betriebsräte mit neun oder mehr Mitgliedern bilden einen Betriebsausschuss, der die laufenden Geschäfte des Betriebsrats übernimmt. Er setzt sich zusammen aus dem Betriebsratsvorsitzenden, dessen Stellvertreter und einer bestimmten gesetzlich detailliert festgelegten Zahl weiterer Ausschussmitglieder, die vom Betriebsrat aus seiner Mitte gewählt werden (§ 27 Abs. 1 BetrVG). In Betrieben mit mehr als 100 Arbeitnehmern ist dem Betriebsrat gesetzlich zudem die Möglichkeit eingeräumt, weitere Ausschüsse zu bilden und ihnen bestimmte Aufgaben zu übertragen (§ 28 BetrVG). Dies gilt unabhängig von der Errichtung eines Betriebsausschusses. Anders als beim Betriebsausschuss sind der Betriebsratsvorsitzende und sein Stellvertreter keine geborenen Mitglieder eines Ausschusses nach § 28 BetrVG. Es sind hier vielmehr sämtliche Mitglieder vom Betriebsrat nach den Grundsätzen der Verhältniswahl zu wählen (BAG v. 16.11.2005, Az. 7 ABR 11/05).

Auf der Grundlage einer mit dem Arbeitgeber abzuschließenden Rahmenvereinbarung kann der Betriebsrat in Betrieben mit mehr als 100 Arbeitnehmern bestimmte Aufgaben auch auf Arbeitsgruppen übertragen. Die Aufgaben müssen jedoch im Zusammenhang mit den von der Arbeitsgruppe zu erledigenden Tätigkeiten stehen, wie dies insbesondere bei sozialen Angelegenheiten im Sinne des § 87 BetrVG der Fall sein kann.

Die Arbeitsgruppe kann im Rahmen der ihr übertragenen Aufgaben mit dem Arbeitgeber Vereinbarungen abschließen (§ 28a BetrVG).

VI. Freistellung von Betriebsratsmitgliedern

1. Vollständige Freistellung

Nach § 38 Abs. 1 BetrVG sind in größeren Betrieben ab 200 Arbeitnehmern Betriebsratsmitglieder vollständig von ihrer beruflichen Tätigkeit freizustellen. Da eine Betrachtung nach Köpfen erfolgt, werden Teilzeitmitarbeiter nicht nach der Quote ihrer Arbeitszeit, sondern in vollem Umfang berücksichtigt. Mitarbeiter in Elternzeit zählen ebenso mit wie jugendliche Arbeitnehmer oder auch Heimarbeitnehmer, wenn diese in der Hauptsache für den Betrieb arbeiten. Mitarbeiter, die sich in Altersteilzeit befinden, sind in der aktiven Phase zu berücksichtigen, jedoch nicht mehr in der passiven Phase.

Leitende Angestellte zählen nicht zu den Arbeitnehmern im Sinne von § 38 Abs. 1 BetrVG und werden deshalb bei den für die Freistellung von Betriebsratsmitgliedern nach dieser Vorschrift maßgeblichen Arbeitnehmerzahlen nicht berücksichtigt. Dagegen sind Leiharbeitnehmer nach geänderter Rechtsprechung des BAG nunmehr mitzuzählen (BAG v. 15.12.2011, Az. 7 ABR 65/10). Mit der Größe des Betriebs steigt die Anzahl der freizustellenden Betriebsratsmitglieder.

Arbeitnehmerzahl			Freizustellende Betriebsrats- mitglieder
200	bis	500	1
501	bis	900	2
901	bis	1.500	3
1.501	bis	2.000	4
2.001	bis	3.000	5
3.001	bis	4.000	6
4.001	bis	5.000	7
5.001	bis	6.000	8
6.001	bis	7.000	9
7.001	bis	8.000	10
8.001	bis	9.000	11
9.001	bis	10.000	12

Betriebsräte in Betrieben mit mehr als 10 000 Arbeitnehmern stellen für je angefangene weitere 2 000 Arbeitnehmer ein weiteres Betriebsratsmitglied frei.

Steigt oder sinkt die Anzahl der Arbeitnehmer dauerhaft über oder unterhalb einen der Staffelwerte, so steigt bzw. reduziert sich automatisch auch die Anzahl der zulässigen Freistellungen.

Abweichende Regelungen zur Anzahl der Freistellungen können der Arbeitgeber und der Betriebsrat in einer Betriebsvereinbarung treffen (§ 38 Abs. 1 S. 5 BetrVG); auch die Regelung in Form einer Regelungsabrede zwischen Betriebsrat und Arbeitgeber ist wirksam (LAG Köln v. 7.10.2011, Az. 4 TaBV 52/11).

Freistellungen können in Form von vollständigen Freistellungen, aber auch in Form von Teilfreistellungen vorgenommen werden. Die vollständige Freistellung eines teilzeitbeschäftigten Mitarbeiters ist keine Vollfreistellung, sondern ist nach den für Teilfreistellungen geltenden Regeln zu beurteilen. Der Betriebsrat entscheidet in dieser Frage eigenständig durch Beschluss, doch hat er betriebliche Belange zu berücksichtigen. Beweggrund für

eine solche Teilfreistellung kann neben organisatorischen Gegebenheiten insbesondere der häufige Wunsch einzelner Betriebsratsmitglieder sein, ihre Arbeit nicht vollständig aufzugeben. Teilfreistellungen dürfen zusammengenommen jedoch nicht den Umfang der für die jeweilige Belegschaftsstärke vorgesehenen Freistellung überschreiten. Dabei ist auf die betriebsübliche Arbeitszeit eines vollzeitbeschäftigten Arbeitnehmers abzustellen.

Die freizustellenden Betriebsratsmitglieder werden vom Betriebsrat gewählt (§ 38 Abs. 2 BetrVG). Vor der Wahl muss sich der Betriebsrat mit dem Arbeitgeber beraten, damit dieser auf eventuelle betriebliche Notwendigkeiten hinsichtlich einzelner Kandidaten und möglicherweise vorgesehener Teilfreistellung hinweisen kann. Der Betriebsrat hat die Namen der Freizustellenden dem Arbeitgeber bekannt zu geben. Hält der Arbeitgeber eine durch den Betriebsrat beschlossene Freistellung für sachlich nicht vertretbar, kann er innerhalb einer Frist von zwei Wochen nach Bekanntgabe die → Einigungsstelle anrufen.

> ◁ **ACHTUNG!**
> Ruft der Arbeitgeber die Einigungsstelle nicht an, gilt sein Einverständnis nach Ablauf der zwei Wochen als erteilt.

Die Wahl der freizustellenden Betriebsratsmitglieder kann in entsprechender Anwendung von § 19 BetrVG auch durch ein einzelnes Betriebsratsmitglied oder mehrere Betriebsratsmitglieder angefochten werden. Die Frist beträgt zwei Wochen und beginnt mit der Feststellung des Wahlergebnisses durch den Betriebsrat.

Die Freistellung entbindet das freigestellte Betriebsratsmitglied allein von der Verpflichtung zur vertraglich vereinbarten Arbeitsleistung; alle anderen Pflichten bleiben bestehen. So ist das Betriebsratsmitglied insbesondere weiterhin zur Einhaltung der vertraglich vereinbarten Arbeits- und Anwesenheitszeit im Betrieb verpflichtet.

2. Arbeitsbefreiung

Nicht freigestellte Betriebsratsmitglieder sind zur Wahrnehmung von Betriebsratsaufgaben vorübergehend von ihrer Tätigkeit zu befreien (§ 37 Abs. 2 BetrVG). Gleiches gilt für nach § 38 BetrVG teilfreigestellte Betriebsratsmitglieder (LAG Hessen v. 28.11.2006, Az. 15 Sa 1343/06). Es muss jedoch immer ein konkreter Anlass vorliegen, z. B. Betriebsratssitzungen, Betriebsratssprechstunden, Einigungsstellenverfahren, anwaltliche Beratungsgespräche oder Betriebsversammlungen. Die Arbeitsbefreiung muss stets zur Durchführung der Betriebsratsaufgaben im Einzelfall erforderlich sein. Dabei müssen die Dringlichkeit der beruflichen Tätigkeit und der Betriebsratstätigkeit gegeneinander abgewogen werden; bei gleicher Dringlichkeit hat die Betriebsratstätigkeit Vorrang.

> ✂ **WICHTIG!**
> Ist ein Betriebsratmitglied generell nach § 38 Abs. 1 BetrVG freigestellt, ist es vorrangig seine Aufgabe, sich um die Betriebsratsarbeit, insbesondere die laufenden Angelegenheiten, zu kümmern. Ein nicht dauerhaft freigestelltes Betriebsratsmitglied kann nur dann vorübergehend für konkrete Betriebsratsaufgaben freigestellt werden, wenn dies – aufgrund einer besonderen Sachlage – erforderlich im Sinne von § 37 Abs. 2 BetrVG ist. Bei normaler Betriebsratstätigkeit ist dies (abgesehen von Betriebsratssitzungen etc.) grundsätzlich nicht notwendig.

Die Betriebsratsmitglieder sind verpflichtet, sich bei ihrem jeweiligen Vorgesetzten unter Hinweis auf die Betriebsratstätigkeit rechtzeitig abzumelden und die voraussichtliche Dauer der Abwesenheit anzugeben. Diese Verpflichtung entfällt nur dann, wenn eine vorübergehende Umorganisation der Arbeitseinteilung nicht ernsthaft in Betracht kommt (BAG v. 29.6.2011, Az. 7 ABR 135/09). Einer Zustimmung des Vorgesetzten zum Verlassen des Arbeitsplatzes bedarf es nicht. Ebenso wenig sind die Betriebsratsmitglieder verpflichtet, dem Arbeitgeber die genauen Abwesenheitsgründe mitzuteilen. Verletzt ein Betriebsrat die Pflicht zur ordnungsgemäßen Abmeldung, so kann er wie jeder andere Arbeitnehmer abgemahnt werden.

Teilt der Arbeitgeber einem Betriebsratsmitglied bei der Abmeldung mit, dass es für die Zeit der beabsichtigten Betriebsratstätigkeit aus betriebsbedingten Gründen an seinem Arbeitsplatz unabkömmlich ist, so muss das Betriebsratsmitglied prüfen, ob und inwieweit es die Betriebsratsaufgaben verschieben kann. Die Dringlichkeit der beruflichen Tätigkeit und der Verrichtung der Betriebsratsarbeit sind gegeneinander abzuwägen. Erachtet das Betriebsratsmitglied danach die Betriebsratstätigkeit für dringlicher, so muss es dies im Einzelnen darlegen. Keineswegs sind Betriebsratstätigkeiten jedoch stets vorrangig. So kann es in Fällen einer betrieblichen Unabkömmlichkeit eines Betriebsratsmitglieds durchaus sachgerecht sein, das Betriebsratsmitglied an der Teilnahme verhindert anzusehen, so dass an seiner Stelle ein Ersatzmitglied an einer Betriebsratssitzung teilnimmt.

Für die Zeit der Arbeitsbefreiung ist der Arbeitgeber zur Fortzahlung des Entgelts verpflichtet, das das Betriebsratsmitglied erzielt hätte, wenn es gearbeitet hätte. Erfasst werden dabei auch alle Nebenleistungen wie Erschwerniszuschläge, Überstundenzuschläge usw. Nicht zu zahlen sind lediglich Leistungen, die als reiner Aufwendungsersatz gezahlt werden (z. B. Wegegelder).

Der Arbeitgeber ist aber, wenn Zweifel an der konkreten Notwendigkeit und des angegebenen Zeitaufwands bestehen, berechtigt, den Entgeltfortzahlungsanspruch für die Zeit der Arbeitsbefreiung nachzuprüfen und kann dazu im Nachhinein entsprechende Angaben fordern. Lag nämlich keine erforderliche Betriebsratstätigkeit vor, besteht auch keine Vergütungspflicht. Kürzt der Arbeitgeber danach die Vergütung und klagt das Betriebsratsmitglied die Vergütung ein, so muss das Betriebsratsmitglied im arbeitsgerichtlichen Verfahren zunächst nur stichwortartig zu Art und Dauer der von ihm durchgeführten Amtstätigkeit vortragen. Es ist dann Aufgabe des Arbeitgebers darzulegen, weshalb begründete Zweifel an der Erforderlichkeit der Tätigkeit bestehen. Erst danach ist eine substantiierte Ausführung des Betriebsrats erforderlich (LAG Hamm v. 10.2.2012, Az. 13 Sa 1412/11).

Die Betriebsratstätigkeit soll grundsätzlich während der Arbeitszeit erfolgen. Wenn sie ausnahmsweise außerhalb der Arbeitszeit stattfindet, haben die Betriebsratsmitglieder nur dann einen Ausgleichsanspruch auf entsprechende Arbeitsbefreiung, wenn betriebsbedingte Gründe die Betriebsratstätigkeit während der Arbeitszeit unmöglich machen (z. B. Schichtarbeit – vgl. § 37 Abs. 3 S. 2 BetrVG –, besonderer Arbeitsanfall). Keine derartigen betriebsbedingten Gründe sind dagegen sog. betriebsratsbedingte Gründe (z. B. unrichtige Verteilung der Betriebsratsarbeit durch den Betriebsrat). Wann betriebsbedingte Gründe vorliegen, entscheidet der Arbeitgeber im Einvernehmen mit dem Betriebsrat. Die Betriebsratsmitglieder müssen die außerhalb der Arbeitszeit geplante Betriebsratstätigkeit deshalb rechtzeitig mitteilen.

Ist der Arbeitnehmer in der Gestaltung der Arbeitszeit nicht an strikte Vorgaben gebunden, besteht ein Vergütungs- und Freizeitausgleichsanspruch für Betriebsratstätigkeit erst, wenn das tägliche Gesamtvolumen der persönlichen Arbeitszeit überschritten wird (LAG Baden-Württemberg v. 27.3.2012, Az. 3 Sa 10/11).

Fand die Betriebsratstätigkeit aus betrieblichen Gründen außerhalb der → *Arbeitszeit* statt, haben die Betriebsratsmitglieder einen Anspruch auf Freizeitausgleich, der innerhalb eines Monats vom Arbeitgeber zu gewähren ist. Die zeitliche Lage innerhalb dieses Monats kann der Arbeitgeber bestimmen, ohne dass er die Wünsche des Betriebsratsmitglieds entsprechend

den Grundsätzen der Urlaubsgewährung nach § 7 Abs. 1 S. 1 BUrlG berücksichtigen muss; es genügt vielmehr, dass die zeitliche Festlegung des Arbeitgebers billigem Ermessen entspricht.

Beispiel:

> Ein Busunternehmer, der in den Osterferien einen reduzierten Bedarf an Fahrern hat, kann den Freizeitausgleich in diesem Zeitraum legen, auch wenn das Betriebsratsmitglied, das als Busfahrer beschäftigt ist, den Ausgleich an Tagen vor oder nach den Osterferien begehrt (BAG v. 15.2.2012, Az. 7 AZR 774/10).

Wenn ausnahmsweise ein Freizeitausgleich aus betriebsbedingten Gründen nicht möglich ist, muss die Zeit den Betriebsratsmitgliedern als Überstunden bezahlt werden. Bestreitet der Arbeitgeber betriebliche Gründe für eine Betriebsratstätigkeit außerhalb der Arbeitszeit und verweigert dementsprechend einen Freizeitausgleich oder die Bezahlung von Überstunden, können die Betriebsratsmitglieder ihre vermeintlichen Ansprüche beim Arbeitsgericht einklagen.

VII. Verbot der Benachteiligung und Begünstigung

§ 78 Satz 2 BetrVG verbietet es, Betriebsratsmitglieder wegen ihrer Tätigkeit zu benachteiligen oder zu begünstigen.

Unter Benachteiligung im Sinne dieser Vorschrift wird jede Schlechterstellung im Vergleich zu anderen Arbeitnehmern verstanden, die nicht aus sachlichen oder in der Person des Betroffenen liegenden Gründen, sondern wegen der Tätigkeit als Betriebsrat erfolgt. Eine besondere Benachteiligungsabsicht ist nicht erforderlich. Ausreichend ist, dass das Betriebsratsmitglied bei einem Vergleich objektiv schlechter gestellt ist als ein Nichtmitglied.

Beispiele:

> Zuweisung eines räumlich ungünstigeren Büros (Großraumbüro statt Arbeitszimmer mit zwei Arbeitsplätzen) anlässlich der Wahl in den Betriebsrat (LAG Köln v. 26.7.2010, Az. 5 SaGa 10/10), Versetzung auf einen geringer bezahlten Arbeitsplatz, Angabe der Betriebsratstätigkeit im Arbeitszeugnis gegen den Willen des Betriebsratsmitglieds, Kontrolle von Telefondaten nur des Betriebsratsmitglieds ohne besonderen Anlass und außerhalb einer allgemeinen Stichprobenregelung.

Eine Begünstigung ist gegeben, wenn ein Betriebsratsmitglied im Vergleich zu anderen Arbeitnehmern besser gestellt wird, ohne dass dies aus sachlichen Gründen gerechtfertigt wäre, die Begünstigung also allein im Hinblick auf die Tätigkeit als Betriebsratsmitglied erfolgt.

Verboten sind damit:

▸ Jede Vergütung für das Betriebsratsamt selbst, insbesondere die Bezahlung nach „Augenhöhe" oder mit Blick auf amtsbezogene Qualifikation die Gewährung von Sitzungsgeldern und „Amtszulagen";

▸ Jede das hypothetische Arbeitsentgelt übersteigende Vergütung und damit auch Höhergruppierungen für Betriebsratsmitglieder („Meister");

▸ Aufwandsentschädigungen ohne Abrechnung und Nachweis konkreter Aufwendungen;

▸ Beförderungen aufgrund der Betriebsratstätigkeit, Zuweisung höher vergüteter Beschäftigung; überhaupt jede „Sonderkarriere";

▸ Freistellungen von der Arbeitsleistung, die nicht durch die Betriebsratstätigkeit bedingt sind; auch: „nachlaufende" freiwillige Freistellungen für nicht wieder gewählte oder nicht mehr freigestellte Betriebsratsmitglieder; sonstige bezahlte Freizeit über § 37 Abs. 3 BetrVG hinaus;

▶ Bevorzugung von Betriebsratsmitgliedern bei Nebenleistungen (Arbeitgeberdarlehen, Werkswohnungen, Personaleinkauf, Firmenwagen zu Privatnutzung);

▶ Vorteilsgewährung an Angehörige des Betriebsratsmitglieds.

⚠ ACHTUNG!

Vorsätzliche Verstöße gegen das Benachteiligungs- und Begünstigungsverbot erfüllen den Straftatbestand des § 119 Abs. 1 Nr. 3 BetrVG. Zusätzlich ahndet die Rechtsprechung Begünstigungshandlungen auch über den Straftatbestand der Untreue, § 266 StGB – für Arbeitgebervertreter in Täterschaft, für das Betriebsratsmitglied aufgrund Anstiftung oder Beihilfe (BGH v. 17.9.2009, Az. 5 StR 521/08). Wird die Begünstigung als Betriebsausgabe deklariert, ist auch der Tatbestand der Steuerhinterziehung (§ 307 Abs. 1 Nr. 1 AO) erfüllt.

Vorstände und Geschäftsführer haften gegenüber dem Unternehmen auf Schadensersatz, wenn sie ihre Pflicht zur ordnungsgemäßen Unternehmensleitung verletzen. Aber auch Mitarbeiter der nachgeordneten Führungsebene können bei gravierenden Pflichtverletzungen auf Schadensersatz in Anspruch genommen werden.

📝 TIPP!

Sollte es unzulässige und strafbewehrte Begünstigungen geben, können diese jederzeit eingestellt werden. Da sie nach § 134 BGB nichtig sind, bedarf es keiner Änderungskündigung; ebenso wenig kann aus rechtswidrig gewährten Leistungen eine betriebliche Übung entstehen. Rechtswidrig erbrachte Leistungen der Vergangenheit können vom begünstigten Betriebsratsmitglied zurückgefordert werden.

Ein Betriebsratsmitglied, das im Rahmen eines befristeten Vertrags ohne Sachgrund nach § 14 Abs. 2 TzBfG tätig ist, hat keinen Anspruch auf eine unbefristete Verlängerung. Auch mit ihm kann innerhalb einer Gesamtdauer von zwei Jahren der Vertrag bis zu dreimal befristet verlängert werden. Nach Ablauf des Zweijahreszeitraums kann sich ein Anspruch auf Abschluss eines unbefristeten Vertrags nur ausnahmsweise dann ergeben, wenn die Nichtübernahme in ein unbefristetes Arbeitsverhältnis allein auf der Betriebsratstätigkeit beruht. Die Darlegungs- und Beweislast liegt in diesem Fall beim Arbeitnehmer, d. h. dem Betriebsratsmitglied (LAG Niedersachsen v. 8.8.2012, Az. 2 Sa 1733/11, LAG Berlin-Brandenburg v. 4.11.2011, Az. 13 Sa 1549/11).

VIII. Betriebsratsvergütung

Das Betriebsratsamt ist ein unentgeltliches Ehrenamt; es gibt weder eine Amtsvergütung noch stellt die Betriebsratstätigkeit eine zu vergütende Arbeitsleistung dar. Nach dem Entgeltausfallprinzip haben Betriebsratsmitglieder Anspruch auf das Arbeitsentgelt, das sie erzielt haben würden, wenn sie in der Zeit, in der sie Betriebsratsarbeit erbracht haben, vertragsgemäß gearbeitet hätten. Neben dem Grundgehalt müssen sämtliche Nebenbezüge, vor allem Zuschläge und Zulagen eingerechnet werden. Nach § 78 Satz 2 BetrVG sind Begünstigungen ausdrücklich untersagt (vgl. dazu VII).

Auch das freigestellte Betriebsratsmitglied hat Anspruch auf die Vergütung, die es ohne die Freistellung erhalten hätte, und zwar einschließlich etwaiger Überstundenzuschläge sowie besonderer Leistungen des Arbeitgebers wie Gratifikationen, vermögenswirksamen Leistungen usw. Erfolgsabhängige Entgeltkomponenten sind ihm nach Maßgabe eines virtuellen, simulierten Erfolgs weiterzuzahlen. Dabei ist die bisherige Erfolgskurve aus der Zeit vor Amtsantritt für die Zeit der Freistellung fortzuschreiben. Ausgenommen ist die Überlassung eines Dienstwagens, wenn das Fahrzeug ausschließlich zur dienstlichen Nutzung zur Verfügung gestellt wird, da die Überlassung in diesem Fall keinen Entgeltcharakter hat (LAG Hamburg v. 9.8.2007, Az. 7 Sa 27/07). Ist dagegen auch die private Nutzung des Dienstwagens erlaubt, so muss der Betriebsrat das Fahrzeug selbst dann,

wenn er es etwa als Außendienstmitarbeiter weit überwiegend dienstlich genutzt hat, nicht zurückgeben (BAG v. 23.6.2004, Az. 7 AZR 514/03). Eine Netzkarte der Deutschen Bahn, die dem Arbeitnehmer auch zur privaten Nutzung zur Verfügung gestellt worden ist, muss ihm als Betriebsrat weiterhin zur privaten Nutzung überlassen werden, auch wenn es für die ursprünglich dienstlich vorgesehene Nutzung der Netzkarte keinen Anlass mehr gibt (LAG Hamm v. 17.2.2012, Az. 10 Sa 1479/11).

Nicht zu berücksichtigen sind Leistungen mit reinem Aufwendungsersatzcharakter, wenn sie aufgrund der Arbeitsbefreiung in dieser Zeit beim Betriebsratsmitglied nicht anfallen, z. B. Wegegelder, Beköstigungszulagen, Schmutzzulagen, die nur als Ausgleich für den Verbrauch zusätzlicher Reinigungsmittel gewährt werden. Maßgeblich ist, ob die Leistung ihrem Zweck nach lediglich tatsächlichen Mehraufwand kompensiert (dann keine Zahlung während der Arbeitsbefreiung) oder ob sie eine eigenständige Vergütungsfunktion hat (dann Zahlung auch während der Arbeitsbefreiung).

Im Rahmen eines Restmandats steht Betriebsratsmitgliedern kein Anspruch auf Vergütung ihrer Betriebsratstätigkeit zu. Für Freizeitopfer, die sie nach Ende ihrer Arbeitsverhältnisse erbringen, um Betriebsratsaufgaben zu erfüllen, können sie kein Entgelt verlangen (BAG v. 5.5.2010, Az. 7 AZR 728/08). Von praktischer Bedeutung ist dies etwa bei der Schließung eines Betriebs und einem damit verbundenem Arbeitgeberwechsel (wie etwa bei einem Asset Deal). Die Betriebsratsmitglieder, die das Restmandat ausüben, stehen nunmehr in einem Arbeitsverhältnis mit einem anderen Arbeitgeber und haben keine Freistellungs- und Vergütungsansprüche für Aufgaben des Restmandats gegen den Erwerber.

Das Gehalt eines (freigestellten) Betriebsratsmitglieds ist während seiner Amtszeit in demselben Umfang zu erhöhen – aber auch nicht mehr! – wie die Vergütung vergleichbarer Arbeitnehmer. Fallen die Entgeltanpassungen innerhalb einer Vergleichsgruppe unterschiedlich aus und ist diese Gruppe sehr klein, so dass man sich nicht an den in gleicher Weise erhöhten Gehältern einer Mehrzahl vergleichbarer Arbeitnehmer orientieren kann, richtet sich der Anspruch des Betriebsratsmitglieds nach dem Durchschnitt der Gehaltserhöhungen in der Vergleichsgruppe.

📝 TIPP!

Zu Beginn der Amtszeit eines Betriebsratsmitglieds bzw. bei dessen Freistellung sollte ein Statusvergleich durchgeführt und mit vergleichbaren Arbeitnehmern festgeschrieben werden. Sollte es später mit einem Betriebsratsmitglied eine Auseinandersetzung wegen des Gehalts geben, so besteht eine ausreichende Tatsachengrundlage und gutes Argumentationsmaterial.

Das Betriebsratsmitglied hat gegenüber dem Arbeitgeber einen Auskunftsanspruch über die Gehaltsentwicklung vergleichbarer Arbeitnehmer mit betriebsüblicher Entwicklung. Denn nur mit dieser Information kann er einen möglichen Anspruch auf eine etwaige Gehaltsanpassung prüfen (BAG v. 19.1.2005, Az. 7 AZR 208/04).

Gibt es keine im Wesentlichen vergleichbaren Arbeitnehmer, ist die richtige Herangehensweise rechtlich noch nicht geklärt. Überwiegend wird vertreten, dass auf den/die am ehesten vergleichbaren Mitarbeiter abzustellen sei; nach anderer Auffassung soll die Frage, wie die berufliche Entwicklung von Beschäftigten bei gleicher Qualifikation ohne Betriebsratstätigkeit verlaufen wäre, abstrakt-hypothetisch beantwortet werden. In Unternehmen mit mehreren Betrieben wäre es auch denkbar, auf vergleichbare Mitarbeiter in den anderen Betrieben abzustellen.

Beruft sich ein freigestelltes Betriebsratsmitglied darauf, es habe Anspruch auf ein höheres Gehalt, weil ihm beim normalen

Lauf der Dinge eine höherwertige Tätigkeit übertragen worden wäre oder mit einer Beförderung zu rechnen gewesen wäre, so kann er mit diesem Argument nur durchdringen, wenn diese Entwicklung betriebsüblich ist. Die Rechtsprechung hält dabei eine Beförderung nur dann für betriebsüblich, wenn dem Betriebsratsmitglied nach den betrieblichen Gepflogenheiten die höherwertige Tätigkeit hätte übertragen werden müssen oder die Mehrzahl der vergleichbaren Arbeitnehmer des Betriebs einen derartigen Aufstieg erreicht haben (BAG v. 17.8.2005, Az. 7 AZR 528/04). Berufliche Entwicklungen, die bei anderen Arbeitgebers stattfinden, sind dagegen unbeachtlich (BAG v. 14.7.2010, Az. 7 AZR 359/09).

Nach Ablauf der Amtszeit muss ein bis dahin freigestelltes Betriebsratsmitglied wieder in den Arbeitsprozess eingegliedert werden. Dabei hat es einen Anspruch darauf, nicht mit geringwertigeren Tätigkeiten als vor seinem Amtsantritt beschäftigt zu werden. Zudem kann es – wie beim Arbeitsentgelt – verlangen, hinsichtlich seiner Tätigkeiten ständig an die betriebsübliche berufliche Entwicklung vergleichbarer Arbeitnehmer angeglichen zu werden. Mit anderen Worten: Das Betriebsratsmitglied kann dann, wenn anderen vergleichbaren Mitarbeitern eine höherwertige Arbeit zugewiesen wurde, ebenfalls eine derartige Beschäftigung verlangen. Ausgeschlossen ist dieser Anspruch nur dann, wenn zwingende betriebliche Notwendigkeiten entgegenstehen (§ 37 Abs. 5 BetrVG). Fehlende Qualifikationen – ein häufiges Problem nach einer Freistellung, insbesondere nach einer Freistellung über mehrere Amtszeiten – werden von der Rechtsprechung als „entgegenstehende betriebliche Notwendigkeit" anerkannt. Häufig tritt daher in der Praxis die Konstellation ein, dass das Betriebsratsmitglied eine Bezahlung entsprechend einer fiktiven Tätigkeit der „vergleichbaren Arbeitnehmer" verlangt, aber nicht fordert, die entsprechende Tätigkeit sofort – ohne erforderliche Fortbildungsmaßnahmen – tatsächlich auszuüben. Dem Betriebsratsmitglied ist daher im Rahmen der betrieblichen Möglichkeiten die Gelegenheit zu geben, Maßnahmen zur betriebsüblichen beruflichen Entwicklung, an denen er wegen der Freistellung nicht teilnehmen konnte, innerhalb eines Jahres nach Freistellungsende nachzuholen (§ 38 Abs. 4 Satz 2 BetrVG).

IX. Betriebsratskosten

1. Allgemeines

Der Arbeitgeber ist nach § 40 Abs. 1 BetrVG verpflichtet, die durch die Tätigkeit des Betriebsrats entstehenden Kosten zu tragen. Zu den Kosten zählen sowohl die Aufwendungen, die aus der Tätigkeit des Betriebsrats entstehen, als auch die Kosten, die ein einzelnes Betriebsratsmitglied verursacht hat.

Die Kostentragungspflicht beschränkt sich jedoch nur auf die **erforderlichen** und **verhältnismäßigen** Kosten. Erforderlich sind Kosten dann, wenn der Betriebsrat im Zeitpunkt ihrer Verursachung bei gewissenhafter Abwägung die betreffende Maßnahme für erforderlich halten durfte. Verhältnismäßig sind Aufwendungen nur dann, wenn kein ebenso effektiver, aber kostengünstigerer Weg bestanden hätte.

Der Betriebsrat muss die Kosten im Einzelnen nachweisen und abrechnen. Hinsichtlich einzelner Aufwendungen kann der Betriebsrat einen Vorschuss vom Arbeitgeber verlangen. Der Arbeitgeber kann dem Betriebsrat auch einen Fonds zur Verfügung stellen, den dieser von Zeit zu Zeit gegenüber dem Arbeitgeber abrechnen muss.

Der Arbeitgeber ist grundsätzlich berechtigt, die Betriebsratskosten betriebsintern zu veröffentlichen. Das darf aber nicht zu dem Zweck geschehen, Zwietracht zwischen Betriebsrat und Arbeitnehmern zu säen.

Beispiel:

> So stellt es eine grobe Pflichtverletzung dar, wenn sich der Arbeitgeber in einer Betriebsversammlung zu den hohen Kosten des Betriebsrats in Höhe von mehr als 250.000 € äußert und diese Äußerung in einen unmittelbaren Kontext zu einem möglichen Verlust von Arbeitsplätzen stellt, der u. a. durch die starre Haltung des Betriebsrats begründet sei.

2. Kosten des Betriebsrats, insbesondere Rechtsanwalts- und Sachverständigenkosten

Kosten des Betriebsrats sind hauptsächlich die Kosten, die aus seiner laufenden Geschäftsführung entstehen. Dies sind neben den Sachkosten (s. u. 5.) insbesondere die Kosten von Rechtsstreitigkeiten, die der Betriebsrat in betriebsverfassungsrechtlichen Angelegenheiten auch gegen den Arbeitgeber führt.

Soweit der Rechtsanwalt des Betriebsrats im Rahmen der Prozessvertretung zur Wahrnehmung von Rechten des Betriebsrats tätig wird, richtet sich die Kostentragungspflicht des Arbeitgebers ausschließlich nach § 40 Abs. 1 BetrVG. Hierzu gehören auch die Beratung im Vorfeld einer gerichtlichen Auseinandersetzung sowie der Versuch, die bereits beschlossene Durchführung eines arbeitsgerichtlichen Verfahrens entbehrlich zu machen.

Es reicht aus, dass der Betriebsrat Schwierigkeiten im Hinblick auf die Beurteilung der Sach- und/oder Rechtslage sieht. Der Betriebsrat kann dabei nicht auf die Beratung/Vertretung durch einen Gewerkschaftsvertreter verwiesen werden, selbst wenn die Gewerkschaft bereit wäre, ein entsprechendes Verfahren zu übernehmen.

 WICHTIG!

> Die Kostentragungspflicht besteht unabhängig vom Ausgang des Rechtsstreits. Selbst wenn der Betriebsrat in einem gegen den Arbeitgeber geführten Verfahren unterliegt, hat der Arbeitgeber die Kosten zu tragen. Dies gilt jedenfalls dann, wenn das Verfahren bislang ungeklärte Rechtsfragen zum Gegenstand hat und die Rechtsauffassung des Betriebsrats vertretbar ist. Nur dann, wenn die Rechtsverfolgung durch den Betriebsrat von vornherein offensichtlich aussichtslos war, hat er gegenüber dem Arbeitgeber keinen Anspruch auf Freistellung von den Rechtsanwaltskosten (vgl. dazu LAG Köln v. 22.7.2008, Az. 9 TaBV 8/08).

Beauftragt der Betriebsrat einen Rechtsanwalt, ihn in einem arbeitsgerichtlichen Beschlussverfahren zu vertreten, so hat die Beauftragung grundsätzlich auf der Grundlage der gesetzlichen Vergütung nach dem Rechtanwaltsvergütungsgesetz zu erfolgen.

 WICHTIG!

> Eine Honorarzusage, die zu einer höheren Vergütung führt, insbesondere auch die Vereinbarung eines Zeithonorars, darf der Betriebsrat regelmäßig nicht für erforderlich halten. Allein der Umstand, dass ein vom Betriebsrat bevorzugter Anwalt nur gegen die Zusage eines Stundenhonorars tätig zu werden bereit ist, stellt keinen besonderen Umstand dar, der eine Ausnahme von diesem Grundsatz rechtfertigt. Vielmehr muss der Betriebsrat prüfen, ob er nicht einen ebenfalls qualifizierten Rechtsanwalt findet, der ohne die Zusage eines Stundenhonorars bereit ist, das Mandat zu der gesetzlichen Vergütung zu übernehmen.

Neben den Kosten eines Rechtsanwalts im Rahmen von Rechtsstreitigkeiten hat der Arbeitgeber auch die Kosten von Sachverständigen zu tragen, die der Betriebsrat beauftragt hat. Voraussetzung ist jedoch, dass der Sachverständige eine Frage prüfen soll, die zu den gesetzlichen Aufgaben des Betriebsrats gehört. So kann der Betriebsrat keinen Sachverständigen mit der Frage beauftragen, ob eine tarifliche Vorschrift, an die sich der Arbeitgeber hält, mit höherrangigem Recht, d. h. einer gesetzlichen Vorschrift vereinbar ist. Das Überwachungsrecht nach § 80 Abs. 1 Nr. 1 BetrVG besteht gegenüber dem Arbeitgeber, der eine Rechtsnorm zu beachten hat, nicht jedoch gegenüber dem Normgeber (etwa den Tarifvertragsparteien), der die Norm erlassen hat (LAG Schleswig-Holstein v. 19.8.2008, Az. 5 TaBV 23/08).

Vor der Hinzuziehung eines Sachverständigen nach § 80 Abs. 3 BetrVG muss der Betriebsrat jedoch alle ihm zur Verfügung stehenden Erkenntnisquellen nutzen, um sich das notwendige Wissen selbst anzueignen. Dazu hat er etwa die ihm zugängliche Fachliteratur auszuwerten. Weiterhin muss er sich auch beim Arbeitgeber um die Klärung der offenen Fragen bemühen. Dazu gehört es, dass er die gebotenen Möglichkeiten der Unterrichtung durch sachkundige Arbeitnehmer des Betriebs oder Unternehmens nutzt (LAG Köln v. 18.10.2006, Az. 2 Ta 408/06). Dies darf der Betriebsrat nicht von vorneherein mit der pauschalen Begründung ablehnen, diese Personen besäßen nicht das Vertrauen des Betriebsrats, weil sie im Dienste des Arbeitgebers stünden und deshalb nicht als neutral oder objektiv angesehen werden könnten.

Beispiel:

Geht es um die Prüfung, ob die im Betrieb verwendeten Formulararbeitsverträge mit dem NachwG vereinbar sind, so kann dies regelmäßig ohne besonderen juristischen Sachverstand durch einen Abgleich des Vertragsinhalts mit den Katalogtatbeständen des § 2 Abs. 1 S. 1 NachwG beurteilt werden. Hinsichtlich der Frage der Vereinbarkeit von verwendeten Formulararbeitsverträgen mit dem § 305 ff. BGB muss sich der Betriebsrat vor Einschaltung eines Sachverständigen auf Fachbücher, in Schulungsveranstaltungen vermitteltes Wissen und auf sachkundige Arbeitnehmer des Betriebs stützen. Deren vorherige Befassung mit der Ausarbeitung der Formulararbeitsverträge schließt es nicht aus, dass sie dem Betriebsrat gegenüber den Inhalt der Vertragsklauseln in einer Weise darstellen, die es ihm ermöglicht, die damit verbundene rechtliche Problematik weiter zu erschließen (BAG, 16.11.2005, Az. 7 ABR 12/05).

In jedem Fall setzt die arbeitgeberseitige Kostentragungspflicht nach § 80 Abs. 3 BetrVG eine vorherige (!) Vereinbarung – und zwar über die zu prüfende Frage, die Kosten und die Sachverständigenperson – zwischen Betriebsrat und Arbeitgeber voraus. Kommt eine Vereinbarung nicht zustande, hat der Betriebsrat die Kosten zu tragen, sofern er das Einverständnis nicht zuvor im Wege eines Beschlussverfahrens oder in Eilfällen durch einstweilige Verfügung ersetzen lässt.

Einer solchen Vereinbarung bedarf es dagegen für die Hinzuziehung eines Beraters nach § 111 S. 2 BetrVG nicht (LAG Hessen v. 19.2.2004, Az. 9 TaBV 95/03). Beschäftigt der Arbeitgeber in seinem Unternehmen regelmäßig mehr als 300 Arbeitnehmer, kann der Betriebsrat autonom die Beratungsleistung abrufen. Der Beratungsgegenstand nach § 111 S. 2 BetrVG beschränkt sich dabei auf die sachkundige Beratung zum Interessenausgleich der Betriebsänderung. Eine Beratung zum Sozialplan ist nicht von § 111 S. 2 BetrVG gedeckt.

Überschreitet der Betriebsrat im Rahmen der Beauftragung nach § 111 S. 2 BetrVG seine Grenzen – etwa indem er ein Entgelt vereinbart, das über dem marktüblichen liegt –, so besteht keine Kostenübernahmepflicht des Arbeitgebers; das beauftragte Beratungsunternehmen kann seinerseits den Betriebsratsvorsitzenden nach den Grundsätzen des Vertreters ohne Vertretungsmacht in Anspruch nehmen (BGH v. 25.10.2012, Az. III ZR 266/11).

3. Kosten einzelner Betriebsratsmitglieder

Zu den vom Arbeitgeber zu tragenden Kosten gehören insbesondere die Reisekosten, die einem Betriebsratsmitglied bei der auswärtigen Wahrnehmung seiner Aufgaben entstehen (z. B. Wahrnehmung von Gerichtsterminen, Sprechstunden in auswärtigen Betrieben oder Betriebsteilen). Besteht im Betrieb eine Reisekostenordnung, ist diese auch auf die Reisen von Betriebsratsmitgliedern anzuwenden.

Ein nach § 38 BetrVG freigestelltes Betriebsratsmitglied hat keinen Anspruch auf Erstattung von Fahrtkosten für regelmäßige Fahrten von seinem Wohnort zum Sitz des Betriebsrats (Betriebsratsbüro). Hierbei handelt es sich nicht um Kosten des Betriebsrats im Sinne von § 40 Abs. 2 BetrVG. Dies gilt bei einem aus mehreren Betriebsstätten bestehenden Betrieb auch dann, wenn sich das Betriebsratsbüro nicht in der Betriebsstätte befindet, in der das Betriebsratsmitglied ohne die Freistellung seine Arbeitsleistung zu erbringen hätte, sondern in einer vom Wohnort des Betriebsratsmitglieds weiter entfernten Betriebsstätte (BAG v. 13.6.2007, Az. 7 ABR 62/06).

Dagegen hat der Arbeitgeber die Reisekosten eines Betriebsratsmitglieds zu erstatten, das außerhalb seiner Arbeitszeit an Betriebsausschusssitzungen teilnimmt und den Betrieb **ausschließlich** aus diesem Grund aufsucht. Das Betriebsratsmitglied ist nicht gehalten, sich durch ein in dieser Zeit im Betrieb anwesendes Ersatzmitglied vertreten zu lassen. Der Anspruch auf Erstattung der Reisekosten hängt auch nicht davon ab, ob die Sitzung aus betrieblichen Gründen im Sinne von § 37 Abs. 3 BetrVG außerhalb der persönlichen Arbeitszeit des Betriebsratsmitglieds stattgefunden hat (BAG v. 16.1.2008, Az. 7 ABR 71/06).

Da die Elternzeit eines Betriebsratsmitglieds nicht zum Erlöschen der Mitgliedschaft im Betriebsrat führt, hat der Arbeitgeber auch die Kosten für Fahrten von der Wohnung zum Betrieb zu tragen, die einem Betriebsratsmitglied in Elternzeit durch die Teilnahme an den Betriebsratssitzungen entstehen (BAG v. 25.5.2005, Az. 7 ABR 45/04).

Auch Kinderbetreuungskosten können zu den vom Arbeitgeber zu tragenden Kosten gehören und sind nicht dem privaten Lebensbereich zuzuordnen, wenn ein Betriebsratsmitglied außerhalb der persönlichen Arbeitszeit erforderliche Betriebsratsarbeit erbringt. Solche Kosten sind selbst dann erstattungspflichtig, wenn die Kinderbetreuung von einer anderen im Haushalt lebenden Person hätte übernommen werden können, die jedoch die Betreuung sachgrundlos ablehnt (BAG v. 23.6.2010, Az. 7 ABR 103/08).

Kosten für Rechtsstreitigkeiten zwischen einem einzelnen Betriebsratsmitglied und dem Arbeitgeber in betriebsverfassungsrechtlichen Fragen sowie Kosten betriebsratsinterner Streitigkeiten (z. B. Beschlussverfahren mit dem Ziel des Ausschlusses eines bestimmten Mitglieds aus dem Betriebsrat) sind vom Arbeitgeber zu tragen, und zwar auch dann, wenn das Betriebsratsmitglied in einem gegen den Arbeitgeber gerichteten Verfahren unterliegt. Hat das Betriebsratsmitglied jedoch in einem Urteilsverfahren, das mit der Betriebsratstätigkeit im Zusammenhang stehende individualrechtliche Ansprüche zum Gegenstand hat, einen Vergleich mit dem Arbeitgeber geschlossen, nach dessen Kostenregelung es seine außergerichtlichen Kosten selbst trägt, so hat er keinen in einem arbeitsgerichtlichen Beschlussverfahren durchsetzbaren Anspruch auf Freistellung von den durch die Hinzuziehung eines Prozessbevollmächtigten entstandenen Kosten (BAG v. 20.1.2010, Az. 7 ABR 68/08).

4. Überlassung von Räumen

§ 40 Abs. 2 BetrVG verpflichtet den Arbeitgeber, dem Betriebsrat die erforderlichen Räume zur Verfügung zu stellen. Der Betriebsrat ist nicht berechtigt, Räume selbst anzumieten oder Sachmittel zu erwerben. Er kann lediglich bestimmen, was er für notwendig erachtet. Der Arbeitgeber entscheidet, welches von mehreren sachgerechten Mitteln der Betriebsrat erhält (z. B. welche Büromöbel usw.).

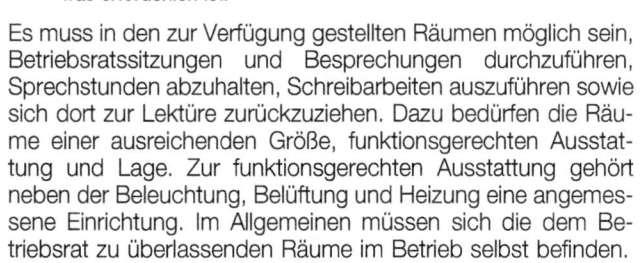

WICHTIG!

§ 40 Abs. 2 BetrVG gewährt dem Betriebsrat keine sog. Grund- oder Normalausstattung. In jedem einzelnen Fall muss geprüft werden, was erforderlich ist.

Es muss in den zur Verfügung gestellten Räumen möglich sein, Betriebsratssitzungen und Besprechungen durchzuführen, Sprechstunden abzuhalten, Schreibarbeiten auszuführen sowie sich dort zur Lektüre zurückzuziehen. Dazu bedürfen die Räume einer ausreichenden Größe, funktionsgerechten Ausstattung und Lage. Zur funktionsgerechten Ausstattung gehört neben der Beleuchtung, Belüftung und Heizung eine angemessene Einrichtung. Im Allgemeinen müssen sich die dem Betriebsrat zu überlassenden Räume im Betrieb selbst befinden.

Die Zahl der Räume bestimmt sich nach dem Geschäftsumfang, wobei in Betrieben mittlerer Größe die Überlassung eines Raums in der Regel ausreichend ist. In kleinen Betrieben kann auch die zeitweise Überlassung eines anderweitig genutzten Raums ausreichen, wenn mindestens ein abschließbarer Schrank bereitgestellt wird. Der Raum muss optisch und akustisch so weit abgeschirmt sein, dass ihn Zufallszeugen von außen nicht einsehen oder abhören können, ohne einen besonderen Aufwand zu betreiben. Dass ein ehemaliger Toilettencontainer mit einer Grundfläche von fünf Quadratmetern als Betriebsratsbüro für einen dreiköpfigen Betriebsrat weder ausreichend noch zumutbar ist, sollte sich von selbst verstehen und trotzdem musste dies das LAG München (8.7.2005, Az. 3 TaBV 79/03) einem Arbeitgeber in einem Beschluss ausdrücklich bescheiden. Sind dem Betriebsrat einmal Räume überlassen, hat er keinen Anspruch, dass immer nur dieselben Räume zur Verfügung gestellt werden. Der Arbeitgeber kann dem Betriebsrat bei bestehenden betrieblichen Erfordernissen auch andere Räume zuweisen. Ihm ist es jedoch nicht gestattet, den Betriebsrat aus einem von ihm bislang genutzten Zimmer hinauszuwerfen oder eigenmächtig wesentliche Teile des Mobiliars aus dem Betriebsratsbüro zu entfernen.

Dem Betriebsrat steht im Grundsatz das Hausrecht am Betriebsratsbüro zu. Der Arbeitgeber ist verpflichtet, ihm die Schlüssel zum Betriebsratsbüro auszuhändigen. Der Betriebsrat hat einen Anspruch darauf, dass der Arbeitgeber es mit Ausnahme von Notsituationen (gegenwärtige Gefahrenlagen für Leib oder Leben oder erhebliche Sachwerte), in denen der Betriebsrat nicht rechtzeitig erreicht werden kann, unterlässt, das Betriebsratsbüro ohne Zustimmung des Betriebsrats zu betreten.

5. Kosten für Sachaufwand und Büropersonal

Zu den nach § 40 Abs. 2 BetrVG bereitzustellenden Sachmitteln gehören die üblicherweise für einen Bürobetrieb benötigten Gegenstände (z. B. Aktenschrank, Schreibmaterialien, Fotokopierer usw.). Ob dem Betriebsrat ein Personalcomputer mit entsprechender Software zur Verfügung zu stellen ist, ist in den letzten Jahren viel diskutiert worden. Das BAG hat zuletzt im Jahr 2007 (16.5.2007, Az. 7 ABR 45/06) noch verlangt, dass der Betriebsrat die Erforderlichkeit dieses Hilfsmittels konkret darlegen muss. Der Anspruch auf Überlassung eines PC sei einzelfallbezogen zu beurteilen. Insbesondere reiche es nicht aus, wenn der Betriebsrat geltend mache, seine Aufgaben mit Hilfe eines PC rationeller und effektiver erledigen zu könne. Erforderlich sei ein Sachmittel erst dann, wenn ohne seinen Einsatz die Wahrnehmung anderer Rechte und Pflichten des Betriebsrats vernachlässigt werde. Der Betriebrat müsse darlegen, welche ihm obliegenden Aufgaben er in der Vergangenheit nicht oder nicht ordnungsgemäß erledigen konnte und weshalb dies anders wäre, wenn er über die begehrte Ausstattung mit einem PC verfüge. Ob das BAG zukünftig allerdings an dieser restriktiven Rechtsprechung festhält, erscheint jedenfalls in der

Konstellation fraglich, in der der PC im Unternehmen zur Standardausrüstung aller/vieler Arbeitsplätze gehört.

Auf der Ebene der Landesarbeitsgerichte wird bereits heute abweichend entschieden. So soll sich nach Ansicht des LAG Nürnberg (24.8.2009, Az. 5 TaBV 32/06) und auch des LAG Schleswig-Holstein (27.1.2010, Az. 3 TaBV 31/09) das Verlangen nach einem Personalcomputer (PC) dann im Rahmen des Beurteilungsermessens des Betriebsrats bewegen, wenn diese Technik seitens des Arbeitgebers im Zusammenhang mit der Erfüllung betriebsverfassungsrechtlicher Aufgaben üblicherweise eingesetzt wird. Für die Annahme der Betriebsüblichkeit einer Technik genüge es dabei, wenn sie der Arbeitgeber bei der Wahrnehmung einzelner betriebsverfassungsrechtlicher Aufgaben zur Anwendung bringe. Noch weitergehend vertritt das LAG Bremen (4.6.2009, Az. 3 TaBV 4/09) die Meinung, dass eine EDV-Grundausstattung regelmäßig als ein unverzichtbares Arbeitsmittel des Betriebsrats anzusehen sei, so dass es keiner weiteren Darlegungen des Betriebsrats zur Erforderlichkeit bedürfe (ebenso wohl auch LAG Sachsen-Anhalt v. 23.6.2010, Az. 4 TaBV 4/10). Eine Ausnahme könne allenfalls in Kleinbetrieben gelten. Angesichts der veränderten Arbeitsbedingungen und der allgemeinen Ausstattungsrate mit modernen Kommunikationsmitteln in den Unternehmen ist zu erwarten, dass sich diese Auffassung in den nächsten Jahren zunehmend durchsetzen wird. Ein kostenträchtiger Rechtsstreit mit dem Betriebsrat um diese Frage erscheint daher heute nicht ratsam. Gleiches gilt für die Frage nach der Anschaffung eines eigenen Druckers für den Betriebsrat: In aller Regel wird der Betriebsrat aus Gründen der Vertraulichkeit nicht auf die Möglichkeit der Mitbenutzung eines anderen Druckers des Arbeitgebers verwiesen werden können. Selbst ein Farbdrucker soll zumindest dann beansprucht werden können, wenn der Arbeitgeber seinerseits Bekanntmachungen im Betrieb in Farbdruck aushängt und dem Betriebsrat farbliche Diagramme und Aufzeichnungen mit farblichen Hervorhebungen aushändigt (LAG Hamm v. 18.6.2010, Az. 10 TaBV 11/10).

Ein Anspruch auf eine besondere Software, die einen höheren Sicherheitsstandard bietet, als die allgemein in einem Unternehmen eingesetzte, besteht dagegen nicht. Auch wenn ein Systemadministrator des Unternehmens bei Verwendung der üblichen Software Zugriffsmöglichkeiten auf Daten des Betriebsrats hat, so besteht doch ein ausreichender Schutz gegen ausforschende Zugriffe: Ein unberechtigter Zugriff eines Systemadministrators rechtfertigt eine – abmahnungsfreie – fristlose Kündigung und zieht eine Strafbarkeit nach § 202a StGB nach sich (LAG Köln v. 9.7.2010, Az. 4 TaBV 25/10).

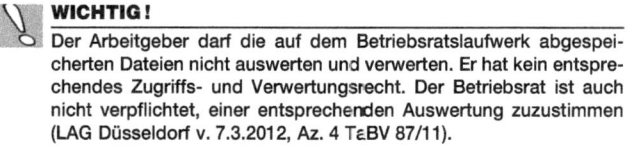

WICHTIG!

Der Arbeitgeber darf die auf dem Betriebsratslaufwerk abgespeicherten Dateien nicht auswerten und verwerten. Er hat kein entsprechendes Zugriffs- und Verwertungsrecht. Der Betriebsrat ist auch nicht verpflichtet, einer entsprechenden Auswertung zuzustimmen (LAG Düsseldorf v. 7.3.2012, Az. 4 TaBV 87/11).

Nachdem die Frage, ob dem Betriebsrat ein Internetzugang zur Verfügung zu stellen ist, lange Zeit umstritten war, hat das BAG nunmehr entscheiden, dass der Betriebsrat jedenfalls dann, wenn er ohnehin bereits über einen Personalcomputer (PC) mit Netzwerkanschluss verfügt, grundsätzlich auch einen Zugang zum Internet beanspruchen kann. Zugleich kann er verlangen, dass dieser Zugang vom Arbeitgeber als nicht personalisiert eingerichtet wird (BAG v. 18.7.2012, Az. 7 ABR 23/11).

Die Entscheidung, ob die Nutzung des Internets zur sachgerechten Wahrnehmung von Betriebsratsaufgaben erforderlich ist, obliegt danach dem Betriebsrat. Er hat jedoch die berechtigten Interessen des Arbeitgebers, insbesondere dessen Interesse an der Begrenzung der Kostentragungspflicht, zu berücksichtigen. Dabei sind Kostengesichtspunkte zu vernachlässigen, wenn – wie in vielen Unternehmen – die zur Internetnutzung erforderliche technische Infrastruktur schon vorliegt. Die Nutzung des Internets dient nach Auffassung des BAG der Informationsbeschaffung durch den Betriebsrat und damit der Erfüllung der ihm obliegenden betriebsverfassungsrechtlichen Aufgaben. Der Betriebsrat darf daher einen Internetzugang regelmäßig für erforderlich halten, ohne dass es der Darlegung konkreter, sich ihm aktuell stellender Aufgaben bedarf, zu deren Erledigung Informationen aus dem Internet benötigt werden. Insbesondere hängt die Erforderlichkeit des Internetzugangs auch nicht davon ab, ob der Betriebsrat ohne die Nutzung des Internets die Wahrnehmung seiner Aufgaben vernachlässigen müsste (BAG v. 20.1.2010, Az. 7 ABR 79/08). Ebenso wenig kann der Arbeitgeber gegen die Einrichtung eines Internetanschlusses für den Betriebsrat geltend machen, dass er das Internet seinerseits nur sehr eingeschränkt nutze und unternehmensweit eine weitestgehende Abschottung betreibe (LAG Niedersachsen v. 27.10.2011, Az. 2 TaBV 55/10).

✂ WICHTIG!

Der Betriebsrat hat immer nur einen Überlassungsanspruch. Er ist nicht berechtigt, sich Sachmittel selbst zu beschaffen und einzusetzen, insbesondere kann er nicht ohne die Zustimmung des Arbeitgebers Software aufspielen. Der Anspruch ist dabei regelmäßig auf die betriebliche Standardsoftware begrenzt. Die Zurverfügungstellung setzt stets eine Handlung des Arbeitgebers voraus. Besteht kein Konsens, muss der Betriebsrat versuchen, sein Verlangen im arbeitsgerichtlichen Beschlussverfahren durchzusetzen. Der Arbeitgeber kann ein eigenmächtiges Vorgehen des Betriebsrats unterbinden. Es besteht insoweit ein Unterlassungsanspruch, der gerichtlich durchgesetzt werden könnte.

Nicht nur der Betriebsratsvorsitzende, sondern auch einzelne Betriebsratsmitglieder können einen eigenen Internetzugang verlangen, sofern nicht (ausnahmsweise) berechtigte Interessen des Arbeitgebers, wie insbesondere zusätzliche entstehende Kosten – dagegen stehen. Dabei überschreitet der Betriebsrat seinen Beurteilungsspielraum selbst dann nicht, wenn er eigene E-Mail-Adressen für alle Betriebsratsmitglieder zum Zwecke der externen Kommunikation verlangt. Ebenso wie die Informationsbeschaffung könne auch die Kommunikation einzelner Betriebsratsmitglieder mit nicht zum Betrieb gehörenden Dritten Teil der Betriebsratstätigkeit sein (BAG v. 14.7.2010, Az. 7 ABR 80/08).

✂ WICHTIG!

Der/Die dem Betriebsrat bzw. den Betriebsratsmitgliedern für die Betriebsratsarbeit zur Verfügung gestellte(n) E-Mail-Account(s) darf/ dürfen im Hinblick auf das Neutralitätsgebot nicht für Arbeitskampfmaßnahmen genutzt werden. Dies bedeutet, dass auf diesem Weg keine Streikaufrufe verbreitet werden dürfen (LAG Berlin-Brandenburg v. 31.1.2012, Az. 7 TaBV 1733/11).

Unumstritten ist, dass dem Betriebsrat Informations- und Kommunikationstechnik zur Verfügung zu stellen sind. Hierzu gehört im Allgemeinen ein Fernsprechgerät (einschließlich eines Anrufbeantworters). Ein Anspruch auf ein eigenes Faxgerät besteht dagegen nur begrenzt. Grundsätzlich kann der Betriebsrat nach der bisher noch überwiegenden Rechtsprechung auf die Mitbenutzung eines betrieblichen Faxgerätes verwiesen werden, sofern der Vertrauensschutz gewährleistet ist. So muss sichergestellt sein, dass für den Betriebsrat bestimmte Telefaxe auch nur ausschließlich von diesem zur Kenntnis genommen werden können; zudem darf der Arbeitgeber die Telefaxdaten des Betriebsrats nicht kontrollieren können. Tatsächlich dürfte es sich jedoch letztlich – unabhängig von einem bestehenden Anspruch des Betriebsrats – empfehlen, dem Betriebsrat ein eigenes Gerät zur Verfügung zu stellen.

Ein Anspruch auf ein Mobiltelefon besteht im Allgemeinen nicht, sofern ein ausreichender Informationsaustausch durch andere zur Verfügung stehende Kommunikationsmittel durch den Betriebsrat gesichert ist; ein erhöhter organisatorischer Aufwand

ist dabei hinzunehmen (LAG Baden-Württemberg v. 3.3.2006, Az. 5 TaBV 9/05). Allein die dezentrale Betriebsstruktur eines Arbeitgebers rechtfertigt keinen Anspruch auf ein Mobiltelefon, solange die Erreichbarkeit dennoch – wie etwa durch feste Präsenzzeiten an einem Ort mit Festnetzanschluss – gesichert ist (LAG Hamm v. 20.5.2011, Az. 10 TaBV 81/10). Eine andere Auffassung hat hier zuletzt nur das LAG Hessen (28.11.2011, Az. 16 TaBv 129/11) vertreten: Danach soll sich ein Verlangen des Betriebsrats, allen Betriebsratsmitgliedern ein Mobiltelefon zur Verfügung zu stellen, noch im Rahmen des Beurteilungsspielraums des Betriebsrats bewegen. Der Entscheidung lag jedoch die Besonderheit zugrunde, dass bei dem Arbeitgeber 32 000 Mobiltelefone mit einer monatlichen Belastung von 704.000 Euro in Gebrauch waren und der Betriebsrat „nur" 16 Mobiltelefone mit einer monatlichen Gesamtbelastung in Höhe von insgesamt „nur" 352 Euro verlangte.

Ebenso wenig ist in der Regel die Erforderlichkeit eines Laptops zu bejahen. Im Allgemeinen wird man nur in Ausnahmefällen, in denen ein Mobiltelefon bzw. ein Laptop aufgrund der besonderen betrieblichen Verhältnisse zur sachgerechten Wahrnehmung der Mitbestimmungsrechte erforderlich sind, zu einer anderen Beurteilung gelangen können.

Beispiel:

Der Betriebsrat ist einer erhöhten Reisetätigkeit ausgesetzt und hat weit auseinander liegende Betriebsstätten zu betreuen, in denen keine besonderen Betriebsratsbüros eingerichtet sind, die mit einem Telefonanschluss und stationärem Computer ausgestattet sind (ähnlich auch LAG Sachsen-Anhalt v. 23.6.2010, Az. 4 TaBV 4/10 –, das einen Anspruch auf ein Mobiltelefon bejaht, wenn aufgrund der konkret gegebenen Filialräumlichkeiten bei Nutzung des Festanschlusses nicht sichergestellt ist, dass keine anderen Personen die Betriebsratstelefonate mithören können).

Ähnliches dürfte für ein Handheld bzw. PDA oder einen BlackBerry gelten.

Sofern im Betrieb des Arbeitgebers ein innerbetriebliches elektronisches Informations- und Kommunikationssystem (Intranet) besteht, und der Betriebsrat über einen PC verfügt, hat auch der Betriebsrat im Rahmen seiner gegenüber den Arbeitnehmern bestehenden Unterrichtungspflichten Anspruch auf dessen Nutzung. Er darf insbesondere eigene Beiträge auf den Seiten des Intranets (Homepage des Betriebsrats) ohne vorherige Zustimmung des Arbeitgebers veröffentlichen (BAG v. 3.9.2003, Az. 7 ABR 8/03), sofern er sich im Rahmen seiner Aufgaben und Zuständigkeiten hält. Dabei gehört die sachliche Information und Unterrichtung über den Stand von Tarifverhandlungen zu den zulässigen tarifpolitischen Angelegenheiten im Sinne des § 74 Abs. 2 BetrVG. Auch wenn eine Veröffentlichung des Betriebsrats seinen Aufgabenbereich überschreitet, ist der Arbeitgeber regelmäßig nicht berechtigt, einseitig vom Betriebsrat in das Intranet gestellte Seiten zu löschen (LAG Hamm v. 12.3.2004, Az. 10 TaBV 161/03).

Grundsätzlich sollte der Betriebsrat im Interesse einer vertrauensvollen Zusammenarbeit in gleichem Umfang über Informations- und Kommunikationstechnik verfügen, wie sie auch der Arbeitgeber/die Personalabteilung im **innerbetrieblichen** Verkehr einsetzt.

Der Arbeitgeber muss dem Betriebsrat auch die wichtigsten arbeits- und sozialrechtlichen Gesetze einschließlich Kommentierungen zur Verfügung stellen. Neben einem aktuellen Kommentar Betriebsverfassungsgesetz sind dies insbesondere die einschlägigen Tarifverträge (ggf. mit Kommentierung) sowie die Unfallverhütungsvorschriften. Ein Anspruch darauf, dass jedes Betriebsratsmitglied einen eigenen Basiskommentar zum Betriebsverfassungsgesetz erhält, besteht indes nicht. Der Betriebsrat kann eine arbeits- und sozialrechtliche Zeitschrift verlangen. Dabei darf er hier wie auch bei den Büchern grundsätzlich selbst die Auswahl treffen. Der Arbeitgeber darf keine inhaltlich erforderlichen Bücher oder Fachzeitschriften ablehnen, nur weil diese in einem gewerkschaftlichen Verlag erscheinen.

Für seine Bekanntmachungen kann der Betriebsrat – je nach Größe des Betriebs – ein oder mehrere „schwarze Bretter" verlangen. Dabei kann der Betriebsrat jedoch nicht gegen den Willen des Arbeitgebers den genauen Ort festlegen, an dem die „Schwarzen Bretter" aufgehängt werden sollen. Die gilt jedenfalls solange der Arbeitgeber die „Schwarzen Bretter" an Orten aufhängt, an denen der weit überwiegende Teil der Mitarbeiter erreicht wird (LAG Rheinland-Pfalz v. 23.9.2009, Az. 7 TaBV 20/09).

Benötigt der Betriebsrat zur Erledigung seiner Aufgaben Büropersonal, muss auch dieses vom Arbeitgeber zur Verfügung gestellt werden. In kleinen und mittleren Betrieben geschieht das regelmäßig durch die stundenweise Überlassung von Schreibkräften. Nur in Großbetrieben besteht ein Anspruch auf eigene Bürokräfte. Dabei steht dem Anspruch des Betriebsrats auf Überlassung von Büropersonal nicht eine bereits erfolgte Ausstattung des Betriebsratsbüros mit Personalcomputern (PCs) entgegen, denn § 40 Abs. 2 BetrVG gewährt dem Betriebsrat einen Anspruch auf Überlassung von Informations- und Kommunikationstechnik sowie Büropersonal und nicht wahlweise eines von beiden. Die technische Ausstattung des Betriebsratsbüros gewinnt lediglich bei der Ermessensentscheidung des Betriebsrats, ob und in welchem Umfang er Büroarbeiten auf Büropersonal überträgt, Bedeutung. Verlangt der Betriebsrat die Überlassung einer Bürokraft, hat er darzulegen, welche konkreten Bürotätigkeiten von der Bürokraft erledigt werden sollen und welchen zeitlichen Aufwand diese Bürotätigkeiten erfordern. Ebenso muss er darstellen, dass er nicht nur die Interessen der Belegschaft an einer ordnungsgemäßen Ausübung des Betriebsratsamts, sondern auch berechtigte Belange des Arbeitgebers, insbesondere dessen Kostenbelastung, angemessen berücksichtigt hat (BAG v. 20.4.2005, Az. 7 ABR 14/04).

Das Büropersonal wird vom Arbeitgeber ausgewählt. Der Betriebsrat kann jedoch eine Bürokraft ablehnen, wenn diese berechtigterweise nicht sein Vertrauen genießt.

X. Schulung von Betriebsratsmitgliedern

1. Schulungen nach § 37 Abs. 6 BetrVG

1.1 Erforderlichkeit

Nach § 37 Abs. 6 BetrVG hat der Betriebsrat Anspruch auf Befreiung einzelner Betriebsratsmitglieder von der beruflichen Tätigkeit zur Teilnahme an Schulungsveranstaltungen. Voraussetzung ist, dass die Schulungsveranstaltung Kenntnisse vermittelt, die für die Betriebsratsarbeit erforderlich sind. Die Kenntnisse müssen unter Berücksichtigung der zur Zeit der Beschlussfassung bestehenden konkreten Verhältnisse im Betrieb und Betriebsrat notwendig sein, damit der Betriebsrat seine gegenwärtigen oder in naher Zukunft anfallenden Aufgaben sachgerecht erfüllen kann. Beurteilt der Betriebsrat die Erforderlichkeit nach dem zu diesem Zeitpunkt gegebenen Umständen fehlerhaft, treten aber vor Beginn der Schulungsveranstaltung Umstände ein, die die Teilnahme des Betriebsratsmitglieds an der Schulungsveranstaltung nunmehr erforderlich machen, ist entscheidend, dass die Teilnahme zur Zeit der Schulungsveranstaltung erforderlich war (LAG Düsseldorf v. 6.2.2009, Az. 9 TaBV 329/08).

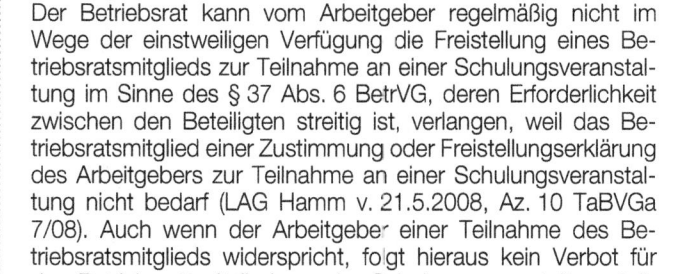

Der Betriebsrat kann vom Arbeitgeber regelmäßig nicht im Wege der einstweiligen Verfügung die Freistellung eines Betriebsratsmitglieds zur Teilnahme an einer Schulungsveranstaltung im Sinne des § 37 Abs. 6 BetrVG, deren Erforderlichkeit zwischen den Beteiligten streitig ist, verlangen, weil das Betriebsratsmitglied einer Zustimmung oder Freistellungserklärung des Arbeitgebers zur Teilnahme an einer Schulungsveranstaltung nicht bedarf (LAG Hamm v. 21.5.2008, Az. 10 TaBVGa 7/08). Auch wenn der Arbeitgeber einer Teilnahme des Betriebsratsmitglieds widerspricht, folgt hieraus kein Verbot für das Betriebsratsmitglied, an der Schulungsveranstaltung teilzunehmen.

Der Betriebsrat hat bei der Frage der Erforderlichkeit einen Beurteilungsspielraum. Er muss sich auf den Standpunkt eines vernünftigen Dritten stellen, der die Interessen des Betriebs einerseits und die Interessen des Betriebsrats und der Arbeitnehmer andererseits gegeneinander abzuwägen hat.

Schulungsveranstaltungen zur Vermittlung von Grundkenntnissen – insbesondere im Betriebsverfassungsrecht, im allgemeinen Arbeitsrecht und im Arbeitsschutzrecht – sind in der Regel immer erforderlich. Da alle Mitglieder des Betriebsrats Anspruch aufgrundkenntnisse zur ordnungsgemäßen Ausübung ihrer Betriebsratstätigkeit haben, kann der Betriebsrat auch für alle Mitglieder entsprechende Schulungen fordern. So sollen etwa vier Wochenschulungen mit den Themen „Einführung ins Betriebsverfassungsrecht", „Mitbestimmungsrechte bei Kündigung", „Mitbestimmungsrechte bei personellen Einzelmaßnahmen" und „Mitbestimmungsrechte nach § 87 BetrVG" erforderlich im Sinne von § 37 Abs. 6 BetrVG sein, ohne dass ein besonderer Nachweis der Erforderlichkeit der Kenntniserlangung geführt werden müsste (LAG Nürnberg v. 28.5.2002, Az. 6 [5] TaBV 29/01). Etwas anderes gilt dann, wenn ein Betriebsratsmitglied diese Kenntnisse bereits durch langjährige Betriebsratstätigkeit erworben hat (LAG Schleswig-Holstein v. 15.5.2007, Az. 5 TaBV 05/07, LAG Hamm v. 10.12.2008, Az. 10 TaBV 125/08) oder eine Grundlagenschulung erst kurz vor dem Ende der Amtszeit des Betriebsrats erfolgen soll. Kann der Betriebsrat im letztgenannten Fall zum Zeitpunkt der Beschlussfassung absehen, dass das zu schulende Mitglied bis zum Ablauf der Amtszeit die auf der Schulungsveranstaltung vermittelten Grundkenntnisse nicht mehr einsetzen kann, wird die Erforderlichkeit zu verneinen sein (BAG v. 7.5.2008, Az. 7 AZR 90/07). Kann der Betriebsrat dagegen Art und Umfang der beteiligungspflichtigen Angelegenheiten, die voraussichtlich bis zum Ausscheiden des zu schulenden Betriebsratsmitglieds anfallen, nicht beurteilen, soll dieser Umstand bereits als Grundlage für einen nicht zu beanstandenden Entsendungsbeschluss ausreichen (BAG v. 17.11.2010, Az. 7 ABR 113/09). Im Ergebnis hat es der Betriebsrat damit in der Hand, über die Schulung von Mitgliedern zu entscheiden, die kurzfristig aus dem Gremium ausscheiden.

Eine konkrete Darlegung der Erforderlichkeit des aktuellen Schulungsbedarf soll nach Auffassung des LAG Hessen (25.10.2007, Az. 9 TaBV 84/07) auch für ein knapp viertägiges Betriebsratsseminar zum Thema „Das neue Gleichbehandlungsgesetz" nicht erforderlich sein. Mit dem AGG seien die Rechtsgrundlagen für die Tätigkeit des Betriebsrats erheblich geändert worden, das Gesetz habe vielfache individualrechtliche und kollektivrechtliche Auswirkungen auf die Betriebsratstätigkeit. Zudem sei eine AGG-Schulung auch nicht erst dann geboten, wenn Diskriminierungen im Betrieb festgestellt worden seien, sondern das Gesetz setze früher an und sei auch darauf gerichtet, Diskriminierungen erst gar nicht entstehen zu lassen.

Auch die Strafvorschriften der §§ 119, 120 BetrVG sollen nach Ansicht des LAG Köln (21.1.2008, Az. 14 TaBV 44/07) zum Grundlagenwissen für Betriebsräte gehören. Dementsprechend sei jedenfalls in Großunternehmen eine Schulung zum Thema „Strafrechtliche Risiken der Betriebsratstätigkeit" erforderlich. Nicht notwendig sei, dass der Arbeitgeber bereits versucht habe, den Betriebsrat unter Verstoß gegen § 119 BetrVG zu beeinflussen. Vielmehr gehöre es zum Grundlagenwissen, solche Beeinflussungsversuche im Vorhinein zu erkennen und abwehren zu können.

Grundsätzlich bedarf es nur einer einmaligen Schulung, auch wenn diese schon mehrere Jahre zurückliegt. Es ist den Betriebsräten zuzumuten, Ihr Wissen selbst – gegebenenfalls über die Schulungsunterlagen – aufzufrischen. So ist eine Schulungsteilnahme auch dann nicht erforderlich, wenn das geschulte Betriebsratsmitglied bereits 1 ½ Jahre zuvor an einer Schulungsmaßnahme teilgenommen hat, deren Inhalt nach der Ausschreibung mehr als zur Hälfte deckungsgleich mit dem Inhalt des neuen Seminars war (LAG Nürnberg v. 1.9.2009, Az. 6 TaBV 18/09).

Bei Schulungsveranstaltungen, die Spezialkenntnisse vermitteln, muss der Betriebsrat sowohl die Erforderlichkeit im Einzelfall als auch die Teilnehmerzahl – sofern mehr als ein Mitglied geschult werden soll – ausführlicher begründen. Da die Erforderlichkeit stets nach der konkreten Situation im Betrieb zu beurteilen ist, lassen sich keine allgemein gültigen Aussagen zur Erforderlichkeit bzw. Nichterforderlichkeit einzelner Schulungsinhalte machen. Die nachfolgenden Beispielsfälle, in denen eine Erforderlichkeit im Einzelfall bejaht werden kann, können daher auch nur einen Überblick über mögliche Inhalte geben.

Beispiele:

Lehrveranstaltungen über die aktuelle Rechtsprechung des BAG (vgl. dazu BAG v. 18.1.2012, Az. 7 ABR 73/10); betriebliches Eingliederungsmanagement; Datenschutz im Betrieb; Akkordentlohnung (wenn im Betrieb im Akkord gearbeitet wird); menschengerechte Gestaltung von Arbeitsplatz, Arbeitsablauf und Arbeitsumgebung; Suchtkrankheiten; Qualitätsmanagement; Arbeitnehmererfindungsrechte.

Für Schulungsveranstaltungen zum Thema „Mobbing" muss der Arbeitgeber nur dann die Kosten übernehmen, wenn eine betriebliche Konfliktlage im Betrieb besteht, aus der sich ein Handlungsbedarf für den Betriebsrat ergibt. Dabei erfüllt jedoch nicht jede Auseinandersetzung oder Meinungsverschiedenheit zwischen Kollegen und/oder Vorgesetzten den Begriff des Mobbings. Vielmehr muss der Betriebsrat darlegen können, dass es fortgesetzte, aufeinander aufbauende und ineinander übergreifende, der Anfeindung, Schikane oder Diskriminierung dienende Verhaltensweisen gibt (LAG Rheinland-Pfalz v. 13.10.2004, Az. 10 TaBV 19/04), oder dass zumindest erste Anzeichen für eine systematische Schikane gegenüber einzelnen Mitarbeitern durch andere Mitarbeiter oder Vorgesetzte erkennbar sind (LAG Hamm v. 7.7.2006, Az. 10 Sa 1283/05).

Für die Erforderlichkeit der Teilnahme an einer Schulung zum Thema „burn out" nach § 37 Abs. 6 BetrVG sieht es das ArbG Essen (30.6.2011, Az. 3 BV 29/11) als ausreichend an, wenn der Betriebsrat darauf verweisen kann, dass ihn Beschäftigte mehrfach auf eine bestehende Überforderungssituation angesprochen haben. Die Existenz einer vom Arbeitgeber eingerichteten telefonischen Beratungsstelle führe nicht dazu, dass eine Schulung des Betriebsrates zu Themen des Gesundheitsschutzes nicht erforderlich sei.

Ein Seminar mit dem Thema „Rhetorik für Betriebsräte" kann erforderlich sein, wenn dargelegt ist, dass gerade das zur Schu-lung entsandte Betriebsratsmitglied die dort vermittelten Kenntnisse nach den Verhältnissen im Betrieb und im Betriebsrat braucht, damit der Betriebsrat seine gesetzlichen Aufgaben sach- und fachgerecht erfüllen kann. Von Bedeutung für die Beurteilung der Erforderlichkeit sollen dabei neben der Funktion des zu Schulenden insbesondere dessen schon vorhandene rhetorische Kompetenz und die in der Wahlperiode noch anstehenden rhetorischen Anforderungen – etwa die Leitung von größeren Betriebsversammlungen – sein (BAG v. 12.1.2011, Az. 7 ABR 94/09). Auch eine Schulungsveranstaltung mit dem Thema „Erfolgreich argumentieren und verhandeln" kann für die Arbeit des Betriebsrats erforderliche Kenntnisse vermitteln, sofern das entsandte Betriebsratsmitglied eine derart herausgehobene Stellung einnimmt (wie etwa bei [stellvertretenden] Betriebsratsvorsitzenden), das gerade seine Schulung für die Betriebsratsarbeit notwendig ist (LAG Hamm v. 13.1.2006, Az. 10 TaBV 65/05). Für ein Betriebsratsmitglied, das nicht Vorsitzender oder stellvertretender Vorsitzender des Betriebsrats und auch sonst nicht mit der verantwortlichen Führung von Verhandlungen beauftragt ist, ist die Teilnahme an einer Schulungsveranstaltung „Diskussions- und Verhandlungstechnik" dementsprechend nicht erforderlich i. S. v. § 37 Abs. 6 BetrVG (LAG Schleswig-Holstein v. 17.3.2009, Az. 2 TaBV 36/08). Noch restriktiver dagegen die zustimmungswürdige Auffassung des LAG Köln (20.12.2007, Az. 10 TaBV 53/07), das Seminare, die sich schwerpunktmäßig mit Kommunikations-, Rede- und Argumentationstechnik befassen, als nützlich, aber in der Regel als nicht erforderliche Schulungsveranstaltung klassifiziert.

Eine Schulungsveranstaltung zum Thema „Protokollführung mit Hilfe der Textverarbeitung", das sich ausdrücklich an Schriftführer von Betriebsräten wendet, soll nach Ansicht des LAG Düsseldorf (6.2.2009, Az. 9 TaBV 329/08) auch für stellvertretende Schriftführer erforderlich sein. Der Schriftführer könne jederzeit – etwa wegen einer Erkrankung – ausfallen und auch dann müsse sichergestellt sein, dass eine ordnungsgemäße Niederschrift nach § 34 BetrVG erstellt werden kann.

Das BAG hat ein zwölftägiges Seminar „Soziale Sicherung – Grundlagen", das der Vermittlung von Kenntnissen des Systems der Sozialen Sicherung, der Kranken-, Pflege-, Unfall- und Rentenversicherung sowie der Gesundheits- und Beschäftigungspolitik, der Arbeitsförderung und des Altersteilzeitrechts diente, für nicht erforderlich erachtet. Die Beratung von Arbeitnehmern in sozialversicherungsrechtlichen Fragen gehöre nicht zu den Aufgaben des Betriebsrats nach dem BetrVG (BAG v. 4.6.2003, Az. 7 ABR 42/02). Auch eine Schulung zum Thema „Rechte und Pflichten des Betriebsrats im Arbeitskampf" kann allenfalls dann als erforderlich angesehen werden, wenn ein konkreter, aktueller, betriebsbezogener Anlass besteht, d. h., wenn konkret vorhersehbar ist, dass der Betrieb direkt oder indirekt von Arbeitskampfmaßnahmen betroffen sein wird. Die Vermittlung von Kenntnissen auf dem Gebiet des Arbeitskampfes gehört nicht zur Vermittlung von Grundkenntnissen des Betriebsverfassungs- oder des Arbeitsrechts (LAG Hamm v. 11.8.2003, Az. 10 Sa 141/03). Ein eintägiges Seminar zum Thema „Abmahnung" geht deutlich über die Verschaffung individualrechtlicher Grundkenntnisse, wie sie für die Betriebsratsarbeit erforderlich sind, hinaus (LAG Rheinland-Pfalz v. 27.4.2005, Az. 9 TaBV 6/05).

Nach Ansicht des ArbG Berlin (3.3.2011, Az. 24 BV 15046/10) hat der Arbeitgeber auch die Kosten einer Schulung in der Muttersprache eines ausländischen Betriebsratsmitglieds zu tragen, wenn dieses die deutsche Sprache nicht ausreichend beherrscht und die Teilnahme an der Schulung für die ordnungsgemäße Durchführung der Betriebsratstätigkeit erforderlich ist.

Ist eine Schulung lediglich teilweise erforderlich, ist zu prüfen, ob ein zeitweiser Besuch möglich und sinnvoll ist. Andernfalls ist darauf abzustellen, ob sich aus dem Themen- und Zeitplan der Schulung eine überwiegende Schulungszeit für erforderliche Themen ergibt. Nur dann ist die Schulung als erforderlich anzusehen.

> **WICHTIG!**
> Der Arbeitgeber kann die Betriebsratsmitglieder nicht auf Selbststudium oder Unterrichtung durch andere erfahrene Betriebsratsmitglieder verweisen.

Wenn der Betriebsrat intern eine Aufgabenteilung nach Fachgebieten vorgenommen hat, hat er bei Fachseminaren auch nur einen Anspruch auf Schulung der jeweils für den Themenbereich schwerpunktmäßig zuständigen Mitglieder. Die Schulung eines Ersatzmitglieds kann nur dann gefordert werden, wenn es für ein ausgeschiedenes Mitglied nachrückt oder wenn zu erwarten ist, dass es zukünftig sehr häufig und/oder für längere Zeiträume Betriebsratsaufgaben wahrnehmen wird. Bei einem einköpfigen Betriebsrat, wie er in einem Betrieb mit bis zu 20 Mitarbeitern besteht, wird man dagegen eher eine Schulung des Ersatzmitgliedes über Grundlagen des Betriebsverfassungsrechts für erforderlich erachten müssen. Anders als bei mehrköpfigen Betriebsräten, besteht hier bei Kenntnislücken eine Gefährdung der Arbeitsfähigkeit des Betriebsrats, wenn das Ersatzmitglied bei Abwesenheit des Betriebsobmanns auf sich allein gestellt ist (ArbG Bremen-Bremerhaven v. 14.9.2006, Az. 5 BVGa 28/06).

Der Betriebsrat muss den Arbeitgeber über die Teilnahme eines Betriebsratsmitglieds an einer Schulungsmaßnahme so frühzeitig unterrichten, dass dieser noch die Möglichkeit hat, die Erforderlichkeit zu prüfen, insbesondere aber auch die Festlegung der zeitlichen Lage der Schulungsmaßnahme (s. u. 1.2) zu beurteilen. Die Mitteilung an den Arbeitgeber sollte die Nennung der Teilnehmer sowie die Zeit, den Ort, die Dauer, den Themenplan und Ausführungen zur Erforderlichkeit beinhalten.

> **WICHTIG!**
> Hat der Betriebsrat den Arbeitgeber ordnungsgemäß informiert, benötigen die teilnehmenden Betriebsratsmitglieder nicht die Zustimmung des Arbeitgebers zur Teilnahme.

Können sich Arbeitgeber und Betriebsrat hinsichtlich der Erforderlichkeit nicht einigen, können beide Seiten das Arbeitsgericht anrufen, das dann durch Beschluss entscheidet.

1.2 Zeitliche Lage und Dauer

Wann die Schulungsmaßnahme stattfindet, bestimmt der Betriebsrat. Er muss hierbei aber auf betriebliche Rücksicht nehmen. Streiten sich Arbeitgeber und Betriebsrat darum, ob der Betriebsrat die betrieblichen Notwendigkeiten ausreichend berücksichtigt hat, entscheidet die → *Einigungsstelle* (§ 37 Abs. 6 Satz 5 BetrVG).

Beispiel:

> In einem Betrieb mit saisonal hohem Arbeitsanfall kann die Arbeitnehmervertretung die Schulung nicht freigestellter Betriebsratsmitglieder nicht während der Hochphase verlangen, sondern nur während der Zeit, in der weniger Arbeit anfällt.

Die Dauer einer Schulungsmaßnahme richtet sich insbesondere nach dem Inhalt der Schulung und dem Kenntnisstand der Betriebsratsmitglieder. Allgemein wird eine Dauer von ein bis zwei Wochen als zulässig erachtet.

1.3 Kosten

Gemäß § 40 Abs. 1 BetrVG muss der Arbeitgeber die Kosten einer erforderlichen Schulungsmaßnahme tragen, soweit diese nicht unverhältnismäßig sind. Daraus folgt, dass der Betriebsrat aus einem vorhandenen Schulungsangebot bei gleicher Schulungsqualität und Eignung die kostengünstigste Schulung aus-

wählen muss. Führt ein Seminaranbieter das gleiche Seminar in verschiedenen Städten durch, so gehört dazu etwa auch, dass ein Betriebsratsmitglied den Veranstaltungsort auswählt, der dem Betrieb am nächsten liegt.

Träger der Veranstaltung können gewerkschaftliche Organisationen ebenso sein wie Arbeitgeberverbände oder sonstige private Anbieter. So ist es auch einem gewerkschaftlich organisierten Betriebsratsmitglied zumutbar, an Schulungen der Arbeitgeberverbände und deren Einrichtungen teilzunehmen, wenn diese einen den gewerkschaftlichen Einrichtungen gleichwertigen Lehrgang zum Erwerb von Grundkenntnissen des allgemeinen Arbeitsrechts deutlich kostengünstiger anbieten. Verursacht die Schulung durch die Gewerkschaft dagegen im Vergleich zu einem privaten Anbieter nur geringfügig höhere Kosten, so bewegt sich der Betriebsrat noch im Rahmen seines Beurteilungsspielraums, wenn er sich für die Schulung durch die Gewerkschaft entscheidet (LAG Hessen v. 14.5.2012, Az. 16 TaBV 226/11). Zu einer umfassenden Markt(preis)analyse ist der Betriebsrat zudem nicht verpflichtet.

Für den öffentlichen Dienst hat das Bundesverwaltungsgericht (16.6.2011, Az. 6 PB 5/11) darüber hinaus entschieden, dass ein Personalrat auch nicht berechtigt ist, ein behördeninternes Fortbildungsangebot zu Gunsten einer wesentlich kostenaufwendigeren Schulung auszuschlagen, sofern sich dieses nicht bereits im Vorhinein nach den dazu in Betracht zu ziehenden Umständen als nicht gleichwertig erweist. Entsprechendes lässt sich auf innerbetriebliche Fortbildungsangebote in der Privatwirtschaft übertragen.

Hinsichtlich der Kostentragungspflicht bei Schulungsveranstaltungen von Gewerkschaften gelten besondere Regelungen, die aus dem koalitionsrechtlichen Grundsatz hergeleitet werden, dass der Arbeitgeber nicht zur Finanzierung der Arbeitnehmerkoalition verpflichtet ist. Gewerkschaften, aber auch gewerkschaftseigene Gesellschaften müssen die Kalkulation offen legen; sie unterliegen dem Verbot der Gewinnerzielung. Für gemeinnützige Vereine, bei denen die Gewerkschaft den Vorstand stellt und darüber Inhalt, Durchführung und Finanzierung der Schulung bestimmt, kommt eine Aufschlüsselung pauschaler Schulungsgebühren dagegen erst bei konkreten Anhaltspunkten für eine Gegnerfinanzierung in Betracht.

> **WICHTIG!**
> Die in der Abrechnung enthaltenen Informationen müssen den Arbeitgeber in die Lage versetzen zu prüfen, ob ihm tatsächlich lediglich Selbstkosten des gewerkschaftlichen Bildungsträgers in Rechnung gestellt wurden. Wird die Aufschlüsselung verweigert oder erfolgt sie nicht ordnungsgemäß, kann der Arbeitgeber die Bezahlung der Rechnung verweigern.

Neben den reinen Schulungskosten trägt der Arbeitgeber auch die Reise- und Übernachtungskosten. Dabei ist der sich aus § 40 Abs. 2 BetrVG ergebende Kostenerstattungsanspruch des Betriebsrats der Höhe nach durch die im Betrieb des Arbeitgebers geltende Reisekostenregelung begrenzt. Sieht etwa die Reisekostenregelung eine Höchstgrenze für den Preis einer Hotelübernachtung vor, so kann der Betriebsrat eine Erstattung der Übernachtungskosten im Tagungshotel nur bis zu dieser Höhe verlangen. Ein weitergehender Anspruch besteht nicht. Dabei kann sich der Betriebsrat auch nicht darauf berufen, dass bei Schulungsveranstaltungen nach § 37 Abs. 6 BetrVG der Gedanken- und Erfahrungsaustausch unter den Seminarteilnehmern nach Beendigung des eigentlichen Seminarprogramms fortgesetzt wird. Denn selbst wenn man dies als zutreffend unterstellt, so folgt daraus keine Notwendigkeit der Übernachtung im teureren Tagungshotel. An der Teilnahme an diesen Zusammentreffen ist das Betriebsratsmitglied jedenfalls dann nicht gehindert, wenn es an einem anderen, entweder fußläufig oder mit öffentlichen Verkehrsmitteln erreichbaren

Hotel am Tagungsort übernachtet (BAG v. 28.3.2007, Az. 7 ABR 33/06).

Der Arbeitgeber kann bei der Erstattung der notwendigen Verpflegungskosten die Ersparnis eigener Aufwendungen des Betriebsratsmitglieds anrechnen. Ob sich die Höhe nach den Lohnsteuerrichtlinien richtet (so BAG v. 28.6.1995, Az. 7 ABR 55/94) oder nach § 2 Abs. 1 der Sozialversicherungsentgeltverordnung (so zuletzt LAG Köln v. 25.4.2008, Az. 11 TaBV 10/08), wird unterschiedlich beurteilt. Eine weitere Anrechnung ersparter Aufwendungen hat indes nicht zu erfolgen. Dem Seminarteilnehmer darf keine Ersparnis für die Getränke, die er während der Seminarstunden zu sich genommen hat, angerechnet werden. Gleiches gilt für die ersparten Aufwendungen für Fahrten zwischen Wohnung und der Arbeitsstätte (LAG Köln, a.a.O.).

Hat der Betriebsrat eines seiner Mitglieder zu einer nicht erforderlichen Schulung entsandt, kann der Arbeitgeber die Übernahme der Kosten ablehnen. In einem eventuellen Rechtsstreit kann er auch zu diesem Zeitpunkt noch die fehlende Erforderlichkeit geltend machen. Unerheblich ist dabei, ob der Betriebsrat selbst gegen den Arbeitgeber vorgeht oder der Schulungsveranstalter, dem der vermeintliche Kostenerstattungsanspruch des Betriebsrats abgetreten worden ist.

> **WICHTIG!**
> Stornokosten, die dadurch entstanden sind, dass ein Betriebsratsmitglied die zunächst angemeldete Teilnahme an einer Schulungsveranstaltung wieder abgesagt hat, sind vom Arbeitgeber allenfalls dann zu erstatten, wenn im Falle der Teilnahme die Schulungskosten nach §§ 40 Abs. 1, 37 Abs. 6 BetrVG erstattungspflichtig gewesen wären.

1.4 Entgeltfortzahlung

Für die Dauer der Schulungsmaßnahme ist der Arbeitgeber zur → *Entgeltfortzahlung* verpflichtet. Das Betriebsratsmitglied ist so zu behandeln, als ob es während der Schulung gearbeitet hätte. Dementsprechend können auch Prämien, Zulagen und Zuschläge, wie etwa Mehr-, Schicht- oder Nachtarbeitszuschläge, dazugehören. Erfolgt die Schulung des Betriebsratsmitglieds wegen Besonderheiten der betrieblichen Arbeitszeitgestaltung (insbesondere Schichtarbeit) außerhalb seiner Arbeitszeit, besteht ein Anspruch auf entsprechenden Freizeitausgleich unter Fortzahlung des Arbeitsentgelts. Ein teilzeitbeschäftigtes Betriebsratsmitglied hat zum Ausgleich für die außerhalb seiner Arbeitszeit erfolgte Teilnahme an einer erforderlichen Betriebsratsschulung Anspruch auf entsprechende Arbeitsbefreiung unter Fortzahlung des Arbeitsentgelts. Der Anspruch ist jedoch pro Schulungstag auf die Arbeitszeit eines vollzeitbeschäftigten Arbeitnehmers begrenzt. Ausgleichspflichtig sind dabei aber nicht nur die reinen Schulungszeiten, sondern auch die während des Schulungstags anfallenden Pausen sowie die zur Teilnahme an der Schulung notwendigen Reisezeiten (BAG v. 16.2.2005, Az. 7 AZR 330/04). Letztere allerdings dann nicht, wenn die Reise auch dann außerhalb der Arbeitszeit stattgefunden hätte, wenn das Betriebsratsmitglied vollzeitbeschäftigt gewesen wäre (BAG v. 10.11.2004, Az. 7 AZR 131/04).

2. Schulungen nach § 37 Abs. 7 BetrVG

Unabhängig von den Schulungen nach Abs. 6 hat gemäß § 37 Abs. 7 BetrVG das einzelne Betriebsratsmitglied zusätzlich einen Anspruch auf bezahlte Freistellung zur Teilnahme an Schulungsveranstaltungen. Die Schulung muss nicht, wie bei Abs. 6, erforderlich, sondern lediglich geeignet sein. Als geeignet sind Schulungen mit folgenden Inhalten anzusehen:

► Arbeitsrecht

► Arbeitswissenschaft und Arbeitsbewertung

► Betrieblicher Umweltschutz

► Mitbestimmungs- und Gesellschaftsrecht

► Allgemeines Sozialrecht

► Wirtschaftliche und betriebswirtschaftliche Fragen

► Versammlungspraxis und Versammlungsleitung.

Weiterhin wird vorausgesetzt, dass die zuständige oberste Arbeitsbehörde die Schulungsveranstaltung als geeignet anerkannt hat.

Bei erstmaliger Wahl zum Betriebsrat beträgt die Schulungsdauer vier Wochen, ansonsten drei Wochen (jeweils für die gesamte Dauer der Amtszeit). Die Freistellung kann zusammenhängend oder in Teilabschnitten im Laufe der Amtszeit genommen werden. Eine Übertragung auf eine eventuell nachfolgende Amtszeit ist nicht möglich.

Der Arbeitgeber ist zur → *Entgeltfortzahlung* verpflichtet, er muss jedoch weder die Kosten der Schulungsmaßnahme, noch Reise- oder Übernachtungskosten tragen.

3. Schulungen nach § 38 Abs. 4 Satz 1 BetrVG

Neben den auf die Betriebsratsarbeit zugeschnittenen Schulungen hat auch ein freigestelltes Betriebsratsmitglied Anspruch auf Teilnahme an inner- und außerbetrieblichen Maßnahmen der Berufsbildung, sofern solche angeboten werden. In erster Linie sind dies Schulungs- und Fortbildungsveranstaltungen im Sinne der §§ 96 ff. BetrVG, also Veranstaltungen, die die Mitarbeiter für ihre berufliche Tätigkeit qualifizieren sollen. Zweck des § 38 Abs. 4 Satz 1 BetrVG ist es, dem freigestellten Betriebsratsmitglied die spätere Wiederaufnahme der beruflichen Tätigkeit in fachlicher Hinsicht zu erleichtern und den sozialen Kontakt zu den Kollegen aufrechtzuerhalten. Dabei ist das Betriebsratsmitglied so zu behandeln, als wäre es nicht freigestellt. Ein Anspruch auf Maßnahmen der Berufsbildung gibt diese Vorschrift ebenso wenig wie besondere Ansprüche aufgrund des Mandats.

Sofern Betriebsratsmitglieder wegen ihrer Freistellung nicht an der beruflichen Entwicklung teilnehmen konnten, muss der Arbeitgeber ihnen innerhalb eines Jahres nach Ende der Freistellung im Rahmen der betrieblichen Möglichkeiten die Gelegenheit geben, diese nachzuholen (§ 38 Abs. 4 Satz 2 BetrVG). Konkret erfasst dies beispielsweise berufbezogene Umschulungs- und Fortbildungsmaßnahmen.

XI. Gesamtbetriebsrat

In einem Unternehmen, in dem mehrere Betriebsräte bestehen, ist ein Gesamtbetriebsrat zu errichten (§ 47 BetrVG). Die Errichtung ist damit gesetzlich vorgeschrieben; sie steht nicht im Ermessen der Betriebsräte.

Die Betriebe müssen Teil **eines** Unternehmens sein. Abzustellen ist dabei auf das Bestehen eines einheitlichen Rechtsträgers (BAG v. 13.2.2007, Az. 1 AZR 184/06). Dagegen reicht es nicht aus, wenn verschiedene Rechtsträger lediglich wirtschaftlich verflochten sind oder sogar Personengleichheit in der Geschäftsführung besteht. Ein „unternehmensübergreifender" Gesamtbetriebsrat ist rechtlich nicht existent; von ihm geschlossene Betriebsvereinbarungen sind ersatzlos unwirksam (BAG v. 17.3.2010, Az. 7 AZR 706/08).

Im Ausland gelegene Betriebe eines inländischen Unternehmens können nicht an der Beteiligung eines Gesamtbetriebsrats beteiligt werden. Sind dagegen in mindestens zwei inländischen Betrieben eines ausländischen Unternehmens Betriebsräte gebildet, so müssen diese einen Gesamtbetriebs-

Betriebsrat

rat bilden, da der (ausländische) Sitz des Unternehmens insoweit keine Rolle spielt.

1. Errichtung

Jeder Betriebsrat mit bis zu drei Mitgliedern entsendet eines seiner Mitglieder und jeder Betriebsrat mit mehr als drei Mitgliedern zwei seiner Mitglieder in den Gesamtbetriebsrat, wobei die Geschlechter angemessen berücksichtigt werden sollen. Die Auswahl der zu entsendenden Mitglieder erfolgt durch Mehrheitsbeschluss des Betriebsrats gemäß § 33 BetrVG und nicht durch Verhältniswahl. § 47 Abs. 2 BetrVG schreibt kein besonderes Wahlverfahren vor. Für jedes Mitglied, das ein Betriebsrat in den Gesamtbetriebsrat entsendet, hat er zugleich ein Ersatzmitglied zu bestimmen.

Gehören dem Gesamtbetriebsrat nach Entsendung durch die einzelnen Betriebsräte mehr als 40 Mitglieder an, müssen Gesamtbetriebsrat und Arbeitgeber eine → Betriebsvereinbarung über die Mitgliederzahl abschließen. In ihr wird festgelegt, dass Betriebsräte mehrerer Betriebe eines Unternehmens, die regional oder durch gleichartige Interessen miteinander verbunden sind, gemeinsam Mitglieder in den Gesamtbetriebsrat entsenden. Kommt eine Einigung nicht zustande, entscheidet die → Einigungsstelle.

2. Geschäftsführung

Jedes Mitglied des Gesamtbetriebsrats hat so viele Stimmen, wie es wahlberechtigte Arbeitnehmer seines Betriebs vertritt (§ 47 Abs. 7 BetrVG). Der Gesamtbetriebsrat wird durch seinen Vorsitzenden sowie dessen Stellvertreter nach außen vertreten. Sie werden mit einfacher Stimmenmehrheit durch den Gesamtbetriebsrat gewählt.

Hinsichtlich der Kosten des Gesamtbetriebsrats und der Freistellung seiner Mitglieder gilt das zum Betriebsrat Gesagte (s. o. V., VI.).

3. Beendigung der Mitgliedschaft im Gesamtbetriebsrat

Die Mitgliedschaft eines Gesamtbetriebsratsmitglieds im Gesamtbetriebsrat endet mit dem Erlöschen seiner Mitgliedschaft im entsendenden Betriebsrat, da der Betriebsrat nur eigene Mitglieder in den Gesamtbetriebsrat entsenden kann. Sie endet ebenfalls im Falle der Amtsniederlegung, bei Ausschluss aus dem Gesamtbetriebsrat (§ 48 BetrVG) und bei Abberufung durch den entsendenden Betriebsrat.

4. Amtsdauer des Gesamtbetriebsrats

Der Gesamtbetriebsrat ist eine Dauereinrichtung mit wechselnder Mitgliedschaft. Er bleibt über die Wahlperiode der einzelnen Betriebsräte hinaus bestehen und zwar so lange, wie die Voraussetzungen für seine Errichtung nach dem BetrVG gegeben sind. Das Amt des Gesamtbetriebsrats endet also erst dann, wenn im Unternehmen nicht mehr mehrere Betriebe bestehen, weil alle Betriebe mit Betriebsräten bis auf einen weggefallen sind.

5. Zuständigkeit

Der Gesamtbetriebsrat ist den einzelnen Betriebsräten nicht übergeordnet. Seine Zuständigkeit ist daher von der Zuständigkeit der Betriebsräte genau abzugrenzen.

5.1 Zuständigkeit kraft Gesetzes

Nach § 50 Abs. 1 BetrVG ist der Gesamtbetriebsrat für Angelegenheiten zuständig, die das Gesamtunternehmen oder mehrere Betriebe betreffen und die nicht durch die einzelnen Betriebsräte innerhalb ihrer Betriebe geregelt werden können. Danach ist der Gesamtbetriebsrat zuständig, wenn zwingende sachliche Gründe für eine einheitliche Regelung der betreffen-

den Angelegenheit sprechen, wobei sich das Erfordernis aus technischen oder rechtlichen Gründen ergeben kann (BAG v. 14.11.2006, Az. 1 ABR 4/06). Soll ein Unternehmen etwa mit einem unternehmensweiten und unternehmenseinheitlichen Konzept saniert werden, so ist ein Interessenausgleich mit Namensliste im Sinne des § 125 InsO mit dem Gesamtbetriebsrat abzuschließen (LAG Rheinland-Pfalz v. 23.2.2010, Az. 1 Sa 687/09).

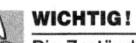 **WICHTIG!**

Die Zuständigkeit des Gesamtbetriebsrats erstreckt sich insoweit – und auch nur insoweit! – auch auf die Betriebe ohne Betriebsrat. Dies bedeutet jedoch nicht, dass der Gesamtbetriebsrat die Funktion des örtlichen Einzelbetriebsrats zu übernehmen hat, zumal der Gesamtbetriebsrat kein „Ersatzbetriebsrat" für vertretungslose Betriebe ist.

Nicht ausreichend ist dagegen die bloße Zweckmäßigkeit einer einheitlichen Regelung oder ein reines Koordinationsinteresse des Arbeitgebers.

Beispiele:

Eine Zuständigkeit des Gesamtbetriebsrats nach § 50 Abs. 1 BetrVG besteht nicht, wenn ein bundesweit tätiges Versicherungsunternehmen, das eine bundesweite Verfügbarkeit aller Arbeitnehmer zuzeiten der meisten Kundenanrufe erreichen möchte, nicht im Einzelnen begründen kann, warum die konkrete Gefahr bestehen soll, die Einzelbetriebsräte würden bei Abschluss von Einzelbetriebsvereinbarungen Unternehmensinteressen nicht in dem von § 2 Abs. 1 BetrVG geforderten Umfang beachten (LAG Nürnberg v. 29.11.2006, Az. 7 TaBV 30/05). Anders ist dies zu beurteilen, wenn eine verteilende „betriebliche" Arbeitszeit fehlt. Dies ist der Fall, wenn die Arbeitszeit nicht durch Arbeitsabläufe bestimmt wird, die sich nach Vorgaben des Arbeitgebers richten, die auf den Betrieb beschränkt sind, sondern der Arbeitgeber die Organisationsentscheidung getroffen hat, eine Dienstleistung in betriebsübergreifend technisch-organisatorisch miteinander verbundenen Arbeitsabläufen zu erbringen (BAG v. 19.6.2012, Az. 1 ABR 19/11).

Eine betriebsübergreifende Regelung der Vergütungsstruktur von außertariflichen Angestellten kann nicht wirksam mit dem Gesamtbetriebsrat nach § 50 Abs. 1 BetrVG vereinbart werden, auch wenn der Arbeitgeber den Wunsch hat, ein Gesamtbudget für die Vergütung dieser Arbeitnehmer unternehmensweit zur Verfügung zu stellen. Dabei kann der Arbeitgeber auch nicht mit dem Gleichbehandlungsgrundsatz argumentieren, da dieser keinen Einfluss auf die gesetzliche Zuständigkeitsverteilung zwischen den Betriebsverfassungsorganen hat (BAG v. 18.5.2010, Az. 1 ABR 96/08).

So liegt denn auch bei sozialen Angelegenheiten die Zuständigkeit im Allgemeinen bei den einzelnen Betriebsräten. Eine Zuständigkeit des Gesamtbetriebsrats ist hier jedoch denkbar bei der unternehmensweiten Einführung eines EDV-Systems (BAG v. 14.11.2006, Az. 1 ABR 4/06) oder auch bei freiwilligen Sozialeinrichtungen (z. B. Altersversorgung), deren Wirkung sich auf das Unternehmen erstreckt. Denn wenn der Arbeitgeber mitbestimmungsfrei darüber entscheiden kann, ob er eine Leistung überhaupt erbringt, kann er sie auch von einer überbetrieblichen Regelung abhängig machen und so die Zuständigkeit des Gesamtbetriebsrats für den Abschluss einer entsprechenden Betriebsvereinbarung herbeiführen (BAG v. 23.3.2010, Az. 1 ABR 82/08).

Steht danach im Einzelfall fest, dass die Zuständigkeit des Gesamtbetriebsrats gegeben ist, verlieren mit der Regelung auf Gesamtbetriebsratsebene eventuell bestehende Einzelbetriebsvereinbarungen wegen Wegfalls der Zuständigkeit der Einzelbetriebsräte ihre Gültigkeit (LAG Nürnberg v. 3.5.2002, Az. 8 TaBV 38/01).

In wirtschaftlichen Angelegenheiten ist der Gesamtbetriebsrat aufgrund ausdrücklicher gesetzlicher Regelungen (§§ 107, 108 Abs. 6, 109 BetrVG) für die Angelegenheiten zuständig, die mit der Errichtung und den Aufgaben des Wirtschaftsausschusses zusammenhängen. Bei Betriebsänderungen ist der Gesamtbetriebsrat für den Abschluss eines Interessenausgleichs zuständig, wenn es sich um Maßnahmen handelt, die das ganze Unternehmen oder mehrere Betriebe betreffen und die notwendigerweise nur einheitlich geregelt werden können (z. B. Stilllegung aller Betriebe, Zusammenlegung mehrerer Betriebe). Ist der Gesamtbetriebsrat danach für den Abschluss eines Interessenausgleichs zuständig, folgt daraus jedoch nicht zwingend auch die Zuständigkeit zum Abschluss des Sozialplans. Vielmehr ist hier genauestens zu prüfen, ob die Regelung des Ausgleichs oder der Abmilderung der durch die Betriebsänderung entstehenden Nachteile zwingend unternehmenseinheitlich oder betriebsübergreifend erfolgen muss (BAG v. 3.5.2006, Az. 1 ABR 15/05).

Nach § 80 Abs. 1 Nr. 1 BetrVG hat nur der Betriebsrat darüber zu wachen, dass die zugunsten der Arbeitnehmer geltenden Gesetze, Verordnungen, Unfallverhütungsvorschriften, Tarifverträge und Betriebsvereinbarungen durchgeführt werden; dem Gesamtbetriebsrat steht kein entsprechendes Kontrollrecht zu (BAG v. 16.8.2011, Az. 1 ABR 22/10).

5.2 Zuständigkeit kraft Auftrags

§ 50 Abs. 2 BetrVG ermöglicht es den Betriebsräten eines Unternehmens, Angelegenheiten, die an sich in ihre Zuständigkeit fallen, an den Gesamtbetriebsrat zu übertragen. Die Beauftragung des Gesamtbetriebsrats erfordert einen Beschluss des Betriebsrats, der mit der Stimme der Mehrheit seiner Mitglieder gefasst werden muss. Die Übertragung muss schriftlich erfolgen. Der Betriebsrat kann die übertragene Angelegenheit jederzeit wieder an sich ziehen, wenn er einen Widerrufsbeschluss gefasst hat. Der Widerruf wird erst wirksam, wenn er schriftlich dem Vorsitzenden des Gesamtbetriebsrats zugegangen ist.

Der Betriebsrat kann die Behandlung der Angelegenheit in vollem Umfang auf den Gesamtbetriebsrat übertragen, sodass dieser sie mit verbindlicher Wirkung regeln kann. Die Beauftragung kann sich aber auch darauf beschränken, dass der Gesamtbetriebsrat nur die Verhandlungen zu führen hat, der Betriebsrat sich aber die Entscheidungsbefugnis – z. B. den Abschluss einer Betriebsvereinbarung – vorbehält. Wird also ein Gesamtbetriebsrat vom örtlichen Betriebsrat zu „Verhandlungen über den Abschluss einer Betriebsvereinbarung" ermächtigt, ist damit im Zweifelsfall kein Mandat für den Abschluss dieser Betriebsvereinbarung erteilt (LAG München v. 12.10.2010, Az. 9 TaBV 39/10).

6. Betriebsräteversammlung

Nach § 57 Abs. 1 BetrVG hat der Gesamtbetriebsrat mindestens einmal in jedem Kalenderjahr die Vorsitzenden und stellvertretenden Vorsitzenden sowie die weiteren Mitglieder der Betriebsausschüsse (§ 27 Abs. 1 BetrVG) einzuladen. Teilnahmeberechtigt sind an dieser Betriebsräteversammlung neben den Genannten die Mitglieder des Gesamtbetriebsrats selbst, der Arbeitgeber sowie Beauftragte der im Unternehmen vertretenen Gewerkschaften. Die Versammlung dient der Information über die Tätigkeit des Gesamtbetriebsrats sowie über das Personal- und Sozialwesen, die wirtschaftliche Lage und Entwicklung des Unternehmens, des Umweltschutzes, des Stands der Gleichstellung der verschiedenen Geschlechter im Unternehmen sowie der Integration ausländischer Arbeitnehmer im Unternehmen. § 53 Abs. 2 BetrVG verpflichtet infolge dessen den Gesamtbetriebsrat und den Arbeitgeber zur Erstattung eines entsprechenden Berichts in eben dieser Betriebsräteversammlung.

XII. Konzernbetriebsrat

Durch Beschlüsse der einzelnen Gesamtbetriebsräte kann für einen Konzern ein Konzernbetriebsrat errichtet werden (§ 54

BetrVG). Die Errichtung ist gesetzlich nicht vorgeschrieben; die Entscheidung hängt vielmehr von den Gesamtbetriebsräten der Konzernunternehmen ab. Erforderlich ist dabei die Zustimmung der Gesamtbetriebsräte, in denen insgesamt mindestens 50 % der Arbeitnehmer der Konzernunternehmen beschäftigt sind. Gliedert sich ein Unternehmen nicht in zwei oder mehrere Betriebe, so tritt der dort für den Betrieb gewählte Betriebsrat an die Stelle des Gesamtbetriebsrats. Zur Berechnung ist auf die Zahl der Arbeitnehmer aller Konzernunternehmen abzustellen, unabhängig davon, ob dort (Gesamt-)Betriebsräte bestehen.

Ein Konzernbetriebsrat kann nur in einem sog. Unterordnungskonzern gebildet werden (§ 54 BetrVG i. V. m. § 18 Abs. 1 AktG). Notwendig ist danach, dass ein herrschendes und ein oder mehrere abhängige Unternehmen unter der einheitlichen Leitung des herrschenden Unternehmens zusammengefasst sind. Das herrschende Unternehmen muss seinen Sitz im Inland haben oder zumindest über eine im Inland ansässige Teilkonzernspitze verfügen, die wiederum noch wesentliche Leitungsaufgaben in personeller, sozialer und wirtschaftlichen Angelegenheiten gegenüber den ihr nachgeordneten Unternehmen hat (BAG v. 14.2.2007, Az. 7 ABR 26/06).

Vom Unterordnungskonzern zu unterscheiden ist der sog. Gleichordnungskonzern, der dadurch gekennzeichnet ist, dass rechtlich selbstständige Unternehmen unter einheitlicher Leitung zusammengefasst sind, ohne dass das eine Unternehmen von dem anderen abhängig ist. Für ihn kann kein Konzernbetriebsrat gebildet werden.

In den Konzernbetriebsrat entsendet jeder (Gesamt-)Betriebsrat zwei seiner Mitglieder, wobei die Geschlechter angemessen berücksichtigt werden sollen (§ 55 Abs. 1 BetrVG). Zur Entsendung sind dabei auch die Gesamtbetriebsräte verpflichtet, die keinen Beschluss über die Errichtung des Konzernbetriebsrats gefasst oder sich sogar gegen seine Errichtung ausgesprochen haben.

Das Amt des Konzernbetriebsrats endet, wenn die Gesamtbetriebsräte der Konzernunternehmen seine Auflösung beschließen oder die Voraussetzungen für seine Errichtung dauerhaft entfallen. Das ist etwa dann der Fall, wenn der Konzern, für den der Konzernbetriebsrat errichtet wurde, nicht mehr besteht, weil das herrschende Unternehmen seinen beherrschenden Einfluss verloren hat (BAG v. 23.8.2006, Az. 7 ABR 51/05).

Der Konzernbetriebsrat ist zuständig für die Behandlung von Angelegenheiten, die den Konzern oder mehrere Konzernunternehmen betreffen und die nicht durch die einzelnen (Gesamt-)Betriebsräte innerhalb ihrer Betriebe/Unternehmen geregelt werden können. Die originäre Zuständigkeit kann sich aus einem objektiv zwingenden Erfordernis für eine konzerneinheitliche oder unternehmensübergreifende Regelung – nämlich aus technischen oder rechtlichen Gründen – ergeben.

Beispiel:

> **Abschluss einer Betriebsvereinbarung über den Datenaustausch im Konzern.**

Kein rechtliches Erfordernis für eine unternehmensüberschreitende konzerneinheitliche Regelung begründet der Gleichbehandlungsgrundsatz. Dagegen kann aber die Notwendigkeit aus der subjektiven Unmöglichkeit einer Regelung auf Betriebs- oder Unternehmensebene folgen. So ist der Konzernbetriebsrat zuständig, wenn die Konzernleitung eine freiwillige Leistung nur unternehmensübergreifend zur Verfügung stellen will. In diesem Fall legt die Konzernleitung durch die mitbestimmungsfreie Vorgabe des Adressatenkreises zugleich das Mitbestimmungsgremium fest.

Beispiel:

> **Altersversorgung, die die Konzernleitung konzernweit einführen will**

Abgesehen vom Bereich der freiwilligen Mitbestimmung genügt jedoch allein der Wunsch der Konzernleitung nach einer konzerneinheitlichen oder unternehmensüberschreitenden Regelung nicht, um die Zuständigkeit des Konzernbetriebsrats zu begründen. Gleiches gilt für das Kosten- und Koordinierungsinteresse der Konzernleitung oder reine Zweckmäßigkeitsgesichtspunkte. Entscheidend ist vielmehr der Inhalt der geplanten Regelung sowie das Ziel, das durch diese Regelung erreicht werden soll. Lässt sich dieses Ziel nur durch eine einheitliche Regelung auf der Konzernebene erreichen und kann sie auch gedanklich nicht in Teilakte zerlegt werden, so ist der Konzernbetriebsrat zuständig.

Die Zuständigkeit des Konzernbetriebsrats erstreckt sich auch auf Unternehmen, die einen Gesamtbetriebsrat nicht gebildet haben, sowie auf Betriebe der Konzernunternehmen ohne Betriebsrat. Nicht zuständig ist er jedoch für Kleinstbetriebe gemäß § 1 Abs. 1 BetrVG, in denen in der Regel nicht ständig mindestens fünf wahlberechtigte Arbeitnehmer beschäftigt werden, von denen drei wählbar sind (LAG Düsseldorf v. 3.11.2011, Az. 5 TaBV 50/11).

Der Konzernbetriebsrat ist darüber hinaus zuständig für Angelegenheiten, die ihm übertragen worden sind. Die Beauftragung ist dabei grundsätzlich nur durch die Gesamtbetriebsräte möglich. Eine Beauftragung durch einen Betriebsrat kommt nur dann in Betracht, wenn in einem Konzernunternehmen nur ein Betriebsrat besteht (§ 54 Abs. 2 BetrVG).

XIII. Europäischer Betriebsrat

Der Europäische Betriebsrat geht auf die Europäische Richtlinie über die Einsetzung eines Europäischen Betriebsrats oder die Schaffung eines Verfahrens zur Unterrichtung und Anhörung der Arbeitnehmer in gemeinschaftsweit operierenden Unternehmen und Unternehmensgruppen aus dem Jahre 1994 zurück. Im Oktober 1996 wurde diese Richtlinie mit dem Europäischen Betriebsräte-Gesetz (EBRG) in Deutschland in nationales Recht umgesetzt. Im Jahr 2009 hat das Europäische Parlament eine neue Richtlinie verabschiedet, die die bisherige Richtlinie ablöst. Die Mitgliedstaaten hatten bis zum 6.6.2011 Zeit, die Richtlinie in nationales Recht umzusetzen. Die Richtlinie zielt darauf ab, die Rechte der Europäischen Betriebsräte weiter zu stärken. In Deutschland erfolgte die Umsetzung durch eine Neufassung des EBRG, die am 18.6.2011 in Kraft trat.

Das EBRG findet Anwendung auf Unternehmen und Unternehmensgruppen mit Sitz in Deutschland, die in den EU-Mitgliedstaaten sowie den EWR-Mitgliedstaaten (Island, Liechtenstein und Norwegen) mindestens 1 000 Arbeitnehmer insgesamt und davon jeweils mindestens 150 Arbeitnehmer in mindestens zwei Mitgliedstaaten beschäftigen. Bei der Berechnung der Anzahl der im Inland beschäftigten Arbeitnehmer sind die im Durchschnitt der letzten zwei Jahre beschäftigten Arbeitnehmer zu berücksichtigen; leitende Angestellte sind nicht mitzuzählen.

Liegt die zentrale Leitung in einem anderen Mitgliedstaat als Deutschland, findet auf die in Deutschland gelegenen Betriebe oder Tochterunternehmen hinsichtlich des Europäischen Betriebsrats das Recht des betreffenden Mitgliedstaats Anwendung. Liegt die zentrale Leitung dagegen in keinem Mitgliedstaat (z. B. USA), findet das EBRG dann Anwendung, wenn die nachgeordnete Leitung in Deutschland liegt (Europazentrale).

Nach der Konzeption des EBRG sollen sich die Unternehmensleitung und ein besonderes Verhandlungsgremium der Arbeitnehmer (§ 9 ff. EBRG) auf eine grenzüberschreitende Unterrichtung und Anhörung der Arbeitnehmer verständigen. Entsprechende Verhandlungen können dabei auf Initiative der Arbeitnehmer, aber auch auf Initiative der Unternehmensleitung aufgenommen werden. In der zu treffenden Vereinbarung sollen die Strukturen und Kompetenzen der Arbeitnehmervertretung festgelegt werden, wobei die Parteien hinsichtlich der Ausgestaltung weitgehend frei sind. Ändert sich die Struktur des gemeinschaftsweit operierenden Unternehmens oder der gemeinschaftlich operierenden Unternehmensgruppe nach einer solchen Vereinbarung wesentlich (wie im Falle von Fusionen, Übernahmen und Spaltungen), so verlangt § 37 EBRG nunmehr, dass die zentrale Leitung von sich aus oder auf schriftlichen Antrag vom Mitarbeiter die Verhandlungen neu aufnehmen muss.

Nach § 17 EBRG können sich die Parteien verständigen, ob die grenzübergreifende Unterrichtung und Anhörung durch die Errichtung eines Europäischen Betriebsrats oder mehrerer Europäischer Betriebsräte (§ 18 EBRG) oder durch ein dezentrales Unterrichtungs- und Anhörungsverfahren (§ 19 EBRG) erfolgen soll.

Nur dann, wenn

▶ die zentrale Leitung die Aufnahme von Verhandlungen mit dem besonderen Verhandlungsgremium verweigert oder

▶ es innerhalb von drei Jahren nach Antrag bzw. nach Initiative der Unternehmensleitung zu keiner Vereinbarung kommt oder

▶ eine der beiden Seiten das vorzeitige Scheitern der Verhandlungen erklärt,

ist ein Europäischer Betriebsrat kraft Gesetzes zu errichten (§ 21 ff. EBRG).

§ 22 EBRG regelt die Mitgliederzahl und Zusammensetzung des Europäischen Betriebsrats. In Absatz 2 der Vorschrift heißt es dazu: „Für jeden Anteil der in einem Mitgliedstaat beschäftigten Arbeitnehmer, der 10 Prozent der Gesamtzahl der in allen Mitgliedstaaten beschäftigten Arbeitnehmer der gemeinschaftsweit tätigen Unternehmen oder Unternehmensgruppen oder einen Bruchteil davon beträgt, wird ein Mitglied aus diesem Mitgliedstaat in den Europäischen Betriebsrat entsandt."

Beispiel:

> Beschäftigt eine gemeinschaftsweit tätige Unternehmensgruppe insgesamt 4 500 Mitarbeiter, davon 2 000 in Deutschland, 1 100 in Italien, 900 in Frankreich und 500 in Polen, entfallen 44.4 % auf Deutschland, 24,4 % auf Italien, 20 % auf Frankreich und 11,1 % auf Polen. Damit besteht der Europäische Betriebsrat aus insgesamt zwölf Mitgliedern, davon fünf aus Deutschland, drei aus Italien, zwei aus Frankreich und zwei aus Polen.

Die Tätigkeit des Europäischen Betriebsrats ist beschränkt auf solche Angelegenheiten, die mindestens zwei Betriebe oder Unternehmen in verschiedenen Mitgliedstaaten betreffen. Im Rahmen einer regelmäßig einmal pro Kalenderjahr stattfindenden Sitzung muss die zentrale Leitung den Europäischen Betriebsrat über die Entwicklung der Geschäftslage und die Perspektiven des gemeinschaftsweit tätigen Unternehmens oder der Unternehmensgruppe unter Vorlage der erforderlichen Unterlagen unterrichten und ihn dazu anhören (§ 29 EBRG). Über außergewöhnliche Umstände, die erhebliche Auswirkungen auf die Interessen der Arbeitnehmer haben (z. B. Massenentlassungen, Stilllegungen, Verlegungen), ist der Europäische Betriebsrat auch außerhalb des turnusmäßigen Treffens zu unterrichten und auf Verlangen anzuhören (§ 30 EBRG).

Der Europäische Betriebsrat hat keine echten Mitbestimmungsrechte. Er ist zu unterrichten und anzuhören, doch kann er geplante unternehmerische Entscheidungen nicht verhindern. Die Begriffe „Unterrichtung" und „Anhörung" werden in § 1 Abs. 4 und 5 EBRG definiert:

„Unterrichtung" ist danach die Übermittlung von Informationen durch die zentrale Leitung oder eine andere geeignete Leitungsebene an die Arbeitnehmervertreter, um ihnen Gelegenheit zur Kenntnisnahme und Prüfung der behandelten Frage zu geben. Die Unterrichtung muss zu einem Zeitpunkt, in einer Weise und in einer inhaltlichen Ausgestaltung erfolgen, die es den Arbeitnehmervertretern ermöglichen, die möglichen Auswirkungen eingehend zu bewerten und gegebenenfalls Anhörungen mit dem zuständigen Organ des gemeinschaftsweit operierenden Unternehmens oder der gemeinschaftsweit operierenden Unternehmensgruppe vorzubereiten.

„Anhörung" bezeichnet den Meinungsaustausch und die Einrichtung eines Dialogs zwischen den Arbeitnehmervertretern und der zentralen Leitung oder einer anderen geeigneten Leitungsebene. Diese muss zu einem Zeitpunkt, in einer Weise und in einer inhaltlichen Ausgestaltung erfolgen, die es den Arbeitnehmervertretern auf der Grundlage der erhaltenen Informationen ermöglichen, innerhalb einer angemessenen Frist zu den vorgeschlagenen Maßnahmen, eine Stellungnahme abzugeben, die berücksichtigt werden kann. Die Anhörung muss den Arbeitnehmervertretern gestatten, mit der zentralen Leitung zusammenzukommen und eine mit Gründen versehene Antwort auf ihre etwaige Stellungnahme zu erhalten.

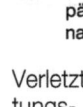 **WICHTIG!**

Nach § 1 Abs. 7 EBRG sind Unterrichtung und Anhörung des Europäischen Betriebsrats spätestens gleichzeitig mit denen der nationalen Arbeitnehmervertretungen durchzuführen.

Verletzt ein Konzern die im EBRG vorgesehenen Unterrichtungs- und Anhörungsrechte des Europäischen Betriebsrats, steht diesem kein Unterlassungsanspruch gegen die Durchführung einer geplanten Maßnahme zu, die er im Wege einer einstweiligen Verfügung durchsetzen könnte (LAG Köln v. 8.9.2011, Az. 13 Ta 267/11). Zu beachten ist jedoch, dass eine derartige Verletzung des EBRG bei einer Betriebsstilllegung, Betriebsverlagerung oder Massenentlassung bußgeldbewehrt ist und eine Ordnungswidrigkeit darstellt, die mit einer Geldbuße bis zu 15.000 Euro geahndet werden kann (§ 45 Abs. 1 Nr. 2, Abs. 2 EBRG)

Die im Inland beschäftigten Mitglieder des Europäischen Betriebsrats sind wie die Mitglieder eines jeden anderen Betriebsrats geschützt.

Nach § 38 EBRG besteht für Mitglieder des besonderen Verhandlungsgremiums und des Europäischen Betriebsrats – soweit dies zur Wahrnehmung ihrer Vertretungsaufgaben in einem internationalen Umfeld erforderlich ist – ein Anspruch auf Schulungen, ohne dass sie dabei Lohn- bzw. Gehaltseinbußen erleiden. Dabei kommen neben Sprachkursen auch rechtliche und wirtschaftliche Themen in Betracht, so etwa auch Schulungen allgemein arbeitsrechtlicher Art (z. B. zur EuGH-Rechtsprechung, zu Auswirkungen von Unternehmenszusammenschlüssen etc.). Auch eine Schulung zur Gründung eines Europäischen Betriebsrats ist erfasst (ArbG Hamburg v. 13.5.2009, Az. 13 BV 4/09).

Die zentrale Leitung trägt die durch die Bildung und Tätigkeit des Europäischen Betriebsrats entstehenden Kosten (§ 39 EBRG). Sie hat insbesondere für die Sitzungen und die laufende Geschäftsführung Räume, sachliche Mittel, Büropersonal und gegebenenfalls Dolmetscher zur Verfügung zu stellen. Reise- und Aufenthaltskosten der Mitglieder des Europäischen Betriebsrats sind von ihr ebenso zu tragen wie die Kosten für Sachverständige, soweit deren Beratung zur ordnungsgemäßen Erfüllung der Aufgaben erforderlich sind. Sachverständige können dabei auch Beauftragte von Gewerkschaften sein.

Betriebsübergang

I. Begriff und Abgrenzung

II. Voraussetzungen des Betriebsübergangs
1. Betrieb oder Betriebsteil
2. Übergang durch Rechtsgeschäft
3. Übergang auf einen neuen Inhaber

III. Folgen des Betriebsübergangs
1. Rechtsstellung des Erwerbers
   1.1 Grundsatz: Übergang der Arbeitsverhältnisse
   1.2 Verbindlichkeiten
   1.3 Sozialversicherungsbeiträge
   1.4 Schicksal kollektivrechtlicher Normen
      1.4.1 Tarifverträge
      1.4.2 Betriebsvereinbarungen
      1.4.3 Veränderungssperre
2. Rechtsstellung des bisherigen Arbeitgebers

IV. Unterrichtungspflicht und Widerspruchsrecht
1. Unterrichtungspflicht gemäß § 613a Abs. 5 BetrVG
2. Widerspruchsrecht des Arbeitnehmers

V. Kündigung bei Betriebsübergang

VI. Beteiligung des Betriebsrats

ACHTUNG!

Aufgrund der rechtlichen Komplexität und der weitreichenden Folgen von Fehleinschätzungen in Fallgestaltungen, die einen Betriebsübergang darstellen können, sollte frühzeitig rechtlicher Rat eingeholt werden!

I. Begriff und Abgrenzung

Ein Betriebsübergang (i. S. d. § 613a BGB) liegt vor, wenn

▶ ein Betrieb oder Betriebsteil

▶ durch Rechtsgeschäft

▶ auf einen neuen Inhaber übergeht.

Sind diese Voraussetzungen erfüllt (s. u. II.), tritt der neue Inhaber des Betriebs oder Betriebsteils in die zum Zeitpunkt des Übergangs (im Betrieb) bestehenden Arbeitsverhältnisse automatisch ein. Er wird also der neue Arbeitgeber, unabhängig davon, ob er es will oder weiß. Dies gilt nicht nur für die Zukunft, sondern auch für die bereits existierenden Verbindlichkeiten aus den Arbeitsverhältnissen.

ACHTUNG!

Ein Betriebsübergang setzt nicht immer eine formelle und gewollte Übertragung des Betriebs voraus, sondern kann u. U. auch schon mit der Verlagerung von bisher im Betrieb erledigter Funktionen auf Dritte stattfinden. Entscheidend ist nicht der Wille der Beteiligten, sondern nur das Vorliegen der objektiven Voraussetzungen.

Der Betriebsübergang ist von der Betriebsnachfolge zu unterscheiden. Beim Betriebsübergang gehen mit dem Betrieb (nur) die Arbeitsverhältnisse auf den neuen Inhaber über. Bei der Betriebsnachfolge (auch Gesamtrechtsnachfolge genannt) übernimmt der neue Inhaber kraft Gesetzes die Stellung des bisherigen Betriebsinhabers und damit auch das gesamte Vermögen und die Schulden des Betriebs.

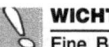 **WICHTIG!**

Eine Betriebsnachfolge, die im Wege der Gesamtrechtsnachfolge kraft Gesetzes vollzogen wird, ist vom Geltungsbereich des § 613a BGB nicht erfasst (BAG v. 2.3.2006, Az. 8 AZR 124/05).

II. Voraussetzungen des Betriebsübergangs

Die unter I. genannten drei Voraussetzungen sind im Gesetz so festgelegt, aber nicht näher erläutert. Die Beurteilung, ob im Einzelfall ein Betriebsübergang vorliegt, muss deshalb anhand der Rechtsprechung vorgenommen werden, die – leider – hier nicht einheitlich ist. Da der Betriebsübergang mit weitreichenden arbeitsrechtlichen Folgen verbunden ist, sollte jeder Erwerber oder Auftragnehmer die Voraussetzungen sorgfältig prüfen und im Zweifelsfall Rechtsrat einholen.

Im Einzelnen müssen also folgende Aspekte im Fall eines (vermeintlichen) Betriebsübergangs geprüft werden:

1. Betrieb oder Betriebsteil

Die Frage, ob ein übergangsfähiger Betrieb oder Betriebsteil vorliegt, ist im Einzelfall nicht immer leicht abzuschätzen. Die Rechtsprechung hierzu befindet sich – bedingt durch Vorgaben des Europäischen Gerichtshofs – in einer ständigen Fortentwicklung.

Erforderlich ist, dass ein Betrieb oder Betriebsteil übertragen wird. Ein Betriebsübergang setzt voraus, dass eine wirtschaftliche Einheit betroffen ist, die nach dem Inhaberwechsel ihre Identität bewahrt (BAG 10.11.2011, Az. 8 AZR 538/10). Dabei muss eine selbstständig abgrenzbare wirtschaftliche Einheit zumindest beim Veräußerer vorhanden gewesen sein, damit zumindest das Merkmal eines übergangsfähigen „Betriebsteils" vorliegt. Die Selbstständigkeit der abgrenzbaren organisatorischen wirtschaftlichen Einheit muss beim Betriebserwerber nicht mehr vollständig erhalten bleiben, jedoch muss der Erwerber die wirtschaftliche Einheit unter grundsätzlicher Wahrung ihrer Identität fortführen (z. B. BAG 15.12.2011, Az. 8 AZR 197/11). Dabei reicht es aus, wenn die funktionelle Verknüpfung der Wechselbeziehung und gegenseitigen Ergänzung von Produktionsfaktoren beibehalten wird.

Der Begriff der wirtschaftlichen Einheit bezieht sich auf eine organisatorische Gesamtheit von Personen und/oder Sachen zur auf Dauer angelegten Ausübung einer wirtschaftlichen Tätigkeit mit eigener Zielsetzung.

Ob ein im Wesentlichen unveränderter Fortbestand der organisierten Gesamtheit „Betrieb" bzw. „Betriebsteil" bei einem neuen Inhaber anzunehmen ist, richtet sich nach den konkreten Umständen des Einzelfalls.

Danach sind folgende Aspekte im Rahmen einer Gesamtschau zu berücksichtigen:

- ▸ Art des betroffenen Betriebs,
- ▸ etwaiger Übergang der materiellen Betriebsmittel,
- ▸ etwaiger Übergang der immateriellen Aktiva,
- ▸ etwaige Übernahme der Hauptbelegschaft,
- ▸ etwaiger Übergang der Kunden- und Lieferantenbeziehungen,
- ▸ Grad der Ähnlichkeit zwischen den Tätigkeiten vor und nach dem Übergang,
- ▸ Dauer einer eventuellen Unterbrechung der Tätigkeit.

Anhand dieser sieben Punkte ist festzustellen, ob die wirtschaftliche Einheit beim Erwerber noch gewahrt wird.

Wichtig ist also insbesondere, Folgendes zu hinterfragen:

- ▸ Die Einheit muss **auf Dauer angelegt** sein, ihre Tätigkeit darf nicht auf die Ausführung eines bestimmten Vorhabens beschränkt sein.

- ▸ Die Einheit muss eine **organisierte Zusammenfassung** von (personellen und materiellen) Ressourcen darstellen, die eine wirtschaftliche Haupt- oder Nebentätigkeit (mit eigener Zielsetzung) ausübt. Auf eine Gewinnerzielungsabsicht kommt es dabei nicht an.

- ▸ Der Erwerber muss den Betrieb (oder Betriebsteil) auch **tatsächlich weiterführen.** Die bloße Möglichkeit der Fortführung reicht nicht aus. Die Beibehaltung der „organisatorischen Selbstständigkeit" der übertragenen Einheit ist nicht erforderlich, wohl aber die Beibehaltung des Funktions- und Zweckzusammenhangs zwischen den verschiedenen übertragenen Faktoren, welcher es dem Erwerber erlaubt, diese Faktoren zur Verfolgung einer bestimmten wirtschaftlichen Tätigkeit zu nutzen, auch wenn sie in eine andere Organisationsstruktur eingegliedert wird (BAG v. 22.1.2009, Az. 8 AZR 158/07). Werden hingegen in der Operationsstruktur des Erwerbers keine in ihrem Funktions- und Zweckzusammenhang beibehaltenen Faktoren mehr aufrechterhalten, spricht dies gegen einen Betriebsübergang.

- ▸ Es muss sich um **mehr als eine bloße Funktions- oder Auftragsnachfolge** (also die reine Übertragung der Tätigkeit) handeln. Diese alleine stellt keinen Betriebsübergang dar.

Beispiel:

Die bloße Vergabe der bisher durch eigenes Personal vorgenommenen Reinigungstätigkeiten an ein externes Reinigungsunternehmen, ohne dass irgendwelche Betriebsmittel oder die bislang mit der Reinigung beschäftigten Arbeitnehmer übernommen werden, ist kein Betriebsübergang.

Bei der Beurteilung, ob es sich um einen Betrieb oder um einen Betriebsteil handelt, ist auf den Zeitpunkt der Veräußerung abzustellen. Der Übergang eines Betriebsteils i. S. d. § 613a BGB setzt voraus, dass die übernommenen Betriebsmittel bereits beim früheren Betriebsinhaber die Qualität eines Betriebsteils hatten (BAG v. 5.2.2004, Az. 8 AZR 639/02). Es reicht nicht aus, wenn der Erwerber mit einzelnen bislang nicht teilbetrieblich organisierten Betriebsmitteln einen Betrieb oder Betriebsteil gründet. Damit ein Arbeitsverhältnis auf den Betriebserwerber übergeht, muss der Arbeitnehmer der übergehenden Einheit zugeordnet sein (BAG v. 7.4.2011, Az. 8 AZR 730/09).

Liegen hiernach Anhaltspunkte für den Übergang einer wirtschaftlichen Einheit vor, ist in einer zweiten Stufe eine Beurteilung anhand verschiedener weiterer Kriterien vorzunehmen. Kein einzelnes Kriterium ist dabei allein ausschlaggebend und es ist auch nicht erforderlich, dass alle erfüllt sind. Es wird vielmehr eine Gesamtbewertung vorgenommen. Folgende Kriterien müssen in diese Bewertung einbezogen werden:

- ▸ Der **Übergang der Betriebsmittel:**

  Hier ist insbesondere zwischen Produktions-, Handels- und Dienstleistungsbetrieben zu unterscheiden. Bei Produktionsbetrieben sind vor allem die sachlichen Betriebsmittel wie Maschinen, Einrichtungsgegenstände und Gebäude maßgeblich. Hierbei kommt es maßgeblich auf die tatsächliche Nutzung der Betriebsmittel durch den Betriebserwerber an (BAG 27.9.2012, Az. 8 AZR 826/11). Bei Handels- und Dienstleistungsbetrieben stehen die immateriellen Betriebsmittel wie Kundenstamm, Kundenlisten und Knowhow im Vordergrund.

▶ Die **Übernahme der Hauptbelegschaft** durch den Erwerber:

In Branchen, in denen es im Wesentlichen auf die menschliche Arbeitskraft ankommt, kann auch eine Gesamtheit von Arbeitnehmern, die durch eine gemeinsame Tätigkeit dauerhaft verbunden ist, eine wirtschaftliche Einheit darstellen. Die Wahrung der Identität der wirtschaftlichen Einheit ist in diesem Fall anzunehmen, wenn der neue Betriebsinhaber nicht nur die betreffende Tätigkeit weiterführt, sondern auch einen nach Zahl und Sachkunde wesentlichen Teil des Personals übernimmt, das sein Vorgänger gezielt bei dieser Tätigkeit eingesetzt hatte. Der Begriff „Hauptbelegschaft" richtet sich in der Regel nach der Zahl der Arbeitnehmer. Es müssen nicht alle, aber ein bedeutsamer Teil übergehen, wobei die für die Frage des Betriebsübergangs maßgebliche Zahl und Sachkunde der übernommenen Arbeitnehmer nicht pauschal bestimmt werden kann, sondern u. a. von der Struktur des Betriebs abhängt (BAG 21.6.2012, Az. 8 AZR 181/11). Die Übernahme einzelner Arbeitnehmer ist noch kein Indiz für einen Betriebsübergang, es sei denn, es handelt sich um einen Know-how-Träger.

Beispiel:

Der Koch eines Restaurants ist ein Know-how-Träger, der das Angebot des Lokals entscheidend prägt. Wird er übernommen, deutet dies auf einen Betriebsübergang hin.

Mit dem Kriterium „Übernahme der Hauptbelegschaft" liegt es in „personalintensiven" Branchen in der Hand des Erwerbers, ob eine Restrukturierung in Form eines Betriebsübergangs vorgenommen wird oder nicht. Soll ein Betriebsübergang vermieden werden, darf der Erwerber die bisher mit der Aufgabe befassten Arbeitnehmer nicht übernehmen. Wenn jedoch ein Betriebsübergang bereits aufgrund anderer Kriterien feststeht, ist der Übergang der Arbeitsverhältnisse der Arbeitnehmer Rechtsfolge und nicht zwingende Voraussetzung. Die Nichtübernahme von Personal kann grundsätzlich nur bei sog. „betriebsmittelarmen" Betrieben, also solchen, in denen die Dienstleistung im Vordergrund steht, das Vorliegen eines Betriebsübergangs ausschließen (BAG v. 22.7.2004, Az. 8 AZR 350/03).

▶ Der **Übergang** (bzw. das Fortbestehen) **der Kundschaft:**

Je weniger Kunden im Zuge der Übernahme verloren gehen, desto mehr deutet auf einen Betriebsübergang hin. Allein von der Übernahme von Kunden kann aber i. d. R. nicht auf das Vorliegen eines Betriebsüberganges geschlossen werden. Auch in einem Betrieb, dessen Zweck die Erfüllung eines einzigen Auftrages ist, stellt die Neuvergabe dieses Auftrags an ein anderes Unternehmen für sich genommen keinen Betriebsübergang dar. Eine Tätigkeit zur Auftragserfüllung ist noch keine wirtschaftliche Einheit. Die wirtschaftliche Identität eines Betriebs wird auch in diesen Fällen nicht erhalten, wenn der neue Auftragnehmer die Aufgabe mit einer wesentlich veränderten organisatorischen Zusammenfassung von Ressourcen erfüllt und sie bei ihm nur noch einen (kleinen) Teilbereich einer wesentlich größeren Aufgabenstellung darstellt.

▶ Der **Grad der Ähnlichkeit** zwischen der vor und nach dem Übergang ausgeübten Tätigkeit.

Beispiel:

Gegen einen Betriebsübergang spricht die Änderung einer gutbürgerlichen Gaststätte in ein arabisches Spezialitätenrestaurant durch Neuverpachtung.

▶ Die **Dauer einer evtl. Unterbrechung** der Betriebstätigkeit:

Eine nach wirtschaftlichen Gesichtspunkten erhebliche Zeitspanne lässt vermuten, dass kein Betriebsübergang vorliegt.

Beispiel:

Gegen einen Betriebsübergang spricht die Wiedereröffnung eines Modefachgeschäfts durch ein anderes Unternehmen neun Monate nach Stilllegung des Betriebs.

⚠ ACHTUNG!

Nach der Rechtsprechung des EuGH (EuGH v. 20.11.2003, Az. Rs. C-340/01 – Carlito Abler) kann ein Betriebsübergang bei Dienstleistern selbst dann vorliegen, wenn die Arbeitsorganisation und Betriebsmethoden nicht übernommen werden. Wörtlich wird in dieser Entscheidung ausgeführt: „Der Übergang der Räumlichkeiten und des vom Spital zur Verfügung gestellten Inventars, der für die Zubereitung und die Verteilung von Speisen an die Patienten und das Spitalspersonals unerlässlich erscheint, reicht unter diesen Umständen für die Erfüllung der Merkmale des Übergangs der wirtschaftlichen Einheit aus. Es ist außerdem klar ersichtlich, dass der neue Auftragnehmer zwangsläufig im Wesentlichen die Kunden seines Vorgängers übernommen hat, da diese gebunden sind." Auch das BAG (BAG v. 22.7.2004, Az. 8 AZR 350/03) hat entschieden, dass ein Betriebsübergang weder die Übernahme der Belegschaft noch die der Betriebsmethoden voraussetzt. Bei einem Lager, in dem Waren umgeschlagen werden, reicht bereits dessen Anmietung für das Vorliegen eines Betriebsübergangs aus, sofern die bisherigen Standorte der Waren und die im Lager befindlichen Hochregale übernommen werden. Führt ein Unternehmen, das bei einer Auftragsneuvergabe berücksichtigt wurde, die Erfüllung der Aufgabe eines Servicevertrages fort, so stellt dies allerdings für sich genommen keinen Betriebsübergang dar, wenn dies im Rahmen einer wesentlich anderen, deutlich größeren Organisationsstruktur geschieht, deren Aufgabenumfang zudem um ein Vielfaches größer ist (BAG v. 14.8.2007, Az. 8 AZR 1043/06).

2. Übergang durch Rechtsgeschäft

Ein Betriebsübergang liegt nur vor, wenn der Betrieb oder Betriebsteil „durch Rechtsgeschäft" übergeht. Dieser Begriff ist weit auszulegen. Er setzt nicht voraus, dass zwischen Veräußerer und Erwerber ein Vertrag geschlossen wurde. Ein Betriebsübergang kann auch dann vorliegen, wenn ein Auftrag vom ursprünglich beauftragten Unternehmen auf ein neues Unternehmen übergeht, ohne dass zwischen den beiden irgendeine Beziehung besteht.

Beispiel:

Bei Neuvergabe eines Reinigungsauftrags, der bisher vom Unternehmen A erledigt wurde, an Unternehmen B kann ein Betriebsübergang von A auf B vorliegen, wenn beispielsweise die wesentlichen Betriebsmittel in Form des Reinigungsmaterials etc. von B übernommen werden, obwohl zwischen A und B keine vertraglichen Beziehungen bestehen.

Maßgeblich ist der Übergang der tatsächlichen Nutzungs- und Verfügungsgewalt (Leitungsmacht) in Bezug auf die wirtschaftliche Einheit bzw. die wesentlichen Betriebsmittel. Da es lediglich auf die Übertragung dieser Leitungsmacht ankommt, ist die Art des Rechtsgeschäfts, durch das die Übertragung vorgenommen wird, unerheblich.

✎ WICHTIG!

Unerheblich für die Beurteilung eines Betriebsübergangs ist es auch, ob dem Betriebserwerber ein Rücktrittsrecht zusteht. Insbesondere führt die vertragliche Einräumung eines Rücktrittsrechts nicht dazu, dass der Betriebsübergang so lange in der Schwebe bleibt, wie das Rücktrittsrecht ausgeübt werden kann, wenn die wesentlichen Betriebsmittel vorher übergegangen sind (BAG v. 15.12.2005, Az. 8 AZR 202/05).

3. Übergang auf einen neuen Inhaber

Es ist erforderlich, dass ein Inhaberwechsel stattfindet. Dieser liegt nur dann vor, wenn die Person wechselt, in deren Namen der Betrieb geführt wird. Es kann sich dabei um eine natürliche oder eine juristische Person (z. B. eine AG oder eine GmbH) handeln.

Es muss aber zu einem Wechsel auf Arbeitgeberseite kommen. Ein bloßer Gesellschafterwechsel („share deal") ist kein Be-

::**rehm**

triebsübergang, da die Identität des Arbeitgebers von einem Gesellschafterwechsel grundsätzlich unabhängig ist.

Beispiel:

Der Kauf von 51 % der Gesellschaftsanteile der A-GmbH durch die B-AG ist kein Betriebsübergang. Auch die Auswechslung der Gesellschafter einer KG stellt keinen Betriebsübergang dar (BAG v. 14.8.2007, Az. 8 AZR 803/06).

Es ist also zu unterscheiden zwischen einem „Share-Deal" (Anteilskauf) und einem „Asset-Deal" (Kauf der Aktiva). Nur im letzteren Fall kann es zu einem Betriebsübergang kommen.

Für den Zeitpunkt eines Betriebsübergangs ist der Zeitpunkt maßgeblich, in dem der neue Inhaber die Geschäftstätigkeit tatsächlich weiterführt oder wieder aufnimmt. Die bloße vertraglich eingeräumte Möglichkeit zu einer unveränderten Fortführung des Betriebs genügt nicht.

III. Folgen des Betriebsübergangs

1. Rechtsstellung des Erwerbers

1.1 Grundsatz: Übergang der Arbeitsverhältnisse

Im Falle des Betriebsübergangs gehen alle Arbeitsverhältnisse mit dem bisherigen Arbeitgeber, die im Zusammenhang mit dem Betrieb bzw. Betriebsteil standen, auf den Erwerber über, wenn die Arbeitnehmer nicht von ihrem Widerspruchsrecht Gebrauch machen (s. u. IV 2.). Der Erwerber tritt somit in alle Rechte und Pflichten aus den Arbeitsverhältnissen ein und wird so behandelt, als wäre er bereits von Anfang an Arbeitgeber gewesen. Er muss also z. B. die bei dem bisherigen Betriebsinhaber zurückgelegte Dauer der Betriebszugehörigkeit gegen sich gelten lassen.

1.2 Verbindlichkeiten

Der Erwerber tritt mit dem Zeitpunkt des Betriebsübergangs in alle Verbindlichkeiten aus den Arbeitsverhältnissen ein. Er haftet auch für rückständige Lohnforderungen, Nebenleistungen, Gratifikationen und Versorgungsanwartschaften.

1.3 Sozialversicherungsbeiträge

Vom Zeitpunkt des Betriebsübergangs an schuldet der Erwerber die Sozialversicherungsbeiträge des übernommenen Personals. Dies gilt aber nicht für eventuelle bei Betriebsübergang bestehende Beitragsrückstände des Veräußerers. Solche Beitragsschulden verbleiben bei dem bisherigen Arbeitgeber.

1.4 Schicksal kollektivrechtlicher Normen

1.4.1 Tarifverträge

Tarifverträge gehen nicht als weiterhin kollektivrechtlich geltende Tarifverträge auf den Erwerber über. Vielmehr sieht § 613a BGB als Grundfall vor, dass die Rechte und Pflichten der Arbeitsvertragsparteien, die in einem → Tarifvertrag geregelt sind, mit dem Betriebsübergang Bestandteil der übergehenden Arbeitsverhältnisse werden. Durch den Betriebsübergang verlieren diese kollektivrechtlichen Normen also i. d. R. ihre unmittelbare und zwingende Wirkung. Sie gelten lediglich als Individualrecht – also als Ansprüche aus dem Arbeitsvertrag – weiter, es sei denn, dass der entsprechende Tarifvertrag unabhängig vom Betriebsübergang auch auf den Erwerber Anwendung findet.

 WICHTIG!

Es kommt aber auch nicht zu einer Übertragung der Rechte und Pflichten aus Tarifverträgen, wenn beim Erwerber die entsprechenden Punkte durch einen anderen Tarifvertrag geregelt werden. Ist der Erwerber also selbst tarifgebunden, gelten diese Tarifverträge auch für den erworbenen Betrieb oder Betriebsteil und verdrängen die dort bis zum Betriebsübergang geltenden tariflichen Regelun-

gen. So löst auch ein allgemeinverbindlicher Tarifvertrag, an den nach einem Betriebsübergang Arbeitnehmer und Erwerber gebunden sind, einen lediglich vom Veräußerer vereinbarten Haustarifvertrag, an den der Arbeitnehmer gleichfalls gebunden war, nach § 613a Abs. 1 Satz 3 BGB ab. Die Rechtsnormen des Haustarifvertrages werden nicht nach § 613a Abs. 1 Satz 2 BGB Inhalt des Arbeitsverhältnisses zwischen Erwerber und Arbeitnehmer (BAG v. 7.7.2010, Az. 4 AZR 1023/08). Im Fall eines Betriebsübergangs geht eine arbeitsvertragliche Bezugnahmeklausel nach § 613a I 1 BGB mit unverändert rechtsbegründender Bedeutung über. § 613a I 3 BGB, wonach die individualrechtlich weitergeltenden kollektivrechtlichen Normen durch andere kollektivrechtliche Regelungen abgelöst werden können, findet auf Regelungen, die auch vor dem Betriebsübergang kraft arbeitsvertraglicher Vereinbarung galten, weder direkt noch analog oder im Wege der Auslegung Anwendung. Findet nach dem Betriebsübergang ein anderer Tarifvertrag (z. B. aufgrund einer Allgemeinverbindlichkeitserklärung) normative Anwendung, so ist das Verhältnis der beiden tarifvertraglichen Regelungen zueinander nach dem Günstigkeitsprinzip zu klären (BAG v. 17.11.2010, Az. 4 AZR 391/09).

Der nicht tarifgebundene Erwerber kann aber auch eine unmittelbare Tarifbindung herbeiführen, indem er mit dem erworbenen Betrieb Mitglied des Arbeitgeberverbands (dem der Veräußerer angehörte) wird oder indem er mit der jeweiligen Gewerkschaft für den übernommenen Betrieb einen Haustarifvertrag abschließt.

1.4.2 Betriebsvereinbarungen

§ 613a Abs. 1 S. 2 BGB sieht in Bezug auf das Schicksal von Betriebsvereinbarungen im Falle eines Betriebsübergangs grundsätzlich dieselben Rechtsfolgen vor wie für Tarifverträge, d. h. eine Fortgeltung der Regelungen nicht mehr in Form einer → Betriebsvereinbarung, sondern als Bestandteil der Arbeitsverträge der von dem Betriebsübergang betroffenen Arbeitsverhältnisse.

Die Rechtsprechung weicht jedoch in vielen Fällen von diesem Grundsatz ab und geht abweichend vom Wortlaut des § 613a BGB von einem kollektivrechtlichen Fortbestand der Betriebsvereinbarung als solcher aus.

Eine kollektivrechtliche Fortgeltung als Betriebsvereinbarung wird von der Rechtsprechung immer dann bejaht, wenn der übergehende Betrieb bzw. Betriebsteil seine **Identität bewahrt** (so z. B. BAG v. 18.9.2002, Az. 1 ABR 54/01).

In der Praxis kommen identitätswahrende Betriebsübergänge häufig vor. Die Identität bleibt dann gewahrt, wenn die neu entstandene betriebliche Einheit als Fortsetzung des ehemaligen Betriebs erscheint. Dies ist dann der Fall, wenn der Betrieb als solcher nach einem Betriebsübergang im Wesentlichen unverändert fortgeführt wird oder wenn ein früherer Betriebsteil nach einem Betriebsübergang als selbstständiger Betrieb fortgeführt wird. Die Identität der Einheit kann sich auch aus anderen Merkmalen wie ihrem Personal, ihren Führungskräften, ihrer Arbeitsorganisation, ihren Betriebsmethoden und ggf. den ihr zur Verfügung stehenden Betriebsmitteln ergeben. Dabei kommt den für das Vorliegen eines Übergangs maßgeblichen Kriterien je nach der ausgeübten Tätigkeit und je nach den Produktions- und Betriebsmethoden unterschiedliches Gewicht zu (st. Rspr., vgl. BAG v. 25.6.2009, Az. 8 AZR 58/08 m. w. N.).

Dabei legt die Rechtsprechung (z. B. BAG v. 18.9.2002, Az. 1 ABR 54/01) keine strengen Maßstäbe für die Bejahung einer identitätswahrenden Übertragung, eine Wahrung einer Teilidentität reicht bereits aus.

Mittlerweile ist daher die kollektivrechtliche Fortgeltung einer Betriebsvereinbarung der Regelfall, und die in § 613a Abs. 1 Satz 2 BGB geregelte Transformation der Inhalte einer Betriebsvereinbarung in das einzelne Arbeitsverhältnis kommt nur noch in Ausnahmefällen zum Tragen.

1.4.3 Veränderungssperre

Die in das einzelne Arbeitsverhältnis transformierten Rechte und Pflichten aus dem vor Betriebsübergang geltenden Kollektivrecht (Tarifvertrag oder Betriebsvereinbarung) dürfen grundsätzlich nicht vor Ablauf eines Jahres nach Übergang zum Nachteil der Arbeitnehmer geändert werden. Eine verschlechternde Änderung ist nur durch eine neue kollektivrechtliche Vereinbarung in Form einer Betriebsvereinbarung oder eines neuen Tarifvertrags möglich.

Nach Ablauf eines Jahres können die normalen individualrechtlichen Gestaltungsmittel zur Änderung des Arbeitsverhältnisses angewendet werden. Hier stehen dem neuen Arbeitgeber eine einvernehmliche Vertragsänderung oder (unter engen Voraussetzungen) die Möglichkeit einer → *Änderungskündigung* zur Verfügung.

ACHTUNG!

Ein Erlassvertrag, der abgeschlossen wird, um die zwingenden gesetzlichen Rechtsfolgen des Betriebsübergangs zu umgehen, ist nichtig (BAG v. 19.3.2009, Az. 8 AZR 722/07).

Entsprechendes gilt für eine Änderungsvereinbarung oder einen Erlassvertrag, der zur Voraussetzung dafür gemacht wird, dass überhaupt ein Betriebsübergang stattfindet. Wird eine solche Vereinbarung zudem noch auflösend bedingt für den Fall, dass ein Betriebsübergang nicht zu Stande kommt, so ist der Betriebsübergang der Grund für die Vertragsänderung bzw. den Erlass. Dies verstößt gegen den Schutzzweck des § 613a Abs. 1 S. 1 BGB und die Vereinbarung ist nach § 134 BGB nichtig (BAG v. 19.3.2009, Az. 8 AZR 722/07).

2. Rechtsstellung des bisherigen Arbeitgebers

Bei einem Betriebsübergang endet das Arbeitsverhältnis mit dem bisherigen Arbeitgeber, es bedarf keines gesonderten Beendigungsaktes in Form einer Kündigung oder eines Aufhebungsvertrags. Tarifliche Ausschlussfristen, die auf die Beendigung des Arbeitsverhältnisses abstellen, beginnen mit dem Zeitpunkt des Übergangs zu laufen.

Für Ansprüche, die vor dem Übergang entstanden sind und vor Ablauf eines Jahres seit Übergang fällig werden, haften der bisherige Arbeitgeber und der neue Arbeitgeber als sog. Gesamtschuldner (d. h. beide haften, und der Arbeitnehmer kann sich aussuchen, an wen er sich mit seinen Ansprüchen wendet). Für Ansprüche, die vor dem Übergang entstanden sind und erst nach dem Übergang fällig werden, haftet der bisherige Arbeitgeber anteilig.

WICHTIG!

Wenn der Arbeitnehmer nur gegen den Erwerber vorgeht, kann dieser den gezahlten Betrag nicht ohne weiteres vom Veräußerer zurückverlangen (auch nicht anteilig!), und umgekehrt. Wer von beiden letztlich für die Ansprüche haften soll, muss im Übernahmevertrag geregelt werden.

ACHTUNG!

Bei einem Übergang von Unternehmen, Betrieben oder Unternehmens- oder Betriebsteilen eines einem Konzern angehörenden Unternehmens auf ein Unternehmen, das diesem Konzern nicht angehört, kann als „Veräußerer" im Sinne von Art. 2 Abs. 1 lit. a RL 2001/23/EG auch das Konzernunternehmen, zu dem die Arbeitnehmer ständig abgestellt waren, ohne jedoch mit diesem durch einen Arbeitsvertrag verbunden gewesen zu sein, betrachtet werden, obwohl es in diesem Konzern ein Unternehmen gibt, an das die betreffenden Arbeitnehmer durch einen Arbeitsvertrag gebunden waren (EuGH v. 21.10.2010 Az. C-242/09 Albron Catering).

IV. Unterrichtungspflicht und Widerspruchsrecht

1. Unterrichtungspflicht gemäß § 613a Abs. 5 BetrVG

In § 613a Abs. 5 BGB ist gesetzlich vorgeschrieben, dass der bisherige Arbeitgeber oder der neue Inhaber des übergehen-

den Betriebs oder Betriebsteils die betroffenen Arbeitnehmer über

▶ den tatsächlichen oder geplanten Zeitpunkt des Übergangs,

▶ den Grund des Übergangs,

▶ die Identität des Betriebserwerbers,

▶ die rechtlichen, wirtschaftlichen und sozialen Folgen des Übergangs für die Arbeitnehmer und

▶ die hinsichtlich der Arbeitnehmer in Aussicht genommenen Maßnahmen

in Textform zu informieren hat. Textform (i. S. d. § 126b BGB) bedeutet die dauerhafte Wiedergabe von Schriftzeichen unter Nennung der Person des Erklärenden, wobei – anders als bei der gesetzlichen Schriftform – auch Rundschreiben, E-Mails oder Mitteilungen im Intranet ausreichen.

Durch diese Informationen sollen die betroffenen Arbeitnehmer in die Lage versetzt werden, über die Ausübung ihres Widerspruchsrechts (s. u. 2.) zu entscheiden. An die Formulierung der erforderlichen Angaben zu den rechtlichen, wirtschaftlichen und sozialen Folgen des Übergangs stellt die Rechtsprechung erhebliche Anforderungen (so z. B. BAG v. 13.7.2006, Az. 8 AZR 305/05, BAG v. 31.1.2008, Az. 8 AZR 1116/06). Unzureichend ist der alleinige Verweis auf die einschlägige gesetzliche Regelung in § 613a BGB.

Erforderlich sind insbesondere folgende Informationen:

a) Zeitpunkt und Grund des Übergangs: Angegeben werden muss der geplante Zeitpunkt, ab dem der neue Inhaber die Leitungsmacht übernehmen soll. Im Hinblick auf den Grund muss das zugrundeliegende Umstrukturierungskonzept nachvollziehbar dargelegt werden. Die Angabe der Motivation des Verantwortlichen für den Betriebsübergang ist entbehrlich. Anzugeben ist hingegen die Motivation des Erwerbers, weil dies Auswirkungen auf die Entscheidung des Arbeitnehmers über die Ausübung des Widerspruchsrechts haben kann.

b) Identifikation des Erwerbers und des übergehenden Betriebsteils: Auch wenn sich dies so im Gesetzeswortlaut nicht wiederfindet, ist die korrekte Bezeichnung des Erwerbers und der Anschrift einschließlich der Person des gesetzlichen Vertreters erforderlich, da der Arbeitnehmer nur so Erkundigungen über den Erwerber einziehen kann.

c) Rechtliche, wirtschaftliche und soziale Folgen und in Aussicht genommene Maßnahmen: Die rechtlichen Folgen sind die in § 613a BGB benannten bzw. von der Rechtsprechung entwickelten Folgen, also beispielsweise die Auswirkungen auf die arbeitsvertraglichen Bestimmungen, das Schicksal der bisher geltenden Tarifverträge und Betriebsvereinbarungen, die Frage, ob im Erwerberbetrieb Kollektivvereinbarungen gelten und ggf. welchen Inhalt diese haben u. Ä. Des Weiteren müssen die haftungsrechtlichen Folgen für die vor dem Betriebsübergang entstandenen Ansprüche, das Widerspruchsrecht und dessen Frist (vgl. hierzu IV. 2.) sowie die möglichen Folgen eines Widerspruchs angegeben werden. Für die sozialen Folgen kann beispielsweise auch die finanzielle Leistungsfähigkeit des Erwerbers erhebliche Auswirkungen haben, sodass auch dieser Punkt in der Unterrichtung mit aufgenommen werden sollte. Andererseits betont das BAG in einer neueren Entscheidung zur Reichweite der Unterrichtungspflicht, dass vom Arbeitgeber keine umfassende Rechtsberatung über die rechtlichen Folgen in Bezug auf jeden konkreten Einzelfall erwartet werden könne. Vielmehr sei es auch Aufgabe des Arbeitnehmers, sich selbstständig über die für ihn relevanten Sachverhalte bzw. Rechtsfolgen zu informieren (BAG v. 10.11.2011, Az. 8 AZR 277/10).

::**rehm**

ACHTUNG!
Aufgrund der hohen Anforderungen der Rechtsprechung an den Inhalt der Unterrichtung und der erheblichen Folgen einer fehlerhaften Unterrichtung sollten Arbeitgeber sich hierzu fachkundige Unterstützung einholen.

 ACHTUNG!
Eine unterlassene, unvollständige oder fehlerhafte Unterrichtung der Arbeitnehmer führt dazu, dass die Widerspruchsfrist (s. u. 2.) nicht zu laufen beginnt und der Arbeitnehmer somit grundsätzlich zeitlich unbegrenzt dem Übergang seines Arbeitsverhältnisses widersprechen kann (vgl. BAG v. 13.7.2006, Az. 8 AZR 305/05). Wird das Widerspruchsrecht in solchen Fällen nach dem Betriebsübergang ausgeübt, wirkt es auf den Zeitpunkt des Betriebsübergangs zurück (BAG a.a.O.). Die Verletzung der Unterrichtungspflicht begründet dagegen auch unter Berücksichtigung des Grundsatzes von Treu und Glauben kein Kündigungsverbot (BAG v. 24.5.2005, Az. 8 AZR 398/04). Ein Arbeitnehmer, der von einem Betriebserwerber die Fortsetzung seines Arbeitsverhältnisses verlangt, weil dieser infolge des Betriebsübergangs sein neuer Arbeitgeber ist, hat die Fristen zu beachten, die er für einen Widerspruch gegen den Übergang seines Arbeitsverhältnisses einzuhalten hätte. Erfolgt eine Unterrichtung überhaupt nicht, so beginnt weder die Monatsfrist des § 613a VI 1 BGB für den Widerspruch gegen den Übergang des Arbeitsverhältnisses zu laufen, noch eine Frist, binnen derer der Anspruch auf Fortsetzung des Arbeitsverhältnisses gegen den Betriebserwerber gerichtet werden muss.

2. Widerspruchsrecht des Arbeitnehmers

Ein Arbeitnehmer hat das Recht, dem Betriebsübergang zu widersprechen (§ 613a Abs. 6 BGB). Die Folge ist, dass sein Arbeitsverhältnis nicht auf den Erwerber übergeht. Er bleibt Arbeitnehmer des Veräußerers.

Nach Zugang der (vollständigen und fehlerfreien) Mitteilung über den Betriebsübergang (s. o. 1.) hat der Arbeitnehmer einen Monat Zeit, seinen Widerspruch **schriftlich** zu erklären; entscheidend für die Rechtzeitigkeit ist der Zugang des schriftlichen Widerspruchs beim bisherigen Arbeitgeber oder bei dem Erwerber.

Die Erklärung des Widerspruchs bedarf zur Wirksamkeit weder eines sachlichen Grundes noch muss er vom Arbeitnehmer begründet werden. Dies gilt grundsätzlich auch dann, wenn eine Mehrheit von einem Teilbetriebsübergang betroffener Arbeitnehmer gleichzeitig und mit gleichlautenden Schreiben dem Übergang widerspricht, es sei denn, die Widerspruchserklärungen sind rechtsmissbräuchlich (BAG v. 30.9.2004, Az. 8 AZR 462/03). Von einer Rechtsmissbräuchlichkeit kann nur ausnahmsweise ausgegangen werden, wenn der Arbeitnehmer mit dem Widerspruch unzulässige Ziele verfolgt. Dies ist aber z. B. nicht schon dann der Fall, wenn er nach dem Widerspruch dem Betriebserwerber den Abschluss eines Arbeitsvertrags zu für ihn günstigeren Bedingungen anbietet oder dem Betriebsveräußerer einen Aufhebungsvertrag, verbunden mit einer Abfindungszahlung, vorschlägt (BAG v. 19.2.2009, Az. 8 AZR 176/08).

Versäumt der Arbeitnehmer die Monatsfrist, ist der Widerspruch unwirksam.

 WICHTIG!
Ein Arbeitnehmer kann sein Widerspruchsrecht verwirken, wenn er hiervon über längere Zeit keinen Gebrauch macht (Zeitelement) und durch sein Verhalten den Eindruck erweckt, dass er den Übergang seines Arbeitsverhältnisses auf den Betriebserwerber endgültig akzeptiert (Umstandselement), vgl. BAG v. 24.7.2008. Az. 8 AZR 175/07. Allein der Umstand, dass der Arbeitnehmer (zunächst) widerspruchslos beim Betriebserwerber weiterarbeitet und von diesem die Arbeitsvergütung entgegennimmt, stellt allerdings ebenso wenig eine Disposition über den Bestand des Arbeitsverhältnisses dar (vgl. BAG v. 27.11.2008, Az. 8 AZR 225/07; BAG v. 24.7.2008, Az. 8 AZR 175/07) wie Vereinbarungen mit dem Betriebserwerber, durch welche einzelne Arbeitsbedingungen, z. B. Art und Umfang der zu erbringenden Arbeitsleistung, Höhe der Arbeitsvergütung, geändert werden. Der Arbeitnehmer hat aber z. B. sein Widerspruchsrecht

dann verwirkt, wenn er dieses erst nach 14,5 Monaten nach dem Betriebsübergang geltend macht und zwischenzeitlich einen Aufhebungsvertrag mit dem Betriebserwerber geschlossen hatte (BAG v. 23.7.2009, Az. 8 AZR 357/08) oder er sich gegen eine → *Kündigung* durch den Betriebserwerber nicht zur Wehr setzt, sondern diese widerspruchslos hinnimmt und erst 15 Monate nach dem Betriebsübergang Widerspruch einlegt (BAG v. 22.4.2010, 8 AZR 982/07). Einen starken Anhaltspunkt für eine Verwirkung alleine aufgrund eines erheblichen Zeitablaufs zwischen fehlerhafter Unterrichtung und Ausübung des Widerspruchsrechts hat das BAG beispielsweise in einem Fall bejaht, in dem bis zur Ausübung des Widerspruchsrechts 6,5 Jahre verstrichen waren (BAG v. 15.3.2012, Az. 8 AZR 700/10).

Veräußerer und Erwerber können **nicht** durch Vereinbarung (unter sich) sicherstellen, dass ein bestimmtes Arbeitsverhältnis übergeht. Nur der Arbeitnehmer kann durch sein Widerspruchsrecht über den Übergang entscheiden.

Der Widerspruch eines Arbeitnehmers gegen den Betriebsübergang entfaltet Rückwirkung; d. h. der Arbeitnehmer muss grundsätzlich so gestellt werden, als hätte er dem Betriebsübergang von Anfang an widersprochen. Für die Zeit zwischen Betriebsübergang und Zugang der Widerspruchserklärung hat der Arbeitnehmer jedoch für die geleistete Arbeit Anspruch auf Vergütung gegen den Erwerber. Ein Anspruch gegen den Veräußerer wegen Annahmeverzugs besteht nicht (LAG Köln v. 11.6.2004, 12 Sa 374/04).

V. Kündigung bei Betriebsübergang

Die → *Kündigung* eines Arbeitsverhältnisses (egal, ob ordentlich oder außerordentlich oder als → *Änderungskündigung*) **wegen** des Betriebsübergangs durch den bisherigen oder neuen Arbeitgeber ist gem. § 613a Abs. 4 BGB unzulässig und damit unwirksam, und zwar unabhängig von der Betriebsgröße und der Beschäftigungsdauer des Arbeitnehmers. Leitende Angestellte werden ebenfalls voll geschützt. Eine Kündigung aus **anderen Gründen** wird durch das Kündigungsverbot gem. § 613a Abs. 4 BGB nicht berührt; eine betriebsbedingte Kündigung bleibt in diesen Fällen also grundsätzlich möglich. Insbesondere ist also auch eine Kündigung **aus Anlass** einer Betriebsänderung möglich. Relevant wird dies dann, wenn ein Arbeitnehmer dem Betriebsübergang widerspricht und seine Beschäftigungsmöglichkeit beim Betriebsveräußerer nach Vollzug des Betriebsübergangs wegfällt. In einem solchen Fall kann der Betriebsveräußerer bei Vorliegen der sonstigen gesetzlichen Voraussetzungen betriebsbedingt kündigen. Die Arbeitsvertragsparteien können das Arbeitsverhältnis im Zusammenhang mit einem Betriebsübergang durch Aufhebungsvertrag wirksam auflösen, wenn die Vereinbarung auf das endgültige Ausscheiden eines Arbeitnehmers aus dem Betrieb gerichtet ist. Ein Aufhebungsvertrag ist jedoch wegen gesetzwidriger Umgehung der Rechtsfolgen des § 613a BGB unwirksam, wenn zugleich ein neues Arbeitsverhältnis zum Betriebsübernehmer vereinbart oder zumindest verbindlich in Aussicht gestellt wird. Dies gilt auch dann, wenn es beim Abschluss eines Aufhebungsvertrages nur darum geht, die Kontinuität des Arbeitsverhältnisses zu unterbrechen, wodurch der Arbeitnehmer die bisher erdienten Besitzstände verlieren soll.

Zu den Einzelheiten der Kündigung bei Betriebsübergang vgl. Kündigungsschutz B.VIII.

VI. Beteiligung des Betriebsrats

Ein Betriebsübergang als solcher bedarf nicht automatisch der Beteiligung des Betriebsrats. Im und am Betrieb ändert sich allein durch den Betriebsübergang nichts. Allerdings ist der Wirtschaftsausschuss über eine geplante Betriebsnachfolge zu unterrichten (§ 106 BetrVG). Er muss rechtzeitig und umfassend unter Vorlage der erforderlichen Unterlagen informiert werden, wenn sich Auswirkungen auf den Betrieb oder die Personalplanung ergeben. Ebenso können sich im Zuge eines Betriebsübergangs sonstige Beteiligungsrechte ergeben, wenn sich im Zuge des Betriebsübergangs Änderungen ergeben, z. B. Beteiligungsrechte in Bezug auf die Gestaltung von Arbeitsplatz, Arbeitsablauf und Arbeitsverfahren nach § 90 BetrVG.

Ist der Betriebsübergang mit einer Betriebsänderung i. S. d. § 111 BetrVG verbunden (wird z. B. ein Betriebsteil verlegt, verselbstständigt oder stillgelegt), muss versucht werden, mit dem Betriebsrat einen Interessenausgleich über die geplante → *Betriebsänderung* zu erzielen. Ggf. muss außerdem ein Sozialplan zum Ausgleich der wirtschaftlichen Nachteile für die Arbeitnehmer vereinbart werden.

Beispiel:

Ein Unternehmen gliedert wesentliche Teile der Fertigung aus und überträgt diese Betriebsteile auf ein neu gegründetes Unternehmen. Hierin liegt ein Betriebsübergang, der als solcher keine Beteiligungsrechte des Betriebsrats auslöst. In der Ausgliederung der Abteilungen liegt jedoch (unabhängig von der Tatsache, dass diese ein Betriebsübergang im Sinne des § 613a BGB darstellt) eine Betriebsänderung, die die Beteiligungsrechte des Betriebsrats nach § 111 ff. BetrVG auslöst.

Betriebsvereinbarung

I.   Begriff und Abgrenzung

II.   Abschluss einer Betriebsvereinbarung
1. Vereinbarung oder Einigungsstellenspruch
2. Schriftform
3. Bekanntgabe

III. Geltungsbereich

IV.   Inhalt
1. Fragen der Betriebsverfassung (Verhältnis Arbeitgeber – Betriebsrat)
2. Vereinbarung von Rechtsnormen

V.   Arten von Betriebsvereinbarungen
1. Erzwingbare Betriebsvereinbarungen
2. Freiwillige Betriebsvereinbarungen
3. Teilmitbestimmungspflichtige Betriebsvereinbarungen

VI.   Durchführung/Umsetzung einer Betriebsvereinbarung

VII. Verhältnis zu Gesetz und Tarifvertrag
1. Vorrang des Gesetzes
2. Vorrang des Tarifvertrags

VIII. Verhältnis zum Arbeitsvertrag
1. Einzelvertragliche Regelung
2. Arbeitsvertragliche Einheitsregelung/Gesamtzusage
   2.1 Kollektiver Günstigkeitsvergleich bei sog. freiwilligen Sozialleistungen
   2.2 Individueller Günstigkeitsvergleich bei anderen Zusagen/Regelungen

IX.   Beendigung der Betriebsvereinbarung
1. Zeitablauf
2. Kündigung
3. Ablösung durch eine nachfolgende Betriebsvereinbarung

X.   Nachwirkung von Betriebsvereinbarungen
1. Erzwingbare Betriebsvereinbarungen
2. Freiwillige Betriebsvereinbarungen
3. Teilmitbestimmungspflichtige Betriebsvereinbarungen

I. Begriff und Abgrenzung

Mit Betriebsvereinbarungen regeln und gestalten die Betriebspartner (also Arbeitgeber und → *Betriebsrat* bzw. Arbeitsgruppe nach § 28a BetrVG) die betriebliche und betriebsverfassungsrechtliche Ordnung sowie die individuellen Rechtsbeziehungen zwischen Arbeitgeber und Arbeitnehmern. Von besonderer Bedeutung ist die Normwirkung der Betriebsvereinbarung, d. h. ihre unmittelbare und zwingende Wirkung, mit der sie auf die einzelnen Arbeitsverhältnisse einwirkt. Sie macht Einzelvereinbarungen mit den Arbeitnehmern überflüssig und schafft damit für alle einheitliche Arbeitsbedingungen.

Von der Betriebsvereinbarung sind die sonstigen, formlosen Absprachen zwischen Arbeitgeber und Betriebsrat zu unterscheiden. In erster Linie sind dies die sog. Regelungsabreden, die aber nur die Betriebspartner binden, sich entsprechend der getroffenen Abrede zu verhalten. Anders als bei einer Betriebsvereinbarung können die Arbeitnehmer keine unmittelbaren Ansprüche aus der Regelungsabrede herleiten. Nur der Betriebsrat kann die Einhaltung der Verpflichtung – notfalls über das Arbeitsgericht – durchsetzen.

Der Arbeitgeber wiederum kann allein mit der Regelungsabrede keine einheitlichen Arbeitsbedingungen schaffen. Da die Regelungsabrede keine Normwirkung hat, muss er versuchen, die getroffene Vereinbarung mit rechtlichen Mitteln (Vertragsänderungen, Änderungkündigungen) auf die einzelnen Arbeitsverhältnisse zu übertragen. Die Regelungsabrede ist damit für Fragen der individuellen Rechtsbeziehungen zwischen Arbeitgebern und Arbeitnehmern wenig zweckmäßig.

II. Abschluss einer Betriebsvereinbarung

1. Vereinbarung oder Einigungsstellenspruch

Die Betriebsvereinbarung kommt entweder durch Vereinbarung zwischen Arbeitgeber und Betriebsrat (bzw. Arbeitsgruppe nach § 28a BetrVG, Gesamt- oder Konzernbetriebsrat) oder den Spruch einer → *Einigungsstelle* zustande (§ 77 Abs. 2 BetrVG). Auf Seiten des Betriebsrats muss im Falle einer Einigung zuvor ein ordnungsgemäßer Beschluss über den Abschluss gefasst worden sein.

2. Schriftform

Die Betriebsvereinbarung ist nach § 77 Abs. 2 BetrVG schriftlich niederzulegen und von beiden Seiten zu unterzeichnen, auf Arbeitgeberseite durch den Betriebsinhaber oder seinen bevollmächtigten Vertreter, auf Seiten des Betriebsrats durch den Vorsitzenden bzw. (bei dessen Verhinderung) durch seinen Stellvertreter. Die Unterzeichnung muss von beiden Seiten handschriftlich auf derselben Urkunde vorgenommen werden. Eine Bezugnahme auf eine andere Betriebsvereinbarung oder einen bestimmten Tarifvertrag ist zulässig, auch wenn diese/r nicht als Anlage beigefügt ist.

Beruht die Betriebsvereinbarung auf dem Spruch einer → *Einigungsstelle*, ist die Schriftform dadurch gewahrt, dass die Beschlüsse der Einigungsstelle schriftlich niederzulegen und vom Vorsitzenden der Einigungsstelle zu unterschreiben sind.

Bei der Abfassung der Betriebsvereinbarung ist sorgfältig auf die Formulierungen zu achten. Ist später unklar, wie eine Regelung der Betriebsvereinbarung zu verstehen ist, wird in erster Linie auf den Wortlaut abgestellt. Über diesen hinaus ist zwar auch der wirkliche Wille der Betriebsparteien zu berücksichtigen, jedoch im Allgemeinen nur soweit er in den Regelungen seinen Niederschlag gefunden hat. Nur bei Vorliegen besonderer Umstände kann die Betriebsvereinbarung durch Auslegung einen vom eindeutigen Wortlaut abweichenden Inhalt bekommen. Dies etwa dann, wenn sich das Redaktionsversehen zweifelsfrei aus dem Gesamtzusammenhang der Betriebsvereinbarung ergibt, etwa wegen in sich widersprüchlicher Regelungen. Übernehmen die Betriebsparteien den Inhalt einer gesetzlichen Vorschrift ganz oder teilweise, ist regelmäßig davon auszugehen, dass sie deren Verständnis auch zum Inhalt der betrieblichen Regelung machen wollen, soweit sich aus der Betriebsvereinbarung nichts Gegenteiliges ergibt (BAG v. 27.7.2010, Az. 1 AZR 67/09).

3. Bekanntgabe

Der Arbeitgeber muss die abgeschlossene Betriebsvereinbarung an geeigneter Stelle im Betrieb so auslegen, dass jeder Arbeitnehmer von ihr Kenntnis nehmen kann (§ 77 Abs. 2 BetrVG). Zweckmäßig ist der Aushang am schwarzen Brett und/oder eine Veröffentlichung im Intranet. Die bloße Herausgabe auf Anforderung eines Arbeitnehmers genügt nicht.

> **ACHTUNG!**
> Ein Verstoß gegen die Bekanntmachung kann Schadensersatzansprüche gegen den Arbeitgeber auslösen, z. B. dann, wenn ein Arbeitnehmer eine ihm nicht bekannte Ausschlussfrist versäumt, die für die Geltendmachung eines durch Betriebsvereinbarung geregelten Anspruchs besteht.

III. Geltungsbereich

Die Betriebsvereinbarung gilt für den Betrieb, für den sie abgeschlossen worden ist. Ist sie mit dem Gesamtbetriebsrat abgeschlossen worden, gilt sie für das Unternehmen. Handelt es sich um eine Konzernbetriebsvereinbarung, gilt sie konzernweit. Eingeschlossen sind sowohl bei Gesamt- als auch bei Konzernbetriebsvereinbarungen auch die Betriebe, in denen kein Betriebsrat besteht (§ 50 Abs. 1, § 58 Abs. 1 BetrVG).

In persönlicher Hinsicht gilt die Betriebsvereinbarung für die aktiven, auch nachträglich eingetretenen Arbeitnehmer. Ausgenommen sind damit Pensionäre sowie Arbeitnehmer, die im Zeitpunkt des Inkrafttretens der Betriebsvereinbarung bereits ausgeschieden waren. Auch leitende Angestellte fallen nicht unter den Geltungsbereich einer Betriebsvereinbarung, da der Betriebsrat für diese Gruppe der Arbeitnehmer nicht zuständig ist.

IV. Inhalt

Betriebsvereinbarungen können die unterschiedlichsten betrieblichen Fragestellungen regeln. Sie können aber nur über solche Angelegenheiten abgeschlossen werden, die nach dem Betriebsverfassungsgesetz der Zuständigkeit des Betriebsrats unterliegen.

1. Fragen der Betriebsverfassung (Verhältnis Arbeitgeber – Betriebsrat)

Gegenstand einer Betriebsvereinbarung können die Rechtsbeziehungen zwischen Arbeitgeber und Betriebsrat in betriebsverfassungsrechtlichen Fragen sein. Hierzu gehören Vereinbarungen, die die organisatorischen Bestimmungen des Betriebsverfassungsgesetzes abändern oder diese ergänzen bzw. konkretisieren.

Beispiele:

> Veränderungen der Vertretungsstrukturen (§ 3 BetrVG), abweichende Freistellungsregelung von Betriebsratsmitgliedern, abweichende Festlegung der Mitgliederzahl des Gesamtbetriebsrats; Errichtung einer ständigen Einigungsstelle, Regelung des Verfahrens vor der Einigungsstelle, Regelung von Einzelheiten des betrieblichen Beschwerdeverfahrens.

Das Betriebsverfassungsgesetz abändernde Vereinbarungen sind nur dann zulässig, wenn sie vom Betriebsverfassungsgesetz ausdrücklich zugelassen sind. So sind z. B. die Vorschriften über die Wahl des Betriebsrats, die Zahl seiner Mitglieder, seine Amtszeit, seine Konstituierung oder auch seine Beschlussfassung nicht durch Betriebsvereinbarung abänderbar. Das Betriebsverfassungsgesetz ergänzende oder konkretisierende Vereinbarungen sind dagegen auch ohne ausdrückliche gesetzliche Ermächtigung in einer Betriebsvereinbarung zulässig.

2. Vereinbarung von Rechtsnormen

Für die Praxis sehr wichtig sind Betriebsvereinbarungen, mit denen Arbeitgeber und Betriebsrat betriebliche Fragen und den Inhalt von Arbeitsverhältnissen regeln. Die besondere Bedeutung kommt der Betriebsvereinbarung hier wegen ihrer unmittelbaren und zwingenden Wirkung zu. Ohne dass eine Umsetzung durch Vertrag oder Weisung des Arbeitgebers erforderlich ist, wirkt die Betriebsvereinbarung auf die einzelnen Arbeitsverhältnisse und gestaltet diese entsprechend der mit dem Betriebsrat getroffenen Vereinbarung.

Beispiele:

> Betriebsvereinbarungen über:
>
> Fragen der Ordnung des Betriebs und des Verhaltens der Arbeitnehmer im Betrieb; Beginn und Ende der täglichen Arbeitszeit einschließlich der Pausen sowie Verteilung der Arbeitszeit auf die einzelnen Wochentage; Urlaubsgrundsätze und Urlaubsplan; Einführung von Bildschirmarbeitsplätzen bzw. Telefonanlagen, die dazu geeignet sind, das Verhalten oder die Leistung der Arbeitnehmer zu überwachen; Tor- und Taschenkontrollen; Einführung von Kurzarbeit; Arbeits- und Gesundheitsschutz im Betrieb; Regelung über- und/oder außertariflicher Zulagen; Vermögensbildung usw. (§§ 87, 88 BetrVG).

Regelungen in Betriebsvereinbarungen, die etwa besondere Leistungen des Arbeitgebers vorsehen, können unmittelbar in der Betriebsvereinbarung mit der Möglichkeit des jederzeitigen Widerrufs verknüpft werden. Für einen solchen Widerrufsvorbehalt gilt nicht die Inhaltskontrolle nach § 305 ff. BGB. Nach § 310 Abs. 4 Satz 1 BGB finden die Vorschriften der AGB-Kontrolle keine Anwendung auf Betriebsvereinbarungen.

Beispiel:

> In einer Betriebsvereinbarung kann vorgesehen werden, dass die Zuweisung einer Zusatzfunktion mit entsprechender zusätzlicher Vergütung jederzeit widerrufbar ist. Einem Arbeitnehmer, dem auf der Grundlage einer solchen Betriebsvereinbarung eine Zusatzfunktion übertragen worden ist, kann sie damit jederzeit – ebenso wie die zusätzliche Vergütung – jederzeit wieder entzogen werden (BAG v. 1.2.2006, Az. 5 AZR 187/05). Wo hier die Grenzen jenseits der AGB-Kontrolle zu ziehen sind, ist noch nicht abschließend geklärt.

Grenzen der Regelungskompetenz ergeben sich insbesondere aus der den Betriebsparteien nach § 75 Abs. 2 BetrVG obliegenden Verpflichtung, die freie Entfaltung der Persönlichkeit der im Betrieb beschäftigten Arbeitnehmer zu schützen und zu fördern. So sind etwa Regelungen in Betriebsvereinbarungen unwirksam, die

▶ von den Arbeitnehmern bereits während eines laufenden Kündigungsschutzprozesses die gerichtliche Geltendmachung von Annahmeverzugsansprüchen verlangen, die vom Ausgang des Kündigungsschutzprozesses abhängen (BAG v. 12.12.2006, Az. 1 AZR 96/06),

▸ die Kosten von Gehaltspfändungen auf die betroffenen Arbeitnehmer abwälzen (BAG v. 18.7.2006, Az. 1 AZR 578/05) oder

▸ die die Farbwahl bei Fingernägeln oder Haaren der Mitarbeiter begrenzen (LAG Köln v. 18.8.2010, Az. 3 TaBV 15/10) oder

▸ Stichtagsregelungen enthalten, nach der eine variable Erfolgsvergütung von einem ungekündigten Bestand des Arbeitsverhältnisses zu einem Auszahlungszeitpunkt außerhalb des Bezugszeitraums abhängig gemacht wird (BAG v. 12.4.2011, Az. 1 AZR 412/09; BAG v. 7.6.2011, Az. 1 AZR 807/09).

Dagegen verstößt eine Betriebsvereinbarung, die verpflichtende Mitarbeitergespräche vorsieht, nicht gegen das allgemeine Persönlichkeitsrecht, da der Kernbereich privater Lebensgestaltung durch die Verpflichtung zur Teilnahme nicht berührt wird, wenn ausschließlich Angaben in Bezug auf das Arbeitsverhältnis zu machen sind (LAG Hessen v. 6.2.2012, Az. 16 Sa 1134/11).

Die Betriebsparteien können mit einer Betriebsvereinbarung Rechte und Pflichten nur im Verhältnis zueinander festlegen. So ist es etwa zulässig, in einer Betriebsvereinbarung anlässlich eines bevorstehenden Betriebsübergangs zu regeln, dass die vom Übergang ihrer Arbeitsverhältnisse betroffenen Arbeitnehmer – unter bestimmten Voraussetzungen – ein Rückkehrrecht zum Betriebsveräußerer haben. Da die betroffenen Arbeitnehmer bei Abschluss einer solchen Vereinbarung noch vom Betriebsrat repräsentiert werden, werden die Grenzen der Regelungsmacht nicht überschritten (BAG v. 14.3.2012, Az. 7 AZR 147/11).

Dagegen können Arbeitgeber und Betriebsrat keine normativen Ansprüche gegenüber und zu Lasten Dritter – etwa gegenüber einem Betriebserwerber – begründen.

Beispiel:

Ein Arbeitgeber (Unternehmen X) kann mit seinem Betriebsrat keine Betriebsvereinbarung abschließen, nach der Arbeitnehmer, die vom Unternehmen X zu einer hundertprozentigen Tochtergesellschaft wechseln, im Falle einer dort ausgesprochenen betriebsbedingten Kündigung eine Abfindung von der Tochtergesellschaft erhalten (BAG v. 11.1.2011, Az. 1 AZR 375/09).

Arbeitgeber und Betriebsrat können auf ihre Normsetzungsbefugnis nicht dadurch verzichten, dass sie die Gestaltung der betrieblichen Verhältnisse anderen überlassen. Der Betriebsrat hat sein Mandat höchstpersönlich auszuüben. Dies schließt eine Einigung mit dem Arbeitgeber aus, nach der im Betrieb auch die Regelungen gelten sollen, die durch künftige Betriebsvereinbarungen eines anderen Arbeitgebers, selbst wenn es die Konzernmutter ist, getroffen werden. Ein derartiger Verzicht ist anders als die Übernahme einer im Zeitpunkt des Abschlusses der Betriebsvereinbarung bestehenden Regelung nicht zulässig (BAG v. 22.8.2006, Az. 3 AZR 319/05).

Will der Betriebsrat überprüfen, ob der Arbeitgeber eine zu Gunsten der Arbeitnehmer geltende Betriebsvereinbarung richtig durchführt, und kann er dies nur mit Hilfe von Auskünften durch den Arbeitgeber, so hat er gegen den Arbeitgeber einen Unterrichtungsanspruch nach § 80 Abs. 2 S. 1 BetrVG. Der Auskunftsanspruch hängt nicht davon ab, dass der Betriebsrat konkrete Anhaltspunkte für einen Regelverstoß darlegt (BAG v. 19.2.2008, Az. 1 ABR 84/06).

Arbeitnehmer können auf Rechte, die ihnen durch eine Betriebsvereinbarung eingeräumt werden, nur mit Zustimmung des Betriebsrats rechtlich wirksam verzichten (§ 77 Abs. 4 S. 2 BetrVG). Grundsätzlich ist die Zustimmung für jede einzelne Verzichterklärung erforderlich, doch können die Betriebsparteien auch – und zwar auch in einer späteren Betriebsvereinbarung – Regelungen treffen, nach denen Arbeitnehmer unter bestimmten Voraussetzungen auf Ansprüche aus Betriebsvereinbarungen wirksam verzichten können (BAG v. 11.12.2007, Az. 1 AZR 284/06).

V. Arten von Betriebsvereinbarungen

Unabhängig von ihrem Inhalt lassen sich Betriebsvereinbarungen auch in erzwingbare und freiwillige Betriebsvereinbarungen unterscheiden, die durch eine Zwischenform, die sog. teilmitbestimmungspflichtigen Betriebsvereinbarungen ergänzt werden.

1. Erzwingbare Betriebsvereinbarungen

Eine erzwingbare Betriebsvereinbarung ist im Falle der Nichteinigung der Betriebsparteien durch Einschaltung der → Einigungsstelle durchsetzbar. Der Betriebsrat kann eine erzwingbare Betriebsvereinbarung also gegen den Willen des Arbeitgebers durch Spruch der Einigungsstelle erwirken. Die Regelungsbereiche der erzwingbaren Betriebsvereinbarung sind im Betriebsverfassungsgesetz abschließend geregelt:

▸ Vereinbarungen über Sprechstunden des Betriebsrats und der Jugend- und Auszubildendenvertretung (§ 39 BetrVG);

▸ Vereinbarungen über die Mitgliederzahl des Gesamt- und des Konzernbetriebsrats sowie der Gesamt-Jugend- und Auszubildendenvertretung (§ 47 Abs. 4, § 55 Abs. 4, § 72 Abs. 4 BetrVG);

▸ Vereinbarungen über soziale Angelegenheiten (§ 87 BetrVG);

▸ Vereinbarungen über die menschengerechte Gestaltung des Arbeitsplatzes;

▸ Vereinbarungen über Personalfragebögen (§ 94 BetrVG);

▸ Vereinbarung über die Einführung von Maßnahmen der betrieblichen Berufsbildung (§ 97 Abs. 2 BetrVG);

▸ Vereinbarungen über Auswahlrichtlinien (§ 95 BetrVG);

▸ Vereinbarungen über die Durchführung von betrieblichen Bildungsmaßnahmen und die Auswahl von Teilnehmern (§ 98 BetrVG);

▸ Vereinbarung über die Aufstellung eines Sozialplans (§ 112 BetrVG).

2. Freiwillige Betriebsvereinbarungen

Freiwillige Betriebsvereinbarungen kommen nur im gegenseitigen Einverständnis von Arbeitgeber und Betriebsrat zustande. Der Arbeitgeber kann hier nicht durch den Betriebsrat zu einer betrieblichen Einigung über die → Einigungsstelle gezwungen werden. Der Regelungsbereich freiwilliger Betriebsvereinbarungen ist anders als der Regelungsbereich erzwingbarer Betriebsvereinbarungen vom Betriebsverfassungsgesetz nicht abschließend vorgegeben. Das Spektrum denkbarer freiwilliger Betriebsvereinbarungen ist dementsprechend breit. In der Praxis bieten sie sich in folgenden Fällen an:

▸ Vereinbarungen über eine Veränderung der Vertretungsstruktur (§ 3 Abs. 1, 2 BetrVG);

▸ Vereinbarung über eine vom Betriebsverfassungsgesetz abweichende Freistellungsregelung von Betriebsratsmitgliedern (§ 38 BetrVG);

▸ Vereinbarung über die Mitgliederzahl des Gesamtbetriebsrats, des Konzernbetriebsrats und der Gesamt-Jugend- und Auszubildendenvertretung sowie über abweichende Regelungen hinsichtlich der Stimmengewichtung von Mitgliedern, die aus einem gemeinsamen Betrieb mehrerer Unternehmen entsandt worden sind (§ 47 Abs. 5, 6, 9; § 55 Abs. 4, § 72 Abs. 5, 8 BetrVG);

▶ Vereinbarung über die Modalitäten der monatlichen Besprechung;

▶ Vereinbarung über die Einrichtung einer ständigen Einigungsstelle (§ 76 Abs. 1 BetrVG);

▶ Vereinbarung über das Verfahren vor der Einigungsstelle (§ 76 Abs. 4 BetrVG);

▶ Vereinbarung von Grundsätzen über die Vergütung von betriebsfremden Einigungsstellenmitgliedern;

▶ Vereinbarung über die Errichtung einer betrieblichen Beschwerdestelle und über die Einzelheiten des betrieblichen Beschwerdeverfahrens (§ 85 BetrVG);

▶ Vereinbarung über die Ausschreibung von Arbeitsplätzen;

▶ Vereinbarung über eine Verlängerung der einwöchigen Äußerungsfrist des Betriebsrats bei arbeitgeberseitigen Kündigungen;

▶ Vereinbarung über ein Zustimmungserfordernis des Betriebsrats im Falle von Kündigungen seitens des Arbeitgebers (§ 102 Abs. 6 BetrVG);

▶ Vereinbarung über zusätzliche Maßnahmen zur Verhütung von Arbeitsunfällen und Gesundheitsschädigungen (§ 88 BetrVG);

▶ Vereinbarung über Maßnahmen des betrieblichen Umweltschutzes (§ 88 BetrVG);

▶ Vereinbarung über die Errichtung von Sozialeinrichtungen (§ 88 BetrVG);

▶ Vereinbarung über Maßnahmen zur Förderung der Vermögensbildung (§ 88 BetrVG);

▶ Vereinbarung über Maßnahmen zur Integration ausländischer Arbeitnehmer sowie zur Bekämpfung von Rassismus und Fremdenfeindlichkeit im Betrieb (§ 88 BetrVG).

Tarifliche Öffnungsklauseln, die vom Tarifvertrag abweichende Betriebsvereinbarungen zulassen, eröffnen den Betriebsparteien in der Regel nur das Recht zum Abschluss freiwilliger Betriebsvereinbarungen. Etwas anderes gilt nur dann, wenn der zu regelnde Sachverhalt von Gesetzes wegen der erzwingbaren Mitbestimmung unterliegt oder der Tarifvertrag dies ausdrücklich vorsieht (BAG v. 23.2.2010, Az. 1 ABR 65/08).

Sofern Arbeitgeber und Betriebsrat eines nicht tarifgebundenen Unternehmens durch eine gesetzlich zugelassene tarifliche Regelung – wie etwa § 7 Abs. 3 Satz 2 ArbZG – legitimiert werden, eine von der gesetzlichen Regelung abweichende Regelung durch Betriebsvereinbarung zu treffen, so kann schließlich auch diese Betriebsvereinbarung nur freiwillig geschlossen und nicht über die Einigungsstelle erzwungen werden (LAG Hamburg v. 17.12.2008, Az. 5 TaBV 8/08).

3. Teilmitbestimmungspflichtige Betriebsvereinbarungen

Die sog. teilmitbestimmungspflichtige Betriebsvereinbarung vereint Bereiche, die der erzwingbaren Mitbestimmung unterliegen, mit Bereichen, die mitbestimmungsfrei sind. Typisch ist diese Mischform bei Betriebsvereinbarungen über betriebliche Sozialleistungen.

Beispiel:

Arbeitgeber und Betriebsrat vereinbaren in einer Betriebsvereinbarung eine jährliche Erfolgsbeteiligung für die Arbeitnehmer. Hier entscheidet der Arbeitgeber allein über das „Ob" der Einführung und auch allein über die Höhe des Betrags, den er zur Verfügung stellt. Bei der Frage über das „Wie", d. h. über die Verteilungsgrundsätze (Leistungsplan), hat der Betriebsrat aber ein erzwingbares Mitbestimmungsrecht.

 **TIPP!**

Für jede freiwillige Leistung, deren Verteilung dem Mitbestimmungsrecht unterliegt, sollte unbedingt eine gesonderte Betriebsvereinbarung abgeschlossen werden, für die jeweils ein eigener Leistungszweck einseitig durch den Arbeitgeber definiert werden kann. Andernfalls besteht die Gefahr, dass die Rechtsprechung verschiedene Leistungen in einer Betriebsvereinbarung verknüpft und eine generelle Nachwirkung im Hinblick auf eine „betriebsverfassungsrechtlich freiwillige Gesamtvergütung" bejaht. Die Herauslösung eines einzelnen Vergütungsbestandteils könnte danach das Verhältnis der einzelnen verbleibenden freiwilligen Vergütungsbestandteile und damit einen auf die Gesamtheit der Leistungen bezogenen Leistungsplan berühren. Folge wäre ein Mitbestimmungsrecht nach § 87 Abs. 1 Nr. 10 BetrVG und damit eine Gesamtnachwirkung!

VI. Durchführung/Umsetzung einer Betriebsvereinbarung

Arbeitgeber und Betriebsrat sind nach § 77 Abs. 1 BetrVG verpflichtet, sich an die in einer Betriebsvereinbarung getroffenen Verabredungen zu halten und entsprechend zu handeln.

Beispiel:

Haben Arbeitgeber und Betriebsrat in einer Betriebsvereinbarung über die betriebliche Arbeitszeit Arbeitszeitgrenzen festgelegt, muss der Arbeitgeber auch dafür sorgen, dass sich die Arbeitnehmer an die festgelegten Arbeitszeitgrenzen halten (LAG Köln v. 8.2.1010, Az. 5 TaBV 28/09). So muss er etwa die Mitarbeiter belehren und eine verstärkte Kontrolle durch Vorgesetzte sicherstellen. Zeigen diese Maßnahmen keinen Erfolg, muss er in einem nächsten Schritt auch Abmahnungen wegen Arbeitszeitverstößen in Erwägung ziehen.

Aus dem Anspruch des Betriebsrats auf Durchführung einer Betriebsvereinbarung folgt jedoch nicht die Befugnis, vom Arbeitgeber aus eigenem Recht die Erfüllung von Ansprüchen der Arbeitnehmer aus dieser Betriebsvereinbarung zu verlangen (LAG Schleswig-Holstein v. 15.9.2009, Az. 5 Ta BV 9/09). Ein entsprechendes vom Betriebsrat vor dem Arbeitsgericht eingeleitetes Beschlussverfahren wäre unzulässig. Kommt der Arbeitgeber Ansprüchen, die in Normen einer Betriebsvereinbarung ihre Grundlage haben, nicht nach, muss jeder einzelne Arbeitnehmer seine Ansprüche individualrechtlich geltend machen.

Generell kann der Betriebsrat nur dann die Durchführung einer Betriebsvereinbarung verlangen, wenn er selbst Partei der Betriebsvereinbarung ist, oder ihm durch die Betriebsvereinbarung eigene betriebsverfassungsrechtliche Rechte eingeräumt werden. Schließt ein Gesamt- oder Konzernbetriebsrat in originärer Zuständigkeit (§ 50 Abs. 1, § 58 Abs. 1 Satz 1 BetrVG) mit dem Arbeitgeber eine Gesamt- oder Konzernbetriebsvereinbarung ab, hat der hieran nicht beteiligte örtliche Betriebsrat grundsätzlich keinen Anspruch auf Durchführung der Gesamt- oder Konzernbetriebsvereinbarung. Der Betriebsrat ist jedoch berechtigt, in Fällen, in denen der Arbeitgeber mit der Nichtdurchführung zugleich seine Verpflichtungen aus dem Betriebsverfassungsgesetz grob verletzt, die durch die Vereinbarung gestaltete betriebsverfassungsrechtliche Ordnung nach § 23 Abs. 3 BetrVG zu sichern (BAG v. 18.5.2010, Az. 1 ABR 6/09).

Kommt der Arbeitgeber einer Verpflichtung aus einer mit dem Betriebsrat abgeschlossenen Betriebsvereinbarung nicht nach, kann ihn der Betriebsrat unter bestimmten Voraussetzungen auch mit einer einstweiligen Verfügung zur Durchführung gerichtlich zwingen. Erste Voraussetzung dabei ist, dass der Inhalt der Betriebsvereinbarung eindeutig und nicht auslegungsfähig ist. Umstritten ist, welche Anforderungen in einem einstweiligen Verfügungsverfahren an die zweite Voraussetzung, den Verfügungsgrund – die Dringlichkeit – zu stellen sind. Das LAG Niedersachsen hat es hier zuletzt ausreichend sein lassen, dass ohne einstweilige Verfügung das Mitbestimmungsrecht leerzulaufen droht. Unerheblich soll es danach sein, ob der Belegschaft durch die Missachtung einer Betriebsvereinbarung Nachteile entstehen (LAG Niedersachsen v. 6.4.2009, Az. 9 TaBVGa 15/09, LAG Köln v. 12.6.2012, Az. 12 Ta 95/12).

Im Übrigen kann der Betriebsrat in Fällen, in denen der Arbeitgeber eine Betriebsvereinbarung nicht ordnungsgemäß durchführt, gerichtlich die Unterlassung vereinbarungswidriger Maßnahmen verlangen. Auf seinen Antrag kann das Arbeitsgericht im Falle einer Zuwiderhandlung ein Ordnungsgeld in Höhe von bis zu 10 000 Euro androhen. Die Verhängung einer Ordnungshaft gegen den Arbeitgeber für den Fall, dass dieser das Ordnungsgeld nicht zahlt, ist dagegen unzulässig (BAG v. 5.10.2010, Az. 1 ABR 71/09).

VII. Verhältnis zu Gesetz und Tarifvertrag

Betriebsvereinbarungen dürfen nicht gegen höherrangiges Recht (Grundrechte, Gesetze, Tarifverträge) verstoßen. Ihr Regelungsbereich wird durch den Vorrang des Gesetzes und des Tarifvertrags begrenzt.

1. Vorrang des Gesetzes

Zwingende gesetzliche Vorschriften können nicht im Wege einer Betriebsvereinbarung abgeändert werden, sofern nicht ausnahmsweise das Gesetz ausdrücklich eine Änderung durch Betriebsvereinbarung zulässt (so etwa in § 38 Abs. 2 BetrVG – anderweitige Regelungen über die Freistellung von Betriebsräten als in § 38 Abs. 1 BetrVG geregelt).

2. Vorrang des Tarifvertrags

Ebenso wie gesetzliche Regelungen haben auch tarifliche Regelungen Vorrang vor Regelungen in einer Betriebsvereinbarung.

WICHTIG!
Unerheblich ist, ob der Arbeitgeber oder die Arbeitnehmer tarifgebunden sind. Entscheidend ist allein, ob der Betrieb vom Geltungsbereich des entsprechenden Tarifvertrags erfasst wird.

Nach § 77 Abs. 3 BetrVG kann über Arbeitsentgelte und sonstige Arbeitsbedingungen, die üblicherweise durch → Tarifvertrag geregelt werden, keine Betriebsvereinbarung geschlossen werden.

Unter „Arbeitsentgelt" sind alle vermögenswerten Arbeitgeberleistungen zu verstehen. Hierzu gehören neben Lohn bzw. Gehalt auch alle zusätzlichen Leistungen, wie Gratifikationen, Prämien, Gewinnbeteiligungen oder Deputate.

„Sonstige Arbeitsbedingungen" meint alle Arbeitsbedingungen, unabhängig davon, ob sie materieller Natur sind (z. B. Urlaubsdauer, Länge der Arbeitszeit) oder ob sie Fragen der betrieblichen Ordnung einschließlich des Verhaltens der Arbeitnehmer betreffen.

Arbeitsbedingungen werden „üblicherweise durch Tarifvertrag geregelt", wenn eine entsprechende tarifvertragliche Regelung zwar vorübergehend nicht besteht, wenn aber zu erwarten ist, dass wieder eine geschaffen wird.

Auf die Frage, ob die Angelegenheit üblicherweise durch Tarifvertrag geregelt wird, kommt es dagegen dann nicht an, wenn es sich um eine Betriebsvereinbarung über eine mitbestimmungspflichtige Angelegenheit in sozialen Angelegenheiten nach § 87 BetrVG handelt. Eine erzwingbare Betriebsvereinbarung ist hier nur dann ausgeschlossen, wenn eine konkrete tarifliche Regelung tatsächlich vorliegt. Dies ist dann der Fall, wenn der Tarifvertrag in zeitlicher Hinsicht in Kraft ist und der Arbeitgeber als Mitglied des Arbeitgeberverbands, der den Tarifvertrag mit der Gewerkschaft geschlossen hat, tarifgebunden ist.

WICHTIG!
Ein zeitlich abgelaufener, lediglich nachwirkender Tarifvertrag steht dem Abschluss einer Betriebsvereinbarung nicht entgegen. Die Betriebsparteien sind nicht gehindert über die bisher tariflich geregelte Frage eine erzwingbare Betriebsvereinbarung abzuschließen.

Wenn ein Tarifvertrag durch eine Öffnungsklausel den Abschluss ergänzender Betriebsvereinbarungen zulässt und er keine eigene in sich geschlossene Regelung enthält, ist der Abschluss einer entsprechenden Betriebsvereinbarung zulässig. Fehlt es dagegen an einer Öffnungsklausel, kann die betroffene Gewerkschaft gerichtlich einen Unterlassungsanspruch geltend machen. Dies gilt auch dann – oder gerade dann –, wenn der Inhalt der Betriebsvereinbarung für die Arbeitnehmer günstiger ist als die tarifvertragliche Regelung.

Hat die Gewerkschaft die Beseitigung einer tarifwidrigen Betriebsvereinbarung bewirkt, so kann sie jedoch vom Arbeitgeber nicht Leistungen an die Arbeitnehmer verlangen, die diese im Hinblick auf die tarifwidrige Betriebsvereinbarung in der Vergangenheit nicht erhalten haben. Der Eingriff in die geschützte Betätigungsfreiheit der Gewerkschaft liegt nicht in der Vorenthaltung tariflicher Leistungen, sondern im Abschluss der tarifwidrigen Betriebsvereinbarung (BAG v. 17.5.2011, Az. 1 AZR 473/09).

VIII. Verhältnis zum Arbeitsvertrag

Betriebsvereinbarungen, die den Inhalt von Arbeitsverhältnissen und die betriebliche Ordnung betreffen, verdrängen anderslautende arbeitsvertragliche Einzelregelungen für die Dauer der Laufzeit der Betriebsvereinbarung.

Das gilt jedoch nur dann, wenn die Regelung in der Betriebsvereinbarung für den Arbeitnehmer günstiger ist als seine arbeitsvertragliche Einzelregelung (sog. Günstigkeitsprinzip). Eine ungünstigere Regelung in einer Betriebsvereinbarung kann dagegen eine günstigere arbeitsvertragliche Regelung nicht verdrängen. Für die Anwendung des Günstigkeitsprinzips ist Voraussetzung, dass zwei miteinander konkurrierende Regelungen zu dem betreffenden Gegenstand auch tatsächlich bestehen.

Werden arbeitsvertragliche Regelungen erst **nach** Inkrafttreten einer Betriebsvereinbarung getroffen (das ist z. B. bei allen Neueinstellungen der Fall), gilt auch hier das Günstigkeitsprinzip.

Zur Beantwortung der Frage, wann eine Regelung günstiger ist, muss zwischen einzelvertraglichen Regelungen einerseits und arbeitsvertraglichen Einheitsregelungen und Gesamtzusagen andererseits unterschieden werden:

1. Einzelvertragliche Regelung

Wenn der Arbeitgeber mit dem Arbeitnehmer einzelvertraglich eine Vereinbarung getroffen hat, muss diese mit der durch Betriebsvereinbarung getroffenen Regelung verglichen werden. Es ist ein auf den konkreten Einzelfall abgestellter objektiver Vergleich durchzuführen. Je nach Ausgang des Günstigkeitsvergleichs gilt für den Arbeitnehmer weiterhin die arbeitsvertragliche Regelung oder künftig die Regelung der Betriebsvereinbarung.

WICHTIG!
Ansprüche aus betrieblicher Übung begründen einen vertraglichen Anspruch und stehen nicht unter dem stillschweigenden Vorbehalt einer ablösenden Betriebsvereinbarung. Hat ein Arbeitgeber seinen Arbeitnehmern mehr als zehn Jahre ohne jeden Vorbehalt ein Weihnachtsgeld gezahlt, kann dieser aus betrieblicher Übung entstandene vertragliche Anspruch auf Weihnachtsgeld nicht durch eine Betriebsvereinbarung aufgehoben werden. Eine Regelung in einer Betriebsvereinbarung, nach der für ein Jahr aus wirtschaftlichen Gründen kein Weihnachtsgeld gezahlt wird, ist dementsprechend unwirksam (BAG v. 5.8.2009, Az. 10 AZR 483/08).

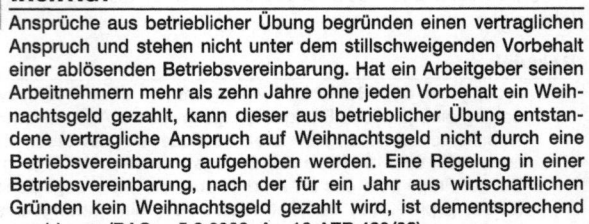

2. Arbeitsvertragliche Einheitsregelung/ Gesamtzusage

Problematischer stellt sich der Günstigkeitsvergleich dar, wenn die Zusage auf einer arbeitsvertraglichen Einheitsregelung/Gesamtzusage beruht.

Von einer arbeitsvertraglichen Einheitsregelung spricht man, wenn Arbeitgeber und Arbeitnehmer einzelne Vertragsbedingungen nicht aushandeln, sondern Arbeitsvertragsbedingungen vom Arbeitgeber vorgegeben werden, die von den Arbeitnehmern mit der Unterschrift unter den Arbeitsvertrag angenommen werden. Die arbeitsvertragliche Einheitsregelung ist in der Regel durch die Verwendung von Formulararbeitsverträgen oder durch den Verweis auf eine einseitig vom Arbeitgeber gesetzte Ordnung (wie etwa Gratifikations- oder Ruhegeldordnung) gekennzeichnet.

Die Gesamtzusage ist demgegenüber eine einseitige Erklärung des Arbeitgebers, mit der er den Arbeitnehmern generell eine bestimmte Leistung bei Vorliegen bestimmter Voraussetzungen zusagt (z. B. durch Aushang am Schwarzen Brett). Die Gesamtzusage ist ein Vertragsangebot des Arbeitgebers, das lediglich aus Vereinfachungsgründen in einer besonderen Form ausgesprochen wird. Da sie für die Arbeitnehmer nur Vorteile bringt, ist eine ausdrückliche Annahmeerklärung durch die Arbeitnehmer nicht erforderlich. Allein die Zusage durch den Arbeitgeber führt damit zu einer vertraglichen Bindung seinerseits.

Häufig werden durch arbeitsvertragliche Einheitsregelung oder Gesamtzusage Ansprüche auf sog. freiwillige Sozialleistungen, wie etwa Weihnachtsgeld, Essengeld etc. begründet. Denkbar sind aber ebenso Zusagen bzw. Regelungen anderer Art wie etwa hinsichtlich des eigentlichen Arbeitsentgelts als Gegenleistung für die geschuldete Arbeitsleistung. Auch die Bezahlung von Mehrarbeit, der Urlaub, die Urlaubsvergütung, die Arbeitszeit oder die Kündigungsfristen können Gegenstand einer arbeitsvertraglichen Einheitsregelung oder einer Gesamtzusage sein.

Änderungen einer Gesamtzusage durch eine Betriebsvereinbarung sind immer dann möglich, wenn die Einheitsregelung „betriebsvereinbarungsoffen" ist. So ist etwa dann, wenn der Arbeitgeber eine kollektive Versorgungszusage durch Einheitsregelung in Formulararbeitsverträgen erteilt, davon auszugehen, dass eine damit ausdrücklich verbundene Verweisung auf die für die betriebliche Altersversorgung beim Arbeitgeber geltenden Bestimmungen im Regelfall dynamisch auszulegen ist (BAG v. 15.2.2011, Az. 3 AZR 35/09). Wird dagegen nur in einer anderen Bestimmung des Formulararbeitsvertrags „im Übrigen" auf Betriebsvereinbarungen verwiesen, ist die Regelung zur betrieblichen Altersversorgung nicht betriebsvereinbarungsoffen (BAG v. 17.6.2008, Az. 3 AZR 254/07).

Im Übrigen hängt es vom Inhalt der Zusage ab, wie durch eine Betriebsvereinbarung auf die so begründeten Ansprüche eingewirkt werden kann.

2.1 Kollektiver Günstigkeitsvergleich bei sog. freiwilligen Sozialleistungen

Bei Sozialleistungen, die im Wege arbeitvertraglicher Einheitsregelung/Gesamtzusage gewährt werden, ist im Verhältnis zu einer nachfolgenden Betriebsvereinbarung ein besonderer Vergleichsmaßstab anzusetzen (sog. kollektiver Günstigkeitsvergleich). Ergibt dieser Vergleich, dass die Betriebsvereinbarung zwar auf den ersten Blick für einzelne Arbeitnehmer ungünstiger erscheint, dass durch sie aber insgesamt keine Verschlechterung, sondern lediglich eine Umstrukturierung der Leistungen vorgenommen wird, werden die arbeitsvertragliche Einheitsregelung bzw. die Gesamtzusage verdrängt.

Beispiel:

Die Arbeitnehmer eines Betriebs erhalten auf der Grundlage einer arbeitsvertraglichen Einheitsregelung oder einer Gesamtzusage eine jährliche Sonderzahlung. Die eine Hälfte der Arbeitnehmer bekommt € 500, die andere Hälfte € 1 000. Hier kann durch Betriebsvereinbarung vereinbart werden, dass zukünftig alle Arbeitnehmer € 750 erhalten, auch wenn diejenigen, die bisher € 1 000 erhalten haben, damit schlechter gestellt sind.

Der einzelne Arbeitnehmer kann also zugunsten anderer Arbeitnehmer durchaus schlechter gestellt werden, ohne dass er sich auf die ihm einst erteilte Gesamtzusage oder die mit ihm ausdrücklich vereinbarte arbeitsvertragliche Einheitsregelung berufen könnte.

◁ **ACHTUNG!**

Das Regelungsziel der Ablösung sollte so eindeutig wie nur möglich in die Betriebsvereinbarung aufgenommen werden, denn auf die Frage, ob eine Ablösung einem kollektiven Günstigkeitsvergleich standhält, kommt es gar nicht an, wenn sich aus der Betriebsvereinbarung nicht eindeutig – zumindest durch Auslegung – ergibt, dass eine bestehende Regelung abgelöst werden soll (BAG v. 16.11.2011, Az. 10 AZR 60/11). Andernfalls bestehen nach Abschluss der Betriebsvereinbarung zwei Ansprüche der Arbeitnehmer – einer aus der alten Einheitsregelung/Gesamtzusage und ein neuer aus der Betriebsvereinbarung. Bedeutung kann dies etwa erlangen, wenn eine bisherige Sozialleistung, die aufgrundlage einer Einheitsregelung gewährt wurde, durch eine neue Sozialleistung mit anderem Leistungszweck im Wege einer Betriebsvereinbarung ersetzt werden soll (z. B. arbeitgeberfinanzierte betriebliche Altersversorgung statt Treuegeld).

2.2 Individueller Günstigkeitsvergleich bei anderen Zusagen/Regelungen

Der sog. kollektive Günstigkeitsvergleich lässt sich jedoch nicht auf andere Ansprüche anwenden, die durch arbeitsvertragliche Einheitsregelung/Gesamtzusage begründet worden sind. Tatsächlich stehen nämlich andere Ansprüche als die auf freiwillige Sozialleistungen in keinem Bezugssystem zu gleichartigen Ansprüchen anderer Arbeitnehmer. Sie werden nicht aus einer vorgegebenen Finanzierungsmasse befriedigt, die nach bestimmten Verteilungsgrundsätzen zu verteilen ist. Deshalb ist hier wie bei der einzelvertraglichen Regelung ein individueller Günstigkeitsvergleich anzustellen. Nur wenn dieser zu dem Ergebnis führt, dass die Regelung der Betriebsvereinbarung konkret für den einzelnen Arbeitnehmer günstiger ist, verdrängt sie die arbeitsvertragliche Einheitsregelung/Gesamtzusage für die Dauer ihrer Wirkung. Dabei kann dieser Vergleich bei den einzelnen Arbeitnehmern zu völlig unterschiedlichen Ergebnissen führen.

IX. Beendigung der Betriebsvereinbarung

Für das Ende einer Betriebsvereinbarung kann es verschiedene Gründe geben, z. B. Zeitablauf, Kündigung oder Ablösung durch eine nachfolgende Betriebsvereinbarung. Daneben kann eine Betriebsvereinbarung aber auch durch schriftlichen Aufhebungsvertrag zwischen Betriebsrat und Arbeitgeber jederzeit beendet werden. Das Ende der Amtszeit des Betriebsrats oder ein Wechsel des Betriebsinhabers beenden eine Betriebsvereinbarung dagegen nicht.

1. Zeitablauf

Die Betriebsvereinbarung endet mit Zeitablauf, wenn sie befristet für eine bestimmte Dauer abgeschlossen wurde. Insbesondere bei Sozialplanregelungen wird von der Befristungsmöglichkeit regelmäßig Gebrauch gemacht. Fehlt eine ausdrückliche Befristung, kann sich diese auch aus dem mit der Betriebsvereinbarung verfolgten Zweck ergeben.

Beispiele:

Verlegung der Arbeitszeit im Zusammenhang mit einem bestimmten Wochenfeiertag; Regelung der Einzelheiten einer einmaligen Gratifikation; jährlicher Urlaubsplan/Betriebsferien 2007; Überstundenregelung für den Monat August.

2. Kündigung

Hauptfall der Beendigung einer Betriebsvereinbarung ist ihre Kündigung. Haben die Betriebspartner in der Betriebsvereinbarung keine andere (längere oder kürzere) Kündigungsfrist vereinbart, kann jede Seite sie mit einer Frist von drei Monaten kündigen (§ 77 Abs. 5 BetrVG). Die Kündigungserklärung ist nicht an Formvorschriften gebunden, doch empfiehlt sich aus Beweisgründen die Schriftform. Eine Begründung ist nicht erforderlich.

Unerheblich ist auch, ob es sich um eine freiwillige oder erzwingbare Betriebsvereinbarung handelt oder ob die Betriebsvereinbarung im Einvernehmen zwischen den Betriebspartnern oder durch Spruch der → *Einigungsstelle* zustande gekommen ist.

Einzelne Teile der Betriebsvereinbarung können nur dann gekündigt werden, wenn dies besonders vereinbart ist oder wenn es sich um Fragenkomplexe handelt, die von dem übrigen Inhalt der Betriebsvereinbarung sachlich unabhängig und selbstständig sind. Selbstständig ist ein Regelungskomplex, wenn er in einer eigenständigen Betriebsvereinbarung geregelt werden könnte. Wollen die Betriebsparteien die Teilkündigung eines selbstständigen Regelungskomplexes ausschließen, müssen sie dies in der Betriebsvereinbarung deutlich zum Ausdruck bringen (BAG v. 16.11.2007, Az. 1 AZR 826/06).

Bei Vorliegen besonders schwerwiegender Gründe kann eine Betriebsvereinbarung auch fristlos gekündigt werden. Voraussetzung ist, dass es einer Seite im Einzelfall unter Berücksichtigung aller Umstände nicht zugemutet werden kann, auch nur bis zum Ablauf der ordentlichen Kündigungsfrist an die Betriebsvereinbarung gebunden zu sein.

Besonderheiten gelten bei Betriebsvereinbarungen über betriebliche Altersversorgung, sofern die Kündigung nicht nur dazu dienen soll, neu eintretende Mitarbeiter von der Versorgung auszuschließen. Auch derartige Betriebsvereinbarungen können zwar – sofern keine abweichende Vereinbarung ausdrücklich getroffen worden ist – jederzeit mit einer Frist von drei Monaten gekündigt werden, doch begrenzen die Grundsätze des Vertrauensschutzes und der Verhältnismäßigkeit die Wirkung der Kündigung. Je stärker in den Besitzstand der bereits beschäftigten Arbeitnehmer eingegriffen wird, desto gewichtiger müssen die Gründe des Arbeitgebers für den Eingriff sein. Hierzu hat die Rechtsprechung eine dreifache Abstufung vorgenommen:

▶ Der Eingriff in die bereits erdienten, nach den Grundsätzen des § 2 Abs. 1 BetrAVG errechneten Teilbetrag setzt **zwingende** Gründe voraus (seltener Ausnahmefall!).

▶ Zuwächse aus variablen, **dienstzeitunabhängigen** Berechnungsfaktoren (sog. erdiente Dynamik) können nur aus **triftigen** Gründen geschmälert werden (insbesondere bei einer Substanzgefährdung des Unternehmens).

▶ Für den Eingriff in **dienstzeitabhängige** Zuwächse genügen **sachlich-proportionale** Gründe. Sie können sich aus einer wirtschaftlich ungünstigen Entwicklung des Unternehmens ergeben. Die wirtschaftlichen Schwierigkeiten müssen nicht das für einen triftigen Grund erforderliche Ausmaß erreicht haben. Eine langfristige Substanzgefährdung des Unternehmens ist nicht erforderlich. Insbesondere muss der Arbeitgeber keinen Sanierungsplan vorlegen. Vielmehr genügt es, wenn sich die Kürzungen bei der betrieblichen Al-

tersversorgung in einen Zusammenhang anderer Maßnahmen einfügen, die insgesamt der Kostenersparnis dienen.

3. Ablösung durch eine nachfolgende Betriebsvereinbarung

Eine Betriebsvereinbarung endet auch dann, wenn sie durch eine neue abgelöst wird. Die Ablösung kann nur einvernehmlich zwischen dem Arbeitgeber und Betriebsrat vereinbart und nicht über eine Einigungsstelle erzwungen werden (LAG Köln v. 5.3.2009, Az. 13 TaBV 97/08). Etwas anderes gilt nur dann, wenn die Geschäftsgrundlage der bisher geltenden Betriebsvereinbarung weggefallen ist. Will sich nur eine Seite von der bisherigen Regelung lösen, muss sie daher regelmäßig den Weg der Kündigung gehen, um anschließend im Wege von Verhandlungen oder dann auch gegebenenfalls über die Einigungsstelle zu einer neuen Regelung zu gelangen.

Die neue Betriebsvereinbarung ersetzt die bisherige Regelung und hebt diese für die Zukunft auf.

 ACHTUNG!

Die Ablösung kann nur durch eine Betriebsvereinbarung, nicht durch eine Regelungsabrede erfolgen.

Bei der Ablösung müssen zum Schutz der Arbeitnehmer bestimmte Grenzen beachtet werden. Die Arbeitnehmer dürfen nicht übermäßig belastet werden. Ihr Vertrauen auf den Bestand der Betriebsvereinbarung und auf die dort gegebenen Zusagen muss angemessen beachtet werden. Solange jedoch nicht in unzulässiger Weise in bestehende Besitzstände eingegriffen wird, kann eine neue Betriebsvereinbarung durchaus schlechtere Regelungen als die alte vorsehen (BAG v. 28.6.2005, Az. 1 AZR 213/04).

Beispiel:

In einer bestehenden Betriebsvereinbarung ist eine Jahresleistung in Höhe von 85 % eines Bruttomonatsentgelts vorgesehen. Voraussetzung des Anspruchs ist, dass das Arbeitsverhältnis noch am 31.12. des jeweiligen Jahres besteht; eine anteilige Jahresleistung für Arbeitnehmer, die während des Jahres ausscheiden, ist nicht vorgesehen. Betriebsrat und Arbeitgeber schließen zur Mitte des Jahres eine neue Betriebsvereinbarung, in der nur noch 50 % eines Bruttomonatsentgelts zugesagt werden. Nach der Rechtsprechung des BAG wird damit weder in Bezug auf die Folgejahre noch in Bezug auf das laufende Jahr in unzulässiger Weise in bereits bestehende Besitzstände eingegriffen. Die Arbeitnehmer hätten auch für das laufende Jahr noch keine rechtlich geschützte Anwartschaft erworben, in die durch die ablösende Betriebsvereinbarung nicht mehr eingegriffen werden dürfe (BAG v. 29.10.2002, Az. 1 AZR 573/01).

Im Bereich der betrieblichen Altersversorgung gilt eine dreifache Abstufung wie im Falle der Kündigung einer entsprechenden Betriebsvereinbarung (s. o. IX. 3 und BAG v. 21.4.2009, Az. 3 AZR 674/07). Eine ablösende Betriebsvereinbarung zur betrieblichen Altersversorgung ist dabei nicht bereits dann unwirksam, wenn sie in einzelnen Punkten die Grenzen überschreitet, die ablösenden Betriebsvereinbarungen gesetzt sind. Soweit sie allerdings Grenzen überschreitet, kann sie keine Rechtsgrundlage für Eingriffe in die sich aus der abgelösten Versorgungsordnung ergebenden Rechte bilden (BAG, a.a.O.).

X. Nachwirkung von Betriebsvereinbarungen

1. Erzwingbare Betriebsvereinbarungen

Erzwingbare Betriebsvereinbarungen gelten auch nach ihrer Beendigung weiter, bis sie durch eine neue Abmachung ersetzt werden (§ 77 Abs. 6 BetrVG).

Zweck der Nachwirkungsregelung ist es, dass bei Angelegenheiten der erzwingbaren Mitbestimmung in der Überbrückungszeit bis zu einer neuen Regelung nach der alten Regelung weiterverfahren wird. Dies ist aber nicht zwingend. Die Betriebspartner können die Nachwirkung von vornherein oder auch nachträglich zeitlich befristen oder sie sogar gänzlich ausschließen.

Auch für Arbeitsverhältnisse, die im Nachwirkungszeitraum begründet werden, gelten die nachwirkenden Regelungen der abgelaufenen Betriebsvereinbarung, wenn im Arbeitsvertrag nicht eine abweichende Regelung getroffen wird.

Die Nachwirkung endet mit einer neuen Abmachung. Jede im Nachwirkungszeitraum getroffene andere Abmachung, gleichgültig, ob es sich um eine Betriebsvereinbarung oder eine einzelvertragliche Vereinbarung handelt, beendet die Nachwirkung. Jedoch kann in den Angelegenheiten der zwingenden Mitbestimmung eine nachwirkende Betriebsvereinbarung der regelungsbefugten Betriebsparteien nicht durch eine mit dem Gesamtbetriebsrat getroffene freiwillige Betriebsvereinbarung zu Lasten der Arbeitnehmer ersetzt werden.

2. Freiwillige Betriebsvereinbarungen

Freiwillige Betriebsvereinbarungen gelten nach ihrer Beendigung nicht weiter, wenn Arbeitgeber und Betriebsrat nicht ausdrücklich eine Nachwirkung vereinbart haben. Die Arbeitnehmer können aus einer beendeten freiwilligen Betriebsvereinbarung folglich keine weiteren Ansprüche ableiten. Ein Vertrauen der bislang Begünstigten auf den Fortbestand einer durch freiwillige Betriebsvereinbarung begründeten Zusage ist in der Regel nicht schützenswert (BAG v. 19.9.2006, Az. 1 ABR 58/05 – Kündigung einer Betriebsvereinbarung über die Gewährung von Sterbegeld). Abweichendes gilt nur im Bereich der betrieblichen Altersversorgung (vgl. dazu oben VIII.2.). Während der Geltung der Betriebsvereinbarung bereits entstandene Ansprüche bleiben dagegen erhalten.

Neu eintretende Arbeitnehmer haben keine Ansprüche aus der beendeten Betriebsvereinbarung.

3. Teilmitbestimmungspflichtige Betriebsvereinbarungen

Teilmitbestimmungspflichtige Betriebsvereinbarungen über freiwillige Leistungen des Arbeitgebers gelten nach ihrer Beendigung grundsätzlich nicht weiter. Dies gilt jedenfalls dann, wenn der Arbeitgeber mit der Kündigung beabsichtigt, eine freiwillige Leistung vollständig entfallen zu lassen, und er dies dem Betriebsrat ebenso wie der Belegschaft deutlich mitteilt (BAG v. 5.10.2010, Az. 1 ABR 20/09; LAG Köln v. 17.5.2011, Az. 12 Sa 1332/10). Sind jedoch verschiedene Leistungen in einer Betriebsvereinbarung verknüpft, ohne dass jeweils eigene Leistungszwecke durch den Arbeitgeber definiert sind, soll eine generelle Nachwirkung im Hinblick auf eine „betriebsverfassungsrechtlich freiwillige Gesamtvergütung" ausgelöst werden. Die Herauslösung eines einzelnen Vergütungsbestandteils berühre das Verhältnis der einzelnen verbleibenden freiwilligen Vergütungsbestandteile und damit einen auf die Gesamtheit der Leistungen bezogenen Leistungsplan. Folge ist nach dieser Rechtsprechung ein Mitbestimmungsrecht nach § 87 Abs. 1 Nr. 10 BetrVG und damit eine Gesamtnachwirkung (BAG v. 5.10.2010, Az. 1 ABR 20/09; LAG Rheinland-Pfalz v. 8.9.2010, Az. 8 TaBV 19/10).

Will der Arbeitgeber die Rahmenbedingungen der Gewährung einer freiwilligen Leistung nur verändern, ohne aber eine vollständige Einstellung zu beabsichtigen, so bejaht das BAG bei der Kündigung der zugrunde liegenden Betriebsvereinbarung in vollem Umfang eine Nachwirkung – und zwar sowohl hinsichtlich des mitbestimmungsfreien wie auch des mitbestimmungspflichtigen Teils. Der Arbeitgeber muss also die Leistung sowohl hinsichtlich des Gesamtvolumens als auch hinsichtlich der Verteilung bis zu einer neuen Abmachung in der bisherigen Form weitergewähren.

 TIPP!

Vor dem Hintergrund der Rechtsprechung des BAG kann nur empfohlen werden, für jede freiwillige Leistung eine gesonderte Betriebsvereinbarung abzuschließen und nicht zwei oder mehr Leistungen miteinander in einer Betriebsvereinbarung zu verbinden.

Zugleich sollte die Nachwirkung ausdrücklich in der Betriebsvereinbarung ausgeschlossen werden. Mit einem solchen Ausschluss ist die Beendigung einer bestehenden Regelung selbst dann ohne Nachwirkung möglich, wenn der Arbeitgeber die Mittel für den bisherigen Leistungszweck nicht völlig zurückzieht, sondern sie nur auf andere Weise verteilen will.

Betriebsversammlung

I. Allgemeines/Abgrenzung

II. Arten der Betriebsversammlung
1. Vierteljährliche ordentliche Betriebsversammlungen
2. Zusätzliche Betriebsversammlungen nach § 43 Abs. 1 S. 4 BetrVG
3. Teilbetriebsversammlungen
4. Abteilungsversammlungen
5. Außerordentliche Betriebsversammlungen
6. Betriebsversammlungen auf Antrag einer Gewerkschaft
7. Betriebsversammlungen zur Bestellung eines Wahlvorstands

III. Lage der Betriebsversammlungen in der Arbeitszeit

IV. Ablauf der Betriebsversammlung/Öffentlichkeit

V. Inhalte der Betriebsversammlung
1. Themen
2. Tätigkeitsbericht des Betriebsrats
3. Bericht des Arbeitgebers

VI. Zutrittsrecht von Gewerkschaftsvertretern und Beauftragten des Arbeitgeberverbandes
1. Gewerkschaftsvertreter
2. Beauftragte des Arbeitgeberverbandes

VII. Vergütungsanspruch der Versammlungsteilnehmer

I. Allgemeines/Abgrenzung

Die Betriebsversammlung bezweckt die Aussprache und gegenseitige Information unter Arbeitnehmern sowie von Betriebsrat und Arbeitnehmern. Sie dient aber auch der Unterrichtung der Arbeitnehmer und des Betriebsrats durch den Arbeitgeber über das Personal- und Sozialwesen, die wirtschaftliche Lage und Entwicklung des Betriebs sowie über den betrieblichen Umweltschutz.

In Betrieben ohne Betriebsrat können keine Betriebsversammlungen nach den betriebsverfassungsrechtlichen Vorschriften (§ 42 ff. BetrVG) stattfinden.

Die Betriebsversammlung hat keine Vertretungsmacht oder sonstige Funktion nach außen, sie kann dem Betriebsrat keine Weisungen erteilen; ebenso wenig kann sie Betriebsvereinbarungen abschließen oder kündigen. Sie gibt dem Betriebsrat lediglich Anregungen und kann ihm Anträge unterbreiten sowie zu Betriebsratsbeschlüssen Stellung nehmen.

Teilnahmeberechtigt sind alle Arbeitnehmer des Betriebs, unabhängig davon, ob sie unbefristet oder befristet tätig sind. Ebenso haben Teilzeitbeschäftigte, in Telearbeit Beschäftigte, Arbeitnehmer in Elternzeit, Leiharbeitnehmer, Außendienstmitarbeiter oder auch im Urlaub befindliche Arbeitnehmer Anspruch auf Teilnahme. Gleiches gilt für Auszubildende des Betriebs wie aber auch für Auszubildende eines reinen Ausbildungsbetriebs, die dem Betrieb, in dem die Betriebsversammlung abgehalten werden soll, nur zeitweilig zugeordnet sind (BAG v. 24.8.2011, Az. 7 ABR 8/10). Verpflichtet zur Teilnahme ist dagegen kein Arbeitnehmer. Wer an einer Betriebsversammlung nicht teilnimmt, muss – soweit möglich – arbeiten und darf den Betrieb nicht verlassen.

Leitende Angestellte (im Sinne von § 5 Abs. 3 und 4 BetrVG) sind nicht teilnahmeberechtigt. Sie können jedoch als Vertreter des Arbeitgebers oder als Gäste teilnehmen, wenn weder Betriebsrat noch Arbeitgeber widersprechen (zur Teilnahmeberechtigung von Gewerkschaftsvertretern vgl. unten VI.).

Über den Ort der Betriebsversammlung entscheidet der Arbeitgeber. Ist ein vom Arbeitgeber für die Durchführung der Betriebsversammlung vorgesehener Raum geeignet, kann die Veranstaltung dort durchgeführt werden, selbst wenn der vom Betriebsrat vorgeschlagene Raum noch besser geeignet sein sollte (LAG Hessen v. 12.6.2012, Az. 16 TaBVGa 149/12). Der Betriebsrat hat im Rahmen des § 2 Abs. 1 BetrVG eine Betriebsversammlung so zu planen und durchzuführen, dass vermeidbare Kosten nicht anfallen. So ist der Arbeitgeber nicht verpflichtet, die Kosten einer Bewirtung zu tragen – und zwar weder für die Referenten noch für aktiv tätige Betriebsratsmitglieder, noch für die Teilnehmer einer Betriebsversammlung (LAG Nürnberg v. 25.4.2012, Az. 4 TaBV 58/11).

Betriebsversammlungen, die vom Betriebsrat einberufen werden, sind von Mitarbeiterversammlungen zu unterscheiden, zu denen der Arbeitgeber jederzeit einladen kann, die er aber nicht als „Gegenveranstaltungen" zu Betriebsversammlungen missbrauchen darf. Derartige Mitarbeiterversammlungen sind keine Betriebsversammlungen im Sinne der § 42 ff. BetrVG und werden daher auch nicht auf die nach diesen Vorschriften abzuhaltenden Versammlungen angerechnet. Die Arbeitnehmer müssen an den vom Arbeitgeber einberufenen Mitarbeiterversammlungen teilnehmen, sofern die Teilnahme nicht als freiwillig erklärt worden ist.

II. Arten der Betriebsversammlung

1. Vierteljährliche ordentliche Betriebsversammlungen

Der Betriebsrat hat einmal in jedem Kalendervierteljahr eine ordentliche Betriebsversammlung einzuberufen (§ 43 Abs. 1 BetrVG). Über den genauen Zeitpunkt entscheidet der Betriebsrat; bei der Festlegung des Tages ist das Einhalten eines Dreimonatszeitraums nicht erforderlich, jedoch sinnvoll, damit sich die Versammlungen möglichst gleichmäßig auf das Kalenderjahr verteilen. Eine Übertragung in ein nachfolgendes Quartal ist nicht zulässig. Nach dem Grundsatz der vertrauensvollen Zusammenarbeit und gegenseitigen Rücksichtnahme kann der Arbeitgeber verlangen, dass der Betriebsrat für die Ansetzung der Betriebsversammlungen vorrangig geschäfts- bzw. produktionsschwache Tage wählt.

Der Arbeitgeber ist unter Mitteilung der Tagesordnung zur ordentlichen Betriebsversammlung zu laden. Eine Teilnahmepflicht besteht im Allgemeinen nicht, doch ist die Teilnahme jedem Arbeitgeber anzuraten. In jedem Fall muss er einmal im

Jahr an einer Betriebsversammlung teilnehmen, um seiner Berichtspflicht nachzukommen (dazu unten V.3.). Er kann sich durch leitende Angestellte des Betriebs (etwa den Personalleiter), jedoch nicht durch betriebsfremde Personen – auch nicht durch Rechtsanwälte – vertreten lassen.

2. Zusätzliche Betriebsversammlungen nach § 43 Abs. 1 S. 4 BetrVG

Neben den vierteljährlich stattfindenden ordentlichen Betriebsversammlungen kann der Betriebsrat in jedem Kalenderhalbjahr eine weitere Betriebsversammlung durchführen, wenn ihm dies aus besonderen Gründen zweckmäßig erscheint. Der Betriebsrat hat zwar einen Ermessensspielraum, doch muss er „besondere Gründe" haben, die eine weitere Versammlung aufgrund außergewöhnlicher Vorkommnisse und eines aktuellen und dringenden Informationsbedürfnisses rechtfertigen. Dabei hat er nicht nur die zusätzlichen betrieblichen und finanziellen Auswirkungen zu beachten, sondern er muss auch berücksichtigen, wie erforderlich und sinnvoll ein Meinungsaustausch im Zeitpunkt der vorgesehenen Versammlung ist und welche Folgen die Nichteinberufung haben könnte.

Sofern eine Angelegenheit auf der nächsten ordentlichen und gegebenenfalls vorziehbaren Versammlung erörtert werden kann, wird in der Regel keine zusätzliche Betriebsversammlung erforderlich sein. Allein der Umstand, dass bestimmte Angelegenheiten auf einer regelmäßigen Betriebsversammlung aus Zeitnot oder aus anderen Gründen nicht ordnungsgemäß behandelt werden konnten, rechtfertigt nicht die Einberufung einer zusätzlichen Betriebsversammlung. Dies gilt jedenfalls dann, wenn die Versammlung ohne zwingenden Grund abgebrochen wurde und nicht viel länger als die betriebsübliche Arbeitszeit angedauert hätte oder wenn das Thema außerhalb einer Betriebsversammlung weiterbehandelt werden kann.

Letztlich bleibt damit Raum für eine zusätzliche Versammlung nur in ganz besonders gravierenden und dringenden Fällen, die für die Arbeitnehmer von unmittelbarem und aktuellem Interesse sind und über die schnellstmöglich eine Erörterung im Rahmen einer Versammlung stattfinden muss. Denkbar ist dies insbesondere bei bevorstehenden Betriebsänderungen (Schließung oder Verlegung von Betriebsteilen, Umstellung der Produktion, drohende Kurzarbeit etc.).

3. Teilbetriebsversammlungen

Grundsätzlich sind Betriebsversammlungen als Vollversammlungen aller Arbeitnehmer eines Betriebs abzuhalten. Nur dann, wenn wegen der Eigenart des Betriebs eine Vollversammlung aller Arbeitnehmer zum gleichen Zeitpunkt nicht durchgeführt werden kann, kann zu Teilversammlungen eingeladen werden. Die Eigenart muss sich aus der technischen Organisation oder dem Betriebszweck ergeben. Insofern kommen nur sehr eng begrenzte Ausnahmefälle in Betracht. So werden Teilversammlungen etwa in Großbetrieben für möglich erachtet, weil eine übergroße Arbeitnehmeranzahl eine angemessene Durchführung der Versammlung, insbesondere auch eine sachliche Aussprache nicht zulasse. Auch kann das Fehlen eines ausreichend großen Raumes Teilversammlungen erforderlich machen. Diese Voraussetzung ist erfüllt, wenn weder im Betrieb ein geeigneter Raum zur Verfügung steht noch ein solcher in angemessener Entfernung angemietet werden kann.

Ob Teilversammlungen auch in Mehrschichtbetrieben erforderlich sind, wird unterschiedlich beurteilt. Man wird jedoch dann, wenn es der technische Funktionsablauf erforderlich macht, dass ein Teil der Arbeitnehmer stets beschäftigt ist – wie etwa in Pflege-, Verkehrs-, Versorgungsbetrieben oder auch im Bergbau oder in Stahlwerken mit Hochöfen – Teilversammlungen für zulässig halten müssen (vgl. LAG Baden-Württemberg

v. 10.5.2002, Az. 14 TaBV 1/02). Dagegen können organisatorische Versäumnisse des Arbeitgebers nicht dazu führen, dass Betriebsversammlungen stets nur noch als Teilversammlungen durchgeführt werden (ArbG Essen v. 14.4.2011, Az. 2 BVGa 3/11).

4. Abteilungsversammlungen

Nach § 42 Abs. 2 S. 2 BetrVG hat der Betriebsrat Arbeitnehmer organisatorisch oder räumlich abgegrenzter Betriebsteile zu Abteilungsversammlungen zusammenzufassen, wenn dies für die Erörterung der besonderen Belange der Arbeitnehmer erforderlich ist.

Organisatorisch abgegrenzt ist ein Betriebsteil, wenn er neben einer gewissen Eigenständigkeit in der Aufgabenstellung auch eine gewisse Eigenständigkeit in der Leitung aufweist. So stellen z. B. Produktion und Verwaltung im Allgemeinen organisatorisch abgrenzbare Teile dar; ebenso sind aber auch innerhalb der Verwaltung und innerhalb der Produktion (z. B. Motoren- und Karosseriebau) wiederum organisatorisch abgrenzbare Betriebsteile denkbar. Eine räumliche Abgrenzung kann aus der örtlichen Lage und der baulichen Situation folgen. So können Filialen, Zweigstellen, einzelne Betriebsstätten oder Gebäude auf einem größeren Betriebsgelände räumlich abgegrenzte Betriebsteile sein.

Die Durchführung von Abteilungsversammlungen dient dem Zweck, mit den Arbeitnehmern in den einzelnen Betriebsteilen ihre speziellen gemeinsamen Belange zu erörtern, die in der Vollversammlung aller Arbeitnehmer nicht angesprochen werden können. Der Betriebsrat entscheidet über die Durchführung von Abteilungsversammlungen durch Beschluss. Es steht ihm ein eng bemessener Entscheidungsspielraum bei der Frage der Erforderlichkeit zu. Damit der Grundsatz des Vorrangs von Vollversammlungen vor allen anderen Versammlungsarten nicht ausgehöhlt wird, muss zumindest für die überwiegende Anzahl der Betriebsteile die Durchführung von Abteilungsversammlungen erforderlich sein. Die besonderen Belange der Arbeitnehmer eines Betriebsteils oder nur weniger Betriebsteile rechtfertigt es nicht, auch den anderen Betriebsteilen anstelle der Vollversammlung Abteilungsversammlungen aufzuzwingen.

Liegen alle Voraussetzungen vor, hat der Betriebsrat nach § 43 Abs. 1 S. 2 BetrVG zwei der vierteljährlich anzusetzenden ordentlichen Betriebsversammlungen als Abteilungsversammlungen durchzuführen. Abteilungsversammlungen stellen damit eine besondere Form der Betriebsversammlung dar und ersetzen diese zweimal pro Jahr.

Wenn es aus besonderen Gründen zweckmäßig erscheint, kann der Betriebsrat – pro Kalenderhalbjahr einmal – weitere Abteilungsversammlungen durchführen. Die weiteren Abteilungsversammlungen ersetzen die zusätzliche Betriebsversammlung nach § 43 Abs. 1 S. 4 BetrVG; für ihre Durchführung müssen „besondere Gründe" vorliegen (vgl. dazu oben 2.). Liegen diese nur für bestimmte organisatorisch oder räumlich abgrenzbare Betriebsteile vor, so sind die weiteren Abteilungsversammlungen auch nur auf diese Betriebsteile zu beschränken.

5. Außerordentliche Betriebsversammlungen

Außerordentliche Betriebsversammlungen können vom Betriebsrat einberufen werden, wenn ganz besonders dringende Gründe vorliegen, die es nicht zulassen, die Erörterung auf die nächste regelmäßige, kalendervierteljährliche Versammlung zu verschieben. Auch darf keine Möglichkeit mehr für eine zusätzliche Betriebsversammlung nach § 43 Abs. 1 S. 4 BetrVG (vgl. dazu oben 2.) bestehen, weil diese bereits in dem betreffenden Kalenderhalbjahr abgehalten worden ist.

Beispiel:

Die Betriebsleitung beabsichtigt, große Teile des Betriebs stillzulegen und teilt dies dem Betriebsrat am 15. Mai mit. Am 2. April hatte bereits eine ordentliche vierteljährliche Betriebsversammlung und am 30. April eine zusätzliche Betriebsversammlung nach § 43 Abs. 1 S. 4 BetrVG wegen drohender Kurzarbeit stattgefunden. In diesem Fall könnte der Betriebsrat eine außerordentliche Betriebsversammlung einberufen, da er nicht bis zur nächsten ordentlichen Betriebsversammlung, die frühestens am 1. Juli stattfinden dürfte, warten kann und die Möglichkeit einer zusätzlichen Betriebsversammlung bereits verbraucht ist.

Der Betriebsrat kann vom Arbeitgeber im Wege einer einstweiligen Verfügung die Herausgabe der Namen und Adressen derjenigen Arbeitnehmer verlangen, die wegen Krankheit, Urlaub, Elternzeit, Mutterschutz usw. nicht an ihrem Arbeitsplatz sind, wenn er diese Unterlagen benötigt, um diese Arbeitnehmer über eine kurzfristig anberaumte außerordentliche Betriebsversammlung in Kenntnis zu setzen (ArbG Berlin v. 29.1.2004, Az. 75 BVGa 1964/04).

Außerordentliche Betriebsversammlungen sind darüber hinaus vom Betriebsrat zwingend einzuberufen, wenn ein Viertel der nach § 7 BetrVG wahlberechtigten Arbeitnehmer des Betriebs eine solche Versammlung verlangt. Der Antrag der Arbeitnehmer ist dabei an keine besondere Form gebunden, doch muss der Beratungsgegenstand, der erörtert werden soll, angegeben werden. Die Unterschriftensammlung für eine außerordentliche Betriebsversammlung kann ohne Minderung des Arbeitsentgelts in der Arbeitszeit durchgeführt werden.

Auch der Arbeitgeber kann vom Betriebsrat unter Angabe des Beratungsgegenstandes die Einberufung einer außerordentlichen Betriebsversammlung verlangen. Der Antrag kann formlos gestellt werden.

Außerordentliche Betriebsversammlungen können ebenso wie ordentliche Betriebsversammlungen auch als Abteilungsversammlungen oder Teilversammlungen unter den jeweiligen für diese Versammlungsformen geltenden Voraussetzungen durchgeführt werden.

6. Betriebsversammlungen auf Antrag einer Gewerkschaft

Auf Antrag einer im Betrieb vertretenen Gewerkschaft muss der Betriebsrat vor Ablauf von zwei Wochen nach Eingang des Antrags eine Betriebsversammlung einberufen, wenn im vorausgegangenen Kalenderhalbjahr weder Betriebs- noch Abteilungsversammlungen durchgeführt wurden (§ 43 Abs. 4 BetrVG). Mit dieser gesetzlichen Regelung soll verhindert werden, dass Betriebs- oder Abteilungsversammlungen nicht oder in unverhältnismäßig großen Abständen stattfinden. Kalenderhalbjahr ist der Zeitraum vom 1.1. bis 30.6. sowie vom 1.7. bis 31.12. Nicht ausreichend ist, dass sechs Monate vor Antragstellung keine Betriebs- bzw. Abteilungsversammlungen stattgefunden haben.

Beispiel:

Die letzte Betriebsversammlung hat im Januar stattgefunden. Ein im Dezember von der Gewerkschaft gestellter Antrag verpflichtet den Betriebsrat nicht zur Einberufung, weil im vorausgegangenen Kalenderhalbjahr – nämlich im Januar – eine Versammlung durchgeführt wurde.

Unerheblich ist, ob es sich bei einer durchgeführten Versammlung im vorausgegangenen Kalenderhalbjahr um eine ordentliche oder außerordentliche Betriebsversammlung gehandelt hat. Haben im vorausgegangenen Kalenderhalbjahr Abteilungsversammlungen stattgefunden, müssen diese zumindest für die ganz überwiegende Anzahl der Arbeitnehmer des Betriebs durchgeführt worden sein.

7. Betriebsversammlungen zur Bestellung eines Wahlvorstands

In Betrieben ohne Betriebsrat kann in einer Betriebsversammlung (§ 17 BetrVG) bzw. Wahlversammlung (§ 17a BetrVG) von der Mehrheit der anwesenden Arbeitnehmer ein Wahlvorstand gewählt werden. Zu dieser Versammlung können drei wahlberechtigte Arbeitnehmer des Betriebs oder eine im Betrieb vertretene Gewerkschaft einladen.

III. Lage der Betriebsversammlungen in der Arbeitszeit

Betriebsversammlungen finden in der Regel in der Arbeitszeit statt, soweit nicht die Eigenart des Betriebs eine andere Regelung zwingend erfordert. Ausgenommen sind lediglich außerordentliche Betriebsversammlungen, die der Betriebsrat auf eigenen Entschluss oder auf Antrag der Arbeitnehmer einberuft (vgl. dazu oben II.5.); diese sind stets außerhalb der Arbeitszeit abzuhalten, sofern nicht mit dem Arbeitgeber eine abweichende Regelung getroffen wird.

Arbeitszeit ist die Zeit, während der ein wesentlicher Teil der Belegschaft des Betriebs arbeitet. Bei gleitender Arbeitszeit dürfen Betriebsversammlungen daher in der Kernzeit stattfinden. Bei Schichtarbeit kann eine Versammlung in etwa gleichem Umfang an das Ende der einen und an den Beginn der anderen Schicht gelegt werden; ebenso ist es aber möglich, die Betriebsversammlung alternierend mal in der einen, mal in der anderen Schicht stattfinden zu lassen.

> **TIPP!**
> Es sollte versucht werden, mit dem Betriebsrat eine Verständigung dahingehend zu finden, dass Versammlungen möglichst auf den letzten Teil der Arbeitszeit zum Arbeitsende gelegt werden. Der Beginn sollte dabei unter Berücksichtigung der jeweils anstehenden Themen so terminiert werden, dass das voraussichtliche Ende in aller Regel auf das Ende der Arbeitszeit fällt. Damit werden zeitlich ausufernde Versammlungen vermieden; die notwendigen Dispositionen sind für den Arbeitgeber leichter zu treffen.

Bei der konkreten Festlegung der zeitlichen Lage steht dem Betriebsrat ein Ermessensspielraum zu; er hat auf die Interessen der Arbeitnehmer ebenso Rücksicht zu nehmen wie auf die betrieblichen Notwendigkeiten. Die Zustimmung des Arbeitgebers ist nicht erforderlich, doch ist er so früh wie möglich über den Zeitpunkt zu unterrichten, damit er die erforderlichen Vorkehrungen treffen kann.

> **WICHTIG!**
> Hat der Betriebsrat den Zeitpunkt einer Betriebsversammlung fehlerhaft bestimmt, kann der Arbeitgeber im Wege der einstweiligen Verfügung ihre Verlegung erzwingen.

Nur dann, wenn die besondere Eigenart eines Betriebs es unmöglich macht, eine Betriebsversammlung innerhalb der Arbeitszeit abzuhalten, muss der Betriebsrat sie außerhalb der Arbeitszeit ansetzen. Es muss eine organisatorisch-technische Besonderheit gegeben sein, die keine andere Wahl lässt, etwa weil ein eingespielter Betriebsablauf technisch untragbar gestört wird. Eine derartige Konstellation wird man nur in sehr seltenen Fällen bejahen können. Im Allgemeinen wird durch organisatorische Maßnahmen eine untragbare Störung zu vermeiden sein. Organisatorische Versäumnisse des Arbeitgebers können jedenfalls nicht dazu führen, dass eine Betriebsversammlung nur außerhalb der betriebsüblichen Arbeitszeit durchgeführt werden kann (ArbG Essen v. 14.4.2011, Az. 2 BVGa 3/11).

Allein die wirtschaftlichen Folgen einer Betriebsversammlung rechtfertigen in aller Regel keine derartige Ausnahme, da diese dem Arbeitgeber zuzumuten sind; ein Produktionsausfall ist mit jeder Betriebsversammlung verbunden, die während der Ar-

beitszeit stattfindet. Eine andere Bewertung soll nur im Falle einer absoluten wirtschaftlichen Unzumutbarkeit greifen, wenn etwa das Ruhen der Produktion für die Zeit der Betriebsversammlung dazu führen würde, dass ein wirtschaftlich ruinöser Schaden entstünde (ArbG Essen v. 14.4.2011, Az. 2 BVGa 3/11). Mögliche Konventionalstrafen, die aus einem Produktionsausfall resultieren, sollen dagegen ebenso unerheblich sein wie ein möglicher Imageverlust des Unternehmens hinsichtlich seiner Lieferzuverlässigkeit (ArbG Darmstadt v. 7.5.2009, Az. 7 BVGa 13/09). Im Einzelhandel können Betriebsversammlungen daher während der Ladenöffnungszeiten stattfinden, solange sie nicht in besonders verkaufsstarke Zeiten gelegt werden.

IV. Ablauf der Betriebsversammlung/ Öffentlichkeit

Die Betriebsversammlung (ebenso die Abteilungs- oder Teilbetriebsversammlung) wird vom Betriebsratsvorsitzenden und im Falle seiner Verhinderung vom stellvertretenden Betriebsratsvorsitzenden geleitet. Als Leiter der Versammlung hat er das Hausrecht.

Für die Durchführung und Befugnisse gelten die allgemeinen parlamentarischen Grundsätze. Jeder teilnehmende Arbeitnehmer darf im Rahmen der Tagesordnung zur Sache sprechen und Fragen stellen. Die Betriebsversammlung kann mit einfacher Mehrheit der teilnehmenden Arbeitnehmer Beschlüsse fassen. Jeder Arbeitnehmer und der Betriebsrat können Anträge zur Beschlussfassung stellen, nicht jedoch der Arbeitgeber.

> **WICHTIG!**
> Betriebsrat und Arbeitgeber sind an Beschlüsse der Betriebsversammlung nicht gebunden.

Die Betriebsversammlung ist nicht öffentlich und ist daher grundsätzlich in geschlossenen Räumen abzuhalten. Das schließt nicht aus, dass aus sachdienlichen Gründen und im Rahmen ihrer Zuständigkeit auch betriebsfremde Personen – z. B. als Sachverständige oder als Gäste – an ihr teilnehmen können. Dadurch wird die Betriebsversammlung noch nicht zu einer öffentlichen Versammlung. Voraussetzung ist, dass ihre Teilnahme ausdrücklich gestattet und ihre Teilnahme mit den Aufgaben der konkreten Betriebsversammlung vereinbar ist.

Medienvertreter sind dagegen grundsätzlich nicht zugelassen; dies gilt jedenfalls dann, wenn nicht alle Beteiligten ihrer Teilnahme ausdrücklich zugestimmt haben. Ton- und Filmaufzeichnungen kommen nur dann in Betracht, wenn der Versammlungsleiter zustimmt; sie müssen den Teilnehmern vorher bekannt gegeben werden. Jeder Teilnehmer kann die Aufnahme seines Beitrags untersagen.

>  **ACHTUNG!**
> Während stichwortartige Notizen zulässig sind, wird die Erstellung eines Wortprotokolls der gesamten Versammlung oder auch nur einzelner Beiträge durch den Arbeitgeber jedenfalls dann für unzulässig erachtet, wenn der Betriebsrat dies dem Arbeitgeber zuvor untersagt hat (vgl. LAG Hamm v. 9.7.86, Az. 3 TaBV 31/86).

Der Leiter der Versammlung ist verpflichtet, auf die Nichtöffentlichkeit zu achten; allen Personen, die nicht teilnahmeberechtigt sind, hat er den Zutritt und die Teilnahme zu untersagen.

V. Inhalte der Betriebsversammlung

1. Themen

Auf Betriebs- und Abteilungsversammlungen können Angelegenheiten behandelt werden, die den Betrieb oder seine Arbeitnehmer unmittelbar betreffen. Ausdrücklich nennt das Gesetz in § 45 BetrVG die tarifpolitischen, sozialpolitischen, umweltpolitischen und wirtschaftlichen Angelegenheiten einschließlich der Fragen der Förderung der Gleichstellung von Frauen und Männern und der Vereinbarkeit von Familie und Erwerbstätigkeit sowie der Integration der im Betrieb beschäftigten ausländischen Arbeitnehmer.

Zu den tarifpolitischen Angelegenheiten gehören insbesondere die Unterrichtung über den Inhalt einschlägiger Tarifverträge, hierzu ergangener grundsätzlicher Gerichtsurteile sowie Informationen über den Stand von Tarifverhandlungen.

Sozialpolitische Angelegenheiten sind neben den ausdrücklich genannten (Förderung der Gleichstellung, Vereinbarkeit von Familie und Beruf, Integration ausländischer Arbeitnehmer) etwa Fragen der Arbeitszeitregelung, der beruflichen Bildung, des Arbeits- und Unfallschutzes usw.

Unter den wirtschaftlichen Angelegenheiten versteht man neben den wirtschaftlichen Maßnahmen des Arbeitgebers auch gesetzgeberische Maßnahmen und die allgemeine Wirtschaftspolitik, soweit sie einen konkreten Bezugspunkt zum Betrieb oder seinen Arbeitnehmern aufweisen.

Die Behandlung allgemeinpolitischer Fragen ist unzulässig; es gilt das Verbot der parteipolitischen Betätigung. Es darf daher auf einer Betriebsversammlung keine Werbung für eine bestimmte Partei betrieben werden.

Die betriebliche Friedenspflicht ist auch im Rahmen der Betriebsversammlung zu wahren. Dies schließt scharfe Sachkritik nicht aus, verbietet aber alle Arbeitskampfmaßnahmen wie die Durchführung einer Urabstimmung oder die Erörterung möglicher Kampfmaßnahmen. Sie sind allein den Gewerkschaften vorbehalten.

2. Tätigkeitsbericht des Betriebsrats

Auf den vierteljährlichen ordentlichen Betriebsversammlungen gibt der Versammlungsleiter – der Betriebsratsvorsitzende bzw. sein Stellvertreter – mündlich einen Tätigkeitsbericht ab. Dieser umfasst nicht nur die Geschäftsführung des Betriebsrats, sondern das gesamte den Betrieb betreffende Geschehen – Personalwesen, Sozialwesen, wirtschaftliche Lage – aus der Sicht des Betriebsrats. Dabei ist er nicht auf die Darstellung von Tatsachen beschränkt, sondern kann auch Wertungen äußern und die Überlegungen und Erwägungen angeben, von denen sich der Betriebsrat bei seinen Beschlüssen, Maßnahmen und Stellungnahmen hat leiten lassen.

In Teilversammlungen ist jeweils ein vollständiger Bericht zu erstatten, in Abteilungsversammlungen darf er dagegen auf die besonderen Belange der dort Beschäftigten zugeschnitten sein.

3. Bericht des Arbeitgebers

Entsprechend den in § 45 BetrVG genannten Themenbereichen verpflichtet § 43 Abs. 2 S. 3 BetrVG den Arbeitgeber, mindestens einmal in jedem Kalenderjahr in einer Betriebsversammlung über das Personal- und Sozialwesen, über die wirtschaftliche Lage und Entwicklung des Betriebs sowie über den betrieblichen Umweltschutz zu berichten. Die Berichtspflicht des Arbeitgebers besteht nicht, soweit durch die Mitteilung von Tatsachen auf der Betriebsversammlung Betriebs- oder Geschäftsgeheimnisse gefährdet werden.

Der Bericht über das Personalwesen erstreckt sich auf die Personalplanung und sich daraus eventuell ergebende Maßnahmen der betrieblichen Berufsbildung. Es ist darüber hinaus eine Darstellung der Struktur der Mitarbeiter (Alter, Geschlecht, Nationalität) und der voraussichtlichen Entwicklung der Personalstärke zu geben. Zudem kann auf den Stand der innerbetrieblichen Aus- und Weiterbildung eingegangen werden.

Unter das Sozialwesen fällt insbesondere der Bericht über die betrieblichen Sozialeinrichtungen sowie sonstige soziale Leistungen des Betriebs. Ausdrücklich verpflichtet § 43 Abs. 2 S. 3 BetrVG den Arbeitgeber dabei auch über den Stand der Gleichstellung von Männern und Frauen und über die betriebliche Integration von ausländischen Mitarbeitern zu berichten.

Mit dem weiterhin vom Arbeitgeber verlangten Bericht zur wirtschaftlichen Lage und Entwicklung des Betriebs soll den Arbeitnehmern in groben Zügen einen Überblick gegeben werden. Dabei ist zu berichten über

- ▶ Absatz- und Marktlage,
- ▶ Produktions- und Investitionsvorhaben,
- ▶ Rationalisierungsmaßnahmen und durchgeführte oder bevorstehende Betriebsänderungen gemäß § 111 BetrVG sowie
- ▶ sonstige Umstände, die für die wirtschaftliche Lage und Entwicklung des Betriebs von Bedeutung sind.

ACHTUNG!
Der Arbeitgeber darf seine Berichtspflicht nicht dazu nutzen, die Kosten der Tätigkeit des Betriebsrats ohne jeden Anlass oder in missverständlicher Art und Weise bekannt zu geben.

Die gesetzlich auferlegte Berichtspflicht schließt mit dem Bericht zum Umweltschutz.

VI. Zutrittsrecht von Gewerkschaftsvertretern und Beauftragten des Arbeitgeberverbandes

1. Gewerkschaftsvertreter

Gewerkschaftsvertreter müssen nicht vom Arbeitgeber oder Betriebsrat zur Betriebsversammlung zugelassen werden, sondern haben ein unmittelbares Zugangsrecht, wenn nur ein Arbeitnehmer des Betriebs Mitglied der Gewerkschaft ist (§ 46 Abs. 1 BetrVG). Voraussetzung ist jedoch zwingend, dass es sich tatsächlich um eine Gewerkschaft und nicht nur um eine Arbeitnehmerkoalition handelt. Das für die Unterscheidung einer Gewerkschaft von sonstigen Arbeitnehmervereinigungen konstitutive Begriffsmerkmal ist die Tariffähigkeit. Fehlt es an dieser, handelt es sich nicht um eine Gewerkschaft und es besteht kein Zugangsrecht zu einer Betriebsversammlung, mögen auch viele Arbeitnehmer des Betriebs Mitglied der Koalition sein (so entschieden vom BAG v. 19.9.2006, Az. 1 ABR 53/05 für den „Verband der Gewerkschaftsbeschäftigten" [VGB]).

WICHTIG!
Von der Betriebsversammlung bzw. konkret vom Ort der Betriebsversammlung zu trennen sind die Vorräume einer Betriebsversammlung. Für diesen Bereich kann auch eine nicht tariffähige Arbeitnehmervereinigung über Art. 9 Abs. 3 GG ein Zutrittsrecht zur Mitgliederwerbung beanspruchen. Der Anspruch richtet sich gegen den Arbeitgeber und nicht gegen den Betriebsrat (BAG v. 22.5.2012, Az. 1 ABR 11/11).

Das Teilnahmerecht einer Gewerkschaft besteht auch für Teilbetriebs- und Abteilungsversammlungen, und zwar selbst dann, wenn die Gewerkschaft zwar im Betrieb, nicht aber in der Abteilung oder dem Betriebsteil vertreten ist.

Der Betriebsrat ist daher auch nach § 46 Abs. 2 BetrVG verpflichtet, die Gewerkschaft über den Zeitpunkt und die Tagesordnung einer anstehenden Betriebs- oder Abteilungsversammlung schriftlich zu informieren.

Die Gewerkschaften bestimmen selbst, wen und wie viele Beauftragte sie in die Versammlung entsenden. Dabei kann es sich um hauptamtliche Kräfte, ehrenamtliche Funktionäre oder auch Arbeitnehmer anderer Betriebe handeln. Weder der

Betriebsrat noch der Arbeitgeber können sie an der Teilnahme hindern.

Nur dann, wenn wegen der Teilnahme eines bestimmten Beauftragten der Gewerkschaft Störungen im Bereich des Betriebs ernstlich zu befürchten sind, kann der Arbeitgeber seiner Teilnahme widersprechen.

Beispiel:

> Bei einem angekündigten Gewerkschaftsvertreter ist mit Sicherheit zu erwarten, dass er schwere rechtswidrige Verstöße gegen den Arbeitgeber begehen wird, etwa weil er diese auch in der Vergangenheit bereits begangen hat (z. B. Beleidigungen etc.). Dagegen reicht die Befürchtung, der Vertreter werde auf der Versammlung scharfe Sachkritik üben, nicht aus, denn dazu ist er berechtigt.

Ist ein Beauftragter der Gewerkschaft zu Recht abgelehnt worden, kann die Gewerkschaft einen anderen in die Versammlung schicken.

Der Gewerkschaftsvertreter hat in der Betriebsversammlung eine beratende Stimme. Er kann das Wort ergreifen, hat jedoch kein Stimmrecht und kann keine Anträge stellen. Die Redebeiträge müssen sich im Rahmen der Tagesordnung und des Aufgabenbereichs der Betriebsversammlung halten.

2. Beauftragte des Arbeitgeberverbandes

Beauftragte des Arbeitgeberverbandes haben anders als Gewerkschaftsvertreter kein eigenständiges Teilnahmerecht. Ihr Teilnahmerecht ist aus der Teilnahme des Arbeitgebers abgeleitet. Nur dann, wenn dieser selbst anwesend ist, kann auch ein Vertreter des Verbandes teilnehmen, sofern er vom Arbeitgeber hinzugezogen wird. Der Arbeitgeber bestimmt die Person des Vertreters des Verbandes, dessen Teilnahme der Betriebsrat nicht ablehnen darf. Der Beauftragte hat kein eigenständiges Rederecht, doch muss ihm der Versammlungsleiter auf Verlangen des Arbeitgebers das Wort erteilen.

VII. Vergütungsanspruch der Versammlungsteilnehmer

Nimmt ein Arbeitnehmer

- ▶ an einer ordentlichen Betriebs-/Abteilungsversammlung,
- ▶ an einer zusätzlichen Betriebs-/Abteilungsversammlung nach § 43 Abs. 1 S. 4 BetrVG,
- ▶ an einer Betriebsversammlung zur Bestellung des Wahlvorstandes oder
- ▶ an einer auf Wunsch des Arbeitgebers einberufenen Betriebs-/Abteilungsversammlung

teil, hat er für die Teilnahme einschließlich der Wegezeiten Anspruch auf Arbeitsvergütung (§ 44 Abs. 1 S. 2 BetrVG). Dies gilt auch dann, wenn die Betriebsversammlung aufgrund ganz außergewöhnlicher Umstände außerhalb der Arbeitszeit abgehalten werden muss.

Für außerordentliche Betriebsversammlungen, die der Betriebsrat auf eigenen Entschluss oder auf Antrag der Arbeitnehmer einberuft, besteht dagegen nur dann ein Anspruch auf ungemindertes Arbeitsentgelt, wenn mit dem Arbeitgeber im Einzelfall Einvernehmen erzielt worden ist, dass eine solche Versammlung – abweichend von der gesetzlichen Grundregel – während der Arbeitszeit stattfindet. Andernfalls besteht keine Vergütungspflicht.

WICHTIG!

> Bei dem Vergütungsanspruch nach § 44 Abs. 1 S. 2 BetrVG handelt es sich um einen eigenständigen Anspruch, der nicht dem Lohnausfallprinzip folgt. Das bedeutet, dass auch ein Anspruch auf Vergütung besteht, wenn die Versammlung zwar während der Arbeitszeit, nicht aber während der persönlichen Arbeitszeit des z. B. geringfügig- oder teilzeitbeschäftigten Teilnehmers stattfindet. Ebenso ist die Zeit der Teilnahme daher bei den Mitarbeitern zu vergüten, die während ihres Urlaubs oder ihrer Elternzeit an einer Betriebsversammlung teil-

nehmen. Gleiches gilt für die Teilnahme von Mitarbeitern, wenn die Betriebsversammlung während eines Arbeitskampfes stattfindet.

Setzt der Betriebsrat eine ordentliche Betriebsversammlung trotz Fehlens eines zwingenden Erfordernisses (vgl. dazu oben III.) außerhalb der Arbeitszeit an und widerspricht der Arbeitgeber, so entfällt der Vergütungsanspruch. Der Arbeitgeber darf nicht ohne Notwendigkeit zusätzlich finanziell belastet werden. Aus eben diesem Grund bedarf daher auch die Fortsetzung einer Versammlung über die Arbeitszeit hinaus eines sachlichen Grundes.

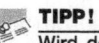 **TIPP!**

> Wird der zeitliche Rahmen einer Betriebsversammlung durch das Abhandeln unzulässiger Themen deutlich überschritten, sollte der Arbeitgeber ausdrücklich schnellstmöglich auf die drohende Überschreitung aufgrund der Erörterung unzulässiger Themen hinweisen. Er ist dann in diesem Umfang von der Vergütungspflicht befreit.

Die Zeit der Teilnahme ist wie Arbeitszeit zu vergüten; die Arbeitnehmer erhalten daher ihren individuellen Lohn weiter. Soweit die Zeit der Teilnahme über die normale Arbeitszeit hinausgeht, besteht kein Anspruch auf Mehrarbeitszuschläge. Bei Akkordlohn ist der Durchschnitt des zuletzt erzielten Akkordlohns zugrunde zu legen.

Neben der Zeit der Teilnahme ist auch die Wegezeit zu vergüten. Bedeutung kann dies insbesondere bei außerhalb des Betriebs stattfindenden Betriebsversammlungen, bei Versammlungen außerhalb der Arbeitszeit oder auch bei Betrieben mit weit verstreuten unselbstständigen Nebenbetrieben bzw. ausgelagerten Arbeitsplätzen erhalten.

Die Vergütungspflicht besteht nur hinsichtlich der **zusätzlichen** Wegezeiten, d. h. die Zeit, die der Arbeitnehmer auch sonst für den Weg zu und von der Arbeit benötigt, ist nicht zu berücksichtigen.

Beispiel:

> Eine Betriebsversammlung findet an einem Freitag zum Beginn der Arbeitszeit in einem Veranstaltungsraum statt, der fünf Kilometer vom Betrieb entfernt liegt. Arbeitnehmer X benötigt für die Fahrt zum Arbeitsplatz 30 Minuten, für den Weg zum Veranstaltungsraum aber 45 Minuten. Zu vergüten sind lediglich 15 Minuten. Würde Arbeitnehmer X allerdings aufgrund Teilzeitbeschäftigung am Freitag nicht arbeiten, so wäre seine gesamte Fahrtzeit von 45 Minuten zu vergüten.

Entstehen dem Arbeitnehmer durch die Teilnahme an einer Betriebsversammlung zusätzliche Fahrtkosten, so sind auch diese vom Arbeitgeber zu erstatten.

Datenschutz

I. Begriff

II. Datenschutz nach dem BDSG
1. Anwendbarkeit der Vorschriften
2. Zulässigkeit der Datenerhebung, -verarbeitung und -nutzung
3. Auftragsdatenverarbeitung
4. Der Beauftragte für den Datenschutz
5. Rechte und Pflichten des Arbeitnehmers

III. Datenschutz durch Tarifverträge/ Betriebsvereinbarungen

IV. Datenschutz durch den Arbeitsvertrag

V. Datenschutz im Bewerbungsverfahren

I. Begriff

Unter Datenschutz wird der Schutz persönlicher Daten vor missbräuchlicher Verwendung verstanden, und zwar nicht nur staatlichen Einrichtungen gegenüber, sondern auch im privaten Rechtsverkehr. Datenschutz ist Persönlichkeitsschutz, d. h. nicht die Daten „als solche" sind geschützt, sondern der Mensch vor Beeinträchtigung seiner Persönlichkeit; jeder Einzelne hat ein Recht auf den Schutz seiner Daten.

Der Datenschutz ist vor allem im Bundesdatenschutzgesetz (BDSG) geregelt. Auf die „Datenskandale" der letzten Zeit hat der Gesetzgeber mit einigen Änderungen des Bundesdatenschutzgesetzes reagiert, die zum 1.9.2009 in Kraft getreten sind. Eine spezialgesetzliche, einheitliche Regelung des Datenschutzes im Arbeitsverhältnis gibt es bislang nicht, obwohl hier eine erhebliche Menge persönlicher Daten verwaltet wird, insbesondere durch den Einsatz von Personalinformationssystemen. Allerdings wurde im Zuge der letzten Gesetzesänderung § 32 Abs. 1 Satz 1 BDSG neu eingeführt, der erstmalig die Nutzung und Verarbeitung personenbezogener Daten speziell zum Zwecke eines Beschäftigungsverhältnisses regelt und somit die allgemein für Rechtsgeschäfte gültige Rechtsgrundlage des § 28 Abs. 1 Satz 1 BDSG zur Erhebung, Verarbeitung und Speicherung von Dateien im Arbeitsverhältnis konkretisiert. Inhaltliche Änderungen im Bereich des Arbeitnehmerdatenschutzes normiert § 32 BDSG nicht. Die Zulässigkeit ergibt sich weiterhin aus der Zweckgebundenheit der vertraglichen Beziehungen des Arbeitsverhältnisses. Die Bundesregierung will sich gemäß Koalitionsvertrag für weitere Verbesserungen des Arbeitnehmerdatenschutzes einsetzen, insbesondere um z. B. die Grenzen zulässiger Mitarbeiterkontrollen zu normieren. Im Gesetzgebungsverfahren befindet sich gegenwärtig ein Gesetzentwurf zur Regelung des Beschäftigtendatenschutzes vom 25.8.2010. Dieses sieht zwölf neue Paragrafen vor, die als §§ 32a ff. das Bundesdatenschutzgesetz erweitern werden. U. a. ist beabsichtigt, die Überwachung per Video am Arbeitsplatz, die E-Mail-Überwachung oder das Nutzen von Informationen in den Sozialen Medien zur Recherche über Bewerber zu normieren. Schutzrechte der Arbeitnehmer können sich ferner u. a. aus dem Arbeitsvertrag und der damit verbundenen Fürsorgepflicht des Arbeitgebers ergeben. Der Zeitpunkt, wann die weiteren geplanten gesetzlichen Neuregelungen in Kraft treten, ist weiterhin offen. Zwischenzeitlich wurde auch das zum 1.1.2010 in Kraft getretene Gesetz über das Verfahren des elektronischen Entgeltnachweises (ELENA-Verfahrensgesetz) im Rahmen einer Änderung des Beherbungsstatistikgesetzes eingestellt. Seit 3. Dezember 2011 sind Arbeitgeber von der Meldepflicht befreit. Die ELENA-Verfahrensstellen dürfen keine Arbeitnehmerdaten mehr annehmen, bisher gespeicherte Daten müssen unverzüglich gelöscht werden.

Mit der Datenschutznovelle vom 1. September 2009 wurde auch die Rolle der Aufsichtsbehörden gestärkt. Sie können künftig bei Verstößen gegen Datenschutzregeln nicht nur Bußgeldverfahren einleiten, sondern auch anordnen, dass der entsprechende Verstoß eingestellt wird. Außerdem wurde der Bußgeldkatalog erweitert. So sind seit dem 1. September 2009 Strafzahlungen von bis zu 300 000,– Euro bei Verstößen gegen das Bundesdatenschutzgesetz möglich. Darüber hinaus kann nach dem Prinzip der Gewinnabschöpfung von diesem Höchstbetrag weiter nach oben abgewichen werden.

II. Datenschutz nach dem BDSG

1. Anwendbarkeit der Vorschriften

Das Bundesdatenschutzgesetz ist kein besonderes Gesetz zum Schutz von Arbeitnehmerdaten; es gilt als „Auffanggesetz"

nur, soweit nicht andere Rechtsvorschriften für den Arbeitnehmerdatenschutz eingreifen. Solche Rechtsvorschriften gibt es im Arbeitsrecht derzeit aber nur ganz vereinzelt (z. B. § 83 Abs. 1 BetrVG), sodass das Bundesdatenschutzgesetz hier doch eine erhebliche Bedeutung hat. Das Bundesdatenschutzgesetz ist anwendbar auf die Datenerhebung, -verarbeitung oder -nutzung. Seit der Gesetzesänderung vom 1. September 2009 werden gemäß § 32 Abs. 2 BDSG auch Vorgänge vom Bundesdatenschutzgesetz erfasst, bei denen es sich nicht um eine automatisierte oder dateimäßige Datenverarbeitung handelt.

Das Bundesdatenschutzgesetz findet jedoch nur auf den Umgang mit **„personenbezogenen"** Daten Anwendung; dies sind Einzelangaben über persönliche und sachliche Verhältnisse des Arbeitnehmers, also z. B.

▶ Alter,

▶ Familienstand,

▶ Ausbildung und abgelegte Prüfungen,

▶ Sprachkenntnisse,

▶ Lohn- und Gehaltsdaten,

▶ Leistungs- und Akkorddaten,

▶ Fehlzeiten,

▶ dienstliche Beurteilungen,

▶ Gesundheitsdaten,

▶ Gewerkschaftszugehörigkeit.

2. Zulässigkeit der Datenerhebung, -verarbeitung und -nutzung

Bis zu dem Zeitpunkt, in dem die vom Gesetzgeber angedachten spezialgesetzlichen Präzisierungen einzelner Themenkomplexe wie z. B. die Videoüberwachung am Arbeitsplatz im Beschäftigtendatenschutz in Kraft treten, ist die Erlaubnisnorm des § 32 BDSG maßgeblich. Diese normiert, dass die Erhebung, Nutzung und Verarbeitung personenbezogener Daten eines Beschäftigten durch den Arbeitgeber nur erlaubt ist, wenn sie für die Einstellungsentscheidung im Hinblick auf einen Bewerber oder für die Durchführung einer Beschäftigung erforderlich ist.

Die Erhebung, Verarbeitung und Nutzung personenbezogener Daten ist grundsätzlich verboten. Eine Ausnahme gilt nur dann, wenn

▶ das BDSG oder eine andere Rechtsvorschrift die Nutzung erlaubt oder anordnet oder

▶ der Arbeitnehmer vorher (schriftlich!) eingewilligt hat.

Bei der Einholung der Einwilligung, die nach § 4a BDSG u. a. auf der freien Entscheidung des Arbeitnehmers beruhen muss, ist der Arbeitnehmer ferner auf den oder die konkreten Zweck(e) der Verarbeitung und Nutzung sowie, wenn er das verlangt, auf die Folgen der Verweigerung der Einwilligung hinzuweisen.

> **WICHTIG!**
> Soll die Einwilligung zusammen mit anderen Erklärungen schriftlich erteilt werden (z. B. im Arbeitsvertrag) muss die Einwilligungserklärung optisch (z. B. durch Fettdruck) besonders hervorgehoben werden.

Der Arbeitnehmer kann seine Einwilligung jederzeit widerrufen. Das BDSG enthält in § 28 Abs. 1 BDSG die wichtigsten Fälle, in denen eine Datennutzung, -speicherung oder -übermittlung zulässig ist.

Die Bedeutung der Einwilligung als Erlaubnisnorm wird weiter an Relevanz verlieren und soll nach den Vorstellungen des

Gesetzgebers in der viel diskutierten Novelle des Beschäftigtendatenschutzes weiter eingeschränkt werden.

 **ACHTUNG!**

Auch Betriebsvereinbarungen sind nach der Rechtsprechung des Bundesarbeitsgerichts Rechtsvorschriften im Sinne des BDSG, die die Grenzen und Ausprägungen des Beschäftigtendatenschutzes normieren können. Durch die angedachte gesetzliche Neuregelung des § 32l Abs. 5 BDSG-E soll diese dahingehend beschränkt werden, dass die Betriebspartner nicht zu Ungunsten der Beschäftigten vom Gesetzesniveau des Beschäftigtendatenschutzes abweichen dürfen. Arbeitgeberseits bleibt zu beobachten, welche gesetzlichen Neuregelungen hierzu in Kraft treten und ob sich hieraus ein Anpassungsbedarf für existierende Betriebsvereinbarungen ergibt.

Durch den mit der Gesetzesnovelle vom 1.9.2009 neu geschaffenen § 32 Abs. 1 Satz 2 BDSG werden die Kontrollbefugnisse des Arbeitgebers für den Fall der Vermutung oder Aufdeckung einer Straftat konkretisiert. Demnach sind zu diesem Zweck die Erhebung, Verarbeitung und Nutzung von Daten dann erlaubt, wenn sie für die Aufklärung eines entsprechenden Anfangsverdachts erforderlich sind und keine überwiegenden Interessen des Betroffenen entgegenstehen.

3. Auftragsdatenverarbeitung

Bei der Beauftragung einer externen Einrichtung (z. B. zur Verlagerung von IT-Services zur interaktiven Nutzung ins Internet, „Cloud Computing" oder zu Fragen der betrieblichen Altersversorgung an ein Beratungsinstitut) muss der Arbeitgeber durch entsprechende Vereinbarungen mit diesem Dritten sicherstellen, dass eine Weiterleitung oder zweckfremde Verwertung der Daten nicht stattfindet. Außerdem müssen die in § 11 Abs. 2 BDSG genannten Punkte bei Vertragsschluss geregelt werden.

Der Arbeitgeber bleibt auch bei der Auftragsdatenverarbeitung dafür verantwortlich, dass die Vorschriften des BDSG eingehalten werden, also z. B. bei ihm selber nach § 32 Abs. 1 S. 1 BDSG die Erhebung, Verarbeitung und Nutzung personenbezogener Daten zulässig ist und zudem unter Einhaltung der weiteren Zulässigkeitsvoraussetzungen die Auftragsdatenverwaltung durch den Auftragnehmer erfolgt.

Dies sind im Einzelnen:

1. der Gegenstand und die Dauer des Auftrags,

2. der Umfang, die Art und der Zweck der vorgesehenen Erhebung, Verarbeitung oder Nutzung von Daten, die Art der Daten und der Kreis der Betroffenen,

3. die nach § 9 BDSG zu treffenden technischen und organisatorischen Maßnahmen,

4. die Berichtigung, Löschung und Sperrung von Daten,

5. die nach Absatz 4 bestehenden Pflichten des Auftragnehmers, insbesondere die von ihm vorzunehmenden Kontrollen,

6. die etwaige Berechtigung zur Begründung von Unterauftragsverhältnissen,

7. die Kontrollrechte des Auftraggebers und die entsprechenden Duldungs- und Mitwirkungspflichten des Auftragnehmers,

8. mitzuteilende Verstöße des Auftragnehmers oder der bei ihm beschäftigten Personen gegen Vorschriften zum Schutz personenbezogener Daten oder gegen die im Auftrag getroffenen Festlegungen,

9. der Umfang der Weisungsbefugnisse, die sich der Auftraggeber gegenüber dem Auftragnehmer vorbehält,

10. die Rückgabe überlassener Datenträger und die Löschung beim Auftragnehmer gespeicherter Daten nach Beendigung des Auftrags.

Der Arbeitgeber ist auch während der Vertragslaufzeit zur Kontrolle des Auftragnehmers verpflichtet.

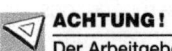 **ACHTUNG!**

Bestehende Verträge müssen an die gesetzlichen Neuregelungen angepasst werden. Ein Verstoß kann mit einem Bußgeld von bis zu 50 000 Euro belegt werden.

Wenn die Beauftragung des Dritten zum Wohl des Arbeitnehmers erfolgt oder zur reibungslosen Durchführung des Arbeitsverhältnisses (z. B. bei externer Lohnabrechnung) erforderlich ist, wird man von einer stillschweigenden Einwilligung des Arbeitnehmers ausgehen können. Trotzdem ist es sinnvoll, eine entsprechende arbeitsvertragliche Vereinbarung zu treffen.

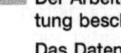 **Formulierungsbeispiel:**

„Personaldaten: Zur Durchführung des Arbeitsvertrags werden die persönlichen Daten des Arbeitnehmers gespeichert und verarbeitet. Der Arbeitnehmer wird gebeten, den Arbeitgeber über Änderungen seiner persönlichen Daten (Anschrift, Familienstand u. Ä.) ohne Aufforderung zu unterrichten."

Allerdings ist von solchen Einwilligungen nur das für die Durchführung des Arbeitsverhältnisses Erforderliche wie z. B. die Lohn- und Gehaltsabrechnung gedeckt. Andere Zwecke wie z. B. Erarbeitung von Daten zum Zwecke der Potentialanalyse sind gemäß § 28 Abs. 1 S. 2 BDSG konkret festzulegen und ausschließlich hierzu zu verwenden.

Für die organisatorischen Vorkehrungen zur Gewährleistung einer zulässigen Datenverarbeitung ist in jedem Fall der Arbeitgeber verantwortlich.

 **ACHTUNG!**

Der Arbeitgeber muss auch Personen, die er mit der Datenverarbeitung beschäftigt, auf das Datengeheimnis verpflichten, § 5 BDSG.

Das Datengeheimnis besteht nach Beendigung ihrer Tätigkeit fort.

 **ACHTUNG!**

Erlangen Dritte unrechtmäßig Kenntnis von sensiblen Daten und droht dadurch eine schwerwiegende Beeinträchtigung der Rechte und schutzwürdigen Interessen des Betroffenen, so besteht eine Informationspflicht gemäß § 42a BDSG gegenüber dem Betroffenen und der Datenaufsichtsbehörde.

4. Der Beauftragte für den Datenschutz

Unternehmen, die

▶ personenbezogene Daten automatisiert verarbeiten und damit in der Regel mindestens zehn Personen ständig beschäftigen oder

▶ personenbezogene Daten auf andere Weise erheben, verarbeiten oder nutzen und damit in der Regel mindestens 20 Personen ständig beschäftigen,

Anmerkung: Berechnung erfolgt nach Köpfen (auch Teilzeit) oder

▶ die personenbezogenen Daten geschäftsmäßig zum Zwecke der personenbezogenen oder auch nur anonymisierten Übermittlung erheben (z. B. Adresshandelsunternehmen, Meinungsforschungsinstitute),

▶ deren Datenverarbeitung der Vorabkontrolle durch den Datenschutzbeauftragten unterliegen (§ 4d Abs. 5 BDSG). Das ist dann der Fall, wenn besondere Arten von personenbezogenen Daten, wie beispielsweise Informationen über die rassische und ethische Herkunft, politische Meinungen oder religiöse Überzeugungen (§ 3 Abs. 9 BDSG) verarbeitet werden. Oder die Verarbeitung dazu dient, die Persönlichkeit des Betroffenen zu bewerten,

müssen spätestens innerhalb eines Monats nach Aufnahme ihrer Tätigkeit schriftlich einen Beauftragten für den Datenschutz bestellen (§ 4f BDSG). Mit der Bestellung zum Datenschutzbeauftragten ändert sich regelmäßig der Inhalt des

Arbeitsvertrags. Eine Beauftragung ohne eine solche Vertragsänderung ist regelmäßig nicht vom Direktionsrecht des Arbeitgebers umfasst. Die Bestellung des Datenschutzbeauftragten kann nur bei gleichzeitiger Teilkündigung der arbeitsvertraglich geduldeten Sonderaufgabe widerrufen werden (BAG v. 13.3.2007, AZR 612/05). Eine solche, regelmäßig unzulässige Teilkündigung ist hinsichtlich der Aufgaben des Datenschutzbeauftragten zulässig. Der Datenschutzbeauftragte untersteht direkt der Unternehmensleitung und ist bei der Anwendung seiner Fachkunde auf dem Gebiet des Datenschutzes nicht an Weisungen gebunden. Er darf auch wegen der Erfüllung seiner Aufgaben nicht benachteiligt werden (§ 4f Abs. 3 BDSG).

Der Beauftragte für den Datenschutz wirkt auf die Ausführung des Bundesdatenschutzgesetzes sowie anderer Vorschriften über den Datenschutz hin und organisiert den Datenschutz im Unternehmen. Zu seinen Aufgaben gehören insbesondere:

- die Überwachung der ordnungsgemäßen Anwendung der Programme, mit denen personenbezogene Daten verarbeitet werden sollen,
- die Schulung der mit der personenbezogenen Datenverarbeitung betrauten Personen und
- die beratende Mitwirkung bei der Auswahl der Personen, die bei der Verarbeitung personenbezogener Daten mitwirken.

Der Arbeitgeber muss dem Beauftragten für den Datenschutz eine Übersicht zur Verfügung stellen u. a. über

- die Zweckbestimmungen der Datenerhebung, -verarbeitung oder -nutzung,
- die betroffenen Personengruppen und der diesbezüglichen Daten oder Datenkategorien,
- die Empfänger oder Kategorien von Empfängern, denen die Daten mitgeteilt werden können,
- die Regelfristen für die Löschung der Daten,
- eine geplante Datenübermittlung in Drittstaaten.

Der Beauftragte für den Datenschutz kann eine interne oder externe Person sein. Voraussetzung ist jeweils, dass der Beauftragte die erforderliche Sachkunde und Zuverlässigkeit besitzt. Eine bestimmte Fachausbildung schreibt das Gesetz nicht vor; genauso wenig definiert es den Begriff „Zuverlässigkeit". Hat die zuständige Landesaufsichtsbehörde Anhaltspunkte dafür, dass es dem Beauftragten für den Datenschutz an einem der beiden Kriterien fehlt, kann sie seine Abberufung verlangen (§ 38 BDSG).

WICHTIG!
Seit dem 1. September 2009 besteht für den Datenschutzbeauftragten ein Sonderkündigungsschutz während der Zeit der Bestellung bis ein Jahr nach der Abberufung. Eine Kündigung ist während dieser Zeit nur aus wichtigem Grund möglich.

Wird ein Datenschutzbeauftragter trotz bestehender Verpflichtung nicht bestellt, kann dies als Ordnungswidrigkeit eine Geldbuße zur Folge haben.

5. Rechte und Pflichten des Arbeitnehmers

Werden erstmals personenbezogene Daten des Arbeitnehmers vom Arbeitgeber gespeichert, muss er dem Arbeitnehmer das mitteilen (§ 33 BDSG). Die Benachrichtigungspflicht entfällt, wenn der Arbeitnehmer auf andere Weise Kenntnis von der Speicherung oder Übermittlung erlangt hat. In einem laufenden Arbeitsverhältnis kann man davon ausgehen, dass das der Fall ist, weil der Arbeitnehmer ja seine Einwilligung zum Zwecke der Durchführung des Arbeitsverhältnisses erteilt hat und weiß, dass die Daten z. B. für die monatliche Lohn- und Gehaltsabrechnung verwendet werden.

Der Arbeitnehmer kann außerdem Auskunft verlangen (§ 34 BDSG) über

- die zu seiner Person gespeicherten Daten sowie deren Herkunft und Empfänger,
- den Zweck der Speicherung und
- Personen und Stellen, an die seine Daten regelmäßig übermittelt werden.

Die Auskunft muss der Arbeitgeber schriftlich und kostenlos erteilen.

Schließlich hat der Arbeitnehmer Anspruch auf Berichtigung unrichtiger Daten und Löschung unzulässig gespeicherter oder nicht mehr erforderlicher Daten (§ 35 BDSG).

ACHTUNG!
Hat der Arbeitgeber Arbeitnehmer-Daten in einem nicht vom Betriebsrat „abgesegneten" Personalfragebogen erhoben und gespeichert, können sowohl der Betriebsrat als auch der betroffene Arbeitnehmer die Löschung dieser Daten verlangen.

Der Arbeitnehmer kann vom Arbeitgeber auch die Sperrung der Daten verlangen, was dazu führt, dass diese nicht mehr übermittelt oder genutzt werden dürfen. Auf jeden Fall besteht ein Anspruch des Arbeitnehmers auf Löschung von Daten über gesundheitliche Verhältnisse, strafbare Handlungen, Ordnungswidrigkeiten oder religiöse und/oder politische Anschauungen, deren Richtigkeit die speichernde Stelle (in der Regel der Arbeitgeber) nicht beweisen kann.

Der Mitarbeiter hat selber die Belange des Datenschutzes bei der Ausübung seiner beruflichen Tätigkeit zu berücksichtigen. Entsprechende Verpflichtungserklärungen nach § 5 BDSG sind arbeitgeberseits einzuholen. An arbeitgeberseits angebotenen Schulungsangeboten zum Beschäftigtendatenschutz hat der Mitarbeiter teilzunehmen. Neben dem datenschutzkonformen Umgang mit personenbezogenen Daten hat der Mitarbeiter auch Geschäfts- und Betriebsgeheimnisse des Arbeitgebers vertraulich zu behandeln. Schwerwiegende Pflichtverletzungen können nach erfolgter Abmahnung verhaltensbedingte Kündigungen nach sich ziehen bzw. Schadensersatzansprüche (→ Internet und Telekommunikation).

III. Datenschutz durch Tarifverträge/ Betriebsvereinbarungen

Die Tarifvertragsparteien haben bislang nur vereinzelt Regelungen zum Datenschutz im Arbeitsverhältnis getroffen. Der Betriebsrat hat ein erzwingbares Mitbestimmungsrecht bei der Einführung und Anwendung technischer Einrichtungen, die dazu bestimmt sind, das Verhalten oder die Leistung von Arbeitnehmern zu überwachen (§ 87 Abs. 1 Nr. 6 BetrVG). Hierbei genügt es, wenn eine technische Einrichtung zur Arbeitnehmerkontrolle objektiv geeignet ist; ob sie tatsächlich dazu benutzt wird, ist nicht entscheidend.

Genau wie die datenschutzrechtlichen Bestimmungen dient dieses Mitbestimmungsrecht dem Schutz des Persönlichkeitsrechts des einzelnen Arbeitnehmers. Zahlreiche Schnittstellen zwischen Datenschutz im Arbeitsverhältnis und dem Mitbestimmungsrecht aus § 87 Abs. 1 Nr. 6 BetrVG bestehen beispielsweise bei der Einführung von Personalabrechnungs- oder Personalinformationssystemen (z. B. Paisy oder SAP R/3), bei der Zeiterfassung oder bei der E-Mail-Archivierung. Die Möglichkeiten der Betriebspartner durch Betriebsvereinbarung den Datenschutz im Betrieb zu gestalten, soll mit der kommenden Gesetzesnovelle des Beschäftigtendatenschutzes eingeschränkt werden.

Wenn die Informationen aus Personalfragebögen in automatisierten Verfahren verarbeitet werden, sind ebenfalls die Vorschriften des Bundesdatenschutzgesetzes zu beachten. Auch hier gilt also der Grundsatz, dass die Speicherung und Verwendung geschützter personenbezogener Daten verboten ist, wenn nicht das Bundesdatenschutzgesetz oder eine andere Rechtsvorschrift dies erlaubt. Eine „andere Rechtsvorschrift" in diesem Sinne ist auch eine Betriebsvereinbarung oder ein Tarifvertrag.

IV. Datenschutz durch den Arbeitsvertrag

Der Arbeitgeber hat aufgrund des Arbeitsvertrags eine Fürsorgepflicht, die jede Verletzung des Persönlichkeitsrechts der Arbeitnehmer verbietet. Vor allem in den Fällen, in denen das Bundesdatenschutzgesetz keine Anwendung findet, gewinnt diese Fürsorgepflicht an Bedeutung: Der Arbeitnehmer kann bei Verletzung des Datenschutzes daraus u. U. Schadensersatz- und Schmerzensgeldansprüche haben.

> ✂ **WICHTIG!**
> Der Arbeitgeber muss in einem eventuellen Prozess beweisen, dass ihn an dem durch die rechtswidrige Datenverarbeitung eingetretenen Schaden kein Verschulden trifft.

V. Datenschutz im Bewerbungsverfahren

Die Aufbewahrung der Bewerbungsunterlagen bzw. Daten zum Zweck der Durchführung des Bewerbungsverfahrens ist nach § 28 Abs. 1 Nr. 1 BDSG zulässig. Da das Bewerbungsverfahren durch Einstellung bzw. Ablehnung eines Bewerbers in der Regel abgeschlossen ist, stellt sich die Frage, ob Bewerbungsunterlagen über diesen Zeitpunkt hinaus aufbewahrt werden dürfen. Auch wenn die Frage gesetzlich nicht abschließend geklärt ist, kann davon ausgegangen werden, dass eine Aufbewahrung zumindest für einen Zeitraum von zwei Monaten (§ 15 Abs. 4 AGG) ab Zugang des Ablehnungsschreibens beim Bewerber bzw. bis zum Abschluss etwaiger Rechtsstreitigkeiten zulässig ist. Eine darüber hinausgehende Aufbewahrung bzw. Speicherung bis zu einem Zeitraum von fünf Monaten wird im Schrifttum für zulässig erachtet.

Als Quelle für beruflich relevante Informationen über Bewerber wie z. B. zum beruflichen Werdegang, Vortragstätigkeiten u. a. gewinnen zunehmend die Social Media als Recherchequelle an Relevanz. Der Arbeitgeber hat nach den angedachten gesetzlichen Neuregelungen des Beschäftigtendatenschutzes den Grundsatz der Direktbeschaffung beim Bewerber zu berücksichtigen. Ansonsten kann der Arbeitgeber ohne Mitwirkung des Bewerbers nur auf öffentlich für Jedermann zugängliche Einträge und Veröffentlichungen in den Sozialen Medien zurückgreifen, die sich auf die berufliche Qualifikation oder den beruflichen Werdegang des Bewerbers erstrecken. Die Nutzung privat eingestellter Informationen ist selbst dann nicht erlaubt, wenn der Arbeitgeber selber Mitglied des Netzwerkes ist.

Dienstreise

I.   Begriff

II.   Dienstreise als Arbeitszeit i. S. des ArbZG

III. Vergütung von Dienstreisezeit

IV.   Aufwendungsersatz
1.   Fahrtkosten
1.1   Öffentliche Verkehrsmittel
1.2   Privater Pkw
2.   Übernachtungskosten und Verpflegungsmehraufwendungen

V.   Beteiligung des Betriebsrats

I. Begriff

Dienstreisen sind vorübergehende berufliche Tätigkeiten außerhalb der regelmäßigen Arbeitsstätte und der Wohnung des Arbeitnehmers.

Ob und in welchem Umfang eine Verpflichtung zum Reisen besteht, hängt von der jeweiligen Tätigkeit ab, für die der Arbeitnehmer eingestellt ist. Grundsätzlich ist davon auszugehen, dass eine Verpflichtung zu Dienstreisen nicht ausdrücklich im Arbeitsvertrag vereinbart sein muss. Wenn sich aus dem Berufsbild oder Tätigkeitsfeld des Arbeitnehmers eine entsprechende Verpflichtung ableiten lässt (so z. B. bei leitenden Mitarbeitern, bei Unternehmensberatern, bei Mitarbeitern in der Einkaufsabteilung eines Unternehmens etc.), kann der Arbeitgeber Dienstreisen im Wege seines Direktionsrechts anordnen. Er muss dabei allerdings die Belange des Arbeitnehmers (wie z. B. Erkrankung von Familienangehörigen) berücksichtigen.

II. Dienstreise als Arbeitszeit i. S. des ArbZG

Arbeitszeit ist nach dem ArbZG nur die Zeit, in der der Arbeitnehmer die geschuldete Tätigkeit oder eine ihn nicht wesentlich weniger belastende Leistung aufgrund betrieblicher Veranlassung erbringt. Bei Wegezeiten für die Hin- und Rückreise ist daher zu unterscheiden:

▸ Zeiten, in denen ein Arbeitnehmer mit einem öffentlichen Verkehrsmittel reist, sind grundsätzlich keine Arbeitszeit i. S. des ArbZG, wenn es ihm überlassen bleibt, wie er die Fahrzeit gestaltet. Fahrtzeiten sind in diesem Fall Ruhezeiten im Sinne des ArbZG (BAG v. 11.7.2006, Az. 9 AZR 519/05). Nur die Zeiten, in denen der Arbeitnehmer tatsächlich im öffentlichen Verkehrsmittel arbeitet (etwa Akten bearbeitet oder auf einem Laptop Berichte schreibt), sind Arbeitszeit im Sinne des ArbZG.

▸ Keine Arbeitszeit i. S. des ArbZG ist die Fahrzeit – als Fahrer – in einem Pkw, wenn der Arbeitgeber die Pkw-Benutzung nicht ausdrücklich angeordnet hat. Bietet also der Arbeitgeber die Benutzung öffentlicher Verkehrsmittel an und entscheidet sich der Arbeitnehmer aus persönlichen Gründen für die Fahrt mit dem Pkw, so liegen die Gründe im privaten Bereich.

▸ Hat der Arbeitgeber dagegen die Benutzung eines Pkw angeordnet (etwa weil es nicht anders möglich ist, den Zielort zu erreichen oder aber weil der Arbeitnehmer im Fahrzeug notwendige Betriebsmittel für den Einsatz am Zielort mitführen muss), so ist die notwendige Reisezeit des den Pkw steuernden Mitarbeiters als Arbeitszeit im Sinne des ArbZG zu werten. (Gleiches gilt bei Berufskraftfahrern und Mitarbeitern, bei denen das Reisen im Pkw notwendige Voraussetzung für die Erfüllung der arbeitsvertraglichen Hauptpflicht ist, wie z. B. bei Außendienstmitarbeitern.)

Die Zeit der Erbringung der Arbeitsleistung im eigentlichen Sinne am Zielort ist Arbeitszeit i. S. des ArbZG. Dagegen ist die

Wartezeit am Zielort vor und nach der eigentlichen Arbeitsleistung keine Arbeitszeit i. S. des ArbZG.

III. Vergütung von Dienstreisezeit

Reisezeit, die in die → *Arbeitszeit* fällt, ist als Arbeitszeit zu vergüten. Der Arbeitnehmer kann keine zusätzliche Vergütung verlangen, da er weder in zeitlicher Hinsicht noch hinsichtlich seiner persönlichen Anstrengung eine besondere zusätzliche Leistung erbringt. Der Arbeitgeber hat seinerseits keinen Anspruch darauf, dass der Arbeitnehmer die Zeit, die er während der üblichen Arbeitszeit vergleichsweise tatenlos im Verkehrsmittel verbracht hat, ganz oder teilweise nacharbeitet.

 TIPP!
Erreicht der Arbeitnehmer durch die Wegezeit die vertraglich vereinbarte tägliche Arbeitszeit voraussichtlich nicht, sollte der Arbeitgeber ihn anweisen, während der Wegezeit zu arbeiten, und ihn mit entsprechenden Arbeitsmitteln ausstatten.

Problematischer zu beurteilen ist die Frage, ob Reisezeiten, die der Arbeitnehmer über die regelmäßige Arbeitszeit hinaus im Interesse des Arbeitgebers aufwendet, vom Arbeitgeber als Arbeitszeit zu vergüten ist. Eine gesetzliche Regelung, dass derartige Reisezeiten immer zu vergüten sind, gibt es nicht. Gelegentlich finden sich in Tarifverträgen Regelungen, nach denen Reisezeiten, die die regelmäßige Arbeitszeit überschreiten, bis zu × Stunden wie Arbeitszeit zu vergüten sind. Im Übrigen muss immer auf den Einzelfall abgestellt werden.

 TIPP!
Da die Frage der Vergütung von Reisezeiten, die über die regelmäßige Arbeitszeit hinausgehen, ohne ausdrückliche Vereinbarung nicht eindeutig zu beantworten ist, im Zweifel aber eine volle Vergütungspflicht besteht, sollten ausdrückliche, eindeutige und ausgewogene Regelungen getroffen werden.

Weniger kritisch ist zunächst die Situation bei Mitarbeitern in gehobener Stellung mit entsprechender Vergütung. Sie dürfen im Allgemeinen auch ohne ausdrückliche Vereinbarung keine volle Vergütung für Reisezeiten erwarten, die über die üblichen Arbeitszeiten hinausgehen. Dabei ist es unerheblich, ob die Dienstreise mit einem öffentlichen Verkehrsmittel erfolgt, ob der Arbeitnehmer im öffentlichen Verkehrsmittel arbeitet oder ob er die Reise als Fahrer eines Pkws bewältigt. Das BAG hat für derartige Mitarbeiter zwei Reisestunden täglich zusätzlich zur regulären Arbeitszeit als nicht gesondert vergütungspflichtig angesehen (BAG v. 3.9.1997, Az. 5 AZR 428/96). Sinnvoll ist es aber auch hier, eine ausdrückliche vertragliche Regelung zu treffen.

 **Formulierungsbeispiel:**
„Bei Dienstreisen gilt nur die Zeit der dienstlichen Inanspruchnahme am auswärtigen Geschäftsort als zu vergütende Arbeitszeit. Es wird jedoch für jeden Tag einschließlich der Reisetage mindestens die betriebsübliche Arbeitszeit berücksichtigt. Muss bei eintägigen Dienstreisen mindestens die betriebsübliche Arbeitszeit abgeleistet werden und müssen für die Hin- und Rückreise zum und vom auswärtigen Geschäftsort einschließlich der erforderlichen Wartezeiten mehr als zwei Stunden aufgewendet werden, wird der Arbeitszeit eine Stunde hinzugerechnet. Gleiches gilt bei mehrtägigen Dienstreisen, wenn am An- oder Abreisetag mindestens die betriebsübliche Arbeitszeit abgeleistet wird und für die Hin- bzw. Rückreise mehr als zwei Stunden aufgewendet werden müssen."

Anders ist die Situation bei Arbeitnehmern zu beurteilen, die von ihrer Stellung im Betrieb und der Höhe ihres Gehalts eine zusätzliche Vergütung für Reisezeit außerhalb der regulären Arbeitszeit in bestimmten Umfang erwarten dürfen (z. B. Sachbearbeiter). Unabhängig davon, ob sie Reisezeit passiv in einem öffentlichen Verkehrsmittel verbringen oder einen Pkw selbst steuern, spricht einiges dafür, dass ihnen diese – sofern nicht ausdrücklich etwas vereinbart ist – wie Arbeitszeit zu vergüten ist. Deshalb ist gerade hier dringend zu empfehlen, eine abwei-

chende Regelung zu treffen. Eine solche ist zulässig, solange sie ausgewogen ist und die Arbeitnehmer nicht unangemessen benachteiligt. Einen Anhaltspunkt für eine ausgewogene Regelung können die Regelungen des TVöD bieten. In § 6 (9.1) TVöD-V heißt es wie folgt:

„Bei Dienstreisen gilt nur die Zeit der dienstlichen Inanspruchnahme am auswärtigen Geschäftsort als Arbeitszeit. Für jeden Tag einschließlich der Reisetage wird jedoch mindestens die auf ihn entfallende regelmäßige, durchschnittliche oder dienstplanmäßige Arbeitszeit berücksichtigt, wenn diese bei Nichtberücksichtigung der Reisezeit nicht erreicht würde. Überschreiten nicht anrechenbare Reisezeiten insgesamt 15 Stunden im Monat, so werden auf Antrag 25 v.H. dieser überschreitenden Zeiten bei fester Arbeitszeit als Freizeitausgleich gewährt und bei gleitender Arbeitszeit im Rahmen der jeweils geltenden Vorschriften auf die Arbeitszeit angerechnet."

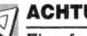 **ACHTUNG!**
Eine formularmäßige Klausel, nach der sämtliche „Reisetätigkeiten" eines Arbeitnehmers mit der vertraglichen Vergütung abgegolten sind, ist regelmäßig intransparent und unwirksam (BAG v. 20.4.2011, Az. 5 AZR 200/10). Sollen dennoch Reisezeiten mit abgegolten werden, so muss nicht nur eine Höchstgrenze für den abgegoltenen Umfang möglicher Reisetätigkeit, sondern auch eine klare Definition des Begriffs der „Reisezeit" in den Arbeitsvertrag oder auch in eine Betriebsvereinbarung aufgenommen werden.

In Abzug zu bringen sind bei längeren Dienstreisen auf jeden Fall aber die Zeiten, in denen der Arbeitnehmer nachts schläft, Pausen einlegt oder auch Freizeitinteressen nachgeht, sog. Wartezeiten.

Großzügigere Regelungen bei der Vergütung von Wege- bzw. Fahrzeiten gelten für die Personengruppe der im Außendienst beschäftigten Arbeitnehmer: Beginnt ein Außendienstmitarbeiter (etwa ein Kundendienstmonteur) mit seiner vergütungspflichtigen Arbeit in seinem Home-Office, sind die Fahrzeiten vom Home-Office zum ersten Kunden bzw. vom letzten Kunden zurück regelmäßig als vergütungspflichtige Arbeitszeit anzusehen, denn die Benutzung und Steuerung des Fahrzeugs ist zur Erfüllung der arbeitsvertraglich geschuldeten Tätigkeit erforderlich und liegt im ausschließlichen Interesse des Arbeitgebers (BAG v. 22.4.2009, Az. 5 AZR 292/08). Ungeklärt ist, ob und inwieweit durch eine ausdrückliche individualrechtliche oder kollektivrechtliche Vereinbarung derartige Zeiten als „vergütungslose" Zeiten rechtlich wirksam festgelegt werden können. Auch wenn der Rahmen begrenzt sein dürfte, da nach der Verkehrsanschauung bei dieser Personengruppe auch die Fahrten zum ersten Kunden und vom letzten Kunden zurück bereits eine Dienstleistung darstellen, sollte eine Regelung getroffen werden. Sofern diese nach dem Transparenzgebot eine Begrenzung enthält und den Mitarbeiter nicht unangemessen benachteiligt, dürfte eine solche Vereinbarung auch rechtlich nicht zu beanstanden sein.

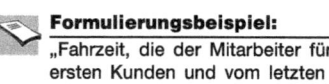 **Formulierungsbeispiel:**
„Fahrzeit, die der Mitarbeiter für die Fahrt vom Home-Office zum ersten Kunden und vom letzten Kunden zurück zum Home-Office benötigt, wird gesondert erfasst und als Arbeitszeit vergütet, wenn sie ... Stunden pro Monat übersteigt."

IV. Aufwendungsersatz

Der Arbeitgeber hat dem Arbeitnehmer die Kosten der Dienstreise zu erstatten (§ 670 BGB). Dazu gehören neben den Aufwendungen, die der Arbeitnehmer den Umständen nach für erforderlich halten durfte, auch die unfreiwillig bei Ausführung der Dienstreise erlittenen Sach- und Vermögensschäden des Arbeitnehmers. Im Einzelnen ist zwischen folgenden Positionen zu unterscheiden:

1. Fahrtkosten

1.1 Öffentliche Verkehrsmittel

Der Arbeitgeber muss dem Arbeitnehmer bei Benutzung öffentlicher Verkehrsmittel die tatsächlich entstandenen Kosten der Fahrkarten erstatten. Bei Bahnfahrten/Flugreisen besteht jedoch kein Anspruch auf Erstattung der Kosten einer Fahrkarte der 1. Klasse bzw. eines Tickets für die Businessclass. Etwas anderes gilt nur dann, wenn ausdrücklich eine abweichende Regelung (einzelvertraglich oder durch → *Betriebsvereinbarung*) getroffen worden ist oder wenn im Betrieb üblicherweise Fahrtkosten 1. Klasse bzw. Businessclass-Tickets abgerechnet werden. In letztgenanntem Fall folgt ein Anspruch aus dem Gleichbehandlungsgrundsatz oder – unter bestimmten Voraussetzungen – auch aus betrieblicher Übung.

> ⚓ **WICHTIG!**
>
> Die Bonusmeilen, die ein Arbeitnehmer auf seinen dienstlichen Flügen sammelt (etwa im Rahmen von „Miles & More") stehen dem Arbeitgeber zu, sofern nicht ausdrücklich eine andere Vereinbarung getroffen worden ist. Insbesondere darf der Arbeitgeber daher verlangen, dass der Arbeitnehmer diese Bonusmeilen im Interesse des Arbeitgebers einsetzt. Vorsicht ist nur im Hinblick auf eine betriebliche Übung geboten, die im Einzelfall Ansprüche auf eine private Nutzung der Meilen begründen kann. Dabei soll es nach der Rechtsprechung des Bundesarbeitsgerichts u. a. auf die Zahl der Anwendungsfälle im Verhältnis zur Belegschaftsstärke oder zur Stärke einer begünstigten Gruppe ankommen (BAG v. 11.4.2006, Az. 9 AZR 500/05). Handelt es sich daher um ein Unternehmen, in dem seit Jahren nur eine kleine Gruppe von Mitarbeitern regelmäßig auf Flugreisen unterwegs ist und die Meilen privat einsetzen durfte, kann dies gegen eine betriebliche Übung sprechen. Dagegen kommt bei klassischen Beratungsunternehmen, in denen eine Vielzahl von Mitarbeitern regelmäßig Flugreisen unternehmen, eine betriebliche Übung durchaus in Betracht.

1.2 Privater Pkw

Wenn der Arbeitnehmer seinen privaten Pkw benutzt, hat er Anspruch auf Erstattung der tatsächlich angefallenen Kosten. Dies sind in erster Linie die vom Arbeitnehmer nachzuweisenden Treibstoffkosten. Sonstige Kosten sind nur insoweit zu erstatten, wie sie konkret durch die Benutzung des Pkw für die Dienstreise entstanden sind.

> ⚓ **WICHTIG!**
>
> Ein Anspruch auf die steuerlich anerkannte Kilometerpauschale von zurzeit € 0,30 je Dienstreisekilometer besteht nicht, wenn sie nicht ausdrücklich vereinbart ist oder im Betrieb üblicherweise gezahlt wird.
>
> Denn: Es kann nicht davon ausgegangen werden, dass der Arbeitgeber sämtliche Pkw-Kosten vollständig übernehmen will. In der steuerlich anerkannten Kilometerpauschale sind aber unabhängig von der Dienstreise anfallende Kosten wie Kfz-Steuer und Versicherungen enthalten.

Entstehen dem Arbeitnehmer an seinem Pkw Schäden, muss der Arbeitgeber diese dann ersetzen, wenn die Benutzung auf seine Weisung erfolgte oder sie aufgrund betrieblicher Veranlassung unerlässlich war. Letzteres ist dann der Fall, wenn der Arbeitgeber ohne Einsatz des privaten Pkws dem Arbeitnehmer ein Betriebsfahrzeug zur Verfügung hätte stellen und das damit verbundene Unfallrisiko hätte tragen müssen. Auch ein Arbeitnehmer, der im Rahmen seiner Rufbereitschaft bei der Fahrt von seinem Wohnort zur Arbeitsstätte mit seinem Pkw verunglückt, hat nach der Rechtsprechung des BAG (22.6.2011, 8 AZR 102/10) grundsätzlich Anspruch auf Ersatz des an seinem Pkw entstandenen Schadens.

Erfolgt der Einsatz des privaten Pkws auf Anweisung des Arbeitgebers, so haftet er sogar dann, wenn die Schäden bei einem Verkehrsunfall entstanden sind, der durch Mängel am Fahrzeug des Arbeitnehmers verursacht wurde. Der Arbeitgeber kann sich nicht darauf berufen, er habe weder Kenntnis noch Anhaltspunkte für Mängel gehabt. Auch kann er nicht

geltend machen, der Arbeitnehmer sei für den technisch einwandfreien Zustand allein verantwortlich (BAG v. 23.11.2006, Az. 8 AZR 701/05).

Zu den zu ersetzenden Schäden gehören nicht nur diejenigen, die während der Fahrt entstehen, sondern auch diejenigen, die während des Parkens zwischen zwei Dienstfahrten von einem nicht zu ermittelnden Dritten verursacht werden.

Zu ersetzen ist stets nur der Schaden, der tatsächlich im Vermögen des Arbeitnehmers eingetreten ist. Lässt er die Schäden kostengünstig oder kostenlos beseitigen, kann er sich nicht auf einen Kostenvoranschlag eines Vertragshändlers beziehen und den dort ausgewiesenen Betrag vom Arbeitgeber verlangen (LAG Niedersachsen v. 2.9.2004, Az. 7 Sa 2085/03).

Gewährt der Arbeitgeber dem Arbeitnehmer eine Kilometerpauschale in Höhe des maximal steuerfreien Satzes (€ 0,30 pro Kilometer), so sind damit neben den allgemeinen Betriebskosten auch die Kosten für einen Rückstufungsschaden in der Kfz-Haftpflichtversicherung abgedeckt, jedoch wohl nicht die Schäden am Pkw des Arbeitnehmers. Von der Verpflichtung, dem Arbeitnehmer diesen Schaden zu ersetzen, kann sich der Arbeitgeber nur befreien, indem er dem Arbeitnehmer etwa eine zusätzliche Pauschale zahlt, mit der Abrede, dass diese zur (Teil-)Finanzierung einer Vollkasko-Versicherung für den benutzten Pkw verwendet wird. In diesem Fall beschränkt sich die Haftung des Arbeitgebers auf den üblichen Selbstbehalt des Arbeitnehmers bei der Kaskoversicherung. Eine solche Regelung bietet sich insbesondere bei Mitarbeitern an, die sehr häufig ihren privaten Pkw dienstlich einsetzen.

> 📝 **Formulierungsbeispiel:**
>
> „Für dienstlich veranlasste Fahrten mit dem Privat-Pkw werden € 0,30 für jeden gefahrenen Kilometer erstattet. Zusätzlich wird eine Pauschale in Höhe von € .... jährlich gewährt, die für eine Vollkaskoversicherung eingesetzt wird. Mit diesem Betrag sind auf einer Dienstreise eventuell entstehende Schäden am Privat-Pkw abgedeckt. Für diese haftet die Firma nur in Höhe von € .... Dieser Betrag entspricht der bei Vollkaskoversicherungen üblichen Selbstbeteiligung."

Bei Mitarbeitern, die ihren privaten Pkw nur in Ausnahmefällen einsetzen, kommt eine Erhöhung der steuerlichen Kilometerpauschale in Betracht.

Von der Rechtsprechung sind die Fragen der Risikoverlagerung an den Arbeitnehmer noch nicht entschieden.

Keinen Anspruch hat der Arbeitnehmer auf Erstattung von Bußgeldern oder Strafen, die er z. B. wegen zu schnellen Fahrens oder nicht ordnungsgemäßem Parkens zahlen muss. Hierauf gerichtete Vereinbarungen zwischen Arbeitgeber und Arbeitnehmer sind unwirksam. Will sich der Arbeitnehmer gegen Bußgeld oder Strafe durch Einlegung von Rechtsmitteln wehren, muss ihm der Arbeitgeber die Kosten dafür ebenfalls nicht erstatten.

2. Übernachtungskosten und Verpflegungsmehraufwendungen

Übernachtungskosten sind dem Arbeitnehmer in der ihm entstandenen Höhe auf entsprechenden Nachweis zu erstatten. Bei nicht nachgewiesenen Übernachtungskosten darf der Arbeitgeber dem Arbeitnehmer nach den steuerrechtlichen Bestimmungen ein pauschales Übernachtungsgeld in Höhe von € 20 steuerfrei zahlen. Er ist dazu aber nicht verpflichtet.

Mehraufwendungen für Verpflegung sollten nach entsprechender Vereinbarung (einzelvertraglich oder durch → *Betriebsvereinbarung*) aus Vereinfachungsgründen pauschal in Anlehnung an die Steuerfreibeträge erstattet werden. Danach kann der Arbeitgeber an den Arbeitnehmer je Kalendertag steuerfrei bei Auswärtstätigkeit von mindestens acht Stunden € 6, von mindestens 14 Stunden € 12 und von 24 Stunden € 24 auszahlen.

Zur steuer- und sozialversicherungsrechtlichen Behandlung von Reisekosten s. das im selben Verlag erschienene Lexikon für das Lohnbüro, → *Reisekosten bei Dienstreisen*.

V. Beteiligung des Betriebsrats

Der Betriebsrat hat kein Mitbestimmungsrecht bei der Festlegung von Beginn und Ende einer Dienstreise. Es besteht kein Beteiligungsrecht nach § 87 Abs. 1 BetrVG, da Dienstreisezeit keine Arbeitszeit im mitbestimmungsrechtlichen Sinn darstellt. Nach dem Zweck des Mitbestimmungsrechts ist Arbeitszeit im Sinne von § 87 Abs. 1 Nr. 2 und 3 BetrVG die Zeit, während der der Arbeitnehmer seine vertraglich geschuldete Arbeitsleistung tatsächlich erbringen soll. Das Mitbestimmungsrecht bezieht sich demnach auf die Festlegung des Zeitraums, in dem der Arbeitnehmer seine vertraglichen Hauptleistungspflichten erfüllt. Ihm unterliegen dagegen nicht Einschränkungen der Freizeit des Arbeitnehmers durch Maßnahmen, die keine Arbeitsleistung zum Gegenstand haben. Allein durch das Reisen in einem öffentlichen Verkehrsmittel erbringt der Arbeitnehmer regelmäßig keine Arbeitsleistung. Etwas anderes kann allenfalls dann gelten, wenn der Arbeitgeber den Arbeitnehmer ausdrücklich anweist, während der Reisezeit – etwa im Zug oder im Flugzeug – zu arbeiten oder er ausdrücklich anordnet, dass der Arbeitnehmer die Dienstreise als Fahrer eines Pkws unternehmen muss (BAG v. 14.11.2006, Az. 1 ABR 5/06).

Kein Mitbestimmungsrecht hat der Betriebsrat auch bei der Frage, ob und welche Fahrtzeiten eines Außendienstmitarbeiters vom Arbeitgeber als Arbeitszeit anerkannt werden. Es ist jedoch zulässig, dass Arbeitgeber und Betriebsrat eine freiwillige Betriebsvereinbarung abschließen, sofern nicht eine tarifliche Regelung über die Behandlung von Wegezeiten als Arbeitszeit besteht (BAG v. 10.10.2006, Az. 1 ABR 59/05).

Dienstwagen

I. Übersicht

II. Privatwagen zur dienstlichen Nutzung

III. Pkw-Zuschuss („car allowance")

IV. Dienstwagen ohne private Nutzung

V. Dienstwagen mit privater Nutzung
   1. Steuerliche Aspekte
   2. Arbeitsrechtliche Aspekte

VI. Muster: Dienstwagenüberlassungsvertrag

I. Übersicht

Sofern die Nutzung eines Kraftfahrzeugs nicht zwingende Voraussetzung für die Ausübung der beruflichen Tätigkeit ist (z. B. Busfahrer, Taxifahrer oder sonstige Berufskraftfahrer), liegt es regelmäßig im Ermessen des Arbeitgebers, ob er seinen Mitarbeitern einen Dienstwagen zur Verfügung stellt. Bei nur geringer dienstlicher Nutzung eines Kraftfahrzeugs bietet es sich

u. U. an, dem Mitarbeiter lediglich eine Erstattung der entstandenen Aufwendungen für die Nutzung seines Privatwagens anzubieten. Dies kann auch pauschal mit einer sog. „car allowance" geschehen, mit der der Arbeitgeber dem Arbeitnehmer einen monatlichen Betrag für die Nutzung bzw. Bezuschussung seines Privatfahrzeuges zahlt. Bei der Gestellung eines Dienstwagens besteht die Möglichkeit, dem Mitarbeiter das Recht zur privaten Nutzung einzuräumen. In aller Regel geschieht dies aus Gründen der Mitarbeitermotivierung und Steigerung der Attraktivität bestimmter Arbeitsplätze bzw. des Unternehmens insgesamt.

Nachfolgend sollen die unterschiedlichen Gestaltungsmöglichkeiten vorgestellt und näher erläutert werden. Auf die steuerlichen Aspekte wird hierbei nur insoweit eingegangen, wie dies für eine Entscheidung für die eine oder andere Gestaltungsmöglichkeit erheblich sein könnte. Einzelheiten zu sämtlichen steuerlichen Aspekten der Dienstwagengestellung sind dem Kapitel „Firmenwagen zur privaten Nutzung" des im selben Verlag erschienenen Lexikon Lohnbüro zu entnehmen.

II. Privatwagen zur dienstlichen Nutzung

Nutzt ein Arbeitnehmer seinen Privatwagen für betriebliche Zwecke, so kann er sich die Kosten für die betriebsbedingte Nutzung seines Pkws mit € 0,30 je betrieblich gefahrenen Kilometer lohnsteuerfrei vom Arbeitgeber ersetzen lassen oder als Werbungskosten bei der Einkommensteuer geltend machen.

Der Arbeitnehmer hat auch die Möglichkeit, die tatsächlichen Aufwendungen für die Geschäftsfahrten gegen Vorlage von Einzelnachweisen lohnsteuerfrei zu beanspruchen. Wird vom Arbeitgeber kein (voller) Kostenersatz gewährt, kann der Arbeitnehmer die Differenz zwischen Erstattung und tatsächlichen Kosten beim Finanzamt als Werbungskosten geltend machen. Hierzu hat er die Mehraufwendungen durch entsprechende Belege nachzuweisen.

 ACHTUNG!
Zu den betriebsbedingten Fahrten gehören nicht die Fahrten zwischen Betriebsstätte und Wohnung. Nutzt der Arbeitnehmer hierfür seinen eigenen Pkw, kann er Werbungskosten i. H. v. € 0,30 für jeden vollen Entfernungskilometer geltend machen.

Sämtliche Aufwendungen für das Privatfahrzeug hat der Arbeitnehmer grundsätzlich selbst zu tragen. Etwas anderes gilt nur für Aufwendungen, die im Zusammenhang mit einem auf der Dienstfahrt entstandenen Unfall stehen. Sofern und soweit die dienstliche Nutzung des Privatfahrzeugs mit Billigung des Arbeitgebers geschehen ist, hat dieser dem Arbeitnehmer Schadensersatz für den Unfallschaden zu leisten, es sei denn, der Arbeitnehmer hat den Unfall selbst vorsätzlich oder grob fahrlässig verschuldet. Zu den erstattungsfähigen Aufwendungen gehört auch eine Nutzungsausfallentschädigung für die Dauer der Reparatur. Entsprechendes gilt für die Selbstbeteiligung in einer Vollkaskoversicherung und einen möglichen Prämienschaden.

WICHTIG!
Ein Arbeitnehmer, der im Rahmen seiner Rufbereitschaft bei der Fahrt von seinem Wohnort zur Arbeitsstätte mit seinem Privatwagen verunglückt, hat grundsätzlich Anspruch gegen seinen Arbeitgeber auf Ersatz des an seinem Pkw entstandenen Schadens. Die Höhe dieses Ersatzanspruchs bemisst sich nach den Regeln des innerbetrieblichen Schadensausgleichs. Zwar hat grundsätzlich jeder Arbeitnehmer – soweit keine abweichenden Vereinbarungen vorliegen – seine Aufwendungen für Fahrten zwischen seiner Wohnung und seiner Arbeitsstätte selbst zu tragen. Dazu gehören auch Schäden an seinem Fahrzeug. Eine Ausnahme davon ist allerdings dann zu machen, wenn der Arbeitnehmer während seiner Rufbereitschaft vom Arbeitgeber aufgefordert wird, seine Arbeit anzutreten und er die Benutzung seines Privatfahrzeugs für erforderlich halten durfte,

um rechtzeitig am Arbeitsort zu erscheinen (BAG v. 22.6.2011, Az. 8 AZR 102/10).

Der Aufwendungsersatzanspruch des Arbeitnehmers ist durch Einsatz seines defekten Privatfahrzeugs (z. B. mit porösen Reifen) oder ein sonstiges Verschulden des Arbeitnehmers nicht ausgeschlossen; es ist in diesen Fällen aber ein Mitverschulden des Arbeitnehmers in entsprechender Anwendung des § 254 BGB zu berücksichtigen. Dabei gelten die Grundsätze der beschränkten Arbeitnehmerhaftung (BAG v. 23.11.2006, Az. 8 AZR 701/05; s. hierzu auch → *„Haftung des Arbeitnehmers"*).

III. Pkw-Zuschuss („car allowance")

Es besteht die Möglichkeit, dass der Arbeitgeber dem Arbeitnehmer einen pauschalen Pkw-Zuschuss gewährt.

Sofern es sich hier also um einen Zuschuss für die dienstliche Nutzung des Privatwagens handelt, ist dieser Gehaltszuschuss als Arbeitslohn voll zu versteuern. Selbstverständlich kann der Arbeitnehmer in diesem Zusammenhang die ihm entstandenen Werbungskosten steuerlich absetzen.

 Formulierungsbeispiel:

„Für die Benutzung seines privaten Pkws zu Geschäftszwecken gewährt die Gesellschaft dem Mitarbeiter eine Kfz-Pauschale i. H. v. € 500,00 brutto pro Monat. Die Kfz-Pauschale wird am Ende eines jeden Gehaltsmonats mit dem Gehalt des Mitarbeiters ausgezahlt. Der Mitarbeiter erklärt sich bis auf Widerruf mit der dienstlichen Nutzung seines Privat-Pkws einverstanden. Im Falle des Widerrufs entfällt die Kfz-Pauschale für die Zukunft. Mit dieser Pauschale sind sämtliche Ansprüche des Arbeitnehmers gegen den Arbeitgeber hinsichtlich der Gestellung eines Pkws abgegolten. Die Betriebs- und Unterhaltungskosten des Pkws sowie die Versteuerung des geldwerten Vorteils trägt der Arbeitnehmer".

In diesem Fall hat der Arbeitnehmer den Zuschuss als zusätzlichen Arbeitslohn zu versteuern, kann aber – wie vorbeschrieben – die Dienstfahrten als Werbungskosten geltend machen. Eine weitergehende steuerliche Begünstigung dürfte nur dann möglich sein, wenn der Zuschuss für einen vom Arbeitgeber gestellten Dienstwagen erfolgt.

Hinsichtlich der **Betriebs- und Unterhaltungskosten** sowie der **Haftung** für Unfälle bei Dienstfahrten gelten die Regeln zur dienstlichen Nutzung des Privatwagens entsprechend (s. o. I.).

IV. Dienstwagen ohne private Nutzung

Stellt der Arbeitgeber seinen Mitarbeitern einen Dienstwagen zur Verfügung und untersagt ihnen ausdrücklich die private Nutzung, so sind sämtliche **Betriebs- und Unterhaltungskosten** vom Arbeitgeber zu tragen und im Rahmen von Betriebsausgaben steuerlich absetzbar.

 **ACHTUNG!**

Überwacht der Arbeitgeber die Einhaltung des Privatnutzungsverbots nicht, spricht (nach Meinung des BFH) die Lebenserfahrung dafür, dass ein zur Verfügung gestellter Dienstwagen auch privat genutzt wird (BFH v. 19.12.2003, Az. VI B 281/01). Dies hat zur Folge, dass vom Arbeitnehmer der geldwerte Vorteil im Wege der 1%-Methode zu versteuern ist (vgl. auch BFH v. 7.11.2006, Az. VI R 19/05).

Wird dem Arbeitnehmer jedoch kein bestimmtes Fahrzeug zugewiesen, sondern stellt der Arbeitgeber einen Fahrzeugpool für dienstliche Zwecke zur Verfügung, so reicht ein schriftliches Nutzungsverbot für private Zwecke, um den Anschein einer privaten Nutzung auszuschließen; weitere Überwachungsmaßnahmen sind dann nicht erforderlich (BFH v. 21.4.2010, Az. VI R 46/08).

Soweit der Dienstwagen ausschließlich für Dienstfahrten zur Verfügung gestellt wird, handelt es sich um ein Arbeitsmittel, an dem der Arbeitnehmer kein Besitzrecht hat. Er ist lediglich

Besitzdiener und muss das Fahrzeug jederzeit auf Verlangen des Arbeitgebers entschädigungslos herausgeben.

Dem Arbeitnehmer steht auch kein Zurückbehaltungsrecht wegen anderer Ansprüche aus dem Arbeitsverhältnis zu. Kommt der Arbeitnehmer dem Herausgabeverlangen des Arbeitgebers nicht nach, liegt verbotene Eigenmacht vor, mit der Folge, dass der Arbeitnehmer Nutzungs- und Schadensersatz leisten muss.

Im Schadensfall greift bei Dienstfahrten das sog. **Haftungsprivileg des Arbeitnehmers**. Hiernach gilt, dass der Arbeitnehmer nicht haftet, wenn ihm lediglich leichte Fahrlässigkeit zur Last fällt. Ist ihm hingegen mittlere Fahrlässigkeit vorzuwerfen, so kommt es zu einer Schadensteilung zwischen Arbeitgeber und Arbeitnehmer. Dabei ist der Arbeitnehmer so zu stellen, als ob der Arbeitgeber eine übliche und zumutbare Versicherung abgeschlossen habe.

 **WICHTIG!**

Daher sollte der Arbeitgeber für jede Art von Dienstwagen unbedingt eine Vollkaskoversicherung abschließen.

Die Haftung des Arbeitnehmers beschränkt sich dann auf die übliche Selbstbeteiligung (€ 300 – € 500). Hat der Arbeitnehmer den Schaden grob fahrlässig verursacht, so haftet er grundsätzlich allein.

ACHTUNG!

Eine Ausnahme gilt dann, wenn der Arbeitnehmer bei der alleinigen Haftung einen unangemessen hohen Schadensersatz leisten müsste. Dies ist insbesondere dann der Fall, wenn der Schaden erheblich über dem monatlichen Bruttoeinkommen des Arbeitnehmers liegt. Dies ist deshalb besonders problematisch, weil der Versicherer im Falle einer grob fahrlässigen Herbeiführung des Versicherungsfalls (z. B. Überfahren einer roten Ampel) leistungsfrei sein kann (§ 61 VVG). In diesen Ausnahmefällen kann es aufgrund des Haftungsprivilegs auch bei grober Fahrlässigkeit zu einer Schadensteilung zwischen Arbeitgeber und Arbeitnehmer kommen.

Der Arbeitnehmer ist aus seiner Treuepflicht heraus grundsätzlich verpflichtet, dass Eigentum des Arbeitgebers sorgfältig zu behandeln und Vermögensschäden (z. B. durch die sorglose Beschädigung eines Leasingfahrzeugs) von ihm abzuwenden. In Falle der sorgfaltswidrigen Beschädigung des Dienstwagens kann der Arbeitgeber daher grundsätzlich Regress vom Arbeitnehmer fordern. Entsprechendes gilt, wenn der Arbeitgeber vom Leasinggeber wegen Beschädigungen des Leasingfahrzeugs in Anspruch genommen wird. Sind diese auf das sorgfaltswidrige Verhalten des Arbeitnehmers zurückzuführen, kann der Arbeitgeber ihn je nach Umständen des Einzelfalls in Haftung nehmen.

V. Dienstwagen mit privater Nutzung

Im Regelfall gestattet der Arbeitgeber dem Arbeitnehmer bei der Gestellung eines Dienstwagens auch die private Nutzung. Hiermit sind vielerlei arbeits- und steuerrechtliche Problemstellungen verbunden.

Dies rührt insbesondere aus der gemischten Nutzung des Dienstwagens her. So ist der private Nutzungsanteil lohnsteuerrechtlich als Arbeitseinkommen zu behandeln. Ferner unterscheidet sich die Haftung des Arbeitnehmers bei Privat- oder Dienstfahrten. Auch etwaige Vergütungen bzw. Vergünstigungen, die der Arbeitgeber dem Arbeitnehmer im Zusammenhang mit der Dienstwagenüberlassung einräumt, haben arbeits- und steuerrechtliche Konsequenzen. Schließlich ist äußerst umstritten, unter welchen Voraussetzungen der Arbeitgeber die Überlassung des Dienstwagens – insbesondere die private Nutzung – widerrufen kann.

::**rehm**

1. Steuerliche Aspekte

Der private Nutzungsanteil, welcher vom Arbeitnehmer als geldwerter Vorteil zu versteuern ist, wird durch die sog. 1%-Methode ermittelt. Hiernach hat der Arbeitnehmer monatlich 1 % des inländischen Listenpreises zzgl. der Kosten für Sonderausstattung einschließlich der Umsatzsteuer monatlich als geldwerten Vorteil zu versteuern. Zum Listenpreis und zur Sonderausstattung ist die Umsatzsteuer auch dann hinzuzurechnen, wenn beim tatsächlichen Erwerb keine Umsatzsteuer angefallen ist. Maßgeblich ist der Bruttolistenpreis zum Zeitpunkt der Erstzulassung.

TIPP!

Der Arbeitgeber sollte sich vom Autohändler, bei dem er den Dienstwagen erworben hat, eine Bestätigung über den Bruttolistenpreis zum Zeitpunkt der Erstzulassung erstellen lassen, um so den entsprechenden Nachweis gegenüber den Finanzbehörden zu erbringen.

Kann das Kraftfahrzeug vom Arbeitnehmer auch zu Fahrten zwischen Wohnung und Arbeitsstätte genutzt werden, erhöht sich der pauschale Wert des geldwerten Vorteils für jeden Entfernungskilometer um 0,03 % des Bruttolistenpreises, sofern und soweit nicht entsprechende Aufwendungen des Arbeitnehmers als Werbungskosten zu berücksichtigen sind. Bemessungsgrundlage für die Entfernungspauschale ist hier der volle Kilometer der kürzesten Straßenverbindung zwischen Wohnung und Arbeitsstätte.

Abweichend von der 1%-Methode kann der private Nutzungswert auch durch die Führung eines Fahrtenbuches erfasst werden. Hierbei muss in einer in sich geschlossenen, möglichst gebundenen Form vollständig und kontinuierlich dargelegt werden (vgl. BFH v. 16.3.2006, Az. VI R 87/04):

▶ Datum und Kilometerstand zu Beginn und am Ende jeder einzelnen Fahrt;

▶ Reiseziel und Route;

▶ Reisezweck und ggf. aufgesuchte Geschäftspartner.

Für private Fahrten genügt ein entsprechender Vermerk mit den jeweiligen Kilometerangaben. Für Fahrten zwischen Wohnung und Arbeitsstätte genügt ein kurzer entsprechender Vermerk.

WICHTIG!

Das Fahrtenbuch muss in einer Form geführt werden, die nachträgliche Einfügungen oder Veränderungen ausschließt oder zumindest deutlich als solche erkennbar werden lässt. Dies gilt auch entsprechend für elektronische Fahrtenbücher. Auch hier müssen nachträgliche Änderungen nach der Funktionsweise des verwendeten Programms technisch ausgeschlossen oder zumindest dokumentiert und offen gelegt werden. Ein Tabellen-Kalkulations-Programm (z. B. Microsoft-Excel) erfüllt diese Anforderungen nicht (BFH, VI R 64/04, DStr 2006, 411).

Für Einzelheiten zur steuerlichen Handhabung von Dienstwägen mit privater Nutzung wird auf das im selben Verlag erschienene Lexikon Lohnbüro (dort: Firmenwagen zur privaten Nutzung) verwiesen.

2. Arbeitsrechtliche Aspekte

Bei der dienstlichen Nutzung gelten hinsichtlich der **Haftung** und der **Sorgfaltspflichten** des Arbeitnehmers die gleichen Regeln wie bei Dienstwägen, die ausschließlich zur dienstlichen Nutzung überlassen werden (s. o. IV.).

ACHTUNG!

Im Arbeitsvertrag kann nicht wirksam vereinbart werden, dass der Arbeitnehmer im Falle einer Beschädigung des Dienstwagens die Selbstbeteiligung einer vom Arbeitgeber abgeschlossenen Vollkaskoversicherung übernehmen muss. Die Grundsätze über die Beschränkung der Haftung des Arbeitnehmers bei betrieblich veranlassten Tätigkeiten sind zwingendes Arbeitnehmerschutzrecht. Von ihnen kann weder einzel- noch kollektivvertraglich zu Lasten des Arbeitnehmers abgewichen werden. Dies gilt selbst dann, wenn der

Arbeitnehmer den Dienstwagen auch für Privatfahrten nutzen darf. Auch eine solche Regelung rechtfertigt keine Verschärfung der Haftung des Arbeitnehmers für Unfallschäden am betrieblich genutzten Dienstwagen (BAG v. 5.2.2004, Az. 8 AZR 91/03).

Die private Nutzung des Dienstwagens unterliegt jedoch anderen Regeln. Zum einen ergibt sich dies aus dem Vergütungscharakter der eingeräumten Privatnutzung. Zum anderen kann sich der Arbeitnehmer bei der Privatnutzung nicht auf irgendwelche Haftungsprivilegien für betriebliche Tätigkeiten berufen.

Gesondert zu regeln sind daher die Voraussetzungen und Bedingungen der privaten Nutzung. Insbesondere sollte der Umfang der privaten Nutzungsmöglichkeit vertraglich bzw. in der Dienstwagenordnung festgelegt sein. Zu empfehlen sind Regelungen, die die dienstliche Nutzung ausdrücklich in den Vordergrund stellen und nur eine „angemessene" private Nutzung zulassen. Dies kann in Bezug auf etwaige Entschädigungsansprüche des Arbeitnehmers bei Entzug der privaten Nutzungsmöglichkeit und hinsichtlich der Haftungsverteilung Bedeutung erlangen.

Formulierungsbeispiel:

„Voraussetzung zur berechtigten Nutzung des Dienstwagens ist immer, dass der Benutzer im Besitz einer gültigen Fahrerlaubnis ist. Der Arbeitgeber hat das Recht, jederzeit beim Mitarbeiter den Besitz der Fahrerlaubnis zu überprüfen. Der Mitarbeiter hat den Entzug der Fahrerlaubnis dem Arbeitgeber unverzüglich anzuzeigen.

Der Dienstwagen steht dem Mitarbeiter für alle dienstlich veranlassten Fahrten zur Verfügung. Die Verpflichtung zur Wahl des wirtschaftlichsten Verkehrmittels wird dadurch nicht beeinflusst. Ab der Übergabe des Dienstwagens erlischt der Anspruch des Mitarbeiters auf Vergütung von Fahrtkosten bei Nutzung eines privaten Pkws.

Der Dienstwagen kann vom Mitarbeiter in angemessenem Rahmen privat genutzt werden."

Zudem sollte eine Regelung bezüglich des Urlaubsgebrauchs des Dienstfahrzeugs getroffen werden. So ist etwa eine Bestimmung, die den Privatgebrauch auf das Gebiet der Bundesrepublik Deutschland und/oder der Europäischen Union beschränkt, möglich.

Formulierungsbeispiel:

„Der Dienstwagen kann vom Mitarbeiter im angemessenen Rahmen privat genutzt werden. Dies gilt auch für Urlaubsreisen innerhalb der Bundesrepublik Deutschland und der Europäischen Union."

Unbedingt sollte auch die Überlassung des Dienstwagens an Dritte geregelt sein. Üblich ist in der Praxis eine Bestimmung, die eine Überlassung des Dienstwagens an den Ehepartner bzw. sonstige Haushaltsangehörige gestattet, an andere Dritte jedoch nur in Ausnahmefällen.

Formulierungsbeispiel:

„Die Überlassung des Dienstwagens an Dritte ist außer im Falle dienstlicher Veranlassung grundsätzlich nicht gestattet. Die Nutzung durch Familienangehörige oder sonstiger, dem Haushalt des Mitarbeiters angehöriger Personen bedarf der vorherigen Zustimmung der Geschäftsführung. Voraussetzung ist in jedem Fall der Besitz einer gültigen Fahrerlaubnis. Soweit der Arbeitgeber seine Zustimmung nicht erteilt hat, ist die Überlassung des Dienstwagens an Dritte nicht gestattet."

Der Arbeitgeber sollte sich in dem Dienstwagenüberlassungsvertrag das Recht vorbehalten, das Fahrzeug jederzeit herauszuverlangen und gegen eine anderes zu ersetzen. Die Wirksamkeit einer Ersetzungsvereinbarung hat nicht zur Voraussetzung, dass das Ersatzfahrzeug mindestens gleichwertig ist.

Formulierungsbeispiel:

„Der Arbeitgeber kann den Dienstwagen jederzeit ohne Einhaltung einer Frist herausverlangen oder durch einen anderen ersetzen. Der Arbeitnehmer hat im Falle der Kündigung den Dienstwagen nebst Papieren unverzüglich an den Arbeitgeber herauszugeben. Ein Zurückbehaltungsrecht kann der Arbeitnehmer in keinem Falle geltend machen."

 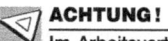

⚠ ACHTUNG!

Ohne eine entsprechende Ersetzungsklausel kann der Arbeitnehmer nicht auf die Nutzung eines anderen Fahrzeugs verwiesen werden, da eine Ersetzungsbefugnis des Arbeitgebers zwingend einer Vereinbarung bedarf.

Da die Privatnutzung eines Dienstwagens als Vergütungsbestandteil zu behandeln ist, kann der Arbeitgeber dieses Recht grundsätzlich nicht einseitig entziehen. Wie auf sein Gehalt hat der Arbeitnehmer auf die Überlassung des Dienstwagens auch während seines Urlaubs, seiner Arbeitsunfähigkeit und im Falle einer Freistellung einen Rechtsanspruch.

✎ WICHTIG!

Obwohl die Hauptleistungspflichten (also auch der Vergütungsanspruch) mit Beginn des Mutterschutzes ruhen, besteht der Anspruch auf die Überlassung des Dienstwagens sowohl während des Beschäftigungsverbots vor Entbindung als auch nach der Entbindung fort, wenn dieser innerhalb der letzten drei Monate vor Beginn der Schutzfrist Teil des Arbeitsentgelts der Arbeitnehmerin war (BAG v. 11.10.2000, Az. 5 AZR 240/99).

Anders hat dies das BAG in einer neuerlichen Entscheidung bezüglich einer krankheitsbedingten Arbeitsunfähigkeit gesehen. Hiernach erlischt das Recht auf die Privatnutzung eines Dienstwagens bei Arbeitsunfähigkeit mit Ablauf der Entgeltfortzahlungspflicht, da die Gebrauchsüberlassung Teil der geschuldeten Gegenleistung sei und eine Überlassungspflicht nur bestehe, soweit der Arbeitnehmer einen Anspruch auf Arbeitsentgelt habe (BAG v. 14.12.2010, Az. 9 AZR 631/09).

Kündigt der Arbeitgeber das Arbeitsverhältnis ordentlich oder außerordentlich, ist der Arbeitnehmer unabhängig von der Frage, ob die Kündigung wirksam ist, auf Verlangen des Arbeitgebers zur Herausgabe des ihm überlassenen Pkws verpflichtet. Etwas anderes gilt in Anlehnung an den Anspruch auf tatsächliche Beschäftigung nur dann, wenn die Kündigung offensichtlich unwirksam ist. Verweigert der Arbeitnehmer die Herausgabe des Fahrzeugs, kann dies einen Grund für eine außerordentliche Kündigung darstellen. Im Einzelfall kann eine vorherige Abmahnung geboten sein (LAG Nürnberg v. 25.1.2011, Az. 7 Sa 521/10).

Nachdem eine einfache Entziehung des Privatnutzungsrechts bzw. des Dienstwagens generell nicht in Betracht kommt, kann sich der Arbeitgeber nur durch einen **Widerrufsvorbehalt** schützen. Dieser muss zwingend mit dem Arbeitnehmer vereinbart sein; andernfalls scheidet ein Widerruf gänzlich aus.

☞ TIPP!

Ist in dem ursprünglichen Dienstwagenüberlassungsvertrag kein Widerrufsvorbehalt geregelt, kann der Arbeitgeber versuchen, einen solchen im Wege einer nachträglichen „Dienstwagenordnung" einzubringen. Hierzu muss sich der Arbeitnehmer aber mit der Anwendung der Dienstwagenordnung einverstanden erklären. Dies kann u. U. auch stillschweigend geschehen (z. B. durch die Inanspruchnahme bestimmter in der Dienstordnung geregelter Leistungen, wie Tankkarte etc.).

Aber selbst dann, wenn ein Widerrufsvorbehalt mit dem Arbeitnehmer vereinbart wurde, kann dieser nicht jederzeit oder nach freiem Ermessen ausgeübt werden; und zwar selbst dann nicht, wenn dies in dem Vertrag ausdrücklich so geregelt wurde.

Eine Klausel in einem Standard-Arbeitsvertrag, bei der dem Mitarbeiter die private Nutzung des Dienstwagens „bis auf Widerruf" gestattet ist, ist unwirksam. Der Arbeitgeber ist in jedem Fall verpflichtet, im Fall des Widerrufs konkrete Gründe für den Widerruf vorzutragen. Solche Gründe sind bereits im Arbeitsvertrag klar und deutlich zu benennen und dürfen den Arbeitnehmer nicht unangemessen benachteiligen (BAG v. 19.12.2006, Az. 9 AZR 294/06; BAG v. 13.4.2010, Az. 9 AZR 113/09).

Wird ein Arbeitnehmer mit einer Kündigung gleichzeitig bis auf Weiteres von der weiteren Erbringung seiner Arbeitsleistung freigestellt und muss er deshalb auch seinen privat genutzten Dienstwagen abgeben, so hat er Anspruch auf eine Nutzungsausfallentschädigung bis zum offiziellen Ende des Arbeitsver-

hältnisses (BAG v. 27.5.1999, Az. 8 AZR 415/98; vgl. auch BAG v. 14.10.2010, Az. 9 AZR 631/09). Dies gilt auch dann, wenn im Arbeitsvertrag eine entschädigungslose Herausgabe für den Fall der Freistellung während der Kündigungsfrist vereinbart wurde. Selbst für begründete Fälle wäre mindestens eine Ankündigungsfrist von vier Wochen vorzusehen (vgl. LAG Niedersachen v. 14.9.2010, Az. 13 Sa 462/10).

⚠ ACHTUNG!

Wegen der drohenden Unwirksamkeit einer vertraglichen Klausel, nach der ein Widerruf „jederzeit" oder „im freien Ermessen des Arbeitgebers" oder „entschädigungslos" ausgeübt werden kann, sollte unbedingt auf solche Formulierungen verzichtet werden. Ist nämlich die gesamte Klausel unwirksam, so kann sich der Arbeitgeber selbst dann nicht auf sein Widerrufsrecht berufen, wenn ein wichtiger Grund vorliegt.

Zu empfehlen ist daher eine Klausel, die das Widerrufsrecht des Arbeitgebers nur aus wichtigem Grund und gegen Zahlung einer Entschädigung vorsieht. Hierzu hat das BAG entschieden:

Allgemeine Geschäftsbedingungen i. S. d. § 305 Abs. 1 S. 1 BGB in einem Dienstwagenvertrag, wonach sich der Arbeitgeber vorbehalten hatte, die Überlassung des Dienstwagens zu widerrufen, wenn und solange der Pkw für dienstliche Zwecke seitens des Arbeitnehmers nicht benötigt werde, was insbesondere dann der Fall sei, wenn der Arbeitnehmer nach Kündigung des Arbeitsverhältnisses von der Arbeitsleistung freigestellt werde, ist wirksam. Neben der Inhaltskontrolle der in den Allgemeinen Geschäftsbedingungen enthaltenen Widerrufsklausel steht die Ausübungskontrolle im Einzelfall gemäß § 315 BGB, denn die Erklärung des Widerrufs stellt eine Bestimmung der Leistung durch den Arbeitgeber nach § 315 Abs. 1 BGB dar. Der Widerruf muss im Einzelfall billigem Ermessen entsprechen. Die Gesamtbewertung der beiderseitigen Interessen kann dazu führen, dass der Arbeitgeber einen Dienstwagen nur unter Einräumung einer Auslauffrist zurückfordern darf. Im Einzelfall kann das Interesse des Arbeitnehmers, den von ihm versteuerten Vorteil – § 6 Abs. 1 Nr. 4 EStG – auch real nutzen zu können, das abstrakte Interesse des Arbeitgebers am sofortigen Entzug des Dienstwagens überwiegen. Kommt der Arbeitgeber seiner Vertragspflicht, dem Arbeitnehmer die Nutzung des Dienstwagens zu Privatzwecken weiter zu ermöglichen, nicht nach, wird die Leistung wegen Zeitablaufs unmöglich, sodass der Arbeitgeber nach § 275 Abs. 1 BGB von der Leistungspflicht befreit wird. Der Arbeitnehmer hat in diesem Fall nach § 280 Abs. 1 S. 1 i. V. m. § 283 S. 1 BGB Anspruch auf Ersatz des hierdurch verursachten Schadens. Zur Berechnung des Schadens ist eine Nutzungsausfallentschädigung auf der Grundlage der steuerlichen Bewertung der privaten Nutzungsmöglichkeit mit monatlich 1 % des Listenpreises des Kraftfahrzeugs im Zeitpunkt der Erstzulassung anerkannt (BAG v. 21.3.2012, Az. 5 AZR 651/10; vgl. auch BAG v. 19.12.2006, Az. 9 AZR 294/06).

☞ Formulierungsbeispiel:

„Der Arbeitgeber behält sich das Recht vor, die Zusage zur Überlassung eines Dienstwagens jederzeit aus wichtigem Grund zu widerrufen. Dies gilt insbesondere im Falle einer wesentlichen Änderung des Aufgabengebiets des Mitarbeiters, bei einer Reduzierung seiner Arbeitszeit um mehr als 25%, des Verlusts der Fahrerlaubnis, sowie während des Ruhens des Arbeitsverhältnisses von mehr als zwei Wochen (insbesondere im Fall der Freistellung des Arbeitnehmers). Macht der Arbeitgeber von dem Widerrufsrecht Gebrauch, so hat er dem Arbeitnehmer den nach lohnsteuerrechtlichen Grundsätzen zu ermittelnden geldwerten Vorteil der Privatnutzung als zusätzliche Bruttovergütung auszuzahlen."

Die Haftung des Arbeitnehmers für Privatfahrten unterscheidet sich von der bei Dienstfahrten (s. o. 1. und VI.). Ereignet sich ein Unfall während des privaten Gebrauchs des Dienstwagens, kommt eine Haftungsprivilegierung für den Arbeitnehmer nicht in Betracht, da es sich um keine betrieblich veranlasste Tätigkeit handelt. Im Gegensatz zur dienstlichen Nutzung kann dem Arbeitnehmer die Haftung für die Privatnutzung voll auferlegt werden.

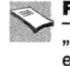

Formulierungsbeispiel:

„Verschuldet der Mitarbeiter auf einer Privatfahrt einen Unfall, so hat er dem Arbeitgeber sämtliche hierdurch eintretenden Schäden zu ersetzen. Der Mitarbeiter haftet auch für sämtliche Schäden, die im Zusammenhang mit der unberechtigten Überlassung des Dienstwagens an Dritte stehen. Verschuldet der Mitarbeiter auf einer Dienstfahrt einen Unfall, so haftet er grundsätzlich uneingeschränkt, wenn er den Schaden infolge grober Fahrlässigkeit oder vorsätzlich verursacht hat. Anderenfalls richtet sich die Haftung des Mitarbeiters nach dem Grad des Verschuldens."

ACHTUNG!

Auch im Hinblick auf die verschärfte Haftung für Privatfahrten kann der Arbeitnehmer darauf vertrauen, dass der Arbeitgeber eine Vollkaskoversicherung abschließt. Üblicherweise ist damit die Haftung des Arbeitnehmers auf die vertragliche Selbstbeteiligung begrenzt; es sei denn, der Unfall wird vom Arbeitnehmer grob fahrlässig oder vorsätzlich herbeigeführt.

Für die Rückgabe von Leasingfahrzeugen ist regelmäßig ein bestimmter Restwert des Fahrzeugs vereinbart. Nicht selten treten in diesem Zusammenhang Probleme auf, wenn dieser Restwert nicht mehr erreicht wird. Die Wertdifferenz pauschal dem Arbeitnehmer aufzuerlegen, dürfte wegen der gemischten Nutzung des Dienstwagens unangemessen und somit unzulässig sein. Hat der Arbeitnehmer die vertraglich vereinbarte Laufleistung überschritten und resultiert die Wertminderung daraus, so ist es aber angemessen, ihn die Differenz tragen zu lassen; denn er hätte den Arbeitgeber rechtzeitig über diesen Umstand zu informieren und den Dienstwagen gegebenenfalls austauschen lassen können.

Entsprechendes muss auch gelten, wenn der Arbeitnehmer mit dem Dienstwagen sorgfaltswidrig umgeht und hierdurch Schäden an dem Fahrzeug veranlasst. Dies setzt jedoch im Einzelfall voraus, dass dem Arbeitnehmer vertraglich besondere Pflichten auferlegt werden.

Formulierungsbeispiel:

„Der Mitarbeiter ist verpflichtet, für die rechtzeitige Durchführung der vom Hersteller empfohlenen oder sonst notwendig erscheinenden Maßnahmen, wie Inspektionen, Reparaturen, Ölwechsel, Reinigung usw. zu sorgen. Er ist für rechtzeitiges Auftanken und für die Kontrolle des Ölstands und des Reifendrucks verantwortlich. Er verpflichtet sich, das Fahrzeug stets schonend zu behandeln und ist für die Einhaltung der Verkehrsvorschriften und den verkehrssicheren Zustand des Dienstwagens verantwortlich.

Notwendige Reparaturen hat der Mitarbeiter in Absprache mit dem Arbeitgeber in einer vom Hersteller autorisierten Vertragswerkstatt ausführen zu lassen. Der Mitarbeiter ist verpflichtet und berechtigt, Gewährleistungsansprüche bei Vertragswerkstätten des Herstellers rechtzeitig geltend zu machen."

Besondere Schwierigkeiten können sich beim vorzeitigen Ausscheiden des Arbeitnehmers (vor Beendigung des Leasingvertrages) ergeben. Einige Dienstwagenordnungen sehen vor, dass der Arbeitnehmer die Differenz zwischen der ihnen betrieblich/vertraglich zustehenden Fahrzeugklasse/-ausstattung und der von ihnen tatsächlich in Anspruch genommenen Fahrzeugklasse/-ausstattung zu tragen haben. Während des Bestands des Arbeitsverhältnisses ist das i. d. R. unproblematisch. Wird jedoch das Arbeitsverhältnis vor dem Leasingvertrag aufgelöst, bleibt der Arbeitgeber u. U. auf den höheren Kosten sitzen; denn das BAG hat entschieden, dass eine Vertragsklausel unwirksam ist, die den Arbeitnehmer verpflichtet, bei Beendigung des Arbeitsverhältnisses einen zur Privatnutzung überlassenen Dienstwagen zurückzugeben und dennoch für die restliche Laufzeit des Leasingvertrages die anfallenden Raten bzw. die Differenzbeträge in einem Einmalbetrag zu zahlen (BAG v. 9.9.2003, Az. 9 AZR 574/02).

ACHTUNG!

Erwirbt ein Arbeitnehmer anlässlich seines Ausscheidens aus dem Betrieb vom Arbeitgeber den bisher genutzten Dienstwagen, so ist der Kaufpreis nach dem Preis zu bestimmen, den ein Letztverbraucher (nicht Händler!) für ein gleichwertiges Fahrzeug am Markt zu bezahlen hat (z. B. Schwacke-Liste). Erwirbt der Arbeitnehmer das Kfz vom Arbeitgeber zu einem günstigeren Preis, so hat er die Differenz zum maßgeblichen Endpreis als Zufluss von Arbeitslohn bzw. geldwerten Vorteil zu versteuern (BFH v. 17.6.2005, Az. VI R 84/04).

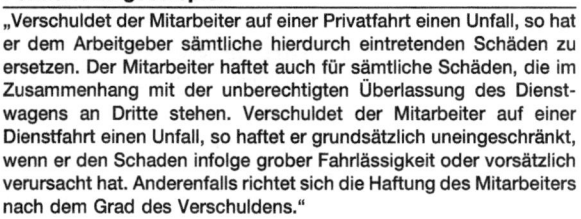

VI. Muster: Dienstwagenüberlassungsvertrag

§ 1 Überlassung

Der Arbeitgeber stellt dem Mitarbeiter beginnend ab.... (oder: in dem Zeitraum von .... bis ....) den Dienst-Pkw .... (Marke, Typ, amtl. Kennzeichen, Fahrzeug-Ident-Nr) zur dienstlichen Nutzung zur Verfügung. Die Bedingungen der Fahrzeugüberlassung werden mit diesem Vertrag abschließend geregelt.

§ 2 Nutzung

Voraussetzung zur berechtigten Nutzung des Dienstwagens ist immer, dass der Benutzer im Besitz einer gültigen Fahrerlaubnis ist. Der Arbeitgeber hat das Recht, jederzeit beim Mitarbeiter den Besitz der Fahrerlaubnis zu überprüfen. Der Mitarbeiter hat den Entzug der Fahrerlaubnis dem Arbeitgeber unverzüglich anzuzeigen.

Der Dienstwagen steht dem Mitarbeiter für alle dienstlich veranlassten Fahrten zur Verfügung. Die Verpflichtung der Wahl des wirtschaftlichsten Verkehrmittels wird dadurch nicht beeinflusst. Ab der Übergabe des Dienstwagens erlischt der Anspruch des Mitarbeiters auf Vergütung von Fahrtkosten bei Nutzung eines privaten Pkws.

Der Dienstwagen kann vom Mitarbeiter in angemessenem Rahmen privat genutzt werden. Dies gilt auch für Urlaubsreisen innerhalb der Bundesrepublik Deutschland und der Europäischen Union.

Die private Nutzung hat der Mitarbeiter als geldwerten Vorteil zu versteuern. Die Versteuerung der Privatnutzung richtet sich nach den jeweils geltenden steuerlichen Vorschriften. Zur Berechnung des geldwerten Vorteils werden dem steuerpflichtigen Arbeitsentgelt des Mitarbeiters monatlich folgende Beträge hinzugerechnet:

▶ *1 Prozent des inländischen Bruttolistenpreises zzgl. der Kosten für Sonderausstattungen und Mehrwertsteuer,*

▶ *0,03 Prozent des inländischen Bruttolistenpreises pro Entfernungskilometer (einfache Wegstrecke) zwischen Wohnung und Arbeitsstätte.*

§ 3 Überlassung an Dritte

Die Überlassung des Dienstwagens an Dritte ist außer im Falle dienstlicher Veranlassung grundsätzlich nicht gestattet. Die Nutzung durch Familienangehörige oder sonstiger, dem Haushalt des Mitarbeiters angehöriger Personen bedarf der vorherigen Zustimmung der Geschäftsführung. Voraussetzung ist in jedem Fall der Besitz einer gültigen Fahrerlaubnis. Soweit der Arbeitgeber seine Zustimmung nicht erteilt hat, ist die Überlassung des Dienstwagens an Dritte nicht gestattet.

§ 4 Betriebs- und Unterhaltskosten

Die notwendigen mit dem Betrieb des Fahrzeugs verbundenen Kosten, insbesondere die für Wartung, Reparaturen, Haupt- und Abgasuntersuchungen, Kraftstoff, Öl, trägt der Arbeitgeber. Der Mitarbeiter erhält eine entsprechende Tankkarte. Beim Tanken mit der Tankkarte ist der jeweilige Kilometerstand anzugeben. Kosten für Wagenpflege, Nachfüllöle, Scheibenreiniger und der Kauf kleinerer Ersatzteile sind auf maximal € 30,–/Monat begrenzt.

Kraftstoffkosten für Privatfahrten, die über Fahrten zwischen Wohnung und Arbeitsstätte hinausgehen, trägt der Mitarbeiter.

§ 5 Versicherung

Der Arbeitgeber schließt für den Dienstwagen eine Haftpflichtversicherung mit unbegrenzter Deckungssumme, Teilkaskoversicherung mit 150 € Selbstbeteiligung und eine Vollkaskoversicherung mit einer Selbstbeteiligung von 500 € ab.

§ 6 Reparaturen/Unfälle

Der Mitarbeiter ist verpflichtet, für die rechtzeitige Durchführung der vom Hersteller empfohlenen oder sonst notwendig erscheinenden Maßnahmen, wie Inspektionen, Reparaturen, Ölwechsel, Reinigung usw. zu sorgen. Er ist für rechtzeitiges Auftanken und für die Kontrolle des Ölstands und des Reifendrucks verantwortlich. Er verpflichtet sich, das Fahrzeug stets schonend zu behandeln und ist für die Einhaltung der Verkehrsvorschriften und den verkehrssicheren Zustand des Dienstwagens verantwortlich.

Notwendige Reparaturen hat der Mitarbeiter in Absprache mit dem Arbeitgeber in einer vom Hersteller autorisierten Vertragswerkstatt ausführen zu lassen. Der Mitarbeiter ist verpflichtet und berechtigt, Gewährleistungsansprüche bei Vertragswerkstätten des Herstellers rechtzeitig geltend zu machen.

§ 7 Haftung

Verschuldet der Mitarbeiter auf einer Privatfahrt einen Unfall, so hat er dem Arbeitgeber sämtliche hierdurch eintretenden Schäden zu ersetzen. Der Mitarbeiter haftet auch für sämtliche Schäden, die im Zusammenhang mit der unberechtigten Überlassung des Dienstwagens an Dritte stehen. Verschuldet der Mitarbeiter auf einer Dienstfahrt einen Unfall, so haftet er grundsätzlich uneingeschränkt, wenn er den Schaden infolge grober Fahrlässigkeit oder vorsätzlich verursacht hat. Anderenfalls richtet sich die Haftung des Mitarbeiters nach dem Grad des Verschuldens.

§ 8 Widerruf des Nutzungsrechts

Der Arbeitgeber behält sich das Recht vor, die Zusage zur Überlassung eines Dienstwagens jederzeit aus wichtigem Grund zu widerrufen. Dies gilt insbesondere im Falle einer wesentlichen Änderung des Aufgabengebiets des Mitarbeiters, bei einer Reduzierung seiner Arbeitszeit um mehr als 25%, des Verlusts der Fahrerlaubnis, sowie während des Ruhens des Arbeitsverhältnisses von mehr als zwei Wochen (insbesondere im Fall der Freistellung des Arbeitnehmers). Macht der Arbeitgeber von dem Widerrufsrecht Gebrauch, so hat er dem Arbeitnehmer den gem. § 2 zu ermittelnden geldwerten Vorteil der Privatnutzung als zusätzliche Bruttovergütung auszubezahlen.

§ 9 Herausgabe/Ersetzungsrecht

Der Arbeitgeber kann den Dienstwagen jederzeit ohne Einhaltung einer Frist herausverlangen oder durch einen anderen ersetzen. Der Arbeitnehmer hat im Falle der Kündigung den Dienstwagen nebst Papieren unverzüglich an den Arbeitgeber herauszugeben. Ein Zurückbehaltungsrecht kann der Arbeitnehmer in keinem Falle geltend machen.

§ 10 Schlussbestimmungen

Der Vertrag ist Bestandteil des Arbeitsvertrages vom ...... Wird dieser beendet, so endet zugleich auch der Kfz-Überlassungsvertrag. Die Ungültigkeit einer oder mehrerer Bestimmungen dieses Vertrages berührt die Wirksamkeit der übrigen nicht. Unwirksame Bestimmungen sind vielmehr durch wirksame Regelungen zu ergänzen, die der unwirksamen Bestimmung unter Auslegung des sich aus diesem Vertrag ergebenden Parteiwillens am nächsten kommen. Änderungen und Ergänzungen dieses Vertrages bedürfen der Schriftform. Dies gilt auch für die Änderung des Schriftformerfordernisses selbst.

Direktionsrecht

I.   Begriff

II.   Inhalt und Grenzen des Direktionsrechts
   1. Rechtlicher Rahmen (Allgemeine Grenzen)
     1.1 Arbeitsvertrag
     1.2 Kollektivrechtliche Vereinbarungen
     1.3 Billiges Ermessen
     1.4 Gesetzliche Verbote
     1.5 Betriebliche Mitbestimmung
   2. Weisungen zur Tätigkeit
     2.1 Zulässige Weisungen
     2.2 Unzulässige Weisungen
   3. Weisungen zum Verhalten
     3.1 Zulässige Weisungen
     3.2 Unzulässige Weisungen
   4. Weisungen zur Arbeitszeit
     4.1 Zulässige Weisungen
     4.2 Unzulässige Weisungen
   5. Weisungen zum Arbeitsort
     5.1 Zulässige Weisungen
     5.2 Unzulässige Weisungen

III. Rechte des Arbeitnehmers
   1. Beschwerde
   2. Arbeitsverweigerung
   3. Arbeitsgerichtliche Klärung

IV.   Reaktionsmöglichkeiten des Arbeitgebers
   1. Zulässige Weisungen
     1.1 Abmahnung
     1.2 Kündigung
     1.3 Schadensersatz
   2. Zweifelhafte Fälle
     2.1 Rücknahme der Weisung
     2.2 Änderungsvertrag
     2.3 Änderungskündigung

V.   Checkliste Direktionsrecht
   I.   Weisungen zur Tätigkeit
   II. Weisungen zum Verhalten
   III. Weisungen zur Arbeitszeit
   IV. Weisungen zum Arbeitsort

I. Begriff

Unter dem Direktionsrecht versteht man das Recht des Arbeitgebers, die Einzelheiten der vom Arbeitnehmer aufgrund des Arbeitsvertrags zu erbringenden Arbeitsleistungen näher zu bestimmen. Dem Direktionsrecht kommt in der betrieblichen Praxis eine erhebliche Bedeutung zu, da die Aufgabenstellungen der täglichen Arbeit im Einzelnen nicht vertraglich festgelegt werden können.

Auf der Grundlage des Direktionsrechts kann der Arbeitgeber Anweisungen zu Zeit, Ort und Art der Arbeitsleistung erteilen.

Ferner kann er das Verhalten zur Durchführung der Arbeit sowie gegenüber den Arbeitskollegen regeln. Auch die Zuweisung oder Zurücknahme bestimmter Funktionen und Aufgaben kann im Rahmen des Direktionsrechts erfolgen.

Soweit eine Weisung des Arbeitgebers im Rahmen des Direktionsrechts liegt, braucht das Einverständnis des Arbeitnehmers hierzu nicht eingeholt werden. Die einseitige Weisung ist für den Arbeitnehmer verbindlich.

II. Inhalt und Grenzen des Direktionsrechts

Selbstverständlich ist die Weisungsbefugnis des Arbeitgebers nicht grenzenlos. Das Direktionsrecht stellt vielmehr den Rahmen dar, in dem der Arbeitgeber verbindliche Weisungen erteilen kann.

1. Rechtlicher Rahmen (Allgemeine Grenzen)

1.1 Arbeitsvertrag

Inhalt und Grenzen des Direktionsrechts ergeben sich in erster Linie aus dem Arbeitsvertrag selbst. Der Arbeitnehmer schuldet seine Arbeitspflicht nur, soweit dies vereinbart wurde. Der Arbeitgeber darf dem Arbeitnehmer keine Arbeit zuweisen, die dieser nach dem Arbeitsvertrag nicht schuldet. Will der Arbeitgeber eine nach dem Arbeitsvertrag nicht geschuldete Arbeitsverpflichtung erreichen, muss er den Arbeitsvertrag durch Vereinbarung mit dem Arbeitnehmer ändern oder eine → *Änderungskündigung* aussprechen.

Ausschlaggebend für Inhalt und Grenzen des Direktionsrechts ist somit die Frage, was im Arbeitsvertrag vereinbart wurde. Hierbei gilt folgender Grundsatz:

Je konkreter die vom Arbeitnehmer zu erbringenden Leistungen im Arbeitsvertrag bestimmt sind, um so enger ist der Rahmen, innerhalb dessen der Arbeitgeber Weisungen erteilen kann.

Beispiel:

Wurde im Arbeitsvertrag eine Wochenarbeitszeit vereinbart, kann der Arbeitgeber deren Lage – in den Grenzen des Arbeitszeitgesetzes – selbst bestimmen. Wurde jedoch auch die Lage der täglichen Arbeitszeit im Arbeitsvertrag vorgesehen, kann der Arbeitgeber hiervon grundsätzlich keine Abweichungen verfügen.

Der Arbeitgeber kann sich im Arbeitsvertrag jedoch ausdrücklich vorbehalten, bestimmte Arbeitsbedingungen (aus betrieblichen Gründen) einseitig zu ändern.

Haben sich seit Abschluss des Arbeitsvertrags hinsichtlich der vom Arbeitnehmer geschuldeten Tätigkeit Änderungen ergeben (z. B. durch Beförderung), sind die geänderten Umstände zur Bestimmung des Direktionsrechts heranzuziehen. Maßgeblich ist, welche Tätigkeit der Arbeitnehmer zum Zeitpunkt der Weisung schuldet.

ACHTUNG!
Die langfristige Beschäftigung eines Arbeitnehmers auf einem bestimmten Arbeitsplatz kann zu einer Einschränkung des Direktionsrechts führen (= Konkretisierung).

Beispiel:

Dem als „Verkäufer" angestellten und seit 15 Jahren im Innendienst beschäftigten Arbeitnehmer kann kraft Direktionsrechts keine Verkaufstätigkeit im Außendienst (mehr) zugewiesen werden.

1.2 Kollektivrechtliche Vereinbarungen

Das Direktionsrecht des Arbeitgebers kann auch durch kollektivrechtliche Vereinbarungen – also Tarifvertrag oder Betriebsvereinbarungen – beeinflusst werden. Werden z. B. – wie im öffentlichen Dienst (BAT/TVöD) – bestimmte Eingruppierungsmerkmale festgelegt, kann der Arbeitgeber durch Weisungen

hiervon nicht abweichen. Sein Direktionsrecht wäre hierdurch überschritten.

Allerdings können kollektivrechtliche Vereinbarungen auch eine Erweiterung des Direktionsrechts vorsehen.

Beispiel:

Formulierung im Tarifvertrag: „Der Arbeitnehmer hat jede ihm übertragene, seinen Fähigkeiten und Kräften entsprechende Arbeit anzunehmen, sofern sie ihm billigerweise zugemutet werden kann und sein allgemeiner Lohnstand nicht verschlechtert wird."

WICHTIG!
Bei der Prüfung, wie weit das Direktionsrecht des Arbeitgebers reicht, müssen einschlägige Tarifverträge und Betriebsvereinbarungen beachtet werden.

1.3 Billiges Ermessen

Das Direktionsrecht des Arbeitgebers findet auch dort seine Grenze, wo die Ausführung der erteilten Weisung dem Arbeitnehmer nach „Billigkeitsgrundsätzen" nicht mehr zugemutet werden kann (§ 315 Abs. 2 BGB). Auch wenn der Arbeitgeber mit einer Weisung nicht gegen Arbeitsvertrag, Tarifvertrag oder Betriebsvereinbarungen verstößt, kann der Grundsatz des „billigen Ermessens" dazu führen, dass eine erteilte Weisung unzulässig ist. Dies ist immer dann der Fall, wenn die schützenswerten Interessen des Arbeitnehmers im Rahmen einer Interessenabwägung denen des Arbeitgebers vorgehen. Dies ist z. B. der Fall, wenn

▶ der Arbeitnehmer in einen vermeidbaren Gewissenskonflikt gerät (z. B. überzeugte Tierschützerin wird in die Pelzabteilung eines Kaufhauses versetzt);

▶ der Gleichbehandlungsgrundsatz ohne sachlichen Grund verletzt wird (z. B. jüngstes Mitglied einer Arbeitsgruppe muss immer die unangenehmsten Arbeiten verrichten);

▶ die Weisung willkürlicher oder schikanöser Natur ist (z. B. geschiedene Ehefrau wird Ex-Gatten als Sekretärin zugewiesen).

Je nach arbeitsrechtlichem Bezug der erteilten Weisung (Tätigkeit, Verhalten, Zeit oder Ort der Arbeitsleistung) ergeben sich besondere Umstände, die in der anzustellenden Interessenabwägung zu berücksichtigen sind.

1.4 Gesetzliche Verbote

Unter keinen Umständen darf der Arbeitgeber mit seiner Weisung gegen gesetzliche Verbote oder die guten Sitten verstoßen. So wäre z. B. eine Weisung, die die Begehung einer Straftat zum Inhalt hat, unzulässig.

Beispiel:

Der Arbeitgeber darf einen bei ihm angestellten Autoverkäufer nicht anweisen, gegenüber den Kunden die Eigenschaft eines Unfallfahrzeugs arglistig zu verschweigen. Hierin könnte ein (versuchter) Betrug i. S. d. § 263 StGB liegen. Eine solche Weisung ist rechtswidrig.

Auch aus den Schutzbestimmungen des Mutterschutzgesetzes, des Jugendarbeitsschutzgesetzes und des Arbeitszeitgesetzes ergeben sich Einschränkungen, die der Arbeitgeber im Rahmen seines Direktionsrechts zu berücksichtigen hat. Ein Verstoß gegen Beschäftigungsverbote führt zwangsläufig zu einer Überschreitung des Direktionsrechts. Eine entsprechende Weisung ist rechtswidrig.

1.5 Betriebliche Mitbestimmung

Soweit ein Betriebsrat vorhanden ist, muss ein Arbeitgeber bei der Erteilung von Weisungen auch die betriebsverfassungsrechtlichen Beteiligungsrechte beachten. So muss z. B. bei Versetzungen gemäß § 99 BetrVG eine Beteiligung des Betriebsrats erfolgen. Auch die in § 87 BetrVG geregelten Mitbestimmungsrechte betreffen solche Bereiche, in denen der Arbeitgeber typischerweise ein Direktionsrecht hat.

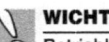
WICHTIG!
Betriebliches Mitbestimmungserfordernis prüfen!

ACHTUNG!
Bindet der Arbeitgeber sich bei der Ausübung seines Direktionsrechts dahingehend, den Arbeitnehmer bei Vorliegen der fachlichen und persönlichen Voraussetzungen in bestimmter Weise einzusetzen, ist er nicht gehindert, von dem Einsatz abzusehen, falls der Betriebsrat formal wirksam seine erforderliche Zustimmung zu einer damit verbundenen Versetzung verweigert. Der Arbeitgeber ist (dann) nicht verpflichtet, ein Zustimmungsersetzungsverfahren durchzuführen (BAG v. 16.3.2010, Az. 3 AZR 31/09).

2. Weisungen zur Tätigkeit

2.1 Zulässige Weisungen

Im Rahmen der vertraglich geschuldeten Arbeitsleistung steht dem Arbeitgeber das Direktionsrecht zu, die Art der von dem Arbeitnehmer zu leistenden Tätigkeit näher zu bestimmen. Je ungenauer die vertragliche Leistungsbestimmung im Arbeitsvertrag erfolgt ist, umso weiter reicht das Bestimmungsrecht des Arbeitgebers. Erfolgt etwa eine Einstellung für einen fachlich umschriebenen Bereich (z. B. Sekretärin, Verkäufer, Fahrer, Kfz-Mechaniker), so kann der Arbeitgeber kraft seines Direktionsrechts sämtliche Arbeiten innerhalb dieses vereinbarten Berufsbilds zuweisen.

Beispiel:
Eine als „Verkäuferin" eingestellte Arbeitnehmerin kann aufgrund einseitiger Arbeitgeberweisung von der Kinder- in die Herrenabteilung eines Kaufhauses umgesetzt werden (LAG Köln v. 26.10.1984, NZA 1985, 258).

Der Arbeitgeber kann mit dem Arbeitnehmer den Rahmen für die Zuweisung von Tätigkeiten vertraglich erweitern. Hierzu kann im Arbeitsvertrag eine sog. Direktions- oder Vorbehaltsklausel vereinbart werden, wonach der Arbeitgeber bei entsprechenden betrieblichen Bedürfnissen berechtigt sein soll, dem Arbeitnehmer auch eine andere, außerhalb der konkret umschriebenen Tätigkeit liegende und nach Qualifikation sowie Eignung zumutbare Tätigkeit zuweisen.

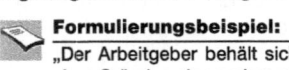
Formulierungsbeispiel:
„Der Arbeitgeber behält sich vor, dem Arbeitnehmer aus betrieblichen Gründen eine andere zumutbare Tätigkeit zuzuweisen, die dem Ausbildungsstand und der Qualifikation des Arbeitnehmers entspricht."

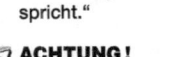
ACHTUNG!
Je größer das Einsatzspektrum eines Arbeitnehmers im Arbeitsvertrag ausgestaltet ist, umso mehr Arbeitnehmer sind im Falle einer Kündigung in die soziale Auswahl mit einzubeziehen.

2.2 Unzulässige Weisungen

Ist ein Arbeitnehmer für eine bestimmte Tätigkeit eingestellt worden oder wurde der Tätigkeitsbereich im Arbeitsvertrag durch eine zusätzliche Stellenbeschreibung detailliert beschrieben, so ist auch der Arbeitgeber hieran gebunden. Im Rahmen des Direktionsrechts darf keine andere Tätigkeit zugewiesen werden.

Beispiel:
Wird ein Arbeitnehmer nach den arbeitsvertraglichen Bestimmungen mit einer Tätigkeit betraut, die einer bestimmten, tarifvertraglich geregelten Wertigkeit entspricht („überwiegend als Redakteur"), werden ihm jedoch zum vertraglich vorgesehenen Zeitpunkt des Inkrafttretens der arbeitsvertraglichen Regelung ohne Einschränkung Aufgaben zugewiesen, die einer höherwertigen Tätigkeit entsprechen (Redaktionsleitung), wird diese Tätigkeit zum Inhalt des Arbeitsvertrags. Die Frage der Beschränkung des Direktionsrechts stellt sich in diesem Falle nicht (LAG München v. 4.11.2011, Az. 3 Sa 322/11). Eine Versetzung im Rahmen des Direktionsrechts auf die im

Arbeitsvertrag genannte geringwertigere Position ist in einem solchen Fall unzulässig. Eine als „Verkaufsberaterin in der Kinderabteilung" eingestellte Arbeitnehmerin kann aufgrund einseitiger Arbeitgeberweisung nicht in eine andere Abteilung des Kaufhauses umgesetzt werden.

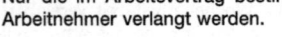
ACHTUNG!
Eine Einschränkung des Direktionsrechts kann sich auch aus geänderten Umständen (z. B. Beförderung) oder der langfristigen Beschäftigung auf einem bestimmten Arbeitsplatz ergeben.

Grundsätzlich unzulässig ist die Umsetzung eines Arbeitnehmers auf einen geringerwertigen Arbeitsplatz. Dies gilt selbst dann, wenn die ursprünglich für den höherwertigen Arbeitsplatz vereinbarte Vergütung weiter gezahlt wird.

Nur in Notfällen darf der Arbeitgeber seinen Arbeitnehmern ausnahmsweise auch solche Tätigkeiten zuweisen, die mit der arbeitsvertraglich geschuldeten Leistung nichts zu tun haben. Nur wenn der Arbeitgeber die Situation nicht durch rechtzeitige Personal- oder sonstige Bedarfsplanung bewältigen kann, liegt ein Notfall vor.

Generell ist festzuhalten, dass ein Arbeitgeber kraft Direktionsrechts keinen Eingriff in die ursprüngliche Entgeltvereinbarung vornehmen darf. Unzulässig sind daher insbesondere:

▸ Herabstufungen in eine andere Lohngruppe;

▸ Streichung von Bereitschaftsdiensten;

▸ Übergang vom Leistungs- zum Zeitlohn oder umgekehrt;

▸ Streichung von Provisionen, Tantiemen, Prämien etc.

Auch die Zuweisung von sog. Nebenarbeiten – also solchen Tätigkeiten, die mit dem arbeitsvertraglich geschuldeten Aufgabenbereich nicht unmittelbar zusammenhängen – (z. B. Beschaffen von Material, Pflegearbeiten an Betriebsinventar, Werkzeugen oder Maschinen, Aufräumen des Arbeitsplatzes, Pflege der Arbeitskleidung, Kaffeekochen etc.) wird grundsätzlich nicht durch das Direktionsrecht gedeckt.

WICHTIG!
Nur die im Arbeitsvertrag bestimmten Nebenarbeiten dürfen vom Arbeitnehmer verlangt werden.

3. Weisungen zum Verhalten

Über die eigentliche Zuweisung einer konkreten Tätigkeit kann der Arbeitgeber im Rahmen des Direktionsrechts auch Weisungen zum Verhalten seiner Arbeitnehmer erteilen.

3.1 Zulässige Weisungen

Insbesondere in Fragen der Betriebsordnung kann der Arbeitgeber kraft Direktionsrechts Verhaltensmaßregeln aufstellen. Dies gilt selbst dann, wenn der Arbeitsvertrag oder kollektivrechtliche Vereinbarungen (Tarifvertrag, Betriebsvereinbarung) hierzu nichts vorsehen. Zulässig sind in der Regel:

▸ Rauchverbote zum Schutz anderer Arbeitnehmer (oder der Produktion);

▸ Absolutes Alkoholverbot;

▸ Anordnungen zum Tragen von Schutzkleidung;

▸ Anordnungen zur Unterbringung von Kleidungsstücken oder Wertgegenständen;

▸ Anordnungen zur Nutzung von Computern und Telefon;

▸ Anordnungen über Tor- oder Sicherheitskontrollen.

3.2 Unzulässige Weisungen

Soweit die Weisung des Arbeitgebers mit der arbeitsvertraglich geschuldeten Tätigkeit bzw. der Betriebszugehörigkeit überhaupt nichts zu tun hat, ist sie unzulässig. Der Arbeitgeber darf den Arbeitnehmern keine Weisungen zum außerdienstlichen

Verhalten erteilen. Durch entsprechende Anordnungen wäre das „billige Ermessen" überschritten, da keine schutzwürdigen Interessen des Arbeitgebers erkennbar sind.

Nur in Ausnahmefällen können die Pflichten des Arbeitnehmers auch in den außerdienstlichen Bereich hineinreichen.

Beispiel:

Bei kirchlichen Betrieben ist die christliche Lebensführung auch im Privatleben der im Glaubensauftrag tätigen Arbeitnehmer vorauszusetzen.

4. Weisungen zur Arbeitszeit

Die Dauer der regelmäßigen → *Arbeitszeit* ist in aller Regel in einem Arbeitsvertrag, Tarifvertrag oder in einer Betriebsvereinbarung geregelt. Innerhalb dieses Rahmens kommen für den Arbeitgeber auch Weisungen zur konkreten Ausgestaltung der Arbeitszeit in Betracht.

4.1 Zulässige Weisungen

Soweit nichts anderes vereinbart ist, kann der Arbeitgeber grundsätzlich einseitig die wöchentliche Arbeitszeit auf die einzelnen Wochentage verteilen, Beginn und Ende der täglichen Arbeitszeit sowie die Pausen festlegen.

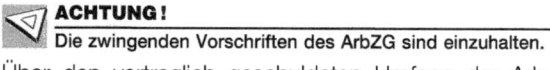

WICHTIG!

Wenn ein Betriebsrat existiert, besteht ein erzwingbares Mitbestimmungsrecht (§ 87 Abs. 1 Nr. 3 BetrVG).

Soweit die Lage der täglichen Arbeitszeit, also auch die Zuordnung zu bestimmten Schichten, im Arbeitsvertrag nicht vereinbart wurde, darf der Arbeitgeber kraft Direktionsrechts die zeitliche Lage und die Einteilung in Schichten frei bestimmen (LAG Köln v. 14.2.1997, NZA-RR 1997, 391). Dies gilt auch für die Einteilung zu Spätschichten (LAG Niedersachsen v. 26.7.2001, Az. 7 Sa 1813/00).

ACHTUNG!

Die zwingenden Vorschriften des ArbZG sind einzuhalten.

Über den vertraglich geschuldeten Umfang der Arbeit (also regelmäßig die vereinbarten Wochenstunden) hinaus darf der Arbeitgeber Überstunden aufgrund seines Direktionsrechts nur dann anordnen, wenn er sich dieses Recht im Arbeitsvertrag vorbehalten hat.

Auch aufgrund eines Tarifvertrags oder aufgrund einer Betriebsvereinbarung kann dem Arbeitgeber das Recht zustehen, die regelmäßige betriebliche Arbeitszeit einseitig zu verlängern oder wieder auf die tarifliche Arbeitszeit zu verkürzen (§ 7 ArbZG). Die Festlegung dieses Arbeitszeitrahmens muss der Arbeitgeber dann nach billigem Ermessen (also unter Berücksichtigung der Arbeitnehmerinteressen) vornehmen.

In Notfällen darf der Arbeitgeber auch dann Überstunden anordnen, wenn dies vertraglich zwar nicht vorgesehen, aber zur Abwehr von Schäden dringend notwendig ist. Ein Notfall liegt vor, wenn plötzlich eingetretene Umstände nicht mehr durch rechtzeitige Personal- oder sonstige Bedarfsplanung bewältigt werden können (z. B. Umwelt- oder Naturkatastrophen, epidemieähnlicher Ausfall von Arbeitskräften).

4.2 Unzulässige Weisungen

Der Arbeitgeber darf Überstunden nicht anordnen, wenn dies nicht einzelvertraglich oder kollektivvertraglich vorgesehen ist. Etwas anderes gilt nur in Notfällen (s. o. 4.1).

Auch eine Verkürzung der Arbeitszeit (und damit auch der Vergütung) darf der Arbeitgeber einseitig nicht vornehmen. Nach Auffassung des BAG kann sich der Arbeitgeber eine solche einseitige Verkürzung auch vertraglich nicht vorbehalten.

Auch die einseitige Anordnung von Kurzarbeit ist im Regelfall unzulässig. Allerdings können Tarifverträge oder Betriebsver-

einbarungen sie zulässig machen. Eine besondere gesetzliche Ermächtigungsgrundlage ist in § 19 KSchG geregelt. Hiernach ist der Arbeitgeber bei bevorstehenden Massenentlassungen berechtigt, bis zum Zeitpunkt des Wirksamwerdens der Kündigungen Kurzarbeit anzuordnen.

5. Weisungen zum Arbeitsort

5.1 Zulässige Weisungen

Der Ort der Arbeitsleistung ergibt sich regelmäßig aus dem Arbeitsvertrag. Üblicherweise wird ein Arbeitnehmer für einen bestimmten Betrieb eingestellt. Soweit der Arbeitsvertrag nichts anderes vorsieht, kann der Arbeitgeber den Arbeitnehmer jederzeit auf einen anderen Arbeitsplatz innerhalb des Betriebs versetzen.

Wird der Betrieb des Arbeitgebers innerhalb des gleichen Orts verlegt, ist es dem Arbeitnehmer auch grundsätzlich zuzumuten, seine Arbeit in der neuen Betriebsstätte zu verrichten.

Wenn kein fester Arbeitsort vereinbart wurde (wie z. B. bei Fahrern, Personal in Reinigungsunternehmen, Montagearbeitern), kann der Arbeitgeber grundsätzlich jeden Arbeitsort innerhalb des räumlichen Einzugsbereichs des Betriebs zuweisen.

In Arbeits- oder Tarifverträgen wird dem Arbeitgeber oftmals eine Versetzungsbefugnis vorbehalten.

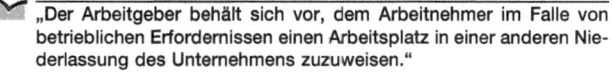

Formulierungsbeispiel:

„Der Arbeitgeber behält sich vor, dem Arbeitnehmer im Falle von betrieblichen Erfordernissen einen Arbeitsplatz in einer anderen Niederlassung des Unternehmens zuzuweisen."

5.2 Unzulässige Weisungen

Gerade hinsichtlich der Versetzungsbefugnis eines Arbeitgebers (auch wenn diese vertraglich vorbehalten wurde) spielt die Abwägung der beiderseitigen Interessen (im Rahmen des billigen Ermessens) eine erhebliche Rolle. Hierbei sind insbesondere folgende Umstände zu berücksichtigen:

- ▶ wirtschaftliche und soziale Bindung des Arbeitnehmers an den bisherigen Arbeitsort;
- ▶ familiäre Situation des Arbeitnehmers;
- ▶ Lebensalter des Arbeitnehmers;
- ▶ Verfügbarkeit anderer – weniger schutzwürdiger oder freiwilliger – Arbeitnehmer für die Tätigkeit an dem anderen Arbeitsort.

Generell unzulässig ist die Versetzung an einen Arbeitsort, den der Arbeitnehmer nur unter besonderen Schwierigkeiten erreichen kann. Auch ein Auslandseinsatz, der nicht vertraglich vorgesehen wurde, darf vom Arbeitgeber nicht angeordnet werden.

III. Rechte des Arbeitnehmers

1. Beschwerde

In Betrieben, in denen ein Betriebsrat besteht, kann sich der Arbeitnehmer über die Weisung des Arbeitgebers nach § 84 BetrVG beschweren.

2. Arbeitsverweigerung

Überschreitet der Arbeitgeber sein Direktionsrecht, so ist der Arbeitnehmer zur Verweigerung der Weisung berechtigt. Diese Arbeitsverweigerung stellt keine Verletzung der Arbeitspflicht dar, weil die unberechtigte Weisung nicht verbindlich ist. Der Arbeitnehmer trägt allerdings im Falle der Arbeitsverweigerung das Risiko, dass die Weisung letztendlich doch von dem Direktionsrecht des Arbeitgebers gedeckt ist.

3. Arbeitsgerichtliche Klärung

Oftmals fällt es dem Arbeitnehmer schwer, eine sichere Beurteilung über die Rechtmäßigkeit der Weisung anzustellen. Um das Risiko einer unberechtigten Arbeitsverweigerung zu vermeiden, kann der Arbeitnehmer die Weisung unter dem Vorbehalt der Rechtmäßigkeit bzw. einer gerichtlichen Überprüfung annehmen. Er hat dann zunächst die Weisung des Arbeitgebers zu befolgen.

Stellt sich bei der anschließenden arbeitsgerichtlichen Klärung heraus, dass die Weisung nicht vom Direktionsrecht des Arbeitgebers gedeckt war, kann er diese als gegenstandslos betrachten und Weiterbeschäftigung zu den ursprünglichen Arbeitsbedingungen verlangen.

> **ACHTUNG!**
> Der Arbeitnehmer ist an eine Weisung des Arbeitgebers, die nicht aus sonstigen Gründen unwirksam ist, vorläufig gebunden, bis durch ein rechtskräftiges Urteil gem. § 315 Abs. 3 Satz 2 BGB die Unverbindlichkeit der Leistungsbestimmung festgestellt wird (BAG v. 22.2.2012, Az. 5 AZR 249/11). Soweit dem Arbeitnehmer durch die (vorläufige) Befolgung einer rechtswidrigen Weisung Schaden entsteht, ist der Arbeitgeber schadensersatzpflichtig.

Selbstverständlich kann der Arbeitnehmer auch die Befolgung der Weisung ablehnen und selbst Klage beim Arbeitsgericht erheben. Da er sich hierdurch jedoch dem Risiko aussetzt, dass das Arbeitsgericht zu seinen Lasten entscheidet, ist ein derartiges Vorgehen in der Praxis nicht zu erwarten.

Soweit durch die Weisung des Arbeitgebers Leistungen des Arbeitnehmers gekürzt wurden, kann der Arbeitnehmer beim Arbeitsgericht auf Leistung (Zahlung) klagen. In einem solchen Verfahren wird die Berechtigung der Weisung ebenfalls überprüft.

IV. Reaktionsmöglichkeiten des Arbeitgebers

Die Reaktionsmöglichkeiten des Arbeitgebers hängen davon ab, wie die Rechtmäßigkeit seiner Weisung zu beurteilen ist.

1. Zulässige Weisungen

Kann von der Zulässigkeit der Weisung ausgegangen werden, kommen im Falle der Arbeitsverweigerung folgende Möglichkeiten in Betracht:

1.1 Abmahnung

Die unberechtigte Arbeitsverweigerung stellt einen schwerwiegenden Verstoß gegen die arbeitsvertraglichen Pflichten dar. Der Arbeitgeber hat in diesem Fall das Recht, den Arbeitnehmer wegen der unberechtigten Arbeitsverweigerung abzumahnen und ihn zur Befolgung der Anweisung aufzufordern (→ *Abmahnung*).

> **ACHTUNG!**
> Stellt sich die Weisung nachträglich als rechtswidrig heraus, kann der Arbeitnehmer auch gegen die Abmahnung gerichtlich vorgehen.

1.2 Kündigung

Bei nachhaltiger Weigerung des Arbeitnehmers ist der Arbeitgeber – die Berechtigung seiner Weisung vorausgesetzt – befugt, das Arbeitsverhältnis außerordentlich zu kündigen (→ *Kündigung*).

> **TIPP!**
> Der außerordentlichen Kündigung sollte zumindest eine Abmahnung vorausgehen.

1.3 Schadensersatz

Soweit dem Arbeitgeber durch die rechtswidrige Arbeitsverweigerung ein Schaden entsteht (z. B. Produktionsausfall), kann er vom Arbeitnehmer Schadensersatz verlangen. Führt die Arbeitsverweigerung zur außerordentlichen Kündigung, besteht ein zusätzlicher Schadensersatzanspruch gemäß § 628 Abs. 2

BGB. Hiernach hat der Arbeitnehmer auch den Schaden zu ersetzen, der durch die Aufhebung des Arbeitsverhältnisses entsteht (Kosten einer Ersatzkraft unter Abzug der ersparten Vergütung des Gekündigten, Kosten der Stellenausschreibung etc.).

2. Zweifelhafte Fälle

Nicht immer kann die Rechtmäßigkeit einer Weisung eindeutig geklärt werden. Insbesondere die Frage des „billigen Ermessen" wird im Streitfall letztendlich durch das Arbeitsgericht entschieden. Aus diesem Grunde sollte ein Arbeitgeber in zweifelhaften Fällen nicht ohne weiteres eine → *Abmahnung* aussprechen oder gar kündigen.

2.1 Rücknahme der Weisung

Will es der Arbeitgeber nicht auf einen Rechtsstreit über die Wirksamkeit der von ihm erteilten Weisung ankommen lassen, kann er diese – anders als eine → *Kündigung* – jederzeit zurücknehmen.

> **TIPP!**
> Die Rücknahme bzw. Gegenstandslosigkeit der Weisung sollte aus Beweisgründen schriftlich erklärt werden.

2.2 Änderungsvertrag

Ist sich der Arbeitgeber bereits im Vorfeld seiner Weisung nicht sicher, ob diese vom Direktionsrecht umfasst ist, sollte er dem Arbeitnehmer zunächst einen Änderungsvertrag anbieten. Die einvernehmliche Änderung der Arbeitsbedingungen ist jederzeit möglich, auch wenn die einseitige Verfügung im Wege des Direktionsrechts unzulässig wäre. Für den Fall, dass der Arbeitnehmer mit dem Angebot nicht einverstanden ist, kann der Arbeitgeber bereits frühzeitig die Notwendigkeit einer entsprechenden Weisung oder eines Änderungsangebots hervorheben.

> **Formulierungsbeispiel:**
> „Für den Fall, dass Sie mit dem vorgeschlagenen Angebot zur Änderung des Arbeitsverhältnisses nicht einverstanden sind, müssten wir dies im Wege des Direktionsrechts einseitig verfügen und hilfsweise eine Änderungskündigung erklären."

2.3 Änderungskündigung

Schließlich hat der Arbeitgeber noch die Möglichkeit, die Änderung der Arbeitsbedingungen bzw. die Zuweisung einer neuen Tätigkeit, eines neuen Arbeitsorts oder einer neuen → *Arbeitszeit* im Wege einer → *Änderungskündigung* durchzusetzen. Voraussetzung hierfür ist, dass die Änderung der Arbeitsbedingungen sozial gerechtfertigt ist.

V. Checkliste Direktionsrecht

I. Weisungen zur Tätigkeit

1. Welche Tätigkeit wurde im Arbeits- und/oder Tarifvertrag vereinbart?

2. Haben sich zwischenzeitlich Veränderungen im Tätigkeitsbereich ergeben (z. B. durch Beförderung)?

3. Welche Tätigkeit wird vom Arbeitnehmer derzeit geschuldet?

4. Liegt die neue Tätigkeit außerhalb des geschuldeten Tätigkeitsbereichs?

   ❏ Ja → es handelt sich um eine Versetzung, die vom Direktionsrecht nicht gedeckt ist

   ❏ Ja, aber der Arbeitgeber hat sich die Zuweisung einer anderen Tätigkeit im Arbeits- oder Tarifvertrag ausdrücklich vorbehalten → weiter mit Frage 5

   ❏ Nein → weiter mit Frage 5

5. Ist die neue Tätigkeit hinsichtlich der Vergütungsgruppe/ Stellung in der Betriebshierarchie als geringwertiger anzusehen?

   ❏ Ja → Direktionsrecht überschritten, Änderungskündigung erforderlich!

   ❏ Nein → weiter mit Frage 6

6. Ist die Beschäftigung des Arbeitnehmers auf dem neuen Arbeitsplatz gesetzlich verboten?

   ❏ Ja → Direktionsrecht überschritten, keine Zuweisung möglich!

   ❏ Nein → weiter mit Frage 7

7. Stehen den betrieblichen Interessen überwiegende Nachteile auf Seiten des Arbeitnehmers gegenüber?

   ❏ Ja → Direktionsrecht überschritten, Änderungskündigung erforderlich!

   ❏ Vielleicht → Zuweisung vorsichtshalber mit Änderungskündigung verbinden!

   ❏ Nein → Zuweisung der neuen Tätigkeit wirksam und verbindlich

8. Wenn ein Betriebsrat existiert: Beteiligungsrechte prüfen!

II. Weisungen zum Verhalten

1. Werden mit der Anordnung betriebliche Zwecke verfolgt?

   ❏ Nein → Direktionsrecht überschritten, keine Anordnung möglich!

   ❏ Ja → weiter mit Frage 2

2. Verstößt die Anordnung gegen gesetzliche Verbote?

   ❏ Ja → Direktionsrecht überschritten, keine Anordnung möglich!

   ❏ Nein → weiter mit Frage 3

3. Stehen den betrieblichen Interessen überwiegende Nachteile auf Seiten des Arbeitnehmers gegenüber?

   ❏ Ja → Direktionsrecht überschritten, Änderungskündigung erforderlich!

   ❏ Vielleicht → Zuweisung vorsichtshalber mit Änderungskündigung verbinden!

   ❏ Nein → Zuweisung der neuen Tätigkeit wirksam und verbindlich

4. Wenn ein Betriebsrat existiert: Beteiligungsrechte prüfen!

III. Weisungen zur Arbeitszeit

1. Was wurde zur Arbeitszeit in Arbeits- und/oder Tarifvertrag bzw. Betriebsvereinbarung geregelt?

2. Liegt die Anordnung in dem Rahmen dieser Regelungen?

   ❏ Nein → Direktionsrecht überschritten, Änderungskündigung erforderlich!

   ❏ Ja, aber der Arbeitgeber hat sich die Anordnung anderer oder neuer Arbeitszeit im Arbeits- oder Tarifvertrag ausdrücklich vorbehalten → weiter mit Frage 3

   ❏ Ja → weiter mit Frage 3

3. Verstößt die Anordnung gegen gesetzliche Verbote (insbes. ArbZG, JArbSchG, MuSchG, SGB IX)?

   ❏ Ja → Direktionsrecht überschritten, keine Anordnung möglich!

   ❏ Nein → weiter mit Frage 4

4. Stehen den betrieblichen Interessen überwiegende Nachteile auf Seiten des Arbeitnehmers gegenüber?

   ❏ Ja → Direktionsrecht überschritten, Änderungskündigung erforderlich!

   ❏ Vielleicht → Anordnung vorsichtshalber mit Änderungskündigung verbinden!

   ❏ Nein → Anordnung wirksam und verbindlich

5. Wenn ein Betriebsrat existiert: Beteiligungsrechte prüfen!

IV. Weisungen zum Arbeitsort

1. Welcher Arbeitsort wurde im Arbeitsvertrag vereinbart?

2. Wo ist die Arbeitsleistung vom Arbeitnehmer derzeit zu erbringen?

3. Befindet sich der neue Arbeitsort in dem vertraglich vereinbarten Bereich?

   ❏ Nein → es handelt sich um eine Versetzung, die vom Direktionsrecht nicht gedeckt ist (weitere Prüfung der Rechtmäßigkeit unter Versetzung)

   ❏ Nein, aber der Arbeitgeber hat sich die Zuweisung eines anderen Arbeitsorts im Arbeits- oder Tarifvertrag ausdrücklich vorbehalten → weiter mit Frage 4

   ❏ Ja → weiter mit Frage 4

4. Stehen den betrieblichen Interessen überwiegende Nachteile auf Seiten des Arbeitnehmers gegenüber (familiäre Situation, Lebensalter, soziale und wirtschaftliche Bindungen)?

   ❏ Ja → Direktionsrecht überschritten, Änderungskündigung erforderlich!

   ❏ Vielleicht → Zuweisung vorsichtshalber mit Änderungskündigung verbinden!

   ❏ Nein → Zuweisung der neuen Tätigkeit wirksam und verbindlich

5. Steht ein anderer versetzungswilliger oder weniger schutzwürdiger Arbeitnehmer zur Verfügung?

   ❏ Ja → Direktionsrecht überschritten, Änderungskündigung erforderlich!

   ❏ Nein → Anordnung wirksam und verbindlich

6. Wenn ein Betriebsrat existiert: Beteiligungsrechte prüfen!

Einigungsstelle

I. Begriff und Zuständigkeit
   1. Erzwingbares Einigungsstellenverfahren
   2. Freiwilliges Einigungsstellenverfahren

II. Bildung der Einigungsstelle
   1. Errichtung
   2. Personelle Zusammensetzung
      2.1 Vorsitzender
      2.2 Beisitzer
      2.3 Stellung der Mitglieder der Einigungsstelle

III. Verfahren vor der Einigungsstelle
1. Verfahrensgrundsätze
2. Beschlussfassung

IV. Rechtswirkungen des Einigungsstellenspruchs

V. Kosten der Einigungsstelle
1. Allgemeine Verfahrenskosten
2. Vergütung der Mitglieder und des Vorsitzenden

VI. Anfechtung des Einigungsstellenspruchs
1. Rechtsfehler
2. Ermessensfehler

VII. Haftung des Einigungsstellenvorsitzenden

I. Begriff und Zuständigkeit

Zur Beilegung von Meinungsverschiedenheiten zwischen den Betriebspartnern (Arbeitgeber und → *Betriebsrat*) sieht § 76 BetrVG die Bildung einer betrieblichen Einigungsstelle vor. Wenn sich beide Seiten nicht im vorrangigen Weg von Verhandlungen verständigen können, soll durch die Einigungsstelle als innerbetriebliche Schlichtungsstelle der Konflikt gelöst werden.

Ist in einer Streitfrage die Zuständigkeit des Gesamtbetriebsrats oder Konzernbetriebsrats gegeben, kann auch hier die Einigungsstelle zur Schlichtung errichtet werden. Dagegen ist sie nicht einsetzbar für die Lösung von Konflikten zwischen Arbeitgeber und einer vom Betriebsrat nach § 28a BetrVG eingesetzten Arbeitsgruppe und von Konflikten zwischen Arbeitgeber und → *Jugend- und Auszubildendenvertretung*. Ebenso wenig dient sie der Schlichtung von Streitigkeiten zwischen Arbeitgeber und Arbeitnehmern oder auch zwischen Betriebsrat und Arbeitnehmern.

1. Erzwingbares Einigungsstellenverfahren

In Fällen, in denen das Gesetz die Regelung einer Angelegenheit zwingend dem Mitbestimmungsrecht des Betriebsrats unterwirft, wird die Einigungsstelle bereits auf Antrag nur einer Seite (Betriebsrat oder Arbeitgeber) tätig. Die durch Spruch verkündete Entscheidung der Einigungsstelle ist für beide Seiten verbindlich. In der Zwangsschlichtung liegt die hauptsächliche Bedeutung der Einigungsstelle. Diese Fälle sind im Betriebsverfassungsgesetz genau genannt.

▶ Teilnahme von Betriebsratsmitgliedern und Mitgliedern der Jugend- und Auszubildendenvertretung an Schulungs- und Bildungsveranstaltungen (§§ 37, 65 BetrVG);

▶ Freistellung von Betriebsratsmitgliedern von der Arbeit (§ 38 BetrVG);

▶ Festlegung von Zeit und Ort der Sprechstunden des Betriebsrats und der Jugend- und Auszubildendenvertretung (§§ 39, 69 BetrVG);

▶ Herabsetzung der Zahl der Gesamt- und Konzernbetriebsratsmitglieder sowie der Jugend- und Auszubildendenvertretung (§§ 47, 55, 72 BetrVG);

▶ → *Beschwerde* eines Arbeitnehmers, die der Betriebsrat für berechtigt erachtet (§ 85 BetrVG);

▶ Mitbestimmung in sozialen Angelegenheiten (§ 87 BetrVG);

▶ Ausgleichsmaßnahmen bei Änderung von Arbeitsablauf oder Arbeitsumgebung (§ 91 BetrVG);

▶ Mitbestimmung bei der Einführung von Maßnahmen der betrieblichen Berufsbildung (§ 97 Abs. 2 BetrVG);

▶ Mitbestimmung bei Personalfragebögen, persönlichen Angaben in Formulararbeitsverträgen und bei Aufstellung allgemeiner Beurteilungsgrundsätze (§ 94 BetrVG);

▶ Mitbestimmung über Richtlinien für Einstellung, Versetzung, Umgruppierung und Kündigung von Arbeitnehmern (§ 95 BetrVG);

▶ Mitbestimmung bei der Durchführung betrieblicher Bildungsmaßnahmen und bei der Auswahl der Teilnehmer (§ 98 BetrVG);

▶ Auskunft über wirtschaftliche Angelegenheiten an den Wirtschaftsausschuss (§ 109 BetrVG);

▶ Aufstellung eines Sozialplans bei → *Betriebsänderungen* (§ 112 BetrVG);

▶ Bestellung und Abberufung der Betriebsärzte und Fachkräfte für Arbeitssicherheit sowie Erweiterung oder Einschränkung ihres Aufgabenbereichs (§ 9 ASiG).

Durch eine tarifvertragliche Regelung kann dieser Katalog erweitert werden. Arbeitgeber und Betriebsrat können zudem vereinbaren, dass Kündigungen – über die gesetzlich vorgesehene Anhörung und das gesetzlich geregelte Widerspruchsrechts hinaus – der Zustimmung des Betriebsrats bedürfen und dass bei Meinungsverschiedenheiten über die Berechtigung der Nichterteilung der Zustimmung die Einigungsstelle entscheidet (§ 102 Abs. 6 BetrVG).

2. Freiwilliges Einigungsstellenverfahren

Die Zuständigkeit der Einigungsstelle ist nicht auf die oben unter 1. aufgezählten Fälle beschränkt, in denen das Gesetz im Streitfall eine verbindliche Entscheidung der Einigungsstelle vorsieht. Ihr können auch sonstige Meinungsverschiedenheiten zwischen Arbeitgeber und Betriebsrat, Gesamt- oder Konzernbetriebsrat vorgelegt werden. In diesen Fällen handelt es sich um ein sog. freiwilliges Einigungsstellenverfahren. Voraussetzung ist lediglich, dass die zu verhandelnde Angelegenheit in die Zuständigkeit des Betriebsrats fällt und die Betriebsparteien über sie verfügungsbefugt sind.

Beispiele:

Einführung einer Personalplanung; Regelung des Beschwerdeverfahrens; soziale Angelegenheiten, die nicht bereits gesetzlich dem erzwingbaren Mitbestimmungsrecht des Betriebsrats unterliegen (z. B. Errichtung von Sozialeinrichtungen, Maßnahmen zur Förderung der Vermögensbildung).

Das freiwillige Einigungsstellenverfahren wird durchgeführt, wenn beide Seiten es beantragen oder zumindest mit dem Tätigwerden der Einigungsstelle einverstanden sind. Der Spruch der Einigungsstelle hat zunächst nur die Bedeutung eines Vorschlags, wenn sich nicht beide Parteien dem Spruch bereits im Voraus unterworfen haben. Fehlt es an einer vorhergehenden Unterwerfung, wird der Spruch erst durch beiderseitige nachträgliche Annahme wirksam. Die entsprechenden Erklärungen können formlos erfolgen, setzen jedoch auf Betriebsratsseite einen wirksamen Beschluss voraus. Beide Parteien haben nicht nur das Recht, den Schiedsspruch abzulehnen, sondern jede Seite kann jederzeit durch Zurückziehung der von ihr benannten Beisitzer (s. u. II.2.2) das Verfahren beenden.

Eine Besonderheit gilt bei der Erstellung eines Interessenausgleichs. Hier wird die Einigungsstelle bereits – wie beim erzwingbaren Einigungsstellenverfahren – auf Antrag nur einer Seite tätig, doch hat der Spruch – wie beim freiwilligen Einigungsstellenverfahren – nur dann bindende Wirkung, wenn sich beide Seiten dem Spruch vorher unterworfen haben bzw. ihn nachträglich annehmen.

::rehm

II. Bildung der Einigungsstelle

1. Errichtung

Eine Einigungsstelle kann grundsätzlich erst dann errichtet werden, wenn die Betriebsparteien in vorangegangenen Verhandlungen über eine Angelegenheit keine Einigung erzielt haben. Etwas anderes gilt dann, wenn eine Partei innerbetriebliche Verhandlungen von vornherein ablehnt, aber auch schon dann, wenn eine Betriebspartei davon ausgehen kann, dass man aus eigener Kraft nicht mehr in der Lage ist, eine einvernehmliche Regelung zu finden. Diese Situation kann sich ergeben, wenn die Umstände, z. B. das schlechte Verhandlungsklima, eine Seite zu der Überzeugung gelangen lassen, dass man sich außerhalb des Einigungsstellenverfahrens nicht mehr verständigen kann. Kurzfristige inhaltliche Gegenvorschläge oder weitere Verhandlungsangebote stehen der Errichtung nicht entgegen. Andernfalls hätte es die verhandlungsunwillige Seite in der Hand, durch Verzögerungstaktiken die Einsetzung einer Einigungsstelle längere Zeit zu blockieren.

Beispiel:

Der Arbeitgeber, der eine Auswahlrichtlinie zur Sozialauswahl bei betriebsbedingten Kündigungen herbeiführen möchte, ist nicht verpflichtet, von diesem eingeschränkten Regelungsgegenstand Abstand zu nehmen, wenn der Betriebsrat im Gegenzug umfassende Verhandlungen über Auswahlrichtlinien nach § 95 BetrVG fordert. Die Verhandlungen können vom Arbeitgeber für gescheitert erklärt werden (LAG Rheinland-Pfalz v. 8.3.2012, Az. 11 TaBV 5/12).

Die Errichtung erfolgt grundsätzlich nur zur Beilegung der konkreten Meinungsverschiedenheit. Durch eine freiwillige → *Betriebsvereinbarung* kann zwar eine ständige Einigungsstelle errichtet werden, doch empfiehlt sich dies nur ausnahmsweise, z. B. dann, wenn häufiger dem Mitbestimmungsrecht des Betriebsrats unterliegende Angelegenheiten zu entscheiden sind. Die Einrichtung einer ständigen Einigungsstelle kann nicht – im verbindlichen Einigungsstellenverfahren – gegen oder ohne den Willen einer der Betriebsparteien angeordnet werden. In der Praxis finden sich ständige Einigungsstellen nur äußerst selten.

Die Einigungsstelle entsteht durch die Einigung beider Parteien auf die Person eines Vorsitzenden und die Anzahl der Beisitzer. Kommt es auch insoweit zu keiner Einigung, kann die Einsetzung einer Einigungsstelle beim Arbeitsgericht beantragt werden. Beim erzwingbaren Einigungsstellenverfahren können Arbeitgeber **oder** Betriebsrat den Antrag stellen; beim freiwilligen Einigungsstellenverfahren müssen **beide** Parteien den Antrag stellen.

Das Arbeitsgericht richtet die Einigungsstelle nur dann nicht ein, wenn die Einigungsstelle offensichtlich nicht zuständig ist. Dies ist dann anzunehmen, wenn ein Mitbestimmungsrecht des Betriebsrats schon auf den ersten Blick unter keinem rechtlichen Gesichtspunkt in Frage kommt oder bereits eine abschließende Betriebsvereinbarung in einer bestimmten Angelegenheit besteht.

Beispiele:

Offensichtliche Unzuständigkeit bei:

▶ Beschwerde eines Arbeitnehmers gegen eine Abmahnung;

▶ Beschwerde eines Arbeitnehmers, dass der Arbeitgeber für den Betrieb, in dem er tätig ist, anders als für andere Betriebe desselben Unternehmens, bisher keine betriebliche Altersversorgung eingeführt hat (LAG Köln v. 7.5.2008, Az. 7 TaBV 20/08);

▶ bereits rechtskräftiger Entscheidung zwischen Arbeitgeber und Betriebsrat, dass das geltend gemachte Mitbestimmungsrecht nicht besteht;

▶ der Frage, ob ein Wirtschaftsausschuss zu bestellen ist (LAG Hessen v. 1.8.2006, Az. 4 TaBV 111/06);

▶ Zuständigkeit des Gesamtbetriebsrats bezüglich eines vom Betriebsrat geltend gemachten Mitbestimmungsrechts.

Keine offensichtliche Unzuständigkeit ist dagegen anzunehmen, wenn eine Arbeitszeit-Betriebsvereinbarung besteht, in der aber nur Beginn und Ende der Arbeitszeit, Pausen und die Verteilung der Arbeitszeit auf die einzelnen Wochentage geregelt ist und der Arbeitgeber nun eine weitere Flexibilisierung der Arbeitszeit erreichen will, er etwa geregelt haben will, ob Mehrarbeit in ein Arbeitszeitkonto eingestellt werden kann. Mangels abschließender Regelung kann der Arbeitgeber hier die Einsetzung einer Einigungsstelle beantragen (LAG Hamm v. 10.9.2007, Az. 10 TaBV 85/07).

Auch besteht keine offensichtliche Unzuständigkeit, wenn eine strittige Mitbestimmungsfrage noch nicht höchstrichterlich entschieden wurde und in der instanzgerichtlichen Rechtsprechung und in der Literatur nach wie vor umstritten ist, ob für den strittigen Regelungsgegenstand ein Mitbestimmungsrecht besteht (BAG v. 19.9.2006, Az. 1 ABR 53/05). Dementsprechend soll auch eine Einigungsstelle zum Thema „Mobbing" nicht offensichtlich unzuständig sein (LAG München v. 20.10.2005, Az. 4 TaBV 61/05; LAG Hamm v. 5.10.2009, Az. 10 TaBV 63/09).

Kann eine Betriebsänderung im Sinne von § 111 BetrVG nicht von vornherein ausgeschlossen werden, scheitert die Einsetzung einer Einigungsstelle auch nicht daran, dass es gegebenenfalls an ausgleichspflichtigen Nachteilen fehlt. Im Rahmen des Interessenausgleichsversuchs sind wirtschaftliche Nachteile gesetzlich unterstellt. Die abschließende Prüfung hat die Einigungsstelle vorzunehmen; dabei kann die Aufstellung eines Sozialplans unterbleiben, wenn tatsächlich keine wirtschaftlichen Nachteile eingetreten sind (LAG Niedersachsen v. 5.5.2009, Az. 1 TaBV 28/09).

Liegt keine offensichtliche Unzuständigkeit vor, bestellt das Arbeitsgericht einen Vorsitzenden und/oder legt die Anzahl der Beisitzer fest.

Das Arbeitsgericht ist bei der Bestellung des Einigungsstellenvorsitzenden nicht an die Anträge der Beteiligten gebunden, es sei denn, beide Seiten haben gegen eine vorgeschlagene Person keine Einwände. Substantielle Bedenken einer Seite, d. h. stichhaltige Gründe für fehlendes Vertrauen gegenüber einem vorgeschlagenen Vorsitzenden reichen dagegen aus, um einen anderen zu bestellen, der Gewähr dafür bietet, das Einigungsstellenverfahren zeitnah, zügig und unabhängig durchzuführen. So kann etwa die Tatsache, dass der Einigungsstellenspruch eines vom Arbeitgeber vorgeschlagenen Arbeitsrichters in einem vergleichbaren Fall wegen Tarifwidrigkeit gerichtlich aufgehoben wurde, ausreichende subjektive Vorbehalte des Betriebsrats begründen.

Reine subjektive Vermutungen können dagegen nicht zu einer Ablehnung eines vorgeschlagenen Einigungsstellenvorsitzenden führen. So kann etwa allein der Einwand des Betriebsrats gegen einen vom Arbeitgeber vorgeschlagenen Vorsitzenden, dieser referiere eindeutig mehr auf Arbeitgeberseminaren, während er Betriebsratsschulungen so gut wie überhaupt nicht abhalte, keine Bedenken gegen die Neutralität begründen. Ebenso wenig drängen sich Bedenken gegen die Unparteilichkeit einer vorgeschlagenen Person auf, wenn eine Seite im Vorfeld des gerichtlichen Verfahrens bereits Kontakt mit dem vorgeschlagenen Vorsitzenden aufgenommen hat, um dessen Bereitschaft zur Übernahme des Vorsitzes und seine zeitliche Verfügbarkeit abzusprechen (LAG Rheinland-Pfalz v. 8.3.2012, Az. 11 TaBV 5/12).

Fehlt es an durch Tatsachen begründete Bedenken, so bestellt das Arbeitsgericht den im Antrag auf Einsetzung einer Einigungsstelle genannten Vorsitzenden. Insoweit gilt das „Windhund-Prinzip".

 **TIPP!**

Ist eine Auseinandersetzung um die Person des Einigungsstellenvorsitzenden zu erwarten, sollte nicht bereits im Vorfeld oder in der Antragsschrift derjenige vorgeschlagen werden, den man gern als Einigungsstellenvorsitzenden sehen würde. Der Erstgenannte ist in der Regel „verbrannt". Taktisch geschickter ist es, den gewünschten Vorsitzenden erst dann – möglichst überraschend – zu präsentieren, wenn ein erster „Schlagabtausch" mit gegenseitiger Ablehnung des jeweils Vorgeschlagenen stattgefunden hat.

Im Einsetzungsverfahren, das einem besonderen Beschleunigungsgrundsatz unterliegt, kann nicht gleichzeitig die Feststellung der Unzuständigkeit der Einigungsstelle beantragt werden (LAG Hamm v. 7.7.2003, Az. 10 TaBV 85/03). Es ist jedoch jederzeit möglich, parallel zum Einsetzungsverfahren oder auch nachträglich in einem gesonderten Verfahren vom Arbeitsgericht klären zu lassen, ob die Einigungsstelle tatsächlich zuständig ist. Nur in diesem Verfahren erfolgt eine umfassende Prüfung. Die eingerichtete Einigungsstelle kann das Einigungsverfahren bis zu dieser Entscheidung aussetzen, ist dazu aber nicht verpflichtet.

2. Personelle Zusammensetzung

Die Einigungsstelle besteht aus der gleichen Anzahl von Beisitzern des Arbeitgebers und des Betriebsrats und einem Vorsitzenden. Sie hat deshalb eine ungerade Zahl von Mitgliedern.

2.1 Vorsitzender

Der Vorsitzende der Einigungsstelle muss unparteiisch sein. Haben sich Arbeitgeber und Betriebsrat auf einen Vorsitzenden geeinigt, ist von seiner Unabhängigkeit auszugehen. Die Einigung auf einen Betriebsangehörigen als Vorsitzenden ist zulässig, empfehlenswerter ist es jedoch, einen nicht betriebsangehörigen Dritten zu wählen. Für die Praxis empfiehlt sich die Benennung eines Arbeitsrichters, eines Beamten des Arbeitsministeriums oder eines Hochschullehrers, da diese sowohl die notwendigen arbeitsrechtlichen Kenntnisse als auch die erforderliche Unparteilichkeit erwarten lassen. Die für den Vorsitz der Einigungsstelle vorgesehene Person ist **nicht** verpflichtet, das Amt des Einigungsstellenvorsitzenden anzunehmen.

WICHTIG!

Da dem Vorsitzenden wegen der ungeraden Mitgliederzahl eine Schlüsselrolle zukommt, sollte seine Auswahl mit großer Sorgfalt erfolgen. Neben der Unparteilichkeit und den Fach- und Rechtskenntnissen sind insbesondere seine Einsichtsfähigkeit und sein Verhandlungsgeschick von großer Bedeutung.

Ergeben sich während des Verfahrens Zweifel an der Unparteilichkeit, können die Beteiligten den Vorsitzenden auch zu diesem Zeitpunkt noch wegen der Besorgnis der Befangenheit ablehnen und die Abberufung gegebenenfalls gerichtlich zu beantragen. Im Zusammenhang mit der Ablehnung finden die Vorschriften über die Ablehnung eines Schiedsrichters nach § 1036 ff ZPO entsprechende Anwendung (BAG v. 17.11.2010, Az. 7 ABR 100/09). Das Ablehnungsrecht verliert nur derjenige, der sich auf die Verhandlung der Einigungsstelle rügelos einlässt, obwohl ihm die Ablehnungsgründe bekannt sind.

2.2 Beisitzer

Die Beisitzer werden je zur Hälfte von Arbeitgeber und Betriebsrat benannt. Ihre Anzahl ist gesetzlich nicht festgelegt und bleibt deshalb den Parteien überlassen. Maßgebliche Kriterien für die Anzahl stellen die Schwierigkeit des Streitfalls, die Anzahl der betroffenen Arbeitnehmer oder Arbeitnehmergruppen, die Zumutbarkeit der Einigungsstellenkosten sowie die notwendigen Fachkenntnisse und Erfahrungen dar. So kann insbesondere bei schwierigen und komplexen Streitfällen oder bei Streitfällen mit weitreichenden Auswirkungen eine höhere Beisitzerzahl erforderlich sein.

In der Praxis haben Einigungsstellen mit durchschnittlichem Schwierigkeitsgrad in der Regel zwei Beisitzer für jede Seite (Regelbesetzung). Diese Zahl erhöht sich ausnahmsweise auf drei bis vier Beisitzer bei schwierigen Streitfällen, kann sich aber bei einfachen Streitigkeiten auch auf einen Beisitzer pro Seite beschränken, wie etwa bei einer Einigungsstelle über die Berechtigung der Beschwerde eines Arbeitnehmers gemäß § 85 Abs. 2 BetrVG (LAG Hessen v. 3.11.2009, Az. 4 TaBV 185/09). Im Falle einer Nichteinigung über die Zahl der Beisitzer ent-

scheidet das Arbeitsgericht bei erzwingbaren Einigungsstellenverfahren auf entsprechenden Antrag einer Seite, bei freiwilligen Einigungsstellenverfahren nur auf Antrag beider Seiten. Der Betriebspartner, der im erzwingbaren Einigungsstellenverfahren ein Abweichen von der Regelbesetzung fordert, hat hierfür „nachprüfbare" Tatsachen anzuführen (z. B. Komplexität des zu regelnden Sachverhalts, Anzahl der betroffenen Arbeitnehmer oder Arbeitnehmergruppen, mit dem Regelungsgegenstand verbundene schwierige Rechtsfragen oder Zumutbarkeit der Einigungsstellenkosten (LAG Rheinland-Pfalz v. 7.10.2010, Az. 11 TaBV 45/09). Allein der Umstand, dass es um eine Betriebsänderung geht und die Erarbeitung eines Interessenausgleichs und Sozialplans ansteht, rechtfertigt noch kein Abweichen von der Regelbesetzung (LAG Niedersachsen v. 8.7.2007, Az. 1 TaBV 63/07).

Arbeitgeber und Betriebsrat treffen jeweils allein die Entscheidung über die Personen, die sie auf ihrer Seite als Beisitzer in die Einigungsstelle entsenden. Besondere Voraussetzungen müssen die Beisitzer nicht erfüllen. Als Beisitzer können sowohl Betriebsangehörige als auch Betriebsfremde wie Gewerkschaftsfunktionäre, Vertreter eines Arbeitgeberverbands oder Rechtsanwälte bestimmt werden. Es können auch ausschließlich Betriebsfremde als Beisitzer herangezogen werden. Der Arbeitgeber kann nicht verlangen, dass der Betriebsrat nur Betriebsangehörige in die Einigungsstelle entsendet. Üblich ist in der Praxis die Auswahl sowohl interner wie auch außerbetrieblicher Beisitzer auf jeder Seite. Dabei bietet die Mitwirkung der betriebsangehörigen Beisitzer den Vorteil der Sachnähe und Kenntnis der betrieblichen Gegebenheiten, die Mitwirkung der außerbetrieblichen Beisitzer den Vorteil der Wahrnehmung der Interessen der entsendenden Betriebspartei in rechtlicher bzw. sonstiger fachlicher Hinsicht.

Betriebsratsmitglieder dürfen ebenso wie der Arbeitgeber selbst Beisitzer sein. Die Beisitzer üben ihr Amt höchstpersönlich aus und können daher für ihre Tätigkeit in der Einigungsstelle Dritten keine Verfahrensvollmacht erteilen. Sie können jedoch von den Parteien kurzfristig abberufen und durch andere ersetzt werden. Benennt eine Seite überhaupt keine Mitglieder, entscheidet die Einigungsstelle allein mit den Mitgliedern der anderen Seite und dem Vorsitzenden.

WICHTIG!

Keine Partei kann die von der anderen Seite benannten Beisitzer ablehnen. Dies gilt auch dann, wenn mit der Benennung einer bestimmten Person durch den Betriebsrat Kosten entstehen.

2.3 Stellung der Mitglieder der Einigungsstelle

Die Beisitzer haben ebenso wie der Vorsitzende nur nach bestem Wissen und Gewissen zu entscheiden, ohne an Weisungen oder Aufträge gebunden zu sein. Sie sind in dieser Funktion keine Vertreter des Arbeitgebers oder des Betriebsrats. Sie dürfen in der Ausübung ihrer Tätigkeit nicht gestört oder behindert werden. Ein vorsätzlicher Verstoß ist strafbar, doch wird die Tat nur auf Antrag verfolgt. Bei groben Verstößen kommt nach § 23 Abs. 3 BetrVG auch ein Antrag beim Arbeitsgericht auf Unterlassung des beanstandeten Verhaltens in Betracht.

Alle Mitglieder der Einigungsstelle unterliegen derselben Geheimhaltungspflicht wie der Betriebsrat.

III. Verfahren vor der Einigungsstelle

Das Verfahren vor der Einigungsstelle ist im Betriebsverfassungsgesetz (§§ 76 ff. BetrVG) nur unvollständig geregelt. Die Einigungsstelle bestimmt deshalb weitgehend selbst über das von ihr einzuhaltende Verfahren, wenn nicht die Betriebsparteien zuvor die Einzelheiten des Verfahrens in einer → *Betriebsvereinbarung* festgelegt haben.

1. Verfahrensgrundsätze

Der Freiraum zur Gestaltung des Verfahrensablaufs ist aber nicht unbegrenzt. Vielmehr sind die wenigen vorhandenen Verfahrensregelungen ebenso zwingend zu berücksichtigen wie die allgemein anerkannten elementaren Verfahrensgrundsätze. Sind Ort und Zeit einer Sitzung ausnahmsweise nicht zwischen allen Mitgliedern abgesprochen, hat der Vorsitzende zunächst für die rechtzeitige Einladung der Beisitzer zu sorgen. Fehlt es an einer ordnungsgemäßen Einladung und haben nicht alle Beisitzer an der Sitzung teilgenommen, ist ein beschlossener Spruch der Einigungsstelle unwirksam.

Im ersten Sitzungstermin hat die Einigungsstelle die Frage ihrer Zuständigkeit zu prüfen. Verneint sie diese, ist die Einstellung des Verfahrens zu beschließen. Bejaht sie hingegen ihre Zuständigkeit, wird der Streitfall umfassend erörtert. Die Einigungsstelle ist dabei nicht an die Anträge der Beteiligten gebunden, sondern verpflichtet, den Streitfall umfassend zu prüfen und den Konflikt vollständig zu lösen. Sie kann Beweise erheben, insbesondere Zeugen und Sachverständige vernehmen.

Die Einigungsstelle muss sowohl dem Arbeitgeber als auch dem Betriebsrat Gelegenheit zur Stellungnahme geben. Beide Seiten müssen die Möglichkeit erhalten, ihre Ansicht vorzutragen und Vorschläge zur Beilegung der Meinungsverschiedenheit zu machen. Sie können sich dabei durch Verbandsvertreter oder Rechtsanwälte vertreten lassen.

 WICHTIG!

Der Arbeitgeber muss die Kosten des vom Betriebsrat beauftragten Rechtsanwalts tragen, durch den sich dieser vor der Einigungsstelle vertreten lässt. Dies gilt jedenfalls dann, wenn schwierige Rechtsfragen zu erörtern sind und kein Betriebsratsmitglied über den zur sachgerechten Interessenwahrnehmung notwendigen juristischen Sachverstand verfügt. In diesem Fall darf der Betriebsrat dem von ihm ausgewählten Rechtsanwalt auch ein Honorar in Höhe der Vergütung eines betriebsfremden Beisitzers (s. u. V.2.) zusagen, wenn dieser nur gegen eine derartige Zahlung zur Mandatsübernahme bereit ist.

An den Sitzungen der Einigungsstelle dürfen nur der Arbeitgeber und der Betriebsrat bzw. deren Vertreter teilnehmen. Zwangsmittel zur Aufklärung des Sachverhalts stehen der Einigungsstelle weder gegen die Parteien noch gegenüber anderen Personen zur Verfügung. Keiner der Befragten ist zur Aussage verpflichtet; eine eidliche Vernehmung ist ausgeschlossen. Wird ein Arbeitnehmer des Betriebs als Zeuge vernommen, muss ihn der Arbeitgeber bei voller Lohnfortzahlung für diese Zeit freistellen.

2. Beschlussfassung

Die Einigungsstelle fasst ihre Beschlüsse nach mündlicher Beratung. Beratung und Beschlussfassung müssen immer in Abwesenheit der Parteien erfolgen. Andernfalls ist der Spruch der Einigungsstelle unwirksam.

Der Spruch wird mit der Mehrheit der Stimmen gefasst. Die Entscheidung muss folglich die Zustimmung der Mehrheit der Mitglieder der Einigungsstelle gefunden haben. Bleiben die von einer Seite benannten Beisitzer trotz rechtzeitiger Einladung der Sitzung fern oder hat eine Seite gar keine Beisitzer benannt, so entscheiden die erschienenen Beisitzer der anderen Seite und der Vorsitzende allein.

Bei der ersten Abstimmung muss sich der Vorsitzende der Stimme enthalten. Kommt eine Stimmenmehrheit – und damit eine Einigung unter den Parteien – nicht zustande, folgt eine weitere Beratung, die noch in der gleichen Sitzung stattfinden kann. An der sich anschließenden zweiten Abstimmung nimmt nunmehr auch der Vorsitzende teil. Stimmenthaltungen, insbesondere des Vorsitzenden, dessen Stimme nach der gesetzlichen Konzeption den Ausschlag geben soll, sind nicht möglich.

Erfolgen trotzdem Stimmenthaltungen, sind sie unberücksichtigt zu lassen und nicht als Ablehnung zu werten. Dem Vorsitzenden ist es jedoch gestattet, gegen alle zur Abstimmung gestellten Anträge zu stimmen. Andernfalls wäre er gezwungen, wenn alle zur Abstimmung anstehenden Anträge aus seiner Sicht mit höherrangigem Recht unvereinbar sind oder die Grenzen des Mitbestimmungsrechts überschreiten, einem Ergebnis zur Mehrheit zu verhelfen, dessen Anfechtbarkeit oder gar Nichtigkeit er erkennt. Macht er von dieser Möglichkeit Gebrauch, liegt keine verfahrensbeendende Sachentscheidung vor und das Verfahren ist fortzusetzen.

Der Beschluss der Einigungsstelle ist schriftlich abzufassen, vom Vorsitzenden zu unterschreiben und dem Arbeitgeber sowie dem Betriebsrat unverzüglich zuzuleiten. Insbesondere dann, wenn eine gerichtliche Auseinandersetzung um den Beschluss zu erwarten ist, sollte dieser begründet werden. Ein vom Vorsitzenden der Einigungsstelle nicht unterzeichneter Einigungsstellenspruch ist unwirksam (BAG v. 14.9.2010, Az. 1 ABR 30/09; BAG v. 5.10.2010, Az. 1 ABR 31/09). Es genügt nicht, dass der Vorsitzende die unterzeichnete Fassung des Spruchs zu seinen Unterlagen nimmt; ebenso wenig reicht die Zuleitung einer Text-Datei per E-Mail (BAG v. 13.3.2012, Az. 1 ABR 78/10); vielmehr muss er den Betriebsparteien ein von ihm unterzeichnetes Exemplar zuleiten. Eine nachträgliche, rückwirkende Heilung der Verletzung des Unterschriftserfordernisses ist nicht möglich. Ausdrücklich offen gelassen hat das BAG allerdings, ob eine unverzügliche Unterzeichnung des Einigungsstellenspruchs nach seiner Zuleitung an die Betriebsparteien den Formmangel noch beseitigen kann (BAG v. 5.10.2010, Az. 1 ABR 31/09).

IV. Rechtswirkungen des Einigungsstellenspruchs

Im erzwingbaren Einigungsstellenverfahren ersetzt der Spruch der Einigungsstelle die fehlende Einigung zwischen Arbeitgeber und Betriebsrat. Der Spruch der Einigungsstelle hat damit die gleiche Wirkung, als wenn sich die Parteien auf ihn geeinigt hätten. Der Arbeitgeber ist verpflichtet, den Spruch so durchzuführen, wie dieser es festlegt.

War ein Regelungsstreit (insbesondere bei den mitbestimmungspflichtigen sozialen Angelegenheiten, z. B. Fragen der betrieblichen Ordnung, der Lage der Arbeitszeit, der betrieblichen Lohngestaltung usw.) Gegenstand des Einigungsstellenverfahrens und ist im Spruch eine Regelung festgelegt, hat er die Bedeutung einer → Betriebsvereinbarung. Ergeben sich aus dem Spruch Rechtsansprüche zugunsten der einzelnen Arbeitnehmer, können diese vor dem Arbeitsgericht eingeklagt werden.

Handelt es sich dagegen um einen Spruch im freiwilligen Einigungsstellenverfahren, ersetzt der Spruch die Einigung der Betriebsparteien nur dann, wenn beide Seiten sich dem Spruch im Voraus unterworfen haben oder ihn nachträglich angenommen haben.

V. Kosten der Einigungsstelle

1. Allgemeine Verfahrenskosten

Die Kosten der Einigungsstelle trägt der Arbeitgeber. Hierzu gehören zunächst die Kosten der Einigungsstelle selbst, d. h. der Aufwand, der infolge der Durchführung des Einigungsstellenverfahrens entsteht. Zu diesem Geschäftsaufwand gehören insbesondere die Kosten für Räume, sachliche Mittel (etwa Schreibmaterial) und Büropersonal. Der Arbeitgeber trägt außerdem die Aufwendungen und Auslagen der Mitglieder der Einigungsstelle, die durch die Tätigkeit in der Einigungsstelle bedingt und erforderlich sind. Dies sind u. a. Reisekosten, Übernachtungs- und Verpflegungskosten sowie Telefon- und Portokosten.

Wenn die Einigungsstelle eine Sachverständigen-Anhörung zur sachgerechten und vernünftigen Erledigung des Verfahrens für erforderlich erachtet, sind auch diese Kosten vom Arbeitgeber zu tragen. Dies wird insbesondere immer dann zu bejahen sein, wenn die Mitglieder der Einigungsstelle das nötige spezielle Fachwissen nicht oder nicht ausreichend besitzen. Die Kosten des Sachverständigen müssen angemessen sein.

Der Betriebsrat ist auch berechtigt, auf Kosten des Arbeitgebers einen Rechtsanwalt mit der Wahrnehmung seiner Interessen vor der Einigungsstelle zu beauftragen. Voraussetzung ist jedoch, dass der Streitfall schwierige Rechtsfragen aufweist und kein Mitglied des Betriebsrats über das notwendige Fachwissen verfügt.

2. Vergütung der Mitglieder und des Vorsitzenden

Hinsichtlich der Vergütung der Mitglieder der Einigungsstelle unterscheidet das Gesetz zwischen den betriebsangehörigen Beisitzern einerseits und dem Vorsitzenden und den betriebsfremden Beisitzern andererseits. Die betriebsangehörigen Beisitzer erhalten für ihre Tätigkeit keine Vergütung. Sie üben ein unentgeltliches Ehrenamt aus, haben jedoch einen Anspruch darauf, für die Zeit der Mitwirkung in der Einigungsstelle von ihrer beruflichen Tätigkeit ohne Lohnkürzungen freigestellt zu werden.

Der Vorsitzende und die betriebsfremden Beisitzer der Einigungsstelle haben dagegen einen gesetzlichen Vergütungsanspruch gegenüber dem Arbeitgeber.

✎ WICHTIG!

Der Betriebsrat kann auch mehrere oder sogar ausschließlich betriebsfremde Beisitzer bestellen. Der Arbeitgeber muss die Benennung betriebsfremder Beisitzer durch den Betriebsrat hinnehmen und ihre Vergütung in jedem Fall zahlen. So steht insbesondere auch einem vom Betriebsrat als Beisitzer bestellten hauptamtlichen Gewerkschaftsfunktionär der Vergütungsanspruch zu.

Die Höhe der Vergütung ist im Einzelfall festzulegen. Wird eine Vergütungsabrede mit dem Einigungsstellenvorsitzenden vorab getroffen, ist bei Bezahlung nach Sitzungstagen ein Honorar zwischen 1 000 € und 2 500 € pro Sitzungstag und bei einer Vergütung nach Stunden ein Honorar von 150 € bis 300 € pro Stunde zu veranschlagen. Sofern sich Arbeitgeber und Einigungsstellenvorsitzender nicht auf eine Vergütung verständigt haben, kann der Vorsitzende die Vergütung nach billigem Ermessen festsetzen. Dabei hat er den erforderlichen Zeitaufwand (einschließlich der Vorbereitungs- und Nacharbeitszeiten für Protokollanfertigung, Spruchbegründung usw.), die Schwierigkeit der Streitigkeit sowie einen etwaigen Verdienstausfall zu berücksichtigen.

✐ TIPP!

Es empfiehlt sich, die Frage des Honorars offen zu lassen und erst nachträglich ein Pauschalhonorar zu vereinbaren. Kommt eine Einigung dann nicht zustande, setzt der Vorsitzende dieses zwar selbst fest, muss aber damit rechnen, dass der Arbeitgeber die Festsetzung gerichtlich überprüfen lässt. Dabei könnte deutlich weniger herauskommen. Zudem lässt gerade der Verweis auf die erst abschließend zu regelnde Honorarfrage so manchen Vorsitzenden eher vorsichtig und korrekt agieren.

Die Vergütung der betriebsfremden Beisitzer muss im Falle der Festsetzung niedriger bemessen sein als die des Vorsitzenden (§ 76a Abs. 4 S. 4 BetrVG). Dabei wird regelmäßig eine Vergütung in Höhe von $^7/_{10}$ des Vorsitzendenhonorars als angemessen erachtet. Dies gilt auch für der Einigungsstelle angehörende Rechtsanwälte.

Dessen ungeachtet ist es dem Arbeitgeber jedoch nicht untersagt, einem betriebsfremden Beisitzer im Wege einer ausdrücklich zu treffenden Vereinbarung auch ein höheres Honorar zuzusagen als dem Vorsitzenden der Einigungsstelle. Die Geltendmachung von Mehrwertsteuer bedarf in keinem Fall der vorherigen Vereinbarung mit dem Arbeitgeber.

VI. Anfechtung des Einigungsstellenspruchs

Etwaige Mängel des Einigungsstellenspruchs können vom Arbeitgeber oder vom Betriebsrat mit einem entsprechenden Antrag vor dem Arbeitsgericht geltend gemacht werden. Zu unterscheiden ist dabei zwischen Rechts- und Ermessensfehlern.

1. Rechtsfehler

Wird ein Rechtsverstoß (z. B. Formfehler, Überschreitung der Zuständigkeit, Fehler bei der Rechtsanwendung) geltend gemacht, ist der Antrag nicht an eine bestimmte Frist gebunden.

Beispiele für Rechtsfehler:

▶ Die Einigungsstelle übt ein Mitbestimmungsrecht des Betriebsrats so aus, dass sie dem Arbeitgeber das Recht einräumt, den mitbestimmungspflichtigen Tatbestand im Wesentlichen allein zu gestalten. So kann sich z. B. eine Regelung zum Tragen von Dienstkleidung nicht darauf beschränken, dass diese Pflicht für alle „dienstkleidungspflichtigen Mitarbeiter" gilt. Die Einigungsstelle muss den Kreis der Verpflichteten eindeutig bestimmen (BAG v. 17.1.2012, Az. 1 ABR 45/10).

▶ Die Einigungsstelle überschreitet ihre Regelungsbefugnis. Die Einigungsstelle kann im Hinblick auf das erzwingbare Mitbestimmungsrecht nach § 87 Abs. 2 Nr. 1 BetrVG (betriebliche Ordnung) zwar bestimmen, ob die Arbeitnehmer zum Zwecke eines einheitlichen Erscheinungsbildes während der Arbeit eine bestimmte Kleidung tragen sollen und wer die Kleidung zu beschaffen hat, doch kann sie nicht regeln, wer die Kosten für die Personalkleidung zu tragen hat (BAG v. 13.2.2007, Az. 1 ABR 18/06).

▶ Die Einigungsstelle beschließt Regelungen über Art und Weise einer Arbeitsschutz-Unterweisung nach § 12 ArbSchG, ohne dass eine Gefährdungsbeurteilung iSv. § 5 ArbSchG vorliegt, aufgrund derer sich aber erst erkennen lässt, welche Schutzmaßnahmen erforderlich sind. Allgemeine Bestimmungen über die Unterweisung zu Gefahren am Arbeitsplatz können nicht durch eine Einigungsstelle beschlossen werden (BAG v. 11.1.2011, Az. 1 ABR 104/09).

▶ Die Einigungsstelle erfüllt ihren Regelungsauftrag nach § 122 Abs. 4 BetrVG nicht, wenn sie lediglich Bestimmungen über die Verteilung eines möglichen Sozialplanvolumens trifft, ohne dass sie auch den Umfang der vom Unternehmen zur Verfügung zu stellenden Finanzmittel festlegt (BAG v. 26.5.2009, Az. 1 ABR 12/08).

Stellt das Arbeitsgericht einen Rechtsverstoß fest, wird der Spruch der Einigungsstelle für rechtsunwirksam erklärt. Die Betriebsparteien müssen einen neuen Einigungsversuch unternehmen, ggf. erneut über die Einigungsstelle.

2. Ermessensfehler

Neben der Rechtskontrolle kann das Arbeitsgericht auf Antrag auch eine sog. Ermessenskontrolle vornehmen. Hier wird geprüft, ob die Einigungsstelle ihre Beschlüsse unter angemessener Berücksichtigung der Belange des Betriebs und der betroffenen Arbeitnehmer gefasst hat. Ist dies der Fall und hält sich die Entscheidung der Einigungsstelle innerhalb der betrieblichen Gestaltungsspielräume – insbesondere auch innerhalb eines tariflichen Entscheidungsspielraums – liegt ohne Hinzutreten weiterer Umstände regelmäßig kein Ermessensfehler vor (BAG v. 9.11.2010, Az. 1 ABR 75/09).

Beispiel für einen Ermessensfehler:

Ein Arbeitgeber will eine freiwillige Zusatzleistung einführen, mit der die Übernahme von Führungsverantwortung auf einer bestimmten Leitungsebene honoriert werden soll. Der Betriebsrat macht sein Mitbestimmungsrecht geltend; es kommt zu keiner Einigung. Die daraufhin angerufene Einigungsstelle will die Gewährung der Leistung von einer mindestens 10-jährigen Konzernzugehörigkeit abhängig machen. Sachfremd erscheint diese Regelung schon allein deshalb, weil die Dauer der Konzernzugehörigkeit letztlich nichts mit der Übernahme von Führungsverantwortung zu tun hat. Damit aber hat die Einigungsstelle ihr Ermessen überschritten (LAG Köln v. 13.7.2005, Az. 7 TaBV 74/04).

Ermessensfehler können nur innerhalb einer Frist von zwei Wochen durch einen entsprechenden Antrag beim Arbeitsgericht geltend gemacht werden. Die Frist beginnt mit der Zustellung des Einigungsstellenbeschlusses.

ACHTUNG!

Die Zwei-Wochen-Frist darf nicht versäumt werden, sonst erlischt das Anfechtungsrecht endgültig.

VII. Haftung des Einigungsstellenvorsitzenden

Der Einigungsstellenvorsitzende darf in Regelungsfragen mit seiner Stimme nur einen rechts- und ermessensfehlerfreien Spruch herbeiführen. Er muss darauf achten, dass wesentliche Verfahrungsgrundsätze, die eine Unwirksamkeit des Einigungsstellenspruchs zur Folge haben, nicht verletzt werden. Kommt er diesen Verpflichtungen nicht nach, haftet er für eintretende Schäden. Regelmäßig besteht der ersatzfähige Schaden in den Kosten für die arbeitsgerichtliche Anfechtung des rechts- oder ermessensfehlerhaften Einigungsstellenspruchs und in den Mehrkosten für die weitere, ordnungsgemäße Durchführung des Einigungsstellenverfahrens. Schränken die fehlerhaften Teile des Einigungsstellenspruchs den Personaleinsatz im Betrieb deshalb ein, weil der Betriebsrat bis zur gerichtlichen Klärung auf der Einhaltung dieser scheinbar wirksamen Teile besteht, können auch die durch den gesetzten Rechtsschein verursachten Produktionsausfälle zu ersetzen sein. Umstritten ist jedoch, ob der Einigungsstellenvorsitzende nur für Vorsatz und grobe Fahrlässigkeit, oder auch bereits für einfache Fahrlässigkeit haftet.

Einstellung

I. Begriff

II. Stellenausschreibung

III. Prüfung der Besetzung mit schwerbehinderten Menschen

IV. Vorverhandlungen
1. Pflichten des Arbeitgebers
   1.1 Mitteilungspflichten
   1.2 Benachteiligungsverbot
   1.3 Bewerbungsunterlagen
2. Mitteilungspflichten des Bewerbers/Fragen des Arbeitgebers
3. Vorstellungsgespräch
4. Ärztliche Untersuchungen
5. Einholung von Auskünften
6. Auswahl des Bewerbers

IV. Abschluss des Arbeitsvertrags
1. Zustandekommen und Form des Arbeitsvertrags
2. Abschlussverbote
3. Beschäftigungsverbote
4. Vertretung
5. Mitwirkung des Betriebsrats
6. Vorlage von Arbeitspapieren

V. Muster: Einstellung
1. Einladung zum Vorstellungsgespräch
2. Beurteilungsbogen

I. Begriff

Unter dem Begriff „Einstellung" wird nachfolgend das gesamte Verfahren verstanden, das – beginnend mit der Stellenausschreibung – zum Abschluss des → *Arbeitsvertrags* führt. Enger ist der Begriff der Einstellung in § 99 BetrVG – hierunter fällt nur die Eingliederung eines Beschäftigten in die Betriebsorganisation, die der Zustimmung ces Betriebsrats bedarf.

II. Stellenausschreibung

Bei Stellenausschreibungen ist besonders darauf zu achten, dass sie nicht irreführend sind und nicht falsche Erwartungen bei den Bewerbern wecken.

ACHTUNG!

Zur Vermeidung von Diskriminierungsklagen müssen Stellenausschreibungen unbedingt geschlechtneutral formuliert sein. Ein Arbeitgeber darf eine Stelle nicht nur für Männer oder nur für Frauen ausschreiben, es sei denn, dass ein bestimmtes Geschlecht unverzichtbare Voraussetzung für den zu besetzenden Arbeitsplatz ist (z. B. wenn für eine Theaterrolle ein männlicher Schauspieler gesucht wird).

Besteht eine solche Vorgabe nicht, muss der Arbeitgeber darauf achten, dass die gesamte Ausdrucksweise der Ausschreibung sich sowohl an Frauen als auch an Männer richtet.

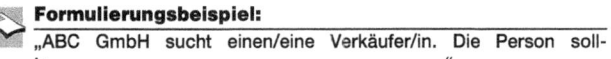

Formulierungsbeispiel:

„ABC GmbH sucht einen/eine Verkäufer/in. Die Person sollte..."

Tut er dies nicht, könnte die Ausschreibung später als Indiz für die ungerechtfertigte Benachteiligung wegen des Geschlechts herangezogen werden (s. u. IV.1.2).

Ferner darf die Stellenausschreibung keine Benachteiligung wegen Rasse oder ethnischer Herkunft, Religion oder Weltanschauung, Alter, Behinderung und/oder der sexuellen Identität eines Bewerbers indizieren. Andernfalls drohen im Falle der Ablehnung von Bewerbern Entschädigungsansprüche.

Der Arbeitgeber kann die Stelle sowohl innerbetrieblich als auch außerbetrieblich ausschreiben. Besteht ein Betriebsrat, kann dieser verlangen, dass die Stelle im konkreten Einzelfall (auch) innerhalb des Betriebs ausgeschrieben wird, § 93 BetrVG. Ebenso kann der Betriebsrat verlangen, dass generell alle Stellen vor ihrer Besetzung zunächst innerbetrieblich ausgeschrieben werden. Wie der Arbeitgeber die innerbetriebliche Ausschreibung vornimmt (also z. B. als Aushang am Schwarzen Brett, in einem Rundschreiben etc.), kann er selbst bestimmen, es sei denn, dass eine Betriebsvereinbarung ein bestimmtes Verfahren vorschreibt.

ACHTUNG!

Unterbleibt die innerbetriebliche Ausschreibung trotz Verlangen des Betriebsrats, kann der Betriebsrat der Einstellung eines außerbetrieblichen Bewerbers widersprechen (§ 99 Abs. 2 Nr. 5 BetrVG).

Der Betriebsrat kann aber nicht verlangen, dass die Stelle vorrangig mit einem innerbetrieblichen Bewerber besetzt wird. Hält also der Arbeitgeber einen externen Bewerber für geeigneter, steht es ihm frei, diesen einzustellen, statt einen innerbetrieblichen Bewerber auf die ausgeschriebene Stelle zu versetzen.

> **⚐ ACHTUNG!**
> Entgegen häufiger Handhabung von Betriebsräten stellt die Nichtberücksichtigung eines internen Bewerbers keine „Benachteiligung" des innerbetrieblichen Bewerbers im Sinne des § 99 Abs. 3 Nr. 2 BetrVG dar. Der Betriebsrat ist daher nicht berechtigt, die Zustimmung zur Einstellung eines externen Bewerbers zu verweigern, wenn er der Auffassung ist, dass ein interner Bewerber die erforderliche Qualifikation ebenfalls aufweist.

> **⚐ ACHTUNG!**
> Auch Arbeitsplätze, die der Arbeitgeber nicht mit eigenen Arbeitnehmern, sondern mit Leiharbeitnehmern besetzen will, müssen nach einschlägiger Rechtsprechung des BAG auf Verlangen des Betriebsrats zuvor innerbetrieblich ausgeschrieben werden.

III. Prüfung der Besetzung mit schwerbehinderten Menschen

§ 81 SGB IX sieht verpflichtend vor, dass der Arbeitgeber vor einer Einstellung prüfen muss, ob freie Arbeitsplätze mit schwerbehinderten Menschen, insbesondere mit bei der Agentur für Arbeit arbeitslos oder arbeitsuchend gemeldeten Menschen besetzt werden können. Kommt der Arbeitgeber dieser Verpflichtung nicht nach, kann der Betriebsrat die Zustimmung zur Einstellung desjenigen Bewerbers, für den sich der Arbeitgeber entschieden hat, mit der Begründung verweigern, die Einstellung verstoße gegen eine gesetzliche Vorschrift (§ 99 Abs. 1 Nr. 1 BetrVG).

IV. Vorverhandlungen

In den Verhandlungen vor Abschluss des Arbeitsvertrags kommt ein vertragsähnliches Verhältnis zwischen dem Arbeitgeber und dem Bewerber zustande. Dies begründet sowohl Pflichten für den Arbeitgeber als auch für den Bewerber.

1. Pflichten des Arbeitgebers

1.1 Mitteilungspflichten

▶ **Anforderungen:**

Gehen die Anforderungen an den künftigen Arbeitnehmer über den für die Stelle üblichen Rahmen hinaus, muss der Arbeitgeber dem Bewerber diese Anforderungen mitteilen. Dies gilt insbesondere, wenn die Anforderungen mit einer besonderen gesundheitlichen Belastung verbunden sind.

Um dieser Pflicht nachzukommen und spätere Unsicherheiten zu vermeiden, empfiehlt sich die schriftliche Erstellung eines Anforderungsprofils, das die wesentlichen Anforderungen und Erwartungen auflistet. Im Anforderungsprofil sollte ausdrücklich vermerkt werden, dass es nicht abschließend ist und dass spätere Änderungen dem Arbeitgeber vorbehalten bleiben.

> **⚐ ACHTUNG!**
> Die vom Arbeitgeber vorgegebenen Anforderungen wirken sich in der Regel bei Geltung eines betrieblichen oder tariflichen Entgeltsystems auf den Wert der Tätigkeit und damit auf die Eingruppierung des Arbeitnehmers aus.

▶ **Falsche Erwartungen:**

Der Arbeitgeber muss besonders darauf achten, dass er in dem Bewerber nicht die Annahme erweckt, dass es bestimmt zum Abschluss des Arbeitsvertrags kommen wird. Ein Arbeitsvertrag bedarf zu seiner Wirksamkeit keiner schriftlichen Vereinbarung, sodass ein wirksamer Vertrag auch schon durch eine mündliche Zusage zustande kommen kann.

1.2 Benachteiligungsverbot

Im Einstellungsverfahren muss der Arbeitgeber besonders darauf achten, dass er Bewerber nicht wegen ihres Geschlechts, ihrer Rasse oder ethnischen Herkunft, ihrer Religion oder Weltanschauung, ihres Alters, ihrer Behinderung oder ihrer sexuellen Identität ungerechtfertigt benachteiligt. Dies gilt vom Moment der Stellenausschreibung an bis hin zur Auswahl des Bewerbers und zum Vertragsabschluss (vgl. auch „Gleichbehandlung").

Wird ein Bewerber wegen eines der vorgenannten Merkmale benachteiligt (also nicht eingestellt), ohne dass es hierfür sachliche Gründe gibt (z. B. männlicher Bewerber hat mehr Berufserfahrung und ist daher schneller einsetzbar), kann der Benachteiligte eine Entschädigung vom Arbeitgeber verlangen. Im Streitfall können als Beweis sämtliche Indizien herangezogen werden, die auf eine evtl. Benachteiligung hindeuten. Lässt sich hierdurch eine Benachteiligung aufgrund von Indizien vermuten, muss der Arbeitgeber beweisen, dass die Benachteiligung gerechtfertigt war. Diese Grundsätze gelten für sämtliche Benachteiligungen wegen eines der o. g. Diskriminierungsmerkmale. Siehe hierzu weiterführend: → *Gleichbehandlung*.

1.3 Bewerbungsunterlagen

Der Arbeitgeber muss die Bewerbungsunterlagen sorgfältig behandeln und sicher aufbewahren. Es sollte daher vermieden werden, irgendwelche Kommentare auf die Unterlagen zu schreiben, insbesondere solche, die evtl. auf eine Diskriminierung schließen lassen könnten. Sobald feststeht, dass ein Arbeitsverhältnis nicht zustande kommen wird, müssen dem Bewerber die Unterlagen sofort ausgehändigt werden.

> **⚐ ACHTUNG!**
> Vorsicht bei der Verwendung von „post-it"-Zetteln auf Bewerbungsunterlagen. Beim Beschreiben können diese auch später noch sichtbare Abdrücke erzeugen, die u. U. als Indiz für Diskriminierungen herangezogen werden können.

Auch muss der Arbeitgeber Stillschweigen über den Inhalt der Bewerbungsunterlagen bewahren. Unterlagen aus einem Bewerbungsverfahren sind dem Bewerber grundsätzlich zurückzuschicken und beim Arbeitgeber vorhandene Unterlagen zu vernichten, sofern der Arbeitgeber kein berechtigtes Interesse an der Aufbewahrung hat (z. B. aufgrund einer zu erwartenden Rechtsstreitigkeit aus der Ablehnung der Bewerbung).

2. Mitteilungspflichten des Bewerbers/Fragen des Arbeitgebers

Der Bewerber muss von sich aus ungefragt dem Arbeitgeber bestimmte Tatsachen offenbaren, wenn er erkennt, dass diese Tatsachen eine erhebliche Bedeutung für die beabsichtige Tätigkeit haben. Dies gilt beispielsweise, wenn der Bewerber weiß, dass er aufgrund gesundheitlicher Vorschäden die vorgesehene Tätigkeit mit hoher Wahrscheinlichkeit nicht dauerhaft ausüben kann.

Neben dieser Offenbarungspflicht des Bewerbers hat der Arbeitgeber ein Fragerecht zur Person und zu den Fähigkeiten des Bewerbers. Diese Fragen werden regelmäßig im Bewerbungsverfahren (s. u. 3.) gestellt werden. Grundsätzlich darf der Arbeitgeber zwar sämtliche Fragen stellen, die im Zusammenhang mit dem Arbeitsverhältnis stehen, wenn er ein berechtigtes Interesse an der Beantwortung hat. Die Rechtsprechung hat jedoch diesem Fragerecht Grenzen gesetzt. Dies führt dazu, dass bestimmte Fragen unzulässig sind und der Bewerber sie deshalb nicht wahrheitsgemäß beantworten muss. Man spricht hier von einem sog. „Recht zur Lüge". Hat der Bewerber auf eine unzulässige Frage gelogen, kann der Arbeitgeber den später zustande gekommenen Arbeitsvertrag nicht wegen arglistiger Täuschung anfechten.

Mit Entscheidung v. 7.7.2011 hat das BAG generell Folgendes festgestellt: „Die falsche Beantwortung einer dem Arbeitnehmer bei der Einstellung zulässigerweise gestellten Frage kann den Arbeitgeber dazu berechtigen, den Arbeitsvertrag wegen arglistiger Täuschung anzufechten. Das setzt voraus, dass die Täuschung für den Abschluss des Arbeitsvertrags ursächlich war. Wirkt sich die Täuschung im Arbeitsverhältnis weiterhin aus, kann zudem eine Kündigung gerechtfertigt sein." (BAG v. 7.7.2011, Az. 2 AZR 396/10).

> ⚠ **ACHTUNG!**
>
> Die Rechtsprechung hat die Anforderungen an die Fragen, die einem Bewerber im Bewerbungsverfahren gestellt werden können, aus diskriminierungsrechtlichen und aus datenschutzrechtlichen Gründen zunehmend verschärft. Dies gilt insbesondere im Hinblick auf Fragen, die sich auf Rasse und ethnische Herkunft, Geschlecht, Religion und Weltanschauung, Behinderung, Alter und sexuelle Identität beziehen. Diese Fragen können ein Indiz für eine Benachteiligung darstellen und zu Entschädigungsansprüchen gegen den Arbeitgeber führen, wenn keine Einstellung des jeweiligen Bewerbers erfolgt (s. hierzu unter Gleichbehandlung). Vor diesem Hintergrund sollte mit Fragen in diesem Kontext äußerst zurückhaltend umgegangen werden.

Die nachfolgende Liste enthält für den Arbeitgeber bei der Einstellung potenziell wichtige Klärungspunkte.

▶ **Berufliche Fähigkeiten bzw. Erfahrung:**

Fragen zu den beruflichen Fähigkeiten des Bewerbers sind uneingeschränkt zulässig. Der Arbeitgeber hat ein berechtigtes Interesse daran, sich einen Überblick über Ausbildung, Berufserfahrung und frühere Tätigkeit/en des Bewerbers zu verschaffen.

▶ **Höhe der bisherigen Vergütung:**

Diese Frage ist zulässig, wenn die bisherige und angestrebte Position zumindest vergleichbare Kenntnisse und Fähigkeiten voraussetzen oder der Bewerber eine erfolgsabhängige Vergütung (wie z. B. Gewinnbeteiligung) bekommen hat. Sie ist unzulässig, wenn die bisherige → Vergütung keine Aussagekraft für die erstrebte Stelle hat (BAG v. 19.5.1983, Az. 2 AZR 171/81).

▶ **Aufenthalts- und Arbeitserlaubnis:**

Die Frage nach einer Aufenthalts- und Arbeitserlaubnis könnte nach dem Inkrafttreten des AGG problematisch sein, da diese ausschließlich ausländische Bewerber betrifft. Da das Vorliegen einer erforderlichen Aufenthalts- oder Arbeitserlaubnis die Grundvoraussetzung für die legale Beschäftigung eines Arbeitnehmers darstellt, dürfte es jedoch weiterhin zulässig sein, hiernach zu fragen.

▶ **Gesundheitszustand:**

Fragen zum Gesundheitszustand sind nur zulässig, wenn und soweit das Fehlen bestimmter Erkrankungen Voraussetzung für die Ausübung der vorgesehenen Tätigkeit ist. Zu unterscheiden ist zwischen einer früheren und einer bestehenden Krankheit:

Fragen zu einer früheren Krankheit muss der Bewerber nur wahrheitsgemäß beantworten, wenn die Krankheit für den Betrieb, die Arbeit und den Rest der Belegschaft (noch) von Bedeutung ist. Eine bestehende Krankheit muss entweder im Zusammenhang mit dem einzugehenden Arbeitsverhältnis stehen (BAG v. 7.6.1984, Az. 2 AZR 270/83), ansteckend sein (also eine Gefahr für den Rest der Belegschaft darstellen) oder bedeuten, dass in absehbarer Zeit eine Arbeitsunfähigkeit (z. B. wegen einer anstehenden Operation) eintreten wird.

Grundsätzlich sollten Fragen nach dem Gesundheitszustand des Bewerbers immer mit dem Hinweis auf die konkreten Anforderungen der Tätigkeiten verbunden werden, um zu erläutern, warum der Arbeitgeber ein berechtigtes Interesse an der wahrheitsgemäßen Beantwortung der Frage hat.

▶ **Schwerbehinderteneigenschaft:**

Die Frage nach der Schwerbehinderteneigenschaft war vor Inkrafttreten der gesetzlichen Diskriminierungstatbestände in § 81 SGB IX und im AGG uneingeschränkt zulässig (BAG v. 7.6.1984, Az. 2 AZR 270/83). Eine Offenbarungspflicht von sich aus hat der Bewerber aber nur, wenn er erkennen kann, dass er die Tätigkeit behinderungsbedingt nicht (uneingeschränkt) ausüben können wird (BAG v. 1.8.1985, Az. 2 AZR 101/83). Nach wie vor offen gelassen hat das BAG in einer Entscheidung vom 16.2.2012, Az. 6 AZR 553/10 die Frage, ob im Rahmen einer Einstellung nach einer zuerkannten Schwerbehinderung gefragt werden darf.

Einer Entscheidung des BAG vom 13.10.2011, Az. 8 AZR 608/10 lässt sich allerdings mittelbar entnehmen, dass die Frage des Arbeitgebers nach einer Schwerbehinderung im Rahmen des Bewerbungsverfahrens in der Regel unzulässig ist. Nach der Einführung des Diskriminierungsverbots in § 81 Abs. 2 SGB IX am 1.7.2001 und dem Inkrafttreten des Allgemeinen Gleichbehandlungesetzes (AGG) am 18.8.2006 sollte daher von entsprechenden Fragen in aller Regel Abstand genommen werden, um jeglichen Anschein einer potenziellen Diskriminierung zu vermeiden.

▶ **Alkohol- und/oder Drogenabhängigkeit:**

Alkohol- und/oder Drogengewohnheiten eines Bewerbers sind grundsätzlich dessen Privatsphäre zuzurechnen. Daher sind Fragen hiernach in aller Regel unzulässig. Nur wenn das Fehlen einer Alkohol- und/oder Drogenabhängigkeit eine zwingende Anforderung an die auszuübende Tätigkeit darstellt (z. B. bei einem Kraftfahrer), ist die Frage nach Alkohol- und/oder Drogenabhängigkeit zulässig. In allen anderen Fällen sollte von einer entsprechenden Frage Abstand genommen werden.

▶ **Schwangerschaft:**

Bei einem Arbeitsverhältnis ist die Frage nach der Schwangerschaft wegen der darin zum Ausdruck kommenden Geschlechter-Diskriminierung unzulässig.

Nach Auffassung des BAG gilt dies selbst dann, wenn eine unbefristet einzustellende Arbeitnehmerin die vereinbarte Tätigkeit während der Schwangerschaft wegen eines mutterschutzrechtlichen Beschäftigungsverbotes zunächst nicht ausüben kann (BAG v. 6.2.2003, Az. 2 AZR 621/01). Der Arbeitnehmerin steht in diesen Fällen sogar das Recht zur Lüge zu; d. h. bei falscher Beantwortung dieser Frage hat der Arbeitgeber nicht das Recht, den Arbeitsvertrag wegen arglistiger Täuschung anzufechten.

Wegen der mit dieser Frage verbundenen Gefahr, im Falle einer Ablehnung der Bewerberin wegen einer geschlechtsbezogenen Diskriminierung auf Entschädigung in Anspruch genommen zu werden, sollte die Frage nach der Schwangerschaft im Rahmen der Vertragsanbahnung nicht gestellt werden.

▶ **Heiratsabsicht und Kinderwunsch, Familienstand:**

Fragen nach Heiratsabsichten oder nach eventuellem Kinderwunsch sind wegen der Gefahr einer Diskriminierung nicht zulässig und sollten unter keinen Umständen gestellt werden, da sie ebenfalls aufgrund möglicher Rückschlüsse auf die sexuelle Orientierung zu einem Entschädigungsanspruch führen können!

▶ **Sexuelle Orientierung:**

Die Frage nach der sexuellen Orientierung steht nicht im Zusammenhang mit der beruflichen Qualifikation eines Bewerbers für eine bestimmte Tätigkeit. Daher war diese Frage bereits nach der bisherigen Rechtslage unzulässig. Dies muss erst recht nach Inkrafttreten des AGG gelten, da im Falle einer Ablehnung eines Bewerbers wegen seiner sexuellen Neigungen der Tatbestand einer unzulässigen Diskriminierung wegen der sexuellen Orientierung vorliegen dürfte.

▶ **Gewerkschaftszugehörigkeit:**

Die Frage nach der Gewerkschaftszugehörigkeit ist nicht zulässig.

▶ **Religions- und Parteizugehörigkeit:**

Die Frage nach Religions- und Parteizugehörigkeit ist unzulässig. Auch hier drohen im Falle der Ablehnung Entschädigungsansprüche. Ausnahmen gelten aber für sog. „Tendenzbetriebe" wie z. B. kirchliche Einrichtungen oder politische Parteien.

▶ **Vermögensverhältnisse:**

Die Frage nach den Vermögensverhältnissen des Bewerbers ist grundsätzlich unzulässig. Dies gilt allerdings nicht für Bewerber, die in einer besonderen Vertrauensstellung beschäftigt werden sollen. Dies ist insbesondere der Fall, wenn der Arbeitnehmer mit Fremdgeldern umgehen soll (z. B. als Bankangestellter eingestellt wird). Eine Offenbarungspflicht von sich aus hat der Bewerber aber nicht.

▶ **Pfändungen:**

Der Arbeitgeber darf nach laufenden (nicht nach erledigten!) Lohnpfändungen und Lohnabtretungen fragen. Eine Offenbarungspflicht von sich aus hat der Bewerber aber nicht.

▶ **Vorstrafen:**

Die Frage nach Vorstrafen ist nur zulässig, wenn die früheren Straftaten einen Bezug zur künftigen Tätigkeit haben. So kann man einen Bewerber als Bankangestellter nach begangenen Vermögensdelikten und einen Lkw-Fahrer nach Verkehrsdelikten fragen. Der Bewerber muss aber keine Vorstrafen angeben, die nicht mehr im Bundeszentralregister eingetragen oder nicht in ein polizeiliches Führungszeugnis aufzunehmen sind.

Eine Offenbarungspflicht von sich aus hat der Bewerber nicht.

▶ **Wettbewerbsverbote:**

Ein Bewerber darf uneingeschränkt danach gefragt werden, ob ein nachvertragliches → *Wettbewerbsverbot* mit einem früheren Arbeitgeber geschlossen worden ist. Er muss ungefragt von sich aus auf ein solches Wettbewerbsverbot hinweisen, wenn es die Arbeit im Unternehmen des neuen Arbeitgebers ausschließt.

3. Vorstellungsgespräch

Bei der Auswahl der einzuladenden Bewerber sollte der Arbeitgeber darauf achten, dass er keine Diskriminierung vornimmt.

Um die ersten spontanen Eindrücke festzuhalten, kann überlegt werden, während des Vorstellungsgesprächs oder unmittelbar danach einen Beurteilungsbogen auszufüllen (Muster s. u. V.2.). Nehmen von Arbeitgeberseite mehrere Personen an dem Vorstellungsgespräch teil, sollte jeder einen eigenen Bogen ausfüllen. Eventuell unterschiedliche Ergebnisse können dann diskutiert und ein Gesamtergebnis festgehalten werden.

Wenn der Arbeitgeber den Bewerber zur persönlichen Vorstellung eingeladen hat (eine Stellenanzeige ist noch keine Aufforderung!), dann ist er zur Erstattung der Vorstellungskosten verpflichtet (§ 662 ff. BGB), es sei denn, er hat klar zum Ausdruck gebracht, dass er die Vorstellungskosten nicht ersetzen wird.

TIPP!

In der Einladung zum Vorstellungsgespräch sollte der Umfang der Kostenerstattung genau festgelegt werden (Muster s. u. V.1.).

4. Ärztliche Untersuchungen

Nur in Fällen, in denen die vorgesehene Tätigkeit besondere gesundheitliche Anforderungen stellt, kann ausnahmsweise eine betriebsärztliche Untersuchung im Bewerbungsverfahren veranlasst werden. Die Kosten der Untersuchung trägt der Arbeitgeber.

Da eine ärztliche Untersuchung auf Verlangen des Arbeitgebers einen erheblichen Eingriff in das Persönlichkeitsrecht des Bewerbers darstellt, ist dessen Einwilligung erforderlich.

ACHTUNG!

§ 4a BDSG sieht für den Fall der Erhebung von Gesundheitsdaten zwingend eine schriftliche Einwilligung des Betroffenen vor.

Der Arzt darf dem Arbeitgeber aber in jedem Fall nur mitteilen, ob der Bewerber für den vorgesehenen Arbeitsplatz „tauglich", „bedingt tauglich" oder „untauglich" ist. Diagnostische Feststellungen oder detaillierte Untersuchungsergebnisse dürfen dem Arbeitgeber nicht mitgeteilt werden.

5. Einholung von Auskünften

Ein Bewerber fügt seinen Unterlagen in der Regel ein Zeugnis von seinem ehemaligen Arbeitgeber bei. Tut er das nicht oder ist das Zeugnis für den neuen Arbeitgeber nicht aussagekräftig genug, sollte davon Abstand genommen werden, eine Auskunft vom ehemaligen Arbeitgeber einzuholen. Der ehemalige Arbeitgeber ist weder verpflichtet noch auch nur berechtigt, dem neuen Arbeitgeber Auskünfte zu erteilen, da dies datenschutzrechtlich unzulässig wäre.

6. Auswahl des Bewerbers

Grundsätzlich hat der einstellende Arbeitgeber unter den Bewerbern freie Auswahl. Etwas anderes kann gelten, wenn mit Zustimmung des Betriebsrats Auswahlrichtlinien mit zwingend zu beachtenden und bindenden Kriterien aufgestellt wurden.

IV. Abschluss des Arbeitsvertrags

Das Einstellungsverfahren endet in der Regel mit dem Abschluss des Arbeitsvertrags. Einzelheiten zum Zustandekommen, Inhalt und zur Wirksamkeit sind unter diesem Schlagwort behandelt.

1. Zustandekommen und Form des Arbeitsvertrags

Der Arbeitsvertrag kann grundsätzlich schriftlich oder mündlich abgeschlossen werden oder auch „stillschweigend", indem der Arbeitnehmer die Arbeit aufnimmt und der Arbeitgeber nicht widerspricht. Ist durch Tarifvertrag die Schriftform vorgeschrieben, muss der Vertrag auch schriftlich geschlossen werden.

Befristete Arbeitsverträge müssen in jedem Fall schriftlich geschlossen werden (§ 14 Abs. 4 TzBfG). Dies bedeutet, dass zumindest die Befristungsvereinbarung in einer Urkunde sowohl vom Arbeitgeber (bzw. einer vertretungsberechtigten Person) als auch vom Arbeitnehmer vor Aufnahme der Arbeit eigenhändig unterzeichnet sein muss. Kopien, E-Mails oder Telefaxschreiben reichen hierzu ebenso wenig aus wie ein ori-

:: **rehm**

ginalschriftlicher Schriftwechsel, auf dem jeweils nur eine Unterschrift der Parteien erfolgt ist. Näheres hierzu s. unter „Befristetes Arbeitsverhältnis" III.

Es empfiehlt sich auch sonst in jedem Fall, den Arbeitsvertrag schriftlich zu formulieren. Nach dem Nachweisgesetz ist der Arbeitgeber ohnehin verpflichtet, bestimmte arbeitsvertragliche Bedingungen schriftlich festzuhalten und dem Arbeitnehmer auszuhändigen.

2. Abschlussverbote

Wenn ein Arbeitsvertrag gegen ein Abschlussverbot verstößt, ist er nichtig. Abschlussverbote ergeben sich aus Gesetz, Tarifvertrag oder Betriebsvereinbarung.

Beispiele:

Nichtig sind z. B.:

▶ Arbeitsverträge, die gegen das Gesetz zur Bekämpfung der Schwarzarbeit verstoßen;

▶ Arbeitsverträge mit Kindern unter 14 Jahren;

▶ Arbeitsverträge, die eine Verpflichtung zur Vornahme strafbarer Tätigkeiten beinhalten.

Im Falle von Betriebsvereinbarungen können sich Abschlussverbote z. B. aus den Auswahlrichtlinien bei Einstellungen, Versetzungen usw. ergeben.

3. Beschäftigungsverbote

Von Abschlussverboten sind Beschäftigungsverbote zu unterscheiden. Wird gegen ein Beschäftigungsverbot verstoßen, ist nicht der Arbeitsvertrag nichtig, sondern lediglich die Beschäftigung des Arbeitnehmers in dem bestimmten Bereich wird untersagt.

Beispiel:

Beschäftigungsverbote für werdende Mütter (§§ 3, 4 MuSchG).

4. Vertretung

Der Arbeitgeber wird sich in der Regel (insbesondere in größeren Betrieben) bei Vertragsabschluss vertreten lassen (z. B. vom Personalleiter). Der Vertreter muss erkennen lassen, dass er im Namen des Arbeitgebers handelt.

Der Arbeitnehmer wird sich in den seltensten Fällen bei Abschluss eines Arbeitsvertrags vertreten lassen; die Vertretung ist aber zulässig. Jugendliche können Arbeitsverträge selbst abschließen, wenn ihre gesetzlichen Vertreter (dies sind in der Regel die Eltern) es genehmigen.

5. Mitwirkung des Betriebsrats

Der Betriebsrat muss der Einstellung gemäß § 99 BetrVG zustimmen, wenn in dem Betrieb in der Regel mehr als 20 wahlberechtigte Arbeitnehmer beschäftigt sind (vgl. hierzu „Betriebliche Mitbestimmung").

6. Vorlage von Arbeitspapieren

Bei Abschluss eines Arbeitsvertrags muss der Arbeitnehmer dem Arbeitgeber einige Papiere vorlegen (Lohnsteuerkarte, Sozialversicherungsausweis und -nachweisheft sowie – je nach Einzelfall – weitere Unterlagen wie z. B. Gesundheitszeugnis, Arbeitserlaubnis etc.).

Für den wirksamen Abschluss des Arbeitsvertrags hat dies jedoch keine Bedeutung. Der Vertrag kommt auch ohne Vorlage der Papiere zustande.

V. Muster: Einstellung

1. Einladung zum Vorstellungsgespräch

Sehr geehrter Herr/Sehr geehrte Frau ....,

dankend bestätigen wir den Erhalt Ihres Bewerbungsschreibens vom ....

Wir würden Sie gerne persönlich kennenlernen und würden uns freuen, wenn Sie zu einem Vorstellungsgespräch am .... um .... Uhr bei Herrn/Frau .... erscheinen könnten. Wir bitten um eine kurze Bestätigung dieses Termins.

Die Ihnen entstehenden Kosten zur Wahrnehmung dieses Vorstellungstermins werden wir im folgenden Umfang gerne ersetzen:

Fahrtkosten bei Nutzung des privaten Pkw nach einer Kilometerpauschale von € [0,30] je gefahrenem Kilometer. Bei Anreise mit der Bundesbahn oder dem Flugzeug erstatten wir gegen Vorlage der Fahrkarten die Kosten für die 2. bzw. Economy-Klasse.

Wenn Sie eine Übernachtung benötigen, bitten wir um rechtzeitige Mitteilung, sodass das Erforderliche auf unsere Kosten vor Ort veranlasst werden kann.

Verpflegungskosten in Höhe von maximal € .... übernehmen wir gegen Vorlage von Quittungen.

Weitere Vorstellungskosten werden von uns nicht übernommen.

Mit freundlichen Grüßen

....

2. Beurteilungsbogen

Name: ....

Angestrebte Position: ....

Erscheinungsbild:

❑ sehr unordentlich

❑ unordentlich

❑ ordentlich

❑ gepflegt

❑ sehr gepflegt

Auftreten:

❑ sehr gehemmt

❑ unsicher

❑ nervös

❑ selbstsicher

❑ sehr sicher

Verbindlichkeit:

❑ sehr zurückhaltend

❑ zurückhaltend

❑ etwas reserviert

❑ verbindlich

❑ sehr verbindlich

Aussprache:

❑ schwerfällig

❑ stockend

❑ zögernd

❑   *gut/angenehm*

❑   *sehr gut*

Kommunikationsvermögen/Ausdrucksweise:

❑   *sehr schweigsam*

❑   *schweigsam/undeutlich*

❑   *durchschnittlich*

❑   *klar*

❑   *sehr klar/deutlich*

Auffassungsvermögen:

❑   *versteht schlecht*

❑   *versteht nicht alles*

❑   *braucht länger*

❑   *gut*

❑   *sehr gut*

Eignung vom Typ her:

❑   *nicht geeignet*

❑   *nur bedingt*

❑   *durchschnittlich*

❑   *gut*

❑   *sehr gut*

Fachliche Eignung:

❑   *sehr gering*

❑   *gering*

❑   *Grundkenntnisse*

❑   *gut*

❑   *sehr gut*

Berufserfahrung:

❑   *keine*

❑   *kaum*

❑   *etwas*

❑   *einige*

❑   *viel*

Einstellung des Bewerbers zur Position:

❑   *sehr negativ*

❑   *wenig Interesse*

❑   *gleichgültig*

❑   *positiv/interessiert*

❑   *sehr positiv/sehr interessiert*

Gesamteindruck:

❑   *nicht geeignet*

❑   *weniger geeignet*

❑   *noch geeignet*

❑   *gute Eignung*

❑   *sehr gute Eignung*

Weitere Bemerkungen: ....

Elternzeit

I.   Begriff

II.   Anspruch auf Elternzeit

III.   Verlangen des Arbeitnehmers

IV.   Dauer
1.   Kein einheitlicher Zeitraum
2.   Verlängerung
3.   Ende
4.   Geburt eines weiteren Kindes
5.   Tod des Kindes

V.   Auswirkungen der Elternzeit auf das Arbeitsverhältnis
1.   Allgemeine Rechte und Pflichten
2.   Sonderfall: Erholungsurlaub
3.   Sonderfall: Teilzeitbeschäftigung
    3.1   Tätigkeit beim bisherigen Arbeitgeber
    3.2   Tätigkeit bei anderem Arbeitgeber
    3.3   Selbstständige Tätigkeit

VI.   Sonderkündigungsschutz
1.   Voraussetzungen und Wirkungen
2.   Ausnahmegenehmigungen

VII.   Befristungen von Vertretungen

I. Begriff

Die Elternzeit (früher Erziehungsurlaub genannt) ist im Bundeserziehungsgeld- und Elternzeitgesetz (BEEG) geregelt. Zweck des Gesetzes ist es, die Betreuung und Erziehung von Kindern in den ersten Lebensjahren dadurch zu fördern, dass den Eltern die Möglichkeit eingeräumt wird, sich unbezahlt von der Arbeit freistellen zu lassen. Dies gilt unabhängig davon, ob die Eltern verheiratet sind oder in einer nichtehelichen Lebensgemeinschaft leben oder ob der jeweilige Elternteil alleinerziehend ist. Der Anspruch auf Elternzeit kann nicht im Arbeitsvertrag ausgeschlossen oder beschränkt werden.

Der gesetzliche Anspruch auf Elterngeld lässt die hier dargestellten Grundzüge der Elternzeit unberührt.

Der Arbeitgeber hat die Pflicht, auf Antrag eine Bescheinigung auszustellen, die folgende Angaben enthält:

▶   Höhe des Arbeitsentgelts

▶   Höhe der abgeführten Lohnsteuer

▶   Höhe des Arbeitnehmeranteils der Sozialversicherungsbeiträge

▶   Länge der Arbeitszeit.

Die ersten drei Punkte ergeben sich problemlos aus der Entgeltabrechnung. Die Arbeitszeit ist nur dann zu bescheinigen, wenn der Arbeitnehmer während des Bezuges von Elterngeld arbeitet. Während der Erwerbstätigkeit ist der Bezug von Elterngeld nämlich nur dann möglich, wenn der Arbeitnehmer seine

Arbeitszeit im Durchschnitt eines Lebensmonats des Kindes auf höchstens 30 Wochenstunden reduziert. Dies führt zu Problemen, da der Arbeitgeber die Arbeitszeit auf der Basis des Kalendermonats gestaltet. Daher muss der Arbeitgeber die tatsächliche wöchentliche Arbeitszeit des Arbeitnehmers erfassen und ihm bestätigen. Der Arbeitgeber ist auch verpflichtet, Auskünfte für vergangene Zeiträume zu erteilen.

WICHTIG!
Der Arbeitgeber – auch der private – muss die Lohnunterlagen über den bisherigen Zeitraum aufbewahren, um auch bei späteren Anfragen Auskünfte erteilen zu können.

Im März 2010 wurde eine neue EU-Richtlinie verabschiedet (219/10/EU), die Regelungen für die Elternzeit enthält, welche nach deutschem Recht auch schon davor galten.

II. Anspruch auf Elternzeit

Anspruchsberechtigt sind:

- Arbeitnehmerinnen und Arbeitnehmer,
- Teilzeitbeschäftigte,
- Auszubildende,
- in Heimarbeit Beschäftigte und Gleichgestellte, wenn sie am Stück arbeiten,

wenn sie mit einem Kind im Haushalt leben,

- für das ihnen die Personensorge zusteht oder
- für das dem Ehepartner oder dem gleichgeschlechtlichen Partner die Personensorge obliegt oder
- das sie mit dem Ziel der Adoption in ihre Obhut genommen haben oder
- wenn ein Härtefall im Sinne von § 1 Abs. 4 BEEG vorliegt, der ausnahmsweise zum Bezug von Elterngeld berechtigt

und dieses Kind selbst erziehen.

Der Anspruch ist jedoch **ausgeschlossen**, solange

- die Mutter als Wöchnerin bis zum Ablauf der Frist von acht Wochen nach der Entbindung nicht beschäftigt werden darf (der Vater kann als Arbeitnehmer bereits ab der Geburt Elternzeit verlangen).

Die Mutter kann ausnahmsweise während der ersten acht Wochen nach der Geburt Elternzeit in Anspruch nehmen, wenn ein Kind in Adoptionspflege genommen wurde oder wenn wegen eines anderen Kindes Elternzeit genommen wurde.

Für den Anspruch auf Elternzeit ist es unerheblich, ob der Arbeitnehmer auch einen Anspruch auf Erziehungsgeld hat.

TIPP!
Sollten Zweifel daran bestehen, ob der Arbeitnehmer einen Anspruch auf Elternzeit hat, kann der Arbeitgeber mit dessen Zustimmung eine Anfrage an die Erziehungsgeldstelle richten, die dann dazu Stellung nimmt.

Dies ist jedoch keine verbindliche Entscheidung. Letztlich können nur die Arbeitsgerichte abschließend entscheiden.

Seit dem 24.1.2009 besteht die Möglichkeit, dass auch → *Großeltern* eine Freistellung erlangen können. Folgende Voraussetzungen müssen erfüllt sein:

- der Großelternteil muss mit dem Enkelkind in einem Haushalt leben und dieses betreuen;
- ein Elternteil ist minderjährig oder befindet sich im letzten oder vorletzten Jahr einer Ausbildung, die er vor Vollendung des 18. Lebensjahres begonnen hatte und
- diese Ausbildung muss die Arbeitskraft des Elternteils im Allgemeinen vollständig in Anspruch nehmen.

WICHTIG!
In dieser Zeit darf aber keiner der Elternteile Elternzeit in Anspruch nehmen.

Nach der Gesetzesbegründung soll auch der Besuch einer Hochschule eine Ausbildung in diesem Sinne sein. Dies hat im Gesetzestext aber keinen klaren Niederschlag gefunden.

Die Rechte und Pflichten der Großeltern in dieser Zeit entsprechen im Wesentlichen denen der Eltern.

III. Verlangen des Arbeitnehmers

Die Elternzeit wird nur auf Verlangen des Arbeitnehmers gewährt. Der Arbeitgeber kann auch nicht anordnen, dass ein Arbeitnehmer sie nimmt. Das Verlangen muss schriftlich mindestens sieben Wochen vor dem beabsichtigten Beginn der Elternzeit beim Arbeitgeber eingehen (§ 16 Abs. 1 BEEG). Bei einem späteren Eingang verschiebt sich der Beginn der Elternzeit. Es kann auch früher gestellt werden, auch schon vor der Geburt des Kindes. Bei dringenden Gründen ist ausnahmsweise auch eine angemessene kürzere Frist möglich. Kann ein Arbeitnehmer die Frist aus einem von ihm nicht zu vertretenden Grund nicht einhalten, kann er das Verlangen innerhalb einer Woche nach Wegfall des Hindernisses nachholen (§ 16 Abs. 2 BEEG).

In dem Verlangen muss gleichzeitig angegeben werden, für welche Zeiten innerhalb von zwei Jahren die Elternzeit beansprucht wird (§ 16 Abs. 1 Satz 1 BEEG). Ein Antrag ohne diese Festlegung ist unbeachtlich. Spätestens sieben Wochen vor Ablauf der Zweijahresfrist muss dann mitgeteilt werden, ob von dem Recht auf Verlängerung um ein weiteres Jahr im unmittelbaren Anschluss Gebrauch gemacht (keine Zustimmung des Arbeitgebers nötig) oder der Antrag auf Übertragung dieses Jahres auf einen späteren Zeitpunkt gestellt wird (Zustimmung des Arbeitgebers erforderlich).

Frühestmöglicher Beginn der Elternzeit ist der Tag der Geburt. Dies kommt für die Mutter selbst jedoch nicht in Betracht, da sie eine achtwöchige Schutzfrist nach der Geburt hat, während der die Elternzeit nicht angetreten werden kann. Der Vater kann bereits ab dem Tag nach der Geburt Elternzeit verlangen.

Das Verlangen nach Elternzeit muss schriftlich gestellt werden. Es muss Angaben zu dem geplanten Zeitraum oder den geplanten Zeiträumen enthalten, in denen die Elternzeit genommen werden soll. Dieser muss sich nicht unmittelbar an die Mutterschutzfrist anschließen. Es müssen nur die geplanten Zeiträume innerhalb der ersten zwei Jahre der Elternzeit angegeben werden.

Grundsätzlich sind diese Festlegungen bindend. Gem. § 16 Abs. 3 BEEG kann die Elternzeit aber vorzeitig beendet oder im Rahmen von § 15 Abs. 2 BEEG verlängert werden, wenn der Arbeitgeber zustimmt. Ohne Zustimmung des Arbeitgebers ist eine vorzeitige Beendigung nur möglich wenn eine besondere Härte vorliegt. Diese kann etwa gegeben sein, wenn die wirtschaftliche Existenz des Arbeitnehmers erheblich gefährdet ist. Der Antrag kann auch mündlich gestellt werden. Der Arbeitgeber kann die vorzeitige Beendigung nur innerhalb von vier Wochen ab Antragstellung schriftlich (!) ablehnen. Für die Ablehnung muss ein dringender betrieblicher Grund vorliegen. Eine Ablehnung, die Form und/oder Frist nicht wahrt, ist unbeachtlich, d. h. die Elternzeit wird allein durch die Erklärung der Arbeitnehmerin beendet. Diese kann den nicht verbrauchten Teil der Elternzeit mit Zustimmung des Arbeitgebers (s. unter IV.1) verschieben. Dieser Teil der Elternzeit geht also nicht unter. Das wirksame Verlangen nach Verkürzung hebt lediglich die Bindungswirkung des ursprünglichen Antrages auf. Das

Gleiche gilt, wenn eine Arbeitnehmerin wegen einer erneuten Schwangerschaft die Elternzeit verkürzen möchte (§ 16 Abs. 3 BEEG).

Beispiel:

> Eine Arbeitnehmerin hat für zwei Jahre Elternzeit genommen. Nach einem Jahr stirbt ihr Ehemann, so dass sie in erhebliche wirtschaftliche Schwierigkeiten gerät. Deshalb beantragt sie beim Arbeitgeber, die Elternzeit abzubrechen und ihre Arbeit möglichst bald wieder aufnehmen zu können. Der Arbeitgeber muss innerhalb von vier Wochen schriftlich widersprechen, wenn er das verhindern will, und es muss ein gewichtiger Grund vorliegen. Das wäre z. B. dann der Fall, wenn für den Betrieb ohnehin Kurzarbeit angeordnet werden musste.

Eine besondere Härte kann auch bei schwerer Krankheit, Behinderung oder Tod eines Elternteils vorliegen (§ 1 Abs. 4 BEEG).

WICHTIG!

Das BEEG ist zum 18.9.2012 geändert worden. § 16 Abs. 3 Satz 3 lautet nunmehr: „Die Elternzeit kann zur Inanspruchnahme der Schutzfristen des § 3 Absatz 2 und des § 6 Absatz 1 des Mutterschutzgesetzes auch ohne Zustimmung des Arbeitgebers vorzeitig beendet werden; in diesen Fällen soll die Arbeitnehmerin dem Arbeitgeber die Beendigung der Elternzeit rechtzeitig mitteilen." Die vorzeitige Beendigung der angemeldeten Elternzeit auch ohne Zustimmung des Arbeitgebers zur Inanspruchnahme von Mutterschutzfristen kann für die Arbeitnehmerin im Hinblick auf das Mutterschaftsgeld finanziell attraktiv sein.

Hat der Arbeitnehmer Elternzeit verlangt, kann er das nicht mehr widerrufen. Dies liegt daran, dass der Arbeitgeber die Elternzeit gar nicht genehmigen muss und auch nicht ablehnen kann, wenn die gesetzlichen Voraussetzungen vorliegen. Sie tritt ohne weiteres Dazutun des Arbeitgebers ein.

Beispiel:

> Eine alleinerziehende Mutter verlangt mit Schreiben vom 1.4. Elternzeit für ein Jahr ab dem 1.5. Der Arbeitgeber äußert sich hierzu nicht. Am 2.5. erscheint sie zur Arbeit und erklärt, dass sie es sich anders überlegt habe, zumal der Arbeitgeber der Elternzeit auch gar nicht zugestimmt hat. Hier ist das Arbeitsverhältnis durch die Elternzeit suspendiert, der Arbeitgeber kann die Arbeitnehmerin nach Hause schicken. Umgekehrt könnte er ihr trotz seiner fehlenden Zustimmung nicht etwa eine Abmahnung erteilen, wenn sie ab dem 2.5. nicht mehr zur Arbeit kommt.

IV. Dauer

1. Kein einheitlicher Zeitraum

Die Gesamtdauer der Elternzeit beträgt drei Jahre. Die gleichzeitige Elternzeit von Vater und Mutter zählt einfach.

Beispiel:

> Vater und Mutter wollen die Elternzeit in vollem Umfang gemeinsam nehmen. Jedem stehen die vollen drei Jahre zu.

Bei mehreren Kindern besteht der Anspruch für jedes Kind. Dies gilt auch dann, wenn sich die Dreijahreszeiträume (bzw. bei teilweiser Übertragung die Achtjahreszeiträume) überschneiden (§ 15 Abs. 2 Satz 3 BEEG).

Beispiel:

> Das erste Kind wird am 4.12.2010 geboren, das zweite am 24.12.2012. Zunächst wurde für das erste Kind der volle Dreijahreszeitraum an Elternzeit in Anspruch genommen, also der Zeitraum bis zum 3.12.2013. Dasselbe wird für das zweite Kind gemacht, also bis zum 23.12.2015. Die Elternzeit des ersten und zweiten Kindes überschneidet sich. Daher können die Eltern mit Einverständnis des Arbeitgebers einen Anteil von bis zu 12 Monaten für das zweite Kind auf einen späteren Zeitraum bis zu dessen achten Lebensjahr übertragen.

Diese Regelung gilt nicht nur für die leiblichen Eltern, sondern auch für alle anderen Anspruchsberechtigten (s. unter II.).

Die Elternzeit muss nicht in einem einheitlichen Zeitraum genommen werden. Der Arbeitnehmer kann auch mehrere Zeiträume in Anspruch nehmen und sich mit dem anderen Elternteil abwechseln (§ 16 Abs. 1 BEEG).

Die Elternzeit kann auf jeweils zwei Zeiträume pro berechtigter Person aufgeteilt werden. Eine weitere Aufteilung ist nur mit Zustimmung des Arbeitgebers zulässig. Verlangt ein Elternteil aber Elternzeit für das dritte Lebensjahr des Kindes, bedarf dies nicht der Zustimmung des Arbeitgebers (LAG Sachsen v. 17.5.2011, Az. 7 Sa 137/10, Revision eingelegt unter 9 AZR 535/11). Ein Jahr der Elternzeit muss aber nicht bis zum 3. Lebensjahr des Kindes genommen werden, sondern ist bis zur Vollendung des 8. Lebensjahrs übertragbar (§ 15 Abs. 2 Satz 1 BEEG). Dabei ist wiederum die Ankündigungsfrist von sieben Wochen einzuhalten.

Beispiel:

> Die Arbeitnehmerin hat vor der Geburt mitgeteilt, dass sie das erste Jahr nach der Geburt Elternzeit in Anspruch nimmt und ihr Ehemann das zweite. Sie kann dem Arbeitgeber sieben Wochen vor dem Ende des zweiten Jahrs mitteilen, dass sie im dritten Jahr die restliche Elternzeit nimmt. Es ist aber auch möglich, dass dieser restliche Teil bis zur Vollendung des 8. Lebensjahrs hinausgeschoben wird.

WICHTIG!

Diese Möglichkeit setzt das Einverständnis des Arbeitgebers voraus. Dieses kann er nur nach billigem Ermessen (§ 315 BGB) verweigern. Er muss also darlegen, welche Nachteile diese Übertragung für ihn brächte. Kann er dies nicht, hat eine Klage auf Zustimmung Aussicht auf Erfolg. Wenn der Arbeitnehmer zu einem neuen Arbeitgeber wechselt, ist dieser an die Zustimmung des alten Arbeitgebers nicht gebunden.

2. Verlängerung

Der Arbeitnehmer hat Anspruch auf Verlängerung der Elternzeit, wenn der vorgesehene Wechsel unter den berechtigten Elternteilen aus wichtigem Grund nicht erfolgen kann. Dabei reicht es aber nicht aus, wenn der Partner unerwartet eine besser dotierte Stelle angeboten bekommt und mit Rücksicht darauf nun doch keine Elternzeit nehmen möchte. Es müssen gravierende Gründe sein, die das Interesse des Arbeitgebers an einer Planungssicherheit in den Hintergrund treten lassen. Der Arbeitgeber muss billiges Ermessen walten lassen (BAG v. 18.10.2011, Az. 9 AZR 315/10).

Beispiel:

> Im obigen Beispiel wird der Ehemann der Arbeitnehmerin eine Woche vor Ablauf der Elternzeit der Mutter in Untersuchungshaft genommen. Ihm droht die Verhängung einer mehrjährigen Haftstrafe. Hier kann die Arbeitnehmerin eine Verlängerung der Elternzeit verlangen. Sie braucht dabei nicht die Ankündigungsfrist von vier Wochen einzuhalten, muss aber dem Arbeitgeber unverzüglich die Änderung mitteilen. Der Arbeitgeber kann ihr nicht entgegenhalten, dass eine Betreuung des Kindes z. B. bei den Großeltern möglich sei. Auch bei der Verlängerung der Elternzeit muss der Arbeitgeber nicht sein Einverständnis erklären, sondern sie tritt schon durch das (begründete) Verlangen ein.

WICHTIG!

Die Ankündigung, die Elternzeit im unmittelbaren Anschluss für ein drittes Jahr nehmen zu wollen, stellt kein Verlängerungsverlangen in diesem Sinne dar. Es ist an keine Voraussetzungen außer an die Wahrung der Ankündigungsfrist gebunden.

Liegt kein wichtiger Grund für eine Verlängerung vor, endet die Elternzeit zu dem ursprünglich vorgesehenen Termin. Der Arbeitnehmer bleibt dann unberechtigt der Arbeit fern. Der Arbeitgeber kann in diesem Fall eine Abmahnung erteilen. Kommt der Arbeitnehmer daraufhin immer noch nicht zur Arbeit, kann verhaltensbedingt gekündigt werden.

 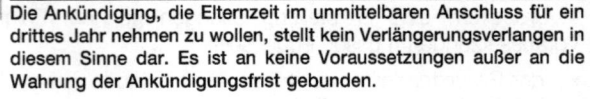

3. Ende

Die Elternzeit endet spätestens mit dem Ablauf des Tags, der dem dritten Geburtstag des Kindes vorangeht, wenn die Eltern von der Möglichkeit der Verschiebung des letzten Jahrs keinen Gebrauch gemacht haben.

Beispiel:

> Das Kind wird am 11.4.2011 geboren. Die Elternzeit kann höchstens bis zum 10.4.2014 genommen werden. Die Höchstdauer muss aber nicht ausgeschöpft werden.

Bei Adoptivkindern beträgt die Höchstdauer der Elternzeit ebenfalls drei Jahre, endet aber erst mit der Vollendung des 7. Lebensjahres des Kindes. Um die Höchstfrist auszunutzen, muss die Elternzeit also spätestens am vierten Geburtstag angetreten werden.

4. Geburt eines weiteren Kindes

Die Elternzeit wird jeweils in Bezug auf ein Kind gewährt. Die Geburt eines weiteren Kindes während der Elternzeit hat keinen Einfluss auf deren Dauer (Ausnahme: Das erste Kind wurde nach dem 1.1.2001 geboren und der Arbeitnehmer beantragt die Verkürzung, s. o. III.). Für das weitere Kind kann aber erneut Elternzeit verlangt werden, so dass sich die Höchstfrist von drei Jahren erheblich verlängern kann (zur Übertragung s. o. unter IV.1.).

Beispiel:

> Eine Arbeitnehmerin bekommt am 1.8.2011 ein Kind und verlangt Elternzeit für den Höchstzeitraum ab Ende der Schutzfrist. Diese Elternzeit würde also am 31.7.2014 enden. Am 1.6.2014 bekommt sie ein weiteres Kind. Hier kann sie für das zweite Kind wieder Elternzeit verlangen, bis dieses das dritte Lebensjahr vollendet hat, also bis zum 30.5.2017.

Es läuft aber keineswegs immer eine Dreijahresfrist ab dem Ende der ersten Elternzeit. Vielmehr ist maßgeblich, wann das weitere Kind das dritte Lebensjahr vollendet.

Verlangt eine Arbeitnehmerin, die zunächst nach der Geburt ihres Kindes Elternzeit von zwei Jahren beansprucht hat, sofort anschließend die weitere Elternzeit bis zur Vollendung des 3. Lebensjahres des weiteren Kindes, stellt dies keine zustimmungspflichtige Verlängerung der Elternzeit dar. Allein das fristgemäß und formgerecht erklärte Verlangen bewirkt, dass sich die Arbeitnehmerin auch für diesen Zeitraum in Elternzeit befindet.

5. Tod des Kindes

Stirbt das Kind während der Elternzeit, endet diese spätestens drei Wochen nach dem Sterbefall. Liegt der Tag, an dem das Kind sein drittes Lebensjahr vollendet hätte, noch vor dem Ablauf der Dreiwochenfrist, endet die Elternzeit schon zu diesem Zeitpunkt. Der Sterbefall muss dem Arbeitgeber unverzüglich mitgeteilt werden. Stirbt das Kind bereits vor Antritt der Elternzeit, tritt diese nicht ein. Das gilt auch dann, wenn der Arbeitnehmer schon ein entsprechendes Verlangen gestellt hatte.

V. Auswirkungen der Elternzeit auf das Arbeitsverhältnis

1. Allgemeine Rechte und Pflichten

Während der Elternzeit besteht das Arbeitsverhältnis fort, die Rechte und Pflichten hieraus ruhen aber grundsätzlich. Im Einzelnen gilt Folgendes:

▶ **Abfindung:**

Bei der einseitigen Beendigung eines Arbeitsvertrags während der Elternzeit ist die Entschädigung auf Grundlage des arbeitsvertraglichen und nicht des reduzierten Gehalts zu berechnen. So hat der EuGH im Rahmen eines Vorab-

entscheidungsverfahrens die Elternzeitrichtlinie (96/34/EG) ausgelegt (Entscheidung v. 22.10.2009, Az. C-116/08). Damit dürfte der Anwendungsbereich der BAG-Entscheidung v. 22.9.2009, Az. 1 AZR 316/08 – eingeschränkt sein. Dort hatte das BAG entschieden, dass Sozialpläne regeln können, dass in Fällen, in denen sich die individuelle Arbeitszeit in der näheren Vergangenheit wesentlich geändert hat, nicht das letzte Entgelt, sondern eine die gesamte Betriebszugehörigkeit einbeziehende Durchschnittsberechnung maßgeblich ist. Hiernach wäre es also auch zulässig, auf Teilzeitbeschäftigung keine Rücksicht zu nehmen. Diese Ansicht dürfte durch die o. g. neueste Entscheidung des EuGH nicht mehr haltbar sein.

▶ **Altersversorgung:**

Ein Ausschluss von Steigerungen der Anwartschaft während der Elternzeit ist zulässig (BAG v. 20.4.2010, Az. 3 AZR 370/08).

▶ **Arbeitsentgelt:**

Es ist nicht zu zahlen. Dies gilt für sämtliche laufenden Bezüge, auch für Sachbezüge.

▶ **Arbeitsunfähigkeit:**

Sie führt nicht zum Anspruch auf Entgeltfortzahlung und verändert die Lage der Elternzeit nicht, auch nicht, wenn sie am Anfang auftritt (z. B.: Der Arbeitnehmer hat Elternzeit ab dem 1.7. beantragt. Am 10.6. erkrankt er arbeitsunfähig bis zum 3.8. Er hat nur bis zum 30.6. Anspruch auf Entgeltfortzahlung.).

▶ **Auszubildende:**

Das Ausbildungsverhältnis verlängert sich um die Zeitdauer der Elternzeit, auch dann, wenn der Auszubildende darin Teilzeitarbeit geleistet hat.

▶ **Betriebliche Altersversorgung:**

Die Unverfallbarkeitsfrist läuft weiter, Arbeitgeberbeiträge sind nicht zu entrichten.

▶ **Betriebsrat:**

Der Arbeitnehmer behält das aktive und passive Wahlrecht und verliert auch nicht das Betriebsratsamt. Während der Elternzeit gilt er nicht ohne weiteres als verhindert. Dies gilt jedenfalls dann, wenn er nicht bekundet, dass er das Amt trotzdem wahrnehmen möchte. Bis dahin hat er auch Anspruch auf Ersatz der Fahrtkosten, z. B. zu Betriebsratssitzungen.

▶ **Betriebsversammlung:**

Der Arbeitnehmer hat ein Zutrittsrecht und kann für die dort verbrachte Zeit Vergütung verlangen.

▶ **Bewährungszeiten:**

Sie werden unterbrochen, wenn sie dem Zweck dienen, dass der durch die Tätigkeit erzielte Qualifikationszuwachs berücksichtigt werden soll (BAG v. 27.1.2011, Az. 6 AZR 526/09 für die Stufenlaufzeit nach dem TVöD).

▶ **Dienstwagen:**

Er muss dem Arbeitgeber zurückgegeben werden, auch wenn im Arbeitsvertrag ein Recht zur privaten Nutzung vereinbart worden ist.

▶ **Gratifikationen und Jahressonderleistungen:**

Bei Sonderleistungen, die auf einem Tarifvertrag, einer Betriebsvereinbarung oder den Vereinbarungen im Einzelarbeitsvertrag beruhen, ist zu prüfen, ob diese Kürzungsregelungen für die Elternzeit enthalten. Derartige Vereinbarungen sind zulässig. Fehlt es hieran, muss man den Grund für die Sonderzahlung prüfen: Wenn sie als

Gegenleistung zur tatsächlich erbrachten Arbeitsleistung des Arbeitnehmers anzusehen ist, braucht sie während der Elternzeit nicht gezahlt zu werden. Auch ein vertraglich vereinbartes 13. Monatsgehalt muss nicht weitergezahlt werden. Wenn die Zuwendung aber z. B. nur die Betriebstreue belohnen soll, fällt sie auch während der Elternzeit an. Sieht der Arbeitsvertrag eine Rückzahlung der Weihnachtsgratifikation nur dann vor, wenn der Arbeitnehmer bis zu einem bestimmten Datum des Folgejahres aus von ihm zu vertretenden Gründen ausscheidet, steht das Ruhen des Arbeitsverhältnisses aufgrund von Inanspruchnahme von Elternzeit dem Anspruch auf Zahlung der Gratifikation nicht entgegen.

▶ **Kündigungsschutzgesetz:**

Die Wartezeit von sechs Monaten (§ 1 Abs. 1 KSchG) läuft auch während der Elternzeit.

▶ **Vermögenswirksame Leistungen:**

Sie sind nicht zu zahlen.

▶ **Werkwohnung:**

Sie muss vom Arbeitnehmer nicht geräumt werden. Ist sie im Hinblick auf das Arbeitsverhältnis verbilligt überlassen worden, kann der Arbeitgeber für die Dauer der Elternzeit den ortsüblichen Mietzins verlangen.

▶ **Zeugnis:**

Die Elternzeit darf in einem Zeugnis nur erwähnt werden, wenn sie eine wesentliche Unterbrechung der Tätigkeit darstellt. Das ist dann gegeben, wenn bei einem möglichen späteren Arbeitgeber der falsche Eindruck entstünde, die Beurteilung beruhe auf der gesamten Dauer des rechtlichen Bestandes des Arbeitsverhältnisses, während der Beurteilungszeitraum in Wahrheit durch die Elternzeit erheblich verkürzt worden ist.

2. Sonderfall: Erholungsurlaub

Der Arbeitgeber kann den Erholungsurlaub des Arbeitnehmers für jeden vollen Kalendermonat der Elternzeit um ein Zwölftel kürzen (§ 17 Abs. 1 BEEG). Deshalb entstehen auch in der Elternzeit Urlaubsansprüche (BAG v. 17.5.2011, Az. 9 AZR 197/10). Die Regelung ist mit europäischem Recht vereinbar (LAG Niedersachsen v. 29.3.2012, Az. 5 Sa 140/12). Für angebrochene Kalendermonate gibt es keine Kürzungsmöglichkeit, auch nicht anteilmäßig. Bei einer Elternzeit vom 3.5. bis 29.6. wäre also gar keine Kürzung möglich. In welchem Umfang die Kürzung zulässig ist, muss für jedes Kalenderjahr extra berechnet werden. Die Kürzung des Erholungsurlaubs tritt nicht automatisch ein, der Arbeitgeber muss dem Arbeitnehmer eine entsprechende Mitteilung machen.

Formulierungsbeispiel:

„Sie befinden sich in der Zeit vom 1.3. bis 30.9. dieses Jahres in Elternzeit. Gem. § 17 Abs. 1 BEEG kürzen wir hiermit den Ihnen zustehenden Jahresurlaub von 30 Tagen um ein Zwölftel pro Monat der Elternzeit, also um sechs Zwölftel. Statt des Jahresurlaubs von 30 Tagen stehen Ihnen somit nur zwölf zu."

Der Arbeitgeber muss die Absicht, den Erholungsurlaub in dieser Weise zu kürzen, nicht vor Antritt der Elternzeit kundtun. Eine Kürzung gilt auch dann als erfolgt, wenn der Arbeitnehmer von vornherein nur den kürzeren Urlaub beantragt und der Arbeitgeber ihm diesen bewilligt. Hat der Arbeitgeber ihm jedoch auf seinen Antrag hin gleich den vollen Urlaub gewährt, kann er die Kürzung später nicht mehr vornehmen.

ACHTUNG!

Diese Kürzungsmöglichkeit besteht nicht, wenn der Arbeitnehmer während der Dauer der Elternzeit Teilzeitarbeit bei seinem Arbeitgeber leistet (§ 17 Abs. 1 BEEG). Wird die Teilzeitarbeit jedoch bei einem anderen Arbeitgeber geleistet, kann gekürzt werden.

Hat der Arbeitnehmer bei Beginn der Elternzeit noch restliche Ansprüche auf Erholungsurlaub, muss dieser Resturlaub nach Ende der Elternzeit entweder im laufenden oder im folgenden Jahr gewährt werden. Gemeint ist dabei das laufende Jahr, in dem die Elternzeit endet. Abweichend vom „normalen" Übertragungszeitraum bis zum 31.3. des Folgejahres kann dieser dann bis zum Ende des Jahres genommen werden, das auf den Ablauf der Elternzeit folgt.

WICHTIG!

Der Erholungsurlaub ist nur soweit übertragbar, soweit er ohne die Elternzeit hätte gewährt werden können.

Tritt z. B. der Arbeitnehmer am 15.3. die Elternzeit an, dann können von dem vierwöchigen Resturlaub aus dem Vorjahr nur zwei Wochen übertragen werden. Ohne die Elternzeit hätte der Arbeitnehmer nämlich auch nur bis zum Ende des Übertragungszeitraums am 31.3. (Tarifverträge können hier etwas anderes bestimmen) Urlaub erhalten.

Dauert die Elternzeit über das Ende des Folgejahres hinaus an, verfällt der Urlaubsanspruch.

Beispiel:

Die Arbeitnehmerin hat ab dem 1.8.2011 Elternzeit bis zum 1.5.2013 verlangt. Ihr standen noch zehn Tage Erholungsurlaub zu. Diese verfallen, denn sie können weder in das laufende noch in das folgende Kalenderjahr übertragen werden.

ACHTUNG!

Der vor der ersten Elternzeit bestehende Anspruch auf Erholungsurlaub wird auf die Zeit nach einer weiteren Elternzeit übertragen, die sich unmittelbar an die frühere Elternzeit anschließt. Scheidet der Arbeitnehmer nach der Elternzeit aus dem Arbeitsverhältnis aus, muss der Erholungsurlaub abgegolten werden, wenn er sonst übertragen worden wäre. Die Arbeitnehmerin im obigen Beispiel würde also auch keine Abgeltung ihres Erholungsurlaubs erhalten, wenn sie zum Ende ihrer Elternzeit ausscheiden würde. Urlaubsgeld ist nur dann zu zahlen, wenn überhaupt Urlaub hätte gewährt werden können.

Wenn der Arbeitnehmer bei Beginn der Elternzeit bereits mehr Erholungsurlaub erhalten hat, als ihm nach der Kürzung zustünde, kann der Arbeitgeber den Erholungsurlaub nach dem Ende der Elternzeit entsprechend kürzen. Wird das Arbeitsverhältnis zum Ende der Elternzeit beendet, gibt es aber keine Möglichkeit, das zu viel gezahlte Urlaubsentgelt zurückzufordern.

3. Sonderfall: Teilzeitbeschäftigung

Jeder Elternteil kann während der Elternzeit einer Teilzeitbeschäftigung nachgehen, die nicht mehr als 30 Stunden pro Woche umfasst (§ 15 Abs. 4 BEEG). Die Höchstgrenze von 30 Stunden je Elternteil gilt auch dann, wenn der andere Elternteil seine Höchstgrenze nicht voll ausschöpft. Es kann also nicht ein Elternteil 35 Stunden arbeiten und der andere 25, sondern beide maximal 30 Stunden.

WICHTIG!

Das Gesetz ist zum 18.9.2012 geändert worden. Die 30-Stunden-Grenze bzgl. der Höchstarbeitszeit während der Elternzeit wurde flexibilisiert: Nach § 15 Abs. 4 Satz 1 BEEG ist nun maßgeblich, dass die Erwerbstätigkeit 30 Wochenstunden im Durchschnitt nicht übersteigt.

Besteht bereits ein Teilzeitarbeitsverhältnis, kann dieses in der Elternzeit mit bis zu 30 Wochenstunden fortgesetzt werden (§ 15 Abs. 5 BEEG). Dies kann der Arbeitnehmer einseitig in Anspruch nehmen. Für dieses Verlangen gelten dieselben Regeln wie für die Inanspruchnahme der Elternzeit generell. Der Teilzeitanspruch kann nur für zwei Perioden durchgesetzt werden. Einvernehmliche Teilzeitregelungen zählen dazu (LAG Hamburg v. 18.5.2011, Az. 5 Sa 93/10). Diese Fristen gelten auch, wenn der Arbeitnehmer in der Elternzeit zunächst nicht gearbeitet hat und nun eine Teilzeitbeschäftigung aufnehmen möchte. Wenn der Arbeitgeber jedoch bereits eine Vollzeitver-

tretungskraft eingestellt hat, kann er dagegen u. U. betriebliche Gründe einwenden.

> ⚠ **ACHTUNG!**
>
> Der Arbeitnehmer kann das Teilzeitverhältnis mit bis zu 30 Wochenstunden auch durch einseitige Erklärung während der Elternzeit fortsetzen. Er kann auch verlangen, zunächst für einige Monate vollständig freigestellt zu werden und dann die Fortsetzung der Teilzeitarbeit für den restlichen Teil der Elternzeit zu verlangen. Auch hierbei muss er allerdings Form und Frist wahren (s. dazu unter III.).

Der Arbeitnehmer muss sich zwischen einer vollständigen Befreiung von der Arbeitspflicht und einer Beschäftigung mit mindestens 15 und höchstens 30 Wochenstunden entscheiden. Mit Zustimmung des Arbeitgebers kann zwar von der Untergrenze des § 15 Abs. 7 Nr. 3 BEEG abgewichen werden. Ein Anspruch auf Verringerung der wöchentlichen Arbeitszeit auf weniger als 15 Stunden ergibt sich aber weder aus § 15 Abs. 7 noch aus § 15 Abs. 5 BEEG.

Hinsichtlich der Rechtsfolgen ist danach zu unterscheiden, wo gearbeitet wird:

3.1 Tätigkeit beim bisherigen Arbeitgeber

Sie führt nicht zur Begründung eines neuen Arbeitsverhältnisses, sondern das bisherige wird modifiziert. Dabei kann auch vereinbart werden, dass der Arbeitnehmer eine andere Tätigkeit ausübt. Die Teilzeitbeschäftigung führt dazu, dass der Arbeitnehmer Anspruch auf Urlaubsgewährung und Entgeltfortzahlung im Krankheitsfall hat, jedoch nur auf der Basis der geringeren Vergütung.

Ein solcher Anspruch auf Teilzeitbeschäftigung besteht unter folgenden Voraussetzungen:

- ▶ Im Betrieb sind mehr als 15 Arbeitnehmer beschäftigt (Auszubildende zählen nicht mit).

- ▶ Das Arbeitsverhältnis des Arbeitnehmers besteht (ohne Unterbrechung) bereits länger als sechs Monate.

- ▶ Die bisherige Arbeitszeit soll für mindestens zwei Monate auf einen Umfang zwischen 15 und 30 Wochenstunden verringert werden.

- ▶ Es stehen keine dringenden betrieblichen Gründe entgegen.

Nur dringende betriebliche Gründe sind erheblich. Damit stellt der Gesetzgeber eine gegenüber dem TzBfG eingeschränkte Ablehnungsmöglichkeit. Diese trägt dem Umstand Rechnung, dass der Schutz der Familie Verfassungsrang hat und die Elternzeit daher einen besonders starken Schutz erfordert. Als Grundlage können aber die betrieblichen Erfordernisse des § 8 Abs. 4 TzBfG herangezogen werden (s. hierzu unter dem Stichwort → *Teilzeit*). Zusätzlich muss dann jedoch noch eine umfassende Interessenabwägung zwischen Arbeitgeber und Arbeitnehmer stattfinden. Das Teilzeitbegehren kann nur dann zurückgewiesen werden, wenn das Interesse des Arbeitgebers deutlich stärker zu gewichten ist als das des Arbeitnehmers an der Reduzierung der Arbeitszeit. Allein der Wunsch des Arbeitgebers, die Tätigkeit nur durch eine Vollzeitkraft ausführen zu lassen, reicht auch bei Führungspositionen nicht aus, die betrieblichen Gründe müssen zwingende Hindernisse für die begehrte Verkürzung und Umverteilung der Arbeitszeit sein (LAG Rheinland-Pfalz v. 22.11.2011, Az. 3 Sa 305/11). In diesem Zusammenhang ist zu beachten, dass der Arbeitgeber gegen die völlige Freistellung des Arbeitnehmers während der Elternzeit gar nichts einwenden kann. Von daher ist der Einwand, keine Ersatzkraft finden zu können nur dann erheblich, wenn der Arbeitgeber vorträgt, dass eine solche nur für eine Vollzeitstelle zu finden sei. Auf eine fehlende Beschäftigungsmöglichkeit kann sich der Arbeitgeber dann nicht berufen, wenn er bereits vor der fristgemäßen Erklärung des Arbeitneh-

mers über die Zeiten der beanspruchten Elternzeit unbefristet eine Ersatzkraft einstellt. Liegt die vom Arbeitnehmer begehrte Arbeitszeit jedoch außerhalb der betriebsüblichen, können dringende betriebliche Gründe vorliegen. Solche Gründe liegen auch vor, wenn kein zusätzlicher Beschäftigungsbedarf des Arbeitgebers vorhanden ist.

> ✎ **WICHTIG!**
>
> Wenn zwei Arbeitnehmer sich um einen Arbeitsplatz bewerben, von denen sich einer in Elternzeit befindet, ist nicht etwa eine Sozialauswahl vorzunehmen. Vielmehr hat der Arbeitgeber seine Beschäftigungspflicht gegenüber dem anderen Arbeitnehmer zu erfüllen und diesem die Stelle zu übertragen.

Liegen die o. g. Voraussetzungen alle vor, muss der Arbeitgeber dem Verlangen nach Teilzeit stattgeben. Der Anspruch muss ihm spätestens sieben Wochen vor dem beabsichtigten Beginn der Teilzeitarbeit schriftlich mitgeteilt werden. Der Antrag kann auch frühestens zu dem Zeitpunkt gestellt werden, in dem erklärt wird, dass die Elternzeit genommen werden sollsoll (LAG Rheinland-Pfalz v. 22.11.2011, Az. 3 Sa 305/11). Mündliche Anträge sind unwirksam und brauchen nicht besonders abgelehnt zu werden. Auch die Textform ist nicht ausreichend, es bedarf der persönlichen Unterschrift auf dem Original-Dokument. Auch Telefax und elektronische Mitteilung reichen nicht aus. Bei letzterer kann allerdings eine elektronische Signatur nach dem Signatur-Gesetz die Form wahren. Versäumt der Arbeitnehmer die o. g. Frist, ist der Antrag unzulässig. Der Gesetzgeber hat in der Gesetzesbegründung zu erkennen gegeben, dass er hier nicht lediglich den Beginn der Reduzierung verschieben will.

Beispiel:

> Der Arbeitnehmer macht am 15.7. die Verringerung der Arbeitszeit ab dem 1.9. geltend. Dieser Antrag wirkt nicht etwa zum 1.10., sondern ist insgesamt unwirksam.

> 📝 **TIPP!**
>
> Bis diese Frage abschließend von der höchstrichterlichen Rechtsprechung geklärt ist, sollte der Arbeitgeber vorsichtshalber innerhalb der Ablehnungsfrist von vier Wochen dem Antrag widersprechen.

Der Arbeitnehmer kann dann einen neuen Antrag stellen, mit dem er die Frist wahrt.

Der Antrag auf Teilzeit muss nicht bereits mit dem Verlangen auf Elternzeit gestellt werden. Vielmehr kann auch der Arbeitnehmer den Antrag stellen, der sich bereits in der Elternzeit befindet und eine gewisse Zeit nicht gearbeitet hat. Dem kann der Arbeitgeber jedoch dringende betriebliche Gründe entgegenhalten, wenn er für diese Zeit bereits eine Vollzeitvertretung eingestellt hat, die nicht bereit ist, ihre Arbeitszeit zu reduzieren und auch sonst keine Beschäftigungsmöglichkeiten vorhanden sind.

Das BEEG trifft keine dem TzBfG vergleichbare Regelung über die Verteilung der so reduzierten Arbeitszeit. Daher liegt die Verteilung grundsätzlich beim Arbeitgeber im Rahmen seines Direktionsrechts. Allerdings muss er dies gem. § 106 Satz 1 GewO nach billigem Ermessen ausüben. Bezogen auf den Erziehungsurlaub bedeutet dies, dass er die Arbeitszeit so legen muss, dass der mit der Reduzierung verfolgte Zweck auch eintreten kann.

Beispiel:

> Der Arbeitnehmer hat die Arbeitszeit um sechs Stunden reduziert mit dem ausdrücklichen Hinweis, er brauche einen freien Freitag, um das Kind in dieser Zeit betreuen zu können. Hier ist der Arbeitgeber grundsätzlich auch verpflichtet, dies so einzurichten, wenn es ihm irgend möglich ist. Bei dringenden betrieblichen Erfordernissen hat der Arbeitnehmer jedoch keinen Anspruch auf diese Verteilung der Arbeitszeit.

Die Einigung über die Arbeitszeitverminderung sollte innerhalb von vier Wochen ab Antragstellung erfolgen. Lehnt der Arbeitgeber den Antrag ab, muss er das innerhalb von vier Wochen dem Arbeitnehmer gegenüber schriftlich erklären. Verweigert er unberechtigt die Zustimmung, kann er vom Arbeitnehmer hierauf verklagt werden. Der Gesetzgeber hat hier allerdings nicht vorgesehen, dass bei einem nicht rechtzeitigen Widerspruch die Zustimmung als erteilt gilt.

TIPP!
Bis zur höchstrichterlichen Klärung der Folgen einer nicht rechtzeitigen Ablehnung ist dem Arbeitgeber dringend anzuraten, rechtzeitig schriftlich zu widersprechen und diese Erklärung dem Arbeitnehmer nachweisbar zuzuleiten.

Der Anspruch des Arbeitnehmers auf Teilzeit besteht für zwei Zeiträume innerhalb der Elternzeit.

Beispiel:
Der Arbeitnehmer verlangt zunächst für das erste Jahr nach der Geburt die Reduzierung der Arbeitszeit auf 20 Stunden pro Woche. Er kann danach z. B. ein halbes Jahr voll arbeiten und dann erneut eine Reduzierung für den Rest der Elternzeit beantragen.

3.2 Tätigkeit bei anderem Arbeitgeber

Der Arbeitnehmer kann auch eine Teilzeitbeschäftigung bei einem anderen Arbeitgeber aufnehmen. Damit der Arbeitgeber vor einer Arbeitsaufnahme z. B. bei der Konkurrenz geschützt wird, muss er dieser Tätigkeit zustimmen. Dazu muss der Arbeitnehmer zunächst die Zustimmung beantragen und genau darlegen, bei welchem anderen Arbeitgeber er welche Tätigkeit ausüben will. Will der Arbeitgeber die Aufnahme der Tätigkeit verhindern, muss er vier Wochen nach Eingang des Antrags schriftlich widersprechen. Dieses Schreiben muss eine Darlegung der dringenden betrieblichen Interessen enthalten, die zu der Verweigerung geführt haben (§ 15 Abs. 4 BEEG). Neben Wettbewerbsgründen kann der Arbeitgeber seine Weigerung auch damit begründen, dass er selbst die Arbeitskraft des Arbeitnehmers benötige.

Wenn der Arbeitgeber die Verweigerungserklärung nicht innerhalb der Frist oder nicht schriftlich erklärt oder keine Begründung abgibt, kann der Arbeitnehmer die Tätigkeit nach vier Wochen aufnehmen. Unterlässt er das nur deshalb, weil der Arbeitgeber nicht wie geschildert ordnungsgemäß reagiert hat, hat er keine Schadensersatzansprüche gegen den Arbeitgeber.

Weigert sich der Arbeitgeber jedoch mit einer unzutreffenden Begründung, die Zustimmung zu erteilen, so kommen Schadensersatzansprüche des Arbeitnehmers in Betracht, wenn er nicht erkennen konnte, dass die Verweigerungsgründe in Wahrheit nicht bestanden. Die Versagung der Zustimmung sollte deshalb immer gründlich geprüft werden.

Übt der Arbeitnehmer eine Konkurrenztätigkeit aus, kann der Arbeitgeber ihn mittels einer einstweiligen Verfügung daran hindern. Er kann außerdem versuchen, eine Zustimmung der Aufsichtsbehörde zur außerordentlichen Kündigung zu erwirken (s. u. VI.2.) und Schadensersatzansprüche geltend machen.

3.3 Selbstständige Tätigkeit

Der Arbeitnehmer kann im zulässigen Zeitrahmen von durchschnittlich 30 Wochenstunden statt einer abhängigen Beschäftigung auch eine selbstständige Tätigkeit ausüben. Sie richtet sich nach denselben Regeln wie die Beschäftigung bei einem anderen Arbeitgeber.

VI. Sonderkündigungsschutz

1. Voraussetzungen und Wirkungen

Der Arbeitnehmer hat einen besonderen → Kündigungsschutz (d. h., es besteht ein Kündigungsverbot) ab dem Zeitpunkt, zu dem er die Elternzeit verlangt. Dieser setzt jedoch frühestens acht Wochen vor dem Beginn der Elternzeit ein. Durch eine verfrühte Geltendmachung kann der Arbeitnehmer also den Beginn des Kündigungsschutzes nicht nach vorne verlagern (BAG v. 12.5.2011, Az. 2 AZR 384/10). Allerdings darf der Arbeitgeber auch in diesen Fällen nicht gerade deswegen kündigen, weil der Arbeitnehmer Elternzeit beantragt hat (§ 612a BGB). Die Achtwochenfrist ist nicht vom tatsächlichen Geburtstermin, sondern nach dem zur Zeit des Verlangens vom Arzt prognostizierten Entbindungstermin zu berechnen, selbst wenn dieser vor dem Tag der tatsächlichen Geburt liegt. Der Kündigungsschutz besteht nicht, wenn der Arbeitnehmer die Elternzeit nur unter der Bedingung beansprucht, dass der Arbeitgeber Elternteilzeit gewährt, und der Arbeitgeber das Teilzeitbegehren vor dem prognostizierten Geburtstermin wirksam ablehnt (BAG v. 12.5.2011, Az. 2 AZR 384/10).

Der Sonderkündigungsschutz endet mit dem Ende der Elternzeit, und zwar unabhängig davon, ob das Ende regulär erfolgt oder vorzeitig, z. B. beim Tod des Kindes.

WICHTIG!
Wenn die Voraussetzungen für die Elternzeit gar nicht vorliegen, weil der Arbeitnehmer z. B. gar nicht in einem Haushalt mit dem zu betreuenden Kind lebt, greift der besondere Kündigungsschutz nicht ein.

Es müssen also sämtliche Voraussetzungen für die Elternzeit erfüllt sein, damit der Kündigungsschutz entsteht. Im Einzelfall kann es aber auch rechtsmissbräuchlich sein, wenn der Arbeitgeber sich etwa auf die fehlende Schriftform des Antrags beruft, obwohl er es zuvor hingenommen hat, dass der Arbeitnehmer seine „Elternzeit" nimmt. Auch wenn der Arbeitnehmer nur die Ankündigungsfrist nicht eingehalten oder keine Angaben zur Gesamtdauer der Elternzeit gemacht hat, steht er unter dem besonderen Kündigungsschutz. Der besondere Kündigungsschutz eines Elternteils endet, wenn der Partner statt seiner in Elternzeit geht.

Großeltern haben grundsätzlich denselben Sonderkündigungsschutz wie Eltern. Nur im Fall von § 18 Abs. 2 Nr. 2 BEEG (Teilzeitarbeit ohne Inanspruchnahme von Elternzeit) besteht der Schutz nur, wenn die Großeltern ausnahmsweise selbst kindergeldberechtigt sind. Dies kann der Fall sein, wenn die Großeltern wegen einer schweren Erkrankung der Eltern die Betreuung übernommen haben (§ 1 Abs. 4 BEEG).

Das Kündigungsverbot gilt auch bei Teilzeitbeschäftigten mit nicht mehr als 30 Wochenstunden, die Anspruch auf Elternzeit hätten, sie aber nicht nehmen, weil sie ohnehin im bisherigen Umfang weiterarbeiten wollen. Der Kündigungsschutz gilt hier für die Höchstbezugsdauer des Elterngeldes von 12 bzw. 14 Monaten (§ 18 Abs. 2 Nr. 2 i. V. m. § 4 BEEG). Natürlich gilt die Regelung auch für die Arbeitnehmer, die sonst vollbeschäftigt sind und während der Elternzeit von der Möglichkeit der Teilzeitbeschäftigung bei ihrem bisherigen oder einem anderen Arbeitgeber Gebrauch machen. Wenn für den Arbeitgeber eine mögliche Unwirksamkeit der Kündigung nach § 18 BEEG nicht erkennbar ist, muss sich die elternzeitberechtigte Person in analoger Anwendung des § 9 Abs 1 S 1 Halbs. 2 MuSchG unverzüglich innerhalb von 2 Wochen auf den Unwirksamkeitsgrund berufen.

WICHTIG!
Der besondere Kündigungsschutz gilt nur für das bisherige Arbeitsverhältnis. Nimmt der Arbeitnehmer während der Elternzeit eine Teilzeitbeschäftigung bei einem anderen Arbeitgeber auf, ist er dort nicht vor einer Kündigung geschützt.

Vom Sonderkündigungsschutz erfasst und damit unwirksam sind sämtliche → Kündigungen, also

▶ Beendigungskündigungen, egal ob fristlos oder fristgemäß,

▶ Änderungskündigungen,

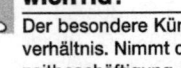

▸ vorsorgliche Kündigungen, auch zum Ablauf der Schutzfrist,

▸ Kündigungen im Insolvenzverfahren.

Maßgeblich ist der Zeitpunkt, zu dem die Kündigung zugeht. Somit ist auch eine Kündigung unwirksam, die zum Ende der Elternzeit erklärt wird.

Vom Sonderkündigungsschutz **nicht** erfasst sind folgende Beendigungen:

▸ Ablauf der Befristung des Arbeitsvertrags (→ *Befristetes Arbeitsverhältnis*),

▸ → *Anfechtung* des Arbeitsvertrags wegen arglistiger Täuschung oder Irrtums,

▸ Berufung auf die Nichtigkeit des Arbeitsvertrags,

▸ → *Aufhebungsvertrag*,

▸ Eigenkündigung des Arbeitnehmers, die mit einer Frist von drei Monaten zum Ende der Elternzeit möglich ist, wenn nicht ohnehin eine kürzere Frist gilt (§ 19 BEEG),

▸ → *Kündigung*, die dem Arbeitnehmer vor seinem Verlangen nach Elternzeit oder mehr als sechs Wochen vor deren Beginn zugeht, selbst wenn der Beendigungszeitpunkt während der Elternzeit liegt.

2. Ausnahmegenehmigungen

Die für den Arbeitsschutz zuständige oberste Arbeitsbehörde oder eine von ihr bestimmte Stelle kann in besonderen Fällen die Kündigung für zulässig erklären. Die Zuständigkeit ist in den einzelnen Bundesländern unterschiedlich geregelt. Im Allgemeinen ist die Behörde zuständig, die auch die Kündigung gem. § 9 MuSchG für zulässig erklären kann (Mutterschutz VIII.4.).

Hierfür hat das Bundesarbeitsministerium Richtlinien erlassen. Danach ist die Zustimmung zu erteilen, wenn das Interesse des Arbeitnehmers am Fortbestand des Arbeitsverhältnisses wegen außergewöhnlicher Umstände zurücktreten muss. Denkbar wären hier Kündigungen wegen schwerer Pflichtverstöße gegen den Arbeitgeber (hier kommt insbesondere eine unerlaubte Konkurrenztätigkeit während der Elternzeit in Betracht, VG Augsburg v. 25.9.2012, Az. Au 3 K 12.677), eine geplante Betriebsschließung oder Betriebsteilstilllegung, die Verlegung von Betrieben oder Teilen sowie eine Existenzgefährdung des Arbeitgebers. Eine Abfindung bei betriebsbedingten Kündigungen muss sich bei einer wegen der Elternzeit reduzierten Arbeitszeit an der früheren Arbeitszeit orientieren. Die Zulässigkeitserklärung der Behörde muss zum Zeitpunkt der Kündigung vorliegen, aber noch nicht bestandskräftig sein. An einen bestandskräftigen Bescheid ist das Arbeitsgericht gebunden.

ACHTUNG!
Die Zustimmung heilt jedoch nicht rückwirkend eine Kündigung, sondern muss vor ihrem Ausspruch vorliegen.

Wird sie erteilt, muss die Kündigung unverzüglich ausgesprochen werden. In den Fällen, in denen eine Arbeitnehmerin, die sich in Elternzeit befindet, erneut schwanger wird, muss der Arbeitgeber sowohl die Zustimmung nach § 9 Abs. 3 MuSchG als auch die nach § 18 Abs. 1 BEEG einholen. Wie bei der Zustimmung nach dem Mutterschutzgesetz kann das zu einer Zweigleisigkeit des Verfahrens vor den Arbeits- und den Verwaltungsgerichten führen (Mutterschutz VIII.4.).

Besonderheiten ergeben sich, wenn der Sonderkündigungsschutz nicht nur nach dem BEEG, sondern auch wegen einer Schwerbehinderung besteht. Hat der Arbeitgeber die Zustimmung nach dem SGB IX rechtzeitig innerhalb der Monatsfrist des § 88 Abs. 3 SGB IX beantragt, kann die Kündigung noch nach Fristablauf wirksam ausgesprochen werden. Dies gilt jedenfalls in den Fällen, in denen der Arbeitgeber die Kündigung unverzüglich erklärt, nachdem die Zulässigkeitserklärung nach § 18 BErzGG vorliegt (BAG v. 24.11.2011, Az. 2 AZR 429/10).

WICHTIG!
In allen Fällen, in denen behördliche Genehmigungen eingeholt werden müssen, sollte die Kündigung sofort nach Vorliegen der Genehmigung zugestellt werden.

VII. Befristungen von Vertretungen

Für die Dauer der Elternzeit oder eines Beschäftigungsverbots während des Mutterschutzes ist es zulässig, ein befristetes Arbeitsverhältnis mit einer Vertretungskraft einzugehen (§ 21 Abs. 1 BEEG). Dies gilt auch für notwendige Zeiten einer Einarbeitung (§ 21 Abs. 2 BEEG). Die Dauer der Befristung muss dabei nicht genau mit der Dauer der Elternzeit übereinstimmen. Das Zurückbleiben der Befristungsdauer hinter der gewährten Elternzeit stellt nicht etwa den Befristungsgrund in Frage (LAG Rheinland-Pfalz v. 15.3.2012, Az. 10 Sa 389/11).

Entgeltfortzahlung

I. Entgeltfortzahlung bei Arbeitsunfähigkeit
1. Anspruchsvoraussetzungen
    1.1 Wartefrist
    1.2 Ursächlichkeit
    1.3 Kein Verschulden des Arbeitnehmers
2. Höhe der Entgeltfortzahlung
    2.1 Grundsatz
    2.2 Einzelfälle
3. Dauer der Entgeltfortzahlung
4. Mehrfacherkrankungen
    4.1 Wiederholte Arbeitsunfähigkeit wegen neuer Krankheit
    4.2 Wiederholte Arbeitsunfähigkeit wegen derselben Krankheit
    4.3 Beweislast
5. Verweigerung der Entgeltfortzahlung
6. Entgeltfortzahlung über das Ende des Arbeitsverhältnisses hinaus
7. Entgeltfortzahlungsversicherung

II. Entgeltfortzahlung bei persönlicher Arbeitsverhinderung
1. Anspruchsvoraussetzungen
2. Verschulden
3. Dauer der Entgeltfortzahlung
4. Sonderfall: Betreuung erkrankter Kinder
5. Pflichten des Arbeitnehmers
6. Höhe der Entgeltfortzahlung

III. Checkliste Entgeltfortzahlung
I. Entgeltfortzahlung bei Arbeitsunfähigkeit
II. Entgeltfortzahlung bei persönlicher Arbeitsverhinderung

I. Entgeltfortzahlung bei Arbeitsunfähigkeit

Wenn der Arbeitnehmer aufgrund einer zur → *Arbeitsunfähigkeit* führenden Erkrankung schuldlos an der Arbeitsleistung gehindert ist, kann ihm ein Anspruch auf Fortzahlung seines Arbeitsentgelts zustehen. Die Voraussetzungen sind im Entgeltfortzahlungsgesetz (EntgFG) geregelt. Dabei werden Arbeiter und Angestellte gleichbehandelt. Ambulante Behandlungen sind jedoch weitgehend von der Entgeltfortzahlung ausgenommen. Allerdings kann nach der Rechtsprechung des BAG auch bei einer in Abständen von ein bis zwei Wochen vorbeugend durchgeführten ambulanten Bestrahlung gegen eine in unberechenbaren Schüben auftretende Krankheit Arbeitsunfähigkeit gegeben sein. Das gilt selbst dann, wenn der Arbeitnehmer zwar bei den einzelnen Behandlungen nicht arbeitsunfähig ist, in absehbar naher Zeit aber die Arbeitsunfähigkeit drohen würde, falls die Behandlung nicht durchgeführt wird.

Die Grundsätze für die Entgeltfortzahlung gelten auch bei Kur- oder Heilverfahren, die jetzt „Maßnahmen der medizinischen Vorsorge oder Rehabilitation" genannt werden; dabei steht mit der Bewilligung der Maßnahme durch den Sozialleistungsträger im Allgemeinen auch fest, dass diese medizinisch notwendig ist.

Der Anspruch kann nicht arbeitsvertraglich ausgeschlossen werden. Es sind auch keine Regelungen möglich, mit denen z. B. eine nicht ausreichende Gutschrift auf ein Arbeitszeitkonto erfolgt. Auch eine Verpflichtung zur Nacharbeit kann nicht vereinbart werden.

1. Anspruchsvoraussetzungen

1.1 Wartefrist

Der Arbeitnehmer kann nur dann Entgeltfortzahlung beanspruchen, wenn das Arbeitsverhältnis vier Wochen lang ununterbrochen bestanden hat (§ 3 Abs. 3 EntgFG).

Beispiel:

> Der Arbeitnehmer ist befristet für vier Wochen als Aushilfe eingestellt worden. Nach drei Wochen reicht er eine Arbeitsunfähigkeitsbescheinigung ein. Er hat keinen Anspruch auf Entgeltfortzahlung. Dauert das Arbeitsverhältnis jedoch länger als vier Wochen, hat er ab dem ersten Tag der fünften Woche einen Anspruch.

Besteht jedoch zwischen einem beendeten und einem neuen Arbeitsverhältnis bei demselben Arbeitgeber ein enger zeitlicher und sachlicher Zusammenhang, beginnt die Wartefrist nicht erneut.

Maßgebend für die Wartefrist ist der rechtliche, also der vertraglich vereinbarte Arbeitsbeginn. Wann die Arbeit tatsächlich aufgenommen wurde, ist gleichgültig. Unterbrechungen durch Urlaub, Krankheit, unentschuldigtes Fehlen etc. bleiben ebenfalls unberücksichtigt.

Beispiel:

> Das Arbeitsverhältnis beginnt laut Vertrag am Mittwoch, dem 1.5. Hier endet die Wartefrist mit dem Ablauf des Dienstags in vier Wochen. Ab dem darauffolgenden Mittwoch kann der Arbeitnehmer Entgeltfortzahlung beanspruchen, auch wenn er am 1.5. wegen des Feiertags nicht gearbeitet hat.

WICHTIG!

Die Wartezeit beginnt nicht neu zu laufen, wenn ein Auszubildender im unmittelbaren Anschluss an das Ausbildungsverhältnis in ein Arbeitsverhältnis übernommen wird. Daher hat er bereits in den ersten vier Wochen des Arbeitsverhältnisses einen Anspruch auf Entgeltfortzahlung.

Erkrankt der Arbeitnehmer während eines **ruhenden Arbeitsverhältnisses**, wird die Zeit des Ruhens nicht auf den Sechswochenzeitraum des § 3 Abs. 1 Satz 1 EntgFG angerechnet. Der Sechswochenzeitraum beginnt mit der Aktualisierung des Arbeitsverhältnisses. Dies gilt auch im Falle der **Elternzeit**.

Mit einer Freistellungsvereinbarung wird regelmäßig kein Rechtsgrund für eine Entgeltzahlungspflicht des Arbeitgebers geschaffen, die über die gesetzlich geregelten Fälle der Entgeltfortzahlung bei krankheitsbedingter Arbeitsunfähigkeit hinausgeht. Ist ein Arbeitnehmer also – z. B. während der Kündigungsfrist – unter Fortzahlung des Entgelts von der Arbeitsleistung freigestellt worden, kann er nur für sechs Wochen Entgeltfortzahlung beanspruchen. Er steht somit genau so da wie in einem aktiven Beschäftigungsverhältnis (LAG Rheinland-Pfalz v. 23.2.2012, Az. 10 Sa 583/11).

1.2 Ursächlichkeit

Die krankheitsbedingte → *Arbeitsunfähigkeit* muss die alleinige Ursache für den Ausfall der Arbeitsleistung sein (BAG v. 15.2.2012, Az. 7 AZR 774/10). Ansonsten besteht kein Anspruch nach dem EntgFG. Aus anderen Gesetzen wie z. B. dem Mutterschutzgesetz können sich aber auch hier im Einzelfall Ansprüche ergeben.

Ein Anspruch auf Entgeltfortzahlung besteht auch dann, wenn die Krankheit für sich allein noch keine Arbeitsunfähigkeit zur Folge hat, sondern lediglich Ursache für eine stationäre oder ambulante Behandlung ist.

Beispiel:

> Der Arbeitnehmer wird aufgrund der Infizierung mit einer Tropenkrankheit nach dem Bundesseuchengesetz unter Quarantäne gestellt. Die Krankheit ist selbst dann ursächlich für die Arbeitsunfähigkeit, wenn sie den Arbeitnehmer nicht an seiner Arbeitsleistung hindern würde.

In anderen Fällen einer ambulanten Behandlung von Krankheiten, die für sich allein die Arbeitsleistung noch nicht verhindern, besteht dagegen kein Entgeltfortzahlungsanspruch nach dem EntgFG. Dem Arbeitnehmer kann hier aber ein Anspruch wegen persönlicher Arbeitsverhinderung nach § 616 BGB zustehen (s. u. II.).

Kein Anspruch besteht, wenn

- der Arbeitnehmer bereits vor Krankheitsbeginn ungerechtfertigt seiner Arbeitspflicht nicht nachgekommen ist und davon auszugehen ist, dass er ohne die Krankheit weiterhin arbeitsunwillig geblieben wäre. Hier muss der Arbeitnehmer vortragen und ggf. beweisen, dass er während der Zeit der krankheitsbedingten Arbeitsunfähigkeit arbeitswillig war;

- die gegenseitigen Pflichten aus dem Arbeitsverhältnis ruhen. Dies ist z. B. beim Wehr- oder Zivildienst der Fall, aber auch beim Erziehungsurlaub;

- der Arbeitnehmer sich an einem Streik beteiligt und dann arbeitsunfähig erkrankt; hier hätte er auch dann nicht gearbeitet, wenn er gesund gewesen wäre. Wenn er aber bei Beginn des Streiks bereits erkrankt war, behält er seinen Anspruch. Etwas anderes gilt, wenn er ausdrücklich erklärt, sich auch vom Krankenlager aus am Streik beteiligen zu wollen oder dem Arbeitgeber eine Beschäftigung nicht möglich oder zumutbar gewesen wäre (LAG Nürnberg v. 20.7.2010, Az. 5 Sa 666/09). Hier steht noch eine endgültige Klärung durch das BAG aus;

- dem Arbeitnehmer unbezahlter Sonderurlaub gewährt wurde;

- im Betrieb des Arbeitgebers aufgrund der Anordnung von Kurzarbeit nicht gearbeitet wird; hier erhält der Arbeitnehmer Krankengeld. Bei einer Verkürzung der täglichen Arbeitszeit kann nur für die Zeit Entgeltfortzahlung beansprucht werden, in der ansonsten gearbeitet worden wäre.

- bezahlte Freischichten vereinbart werden und ein Arbeitnehmer während dieser Zeit (z. B. zwischen Weihnachten und Neujahr) arbeitsunfähig krank wird oder bei für arbeitsfrei erklärten Tagen die maßgebliche Arbeitszeit vor- oder nachgearbeitet wird.

Beispiel:

> Wird die für den 24. und 31.12. vorgesehene Arbeit aufgrund einer Betriebsvereinbarung vorgezogen, hat der Arbeitnehmer, der an den freigestellten Tagen arbeitsunfähig krank ist oder eine Kur durchführt, keinen Anspruch auf Entgeltfortzahlung für die freigestellten

Tage, weil Ursache des Arbeitsausfalls nicht die Krankheit des Arbeitnehmers ist, sondern die anderweitige Verteilung der Arbeitszeit.

Dies gilt auch für Freischichttage nach sog. Freischichtmodellen.

Beispiel:

Wird die Planwochenarbeitszeit auf die vier Tage Montag bis Donnerstag unter Freistellung des Freitags verteilt, scheiden für den Freitag Entgeltfortzahlungsansprüche aus.

Bei Arbeitszeitverlegungen, die keinen Einfluss auf die Gehaltszahlung haben, bleibt der Anspruch auf Entgeltfortzahlung erhalten, so z. B., wenn Überstunden nicht bezahlt, sondern durch Freizeitausgleich abgegolten werden. Der arbeitsunfähige Arbeitnehmer erhält also auch für die Zeit des Freizeitausgleichs seine Vergütung weiter.

Gleiches gilt bei Arbeitszeitverkürzungen in Kombination mit besonderen Arbeitszeitverteilungen, z. B. bei der Einführung einer verkürzten Jahresarbeitszeit durch Arbeitsfreistellung von mehreren Wochen unter Beibehaltung der Normalarbeitszeit während der übrigen Zeiten. Wird in solchen Fällen durchgehend, auch während der arbeitsfreien Zeit, Gehalt bezahlt, bestehen im Krankheitsfall Entgeltfortzahlungsansprüche sowohl während der Arbeitszeitperioden als auch während der arbeitsfreien Zeit.

Erkrankt der Arbeitnehmer im Erholungsurlaub, führt dies zu einer Unterbrechung des Urlaubs (§ 9 BUrlG). Anstelle der Urlaubsvergütung ist Entgeltfortzahlung zu leisten. Das Gleiche gilt beim Bildungsurlaub. Bei einem Beschäftigungsverbot gem. § 3 MuSchG ist Entgeltfortzahlung zu leisten, wenn die Arbeitnehmerin arbeitsunfähig erkrankt ist. Die Abgrenzung zu den Voraussetzungen des Beschäftigungsverbots ist aber sehr schwierig (s. dazu i. E. Mutterschutz VII. 1).

1.3 Kein Verschulden des Arbeitnehmers

Der Arbeitnehmer hat nur dann Anspruch auf Entgeltfortzahlung, wenn ihn an der Arbeitsunfähigkeit kein Verschulden trifft. An den Arbeitnehmer können dabei aber keine besonderen Verhaltensanforderungen zur Vermeidung von Gesundheitsstörungen gestellt werden. Nicht jede Unvernunft ist daher als Verschulden zu werten.

Verschulden liegt nur dann vor, wenn der Arbeitnehmer in besonders grober Weise gegen die von einem verständigen Menschen im eigenen Interesse zu erwartende Verhaltensweise verstößt. Der Arbeitgeber muss ein Verschulden des Arbeitnehmers beweisen, wenn er eine Entgeltfortzahlung aus diesem Grund ablehnen will.

Einzelfälle:

► **Ansteckende Krankheit:**
Eine Krankheit ist auch dann unverschuldet, wenn sie auf eine Erkältungs- oder Infektionskrankheit zurückgeht. Dies gilt auch bei einer Aids-Infektion oder einer Geschlechtskrankheit. Etwas anderes gilt nur dann, wenn die Infektion durch ungeschützten Verkehr mit einer Person entstanden ist, von der der Arbeitnehmer wusste, dass sie infiziert ist oder dies annehmen musste.

► **Arbeitsunfall:**
Hier kommt grobe Fahrlässigkeit – in Betracht, wenn der Arbeitnehmer gegen ausdrückliche Anordnungen des Arbeitgebers oder gegen Unfallverhütungsvorschriften der Berufsgenossenschaften verstößt.

► **Heilungswidriges Verhalten:**
Bei heilungswidrigem Verhalten, das den Genesungsprozess verzögert oder eine Verschlimmerung des Krankheitszustands herbeiführt: Verschulden liegt vor, wenn ärztliche Anweisungen grob missachtet werden.

► **Künstliche Befruchtung:**
Die dadurch verursachte Arbeitsunfähigkeit gilt nicht als Verschulden des Arbeitnehmers.

► **Nebentätigkeit:**
Wird der Arbeitnehmer bei Ausübung einer Nebentätigkeit arbeitsunfähig, liegt kein Verschulden vor. Etwas anderes gilt nur dann, wenn er dabei gegen gesetzliche Vorschriften, z. B. das Arbeitszeitgesetz verstoßen hat.

► **Organspenden:**
Hier ist zum 1.8.2012 eine Gesetzesänderung eingetreten. § 3a EntgFG bestimmt nunmehr: Ist ein Arbeitnehmer durch Arbeitsunfähigkeit infolge der Spende von Organen oder Geweben, die nach den §§ 8 und 8a des Transplantationsgesetzes erfolgt, an seiner Arbeitsleistung verhindert, hat er Anspruch auf Entgeltfortzahlung durch den Arbeitgeber für die Zeit der Arbeitsunfähigkeit bis zur Dauer von sechs Wochen. Dem Arbeitgeber sind von der gesetzlichen Krankenkasse des Empfängers von Organen oder Geweben das an den Arbeitnehmer nach Absatz 1 fortgezahlte Arbeitsentgelt sowie die hierauf entfallenden vom Arbeitgeber zu tragenden Beiträge zur Sozialversicherung und zur betrieblichen Alters- und Hinterbliebenenversorgung auf Antrag zu erstatten.

► **Schlägereien:**
Dabei müssen die konkreten Umstände des jeweiligen Einzelfalls beachtet werden. Allein der Umstand, dass sich der Arbeitnehmer etwa in einen berüchtigten Stadtteil begeben hat, reicht hierfür nicht aus. Die berühmte Frage, wer angefangen hat, wird jedoch meist vom Arbeitgeber, der ja hier die Beweislast hat, nicht zu klären sein. Wenn gegen den Arbeitnehmer ein Strafverfahren eingeleitet wurde, kann der Arbeitgeber versuchen, durch Akteneinsicht über einen Rechtsanwalt nähere Informationen zu erhalten.

► **Schwangerschaftsabbruch:**
Ist er nicht rechtswidrig, führt er zur Entgeltfortzahlung.

► **Selbsttötungsversuch:**
Die hierdurch verursachte Arbeitsunfähigkeit ist in der Regel unverschuldet.

► **Sportunfälle:**
Sie sind grundsätzlich unverschuldet. Etwas anderes gilt nur, wenn es sich um eine besonders gefährliche Sportart handelt. Eine solche liegt vor, wenn das Verletzungsrisiko so groß ist, dass auch ein gut ausgebildeter Sportler bei sorgfältiger Beachtung aller Regeln dieses Risiko nicht vermeiden kann. Die Rechtsprechung legt den Begriff sehr eng aus: Selbst Sportarten wie Kickboxen gelten nicht als besonders gefährlich. Auch eine beim Fingerhakeln verursachte Arbeitsunfähigkeit führt nicht zum Ausschluss des Anspruchs.

Unabhängig davon ist die Arbeitsunfähigkeit jedoch dann verschuldet, wenn sich der Arbeitnehmer in einer seine Kräfte und Fähigkeiten deutlich übersteigenden Weise betätigt oder wenn er in erheblicher Weise gegen anerkannte Regeln oder Sicherheitsvorkehrungen verstoßen hat. Dies gilt auch für einen Skiunfall, der während der Dauer einer Arbeitsunfähigkeit wegen Hirnhautentzündung mit Konzentrationsstörungen passiert. In einem so extremen Fall kann sogar fristlos gekündigt werden.

► **Sterilisation:**
Ist sie nicht rechtswidrig, führt sie zur Entgeltfortzahlung.

► **Suchterkrankungen:**
Suchterkrankungen (Alkohol, Drogen, Medikamente, Nikotin) stellen Krankheiten im medizinischen Sinne dar und gelten im Allgemeinen als nicht verschuldet. Hat der Arbeit-

nehmer aber eine erfolgreiche Entziehungskur hinter sich und ist längere Zeit (Faustregel: ein halbes Jahr) abstinent, gilt ein Rückfall als verschuldet.

Wie bei allen anderen Erkrankungen auch, muss der Arbeitgeber das Verschulden des Arbeitnehmers an der Suchterkrankung beweisen. Den Arbeitnehmer trifft jedoch eine Mitwirkungspflicht. Er muss auf Verlangen nach bestem Wissen die zur Erkrankung führenden Umstände offenbaren und erforderlichenfalls Untersuchungen durch Sachverständige dulden oder die behandelnden Ärzte von der Schweigepflicht entbinden. Maßgeblicher Zeitpunkt für das Verschulden ist der Beginn der Suchterkrankung, nicht der Beginn der Arbeitsunfähigkeit.

▶ **Unfälle:**
Sie gelten als verschuldet, wenn der Arbeitnehmer grob fahrlässig gehandelt hat, der Unfall also z. B. auf erhebliche Alkoholisierung des Arbeitnehmers zurückzuführen ist (z. B.: Der Arbeitnehmer zündet in der Silvesternacht alkoholisiert Knaller an, die er in der Hand behält).

▶ **Verkehrsunfälle:**
Verursacht der Arbeitnehmer bei der Teilnahme am öffentlichen Straßenverkehr einen Verkehrsunfall, kommt ein Ausschluss der Entgeltfortzahlung nur dann in Betracht, wenn ein grobes Verschulden vorliegt. Damit muss er in besonders eindeutiger Weise gegen Regeln verstoßen haben. Ein solches Verschulden liegt z. B. vor, wenn der Arbeitnehmer ohne angelegten Sicherheitsgurt fährt und die Verletzungen darauf zurückzuführen sind. Auch eine erhebliche Überschreitung der zulässigen Höchstgeschwindigkeit kann darunter fallen, ebenso das Telefonieren während der Fahrt.

Bei Alkoholisierung im Straßenverkehr liegt ein Verschulden vor, wenn Alkohol die alleinige Ursache z. B. für einen Verkehrsunfall darstellt. Dabei kann auch der alkoholkranke Arbeitnehmer schuldhaft handeln, wenn er in noch steuerungsfähigem Zustand sein Auto für den Weg zur Arbeitsstelle benutzt, während der Arbeitszeit in erheblichem Maße Alkohol zu sich nimmt und bald nach Dienstende im Zustand der Trunkenheit einen Verkehrsunfall verursacht, bei dem er verletzt wird.

2. Höhe der Entgeltfortzahlung

2.1 Grundsatz

Der Arbeitgeber muss dem Arbeitnehmer das Arbeitsentgelt fortzahlen, das er sonst erhalten würde (§ 4 Abs. 1 EntgFG). Es ist also zu prüfen, was der Arbeitnehmer zu beanspruchen gehabt hätte, wenn er nicht erkrankt wäre.

Welche Arbeitszeit während der Dauer der Arbeitsunfähigkeit zu vergüten ist, richtet sich nach der konkreten Arbeitszeit, die der jeweils betroffene Arbeitnehmer leisten muss. Im Rahmen der Arbeitszeitflexibilisierung kommt es nur auf die tatsächliche individuelle Arbeitszeit des konkreten Arbeitnehmers an. In einem Tarifvertrag kann aber bestimmt werden, dass statt der individuellen Arbeitszeit die regelmäßige tarifliche Arbeitszeit zugrunde gelegt wird. Dies gilt auch dann, wenn der Arbeitnehmer dadurch weniger Entgeltfortzahlung erhält.

Problematisch sind die Fälle, in denen der erkrankte Arbeitnehmer zu einer effektiven täglichen Arbeitszeit von acht Stunden verpflichtet ist und wegen der Differenz zur tariflich vorgesehenen durchschnittlichen Arbeitszeit von wöchentlich weniger als 40 Stunden einen entsprechenden unbezahlten Freizeitausgleich erhält. Für die Entgeltfortzahlung ist maßgeblich, ob sie für einen Tag der Arbeitsunfähigkeit verlangt wird, an dem der betreffende Arbeitnehmer ohne die Krankheit hätte arbeiten müssen oder für den eine unbezahlte Freischicht vorgesehen war. Im ersten Fall hat der Arbeitnehmer Anspruch auf Entgelt-

fortzahlung auf der Grundlage von acht ausgefallenen Arbeitsstunden; im zweiten Fall kommt eine Entgeltfortzahlung nicht in Betracht, da keine Arbeitszeit ausgefallen ist. Es kann durch Betriebsvereinbarung geregelt werden, dass eine bereits zugeteilte Freischicht durch Krankheit verbraucht ist. Hätte der Arbeitnehmer an einer Sonderschicht teilgenommen, ist ihm diese auch während der Krankheit zu vergüten.

Beispiel:

> Der Arbeitnehmer muss regulär 36,5 Stunden pro Woche arbeiten. Aufgrund betrieblicher Notwendigkeiten muss er aber an fünf Tagen der Woche je acht Stunden arbeiten. Der Ausgleich erfolgt in der Weise, dass in bestimmten Abständen ein freier Tag eingeschoben wird, damit die reguläre Arbeitszeit im Monat nicht überschritten wird. Erkrankt er an diesem Tag, erhält er hierfür auch keine Entgeltfortzahlung. Hätte er am Tag der Erkrankung arbeiten müssen, dann erhält er auch für die vollen acht Stunden Entgeltfortzahlung.

Wenn nicht genau gesagt werden kann, wie viel der Arbeitnehmer gearbeitet hätte, wenn er nicht erkrankt wäre, kann man die durchschnittliche Arbeitszeit der zurückliegenden 12 Monate berücksichtigen. Das Bundesarbeitsgericht hält den bislang häufig verwendeten Zeitraum von drei Monaten nicht mehr für ausreichend, um Zufallsergebnisse zu vermeiden. Hat das Arbeitsverhältnis noch kein Jahr angedauert, ist die gesamte Dauer des Arbeitsverhältnisses zu berücksichtigen.

Wenn der Arbeitnehmer ein Leistungsentgelt erhält, also eine auf das Ergebnis der Arbeit abstellende Vergütung, ist der von ihm in der für ihn maßgebenden regelmäßigen Arbeitszeit erzielbare Durchschnittsverdienst fortzuzahlen (§ 4 Abs. 1a, Abs. 2 EntgFG). Beim Gruppenakkord ist auf den Verdienst der weiterarbeitenden Kollegen abzustellen. Besteht die Gruppe nur aus zwei Arbeitnehmern, ist für die Höhe der Entgeltfortzahlung allein der Verdienst des anderen Arbeitnehmers maßgeblich.

Ein angestellter Handelsvertreter (§ 65 HGB), dessen Vergütung sich aus einem monatlichen Grundgehalt und Provisionen zusammensetzt, kann im Krankheitsfall nicht nur die Fortzahlung des Grundgehalts verlangen, sondern ihm steht auch die Zahlung der Provisionen zu, die er in dieser Zeit ohne krankheitsbedingte Arbeitsverhinderung wahrscheinlich verdient hätte.

Überstunden werden bei der Entgeltfortzahlung nicht berücksichtigt (§ 4 Abs. 1a EntgFG). Dies gilt sowohl für den zusätzlich für Überstunden gezahlten Stundenlohn als auch für etwaige Überstundenzuschläge. Wenn in einem festen Monatsentgelt ein pauschaler Überstundenzuschlag enthalten ist, muss dieser aus dem Monatsentgelt herausgerechnet werden. Allerdings rechnen auch dauerhaft anfallende Überstunden mit.

Beispiel:

> Im Arbeitsvertrag ist vereinbart, dass das Monatsentgelt auch fünf Überstunden einschließlich der tariflichen Zuschläge abdeckt. Wenn der Arbeitnehmer erkrankt, kann der Arbeitgeber diesen Anteil aus der Entgeltfortzahlung herausrechnen.

Das Entgeltausfallprinzip erhält dem Arbeitnehmer grundsätzlich die volle Vergütung einschließlich etwaiger Zuschläge. Lediglich Leistungen, die nicht an die Erbringung der Arbeitsleistung in einem bestimmten Zeitabschnitt gekoppelt sind, sondern hiervon unabhängig aus besonderem Anlass gezahlt werden, bleiben unberücksichtigt. Ebenfalls nicht unter die Entgeltfortzahlungspflicht fallen Zahlungen für Aufwendungen des Arbeitnehmers, die nicht die Arbeitsleistung als solche vergüten, sondern Belastungen ausgleichen sollen, die für den Arbeitnehmer aufgrund der Arbeit entstehen. Hierzu zählt z. B. die Schmutzzulage.

2.2 Einzelfälle

Folgende Entgeltbestandteile müssen fortgezahlt werden:

▶ Aufwendungsersatz, sofern er pauschal und unabhängig von konkreten Aufwendungen gezahlt wird,

- Dienstwagen: Ist dieser auch zur privaten Nutzung überlassen worden, muss er auch während des Entgeltfortzahlungszeitraums überlassen werden, jedoch nicht darüber hinaus (BAG v. 14.12.2010, Az. 9 AZR 631/09),

- Erschwerniszulagen,

- Fahr- und Wegegelder, wenn sie auch dann gezahlt werden, wenn konkret nichts verauslagt wurde,

- Fernauslösungen, aber nur dann, wenn damit Aufwendungen abgegolten werden sollen, die dem Arbeitnehmer auch während der Arbeitsunfähigkeit entstehen,

- Gefahrenzulagen,

- Inkassoprämien für Auslieferungsfahrer,

- Kinderzulagen,

- Leistungszulagen,

- Mankogelder, wenn sie nicht zum Ausgleich tatsächlich entstandener Aufwendungen vereinbart worden sind,

- Mietbeihilfen,

- Nahauslösungen: Sie werden meist nicht zum Ausgleich konkreter Aufwendungen vereinbart und müssen daher fortgezahlt werden; maßgeblich sind jedoch die tariflichen Bestimmungen,

- Nachtarbeitszuschläge, wenn der Arbeitnehmer in der fraglichen Zeit in Nachtschichten gearbeitet hätte,

- Ortszuschläge,

- Prämien, auch Pünktlichkeitsprämien sowie Punktprämien bei Berufsfußballern,

- Provisionen,

- Sonntagszuschläge, wenn der Arbeitnehmer im Krankheitszeitraum sonntags gearbeitet hätte,

- Sozialzulagen,

- Tantiemen, die laufend gewährt werden,

- Tarifverträge können eine vom Gesetz abweichende Bemessungsgrundlage festlegen; dies muss aber mit einer eindeutigen und klaren Regelung erfolgen (BAG v. 20.1.2010, Az. 5 AZR 53/09).

- vermögenswirksame Leistungen.

Folgende Entgeltbestandteile müssen **nicht** fortgezahlt werden:

- Fernauslösungen: Sie werden in der Regel als Ersatz für konkrete Aufwendungen gezahlt und müssen daher meist nicht auch während der Arbeitsunfähigkeit gewährt werden; maßgeblich sind jedoch die tariflichen Bestimmungen,

- Reisekostenvergütungen,

- Schmutzzulage,

- Trennungsentschädigungen,

- Trinkgelder.

3. Dauer der Entgeltfortzahlung

Der Zeitraum der Entgeltfortzahlung ist auf die ersten sechs Wochen (also 42 Kalendertage) der Arbeitsunfähigkeit begrenzt (§ 3 Abs. 1 Satz 1 EntgFG). Beim Beginn der Frist ist grundsätzlich der Tag, an dem die Arbeitsunfähigkeit eingetreten ist, nicht mitzurechnen, auch, wenn die Arbeitsunfähigkeit während der Arbeit eintritt. Eine Ausnahme gilt nur dann, wenn die Arbeitsunfähigkeit vor dem Beginn der Arbeitzeit des konkret betroffenen Arbeitnehmers eintritt. Hier zählt schon dieser Tag als Beginn der Fortzahlungszeitraums.

Beispiel:
Der Arbeitnehmer bricht am Montag die Arbeitsleistung wegen der auftretenden Erkrankung ab. Hier beginnt die Entgeltfortzahlung erst am Dienstag (der Montag muss aber gleichwohl voll bezahlt werden). Anders, wenn er die Arbeit am Montag erst gar nicht aufgenommen hatte, auch wenn die Krankheit erst kurz vor Schichtbeginn aufgetreten ist. Hier zählt bereits der Montag als erster Tag.

Wenn die Arbeitsunfähigkeit zu einem Zeitpunkt eintritt, in dem das Arbeitsverhältnis ruht, z. B. während des Erziehungsurlaubs, beginnt der Sechswochenzeitraum erst mit dem Ende des Ruhenszeitraums.

Beispiel:
Der Arbeitnehmer ist bis einschließlich 31.7.2011 im Erziehungsurlaub. Am 15.6. erkrankt er. Die Arbeitsunfähigkeit dauert insgesamt zwei Monate. Folge: Der Entgeltfortzahlungszeitraum beginnt am Mittwoch, dem 1.8., und endet am Dienstag, dem 11.9.2011 (weil die Arbeitsunfähigkeit ja schon vor Beginn der Arbeitszeit am 1.8. vorlag).

Ist der Arbeitnehmer arbeitsunfähig erkrankt, und tritt dann erst das Ruhen des Arbeitsverhältnisses ein, wird der Sechswochenzeitraum unterbrochen.

Beispiel:
Der Arbeitnehmer erkrankt am 8.5.2011. Für die Zeit vom 28.5. bis 6.6.2011 (jeweils einschließlich) war ihm unbezahlter Sonderurlaub bewilligt worden. Er ist unterbrochen bis einschließlich 10.7.2011 arbeitsunfähig krank. Folge: Er erhält Entgeltfortzahlung bis einschließlich 29.6.2011. Insgesamt hat er Anspruch auf 42 Kalendertage Entgeltfortzahlung. Die Frist beginnt am 9.5., wenn die Erkrankung nicht schon vor Arbeitsantritt am 8.5. aufgetreten war. Bis zum Beginn des Sonderurlaubs müssen 19 Kalendertage bezahlt werden. Der Sonderurlaub zählt nicht mit. Somit geht die Berechnung am 7.6. weiter. Es müssen weitere 23 Kalendertage bezahlt werden.

Der Entgeltfortzahlunganspruch endet, wenn

- der Arbeitnehmer wieder arbeitsfähig ist oder

- die Sechs-Wochen-Frist abgelaufen ist oder

- das Arbeitsverhältnis endet (anders nur, wenn aus Anlass der Arbeitsunfähigkeit gekündigt wurde, s. u. 6.).

Das Ende des Sechswochenzeitraums wird wie folgt berechnet: Man beginnt mit dem Tag, an dem die Erkrankung eintrat (Ausnahme: Erkrankung tritt vor Arbeitsbeginn auf, dann beginnt man mit dem Tag davor) und zählt dann im Kalender sechs Wochen fort.

Beispiel:
Der Arbeitnehmer wird am Donnerstag, dem 4.10.2011, während der Arbeitsschicht krank. Die Sechswochenfrist beginnt am Freitag, dem 5.10.2011 und endet am Donnerstag, dem 15.11.2011. Bestand die Arbeitsunfähigkeit bereits vor Beginn der Arbeit am 4.10., endet die Frist einen Tag früher.

4. Mehrfacherkrankungen

Jede neue Erkrankung führt grundsätzlich zu einem weiteren Anspruch auf Entgeltfortzahlung. Diese Pflicht des Arbeitgebers kann also mehrfach hintereinander entstehen.

4.1 Wiederholte Arbeitsunfähigkeit wegen neuer Krankheit

Ein neuer Anspruch auf Entgeltfortzahlung setzt jedoch voraus, dass es sich um verschiedene, voneinander unabhängige Krankheiten handelt, die nacheinander auftreten. Wenn der Arbeitnehmer noch **während** seiner zuerst aufgetretenen Arbeitsunfähigkeit an einem neuen Leiden erkrankt, beginnt hierfür kein neuer Entgeltfortzahlungszeitraum. Die Gerichte sprechen hier von dem Grundsatz der „Einheit des Verhinderungsfalls".

Beispiel:

Ein Mitarbeiter erleidet einen Herzanfall. Im Krankenhaus infiziert er sich und bekommt zusätzlich eine Lungenentzündung. Hier gilt eine Gesamtfrist von sechs Wochen für die Entgeltfortzahlung. Mit der Lungenentzündung beginnt keine neue Frist zu laufen.

Wenn aber die neue Erkrankung auftritt, nachdem der Arbeitnehmer von der ersten Krankheit wieder genesen war, beginnt die Sechswochenfrist wieder von neuem zu laufen. Dies gilt auch dann, wenn der Arbeitnehmer die Arbeit noch nicht wieder aufgenommen hatte und nur für Stunden arbeitsfähig war (LAG Rheinland-Pfalz v. 4.3.2010, Az. 11 Sa 547709). Es gibt auch keinen Erfahrungssatz, wonach eine Arbeitsunfähigkeit, deren Ende von einem Arzt für einen Freitag bescheinigt ist, erst am folgenden Sonntag endet. Mithin beginnt ein neuer Entgeltfortzahlungszeitraum, wenn am Montag eine weitere Arbeitsunfähigkeit attestiert wird (LAG Baden-Württemberg v. 29.2.2012, Az. 13 Sa 117/11).

Beispiel:

Der Arbeitnehmer ist bis einschließlich Freitag, den 13.5. krankgeschrieben. Am Montag, dem 16.5. lässt er eine erneute Arbeitsunfähigkeitsbescheinigung überbringen, bei der das Feld „Erstbescheinigung" angekreuzt ist. Hier besteht erneut für sechs Wochen Anspruch auf Entgeltfortzahlung. Maßgeblich ist, dass sich die beiden Krankheitszeiten nicht überschneiden.

Hat der Arbeitnehmer einen missglückten Arbeitsversuch unternommen, der deswegen scheitert, weil die Krankheit noch nicht ausgeheilt ist, handelt es sich um eine Fortdauer der bisherigen Erkrankung. Die Sechswochenfrist beginnt nicht erneut.

Beispiel:

Der Arbeitnehmer ist vom 1. bis 15.3.2011 wegen einer Bronchitis krankgeschrieben. Am 16.3. nimmt er die Arbeit wieder auf, bricht jedoch zusammen, weil er sich übernommen hatte. Folge: Der missglückte Arbeitsversuch führt nicht dazu, dass eine neue Krankheit vorliegt. Der Arbeitnehmer hat hier also nur Anspruch auf insgesamt sechs Wochen Entgeltfortzahlung.

4.2 Wiederholte Arbeitsunfähigkeit wegen derselben Krankheit

Eine Besonderheit gilt dann, wenn eine erneute → *Arbeitsunfähigkeit* auf dieselbe, nicht auskurierte Krankheit zurückzuführen ist (sog. Fortsetzungserkrankung).

WICHTIG!

Wenn die Krankheit vollständig ausgeheilt war und dann wieder auftritt, handelt es sich um eine neue Krankheit und nicht um eine Fortsetzungserkrankung.

Zu den Fortsetzungserkrankungen zählen typischerweise Krankheiten wie Rheumatismus, Heuschnupfen, Multiple Sklerose oder Bronchialasthma. Maßgeblich ist, dass die erneute Erkrankung auf demselben Grundleiden beruht. Dies kann auch durchaus in verschiedenen Ausprägungen auftreten.

Beispiel:

Ein Epileptiker erleidet in unregelmäßigen Abständen Anfälle, die jeweils zu unterschiedlichen Verletzungen führen. Einmal stürzt er die Treppe herunter und bricht sich den Arm, ein andermal beißt er sich in die Zunge, beim dritten Mal stürzt er vom Fahrrad und erleidet eine Kopfverletzung. Es liegen jeweils Fortsetzungserkrankungen vor, auch wenn die Erscheinungsform jeweils ganz unterschiedlich ist.

Im Fall einer solchen Fortsetzungserkrankung hat der Arbeitnehmer nur einen Anspruch auf Entgeltfortzahlung für sechs Wochen. Dabei werden die einzelnen Zeiten der Arbeitsunfähigkeit zusammengerechnet, die auf derselben Krankheit beruhen.

Beispiel:

Der o. g. Epileptiker ist wegen der verschiedenen Folgen seines Leidens vom 1.3. bis 15.3., vom 3.4. bis 13.4. und vom 2.5. bis 3.6. arbeitsunfähig. Folge: Es besteht ein Anspruch auf Entgeltfortzah-

lung für die ersten beiden Zeiträume (zusammen 24 Kalendertage) und für 18 weitere Kalendertage des dritten Krankheitszeitraums. Ab dem 21.5. besteht also kein Anspruch mehr.

Von diesem Grundsatz bestehen **zwei Ausnahmen** (§ 3 Abs. 1 Satz 2 EntgFG):

▶ **Erste Ausnahme:**

Wenn zwischen dem Ende der letzten und dem Beginn der neuen Arbeitsunfähigkeit aufgrund desselben Grundleidens eine längere Zeit als sechs Monate liegt, dann hat der Arbeitnehmer einen erneuten Anspruch auf Entgeltfortzahlung für sechs Wochen. Dabei kommt es nicht auf die Kalendermonate an, sondern es ist ein Zeitraum von sechs aufeinander folgenden Monaten gemeint. Vom Beginn der erneuten Arbeitsunfähigkeit sind also sechs Monate zurückzurechnen. War der Arbeitnehmer in dieser Zeit nicht wegen derselben Krankheit arbeitsunfähig, besteht der Anspruch.

Beispiel:

Die Arbeitsunfähigkeit dauerte wegen derselben Krankheit einmal vom 1.3. bis 30.4. und dann wieder vom 3.10. bis 18.11. Folge: Für die zweite Periode besteht kein Anspruch. Rechnet man nämlich vom 3.10. sechs Monate zurück, kommt man auf den 3.4. Hier war der Arbeitnehmer aber noch gerade wegen dieser Krankheit arbeitsunfähig. Wäre die erneute Arbeitsunfähigkeit jedoch erst am 5.11. aufgetreten, müsste der Arbeitgeber erneut zahlen.

Es kommt aber nur auf die Frage an, ob der Arbeitnehmer gerade wegen dieser Krankheit während des Zeitraums von sechs Monaten arbeitsunfähig war. Wenn er wegen anderer Leiden krankgeschrieben war, ist das unerheblich.

▶ **Zweite Ausnahme:**

Nach zwölf Monaten, gerechnet ab der ersten Erkrankung, hat der Arbeitnehmer einen erneuten Anspruch auf Entgeltfortzahlung für sechs Wochen, und zwar vollkommen unabhängig davon, wie oft er in der Zwischenzeit wegen dieser Krankheit arbeitsunfähig gewesen ist. Ausgenommen sind lediglich die Krankheiten, die ununterbrochen länger als zwölf Monate dauern. Hier ist nicht das Kalenderjahr gemeint, sondern eine Frist von zwölf Kalendermonaten. Sie beginnt mit dem Tag, an dem die Fortsetzungserkrankung zum ersten Mal zur Arbeitsunfähigkeit führte. Der Anspruch setzt aber voraus, dass der Arbeitnehmer nach Ablauf der Zwölfmonatsfrist erneut arbeitsunfähig erkrankt. Der Anspruch besteht nicht, wenn er vor Ablauf dieser Frist erneut erkrankt und die Arbeitsunfähigkeit sich über das Ende der Frist hinaus erstreckt.

Beispiel:

Der Arbeitnehmer wird am 18.2. erstmals wegen eines Rückenleidens für sechs Wochen krankgeschrieben. Am 20.5. und 28.9. des laufenden Jahres erfolgen weitere Krankschreibungen für jeweils drei Wochen. Am 20.2. des Folgejahres reicht der Arbeitnehmer eine erneute Arbeitsunfähigkeitsbescheinigung für nochmals sechs Wochen ein. Folge: Der Arbeitnehmer erhält Entgeltfortzahlung für den ersten Krankheitszeitraum. Für die weiteren Ausfallzeiten in diesem Jahr besteht kein Anspruch. Im Folgejahr besteht ab dem 18.2. wieder der Anspruch auf volle sechs Wochen Entgeltfortzahlung.

Wenn der Arbeitnehmer nach sechs Monaten einen neuen Anspruch auf Entgeltfortzahlung erwirbt, weil er in dieser Zeit nicht wegen des Grundleidens arbeitsunfähig war, so beginnt für ihn eine neue Zwölfmonatsfrist zu laufen. War er also vom 15.3. bis 30.4. wegen eines Rückenleidens arbeitsunfähig, so muss der Arbeitgeber zwar erneut zahlen, wenn er erstmals am 2.12. wieder deswegen fehlt. Der Arbeitnehmer kann dann aber nicht z. B. am 17.3. des Folgejahres mit dem Argument kommen, es seien jetzt zwölf Monate seit der ersten Erkrankung vergangen.

4.3 Beweislast

Der Arbeitnehmer muss zunächst behaupten, dass keine Fortsetzungserkrankung vorgelegen habe. Wenn der Arbeitgeber dies bestreitet, muss der Arbeitnehmer nähere Tatsachen darlegen. Der Arbeitnehmer ist dann zur Mitwirkung verpflichtet, z. B. indem er den Arzt oder das Krankenhaus von der Schweigepflicht entbindet (jedoch nur hinsichtlich der Frage, ob eine Fortsetzungserkrankung vorliegt, nicht aber hinsichtlich des Befunds). Die objektive Beweislast für das Vorliegen einer Fortsetzungserkrankung liegt jedoch immer beim Arbeitgeber. Das bedeutet, dass der Arbeitgeber z. B. einen Prozess verliert, wenn sich letztlich nicht klären lässt, ob tatsächlich eine Fortsetzungserkrankung vorgelegen hat.

5. Verweigerung der Entgeltfortzahlung

Gemäß § 7 Abs. 1 EntgFG ist der Arbeitgeber berechtigt, die Fortzahlung des Arbeitsentgelts zu verweigern, solange der Arbeitnehmer die Arbeitsunfähigkeitsbescheinigung nicht vorlegt. Dies bringt den Anspruch jedoch nicht dauerhaft zu Fall. Reicht der Arbeitnehmer jedoch nach, muss Entgeltfortzahlung geleistet werden (LAG Rheinland-Pfalz v. 4.8.2011, Az. 10 Sa 156/11). Ein Verweigerungsrecht besteht auch, wenn der Arbeitnehmer bei Krankheit im Ausland dem Arbeitgeber nicht schnellstmöglich die voraussichtliche Dauer sowie seine Adresse im Ausland mitteilt.

Darüber hinaus kann der Arbeitgeber die Entgeltfortzahlung verweigern, solange der Arbeitnehmer den Sozialversicherungsausweis trotz Verlangens nicht hinterlegt (§ 100 Abs. 2 SGB IV). Dies gilt allerdings nur, wenn diese Regelung auf das Arbeitsverhältnis Anwendung findet, also bei Betrieben im Bau-, Schausteller- und Gebäudereinigerhandwerk sowie beim Messebau. Legt der Arbeitnehmer den Sozialversicherungsausweis nachträglich vor, muss der Arbeitgeber zahlen. Dies gilt unabhängig davon, ob die Vorlage noch während der Arbeitsunfähigkeit oder danach erfolgt. Selbst dann, wenn die Vorlage nach der Beendigung des Arbeitsverhältnisses erfolgt, ist der Arbeitgeber zur Zahlung verpflichtet.

Verweigert der Arbeitgeber die Entgeltfortzahlung mit der Begründung, dass der Arbeitnehmer bisher nicht den Sozialversicherungsausweis hinterlegt habe, muss er in einem eventuellen Prozess beweisen, dass er den Arbeitnehmer hierzu aufgefordert hat.

 TIPP!

Der Arbeitnehmer sollte in derartigen Fällen immer schriftlich aufgefordert werden, den Sozialversicherungsausweis zu hinterlegen. Diese Aufforderung sollte am besten durch Boten überbracht werden.

Beruht die Arbeitsunfähigkeit auf dem Verschulden eines Dritten, und hat der Arbeitnehmer nun gegen diesen einen Schadensersatzanspruch, geht der Anspruch auf den Arbeitgeber über. Er kann die Entgeltfortzahlung verweigern, solange der Arbeitnehmer diesen Übergang verhindert (§§ 6 und 7 EntgFG).

Beispiel:

Der Arbeitnehmer war schuldlos in einen Verkehrsunfall verwickelt. Hier ist der Arbeitgeber zwar zur Entgeltfortzahlung verpflichtet, der Schadensersatzanspruch des Arbeitnehmers gegen den Schädiger geht aber auf ihn über. Um ihn geltend machen zu können, benötigt der Arbeitgeber präzise Angaben über den Schädiger und den Unfallhergang. Er kann die Entgeltfortzahlung so lange verweigern, bis der Arbeitnehmer ihm die entsprechenden Auskünfte erteilt.

6. Entgeltfortzahlung über das Ende des Arbeitsverhältnisses hinaus

Ausnahmsweise hat der Arbeitnehmer Anspruch auf Entgeltfortzahlung über das Ende des Arbeitsverhältnisses hinaus (§ 8 EntgFG). Dies ist dann der Fall, wenn der Arbeitgeber wegen der Arbeitsunfähigkeit kündigt oder mit dem Arbeitnehmer die

einvernehmliche → *Beendigung des Arbeitsverhältnisses* vereinbart.

Dies gilt nicht, wenn der Arbeitgeber während der ersten vier Wochen wegen der Erkrankung kündigt und die Arbeitsunfähigkeit nicht über diese ersten vier Wochen hinaus andauert.

Die Aufrechterhaltung des Entgeltfortzahlungsanspruchs setzt in jedem Fall voraus, dass die Kündigung **aus Anlass** der krankheitsbedingten Arbeitsunfähigkeit erfolgt (sog. Anlasskündigung). Daran fehlt es stets in den Fällen, in denen die Kündigung **vor** Eintritt der krankheitsbedingten Arbeitsunfähigkeit ausgesprochen worden ist. Es reicht auch nicht aus, dass die Arbeitsunfähigkeit nur einer von mehreren Kündigungsgründen ist. Der Arbeitnehmer trägt die Beweislast dafür, dass die Kündigung aus Anlass der Arbeitsunfähigkeit ausgesprochen wurde. Notwendige Voraussetzung dafür ist, dass der Arbeitgeber überhaupt Kenntnis von der Arbeitsunfähigkeit hat.

Die Rechtsprechung hat hier eine Beweiserleichterung für den Arbeitnehmer eingeführt: Wenn der Arbeitgeber im zeitlichen Zusammenhang mit der Krankmeldung eines Arbeitnehmers kündigt, geht man zunächst davon aus, dass die Arbeitsunfähigkeit der Grund hierfür war. Gleiches gilt für die Mitteilung, dass eine bekannte Arbeitsunfähigkeit fortdauert. Es ist in der Praxis dann für den Arbeitgeber sehr schwierig, die Gerichte vom Gegenteil zu überzeugen. Insbesondere wird er häufig nicht mit dem Einwand gehört, er habe nicht wegen der Krankheit, sondern wegen der Verletzung der Anzeige- oder Nachweispflicht gekündigt.

Beispiel:

Der Arbeitnehmer ist seit dem 1.5. beschäftigt. Innerhalb der Probezeit wird er am 1.8. arbeitsunfähig krank. Der Arbeitgeber kündigt ihm eine Woche danach mit einer Frist von zwei Wochen. Die Arbeitsunfähigkeit dauert insgesamt sechs Wochen. Der erste Anschein spricht dafür, dass der Arbeitgeber hier aus Anlass der Arbeitsunfähigkeit gekündigt hat. Er muss daher das Gehalt auch über das Ende des Arbeitsverhältnisses hinaus bis zum Ablauf der Sechs-Wochen-Frist zahlen. Dem kann er nur entgehen, wenn er ganz präzise darlegen und auch beweisen kann, dass er aus anderen Gründen gekündigt hat.

7. Entgeltfortzahlungsversicherung

Da die Verpflichtung zur Entgeltfortzahlung insbesondere für Kleinbetriebe eine erhebliche Belastung darstellen kann, hat der Gesetzgeber im Aufwendungsausgleichsgesetz (AAG) Erstattungsansprüche vorgesehen. Arbeitgeber, die in der Regel nicht mehr als 30 Arbeitnehmer beschäftigen, erhalten im Rahmen des sog. U 1-Verfahrens 80 % ihrer Aufwendungen für die Entgeltfortzahlung im Krankheitsfall und für die hierauf entfallenden Sozialversicherungsbeiträge erstattet. An diesem Verfahren nehmen auch Arbeitgeber teil, die nur Auszubildende beschäftigen (§ 1 Abs. 3 AAG). Bei der Frage, ob die Grenze von 30 Arbeitnehmern überschritten wird, zählen die Auszubildenden allerdings nicht mit.

Beispiel:

Der Arbeitgeber beschäftigt 30 Arbeitnehmer und zusätzlich noch zwei Auszubildende. Er kann die Erstattung verlangen.

WICHTIG!

Auch schwerbehinderte Menschen im Sinne des SGB IX bleiben außer Ansatz (§ 3 Abs. 1 Satz 5 AAG).

Für Teilzeitbeschäftigte gilt Folgendes: Arbeiten sie regelmäßig nicht mehr als 10 Stunden pro Woche, zählen sie mit 0,25, bei nicht mehr als 20 Stunden 0,5 und mit 0,75, wenn sie nicht mehr als 30 Stunden arbeiten. Arbeiten sie mehr als 30 Stunden, zählen sie voll. Wenn die Stundenzahl schwankt, ist auf den Durchschnitt des Kalenderjahres abzustellen, das dem Ausgleichsjahr vorangeht. Entsprechendes gilt generell für die Feststellung der Arbeitnehmer-Höchstgrenze; hier darf der Arbeitgeber im vorangegangenen Kalenderjahr für einen Zeitraum von mindestens acht vollen (nicht unbedingt zusammenliegenden) Kalendermonaten nicht mehr als 30 Arbeitnehmer beschäftigt haben.

Der Arbeitgeber muss die Entgeltfortzahlung zunächst leisten und kann dann die Erstattung des jeweiligen Teilbetrags beantragen. Entsprechende Formulare sind bei den Sozialversicherungsträgern erhältlich. Zuständig für die Auszahlung ist die Krankenkasse der Arbeitnehmer. Bei geringfügig Beschäftigten ist die Deutsche Rentenversicherung Knappschaft-Bahn-See als Träger der knappschaftlichen Versicherung zuständig. Gehört der Arbeitnehmer aktuell keiner Krankenkasse an, ist die Kasse zuständig, bei der er zuletzt versichert war.

Wegen der weiteren Einzelheiten der lohnsteuer- und sozialversicherungsrechtlichen Behandlung, insbesondere auch für das Umlageverfahren, wird auf das im selben Verlag erschienene Lexikon für das Lohnbüro verwiesen.

II. Entgeltfortzahlung bei persönlicher Arbeitsverhinderung

1. Anspruchsvoraussetzungen

Der Arbeitnehmer behält seinen Vergütungsanspruch, wenn er für eine nur unerhebliche Zeit unverschuldet aus persönlichen Gründen nicht arbeiten kann (§ 616 BGB). Dazu zählt nicht die Erkrankung, denn die ist ja im Entgeltfortzahlungsgesetz geregelt.

TIPP!

Diese Vorschrift ist nicht zwingend. Sie kann im Arbeitsvertrag ausgeschlossen werden, z. B. mit der Formulierung: „Die Vorschrift des § 616 BGB über den Vergütungsanspruch bei persönlicher Verhinderung findet keine Anwendung." Es können aber auch konkrete Vereinbarungen getroffen werden, wonach der Arbeitnehmer Anspruch nur auf Freistellung in ganz bestimmten, exakt geregelten Fällen hat.

Es gibt jedoch häufig in Tarifverträgen spezielle Regelungen, in denen z. B. festgelegt ist, dass der Arbeitnehmer bei der Eheschließung, dem Tod naher Angehöriger oder für den Umzug eine bestimmte Anzahl freier Tage erhält.

ACHTUNG!

Wenn der Tarifvertrag auf das Arbeitsverhältnis anwendbar ist, müssen diese Tage auch dann gewährt werden, wenn § 616 BGB im Arbeitsvertrag ausgeschlossen worden ist.

Die Verhinderung muss aus persönlichen Gründen bestehen, wie z. B. bei

- der kirchlichen oder standesamtlichen Eheschließung,
- Arztbesuchen, wenn der Termin zwingend innerhalb der Arbeitszeit liegen muss,
- Todesfällen, Begräbnissen und Geburten im engen Familienkreis,
- schwerwiegender Erkrankung naher Angehöriger, insbesondere von Kindern,
- amtsärztlicher Untersuchung, z. B. im Lebensmittelbereich,
- Beschäftigungsverbot nach dem Bundesseuchengesetz,
- Einberufung zum Laienrichteramt,
- Ladung zu Behörden oder zu Gerichtsterminen,
- schuldlos erlittener kurzzeitiger Untersuchungshaft,
- Ausübung politischer, öffentlicher oder religiöser Pflichten,
- Ablegung von Prüfungen, auch von Fahrprüfungen,
- Versagen des Autos, eigenem Autounfall (auch Wartepflicht, wenn man selbst an dem Unfall beteiligt sein könnte),
- persönlichen Unglücksfällen wie Brand, Einbruch etc.,

- Stellensuche nach Kündigung des Arbeitsverhältnisses (§ 629 BGB),
- dreitägigen Wehrübungen deutscher Arbeitnehmer oder solcher aus EU-Staaten (§ 11 ArbPlSchG),
- Erfassung, Musterung etc. bei der Bundeswehr (§ 14 ArbPlSchG).

Nicht vergütet werden muss die Zeit, in der der Arbeitnehmer aus objektiven Gründen nicht arbeiten konnte, z. B. bei

- allgemeinen Verkehrssperren oder Zusammenbruch der öffentlichen Verkehrsmittel,
- Fahrverbot bei Smogalarm,
- Straßensperrung wegen Verkehrsunfalls, Überschwemmung, Erdrutsch, Schnee und Glatteis,
- Fehlen der Berufsausübungserlaubnis.

Beispiel:

Der Arbeitnehmer ist nach Österreich in den Skiurlaub gefahren. Der Abgang einer Lawine schneidet den Ort von der Außenwelt ab, sodass er erst drei Tage nach Ende des Urlaubs seine Arbeit aufnehmen kann. Da es sich hier um ein objektives Hindernis handelt, das nichts mit der Person des Arbeitnehmers zu tun hat, muss der Arbeitgeber keine Entgeltfortzahlung leisten.

2. Verschulden

Die Verhinderung darf vom Arbeitnehmer nicht verschuldet sein. Ein Verschulden ist nur dann anzunehmen, wenn er grob dem zuwiderhandelt, was ein verständiger Mensch als angemessen ansehen würde.

Beispiel:

Der Arbeitnehmer kommt zu spät, weil sein Auto nicht angesprungen ist. Hier kann ein Verschulden nicht darin gesehen werden, dass er nicht rechtzeitig seine Batterie kontrolliert hat.

3. Dauer der Entgeltfortzahlung

Die vom Arbeitnehmer versäumte Zeit darf nur einen „verhältnismäßig unerheblichen" Zeitraum umfassen. Wie lange dieser ist, sagt das Gesetz nicht. Wenn auf das Arbeitsverhältnis kein Tarifvertrag anwendbar ist (z. B. weil der Arbeitgeber nicht im Arbeitgeberverband ist), kann man aus den Regelungen des am nächsten liegenden Tarifvertrags Anhaltspunkte dafür finden, welche Freistellungen branchenüblich sind. An folgenden Werten kann man sich orientieren, hat jedoch keine Gewissheit, dass dies auch immer vom Arbeitsgericht so akzeptiert wird:

Niederkunft der Ehefrau	ein Arbeitstag
Tod des Ehegatten, eines Kindes oder Elternteils	zwei Arbeitstage
Umzug aus dienstlichem oder betrieblichem Grund an einen anderen Ort	ein Arbeitstag
25-, 40- und 50-jähriges Arbeitsjubiläum	ein Arbeitstag
schwere Erkrankung	
- eines Angehörigen, soweit er im selben Haushalt lebt	ein Arbeitstag im Kalenderjahr
- eines Kindes, das das 12. Lebensjahr noch nicht vollendet hat, wenn im laufenden Kalenderjahr kein Anspruch nach § 45 SGB V besteht oder bestanden hat	bis zu vier Arbeitstage im Kalenderjahr
- einer Betreuungsperson, wenn der Angestellte deshalb die Betreuung seines Kindes, das das 8. Lebensjahr noch nicht vollendet hat oder wegen körperlicher, geistiger oder seelischer Behinderung dauernd pflegebedürftig ist, übernehmen muss	bis zu vier Arbeitstage im Kalenderjahr

::**rehm**

Eine Freistellung erfolgt nur, soweit eine andere Person zur Pflege oder Betreuung nicht sofort zur Verfügung steht und der Arzt bei der Erkrankung des Angehörigen bzw. des Kindes die Notwendigkeit der Anwesenheit des Angestellten zur vorläufigen Pflege bescheinigt. Die Freistellung darf insgesamt 5 Arbeitstage im Kalenderjahr nicht übersteigen. Der Angestellte ist auch für die Dauer einer ärztlichen Behandlung einschließlich der Wegezeiten freizustellen, wenn diese während der Arbeitszeit erfolgen muss.

4. Sonderfall: Betreuung erkrankter Kinder

Gesetzlich krankenversicherte Arbeitnehmer haben Anspruch auf Krankengeld, wenn es erforderlich ist, dass sie zur Beaufsichtigung, Betreuung oder Pflege ihres erkrankten und versicherten Kindes der Arbeit fernbleiben (§ 45 SGB V). Notwendig ist eine ärztliche Bescheinigung über die Krankheit. Außerdem darf das Kind das 12. Lebensjahr noch nicht vollendet haben. Der Anspruch besteht dann nicht, wenn eine andere im Haushalt lebende Person die Betreuung vornehmen kann.

Die Dauer des Anspruchs beträgt pro Kalenderjahr und Kind zehn Tage, bei Alleinerziehenden 20 Tage. Bei mehreren Kindern beträgt er insgesamt 25 Tage pro Kalenderjahr, bei Alleinerziehenden 50. In diesem Umfang hat der Arbeitnehmer auch einen – vertraglich nicht auszuschließenden – Anspruch auf Freistellung. Dies gilt nur für einen Elternteil. Sind beide Eltern bei einem Arbeitgeber beschäftigt, müssen sie die berechtigten Interessen des Arbeitgebers bei der Frage berücksichtigen, wer beim Kind bleibt.

Der Freistellungsanspruch nach § 45 SGB V regelt nur die Frage, ob der Arbeitnehmer der Arbeit überhaupt fernbleiben darf. Er besagt nicht, dass der Arbeitgeber diese Zeit auch bezahlen muss (dafür gibt es ja den Anspruch auf Krankengeld). Nur wenn der Arbeitnehmer z. B. aufgrund eines Tarifvertrags Anspruch auf bezahlte Freistellung hat, oder wenn der Anspruch nach § 616 BGB besteht, muss der Arbeitgeber diese Zeit vergüten.

Beispiel:

> Eine Arbeitnehmerin muss ihr krankes Kind betreuen. Der Tarifvertrag sieht vor, dass ihr hierfür bis zu sechs Kalendertage im Jahr bezahlte Freistellung gewährt werden müssen. Das Kind ist zehn Tage pflegebedürftig. In den ersten sechs Tagen besteht der tarifvertragliche Anspruch auf bezahlte Freistellung. Für die restlichen vier Tage ist die Arbeitnehmerin zwar auch freizustellen, erhält jedoch kein Gehalt vom Arbeitgeber, sondern Krankengeld.

5. Pflichten des Arbeitnehmers

Der Arbeitnehmer hat, wie bei der Erkrankung, dem Arbeitgeber unverzüglich anzuzeigen, dass er verhindert ist. Er muss ihm auch mitteilen, wie lange die Verhinderung voraussichtlich andauern wird. Schließlich muss er auch beweisen, dass eine Verhinderung aus persönlichen Gründen vorlag, wenn der Arbeitgeber dies bestreitet.

6. Höhe der Entgeltfortzahlung

Es gilt wie bei der krankheitsbedingten Verhinderung das Entgeltausfallprinzip. Der Arbeitnehmer muss also im Wesentlichen so gestellt werden, als habe er gearbeitet (s. o. I.2).

III. Checkliste Entgeltfortzahlung

I. Entgeltfortzahlung bei Arbeitsunfähigkeit

1. Anspruchsvoraussetzungen
   - ☐ Ist die Wartefrist von vier Wochen erfüllt?
   - ☐ Ist die Erkrankung die alleinige Ursache für den Arbeitsausfall – hätte also der Arbeitnehmer gearbeitet, wenn er nicht krank gewesen wäre?
   - ☐ Hat der Arbeitnehmer durch grobes Verschulden die Erkrankung herbeigeführt?

2. Höhe der Entgeltfortzahlung
   - ☐ Was hätte der Arbeitnehmer zu beanspruchen gehabt, wenn er gearbeitet hätte?
   - ☐ Welche Entgeltbestandteile sollen konkrete Aufwendungen ausgleichen und sind daher nicht fortzuzahlen?
   - ☐ Besteht eine tarifvertragliche Regelung, die einen bestimmten Berechnungsmodus enthält?

3. Dauer der Entgeltfortzahlung
   - ☐ Grundsätzlich sechs Wochen (= 42 Kalendertage)
   - ☐ Unterbrechung, wenn das Arbeitsverhältnis zwischenzeitlich ruht
   - ☐ Bei neuer Erkrankung grundsätzlich Anspruch auf weitere sechs Wochen Fortzahlung, jedoch nicht, wenn neue Krankheit zur alten hinzutritt
   - ☐ Bei Fortsetzungskrankheit nur einmal Anspruch auf sechs Wochen Fortzahlung; neuer Anspruch nur dann, wenn Arbeitnehmer sechs Monate lang nicht wegen der Fortsetzungserkrankung gefehlt hat; nach zwölf Monaten jedoch unabhängig von solchen Fehlzeiten neuer Anspruch, es sei denn, die Arbeitsunfähigkeit bestand durchgängig

4. Verweigerung der Entgeltfortzahlung möglich, wenn:
   - ☐ der Arbeitnehmer die Arbeitsunfähigkeitsbescheinigung nicht beibringt
   - ☐ Sozialversicherungsausweis trotz entsprechender Verpflichtung nicht hinterlegt wird
   - ☐ der Arbeitnehmer über einen Schadensersatzanspruch, der auf den Arbeitgeber übergegangen ist, keine ausreichenden Angaben macht

5. Entgeltfortzahlung über das Ende des Arbeitsverhältnisses hinaus
   - ☐ Nur bei Kündigung aus Anlass der Arbeitsunfähigkeit, wenn diese über das Ende des Arbeitsverhältnisses hinaus andauert
   - ☐ Anscheinsbeweis zugunsten des Arbeitnehmers bei engem zeitlichen Zusammenhang zwischen Krankheit und Kündigung
   - ☐ Der Arbeitgeber muss dann sehr eingehend vortragen, aus welchen anderen Gründen gekündigt wurde

II. Entgeltfortzahlung bei persönlicher Arbeitsverhinderung

- ☐ Kann im Arbeitsvertrag ausgeschlossen werden, aber: häufig tarifvertragliche Regelungen (diese gehen vor!)

☐ Nur Verhinderung aus Gründen, die im persönlichen Bereich des Arbeitnehmers liegen, führen zum Anspruch

☐ Den Arbeitnehmer darf kein Verschulden treffen

☐ Dauer wird häufig durch Tarifvertrag festgelegt; wenn nicht, kann ein Tarifvertrag oder der BAT Anhaltspunkte geben

☐ Sonderregelung für die Betreuung kranker Kinder

☐ Anzeigepflichten des Arbeitnehmers wie bei Arbeitsunfähigkeit

☐ Höhe der Entgeltfortzahlung wie bei Arbeitsunfähigkeit

Erwerbsminderung

I.   Erwerbsminderungsrente

II.   Voraussetzungen
    1. Volle Erwerbsminderung
    2. Teilweise Erwerbsminderung
    3. Allgemeine Wartezeit
    4. Pflichtbeiträge

III. Rentenzahlung

IV. Hinzuverdienst
    1. Rente wegen voller Erwerbsminderung
    2. Rente wegen teilweiser Erwerbsminderung
    3. Überschreiten der Hinzuverdienstgrenze

V.   Rentenunschädliche Einkünfte

VI. Wegfall der Rente

VII. Vorrang von Rehabilitationsmaßnahmen

VIII. Antragstellung

IX. Übergangsregelungen

I. Erwerbsminderungsrente

Anspruch auf eine Rente wegen Erwerbsminderung haben Arbeitnehmer und versicherungspflichtige Selbstständige, wenn sie

▶ voll oder teilweise erwerbsgemindert sind und

▶ in den letzten fünf Jahren vor Eintritt der Erwerbsminderung drei Jahre Pflichtbeiträge für eine versicherte Beschäftigung oder selbstständige Tätigkeit haben und

▶ vor Eintritt der Erwerbsminderung die allgemeine Wartezeit von fünf Jahren erfüllt haben.

II. Voraussetzungen

1. Volle Erwerbsminderung

Eine Rente wegen voller Erwerbsminderung wird gezahlt, wenn ein Arbeitnehmer oder versicherungspflichtiger Selbstständiger wegen Krankheit oder Behinderung

▶ täglich weniger als drei Stunden arbeiten kann oder

▶ täglich zwischen drei und sechs Stunden arbeiten kann **und** innerhalb eines Jahres ein leistungsgerechter Teilzeitarbeitsplatz nicht angeboten werden kann

▶ als Behinderter in einer Behindertenwerkstatt arbeitet oder

▶ als Behinderter an einer nicht erfolgreichen Eingliederung teilnimmt.

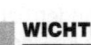 **WICHTIG!**

Auch Selbstständige können Rente wegen voller Erwerbsminderung erhalten.

2. Teilweise Erwerbsminderung

Eine Rente wegen teilweiser Erwerbsminderung wird gezahlt, wenn ein Arbeitnehmer oder versicherungspflichtiger Selbstständiger wegen Krankheit oder Behinderung nur noch täglich zwischen drei und sechs Stunden arbeiten kann.

Welche Leistungsminderungen vorliegen, die zu einer vollen oder teilweisen Erwerbsminderung führen, beurteilen die Ärzte der Rentenversicherungsträger.

3. Allgemeine Wartezeit

Für die Erfüllung der allgemeinen Wartezeit werden alle Pflichtbeitragszeiten und Zeiten mit freiwilligen Beiträgen sowie Ersatzzeiten wie z. B. Zeiten der politischen Verfolgung in der DDR angerechnet.

 TIPP!

Die Wartezeit kann auch zusammen oder allein mit Zeiten aus einem durchgeführten Versorgungsausgleich oder aus einem Rentensplitting erfüllt werden.

In Ausnahmefällen kann, auch wenn die allgemeine Wartezeit von fünf Jahren nicht erfüllt ist, eine Rente wegen Erwerbsminderung gezahlt werden. Dies betrifft beispielsweise die Fälle, in denen der Arbeitnehmer oder der versicherungspflichtige Selbstständige wegen eines Arbeitsunfalls oder einer Berufskrankheit erwerbsgemindert ist oder innerhalb von sechs Jahren nach Beendigung seiner Ausbildung voll erwerbsgemindert geworden ist. Voraussetzung ist dann jedoch, dass entweder bei Eintritt des Arbeitsunfalls oder der Berufskrankheit Versicherungspflicht bestand oder in den letzten zwei Jahren vorher vor Eintritt der vollen Erwerbsminderung mindestens für ein Jahr Pflichtbeiträge für eine versicherte Beschäftigung oder selbstständige Tätigkeit vorhanden sind.

4. Pflichtbeiträge

Zu den drei Jahren Pflichtbeiträge für eine versicherte Beschäftigung oder selbstständige Tätigkeit in den letzten fünf Jahren vor Eintritt der Erwerbsminderung zählen auch Pflichtbeiträge aus

▶ Kindererziehungszeiten,

▶ Zeiten mit Pflichtbeiträgen aufgrund einer nicht erwerbsmäßigen Pflege eines Pflegebedürftigen,

▶ Zeiten mit Pflichtbeiträgen aufgrund des Bezugs von Krankengeld oder Arbeitslosengeld.

ACHTUNG!
Zeiten aus einem durchgeführten Versorgungsausgleich oder Rentensplitting werden hierbei nicht berücksichtigt.

Der Zeitraum der letzten fünf Jahre verlängert sich, wenn in dieser Zeit Anrechnungszeiten wie z. B. der Besuch einer Schule, Fach- oder Hochschule nach dem vollendeten 17. Lebensjahr oder Kinderberücksichtigungszeiten vorliegen.

III. Rentenzahlung

Die Rente wegen Erwerbsminderung wird im Regelfall zunächst befristet gezahlt. Die Befristung erfolgt für längstens drei Jahre und kann bis zur Gesamtdauer von neun Jahren wiederholt werden. Besteht die Erwerbsminderung danach fort, wird die Rente unbefristet gezahlt. Es verbleibt allerdings auch nach diesen neun Jahren bei einer befristeten Rente, wenn nur wegen der bestehenden Arbeitslosigkeit eine Rente wegen voller Erwerbsminderung gezahlt wird (s. o. II.1.). Die tatsächliche Rentenzahlung beginnt frühestens mit Beginn des siebten Kalendermonats nach dem Eintritt der Erwerbsminderung. Dies ist nicht immer gleichbedeutend mit einer zuvor eingetretenen → *Arbeitsunfähigkeit*.

Von Beginn an unbefristet wird die Rente wegen Erwerbsminderung ausnahmsweise dann gezahlt, wenn sie nicht aufgrund von Arbeitslosigkeit gezahlt wird und es unwahrscheinlich ist, dass die Minderung der Erwerbsfähigkeit behoben werden kann.

WICHTIG!
Wird eine Rente wegen Erwerbsminderung vor der Vollendung des 63. Lebensjahres gezahlt, kommt es zu Abschlägen bei der Rente. Für jeden Kalendermonat, für den die Rente wegen Erwerbsminderung vor der Vollendung des 63. Lebensjahres gezahlt wird, beträgt der Rentenabschlag 0,3 %. Beginnt die Rente vor der Vollendung des 60. Lebensjahres, wird der Rentenabschlag auf insgesamt 10,8 % begrenzt. Ab dem 1.1.2012 bis 31.12.2023 werden die Altersgrenzen von 60 und 63 Lebensjahren schrittweise auf das 62. und 65. Lebensjahr angehoben. Dies gilt nicht für erwerbsgeminderte Personen, mit 35 Jahren Pflichtbeitragszeiten ohne Arbeitslosigkeit und Berücksichtigungszeiten. Bei einem Rentenbeginn ab dem 1.1.2024 sind dann 40 Jahre Pflichtbeitragszeiten ohne Arbeitslosigkeit und Berücksichtigungszeiten erforderlich.

IV. Hinzuverdienst

Neben einer Erwerbsminderungsrente darf nur in einem begrenzten Umfang hinzuverdient werden, ohne dass die Rente verloren geht. Mit Erreichen der Regelaltersgrenze darf unbegrenzt hinzuverdient werden, weil dann die Erwerbsminderungsrente in eine Altersrente umgewandelt wird.

Abhängig von der Höhe des Hinzuverdiensts kann eine Erwerbsminderungsrente ganz oder nur anteilig gezahlt werden. Alle Hinzuverdienstgrenzen werden individuell bestimmt und richten sich nach dem Verdienst der letzten drei Jahre (§ 96a SGB VI).

Wird der Hinzuverdienst nicht in einem vollen Kalendermonat, sondern nur in einem Teilmonat erzielt, wird das tatsächlich gezahlte Arbeitsentgelt der maßgeblichen monatlichen Hinzuverdienstgrenze gegenübergestellt.

1. Rente wegen voller Erwerbsminderung

Eine Rente wegen voller Erwerbsminderung kann je nach Höhe des Hinzuverdiensts

▶ in voller Höhe oder

▶ in Höhe von drei Vierteln oder

▶ in Höhe der Hälfte oder

▶ in Höhe eines Viertels

gezahlt werden.

Als Hinzuverdienst gilt nicht nur der Bezug von Arbeitsentgelt, Arbeitseinkommen und vergleichbarem Einkommen wie beispielsweise Vorruhestandsgeld, sondern auch der Bezug von folgenden Sozialleistungen:

▶ Verletztengeld aus der gesetzlichen Unfallversicherung,

▶ Übergangsgeld aus der gesetzlichen Unfallversicherung.

Als Hinzuverdienst gilt in diesem Fall das monatliche Arbeitseinkommen, nach dem sich die Sozialleistung berechnet.

2. Rente wegen teilweiser Erwerbsminderung

Eine Rente wegen teilweiser Erwerbsminderung wird abhängig vom Hinzuverdienst

▶ in voller Höhe oder

▶ in Höhe der Hälfte

gezahlt.

Wird eine Rente wegen teilweiser Erwerbsminderung gezahlt, werden neben dem Arbeitsentgelt, Arbeitseinkommen und vergleichbarem Einkommen wie beispielsweise Vorruhestandsgeld folgende Leistungen als Hinzuverdienst gewertet:

▶ Krankengeld oder Versorgungskrankengeld, das aufgrund einer → *Arbeitsunfähigkeit* gezahlt wird, die nach dem Beginn der Rente eingetreten ist;

▶ Krankengeld, das aufgrund einer stationären Behandlung gezahlt wird, die nach dem Beginn der Rente begonnen hat;

▶ Versorgungskrankengeld, das während einer stationären Behandlung gezahlt wird, wenn diesem ein nach Beginn der Rente erzieltes Arbeitsentgelt oder Arbeitseinkommen zugrunde liegt;

▶ Übergangsgeld, dem ein nach dem Beginn der Rente erzieltes Arbeitsentgelt oder Arbeitseinkommen zugrunde liegt; Übergangsgeld aus der gesetzlichen Unfallversicherung in jedem Fall;

▶ Erwerbsersatzeinkommen wie z. B.

  ▶ Verletztengeld, das aus der gesetzlichen Unfallversicherung gezahlt wird,

  ▶ Kurzarbeitergeld,

  ▶ Saison-Kurzarbeitergeld,

  ▶ Transferkurzarbeitergeld,

  ▶ Mutterschaftsgeld,

  ▶ Arbeitslosengeld,

  ▶ Gründungszuschuss.

Als Hinzuverdienst gilt das monatliche Arbeitseinkommen, nach dem sich die Sozialleistung berechnet.

ACHTUNG!
Auch der Bezug von Sozialleistungen von einer Stelle mit Sitz im Ausland gilt als Hinzuverdienst, wenn diese den oben genannten Leistungen gleicht.

3. Überschreiten der Hinzuverdienstgrenze

Die für den Rentner jeweils zulässige Hinzuverdienstgrenze darf im Lauf eines Kalenderjahres zweimal bis zum Doppelten der anteiligen Hinzuverdienstgrenze überschritten werden.

V. Rentenunschädliche Einkünfte

Folgende Einkünfte können ohne Auswirkung für den Bezug einer Erwerbsminderungsrente erzielt werden:

▶ Betriebsrenten,

▶ Einkünfte aus selbstständiger Tätigkeit vor dem Rentenbeginn wie z. B. Wettbewerbsverbotszahlungen,

▶ Einkünfte aus Vermietung und Verpachtung, sofern sie steuerrechtlich eine Berücksichtigung finden,

▶ Einkünfte aus Vermögen,

▶ Pflegegeld,

▶ Entgelt, das ein behinderter Mensch von einem Träger einer in § 1 Satz 1 Nr. 2 SGB VI genannten Einrichtung erhält,

▶ Leistungen nach dem SGB II wie beispielsweise Arbeitslosengeld II, Sozialgeld, Einstiegsgeld

▶ Sozialhilfe nach dem SGB XII

▶ Elterngeld.

VI. Wegfall der Rente

Die Rente wird nicht mehr gezahlt, wenn sich der Gesundheitszustand des Rentners soweit bessert, dass er mindestens sechs Stunden täglich arbeiten kann. Bei der Aufnahme einer abhängigen Beschäftigung oder einer selbstständigen Tätigkeit prüft der Rentenversicherungsträger, ob und ggf. in welcher Höhe eine Rente wegen verminderter Erwerbsfähigkeit auch zukünftig zu zahlen ist.

 WICHTIG!

Die Aufnahme einer abhängigen Beschäftigung oder einer selbstständigen Tätigkeit sollte dem Rentenversicherungsträger sofort mitgeteilt werden. Unterbleibt die Meldung, kann die Rentenzahlung auch nachträglich vom Rentner zurückverlangt werden.

VII. Vorrang von Rehabilitationsmaßnahmen

Die Rentenversicherungsträger prüfen bei jedem Rentenantrag wegen Erwerbsminderung, ob die Erwerbsminderung durch eine Rehabilitationsmaßnahme, z. B. ein stationäres Heilverfahren oder eine Leistung zur Teilnahme am Arbeitsleben (u. a. Umschulung), abgewendet oder behoben werden kann.

VIII. Antragstellung

Eine Erwerbsminderungsrente ist bei den Rentenversicherungsträgern zu beantragen.

IX. Übergangsregelungen

▶ Für Rentner, die bereits vor dem 1.1.2001 eine Rente wegen Berufs- oder Erwerbsunfähigkeit bezogen haben, wird bis zum Erreichen der Regelaltersgrenze weiterhin das bis zum 31.12.2000 gültige Recht angewandt. Dies gilt auch für befristete Renten wegen Berufs- oder Erwerbsunfähigkeit.

▶ Ist ein Arbeitnehmer vor dem 2.1.1961 geboren und berufsunfähig, erhält er eine teilweise Erwerbsminderungsrente wegen Berufsunfähigkeit, wenn er die oben unter II.3. und 4. genannten Voraussetzungen erfüllt. Berufsunfähigkeit liegt vor, wenn ein Arbeitnehmer wegen Krankheit oder Behinderung im Vergleich zu anderen Arbeitnehmern mit ähnlicher Ausbildung und Fähigkeiten weniger als sechs Stunden täglich arbeiten kann. Welche Leistungsminderun-

gen vorliegen, die zu einer Berufsunfähigkeit führen, beurteilen die Ärzte der Rentenversicherung. Für diese Renten gelten die sonstigen Regelungen für die Rente wegen teilweiser Erwerbsminderung (s. o. III. bis VIII.).

▶ Versicherte, die vor dem 1.1.1951 geboren sind, können eine Altersrente für schwerbehinderte Menschen erhalten, wenn sie berufs- oder erwerbsunfähig nach dem bis zum 31.12.2000 geltendem Recht sind und die Wartezeit von 35 Jahren mit Pflichtbeiträgen, freiwilligen Beiträgen, beitragsfreien Zeiten und Berücksichtigungszeiten erfüllen. Sie können diese Rente abschlagsfrei ab dem vollendetem 63. Lebensjahr, mit Abschlägen ab dem vollendetem 60. Lebnsjahr beanspruchen.

▶ Versicherte, die vor dem 16.11.1950 geboren sind und bei denen am 16.11.2000 Schwerbehinderung, Berufs- oder Erwerbsunfähigkeit nach dem am 31.12.2000 geltenden Recht vorlag, können eine Altersrente für schwerbehinderte Menschen ab dem vollendeten 60. Lebensjahr abschlagsfrei beziehen, wenn sie als schwerbehinderte Menschen anerkannt oder berufs- oder erwerbsunfähig sind und die Wartezeit von 35 Jahren mit Pflichtbeiträgen, freiwilligen Beiträgen, beitragsfreien Zeiten oder Berücksichtigungszeiten erfüllen.

Familienpflegezeit

I. Grundsätze

II. Betroffene

III. Vereinbarung mit dem Arbeitgeber

IV. Gehaltsvorschuss vom Arbeitgeber

V. Kompensation durch den Arbeitnehmer
    1. Regulärer Verlauf
    2. Anschließende Arbeitszeitverminderung
    3. Krankheit des Arbeitnehmers
    4. Vorzeitige Beendigung des Arbeitsverhältnisses

VI. Auswirkungen auf das Arbeitslosengeld

VII. Sonderkündigungsschutz

VIII. Befristete Verträge zur Vertretung

I. Grundsätze

Das zum 1.1.2012 in Kraft getretene Familienpflegezeitgesetz (FPfZG) soll Betroffenen ermöglichen, ihre Arbeitszeit zwecks Pflege naher Angehöriger zu reduzieren, ohne allzu hohe Einkommenseinbußen zu erleiden.

Das neue Gesetz enthält folgende Kernpunkte:

▶ Beschäftigte können in Absprache mit dem Arbeitgeber ihre Arbeitszeit auf bis zu 15 Stunden pro Woche verringern, um einen Angehörigen zu pflegen. Einen **Rechtsanspruch** auf eine Familienpflegezeit sieht das Gesetz **nicht** vor.

▶ Familienpflegezeit kann für einen Zeitraum von höchstens zwei Jahren in Anspruch genommen werden.

▶ Um die Einkommenseinbußen, die durch die Reduzierung der Arbeitszeit entstehen, abzufedern, erhalten die Arbeitnehmer eine Lohnaufstockung.

▶ Nach der Pflegephase wird die Arbeit wieder in vollem Umfang aufgenommen. Die Beschäftigten bekommen aber weiterhin nur ihr abgesenktes Gehalt – so lange, bis der Gehaltsvorschuss des Arbeitgebers „abgearbeitet" ist.

II. Betroffene

Das Gesetz sieht bei Arbeitgebern keine bestimmte Mindestbeschäftigtenzahl vor. Es gibt auch keine Ankündigungsfristen, da die Familienpflegezeit ohnehin nur durch freiwillige Vereinbarung durchgeführt werden kann. Arbeitnehmer können die Familienpflegezeit auch dann in Anspruch nehmen, wenn sie bereits teilzeitbeschäftigt sind bzw. in einem Arbeitszeitmodell mit unregelmäßiger wöchentlicher Arbeitszeit arbeiten. Voraussetzung ist lediglich, dass die wöchentliche Arbeitszeit im Jahresdurchschnitt 15 Stunden nicht unterschreitet. Auch Auszubildende, arbeitnehmerähnliche Personen und Heimarbeiter fallen unter das Gesetz. Notwendig ist die Betreuung „pflegebedürftiger naher Angehöriger in häuslicher Umgebung". Das Familienpflegezeitgesetz sieht hierfür keine eigene Definition vor, sondern verweist auf § 7 Abs. 3 und 4 des Pflegezeitgesetzes (→ Stichwort Pflegezeitgesetz).

III. Vereinbarung mit dem Arbeitgeber

Die Familienpflegezeit wird durch einen Vertrag zwischen dem betroffenen Beschäftigten und dem Arbeitgeber begründet. Das Gesetz bietet lediglich den Rahmen. Das Bundesministerium für Familie, Senioren, Frauen und Jugend hat angekündigt, eine entsprechende Mustervereinbarung zur Verfügung zu stellen.

WICHTIG!
Der Arbeitgeber ist grundsätzlich nicht zum Abschluss einer solchen Vereinbarung verpflichtet. In anderen Zusammenhängen haben die Gerichte aber entschieden, dass er eine Zustimmung nicht willkürlich verweigern kann.

Die Vereinbarung muss schriftlich erfolgen, damit eine Förderung beantragt werden kann (§ 3 Abs. 1 FPfZG).

Diese schriftliche Vereinbarung muss enthalten:

▶ Umfang der Arbeitszeit vor Beginn der Familienpflegezeit,

▶ Name, Anschrift, Geburtsdatum und Angehörigenstatus der zu pflegenden Person,

▶ Dauer der Familienpflegezeit und Rückkehr des Beschäftigten zu der vor Eintritt in die Familienpflegezeit geltenden oder einer höheren Wochenarbeitszeit nach dem vereinbarten Ende der Familienpflegezeit oder nach der vorherigen Beendigung der häuslichen Pflege (§ 3 Abs. 1 Nr. 1a FPfZG).

TIPP!
Das Bundesamt für Familie und zivilgesellschaftliche Aufgaben hat ein entsprechendes Formular entwickelt, das heruntergeladen werden kann (www.familien-pflege-zeit.de).

Bei einem Betriebsübergang tritt der Erwerber in diese Vereinbarung ein.

Die Pflegebedürftigkeit muss nachgewiesen werden: Hierfür ist die Bescheinigung der Pflegekasse oder des medizinischen Dienstes der Krankenkassen notwendig. Bei Pflegebedürftigen, die in einer privaten Pflegekasse versichert sind, muss ein entsprechender Nachweis erbracht werden.

WICHTIG!
Wenn eine Pflegezeitvereinbarung getroffen wurde, besteht gem. § 18 Abs. 3 und 5 SGB XI in der ab dem 1.1.2012 geltenden Fassung ein Anspruch darauf, dass die Begutachtung zur Feststellung der Pflegebedürftigkeit im Falle eines Krankenhausaufenthaltes innerhalb von einer Woche, ansonsten innerhalb von zwei Wochen erfolgt.

Weiter muss eine Bescheinigung über das Bestehen einer Pflegezeitversicherung vorliegen oder ein Antrag auf Aufnahme in eine Gruppenversicherung (§ 4 FPfZG).

Der Pflegephase der Familienpflegezeit endet mit dem Ablauf der vereinbarten Zeit. Die Förderfähigkeit endet gem. § 5 Abs. 1 FPfZG mit dem Ablauf des zweiten Monats nach Wegfall einer Voraussetzung, also etwa der Pflegebedürftigkeit des Angehörigen. Die Vereinbarung mit dem Arbeitnehmer sollte daher entsprechend gefasst werden.

Beispiel:
Die Familienpflegezeit ist bis zum 30.9.2014 vereinbart worden. Am 16.6.2013 stirbt der zu pflegende Angehörige. Die Familienpflegezeit endet bereits am 31.8.2013 und der Arbeitnehmer hat einen Anspruch, wieder voll zu arbeiten. Es beginnt jetzt die Nachpflegezeit.

IV. Gehaltsvorschuss vom Arbeitgeber

Um die Einkommenseinbußen abzufedern, die durch die Reduzierung der Arbeitszeit entstehen, erhalten Arbeitnehmer eine Lohnaufstockung durch den Arbeitgeber.

Beispiel:
Wer seine Arbeitszeit von einer Vollzeit- auf eine Halbzeitstelle reduziert, erhält 75 Prozent seines letzten Bruttoeinkommens.

Um eine Belastung des Arbeitgebers durch die Pflegezeit zu vermeiden, stellt ihnen der Bund mit Hilfe der staatlichen KfW-Bankengruppe monatlich ein auszuzahlendes zinsloses Darlehen für die Aufstockung des Gehalts zur Verfügung. Dieses Darlehen zahlen die Arbeitgeber dann zurück, wenn die Beschäftigten wieder voll arbeiten, aber weiter nur ein reduziertes Gehalt erhalten.

V. Kompensation durch den Arbeitnehmer

1. Regulärer Verlauf

Nach der Pflegephase wird die Arbeit wieder in vollem Umfang aufgenommen. Die Beschäftigten bekommen aber in dieser sog. „Nachpflegephase" weiterhin nur ihr abgesenktes Gehalt, so lange, bis der Gehaltsvorschuss des Arbeitgebers „abgearbeitet" ist. Die Aufstockungsleistung kann aber auch durch ein bereits bestehendes Wertguthaben i. S. v. § 7b SGB IV kompensiert werden. Systematisch ist die Familienpflegezeit damit an das Blockmodell der Altersteilzeit angenähert.

WICHTIG!
Der Arbeitgeber kann das Arbeitsentgelt auch dann einbehalten, wenn der Arbeitnehmer in der sog. Nachpflegephase aufgrund anderer Vorschriften seine Arbeitszeit verringert (§ 9 Abs. 1 Satz 1 FPfZG). Im Gesetz nicht geregelt ist die Frage, ob dem Arbeitnehmer jedenfalls der pfändungsfreie Betrag des Arbeitsentgelts verbleiben muss. M.E. ist das nicht der Fall, denn er führt durch die Reduzierung der Arbeitszeit selbst die Verringerung des Arbeitsentgelts herbei.

2. Anschließende Arbeitszeitverminderung

Bei Kurzarbeit vermindert sich der Anspruch auf Einbehaltung von Arbeitsentgelt um den Anteil, um den die Arbeitszeit durch die Kurzarbeit vermindert ist; die Nachpflegephase verlängert sich entsprechend.

Beispiel:

> Der Arbeitnehmer hat während der Pflegezeit der Arbeitszeit um ein Drittel reduziert. Danach macht er erfolgreich einen Anspruch auf Arbeitszeitreduzierung gem. § 8 TzBfG geltend. Der Arbeitgeber darf das Arbeitsentgelt trotzdem wegen der vorherigen Familienpflegezeit reduzieren.

Wenn der Arbeitnehmer aus dem Arbeitsverhältnis ausscheidet, ohne den Vorschuss vollständig abgearbeitet zu haben, kann der Arbeitgeber den Ausgleich des Darlehens in Raten verlangen, wenn er von der Familienpflegezeitversicherung keinen Ausgleich erhält und keine Übertragung des Wertguthabens auf andere Arbeitgeber nach § 7f des Vierten Buches Sozialgesetzbuch erfolgt (§ 9 Abs. 2 FPfZG).

3. Krankheit des Arbeitnehmers

Dauert die Arbeitsunfähigkeit während der Pflegephase über den Entgeltfortzahlungszeitraum hinaus an, besteht auch der Anspruch auf Aufstockung nicht mehr und es wird kein weiteres negatives Wertguthaben aufgebaut. In der Nachpflegephase führt eine solche Arbeitsunfähigkeit dann aber nicht zum Abbau des negativen Wertguthabens und die Nachpflegephase verlängert sich entsprechend.

WICHTIG!
Wenn der Arbeitnehmer in der Nachpflegephase krankheitsbedingt das negative Wertguthaben nicht abbaut, kann der Arbeitgeber die Aussetzung der Rückzahlung des Darlehens an die KfW beantragen (§ 6 Abs. 2 FPfZG).

4. Vorzeitige Beendigung des Arbeitsverhältnisses

Wird das Arbeitsverhältnis beendet, bevor das negative Wertguthaben ausgeglichen wurde, hat der Arbeitgeber einen Anspruch auf Rückzahlung gegen den Arbeitnehmer. Dieser kann entweder durch Aufrechnung oder durch Zahlung monatlicher Raten befriedigt werden. Erfüllt der Arbeitnehmer seine Verpflichtung nicht, hat der Arbeitgeber einen Anspruch auf Erlass des ihm von der Behörde gewährten Darlehens. Wurde ein solches nicht in Anspruch genommen, hat er einen Anspruch auf Zahlung durch das Bundesamt. Dieses trägt also letztlich das Risiko des Zahlungsausfalls bei vorzeitiger Beendigung des Arbeitsverhältnisses.

Eine Ratenzahlungspflicht des Arbeitnehmers besteht aber nicht, wenn der Arbeitgeber aus Gründen gekündigt hat, die nicht im Verhalten des Arbeitnehmers liegen.

Beispiel:

> Der Arbeitgeber kündigt das Arbeitsverhältnis wegen Betriebsteilstilllegung ein Jahr vor Ende der Nachpflegephase mit behördlicher Zustimmung. Wenn er Gegenforderungen gegen den Arbeitnehmer hat, kann er die Aufrechnung erklären, wenn nicht, erlöschen seine Forderungen und der Arbeitnehmer ist nicht zur Ratenzahlung verpflichtet (§ 9 Abs. 2 Satz 3 FPfZG).

VI. Auswirkungen auf das Arbeitslosengeld

Zeiten der Familienpflegezeit und der Nachpflegezeit bleiben bei der Bemessung von Arbeitslosengeld unberücksichtigt (§ 130 Abs. 2 Satz 1 Nr. 3a SGB III n. F.). Die Bemessung von Arbeitslosengeld erfolgt daher auf der Basis des Einkommens in der Vorpflegezeit.

VII. Sonderkündigungsschutz

Gemäß § 9 Abs. 3 Satz 1 FPfZG darf der Arbeitgeber das Arbeitsverhältnis während der Familienpflegezeit nicht kündigen. In „besonderen Fällen" kann durch die zuständige Behörde ausnahmsweise die Kündigung für zulässig erklärt werden. Nach dem Wortlaut kommt somit nicht nur eine außer-

ordentliche Kündigung in Betracht wie bei der Schwangerschaft und in der Elternzeit, sondern auch sonstige Gründe können ausreichen, um eine Zulässigkeitserklärung zu rechtfertigen. Es ist also eine Interessenabwägung erforderlich, deren Ergebnis schwer zu prognostizieren ist. Der Kündigungsschutz endet erst nach Ablauf der Nachpflegephase. Durch die Nichterfüllung der Rückzahlungsverpflichtungen kann sich diese verlängern.

WICHTIG!
Die Zulässigkeitserklärung muss vor Ausspruch der Kündigung vorliegen.

VIII. Befristete Verträge zur Vertretung

§ 6 des Pflegezeitgesetzes gilt entsprechend (§ 9 V FPfZG), d. h. es liegt ein sachlicher Grund für die Befristung des Arbeitsverhältnisses einer Vertretungskraft vor, wenn diese zur Vertretung des Arbeitnehmers eingestellt wird, der die Familienpflegezeit in Anspruch nimmt (im Einzelnen → *Pflegezeit VII*).

Feiertage

I. Verbot der Sonn- und Feiertagsarbeit
  1. Ausnahmen ohne behördliche Genehmigung
      1.1 Zulässigkeit
      1.2 Ausgleichsansprüche der Arbeitnehmer
  2. Ausnahmen mit behördlicher Genehmigung
  3. Beschäftigung von Schwangeren und stillenden Müttern

II. Vergütung von Feiertagen
  1. Grundsätze
  2. Unentschuldigtes Fehlen
  3. Höhe der Feiertagsvergütung

I. Verbot der Sonn- und Feiertagsarbeit

Grundsätzlich besteht an Sonntagen und gesetzlichen (nicht rein kirchlichen) Feiertagen ein Beschäftigungsverbot (§ 9 ArbZG). Gesetzliche Feiertage sind sowohl die bundeseinheitlichen Feiertage als auch die Feiertage in den einzelnen Bundesländern.

▶ **Bundeseinheitliche Feiertage:**
  Neujahr, Karfreitag, Ostermontag, 1. Mai, Christi Himmelfahrt, Pfingstmontag, 3. Oktober, 1. und 2. Weihnachtsfeiertag.

▶ **Landesgesetzliche Feiertage:**

  ▶ **Heilige Drei Könige** (6. Januar) in Baden-Württemberg, Bayern und Sachsen-Anhalt;

  ▶ **Fronleichnam** in Baden-Württemberg, Bayern, Hessen, Nordrhein-Westfalen, Rheinland-Pfalz, Saarland, in einigen Gemeinden der sächsischen Landkreise Bautzen, Hoyerswerda und Kamenz sowie in Gebieten mit überwiegend katholischer Bevölkerung in Thüringen;

  ▶ **Mariä Himmelfahrt** in bayerischen Gebieten mit überwiegend katholischer Bevölkerung;

  ▶ **Reformationstag** (31. Oktober) in Brandenburg, Mecklenburg-Vorpommern, Sachsen, Sachsen-Anhalt und Thüringen;

▶ **Allerheiligen** (1.11.) in Baden-Württemberg, Bayern, Nordrhein-Westfalen, Rheinland-Pfalz, Saarland und in den Gebieten Thüringens mit überwiegend katholischer Bevölkerung;

▶ **Buß- und Bettag** in Sachsen.

Keine Feiertage sind Heiligabend und Silvester, ebensowenig Ostersonntag (BAG v. 17.3.2010, Az. 5 AZR 317/09) und Pfingstsonntag (BAG v. 17.8.2011, Az. 10 AZR 347/10).

Dieses Beschäftigungsverbot gilt in der Zeit von 0 bis 24 Uhr. In mehrschichtigen Betrieben mit Tag- und Nachtschicht kann der Beginn oder das Ende der Sonn- und Feiertagsruhe um bis zu sechs Stunden vor- oder zurückverlegt werden. Eine beschäftigungsfreie Zeit von 24 Stunden muss jedoch gewährleistet sein.

Für Kraftfahrer kann im Hinblick auf das Ende des Sonntagsfahrverbots um 22 Uhr die Sonn- und Feiertagsruhe um zwei Stunden vorverlegt werden.

1. Ausnahmen ohne behördliche Genehmigung

1.1 Zulässigkeit

Für Arbeiten in bestimmten Bereichen lässt das Arbeitszeitgesetz Ausnahmen vom Beschäftigungsverbot zu; es muss sich aber dabei um Arbeiten handeln, die nicht an Werktagen ausgeführt werden können (§ 10 ArbZG). Eine Genehmigung der Aufsichtsbehörde ist nicht erforderlich; sie prüft jedoch, ob die Voraussetzungen des § 10 ArbZG eingehalten sind. Ist ein → *Tarifvertrag* anwendbar, müssen auch dessen Bestimmungen beachtet werden. Diese können sowohl eine Erweiterung der zulässigen Feiertagsarbeit enthalten als auch Einschränkungen.

Folgende Ausnahmen sind vorgesehen:

> **WICHTIG!**
> Der Arbeitgeber muss über die an Sonn- und Feiertagen geleisteten Arbeitsstunden Aufzeichnungen führen und diese zwei Jahre lang aufbewahren.

▶ in Not- und Rettungsdiensten sowie bei der Feuerwehr,

▶ zur Aufrechterhaltung der öffentlichen Sicherheit und Ordnung sowie der Funktionsfähigkeit von Gerichten und Behörden und für Zwecke der Verteidigung,

▶ in Krankenhäusern und anderen Einrichtungen zur Behandlung, Pflege und Betreuung von Personen,

▶ in Gaststätten und anderen Einrichtungen zur Bewirtung und Beherbergung sowie im Haushalt,

▶ bei Musikaufführungen, Theatervorstellungen, Filmvorführungen, Schaustellungen, Darbietungen und anderen ähnlichen Veranstaltungen,

▶ bei nichtgewerblichen Aktionen und Veranstaltungen der Kirchen, Religionsgesellschaften, Verbände, Vereine, Parteien und anderer ähnlicher Vereinigungen,

▶ beim Sport und in Freizeit-, Erholungs- und Vergnügungseinrichtungen, beim Fremdenverkehr sowie in Museen und wissenschaftlichen Präsenzbibliotheken,

▶ beim Rundfunk, bei der Tages- und Sportpresse, bei Nachrichtenagenturen sowie bei den der Tagesaktualität dienenden Tätigkeiten für andere Presseerzeugnisse einschließlich des Austragens, bei der Herstellung von Satz, Filmen und Druckformen für tagesaktuelle Nachrichten und Bilder, bei tagesaktuellen Aufnahmen auf Ton- und Bildträger sowie beim Transport und Kommissionieren von Presseerzeugnissen, deren Ersterscheinungstag am Montag oder am Tag nach einem Feiertag liegt,

▶ bei Messen, Ausstellungen und Märkten i. S. d. §§ 64 bis 71d der Gewerbeordnung sowie bei Volksfesten,

▶ in Verkehrsbetrieben sowie beim Transport und Kommissionieren von leicht verderblichen Waren i. S. d. § 30 Abs. 3 Nr. 2 der Straßenverkehrsordnung,

▶ in den Energie- und Wasserversorgungsbetrieben sowie in Abfall- und Abwasserentsorgungsbetrieben,

▶ in der Landwirtschaft und in der Tierhaltung sowie in Einrichtungen zur Behandlung und Pflege von Tieren,

▶ im Bewachungsgewerbe und bei der Bewachung von Betriebsanlagen,

▶ bei der Reinigung und Instandhaltung von Betriebseinrichtungen, soweit hierdurch der regelmäßige Fortgang des eigenen oder eines fremden Betriebs bedingt ist, bei der Vorbereitung der Wiederaufnahme des vollen werktäglichen Betriebs sowie bei der Aufrechterhaltung der Funktionsfähigkeit von Datennetzen und Rechnersystemen,

▶ zur Verhütung des Verderbens von Naturerzeugnissen oder Rohstoffen oder des Misslingens von Arbeitsergebnissen sowie bei kontinuierlich durchzuführenden Forschungsarbeiten,

▶ zur Vermeidung einer Zerstörung oder erheblichen Beschädigung der Produktionseinrichtungen.

> **TIPP!**
> Besteht Unklarheit darüber, ob eine bestimmte Tätigkeit zulässig ist, kann man vorab die Feststellung der Zulässigkeit und hilfsweise die ausdrückliche Genehmigung bei der zuständigen Aufsichtsbehörde beantragen. Welche Behörde in dem jeweiligen Bundesland zuständig ist, teilt die Landesregierung mit.

1.2 Ausgleichsansprüche der Arbeitnehmer

Ordnet der Arbeitgeber nach § 10 ArbZG zulässigerweise Sonn- und Feiertagsarbeit an, haben die Arbeitnehmer folgende Ausgleichsansprüche:

▶ Jeder betroffene Arbeitnehmer muss mindestens 15 Sonntage im Jahr frei haben.

▶ Für die Arbeit an einem Sonntag muss ein Ersatzruhetag innerhalb der nächsten zwei Wochen gewährt werden, für die Arbeit an einem Feiertag innerhalb der nächsten acht Wochen.

Bei dem Ersatzruhetag muss es sich nicht um einen Tag handeln, an dem der Arbeitnehmer ansonsten gearbeitet hätte. So kann Sonn- und Feiertagsarbeit bei einer Fünf-Tage-Woche auch durch einen ohnehin arbeitsfreien Samstag ausgeglichen werden.

2. Ausnahmen mit behördlicher Genehmigung

Auf Antrag eines Unternehmens kann die Aufsichtsbehörde weitere Ausnahmen vom Beschäftigungsverbot zulassen. Sie kann insbesondere Sonn- und Feiertagsarbeit zur Sicherung der Beschäftigung genehmigen, wenn bei längeren Betriebszeiten oder anderen Arbeitsbedingungen im Ausland eine nachweisbare Beeinträchtigung der Konkurrenzfähigkeit vorliegt, die aus der Sicht des betroffenen Unternehmens nicht zumutbar ist.

Folgende Voraussetzungen müssen dabei vorliegen:

▶ Das antragstellende Unternehmen muss die gesetzlich zulässigen wöchentlichen Betriebszeiten von 144 Stunden bereits weitgehend ausschöpfen.

▶ Ausländische Konkurrenten des Unternehmens müssen mehr als 144 Stunden in der Woche produzieren.

▶ Die Konkurrenzfähigkeit des deutschen Betriebs muss unzumutbar beeinträchtigt sein.

▶ Ohne Genehmigung von Sonn- und Feiertagsarbeit müssen Arbeitsplätze verloren gehen.

Bei der Einführung muss neben der Genehmigung noch Folgendes beachtet werden:

▶ Zu prüfen ist zunächst, ob ein → Tarifvertrag Einschränkungen vorsieht. Er kann durch die Genehmigung nicht ausgehebelt werden!

▶ Da es um die Verteilung der → Arbeitszeit geht, ist die Zustimmung des Betriebsrats erforderlich (§ 87 Abs. 1 Nr. 2 BetrVG).

▶ Geprüft werden muss weiter, ob nach den bestehenden Arbeitsverträgen die Anordnung von Sonn- und Feiertagsarbeit überhaupt möglich ist. Gegebenenfalls bedarf es der Änderung der Arbeitsverträge.

▶ Auch bei der genehmigungspflichtigen Feiertagsarbeit bestehen Ausgleichsansprüche der Arbeitnehmer (s. o. 1.2).

3. Beschäftigung von Schwangeren und stillenden Müttern

Werdende und stillende Mütter dürfen grundsätzlich nicht an Sonn- und Feiertagen beschäftigt werden (§ 8 Abs. 1 MuSchG). Folgende Ausnahmen hiervon bestehen: Im Verkehrswesen, in Gast- und Schankwirtschaften und im übrigen Beherbergungswesen, im Familienhaushalt, in Krankenpflege- und in Badeanstalten sowie bei Musik- und Theateraufführungen dürfen sie beschäftigt werden, wenn ihnen in jeder Woche einmal eine ununterbrochene Ruhezeit von mindestens 24 Stunden im Anschluss an eine Nachtruhe gewährt wird (§ 8 Abs. 4 MuSchG).

II. Vergütung von Feiertagen

1. Grundsätze

Der Arbeitgeber muss dem Arbeitnehmer die Arbeitszeit vergüten, die wegen eines gesetzlichen Feiertags ausfällt (§ 2 EntgFG). Maßgeblich sind die gesetzlichen Feiertage, die am Betriebssitz gelten. Der Anspruch besteht für alle Arbeitnehmer, auch für Teilzeitbeschäftigte und geringfügig Beschäftigte sowie für ausländische Arbeitnehmer an einem deutschen Feiertag.

◁ **ACHTUNG!**
Vereinbarungen, wonach die durch den Feiertag ausgefallene Arbeit ohne zusätzlichen Lohn nachgeholt werden muss, sind unzulässig. Die geleistete Arbeit muss dann zusätzlich vergütet werden.

Wird am Feiertag selbst gearbeitet, hat der Arbeitnehmer Anspruch auf seine reguläre Vergütung. In Tarifverträgen oder Einzelarbeitsverträgen wird darüber hinaus häufig vereinbart, dass noch ein zusätzlicher Feiertagszuschlag zu zahlen ist.

Ein Anspruch auf Feiertagsbezahlung kann auch dann bestehen, wenn die Arbeit nicht an dem Feiertag selbst ausfällt.

Beispiel 1:

Ein Zeitungszusteller kann am 2. Mai keine Zeitungen austragen, weil diese wegen des vorangegangenen Feiertags nicht produziert wurden. Er erhält auch für den 2. Mai Feiertagsvergütung, obwohl der Arbeitsausfall nicht an einem gesetzlichen Feiertag erfolgte. Gleiches gilt, wenn der Arbeitnehmer bei einem Zeitungsverlag in die Sonntagsschicht eingeteilt wurde, die ausfiel, weil der folgende Montag ein gesetzlicher Feiertag war (LAG München v. 30.11.2011, Az. 5 Sa 989/11, n.rkr.).

Beispiel 2:

Eine Schicht reicht bis morgens 2 Uhr. Wegen des Feiertags am 3. Oktober fällt die am 2.10. beginnende Schicht aus. Auch hier kann der Arbeitnehmer Feiertagsvergütung verlangen, obwohl nur ein Teil der Arbeitszeit am Feiertag lag. Entscheidend ist, dass die Ursache für den Arbeitsausfall in dem Feiertag lag.

Die „Kontrollfrage" lautet also: Hätte der Arbeitnehmer gearbeitet, wenn der entsprechende Tag kein Feiertag gewesen wäre?

Beispiel:

Ein Arbeiter hätte am 3. Oktober ohnehin nicht arbeiten müssen, weil er nicht für eine der Schichten dieses Tages eingeteilt war. Er hat keinen Anspruch auf Feiertagslohn; den hätte er nur, wenn der Schichtplan extra wegen des Feiertags geändert worden wäre.

Auch während des bezahlten Urlaubs ist der Feiertagslohn zu zahlen, nicht hingegen bei unbezahltem Sonderurlaub auf eigenen Wunsch des Arbeitnehmers. Bei → Kurzarbeit ist Feiertagslohn in Höhe des Kurzarbeitergelds zu zahlen (§ 2 Abs. 2 EntgFG). Der Anspruch besteht nicht, wenn der Betrieb von einem → Streik betroffen ist, der auch am Feiertag andauert.

2. Unentschuldigtes Fehlen

Der Anspruch auf Feiertagsbezahlung entfällt, wenn der Arbeitnehmer am letzten Arbeitstag vor dem Feiertag oder dem ersten Arbeitstag danach unentschuldigt fehlt (§ 2 Abs. 3 EntgFG). Dabei kommt es immer auf den Tag an, an dem der jeweilige Arbeitnehmer zuletzt vor dem Feiertag oder zuerst danach hätte arbeiten müssen. Als unentschuldigtes Fehlen gilt bereits, wenn der Arbeitnehmer mehr als die Hälfte der Arbeitszeit nicht ableistet.

Beispiel:

Der Arbeitnehmer hatte für Donnerstag, den 2. Oktober → Urlaub genommen. Am 1. Oktober hätte er von 9 bis 16.30 Uhr arbeiten müssen, ging aber bereits unentschuldigt um 12 Uhr, um in den verlängerten Wochenendurlaub zu fahren. Er kann für den Feiertag 3. Oktober keine Bezahlung verlangen, denn er hat an seinem letzten Arbeitstag vor dem Feiertag „blau gemacht" und mehr als die Hälfte der Arbeitszeit an diesem Tag versäumt. Natürlich hat er auch keinen Anspruch auf Bezahlung für den 1. Oktober.

Das Fehlen an einem Tag kann auch zur Folge haben, dass die Vergütung für mehrere Feiertage entfällt.

Beispiel:

Der Arbeitnehmer hätte am Ostersamstag arbeiten müssen, blieb der Arbeit aber unentschuldigt fern. Er kann weder für Karfreitag noch für Ostermontag Bezahlung verlangen.

Der Anspruch ist jedoch nur dann ausgeschlossen, wenn der Arbeitnehmer schuldhaft der Arbeit ferngeblieben ist. Kann er z. B. witterungsbedingt seinen Arbeitsplatz nicht erreichen, hat das keine Auswirkung.

Beispiel:

Der Arbeitnehmer kommt am 2. Januar nicht zur Arbeit, weil sein Heimatort vollkommen eingeschneit und ein Herauskommen unmöglich ist. Er hat zwar keinen Anspruch auf Bezahlung für den 2. Januar, denn er trägt das Risiko, zu seinem Arbeitsplatz zu gelangen (sog. Wegerisiko). Der Anspruch auf die Feiertagsvergütung für Neujahr bleibt ihm jedoch erhalten, da er keine Schuld an seinem Fehlen hatte.

3. Höhe der Feiertagsvergütung

Der Arbeitgeber muss dem Arbeitnehmer das Arbeitsentgelt fortzahlen, das er sonst erhalten hätte. Es ist also zu prüfen, was der Arbeitnehmer zu beanspruchen gehabt hätte, wenn die Arbeit nicht wegen des Feiertags ausgefallen wäre (Lohnausfallprinzip).

Erhält der Arbeitnehmer eine nach Wochen oder Monaten berechnete Vergütung, ergeben sich keine Probleme; der Lohn wird einfach weitergezahlt. Bei einer Vergütung, die auf die jeweils geleisteten Stunden abstellt oder variable Bestandteile enthält, muss man differenzieren: Die Länge der Arbeitszeit, die am Feiertag zu vergüten ist, richtet sich nach der konkreten Arbeitszeit, die der jeweils betroffene Arbeitnehmer an dem Feiertag hätte leisten müssen. Im Rahmen der Arbeitszeitflexibilisierung kommt es nur auf die tatsächliche individuelle Arbeitszeit des konkreten Arbeitnehmers an.

Lässt sich nicht genau sagen, wie viel der Arbeitnehmer an dem Feiertag verdient hätte, kann man auf den Durchschnittsverdienst der letzten 13 Wochen zurückgreifen. Hätte der Arbeitnehmer Überstunden zu leisten gehabt, wenn die Arbeit nicht wegen des Feiertags ausgefallen wäre, müssen sowohl der zusätzlich für Überstunden gezahlte Stundenlohn als auch etwaige Überstundenzuschläge gezahlt werden. Die Rechtslage ist hier also anders als bei der → *Entgeltfortzahlung* im Krankheitsfall.

Zulagen für Aufwendungen des Arbeitnehmers, die nicht die Arbeitsleistung als solche vergüten, sondern Belastungen ausgleichen sollen, die für den Arbeitnehmer aufgrund der Arbeit entstehen, müssen für den Feiertag nicht gezahlt werden. Hierzu zählt z. B. die Schmutzzulage.

Fürsorgepflicht

I.   **Begriff**

II. **Geltungsdauer**

III. **Inhalt**

IV. **Rechtsfolgen**

I. Begriff

Die Fürsorgepflicht des Arbeitgebers ist eine Nebenpflicht aus dem Arbeitsverhältnis. Sie korrespondiert mit der Treuepflicht des Arbeitnehmers. Nach der Rechtsprechung des BAG beinhaltet jedes Arbeitsverhältnis die Nebenpflicht des Arbeitgebers, die im Zusammenhang mit dem Arbeitsverhältnis stehenden Interessen des Arbeitnehmers so zu wahren, wie dies unter Berücksichtigung der Interessen und Belange beider Vertragspartner nach Treu und Glauben verlangt werden kann. Daraus können sich zum einen Hinweis- und Informationspflichten des Arbeitgebers ergeben. Zum anderen hat er, wenn er seinen Arbeitnehmern bei der Wahrnehmung ihrer Interessen behilflich ist, zweckentsprechend zu verfahren und sie vor drohenden Nachteilen zu bewahren. Der Arbeitgeber ist auch dafür verantwortlich, dass sich alle Beschäftigten, insbesondere auch die Arbeitnehmerinnen, in der betrieblich-beruflichen Sphäre belästigungsfrei bewegen können. Dabei sind allerdings neben den Interessen des betroffenen Arbeitnehmers auch die des Betriebs und der Gesamtbelegschaft zu berücksichtigen. Es muss also immer eine Gesamtabwägung stattfinden. Die Fürsorgepflicht besteht in jedem Arbeitsverhältnis, auch wenn dies nicht besonders vereinbart wurde. Sie kann auch nicht vertraglich ausgeschlossen werden. Bei einem Leiharbeitsverhältnis trifft den Verleiher die allgemeine arbeitsrechtliche Fürsorgepflicht. Daneben bestehen aber auch Fürsorgepflichten des Entleihers, insbesondere was die Arbeitssicherheit und den Schutz vor Anfeindungen im Betrieb betrifft. Bestimmte Fürsorgepflichten lassen sich auch aus dem allgemeinen Gleichbehandlungsgesetz ableiten. So muss der Arbeitnehmer vor einer

Diskriminierung wegen der im AGG genannten Merkmale geschützt werden (zu den Einzelheiten s. unter → *Gleichbehandlung*).

II. Geltungsdauer

Die Fürsorgepflicht setzt bereits vor Beginn des Arbeitsverhältnisses ein. Der Arbeitgeber ist verpflichtet, die persönlichen Bewerbungsunterlagen des künftigen Arbeitnehmers sorgfältig zu verwahren. Er muss ihn auch darauf hinweisen, dass in dem beabsichtigten Arbeitsverhältnis z. B. besondere Risiken oder Leistungsanforderungen bestehen. Auch nach dem Ende des Arbeitsverhältnisses besteht eine nachvertragliche Fürsorgepflicht. Danach ist der Arbeitgeber u. a. verpflichtet, Auskünfte z. B. an Firmen, bei denen sich der ehemalige Arbeitnehmer beworben hat, wahrheitsgemäß zu erteilen.

Beispiel:

> Der Arbeitgeber hat ein wohlwollendes Zeugnis erteilt, weil er bestimmte Vorwürfe gegen den Arbeitnehmer nicht beweisen kann. Wenn der Personalleiter eines anderen Betriebs, bei dem sich der ehemalige Arbeitnehmer beworben hat, anruft, um sich näher zu erkundigen, darf der frühere Arbeitgeber ihm nicht die Bewerbung „verderben", indem er von den nicht belegbaren Vorwürfen berichtet.

Aus der nachvertraglichen Fürsorgepflicht kann auch ein Wiedereinstellungsanspruch des z. B. im Rahmen einer Verdachtskündigung entlassenen Arbeitnehmers resultieren, wenn sich später im Strafverfahren seine Unschuld herausstellt (→ *Kündigungsschutz*).

Die Fürsorgepflicht besteht auch, wenn der gekündigte Arbeitnehmer seine vorläufige Weiterbeschäftigung erzwungen hat.

Beispiel:

> Der Arbeitnehmer gewinnt den Kündigungsschutzprozess in erster Instanz. Das Arbeitsgericht verurteilt den Arbeitgeber auch, den Arbeitnehmer bis zum rechtskräftigen Abschluss des Verfahrens weiterzubeschäftigen. Dem kommt der Arbeitgeber nach, um die Verhängung eines Zwangsgelds zu vermeiden. In der nächsten Instanz, dem Landesarbeitsgericht, wird die Klage endgültig abgewiesen. Den Arbeitgeber trifft in der Zwischenzeit der Beschäftigung die Fürsorgepflicht in demselben Umfang wie bei einem ungekündigten Arbeitsverhältnis.

III. Inhalt

Der Inhalt der Fürsorgepflicht lässt sich nicht generell-abstrakt für alle möglichen Fälle bestimmen, sondern richtet sich immer nach den Verhältnissen des Einzelfalls. Es gibt jedoch einige Fälle, in denen sich der konkrete Inhalt der Fürsorgepflicht aus dem Gesetz ableiten lässt oder in denen die Rechtsprechung Festlegungen vorgenommen hat:

▶ **Ärztliche Untersuchungen:**

> Der Arbeitgeber muss sie veranlassen, wenn dies je nach den Gefahren für Sicherheit und Gesundheit notwendig ist (§ 11 ArbSchG).

▶ **Arbeitsschutz:**

> Der Arbeitgeber ist gemäß § 618 BGB, dem Arbeitsschutzgesetz, der Gefahrstoffverordnung und den Unfallverhütungsvorschriften der Berufsgenossenschaften verpflichtet, Arbeitsverfahren, Arbeitsstoffe, Geräte, Gebäude etc. nach den dortigen Festlegungen so zu gestalten, dass Gefahren vermieden werden. Dazu muss er in geeigneten Fällen auch Schutzausrüstungen zur Verfügung stellen. Er ist auch zu Unterweisungen über Sicherheit und Gesundheitsschutz verpflichtet (§ 12 ArbSchG; zu den Einzelheiten s. unter → *Arbeitsschutz*).

▶ **Arbeitszeitvorschriften:**

Die Vorschriften des Arbeitszeitgesetzes sind nicht nur einzuhalten, sondern es ist auch zu prüfen, ob der Gesundheitsschutz es bei besonders belastenden Arbeiten erfordert, z. B. zusätzliche Pausen zu gestatten.

▶ **Aufklärungspflichten:**

Diese hat der Arbeitgeber z. B. beim Abschluss eines Aufhebungsvertrags. Hier muss er zwar nicht im Einzelnen die Konsequenzen für das Arbeitslosengeld prüfen, aber den Arbeitnehmer darauf hinweisen, dass sich negative Folgerungen daraus ergeben könnten. Der Arbeitnehmer ist auch über das Bestehen betrieblicher Sozialleistungen aufzuklären. Der Arbeitgeber muss ihn aber nicht darauf hinweisen, dass eine tarifliche Ausschlussfrist abzulaufen droht. Der Arbeitgeber muss nicht auf sämtliche für den Zweck des Arbeitsverhältnisses bedeutsamen Umstände hinweisen. Seine Aufklärungspflicht bezieht sich nur auf besondere atypische Risiken für den Arbeitnehmer. Die Aufklärungs- und Informationsverpflichtung darf keine übermäßige Belastung des Arbeitgebers begründen. Je größer das erkennbare Informationsbedürfnis des Arbeitnehmers und je leichter ihm die entsprechende Information möglich ist, desto eher ergeben sich Auskunfts- und Informationspflichten für den Arbeitgeber.

▶ **Beschäftigungspflicht:**

Das Persönlichkeitsrecht des Arbeitnehmers und die Fürsorgepflicht des Arbeitgebers führen zu einem Beschäftigungsanspruch des Arbeitnehmers während der Dauer des Arbeitsverhältnisses. Der Arbeitgeber darf ihn also nicht ohne besonderen Grund von der Arbeitsleistung suspendieren, selbst wenn er ihm für diese Zeit das Entgelt weiterzahlt. Gründe für eine sofortige Suspendierung können z. B. sein der Verrat von Geschäftsgeheimnissen, der Verstoß gegen ein → *Wettbewerbsverbot* oder der Verdacht strafbarer Handlungen. Es kann auch im Arbeitsvertrag vereinbart werden, dass der Arbeitgeber berechtigt ist, den Arbeitnehmer für die Dauer der Kündigungsfrist von der Arbeitsleistung freizustellen.

▶ **Obhutspflicht:**

Sie trifft den Arbeitgeber hinsichtlich bestimmter persönlich unentbehrlicher Sachen, die der Arbeitnehmer in den Betrieb mitbringt. Dabei handelt es sich z. B. um Straßenkleidung, Uhr und einen kleineren Geldbetrag. Er muss ihm ermöglichen, diese in einem abschließbaren Behältnis zu verwahren. Dies gilt auch für unmittelbar der Arbeit dienende Sachen wie z. B. Fachbücher und Arbeitskleidung, die der Arbeitnehmer selbst angeschafft hat. Bringt der Arbeitnehmer jedoch wertvolle Sachen wie z. B. teuren Schmuck mit zur Arbeit, geschieht dies auf eigenes Risiko. Auch eine Feuerversicherung muss vom Arbeitgeber nicht abgeschlossen werden.

▶ **Parkplätze:**

Der Arbeitgeber ist nicht verpflichtet, einen Firmenparkplatz zur Verfügung zu stellen. Wenn er aber einen solchen eingerichtet hat, hat er auch eine Verkehrssicherungspflicht. Er muss also für eine angemessene Beleuchtung sorgen, im Winter streuen und erforderlichenfalls Verkehrsregeln erlassen, die dann für die Arbeitnehmer verbindlich sind (z. B. „Auf dem Firmenparkplatz gilt die StVO"). Die Verkehrssicherungspflicht gilt auch für Fußgänger auf dem Betriebsgelände.

▶ **Persönlichkeitsrecht:**

Der Arbeitgeber muss das Persönlichkeitsrecht des Arbeitnehmers achten. Er muss z. B. bei sexueller Belästigung am Arbeitsplatz und bei sonstigen Belästigungen eingreifen. Dies gilt sowohl für das Verhalten anderer Arbeitnehmer als auch für Eingriffe sonstiger Personen, auf deren Verhalten der Arbeitgeber Einfluss hat. Er darf keine unbefugte Telefonüberwachung oder Videoüberwachung durchführen, keine üble Nachrede betreiben und unbefugt Daten aus der Personalakte an Dritte weitergeben. Der Arbeitgeber muss den Arbeitnehmer auch vor Gesundheitsgefahren am Arbeitsplatz schützen. Dazu gehört auch die Gefahr psychischer Schäden durch ein Einschüchterungen, Anfeindungen, Erniedrigungen, Entwürdigungen oder Beleidigungen gekennzeichnetes Umfeld (BAG v. 28.10.2010, Az. 8 AZR 546/09; LAG Hamm v. 15.3.2012, Az. 15 Sa 1424/11).

▶ **Rauchen:**

Der Arbeitgeber ist gem. § 618 BGB i. V. m. § 5 ArbStättV verpflichtet, einzelnen Arbeitnehmern einen tabakrauchfreien Arbeitsplatz zur Verfügung zu stellen (→ *Rauchverbot*).

▶ **Freiheitsstrafe:**

Ist ein Arbeitnehmer zu einer Freiheitsstrafe verurteilt worden, kann der Arbeitgeber aufgrund seiner Fürsorgepflicht verpflichtet sein, daran mitzuwirken, dass dieser den Freigängerstatus erhält.

▶ **Umsetzung:**

Kann der Arbeitnehmer aus gesundheitlichen Gründen auf seinem bisherigen Arbeitsplatz nicht mehr beschäftigt werden, hat er einen Anspruch auf Zuweisung eines leidensgerechten Arbeitsplatzes, wenn ein solcher frei ist. Er kann aber nicht verlangen, auf einem bestimmten, von ihm ausgewählten Arbeitsplatz beschäftigt zu werden. Auch auf eine Beförderung besteht aus der Fürsorgepflicht heraus kein Anspruch.

▶ **Vermögensrechtliche Belange des Arbeitnehmers:**

Sie sind zu beachten; so folgt z. B. die Verpflichtung zur richtigen Berechnung und Abführung der Lohnsteuer und der Sozialversicherungsbeiträge auch aus der Fürsorgepflicht.

IV. Rechtsfolgen

Verletzt der Arbeitgeber seine Fürsorgepflicht, kann der Arbeitnehmer die Arbeit niederlegen, wenn ihm die Weiterarbeit wegen dieses Umstands nicht zumutbar ist.

Beispiel:

> Der Arbeitnehmer hat erhebliche gesundheitliche Probleme an seinem Arbeitsplatz. Ein anderer Arbeitsplatz, der diese Belastungen nicht mit sich bringt und der auf dem bisherigen Niveau des Arbeitnehmers liegt, ist frei. Weigert sich der Arbeitgeber ohne ausreichenden Grund, ihn dort zu beschäftigen, muss der Betroffene vorerst nicht weiterarbeiten. Nicht ausreichend für eine Arbeitsniederlegung wäre es dagegen, wenn der Arbeitgeber z. B. nur seiner Verkehrssicherungspflicht auf dem Parkplatz nicht nachkommt.

Ist die Verletzung der Fürsorgepflicht schuldhaft erfolgt, können auf den Arbeitgeber auch Schadensersatzansprüche zukommen (→ *Haftung des Arbeitgebers*). Darüber hinaus kann der Arbeitnehmer in Einzelfällen auch den Erlass einer einstweiligen Verfügung beantragen, um den Arbeitgeber zu veranlassen, ihn nicht mit minderwertigen Tätigkeiten zu beschäftigen, sondern mit vertragsgemäßen Aufgaben (s. hierzu auch Stichwort → *Arbeitgeberhaftung*).

Wird durch die Verletzung der Fürsorgepflicht auch in das Persönlichkeitsrecht des Arbeitnehmers eingegriffen, kommt auch ein Schmerzensgeldanspruch in Betracht.

Beispiel:

Der Arbeitgeber bezeichnet die Arbeitnehmerin in einer von ihm vertriebenen Zeitung als „Deutschlands faulste Arbeitnehmerin", die noch nicht einmal wisse, von wem sie schwanger sei. Hier haftet der Arbeitgeber auch auf Schmerzensgeld.

Der Arbeitgeber kann vom Arbeitnehmer auch auf die Vornahme der Handlungen verklagt werden, die aus der Fürsorgepflicht resultieren.

Beispiel:

Der Arbeitgeber weigert sich, den Arbeitnehmer zu beschäftigen, ohne dass ein ausreichender Grund vorliegt. Der Arbeitnehmer kann dann eine Klage auf tatsächliche Beschäftigung erheben. Es kommt sogar der Erlass einer einstweiligen Verfügung in Betracht, mit der der Arbeitgeber noch vor einer endgültigen Entscheidung zur vorläufigen Weiterbeschäftigung verpflichtet wird.

Gehaltserhöhung

I. Grundsätze

II. Anspruch des Arbeitnehmers
1. Tariflohnerhöhung
2. Gleichbehandlungsgrundsatz
3. Erheblicher Anstieg der Lebenshaltungskosten
4. Betriebliche Übung

I. Grundsätze

Bei Abschluss des Arbeitsvertrags verständigen sich Arbeitgeber und Arbeitnehmer auf die Höhe der Arbeitsvergütung. Sind beide tarifgebunden, muss der Arbeitgeber mindestens die tarifliche → *Vergütung* der einschlägigen tariflichen Lohn-/Gehaltsgruppe zahlen.

Bereits zum Zeitpunkt des Vertragsschlusses können die Parteien eine Vereinbarung über zukünftige Gehaltserhöhungen treffen. So finden sich in Arbeitsverträgen häufig Regelungen, nach denen das Gehalt nach Ablauf der Probezeit erhöht wird. Ebenso ist es denkbar, feste Gehaltserhöhungen an andere Kriterien zu knüpfen (z. B. bei späterer Übernahme einer zusätzlichen, im Vertrag bereits beschriebenen Aufgabe). Unüblich sind dagegen Vereinbarungen, nach denen das Gehalt jährlich um einen bestimmten Prozentsatz erhöht wird. Von ihnen kann im Hinblick auf die nicht vorhersehbare Entwicklung des Arbeitsverhältnisses, der Leistungen des Arbeitnehmers, der Arbeitsmarktlage und der Lebenshaltungskosten auch nur abgeraten werden.

ACHTUNG!

Eine Vertragsklausel, nach der die Vergütung regelmäßig nach Ablauf von drei Jahren zu überprüfen und gegebenenfalls zu erhöhen ist, eröffnet nicht bloß einen ergebnisoffenen Verhandlungsanspruch, sondern begründet nach Auffassung des LAG Berlin-Brandenburg (23.3.2012, Az. 6 Sa 40/12) einen Anspruch des Arbeitnehmers auf eine entsprechende Leistungsbestimmung. Ist etwa eine derartige Vereinbarung mit einem außertariflich angestellten Mitarbeiter getroffen und haben sich im 3-Jahres-Zeitraum die tariflichen Gehälter erhöht, so ergibt sich aufgrund der Vertragsklausel auch ein entsprechender Anspruch auf Erhöhung für den AT-Mitarbeiter.

Wenn keine ausdrückliche Regelung hinsichtlich zukünftiger Gehaltserhöhungen getroffen wurde, hat der Arbeitnehmer – abgesehen von den nachfolgend dargestellten Ausnahmen – auch keinen Anspruch auf eine Erhöhung.

II. Anspruch des Arbeitnehmers

1. Tariflohnerhöhung

Bei Arbeitsverhältnissen, die vom Geltungsbereich eines Tarifvertrags erfasst sind, muss der Arbeitgeber die tariflichen Erhöhungen umsetzen, wenn er ausschließlich Tarifgehalt zahlt. Dort, wo er übertarifliche Zulagen gewährt, kann er diese auf die Tariferhöhung anrechnen. Er ist nicht verpflichtet, auch diesen Mitarbeitern die Tariferhöhung weiterzugeben, wenn die übertarifliche Zulage gleich hoch oder höher ist. Ist die übertarifliche Zulage bei einigen Arbeitnehmern niedriger als die Tariferhöhung, muss er nur den Differenzbetrag als Erhöhung an die Betreffenden weitergeben.

Eine Anrechnung ist nur dann nicht möglich, wenn der individuelle Arbeitsvertrag ein Anrechnungsverbot enthält, indem eine Zulage z. B. als „tariffest" oder als „nicht anrechenbar" bezeichnet wird.

Die Möglichkeit der Anrechnung muss nicht ausdrücklich im Arbeitsvertrag erwähnt werden. Da sie jedoch regelmäßig bei den betroffenen Arbeitnehmern auf Unverständnis stößt und Diskussionen auslöst, sollte der Arbeitsvertrag einen ausdrücklichen Hinweis beinhalten.

Formulierungsbeispiel:

„Der das Tarifgehalt übersteigende Betrag in Höhe von zur Zeit € . . . . gilt als frei vereinbarte, auf Tariferhöhungen anrechenbare übertarifliche Zulage."

Der Betriebsrat hat bei der Anrechnung kein Mitbestimmungsrecht, wenn der Arbeitgeber die Tariflohnerhöhung vollständig und gleichmäßig auf die übertariflichen Zulagen anrechnet.

Bleibt dagegen bei der Entscheidung des Arbeitgebers über die Anrechnung Entscheidungsspielraum, muss er den Betriebsrat nach § 87 Abs. 1 Nr. 10 BetrVG beteiligen. Das ist der Fall, wenn der Arbeitgeber eine Tarifgehaltserhöhung nur teilweise auf die übertariflichen Zulagen anrechnet (BAG v. 10.3.2009, Az. 1 AZR 55/08).

ACHTUNG!

Verletzt der Arbeitgeber das Mitbestimmungsrecht des Betriebsrats, führt dies insgesamt zur Unwirksamkeit der Anrechnung (BAG, a.a.O.).

2. Gleichbehandlungsgrundsatz

Ein Anspruch des Arbeitnehmers auf eine Gehaltserhöhung kann sich aus dem Gleichbehandlungsgrundsatz ergeben (→ *Gleichbehandlung*). Erhöht der Arbeitgeber allgemein (d. h. bei 80 bis 90 % der Belegschaft) die Gehälter und Löhne, darf er einzelne Arbeitnehmer nicht ausnehmen, wenn die Erhöhung auch dem Kaufkraftausgleich dient.

Da die Rechtsprechung jedenfalls einen Teilbetrag der Erhöhung regelmäßig als Kaufkraftausgleich bewertet, führt dies im Ergebnis oft dazu, dass bei einer breit angelegten Gehaltserhöhung kein Arbeitnehmer gänzlich ausgelassen werden darf. Dies gilt auch dann, wenn die Erhöhung zu verschiedenen Zeitpunkten und in individuell unterschiedlicher Höhe erfolgen. Inwieweit in den Erhöhungen ein Grundbetrag zum Ausgleich der Preissteigerungen liegt, soll durch Schätzung ermittelt werden, ggf. auch durch Rückgriff auf den Preisindex.

Nur dann, wenn der Arbeitgeber darlegt, dass er mit einer Gehaltserhöhung einen ganz konkreten anderen Zweck verfolgt und er die Arbeitnehmer auf diese Zwecksetzung auch ausdrücklich hingewiesen hat, ist eine andere Beurteilung gerechtfertigt. So ist kein Verstoß gegen den Gleichbehandlungsgrundsatz anzunehmen, wenn Gehaltsreduzierungen ausgeglichen werden sollen, auf die sich ein Teil der Mitarbeiter in den Monaten zuvor eingelassen hatte, und ihre Einkommenslage nach der Erhöhung der früheren Situation wieder näher gekommen

ist (BAG v. 15.7.2009, Az. 5 AZR 486/08; BAG v. 23.2.2011, Az. 5 AZR 84/10). Gleiches gilt für den Fall, dass der Arbeitgeber erkennbar mit der nur einem Teil der Mitarbeiter gewährten Erhöhung ausschließlich eine Angleichung der Arbeitsbedingungen vornehmen will. In diesem Fall steht der Gleichbehandlungsgrundsatz der Wirksamkeit ebenso wenig entgegen, wie der Umstand, dass eine Lohnerhöhung zwingend auch immer einen Ausgleich für die – alle Arbeitnehmer treffende – Geldentwertung darstellt (BAG v. 14.3.2007, Az. 5 AZR 420/06; BAG v. 27.7.2010, Az. 1 AZR 874/08). Dabei darf er allerdings bestehende Vergütungsunterschiede nicht überkompensieren.

Beispiel:

Für einen Teil der Mitarbeiter gilt die 37,5-Stunden-Woche, für einen anderen Teil die 40-Stunden-Woche. Stellt sich dabei heraus, dass die Mitarbeiter mit der 40-Stunden-Woche auf eine niedrigere Stundenvergütung kommen, als die Mitarbeiter mit der 37,5-Stunden-Woche, so kann der Arbeitgeber die Monatsgehälter der auf 40-Stunden-Basis arbeitenden Mitarbeiter maximal soweit erhöhen, bis der gleiche Stundensatz erreicht ist, den die auf 37,5-Stunden-Basis tätigen Mitarbeiter erzielen. Wenn damit zugleich die Mitarbeiter mit der 37,5-Stunden-Woche keine Gehaltserhöhung erhalten, führt dies nicht zu einem Verstoß gegen den Gleichbehandlungsgrundsatz (BAG v. 17.3.2010, Az. 5 AZR 168/09).

Arbeitnehmer, die eine ihnen vorgeschlagene Änderung ihres Arbeitsvertrags ablehnen, können sich ebenfalls nicht erfolgreich auf den Gleichbehandlungsgrundsatz berufen, wenn der Arbeitgeber ihnen nicht die Gehalterhöhung gewährt, die er den anderen Arbeitnehmern vertraglich schuldet, die ein entsprechendes Änderungsangebot angenommen haben (BAG v. 14.12.2011, Az. 5 AZR 675/10).

Beispiel:

Ein tarifungebundener Arbeitgeber bietet seinen Mitarbeitern, die eine vertragliche Bezugnahme auf einen Tarifvertrag haben, einen neuen Arbeitsvertrag an, in dem die tarifliche Bezugnahme entfällt, der dafür aber ein um 3 % höheres Gehalt vorsieht. Der Anspruch auf Erhöhung steht dann auch nur den Mitarbeitern zu, die den geänderten Vertrag unterschreiben; die übrigen Mitarbeiter können einen Erhöhungsanspruch dann auch nicht über den Gleichbehandlungsgrundsatz durchsetzen.

Kritisch ist es dagegen, wenn der Arbeitgeber einer Gruppe von Mitarbeitern, die sich zuvor auf eine Lohnkürzung und eine Verlängerung ihrer Arbeitszeit eingelassen haben, unterschiedliche Erhöhungen gewährt. Er gibt damit zu erkennen, dass er nicht nur den Nachteil ausgleichen, sondern auch bestimmte Leistungen honorieren will. Er muss damit nicht nur den Gleichbehandlungsgrundsatz innerhalb der Gruppe der Begünstigten beachten, sondern auch die Mitarbeiter einbeziehen, die keiner Verschlechterung ihrer Arbeitsbedingungen zugestimmt haben. Der Arbeitgeber ist dabei zur Offenlegung sämtlicher Kriterien verpflichtet, die er einer leistungsabhängigen Entgelterhöhung zugrunde gelegt hat. Kommt er dieser Verpflichtung nicht nach, können die nicht begünstigten Arbeitnehmer Gleichbehandlung nach Maßgabe der begünstigten Gruppe verlangen und bei unterschiedlichen Erhöhungen einen gewichteten Durchschnittswert beanspruchen (BAG v. 23.2.2011, Az. 5 AZR 84/10).

Einen Verstoß gegen den Gleichbehandlungsgrundsatz stellt es dar, wenn der Arbeitgeber die Höherverdienenden ohne sachlichen Grund von einer Gehaltserhöhung ausschließt. Ebenso wenig darf er erkrankte Arbeitnehmer bei einer Gehaltserhöhung durch vertragliche Einheitsregelung grundsätzlich unberücksichtigt lassen.

Ohne sachlichen Grund ist es auch unzulässig, bei tariflichen Lohnerhöhungen eine unterschiedliche Anrechnung auf die Effektivlöhne vorzunehmen. Soweit der Arbeitgeber bei einer Mehrheit der Arbeitnehmer von einer Anrechnung absieht, darf er nicht bei Einzelnen ohne nachvollziehbare Erwägungen eine vollständige oder auch nur teilweise Anrechnung vornehmen.

Differenziert der Arbeitgeber bei Gehaltserhöhungen nach einem oder mehreren Kriterien, die bei allen Begünstigten vorliegen, so können sich Mitarbeiter, die ebenfalls die Voraussetzungen erfüllt haben, aber übergangen worden sind, auf den Gleichbehandlungsgrundsatz berufen. Die Frage ist in diesen Fällen, wie der übergangene Mitarbeiter nachweisen kann, dass der Arbeitgeber bestimmte Kriterien angelegt hat. Hier soll der Arbeitgeber in einem möglichen Rechtsstreit darlegen müssen, wie groß der begünstigte Personenkreis ist, wie er sich zusammensetzt, wie er abgegrenzt ist und warum der übergangene Mitarbeiter nicht dazugehört. Der Mitarbeiter muss sodann darlegen, dass er die vom Arbeitgeber vorgegebenen Voraussetzungen erfüllt hat.

Der Gleichbehandlungsgrundsatz kommt dagegen dann nicht zur Anwendung, wenn es sich um individuell vereinbarte Löhne und Gehälter handelt und der Arbeitgeber nur einzelne Arbeitnehmer besser stellt. Ist die Anzahl der begünstigten Arbeitnehmer im Verhältnis zur Gesamtzahl der betroffenen Arbeitnehmer sehr gering (kleiner als 5 %), kann ein nicht begünstigter Arbeitnehmer aus dem Gleichbehandlungsgrundsatz keinen Anspruch auf Vergütung herleiten.

Beispiel:

Der Arbeitgeber erhöht bei 4 AT-Angestellten die Gehälter um 3 %, nimmt aber eine entsprechende Erhöhung bei den weit über 100 übrigen AT-Angestellten nicht vor. Die nicht begünstigten Arbeitnehmer haben hier keinen Anspruch aus dem Gleichbehandlungsgrundsatz.

Der Arbeitgeber ist nicht verpflichtet, die Gründe einer von ihm vorgenommenen Differenzierung gegenüber einem Arbeitnehmer allein auf dessen Verlangen nach Gleichbehandlung zu nennen. Es reicht aus, wenn er diese erst in einem möglichen Prozess darlegt. Hier muss er dann jedoch sämtliche Zwecke seiner freiwilligen Leistung als auch die Grundsätze ihrer Verteilung substantiiert offenlegen (BAG v. 12.1.2011, Az. 7 ABR 15/09; BAG v. 23.2.2011, Az. 5 AZR 84/10).

3. Erheblicher Anstieg der Lebenshaltungskosten

Die Höhe der Arbeitsvergütung wird nicht zuletzt von den zum Zeitpunkt des Vertragsschlusses bestehenden Lebenshaltungskosten bestimmt. Erhöhen sich diese Kosten im Laufe des Arbeitsverhältnisses in erheblichem Umfang, kann dies dazu führen, dass das Gehalt den neuen Umständen anzupassen ist.

Voraussetzung ist in jedem Fall, dass infolge der Inflation ein grobes Missverhältnis zwischen den beiderseitigen vertraglichen Leistungspflichten entstanden ist. Ob eine Anpassung erfolgen muss und wie diese auszusehen hat, richtet sich dabei nach den Umständen des Einzelfalls. Auf der einen Seite ist die wirtschaftliche Leistungsfähigkeit des Arbeitgebers zu berücksichtigen, auf der anderen Seite ist es von erheblicher Bedeutung, wie lange das Gehalt unverändert geblieben ist.

4. Betriebliche Übung

Ein Anspruch auf Gehaltserhöhung aus → betrieblicher Übung besteht nicht. Auch wenn ein Arbeitgeber das Gehalt seiner Arbeitnehmer in der Vergangenheit in jedem Jahr erhöht hat, folgt daraus kein Anspruch auf eine Fortsetzung in der Zukunft. Gleiches gilt für den Fall, dass ein nicht-tarifgebundener Arbeitgeber wiederholt Tariflohnerhöhungen an seine Mitarbeiter weitergegeben hat. Ohne deutliche Anhaltspunkte, dass er auf Dauer die von den Tarifvertragsparteien ausgehandelten Tariflohnerhöhungen übernehmen will, kann eine betriebliche Übung der Erhöhung der Löhne und Gehälter entsprechend der Tarifentwicklung in einem bestimmten Tarifgebiet nicht entstehen. Vielmehr ist davon auszugehen, dass ein solcher Arbeitgeber gerade deshalb nicht Mitglied eines Arbeitgeberverbands ist, weil er sich nicht für die Zukunft der Regelungsmacht der Verbände unterwerfen will. Die nicht vorhersehbare

Dynamik der Lohnentwicklung und die hierdurch verursachten Personalkosten sprechen grundsätzlich gegen einen objektiv erkennbaren rechtsgeschäftlichen Willen des Arbeitgebers für eine dauerhafte Entgeltanhebung entsprechend der Tarifentwicklung in einem bestimmten Tarifgebiet (BAG v. 19.10.2011, Az. 5 AZR 359/10).

Ebenso wenig haben außertarifliche Angestellte, die in jeweiliger Anlehnung an die tarifliche Entwicklung eine Gehaltserhöhung erhalten haben, einen Anspruch auf eine Fortsetzung dieser Vorgehensweise in der Zukunft.

> **TIPP!**
> Ein tarifgebundener Arbeitgeber, der in der Vergangenheit über Jahre keine Anrechnung der Tariferhöhungen auf die übertariflichen Zulagen vorgenommen hat, ist nicht daran gehindert, diese Praxis anlässlich einer neuen Tariferhöhung aufzugeben.

Gewinnbeteiligung

I.   **Begriff und Abgrenzung**

II.   **Grundlage**

III.   **Inhalt einer Gewinnbeteiligungszusage**
1. Art und Weise der Berechnung/Abrechnungs- und Auszahlungszeitpunkt
2. Anspruchsberechtigte
3. Verteilung der Ausschüttungssumme auf die Anspruchsberechtigten
4. Sonderfälle

IV.   **Auskunftsanspruch**

V.   **Fälligkeit**

VI.   **Beteiligung des Betriebsrats**

VII.   **Muster: Betriebsvereinbarung – Gewinnbeteiligung**

I. Begriff und Abgrenzung

Die Gewinnbeteiligung (Tantieme) ist eine Erfolgsvergütung, die an die Arbeitnehmer eines Unternehmens oder Unternehmensteils (z. B. Filiale, Betrieb, Betriebsabteilung) gezahlt wird, um sie am Geschäftsergebnis teilhaben zu lassen. Es handelt sich um eine zusätzliche → *Vergütung*. Oft sind nur einzelne Arbeitnehmer – in der Regel leitende Angestellte – gewinnbeteiligungsberechtigt, weil sie eine für das Unternehmen oder den Unternehmensteil besonders wichtige Tätigkeit ausüben.

Die Gewinnbeteiligung richtet sich im Allgemeinen nach dem jährlichen Gewinn des Unternehmens oder Unternehmensteils, von dem ein bestimmter Prozentsatz an die Arbeitnehmer ausgeschüttet wird.

Von der Gewinnbeteiligung ist die → *Provision* zu unterscheiden, durch die der Provisionsberechtigte eine Beteiligung an dem Wert derjenigen Geschäfte erhält, die durch ihn zustande gekommen sind (Vermittlungsprovision).

Um eine Mischform zwischen Gewinnbeteiligung und → *Provision* handelt es sich schließlich bei der Umsatzprovision als Beteiligung an dem Wert sämtlicher Geschäfte eines Unterneh-

mens oder Unternehmensteils. Von der Gewinnbeteiligung unterscheidet sie sich dadurch, dass sie sich am Umsatz und nicht am Gewinn ausrichtet, von der Vermittlungsprovision dadurch, dass sie sich nicht am Erfolg des einzelnen Arbeitnehmers bemisst.

II. Grundlage

Rechtsgrundlage einer Gewinnbeteiligung kann der Arbeitsvertrag sein. Dies ist regelmäßig dann der Fall, wenn eine Gewinnbeteiligung nicht allen Arbeitnehmern, sondern nur einzelnen, insbesondere leitenden Arbeitnehmern zugesagt wird. Darüber hinaus kommen als Anspruchsgrundlage eine Gesamtzusage, → *Betriebsvereinbarung* oder eine tarifvertragliche Regelung in Betracht.

>  **WICHTIG!**
> Wenn der Arbeitgeber eine Gewinnbeteiligung nicht mit einzelnen Arbeitnehmern individuell aushandelt, sondern diese einheitlich für den ganzen Betrieb, einzelne Betriebsabteilungen oder Arbeitnehmergruppen aufstellt, muss er den Gleichbehandlungsgrundsatz beachten (BAG v. 24.10.2006, Az. 9 AZR 681/05).

III. Inhalt einer Gewinnbeteiligungszusage

Unabhängig davon, auf welcher Rechtsgrundlage eine Gewinnbeteiligung gewährt wird, muss für folgende Punkte eine Regelung getroffen werden:

1. Art und Weise der Berechnung/Abrechnungs- und Auszahlungszeitpunkt

Zentraler Punkt einer Gewinnbeteiligungszusage ist die Frage der Berechnung, die konkret festgelegt werden muss. So kann etwa bestimmt werden, dass eine Ausschüttung erst im Fall eines Gewinns von mindestens .... % vom Netto-Umsatz vor/nach Steuern erfolgt. Zudem müssen der Betrachtungszeitraum, – i.d.R. das Geschäftsjahr – und die Gesamtausschüttung (X % des Gewinns) benannt und der Zeitpunkt der Abrechnung und Auszahlung – wie etwa drei Monate nach Vorlage der von den Wirtschaftsprüfern erstellten Bilanzen – bestimmt sein.

2. Anspruchsberechtigte

Ebenso ist eindeutig zu klären, wer einen Anspruch auf die Gewinnbeteiligung hat. Dabei spielen insbesondere folgende Fragen eine Rolle: Wie lange muss ein Arbeitnehmer im jeweiligen Geschäftsjahr beschäftigt sein, um überhaupt anspruchsberechtigt zu sein? Muss ein Arbeitnehmer auch noch nach Ablauf des Geschäftsjahres im Unternehmen beschäftigt sein und ggf. wie lange? Sind vorübergehend tätige Aushilfen sowie Praktikanten und Werkstudenten ausgenommen?

3. Verteilung der Ausschüttungssumme auf die Anspruchsberechtigten

Hinsichtlich der Verteilung der Ausschüttungssumme muss geklärt sein, ob die Verteilung in Abhängigkeit von der Höhe des Einkommens oder nach Köpfen ohne Unterscheidung nach Position, Höhe des Einkommens, Betriebszugehörigkeit oder Ähnlichem erfolgen soll. Festgelegt werden muss zudem, ob und gegebenenfalls wie die Arbeitnehmer berücksichtigt werden, die nicht im gesamten Betrachtungszeitraum im Unternehmen tätig waren (z. B. $1/12$ für jeden bezahlten vollen Kalendermonat). Auch für Teilzeitbeschäftigte sollte eine Regelung vereinbart werden, wonach z. B. ein Anspruch auf Gewinnbeteiligung im Verhältnis ihrer vertraglichen Arbeitszeit zur Arbeitszeit eines Vollzeitbeschäftigten besteht.

4. Sonderfälle

Für häufiger auftretende Konstellationen, wie etwa Krankheit und unbezahlten Urlaub sollte ebenfalls eine Regelung getroffen werden:

Dabei bestehen keine Bedenken, wenn für Zeiten unbezahlten Urlaubs ein Anspruch auf Gewinnbeteiligung ausgeschlossen wird. Gleiches gilt für Zeiten, in denen das Arbeitsverhältnis aus anderen Gründen ruht, wie insbesondere bei Elternzeit oder auch bei Pflegezeiten nach dem Pflegezeitgesetz.

Im Falle der Arbeitsunfähigkeit wegen Krankheit kann vereinbart werden, dass nur die Zeit der Lohnfortzahlung (in der Regel sechs Wochen), nicht aber darüber hinausgehende Krankheitszeiten bei der Berechnung der Gewinnbeteiligung berücksichtigt werden.

IV. Auskunftsanspruch

Ist dem Arbeitnehmer eine Gewinnbeteiligung zugesagt worden, hat er gegen den Arbeitgeber zugleich einen Anspruch auf die erforderlichen Auskünfte, damit er die vom Arbeitgeber vorgenommene Berechnung nachvollziehen kann.

WICHTIG!

Der Arbeitgeber ist nicht verpflichtet, dem Arbeitnehmer die Bilanzen, Gewinn- und Verlustrechnungen vorzulegen.

Im Streitfall muss er die Unterlagen jedoch einem unparteiischen Wirtschaftsprüfer vorlegen, damit die Berechnung der Gewinnbeteiligung überprüft werden kann.

V. Fälligkeit

Wenn der Arbeitgeber den Auszahlungszeitpunkt nicht ausdrücklich in der Gewinnbeteiligungszusage festgelegt hat (s. o. III.), wird der Anspruch auf die Tantieme fällig, sobald die Bilanz festgestellt ist oder bei ordnungsgemäßem Geschäftsgang hätte festgestellt sein sollen.

Sind nach der Gewinnbeteiligungszusage auch Arbeitnehmer gewinnbeteiligungsberechtigt, die im Laufe des Geschäftsjahres ausscheiden, muss der Arbeitgeber keine Zwischenbilanz aufstellen. Maßgebend ist auch für diese Arbeitnehmer die Jahresbilanz, wobei sich ihr Anspruch allerdings auf den Gewinnanteil mindert, der dem Zeitraum der Beschäftigung entspricht.

VI. Beteiligung des Betriebsrats

Es liegt in der alleinigen Entscheidung des Arbeitgebers, ob er in seinem Unternehmen eine Gewinnbeteiligung einführen will oder nicht. Der Betriebsrat hat in dieser Frage kein Mitbestimmungsrecht. Insbesondere kann er die Einführung einer Gewinnbeteiligung nicht über ein Einigungsstellenverfahren erzwingen.

Hat der Arbeitgeber sich jedoch für die Einführung einer Gewinnbeteiligung entschieden, hat der Betriebsrat bei der Ausgestaltung ein erzwingbares Mitbestimmungsrecht (§ 87 Abs. 1 Nr. 10 BetrVG). Dieses erzwingbare Beteiligungsrecht wird regelmäßig durch Abschluss einer → *Betriebsvereinbarung* ausgeübt. Dabei handelt es sich um eine sog. teilmitbestimmte Betriebsvereinbarung.

VII. Muster:
Betriebsvereinbarung – Gewinnbeteiligung

[weiteres Formulierungsbeispiel unter → Arbeitsvertrag]

1. *Die nach den nachfolgenden Regelungen berechtigten Mitarbeiter werden ab dem Geschäftsjahr .... an der erzielten Umsatzrendite beteiligt. Die Umsatzrendite ist der Anteil des Gewinns am Umsatz. Mit der Gewinnbeteiligung sollen sie am Erfolg der Gesellschaft teilhaben.*

2. *Gewinnbeteiligt sind alle Mitarbeiter, die im jeweiligen Geschäftsjahr ununterbrochen als Arbeitnehmer bei der Gesellschaft beschäftigt sind und auch drei Monate danach als Arbeitnehmer bei der Gesellschaft beschäftigt sind. Aus dem Arbeitsverhältnis im Laufe des Geschäftsjahres oder innerhalb von drei Monaten danach ausscheidende Arbeitnehmer nehmen an der Gewinnausschüttung ohne Rücksicht auf den Grund des Ausscheidens nicht – auch nicht anteilig – teil. Mitarbeiter, die im Laufe des Geschäftsjahres ihre Tätigkeit aufgenommen haben, erhalten eine anteilige Gewinnbeteiligung und zwar pro vollem Kalendermonat ein Zwölftel des sich nach Nr. 3 errechnenden Gewinnanteils.*

   Bei Mitarbeitern, deren Arbeitsverhältnis aufgrund unbezahlten Urlaubs, Elternzeit, Pflegezeit nach dem Pflegezeitgesetz im Geschäftsjahr zeitweise ruht, wird die Gewinnbeteiligung für den gesamten Ruhenszeitraum anteilig gekürzt. Fehlzeiten wegen Erkrankung führen nur insoweit zu einer Kürzung der Gewinnbeteiligung als sie Zeiten der Lohnfortzahlung überschreiten.

3. *Der Gewinnanteil jedes Mitarbeiters richtet sich nach der im Geschäftsjahr erreichten Umsatzrendite. Beträgt die Umsatzrendite weniger als 3 %, entfällt eine Leistung. Liegt sie bei 3 % oder darüber, wird die Leistung in Höhe eines Prozentsatzes der Monatsbezüge der einzelnen Mitarbeiter nach folgender Staffel gewährt:*

Umsatzrendite	Gewinnbeteiligung im Prozentsatz der Monatsbezüge
3 – 4 %	10 – 20 %
4 – 5 %	20 – 30 %
5 – 6 %	30 – 40 %
7 – 8 %	40 – 50 %
über 8 %	50 %

Die Monatsbezüge der berechtigten Mitarbeiter sind das jeweilige Brutto-Grundgehalt ohne Überstundenvergütung, Tantiemen, Gratifikationen, Urlaubsgeld, Weihnachtsgeld und sonstige nicht monatlich regelmäßig anfallende Zahlungen. Für die Berechnung wird auf den letzten Monat des Beteiligungsjahres abgestellt. Die Monatsbezüge werden bis zu einem Höchstbetrag von € 5 000 berücksichtigt.

4. *Die Gewinnanteile sind zur Auszahlung fällig spätestens sechs Monate nach Abschluss des Geschäftsjahres oder drei Monate nach Feststellung des Jahresabschlusses (Bilanz, Gewinn- und Verlustrechnung). Der Gewinnanteil wird nach Abzug gesetzlicher Abgaben mit den Bezügen abgerechnet, die im Fälligkeitsmonat zur Abrechnung kommen.*

5. *Gegen die Berechnung des Gewinnanteils können nur innerhalb einer Ausschlussfrist von drei Monaten nach Fälligkeit Einwendungen erhoben werden. Diese müssen schriftlich erfolgen.*

Gleichbehandlung

I.   Begriff

II.   Allgemeines Gleichbehandlungsgesetz (AGG)
  1. Ziel
  2. Anwendungsbereich
  3. Diskriminierungsverbote
      3.1   Übersicht
      3.2   Diskriminierung wegen des Geschlechts
      3.3   Diskriminierung aus Gründen der Rasse oder der ethnischen Herkunft
      3.4   Diskriminierung wegen der Religion oder der Weltanschauung
      3.5   Diskriminierung wegen Alters
      3.6   Diskriminierung wegen Behinderung
      3.7   Diskriminierung wegen der sexuellen Identität
  4. Pflichten des Arbeitgebers
  5. Rechte der Beschäftigten

III. Allgemeiner Gleichbehandlungsgrundsatz
  1. Inhalt
  2. Voraussetzungen
      2.1   Vergleichbare Gruppe
      2.2   Kollektive Regelung
  3. Sachlicher Grund
  4. Rechtsfolgen bei Verstoß

I. Begriff

Auf der Grundlage mehrerer EU-Richtlinien ist am 18.8.2006 das Allgemeine Gleichbehandlungsgesetz (AGG) in Kraft getreten. Ziel dieses Gesetzes ist es, in allen Bereichen des Arbeitsrechts eine Benachteiligung von Beschäftigten wegen ihres Geschlechts, ihrer Rasse oder ethnischen Herkunft, ihrer Religion oder Weltanschauung, ihres Alters, ihrer Behinderung und/oder ihrer sexuellen Identität zu verhindern oder zu beseitigen. Dieses Gesetz regelt umfassend verschiedene Arten von Diskriminierungen, die im Umfeld eines Arbeitsverhältnisses eine Rolle spielen können.

Die Gleichbehandlung von einzelnen Arbeitnehmern war jedoch bereits vor Inkrafttreten des AGG in mehreren Formen geregelt, die weiterhin ihre Gültigkeit behalten. Zum einen enthält Art. 3 des Grundgesetzes den sog. Gleichheitssatz. Dieser wird ergänzt durch den Gleichberechtigungssatz, den besonderen Gleichheitssatz und Benachteiligungsverbote. Die sich hieraus herleitenden Rechte gelten für einzelne Arbeitnehmer gegenüber dem Staat bzw. gegenüber sog. Trägern kollektiver Ordnungen. Sie sind also insbesondere bei Tarifverträgen und Betriebsvereinbarungen von Bedeutung. Die sog. Drittwirkung auf einzelne Arbeitsverhältnisse mit nichtöffentlichen Arbeitgebern ist umstritten. Dies ist jedoch nicht von erheblicher Bedeutung, da sich die Grundgedanken dieser verfassungsrechtlichen Normen auch in zivilrechtlichen Grundsätzen und Gesetzen wieder finden. Hier ist zu unterscheiden zwischen dem allgemeinen Gleichbehandlungsgrundsatz, der Gleichbehandlung von Männern und Frauen und der Gleichbehandlung von schwerbehinderten Menschen.

WICHTIG!

Mit Wirkung ab 18.8.2006 wurden die bisherigen Bestimmungen zur Gleichbehandlung von Männern und Frauen, von schwerbehinderten Menschen, von Menschen unterschiedlicher Rasse oder ethnischer Herkunft und die Bestimmungen zur Gleichbehandlung in Beschäftigung und Beruf sowie der Lohngleichheitsgrundsatz im Allgemeinen Gleichbehandlungsgesetz (AGG s. II.) umfassend geregelt. Deshalb ist dieses Schwerpunkt der nachfolgenden Ausführungen.

II. Allgemeines Gleichbehandlungsgesetz (AGG)

1. Ziel

Ziel des am 18.8.2006 in Kraft getretenen Allgemeinen Gleichbehandlungsgesetzes (AGG) soll sein, eine Benachteiligung von Beschäftigten wegen

- ihres Geschlechts,
- ihrer Rasse oder ethnischen Herkunft,
- ihrer Religion oder Weltanschauung,
- ihres Alters,
- ihrer Behinderung und/oder
- ihrer sexuellen Identität

zu verhindern oder zu beseitigen.

2. Anwendungsbereich

Das AGG findet in sämtlichen Bereichen des Arbeitsrechts Anwendung.

Beschäftigte im Sinne des AGG sind:

- Arbeitnehmer,
- Auszubildende,
- Bewerber,
- Leiharbeitnehmer,
- arbeitnehmerähnliche Personen,
- Heimarbeiter und ihnen Gleichgestellte, sowie
- ausgeschiedene Beschäftigte.

WICHTIG!

Soweit es den Zugang zur Erwerbstätigkeit oder den beruflichen Aufstieg betrifft, können sich auf die Vorschriften des AGG auch Selbstständige und Organmitglieder (Geschäftsführer und Vorstände) berufen. Nach der dem AGG zugrunde liegenden Richtlinie 2000/43/EG werden auch potenzielle Bewerber von dem Gleichbehandlungsgrundsatz ohne Unterschied der Rasse oder der ethnischen Herkunft geschützt. Die öffentliche Äußerung eines Arbeitgebers, er werde keine Arbeitnehmer einer bestimmten ethnischen Herkunft oder Rasse einstellen, begründet nach Auffassung des EuGH eine unmittelbare Diskriminierung bei der Einstellung, da solche Äußerungen bestimmte Bewerber ernsthaft davon abhalten können, ihre Bewerbungen einzureichen, und damit ihren Zugang zum Arbeitsmarkt behindern (EuGH v. 10.7.2008, Az. C-54/07 [Feryn]).

Die Regelungen des Gesetzes richten sich an Arbeitgeber als natürliche und juristische Personen sowie rechtsfähige Personengesellschaften, Entleiher, Auftraggeber und Zwischenmeister.

3. Diskriminierungsverbote

3.1 Übersicht

Das Gesetz verbietet sowohl unmittelbare wie auch mittelbare Benachteiligungen.

Eine unmittelbare Benachteiligung liegt nach § 3 Abs. 1 AGG vor, wenn eine Person wegen der in § 1 AGG (s. o. 1.) genannten Gründe eine weniger günstige Behandlung erfährt als eine andere Person in der vergleichbaren Situation erfährt, erfahren hat oder erfahren würde.

WICHTIG!

Die unmittelbare Benachteiligung muss in vergleichbarer Situation geschehen. Ist der „Beschäftigte" erst Bewerber, so muss seine Bewerbung mit der anderer Bewerber vergleichbar sein. Dies ist nach dem vom Arbeitgeber entwickelten Anforderungsprofil zu beurteilen, wenn dieses nach der allgemeinen Verkehrsanschauung plausibel erscheint und der Arbeitgeber sich auch daran hält (BAG v. 19.8.2010, Az. 8 AZR 466/09).

Beispiel:

Die Ausschreibung einer Stelle für eine „junge und dynamische Mitarbeiterin" kann eine unmittelbare Benachteiligung gegenüber Älteren und Männern darstellen.

ACHTUNG!

Nach einer Entscheidung des EuGH (Urteil v. 17.7.2008, Az. C-303/06) handelt es sich auch um eine unmittelbare Diskriminierung, wenn ein Arbeitnehmer, der nicht selbst behindert ist, wegen der Behinderung seines Kindes durch einen Arbeitgeber eine weniger günstige Behandlung erfährt als ein anderer Arbeitnehmer.

Eine mittelbare Benachteiligung liegt vor, wenn dem Anschein nach neutrale Vorschriften, Kriterien oder Verfahren Personen wegen einer der vorgenannten Diskriminierungsgründe gegenüber anderen Personen in besonderer Weise benachteiligen können, soweit die betreffenden Vorschriften, Kriterien oder Verfahren nicht durch ein rechtmäßiges Ziel sachlich gerechtfertigt und die Mittel zur Erreichung dieses Zieles angemessen und erforderlich sind.

Beispiel:

Benachteiligungen von Teilzeitkräften z. B. durch eine niedrigere Vergütung im Verhältnis zu Vollzeitkräften stellt eine mittelbare Benachteiligung dar, da in der Regel vorwiegend Frauen in Teilzeit arbeiten.

Auch Belästigungen (Einschüchterung, Anfeindung, Erniedrigung, Entwürdigung und Beleidigung), sexuelle Belästigung (unerwünschtes, sexuell bestimmtes Verhalten, Bemerkungen sexuellen Inhalts usw.) und Anweisungen hierzu gelten als Benachteiligung im Sinne des Gesetzes.

Benachteiligungen aus einem der o. g. Gründe sind gem. § 2 Abs. 1 Nr. 1–4 AGG unzulässig in Bezug auf:

▸ die Bedingungen, einschließlich Auswahlkriterien und Einstellungsbedingungen, für den Zugang zu unselbstständiger und selbstständiger Erwerbstätigkeit, unabhängig von Tätigkeitsfeld und beruflicher Position, sowie für den beruflichen Aufstieg;

▸ die Beschäftigungs- und Arbeitsbedingungen einschließlich Arbeitsentgelt und Entlassungsbedingungen, insbesondere in individual- und kollektivrechtlichen Vereinbarungen und Maßnahmen bei der Durchführung und Beendigung eines Beschäftigungsverhältnisses sowie beim beruflichen Aufstieg;

▸ den Zugang zu allen Formen und allen Ebenen der Berufsberatung, der Berufsbildung einschließlich der Berufsausbildung, der beruflichen Weiterbildung und der Umschulung sowie der praktischen Berufserfahrung sowie

▸ die Mitgliedschaft und Mitwirkung in einer Beschäftigtenoder Arbeitgebervereinigung oder einer Vereinigung, deren Mitglieder einer bestimmten Berufsgruppe angehören, einschließlich der Inanspruchnahme der Leistungen solcher Vereinigungen.

Nicht jede unterschiedliche Behandlung ist jedoch eine verbotene Diskriminierung. So erlauben die §§ 8, 9 und 10 AGG eine unterschiedliche Behandlung unter bestimmten Voraussetzungen, z. B. wegen unterschiedlicher beruflicher Anforderungen.

Eine mittelbare Benachteiligung liegt nicht vor, wenn die unterschiedliche Behandlung durch ein rechtmäßiges Ziel sachlich

gerechtfertigt ist und die Mittel zur Erreichung dieses Ziels angemessen und erforderlich sind. Rechtmäßige Ziele i. S. d. § 3 Abs. 2 AGG können alle nicht ihrerseits diskriminierenden und auch sonst legalen Ziele sein. Dazu gehören auch privatautonom bestimmte Ziele des Arbeitgebers, z. B. betriebliche Notwendigkeiten und Anforderungen an persönliche Fähigkeiten des Arbeitnehmers. Als rechtmäßiges Ziel kommt auch die möglichst optimale Erledigung der anfallenden Arbeit in Betracht (BAG v. 28.1.2010, Az. 2 AZR 764/08).

Religionsgemeinschaften oder Tendenzbetriebe können bei Beschäftigungsverhältnissen von der Pflicht zur Gleichbehandlung in Bezug auf Religion oder Weltanschauung abweichen, wenn und soweit die Religion oder Weltanschauung einer Person nach der Art der Tätigkeit eine gerechtfertigte berufliche Anforderung darstellt.

ACHTUNG!

Erfolgt eine unterschiedliche Behandlung wegen mehrerer der in § 1 AGG genannten Gründe, so kann diese unterschiedliche Behandlung gerechtfertigt werden, wenn sich die Rechtfertigung auf alle diese Gründe erstreckt, derentwegen die unterschiedliche Behandlung erfolgt.

Positive Ungleichbehandlungen sind gem. § 5 AGG zulässig, wenn darauf gerichtete Maßnahmen geeignet und angemessen sind, bestehende Nachteile wegen eines in § 1 AGG genannten Grundes zu verhindern oder auszugleichen.

Beispiel:

Spezielle Fördermaßnahmen zum Ausgleich bestehender Nachteile (z. B. Frauenförderung, Maßnahmen für Behinderte)

3.2 Diskriminierung wegen des Geschlechts

Geschützt ist die biologische Zuordnung zum männlichen oder weiblichen Geschlecht. Sowohl die Transsexualität als auch die Zwischengeschlechtlichkeit sind durch das AGG vor Diskriminierung geschützt, allerdings unterfallen sie dem Merkmal der sexuellen Identität.

Ein Arbeitgeber darf einen Arbeitnehmer insbesondere bei der Arbeitsplatzausschreibung, der Begründung des Arbeitsverhältnisses, beim beruflichen Aufstieg, bei einer Weisung oder im Falle einer Kündigung nicht wegen seines Geschlechts benachteiligen.

Dies gilt nicht nur für vertragliche Bestimmungen, sondern auch für sonstige Maßnahmen des Arbeitgebers (wie z. B. die Nichtverlängerung eines befristeten Arbeitsvertrags wegen Mutterschutz).

Die Bestimmung schützt vor unmittelbarer und mittelbarer Diskriminierung. Um eine mittelbare Diskriminierung handelt es sich, wenn

▸ eine Regelung vorliegt, durch die eine bestimmte Gruppe von Arbeitnehmern ausgeschlossen wird und

▸ durch diese Regelung wesentlich mehr Personen des einen als des anderen Geschlechts betroffen werden.

WICHTIG!

Der Ausschluss von Teilzeitbeschäftigten von bestimmten Leistungen ist ein Fall der mittelbaren Diskriminierung, da Teilzeitbeschäftigte vorwiegend Frauen sind. Eine Ungleichbehandlung kann u. U. auch dann vorliegen, wenn die Regelungen für Vollzeit- und Teilzeitbeschäftigte auf den ersten Blick identisch sind. Wird z. B. für alle Beschäftigten vereinbart, dass die Mehrarbeit von bis zu drei Stunden im Monat nicht extra vergütet wird, so werden nach Auffassung des EuGH (EuGH v. 27.5.2004, Az. C-285/02 Elsner-Lakeberg/Land Nordrhein-Westfalen) hiervon Teilzeitbeschäftigte stärker belastet als vollzeitbeschäftigte Arbeitnehmer. Eine mittelbare Diskriminierung liegt jedenfalls vor, wenn die (über die wöchentliche Regelarbeitszeit hinausgehenden) Überstunden bei Vollzeitbeschäftigten höher vergütet werden als bei Teilzeitkräften (EuGH 6.12.2007, Az. C-300/06 (Voß/Land Berlin). Auch um eine geschlechtsbezogene

Diskriminierung handelt es sich, wenn der Arbeitgeber bei Auswahlentscheidungen (hier: freiwillige Leistungen zur Besserstellung in Versorgungs- und Beihilfeangelegenheiten) das Geschlecht des ausgeschlossenen Arbeitnehmers zu dessen Lasten berücksichtigt (BAG v. 14.8.2007, Az. 9 AZR 943/06). Die Nichtberücksichtigung von Elternzeit bei der Berechnung von Anwartschaften aus betrieblicher Altersversorgung stellt keine Diskriminierung nach europäischem Gemeinschaftsrecht oder den Vorschriften des AGG dar (BAG v. 20.4.2010, Az. 3 AZR 370/08). Insbesondere handelt es sich hierbei nicht um eine mittelbare Diskriminierung wegen des Geschlechts, wenn die einschlägigen Regelungen an die tatsächliche Arbeitsleistung (und nicht den rechtlichen Bestand des Arbeitsverhältnisses) anknüpfen. Dem steht der Charakter der betrieblichen Altersversorgung als Vergütung für erbrachte Betriebszugehörigkeit entgegen. Anders als bei Sozialplanabfindungen, mit denen Nachteile, die sich aus einer Betriebsänderung ergeben, ausgeglichen werden sollen, besteht somit bei der ausschließlichen Berücksichtigung von tatsächlich erbrachten Arbeitszeiten im Zusammenhang mit der Berechnung von Anwartschaftsansprüchen ein hinreichender sachlicher Grund für die Differenzierung.

Eine unterschiedliche Behandlung wegen des Geschlechts ist nur möglich, wenn gemäß § 8 Abs. 1 AGG das Geschlecht wegen der Art der auszuübenden Tätigkeit eine wesentliche und entscheidende berufliche Anforderung darstellt, sofern der Zweck rechtmäßig und die Anforderungen angemessen sind (vgl. BAG v. 14.8.2007, Az. 9 AZR 943/06).

So hat das BAG in seiner Entscheidung vom 28.5.2009, Az. 8 AZR 536/08 die Entschädigungsklage eines männlichen Bewerbers auf die Stelle einer „Erzieherin" in einem Mädcheninternat abgewiesen, da ein nicht unerheblicher Teil der Arbeitszeit (25 %) im Nachtdienst (mit der Überwachung von Schlaf-, Wasch- und Toilettenräumen) zu verrichten war. Eine Gemeinde darf bei der Besetzung der Stelle der kommunalen Gleichstellungsbeauftragten die Bewerberauswahl auf Frauen beschränken, wenn ein Schwerpunkt der Tätigkeit in Projekt- und Beratungsangeboten liegt, deren Erfolg bei Besetzung der Stelle mit einem Mann gefährdet wäre. Ein solcher Fall liegt vor, wenn sich die Angebote an Frauen in Problemlagen richten, in denen die Betroffene typischerweise zu einer weiblichen Gleichstellungsbeauftragten leichter Kontakt aufnehmen kann und sich ihr besser offenbaren kann oder ausreichende Lösungskompetenzen nur einer Frau zutraut (BAG v. 18.3.2010, Az. 8 AZR 77/09).

ACHTUNG!
Bloße Zweckmäßigkeitserwägungen reichen für eine geschlechtliche Ungleichbehandlung aber nicht aus.

Verstößt der Arbeitgeber bei der Begründung eines Arbeitsverhältnisses gegen das Benachteiligungsverbot, hat der benachteiligte Bewerber Anspruch auf eine angemessene Entschädigung.

Die frühere Beschränkung der Entschädigung auf drei Monatsverdienste ist aufgehoben worden. Sie gilt nur, wenn der Bewerber auch bei benachteiligungsfreier Auswahl nicht eingestellt worden wäre. Der Arbeitgeber trägt die Darlegungs- und Beweislast, dass er den Bewerber auch bei benachteiligungsfreier Auswahl nicht eingestellt hätte. Nach einer Entscheidung des LAG Düsseldorf (LAG Düsseldorf v. 1.2.2002, Az. 9 Sa 1451/01) kann keine Entschädigung verlangt werden, wenn ein ausgeschriebener Arbeitsplatz wegen fehlender Finanzmittel unbesetzt bleibt.

Der benachteiligte und nicht eingestellte Bewerber hat jedoch nur Anspruch auf Entschädigung und keinen Anspruch auf Abschluss eines Arbeitsvertrags. Auch im Falle der Diskriminierung beim beruflichen Aufstieg kann der Arbeitnehmer lediglich Entschädigung und nicht Erfüllung einklagen (außer, er hat auf den Aufstieg einen Rechtsanspruch, z. B. laut Vertrag).

Der Arbeitnehmer muss im Prozess lediglich die Ungleichbehandlung darlegen und beweisen. Macht er eine geschlechts-

bezogene Ungleichbehandlung soweit glaubhaft, muss der Arbeitgeber dann die unterschiedliche Behandlung rechtfertigen bzw. nachweisen, dass er den Bewerber auch bei benachteiligungsfreier Auswahl nicht eingestellt hätte.

Beispiel:
Bewirbt sich eine schwangere Arbeitnehmerin um eine Beförderungsstelle und besetzt der Arbeitgeber, dem die Schwangerschaft bekannt ist, diese Stelle mit einem männlichen Mitbewerber, so hat die Arbeitnehmerin eine geschlechtsspezifische Benachteiligung dann glaubhaft gemacht, wenn sie außer der Schwangerschaft weitere Tatsachen vorträgt, welche eine Benachteiligung wegen ihres Geschlechts vermuten lassen. An diesen weiteren Tatsachenvortrag sind keine strengen Anforderungen zu stellen (BAG v. 27.1.2011, Az. 8 AZR 483/09). Hierbei sind etwa auch Behauptungen zu berücksichtigen, die Arbeitnehmerin sei die Vertreterin für den zu besetzenden Posten gewesen und die Person, die diesen Posten vorher innehatte, habe ihr seine Nachfolge in Aussicht gestellt. Ebenso ist die Behauptung zu berücksichtigen, die Arbeitnehmerin sei bei der Mitteilung ihrer Nichtberücksichtigung damit getröstet worden, dass sie sich auf ihr Kind freuen solle (BAG v. 24.4.2008, Az. 8 AZR 257/07). Allein das Vorliegen einer Schwangerschaft bei der gegenüber einem männlichen Mitbewerber nicht berücksichtigten Bewerberin um eine Beförderungsstelle reicht für die Glaubhaftmachung einer geschlechtsbedingten Benachteiligung nicht aus. Wenn hingegen das befristete Arbeitsverhältnis einer schwangeren Mitarbeiterin nicht verlängert worden ist, während die befristeten Arbeitsverträge aller vergleichbaren Kollegen verlängert wurden, so liegen ausreichende Indiztatsachen für die Beweislastumkehr gem. § 22 AGG vor (LAG Köln v. 6.4.2009, Az. 5 Ta 89/09).

ACHTUNG!
Besondere Vorsicht ist bereits bei der Stellenausschreibung geboten, die grundsätzlich geschlechtsneutral zu formulieren ist. So wurden z. B. Arbeitgeber wegen einer geschlechtsbedingten Benachteiligung auf Entschädigungszahlungen verurteilt, die per Stellenanzeige einen „branchenkundigen Außendienstverkäufer" oder eine „routinierte und stresserprobte Sekretärin" gesucht und einen jeweils andersgeschlechtlichen Bewerber abgelehnt haben.

In diesem Zusammenhang kommt es grundsätzlich auch nicht darauf an, welche Motive den Stellenausschreiber dazu veranlasst haben, einen anderen Bewerber einzustellen (z. B. Nachweis der besseren Qualifikation), es sei denn, er kann die gesetzliche Vermutung einer geschlechtsbezogenen Benachteiligung durch konkrete Nachweise zur Überzeugung des Arbeitsgerichts widerlegen. Für die Geltendmachung einer Entschädigung reicht es aus, dass ein tragfähiges Indiz (hier die Stellenanzeige) für einen Diskriminierungswillen des Stellenausschreibers spricht, und zwar auch dann, wenn neben der verbotenen Benachteiligung auch andere Gründe (sog. Motivbündel) für die Ablehnung des Bewerbers entscheidend waren (ArbG Stuttgart v. 5.9.2007, Az. 29 Ca 2793/07). Die vom Arbeitgeber in Auftrag gegebene Stellenanzeige „Hotelfachfrau (Hotelfachmann, -frau)" ist aber dann kein derartiges Indiz, wenn diese gegen/ohne den Willen des Stellenausschreibers in einer Internetanzeige auf „Hotelfachfrau" verkürzt wird (LAG Hamm, v. 24.4.2008, Az. 11 Sa 95/08).

3.3 Diskriminierung aus Gründen der Rasse oder der ethnischen Herkunft

§ 1 AGG schützt umfassend vor ethnisch motivierter Benachteiligung. Die beiden Merkmale sind daher sehr weit auszulegen. Nachdem der Gesetzgeber die Existenz von Rassen ausdrücklich ablehnt, erfolgt eine Diskriminierung aus Gründen der Rasse, wenn der Arbeitgeber rassistisch motiviert handelt. Wenn er also einen Arbeitnehmer ungünstiger behandelt, da er ihn z. B. wegen Hautfarbe, Physiognomie oder Körperbau zu einer bestimmten Gruppe rechnet.

Insgesamt ist eine Abgrenzung der beiden Merkmale schwierig. Die ethnische Herkunft erfasst die Unterscheidungskriterien, anhand derer die unterschiedliche Herkunft von Menschen festgestellt werden kann. Die Geschichte einer Gruppe, deren kulturelle Tradition, feste Gebräuche und Sitten, aber auch äußerliche Merkmale, wie die Physiognomie, können hier herangezogen werden. Eine gemeinsame Sprache oder ein Dialekt können ein Indiz für eine gemeinsame ethnische Herkunft darstellen. Daher kann selbst die Unterscheidung nach Bayern, Schwaben oder Badener an die ethnische Herkunft anknüpfen. Ob Ostdeutsche an sich eine eigene Ethnie darstellen, ist umstritten, wurde aber vom Arbeitsgericht Stuttgart verneint (ArbG Stuttgart v. 15.4.2010, Az. 17 Ca 8907/09 (-) OSSI).

Beispiele:

> Die öffentliche Äußerung eines Arbeitgebers, er werde keine Arbeitnehmer einer bestimmten ethnischen Herkunft oder Rasse einstellen, begründet eine unmittelbare Diskriminierung bei der Einstellung im Sinne des Art. 2 Abs. 2 Lit. a RL 2000/43/EG, da solche Äußerungen bestimmte Bewerber davon abhalten können, ihre Bewerbungen einzureichen, und damit ihren Zugang zum Arbeitsmarkt behindern. Öffentliche Äußerungen dieser Art reichen aus, um eine Vermutung für das Vorliegen einer unmittelbaren diskriminierenden Einstellungspolitik zu begründen. Es obliegt dann diesem Arbeitgeber zu beweisen, dass keine Verletzung des Gleichbehandlungsgrundsatzes vorgelegen hat. Er kann dies dadurch tun, dass er nachweist, dass die tatsächliche Einstellungspraxis des Unternehmens diesen Äußerungen nicht entspricht (EuGH v. 10.7.2008, Az. C-54/07 [Feryn]).

> Allein der Umstand, dass ein abgelehnter Bewerber ausländischer Herkunft ist, stellt allein noch keine verbotene Benachteiligung dar. Auch die Nichtberücksichtigung eines ausländischen Stellenbewerbers bzw. eines Bewerbers mit Migrationshintergrund wegen mangelnder Kenntnisse der deutschen Sprache stellt für sich genommen keine Diskriminierung wegen der ethnischen Herkunft dar (ArbG Berlin v. 26.9.2007, Az. 14 Ca 10356/07). Die Anforderung eines Arbeitgebers an die Arbeitnehmer, die deutsche Schriftsprache zu beherrschen, knüpft nicht an eines der in § 1 AGG genannten Merkmale an. Die deutsche Schriftsprache kann unabhängig von der Zugehörigkeit zu einer Ethnie beherrscht werden. Wenn ein Arbeitgeber also Arbeitsanweisungen erteilt, deren Befolgung Kenntnisse der deutschen Schriftsprache verlangt, um die optimale Erledigung der im Betrieb anfallenden Arbeiten zu sichern, so ist eine damit verbundene Benachteiligung nicht ausreichend sprachkundiger Arbeitnehmer nach § 3 Abs. 2 AGG gerechtfertigt (BAG v. 28.1.2010, Az. 2 AZR 764/08). Auch die Aufforderung durch den Arbeitgeber, an einem Deutschkurs teilzunehmen, um arbeitsnotwendige Sprachkenntnisse zu erwerben, stellt als solche keinen Verstoß gegen das Allgemeine Gleichbehandlungsgesetz dar. Der Arbeitgeber kann das Absolvieren von Sprachkursen verlangen, wenn die Arbeitsaufgabe die Beherrschung der deutschen (oder einer fremden) Sprache erfordert. Die Aufforderung, dies auf eigene Kosten und außerhalb der Arbeitszeit zu tun, kann im Einzelfall gegen den Arbeitsvertrag oder Regeln eines Tarifvertrages verstoßen. Ein solcher Verstoß stellt aber keine unzulässige Diskriminierung wegen der ethnischen Herkunft dar, der Entschädigungsansprüche auslöst (BAG v. 22.6.2011, Az. 8 AZR 48/10).

3.4 Diskriminierung wegen der Religion oder der Weltanschauung

§ 1 AGG verbietet auch eine unterschiedliche Behandlung des geschützten Personenkreises (Arbeitnehmer, Bewerber, Auszubildende, s. o. 2.) wegen dessen Religion oder Weltanschauung.

Die Religion legt nach der Rechtsprechung eine den Menschen überschreitende und umgreifende „transzendente" Wirklichkeit zugrunde, während sich die Weltanschauung auf innerweltliche „immanente" Bezüge beschränke.

Anerkannt sind die großen Weltreligionen, aber auch kleinere religiöse Gemeinschaften. Sowohl die Problematik um die Anerkennung von Scientology als auch die Frage der Zugehörigkeit zu einer politischen Partei sind bislang nicht endgültig entschieden. Letzteres hat das BAG bislang ausdrücklich offengelassen (BAG v. 21.9.2011, Az. 7 AZR 150/10). Insofern sollten Arbeitgeber insbesondere im Umgang mit Bewerbern Vorsicht walten lassen.

Religionsgemeinschaften oder Tendenzbetriebe können bei Beschäftigungsverhältnissen von der Pflicht zur Gleichbehandlung in Bezug auf Religion oder Weltanschauung abweichen, wenn und soweit die Religion oder Weltanschauung einer Person nach der Art der Tätigkeit oder wegen des religiösen Selbstverständnisses der Einrichtung eine gerechtfertigte berufliche Anforderung darstellt.

Einige Bundesländer regeln, dass Lehrer und pädagogische Mitarbeiter während der Arbeitszeit keine religiösen Bekundungen abgeben dürfen, die geeignet sind, die Neutralität des Landes oder den religiösen Schulfrieden zu gefährden. Diese Regelung steht im Einklang mit dem Grundgesetz sowie den nationalen und europäischen Diskriminierungsverboten (BAG v. 20.8.2009, Az. 2 AZR 499/08). Eine Kopfbedeckung, die Haare, Haaransatz und Ohren einer Frau vollständig bedeckt, stellt nach Auffassung des BAG (s. o.) eine religiöse Bekundung dar, wenn sie erkennbar als Ersatz für ein islamisches Kopftuch getragen wird. Im Anwendungsbereich der entsprechenden Landesgesetzgebung darf der Arbeitgeber das Tragen einer solchen Kopfbedeckung untersagen. So verstößt z. B. eine Lehrerin, die in einer nordrhein-westfälischen Schule unterrichtet und dabei ein Kopftuch nach muslimischem Religionsbrauch trägt, gegen das Verbot religiöser Bekundung in der Schule (§ 57 Abs. 4 Satz 1 SchulG NRW). Dass sie ausschließlich muslimische Schüler unterrichtet und diese freiwillig teilnehmen, führt zu keiner anderen Bewertung. Vielmehr gewinnt die religiöse Neutralität gerade dort Bedeutung, wo ihre Verletzung als religiöse Parteinahme gewertet werden kann (BAG v. 10.12.2009, Az. 2 AZR 55/09).

3.5 Diskriminierung wegen Alters

Das AGG verbietet auch die Benachteiligung von Beschäftigten wegen des Alters. Hierunter ist nicht unbedingt die Benachteiligung älterer Personen zu verstehen. Auch die Benachteiligung jüngerer Personen gegenüber älteren ist grundsätzlich unzulässig.

Beispiel:

> Nach einer Entscheidung des EuGH v. 8.9.2011 (Az. verb. Rs. C-297/10 und C-298/10 Hennings) verstoßen nach Lebensalter gestaffelte, tarifliche Vergütungsgruppen gegen das Verbot der Altersdiskriminierung, wobei jedoch Übergangsregelungen zur Besitzstandswahrung geboten sein können. Das BAG hatte dem EuGH im Rahmen eines Vorabentscheidungsersuchens im Wesentlichen die Frage gestellt, ob eine tarifliche Entgeltregelung, die Grundvergütungen in den einzelnen Vergütungsgruppen nach Lebensstufen bemisst (wie etwa § 27 BAT in Verbindung mit dem Vergütungstarifvertrag Nr. 35 zum BAT), auch unter Berücksichtigung des primärrechtlich gewährleisteten Rechts der Tarifvertragsparteien auf Kollektivverhandlungen (Art. 28 GRC) gegen das primärrechtliche Verbot der Altesdiskriminierung (Art. 21 GRC) in seiner Konkretisierung durch die RL 2000/78 verstößt. Nach Auffassung des EuGH ist das Verbot der Altersdiskriminierung, das in Art. 21 GRC verankert und durch die RL 2000/78/EG (insbesondere durch die Art. 2 und 6 I) konkretisiert worden ist, dahin auszulegen, dass diese Vorschriften einer tarifvertraglichen Entgeltregelung, wonach sich innerhalb der jeweiligen Vergütungsgruppe die Grundvergütung eines Angestellten nach dessen Alter bemisst, entgegenstehen. Insoweit beeinträchtige die Tatsache, dass das Unionsrecht der betreffenden Maßnahme entgegensteht und dass diese in einem Tarifvertrag enthalten ist, nicht das in Art. 28 GRC anerkannte Recht, Tarifverträge auszuhandeln und zu schließen. Die Art. 2 und 6 I der RL 2000/78 sowie Art. 28 GRC stehen jedoch einer tarifvertraglichen Regelung, mit der ein Vergütungssystem, das zu einer Diskriminierung wegen des Alters führt, durch ein auf objektive Kriterien gestütztes Vergütungssystem ersetzt wird und zugleich für einen befristeten Übergangszeitraum einige der diskriminierenden Auswirkungen des erstgenannten Systems bestehen bleiben, um für die bereits in einem Beschäftigungsverhältnis stehenden Angestellten den Übergang zum neuen System ohne Einkommensverluste zu gewährleisten, nicht entgegen.

Ein weiteres Beispiel für eine unmittelbare, nicht gerechtfertigte Diskriminierung wegen Alters stellte das BAG in seinem Urteil vom 20.3.2012 (Az. 9 AZR 529/10) in der Regelung des § 26 Abs. 1 S. 2 TVöD fest. Hiernach haben Beschäftigte nach der

Vollendung ihres 40. Lebensjahres in jedem Kalenderjahr Anspruch auf 30 Arbeitstage Urlaub, während der Urlaubsanspruch bis zur Vollendung des 30. Lebensjahres nur 26 Arbeitstage und bis zur Vollendung des 40. Lebensjahres nur 29 Arbeitstage beträgt. Eine sich bis zum 40. Lebensjahr vollziehende Urlaubsstaffelung sei altersdiskriminierend, da eine Staffelung in so jungen Jahren sich noch nicht mit einem gesteigerten Erholungsbedürfnis rechtfertigen ließe. Das BAG führt zur Beseitigung der Diskriminierung die kritikwürdige „Anpassung nach oben" durch und passte den Urlaubsanspruch der jüngeren Arbeitnehmer ebenfalls auf 30 Arbeitstage im Kalenderjahr an.

Eine unterschiedliche Behandlung wegen des Alters gem. § 10 AGG ist dann zulässig, wenn sie objektiv, angemessen und durch ein legitimes Ziel gerechtfertigt ist. Die Mittel zur Erreichung dieses Ziels müssen dabei angemessen und erforderlich sein. § 10 Satz 3 AGG zählt nicht abschließend Beispiele für zulässige Differenzierungen auf.

WICHTIG!

§ 10 Satz 3 Nr. 6 AGG erfasst nach seinem Wortlaut nur den Ausschluss von älteren Arbeitnehmern, die entweder unmittelbar nach dem Ausscheiden oder im Anschluss an den Bezug von Arbeitslosengeld I durch den Bezug einer Altersrente wirtschaftlich abgesichert sind. Die Vorschrift ist jedoch gleichermaßen anwendbar, wenn die betroffenen Arbeitnehmer zwar nicht unmittelbar nach dem Bezug von Arbeitslosengeld I rentenberechtigt sind, aber eine Abfindung erhalten, die so bemessen ist, dass sie die wirtschaftlichen Nachteile ausgleichen kann, welche die Arbeitnehmer in der Zeit nach der Erfüllung ihres Arbeitslosengeldanspruchs bis zum frühestmöglichen Bezug einer Altersrente erleiden (BAG v. 23.3.2010, Az. 1 AZR 832/08).

Altersgrenzen für die Beschäftigung auf bestimmten Arbeitsplätzen sind jedenfalls immer dann zulässig, wenn diese dem Schutz besonders wichtiger Gemeinschaftsgüter erlassen werden. So ist z. B. die Altersgrenze von 65 Jahren für Verkehrspiloten gewerbsmäßiger Flugunternehmen zulässig (vgl. BVerfG v. 26.1.2007, Az. 2 BvR 2408/06 m. w. N.).

Mit Beschluss vom 17.6.2009, Az. 7 AZR 112/08 (A) hat das BAG allerdings festgestellt, dass die tarifliche Altersgrenze für Piloten bei Vollendung des 60. Lebensjahres grundsätzlich eine unmittelbare altersbezogene Benachteiligung darstelle, die aber nach §§ 8u. 10 AGG gerechtfertigt sein könnte. Das BAG hatte dann dem EuGH die generelle Frage vorgelegt, ob die Richtlinie 2000/78/EG des Rates vom 27.11.2000 zur Festlegung eines allgemeinen Rahmens zur Verwirklichung der Gleichbehandlung in Beschäftigung und Beruf und/oder der allgemeine Grundsatz des Gemeinschaftsrechts über das Verbot der Diskriminierung wegen des Alters so auszulegen seien, dass sie Regelungen des nationalen Rechts entgegenstehen, die eine auf Gründen der Flugsicherheit beruhende tarifliche Altersgrenzenregelung von 60 Jahren für Piloten anerkennen. Hierzu hat der EuGH am 13.9.2011 (C 447/09 Prigge u. a.) entschieden, dass die tarifvertragliche Regelung für das Cockpitpersonal der Deutschen Lufthansa, die mit dem Ziel die Flugsicherheit zu gewährleisten, eine Altersgrenze für Piloten vorsieht, nach der diese mit Vollendung des 60. Lebensjahres ihrer Tätigkeit nicht mehr nachgehen dürfen, gegen das Verbot der Altersdiskriminierung der RL 2000/78/EG verstößt. Das unionsrechtliche Diskriminierungsverbot ist auch von den Sozialpartnern beim Abschluss von Tarifverträgen zu beachten. Das Ziel, die Sicherheit des Flugverkehrs zu gewährleisten, ist zwar ein legitimes Ziel, das eine Ungleichbehandlung rechtfertigen kann und auch von den Tarifvertragsparteien verfolgt werden darf. Allerdings ist das Verbot der Berufsausübung zur Erreichung des Ziels nicht erforderlich, es hätte vielmehr ausgereicht, die Berufsausübung zu beschränken. Für die Ausübung des Berufs des Verkehrspiloten ist zwar der Besitz besonderer körperlicher Fähigkeiten als eine wesentliche und entscheidende berufliche Anforderung

anzusehen, die altersabhängig ist. Da diese Anforderung darauf abzielt, die Sicherheit des Flugverkehrs zu gewährleisten, verfolgt sie auch einen rechtmäßigen Zweck, mit dem eine Ungleichbehandlung wegen des Alters gerechtfertigt werden kann. Die internationalen und die deutschen Stellen sind jedoch der Ansicht, dass Piloten bis zum Alter von 65 über die erforderlichen körperlichen Fähigkeiten zum Führen eines Flugzeugs verfügen, so dass die Altersgrenze von 60 Jahren, die die Sozialpartner für das Führen eines Verkehrsflugzeugs vorgesehen haben, eine im Hinblick auf die internationale und die deutsche Regelung unverhältnismäßige Anforderung darstellt. Diesem Urteil des EuGH hat sich das BAG daraufhin in seinem Urteil vom 18.1.2012 (Az. 7 AZR 112/08) angeschlossen.

Eine für ein Luftfahrtunternehmen vereinbarte tarifvertragliche Regelung, die für die Einstellung von in anderen Luftfahrtunternehmen ausgebildeten Piloten ein Höchsteintrittsalter von 32 Jahren und 364 Tagen festlegt, stellt eine unzulässige Altersdiskriminierung dar und vermag daher auch keine Zustimmungsverweigerung des Betriebsrats nach § 99 Abs. 2 Nr. 1 BetrVG zu begründen (BAG v. 8.12.2010, Az. 7 ABR 98/09).

Auch tarifliche Altersgrenzen, die die Beendigung des Arbeitsverhältnisses für den Zeitpunkt des Erreichens der sozialversicherungsrechtlichen Regelaltergrenze vorsehen, hält das BAG grundsätzlich für zulässig (BAG v. 18.6.2008, 7 AZR 116/07). Auch der EuGH hat entschieden, dass die automatische Beendigung des Arbeitsverhältnisses bei Erreichen des gesetzlichen Rentenalters des Beschäftigten nicht notwendig diskriminierend sei. Eine solche Klausel führe nicht eine zwingende Regelung des Eintritts in den Ruhestand ein, sondern habe die Art und Weise der Beendigung des Arbeitsverhältnisses wegen Erreichens des Rentenalters unabhängig von einer Kündigung zum Inhalt und kann aus u. a. sozial- und arbeitsmarktpolitischen Gründen gerechtfertigt sein (EuGH v. 12.10.2010, Az. C-45/09 Rosenbladt). Auch stehe die RL 2000/78/EG, insbesondere ihr Art. 6 I, einer nationalen Regelung, wonach Universitätsprofessoren mit Vollendung des 68. Lebensjahrs zwangsweise in den Ruhestand versetzt werden und ihre Tätigkeit ab Vollendung des 65. Lebensjahrs nur aufgrund eines auf ein Jahr befristeten und höchstens zweimal verlängerbaren Vertrags fortsetzen können, nicht entgegen, sofern mit dieser Regelung ein legitimes Ziel insbesondere im Zusammenhang mit der Beschäftigungs- und der Arbeitsmarktpolitik verfolgt wird und sofern sie ermöglicht, dieses Ziel durch angemessene und erforderliche Mittel zu erreichen (EuGH v. 18.11.2010, Az. verb. RS. C-250/09 und C-268/09 Georgiev). Eine nationale Regelung, die einem Arbeitgeber erlaube, zur Förderung des Zugangs jüngerer Menschen zur Beschäftigung Arbeitnehmer zu kündigen, die einen Anspruch auf Alterspension erworben haben, stelle jedoch eine verbotene unmittelbare Diskriminierung aufgrund des Geschlechts dar, wenn Frauen diesen Anspruch in einem Alter erwerben, das fünf Jahre niedriger ist als das Alter, in dem der Anspruch für Männer entsteht (EuGH v. 18.11.2010, Az. C-356/09 Kleist).

Für nicht sachlich gerechtfertigt hat das BAG die manteltarifvertragliche Altersgrenze von 60 Jahren für das Kabinenpersonal angesehen, da das altersbedingte Nachlassen der Leistungsfähigkeit der Kabinenmitarbeiter (und eine hieraus resultierende Gefährdung für Leben und Gesundheit der Flugzeuginsassen oder Personen in den überflogenen Gebieten) nicht generell unterstellt werden könne (BAG v. 16.10.2007, Az. 7 AZR 253/07).

Ein Sozialplan kann regeln, dass die Abfindungen mit zunehmender Betriebszugehörigkeit ansteigen, weil ältere Arbeitnehmer auf dem Arbeitsmarkt typischerweise größere Schwierigkeiten haben eine Anschlussbeschäftigung zu finden als jüngere. Die konkrete Ausgestaltung der Altersstufen im Sozialplan unterliegt nach § 10

Satz 2 AGG einer Verhältnismäßigkeitsprüfung. Sie muss geeignet und erforderlich sein, das von § 10 Satz 3 Nr. 6 AGG verfolgte Ziel tatsächlich zu fördern und darf die Interessen der benachteiligten Altersgruppen nicht unangemessen vernachlässigen. Das ist mit dem Verbot der Altersdiskriminierung im Recht der Europäischen Union vereinbar. Die Betriebsparteien dürfen danach beispielsweise davon ausgehen, dass die Arbeitsmarktchancen der über 40-jährigen Mitarbeiter typischerweise schlechter sind als die der 30- bis 39-jährigen (BAG v. 12.4.2011, Az. 1 AZR 764/09). Sieht ein Sozialplan vor, dass die Arbeitnehmer zusätzlich zu der sich nach der Dauer der Betriebszugehörigkeit und dem Arbeitsverdienst errechnenden Grundabfindung mit dem Erreichen des 45. und des 50. Lebensjahres der Höhe nach gestaffelte Alterszuschläge erhalten, werden auch hierdurch jüngere Arbeitnehmer in der Regel nicht unzulässig wegen ihres Lebensalters benachteiligt (BAG v. 12.4.2011, Az. 1 AZR 743/09). Dies stellt ebenso wenig eine altersbedingte Diskriminierung dar, wie die Regelung in einem Sozialplan, wonach Arbeitnehmer, die – und sei es nach dem Bezug von Arbeitslosengeld – vorzeitig Altersrente in Anspruch nehmen können, geringere Abfindungen erhalten (BAG v. 26.5.2009, Az. 1 AZR 198/08). Nach Auffassung des EuGH stellt es jedoch eine unmittelbare Diskriminierung aufgrund des Alters dar, wenn einem Arbeitnehmer eine Entlassungsabfindung allein aus dem Grund vorenthalten wird, dass er eine Altersrente beziehen kann. Zwar verfolgt eine solche Regelung legitime sozialpolitische Ziele; sie kann aber nicht gerechtfertigt werden. Die Regelung geht insofern über das hinaus, was zur Erreichung der Ziele erforderlich ist, als sie bewirkt, dass nicht nur all diejenigen Arbeitnehmer von der Entlassungsabfindung ausgeschlossen werden, die eine Altersrente ihres Arbeitgebers tatsächlich erhalten werden, sondern auch all die, die zum Bezug einer solchen Rente berechtigt sind, aber ihre berufliche Laufbahn weiter verfolgen möchten (EuGH v. 12.10.2010, Az. C-499/08 Andersen). Arbeitgeber und Betriebsrat können in einem Sozialplan aber vereinbaren, dass solche Arbeitnehmer keine Abfindung erhalten, die wegen des Bezugs einer befristeten vollen Erwerbsminderungsrente nicht beschäftigt sind und bei denen damit zu rechnen ist, dass ihre Arbeitsunfähigkeit auf nicht absehbare Zeit fortbesteht. In einem derartigen Anspruchsausschluss liegt keine unmittelbare Benachteiligung des erwerbsgeminderten Arbeitnehmers wegen seiner Behinderung. Dieser erfährt durch die Sozialplanregelung keine weniger günstige Behandlung als eine andere Person in einer vergleichbaren Lage. Durch Sozialplanleistungen sollen die wirtschaftlichen Nachteile der Arbeitnehmer ausgeglichen werden, die infolge der Betriebsänderung ihren Arbeitsplatz und damit ihren Anspruch auf Arbeitsentgelt verlieren. Bereits längere Zeit erwerbsgeminderte Arbeitnehmer, die ihre Arbeitsfähigkeit in absehbarer Zeit nicht wiedererlangen werden, erleiden durch die Beendigung ihres Arbeitsverhältnisses keine vergleichbaren Nachteile. In Bezug auf diese Personengruppe können die Betriebsparteien typisierend davon ausgehen, dass sie auch zukünftig nicht in der Lage sein wird, durch den Einsatz ihrer Arbeitskraft Arbeitsentgelt zu erzielen (BAG v. 7.6.2011, Az. 1 AZR 34/10).

Auch die Bildung von Altersgruppen bei der Sozialauswahl zur Erhaltung der Altersstruktur ist grundsätzlich zulässig. Ausdrücklich gebilligt hat das BAG (BAG v. 6.11.2008, Az. 2 AZR 523/07) folgende Altersgruppenbildung:

▶ bis zum vollendeten 25. Lebensjahr,

▶ älter als 25 Jahre bis zum vollendeten 35. Lebensjahr,

▶ älter als 35 Jahre bis zum vollendeten 45. Lebensjahr,

▶ älter als 45 Jahre bis zum vollendeten 55. Lebensjahr,

▶ älter als 55 Jahre.

ACHTUNG!

Zudem verlangt das BAG jedoch, dass sich die unterschiedliche Behandlung bei der Altersgruppenbildung nach bestimmten, in der Sache begründeten Proportionen richtet. Das ist der Fall, wenn eine solche Anzahl von Mitarbeitern in den einzelnen Altersgruppen gekündigt wird, dass der bisherige prozentuale Anteil der Altersgruppe an der Gesamtbelegschaft in etwa erhalten bleibt (BAG v. 6.11.2008, Az. 2 AZR 523/07).

Ein Verstoß gegen das Verbot der Altersdiskriminierung bei der Aufstellung einer Namensliste i. S. d. § 1 Abs. 5 Satz 1 KSchG lässt die gesetzliche Vermutung des Vorliegens dringender betrieblicher Bedürfnisse für die betreffenden Kündigungen nicht entfallen. Der Verstoß kann allerdings zu einer groben Fehlerhaftigkeit der Sozialauswahl i. S. d. § 1 Abs. 5 Satz 2 KSchG führen.

Die Berücksichtigung des Lebensalters bei der Sozialauswahl i. S. d. § 1 Abs. 3 Satz 1 KSchG verstößt nicht gegen das Verbot der Altersdiskriminierung gem. §§ 1, 2 Abs. 1 Nr. 2 AGG. Die Betriebsparteien können in einer Auswahlrichtlinie nach § 95 BetrVG und einer Namensliste nach § 1 Abs. 5 Satz 1 KSchG auch das Lebensalter als Auswahlkriterium durchgehend „linear" berücksichtigen und müssen nicht zuvor nach Altersgruppen differenzieren (BAG v. 5.11.2009, Az. 2 AZR 676/08).

Die Begrenzung einer innerbetrieblichen Stellenausschreibung auf Arbeitnehmer im ersten Berufsjahr kann eine unzulässige mittelbare Benachteiligung wegen des Alters darstellen. Arbeitnehmer mit mehreren Berufsjahren weisen typischerweise gegenüber Arbeitnehmern im ersten Berufsjahr ein höheres Lebensalter auf. Eine solche Beschränkung kann gerechtfertigt sein, wenn der Arbeitgeber mit ihr ein rechtmäßiges Ziel verfolgt und sie zur Erreichung dieses Ziels angemessen und erforderlich ist. Sind die hierfür vom Arbeitgeber angeführten Gründe offensichtlich ungeeignet, verstößt er gegen seine Pflicht zur diskriminierungsfreien Stellenausschreibung (BAG v. 18.8.2009, Az. 1 ABR 47/08).

WICHTIG!

Bei der Berechnung der Beschäftigungsdauer wurden – entsprechend des Gesetzeswortlauts in § 622 Abs. 2 Satz 2 BGB – Zeiten, die vor der Vollendung des fünfundzwanzigsten Lebensjahres des Arbeitnehmers liegen, nicht berücksichtigt. Mit seiner Entscheidung v. 19.1.2010 hat der EuGH festgestellt, dass die gesetzliche Regelung in § 622 Abs. 2 Satz 2 BGB gegen das Verbot der Diskriminierung wegen des Alters (RL 2000/78) verstößt und daher von den nationalen Gerichten nicht länger angewendet werden darf (EuGH v. 19.1.2010, Az. C-555/07 Kücükdeveci). Daher sind fortan bei der Berechnung der gesetzlichen Kündigungsfrist auch solche Beschäftigungszeiten anzurechnen, die vor der Vollendung des 25. Lebensjahres liegen. Dies gilt genauso für tarifvertragliche Regelungen, die auf § 622 Abs. 2 Satz 2 BGB verweisen (BAG v. 29.9.2011, Az. 2 AZR 177/10). Die Berücksichtigung der Dauer des Arbeitsverhältnisses und seines störungsfreien Verlaufs bei der Interessenabwägung im Rahmen einer außerordentlichen Kündigung gem. § 626 Abs. 1 BGB, stellt hingegen keine unzulässige Altersdiskriminierung dar (BAG v. 7.7.2011, Az. 2 AZR 355/10).

ACHTUNG!

Das AGG gilt trotz des Verweises in § 2 Abs. 2 AGG auch in der betrieblichen Altersversorgung, soweit das Betriebsrentengesetz nicht vorrangige Sonderregelungen enthält (BAG v. 11.12.2007, Az. 3 AZR 249/06). Die Sonderregelungen des Betriebsrentengesetzes gelten z. B. hinsichtlich der an das Merkmal „Alter" anknüpfenden Vorschriften zur gesetzlichen Unverfallbarkeit (BAG a.a.O.).

3.6 Diskriminierung wegen Behinderung

Durch das am 1.7.2001 in Kraft getretene Neunte Buch Sozialgesetzbuch (SGB IX) wurde ein Benachteiligungsverbot für Schwerbehinderte eingeführt (§ 81 Abs. 2 SGB IX). Diese Vorschrift enthält seit dem 18.8.2006 einen direkten Verweis auf die Bestimmungen des AGG, welches den betroffenen Personenkreis (s. o. 2.) auch vor Benachteiligungen wegen Behinderungen schützt.

 ACHTUNG!
Der Begriff „Behinderung" i. S. d. AGG setzt – im Gegensatz zu der Definition des Schwerbehinderten im SGB IX – keinen bestimmten Grad der Behinderung oder die Gleichstellung mit einem Schwerbehinderten voraus. Der Begriff einer „Behinderung" erfasst allgemein Einschränkungen, die auf physische, geistige oder psychische Beeinträchtigungen zurückzuführen sind, sofern diese ein Hindernis des Betroffenen für die Teilhabe am Berufsleben darstellen und es wahrscheinlich ist, dass diese Einschränkungen von langer Dauer sind (vgl. BAG v. 3.4.2007, Az. 9 AZR 823/06). Der Schutz des AGG geht somit weiter als der nach SGB IX.

Dem Arbeitgeber war es bereits nach der ursprünglichen Rechtslage umfassend verboten, einen schwerbehinderten Menschen in tatsächlicher oder rechtlicher Art wegen seiner Behinderung schlechter zu behandeln, als einen nicht schwerbehinderten Beschäftigten. Das Benachteiligungsverbot umfasste dabei auch ausdrücklich den Stellenbewerber. Nur wenn die Art der von dem Schwerbehinderten auszuübenden Tätigkeit bestimmte körperliche Funktionen, geistige Fähigkeiten oder die seelische Gesundheit in entscheidender Weise voraussetzen (z. B. Berufspilot), durfte eine sachlich gerechtfertigte Ungleichbehandlung erfolgen. Hierfür trug der Arbeitgeber die Beweislast.

Will ein Behinderter Ansprüche nach dem AGG wegen Diskriminierung geltend machen, muss er eine Benachteiligung wegen der Behinderung glaubhaft machen. Es reicht in diesem Zusammenhang, wenn das Gericht von der überwiegenden Wahrscheinlichkeit einer entsprechenden Benachteiligung überzeugt ist. Sofern dem Betroffenen dies gelingt, kann diese Vermutung durch den Arbeitgeber nur durch einen Beweis derart widerlegt werden, dass keine vernünftigen Zweifel daran verbleiben, dass andere, sachliche Gründe die ungleiche Behandlung rechtfertigen.

Eine derartige Diskriminierung setzt allerdings voraus, dass der Arbeitgeber Kenntnis von der Behinderung hatte. Bei einem Betriebsübergang muss sich der Betriebsübernehmer die Kenntnis des Betriebsveräußerers von der Schwerbehinderteneigenschaft eines Arbeitnehmers zurechnen lassen (BAG v. 11.12.2008, Az. 2 AZR 395/07).

Ein benachteiligter Schwerbehinderter konnte bereits nach § 81 Abs. 2 SGB IX a. F. verlangen, so gestellt zu werden, als sei die (verbotswidrige) Benachteiligung nicht erfolgt. Dies gilt auch nach den Vorschriften des AGG.

Nachdem eine Krankheit durchaus eine Behinderung i. S. d. AGG darstellen (oder potenziell dazu führen) kann, stellt sich die Frage, ob die Erkundigung des Arbeitgebers bei der Einstellung nach bestehenden Krankheiten bereits für sich genommen eine Benachteiligung wegen einer Behinderung darstellt. Seit Inkrafttreten des AGG können laut BAG (Urteil v. 17.12.2009, Az. 8 AZR 670/08) Fragen nach Erkrankungen im Hinblick auf das Vorliegen einer Behinderung tatsächlich diskriminierungsrelevant sein.

Eine unzulässige Benachteiligung bei der Einstellung führt nicht zu einem Anspruch auf Abschluss eines Arbeitsvertrages, Entsprechendes gilt für eine Benachteiligung bei Beförderungen, es sei denn, ein solcher Anspruch ergibt sich aus einem anderen Rechtsgrund. Ein Behinderter kann aber innerhalb von zwei Monaten nach Zugang der ablehnenden Entscheidung Schadensersatz beanspruchen. Nur wenn er auch bei benachteiligungsfreier Auswahl nicht eingestellt worden wäre, ist der Anspruch auf Ersatz des immateriellen Schadens auf drei Monatsgehälter begrenzt (§ 15 Abs. 2 S. 2 AGG). Ist die Behinderung jedoch allein für die Ablehnung ausschlaggebend, kann

(und konnte nach der Rechtslage vor Inkrafttreten des AGG) die Entschädigung auch erheblich höher ausfallen.

 ACHTUNG!
Nach einer Entscheidung des EuGH (Urteil v. 17.7.2008, Az. C-303/06) handelt es sich auch um eine unmittelbare Diskriminierung, wenn ein Arbeitnehmer, der nicht selbst behindert ist, wegen der Behinderung seines Kindes durch einen Arbeitgeber eine weniger günstige Behandlung erfährt als ein anderer Arbeitnehmer.

Der EuGH hat sich in seiner Entscheidung vom 11.7.2006 (Az. C-13/05 Navas) mit der Frage befasst, ob eine Kündigung wegen Krankheit eine Diskriminierung wegen Behinderung im Sinne der (dem AGG zugrunde liegenden) Gleichbehandlungsrichtlinie darstellt, und ist zu folgenden Ergebnissen gekommen:

▸ Eine Person, der von ihrem Arbeitgeber **ausschließlich** wegen Krankheit gekündigt worden ist, wird **nicht** von dem durch die Richtlinie 2000/78/EG des Rates vom 27.11.2000 zur Festlegung eines allgemeinen Rahmens für die Verwirklichung der Gleichbehandlung in Beschäftigung und Beruf zur Bekämpfung der Diskriminierung wegen einer Behinderung geschaffenen allgemeinen Rahmen erfasst.

▸ Krankheit als solche kann nicht als ein weiterer Grund neben denen angesehen werden, derentwegen Personen zu diskriminieren nach der Richtlinie verboten ist.

3.7 Diskriminierung wegen der sexuellen Identität

Der vom AGG geschützte Personenkreis (s. o. 2.) ist auch in Bezug auf Benachteiligungen wegen ihrer sexuellen Identität geschützt.

So hat das BAG in seiner Entscheidung v. 14.1.2009, Az. 3 AZR 20/07 entschieden, dass Überlebende einer eingetragenen (homosexuellen) Lebenspartnerschaft aus Gründen der Gleichbehandlung einen Anspruch auf Hinterbliebenenrente haben können, wenn für Ehegatten im Rahmen der betrieblichen Altersversorgung eine dahingehende Zusage besteht.

4. Pflichten des Arbeitgebers

Nach §§ 11 und 12 AGG ist der Arbeitgeber verpflichtet, geeignete und erforderliche Maßnahmen zum Schutz vor Diskriminierungen zu treffen. Er hat in geeigneter Art und Weise auf die Unzulässigkeit solcher Benachteiligungen, insbesondere im Rahmen der beruflichen Aus- und Fortbildung, hinzuweisen und darauf hinzuwirken, dass diese unterbleiben. Hat der Arbeitgeber seine Beschäftigten in geeigneter Weise zum Zwecke der Verhinderung von Benachteiligung geschult, gilt dies als Erfüllung seiner Pflichten zum Schutz vor Benachteiligung.

Welche Maßnahmen im Einzelnen geeignet und erforderlich sind, hängt insbesondere von der Art, Größe und Struktur des Betriebes ab. Entscheidend ist, ob der Arbeitgeber alle ihm zuzumutenden Mittel ergriffen hat, um durch organisatorische Maßnahmen und Aufklärung unzulässige Benachteiligungen zu verhindern und zu beseitigen.

TIPP!
Zur Feststellung möglicher Benachteiligungen sollte (ggf. gemeinsam mit dem Betriebsrat) zunächst eine umfassende Analyse der vielfältigen betrieblichen Abläufe, insbesondere der gesamten Personalarbeit, erfolgen, um so etwaigen Handlungsbedarf zu erkennen. Eine sorgfältige Dokumentation aller organisatorischen Maßnahmen, die im Zusammenhang mit der Vermeidung und Beseitigung von Diskriminierungen stehen, ist ebenso wichtig, wie die geeignete Schulung von Führungskräften und Mitarbeitern.

Ferner ist eine zuständige Stelle im Betrieb (z. B. Vorgesetzter, Gleichstellungsbeauftragter oder betriebliche Beschwerdestelle) einzurichten, die Beschwerden (s. u. 5.) zu prüfen und das Ergebnis dem Beschwerdeführer mitzuteilen hat.

Verstoßen beschäftigte Arbeitskollegen gegen das Benachteiligungsverbot, hat der Arbeitgeber die im Einzelfall geeigneten, erforderlichen und angemessenen Maßnahmen zur Unterbindung der Diskriminierung – wie Abmahnung, Umsetzung, Versetzung oder Kündigung – zu ergreifen.

> **◁ ACHTUNG!**
>
> Von mehreren geeigneten Mitteln zur Unterbindung von Diskriminierungen ist immer das mildeste zu wählen.

Der Arbeitgeber ist nach dem Gesetz auch dazu verpflichtet, geeignete und angemessene Maßnahmen zum Schutz seiner Beschäftigten zu ergreifen, wenn diese bei der Ausübung ihrer Tätigkeit durch Dritte (z. B. Kunden, Lieferanten) benachteiligt werden.

Der Arbeitgeber muss die gesetzlichen Vorschriften einschließlich der maßgeblichen Klagefrist in § 61b ArbGG (s. u. 5.) im Betrieb durch Aushang oder Auslegung an geeigneter Stelle oder mittels der üblichen Informations- und Kommunikationstechniken bekannt machen. Zugleich ist über die vorhandene, für die Behandlung von Beschwerden zuständige Stelle zu informieren.

5. Rechte der Beschäftigten

Ein Beschäftigter i. S. d. AGG (s. o. 2.) kann sich zunächst bei einer der bereits bestehenden zuständigen Stellen des Betriebs, des Unternehmens oder der Dienststelle beschweren, wenn er sich im Zusammenhang mit seinem Beschäftigungsverhältnis vom Arbeitgeber, von Vorgesetzten, anderen Beschäftigten oder Dritten wegen eines in § 1 AGG genannten Grundes benachteiligt fühlt.

> **◁ ACHTUNG!**
>
> Macht ein Bewerber geltend, er sei bei der Besetzung einer ausgeschriebenen Stelle unter Verstoß gegen das AGG benachteiligt worden, so setzt dies grundsätzlich voraus, dass seine Bewerbung um die Stelle schon im Zeitpunkt der Besetzungsentscheidung vorlag. Andernfalls liegt keine Benachteiligung eines „Beschäftigten" i. S. d. AGG vor, sofern jedenfalls eine diskriminierende Gestaltung des Bewerbungsverfahrens nicht ersichtlich ist (BAG v. 19.8.2010, Az. 8 AZR 370/09). Etwas anderes kann gelten, wenn ein Arbeitgeber die Stelle vor Ablauf einer von ihm selbst gesetzten Bewerbungsfrist besetzt und die Bewerbung erst nach der Besetzung, aber noch innerhalb der Bewerbungsfrist beim Arbeitgeber eingeht (vgl. BAG v. 17.8.2010, Az. 9 AZR 839/08).

Ergreift der Arbeitgeber im Einzelfall keine oder offensichtlich ungeeignete Maßnahmen zur Unterbindung einer Belästigung oder sexuellen Belästigung, sind die betroffenen Beschäftigten berechtigt, ihre Tätigkeit ohne Verlust des Arbeitsentgelts einzustellen, soweit dies zu ihrem Schutz erforderlich ist.

Nach § 15 AGG kann ein benachteiligter Beschäftigter einen Anspruch auf eine angemessene Entschädigung in Geld für immaterielle Schäden (Schmerzensgeld) und Schadensersatz für materielle Schäden geltend machen. Der materielle Schadenersatzanspruch – anders als die Entschädigung für immaterielle Schäden – entsteht nur, wenn der Arbeitgeber die Pflichtverletzung zu vertreten hat, also vorsätzlich oder fahrlässig gehandelt hat.

Erfolgen Benachteiligungen durch die Anwendung kollektivrechtlicher Vereinbarungen, trifft den Arbeitgeber eine Entschädigungspflicht nur, wenn er vorsätzlich oder grob fahrlässig handelt. Diese Grundsätze greifen auch dann, wenn – mangels Tarifbindung – die Geltung von Tarifverträgen im Arbeitsvertrag vereinbart ist, ferner wenn ein Tarifvertrag für allgemeinverbindlich erklärt ist.

Bei der Bezifferung einer angemessenen Entschädigung sind alle Umstände des Einzelfalles zu berücksichtigen. Zu diesen zählen etwa die Schwere und Art der Benachteiligung, ihre Dauer und Folgen, der Anlass und der Beweggrund des Handelns, der Grad der Verantwortlichkeit des Arbeitgebers, etwa geleistete Wiedergutmachung oder erhaltene Genugtuung und das Vorliegen eines Wiederholungsfalles. Ferner ist der Sanktionszweck der Norm zu berücksichtigen, sodass die Höhe auch danach zu bemessen ist, was zur Erzielung einer abschreckenden Wirkung erforderlich ist. Der Arbeitgeber soll von künftigen Diskriminierungen abgehalten werden, wobei die Entschädigung in einem angemessenen Verhältnis zum erlittenen Schaden stehen muss (vgl. BAG v. 22.1.2009, Az. 8 AZR 906/07; BAG v. 18.3.2010, Az. 8 AZR 1044/08).

Für die Geltendmachung eines Schadensersatz- oder Entschädigungsanspruches müssen Betroffene, die sich auf eine Benachteiligung berufen, zunächst den Vollbeweis führen, dass sie gegenüber einer anderen Person ungünstiger behandelt worden sind. Für die Behauptung, dass diese Ungleichbehandlung auf einem nach § 1 AGG unzulässigen Grund beruht, müssen Indizien vorliegen. Dann ist es Sache des Arbeitgebers, diese Indizien für eine Benachteiligung durch entsprechende Beweise zu entkräften, oder sachliche Gründe für die Ungleichbehandlung oder einen Rechtfertigungsgrund darlegen und beweisen.

> **◁ WICHTIG!**
>
> In seiner Entscheidung v. 21.7.2011 (Az. C-104/10 Kelly) hat der EuGH entschieden, dass einem Bewerber für eine Berufsausbildung, der meint, dass ihm der Zugang zu dieser Ausbildung wegen Verletzung des Gleichbehandlungsgrundsatzes verwehrt worden ist, kein Anspruch auf im Besitz des Veranstalters dieser Ausbildung befindliche Informationen über die Qualifikationen der anderen Bewerber für diese Ausbildung zusteht, um ihn in die Lage zu versetzen, gemäß dieser Bestimmung „Tatsachen glaubhaft zu machen, die das Vorliegen einer unmittelbaren oder mittelbaren Diskriminierung vermuten lassen".

> **◁ ACHTUNG!**
>
> Der EuGH hat am 19.4.2012 (Az. C-415/10 Meister) auf eine Vorlagefrage des BAG entschieden, dass die europäischen Richtlinien keinen Anspruch eines abgelehnten Bewerbers auf Auskunft darüber vorsehen, ob der Arbeitgeber am Ende des Einstellungsverfahrens einen anderen Bewerber eingestellt hat. Allerdings könne die Verweigerung jedes Zugangs zu Informationen ein Gesichtspunkt sein, der im Rahmen des Nachweises von Tatsachen, die das Vorliegen einer Diskriminierung vermuten lassen, heranzuziehen sei. Dies habe das BAG im Ausgangsfall zu prüfen.
>
> Unabhängig davon, wie das BAG in dieser Sache entscheiden wird, verdeutlicht das Urteil des EuGH, wie wichtig es für den Arbeitgeber ist, im Bewerbungsverfahren die Auswahlentscheidung vollständig zu dokumentieren, damit er im Streitfall nachweisen kann, dass sachliche Kriterien zur Auswahlentscheidung geführt haben.

Begründet der Arbeitgeber hingegen seine Maßnahme gegenüber dem Arbeitnehmer, so muss diese Auskunft zutreffen. Ist sie dagegen nachweislich falsch oder steht sie im Widerspruch zum Verhalten des Arbeitgebers, so kann dies ein Indiz für eine Diskriminierung bedeuten (BAG v. 21.6.2012, Az. 8 AZR 364/11).

Enthält eine Stellenausschreibung eine Eingrenzung, dass Mitarbeiter eines bestimmten Alters gesucht werden („suchen wir ... Mitarbeiter (...) zwischen 25 und 35 Jahren"), so kann schon durch die Nichteinladung zum Vorstellungsgespräch, im Gegensatz zu einem anderen, eingeladenen Bewerber, eine unmittelbare Benachteiligung im Sinne von § 7 AGG vorliegen. Dass der Arbeitgeber letztendlich überhaupt keinen Arbeitnehmer eingestellt hat, führt nicht dazu, dass ein Entschädigungsanspruch nach dem AGG bereits deswegen scheitert (BAG v. 23.8.2012, Az. 8 AZR 285/11).

> **◁ WICHTIG!**
>
> Bei groben Verstößen des Arbeitgebers gegen das Benachteiligungsverbot können der Betriebsrat oder eine im Betrieb vertretene Gewerkschaft auch ohne Zustimmung des Betroffenen gegen den Arbeitgeber auf Unterlassung, Duldung oder Vornahme einer Handlung klagen, um die Diskriminierung zu beseitigen. Dies bedeutet

allerdings nicht, dass der Betriebsrat oder die Gewerkschaft individuelle Ansprüche wie Schmerzensgeld des Benachteiligten im Wege einer Prozessstandschaft geltend machen kann.

Die Geltendmachung von Schadensersatz- oder Entschädigungsansprüchen muss gem. § 15 Abs. 4 AGG schriftlich innerhalb einer Frist von zwei Monaten erfolgen. Die Frist beginnt im Falle einer Bewerbung oder eines beruflichen Aufstiegs mit dem Zugang der Ablehnung und Kenntnis des Beschäftigten und in den sonstigen Fällen einer Benachteiligung zu dem Zeitpunkt, in dem der Beschäftigte von der Benachteiligung Kenntnis erlangt.

Diese Frist ist laut einer Entscheidung des BAG vom 15.3.2012 (Az. 8 AZR 160/11) auch wirksam und begegnet nach europäischem Recht keinen Bedenken.

> ◁ **ACHTUNG!**
> Diese Frist kann in einem Tarifvertrag abweichend vom Gesetz geregelt werden.

Ist der Anspruch innerhalb von zwei Monaten schriftlich geltend gemacht worden, so muss danach eine Klage auf Entschädigung gemäß § 61b Abs. 1 ArbGG innerhalb von drei Monaten erhoben werden.

III. Allgemeiner Gleichbehandlungsgrundsatz

1. Inhalt

Durch den allgemeinen Gleichbehandlungsgrundsatz ist die willkürliche Schlechterstellung einzelner Arbeitnehmer im Vergleich zu anderen in vergleichbarer Lage unabhängig von dem Benachteiligungsgrund verboten. Werden vergleichbare Arbeitnehmer unterschiedlich behandelt, muss hierfür ein sachlicher Grund vorliegen.

2. Voraussetzungen

2.1 Vergleichbare Gruppe

Es muss sich aus der Belegschaft eine Gruppe vergleichbarer Arbeitnehmer bilden lassen. Bei der Gruppenbildung sind gemeinsame Merkmale wie Tätigkeit, Alter und Betriebszugehörigkeit zu berücksichtigen. Hier geht es nicht darum, dass die Lage der Arbeitnehmer identisch ist, sondern im Wesentlichen übereinstimmt.

Beispiel:

Bedienungspersonal in einem Restaurant

> ◁ **ACHTUNG!**
> Allein die Einstufung in dieselbe Vergütungs- oder Tätigkeitsgruppe führt noch nicht zur Vergleichbarkeit (EuGH v. 26.6.2001, Az. Rs. C-381/99).

Es muss sich um Arbeitnehmer desselben Betriebs oder derselben Dienststelle handeln. Ausnahme: Wenn überbetriebliche Arbeitsbedingungen gelten, gilt die Gleichbehandlungspflicht innerhalb des gesamten Unternehmens. Dies gilt jedoch nicht innerhalb eines Konzerns. Hier können die verschiedenen Konzerngesellschaften Differenzierungen vornehmen.

2.2 Kollektive Regelung

Es muss eine kollektive Regelung (z. B. arbeitsvertragliche Einheitsregelung) für die bestimmte Gruppe von Arbeitnehmern gelten. Der Gleichbehandlungsgrundsatz bezieht sich also **nicht** auf individuell ausgehandelte Einzelvertragsverhältnisse, sondern auf Maßnahmen bzw. Leistungen, die für mehrere (vergleichbare) Arbeitnehmer gelten.

Beispiele:

Bonuspläne, Weihnachtsgratifikationen

3. Sachlicher Grund

Findet der allgemeine Gleichbehandlungsgrundsatz Anwendung, darf der Arbeitgeber Arbeitnehmer in der betroffenen Gruppe nur dann unterschiedlich behandeln, wenn er hierfür einen sachlichen Grund hat. Es ist eine Vielzahl von Gründen denkbar. Wichtig ist v. a., dass der Arbeitgeber für jedermann erkennbar machen kann, dass die Schlechterstellung einzelner Arbeitnehmer in der Gruppe nicht willkürlich war.

Eine sachfremde Benachteiligung liegt nicht vor, wenn sich nach dem Leistungszweck Gründe ergeben, die es unter Berücksichtigung aller Umstände rechtfertigen, diesen Arbeitnehmern die den anderen gewährte Leistung vorzuenthalten. Die Zweckbestimmung ergibt sich vorrangig aus den tatsächlichen und rechtlichen Voraussetzungen, von deren Vorliegen und Erfüllung die Leistung abhängig gemacht wird (BAG v. 15.7.2009, Az. 5 AZR 486/08).

Die Differenzierung zwischen der begünstigten Gruppe und den benachteiligten Arbeitnehmern ist dann sachfremd, wenn es für die unterschiedliche Behandlung keine billigenswerten Gründe gibt. Die Gründe müssen auf vernünftigen, einleuchtenden Erwägungen beruhen und dürfen nicht gegen höherrangige Wertentscheidungen verstoßen. Die Gruppenbildung ist nur dann gerechtfertigt, wenn die Unterscheidung einem legitimen Zweck dient und zur Erreichung dieses Zwecks erforderlich und angemessen ist. Die unterschiedliche Leistungsgewährung muss stets im Sinne materieller Gerechtigkeit sachgerecht sein (BAG a.a.O.).

Beispiel 1:

Leistet Arbeitgeber eine Gehaltserhöhung nur an seine Stammbelegschaft, nicht aber an die aufgrund eines Betriebsübergangs übernommenen Arbeitnehmer, findet der allgemeine Gleichbehandlungsgrundsatz Anwendung. Unterschiedliche Arbeitsvertrags- und Vergütungssysteme bei der Stammbelegschaft einerseits und den übernommenen Arbeitnehmern andererseits rechtfertigen als solche keine unterschiedliche Behandlung bei der Gehaltserhöhung. Ein sachlicher Grund für die Differenzierung kann jedoch in der Angleichung der Arbeitsbedingungen liegen (BAG v. 14.3.2007, Az. 5 AZR 420/06).

Beispiel 2:

Der Arbeitgeber ist berechtigt, eine freiwillige Sonderzahlung nur an diejenigen Arbeitnehmer zu zahlen, die durch Lohnverzicht zur Sanierung des Unternehmens beigetragen haben. Dies setzt allerdings voraus, dass die Leistung ausschließlich dem Zweck dient, die erlittenen Einbußen auszugleichen. Leistet der Arbeitgeber eine Sonderzahlung, mit der er auch andere Zwecke verfolgt, darf er Arbeitnehmer, die nicht auf Lohn verzichtet haben, nicht von der Zahlung ausnehmen (BAG v. 26.9.2007, Az. 10 AZR 568/06).

Beispiel 3:

Begehrt ein Arbeitnehmer eine Gehaltserhöhung mit der Begründung, andere Arbeitnehmer hätten eine solche bekommen und beruft sich der Arbeitgeber für seine Differenzierung darauf, die begünstigten Arbeitnehmer hätten in der Vergangenheit eine Gehaltsminderung hingenommen, kann eine Ungleichbehandlung nur dann vorliegen, wenn entweder vor der Gehaltserhöhung Gehaltsunterschiede nicht bestanden oder nach der Gehaltserhöhung zuvor bestehende Unterschiede nicht nur ausgeglichen, sondern dergestalt überkompensiert wurden, dass die zunächst weniger Verdienenden eine höhere Vergütung erhalten als die von der Gehaltserhöhung ausgenommenen Arbeitnehmer (BAG v. 17.3.2010, Az. 5 AZR 168/09).

Beispiel 4:

Wird im Wege einer Betriebsänderung der Arbeitsbereich von Arbeitnehmern an einen anderen Standort verlegt, so ist eine abfindungsmäßige Gleichbehandlung von Arbeitnehmern, die ein Arbeitsangebot an dem neuen Standort wegen der weiten Entfernung ablehnen und selbst kündigen und solcher, die für einen befristeten Zeitraum zunächst den Arbeitsplatz an dem neuen Standort erproben und dann innerhalb einer bestimmten Frist selbst kündigen, zulässig. Insbesondere verstößt eine derartige Gruppenbildung und Gleichbehandlung nicht gegen den betriebsverfassungsrechtlichen Gleichbehandlungsgrundsatz (BAG v. 20.4.2010, Az. 1 AZR 988/08).

4. Rechtsfolgen bei Verstoß

Wenn eine Regelung gegen den Gleichbehandlungsgrundsatz verstößt, ist sie unwirksam. Die dadurch entstehende „Regelungslücke" muss durch ergänzende Vertragsauslegung geschlossen werden. In der Regel wird die benachteiligte Gruppe mit einbezogen, es erfolgt somit eine Anpassung „nach oben".

Für die **Vergangenheit** erhalten die von der Leistung ausgeschlossenen Arbeitnehmer die gleichen Ansprüche wie diejenigen, die die Leistung erhalten haben. Es findet also eine Anhebung statt.

Für die **Zukunft** kommt es darauf an, ob der Arbeitgeber die gewährte Leistung unter einen wirksamen Widerrufsvorbehalt gestellt hat. Wenn ja, und die Widerrufsgründe auch vorliegen, kann er die Leistung künftig allen Arbeitnehmern versagen bzw. die Leistungen einheitlich kürzen. Wenn nein, muss er allen vergleichbaren Arbeitnehmern die zugesagten Leistungen gewähren.

Gratifikation

I. Begriff und Abgrenzung

II. Grundlage
1. Allgemeines
2. Gleichbehandlungspflicht

III. Vorbehalt der Freiwilligkeit/des Widerrufs

IV. Stichtagsregelung

V. Rückzahlungsklauseln

VI. Abschaffung/Änderung von Gratifikationen

VII. Mitbestimmung des Betriebsrats

I. Begriff und Abgrenzung

Gratifikationen sind Sonderzuwendungen des Arbeitgebers, die neben dem vertraglich vereinbarten Gehalt gezahlt werden. Sie werden aus einem bestimmten Anlass (z. B. Weihnachten, Urlaub oder Jubiläen) gewährt und bezwecken eine Belohnung der bisherigen Betriebstreue und einen Anreiz für die künftige Betriebstreue.

Von der Gratifikation im klassischen Sinne sind sonstige Sonderzuwendungen zu unterscheiden, die fest in das Vergütungsgefüge eingebunden sind, häufig aber auch (fälschlich) als Gratifikationen bezeichnet werden. Dies ist in erster Linie das sog. 13. Gehalt, das die erbrachte Arbeitsleistung zusätzlich vergütet.

Häufig werden mit einer Sonderzuwendung auch beide Zwecke verfolgt, d. h. eine zusätzliche → Vergütung der Arbeitsleistung **und** eine Belohnung der Betriebstreue. In diesen Fällen handelt es sich um eine Sonderzuwendung mit Mischcharakter.

Ob im Einzelfall eine Gratifikation im klassischen Sinne oder ein 13. Gehalt vorliegt, richtet sich nach dem Zweck der Zuwendung. Die Bezeichnung der Sonderzuwendung ist dabei nicht maßgebend. Der Zweck ergibt sich vielmehr aus den Voraussetzungen, von deren Erfüllung die Leistung abhängig gemacht

wird. Will der Arbeitgeber die Betriebstreue belohnen, wird er die Zusage regelmäßig mit einer Wartefrist, einer Mindestbeschäftigungszeit oder auch einem Stichtag verbinden, an dem der Arbeitnehmer noch dem Betrieb angehören muss. Knüpft er die Zahlung hingegen nicht an weitere Voraussetzungen, so ist im Zweifel davon auszugehen, dass lediglich eine zusätzliche Vergütung für geleistete Arbeit innerhalb des Bezugszeitraums bezweckt wird.

II. Grundlage

1. Allgemeines

Der Arbeitgeber ist grundsätzlich nur dann zur Zahlung einer Gratifikation verpflichtet, wenn eine besondere Rechtsgrundlage besteht. Als solche kommen in erster Linie ein → Tarifvertrag oder eine → Betriebsvereinbarung in Betracht. Der Arbeitgeber kann sich zur Zahlung einer Gratifikation aber auch in Form einer Gesamtzusage verpflichten. Dabei handelt es sich um eine einseitige Zusage an alle Arbeitnehmer oder zumindest an Teile der Belegschaft.

Beispiele:

Zusage durch Anschlag am Schwarzen Brett, Rundschreiben, mündliche Erklärung auf einer Betriebsversammlung.

Häufig findet sich eine Gratifikationszusage auch unmittelbar im Arbeitsvertrag, wobei sie nur selten einzelvertraglich individuell ausgehandelt ist. In den meisten Fällen existiert eine gleich lautende Regelung in den Verträgen aller Arbeitnehmer bzw. bestimmter Arbeitnehmergruppen ohne Rücksicht auf die Besonderheiten des Einzelfalls. In diesem Fall spricht man von einer arbeitsvertraglichen Einheitsregelung.

Eine gesetzliche Regelung zur Zahlung einer Gratifikation besteht demgegenüber nicht; insbesondere ergibt sich auch keine Verpflichtung aus der Fürsorgepflicht des Arbeitgebers gegenüber seinen Arbeitnehmern.

ACHTUNG!

Vorsicht ist bei der vorbehaltlosen Zahlung einer Gratifikation geboten. Die dreimalige vorbehaltlose Zahlung einer Gratifikation (z. B. Zahlung einer Weihnachtsgratifikation in drei aufeinander folgenden Jahren) begründet eine sog. betriebliche Übung, die den Arbeitnehmern einen Rechtsanspruch auf Zahlung auch in Zukunft gibt.

Soll der Anspruch auf eine zugesagte Gratifikation im Falle einer längeren Arbeitsunfähigkeit oder bei Ruhen des Arbeitsverhältnisses (z. B. wegen Elternzeit oder Wehrdienst) eingeschränkt oder ausgeschlossen werden, ist hierfür eine ausdrückliche Regelung erforderlich (BAG v. 1.4.2009, Az. 10 AZR 353/08).

Formulierungsbeispiel:

„Die Firma zahlt an den Mitarbeiter eine Weihnachtsgratifikation in Höhe eines 13. Monatsgehalts brutto zum 30. November eines jeden Kalenderjahres. Im Jahr des Eintritts bzw. Austritts erfolgt diese Zahlung pro rata temporis. Darüber hinaus verkürzt jeder Monat, für den der Mitarbeiter im laufenden Arbeitsverhältnis keine Bezüge erhalten hat – z. B. in Krankheitszeiten ohne Entgeltfortzahlungsverpflichtung und im ruhenden Arbeitsverhältnis – die Höhe der Gratifikation um 1/12."

Andernfalls haben selbst Arbeitnehmer, die während des gesamten Bezugszeitraums arbeitsunfähig krank waren bzw. deren Arbeitsverhältnis während des gesamten Zeitraums geruht hat, einen Anspruch auf die Gratifikation in voller Höhe (LAG Köln v. 2.11.2007, Az. 11 Sa 550/07). Dies jedenfalls dann, wenn eine Auslegung der Zusage ergibt, dass es sich nicht (auch) um ein zusätzliches Entgelt für tatsächlich erbrachte Arbeitsleistungen (sog. Entgelt im engeren Sinne), sondern ausschließlich um eine von der eigentlichen Vergütung unabhängige Zahlung (sog. Entgelt im weiteren Sinne = Treueprämie") handelt (vgl. auch LAG München v. 20.5.2009, Az. 3 Sa 1089/08; LAG Köln v. 22.7.2010, Az. 7 Sa 1283/09). Ist dagegen das Weihnachtsgeld eindeutig als zusätzliches Arbeitsentgelt zu bewerten, besteht in diesen Fällen auch ohne ausdrückliche Vereinbarung kein Anspruch (LAG Hamm v. 19.1.2012, Az. 8 Sa 1205/11).

2. Gleichbehandlungspflicht

Wenn eine Gratifikationszusage nicht ausnahmsweise einzelvertraglich ausgehandelt ist, sind alle Arbeitnehmer bei der Gewährung einer Gratifikation gleich zu behandeln. Einzelne Arbeitnehmer oder Arbeitnehmergruppen dürfen nicht willkürlich von der Zahlung einer Gratifikation ausgeschlossen werden (BAG v. 26.9.2007, Az. 10 AZR 569/06). Nur dann, wenn sachliche Gründe vorliegen, ist eine Ungleichbehandlung zulässig (→ Gleichbehandlung).

Beispiele:

▶ Ein Zeitungsvertrieb darf den Innendienstmitarbeitern ein Weihnachtsgeld gewähren, die Zeitungszusteller aber davon ausschließen. Die Rechtfertigung folgt daraus, dass die Zusteller die Möglichkeit haben, zur Weihnachtszeit von den Abonnenten ein nicht unerhebliches Trinkgeld zu erhalten.

▶ Ein Arbeitgeber darf einen Arbeitnehmer, der eine berechtigte Abmahnung erhalten hat, von einer Jahressonderzahlung ausnehmen, sofern diese Vorgehensweise betrieblicher Übung entspricht. Der Arbeitnehmer kann dann einen Anspruch auf die Jahressonderzahlung nicht aus dem Gleichbehandlungsgrundsatz mit dem Argument herleiten, bestimmte andere Arbeitnehmer hätten ebenfalls eine Abmahnung verdient gehabt (LAG Köln v. 3.8.2005, Az. 7 Sa 1459/04).

▶ Wird mit einer Leistung allein eine zusätzliche Motivation der Arbeitnehmer für eine bessere Zusammenarbeit in der Zukunft bezweckt, so kann der Arbeitgeber Mitarbeiter ausnehmen, die das Unternehmen demnächst verlassen. Ein Verstoß gegen den Gleichbehandlungsgrundsatz liegt nicht vor (BAG v. 14.2.2007, Az. 10 AZR 181/06).

Fehlt ein sachlicher Grund, sind alle Arbeitnehmer gleich zu behandeln, d. h. die benachteiligten Arbeitnehmer können verlangen, nach Maßgabe der begünstigten behandelt zu werden.

So können z. B. auch Teilzeitbeschäftigte nicht unter Hinweis auf ihr geringeres Arbeitspensum von der Zahlung einer Gratifikation gänzlich ausgeschlossen werden; sie haben zumindest einen anteiligen Anspruch entsprechend ihrer Arbeitszeit. Ebenso wenig dürfen befristet beschäftigte Mitarbeiter von einer Gratifikation ausgeschlossen werden (§ 4 Abs. 2 TzBfG).

Auch gewerbliche Beschäftigte und Angestellte dürfen nicht ungleich behandelt werden, wenn nicht ausnahmsweise sachliche Gründe vorliegen, die nachvollziehbar und plausibel sind:

Beispiel:

Eine unterschiedliche Behandlung von gewerblichen Beschäftigten und Angestellten wird von der Rechtsprechung akzeptiert, wenn ein Weggang der Angestellten zu besonderen Belastungen führt und der Arbeitgeber diese Beschäftigtengruppe mit einer höheren Gratifikationszahlung an den Betrieb binden will (so etwa dann, wenn Angestellte mit dem erforderlichen Anforderungsprofil auf dem Arbeitsmarkt faktisch nicht zu finden sind und neu eingestellte Angestellte zunächst eine 2 ½- bis 3-jährige interne Ausbildung durchlaufen müssen, während gewerbliche Mitarbeiter auf dem Arbeitsmarkt ohne Probleme zu finden sind und nur einer kurzen Einarbeitungszeit bedürfen).

Dagegen genügt die allgemeine, nicht auf den Betrieb bezogene subjektive Einschätzung des Arbeitgebers, Angestellte seien aufgrund ihres weitaus höheren Bildungs- und Qualifikationsstandes auf dem Arbeitsmarkt begehrter als gewerbliche Arbeitnehmer, nicht, um eine Ungleichbehandlung zu rechtfertigen (BAG v. 12.10.2005, Az. 10 AZR 640/04).

Bei Bestreiten des Arbeitnehmers trägt der Arbeitgeber für die geltend gemachten Tatsachen, aus denen er die sachliche Begründung der Differenzierung ableitet, die Beweislast.

Der Arbeitgeber kann eine Ungleichbehandlung nicht damit begründen, dass die begünstigte Gruppe kleiner als die nichtbegünstigte sei oder dass die Fluktuation bei einer der beiden

Gruppen größer als bei der anderen sei. Zulässig ist eine unterschiedliche Höhe der Gratifikation dann, wenn diese mit erhöhten Krankheitszeiten bei einer der beiden Gruppen zu begründen ist. Sofern der höhere Krankenstand nicht auf gesundheitsschädlichen Arbeitsbedingungen beruht, kann der Arbeitgeber also eine im Betrieb gewährte jährliche Gratifikation in unterschiedlicher Höhe an die Angestellten auf der einen und die Arbeiter auf der anderen Seite zahlen.

 **ACHTUNG!**

Bei der Zweckbestimmung einer Sonderzuwendung muss sehr sorgfältig und eindeutig formuliert werden, um der Gleichbehandlungsproblematik zu entgehen. Das BAG sieht es als durchaus zulässig an, dass der Arbeitgeber bei einer Sonderzuwendung unterschiedliche Arbeitsbedingungen von Arbeitnehmern berücksichtigt und er den Zweck verfolgt, mit einer Sonderzahlung die geringere Vergütung einer Gruppe von Arbeitnehmern teilweise oder vollständig auszugleichen. Dabei darf es jedoch nicht zu einer Überkompensation kommen. Im Umfang der Überkompensation besteht kein sachlicher Grund, der anderen Gruppe diese Leistung vorzuenthalten.

So kann ein Arbeitgeber Arbeitnehmern, die nicht bereit waren, im Rahmen eines Standortsicherungskonzepts Änderungsverträge mit für sie ungünstigeren Arbeitsbedingungen abzuschließen, die Sonderzuwendung vorenthalten. Erschöpft sich der Zweck jedoch nicht in einer Kompensation geringerer laufender Arbeitsvergütung, sondern verfolgt der Arbeitgeber zusätzlich noch andere Ziele, wie z. B. die Honorierung vergangener und künftiger Betriebstreue, ist es sachlich nicht mehr gerechtfertigt, die Gruppe dieser Arbeitnehmer auszunehmen. Wird also die Auszahlung der Leistung daran geknüpft, dass der Arbeitnehmer den Änderungsvertrag akzeptiert hat und sich zu einem Datum x in einem ungekündigten Arbeitsverhältnis befindet, haben automatisch auch die Arbeitnehmer einen Anspruch, die nicht den Änderungsvertrag unterschrieben haben! (so jedenfalls BAG v. 5.8.2009, Az. 10 AZR 666/08 und auch schon in einem ähnlich gelagerten Fall BAG v. 1.4.2009, Az. 10 AZR 353/08). Dagegen ist es rechtlich unbedenklich, eine Sonderzuwendung, die als Ausgleich für die Vereinbarung schlechterer Arbeitsbedingungen vorgesehen ist, daran zu knüpfen, dass bestimmte Unternehmensziele erreicht werden. Mit einer solchen Verknüpfung werde kein zusätzlicher Leistungszweck begründet, bei dessen Eintritt auch die Mitarbeiter einen Anspruch auf die Sonderzahlung hätten, die den schlechteren Arbeitsbedingungen nicht zugestimmt hätten (BAG v. 13.4.2011, Az. 10 AZR 88/10).

III. Vorbehalt der Freiwilligkeit/des Widerrufs

Der Arbeitgeber kann eine Gratifikation, die ausschließlich einer Belohnung der bisherigen Betriebstreue und einem Anreiz für die zukünftige Betriebstreue dient (also keine zusätzliche Vergütung für geleistete Arbeit darstellt), ausdrücklich mit einem sog. Freiwilligkeitsvorbehalt gewähren (so zuletzt ausdrücklich BAG v. 18.3.2009, Az. 10 AZR 289/08). Nur dann ist es ihm möglich, sich von einer zugesagten Gratifikation jederzeit wieder zu lösen, ohne dass er eine → Änderungskündigung aussprechen oder mit jedem einzelnen Arbeitnehmer eine Änderungsvereinbarung abschließen müsste.

Die Wirksamkeit eines Freiwilligkeitsvorbehalts hängt nicht von der Höhe und dem Zweck der Leistung ab. Insbesondere kann er auch eine Sonderzahlung, die über 25 % des Gesamtgehalts ausmacht, wirksam erfassen (BAG, a.a.O.).

Der Freiwilligkeitsvorbehalt muss eindeutig gefasst sein. Die Formulierung „Außerdem erhält der Arbeitnehmer folgende freiwillige Leistungen" genügt nicht!

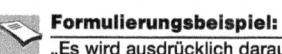 **Formulierungsbeispiel:**

„Es wird ausdrücklich darauf hingewiesen, dass die Gewährung von Gratifikationen (wie etwa Weihnachtsgeld) durch den Arbeitgeber freiwillig erfolgt mit der Maßgabe, dass hierauf auch nach wiederholter Zahlung kein Rechtsanspruch erwächst."

Zwar hat es das LAG Rheinland-Pfalz (29.9.2003, Az. 7 Sa 730/03) als ausreichend angesehen, dass objektiv erkennbar ist, dass der Arbeitgeber über die Auszahlung jedes Jahr erneut entscheiden will (im konkreten Fall hatte der Arbeitgeber in den

Vorjahren jeweils erklärt: „Die Geschäftsleitung hat sich wieder zur Zahlung des Weihnachtsgeldes entschlossen."), doch ist hier Vorsicht geboten. Nach heutiger Rechtslage würde eine solche Regelung wohl als inhaltlich unklar im Sinne von § 307 BGB zu werten sein, mit der Folge ihrer Unwirksamkeit. Ebenso inhaltlich unklar ist eine Regelung, in der es heißt: „Sämtliche Sonderzahlungen sind freiwillige Zuwendungen, für die kein Rechtsanspruch besteht (z. B. Weihnachtsgratifikation und Urlaubsgeld richten sich nach den Bestimmungen des BAT)". Das BAG (20.1.2010, Az. 10 AZR 914/08) hält zwei verschiedene Auslegungen dieser unklaren Klausel für möglich, mit der Folge, dass der Freiwilligkeitvorbehalt unwirksam ist und die Mitarbeiter einen Rechtsanspruch auf die Leistungen haben.

Dagegen bestehen gegen eindeutig formulierte Freiwilligkeitsvorbehalte keine rechtlichen Bedenken im Hinblick auf die gesetzlichen Vorschriften zur Verwendung von AGB-Klauseln (BAG v. 30.7.2008, Az. 10 AZR 606/07).

ACHTUNG!

Ein vertraglicher Freiwilligkeitsvorbehalt, der alle zukünftigen Leistungen unabhängig von ihrer Art und ihrem Entstehungsgrund erfasst, benachteiligt den Arbeitnehmer regelmäßig unangemessen. Dies hat zur Folge, dass ein Arbeitgeber, der über Jahre ein 13. Monatsgehalt als Gratifikation gezahlt hat, diese Zahlung aber nicht ausdrücklich im Arbeitsvertrag vereinbart hat, von dieser Praxis nicht mehr unter Hinweis auf den allgemeinen und sehr weit gefassten Freiwilligkeitsvorbehalt in den Arbeitsverträgen abrücken kann (BAG v. 14.9.2011, Az. 10 AZR 526/10). Wenn er die jährlichen Zahlungen nicht jedes Mal neu ausdrücklich mit dem Freiwilligkeitsvorbehalt versehen hat, muss er die Zahlungen fortsetzen.

Sofern der Freiwilligkeitsvorbehalt wirksam erklärt worden ist, entsteht auch kein Anspruch aus betrieblicher Übung, auch wenn der Arbeitnehmer jahrelang die Gratifikation in einer bestimmten Höhe erhalten hat. Mangels eines Anspruchs bedarf es in einem solchen Fall weder einer Ankündigung des Arbeitgebers, keine Gratifikation zu zahlen, noch einer Begründung des Arbeitgebers, aus welchen Gründen er nunmehr von der Zahlung der Gratifikation absieht (BAG v. 21.1.2009, Az. 10 AZR 219/08).

Auf der sicheren Seite ist der Arbeitgeber, wenn er zu der Sonderzahlung im Arbeitsvertrag gar nichts sagt, sondern die Auszahlung jeweils mit dem Freiwilligkeitsvorbehalt verbindet. Will er dennoch einen Anreiz auf die Leistung im Arbeitvertrag geben, muss er bei der Formulierung besonders vorsichtig sein, damit der Freiwilligkeitsvorbehalt wirksam ist. Insbesondere ist zu vermeiden, einerseits einen Anspruch zuzusagen („Sie erhalten jährlich einen Bonus.") und diesen anschließend unter einen Freiwilligkeitsvorbehalt zu stellen („Dies ist eine freiwillige Leistung, auf die kein Anspruch für die Zukunft besteht."). Das BAG (30.7.2008, Az. 10 AZR 606/07) sieht hier einen Widerspruch zwischen den beiden Aussagen und erachtet damit den Vorbehalt für komplett wirkungslos.

TIPP!

Sofern die Gratifikationszusage und der Freiwilligkeitsvorbehalt nicht bereits in den Arbeitsvertrag aufgenommen worden sind, sondern im Wege einer Gesamtzusage gewährt werden, muss jedoch sichergestellt sein, dass jeder Mitarbeiter bei jeder gewährten Gratifikation Kenntnis vom Freiwilligkeitsvorbehalt erlangt. Eine Veröffentlichung am Schwarzen Brett kann bereits problematisch sein; am günstigsten ist es, wenn der Vorbehaltstext in diesen Fällen der Lohnabrechnung, die die Gratifikation enthält, beigefügt wird.

Der Freiwilligkeitsvorbehalt gibt dem Arbeitgeber aber nicht die Möglichkeit, die Gleichbehandlungspflicht zu umgehen. Besteht kein sachlicher Grund für eine Ungleichbehandlung, muss der Arbeitgeber entweder allen Arbeitnehmern die Gratifikation gewähren oder sie im Hinblick auf den Freiwilligkeitsvorbehalt generell nicht zahlen.

Vom Freiwilligkeitsvorbehalt ist der Vorbehalt des Widerrufs zu unterscheiden. Dem Vorbehalt der Freiwilligkeit ist unbedingt der Vorzug zu geben.

ACHTUNG!

Es darf keine Kombination beider Formen (Freiwilligkeits- und Widerrufsvorbehalt) vorgenommen werden, wie etwa:

„Es wird ausdrücklich darauf hingewiesen, dass die Gratifikation freiwillig gezahlt wird und hierauf auch nach wiederholter Zahlung kein Rechtsanspruch erwächst. Der jederzeitige Widerruf bleibt vorbehalten."

Hier sind entsprechend der aktuellen Rechtsprechung beide Vorbehalte (Freiwilligkeits- wie Widerrufsvorbehalt) wegen Verstoßes gegen das Transparenzgebot des § 307 Abs. 1 Satz 2 BGB unwirksam (BAG v. 30.7.2008, Az. 10 AZR 606/07; BAG v. 8.12.2010, Az. 10 AZR 671/09), mit der Folge, dass der Arbeitgeber sich nur durch Änderungskündigungen von der Gratifikationszusage lösen kann.

Soll entgegen der hier gegebenen Empfehlung in einem besonderen Fall keine Freiwilligkeitsklausel, sondern eine Widerrufsklausel aufgenommen werden, ist zu beachten, dass der Widerruf nur bei Vorliegen von Gründen erfolgen kann. Nach dem Transparenzgebot muss allerdings bereits in der Zusage hinreichend genau beschrieben werden, unter welchen Voraussetzungen der Widerruf ausgeübt werden kann. Fehlt es daran, ist die Widerrufsklausel unwirksam, mit der Folge, dass sich der Arbeitgeber nicht bzw. nur durch Änderungskündigungen von der Gratifikationszusage lösen kann. Im Übrigen hat der Arbeitnehmer solange einen Anspruch auf eine vertraglich vereinbarte, mit einem Widerruf versehene Leistung, bis der Arbeitgeber das vorbehaltene Widerrufsrecht ausübt (BAG v. 1.3.2006, Az. 5 AZR 363/05). Dies bedeutet, dass bereits fällig gewordene Leistungen von einem Widerruf nicht erfasst werden können.

IV. Stichtagsregelung

Die Zusage einer Gratifikation kann weiterhin an einen Stichtag gekoppelt werden, zu dem das Arbeitsverhältnis bestehen oder auch ungekündigt sein muss, um den Anspruch entstehen zu lassen. Hinsichtlich der Wirksamkeit einer solchen Stichtagsregelung ist zu prüfen, ob es sich bei der Sonderzuwendung ausschließlich um eine Honorierung der Betriebstreue („Treueprämie") oder um eine Zuwendung handelt, mit der (auch) die geleistete Arbeit vergütet werden soll.

Soll mit der Gratifikation ausschließlich die Betriebstreue honoriert werden, ist eine Stichtagsregelung, nach der das Arbeitsverhältnis am Stichtag ungekündigt sein muss, zulässig. Dabei ist es unerheblich, ob die Beendigung des Arbeitsverhältnisses durch Kündigung des Arbeitnehmers oder des Arbeitgebers erfolgt.

Beispiel:

Ein Mitarbeiter erhält ein monatliches, nachträglich zu zahlendes Gehalt. Vertraglich vereinbart ist, dass er mit der Vergütung für den Monat November zusätzlich eine Weihnachtsgratifikation als Treueprämie in Höhe eines Monatsgehalts erhält, sofern das Arbeitsverhältnis zu diesem Zeitpunkt ungekündigt besteht. Kündigt er in diesem Fall etwa am 23. November zum 31. März des Folgejahres, entfällt der Anspruch vollständig (BAG v. 18.1.2012, Az. 10 AZR 667/10).

Dient die Gratifikation dagegen (auch) einer zusätzlichen Honorierung geleisteter Dienste, wurde der Leistungszweck vor dem Stichtag zumindest teilweise erbracht. Damit aber ist eine Stichtagsregelung, die einen vollständigen Entfall der Sonderzuwendung vorsieht, nicht vereinbar und damit unwirksam. Zulässig ist allein die Vereinbarung einer zeitanteiligen Kürzung, sofern der Stichtag im Bezugszeitraum liegt.

WICHTIG!

Vor dem Hintergrund dieser Differenzierung sollte ganz eindeutig festgelegt werden, dass es sich bei der Gratifikation ausschließlich um eine „Treueprämie" handelt, etwa indem ausdrücklich der Begriff „Treueprämie" oder auch „Halteprämie" verwendet wird.

V. Rückzahlungsklauseln

Die Zahlung einer Gratifikation, die keinen Entgeltcharakter hat, also keine zusätzliche Vergütung darstellt, sondern ausschließlich anderen Zwecken dient („Treueprämie"), kann unter dem Vorbehalt der Rückzahlung erfolgen, falls der Arbeitnehmer nach Ablauf des Bezugszeitraums zeitnah ausscheidet. Eine entsprechende Rückzahlungsklausel kann in einem Tarifvertrag, einer Betriebsvereinbarung, einer Gesamtzusage oder auch einer arbeitsvertraglichen Regelung enthalten sein.

> **ACHTUNG!**
> Die Rückzahlungsklausel muss präzise und eindeutig verfasst und darf nicht intransparent sein. Erfüllt sie diese Anforderungen nicht, besteht keine Rückzahlungspflicht. Unwirksam ist etwa folgende Formulierung: „Die Gratifikation ist zurückzuzahlen, wenn das Arbeitsverhältnis aus vom Arbeitnehmer zu vertretenden Gründen innerhalb von drei Monaten nach dem Zeitpunkt der Auszahlung aufgelöst wird." Nach Auffassung des LAG Düsseldorf (22.4.2009, Az. 7 Sa 1628/08) könne die Formulierung bedeuten, dass der Mitarbeiter nur dann zur Zurückzahlung verpflichtet ist, wenn er schuldhaft die Ursache für die Beendigung seines Arbeitsverhältnisses setzt – z. B. durch eine unberechtigte fristlose Kündigung oder dadurch, dass er Anlass zu einer verhaltensbedingten Kündigung gibt. Die Formulierung könne aber auch so verstanden werden, dass eine Rückzahlungspflicht schon dann begründet sein soll, wenn das Arbeitsverhältnis – verschuldensunabhängig – aus einem in der Sphäre des Arbeitnehmers liegenden Grund endet, so z. B. wenn der Arbeitnehmer eine rechtmäßige fristgerechte Eigenkündigung ausspricht.

Wenn eine Rückzahlungsklausel nur für den Fall der → *Kündigung* festgelegt ist, besteht im Falle eines Aufhebungsvertrags keine Rückzahlungspflicht, es sei denn, er ist ausschließlich auf Wunsch des Arbeitnehmers und aufgrund seiner eigenen Interessen erfolgt. Der → *Aufhebungsvertrag* sollte daher stets mit erwähnt werden.

Die Rückzahlungsverpflichtung kann neben der arbeitnehmerseitigen Kündigung auch die arbeitgeberseitige Kündigung erfassen, jedoch nur dann, wenn der Arbeitnehmer sie durch sein Verhalten veranlasst hat (LAG Düsseldorf v. 19.7.2011, Az. 16 Sa 607/11).

> **Formulierungsbeispiel:**
> „Der Arbeitnehmer ist verpflichtet, die Gratifikation („Treueprämie") zurückzuzahlen, wenn er aufgrund einer eigenen Kündigung oder aufgrund außerordentlicher oder ordentlicher verhaltensbedingter Kündigung des Arbeitgebers bis zum .... des auf die Auszahlung folgenden Kalenderjahres oder, sofern die Gratifikation € .... übersteigt, bis zum .... des auf die Auszahlung folgenden Kalenderjahres ausscheidet.
>
> Die Rückzahlungsverpflichtung gilt entsprechend, wenn das Arbeitsverhältnis innerhalb des vorgenannten Zeitraums durch Aufhebungsvertrag beendet wird und Anlass des Aufhebungsvertrags ein Recht zur außerordentlichen oder verhaltensbedingten Kündigung des Arbeitgebers oder ein Aufhebungsbegehren des Arbeitnehmers ist.
>
> Der Arbeitgeber ist berechtigt, die Rückzahlungsforderung mit den noch fällig werdenden Vergütungsansprüchen aufzurechnen."

Wurde eine Rückzahlungsklausel entsprechend dem Formulierungsbeispiel verwendet, bedeutet dies, dass eine betriebsbedingte Kündigung des Arbeitgebers oder der Ablauf eines befristeten Arbeitsvertrags dem Anspruch auf die Gratifikation nicht entgegensteht und – sofern die Gratifikation bereits ausgezahlt wurde – auch kein Rückzahlungsanspruch besteht (vgl. BAG v. 28.3.2007, Az. 10 AZR 261/06).

> **WICHTIG!**
> Sämtliche vom Arbeitgeber gewünschten Anspruchsvoraussetzungen für eine freiwillige Sonderzahlung und sämtliche Gründe für eine Rückzahlungsverpflichtung müssen ausdrücklich vereinbart sein. Andere, als die vertraglich vereinbarten Umstände kann der Arbeitgeber nicht anführen, um die Auszahlung zu verweigern bzw. um Rückzahlungsansprüche geltend zu machen.

Die Rückzahlungsklausel darf den Arbeitnehmer nicht übermäßig lang binden; sie muss für ihn zumutbar und überschaubar sein. Dabei gelten folgende Grundsätze:

- ▸ Bei Kleingratifikationen darf keine Rückzahlung verlangt werden. Das BAG wertet einen Betrag bis € 100 als Kleingratifikation.

- ▸ Weihnachtsgratifikationen, die über 100 €, aber unter einem Monatsgehalt liegen, dürfen zu keiner längeren Bindungsfrist als dem 31.3. des Folgejahres führen (BAG v. 25.4.2007, Az. 10 AZR 634/06). Der Arbeitnehmer kann also in jedem Fall zum 1.4. eine neue Stelle annehmen, ohne Nachteile hinsichtlich der Gratifikation in Kauf nehmen zu müssen.

- ▸ Beträgt die Weihnachtsgratifikation ein volles Monatsgehalt oder mehr, ist es dem Arbeitnehmer nach der Rechtsprechung des BAG zuzumuten, über den 31.3. des Folgejahres hinaus zu bleiben und erst zum nächstmöglichen Kündigungstermin nach dem 31.3. zu kündigen. Bei einer Kündigungsfrist von einem Monat zum Monatsende kann der Arbeitnehmer damit im März zum 30.4. kündigen, ohne dass der Arbeitgeber einen Rückforderungsanspruch geltend machen kann. Ist hingegen eine Kündigungsfrist von drei Monaten zum Quartalsende vereinbart, kann der Arbeitgeber mit dem Arbeitnehmer eine Bindung bis zum 30.6. des Folgejahres vereinbaren. Kündigt der Arbeitnehmer im letztgenannten Fall im März zum 30.6., so führt dies zu keinem Rückzahlungsanspruch, da er erst mit Ablauf dieses Datums ausscheidet.

Bei Weihnachtsgratifikationen – egal, wie hoch sie sind – sind Bindungen über den 30.6. des Folgejahres hinaus unwirksam.

Ist vereinbart, dass der Arbeitnehmer eine Gratifikation in Höhe eines Monatsgehalts erhält, die je zur Hälfte im Juni und im November zu zahlen ist, so kann der Arbeitnehmer durch eine vertragliche Rückzahlungsklausel längstens bis zum Ende des auf den jeweiligen Zahlungszeitpunkt folgenden Quartals gebunden werden. Kündigt der Arbeitnehmer zum 31.3. des folgenden Kalenderjahres, muss er die Gratifikation folglich weder voll noch zur Hälfte zurückzahlen. Dies gilt selbst dann, wenn die Parteien erst im laufenden Arbeitsverhältnis die Aufsplittung einer Gratifikation verabreden, die ursprünglich als einmalige Zahlung zum Jahresende vereinbart war. Dabei soll es nicht einmal darauf ankommen, ob die Änderung der Zahlungsmodalitäten auf Wunsch des Arbeitnehmers erfolgte (LAG Schleswig-Holstein v. 8.2.2005, Az. 5 Sa 435/04).

> **ACHTUNG!**
> Sind zu lange Fristen vereinbart worden, sind diese nichtig. In der Regel, d. h. bei Verwendung eines Formulararbeitsvertrags, besteht damit nach den gesetzlichen AGB-Vorschriften gar keine Rückzahlungsverpflichtung (LAG Rheinland-Pfalz v. 10.2.2009, Az. 3 Sa 537/08). Nur dann, wenn der Vertrag individuell ausgehandelt worden ist, erfolgt eine Reduzierung der Bindungsfrist auf ein zulässiges Maß.

VI. Abschaffung/Änderung von Gratifikationen

Der Arbeitgeber kann sich von einer Gratifikation immer dann problemlos lösen, wenn er sie mit einem Freiwilligkeitsvorbehalt (s. o. III.) verbunden hat. Er kann jedoch von dem Freiwilligkeitsvorbehalt nicht einfach durch schlichte Nichtleistung Gebrauch machen, sondern ist verpflichtet, den Arbeitnehmer angemessene Zeit vor dem vereinbarten Fälligkeitstermin darauf hinzuweisen, dass er die vertraglich avisierte Leistung „diesmal nicht" oder jedenfalls nicht in der avisierten Höhe erhalten werde (vgl. LAG Köln v. 6.12.2006, Az. 7 Sa 989/06).

Fehlt ein wirksamer Vorbehalt, hängt die Lösung davon ab, auf welcher Rechtsgrundlage die Gratifikation beruht:

Eine durch Arbeitsvertrag, arbeitsvertragliche Einheitsregelung oder Gesamtzusage begründete Gratifikationszusage kann der Arbeitgeber nicht für die Zukunft einseitig beseitigen oder ändern. Vielmehr muss er eine → *Änderungskündigung* aussprechen oder eine Vertragsänderung mit den Arbeitnehmern vereinbaren. Dies gilt auch bei Gewährung einer Gratifikation aufgrund betrieblicher Übung; eine Kürzung oder ein vollständiger Wegfall des Anspruchs aus Gründen der Treuepflicht des Arbeitnehmers wird allgemein abgelehnt. Ohne besondere Anhaltspunkte kann das Wirtschaftsrisiko des Arbeitgebers auch nicht als Geschäftsgrundlage der Gratifikationszusage gesehen werden (LAG Hamm v. 13.9.2004, Az. 8 Sa 721/04).

Eine durch Tarifvertrag oder Betriebsvereinbarung begründete Gratifikationszusage kann durch Abschluss eines neuen Tarifvertrags bzw. einer neuen Betriebsvereinbarung beseitigt oder geändert werden. Im Falle der Kündigung des Tarifvertrags wirkt dieser nach, bis er durch eine andere Abmachung ersetzt wird (§ 4 Abs. 5 TVG). Die Kündigung der Betriebsvereinbarung führt hingegen unmittelbar zu einem Wegfall der Gratifikation, wenn der Arbeitgeber sich von ihr vollständig lösen will. Soll mit der Kündigung dagegen nur eine Änderung des Volumens oder des Verteilungsschlüssels bewirkt werden, wirkt auch die Betriebsvereinbarung bis zu einer neuen Abmachung nach.

TIPP!

Der Nachwirkung der Betriebsvereinbarung kann sich der Arbeitgeber entziehen, indem er bereits in der Betriebsvereinbarung ausdrücklich festlegt, dass es sich um eine freiwillige Leistung handelt, aus deren Zahlung kein Anspruch für zukünftige Jahre abgeleitet werden kann.

VII. Mitbestimmung des Betriebsrats

Wenn die Zahlung einer Gratifikation aufgrund tarifvertraglicher Verpflichtung erfolgt, besteht grundsätzlich kein Mitbestimmungsrecht des Betriebsrats bei ihrer Verteilung. Nur dann, wenn die tarifvertragliche Regelung nicht abschließend ist, sondern Teilfragen und Modalitäten offen gelassen sind, kann eine ergänzende → *Betriebsvereinbarung* geschlossen werden.

Im Übrigen hat der Betriebsrat bei der Festlegung genereller Regelungen zur Verteilung von Gratifikationen ein über die → *Einigungsstelle* erzwingbares Mitbestimmungsrecht (§ 87 Abs. 1 Nr. 10 BetrVG). Der Arbeitgeber ist zwar in seiner Entscheidung frei, ob überhaupt und in welchem Umfang er Mittel für die Gewährung von Gratifikationen zur Verfügung stellen will. Wenn er sich jedoch für die Gewährung entschieden hat, kann der Betriebsrat bei der Aufstellung der Verteilungsgrundsätze mitbestimmen.

Haftung des Arbeitgebers

I.   Grundsätze

II. Vom Arbeitgeber verursachte Schäden
   1. Sachschäden
   2. Verletzungen des Persönlichkeitsrechts
   3. Sonstiges

III. Durch Dritte verursachte Schäden
   1. Schäden durch Arbeitskollegen
   2. Sonstige Schäden
       2.1 Kraftfahrzeug
       2.2 Bußgelder, Geldstrafen, Prozesskosten

IV. Haftungsbeschränkung
   1. Mitverschulden des Arbeitnehmers
   2. Pauschalen
   3. Haftungsausschlüsse

I. Grundsätze

Eine Haftung des Arbeitgebers kommt in Betracht sowohl für Aufwendungen, die der Arbeitnehmer im Zusammenhang mit seiner Tätigkeit für den Betrieb hatte als auch für Schäden, die er hierbei erleidet. Ausgeschlossen ist eine Haftung des Arbeitgebers für Personenschäden, die bei Arbeitsunfällen eingetreten sind. Hier bestimmt der sowohl mit dem Grundgesetz als auch mit Europarecht vereinbare § 104 SGB VII, dass der Arbeitnehmer nur Ansprüche gegen die gesetzliche Unfallversicherung hat. Ansprüche gegen den Arbeitgeber auf Ersatz der Heilbehandlungskosten sind ebenso ausgeschlossen wie Ansprüche auf Schmerzensgeld. Dabei ist nicht maßgeblich, ob tatsächlich ein Arbeitsvertrag besteht. Entscheidend ist, dass die entsprechende Person wie ein Arbeitnehmer in den Betrieb eingegliedert ist.

Beispiel:

Ein Arbeitnehmer eines Nachbarbetriebs hilft, ohne dass der Arbeitgeber das weiß, seinen Kollegen bei der Arbeit. Wenn dieser bei einem Arbeitsunfall verletzt wird, kann er kein Schmerzensgeld verlangen, sondern muss sich an die Berufsgenossenschaft wenden.

Von dem Haftungsausschluss ausgenommen sind nur Personenschäden, die auf einer vorsätzlichen Verletzung beruhen oder auf dem Weg von der Arbeit oder zur Arbeitsstätte eintreten. Der Begriff des Vorsatzes ist eng auszulegen. Er liegt nur dann vor, wenn der Unternehmer den Versicherungsfall und den Schaden zumindest als möglich voraussieht und ihn für den Fall des Eintritts billigend in Kauf nimmt. Der Vorsatz muss sich nicht nur auf die schädigende Handlung als solche, sondern auch auf den Schadenseintritt und die damit verbundenen Schadensfolgen beziehen (LAG Berlin-Brandenburg v. 1.6.2010, Az. 12 Sa 320/10). Diese Grundsätze beziehen sich auch auf Arbeitsunfälle in Form des möglichen Eintritts einer anerkannten Berufskrankheit, z.B. wegen der Verarbeitung asbesthaltiger Bauteile. Die Krankheit ist nur dann vorsätzlich herbeigeführt, wenn dies gewollt war oder der Eintritt billigend in Kauf genommen wurde. Der Vorsatz des Arbeitgebers muss nicht nur die Verletzungshandlung, sondern auch den Verletzungserfolg umfassen (LAG Sachsen-Anhalt v. 15.3.2012, Az. 3 Sa 313/11). Dies zeigt die sehr hohen Anforderungen, die an den Vorsatz gestellt werden.

II. Vom Arbeitgeber verursachte Schäden

1. Sachschäden

Der Arbeitgeber haftet für rechtswidrig schuldhaft verursachte Verletzungen am Eigentum des Arbeitnehmers.

Beispiel:

Durch eine unzureichend gesicherte Maschine wird die Kleidung des Arbeitnehmers beschädigt.

Darüber hinaus kommt eine Haftung in Betracht, wenn der Arbeitgeber die ihm auferlegten gesetzlichen Pflichten verletzt.

Beispiel:

Gemäß § 34 Abs. 6 der Arbeitsstättenverordnung muss dem Arbeitnehmer ein abschließbares Fach zur Aufbewahrung seiner persönlichen Wertsachen zur Verfügung gestellt werden. Dabei reicht ein abschließbares Fach in einem Schreibtisch, Büroschrank oder Kleiderschrank aus. Unterlässt der Arbeitgeber dies und kommen dem Arbeitnehmer Wertsachen abhanden, kann der Arbeitgeber hierfür haftbar gemacht werden. Allerdings muss sich der Arbeitnehmer ein Mitverschulden anrechnen lassen, wenn er z. B. wertvolle Gegenstände mit in den Betrieb nimmt, obwohl er weiß, dass er sie dort nicht sicher verwahren kann.

Unabhängig von den gesetzlichen Vorschriften muss der Arbeitgeber aus seiner Fürsorgepflicht heraus dafür Sorge tragen, dass die Gegenstände geschützt werden, die ein Arbeitnehmer typischerweise mit in den Betrieb nimmt. Ein Betriebsparkplatz muss so gestaltet sein, dass Schäden an den dort abgestellten Fahrzeugen der Arbeitnehmer vermieden werden.

Den Arbeitgeber trifft eine Verkehrssicherungspflicht. Es besteht jedoch keine generelle Pflicht, eine Feuerversicherung abzuschließen, die auch die vom Arbeitnehmer mitgebrachten Sachen umfasst.

2. Verletzungen des Persönlichkeitsrechts

Jeder Arbeitnehmer hat ein Persönlichkeitsrecht, dessen Verletzung zu Unterlassungsansprüchen und in gravierenden Fällen sogar zu Schmerzensgeldansprüchen führen kann. Dies gilt auch im Verhältnis zum Arbeitgeber. Dieser muss den Arbeitnehmer vor Gesundheitsgefahren am Arbeitsplatz schützen. Dazu gehört auch die Gefahr psychischer Schäden durch ein Einschüchterungen, Anfeindungen, Erniedrigungen, Entwürdigungen oder Beleidigungen gekennzeichnetes Umfeld (BAG v. 28.10.2010, Az. 8 AZR 546/09).

Beispiel:

Ein Verlag bezeichnet eine schwangere Arbeitnehmerin in einer von ihm herausgegebenen Zeitung als „Deutschlands faulste Arbeitnehmerin", die „schräg und unehrlich" sei und noch nicht einmal wisse, von wem sie schwanger sei. Das BAG hat den Arbeitgeber hier nicht nur zum Schadensersatz, sondern auch zur Zahlung eines erheblichen Schmerzensgeldes verurteilt.

Dem Arbeitnehmer kann ein Anspruch auf Schadensersatz zustehen, wenn der Arbeitgeber schuldhaft seine Rücksichtnahmepflichten dadurch verletzt hat, dass er dem Arbeitnehmer nicht durch Neuausübung seines Direktionsrechts einen leidensgerechten Arbeitsplatz zuweist (LAG Berlin-Brandenburg v. 6.6.2012, Az. 4 Sa 2152/11). Der Ausspruch einer ungerechtfertigten Kündigung kann grundsätzlich auch eine Ersatzpflicht des Arbeitgebers auslösen. Dies gilt aber dann nicht, wenn der Arbeitgeber mit vertretbaren Gründen von der Wirksamkeit der Kündigung ausgehen durfte, auch wenn das Gericht die Kündigung letztlich nicht anerkennt (LAG Düsseldorf v. 15.4.2011, Az. 9 Sa 1734/10). Der Anspruch kann sich auch auf entgangene Trinkgelder beziehen.

3. Sonstiges

Der Arbeitgeber haftet nicht für Schäden, die der Arbeitnehmer erleidet, weil er entgegen § 2 Abs. 2 Satz 2 Nr. 3 SGB III nicht darauf hingewiesen worden ist, dass er sich unverzüglich arbeitssuchend melden muss. Erteilt der Arbeitgeber im Rahmen von Verhandlungen über einen Aufhebungsvertrag falsche Auskünfte über die Steuerfreiheit bestimmter Zahlungen, so haftet er für diese Fehler. Bei der illegalen Beschäftigung von Ausländern, auch im Rahmen eines Probearbeitsverhältnisses, droht dem Arbeitgeber die Erstattungspflicht hinsichtlich der Abschiebungskosten gem. § 66 AufenthG (BVerwG v. 16.10.2012, Az. 10 C 6/12; VG Hamburg v. 18.5.2011, Az. 15 K 2446/10 – vorrangige Haftung des unmittelbaren Arbeitgebers).

III. Durch Dritte verursachte Schäden

1. Schäden durch Arbeitskollegen

Eine Ersatzpflicht des Arbeitgebers kann auch dann eintreten, wenn ein Arbeitnehmer durch Verschulden eines anderen einen Sachschaden erleidet. Dies setzt voraus, dass der Arbeitgeber diesen Arbeitnehmer entweder falsch ausgewählt oder mangelhaft überwacht hat.

Beispiel:

Der Arbeitgeber setzt einen Arbeitnehmer als Kranführer ein, der schon mehrfach dadurch aufgefallen ist, dass er während der Arbeit angetrunken war und Fehler gemacht hat. Eine besondere Überwachung findet auch nicht statt. Durch eine unachtsame Führung des Kranauslegers beschädigt der Kranführer das auf dem Betriebsgelände abgestellte Motorrad eines Kollegen. Hier haftet der Arbeitgeber, denn er hätte angesichts der vorangegangenen Vorkommnisse darauf achten müssen, dass der Kranführer zumindest regelmäßig im Hinblick auf eine mögliche Alkoholisierung überwacht wird.

2. Sonstige Schäden

Der Arbeitgeber haftet in bestimmten Fällen auch für Schäden, die einem Arbeitnehmer bei der Erfüllung seiner Arbeitsleistung entstehen. Voraussetzung ist, dass sich durch den Schaden das tätigkeitsspezifische Risiko verwirklicht, das mit der Ausübung dieser Arbeit verbunden ist. Es muss sich also um einen außergewöhnlichen Schaden handeln, der im Zusammenhang mit der Arbeitsleistung entstanden und durch den Lohn nicht abgedeckt ist (zu besonderen Zulagen s. u. IV.2.).

Beispiel:

Dem Pfleger in einer psychiatrischen Anstalt wird durch einen Patienten die Brille heruntergerissen und zerstört. Dies ist dem Risikobereich des Arbeitgebers zuzurechnen. Die Zahlung einer „Psychiatriezulage" an den Arbeitnehmer deckt dieses Risiko nicht ab.

Dieser Risikobereich ist abzugrenzen von dem allgemeinen Lebensrisiko. Dazu gehört z. B. die normale Abnutzung von Kleidung während der Arbeitstätigkeit, aber auch das allgemeine Diebstahlrisiko.

Beispiel:

Der Arbeitnehmer muss mit dem Zug eine Dienstreise unternehmen. Während er schläft, wird ihm seine Brieftasche mit Bargeld gestohlen. Dies gehört zum allgemeinen Lebensrisiko, weil hier nur eine eher zufällige Bindung an die berufliche Tätigkeit vorliegt.

2.1 Kraftfahrzeug

Benutzt der Arbeitnehmer seinen PKW, um zur Arbeit zu gelangen, trägt er das Risiko eines Unfalls oder einer Beschädigung selbst. Auch wenn der Arbeitgeber einen Parkplatz zur Verfügung stellt, haftet er nicht für Beschädigungen, die auch auftreten können, wenn der Wagen auf der Straße geparkt wird. Lediglich bei besonderen Gefahren wie etwa in einer psychiatrischen Anstalt kommt eine Haftung in Betracht. Setzt der Arbeitnehmer jedoch seinen privaten PKW auf Weisung des Arbeitgebers ein, um seine Arbeitspflicht zu erfüllen, dann haftet der Arbeitgeber für Schäden, die bei diesem Einsatz ohne Verschulden des Arbeitnehmers entstehen. Ein Defekt am Fahrzeug oder ein Fehlverhalten des Arbeitnehmers kann als Mitverschulden zu berücksichtigen sein.

Beispiel:

Der Arbeitgeber weist den Arbeitnehmer an, mit seinem Privatwagen einen Kunden aufzusuchen oder billigt dies. Während der Wagen dort abgestellt ist, zerkratzen Unbekannte den Lack. Hierfür haftet der Arbeitgeber. Dies gilt auch, wenn der Wagen zwischen zwei Einsätzen in der Nähe des Betriebs abgestellt wird. Kennt der Arbeitnehmer den Schädiger, muss er sich aber zunächst an diesen halten.

Das Gleiche gilt, wenn zwar keine ausdrückliche Weisung gegeben wurde, der Einsatz des eigenen Wagens für den Arbeitnehmer jedoch unabweisbar notwendig ist, der Arbeitgeber den Einsatz billigt bzw. vorschlägt (LAG Schleswig-Holstein v. 8.12.2010, Az. 6 Sa 350/10). Auch wenn ein Arzt im Rahmen seiner Rufbereitschaft in die Klinik kommen muss, haftet der Arbeitgeber grundsätzlich für Unfallschäden auf der Fahrt dorthin (BAG v. 22.6.2011, Az. 8 AZR 102/10). Kommt es bei einem solchen Einsatz zu einem Verkehrsunfall, muss sich der Arbeitnehmer häufig, auch wenn ihn kein Verschulden trifft, die sog. Betriebsgefahr seines Fahrzeugs anrechnen lassen. Er muss also auch ohne sein Verschulden einen Teil seines eigenen Schadens selber tragen und auch dem Unfallgegner einen Teil des Schadens ersetzen. In diesen Fällen kann er vom Arbeitgeber Ersatz des Schadens am eigenen Wagen verlangen. Dies ist nicht durch die Zahlung einer Kilometerpauschale abgegolten und der Arbeitnehmer ist auch nicht verpflichtet, eine Vollkaskoversicherung abzuschließen. Verlangt der Arbeitnehmer den Ersatz des vollen Schadens, muss er beweisen, dass er allenfalls leicht fahrlässig gehandelt hat (BAG v. 28.10.2010, Az. 8 AZR 647/09).

Der Arbeitgeber ist verpflichtet, den Sachschaden zu ersetzen. Dazu gehört auch die Nutzungsausfallentschädigung, es sei denn, dass diese in einer Vereinbarung ausdrücklich ausgeschlossen wurde.

> **Formulierungsbeispiel:**
> „Der Arbeitgeber ist bei einer Beschädigung des PKW des Arbeitnehmers im Zusammenhang mit der dienstlichen Tätigkeit nicht verpflichtet, einen Nutzungsausfallschaden zu ersetzen."

Wird der Arbeitnehmer in seiner Kfz-Haftpflichtversicherung herabgestuft, muss der Arbeitgeber dies nicht ersetzen.

Diese Grundsätze gelten auch, wenn der Arbeitnehmer seinen PKW für die Ausübung seiner Aufgaben als Mitglied des Betriebsrats unabweisbar benötigt und der Arbeitgeber dessen Benutzung ausdrücklich gewünscht hat oder die Benutzung unbedingt erforderlich war, um die Aufgaben zu erfüllen.

2.2 Bußgelder, Geldstrafen, Prozesskosten

Der Arbeitnehmer hat keinen Anspruch auf die Erstattung von Bußgeldern oder Geldstrafen, die gegen ihn in Ausübung seiner Tätigkeit verhängt worden sind. Dies gilt auch dann, wenn der Arbeitgeber z. B. die Terminvorgaben so gestaltet, dass sie nur unter Verletzung gesetzlicher Bestimmungen erfüllt werden können.

> **Beispiel:**
> Ein Spediteur teilt den Tourenplan so ein, dass er nur unter ständigem Verstoß gegen die zulässige Höchstgeschwindigkeit eingehalten werden kann. Wird ein LKW bei einer Radarkontrolle erwischt, hat der Fahrer keinen Anspruch auf Ersatz des Bußgelds. Auch für Verteidigerkosten muss der Arbeitgeber nicht aufkommen. Er kann allerdings u. U. wegen Anstiftung zu einer rechtswidrigen Handlung selbst belangt werden.

Verursacht jedoch ein LKW-Fahrer schuldlos einen schweren Verkehrsunfall und wird daraufhin ein Ermittlungsverfahren wegen fahrlässigen Totschlags eingeleitet, muss ihm der Arbeitgeber die Verteidigerkosten erstatten. Dasselbe gilt, wenn der Arbeitnehmer rechtsstaatswidrigen Verfolgungsmaßnahmen im Ausland ausgesetzt ist.

> **Beispiel:**
> Ein Fernfahrer wird wegen des falschen Verdachts des Drogenhandels in Tschetschenien in Untersuchungshaft genommen. Die Kaution von € 40 000 bringt er über seine Ehefrau durch Aufnahme eines Kredits auf. Der Arbeitgeber ist zur Erstattung verpflichtet. Der Arbeitgeber wurde auch zur Erstattung einer Kaution verurteilt, die der Arbeitnehmer aufgewandt hatte, um den wegen Verstößen gegen Lenkzeitbestimmungen in Frankreich sichergestellten LKW auszulösen.

Der Arbeitnehmer hat keinen Erstattungsanspruch wegen der Kosten für eine Meldebescheinigung und ein Lichtbild für die Fahrerkarte zum digitalen Tachographen.

Der Arbeitgeber kann auch zur Erstattung von Verfahrenskosten verpflichtet sein, die in Zivilprozessen gegen Arbeitnehmer anfallen.

> **Beispiel:**
> Der Redakteur einer Zeitung wird von einem Prominenten verklagt, weil er über ihn in einer vermeintlich unangemessenen Weise berichtet hat. Er kann von seinem Arbeitgeber die Erstattung seiner Prozesskosten verlangen, wenn er seine journalistischen Sorgfaltspflichten beachtet hat.

IV. Haftungsbeschränkung

1. Mitverschulden des Arbeitnehmers

Der Schadensersatzanspruch des Arbeitnehmers vermindert sich, wenn ihn am Eintritt des Schadens ein Mitverschulden trifft.

> **Beispiel:**
> Der Zeitungsredakteur im obigen Fall verliert nur deswegen den Prozess, weil er seinen Bericht schlecht recherchiert hatte. Hier ist sein Verschulden so groß, dass der Arbeitgeber noch nicht einmal anteilig für die Prozesskosten aufkommen muss.

Auch eine grobe Fahrlässigkeit des Arbeitnehmers führt nicht immer zu einem vollständigen Ausschluss der Haftung. Hat z. B. der Arbeitgeber das Betriebsrisiko durch eigenes Verhalten erhöht, so kann er dem Arbeitnehmer nicht unter Hinweis auf dessen grobe Fahrlässigkeit jede Erstattung des Schadens verweigern.

> **Beispiel:**
> Der Verleger drängt einen Redakteur, unbedingt für die nächste Ausgabe einen Artikel über eine prominente Persönlichkeit zu verfassen, obwohl keine Zeit für ausreichende Recherchen zur Verfügung steht. Er muss dann jedenfalls teilweise für den Schaden aufkommen, der durch den Prozess entsteht.

2. Pauschalen

Vielfach erhalten Arbeitnehmer Pauschalen, mit denen besondere Belastungen oder Risiken der Tätigkeit ausgeglichen werden sollen. Es muss dann stets geprüft werden, ob mit der Zulage das Risiko abgegolten wird, das sich gerade verwirklicht hat. Dazu ist auf den Zweck abzustellen, den die Zulage jeweils hat.

> **Beispiel:**
> Erhält ein Arbeitnehmer eine Schmutzzulage, kann er nicht noch Ersatz für die wegen Verunreinigung notwendig gewordene Reinigung seiner Kleidung verlangen. Die Zulage hat genau dieses Risiko abgedeckt. Anders bei der Kilometerpauschale; hiermit soll nur die allgemeine Abnutzung des Autos ausgeglichen werden. Kommt es jedoch zu einem Verkehrsunfall, ist der Schaden nicht dadurch abgedeckt. Will der Arbeitgeber auch dieses Risiko sichern, kann er z. B. eine Dienstrahmenversicherung gegen Unfallschäden abschließen.

Auch die sog. Psychiatriezulage soll nur die besonderen Belastungen des Pflegepersonals bei der ständigen Betreuung Geisteskranker ausgleichen, nicht hingegen konkrete Sachschäden, die durch Patienten verursacht werden.

3. Haftungsausschlüsse

Der Arbeitgeber kann sich nicht einseitig von seiner Haftung befreien, indem er z. B. einen Aushang am schwarzen Brett macht, wonach er nicht für Schäden auf dem Betriebsparkplatz hafte. Will der Arbeitgeber eine Einschränkung seiner Haftung herbeiführen, muss er eine Vereinbarung mit dem Arbeitnehmer treffen.

> **Beispiel:**
> Der Arbeitgeber eröffnet einen neuen Betriebsparkplatz, möchte jedoch nicht für Schäden haften, die durch dessen Benutzung entstehen. Er kann die Unterzeichnung folgender Erklärung zur Voraussetzung der Benutzung machen: „Der Arbeitnehmer erkennt an, dass der Arbeitgeber für Schäden, die bei der Benutzung des Betriebsparkplatzes entstehen, nicht haftet. Ausgenommen hiervon sind nur die Schäden, die durch Vorsatz oder grobe Fahrlässigkeit des Arbeitgebers entstanden sind."

Die Wirkung einer solchen Erklärung sind allerdings begrenzt. Die Arbeitsgerichte prüfen, ob der Haftungsausschluss im Einzelfall angemessen und interessengerecht sind. Im Zweifel sind die Erklärungen eng auszulegen. In dem o. g. Parkplatzfall sind durch die Erklärung nicht die Ansprüche ausgeschlossen, die durch die Betriebsgefahr der Fahrzeuge des Arbeitgebers verursacht werden. Auch Schäden, die z. B. durch vom Haus herabfallende Ziegel entstehen, sind davon nicht erfasst. Von der Haftung für grobe Fahrlässigkeit und Vorsatz kann sich der Arbeitgeber nicht generell befreien.

Haftung des Arbeitnehmers

I.   **Grundsätze**

II.   **Personenschäden**

III.   **Sachschäden und sonstige Schäden**
   1. Leichteste Fahrlässigkeit
   2. Grobe Fahrlässigkeit
   3. Mittlere Fahrlässigkeit

IV.   **Ursächlichkeit der Handlung für den Schaden**

V.   **Berechnung des Schadensersatzanspruchs**

VI.   **Sonderfall: Detektivkosten**

VII.   **Schäden bei Dritten**

VIII.   **Beweislast**

IX.   **Sonderfall: Mankohaftung**
   1. Haftung ohne Vereinbarung
   2. Haftung bei Mankovereinbarung

X.   **Durchsetzung des Schadensersatzanspruchs**

I. Grundsätze

Eine Haftung des Arbeitnehmers kann immer dann eintreten, wenn er bei seiner Tätigkeit für den Betrieb Pflichtverletzungen begeht, die zu Schäden führen. Im Einzelnen zählen dazu die Verursachung von

▶ Personenschäden,

▶ Schäden an Arbeitgebereigentum,

▶ Schäden am Eigentum von Kunden oder Lieferanten,

▶ Schlechtarbeit, z. B. Produktion von Ausschuss.

Dabei ist zu beachten, dass eine solche Schlechtleistung den Arbeitgeber nicht berechtigt, den Lohn zu mindern, sondern nur zu Schadensersatzansprüchen führt. Eine besondere Kategorie bildet die Mankohaftung (s. u. IX.). Zur Haftung des Arbeitnehmers für einen Vertragsbruch, also z. B. die nicht fristgemäße Beendigung des Arbeitsverhältnisses → *Arbeitspflicht*.

II. Personenschäden

Arbeitnehmer haften nicht für Personenschäden, die sie durch einen → *Arbeitsunfall* bei Kollegen oder ihrem Arbeitgeber verursachen (§ 105 SGB VII). Nur bei einer vorsätzlichen Körperverletzung oder einem Wegeunfall, der auf dem Weg von oder zu der Arbeitsstätte geschieht, kommt eine Verpflichtung zur Zahlung von Schadensersatz für die Heilkosten und Schmerzensgeld in Betracht.

Beispiel:

Ein Arbeitnehmer fährt mit einem Gabelstapler in der Lagerhalle mit zu hohem Tempo um einen Palettenstapel herum und erfasst deshalb einen Kollegen, der dabei Verletzungen erleidet. Hier kann der verletzte Kollege weder Schadensersatz noch Schmerzensgeld verlangen, sondern muss sich mit seinen Ansprüchen an die Berufsgenossenschaft wenden. Dies gilt auch, wenn auf diese Weise der Arbeitgeber selbst verletzt wird. Nimmt der Arbeitnehmer aber einen Kollegen in seinem Auto mit zur Arbeit, haftet er bei einem von ihm verschuldeten Verkehrsunfall auch auf Schmerzensgeld.

Dieser Haftungsausschluss tritt nur dann ein, wenn Arbeitnehmer geschädigt wurden, die im gleichen Betrieb arbeiten. Allerdings muss nicht notwendigerweise ein Arbeitsverhältnis beider Personen, also von Geschädigtem und Schädiger, zu demselben Arbeitgeber bestehen. Es reicht aus, dass der verletzte Arbeitnehmer in die Arbeitsabläufe des Betriebs eingegliedert worden ist.

Beispiel:

Ein LKW-Fahrer hilft den Arbeitnehmern des Betriebs, den er beliefert hat, nach dem Entladen die Spanngurte der Euro-Paletten zu lösen. Dabei wird er durch Fahrlässigkeit eines dieser Arbeitnehmer verletzt. Hier haftet dieser Arbeitnehmer dem LKW-Fahrer nicht auf Schadensersatz und Schmerzensgeld. Anders wäre es, wenn der LKW-Fahrer unbeteiligt daneben steht und verletzt wird.

III. Sachschäden und sonstige Schäden

Ein Schadensersatzanspruch des Arbeitgebers für Sachschäden setzt voraus:

▶ eine Pflichtverletzung des Arbeitnehmers,

▶ ein Verschulden des Arbeitnehmers hieran, also Vorsatz oder Fahrlässigkeit,

▶ den Eintritt eines Schadens beim Arbeitgeber und

▶ einen ursächlichen Zusammenhang zwischen der Pflichtverletzung und dem Eintritt des Schadens.

Als Pflichtverletzung kommt der Verstoß gegen jegliche arbeitsvertragliche Pflicht in Betracht. Dabei ist es unerheblich, ob der Arbeitnehmer gegen ausdrücklich im Arbeitsvertrag vorgesehene Pflichten verstößt oder gegen ungeschriebene Pflichten.

Beispiel:

Der Arbeitnehmer stellt eine Butangasflasche entgegen den ausdrücklichen Bestimmungen der Arbeitssicherheitsrichtlinien in die Nähe eines offenen Feuers. Hier liegt ein klarer Verstoß gegen Vorschriften vor. Ein Pflichtverstoß ist aber auch dann gegeben, wenn er sich während der Autofahrt durch ein Telefonat derart ablenken lässt, dass er einen Verkehrsunfall verursacht.

Eine Schadensersatzpflicht kommt auch in Betracht, wenn der Arbeitnehmer Ausschuss produziert und dabei Material des Arbeitgebers verdirbt. Hier muss er aber nur die Materialkosten ersetzen, nicht etwa den Aufwand für eine Nachbesserung der Arbeit.

Beispiel:

Ein Arbeitnehmer kehrt den Hof schlecht. Der Arbeitgeber kann von ihm nicht die Kosten erstattet verlangen, die dadurch entstehen, dass ein anderer noch einmal fegen muss. Wenn er aber ein Werkstück falsch in die Maschine einführt, sodass es danach als Altmetall entsorgt werden muss, kommt eine Schadensersatzpflicht dafür in Betracht.

Es kommt auch eine Ersatzpflicht hinsichtlich der Kosten für die Neuerstellung der Buchhaltung in Betracht, wenn der Arbeitnehmer zumindest bedingt vorsätzlich Falschbuchungen vorgenommen hat oder der Kosten für die Neuprogrammierung einer Schließanlage nach Verlust des Senders und des Schlüssels (LAG Rheinland-Pfalz v. 16.6.2011, Az. 2 Sa 100/11).

Will ein Arbeitgeber Schadensersatzansprüche aus einer Überschreitung der Befugnisse des Arbeitnehmers ableiten, der mit Wirkung gegen den Arbeitgeber Geschäfte getätigt hat, muss er im Einzelnen Umfang und Grenzen der vereinbarten Befugnisse darlegen und beweisen. Aus den gesetzlichen Vertretungsregeln allein können die Grenzen der internen Befugnisse nicht abgeleitet werden. Soweit die Grenzen nicht ausdrücklich geregelt sind, können sie sich aus der Stellung des Arbeitnehmers ergeben. Der Arbeitnehmer muss sich nicht von einer Vertragspflichtverletzung entlasten, sondern es ist Aufgabe des Arbeitgebers, eine Arbeitsvertragspflichtverletzung darzulegen und zu beweisen. Sehr schwierig ist es auch, Ersatzansprüche bei einer Falschkalkulation des Arbeitnehmers zu begründen. Hat dieser zu niedrige Preise kalkuliert, muss der Arbeitgeber u. a. beweisen, dass er den Auftrag auch dann bekommen hätte, wenn er dem Kunden die höheren Preise genannt hätte (LAG Hamm v. 17.2.2011, Az. 8 Sa 1774/10).

Bei der Frage des Verschuldens gelten im Arbeitsrecht besondere Maßstäbe. Der Arbeitnehmer würde für Sachschäden nach den Vorschriften des BGB bereits dann voll haften, wenn ihm auch nur leichteste Fahrlässigkeit zur Last fiele. Dies erscheint deshalb nicht sachgerecht, weil der Arbeitnehmer häufig mit Gegenständen umgehen muss, deren Wert in keinem Verhältnis zu seinem Einkommen steht, und er Gefahr liefe, wegen einer leichten Pflichtverletzung Schadensersatzansprüche auszulösen, die ihn in seiner Existenz bedrohen.

Beispiel:

Ein Arbeitnehmer mit einem Monatsgehalt von € 1900 brutto bedient eine CNC-Maschine im Wert von € 200000. Infolge eines leichten Bedienungsfehlers kommt es zu Schäden, deren Beseitigung € 90000 kostet. Würde der Arbeitnehmer – wie im sonstigen Zivilrecht – voll für den Schaden haften, wäre er auf Jahre hinaus verschuldet.

Weil auch dem sehr sorgfältig arbeitenden Arbeitnehmer einmal Fehler unterlaufen können, hat die Rechtsprechung Haftungserleichterungen entwickelt, die auch als „innerbetrieblicher Schadensausgleich" bezeichnet werden. Diese gelten immer dann, wenn die Tätigkeit, bei der der Schaden entstanden ist, durch den Betrieb veranlasst und aufgrund des Arbeitsverhältnisses ausgeführt wurde. Ausreichend ist auch ein innerer Zusammenhang mit der Tätigkeit.

Beispiel:

Ist ein Klempner mit dem Firmenwagen zu einem Kunden unterwegs, kommt ihm das Haftungsprivileg bei einem Unfall zugute. Hat ein Fernfahrer die Höchstlenkzeit erreicht und macht einen kleinen Umweg, um in seiner Wohnung eine Pause einzulegen, besteht ebenfalls noch ein innerer Zusammenhang mit der betrieblichen Tätigkeit. Dies gilt hingegen nicht, wenn er z. B. in eine andere Stadt fährt, um seine Freundin zu besuchen.

Bei derartigen Tätigkeiten wird die Haftung nach einem Dreistufenmodell verteilt, bei dem der Grad des Verschuldens des Arbeitnehmers maßgeblich ist (LAG Rheinland-Pfalz v. 26.3.2012, Az. 5 Sa 655/11):

▶ bei **leichtester Fahrlässigkeit** haftet der Arbeitnehmer gar nicht,

▶ bei **mittlerer Fahrlässigkeit** wird der Schaden geteilt,

▶ bei **grober Fahrlässigkeit** sowie bei Vorsatz haftet grundsätzlich der Arbeitnehmer voll.

1. Leichteste Fahrlässigkeit

Leichteste Fahrlässigkeit liegt dann vor, wenn es sich um geringfügige Pflichtwidrigkeiten handelt, die leicht entschuldbar sind und jedem unterlaufen können.

Beispiel:

Der Arbeitnehmer drückt an einer Maschine einen falschen Knopf, der dicht neben dem richtigen liegt und leicht verwechselt werden kann. Hier haftet er nicht für den daraus entstehenden Schaden.

2. Grobe Fahrlässigkeit

Grobe Fahrlässigkeit liegt vor bei einer besonders schwerwiegenden Pflichtverletzung, die auch subjektiv unentschuldbar ist. Der Arbeitnehmer muss hier die elementaren Sorgfaltspflichten außer Acht gelassen haben, deren Bedeutung jedem verständigen Menschen ohne weiteres klar ist. Es kommt immer auf die Umstände des Einzelfalls an (LAG Sachsen-Anhalt v.

26.5.2010, Az. 5 Sa 66/09). Die Rechtsprechung hat z. B. folgende Fälle grober Fahrlässigkeit anerkannt:

▶ Autofahren im alkoholisierten Zustand,

▶ Unfallverursachung durch Telefonieren während der Fahrt,

▶ Überfahren einer Ampel bei Rotlicht,

▶ Vertauschen von Blutkonserven durch eine Ärztin,

▶ Nichtanziehen der Handbremse bei Abstellen auf abschüssiger Strecke.

Beispiel:

Der Leiter eines Zugrestaurants lässt die Geldtaschen mit ca. € 3000,– liegen und entfernt sich, um zu telefonieren. Dies rechtfertigt den vollen Schadensersatzanspruch.

Grundsätzlich haftet der Arbeitnehmer hier auf den vollen Schadensersatz. Dies ist aber nicht zwingend: Im Einzelfall kommt auch hier eine Schadensteilung in Betracht. Die Rechtsprechung hat aber auch in diesen Fällen eine Haftungsminderung vorgenommen, wenn ein erhebliches Missverhältnis zwischen dem eingetretenen Schaden und der Höhe des Verdienstes des Arbeitnehmers besteht, sofern die Existenz des Arbeitnehmers durch die Schadensersatzforderung bedroht ist.

Beispiel:

Ein Arbeitnehmer verursachte auf dem Betriebsgelände mit einem Fahrzeug einen Schaden von € 75000, als er mit einer Blutalkoholkonzentration von 1,4 Promille am Steuer einschlief. Der monatliche Nettoverdienst betrug € 1250. Hier hat das BAG trotz der groben Fahrlässigkeit nur einen Schadensersatzanspruch des Arbeitgebers in Höhe von umgerechnet € 10000 anerkannt, weil der volle Schadensersatz zu einer Existenzgefährdung des Arbeitnehmers führen würde.

Liegt der Schaden nur geringfügig über dem Monatsgehalt des Arbeitnehmers, ist eine Haftungsminderung bei grober Fahrlässigkeit nicht angebracht. Es wird auch vertreten, dass die Haftung bei grober Fahrlässigkeit etwa bei Verkehrsunfällen grundsätzlich auf das dreifache Bruttoeinkommen des Arbeitnehmers zu beschränken sei (LAG München v. 27.7.2011, Az. 11 Sa 319/11; auch LAG Hamm v. 16.12.2010, Az. 8 Sa 1071/10 – geht von einer grundsätzlichen Haftungsbeschränkung auch bei grober Fahrlässigkeit aus). Das BAG hat auch den Begriff der „gröbsten Fahrlässigkeit" geprägt, die z. B. dann vorliegt, wenn gleich mehrfach und in einer auch subjektiv nicht zu entschuldigenden Weise gegen Sicherheitsvorschriften verstoßen wird, die tödlichen Gefahren entgegenwirken sollen. Hier haftet der Arbeitnehmer uneingeschränkt so, als hätte er vorsätzlich gehandelt.

Beispiel:

Eine Ärztin, die gleich mehrere Sicherheitsvorschriften außer Acht ließ und deshalb Blutkonserven vertauschte, wurde wegen „gröbster Fahrlässigkeit" zu umgerechnet € 65000 Schadensersatz verurteilt. Auch hier ist jedoch eine Haftungsminderung nicht grundsätzlich ausgeschlossen (BAG v. 28.10.2010, Az. 8 AZR 418/09).

Ein Vorsatz des Arbeitnehmers ist nicht bereits dann gegeben, wenn er z. B. vorsätzlich gegen eine Anweisung verstößt. Es reicht nicht aus, dass er den eingetretenen Schaden als möglich vorhergesehen, aber darauf vertraut hat, er werde nicht eintreten. Der Vorsatz muss sich auch auf den Eintritt des Schadens beziehen. In diesem Fall haftet der Arbeitnehmer ohne jede Einschränkung für den Schaden. Vertraut er darauf, dass der Schaden schon nicht eintreten werde, haftet der Arbeitnehmer nach den Grundsätzen der groben Fahrlässigkeit. Dies kann zwar auch zur vollen Haftung führen, dies ist jedoch nicht zwingend.

3. Mittlere Fahrlässigkeit

Bei der mittleren Fahrlässigkeit liegt das Verschulden des Arbeitnehmers zwischen diesen beiden Bereichen der leichtesten und der groben Fahrlässigkeit. Hier kommt es zu einer Aufteilung des Schadens zwischen Arbeitgeber und Arbeitnehmer. Diese Teilung muss aber keineswegs in der Mitte erfolgen. Vielmehr sind eine Vielzahl von Faktoren zu berücksichtigen, die den Haftungsanteil des Arbeitnehmers beeinflussen. Von Bedeutung sind zum einen Umstände beim Entstehen des Schadens. Dabei ist insbesondere zu berücksichtigen, wie groß die Gefahr ist, dass bei der konkreten Tätigkeit ein Fehler unterläuft, der zu einem Schaden führt. Man nennt dies die „Gefahrgeneigtheit" der Arbeit, die eher als bei anderen Tätigkeiten zu Schadensfällen führt.

Beispiel:

Ein Baggerfahrer hat ein erhebliches Risiko, trotz größter Sorgfalt z. B. ein Stromkabel zu beschädigen. Ähnlich riskant ist die Tätigkeit des Kranführers oder die des Fernfahrers. Dies ist bei der Verteilung des Haftungsrisikos zugunsten des Arbeitnehmers zu berücksichtigen.

Weiter sind die konkreten Umstände zu berücksichtigen, also z. B. ob der Arbeitgeber einen Termindruck erzeugt hat, nicht haltbare Zeitvorgaben bei LKW-Fahrern gemacht hat oder den Arbeitnehmer sonst überfordert hat. Die Höhe des Schadens ist ebenfalls in die Erwägungen einzubeziehen. Auch sind die persönlichen Umstände des Arbeitnehmers zu berücksichtigen wie z. B.

- Stellung im Betrieb (Vorbildfunktion),
- Höhe der Vergütung,
- gezahlte Risikozuschläge,
- Dauer der Betriebszugehörigkeit und berufliche Erfahrung,
- Lebensalter,
- Familienverhältnisse,
- bisheriges Verhalten des Arbeitnehmers.

Der Arbeitgeber muss es sich auch zurechnen lassen, wenn er es unterlassen hat, den Arbeitnehmer auf die Möglichkeit eines besonders hohen Schadens hinzuweisen.

Beispiel:

Der Arbeitnehmer erhält einen Schlüssel für die Werkstatt. Man sagt ihm aber nicht, dass dies ein Zentralschlüssel ist und bei Verlust sämtliche Schlösser ausgetauscht werden müssen. Hier kann der Arbeitnehmer nur zum Ersatz der Kosten für die Auswechselung eines Schlosses herangezogen werden.

Schließlich kann den Arbeitgeber auch ein erhebliches Mitverschulden treffen, wenn er z. B. erkennt, dass ein LKW-Fahrer im angetrunkenen Zustand die Fahrt antritt und ihn nicht daran hindert. Die Berücksichtigung aller möglichen Faktoren führt dazu, dass man nicht genau vorhersagen kann, wie ein Prozess ausgehen wird. Häufig kommt es zu einer Schadensersatzpflicht des Arbeitnehmers, die unterhalb von 50 % liegt.

Ist der Arbeitnehmer gegen das Risiko versichert, gilt Folgendes: Wenn eine gesetzliche Pflichtversicherung für den Schaden aufkommt (z. B. bei Kraftfahrzeugen), kann eine Haftungsminderung nicht vorgenommen werden. Dies gilt aber nicht bei einer privaten Haftpflichtversicherung, die freiwillig abgeschlossen worden ist. Hier würde es zu Zufallsergebnissen kommen, je nachdem, ob der Arbeitnehmer sich freiwillig versichert hat oder nicht. Daher sind die Grundsätze der Haftungsminderung hier anzuwenden.

IV. Ursächlichkeit der Handlung für den Schaden

Der Schaden muss durch das pflichtwidrige Verhalten des Arbeitnehmers verursacht worden sein. Anders ausgedrückt: Man muss sich einmal das Verhalten des Arbeitnehmers wegdenken und sich fragen, ob dann auch der Schaden entfallen wäre.

Beispiel:

Ein Baggerführer beschädigt fahrlässig eine Stromleitung. Zuvor war jedoch bereits durch einen Kurzschluss im Umspannwerk der Strom ausgefallen. Hier ist die Pflichtwidrigkeit des Arbeitnehmers nicht ursächlich dafür, dass die Stromkunden Schäden erlitten haben. Hätte er nämlich das Stromkabel nicht beschädigt, hätten sie trotzdem keinen Strom gehabt.

An der Ursächlichkeit fehlt es auch dann, wenn die Kosten ohnehin, nur etwas später eingetreten wären.

V. Berechnung des Schadensersatzanspruchs

Bei der Berechnung des Schadens ist zunächst zu prüfen, ob der Arbeitgeber den eingetretenen Schaden nicht hätte versichern können. Wenn es üblich und zumutbar ist, eine entsprechende Versicherung abzuschließen, kann der Arbeitgeber von vornherein nicht den vollen Schaden seiner Berechnung zugrunde legen. Unterlässt er z. B. den Abschluss einer üblichen Feuerversicherung, Betriebshaftpflichtversicherung oder Kfz-Kaskoversicherung, dann geht dies nicht zu Lasten des Arbeitnehmers. Dessen Haftung ist auf die Selbstbeteiligung beschränkt, die der Arbeitgeber bei einer Versicherung zu tragen hätte.

Beispiel:

Ein Spediteur schließt für seine LKW keine Kaskoversicherung ab. Bei einem Unfall, den der Arbeitnehmer durch mittlere Fahrlässigkeit verschuldet hat, entsteht ein Schaden von € 35 000. Der Arbeitgeber kann hier maximal den Betrag der Selbstbeteiligung von € 1 000 sowie den Verlust des Schadensfreiheitsrabatts geltend machen. Dieser Schaden ist dann entsprechend dem Verschulden des Arbeitnehmers und den sonstigen Umständen aufzuteilen.

Ansonsten muss ermittelt werden, wieweit das Vermögen des Arbeitgebers durch die schädigende Handlung vermindert worden ist. Zu ersetzen ist/sind

- der Substanzschaden, also z. B. die Kosten für die Reparatur einer Maschine,
- die Wertminderung, die der beschädigte Gegenstand trotz Reparatur erleidet,
- Sachverständigenkosten, wenn sie z. B. bei der Prüfung, ob andere Bereiche in Mitleidenschaft gezogen worden sind, anfallen,
- der durch Produktionsausfall entgangene Gewinn, wenn z. B. die Maschine in der Zeit Waren produziert hätte, deren Abnahme der Kunde nun wegen Verspätung verweigert,
- die sog. Vorhaltekosten, d. h. die anteiligen Kosten, die der Arbeitgeber dafür aufgewandt hat, dass Schäden dieser Art z. B. nicht zu einem Maschinenstillstand führen,
- Ansprüche der Kunden wegen verspäteter Lieferung, z. B. Konventionalstrafen,
  - mittelbare Schäden, z. B. für die Auswechselung der gesamten Schließanlage bei Verlust eines Zentralschlüssels.
  - Kosten für die Neuerstellung der Buchhaltung, wenn der Arbeitnehmer zumindest bedingt vorsätzlich Falschbuchungen vorgenommen hat.

Ist der Arbeitgeber zum Abzug der Vorsteuer berechtigt, muss er diese bei der Schadensberechnung außer Acht lassen. Er muss sich auch Steuervorteile anrechnen lassen, die aus Anlass des Schadens entstehen.

VI. Sonderfall: Detektivkosten

Bisweilen sehen Arbeitgeber die Notwendigkeit, das Verhalten ihrer Arbeitnehmer durch Detektive überwachen zu lassen. Grundsätzlich sind die Kosten hierfür vom Arbeitgeber zu tragen. Nur wenn der Arbeitnehmer schuldhaft zu einer solchen Maßnahme Anlass gegeben hat, kommt ein Schadensersatzanspruch in Betracht.

Beispiel:

Der Arbeitnehmer meldet sich krank, nachdem er im Streit mit seinem Vorgesetzten angekündigt hatte, „blau zu machen". Der Arbeitgeber beauftragt eine Detektei mit der Beobachtung des Mitarbeiters. Diese findet heraus, dass er als Aushilfskellner im Lokal seiner Ehefrau arbeitet. Hier kann der Arbeitgeber seine Kosten erstattet verlangen.

Ein Arbeitgeber kann die durch das Tätigwerden eines Detektivs entstandenen notwendigen Kosten ersetzt verlangen, wenn er den Detektiv anlässlich eines konkreten Tatverdachts mit der Überwachung des Arbeitnehmers beauftragt hat und der Arbeitnehmer dann einer vorsätzlichen Vertragspflichtverletzung überführt wird. Dabei handelt es sich nicht um Vorsorgekosten, die unabhängig von konkreten schadensstiftenden Ereignissen als ständige Betriebsausgabe vom Arbeitgeber zu tragen sind, sondern um notwendige Aufwendungen zur Abwehr drohender Nachteile. Der Arbeitgeber muss aber darauf achten, die Kosten so gering wie möglich zu halten. Der Einsatz einer Detektei muss notwendig sein, um die begehrten Informationen zu bekommen. Daran fehlt es, wenn etwa bereits feststeht, dass der Arbeitnehmer eine Konkurrenztätigkeit ausgeübt hat. Für die nachfolgende Observierung hat der Arbeitgeber keinen Ersatzanspruch, wenn er damit nicht das Ziel verfolgt, eine Vertragsstörung zu beseitigen oder weitere Schäden zu verhindern (BAG v. 28.10.2010, Az. 8 AZR 547/09). Überdies muss der Arbeitgeber die preisgünstigste Detektei auswählen. Zahlt der Arbeitgeber dem Hausdetektiv eine Fangprämie, so muss der beim Diebstahl erwischte Arbeitnehmer diese erstatten. Die Höhe dieser Prämie muss allerdings in einem angemessenen Verhältnis zum Schaden stehen.

Die Übernahme der Kosten für die Videoüberwachung durch den Arbeitnehmer setzt voraus, dass ein konkreter Tatverdacht gegen den Arbeitnehmer besteht, der Arbeitnehmer der vorsätzlichen Pflichtverletzung überführt wird und diese Art der Observierung überhaupt zulässig ist. Diese Kosten sind von den nicht erstattungsfähigen Vorsorgekosten abzugrenzen.

VII. Schäden bei Dritten

Wenn der Arbeitnehmer das Eigentum eines Kunden, Lieferanten oder Leasinggebers beschädigt, ist er diesem zu vollem Schadensersatz verpflichtet. Es ist Sache des Geschädigten, ob er an den Arbeitnehmer herantritt, der den Schaden konkret verursacht hat, oder an dessen Arbeitgeber als Vertragspartner. Die volle Schadensersatzpflicht des Arbeitnehmers im Verhältnis zu dem Geschädigten gilt unabhängig vom Grad seines Verschuldens, denn die Haftungsminderung im Arbeitsverhältnis wirkt nicht gegenüber Außenstehenden.

Die Rechtsprechung verpflichtet daher den Arbeitgeber, den Arbeitnehmer von der Haftung gegenüber Dritten freizustellen. Diese Freistellung geht soweit, wie der Arbeitgeber seinen Schaden selbst tragen müsste, wenn er in seinem Eigentum eingetreten wäre. Man muss sich also immer fragen, in welchem Umfang der Arbeitnehmer haften würde, wenn der Schaden nicht bei dem Dritten, sondern beim Arbeitgeber selbst eingetreten wäre.

Beispiel:

Der Arbeitgeber hat eine EDV-Anlage geleast. Durch mittlere Fahrlässigkeit entsteht ein Schaden an der Hardware der im Eigentum des Leasinggebers stehenden Anlage. Wäre der Arbeitgeber selbst Eigentümer der Anlage, hätte er aufgrund der Umstände die Hälfte seines Schadens vom Arbeitnehmer ersetzt verlangen können. Der Leasinggeber nimmt nun denjenigen in Anspruch, der den Schaden

konkret verursacht hat, also den Arbeitnehmer. Dieser hat Anspruch darauf, dass ihn sein Arbeitgeber zur Hälfte von der Haftung freistellt, diese also im Außenverhältnis zum Leasinggeber übernimmt.

Auch hier muss der Arbeitgeber immer prüfen, ob nicht der Abschluss einer Betriebshaftpflichtversicherung möglich und zumutbar gewesen wäre.

VIII. Beweislast

Der Arbeitgeber hat die volle Beweislast dafür, dass der Arbeitnehmer durch pflichtwidriges Verhalten einen Schaden verursacht hat und in welchem Maße dies schuldhaft geschah (§ 619a BGB, LAG Hamm v. 16.5.2012, Az. 3 Sa 1229/11). In gewissen Fällen kommt dem Arbeitgeber dabei jedoch wie bisher der sog. „Beweis des ersten Anscheins" zugute.

Beispiel:

Der Fahrer eines Sattelschleppers kommt auf gerader Strecke und bei normalen Witterungs- und Verkehrsbedingungen von der Straße ab. Hier spricht der Anscheinsbeweis dafür, dass der Arbeitnehmer mit mindestens normaler Fahrlässigkeit gehandelt hat. Ebenso gilt der Anscheinsbeweis, wenn ein Fahrzeug auf abschüssiger Strecke ins Rollen kommt, ohne dass ein Bremsdefekt vorlag. Es gibt jedoch keinen Anscheinsbeweis bei der Abgrenzung der mittleren von der groben Fahrlässigkeit.

Wenn der Arbeitnehmer für sein Verhalten strafrechtlich verurteilt wurde, bewirkt dies allein noch keine Umkehr der Beweislast. Ein dort abgelegtes Geständnis kann jedoch auch im arbeitsgerichtlichen Verfahren zu seinen Lasten gewertet werden.

Behauptet der Arbeitgeber eine Überschreitung der Kompetenzen des Arbeitnehmers, ist es nicht Aufgabe des Arbeitnehmers, sich von einer Vertragspflichtverletzung zu entlasten, sondern der Arbeitgeber muss eine Arbeitsvertragspflichtverletzung darlegen und beweisen.

Auch die Höhe des Schadens ist vom Arbeitgeber genau zu berechnen und zu beweisen. Dabei ist größte Sorgfalt anzuwenden. Nur wenn es trotzdem nicht möglich ist, den Schaden genau zu beziffern, kommt eine Schätzung der Höhe in Betracht (§ 287 ZPO).

IX. Sonderfall: Mankohaftung

Ein besonderes Feld der Arbeitnehmerhaftung ist die Haftung für Kassenfehlbeträge. Hier ist zu unterscheiden zwischen den Fällen, in denen keine besonderen Vereinbarungen hierüber getroffen worden sind und den Fällen der sog. Mankovereinbarung.

1. Haftung ohne Vereinbarung

Wenn der Arbeitsvertrag keine Regelungen über die Haftung für Fehlgeld enthält, muss der Arbeitgeber sowohl beweisen, dass der Arbeitnehmer pflichtwidrig gehandelt hat, als auch, dass dies mit mindestens mittlerer Fahrlässigkeit geschehen ist. Bei der Frage des Verschuldens gilt eine abgestufte Darlegungs- und Beweislast: Der Arbeitgeber hat zwar grundsätzlich die Beweislast; jedoch muss der Arbeitnehmer seinerseits zur Sachverhaltsaufklärung beitragen, indem er die Umstände vorträgt, unter denen es zum Schaden gekommen ist.

Beispiel:

Dem Verkaufsfahrer fehlt bei der Rückkehr auf das Firmengelände ein bestimmter Geldbetrag in der Kasse. Grundsätzlich muss der Arbeitgeber ihm ein Verschulden an dem Auftreten des Fehlbetrags beweisen. Der Arbeitnehmer muss aber seinerseits genau vortragen wie sich die Verkaufstour gestaltet hat und wo das Geld abhanden gekommen sein könnte (ähnlich entschieden vom LAG Hamm am 16.5.2012, Az. 3 Sa 1229/11).

Zwar kommt auch im Bereich der Mankohaftung ein Anscheinsbeweis in Betracht. Dies führt aber nur bei besonders gelagerten Fällen, wie z. B. der überstürzten Abreise des Arbeitnehmers, der erhebliche Summen von Firmengeldern bei sich hat, zum Erfolg. Ansonsten muss z. B. der Arbeitgeber die Behauptung eines Geldtransportfahrers widerlegen, dass er eine Geldkassette an seinen Vorgesetzten weitergegeben hat. Gleiches gilt, wenn eine Kassenprüfung erst zwei Wochen nach dem Ausscheiden des Arbeitnehmers stattfindet; hier kann eine Verantwortung des Arbeitnehmers nicht mehr festgestellt werden, wenn die danach liegenden Vorgänge für ihn unbeeinflussbar waren. Dieselbe Folge tritt ein, wenn mehrere Arbeitnehmer Zugang zur Kasse hatten und keine dokumentierte Übergabe stattgefunden hat. Daher ist die Mankohaftung ohne eine entsprechende Vereinbarung in der Praxis oft schwer durchzusetzen. Selbst wenn der Arbeitgeber ein Verschulden des Arbeitnehmers beweisen kann, führt dies in vielen Fällen nur zu einer anteiligen Haftung. Eine Ausnahme gilt nur, wenn der Arbeitnehmer wirtschaftlich selbstständig ist und er z. B. Preise selbstständig kalkuliert oder eigene Vertriebsbemühungen anstellen muss. Hier haftet er verschärft.

2. Haftung bei Mankovereinbarung

Aufgrund der oben geschilderten Schwierigkeiten wird bei Arbeitnehmern mit Kassenzugriff häufig eine besondere vertragliche Vereinbarung getroffen, die die Haftung für Fehlbeträge ohne Rücksicht auf das Verschulden regelt.

Eine solche Vereinbarung ist nur zulässig, wenn

▶ der Arbeitnehmer für das Haftungsrisiko einen angemessenen wirtschaftlichen Ausgleich (Mankogeld oder Fehlgeldentschädigung) erhält und

▶ er den alleinigen Zugang zum Kassenbestand hat.

Eine besondere Bedeutung kommt dabei dem Verhältnis der Höhe des Mankogelds und der des Risikos zu: Das Mankogeld muss so bemessen sein, dass der Arbeitnehmer eine Kassendifferenz notfalls voll aus diesem Geld abdecken kann. Umgekehrt muss er die Chance haben, durch ein besonders aufmerksames Verhalten einen Überschuss zu erzielen. Aufgrund der Mankoabrede haftet der Arbeitnehmer nur für Schäden, die die Höhe des Mankogelds nicht übersteigen. Dabei ist aber nicht immer das Mankogeld für einen Monat maßgeblich. Es können auch längere Ausgleichszeiträume vereinbart werden, wie z. B. ein Jahr.

 Formulierungsbeispiel:

„Der Arbeitnehmer übernimmt die Kasse X und hat alleinigen Zugang hierzu. Kommt es an dieser Kasse zu einem Fehlbestand, haftet er hierfür unabhängig vom Verschulden. Hierfür erhält er ein monatliches Mankogeld von € 225. Die Haftung ist begrenzt auf den Jahresbetrag der Mankohaftung."

Will der Arbeitnehmer einen höheren Schadensersatzanspruch geltend machen, muss er ein Verschulden beweisen, das eine entsprechende Haftung auslöst.

Trotz der an sich verschuldensunabhängigen Mankohaftung kann der Arbeitnehmer nicht für Schäden verantwortlich gemacht werden, die sich seiner Einflussmöglichkeit entziehen.

Beispiel:

Die Kassiererin in einem Supermarkt erhält ein Mankogeld. Wird sie Opfer eines bewaffneten Raubüberfalls, muss sie dafür nicht haften.

Der Arbeitgeber muss also im Prozess beweisen, dass

▶ eine wirksame Mankoabrede getroffen wurde,

▶ der Arbeitnehmer den alleinigen Zugang zum Kassenbestand hatte,

▶ tatsächlich ein realer und nicht bloß buchmäßiger Fehlbetrag vorliegt,

▶ der geltend gemachte Fehlbetrag das Mankogeld nicht übersteigt.

X. Durchsetzung des Schadensersatzanspruchs

Die einfachste Art der Durchsetzung der Schadensersatzansprüche besteht in dem Abzug des entsprechenden Betrags von den laufenden Lohnzahlungen. Dabei sind jedoch die Pfändungsfreigrenzen nach der Lohnpfändungstabelle (→ *Lohnpfändung*) zu beachten, sodass u. U. nur ein geringer Betrag jeden Monat einbehalten werden kann. Um in andere Objekte oder Forderungen vollstrecken zu können, braucht der Arbeitgeber einen gerichtlichen Titel. Deshalb muss zumindest das gerichtliche Mahnverfahren eingeleitet werden.

 TIPP!

Da der Ausgang eines derartigen Verfahrens häufig sehr unsicher ist, sollte man möglichst unmittelbar nach dem Schadenseintritt versuchen, mit dem Arbeitnehmer Einigkeit über die Höhe des Schadensersatzes zu erzielen und ihm durch eine angemessene Ratenzahlungsregelung ermöglichen, den Schaden zu begleichen.

Schadensersatzforderungen unterliegen häufig tariflichen oder einzelvertraglichen Ausschlussfristen. Es ist daher immer zu prüfen, ob solche bestehen. So wird z. B. ein Schadensersatzanspruch des Arbeitgebers gegen den Arbeitnehmer wegen Beschädigung eines Firmenwagens während eines unerlaubten privaten Abstechers bei Rückkehr von einem auswärtigen Einsatz von einer tarifvertraglichen Verfallfrist für Ansprüche erfasst, die mit dem Arbeitsverhältnis in Verbindung stehen.

Wenn die Frist abzulaufen droht, der Schaden aber noch nicht beziffert werden kann, sollte man vorsorglich den Schadensersatzanspruch dem Grunde nach geltend machen. Die Ausschlussfrist beginnt erst zu laufen, wenn dem Arbeitgeber alle Tatsachen bekannt sind, die seinen Ersatzanspruch begründen.

 Formulierungsbeispiel:

„Sie haben am ... schuldhaft mit unserem Lieferwagen einen Verkehrsunfall verursacht, wobei ein erheblicher Sachschaden entstanden ist. Die Höhe des Schadens ist derzeit noch nicht genau zu beziffern. Schon jetzt machen wir aus dem Schadensereignis Ersatzforderungen geltend, deren Höhe wir Ihnen mitteilen werden, sobald die Schadenshöhe feststeht."

Heimarbeit

I. Begriff

II. Pflichten des Auftraggebers
1. Listenführung
2. Entgeltverzeichnisse
3. Entgeltbücher
4. Gefahrenschutz
5. Unterrichtungspflicht
6. Arbeitszeitschutz
7. Entgeltregelung
8. Urlaub

III. Kündigung
1. Kündigungsschutz
2. Kündigungsfristen

IV. Entgeltsicherung

I. Begriff

Heimarbeit wird nicht im Rahmen eines Arbeitsverhältnisses geleistet, weil der Heimarbeiter weder persönlich abhängig noch in eine Betriebsorganisation eingebunden ist, sondern vielmehr Arbeitszeit und -ort selbst bestimmen kann. Prägend für die Heimarbeit sind folgende Faktoren:

▶ auf Dauer angelegte Tätigkeit außerhalb des Betriebs des Auftraggebers an einem beliebigen Ort (meist die eigene Wohnung),

▶ Tätigkeit häufig für mehrere Auftraggeber,

▶ häufig Beschäftigung von Hilfskräften, z. B. Familienangehörigen,

▶ wirtschaftliche Abhängigkeit von den Auftraggebern,

▶ keine persönliche Abhängigkeit, keinen Weisungen unterworfen.

Wem die Maschinen und Werkzeuge, mit denen gearbeitet wird, gehören, ist unerheblich. Das Gleiche gilt für die Rohstoffe.

Der Heimarbeiter steht als arbeitnehmerähnliche Person rechtlich zwischen Arbeitnehmer und Selbstständigem. Bei Streitigkeiten aus dem Heimarbeitsverhältnis sind die Gerichte für Arbeitssachen zuständig. Dies bedeutet jedoch nicht, dass auch das materielle Arbeitsrecht in vollem Umfang darauf anwendbar wäre. Vielmehr richten sich die Rechte und Pflichten in erster Linie nach dem Heimarbeitsgesetz (HAG). Arbeitsrechtliche Vorschriften sind nur dann auf das Heimarbeitsverhältnis anwendbar, wenn dies jeweils konkret und ausdrücklich angeordnet wird. Anwendbar sind z. B. das Pflegezeitgesetz und das seit dem 1.1.2012 geltende Familienpflegezeitgesetz.

Den Heimarbeitern können Personen gleichgestellt werden, bei denen dies wegen ihrer Schutzbedürftigkeit gerechtfertigt erscheint. Von dieser Möglichkeit ist z. B. bei Büroheimarbeitern Gebrauch gemacht worden. Als Zwischenmeister bezeichnet man Personen, die die Heimarbeit vom Auftraggeber an den Heimarbeiter weiterreichen, ohne Arbeitnehmer zu sein. Sie unterfallen nicht dem Heimarbeitsgesetz, können aber auf Antrag gleichgestellt werden. Ob eine Schutzbedürftigkeit vorliegt, entscheidet nur der Heimarbeitsausschuss und nicht das Arbeitsgericht (LAG Köln v. 14.2.2012, Az. 11 Sa 1380/10).

Von besonderer Bedeutung ist der Heimarbeitsausschuss; dieser wird von der zuständigen Arbeitsbehörde errichtet und besteht aus je drei Beisitzern der Auftraggeberseite und der Seite der Heimarbeiter sowie einem von der Arbeitsbehörde bestimmten Vorsitzenden (§ 4 Abs. 1 HAG). Der Ausschuss kann für bestimmte Bereiche oder einzelne Heimarbeitsverhältnisse verbindliche Vorgaben z. B. über die Arbeitsmenge machen. Verstöße gegen das Heimarbeitsgesetz werden vielfach mit Strafen und Bußgeldern geahndet (§ 31 ff. HAG). Bei wiederholten Verstößen kommt auch ein Verbot der Ausgabe von Heimarbeit in Betracht (§ 30 HAG).

II. Pflichten des Auftraggebers

Den Auftraggeber von Heimarbeitern treffen spezielle Pflichten, die aus der besonderen Natur des Heimarbeitsverhältnisses resultieren:

1. Listenführung

Der Auftraggeber von Heimarbeit muss die Heimarbeiter in Listen erfassen und diese in den Ausgaberäumen gut sichtbar aushängen. Je drei Kopien sind halbjährlich an das Gewerbeaufsichtsamt zu schicken (§ 6 HAG).

2. Entgeltverzeichnisse

In den Ausgaberäumen müssen ferner Entgeltverzeichnisse und Nachweise über sonstige Vertragsbedingungen offen ausliegen (§ 8 HAG). Auf eine Änderung der Bedingungen kann sich der Auftraggeber erst berufen, wenn er sie ausgehängt hat.

3. Entgeltbücher

Der Auftraggeber muss jedem in Heimarbeit Beschäftigten ein Entgeltbuch aushändigen, in dem Art und Umfang der Arbeit sowie die Entgelte einzutragen sind (§ 9 HAG); das → *Nachweisgesetz* ist nicht anwendbar, d. h. die wesentlichen Arbeitsbedingungen müssen darüber hinaus nicht schriftlich festgelegt und dem Heimarbeiter keine Niederschrift ausgehändigt werden.

4. Gefahrenschutz

Die Arbeitsstätten der Heimarbeiter müssen so beschaffen sein, dass keine Gefahren entstehen (§ 12 HAG); dies sicherzustellen, obliegt aber dem Heimarbeiter selbst und nicht dem Auftraggeber.

5. Unterrichtungspflicht

Wer Heimarbeit ausgibt, muss die Heimarbeiter vor Aufnahme der Tätigkeit über die Art und Weise der zu verrichtenden Tätigkeit, die Unfall- und Gesundheitsgefahren, die damit verbunden sind sowie über die dagegen getroffenen Abwehrmaßnahmen informieren. Der Erhalt dieser Informationen muss vom Heimarbeiter schriftlich bestätigt werden (§ 7a HAG).

6. Arbeitszeitschutz

Das Arbeitszeitgesetz findet keine Anwendung auf Heimarbeiter. Wenn der Heimarbeiter jedoch seinerseits Arbeitnehmer beschäftigt, fallen diese unter den Schutz des Arbeitszeitgesetzes.

Zum Schutz der Heimarbeiter muss unnötiger Zeitverlust bei der Ausgabe von Heimarbeit vermieden werden (§ 10 HAG). Wird die Heimarbeit an mehrere Personen verteilt, soll die Arbeitsmenge gleichmäßig unter Berücksichtigung der Leistungsfähigkeit auf die Heimarbeiter aufgeteilt werden (§ 11 Abs. 1 HAG). Erfolgt dies nicht, kann der Heimarbeitsausschuss für einzelne Gewerbezweige oder Arten von Heimarbeit die Arbeitsmenge festsetzen, die für einen bestimmten Zeitraum auf dem Entgeltbeleg eines einzelnen Heimarbeiters ausgegeben werden darf (§ 11 Abs. 2 HAG). Dabei ist die Arbeitsmenge so zu bemessen, dass sie durch eine vollwertige Arbeitskraft ohne Hilfskräfte in der für vergleichbare Betriebsarbeiter üblichen Arbeitszeit bewältigt werden kann.

7. Entgeltregelung

Auch für Heimarbeiter können kollektive Regelungen abgeschlossen werden, die wie Tarifverträge wirken. Weiter kann der Heimarbeitsausschuss sog. bindende Festsetzungen treffen, die die Wirkung allgemein verbindlicher Tarifverträge haben, also für alle Heimarbeiter gelten, die ein bestimmtes Produkt herstellen.

Beispiel:

Die bindende Festsetzung für die Herstellung und Bearbeitung von Eisen- und Elektroartikeln enthält Entgeltgruppen für die verrichteten Arbeiten und weitere Regelungen, nach denen der Auftraggeber den Heimarbeitern z. B. keine Transportkosten in Rechnung stellen darf.

In der Regel sind die Entgelte für Heimarbeiter als Stückentgelte festgesetzt. Ist das nicht möglich, sind Zeitentgelte festzusetzen. Zur wirksamen Überwachung der Entgelte und sonstigen Vertragsbedingungen werden durch die jeweilige oberste Arbeitsbehörde des Landes Entgeltprüfer eingesetzt (§ 23 HAG). Diese können den Auftraggeber auffordern, das in der einschlägigen Regelung vorgesehene Entgelt an den Heimarbeiter zu zahlen. Kommt er dem nicht nach, kann das Land den Auftraggeber auf Zahlung an den Heimarbeiter verklagen.

8. Urlaub

→ *Urlaub* wird nicht wie bei Arbeitsverhältnissen durch die Gewährung von bezahlter Freizeit erteilt, sondern durch Zahlung eines gewissen Prozentsatzes auf das in einer bestimmten Zeit verdiente Entgelt (§ 12 Nr. 1 bis 6 BUrlG). Entsprechendes gilt für die Entgeltfortzahlung bei Arbeitsunfähigkeit und an Feiertagen (§§ 10, 11 EFZG). Durch Tarifvertrag kann aber festgelegt werden, dass Heimarbeiter, die nur für einen Auftraggeber arbeiten, Urlaub wie Betriebsarbeiter zu erhalten haben (§ 12 BUrlG).

III. Kündigung

1. Kündigungsschutz

Auf das Heimarbeitsverhältnis ist das Kündigungsschutzgesetz nicht anwendbar. Die besonderen Kündigungsbeschränkungen des Mutterschutzgesetzes und des Bundeserziehungsgeldgesetzes gelten jedoch auch für Heimarbeiter. Frauen dürfen während der Schwangerschaft und bis zu vier Monaten nach der Niederkunft nicht gegen ihren Willen von der Vergabe von Heimarbeit ausgeschlossen werden. Der besondere Schutz des Schwerbehindertengesetzes gilt ebenso wie der des Arbeitsplatzschutzgesetzes.

Das Betriebsverfassungsgesetz ist nur dann auf Heimarbeiter anzuwenden, wenn diese in der Hauptsache für den Betrieb arbeiten, die Beschäftigung für diesen Betrieb also einen größeren Umfang einnimmt als die für andere Betriebe (§ 6 Abs. 2 BetrVG). Nur in diesem Fall kann ein Heimarbeiter in den Betriebsrat gewählt werden und dann den → *Kündigungsschutz* für Betriebsratsmitglieder (§ 29a HAG) beanspruchen. Entsprechend ist der Betriebsrat vor der → *Kündigung* eines Heimarbeiters nur dann anzuhören, wenn er in der Hauptsache für den Betrieb arbeitet.

2. Kündigungsfristen

Für die Kündigungsfristen gilt Folgendes: Heimarbeitern, die für mehrere Auftraggeber tätig sind, ohne dass eine Beschäftigung überwiegt, kann das Beschäftigungsverhältnis an jedem Tag für den Ablauf des nächsten Tages gekündigt werden. Ist der Heimarbeiter länger als vier Wochen beschäftigt, beträgt die Kündigungsfrist zwei Wochen (§ 29 Abs. 2 HAG). Diese Fristen können nicht entsprechend auf arbeitnehmerähnliche Personen angewandt werden.

Bei Heimarbeitern, die **überwiegend** durch einen Auftraggeber oder Zwischenmeister **beschäftigt** werden, beträgt die beiderseitige Kündigungsfrist vier Wochen zum 15. oder zum Ende eines Kalendermonats.

Während einer vereinbarten Probezeit (höchstens für sechs Monate!) beträgt die beiderseitige Kündigungsfrist zwei Wochen. Die Frist verlängert sich für den Auftraggeber oder Zwischenmeister auf einen Monat zum Ende des Kalendermonats, wenn das Beschäftigungsverhältnis zwei Jahre bestanden hat. Die weiteren Verlängerungen der Kündigungsfrist entsprechen der für Arbeitnehmer geltenden Regelung des § 622 Abs. 2 BGB.

Eine **überwiegende Beschäftigung** bei einem Auftraggeber oder Zwischenmeister liegt vor, wenn bei zwei oder mehr Heimarbeitsverhältnissen mehr als die Hälfte der Zeit für das Beschäftigungsverhältnis bei diesem Auftraggeber oder Zwischenmeister aufgewandt wird. Ein daneben bestehendes Arbeitsverhältnis ist unerheblich, ebenso der Bezug von Rente.

Beispiel:

Der Heimarbeiter ist seit zwei Jahren für einen Auftraggeber tätig. Daneben arbeitet er in einem geringeren Umfang noch für einen Zwischenmeister. Wenn der Auftraggeber kündigt, muss er eine Frist von einem Monat zum Monatsende einhalten. Dies müsste er auch dann, wenn der Heimarbeiter nur dieses eine Beschäftigungsverhältnis in einem geringen Umfang hätte und daneben noch Rente beziehen würde. Der Zwischenmeister kann das Heimarbeiterverhältnis hier jedoch mit einer Frist von zwei Wochen kündigen, da die Tätigkeit bei ihm zeitlich geringer ist.

Für die außerordentliche Kündigung des Heimarbeitsverhältnisses ist die auch für Arbeitsverhältnisse geltende Regelung § 626 BGB anzuwenden (Kündigung B.III.).

IV. Entgeltsicherung

Das Heimarbeitsgesetz sieht einen besonderen Schutz vor der Aushöhlung des Heimarbeitsverhältnisses durch eine geringere Zuteilung von Arbeitsaufträgen während der Kündigungsfrist vor. Für die Dauer der Kündigungsfrist hat der Heimarbeiter auch bei Ausgabe einer geringeren Arbeitsmenge Anspruch auf Vergütung eines bestimmten Prozentsatzes des Gesamtbetrags, den der Heimarbeiter in den 24 Monaten vor der Kündigung erhalten hat (§ 29 Abs. 7 HAG). Im Einzelnen sind zu zahlen

► $1/12$ bei einer Kündigungsfrist von zwei Wochen,
► $2/12$ bei einer Kündigungsfrist von vier Wochen,
► $3/12$ bei einer Kündigungsfrist von einem Monat,
► $4/12$ bei einer Kündigungsfrist von zwei Monaten,
► $6/12$ bei einer Kündigungsfrist von drei Monaten,
► $8/12$ bei einer Kündigungsfrist von vier Monaten,
► $10/12$ bei einer Kündigungsfrist von fünf Monaten,
► $12/12$ bei einer Kündigungsfrist von sechs Monaten und
► $14/12$ bei einer Kündigungsfrist von sieben Monaten.

Weiter kann ein Anspruch auf Schadensersatz bestehen, wenn der Auftraggeber zugesichert hat, dass der Heimarbeiter auch künftig mit einer bestimmten Auftragsmenge rechnen kann.

Das Gesetz beugt auch einer „Aushungerung" des Heimarbeiters ohne Kündigung vor. Wenn der Auftraggeber die an einen Heimarbeiter mindestens ein Jahr lang (bei kürzeren Beschäftigungsverhältnissen während der gesamten Dauer) ausgegebene Arbeitsmenge um mehr als ¼ verringert, so muss er die Kündigungsfristen einhalten. Dies gilt nicht in den Fällen, in denen die Verminderung auf einer Kürzung durch den Heimarbeitsausschuss oder auf → *Kurzarbeit* beruht (§ 29 Abs. 8 HAG). Ein Zwischenmeister hat einen Ersatzanspruch, wenn ihm die Kürzung der Arbeitsmenge nicht rechtzeitig mitgeteilt wurde und er deshalb seinen Heimarbeitern ohne Einhaltung der Kündigungsfrist nur eine geringere Arbeitsmenge zuteilen kann (§ 29 Abs. 8 HAG).

Insolvenz

I.   Begriff

II. Lohn- und Gehaltsansprüche
  1. Ansprüche aus der Zeit vor dem Insolvenzverfahren
  2. Ansprüche nach Eröffnung des Insolvenzverfahrens

III. Kündigungen durch den Insolvenzverwalter

IV. Zeugnisansprüche

V.   Betriebsvereinbarungen in der Insolvenz

VI.   Betriebsänderung/Interessenausgleich

VII.   Betriebsübergang

VIII. Sozialplan in der Insolvenz

IX.   Insolvenzgeld
   1. Insolvenzereignis
   2. Zahlungszeitraum
   3. Antragstellung

I. Begriff

Insolvenz bedeutet Zahlungsunfähigkeit. Im Wege des in der Insolvenzordnung (InsO) geregelten Insolvenzverfahrens sollen die Gläubiger eines zahlungsunfähigen Schuldners befriedigt werden, indem das Vermögen des Schuldners verwertet und der Erlös verteilt wird. Zur Stellung des Antrags auf Eröffnung des Insolvenzverfahrens beim zuständigen Insolvenzgericht ist der Schuldner selbst berechtigt, doch kann auch ein Gläubiger die Eröffnung beantragen, um seine Forderungen auszugleichen. Dazu muss er seine Forderungen wie auch den Eröffnungsgrund dem Insolvenzgericht gegenüber glaubhaft machen. Als Gründe für einen Insolvenzantrag durch den Gläubiger gelten Zahlungsunfähigkeit des Schuldners, bei juristischen Personen auch die Überschuldung. Bei drohender Zahlungsunfähigkeit, also sofern abzusehen ist, dass der Schuldner seine Zahlungsverpflichtungen in der nächsten Zeit nicht aus eigener Kraft decken kann, darf nur der Schuldner das Insolvenzerfahren beantragen.

Mit Eröffnung des Insolvenzverfahrens rückt der vom Gericht bestellte Insolvenzverwalter in die Arbeitgeberstellung ein und nimmt sämtliche hiermit verbundenen Rechte und Pflichten wahr. Der Schuldner behält nur ausnahmsweise dann seine Arbeitgeberstellung, wenn das Insolvenzgericht die Eigenverwaltung (§ 270 InsO) anordnet. Bei diesem besonderen Insolvenzverfahren bleibt der Schuldner berechtigt, sein Vermögen zu verwalten und Verfügungen zu treffen.

Der Arbeitnehmer muss weiter seine Arbeitsleistung erbringen und der Insolvenzverwalter ihn dafür entlohnen. Die Insolvenz des Arbeitgebers hat grundsätzlich keinen Einfluss auf die Fortgeltung des allgemeinen Arbeitsrechts, insbesondere des Kündigungsschutz- und Betriebsverfassungsrechts. Um die Überlebenschancen eines insolventen Unternehmens zu erhöhen, finden sich jedoch in der Insolvenzordnung (InsO) einige Sonderregelungen:

II. Lohn- und Gehaltsansprüche

Für die Arbeitnehmer des insolventen Unternehmens stellt sich in erster Linie die Frage, ob und in welchem Umfang ihre Lohn- und Gehaltsansprüche erfüllt werden. Dabei ist zwischen Ansprüchen aus der Zeit vor und nach Eröffnung des Insolvenzverfahrens zu unterscheiden:

1. Ansprüche aus der Zeit vor dem Insolvenzverfahren

Lohn- und Gehaltsansprüche (inkl. Ansprüche aus positiven Arbeitszeitkonten), die aus der Zeit vor Eröffnung des Insolvenzverfahrens stammen, sind sog. einfache Insolvenzforderungen i. S. d. § 38 InsO. Gleiches gilt für

▶ Ansprüche auf Urlaubsentgelt für Urlaubszeiten vor der Insolvenzeröffnung sowie Urlaubsabgeltungsansprüche, wenn das Arbeitsverhältnis bereits vor Insolvenzeröffnung geendet hat,

▶ Nachteilsausgleichsansprüche – sofern der Arbeitgeber eine Betriebsänderung noch vor der Eröffnung des Insolvenzverfahrens durchgeführt hat, ohne mit dem Betriebsrat einen Interessenausgleich versucht zu haben –,

▶ Vergütungsansprüche in der Freistellungsphase der Altersteilzeit, soweit im Altersteilzeitarbeitsverhältnis Arbeit während der Arbeitsphase des Blockmodells vor der Eröffnung des Insolvenzverfahrens geleistet wurde,

▶ Abfindungen, die zwischen dem Insolvenzschuldner (Arbeitgeber) und dem Arbeitnehmer vor Insolvenzeröffnung vereinbart wurden.

Diese Forderungen stehen neben allen sonstigen bei Verfahrenseröffnung bestehenden Insolvenzforderungen und werden in einer bestimmten Reihenfolge – jedoch nicht bevorzugt – aus der Insolvenzmasse befriedigt. Die Arbeitnehmer müssen ihre Ansprüche als Insolvenzgläubiger innerhalb einer vom Insolvenzgericht festgelegten Frist unter Angabe von Grund und Betrag beim Insolvenzverwalter schriftlich anmelden.

2. Ansprüche nach Eröffnung des Insolvenzverfahrens

Lohn- und Gehaltsansprüche für die Zeit nach Eröffnung des Insolvenzverfahrens sind ebenso wie Ansprüche auf Urlaub und Urlaubsabgeltung – auch soweit sie aus Kalenderjahren vor der Insolvenzeröffnung stammen – sog. Masseverbindlichkeiten und als solche **vor** den Insolvenzforderungen zu erfüllen. Gleiches gilt für Ersatzansprüche des Arbeitnehmers wegen verfallenen Urlaubs (BAG v. 21.11.2006, Az. 9 AZR 97/06) und für tarifliche Urlaubsgeldansprüche, soweit sie vom Bestand des Urlaubsanspruchs abhängig sind. Auch Abfindungsansprüche, die mit dem Insolvenzverwalter vereinbart wurden, gehören zu den Masseverbindlichkeiten (BAG v. 12.6.2002, Az. 10 AZR 180/01).

Für Lohn- und Gehaltsansprüche, die nach der Eröffnung des Insolvenzverfahrens entstehen, ist es unerheblich, ob der Arbeitnehmer tatsächlich weitergearbeitet hat oder ob er vom Insolvenzverwalter gekündigt und bis zum Ablauf der Kündigungsfrist freigestellt worden ist. Nur dann, wenn die Masse nicht ausreicht, um die Masseverbindlichkeiten zu erfüllen, ist zu unterscheiden: Diejenigen, die ihre Arbeitsleistung tatsächlich erbracht haben, werden bezüglich ihrer Gehaltsansprüche gegenüber den freigestellten Arbeitnehmern bevorzugt behandelt.

Führt der Insolvenzverwalter eine Betriebsänderung durch, ohne zuerst einen Interessenausgleich mit dem Betriebsrat nach § 111 BetrVG versucht zu haben, so beruht der sich daraus ergebende Nachteilsausgleich nach § 113 Abs. 3 BetrVG auf einer Handlung des Insolvenzverwalters und ist damit ebenfalls Masseforderung.

III. Kündigungen durch den Insolvenzverwalter

Mit Eröffnung des Insolvenzverfahrens ist nur noch der Insolvenzverwalter zu Kündigungen berechtigt. Kündigungen, die in dieser Phase noch vom Schuldner ausgesprochen werden, ohne dass der Insolvenzverwalter ihm eine Vertretungsbefugnis erteilt hat, gelten als Kündigungen durch einen Nichtberechtigten. Sie können auch noch außerhalb der Klagefrist nach § 4 KSchG von gekündigten Arbeitnehmern angegriffen werden (BAG v. 26.3.2009, Az. 2 AZR 403/07).

Durch die Insolvenz werden die kündigungsschutzrechtlichen Bestimmungen nicht aufgehoben. So ist auch hier für eine ordentliche → *Kündigung* ein Kündigungsgrund im Sinne des Kündigungsschutzgesetzes erforderlich; grundsätzlich ist auch der Insolvenzverwalter verpflichtet, die Regeln über die Sozialauswahl (§ 1 Abs. 3 KSchG) einzuhalten. Ebenso gilt der → *Kündigungsschutz* für besondere Fälle wie werdende Mütter und Schwerbehinderte ohne Einschränkungen weiter. Allein die Eröffnung des Insolvenzverfahrens rechtfertigt noch keine betriebsbedingte Kündigung. Erst dann, wenn Rationalisierungsmaßnahmen umgesetzt werden oder die Stilllegung von Betrieben oder Betriebsteilen beschlossen ist, können dringende betriebliche Erfordernisse für eine Kündigung vorliegen.

Die Kündigung bedarf auch in der Insolvenz der Schriftform nach § 623 BGB. Sofern ein Betriebsrat vorhanden ist, muss dieser entsprechend § 102 BetrVG beteiligt werden.

Eine Kündigungserleichterung besteht jedoch im Hinblick auf die Kündigungsfristen: Nach § 113 InsO kann das Arbeitsverhältnis vom Insolvenzverwalter sowie vom Arbeitnehmer mit einer Frist von drei Monaten zum Monatsende gekündigt werden, wenn nicht ohnehin eine kürzere Kündigungsfrist für das Arbeitsverhältnis gilt. Insbesondere kann der Insolvenzverwalter auch ein bereits gekündigtes Arbeitsverhältnis nach Insolvenzeröffnung erneut mit der Frist des § 113 InsO kündigen.

 WICHTIG!

Die dreimonatige Kündigungsfrist, die auch für Änderungskündigungen gilt, verdrängt alle entgegenstehenden längeren Fristen, unabhängig davon, ob sie in einem anderen Gesetz, einem Tarifvertrag, einer Betriebsvereinbarung oder einzelvertraglich vorgesehen sind. Die Regelung in § 113 InsO ermöglicht den Ausspruch einer ordentlichen Kündigung selbst dann, wenn diese in einer Betriebsvereinbarung oder einem Tarifvertrag ausgeschlossen ist. Auch befristete Anstellungsverhältnisse, für die keine ordentliche Kündigungsfrist während der Laufzeit vereinbart ist, können mit dieser Frist gekündigt werden.

Ist im Rahmen einer Altersteilzeitvereinbarung die ordentliche Kündigung ausgeschlossen, so ist auch diese Vereinbarung nicht insolvenzfest. Eine ordentliche Kündigung aufgrund des § 113 InsO ist möglich, sofern zu einem Zeitpunkt vor Ablauf der Arbeitsphase (Blockmodell) gekündigt wird.

Bei einer Kündigung im Rahmen der verkürzten Kündigungsfrist kann der Arbeitnehmer wegen der vorzeitigen Beendigung Schadensersatz (sog. Verfrühungsschaden) verlangen, der u. a. den Verdienstausfall bis zum Ablauf der (fiktiv) einschlägigen längeren Kündigungsfrist erfasst. Bei einer solchen Schadensersatzforderung des Arbeitnehmers handelt es sich um eine Insolvenz-, nicht um eine Masseforderung. Sie wird also nicht bevorzugt behandelt.

Will sich ein Arbeitnehmer gegen die Kündigung wehren, muss er die Kündigungsschutzklage zwingend innerhalb von drei Wochen nach Zugang der Kündigung erheben. Die Kündigungsschutzklage ist an den Insolvenzverwalter als Partei kraft Amtes zu richten. Eine Klage gegen den Arbeitgeber macht den Insolvenzverwalter nicht zur Partei und wahrt deshalb nicht die Klagefrist.

IV. Zeugnisansprüche

Die Vollstreckung eines Zeugnisanspruchs richtet sich, wenn ein entsprechender Titel vorliegt, auch nach dem Insolvenzereignis weiterhin gegen den Schuldner, d. h. den bisherigen Arbeitgeber und nicht gegen den Insolvenzverwalter. Ist zum Zeitpunkt der Eröffnung des Insolvenzverfahrens ein Rechtsstreit gegen den Schuldner, d. h. den bisherigen Arbeitgeber anhängig, wird dieser nicht gemäß § 240 ZPO unterbrochen, weil der Anspruch nicht die Insolvenzmasse betrifft. Der Rechtsstreit ist

fortzusetzen und zwar gegen den Schuldner, nicht gegen den Insolvenzverwalter.

Arbeitnehmer, die vor Eröffnung des Insolvenzverfahrens aus dem Arbeitsverhältnis ausgeschieden sind, haben einen Anspruch auf ein Zeugnis allein gegen den bisherigen Arbeitgeber.

Führt der Insolvenzverwalter den Betrieb fort, haben die Arbeitnehmer, die **nach** diesem Ereignis ausscheiden, einen Anspruch allein gegen den Insolvenzverwalter und zwar auch für die Zeiten vor der Eröffnung des Insolvenzverfahrens. Hierzu hat der Insolvenzverwalter entsprechende Auskünfte beim Schuldner bzw. den Vorgesetzten des Arbeitnehmers einzuholen.

V. Betriebsvereinbarungen in der Insolvenz

Betriebsvereinbarungen, die Leistungen für die Arbeitnehmer vorsehen und damit die Insolvenzmasse belasten, sind mit einer dreimonatigen Kündigungsfrist kündbar, wenn sich der Insolvenzverwalter und der Betriebsrat nicht auf eine einvernehmliche Herabsetzung der Leistungen verständigen können. Die dreimonatige Frist verdrängt eine in der → *Betriebsvereinbarung* festgelegte längere Kündigungsfrist ebenso wie eine Regelung, nach der eine Betriebsvereinbarung für einen bestimmten Zeitraum überhaupt nicht kündbar sein soll. Findet sich in der Betriebsvereinbarung eine kürzere Kündigungsfrist, so gilt diese.

 **WICHTIG!**

Soweit die Betriebsvereinbarung einen Bereich der erzwingbaren Mitbestimmung regelt, ändert die verkürzte Kündigungsfrist nichts an der Nachwirkung der Betriebsvereinbarung.

VI. Betriebsänderung/Interessenausgleich

Die Insolvenz eines Unternehmens führt häufig zu → *Betriebsänderungen*, die mit wesentlichen Nachteilen für die Belegschaft verbunden sind. Diese Veränderungen lösen wie Betriebsänderungen aus anderen Anlässen die Pflicht zum Interessenausgleich und zum Sozialplan aus. Im Interesse einer Beschleunigung ist jedoch das Verfahren zum Interessenausgleich im Vergleich zur Regelung im Betriebsverfassungsgesetz verkürzt (§§ 121, 122 InsO). Gemäß § 122 InsO kann der Insolvenzverwalter unmittelbar die Zustimmung des Arbeitsgerichts zu einer Betriebsänderung – ohne das ansonsten obligatorische, oft langwierige Einigungsstellenverfahren! – beantragen, falls nicht innerhalb von drei Wochen nach Verhandlungsbeginn ein Interessenausgleich zustande kommt. Gleiches gilt, falls nach schriftlicher Aufforderung zur Aufnahme von Verhandlungen diese nicht binnen drei Wochen begonnen werden.

 TIPP!

Nimmt der Betriebsrat eine Verweigerungshaltung ein und lehnt kategorisch Verhandlungen über einen Interessenausgleich ab, kann unmittelbar das Gerichtsverfahren nach § 122 InsO eingeleitet werden, da die 3-Wochen-Frist nicht im Zeitpunkt der Antragstellung, sondern erst im Zeitpunkt der Entscheidung des Gerichts abgelaufen sein muss.

Die Interessenausgleichspflicht setzt die Existenz eines Betriebsrats voraus und zwar in dem Zeitpunkt, in dem sich der Arbeitgeber bzw. der Insolvenzverwalter zu der Durchführung der Betriebsänderung entschlossen hat. Einem später gewählten Betriebsrat stehen keine Beteiligungsrechte zu. Dies gilt selbst dann, wenn dem Insolvenzverwalter im Planungsstadium bekannt war, dass sich ein Betriebsrat konstituieren wird.

Hat der Betriebsrat bereits vor der Eröffnung des Insolvenzverfahrens nach § 111 Abs. 1 S. 2 BetrVG oder nach § 80 Abs. 3 BetrVG einen Rechtsanwalt als Berater oder Sachverständigen hinzugezogen und dauerte dessen Tätigkeit bis nach der Insolvenzeröffnung an, sind die Honoraransprüche für die bis zur Insolvenzeröffnung erbrachten Beratungsleistungen keine Masseverbindlichkeiten, sondern Insolvenzforderungen (BAG v. 9.12.2009, Az. 7 ABR 90/07).

Nach Abschluss eines Interessenausgleichs kann der Insolvenzverwalter die vorgesehene → Betriebsänderung einleiten. Da jedoch der → Kündigungsschutz der Arbeitnehmer durch den Interessenausgleich nicht berührt wird, folgt allein aus der Beschleunigung des Interessenausgleichsverfahrens noch nicht unmittelbar eine zügige Anpassungsmöglichkeit der gesamten betrieblichen Umstände an die wirtschaftliche Notsituation des Unternehmens.

§ 125 InsO sieht deshalb neben einem Interessenausgleich nach dem Betriebsverfassungsgesetz einen besonderen Interessenausgleich vor, in dem der Insolvenzverwalter und der Betriebsrat die zu kündigenden Arbeitnehmer namentlich bezeichnen können.

✂ WICHTIG!

Der auswahlrelevante Personenkreis darf sich dabei nicht auf einzelne Geschäftsbereiche beschränken; vielmehr ist die Sozialauswahl auch für den Fall einer geplanten Teilstilllegung bei gleichzeitig ins Auge gefasstem Betriebsübergang auf den gesamten Betrieb zu erstrecken.

§ 125 InsO ermöglicht keine Einbeziehung von nach § 15 KSchG vor ordentlichen Kündigungen geschützten Betriebsratsmitgliedern in den auswahlrelevanten Personenkreis (BAG v. 17.11.2005, Az. 6 AZR 118/05).

Kommt es zu einer Vereinbarung nach § 125 InsO, gilt die Vermutung, dass die Kündigung der in der Liste genannten Arbeitnehmer durch dringende betriebliche Erfordernisse veranlasst ist. Diese Vermutungswirkung erstreckt sich – nach allerdings umstrittener Auffassung – auch auf das Nichtvorliegen anderweitiger Beschäftigungsmöglichkeiten im Unternehmen. Die Beweislast wird damit umgekehrt. Nicht der Insolvenzverwalter muss die Tatsachen beweisen, die die Kündigung bedingen, sondern der Arbeitnehmer muss beweisen, dass es an dringenden betrieblichen Erfordernissen fehlt.

Zugleich wird durch den Abschluss dieses besonderen Interessenausgleichs die gerichtliche Überprüfung der Sozialauswahl eingeschränkt. In einem eventuellen Kündigungsrechtsstreit prüft das Arbeitsgericht diese nur auf die Dauer der Betriebszugehörigkeit, das Lebensalter und die Unterhaltspflichten und auch insoweit nur auf grobe Fehlerhaftigkeit. Selbst ein mangelhaftes Auswahlverfahren kann, solange es nicht grob fehlerhaft ist, zu einem nicht angreifbaren Auswahlergebnis führen. Ausdrücklich gesetzlich geregelt ist, dass die Sozialauswahl nicht als grob fehlerhaft anzusehen ist, wenn eine ausgewogene Personalstruktur erhalten oder geschaffen wird (§ 125 Abs. 1 Nr. 2 Halbsatz 2 InsO). Die Erfolgsaussichten einer Kündigungsschutzklage sind damit relativ gering; die Maßnahmen zum Unternehmenserhalt werden durch diese Unsicherheit nur begrenzt belastet.

Voraussetzung für die Erleichterungen des § 125 InsO ist jedoch stets die Einhaltung der in § 112 Abs. 1 Satz 1 BetrVG vorgesehenen Schriftform und das Vorliegen einer Betriebsänderung im Sinne von § 111 BetrVG. Für beide Umstände ist der Insolvenzverwalter darlegungs- und beweispflichtig.

Auch ist der Insolvenzverwalter mit einem vereinbarten Interessenausgleich mit Namensliste nach § 125 InsO nicht von der Pflicht befreit, einem Arbeitnehmer auf dessen Verlangen die Gründe für die soziale Auswahl anzugeben (vgl. § 1 Abs. 3 Satz 1 2. Halbsatz KSchG). Kommt er dieser Pflicht nicht oder nicht ausreichend nach, führt dies ohne Weiteres zur Sozialwidrigkeit der Kündigung (ArbG Stuttgart v. 24.7.2012, Az. 16 Ca 2422/12, nicht rechtskräftig).

Hat der Betrieb keinen Betriebsrat oder einigen sich der Insolvenzverwalter und der Betriebsrat nicht auf einen Interessenausgleich nach § 125 InsO, kann der Insolvenzverwalter ein arbeitsgerichtliches Beschlussverfahren einleiten. Er kann dort die Feststellung beantragen, dass die Kündigung der Arbeitsverhältnisse bestimmter, im Antrag näher bezeichneter Arbeitnehmer durch dringende betriebliche Erfordernisse bedingt und sozial gerechtfertigt ist (§ 126 InsO). Das Arbeitsgericht prüft in diesem Verfahren umfänglich, ob tatsächlich dringende betriebliche Gründe für die Kündigung der näher bezeichneten Arbeitnehmer vorliegen und ob die Sozialauswahl im Hinblick auf die Betriebszugehörigkeit, das Lebensalter und die Unterhaltspflichten korrekt durchgeführt wurde. Gibt das Arbeitsgericht dem Antrag des Insolvenzverwalters statt, ist diese Entscheidung im Kündigungsschutzprozess des einzelnen Arbeitnehmers, der im Verzeichnis nach § 126 InsO aufgeführt ist, verbindlich. Dies gilt nur dann nicht, wenn sich die Sachlage nach dem Beschluss wesentlich geändert hat. In der Praxis hat das Verfahren bislang kaum Relevanz erlangt, da es aufgrund der Vielzahl der beteiligten Personen – insbesondere der zu kündigenden Arbeitnehmer – nicht die beabsichtigte Beschleunigung und zügige Erledigung bewirkt.

VII. Betriebsübergang

§ 128 InsO regelt die Problematik der Betriebsveräußerung in der Insolvenz. Danach stehen auch dem Erwerber die Kündigungserleichterungen zu, die dem Insolvenzverwalter bei einer → Betriebsänderung gesetzlich eingeräumt werden (s. o. VI.). Der Erwerber kann also ohne nachteilige Folgen den Betrieb übernehmen, noch bevor der Insolvenzverwalter die Betriebsänderungen vollzogen hat.

Auch im Falle der Insolvenz gehen die Arbeitsverträge auf den Erwerber über (§ 613a BGB). Damit sind insbesondere Kündigungen, die wegen des Übergangs ausgesprochen werden, unwirksam. Haben sich jedoch der Insolvenzverwalter oder der Erwerber mit dem Betriebsrat auf einen besonderen Interessenausgleich nach § 125 InsO geeinigt, gilt die Vermutung, dass die Kündigung nicht wegen des Betriebsübergangs, sondern aufgrund dringender betrieblicher Erfordernisse erfolgt ist. Ein Arbeitnehmer, der in einem Kündigungsschutzprozess dennoch behauptet, die Kündigung sei wegen des Betriebsübergangs erfolgt, müsste diese Behauptung beweisen.

Im Übrigen haftet ein Erwerber, der in der Insolvenz nach § 613a BGB in Arbeitsverhältnisse eintritt, die mit Wirkung für die Masse nach § 108 InsO fortbestehen, nur für Masseverbindlichkeiten, nicht jedoch für Insolvenzforderungen.

VIII. Sozialplan in der Insolvenz

Das Volumen eines Sozialplans ist in der Insolvenz auf einen Gesamtbetrag von zweieinhalb Monatsverdiensten der von der Entlassung betroffenen Arbeitnehmer begrenzt. Zudem darf für Sozialplanforderungen nicht mehr als ein Drittel der Masse verwendet werden, die ohne einen Sozialplan für die Insolvenzgläubiger zur Verfügung stünde. Übersteigt das Sozialplanvolumen diesen Wert, sind die jeweiligen Ansprüche anteilig zu kürzen. Die Sozialplanforderungen sind als Masseforderungen vorrangig zu befriedigende Forderungen.

Ein Sozialplan, der **vor** der Eröffnung des Insolvenzverfahrens, jedoch nicht früher als drei Monate vor dem Eröffnungsantrag aufgestellt worden ist, kann sowohl vom Insolvenzverwalter als auch vom Betriebsrat widerrufen werden. Leistungen aus diesem Sozialplan, die bereits an Arbeitnehmer erbracht worden sind, können jedoch nicht zurückgefordert werden.

IX. Insolvenzgeld

Zum Schutz des vorleistungspflichtigen Arbeitnehmers vor dem Lohnausfallrisiko bei Zahlungsunfähigkeit des Arbeitgebers hat der Beschäftigte einen Anspruch gegen die Bundesagentur für Arbeit auf die Zahlung von Insolvenzgeld. Darüber hinaus zahlt die Agentur für Arbeit auf Antrag der zuständigen Einzugsstelle (Krankenkasse) auch für den Insolvenzgeldzeitraum rückständige Pflichtbeiträge zur gesetzlichen Kranken-, Renten- und Pflegeversicherung sowie die Beiträge zur Arbeitsförderung. Die Zeit während der Zahlung des Insolvenzgeldes ist damit nicht beitragsfrei gestellt.

1. Insolvenzereignis

Insolvenzereignisse sind gemäß § 165 Abs. 1 Satz 2 Nr. 1 bis 3 SGB III:

▶ Der Tag der Eröffnung des Insolvenzverfahrens über das Vermögen des Arbeitgebers durch das Insolvenzgericht oder

▶ der Tag der Abweisung des Antrags auf Eröffnung des Insolvenzverfahrens über das Vermögen des Arbeitgebers mangels Masse oder

▶ der Tag der Beendigung der Betriebstätigkeit im Inland, wenn bis zu diesem Zeitpunkt ein Antrag auf Eröffnung des Insolvenzverfahrens nicht gestellt worden ist und ein Insolvenzverfahren offensichtlich mangels Masse nicht in Betracht kam.

2. Zahlungszeitraum

Insolvenzgeld wird in der Regel für die dem Insolvenzereignis vorausgehenden letzten drei Monate des Arbeitsverhältnisses gezahlt (sog. Insolvenzgeld-Zeitraum); der Tag des Insolvenzereignisses (Insolvenztag) wird nicht mitgerechnet. Maßgeblich sind immer die letzten drei Monate „des Arbeitsverhältnisses", selbst wenn das Arbeitsverhältnis zum Insolvenzzeitpunkt bereits beendet war.

Für Ansprüche nach Eröffnung der Insolvenz kann der Arbeitnehmer dagegen kein Insolvenzgeld mehr beanspruchen. Hatte der Arbeitnehmer jedoch keine Kenntnis vom Insolvenzereignis und hat deshalb weitergearbeitet bzw. die Arbeit aufgenommen, besteht sein Anspruch für die dem Tag der Kenntnisnahme vorausgehenden drei Monate des Arbeitsverhältnisses.

> **WICHTIG!**
> Hat durch einen Arbeitgeberwechsel ein Betriebsübergang vor dem Insolvenzereignis stattgefunden, endet der Insolvenzgeld-Zeitraum mit der Betriebsübernahme. Die Agentur für Arbeit zahlt Insolvenzgeld nur für den entgangenen Lohnanspruch gegenüber dem insolventen Arbeitgeber, nicht jedoch für Ansprüche gegenüber dem solventen Betriebsübernehmer.

3. Antragstellung

Die Zahlung von Insolvenzgeld muss vom Arbeitnehmer innerhalb von zwei Monaten nach dem Insolvenzereignis beantragt werden. Wird diese Frist schuldlos versäumt, kann der Antrag innerhalb von zwei Monaten nach Wegfall des Hinderungsgrunds nachgeholt werden.

Für die Antragstellung bieten die Agenturen für Arbeit alle notwendigen Antragsformulare und Vorlagen sowie ausführliche Merkblätter auf ihren Internetseiten zum Download an (www.arbeitsagentur.de). Der Antrag kann aber auch formlos bei jeder Agentur für Arbeit oder jedem anderen Sozialleistungsträger (z. B. bei den gesetzlichen Krankenkassen) gestellt werden. Er wird dann von diesen Stellen an die zuständige Agentur für Arbeit weitergeleitet. Insbesondere zur Einhaltung der Zweimonatsfrist können auch Sammelanträge der Arbeitnehmer gestellt werden. Die Form ist durch die Arbeitnehmer oder ihre

Bevollmächtigten (z. B. Betriebsrat, Gewerkschaft, Arbeitgeber, Insolvenzverwalter) mit der Agentur für Arbeit zu vereinbaren.

Mit der Stellung des Antrags auf Insolvenzgeld gehen Ansprüche auf Arbeitsentgelt auf die Agentur für Arbeit über (§ 169 SGB III). Soweit dem Antrag jedoch nicht oder nur zum Teil stattgegeben wird, fällt der Anspruch an den Arbeitnehmer zurück.

Internet und Telekommunikation

I. Allgemeine Grundsätze

II. Dienstliche Nutzung
  1. Begriff
  2. Regelungsmöglichkeiten

III. Private Nutzung
  1. Begriff
  2. Regelungsmöglichkeiten
  3. Rücknahme einer Erlaubnis

IV. Datenschutz und Fernmeldegeheimnis
  1. Übersicht
  2. Dienstliche Nutzung
  3. Private Nutzung
  4. Beteiligung des Betriebsrats

V. Möglichkeiten des Arbeitgebers bei Zuwiderhandlungen des Arbeitnehmers

VI. Checkliste Internet/Telekommunikation
  A. Inhalt einer betrieblichen Richtlinie zur Internet-Nutzung

I. Allgemeine Grundsätze

Zum Zweck der betrieblichen Kommunikation werden diverse elektronische Kommunikationsmittel eingesetzt. Hierzu gehören u. a. Telefon und Internet sowie die damit ermöglichten Telekommunikationsdienste wie E-Mail, SMS, Instant Messaging und Voice-over-IP. Mit dem Einsatz solcher Kommunikationsmittel und -dienste sind neben dem betrieblichen Nutzen auch spezifische Gefahren für den Betrieb verbunden. Solche können z. B. sein:

▶ Einschleppen von Computerviren und hierdurch bedingter Datenverlust;

▶ Systembeeinträchtigung durch die Installation fremder Programme;

▶ Einschleppen von sog. Trojanern, die den unberechtigten Zugriff auf den internen Datenbestand ermöglichen;

▶ Verbreitung rufschädigender Äußerungen über die Kontaktadresse (Telefonnummer, IP, E-Mail-Adresse etc.) des Arbeitgebers;

▶ absichtliche oder versehentliche (unverschlüsselte) Übermittlung von Betriebsgeheimnissen an unberechtigte Empfänger;

▶ durch die private Nutzung bedingte Vergeudung von Arbeitszeit und

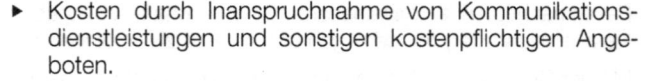

▶ Kosten durch Inanspruchnahme von Kommunikations-dienstleistungen und sonstigen kostenpflichtigen Angeboten.

Einige dieser Gefahren können durch den Einsatz technischer Hilfsmittel (z. B. Virenschutzprogramme, sog. Firewalls und Zugangsbeschränkungen) reduziert werden. Dies gewährt jedoch nur bedingt Schutz vor ungewünschten Beeinträchtigungen des Betriebs. Daher hat der Arbeitgeber regelmäßig ein großes Interesse an der Regelung und Kontrolle der Nutzung durch seine Mitarbeiter. Hierbei sind arbeitsrechtliche Grundsätze ebenso wie datenschutzrechtliche Bestimmungen zu beachten. Besondere Anforderungen ergeben sich, wenn der Arbeitgeber seinen Mitarbeitern die private Nutzung der elektronischen Kommunikationsmittel gestattet oder diese stillschweigend duldet. Daher kommt der Unterscheidung zwischen einer privaten und betrieblichen Nutzung erhebliche Bedeutung zu.

> **TIPP!**
> Der Einsatz betrieblicher Kommunikationsmittel sollte durch den Arbeitgeber konkret geregelt werden. Dies kann durch Richtlinien, Betriebsvereinbarungen oder Klauseln im Arbeitsvertrag geschehen. Hierbei ist auf die speziellen Belange des Unternehmens und die konkreten Kommunikationsmittel und -dienste, sowie die Anwendung von Schutz und Kontrollsysteme detailliert einzugehen. Eine Übernahme von Standardformulierungen ist grundsätzlich zu vermeiden, da die fehlende Abstimmung auf die tatsächlichen betrieblichen Verhältnisse nahezu zwingend zu gefährlichen Regelungslücken und/oder Widersprüchen führt.

II. Dienstliche Nutzung

1. Begriff

Immer dann, wenn ein Bezug zu den dienstlichen Aufgaben besteht, liegt eine dienstliche Nutzung vor. Ob der Einsatz des Kommunikationsmittels im konkreten Fall zweckmäßig ist oder nicht, spielt keine Rolle. Für die dienstliche Nutzung reicht es aus, dass ein dienstlicher Anlass besteht, also die Arbeit vorangebracht werden soll.

> **WICHTIG!**
> Ein dienstlicher Anlass ist auch gegeben, wenn sich ein betrieblicher Umstand auf den privaten Lebensbereich des Arbeitnehmers auswirkt (z. B. Mitteilung der verspäteten Heimkehr an Lebenspartner per E-Mail, SMS oder Telefon).

2. Regelungsmöglichkeiten

Der Arbeitgeber kann den Rahmen der dienstlichen Nutzung

▶ einseitig vorgeben oder

▶ mit dem Betriebsrat per Betriebsvereinbarung regeln oder

▶ mit jedem Arbeitnehmer selbst vereinbaren.

Um die betriebstypischen Anforderungen zu ermitteln und praktisch umsetzbare Regelungen zu erreichen, empfiehlt sich die Bildung einer entsprechenden Arbeitsgruppe. Folgende Punkte sollten geregelt werden:

Von besonderer Bedeutung sind allgemeine Sicherheitsbestimmungen. Hierbei geht es sowohl um die Sicherung des eigenen Datenbestands (gegen Viren, Trojaner, Verlust empfangener E-Mails) als auch um den Schutz vor der unzulässigen Weiterleitung von betriebsinternen Informationen.

Neben der Auferlegung von klaren Verschwiegenheitsverpflichtungen, die ggf. über die generellen Bestimmungen im Arbeitsvertrag hinausgehen, sollten Vorschriften zur Anwendung von Virenschutzprogrammen und Zugangsbestimmungen erlassen werden. In diesem Zusammenhang ist auch die Zuteilung und der verantwortliche Umgang mit Passwörtern zu regeln.

Vertrauliche Dokumente (insbesondere Anlagen) sollten klassifiziert und verschlüsselt werden und die Mitarbeiter sollten zur Verwendung einheitlicher E-Mail-Formulare (in denen ggf. Vertraulichkeitshinweise angebracht sind) angehalten werden. Sowohl von versandten als auch von eingegangenen E-Mails sollten immer Sicherungskopien angefertigt werden.

Kettenbriefe via E-Mail bergen besondere Sicherheitsrisiken. Das Öffnen, Versenden oder Weiterleiten dieser Briefe sollte deshalb kategorisch verboten werden.

E-Mails werden in aller Regel von den Absendern selbst geschrieben (und nicht nach Diktat), was zumindest bei ungeübten Verfassern einen erhöhten Zeitaufwand erfordert. Gerade im innerbetrieblichen Einsatz wird gerne und häufig von diesem Kommunikationsmittel Gebrauch gemacht. Dies liegt nicht zuletzt daran, dass eine elektronische Nachricht ohne zeitliche Verzögerungen gleichzeitig an mehrere Empfänger übermittelt werden kann. Diese Umstände führen oft dazu, dass innerbetrieblich eine Flut von Nachrichten zu bearbeiten ist. Die Mitarbeiter sollten deshalb angewiesen werden, den Inhalt von E-Mails kurz und prägnant zu fassen („KISS" = keep it short and simple) und Kopien (nur) an die Personen zu übermitteln, die der Inhalt auch etwas angeht (Verteilerregelung).

Im Umgang mit externen Empfängern sollte der Arbeitgeber darauf hinwirken, dass trotz des einfachen Übermittlungswegs keine vorschnellen Erklärungen abgegeben werden. Die Mitarbeiter sollten deshalb darauf hingewiesen werden, dass rechtsgeschäftliche Äußerungen per E-Mail oder SMS genauso verbindlich sein können wie schriftliche per Brief, sofern nicht zwingend die Schriftform gesetzlich oder vertraglich vorgeschrieben ist. Sie sollten außerdem aufgefordert werden, auch bei der Korrespondenz über die elektronischen Kommunikationsmittel ihre Erklärungskompetenzen einzuhalten.

Auch der Ausdruck von E-Mails stellt sich immer wieder als problematisch heraus. Entweder werden die ausgedruckten Schriftstücke nicht richtig zugeordnet oder sie werden vorschnell entsorgt. Der Arbeitgeber sollte daher zum sorgfältigen Umgang mit ausgedruckten E-Mails entweder durch Zuordnung in die betreffende Akte oder durch Vernichtung per Shredder auffordern.

Das Surfen im Internet kann aus dienstlichen Gründen erforderlich sein. Etliche Informationen sind dabei nur kostenpflichtig erhältlich. Damit diese Kosten bei der Flut der im Internet zur Verfügung stehenden Informationen nicht ausufern, empfiehlt es sich, die in Frage kommenden Anbieter vorher auszuwählen und den Zugriff nur auf diese Websites zu begrenzen.

Um das Sicherheitsrisiko beim Herunterladen von Daten zu minimieren, sollte ein Virenschutzprogramm zwischengeschaltet werden und das Herunterladen von ungescannten Programmen generell verboten werden.

III. Private Nutzung

1. Begriff

Immer dann, wenn die Nutzung der betrieblichen Kommunikationsmittel nicht dienstlich veranlasst ist, liegt eine private Nutzung vor. Der Arbeitgeber kann grundsätzlich frei darüber entscheiden, ob und ggf. in welchem Rahmen er seinen Mitarbeitern eine private Nutzung gestatten will. Für die private Nutzung ist also die Genehmigung des Arbeitgebers erforderlich.

> **WICHTIG!**
> Die Weisungsbefugnis des Arbeitgebers besteht nur hinsichtlich der privaten Nutzung betrieblicher – also der vom Arbeitgeber zur Verfügung gestellten Kommunikationsgeräte und -dienste. Die private

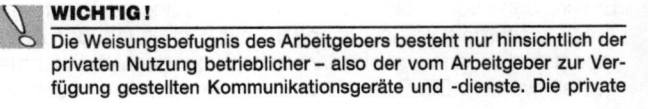

Nutzung eigener Geräte des Arbeitnehmers im Betrieb (wie z. B. Handy) kann nicht einschränkungslos untersagt werden. Hier muss in jedem Fall eine Interessenabwägung getroffen werden. So kann das Mitbringen von Kamerahandys in sicherheitsempfindliche Bereiche (z. B. in Entwicklungsabteilungen) gänzlich untersagt werden, wenn dies zur Sicherung von Betriebsgeheimnissen erforderlich ist. Einem generellen Verbot zur privaten Handynutzung, das auch die Pausen umfasst, liegen regelmäßig keine ausreichenden Arbeitgeberinteressen zu Grunde. Da es sich bei dem Verbot der Nutzung eigener Geräte im Betrieb um eine Angelegenheit der betrieblichen Ordnung handelt, besteht diesbezüglich ein Mitbestimmungsrecht des Betriebsrates.

Die Genehmigung zur privaten Nutzung betrieblicher Kommunikationsmittel kann allgemein, z. B. im Wege einer Betriebsvereinbarung, erteilt oder mit jedem Arbeitnehmer einzeln vereinbart werden. Sie kann aber auch durch eine Richtlinie oder stillschweigend gestattet werden.

ACHTUNG!

Ein Anspruch auf die Gestattung der privaten Nutzung kann sich auch aus einer betrieblichen Übung ergeben, z. B. wenn die private Nutzung über einen längeren Zeitraum hinweg vom Arbeitgeber gebilligt wird. Ist erst einmal eine betriebliche Übung entstanden, so kann der Arbeitgeber diese nicht einfach wieder beseitigen. Hierzu bedarf es der Zustimmung der Mitarbeiter oder einer Änderungskündigung. Eine ablösende Betriebsvereinbarung, mit der die private Nutzung betrieblicher Kommunikationsmittel einfach untersagt wird, kommt dann nicht (mehr) in Betracht. Mehr zum Thema: s. „→ Betriebliche Übung".

Die Gestattung der privaten Nutzung der betrieblichen Kommunikationsmittel bringt erhebliche datenschutzrechtliche Konsequenzen mit sich, da der Arbeitgeber insoweit als Anbieter von Telemedien und Telekommunikationsdienstleistungen i. S. d. gesetzlichen Bestimmungen (TKG, TMG) einzustufen ist. Vor einer Gestattung der privaten Nutzung sollte sich der Arbeitgeber also genau überlegen, ob er die hiermit einhergehenden Auflagen erfüllen will und kann (s. hierzu mehr unter IV. „Datenschutz und Fernmeldegeheimnis").

2. Regelungsmöglichkeiten

Wenn der Arbeitgeber die private Nutzung betrieblicher Kommunikationsmittel gestatten will, sollte er die Rahmenbedingungen auf jeden Fall so genau wie möglich regeln.

Zunächst sollte der Umfang der erlaubten privaten Nutzung exakt bestimmt werden. Allein der Hinweis auf eine „Angemessenheit" der erlaubten Nutzung reicht i. d. R. nicht aus, um hieraus Ansprüche gegen einen Mitarbeiter herzuleiten. Vielmehr sollten klare Grenzen gesetzt werden. So kann z. B. die private Nutzung betrieblicher Kommunikationsmittel während der Arbeitszeit generell verboten bzw. die Erlaubnis auf die private Nutzung in Arbeitspausen beschränkt werden. Auch können zeitliche Grenzen für die Dauer der privaten Nutzung vorgegeben werden. Das Führen von Auslandstelefonaten oder die Inanspruchnahme von kostenpflichtigen Internetangeboten sollte zu privaten Zwecken generell verboten werden.

Für die private Nutzung von E-Mails oder SMS sind neben den allgemeinen Vorgaben (zur dienstlichen Nutzung) besondere Vorschriften zu erlassen. Verboten werden sollte auf jeden Fall die private Übersendung betriebsinterner (nicht nur vertraulicher) Daten sowie der Versand von Nachrichten, die einen anstößigen oder strafbaren Inhalt haben (z. B. ausländerfeindliche Parolen) oder die in irgendeiner Weise das Ansehen des Arbeitgebers schädigen könnten.

Aus Sicherheits- und Kostengründen empfiehlt es sich im Zusammenhang mit der Nutzung von Computer und Internet,

▶ das Herunterladen von Dateien und Programmen zur privaten Nutzung,

▶ das Installieren privater oder fremder Software,

▶ den Aufruf kostenpflichtiger Websites und

▶ den Besuch von Internetseiten mit anstößigem oder strafbarem Inhalt (egal, ob kostenpflichtig oder nicht)

generell zu verbieten.

TIPP!

Der Arbeitgeber sollte die Erlaubnis zur privaten Nutzung davon abhängig machen, dass sich der Arbeitnehmer mit einem vom Arbeitgeber eingeführten Kontrollsystem schriftlich einverstanden erklärt.

3. Rücknahme einer Erlaubnis

Wird die private Internet-Nutzung gestattet, liegt hierin grundsätzlich eine freiwillige Leistung des Arbeitgebers. Zur Klarstellung sollte der Arbeitgeber die Gestattung ausdrücklich unter den Vorbehalt der Freiwilligkeit stellen. Erst einmal entstandene Ansprüche des Arbeitnehmers, sei es durch Regelungen im Arbeitsvertrag, durch Betriebsvereinbarung oder durch betriebliche Übung, können ohne einen entsprechenden Vorbehalt nicht mehr ohne weiteres zurückgenommen werden.

Formulierungsbeispiel:

„Dem Arbeitnehmer wird freiwillig und ohne Begründung eines Rechtsanspruchs gestattet, die am Arbeitsplatz vorhandenen Kommunikationsmittel – nach Maßgabe weiterer Anordnungen des Arbeitgebers – privat zu nutzen."

IV. Datenschutz und Fernmeldegeheimnis

1. Übersicht

Um die Einhaltung der Bestimmungen zur Nutzung der betrieblichen Kommunikationsmittel effektiv zu überwachen, sind technische Einrichtungen erforderlich, die unmittelbar an die technischen Übertragungsvorgänge anknüpfen, also z. B. erfassen, wann welcher Arbeitnehmer welche E-Mail abgesandt oder erhalten hat. Es gibt in diesem Bereich eine Vielzahl von Systemen, deren Einsatzmöglichkeiten vom im Betrieb verwendeten EDV-System abhängen.

ACHTUNG!

Solche Überwachungseinrichtungen sind nicht uneingeschränkt zulässig! Bei ihrer Einführung und Nutzung müssen die Persönlichkeitsrechte des Arbeitnehmers, der Datenschutz, das Fernmeldegeheimnis und eventuelle Mitbestimmungsrechte des Betriebsrats beachtet werden.

Auch wenn keine besonderen technischen Überwachungseinrichtungen installiert werden, muss der Arbeitgeber zwingende gesetzliche Regelungen zur Speicherung und dem Abruf von Daten beachten.

2. Dienstliche Nutzung

Dem Interesse des Arbeitgebers an der Erhebung und Speicherung von Daten im Zusammenhang mit der dienstlichen Nutzung von betrieblichen Kommunikationsmitteln und -diensten steht das verfassungsrechtlich geschützte Recht des Arbeitnehmers auf freie Entfaltung seiner Persönlichkeit gegenüber. Vor diesem Hintergrund hat das Bundesdatenschutzgesetz (BDSG) den Zweck, den Umgang mit personenbezogenen Daten zu regeln. Immer dann, wenn die Überwachung Rückschlüsse auf das Verhalten eines bestimmten Arbeitnehmers zulässt (also kein anonymer Telefon-, Internet- oder E-Mail-Zugang verwendet wird), ist von der Verwertung personenbezogener Daten auszugehen.

Das BDSG gestattet dem privaten Arbeitgeber die Erhebung, Speicherung, Veränderung oder Übermittlung personenbezogener Daten oder deren Nutzung für die Erfüllung eigener Geschäftszwecke nur, soweit dies der Erfüllung des Arbeitsverhältnisses dient. Der Zweck der Datenerhebung, -speicherung und -nutzung ist hierbei konkret festzulegen.

Einen hinreichend konkretisierten Zweck kann die Erfassung von Zeit- und Verbindungsdaten zur Abrechnung des eingerichteten Telekommunikationssystems darstellen. Ein ausreichender Grund zur stichprobenweisen Feststellung des Nutzungsumfanges kann auch darin liegen, dass der Arbeitgeber die Wirtschaftlichkeit der eingesetzten Kommunikationsmittel und -dienste analysieren und ggf. optimieren will. Zu diesem Zweck können etwa die dienstlich angewählten Telefonnummern, Internetadressen und die Verbindungsdaten von dienstlichen E-Mails (z. B. Uhrzeit und Datum) erhoben und gespeichert werden.

Den konkreten Zweck der Datenerfassung hat der Arbeitgeber im Streitfall darzulegen und zu beweisen. Nicht zuletzt aus diesem Grund ist zu empfehlen, die schriftliche Einwilligung des Arbeitnehmers mit der Internet- und E-Mail- und IP-Überwachung einzuholen, und zwar auch dann, wenn sich diese ausschließlich auf die Erfassung „äußerer" Daten (z. B. E-Mail-Adressen, Zeit und Dauer der Verbindungen oder Größe der übermittelten Dateien) beschränkt. Dies gilt unabhängig davon, ob die Internet-Nutzung auch zu privaten Zwecken gestattet ist oder nicht.

 TIPP!

Im Gegenzug zur Erlaubnis der privaten Internet-Nutzung sollte von jedem einzelnen Arbeitnehmer die schriftliche Zustimmung zu einem solchen Überwachungssystem verlangt werden.

Ein solches Einverständnis sollte nicht zu allgemein gehalten sein, sondern im direkten Bezug auf das Überwachungssystem abgegeben werden. Am besten ist es, die Überwachungsbedingungen auf dem Blatt, das die Erklärung und Unterschrift des Arbeitnehmers enthält, detailliert aufzuführen. Die Erklärung des Arbeitnehmers sollte darauf Bezug nehmen.

Formulierungsbeispiel:

„Mit den vorgenannten Bedingungen zur Überwachung der Nutzung betrieblicher Kommunikationsmittel – insbesondere mit der Erfassung, Speicherung und Verwertung meiner hierdurch veranlassten personenbezogenen Daten und der Einsichtnahme in die über mein E-Mail-Postfach laufenden Mitteilungen – erkläre ich mich einverstanden."

Wenn diese schriftliche Einverständniserklärung nicht vorliegt, sollte sich ein betriebliches Überwachungssystem auf die abstrakte Erfassung der „äußeren" Daten (wie. z. B. E-Mail-Adressen, Zeit und Dauer der Verbindungen sowie Größe der übermittelten Dateien) beschränken, ohne die Inhalte der E-Mails zu überprüfen. Ein Zugriff auf die übermittelten Inhalte ist nach dem Bundesdatenschutzgesetz auch bei rein dienstlicher Nutzung grundsätzlich nur dann gestattet, wenn auf Seiten des Arbeitgebers ein begründeter Verdacht auf strafbare Handlungen, insbesondere den Verrat von Betriebs- oder Geschäftsgeheimnissen besteht.

ACHTUNG!

Bloße Mutmaßungen reichen hierfür nicht aus. Es müssen konkrete Indizien oder Beweise für eine strafbare Handlung vorliegen.

In diesem Zusammenhang kann die Filterung von dienstlichen E-Mails nach bestimmten Schlüsselworten (Key-Words) sinnvoll sein. So können z. B. neue (geheime) Produktnamen, bestimmte Empfängerdaten (Namen von Konkurrenzunternehmen) oder Worte wie „vertraulich" oder „geheim" als Auswahlkriterien des Überwachungssystems eingegeben werden. Je nach der technischen Ausgestaltung solcher Programme kommen auch die Domäne-Namen von Internet-Seiten mit anstößigem oder strafbarem Inhalt hierfür in Frage. Wenn ein entsprechender Begriff in den E-Mails auftaucht, wird die Nachricht automatisch ausgesondert. Bevor dann jedoch Zugriff auf den Inhalt genommen wird, sollte zunächst überprüft

werden, ob sich aus der Gesamtheit der so ermittelten Daten hinreichende Verdachtsmomente für eine unzulässige oder strafbare Nutzung des Internets ergeben.

Ferner sollte sichergestellt werden, dass die Einsichtnahme bei konkretem Verdacht nur durch besonders zur Verschwiegenheit verpflichtete Personen erfolgt.

Eine Überwachung unter Beachtung dieser gerade genannten Punkte dürfte allerdings nur dann zulässig sein, wenn der Arbeitnehmer hierzu sein schriftliches Einverständnis erteilt hat.

Es ist auch möglich, die genannten Überwachungssysteme parallel anzuwenden: Wird anhand eines Schlüsselbegriffs der Verdacht einer unzulässigen E-Mail oder Internet-Nutzung wach, ist zunächst zu überprüfen, ob sich der betreffende Arbeitnehmer für diesen Fall mit einer Einsichtnahme einverstanden erklärt hat. Ist dies nicht der Fall, müssen weitere Verdachtsmomente hinzukommen (z. B. Empfängerdaten), damit der Arbeitgeber Zugriff auf den Inhalt der E-Mail nehmen darf.

Bei der Überwachung von Telefonaten werden folgende Einzelmaßnahmen unterschieden:

▶ Abhören: Hier schaltet sich der Arbeitgeber in die Leitung ein und kann die Äußerungen beider Teilnehmer über seinen Apparat hören.

▶ Mithören: Hier ist der Arbeitgeber bei einem Teilnehmer anwesend und kann mittels eines Lautsprechers nicht nur dessen Äußerungen, sondern auch die des anderen hören.

▶ Mitschneiden: Hier werden Gesprächsinhalte aufgezeichnet.

▶ Elektronische Erfassung von Gesprächen nach zeitlicher Lage, Dauer und Zielnummer.

Die Rechtsprechung hat die Zulässigkeit dieser Maßnahmen wie folgt beurteilt:

Unzulässige Maßnahmen

Unzulässig ist:

▶ das unbemerkte Abhören von dienstlichen und privaten Telefonaten des Arbeitnehmers ohne dessen Einwilligung;

▶ das heimliche Mitschneiden eines Telefonats (nur in extremen Ausnahmefällen wie z. B. einer Erpressung ist es ausnahmsweise erlaubt);

▶ das vom anderen Teilnehmer unbemerkte Mithörenlassen eines Gesprächs, und zwar auch bei einem rein geschäftlichen Telefonat.

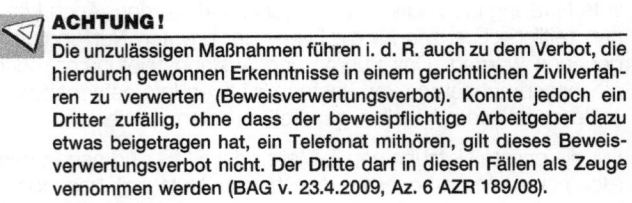 **ACHTUNG!**

Die unzulässigen Maßnahmen führen i. d. R. auch zu dem Verbot, die hierdurch gewonnen Erkenntnisse in einem gerichtlichen Zivilverfahren zu verwerten (Beweisverwertungsverbot). Konnte jedoch ein Dritter zufällig, ohne dass der beweispflichtige Arbeitgeber dazu etwas beigetragen hat, ein Telefonat mithören, gilt dieses Beweisverwertungsverbot nicht. Der Dritte darf in diesen Fällen als Zeuge vernommen werden (BAG v. 23.4.2009, Az. 6 AZR 189/08).

Zulässige Maßnahmen

Zulässig ist:

▶ das Abhören von Telefonaten mit Einverständnis des Arbeitnehmers, wenn dieser Eingriff in das Persönlichkeitsrecht des Arbeitnehmers nach Inhalt, Form und Begleitumständen verhältnismäßig ist. Bejaht wurde dies vom BAG für die Überwachung von Gesprächen eines Auszubildenden in einer Reservierungszentrale. Die Rechtsprechung der unteren Gerichte steht einer generellen Abhörmöglichkeit eher kritisch gegenüber; im Zweifel sollte in diesen Fällen deshalb nicht abgehört werden;

▶ das Mithören, wenn der Arbeitnehmer konkret und bezogen auf dieses Telefonat zugestimmt hat (die bloße Kenntnis des Arbeitnehmers von derartigen Praktiken reicht nicht aus);

▶ das sog. Aufschalten, mit dem sich ein Dritter deutlich wahrnehmbar in ein Telefonat einschaltet;

▶ das Mitschneiden von Gesprächsinhalten, sofern der Arbeitnehmer und der andere Gesprächspartner hierzu ihre Zustimmung erteilt haben und berechtigte Interessen des Arbeitgebers dies rechtfertigen (z. B. im Call-Center, beim Telefonmarketing etc.);

▶ die Aufzeichnung von Gesprächsdaten durch die EDV, und zwar auch bei Ferngesprächen des Betriebsrats, nicht jedoch bei Ortsgesprächen und hausinternen Telefonaten. Vielfach werden die letzten zwei bis vier Ziffern der Zielnummer bei der Speicherung weggelassen, um noch nicht abschließend geklärten datenschutzrechtlichen Bedenken zuvorzukommen. Einschränkungen gelten z. B. beim Betriebspsychologen. Hier dürfen die Zielnummern nicht gespeichert werden. Technisch ist es auch möglich, durch eine bestimmte Vorwahl zwischen geschäftlichen und privaten Telefonaten zu differenzieren. Dann dürfen die Zielnummern der privaten Telefonate nicht gespeichert werden.

3. Private Nutzung

Gestattet der Arbeitgeber dem Arbeitnehmer die private Nutzung seines Telefon- und E-Mail-Anschlusses, so muss er neben den datenschutzrechtlichen Bestimmungen (s. o. 2.) für alle Inhalte und die näheren Umstände der dieser privaten Telekommunikation auch das Fernmeldegeheimnis gem. § 88 Telekommunikationsgesetz (TKG) wahren. Dem Fernmeldegeheimnis unterliegen der Inhalt der Telekommunikation und die Tatsache, dass jemand an einem Telekommunikationsvorgang beteiligt ist oder war. Nur soweit es zum Zwecke der Bereitstellung, Abrechnung und Sicherstellung eines geregelten Kommunikationsablaufes notwendig ist, dürfen Nutzerdaten erfasst und verwendet werden.

Entsprechendes gilt für erlaubte private Nutzung des Internets. Hier ist der Arbeitgeber als „Anbieter" von Telemedien im Sinne des Telemediengesetzes (TMG) einzustufen. Da dann ein Anbieter-Nutzer-Verhältnis zwischen ihm und seinem Arbeitnehmer besteht, hat der Arbeitgeber die datenschutzrechtlichen Bestimmungen des TMG zu beachten. In Bezug auf die äußeren Daten der Internetnutzung (besuchte Seiten im Internet, Verweildauer, Uhrzeiten) bedeutet dies, dass der Arbeitgeber personenbezogene Daten eines Nutzers nur insoweit erheben und verwenden darf, soweit dies erforderlich ist, um die Inanspruchnahme von Telemedien zu ermöglichen und abzurechnen. Erlaubt ist demnach nur eine Datenerhebung zu Abrechnungszwecken oder zur Sicherung der Dienstleistung bzw. für die Fehlersuche und -behebung. Nach § 15 VI TMG darf eine Abrechnung aber nicht Zeitpunkt, Dauer, Art, Inhalt und Häufigkeit bestimmter, von einem Nutzer in Anspruch genommener Telemedien erkennen lassen. Wenn der Arbeitgeber Daten der Privatnutzung verwenden will, die nicht ausschließlich Abrechnungszwecken dienen, so hat er eine Einwilligung der Arbeitnehmer einzuholen.

> **WICHTIG!**
> Ein sog. Anbieter-Nutzer-Verhältnis besteht nach den Vorschriften des TKG und TMG nur dann, wenn der Arbeitgeber die private Nutzung der betrieblichen Kommunikationseinrichtungen gestattet oder zumindest duldet und somit als Anbieter von Telemedien und Telekommunikationsdiensten auftritt. Bei einer verbotenen Privatnutzung finden diese Vorschriften keine Anwendung.

Betriebliche und private Kommunikation müssen strikt voneinander getrennt werden. Dies gilt auch für die Verkehrsdaten (der Arbeitnehmer und Dritter) aus den erfolgten Kommunika-

tionen (E-Mails, Telefonanrufe, etc). Die entsprechenden privat veranlassten Kommunikationsinhalte und -daten müssen durch angemessene technische Vorkehrungen geschützt (§ 109 I Nr. 1 TKG) und geheim gehalten werden (§ 88 II TKG). Dies erfordert organisatorisch und technisch eine entsprechende Trennung der privat veranlassten von den sonstigen Kommunikationsinhalten und Verkehrsdaten, um insbesondere aus dem Fernmeldegeheimnis die private Telekommunikation (etwa über E-Mails) der Arbeitnehmer und ihrer externen Kommunikationspartner gegen Einsichtnahme zu schützen. Auch Inhalte der von Arbeitnehmern privat heruntergeladenen Webseiten darf der Arbeitgeber nicht zur Kenntnis nehmen bzw. prüfen, selbst wenn die private Veranlassung des Downloads nicht klar erkennbar ist. Für E-Mail-Systeme kann dies durch Einrichten getrennter, privater E-Mail-Accounts erfolgen, für Internet-Zugänge durch Zuweisen arbeitnehmereigener Zugangsberechtigungen und Passwörter.

> **ACHTUNG!**
> Nimmt der Arbeitgeber keine derartige Trennung betrieblicher und privater Telekommunikation der Arbeitnehmer vor, strahlt das Fernmeldegeheimnis auch auf betriebliche Kommunikationen aus, die dann wie private Kommunikationen zu behandeln sind. Soweit sich also etwa private E-Mails im E-Mail-System des Unternehmens nicht klar von betrieblichen E-Mails unterscheiden lassen, müssen auch die betrieblich veranlassten E-Mails wie private E-Mails der Arbeitnehmer behandelt werden.

Wenn der Arbeitgeber die private Nutzung von Kommunikationsmitteln gestattet, muss er auch die Vertraulichkeit des (gesprochenen oder geschriebenen) Worts beachten. In einer Entscheidung des Europäischen Gerichtshofes für Menschenrechte EGMR (Application no. 62617/00, Case of Copland v. United Kingdom) wurde klargestellt, dass eine Überwachung der Internetnutzung am Arbeitsplatz jedenfalls dann gegen das Gebot zur Achtung der Privatsphäre (Art. 8 EMRK) verstößt, wenn dies ohne Zustimmung des Arbeitnehmers geschieht und keine hinreichende Rechtfertigung hierfür gegeben ist.

> **ACHTUNG!**
> Die Gestattung der privaten Nutzung der betrieblichen Telekommunikationsdienste führt auch dazu, dass der Arbeitgeber spätestens ab dem 1.1.2009 zur sog. Vorratsdatenspeicherung verpflichtet ist. Die Entscheidungen des Bundesverfassungsgerichts zur Vorratsdatenspeicherung betreffen nur Abruf und Auswertung der gespeicherten Daten durch die berechtigten Stellen und nicht die Speicherpflicht als solche. Keine Speicherpflicht besteht, soweit die Nutzung der Kommunikationssysteme rein dienstlich erfolgt und eine Privatnutzung nicht gestattet ist. Die Speicherpflicht gilt für Telefondienste (inkl. Handys, SMS und MMS), IP-Telefonie, E-Mail und Internet-Zugangsdienste. Nicht gespeichert werden dürfen Inhalte der Kommunikation und Daten über aufgerufene Internet-Seiten. Die Verkehrsdaten aus der privaten Nutzung müssen, um kontrollierbar zu sein, mit ihrem Personenbezug und getrennt von anderen Arbeitnehmerdaten (bzw. sonstigen personenbezogenen Daten) gespeichert und für den Zugriff bereitgehalten werden. Die Speicherung der Daten muss auf Vorrat für die Dauer von sechs Monaten ab dem jeweiligen Zeitpunkt der Datenerzeugung, also fortlaufend für jede Datenerhebung und -verarbeitung neu erfolgen. Spätestens einen Monat nach Ablauf der jeweiligen Sechsmonatsfrist müssen die auf Vorrat gespeicherten Daten unverzüglich gelöscht werden. Erfolgt die Privatnutzung fortlaufend, z. B. jeden Arbeitstag, müssen Speicherung und Löschung entsprechend fortlaufend durchgeführt und ein entsprechender (elektronischer) Fristenkalender verwaltet werden.

4. Beteiligung des Betriebsrats

Die Einführung und Anwendung von technischen Einrichtungen, die dazu bestimmt sind, das Verhalten oder die Leistung des Arbeitnehmers zu überwachen, ist mitbestimmungspflichtig (§ 87 Abs. 1 Nr. 6 BetrVG). Hierzu gehören auch technische Einrichtungen, die die Nutzung von Telefon, des Internets bzw. des E-Mail-Systems überwachen. Dies gilt unabhängig davon, ob die Nutzung zu rein dienstlichen oder auch zu privaten

Zwecken erfolgt oder ob sich die Überwachung nur auf die Erfassung der „äußeren" Daten beschränkt. In jedem Fall lässt die Nutzung ja Rückschlüsse auf das Verhalten am Arbeitsplatz zu, so dass der Betriebsrat zustimmen muss. Nach der Rechtsprechung des BAG ist auch die Einführung und Anwendung eines Telefondatenerfassungssystems mitbestimmungspflichtig, wenn das System die Nebenstelle, den Tag, die Uhrzeit, die Zielnummer und die Dauer eines vom Betrieb aus geführten externen Gespräches aufzeichnet. Dies gilt auch für Anlagen, die ein Aufschalten oder Mithören ermöglichen.

Hat der Betriebsrat der Erfassung von Daten nicht zugestimmt, müssen diese umgehend wieder gelöscht werden. Außerdem ist eine Verwertung der Überwachungsergebnisse dem Arbeitnehmer gegenüber unzulässig.

⚠ **ACHTUNG!** Die Zustimmung des Betriebsrats zu einer datenschutzrechtlich unzulässigen Maßnahme macht diese nicht rechtmäßig!

V. Möglichkeiten des Arbeitgebers bei Zuwiderhandlungen des Arbeitnehmers

Hat der Arbeitgeber die private Nutzung weder ausdrücklich noch stillschweigend gestattet und liegt auch keine betriebliche Übung vor, darf der Arbeitnehmer die betrieblichen Kommunikationsmittel und -dienste ausschließlich dienstlich nutzen. Auch hierbei muss er die Vorgaben des Arbeitgebers beachten. Tut er dies nicht, verstößt er gegen seine arbeitsvertraglichen Pflichten. Dies gilt insbesondere für eine unerlaubte private Nutzung oder die Vergeudung von Arbeitszeit.

Die unerlaubte private Nutzung berechtigt den Arbeitgeber im Falle eines Verstoßes zu einer → Abmahnung, es sei denn, der Arbeitnehmer hat einen Entschuldigungsgrund (z. B. private Notlage). Im Wiederholungsfall kann der Arbeitgeber eine verhaltensbedingte (ordentliche) → Kündigung aussprechen.

Eine außerordentliche → Kündigung kommt immer nur dann in Betracht, wenn ein schwerwiegender Verstoß gegen die arbeitsvertraglichen Pflichten vorliegt. Dies kann z. B. bei der Verbreitung von Betriebsgeheimnissen via Internet oder bei der Inanspruchnahme von unsittlichen oder strafbaren Internet-Programmen der Fall sein.

Grundsätzlich kann die private Nutzung der betrieblichen Kommunikationsmittel am Arbeitsplatz nur dann zu einer außerordentlichen Kündigung führen, wenn diese vom Arbeitgeber zuvor ausdrücklich verboten wurde. Nutzt der Arbeitnehmer jedoch während der Arbeitszeit die Kommunikationsmittel in erheblichem zeitlichem Umfang („ausschweifend") zu privaten Zwecken, so kann er auch bei Fehlen eines ausdrücklichen Verbots grundsätzlich nicht darauf vertrauen, der Arbeitgeber werde dies tolerieren. In diesen Fällen kann auch eine fristlose Kündigung ohne vorherige Abmahnung gerechtfertigt sein (BAG v. 31.5.2007, Az. 2 AZR 200/06; BAG v. 7.7.2005, Az. 2 AZR 581/04).

Beispiele:

„Lädt ein Arbeitnehmer während der Arbeitszeit pornografisches Bildmaterial aus dem Internet, das er auf Datenträgern des Arbeitgebers speichert und nutzt er den Internetzugang zum Einrichten einer Web-Page sexuellen Inhalts, rechtfertigt dies eine außerordentliche Kündigung" (Leitsatz eines Urteils des ArbG Hannover v. 1.12.2000, Az. 1 Ca 504/00 B). Installiert ein Arbeitnehmer verbotswidrig sog. Anonymisierungssoftware, die eine Kontrolle der technischen Betriebsmittel des Arbeitgebers erheblich erschwert oder vereitelt, kann eine außerordentliche Kündigung ohne vorherige Abmahnung gerechtfertigt sein (BAG v. 12.1.2006, Az. 2 AZR 179/05). Die unbefugte Übermittlung vertraulicher oder geheimer Daten des Arbeitgebers durch den Arbeitnehmer auf sein privates E-Mail-Postfach kann einen wichtigen Grund darstellen, der den Arbeitgeber sogar während einer Freistellung des Arbeitnehmers vor

dem in einem Aufhebungsvertrag vereinbarten Ende des Arbeitsverhältnisses noch zu einer außerordentlichen Kündigung berechtigt (vgl. LAG Hessen v. 29.8.2011, Az. 7 Sa 248/11).

Der Arbeitgeber hat im Streitfall konkret zu

- dem zeitlichen Umfang der Privatnutzung während der Arbeitszeit,
- der transferierten Datenmenge,
- der Gefährdung oder Beeinträchtigung des betrieblichen IT-Systems,
- den durch die Privatnutzung angefallenen zusätzlichen Kosten und
- einer etwaig verursachten Rufschädigung des Arbeitgebers oder der Beeinträchtigung anderer Personen

vorzutragen und etwaige Beweise zu erbringen.

Entsteht dem Arbeitgeber durch das unerlaubte Verhalten des Arbeitnehmers (z. B. Nichteinhaltung von Sicherheitsbestimmungen und hierdurch resultierenden Datenverlust oder Ansehensschädigung des Arbeitgebers) ein Schaden, kann er Schadensersatzanspruch nach den allgemeinen Regeln geltend machen (→ Haftung des Arbeitnehmers).

VI. Checkliste Internet/Telekommunikation

A. Inhalt einer betrieblichen Richtlinie zur Internet-Nutzung

Eine betriebsinterne Richtlinie zur Internet-Nutzung sollte folgende Punkte enthalten:

I. Allgemeine Sicherheitsregeln

□ Vorschrift zur Anwendung von Virenschutzprogrammen

□ Verbot des Installierens privater oder betriebsfremder Software und Anwendungen

□ Aufforderung zur Anfertigung von Sicherungskopien empfangener und versandter E-Mails

□ Klassifizierung und Verschlüsselung vertraulicher Dokumente

□ Verwendung einheitlicher E-Mail-Formulare (ggf. mit Vertraulichkeitshinweisen)

□ Verbot des Öffnens, Versendens oder Weiterleitens von Kettenbriefen

II. Dienstliche Nutzung

1. E-Mail und SMS

□ Der Inhalt muss kurz gefasst werden („KISS" = keep it short and simple)

□ Belehrung über die Verbindlichkeit rechtsgeschäftlicher Äußerungen per E-Mail/SMS

□ Aufforderung zur Einhaltung der Erklärungskompetenzen

□ Kopien dürfen nur an Personen übermittelt werden, die vom Inhalt betroffen sind

□ Aufforderung zum sorgfältigen Umgang mit ausgedruckten E-Mails, entweder durch Zuordnung in die betreffende Akte oder durch Vernichtung per Shredder

2. Surfen im Internet

□ Vorauswahl bestimmter Internetanbieter mit kostenpflichtigen Angeboten

□ Anwendung eines Virenschutzprogramms

□ Verbot des Herunterladens von ungescannten Programmen

III. Private Nutzung

1. E-Mail und SMS

- ❏ Darf das E-Mail privat genutzt werden?
- ❏ Wenn die private Nutzung erlaubt wird:
  - ▸ In welchem Ausmaß?
  - ▸ Ist die Nutzung während der Arbeitszeit gestattet?
- ❏ Verbot der privaten Übersendung betriebsinterner Daten
- ❏ Verbot der Weiterleitung von Nachrichten, die einen anstößigen oder strafbaren Inhalt haben oder die das Ansehen des Arbeitgebers schädigen können

2. Surfen im Internet

- ❏ Darf zu Privatzwecken gesurft werden?
- ❏ Wenn ja:
  - ▸ In welchem Ausmaß?
  - ▸ Darf während der Arbeitszeit gesurft werden?
- ❏ Verbot des Herunterladens von Programmen und Dateien zur privaten Nutzung
- ❏ Verbot der Inanspruchnahme kostenpflichtiger Internetanbieter
- ❏ Verbot des Besuchens von Internetseiten mit anstößigem oder strafbarem Inhalt

Jugend- und Auszubildendenvertretung

I.   Begriff

II.   Wahl

III. Geschäftsführung und Rechte
1. Organisation
2. Sitzungen
3. Beschlüsse
4. Sprechstunden
5. Schulungs- und Bildungsveranstaltungen
6. Teilnahmerecht an Betriebsratssitzungen
7. Teilnahmerecht an gemeinsamen Besprechungen

IV. Aufgaben der Jugend- und Auszubildendenvertretung

V.   Rechte der Jugend- und Auszubildendenvertreter
1. Besonderer Kündigungsschutz
2. Weiterbeschäftigungsanspruch

VI. Gesamt-Jugend- und Auszubildendenvertretung

VII. Konzern-Jugend- und Auszubildendenvertretung

I. Begriff

Die Jugend- und Auszubildendenvertretung nimmt die besonderen Belange der jugendlichen und der zu ihrer Ausbildung beschäftigten Arbeitnehmer wahr. Sie trägt Sorge dafür, dass die Interessen dieser Mitarbeiter im Rahmen der Betriebsrats-

arbeit angemessen und sachgerecht berücksichtigt werden. Anders als der → *Betriebsrat* ist sie kein eigenständiger Repräsentant und steht daher auch nicht gleichberechtigt neben dem Betriebsrat.

II. Wahl

Die Jugend- und Auszubildendenvertretung ist eine gesetzlich vorgeschriebene betriebsverfassungsrechtliche Einrichtung (§ 60 ff. BetrVG). Sind die Voraussetzungen für ihre Errichtung gegeben, ist der Betriebsrat verpflichtet, die Wahl vorzubereiten und durchzuführen. Fehlt es dagegen an einem Betriebsrat, ist die Errichtung einer Jugend- und Auszubildendenvertretung nicht möglich.

Eine Jugend- und Auszubildendenvertretung ist zu wählen, wenn dem Betrieb in der Regel mindestens fünf Arbeitnehmer angehören,

- ▸ die das 18. Lebensjahr noch nicht vollendet haben oder
- ▸ die zu ihrer Berufsausbildung beschäftigt sind und das 25. Lebensjahr noch nicht vollendet haben (§ 60 Abs. 1 BetrVG). Neben Berufsausbildungsverhältnissen im Sinne von § 3 BBiG werden auch Umschulungsverhältnisse, die Rechtsverhältnisse von Anlernlingen, Volontären und Krankenpflegeschülern sowie Teilnehmer an berufsvorbereitenden betriebsinternen Ausbildungsmaßnahmen erfasst. Praktikanten, die im Rahmen einer schulischen oder universitären Ausbildung in einem Berufspraktikum beschäftigt werden, sind demgegenüber keine Auszubildenden im Sinne der Vorschrift.

Nicht entscheidend ist, ob gerade im Zeitpunkt der Einleitung der Wahl oder am Wahltag die Zahl von fünf erreicht wird.

Wahlberechtigt sind alle diese Arbeitnehmer; wählbar sind alle Arbeitnehmer bis zum vollendeten 25. Lebensjahr. Maßgebend für die Frage des Alters und damit für die Frage der Wählbarkeit ist der Tag des Beginns der Amtszeit. Nicht erforderlich ist, dass der Arbeitnehmer dem Betrieb vor der Wahl bereits eine bestimmte Zeit angehört. Mitglieder des Betriebsrats können nicht zu Jugend- und Auszubildendenvertretern gewählt werden.

In Betrieben mit in der Regel fünf bis 20 Jugendlichen und Auszubildenden besteht die Jugend- und Auszubildendenvertretung aus einer Person. Beschäftigt der Betrieb in der Regel 21 bis 50 Jugendliche und Auszubildende, steigt die Zahl der Mitglieder der Jugend- und Auszubildendenvertreter auf drei, bei 51 bis 150 auf fünf und bei 151 bis 300 auf sieben. Größere Betriebe mit mehr als 301 bis 500/501 bis 700/701 bis 1000 Jugendlichen und Auszubildenden haben eine Jugend- und Auszubildendenvertretung mit neun/elf/dreizehn Mitgliedern. Bei mehr als 1000 Jugendlichen und Auszubildenden besteht die Jugend- und Auszubildendenvertretung aus 15 Mitgliedern.

Die Jugend- und Auszubildendenvertretung soll sich möglichst aus Mitgliedern der verschiedenen Beschäftigungsarten und Ausbildungsberufe zusammensetzen. Dabei muss das Geschlecht, das unter den Jugendlichen und Auszubildenden in der Minderheit ist, mindestens entsprechend seinem zahlenmäßigen Verhältnis in der Jugend- und Auszubildendenvertretung vertreten sein, wenn diese aus mindestens drei Mitgliedern besteht.

Die Jugend- und Auszubildendenvertretung wird in geheimer und unmittelbarer Wahl gewählt.

Die regelmäßige Amtszeit der Jugend- und Auszubildendenvertretung beträgt zwei Jahre. Sie beginnt mit der Bekanntgabe des Wahlergebnisses bzw. bei bereits bestehender Jugend- und Auszubildendenvertretung mit Ablauf ihrer Amtszeit. Die

Wahlen werden alle zwei Jahre (das nächste Mal im Jahr 2012) in der Zeit vom 1.10. bis zum 30.11. durchgeführt. Vollendet ein Mitglied der Jugend- und Auszubildendenvertretung während der Amtszeit das 25. Lebensjahr, verliert er sein Amt in der laufenden Amtszeit nicht.

III. Geschäftsführung und Rechte

Die Geschäftsführung der Jugend- und Auszubildendenvertretung ist weitgehend in Anlehnung an die des Betriebsrats geregelt. Im Hinblick auf ihre besondere Stellung insbesondere auch zum → *Betriebsrat* gibt es aber folgende Sonderregelungen:

1. Organisation

Die Jugend- und Auszubildendenvertretung hat einen Vorsitzenden und einen stellvertretenden Vorsitzenden. Diese werden von der Jugend- und Auszubildendenvertretung aus ihrer Mitte gewählt. Die Wahl hat getrennt zu erfolgen. Derjenige, der bei der Wahl zum Vorsitzenden den zweiten Rang belegt, ist damit nicht automatisch dessen Stellvertreter.

Der Vorsitzende vertritt die Jugend- und Auszubildendenvertretung im Rahmen der von ihr gefassten Beschlüsse. Für Erklärungen, die gegenüber der Jugend- und Auszubildendenvertretung abzugeben sind, ist er bzw. im Falle seiner Verhinderung sein Stellvertreter zur Entgegennahme berechtigt.

2. Sitzungen

Die Jugend- und Auszubildendenvertretung kann eigene Sitzungen abhalten. Vor einer solchen Sitzung muss sie rechtzeitig den Betriebsrat verständigen, der seinerseits in Person des Vorsitzenden oder eines beauftragten Betriebsratsmitglieds teilnehmen kann. Ob eine Sitzung anberaumt wird, liegt grundsätzlich im Ermessen des Vorsitzenden der Jugend- und Auszubildendenvertretung. Er muss sie aber einberufen, wenn dies ein Viertel der Jugend- und Auszubildendenvertreter oder der Arbeitgeber verlangt. Zugleich hat er den Gegenstand, dessen Beratung beantragt ist, auf die Tagesordnung zu setzen.

Der Arbeitgeber kann zu den Sitzungen eingeladen werden; wenn eine Sitzung auf sein Verlangen einberufen wird, muss er sogar eingeladen werden. Er kann einen Vertreter des Arbeitgeberverbands hinzuziehen. Die Jugend- und Auszubildendenvertretung kann ihrerseits einen Gewerkschaftsbeauftragten zu einer Sitzung einladen. Voraussetzung ist, dass mindestens ein Jugend- und Auszubildendenvertreter der betreffenden Gewerkschaft angehört. Sonstige Personen haben kein Teilnahmerecht.

WICHTIG!

Die Sitzungen finden in der Regel während der Arbeitszeit statt. Bei der Ansetzung muss der Vorsitzende der Jugend- und Auszubildendenvertretung jedoch auf die betrieblichen Notwendigkeiten Rücksicht nehmen. Der Arbeitgeber muss vom Zeitpunkt der Sitzung vorher verständigt werden.

3. Beschlüsse

Für Beschlüsse der Jugend- und Auszubildendenvertretung genügt grundsätzlich die einfache Stimmenmehrheit. Die absolute Stimmenmehrheit ist bei Auflösung der Jugend- und Auszubildendenvertretung durch Beschluss, bei Festlegung der Geschäftsordnung und bei Beauftragung der Gesamt-Jugend- und Auszubildendenvertretung erforderlich.

Darüber hinaus ist absolute Stimmenmehrheit erforderlich bei einem Antrag auf Aussetzung eines Betriebsratsbeschlusses. Die Aussetzung kann dann beantragt werden, wenn die Jugend- und Auszubildendenvertretung einen Beschluss des Betriebsrats als eine erhebliche Beeinträchtigung der durch sie vertretenen Arbeitnehmer erachtet. Der Betriebsrat muss auf

einen solchen Beschluss der Jugend- und Auszubildendenvertretung den eigenen Beschluss für eine Woche aussetzen, damit in dieser Zeit eine Verständigung – ggf. unter Einbeziehung der im Betrieb vertretenen Gewerkschaften – versucht wird. Nach Ablauf der Verständigungsfrist hat der Betriebsrat über die Angelegenheit erneut zu beschließen. Bei Bestätigung des ersten Beschlusses kann nicht ein erneuter Aussetzungsantrag gestellt werden.

Stimmberechtigt sind nur die Mitglieder der Jugend- und Auszubildendenvertretung, nicht der an der Sitzung teilnehmende Betriebsratsvorsitzende bzw. das beauftragte Betriebsratsmitglied.

4. Sprechstunden

In Betrieben, in denen in der Regel mehr als 50 Jugendliche oder Auszubildende tätig sind, kann die Jugend- und Auszubildendenvertretung Sprechstunden während der Arbeitszeit einrichten. Über die Einführung entscheidet allein die Jugend- und Auszubildendenvertretung. Die Festlegung von Ort und Zeit erfolgt dagegen durch Vereinbarung zwischen Arbeitgeber und Betriebsrat. Diese Vereinbarung ist für die Jugend- und Auszubildendenvertretung bindend. Der Betriebsratsvorsitzende oder ein anderes beauftragtes Betriebsratsmitglied ist berechtigt, an den Sprechstunden der Jugend- und Auszubildendenvertretung teilzunehmen.

Der Arbeitgeber muss der Jugend- und Auszubildendenvertretung die erforderlichen Räume für die Sprechstunden und andere sachliche Mittel zur Verfügung stellen. Die Mitglieder der Jugend- und Auszubildendenvertretung, die die Sprechstunden abhalten, behalten für diese Zeit ebenso ihren Anspruch auf Arbeitsentgelt wie die Arbeitnehmer, die die Sprechstunde besuchen.

5. Schulungs- und Bildungsveranstaltungen

Ebenso wie der Betriebsrat hat auch die Jugend- und Auszubildendenvertretung einen Freistellungsanspruch für erforderliche Schulungs- und Bildungsveranstaltungen (§ 65 i. V. mit § 37 Abs. 5 BetrVG). Über die zeitliche Lage und die Teilnahme an einer konkreten Schulungsveranstaltung entscheidet der örtliche zuständige Betriebsrat, nicht aber die Jugend- und Auszubildendenvertretung selbst.

Die Erforderlichkeit der Teilnahme an einer Schulungs- und Bildungsveranstaltung für Jugend- und Auszubildendenvertreter bestimmt sich insbesondere danach, inwieweit die dort vermittelten Kenntnisse für die Tätigkeit der Jugend- und Auszubildendenvertretung im Hinblick auf die nur zweijährige Amtszeit notwendig sind. Dabei verringern sich die zur Aufgabenerledigung erforderlichen Kenntnisse im Hinblick auf die im Vergleich zum Betriebsrat sehr viel eingeschränktere Arbeit der Jugend- und Auszubildendenvertretung entsprechend; generell ist von einem kleineren notwendigen Wissensumfang auszugehen. Besonders für erstmalig in die Jugend- und Auszubildendenvertretung gewählte Mitglieder sind jedoch allgemeine Grundkenntnisse des BetrVG als erforderlich einzustufen. Gleiches gilt für Kenntnisse über die Aufgaben der Jugend- und Auszubildendenvertretung und ihre Rechte gegenüber dem Betriebsrat. Die Schulung muss sich speziell an die Jugend- und Auszubildendenvertretungen richten. Da der Aufgabenbereich im Vergleich zum Betriebsrat begrenzter ist, dürfte im Regelfall eine reine Betriebsratsschulung von vornherein nicht erforderlich sein. Im Hinblick auf das im Betriebsrat vorhandene Wissen sind Schulungen, die allgemeines Grundwissen zum Arbeitsrecht vermitteln, ebenso wenig erforderlich wie Schulungen über das Jugendarbeitsschutzgesetz und zum Berufsbildungsgesetz; entsprechende Grundkenntnisse können zudem durch Selbststudium erworben werden. Auch besteht kein Anspruch auf Schulungen zu den Themen Rhetorik, Konflikte, Konfliktmanagement oder Grundlagen der Kommunikation, wie sie von Seminarveranstaltern häufig angeboten werden.

Ist eine Schulung erforderlich, so ist das Mitglied der Jugend- und Auszubildendenvertretung ohne Minderung des Arbeitsentgelts von seiner Tätigkeit zu befreien, damit es an der Schulung teilnehmen kann. Die Kosten der Schulung (Fahrtkosten, Verpflegung, Übernachtungskosten, Schulungsgebühr) trägt der Arbeitgeber.

6. Teilnahmerecht an Betriebsratssitzungen

Die Jugend- und Auszubildendenvertretung hat das Recht, zu allen Betriebsratssitzungen einen Vertreter zu entsenden. Dies gilt unabhängig davon, ob in der jeweiligen Sitzung Jugend- und Berufsausbildungsfragen behandelt werden. Der Betriebsrat darf keine Sitzungen unter Ausschluss der Jugend- und Auszubildendenvertretung abhalten. Werden in einer Betriebsratssitzung Angelegenheiten behandelt, die besonders die Jugendlichen oder Auszubildenden betreffen, hat zu diesem Tagungsordnungspunkt die gesamte Jugend- und Auszubildendenvertretung ein Teilnahmerecht. Bei Beschlüssen, die überwiegend die Jugendlichen oder Auszubildenden betreffen, haben die Jugend- und Auszubildendenvertreter Stimmrecht.

7. Teilnahmerecht an gemeinsamen Besprechungen

Der Betriebsrat hat die Jugend- und Auszubildendenvertretung zu Besprechungen mit dem Arbeitgeber hinzuzuziehen, wenn der Besprechungsgegenstand die Jugendlichen oder Auszubildenden betrifft. Die Verpflichtung zur Hinzuziehung trifft allein den Betriebsrat, nicht den Arbeitgeber.

IV. Aufgaben der Jugend- und Auszubildendenvertretung

Der Jugend- und Auszubildendenvertretung sind durch das Betriebsverfassungsgesetz verschiedene Aufgaben zugewiesen. Sie hat beim Betriebsrat Maßnahmen zu beantragen, die den jugendlichen oder auszubildenden Arbeitnehmern dienen. Hierzu gehören z. B. Maßnahmen in Fragen der Berufsbildung und der Übernahme der Auszubildenden in ein Beschäftigungsverhältnis, weiterhin aber auch die Festlegung der täglichen → Arbeitszeit unter Berücksichtigung der Jugendarbeitsschutzbestimmungen, die Schaffung besonderer Sozialeinrichtungen (Aufenthaltsräume, Sportplatz usw.) oder auch die Aufstellung von Urlaubsgrundsätzen unter Berücksichtigung des Jugendarbeitsschutzgesetzes. Darüber hinaus hat die Jugend- und Auszubildendenvertretung Maßnahmen zur Durchsetzung der tatsächlichen Gleichstellung der weiblichen und männlichen Jugendlichen und Auszubildenden sowie Maßnahmen zur Integration der ausländischen Jugendlichen und Auszubildenden beim Betriebsrat zu beantragen. Nicht zuletzt muss sie darüber wachen, dass vom Arbeitgeber die zugunsten der Jugendlichen und Auszubildenden geltenden Vorschriften (Gesetze, Verordnungen, Unfallverhütungsvorschriften, Tarifverträge und Betriebsvereinbarungen) beachtet werden. Die Überwachungspflicht erstreckt sich dabei nicht nur auf solche Vorschriften, die ausschließlich für diese Arbeitnehmer gelten, sondern auf auch solche, die diese wie auch andere Arbeitnehmer erfassen. Zur Wahrnehmung dieses Rechts kann die Jugend- und Auszubildendenvertretung mit Zustimmung des Betriebsrats die Arbeitsplätze der jugendlichen Arbeitnehmer aufsuchen, ohne dass sie einen konkreten Verdacht der Nichtbeachtung der Vorschriften darlegen muss.

WICHTIG!
Mit dieser Aufgabe wird die Jugend- und Auszubildendenvertretung nicht zu einem dem Arbeitgeber übergeordneten Kontrollorgan. Insbesondere kann sie nicht verlangen, dass untersucht wird, wie in jedem einzelnen Fall eine Vorschrift erfüllt wird.

Anregungen von jugendlichen oder auszubildenden Arbeitnehmern sind von der Jugend- und Auszubildendenvertretung entgegenzunehmen. Sie muss sich in einer Sitzung mit der Anregung befassen und, wenn sie diese für berechtigt hält, beim Betriebsrat auf eine Erledigung hinwirken.

Die für die Durchführung ihrer Aufgaben erforderlichen Informationen erhält die Jugend- und Auszubildendenvertretung vom Betriebsrat. Der Arbeitgeber ist nicht verpflichtet, die Jugend- und Auszubildendenvertretung über sie berührende Umstände zu unterrichten. Seine Pflicht ist ausschließlich auf die Unterrichtung des Betriebsrats gerichtet.

V. Rechte der Jugend- und Auszubildendenvertreter

Die Jugend- und Auszubildendenvertreter dürfen wegen ihrer Tätigkeit weder benachteiligt noch begünstigt werden. Dies gilt auch für ihre berufliche Entwicklung. Um die Unabhängigkeit der Amtsausübung zu sichern, gelten folgende Sonderregelungen:

1. Besonderer Kündigungsschutz

Die Jugend- und Auszubildendenvertreter genießen einen besonderen → Kündigungsschutz (§ 15 KSchG). Ihnen kann während der Amtszeit und innerhalb eines Jahres nach ihrer Beendigung nicht ordentlich, sondern nur außerordentlich bei Vorliegen eines wichtigen Grunds gekündigt werden. Darüber hinaus ist erforderlich, dass der Betriebsrat seine Zustimmung erteilt hat oder diese Zustimmung durch eine vom Arbeitgeber beantragte gerichtliche Entscheidung ersetzt ist (→ Betriebliche Mitbestimmung).

2. Weiterbeschäftigungsanspruch

Wenn der Arbeitgeber einen Auszubildenden, der Mitglied der Jugend- und Auszubildendenvertretung ist, nach Beendigung des Berufsausbildungsverhältnisses nicht in ein unbefristetes Arbeitsverhältnis übernehmen will, muss er dies dem Auszubildenden spätestens drei Monate vor Beendigung der Ausbildung schriftlich mitteilen. Tut er das nicht, geht das Berufsausbildungsverhältnis zwar nicht in ein Arbeitsverhältnis über, es können aber Schadensersatzansprüche des Auszubildenden entstehen, z. B. dann, wenn er wegen nicht rechtzeitiger Mitteilung der Nichtübernahme eine ihm anderweitig angebotene Stelle ausgeschlagen hat.

Der Auszubildende kann seinerseits innerhalb der letzten drei Monate vor Beendigung des Berufsausbildungsverhältnisses schriftlich vom Arbeitgeber seine Weiterbeschäftigung verlangen, spätestens am letzten Tag des Ausbildungsverhältnisses. Maßgeblich ist der Zugang beim Arbeitgeber. Für die Berechnung der Drei-Monats-Frist bei vorzeitigem Ende des Ausbildungsverhältnisses durch Bestehen der Abschlussprüfung ist auf den Zeitpunkt der Bekanntgabe der Ergebnisse durch den Prüfungsausschuss abzustellen (§ 21 Abs. 2 BBiG).

WICHTIG!
Allein mit Zugang der Erklärung – und möglicherweise gegen den Willen des Arbeitgebers – entsteht kraft Gesetzes im Anschluss an das Berufsausbildungsverhältnis ein unbefristetes Arbeitsverhältnis.

Ein Weiterbeschäftigungsverlangen, das früher als drei Monate vor Beendigung des Berufsausbildungsverhältnisses gestellt wird, ist unwirksam (BAG v. 15.12.2011, Az. 7 ABR 40/10). Zudem muss der Auszubildende nach § 78a Abs. 2 Satz 1 BetrVG **schriftlich** verlangen, weiterbeschäftigt zu werden. Die Schriftform setzt eine eigenhändige Unterschrift unter den Antrag voraus; damit ist ein Antrag, der nur per E-Mail erfolgt, unwirksam (BAG v. 15.12.2011, Az. 7 ABR 40/10).

§ 78a BetrVG gibt dem Arbeitgeber im Falle eines wirksam gestellten Weiterbeschäftigungsverlangens nur die Möglichkeit, sich durch das Arbeitsgericht von der Übernahme des Auszubildenden in ein Arbeitsverhältnis befreien zu lassen. Voraussetzung ist jedoch, dass er einen entsprechenden Antrag spätestens bis zum Ablauf von zwei Wochen nach Beendigung des Berufsausbildungsverhältnisses stellt und dass Tatsachen vorliegen, aufgrund derer ihm unter Berücksichtigung aller Umstände eine Weiterbeschäftigung nicht zugemutet werden kann.

Die Unzumutbarkeit einer Weiterbeschäftigung kann aus verhaltensbedingten Gründen folgen. Zu denken ist hier an grobe Verstöße gegen die ausbildungsvertraglichen Pflichten während der Ausbildung, wie etwa Arbeitsverweigerung, häufige Arbeitsversäumnis, mangelhafte Leistungen, Verstöße gegen die betriebliche Ordnung, Tätlichkeiten gegen Ditte im Betrieb, sonstige Straftaten mit betrieblicher Relevanz usw.

Am häufigsten ergibt sich eine Unzumutbarkeit in der Praxis jedoch aus dringenden betrieblichen Gründen. Dabei ist dem Arbeitgeber eine Weiterbeschäftigung dann unzumutbar, wenn bei Beendigung des Berufsausbildungsverhältnisses oder – sofern eine sofortige Neubesetzung nicht durch dringende betriebliche Erfordernisse erforderlich ist – innerhalb von drei Monaten vor der vertraglich vereinbarten Beendigung des Ausbildungsverhältnisses kein freier Arbeitsplatz vorhanden ist. § 78a Abs. 2 BetrVG begründet nur einen Anspruch auf eine ausbildungsgerechte Beschäftigung in einem unbefristeten Vollzeitarbeitsverhältnis. Ein Jugend- und Auszubildendenvertreter kann daher nicht verlangen, dass der Arbeitgeber ihn auf einer Teilzeitstelle, einer befristeten Stelle oder einem gegebenenfalls freien, aber nicht seinem Ausbildungsberuf entsprechenden Arbeitsplatz weiterbeschäftigt.

Nur wenn der Jugend- und Auzubildendenvertreter sich bereits mit seinem Übernahmeverlangen zumindest hilfsweise bereits erklärt hat, eine Beschäftigung auch auf einer Teilzeitstelle, einer befristeten Stelle oder zu anderen Bedingungen als in seinem Ausbildungsberuf zu übernehmen, muss der Arbeitgeber prüfen, ob ihm dies möglich und zumutbar ist (BAG v. 16.7.2008, Az. 7 ABR 13/07). Der Auszubildende muss die angedachte Beschäftigungsmöglichkeit seinerseits so konkret beschreiben, dass der Arbeitgeber erkennen kann, wie sich der Auszubildende seine Weiterarbeit vorstellt. Eine pauschale Einverständniserklärung zu jeglicher Weiterarbeit genügt nicht (LAG Hamm v. 14.1.2011, Az. 10 TaBV 58/10). Die konkrete Darlegung einer nicht ausbildungsadäquaten Beschäftigungsmöglichkeit muss durch den Auszubildenden unverzüglich – spätestens nach der Nichtübernahmeerklärung des Arbeitgebers auf einen ausbildungsadäquaten Arbeitsplatz – erfolgen. Eine Konkretisierung erst im Beschlussverfahren nach § 78a BetrVG genügt nicht (BAG v. 8.9.2010, Az. 7 ABR 33/09).

Fehlt es an einem freien Arbeitsplatz, ist der Arbeitgeber weder verpflichtet, durch eine Änderung seiner Arbeitsorganisation einen neuen, (nicht benötigten) Arbeitsplatz zu schaffen, noch ist er gehalten, einen Arbeitsplatz durch Kündigung eines anderen Arbeitnehmers frei zu machen. Auch fehlt es an einem Beschäftigungsbedarf, wenn der Arbeitgeber den Entschluss gefasst hat, keine neuen Arbeitsplätze zu schaffen, sondern eine bestimmte, vorhandene Arbeitsmenge durch Mehrarbeit der bereits im Betrieb beschäftigten Mitarbeiter durchführen zu lassen. Die Berufung des Arbeitgebers auf eine fehlende Beschäftigungsmöglichkeit des Jugend- und Auszubildendenvertreters kann jedoch rechtsmissbräuchlich und daher unbeachtlich sein, wenn der Arbeitgeber die fehlende Beschäftigungsmöglichkeit durch eine Änderung seiner Arbeitsorganisation oder seiner Personalplanung mit der Absicht herbeigeführt hat, seiner Übernahmeverpflichtung zu entgehen (BAG v. 8.9.2010, Az. 7 ABR 33/09).

Die Entscheidung eines Arbeitgebers, künftig den Personalbedarf durch den Einsatz von Leiharbeitnehmern zu decken, führt nicht zur Unzumutbarkeit der Weiterbeschäftigung (BAG v. 16.7.2008, Az. 7 ABR 13/07). Beschäftigt der Arbeitgeber auf dauerhaft eingerichteten, ausbildungsadäquaten Arbeitsplätzen Leiharbeitnehmer kann es ihm nach Auffassung des Bundesarbeitsgerichts (BAG v. 17.2.2010, Az. 7 ABR 89/08) sogar zumutbar sein, einen solchen Arbeitsplatz für den zu übernehmenden Jugend- und Auszubildendenvertreter freizumachen. Die Zumutbarkeit richtet sich dabei nach den Umständen des Einzelfalls. So können etwa berechtigte betriebliche Interessen an der Weiterbeschäftigung gerade dieses Leiharbeitnehmers oder vertragliche Verpflichtungen des Arbeitgebers gegenüber dem Verleiher von Bedeutung sein.

 TIPP!

Innerhalb des Zeitraums von drei Monaten vor dem Ende eines Ausbildungsverhältnisses sollte es der Arbeitgeber unterlassen, einschlägige freie Arbeitsplätze auszuschreiben oder mit Leiharbeitnehmern zu besetzen, wenn er mit dem Übernahmeverlangen eines Jugend- und Auszubildendenvertreters rechnet und dieses abwehren will.

Allein der Umstand, dass der Arbeitgeber zum Zeitpunkt der Beendigung des Berufsausbildungsverhältnisses zahlreiche Arbeitnehmer beschäftigt, führt dagegen nicht zur Annahme, dass freie Arbeitsplätze vorhanden sind. Erforderlich ist, dass die Leiharbeitnehmer auf einem ausbildungsadäquaten Arbeitsplatz eingesetzt sind (LAG Hamm v. 14.1.2011, Az. 10 TaBV 58/10).

Stellt der Arbeitgeber einen gerichtlichen Auflösungsantrag nach § 78a Abs. 4 BetrVG – und wehrt sich damit gegen ein Übernahmeverlangen eines Jugend- und Auszubildendenvertreters –, so entbindet ihn dies nicht von der Pflicht, den ehemaligen Auszubildenden bis zur rechtskräftigen Entscheidung des Arbeitsgerichts zu beschäftigen. Bis zur Entscheidung gilt ein Arbeitsverhältnis als begründet und es ist eine entsprechende Vergütung zu zahlen.

VI. Gesamt-Jugend- und Auszubildendenvertretung

In Unternehmen, in denen mehrere Jugend- und Auszubildendenvertretungen bestehen, sind Gesamt-Jugend- und Auszubildendenvertretungen zu errichten. In die Gesamtvertretung entsendet jede Jugend- und Auszubildendenvertretung ein Mitglied. Die Gesamtvertretung ist zuständig für Angelegenheiten, die das Gesamtunternehmen oder mehrere Betriebe betreffen und nicht durch die einzelnen Jugend- und Auszubildendenvertretungen geregelt werden können. Sie ist ebenso zuständig in Angelegenheiten, die ihr von einer Jugend- und Auszubildendenvertretung mit der Mehrheit ihrer Stimmen übertragen worden sind. Durch die Gesamt-Jugend- und Auszubildendenvertretung werden auch die Betriebe vertreten, die selbst keine Jugend- und Auszubildendenvertretung haben.

VII. Konzern-Jugend- und Auszubildendenvertretung

In Konzernen, in denen mehrere Gesamt-Jugend- und Auszubildendenvertretungen bestehen, kann durch Beschluss der einzelnen Gesamt-Jugend- und Auszubildendenvertretungen eine Konzern-Jugend- und Auszubildendenvertretung errichtet werden. Die Initiative kann von jeder Gesamtvertretung ausgehen. Die Errichtung erfordert indes die Zustimmung der Gesamtvertretungen der Konzernunternehmen, in denen insgesamt 75 % der Jugendlichen und Auszubildenden beschäftigt sind. In die Konzern-Jugend- und Auszubildendenvertretung entsendet jede Gesamt-Jugend- und Auszubildendenvertretung eines ihrer Mitglieder.

Kündigung

A. Allgemeine Regeln
I. Begriff und Abgrenzung
II. Wirksamkeitsvoraussetzungen
  1. Inhalt
  2. Form
  3. Kündigungsberechtigte Person
  4. Zugang der Kündigung
III. Kündigungsfristen
  1. Gesetzliche Kündigungsfristen
  2. Tarifvertragliche Kündigungsfristen
  3. Einzelvertragliche Kündigungsfristen
    3.1 Verkürzung der gesetzlichen Kündigungsfrist
    3.2 Verlängerung der gesetzlichen Kündigungsfrist
  4. Rechtsfolgen einer falschen Fristberechnung
IV. Rücknahme der Kündigung

B. Kündigung durch den Arbeitgeber
I. Besonderheiten der Arbeitgeberkündigung
  1. Arbeitnehmerschutz
  2. Kündigungsverbote
  3. Kündigungsbeschränkungen
  4. Anhörung des Betriebsrats
  5. Hinweispflicht des Arbeitgebers
II. Ordentliche Kündigung
  1. Zulässigkeit
  2. Kündigungsfrist
  3. Kündigungsgrund
III. Außerordentliche Kündigung
  1. Wichtiger Grund
  2. Einzelne Kündigungsgründe (Beispiele aus der Rechtsprechung)
    2.1 Abkehrwille/Abwerbung
    2.2 Alkoholmissbrauch/Alkoholismus
    2.3 Anzeige gegen den Arbeitgeber
    2.4 Arbeitserlaubnis
    2.5 Arbeitskampf
    2.6 Arbeitspapiere
    2.7 Arbeitsschutz
    2.8 Arbeitsverweigerung
    2.9 Ausländerfeindlichkeit
    2.10 Außerdienstliches Verhalten
    2.11 Beleidigung
    2.12 Bestechung/Schmiergeld
    2.13 Dienstwagen und Privatfahrten
    2.14 Druckkündigung
    2.15 Internetnutzung
    2.16 Krankheit
    2.17 Krankmeldung
    2.18 Lohnpfändung
    2.19 Manko
    2.20 Nebentätigkeit
    2.21 Politische Betätigung
    2.22 Rauchverbot
    2.23 Rufschädigungen
    2.24 Selbstbeurlaubung
    2.25 Sittliche Verfehlungen
    2.26 Spesenbetrug
    2.27 Stalking
    2.28 Stempelbetrug/Arbeitszeiterfassung
    2.29 Straftaten (Tatkündigung)
    2.30 Tätliche Auseinandersetzung
    2.31 Telefongespräche
    2.32 Unpünktlichkeit
    2.33 Verdachtskündigung
    2.34 Verschwiegenheitspflicht
    2.35 Vollmachtsmissbrauch
    2.36 Wettbewerb
    2.37 Zeugenaussage gegen den Arbeitgeber
  3. Angabe des Kündigungsgrunds
  4. Ausschlussfrist
  5. Umdeutung der unwirksamen außerordentlichen Kündigung
IV. Reaktionsmöglichkeiten des Arbeitnehmers
  1. Arbeitsgerichtliche Überprüfung
  2. Anspruch auf Abfindung
  3. Anspruch auf Vergütung
    3.1 Außerordentliche Kündigung
    3.2 Ordentliche Kündigung
    3.3 Umfang der Vergütung
  4. Weiterbeschäftigungsanspruch
    4.1 Kollektivrechtlicher Anspruch
    4.2 Arbeitsvertraglicher Anspruch

C. Kündigung durch den Arbeitnehmer
I. Ordentliche Kündigung
II. Außerordentliche Kündigung
  1. Wichtiger Grund
  2. Ausschlussfrist
III. Schadensersatzansprüche des Arbeitgebers

D. Checkliste Kündigung
I. Vorüberlegungen
II. Maßnahmen vor Ausspruch der Kündigung
III. Kündigungserklärung
IV. Übermittlung der Kündigungserklärung

E. Muster: Kündigung
I. Ordentliche Kündigung
II. Außerordentliche Kündigung
III. Anhörung des Betriebsrats

A. Allgemeine Regeln

I. Begriff und Abgrenzung

Die Kündigung ist eine einseitige Erklärung des Arbeitgebers oder des Arbeitnehmers, mit der ein bestehendes Arbeitsverhältnis beendet wird.

Von der Kündigung zu unterscheiden ist die → *Anfechtung*, die den Arbeitsvertrag von Anfang an nichtig werden lässt. Wegen ihrer Einseitigkeit unterscheidet sich die Kündigung auch vom → *Aufhebungsvertrag*, in dem Arbeitgeber und Arbeitnehmer die Beendigung des Arbeitsverhältnisses beidseitig beschließen.

II. Wirksamkeitsvoraussetzungen

1. Inhalt

Eine Kündigungserklärung muss den Kündigungswillen deutlich und zweifelsfrei zum Ausdruck bringen. Hierbei kommt es auf die Wortwahl nicht an. Das Wort „Kündigung" muss nicht verwendet werden. Es muss sich lediglich aus dem Zusammenhang einwandfrei ergeben, dass eine Beendigung des Arbeitsverhältnisses gewollt ist.

Der Beendigungswille kann auch stillschweigend zum Ausdruck gebracht werden, wie z. B. durch die kommentarlose Zusendung der Arbeitspapiere durch den Arbeitgeber oder das Verlassen des Arbeitsplatzes und die verlangte Herausgabe der Arbeitspapiere durch den Arbeitnehmer.

Die Mitteilung durch den Arbeitgeber, der Arbeitnehmer habe die Arbeit zu einem bestimmten Zeitpunkt eingestellt und deswegen betrachte er (der Arbeitgeber) das Arbeitsverhältnis zu diesem Zeitpunkt als beendet, ist keine Kündigung. Auch wenn dem Arbeitnehmer nur geraten wird, sich eine andere Arbeitsstelle zu suchen, ist das keine Kündigung.

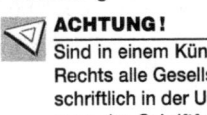

ACHTUNG!
Unklarheiten der Kündigungserklärung gehen immer zu Lasten des Kündigenden. Eine Kündigung darf auch nicht an Bedingungen geknüpft werden (Ausnahme: Änderungskündigung).

Beispiel:
Führt der Arbeitgeber im Kündigungsschreiben aus: „Sollte sich die Auftragslage bis zum (Zeitpunkt X) bessern, beschäftigen wir Sie selbstverständlich weiter. Die Kündigung wird dann gegenstandslos", so ist die Kündigung auch dann unwirksam, wenn die Besserung der Auftragslage nicht eintritt (BAG v. 15.3.2001, Az. 2 AZR 705/99).

Grundsätzlich ist es nicht erforderlich, dass in der Kündigung der Kündigungsgrund angegeben wird. Von diesem Grundsatz gibt es aber Ausnahmen. Gemäß § 22 Abs. 3 BBiG muss die Kündigung eines Berufsausbildungsverhältnisses nach der Probezeit im Kündigungsschreiben begründet werden. Auch § 9 Abs. 3 Satz 2 MuSchG verlangt die Angabe des Kündigungsgrunds.

WICHTIG!
Zur Angabe des Kündigungsgrunds können besondere Vereinbarungen in Tarif-, Einzelarbeitsverträgen oder Betriebsvereinbarungen enthalten sein, die vom Arbeitgeber beachtet werden müssen.

Darüber hinaus kann bei einer außerordentlichen Kündigung der Kündigungsempfänger verlangen, dass der Kündigungsgrund unverzüglich schriftlich mitgeteilt wird (§ 626 Abs. 2 Satz 3 BGB).

Bei einer betriebsbedingten Kündigung muss der Arbeitgeber auf Verlangen des Arbeitnehmers die Gründe angeben, die zu der getroffenen sozialen Auswahl geführt haben (§ 1 Abs. 3 Satz 1 KSchG).

2. Form

Eine Kündigung muss in jedem Fall schriftlich erfolgen (§ 623 BGB). Dies bedeutet, dass die Kündigungserklärung von dem Kündigenden (oder seinem Vertreter, s. u. 3.) **eigenhändig** unterschrieben sein muss. Stempel, Kopien, Faksimile oder digitale Unterschriften reichen hierzu ebenso wenig, wie die bloße Paraphierung mit einem Namenskürzel. Fehlt die eigenhändige Unterschrift, ist die Kündigung unwirksam. Auch wenn es auf die Lesbarkeit des Namenszuges nicht ankommt, so muss nach dem äußeren Erscheinungsbild erkennbar sein, dass der Unterzeichner seinen vollen Namen und nicht nur eine Abkürzung hat niederschreiben wollen.

ACHTUNG!
Sind in einem Kündigungsschreiben einer Gesellschaft bürgerlichen Rechts alle Gesellschafter sowohl im Briefkopf als auch maschinenschriftlich in der Unterschriftszeile aufgeführt, so bedarf es zur Wahrung der Schriftform der Unterschrift aller Gesellschafter (BAG v. 21.4.2005, Az. 2 AZR 162/04).

Zusätzliche Formerfordernisse können sich aus Tarifvertrag, Betriebsvereinbarung oder Arbeitsvertrag ergeben. Die Vereinbarung geringerer als der gesetzlichen Formerfordernisse ist unzulässig. Eine Kündigung muss daher immer (also auch wenn dies anders vereinbart wurde) schriftlich erklärt werden.

WICHTIG!
Dies gilt auch, wenn eine Kündigung in aller Deutlichkeit mündlich ausgesprochen wurde und der Arbeitnehmer daraufhin den Arbeitsplatz verlässt. Trotz des erklärten Willens, das Arbeitsverhältnis kündigen zu wollen, kann sich der Erklärende hinterher darauf berufen, dass das Schriftformerfordernis nicht eingehalten wurde und die Kündigung daher unwirksam ist (BAG v. 16.9.2004, Az. 2 AZR 659/03).

3. Kündigungsberechtigte Person

Die Kündigung kann durch den Kündigenden selbst oder durch einen von ihm bevollmächtigten Vertreter erfolgen. Wenn die Kündigung durch einen Bevollmächtigten des Arbeitgebers erklärt wird, ist eine schriftliche Vollmacht **im Original** beizufügen; eine Fotokopie oder beglaubigte Abschrift der Vollmachtsurkunde reicht nicht! Geschieht dies nicht, kann der Kündigungsempfänger die Kündigung gemäß § 174 BGB zurückweisen. Diese Zurückweisung muss unverzüglich – unter Berücksichtigung einer gewissen Zeit zur Überlegung und zur Einholung eines Rechtsrats – erfolgen.

ACHTUNG!
Eine Fotokopie oder nur beglaubigte Abschrift der Vollmachtsurkunde reicht nicht. Erfolgt die Zurückweisung wiederum durch einen Vertreter des Arbeitnehmers (z. B. Rechtsanwalt), so ist dem Zurückweisungsschreiben selbst eine Originalvollmacht des Arbeitnehmers beizufügen. Andernfalls kann der Arbeitgeber die Zurückweisungserklärung des Kündigungsempfängers gem. § 174 BGB zurückweisen (BAG v. 8.12.2011, Az. 6 AZR 354/10).

Die Möglichkeit der Zurückweisung der Kündigung gem. § 174 Satz 1 BGB besteht nicht bei Vertretungsmacht auf gesetzlicher Grundlage (Geschäftsführer einer GmbH, Vorstand einer Aktiengesellschaft) und grundsätzlich auch nicht im Falle organschaftlichen Vertretung.

WICHTIG!
Dass die Person des Vertreters aus dem Kündigungsschreiben wegen Unleserlichkeit der Unterschrift und fehlender Angabe des Namens in lesbarer Form nicht erkennbar ist, steht dem Ausschluss des Zurückweisungsrechts nicht entgegen (BAG v. 20.9.2006, Az. 6 AZR 82/06). Unterzeichnet ein Angestellter des Arbeitgebers auf einem Briefbogen mit dem Briefkopf des Arbeitgebers eine Kündigung, spricht dies dafür, dass der Angestellte als Vertreter des Arbeitgebers und nicht als dessen Bote gehandelt hat. Daran ändert der Zusatz „i.A." vor der Unterschrift in der Regel nichts (BAG v. 13.12.2007, Az. 6 AZR 145/07).

Nach § 174 Abs. 2 BGB ist die Zurückweisung der Kündigung ausgeschlossen, wenn der Arbeitgeber den Arbeitnehmer von der Bevollmächtigung in Kenntnis gesetzt hat. Dies ist beispielsweise dann der Fall, wenn der Arbeitgeber dem Arbeitnehmer mitgeteilt hat, ein bestimmter Vorgesetzter sei kündigungsberechtigt. Dies kann sich auch aus den Umständen des Einzelfalls ergeben. So wird der Leiter der Personalabteilung grundsätzlich als kündigungsberechtigt angesehen werden können. Hierfür reicht allerdings die bloße Übertragung einer solchen Funktion nicht aus, wenn diese Funktionsübertragung aufgrund der Stellung des Bevollmächtigten im Betrieb nicht ersichtlich ist und auch keine sonstige Bekanntmachung erfolgt. Vielmehr ist es erforderlich, dass der Erklärungsempfänger davon in Kenntnis gesetzt wird, dass der Erklärende diese Stellung tatsächlich innehat.

WICHTIG!
Die bloße Mitteilung im Arbeitsvertrag, dass der jeweilige Inhaber einer bestimmten Stelle kündigen dürfe, reicht demnach nicht aus, um den Arbeitnehmer von dessen Bevollmächtigung in Kenntnis zu setzten. Erforderlich ist vielmehr ein zusätzliches Handeln des Vollmachtgebers, aufgrund dessen es vor Zugang der Kündigungserklärung dem Arbeitnehmer möglich ist, der ihm genannten Funktion, mit der das Kündigungsrecht verbunden ist, die Person des jeweiligen Stelleninhabers zuzuordnen (BAG v. 14.4.2011, Az. 6 AZR 727/09).

::rehm

TIPP!

In Zweifelsfällen sollte der Arbeitgeber die Kündigung selbst erklären bzw. unterzeichnen oder seinen Vertreter anweisen, eine von ihm unterzeichnete Vollmachtsurkunde im Original beizufügen.

Kündigt ein vollmachtsloser Vertreter oder ein Nichtberechtigter das Arbeitsverhältnis, so liegt grundsätzlich keine Kündigung des Arbeitgebers vor. Der Arbeitgeber kann aber, sofern nicht eine unverzügliche Zurückweisung der Kündigung durch den Arbeitnehmer nach § 174 BGB erfolgt ist, die Kündigung nachträglich genehmigen.

ACHTUNG!

Die dreiwöchige Frist, innerhalb derer ein Arbeitnehmer die Unwirksamkeit einer Kündigung gerichtlich geltend machen kann, fängt in solchen Fällen aber erst mit dem Zugang der Genehmigung durch den Arbeitgeber an zu laufen (BAG v. 26.3.2009, Az. 2 AZR 403/07).

4. Zugang der Kündigung

Die Kündigungserklärung wird erst dann wirksam, wenn sie dem Kündigungsempfänger zugeht.

WICHTIG!

Entscheidend ist der Zugang des Originals, auf dem sich die eigenhändige Unterschrift des Kündigenden befindet. Eine Kopie, Faxkopie oder E-Mail genügen dem gesetzlichen Schriftformerfordernis nicht. Wenn allerdings nach dem Zugang – also der Kenntnisnahme – des Originals versehentlich eine Kopie ausgehändigt wird, so ist dies ausreichend (LAG Hamm v. 4.12.2003, Az. 4 Sa 900/03).

Hinsichtlich des Zugangs unterscheidet das Gesetz danach, ob die Kündigung gegenüber einem „Anwesenden" oder gegenüber einem „Abwesenden" erfolgt.

Eine Kündigung unter Anwesenden liegt vor, wenn der Kündigungsempfänger die (schriftliche) Kündigungserklärung direkt vom Kündigenden entgegennimmt. In diesem Fall gilt die Kündigungserklärung unmittelbar als zugegangen.

TIPP!

Der Arbeitgeber sollte sich den Zugang der Kündigungserklärung vom Arbeitnehmer schriftlich bestätigen lassen. Soweit dies nicht möglich ist oder der Arbeitnehmer sich weigert, reicht auch die Übergabe vor Zeugen (z. B. einem Betriebsratsmitglied) aus.

Problematischer stellt sich die Situation bei einer Kündigung unter Abwesenden dar. Hier muss die Kündigungserklärung erst noch an den Kündigungsempfänger übermittelt werden (z. B. auf dem Postwege). Ein in den Briefkasten geworfenes Kündigungsschreiben geht danach in dem Zeitpunkt zu, in dem der Briefkasten üblicherweise geleert wird. Dies kann zu Problemen führen.

Beispiel:

Die Kündigungsfrist beträgt sechs Monate zum Quartalsende. Behauptet der Arbeitnehmer, das am Nachmittag des 30.6. in den Briefkasten geworfene Kündigungsschreiben erst am Vormittag des 1.7. vorgefunden zu haben, so wirkt die Kündigung nicht mehr zum 31.12., sondern erst zum 31.3. des Folgejahres.

Entscheidend ist immer, wann der Kündigungsempfänger unter normalen Umständen das Kündigungsschreiben erhalten hätte. Dies gilt auch, wenn das Schreiben einem sog. Empfangsboten (z. B. Familienangehöriger, Lebensgefährte, Haushaltsangehörige, Dienstmädchen, Zimmervermieter) übergeben wird. Leitet der Empfangsbote das Kündigungsschreiben nicht oder nicht rechtzeitig weiter, so ist dies nur für den Erklärungsempfänger problematisch; die Kündigung gilt zu dem Zeitpunkt als zugegangen, zu dem normalerweise mit einer Weitergabe zu rechnen gewesen wäre (vgl. BAG v. 9.6.2011, Az. 6 AZR 687/09).

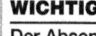

WICHTIG!

Der Absender muss im Streitfall den Zugang beweisen. Daher sollte die Übermittlung per Einschreiben mit Rückschein, Postzustellungsurkunde oder per Boten erfolgen. Der schriftliche Zugangsnachweis sollte unbedingt zur → *Personalakte* genommen werden.

Ein Übergabe-Einschreiben geht erst dann zu, wenn es vom Postboten ausgehändigt wird. Trifft der Postbote niemanden an, hinterlässt er einen Benachrichtigungsschein im Briefkasten. Die Zustellung erfolgt dann erst, wenn das Einschreiben abgeholt wird. Dadurch kann sich beim Übergabe-Einschreiben der Zugang des Kündigungsschreibens und damit auch das Wirksamwerden der Kündigung erheblich verzögern. Anders verhält es sich beim Einwurf-Einschreiben, welches vom Postboten in den Briefkasten des Empfängers eingeworfen wird. Hierbei wird der Zeitpunkt des Einwurfs, und damit des Zugangs, genau festgehalten. Es kommt dann grundsätzlich nicht mehr darauf an, wann der Empfänger das Schreiben aus dem Briefkasten geholt hat, sondern vielmehr, wann üblicherweise mit der Entleerung zu rechnen ist (nämlich am Vormittag des darauf folgenden Werktags).

Besondere Probleme bei der Zustellung ergeben sich immer, wenn sich der Kündigungsempfänger (z. B. wegen Urlaub, Krankheit, Kur oder Umzug) nicht an seinem gewöhnlichen Aufenthaltsort aufhält. Der Arbeitgeber kann – selbst wenn er von der Abwesenheit des Arbeitnehmers Kenntnis hat – das Kündigungsschreiben an dessen Heimatanschrift schicken. Wie auch sonst gilt das Schreiben dann am nächsten Werktag als zugegangen, selbst wenn der Arbeitnehmer keinen Nachsendeantrag gestellt hat und erst Wochen später wieder heimkehrt. Er hat dann allerdings die Möglichkeit, einen Antrag auf nachträgliche Zulassung der Kündigungsschutzklage gemäß § 5 KSchG zu stellen (→ *Arbeitsgerichtsverfahren*). Dies geht jedoch nur dann, wenn er nicht mit einer Kündigung während seiner Abwesenheit rechnen musste. Weiß der Arbeitnehmer von einer bevorstehenden Kündigung, muss er einen Nachsendeantrag stellen.

ACHTUNG!

Hat der Arbeitgeber vom Arbeitnehmer die „neue" Anschrift erfahren, muss er die Kündigung auch an diese Adresse schicken. Eine Übermittlung an die „verwaiste" Heimatadresse bewirkt einen Zugang erst zum Zeitpunkt der Rückkehr des Arbeitnehmers.

Eine Vereitelung oder Verhinderung des Zugangs durch den Kündigungsempfänger bewirkt, dass unabhängig von dem tatsächlichen Zugang das Kündigungsschreiben zu dem Zeitpunkt als zugegangen gilt, zu dem es unter normalen Umständen zugegangen wäre.

Beispiel:

Gibt ein Arbeitnehmer bei seinem Arbeitgeber bewusst eine falsche Adresse an, so gilt eine Kündigung des Arbeitsverhältnisses mit Zustellung unter der falschen Adresse als zugegangen. Auf den verspäteten Zugang kann sich der Arbeitnehmer dann nach Treu und Glauben nicht berufen, da er die Zugangsverzögerung selbst zu vertreten habe. Er müsse sich dann so behandeln lassen, als seien die maßgebenden Fristen eingehalten worden. Das gilt allerdings nur, wenn der Kündigende alles Erforderliche getan hat, damit seine Kündigung den Adressaten erreichen konnte (BAG v. 22.9.2005, Az. 2 AZR 366/04).

Die gegenüber einem Geschäftsunfähigen abgegebene Kündigung (= Willenserklärung) wird gem. § 131 Abs. 1 BGB nicht wirksam, bevor sie **dem gesetzlichen Vertreter** zugeht. Ein Zugang bei dem gesetzlichen Vertreter i. S. v. § 131 Abs. 1 BGB setzt voraus, dass die Willenserklärung nicht nur – zufällig – in dessen Herrschaftsbereich gelangt ist, sondern auch an ihn gerichtet oder zumindest für ihn bestimmt ist. Die Willenserklärung muss mit dem erkennbaren Willen abgegeben werden, dass sie den gesetzlichen Vertreter erreicht (BAG v. 28.10.2010, Az. 2 AZR 794/09).

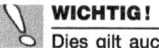

WICHTIG!

Dies gilt auch für beschränkt Geschäftsfähige. Somit ist z. B. eine Kündigung des mit einem Minderjährigen bestehenden Ausbildungsverhältnisses an dessen Erziehungsberechtigte zu adressieren. Wird ein Kündigungsschreiben an den Auszubildenden, gesetzlich vertreten durch seine Eltern, adressiert, lässt dies den Willen des

Ausbildenden, dass das Kündigungsschreiben die Eltern des Minderjährigen als dessen gesetzliche Vertreter erreichen soll, noch hinreichend erkennen. Der Ausbildende trägt allerdings bei einer solchen Adressierung das Risiko, dass bei postalischer Übermittlung die Zusteller ein solches Schreiben in einen eventuell vorhandenen eigenen Briefkasten des Minderjährigen einwerfen. Will der Ausbildende dieses Risiko vermeiden, muss er das Kündigungsschreiben an die Eltern als gesetzliche Vertreter des Auszubildenden adressieren (BAG v. 8.12.2011, Az. 6 AZR 354/10).

III. Kündigungsfristen

Eine ordentliche Kündigung des Arbeitsverhältnisses kann nur unter Einhaltung der einschlägigen Kündigungsfrist erfolgen. Das Gesetz schreibt Mindestkündigungsfristen vor, von denen nur in den nachfolgend ausgeführten Fällen abgewichen werden kann.

1. Gesetzliche Kündigungsfristen

Das Gesetz sieht in § 622 Abs. 1 BGB eine Kündigungsfrist von vier Wochen zum 15. oder zum Ende eines Kalendermonats vor. Je nach Dauer der Beschäftigung verlängert sich die gesetzliche Kündigungsfrist für eine Kündigung durch den Arbeitgeber ab dem zweiten Jahr der Beschäftigung im Betrieb des Arbeitgebers wie folgt:

Beschäftigungsdauer	Kündigungsfrist zum Monatsende
mehr als 2 Jahre	1 Monat
mehr als 5 Jahre	2 Monate
mehr als 8 Jahre	3 Monate
mehr als 10 Jahre	4 Monate
mehr als 12 Jahre	5 Monate
mehr als 15 Jahre	6 Monate
mehr als 20 Jahre	7 Monate

Diese gesetzlichen Kündigungsfristen gelten nur für eine Kündigung durch den Arbeitgeber. Für den Arbeitnehmer bleibt es auch bei längeren Beschäftigungsverhältnissen bei der Vierwochenfrist des § 622 Abs. 1 BGB.

WICHTIG!

Für Kündigungen des Arbeitgebers verlängert sich die Kündigungsfrist also aufgrund gesetzlicher Bestimmungen je nach Dauer des Beschäftigungsverhältnisses ab dem zweiten Jahr, sofern keine der nachfolgend aufgeführten Ausnahmen gelten. § 622 Abs. 2 Satz 2 BGB, wonach bei der Berechnung der Kündigungsfrist Beschäftigungszeiten vor Vollendung des 25. Lebensjahres unberücksichtigt bleiben, ist für Kündigungen nach dem 2.12.2006 nicht anzuwenden (BAG v. 9.9.2010, Az. 2 AZR 714/08). Verweist eine tarifvertragliche Regelung, die Bestimmungen zu Kündigungsfristen und Kündigungsterminen enthält, hinsichtlich der Berechnung der Kündigungsfrist rein deklaratorisch auf die gesetzliche Anrechnungsvorschrift des § 622 Abs. 2 Satz 2 BGB, geht dieser Verweis für Kündigungen, die nach dem 2.12.2006 erklärt wurden, ins Leere. Die Regelung des § 622 Abs. 2 Satz 2 BGB ist mit Unionsrecht unvereinbar und in dessen Geltungsbereich unanwendbar (BAG v. 29.9.2011, Az. 2 AZR 177/10).

Während einer **vereinbarten** Probezeit gilt gemäß § 622 Abs. 3 BGB eine zweiwöchige Kündigungsfrist. Ein Kündigungstermin ist hierbei nicht einzuhalten. Die Probezeit darf allerdings nicht für länger als sechs Monate vereinbart werden.

Von den gesetzlichen Kündigungsfristen kann nur durch Tarifvertrag oder durch einzelvertragliche Vereinbarung abgewichen werden.

2. Tarifvertragliche Kündigungsfristen

Nach § 622 Abs. 4 BGB können durch Tarifvertrag kürzere oder längere als die gesetzlich vorgesehenen Kündigungsfristen vereinbart werden. Der Arbeitgeber ist daran gebunden.

3. Einzelvertragliche Kündigungsfristen

Auch durch den einzelnen Arbeitsvertrag kann von den gesetzlichen Mindestkündigungsfristen abgewichen werden, allerdings nur innerhalb der Vorgaben des § 622 Abs. 5 BGB. Ebenso ist der vertragliche Ausschluss der ordentlichen Kündigung für einen längeren Zeitraum, ggf. bis zum Lebensende des Arbeitgebers (vgl. BAG v. 25.3.2004, Az. 2 AZR 153/03) grundsätzlich zulässig.

3.1 Verkürzung der gesetzlichen Kündigungsfrist

Eine kürzere Kündigungsfrist kann nur dann vereinbart werden, wenn

▶ ein Arbeitnehmer zur vorübergehenden Aushilfe eingestellt ist (§ 622 Abs. 5 Nr. 1 BGB). Dauert das Arbeitsverhältnis aber länger als drei Monate, gilt wieder die Mindestkündigungsfrist von vier Wochen; oder wenn

▶ der Arbeitgeber in der Regel nicht mehr als 20 Arbeitnehmer (Auszubildende sind nicht mitzurechnen) beschäftigt. Bei der Feststellung der Zahl der beschäftigten Arbeitnehmer sind teilzeitbeschäftigte Arbeitnehmer mit einer regelmäßigen wöchentlichen Arbeitszeit von nicht mehr als 20 Stunden mit 0,5 und nicht mehr als 30 Stunden mit 0,75 zu berücksichtigen.

3.2 Verlängerung der gesetzlichen Kündigungsfrist

Der Arbeitgeber hat in der Regel ein Interesse daran, sich vor kurzfristigen Kündigungen seiner Mitarbeiter zu schützen. Die einzelvertragliche Verlängerung der Kündigungsfrist ist unbegrenzt möglich. Die Kündigungsfrist darf aber für den Arbeitnehmer nicht länger sein als für den Arbeitgeber (§ 622 Abs. 6 BGB).

Zu beachten ist auch, dass die mit längerer Beschäftigungsdauer automatisch eintretende Verlängerung der gesetzlichen Kündigungsfristen in § 622 Abs. 2 BGB nur für eine Arbeitgeberkündigung gilt. Der Arbeitnehmer könnte also auch nach Jahrzehnten mit einer Kündigungsfrist von vier Wochen kündigen. Deshalb ist jedem Arbeitgeber dringend zu empfehlen, die Geltung gleich langer Kündigungsfristen vertraglich zu vereinbaren.

Formulierungsbeispiel:

„Die gesetzlichen Kündigungsfristen in § 622 BGB finden unter der Maßgabe Anwendung, dass die verlängerten Kündigungsfristen (§ 622 Abs. 2 BGB) auch für die Kündigung des Arbeitsverhältnisses durch den Arbeitnehmer gilt."

4. Rechtsfolgen einer falschen Fristberechnung

Soweit die einschlägige Kündigungsfrist nicht eingehalten wurde, führt dies streng genommen zur Unwirksamkeit der Kündigung. Nachdem es sich jedoch bei der Kündigungserklärung um eine einseitige Willenserklärung handelt, ist auch der tatsächliche Wille des Erklärenden zugrunde zu legen. In aller Regel besteht die Vermutung, dass der Kündigende das Arbeitsverhältnis in jedem Fall beenden will, wenn schon nicht mit der gewählten, dann doch wenigstens mit der tatsächlich möglichen Kündigungsfrist. Aus diesem Grund wird eine unwirksame Kündigung mit fehlerhafter Kündigungsfrist in eine wirksame Kündigung mit tatsächlicher Kündigungsfrist umgedeutet; sie wird dann zu diesem (späteren) Zeitpunkt wirksam.

ACHTUNG!

Die Unwirksamkeit einer Kündigung muss der Arbeitnehmer grundsätzlich innerhalb der Klagefrist des § 4 KSchG (3-Wochen-Frist)

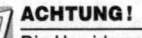

geltend machen. Will er aber lediglich festgestellt wissen, dass die vom Arbeitgeber bekanntgegebene Frist zur ordentlichen Kündigung (z. B. wegen der unterbliebenen Berücksichtigung von Beschäftigungszeiten vor Vollendung des 25. Lebensjahres) unzutreffend berechnet wurde, so kann er dies – innerhalb der Grenzen der Verwirkung – auch nach Ablauf der 3-Wochen-Frist noch gerichtlich geltend machen, sofern sich aus dem Kündigungsschreiben ergibt, dass der Arbeitgeber die objektiv einzuhaltende Kündigungsfrist wahren wollte (BAG v. 9.9.2010, Az. 2 AZR 714/08). Mehr zur Arbeitgeberkündigung s. u. B.

IV. Rücknahme der Kündigung

Durch den Zugang der Kündigungserklärung tritt automatisch die Beendigung des Arbeitsverhältnisses ein. Eine Rücknahme der Kündigung kann nicht mehr einseitig, sondern allenfalls noch durch Vereinbarung erfolgen. Für eine einvernehmliche Kündigungsrücknahme ist keine Form vorgeschrieben. Hierzu genügt beiderseitiges einvernehmliches Handeln. Dies kann beispielsweise auch dadurch geschehen, dass dem Verlangen des Arbeitnehmers auf Weiterbeschäftigung stattgegeben wird.

Wird die einvernehmliche Rücknahme der Kündigung vor Ablauf der Kündigungsfrist vereinbart, besteht das Arbeitsverhältnis unverändert zu den alten Bedingungen fort. Geschieht dies jedoch erst nach Ablauf der Kündigungsfrist (wenn der Arbeitnehmer also nicht mehr arbeitet), liegt in der Rücknahme der Kündigung grundsätzlich eine rückwirkend erfolgte Verlängerung des ursprünglichen Arbeitsverhältnisses mit der Folge, dass zwischen Beendigung und Fortsetzung des Arbeitsverhältnisses keine rechtliche Lücke besteht. Der Arbeitnehmer hat also für die Zeit, in der er nicht beschäftigt wurde, einen Anspruch auf Zahlung des Gehalts (§ 615 BGB).

Auch nach Klageerhebung im Rahmen eines Kündigungsschutzprozesses kann eine Kündigung nicht einseitig, sondern nur durch beidseitigen Vertrag „zurückgenommen" werden. Dem Arbeitgeber bleibt jedoch die Möglichkeit, die Kündigungsschutzklage anzuerkennen.

WICHTIG!
Bei Anerkennung der Klage durch den Arbeitgeber ist der Arbeitnehmer nicht mehr verpflichtet, dort weiter zu arbeiten, wenn er inzwischen ein neues Arbeitsverhältnis eingegangen ist und deshalb die Fortsetzung der Beschäftigung beim ursprünglichen Arbeitgeber verweigert (§ 12 KSchG).

B. Kündigung durch den Arbeitgeber

I. Besonderheiten der Arbeitgeberkündigung

1. Arbeitnehmerschutz

Aus der ursprünglichen Überlegung heraus, dass ein Arbeitnehmer in besonderer Weise von der Erhaltung seines Arbeitsplatzes und damit vom Arbeitgeber abhängig ist, wurde der Fortbestand eines Arbeitsverhältnisses unter → *Kündigungsschutz* gestellt. Je nach den Umständen des Einzelfalls sind Kündigungen durch den Arbeitgeber verboten (Kündigungsverbote) oder nur unter bestimmten Voraussetzungen zulässig (Kündigungsbeschränkungen).

2. Kündigungsverbote

Kündigungsverbote ergeben sich aus folgenden Vorschriften.

- § 9 MuSchG, wonach die Kündigung während der Schwangerschaft bis zum Ablauf von vier Monaten nach der Entbindung grundsätzlich unzulässig ist;

- § 18 BEGG, der die Kündigung des Arbeitsverhältnisses durch den Arbeitgeber während der Elternzeit verbietet;

- § 5 Abs. 1 PflegeZG, wonach eine Kündigung des Beschäftigungsverhältnisses von der Ankündigung bis zur Beendigung einer Pflegezeit ausgeschlossen ist;

- § 15 Abs. 1 u. 2 KSchG, welcher die Kündigung eines Mitglieds des Betriebsrats, einer Personalvertretung bzw. einer Jugend- und Auszubildendenvertretung während ihrer Amtszeit und innerhalb eines Zeitraums von einem Jahr nach deren Beendigung verbietet, soweit nicht ein wichtiger Grund für eine außerordentliche Kündigung vorliegt;

- § 15 Abs. 3 KSchG, der die Kündigung eines Wahlvorstandsmitglieds bei Betriebsrats- und Personalratswahlen vom Zeitpunkt seiner Bestellung an bis zum Ablauf von sechs Monaten nach Bekanntgabe des Wahlergebnisses verbietet, es sei denn, es liegt ein wichtiger Grund zur außerordentlichen Kündigung vor;

- § 22 Abs. 2 BBiG, wonach der Arbeitgeber ein Berufsausbildungsverhältnis nach Ablauf der Probezeit nur bei Vorliegen eines wichtigen Grunds außerordentlich kündigen darf;

- § 2 ArbPlSchG, wonach von dem Zeitpunkt der Zustellung des Einberufungsbescheides bis zur Beendigung des Grundwehrdienstes sowie während einer Wehrübung von Arbeitgeberseite nicht ordentlich gekündigt werden darf;

- § 2 Abs. 1 EÜG, wonach die ordentliche Kündigung durch den Arbeitgeber während einer Eignungsprüfung untersagt ist;

- § 78 ZDG i. V. m. § 2 ArbPlSchG, wonach der Arbeitgeber auch während der Durchführung des Zivildienstes nicht ordentlich kündigen darf;

- § 26 ArbGG bzw. § 20 SGG, wodurch die Kündigung eines ehrenamtlichen Richters in der Arbeits- und Sozialgerichtsbarkeit wegen Übernahme oder Ausübung des Richteramts verboten ist;

- § 96 SGB IX Abs. 3 i. V. m. § 15 Abs. 2 KSchG, wonach die Kündigung eines Schwerbehindertenvertreters während seiner Amtszeit und innerhalb eines Zeitraums von einem Jahr nach deren Beendigung unzulässig ist, soweit nicht ein wichtiger Grund für eine außerordentliche Kündigung vorliegt;

- § 4f Abs. 3 BDSG, wonach die Kündigung eines betrieblichen Datenschutzbeauftragten während seiner Amtszeit und innerhalb eines Zeitraums von einem Jahr nach deren Beendigung unzulässig ist, soweit nicht ein wichtiger Grund für eine außerordentliche Kündigung vorliegt;

- § 58 Abs. 2 BImSchG, wonach die Kündigung eines betrieblichen Immissionsschutzbeauftragten während seiner Amtszeit und innerhalb eines Zeitraums von einem Jahr nach deren Beendigung unzulässig ist, soweit nicht ein wichtiger Grund für eine außerordentliche Kündigung vorliegt.

3. Kündigungsbeschränkungen

Kündigungsbeschränkungen ergeben sich aus folgenden Vorschriften:

- § 85 SGB IX, der die Kündigung des Arbeitsverhältnisses eines Schwerbehinderten von der vorherigen Zustimmung des Integrationsamts (früher: Hauptfürsorgestelle) abhängig macht;

- § 1 KSchG, wonach der Arbeitgeber eine Kündigung sozial zu rechtfertigen hat (→ *Kündigungsschutz*);

- § 102 BetrVG, wonach der Betriebsrat vor Ausspruch einer Kündigung anzuhören ist;

▶ § 242 BGB, wonach auch bei der Kündigung, die nicht unter den Kündigungsschutz fällt, eine soziale Rücksichtnahme zu wahren ist.

⚠ ACHTUNG!
Darüber hinaus sehen viele Tarifverträge Kündigungsbeschränkungen und Kündigungsverbote vor.

Auch in Betriebsvereinbarungen kann die Unkündbarkeit von Arbeitnehmern festgelegt werden, soweit ein einschlägiger Tarifvertrag hierzu nichts regelt oder den Abschluss ergänzender Betriebsvereinbarungen ausdrücklich zulässt (§ 77 Abs. 3 BetrVG).

Darüber hinaus können auch in Einzelarbeitsverträgen Kündigungsverbote und Kündigungsbeschränkungen vereinbart werden. So gilt in einem befristeten Arbeitsverhältnis der Grundsatz, dass eine ordentliche Kündigung für die Dauer der Befristung ausgeschlossen ist, soweit nichts anderes vereinbart wurde. Nicht beschränkt werden kann das in § 626 BGB gesetzlich geregelte Recht zur außerordentlichen Kündigung.

4. Anhörung des Betriebsrats

In einem Betrieb mit Betriebsrat muss dieser vor jeder Kündigung gemäß § 102 Abs. 1 BetrVG angehört werden, es sei denn, bei dem zu kündigenden Mitarbeiter handelt es sich um einen leitenden Angestellten gem. § 5 Abs. 3 BetrVG.

✍ TIPP!
Bestehen Zweifel darüber, ob die gesetzlichen Voraussetzungen eines leitenden Angestellten vorliegen, sollte auch in diesen Fällen vorsichtshalber eine Anhörung des Betriebsrats erfolgen.

Die ordnungsgemäße Anhörung ist bei der ordentlichen Kündigung und bei der außerordentlichen Kündigung erforderlich. Dies gilt auch bei einer Kündigung während der Probezeit oder bei einer → Änderungskündigung.

⚠ ACHTUNG!
Auch im Falle eines sog. unechten Abwicklungsvertrages, bei dem die Parteien von vornherein eine Kündigung mit anschließendem Abwicklungsvertrag vereinbaren, um sozialversicherungsrechtliche Nachteile für den Arbeitnehmer zu vermeiden, muss der Betriebsrat gem. § 102 BetrVG zur Kündigung angehört werden (BAG v. 28.6.2005, Az. 1 ABR 25/04).

Eine Kündigung ohne die ordnungsgemäße Betriebsratsanhörung ist unwirksam. Es kommt in diesem Zusammenhang auch nicht darauf an, ob Kündigungsgründe vorliegen oder nicht.

⚠ ACHTUNG!
Selbst wenn besonders schwerwiegende Kündigungsgründe vorliegen, führt die fehlerhafte oder unterlassene Anhörung des Betriebsrats gemäß § 102 Abs. 1 BetrVG zur Unwirksamkeit der Kündigung.

Bei der Anhörung des Betriebsrats muss der Arbeitgeber dem Betriebsrat die Gründe für die Kündigung mitteilen. Das Anhörungsverfahren ist nur dann ordnungsgemäß eingeleitet, wenn der Arbeitgeber den Betriebsrat über die Person des zu kündigenden Arbeitnehmers, die Kündigungsart (ordentliche oder außerordentliche Kündigung, Beendigungs- oder Änderungskündigung, Tat- oder Verdachtskündigung) und die Kündigungsgründe unter näherer Umschreibung des zugrunde liegenden Sachverhalts informiert. Die Anhörung kann schriftlich, in Textform, mündlich oder sogar telefonisch erfolgen. Der Arbeitgeber kann sich hierzu auch Boten und/oder Vertretern bedienen. Eine Zurückweisung wegen fehlenden Vollmachtsnachweises gem. § 174 BGB kommt nicht in Betracht. Hat der Betriebsrat Zweifel an der Boten- oder Vertretereigenschaft, kann er sich nach dem Gebot der vertrauensvollen Zusammenarbeit unmittelbar gegenüber dem Arbeitgeber äußern (BAG v. 13.12.2012, Az. 6 AZR 348/11).

✍ WICHTIG!
Aus Beweisgründen sollte die Anhörung schriftlich erfolgen. Zur Entgegennahme von Erklärungen, die dem Betriebsrat gegenüber abzu-

geben sind, ist der Vorsitzende des Betriebsrats oder im Fall seiner Verhinderung sein Stellvertreter berechtigt. Grundsätzlich sollte ein Anhörungsschreiben innerhalb des Betriebs übergeben werden. Ein Betriebsratsvorsitzender kann (muss aber nicht) ein Anhörungsschreiben des Arbeitgebers zu einer beabsichtigten Kündigung für den Betriebsrat aber auch außerhalb des Betriebs entgegennehmen (BAG v. 7.7.2011, Az. 6 AZR 248/10). Soll hilfsweise auch eine andere Kündigungsart (z. B. außerordentliche und hilfsweise ordentliche Kündigung) erklärt werden, muss der Betriebsrat auch zu dieser angehört werden.

Will der Arbeitgeber einem Arbeitnehmer wegen einer Straftat kündigen, sollte er den Betriebsrat zugleich zu einer Verdachtskündigung anhören. Nur dann kann er später – sollte sich die Straftat nicht nachweisen lassen – auf eine Verdachtskündigung zurückgreifen, denn die Anhörung zu einer Kündigung wegen einer Straftat umfasst nicht automatisch die Anhörung zu einer Verdachtskündigung.

Sofern für die Kündigung auch vorangegangene Abmahnungen erheblich sind, sollten diese dem Betriebsrat mitgeteilt oder besser zusammen mit dem Anhörungsschreiben vorgelegt werden.

Im Rahmen der Anhörung zu einer krankheitsbedingten Kündigung sind die krankheitsbedingten Fehlzeiten sowie die hierdurch entstandenen und zukünftig zu erwartenden betrieblichen Auswirkungen darzulegen. Ebenso ist die voraussichtliche Krankheitsprognose nach dem Kenntnisstand des Arbeitgebers mitzuteilen.

Im Falle einer betriebsbedingten Kündigung sind dem Betriebsrat die betrieblichen Gründe detailliert vorzutragen. Es ist insbesondere auch auszuführen, warum diese Gründe die Kündigung des betreffenden Arbeitnehmers erfordern. Hat der Arbeitgeber eine soziale Auswahl durchzuführen, muss er dem Betriebsrat darlegen, wie er diese vorgenommen hat.

✍ WICHTIG!
Im Falle einer vollständigen Betriebsstilllegung muss der Arbeitgeber keine Sozialauswahl durchführen, da er ja alle Arbeitnehmer entlässt. Daher bedarf es in diesen Fällen auch nicht der Mitteilung sozialer Auswahlentscheidungen, insbesondere auch nicht des Familienstandes und der Unterhaltspflichten der zu kündigenden Arbeitnehmer (BAG v. 13.5.2004, Az. 2 AZR 329/03).

Die Informationspflicht gegenüber dem Betriebsrat ist geringer, als die Darlegungspflicht im arbeitsgerichtlichen Kündigungsschutzprozess. Der Arbeitgeber ist nicht verpflichtet, Unterlagen oder Beweismittel zur Verfügung zu stellen. Er muss lediglich diejenigen Gründe mitteilen, die nach seiner subjektiven Auffassung die Kündigung rechtfertigen und für seinen Kündigungsentschluss maßgeblich sind. Diese Gründe muss er unter Angabe von Tatsachen so detailliert beschreiben, dass der Betriebsrat ohne zusätzliche eigene Nachforschungen in der Lage ist, die Stichhaltigkeit der Gründe zu prüfen und sich ein eigenes Bild zu verschaffen.

⚠ ACHTUNG!
Eine bewusst fehlerhafte Mitteilung der für den Arbeitgeber maßgebenden Kündigungsgründe führt zu einer fehlerhaften und damit unwirksamen Anhörung.

Nach dem sog. Grundsatz der subjektiven Determinierung ist der Betriebsrat ordnungsgemäß angehört worden, wenn ihm der Arbeitgeber die aus seiner Sicht tragenden Gründe mitgeteilt hat. Der Arbeitgeber kann solche Kündigungsgründe, die ihm im Zeitpunkt der Unterrichtung des Betriebsrates bereits bekannt waren, die er aber dem Betriebsrat nicht mitgeteilt hatte, im Prozess nicht nachschieben. Um ein zulässiges Nachschieben von Kündigungsgründen handelt es sich dann, wenn der Arbeitgeber die dem Betriebsrat mitgeteilten Kündigungsgründe im Prozess nur weiter erläutert und konkretisiert, ohne dass dies den Kündigungssachverhalt wesentlich verändert (vgl. LAG Rheinland-Pfalz v. 4.7.2006, Az. 2 Sa 144/06).

WICHTIG!

Zu den mitzuteilenden Hintergründen der Kündigung gehören auch solche, die den Arbeitnehmer entlasten oder für ihn sprechen.

Beispiel:

Vor einer Kündigung wegen Diebstahls oder des Verdachts eines Diebstahls muss der Arbeitgeber dem Betriebsrat grundsätzlich nicht nur die konkreten von ihm festgestellten Fakten mitteilen, aus denen sich der Verdacht des Diebstahls ergibt. Der Arbeitgeber muss den Betriebsrat in der Anhörung auch über Abmahnungen, Ermahnungen usw. informieren und schildern, welche Gesichtspunkte er vor seinem Kündigungsentschluss wie gegeneinander abgewogen habe (LAG Schleswig-Holstein v. 10.1.2012, Az. 2 Sa 305/11).

ACHTUNG!

Teilt der Arbeitgeber dem Betriebsrat im Anhörungsverfahren besondere Kündigungsbedingungen mit, z. B. dass eine Kündigung erst nach Abschluss von Interessenausgleich und Sozialplan ausgesprochen werde, so führt die Nichteinhaltung dieser Bedingungen zur Unwirksamkeit der Kündigung (vgl. BAG v. 27.11.2003, Az. 2 AZR 654/02).

Hat der Betriebsrat gegen eine ordentliche Kündigung Bedenken, muss er diese unter Angabe der Gründe spätestens innerhalb einer Woche dem Arbeitgeber schriftlich mitteilen. Äußert er sich innerhalb dieser Wochenfrist nicht, gilt seine Zustimmung gemäß § 102 Abs. 2 BetrVG als erteilt.

Hat der Betriebsrat gegen eine außerordentliche Kündigung Bedenken, muss er angesichts der Eilbedürftigkeit die Bedenken dem Arbeitgeber unverzüglich, spätestens innerhalb von drei Tagen schriftlich mitteilen. Hierbei soll der Betriebsrat, soweit dies erforderlich erscheint, vor seiner Stellungnahme den betroffenen Arbeitnehmer hören.

Der Betriebsrat kann dem Arbeitgeber jegliche Bedenken gegen die Kündigung mitteilen. Der Arbeitgeber muss sich aus dem Grundsatz der vertrauensvollen Zusammenarbeit auch mit diesen Bedenken auseinandersetzen. Ein Widerspruchsrecht steht dem Betriebsrat jedoch nur in folgenden Fällen zu:

▶ Der Arbeitgeber hat bei der Auswahl des zu kündigenden Arbeitnehmers soziale Gesichtspunkte nicht oder nicht ausreichend berücksichtigt;

▶ die Kündigung verstößt gegen eine mit Zustimmung des Betriebsrats aufgestellte Richtlinie (über Kündigungen);

▶ der zu kündigende Arbeitnehmer kann im selben Betrieb oder in einem anderen Betrieb des Unternehmens weiterbeschäftigt werden;

▶ die Weiterbeschäftigung des Arbeitnehmers ist nach zumutbaren Umschulungs- oder Fortbildungsmaßnahmen möglich;

▶ eine Weiterbeschäftigung unter geänderten Vertragsbedingungen ist möglich und der Arbeitnehmer ist hiermit einverstanden.

Wenn der Betriebsrat einer ordentlichen Kündigung frist- und ordnungsgemäß widersprochen hat, kann der gekündigte Arbeitnehmer sich hierauf auch im Rahmen einer Kündigungsschutzklage berufen. Er kann dann seine Weiterbeschäftigung zu veränderten Arbeitsbedingungen verlangen (§ 102 Abs. 5 BetrVG).

Auch vor Ablauf der gesetzlichen Anhörungsfristen kann sich der Betriebsrat zu der beabsichtigten Kündigung erklären. Soweit aus dieser Erklärung hervorgeht, dass es sich um eine abschließende Stellungnahme handelt, braucht die gesetzliche Anhörungsfrist nicht mehr abgewartet zu werden. Dies gilt sowohl im Falle einer ausdrücklichen Zustimmung zur Kündigung als auch im Falle einer abschließenden Kenntnisnahme. Es muss sich nur aus der Erklärung des Betriebsrats ergeben, dass eine weitere Stellungnahme zu der beabsichtigten Kündigung nicht mehr erfolgen wird. Damit ist das Anhörungsverfah-

ren abgeschlossen. Der Arbeitgeber kann auch vor Ablauf der Anhörungsfrist die Kündigung ordnungsgemäß erklären.

5. Hinweispflicht des Arbeitgebers

Seit 1.7.2003 ist der Arbeitgeber gesetzlich dazu verpflichtet, Arbeitnehmer frühzeitig vor der Beendigung des Arbeitsverhältnisses über die Notwendigkeit eigener Aktivitäten bei der Suche nach einer anderen Beschäftigung sowie über die Verpflichtung zur Meldung der Beendigung bei der zuständigen Agentur für Arbeit zu informieren.

Diese Belehrung sollte bereits mit der Kündigungserklärung schriftlich erfolgen.

Formulierungsbeispiel:

„Wir weisen Sie darauf hin, dass Sie gem. § 38 SGB III verpflichtet sind, sich spätestens drei Monate vor Beendigung des Arbeitsverhältnisses persönlich bei der Agentur für Arbeit zu melden ..."

oder (wenn zwischen Kenntnis des Beendigungszeitpunktes und der Beendigung weniger als drei Monate liegen):

„Wir weisen Sie darauf hin, dass Sie gem. § 38 SGB III verpflichtet sind, sich innerhalb von drei Tagen nach Kenntnis des Beendigungszeitpunktes, also nach Erhalt dieses Schreibens, persönlich bei der Agentur für Arbeit zu melden ..."

und (in beiden Fällen):

„... Andernfalls kann Ihr Anspruch auf Arbeitslosengeld verkürzt werden. Sie sind ferner dazu verpflichtet, selbst bei der Suche nach einem anderen Arbeitsplatz aktiv zu werden."

II. Ordentliche Kündigung

Die ordentliche Kündigung beendet ein auf unbestimmte Zeit abgeschlossenes Arbeitsverhältnis nach Ablauf der gesetzlich, tarifvertraglich oder einzelvertraglich vorgeschriebenen Kündigungsfrist. Befristete Arbeitsverhältnisse hingegen enden mit Ablauf der Befristung; eine vorherige Beendigung des Arbeitsverhältnisses durch ordentliche Kündigung ist nur dann möglich, wenn dies im Arbeitsvertrag ausdrücklich vereinbart ist.

Abgesehen von den einschlägigen Arbeitnehmerschutzvorschriften (→ *Kündigungsschutz*) und der ordnungsgemäßen Anhörung des Personal- bzw. Betriebsrats sind im Zusammenhang mit der außerordentlichen Kündigung keine weiteren Besonderheiten zu beachten.

1. Zulässigkeit

Die Zulässigkeit einer ordentlichen Kündigung ist davon abhängig, ob gesetzliche, tarifvertragliche, betriebsverfassungsrechtliche oder einzelvertragliche Kündigungsbeschränkungen oder Kündigungsverbote (s. o. I.2.) bestehen. Besonderheiten ergeben sich bei einem befristeten Arbeitsverhältnis, das auch ohne Kündigung durch Ablauf der vereinbarten Dauer automatisch endet.

ACHTUNG!

Ein befristetes Arbeitsverhältnis endet mit Zeitablauf, ohne dass es einer Kündigung bedarf. In diesem Fall ist die ordentliche Kündigung – wenn nichts anderes vereinbart wurde – ausgeschlossen.

Die Arbeitsvertragsparteien können jedoch auch in einem befristeten Arbeitsverhältnis die Möglichkeit vereinbaren, dass dieses ordentlich gekündigt werden kann. Diese Kündigungsmöglichkeit muss dann aber auch dem Arbeitnehmer eingeräumt werden, da andernfalls die Vereinbarung nach § 622 Abs. 5 BGB unwirksam wäre. Enthält die Befristungsabrede keinen Hinweis auf die vorzeitige Kündigungsmöglichkeit, ist davon auszugehen, dass die Vertragspartner die ordentliche Kündigung für die Vertragsdauer ausschließen wollten.

 :: **rehm**

2. Kündigungsfrist

Die gesetzliche Kündigungsfrist von vier Wochen zum 15. oder zum Ende eines Kalendermonats (s. o. A.III.1.) gilt für den Arbeitgeber nur, wenn das Beschäftigungsverhältnis zum Zeitpunkt des Kündigungszugangs noch keine zwei Jahre bestanden hat.

Danach beträgt die gesetzliche Kündigungsfrist:

Beschäftigungsdauer	Kündigungsfrist zum Monatsende
mehr als 2 Jahre	1 Monat
mehr als 5 Jahre	2 Monate
mehr als 8 Jahre	3 Monate
mehr als 10 Jahre	4 Monate
mehr als 12 Jahre	5 Monate
mehr als 15 Jahre	6 Monate
mehr als 20 Jahre	7 Monate

WICHTIG!

Bei der Berechnung der Beschäftigungsdauer wurden – entsprechend dem Gesetzeswortlaut in § 622 Abs. 2 Satz 2 BGB – Zeiten, die vor der Vollendung des fünfundzwanzigsten Lebensjahres des Arbeitnehmers liegen, nicht berücksichtigt. Mit seiner Entscheidung v. 19.1.2010 hat der EuGH festgestellt, dass die gesetzliche Regelung in § 622 Abs. 2 Satz 2 BGB gegen das Verbot der Diskriminierung wegen des Alters (RL 2000/78) verstößt und daher von den nationalen Gerichten nicht länger angewendet werden darf (EuGH v. 19.1.2010, Az. C-555/07 Kücükdeveci). Daher sind für Kündigungen nach dem 2.12.2006 (vgl. BAG v. 9.9.2010, Az. 2 AZR 714/08) bei der Berechnung der gesetzlichen Kündigungsfrist auch solche Beschäftigungszeiten anzurechnen, die vor der Vollendung des fünfundzwanzigsten Lebensjahr liegen.

Diese gesetzlichen Kündigungsfristen gelten nur für eine Kündigung durch den Arbeitgeber. Für den Arbeitnehmer bleibt es auch bei längeren Beschäftigungsverhältnissen bei der Vierwochenfrist des § 622 Abs. 1 BGB.

Von den gesetzlichen Kündigungsfristen kann durch → *Tarifvertrag* oder Einzelarbeitsvertrag abgewichen werden (s. o. A.III.2. und 3.).

WICHTIG!

Die Erklärung eines Arbeitgebers, einen Arbeitnehmer unter Anrechnung auf dessen Urlaubsansprüche nach der Kündigung von der Arbeitsleistung freizustellen, ist nach den §§ 133, 157 BGB aus Sicht des Arbeitnehmers auszulegen. Die Freistellung des Arbeitnehmers zum Zwecke der Gewährung von Erholungsurlaub erfolgt durch einseitige, empfangsbedürftige Willenserklärung des Arbeitgebers. Die Erklärung muss für den Arbeitnehmer hinreichend deutlich erkennen lassen, in welchem Umfang der Arbeitgeber die Urlaubsansprüche des Arbeitnehmers erfüllen will. Zweifel gehen zu Lasten des Arbeitgebers. Denn als Erklärender hat er es in der Hand, den Umfang der Freistellung eindeutig festzulegen (BAG v. 17.5.2011, Az. 9 AZR 189/10).

3. Kündigungsgrund

Grundsätzlich kann eine Kündigung grundlos erklärt werden. Eine Vielzahl von gesetzlichen und tarifvertraglichen Regelungen setzten jedoch das Vorliegen eines Kündigungsgrundes voraus. Wenn das Kündigungschutzgesetz Anwendung findet (→ *Kündigungsschutz*) kann nur aus betriebsbedingten, verhaltensbedingten oder personenbedingten Gründen gekündigt werden. Eine außerordentliche Kündigung kann nur aus wichtigem Grund (s. u. III.) erfolgen. Eine Kündigung wegen → *Betriebsübergang* ist hingegen immer unwirksam. Deshalb ist dringend zu empfehlen, jede beabsichtigte Kündigung bereits im Vorfeld darauf hin zu überprüfen, ob ein Kündigungsgrund vorliegt und wie dieser nachgewiesen werden kann.

Die Angabe von Kündigungsgründen in dem Kündigungsschreiben selbst ist nur in den Fällen des § 22 Abs. 3 BBiG (Kündigung eines Auszubildenden nach Ablauf der Probezeit) und des § 9 Abs. 3 Satz 2 MuSchG (Kündigung einer Schwangeren) gesetzlich vorgeschrieben. Auch Tarifverträge oder Betriebsvereinbarungen können die Angabe der Kündigungsgründe mit der Kündigungserklärung vorsehen. In allen anderen Fällen ist die Angabe der Kündigungsgründe nicht erforderlich.

III. Außerordentliche Kündigung

Alle Dienst- und Arbeitsverhältnisse können von jedem Vertragsteil aus wichtigem Grund außerordentlich gekündigt werden (§ 626 BGB). Der Unterschied zur ordentlichen Kündigung liegt darin, dass eben keine Kündigungsfrist einzuhalten ist. Aus diesem Grunde wird die außerordentliche Kündigung auch als fristlose Kündigung bezeichnet. Unabhängig davon kann die außerordentliche Kündigung auch mit einer sog. sozialen Auslauffrist ausgesprochen werden. Dies kann unter Umständen im eigenen Interesse des Arbeitgebers sein, etwa weil er zunächst keine Ersatzkraft hat (BAG v. 9.2.1960, Az. 2 AZR 585/57).

WICHTIG!

Der Arbeitnehmer braucht eine soziale Auslauffrist nicht anzunehmen, sondern kann auf die sofortige Beendigung des Arbeitsverhältnisses mit dem Zugang der Kündigung bestehen.

Eine außerordentliche Kündigung setzt unbedingt voraus, dass sie als solche gekennzeichnet ist. Der Arbeitnehmer muss klar erkennen, dass es sich nicht um eine ordentliche, sondern um eine außerordentliche Kündigung handelt.

1. Wichtiger Grund

Ein wichtiger Grund im Sinne des § 626 BGB liegt immer dann vor, wenn dem Kündigenden unter Berücksichtigung aller Umstände des Einzelfalls und unter Abwägung der Interessen beider Vertragsteile die Fortsetzung des Arbeitsverhältnisses bis zum Ablauf der Kündigungsfrist oder bis zur vereinbarten Beendigung des Arbeitsverhältnisses nicht zugemutet werden kann.

Ob ein wichtiger Grund vorliegt, ist hiernach in zwei Stufen zu prüfen. Zunächst ist zu untersuchen, ob die Tatsachen selbst **objektiv geeignet** sind, einen wichtigen Grund für die Kündigung darzustellen.

Ist dies der Fall, ist weiter zu prüfen, ob unter Berücksichtigung aller Umstände des Falles und der **Abwägung der Interessen** beider Vertragsteile die Fortsetzung des Arbeitsverhältnisses bis zum Ablauf der Kündigungsfrist oder zur vertraglich vereinbarten Beendigung des Arbeitsverhältnisses zuzumuten ist.

Bei der Prüfung, ob dem Arbeitgeber eine Weiterbeschäftigung des Arbeitnehmers trotz Vorliegens einer erheblichen Pflichtverletzung jedenfalls bis zum Ablauf der Kündigungsfrist zumutbar ist, ist in einer Gesamtwürdigung das Interesse des Arbeitgebers an der sofortigen Beendigung des Arbeitsverhältnisses gegen das Interesse des Arbeitnehmers an dessen Fortbestand abzuwägen. Es hat eine Bewertung des Einzelfalls unter Beachtung des Verhältnismäßigkeitsgrundsatzes zu erfolgen. Die Umstände, anhand derer zu beurteilen ist, ob dem Arbeitgeber die Weiterbeschäftigung jedenfalls bis zum Ablauf der Kündigungsfrist zumutbar ist oder nicht, lassen sich nicht abschließend festlegen. Zu berücksichtigen sind aber regelmäßig das Gewicht und die Auswirkungen einer Vertragspflichtverletzung – etwa im Hinblick auf das Maß eines durch sie bewirkten Vertrauensverlusts und ihre wirtschaftlichen Folgen –, der Grad des Verschuldens des Arbeitnehmers, eine mögliche Wiederholungsgefahr sowie die Dauer des Arbeitsverhältnisses und dessen störungsfreier Verlauf (BAG v. 9.6.2011, Az. 2 AZR 281/10).

Zur Abwägung der Interessen beider Vertragsparteien ist darauf abzustellen, ob die Interessen des Arbeitgebers an der → *Beendigung des Arbeitsverhältnisses* die Interessen des Arbeitnehmers an seiner Fortsetzung überwiegen. Hierbei sind die Dauer der Betriebszugehörigkeit, die ordentliche Kündigungsfrist, die Art und Schwere der Verfehlung, der Verschuldensgrad, die Wiederholungsgefahr, das Lebensalter des Arbeitnehmers, die Betriebsgröße und die Folgen der Auflösung des Arbeitsverhältnisses zu berücksichtigen.

WICHTIG!

Für die Zumutbarkeit der Weiterbeschäftigung kann es von erheblicher Bedeutung sein, ob der Arbeitnehmer bereits geraume Zeit in einer Vertrauensstellung beschäftigt war, ohne vergleichbare Pflichtverletzungen begangen zu haben. Das gilt auch bei Pflichtverstößen im unmittelbaren Vermögensbereich. Eine für lange Jahre ungestörte Vertrauensbeziehung zweier Vertragspartner wird nicht notwendig schon durch eine erstmalige Vertrauensenttäuschung vollständig und unwiderbringlich zerstört. Je länger eine Vertragsbeziehung ungestört bestanden hat, desto eher kann die Prognose berechtigt sein, dass der dadurch erarbeitete Vorrat an Vertrauen durch einen erstmaligen Vorfall nicht vollständig aufgezehrt wird. Dabei kommt es nicht auf die subjektive Befindlichkeit und Einschätzung des Arbeitgebers oder bestimmter für ihn handelnder Personen an. Entscheidend ist ein objektiver Maßstab (vgl. Fall Emmely, BAG v. 10.6.2010, 2 AZR 541/09).

Bei der Interessenabwägung sind auch mildere Mittel wie → *Abmahnung*, → *Änderungskündigung*, Versetzung und ordentliche Kündigung in Betracht zu ziehen. Nach der Rechtsprechung des BAG muss der Arbeitgeber dem Arbeitnehmer von sich aus sogar eine beiden Parteien zumutbare Weiterbeschäftigung auf einem freien Arbeitsplatz zu geänderten Bedingungen anbieten, wenn dies nicht unzumutbar ist (BAG v. 27.9.1984, Az. 2 AZR 62/83).

ACHTUNG!

Eine außerordentliche Kündigung kommt nur in Betracht, wenn es keinen angemessenen Weg gibt, das Arbeitsverhältnis (zumindest bis zum Ablauf der ordentlichen Kündigungsfrist) fortzusetzen, weil dem Arbeitgeber sämtliche mildere Reaktionsmöglichkeiten (wie z. B. Abmahnung, ordentliche Kündigung, Versetzung) unzumutbar sind. Einer Abmahnung bedarf es in Ansehung des Verhältnismäßigkeitsgrundsatzes nur dann nicht, wenn eine Verhaltensänderung in Zukunft selbst nach Abmahnung nicht zu erwarten steht oder es sich um eine so schwere Pflichtverletzung handelt, dass eine Hinnahme durch den Arbeitgeber offensichtlich – auch für den Arbeitnehmer erkennbar – ausgeschlossen ist (vgl. BAG v. 9.6.2011, Az. 2 AZR 281/10).

Spricht der Arbeitgeber wegen einer bestimmten Vertragspflichtverletzung eine Abmahnung aus, so kann er wegen des darin gerügten Verhaltens des Arbeitnehmers (also dieses konkreten Vorfalls) das Arbeitsverhältnis nicht mehr – außerordentlich oder ordentlich – kündigen. Treten anschließend weitere Pflichtverletzungen zu den abgemahnten hinzu oder werden frühere Pflichtverletzungen dem Arbeitgeber erst nach Ausspruch der Abmahnung bekannt, kann er auf diese zur Begründung einer Kündigung zurückgreifen und dabei die bereits abgemahnten Verstöße unterstützend heranziehen (BAG v. 26.11.2009, Az. 2 AZR 751/08). Mehr hierzu s. u. → *Abmahnung*.

2. Einzelne Kündigungsgründe (Beispiele aus der Rechtsprechung)

Wie unter 1. dargelegt, muss **in jedem Einzelfall** abgewogen werden, ob ein wichtiger Grund zur außerordentlichen Kündigung vorliegt. Die nachfolgend aufgeführten Rechtsprechungsbeispiele können also lediglich zur Orientierung dienen, ob eine außerordentliche Kündigung überhaupt in Betracht kommt.

2.1 Abkehrwille/Abwerbung

Die Vorbereitungen eines Arbeitnehmers, das Arbeitsverhältnis von sich aus zu lösen und ein neues Arbeitsverhältnis zu begründen oder sich selbstständig zu machen (Abkehrwille), stel-

len für sich allein keinen Grund zur Kündigung dar (LAG Baden-Württemberg v. 31.5.1961, Az. 4 Sa 70/60). Ein Arbeitnehmer darf bereits während des Arbeitsverhältnisses Vorbereitungen für den künftigen eigenen Geschäftsbetrieb treffen (LAG Baden-Württemberg v. 24.2.1969, Az. 4 Sa 114/68). Wirkt er hierbei jedoch nachhaltig auf Arbeitskollegen ein, um sie zum Wechsel des Arbeitsplatzes unter Vertragsbruch, d. h. ohne Einhaltung von Kündigungsfristen zu bewegen, so liegt ein wichtiger Grund für die außerordentliche Kündigung vor (vgl. BAG v. 22.11.1965, Az. 3 AZR 130/65).

2.2 Alkoholmissbrauch/Alkoholismus

Schon der einmalige Verstoß gegen ein betriebliches oder gesetzliches Alkoholverbot kann eine außerordentliche Kündigung bei solchen Arbeitnehmern rechtfertigen, deren Tätigkeit im Zustand der Alkoholisierung Gefahren für andere Arbeitnehmer oder Dritte mit sich bringt, z. B. Kraftfahrer, Kranführer, Gerüstbauer, Chirurgen etc. (vgl. BAG v. 14.11.1984, Az. 7 AZR 474/83). Wird ein als Kraftfahrer beschäftigter Arbeitnehmer bei einer privaten Trunkenheitsfahrt von der Polizei ertappt und verliert infolgedessen seine Fahrerlaubnis, kann dies eine ordentliche Kündigung rechtfertigen, da dem Arbeitnehmer durch die Entziehung der Fahrerlaubnis die Erbringung der geschuldeten Leistung unmöglich geworden ist. Auch eine Erkrankung des Arbeitnehmers sowie eine lange Betriebszugehörigkeit stehen der Kündigung in einem solchen Fall nicht entgegen. Als Kraftfahrer muss der Arbeitnehmer die tatsächlichen und rechtlichen Risiken eines Alkoholkonsums im Straßenverkehr kennen. Auch die Tatsache, dass der Arbeitnehmer die Fahrerlaubnis später wieder erlangt, steht der Kündigung nicht entgegen (Hessisches LAG v. 1.7.2011, Az. 10 Sa 245/11).

In anderen Fällen des Alkoholmissbrauchs ist in der Regel eine vorherige → *Abmahnung* erforderlich.

Vom Alkoholmissbrauch zu unterscheiden ist die krankhafte Trunksucht, der Alkoholismus. Hierbei handelt es sich um eine Krankheit, sodass eine krankheitsbedingte Kündigung (s. u. 2.15) in Betracht kommt. Nur wenn ein Arbeitnehmer ordentlich nicht mehr kündbar ist, kann ausnahmsweise eine außerordentliche Kündigung aus krankheitsbedingten Gründen gerechtfertigt sein (vgl. BAG v. 9.9.1992, Az. 2 AZR 190/92).

2.3 Anzeige gegen den Arbeitgeber

Anzeigen des Arbeitnehmers gegen den Arbeitgeber (auch „Whistleblowing" genannt) stellen immer dann einen wichtigen Grund zur außerordentlichen Kündigung dar, wenn sie ausschließlich zum Zwecke der Schädigung und nicht aus eigenen oder übergeordneten berechtigten Interessen heraus erstattet werden. Ein wichtiger Grund liegt grundsätzlich nicht vor, wenn die Anzeige objektiv gerechtfertigt ist und der Arbeitnehmer berechtigte Interessen verfolgt. Aus seiner vertraglichen Rücksichtnahmepflicht heraus ist ein Arbeitnehmer aber grundsätzlich dazu verpflichtet, vor Herausgabe einer Strafanzeige eine innerbetriebliche Klärung zu versuchen. Eine vorherige innerbetriebliche Meldung und Klärung ist dem Arbeitnehmer jedoch unzumutbar, wenn er Kenntnis von Straftaten erhält, durch deren Nichtanzeige er sich selbst einer Strafverfolgung aussetzen würde. Entsprechendes gilt auch bei schwerwiegenden Straftaten oder vom Arbeitgeber selbst begangenen Straftaten. Hier tritt regelmäßig die Pflicht des Arbeitnehmers zur Rücksichtnahme auf die Interessen des Arbeitgebers zurück. Den anzeigenden Arbeitnehmer trifft auch keine Pflicht zur vorherigen innerbetrieblichen Klärung, wenn Abhilfe berechtigterweise nicht zu erwarten ist und der Arbeitgeber oder sein gesetzlicher Vertreter selbst (und nicht etwa nur ein Vorgesetzter) strafbar handelt (BAG v. 3.7.2003, Az. 2 AZR 235/02). Für die Frage, ob die Erstattung der Strafanzeige einen Kündigungsgrund bilden kann, kommt es nicht entscheidend darauf an, ob diese zu einer Verurteilung führt oder nicht (BAG v. 7.12.2006, Az. 2 AZR 400/05). Bei der erforderlichen Interessenabwägung ist vielmehr von Bedeutung, ob an der Information ein öffentliches Interesse besteht und ob sie fundiert ist. Jeder, der Informationen weitergeben will, muss grundsätzlich prüfen, ob sie genau und zuverlässig sind. Außerdem muss der mögliche Schaden für den Arbeitgeber berücksichtigt werden, die Gründe für die Information und die Art der Sanktion. Zudem ist bei der Prüfung der Tatsache Rechnung zu tragen, ob der Arbeitnehmer den zugrunde liegenden Sachverhalt bereits zuvor in Hinweisen an den Arbeitgeber offengelegt hat und weitere innerbetriebliche Beschwerden wirkungslos gewesen wären. Ferner ist zugunsten des Arbeitnehmers zu berücksichtigen, wenn er nicht wissentlich oder leichtfertig falsche Angaben gemacht hat. Ob es tatsächlich zu einer Anklage gegen den Arbeitgeber kommt, kann der Arbeitnehmer allerdings nicht voraussehen. Die Tatsache, dass die Ermittlungen eingestellt werden, darf daher nicht zwangsläufig zu Ungunsten des Arbeitnehmers Berücksichtigung finden (EGMR v. 21.7.2011, Az. 28274/08).

2.4 Arbeitserlaubnis

Die Nichtverlängerung der Arbeitserlaubnis eines Ausländers kann auch dann einen wichtigen Grund zur außerordentlichen Kündigung darstellen, wenn der Arbeitnehmer gegen den Bescheid der Agentur für Arbeit Rechtsmittel eingelegt hat (vgl. BAG v. 16.12.1976, Az. 3 AZR 716/75; BAG v. 13.1.1977, Az. 2 AZR 423/75).

2.5 Arbeitskampf

Ein von der Gewerkschaft beschlossener rechtmäßiger Streit berechtigt nicht zur außerordentlichen Kündigung einzelner Arbeitnehmer. Die Teilnahme an einem rechtswidrigen Streik stellt zwar grundsätzlich einen Arbeitsvertragsbruch dar, der zur außerordentlichen Kündigung berechtigt. Handelt der Arbeitnehmer jedoch ausschließlich aus Loyalität gegenüber seinen Kollegen und enthält er sich sonstiger Rechtsverletzung (wie z. B. Nötigungen oder Beleidigungen), so wird nicht von einem ausreichendem Grund für eine außerordentliche Kündigung auszugehen sein. Entsprechendes gilt, wenn er sich im Irrtum über die Rechtmäßigkeit des Streiks befindet (BAG v. 29.11.1983, Az. 1 AZR 469/82). Ein Arbeitnehmer, der einen Arbeitskampf organisiert, obwohl Gewerkschaft und Betriebsrat noch über die erstrebte Lohnerhöhung verhandeln, kann jedoch fristlos entlassen werden (BAG v. 28.4.1966, Az. 2 AZR 176/65).

2.6 Arbeitspapiere

Weigert sich der Arbeitnehmer trotz mehrfacher Aufforderungen, dem Arbeitgeber seine Arbeitspapiere vorzulegen, so kann eine außerordentliche Kündigung gerechtfertigt sein (LAG Düsseldorf v. 23.2.1961, Az. 2 Sa 3/61).

2.7 Arbeitsschutz

Die wiederholte Verletzung von Arbeitsschutzbestimmungen kann eine außerordentliche Kündigung rechtfertigen, wenn hierdurch eine erhebliche Gefahr heraufbeschworen wird. Grundsätzlich ist jedoch eine vorherige → *Abmahnung* erforderlich (LAG Düsseldorf DB 1953, 108; LAG Köln v. 17.3.1993 LAGE § 626 BGB Nr. 71).

2.8 Arbeitsverweigerung

Weigert sich ein Arbeitnehmer beharrlich, die von ihm vertraglich geschuldete Arbeit zu leisten, so kann dies eine außerordentliche Kündigung rechtfertigen (BAG v. 31.1.1985, Az. 2 AZR 486/83). Voraussetzung für eine Kündigung ist jedoch, dass der Arbeitnehmer arbeitsvertraglich verpflichtet war, die ihm zugewiesene (und verweigerte) Arbeit zu verrichten. Dies

ist dann nicht der Fall, wenn der Arbeitgeber sein → *Direktionsrecht* überschreitet.

Eine beharrliche Arbeitsverweigerung liegt auch vor, wenn ein Arbeitnehmer längere Zeit nach Beendigung seiner ärztlichen Krankschreibung die Arbeit nicht aufnimmt (LAG Stuttgart DB 1966, 908). Die wiederholte Verletzung der Anzeigepflicht bei Arbeitsunfähigkeit nach erfolgter Abmahnung kann eine ordentliche Kündigung rechtfertigen. Die Pflicht zur unverzüglichen Mitteilung der Arbeitsunfähigkeit und deren voraussichtlicher Dauer ergibt sich aus dem Gesetz. Sie besteht unabhängig von der Pflicht zur Vorlage einer ärztlichen Arbeitsunfähigkeitsbescheinigung. Bei der Interessenabwägung sind insbesondere die Anzahl der Pflichtverstöße des Arbeitnehmers trotz erhaltener Abmahnungen zu berücksichtigen. Zudem kann die Eigenart des Betriebes (enge zeitliche Vorgaben für die Personaleinsatzplanung) sowie die betriebliche Position des Arbeitnehmers (z. B. Vorarbeiter) bei der Interessenabwägung eine Rolle spielen (Hessisches LAG v. 18.1.2011, Az. 12 Sa 522/10).

Eine außerordentliche Kündigung ist auch gerechtfertigt, wenn der Arbeitnehmer sich eine Arbeitsbefreiung erschleicht, um einer beruflichen Nebentätigkeit nachzugehen (BAG v. 26.8.1993, Az. 2 AZR 154/93). Verweigert ein Arbeitnehmer mehrfach die ihm angetragenen Überstunden, kann ebenfalls eine außerordentliche Kündigung gerechtfertigt sein (ArbG Frankfurt, Az. 10 Ca 9795/04). Dies gilt nicht, wenn die Überstunden ohne dringenden betrieblichen Grund nur kurzfristig (= wenige Stunden zuvor) angeordnet wurden (Hessisches LAG v. 13.1.2006, Az. 2222/04).

Weigert sich der Arbeitnehmer **aus Glaubensgründen**, eine vom arbeitsvertraglich vereinbarten Leistungsspektrum umfasste Arbeitsleistung zu erbringen, kann dies – je nach den Umständen des Einzelfalls – eine Kündigung rechtfertigen. Der Arbeitgeber darf dem Arbeitnehmer regelmäßig keine Arbeit zuweisen, die diesen in einen nachvollziehbar dargelegten, ernsthaften und unüberwindbaren Glaubenskonflikt brächte. Beruft sich der Arbeitnehmer erstmals nach erteilter Weisung auf einen unüberwindbaren inneren Glaubenskonflikt, kann der Arbeitgeber nach den vorstehenden Grundsätzen verpflichtet sein, erneut von seinem Direktionsrecht Gebrauch zu machen und dem Arbeitnehmer – soweit möglich und zumutbar – eine andere Arbeit zuzuweisen. War das Beharren des Arbeitgebers auf die Vertragserfüllung ermessensfehlerhaft, stellt die Weigerung des Arbeitnehmers, der Weisung nachzukommen, keine vorwerfbare Vertragspflichtverletzung dar. Sie kann aber geeignet sein, eine Kündigung aus Gründen in der Person des Arbeitnehmers zu rechtfertigen, wenn es dem Arbeitgeber nicht ohne größere Schwierigkeiten möglich ist, den Arbeitnehmer anderweitig sinnvoll einzusetzen (BAG v. 24.2.2011, Az. 2 AZR 636/09).

Beispiel:

> Ein als „Ladenhilfe" in einem Einzelhandelsmarkt beschäftigter Arbeitnehmer muss mit der Zuweisung von Arbeitsaufgaben rechnen, die den Umgang mit Alkoholika erfordern. Macht er geltend, aus religiösen Gründen an der Ausübung vertraglich geschuldeter Tätigkeiten gehindert zu sein, muss er dem Arbeitgeber mitteilen, worin genau die religiösen Gründe bestehen und aufzeigen, an welchen Tätigkeiten er sich gehindert sieht. Besteht für den Arbeitgeber im Rahmen der von ihm zu bestimmenden betrieblichen Organisation die Möglichkeit einer vertragsgemäßen Beschäftigung, die den religionsbedingten Einschränkungen Rechnung trägt, muss er dem Arbeitnehmer diese Tätigkeit zuweisen.

2.9 Ausländerfeindlichkeit

Ausländerfeindliche Äußerungen im Betrieb sind generell geeignet, eine außerordentliche Kündigung zu rechtfertigen (BAG v. 14.2.1996, Az. 2 AZR 274/95).

2.10 Außerdienstliches Verhalten

Das außerdienstliche Verhalten eines Arbeitnehmers kann nur dann eine außerordentliche Kündigung rechtfertigen, wenn es direkt oder indirekt auf das Arbeitsverhältnis Einfluss hat. Dies ist z. B. dann der Fall, wenn durch die Begehung einer Straftat das für das Arbeitsverhältnis erforderliche Vertrauen erschüttert wird (LAG Berlin v. 15.12.1989, Az. 2 Sa 29/89). Dies ist z. B. bei einem außerdienstlichen Diebstahl durch einen Kassierer der Fall. Wird ein als Kraftfahrer beschäftigter Arbeitnehmer bei einer privaten Trunkenheitsfahrt von der Polizei ertappt und verliert infolgedessen seine Fahrerlaubnis, kann dies eine ordentliche Kündigung rechtfertigen, da dem Arbeitnehmer durch die Entziehung der Fahrerlaubnis die Erbringung der geschuldeten Leistung unmöglich geworden ist. Auch eine Erkrankung des Arbeitnehmers sowie eine lange Betriebszugehörigkeit stehen der Kündigung in einem solchen Fall nicht entgegen. Als Kraftfahrer muss der Arbeitnehmer die tatsächlichen und rechtlichen Risiken eines Alkoholkonsums im Straßenverkehr kennen. Auch die Tatsache, dass der Arbeitnehmer die Fahrerlaubnis später wieder erlangt, steht der Kündigung nicht entgegen (Hessisches LAG v. 1.7.2011, Az. 10 Sa 245/11). Arbeitnehmer des öffentlichen Dienstes müssen ein bestimmtes Maß an Verfassungstreue aufbringen, das sich nach ihrer vertraglich geschuldeten Tätigkeit sowie nach der Aufgabenstellung des öffentlichen Arbeitgebers richtet. Eine Mitgliedschaft in der NPD oder ihrer Jugendorganisation (JN) sowie Aktivitäten für diese Organisationen stehen regelmäßig nicht schon als solche einer Weiterbeschäftigung im öffentlichen Dienst entgegen, selbst wenn die Verfassungsfeindlichkeit der Organisationen unterstellt wird. Allerdings dürfen auch Beschäftigte, die keiner „gesteigerten", beamtenähnlichen Loyalitätspflicht unterliegen, nicht darauf ausgehen, den Staat oder die Verfassung und deren Organe zu beseitigen, zu beschimpfen oder verächtlich zu machen. Entfaltet ein Arbeitnehmer inner- oder außerdienstlich Aktivitäten dieser Art, kann dies ein Grund für eine Kündigung durch seinen Arbeitgeber sein. Dies gilt auch dann, wenn das Verhalten nicht strafbar ist (BAG v. 6.9.2012, Az. 2 AZR 372/11). Ein Chefarzt kann fristlos gekündigt werden, wenn sich herausstellt, dass die bei seiner Einstellung abgegebene Erklärung zu fehlenden Vorstrafen und laufenden Ermittlungsverfahren falsch war und er entgegen seiner Angaben in der Vergangenheit wegen einer im Zusammenhang mit seiner Tätigkeit stehenden Straftat verurteilt worden war (LAG Hessen v. 5.12.2011, Az. 7 Sa 524/11).

2.11 Beleidigung

Eine grobe Beleidigung des Arbeitgebers – also eine bewusste und gewollte Ehrenkränkung – stellt grundsätzlich einen wichtigen Grund zur außerordentlichen Kündigung dar. Entsprechendes gilt für bewusst wahrheitswidrig aufgestellte Tatsachenbehauptungen, etwa wenn sie den Tatbestand der üblen Nachrede erfüllen (BAG v. 10.12.2009, Az. 2 AZR 534/08). Entscheidend ist, ob dem Arbeitgeber nach dem gesamten Sachverhalt die Fortsetzung des Arbeitsverhältnisses noch zuzumuten ist. Bei der rechtlichen Würdigung sind die Umstände zu berücksichtigen, unter denen die betreffenden Äußerungen gefallen sind. Geschah dies in einem vertraulichen Gespräch zwischen Arbeitskollegen, vermögen sie eine Kündigung des Arbeitsverhältnisses nicht ohne Weiteres zu begründen. Vertrauliche Äußerungen unterfallen dem Schutzbereich des allgemeinen Persönlichkeitsrechts. Die vertrauliche Kommunikation in der Privatsphäre ist Ausdruck der Persönlichkeit und grundrechtlich gewährleistet. Der Arbeitnehmer darf in diesem Fall regelmäßig darauf vertrauen, seine Äußerungen würden nicht nach Außen getragen. Etwas anderes gilt dann, wenn der Arbeitnehmer selbst die Vertraulichkeit aufhebt (BAG v. 10.12.2009, Az. 2 AZR 534/08). Allein die mehrfache Verwei-

gerung des Grußes gegenüber dem Vorgesetzten (auf dessen vorherigen Gruß) stellt keine grobe Beleidigung dar (LAG Köln v. 29.11.2005, Az. 9(7) Sa 657/05). Beleidigende Äußerungen auf dem „Facebook"-Profil eines Auszubildenden können auch unter Berücksichtigung der Besonderheiten des Ausbildungsverhältnisses eine außerordentliche Kündigung rechtfertigen (LAG Hamm v. 10.10.2012, Az. 3 Sa 644/12).

Nennt ein Kraftfahrer einen Kundenvertreter mehrfach „Arschloch", rechtfertigt dies nicht immer eine fristlose Kündigung. Zwar stellt das grob beleidigende Arbeitnehmerverhalten grundsätzlich einen erheblichen Verstoß gegen die Pflichten aus dem Arbeitsverhältnis dar. Die notwendige Einzelfallprüfung und Interessenabwägung kann jedoch auch dann, wenn das beanstandete Verhalten des Arbeitnehmers die Geschäftsbeziehungen des Arbeitgebers gefährdet, zu dem Ergebnis führen, dass dennoch eine Abmahnung ausreicht. Dies gilt jedenfalls, wenn der Arbeitnehmer nicht wusste, wer sein beleidigtes Gegenüber war und dass es sich bei diesem um einen Repräsentanten des Kunden handelte (LAG Schleswig-Holstein v. 8.4.2010, Az. 4 Sa 474/09).

2.12 Bestechung/Schmiergeld

Die Annahme von Schmiergeld stellt einen Verstoß gegen die Treuepflichten dar, selbst wenn der Arbeitnehmer sich nicht zu einem pflichtwidrigen Verhalten verleiten lässt. Wer sich als Arbeitnehmer bei der Ausführung seiner vertraglichen Aufgaben Vorteile versprechen lässt oder entgegennimmt, die dazu bestimmt oder geeignet sind, ihn in seinem geschäftlichen Verhalten zugunsten Dritter oder zum Nachteil seines Arbeitgebers zu beeinflussen, verletzt die Treuepflicht zu seinem Arbeitgeber. Es reicht aus, dass der gewährte Vorteil allgemein die Gefahr begründet, der Arbeitnehmer werde nicht mehr allein die Interessen seines Arbeitgebers vertreten.

Die Entgegennahme von Geldgeschenken oder besonderen Zuwendungen kann einen wichtigen Grund zur außerordentlichen Kündigung darstellen, wenn die zu kündigende Person hierdurch in den Verdacht der Vorteilsnahme oder Bestechung gerät. Dies ist regelmäßig dann der Fall, wenn die betroffene Person mit der Vergabe von Aufträgen beschäftigt ist (so für einen Zentraleinkäufer (LAG Köln v. 4.1.1984, Az. 5 Sa 1217/83). Unerheblich ist in solchen Fällen, ob der Arbeitgeber durch die Handlungsweise des Arbeitnehmers Schaden erlitten hat oder ob eine Wiederholungsgefahr besteht (BAG v. 17.8.1972, Az. 2 AZR 415/71). Soweit lediglich ein begründeter Verdacht des Arbeitgebers besteht, finden die Grundsätze der Verdachtskündigung Anwendung.

2.13 Dienstwagen und Privatfahrten

Benutzt ein Arbeitnehmer ein Dienstfahrzeug trotz eines ausdrücklichen, streng überwachten Verbots für eine Privatfahrt, kann ein wichtiger Grund für die außerordentliche Kündigung vorliegen. Dies gilt insbesondere dann, wenn das Dienstfahrzeug deshalb für längere Zeit zu betrieblichen Zwecken nicht zur Verfügung steht. Auch eine verbotene Wochenendheimfahrt mit dem Dienstwagen kann für eine außerordentliche Kündigung ausreichen (BAG v. 9.3.1961, Az. 2 AZR 129/60).

2.14 Druckkündigung

Wird von einem Dritten (Arbeitskollegen, Betriebsrat, Gewerkschaft, Kunden etc.) unter Androhung von Nachteilen für den Arbeitgeber die Entlassung eines bestimmten Arbeitnehmers verlangt, so kann eine außerordentliche Druckkündigung berechtigt sein. Vor Ausspruch der Kündigung muss der Arbeitgeber sich aber schützend vor den Arbeitnehmer stellen und versuchen, den Dritten von der Realisierung seiner Drohungen abzubringen (BAG v. 18.9.1975, Az. 2 AZR 311/74). Bleibt dem Arbeitgeber nur noch die Wahl, den Arbeitnehmer zu entlassen oder die angedrohten schweren wirtschaftlichen Nachteile hinzunehmen, ist die außerordentliche Kündigung·gerechtfertigt.

2.15 Internetnutzung

Durch die unbefugte Nutzung des Internets am Arbeitsplatz können sich folgende Probleme ergeben:

▶ Einschleppen von Computerviren und hierdurch bedingter Datenverlust;

▶ Systembeeinträchtigung durch die Installation fremder Programme;

▶ Einschleppen von sog. Trojanern, die den unberechtigten Zugriff auf den internen Datenbestand ermöglichen;

▶ Verbreitung rufschädigender Äußerungen über die Kontaktadresse (Telefonnummer, IP, E-Mail-Adresse etc.) des Arbeitgebers;

▶ absichtliche oder versehentliche (unverschlüsselte) Übermittlung von Betriebsgeheimnissen an unberechtigte Empfänger;

▶ durch die private Nutzung bedingte Vergeudung von Arbeitszeit und

▶ Verursachung von Kosten durch Inanspruchnahme von Kommunikationsdienstleistungen und sonstigen kostenpflichtigen Angeboten.

Grundsätzlich kann die private Nutzung des Internets am Arbeitsplatz nur dann zu einer außerordentlichen Kündigung führen, wenn diese vom Arbeitgeber zuvor ausdrücklich verboten wurde. Nutzt der Arbeitnehmer jedoch während der Arbeitszeit das Internet in erheblichem zeitlichem Umfang („ausschweifend") zu privaten Zwecken, so kann er auch bei Fehlen eines ausdrücklichen Verbots grundsätzlich nicht darauf vertrauen, der Arbeitgeber werde dies tolerieren. In diesen Fällen kann auch eine fristlose Kündigung ohne vorherige Abmahnung gerechtfertigt sein (BAG v. 7.7.2005, Az. 2 AZR 581/04; BAG v. 31.5.2007, Az. 2 AZR 200/06).

Lädt ein Arbeitnehmer während der Arbeitszeit pornografisches Bildmaterial aus dem Internet, das er auf Datenträgern des Arbeitgebers speichert und nutzt er den Internetzugang zum Einrichten einer Web-Page sexuellen Inhalts, rechtfertigt dies eine außerordentliche Kündigung (ArbG Hannover v. 1.12.2000, Az. 1 Ca 504/00 B). Allein das Aufrufen von Pornoseiten im Internet reicht nicht ohne weiteres für eine fristlose Kündigung (LAG Rheinland-Pfalz v. 13.5.2004, Az. 4 Sa 1288/03).

Die unbefugte Übermittlung vertraulicher oder geheimer Daten des Arbeitgebers durch den Arbeitnehmer auf sein privates E-Mail-Postfach kann einen wichtigen Grund darstellen, der den Arbeitgeber sogar während einer Freistellung des Arbeitnehmers vor dem in einem Aufhebungsvertrag vereinbarten Ende des Arbeitsverhältnisses noch zu einer außerordentlichen Kündigung berechtigt (vgl LAG Hessen v. 29.8.2011, Az. 7 Sa 248/11).

Installiert ein Arbeitnehmer verbotswidrig sog. Anonymisierungssoftware, die eine Kontrolle der technischen Betriebsmittel des Arbeitgebers erheblich erschwert oder vereitelt, kann eine außerordentliche Kündigung ohne vorherige Abmahnung gerechtfertigt sein (BAG v. 12.1.2006, Az. 2 AZR 179/05).

2.16 Krankheit

Die Krankheit eines Arbeitnehmers stellt grundsätzlich keinen Grund für eine außerordentliche Kündigung dar. Etwas anderes kann nur ausnahmsweise gelten, wenn eine ordentliche Kündigung arbeitsvertraglich oder tarifvertraglich ausgeschlossen ist. Das Vortäuschen einer Krankheit jedoch stellt einen wichtigen Grund dar, der eine außerordentliche Kündigung rechtfertigt.

Von einer vorgetäuschten Krankheit ist auszugehen, wenn der Arbeitnehmer während seiner ärztlich attestierten Arbeitsunfähigkeit einer Nebentätigkeit bei einem anderen Arbeitgeber nachgeht. Ein Arbeitnehmer kann auch fristlos entlassen werden, wenn er seinen fehlenden Arbeitswillen eindeutig kundgibt, sich aber dann krankmeldet, um einer Kündigung zuvorzukommen (LAG Saarbrücken BB 1964, 221; LAG Düsseldorf DB 1981, 1094). Entsprechendes gilt, wenn sich der Arbeitnehmer krankmeldet, um einer unangenehmen Arbeit (ArbG Aalen BB 1967, 664; ArbG Düsseldorf DB 1981, 588) oder einer Versetzung (ArbG Kiel BB 1975, 374) zu entgehen versucht oder Urlaub erzwingen will (LAG Köln 17.4.2002, Az. 7 Sa 462/01). Bereits die Ankündigung einer zukünftigen, im Zeitpunkt der Ankündigung nicht bestehenden Erkrankung durch den Arbeitnehmer für den Fall, dass der Arbeitgeber einem unberechtigten Verlangen auf Gewährung von Urlaub nicht entsprechen sollte, ist ohne Rücksicht auf eine später tatsächlich auftretende Krankheit an sich geeignet, einen wichtigen Grund zur außerordentlichen Kündigung abzugeben (vgl. BAG 12.3.2009, Az. 2 AZR 251/07; BAG v. 5.11.1992, Az. 2 AZR 147/92; BAG v. 17.6.2003, Az. 2 AZR 123/02). Die Pflichtwidrigkeit der Ankündigung einer Krankschreibung bei objektiv nicht bestehender Erkrankung im Zeitpunkt der Ankündigung liegt in erster Linie darin, dass der Arbeitnehmer mit einer solchen Erklärung zum Ausdruck bringt, er sei notfalls bereit, seine Rechte aus dem Entgeltfortzahlungsrecht zu missbrauchen, um sich einen unberechtigten Vorteil zu verschaffen (LAG Mecklenburg-Vorpommern v. 13.12.2011, Az. 5 Sa 63/11). Erklärt der Arbeitnehmer, er werde krank, wenn der Arbeitgeber ihm den im bisherigen Umfang bewilligten Urlaub nicht verlängere, obwohl er im Zeitpunkt dieser Ankündigung nicht krank war und sich aufgrund bestimmter Beschwerden auch nicht krank fühlen konnte, so ist ein solches Verhalten ohne Rücksicht darauf, ob der Arbeitnehmer später tatsächlich erkrankt, an sich geeignet, einen wichtigen Grund zur Kündigung abzugeben (BAG v. 5.11.1992). Auch ein schwerer Verstoß gegen das erforderliche Genesungsverhalten kann eine fristlose Kündigung rechtfertigen. Im Falle eines ärztlichen Gutachters für Arbeitsunfähigkeitsbescheinigungen bei einem Medizinischen Dienst hat das BAG eine fristlose Kündigung für wirksam erachtet, weil der Gutachter während seiner eigenen längeren Arbeitsunfähigkeit trotz erkannter Krankheitssymptome im Hochgebirge Ski gelaufen ist (BAG v. 2.3.2006, Az. 2 AZR 53/05). Entsprechendes kann gelten, wenn ein Arbeitnehmer während seiner Krankschreibung einer anderweitigen Arbeit nachgeht. Dies kann sowohl ein Hinweis darauf sein, dass der Arbeitnehmer die Krankheit nur vorspiegelt, als auch eine pflichtwidrige Verzögerung der Heilung darstellen (BAG v. 3.4.2008, Az. 2 AZR 965/06).

Die wiederholte Verletzung der Anzeigepflicht bei Arbeitsunfähigkeit nach erfolgter Abmahnung kann eine ordentliche Kündigung rechtfertigen. Die Pflicht zur unverzüglichen Mitteilung der Arbeitsunfähigkeit und deren voraussichtlicher Dauer ergibt sich aus dem Gesetz. Sie besteht unabhängig von der Pflicht zur Vorlage einer ärztlichen Arbeitsunfähigkeitsbescheinigung. Bei der Interessenabwägung sind insbesondere die Anzahl der Pflichtverstöße des Arbeitnehmers trotz erhaltener Abmahnungen zu berücksichtigen. Zudem kann die Eigenart des Betriebes (enge zeitliche Vorgaben für die Personaleinsatzplanung) sowie die betriebliche Position des Arbeitnehmers (z. B. Vorarbeiter) bei der Interessenabwägung eine Rolle spielen (Hessisches LAG v. 18.1.2011, Az. 12 Sa 522/10).

2.17 Krankmeldung

Legt ein Arbeitnehmer eine Arbeitsunfähigkeitsbescheinigung auch nach wiederholten Aufforderungen nicht vor, kann eine außerordentliche Kündigung in Betracht kommen. Das Gleiche gilt, wenn die Krankmeldungen trotz wiederholter Abmahnungen nicht rechtzeitig erfolgen (Arbeitsunfähigkeit). Die Manipulation eines Krankendokuments durch den Arbeitnehmer rechtfertigt grundsätzlich eine außerordentliche Kündigung (Hessisches LAG v. 28.3.2003, Az. 9 Sa 658/02).

2.18 Lohnpfändung

Eine Vielzahl von Lohnpfändungen reicht grundsätzlich als wichtiger Grund für eine außerordentliche Kündigung nicht aus (BAG v. 4.11.1981, Az. 7 AZR 264/79). Dies gilt selbst dann, wenn durch die zahlreichen Lohnpfändungen erhebliche Unkosten und Verwaltungsarbeiten im Betrieb des Arbeitgebers entstehen.

2.19 Manko

Als Manko wird der Schaden bezeichnet, den ein Arbeitgeber dadurch erleidet, dass ein seinem Arbeitnehmer anvertrauter Warenbestand oder eine von ihm geführte Kasse einen Fehlbetrag aufweist. Werden wiederholt hohe Mankobeträge festgestellt, so ist zunächst zu klären, worauf diese zurückzuführen sind. Steht fest oder besteht zumindest der dringende Verdacht (Verdachtskündigung), dass der Arbeitnehmer die Mankobeträge (mit-)verursacht hat, ist nach vorausgegangener → *Abmahnung* eine außerordentliche Kündigung gerechtfertigt (BAG v. 17.4.1956, Az. 2 AZR 340/55).

2.20 Nebentätigkeit

Grundsätzlich darf ein Arbeitnehmer eine Nebenbeschäftigung ausüben. Wenn jedoch durch die Nebenbeschäftigung die vertraglich geschuldete Leistung konkret beeinträchtigt wird, so kann eine außerordentliche Kündigung gerechtfertigt sein (BAG v. 3.12.1970, Az. 2 AZR 110/70). Eine außerordentliche Kündigung ist auch dann gerechtfertigt, wenn der Arbeitnehmer mit der Nebenbeschäftigung zu seinem Arbeitgeber in Wettbewerb tritt oder wenn die Nebenbeschäftigung berechtigterweise vertraglich ausgeschlossen wurde. Während einer Erkrankung ist eine Nebentätigkeit unzulässig und kann somit einen wichtigen Grund zur außerordentlichen Kündigung darstellen (BAG v. 26.8.1993, Az. 2 AZR 154/93).

2.21 Politische Betätigung

Der Arbeitnehmer ist grundsätzlich frei, seine politischen Ansichten zu vertreten und Mitglied in politischen Parteien oder in Gewerkschaften zu sein. Eine außerordentliche Kündigung kann nur dann in Betracht kommen, wenn durch provozierende parteipolitische Äußerungen der Betriebsfriede oder der Betriebsablauf konkret gestört werden (vgl. zur „Anti-Strauß-Plakette" BAG v. 9.12.1982, Az. 2 AZR 620/80). Die Betätigung in einer verbotenen oder radikalen Partei kann nur dann eine außerordentliche Kündigung begründen, wenn dadurch das Arbeitsverhältnis konkret beeinträchtigt wird (BAG v. 6.2.1969, Az. 2 AZR 241/63). Wiederholte parteipolitische Agitation im Betrieb (z. B. Verteilen von Flugblättern), insbesondere mit verfassungsfeindlicher Zielsetzung, die den Betriebsfrieden ernstlich und schwer gefährdet, kann die außerordentliche Kündigung eines Betriebsratsmitglieds rechtfertigen (BAG v. 3.12.1954, Az. 1 AZR 150/54). Arbeitnehmer des öffentlichen Dienstes müssen ein bestimmtes Maß an Verfassungstreue aufbringen, das sich nach ihrer vertraglich geschuldeten Tätigkeit sowie nach der Aufgabenstellung des öffentlichen Arbeitgebers richtet. Eine Mitgliedschaft in der NPD oder ihrer Jugendorganisation (JN) sowie Aktivitäten für diese Organisationen stehen regelmäßig nicht schon als solche einer Weiterbeschäftigung im öffentlichen Dienst entgegen, selbst wenn die Verfassungsfeindlichkeit der Organisationen unterstellt wird. Allerdings dürfen auch Beschäftigte, die keiner „gesteigerten", beamtenähnlichen Loyalitätspflicht unterliegen, nicht darauf ausgehen, den Staat oder die Verfassung und deren Organe

zu beseitigen, zu beschimpfen oder verächtlich zu machen. Entfaltet ein Arbeitnehmer inner- oder außerdienstlich Aktivitäten dieser Art, kann dies ein Grund für eine Kündigung durch seinen Arbeitgeber sein. Dies gilt auch dann, wenn das Verhalten nicht strafbar ist (BAG v. 6.9.2012, Az. 2 AZR 372/11).

2.22 Rauchverbot

Die Missachtung eines betrieblichen → *Rauchverbots* stellt immer dann einen wichtigen Grund zur außerordentlichen Kündigung dar, wenn hieraus besondere Gefahren für Leib oder Leben von Arbeitskollegen oder Dritten resultieren (z. B. erhöhte Brandgefahr im Umgang mit explosiven Stoffen, Lebensmittelschutz). Soll durch das betriebliche Rauchverbot lediglich der Schutz gegen Passivrauchen realisiert werden, wird einer außerordentlichen Kündigung im Regelfall eine erfolglose → *Abmahnung* vorauszugehen haben.

2.23 Rufschädigungen

Unwahre Behauptungen des Arbeitnehmers über den Arbeitgeber, die geeignet sind eine Rufschädigung herbeizuführen, berechtigten nach vorangegangener → *Abmahnung* zur außerordentlichen Kündigung. Werden durch die Rufschädigungen Geschäftsbeziehungen mit Auftraggebern oder Kunden konkret beeinträchtigt, kann auch ohne vorangegangene → *Abmahnung* außerordentlich gekündigt werden (LAG Baden-Württemberg v. 16.11.1967, Az. 4 Sa 111/67).

2.24 Selbstbeurlaubung

Der eigenmächtige Urlaubsantritt ohne Einverständnis des Arbeitgebers rechtfertigt grundsätzlich die außerordentliche Kündigung (BAG v. 20.1.1994, Az. 521/93). Auch eine unbefugte Überschreitung des Urlaubs kann eine außerordentliche Kündigung begründen. Hierbei kommt es jedoch darauf an, ob die Überschreitung erheblich ist oder ob aus anderen Gründen auf Beharrlichkeit geschlossen werden kann (LAG Düsseldorf DB 1956, 164; DB 1981, 1731). Eine Urlaubsüberschreitung von einem Tag (LAG Düsseldorf BB 1959, 813) oder bei einem bereits seit zehn Jahren bestehenden Arbeitsverhältnisses von sechs Tagen wurde in der Rechtsprechung als Grund für eine außerordentliche Kündigung abgelehnt.

> **WICHTIG!**
>
> Die Zwei-Wochen-Frist des § 626 Abs. 2 BGB (s. u. 4.) beginnt erst mit der Rückkehr des Arbeitnehmers aus dem eigenmächtig genommenen/verlängerten Urlaub zu laufen (BAG v. 25.2.1983, Az. 2 AZR 298/81).

2.25 Sittliche Verfehlungen

Sittliche Verfehlungen und sexuelle Belästigungen stellen grundsätzlich einen wichtigen Grund für eine außerordentliche Kündigung dar. → *Sexuelle Belästigung* am Arbeitsplatz sind nach § 2 Abs. 2 Beschäftigtenschutzgesetz jedes vorsätzliche, sexuell bestimmte Verhalten, das die Würde von Beschäftigten am Arbeitsplatz verletzt. Der Arbeitgeber ist gehalten, solchen Belästigungen mit angemessenen arbeitsrechtlichen Maßnahmen entgegenzutreten. Soweit dies mit einer Umsetzung des Arbeitnehmers oder durch den Ausspruch einer → *Abmahnung* möglich ist, muss einer Kündigung eine entsprechende Maßnahme vorausgehen. Eine außerordentliche Kündigung setzt ferner voraus, dass die belästigte Person die sexuellen Handlungen „erkennbar ablehnt" (vgl. BAG v. 25.3.2004, Az. 2 AZR 341/03). In Einzelfällen kann eine fristlose Kündigung auch ohne vorherige Abmahnung gerechtfertigt sein, wenn ein langjährig (hier: über 30 Jahre!) beschäftigter Arbeitnehmer unter Ausnutzung seiner Vorgesetztenstellung ihm unterstellte Mitarbeiter(innen) gezielt und wiederholt unerwünscht berührt und ihnen pornografisches Bildmaterial mit der Bemerkung vorlegt, dass er solches auch von ihnen anfertigen könne (LAG v. 27.9.2006, Az. 3 Sa 162/06).

2.26 Spesenbetrug

Vorsätzliche Unkorrektheiten bei der Spesenabrechnung berechtigen den Arbeitgeber zur außerordentlichen Kündigung, es sei denn, dass er entsprechende Verfehlungen in der Vergangenheit bereits hingenommen hat (vgl. BAG v. 2.6.1960, Az. 2 AZR 91/58 und BAG v. 22.11.1962, Az. 2 AZR 42/62). Bei einem Arbeitnehmer in besonderer Vertrauensstellung kann schon ein einmaliger und geringfügiger Fall von Spesenbetrug für eine außerordentliche Kündigung ausreichen.

2.27 Stalking

Ein schwerwiegender Verstoß eines Arbeitnehmers gegen seine vertragliche Nebenpflicht, die Privatsphäre und den deutlichen Wunsch einer Arbeitskollegin zu respektieren, nicht-dienstliche Kontaktaufnahmen mit ihr zu unterlassen, kann die außerordentliche Kündigung des Arbeitsverhältnisses rechtfertigen. Ob es zuvor einer einschlägigen Abmahnung bedarf, hängt von den Umständen des Einzelfalls ab (BAG v. 19.4.2012, Az. 2 AZR 258/11).

2.28 Stempelbetrug/Arbeitszeiterfassung

Der vorsätzliche Verstoß eines Arbeitnehmers gegen seine Verpflichtung, die abgeleistete Arbeitszeit korrekt zu dokumentieren, ist an sich geeignet, einen wichtigen Grund i. S. v. § 626 Abs. 1 BGB darzustellen (BAG v. 9.6.2011, Az. 2 AZR 281/10). Eine Stempeluhr ist vom Arbeitnehmer persönlich zu bedienen. Wenn er dies durch einen Kollegen vornehmen lässt, kann eine außerordentliche Kündigung gerechtfertigt sein (BAG v. 23.1.1963, Az. 2 AZR 278/62). Dies gilt nicht, wenn der Arbeitnehmer die volle Arbeitszeit an seinem Arbeitsplatz war (LAG Düsseldorf DB 1967, 1096). Ein wichtiger Grund für eine außerordentliche Kündigung liegt auch vor, wenn der Arbeitnehmer die Stempeluhr verstellt oder nach der Betätigung den Betrieb wieder heimlich verlässt (BAG v. 27.1.1977, Az. 2 ABR 77/76). Sucht ein im Außendienst beschäftigter Arbeitnehmer während seiner Arbeitszeit die Privatwohnung auf, ohne eine entsprechende Korrektur in der Arbeitszeiterfassung vorzunehmen, ist im Regelfall eine verhaltensbedingte Kündigung ohne vorherige Abmahnung gerechtfertigt (LAG Hamm v. 30.5.2005, Az. 8(17) Sa 1773/04). Eine systematische Manipulation von Zeiterfassungsdaten erweist sich als schwerwiegende arbeitsvertragliche Pflichtverletzung, die grundsätzlich geeignet ist, eine fristlose Kündigung zu rechtfertigen (z. B. BAG v. 9.6.2011, Az. 2 AZR 381/10). Dies gilt auch dann, wenn der Arbeitnehmer einen anderen anweist, die Zeiterfassung zu manipulieren, um selbst eine höhere Vergütung zu erzielen. Ist das der Kündigung zugrunde liegende Verhalten jedoch lediglich als eine verhältnismäßig geringfügige Verletzung zu beurteilen, reicht es nicht aus, um eine außerordentliche Kündigung zu rechtfertigen. Ferner ist eine präzise Anweisung zur Nutzung der Zeiterfassung für die verschiedenen Arbeiten durch den Arbeitgeber erforderlich (LAG Schleswig-Holstein v. 29.3.2011, Az. 2 Sa 533/10).

2.29 Straftaten (Tatkündigung)

Straftaten während des Arbeitsverhältnisses stellen – abhängig von der Art und der Schwere des begangenen Delikts – grundsätzlich einen wichtigen Grund zur außerordentlichen Kündigung dar. Dies gilt insbesondere bei Straftaten gegenüber dem Arbeitgeber (z. B. Diebstahl, Spesenbetrug, Körperverletzung). Wer z. B. private Briefe auf Firmenkosten verschickt, riskiert die fristlose Kündigung. Dies gilt auch dann, wenn es sich nur um einzelne Briefe handelt und der entsprechende Schaden für das Unternehmen gering ist. Das Verhalten des Arbeitnehmers wird als ein strafrechtlich relevantes „Erschleichen von Leistungen" gewertet, das auch ohne vorherige Abmahnung Grund zur frist-

losen Kündigung gibt. Ein Beschäftigter muss auch ohne ausdrücklichen Hinweis der Vorgesetzten wissen, dass er das Unternehmen nicht mit den Kosten seiner privaten Briefkorrespondenz belasten darf (ArbG Frankfurt a. M. v. 26.7.2006, Az. 22 Ca 966/06).

> **WICHTIG!**
>
> Rechtswidrige und vorsätzliche Handlungen des Arbeitnehmers, die sich unmittelbar gegen das Vermögen des Arbeitgebers richten, können auch dann ein wichtiger Grund zur außerordentlichen Kündigung sein, wenn die Pflichtverletzung Sachen von nur geringem Wert betrifft oder nur zu einem geringfügigen, möglicherweise gar keinem Schaden geführt hat. Umgekehrt ist nicht jede unmittelbar gegen die Vermögensinteressen des Arbeitgebers gerichtete Vertragspflichtverletzung ohne Weiteres ein Kündigungsgrund. (Fall Emmely BAG v. 10.6.2010, Az. 2 AZR 41/09). Maßgeblich ist § 626 Abs. 1 BGB. Danach kann eine fristlose Kündigung nur aus „wichtigem Grund" erfolgen. Das Gesetz kennt in diesem Zusammenhang keine „absoluten Kündigungsgründe". Ob ein „wichtiger Grund" vorliegt, muss vielmehr nach dem Gesetz „unter Berücksichtigung aller Umstände des Einzelfalls und unter Abwägung der Interessen beider Vertragsteile" beurteilt werden. Dabei sind alle für das jeweilige Vertragsverhältnis in Betracht kommenden Gesichtspunkte zu bewerten. Dazu gehören das gegebene Maß der Beschädigung des Vertrauens, das Interesse an der korrekten Handhabung der Geschäftsanweisungen, das vom Arbeitnehmer in der Zeit seiner unbeanstandeten Beschäftigung erworbene „Vertrauenskapital" ebenso wie die wirtschaftlichen Folgen des Vertragsverstoßes; eine abschließende Aufzählung ist nicht möglich. Insgesamt muss sich die sofortige Auflösung des Arbeitsverhältnisses als angemessene Reaktion auf die eingetretene Vertragsstörung erweisen. Unter Umständen kann eine Abmahnung als milderes Mittel zur Wiederherstellung des für die Fortsetzung des Vertrags notwendigen Vertrauens in die Redlichkeit des Arbeitnehmers ausreichen (BAG a.a.O.).

Eine vorherige → Abmahnung ist in solchen Fällen dann i. d. R. nicht erforderlich, wenn die Straftaten des Arbeitnehmers die Vertrauensgrundlage des Arbeitsverhältnisses zerstören. Straftaten im Privatbereich hingegen können nur dann eine außerordentliche Kündigung rechtfertigen, wenn hierdurch das Arbeitsverhältnis konkret beeinträchtigt wird, z. B. Vermögensdelikte eines Angestellten in besonderer Vertrauensstellung (LAG Düsseldorf BB 1956, 434; LAG Baden-Württemberg DB 1967, 1076; LAG Frankfurt BB 1972, 880; LAG Berlin BB 1990, 286), Diebstahl während der Freizeit bei einem mit dem Arbeitgeber in enger vertrauensvoller Zusammenarbeit stehenden Vertragspartner (LAG Nürnberg v. 29.8.1985). Vor dem Ausspruch einer außerordentlichen Kündigung sollte in solchen Fällen immer geprüft werden, ob der schädigende Einfluss der außerdienstlichen Straftat dadurch gemildert oder aufgehoben werden kann, dass der Arbeitnehmer auf einen anderen Arbeitsplatz versetzt wird.

Einzelfälle aus der Rechtsprechung:

Beispiel 1:

> Der Betrug über drei Schrauben im Wert von 28 Cent zulasten des Arbeitgebers kann grundsätzlich einen wichtigen Grund für eine fristlose Kündigung darstellen. Dabei ist jedoch der konkrete Einzelfall zu würdigen und insbesondere eine lange Betriebszugehörigkeit zugunsten des Arbeitnehmers zu berücksichtigen. Daher wies das ArbG die Kündigung eines Betriebsratsvorsitzenden, der bereits seit mehr als 30 Jahren für den Arbeitgeber tätig ist, zurück (ArbG Bonn v. 21.10.2010, Az. 1 BV 47/10).

Beispiel 2:

> Die fristlose Kündigung eines seit 17 Jahren beschäftigten Verkäufers mit Kassentätigkeit, dem zur Last gelegt worden war, manuell Pfandbons erstellt zu haben, ohne dass dem ein tatsächlicher Kassiervorgang gegenübergestanden hätte, und das entsprechende Geld an sich genommen zu haben, war nach Ansicht des ArbG Berlin wirksam. In der Interessenabwägung seien zwar die 17 Jahre Beschäftigungszeit zugunsten des Angestellten zu berücksichtigen gewesen. Jedoch habe maßgeblich gegen ihn gesprochen, dass er als Verkäufer mit Kassiertätigkeit im originären Kernbereich seiner Tätigkeit derartige dringende Verdachtsmomente gesetzt habe.

Auch der relativ geringe Schadensbetrag (2,00 EUR und 4,06 EUR) könne nicht zu seinen Gunsten berücksichtigt werden (ArbG Berlin v. 28.9.2010, Az. 1 Ca 5421/10).

Beispiel 3:

Der Missbrauch von Bonuspunkten durch einen Mitarbeiter berechtigt nicht immer ohne Abmahnung zum Ausspruch einer außerordentlichen oder ordentlichen Kündigung. Auch wenn die Zweckrichtung des Bonussystems es selbstverständlich macht, dass keine fremden Kundenumsätze auf eigene Karten bzw. Karten von Arbeitskollegen gutgeschrieben werden dürfen, ist – auch im Hinblick auf die nach dem dem Rechtsstreit zugrunde liegenden System teilweise zulässigen Umbuchungen – eine Abmahnung notwendig, um dem Mitarbeiter die Gelegenheit zu geben, sein Verhalten entsprechend auszurichten. Eine uneinsichtige Fortsetzung des Fehlverhaltens durch den Mitarbeiter kann nicht angenommen werden. Der Hinweis auf ein den Mitarbeitern überlassenes mehr als 30-seitiges Bedienerhandbuch stellt keinen ausreichenden Hinweis dar (LAG Hessen v. 4.8.2010, Az. 2 Sa 422/10).

Beispiel 4:

Verzehrt ein in einem Krankenhaus langjährig beschäftigter und bislang unbescholtener Arbeitnehmer ein Stück einer für Patienten bestimmten Pizza sowie einen nicht verbrauchten Rest einer für Patienten bestimmten Portion Gulasch, rechtfertigt dies in aller Regel nicht dessen fristlose Kündigung ohne vorherige Abmahnung (LAG Schleswig-Holstein v. 29.9.2010, Az. 3 Sa 233/10).

Beispiel 5:

Der unerlaubte Verzehr von Pommes frites und Frikadellen in einem Betrieb der Campus-Gastronomie an einer Universität ist kein wichtiger Grund, der zur fristlosen Kündigung eines Mitarbeiters mit 19-jähriger Betriebszugehörigkeit und besonderem tarifvertraglichem Kündigungsschutz ohne vorherige Abmahnung berechtigt (LAG Hamm v. 4.11.2010, Az. 8 Sa 711/10).

Beispiel 6:

Eine systematische Manipulation von Zeiterfassungsdaten erweist sich als schwerwiegende arbeitsvertragliche Pflichtverletzung, die grundsätzlich geeignet ist, eine fristlose Kündigung zu rechtfertigen. Dies gilt auch dann, wenn der Arbeitnehmer einen anderen anweist, die Zeiterfassung zu manipulieren, um selbst eine höhere Vergütung zu erzielen. Ist das der Kündigung zugrunde liegende Verhalten jedoch lediglich als eine verhältnismäßig geringfügige Verletzung zu beurteilen, reicht es nicht aus, um eine außerordentliche Kündigung zu rechtfertigen. Ferner ist eine präzise Anweisung zur Nutzung der Zeiterfassung für die verschiedenen Arbeiten durch den Arbeitgeber erforderlich (LAG Schleswig-Holstein v. 29.3.2011 – 2 Sa 533/10).

Beispiel 7:

Entwendet eine Verkäuferin Zigarettenpackungen aus dem Warenbestand des Arbeitgebers, kann dies auch nach längerer – im Streitfall zehnjähriger – Betriebszugehörigkeit eine Kündigung des Arbeitsverhältnisses rechtfertigen. Führte eine verdeckte Videoüberwachung zur Überführung der Täterin, kann das auf diese Weise gewonnene Beweismaterial im Bestreitensfall prozessual allerdings nicht ohne Weiteres verwertet werden. Das entsprechende Interesse des Arbeitgebers hat gegenüber dem Schutz des informationellen Selbstbestimmungsrechts der Arbeitnehmerin nur dann höheres Gewicht, wenn die Art der Informationsbeschaffung trotz der mit ihr verbundenen Persönlichkeitsbeeinträchtigung als schutzbedürftig zu qualifizieren ist. Dies ist bei verdeckter Videoüberwachung nur dann der Fall, wenn der konkrete Verdacht einer strafbaren Handlung oder einer anderen schweren Verfehlung zu Lasten des Arbeitgebers bestand, es keine Möglichkeit zur Aufklärung durch weniger einschneidende Maßnahmen (mehr) gab und die Videoüberwachung insgesamt nicht unverhältnismäßig war (BAG v. 21.6.2012, Az. 2 AZR 153/11).

Von der Kündigung wegen einer Straftat (sog. Tatkündigung) ist die Kündigung wegen des begründeten Verdachts einer Straftat (sog. Verdachtskündigung, s. u. 2.32) zu unterscheiden. Bei der Tatkündigung muss durch den Arbeitgeber ggf. nachgewiesen werden, dass die Straftat tatsächlich begangen worden ist. Wird ein Arbeitnehmer diesbezüglich von einem Strafgericht freigesprochen oder wird das Verfahren eingestellt, so stellt sich die entsprechende Kündigung im Regelfall als unwirksam

heraus. Bei der Verdachtskündigung kommt es hingegen nur darauf an, dass ein begründeter Verdacht zum Zeitpunkt der Kündigungserklärung vorlag.

Die Verbüßung einer mehrjährigen Freiheitsstrafe ist grundsätzlich geeignet, die Kündigung des Arbeitsverhältnisses zu rechtfertigen. Haben die der strafgerichtlichen Verurteilung zugrunde liegenden Taten keinen Bezug zum Arbeitsverhältnis, kommt regelmäßig nur eine ordentliche personenbedingte Kündigung in Betracht (BAG v. 24.3.2011, Az. 2 AZR 790/09). Allerdings kann nicht jede Freiheitsstrafe ohne Rücksicht auf ihre Dauer und ihre Auswirkungen ein Kündigungsrecht begründen. Da der Arbeitgeber im Fall der haftbedingten Arbeitsunfähigkeit des Arbeitnehmers typischerweise von der Lohnzahlungspflicht befreit ist, hängt es von Art und Ausmaß der betrieblichen Auswirkungen ab, ob die Inhaftierung geeignet ist, eine Kündigung zu rechtfertigen. Jedenfalls dann, wenn der Arbeitnehmer im Kündigungszeitpunkt noch eine Freiheitsstrafe von mehr als zwei Jahren zu verbüßen hat und ein Freigängerstatus oder seine vorzeitige Entlassung aus der Haft vor Ablauf von zwei Jahren nicht sicher zu erwarten steht, braucht der Arbeitgeber den Arbeitsplatz für ihn nicht frei zu halten. Überbrückungsmaßnahmen sind dem Arbeitgeber angesichts der Dauer der zu erwartenden Fehlzeit und in Anbetracht der vom Arbeitnehmer typischerweise zu vertretenden Arbeitsverhinderung regelmäßig nicht zumutbar (BAG v. 25.11.2010, Az. 2 AZR 984/08; BAG v. 24.3.2011, Az. 2 AZR 790/09).

 **ACHTUNG!**

Vor einer Kündigung wegen Diebstahls oder des Verdachts eines Diebstahls muss der Arbeitgeber dem Betriebsrat grundsätzlich nicht nur die konkreten von ihm festgestellten Fakten mitteilen, aus denen sich der Verdacht des Diebstahls ergibt. Der Arbeitgeber muss den Betriebsrat in der Anhörung auch über Abmahnungen, Ermahnungen usw. informieren und schildern, welche Gesichtspunkte er vor seinem Kündigungsentschluss wie gegeneinander abgewogen habe (LAG Schleswig-Holstein v. 10.1.2012, Az. 2 Sa 305/11).

Ein Chefarzt kann fristlos gekündigt werden kann, wenn sich herausstellt, dass die bei seiner Einstellung abgegebene Erklärung zu fehlenden Vorstrafen und laufenden Ermittlungsverfahren falsch war und er entgegen seiner Angaben in der Vergangenheit wegen einer im Zusammenhang mit seiner Tätigkeit stehenden Straftat verurteilt worden war (LAG Hessen v. 5.12.2011, Az. 7 Sa 524/11). Aber eine Kündigung, die allein auf die wahrheitswidrig beantwortete Frage nach Ermittlungsverfahren gestützt wird, ist gemäß § 138 Abs. 1 BGB unwirksam, wenn die Frage nach Ermittlungsverfahren unzulässig war. Die Kündigung verstößt in einem solchen Fall gegen die objektive Wertordnung des Grundgesetzes (namentlich gegen das Recht auf informationelle Selbstbestimmung aus Art. 2 Abs. 1 GG). Eine unspezifische Frage an einen Stellenbewerber nach eingestellten strafrechtlichen Ermittlungsverfahren verstößt gegen Datenschutzrecht und die Wertentscheidungen des § 53 Bundeszentralregistergesetz (BZRG) und ist daher unzulässig. Beantwortet ein Stellenbewerber eine solche in unzulässiger Weise gestellte Frage des Arbeitgebers wahrheitswidrig, so nimmt er sein Recht auf informationelle Selbstbestimmung wahr. Auf die wahrheitswidrige Beantwortung der Frage kann eine spätere Kündigung des Arbeitsverhältnisses daher nicht gestützt werden (BAG v. 15.11.2012, Az. 6 AZR 339/11).

2.30 Tätliche Auseinandersetzung

Tätliche Auseinandersetzungen im Betrieb rechtfertigen grundsätzlich eine außerordentliche Kündigung des angreifenden Arbeitnehmers (BAG v. 30.9.1993, Az. 2 AZR 188/93).

2.31 Telefongespräche

Private, unerlaubte Telefongespräche können grundsätzlich erst nach erfolgloser Abmahnung eine außerordentliche Kündi-

Kündigung

gung rechtfertigen (LAG Düsseldorf BB 1963, 732). Voraussetzung hierfür ist regelmäßig ein ausdrückliches betriebliches Verbot, Diensttelefone für private Telefonate zu benutzen. Entsprechendes gilt für die unerlaubte Anfertigung von privaten Fotokopien.

 **ACHTUNG!**

In Ausnahmefällen kann die übermäßige Privatnutzung eines Diensthandys auch ohne vorhergehende Abmahnung die Kündigung des Arbeitnehmers rechtfertigen. Dies gilt nach Auffassung des Hessischen Landesarbeitsgerichts auch dann, wenn dem Mitarbeiter die Privatnutzung des Telefons vorher nicht ausdrücklich untersagt wurde (Hess. LAG v. 25.1.2005, Az. 5 Sa 1299/04). Auch bei kostenträchtigen Auslandsgesprächen und der Anwahl von 0190er-Nummern kann eine Abmahnung entbehrlich sein (LAG Hamm v. 30.5.2005, Az. 8(17) Sa 1773/04).

Grundsätzlich ist es dem Arbeitgeber untersagt, ohne Einwilligung des Arbeitnehmers Telefongespräche abzuhören bzw. von Dritten mithören zu lassen. Durch das zielgerichtete heimliche Abhören bzw. Mithörenlassen von Telefongesprächen wird das allgemeine Persönlichkeitsrecht des Betroffenen verletzt. Hieraus resultiert grundsätzlich ein sog. Beweisverwertungsverbot; d. h. ein Gericht darf die so erlangten Beweise nicht verwerten. Konnte jedoch ein Dritter zufällig, ohne dass der beweispflichtige Arbeitgeber dazu etwas beigetragen hat, ein Telefonat mithören, gilt dieses Beweisverwertungsverbot nicht. Der Dritte darf in diesen Fällen als Zeuge vernommen werden (BAG v. 23.4.2009, Az. 6 AZR 189/08).

2.32 Unpünktlichkeit

Häufige Unpünktlichkeit trotz mehrfacher → Abmahnung kann Grund zur außerordentlichen Kündigung sein (BAG v. 17.8.1988, Az. 2 AZR 576/87). In einer herausragenden Entscheidung hat das BAG die außerordentliche Kündigung eines Arbeitnehmers, der in 1½ Jahren einhundertviermal verspätet zur Arbeit kam und sechsmal abgemahnt worden ist, nicht ohne weiteres als außerordentlichen Kündigungsgrund anerkannt, sondern eine durch die Verspätungen verursachte betriebliche Störung verlangt (BAG v. 17.1.1991, Az. 2 AZR 375/90).

2.33 Verdachtskündigung

Besteht der begründete Verdacht, dass ein Arbeitnehmer eine Straftat oder einen sonstigen schwerwiegenden Pflichtverstoß begangen hat, kann allein der Verdacht einen wichtigen Grund zur außerordentlichen Kündigung darstellen, wenn hierdurch das zur Fortsetzung des Arbeitsverhältnisses notwendige Vertrauen in die Rechtschaffenheit des Arbeitnehmers zerstört ist oder in anderer Hinsicht eine unerträgliche Belastung des Arbeitsverhältnisses entsteht (vgl. BAG v. 3.4.1986, Az. 2 AZR 324/85). Der Hintergrund einer Verdachtskündigung ist also nicht die eigentliche Tat des Arbeitnehmers, sondern allein die durch den begründeten Verdacht herbeigeführte Zerstörung des Vertrauensverhältnisses.

Beispiel 1:

Lässt sich ein Kundendienstmonteur dahin ein, er habe die von ihm über das Internetauktionshaus ebay verkauften Telekommunikationsartikel der gleichen Art, wie er sie bei seiner dienstlichen Tätigkeit zu verwenden hat, von unbekannten Personen auf Flohmärkten erworben und in öffentlichen Müllbehältern gefunden, so handelt es sich nach Auffassung des LAG Köln um eine in solchen Fällen typische Schutzbehauptung. Das Anpreisen der angebotenen Telekommunikationsartikel als „neu" und „originalverpackt", das Einstellen der Artikel mit sehr niedrigen Startpreisen, die fehlende Vorlage von Verkaufsbelegen sowie das Erzielen einer sehr hohen Anzahl von positiven Urteilen in der Bewertungsplattform eines Internetauktionshauses sind als Indizien für einen dringenden Diebstahlsverdacht zu werten (LAG Köln v. 16.1.2007, Az. 9 Sa 1033/06). Dennoch sollte der Arbeitgeber in diesen Fällen nicht wegen der Tat als solcher, sondern wegen des dringenden Tatverdachts kündigen, da er so nicht den Nachweis der Straftat, sondern nur den des zum Kündigungszeitpunkt objektiv begründeten Verdachts führen muss.

Beispiel 2:

Der auf Tatsachen beruhende Verdacht, ein Arbeitnehmer habe mit Fahrzeugen des Arbeitgebers zu Lasten von dessen Haftpflichtversicherung Schäden in Absprache mit den Unfallgegnern verursacht, kann eine außerordentliche Kündigung aus wichtigem Grund rechtfertigen. Voraussetzung hierfür ist jedoch, dass starke Verdachtsmomente vorliegen, die auf objektiven Tatsachen beruhen (BAG v. 29.11.2007, Az. 2 AZR 724/06, 2 AZR 725/06, 2 AZR 1067/06, 2 AZR 1068/06).

Eine Verdachtskündigung kommt immer nur dann in Betracht, wenn die dem Arbeitnehmer vorgeworfene Handlung auch im Falle ihrer tatsächlichen Begehung eine außerordentliche Kündigung rechtfertigen würde. Deshalb genügt nicht jeder Verdacht eines strafbaren Verhaltens, sondern nur ein solcher, der sich auf eine arbeitsvertraglich relevante Straftat des Arbeitnehmers richtet (s. o. 2.27). Zur Aufklärung des Sachverhalts muss der Arbeitgeber vor Ausspruch der Verdachtskündigung alle ihm zumutbaren Maßnahmen ergriffen haben; hierzu gehört zwingend die Anhörung des Arbeitnehmers. Im Rahmen der Anhörung muss der Arbeitgeber den Arbeitnehmer mit den Verdachtsumständen konfrontieren und ihm Gelegenheit zur Entlastung geben.

Die Anhörung muss sich auf einen greifbaren Sachverhalt beziehen. Der Arbeitnehmer muss die Möglichkeit haben, bestimmte, zeitlich und räumlich eingegrenzte Tatsachen zu bestreiten oder den Verdacht entkräftende Tatsachen zu bezeichnen und so zur Aufhellung der für den Arbeitgeber im Dunkeln liegenden Geschehnisse beizutragen. Dies ist dem Arbeitnehmer regelmäßig nur möglich, wenn er selbst Kenntnis von den gegen ihn erhobenen Vorwürfen hat. Die Kenntnisse oder das Wissen eines von ihm Bevollmächtigten können dem Arbeitnehmer selbst nicht zugerechnet werden. Daher sollte in jedem Fall die Anhörung des Arbeitnehmers persönlich erfolgen. Weiß ein Arbeitnehmer, hinsichtlich welcher Straftaten der Verdacht beim Arbeitgeber besteht, so ist der Arbeitgeber nicht verpflichtet, solange abzuwarten, bis der Arbeitnehmer Ermittlungsakten der Staatsanwaltschaft eingesehen hat (BAG v. 13.3.2008, Az. 2 AZR 961/06). Die Einladung zur Anhörung vor Ausspruch einer Verdachtskündigung muss den Gegenstand des Gespräches beinhalten und den Mitarbeiter in die Lage versetzen, eine Vertrauensperson hinzuzuziehen (LAG Berlin/Brandenburg v. 30.3.2012, Az. 10 Sa 2272/11).

Die Anhörung kann ausnahmsweise entfallen, wenn der Arbeitnehmer von vornherein erklärt, er wolle sich zu den gegen ihn erhobenen Verdachtsgründen nicht äußern (BAG v. 26.9.2002, Az. 2 AZR 424/01).

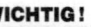 **ACHTUNG!**

Die Verdachtskündigung ist strikt von der Tatkündigung zu unterscheiden. Aus diesem Grund muss der Arbeitgeber einen vorhandenen → Betriebsrat zu der jeweiligen Kündigungsart (oder zu beiden) anhören.

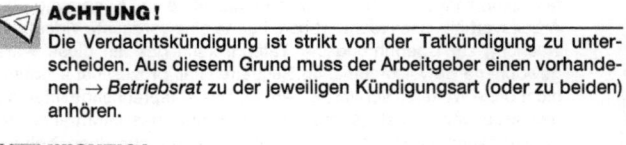 **WICHTIG!**

Eine Überwachung des Personals durch technische Einrichtungen (z. B. Videokamera) ist nur unter besonderen Voraussetzungen zulässig. Hierbei ist auch die betriebliche Mitbestimmung zu beachten! Der Betriebsrat kann seine Zustimmung hierzu mit der Begründung verweigern, dass durch die Videoüberwachung in unangemessener Weise in die Persönlichkeitsrechte der Arbeitnehmer eingegriffen werde (vgl. BAG v. 29.6.2004, Az. 1 ABR 21/03).

In einer Entscheidung v. 27.3.2003 hat das BAG entschieden, dass der Arbeitgeber bei einem konkreten Diebstahlsverdacht seine Angestellten heimlich mit einer Videokamera beobachten darf. Dieser Eingriff in das Persönlichkeitsrecht der Arbeitnehmer sei zulässig, wenn sonst kein (milderes und geeignetes) Mittel zur Aufklärung eines konkreten Verdachts strafbarer Handlungen oder sonstiger schwerwiegender Verfehlungen zu Lasten des Arbeitgebers in Betracht kommt. Die mit der Videokamera gemachten Aufzeichnungen seien in diesen Fällen auch als Beweismittel im Kündigungsschutzprozess verwertbar (BAG v. 27.3.2003, Az. 2 AZR 51/02). In seiner Entscheidung v. 21.6.2012 präzisiert das BAG: „Führte eine verdeckte Videoüberwachung zur Überführung der Täterin, kann das auf diese Weise gewonnene Beweismaterial im Bestreitensfall prozessual allerdings nicht ohne Weiteres verwertet werden. Das entsprechende Interesse des Arbeitgebers hat gegenüber dem Schutz des informationellen Selbstbestimmungsrechts der Arbeitnehmerin nur dann höheres Gewicht, wenn die Art der Informationsbeschaffung trotz der mit ihr verbundenen Persönlichkeitsbeeinträchtigung als schutzbedürftig zu qualifizieren ist. Dies ist bei verdeckter Videoüberwachung nur dann der Fall, wenn der konkrete Verdacht einer strafbaren Handlung oder einer anderen schweren Verfehlung zu Lasten des Arbeitgebers bestand, es keine Möglichkeit zur Aufklärung durch weniger einschneidende Maßnahmen (mehr) gab und die Videoüberwachung insgesamt nicht unverhältnismäßig war. Unter diesen strengen Voraussetzungen wiederum stehen Vorschriften des Bundesdatenschutzgesetzes (BDSG) der verdeckten Videoüberwachung auch an öffentlich zugänglichen Arbeitsplätzen nicht entgegen. Zwar bestimmt § 6b Abs. 2 BDSG, dass bei Videoaufzeichnungen in öffentlich zugänglichen Räumen der Umstand der Beobachtung und die verantwortliche Stelle erkennbar zu machen sind. Bei einem Verstoß gegen diese Pflicht wird aber nicht jedwede Videoüberwachungsmaßnahme an öffentlich zugänglichen Arbeitsplätzen per se unzulässig." (BAG v. 21.6.2012, Az. 2 AZR 153/11).

Der gebotene Schutz des Arbeitnehmers vor einer unzulässigen Informationsgewinnung durch heimliche Videoüberwachung kann es erfordern, aus der Überwachung gewonnene Erkenntnisse bei der Entscheidungsfindung unberücksichtigt zu lassen, wenn durch die gerichtliche Entscheidung der Verstoß (= die Rechtswidrigkeit des Eingriffs in die Privatsphäre des Arbeitnehmers) perpetuiert würde. Der Arbeitnehmer ist nicht gezwungen, die betreffenden Tatsachen – ggf. bewusst wahrheitswidrig – zu bestreiten. Der Schutz des Arbeitnehmers vor einer rechtswidrigen Videoüberwachung verlangt aber nicht in jedem Fall, auch solche unstreitigen Tatsachen außer Acht zu lassen, die dem Arbeitgeber nicht unmittelbar, sondern durch Auswertung einer ihm unabhängig hiervon zur Verfügung stehenden, ohne Rechtsverstoß gewonnenen Informationsquelle zur Verfügung stehen, selbst wenn der Arbeitgeber diese ohne die aus der Videoüberwachung gewonnenen Erkenntnisse vermutlich gar nicht erst erschlossen hätte (BAG v. 16.12.2010, Az. 2 AZR 485/08).

 ACHTUNG!

Nach § 626 Abs. 2 Satz 1 BGB kann die außerordentliche Kündigung nur innerhalb von zwei Wochen erfolgen. Die Frist beginnt nach § 626 Abs. 2 Satz 2 BGB in dem Zeitpunkt, in dem der Kündigungsberechtigte von den für die Kündigung maßgebenden Tatsachen Kenntnis erlangt (s. u. 4.). Geht es um ein strafbares Verhalten des Arbeitnehmers, darf der Arbeitgeber den Aus- oder Fortgang des Ermittlungs- und Strafverfahrens abwarten und in dessen Verlauf zu einem nicht willkürlich gewählten Zeitpunkt kündigen. Dies gilt auch für die Überlegung, ob er eine Verdachtskündigung aussprechen soll. Im Verlauf des Ermittlungs- und Strafverfahrens gewonnene Erkenntnisse oder Handlungen der Strafverfolgungsbehörden können die Annahme verstärken, der Vertragspartner habe die Pflichtverletzung begangen. Eine solche den Verdacht intensivierende Wirkung kann auch die Erhebung der öffentlichen Klage haben, selbst wenn sie nicht auf neuen Erkenntnissen beruht. Der Umstand, dass eine unbeteiligte Stelle mit weiterreichenden Ermittlungsmöglichkeiten als sie dem Arbeitgeber zur Verfügung stehen, einen hinreichenden Tatverdacht bejaht, ist geeignet, den gegen den Arbeitnehmer gehegten Verdacht zu verstärken (BAG v. 27.1.2011, Az. 825/09). Der Arbeitgeber kann eine den Verdacht der Tatbegehung verstärkende Tatsache – wie die Erhebung der öffentlichen Klage – auch dann zum Anlass für den Ausspruch einer Verdachtskündigung nehmen, wenn er eine solche schon zuvor erklärt hatte. Die Frist des § 626 Abs. 2 BGB beginnt mit ausreichender Kenntnis

von der verdachtsverstärkenden Tatsache erneut zu laufen. Da die neuerliche Kündigung auf einer weiteren, den Verdacht der Tatbegehung verstärkenden Tatsache beruht, handelt es sich auch nicht um eine unzulässige Wiederholungskündigung. Es gibt nicht lediglich zwei objektiv genau bestimmbare Zeitpunkte, zu denen die Frist des § 626 Abs. 2 BGB zu laufen beginnt, einen Zeitpunkt für den Ausspruch einer Verdachts-, einen weiteren für den Ausspruch einer Tatkündigung. Im Laufe des Aufklärungszeitraums kann es vielmehr mehrere Zeitpunkte geben, in denen der Verdacht „dringend" genug ist, um darauf eine Kündigung zu stützen (BAG v. 27.1.2011, Az. 825/09).

2.34 Verschwiegenheitspflicht

Die grobe Verletzung der arbeitsrechtlichen → *Verschwiegenheitspflicht* kann – abhängig von den Umständen des Einzelfalls – eine außerordentliche Kündigung begründen (BAG v. 4.4.1974, Az. 2 AZR 452/73). Nicht gerechtfertigt ist eine Kündigung, wenn der Arbeitnehmer in Wahrnehmung eigener Interessen oder in verständiger Sorge über finanzielle Aufwendungen des Arbeitgebers gehandelt hat (BAG v. 22.7.1965, Az. 2 AZR 384/64). Berechtigt ist die außerordentliche Kündigung jedenfalls, wenn ein Angestellter unrichtige Behauptungen über die wirtschaftliche und finanzielle Lage seines Arbeitgebers verbreitet und diesem dadurch Nachteile erwachsen (s. o. 2.22). Auch die Weitergabe von persönlichen Daten von Patienten des Arbeitgebers an ein Konkurrenzunternehmen kann eine außerordentliche Kündigung rechtfertigen (BAG v. 28.1.2010, Az. 2 AZR 1008/08).

2.35 Vollmachtsmissbrauch

Wurde dem Arbeitnehmer von seinem Arbeitgeber Vertretungsmacht eingeräumt, darf er diese nicht überschreiten. Eine geringfügige und einmalige Vollmachtsüberschreitung kann eine Kündigung grundsätzlich nicht rechtfertigen. Bei wiederholten Verstößen ist jedoch eine außerordentliche Kündigung aus wichtigem Grund zulässig (BAG v. 26.11.1964, Az. 2 AZR 211/63). So rechtfertigt auch die eigenmächtige Entnahme eines Gehaltsvorschusses durch eine auszahlungsbevollmächtigte Person die außerordentliche Kündigung (ArbG Solingen DB 1974, 1439).

2.36 Wettbewerb

Der Arbeitnehmer unterliegt während des bestehenden Arbeitsverhältnisses einem → *Wettbewerbsverbot*. Arbeitet der Arbeitnehmer trotz dieses Wettbewerbsverbots für ein Konkurrenzunternehmen, kann eine fristlose Kündigung berechtigt sein (BAG v. 6.8.1987, Az. 226/87; BAG v. 25.4.1991, Az. 2 AZR 624/90). Auch in einem gekündigten Arbeitsverhältnis (während des Laufs der Kündigungsfrist) besteht das Wettbewerbsverbot fort. Das BAG hat in einer neuerlichen Entscheidung offen gelassen, ob das Wettbewerbsverbot in diesem Fall in jeder Hinsicht gleich weit reicht wie in einem ungekündigten Arbeitsverhältnis, gleichzeitig aber festgestellt, dass in jedem Fall die Vermittlung von Konkurrenzgeschäften oder das aktive Abwerben von Kunden sowie die Weitergabe von persönlichen Daten von Patienten des Arbeitgebers an ein Konkurrenzunternehmen eine schuldhafte Vertragspflichtverletzung darstellen, die zu einer außerordentlichen Kündigung berechtigt (BAG v. 28.1.2010, Az. 2 AZR 1008/08).

2.37 Zeugenaussage gegen den Arbeitgeber

Sagt ein Arbeitnehmer im Rahmen eines staatsanwaltlichen Ermittlungsverfahrens gegen seinen Arbeitgeber (wahrheitsgemäß) aus und übergibt er auf Aufforderung der Staatsanwaltschaft Unterlagen, so kann ihm deshalb nicht außerordentlich gekündigt werden (BVerfG v. 2.7.2001, Az. 1 BvR 2049/00).

3. Angabe des Kündigungsgrunds

Die Angabe des Kündigungsgrunds ist auch bei der außerordentlichen Kündigung grundsätzlich nicht erforderlich. Der Arbeitnehmer kann jedoch gemäß § 626 Abs. 2 Satz 3 BGB verlangen, dass der Arbeitgeber ihm den Kündigungsgrund unverzüglich schriftlich mitteilt. Der Verstoß gegen diese gesetzliche Verpflichtung führt jedoch nicht zur Unwirksamkeit der Kündigung. Der Arbeitnehmer kann (nur) Schadensersatzansprüche (z. B. wegen vermeidbarer Prozesskosten) geltend machen.

4. Ausschlussfrist

Die außerordentliche Kündigung ist nur wirksam, wenn sie innerhalb von zwei Wochen nach Kenntnis des Kündigungsgrunds erfolgt (§ 626 Abs. 2 Satz 1 BGB). Maßgeblich hierbei ist die Kenntnis des Kündigungsberechtigten. Dieser muss sich jedoch auch die Kenntnisse von solchen Mitarbeitern oder Personen zurechnen lassen, die nach ihrer betrieblichen Stellung zur Information des Kündigungsberechtigten verpflichtet sind.

Der Lauf der zweiwöchigen → Ausschlussfrist verlangt sichere Kenntnis vom Kündigungsgrund, sodass er so lange gehemmt ist, wie der Kündigungsberechtigte die zur Aufklärung des Kündigungssachverhalts nach pflichtgemäßem Ermessen notwendig erscheinenden Maßnahmen mit der gebotenen Eile (tatsächlich) durchführt. Es spielt keine Rolle, ob die Ermittlungsmaßnahmen etwas zur Aufklärung des Sachverhalts beigetragen haben oder im Ergebnis überflüssig waren. Es besteht aber für weitere Ermittlungen kein Anlass mehr, wenn der Sachverhalt bereits geklärt ist oder der Gekündigte ihn sogar eingestanden hat. Hat der Kündigungsberechtigte noch Ermittlungen durchgeführt, muss er im Streitfall darlegen, welche Tatsachenbehauptungen unklar und daher ermittlungsbedürftig waren und welche weiteren Ermittlungen – zumindest aus damaliger Sicht – zur Klärung von Zweifeln angestellt worden sind (BAG v. 1.2.2007, Az. 2 AZR 333/06).

Geht es um ein strafbares Verhalten des Arbeitnehmers, darf der Arbeitgeber den Aus- oder Fortgang des Ermittlungs- und Strafverfahrens abwarten und in dessen Verlauf zu einem nicht willkürlich gewählten Zeitpunkt kündigen. Dies gilt auch für die Überlegung, ob er eine Verdachtskündigung aussprechen soll. Im Verlauf des Ermittlungs- und Strafverfahrens gewonnene Erkenntnisse oder Handlungen der Strafverfolgungsbehörden können die Annahme verstärken, der Vertragspartner habe die Pflichtverletzung begangen. Eine solche den Verdacht intensivierende Wirkung kann auch die Erhebung der öffentlichen Klage haben, selbst wenn sie nicht auf neuen Erkenntnissen beruht. Der Umstand, dass eine unbeteiligte Stelle mit weiterreichenden Ermittlungsmöglichkeiten als sie dem Arbeitgeber zur Verfügung stehen, einen hinreichenden Tatverdacht bejaht, ist geeignet, den gegen den Arbeitnehmer gehegten Verdacht zu verstärken (BAG v. 27.1.2011, Az. 825/09).

Der Arbeitgeber kann eine den Verdacht der Tatbegehung verstärkende Tatsache – wie die Erhebung der öffentlichen Klage – auch dann zum Anlass für den Ausspruch einer Verdachtskündigung nehmen, wenn er eine solche schon zuvor erklärt hatte. Die Frist des § 626 Abs. 2 BGB beginnt mit ausreichender Kenntnis von der verdachtsverstärkenden Tatsache erneut zu laufen. Da die neuerliche Kündigung auf einer weiteren, den Verdacht der Tatbegehung verstärkenden Tatsache beruht, handelt es sich auch nicht um eine unzulässige Wiederholungskündigung. Es gibt nicht lediglich zwei objektiv genau bestimmbare Zeitpunkte, zu denen die Frist des § 626 Abs. 2 BGB zu laufen beginnt, einen Zeitpunkt für den Ausspruch einer Verdachts-, einen weiteren für den Ausspruch einer Tatkündigung. Im Laufe des Aufklärungszeitraums kann es vielmehr mehrere Zeitpunkte geben, in denen der Verdacht „dringend"

genug ist, um darauf eine Kündigung zu stützen (BAG v. 27.1.2011, Az. 825/09).

 ACHTUNG!

Nach Ablauf der Zwei-Wochen-Frist des § 626 Abs. 2 BGB kann eine außerordentliche Kündigung nicht mehr erklärt werden. Dem Arbeitgeber bleibt dann allenfalls noch das Recht zur ordentlichen Kündigung mit der einschlägigen Kündigungsfrist.

Der Betriebsrat muss gemäß § 102 BetrVG ausdrücklich darauf hingewiesen werden, dass es sich bei der beabsichtigten Kündigung um eine außerordentliche Kündigung handelt. Die Ausschlussfrist des § 626 Abs. 2 BGB wird durch die Beteiligung des Betriebsrats nicht gehemmt oder verlängert.

5. Umdeutung der unwirksamen außerordentlichen Kündigung

Letztendlich bleibt es im Streitfall einer gerichtlichen Entscheidung überlassen, ob zum Zeitpunkt der Kündigungserklärung tatsächlich ein wichtiger Grund i. S. d. § 626 Abs. 1 BGB vorgelegen hat. Stellt sich hierbei heraus, dass zwar kein wichtiger Grund im Sinne der vorgenannten Vorschrift vorliegt, jedoch eine ordentliche Kündigung berechtigt wäre, ist die unwirksame außerordentliche Kündigung in eine wirksame ordentliche Kündigung umzudeuten, soweit der Arbeitgeber mit der Kündigung zu erkennen gibt, dass er das Arbeitsverhältnis in jedem Fall beenden will. Hiervon wird in der Regel ausgegangen.

Diese Umdeutung führt jedoch dann zu Problemen, wenn der Betriebsrat gemäß § 102 BetrVG nur zur beabsichtigten außerordentlichen Kündigung gehört wurde. Die ansonsten rechtmäßige ordentliche Kündigung wäre im Falle der Umdeutung wegen der fehlerhaften Durchführung des Anhörungsverfahrens unwirksam.

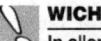 **TIPP!**

Es ist dringend zu empfehlen, im Falle einer beabsichtigten außerordentlichen Kündigung den Betriebsrat auch zu einer hilfsweise zu erklärenden ordentlichen Kündigung anzuhören.

IV. Reaktionsmöglichkeiten des Arbeitnehmers

1. Arbeitsgerichtliche Überprüfung

Der Arbeitnehmer kann die Wirksamkeit einer Kündigung beim Arbeitsgericht überprüfen lassen. Hierzu muss er im Rahmen einer Kündigungsschutzklage die gerichtliche Feststellung beantragen, dass das Arbeitsverhältnis durch die Kündigung nicht aufgelöst worden ist. Hierbei kann er verschiedene Unwirksamkeitsgründe geltend machen.

In den meisten Fällen wird zur Begründung der Kündigungsschutzklage vorgebracht, dass die Kündigung nicht sozial gerechtfertigt sei, also ein Kündigungsgrund nach dem Kündigungsschutzgesetz nicht vorgelegen hat. Andere Unwirksamkeitsgründe können z. B. sein:

▶ Kündigung wegen Betriebsübergang;

▶ Verstoß gegen Kündigungsverbot (s. o. B.I.2.);

▶ fehlende oder fehlerhafte Anhörung des Betriebsrats;

▶ fehlende Zustimmung einer Behörde (z. B. Integrationsamt);

▶ Formmangel;

▶ kein wichtiger Grund für eine außerordentliche Kündigung;

▶ Sittenwidrigkeit der Kündigung.

WICHTIG!

In allen Fällen (seit 1.1.2004 also nicht mehr nur bei Geltendmachung des allgemeinen Kündigungsschutzes gem. § 1 KSchG) ist zu beachten, dass die Klage gemäß § 4 KSchG innerhalb einer Frist von drei Wochen nach Zugang der Kündigung bei Gericht eingereicht werden muss. Wird die Klage verspätet erhoben, ohne dass der Arbeitnehmer hierfür einen triftigen Grund hat (s. zur nachträglichen Klagezulassung Arbeitsgerichtsverfahren), so wird die Kündigung gemäß § 7 KSchG auch dann wirksam, wenn der Kündigungsgrund eigentlich nicht ausreichend ist, die Kündigung nicht sozial gerechtfertigt oder aus anderen Gründen unwirksam ist (vgl. BAG v. 28.6.2007, Az. 6 AZR 873/06).

Mehr zur Kündigungsschutzklage unter Arbeitsgerichtsverfahren.

2. Anspruch auf Abfindung

Im Falle einer betriebsbedingten Kündigung kann der Arbeitnehmer seit 1.1.2004 wählen, ob er gegen eine Kündigung Klage erhebt oder sich eine Abfindung gem. § 1a KSchG auszahlen lässt. Voraussetzung hierfür ist eine betriebsbedingte Kündigung, die den Hinweis des Arbeitgebers auf die Möglichkeit des gesetzlichen Abfindungsanspruchs enthält. Liegen die gesetzlichen Voraussetzungen vor (Einzelheiten hierzu s. u. „Kündigungsschutz" A.III.4.) entsteht der Abfindungsanspruch in Höhe eines halben Monatsverdienstes für jedes Beschäftigungsjahr mit Verstreichenlassen der Klagefrist gem. § 4 KSchG. Die Abfindung wird dann nach Ablauf der Kündigungsfrist zur Zahlung fällig. Die Erhebung einer Kündigungsschutzklage schließt ebenso wie ein Antrag auf nachträgliche Klagezulassung den Abfindungsanspruch aus. Dies gilt auch dann, wenn der Arbeitnehmer seine Klage oder seinen Antrag auf nachträgliche Klagezulassung wieder zurücknimmt. Ungeachtet dessen, können die Parteien sich aber dann selbstverständlich noch gütlich auf die Zahlung der Abfindung einigen.

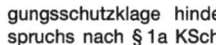 **WICHTIG!**

Der Arbeitgeber muss sich bereits bei Ausspruch der Kündigung überlegen, ob er dem Arbeitnehmer durch den Hinweis auf die Möglichkeit der gesetzlichen Abfindung ein entsprechendes Wahlrecht einräumt. Dies ist immer nur dann zu empfehlen, wenn die Wirksamkeit der Kündigung zumindest zweifelhaft ist und dem Arbeitnehmer durch die Abfindungsmöglichkeit die Unterlassung einer Kündigungsschutzklage schmackhaft gemacht werden soll.

Formulierungsbeispiel:

„Wir weisen darauf hin, dass die Kündigung aus dringenden betrieblichen Gründen erfolgt und Ihnen wegen der betriebsbedingten Beendigung ein gesetzlicher Anspruch auf Zahlung einer Abfindung gem. § 1a KSchG zusteht, sofern Sie gegen die Kündigung innerhalb der gesetzlichen Klagefrist keine Klage erheben. Die Höhe der Abfindung beträgt gem. § 1a KSchG 0,5 Monatsverdienste für jedes Jahr des Bestehens des Arbeitsverhältnisses. Als Monatsverdienst gilt gem. § 10 Abs. 3 KSchG was Ihnen bei der für Sie maßgebenden regelmäßigen Arbeitszeit in dem Monat, in dem das Arbeitsverhältnis endet, an Geld und Sachbezügen zusteht. Bei der Ermittlung der Dauer des Arbeitsverhältnisses ist ein Zeitraum von mehr als sechs Monaten auf ein volles Jahr aufzurunden. Sollten Sie also gegen die Kündigung bis zum Ablauf der gesetzlichen Klagefrist keine Klage erheben, steht Ihnen nach Ablauf der Kündigungsfrist eine Abfindung in Höhe von € .... zu."

Eine zutreffende Berechnung der Abfindungshöhe ist an dieser Stelle nicht zwingend erforderlich. Nach § 1a Abs. 1 KSchG setzt der Anspruch auf Zahlung einer Abfindung lediglich voraus, dass die Hinweise auf die zur Rechtfertigung der Kündigung maßgeblichen dringenden betrieblichen Erfordernisse und auf das Verstreichenlassen der Klagefrist nach § 4 Satz 1 KSchG erfolgen. Die für die Berechnung des Anspruchs maßgebliche Vorschrift des § 1a Abs. 2 KSchG muss noch nicht einmal ausdrücklich erwähnt, geschweige denn der sich hieraus ergebende Betrag beziffert werden (vgl. BAG v. 13.12.2007, Az. 2 AZR 807/06).

Der Abfindungsanspruch nach § 1a Abs. 1 KSchG entsteht in der gesetzlichen Höhe auch dann, wenn der Arbeitgeber dem Arbeitnehmer informatorisch einen niedrigeren Abfindungsbetrag mitgeteilt hat. Durch die gesetzliche Abfindungsregelung sind die Arbeitsvertragsparteien zwar nicht daran gehindert,

eine geringere Abfindung zu vereinbaren. Will der Arbeitgeber dem Arbeitnehmer allerdings eine geringere Abfindung anbieten, so muss er hierbei unmissverständlich erklären, dass sein Angebot kein solches nach § 1a KSchG sein soll.

 **WICHTIG!**

Auch eine nach der Drei-Wochen-Frist (s. o. 1.) erhobene Kündigungsschutzklage hindert die Entstehung eines Abfindungsanspruchs nach § 1a KSchG. In diesem Zusammenhang ist es auch unerheblich, ob mit der Klage ein Antrag auf nachträgliche Zulassung verbunden ist, oder nicht (BAG v. 20.8.2009, Az. 2 AZR 267/08).

3. Anspruch auf Vergütung

Ist die Kündigung unwirksam und stellt das Arbeitsgericht im Rahmen eines Kündigungsschutzprozesses fest, dass das Arbeitsverhältnis nicht beendet ist, behält der Arbeitnehmer seinen Vergütungsanspruch. Dies gilt grundsätzlich auch dann, wenn er nach dem Ablauf der Kündigungsfrist (während des Kündigungsschutzprozesses) nicht mehr gearbeitet hat. Der Arbeitgeber muss also nach Abschluss des Prozesses u. U. die Vergütung nachzahlen.

Voraussetzung hierfür ist, dass der Arbeitgeber mit der Annahme der Arbeitsleistung im Verzug (sog. Annahmeverzug) ist. Im ungekündigten Arbeitsverhältnis gerät er nur dann in Annahmeverzug, wenn der Arbeitnehmer

▸ leistungsfähig und

▸ leistungsbereit ist und

▸ dem Arbeitgeber seine Arbeitsleistung anbietet.

Mit der Erhebung einer Kündigungsschutzklage bietet der Arbeitnehmer konkludent seine Arbeitsleistung an. Ein zusätzliches ausdrückliches Angebot ist dann nicht erforderlich. Gleichzeitig macht der Arbeitnehmer mit der Kündigungsschutzklage (zumindest inzident) seine Annahmeverzugsansprüche geltend. Das Gesamtziel der Kündigungsschutzklage ist nach Auffassung des BAG nämlich in der Regel nicht nur auf den Erhalt des Arbeitsplatzes beschränkt, sondern zugleich auch auf die Sicherung der Ansprüche gerichtet, die durch den Verlust der Arbeitsstelle möglicherweise verloren gehen. Mit der Erhebung einer Kündigungsschutzklage ist der Arbeitgeber ausreichend vom Willen des Arbeitnehmers unterrichtet, die durch die Kündigung bedrohten Einzelansprüche aus dem Arbeitsverhältnis aufrechtzuerhalten (vgl. BAG v. 26.4.2006, Az. 5 AZR 403/05).

◁ **ACHTUNG!**

Im Streit über die Wirksamkeit eines Aufhebungsvertrages werden die Ansprüche des Arbeitnehmers aus Annahmeverzug (sofern überhaupt der Fortbestand des Arbeitsverhältnisses wegen der Unwirksamkeit des Aufhebungsvertrages im Nachhinein festgestellt wird) erst dann ausgelöst, wenn der Arbeitnehmer seine Arbeitsleistung ausdrücklich anbietet. Allein die Erhebung der Feststellungsklage reicht in diesem Zusammenhang nicht (BAG v. 7.12.2005, Az. 5 AZR 19/05).

◁ **ACHTUNG!**

Hat der Arbeitnehmer jedoch eine bestimmte, an sich mögliche Arbeit abgelehnt, kann der Vergütungsanspruch nicht darauf gestützt werden, der Arbeitgeber hätte diese Arbeit anbieten müssen. Das gilt auch dann, wenn eine Beendigungskündigung des Arbeitgebers rechtskräftig mit der Begründung für unwirksam erklärt worden ist, der Arbeitgeber hätte trotz der Ablehnung seitens des Arbeitnehmers die entsprechende Arbeit im Wege der Änderungskündigung anbieten müssen (BAG v. 27.8.2008, Az. 5 AZR 16/08). Ein Arbeitnehmer, dessen Arbeitsverhältnis während eines Arbeitskampfes fristlos gekündigt wurde, hat im Falle des Obsiegens im Kündigungsschutzprozess keinen Anspruch auf Annahmeverzugsvergütung nach § 615 BGB, wenn er sich in der Zeit vom Zugang der Kündigung bis zur Verkündung des Urteils an einem Streik beteiligt hat. Zwar wird in diesem Fall durch das Urteil festgestellt, dass das Arbeitsverhältnis ununterbrochen fortbestanden hat, dem Anspruch aus § 615 BGB steht jedoch entgegen, dass der Arbeitnehmer wegen der Streikteilnahme leistungsunwillig im Sinne von § 297 BGB war (BAG v. 17.7.2012, Az. 1 AZR 563/11).

Die Erbringung der Arbeitsleistung muss dem Arbeitnehmer tatsächlich und rechtlich möglich sein. Dies ist z. B. nicht der Fall, wenn er arbeitsunfähig erkrankt ist, eine Freiheitsstrafe verbüßt oder wegen eines gesetzlichen Verbots die Arbeitsleistung (z. B. Kraftfahrer wegen Entzug des Führerscheins) nicht erbringen kann.

Ist der Arbeitnehmer nicht in der Lage (z. B. wegen Arbeitsunfähigkeit) oder gewillt, die vereinbarte Arbeitsleistung zu erbringen, so hat er auch keinen Anspruch auf Vergütungsfortzahlung wegen Annahmeverzugs. Wenn er wegen Urlaub oder sonstigen Gründen von der Arbeitspflicht befreit ist, kann er aus dem Gesichtspunkt des Annahmeverzugs auch keine (zusätzliche) Vergütung verlangen (vgl. BAG v. 23.1.2001, Az. 9 AZR 26/00).

 **ACHTUNG!**

Ein Arbeitnehmer ist nicht stets schon dann leistungsunfähig, wenn er aus Gründen, die in seiner Person liegen, nicht mehr alle Arbeiten verrichten kann, die zu den vertraglich vereinbarten Tätigkeiten gehören. Ist es dem Arbeitgeber möglich und zumutbar, dem krankheitsbedingt nur eingeschränkt leistungsfähigen Arbeitnehmer leidensgerechte und vertragsgemäße Arbeiten zuzuweisen, ist die Zuweisung anderer Arbeiten unbillig. Die Einschränkung der Leistungsfähigkeit des Arbeitnehmers steht dann dem Annahmeverzug des Arbeitgebers nicht entgegen (BAG v. 8.11.2006, Az. 5 AZR 51/06).

3.1 Außerordentliche Kündigung

Liegt eine außerordentliche Kündigung vor, reicht es für den Annahmeverzug aus, dass der Arbeitnehmer leistungsfähig und leistungsbereit ist. Es ist nicht erforderlich, dass er dem Arbeitgeber seine Arbeitsleistung ausdrücklich anbietet. Will der Arbeitgeber in solchen Fällen den Annahmeverzug vermeiden, muss er von sich aus den Arbeitnehmer zur Wiederaufnahme der Arbeit auffordern. Etwas anderes gilt, wenn der Arbeitnehmer bereits vor Ausspruch der Kündigung die Arbeit verweigert hatte. In diesem Fall muss er dem Arbeitgeber seine Arbeitsleistung tatsächlich anbieten, um dessen Annahmeverzug zu begründen (BAG v. 22.2.2012, Az. 5 AZR 249/11).

Dabei besteht jedoch ein erhebliches Risiko für die Argumentation im Kündigungsschutzprozess: Der Arbeitgeber kann nicht einerseits die Unzumutbarkeit der Fortsetzung des Beschäftigungsverhältnisses behaupten und andererseits den Arbeitnehmer – zur Vermeidung des Vergütungsrisikos – zur Wiederaufnahme seiner Tätigkeit auffordern. Liegt eine verhaltensbedingte Kündigung vor, braucht der Arbeitnehmer der Aufforderung ohnehin nicht Folge zu leisten, da er zur Wiederherstellung seines Ansehens zunächst den Ausgang des Kündigungsrechtsstreits abwarten darf.

 **WICHTIG!**

Aus den genannten Gründen sollte bei der außerordentlichen Kündigung grundsätzlich von einer Aufforderung zur Wiederaufnahme der Tätigkeit abgesehen werden.

3.2 Ordentliche Kündigung

Auch bei einer ordentlichen Kündigung braucht der Arbeitnehmer seine Arbeitsleistung grundsätzlich nicht anzubieten, es sei denn, dass er bereits vor Ausspruch der Kündigung die Arbeit verweigert hatte (BAG v. 22.2.2012, Az. 5 AZR 249/11). Der Arbeitgeber gerät in Annahmeverzug, wenn er den Arbeitnehmer nach Ablauf der Kündigungsfrist nicht beschäftigt, obwohl dieser hierzu fähig und bereit ist.

Wenn nicht gerade verhaltensbedingte Gründe zur Kündigung geführt haben, bietet es sich hier zur Vermeidung des Vergütungsrisikos grundsätzlich an, dem Arbeitnehmer bis zum

rechtskräftigen Abschluss des Kündigungsrechtsstreits eine befristete Weiterbeschäftigung anzubieten.

 ACHTUNG!

Der Arbeitgeber muss immer prüfen, ob er sich mit einem solchen Angebot nicht in Widerspruch zu den behaupteten Kündigungsgründen setzt. Dies kann auch bei einer ordentlichen betriebsbedingten Kündigung der Fall sein, da der Arbeitsplatz ja angeblich weggefallen ist.

Allein die Aufforderung zur Wiederaufnahme der Arbeit reicht nicht dazu aus, den Annahmeverzug zu unterbrechen, wenn die Kündigung als solche aufrechterhalten bleibt (BAG v. 7.11.2002, Az. 2 AZR 650/00). Schlägt aber der Arbeitnehmer das Angebot einer bis zum Abschluss des Kündigungsrechtsstreits befristeten Weiterbeschäftigung (ggf. auf einem anderen Arbeitsplatz) aus, so verwirkt er u. U. einen etwaigen Anspruch auf Vergütungsfortzahlung aus dem Gesichtspunkt des böswilligen Unterlassens anderweitigen Erwerbs (§ 615 Satz 2 BGB; s. u. 2.3). Dies ist immer dann der Fall, wenn ihm die Annahme des befristeten Weiterbeschäftigungsangebots zumutbar gewesen wäre (vgl. LAG Köln v. 21.6.2005, Az.13 Sa 179/05).

 ACHTUNG!

Bei der bis zum Abschluss des Kündigungsrechtsstreits befristeten Weiterbeschäftigung handelt es sich um ein neues Arbeitsverhältnis, das nur unter den gesetzlichen Voraussetzungen befristet werden darf (s. → Befristetes Arbeitsverhältnis). Ist eine Vereinbarung über die Weiterbeschäftigung während des Kündigungsschutzprozesses nicht schriftlich abgeschlossen worden, so ist die Befristung unwirksam und hat zur Folge, dass das „neue" Arbeitsverhältnis unbefristet fortbesteht, und zwar selbst dann, wenn die Wirksamkeit der streitigen Kündigung (des „alten" Arbeitsverhältnisses) rechtskräftig festgestellt wird (LAG Hamm v. 16.1.2003, Az. 16 Sa 1126/02). Dies gilt selbstverständlich nicht, wenn der Arbeitnehmer wegen des Weiterbeschäftigungsanspruchs nach § 102 Abs. 5 BetrVG (s. u. 4.1) bis zum rechtskräftigen Abschluss des Kündigungsrechtsstreits weiterbeschäftigt werden muss. Erfolgt jedoch eine zweite Kündigung, so beendet diese das (erste) Weiterbeschäftigungsverhältnis zu dem darin genannten Entlassungstermin. In diesem Fall gelten dann für eine darüber hinausgehende Beschäftigung wieder die vorbenannten Befristungsvoraussetzungen (LAG Nürnberg v. 25.6.2004, Az. 9 Sa 151/04).

3.3 Umfang der Vergütung

Nach § 615 Satz 1 BGB muss der Arbeitnehmer für den Zeitraum des Annahmeverzugs vergütungsmäßig so gestellt werden, als ob er ganz normal gearbeitet hätte. Die vom Arbeitgeber nachzuzahlende Vergütung umfasst neben der Grundvergütung auch sonstige Leistungen mit Entgeltcharakter (z. B. Provisionen, Tantiemen, Jahresabschlussvergütungen, Sonderzahlungen). Nicht dagegen zu berücksichtigen sind Leistungen mit Aufwendungscharakter (z. B. Essens- und Fahrtkostenzuschüsse, Kleidergeld etc.).

Der Arbeitnehmer muss sich auf die fortzuzahlende Vergütung das anrechnen lassen, was er während des Annahmeverzugs dadurch gespart hat, dass er seine Arbeitsleistung nicht erbracht hat. Hierbei kommen insbesondere Fahrtkosten und sonstige berufsbezogene Aufwendungen in Betracht.

Darüber hinaus muss er sich gemäß § 615 Satz 2 BGB den Verdienst aus einem anderweitigen Arbeitsverhältnis anrechnen lassen. Zur Höhe des anderweitigen Verdiensts hat der Arbeitgeber gegenüber dem Arbeitnehmer einen Auskunftsanspruch.

 WICHTIG!

Der Anspruch auf Urlaub besteht nach § 6 Abs. 1 BUrlG nicht, soweit dem Arbeitnehmer für das laufende Kalenderjahr bereits von einem früheren Arbeitgeber Urlaub gewährt worden ist. Die Vorschrift regelt den Urlaubsanspruch, wenn der Arbeitnehmer während des Urlaubsjahres den Arbeitgeber wechselt. Sie erfasst jedoch nicht den Fall, dass ein Arbeitnehmer nach einer Kündigung des Arbeitgebers ein anderweitiges Arbeitsverhältnis eingegangen ist und festgestellt wird, dass das Arbeitsverhältnis durch die Kündigung nicht aufgelöst ist. In einem solchen Fall liegt ein Doppelarbeitsverhältnis vor. Hätte der Arbeitnehmer seine Pflichten aus beiden Arbeitsverhältnissen nicht gleichzeitig erfüllen können und hat der Arbeitgeber, mit dem er während des Kündigungsrechtsstreits ein Arbeitsverhältnis eingegangen ist, ihm für ein laufendes Kalenderjahr Urlaub gewährt, hat er im Umfang des ihm erteilten Urlaubs grundsätzlich keinen weiteren Urlaubsanspruch für dieses Jahr. Einem doppelten Urlaubsanspruch des Arbeitnehmers steht entgegen, dass dieser im Falle eines Obsiegens im Kündigungsrechtsstreit grundsätzlich so zu stellen ist, als hätte keine tatsächliche Unterbrechung des Arbeitsverhältnisses stattgefunden. Zwar handelt es sich beim Urlaub nicht um Entgelt für geleistete Dienste, so dass die Anrechnungsvorschriften des § 11 Nr. 1 KSchG und § 615 S. 2 BGB keine unmittelbare Anwendung finden. Wegen der Gleichheit der Interessenlage ist jedoch eine analoge Anwendung dieser Bestimmungen geboten (BAG v. 21.2.2012, Az. 9 AZR 487/10).

Hat der Arbeitnehmer während des Annahmeverzugs Einkünfte aus selbstständiger Tätigkeit erzielt, kann der Arbeitgeber sogar die Vorlage des Einkommensteuerbescheids verlangen. Solange der Arbeitnehmer die geschuldete Auskunft nicht erteilt hat, kann der Arbeitgeber die Zahlung der Vergütung verweigern.

Ist die erteilte Auskunft in einzelnen Punkten unvollständig, kann der Arbeitgeber verlangen, dass der Arbeitnehmer die Vollständigkeit und Richtigkeit der Auskunft an Eides statt versichert.

Unterlässt der Arbeitnehmer böswillig die Annahme einer anderweitigen Arbeit, muss er sich nach § 615 Satz 2 BGB das anrechnen lassen, was er durch die anderweitige Arbeit hätte verdienen können. Von einer böswilligen Nichtannahme kann immer dann ausgegangen werden, wenn ein Arbeitnehmer vorsätzlich untätig bleibt, obwohl er eine für ihn zumutbare Arbeitsmöglichkeit kennt.

 ACHTUNG!

Nach der Rechtsprechung des BAG ist der Arbeitnehmer nicht verpflichtet, eigene Anstrengungen zu unternehmen, um eine Beschäftigung bei einem anderen Arbeitgeber zu finden. Auch eine unterlassene Meldung als Arbeitssuchender bei der Agentur für Arbeit stellt kein böswilliges Unterlassen anderweitigen Verdienstes dar (BAG v. 16.5.2000, Az. 9 AZR 203/99).

Von einem böswilligen Unterlassen ist daher nur dann auszugehen, wenn der Arbeitnehmer vorsätzlich verhindert, dass ihm eine zumutbare Arbeit überhaupt angeboten wird oder er grundlos eine zumutbare Beschäftigung ablehnt. Unzumutbar ist dem Arbeitnehmer grundsätzlich die Übernahme einer erheblich geringwertigeren Arbeit. Andererseits darf der Arbeitnehmer ein Änderungsangebot mit verminderter Vergütung nicht kategorisch und vorbehaltlos ablehnen (vgl. BAG v. 16.6.2004, Az. 5 AZR 508/03). Ein Arbeitnehmer muss auch eine deutliche Verschlechterung seiner Arbeitsbedingungen nicht akzeptieren, solange er berechtigte Aussichten hat, rechtzeitig eine günstigere Arbeit zu finden. Je länger Arbeitsangebot und vorgesehene Arbeitsaufnahme auseinander liegen, desto weniger wird es dem Arbeitnehmer im Regelfall vorzuwerfen sein, wenn er das Angebot ablehnt und sich stattdessen um eine für ihn günstigere Arbeit bemüht. Im Streitfall hat das Arbeitsgericht genau zu prüfen, ob dem Arbeitnehmer nach Treu und Glauben (§ 242 BGB) und unter Beachtung des Grundrechts auf freie Arbeitsplatzwahl (Art. 12 GG) die neue Tätigkeit zu den geänderten Bedingungen zumutbar ist. Demnach können auch erhebliche Abweichungen in Dauer und Lage der Arbeitszeit, Arbeitsort, Art und Umfang der Sozialleistungen, Größe des Unternehmens, Gefährlichkeit der Arbeit, wirtschaftliche Lage des Arbeitgebers und eine erschwerte Rückkehr an den bisherigen Arbeitsplatz die Unzumutbarkeit einer anderweitigen Beschäftigung begründen.

 WICHTIG!

Der Arbeitnehmer unterlässt böswillig anderweitigen Erwerb auch dann, wenn er eine zumutbare Arbeit beim bisherigen Arbeitgeber

ablehnt. Die von einem Arbeitgeber im unstreitig bestehenden Arbeitsverhältnis über sein Weisungsrecht hinaus zugewiesene Arbeit ist nicht ohne weiteres als unzumutbar anzusehen. Vielmehr sind auch hier alle Umstände des Einzelfalles zu berücksichtigen. Neben der Art der Arbeit und den sonstigen Arbeitsbedingungen ist zu prüfen, aus welchen Gründen der Arbeitgeber keine vertragsgemäße Arbeit anbietet und der Arbeitnehmer die zugewiesene Arbeit ablehnt (BAG v. 7.2.2007, Az. 5 AZR 422/06). Das Fehlen dringender Gründe für das Angebot des Arbeitgebers, den Arbeitnehmer bis zum rechtskräftigen Abschluss des Kündigungsschutzprozesses nicht mit der arbeitsvertraglich geschuldeten, sondern einer anderen Tätigkeit zu beschäftigen, schließt böswilliges Unterlassen anderweitigen Erwerbs i. S. v. § 11 Satz 1 Nr. 2 KSchG nicht aus (BAG v. 17.11.2011, Az. 5 AZR 564/10).

Der Arbeitgeber muss die Umstände, aus denen sich die Böswilligkeit ergibt, darlegen und beweisen (vgl. LAG Köln v. 21.6.2005, Az. 13 Sa 179/05).

4. Weiterbeschäftigungsanspruch

Eine Weiterbeschäftigung des Arbeitnehmers während des Kündigungsrechtsstreits kann für den Arbeitgeber von Interesse sein, da er auf diese Weise das Risiko, dem Arbeitnehmer aus dem Gesichtspunkt des Annahmeverzugs die weitere Vergütung bezahlen zu müssen, ohne eine Arbeitsleistung zu erhalten, verhindern kann. Andererseits kann die Weiterbeschäftigung des Arbeitnehmers für den Arbeitgeber mit erheblichen Nachteilen verbunden sein, wenn z. B. weitere Vertragsverletzungen oder betriebliche Störungen zu erwarten sind.

Gegen den Willen des Arbeitgebers kann der gekündigte Arbeitnehmer bis zum rechtskräftigen Abschluss des Kündigungsrechtsstreits eine Weiterbeschäftigung nur dann durchsetzen, wenn ihm ein kollektivrechtlicher oder ein allgemeiner arbeitsvertraglicher Weiterbeschäftigungsanspruch zusteht.

 ACHTUNG!

Ein gekündigter Mitarbeiter, der seine Weiterbeschäftigung gerichtlich durchsetzen will, muss seine Tätigkeiten und Kompetenzen so konkret wie möglich beschreiben. Andernfalls ist selbst eine erfolgreiche Klage dann nicht durchsetzbar bzw. vollstreckbar, wenn nicht hinreichend klar ist, welche Funktionen der betroffene Arbeitnehmer eines Unternehmens überhaupt hatte (LAG Rheinland-Pfalz v. 6.10.2005, Az. 2 Ta 23/05).

4.1 Kollektivrechtlicher Anspruch

Der sog. kollektivrechtliche Weiterbeschäftigungsanspruch ergibt sich aus § 102 Abs. 5 BetrVG, wenn der Betriebsrat gegen eine ordentliche Kündigung form- und fristgerecht Widerspruch eingelegt hat. Der Arbeitgeber ist dann verpflichtet, den gekündigten Arbeitnehmer auf dessen Verlangen bis zum rechtskräftigen Abschluss des Kündigungsrechtsstreits bei unveränderten Arbeitsbedingungen tatsächlich weiter zu beschäftigen (§ 102 Abs. 5 Satz 1 BetrVG).

Hiergegen kann sich der Arbeitgeber mit einer einstweiligen Verfügung zur Wehr setzen, wenn

▶ die Kündigungsschutzklage keine hinreichenden Erfolgsaussichten hat oder mutwillig erscheint oder

▶ die Weiterbeschäftigung des Arbeitnehmers zu einer unzumutbaren wirtschaftlichen Belastung des Arbeitgebers führen würde oder

▶ der Widerspruch des Betriebsrats offensichtlich unbegründet ist.

 **ACHTUNG!**

Der Weiterbeschäftigungsanspruch gem. § 102 Abs. 5 BetrVG besteht immer nur im Zusammenhang mit der Kündigung, welcher der Betriebsrat form- und fristgerecht widersprochen hat. Erfolgt eine neue Kündigung, welcher der Betriebsrat nicht widerspricht, so endet der Weiterbeschäftigungsanspruch zum Entlassungstermin der neuen Kündigung. Wird das Arbeitsverhältnis darüber hinaus fortgesetzt, so droht hierdurch die Begründung eines neuen unbefristeten Arbeitsverhältnisses (s. o. 3.2 a. E.).

4.2 Arbeitsvertraglicher Anspruch

Gesetzlich nicht geregelt ist der sog. allgemeine arbeitsvertragliche Weiterbeschäftigungsanspruch, der immer dann besteht, wenn die Kündigung unwirksam ist und überwiegende schutzwerte Interessen des Arbeitgebers einer solchen Weiterbeschäftigung des Arbeitnehmers nicht entgegenstehen.

Grundsätzlich kann davon ausgegangen werden, dass das Interesse des Arbeitgebers an der Nichtbeschäftigung des gekündigten Arbeitnehmers während der Dauer des Kündigungsschutzprozesses überwiegt. Dies gilt so lange, bis durch ein Urteil des Arbeitsgerichts oder des Landesarbeitsgerichts die Unwirksamkeit der Kündigung festgestellt wird. Bis zu diesem Zeitpunkt kann ein Arbeitnehmer nur dann den allgemeinen Weiterbeschäftigungsanspruch durchsetzen, wenn

▸ die Kündigung offensichtlich unwirksam ist oder

▸ schon die vorübergehende Unterbrechung der Beschäftigung für den Arbeitnehmer mit außergewöhnlichen und schwer wiedergutzumachenden Nachteilen verbunden wäre.

Ein derartiger Ausnahmefall kann z. B. vorliegen, wenn ohne die Weiterbeschäftigung die Erhaltung oder Erlangung einer beruflichen Qualifikation ernsthaft in Frage gestellt werden würde. Dies dürfte allerdings nur bei herausragenden Tätigkeiten der Fall sein, bei denen die Fähigkeiten des Arbeitnehmers im Falle einer Arbeitsunterbrechung zu „verkümmern" drohen.

Wird jedoch in einem Urteil die Unwirksamkeit der Kündigung festgestellt, sind die Beschäftigungsinteressen des Arbeitnehmers grundsätzlich höher zu bewerten, als die gegenläufigen Belange des Arbeitgebers. In solchen Fällen wird der Arbeitgeber nur dann nicht zur Weiterbeschäftigung verpflichtet sein, wenn schwerwiegende Pflichtverstöße des Arbeitnehmers und die Gefahr erheblicher Schädigung des Arbeitgebers (z. B. Untreue-/Eigentumsdelikte, Geheimnisverrat) drohen.

C. Kündigung durch den Arbeitnehmer

I. Ordentliche Kündigung

Für eine Kündigung von Seiten des Arbeitnehmers gelten die allgemeinen Regeln (s. o. A.).

Auch der Arbeitnehmer muss eine Kündigung gemäß § 623 BGB schriftlich erklären. Die gesetzliche Kündigungsfrist beträgt gemäß § 622 BGB vier Wochen zum 15. oder zum Ende eines Kalendermonats bzw. in der Probezeit zwei Wochen. Diese Kündigungsfrist kann durch Arbeitsvertrag, Betriebsvereinbarung oder Tarifvertrag verlängert werden. Es darf allerdings für die Kündigung des Arbeitsverhältnisses durch den Arbeitnehmer keine längere Frist vereinbart werden, als für die Kündigung durch den Arbeitgeber.

II. Außerordentliche Kündigung

1. Wichtiger Grund

Eine außerordentliche Kündigung durch den Arbeitnehmer setzt das Vorliegen eines wichtigen Grunds voraus. Dies kann z. B. eine wiederholte Vertragsverletzung durch den Arbeitgeber sein.

Kommt der Arbeitgeber nämlich seinen Pflichten aus dem Arbeitsverhältnis nicht nach, so kann der Arbeitnehmer – in der Regel nach einer vorherigen → Abmahnung – eine außerordentliche Kündigung erklären. Beispiele aus der Rechtsprechung hierfür sind:

▸ Nichterfüllung der Beschäftigungspflicht (BAG v. 19.8.1976, Az. 3 AZR 173/75);

▸ die unberechtigte Suspendierung eines leitenden Angestellten von der Arbeit (BAG v. 8.3.1956, Az. 2 AZR 622/54);

▸ der Entzug eines wesentlichen Teils des vertraglich zugesicherten Reisebezirks eines Provisionsreisenden (LAG Bremen DB 1964, 845);

▸ die Weigerung, eine zugesagte Prokura zu erteilen (BAG v. 17.9.1970, Az. 2 AZR 439/69).

Lohn- und Gehaltsrückstände sind nur dann ein wichtiger Grund für eine außerordentliche Kündigung, wenn der Arbeitgeber entweder über einen längeren Zeitraum wiederholt oder mit einem erheblichen Betrag in Verzug kommt. Der Arbeitnehmer muss den Arbeitgeber aber zuvor erfolglos zur Zahlung aufgefordert und ggf. abgemahnt haben (vgl. ArbG Frankfurt a. M. v. 23.8.2004, Az. 9 Ca 2241/03). Bestreitet der Arbeitgeber den geforderten Lohn dem Grund oder der Höhe nach, so wird dem Arbeitnehmer in der Regel vor Ausspruch der außerordentlichen Kündigung eine arbeitsgerichtliche Klärung zuzumuten sein.

Die ständige Missachtung zwingender Normen des Arbeitsschutzrechts (z. B. das ständige Verlangen unzulässiger → Mehrarbeit) kann eine außerordentliche Kündigung rechtfertigen.

Kein wichtiger Grund ist hingegen ein einmaliges und außergewöhnliches Jobangebot durch einen anderen Arbeitgeber. Hierauf kann sich der Arbeitnehmer auch dann nicht berufen, wenn es sich um eine außergewöhnliche Chance für sein berufliches Fortkommen handelt. Zunächst muss er den Arbeitsvertrag mit seinem bisherigen Arbeitgeber ordnungsgemäß erfüllen. Nur in ganz besonderen Ausnahmefällen (insbesondere bei außergewöhnlich langer Vertragsbindung) kann eine außerordentliche Kündigung in Betracht kommen.

Letztendlich ist es Sache der Arbeitsgerichte, das Vorliegen eines wichtigen Grundes anhand der konkreten Umstände des Einzelfalls zu prüfen.

> **WICHTIG!**
> Die spätere Geltendmachung der Unwirksamkeit einer schriftlich erklärten fristlosen Eigenkündigung durch den Arbeitnehmer ist regelmäßig treuwidrig und unzulässig (BAG v. 12.3.2009, Az. 2 AZR 894/07).

2. Ausschlussfrist

Auch der Arbeitnehmer ist an die in § 626 Abs. 2 BGB geregelte → Ausschlussfrist gebunden. Er muss eine außerordentliche Kündigung also innerhalb von zwei Wochen nach Kenntniserlangung des Kündigungsgrunds erklären.

> **WICHTIG!**
> Der Arbeitnehmer muss auf Verlangen des Arbeitgebers den Kündigungsgrund schriftlich mitteilen.

III. Schadensersatzansprüche des Arbeitgebers

Im Fall einer unwirksamen Kündigung durch den Arbeitnehmer kann der Arbeitgeber Schadensersatz verlangen. Hierunter fallen insbesondere die Kosten für die Beschaffung (Inseratskosten und sonstige erforderliche Aufwendungen) sowie die Kosten für die Beschäftigung einer Ersatzkraft. Auf der anderen Seite muss sich der Arbeitgeber aber die ersparten Aufwendungen anrechnen lassen, die er für den vertragsbrüchigen Kündigenden ohnehin hätte zahlen müssen.

D. Checkliste Kündigung

I. Vorüberlegungen

1. Bestehen Kündigungsverbote oder -beschränkungen?

2. Besteht allgemeiner oder besonderer Kündigungsschutz? (s. Checklisten Kündigungsschutz)

3. Gibt es im Betrieb eine Richtlinie zur Personalauswahl bei Entlassungen, die es zu beachten gilt?

4. Ist eine außerordentliche Kündigung möglich?

Wichtiger Grund:

1. Ist der Arbeitnehmer wegen eines gleichartigen Sachverhalts bereits abgemahnt worden?

2. Wenn nein: Warum kann definitiv nicht damit gerechnet werden, dass der Arbeitnehmer nach einer Abmahnung sein Verhalten bessert?

3. Wann würde das Arbeitsverhältnis im Falle einer ordentlichen Kündigung, oder wenn diese ausgeschlossen ist, durch Zeitablauf enden?

4. Warum ist die Fortsetzung bis zu diesem Zeitpunkt unzumutbar?

5. Warum kann der Kündigungsgrund nicht durch mildere Maßnahmen (wie Umsetzung, Versetzung oder Änderungskündigung) beseitigt werden?

Zweiwochenfrist (§ 626 BGB):

❏ Wann hat der Kündigungsberechtigte von dem Kündigungsgrund erfahren?

❏ Die außerordentliche Kündigung muss dem Arbeitnehmer innerhalb von zwei Wochen nach diesem Zeitpunkt zugehen!

❏ Berechnung der Kündigungsfrist

Zu beachten sind:

❏ Arbeitsvertrag

❏ Tarifvertrag

❏ Betriebsvereinbarung

❏ Gesetz

Bei unterschiedlichen Fristen ist im Regelfall die für den Arbeitnehmer günstigste Variante, also die längere Frist anzuwenden.

II. Maßnahmen vor Ausspruch der Kündigung

Anhörung des Betriebsrats

Mitzuteilende Umstände:

1. Personalien des Arbeitnehmers

2. Art und Gründe der Kündigung

3. Kündigungsfrist und Beendigungszeitpunkt

Handlungsmöglichkeiten des Betriebsrats:

1. Zustimmung

2. Abschließende Äußerung, dass keine Stellungnahme zur Kündigung abgegeben wird

3. Keine Erklärung

4. Äußerung von Bedenken

5. Widerspruch gemäß § 102 Abs. 3 BetrVG

Ende der Äußerungsfrist:

Die Kündigung darf erst erklärt werden, wenn

❏ der Betriebsrat eine abschließende Erklärung zur Kündigung abgegeben hat, oder

❏ nach Ablauf von drei Tagen bei einer außerordentlichen Kündigung, bzw.

❏ nach Ablauf einer Woche bei einer ordentlichen Kündigung (auch wenn diese nur hilfsweise zur außerordentlichen Kündigung erklärt wurde).

❏ Einholung einer behördlichen Zustimmung

❏ bei Schwerbehinderten (§§ 85, 87 ff. SGB IX)

❏ bei Schwangeren während Schwangerschaft oder nach Entbindung (§ 9 Abs. 3 MuSchG)

❏ bei Erziehungsurlaub (§ 18 BErzGG)

❏ Anzeige bei Behörden

❏ bei Massenentlassungen (§ 17 KSchG)

❏ Bei betriebsbedingter Kündigung prüfen, ob dem Arbeitnehmer ein Wahlrecht zur Beanspruchung der gesetzlichen Abfindung çem. § 1a KSchG für den Fall des Klageverzichts eingeräumt werden soll.

III. Kündigungserklärung

❏ Kündigung unbedingt schriftlich erklären (§ 623 BGB)

❏ Briefpapier des im Arbeitsvertrag genannten Vertragspartners verwenden, es sei denn der Betrieb ist zwischenzeitlich auf eine andere Person übergegangen (Rechtsnachfolge)

❏ Inhalt: Kündigungsart und Kündigungsfrist bzw. Beendigungszeitpunkt

❏ **Optional bei betriebsbedingter Kündigung:** Hinweis auf betriebsbedingte Gründe und die Möglichkeit zur Inanspruchnahme einer Abfindung gem. § 1a KSchG bei Verzicht auf Erhebung einer Kündigungsschutzklage

❏ Belehrung über Pflichten gem. § 38 SGB III

❏ Angabe des Kündigungsgrundes nur in Berufsausbildungsverhältnissen und bei der Kündigung einer Schwangeren erforderlich

❏ Eigenhändige Unterzeichnung der Kündigungserklärung durch Kündigungsberechtigten selbst, oder

❏ Eigenhändige Unterzeichnung durch bevollmächtigten Vertreter unter Vorlage einer Originalvollmacht

IV. Übermittlung der Kündigungserklärung

❏ Persönliche Aushändigung des Originals an Empfänger gegen Empfangsbestätigung

❏ Wenn Unterzeichnung verweigert wird: Zugang durch Zeugen sichern (Aktennotiz)

❏ Sonst Einschreiben/Rückschein

E. Muster: Kündigung

I. Ordentliche Kündigung

Sehr geehrter Herr ..../Sehr geehrte Frau ....,

hiermit kündigen wir das seit .... bestehende Arbeitsverhältnis unter Einhaltung der einschlägigen Kündigungsfrist von .... Wochen/Monaten ordentlich zum ....

Der Betriebsrat wurde zu dieser Kündigung angehört. Die Stellungnahme des Betriebsrats ist in Anlage beigefügt [oder: Der Betriebsrat wurde zu dieser Kündigung angehört und hat ihr nicht widersprochen].

„Wir weisen Sie darauf hin, dass gem. § 38 SGB III verpflichtet sind, sich spätestens drei Monate vor Beendigung des Arbeitsverhältnisses persönlich bei der Agentur für Arbeit zu melden ..."

oder (wenn zwischen Kenntnis des Beendigungszeitpunktes und der Beendigung weniger als drei Monate liegen):

„Wir weisen Sie darauf hin, dass Sie gem. § 38 SGB III verpflichtet sind, sich innerhalb von drei Tagen nach Kenntnis des Beendigungszeitpunktes, also nach Erhalt dieses Schreibens, persönlich bei der Agentur für Arbeit zu melden ..."

und (in beiden Fällen):

„... Andernfalls kann Ihr Anspruch auf Arbeitslosengeld verkürzt werden. Sie sind ferner dazu verpflichtet, selbst bei der Suche nach einem anderen Arbeitsplatz aktiv zu werden."

Optional bei betriebsbedingter Kündigung: *Wir weisen ferner darauf hin, dass die Kündigung aus dringenden betrieblichen Gründen erfolgt und Ihnen wegen der betriebsbedingten Beendigung ein gesetzlicher Anspruch auf Zahlung einer Abfindung gem. § 1a KSchG zusteht, sofern Sie gegen die Kündigung innerhalb der gesetzlichen Klagefrist keine Klage erheben. Die Höhe der Abfindung beträgt gem. § 1a KSchG 0,5 Monatsverdienste für jedes Jahr des Bestehens des Arbeitsverhältnisses. Als Monatsverdienst gilt gem. § 10 Abs. 3 KSchG was Ihnen bei der für Sie maßgebenden regelmäßigen Arbeitszeit in dem Monat, in dem das Arbeitsverhältnis endet, an Geld und Sachbezügen zusteht. Bei der Ermittlung der Dauer des Arbeitsverhältnisses ist ein Zeitraum von mehr als sechs Monaten auf ein volles Jahr aufzurunden. Sollten Sie also gegen die Kündigung bis zum Ablauf der gesetzlichen Klagefrist keine Klage erheben, steht Ihnen nach Ablauf der Kündigungfrist eine Abfindung in Höhe von € .... zu.*

Bitte bestätigen Sie uns den Erhalt dieses Schreibens auf der in Anlage beigefügten Empfangsbestätigung. Für Rückfragen steht Ihnen Herr/Frau .... gerne zur Verfügung.

Mit freundlichen Grüßen

....
Ort, Datum   Kündigungsberechtigter oder
                      bevollmächtigte Person

Anlagen:

▶ *Kündigungsvollmacht (Original)*
▶ *Stellungnahme des Betriebsrats vom .... [Eine Stellungnahme des Betriebsrats ist dem Kündigungsschreiben nur im Falle des Widerspruchs zwingend beizufügen.]*
▶ *Formular Empfangsbestätigung*

II. Außerordentliche Kündigung

Sehr geehrter Herr ..../Sehr geehrte Frau ....,

hiermit kündigen wir das seit .... bestehende Arbeitsverhältnis außerordentlich und fristlos [oder: zum ....].

Der Betriebsrat wurde über diese Kündigung ordnungsgemäß unterrichtet.

In Anlage erhalten Sie Ihr Arbeitszeugnis und eine Zwischenbescheinigung für die Sozialversicherung. Die Lohnsteuerkarte und den Versicherungsnachweis erhalten Sie, sobald wir eine endgültige Lohnabrechnung erstellen konnten.

Wir weisen Sie darauf hin, dass Sie nach § 38 SGB III verpflichtet sind, sich nach Kenntnis des Beendigungszeitpunktes, also nach Erhalt dieses Schreibens, innerhalb von drei Tagen bei der Agentur für Arbeit persönlich arbeitssuchend zu melden. Andernfalls kann Ihr Anspruch auf Arbeitslosengeld gemindert werden. Sie sind in diesem Zusammenhang ferner dazu verpflichtet, selbst bei der Suche nach einem anderen Arbeitsplatz aktiv zu werden.

Bitte bestätigen Sie uns den Erhalt dieses Schreibens auf der in Anlage beigefügten Empfangsbestätigung. Für Rückfragen steht Ihnen Herr/Frau .... gerne zur Verfügung.

Mit freundlichen Grüßen

....
Ort, Datum   Kündigungsberechtigter oder
                      bevollmächtigte Person

Anlagen:

▶ *Kündigungsvollmacht (Original)*
▶ *Empfangsbestätigung (Formular)*
▶ *Zwischenbescheinigung*
▶ *Arbeitszeugnis*

III. Anhörung des Betriebsrats

An den Betriebsrat

z. Hd. Frau/Herrn Betriebsratsvorsitzende/n

Die Betriebsleitung beabsichtigt, den/die Arbeitnehmer/in

Name, Vorname ....
Personalnummer ....
geb. am ....   in ....
wohnhaft in der ....-Straße in ....
Familienstand ....
.... unterhaltspflichtige Kinder
beschäftigt in unserem Unternehmen seit ....
zuletzt als ....   in Abteilung ....

nach Abschluss des Anhörungsverfahrens unter Einhaltung der Kündigungsfrist von .... Wochen/ .... Monaten ordentlich zum ....

[oder: außerordentlich mit sofortiger Wirkung und hilfsweise ordentlich zum ....]

[oder: für den Fall der Nichtannahme der Vertragsänderung ordentlich zum ....]

zu kündigen.

Der beabsichtigten Kündigung liegt im Einzelnen folgender Sachverhalt zugrunde: ....

[An dieser Stelle sind sämtliche Umstände anzugeben, die für die Kündigungsentscheidung des Arbeitgebers maßgeblich sind. Der Betriebsrat muss durch diese Schilderung in die Lage versetzt werden, ohne eigene Nachforschungen die Stichhaltigkeit der Kündigungsgründe zu überprüfen. Die Angaben müssen vollständig und wahrheitsgemäß sein.]

Der Betriebsrat wird gebeten, schnellstmöglich die unten bereits formularmäßig vorbereitete Stellungnahme abzugeben.

....
Ort, Datum   Kündigungsberechtigter

Anlagen:

▶ *Personalakte*
▶ *Entwurf des Kündigungsschreibens*
▶ *Abmahnungen vom*
▶ *Stellungnahme des Arbeitnehmers vom*

Stellungnahme des Betriebsrats

Der Betriebsrat hat dieses Anhörungsschreiben am .... erhalten und zur Kenntnis genommen.

Der Betriebsrat stimmt der/den beabsichtigten Kündigung(en) zu.

▶ *Der Betriebsrat hat die auf einem gesonderten Beiblatt formulierten Bedenken.*
▶ *Der Betriebsrat erhebt gegen die beabsichtigte(n) Kündigung(en) Widerspruch. Die Gründe sind auf einem gesonderten Beiblatt aufgeführt.*

Der Betriebsrat wird keine weiteren Erklärungen hierzu abgeben.

....
Ort, Datum   Betriebsratsvorsitzende/r

Kündigungsschutz

A. Allgemeiner Kündigungsschutz (Kündigungsschutzgesetz)
I. Begriff und Abgrenzung
II. Anwendungsbereich
  1. Persönlicher Anwendungsbereich
    1.1 Arbeitnehmer
    1.2 Wartezeit
  2. Betrieblicher Anwendungsbereich
    2.1 Betriebsbegriff
    2.2 Anzahl der beschäftigten Arbeitnehmer
III. Betriebsbedingte Kündigung
  1. Dringende betriebliche Erfordernisse
    1.1 Freie Unternehmerentscheidung
    1.2 Außerbetriebliche Ursachen
    1.3 Innerbetriebliche Ursachen
    1.4 Keine anderweitige Beschäftigungsmöglichkeit
  2. Soziale Auswahl
    2.1 Personenkreis
    2.2 Auswahlkriterien
    2.3 Auswahlverfahren
  3. Massenentlassungen
    3.1 Anzeigepflicht
    3.2 Form, Frist und Inhalt der Anzeige
    3.3 Folgen der korrekten Anzeige
    3.4 Folgen der unvollständigen oder unterlassenen Anzeige
    3.5 Beteiligung des Betriebsrats
  4. Anspruch auf Abfindung gem. § 1a KSchG
IV. Personenbedingte Kündigung
  1. Allgemeine Voraussetzungen
    1.1 Fähigkeiten und Eignung
    1.2 Beeinträchtigung betrieblicher Interessen
    1.3 Interessenabwägung
  2. Einzelfälle
    2.1 Minderleistung
    2.2 Alkoholismus und Drogensucht
    2.3 Fehlende Arbeitserlaubnis
    2.4 Wegfall der Sozialversicherungsfreiheit
    2.5 Fehlende behördliche Erlaubnis
    2.6 Druckkündigung
    2.7 Sektenzugehörigkeit
    2.8 Freiheitsstrafe
  3. Krankheit
    3.1 Begriff und Abgrenzung
    3.2 Negative Gesundheitsprognose
    3.3 Beeinträchtigung von betrieblichen Interessen
    3.4 Interessenabwägung
    3.5 Lang andauernde Krankheit
    3.6 Häufige Kurzerkrankungen
    3.7 Krankheitsbedingte Eignungs- und Leistungsminderung
    3.8 Krankheitsbedingte dauernde Leistungsunfähigkeit
V. Verhaltensbedingte Kündigung

B. Besonderer Kündigungsschutz
I. Begriff und Abgrenzung
II. Schwerbehinderte
  1. Anwendungsbereich
  2. Zustimmungsfreie Beendigungsmöglichkeiten
  3. Beginn des Kündigungsschutzes
  4. Verfahren vor dem Integrationsamt
    4.1 Antrag
    4.2 Entscheidungsgrundlagen
    4.3 Entscheidung
    4.4 Besonderheiten bei der fristlosen Kündigung
  5. Anhörung von Betriebsrat und Vertrauensperson
  6. Kündigungsfrist
  7. Kündigungsschutzverfahren
III. Mutterschutz
  1. Anwendungsbereich
  2. Mitteilungspflicht der Schwangeren
  3. Beweislast
  4. Behördliche Zustimmung zur Kündigung
IV. Elternzeit
  1. Anwendungsbereich
  2. Ausnahmegenehmigungen
V. Pflegezeit
VI. Auszubildende
  1. Ordentliche Kündigung durch den Auszubildenden
  2. Außerordentliche Kündigung
  3. Form und Frist
VII. Betriebsratsmitglieder
  1. Ordentliche Kündigung
  2. Außerordentliche Kündigung
VIII. Betriebsübergang
IX. Wehr- und Zivildienst
  1. Ordentliche Kündigung
  2. Außerordentliche Kündigung
  3. Vor- und Nachwirkungen des Kündigungsschutzes
X. Vertraglicher Ausschluss der ordentlichen Kündigung

C. Checkliste Kündigungsschutz
I. Betriebsbedingte Kündigung
II. Verhaltensbedingte Kündigung
III. Personenbedingte Kündigung

D. Muster: Kündigungsschutz
I. Antrag auf Zulassung der Kündigung nach dem Mutterschutzgesetz
II. Antrag auf Zulassung der Kündigung nach dem Bundeselterngeld- und Elternzeitgesetz
III. Antrag auf Zulassung der Kündigung eines Schwerbehinderten

A. Allgemeiner Kündigungsschutz (Kündigungsschutzgesetz)

I. Begriff und Abgrenzung

Beim Kündigungsschutz ist zwischen dem allgemeinen Kündigungsschutz und dem besonderen Kündigungsschutz zu unterscheiden. Soweit die Anwendungsvoraussetzungen vorliegen, greift der allgemeine Kündigungsschutz – unabhängig von der Person des Arbeitnehmers und der Art des Arbeitsverhältnisses – bei sämtlichen Arbeitsverhältnissen. Der besondere Kündigungsschutz hingegen setzt bestimmte persönliche Merkmale des Arbeitnehmers oder des Arbeitsverhältnisses voraus.

Der Bestand eines Arbeitsverhältnisses wird zugunsten von Arbeitnehmern gesetzlich und tarifvertraglich geschützt. Der Kündigungsschutz wird durch Kündigungsbeschränkungen und Kündigungsverbote realisiert. Soweit Kündigungen des Arbeitgebers hiergegen verstoßen, hat dies regelmäßig die Unwirksamkeit der Kündigung zur Folge.

Der allgemeine Kündigungsschutz ist im Kündigungsschutzgesetz (KSchG) geregelt. Nach § 1 KSchG ist eine Kündigung nur dann wirksam, wenn sie sozial gerechtfertigt ist. Dies bedeutet, dass für jede Kündigung ein Kündigungsgrund erforderlich ist. Hierbei kommen Gründe in der Person oder im Verhalten des Arbeitnehmers sowie dringende betriebliche Kündigungsgründe in Betracht. Nur wenn diese vorliegen und der Weiterbeschäftigung des Arbeitnehmers in dem Betrieb entgegenstehen, ist eine Kündigung sozial gerechtfertigt.

II. Anwendungsbereich

Der allgemeine Kündigungsschutz setzt nach § 23 Abs. 1 KSchG voraus, dass

▶ das Arbeitsverhältnis zum Kündigungszeitpunkt im Betrieb oder Unternehmen des Arbeitgebers ohne Unterbrechung länger als sechs Monate bestanden hat (persönlicher Anwendungsbereich) **und**

▶ im Betrieb in der Regel mehr als zehn Arbeitnehmer, ausschließlich der Auszubildenden, beschäftigt werden (betrieblicher Anwendungsbereich).

ACHTUNG!

Der Schwellenwert von zehn Arbeitnehmern gilt nur für Neueinstellungen, die seit dem 1.1.2004 erfolgen/erfolgt sind. Für Arbeitnehmer, die bereits länger bei einem Betrieb beschäftigt sind, findet der allgemeine Kündigungsschutz Anwendung, wenn in dem Betrieb regelmäßig mehr als fünf Arbeitnehmer beschäftigt werden (Einzelheiten hierzu s. u. 2.).

1. Persönlicher Anwendungsbereich

1.1 Arbeitnehmer

Das Kündigungsschutzgesetz gilt für alle Arbeitnehmer. Die Art des Arbeitsverhältnisses ist hierbei unerheblich, sodass auch Teilzeit-, Probe- und Aushilfsarbeitsverhältnisse davon umfasst sind. Auch Auszubildende zählen zu den Arbeitnehmern; für sie hat das Kündigungsschutzgesetz jedoch nur eingeschränkte Bedeutung, da sie nach Ablauf der höchstens auf vier Monate begrenzten Probezeit unter besonderen Kündigungsschutz (s. u. B.V.) gestellt sind.

Auch leitende Angestellte sind vom Anwendungsbereich des Kündigungsschutzgesetzes umfasst. Für sie gilt jedoch die Besonderheit, dass sie beim Betriebsrat keinen Einspruch gegen die Kündigung einlegen können und das Arbeitsverhältnis ohne Begründung auf Antrag des Arbeitgebers im Kündigungsschutzverfahren gegen Zahlung einer angemessenen Abfindung aufgelöst wird (§ 14 Abs. 2 KSchG i. V. m. § 9 KSchG).

WICHTIG!

Der Begriff des „leitenden Angestellten" ist in § 5 Abs. 3 BetrVG näher umschrieben. Nach dieser Vorschrift bestimmt sich auch, ob vor dem Ausspruch einer Kündigung der Betriebsrat gem. § 102 BetrVG anzuhören ist oder nicht. Die Einschränkung des Kündigungsschutzes von leitenden Angestellten gem. § 14 Abs. 2 KSchG i. V. m. § 9 KSchG, wonach der Arbeitgeber (auch bzw. gerade bei einer unwirksamen Kündigung) einen Auflösungsantrag – ohne Begründung – stellen kann, setzt jedoch – anders als § 5 Abs. 3 BetrVG – zwingend voraus, dass der leitende Angestellte zur selbstständigen Einstellung oder Entlassung von Arbeitnehmern berechtigt ist. Diese Befugnis muss auch im Außenverhältnis bestehen. Von einer Berechtigung zur selbstständigen Einstellung kann nicht die Rede sein, wenn der Angestellte informellen Einfluss ausüben kann, aber letztlich auf die Befugnis beschränkt ist, Vorschläge zu unter-

breiten. Der leitende Angestellte i. S. d. § 14 Abs. 2 KSchG muss also auch die Rechtsmacht haben, den Arbeitgeber selbstständig zu verpflichten (BAG v. 14.4.2011, Az. 2 AZR 167/10). Außerdem muss diese Befugnis entweder eine bedeutende Anzahl von Arbeitnehmer erfassen (BAG v. 24.3.2011, Az. 2 AZR 674/09) oder eine gewisse Anzahl bedeutender Arbeitnehmer (BAG v. 14.4.2011, Az. 2 AZR 167/10). Entscheidend für den Inhalt der Personalkompetenz ist, welchen Stellenwert die Tätigkeit der Mitarbeiter, die der Betreffende einstellt oder entlässt, für das Unternehmen hat. Die Voraussetzungen des § 14 Abs. 2 Satz 1 KSchG können deshalb auch dann erfüllt sein, wenn sich die personellen Entscheidungskompetenzen des Angestellten auf eine abgeschlossene Gruppe beziehen, die für das Unternehmen, insbesondere für dessen unternehmerischen Erfolg, von Gewicht ist. Die Personalkompetenz muss einen wesentlichen Teil der Tätigkeit des Angestellten ausmachen und darf nicht „nur auf dem Papier stehen". Sie muss tatsächlich ausgeübt werden (BAG a.a.O.).

Keine Arbeitnehmer sind:

▶ gesetzliche Vertreter oder Organmitglieder einer juristischen Person, wie Vorstandsmitglieder einer AG oder Geschäftsführer einer GmbH (§ 14 Abs. 1 Nr. 1 KSchG);

▶ zur Vertretung von Personengesamtheiten berufene Personen, wie die vertretungsberechtigten Gesellschafter einer OHG, KG oder einer Gesellschaft des bürgerlichen Rechts (§ 14 Abs. 1 Nr. 2 KSchG);

▶ Personen, die aufgrund gesellschaftsrechtlicher, vereinsrechtlicher oder genossenschaftlicher Verpflichtung tätig werden;

▶ selbstständige Berufs- oder Erwerbstätige, wie freie Mitarbeiter oder selbstständige Handelsvertreter;

▶ arbeitnehmerähnliche Personen, wie Heimarbeiter oder Firmenvertreter i. S. d. § 92a HGB;

▶ Personen, deren Beschäftigung nicht in erster Linie ihrem Erwerb, sondern vorwiegend ihrer Heilung, Wiedereingewöhnung, sittlichen Besserung oder Erziehung dient (§ 5 Abs. 2 Nr. 4 BetrVG) oder durch Beweggründe religiöser oder karitativer Art bestimmt ist (§ 5 Abs. 2 Nr. 3 BetrVG);

▶ Beamte, Richter, Soldaten, Wehr- und Zivildienstleistende, selbst wenn die Beamtenernennung zurückgenommen wird (BAG NZA 1997, 1045).

WICHTIG!

In dem Abschluss eines schriftlichen Geschäftsführerdienstvertrages durch einen (vormals) angestellten Arbeitnehmer liegt im Zweifel die konkludente Aufhebung des bisherigen Arbeitsverhältnisses. Der Geschäftsführer kann sich also auch nach der Beendigung seiner Geschäftsführertätigkeit nicht mehr auf den Kündigungsschutz als Arbeitnehmer berufen (vgl. BAG v. 14.6.2006, Az. 5 AZR 592/05; BAG v. 19.7.2007, Az. 6 AZR 774/06); es sei denn, zwischen den Vertragsparteien wurde anlässlich des Abschlusses des Geschäftsführerdienstvertrages etwas anderes (z. B. das Ruhen des Arbeitsverhältnisses während der Dauer der Geschäftsführertätigkeit) vereinbart.

Auch kann die Auslegung der tatsächlichen Durchführung eines Anstellungsvertrages dazu führen, dass ein Geschäftsführer als Arbeitnehmer anzusehen ist. Ein Mitglied der Unternehmensleitung einer Kapitalgesellschaft, das dieser gegenüber Leistungen erbringt, in sie eingegliedert ist, seine Tätigkeiten für eine bestimmte Zeit nach der Weisung oder unter Aufsicht eines anderen Organs dieser Gesellschaft ausübt und als Gegenleistung für die Tätigkeit ein Entgelt erhält, ist Arbeitnehmer im Sinne der RL 92/85/EWG (EuGH v. 11.11.2010 - C-232/09 Danosa).

1.2 Wartezeit

Der Kündigungsschutz beginnt nach § 1 Abs. 1 KSchG erst, wenn das Arbeitsverhältnis im Zeitpunkt des Zugangs der Kündigung länger als sechs Monate bestanden hat.

ACHTUNG!

Das Kündigungsschutzgesetz findet auch dann Anwendung, wenn eine Probezeit von mehr als sechs Monaten vereinbart wurde. Für den Kündigungsschutz ist die Probezeit als solche nicht maßgeblich.

Innerhalb der sechsmonatigen Wartezeit kann der Arbeitgeber frei kündigen. Er braucht seine Kündigung nicht zu begründen.

Für die Wartezeit ist allein der **rechtliche** Bestand des Arbeitsverhältnisses maßgebend. Unabhängig von der Dauer und der Lage der Arbeitszeit, also auch bei Teilzeitarbeit, Abrufarbeit und Job-Sharing, tritt der allgemeine Kündigungsschutz nach Ablauf der Sechs-Monats-Frist automatisch ein. Es kommt nicht darauf an, ob der Arbeitnehmer in dieser Zeit auch tatsächlich gearbeitet hat. Deshalb verlängert sich die Wartezeit auch nicht durch tatsächliche Unterbrechungen, wie z. B. Urlaub, Erziehungsurlaub, Krankheit, Streik oder Freistellung. Auch wenn der Arbeitnehmer die Arbeit (z. B. wegen Krankheit) später als vereinbart antritt, läuft die Sechs-Monats-Frist ab dem vereinbarten Arbeitsbeginn.

Eine Unterbrechung der Wartezeit erfolgt aber grundsätzlich dann, wenn eine **rechtliche** Unterbrechung des Arbeitsverhältnisses eingetreten ist. Dies kann z. B. der Fall sein, bei einer vorangegangenen Beendigung und einer nachfolgenden Wiederaufnahme des Arbeitsverhältnisses. Trotz einer rechtlichen Unterbrechung des Arbeitsverhältnisses ist die Zeit eines vorangegangenen Arbeitsverhältnisses mit demselben Arbeitgeber aber ausnahmsweise dann anzurechnen, wenn die Unterbrechung verhältnismäßig kurz war und zwischen beiden Arbeitsverhältnissen ein enger sachlicher Zusammenhang besteht (BAG v. 7.7.2011, Az. 2 AZR 12/10). Hiervon ist auszugehen, wenn die Wartezeit nicht mehr als drei Wochen unterbrochen wurde (BAG v.12.8.1976, Az. 2 AZR 237/75). Ob bei einer längeren Unterbrechung ein enger sachlicher Zusammenhang gegeben ist, ist vor allem danach zu beurteilen, ob der Arbeitnehmer oder der Arbeitgeber das Arbeitsverhältnis beendet hat, welche Gründe hierfür ausschlaggebend waren und inwieweit neue und frühere Beschäftigung übereinstimmen.

Die Wartezeit ist auch dann erfüllt, wenn sich zwischenzeitlich die Arbeitsbedingungen geändert haben, z. B. wenn der Arbeitnehmer vorher als Arbeiter und jetzt als Angestellter beschäftigt wird oder wenn er in verschiedenen Betrieben gearbeitet hat, die im Zeitpunkt der Versetzung zum selben Unternehmen gehören.

> **WICHTIG!**
> Ein Betrieb im kündigungsschutzrechtlichen Sinne setzt keine räumliche Einheit voraus. Eine Anrechnung von Beschäftigungszeiten aus einem vorangegangenen Arbeitsverhältnis kommt nach Sinn und Zweck der Wartezeitregelung auch dann in Betracht, wenn das frühere Vertragsverhältnis nicht deutschem, sondern ausländischem Arbeitsvertragsstatut unterlag (BAG v. 7.7.2011, Az. 2 AZR 12/10). Für die Wartezeit kommt es nicht auf die Konzern-, sondern auf die Unternehmenszugehörigkeit an.

Bei der Wartezeit sind ausschließlich Vorbeschäftigungen als Arbeitnehmer zu berücksichtigen, nicht aber anderweitige Tätigkeiten (wie z. B. die Dienstzeit als vertretungsberechtigtes Organmitglied oder freier Mitarbeiter).

Die vorherige Beschäftigungsdauer eines Leiharbeitnehmers zählt nicht zur Wartezeit, wenn dieser im Anschluss mit dem Entleiher ein eigenständiges Arbeitsverhältnis begründet.

Auszubildende sind genauso zu behandeln wie sonstige Arbeitnehmer, sodass die im Betrieb oder Unternehmen zurückgelegte Ausbildungszeit voll auf die Wartezeit anzurechnen ist. Dies gilt jedoch nur dann, wenn zwischen der Beendigung des Ausbildungsverhältnisses und der Übernahme in das Arbeitsverhältnis keine rechtliche Unterbrechung (von mehr als drei Wochen) eingetreten ist.

Betriebsübergang oder Umwandlung des Unternehmens führen nicht zu einer rechtlichen Unterbrechung der Wartezeit.

Um die Wartezeit praktisch zu verlängern, kommt es in der Praxis immer wieder vor, dass innerhalb der gesetzlichen War-

tezeit ein Aufhebungsvertrag geschlossen wird, nachdem der Beendigungszeitpunkt „nach hinten" verlegt wird. Der Arbeitgeber kann sich dann innerhalb der so verlängerten Auslauffrist überlegen, ob er dem Arbeitnehmer nicht vielleicht doch einen unbefristeten Arbeitsvertrag oder einen befristeten Arbeitsvertrag mit Sachgrund anbietet. Wird bei solchen Aufhebungsverträgen die einschlägige Kündigungsfrist um ein Vielfaches überschritten, kann in einer solchen Vereinbarung eine nachträgliche Befristung des Arbeitsverhältnisses gesehen werden. Eine solche Befristung ist dann unzulässig, wenn hierfür kein Sachgrund vorliegt (s. u. „Befristung"). Gegen eine solche Auslegung und die damit vermutete Umgehung des gesetzlichen Kündigungsschutzes kann sprechen, dass in dem Aufhebungsvertrag eine Freistellung des Arbeitnehmers vereinbart wird. Ob es sich in einer solchen Konstellation um einen tatsächlichen Aufhebungsvertrag oder um eine nachträgliche Befristung des Arbeitsverhältnisses handelt, ist jedoch in jedem Einzelfall anhand konkreter Umstände zu ermitteln.

Wird nach Zugang einer ordentlichen Arbeitgeberkündigung vor Ablauf der Klagefrist eine Beendigung des Arbeitsverhältnisses mit einer Verzögerung von zwölf Monaten vereinbart, so handelt es sich dabei in der Regel nicht um eine nachträgliche Befristung des Arbeitsverhältnisses, sondern um einen Aufhebungsvertrag, wenn nach der Vereinbarung keine Verpflichtung zur Arbeitsleistung bestehen soll (= „Kurzarbeit Null") und zugleich Abwicklungsmodalitäten wie Abfincung, Zeugniserteilung und Rückgabe von Firmeneigentum geregelt werden (BAG v. 15.2.2007, Az. 6 AZR 286/06).

2. Betrieblicher Anwendungsbereich

Das Kündigungsschutzgesetz gilt seit dem 1.1.2004 nur für Betriebe und Verwaltungen, in denen in der Regel mehr als zehn Arbeitnehmer beschäftigt sind (= Schwellenwert, § 23 Abs. 1 Satz 2 KSchG). Bis zum 31.12.2003 betrug dieser Schwellenwert fünf Arbeitnehmer. Um die vor Inkrafttreten der gesetzlichen Neuregelung bereits bei einem Betrieb beschäftigten Arbeitnehmer nicht zu benachteiligen, hat der Gesetzgeber festgelegt, dass für Arbeitsverhältnisse, die vor dem 1.1.2004 begonnen haben, der allgemeine Kündigungsschutz anwendbar bleibt, wenn in dem Betrieb zum Kündigungszeitpunkt regelmäßig mehr als fünf Arbeitnehmer beschäftigt werden.

Bei der Feststellung des betrieblichen Anwendungsbereichs ist daher zwischen Neueinstellungen nach dem 31.12.2003 und älteren Arbeitsverhältnissen zu unterscheiden.

Beispiel 1:
> Ein Betrieb beschäftigt zum Kündigungszeitpunkt zehn Arbeitnehmer. Hiervon waren am 31.12.2003 bereits fünf Arbeitnehmer beschäftigt. Die übrigen Arbeitnehmer wurden nach dem 31.12.2003 eingestellt. In diesem Fall gilt das KSchG nicht, da der Schwellenwert (von fünf bzw. zehn Arbeitnehmern) weder nach der alten noch nach der neuen Rechtslage überschritten wird.

Beispiel 2:
> Wie Beispiel 1; jedoch waren von den zehn Arbeitnehmern am 31.12.2003 bereits sechs in dem Betrieb beschäftigt. In diesem Fall haben die (sechs) alten Arbeitnehmer allgemeinen Kündigungsschutz, da für sie der alte Schwellenwert (fünf) gilt. Die (vier) Neueinstellungen haben keinen Kündigungsschutz, da der für sie geltende Schwellenwert (zehn) nicht überschritten wird.

> **ACHTUNG!**
> Bei der Ermittlung des Schwellenwerts ist es unerheblich, ob die „Alt-Arbeitnehmer" am 31.12.2003 bereits ihre Wartezeit von sechs Monaten (persönlicher Anwendungsbereich; s. o. 1.2) erfüllt haben.

Beispiel 3:
> Wird das Arbeitsverhältnis eines Arbeitnehmers von den im Beispiel 2 genannten (sechs) „Alt-Arbeitnehmern" nach dem 31.12.2003 beendet, so entfällt der allgemeine Kündigungsschutz aller übrigen (fünf) „Alt-Arbeitnehmer", da dann der (alte) Schwellenwert von fünf

Arbeitnehmern nicht mehr überschritten wird. Dies gilt auch dann, wenn für ausgeschiedene (Alt-)Arbeitnehmer Ersatzeinstellungen vorgenommen wurden (BAG v. 21.9.2006, Az. 2 AZR 840/05).

Bei der Feststellung der Zahl der regelmäßig beschäftigten Arbeitnehmer sind teilzeitbeschäftigte Arbeitnehmer mit einer regelmäßigen Arbeitszeit von nicht mehr als 20 Wochenstunden mit 0,5 und nicht mehr als 30 Stunden mit 0,75 zu berücksichtigen.

WICHTIG!

Bei der Berechnung der Schwellenwerte ist die zu kündigende Person grundsätzlich mitzurechnen, und zwar auch dann, wenn der betreffende Arbeitsplatz aufgrund einer freien Unternehmerentscheidung nicht mehr besetzt werden soll (BAG v. 22.1.2004, Az. 2 AZR 237/03).

Kleinbetriebe, in denen die Schwellenwerte nicht überschritten werden, fallen nicht unter die Beschränkungen des Kündigungsschutzgesetzes. Kleinbetriebe können also frei (und grundlos) kündigen.

WICHTIG!

Im Falle eines Betriebsüberganges gehen grundsätzlich sämtliche Rechte und Pflichten aus dem Arbeitsverhältnis von dem Betriebsveräußerer auf den Betriebserwerber über. Dies gilt allerdings nicht für die beim Betriebsveräußerer aufgrund der Zahl der beschäftigten Arbeitnehmer erwachsenen Kündigungsschutz. Wenn beim Betriebserwerber also die Schwellenwerte nach einem Betriebsübergang nicht überschritten werden, so haben die übergegangenen Arbeitnehmer dort keinen allgemeinen Kündigungsschutz (mehr) (BAG v. 15.2.2007, Az. 8 AZR 397/06).

2.1 Betriebsbegriff

Zur Berechnung der Arbeitnehmerzahl kommt es ausschließlich auf den Betrieb des Arbeitgebers an. Der Betriebsbegriff ist gesetzlich nicht definiert. Hierunter ist nach der Rechtsprechung eine organisatorische Einheit zu verstehen, innerhalb derer ein Unternehmer allein oder gemeinsam mit seinen Mitarbeitern mit Hilfe von sächlichen und immateriellen Mitteln bestimmte arbeitstechnische Zwecke dauernd verfolgt.

Es muss also geprüft werden, ob der Betrieb für sich allein eine funktionsfähige organisatorische Einheit bildet. Dies ist z. B. dann nicht der Fall, wenn ein Arbeitgeber über mehrere einheitlich und zentral gelenkte Verkaufsstellen verfügt. Hier setzt sich der Betrieb aus den gesamten Verkaufsstellen und der entsprechenden Verwaltung zusammen.

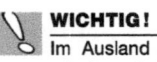

WICHTIG!

Im Ausland (nach ausländischem Arbeitsrecht) beschäftigte Mitarbeiter sind bei der Ermittlung des Schwellenwertes nicht zu berücksichtigen (BAG v. 26.3.2009, Az. 2 AZR 883/07).

Soweit jedoch Nebenbetriebe oder Betriebsteile über eine eigene Organisation und Verwaltung verfügen, ist davon auszugehen, dass die Ermittlung der maßgeblichen Arbeitnehmerzahl nur innerhalb dieser Betriebsteile oder Nebenbetriebe selbst erfolgt. Auch wenn ein Unternehmer mehrere Kleinbetriebe unterhält, werden die Zahlen der dort Beschäftigten nicht automatisch zusammengerechnet, wenn es sich tatsächlich um organisatorisch hinreichend verselbstständigte Einheiten und deshalb um selbstständige Betriebe handelt. Es ist aber sicherzustellen, dass damit aus dem Geltungsbereich des Gesetzes nicht auch Einheiten größerer Unternehmen herausfallen, auf die die typischen Merkmale des Kleinbetriebs (enge persönliche Zusammenarbeit etc.) nicht zutreffen. Das wiederum ist nicht stets schon dann der Fall, wenn dem Betrieb auch nur eines dieser typischen Merkmale fehlt. Maßgebend sind vielmehr die Umstände des Einzelfalls (BAG v. 28.10.2010, Az. 2 AZR 392/08). Führen mehrere Unternehmen gemeinsam verschiedene Betriebe, werden die Betriebe (allein) durch die gemeinsame Führung nicht zu einem einheitlichen Betrieb (BAG v. 18.1.2012, Az. 7 ABR 72/10).

2.2 Anzahl der beschäftigten Arbeitnehmer

Zur maßgeblichen Beschäftigtenzahl zählen ausschließlich Arbeitnehmer. Beschäftigte, die keine Arbeitnehmer (s. o. 1.1) sind, und Auszubildende werden bei der Ermittlung des Schwellenwerts nicht berücksichtigt. Auch sog. Ein-Euro-Jobber i. S. d. § 16 Abs. 3 S. 2 SGB II gelten nicht als Arbeitnehmer.

Teilzeitbeschäftigte werden abhängig von ihrer wöchentlichen Arbeitszeit berücksichtigt (§ 23 Abs. 1 Satz 3 KSchG). Beträgt die wöchentliche Arbeitszeit 20 Stunden oder weniger, zählt ein Teilzeitbeschäftigter als 0,5 Arbeitnehmer, beträgt sie mehr als 21 und höchstens 30 Stunden, zählt er als 0,75 Arbeitnehmer. Bei mehr als 30 Stunden gilt er als vollzeitbeschäftigter Arbeitnehmer.

Entscheidend ist die Belegschaftsstärke im Zeitpunkt des Zugangs der Kündigung, also nicht im Zeitpunkt der Beendigung des Arbeitsverhältnisses nach Ablauf der Kündigungsfrist. Es kommt jedoch nicht darauf an, wie viele Arbeitnehmer konkret bei Kündigungszugang beschäftigt waren, sondern wie viele Arbeitnehmer in der Regel, also im Normalfall, beschäftigt werden. Es ist hierbei nicht auf eine durchschnittliche jährliche Arbeitnehmerzahl, sondern auf die für den Betrieb charakteristische Belegschaftsgröße abzustellen. Hierbei hat nach Auffassung des BAG auch eine Einschätzung der künftigen Entwicklung zu erfolgen (BAG v. 31.1.1991, Az. 2 AZR 356/90).

Will ein Arbeitnehmer im Kündigungsschutzprozess geltend machen, eine Kündigung sei sozial ungerechtfertigt und deshalb unwirksam, so muss er darlegen und beweisen dass die nach § 23 Abs. 1 KSchG erforderliche Beschäftigtenzahl erreicht ist. Der Arbeitnehmer genügt seiner Darlegungslast bereits dann, wenn er die ihm bekannten Anhaltspunkte dafür vorträgt (und ggf. beweist), dass kein Kleinbetrieb vorliegt. Dann muss sich der Arbeitgeber vollständig zur Anzahl der Beschäftigten erklären. Bleibt auch nach Beweiserhebung unklar, ob die für den Kündigungsschutz erforderliche Beschäftigtenzahl erreicht ist, geht dieser Zweifel zu Lasten des Arbeitnehmers (BAG v. 26.6.2008, Az. 2 AZR 264/07).

III. Betriebsbedingte Kündigung

Eine ordentliche, betriebsbedingte Kündigung ist sozial gerechtfertigt, wenn

▸ sie durch dringende betriebliche Erfordernisse bedingt ist **und**

▸ keine anderweitige Beschäftigungsmöglichkeit im Betrieb des Arbeitgebers besteht **und**

▸ der Arbeitgeber bei der Auswahl des Arbeitnehmers soziale Gesichtspunkte hinreichend berücksichtigt hat.

1. Dringende betriebliche Erfordernisse

Ein dringendes betriebliches Erfordernis zum Ausspruch der ordentlichen Kündigung liegt immer nur dann vor, wenn es zum **Wegfall des Arbeitsplatzes** führt. Dieser kann seine Ursache sowohl im außerbetrieblichen wie im innerbetrieblichen Bereich haben. Immer muss dem Wegfall von Arbeitsplätzen eine Unternehmerentscheidung zugrunde liegen.

ACHTUNG!

Eine betriebsbedingte Kündigung ist immer unzulässig, wenn der Arbeitsplatz des gekündigten Arbeitnehmers mit einem anderen Arbeitnehmer besetzt werden soll.

Der Arbeitgeber hat im Kündigungsschutzverfahren grundsätzlich die dringenden betrieblichen Erfordernisse, die zum Wegfall des Arbeitsplatzes geführt haben, darzulegen und zu beweisen.

:: **rehm**

WICHTIG!

Werden betriebsbedingte Kündigungen im Rahmen einer Betriebsänderung ausgesprochen, so gilt ab 1.1.2004 eine sog. Beweislastumkehr, wenn die gekündigten Arbeitnehmer in einem Interessenausgleich namentlich benannt werden. In diesen Fällen hat der gekündigte Arbeitnehmer darzulegen und zu beweisen, dass die (gesetzlich vermuteten) dringenden betrieblichen Erfordernisse nicht vorliegen oder dass sich die Sachlage nach Zustandekommen des Interessenausgleichs wesentlich geändert hat. Von einer wesentlichen Änderung der Sachlage ist auszugehen, wenn die Betriebsänderung, auf die sich der Interessenausgleich bezieht, nicht mehr durchgeführt wird oder die Zahl der dort vorgesehenen Kündigungen erheblich verringert wird (Einzelheiten hierzu s. u. „Betriebsänderung" III.3.2). Die Beweislastumkehr gilt nicht bei außerordentlichen Kündigungen; und zwar auch dann nicht wenn diese betriebsbedingt sind und z. B. deshalb erfolgen, weil die im Interessenausgleich genannten Arbeitnehmer ordentlich unkündbar sind (BAG v. 28.5.2009, Az. 2 AZR 844/07).

1.1 Freie Unternehmerentscheidung

Durch die freie unternehmerische Entscheidung können die Voraussetzungen für betriebsbedingte Kündigungen geschaffen werden. Die Kündigung selbst muss nach dem Kündigungsschutzgesetz eine Folge der gestaltenden Unternehmerentscheidung sein. Der Entschluss des Unternehmers, Arbeitsplätze abbauen zu wollen, kann ein dringendes betriebliches Bedürfnis nicht begründen.

Die Entscheidungsfreiheit des Unternehmers umfasst deshalb sowohl wirtschaftliche, technische und organisatorische wie auch personalpolitische Entscheidungen, nicht jedoch die Kündigung selbst.

Um eine betriebsbedingte Kündigung begründen zu können, muss geprüft werden,

▸ ob die unternehmerische Entscheidung in ihrer Umsetzung den Abbau von Arbeitsplätzen bedingt und

▸ ob diese unternehmerische Entscheidung tatsächlich umgesetzt worden ist.

Erst die tatsächliche Umsetzung der unternehmerischen Entscheidung im Betrieb kann zum Wegfall von Arbeitsplätzen führen, was wiederum zwingende Voraussetzung für die soziale Rechtfertigung einer betriebsbedingten Kündigung ist.

Die freie unternehmerische Entscheidung kann von den Arbeitsgerichten nur daraufhin überprüft werden, ob

▸ sie ernsthaft getroffen wurde und bereits konkrete Formen angenommen hat,

▸ ihrer Durchführung gesetzliche oder vertragliche Pflichten oder Verbote entgegenstehen,

▸ sie einer Missbrauchskontrolle standhält,

▸ der Wegfall von Arbeitsplätzen durch sie bedingt wird und

▸ die ihr zugrunde liegenden außerbetrieblichen Umstände tatsächlich vorliegen.

Eine weitergehende Prüfung ist den Arbeitsgerichten untersagt. Das bedeutet, dass eine unternehmerische Entscheidung, die den oben genannten Kriterien entspricht, von den Arbeitsgerichten als dringendes betriebliches Erfordernis akzeptiert werden muss, auch wenn sich hieraus für den Arbeitnehmer besondere Härten ergeben. So ist insbesondere eine Reorganisation eines Betriebes als freie Unternehmerentscheidung von den Arbeitsgerichten nicht auf ihre organisatorische oder betriebswirtschaftliche Zweckmäßigkeit hin zu überprüfen.

Beispiel:

Kündigt der Arbeitgeber einem Orchestermusiker, weil er das Orchester verkleinern will, so können die Arbeitsgerichte diese Entscheidung nicht auf ihre künstlerische Zweckmäßigkeit hin überprüfen. Wenn die Verkleinerung des Orchesters aus nachvollziehbaren

wirtschaftlichen Erwägungen erfolgte und nicht missbräuchlich darauf zielte, einzelne, etwa unliebsame, Musiker aus dem Arbeitsverhältnis zu drängen, ist die Entscheidung des Arbeitgebers, das Orchester zu verkleinern keiner weiteren arbeitsgerichtlichen Kontrolle zugänglich (BAG v. 27.1.2011, Az. 2 AZR 9/10).

1.2 Außerbetriebliche Ursachen

Von außerbetrieblichen Ursachen wird immer dann gesprochen, wenn sich bei unveränderter Betriebsorganisation äußere Umstände auf den Arbeitsanfall und den Arbeitskräftebedarf auswirken. Die außerbetrieblichen Gründe können Anlass für innerbetriebliche Maßnahmen sein. In jedem Fall ist eine unternehmerische Entscheidung zu treffen.

Als außerbetriebliche Ursachen kommen z. B. in Betracht:

▸ **Absatzrückgang:**

Verringert sich die Menge der vom Betrieb veräußerten Produkte aufgrund einer zurückgegangenen Nachfrage am Markt, kann es geboten sein, die Produktionsmenge zu reduzieren. Auf der Grundlage einer entsprechenden Unternehmerentscheidung können Arbeitskräfte freigesetzt werden und somit Arbeitsplätze wegfallen. Die Absatzschwierigkeiten können somit mittelbare Ursache für eine betriebsbedingte Kündigung sein.

▸ **Auftragsrückgang:**

Reichen die vorhandenen Aufträge nicht aus, um die gegebene personelle Kapazität des Betriebs auszulasten und entsteht hierdurch im Tätigkeitsbereich des zu kündigenden Arbeitnehmers ein Arbeitskräfteüberhang, so kann der Arbeitgeber dem Auftragsrückgang durch eine Personalreduzierung entgegentreten. Auch in diesem Fall kann ein Auftragsrückgang nur mittelbar – also nach einer entsprechenden Unternehmerentscheidung – zu einer betriebsbedingten Kündigung führen.

▸ **Fremdfinanzierung:**

Werden Arbeitsplätze mit finanziellen Mitteln Dritter finanziert, führt die Einschränkung oder die Streichung dieser Mittel nicht unmittelbar zum Wegfall von Arbeitsplätzen. Entschließt sich der Arbeitgeber jedoch, den fremdfinanzierten Unternehmenszweig wegen der Streichung einzustellen oder einzuschränken und fallen hierdurch Arbeitsplätze weg, so stellt dies einen betriebsbedingten Kündigungsgrund dar.

▸ **Haushaltsplan:**

Stelleneinsparungen in einem Haushaltsplan können eine betriebsbedingte Kündigung unmittelbar rechtfertigen, wenn sie nach sachlichen Merkmalen bezeichnet sind. Werden lediglich allgemeine Einsparungen für bestimmte Dienststellen oder Betriebe angeordnet, können diese eine betriebsbedingte Kündigung nicht unmittelbar begründen. Nur wenn hierauf vom Arbeitgeber mit einer konkreten innerbetrieblichen Maßnahme reagiert wird, die ihrerseits zum Arbeitsplatzwegfall führt, kann eine betriebsbedingte Kündigung gerechtfertigt sein.

▸ **Lohneinsparungen:**

Die Absicht des Arbeitgebers, betriebsbedingt notwendige Lohneinsparungen zu erzielen, kann für sich allein noch keine betriebsbedingte Kündigung rechtfertigen. Auch hier gilt, dass der Unternehmer erst konkrete Maßnahmen entscheiden muss, die wiederum zum Wegfall von Arbeitsplätzen führen. Nur die konkret veranlassten Maßnahmen können dann zur Rechtfertigung einer betriebsbedingten Kündigung dienen.

▸ **Rohstoffmangel:**

Kann ein Betrieb seine ursprüngliche Produktion in Ermangelung von Rohstoffen, Energie oder sonstigen materiellen Gütern nicht mehr aufrechterhalten und ist auch keine Verlagerung der Produktion in Bereiche möglich, die nicht unter diesem Mangel leiden, kann eine betriebsbedingte Kündigung gerechtfertigt sein.

▶ **Umsatzrückgang:**

Eine Verringerung des Umsatzes, die nicht nur kurzfristig und unerheblich ist, kann dazu führen, dass der Arbeitgeber eine Anpassung der betrieblichen Strukturen an den verringerten Umsatz entscheidet und hierdurch Arbeitsplätze wegfallen. Die konkreten betrieblichen Maßnahmen, mit denen auf den Umsatzrückgang reagiert wird, stellen dann einen Grund zur betriebsbedingten Kündigung dar.

▶ **Witterungsgründe:**

Sofern die Witterung einen unmittelbaren Einfluss auf den Betriebsablauf hat (z. B. bei Baubetrieben) können Witterungsumstände eine betriebsbedingte Kündigung mittelbar rechtfertigen. Auch hier ist es erforderlich, dass der Arbeitgeber auf die Witterungsumstände durch eine unternehmerische Entscheidung reagiert, die wiederum den Wegfall von Arbeitsplätzen zur Folge hat. Dies kann z. B. durch eine Einstellung konkreter Projekte während der Schlechtwetterphase sein. Eine betriebsbedingte Kündigung kommt in diesem Zusammenhang immer nur dann in Betracht, wenn die witterungsbedingte Stilllegung längerfristiger Natur ist.

1.3 Innerbetriebliche Ursachen

Innerbetriebliche Ursachen sind technische, organisatorische oder wirtschaftliche Maßnahmen des Arbeitgebers, die vor allem Art und Form von Produkten oder Dienstleistungen, Betriebsumfang, Arbeits- und Fertigungsmethoden, Arbeitsmittel und Fähigkeiten der einzusetzenden Arbeitskräfte betreffen. Die innerbetrieblichen Veränderungen beruhen immer auf einer sog. gestaltenden Unternehmerentscheidung.

Als innerbetriebliche Ursachen kommen z. B. in Betracht:

▶ **Betriebseinschränkungen:**

Die Verringerung der Betriebskapazitäten (z. B. Reduzierung der Schichten, Stilllegung von Anlagen oder Auflösung von Organisationseinheiten) kann zum Wegfall von Arbeitsplätzen führen. Werden etwa einzelne Maschinen nicht mehr betrieben oder entfallen ganze Schichten, so steht fest, dass die dort ursprünglich vorhandenen Arbeitsplätze nicht mehr zur Verfügung stehen. In diesen Fällen ist eine betriebsbedingte Kündigung der entsprechenden Arbeitnehmer gerechtfertigt. Soll jedoch der gesamte Betrieb mit verminderter Leistung fortgeführt werden, ist der Wegfall einzelner Arbeitsplätze weniger offensichtlich. In solchen Fällen muss der Arbeitgeber den Nachweis erbringen, dass die betrieblichen Ziele nach der Betriebseinschränkung von der Belegschaft auch ohne die von einer Kündigung betroffenen Arbeitnehmer erbracht werden können.

▶ **Betriebsstilllegung:**

Die Stilllegung des gesamten Betriebes gehört zu den dringenden betrieblichen Erfordernissen i. S. d. § 1 Abs. 2 Satz 1 KSchG, die einen Grund zur sozialen Rechtfertigung einer betriebsbedingten Kündigung abgeben können. Erforderlich ist, dass der Arbeitgeber zum Zeitpunkt des Kündigungsausspruches den ernsthaften und endgültigen Entschluss gefasst hat, den Betrieb endgültig und nicht nur vorübergehend stillzulegen (BAG v. 16.2.2012, Az. 8 AZR 693/10). Die Stilllegung eines Betriebs setzt voraus, dass der Arbeitgeber ernstlich und endgültig entschlossen ist, die Betriebs- und Produktionsgemeinschaft für eine unbestimmte, wirtschaftlich nicht unerhebliche Zeitspanne

aufzugeben. Hat der Arbeitgeber zum Zeitpunkt der Kündigung die Betriebsstilllegung definitiv beschlossen, so ist die Kündigung aus betriebsbedingten Gründen wirksam. Wird zum Zeitpunkt der Kündigung jedoch noch ernsthaft über eine Veräußerung des Betriebs oder der Gesellschaftsanteile verhandelt, kann eine betriebsbedingte Kündigung wegen Betriebsstilllegung (noch) nicht ausgesprochen werden. Eine Betriebsstilllegung und ein Betriebsübergang schließen sich gegenseitig aus. Die Fortführung des Betriebes durch einen Betriebserwerber begründet eine gegen die Stilllegungsabsicht sprechende Vermutung, die der Arbeitgeber dadurch widerlegen kann, dass er substantiiert darlegt, die Veräußerung zum Zeitpunkt des Ausspruches der Kündigung war weder vorhersehbar noch geplant. Dabei ist es ohne Belang, ob die Betriebsfortführung vor oder nach Ablauf der Kündigungsfrist stattgefunden hat (BAG v. 16.2.2012, Az. 8 AZR 693/10). Kommt es innerhalb der Kündigungsfrist zu einer Betriebsveräußerung, so spricht nach Auffassung des BAG (BAG DB 1985, 1399) eine tatsächliche Vermutung gegen eine endgültige Stilllegungsabsicht des Unternehmers im Zeitpunkt der Kündigung. Der Arbeitgeber braucht mit der Kündigung nicht zu warten, bis der Betrieb bereits stillgelegt ist oder ein entsprechender gesellschaftsrechtlicher Auflösungsbeschluss vorliegt. Es genügt, wenn im Zeitpunkt des Ausspruchs der Kündigung aufgrund einer vernünftigen betriebswirtschaftlichen Betrachtung davon auszugehen ist, dass zum Zeitpunkt der Entlassung der Betrieb stillgelegt sein wird. Dies setzt voraus, dass die Stilllegungsabsicht bereits greifbare Formen angenommen hat. Die zum Zeitpunkt der Kündigung bestehende Absicht zur Betriebs- oder Abteilungsstilllegung liegt insbesondere dann vor, wenn die unternehmerische Organisationsentscheidung bereits getroffen wird und sich diese zum Ablauf der Kündigungsfrist auch realisiert (BAG v. 23.2.2010, Az. 2 AZR 268/08). In den Fällen, in denen zwar bei Zugang der Kündigung noch eine Möglichkeit der Beschäftigung besteht, aber die für den künftigen Wegfall des Beschäftigungsbedürfnisses maßgeblichen Entscheidungen bereits gefallen sind, kommt es darauf an, ob der Arbeitnehmer bis zum Kündigungstermin voraussichtlich entbehrt werden kann (BAG a.a.O.).

▶ **Rationalisierungsmaßnahmen:**

Die Einführung neuer, arbeitssparender Maschinen oder effektiverer Fertigungstechniken oder die Durchführung von organisatorischen Veränderungen sind Rationalisierungsmaßnahmen, die entweder dazu dienen können, bei gleichem Aufwand ein höheres Ergebnis oder mit geringerem Aufwand ein gleiches Ergebnis zu erzielen. Eine betriebsbedingte Kündigung kann nur dann in Betracht kommen, wenn durch die Rationalisierungsmaßnahme Arbeitsplätze wegfallen. Soll der betriebliche Aufwand unverändert bleiben, so kann sich dies auf den Bestand der Arbeitsplätze nicht auswirken. Nur eine Rationalisierung, die zu einem verringerten Bedarf an Arbeitsplätzen führt, kann eine betriebsbedingte Kündigung begründen.

▶ **Umwandlung einer Angestellten- in eine Beamtenstelle:**

Wird eine Angestelltenstelle des öffentlichen Arbeitgebers in eine Beamtenstelle umgewandelt, so kann dies ein dringendes betriebliches Erfordernis zur Kündigung des Angestellten darstellen, wenn dieser nicht die Voraussetzungen für eine Übernahme in das Beamtenverhältnis erfüllt (BAG v. 21.9.2000, Az. 2 AZR 440/99).

▶ **Vergabe von Arbeiten an Fremdunternehmen:**

Sollen eigene Arbeitnehmer durch Leiharbeitnehmer einer Fremdfirma ausgetauscht werden, sind betriebsbedingte Kündigungen nicht gerechtfertigt (BAG v. 26.9.1996, Az. 2

AZR 200/96). Entschließt sich jedoch ein Arbeitgeber, bisher von Arbeitnehmern ausgeübte Tätigkeiten in Zukunft nicht mehr durch Arbeitnehmer, sondern durch selbstständige Unternehmer ausführen zu lassen, so entfällt in diesem Umfang das bisherige Beschäftigungsbedürfnis von Arbeitnehmern und ein betriebsbedingter Kündigungsgrund liegt vor.

▶ **Verselbstständigung:**

Ein Arbeitgeber ist grundsätzlich berechtigt, betriebliche Funktionen künftig nicht mehr durch angestellte Arbeitnehmer, sondern durch selbstständige Mitarbeiter (z. B. Handelsvertreter, Franchisenehmer, Dienst- oder Auftragnehmer) ausführen zu lassen. Dies kann eine Kündigung der bislang angestellten Arbeitnehmer aus betriebsbedingten Gründen rechtfertigen (BAG v. 9.5.1996, Az. 2 AZR 438/95). Unzulässig ist es jedoch, die Arbeitnehmer durch Scheinselbstständige (Scheinselbstständigkeit) zu ersetzen.

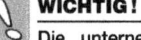 **WICHTIG!**

Die unternehmerische Entscheidung des Arbeitgebers, seinen Betrieb umzuorganisieren, kann von den Gerichten nur in Fällen offensichtlicher Unvernunft oder Willkür beanstandet werden. Auf die Zweckmäßigkeit der Maßnahmen kommt es nicht an. Entscheidend ist i. d. R., ob außer- oder innerbetriebliche Umstände zu einer dauerhaften Reduzierung des betrieblichen Arbeitskräftebedarfs führen. Der Arbeitgeber hat die Tatsachen näher darzulegen, aus denen sich ergeben soll, dass zukünftig auf Dauer mit einem reduzierten Arbeitsvolumen und Beschäftigungsbedarf zu rechnen ist; das Vorliegen von möglicherweise nur kurzfristigen Produktions- oder Auftragsschwankungen muss ausgeschlossen sein. Der Arbeitgeber hat den dauerhaften Rückgang des Arbeitsvolumens nachvollziehbar darzustellen, in dem er die einschlägigen Daten aus repräsentativen Referenzperioden miteinander vergleicht. Ein nur vorübergehender Arbeitsmangel kann eine betriebsbedingte Kündigung nicht rechtfertigen. Wird im Betrieb Kurzarbeit geleistet, spricht dies gegen einen dauerhaft gesunkenen Beschäftigungsbedarf (BAG v. 23.2.2012, Az. 2 AZR 548/10).

Beispiel 1:

Entschließt sich ein Arbeitgeber zu einer betrieblichen Umorganisation, die zu einer anderen zeitlichen Lage und Herabsetzung der Dauer der Arbeitszeit führt, so handelt es sich dabei um eine im Ermessen des Arbeitgebers stehende unternehmerische Entscheidung, die von den Arbeitsgerichten nicht auf ihre Zweckmäßigkeit, sondern lediglich auf offenbare Unvernunft oder Willkür zu überprüfen ist. Ein Missbrauch der unternehmerischen Organisationsfreiheit liegt nicht dann schon vor, wenn der Arbeitgeber die Möglichkeit hat, auf die Reorganisation zu verzichten (BAG v. 10.5.2007, 2 AZR 626/05).

Beispiel 2:

Läuft die unternehmerische Entscheidung auf den Abbau einer Hierarchieebene verbunden mit einer Umverteilung der dem betroffenen Arbeitnehmer bisher zugewiesenen Aufgaben hinaus, muss der Arbeitgeber genau erläutern, in welchem Umfang und aufgrund welcher Maßnahmen die Tätigkeiten für den Arbeitnehmer zukünftig entfallen. Er muss die Auswirkungen seiner unternehmerischen Vorgaben auf die zukünftige Arbeitsmenge anhand einer schlüssigen Prognose darstellen und angeben, wie die anfallenden Arbeiten vom verbliebenen Personal ohne überobligationsmäßige Leistungen erledigt werden können (BAG v. 16.12.2010, Az. 2 AZR 770/09).

1.4 Keine anderweitige Beschäftigungsmöglichkeit

Ein dringendes betriebliches Erfordernis für eine betriebsbedingte Kündigung ist dann nicht gegeben, wenn der Arbeitnehmer auf einem anderen freien, gleichwertigen Arbeitsplatz im Unternehmen weiter beschäftigt werden kann.

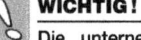 **WICHTIG!**

Hierbei erstreckt sich die Prüfung freier Arbeitsplätze nicht nur auf den Beschäftigungsbetrieb, sondern auch auf andere Betriebe desselben Unternehmens.

Eine konzernbezogene Weiterbeschäftigungspflicht kann in Ausnahmefällen bestehen, wenn sich dies aus vertraglichen Absprachen oder Zusagen des Arbeitgebers ergibt (vgl. BAG 23.11.2004, Az. 2 AZR 24/04).

Bei der Prüfung der Weiterbeschäftigungsmöglichkeiten sind alle **zumutbaren** freien Arbeitsplätze im Unternehmen zu untersuchen. Der Arbeitgeber muss also keinen höherwertigen Arbeitsplatz anbieten. Er ist auch nicht verpflichtet, einen neuen Arbeitsplatz zu schaffen, um die Kündigung zu vermeiden. Entscheidend ist, ob und ggf. welche Arbeitsplätze, auf denen der zu kündigende Mitarbeiter eingesetzt werden kann, zum Ablauf der Kündigungsfrist oder in absehbaren Zeit nach ihrem Ablauf tatsächlich frei sind. Wurde ein freier geeigneter Arbeitsplatz vor dem Zugang der Kündigung besetzt, so ist es dem Arbeitgeber verwehrt, sich auf den Wegfall von anderweitigen Beschäftigungsmöglichkeiten im Kündigungszeitpunkt zu berufen, wenn dieser Wegfall von ihm treuwidrig herbeigeführt wurde (BAG v. 5.6.2008, Az. 2 AZR 107/07). Ob die Beschäftigung von Leiharbeitnehmern die Annahme rechtfertigt, im Betrieb oder Unternehmen des Arbeitgebers seien „freie" Arbeitsplätze vorhanden, hängt von den Umständen des Einzelfalls ab. Werden Leiharbeitnehmer lediglich zur Abdeckung von „Auftragsspitzen" eingesetzt, liegt darin keine alternative Beschäftigungsmöglichkeit i. S. d. § 1 Abs. 2 Satz 2 KSchG. Der Arbeitgeber kann in einem solchen Fall typischerweise nicht davon ausgehen, dass er für die Auftragsabwicklung dauerhaft Personal benötige. An einem „freien" Arbeitsplatz fehlt es in der Regel außerdem, wenn der Arbeitgeber Leiharbeitnehmer als „Personalreserve" zur Abdeckung von Vertretungsbedarf beschäftigt (BAG v. 15.12.2011, Az. 2 AZR 42/10).

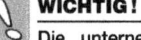 **ACHTUNG!**

Über die Zumutbarkeit des angebotenen freien Arbeitsplatzes hat grundsätzlich der Arbeitnehmer selbst zu entscheiden. Nur er kann beurteilen, ob er Einbußen und Nachteile akzeptiert. Ein neues Vertragsangebot kann daher nur in Extremfällen unterbleiben. So muss z. B. dem bisherigen Personalchef nicht der freie Arbeitsplatz eines Pförtners angeboten werden (BAG v. 21.4.2005, Az. 2 AZR 244/04). Zumutbar kann jedoch das Angebot eines freien Arbeitsplatzes sein, bei dem sich das Jahresgehalt des zu kündigenden Mitarbeiters um 50 % (in dem vom BAG entschiedenen Fall von 140 000 € auf 70 000 €) reduziert. Nach Auffassung des BAG müsse der Mitarbeiter selbst beurteilen, ob er die freie Stelle trotz der finanziellen Einbußen annehmen wolle (BAG v. 21.4.2005, Az. 2 AZR 132/04). Eine Änderungskündigung kann nur in „Extremfällen" unterbleiben, d. h. wenn der Arbeitgeber bei vernünftiger Betrachtung nicht mit einer Annahme des neuen Vertragsangebots durch den Arbeitnehmer rechnen konnte und ein derartiges Angebot vielmehr beleidigenden Charakter haben würde. Eine solche Situation kann u. U. gegeben sein, wenn der betroffene Arbeitnehmer selbst so weit in der Personalhierarchie zurückgestuft würde, dass viele seiner bisher Untergebenen ihm nunmehr Weisungen erteilen könnten (BAG v. 21.9.2006, Az. 2 AZR 607/05). Andererseits hat der Arbeitnehmer eine betriebsbedingte Änderung der Arbeitsbedingungen durch Änderungskündigung, mit der der Arbeitgeber eine sonst aus wirtschaftlichen Gründen erforderliche Beendigungskündigung vermeidet, nach dem Verhältnismäßigkeitsgrundsatz stets billigerweise hinzunehmen. Steht z. B. im Kündigungszeitpunkt fest, dass der Arbeitnehmer aufgrund seines Widerspruchs gegen einen Betriebsübergang bei seinem Arbeitgeber nicht mehr weiterbeschäftigt werden kann, verstößt das Angebot des Arbeitgebers, den Arbeitnehmer an den Betriebserwerber auszuleihen, damit er dort wie bisher weiterarbeiten kann, regelmäßig nicht gegen den Verhältnismäßigkeitsgrundsatz (BAG v. 29.3.2007, Az. 2 AZR 31/06). Dies gilt selbst dann, wenn der Arbeitgeber dem Arbeitnehmer die Fortsetzung des Arbeitsverhältnisses nur zu dem geringeren Entgelt anbietet, das der Betriebserwerber nach den in seinem Betrieb einschlägigen Tarifverträgen seinen Arbeitnehmern zahlt (BAG a.a.O.).

Die Versetzung des Arbeitnehmers hat immer dann im Wege einer Änderungskündigung zu erfolgen, wenn sie nicht mehr vom Direktionsrecht des Arbeitgebers gedeckt ist.

WICHTIG!

Die Änderungskündigung hat Vorrang vor der Beendigungskündigung. Eine Änderungskündigung wird nur dann überflüssig, wenn der Arbeitnehmer den angebotenen Arbeitsplatz eindeutig und vorbehaltlos abgelehnt hat. Die Überflüssigkeit wäre dann vom Arbeitgeber zu beweisen. Gelingt ihm dies nicht, fehlt es an der sozialen Rechtfertigung der Kündigung (vgl. LAG Nürnberg v. 13.9.2004, Az. 6 Sa 869/03). Daher sollte im Zweifel immer ein anderweitiger freier Arbeitsplatz im Wege einer Änderungskündigung angeboten werden.

Daraus folgt, dass der Arbeitgeber vor Ausspruch einer Beendigungskündigung prüfen muss, ob er den Arbeitnehmer auf einem anderen, ggf. auch schlechteren Arbeitsplatz einsetzen kann. Kann der Arbeitnehmer auf dem bisherigen Arbeitsplatz nur in Teilzeit weiterbeschäftigt werden, muss ihm dies ebenfalls angeboten werden.

ACHTUNG!

Der Arbeitgeber kann den Arbeitnehmer nur im Wege einer Änderungskündigung auf einen schlechteren Arbeitsplatz umsetzen. Sind mehrere schlechtere Arbeitsplätze frei, muss der Arbeitgeber denjenigen anbieten, der im Vergleich zur bisherigen Position mit den geringsten Nachteilen verbunden ist.

Wenn der Arbeitnehmer umschulungsfähig und umschulungswillig ist, muss der Arbeitgeber ihm auch einen neuen Arbeitsplatz anbieten, der nur nach einer Einarbeitung oder Umschulung ausgefüllt werden kann.

Die Weiterbeschäftigungspflicht ist unternehmensbezogen. Dies bedeutet, dass der Arbeitgeber eine geeignete Beschäftigungsmöglichkeit auch aus anderen Betrieben desselben Unternehmens zur Verfügung stellen muss. Er ist jedoch grundsätzlich nicht verpflichtet, für eine anderweitige Unterbringung des Arbeitnehmers in einem anderen Konzernbetrieb zu sorgen.

2. Soziale Auswahl

Trotz des Vorliegens von dringenden betrieblichen Erfordernissen kann eine betriebsbedingte Kündigung sozial ungerechtfertigt sein, wenn der Arbeitgeber bei der Auswahl des Arbeitnehmers die in § 1 Abs. 3 Satz 1 KSchG festgelegten sozialen Gesichtspunkte nicht oder nicht ausreichend berücksichtigt hat.

2.1 Personenkreis

Bei der Beurteilung des auswahlrelevanten Personenkreises sind alle Arbeitnehmer zu berücksichtigen, die innerhalb des Betriebs miteinander vergleichbar sind. Nicht zu berücksichtigen sind Arbeitnehmer, deren Arbeitsverhältnis nicht ordentlich betriebsbedingt gekündigt werden kann (vgl. BAG v. 21.4.2005, Az. 2 AZR 241/04) und solche, die noch keine sechs Monate in dem Betrieb sind (kein Kündigungsschutz!).

 WICHTIG!

Auch wenn der Sonderkündigungsschutz von Mitarbeitern kurz nach dem Kündigungszeitpunkt auslaufen wird (z. B. wegen auslaufender Elternzeit oder Ablauf des Schutzes von Mitgliedern des Betriebsrats), sind diese Personen nicht mit in die soziale Auswahl mit einzubeziehen (BAG v. 21.4.2005, Az. 2 AZR 241/04).

Eine Vergleichbarkeit (s. o. „gleiches Anforderungsprofil") von teilzeitbeschäftigten und vollzeitbeschäftigten Arbeitnehmern ist nur dann gegeben, wenn es dem Arbeitgeber lediglich um die Reduzierung des Arbeitszeitvolumens geht. Andernfalls kann eine Sozialauswahl zwischen Vollzeitkräften und Teilzeitbeschäftigten mit unterschiedlichen Arbeitszeiten entfallen (BAG v. 15.7.2004, Az. 2 AZR 376/03).

Die Vergleichbarkeit richtet sich in erster Linie nach arbeitsplatzbezogenen Merkmalen, also zunächst nach der ausgeübten Tätigkeit. Ferner ist darauf abzustellen, welche sonstigen Tätigkeiten der Arbeitnehmer aufgrund seiner Qualifikation und Erfahrung übernehmen könnte. Die Notwendigkeit einer kurzen Einarbeitungszeit steht einer Vergleichbarkeit nicht entgegen. An einer Vergleichbarkeit fehlt es jedenfalls zwischen Arbeitneh-

mern, wenn der Arbeitgeber diese nicht einseitig auf den jeweils anderen Arbeitsplatz umsetzen kann. Die Vergleichbarkeit kann in diesen Fällen auch nicht dadurch herbeigeführt werden, dass der Arbeitsvertrag eines von dem betrieblichen Ereignis betroffenen Arbeitnehmers erst anlässlich dieses Ereignisses einvernehmlich oder im Wege der Änderungskündigung entsprechend abgeändert wird (BAG v. 18.10.2006, Az. 2 AZR 676/05).

Nach der seit 1.1.2004 geltenden gesetzlichen Neuregelung sind Arbeitnehmer, deren Weiterbeschäftigung im berechtigten betrieblichen Interesse liegt, in die soziale Auswahl nicht mit einzubeziehen (§ 1 Abs. 3 Satz 2 KSchG). Dies gilt insbesondere, wenn die Weiterbeschäftigung bestimmter Arbeitnehmer wegen ihrer Kenntnisse, Fähigkeiten und Leistungen im berechtigten betrieblichen Interesse liegt oder zur Sicherung einer ausgewogenen Personalstruktur im Betrieb dient. Der Arbeitgeber kann solche Personen also bei der Entscheidung über etwaige betriebsbedingte Kündigungen bevorzugen, und zwar selbst dann, wenn diese weniger sozial schutzwürdig sind als andere Arbeitnehmer mit vergleichbarer Arbeit (sog. „Leistungsträger").

Beispiel 1:

So kann die Mitgliedschaft eines Arbeitnehmers in der freiwilligen Feuerwehr für eine Gemeinde, die gesetzlich zum Brandschutz verpflichtet ist, ein ausschlaggebendes Kriterium dafür sein, diesen Mitarbeiter wegen eines berechtigten betrieblichen Interesses von der (sozialen) Auswahl der zu kündigenden Mitarbeiter auszuschließen (BAG v. 7.12.2006, Az. 2 AZR 748/05).

Gemäß § 1 Abs. 3 Satz 2 KSchG kann die Sozialauswahl zur Sicherung einer ausgewogenen Altersstruktur auch innerhalb von Altersgruppen vorgenommen werden. Das Lebensalter ist dann nur im Rahmen der jeweiligen Gruppe von Bedeutung. Der Altersaufbau der Belegschaft bleibt auf diese Weise weitgehend erhalten. Der gesetzliche Regelungskomplex der Sozialauswahl verstößt nicht gegen das unionsrechtliche Verbot der Altersdiskriminierung und dessen Ausgestaltung durch die RL 2000/78/EG. Er führt zwar zu einer unterschiedlichen Behandlung wegen des Alters. Diese ist aber durch rechtmäßige Ziele aus den Bereichen Beschäftigungspolitik und Arbeitsmarkt im Sinne von Art. 6 I 1, 2 Buchst. a) der Richtlinie gerechtfertigt. Einerseits tragen die Regelungen den mit steigendem Lebensalter regelmäßig sinkenden Chancen auf dem Arbeitsmarkt Rechnung. Andererseits wirken sie durch die Möglichkeit der Bildung von Altersgruppen der ausschließlich linearen Berücksichtigung des ansteigenden Lebensalters und einer mit ihr einhergehenden Benachteiligung jüngerer Arbeitnehmer entgegen. Das Ziel, ältere Arbeitnehmer zu schützen, und das Ziel, die berufliche Eingliederung jüngerer Arbeitnehmer sicherzustellen, werden zu einem angemessenen Ausgleich gebracht. Dies dient zugleich der sozialpolitisch erwünschten Generationengerechtigkeit und der Vielfalt im Bereich der Beschäftigung (BAG v. 15.12.2011, Az. 2 AZR 42/10).

Beispiel 2:

Ein berechtigtes betriebliches Bedürfnis an der Erhaltung einer ausgewogenen Altersstruktur kann insbesondere dann vorliegen, wenn bei einer Massenentlassung die Gefahr besteht, dass es durch eine Auswahl allein nach sozialen Gesichtspunkten zu erheblichen Verschiebungen in der Altersstruktur des Betriebes kommt, die im betrieblichen Interesse nicht hinnehmbar sind (BAG v. 6.7.2006, Az. 2 AZR 442/05).

Beispiel 3:

Die besonders hohe Krankheitsanfälligkeit eines Arbeitnehmers begründet bei der Sozialauswahl für sich noch kein berechtigtes betriebliches Interesse, einen anderen vergleichbaren und weniger schutzbedürftigen Arbeitnehmer weiterzubeschäftigen. Der „sozial schutzwürdigere" Arbeitnehmer ist daher nicht schon deshalb aus der Sozialauswahl auszunehmen, weil er besonders krankheitsanfällig ist (BAG v. 31.5.2007, Az. 2 AZR 306/06).

2.2 Auswahlkriterien

Im Rahmen der sozialen Auswahl ist unter mehreren vergleichbaren Arbeitnehmern derjenige zu entlassen, der nach seinen

::rehm

Sozialdaten des geringsten Schutzes bedarf. Die seit 1.1.2004 abschließend geltenden Auswahlgesichtspunkte sind:

▶ Dauer der Betriebszugehörigkeit,

▶ Lebensalter des Arbeitnehmers,

▶ Unterhaltsverpflichtungen des Arbeitnehmers und

▶ Schwerbehinderung des Arbeitnehmers.

Bei der Berechnung der Dauer der Betriebszugehörigkeit ist neben der aktuellen Beschäftigungszeit auch eine frühere Beschäftigung beim gleichen Arbeitgeber zu berücksichtigen, wenn diese zu einer Anrechnung auf die Wartezeit nach § 1 Abs. 1 KSchG führen würde. Unterhaltszahlungen finden insoweit Berücksichtigung, wie eine gesetzliche Unterhaltsverpflichtung besteht. Dabei kommt es nicht nur auf die Anzahl der Unterhaltsberechtigten an, sondern darauf, in welcher Höhe der Arbeitnehmer diesen Unterhaltsberechtigten tatsächlich zum Unterhalt verpflichtet ist.

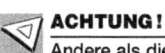 **ACHTUNG!**

Andere als die vorgenannten (und in § 1 Abs. 3 KSchG festgelegten) Auswahlkriterien sind seit dem 1.1.2004 nicht mehr zu berücksichtigen! Mittlerweile ist auch höchstrichterlich geklärt, dass die Diskriminierungsverbote des AGG (s. → Gleichbehandlung) bei der Auslegung der Kündigungsschutzvorschriften zu beachten sind. Andererseits ist es auch nach Inkrafttreten des AGG grundsätzlich zulässig, Punktetabellen zur Sozialauswahl aufzustellen und eine Altersgruppenbildung zur Erhaltung der ausgewogenen Altersstruktur vorzunehmen. Um eine Diskriminierung von Arbeitnehmern z. B. wegen des Alters oder wegen Behinderung zu vermeiden, müssen hierbei jedoch sachlich begründete Anforderungen eingehalten werden (s. u.). Die Berücksichtigung des Lebensalters bei der Sozialauswahl i. S. d. § 1 Abs. 3 Satz 1 KSchG verstößt nicht gegen das Verbot der Altersdiskriminierung gem. §§ 1, 2 Abs. 1 Nr. 2 AGG. Die Betriebsparteien können in einer Auswahlrichtlinie nach § 95 BetrVG und einer Namensliste nach § 1 Abs. 5 Satz 1 KSchG auch das Lebensalter als Auswahlkriterium durchgehend „linear" berücksichtigen und müssen nicht zuvor nach Altersgruppen differenzieren (BAG v. 5.11.2009, Az. 2 AZR 676/08).

Ein Sozialplan kann regeln, dass die Abfindungen mit zunehmender Betriebszugehörigkeit ansteigen. Dies stellt ebenso wenig eine altersbedingte Diskriminierung dar, wie die Regelung in einem Sozialplan, wonach Arbeitnehmer, die – und sei es nach dem Bezug von Arbeitslosengeld – vorzeitig Altersrente in Anspruch nehmen können, geringere Abfindungen erhalten (BAG v. 26.5.2009, Az. 1 AZR 198/08). Auch die Bildung von Altersgruppen bei der Sozialauswahl zur Erhaltung der Altersstruktur ist grundsätzlich zulässig. Ausdrücklich gebilligt hat das BAG (BAG v. 6.11.2008, Az. 2 AZR 523/07) folgende Altersgruppenbildung:

▶ älter als 25 Jahre bis zum vollendeten 35. Lebensjahr

▶ älter als 35 Jahre bis zum vollendeten 45. Lebensjahr

▶ älter als 45 Jahre bis zum vollendeten 55. Lebensjahr

▶ älter als 55 Jahre.

 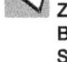 **ACHTUNG!**

Zudem verlangt das BAG jedoch, dass sich die unterschiedliche Behandlung bei der Altersgruppenbildung nach bestimmten, in der Sache begründeten Proportionen richtet. Das ist der Fall, wenn eine solche Anzahl von Mitarbeitern in den einzelnen Altersgruppen gekündigt wird, dass der bisherige prozentuale Anteil der Altersgruppe an der Gesamtbelegschaft in etwa erhalten bleibt (BAG v. 6.11.2008, Az. 2 AZR 523/07). Der Arbeitgeber muss schließlich auch ein berechtigtes betriebliches Interesse an der Beibehaltung der bisherigen Altersstruktur i. S. d. § 1 Abs. 3 Satz 2 KSchG konkret darlegen (BAG v. 18.3.2010, Az. 2 AZR 468/08). Er hat aufzuzeigen, welche konkreten Nachteile sich ergäben, wenn die Sozialauswahl allein nach Maßgabe von § 1 Abs. 3 Satz 1 KSchG vorgenommen würde. Dies verlangt nicht nur darzulegen, dass sich die Altersstruktur überhaupt in nennenswertem Ausmaß nachteilig verändern würde, sondern auch aufzuzeigen, welche konkreten Nachteile sich dadurch – beispielsweise im Hinblick auf die Verwirklichung des

Betriebszwecks – ergäben. Ob sich das Interesse an der Beibehaltung der bestehenden Altersstruktur aus anzuerkennenden Sachgründen ableitet, ist gerichtlich uneingeschränkt und nicht nur auf Plausibilität hin überprüfbar (BAG a.a.O.).

Nach § 1 Abs. 4 KSchG kann in einem Tarifvertrag, einer Betriebsvereinbarung oder einer Auswahlrichtlinie nach den Personalvertretungsgesetzen festgelegt werden, wie die sozialen Gesichtspunkte im Verhältnis zueinander zu bewerten sind. Wenn sich der Arbeitgeber an die Auswahlrichtlinie hält, kann die soziale Auswahl vor den Arbeitsgerichten nur auf grobe Fehlerhaftigkeit hin überprüft werden.

Entsprechendes gilt seit 1.1.2004, wenn bei einer Betriebsänderung die zu kündigenden Arbeitnehmer in einem Interessenausgleich namentlich benannt werden. Auch hier kann die soziale Auswahl nur beanstandet werden, wenn sie jede Ausgewogenheit vermissen lässt. Einzelheiten zum Interessenausgleich s. u. „Betriebsänderung" III.3.

Die Aufnahme einer solchen Namensliste in den Interessenausgleich führt zu erheblichen Kündigungserleichterungen. Zum einen führt dies zu einer sog. Beweislastumkehr; d. h. der gekündigte (in der Namensliste genannte) Arbeitnehmer muss in einem Kündigungsschutzprozess beweisen, dass die „gesetzlich vermuteten" dringenden betrieblichen Gründe für die Kündigung nicht vorliegen. Dies wird ihm i. d. R. kaum gelingen. Zum anderen kann die von den Betriebsparteien (Arbeitgeber und Betriebsrat) zugrunde gelegte soziale Auswahl der betroffenen Arbeitnehmer nur dann arbeitsgerichtlich beanstandet werden, wenn sie „jede Ausgewogenheit" (so der Gesetzgeber) vermissen lässt.

Die Erfolgsaussichten einer Kündigungsschutzklage werden durch diese gesetzlichen Regelungen bei Betriebsänderungen erheblich reduziert. Nur wenn der Arbeitnehmer beweisen kann, dass sich die Sachlage nach Zustandekommen des Interessenausgleichs wesentlich geändert hat, gelten die Kündigungserleichterungen nicht (§ 1 Abs. 5 Satz 3 KSchG) und die Beweislast für die Kündigungsgründe und die soziale Auswahl verbleibt (wie bei anderen betriebsbedingten Kündigungen) beim Arbeitgeber.

Die beim Vorliegen einer entsprechenden Namensliste eingreifende Vermutung der Betriebsbedingtheit der Kündigung umfasst grundsätzlich auch das Fehlen einer anderweitigen Beschäftigungsmöglichkeit in einem anderen Betrieb des Unternehmens (BAG v. 6.9.2007, Az. 2 AZR 715/06; BAG v. 15.12.2011, Az. 2 AZR 42/10).

 **ACHTUNG!**

Die Beweislastumkehr gilt nicht bei außerordentlichen Kündigungen; und zwar auch dann nicht wenn diese betriebsbedingt sind und z. B. deshalb erfolgen, weil die im Interessenausgleich genannten Arbeitnehmer ordentlich unkündbar sind (BAG v. 28.5.2009, Az. 2 AZR 844/07).

Ein Interessenausgleich über eine geplante Betriebsänderung ist schriftlich niederzulegen und vom Unternehmer und vom Betriebsrat zu unterschreiben.

 **ACHTUNG!**

Das gesetzliche Schriftformerfordernis ist bezüglich der Namensliste jedoch auch dann erfüllt, wenn diese gemeinsam mit dem Interessenausgleich eine Urkunde bildet. Ausreichend ist es jedenfalls, wenn die Haupturkunde (= der Interessenausgleich) unterschrieben, in ihr auf die nicht unterschriebene Anlage ausdrücklich Bezug genommen wird und die Haupturkunde und die nachfolgende Anlage (= Namensliste) mittels Heftmaschine körperlich derart zu einer einheitlichen Urkunde verbunden wird, dass eine Lösung nur durch Gewaltanwendung (Lösen der Heftklammer) möglich ist (BAG v. 6.7.2006, Az. 2 AZR 520/05). Im Augenblick der Unterzeichnung müssen die beiden Schriftstücke jedoch als einheitliche Urkunde äußerlich erkennbar werden. Die erst nach Unterzeichnung erfolgte Zusammenheftung genügt daher dem Schriftformerfordernis nicht (BAG a.a.O.).

2.3 Auswahlverfahren

Die Sozialauswahl muss anhand folgender Fragen getroffen werden:

▶ Welcher Arbeitsplatz mit welchem Anforderungsprofil ist weggefallen?

▶ Welche Arbeitnehmer sind auf Arbeitsplätzen mit gleichem Anforderungsprofil beschäftigt?

▶ Welche Arbeitnehmer sind wegen eines berechtigten betrieblichen Interesses weiterzubeschäftigen, also aus der Sozialauswahl herauszunehmen?

▶ Welcher der verbleibenden Arbeitnehmer ist am wenigsten sozial schutzbedürftig?

▶ Wie sieht der arbeitsvertragliche Funktionsbereich dieses Arbeitnehmers aus?

Deckt sich der arbeitsvertragliche Funktionsbereich dieses Arbeitnehmers mit dem vom Wegfall der Arbeitsplätze betroffenen betrieblichen Funktionsbereich, so ist die soziale Auswahl beendet. Der ermittelte Arbeitnehmer ist derjenige, dem betriebsbedingt gekündigt werden kann.

Deckt sich der arbeitsvertragliche Funktionsbereich nicht mit dem betrieblichen Funktionsbereich, muss eine weitere Sozialauswahl zwischen dem ermittelten Arbeitnehmer und allen nach Maßgabe seines Arbeitsvertrags vergleichbaren Arbeitnehmern stattfinden. Dem hierbei ermittelten Arbeitnehmer ist die betriebsbedingte Kündigung auszusprechen.

 WICHTIG!

Vor Ausspruch einer betriebsbedingten Kündigung ist eine auf den gesamten Betrieb bezogene Sozialauswahl durchzuführen. Dies gilt auch dann, wenn ein Betriebsteil stillgelegt und der andere Betriebsteil auf einen Erwerber übertragen werden soll (BAG v. 28.12.2004, Az. 8 AZR 391/03). Die räumliche Entfernung zwischen Hauptbetrieb und Niederlassung steht einer betriebsbezogenen Sozialauswahl ebenso wenig entgegen wie eine mögliche betriebsverfassungsrechtliche Eigenständigkeit einzelner Betriebsteile. Entscheidend ist, ob ein Betrieb i. S. d. § 23 KSchG gegeben ist (BAG v. 3.6.2004, Az. 2 AZR 577/03). Die Betriebsbezogenheit der Sozialauswahl gilt selbst dann, wenn sich der Arbeitgeber ein betriebsübergreifendes (unternehmen- oder konzernweites) Versetzungsrecht vorbehalten hat (BAG v. 2.6.2005, Az. 2 AZR 158/04).

Oftmals wird vom Arbeitgeber zur Bewertung der Auswahlkriterien eine Punktetabelle erstellt. Hierbei wird anhand der von den einzelnen Arbeitnehmern mit Punkten bewerteten sozialen Kriterien eine Rangfolge der zur Kündigung anstehenden Mitarbeiter erstellt. Dies dient der Objektivierung und Durchschaubarkeit der Auswahlentscheidung.

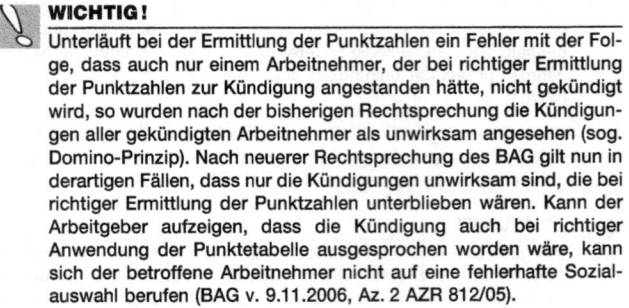 **WICHTIG!**

Unterläuft bei der Ermittlung der Punktzahlen ein Fehler mit der Folge, dass auch nur einem Arbeitnehmer, der bei richtiger Ermittlung der Punktzahlen zur Kündigung angestanden hätte, nicht gekündigt wird, so wurden nach der bisherigen Rechtsprechung die Kündigungen aller gekündigten Arbeitnehmer als unwirksam angesehen (sog. Domino-Prinzip). Nach neuerer Rechtsprechung des BAG gilt nun in derartigen Fällen, dass nur die Kündigungen unwirksam sind, die bei richtiger Ermittlung der Punktzahlen unterblieben wären. Kann der Arbeitgeber aufzeigen, dass die Kündigung auch bei richtiger Anwendung der Punktetabelle ausgesprochen worden wäre, kann sich der betroffene Arbeitnehmer nicht auf eine fehlerhafte Sozialauswahl berufen (BAG v. 9.11.2006, Az. 2 AZR 812/05).

 ACHTUNG!

Ein Punkteschema für die soziale Auswahl ist mitbestimmungspflichtig gem. § 95 Abs. 1 BetrVG. Dies gilt auch dann, wenn der Arbeitgeber die Punkteschema nicht generell auf alle künftigen betriebsbedingten Kündigungen, sondern nur auf konkrete bevorstehende Kündigungen anwenden will. Ein Verstoß gegen die betriebsverfassungsrechtliche Mitbestimmung allein führt aber nicht zur Unwirksamkeit von Kündigungen, bei denen der Arbeitgeber ein von ihm mitbestimmungswidrig aufgestelltes Punkteschema anwendet (BAG v. 6.7.2006, Az. 2 AZR 443/05).

3. Massenentlassungen

3.1 Anzeigepflicht

Ein Arbeitgeber, der in einem Zeitraum von 30 Kalendertagen eine größere Anzahl von Arbeitnehmern entlassen will, muss dies **vorher** bei der Agentur für Arbeit anzeigen. Die Anzeigepflicht besteht nicht in jedem Fall, sondern ist abhängig von der Betriebsgröße (Anzahl der insgesamt beschäftigten Arbeitnehmer) und der Anzahl der zu entlassenden Arbeitnehmer (§ 17 Abs. 1 KSchG). Anzeigepflicht besteht für Betriebe mit

▶ 21 bis 59 Arbeitnehmern bei der Entlassung von mehr als fünf Arbeitnehmern,

▶ 60 bis 499 Arbeitnehmern bei der Entlassung von mehr als 25 Arbeitnehmern oder mindestens 10 % der Belegschaft,

▶ 500 bis 599 Arbeitnehmern bei der Entlassung von mehr als 30 Arbeitnehmern,

▶ 600 und mehr Arbeitnehmern bei der Entlassung von mehr als 5 % der Belegschaft.

Die maßgebliche Personalstärke richtet sich nach den betriebsüblichen Verhältnissen zum Zeitpunkt der (beabsichtigten) Kündigung. Entscheidend ist also die normale Anzahl der Beschäftigten.

 **ACHTUNG!**

Produktionseinheiten, die über eine eigene Ausstattung und eigenes Fachpersonal sowie einen Produktionsleiter, der die richtige Durchführung der Arbeit und die Kontrolle des Gesamtbetriebs der Einrichtungen der Einheit sowie die Lösung technischer Probleme sicherstellt, stellen gem. EuGH v. 15.2.2007, Az. C-270/05 eigenständige Betriebe im Sinne der europäischen Massenentlassungsrichtlinie dar, wenn der Betrieb der einzelnen Produktionseinheit nicht von anderen abhängt. Bei der Berechnung von Schwellenwerten für die Beschäftigtenzahl bei Massenentlassungen dürfen bestimmte Gruppen von Arbeitnehmern nicht unberücksichtigt bleiben (EuGH v. 18.1.2007, Az. C-385/05).

Bei der Anzahl der beabsichtigten Entlassungen sind außer den Kündigungen des Arbeitgebers auch sonstige Vertragsbeendigungen in dem 30-Tage-Zeitraum zu berücksichtigen, sofern diese auf Veranlassung des Arbeitgebers erfolgt sind. Auch Aufhebungsverträge oder Eigenkündigungen von Arbeitnehmern zählen daher mit, wenn hierdurch einer Kündigung des Arbeitgebers zuvorgekommen werden soll. Änderungskündigungen sind hingegen nur dann zu berücksichtigen, wenn das Änderungsangebot vom Arbeitnehmer abgelehnt wird.

WICHTIG!

Außerordentliche Kündigungen sind nicht anzeigepflichtig und daher bei der Ermittlung der beabsichtigten Entlassungen auch nicht zu berücksichtigen (§ 17 Abs. 4 KSchG).

3.2 Form, Frist und Inhalt der Anzeige

Liegen die genannten Voraussetzungen vor, muss der Arbeitgeber vor den Entlassungen seine Absicht der für seinen Betrieb örtlich zuständigen Agentur für Arbeit schriftlich anzeigen. Die Anzeige muss schriftlich – also eigenhändig unterschrieben – bei der Agentur für Arbeit eingehen. Telefaxschreiben, Kopien, Faksimiles oder E-Mails reichen nicht. Die Anzeige muss folgende Angaben enthalten (§ 17 Abs. 3 KSchG):

▶ Name des Arbeitgebers,

▶ Sitz und Art des Betriebs,

▶ Anzahl und Berufsgruppen der in der Regel beschäftigten Arbeitnehmer,

▶ Anzahl der zu entlassenden Arbeitnehmer,

▶ Kriterien für deren Auswahl und die Berechnung etwaiger Abfindungen,

▶ Gründe für die Entlassungen,

▶ Zeitraum der Entlassungen.

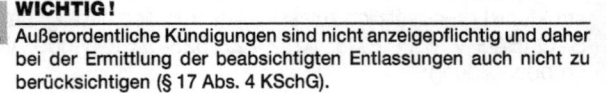 ::**rehm**

 **ACHTUNG!**

Fehlt auch nur eine der genannten Angaben, ist die Anzeige unwirksam! Es empfiehlt sich, die von der Agentur für Arbeit herausgegebenen Formblätter zu verwenden.

Der Arbeitgeber muss dem Betriebsrat die beabsichtigten Entlassungen (mit sämtlichen oben genannten Angaben) schriftlich mitteilen (zu den Einzelheiten s. u. 3.5).

 **ACHTUNG!**

Nach § 17 Abs. 2 S. 1 KSchG hat der Arbeitgeber den Betriebsrat über beabsichtigte Massenentlassungen schriftlich zu unterrichten. Der Zweck dieses Unterrichtungserfordernisses, das seine unionsrechtliche Grundlage in Art. 2 Abs. 3 Unterabs. 1 lit. b) der RL 98/59/EG (Massenentlassungsrichtlinie) hat, liegt nach der Auslegung des EuGH darin, dass die Arbeitnehmervertretung konstruktive Vorschläge zur Verhinderung oder Einschränkung von Massenentlassungen unterbreiten kann. Das BAG hat bislang nicht abschließend geklärt, ob „schriftlich" i. S. v. § 17 Abs. 2 S. 1 KSchG als Schriftformerfordernis gemäß § 126 BGB zu verstehen ist. Wenn der Arbeitgeber dem Betriebsrat die nach § 17 Abs. 2 S. 1 KSchG erforderlichen Angaben in einem nicht unterzeichneten Text mitgeteilt hat, wird ein eventueller Formmangel jedenfalls durch die abschließende Stellungnahme des Betriebsrats zu den Entlassungen geheilt, denn der Zweck des Unterrichtungserfordernisses wird dadurch erreicht (BAG v. 20.9.2012, Az. 6 AZR 155/11).

Der Anzeige bei der Agentur für Arbeit ist eine Abschrift dieser Mitteilung sowie eine Stellungnahme des Betriebsrats zu den Entlassungen beizufügen. Hat der Betriebsrat keine schriftliche Stellungnahme abgegeben, muss der Arbeitgeber gegenüber der Agentur für Arbeit glaubhaft machen (hierzu reicht eine Empfangsbestätigung des Betriebsratsvorsitzenden oder eine eidesstattliche Versicherung des Arbeitgebers), dass er den Betriebsrat mindestens zwei Wochen vor Erstattung der Anzeige über die vorgenannten Angaben schriftlich unterrichtet hat, und den Stand der Beratungen mitteilen. Andernfalls ist die Anzeige unwirksam.

 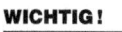 **WICHTIG!**

Bei einer Betriebsänderung ersetzt ein Interessenausgleich mit Namensliste (s. u. „Betriebsänderung" III.3.) die Stellungnahme des Betriebsrats. Dies gilt jedoch nicht für einen Interessenausgleich ohne Namensliste (BAG v. 21.3.2012, Az. 6 AZR 596/10). Auch die schriftliche Unterrichtung des Betriebsrates wird durch einen Interessenausgleich mit Namensliste nicht entbehrlich (BAG v. 18.1.2012, Az. 6 AZR 407/10).

Eine Abschrift der Anzeige ist wiederum dem Betriebsrat zuzuleiten.

Umstritten war, wann die Anzeige herauszugeben ist. Das BAG ist in ständiger Rechtsprechung davon ausgegangen, dass die Anzeige vor der tatsächlichen Beendigung der Arbeitsverhältnisse, nicht jedoch vor Ausspruch der Kündigungen bei der Agentur für Arbeit eingehen muss. In seinem Urteil vom 27.1.2005 (C-188/03 Irmtraut Junk/Wolfgang Kühnel) gelangte der EuGH zu der Auslegung der Richtlinie 98/59/EG, dass mit dem Wort „Entlassung" der Ausspruch der Kündigung gemeint sein muss. Demnach müsste die Beteiligung des Betriebsrats und die Anzeige an die Agentur für Arbeit jedenfalls vor **Zugang der Kündigungen** erfolgen. Andernfalls wären diese unwirksam. Unter Aufgabe seiner bisherigen Rechtsprechung hat sich das BAG der Entscheidung des EuGH angeschlossen, sodass nunmehr Massenentlassungen immer vor Ausspruch der Kündigungen bei der zuständigen Agentur für Arbeit anzuzeigen sind (BAG v. 23.3.2006, Az. 2 AZR 343/05).

Fraglich war ferner in diesem Zusammenhang, ob sich die Arbeitgeber, die auf den Bestand der Rechtsprechung des BAG vertraut und die Massenentlassungsanzeige erst nach Ausspruch der Kündigung abgegeben haben, auf einen Ver-

trauensschutz berufen können. Das BAG hat hierzu nun entschieden, dass das schutzwürdige Vertrauen des Arbeitgebers auf die Rechtsprechung des BAG nicht bereits mit dem Bekanntwerden der gegenteiligen Rechtsprechung des EuGH (Urteil vom 27.1.2005 – C-188/03 –) zur Massenentlassungsrichtlinie 98/59/EG entfallen sei, danach aber dann, wenn die zuständige Agentur für Arbeit ihre frühere der Rechtsprechung des BAG entsprechende Rechtsauffassung geändert hat und dies dem Arbeitgeber bekannt sein musste (BAG v. 13.7.2006, Az. 6 AZR 198/06).

Spätestens nach Veröffentlichung der vorgenannten Entscheidung des BAG v. 23.3.2006 (Az. 2 AZR 343/05) kann sich nun niemand mehr auf die ursprüngliche Rechtsprechung berufen.

3.3 Folgen der korrekten Anzeige

Mit dem Eingang der Anzeige bei der Agentur für Arbeit beginnt automatisch der Lauf einer Sperrfrist. Anzeigepflichtige Entlassungen werden erst nach Ablauf eines Monats wirksam, es sei denn, die zuständige Agentur für Arbeit erteilt vorher ihre Zustimmung (§ 18 Abs. 1 KSchG). Eine Verkürzung der Sperrfrist muss bei der Agentur für Arbeit beantragt werden. Diese kann dann auch rückwirkend bis zum Zeitpunkt der Antragstellung erteilt werden.

Die Agentur für Arbeit kann aber von sich aus eine Verlängerung der Sperrfrist (bis zum Ablauf von zwei Monaten nach Eingang der Anzeige) verfügen. Gegen die Entscheidungen der Agentur für Arbeit sind Widerspruch und (nach dessen Scheitern) Klage zum örtlich zuständigen Sozialgericht zulässig.

Nach Ablauf der automatischen bzw. der von der Agentur für Arbeit festgesetzten Sperrfrist muss der Arbeitgeber innerhalb eines Monats die angezeigten Entlassungen durchführen. Nach Ablauf der Freifrist muss der Arbeitgeber eine erneute Anzeige erstatten, wenn er von der Möglichkeit des Ausspruchs der Kündigung – bis dahin – keinen Gebrauch gemacht hat (BAG v. 23.2.2010, Az. 2 AZR 268/08).

 TIPP!

Die Anzeige sollte daher zeitlich so eingereicht werden, dass der Ausspruch der Kündigungen frühestens einen und spätestens zwei Monate nach Zugang der Anzeige bei der Agentur für Arbeit erfolgt. Die Kündigungen können schon unmittelbar nach Eingang der Anzeige bei der Agentur für Arbeit ausgesprochen werden. § 18 KSchG verbietet nur das Ausscheiden der gekündigten Arbeitnehmer – also den Eintritt der Beendigungswirkung einer Kündigung – vor Ablauf der Sperrfrist (BAG v. 6.11.2008, Az. 935/07). Die durch eine ordnungsgemäße Massenentlassungsanzeige gem. § 17 KSchG eröffnete Kündigungsmöglichkeit wird mit der Erklärung dieser Kündigung verbraucht. Für jede weitere Kündigung ist unter den Voraussetzungen des § 17 Abs. 1 KSchG eine neue Massenentlassungsanzeige erforderlich (BAG v. 22.4.2010, Az. 6 AZR 948/08).

3.4 Folgen der unvollständigen oder unterlassenen Anzeige

Eine unvollständige oder gänzlich unterlassene Anzeige führt zur vorläufigen Unwirksamkeit der anzeigepflichtigen Entlassungen. Der Arbeitgeber kann die fehlenden Angaben jedoch jederzeit nachholen. Erst nach vollständiger Anzeige fängt die Sperrfrist an zu laufen. Wurden vorher bereits Kündigungen erklärt, werden diese endgültig unwirksam, wenn bis zum Ablauf der Kündigungsfrist keine vollständige Anzeige bei der Agentur für Arbeit vorliegt. Diese Rechtsfolgen treten jedoch nur ein, wenn sich der Arbeitnehmer hierauf ausdrücklich beruft.

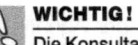

WICHTIG!

Ist eine Massenentlassungsanzeige des Arbeitgebers nach § 17 KSchG fehlerhaft, weil er beispielsweise der Anzeige keine Stellungnahme des Betriebsrats bzw. ersatzweise den geschlossenen Interessenausgleich mit Namensliste beigefügt hat, führt dies zur Unwirksamkeit der Kündigung. Ergeht trotz der fehlerhaften Massenentlassungsanzeige ein bestandskräftiger Bescheid der Agentur für Arbeit, wird die fehlerhafte Anzeige durch diesen Bescheid nicht geheilt. Die Bindungswirkung des Bescheids hat keine Auswirkung auf die Wirksamkeit der Massenentlassungsanzeige (BAG v. 28.6.2012, Az. 6 AZR 780/10).

3.5 Beteiligung des Betriebsrats

Der Betriebsrat ist rechtzeitig (s. u. „Wichtig") über

▶ die Gründe der geplanten Entlassungen,

▶ die Zahl und die Berufsgruppen der zu entlassenden Arbeitnehmer,

▶ die Zahl und die Berufsgruppen der in der Regel beschäftigten Arbeitnehmer,

▶ den Zeitraum, in dem die Entlassungen vorgenommen werden sollen,

▶ die vorgesehenen Kriterien für die Auswahl der zu entlassenden Arbeitnehmer und

▶ die für die Berechnung etwaiger Abfindungen vorgesehenen Kriterien

schriftlich zu unterrichten. Ferner muss der Arbeitgeber dem Betriebsrat auch weitere zweckdienliche Auskünfte mitteilen und sich mit ihm darüber beraten, ob Möglichkeiten zur Vermeidung der Entlassungen oder Abmilderung ihrer Folgen bestehen (§ 17 Abs. 2 KSchG).

WICHTIG!

Die Konsultationspflicht entsteht bereits dann, wenn der Arbeitgeber erwägt, Massenentlassungen vorzunehmen oder einen Plan zur Massenentlassung aufstellt. Da die Konsultationspflicht insbesondere dazu dient, dem Betriebsrat bzw. der Arbeitnehmervertretung Gelegenheit dazu einzuräumen, auf die Arbeitgeberentscheidung Einfluss zu nehmen, brauchen die vorgenannten Angaben zu Beginn der Konsultation nur dem Stand der Arbeitgeberplanungen und -erwägungen widerzuspiegeln. Es ist also nicht erforderlich, dass der Arbeitgeber sämtliche vorgenannten Informationen zu Beginn der Konsultation liefert; es reicht, wenn er diese im Verlauf der Konsultationen erteilt (EuGH v. 10.9.2009, Az. C-44/08 – AEK/Fujitsu Siemens).

Bei einer Betriebsänderung ersetzt ein Interessenausgleich (s. u. „Betriebsänderung" III.3.) die Stellungnahme des Betriebsrats.

Eine Beteiligung des Betriebsrats kann bei Massenentlassungen auch nach

▶ § 92 BetrVG (Personalplanung),

▶ § 99 BetrVG (Mitbestimmung in Personalmaßnahmen),

▶ § 106 BetrVG (Unterrichtung des Wirtschaftsausschusses) und

▶ § 111 ff. BetrVG (Betriebsänderungen)

in Betracht kommen.

ACHTUNG!

In jedem Fall muss der Betriebsrat (auch) gemäß § 102 BetrVG zu den einzelnen Kündigungen angehört werden.

4. Anspruch auf Abfindung gem. § 1a KSchG

Im Falle einer betriebsbedingten Kündigung kann der Arbeitnehmer seit 1.1.2004 wählen, ob er gegen eine Kündigung Klage erhebt oder sich eine Abfindung gem. § 1a KSchG aus-

zahlen lässt. Voraussetzung hierfür ist eine betriebsbedingte Kündigung, die den Hinweis des Arbeitgebers auf die Möglichkeit des gesetzlichen Abfindungsanspruchs enthält.

Formulierungsbeispiel:

„Wir weisen darauf hin, dass die Kündigung aus dringenden betrieblichen Gründen erfolgt und Ihnen wegen der betriebsbedingten Beendigung ein gesetzlicher Anspruch auf Zahlung einer Abfindung gem. § 1a KSchG zusteht, sofern Sie gegen die Kündigung innerhalb der gesetzlichen Klagefrist keine Klage erheben. Die Höhe der Abfindung beträgt gem. § 1a Abs. 2 KSchG 0,5 Monatsverdienste für jedes Jahr des Bestehens des Arbeitsverhältnisses. Als Monatsverdienst gilt gem. § 10 Abs. 3 KSchG, was Ihnen bei der für Sie maßgebenden regelmäßigen Arbeitszeit in dem Monat, in dem das Arbeitsverhältnis endet, an Geld und Sachbezügen zusteht. Bei der Ermittlung der Dauer des Arbeitsverhältnisses ist ein Zeitraum von mehr als sechs Monaten auf ein volles Jahr aufzurunden. Sollten Sie also gegen die Kündigung bis zum Ablauf der gesetzlichen Klagefrist keine Klage erheben, steht Ihnen nach Ablauf der Kündigungsfrist eine Abfindung in Höhe von € .... zu."

Eine zutreffende Berechnung der Abfindungshöhe ist an dieser Stelle nicht zwingend erforderlich. Nach § 1a Abs. 1 KSchG setzt der Anspruch auf Zahlung einer Abfindung lediglich voraus, dass die Hinweise auf die zur Rechtfertigung der Kündigung maßgeblichen dringenden betrieblichen Erfordernisse und auf das Verstreichenlassen der Klagefrist nach § 4 Satz 1 KSchG erfolgen. Die für die Berechnung des Anspruchs maßgebliche Vorschrift des § 1a Abs. 2 KSchG muss noch nicht einmal ausdrücklich erwähnt, geschweige denn der sich hieraus ergebende Betrag beziffert werden (vgl. BAG v. 13.12.2007, Az. 2 AZR 807/06).

Liegen die gesetzlichen Voraussetzungen vor, entsteht der Abfindungsanspruch in Höhe eines halben Monatsverdienstes für jedes Beschäftigungsjahr mit Verstreichenlassen der Klagefrist gem. § 4 KSchG. Die Abfindung wird dann nach Ablauf der Kündigungsfrist zur Zahlung fällig. Aus diesem Grunde ist der Abfindungsanspruch gem. § 1a KSchG auch erst mit Ablauf der Kündigungsfrist und nicht vorher vererblich (BAG v. 10.5.2007, Az. 2 AZR 45/06). Die Erhebung einer Kündigungsschutzklage schließt ebenso wie ein Antrag auf nachträgliche Klagezulassung den Abfindungsanspruch aus. Dies gilt auch dann, wenn der Arbeitnehmer seine Klage oder seinen Antrag auf nachträgliche Klagezulassung wieder zurücknimmt. Ungeachtet dessen, können die Parteien sich aber dann selbstverständlich noch gütlich auf die Zahlung der Abfindung einigen.

Als Monatsverdienst gilt gem. § 10 Abs. 3 KSchG, was dem Arbeitnehmer bei der für ihn maßgebenden regelmäßigen Arbeitszeit in dem Monat, in dem das Arbeitsverhältnis endet, an Geld und Sachbezügen zusteht. Bei der Ermittlung der Dauer des Arbeitsverhältnisses ist ein Zeitraum von mehr als sechs Monaten auf ein volles Jahr aufzurunden.

Der Abfindungsanspruch nach § 1a Abs. 1 KSchG entsteht in der gesetzlichen Höhe auch dann, wenn der Arbeitgeber dem Arbeitnehmer informatorisch einen niedrigeren Abfindungsbetrag mitgeteilt hat. Durch die gesetzliche Abfindungsregelung sind die Arbeitsvertragsparteien zwar nicht daran gehindert, eine geringere Abfindung zu vereinbaren. Will der Arbeitgeber dem Arbeitnehmer allerdings eine geringere Abfindung anbieten, so muss er hierbei unmissverständlich erklären, dass sein Angebot kein solches nach § 1a KSchG sein soll.

WICHTIG!

Der Arbeitgeber muss sich bereits bei Ausspruch der Kündigung überlegen, ob er dem Arbeitnehmer durch den Hinweis auf die Möglichkeit der gesetzlichen Abfindung ein entsprechendes Wahlrecht einräumt. Dies ist immer nur dann zu empfehlen, wenn die Wirksamkeit der Kündigung zumindest zweifelhaft ist und dem Arbeitnehmer durch die Abfindungsmöglichkeit die Unterlassung einer Kündigungsschutzklage schmackhaft gemacht werden soll. Steht die betriebsbedingte Kündigung im Zusammenhang mit einem Betriebs-

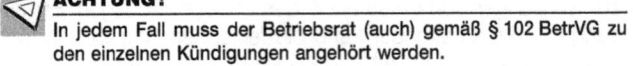

übergang, sollte von der Anwendung der Abfindungsregelung gem. § 1a KSchG nicht Gebrauch gemacht werden, da der Arbeitnehmer u. U. den Fortbestand des Arbeitsverhältnisses ggf. im Zusammenhang mit einem Widerspruch gegen den Betriebsübergang bei dem Arbeitgeber geltend machen kann, der die Kündigung nicht ausgesprochen hat. In dieser Konstellation kann es also dazu kommen, dass der Arbeitnehmer seinen Anspruch auf die gesetzliche Abfindung gegenüber dem kündigenden Arbeitgeber geltend macht und gegenüber dem anderen Arbeitgeber gleichzeitig den Fortbestand des Arbeitsverhältnisses beansprucht. In diesen Fällen ist zu empfehlen, dass der Arbeitgeber einen echten Vertrag mit dem Arbeitnehmer schließt, dessen Inhalt an die besondere Situation anzupassen ist.

IV. Personenbedingte Kündigung

1. Allgemeine Voraussetzungen

Voraussetzung für eine personenbedingte Kündigung ist, dass der Arbeitnehmer aufgrund seiner persönlichen Fähigkeiten und Eigenschaften nicht mehr in der Lage ist, künftig seine arbeitsvertraglichen Verpflichtungen zu erfüllen. Ein Verschulden des Arbeitnehmers ist nicht erforderlich. Vertragswidriges, vom Arbeitnehmer gesteuertes Verhalten ist kein personen-, sondern ein verhaltensbedingter Kündigungsgrund.

1.1 Fähigkeiten und Eignung

Für eine personenbedingte Kündigung müssen die persönlichen Fähigkeiten und Eignungen des Arbeitnehmers fehlen oder gemindert sein. Die Eignung als solche bezieht sich nicht nur auf die Arbeitsleistung, ihren Umfang und Qualität, sondern auch auf das im Arbeitsverhältnis nötige soziale Verhalten (wie z. B. Verhältnis zu Vorgesetzten, Arbeitskollegen, Kunden etc.). Nur ausnahmsweise kann sich die private Lebensführung auf die Eignung des Arbeitnehmers auswirken (z. B. Kirchenaustritt bei kirchlichen Arbeitsverhältnissen).

1.2 Beeinträchtigung betrieblicher Interessen

Das Fehlen oder die Minderung von Fähigkeiten oder Eignung muss so gewichtig sein, dass durch sie betriebliche oder wirtschaftliche Interessen des Arbeitgebers in unzumutbarer Weise beeinträchtigt werden.

Die Beurteilung richtet sich nach den zukünftigen Verhältnissen (sog. Zukunftsprognose). Nur wenn davon auszugehen ist, dass die Mängel auch in Zukunft fortbestehen, kommt eine personenbedingte Kündigung in Betracht.

1.3 Interessenabwägung

Eine personenbedingte Kündigung kann nur dann ausgesprochen werden, wenn mildere Maßnahmen zur Behebung der betrieblichen Beeinträchtigungen nicht zur Verfügung stehen. Insbesondere ist zu prüfen, ob der Arbeitnehmer nicht an einem anderen freien Arbeitsplatz weiterbeschäftigt werden kann, an dem sich die Mängel voraussichtlich nicht oder nur in hinnehmbarem Maße auswirken.

Ferner ist stets zu prüfen, ob sich die Kündigung nicht durch Überbrückungsmaßnahmen vermeiden lässt oder zumutbare Umschulungs- oder Fortbildungsmaßnahmen in Betracht kommen.

Da die personenbedingte Kündigung kein Verschulden des Arbeitnehmers voraussetzt, wird an die Interessenabwägung ein strenger Maßstab angelegt. Auf Seiten des **Arbeitnehmers** sind zu berücksichtigen

- Lebensalter des Arbeitnehmers,
- Dauer der Betriebszugehörigkeit,

- Verlauf des Arbeitsverhältnisses,
- Ursache der fehlenden Eignung des Arbeitnehmers,
- erhöhtes soziales Schutzbedürfnis (Unterhaltspflichten, wirtschaftliche Verhältnisse, Gesundheitszustand).

Auf Seiten des **Arbeitgebers** sind alle vom Arbeitnehmer ausgehenden betrieblichen oder wirtschaftlichen Beeinträchtigungen zu berücksichtigen.

2. Einzelfälle

2.1 Minderleistung

Erbringt ein Arbeitnehmer über einen längeren Zeitraum nur 50 bis 60 Prozent der Leistung vergleichbarer Arbeitnehmer, so kann eine personenbedingte Kündigung gerechtfertigt sein. Mit seiner Entscheidung vom 11.12.2003 hat das BAG (BAG v. 11.12.2003, Az. 2 AZR 667/02) eine Minderleistung entsprechend definiert und die Zulässigkeit sowohl einer verhaltensbedingten – wie auch einer personenbedingten Kündigung bestätigt. Voraussetzung für eine personenbedingte Kündigung ist in diesen Fällen allerdings, dass

- auch für die Zukunft mit einer „schweren Störung des Vertragsgleichgewichts" (= Minderleistung in dem genannten Ausmaß) zu rechnen ist;
- ein milderes Mittel (z. B. Abmahnung, Umsetzung) zur Wiederherstellung des Vertragsgleichgewichts nicht zur Verfügung steht; und
- dem Schutz älterer, langjährig beschäftigter und erkrankter Arbeitnehmer ausreichend Rechnung getragen wird.

Die verhaltensbedingte Kündigung gegenüber einem leistungsschwachen Arbeitnehmer kann nach § 1 Abs. 2 KSchG gerechtfertigt sein, wenn der Arbeitnehmer seine arbeitsvertraglichen Pflichten dadurch vorwerfbar verletzt, dass er fehlerhaft arbeitet. Ein Arbeitnehmer genügt – mangels anderer Vereinbarungen – seiner Vertragspflicht, wenn er unter angemessener Ausschöpfung seiner persönlichen Leistungsfähigkeit arbeitet. Er verstößt gegen seine Arbeitspflicht nicht allein dadurch, dass er die durchschnittliche Fehlerhäufigkeit aller Arbeitnehmer überschreitet. Allerdings kann die längerfristige deutliche Überschreitung der durchschnittlichen Fehlerquote je nach tatsächlicher Fehlerzahl, Art, Schwere und Folgen der fehlerhaften Arbeitsleistung ein Anhaltspunkt dafür sein, dass der Arbeitnehmer vorwerfbar seine vertraglichen Pflichten verletzt. Legt der Arbeitgeber dies im Prozess dar, so muss der Arbeitnehmer erläutern, warum er trotz erheblicher unterdurchschnittlicher Leistungen seine Leistungsfähigkeit ausschöpft (BAG v. 17.1.2008, Az. 2 AZR 536/06; LAG München v. 3.3.2011, Az. 3 Sa 764/10).

Liegt eine krankheitsbedingte Eignungs- oder Leistungsminderung des Arbeitnehmers vor, so scheidet eine verhaltensbedingte Kündigung deswegen aus. In diesen Fällen kommt eine personenbedingte (krankheitsbedingte) Kündigung in Betracht (s. u. 3.).

2.2 Alkoholismus und Drogensucht

Bei Alkoholismus und Drogensucht handelt es sich medizinisch gesehen um behandlungsbedürftige Krankheiten. Abzugrenzen hiervon ist der einfache – nicht krankheitsbedingte – Alkoholmissbrauch. Da eine verhaltensbedingte Kündigung willensgesteuerte Pflichtverstöße des Arbeitnehmers voraussetzt, die krankheitsbedingte Sucht aber durch einen weitgehenden Ausschluss der Selbstkontrolle gekennzeichnet ist, scheidet in derartigen Fällen eine verhaltensbedingte Kündigung aus. Für die personenbedingte Kündigung gelten die Grundsätze zur krankheitsbedingten Kündigung.

Es müssen also folgende Voraussetzungen gegeben sein (s. auch u. 3.):

▶ Im Zeitpunkt des Kündigungszugangs müssen Tatsachen vorliegen, die die Prognose eines fortdauernden Alkoholismus des Arbeitnehmers rechtfertigen (negative **Gesundheitsprognose**).

▶ Der prognostizierte anhaltende Alkoholismus des Arbeitnehmers muss zu einer erheblichen **Beeinträchtigung der betrieblichen Interessen** führen, die sich nicht durch geeignete mildere Mittel vermeiden lässt.

▶ Die **Interessenabwägung** muss ergeben, dass der Arbeitgeber die Beeinträchtigungen unter Berücksichtigung der Besonderheiten des Einzelfalls nicht mehr hinnehmen muss (unzumutbare Belastung des Betriebs).

Von wesentlicher Bedeutung ist die Therapiebereitschaft des Arbeitnehmers. Die bei einer krankheitsbedingten Kündigung anzustellende negative Gesundheitsprognose ist immer dann zu bejahen, wenn der Arbeitnehmer zum Zeitpunkt des Kündigungszugangs zu einer Entziehungsmaßnahme nicht bereit ist. Von einer fehlenden Therapiebereitschaft kann nur dann ausgegangen werden, wenn der Arbeitnehmer dies durch Äußerungen oder sein Verhalten unmissverständlich zum Ausdruck gebracht hat.

 **TIPP!**

Der Arbeitgeber sollte vor Ausspruch der personenbedingten Kündigung in einem Gespräch die Einsichtsfähigkeit und Therapiebereitschaft des Arbeitnehmers klären!

Bricht der Arbeitnehmer eine Therapie vorzeitig ab oder wird er wenige Wochen nach ihrem Abschluss rückfällig, so spricht dies für eine negative Gesundheitsprognose.

2.3 Fehlende Arbeitserlaubnis

Fehlt die nach § 284 SGB III erforderliche Arbeitserlaubnis oder erlischt sie, besteht ein gesetzliches Beschäftigungsverbot. Der Arbeitsvertrag wird jedoch nicht automatisch beendet. Zur Auflösung des Arbeitsverhältnisses bedarf es einer personenbedingten Kündigung.

Eine personenbedingte Kündigung ist gerechtfertigt, wenn die Behörde die erforderliche Erlaubnis rechtskräftig und damit endgültig verweigert hat. Stehen dem Arbeitnehmer noch Rechtsmittel gegen die ablehnende Entscheidung zu, ist eine personenbedingte Kündigung dann nicht gerechtfertigt, wenn dem Arbeitgeber zugemutet werden kann, den Ausgang des Verfahrens abzuwarten. Dies hängt insbesondere von den Erfolgsaussichten des Rechtsmittels und der voraussichtlichen Dauer des Verfahrens ab.

WICHTIG!

Wird ein Arbeitnehmer wegen des Beschäftigungsverbots nicht eingesetzt, so gerät der Arbeitgeber nicht in Annahmeverzug. Dem Arbeitnehmer steht nach § 615 BGB kein Vergütungsanspruch zu.

2.4 Wegfall der Sozialversicherungsfreiheit

Der nachträgliche Wegfall der Sozialversicherungsfreiheit (z. B. wegen überlanger Studiendauer) stellt kein notwendiges Eignungsmerkmal für die geschuldete Arbeitsleistung und somit keine persönliche Eigenschaft des Arbeitnehmers dar. Daher kann in solchen Fällen nicht wegen des Wegfalls der Sozialversicherungsfreiheit personenbedingt gekündigt werden (BAG v. 18.1.2007, Az. 2 AZR 731/05).

2.5 Fehlende behördliche Erlaubnis

Wie bei der Arbeitserlaubnis kann auch der Wegfall sonstiger für die Berufsausübung erforderlicher Erlaubnisse den Arbeitgeber zur personenbedingten Kündigung berechtigen, z. B.

▶ die Approbation eines Arztes,

▶ die Fluglizenz eines Piloten,

▶ die Fahrerlaubnis eines Kraftfahrers,

▶ die polizeiliche Befugnis für Wachpersonen,

▶ die schulaufsichtliche Genehmigung für Lehrer.

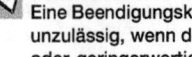 **ACHTUNG!**

Eine Beendigungskündigung ist auch in den genannten Fällen immer unzulässig, wenn der Arbeitnehmer an einem anderen freien (gleich- oder geringerwertigen) Arbeitsplatz ohne die behördliche Erlaubnis weiterbeschäftigt werden kann und dies dem Arbeitgeber auch zumutbar ist!

2.6 Druckkündigung

Wird von einem oder mehreren Dritten (Arbeitskollegen, Betriebsrat, Gewerkschaft, Kunden etc.) unter Androhung von Nachteilen für den Arbeitgeber die Entlassung eines bestimmten Arbeitnehmers verlangt, so kann eine Druckkündigung berechtigt sein. Vor Ausspruch der Kündigung muss der Arbeitgeber sich aber schützend vor den Arbeitnehmer stellen und versuchen, den Dritten von der Realisierung seiner Drohungen abzubringen (BAG v. 18.9.1975, Az. 2 AZR 311/74). Das gilt erst recht, wenn das Verlangen des Dritten sachlich ungerechtfertigt ist. Bleibt dem Arbeitgeber nur noch die Wahl, den Arbeitnehmer zu entlassen oder die angedrohten schweren wirtschaftlichen Nachteile hinzunehmen, ist eine Kündigung gerechtfertigt. Hierbei ist zu unterscheiden:

Besteht in der Person des zu Kündigenden ein sachlicher Grund für das Kündigungsverlangen des Dritten (z. B. unangemessener Führungsstil, mangelnde Teamfähigkeit), so handelt es sich um eine personenbedingte Kündigung.

Besteht dieser sachliche Grund nicht, so kann – zur Vermeidung der angedrohten schweren wirtschaftlichen Nachteile für den Betrieb – betriebsbedingt gekündigt werden.

Stellt sich die Einhaltung der ordentlichen Kündigungsfrist – angesichts der drohenden Nachteile – für den Arbeitgeber als unzumutbar dar, muss er außerordentlich (fristlos) kündigen.

WICHTIG!

Die Kündigung muss zur Abwendung der drohenden Nachteile das letzte Mittel des Arbeitgebers sein. Kommen andere Maßnahmen zur Beseitigung des Konflikts in Betracht (z. B. Abmahnung, Versetzung oder Änderungskündigung), muss der Arbeitgeber diese Mittel zunächst ausschöpfen.

2.7 Sektenzugehörigkeit

Auch die Zugehörigkeit zu einer Sekte (z. B. Scientology) kann die mangelnde Eignung im Sinne einer personenbedingten Kündigung begründen. Dies gilt insbesondere dann, wenn die Mitgliedschaft in der Sekte zu einer möglichen Gefährdung anderer Personen führen kann oder die Berufstätigkeit zur Beeinflussung (z. B. von Arbeitskollegen oder Kunden) genutzt wird.

2.8 Freiheitsstrafe

Die Verbüßung einer mehrjährigen Freiheitsstrafe ist grundsätzlich geeignet, die ordentliche Kündigung des Arbeitsverhältnisses zu rechtfertigen. Haben die der strafgerichtlichen Verurteilung zugrunde liegenden Taten keinen Bezug zum Arbeitsverhältnis, kommt regelmäßig nur eine ordentliche personenbedingte Kündigung in Betracht (BAG v. 24.3.2011, Az. 2 AZR 790/09). Da der Arbeitgeber im Fall der haftbedingten Arbeitsunfähigkeit des Arbeitnehmers typischerweise von der Lohnzahlungspflicht befreit ist, hängt es von Art und Ausmaß der betrieblichen Auswirkungen ab, ob die Inhaftierung geeignet ist, eine Kündigung zu rechtfertigen. Jedenfalls dann, wenn der Arbeitnehmer im Kündigungszeitpunkt noch eine Freiheitsstrafe von mehr als zwei Jahren zu verbüßen hat und ein Freigängerstatus oder seine vorzeitige Entlassung aus der Haft vor Ablauf von zwei Jahren nicht sicher zu erwarten steht, braucht der Arbeitgeber den Arbeitsplatz für ihn nicht freizuhalten. Überbrückungsmaßnahmen sind dem Arbeitgeber angesichts der Dauer der zu erwartenden Fehlzeit und in Anbetracht der vom Arbeitnehmer typischerweise zu vertretenden Arbeitsverhinderung regelmäßig nicht zumutbar (BAG v. 24.3.2011, Az. 2 AZR 790/09). Allerdings kann nicht jede Freiheitsstrafe ohne Rücksicht auf ihre Dauer und ihre Auswirkungen ein Kündigungsrecht begründen. Da der Arbeitgeber im Fall der haftbedingten Arbeitsunfähigkeit des Arbeitnehmers typischerweise von der Lohnzahlungspflicht befreit ist, hängt es von Art und Ausmaß der betrieblichen Auswirkungen ab, ob die Inhaftierung geeignet ist, eine Kündigung zu rechtfertigen. Jedenfalls dann, wenn der Arbeitnehmer im Kündigungszeitpunkt noch eine Freiheitsstrafe von mehr als zwei Jahren zu verbüßen hat und ein Freigängerstatus oder seine vorzeitige Entlassung aus der Haft vor Ablauf von zwei Jahren nicht sicher zu erwarten steht, braucht der Arbeitgeber den Arbeitsplatz für ihn nicht freizuhalten. Überbrückungsmaßnahmen sind dem Arbeitgeber angesichts der Dauer der zu erwartenden Fehlzeit und in Anbetracht der vom Arbeitnehmer typischerweise zu vertretenden Arbeitsverhinderung regelmäßig nicht zumutbar (BAG v. 25.11.2010, Az. 2 AZR 984/08).

3. Krankheit

3.1 Begriff und Abgrenzung

Immer dann, wenn die Krankheit eines Arbeitnehmers Anlass zu einer personenbedingten Kündigung gibt, spricht man von einer sog. krankheitsbedingten Kündigung. Hierbei sind vier Fallgruppen zu unterscheiden:

lang anhaltende Krankheit,

häufige Kurzerkrankungen,

dauernde Arbeitsunfähigkeit,

krankheitsbedingte Eignungs- oder Leistungsminderung.

ACHTUNG!

Nicht die Krankheit als solche, sondern nur deren störende Auswirkungen auf den Betrieb des Arbeitgebers können eine krankheitsbedingte Kündigung rechtfertigen.

Ob eine krankheitsbedingte Kündigung sozial gerechtfertigt ist, muss in drei Stufen geprüft werden:

- Im Zeitpunkt des Kündigungszugangs müssen Tatsachen vorliegen, die die Prognose einer fortdauernden Krankheit des Arbeitnehmers rechtfertigen (negative **Gesundheitsprognose**).

- Der prognostizierte Gesundheitszustand des Arbeitnehmers muss zu einer erheblichen **Beeinträchtigung der betrieblichen Interessen** führen, die sich nicht durch geeignete mildere Mittel vermeiden lässt.

- Die **Interessenabwägung** muss ergeben, dass der Arbeitgeber die Beeinträchtigungen unter Berücksichtigung der Besonderheiten des Einzelfalls nicht mehr hinnehmen muss (unzumutbare Belastung des Betriebs).

ACHTUNG!

Eine Kündigung ist entsprechend dem das ganze Kündigungsrecht beherrschenden Verhältnismäßigkeitsgrundsatz unverhältnismäßig und damit rechtsunwirksam, wenn sie durch andere Mittel vermieden werden kann, d. h., wenn sie zur Beseitigung der betrieblichen Beeinträchtigungen bzw. der eingetretenen Vertragsstörung nicht erforderlich ist. Dabei kommt bei einer krankheitsbedingten Kündigung nicht nur eine Weiterbeschäftigung auf einem anderen, freien

Arbeitsplatz in Betracht. Der Arbeitgeber hat vielmehr alle gleichwertigen, leidensgerechten Arbeitsplätze, auf denen der betroffene Arbeitnehmer unter Wahrnehmung des Direktionsrechts einsetzbar wäre, in Betracht zu ziehen und ggf. „freizumachen" (vgl. BAG v. 12.7.2007, Az. 2 AZR 716/06; v. 10.12.2009, Az. 2 AZR 400/08).

Der Arbeitgeber hat zur Vermeidung einer krankheitsbedingten Kündigung das **Betriebliche Eingliederungsmanagement (BEM)** gem. § 84 Abs. 2 SGB IX durchzuführen, und zwar grundsätzlich auch dann, wenn keine betriebliche Interessenvertretung besteht. Durch die gemeinsame Anstrengung aller Beteiligten soll ein betriebliches Eingliederungsmanagement geschaffen werden, das durch geeignete Gesundheitsprävention das Arbeitsverhältnis möglichst dauerhaft sichert (BT-Drucks.15/1783 S. 16). Die Gesetzesbegründung nennt die betriebliche Interessenvertretung ausdrücklich nur als eine von mehreren Beteiligten, mit denen eine gemeinsame Klärung möglicher Maßnahmen erfolgen soll, um kurzfristig Beschäftigungshindernisse zu überwinden und den Arbeitsplatz durch Leistungen und Hilfen zu erhalten. Durch die dem Arbeitgeber gemäß § 84 Abs. 2 SGB IX auferlegten besonderen Verhaltenspflichten soll damit möglichst frühzeitig einer Gefährdung des Arbeitsverhältnisses eines kranken Menschen begegnet und die dauerhafte Fortsetzung der Beschäftigung erreicht werden (vgl. BAG v. 12.7.2007, Az. 2 AZR 716/06; v. 10.12.2009, Az. 2 AZR 400/08).

Das BEM stellt zwar keine formelle Wirksamkeitsvoraussetzung für eine Kündigung dar. Es hat jedoch Auswirkungen auf die Verteilung der Darlegungs- und Beweislast im Kündigungsschutzprozess wegen krankheitsbedingter Kündigung. Das BAG (BAG v. 10.12.2009, Az. 2 AZR 400/08) führt hierzu aus:

- Hat der Arbeitgeber vor Ausspruch der Kündigung kein BEM durchgeführt, hat er von sich aus darzulegen, weshalb denkbare oder vom Arbeitnehmer aufgezeigte Alternativen zu den bestehenden Beschäftigungsbedingungen mit der Aussicht auf eine Reduzierung der Ausfallzeiten nicht in Betracht kommen. Das Gleiche gilt, wenn ein Verfahren durchgeführt wurde, das nicht den gesetzlichen Mindestanforderungen an ein BEM genügt.

- Hat das ordnungsgemäß durchgeführte BEM zu einem negativen Ergebnis geführt, genügt der Arbeitgeber seiner Darlegungslast, wenn er auf diesen Umstand hinweist und vorträgt, es bestünden keine anderen Beschäftigungsmöglichkeiten. Es ist Sache des Arbeitnehmers im Einzelnen darzutun, dass es entgegen dem Ergebnis des BEM weitere Alternativen gebe, die entweder dort trotz ihrer Erwähnung nicht behandelt worden seien oder sich erst nach dessen Abschluss ergeben hätten.

- Hat ein BEM stattgefunden und zu einem positiven Ergebnis geführt, ist der Arbeitgeber grundsätzlich verpflichtet, die betreffende Empfehlung umzusetzen. Kündigt er das Arbeitsverhältnis, ohne dies zumindest versucht zu haben, muss er von sich aus darlegen, warum die Maßnahme entweder undurchführbar war oder selbst bei einer Umsetzung nicht zu einer Reduzierung der Ausfallzeiten geführt hätte.

- Bedarf es zur Umsetzung der Empfehlung einer Einwilligung oder Initiative des Arbeitnehmers, kann der Arbeitgeber dafür eine angemessene Frist setzen. Bei ergebnislosem Fristablauf ist eine Kündigung nicht wegen Missachtung der Empfehlung unverhältnismäßig, wenn der Arbeitgeber die Kündigung für diesen Fall angedroht hat.

ACHTUNG!

Bestand eine Verpflichtung zur Durchführung eines BEM, darf der Arbeitgeber sich im Kündigungsschutzprozess nicht darauf beschränken, pauschal vorzutragen, es gebe keine leidensgerechten Arbeitsplätze, die der erkrankte Arbeitnehmer trotz seiner Erkran-

kung ausfüllen könne. Er hat vielmehr von sich aus denkbare oder vom Arbeitnehmer (außergerichtlich) bereits genannte Alternativen zu würdigen und im Einzelnen darzulegen, aus welchen Gründen sowohl eine Anpassung des bisherigen Arbeitsplatzes an dem Arbeitnehmer zuträgliche Arbeitsbedingungen als auch die Beschäftigung auf einem anderen – leidensgerechten – Arbeitsplatz ausscheidet (BAG v. 30.9.2010, Az. 2 AZR 88/09). Ein betriebliches Eingliederungsmanagement BEM ist schon dann durchzuführen, wenn die krankheitsbedingten Fehlzeiten des Arbeitnehmers innerhalb eines Jahres insgesamt mehr als sechs Wochen betragen haben. Nicht erforderlich ist, dass es eine einzelne Krankheitsperiode von durchgängig mehr als sechs Wochen gab (BAG v. 24.3.2011, 2 AZR 170/10).

Zwingende Voraussetzung für die Durchführung eines BEM ist das Einverständnis des Betroffenen. Dabei gehört zu einem regelkonformen Ersuchen des Arbeitgebers um Zustimmung des Arbeitnehmers die Belehrung nach § 84 Abs. 2 Satz 3 SGB IX über die Ziele des BEM sowie über Art und Umfang der hierfür erhobenen und verwendeten Daten. Sie soll dem Arbeitnehmer die Entscheidung ermöglichen, ob er ihm zustimmt oder nicht. Stimmt der Arbeitnehmer trotz ordnungsgemäßer Aufklärung nicht zu, ist das Unterlassen eines BEM „kündigungsneutral" (BAG a.a.O.).

3.2 Negative Gesundheitsprognose

Der Gesundheitsprognose sind die objektiv vorliegenden Tatsachen im Zeitpunkt des Kündigungszugangs zugrunde zu legen. Es kommt in diesem Zusammenhang darauf an, an welchen Krankheiten der Arbeitnehmer leidet, welche Behandlungen möglich und ggf. eingeleitet worden sind und inwieweit der Arbeitnehmer bereit und in der Lage ist, durch sein Verhalten und die Änderung seiner Lebensgewohnheiten zur Wiedergenesung beizutragen.

Der Arbeitnehmer ist verpflichtet, auch ohne entsprechende Vereinbarung an der Feststellung seines Gesundheitszustands mitzuwirken, wenn

▶ Anhaltspunkte dafür bestehen, dass der Arbeitnehmer gesundheitlich für die arbeitsvertragliche Tätigkeit ungeeignet ist;

▶ der Arbeitgeber nach den ihm bekannten Tatsachen damit rechnen muss, dass der Arbeitnehmer durch seinen Gesundheitszustand andere gefährdet (wie z. B. bei einer ansteckenden Krankheit);

▶ der Arbeitgeber für seine weiteren betrieblichen Dispositionen Informationen darüber benötigt, wann der Arbeitnehmer voraussichtlich wieder gesund und einsatzbereit sein wird.

Ist der Arbeitnehmer zur Mitwirkung verpflichtet, braucht er nur die unbedingt notwendigen Informationen mitzuteilen. Wenn die Auskünfte unzureichend sind oder der Arbeitgeber berechtigte Zweifel an ihrer Vollständigkeit und Richtigkeit hat, muss der Arbeitnehmer entweder seine Ärzte von der Schweigepflicht entbinden oder ein ärztliches Attest vorlegen.

Aus gesetzlichen Vorschriften, dem Arbeitsvertrag oder dem Tarifvertrag kann sich die Verpflichtung des Arbeitnehmers ergeben, sich auf Wunsch des Arbeitgebers untersuchen zu lassen. Schmerzhafte und risikobeladene Untersuchungen können dem Arbeitnehmer aber nicht zugemutet werden. Der Arbeitnehmer kann den Arzt frei wählen, wenn das nach dem Untersuchungszweck möglich ist. Die Kosten der Untersuchung hat der Arbeitgeber zu tragen.

Verweigert der Arbeitnehmer die Mitwirkung, kommt nach vorheriger Abmahnung eine verhaltensbedingte Kündigung in Betracht.

3.3 Beeinträchtigung von betrieblichen Interessen

Krankheitsbedingte Ausfallzeiten können die betrieblichen Interessen des Arbeitgebers in zweifacher Hinsicht beeinträchtigen und deshalb eine krankheitsbedingte Kündigung rechtfertigen:

▶ Zum einen können durch die Ausfallzeiten schwerwiegende Störungen im Betriebsablauf (z. B. Produktionsausfall oder -minderung, erforderlicher Abzug von benötigten Arbeitnehmern aus anderen Arbeitsbereichen) entstehen.

▶ Zum anderen können sie zu erheblichen wirtschaftlichen Belastungen des Arbeitgebers führen. Eine solche Belastung kann z. B. in Mehraufwendungen für die Beschäftigung von Aushilfskräften oder in außergewöhnlich hohen Lohnfortzahlungskosten liegen.

3.4 Interessenabwägung

Wenn die krankheitsbedingten Betriebsstörungen durch Überbrückungsmaßnahmen (wie z. B. Einstellung von Aushilfskräften, Anordnung von Überstunden oder Mehrarbeit, personelle Umstellungen, organisatorische Änderungen) gemildert bzw. aufgefangen werden können, kommt eine krankheitsbedingte Kündigung nicht in Betracht. Das Gleiche gilt, wenn ein Arbeitsausfall oder eine Arbeitsverzögerung mit den vorhandenen Mitteln ohne zusätzliche Kosten vermieden werden kann.

Ob und wieweit der Arbeitgeber verpflichtet ist, weitergehende Überbrückungsmaßnahmen einzuleiten, muss in jedem Einzelfall durch die Interessenabwägung geklärt werden. Hierbei sind die allgemeinen Grundsätze einer Interessenabwägung bei einer personenbedingten Kündigung entsprechend anzuwenden (s. o. 1.3).

Auf Seiten des **Arbeitnehmers** sind zu berücksichtigen:

▶ Ursachen der Krankheit,

▶ Dauer der Betriebszugehörigkeit,

▶ Lebensalter,

▶ Tätigkeit und Stellung im Betrieb.

Die persönlichen Verhältnisse des Arbeitnehmers bleiben unberücksichtigt, soweit sie keinen konkreten Bezug zur Krankheit oder zum Arbeitsverhältnis haben.

Auf Seiten des **Arbeitgebers** sind zu berücksichtigen:

▶ Durchführung des Betrieblichen Eingliederungsmanagements (BEM) gem. § 84 Abs. 2 SGB IX (s. o. 3.1),

▶ Aktivitäten des Arbeitgebers zur Senkung des Krankenstands (z. B. Vorsorge- und Rehabilitationsmaßnahmen, Verbesserung der Arbeitsplatzbedingungen, Krankengespräche),

▶ allgemeine organisatorische Maßnahmen zur Verhinderung oder Eindämmung fehlzeitenbedingter Betriebsstörungen (z. B. Schaffung einer Personalreserve).

3.5 Lang andauernde Krankheit

Eine Kündigung wegen lang andauernder Krankheit kommt immer nur dann in Betracht, wenn der Arbeitnehmer bei Kündigungszugang arbeitsunfähig erkrankt war und das Ende der Arbeitsunfähigkeit nicht abzusehen ist.

 **WICHTIG!**
Die Kündigung wegen lang anhaltender Krankheit setzt nicht voraus, dass der Arbeitnehmer bereits seit längerer Zeit arbeitsunfähig erkrankt ist.

Kündigungsgrund ist nicht die bisherige Krankheit, sondern die betriebliche Beeinträchtigung durch künftige lange Arbeitsunfähigkeit. Die Wiedergenesung muss entweder nicht absehbar sein oder voraussichtlich noch längere Zeit dauern. Welche Dauer der Arbeitgeber hier hinzunehmen hat, hängt vom Ausmaß der Betriebsstörung und vom Umfang der wirtschaftlichen Belastungen des Arbeitgebers ab. Dauert die Arbeitsunfähigkeit nicht länger als drei Monate, wird eine Kündigung nur in Ausnahmefällen möglich sein.

::rehm

WICHTIG!
Wegen lang anhaltender Krankheit kann generell nicht gekündigt werden, wenn der Arbeitnehmer wahrscheinlich noch vor Ablauf der Kündigungsfrist wieder arbeitsfähig wird.

3.6 Häufige Kurzerkrankungen

Eine krankheitsbedingte Kündigung wegen häufiger Kurzerkrankungen kommt in Betracht, wenn objektive Tatsachen die Besorgnis begründen, dass in Zukunft mit überdurchschnittlich häufiger krankheitsbedingter Arbeitsunfähigkeit zu rechnen ist. Hohe Fehlzeiten in der Vergangenheit bieten dafür einen Anhaltspunkt. Aufschlussreich können hierbei vor allem Art, Dauer und Häufigkeit der bisherigen Erkrankungen sein. Insbesondere bei chronischen Erkrankungen kann aus den bisherigen Krankheitszeiten unmittelbar auf zukünftige Fehlzeiten geschlossen werden (im Sinne einer negativen Gesundheitsprognose).

Zu den Betriebsbeeinträchtigungen, die sich durch häufige Kurzerkrankungen ergeben können, zählen neben den Kosten für die Beschäftigung von Aushilfskräften in erster Linie die Lohnfortzahlungskosten, die jährlich für einen Zeitraum von mehr als sechs Wochen aufzuwenden sind. Ist zu erwarten, dass die Lohnfortzahlungskosten künftig für mehr als sechs Wochen jährlich anfallen werden, ist dies ein Grund für die krankheitsbedingte Kündigung.

Bei gleichzeitiger Störung des Betriebsablaufs können schon jährliche Ausfallzeiten von weniger als sechs Wochen kündigungsrelevant sein. Entscheidend sind dabei die Kosten des Arbeitsverhältnisses und nicht die Gesamtbelastung des Unternehmens mit Lohnfortzahlungskosten.

3.7 Krankheitsbedingte Eignungs- und Leistungsminderung

Führt die Krankheit zu einer erheblichen Leistungsminderung oder beeinträchtigt sie die Eignung des Arbeitnehmers, kommt eine krankheitsbedingte Kündigung auch dann in Betracht, wenn Ausfallzeiten hierdurch nicht begründet werden. Im Einzelnen müssen folgende Voraussetzungen gegeben sein:

▶ Die Leistungsfähigkeit oder Eignung des Arbeitnehmers muss voraussichtlich in Zukunft eingeschränkt sein (negative Gesundheitsprognose).

▶ Hierdurch muss eine erhebliche Beeinträchtigung betrieblicher Interessen entstehen. Hierfür genügt nicht jede geringfügige Minderleistung. Der Leistungsunterschied zu der arbeitsvertraglich geschuldeten Arbeitsleistung muss deutlich sein.

▶ Es muss eine Interessenabwägung vorgenommen werden.

In solchen Fällen ist genau zu prüfen, ob sich die Beeinträchtigungen betrieblicher Interessen ohne Kündigung durch anderweitige, zumutbare Mittel auf ein hinnehmbares Maß verringern lassen. In Betracht kommen insoweit organisatorische Maßnahmen oder eine anderweitige Beschäftigung des Arbeitnehmers. Der Arbeitgeber hat zur Vermeidung einer krankheitsbedingten Kündigung dem Arbeitnehmer auch geeignete freie Arbeitsplätze mit schlechteren Arbeitsbedingungen anzubieten. Dies muss im Wege der Änderungskündigung erfolgen.

3.8 Krankheitsbedingte dauernde Leistungsunfähigkeit

Steht fest, dass der Arbeitnehmer seine vertragliche Leistungspflicht überhaupt nicht mehr erfüllen kann, ergibt sich bereits daraus die auf das einzelne Arbeitsverhältnis bezogene betriebliche Beeinträchtigung, die zu einer krankheitsbedingten Kündigung berechtigt.

Verfügt jedoch der Arbeitnehmer noch über ausreichende Eignung und Leistungsfähigkeit für einen anderen freien Arbeitsplatz, so ist ihm dieser – auch wenn er mit schlechteren

Arbeitsbedingungen verknüpft ist – anzubieten. In diesem Zusammenhang ist dem Arbeitgeber auch zuzumuten, angemessene Umschulungs- und Fortbildungsmaßnahmen zu veranlassen. Im Rahmen der Prüfung anderweitiger Beschäftigungsmöglichkeiten kommen jedoch nach der ständigen Rechtsprechung des BAG nur solche in Betracht, die entweder gleichwertig mit der bisherigen Beschäftigung sind oder geringer bewertet sind. Das Kündigungsschutzgesetz schützt das Vertragsverhältnis in seinem Bestand und seinem bisherigen Inhalt, verschafft aber keinen Anspruch auf Beförderung (BAG v. 19.4.2007, Az. 2 AZR 239/06).

WICHTIG!
Krankheitsbedingte dauernde Leistungsunfähigkeit liegt auch dann vor, wenn der Arbeitnehmer bereits seit längerer Zeit arbeitsunfähig erkrankt ist und die Wiederherstellung seiner Arbeitsfähigkeit völlig ungewiss ist.

ACHTUNG!
Eine Krankheit kann u. U. auch eine Behinderung i. S. d. AGG (s. Gleichbehandlung II. 3.6) darstellen, sodass eine hierauf gestützte Kündigung möglicherweise als unzulässige Benachteiligung wegen Behinderung unwirksam ist.

Der EuGH hat sich in seiner Entscheidung vom 11.7.2006 (Az. C-13/05 Chacon Navas) mit der Frage befasst, ob eine Kündigung wegen Krankheit eine Diskriminierung wegen Behinderung im Sinne der (dem AGG zu Grunde liegenden) Gleichbehandlungsrichtlinie darstellt, und ist zu folgenden Ergebnissen gekommen:

▶ Eine Person, der von ihrem Arbeitgeber ausschließlich wegen Krankheit gekündigt worden ist, wird nicht von dem durch die Richtlinie 2000/78/EG des Rates vom 27.11.2000 zur Festlegung eines allgemeinen Rahmens für die Verwirklichung der Gleichbehandlung in Beschäftigung und Beruf zur Bekämpfung der Diskriminierung wegen einer Behinderung geschaffenen allgemeinen Rahmen erfasst.

▶ Das Verbot der Diskriminierung wegen einer Behinderung bei Entlassungen steht der Entlassung wegen einer Behinderung entgegen, die unter Berücksichtigung der Verpflichtung, angemessene Vorkehrungen für Menschen mit Behinderung zu treffen, nicht dadurch gerechtfertigt ist, dass die betreffende Person für die Erfüllung der wesentlichen Funktionen ihres Arbeitsplatzes nicht kompetent, fähig oder verfügbar ist.

▶ Krankheit als solche kann nicht als ein weiterer Grund neben denen angesehen werden, derentwegen Personen zu diskriminieren nach der Richtlinie verboten ist.

V. Verhaltensbedingte Kündigung

Eine Kündigung ist aus Gründen im Verhalten des Arbeitnehmers gem. § 1 Abs. 2 Satz 1 Alt. 2 KSchG sozial gerechtfertigt, wenn der Arbeitnehmer seine vertraglichen Haupt- oder Nebenpflichten erheblich und in der Regel schuldhaft verletzt hat, eine dauerhaft störungsfreie Vertragserfüllung in Zukunft nicht mehr zu erwarten steht und die Lösung des Arbeitsverhältnisses in Abwägung der Interessen beider Vertragsteile angemessen erscheint.

ACHTUNG!
Eine Pflichtverletzung ist dem Arbeitnehmer nur dann vorwerfbar, wenn dieser seine ihr zugrunde liegende Handlungsweise steuern konnte. Ein Verhalten ist steuerbar, wenn es vom Willen des Arbeitnehmers beeinflusst werden kann. Dies ist nicht der Fall, wenn dem Arbeitnehmer die Pflichterfüllung aus von ihm nicht zu vertretenden Gründen subjektiv nicht möglich ist. Ist dies vorübergehend nicht der Fall, ist er für diese Zeit von der Pflichterfüllung befreit. Will der Arbeitnehmer geltend machen, er sei aus von ihm nicht zu vertretenden Gründen gehindert gewesen, seine Pflichten ordnungsgemäß zu erfüllen, muss er diese Gründe genau angeben. Beruft er sich dazu auf eine Krankheit, kann es erforderlich sein, dass er substantiiert darlegt, woran er erkrankt war und weshalb er deshalb seine Pflichten nicht ordnungsgemäß erfüllen konnte, und ihn behandelnde Ärzte ggf. von der Schweigepflicht befreit (BAG v. 3.11.2011, Az. 2 AZR 748/10).

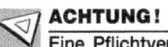 :: rehm

Eine Kündigung kann sozial gerechtfertigt sein, wenn sie durch Gründe, die in dem Verhalten des Arbeitnehmers liegen, bedingt ist (§ 1 Abs. 2 Satz 1 KSchG).

Verhaltensbedingte Kündigungsgründe können Vertragsverletzungen, dienstliches und außerdienstliches Verhalten, Umstände aus dem Verhältnis des Arbeitnehmers zu betrieblichen und überbetrieblichen Einrichtungen, Organisationen und Behörden sein.

In Betracht kommen insbesondere Vertragsverletzungen

▶ im Leistungsbereich: Hierzu gehören Pflichtverletzungen des Arbeitnehmers bei Schlecht- und Minderleistung, Arbeitsverweigerung und Arbeitsversäumnis;

▶ bei Einstellungsverhandlungen durch Verletzung von Auskunftspflichten oder Vorspiegelung nicht vorhandener Eigenschaften und Fähigkeiten;

▶ bei betrieblichen und außerbetrieblichen Verhaltenspflichten (betriebliche Ordnung);

▶ im persönlichen Vertrauensbereich, z. B. durch Annahme von Schmiergeldern und Straftaten;

▶ bei vertraglichen Nebenpflichten, z. B. Verletzung von Treue- und Rücksichtspflichten.

Eine verhaltensbedingte Kündigung ist immer nur dann gerechtfertigt, wenn das Verhalten des Arbeitnehmers für das betriebliche Geschehen von Bedeutung ist. Hat das Verhalten des Arbeitnehmers keine Auswirkung auf das Arbeitsverhältnis, wie z. B. in aller Regel sein außerdienstliches Verhalten, so kommt eine Kündigung deswegen nicht in Betracht.

Auch bei der Kündigung aus verhaltensbedingten Gründen ist eine Abwägung der Interessen von Arbeitgeber und Arbeitnehmer durchzuführen. Hierbei sind auf Seiten des **Arbeitgebers** u. a. zu berücksichtigen:

▶ Arbeits- und Betriebsdisziplin,

▶ Aufrechterhaltung der Funktionsfähigkeit des Betriebs oder Unternehmens,

▶ Eintritt eines Vermögensschadens,

▶ Wiederholungsgefahr,

▶ Schädigung des Ansehens des Arbeitgebers oder Unternehmens,

▶ Schutz der übrigen Belegschaft oder sonstiger Vertragspartner des Arbeitgebers.

Auf Seiten des **Arbeitnehmers** sind zu berücksichtigen:

▶ Art, Schwere und Dauer des Verstoßes,

▶ Dauer der Betriebszugehörigkeit,

▶ Lebensalter,

▶ Umfang der Unterhaltsverpflichtungen,

▶ Lage auf dem Arbeitsmarkt,

▶ Versetzungsmöglichkeit.

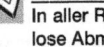 **ACHTUNG!**
In aller Regel muss der verhaltensbedingten Kündigung eine erfolglose Abmahnung vorausgehen. Spricht der Arbeitgeber wegen einer bestimmten Vertragspflichtverletzung eine Abmahnung aus, so kann er wegen des darin gerügten Verhaltens des Arbeitnehmers (also dieses konkreten Vorfalls) das Arbeitsverhältnis nicht mehr – außerordentlich oder ordentlich – kündigen. Treten anschließend weitere Pflichtverletzungen zu den abgemahnten hinzu oder werden frühere Pflichtverletzungen dem Arbeitgeber erst nach Ausspruch der Abmahnung bekannt, kann er auf diese zur Begründung einer Kündigung zurückgreifen und dabei die bereits abgemahnten Verstöße unterstützend heranziehen (BAG v. 26.11.2009, Az. 2 AZR 751/08). Mehr hierzu s. u. → Abmahnung.

An eine verhaltensbedingte ordentliche Kündigung sind weniger strenge Maßstäbe als an eine außerordentliche Kündigung zu stellen. Immer dann, wenn ein wichtiger Grund für eine außerordentliche Kündigung nicht ausreicht, kommt eine verhaltensbedingte Kündigung als mildere Reaktionsmöglichkeit des Arbeitgebers auf das pflichtwidrige Verhalten des Arbeitnehmers in Betracht.

Zu den einzelnen Kündigungsgründen Kündigung B.III.2.

B. Besonderer Kündigungsschutz

I. Begriff und Abgrenzung

Im Gegensatz zum allgemeinen Kündigungsschutz, der für alle Arbeitsverhältnisse gilt, werden vom besonderen Kündigungsschutz nur bestimmte Personengruppen erfasst. Ein besonderer Kündigungsschutz kann sich auch aus einer einzelvertraglichen oder tarifvertraglichen Vereinbarung ergeben (s. u. IX.).

II. Schwerbehinderte

1. Anwendungsbereich

Der Arbeitgeber ist gem. § 84 Abs. 1 SGB IX verpflichtet, bei Eintreten von personen-, verhaltens- oder betriebsbedingten Schwierigkeiten im Arbeits- oder sonstigen Beschäftigungsverhältnis mit einem Schwerbehinderten, die zur Gefährdung dieses Verhältnisses führen können, möglichst frühzeitig die Schwerbehindertenvertretung und die in § 93 SGB IX genannten Vertretungen sowie das Integrationsamt einzuschalten, um mit ihnen alle Möglichkeiten und alle zur Verfügung stehenden Hilfen zur Beratung und mögliche finanzielle Leistungen zu erörtern, mit denen die Schwierigkeiten beseitigt werden können und das Arbeits- oder sonstige Beschäftigungsverhältnis möglichst dauerhaft fortgesetzt werden kann.

Kündigt der Arbeitgeber einem Schwerbehinderten, ohne zuvor dieses Verfahren durchgeführt zu haben, ist diese Kündigung jedoch nicht zwangsläufig rechtsunwirksam. Hat der Schwerbehinderte eine schwere Pflichtverletzung begangen, die nicht im Zusammenhang mit seiner Behinderung steht, muss ein derartiges Verfahren nicht durchgeführt werden. Präventionsverfahren sind nach einer aktuellen Entscheidung des BAG nur dann durchzuführen, wenn damit Schwierigkeiten im Arbeitsverhältnis des Schwerbehinderten beseitigt werden können. Die Nichtdurchführung des betrieblichen Eingliederungsmanagements soll also nicht zu einer absoluten Unwirksamkeit einer Kündigung führen, sondern lediglich einen bei der Interessenabwägung zu berücksichtigenden Grund darstellen (BAG v. 7.12.2006, Az. 2 AZR 182/06). Die unterbliebene Durchführung des Präventionsverfahrens hat im Falle einer Kündigung innerhalb der Wartezeit des § 1 Abs. 1 KSchG keine kündigungsrechtlichen Folgen (BAG v. 28.6.2007, Az. 6 AZR 750/06).

Von dem Präventionsverfahren zu unterscheiden ist das Zustimmungsverfahren beim Intergrationsamt gem. § 85 SGB IX. Hiernach ist zu jeder Kündigung eines Schwerbehinderten die vorherige Zustimmung des Integrationsamts einzuholen. Dies gilt sowohl für die ordentliche Kündigung als auch für die außerordentliche Kündigung. Eine ohne Zustimmung der Hauptfürsorgestelle ausgesprochene Kündigung ist unwirksam.

WICHTIG!
Ist die Schwerbehinderteneigenschaft offensichtlich oder weiß der Arbeitgeber von Gesundheitsstörungen des Arbeitnehmers, die auf eine Schwerbehinderteneigenschaft schließen lassen, kann er sich nicht auf die unterlassene Mitteilung berufen. Bei fehlender Zustimmung ist die Kündigung dann unwirksam. Verneint hingegen der schwerbehinderte Arbeitnehmer die Frage nach seiner Schwerbehinderung im Vorfeld einer Kündigung wahrheitswidrig, ist es ihm

im Kündigungsschutzprozess unter dem Gesichtspunkt widersprüchlichen Verhaltens verwehrt, sich auf seine Schwerbehinderteneigenschaft zu berufen (BAG v. 16.2.2012, Az. 6 AZR 553/10).

Die Kündigung eines schwerbehinderten Menschen durch den Arbeitgeber bedarf grundsätzlich der vorherigen Zustimmung des Integrationsamtes (§ 85 SGB IX).

2. Zustimmungsfreie Beendigungsmöglichkeiten

Keine Zustimmung ist erforderlich, wenn das Arbeitsverhältnis in den nachfolgend genannten Fällen enden soll:

▸ Ablauf der Befristung des Arbeitsvertrags,

▸ Anfechtung des Arbeitsvertrags wegen arglistiger Täuschung oder Irrtums,

▸ Berufung auf die Nichtigkeit des Arbeitsvertrags,

▸ Aufhebungsvertrag, wobei der schwerbehinderte Mensch kein Recht zur Anfechtung hat, wenn er bei Abschluss noch nichts von seiner Schwerbehinderung wusste; die Zustimmung des Integrationsamtes ist aber dann erforderlich, wenn die Beendigung im Fall der Berufsunfähigkeit oder der Erwerbsunfähigkeit auf Zeit erfolgt,

▸ Eigenkündigung des schwerbehinderten Menschen,

▸ Kündigung durch den Arbeitgeber, wenn der Arbeitnehmer bereits das 58. Lebensjahr vollendet hat und Anspruch auf eine Abfindung o. Ä. aufgrund eines Sozialplans hat, wenn der Arbeitgeber ihm die Kündigungsabsicht rechtzeitig mitgeteilt hat und er nicht bis zum Ausspruch der Kündigung widersprochen hat,

▸ Kündigung durch den Arbeitgeber aus witterungsbedingten Gründen, wenn die Wiedereinstellung des schwerbehinderten Menschen bei der Wiederaufnahme der Arbeit gewährleistet ist,

▸ Kündigung durch den Arbeitgeber, wenn der Mitarbeiter im Rahmen einer Arbeitsbeschaffungsmaßnahme beschäftigt wird,

▸ Kündigung durch den Arbeitgeber innerhalb der ersten sechs Monate des Arbeitsverhältnisses. Der Arbeitgeber hat solche Kündigungen dem Integrationsamt jedoch innerhalb von vier Tagen (nach Zugang der Kündigung) anzuzeigen.

 **ACHTUNG!**

Wird das Arbeitsverhältnis während der ersten sechs Monate unterbrochen, so kommt eine entsprechende Verlängerung der Frist in Betracht. Erfolgt die Unterbrechung jedoch alleine auf Veranlassung des Arbeitgebers für eine verhältnismäßigen kurzen Zeitraum, so kann sich der Arbeitgeber bei einer späteren Kündigung nicht auf diese Unterbrechung berufen. In diesem Zusammenhang entschied das BAG auch, dass Zeiten eines früheren Arbeitsverhältnisses mit demselben Arbeitgeber anzurechnen sind, wenn das neue Arbeitsverhältnis in einem engen sachlichen Zusammenhang mit dem früheren Arbeitsverhältnis steht (BAG v. 19.6.2007, Az. 2 AZR 94/06).

3. Beginn des Kündigungsschutzes

Die Bestimmungen zum Nachweis der Schwerbehinderung sind mit Wirkung zum 1.5.2004 geändert worden. Gem. § 90 Abs. 2a SGB IX bedarf es keiner Zustimmung des Integrationsamtes, wenn zum Zeitpunkt der Kündigung die Eigenschaft als schwerbehinderter Mensch **nicht nachgewiesen ist. Dies betrifft den Fall, dass der Arbeitnehmer tatsächlich als schwerbehindert anerkannt ist.** In diesem Fall besteht eine Obliegenheit des Arbeitnehmers, dem Arbeitgeber den Bescheid über die Schwerbehinderung bzw. den Schwerbehindertenausweis vorzulegen.

Ist dem Arbeitgeber bei Ausspruch der Kündigung die Schwerbehinderung des Arbeitnehmers bzw. dessen Gleichstellung nicht bekannt und hatte der Arbeitgeber die Zustimmung des Integrationsamts folglich auch nicht beantragt, so muss sich

der Arbeitnehmer – zur Erhaltung seines Sonderkündigungsschutzes – innerhalb von drei Wochen nach Zugang der Kündigung auf diesen Sonderkündigungsschutz berufen. Teilt der Arbeitnehmer dem Arbeitgeber seinen Schwerbehindertenstatus bzw. seine Gleichstellung nicht innerhalb dieser drei Wochen mit, so kann sich der Arbeitnehmer auf den Sonderkündigungsschutz nicht mehr berufen und mit Ablauf der Klagefrist des § 4 Satz 1 KSchG ist der eigentlich gegebene Nichtigkeitsgrund (der Kündigung) geheilt. Unabhängig davon muss der Arbeitnehmer zugleich auch die Klagefrist des § 4 Satz 1 KSchG wahren; andernfalls kann er die Unwirksamkeit der Kündigung (auch wegen fehlender Zustimmung des Integrationsamts) nicht mehr geltend machen. Es ist grundsätzlich ausreichend, wenn der Arbeitnehmer seinen Sonderkündigungsschutz gegenüber dem Arbeitgeber innerhalb der Klagefrist des § 4 Satz 1 KSchG gerichtlich geltend macht (BAG v. 23.2.2010, Az. 2 AZR 659/08).

Hat der Arbeitnehmer dem Arbeitgeber vor Zugang der Kündigung mitgeteilt, er habe bei einem bestimmten Versorgungsamt einen Antrag auf „Feststellung über das Vorliegen einer Behinderung" gestellt, muss der Arbeitgeber mit der Möglichkeit rechnen, dass die Kündigung der Zustimmung des Integrationsamts bedarf. Mit einem vor Zugang der Kündigung erfolgten Hinweis auf einen Antrag auf Feststellung einer Schwerbehinderung ist der Arbeitgeber hinreichend in die Lage versetzt, sich auf einen möglichen Schutztatbestand einzurichten, insbesondere im Fall der beabsichtigten Kündigung vorsorglich die Zustimmung des Integrationsamts einzuholen. Näherer Angaben wie etwa der Mitteilung, wann der Antrag beim Versorgungsamt eingegangen ist oder des Aktenzeichens des dortigen Vorgangs bedarf es dazu grundsätzlich nicht (BAG v. 9.6.2011, Az. 2 AZR 703/09).

Bei einem Betriebsübergang muss sich der Betriebsübernehmer die Kenntnis des Betriebsveräußerers von der Schwerbehinderteneigenschaft eines Arbeitnehmers zurechnen lassen (BAG v. 11.12.2008, Az. 2 AZR 395/07).

 **WICHTIG!**

Sollte dem Arbeitgeber die Schwerbehinderteneigenschaft vor Aussprache der Kündigung nicht bekannt gewesen sein, und hat er deshalb keine Zustimmung des Integrationsamts eingeholt, sollte er unverzüglich das Verfahren zu einer neuen Kündigung beim Integrationsamt einleiten. Die neue Kündigung sollte hilfsweise für den Fall ausgesprochen werden, dass die erste Kündigung wegen der fehlenden Zustimmung des Integrationsamts unwirksam sein sollte. Sofern es sich um eine außerordentliche Kündigung handelt, dürfte die Zwei-Wochen-Frist des § 626 Abs. 2 BGB gehemmt werden, sofern der Arbeitgeber alle erforderlichen Maßnahmen nach Kenntniserlangung der Schwerbehinderteneigenschaft (Verfahren beim Integrationsamt, Anhörung des Betriebsrats, Ausspruch der Kündigung) unter Beachtung der gesetzlichen Fristen unverzüglich einleitet.

Die zweite Variante der gesetzlichen Neuregelung betrifft den Fall, dass der Arbeitnehmer die Schwerbehinderteneigenschaft nicht nachweisen kann, weil das Verfahren auf Anerkennung als Schwerbehinderter (nicht als Gleichgestellter) noch nicht abgeschlossen ist. Hier kann sich der Arbeitnehmer nur auf den besonderen Kündigungsschutz berufen, wenn er an den Feststellungen des Versorgungsamtes fristgemäß mitwirkt. Er kann also nicht mehr den aussichtslosen Antrag auf Anerkennung stellen und das Anerkennungsverfahren durch fehlende Mitwirkung in die Länge ziehen, um hieraus Vorteile im Kündigungsschutzprozess zu erlangen. Ist er aber seinen Verpflichtungen nachgekommen, wirkt der Kündigungsschutz auf den Zeitpunkt der Antragstellung zurück. Der Arbeitnehmer muss aber den Arbeitgeber nach der Kündigung binnen angemessener Frist über die Antragstellung unterrichten.

WICHTIG!

Vom Zustimmungserfordernis erfasst werden nur Kündigungen gegenüber solchen Arbeitnehmern, die bei Zugang der Kündigung bereits als Schwerbehinderte anerkannt sind oder den Antrag auf Anerkennung mindestens drei Wochen vor dem Zugang der Kündigung (§ 90 Abs. 2a SGB VIII) gestellt haben. Gleiches gilt für Arbeitnehmer, die einem schwerbehinderten Menschen gleichgestellt sind. Auch sie sind vom Sonderkündigungsschutz ausgeschlossen, wenn sie den Gleichstellungsantrag nicht mindestens drei Wochen vor der Kündigung gestellt haben (BAG v. 1.3.2007, Az. 2 AZR 217/06).

4. Verfahren vor dem Integrationsamt

4.1 Antrag

Der Arbeitgeber muss die Zustimmung des Integrationsamtes schriftlich in doppelter Ausfertigung beantragen. Dort liegen auch Formulare bereit, deren Verwendung sinnvoll, aber nicht vorgeschrieben ist. Zuständig ist die Behörde, in deren Zuständigkeitsbereich der Betrieb liegt, in dem der schwerbehinderte Mensch beschäftigt wird. Der Antrag sollte ausführlich begründet werden und mindestens folgende Angaben enthalten:

▸ Name des zu Kündigenden, Geburtsdatum, Familienstand, Unterhaltspflichten,

▸ genaue Schilderung der Kündigungsgründe,

▸ Beweismittel,

▸ Darlegungen, dass die Kündigung entweder nicht im Zusammenhang mit der Schwerbehinderung steht oder warum sie trotzdem unvermeidlich ist.

4.2 Entscheidungsgrundlagen

Die Behörde holt sodann die Stellungnahme des zuständigen Arbeitsamts, des Betriebsrats und der Schwerbehindertenvertretung ein und hört den schwerbehinderten Arbeitnehmer zu der beabsichtigten Kündigung an. Danach trifft sie die Entscheidung nach pflichtgemäßem Ermessen, d. h. sie nimmt eine Abwägung zwischen den Interessen des Arbeitgebers und denen des schwerbehinderten Mitarbeiters vor, wobei die Zielsetzungen des SGB IX zu berücksichtigen sind. Das Gesetz nennt einige Fälle, in denen die Zustimmung erteilt werden muss, nämlich bei Kündigungen in Betrieben, die

▸ nicht nur vorübergehend eingestellt oder aufgelöst werden,

▸ nicht nur vorübergehend wesentlich eingeschränkt werden, wenn die Gesamtzahl der verbleibenden schwerbehinderten Arbeitnehmer ausreicht, um die gesetzliche Mindestbeschäftigtenzahl zu erfüllen,

wenn zwischen dem Tag der Kündigung und dem Tag, bis zu dem Arbeitsentgelt gezahlt wird, mindestens drei Monate liegen und keine Weiterbeschäftigung auf einem anderen Arbeitsplatz desselben Betriebs oder einem freien Arbeitsplatz im Unternehmen möglich und für den Arbeitgeber zumutbar ist.

Das Integrationsamt „soll" die Zustimmung erteilen, wenn dem schwerbehinderten Arbeitnehmer ein anderer angemessener und zumutbarer Arbeitsplatz gesichert ist (§ 89 SGB IX). Hier ist die Behörde i. d. R. gehalten, die Zustimmung zu erteilen, wenn nicht im Ausnahmefall entgegenstehende Gesichtspunkte überwiegen.

4.3 Entscheidung

Das Integrationsamt hat binnen eines Monats eine Entscheidung zu treffen, wenn ein Betrieb oder eine Dienststelle nicht nur vorübergehend vollständig eingestellt oder aufgelöst und das Arbeitsentgelt mindestens drei Monate fortgezahlt wird. Wenn hier die Entscheidung nicht fristgemäß ergeht, wird die Zustimmung fingiert. Der Arbeitgeber kann dann also ohne eine ausdrückliche Zustimmung kündigen. Dies gilt auch, wenn das Insolvenzverfahren über das Vermögen des Arbeitgebers eröff-

net worden ist. In den übrigen Fällen (Ausnahme: fristlose Kündigung, s. u.) bleibt die Nichteinhaltung der Monatfrist durch das Integrationsamt ohne rechtliche Folgen. Die Entscheidung kann folgenden Inhalt haben:

▸ **Zustimmung:** Erteilt das Integrationsamt seine Zustimmung zur ordentlichen Kündigung, muss der Arbeitgeber eine ordentliche Kündigung innerhalb eines Monats nach Zustellung des Bescheids (nicht schon vorher) erklären.

 ACHTUNG!

Der vom Gesetzgeber in § 88 Abs. 3 SGB IX nicht hinreichend bedachten Möglichkeit, dass die Kündigung des schwerbehinderten Menschen unter einem weiteren behördlichen Erlaubnisvorbehalt als dem des § 85 SGB IX steht, ist durch die Gerichte im Wege eines angemessenen Ausgleichs der – jeweils grundrechtlich geschützten – Interessen des schwerbehinderten Arbeitnehmers und des Arbeitgebers Rechnung zu tragen. Dies führt im Fall des Zusammentreffens des Zustimmungserfordernisses nach § 85 SGB IX mit dem Erfordernis einer Zulässigkeitserklärung gem. § 18 Abs. 1 Satz 2 BEEG (s. u. IV) dazu, dass in § 88 Abs. 3 SGB IX an die Stelle des Ausspruchs der Kündigung der Antrag auf Zulässigkeitserklärung durch die hierfür zuständige Stelle tritt. Geht dem Arbeitgeber die Zulässigkeitserklärung nach § 18 Abs. 1 Satz 2 BEEG erst nach Ablauf der Monatsfrist des § 88 Abs. 3 SGB IX zu, kann er die Kündigung zumindest dann noch wirksam erklären, wenn er sie unverzüglich nach Erhalt der Zulässigkeitserklärung ausspricht (BAG v. 24.11.2011, Az. 2 AZR 429/19).

Die Kündigung kann innerhalb der gesetzlichen Frist bei unverändertem Kündigungsgrund auch mehrfach geschehen. Ein „Verbrauch" der Zustimmung des Integrationsamtes durch eine Kündigung an deren formeller Wirksamkeit der Arbeitgeber Zweifel hat, tritt insofern nicht ein (BAG v. 8.11.2007, Az. 2 AZR 425/06). Bei außerordentlichen Kündigungen muss die Kündigung unverzüglich nach Erteilung der Zustimmung erklärt werden. Gegen die Zustimmung kann der Arbeitnehmer Widerspruch einlegen. Hierüber befindet der Widerspruchsausschuss. Der Widerspruch hat keine aufschiebende Wirkung, d. h. die Zustimmung bleibt zunächst wirksam (§ 88 SGB IX). Weist der Widerspruchsausschuss den Widerspruch zurück, kann der Arbeitnehmer hiergegen Anfechtungsklage vor dem Verwaltungsgericht erheben. Wenn dieses die Klage abweist, ist die Kündigung jedenfalls nicht nach den Bestimmungen des SGB IX unwirksam. Hebt der Widerspruchsausschuss die Zustimmung zur Kündigung auf, wird diese rückwirkend unwirksam. Der Arbeitgeber kann seinerseits gegen diesen Bescheid vor dem Verwaltungsgericht klagen. Hat er damit Erfolg, steht das SGB IX der Wirksamkeit der Kündigung nicht entgegen. Wird die Klage abgewiesen, bleibt die Kündigung unwirksam.

▸ **Zurückweisung:** Weist das Integrationsamt den Antrag zurück, kann die Kündigung zunächst nicht ausgesprochen werden. Der Arbeitgeber kann gegen diesen Bescheid innerhalb eines Monats ab Zustellung der Entscheidung schriftlich bei dem Integrationsamt Widerspruch einlegen, über den der Widerspruchsausschuss befindet. Erteilt dieser die Zustimmung, muss der Arbeitgeber innerhalb eines Monats die ordentliche Kündigung aussprechen, die außerordentliche muss unverzüglich ausgesprochen werden. Der Arbeitnehmer kann die Zustimmung vor dem Verwaltungsgericht angreifen. Wird der Widerspruch zurückgewiesen, kann der Arbeitgeber Verpflichtungsklage vor dem Verwaltungsgericht erheben.

▸ **Negativattest:** Erteilt das Integrationsamt ein Negativattest (d. h. stellt es fest, dass der Arbeitnehmer gar nicht unter das SGB IX fällt), kann der Arbeitgeber die Kündigung aussprechen. Der Arbeitnehmer kann gegen die Entscheidung Widerspruch einlegen, über den der Widerspruchsausschuss entscheidet. Gegen dessen Entscheidung kann die unterlegene Partei vor dem Verwaltungsgericht vorgehen.

ACHTUNG!

Letztendlich kann sich der Arbeitgeber nur auf ein bestandskräftiges Negativattest verlassen, welches vor dem Ausspruch der Kündigung vorliegt. Können gegen das Negativattest seitens des Arbeitnehmers noch Rechtsmittel eingelegt werden, bleibt die Situation bis zur endgültigen Klärung offen. Das Gesetz ordnet nämlich in solchen Fällen den Verlust des Sonderkündigungsschutzes nicht an. Die Zustimmung des Integrationsamtes ist daher auch dann zwingend, wenn sich erst im weiteren Verfahren herausstellt, dass das Negativattest des Versorgungsamtes aufzuheben ist und zum Zeitpunkt der Kündigung Sonderkündigungsschutz wegen Schwerbehinderung bestand.

4.4 Besonderheiten bei der fristlosen Kündigung

Der Antrag auf Zustimmung zu einer **außerordentlichen Kündigung** kann nur innerhalb von zwei Wochen ab dem Zeitpunkt gestellt werden, an dem der Arbeitgeber Kenntnis von den Kündigungsgründen erlangt.

Beispiel:

Ein schwerbehinderter Arbeitnehmer begeht am 28.3. einen Diebstahl, den ein Kollege beobachtet. Er teilt dies am 1.4. dem Personalleiter mit. Der Antrag auf Zustimmung muss bis zum 14.4. bei dem Integrationsamt eingehen.

Dies gilt auch für außerordentliche Kündigungen mit einer sozialen Auslauffrist bei Arbeitnehmern, die durch Tarifvertrag ordentlich nicht mehr kündbar sind. Ein verspäteter Antrag wird als unzulässig zurückgewiesen, sodass keine wirksame Kündigung ausgesprochen werden kann. Das Integrationsamt muss innerhalb von zwei Wochen (nach Zugang) über den Antrag entscheiden.

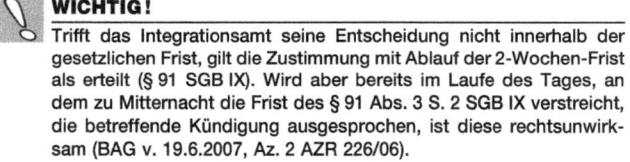 **WICHTIG!**

Trifft das Integrationsamt seine Entscheidung nicht innerhalb der gesetzlichen Frist, gilt die Zustimmung mit Ablauf der 2-Wochen-Frist als erteilt (§ 91 SGB IX). Wird aber bereits im Laufe des Tages, an dem zu Mitternacht die Frist des § 91 Abs. 3 S. 2 SGB IX verstreicht, die betreffende Kündigung ausgesprochen, ist diese rechtsunwirksam (BAG v. 19.6.2007, Az. 2 AZR 226/06).

Das Schweigen der Behörde wird dann genauso behandelt, als hätte sie dem Antrag ausdrücklich stattgegeben. Es kommt aber nicht auf den Zugang des Bescheids beim Arbeitgeber an, sondern nur darauf, ob eine Entscheidung innerhalb der Frist überhaupt ergangen ist. Der Arbeitgeber sollte sich daher unbedingt am letzten Tag der Frist telefonisch bei dem Integrationsamt erkundigen, ob dieses eine Entscheidung getroffen hat. Ist dies nicht der Fall oder wurde dem Antrag zugestimmt, muss der Arbeitgeber dann **unverzüglich** die Kündigung aussprechen. Liegt die Zustimmung des Integrationsamtes im Einzelfall schon vor Ablauf der Zweiwochenfrist vor, so kann der Arbeitgeber diese voll ausschöpfen, muss also nicht unverzüglich kündigen (BAG v. 15.11.2001, Az. 2 AZR 380/00). Er darf aber die Kündigung aber bereits dann erklären, wenn das Integrationsamt die zustimmende Endscheidung getroffen und den Arbeitgeber mündlich oder fernmündlich davon in Kenntnis gesetzt hat. Der schriftliche Bescheid braucht in diesen Fällen nicht abgewartet werden (BAG v. 12.5.2005, Az. 2 AZR 159/04). Stets ist jedoch erforderlich, dass das Integrationsamt die Zustimmung zur Kündigung vor Kündigungsausspruch erteilt, d. h. eine entsprechende Entscheidung getroffen hat. Beschränkt sich das Integrationsamt darauf, gerade keine zustimmende Entscheidung zu treffen, sondern den Fristablauf nach § 91 Abs. 3 Satz 2 SGB IX abzuwarten, stellt dies (noch) nicht die erforderliche Zustimmungsentscheidung dar. Das bloße Verstreichenlassen der Frist führt lediglich – **allerdings erst nach Fristablauf** – dazu, dass eine tatsächlich nicht getroffene Zustimmungsentscheidung fingiert wird (s. o. BAG v. 19.6.2007, Az. 2 AZR 226/06). Wird die Zustimmung erst durch den Widerspruchsausschuss erteilt, muss die außerordentliche Kündigung unverzüglich ausgesprochen werden, nachdem der Arbeitgeber sichere Kenntnis von der Zustimmungsentschei-

dung bekommen hat. Auch hierfür reicht die mündliche Bekanntgabe aus, dass dem Widerspruch stattgegeben wird (BAG v. 21.4.2005, Az. 2 AZR 255/04).

Das Integrationsamt „soll" seine Zustimmung zur außerordentlichen Kündigung erteilen, wenn die Kündigungsgründe nicht im Zusammenhang mit der Schwerbehinderung stehen. Es prüft also nicht, ob die Kündigungsgründe ausreichend sind, sondern nur, ob das Verhalten des Arbeitnehmers sich aus seiner Schwerbehinderung heraus ergeben hat. Wenn die Kündigungsgründe jedoch offenkundig unzureichend sind, kann die Behörde den Antrag zurückweisen.

5. Anhörung von Betriebsrat und Vertrauensperson

Auch vor der Kündigung von schwerbehinderten Arbeitnehmern muss der **Betriebsrat angehört** werden. Die Anhörung kann vor dem Antrag bei dem Integrationsamt erfolgen, aber auch erst während der Dauer des Verfahrens oder dann, wenn die Zustimmung erteilt worden ist. Wurde der Betriebsrat vor Stellung des Antrags bei dem Integrationsamt angehört, ist auch dann keine erneute Anhörung erforderlich, wenn die Zustimmung erst nach einem jahrelangen verwaltungsgerichtlichen Verfahren erteilt wurde. Eine Ausnahme gilt nur dann, wenn sich der Sachverhalt in der Zwischenzeit verändert hat. Ist jedoch eine Kündigung, zu der der Betriebsrat angehört worden ist, wegen der fehlenden Zustimmung des Integrationsamtes unwirksam, muss der Arbeitgeber ihn erneut anhören, wenn er eine neue Kündigung aussprechen will, zu der dann die Zustimmung vorliegt.

Beispiel:

Der Arbeitgeber hat nach Anhörung des Betriebsrats eine Kündigung ausgesprochen. Danach erfährt er, dass der Arbeitnehmer schon vorher einen Antrag auf einen Schwerbehindertenausweis gestellt hatte, dem später auch stattgegeben wurde. Die Kündigung ist unwirksam, denn die Anerkennung wirkt auf den Zeitpunkt der Antragstellung zurück. Wenn der Arbeitgeber jetzt die Zustimmung des Integrationsamtes zu einer neuen Kündigung einholt, muss er den Betriebsrat selbst dann anhören, wenn sich an den Kündigungsgründen nichts geändert hat.

Hat der Arbeitgeber den Betriebsrat zu einer fristlosen Kündigung noch nicht angehört, muss er das Anhörungsverfahren sofort nach Erteilung der Zustimmung einleiten. Auch die Schwerbehindertenvertretung ist vor Ausspruch der Kündigung zu hören. Das Unterlassen führt jedoch nicht zur Unwirksamkeit der Kündigung.

6. Kündigungsfrist

Die Kündigungsfrist beträgt bei der Kündigung eines schwerbehinderten Menschen, dessen Arbeitsverhältnis wenigstens sechs Monate bestanden hat, mindestens vier Wochen (§ 86 SGB IX), und zwar auch dann, wenn die Frist z. B. nach dem Tarifvertrag kürzer wäre. Innerhalb der ersten sechs Monate des Arbeitsverhältnisses gilt die gesetzliche bzw. tarifliche Kündigungsfrist.

7. Kündigungsschutzverfahren

In dem Verfahren vor dem Integrationsamt wird nur geklärt, ob der Kündigung die besonderen Schutzvorschriften des SGB IX entgegenstehen. Die Frage, ob die Kündigung auch nach dem Kündigungsschutzgesetz Bestand hat, ist hiervon strikt zu trennen. Hierüber entscheidet das Arbeitsgericht in einem Kündigungsschutzverfahren. Dieses ist innerhalb einer Frist von drei Wochen ab Zugang der Kündigung einzuleiten.

Beispiel:

Das Integrationsamt erteilt die Zustimmung zur ordentlichen betriebsbedingten Kündigung. Der Arbeitnehmer greift diese Entscheidung nicht an, sondern wehrt sich gegen die ausgesprochene Kündigung vor dem Arbeitsgericht. Dieses muss nur davon ausgehen, dass die Kündigung nicht nach den Bestimmungen des SGB IX

unwirksam ist. Ob tatsächlich betriebsbedingte Kündigungsgründe bestanden oder der Betriebsrat ordnungsgemäß angehört worden ist, prüft das Arbeitsgericht aber genau wie in anderen Kündigungsschutzverfahren.

Bei der Sozialauswahl ist zu beachten, dass die Schwerbehinderteneigenschaft nunmehr eines der vier zu berücksichtigenden Kriterien darstellt.

Wenn das Widerspruchsverfahren oder das Verfahren vor dem Verwaltungsgericht noch läuft, während das Kündigungsschutzverfahren schon begonnen hat, kann das Arbeitsgericht den Rechtsstreit aussetzen, bis über die Wirksamkeit der Zustimmung entschieden worden ist. Das geschieht jedoch nur dann, wenn es hierauf ankommt, weil die Kündigung ansonsten für wirksam angesehen wird.

Beispiel:

Das Integrationsamt erteilt die Zustimmung zur Kündigung. Hiergegen legt der Arbeitnehmer Widerspruch ein und erhebt Kündigungsschutzklage. Wenn das Arbeitsgericht zu dem Ergebnis kommt, dass die vom Arbeitgeber vorgetragenen Kündigungsgründe nicht ausreichend sind oder der Betriebsrat nicht ordnungsgemäß angehört worden ist, gibt es der Kündigungsschutzklage statt. Die Zustimmung des Integrationsamtes spielt keine Rolle, denn dieses prüft nur, ob der Kündigung spezielle mit der Schwerbehinderung im Zusammenhang stehende Aspekte entgegenstehen.

III. Mutterschutz

1. Anwendungsbereich

Vom Beginn der Schwangerschaft an (280 Tage vor dem vom Arzt prognostizierten Entbindungstermin) besteht ein Kündigungsverbot (Mutterschutz). Maßgeblich ist das Datum des Zugangs der Kündigung; liegt dies nach Eintritt der Schwangerschaft, besteht der besondere Kündigungsschutz. Es gibt hier auch keine Wartefrist, sondern der Schutz beginnt am ersten Tag des Arbeitsverhältnisses. Der Kündigungsschutz gilt auch bei einer Bauchhöhlenschwangerschaft, nicht hingegen bei der irrtümlichen Annahme des Arztes, die Arbeitnehmerin sei schwanger. Unzulässig ist gemäß § 9 MuSchG jede Kündigung, also insbesondere

▶ Beendigungskündigungen, egal ob fristlos oder fristgemäß,

▶ Änderungskündigungen,

▶ vorsorgliche Kündigungen, auch zum Ablauf der Schutzfrist,

▶ Kündigungen im Insolvenzverfahren.

Nicht vom Kündigungsverbot umfasst ist die Beendigung des Arbeitsverhältnisses aus anderen Gründen. Das Arbeitsverhältnis einer Schwangeren kann also beendet werden durch

▶ Ablauf der Befristung des Arbeitsvertrags (es sei denn, die Nichtverlängerung erfolgt nur aufgrund der Schwangerschaft),

▶ Anfechtung des Arbeitsvertrags wegen arglistiger Täuschung oder Irrtums,

▶ Berufung auf die Nichtigkeit des Arbeitsvertrags,

▶ Aufhebungsvertrag, wobei die Schwangere kein Recht zur Anfechtung hat, wenn sie ihre Schwangerschaft bei Abschluss noch nicht kannte,

▶ Eigenkündigung der Schwangeren, von der die Aufsichtsbehörde unverzüglich zu informieren ist,

▶ Kündigung, die der Arbeitnehmerin vor dem Eintritt der Schwangerschaft zugeht, auch wenn der Ablauf der Kündigungsfrist danach liegt.

Das Kündigungsverbot endet vier Monate nach der Entbindung. Bei der Berechnung geht man einfach vom Entbindungsdatum aus und addiert vier Monate hinzu.

Beispiel:

Die Entbindung war am 17.5., also endet das Kündigungsverbot mit dem Ablauf des 17.9. Eine Kündigung darf frühestens am 18.9. zugehen.

Eine Entbindung in diesem Sinne liegt bei jeder Lebendgeburt vor, auch wenn es sich um eine Frühgeburt handelt. Im Fall einer Totgeburt endet der Kündigungsschutz mit diesem Ereignis, ebenso nach einem Schwangerschaftsabbruch. Stirbt das Kind nach der Entbindung, so bleibt der Kündigungsschutz vier Monate lang erhalten. Tritt innerhalb der vier Monate eine erneute Schwangerschaft ein, wird das Ende der Schutzfrist nahtlos hinausgeschoben.

2. Mitteilungspflicht der Schwangeren

Der Kündigungsschutz greift nur dann ein, wenn der Arbeitgeber von der Schwangerschaft Kenntnis hat. Hierbei reicht es nicht aus, wenn er das Vorliegen der Schwangerschaft lediglich vermutet. Er muss sich auch nicht bei Vorliegen von Anhaltspunkten danach erkundigen. Die Arbeitnehmerin muss den Arbeitgeber jedoch nicht unbedingt vor der Kündigung über ihren Zustand informieren. Es reicht aus, wenn er innerhalb einer Frist von zwei Wochen nach Zugang der Kündigung hiervon in Kenntnis gesetzt wird, auch wenn dies nur mit den Worten erfolgt, dass sie „wahrscheinlich" schwanger sei.

Zur Mitteilung der Schwangerschaft genügt auch ein ärztliches Attest, das medizinische Fachausdrücke enthält. Der Arbeitgeber muss sich über deren Bedeutung informieren. Die Zweiwochenfrist beginnt mit dem Zugang der Kündigung zu laufen. Sie endet an dem Wochentag zwei Wochen später, der dieselbe Bezeichnung trägt wie der des Zugangs der Kündigung.

Beispiel:

Die Kündigung geht am Dienstag, dem 13.11. zu. Die Arbeitnehmerin hat somit bis Dienstag, den 27.11. Zeit, ihren Arbeitgeber zu informieren.

Auf Verlangen des Arbeitgebers muss ein ärztliches Attest über die Schwangerschaft vorgelegt werden. Der Kündigungsschutz ist jedoch nicht davon abhängig.

Beispiel:

Die Arbeitnehmerin erklärt, schwanger zu sein, weigert sich aber, ein Attest beizubringen. In der Annahme, dass die Behauptung unrichtig sei, kündigt der Arbeitgeber. Nunmehr bringt die Arbeitnehmerin das gewünschte Attest. Die Kündigung ist unwirksam.

Hat die Arbeitnehmerin die Zweiwochenfrist zur Mitteilung der Schwangerschaft versäumt, ist die Kündigung trotzdem unwirksam, wenn sie dieses Versäumnis nicht verschuldet hat und die Mitteilung unverzüglich nachholt (BAG v. 26.9.2002, Az. 2 AZR 392/01). Sie handelt schuldhaft, wenn sie trotz zwingender Hinweise auf eine Schwangerschaft eine Abklärung durch einen Arzt unterlässt. Dessen Fehldiagnose muss sie sich jedoch nicht zurechnen lassen. Sie darf auch die Bestätigung durch einen Arzt abwarten, bevor sie die Mitteilung macht. Ein Verschulden liegt auch nicht vor, wenn die Arbeitnehmerin zwar frühzeitig von ihrer Schwangerschaft erfährt, nicht aber von der Kündigung, weil sie z. B. im Urlaub ist. Sie muss die Mitteilung dann unverzüglich nachholen. Unverzüglich bedeutet „ohne schuldhaftes Zögern", also so schnell wie möglich. Die Schwangere darf jedoch vorher noch den rechtlichen Rat eines Anwalts einholen, sofern dies und die nachfolgende Mitteilung schnellstmöglich passiert. Im Normalfall kann man davon ausgehen, dass ihr hierzu eine Woche zur Verfügung steht.

Beispiel:

> Die Arbeitnehmerin weiß seit dem 15.5. von ihrer Schwangerschaft. Am 3.6. fliegt sie für einen Monat in den Urlaub. Während ihrer Abwesenheit wird ihr am 6.6. das Kündigungsschreiben in den Hausbriefkasten geworfen. An ihrem ersten Arbeitstag, dem 4.7. informiert sie ihren Arbeitgeber von der Schwangerschaft. Hier ist die Zweiwochenfrist zwar versäumt, aber ohne Verschulden der Arbeitnehmerin. Die Kündigung ist unwirksam.

Die Arbeitnehmerin muss die Information nicht selbst übermitteln. Es reicht aus, wenn sie eine andere Person, z. B. ihren Ehemann damit beauftragt. Ein Verschulden des Bevollmächtigten braucht sich die Schwangere nicht zurechnen zu lassen.

Die Mitteilung muss entweder gegenüber dem Arbeitgeber persönlich – bei juristischen Personen gegenüber dem gesetzlichen Vertreter – erfolgen oder gegenüber einer Person, die für die Entgegennahme derartiger Erklärungen zuständig ist. In Betracht kommt hier der Personalleiter, die Personalsachbearbeiterin, kündigungsberechtigte Vorgesetzte oder der Prokurist. Die Kenntnis von Kollegen oder des Werksarztes ist aber nicht ausreichend; sie ist dem Arbeitgeber nicht zuzurechnen.

Beispiel:

> Die Arbeitnehmerin erhält eine Kündigung. Zehn Tage später führt der Werksarzt bei ihr eine Routineuntersuchung durch. Dabei berichtet sie ihm von ihrer Schwangerschaft. Nach weiteren zehn Tagen erhebt sie Klage gegen die Kündigung, die dem Arbeitgeber eine Woche später zugestellt wird. Hier besteht kein Sonderkündigungsschutz, denn der Werksarzt ist nicht der Arbeitgeber oder sein Repräsentant.

3. Beweislast

Die Arbeitnehmerin muss im Kündigungsschutzprozess beweisen, dass

- sie schwanger ist,
- der Arbeitgeber hiervon bei Ausspruch der Kündigung Kenntnis gehabt hat **oder**
- sie ihn innerhalb von zwei Wochen nach Zugang der Kündigung informiert hat **oder**
- sie ohne ihr Verschulden daran gehindert war, die Frist einzuhalten, und die Mitteilung unverzüglich nachgeholt hat.

4. Behördliche Zustimmung zur Kündigung

Die zuständige Aufsichtsbehörde kann auf Antrag des Arbeitgebers (Muster s. u. D.l.) ausnahmsweise ihre Zustimmung zur Kündigung erteilen. Die Anforderungen an den Grund hierfür sind sehr hoch. Es reicht nicht aus, dass der Arbeitgeber einen wichtigen Grund vorträgt, der nach § 626 BGB geeignet wäre, eine fristlose Kündigung zu rechtfertigen. Vielmehr müssen noch weitere besondere Umstände hinzutreten. In Betracht kommen z. B.

- schwerwiegende Vertragsverstöße,
- schwere Vermögensdelikte,
- Tätlichkeiten gegenüber dem Arbeitgeber,
- Betriebsstilllegung,
- Existenzgefährdung des Betriebs bei Fortdauer des Arbeitsverhältnisses.

In manchen Bundesländern gibt es Verwaltungsvorschriften, die Einzelheiten regeln. Wenn eine Kündigung beabsichtigt ist, sollte man sich bei der zuständigen Behörde danach erkundigen.

WICHTIG!

Wenn der Arbeitgeber eine außerordentliche Kündigung aussprechen will, muss der Antrag innerhalb von zwei Wochen nach Kenntnis vom Kündigungsgrund bei der Behörde eingegangen sein.

Wenn sich die Arbeitnehmerin gleichzeitig in der Elternzeit befindet, muss neben dieser Zustimmung auch noch die Zulässigkeitserklärung nach § 18 Abs. 1 BEEG eingeholt werden; zuständig ist in der Regel die Behörde, die auch die Ausnahmegenehmigung nach § 9 MuSchG erteilt.

Wenn der Arbeitgeber die Zustimmung der Behörde erhält, muss er unverzüglich die Kündigung aussprechen und der Arbeitnehmerin zustellen.

ACHTUNG!

Eine vorher ausgesprochene und damit unwirksame Kündigung wird auch durch die Zustimmung nicht mehr wirksam.

Die Arbeitnehmerin kann gegen die behördliche Zustimmung Widerspruch einlegen. Wenn diesem stattgegeben wird, ist die Kündigung unwirksam. Dies ändert aber nichts daran, dass der Arbeitgeber erst einmal unverzüglich nach der Erteilung der Zustimmung kündigen muss.

Beispiel:

> Die Zustimmung zur Kündigung geht dem Arbeitgeber am 16.8. zu. Gleichzeitig erhält die Arbeitnehmerin diesen Bescheid und legt am selben Tag Widerspruch ein. Der Arbeitgeber stellt am nächsten Tag die Kündigung zu. Wird der Widerspruch zurückgewiesen, ist die Kündigung wirksam. Würde der Arbeitgeber erst die Entscheidung über den Widerspruch abwarten, käme die Kündigung auf jeden Fall zu spät.

Gegen die Zurückweisung des Widerspruchs kann die Arbeitnehmerin Klage beim Verwaltungsgericht erheben. Da sie nach Ausspruch der Kündigung auch eine Kündigungsschutzklage beim Arbeitsgericht erheben muss, kann es zu einer Zweigleisigkeit des Rechtsschutzes kommen. Wird die Zustimmung zur Kündigung vom Verwaltungsgericht aufgehoben, ist die Kündigung auf jeden Fall unwirksam. Wenn die Zustimmung jedoch bestätigt wird, prüft das Arbeitsgericht nunmehr, ob die Kündigung auch unter anderen Aspekten wirksam ist.

Beispiel:

> Die Zustimmung zur Kündigung wurde erteilt, Widerspruch und Klage der Arbeitnehmerin vor dem Verwaltungsgericht blieben erfolglos. Im Kündigungsschutzprozess vor dem Arbeitsgericht ist nun z. B. zu prüfen, ob die Kündigung auch unter arbeitsrechtlichen Gesichtspunkten Bestand hat, ob z. B. der Betriebsrat ordnungsgemäß angehört worden ist.

Wird der Antrag des Arbeitgebers auf Zustimmung zur Kündigung zurückgewiesen, kann er seinerseits dagegen Widerspruch einlegen. Wenn dieser Erfolg hat, kann und muss er die Kündigung unverzüglich aussprechen. Wird sein Widerspruch zurückgewiesen, kann er zwar dagegen vor dem Verwaltungsgericht klagen. Angesichts der extrem langen Verfahrensdauer vor den Verwaltungsgerichten ist jedoch kaum damit zu rechnen, dass dieser Prozess vor dem Ende der Schutzfrist abgeschlossen sein wird. Die positive Entscheidung des Verwaltungsgerichts kann aber Bedeutung haben, wenn die Arbeitnehmerin innerhalb der Frist von vier Monaten nach der Entbindung erneut schwanger wird.

IV. Elternzeit

1. Anwendungsbereich

Arbeitnehmer haben unter den in §§ 15, 16 BEEG genannten Voraussetzungen Anspruch auf Elternzeit bis zur Vollendung des 3. Lebensjahres eines Kindes, das nach dem 31.12.2006 geboren ist. Der Arbeitnehmer hat einen besonderen Kündigungsschutz (d. h., es besteht ein Kündigungsverbot) ab dem Zeitpunkt, zu dem er die Elternzeit verlangt. Dieser setzt jedoch frühestens acht Wochen vor dem Beginn der Elternzeit ein. Durch eine verfrühte Geltendmachung kann der Arbeitnehmer also den Beginn des Kündigungsschutzes nicht nach vorne verlagern. Allerdings darf der Arbeitgeber auch in diesen Fällen

nicht gerade deswegen kündigen, weil der Arbeitnehmer Elternzeit beantragt hat (§ 612a BGB).

Der Sonderkündigungsschutz endet mit dem Ende der Elternzeit, und zwar unabhängig davon, ob das Ende regulär erfolgt oder vorzeitig, z. B. beim Tod des Kindes.

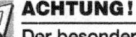

WICHTIG!

Wenn die Voraussetzungen für die Elternzeit gar nicht vorliegen, weil der Arbeitnehmer z. B. gar nicht in einem Haushalt mit dem zu betreuenden Kind lebt, greift der besondere Kündigungsschutz nicht ein.

Es müssen also sämtliche Voraussetzungen für die Elternzeit erfüllt sein, damit der Kündigungsschutz entsteht. Im Einzelfall kann es aber auch rechtsmissbräuchlich sein, wenn der Arbeitgeber sich etwa auf die fehlende Schriftform des Antrags beruft, obwohl er es zuvor hingenommen hat, dass der Arbeitnehmer seine „Elternzeit" nimmt (BAG v. 26.6.2008, Az. 2 AZR 23/07). Auch wenn der Arbeitnehmer nur die Ankündigungsfrist nicht eingehalten oder keine Angaben zur Gesamtdauer der Elternzeit gemacht hat, steht er unter dem besonderen Kündigungsschutz. Der besondere Kündigungsschutz eines Elternteils endet, wenn der Partner statt seiner in Elternzeit geht.

Großeltern haben nur dann Sonderkündigungsschutz, wenn sie ausnahmsweise selbst kindergeldberechtigt sind. Dies kann der Fall sein, wenn die Großeltern wegen einer schweren Erkrankung der Eltern die Betreuung übernommen haben (§ 1 Abs. 4 BEEG).

Auch wenn der Elternteil, der die Elternzeit in Anspruch nimmt, wechselt, endet sein besonderer Kündigungsschutz. Hat der Arbeitnehmer jedoch nur die Ankündigungsfrist nicht eingehalten oder keine Angaben zur Gesamtdauer der Elternzeit gemacht, steht er unter dem besonderen Kündigungsschutz.

Das Kündigungsverbot gilt auch bei Teilzeitbeschäftigten mit nicht mehr als 30 Wochenstunden, die Anspruch auf Elternzeit hätten, sie aber nicht nehmen, weil sie ohnehin in dem bisherigen Umfang weiterarbeiten wollen. Natürlich gilt die Regelung auch für die Arbeitnehmer, die sonst vollbeschäftigt sind und während der Elternzeit von der Möglichkeit der Teilzeitbeschäftigung bei ihrem bisherigen oder einem anderen Arbeitgeber Gebrauch machen.

ACHTUNG!

Der besondere Kündigungsschutz gilt nur für das bisherige Arbeitsverhältnis. Nimmt der Arbeitnehmer während der Elternzeit eine Teilzeitbeschäftigung bei einem anderen Arbeitgeber auf, besteht dort dieser besondere Kündigungsschutz nicht (BAG v. 2.2.2006, Az. 2 AZR 596/05).

Vom Sonderkündigungsschutz erfasst und damit unwirksam sind sämtliche Kündigungen, also

- Beendigungskündigungen (egal ob fristlos oder fristgemäß),
- Änderungskündigungen,
- vorsorgliche Kündigungen (auch zum Ablauf der Schutzfrist),
- Kündigungen im Insolvenzverfahren.

Maßgeblich ist der Zeitpunkt, an dem die Kündigung zugeht. Somit ist auch eine Kündigung unwirksam, die zum Ende der Elternzeit erklärt wird.

Vom Sonderkündigungsschutz **nicht** erfasst sind folgende Beendigungen:

- Ablauf der Befristung des Arbeitsvertrags,
- Anfechtung des Arbeitsvertrags wegen arglistiger Täuschung oder Irrtums,
- Berufung auf die Nichtigkeit des Arbeitsvertrags,

- Aufhebungsvertrag, Eigenkündigung des Arbeitnehmers, die mit einer Frist von drei Monaten zum Ende der Elternzeit möglich ist, wenn nicht ohnehin eine kürzere Frist gilt (§ 19 BEEG),
- Kündigung, die dem Arbeitnehmer vor seinem Verlangen nach Elternzeit oder mehr als acht Wochen vor dessen Beginn zugeht, selbst wenn der Beendigungszeitpunkt während der Elternzeit liegt.

2. Ausnahmegenehmigungen

Die für den Arbeitsschutz zuständige oberste Arbeitsbehörde oder eine von ihr bestimmte Stelle kann in besonderen Fällen die Kündigung für zulässig erklären. Die Zuständigkeit ist in den einzelnen Bundesländern unterschiedlich geregelt. Im Allgemeinen ist die Behörde zuständig, die auch die Kündigung gemäß § 9 MuSchG für zulässig erklären kann (Mutterschutz VIII.4.).

ACHTUNG!

Liegt ein wichtiger Grund für eine außerordentliche Kündigung i. S. d. § 626 BGB vor, muss der Antrag innerhalb von zwei Wochen nach Kenntnis des Kündigungsgrundes gestellt werden und die Kündigung unverzüglich nach Zugang der behördlichen Zulässigkeitserklärung ausgesprochen werden.

Der Antrag sollte folgende Daten enthalten:

- Anschrift des Arbeitgebers,
- Anschrift der Arbeitnehmerin,
- Art und Dauer des Arbeitsverhältnisses,
- Tag der voraussichtlichen oder erfolgten Entbindung,
- Angabe der Kündigungsgründe.

Zum Antragsverfahren hat das Bundesarbeitsministerium Richtlinien erlassen. Danach ist die Zustimmung zu erteilen, wenn das Interesse des Arbeitnehmers am Fortbestand des Arbeitsverhältnisses wegen außergewöhnlicher Umstände zurücktreten muss. Denkbar wären hier Kündigungen wegen schwerer Pflichtverstöße gegen den Arbeitgeber (hier dürfte insbesondere eine unerlaubte Konkurrenztätigkeit während der Elternzeit in Betracht kommen), eine geplante Betriebsschließung oder Betriebsteilstilllegung, die Verlegung von Betrieben oder Teilen sowie eine Existenzgefährdung des Arbeitgebers.

Die Zulässigkeitserklärung muss zum Zeitpunkt des Ausspruchs der Kündigung vorliegen, aber noch nicht bestandskräftig sein (LAG Hamm v. 4.3.2005, Az. 10 Sa 1832/04). An einen bestandskräftigen Bescheid der Behörde ist das Arbeitsgericht gebunden (BAG v. 20.1.2005, Az. 2 AZR 500/03).

ACHTUNG!

 Die Zustimmung heilt jedoch nicht rückwirkend eine Kündigung, sondern muss vor ihrem Ausspruch vorliegen.

Wird sie erteilt, muss die Kündigung unverzüglich ausgesprochen werden. In den Fällen, in denen eine Arbeitnehmerin, die sich in Elternzeit befindet, erneut schwanger wird, muss der Arbeitgeber sowohl die Zustimmung nach § 9 Abs. 3 MuSchG als auch die nach § 18 Abs. 1 BEEG einholen. Wie bei der Zustimmung nach dem Mutterschutzgesetz kann das zu einer Zweigleisigkeit des Verfahrens vor den Arbeits- und den Verwaltungsgerichten führen.

V. Pflegezeit

Am 1.7.2008 ist das Gesetz zur Förderung der häuslichen Pflege naher Angehöriger (PflegeZG) verabschiedet worden. Hiernach haben Beschäftigte das Recht, bis zu 10 Arbeitstage der Arbeit fern zu bleiben, wenn dies erforderlich ist, um für einen pflegebedürftigen nahen Angehörigen in einer akut auftretenden Pflegesituation eine bedarfsgerechte Pflege zu orga-

nisieren oder eine pflegerische Versorgung in dieser Zeit sicherzustellen (kurzzeitige Arbeitsverhinderung). In Betrieben mit
regelmäßig mehr als 15 Beschäftigten können Arbeitnehmer
darüber hinaus eine teilweise oder vollständige Freistellung von
der Arbeit bis zu 6 Monaten beanspruchen, wenn sie einen
pflegebedürftigen nahen Angehörigen in häuslicher Umgebung
pflegen (Pflegezeit).

Während der kurzzeitigen Arbeitsverhinderung oder der Pflegezeit darf ein Arbeitgeber das Beschäftigungsverhältnis nicht
kündigen (§ 5 PflegeZG). Nur in besonderen Fällen kann eine
Kündigung von der für den Arbeitsschutz zuständigen obersten
Landesbehörde oder der von ihr bestimmten Stelle ausnahmsweise für zulässig erklärt werden.

 ACHTUNG!
Der besondere Kündigungsschutz beginnt bereits mit der Ankündigung einer kurzzeitigen Arbeitsverhinderung nach § 2 PflegeZG oder
der Pflegezeit nach § 3 PflegeZG. Eine ausdrückliche Begrenzung
dieser Frist ist gesetzlich nicht geregelt!

Maßgeblicher Zeitpunkt ist der Zugang der Kündigungserklärung, nicht der Tag des Ablaufs der Kündigungsfrist. Eine Kündigung verstößt demnach nicht gegen § 5 PflegeZG, wenn sie
dem Beschäftigten zugeht, bevor dieser die kurzzeitige Arbeitsbefreiung bzw. die Pflegezeit angekündigt hat. Endet das Arbeitsverhältnis in diesem Fall innerhalb des geschützten Zeit-
raumes, so ist dies rechtlich unbeachtlich.

Muss der Arbeitgeber für die Pflegezeit eine Ersatzkraft einstellen, kann er dies im Wege eines befristeten Arbeitsverhältnisses
(mit Sachgrund) für die Dauer der kurzzeitigen Arbeitsverhinderung und/oder der Pflegezeit tun. Eine solche Vertretung ist
in § 6 PlegeZG ausdrücklich als Sachgrund für eine Befristung
vorgesehen. Über diese Dauer der Vertretung hinaus ist die
Befristung für notwendige Zeiten einer Einarbeitung zulässig.

 ACHTUNG!
Zu dem von § 5 PflegeZG geschützten Personenkreis gehören auch
Personen, die wegen ihrer wirtschaftlichen Unselbstständigkeit als
Arbeitnehmer ähnliche Personen anzusehen sind sowie die in Heim-
arbeit beschäftigten und die diesen gleichgestellten Personen. Die
vorgenannten Bestimmungen finden im Übrigen auch auf sämtliche
Arbeitsverhältnisse und Berufsausbildungsverhältnisse Anwendung.

Mehr hierzu s. u. → *Pflegezeit*.

VI. Auszubildende

Während der Probezeit kann das Ausbildungsverhältnis von
beiden Seiten jederzeit ohne Einhaltung einer Frist gekündigt
werden (§ 22 Abs. 1 BBiG). Nach Ablauf der Probezeit kann
der Arbeitgeber nur noch aus wichtigem Grund außerordentlich
kündigen. Eine ordentliche Kündigung durch den Arbeitgeber
ist bis zur Beendigung des Berufsausbildungsverhältnisses
nicht möglich (§ 22 Abs. 2 Nr. 1 BBiG).

1. Ordentliche Kündigung durch den Auszubildenden

Der Auszubildende kann das Ausbildungsverhältnis mit einer
Frist von vier Wochen ordentlich kündigen, wenn er die Berufsausbildung aufgeben oder sich für einen anderen Beruf ausbilden lassen will (§ 22 Abs. 2 Nr. 2 BBiG).

Diese Kündigung ist nur dann wirksam, wenn der Auszubildende im Kündigungsschreiben die Kündigungsgründe ausdrücklich mitteilt.

 WICHTIG!
Täuscht der Auszubildende eine Berufsaufgabe oder einen Berufs-
wechsel vor, um sich in Wahrheit von einem Konkurrenzbetrieb weiter ausbilden zu lassen, macht er sich schadensersatzpflichtig!

2. Außerordentliche Kündigung

Der wichtige Grund für die außerordentliche Kündigung gemäß
§ 22 Abs. 2 Nr. 1 BBiG entspricht dem der außerordentlichen
Kündigung gemäß § 626 Abs. 1 BGB. Im Rahmen der anzustellenden Interessenabwägung ist jedoch besonders zu berücksichtigen, dass der meist noch jugendliche Auszubildende
eine weniger gefestigte Persönlichkeitsstruktur hat, als ein „normaler" Arbeitnehmer.

Bei einem bereits weit fortgeschrittenen Ausbildungsverhältnis
werden besonders strenge Maßstäbe an eine außerordentliche
Kündigung des Ausbildenden angelegt (BAG v. 10.5.1973,
Az. 2 AZR 328/72). Sie wird daher nur in besonderen Ausnahmefällen, wenn ihm nämlich eine Fortsetzung bis zum Ausbil-
dungsende gänzlich unzumutbar ist, zulässig sein.

3. Form und Frist

Die außerordentliche Kündigung des Berufsausbildungsverhältnisses muss schriftlich erfolgen. In dem Kündigungsschreiben
müssen die Kündigungsgründe angegeben werden (§ 22
Abs. 3 BBiG).

 ACHTUNG!
Nur die im Kündigungsschreiben angegebenen Kündigungsgründe
können in einem nachfolgenden Rechtsstreit vorgebracht werden.
Ein Nachschieben von Kündigungsgründen ist nicht möglich.

Die Kündigung muss innerhalb einer Frist von zwei Wochen
nach Kenntniserlangung des Kündigungsgrunds erklärt werden. Das Kündigungsschreiben muss dem Empfänger innerhalb dieser Frist zugehen. Die zweiwöchige Ausschlussfrist ist
zwingend, d. h. sie kann weder tarifrechtlich noch durch entsprechende Regelungen im Ausbildungsvertrag verlängert oder
verkürzt werden.

 ACHTUNG!
Wird die Kündigung verspätet erklärt, ist sie unwirksam.

VII. Betriebsratsmitglieder

1. Ordentliche Kündigung

Die ordentliche Kündigung eines Mitglieds des Betriebsrats, der
Jugendvertretung oder anderer Arbeitnehmervertretungen ist
während der Amtszeit unzulässig, es sei denn, der Betrieb wird
stillgelegt (§ 15 Abs. 1 KSchG).

Der vom Kündigungsverbot geschützte Personenkreis umfasst
die Mitglieder

▶ des Betriebsrats,

▶ der Jugendvertretung (§ 60 BetrVG),

▶ der Bordvertretung (§ 115 BetrVG),

▶ des Seebetriebsrats (§ 116 BetrVG),

▶ einer durch Tarifvertrag bestimmten anderen Arbeitnehmervertretung (§ 3 Abs. 1 Nr. 2 BetrVG),

▶ des Wahlvorstands und der Wahlbewerber für eine Wahl,
deren gewählte Kandidaten dann vom betriebsverfassungsrechtlichen Kündigungsschutz erfasst werden (§ 15 Abs. 3
KSchG).

 ACHTUNG!
Seit dem 28.7.2001 besteht ein Kündigungsverbot auch für die
Arbeitnehmer, die zu einer Betriebs-, Wahl- oder Bordversammlung
einladen oder die die Bestellung eines Wahlvorstands beantragen
(§ 15 Abs. 3a KSchG). Das Kündigungsverbot beginnt mit dem Zeitpunkt der Einladung oder des Antrags und endet mit der Bekanntgabe der Wahlergebnisse. Der besondere Kündigungsschutz von

Mitgliedern des Wahlvorstands und der Wahlbewerber endet nach der in § 18 Satz 1 WO vorgesehenen förmlichen Bekanntgabe des Wahlergebnisses. Ist die förmliche Bekanntgabe des Wahlergebnisses unterblieben, so endet der Schutz nach § 15 Abs. 3 Satz 1 KSchG mit dem Zusammentreten des gewählten Betriebsrats zu einer konstituierenden Sitzung (BAG v. 5.11.2009, Az. 2 AZR 487/08).

Das Kündigungsverbot gilt auch für den Vertrauensmann oder die Vertrauensfrau der Schwerbehinderten sowie die in Heimarbeit beschäftigten Mitglieder eines Betriebsrats, einer Jugendvertretung, eines Wahlvorstands oder Wahlbewerber.

Der Sonderkündigungsschutz für Wahlbewerber nach § 15 Abs. 3 Satz 1 KSchG beginnt, sobald ein Wahlvorstand für die Wahl bestellt ist und für den Kandidaten ein Wahlvorschlag vorliegt, der die nach dem Betriebsverfassungsgesetz erforderliche Mindestzahl von Stützunterschriften aufweist. Sind diese Voraussetzungen gegeben, greift der Sonderkündigungsschutz für Wahlbewerber auch dann ein, wenn im Zeitpunkt der Anbringung der letzten – erforderlichen – Stützunterschrift die Frist zur Einreichung von Wahlvorschlägen noch nicht angelaufen war. Voraussetzung für einen gültigen Wahlvorschlag ist die Wählbarkeit des Bewerbers nach § 8 BetrVG. Fehlt es hieran, darf der Vorschlag vom Wahlvorstand nicht berücksichtigt werden. Für den besonderen Kündigungsschutz nach § 15 Abs. 3 Satz 1 KSchG reicht es aus, dass die Voraussetzungen des § 8 BetrVG im Zeitpunkt der Wahl vorliegen. Der Arbeitnehmer kann sich nur dann nicht auf den besonderen Kündigungsschutz als Wahlbewerber berufen, wenn bei Zugang der Kündigung keinerlei Aussicht bestanden hat, dass er bei der durchzuführenden Wahl wählbar sein würde (BAG v. 7.7.2011, Az. 2 AZR 377/10). Die Antragsberechtigung für ein Verfahren auf Bestellung des Wahlvorstands entfällt bei Kündigung des Arbeitsverhältnisses und fehlender Beschäftigung (LAG München v. 7.12.2011, Az. 11 TaBV 74/11).

Der besondere Kündigungsschutz für Mitglieder der Arbeitnehmervertretung endet erst ein Jahr nach Beendigung der Amtszeit. Dieser nachwirkende Kündigungsschutz gilt auch für Ersatzmitglieder, und zwar unabhängig davon, ob sie endgültig in den Betriebsrat nachgerückt oder nur vorübergehend als Stellvertreter für ein zeitweilig verhindertes Betriebsratsmitglied tätig geworden sind. Ersatzmitglieder vertreten ordentliche Mitglieder des Betriebsrats nicht nur in einzelnen Amtsgeschäften. Sie rücken gemäß § 25 Abs. 1 Satz 2 BetrVG für die Dauer der Verhinderung eines Betriebsratsmitglieds in den Betriebsrat nach. Der Eintritt des Ersatzmitglieds vollzieht sich automatisch mit Beginn des Verhinderungsfalls. Er hängt nicht davon ab, dass die Verhinderung des ordentlichen Mitglieds dem Ersatzmitglied bekannt ist. Während der Vertretungszeit und für deren Dauer steht dem Ersatzmitglied der – volle – Sonderkündigungsschutz aus § 15 Abs. 1 Satz 1 KSchG zu. Dieser Schutz ist regelmäßig nicht auf Zeiten beschränkt, in denen Betriebsratstätigkeit tatsächlich anfällt. Ein Rechtsmissbrauch der Schutzvorschriften zu Gunsten des Ersatzmitglieds kann u. U. dazu führen, dass die Berufung auf den besonderen Kündigungsschutz im Einzelfall ausgeschlossen ist. Davon ist etwa auszugehen, wenn ein Verhinderungsfall im kollusiven Zusammenwirken mit einem ordentlichen Betriebsratsmitglied zu dem Zweck herbeigeführt wurde, dem Ersatzmitglied den besonderen Kündigungsschutz zu verschaffen (BAG v. 8.9.2011, Az. 2 AZR 388/10).

 WICHTIG!

§ 15 Abs. 5 Satz 1 KSchG verpflichtet den Arbeitgeber, im Fall der Stilllegung einer Betriebsabteilung dem dort beschäftigten Mandatsträger eine möglichst gleichwertige Stellung in einer anderen Betriebsabteilung anzubieten. Ist ein gleichwertiger Arbeitsplatz in einer anderen Abteilung nicht vorhanden, ist der Arbeitgeber verpflichtet, dem Betriebsratsmitglied vor Ausspruch einer Beendigungskündigung die Beschäftigung auf einem geringerwertigen Arbeitsplatz anzubieten und hierzu ggf. eine Änderungskündigung

auszusprechen. Der Arbeitgeber ist jedoch nicht verpflichtet, dem Mandatsträger die Beschäftigung auf einem höherwertigen Arbeitsplatz anzubieten; und zwar grundsätzlich selbst dann nicht, wenn das Betriebsratsmitglied das Anforderungsprofil einer entsprechenden Beförderungsstelle erfüllt (BAG v. 23.2.2010, Az. 2 AZR 656/08).

Das Kündigungsverbot gilt auch für ordentliche Änderungskündigungen. Selbst wenn der Arbeitgeber aus betriebsbedingten Gründen allen oder der Mehrzahl der Arbeitnehmer des Betriebs kündigt und ihnen eine Weiterarbeit zu schlechteren Arbeitsbedingungen anbietet, rechtfertigt ein solcher Massentatbestand auch nicht ausnahmsweise eine ordentliche Änderungskündigung gegenüber Betriebsratsmitgliedern und den anderen durch § 15 KSchG geschützten Amtsträgern (BAG v. 7.10.2004, Az. 2 AZR 81/04).

2. Außerordentliche Kündigung

Eine außerordentliche Kündigung nach § 626 BGB bleibt zulässig. Dabei ist zwischen der Amtspflichtverletzung und der Verletzung der Pflichten aus dem Arbeitsverhältnis zu unterscheiden. Selbst ein grober Verstoß gegen die Amtspflichten rechtfertigt nicht ohne weiteres eine außerordentliche Kündigung. Solche Verstöße können nach § 23 Abs. 1 BetrVG durch Ausschluss aus dem Betriebsrat geahndet werden. Erst wenn in der Amtspflichtverletzung zugleich eine die außerordentliche Kündigung rechtfertigende grobe Verletzung arbeitsvertraglicher Pflichten liegt, ist die fristlose Kündigung zulässig. Die außerordentliche Kündigung eines durch § 15 Abs. 1 Satz 2, Abs. 3 Satz 2 KSchG geschützten Arbeitnehmers ist also unzulässig, wenn diesem ausschließlich eine Amts- und nicht zugleich eine Vertragspflichtverletzung vorzuwerfen ist. Eine Kündigung kommt dagegen in Betracht, wenn in dem Verhalten zugleich eine Vertragspflichtverletzung zu sehen ist. In solchen Fällen ist an die Berechtigung der fristlosen Entlassung ein „strengerer" Maßstab anzulegen als bei einem Arbeitnehmer, der den Betriebsrat nicht angehört (BAG v. 5.11.2009, Az. 2 AZR 487/08).

Liegt ein wichtiger Grund vor, muss vor Ausspruch der Kündigung die vorherige Zustimmung des Betriebsrats eingeholt werden (§ 103 Abs. 1 BetrVG). Dieser muss spätestens innerhalb von drei Tagen über die Zustimmung entscheiden.

 **ACHTUNG!**

Gibt der Betriebsrat binnen drei Tagen keine Erklärung ab, gilt die Zustimmung als verweigert!

Der Arbeitgeber kann dann beim Arbeitsgericht die gerichtliche Ersetzung der Zustimmung beantragen (§ 103 Abs. 2 BetrVG). Das Arbeitsgericht muss die Zustimmung ersetzen, wenn die außerordentliche Kündigung unter Berücksichtigung aller Umstände gerechtfertigt ist.

WICHTIG!

Der besondere Kündigungsschutz gem. § 15 Abs. 1 Satz 1 KSchG i. V. m. § 103 BetrVG erstreckt sich auch auf Ersatzmitglieder, die wegen einer zeitweiligen Verhinderung eines regulären Betriebsratsmitglieds gem. § 25 Abs. 1 Satz 2 BetrVG tätig waren. Das Zustimmungserfordernis i. S. d. § 103 BetrVG besteht indes nur, wenn das Ersatzmitglied entweder endgültig für ein ausgeschiedenes Mitglied eingerückt ist oder wenn und solange es ein zeitweilig verhindertes Mitglied vertritt. Ersatzmitglieder, die nach Beendigung der Vertretungszeit wieder aus dem Betriebsrat ausgeschieden sind, haben nur noch nachwirkenden Kündigungsschutz gem. § 15 Abs. 1 Satz 2 KSchG (BAG v. 5.11.2009, Az. 2 AZR 487/08).

Da die Kündigung dem Arbeitnehmer innerhalb von zwei Wochen, nachdem der Arbeitgeber vom Kündigungsgrund Kenntnis erlangt hat, zugehen muss, kann der Arbeitgeber hier in erhebliche Zeitnot geraten. Er muss deshalb den Betriebsrat so rechtzeitig um Zustimmung ersuchen, dass bei einer Verweigerung noch innerhalb der Zwei-Wochen-Frist die Ersetzung beim Arbeitsgericht beantragt werden kann.

Durch den Antrag des Arbeitgebers auf Ersetzung wird die Zwei-Wochen-Frist gehemmt, also vorläufig „stillgelegt". Der Arbeitgeber muss aber nach der Ersetzung durch das Gericht unverzüglich die Kündigung aussprechen.

⚠ WICHTIG!

Die fristlose Kündigung ist auch dann wirksam, wenn dem Kündigungsschreiben nicht die nach § 103 Abs. 1 BetrVG erforderliche Zustimmung des Betriebsrats beigefügt ist (BAG v. 4.3.2004, Az. 2 AZR 147/03).

VIII. Betriebsübergang

Für den Fall, dass ein bestehender Betrieb oder Betriebsteil auf einen anderen Inhaber infolge rechtsgeschäftlicher Veräußerung übergeht, enthält § 613a BGB ein eigenständiges Kündigungsverbot: Die Kündigung eines Arbeitsverhältnisses, die **wegen** des Betriebsübergangs erfolgt, durch den bisherigen oder den neuen Arbeitgeber ist unwirksam. Dieses Verbot gilt auch für solche Arbeitsverhältnisse, für die nach dem Kündigungsschutzgesetz kein allgemeiner Kündigungsschutz besteht (also z. B. auch für Arbeitnehmer, die noch keine sechs Monate im Betrieb sind).

⚠ ACHTUNG!

Bereits die Ausgliederung einer bestimmten Funktion aus einem bestehenden Betrieb, ohne dass zugleich irgendwelche Betriebsmittel übertragen werden (sog. „Outsourcing") kann einen Betriebsübergang darstellen.

Das Kündigungsverbot gilt auch für leitende Angestellte, die häufig aus Anlass eines Betriebsübergangs ausgetauscht werden sollen.

Von dem Kündigungsverbot sind sowohl ordentliche als auch außerordentliche Beendigungs- sowie Änderungskündigungen umfasst.

⚠ WICHTIG!

Die Arbeitsvertragsparteien können das Arbeitsverhältnis im Zusammenhang mit einem Betriebsübergang wirksam durch Aufhebungsvertrag auflösen, wenn die Vereinbarung auf das endgültige Ausscheiden eines Arbeitnehmers aus dem Betrieb gerichtet ist. Ein Aufhebungsvertrag ist jedoch wegen gesetzwidriger Umgehung der Rechtsfolgen des § 613a Bürgerliches Gesetzbuch (BGB) unwirksam, wenn zugleich ein neues Arbeitsverhältnis zum Betriebsübernehmer vereinbart oder zumindest verbindlich in Aussicht gestellt wird. Dies gilt auch dann, wenn es beim Abschluss eines Aufhebungsvertrages nur darum geht, die Kontinuität des Arbeitsverhältnisses zu unterbrechen, wodurch der Arbeitnehmer die bisher erdienten Besitzstände verlieren soll. Unwirksam sind auch Eigenkündigungen oder Aufhebungsverträge, zu denen die Arbeitnehmer unter Hinweis auf eine Einstellungsgarantie beim potentiellen Erwerber – regelmäßig zu schlechteren Arbeitsbedingungen – veranlasst wurden (BAG v. 18.8.2005, Az. 8 AZR 523/04). Dem steht jedoch nicht entgegen, dass der neue Arbeitgeber in engem zeitlichem Zusammenhang zu dem Betriebsübergang mit einem Arbeitnehmer einzelvertraglich eine Absenkung des bisherigen Gehalts vereinbart. Eine solche Abrede bedarf auch keines sachlichen Grundes. Der Arbeitnehmer, der diese Vereinbarung aus freien Stücken unterschreibt, kann sich später nicht auf die Schutzvorschrift des § 613a Abs. 4 BGB berufen (BAG v. 7.11.2007, Az. 5 AZR 1007/06).

Eine Kündigung ist nur insoweit verboten, als sie **wegen** des Betriebsübergangs erfolgt. Dies bedeutet nicht, dass alle Kündigungen, die in zeitlichem oder funktionellem Zusammenhang mit einem Betriebsübergang stehen, grundsätzlich rechtsunwirksam sind. Dies ist vielmehr nur dann der Fall, wenn der Betriebsübergang das entscheidende Motiv für die Kündigung darstellt, also für die Kündigung kein sonstiger hinreichender Grund vorliegt.

Unabhängig davon ist, ob der Betriebsübergang bereits stattgefunden hat oder lediglich beabsichtigt ist. Auch wenn der Arbeitgeber kündigt, um einen geplanten Betriebsübergang

vorzubereiten, findet das Kündigungsverbot Anwendung. Ein späteres Scheitern des geplanten Betriebsübergangs, wie eine unerwartete spätere Betriebsfortführung oder Betriebsstilllegung sind für die Unwirksamkeit unerheblich.

Die Grenze zu einer betriebsbedingten Kündigung ist hierbei fließend. Will ein Betriebsveräußerer Rationalisierungsmaßnahmen zur Optimierung des Betriebs durchführen, um hierdurch die Verkaufschancen zu erhöhen, so kann eine betriebsbedingte Kündigung gerechtfertigt sein. Hintergrund einer solchen Kündigung ist nach Auffassung des BAG nicht der Betriebsübergang, sondern die Rationalisierungsabsicht (BAG v. 26.5.1983, Az. 2 AZR 477/81; BAG v. 18.7.1996, Az. 8 AZR 127/94).

Für die Behauptung, dass die Kündigung aus Anlass des Betriebsübergangs erfolgt ist, ist der Arbeitnehmer im Streitfall darlegungs- und beweispflichtig. Wird ein Betrieb jedoch von einem Erwerber fortgesetzt, obliegt es dem Arbeitgeber darzulegen und zu beweisen, dass andere Gründe für die Kündigung maßgebend waren.

IX. Wehr- und Zivildienst

1. Ordentliche Kündigung

§ 2 ArbPlSchG schützt den Arbeitnehmer während des Wehr- und Zivildienstes vor der ordentlichen Kündigung:

⚠ WICHTIG!

Mit dem am 1.7.2011 in Kraft getretenen Wehrrechtsänderungsgesetz wurde die allgemeine Wehrpflicht ausgesetzt. Die bisherigen Regelungen der §§ 3 bis 53 Wehrpflichtgesetz gelten nur noch für den Spannungs- oder Verteidigungsfall. Stattdessen wurde in den §§ 54 ff. ein „Freiwilliger Wehrdienst" eingeführt, zu dem sich Frauen und Männer, die Deutsche i. S. d. Grundgesetzes sind, verpflichten können. Dieser besteht aus sechs Monaten freiwilligem Wehrdienst als Probezeit und bis zu 17 Monaten anschließendem freiwilligem zusätzlichem Wehrdienst. Gemäß § 16 ArbPlSchG (n. F.) gilt das Arbeitsplatzschutzgesetz auch im Falle des freiwilligen Wehrdienstes mit der Maßgabe, dass die Vorschriften über den Grundwehrdienst anzuwenden sind. Regelungen, die an die Einberufung zum Wehrdienst anknüpfen, sind auf den nun geregelten Bescheid zum Dienstantritt entsprechend anzuwenden. Wenn also nachfolgend vom „Grundwehrdienst" und „Einberufungsbescheid" die Rede ist, gelten die Ausführungen gleichermaßen für den freiwilligen Wehrdienst und den Dienstantrittsbescheid.

Vom Zeitpunkt der Zustellung des Einberufungsbescheids bis zur Beendigung des Grundwehr- bzw. Zivildienstes ist die ordentliche Kündigung durch den Arbeitgeber verboten. Bei der Wehrübung besteht dieses Verbot nur während der Wehrübung selbst.

Kündigt der Arbeitgeber trotz des Verbots, ist die Kündigung unwirksam.

Eine Einschränkung dieses Kündigungsverbots gilt für Kleinbetriebe mit in der Regel fünf oder weniger Arbeitnehmern (Auszubildende zählen hierbei nicht mit; Teilzeitbeschäftigte werden anteilig nach ihrer wöchentlichen Arbeitszeit berücksichtigt: Beträgt die wöchentliche Arbeitszeit 20 Stunden oder weniger, zählt ein Teilzeitbeschäftigter als 0,5 Arbeitnehmer, beträgt sie mehr als 21 und höchstens 30 Stunden, zählt er als 0,75 Arbeitnehmer. Bei mehr als 30 Stunden gilt er als vollzeitbeschäftigter Arbeitnehmer).

In diesen Kleinbetrieben kann der Arbeitgeber unverheirateten Arbeitnehmern, die zum Grundwehr- oder Zivildienst für mehr als sechs Monate einberufen worden sind, zum Ende des Wehrdienstes kündigen, wenn er eine Ersatzkraft eingestellt hat und ihm die Weiterbeschäftigung des Arbeitnehmers nicht zugemutet werden kann (§ 2 Abs. 3 ArbPlSchG).

⊲ **ACHTUNG!**

Die Kündigung ist spätestens zwei Monate vor Beendigung des Grundwehr- bzw. Zivildienstes auszusprechen, sonst geht das Kündigungsrecht verloren.

2. Außerordentliche Kündigung

Eine außerordentliche Kündigung aus wichtigem Grund bleibt auch während des Wehrdienstes möglich, so z. B. wenn der Arbeitgeber erst während des bereits begonnenen Wehrdienstes von einem wichtigen Grund Kenntnis erlangt.

⊲ **ACHTUNG!**

In einem solchen Fall ist die außerordentliche Kündigung während des Wehrdienstes nicht nur zulässig, sondern wegen der zweiwöchigen Frist (§ 626 Abs. 2 BGB) sogar erforderlich.

Die Einberufung selbst ist aber kein wichtiger Grund zur außerordentlichen Kündigung.

Bei Arbeitnehmern, die unter das Kündigungsschutzgesetz fallen, beginnt die Klagefrist erst zwei Wochen nach der Beendigung des Wehrdienstes, wenn die Kündigung nach der Zustellung des Einberufungsbescheides oder nach Beginn des Wehrdienstes erfolgte.

3. Vor- und Nachwirkungen des Kündigungsschutzes

Auch außerhalb der direkten Wehrdienstzeit sind Kündigungen aus Anlass des Wehrdienstes nicht zulässig. „Aus Anlass" erfolgt eine Kündigung, wenn der Wehrdienst direkt oder indirekt Motivation für die Kündigung ist. Dabei ist der Begriff Wehrdienst weit auszulegen, er umfasst z. B. auch die Musterung.

Auch bei der ordentlichen betriebsbedingten Kündigung, die vor oder nach dem Wehrdienstzeitraum ausgesprochen wird, besteht ein weiterer Schutz: Fällt der Arbeitnehmer unter das Kündigungsschutzgesetz, darf der Wehrdienst bei der Sozialauswahl nicht zum Nachteil des Arbeitnehmers berücksichtigt werden.

X. Vertraglicher Ausschluss der ordentlichen Kündigung

Eine Vielzahl von Tarifverträgen sieht den Ausschluss einer ordentlichen Kündigung für langjährig Beschäftigte vor. So ist z. B. in § 34 Abs. 2 TVöD geregelt, dass Arbeitsverhältnisse von Beschäftigten, die das 40. Lebensjahr vollendet haben nach einer Beschäftigungszeit von mehr als 15 Jahren durch den Arbeitgeber nur noch aus einem wichtigen Grund gekündigt werden können. Ein solcher Ausschluss der arbeitgeberseitigen ordentlichen Kündigung bei langjährigen Beschäftigungsverhältnissen kann auch einzelvertraglich vereinbart werden.

Der Ausschluss der ordentlichen Kündigung – auch durch Tarifvertrag – ist ein Unwirksamkeitsgrund für eine Kündigung, der nach §§ 4 ff. KSchG rechtzeitig geltend gemacht werden muss. Hat ein Arbeitnehmer rechtzeitig nach § 4 S. 1 KSchG Kündigungsschutzklage erhoben, so kann er sich nach § 6 KSchG bis zum Schluss der mündlichen Verhandlung erster Instanz auch auf andere, bisher nicht geltend gemachte Gründe für die Unwirksamkeit der Kündigung berufen. Es reicht nicht aus, dass der Arbeitnehmer im Prozess zwar die Anwendung eines Tarifvertrages auf das Arbeitsverhältnis erwähnt, aber den tarifvertraglichen Ausschluss der ordentlichen Kündigung nicht geltend macht. Ein entsprechender Tatsachenvortrag des Arbeitnehmers kann allerdings unter Umständen eine Hinweispflicht des Arbeitsgerichts auslösen (BAG v. 8.11.2007, Az. 2 AZR 314/06).

C. Checkliste Kündigungsschutz

I. Betriebsbedingte Kündigung

❏ Fallen Arbeitsplätze weg?

→ Wenn nein, kann nicht betriebsbedingt gekündigt werden.

❏ Besteht ein sachlicher Grund für den Arbeitsplatzwegfall?

→ Wenn nein, kann nicht betriebsbedingt gekündigt werden.

❏ Welche Arbeitnehmer sind vertraglich auf diesen Arbeitsplätzen beschäftigt?

→ Auswahl der vergleichbaren Arbeitnehmer

❏ Besteht für einzelne Arbeitnehmer Sonderkündigungsschutz?

→ Wenn ja, kann diesen Personen nur unter engen Voraussetzungen gekündigt werden.

❏ Besteht ein berechtigtes betriebliches Interesse an der Weiterbeschäftigung bestimmter Arbeitnehmer, insbesondere wegen ihrer Fähigkeiten, Kenntnisse oder Leistungen oder zur Sicherung einer ausgewogenen Personalstruktur?

→ Wenn ja: Herausnahme dieser Arbeitnehmer aus der sozialen Auswahl.

❏ Sind alle (übrigen) vergleichbaren Arbeitnehmer betroffen?

→ Wenn nein, Auswahl nach den in § 1 Abs. 3 Satz 1 KSchG festgelegten sozialen Gesichtspunkten, es sei denn, die zu kündigenden Arbeitnehmer sind in einem Interessenausgleich namentlich benannt.

❏ Kann den am wenigsten sozial schutzwürdigen Arbeitnehmern eine andere vertraglich vorgesehene, gleichwertige Tätigkeit im Unternehmen angeboten werden?

→ Wenn ja: Versetzung statt Kündigung

❏ Besteht im Unternehmen eine andere, vertraglich nicht vorgesehene Weiterbeschäftigungsmöglichkeit?

→ Wenn ja: Änderungskündigung statt Beendigungskündigung

❏ Soll dem zu kündigenden Arbeitnehmer ein Wahlrecht zur Beanspruchung der gesetzlichen Abfindung gem. § 1a KSchG für den Fall des Klageverzichts eingeräumt werden?

→ Wenn ja: *In der Kündigung* Hinweis auf betriebsbedingte Gründe und die Möglichkeit zur Inanspruchnahme einer Abfindung gem. § 1a KSchG bei Verzicht auf Erhebung einer Kündigungsschutzklage.

Weiter mit Checkliste Kündigung!

II. Verhaltensbedingte Kündigung

❏ Welches Verhalten (Pflichtverstoß) wird dem Arbeitnehmer vorgeworfen?

❏ Sind die betrieblichen Interessen hierdurch beeinträchtigt oder gefährdet?

→ Wenn nein, kann nicht verhaltensbedingt gekündigt werden.

❏ Ist der Sachverhalt hinreichend aufgeklärt und sind die Beweise gesichert?

→ Wenn nein: weitere Ermittlungen anstellen und Beweismittel sichern.

❑ Wurde wegen eines gleichartigen Verhaltens in der nahen Vergangenheit (höchstens zwei Jahre zurück) eine wirksame Abmahnung ausgesprochen?

→ Wenn nein: Abmahnung statt Kündigung

❑ Ist die Fortführung des Arbeitsverhältnisses aufgrund des vorgeworfenen Verhaltens bis zum Ablauf der Kündigungsfrist für den Arbeitgeber unzumutbar?

→ Wenn ja: außerordentliche Kündigung

❑ Kann eine Wiederholung des Verhaltens durch andere Maßnahmen (z. B. Versetzung) ausgeschlossen werden?

→ Wenn ja, haben diese Maßnahmen Vorrang vor einer Kündigung.

❑ Besteht für den Arbeitnehmer Sonderkündigungsschutz?

→ Wenn ja, kann nur unter engen Voraussetzungen gekündigt werden.

Weiter mit Checkliste Kündigung!

III. Personenbedingte Kündigung

❑ Ist der Arbeitnehmer schon seit längerer Zeit arbeitsunfähig erkrankt und ist das Ende der Erkrankung nicht absehbar? **oder**

❑ Ist der Arbeitnehmer aufgrund einer Erkrankung dauerhaft nicht in der Lage, seine vertraglich geschuldete Arbeitsleistung zu erbringen? **oder**

❑ Ist der Arbeitnehmer in den letzten drei Jahren an mehr als 14 % der Arbeitstage arbeitsunfähig erkrankt (häufige Kurzerkrankungen) und ist auch in Zukunft mit entsprechenden Fehlzeiten zu rechnen?

→ Wenn keiner der drei Fälle zutrifft, kann nicht krankheitsbedingt gekündigt werden.

❑ Führen die krankheitsbedingten Ausfälle zu erheblichen betrieblichen Beeinträchtigungen (z. B. Betriebsablaufstörungen oder erheblichen wirtschaftlichen Belastungen)?

→ Wenn nein, kann nicht krankheitsbedingt gekündigt werden.

❑ Können diese erheblichen betrieblichen Beeinträchtigungen mit milderen Mitteln (z. B. Um- oder Versetzung, Änderungskündigung, Umschulung oder befristete Neueinstellung) beseitigt werden?

→ Wenn ja, kann nicht krankheitsbedingt gekündigt werden.

❑ Sind zugunsten des Arbeitnehmers besondere Umstände (z. B. betrieblicher Anlass der Erkrankung, lange Betriebszugehörigkeit) zu berücksichtigen?

→ Wenn ja, ist eine Interessenabwägung erforderlich.

❑ Besteht für den Arbeitnehmer Sonderkündigungsschutz?

→ Wenn ja, kann nur unter engen Voraussetzungen gekündigt werden.

Weiter mit Checkliste Kündigung!

D. Muster: Kündigungsschutz

I. Antrag auf Zulassung der Kündigung nach dem Mutterschutzgesetz

An ....

...

...

Antrag auf Zulassung der Kündigung von Frau ....

bei uns beschäftigt seit .... zuletzt als ....

Voraussichtlicher Termin der Entbindung ist am: ....

Die Elternzeit wird voraussichtlich in Anspruch genommen/nicht in Anspruch genommen. Sie beginnt voraussichtlich am ....

Die Kündigung ist aus folgenden [wahlweise: betriebsbedingten oder verhaltensbedingten oder personenbedingten oder wichtigen] Gründen erforderlich [Beweismittel angeben]:

...

...

...

Eine Stellungnahme des Betriebsrats ist beigefügt.

....
Ort, Datum Unterschrift

II. Antrag auf Zulassung der Kündigung nach dem Bundeselterngeld- und Elternzeitgesetz

An ....

...

...

Antrag auf Zulassung der Kündigung von Frau/Herrn ....

bei uns beschäftigt seit .... zuletzt als ....

Der/Die Arbeitnehmer/in hat Elternzeit am .... verlangt.

Die Elternzeit wird in Anspruch genommen von .... bis ....

Der/Die Arbeitnehmer/in leistet während der Elternzeit Teilzeitarbeit von .... Wochenstunden.

Der/Die Arbeitnehmer/in leistet Teilzeitarbeit von .... Wochenstunden, ohne Elternzeit in Anspruch zu nehmen; die Elternzeit könnte von .... bis .... in Anspruch genommen werden.

Die Kündigung ist aus folgenden [wahlweise: betriebsbedingten oder verhaltensbedingten oder personenbedingten oder wichtigen] Gründen erforderlich [Beweismittel angeben]:

...

...

...

Eine Stellungnahme des Betriebsrats ist beigefügt.

....
Ort, Datum Unterschrift

III. Antrag auf Zulassung der Kündigung eines Schwerbehinderten

An das

Integrationsamt

....

....

Antrag auf Zustimmung zur ordentlichen/außerordentlichen Kündigung/Änderungskündigung/Beendigung des Arbeitsverhältnisses gemäß §§ 85, 87 ff. SGB IX des/der Schwerbehinderten/Gleichgestellten .... bei uns beschäftigt seit .... zuletzt als ....

Das Bruttogehalt des/der Schwerbehinderten/Gleichgestellten betrug zuletzt monatlich € ....

Der Grad der Behinderung beträgt .... v. H. gemäß eigenen Angaben/Schwerbehindertenausweis/Bescheinigung des Versorgungsamts.

Zur Zeit werden bei uns .... Schwerbehinderte/Gleichgestellte beschäftigt. Der Pflichtsatz beträgt gemäß § 71 SGB IX .... Arbeitnehmer.

Die Kündigung ist beabsichtigt zum .... unter Einhaltung einer Kündigungsfrist von .... Wochen/Monaten.

Die Kündigung ist aus folgenden [wahlweise: betriebsbedingten oder verhaltensbedingten oder personenbedingten oder wichtigen] Gründen erforderlich [Beweismittel angeben]:

....

....

....

Eine Stellungnahme des Betriebsrats und der Schwerbehindertenvertretung ist beigefügt.

....

Ort, Datum   *Unterschrift*

Kurzarbeit

I.   **Begriff**

II.   **Einführung von Kurzarbeit**
1. Gesetz
2. Tarifvertrag
3. Betriebsvereinbarung
4. Vereinbarung mit jedem Arbeitnehmer
5. Änderungskündigung

III. **Beteiligung des Betriebsrats**

IV. **Folgen für das Arbeitsverhältnis**
1. Urlaub
2. Lohnfortzahlung bei Krankheit
3. Weihnachts-/Urlaubsgeld
4. Kündigung

V.   **Kurzarbeitergeld**
1. Erheblicher Arbeitsausfall
2. Betriebliche Voraussetzungen
3. Persönliche Voraussetzungen
4. Anzeige

I. Begriff

Die vorübergehende Verkürzung der betriebsüblichen normalen → *Arbeitszeit* wird als Kurzarbeit bezeichnet. Unerheblich ist dabei, ob einzelne Stunden, bestimmte Wochentage oder ganze Arbeitswochen entfallen. Mit der aus der Kurzarbeit resultierenden Senkung der Personalkosten soll ein Betrieb unter Erhaltung der Arbeitsplätze vorübergehend wirtschaftlich entlastet werden. Bei vorübergehender vollständiger Einstellung der Arbeit wird von sog. „Kurzarbeit Null" gesprochen.

II. Einführung von Kurzarbeit

Der Arbeitgeber ist nicht zur einseitigen Einführung von Kurzarbeit berechtigt. Wenn er von der einzelvertraglich vereinbarten Stundenzahl nach unten abweichen will, ist dazu eine besondere Rechtsgrundlage erforderlich.

1. Gesetz

Eine generelle gesetzliche Regelung für die Einführung von Kurzarbeit gibt es nicht. Lediglich für den Fall der beabsichtigten Massenentlassung nach dem Kündigungsschutzgesetz kann die zuständige Agentur für Arbeit unter Berücksichtigung tarifvertraglicher Vorgaben die Einführung von Kurzarbeit zulassen. In diesem Fall ist der Arbeitgeber zu Lohnkürzungen ausdrücklich berechtigt.

2. Tarifvertrag

In Tarifverträgen finden sich häufig Kurzarbeitsklauseln, die im Einzelnen sehr unterschiedlich ausgestaltet sind. Sie legen die Voraussetzungen fest, unter denen ein Arbeitgeber Kurzarbeit einführen kann. Oftmals verlangen Tarifverträge z. B. die Einhaltung von Ankündigungsfristen oder bestimmen das Verfahren, das bei der Einführung von Kurzarbeit zu beachten ist.

3. Betriebsvereinbarung

Bei Fehlen bzw. Nichtgeltung eines Tarifvertrags im Unternehmen kommt als Rechtsgrundlage für die Einführung von Kurzarbeit eine → *Betriebsvereinbarung* in Betracht. Da diese unmittelbar auf die Arbeitsverhältnisse einwirkt, sind keine weiteren einzelvertraglichen Vereinbarungen mit den Arbeitnehmern nötig. Allein mit Abschluss der Betriebsvereinbarung gilt für die Arbeitnehmer für den in der Betriebsvereinbarung festgelegten Zeitraum und unter den dort näher geregelten Einzelheiten eine kürzere Arbeitszeit. Der einzelne Arbeitnehmer kann sich dann nicht auf seine vertraglich vereinbarte Arbeitszeit und sein vertraglich vereinbartes Gehalt berufen.

4. Vereinbarung mit jedem Arbeitnehmer

Fehlt es an einer der drei genannten Rechtsgrundlagen, kann der Arbeitgeber Kurzarbeit nur mit Zustimmung der einzelnen Arbeitnehmer einführen. Eine entsprechende Vereinbarung kann entweder aus konkretem Anlass oder bereits vorher bei Abschluss des Arbeitsvertrags getroffen werden. Eine Regelung im Arbeitsvertrag ist nur dann wirksam, wenn die Voraussetzungen für die Einführung von Kurzarbeit darin genau festgelegt sind. Dazu muss ausdrücklich eine Ankündigungsfrist vorgesehen werden und es müssen Regelungen über Umfang und Ausmaß der Kurzarbeit, den betroffenen Personenkreis sowie Art und Weise der Einbeziehung des Personenkreises enthalten sein (LAG Berlin-Brandenburg v. 7.10.2010, Az. 2 Sa 1230/10).

Ist nichts vereinbart worden, und leisten die Arbeitnehmer auf Weisung des Arbeitgebers Kurzarbeit und nehmen die Lohnkürzungen widerspruchslos hin, so kann auch im Wege einer stillschweigenden, einvernehmlichen Änderung des Arbeitsvertrags Kurzarbeit eingeführt sein.

::rehm

5. Änderungskündigung

Verweigern die Arbeitnehmer dem Arbeitgeber die Zustimmung zur Kurzarbeit, so bleibt diesem bei fehlender anderer Rechtsgrundlage (Tarifvertrag oder Betriebsvereinbarung) nur die Möglichkeit der an strenge Voraussetzungen geknüpften → *Änderungskündigung*. Sie hat für den Arbeitgeber den möglichen Nachteil, dass Kurzarbeit nicht für alle Arbeitnehmer zum gleichen Zeitpunkt eingeführt werden kann. Bei längeren Kündigungsfristen muss der Arbeitgeber zudem noch für einen möglicherweise nicht unerheblichen Zeitraum die volle bisherige Vergütung weiterzahlen.

III. Beteiligung des Betriebsrats

In betriebsratslosen Unternehmen kann der Arbeitgeber bei Beachtung der unter II. genannten Rechtsgrundlagen Kurzarbeit einseitig einführen.

In Betrieben mit einem Betriebsrat muss dieser der Einführung von Kurzarbeit auf jeden Fall zustimmen. Der Arbeitgeber kann also – auch wenn ein Tarifvertrag die Kurzarbeit regelt – nicht einseitig Kurzarbeit anordnen. Sind im Falle einer tariflichen Regelung alle tarifvertraglichen Voraussetzungen erfüllt, bezieht sich das Mitbestimmungsrecht des Betriebsrats auf verbleibende Regelungsspielräume.

Eine Änderung der Einzelarbeitsverträge hinsichtlich der Arbeitszeit und der Lohnzahlungspflicht für die Dauer der Kurzarbeitsperiode ohne Rücksicht auf den Willen der Arbeitnehmer kann nur durch eine förmliche Betriebsvereinbarung nach § 77 Abs. 2 BetrVG herbeigeführt werden. Nur sie wirkt unmittelbar und zwingend auf die Arbeitsverhältnisse ein (LAG Rheinland-Pfalz v. 12.8.2010, Az. 10 Sa 172/10).

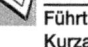 **ACHTUNG!**

Führt der Arbeitgeber einseitig ohne Zustimmung des Betriebsrats Kurzarbeit ein, bleibt es zugunsten des Arbeitnehmers bei der vertraglich vereinbarten regelmäßigen Arbeitszeit. Der Arbeitnehmer behält seinen vollen Anspruch auf Vergütung, wenn er dem Arbeitgeber seine Leistung anbietet und dieser sie ablehnt.

Der Betriebsrat kann sogar von sich aus die Einführung von Kurzarbeit anregen und ggf. eine Entscheidung der → *Einigungsstelle* über diese Frage herbeiführen (BAG v. 4.3.1986, Az. 1 ABR 15/84). Er wird von seinem Initiativrecht dann Gebrauch machen, wenn er Entlassungen aus betriebsbedingten Gründen durch die vorübergehende Einführung von Kurzarbeit für vermeidbar hält.

WICHTIG!

Will der Arbeitgeber frühzeitig die Kurzarbeit wieder einstellen und zur betriebsüblichen Arbeitszeit zurückkehren, kann er dies einseitig anordnen.

IV. Folgen für das Arbeitsverhältnis

Kurzarbeit führt zu einer (teilweisen) Suspendierung der Hauptleistungspflichten aus dem Arbeitsverhältnis. Der Arbeitnehmer wird von der Verpflichtung zur Arbeitsleistung (teilweise) befreit, verliert aber gleichzeitig seinen entsprechenden Vergütungsanspruch. Als Ausgleich erhält er dafür einen Anspruch auf Kurzarbeitergeld. Sämtliche Nebenpflichten aus dem Arbeitsverhältnis bestehen dagegen unverändert weiter.

1. Urlaub

Urlaubsansprüche entstehen auch während der Kurzarbeitsperiode. Die Kurzarbeit kann jedoch Einfluss auf die Anzahl der Urlaubstage haben. Dies ist der Fall, wenn im Rahmen der Kurzarbeit an bestimmten Tagen in der Woche überhaupt nicht gearbeitet wird.

Verdienstkürzungen infolge von Kurzarbeit bleiben bei der Berechnung des gesetzlichen Urlaubsentgelts außer Betracht.

2. Lohnfortzahlung bei Krankheit

Bei Krankheit während der Kurzarbeitsperiode hat der Arbeitnehmer Anspruch nur auf diejenige Vergütung, die er erhalten würde, wenn er nicht arbeitsunfähig wäre. Die Höhe der Lohnfortzahlung bemisst sich also nach der gekürzten Arbeitszeit. Dies gilt unabhängig davon, ob die Kurzarbeit bereits vor Eintritt der Arbeitsunfähigkeit oder erst während der Arbeitsunfähigkeit begonnen hat. Im Fall von Kurzarbeit „Null", bei der die Arbeit im Betrieb vollständig ruht, führt dies dazu, dass der erkrankte Arbeitnehmer keinerlei Entgeltfortzahlung gegenüber dem Arbeitgeber beanspruchen kann.

3. Weihnachts-/Urlaubsgeld

Besteht eine Vereinbarung, nach der zeitweise nicht beschäftigten Mitarbeitern nur so viele Zwölftel des Weihnachts-/Urlaubsgelds zustehen, wie sie im Kalenderjahr volle Monate bei dem Unternehmen gearbeitet haben, kann der Arbeitgeber das Weihnachts-/Urlaubsgeld im Hinblick auf Zeiten, in denen Kurzarbeit mit „Null-Stunden"-Arbeitszeit angeordnet war, kürzen.

Fällt die Kurzarbeit in den für die Berechnung einer Sonderzahlung maßgeblichen Zeitraum, führt dies zu einer Kürzung dieser Zahlungen.

Beispiel:

Beträgt eine Sonderzahlung nach der zugrunde liegenden Vereinbarung 50 % des in den Monaten August, September und Oktober durchschnittlich erzielten Monatslohns, führt Kurzarbeit im Monat September zu einer entsprechend niedrigeren Zahlung.

4. Kündigung

Auch während eines Kurzarbeitszeitraums ist der Arbeitgeber zum Ausspruch von verhaltens- und personenbedingten Kündigungen berechtigt. Betriebsbedingte Kündigungen sind möglich, wenn er während der Kurzarbeitsphase feststellt, dass entgegen seiner bisherigen Erwartung doch ein Umstand vorliegt, der zu einem dauerhaften Arbeitsausfall führt, wie etwa das Ausbleiben einer erwarteten Stabilisierung der Auftragslage (LAG Hamm v. 24.6.2010, Az. 8 Sa 1488/09). In diesen Fällen steht die geleistete Kurzarbeit, für die ein nur vorübergehender Arbeitsmangel Voraussetzung ist, einer betriebsbedingten Kündigung zwar nicht ausdrücklich entgegen, doch darf nicht übersehen werden, dass die Einführung von Kurzarbeit zunächst gegen einen dauerhaft gesunkenen Beschäftigungsbedarf spricht (BAG v. 23.2.2012, Az. 2 AZR 548/10). In der Praxis muss daher davon ausgegangen werden, dass die Gerichte in derartigen Fällen das Vorliegen der Voraussetzungen der betriebsbedingten Kündigung besonders sorgfältig prüfen werden. Dem ist durch eine umfassende und genaue Dokumentation zur unternehmerischen Entscheidung Rechnung zu tragen.

Zu beachten ist zudem, dass zahlreiche Tarifverträge, aber auch Betriebsvereinbarungen bei Anordnung von Kurzarbeit den Ausschluss betriebsbedingter Kündigungen vorsehen. In diesen Fällen kann der Arbeitgeber erst nach der Kurzarbeit betriebsbedingte Kündigungen einleiten.

Wechselt der Arbeitgeber von der Kurzarbeit zum Personalabbau, verlieren die zu entlassenden Mitarbeiter den Anspruch auf das Kurzarbeitergeld (dazu unten V.), haben aber zugleich wieder Anspruch auf das reguläre Gehalt. Der Anspruch auf Kurzarbeitergeld entfällt, sobald feststeht, dass der Zweck der Kurzarbeit nicht mehr erreicht werden kann.

V. Kurzarbeitergeld

Mit der Einführung von Kurzarbeit werden der Arbeitgeber von seiner Vergütungspflicht und die Arbeitnehmer von der Verpflichtung zur Arbeitsleistung (teilweise) befreit. Zur Milderung der mit der Kurzarbeit verbundenen wirtschaftlichen Nachteile haben die Arbeitnehmer einen Anspruch auf Kurzarbeitergeld von bis zu 24 Monaten, das von den Agenturen für Arbeit gezahlt wird. Zur Berechnung des Kurzarbeitergelds s. das im selben Verlag erschienene Lexikon für das Lohnbüro, „Kurzarbeitergeld".

> ✂ **WICHTIG!**
> Bei rückwirkendem Widerruf einer zunächst bewilligten Zahlung von Kurzarbeitergeld durch die Agentur für Arbeit ist der Arbeitgeber zur Zahlung eines Verdienstausfalls in Höhe des Kurzarbeitergelds verpflichtet. Das zunächst von den Arbeitsagenturen übernommene Wirtschaftsrisiko geht damit wieder auf den Arbeitgeber über.

Kurzarbeitergeld wird auf Anzeige gezahlt, wenn ein erheblicher Arbeitsausfall vorliegt und die betrieblichen und persönlichen Voraussetzungen für die Zahlung gegeben sind.

1. Erheblicher Arbeitsausfall

Ein Arbeitsausfall ist erheblich, wenn er auf wirtschaftlichen Gründen (z. B. Auftragsrückgang, Veränderung der betrieblichen Strukturen, Streik bei einem Zulieferer, Rohstoffmangel) oder einem unabwendbaren Ereignis (z. B. unüblicher Witterungsverlauf) beruht und wenn er vorübergehend und nicht vermeidbar ist. Darüber hinaus muss in den betroffenen Kalendermonaten mindestens ein Drittel der in dem Betrieb oder der Betriebsabteilung beschäftigten Arbeitnehmer jeweils weniger als 90 % des ihnen monatlich zustehenden Bruttolohns erhalten haben.

Nicht vermeidbar ist ein Arbeitsausfall immer dann, wenn der Arbeitgeber alle zumutbaren Vorkehrungen getroffen hat, um den Arbeitsausfall zu verhindern.

Als vermeidbar gelten Arbeitsausfälle, die

- hauptsächlich auf branchenüblichen, betriebsüblichen, betriebsorganisatorischen oder saisonbedingten Gründen beruhen,
- durch bezahlten Erholungsurlaub ganz oder teilweise verhindert werden können oder
- durch Nutzung von zulässigen Arbeitszeitschwankungen im Betrieb ganz oder teilweise vermieden werden können.

2. Betriebliche Voraussetzungen

Kurzarbeitergeld wird in Betrieben ohne Rücksicht auf ihre Größe und Rechtsform gewählt, sofern in dem Betrieb zumindest ein Arbeitnehmer beschäftigt wird. Als Betrieb gilt nach § 171 Satz 2 SGB III auch eine Betriebsabteilung. Dies ermöglicht die Gewährung von Kurzarbeitergeld in Teilen eines Betriebs; der erhebliche Arbeitsausfall muss dann nur in einer Betriebsabteilung gegeben sein.

3. Persönliche Voraussetzungen

Der Arbeitnehmer muss nach Beginn des Arbeitsausfalls seine versicherungspflichtige Beschäftigung fortsetzen oder aufnehmen. Das Arbeitsverhältnis darf nicht durch eine Kündigung oder einen Aufhebungsvertrag aufgelöst worden sein. Der Arbeitnehmer darf auch nicht vom Bezug des Kurzarbeitergelds ausgeschlossen worden sein. Ausgeschlossen sind Arbeitnehmer, die

- Unterhaltsgeld oder Übergangsgeld wegen der Teilnahme an einer beruflichen Weiterbildungsmaßnahme erhalten,
- Krankengeld beziehen,
- nicht an einer Arbeitsvermittlung durch die Agentur für Arbeit mitwirken.

4. Anzeige

Der Arbeitsausfall muss vom Arbeitgeber oder dem Betriebsrat der Agentur für Arbeit, in dessen Bezirk der Betrieb liegt, schriftlich mitgeteilt werden. Hierbei muss glaubhaft gemacht werden,

dass es sich um einen erheblichen Arbeitsausfall handelt und dass die betrieblichen Voraussetzungen für die Zahlung vorliegen (s. o. 2. und 3.). Der Anzeige ist eine schriftliche Stellungnahme des Betriebsrats beizufügen. Unterlässt der Arbeitgeber die Anzeige, kann er sich schadensersatzpflichtig machen. Liegen die Voraussetzungen einer Massenentlassung vor, muss eine Anzeige gegenüber der Agentur für Arbeit erfolgen, bevor die Kündigung ausgesprochen wird.

Lohnabtretung

I. Begriff

II. Prüfungspflicht des Arbeitgebers

III. Zahlungspflicht des Arbeitgebers
    1. Unwirksame Abtretung
    2. Wirksame Abtretung
    3. Höhe der Zahlung

IV. Kündigung wegen Lohnabtretung

V. Abtretungsverbot

I. Begriff

Der Arbeitnehmer kann seine Vergütungsansprüche gegen den Arbeitgeber an einen Dritten abtreten. Der Arbeitgeber darf, sobald ihm die Abtretung bekannt ist, das Entgelt nicht mehr an den Arbeitnehmer, sondern muss es an den Abtretungsempfänger (= neuer Gläubiger) auszahlen. Die Lohnabtretung hat in der Praxis große Bedeutung. Banken sichern auf diesem Wege ihre Ansprüche auf Rückzahlung von Darlehen. Versandhäuser oder auch Einzelhandelsgeschäfte erhalten mit der Abtretung eine Sicherung ihrer Kaufpreisforderungen.

II. Prüfungspflicht des Arbeitgebers

Der Arbeitgeber darf nur dann an den neuen Gläubiger zahlen, wenn die Abtretung wirksam ist. Er muss dies in eigener Verantwortung prüfen. Sofern in einem für das Arbeitsverhältnis verbindlichen Tarifvertrag, in einer Betriebsvereinbarung oder im Einzelarbeitsvertrag die Lohnabtretung ausgeschlossen ist (dazu unten V.), darf er sie auch nicht berücksichtigen. Aber auch über diesen ersten Prüfungspunkt hinaus muss er sich sehr sorgfältig mit einer behaupteten Lohnabtretung befassen, will er nicht Gefahr laufen, an den falschen Gläubiger zu zahlen. Dazu sollte er stets die Aushändigung der Abtretungsurkunde (zumindest in Kopie) verlangen und diese Urkunde intensiv auf ihre Wirksamkeit untersuchen (lassen). Dabei sind folgende Punkte zu beachten:

- **Bestimmtheit der abgetretenen Forderung**

Der vom Schuldner (Arbeitnehmer) zur Sicherheit abgetretene Anspruch muss seiner Art nach genau bezeichnet sein. Ist die Art der Forderung in der Klausel nicht ausdrücklich genannt, so ist dieser Anspruch auch nicht wirksam abgetreten. Spricht eine formularmäßige Lohn- und Gehaltsabtretung lediglich von Lohn-, Gehalts-, Pensions- und sonstigen Entgeltansprüchen sowie von Provisions- und sonstigen Entgeltansprüchen, so sind Abfindungen nicht erfasst. Bei Abfindungen handelt es sich nicht um Entgeltansprüche. Die Auslegung einer solchen Formularformulierung über den Wortlaut hinaus ist nicht möglich; zudem gehen Zweifel bei der Auslegung dieser allgemeinen Geschäftsbedingung gem. § 305c Abs. 2 BGB ohnehin zu Lasten des Verwenders (LAG Köln v. 27.3.2006, Az. 14(9) Sa 1335/05).

▸ **Bestimmtheit des zu sichernden Anspruchs**

Der Anspruch des Gläubigers (z. B. der Bank) gegen den Schuldner (Arbeitnehmer) muss genau bezeichnet sein (z. B. Anspruch aus Darlehensvertrag Nr. ... vom ...).

▸ **Begrenzung des Umfangs der Abtretung**

Um eine unverhältnismäßige Übersicherung des Gläubigers zu verhindern, muss der Umfang der Abtretung (betragsmäßig) begrenzt sein, z. B. dadurch, dass dem Bruttokredit ein Pauschalbetrag für etwaige Rechtsverfolgungs- und Verzugskosten in der Größenordnung von 10 – 20 % zugeschlagen wird.

▸ **Freigabeklausel**

Zur Verhinderung der Übersicherung muss die Abtretung eine ausdrückliche Freigabeverpflichtung enthalten, in der berücksichtigt ist, dass das Sicherungsbedürfnis der Bank mit fortschreitender Tilgung des Kredits sinkt. Dabei darf die Freigabe bei fortschreitender Tilgung eines Darlehens nicht von einem Verlangen des Darlehensnehmers (Arbeitnehmers) abhängen, sondern muss automatisch erfolgen.

▸ **Voraussetzungen der Offenlegung**

Die Voraussetzungen der Offenlegung der Abtretung (z. B. Verzug mit Ratenzahlung) müssen in der Abtretungserklärung genau bezeichnet sein, da es zum Schutz des Schuldners nicht in das Belieben des Gläubigers gestellt sein darf, wann er die Forderung offen legt, d. h. an den Arbeitgeber herantritt. So ist eine Regelung unzulässig, nach der die Abtretung bereits dann offen gelegt werden kann, wenn der Darlehensnehmer mit einem Betrag in Höhe von zwei Raten in Verzug ist. Nach der gesetzlichen Verbraucherschutzregelung ist eine Kündigung nach § 498 BGB nämlich erst möglich, wenn nicht nur Verzug hinsichtlich zwei aufeinander folgender Teilzahlungen eingetreten ist, sondern auch der ausstehende Betrag einen Mindestprozentsatz der Gesamtkreditsumme erreicht und zusätzlich der Darlehensnehmer eine zweiwöchige Frist zur Zahlung des rückständigen Betrages hat verstreichen lassen.

▸ **Ankündigung der Offenlegung**

Um dem Schuldner wegen der weitreichenden Bedeutung der Offenlegung Gelegenheit zu geben, eine solche Offenlegung durch Vorbringen von Einwendungen oder durch Bezahlung der rückständigen Raten noch abzuwenden, muss die Abtretungserklärung eine Klausel enthalten, aus der hervorgeht, dass dem Schuldner die Offenlegung rechtzeitig vorher angekündigt wird.

 **ACHTUNG!**

Eine Lohnabtretungsklausel ist schon dann (mit großer Wahrscheinlichkeit) insgesamt unwirksam, wenn nur eine der sechs genannten Voraussetzungen nicht erfüllt ist.

III. Zahlungspflicht des Arbeitgebers

Bei den Folgen der Lohnabtretung für den Arbeitgeber ist zwischen einer wirksamen und einer unwirksamen Lohnabtretung zu unterscheiden.

1. Unwirksame Abtretung

Eine unwirksame Lohnabtretung hat keine Wirkungen.

Ist die Unwirksamkeit der Abtretung für den Arbeitgeber eindeutig, kann er sich gegenüber dem Gläubiger auf die Unwirksamkeit berufen und den Lohn vollständig an den Arbeitnehmer auszahlen. Es ist dann Sache des Gläubigers, Klage gegen den Arbeitgeber beim Arbeitsgericht zu erheben, das als Vorfrage die Wirksamkeit der Abtretung prüft. Dieser Weg ist aber nur zu

empfehlen, wenn der Arbeitgeber sich absolut sicher ist, dass die Abtretung unwirksam ist.

 TIPP!

Ist sich der Arbeitgeber nicht sicher, ob die Abtretung wirksam ist, kann er den Lohn beim Amtsgericht hinterlegen. Er muss dazu beim zuständigen Amtsgericht (in der Regel das des Arbeitsorts) einen Hinterlegungsantrag stellen (§ 372 BGB). Der Antrag kann mündlich oder schriftlich gestellt werden. Die Amtsgerichte halten in der Regel einen entsprechenden Vordruck bereit. In diesem sind der zu hinterlegende Betrag und die sich streitenden Parteien (Arbeitnehmer und Gläubiger) zu nennen sowie eine kurze Begründung für die Möglichkeit der Unwirksamkeit der Abtretung zu geben.

2. Wirksame Abtretung

Ist die Abtretung unzweifelhaft wirksam, muss der Arbeitgeber den abgetretenen Teil des Lohns an den Gläubiger auszahlen. Er darf nicht mehr an den Arbeitnehmer zahlen. Tut er dies doch, kann der Gläubiger nochmalige Zahlung an sich verlangen.

3. Höhe der Zahlung

Abgetreten werden kann immer nur der Teil des Arbeitsentgelts, der nach der Lohnpfändungstabelle pfändbar ist (Lohnpfändung). Auch dann, wenn in der Abtretungsvereinbarung ein höherer Betrag oder pauschal „der gesamte Arbeitslohn" genannt ist, ist die Abtretung nur hinsichtlich des pfändbaren Teils wirksam.

 ACHTUNG!

Der Arbeitgeber darf nur diesen pfändbaren Teil an den neuen Gläubiger auszahlen. Zahlt er mehr, kann der Arbeitnehmer (nochmalige) Zahlung an sich verlangen.

Der Arbeitgeber kann dem neuen Gläubiger die Einwendungen entgegensetzen, die er gegenüber dem Arbeitnehmer gehabt hätte. So kann er z. B. auch gegenüber dem neuen Gläubiger mit Gegenforderungen (z. B. Schadensersatzansprüchen gegen den Arbeitnehmer) aufrechnen.

IV. Kündigung wegen Lohnabtretung

Auch mehrere Lohnabtretungen rechtfertigen grundsätzlich keine Kündigung des Arbeitsverhältnisses durch den Arbeitgeber. Zwar kann die Bearbeitung zahlreicher Lohnabtretungen oder auch Lohnpfändungen zu einer erheblichen Belastung insbesondere in der Lohnbuchhaltung führen, doch wird diese nur in den seltensten Fällen ein solches Ausmaß erreichen, dass der Arbeitgeber sie nicht mehr hinnehmen muss. Erst dann, wenn ein derart großer Arbeitsaufwand verursacht wird, dass es zu wesentlichen Störungen des Betriebsablaufs kommt, kann ausnahmsweise eine Kündigung möglich sein. In diesem Fall ist auch eine Abmahnung nicht mehr erforderlich, BAG v. 4.11.1981, Az. 7 AZR 264/79. In einem Kündigungsrechtsstreit muss der Arbeitgeber sämtliche Umstände detailliert vortragen und beweisen.

V. Abtretungsverbot

Arbeitgeber und Arbeitnehmer können vereinbaren, dass der Arbeitnehmer seine Lohnansprüche gegen den Arbeitgeber nicht an einen Dritten abtreten darf (§ 399 BGB). Eine entsprechende Regelung kann bereits in den Arbeitsvertrag aufgenommen werden oder Gegenstand einer gesonderten Absprache sein. Aus Beweisgründen sollte stets die Schriftform gewählt werden.

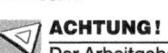 **Formulierungsbeispiel:**

„Die Abtretung sowie die Verpfändung von Vergütungsansprüchen durch den Arbeitnehmer ist ausgeschlossen."

Auch im Rahmen einer mit dem Betriebsrat abzuschließenden Betriebsvereinbarung kann ein Lohnabtretungsverbot festgelegt werden. Ein auf diese Weise eingeführtes Verbot erfasst sowohl die zum Zeitpunkt des Abschlusses der Betriebsvereinbarung dem Betrieb bereits angehörenden Mitarbeiter als auch diejenigen Arbeitnehmer, die erst nach Abschluss der Betriebsvereinbarung in den Betrieb eintreten. Weder der Arbeitgeber noch der Betriebsrat können den Abschluss einer entsprechenden Betriebsvereinbarung über die Einigungsstelle erzwingen. Der Abschluss kann nur in Form sog. freiwilligen Betriebsvereinbarung nach § 88 BetrVG erfolgen. Gelegentlich finden sich auch Abtretungsverbote in Tarifverträgen. Diese erfassen alle Ansprüche, die nach Inkrafttreten des Tarifvertrags entstehen und fällig werden.

Ob sich allerdings die Einführung eines generellen Lohnabtretungsverbots im Betrieb empfiehlt, lässt sich nicht pauschal beantworten. Zwar entfällt einerseits für den Arbeitgeber bei bestehendem Lohnabtretungsverbot die gelegentlich schwierige Prüfung der Wirksamkeit einer behaupteten Abtretung, doch wird er andererseits häufiger mit arbeitsintensiven Lohnpfändungen rechnen müssen. Diese Vor- und Nachteile muss der Arbeitgeber jeweils für sich gegeneinander abwägen.

Lohnpfändung

I.   Begriff

II.   Voraussetzungen
   1.   Pfändungs- und Überweisungsbeschluss
     1.1   Antrag des Gläubigers
     1.2   Inhalt des Pfändungs- und
          Überweisungsbeschlusses
     1.3   Zustellung
   2.   Bestehendes Arbeitsverhältnis

III. Pflichten des Arbeitgebers
   1.   Drittschuldnererklärung
   2.   Abführung der pfändbaren Beträge
   3.   Berechnung des pfändbaren Nettoeinkommens
   4.   Ermittlung des Pfändungsbetrags

**IV.   Besonderheiten bei Pfändung wegen
     Unterhaltsansprüchen**

V.   Mehrere Pfändungen

VI.   Zusammentreffen von Pfändung und Abtretung

VII. Aufrechnung
   1.   Aufrechnung vor Pfändung
   2.   Aufrechnung nach Pfändung

VIII. Hinterlegung
   1.   Zulässigkeit
   2.   Verfahren
     2.1   Hinterlegung nach § 372 BGB
     2.2   Hinterlegung nach § 853 ZPO

IX.   Vorpfändung (Vorläufiges Zahlungsverbot)

X.   Weiterbelastung der Kosten an den Arbeitnehmer

XI.   Kündigung wegen Lohnpfändung

Pfändungstabelle gültig ab 1. Juli 2011

XII. Checkliste Lohnpfändung
   1.   Drittschuldnererklärung
   2.   Hinterlegung

XIII. Muster: Lohnpfändung
   1.   Drittschuldnererklärung
   2.   Hinterlegungsanzeigen
     2.1   Schreiben an den Arbeitnehmer
     2.2   Schreiben an den Pfändungsgläubiger
     2.3   Schreiben an den Abtretungsempfänger
     2.4   Schreiben an das Vollstreckungsgericht

I. Begriff

Kommt ein Arbeitnehmer seinen finanziellen Verpflichtungen gegenüber seinen Gläubigern nicht nach, können diese im Wege der Lohnpfändung Zugriff auf sein Arbeitseinkommen nehmen. Der Arbeitgeber als sog. Drittschuldner darf bei Vorliegen einer wirksamen Pfändung den Lohn nicht mehr an den Arbeitnehmer auszahlen, sondern muss ihn dem Betreiber der Pfändung – dem Gläubiger – aushändigen.

Da der Arbeitnehmer seinen Lebensunterhalt aber oft allein aus seinem Arbeitseinkommen bestreitet, ist der Zugriff nicht unbegrenzt; es bestehen vielmehr umfassende gesetzliche Bestimmungen, die die unterschiedlichen Interessen beider Seiten ausgleichen.

II. Voraussetzungen

1. Pfändungs- und Überweisungsbeschluss

Voraussetzung einer jeden Pfändung ist ein sog. Pfändungs- und Überweisungsbeschluss. Dieser beinhaltet zwei gerichtliche Anordnungen:

Mit der **Pfändung** wird dem Drittschuldner (dem Arbeitgeber) durch das Gericht untersagt, die pfändbaren Anteile des Arbeitseinkommens an den Schuldner – den Arbeitnehmer – auszuzahlen; dem Schuldner wird aufgegeben, nicht über das pfändbare Arbeitseinkommen zu verfügen, d. h., dessen Auszahlung zu verlangen oder es abzutreten.

Durch die angeordnete **Überweisung** wird der Gläubiger ermächtigt, die pfändbaren Anteile des Arbeitseinkommens gegen den Drittschuldner (den Arbeitgeber) geltend zu machen, d. h. die Auszahlung zu verlangen.

1.1 Antrag des Gläubigers

Der Pfändungs- und Überweisungsbeschluss wird nur auf Antrag des Gläubigers beim Vollstreckungsgericht (einer Abteilung des Amtsgerichts) erlassen. Dazu benötigt der Gläubiger einen gegen den Arbeitnehmer erwirkten Vollstreckungstitel, bei dem es sich in der Regel um ein Urteil oder einen im Mahnverfahren ergangenen Vollstreckungsbescheid handelt. Im Antrag müssen der Gläubiger, der Schuldner (der Arbeitnehmer), der Drittschuldner (der Arbeitgeber) und die Forderung aufgeführt sein, in die vollstreckt werden soll.

1.2 Inhalt des Pfändungs- und
Überweisungsbeschlusses

Im Pfändungs- und Überweisungsbeschluss müssen der Gläubiger und Schuldner genau mit Vor- und Nachnamen, Anschrift und Beruf bezeichnet sein. Ungenauigkeiten oder Fehler können zur Unwirksamkeit des Beschlusses führen. Der Arbeitgeber muss ihn dann nicht beachten. Dies gilt insbesondere dann, wenn der Name oder die Adresse des Schuldners (des Arbeitnehmers) falsch angegeben sind. Geringfügige Schreibfehler führen aber nicht zur Unwirksamkeit.

Auch der Drittschuldner (der Arbeitgeber) ist im Beschluss zu nennen. Wird er unrichtig bezeichnet, führt das nicht zur Unwirksamkeit des Beschlusses, wenn seine Identität zweifelsfrei feststeht, etwa deswegen, weil es keine Firmen mit ähnlichem oder gleichem Namen gibt. Abgrenzungskriterium ist damit, ob der Arbeitgeber trotz der fehlerhaften Schreibweise oder sonstigen Angaben sofort und ohne weiteren Ermittlungsaufwand erkennbar und eine Verwechslung ausgeschlossen ist.

Beispiel:

Ein Pfändungs- und Überweisungsbeschluss ist nicht deshalb unwirksam, weil der Drittschuldner – die Firma A – fälschlicherweise als A-KG und nicht als A-GmbH bezeichnet ist.

Der Pfändungs- und Überweisungsbeschluss muss schließlich auch die Forderung des Arbeitnehmers gegen den Arbeitgeber angeben, in die vollstreckt werden soll. Auf dem in der Praxis üblicherweise verwendeten Aufdruck findet sich folgende Formulierung: „Anspruch auf Zahlung des gesamten gegenwärtigen und künftigen Arbeitseinkommens (einschließlich des Geldwerts von Sachbezügen) unter Berücksichtigung der Pfändungsfreigrenze gemäß § 850 ff. ZPO."

Erfasst wird damit nicht nur das wiederkehrende (klassische) Arbeitseinkommen, sondern alle wiederkehrenden oder einmalig zu leistenden Vergütungen, die der Arbeitnehmer aufgrund seiner Arbeitsleistung vom Arbeitgeber erhält (z. B. Urlaubs- und Weihnachtsgeld, Lohnfortzahlung bei Krankheit, Urlaubsabgeltung, Abfindungen, aber auch Naturalleistungen). Ebenso erfasst werden auch Schadensersatzforderungen des Arbeitnehmers gegen den Arbeitgeber, sofern diese an die Stelle von Vergütungsansprüchen getreten sind (so BAG v. 6.5.2009, Az. 10 AZR 834/08 – für eine Schadensersatzforderung wegen Verstoßes gegen das Nachweisgesetz, einer daraus folgenden Unkenntnis einer tariflichen Ausschlussfrist und einer deshalb nicht rechtzeitigen Geltendmachung von Vergütungsansprüchen). Trinkgelder gehören dagegen nicht zum Arbeitseinkommen.

1.3 Zustellung

Der Pfändungs- und Überweisungsbeschluss wird dem Arbeitgeber vom Gerichtsvollzieher zugestellt. Dies geschieht entweder durch den Gerichtsvollzieher selbst oder durch die von ihm beauftragte Post. Über die Zustellung wird eine Urkunde erstellt.

2. Bestehendes Arbeitsverhältnis

Neben einem Pfändungs- und Überweisungsbeschluss ist Voraussetzung der Lohnpfändung, dass ein Arbeitsverhältnis zwischen dem Schuldner und dem Drittschuldner besteht. Dabei ist nicht entscheidend, ob das Arbeitsverhältnis rechtswirksam ist, sondern nur, ob es tatsächlich durchgeführt wird (sog. faktisches Arbeitsverhältnis). Ist das Arbeitsverhältnis zum Zeitpunkt der Pfändung bereits beendet und der Lohn an den Arbeitnehmer ausgezahlt worden, geht die Lohnpfändung ins Leere.

Tritt der Arbeitnehmer nach Beendigung eines Arbeitsverhältnisses erneut in ein Arbeitsverhältnis mit demselben Arbeitgeber ein, erstreckt sich die Lohnpfändung auch auf dieses neue Arbeitsverhältnis, wenn es innerhalb von neun Monaten nach Beendigung des vorangehenden Arbeitsverhältnisses begründet wird (§ 833 Abs. 2 ZPO).

III. Pflichten des Arbeitgebers

Liegt dem Arbeitgeber ein wirksamer Pfändungs- und Überweisungsbeschluss vor, muss er auf Verlangen des Gläubigers die sog. Drittschuldnererklärung abgeben sowie das pfändbare Nettoeinkommen ermitteln und dieses an den Gläubiger abführen.

1. Drittschuldnererklärung

Der Arbeitgeber ist auf Verlangen des Gläubigers verpflichtet, diesem innerhalb von zwei Wochen nach Zustellung des Überweisungsbeschlusses Auskünfte zu geben. Die sog. Dritt-

schuldnererklärung (Muster s. u. XIII.1.) dient der Information des Gläubigers, damit dieser über die Erfolgsaussichten seiner Pfändung unterrichtet ist. Der Auskunftsanspruch des Gläubigers erstreckt sich dabei auf folgende Fragen (§ 840 ZPO):

▶ ob und inwieweit der Arbeitgeber die gepfändete Forderung (d. h. den Gehaltsanspruch) als begründet anerkennt und zur Zahlung bereit ist,

▶ ob und welche Ansprüche andere Personen an die Forderung (d. h. den Gehaltsanspruch) geltend machen (Hauptbeispiel: Die Forderung ist vom Arbeitnehmer bereits an eine andere Person abgetreten worden.),

▶ ob und wegen welcher Ansprüche die Forderung (d. h. der Gehaltsanspruch) bereits für andere Gläubiger gepfändet wurde.

Verweigert der Arbeitgeber die Auskunft oder gibt er keine ordnungsgemäße Auskunft, kann der Gläubiger keine Klage auf Abgabe der Drittschuldnererklärung erheben.

 **ACHTUNG!**

Der Arbeitgeber macht sich in diesem Fall aber schadensersatzpflichtig. Er muss dem Gläubiger den Schaden ersetzen, der ihm durch eine verweigerte, verspätete oder unrichtige Drittschuldnererklärung entsteht. Klagt der Gläubiger z. B. die Forderung ein und stellt sich im Prozess heraus, dass die gepfändete Forderung gar nicht besteht, so hat der Arbeitgeber als Schadensersatz die dem Gläubiger entstandenen Prozesskosten (Gerichtskosten und Kosten des gegnerischen Anwalts!) zu tragen. Unterlässt der Gläubiger es dagegen, wegen einer unterbliebenen oder unrichtigen Auskunft Maßnahmen gegen den Schuldner einzuleiten, so erstreckt sich der Schadensersatzanspruch gegen den Arbeitgeber auf diesen Ausfall, wenn die ansonsten eingeleiteten Maßnahmen zum Erfolg geführt hätten.

Stellt sich nach Abgabe der Erklärung heraus, dass diese unrichtig oder unvollständig war, muss der Arbeitgeber seine Auskunft ergänzen bzw. korrigieren.

Beispiel:

Erst nach Abgabe der Drittschuldnererklärung legt der Arbeitnehmer dem Arbeitgeber eine Lohnabtretung vor, die vor dem Zeitpunkt der Pfändung vorgenommen wurde.

Zu weiteren Auskünften ist der Arbeitgeber **nicht** verpflichtet. Er muss also insbesondere keine Auskunft über den Brutto- bzw. Nettolohn, die Steuerklasse oder die Zahl der Unterhaltsberechtigten des Arbeitnehmers geben. Dennoch kann es sinnvoll sein, eine Lohnabrechnung an den Gläubiger zu erteilen, um Rückfragen vorwegzunehmen und Auseinandersetzungen – insbesondere eine Drittschuldnerklage – zu vermeiden.

 **WICHTIG!**

Der Arbeitgeber kann vom Gläubiger keinen Ersatz der Kosten verlangen, die durch die Erteilung der Drittschuldnerauskunft entstehen. Zur möglichen Abwälzung der Kosten auf den Arbeitnehmer vgl. unten X.

2. Abführung der pfändbaren Beträge

Bei Vorliegen eines wirksamen Pfändungs- und Überweisungsbeschlusses ist der Arbeitgeber verpflichtet, die **pfändbaren** Vergütungsbestandteile an den Gläubiger auszuzahlen. Er darf sie keinesfalls mehr an den Arbeitnehmer zahlen.

 **ACHTUNG!**

Zahlt der Arbeitgeber ungeachtet des Beschlusses an den Arbeitnehmer, kann der Gläubiger weiterhin von ihm Zahlung verlangen. Damit ist er doppelt in Anspruch genommen und kann sich nicht darauf berufen, bereits an den Arbeitnehmer gezahlt zu haben. Gegen diesen hat er dann zwar einen Rückzahlungsanspruch, der jedoch möglicherweise nur mit großen Schwierigkeiten durchzusetzen ist. Die Berechnung des pfändbaren Einkommens muss der Arbeitgeber in eigener Verantwortung vornehmen. Dabei muss er zunächst das für die Pfändung maßgebende Nettoeinkommen ermitteln. Anhand dieses Einkommens kann er den an den Gläubiger zu zahlenden Betrag dann aus der Pfändungstabelle ablesen.

3. Berechnung des pfändbaren Nettoeinkommens

Das Nettoeinkommen im Sinne der Lohnpfändung ist nicht gleichzusetzen mit dem, was üblicherweise unter dem Begriff „Nettoeinkommen" (Betrag, der dem Arbeitgeber nach Abzug der Steuern und Sozialabgaben bleibt) verstanden wird. Bei der Lohnpfändung sind bestimmte Einkommensbestandteile gänzlich unpfändbar, d. h. der Gläubiger hat darauf keinen Zugriff. Diese Teile (+ Steuern und Sozialabgaben) muss der Arbeitgeber vom Bruttoeinkommen abziehen und erhält dann erst das für die Pfändung maßgebliche Nettoeinkommen.

Nicht zum Bruttoeinkommen zählen hier:

▶ Vermögenswirksame Leistungen

▶ Arbeitnehmersparzulage

▶ Beiträge zur betrieblichen Altersversorgung

▶ Lohn-/Einkommensteuererstattungsansprüche

▶ Kindergeld

▶ Mutterschaftsgeld

▶ Erziehungsgeld

▶ Ausbildungsvergütung

▶ Trinkgelder

▶ Insolvenzausfallgeld

▶ Wintergeld.

Dagegen gehören Natural-/Sachleistungen – wie etwa die private Nutzung eines Dienstwagens, deren Sachwert mit der von der Finanzverwaltung vorgegeben 1 %-Regelung anzusetzen ist (LAG Rheinland-Pfalz v. 17.7.2008, Az. 2 Sa 129/08) – zum Bruttoeinkommen. Ausdrücklich bestimmt § 850e Nr. 3 Satz 1 ZPO, dass Geld- und Naturalleistungen zusammenzurechnen sind.

Der Berechnungsweg läuft wie folgt:

Bruttoeinkommen ....

zzgl. Natural-/Sachleistungen ....

abzgl. unpfändbare Einkommensteile (Brutto):

▶ Überstundenvergütung zur Hälfte ....

▶ Urlaubsgeld ....

▶ Weihnachtsgeld (bis zur Hälfte des mtl. Einkommens, höchstens aber 500 €) ....

▶ Jubiläumszuwendungen, Treuegelder ....

▶ Aufwandsentschädigung ....

▶ Auslösungsgelder ....

▶ Zulagen für auswärtige Beschäftigung ....

▶ Gefahren-, Schmutz-, Erschwerniszulagen ....

▶ Entgelt für selbst gestelltes Arbeitsmaterial ....

▶ Beihilfen (Heirats-, Geburts- oder Studienbeihilfen) ....

▶ Sterbe- und Gnadenbezüge ....

▶ Blindenzulagen ....

abzgl. Steuern und Sozialabgaben:

▶ Lohnsteuer ....

▶ Solidaritätszuschlag ....

▶ Kirchensteuer ....

▶ Sozialversicherungsbeiträge (Kranken-, Renten-, Pflege-, Arbeitslosenversicherung) ....

▶ Beiträge zur privaten Krankenversicherung ....

Maßgebliches Nettoeinkommen: ....

Bei dem in Abzug zu bringenden Weihnachtsgeld als unpfändbarem Einkommensteil (bis zu einem Höchstbetrag von 500 €) ist dabei nicht nur die echte Weihnachtsgratifikation erfasst, die der Arbeitgeber als Beitrag zu den erhöhten Weihnachtsaufwendungen zahlt, sondern auch eine Sondervergütung für erbrachte Arbeit. Entscheidend ist die Nähe einer Zahlung zu Weihnachten, unabhängig von ihrem Charakter als Gratifikation oder Vergütung (BAG v. 14.3.2012, Az. 10 AZR 778/10).

4. Ermittlung des Pfändungsbetrags

Nach der Berechnung des Nettoeinkommens muss der Arbeitgeber ermitteln, wie vielen Personen der Arbeitnehmer zum Unterhalt verpflichtet ist. Er kann hierbei auf die Eintragungen auf der Lohnsteuerkarte des Arbeitnehmers zurückgreifen.

 TIPP!

Da die Zahl der Personen, denen der Arbeitnehmer zum Unterhalt verpflichtet ist, von den Angaben auf der Lohnsteuerkarte (Merkmal des steuerlichen Kinderfreibetrags) häufig abweicht, empfiehlt es sich für den Arbeitgeber jedoch, sich vom Arbeitnehmer schriftlich bestätigen zu lassen, wie vielen Personen gegenüber er tatsächlich unterhaltsberechtigt ist.

Als Unterhaltsberechtigte gelten nur der Ehegatte und die gradlinigen Verwandten (Kinder, Enkelkinder, Eltern), wenn den Arbeitnehmer diesen gegenüber eine gesetzliche Unterhaltspflicht trifft. Vertraglich vereinbarte Unterhaltspflichten sind nicht zu berücksichtigen.

Beispiel:

Legt der Arbeitnehmer dem Arbeitgeber eine Vereinbarung vor, nach der er seiner Lebensgefährtin Unterhalt schuldet, darf der Arbeitgeber diese nicht berücksichtigen.

Der Arbeitgeber muss nicht prüfen, ob der Arbeitnehmer seinen Pflichten nachkommt und auch tatsächlich Unterhalt zahlt. Ebenso wenig muss er prüfen, ob ein Unterhaltsberechtigter (z. B. ein berufstätiger Ehegatte) eigenes Einkommen hat.

Anhand des Nettoeinkommens und der Anzahl der Unterhaltsberechtigten ist der pfändbare Betrag aus der Pfändungstabelle abzulesen (s. u. XIV.). Die Tabelle ist untergliedert in monatliche/ wöchentliche/tägliche Lohnzahlung und nach der Zahl der Unterhaltsberechtigten.

Beispiel:

Der Arbeitnehmer hat ein monatliches Nettoeinkommen von 2 080 €, ist verheiratet und hat drei kleine Kinder (also vier Unterhaltsberechtigte). Nach der Tabelle sind 3,34 € pfändbar.

Die Obergrenze bei der Zahl der Unterhaltsberechtigten liegt bei fünf. Ist der Arbeitnehmer mehr als fünf Personen zum Unterhalt verpflichtet, ändert sich der pfändbare Betrag dadurch nicht mehr.

Wenn das Nettoeinkommen unter einer bestimmten Grenze liegt, ist laut Tabelle nichts pfändbar. Diese sog. Pfändungsfreigrenze liegt bei einem Arbeitnehmer ohne Unterhaltsverpflichtungen bei 1 029,99 € monatlich (bzw. 237,49 € wöchentlich und 47,49 € täglich). Sie erhöht sich je nach der Zahl der Unterhaltsberechtigten.

Beispiel:

Der Arbeitnehmer hat ein monatliches Nettoeinkommen von 1 660 €, ist verheiratet und hat zwei Kinder. Nach der Tabelle ist nichts pfändbar.

Übersteigt das Nettoeinkommen den Betrag von 3 154,15 € monatlich (bzw. 725,89 € wöchentlich und 145,18 € täglich), ist der übersteigende Rest voll pfändbar, und zwar unabhängig von der Zahl der Unterhaltsberechtigten.

Beispiel:

Der Schuldner ist verheiratet und hat zwei Kinder. Sein Nettoeinkommen beträgt 4 000 € pro Monat. Nach der Tabelle sind zunächst bei drei Unterhaltsberechtigten 390,73 € pfändbar. Dazu kommt nun der Differenzbetrag zwischen 4 000 € und 3 154,15 €. Pfändbar sind also 1 236,58 €.

IV. Besonderheiten bei Pfändung wegen Unterhaltsansprüchen

Bei der Pfändung wegen Unterhaltsansprüchen ist die Pfändungstabelle **nicht** anwendbar. Der unpfändbare Betrag, der dem Arbeitnehmer bleiben muss, wird hier vom Gericht im Pfändungs- und Überweisungsbeschluss festgesetzt. Der Arbeitgeber muss diesen Betrag vom errechneten Nettoeinkommen abziehen und den Rest an den Gläubiger zahlen.

Die Berechnung des Nettoeinkommens läuft wie die Berechnung bei der Pfändung wegen „normaler" Ansprüche (s. o. III.3.), abgesehen von einigen Ausnahmen: Vom Bruttoeinkommen sind abzuziehen

▸ bei der **Überstundenvergütung**: nicht 50 %, sondern nur **25 %**

▸ beim **Weihnachtsgeld**: nicht 50 %, sondern nur **25 %** (höchstens 250 €)

▸ beim **Urlaubsgeld**: nicht der volle Betrag, sondern nur **50 %**

▸ bei **Jubiläumszuwendungen/Treuegeldern**: nicht der volle Betrag, sondern nur **50 %**.

V. Mehrere Pfändungen

Wird der Lohn des Arbeitnehmers von mehreren Gläubigern gepfändet, darf der Arbeitgeber nicht alle Pfändungen gleich behandeln; er muss vielmehr eine bestimmte Rangfolge beachten. Hierbei kommt es darauf an, ob es sich um „normale" Pfändungen oder um Pfändungen wegen Unterhaltsansprüchen handelt:

Treffen mehrere normale Pfändungen zusammen, kommt es auf den Zeitpunkt der Zustellung der einzelnen Pfändungs- und Überweisungsbeschlüsse an. Die früher zugestellte Pfändung hat den Vorrang; erst, wenn dieser Gläubiger den gesamten geschuldeten Betrag erhalten hat, kommen die anderen, wiederum in der Reihenfolge des Eingangs der Pfändungs- und Überweisungsbeschlüsse beim Arbeitgeber zum Zug. Der Arbeitgeber muss daher alle eingegangenen Beschlüsse sorgfältig vormerken. Er darf nicht nachrangige Gläubiger vorziehen, sonst macht er sich den anderen gegenüber schadensersatzpflichtig.

Treffen mehrere Pfändungen wegen Unterhaltsansprüchen zusammen, richtet sich die Rangfolge **nicht** nur nach der zeitlichen Zustellung der Beschlüsse, sondern zusätzlich nach dem Unterhaltsrecht des BGB. Auch wenn eine oder mehrere normale Pfändungen mit einer oder mehreren Pfändungen wegen Unterhaltsansprüchen zusammentreffen, wird die Ermittlung der Rangfolge für den Arbeitgeber sehr kompliziert.

TIPP!

Wenn mehrere Pfändungen zusammentreffen, ist der Arbeitgeber berechtigt, den pfändbaren Betrag beim Amtsgericht zu hinterlegen (s. u. VIII.). Davon sollte er Gebrauch machen, um kein Haftungsrisiko einzugehen.

VI. Zusammentreffen von Pfändung und Abtretung

Auch die Rangfolge zwischen → Lohnabtretung und Lohnpfändung wird von der zeitlichen Reihenfolge bestimmt. Entscheidend ist, ob zuerst der Abtretungsvertrag geschlossen oder der Pfändungs- und Überweisungsbeschluss zugestellt ist. Für den Arbeitgeber bedeutet dies, dass er das Datum der Abtretungsvereinbarung zwischen dem Arbeitnehmer und dem Dritten ermitteln muss.

WICHTIG!

Nicht entscheidend ist, wann dem Arbeitgeber die Abtretung mitgeteilt worden ist.

Ihm gegenüber nicht offen gelegte Abtretungen kann der Arbeitgeber zwar bis zur Bekanntgabe nicht berücksichtigen (und er darf dementsprechend den Lohn an den pfändenden Gläubiger des Arbeitnehmers auszahlen), aber eine zeitlich vor der Pfändung erfolgte Abtretung ist ab dem Zeitpunkt ihrer Bekanntgabe vorrangig zu behandeln.

VII. Aufrechnung

Hat der Arbeitgeber seinerseits Ansprüche gegen den Arbeitnehmer, kann er damit gegen die Lohnforderung des Arbeitnehmers aufrechnen (im Normalfall in jedem Abrechnungszeitraum allerdings nur bis zur Höhe des nach der Lohnpfändungstabelle pfändbaren Betrags!).

Das kann er auch gegenüber dem Gläubiger geltend machen. Dabei muss unterschieden werden, ob die Aufrechnung vor oder nach der Pfändung erfolgt:

1. Aufrechnung vor Pfändung

Mit der Aufrechnung erlischt der Lohnanspruch des Arbeitnehmers in Höhe des Aufrechnungsbetrags. Dieser Betrag steht dann dem Gläubiger nicht mehr zur Verfügung.

Ist der Aufrechnungsbetrag größer als der pfändbare Betrag, ist also durch die Aufrechnung der gesamte pfändbare Teil des Einkommens „aufgebraucht", muss der Arbeitgeber die Pfändung vormerken, und, sobald die Aufrechnung erledigt ist, den frei werdenden Betrag an den Gläubiger auszahlen. Ist der Aufrechnungsbetrag geringer als der pfändbare Betrag, muss der Arbeitgeber an den Gläubiger die Differenz auszahlen.

2. Aufrechnung nach Pfändung

In diesem Fall kann der Arbeitgeber nur dann aufrechnen, wenn die Forderung des Arbeitgebers **vor** der Zustellung des Pfändungs- und Überweisungsbeschlusses entstanden **und** fällig geworden ist. Wann der Arbeitgeber die Aufrechnung erklärt, spielt keine Rolle.

Ist die Arbeitgeber-Forderung zwar vor der Zustellung des Pfändungs- und Überweisungsbeschlusses entstanden, aber erst nachher fällig geworden, kann mit dieser Forderung nur gegen solche Lohnansprüche aufgerechnet werden, die gleichzeitig oder erst nach der Arbeitgeber-Forderung fällig werden.

VIII. Hinterlegung

1. Zulässigkeit

Treffen mehrere Pfändungen bzw. Pfändungen und Abtretungen zusammen, hat der Arbeitgeber oft Zweifel, an wen er den pfändbaren Lohn auszahlen muss. Die Wirksamkeit von mündlich abgeschlossenen Abtretungsvereinbarungen wird er kaum überprüfen können. Insbesondere aber dann, wenn ihm nach der Zustellung eines Pfändungs- und Überweisungsbeschlusses eine Abtretungsvereinbarung vorgelegt wird, die auf einen Zeitpunkt datiert ist, der vor der Zustellung des Beschlusses liegt, ist Vorsicht geboten. Der Arbeitgeber ist in seinem Vertrauen auf die Richtigkeit des Abtretungszeitpunkts nicht geschützt. Zahlt er an den Abtretungsempfänger und stellt sich später heraus, dass die Abtretungserklärung zurückdatiert wurde, muss er den pfändbaren Lohn nochmals an den Gläubiger auszahlen.

Im Hinblick auf diese Unsicherheiten gibt ihm das Gesetz die Möglichkeit, den pfändbaren Betrag beim zuständigen Amtsgericht (dies ist in der Regel das des Arbeitsorts) zu hinterlegen. Er wird damit von seiner Pflicht zur Zahlung frei, und die beteiligten Gläubiger und der Arbeitnehmer müssen untereinander klären, wem der hinterlegte Betrag zusteht.

Die Hinterlegung ist aber nur möglich bei mehreren Pfändungen bzw. beim Zusammentreffen von Pfändung und Abtretung oder wenn der Arbeitgeber Zweifel an der Richtigkeit einer Pfändung oder Abtretung hat. Probleme bei der Berechnung des pfändbaren Einkommens reichen nicht aus.

2. Verfahren

Der Arbeitgeber muss beim Amtsgericht (Hinterlegungsstelle) einen Antrag auf Erlass einer sog. „Annahmeanordnung" stellen. Die Gerichte halten in der Regel dafür einen entsprechenden Vordruck bereit. In diesem müssen der zu hinterlegende Betrag, die Gläubiger und der Arbeitnehmer genannt werden sowie die Gründe für die Hinterlegung.

Es gibt zwei Arten der Hinterlegung, je nachdem, aus welchem Grund hinterlegt wird:

2.1 Hinterlegung nach § 372 BGB

Nach § 372 BGB kann der Arbeitgeber hinterlegen, wenn er Zweifel an der Richtigkeit der Pfändung hat und nicht weiß, ob er an den Arbeitnehmer oder an den Gläubiger auszahlen muss, oder wenn eine Pfändung und Abtretung/en zusammentreffen und der Arbeitgeber Zweifel an der Wirksamkeit oder am zeitlichen Vorrang der Abtretung/en hat.

Hier muss der Arbeitgeber

▶ im Antrag ausdrücklich auf das Recht zur Rücknahme verzichten, sonst bleibt er weiterhin zur Zahlung verpflichtet,

▶ die Hinterlegung den Gläubigern und dem Arbeitnehmer mitteilen (tut er das nicht, macht er sich schadensersatzpflichtig; Muster s. u. XIII.2.),

▶ die Hinterlegungsstelle benachrichtigen, wenn noch weitere Gläubiger pfänden und diesen Gläubigern auch die Hinterlegung mitteilen.

2.2 Hinterlegung nach § 853 ZPO

Nach § 853 ZPO kann der Arbeitgeber immer dann hinterlegen, wenn mehrere Pfändungen zusammentreffen. Das Vorliegen einer zweifelhaften Rechtslage, wem tatsächlich der pfändbare Betrag zusteht, ist dazu nicht erforderlich.

Der Arbeitgeber muss hier auf das Recht zur Rücknahme nicht ausdrücklich verzichten, er muss die Hinterlegung auch nicht den Gläubigern und dem Arbeitnehmer mitteilen (um eventuelle Auseinandersetzungen zu vermeiden, ist die Mitteilung trotzdem zu empfehlen). Er muss aber stattdessen

▶ die Hinterlegung dem Vollstreckungsgericht anzeigen, dessen Pfändungs- und Überweisungsbeschluss ihm zuerst zugestellt wurde (Muster s. u. XIII.2.4),

▶ die Hinterlegungsstelle und das Vollstreckungsgericht benachrichtigen, wenn noch weitere Gläubiger pfänden.

IX. Vorpfändung (Vorläufiges Zahlungsverbot)

Vor der eigentlichen Lohnpfändung auf der Grundlage eines Pfändungs- und Überweisungsbeschlusses kann der Gläubiger des Arbeitnehmers dem Arbeitgeber durch den Gerichtsvollzieher eine Vorpfändung zustellen lassen. Er kann damit verhindern, dass ihm andere Gläubiger bei der Pfändung der Arbeitsvergütung zuvorkommen.

In diesem Papier, das zumeist vom Gläubiger oder dessen Anwalt, manchmal auch vom Gerichtsvollzieher ausgestellt ist (jedoch nicht vom Gericht!) wird dem Arbeitgeber mitgeteilt, dass eine Lohnpfändung wegen eines Gläubigeranspruchs, für den ein Vollstreckungstitel besteht, unmittelbar bevorsteht. Der Arbeitgeber als Drittschuldner wird zugleich aufgefordert, nicht mehr an den Schuldner zu leisten. Der Lohn ist damit vom Arbeitgeber einstweilen einzubehalten.

Folgt die eigentliche Lohnpfändung innerhalb eines Monats nach der Zustellung der Lohnpfändung, wird sie so behandelt, als wäre sie zum Zeitpunkt der Zustellung der Vorpfändung

wirksam geworden. Der Arbeitgeber muss den zurückbehaltenen Lohn dann an den Gläubiger auszahlen.

Dagegen entfällt die Wirkung der Vorpfändung rückwirkend, wenn dem Arbeitgeber nicht innerhalb der Frist der Pfändungs- und Überweisungsbeschluss zugestellt wird. Der zurückbehaltene Lohn ist dann an den Arbeitnehmer auszuzahlen.

X. Weiterbelastung der Kosten an den Arbeitnehmer

Grundsätzlich hat der Arbeitgeber die Kosten der Lohnpfändung zu tragen; ein gesetzlicher Kostenerstattungsanspruch existiert nicht. Regelungen in freiwilligen Betriebsvereinbarungen, die dem Arbeitgeber die Möglichkeit geben, die Kosten auf den Arbeitnehmer abzuwälzen, sind nach der Rechtsprechung des BAG unwirksam (BAG v. 18.7.2006, Az. 1 AZR 578/05). Ob der Arbeitgeber die Kosten im Rahmen einer Vereinbarung, die in der Form von Allgemeinen Geschäftsbedingungen getroffen wird, dem Arbeitnehmer auferlegen kann, ist vom BAG bisher nicht entschieden. Der BGH hat jedoch bereits für nicht arbeitsrechtliche Konstellationen die Wirksamkeit vergleichbarer Regelungen im Hinblick auf die gesetzlichen AGB-Vorschriften verneint. Es ist zu erwarten, dass das BAG dieser Auffassung für den Bereich der Lohnpfändung folgen wird.

Es kann daher allenfalls versucht werden, eine Vereinbarung zu treffen, die nicht den Charakter einer Standardklausel hat und nicht Teil eines standardisierten Anstellungsvertrags ist.

Formulierungsbeispiel:

„Herr/Frau ...... trägt die dem Unternehmen durch eine Lohnpfändung entstehenden tatsächlichen Auslagen. Diese werden mit € 15 pauschaliert. Weist das Unternehmen höhere Aufwendungen nach, sind auch diese zu erstatten. Herrn/Frau .... wird der Nachweis gestattet, ein Schaden oder ein Aufwand sei überhaupt nicht entstanden oder wesentlich niedriger als der Pauschbetrag."

Nur die unmittelbaren Kosten der Lohnpfändung (Papier, Kopien, Telefon, Porto usw.) könnten damit – vorausgesetzt eine individualvertragliche Regelung wäre tatsächlich als individualvertragliche Regelung anzusehen und hielte einer gerichtlichen Kontrolle stand – dem Arbeitnehmer auferlegt werden. Dagegen können unter keinen Umständen die allgemeinen Geschäftskosten oder das Gehalt des mit der Lohnpfändung befassten Mitarbeiters der Personalabrechnung geltend gemacht werden.

XI. Kündigung wegen Lohnpfändung

Auch mehrere Lohnpfändungen rechtfertigen grundsätzlich keine Kündigung des Arbeitsverhältnisses durch den Arbeitgeber. Zwar kann die Bearbeitung einer Vielzahl von Lohnpfändungen zu einer erheblichen Belastung insbesondere in der Lohnbuchhaltung führen, doch wird diese nur in den seltensten Fällen ein solches Ausmaß erreichen, dass der Arbeitgeber sie nicht mehr hinnehmen muss. Erst dann, wenn ein derart großer Arbeitsaufwand verursacht wird, dass es zu wesentlichen Störungen des Betriebsablaufs kommt, kann ausnahmsweise eine andere Beurteilung gerechtfertigt sein. In diesem Fall soll auch keine Abmahnung mehr erforderlich sein (BAG v. 4.11.1981, Az. 7 AZR 264/79). In einem Kündigungsrechtsstreit muss der Arbeitgeber sämtliche Umstände detailliert vortragen und beweisen.

Lohnpfändungen können auch dann eine Kündigung begründen, wenn der Arbeitnehmer eine Vertrauensstellung hat und sich aus der Vielzahl der Lohnpfändungen schließen lässt, dass er nicht über die persönliche Eignung für die ihm übertragene Vertrauensstellung verfügt.

Pfändungstabelle gültig ab 1. Juli 2011[1])

Auszahlung für Monate

Nettolohn monatlich	Pfändbarer Betrag bei Unterhaltspflicht für ... Personen					
	0	1	2	3	4	5 und mehr
	in Euro					
bis 1 029,99	–	–	–	–	–	–
1 030,00 bis 1 039,99	0,78	–	–	–	–	–
1 040,00 bis 1 049,99	7,78	–	–	–	–	–
1 050,00 bis 1 059,99	14,78	–	–	–	–	–
1 060,00 bis 1 069,99	21,78	–	–	–	–	–
1 070,00 bis 1 079,99	28,78	–	–	–	–	–
1 080,00 bis 1 089,99	35,78	–	–	–	–	–
1 090,00 bis 1 099,99	42,78	–	–	–	–	–
1 100,00 bis 1 109,99	49,78	–	–	–	–	–
1 110,00 bis 1 119,99	56,78	–	–	–	–	–
1 120,00 bis 1 129,99	63,78	–	–	–	–	–
1 130,00 bis 1 139,99	70,78	–	–	–	–	–
1 140,00 bis 1 149,99	77,78	–	–	–	–	–
1 150,00 bis 1 159,99	84,78	–	–	–	–	–
1 160,00 bis 1 169,99	91,78	–	–	–	–	–
1 170,00 bis 1 179,99	98,78	–	–	–	–	–
1 180,00 bis 1 189,99	105,78	–	–	–	–	–
1 190,00 bis 1 199,99	112,78	–	–	–	–	–
1 200,00 bis 1 209,99	119,78	–	–	–	–	–
1 210,00 bis 1 219,99	126,78	–	–	–	–	–
1 220,00 bis 1 229,99	133,78	–	–	–	–	–
1 230,00 bis 1 239,99	140,78	–	–	–	–	–
1 240,00 bis 1 249,99	147,78	–	–	–	–	–
1 250,00 bis 1 259,99	154,78	–	–	–	–	–
1 260,00 bis 1 269,99	161,78	–	–	–	–	–
1 270,00 bis 1 279,99	168,78	–	–	–	–	–
1 280,00 bis 1 289,99	175,78	–	–	–	–	–
1 290,00 bis 1 299,99	182,78	–	–	–	–	–
1 300,00 bis 1 309,99	189,78	–	–	–	–	–
1 310,00 bis 1 319,99	196,78	–	–	–	–	–
1 320,00 bis 1 329,99	203,78	–	–	–	–	–
1 330,00 bis 1 339,99	210,78	–	–	–	–	–
1 340,00 bis 1 349,99	217,78	–	–	–	–	–
1 350,00 bis 1 359,99	224,78	–	–	–	–	–
1 360,00 bis 1 369,99	231,78	–	–	–	–	–
1 370,00 bis 1 379,99	238,78	–	–	–	–	–
1 380,00 bis 1 389,99	245,78	–	–	–	–	–
1 390,00 bis 1 399,99	252,78	–	–	–	–	–
1 400,00 bis 1 409,99	259,78	–	–	–	–	–
1 410,00 bis 1 419,99	266,78	–	–	–	–	–
1 420,00 bis 1 429,99	273,78	1,95	–	–	–	–
1 430,00 bis 1 439,99	280,78	6,95	–	–	–	–
1 440,00 bis 1 449,99	287,78	11,95	–	–	–	–
1 450,00 bis 1 459,99	294,78	16,95	–	–	–	–
1 460,00 bis 1 469,99	301,78	21,95	–	–	–	–
1 470,00 bis 1 479,99	308,78	26,95	–	–	–	–
1 480,00 bis 1 489,99	315,78	31,95	–	–	–	–
1 490,00 bis 1 499,99	322,78	36,95	–	–	–	–
1 500,00 bis 1 509,99	329,78	41,95	–	–	–	–
1 510,00 bis 1 519,99	336,78	46,95	–	–	–	–
1 520,00 bis 1 529,99	343,78	51,95	–	–	–	–
1 530,00 bis 1 539,99	350,78	56,95	–	–	–	–
1 540,00 bis 1 549,99	357,78	61,95	–	–	–	–
1 550,00 bis 1 559,99	364,78	66,95	–	–	–	–
1 560,00 bis 1 569,99	371,78	71,95	–	–	–	–
1 570,00 bis 1 579,99	378,78	76,95	–	–	–	–
1 580,00 bis 1 589,99	385,78	81,95	–	–	–	–

1) Die Pfändungstabelle wird voraussichtlich zum 1. Juli 2013 geändert werden. Die neuen Werte werden im geschätzten Bereich (Q-Link siehe Vorwort) abgebildet werden.

Lohnpfändung

Nettolohn monatlich	Pfändbarer Betrag bei Unterhaltspflicht für ... Personen					
	0	1	2	3	4	5 und mehr
	in Euro					
1 590,00 bis 1 599,99	392,78	86,95	–	–	–	–
1 600,00 bis 1 609,99	399,78	91,95	–	–	–	–
1 610,00 bis 1 619,99	406,78	96,95	–	–	–	–
1 620,00 bis 1 629,99	413,78	101,95	–	–	–	–
1 630,00 bis 1 639,99	420,78	106,95	–	–	–	–
1 640,00 bis 1 649,99	427,78	111,95	3,26	–	–	–
1 650,00 bis 1 659,99	434,78	116,95	7,26	–	–	–
1 660,00 bis 1 669,99	441,78	121,95	11,26	–	–	–
1 670,00 bis 1 679,99	448,78	126,95	15,26	–	–	–
1 680,00 bis 1 689,99	455,78	131,95	19,26	–	–	–
1 690,00 bis 1 699,99	462,78	136,95	23,26	–	–	–
1 700,00 bis 1 709,99	469,78	141,95	27,26	–	–	–
1 710,00 bis 1 719,99	476,78	146,95	31,26	–	–	–
1 720,00 bis 1 729,99	483,78	151,95	35,26	–	–	–
1 730,00 bis 1 739,99	490,78	156,95	39,26	–	–	–
1 740,00 bis 1 749,99	497,78	161,95	43,26	–	–	–
1 750,00 bis 1 759,99	504,78	166,95	47,26	–	–	–
1 760,00 bis 1 769,99	511,78	171,95	51,26	–	–	–
1 770,00 bis 1 779,99	518,78	176,95	55,26	–	–	–
1 780,00 bis 1 789,99	525,78	181,95	59,26	–	–	–
1 790,00 bis 1 799,99	532,78	186,95	63,26	–	–	–
1 800,00 bis 1 809,99	539,78	191,95	67,26	–	–	–
1 810,00 bis 1 819,99	546,78	196,95	71,26	–	–	–
1 820,00 bis 1 829,99	553,78	201,95	75,26	–	–	–
1 830,00 bis 1 839,99	560,78	206,95	79,26	–	–	–
1 840,00 bis 1 849,99	567,78	211,95	83,26	–	–	–
1 850,00 bis 1 859,99	574,78	216,95	87,26	0,73	–	–
1 860,00 bis 1 869,99	581,78	221,95	91,26	3,73	–	–
1 870,00 bis 1 879,99	588,78	226,95	95,26	6,73	–	–
1 880,00 bis 1 889,99	595,78	231,95	99,26	9,73	–	–
1 890,00 bis 1 899,99	602,78	236,95	103,26	12,73	–	–
1 900,00 bis 1 909,99	609,78	241,95	107,26	15,73	–	–
1 910,00 bis 1 919,99	616,78	246,95	111,26	18,73	–	–
1 920,00 bis 1 929,99	623,78	251,95	115,26	21,73	–	–
1 930,00 bis 1 939,99	630,78	256,95	119,26	24,73	–	–
1 940,00 bis 1 949,99	637,78	261,95	123,26	27,73	–	–
1 950,00 bis 1 959,99	644,78	266,95	127,26	30,73	–	–
1 960,00 bis 1 969,99	651,78	271,95	131,26	33,73	–	–
1 970,00 bis 1 979,99	658,78	276,95	135,26	36,73	–	–
1 980,00 bis 1 989,99	665,78	281,95	139,26	39,73	–	–
1 990,00 bis 1 999,99	672,78	286,95	143,26	42,73	–	–
2 000,00 bis 2 009,99	679,78	291,95	147,26	45,73	–	–
2 010,00 bis 2 019,99	686,78	296,95	151,26	48,73	–	–
2 020,00 bis 2 029,99	693,78	301,95	155,26	51,73	–	–
2 030,00 bis 2 039,99	700,78	306,95	159,26	54,73	–	–
2 040,00 bis 2 049,99	707,78	311,95	163,26	57,73	–	–
2 050,00 bis 2 059,99	714,78	316,95	167,26	60,73	–	–
2 060,00 bis 2 069,99	721,78	321,95	171,26	63,73	–	–
2 070,00 bis 2 079,99	728,78	326,95	175,26	66,73	1,34	–
2 080,00 bis 2 089,99	735,78	331,95	179,26	69,73	3,34	–
2 090,00 bis 2 099,99	742,78	336,95	183,26	72,73	5,34	–
2 100,00 bis 2 109,99	749,78	341,95	187,26	75,73	7,34	–
2 110,00 bis 2 119,99	756,78	346,95	191,26	78,73	9,34	–
2 120,00 bis 2 129,99	763,78	351,95	195,26	81,73	11,34	–
2 130,00 bis 2 139,99	770,78	356,95	199,26	84,73	13,34	–
2 140,00 bis 2 149,99	777,78	361,95	203,26	87,73	15,34	–
2 150,00 bis 2 159,99	784,78	366,95	207,26	90,73	17,34	–
2 160,00 bis 2 169,99	791,78	371,95	211,26	93,73	19,34	–
2 170,00 bis 2 179,99	798,78	376,95	215,26	96,73	21,34	–
2 180,00 bis 2 189,99	805,78	381,95	219,26	99,73	23,34	–
2 190,00 bis 2 199,99	812,78	386,95	223,26	102,73	25,34	–
2 200,00 bis 2 209,99	819,78	391,95	227,26	105,73	27,34	–
2 210,00 bis 2 219,99	826,78	396,95	231,26	108,73	29,34	–

:: rehm

Nettolohn monatlich	Pfändbarer Betrag bei Unterhaltspflicht für ... Personen					
	0	1	2	3	4	5 und mehr
	in Euro					
2 220,00 bis 2 229,99	833,78	401,95	235,26	111,73	31,34	–
2 230,00 bis 2 239,99	840,78	406,95	239,26	114,73	33,34	–
2 240,00 bis 2 249,99	847,78	411,95	243,26	117,73	35,34	–
2 250,00 bis 2 259,99	854,78	416,95	247,26	120,73	37,34	–
2 260,00 bis 2 269,99	861,78	421,95	251,26	123,73	39,34	–
2 270,00 bis 2 279,99	868,78	426,95	255,26	126,73	41,34	–
2 280,00 bis 2 289,99	875,78	431,95	259,26	129,73	43,34	0,10
2 290,00 bis 2 299,99	882,78	436,95	263,26	132,73	45,34	1,10
2 300,00 bis 2 309,99	889,78	441,95	267,26	135,73	47,34	2,10
2 310,00 bis 2 319,99	896,78	446,95	271,26	138,73	49,34	3,10
2 320,00 bis 2 329,99	903,78	451,95	275,26	141,73	51,34	4,10
2 330,00 bis 2 339,99	910,78	456,95	279,26	144,73	53,34	5,10
2 340,00 bis 2 349,99	917,78	461,95	283,26	147,73	55,34	6,10
2 350,00 bis 2 359,99	924,78	466,95	287,26	150,73	57,34	7,10
2 360,00 bis 2 369,99	931,78	471,95	291,26	153,73	59,34	8,10
2 370,00 bis 2 379,99	938,78	476,95	295,26	156,73	61,34	9,10
2 380,00 bis 2 389,99	945,78	481,95	299,26	159,73	63,34	10,10
2 390,00 bis 2 399,99	952,78	486,95	303,26	162,73	65,34	11,10
2 400,00 bis 2 409,99	959,78	491,95	307,26	165,73	67,34	12,10
2 410,00 bis 2 419,99	966,78	496,95	311,26	168,73	69,34	13,10
2 420,00 bis 2 429,99	973,78	501,95	315,26	171,73	71,34	14,10
2 430,00 bis 2 439,99	980,78	506,95	319,26	174,73	73,34	15,10
2 440,00 bis 2 449,99	987,78	511,95	323,26	177,73	75,34	16,10
2 450,00 bis 2 459,99	994,78	516,95	327,26	180,73	77,34	17,10
2 460,00 bis 2 469,99	1 001,78	521,95	331,26	183,73	79,34	18,10
2 470,00 bis 2 479,99	1 008,78	526,95	335,26	186,73	81,34	19,10
2 480,00 bis 2 489,99	1 015,78	531,95	339,26	189,73	83,34	20,10
2 490,00 bis 2 499,99	1 022,78	536,95	343,26	192,73	85,34	21,10
2 500,00 bis 2 509,99	1 029,78	541,95	347,26	195,73	87,34	22,10
2 510,00 bis 2 519,99	1 036,78	546,95	351,26	198,73	89,34	23,10
2 520,00 bis 2 529,99	1 043,78	551,95	355,26	201,73	91,34	24,10
2 530,00 bis 2 539,99	1 050,78	556,95	359,26	204,73	93,34	25,10
2 540,00 bis 2 549,99	1 057,78	561,95	363,26	207,73	95,34	26,10
2 550,00 bis 2 559,99	1 064,78	566,95	367,26	210,73	97,34	27,10
2 560,00 bis 2 569,99	1 071,78	571,95	371,26	213,73	99,34	28,10
2 570,00 bis 2 579,99	1 078,78	576,95	375,26	216,73	101,34	29,10
2 580,00 bis 2 589,99	1 085,78	581,95	379,26	219,73	103,34	30,10
2 590,00 bis 2 599,99	1 092,78	586,95	383,26	222,73	105,34	31,10
2 600,00 bis 2 609,99	1 099,78	591,95	387,26	225,73	107,34	32,10
2 610,00 bis 2 619,99	1 106,78	596,95	391,26	228,73	109,34	33,10
2 620,00 bis 2 629,99	1 113,78	601,95	395,26	231,73	111,34	34,10
2 630,00 bis 2 639,99	1 120,78	606,95	399,26	234,73	113,34	35,10
2 640,00 bis 2 649,99	1 127,78	611,95	403,26	237,73	115,34	36,10
2 650,00 bis 2 659,99	1 134,78	616,95	407,26	240,73	117,34	37,10
2 660,00 bis 2 669,99	1 141,78	621,95	411,26	243,73	119,34	38,10
2 670,00 bis 2 679,99	1 148,78	626,95	415,26	246,73	121,34	39,10
2 680,00 bis 2 689,99	1 155,78	631,95	419,26	249,73	123,34	40,10
2 690,00 bis 2 699,99	1 162,78	636,95	423,26	252,73	125,34	41,10
2 700,00 bis 2 709,99	1 169,78	641,95	427,26	255,73	127,34	42,10
2 710,00 bis 2 719,99	1 176,78	646,95	431,26	258,73	129,34	43,10
2 720,00 bis 2 729,99	1 183,78	651,95	435,26	261,73	131,34	44,10
2 730,00 bis 2 739,99	1 190,78	656,95	439,26	264,73	133,34	45,10
2 740,00 bis 2 749,99	1 197,78	661,95	443,26	267,73	135,34	46,10
2 750,00 bis 2 759,99	1 204,78	666,95	447,26	270,73	137,34	47,10
2 760,00 bis 2 769,99	1 211,78	671,95	451,26	273,73	139,34	48,10
2 770,00 bis 2 779,99	1 218,78	676,95	455,26	276,73	141,34	49,10
2 780,00 bis 2 789,99	1 225,78	681,95	459,26	279,73	ˉ43,34	50,10
2 790,00 bis 2 799,99	1 232,78	686,95	463,26	282,73	ˉ45,34	51,10
2 800,00 bis 2 809,99	1 239,78	691,95	467,26	285,73	ˉ47,34	52,10
2 810,00 bis 2 819,99	1 246,78	696,95	471,26	288,73	149,34	53,10
2 820,00 bis 2 829,99	1 253,78	701,95	475,26	291,73	151,34	54,10
2 830,00 bis 2 839,99	1 260,78	706,95	479,26	294,73	153,34	55,10
2 840,00 bis 2 849,99	1 267,78	711,95	483,26	297,73	155,34	56,10

Lohnpfändung

Nettolohn monatlich	Pfändbarer Betrag bei Unterhaltspflicht für ... Personen					
	0	1	2	3	4	5 und mehr
	in Euro					
2 850,00 bis 2 859,99	1 274,78	716,95	487,26	300,73	157,34	57,10
2 860,00 bis 2 869,99	1 281,78	721,95	491,26	303,73	159,34	58,10
2 870,00 bis 2 879,99	1 288,78	726,95	495,26	306,73	161,34	59,10
2 880,00 bis 2 889,99	1 295,78	731,95	499,26	309,73	163,34	60,10
2 890,00 bis 2 899,99	1 302,78	736,95	503,26	312,73	165,34	61,10
2 900,00 bis 2 909,99	1 309,78	741,95	507,26	315,73	167,34	62,10
2 910,00 bis 2 919,99	1 316,78	746,95	511,26	318,73	169,34	63,10
2 920,00 bis 2 929,99	1 323,78	751,95	515,26	321,73	171,34	64,10
2 930,00 bis 2 939,99	1 330,78	756,95	519,26	324,73	173,34	65,10
2 940,00 bis 2 949,99	1 337,78	761,95	523,26	327,73	175,34	66,10
2 950,00 bis 2 959,99	1 344,78	766,95	527,26	330,73	177,34	67,10
2 960,00 bis 2 969,99	1 351,78	771,95	531,26	333,73	179,34	68,10
2 970,00 bis 2 979,99	1 358,78	776,95	535,26	336,73	181,34	69,10
2 980,00 bis 2 989,99	1 365,78	781,95	539,26	339,73	183,34	70,10
2 990,00 bis 2 999,99	1 372,78	786,95	543,26	342,73	185,34	71,10
3 000,00 bis 3 009,99	1 379,78	791,95	547,26	345,73	187,34	72,10
3 010,00 bis 3 019,99	1 386,78	796,95	551,26	348,73	189,34	73,10
3 020,00 bis 3 029,99	1 393,78	801,95	555,26	351,73	191,34	74,10
3 030,00 bis 3 039,99	1 400,78	806,95	559,26	354,73	193,34	75,10
3 040,00 bis 3 049,99	1 407,78	811,95	563,26	357,73	195,34	76,10
3 050,00 bis 3 059,99	1 414,78	816,95	567,26	360,73	197,34	77,10
3 060,00 bis 3 069,99	1 421,78	821,95	571,26	363,73	199,34	78,10
3 070,00 bis 3 079,99	1 428,78	826,95	575,26	366,73	201,34	79,10
3 080,00 bis 3 089,99	1 435,78	831,95	579,26	369,73	203,34	80,10
3 090,00 bis 3 099,99	1 442,78	836,95	583,26	372,73	205,34	81,10
3 100,00 bis 3 109,99	1 449,78	841,95	587,26	375,73	207,34	82,10
3 110,00 bis 3 119,99	1 456,78	846,95	591,26	378,73	209,34	83,10
3 120,00 bis 3 129,99	1 463,78	851,95	595,26	381,73	211,34	84,10
3 130,00 bis 3 139,99	1 470,78	856,95	599,26	384,73	213,34	85,10
3 140,00 bis 3 149,99	1 477,78	861,95	603,26	387,73	215,34	86,10
3 150,00 bis 3 154,15	1 484,78	866,95	607,26	390,73	217,34	87,10
Der Mehrbetrag über 3 154,15 Euro ist voll pfändbar.						

Auszahlung für Wochen

Nettolohn wöchentlich	Pfändbarer Betrag bei Unterhaltspflicht für ... Personen					
	0	1	2	3	4	5 und mehr
	in Euro					
bis 237,49	–	–	–	–	–	–
237,50 bis 239,99	0,50	–	–	–	–	–
240,00 bis 242,49	2,25	–	–	–	–	–
242,50 bis 244,99	4,00	–	–	–	–	–
245,00 bis 247,49	5,75	–	–	–	–	–
247,50 bis 249,99	7,50	–	–	–	–	–
250,00 bis 252,49	9,25	–	–	–	–	–
252,50 bis 254,99	11,00	–	–	–	–	–
255,00 bis 257,49	12,75	–	–	–	–	–
257,50 bis 259,99	14,50	–	–	–	–	–
260,00 bis 262,49	16,25	–	–	–	–	–
262,50 bis 264,99	18,00	–	–	–	–	–
265,00 bis 267,49	19,75	–	–	–	–	–
267,50 bis 269,99	21,50	–	–	–	–	–
270,00 bis 272,49	23,25	–	–	–	–	–
272,50 bis 274,99	25,00	–	–	–	–	–
275,00 bis 277,49	26,75	–	–	–	–	–
277,50 bis 279,99	28,50	–	–	–	–	–
280,00 bis 282,49	30,25	–	–	–	–	–
282,50 bis 284,99	32,00	–	–	–	–	–
285,00 bis 287,49	33,75	–	–	–	–	–
287,50 bis 289,99	35,50	–	–	–	–	–
290,00 bis 292,49	37,25	–	–	–	–	–
292,50 bis 294,99	39,00	–	–	–	–	–
295,00 bis 297,49	40,75	–	–	–	–	–

:: rehm

Nettolohn wöchentlich	Pfändbarer Betrag bei Unterhaltspflicht für ... Personen					
	0	1	2	3	4	5 und mehr
	in Euro					
297,50 bis 299,99	42,50	–	–	–	–	–
300,00 bis 302,49	44,25	–	–	–	–	–
302,50 bis 304,99	46,00	–	–	–	–	–
305,00 bis 307,49	47,75	–	–	–	–	–
307,50 bis 309,99	49,50	–	–	–	–	–
310,00 bis 312,49	51,25	–	–	–	–	–
312,50 bis 314,99	53,00	–	–	–	–	–
315,00 bis 317,49	54,75	–	–	–	–	–
317,50 bis 319,99	56,50	–	–	–	–	–
320,00 bis 322,49	58,25	–	–	–	–	–
322,50 bis 324,99	60,00	–	–	–	–	–
325,00 bis 327,49	61,75	–	–	–	–	–
327,50 bis 329,99	63,50	0,80	–	–	–	–
330,00 bis 332,49	65,25	2,05	–	–	–	–
332,50 bis 334,99	67,00	3,30	–	–	–	–
335,00 bis 337,49	68,75	4,55	–	–	–	–
337,50 bis 339,99	70,50	5,80	–	–	–	–
340,00 bis 342,49	72,25	7,05	–	–	–	–
342,50 bis 344,99	74,00	8,30	–	–	–	–
345,00 bis 347,49	75,75	9,55	–	–	–	–
347,50 bis 349,99	77,50	10,80	–	–	–	–
350,00 bis 352,49	79,25	12,05	–	–	–	–
352,50 bis 354,99	81,00	13,30	–	–	–	–
355,00 bis 357,49	82,75	14,55	–	–	–	–
357,50 bis 359,99	84,50	15,80	–	–	–	–
360,00 bis 362,49	86,25	17,05	–	–	–	–
362,50 bis 364,99	88,00	18,30	–	–	–	–
365,00 bis 367,49	89,75	19,55	–	–	–	–
367,50 bis 369,99	91,50	20,80	–	–	–	–
370,00 bis 372,49	93,25	22,05	–	–	–	–
372,50 bis 374,99	95,00	23,30	–	–	–	–
375,00 bis 377,49	96,75	24,55	–	–	–	–
377,50 bis 379,99	98,50	25,80	0,78	–	–	–
380,00 bis 382,49	100,25	27,05	1,78	–	–	–
382,50 bis 384,99	102,00	28,30	2,78	–	–	–
385,00 bis 387,49	103,75	29,55	3,78	–	–	–
387,50 bis 389,99	105,50	30,80	4,78	–	–	–
390,00 bis 392,49	107,25	32,05	5,78	–	–	–
392,50 bis 394,99	109,00	33,30	6,78	–	–	–
395,00 bis 397,49	110,75	34,55	7,78	–	–	–
397,50 bis 399,99	112,50	35,80	8,78	–	–	–
400,00 bis 402,49	114,25	37,05	9,78	–	–	–
402,50 bis 404,99	116,00	38,30	10,78	–	–	–
405,00 bis 407,49	117,75	39,55	11,78	–	–	–
407,50 bis 409,99	119,50	40,80	12,78	–	–	–
410,00 bis 412,49	121,25	42,05	13,78	–	–	–
412,50 bis 414,99	123,00	43,30	14,78	–	–	–
415,00 bis 417,49	124,75	44,55	15,78	–	–	–
417,50 bis 419,99	126,50	45,80	16,78	–	–	–
420,00 bis 422,49	128,25	47,05	17,78	–	–	–
422,50 bis 424,99	130,00	48,30	18,78	–	–	–
425,00 bis 427,49	131,75	49,55	19,78	–	–	–
427,50 bis 429,99	133,50	50,80	20,78	0,69	–	–
430,00 bis 432,49	135,25	52,05	21,78	1,44	–	–
432,50 bis 434,99	137,00	53,30	22,78	2,19	–	–
435,00 bis 437,49	138,75	54,55	23,78	2,94	–	–
437,50 bis 439,99	140,50	55,80	24,78	3,69	–	–
440,00 bis 442,49	142,25	57,05	25,78	4,44	–	–
442,50 bis 444,99	144,00	58,30	26,78	5,19	–	–
445,00 bis 447,49	145,75	59,55	27,78	5,94	–	–
447,50 bis 449,99	147,50	60,80	28,78	6,69	–	–
450,00 bis 452,49	149,25	62,05	29,78	7,44	–	–
452,50 bis 454,99	151,00	63,30	30,78	8,19	–	–

Lohnpfändung

Nettolohn wöchentlich	Pfändbarer Betrag bei Unterhaltspflicht für ... Personen					
	0	1	2	3	4	5 und mehr
	in Euro					
455,00 bis 457,49	152,75	64,55	31,78	8,94	–	–
457,50 bis 459,99	154,50	65,80	32,78	9,69	–	–
460,00 bis 462,49	156,25	67,05	33,78	10,44	–	–
462,50 bis 464,99	158,00	68,30	34,78	11,19	–	–
465,00 bis 467,49	159,75	69,55	35,78	11,94	–	–
467,50 bis 469,99	161,50	70,80	36,78	12,69	–	–
470,00 bis 472,49	163,25	72,05	37,78	13,44	–	–
472,50 bis 474,99	165,00	73,30	38,78	14,19	–	–
475,00 bis 477,49	166,75	74,55	39,78	14,94	0,03	–
477,50 bis 479,99	168,50	75,80	40,78	15,69	0,53	–
480,00 bis 482,49	170,25	77,05	41,78	16,44	1,03	–
482,50 bis 484,99	172,00	78,30	42,78	17,19	1,53	–
485,00 bis 487,49	173,75	79,55	43,78	17,94	2,03	–
487,50 bis 489,99	175,50	80,80	44,78	18,69	2,53	–
490,00 bis 492,49	177,25	82,05	45,78	19,44	3,03	–
492,50 bis 494,99	179,00	83,30	46,78	20,19	3,53	–
495,00 bis 497,49	180,75	84,55	47,78	20,94	4,03	–
497,50 bis 499,99	182,50	85,80	48,78	21,69	4,53	–
500,00 bis 502,49	184,25	87,05	49,78	22,44	5,03	–
502,50 bis 504,99	186,00	88,30	50,78	23,19	5,53	–
505,00 bis 507,49	187,75	89,55	51,78	23,94	6,03	–
507,50 bis 509,99	189,50	90,80	52,78	24,69	6,53	–
510,00 bis 512,49	191,25	92,05	53,78	25,44	7,03	–
512,50 bis 514,99	193,00	93,30	54,78	26,19	7,53	–
515,00 bis 517,49	194,75	94,55	55,78	26,94	8,03	–
517,50 bis 519,99	196,50	95,80	56,78	27,69	8,53	–
520,00 bis 522,49	198,25	97,05	57,78	28,44	9,03	–
522,50 bis 524,99	200,00	98,30	58,78	29,19	9,53	–
525,00 bis 527,49	201,75	99,55	59,78	29,94	10,03	0,05
527,50 bis 529,99	203,50	100,80	60,78	30,69	10,53	0,30
530,00 bis 532,49	205,25	102,05	61,78	31,44	11,03	0,55
532,50 bis 534,99	207,00	103,30	62,78	32,19	11,53	0,80
535,00 bis 537,49	208,75	104,55	63,78	32,94	12,03	1,05
537,50 bis 539,99	210,50	105,80	64,78	33,69	12,53	1,30
540,00 bis 542,49	212,25	107,05	65,78	34,44	13,03	1,55
542,50 bis 544,99	214,00	108,30	66,78	35,19	13,53	1,80
545,00 bis 547,49	215,75	109,55	67,78	35,94	14,03	2,05
547,50 bis 549,99	217,50	110,80	68,78	36,69	14,53	2,30
550,00 bis 552,49	219,25	112,05	69,78	37,44	15,03	2,55
552,50 bis 554,99	221,00	113,30	70,78	38,19	15,53	2,80
555,00 bis 557,49	222,75	114,55	71,78	38,94	16,03	3,05
557,50 bis 559,99	224,50	115,80	72,78	39,69	16,53	3,30
560,00 bis 562,49	226,25	117,05	73,78	40,44	17,03	3,55
562,50 bis 564,99	228,00	118,30	74,78	41,19	17,53	3,80
565,00 bis 567,49	229,75	119,55	75,78	41,94	18,03	4,05
567,50 bis 569,99	231,50	120,80	76,78	42,69	18,53	4,30
570,00 bis 572,49	233,25	122,05	77,78	43,44	19,03	4,55
572,50 bis 574,99	235,00	123,30	78,78	44,19	19,53	4,80
575,00 bis 577,49	236,75	124,55	79,78	44,94	20,03	5,05
577,50 bis 579,99	238,50	125,80	80,78	45,69	20,53	5,30
580,00 bis 582,49	240,25	127,05	81,78	46,44	21,03	5,55
582,50 bis 584,99	242,00	128,30	82,78	47,19	21,53	5,80
585,00 bis 587,49	243,75	129,55	83,78	47,94	22,03	6,05
587,50 bis 589,99	245,50	130,80	84,78	48,69	22,53	6,30
590,00 bis 592,49	247,25	132,05	85,78	49,44	23,03	6,55
592,50 bis 594,99	249,00	133,30	86,78	50,19	23,53	6,80
595,00 bis 597,49	250,75	134,55	87,78	50,94	24,03	7,05
597,50 bis 599,99	252,50	135,80	88,78	51,69	24,53	7,30
600,00 bis 602,49	254,25	137,05	89,78	52,44	25,03	7,55
602,50 bis 604,99	256,00	138,30	90,78	53,19	25,53	7,80
605,00 bis 607,49	257,75	139,55	91,78	53,94	26,03	8,05
607,50 bis 609,99	259,50	140,80	92,78	54,69	26,53	8,30
610,00 bis 612,49	261,25	142,05	93,78	55,44	27,03	8,55

:: **rehm**

Nettolohn wöchentlich	Pfändbarer Betrag bei Unterhaltspflicht für ... Personen					
	0	1	2	3	4	5 und mehr
	in Euro					
612,50 bis 614,99	263,00	143,30	94,78	56,19	27,53	8,80
615,00 bis 617,49	264,75	144,55	95,78	56,94	28,03	9,05
617,50 bis 619,99	266,50	145,80	96,78	57,69	28,53	9,30
620,00 bis 622,49	268,25	147,05	97,78	58,44	29,03	9,55
622,50 bis 624,99	270,00	148,30	98,78	59,19	29,53	9,80
625,00 bis 627,49	271,75	149,55	99,78	59,94	30,03	10,05
627,50 bis 629,99	273,50	150,80	100,78	60,69	30,53	10,30
630,00 bis 632,49	275,25	152,05	101,78	61,44	31,03	10,55
632,50 bis 634,99	277,00	153,30	102,78	62,19	31,53	10,80
635,00 bis 637,49	278,75	154,55	103,78	62,94	32,03	11,05
637,50 bis 639,99	280,50	155,80	104,78	63,69	32,53	11,30
640,00 bis 642,49	282,25	157,05	105,78	64,44	33,03	11,55
642,50 bis 644,99	284,00	158,30	106,78	65,19	33,53	11,80
645,00 bis 647,49	285,75	159,55	107,78	65,94	34,03	12,05
647,50 bis 649,99	287,50	160,80	108,78	66,69	34,53	12,30
650,00 bis 652,49	289,25	162,05	109,78	67,44	35,03	12,55
652,50 bis 654,99	291,00	163,30	110,78	68,19	35,53	12,80
655,00 bis 657,49	292,75	164,55	111,78	68,94	36,03	13,05
657,50 bis 659,99	294,50	165,80	112,78	69,69	36,53	13,30
660,00 bis 662,49	296,25	167,05	113,78	70,44	37,03	13,55
662,50 bis 664,99	298,00	168,30	114,78	71,19	37,53	13,80
665,00 bis 667,49	299,75	169,55	115,78	71,94	38,03	14,05
667,50 bis 669,99	301,50	170,80	116,78	72,69	38,53	14,30
670,00 bis 672,49	303,25	172,05	117,78	73,44	39,03	14,55
672,50 bis 674,99	305,00	173,30	118,78	74,19	39,53	14,80
675,00 bis 677,49	306,75	174,55	119,78	74,94	40,03	15,05
677,50 bis 679,99	308,50	175,80	120,78	75,69	40,53	15,30
680,00 bis 682,49	310,25	177,05	121,78	76,44	41,03	15,55
682,50 bis 684,99	312,00	178,30	122,78	77,19	41,53	15,80
685,00 bis 687,49	313,75	179,55	123,78	77,94	42,03	16,05
687,50 bis 689,99	315,50	180,80	124,78	78,69	42,53	16,30
690,00 bis 692,49	317,25	182,05	125,78	79,44	43,03	16,55
692,50 bis 694,99	319,00	183,30	126,78	80,19	43,53	16,80
695,00 bis 697,49	320,75	184,55	127,78	80,94	44,03	17,05
697,50 bis 699,99	322,50	185,80	128,78	81,69	44,53	17,30
700,00 bis 702,49	324,25	187,05	129,78	82,44	45,03	17,55
702,50 bis 704,99	326,00	188,30	130,78	83,19	45,53	17,80
705,00 bis 707,49	327,75	189,55	131,78	83,94	46,03	18,05
707,50 bis 709,99	329,50	190,80	132,78	84,69	46,53	18,30
710,00 bis 712,49	331,25	192,05	133,78	85,44	47,03	18,55
712,50 bis 714,99	333,00	193,30	134,78	86,19	47,53	18,80
715,00 bis 717,49	334,75	194,55	135,78	86,94	48,03	19,05
717,50 bis 719,99	336,50	195,80	136,78	87,69	48,53	19,30
720,00 bis 722,49	338,25	197,05	137,78	88,44	49,03	19,55
722,50 bis 724,99	340,00	198,30	138,78	89,19	49,53	19,80
725,00 bis 725,89	341,75	199,55	139,78	89,94	50,03	20,05

Der Mehrbetrag über 725,89 Euro ist voll pfändbar.

Auszahlung für Tage

Nettolohn täglich	Pfändbarer Betrag bei Unterhaltspflicht für ... Personen					
	0	1	2	3	4	5 und mehr
	in Euro					
bis 47,49	–	–	–	–	–	–
47,50 bis 47,99	0,10	–	–	–	–	–
48,00 bis 48,49	0,45	–	–	–	–	–
48,50 bis 48,99	0,80	–	–	–	–	–
49,00 bis 49,49	1,15	–	–	–	–	–
49,50 bis 49,99	1,50	–	–	–	–	–
50,00 bis 50,49	1,85	–	–	–	–	–
50,50 bis 50,99	2,20	–	–	–	–	–
51,00 bis 51,49	2,55	–	–	–	–	–
51,50 bis 51,99	2,90	–	–	–	–	–

Lohnpfändung

Nettolohn täglich			Pfändbarer Betrag bei Unterhaltspflicht für ... Personen					
			0	1	2	3	4	5 und mehr
			in Euro					
52,00	bis	52,49	3,25	–	–	–	–	–
52,50	bis	52,99	3,60	–	–	–	–	–
53,00	bis	53,49	3,95	–	–	–	–	–
53,50	bis	53,99	4,30	–	–	–	–	–
54,00	bis	54,49	4,65	–	–	–	–	–
54,50	bis	54,99	5,00	–	–	–	–	–
55,00	bis	55,49	5,35	–	–	–	–	–
55,50	bis	55,99	5,70	–	–	–	–	–
56,00	bis	56,49	6,05	–	–	–	–	–
56,50	bis	56,99	6,40	–	–	–	–	–
57,00	bis	57,49	6,75	–	–	–	–	–
57,50	bis	57,99	7,10	–	–	–	–	–
58,00	bis	58,49	7,45	–	–	–	–	–
58,50	bis	58,99	7,80	–	–	–	–	–
59,00	bis	59,49	8,15	–	–	–	–	–
59,50	bis	59,99	8,50	–	–	–	–	–
60,00	bis	60,49	8,85	–	–	–	–	–
60,50	bis	60,99	9,20	–	–	–	–	–
61,00	bis	61,49	9,55	–	–	–	–	–
61,50	bis	61,99	9,90	–	–	–	–	–
62,00	bis	62,49	10,25	–	–	–	–	–
62,50	bis	62,99	10,60	–	–	–	–	–
63,00	bis	63,49	10,95	–	–	–	–	–
63,50	bis	63,99	11,30	–	–	–	–	–
64,00	bis	64,49	11,65	–	–	–	–	–
64,50	bis	64,99	12,00	–	–	–	–	–
65,00	bis	65,49	12,35	–	–	–	–	–
65,50	bis	65,99	12,70	0,16	–	–	–	–
66,00	bis	66,49	13,05	0,41	–	–	–	–
66,50	bis	66,99	13,40	0,66	–	–	–	–
67,00	bis	67,49	13,75	0,91	–	–	–	–
67,50	bis	67,99	14,10	1,16	–	–	–	–
68,00	bis	68,49	14,45	1,41	–	–	–	–
68,50	bis	68,99	14,80	1,66	–	–	–	–
69,00	bis	69,49	15,15	1,91	–	–	–	–
69,50	bis	69,99	15,50	2,16	–	–	–	–
70,00	bis	70,49	15,85	2,41	–	–	–	–
70,50	bis	70,99	16,20	2,66	–	–	–	–
71,00	bis	71,49	16,55	2,91	–	–	–	–
71,50	bis	71,99	16,90	3,16	–	–	–	–
72,00	bis	72,49	17,25	3,41	–	–	–	–
72,50	bis	72,99	17,60	3,66	–	–	–	–
73,00	bis	73,49	17,95	3,91	–	–	–	–
73,50	bis	73,99	18,30	4,16	–	–	–	–
74,00	bis	74,49	18,65	4,41	–	–	–	–
74,50	bis	74,99	19,00	4,66	–	–	–	–
75,00	bis	75,49	19,35	4,91	–	–	–	–
75,50	bis	75,99	19,70	5,16	0,16	–	–	–
76,00	bis	76,49	20,05	5,41	0,36	–	–	–
76,50	bis	76,99	20,40	5,66	0,56	–	–	–
77,00	bis	77,49	20,75	5,91	0,76	–	–	–
77,50	bis	77,99	21,10	6,16	0,96	–	–	–
78,00	bis	78,49	21,45	6,41	1,16	–	–	–
78,50	bis	78,99	21,80	6,66	1,36	–	–	–
79,00	bis	79,49	22,15	6,91	1,56	–	–	–
79,50	bis	79,99	22,50	7,16	1,76	–	–	–
80,00	bis	80,49	22,85	7,41	1,96	–	–	–
80,50	bis	80,99	23,20	7,66	2,16	–	–	–
81,00	bis	81,49	23,55	7,91	2,36	–	–	–
81,50	bis	81,99	23,90	8,16	2,56	–	–	–
82,00	bis	82,49	24,25	8,41	2,76	–	–	–
82,50	bis	82,99	24,60	8,66	2,96	–	–	–
83,00	bis	83,49	24,95	8,91	3,16	–	–	–

Nettolohn täglich			Pfändbarer Betrag bei Unterhaltspflicht für ... Personen					
			0	1	2	3	4	5 und mehr
			in Euro					
83,50	bis	83,99	25,30	9,16	3,36	–	–	–
84,00	bis	84,49	25,65	9,41	3,56	–	–	–
84,50	bis	84,99	26,00	9,66	3,76	–	–	–
85,00	bis	85,49	26,35	9,91	3,96	–	–	–
85,50	bis	85,99	26,70	10,16	4,16	0,14	–	–
86,00	bis	86,49	27,05	10,41	4,36	0,29	–	–
86,50	bis	86,99	27,40	10,66	4,56	0,44	–	–
87,00	bis	87,49	27,75	10,91	4,76	0,59	–	–
87,50	bis	87,99	28,10	11,16	4,96	0,74	–	–
88,00	bis	88,49	28,45	11,41	5,16	0,89	–	–
88,50	bis	88,99	28,80	11,66	5,36	1,04	–	–
89,00	bis	89,49	29,15	11,91	5,56	1,19	–	–
89,50	bis	89,99	29,50	12,16	5,76	1,34	–	–
90,00	bis	90,49	29,85	12,41	5,96	1,49	–	–
90,50	bis	90,99	30,20	12,66	6,16	1,64	–	–
91,00	bis	91,49	30,55	12,91	6,36	1,79	–	–
91,50	bis	91,99	30,90	13,16	6,56	1,94	–	–
92,00	bis	92,49	31,25	13,41	6,76	2,09	–	–
92,50	bis	92,99	31,60	13,66	6,96	2,24	–	–
93,00	bis	93,49	31,95	13,91	7,16	2,39	–	–
93,50	bis	93,99	32,30	14,16	7,36	2,54	–	–
94,00	bis	94,49	32,65	14,41	7,56	2,69	–	–
94,50	bis	94,99	33,00	14,66	7,76	2,84	–	–
95,00	bis	95,49	33,35	14,91	7,96	2,99	0,01	–
95,50	bis	95,99	33,70	15,16	8,16	3,14	0,11	–
96,00	bis	96,49	34,05	15,41	8,36	3,29	0,21	–
96,50	bis	96,99	34,40	15,66	8,56	3,44	0,31	–
97,00	bis	97,49	34,75	15,91	8,76	3,59	0,41	–
97,50	bis	97,99	35,10	16,16	8,96	3,74	0,51	–
98,00	bis	98,49	35,45	16,41	9,16	3,89	0,61	–
98,50	bis	98,99	35,80	16,66	9,36	4,04	0,71	–
99,00	bis	99,49	36,15	16,91	9,56	4,19	0,81	–
99,50	bis	99,99	36,50	17,16	9,76	4,34	0,91	–
100,00	bis	100,49	36,85	17,41	9,96	4,49	1,01	–
100,50	bis	100,99	37,20	17,66	10,16	4,64	1,11	–
101,00	bis	101,49	37,55	17,91	10,36	4,79	1,21	–
101,50	bis	101,99	37,90	18,16	10,56	4,94	1,31	–
102,00	bis	102,49	38,25	18,41	10,76	5,09	1,41	–
102,50	bis	102,99	38,60	18,66	10,96	5,24	1,51	–
103,00	bis	103,49	38,95	18,91	11,16	5,39	1,61	–
103,50	bis	103,99	39,30	19,16	11,36	5,54	1,71	–
104,00	bis	104,49	39,65	19,41	11,56	5,69	1,81	–
104,50	bis	104,99	40,00	19,66	11,76	5,84	1,91	–
105,00	bis	105,49	40,35	19,91	11,96	5,99	2,01	0,01
105,50	bis	105,99	40,70	20,16	12,16	6,14	2,11	0,06
106,00	bis	106,49	41,05	20,41	12,36	6,29	2,21	0,11
106,50	bis	106,99	41,40	20,66	12,56	6,44	2,31	0,16
107,00	bis	107,49	41,75	20,91	12,76	6,59	2,41	0,21
107,50	bis	107,99	42,10	21,16	12,96	6,74	2,51	0,26
108,00	bis	108,49	42,45	21,41	13,16	6,89	2,61	0,31
108,50	bis	108,99	42,80	21,66	13,36	7,04	2,71	0,36
109,00	bis	109,49	43,15	21,91	13,56	7,19	2,81	0,41
109,50	bis	109,99	43,50	22,16	13,76	7,34	2,91	0,46
110,00	bis	110,49	43,85	22,41	13,96	7,49	3,01	0,51
110,50	bis	110,99	44,20	22,66	14,16	7,64	3,11	0,56
111,00	bis	111,49	44,55	22,91	14,36	7,79	3,21	0,61
111,50	bis	111,99	44,90	23,16	14,56	7,94	3,31	0,66
112,00	bis	112,49	45,25	23,41	14,76	8,09	3,41	0,71
112,50	bis	112,99	45,60	23,66	14,96	8,24	3,51	0,76
113,00	bis	113,49	45,95	23,91	15,16	8,39	3,61	0,81
113,50	bis	113,99	46,30	24,16	15,36	8,54	3,71	0,86
114,00	bis	114,49	46,65	24,41	15,56	8,69	3,81	0,91
114,50	bis	114,99	47,00	24,66	15,76	8,84	3,91	0,96

Lohnpfändung

Nettolohn täglich			Pfändbarer Betrag bei Unterhaltspflicht für ... Personen					
			0	1	2	3	4	5 und mehr
			in Euro					
115,00	bis	115,49	47,35	24,91	15,96	8,99	4,01	1,01
115,50	bis	115,99	47,70	25,16	16,16	9,14	4,11	1,06
116,00	bis	116,49	48,05	25,41	16,36	9,29	4,21	1,11
116,50	bis	116,99	48,40	25,66	16,56	9,44	4,31	1,16
117,00	bis	117,49	48,75	25,91	16,76	9,59	4,41	1,21
117,50	bis	117,99	49,10	26,16	16,96	9,74	4,51	1,26
118,00	bis	118,49	49,45	26,41	17,16	9,89	4,61	1,31
118,50	bis	118,99	49,80	26,66	17,36	10,04	4,71	1,36
119,00	bis	119,49	50,15	26,91	17,56	10,19	4,81	1,41
119,50	bis	119,99	50,50	27,16	17,76	10,34	4,91	1,46
120,00	bis	120,49	50,85	27,41	17,96	10,49	5,01	1,51
120,50	bis	120,99	51,20	27,66	18,16	10,64	5,11	1,56
121,00	bis	121,49	51,55	27,91	18,36	10,79	5,21	1,61
121,50	bis	121,99	51,90	28,16	18,56	10,94	5,31	1,66
122,00	bis	122,49	52,25	28,41	18,76	11,09	5,41	1,71
122,50	bis	122,99	52,60	28,66	18,96	11,24	5,51	1,76
123,00	bis	123,49	52,95	28,91	19,16	11,39	5,61	1,81
123,50	bis	123,99	53,30	29,16	19,36	11,54	5,71	1,86
124,00	bis	124,49	53,65	29,41	19,56	11,69	5,81	1,91
124,50	bis	124,99	54,00	29,66	19,76	11,84	5,91	1,96
125,00	bis	125,49	54,35	29,91	19,96	11,99	6,01	2,01
125,50	bis	125,99	54,70	30,16	20,16	12,14	6,11	2,06
126,00	bis	126,49	55,05	30,41	20,36	12,29	6,21	2,11
126,50	bis	126,99	55,40	30,66	20,56	12,44	6,31	2,16
127,00	bis	127,49	55,75	30,91	20,76	12,59	6,41	2,21
127,50	bis	127,99	56,10	31,16	20,96	12,74	6,51	2,26
128,00	bis	128,49	56,45	31,41	21,16	12,89	6,61	2,31
128,50	bis	128,99	56,80	31,66	21,36	13,04	6,71	2,36
129,00	bis	129,49	57,15	31,91	21,56	13,19	6,81	2,41
129,50	bis	129,99	57,50	32,16	21,76	13,34	6,91	2,46
130,00	bis	130,49	57,85	32,41	21,96	13,49	7,01	2,51
130,50	bis	130,99	58,20	32,66	22,16	13,64	7,11	2,56
131,00	bis	131,49	58,55	32,91	22,36	13,79	7,21	2,61
131,50	bis	131,99	58,90	33,16	22,56	13,94	7,31	2,66
132,00	bis	132,49	59,25	33,41	22,76	14,09	7,41	2,71
132,50	bis	132,99	59,60	33,66	22,96	14,24	7,51	2,76
133,00	bis	133,49	59,95	33,91	23,16	14,39	7,61	2,81
133,50	bis	133,99	60,30	34,16	23,36	14,54	7,71	2,86
134,00	bis	134,49	60,65	34,41	23,56	14,69	7,81	2,91
134,50	bis	134,99	61,00	34,66	23,76	14,84	7,91	2,96
135,00	bis	135,49	61,35	34,91	23,96	14,99	8,01	3,01
135,50	bis	135,99	61,70	35,16	24,16	15,14	8,11	3,06
136,00	bis	136,49	62,05	35,41	24,36	15,29	8,21	3,11
136,50	bis	136,99	62,40	35,66	24,56	15,44	8,31	3,16
137,00	bis	137,49	62,75	35,91	24,76	15,59	8,41	3,21
137,50	bis	137,99	63,10	36,16	24,96	15,74	8,51	3,26
138,00	bis	138,49	63,45	36,41	25,16	15,89	8,61	3,31
138,50	bis	138,99	63,80	36,66	25,36	16,04	8,71	3,36
139,00	bis	139,49	64,15	36,91	25,56	16,19	8,81	3,41
139,50	bis	139,99	64,50	37,16	25,76	16,34	8,91	3,46
140,00	bis	140,49	64,85	37,41	25,96	16,49	9,01	3,51
140,50	bis	140,99	65,20	37,66	26,16	16,64	9,11	3,56
141,00	bis	141,49	65,55	37,91	26,36	16,79	9,21	3,61
141,50	bis	141,99	65,90	38,16	26,56	16,94	9,31	3,66
142,00	bis	142,49	66,25	38,41	26,76	17,09	9,41	3,71
142,50	bis	142,99	66,60	38,66	26,96	17,24	9,51	3,76
143,00	bis	143,49	66,95	38,91	27,16	17,39	9,61	3,81
143,50	bis	143,99	67,30	39,16	27,36	17,54	9,71	3,86
144,00	bis	144,49	67,65	39,41	27,56	17,69	9,81	3,91
144,50	bis	144,99	68,00	39,66	27,76	17,84	9,91	3,96
145,00	bis	145,18	68,35	39,91	27,96	17,99	10,01	4,01

Der Mehrbetrag über 145,18 Euro ist voll pfändbar.

XII. Checkliste Lohnpfändung*)

1. Drittschuldnererklärung

☐ Wann läuft die Erklärungsfrist ab (zwei Wochen!)? Postlaufzeit beachten!

☐ Besteht mit dem Schuldner ein Arbeitsverhältnis?

Ja → Forderung anerkennen und Bereitschaft zur Zahlung erklären

Nein → Forderung nicht anerkennen, Zahlungsbereitschaft verweigern

☐ Ist das Arbeitseinkommen abgetreten oder verpfändet?

Ja → Abtretungsempfänger bzw. Verpfändungsberechtigten sowie Höhe des Anspruchs, für den die Abtretung bzw. Verpfändung erfolgte, angeben

Nein → Keine Angaben

☐ Besteht eine Aufrechnungsmöglichkeit gegen den Lohnanspruch (z. B. aus einem → Arbeitgeberdarlehen)?

Ja → Höhe der Forderung angeben, mit der gegen den Lohnanspruch aufgerechnet werden kann

Nein → Keine Angaben

☐ Liegen bereits andere Lohnpfändungen vor?

Ja → Gläubiger sowie deren jeweilige Forderungshöhe nennen

Nein → Keine Angaben

2. Hinterlegung

☐ Es liegen eine Pfändung und eine oder mehrere zweifelhafte Abtretungen vor

→ Hinterlegung nach § 372 BGB

☐ Es liegt eine zweifelhafte Pfändung vor

→ Hinterlegung nach § 372 BGB

☐ Es liegen mehrere Pfändungen vor

→ Hinterlegung nach § 853 ZPO

☐ Es liegen mehrere Pfändungen zusammen mit einer oder mehreren Abtretungen vor

→ Hinterlegung nach § 853 ZPO

☐ Bei Hinterlegung nach § 372 BGB:

→ Antrag auf Erlass einer Annahmeanordnung an das Amtsgericht (Hinterlegungsstelle) unter Verzicht auf das Recht zur Rücknahme

→ Überweisung des pfändbaren Betrags auf das Konto der Justizkasse

→ Anzeige der Hinterlegung an alle Gläubiger und den Arbeitnehmer

→ Nachträglich pfändende Gläubiger der Hinterlegungsstelle bekannt geben und auch diesen die Hinterlegung anzeigen

☐ Bei Hinterlegung nach § 853 ZPO:

→ Antrag auf Erlass einer Annahmeanordnung an das Amtsgericht (Hinterlegungsstelle)

→ Überweisung des pfändbaren Betrags auf das Konto der Justizkasse

→ Anzeige der Hinterlegung an das Vollstreckungsgericht unter Beilage der Pfändungs- und Überweisungsbeschlüsse (bei Abtretung auch der Abtretungserklärung)

→ Nachträglich pfändende Gläubiger der Hinterlegungsstelle und dem Vollstreckungsgericht bekannt geben

*) (© Ernst Riedel) Lohnpfändung in der Personalpraxis, Verlagsgruppe Hüthig Jehle Rehm GmbH, 3. Auflage

XIII. Muster: Lohnpfändung*)

1. Drittschuldnererklärung

Pfändungs- und Überweisungsbeschluss des Amtsgerichts

.... *vom* ....

Az.:..

Zwangsvollstreckungssache .... gegen ....

Sehr geehrter Herr/Sehr geehrte Frau ....,

am .... *wurde uns obiger, von Ihnen gegen den Schuldner* .... *erwirkter Pfändungs- und Überweisungsbeschluss zugestellt.*

Gemäß § 840 ZPO geben wir folgende Drittschuldnererklärung ab:

[1. Anerkennung der Forderung:]

Die Lohnforderung wird anerkannt. Wir sind zur Zahlung bereit, soweit dem Schuldner gegen uns Ansprüche aus dem bestehenden Arbeitsverhältnis zustehen. Den einbehaltenen Betrag werden wir Ihnen jeweils zum .... des Monats überweisen.

oder:

Die Lohnforderung wird unter der Bedingung anerkannt, dass das beabsichtigte Arbeitsverhältnis mit dem Schuldner zustande kommt. Wir sind zur Zahlung bereit, soweit dem Schuldner Ansprüche aus diesem Arbeitsverhältnis gegen uns zustehen.

[2. Anerkennung bei Pfändung durch andere Gläubiger:]

Die Lohnforderung wird anerkannt. Wir sind zur Zahlung bereit, soweit dem Schuldner Ansprüche aus dem bestehenden Arbeitsverhältnis gegen uns zustehen. Die Lohnforderung wurde

am .... für .... wegen eines Zahlungsanspruchs in Höhe von € .... und

am .... für .... wegen eines Zahlungsanspruchs in Höhe von € ....

gepfändet. Ihre Pfändung ist vorgemerkt.

[3. Anerkennung bei vorrangiger Abtretung:]

Die Lohnforderung wird anerkannt. Wir sind zur Zahlung bereit, soweit dem Schuldner Ansprüche aus dem bestehenden Arbeitsverhältnis gegen uns zustehen. Die pfändbaren Einkommensteile wurden durch den Schuldner am .... an .... zur Absicherung einer Forderung in Höhe von € .... abgetreten. Die Abtretung wurde uns am .... angezeigt mit der Aufforderung, die pfändbaren Einkommensteile unmittelbar an den Abtretungsempfänger zu zahlen. Derzeit können an Sie keine Zahlungen geleistet werden. Ihre Pfändung ist vorgemerkt.

[4. Verweigerung der Anerkennung:]

Die Lohnforderung wird nicht anerkannt. Mit dem Schuldner besteht kein Arbeitsverhältnis. Sie werden gebeten, uns gegenüber bis zum .... auf die Rechte aus dem Pfändungsbeschluss zu verzichten, da ansonsten eine Feststellungsklage erhoben werden müsste.

oder:

Die Lohnforderung wird nicht anerkannt. Das Arbeitsverhältnis mit dem Schuldner wurde aufgelöst. Es bestehen keinerlei Ansprüche des Schuldners gegen uns. Sie werden gebeten, uns gegenüber bis zum .... auf die Rechte aus dem Pfändungsbeschluss zu verzichten, da ansonsten eine Feststellungsklage erhoben werden müsste.

[5. Bei Aufrechnungsmöglichkeit:]

Aufrechnung bleibt vorbehalten.

Mit freundlichen Grüßen

2. Hinterlegungsanzeigen

2.1 Schreiben an den Arbeitnehmer

Abtretung und Pfändung Ihres Einkommens

Sehr geehrter Herr/Sehr geehrte Frau ....,

es liegt uns ein Pfändungs- und Überweisungsbeschluss des Amtsgerichts .... vom .... vor, mit dem der pfändbare Teil Ihres Einkommens gepfändet und dem Gläubiger .... zur Einziehung überwiesen wurde. Daneben wurde uns am .... angezeigt, dass die pfändbaren Teile Ihres Einkommens am .... an .... abgetreten wurden.

Es bestehen rechtliche wie tatsächliche Zweifel daran, wem die pfändbaren Einkommensteile auszuzahlen sind. Wird haben deshalb von unserem Recht Gebrauch gemacht, die streitigen Beträge zu hinterlegen. Diese Hinterlegung zeigen wir Ihnen hiermit gemäß § 374 BGB an.

Die entsprechende Annahmeanordnung wurde durch das Amtsgericht .... – Hinterlegungsstelle – am .... unter dem Aktenzeichen .... getroffen. Die erste Überweisung an die zuständige Justizkasse erfolgte am ....

Auf das Recht der Rücknahme haben wir verzichtet, womit unsere Leistungspflicht erloschen ist.

Mit freundlichen Grüßen

2.2 Schreiben an den Pfändungsgläubiger

Pfändungs- und Überweisungsbeschluss des Amtsgerichts .... vom ....

Az. ....

Zwangsvollstreckungssache .... gegen ....

Sehr geehrter Herr/Sehr geehrte Frau ....,

im Nachgang zu unserer Drittschuldnererklärung vom .... zeigen wir Ihnen gemäß § 374 BGB an, dass wir die pfändbaren Teile des Einkommens des Schuldners hinterlegt haben bzw. die zukünftig pfändbaren Beträge hinterlegen werden.

Grund hierfür ist die Tatsache, dass uns am .... die angeblich am .... erfolgte Abtretung des Einkommens des Schuldners an .... angezeigt wurde. Diese Abtretung geht Ihrer Pfändung vor. Es bestehen rechtliche wie tatsächliche Zweifel an der Wirksamkeit dieser Abtretung bzw. an deren zeitlichem Zustandekommen.

Die entsprechende Annahmeanordnung wurde durch das Amtsgericht .... – Hinterlegungsstelle – am .... unter dem Aktenzeichen .... getroffen. Die erste Überweisung an die zuständige Justizkasse erfolgte am ....

Auf das Recht der Rücknahme haben wir verzichtet, womit unsere Leistungspflicht erloschen ist.

Mit freundlichen Grüßen

2.3 Schreiben an den Abtretungsempfänger

Abtretungsvereinbarung vom ....

Sehr geehrter Herr/Sehr geehrte Frau ....,

die o. g. Abtretungsvereinbarung wurde uns am .... vorgelegt. Wir haben rechtliche wie tatsächliche Zweifel an der Wirksamkeit der Abtretung.

Nachdem uns am .... ein Pfändungs- und Überweisungsbeschluss zugestellt wurde, mit dem das Arbeitseinkommen des Schuldners auf Antrag des .... gepfändet und diesem zur Einziehung überwiesen wurde, machen wir von unserem Recht Gebrauch, die pfändbaren Einkommensteile zu hin-

terlegen. Diese Hinterlegung zeigen wir Ihnen hiermit gemäß § 374 BGB an.

Die entsprechende Annahmeanordnung wurde durch das Amtsgericht .... – Hinterlegungsstelle – am .... unter dem Aktenzeichen .... getroffen. Die erste Überweisung an die zuständige Justizkasse erfolgte am ....

Auf das Recht der Rücknahme haben wir verzichtet, womit unsere Leistungspflicht erloschen ist.

Mit freundlichen Grüßen

2.4 Schreiben an das Vollstreckungsgericht

An das

Amtsgericht – Vollstreckungsgericht –

..

Az. ....

In der Zwangsvollstreckungssache .... zeigen wir gemäß § 853 ZPO die Hinterlegung der pfändbaren Teile des Einkommens des Schuldners an. Der Hinterlegung liegt die Annahmeanordnung des Amtsgerichts .... – Hinterlegungsstelle – vom .... (Az. ....) zugrunde.

Als Empfangsberechtigte sind neben dem Schuldner die nachfolgend genannten Gläubiger ausgewiesen, deren jeweilige Pfändungs- und Überweisungsbeschlüsse anliegend übersandt werden:

..

..

..

Die bisher hinterlegten Beträge belaufen sich ausweislich der beiliegenden Einzahlungsquittungen auf .... €. Zukünftige Hinterlegungen werden wir laufend bekannt geben und belegen. Dasselbe gilt für den Fall, dass uns weitere Pfändungs- und Überweisungsbeschlüsse zugestellt werden sollten.

Mehrarbeit

I.   Begriff und Zulässigkeit

II.   Pflicht zur Mehrarbeit

III. Vergütung oder Ausgleich der Mehrarbeit
      1. Anordnung der Mehrarbeit
      2. Höhe der Mehrarbeitsvergütung, Ausgleich durch Freizeit

IV.   Beteiligung des Betriebsrats

V.   Checkliste Mehrarbeit
      I.   Anordnung der Mehrarbeit
      II. Anspruch auf Mehrarbeitsvergütung
      III. Höhe der Mehrarbeitsvergütung

I. Begriff und Zulässigkeit

Unter Mehrarbeit bzw. Überstunden versteht man die Zeit, die ein Arbeitnehmer über die für sein Arbeitsverhältnis geltende → *Arbeitszeit* hinaus arbeitet (für Teilzeitbeschäftigte s. unter Teilzeitarbeit IV.2.). Dabei ist als Vergleichsmaßstab auf die regelmäßige Arbeitszeit abzustellen, die nach Tarifvertrag, Betriebsvereinbarung oder Einzelarbeitsvertrag gilt. Meist enthalten Tarifverträge detaillierte Regelungen über Mehrarbeit. Wenn ein Tarifvertrag auf das konkrete Arbeitsverhältnis anwendbar ist, müssen die dort getroffenen Regelungen angewandt werden.

Das Arbeitszeitgesetz regelt nur die Höchstarbeitszeit von acht Stunden pro Werktag, die auf zehn Stunden verlängert werden kann, wenn innerhalb von sechs Kalendermonaten oder von 24 Wochen acht Stunden pro Werktag nicht überschritten werden. Um die Einhaltung dieser Bestimmung kontrollieren zu können, sind die Arbeitgeber verpflichtet, die über acht Stunden pro Werktag hinausgehende Arbeitszeit zu notieren (§ 16 Abs. 2 ArbZG). Diese Aufzeichnungen müssen zwei Jahre lang aufbewahrt werden.

> **WICHTIG!**
> Die Vorschrift über die Aufzeichnung sollte unbedingt eingehalten werden, da ansonsten Bußgelder von bis zu EUR 15 000 verhängt werden können (§ 22 Abs. 1 Nr. 9 ArbZG).

II. Pflicht zur Mehrarbeit

Ohne eine einzelvertragliche oder tarifvertragliche Regelung bzw. eine entsprechende Betriebsvereinbarung ist der Arbeitgeber nicht berechtigt, Überstunden anzuordnen (LAG Rheinland-Pfalz v. 15.12.2011, Az. 2 Sa 559/11). Nur in Notfällen besteht eine entsprechende Verpflichtung des Arbeitnehmers.

> **Beispiel:**
> Ein Betriebsgelände ist vom Hochwasser bedroht. Hier ist der Arbeitnehmer auch ohne ausdrückliche vertragliche Verpflichtung gehalten, an den Maßnahmen zur Gefahrenbekämpfung auch außerhalb seiner Arbeitszeit mitzuwirken.

Ein Notfall und damit eine Arbeitspflicht außerhalb der vereinbarten Arbeitszeit besteht jedoch nicht, wenn ein unerwarteter Auftrag hereinkommt, der sehr schnell abgearbeitet werden muss.

Deshalb ist es empfehlenswert (und auch üblich), eine entsprechende Klausel in den Arbeitsvertrag aufzunehmen. Zur Vermeidung von Streitigkeiten sollte hier auch geregelt werden, wie der Ausgleich erfolgt (s. u. III.2.).

> **Formulierungsbeispiel:**
> „Die regelmäßige wöchentliche Arbeitszeit beträgt 36,5 Stunden. Der Arbeitnehmer erklärt sich bereit, bis zu sieben Stunden pro Woche über diese Zeit hinaus zu arbeiten, wenn betriebliche Notwendigkeiten dies erfordern."

Die einseitig vom Arbeitgeber abrufbare Mehrarbeit darf nicht mehr als 25 % der vereinbarten wöchentlichen Mindestarbeitszeit betragen. Schwerbehinderte Arbeitnehmer sind auf Verlangen von der Mehrarbeit, also hier der über acht Stunden werktäglich hinausgehenden Arbeit, freizustellen (§ 124 SGB IX). Zur Mehrarbeit von Teilzeitbeschäftigten s. unter → *Teilzeitarbeit*.

Jugendliche dürfen nicht mehr als acht Stunden täglich und 40 Stunden in der Woche beschäftigt werden (§ 8 Abs. 1 JArbSchG). Die darüber hinausgehende Anordnung von Überstunden ist unzulässig. Werdende und stillende Mütter dürfen, wenn sie unter 18 Jahre alt sind, nicht mehr als acht Stunden täglich oder 80 Stunden in der Doppelwoche (einschließlich Sonntag) beschäftigt werden. Sind sie über 18 Jahre alt, ist eine Beschäftigung von bis zu achteinhalb Stunden pro Tag oder 90 Stunden in der Doppelwoche zulässig (§ 8 Abs. 2 MuSchG). Darüber hinaus ist die Mehrarbeit unzulässig.

Der Arbeitgeber muss bei der Anordnung von Überstunden die Interessen der betroffenen Arbeitnehmer angemessen berücksichtigen.

> **Beispiel:**
> Aufgrund betrieblicher Notwendigkeiten ordnet der Arbeitgeber für fünf Arbeitnehmerinnen Überstunden an. Eine davon bittet darum, nicht gerade an diesem Tag Überstunden leisten zu müssen, da sie ihr Kind abholen muss. Eine andere Arbeitnehmerin steht für die benötigte Arbeitsleistung zur Verfügung. Hier darf der Arbeitgeber nicht auf seiner formalen Rechtsposition beharren, sondern muss den Interessen seiner Mitarbeiterin den Vorrang gewähren.

Der einzelne Arbeitnehmer hat grundsätzlich keinen Anspruch darauf, Überstunden leisten zu können. Selbst wenn der Arbeitgeber ihn in der Vergangenheit häufig so beschäftigt und er sich auf einen höheren Verdienst eingestellt hat, kann stattdessen ein weiterer Arbeitnehmer eingestellt werden, sodass die Notwendigkeit von Überstunden entfällt. Der Arbeitgeber darf einen einzelnen Arbeitnehmer jedoch nicht von Mehrarbeit ausschließen, die er für vergleichbare Arbeitnehmer angeordnet hat. Die Gleichbehandlungspflicht gebietet es in Einzelfällen, auch diesen arbeitswilligen Arbeitnehmer wie die anderen auch zur Mehrarbeit heranzuziehen. Macht der Arbeitgeber dies nicht, riskiert er, die nicht geleistete Mehrarbeit trotzdem bezahlen zu müssen, weil er sich im sog. Annahmeverzug befindet.

III. Vergütung oder Ausgleich der Mehrarbeit

1. Anordnung der Mehrarbeit

Der Arbeitgeber muss die Überstunden nur dann vergüten, wenn er sie angeordnet oder zumindest geduldet hat.

> **Beispiel:**
> Ein Arbeitnehmer bleibt abends zwei Stunden länger, weil er mit seiner Arbeit nicht fertig geworden ist. Sein Vorgesetzter weiß davon nichts. Der Arbeitnehmer kann für die zwei Stunden keine Vergütung verlangen. Er hätte vielmehr mitteilen müssen, dass er seine Aufgaben nicht geschafft hat. Die Entscheidung darüber, ob er Überstunden macht oder die Arbeit am nächsten Tag fortsetzt, liegt dann beim Arbeitgeber. Allerdings muss der Arbeitgeber in geeigneten Fällen Vorkehrungen treffen, um die unerwünschte freiwillige Ableistung von Überstunden zu verhindern (LAG Berlin-Brandenburg v. 3.6.2010, Az. 15 Sa 166/10).

Die Rechtslage ist anders zu beurteilen, wenn der Arbeitgeber eine Aufgabe zur sofortigen Erledigung stellt, von der ohne weiteres klar ist, dass sie nicht innerhalb der normalen Arbeitszeit geschafft werden kann. Hier kann sich der Arbeitgeber nicht darauf berufen, von den Überstunden nicht gewusst zu haben.

> **Beispiel:**
> Der Arbeitgeber gibt einem Angestellten eine Stunde vor Feierabend einen Auftrag, dessen Erledigung der Kunde noch heute erwartet, der aber mindestens drei Arbeitsstunden erfordert. Hier muss er die Überstunden bezahlen, auch wenn er sie weder ausdrücklich angeordnet hat noch bei der Mehrarbeit dabei war. Er muss sich dabei auch das Wissen zurechnen lassen, das sich z.B. aus Zeiterfassungssystemen ergibt (ArbG Berlin v. 2.11.2012, Az. 28 Ca 13586/12).

Will der Arbeitnehmer in einem Prozess die Bezahlung von Überstunden durchsetzen, muss er präzise darlegen, wer wann Mehrarbeit angeordnet oder geduldet hat. Bestreitet der Arbeitgeber dies, muss der Arbeitnehmer seine Behauptungen auch beweisen. Allerdings kann der Arbeitgeber die Behauptungen nicht einfach „ins Blaue hinein" bestreiten, sondern muss ggf. selbst Informationen über den Betriebsablauf einholen. Er ist aber nicht verpflichtet, Arbeitszeitaufzeichnungen an den Arbeitnehmer herauszugeben, damit dieser seine Ansprüche überhaupt erst begründen kann. Dies gilt auch für die Herausgabe von Tachoscheiben.

> **Beispiel:**
> Ein Kraftfahrer macht Ansprüche auf Mehrarbeitsvergütung geltend. Dazu muss er im Einzelnen darlegen, an welchen Tagen und zu welchen Zeiten er über die übliche Arbeitszeit hinaus gearbeitet hat. Er muss den Arbeitsbeginn, etwaige Vorbereitungstätigkeiten (Fahr-

zeugwartung, Ladung), Fahrtbeginn, Fahrtstrecke, arbeitszeitverlängernde Vorkommnisse (Stau, Umleitungen), Zeiten etwaiger Fahrtunterbrechungen (Pausen, polizeiliche Fahrzeugkontrolle, Fahrzeugpanne), Ankunftszeit sowie Abschlusstätigkeiten (Wagenpflege, Entladung, Schriftverkehr) angeben. Pausenzeiten, in denen der Kraftfahrer lediglich als Beifahrer mitfährt oder sich in der Schlafkoje ausruhen kann, sind regelmäßig nicht zu vergüten.

Betriebsratsmitglieder haben auch im Restmandat keinen Anspruch auf Vergütung ihrer Betriebsratstätigkeit. Für die nach der Beendigung ihrer Arbeitsverhältnisse zur Erfüllung ihrer Betriebsratsaufgaben geleisteten Freizeitopfer können sie kein Entgelt verlangen (BAG v. 7.5.2010, Az. 7 AZR 728/08).

2. Höhe der Mehrarbeitsvergütung, Ausgleich durch Freizeit

Eine gesetzliche Regelung über die Vergütung von Überstunden besteht nicht. Die Tarifverträge enthalten jedoch meist detaillierte Bestimmungen über Zulässigkeit und Vergütung. Hier wird meist auch ein besonderer Zuschlag für die Überstunden vereinbart. Wenn kein Tarifvertrag anwendbar ist, gelten die Regelungen des Einzelarbeitsvertrags. Hier kann nicht nur vereinbart werden, dass Überstunden angeordnet werden können, sondern auch, wie sie zu vergüten sind.

 Formulierungsbeispiel:

„Die vom Arbeitgeber ausdrücklich angeordneten Überstunden sollen binnen zwei Monaten durch Freizeit ausgeglichen werden. Dabei ist bis zu vier Überstunden pro Woche je eine Stunde Freizeit zu gewähren. Für darüber hinausgehende Mehrarbeit ist je eine Stunde und 15 Minuten Freizeit zu gewähren. Ist eine Abgeltung der Mehrarbeit durch Freizeitgewährung nicht möglich, so sind sie zu vergüten. Dabei beträgt die Vergütung für bis zu vier Überstunden pro Woche EUR .... Für die darüber hinausgehende Zeit ist ein Zuschlag von 25 % zu zahlen."

In den Arbeitsverträgen mit außertariflichen Angestellten wird häufig vereinbart, dass mit dem Gehalt eine bestimmte Anzahl von Überstunden abgegolten ist. Deren Anzahl muss allerdings im Vertrag festgelegt werden. Eine solche vertragliche Regelung ist dann sinnvoll, wenn ohnehin ein übertarifliches Entgelt gezahlt werden soll und die Tätigkeit voraussichtlich Überstunden erforderlich macht. Zur notwendigen Transparenz von derartigen Klauseln sagt das Bundesarbeitsgericht: „Eine die pauschale Vergütung von Überstunden regelnde Klausel ist nur dann klar und verständlich, wenn sich aus dem Arbeitsvertrag selbst ergibt, welchen Arbeitsleistungen in welchem zeitlichen Umfang von ihr erfasst werden sollen. Der Arbeitnehmer muss bereits bei Vertragsschluss erkennen können, was ggf. „auf ihn zukommt" und welche Leistung er für die vereinbarte Vergütung maximal erbringen muss" (Urteil v. 17.8.2011, Az. 5 AZR 406/10). Auch eine Klausel, wonach der Arbeitnehmer „verpflichtet ist, im Schnitt 150 Stunden zu arbeiten", ist wegen Intransparenz unwirksam (BAG v. 21.6.2011, Az. 9 AZR 238/10). Auch die Bestimmung, wonach sich die Arbeitszeit nach „dem jeweiligen Arbeitsanfall" richtet, ist unwirksam (LAG Düsseldorf v. 17.4.2012, Az. 8 Sa 1334/11). Das BAG hat aber auch entschieden: „Eine Klausel in Allgemeinen Geschäftsbedingungen, nach der in dem monatlichen (Grund-)Gehalt die ersten zwanzig Überstunden im Monat „mit drin" sind, ist klar und verständlich." (BAG v. 16.5.2012, Az. 5 AZR 331/11).

 Formulierungsbeispiel:

„Der Arbeitgeber ist berechtigt, pro Monat bis zu ... Überstunden anzuordnen. Der Arbeitnehmer erhält hierfür eine Überstundenpauschale von ... EUR."

Bei einem nicht tarifgebundenen Arbeitgeber wurde eine arbeitsvertragliche Regelung für wirksam gehalten, in der sich der Arbeitnehmer zur Ableistung von bis zu 20 Überstunden pro Monat verpflichtet hat, die mit der normalen Vergütung abgegolten waren. Es darf allerdings kein Lohnwucher eintreten (Vergütung unter 2/3 der in der betreffenden Branche und

Wirtschaftsregion üblichen Vergütung, LAG München v. 26.10.2010, Az. 6 Sa 595/10). Bei Angestellten, die einem Tarifvertrag unterliegen, ist eine Pauschalregelung nur dann zulässig, wenn ihnen eine übertarifliche Zulage gewährt wird. Durch die Regelung darf die tarifliche Vergütung nicht unterschritten werden.

Beispiel:

Das tarifliche Grundgehalt beträgt EUR 2250 pro Monat bei einer Arbeitszeit von 174 Stunden. Im Arbeitsvertrag wird vereinbart, dass mit dem Verdienst pauschal zehn Überstunden pro Monat abgegolten sind. Somit beträgt der tarifliche Stundensatz, der nicht unterschritten werden darf, EUR 12,93. Der Arbeitnehmer muss also ein Gehalt bekommen, das um EUR 129,30 (zehn Überstunden × EUR 12,93) über dem Tarifniveau liegt. Ansonsten würde er bei einem Ausschöpfen des Überstundendeputats, das pauschal abgegolten wird, unter seinem tariflichen Mindestniveau liegen.

Wenn auch keine einzelvertragliche Vereinbarung getroffen wurde, hat der Arbeitnehmer mindestens Anspruch darauf, die Überstunden wie normale Arbeitszeit vergütet zu bekommen. Wenn ein Stundenlohn vereinbart wurde, ist dieser zu zahlen, bei einer Monatsvergütung ist das Monatsgehalt durch die Anzahl der vereinbarten Stunden zu teilen. Daraus ergibt sich der Stundensatz.

Beispiel:

Der Arbeitnehmer erhält ein Monatsgehalt von EUR 2150 bei 174 Stunden Arbeit. An fünf Tagen arbeitet er jeweils zweieinhalb Stunden über der regulären Arbeitszeit. Er hat mindestens einen Anspruch auf Zahlung von zweieinhalb Stunden × EUR 12,35 × 5 = EUR 61,78.

Darüber hinaus müssen Zuschläge dann gezahlt werden, wenn sie entweder im Betrieb oder in der Branche üblich sind (§ 612 Abs. 2 BGB). Es gibt aber keinen generellen Grundsatz, wonach ein Überstundenzuschlag von etwa 25 % allgemein üblich wäre (LAG Baden-Württemberg v. 13.10.2010, Az. 2 Sa 20/10). Die Branchenüblichkeit kann sich aber aus einem Tarifvertrag ergeben.

Beispiel:

Ein Arbeitgeber der Metallindustrie im Tarifgebiet Berlin-Brandenburg ist nicht tarifgebunden. Der einschlägige Tarifvertrag sieht einen Überstundenzuschlag von 15 % vor. Hier ist von einem branchenüblichen Zuschlag auszugehen, wenn keine anderen Umstände dagegen sprechen, wie z. B. ein sehr geringer Organisationsgrad der Arbeitgeber in diesem Tarifgebiet. Daher muss der Arbeitgeber die Überstunden mit diesem Zuschlag vergüten, wenn er keine andere einzelvertragliche Regelung getroffen hat. In dem obigen Beispiel wären also noch weitere EUR 23,16 zu zahlen.

Ausnahme: Insbesondere bei Diensten höherer Art gibt es keinen Grundsatz, dass Überstunden oder eine längere Anwesenheit stets zu vergüten sind. So hat das Bundesarbeitsgericht die Klage eines angestellten Rechtsanwaltes abgewiesen, der ohne wirksame vertragliche Vereinbarung viele Überstunden geleistet hatte. Dies geschah aber nicht in der Erwartung einer Vergütung, sondern er erhoffte sich dadurch die Aufnahme in die Sozietät des Arbeitgebers. Diese Hoffnung war aber nicht schützenswert (BAG v. 17.8.2011, Az. 5 AZR 406/10). Gleiches gilt, wenn der Arbeitnehmer neben seiner Zeitvergütung in nicht unerheblichem Umfang Provisionen erhält. Hier kann er ohne besondere Umstände nicht erwarten, dass Mehrarbeit vergütet wird (BAG v. 27.6.2012, Az. 5 AZR 530/11).

Bei vielen Angestellten wird häufig durch eine entsprechende Klausel im Arbeitsvertrag verdeutlicht, dass Mehrarbeit durch die normale Vergütung abgegolten ist. Eine solche pauschale Regelung ist unwirksam (BAG v. 1.9.2010, Az. 5 AZR 517/09), und zwar auch, wenn lediglich „Reisezeiten" pauschal abgegolten werden sollen, die nicht näher definiert werden (BAG v. 20.4.2011, Az. 5 AZR 200/10). Eine die pauschale Vergütung von Überstunden regelnde Klausel ist nur dann klar und verständlich, wenn sich aus dem Arbeitsvertrag selbst ergibt, welche Arbeitsleistungen in welchem zeitlichen Umfang von ihr erfasst werden sollen (BAG v. 22.2.2012, Az. 5 AZR 765/10). Häufig werden Arbeitsverträge mit leitenden Anstellten aber im Einzelnen ausgehandelt, so dass sich dieses Problem nicht stellt. Bei bestehenden Betriebsvereinbarungen kann eine generelle formularmäßige Vereinbarung auch einen Verstoß gegen das Mitbestimmungsrecht des Betriebsrats darstellen.

Ob statt der Mehrarbeitsvergütung ein Freizeitausgleich erfolgen kann, richtet sich nach dem Tarifvertrag und nach den Festlegungen des Arbeitsvertrags. Sind hier keine derartigen Regelungen vorhanden, ist der Arbeitgeber nicht befugt, einen bereits entstandenen Anspruch auf Mehrarbeitsvergütung einseitig durch Freizeit abzugelten. Macht er dies trotzdem, riskiert er, neben dem Freizeitausgleich zusätzlich noch die Mehrarbeitsvergütung zahlen zu müssen.

Die pauschale Vergütung von Bereitschaftszeiten ist zulässig, wenn die Pauschale zu der tatsächlich anfallenden Arbeit in angemessenem Verhältnis steht. Bei der Gewährung von Freizeitausgleich für Bereitschaftsdienste kann nur dann der Zeitzuschlag für Überstunden beansprucht werden, wenn die regelmäßige wöchentliche Arbeitszeit überschritten worden ist.

Ist im Anschluss an die reguläre Arbeitszeit Bereitschaftsdienst angeordnet worden, kann der Arbeitgeber diesen in Anspruch nehmen, um die Erledigung noch anstehender Arbeiten anzuordnen. Er muss hierfür keine Überstunden in Anspruch nehmen.

Zur Beweislast bei Überstundenvergütungen hat das BAG entschieden, dass der Arbeitnehmer beweisen muss, dass er Arbeit verrichtet oder einer der Tatbestände vorgelegen hat, der eine Vergütungspflicht ohne Arbeit regelt (BAG v. 18.4.2012, Az. 5 AZR 248/11). Den Arbeitgeber trifft aber im Prozess eine Mitwirkungspflicht. Wenn der Arbeitnehmer genau vorgetragen hat, an welchen Tagen er von wann bis wann Arbeit geleistet oder sich auf Weisung des Arbeitgebers zur Arbeit bereitgehalten hat, muss der Arbeitgeber im Einzelnen erwidern und vortragen, welche Arbeiten er dem Arbeitnehmer zugewiesen hat und an welchen Tagen der Arbeitnehmer von wann bis wann diesen Weisungen – nicht – nachgekommen ist. Diese Grundsätze des BAG dürfen jedoch nicht schematisch angewendet werden. Es müssen immer die zu verrichtende Tätigkeit und die konkreten betrieblichen Abläufe berücksichtigt werden (BAG v. 16.5.2012, Az. 5 AZR 347/11). Dies macht den Ausgang eines auf Mehrarbeitsvergütung gerichteten Verfahrens schwierig.

IV. Beteiligung des Betriebsrats

Bei der Anordnung von Überstunden besteht ein Mitbestimmungsrecht des Betriebsrats (§ 87 Abs. 1 Nr. 3 BetrVG). Der Betriebsrat muss der Anordnung von Überstunden also vorher zustimmen, und zwar auch dann, wenn ein Eilfall vorliegt. Bei bestehenden Betriebsvereinbarungen kann eine generelle formularmäßige Vereinbarung, wonach Überstunden mit dem Entgelt abgegolten sind, einen Verstoß gegen das Mitbestimmungsrecht des Betriebsrats darstellen. Wird das Beteiligungsverfahren nicht eingehalten, können die betroffenen Arbeitnehmer die Leistung von Überstunden verweigern. Dem Betriebsrat kann daneben auch ein Unterlassungsanspruch zustehen (BAG v. 7.2.2012, Az. 1 ABR 77/10 zur Anordnung von Arbeitsleistung während dienstplanmäßiger Pausen).

Beispiel:

Der Arbeitgeber ordnet an, dass die Arbeitnehmer einer Abteilung zwei Stunden länger arbeiten, damit ein Auftrag noch an diesem Tag fertiggestellt wird. Der Betriebsrat wurde vorher nicht gefragt. Zwei der fünf betroffenen Arbeitnehmer gehen pünktlich zum Ende ihrer regulären Arbeitszeit nach Hause. Hier kann der Arbeitgeber keine Abmahnung aussprechen.

Der Arbeitgeber braucht aber auch dann die Zustimmung des Betriebsrats, wenn die Arbeitnehmer von sich aus die Überstunden anbieten.

Beispiel:

Im obigen Fall bieten die Mitarbeiter von sich aus an, den Auftrag noch an diesem Tag ohne Rücksicht auf das reguläre Ende der Arbeitszeit auszuführen. Der Betriebsrat ist dagegen, weil er meint, dass ohnehin zu viel Mehrarbeit geleistet wird. Wenn der Arbeitgeber die Mehrarbeit annimmt, kann der Betriebsrat ein Verfahren vor dem Arbeitsgericht einleiten, um ihm dies künftig untersagen zu lassen.

V. Checkliste Mehrarbeit

I. Anordnung der Mehrarbeit

1. Ist sie vom Arbeitsvertrag oder vom Tarifvertrag gedeckt?
   - ❏ **Ja** → Anordnung ist wirksam
   - ❏ **Nein** → Anordnung ist unwirksam
2. Sind Sonderrechte zu beachten (Jugendliche, Schwangere etc.)?
   - ❏ **Ja** → prüfen, ob Anordnung den Schutzbestimmungen entspricht
   - ❏ **Nein** → weiter mit Frage 3
3. Liegt Zustimmung des Betriebsrats vor?
   - ❏ **Ja** → Mehrarbeit kann angeordnet werden, wenn auch die Punkte 1 und 2 erfüllt sind
   - ❏ **Nein** → Zustimmung muss eingeholt werden, bei Verweigerung muss Ersetzung durch das Arbeitsgericht beantragt werden

II. Anspruch auf Mehrarbeitsvergütung

1. Wurde Mehrarbeit geleistet?
   - ❏ **Ja** → weiter mit Frage 2
   - ❏ **Nein** → kein Anspruch
2. Wurde die Mehrarbeit angeordnet?
   - ❏ **Ja** → Anspruch besteht; Ausnahme: Dienste höherer Art, bei denen keine Vergütungserwartung besteht
   - ❏ **Nein** → weiter mit Frage 3
3. Wurde die Mehrarbeit geduldet?
   - ❏ **Ja** → Anspruch besteht; Ausnahme: Dienste höherer Art, bei denen keine Vergütungserwartung besteht
   - ❏ **Nein** → weiter mit Frage 4
4. War die Arbeitsaufgabe nur mit Mehrarbeit zu schaffen?
   - ❏ **Ja** → Anspruch besteht; Ausnahme: Dienste höherer Art, bei denen keine Vergütungserwartung besteht
   - ❏ **Nein** → kein Anspruch

III. Höhe der Mehrarbeitsvergütung

1. Ist ein Tarifvertrag anwendbar, der die Höhe der Mehrarbeitsvergütung festlegt?
   - ❏ **Ja** → Höhe ergibt sich aus Tarifvertrag
   - ❏ **Nein** → weiter mit Frage 2
2. Ist die Höhe im Einzelarbeitsvertrag vereinbart?
   - ❏ **Ja** → Höhe ergibt sich aus den dortigen Festlegungen
   - ❏ **Nein** → weiter mit Frage 3
3. Ist ein Zuschlag branchenüblich?
   - ❏ **Ja** → Anspruch besteht
   - ❏ **Nein** → kein Anspruch

4. Ist eine pauschale Abgeltung von Überstunden im Arbeits- oder Tarifvertrag vorgesehen?

❏ **Ja** → kein Anspruch auf besondere Vergütung, wenn der dort genannte Rahmen nicht überschritten wird

❏ **Nein** → Regelung gemäß Fragen 1 bis 3

Mobbing

I. Begriff und Abgrenzung

II. Rechtliche Bewertung

III. Pflichten des Arbeitgebers

IV. Reaktionsmöglichkeiten des Arbeitgebers
1. Maßnahmen gegenüber dem Täter
2. Vorbeugende Maßnahmen

I. Begriff und Abgrenzung

Der Begriff „Mobbing" kommt aus dem Englischen (to mob = über jemanden lärmend herfallen, angreifen, attackieren) und beschreibt im betrieblichen Alltag das systematische Anfeinden, Schikanieren oder Diskriminieren von Arbeitnehmern untereinander oder durch Vorgesetzte. Eine bestimmte Mindestfrequenz oder Mindestlaufzeit ist für die Beurteilung der Einzelakte in ihrer zusammenfassenden Beschreibung als Mobbing nicht erforderlich, solange den Handlungen oder Unterlassungen eine Systematik im vorbeschriebenen Sinne zu entnehmen ist.

Die feindseligen Handlungen betreffen in der Regel die Kommunikation am Arbeitsplatz unter Kollegen oder zwischen Vorgesetzten und Untergebenen und haben immer das Ziel, die angegriffene Person aus dem Arbeitsverhältnis auszustoßen.

Den Mobbing-Handlungen liegt meist ein sozialer Konflikt zu Grunde. Im Gegensatz zu einer „normalen" Konfliktbewältigung entsteht bei Mobbing eine Täter-Opfer-Beziehung, bei der die Auseinandersetzung mit der betroffenen Person (und nicht mit den Ursachen des Konflikts) im Vordergrund steht. Hierdurch ist es für Außenstehende oder auch die betroffene Person in Mobbing-Fällen kaum möglich, den dahinter stehenden Konflikt überhaupt noch zu erkennen. An die Stelle einer konstruktiven Beseitigung des Konflikts tritt auf Seiten des Täters nur noch das Ziel, den „Gemobbten" durch Unterdrückung, Schikane, Rufmord und Ausgrenzung zu schwächen und ihn hierdurch zur Aufgabe des Arbeitsplatzes zu veranlassen.

Ursache für ein solches Verhalten können auf Seiten des Täters Ängste, Vorurteile oder Befürchtungen sein, die dieser als Bedrohung seiner eigenen Interessen oder seiner eigenen Person empfindet. Diese Bedrohung muss für den Täter so gravierend sein, dass er eine offene und faire Auseinandersetzung für aussichtslos oder zu riskant einschätzt und daher Mobbing für gerechtfertigt hält.

Im Wesentlichen beziehen sich die feindseligen Handlungen gegen das Opfer auf dessen

▸ Möglichkeit sich mitzuteilen (z. B. ständige Kritik und Abwertung, wie Luft behandeln),

▸ zwischenmenschliche Beziehungen (z. B. soziale Isolation),

▸ Ehre oder persönliches Ansehen (z. B. Beleidigungen, Verleumdungen, Intrigen oder Scherze),

▸ Qualität der Beschäftigung (z. B. Unter- oder Überforderung, sinnlose oder aussichtslose Aufgabenstellungen).

Oft kommt es beim Mobbing-Opfer zu einem Verlust des Selbstvertrauens, psychischen und psychosomatischen Gesundheitsstörungen und sogar zu hierdurch verursachten körperlichen Beschwerden. Vereinzelt sind diese Beeinträchtigungen so stark, dass sie über eine lang anhaltende Arbeitsunfähigkeit hinaus bis hin zum Selbstmord führen können.

Auf Seiten des Arbeitgebers kann Mobbing zu folgenden betrieblichen Belastungen führen:

▸ Verschlechterung des Betriebsklimas,

▸ Minderung der Motivation und Leistungsbereitschaft bis hin zur „inneren Kündigung",

▸ Steigerung krankheitsbedingter Fehlzeiten,

▸ Häufung von Betriebsunfällen,

▸ Berechtigte Arbeitsverweigerung durch das Mobbing-Opfer,

▸ Schadensersatzanspruch des Mobbing-Opfers gegen den Arbeitgeber wegen Verletzung der „Fürsorgepflicht" (bis hin zum Anspruch auf Schmerzensgeld);

▸ außerordentliche Kündigung durch das Mobbing-Opfer;

▸ Personalfluktuation,

▸ Ansehens- und Rufschädigungen bei Geschäftspartnern.

II. Rechtliche Bewertung

Die rechtliche Besonderheit des Mobbings liegt darin, dass nicht eine einzelne, abgrenzbare Handlung, sondern die Zusammenfassung mehrerer Einzelakte zu einer Verletzung des Persönlichkeitsrechts oder der Gesundheit des betroffenen Arbeitnehmers führen kann, wobei die einzelnen Teilakte jeweils für sich betrachtet rechtlich wiederum „neutral" sein können.

Meist kommt es erst im Falle einer Eskalation zu strafrechtlich einschlägigen Einzelakten. Folgende Straftatbestände sind im Zusammenhang mit Mobbing häufig gegeben:

▸ Beleidigung (§ 185 StGB),

▸ Üble Nachrede (§ 186 StGB),

▸ Verleumdung (§ 187 StGB),

▸ Beleidigung trotz Wahrheitsbeweises (§ 192 StGB),

▸ Nötigung (§ 240 StGB),

▸ Vorsätzliche Körperverletzung (§ 223 StGB),

▸ Fahrlässige Körperverletzung (§ 229 StGB),

▸ Tötung in mittelbarer Täterschaft (§§ 211, 212, 25 Abs. 1 Satz 2 StGB),

▸ Straftaten gegen Betriebsverfassungsorgane und ihre Mitglieder (§ 119 BetrVG).

Wird dem Mobbing-Opfer vorsätzlich oder fahrlässig ein Schaden (an Leib, Leben, Freiheit oder Eigentum) zugefügt, so kann es auf zivilrechtlichem Wege gegen den Täter folgende Ansprüche geltend machen:

▸ Schadensersatz wegen unerlaubter Handlung (§ 823 BGB),

▸ Schmerzensgeld, wobei sich die Höhe nicht nach dem Monatseinkommen richtet, sondern an dem Gewicht der Handlungen und Folgen orientiert (BAG v. 25.10.2007, Az. 8 AZR 593/06),

▸ Widerruf und Unterlassung der verletzenden Äußerungen (§§ 1004, 823 BGB),

▸ Unterlassung von Mobbing-Handlungen (§§ 1004, 823 BGB).

In diesen Fällen muss das Mobbing-Opfer beweisen, dass der eingetretene Schaden auf das verletzende Verhalten des Täters ursächlich zurückzuführen ist.

Auch wenn den Einzelakten keine eigenständige rechtliche Relevanz zukommen sollte, kann deren Gesamtheit Schadensersatzpflichten wegen der Verletzung des Persönlichkeitsrechts oder der Gesundheit des betroffenen Arbeitnehmers auslösen.

WICHTIG!
Führt ein schuldhaftes dienstliches Verhalten eines Vorgesetzten dazu, das ein ihm unterstellter Mitarbeiter psychisch erkrankt, so hat der Arbeitnehmer gegen seinen Arbeitgeber jedenfalls Anspruch auf eine billige Entschädigung in Geld (Schmerzensgeld), wenn sich der Arbeitgeber des Vorgesetzten als Erfüllungsgehilfen bedient (BAG v. 25.10.2007, Az. 8 AZR 593/06). Der Arbeitgeber kann ebenso wie der eigentliche Täter auch zur strafrechtlichen Verantwortung gezogen werden, wenn er den Täter anstiftet (§ 26 StGB), ihm vorsätzlich Hilfe leistet (§ 27 StGB) oder bei der Begehung von Straftaten (wenn er davon weiß) untätig bleibt (§ 13 StGB). Ferner kommt eine Strafbarkeit wegen unterlassener Hilfeleistung (§ 323c StGB) in Betracht.

Ein Arbeitnehmer, der sein Arbeitsverhältnis wegen Beleidigungen oder Nötigungen durch einen Kollegen selbst kündigt, hat nach Ansicht des BAG keinen Anspruch auf Schadensersatz wegen des Verdienstausfalls gegen diesen Kollegen (BAG v. 18.1.2007, Az. 8 AZR 234/06).

WICHTIG!
Im Anwendungsbereich einer Ausschlussfrist sind die Besonderheiten des Mobbings insofern zu beachten, als dass eine Gesamtschau vorzunehmen ist, ob einzelne Verletzungen des allgemeinen Persönlichkeitsrechts ein übergreifendes systematisches Vorgehen darstellen. Länger zurückliegende Vorfälle sind auch im Anwendungsbereich einer Ausschlussfrist zu berücksichtigen, soweit sie in einem Zusammenhang mit den späteren Mobbing-Handlungen stehen (BAG v. 16.5.2007, Az. 8 AZR 709/06).

III. Pflichten des Arbeitgebers

Auf Grund seiner vertraglichen Fürsorgepflicht muss der Arbeitgeber die Arbeitnehmer vor Mobbing der Kollegen oder Vorgesetzten schützen. Der Arbeitgeber ist nämlich im Rahmen seiner Fürsorgepflicht auch dafür verantwortlich, dass die bei ihm beschäftigten Arbeitnehmer nicht in ihren verfassungsrechtlich geschützten Ansprüchen auf Achtung der Menschenwürde, auf freie Entfaltung ihrer Persönlichkeit und ihrer körperlichen Unversehrtheit (Gesundheit) beeinträchtigt werden (vgl. BAG v. 25.10.2007, Az. 8 AZR 593/06). Verletzt der Arbeitgeber die Fürsorgepflicht, kann der Arbeitnehmer Schadensersatzansprüche geltend machen, seine Arbeitsleistung (bei voller Entgeltfortzahlung) bis zur Beseitigung der Verletzung einstellen und/oder das Arbeitsverhältnis von sich aus außerordentlich kündigen. Außerdem droht die strafrechtliche (Mit-)Verantwortung des Arbeitgebers wegen Anstiftung, Beihilfe oder unterlassener Hilfeleistung.

Die Verpflichtung des Arbeitgebers, zum Schutz des Persönlichkeitsrechts des Arbeitnehmers aktiv tätig zu werden, erfordert grundsätzlich kein Eingreifen bei Meinungsverschiedenheiten zwischen Arbeitnehmern und Vorgesetzten über Sachfragen wie Beurteilungen, Inhalt des Weisungsrechts, Bewertung von Arbeitsergebnissen. Dies gilt auch dann, wenn der Ton der Auseinandersetzung die Ebene der Sachlichkeit im Einzelfall verlassen sollte, jedoch Anhaltspunkte dafür, dass die Meinungsverschiedenheit über das im Arbeitsleben sozial Übliche hinausgeht, nicht vorliegen. Vor dem Hintergrund, dass der Umgang von Arbeitnehmern untereinander und mit Vorgesetzten im Arbeitsalltag zwangsläufig mit Konflikten verbunden ist, können keine überspannten Anforderungen an Inhalt und Reichweite der Schutzpflicht gestellt werden. Das gilt auch für

mögliche Überschreitungen des Direktionsrechts, denen jedoch sachlich nachvollziehbare Erwägungen im Einzelfall zu Grunde liegen. Auch einzelnen Handlungen verschiedener Vorgesetzter, die nicht gezielt zusammenwirken, fehlt es in der Regel an der für das Mobbing typischen zusammenfassenden Systematik. Zudem können Verhaltensweisen von Arbeitgebern oder Vorgesetzten nicht in die Prüfung einbezogen werden, die lediglich eine Reaktion auf Provokationen durch den vermeintlich gemobbten Arbeitnehmer darstellen. Schließlich kann es an einer einheitlichen Rechtsverletzung fehlen, wenn zwischen den einzelnen Verletzungshandlungen lange zeitliche Zwischenräume liegen (vgl. BAG v. 16.5.2007, Az. 8 AZR 709/06).

Eine Verpflichtung des Arbeitgebers zum Einschreiten kann sich auch aus § 12 Abs. 3 AGG ergeben. Diese Vorschrift gibt dem Arbeitnehmer einen einklagbaren Anspruch gegen den Arbeitgeber, im Falle einer Benachteiligung die im Einzelfall geeigneten, erforderlichen und angemessenen Maßnahmen zur Unterbindung der Benachteiligung zu ergreifen. Beispielhaft nennt das Gesetz die Möglichkeiten der Abmahnung, Umsetzung, Versetzung oder Kündigung des Täters (vgl. BAG v. 25.10.2007, Az. 8 AZR 593/06).

Gemeinsam mit dem Betriebsrat muss der Arbeitgeber darüber wachen, dass alle im Betrieb tätigen Personen nach den Grundsätzen von Recht und Billigkeit behandelt werden. Er muss die Arbeitsbedingungen so gestalten, dass die Arbeitnehmer ihre Persönlichkeit frei entfalten können (§ 75 BetrVG).

Ferner muss der Arbeitgeber die von einem Mobbing-Opfer eingereichte → *Beschwerde* sorgfältig behandeln und in begründeten Fällen für Abhilfe sorgen.

IV. Reaktionsmöglichkeiten des Arbeitgebers

Um seinen Pflichten gerecht zu werden, muss der Arbeitgeber Mobbing in seinem Betrieb so weit wie möglich verhindern und in bereits bestehenden Mobbing-Fällen mit allen ihm zur Verfügung stehenden Mitteln reagieren.

1. Maßnahmen gegenüber dem Täter

Ein Arbeitnehmer ist aufgrund seiner arbeitsvertraglichen Treuepflicht gehalten, sich für den Arbeitgeber und die betrieblichen Interessen einzusetzen und alles zu unterlassen, was diese Interessen beeinträchtigen könnte. Durch Mobbing wird dem Arbeitgeber immaterieller (z. B. Verschlechterung des Betriebsklimas, Rufschädigung etc.) ebenso wie finanzieller Schaden (z. B. durch → *Entgeltfortzahlung* bei Arbeitsunfähigkeit oder berechtigter Arbeitsverweigerung, Leistungseinbußen oder Schadensersatzansprüchen des Opfers) zugefügt.

Stehen die Ursachen und insbesondere die Verursacher des Mobbings fest, kann der Arbeitgeber gegen die Täter mit folgenden Mitteln vorgehen:

- Ermahnung,
- → *Abmahnung*,
- Versetzung (ggf. im Wege der → *Änderungskündigung*),
- verhaltensbedingte ordentliche → *Kündigung*,
- außerordentliche → *Kündigung*.

Der Arbeitgeber muss vorher aber den Sachverhalt abschließend klären, Beweise für die Vorwürfe sichern (z. B. durch schriftliche Zeugenaussagen) und prüfen, ob nicht mildere Mittel zur Beseitigung der Mobbing-Situation in Betracht kommen.

Soweit dies möglich ist, sollte der Arbeitgeber daneben versuchen, die konkreten Ursachen des Mobbings zu ermitteln und zur Lösung des Konflikts durch gemeinsame Gespräche und ggf. weitere Maßnahmen beizutragen. Vom Mobbing-Opfer kann zur Beweisführung nicht verlangt werden, dass es tagebuchartige Aufzeichnungen über die belastenden Vorgänge führt und lückenlose Nachweise hierfür erbringt. Das LAG Thüringen hält es sogar für ausreichend, dass das Opfer oder Zeugen ihre zur Gedächtnisstütze gefertigten Notizen und erst recht zu diesem Zwecke gefertigte eidesstattliche Versicherungen vorlegen (LAG Thüringen v. 15.2.2000, Az. 5 Sa 102/2000). Hinsichtlich der Mobbingfolgen kommt einem ärztlichen Bericht, der dem Opfer „mobbingtypische" Befunde bescheinigt, besonderer Beweiswert zu. In diesem Fall wird unterstellt, dass die in diesem Zusammenhang stehenden Mobbinghandlungen ursächlich für die gesundheitlichen Beeinträchtigungen gewesen sind.

✂ WICHTIG!

Wenn der Täter eindeutig erkennt, dass das Mobbing zu einer Erkrankung des Opfers geführt hat und er dennoch die Handlungen mit uneingeschränkter Intensität fortsetzt, so ist eine außerordentliche Kündigung durch den Arbeitgeber auch ohne vorherige Abmahnung gerechtfertigt.

2. Vorbeugende Maßnahmen

Um Mobbing zu vermeiden und um ein gesundes Betriebsklima zu fördern, sollte der Arbeitgeber in besonderer Weise auf offene Kommunikation, Information und Aufklärung bestehender Konflikte hinwirken. Dies kann durch eine vorausschauende Personalentwicklung, den Ausbau von Teamarbeit, die Schaffung effizienter Kommunikationsstrukturen und -abläufe sowie durch einen kooperativen Führungsstil geschehen.

Zur Früherkennung von Mobbing-Fällen empfiehlt es sich, gemeinsam mit dem Betriebsrat eine betriebliche Anlaufstelle für Arbeitnehmer zu schaffen. Dies kann auch in Form eines speziellen Arbeitskreises gegen Mobbing geschehen. Die Rechte und Pflichten dieser Mobbing-Beauftragten sollten klar formuliert werden, z. B.

▶ Ort, Ausstattung und Sprechzeiten,

▶ Verfahren bei Konfliktgesprächen,

▶ Recht auf Information durch Beschäftigte und Vorgesetzte,

▶ Einschaltung des Betriebsrats,

▶ Berichtpflicht gegenüber dem Arbeitgeber,

▶ Verschwiegenheitspflichten,

▶ Fort- und Weiterbildungspflichten.

Die Mobbing-Beauftragten sollten speziell geschult werden. Auch eine betriebsumfassende Schulung oder Information im Rahmen einer Betriebsversammlung, die an eine generelle Umfrage zum Betriebsklima gekoppelt werden kann, bietet sich an.

Schließlich kann ein „Anti-Mobbing-Programm" auch im Wege einer Betriebsvereinbarung (z. B. „Betriebsvereinbarung zur Konfliktbewältigung am Arbeitsplatz" oder besser: „Betriebsvereinbarung für einen partnerschaftlichen Umgang am Arbeitsplatz") beschlossen werden. Hierin sollten folgende Aspekte Berücksichtigung finden:

▶ Definition von Mobbing bzw. Verhaltensweisen, die am Arbeitsplatz nicht geduldet werden,

▶ Ausstattung, Aufgaben, Rechte und Pflichten von Mobbing-Beauftragten,

▶ Konflikterkennungs- und -lösungsverfahren,

▶ Durchführung regelmäßiger Informationsveranstaltungen.

Mutterschutz

I. Allgemeines

II. Geltungsbereich des Mutterschutzgesetzes

III. Zeitlicher Rahmen des Mutterschutzes

IV. Obliegenheiten der Schwangeren

V. Pflichten des Arbeitgebers
   1. Mitteilungspflichten und -rechte
   2. Freistellung für Untersuchungen
   3. Gefahrenanalyse
   4. Arbeitsplatzgestaltung

VI. Beschäftigungsverbote
   1. Generelle Beschäftigungsverbote
      1.1 Ab Beginn der Schwangerschaft
      1.2 Nach Ablauf des dritten Monats
      1.3 Nach Ablauf des fünften Monats
      1.4 In den letzten sechs Wochen
      1.5 In den ersten acht Wochen nach der Entbindung
      1.6 Stillende Mütter
   2. Individuelle Beschäftigungsverbote
   3. Umsetzungen
   4. Stillzeiten

VII. Entgeltansprüche
   1. Mutterschutzlohn
   2. Mutterschaftsgeld
   3. Zuschuss zum Mutterschaftsgeld
   4. Erstattung bei Kleinbetrieben
   5. Urlaub

VIII. Kündigungsschutz
   1. Grundsätze
   2. Mitteilungspflicht der Schwangeren
   3. Beweislast
   4. Behördliche Zustimmung zur Kündigung

I. Allgemeines

Während der Schwangerschaft und nach der Entbindung werden die Rechte und Pflichten im Arbeitsverhältnis in erheblichem Umfang durch das Mutterschutzgesetz (MuSchG) bestimmt, das dem in Art. 6 GG festgelegten Anspruch der Mutter auf Schutz und Fürsorge der Gemeinschaft Rechnung trägt. Ergänzt wird der Schutz bezogen auf Gefahrstoffe durch die Mutterschutzverordnung. Der Arbeitgeber muss in dieser Zeit den Arbeitsplatz in einer Weise gestalten, die dem Mutterschutz entspricht, Beschäftigungsverbote beachten und Entgeltrisiken tragen. Die Aufsichtsbehörde hat ein Recht auf Information und Zutritt zum Betrieb und kann besondere Schutzmaßnahmen im Einzelfall verhängen.

Verstöße des Arbeitgebers gegen Bestimmungen des Mutterschutzgesetzes können als Ordnungswidrigkeit oder sogar als

::rehm

Straftat verfolgt werden (§ 21 ff. MuSchG, § 9 Abs. 2 OWiG). Der Mutterschutz wird ergänzt durch einen besonderen → *Kündigungsschutz* (§ 9 MuSchG), der nur in extremen Ausnahmefällen durch behördliche Genehmigung durchbrochen werden kann.

II. Geltungsbereich des Mutterschutzgesetzes

Das Mutterschutzgesetz **gilt für**

▶ Arbeitnehmerinnen, und zwar auch mit befristetem Arbeitsvertrag, zur Probe oder als Aushilfe oder als Teilzeitkraft, auch auf 400 EUR-Basis,

▶ Auszubildende,

▶ Heimarbeiterinnen,

▶ Frauen, die einer Heimarbeiterin gleichgestellt sind, wenn sie am Stück arbeiten.

Das Mutterschutzgesetz **gilt nicht für**

▶ arbeitnehmerähnliche Personen,

▶ selbstständige Gewerbetreibende,

▶ Freiberuflerinnen,

▶ freie Mitarbeiterinnen,

▶ Organmitglieder von juristischen Personen, z. B. Geschäftsführerinnen der GmbH, wenn nicht gleichzeitig ein Arbeitsvertrag besteht,

▶ mithelfende Familienangehörige,

▶ Frauen in karitativer oder ehrenamtlicher Tätigkeit.

III. Zeitlicher Rahmen des Mutterschutzes

Die Vorschriften des Mutterschutzgesetzes gelten zunächst während der Schwangerschaft. Diese beginnt 280 Tage vor dem voraussichtlichen Tag der Entbindung, wie ihn der Arzt in der Bescheinigung festgelegt hat. Ob die Geburt tatsächlich an diesem Tag erfolgt, ist unerheblich. Grundsätzlich kommt der ärztlichen Bescheinigung ein hoher Beweiswert zu. Der Arbeitgeber kann allerdings diesen Beweiswert erschüttern, wenn er Tatsachen vorträgt, nach denen nicht zu dem genannten Termin mit der Niederkunft zu rechnen war. Die Schwangerschaft endet mit der Niederkunft. Danach läuft die Schutzfrist acht Wochen. Bei Früh- oder Mehrlingsgeburten kann sie bis auf zwölf Wochen verlängert werden.

Als Frühgeburt gilt nicht nur ein Kind mit einem Geburtsgewicht von weniger als 2 500 Gramm. Vielmehr liegt diese auch dann vor, wenn es wegen noch nicht voll ausgebildeter Reifezeichen oder verfrühter Beendigung der Schwangerschaft einer wesentlich erweiterten Pflege bedarf.

WICHTIG!
Wenn die Schwangere vor dem vom Arzt prognostizierten Termin niederkommt, ist die Zeit der Sechswochenfrist, die sie quasi nicht ausgenutzt hat, hinzuzurechnen.

Beispiel:
Der Arzt hat den voraussichtlichen Entbindungstermin auf den 15.6. festgelegt. Das Kind kommt bereits am 1.6. auf die Welt. Hier verlängert sich die Frist nach der Geburt um zwei Wochen.

IV. Obliegenheiten der Schwangeren

Sobald die Arbeitnehmerin von ihrer Schwangerschaft erfährt, soll sie den Arbeitgeber hiervon und von dem voraussichtlichen Tag der Entbindung unterrichten. Eine Pflicht hierzu besteht

nach dem MuSchG aber nicht. In Ausnahmefällen ist die Arbeitnehmerin jedoch aus ihrer allgemeinen Treuepflicht heraus gehalten, diese Mitteilungen zu machen.

Beispiel:
Eine Arbeitnehmerin leitet ein Projekt, das in einem Jahr fertiggestellt sein soll. Sie erfährt, dass sie im zweiten Monat schwanger ist. Wegen der komplizierten Materie braucht eine Vertreterin eine mehrwöchige Einarbeitungszeit. Hier muss sie dem Arbeitgeber so rechtzeitig Mitteilung machen, dass er in der Lage ist, eine Ersatzkraft zu finden und einzuarbeiten. Unterlässt die Arbeitnehmerin die Mitteilung, kann der Arbeitgeber u. U. Schadensersatz verlangen.

Die Mitteilung muss an den Arbeitgeber gehen, seine Stellvertretung oder sonstige Personen, die Personalverantwortung tragen (z. B. der Personalleiter oder der Filialleiter). Nicht ausreichend ist die Mitteilung z. B. an den Vorarbeiter, an einen sonstigen Kollegen oder ein Betriebsratsmitglied. Auf Verlangen des Arbeitgebers soll die Schwangere das Zeugnis eines Arztes oder einer Hebamme vorlegen (§ 5 Abs. 1 Satz 2 MuSchG). Die Kosten hierfür sind vom Arbeitgeber zu tragen.

V. Pflichten des Arbeitgebers

Die Pflichten des Arbeitgebers gegenüber der Schwangeren treten in dem Moment ein, in dem er, sein Vertreter oder ein Personalverantwortlicher über die Schwangerschaft unterrichtet wurde.

1. Mitteilungspflichten und -rechte

Der Arbeitgeber **muss** unverzüglich die Aufsichtsbehörde über die Schwangerschaft informieren (§ 5 Abs. 1 MuSchG). Dies ist in den meisten Bundesländern das Gewerbeaufsichtsamt, für Nürnberg und Südbayern das Gewerbeaufsichtsamt München-Land, für Nordbayern das Gewerbeaufsichtsamt Nürnberg. Für bergbauliche Betriebe sind die besonderen Bergämter zuständig. In Berlin ist zuständig das Landesamt für Arbeitsschutz und technische Sicherheit, in Brandenburg, Hamburg und Thüringen das Amt für Arbeitsschutz und in Hessen das Staatliche Amt für Arbeitsschutz und Sicherheit.

ACHTUNG!
Die Verletzung der Mitteilungspflicht ist eine Ordnungswidrigkeit und kann mit einer Geldbuße von bis zu EUR 2 500 geahndet werden.

Aufgrund des Persönlichkeitsrechts der Schwangeren **darf** der Arbeitgeber weitere Personen oder Institutionen nur dann informieren, wenn dies aus betrieblichen Gründen erforderlich ist. Er kann die für die Arbeitssicherheit im Betrieb zuständigen Personen, also Betriebsarzt oder Sicherheitsfachkraft, informieren, ebenso wie den unmittelbaren Vorgesetzten, damit der Arbeitsplatz entsprechend dem Zustand der Arbeitnehmerin gestaltet werden kann.

Der Betriebsrat hingegen darf nicht ohne weiteres über die Schwangerschaft informiert werden. Auch wenn er konkret nachfragt, darf der Arbeitgeber ihm ohne vorheriges Einverständnis der Schwangeren keine diesbezüglichen Auskünfte geben. Eine Ausnahme gilt, wenn der Arbeitgeber verpflichtet ist, eine Gefahrenanalyse zu erstellen (§ 2 Satz 1 Mutterschutzverordnung, s. u. 3.). Dieser Verpflichtung muss er auch dann nachkommen, wenn dadurch Rückschlüsse auf die Person der Schwangeren möglich sind.

TIPP!
Nach Eingang der Mitteilung über die Schwangerschaft sollte die Arbeitnehmerin gefragt werden, ob sie eine Benachrichtigung des Betriebsrats oder sonstiger Personen wünscht.

Nur wenn der Arbeitgeber betriebsbedingte Kündigungen aussprechen will und die Schwangere in die Sozialauswahl einbezogen werden müsste, kann er dem Betriebsrat darlegen, dass sie wegen des Sonderkündigungsschutzes des § 9 MuSchG nicht gekündigt werden kann.

2. Freistellung für Untersuchungen

Der Arbeitgeber muss die Schwangere zur Durchführung der Untersuchungen freistellen, die im Rahmen der Leistungen der gesetzlichen Krankenversicherung bei Schwangerschaft und Mutterschaft erforderlich sind. Das Gehalt muss für diese Zeit fortgezahlt werden (§ 16 MuSchG).

3. Gefahrenanalyse

Um Gefahren für Leben und Gesundheit von Mutter und Kind abzuwehren, die durch den Arbeitsplatz bedingt sind, muss der Arbeitgeber in bestimmten Fällen, die in der Mutterschutzverordnung (MuSchV) genannt sind, eine Beurteilung der Arbeitsbedingungen vornehmen. Dies ist dann notwendig, wenn bei der Tätigkeit eine Gefährdung durch chemische Gefahrstoffe, biologische Arbeitsstoffe oder physikalische Faktoren eintreten könnte. In der Anlage zu dieser Verordnung sind die entsprechenden Stoffe aufgelistet. Als physikalische Faktoren werden dort z. B. Stöße, Erschütterungen und Bewegungen, Bewegen schwerer Lasten von Hand, Lärm, Strahlungen, extreme Kälte und Hitze, körperliche Belastungen und Ermüdung genannt. Wenn durch diese Faktoren eine Gefährdung von Mutter und Kind eintreten könnte, muss die Analyse durchgeführt und die Arbeitsplatzgestaltung entsprechend vorgenommen werden. Über das Ergebnis der Untersuchung ist nicht nur die Schwangere zu informieren, sondern es sind auch sämtliche Arbeitnehmerinnen und der Betriebsrat zu benachrichtigen (§ 2 MuSchV).

4. Arbeitsplatzgestaltung

Der Arbeitsplatz und die Tätigkeit der Schwangeren sind ebenso wie die Umgebung, also z. B. Wasch- und Toilettenräume, Kantine und Zugangswege mit deren besonderen Bedürfnissen in Einklang zu bringen. Dabei sind die Ergebnisse einer eventuell vorher zu erstellenden Gefahrenanalyse (s. o. 3.) zu berücksichtigen.

Bei Arbeiten, die ständig im Sitzen oder Gehen verrichtet werden, sind Sitzgelegenheiten zum kurzen Ausruhen zur Verfügung zu stellen (§§ 2 und 3 MuSchG). Bei Arbeiten, die ständig im Sitzen verrichtet werden, muss Gelegenheit für eine kurze Arbeitsunterbrechung gegeben werden.

Darüber hinaus richten sich die Verpflichtungen des Arbeitgebers nach den konkreten Umständen. Der Arbeitgeber ist z. B. verpflichtet, notwendige Schutzkleidung zur Verfügung zu stellen und bei der Zuteilung der Arbeit Rücksicht auf die geminderte Leistungsfähigkeit der Schwangeren zu nehmen. Im Einzelfall kann auch die Aufsichtsbehörde anordnen, welche Vorkehrungen und Maßnahmen zu treffen sind (§ 2 Abs. 5 MuSchG).

VI. Beschäftigungsverbote

1. Generelle Beschäftigungsverbote

1.1 Ab Beginn der Schwangerschaft

Vom Beginn der Schwangerschaft an dürfen werdende Mütter nicht beschäftigt werden mit

▶ Mehrarbeit;

▶ Nachtarbeit in der Zeit von 20 bis 6 Uhr; Ausnahmen: In den ersten vier Monaten der Schwangerschaft dürfen Frauen in Gast- und Schankwirtschaften und im übrigen Beherbergungsgewerbe bis 22 Uhr, in der Landwirtschaft für das Melken von Vieh ab 5 Uhr beschäftigt werden; Künstlerin-

nen dürfen bei Musikaufführungen, Theatervorstellungen und ähnlichen Aufführungen bis 23 Uhr mitwirken;

▶ Arbeit an Sonn- und Feiertagen (Ausnahmen: Im Verkehrswesen, in Gast- und Schankwirtschaften und im übrigen Beherbergungsgewerbe, in Krankenpflege- und Badeanstalten, bei Musikaufführungen, Theatervorstellungen, anderen Schaustellungen, Darbietungen oder Lustbarkeiten gilt das Verbot nicht, wenn in jeder Woche einmal eine ununterbrochene Ruhezeit von mindestens 24 Stunden im Anschluss an eine Nachtruhe gewährt wird; die Aufsichtsbehörde kann in begründeten Einzelfällen Ausnahmen vom Verbot der Mehrarbeit, der Nacht- oder Sonntagsarbeit zulassen [§ 8 Abs. 6 MuSchG]);

▶ schweren körperlichen Arbeiten;

▶ Arbeiten, bei denen sie schädlichen Einwirkungen von gesundheitsgefährdenden Stoffen oder Strahlen, von Staub, Gasen oder Dämpfen, von Hitze, Kälte oder Nässe, Erschütterung oder Lärm ausgesetzt sind;

▶ Arbeiten, bei denen regelmäßig Lasten von mehr als 5 kg Gewicht oder gelegentlich Lasten von 10 kg Gewicht ohne mechanische Hilfsmittel von Hand gehoben, bewegt oder befördert werden;

▶ Arbeiten, bei denen sie sich häufig erheblich strecken oder beugen oder bei denen sie dauernd hocken oder sich gebückt halten müssen;

▶ der Bedienung von Geräten oder Maschinen aller Art mit hoher Fußbeanspruchung, insbesondere solchen mit Fußantrieb,

▶ dem Schälen von Holz;

▶ Arbeiten, bei denen sie infolge der Schwangerschaft in besonderem Maße der Gefahr, an einer Berufskrankheit zu erkranken, ausgesetzt sind oder bei denen durch das Risiko der Entstehung einer Berufskrankheit eine erhöhte Gefährdung für die werdende Mutter oder eine Gefahr für das Kind besteht;

▶ Arbeiten, bei denen sie erhöhten Unfallgefahren, insbesondere der Gefahr, auszugleiten, zu fallen oder abzustürzen, ausgesetzt sind;

▶ Akkordarbeit und sonstigen Arbeiten, bei denen durch ein gesteigertes Arbeitstempo ein höheres Entgelt erzielt werden kann (hierzu zählen aber nicht z. B. Umsatzprovisionen im Einzelhandel und Prämien für besonders gute Qualität oder hohe Wirtschaftlichkeit);

▶ Fließbandarbeiten mit vorgeschriebenem Arbeitstempo.

1.2 Nach Ablauf des dritten Monats

Nach Ablauf des dritten Monats der Schwangerschaft dürfen werdende Mütter nicht auf Beförderungsmitteln beschäftigt werden.

1.3 Nach Ablauf des fünften Monats

Nach Ablauf des fünften Monats dürfen werdende Mütter nicht mit Arbeiten beschäftigt werden, bei denen sie ständig stehen müssen, soweit diese Beschäftigung vier Stunden täglich überschreitet.

1.4 In den letzten sechs Wochen

In den letzten sechs Wochen vor dem prognostizierten Datum der Entbindung dürfen Schwangere gar nicht beschäftigt werden, es sei denn, sie erklären sich ausdrücklich zur Arbeitsleistung bereit. Diese Erklärung kann jederzeit widerrufen werden.

TIPP!
Erklärt sich die Schwangere zur Arbeitsleistung in diesem Zeitraum bereit, sollte diese Erklärung unbedingt schriftlich erfolgen. Da die Erklärung jederzeit ohne Einhaltung einer Frist widerrufen werden kann, sollte stets für eine Vertretung gesorgt werden.

Von dem Tag, der in der ärztlichen Bescheinigung als voraussichtlicher Entbindungstermin genannt wurde, sind also sechs Wochen zurückzurechnen. Dabei ist auf den konkreten Wochentag abzustellen.

Beispiel:
Ist in der ärztlichen Bescheinigung Montag, der 5.11.2013 als voraussichtlicher Entbindungstermin angegeben, beginnt das Beschäftigungsverbot am Montag, dem 24.9.2013.

1.5 In den ersten acht Wochen nach der Entbindung

Bis zum Ablauf von acht Wochen nach der Entbindung dürfen Mütter nicht beschäftigt werden. Für Mütter von Mehrlingsgeburten verlängert sich diese Frist auf zwölf Wochen. Dies gilt auch für Frühgeburten; hier kommt noch die Zeit hinzu, die die Geburt vor dem prognostizierten Entbindungstermin lag.

Eine Verlängerung des Mutterschutzes auf 20 Wochen wurde vom EU-Parlament befürwortet (Plenarsitzung v. 20.10.2010). Wie die Europäische Kommission dazu steht und was umgesetzt wird, muss abgewartet werden.

1.6 Stillende Mütter

Stillende Mütter dürfen nicht beschäftigt werden mit

- schweren körperlichen Arbeiten oder solchen, bei denen sie schädlichen Einwirkungen von gesundheitsgefährdenden Stoffen oder Strahlen, von Staub, Gasen oder Dämpfen, von Hitze, Kälte oder Nässe, Erschütterung oder Lärm ausgesetzt sind,

- Arbeiten, bei denen regelmäßig Lasten von mehr als 5 kg Gewicht oder gelegentlich Lasten von 10 kg Gewicht ohne mechanische Hilfsmittel von Hand gehoben, bewegt oder befördert werden;

- Arbeiten, bei denen sie sich häufig erheblich strecken oder beugen oder bei denen sie dauernd hocken oder sich gebückt halten müssen;

- der Bedienung von Geräten oder Maschinen aller Art mit hoher Fußbeanspruchung, insbesondere solchen mit Fußantrieb,

- dem Schälen von Holz;

- Arbeiten, bei denen sie erhöhten Unfallgefahren, insbesondere der Gefahr, auszugleiten, zu fallen oder abzustürzen, ausgesetzt sind;

- Akkordarbeit und sonstigen Arbeiten, bei denen durch ein gesteigertes Arbeitstempo ein höheres Entgelt erzielt werden kann (hierzu zählen aber nicht z. B. Umsatzprovisionen im Einzelhandel und Prämien für besonders gute Qualität oder hohe Wirtschaftlichkeit);

- Fließbandarbeiten mit vorgeschriebenem Arbeitstempo,

- Mehrarbeit (zu den Ausnahmen wie in den ersten vier Monaten der Schwangerschaft s. o. 1.1);

- Arbeit in der Nacht zwischen 20 und 6 Uhr sowie

- Arbeiten an Sonn- und Feiertagen; Ausnahmen: Im Verkehrswesen, in Gast- und Schankwirtschaften und im übrigen Beherbergungsgewerbe, in Krankenpflege- und Badeanstalten, bei Musikaufführungen, Theatervorstellungen, anderen Schaustellungen, Darbietungen oder Lustbarkeiten gilt das Verbot nicht, wenn in jeder Woche einmal eine ununterbrochene Ruhezeit von mindestens 24 Stunden im Anschluss an eine Nachtruhe gewährt wird. Die Aufsichts-

behörde kann in begründeten Einzelfällen Ausnahmen vom Verbot der Mehrarbeit, der Nacht- oder Sonntagsarbeit zulassen (§ 8 Abs. 6 MuSchG).

Für die in Heimarbeit Beschäftigten gilt statt des Beschäftigungsverbots ein Verbot der Ausgabe von Heimarbeit (§ 24 Nr. 1 MuSchG).

2. Individuelle Beschäftigungsverbote

Sowohl werdende als auch stillende Mütter dürfen nicht mit Arbeiten beschäftigt werden, die die Aufsichtsbehörde im Einzelfall untersagt hat. Darüber hinaus ist das Ergebnis einer Gefahrenanalyse zu beachten (s. o. V.3.). Hat diese ergeben, dass die Sicherheit von Mutter und Kind durch die dort genannten Faktoren gefährdet ist, darf die Arbeitnehmerin mit diesen Tätigkeiten nicht betraut werden. In den ersten Monaten nach der Entbindung dürfen Frauen, die nach ärztlichem Zeugnis nicht voll leistungsfähig sind, auch nicht zu einer Arbeit herangezogen werden, die ihre Leistungsfähigkeit übersteigt.

Über diese Maßnahmen hinaus kann der Arzt feststellen, dass Leben oder Gesundheit von Mutter oder Kind bei einer Fortdauer der Beschäftigung gefährdet ist und ein Beschäftigungsverbot verhängen. Auf welchen Ursachen diese Gefährdung beruht ist unerheblich. Auch psychische Belastungen können ein Beschäftigungsverbot begründen. Die Bescheinigung einer Hebamme genügt nicht. Ausnahmsweise kann der Arzt auch ein vorläufiges Beschäftigungsverbot aussprechen, wenn ernst zu nehmende Anhaltspunkte für eine Gefährdung vorliegen und weder die Aufsichtsbehörde noch der Arbeitgeber eine fachkundige Überprüfung des Arbeitsplatzes vornehmen.

Der Umfang des Beschäftigungsverbots ergibt sich aus dem ärztlichen Attest, das die Arbeitnehmerin unverzüglich vorlegen muss. Der Arzt kann hier sowohl ein völliges Beschäftigungsverbot verhängen als auch ein auf bestimmte Tätigkeiten beschränktes. Er muss dem Arbeitgeber auf dessen Fragen mitteilen, welche behebbaren Arbeitsumstände für das Verbot maßgeblich sind. Eine Entbindung von der ärztlichen Schweigepflicht ist hierfür nicht nötig. Allerdings darf er ohne Einverständnis seiner Patientin keine Angaben über deren Gesundheitszustand oder den Verlauf der Schwangerschaft machen. Der Arbeitgeber soll lediglich in die Lage versetzt werden, die Arbeit wenn möglich so umzugestalten, dass die Schwangere wieder beschäftigt werden kann.

Der ärztlichen Bescheinigung kommt ein hoher Beweiswert zu. Die Arbeitnehmerin kann sich zunächst ausschließlich auf dieses berufen. Wenn der Arbeitgeber berechtigte Zweifel an der Berechtigung des Beschäftigungsverbots hat, kann er eine Nachuntersuchung verlangen. Das ärztliche Attest kann auch dadurch widerlegt werden, dass der Arbeitgeber falsche Angaben der Arbeitnehmerin zu ihrem Arbeitsumfeld nachweist. Der Arbeitgeber, der ein Beschäftigungsverbot anzweifelt, kann vom ausstellenden Arzt Auskünfte über die Gründe für das Attest verlangen, soweit diese nicht der ärztlichen Schweigepflicht unterliegen. Der Arzt hat dem Arbeitgeber mitzuteilen, von welchen tatsächlichen Arbeitsbedingungen der Arbeitnehmerin er bei Erteilung seines Zeugnisses ausgegangen ist. Legt die Arbeitnehmerin keine solche ergänzende ärztliche Bescheinigung vor, ist der Beweiswert des ursprünglichen, nicht näher begründeten Attestes erschüttert. Es reicht auch nicht aus, wenn die Arbeitnehmerin pauschal Psychoterror am Arbeitsplatz behauptet. Auch das bloße Vorliegen einer Risikoschwangerschaft begründet das Beschäftigungsverbot nicht. Wenn der Arbeitgeber die Arbeitsbedingungen ändert, um eine Beschäftigung der Schwangeren zu ermöglichen, ist es seine Sache, auf eigene Kosten eine erneute Überprüfung zu veranlassen.

Beispiel:

Der Arzt verhängt ein völliges Beschäftigungsverbot. Auf Nachfrage erklärt er, dass seine Patientin ihm geschildert habe, die Tätigkeit sei mit bestimmten körperlichen Belastungen verbunden, die so in Wahrheit gar nicht auftreten. Hier steht der Arbeitnehmerin keine Vergütung zu. Allerdings muss der Arbeitgeber beweisen, dass eine solche Fehlinformation vorlag. Hierfür kann er Informationen vom Arzt verlangen.

3. Umsetzungen

Kann eine Arbeitnehmerin wegen eines Beschäftigungsverbots mit bestimmten Tätigkeiten nicht beschäftigt werden, so hat der Arbeitgeber das Recht, ihr eine andere Tätigkeit zuzuweisen oder die Arbeitszeit nach Lage und Dauer zu ändern. Er muss dabei allerdings die Grenzen beachten, die sich aus dem Arbeitsvertrag ergeben.

Beispiel:

Eine Arbeitnehmerin ist als medizinisch-technische Assistentin eingestellt worden und kann wegen der dabei auftretenden bakteriellen Gefahren während der Schwangerschaft nicht beschäftigt werden. Hier ist der Arbeitgeber nicht berechtigt, ihr für diese Zeit eine minderwertigere Tätigkeit zuzuweisen.

Die anderweitige Beschäftigung muss auch zumutbar sein. Die Grenze der Zumutbarkeit ist von Fall zu Fall zu bestimmen. Einer Flugbegleiterin kann es z. B. zuzumuten sein, bis zum sechsten Schwangerschaftsmonat eine auswärtige Beschäftigung auszuüben.

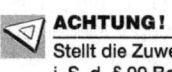 **ACHTUNG!**

Stellt die Zuweisung der anderen Arbeit gleichzeitig eine Versetzung i. S. d. § 99 BetrVG dar, muss der Betriebsrat dem zustimmen.

Bei schwangeren Auszubildenden ist zu beachten, dass ihnen keine ausbildungsfremden Tätigkeiten übertragen werden dürfen (§ 6 Abs. 2 BBiG).

4. Stillzeiten

Unabhängig von den genannten Beschäftigungsverboten muss der Arbeitgeber stillende Mütter auf ihr Verlangen für die hierfür notwendige Zeit freistellen (§ 7 Abs. 1 MuSchG). Hierbei lässt sich kein Höchstalter des Kindes definieren, bis zu dem es noch gestillt werden darf. Das Gesetz enthält folgende Mindestrichtwerte (§ 7 Abs. 1 MuSchG):

▶ mindestens zweimal täglich eine halbe Stunde oder einmal täglich eine Stunde,

▶ bei einer zusammenhängenden Arbeitszeit von mehr als acht Stunden ist auf Verlangen zweimal eine Stillzeit von mindestens 45 Minuten zu geben. Ist in der Nähe der Arbeitsstätte keine Stillgelegenheit vorhanden, muss einmal eine Stillzeit von mindestens 90 Minuten Dauer gewährt werden.

Dies sind jedoch Mindest- und keine Höchstwerte. Maßgeblich sind immer die Umstände des Einzelfalls, insbesondere was die Möglichkeit des Stillens in unmittelbarer Nähe der Arbeitsstätte anbetrifft. Die Arbeitnehmerin hat jedoch bei der organisatorischen Gestaltung der Stillzeiten auch auf die betrieblichen Belange Rücksicht zu nehmen. Die Stillzeiten dürfen weder zu einem Verdienstausfall führen noch durch Vor- bzw. Nacharbeit ausgeglichen werden. Auch eine Verrechnung mit den gesetzlich vorgeschriebenen Ruhepausen ist nicht zulässig.

Die Aufsichtsbehörde kann im Einzelfall nähere Bestimmungen über Zahl, Lage und Dauer der Stillzeiten treffen und sogar die Einrichtung von Stillräumen vorschreiben (§ 7 Abs. 3 MuSchG). Die Stillzeit von Heimarbeiterinnen ist so geregelt, dass der Auftraggeber oder Zwischenmeister ein Entgelt von 75 % eines durchschnittlichen Stundenentgelts für die Stillzeit zu zahlen hat (§ 7 Abs. 4 MuSchG).

VII. Entgeltansprüche

1. Mutterschutzlohn

Kommt es **außerhalb** der Mutterschutzfristen (sechs Wochen vor und acht Wochen nach der Entbindung) zu einem Beschäftigungsverbot, weil die Arbeit körperlich anstrengend, mit dem Umgang mit gesundheitsgefährdenden Stoffen verbunden ist oder der Arzt ein individuelles Beschäftigungsverbot ausgesprochen hat, hat die Arbeitnehmerin Anspruch auf Mutterschutzlohn (§ 11 Abs. 1 MuSchG). Dies gilt auch dann, wenn eine Reduzierung der Arbeitstätigkeit durch das Verbot der Mehrarbeit bzw. der Nacht- und Sonntagsarbeit entstanden ist oder die Arbeitnehmerin nach dem achtwöchigen Wochenbett gemäß ärztlichem Attest noch nicht wieder voll leistungsfähig ist.

Durch die schwangerschaftsbedingten Einschränkungen soll die Arbeitnehmerin keine finanziellen Einbußen erleiden. Daher muss der Arbeitgeber den Durchschnittslohn der letzten drei Monate vor dem Beginn der Schwangerschaft weiterzahlen. Bei der Berechnung ist zunächst das laufende Arbeitsentgelt zu berücksichtigen. Einmalige Zuwendungen bleiben jedoch außer Betracht, ebenso Aufwandsentschädigungen, Übernachtungsgelder etc. Tritt während des Berechnungszeitraums oder danach eine Verdiensterhöhung ein, die nicht nur vorübergehend ist, muss sie bei der Höhe des Mutterschutzlohns berücksichtigt werden (§ 11 Abs. 2 MuSchG). Auch eine tarifliche Regelung, nach der Mutterschutzfristen nicht in die Bemessungsgrundlage eines ergebnisbezogenen Entgelts einbezogen werden, ist unwirksam. Deutsches Recht geht daher über die Mindestvorgaben nach europäischem Recht (EuGH v. 1.7.2010 – C-471/08 und C-194/08) hinaus.

Beispiel:

Die Arbeitnehmerin erhält einen Monat vor Eintritt der Schwangerschaft eine Gehaltserhöhung um EUR 150. Der Mutterschutzlohn wird auf der Basis des erhöhten Gehalts berechnet. Es wird kein Durchschnitt gebildet zwischen den zwei Monaten mit dem geringeren Gehalt und dem letzten Monat.

Wenn sich aus dem zugrunde zu legenden Dreimonatszeitraum der Durchschnittsverdienst deshalb nicht korrekt ableiten lässt, weil eine vertraglich vereinbarte Arbeitszeitreduzierung einer Arbeitnehmerin erst durch sogenannte Teilzeittage eines vollen Jahres ausgeglichen ist und sich daher bei Zugrundelegung des Referenzzeitraums nach § 11 Abs. 1 Satz 1 MuSchG ein vom Durchschnittsverdienst erkennbar abweichender Verdienst ergibt, ist für den Verdienst während des Beschäftigungsverbots der die gesamte Arbeitszeitreduzierung berücksichtigende Jahreszeitraum vor Beginn der Schwangerschaft zugrunde zu legen (LAG Köln v. 21.12.2011, Az. 8 Sa 1328/10).

Außer Betracht bleiben jedoch Verdienstkürzungen während des Berechnungszeitraums, die durch Kurzarbeit, Arbeitsausfälle oder unverschuldete Arbeitsversäumnis entstanden sind.

Beispiel:

In den letzten drei Monaten vor Eintritt der Schwangerschaft wird sechs Wochen lang Kurzarbeit angeordnet, die zu einer erheblichen Verdienstminderung führt. Für den Mutterschutzlohn ist der Lohn zugrunde zu legen, den die Arbeitnehmerin ohne die Kurzarbeit erhalten hätte.

Ansonsten sind dauerhafte Verdienstkürzungen bei der Berechnung des Mutterschutzlohns auch dann zu berücksichtigen, wenn sie nach dem Ablauf des o. g. Berechnungszeitraums eintreten (§ 11 Abs. 2 Satz 3 MuSchG).

Beispiel:

Während des Berechnungszeitraums (drei Monate vor Eintritt der Schwangerschaft) wurde der Anwesenheitsbereitschaftsdienst mit 80 % des Tarifentgelts vergütet. Danach trat eine Änderung des Tarifvertrags in Kraft, die nur noch 65 % vorsieht. Die schwangere oder stillende Arbeitnehmerin kann nur den reduzierten Satz beanspruchen.

Wenn das Arbeitsverhältnis erst nach dem Beginn der Schwangerschaft begründet wurde, bildet das Entgelt der ersten drei Monate die Berechnungsgrundlage. Bei einer kürzeren Beschäftigungsdauer ist der gesamte Zeitraum zugrunde zu legen.

Es gibt keine Höchstgrenze für den Zeitraum, für den Mutterschutzlohn zu zahlen ist. So kann z. B. der Arzt ab dem Beginn der Schwangerschaft bis zum Eintritt der Schutzfrist ein Beschäftigungsverbot verhängen. Der Lohn ist dann für den gesamten Zeitraum zu zahlen. Anders als bei der Arbeitsunfähigkeit gibt es keine Begrenzung auf sechs Wochen. Dies gilt aber nur dann, wenn tatsächlich keine Arbeitsunfähigkeit vorlag. Das Beschäftigungsverbot wird sozusagen vorbeugend ausgesprochen, damit ein Schaden für Mutter und Kind gar nicht erst entsteht. Bei der Arbeitsunfähigkeit ist die Arbeitnehmerin jedoch aufgrund einer bereits bestehenden Krankheit außerstande, ihre Arbeitsleistung zu erbringen.

Von dem Begriff „Krankheit" ist hier **nicht** die normal verlaufende Schwangerschaft erfasst. Die mit außergewöhnlichen Beschwerden verlaufende Schwangerschaft kann jedoch als ein Grundleiden aufgefasst werden. Dies hat zur Folge, dass die Arbeitnehmerin wegen der im Einzelnen auftretenden Symptome, die sie an der Arbeitsleistung hindern, keinen Anspruch auf Mutterschutzlohn hat, sondern auf → *Entgeltfortzahlung*. Dieser Anspruch ist dann auf sechs Wochen begrenzt. Bewirkt eine bestehende Krankheit erst bei Fortführung der Beschäftigung eine Verschlechterung des Gesundheitszustands, tritt die Arbeitsunfähigkeit also letztlich als Folge der aus medizinischer Sicht unvertretbaren Arbeitsleistung ein, gilt Folgendes: Es kommt darauf an, ob die Ursache hierfür ausschließlich in der Schwangerschaft liegt – dann Mutterschutzlohn – oder ob es sich um eine sonstige Erkrankung handelt – dann Entgeltfortzahlung.

In diesen Fällen ist die Abgrenzung jedoch häufig sehr schwierig und nur mit medizinischen Gutachten vorzunehmen. Treten zur Schwangerschaft Krankheiten hinzu, die mit dieser in keinem Zusammenhang stehen, ist die Abgrenzung einfacher.

Beispiel:

Eine Arbeitnehmerin wird im dritten Monat der Schwangerschaft mit einem ärztlichen Beschäftigungsverbot belegt, das bis zum Beginn der Mutterschutzfrist läuft. Einen Monat später erkrankt sie an einer Lungenentzündung und ist zwei Monate lang arbeitsunfähig. Der Arbeitgeber muss nur die ersten sechs Wochen der Arbeitsunfähigkeit den Lohn fortzahlen.

2. Mutterschaftsgeld

Während der Schutzfristen sechs Wochen vor und acht Wochen nach der Entbindung besteht kein Anspruch auf Zahlung von Arbeitslohn, wenn die Arbeitnehmerin mit der Arbeit aussetzt. Auch der Anspruch auf Sachbezüge ruht in dieser Zeit. Die Arbeitnehmerin erhält zur finanziellen Absicherung Leistungen der Krankenversicherung (Mutterschaftsgeld) und einen Zuschuss des Arbeitgebers. Das von der Krankenversicherung gezahlte Mutterschaftsgeld ist auf EUR 13,00 pro Kalendertag begrenzt. Es setzt voraus, dass die Arbeitnehmerin zwischen dem zehnten und dem vierten Monat vor der Entbindung mindestens zwölf Wochen in einem versicherungspflichtigen Beschäftigungsverhältnis gestanden hat.

Privat krankenversicherte Arbeitnehmerinnen erhalten auch Mutterschaftsgeld, jedoch nur bis zum Gesamtbetrag von EUR 200. Eine in einer betriebsorganisatorisch selbstständigen Einheit mit Kurzarbeit 0 Stunden geführte Arbeitnehmerin hat keinen Anspruch auf Mutterschaftsgeld.

3. Zuschuss zum Mutterschaftsgeld

Wenn das Nettoentgelt der Arbeitnehmerin den Höchstbetrag des Mutterschaftsgelds übersteigt, muss der Arbeitgeber während der Mutterschutzfrist einen steuer- und beitragsfreien Zuschuss zahlen, und zwar in Höhe des Unterschiedsbetrags zwischen dem auf einen Kalendertag entfallenden Nettoentgelt und dem Mutterschaftsgeld von EUR 13. Dies gilt auch für die privat krankenversicherten Arbeitnehmerinnen, wenn der Höchstbetrag bereits ausgezahlt worden ist. Bei der Berechnung des Zuschusses zum Mutterschaftsgeld ist bei einer privat krankenversicherten Arbeitnehmerin, die von ihrem Arbeitgeber einen Zuschuss zur privaten Krankenversicherung erhält, das durchschnittliche kalendertägliche Arbeitsentgelt nicht um den von der versicherten Arbeitnehmerin zu tragenden Anteil am Krankenversicherungsbeitrag zu kürzen. Der Anspruch auf Zuschuss zum Mutterschaftsgeld entfällt nicht für den gesamten Zeitraum der Schutzfristen, wenn das Arbeitsverhältnis bei Beginn der Schutzfrist des § 3 Abs. 2 MuSchG wegen Elternzeit geruht hat. Der Anspruch auf Zuschuss zum Mutterschaftsgeld ist vielmehr nur bis zum Ende der Elternzeit ausgeschlossen (BAG v. 22.8.2012, Az. 5 AZR 652/11).

Als Berechnungsgrundlage gilt das durchschnittliche kalendertägliche Arbeitsentgelt der letzten drei Kalendermonate vor dem Beginn der Schutzfrist. Dabei sind vom Brutto-Arbeitsentgelt die gesetzlichen Abzüge abzuziehen, also Lohn- und Kirchensteuer, Solidaritätszuschlag und die Arbeitnehmeranteile zur gesetzlichen Kranken-, Pflege-, Renten- und Arbeitslosenversicherung. Auch vermögenswirksame Leistungen gehören hierzu, nicht hingegen die Beitragszuschüsse zur Sozialversicherung. Wenn während der Schutzfristen Erhöhungen des Entgelts in Kraft treten, z. B. eine Erhöhung des Tariflohns, so sind sie in die Berechnung des Zuschusses einzubeziehen. Der erhöhte Zuschuss ist ab dem Zeitpunkt zu zahlen, an dem auch die Lohnerhöhung wirksam geworden wäre.

Die Höhe des Zuschusses bestimmt sich nicht nach allein den in der Abrechnung ausgewiesenen Beträgen. Sie ist vielmehr danach zu berechnen, was die Arbeitnehmerin durch ihre Arbeitsleistung in dem Berechnungszeitraum verdient hat. Zu dem im Bezugszeitraum verdienten Arbeitsentgelt rechnet jede geldwerte Gegenleistung des Arbeitgebers für die Erfüllung der arbeitsvertraglichen Pflichten durch die Arbeitnehmerin im Berechnungszeitraum, genau wie bei dem Begriff des „Durchschnittsverdienstes" in § 11 Abs. 1 Satz 1 MuSchG. Ob Provisionsansprüche bei der Berechnung der Höhe des Zuschusses zum Mutterschaftsgeld zu berücksichtigen sind, hängt nicht davon ab, ob sie während des Berechnungszeitraums fällig geworden sind, sondern entscheidend ist vielmehr, ob ein Provisionsanspruch in dem Berechnungszeitraum aufschiebend bedingt entstanden ist (BAG v. 14.12.2011, Az. 5 AZR 439/10). Zu den Einzelheiten der Berechnung mit ausführlichen Beispielen s. das im selben Verlag erschienene Lexikon für das Lohnbüro, → *Mutterschaftsgeld*).

4. Erstattung bei Kleinbetrieben

Arbeitgeber haben unabhängig von der Betriebs- und Unternehmsgröße einen Erstattungsanspruch gegen die Krankenkasse nach den Regelungen des Aufwendungsausgleichsgesetzes (AAG). An diesem Verfahren nehmen auch Arbeitgeber teil, die nur Auszubildende beschäftigen (§ 1 Abs. 3 AAG). Gemäß § 1 Abs. 2 AAG erstatten die Krankenkassen mit Ausnahme der landwirtschaftlichen Krankenkassen dem Arbeitgeber im Rahmen des sog. U 2-Verfahrens folgende Aufwendungen:

▸ Arbeitgeberzuschuss zum Mutterschaftsgeld während der Schutzfristen,

▸ Weiterzahlung des Arbeitsentgelts für die Dauer von Beschäftigungsverboten,

▶ Arbeitgeberanteil zur Sozialversicherung für das weitergezahlte Arbeitsentgelt, soweit er von § 1 Abs. 2 Nr. 3 AAG erfasst wird.

Die Erstattung erfolgt zu 100 %.

Der Arbeitgeber muss den Zuschuss zum Mutterschaftsgeld zunächst zahlen und kann dann die Erstattung beantragen. Entsprechende Formulare sind bei den Sozialversicherungsträgern erhältlich. Zuständig für die Auszahlung ist die Krankenkasse der Arbeitnehmerin. Bei geringfügig Beschäftigten ist die Deutsche Rentenversicherung Knappschaft-Bahn-See als Träger der knappschaftlichen Versicherung zuständig. Gehört die Arbeitnehmerin aktuell keiner Krankenkasse an, ist die Kasse zuständig, bei der sie zuletzt versichert war.

5. Urlaub

Zeiten, in denen die Arbeitnehmerin wegen eines Beschäftigungsverbots nicht arbeiten konnte, dürfen nicht auf den Erholungsurlaub angerechnet werden. Folgende Punkte hat der Gesetzgeber hervorgehoben:

▶ Ein Urlaubsanspruch entsteht nach Erfüllung der sechsmonatigen Wartezeit auch dann, wenn in dieser Zeit ein Beschäftigungsverbot bestand.

▶ Schwangere und Mütter können eine Übertragung des Resturlaubs in das nächste Urlaubsjahr beanspruchen, wenn sie ihren Urlaub vor Beginn des Beschäftigungsverbots nicht oder nicht vollständig erhalten haben. Diese Regelung geht weit über die des § 7 Abs. 3 BUrlG hinaus.

Ob der Arbeitgeber den Erholungsurlaub während der Dauer eines ärztlichen Beschäftigungsverbotes gewähren kann, ist umstritten.

VIII. Kündigungsschutz

1. Grundsätze

Vom Beginn der Schwangerschaft an (280 Tage vor dem vom Arzt prognostizierten Entbindungstermin) besteht ein Kündigungsverbot. Maßgeblich ist das Datum des Zugangs der Kündigung; liegt dieses nach Eintritt der Schwangerschaft, besteht der besondere → *Kündigungsschutz*. Es gibt hier auch keine Wartefrist, sondern der Schutz beginnt am ersten Tag des Arbeitsverhältnisses. Der Kündigungsschutz gilt auch bei einer Bauchhöhlenschwangerschaft, nicht hingegen bei der irrtümlichen Annahme des Arztes, die Arbeitnehmerin sei schwanger. Unzulässig ist gemäß § 9 MuSchG jede Kündigung, also insbesondere

▶ Beendigungskündigungen, egal ob fristlos oder fristgemäß,

▶ Änderungskündigungen,

▶ vorsorgliche Kündigungen, auch zum Ablauf der Schutzfrist,

▶ Kündigungen im Insolvenzverfahren.

Nicht vom Kündigungsverbot umfasst ist die Beendigung des Arbeitsverhältnisses aus anderen Gründen. Das Arbeitsverhältnis einer Schwangeren kann also beendet werden durch

▶ Ablauf der Befristung des Arbeitsvertrags, es sei denn, die Nichtverlängerung erfolgt nur aufgrund der Schwangerschaft,

▶ Anfechtung des Arbeitsvertrags wegen arglistiger Täuschung oder Irrtums,

▶ Berufung auf die Nichtigkeit des Arbeitsvertrags,

▶ → *Aufhebungsvertrag*, wobei die Schwangere kein Recht zur Anfechtung hat, wenn sie ihre Schwangerschaft bei Abschluss noch nicht kannte,

▶ Eigenkündigung der Schwangeren, von der die Aufsichtsbehörde unverzüglich zu informieren ist,

▶ Kündigung, die der Arbeitnehmerin vor dem Eintritt der Schwangerschaft zugeht, auch wenn der Ablauf der Kündigungsfrist danach liegt.

Das Kündigungsverbot endet vier Monate nach der Entbindung. Bei der Berechnung geht man einfach vom Entbindungsdatum aus und addiert vier Monate dazu.

Beispiel:

Die Entbindung war am 17.5., also endet das Kündigungsverbot mit dem Ablauf des 17.9. Eine Kündigung darf frühestens am 18. 9. zugehen.

Eine Entbindung in diesem Sinne liegt bei jeder Lebendgeburt vor, auch wenn es sich um eine Frühgeburt handelt. Im Fall einer Totgeburt endet der Kündigungsschutz mit diesem Ereignis, ebenso nach einem Schwangerschaftsabbruch. Stirbt das Kind nach der Entbindung, so bleibt der Kündigungsschutz vier Monate lang erhalten. Tritt innerhalb der vier Monate eine erneute Schwangerschaft ein, wird das Ende der Schutzfrist nahtlos hinausgeschoben.

2. Mitteilungspflicht der Schwangeren

Der Kündigungsschutz greift nur dann ein, wenn der Arbeitgeber von der Schwangerschaft Kenntnis hat. Hierbei reicht es nicht aus, wenn er das Vorliegen der Schwangerschaft lediglich vermutet. Er muss sich auch nicht bei Vorliegen von Anhaltspunkten danach erkundigen. Die Arbeitnehmerin muss den Arbeitgeber jedoch nicht unbedingt vor der Kündigung über ihren Zustand informieren. Es reicht aus, wenn er innerhalb einer Frist von zwei Wochen hiervon in Kenntnis gesetzt wird, auch wenn dies nur mit den Worten erfolgt, dass sie „wahrscheinlich" schwanger sei.

Zur Mitteilung der Schwangerschaft genügt auch ein ärztliches Attest, das medizinische Fachausdrücke enthält. Der Arbeitgeber muss sich über deren Bedeutung informieren. Die Zwei-Wochen-Frist beginnt mit dem Zugang der Kündigung zu laufen. Sie endet an dem Wochentag zwei Wochen später, der dieselbe Bezeichnung trägt wie der des Zugangs der Kündigung.

Beispiel:

Die Kündigung geht am Dienstag, dem 13.11.2013 zu. Die Arbeitnehmerin hat somit bis Dienstag, den 27.11.2013 Zeit, ihren Arbeitgeber zu informieren.

Auf Verlangen des Arbeitgebers muss ein ärztliches Attest über die Schwangerschaft vorgelegt werden. Der Kündigungsschutz ist jedoch nicht davon abhängig.

Beispiel:

Der Arbeitnehmerin erklärt, schwanger zu sein, weigert sich aber, ein Attest beizubringen. In der Annahme, dass die Behauptung unrichtig sei, kündigt der Arbeitgeber. Nunmehr bringt die Arbeitnehmerin das gewünschte Attest. Die Kündigung ist unwirksam.

Hat die Arbeitnehmerin die Zwei-Wochen-Frist zur Mitteilung der Schwangerschaft versäumt, so ist die Kündigung trotzdem unwirksam, wenn sie dieses Versäumnis nicht verschuldet hat und die Mitteilung unverzüglich nachholt. Sie handelt schuldhaft, wenn sie trotz zwingender Hinweise auf eine Schwangerschaft eine Abklärung durch einen Arzt unterlässt. Dessen Fehldiagnose muss sie sich jedoch nicht zurechnen lassen. Sie darf auch die Bestätigung durch einen Arzt abwarten, bevor sie die Mitteilung macht. Ein Verschulden liegt auch nicht vor, wenn die Arbeitnehmerin zwar frühzeitig von ihrer Schwangerschaft erfährt, nicht aber von der Kündigung, weil sie z. B. im Urlaub ist. Sie muss die Mitteilung dann unverzüglich nachholen. Unverzüglich bedeutet „ohne schuldhaftes Zögern", also so schnell wie möglich. Die Schwangere darf sich jedoch vorher

::rehm

noch den rechtlichen Rat eines Anwalts einholen, sofern dies und die nachfolgende Mitteilung schnellstmöglich passiert. In Normalfall kann man davon ausgehen, dass ihr hierzu eine Woche zur Verfügung steht. Im Einzelfall kann jedoch auch ein längerer Zeitraum noch unschädlich sein.

Beispiel:

> Die Arbeitnehmerin weiß seit dem 15.5. von ihrer Schwangerschaft. Am 3.6. fliegt sie für einen Monat in den Urlaub. Während ihrer Abwesenheit wird ihr am 6.6. das Kündigungsschreiben in den Hausbriefkasten geworfen. An ihrem ersten Arbeitstag, dem 4.7. informiert sie ihren Arbeitgeber von der Schwangerschaft. Hier ist die Zwei-Wochen-Frist zwar versäumt, aber ohne Verschulden der Arbeitnehmerin. Die Kündigung ist unwirksam.

Die Arbeitnehmerin muss die Information nicht selbst übermitteln. Es reicht aus, wenn sie eine andere Person, z. B. ihren Ehemann damit beauftragt. Ein Verschulden des Bevollmächtigten braucht sich die Schwangere nicht zurechnen zu lassen.

Die Mitteilung muss entweder gegenüber dem Arbeitgeber persönlich – bei juristischen Personen gegenüber dem gesetzlichen Vertreter – erfolgen oder gegenüber einer Person, die für die Entgegennahme derartiger Erklärungen zuständig ist. In Betracht kommt hier der Personalleiter, die Personalsachbearbeiterin, kündigungsberechtigte Vorgesetzte oder der Prokurist. Die Kenntnis von Kollegen oder des Werksarztes ist aber nicht ausreichend; sie ist dem Arbeitgeber nicht zuzurechnen.

Beispiel:

> Die Arbeitnehmerin erhält eine Kündigung. Zehn Tage später führt der Werksarzt bei ihr eine Routineuntersuchung durch. Dabei berichtet sie ihm von ihrer Schwangerschaft. Nach weiteren zehn Tagen erhebt sie Klage gegen die Kündigung, die dem Arbeitgeber eine Woche später zugestellt wird. Hier besteht kein Sonderkündigungsschutz, denn der Werksarzt ist nicht der Arbeitgeber oder sein Repräsentant.

3. Beweislast

Die Arbeitnehmerin muss im Kündigungsschutzprozess beweisen, dass

- ▶ sie schwanger ist,
- ▶ der Arbeitgeber hiervon bei Ausspruch der Kündigung Kenntnis gehabt hat **oder**
- ▶ sie ihn innerhalb von zwei Wochen nach Zugang der Kündigung informiert hat **oder**
- ▶ sie ohne ihr Verschulden daran gehindert war, die Frist einzuhalten und die Mitteilung unverzüglich nachgeholt hat.

4. Behördliche Zustimmung zur Kündigung

Die zuständige Aufsichtsbehörde kann auf Antrag des Arbeitgebers (Muster Kündigungsschutz D.I.) ausnahmsweise ihre Zustimmung zur Kündigung erteilen. Die Anforderungen an den Grund hierfür sind sehr hoch. Es reicht nicht aus, dass der Arbeitgeber einen wichtigen Grund vorträgt, der nach § 626 BGB geeignet wäre, eine fristlose Kündigung zu rechtfertigen. Vielmehr müssen noch weitere besondere Umstände hinzutreten. In Betracht kommen z. B.

- ▶ schwerwiegende Vertragsverstöße,
- ▶ schwere Vermögensdelikte,
- ▶ Tätlichkeiten gegenüber dem Arbeitgeber,
- ▶ Betriebsstilllegung,
- ▶ Existenzgefährdung des Betriebs bei Fortdauer des Arbeitsverhältnisses.

In manchen Bundesländern gibt es Verwaltungsvorschriften, die Einzelheiten regeln. Wenn eine Kündigung beabsichtigt ist, sollte man sich bei der zuständigen Behörde danach erkundigen.

WICHTIG!

Wenn der Arbeitgeber eine außerordentliche Kündigung aussprechen will, muss der Antrag innerhalb von zwei Wochen nach Kenntnis vom Kündigungsgrund bei der Behörde eingegangen sein.

Wenn sich die Arbeitnehmerin gleichzeitig im Erziehungsurlaub befindet, muss neben dieser Zustimmung auch noch die Zulässigkeitserklärung nach § 18 Abs. 1 BEEG eingeholt werden, denn die mit der Erlaubnis nach dem Mutterschutzgesetz wird nur § 9 MuSchG „entsperrt" (LAG Berlin-Brandenburg v. 6.4.2011, Az. 15 Sa 2454/10 auch für das Insolvenzverfahren); zuständig ist in der Regel die Behörde, die auch die Ausnahmegenehmigung nach § 9 MuSchG erteilt.

Wenn der Arbeitgeber die Zustimmung der Behörde erhält, muss er unverzüglich die Kündigung aussprechen und der Arbeitnehmerin zustellen.

ACHTUNG!

Eine vorher ausgesprochene und damit unwirksame Kündigung wird auch durch die Zustimmung nicht mehr wirksam.

Die Arbeitnehmerin kann gegen die behördliche Zustimmung Widerspruch einlegen. Wenn diesem stattgegeben wird, ist die Kündigung unwirksam. Dies ändert aber nichts daran, dass der Arbeitgeber erst einmal unverzüglich nach der Erteilung der Zustimmung kündigen darf und muss.

Beispiel:

> Die Zustimmung zur Kündigung geht dem Arbeitgeber am 16.8. zu. Gleichzeitig erhält die Arbeitnehmerin diesen Bescheid und legt am selben Tag Widerspruch ein. Der Arbeitgeber stellt am nächsten Tag die Kündigung zu. Wird der Widerspruch zurückgewiesen, ist die Kündigung wirksam. Würde der Arbeitgeber erst die Entscheidung über den Widerspruch abwarten, käme die Kündigung auf jeden Fall zu spät.

Gegen die Zurückweisung des Widerspruchs kann die Arbeitnehmerin Klage beim Verwaltungsgericht erheben. Da sie nach Ausspruch der Kündigung auch eine Kündigungsschutzklage beim Arbeitsgericht erheben muss, kann es zu einer Zweigleisigkeit des Rechtsschutzes kommen. Wird die Zustimmung zur Kündigung vom Verwaltungsgericht aufgehoben, ist die Kündigung auf jeden Fall unwirksam. Wenn die Zustimmung jedoch bestätigt wird, prüft das Arbeitsgericht nunmehr, ob die Kündigung auch unter anderen Aspekten wirksam ist.

Beispiel:

> Die Zustimmung zur Kündigung wurde erteilt, Widerspruch und Klage der Arbeitnehmerin vor dem Verwaltungsgericht blieben erfolglos. Im Kündigungsschutzprozess vor dem Arbeitsgericht ist nun z. B. zu prüfen, ob die Kündigung auch unter arbeitsrechtlichen Gesichtspunkten Bestand hat, ob z. B. hinreichende Kündigungsgründe bestehen oder der Betriebsrat ordnungsgemäß angehört worden ist.

WICHTIG!

Die Arbeitnehmerin muss innerhalb von drei Wochen beim Arbeitsgericht die Kündigungsschutzklage erheben. Die Frist beginnt grundsätzlich ab Zugang der Kündigung zu laufen. Erfährt eine Arbeitnehmerin nach Erhalt einer Kündigung ohne von ihr zu vertretenden Gründen erst kurz vor Ablauf der Klagefrist von ihrer Schwangerschaft, muss ihr eine Überlegungszeit von drei Werktagen zugebilligt werden, um abzuwägen, ob sie angesichts der für sie neuen Situation und des nun entstandenen Sonderkündigungsschutzes Kündigungsschutzklage erheben will. Die Klage muss dann nachträglich zugelassen werden. Der EuGH betont das Recht der Schwangeren auf effektiven Rechtsschutz mit ausreichender Klagefrist (Entsch. v. 29.10.2009 – C – 63/08). Die nun folgende nationale Rechtsprechung wird evtl. längere Fristen vorsehen. Wird die behördliche Zustimmung ihr erst später bekannt gegeben, läuft die Frist erst ab diesem Zeitpunkt (§ 4 Satz 4 KSchG). Wurde gar keine Zustimmung eingeholt, kann die Arbeitnehmerin ohne Fristbindung das Arbeitsgericht anrufen. Die Grenze ist erst bei der Verwirkung erreicht.

Wird der Antrag des Arbeitgebers auf Zustimmung zur Kündigung zurückgewiesen, kann er seinerseits dagegen Widerspruch einlegen. Wenn dieser Erfolg hat, kann und muss er die Kündigung unverzüglich aussprechen. Wird sein Widerspruch zurückgewiesen, kann er zwar dagegen vor dem Verwaltungsgericht klagen. Angesichts der extrem langen Verfahrensdauer vor den Verwaltungsgerichten ist jedoch kaum damit zu rechnen, dass dieser Prozess vor dem Ende der Schutzfrist abgeschlossen sein wird. Die positive Entscheidung des Verwaltungsgerichts kann aber Bedeutung haben, wenn die Arbeitnehmerin innerhalb der Frist von vier Monaten nach der Entbindung erneut schwanger wird.

Nachweisgesetz

I. Begriff

II. Nachweispflicht des Arbeitgebers
   1. Neues Arbeitsverhältnis
   2. Bestehendes Arbeitsverhältnis
   3. Änderung der Vertragsbedingungen
   4. Entsendung ins Ausland
   5. Ausnahmen
      5.1 Vorübergehende Aushilfe
      5.2 Schriftlicher Arbeitsvertrag oder früherer Nachweis

III. Inhalt der Niederschrift
   1. Grundinhalt
      1.1 Vertragsparteien
      1.2 Beginn des Arbeitsverhältnisses
      1.3 Dauer des Arbeitsverhältnisses bei Befristung
      1.4 Arbeitsort
      1.5 Tätigkeit
      1.6 Arbeitsentgelt
      1.7 Arbeitszeit
      1.8 Jährlicher Erholungsurlaub
      1.9 Kündigungsfristen
      1.10 Geringfügige Beschäftigung
      1.11 Sonstige Regelungen
   2. Zusätzliche Angaben bei Auslandsentsendung
      2.1 Dauer der Entsendung
      2.2 Währung
      2.3 Zusätzliches Arbeitsentgelt
      2.4 Rückkehrbedingungen

IV. Folgen der Nichtbeachtung

I. Begriff

Das Nachweisgesetz (NachwG) verpflichtet den Arbeitgeber, die wesentlichen Bedingungen des Arbeitsverhältnisses innerhalb einer bestimmten Frist schriftlich niederzulegen und dieses Dokument dem Arbeitnehmer auszuhändigen. Eine Abweichung von diesen Vorschriften zuungunsten des Arbeitnehmers ist – auch wenn er einverstanden ist – nicht zulässig und führt u. U. zu Nachteilen auf Seiten des Arbeitgebers (s. u. IV).

 WICHTIG!
Wird mit dem Arbeitnehmer ein schriftlicher Arbeitsvertrag abgeschlossen, der die nach dem NachwG erforderlichen Angaben enthält, ist die oben genannte Verpflichtung hierdurch bereits erfüllt!

II. Nachweispflicht des Arbeitgebers

1. Neues Arbeitsverhältnis

Bei der Neubegründung eines Arbeitsverhältnisses muss der Arbeitgeber spätestens einen Monat nach dem vertraglich vereinbarten Beginn des Arbeitsverhältnisses die wesentlichen Arbeitsbedingungen (s. u. III.) schriftlich niederlegen, die Niederschrift unterzeichnen und dem Arbeitnehmer aushändigen (§ 2 NachwG). Der Nachweis in elektronischer Form (z. B. per E-Mail oder durch Einbindung in ein sog. Personalinformationssystem) ist nicht ausreichend.

WICHTIG!
Die Monatsfrist läuft immer ab dem Zeitpunkt der vereinbarten und nicht der tatsächlichen Arbeitsaufnahme. Ob der Arbeitnehmer die Arbeit erst später aufnimmt (z. B. wegen Krankheit), spielt keine Rolle.

2. Bestehendes Arbeitsverhältnis

Hat das Arbeitsverhältnis bereits vor Einführung des Nachweisgesetzes (20.7.1995) bestanden, muss der Arbeitgeber den Nachweis nur dann ausstellen, wenn er vom Arbeitnehmer (mündlich oder schriftlich) dazu aufgefordert wird. Der Nachweis ist dann innerhalb von zwei Monaten auszuhändigen (§ 4 NachwG).

3. Änderung der Vertragsbedingungen

Bei einer Änderung der wesentlichen Vertragsbedingungen (s. u. III.) muss dem Arbeitnehmer spätestens einen Monat nach der Änderung ein entsprechender Nachweis ausgehändigt werden, und zwar unabhängig davon, ob ein schriftlicher → *Arbeitsvertrag* vorliegt oder früher schon einmal ein Nachweis ausgehändigt worden ist (§ 3 NachwG).

Die Nachweispflicht besteht **nur** bei der Änderung von vertraglich vereinbarten Bedingungen, nicht bei der Änderung von gesetzlichen Vorschriften, Tarifverträgen oder Betriebsvereinbarungen.

Wurde für ein Arbeitsverhältnis, das bereits vor Einführung des NachwG bestanden hat, noch kein Nachweis erstellt, besteht für den Arbeitgeber nach der Änderung erst dann eine Nachweispflicht, wenn der Arbeitnehmer den Nachweis verlangt. In diesem Fall muss der komplette Nachweis unter Einbeziehung der Änderung spätestens zwei Monate nach dem Verlangen des Arbeitnehmers diesem ausgehändigt werden.

4. Entsendung ins Ausland

Bei der Entsendung ins Ausland muss dem Arbeitnehmer **vor** der Abreise ein Nachweis über zusätzliche Vereinbarungen ausgehändigt werden, wenn diese nicht in einem früheren schriftlichen → *Arbeitsvertrag* oder Nachweis enthalten waren.

5. Ausnahmen

5.1 Vorübergehende Aushilfe

Die Nachweispflicht des Arbeitgebers besteht nicht, wenn der Arbeitnehmer nur zur vorübergehenden Aushilfe von nicht mehr als einem Monat eingestellt wird (§ 1 NachwG).

5.2 Schriftlicher Arbeitsvertrag oder früherer Nachweis

Wird bei der Neubegründung eines Arbeitsverhältnisses ein schriftlicher → *Arbeitsvertrag* erstellt, ist ein gesonderter Nachweis nicht erforderlich, wenn der Arbeitsvertrag sämtliche erforderlichen Angaben (s. u. III.) enthält.

Wurde dem Arbeitnehmer bereits früher ein Nachweis ausgehändigt oder existiert ein schriftlicher Arbeitsvertrag, der die nach dem NachweisG erforderlichen Angaben enthält, entfällt die Nachweispflicht des Arbeitgebers ebenfalls (§ 2 Abs. 4 NachwG).

Enthält der Arbeitsvertrag oder der früher ausgestellte Nachweis nicht sämtliche geforderten Angaben, ist er also unvollständig, besteht die Nachweispflicht nur für die nicht enthaltenen Angaben.

> **TIPP!**
> Vor Arbeitsbeginn sollte ein schriftlicher Arbeitsvertrag erstellt werden. So erspart man sich die Erstellung des schriftlichen Nachweises, was im Zweifel mit demselben Aufwand verbunden wäre und erhält gleichzeitig die Bestätigung der Arbeitsbedingungen durch den Arbeitnehmer.

III. Inhalt der Niederschrift

Der notwendige Inhalt der Niederschrift ist in § 2 NachwG aufgelistet. Im Fall der Arbeitnehmerentsendung ins Ausland sind neben den grundsätzlichen weitere Angaben erforderlich.

> **WICHTIG!**
> Die Niederschrift muss nichts enthalten, was nicht auch tatsächlich vereinbart worden ist. Das NachwG stellt also keine neuen Anforderungen an den Inhalt des Arbeitsvertrags, sondern es verlangt lediglich einen schriftlichen Nachweis darüber, was Inhalt des Arbeitsverhältnisses geworden ist.

1. Grundinhalt

1.1 Vertragsparteien

Die Niederschrift muss die Namen und Anschriften der Vertragsparteien enthalten. Beim Arbeitnehmer sind Vor- und Zuname anzugeben, beim Arbeitgeber der volle Firmenname.

1.2 Beginn des Arbeitsverhältnisses

Hier ist stets der **vereinbarte** Beginn anzugeben. Nimmt der Arbeitnehmer – egal, aus welchem Grund – die Arbeit später auf, ist das unerheblich.

1.3 Dauer des Arbeitsverhältnisses bei Befristung

Diese Angabe kann in Form einer konkreten Zeitbestimmung oder durch die Angabe des Zwecks erfolgen (z. B. bis zur vollständigen Erfüllung eines bestimmten Großauftrags). Da gemäß § 14 Abs. 4 TzBfG die Befristung eines Arbeitsvertrages zu ihrer Wirksamkeit der Schriftform bedarf, ist dies seit dem 1.1.2001 praktisch bedeutungslos. Soll also eine wirksame Befristung vereinbart werden, ist der Abschluss eines schriftlichen Arbeitsvertrages vor Arbeitsbeginn zwingend erforderlich.

1.4 Arbeitsort

Es genügt die Angabe des Betriebsorts. Soll der Arbeitnehmer an verschiedenen Orten eingesetzt werden, ist darauf hinzuweisen.

1.5 Tätigkeit

Die vom Arbeitnehmer zu leistende Tätigkeit muss bezeichnet oder allgemein beschrieben werden. Eine detaillierte und abschließende Beschreibung muss also nicht angefertigt werden (Beispiel: „Der Arbeitnehmer wird als Kfz-Mechaniker eingestellt.")

1.6 Arbeitsentgelt

Die Zusammensetzung und die Höhe des Arbeitsentgelts einschließlich der Zuschläge, Zulagen, Prämien, Sonderzahlungen und anderer Bestandteile wie z. B. Urlaubs- und Weihnachtsgeld und deren Fälligkeit sind anzugeben. Beim Akkordlohn und sonstigen nicht fixen Entgelten reicht die Angabe der Berechnungsgrundlage. Ergibt sich das Arbeitsentgelt aus Tarifvertrag, Betriebsvereinbarung oder einer ähnlichen Regelung (Gesamtzusage oder einzelvertragliche Vereinbarung, nach der

ein bestimmter Tarifvertrag anzuwenden ist), genügt der Hinweis auf diese Regelung.

1.7 Arbeitszeit

Gemeint ist die wöchentliche oder tägliche regelmäßige Arbeitszeit. Ist eine regelmäßige wöchentliche Arbeitszeit nicht vereinbart, ist die durchschnittlich auf eine Woche entfallende Arbeitszeit maßgeblich. Ergibt sich die Arbeitszeit aus Tarifvertrag, Betriebsvereinbarung oder einer ähnlichen Regelung, gilt das unter 1.6 Ausgeführte.

1.8 Jährlicher Erholungsurlaub

Ist der gesetzliche Urlaub vereinbart, reicht ein Hinweis auf das Bundesurlaubsgesetz aus. Wenn sich die Dauer anhand von unterschiedlichen Faktoren berechnet, genügt die Angabe der Berechnungsmodalitäten (z. B. Alter, Dauer der Betriebszugehörigkeit usw.). Ergibt sich der Urlaub aus Tarifvertrag, Betriebsvereinbarung oder einer ähnlichen Regelung, gilt das unter 1.6 Ausgeführte.

1.9 Kündigungsfristen

Hier sind die mit dem Arbeitnehmer vereinbarten Fristen zu nennen, wenn sie von den gesetzlichen Fristen abweichen. Ist das nicht der Fall oder wurde nichts vereinbart, genügt ein Verweis auf die gesetzlichen Bestimmungen. Ergeben sich die Kündigungsfristen aus Tarifvertrag, Betriebsvereinbarung oder einer ähnlichen Regelung, gilt das unter 1.6 Ausgeführte.

1.10 Geringfügige Beschäftigung

Ist ein Arbeitnehmer nach § 8 Abs. 1 SGB IV geringfügig beschäftigt, muss er auf die Möglichkeit der Aufnahme in die gesetzliche Rentenversicherung hingewiesen werden.

1.11 Sonstige Regelungen

Abschließend wird ein allgemeiner Hinweis auf die sonstigen Regelungen gefordert, die auf das Arbeitsverhältnis Anwendung finden, nämlich Tarifverträge und Betriebsvereinbarungen.

2. Zusätzliche Angaben bei Auslandsentsendung

Wird der Arbeitnehmer länger als einen Monat ins Ausland entsandt, sind **zusätzlich** folgende Angaben erforderlich:

2.1 Dauer der Entsendung

Ist ein fester Zeitraum vereinbart, muss dieser genannt werden. Ist das Ende des Auslandseinsatzes noch nicht mit einem Datum bestimmbar (z. B. weil nicht absehbar ist, wie lange eine bestimmte Maßnahme dauern wird), genügt die Angabe der durchzuführenden Aufgabe.

2.2 Währung

Es muss angegeben werden, in welcher Währung das Arbeitsentgelt gezahlt wird.

2.3 Zusätzliches Arbeitsentgelt

Ein zusätzliches Arbeitsentgelt, das im Zusammenhang mit der Entsendung ins Ausland gewährt wird, ist anzugeben. Dieses zusätzliche Entgelt kann in Geld oder Sachleistungen (z. B. kostenlose Unterkunft, Dienstwagen, freie Verpflegung) bestehen. Ergibt sich das zusätzliche Entgelt aus Tarifvertrag, Betriebsvereinbarung oder einer ähnlichen Regelung, gilt das unter 1.6 Ausgeführte.

2.4 Rückkehrbedingungen

Schließlich muss in den Nachweis aufgenommen werden, welche Bedingungen für die Rückkehr des Arbeitnehmers vereinbart worden sind (z. B. Ersatz der Reisekosten, Weiterbeschäftigung nach der Rückkehr).

IV. Folgen der Nichtbeachtung

Das Nachweisgesetz enthält keine Straf- oder Bußgeldvorschriften, sodass ein Verstoß in dieser Hinsicht keine Folgen nach sich zieht.

Auch das Arbeitsverhältnis bleibt in der Form, wie es vereinbart wurde, wirksam. Das Fehlen oder die Unvollständigkeit einer Niederschrift kann im Streitfall aber zu Beweisnachteilen auf Seiten des Arbeitgebers führen. Viele Arbeitsgerichte gehen davon aus, dass ein fehlender oder unvollständiger Nachweis von wesentlichen Arbeitsbedingungen dazu führt, dass der Arbeitgeber eine vom Vortrag des Arbeitnehmers abweichende Vereinbarung beweisen muss.

Beispiel:

> Gelingt dem Arbeitnehmer der Beweis seiner Behauptung des Abschlusses einer bestimmten Entgeltvereinbarung nicht, ist das Gericht aber auch nicht davon überzeugt, dass die Behauptung des Arbeitnehmers unwahr ist, so geht die Unmöglichkeit der Tatsachenaufklärung zu Lasten des Arbeitgebers, wenn dieser entgegen § 2 NachwG dem Arbeitnehmer keinen Nachweis der wesentlichen Vertragsbedingungen erteilt hat (LAG Rheinland-Pfalz v. 1.6.2012, Az. 9 Sa 279/11).

Auch Schadensersatzansprüche des Arbeitnehmers gegen den Arbeitgeber sind denkbar. So hat z. B. das BAG in einem Urteil (BAG v. 17.4.2002, Az. 5 AZR 89/01) entschieden, dass der Arbeitgeber entgangene Vergütungsansprüche des Arbeitnehmers als Schadensersatz zu leisten hat, wenn er sich auf eine tarifvertragliche Ausschlussfrist beruft, einen Nachweis auf den anzuwendenden Tarifvertrag jedoch unterlassen hat. Aus den genannten Gründen ist die Erstellung und Aushändigung eines vollständigen Nachweises über die wesentlichen Arbeitsbedingungen in jedem Fall empfehlenswert.

TIPP!

Um beweisen zu können, dass die Nachweispflicht erfüllt worden ist, sollte der Arbeitgeber eine Kopie der Niederschrift vom Arbeitnehmer unterschreiben lassen und zur Personalakte nehmen. Wenn möglich sollte der Arbeitnehmer durch seine Unterschrift nicht nur den Erhalt sondern auch den Inhalt der Niederschrift ausdrücklich bestätigen. Will der Arbeitnehmer überhaupt nicht unterschreiben, sollte die Niederschrift vor Zeugen ausgehändigt und ein entsprechender Vermerk darüber zur Personalakte genommen werden.

Nebentätigkeit

I. Begriff

II. Zulässigkeit
1. Anzeigepflicht
2. Anspruch des Arbeitgebers auf Unterlassung

III. Nebentätigkeitsverbote

IV. Folgen der unzulässigen Nebentätigkeit

V. Rechte im Nebentätigkeitsverhältnis

I. Begriff

Eine Nebentätigkeit liegt immer dann vor, wenn der Arbeitnehmer seine Arbeitskraft außerhalb seines Hauptarbeitsverhältnisses noch anderweitig verwertet. Nebentätigkeiten sind somit:

▶ Arbeitsverhältnisse bei demselben oder anderen Arbeitgebern,

▶ selbstständige Erwerbstätigkeiten,

▶ Ehrenämter,

▶ unentgeltliche Tätigkeiten für Dritte.

Ob und wieweit der Arbeitnehmer neben seinem Hauptarbeitsverhältnis eine Nebentätigkeit ausüben darf, richtet sich danach, was mit dem Hauptarbeitgeber vereinbart ist.

II. Zulässigkeit

1. Anzeigepflicht

Besteht **keine Vereinbarung,** kann der Arbeitnehmer grundsätzlich eine oder mehrere Nebentätigkeiten aufnehmen. Er braucht dazu keine Genehmigung des Hauptarbeitgebers. Er muss die Aufnahme der Nebentätigkeit dem Hauptarbeitgeber aber mitteilen, wenn dessen betriebliche Interessen davon berührt sein könnten. Der Arbeitgeber muss dann entscheiden, ob er seine Position tatsächlich beeinträchtigt sieht.

Beispiel:

> Der Arbeitnehmer übernimmt gegen Entgelt den Vorsitz des örtlichen Kaninchenzüchtervereins, was ihn jeweils zwei Stunden am Wochenende in Anspruch nimmt. Dies ist zwar eine Nebentätigkeit, jedoch scheint hier eine Kollision mit Arbeitgeberinteressen ausgeschlossen, sodass keine Mitteilung erfolgen muss. Möchte er dagegen regelmäßig abends Staubsauger an der Haustür verkaufen, muss er das dem Arbeitgeber mitteilen, damit dieser prüfen kann, ob seine Interessen berührt sind.

Sind die Arbeitgeberinteressen berührt, muss als nächstes geprüft werden, ob die Unterlassung der Nebentätigkeit verlangt werden kann.

Der Arbeitnehmer muss die Nebentätigkeit nicht anzeigen, wenn es sich beim Hauptarbeitsverhältnis um eine geringfügige Beschäftigung handelt und er eine zweite derartige Beschäftigung aufnehmen möchte, mit der er dann die Geringfügigkeitsgrenze überschreiten würde.

Der Betriebsrat hat keinen Anspruch darauf, dass ihm der Arbeitgeber Informationen gibt, welche Arbeitnehmer Nebentätigkeiten ausüben.

2. Anspruch des Arbeitgebers auf Unterlassung

Der Arbeitgeber kann nicht in jedem Fall die Aufgabe der Nebentätigkeit verlangen. Ein generelles Verbot jedweder Nebentätigkeit verstößt gegen Art. 12 GG und ist unwirksam. Der Arbeitnehmer muss die Nebentätigkeit nur dann unterlassen, wenn sie seiner → *Arbeitspflicht* zuwiderläuft. Dies ist z. B. der Fall, wenn die Nebentätigkeit während der Arbeitszeit des Hauptarbeitsverhältnisses ausgeübt wird.

Beispiel:

> Ein Angestellter vermittelt nebenher Lebensversicherungsverträge. Er darf seine Arbeitszeit nicht dazu benutzen, Kollegen diesbezüglich zu beraten.

Eine Kollision mit der Arbeitspflicht kann auch dann vorliegen, wenn die Nebentätigkeit zwar außerhalb der Arbeitszeit ausgeführt wird, aber Auswirkungen auf die Arbeitsleistung hat.

Beispiel:

> Ein Arbeitnehmer trägt morgens Zeitungen aus. Das frühe Aufstehen belastet ihn so sehr, dass er regelmäßig am späten Vormittag unaufmerksam wird und seine Arbeit nur unvollkommen erledigen kann. Auch hier kann der Hauptarbeitgeber die Aufgabe der Nebentätigkeit verlangen.

Ein Verstoß gegen arbeitsvertragliche Pflichten kann auch dann vorliegen, wenn der Arbeitnehmer erhebliche Gelder erhält, für die keine Gegenleistung ersichtlich ist (zu den Folgen s. u. IV.).

Unabhängig davon kann der Arbeitgeber die Unterlassung von Nebentätigkeiten verlangen, mit denen ihm der Arbeitnehmer Konkurrenz macht (§ 60 HGB, → *Wettbewerbsverbot*). Die neue Rechtsprechung des BAG enthält jedoch Einschränkungen. So muss im Rahmen einer Gesamtwürdigung aller Umstände des Einzelfalls und unter Berücksichtigung der Berufsfreiheit des Arbeitnehmers festgestellt werden, ob die anderweitige Tätigkeit zu einer Gefährdung oder Beeinträchtigung der Interessen des Arbeitgebers führt. So kann eine Nebentätigkeit als Immobilienmakler eines Finanzierungs- und Bausparberaters durch aus eine unzulässige konkurrierende Betätigung darstellen (LAG Berlin v. 1.3.2011, Az. 12 Sa 2452/10). Es spricht aber viel dafür, dass bloße Hilfstätigkeiten ohne Wettbewerbsbezug nicht erfasst werden (BAG v. 24.3.2010, Az. 10 AZR 66/09). Das Wettbewerbsverbot gilt grundsätzlich auch, wenn das Arbeitsverhältnis gekündigt ist, der Kündigungsschutzprozess aber noch läuft. Das Bundesarbeitsgericht lässt aber offen, ob das Nebentätigkeitsverbot in diesem Stadium noch genauso weit geht wie im ungekündigten Arbeitsverhältnis (Urteil v. 28.1.2010, Az. 2 AZR 1008/08, Anspruch auf Nebentätigkeitsgenehmigung einer Postzustellerin für das Austragen von Zeitschriften). Das früher absolut bestehende Verbot der Unterstützung von Mitbewerbern im Rahmen einer Nebentätigkeit ist also deutlich gelockert worden.

Der Arbeitnehmer darf mit seiner Nebentätigkeit auch nicht die nach dem Arbeitszeitgesetz zulässigen Höchstarbeitszeiten überschreiten. Bei der Ermittlung der zulässigen Höchstarbeitszeiten sind die Beschäftigungszeiten aller Arbeitsverhältnisse zusammenzurechnen. Sobald sie erreicht sind, muss der Arbeitnehmer die Arbeit einstellen.

Beispiel:

Trägt der Arbeitnehmer morgens drei Stunden Zeitungen aus, darf er nur noch fünf Stunden in seinem Hauptarbeitsverhältnis arbeiten. Sieht sein Arbeitsvertrag eine regelmäßige Arbeitszeit von siebeneinhalb Stunden vor, kann er seine Pflichten aus dem Hauptarbeitsverhältnis nicht erfüllen. Der Arbeitgeber kann die Unterlassung der Nebenbeschäftigung verlangen.

Beide Arbeitsverträge sind jedoch in vollem Umfang wirksam. Für einen Übergangszeitraum lässt das Arbeitszeitgesetz auch eine Erhöhung auf durchschnittlich zehn Stunden pro Tag zu, wenn innerhalb von sechs Monaten ein Ausgleich durch Freizeitgewährung geschaffen wird. Welcher Arbeitgeber den Ausgleich zu leisten hat, war noch nicht Gegenstand der Rechtsprechung. Es erscheint jedoch sachgerecht, wenn der Anspruch gegen beide Arbeitgeber entsprechend der Länge der jeweiligen → *Arbeitszeit* besteht.

Ist der Arbeitnehmer arbeitsunfähig krankgeschrieben, muss er während einer Krankheit Nebentätigkeiten unterlassen, die den Heilungsprozess verzögern könnten. Das bedeutet nicht das Verbot jeglicher Nebentätigkeit während der Dauer der → *Arbeitsunfähigkeit*. Entscheidend ist, ob die Nebentätigkeit mit der Krankheit zu vereinbaren ist.

Beispiel:

Ein Arbeitnehmer hat sich bei einem Skiunfall ein Bein gebrochen und kann sich daher nur mit Einschränkungen in der Wohnung bewegen. Er vermittelt in einer Nebenbeschäftigung telefonisch Krankenversicherungsverträge. Diese Tätigkeit ist mit seiner Krankheit vereinbar. Anders wäre es, wenn er das Bein nicht belasten dürfte und im Rahmen seiner Nebentätigkeit die Kunden aufsuchen muss.

Während des Erholungsurlaubs darf der Arbeitnehmer keine Erwerbstätigkeit ausüben, die dem Erholungszweck zuwiderläuft (§ 8 BUrlG).

Beispiel:

Der Arbeitnehmer darf während des Urlaubs nicht gegen Entgelt schwere körperliche Arbeit ausüben, in dem er z. B. vollschichtig auf dem Bau arbeitet. Arbeiten am eigenen Einfamilienhaus sind jedoch zulässig.

III. Nebentätigkeitsverbote

Regelungen über Nebentätigkeiten finden sich bisweilen in Tarifverträgen. Auch einzelvertraglich können Nebentätigkeitsverbote vereinbart werden. Der Arbeitgeber kann jedoch nicht jede Nebentätigkeit verbieten, sondern nur solche, die zu einer Vernachlässigung der Pflichten des Arbeitnehmers im Hauptarbeitsverhältnis führen würden. Bislang war eine Vertragsklausel, die Nebentätigkeiten generell verbietet, zwar nicht unwirksam, galt aber nur für diese Tätigkeiten, die zu einer Vernachlässigung der Arbeitspflichten führen. Ob dies nach dem Schuldrechtsreformgesetz immer noch so ist, muss die Rechtsprechung erst noch entscheiden.

Eine generelle Pflicht des Arbeitnehmers zur Anzeige der Nebentätigkeit kann vertraglich vereinbart werden. Darüber hinaus kann vereinbart werden, dass für jede Nebentätigkeit die Zustimmung des Arbeitgebers erforderlich ist.

Formulierungsbeispiel:

„Der Arbeitnehmer verpflichtet sich, dem Arbeitgeber unverzüglich schriftlich die beabsichtigte Aufnahme einer Nebentätigkeit anzuzeigen. Dies gilt für jedwede Tätigkeit, also auch für entgeltliche und unentgeltliche, selbstständige und unselbstständige. Derzeit übt er die folgenden Tätigkeiten aus: ... Diese Aufzählung ist vollständig.

Die Aufnahme der Tätigkeit ist nur nach vorheriger schriftlicher Zustimmung des Arbeitgebers zulässig. Der Arbeitgeber kann diese verweigern, wenn und soweit seine berechtigten Interessen beeinträchtigt werden. Trifft der Arbeitgeber binnen zwei Wochen nach Eingang der Anzeige keine Entscheidung, gilt die Genehmigung als erteilt. Maßgeblich ist der Zugang einer Entscheidung beim Arbeitnehmer.

Der Arbeitnehmer ist verpflichtet, Änderungen der Nebentätigkeiten anzuzeigen, die zu einem Interessenkonflikt mit dem Hauptarbeitsverhältnis führen könnten. Der Arbeitgeber ist berechtigt, die Nebentätigkeitsgenehmigung zu widerrufen, wenn ein solcher Konflikt vorliegt. Dabei ist dem Arbeitnehmer eine angemessene Auslauffrist zu gewähren."

Ob tatsächlich berechtigte Arbeitgeberinteressen berührt sind, ist eine Frage des Einzelfalls. Dem Arbeitnehmer in einem geringfügigen Beschäftigungsverhältnis kann nicht untersagt werden, ein weiteres solches Beschäftigungsverhältnis einzugehen. Die Berufsfreiheit des Arbeitnehmers geht hier den Interessen des Arbeitgebers vor. Generell steht die Erteilung der Nebentätigkeitsgenehmigung nicht im Ermessen des Arbeitgebers. Er muss sie vielmehr erteilen, wenn er kein berechtigtes Interesse an der Unterlassung hat.

IV. Folgen der unzulässigen Nebentätigkeit

Übt der Arbeitnehmer eine unzulässige Nebentätigkeit aus, kann der Arbeitgeber

- ▶ Unterlassung verlangen, wobei er ihm eine Auslauffrist gewähren muss (Ausnahme: Konkurrenztätigkeit oder sonstige schwere Interessenkollision, hier kann sofortige Unterlassung verlangt werden),

- ▶ eine → *Abmahnung* erteilen,

- ▶ ordentlich kündigen, wenn der Arbeitnehmer trotz der Abmahnung die Nebentätigkeit weiterhin ausübt,

- ▶ außerordentlich fristlos kündigen, wenn der Arbeitnehmer ihm mit der Nebentätigkeit Konkurrenz macht oder mit seiner Tätigkeit gegen seine Pflicht zu einem genesungsfördernden Verhalten verstößt,

- ▶ Schadensersatzansprüche geltend machen oder bei einem Verstoß gegen das → *Wettbewerbsverbot* die Herausgabe der Vergütung verlangen (§ 61 Abs. 1 HGB).

Im Einzelfall kann auch ordentliche verhaltensbedingte Kündigung wegen unklarer Verhältnisse bei der Ausübung einer Nebentätigkeit gerechtfertigt sein. So war die Kündigung eines

Wirtschaftsredakteurs wirksam, der mehr als 50.000 € Honorareinkünfte erzielt hatte, für die keine gleichwertige Gegenleistung erkennbar war.

Bei einem Streit über die Zulässigkeit einer Nebenbeschäftigung muss der Arbeitgeber auch damit rechnen, dass der Arbeitnehmer beim Arbeitsgericht eine Feststellungsklage erhebt, um diese Frage verbindlich klären zu lassen.

V. Rechte im Nebentätigkeitsverhältnis

Geht der Arbeitnehmer ein weiteres Arbeitsverhältnis ein, so gelten hierfür die allgemeinen arbeitsrechtlichen Grundsätze und Bestimmungen. Insbesondere ist zu beachten

▸ der allgemeine → *Kündigungsschutz*,

▸ der besondere → *Kündigungsschutz* z. B. nach dem Mutterschutzgesetz oder dem SGB IX für schwerbehinderte Menschen,

▸ das Bundesurlaubsgesetz,

▸ das Entgeltfortzahlungsgesetz,

▸ der Gleichbehandlungsgrundsatz.

Der Nebenarbeitgeber darf dem Arbeitnehmer nicht wegen dieses Umstands einen geringeren Lohn zahlen oder ihm kündigen, weil er z. B. lieber einen Arbeitslosen einstellen möchte. Es handelt sich um ein vollwertiges Arbeitsverhältnis. Dies führt dazu, dass der Arbeitnehmer seinerseits den → *Arbeitsvertrag* voll erfüllen muss und sich seinen Verpflichtungen nicht mit Hinweis auf seine Pflichten aus dem Hauptarbeitsverhältnis entziehen kann.

Personalakte

I.   **Begriff**

II.   **Inhalt**

III.   **Einsichtnahme durch Dritte**

IV.   **Einsichtsrecht des Arbeitnehmers**

V.   **Beendigung des Arbeitsverhältnisses**

VI.   **Verstöße und Rechtsfolgen**

I. Begriff

Der Begriff der Personalakte ist gesetzlich nicht definiert. Letztendlich ist eine Personalakte eine Sammlung von Urkunden und Vorgängen, die sich auf die persönlichen und dienstlichen Verhältnisse des Arbeitnehmers beziehen und in einem Zusammenhang zum Arbeitsverhältnis stehen. Durch die Aufbewahrung soll der Werdegang des Arbeitnehmers im Unternehmen möglichst aussagekräftig und detailliert nachvollziehbar und abrufbar gemacht werden.

Der Arbeitgeber ist nicht verpflichtet, eine Personalakte zu führen, tut er dies aber, ergeben sich Rechte und Pflichten im Umgang mit derselben. Er hat ohnehin bezüglich einiger Unterlagen (insbesondere aufgrund steuer- und sozialversicherungsrechtlicher Vorschriften) → *Aufbewahrungspflichten*, so-

dass sich schon aus diesem Grund das Anlegen einer Personalakte empfiehlt.

Es ist unerheblich, in welcher Form der Arbeitgeber die Personalakte anlegt und führt, sodass auch EDV-gestützte Dateien, die personenbezogene Daten enthalten, Teil der Personalakte bzw. die Personalakte als elektronische Personalakte sein können.

II. Inhalt

Da der Arbeitgeber nicht verpflichtet ist, eine Personalakte zu führen, gibt es auch keine Regelungen, was zum Inhalt üblicherweise gehört. Führt er allerdings eine Personalakte, so sollte diese auch vollständig sein und nicht versucht werden, in „Nebenakten" oder anderen Ablagen weitere, ggf. sensible Unterlagen über Mitarbeiter aufzubewahren. Üblicherweise werden in Personalakten u. a. aufbewahrt:

▸ Bewerbungsunterlagen,

▸ Personalfragebogen,

▸ Arbeitsverträge und spätere Ergänzungen,

▸ Zeugnisse,

▸ Führungs- und Leistungsbeurteilungen,

▸ Nachweise der Aus- und Weiterbildung,

▸ Abmahnungen,

▸ Lohnsteuerkarte und Entgeltbelege,

▸ Pensionszusagen,

▸ Versetzungsmitteilungen,

▸ Potenzialanalysen,

▸ Fort- und Weiterbildungsnachweise,

▸ Zielvereinbarungen.

Grundsätzlich steht es dem Arbeitgeber also frei, welche Unterlagen er zur Personalakte nimmt. Zulässig ist die Aufbewahrung aber nur dann, wenn der Arbeitgeber ein berechtigtes betriebliches Interesse an der Aufbewahrung hat. Im Streitfalle wären die Gründe des Arbeitgebers für die Aufbewahrung mit dem Recht des Arbeitnehmers auf Unverletzlichkeit seiner Persönlichkeit gegeneinander abzuwägen. Der Umfang der aufzunehmenden Unterlagen deckt sich in etwa mit dem Katalog der Fragen, die dem Arbeitnehmer bei einer Bewerbung zulässigerweise gestellt werden dürfen.

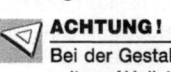 **ACHTUNG!**

Bei der Gestaltung und Pflege der Personalakte sollte arbeitgeberseits auf Vollständigkeit und Richtigkeit Wert gelegt werden, da z. B. spätere Änderungen der Arbeitsbedingungen nach § 3 NachwG dem Arbeitnehmer schriftlich mitzuteilen sind und im Streitfall erhebliche Bedeutung erlangen.

III. Einsichtnahme durch Dritte

Aufgrund seiner Fürsorgepflicht ist der Arbeitgeber verpflichtet, vertraulich mit der Personalakte umzugehen und sie vor dem Zugriff oder auch nur der Einsichtnahme Dritter zu bewahren. Dritte haben keinerlei Einsichtsrecht in die Personalakte, sofern der Arbeitnehmer nicht zustimmt bzw. aufgrund einer gesetzlichen Vorschrift die Einsichtnahme ausnahmsweise gerechtfertigt ist.

Erlangen Dritte unrechtmäßig Kenntnis von sensiblen Daten, beispielsweise solchen aus der Personalakte, und droht dadurch eine überwiegende Beeinträchtigung der Rechte und schutzwürdigen Interessen des Betroffenen, so besteht für den

Arbeitgeber gemäß § 42a BDSG eine Informationspflicht gegenüber dem Betroffenen und der Datenschutzbehörde.

IV. Einsichtsrecht des Arbeitnehmers

Arbeitnehmer haben jederzeit das Recht (auch ohne besonderen Anlass), in ihre Personalakte Einsicht zu nehmen (§ 83 Abs. 1 BetrVG bzw. § 26 SprAuG für leitende Angestellte). Der Arbeitgeber ist verpflichtet, dem Arbeitnehmer die Personalakte vollständig vorzulegen. Sollte es Nebenakten oder andere Ablagen geben, wie z. B. Personalinformationssysteme, die u. a. zum Zwecke des Führens einer Personalakte eingesetzt werden, kann der Arbeitnehmer auch in diese Einsicht verlangen. Der Arbeitnehmer hat gemäß § 83 Abs. 2 BetrVG das Recht, die Personalakte zu vervollständigen oder ihr eigene Erklärungen hinzuzufügen. Arbeitnehmer haben ein Recht darauf, sich Notizen und Abschriften anzufertigen. Ebenso dürfen sie – auf eigene Kosten Fotokopien fertigen. Sollte durch die Betriebsparteien nichts Abweichendes geregelt sein, so sind die Arbeitnehmer berechtigt, jederzeit Einsicht in ihre Personalakte zu nehmen. Der Arbeitnehmer braucht keinen besonderen Anlass. Die Einsicht muss dem Arbeitnehmer grundsätzlich während der Arbeitszeit gewährt werden, er behält für diesen Zeitraum seinen Vergütungsanspruch. Das Einsichtsrecht besteht während des gesamten Arbeitsverhältnisses. Nach Beendigung muss der Arbeitnehmer ein besonderes Interesse nachweisen.

WICHTIG!
Der Arbeitnehmer kann Dritte hinzuziehen, z. B. ein Betriebsratsmitglied seiner Wahl. Diese haben daraufhin ebenfalls ein Einsichtsrecht.

Aber: Weder der Betriebsrat noch der Sprecherausschuss haben ein **eigenes** Recht auf Einsicht in die Personalakte. Andererseits darf der Arbeitgeber die Kontrollrechte des Betriebsrats nicht dadurch unterlaufen, dass er Unterlagen zur Personalakte nimmt.

V. Beendigung des Arbeitsverhältnisses

Der Arbeitgeber hat bei der Beendigung des Arbeitsverhältnisses sämtliche Arbeitspapiere wie z. B. den Sozialversicherungsausweis dem Arbeitnehmer auszuhändigen. Erforderlich ist allerdings das Aufbewahren von Unterlagen über die (unverfallbaren) Anwartschaften des ausgeschiedenen Mitarbeiters auf eine Betriebsrente. Sinnvoll ist sicherlich auch das Aufbewahren von Arbeitszeugnissen, da es in der Praxis häufiger einmal zu Nachfragen von ausgeschiedenen Mitarbeitern kommt, ob noch ein Zugriff möglich wäre.

ACHTUNG!
Nach § 14 TzBfG darf ein Arbeitgeber ohne Sachgrund eine zulässige Befristung des Arbeitsverhältnisses nur dann vereinbaren, wenn mit diesem Arbeitnehmer erstmals seit mindestens 3 Jahren ein Arbeitsverhältnis begründet wird. Auch wenn Arbeitnehmer, die bereits zuvor schon einmal bei demselben Arbeitgeber z. B. als Werksstudent beschäftigt waren, vor einer erneuten Einstellung Offenbarungspflichten treffen, sollten arbeitgeberseits Unterlagen über die Begründung von Arbeitsverhältnissen auch nach dessen Beendigung dauerhaft aufbewahrt werden, damit später ggf. geprüft werden kann, ob es sich tatsächlich um eine Neueinstellung handelt.

VI. Verstöße und Rechtsfolgen

Wenn der Arbeitgeber ungerechtfertigterweise persönliche Informationen über einen Mitarbeiter, z. B. über seine Intimsphäre, in der Personalakte aufbewahrt bzw. an Dritte weiterleitet oder auch nur deren Zugriff duldet, hat der Arbeitnehmer sowohl Schadensersatz- als auch Schmerzensgeldansprüche.

Beinhaltet die Personalakte falsche Informationen (z. B. eine unberechtigte → *Abmahnung*) oder sind die Informationen für den Arbeitgeber nicht (mehr) von betrieblichem Interesse (z. B. eine Abmahnung, die vor mehr als zwei Jahren ausgesprochen wurde), kann der Arbeitnehmer die Berichtigung der Personalakte oder die Entfernung entsprechender Unterlagen verlangen. Diese Ansprüche sind gerichtlich einklagbar.

Pflegezeit

I. Begriff

II. Anwendungsbereich
1. Persönlicher Anwendungsbereich
2. Nahe Angehörige
3. Pflegebedürftigkeit

III. Kurzfristige Freistellung (§ 2 PflegeZG)
1. Pflegebedürftigkeit eines nahen Angehörigen
2. Akut aufgetretene Pflegesituation
3. Erforderlichkeit der Freistellung
4. Anzeige- und Nachweispflicht
5. Rechtsfolge

IV. Pflegezeit (§§ 3, 4 PflegeZG)
1. Pflegebedürftiger naher Angehöriger
2. Pflege in häuslicher Umgebung
3. Unternehmensgröße
4. Dauer der Pflegezeit
5. Beginn der Pflegezeit
6. Ende der Pflegezeit
7. Nachweispflicht

V. Rechtsfolgen

VI. Sonderkündigungsschutz

VII. Ersatzeinstellung

VIII. Unabdingbarkeit

I. Begriff

Am 1.7.2008 ist das Pflegezeitgesetz (PflegeZG) in Kraft getreten. Ziel dieses Gesetzes ist es, Beschäftigten die Möglichkeit zu eröffnen, pflegebedürftige nahe Angehörige in häuslicher Umgebung zu pflegen und damit die Vereinbarkeit von Beruf und familiärer Pflege zu verbessern (§ 1 PflegeZG). Hierfür sieht das PflegeZG zwei unterschiedliche Ansprüche des Beschäftigten vor; zum einen das Recht kurzzeitig, d. h. bis zu zehn Arbeitstage der Arbeit fernzubleiben, um die bedarfsgerechte Pflege eines nahen Angehörigen in einer akut aufgetretenen Pflegesituation zu organisieren bzw. eine pflegerische Versorgung sicher zu stellen (§ 2 PflegeZG), zum anderen die eigentliche Pflegezeit, d. h. eine vollständige oder teilweise Freistellung von der Arbeit bis zu einer Dauer von sechs Monaten (§§ 3, 4 PflegeZG).

II. Anwendungsbereich

1. Persönlicher Anwendungsbereich

Beschäftigte im Sinne dieses Gesetzes sind nach § 7 Abs. 1 PflegeZG:

- Arbeitnehmerinnen und Arbeitnehmer,

- die zu ihrer Berufsausbildung Beschäftigten,

- Personen, die wegen ihrer wirtschaftlichen Unselbstständigkeit als arbeitnehmerähnliche Personen anzusehen sind; zu diesen gehören auch die in Heimarbeit Beschäftigten und die ihnen Gleichgestellten.

> **⊲ ACHTUNG!**
> Bei zur Berufsausbildung Beschäftigten verlängert sich die Berufsausbildungszeit um die Pflegezeit (§ 4 Abs. 1 S. 4 PflegeZG).

> **⊲ ACHTUNG!**
> Das Gesetz sieht keine Wartezeit für das Entstehen des Anspruchs auf kurzzeitige Arbeitsbefreiung (§ 2 PflegeZG) oder Pflegezeit (§§ 3, 4 PflegeZG) vor, so dass auch Arbeitnehmer in der „Probezeit" diesen Anspruch haben.

2. Nahe Angehörige

Nahe Angehörige sind nach § 7 Abs. 3 Pflegezeitgesetz:

- Großeltern, Eltern, Schwiegereltern

- Ehegatten, Lebenspartner, Partner einer eheähnlichen Gemeinschaft, Geschwister

- Kinder, Adoptiv- oder Pflegekinder, die Kinder, Adoptiv- oder Pflegekinder des Ehegatten oder Lebenspartners, Schwiegerkinder und Enkelkinder.

3. Pflegebedürftigkeit

Pflegebedürftig im Sinne dieses Gesetzes sind Personen, die die Voraussetzungen nach den §§ 14 und 15 SGB XI erfüllen. Pflegebedürftig im Sinne von § 2 dieses Gesetzes (kurzzeitige Arbeitsverhinderung) sind auch die Personen die die Voraussetzungen nach den §§ 14 und 15 SGB XI **voraussichtlich** erfüllen.

III. Kurzfristige Freistellung (§ 2 PflegeZG)

§ 2 Abs 1 PflegeZG erlaubt es Mitarbeitern „bis zu zehn Arbeitstagen der Arbeit fernzubleiben, wenn dies erforderlich ist, um für einen nahen Angehörigen in einer akut aufgetretenen Pflegesituation eine bedarfsgerechte Versorgung zu organisieren oder eine pflegerische Versorgung in dieser Zeit sicherzustellen". Dieser Anspruch besteht unabhängig von einer bestimmten Betriebsgröße oder Betriebszugehörigkeit des Beschäftigten.

Das Gesetz knüpft diesen Anspruch an das Vorliegen bestimmter Voraussetzungen:

1. Pflegebedürftigkeit eines nahen Angehörigen

Das Recht zum Fernbleiben setzt die Pflegebedürftigkeit eines nahen Angehörigen voraus. Hierzu müssen die Voraussetzungen der §§ 14, 15 SGB XI erfüllt, bzw. voraussichtlich erfüllt sein. Nach §§ 14, 15 SGB XI ist derjenige pflegebedürftig, der wegen einer körperlichen, geistigen oder seelischen Krankheit oder Behinderung für die gewöhnlich oder regelmäßig wiederkehrenden Verrichtungen im Ablauf des täglichen Lebens auf Dauer, voraussichtlich für mindestens sechs Monate, in erheblichem oder höherem Maße Hilfe bedarf. Diese Voraussetzungen erfüllen die Personen, bei denen mindestens die Pflegestufe 1 festgestellt ist (§ 15 SGB XI).

> **⊲ ACHTUNG!**
> Zu den Pflegebedürftigen zählen bereits die Personen, bei denen die Voraussetzungen der §§ 14, 15 SGB XI voraussichtlich erfüllt sind. Die bloße Möglichkeit einer Pflegebedürftigkeit dürfte hierfür jedoch nicht ausreichend sein; erforderlich sind zumindest Tatsachen, aufgrund derer der Eintritt der Pflegebedürftigkeit als (überwiegend) wahrscheinlich erscheint.

2. Akut aufgetretene Pflegesituation

Der Freistellungsanspruch setzt eine akut aufgetretene Pflegesituation voraus. Nicht ausreichend ist eine in absehbarer Zeit drohende Pflegebedürftigkeit oder eine bereits bestehende, bei der keine wesentlichen Änderungen eingetreten sind. Nur bei der akut aufgetretenen Pflegesituation besteht ein Bedürfnis des berufstätigen Angehörigen der Arbeit mit sofortiger Wirkung fernzubleiben.

3. Erforderlichkeit der Freistellung

Der Freistellungsanspruch des Beschäftigten setzt voraus, dass die Freistellung erforderlich ist, um eine Pflege zu organisieren bzw. eine pflegerische Versorgung sicherzustellen. Dies ist nicht der Fall, wenn bereits eine andere Person für den Pflegebedürftigen eine bedarfsgerechte Pflege organisiert bzw. die pflegerische Versorgung sicherstellt. Diese Erforderlichkeitsmaxime gilt nicht nur hinsichtlich der Frage des „ob" der Freistellung, sondern auch hinsichtlich der Frage des „wie lange", wobei § 2 PflegeZG eine Freistellung von bis zu zehn Arbeitstagen zulässt.

4. Anzeige- und Nachweispflicht

§ 2 Abs. 2 PflegeZG bestimmt, dass Beschäftigte verpflichtet sind, dem Arbeitgeber ihre Verhinderung an der Arbeitsleistung und deren voraussichtliche Dauer unverzüglich mitzuteilen. Dem Arbeitgeber ist auf sein Verlangen eine ärztliche Bescheinigung über die (voraussichtliche) Pflegebedürftigkeit des nahen Angehörigen und die Erforderlichkeit der zu treffenden Maßnahme vorzulegen. Es ist nicht erforderlich, dass dem Arbeitgeber Angaben zur Art und Ursache der Pflegebedürftigkeit gemacht werden.

> **⊲ ACHTUNG!**
> § 2 Abs. 2 PflegeZG geht hinsichtlich der Anzeigepflicht davon aus, dass dem Arbeitgeber auch die voraussichtliche Dauer mitzuteilen ist. Dieses Erfordernis sieht das Gesetz hinsichtlich der Nachweispflicht nicht vor, so dass der Nachweis über die Pflegebedürftigkeit und die Erforderlichkeit der Maßnahme ausreichend ist.

5. Rechtsfolge

Das Gesetz sieht ein Leistungsverweigerungsrecht des Beschäftigten vor. Der Beschäftigte ist berechtigt der Arbeit fernzubleiben, ohne dass hierfür die Zustimmung des Arbeitgebers erforderlich ist. Der Beschäftigte ist lediglich verpflichtet, dem Arbeitgeber unverzüglich die Verhinderung und deren voraussichtliche Dauer mitzuteilen. Damit der Arbeitgeber von seinem Recht, die Vorlage einer ärztlichen Bescheinigung zu verlangen, Gebrauch machen kann, muss der Beschäftigte diesem den Grund der Leistungsverweigerung mitteilen.

Die Erfüllung der Anzeige- und Nachweispflicht ist jedoch keine Tatbestandsvoraussetzung, d. h. auch ohne Erfüllung dieser Verpflichtungen besteht das Leistungsverweigerungsrecht. Allerdings kann eine Pflichtverletzung in diesem Bereich Schadensersatzansprüche des Arbeitgebers und – das jedenfalls nach vorheriger Abmahnung – eine verhaltensbedingte Kündigung rechtfertigen. Zudem gewährt § 5 PflegeZG dem Beschäftigten einen Sonderkündigungsschutz, welcher allerdings erst ab dem Zeitpunkt der Ankündigung greift.

§ 2 PflegeZG sieht keinen eigenständigen Entgeltfortzahlungsanspruch des Beschäftigten während der kurzzeitigen Arbeits-

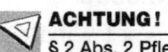

verhinderung vor, sondern verweist in Abs. 3 lediglich auf andere gesetzliche Vorschriften bzw. auf eine Vereinbarung, wobei als solche sowohl individual- als auch kollektivrechtlich Vereinbarungen in Betracht kommen. Als gesetzlicher Anspruch kommt insbesondere § 616 BGB in Betracht, der einen Vergütungsanspruch des Dienstverpflichteten für den Fall annimmt, dass dieser für eine verhältnismäßig nicht erhebliche Zeit durch einen in seiner Person liegenden Grund ohne sein Verschulden an der Dienstleistung verhindert wird. Die Pflege naher Angehöriger ist als Verhinderungsgrund im Rahmen des § 616 BGB anerkannt, wobei der unbestimmte Rechtsbegriff „für eine nicht erhebliche Zeit" keine Festlegung auf einen bestimmten Zeitraum ermöglicht. Als nicht erhebliche Zeit dürfte jedoch ein Zeitraum von bis zu fünf Arbeitstagen gelten (BAG v. 7.6.1978, BB 1978, 1214 f.).

ACHTUNG!
§ 616 BGB ist dispositives Recht. So sieht z B. § 10 Ziff. 1 des Manteltarifvertrages für die Arbeitnehmer der bayerischen Metall- und Elektroindustrie bei akuter schwerer Erkrankung des Ehegatten, des eingetragenen Lebenspartners, der eigenen Kinder oder Eltern einen Freistellungsanspruch für einen Tag vor.

ACHTUNG!
Für Auszubildende enthält § 19 Abs. 1 Nr. 2b BBiG eine Sonderregelung, welche dem § 616 BGB entspricht, jedoch unabdingbar ist. Auszubildende haben hiermit einen Anspruch auf Vergütung, wenn sie aufgrund der Pflege eines nahen Angehörigen bis zu zehn Tage nicht zur Arbeit kommen können.

IV. Pflegezeit (§§ 3, 4 PflegeZG)

Beschäftigte sind nach § 3 Abs. 1 Satz 1 PflegeZG von der Arbeitsleistung vollständig oder teilweise freizustellen, wenn sie einen pflegebedürftigen nahen Angehörigen in häuslicher Umgebung pflegen (Pflegezeit).

1. Pflegebedürftiger naher Angehöriger

Voraussetzung für die Inanspruchnahme der Pflegezeit durch einen Beschäftigten ist die Pflegebedürftigkeit eines nahen Angehörigen. Anders als die kurzzeitige Arbeitsverhinderung, für welche gemäß § 7 Abs. 4 PflegeZG eine voraussichtliche Pflegebedürftigkeit ausreichend ist, setzt der Anspruch des Beschäftigten auf Pflegezeit nach § 3 PflegeZG die bereits bestehende Pflegebedürftigkeit voraus (§ 7 Abs. 4 PflegeZG). Notwendig ist demnach, dass der Pflegebedürftige die Voraussetzungen der §§ 14, 15 SGB XI erfüllt.

2. Pflege in häuslicher Umgebung

Beschäftigte haben nur dann einen Anspruch auf Pflegezeit, wenn sie einen nahen Angehörigen in häuslicher Umgebung pflegen. Der Beschäftigte muss demnach subjektiv die Absicht haben den nahen Angehörigen zu pflegen und objektiv dazu in der Lage sein. Darüber hinaus muss die Pflege in „häuslicher Umgebung" erfolgen, wobei unter „häuslicher Umgebung" nicht ausschließlich der Haushalt des Pflegebedürftigen zu verstehen ist. Ausreichend ist es, dass der Pflegebedürftige durch nahe Angehörige „in vertrauter Umgebung" gepflegt wird, so dass beispielsweise auch der Haushalt der Pflegeperson in Betracht kommen kann.

3. Unternehmensgröße

Besteht der Anspruch auf kurzzeitige Freistellung nach § 2 PflegeZG unabhängig von einer konkreten Unternehmensgröße, so besteht der Anspruch auf Pflegezeit nicht gegenüber Arbeitgebern mit in der Regel 15 oder weniger Beschäftigten (§ 3 Abs. 1 Satz 2 PflegeZG). Maßgeblich ist die Beschäftigtenzahl,

die im Allgemeinen für das Unternehmen kennzeichnend ist. § 3 Abs. 1 Satz 2 PflegeZG stellt auf die „Beschäftigten" ab, so dass sämtliche unter § 7 Abs. 1 Nr. 1–3 PflegeZG aufgeführten Personen unter diese Vorschrift fallen. Auf den Umfang der Beschäftigung kommt es nicht an, da – anders als beispielsweise in § 23 Abs. 1 Satz 4 KSchG – eine Beschränkung fehlt.

Beispiel:
Beschäftigt ein Arbeitgeber zehn Vollzeitarbeitnehmer, drei Arbeitnehmer in Teilzeit und drei zu ihrer Berufsausbildung Beschäftigten, so sind die Voraussetzungen an die Unternehmensgröße erfüllt.

4. Dauer der Pflegezeit

Die Pflegezeit beträgt für jeden pflegebedürftigen nahen Angehörigen maximal sechs Monate, d. h. bei mehreren Pflegebedürftigen kann der Anspruch auch mehrfach geltend gemacht werden.

Darüber hinaus lässt das Gesetz die Verlängerung der Pflegezeit bis zur Maximaldauer von sechs Monaten zu, wenn diese zunächst nur für einen kürzeren Zeitabschnitt genommen wurde und der Arbeitgeber dieser Verlängerung zustimmt. Die Zustimmung kann formfrei erklärt werden. Sie ist nicht fristgebunden. Ein Anspruch auf Verlängerung bis zur Höchstdauer von sechs Monaten besteht dann, wenn die Pflegezeit zunächst nur für einen verkürzten Zeitraum genommen wurde und ein vorgesehener Wechsel in der Person des Pflegenden aus einem wichtigen Grund nicht erfolgen kann.

Eine „Splittung" der Pflegezeit in mehrere Zeitabschnitte, beispielsweise um die urlaubsbedingte Abwesenheit der Pflegekraft zu überbrücken, ist im Gesetz nicht vorgesehen; dieses spricht nur von einer Verlängerung in den oben dargestellten Fällen. Dagegen dürfte die Möglichkeit einen pflegebedürftigen Angehörigen durch mehrere Beschäftigte pflegen zu lassen, vom Gesetzeszweck – Beschäftigten, die in häuslicher Umgebung einen pflegebedürftigen Angehörigen pflegen oder in der letzten Phase seines Lebens begleiten wollen – gedeckt sein.

Beispiel:
Ein Beschäftigter beantragt bei seinem Arbeitgeber Pflegezeit für den Zeitraum vom 01.01.2009 bis zum 30.04.2009. Sein Bruder hat – ungeachtet dessen, dass für den pflegebedürftigen Angehörigen bereits eine viermonatige Pflegezeit genommen wurde – nunmehr die Möglichkeit, eine ungekürzte Pflegezeit, beispielsweise ab dem 01.05.2009 zu beantragen.

5. Beginn der Pflegezeit

Wer Pflegezeit beanspruchen will, muss dies dem Arbeitgeber spätestens zehn Arbeitstage vor Beginn schriftlich ankündigen und gleichzeitig erklären, für welchen Zeitraum und in welchem Umfang die Freistellung von der Arbeitsleistung in Anspruch genommen werden soll (§ 3 Abs. 3 Satz 1 PflegeZG). Grundvoraussetzung für den Anspruch ist, dass zu diesem Zeitpunkt ein naher Angehöriger pflegebedürftig ist. Die **voraussichtliche** Pflegebedürftigkeit ist nicht ausreichend.

Wird die Schriftform nicht eingehalten, so wurde die Pflegezeit nicht wirksam beansprucht. Die Rechtsfolge – die vollständige Freistellung von der Arbeit – tritt in diesem Fall nicht ein, so dass ein Fernbleiben des Beschäftigten als unberechtigt zu werten ist.

Wird die Pflegezeit seitens des Beschäftigten mit einer zu kurz bemessenen Ankündigungsfrist angezeigt, so führt dies zu einer Verschiebung der Pflegezeit um den entsprechenden Zeitraum der Fristversäumnis.

Nach § 3 Abs. 3 Satz 2 PflegeZG ist für den Fall, dass nur eine teilweise Freistellung in Anspruch genommen wird, vom Beschäftigten auch die gewünschte Verteilung der Arbeitszeit anzugeben. Arbeitgeber und Beschäftigter haben in diesem Fall eine schriftliche Vereinbarung über die Verringerung und die Verteilung der Arbeitszeit zu treffen, wobei der Arbeitgeber den Wünschen des Beschäftigten zu entsprechen hat, es sei denn, dass dringende betriebliche Gründe dem entgegenstehen (§ 3 Abs. 4 PflegeZG). Dringende betriebliche Gründe können sowohl der Arbeitszeitverringerung als auch der Verteilung der Arbeitszeit entgegenstehen.

 ACHTUNG!
Die entgegenstehenden betrieblichen Gründe sind seitens des Arbeitgebers darzulegen und zu beweisen.

6. Ende der Pflegezeit

Die Pflegezeit endet nach dem Zeitraum für den der Beschäftigte Pflegezeit beansprucht hat, spätestens mit Ablauf der sechsmonatigen Höchstdauer. Für den Fall dass der nahe Angehörige nicht mehr pflegebedürftig ist, oder die häusliche Pflege unmöglich oder unzumutbar geworden ist, endet die Pflegezeit vier Wochen nach dem Eintritt der veränderten Umstände (§ 4 Abs. 2 PflegeZG). Der Arbeitgeber ist über die veränderten Umstände unverzüglich zu unterrichten. Da eine bestimmte Form der Unterrichtung nicht vorgesehen ist, kann diese formfrei erfolgen. Liegen diese Umstände nicht vor, so kann die Pflegezeit nur mit Zustimmung des Arbeitgebers vorzeitig beendet werden.

7. Nachweispflicht

§ 3 Abs. 2 PflegeZG sieht vor, dass der Beschäftigte die Pflegebedürftigkeit des nahen Angehörigen durch Vorlage einer Bescheinigung der Pflegekasse oder des Medizinischen Dienstes der Krankenversicherung nachzuweisen hat. Bei in der privaten Pflegepflichtversicherung versicherten Pflegebedürftigen ist ein entsprechender Nachweis zu erbringen. Aufgrund des Wortlautes von § 3 Abs. 2 PflegeZG ist es ausreichend, wenn der Nachweis die Tatsache der Pflegebedürftigkeit und den namentlich benannten Angehörigen enthält.

 ACHTUNG!
Eine Angabe darüber, wann die Bescheinigung vorzulegen ist, enthält das Gesetz nicht. Laut Begründung des Gesetzesentwurfs durch die Bundesregierung ist diese allerdings weder bei Ankündigung noch bei Beginn der Pflegezeit notwendigerweise vorzulegen.

V. Rechtsfolgen

Bei der kurzzeitigen Arbeitsverhinderung nach § 2 PflegeZG kann der Beschäftigte ohne Zustimmung des Arbeitgebers bis zur Dauer von zehn Tagen der Arbeit fernbleiben. Im Gegenzug entfällt sein Vergütungsanspruch, es sei denn ein solcher ergibt sich aus sonstigen gesetzlichen Vorschriften oder aus einer individual- bzw. kollektivrechtlichen Vereinbarung. Bei einer unberechtigten Leistungsverweigerung stehen dem Arbeitgeber neben Schadensersatzansprüchen die üblichen arbeitsrechtlichen Maßnahmen, d. h. Abmahnung bzw. im Wiederholungsfall Kündigung zur Verfügung.

Bei Inanspruchnahme der Pflegezeit ist der Beschäftigte berechtigt bis zur Dauer von sechs Monaten der Arbeit fernzubleiben. Im Gegenzug entfällt auch hier der Vergütungsanspruch, bei der vollständigen Freistellung ganz, bei der teilweisen Freistellung anteilig. Hinsichtlich der arbeitsrechtlichen Konsequenzen bei unberechtigter Inanspruchnahme der Pflegezeit gilt das oben Gesagte.

VI. Sonderkündigungsschutz

Gemäß § 5 Abs. 1 PflegeZG darf der Arbeitgeber das Beschäftigungsverhältnis von der Ankündigung bis zur Beendigung der kurzzeitigen Arbeitsverhinderung nach § 2 PflegeZG oder der Pflegezeit nach § 3 PflegeZG nicht kündigen. In besonderen Fällen kann eine Kündigung von der für Arbeitsschutz zuständigen obersten Landesbehörde oder der von ihr bestimmten Stelle ausnahmsweise für zulässig erklärt werden (§ 5 Abs. 2 PflegeZG).

Maßgeblicher Zeitpunkt ist der Zugang der Kündigungserklärung, nicht der Tag des Ablaufs der Kündigungsfrist. Eine Kündigung verstößt demnach nicht gegen § 5 PflegeZG, wenn sie dem Beschäftigten zugeht, bevor dieser die kurzzeitige Arbeitsbefreiung bzw. die Pflegezeit angekündigt hat. Endet das Arbeitsverhältnis in diesem Fall innerhalb des geschützten Zeitraums des § 5 PflegeZG, so ist dies unbedenklich.

 ACHTUNG!
Der Sonderkündigungsschutz besteht nicht nur während der Dauer der Pflegezeit sondern beginnt bereits mit dessen Ankündigung. Dies gilt, da im Gesetz ein Hinweis auf eine Höchstfrist wie beispielsweise in § 18 Abs. 1 Satz 1 BEEG fehlt, auch dann, wenn die Pflegezeit bereits Monate vorher angekündigt wird. Eine Grenze dürfte der Rechtsmissbrauch sein.

Der Sonderkündigungsschutz gilt für alle in § 7 Abs. 1 genannten Beschäftigte, damit auch für solche Personen, die wegen ihrer wirtschaftlichen Unselbstständigkeit als arbeitnehmerähnliche Personen anzusehen sind, wie beispielsweise die in Heimarbeit Beschäftigten.

VII. Ersatzeinstellung

Wenn zu Vertretung eines Beschäftigten für die Dauer der kurzfristigen Arbeitsverhinderung nach § 2 PflegeZG oder der Pflegezeit nach § 3 PflegeZG ein Arbeitnehmer eingestellt wird, liegt hierin ein Grund für die Befristung des Arbeitsverhältnisses (§ 6 PflegeZG). Über die sich aus § 6 Abs. 1 Satz 1 PflegeZG ergebende Höchstdauer kann eine Befristung um die für die Einarbeitung notwendige Zeit verlängert werden (§ 6 Abs. 1 Satz 2 PflegeZG). Die Dauer der Befristung des Arbeitsvertrages muss kalendermäßig bestimmt oder bestimmbar sein oder der oben genannte Zweck zu entnehmen sein.

 ACHTUNG!
Das übrige Befristungsrecht ist zu beachten, insbesondere das Schriftformerfordernis des § 14 Abs. 4 TzBfG.

Kehrt der Pflegende nach § 4 Abs. 2 PflegeZG wegen Unmöglichkeit oder Unzumutbarkeit der weiteren Pflege vorzeitig in die Beschäftigung zurück, so steht dem Arbeitgeber gemäß § 6 Abs. 3 PflegeZG hinsichtlich des Vertreters ein Sonderkündigungsrecht mit einer Frist von zwei Wochen zu. Das Kündigungsschutzgesetz ist in diesen Fällen nicht anzuwenden.

Stellt der Arbeitgeber zur Vertretung des Pflegenden eine Vertretungskraft ein, so stellt § 6 Abs. 4 PflegeZG sicher, dass bei der Ermittlung von Schwellenwerten in anderen arbeitsrechtlichen Gesetzen oder Verordnungen der Vertretene nicht mitgerechnet wird. Auf diesem Weg soll eine Doppelberücksichtigung vermieden werden.

VIII. Unabdingbarkeit

Nach § 8 PflegeZG kann von den Vorschriften dieses Gesetzes nicht zuungunsten der Beschäftigten abgewichen werden.

::rehm

Politische Betätigung

I.   **Grundsätze**

II.   **Verstoß gegen den Betriebsfrieden**

III.   **Straftaten**

IV.   **Reaktionsmöglichkeiten des Arbeitgebers**

V.   **Parteipolitische Betätigung von Betriebsrat und Arbeitgeber**

I. Grundsätze

Das Grundrecht der Meinungsfreiheit (Art. 5 Abs. 1 Satz 1 GG) gilt auch für Arbeitnehmer am Arbeitsplatz. Die Wahrnehmung dieses Grundrechts kann jedoch zu Konflikten im Arbeitsleben führen. Diese können zum einen darin begründet sein, dass der Arbeitnehmer wegen der politischen Betätigung seine eigene Arbeit unzureichend ausführt und darüber hinaus andere bei der Erbringung der Arbeit stört. Darüber hinaus kann es zu Konflikten mit anderen Arbeitnehmern oder dem Arbeitgeber kommen, die eine andere Überzeugung haben. Daher muss die Möglichkeit zur politischen Betätigung im Betrieb Grenzen haben. Wie diese im Einzelfall zu ziehen sind, ist nicht immer klar zu bestimmen. Die Rechtsprechung hat einige Grundzüge herausgearbeitet, die jedoch stets auf den konkreten Einzelfall angepasst werden müssen.

II. Verstoß gegen den Betriebsfrieden

Mit diesem Begriff werden alle Faktoren bezeichnet, die das Zusammenleben und Zusammenwirken der Betriebsangehörigen ermöglichen oder erleichtern. Jeden Arbeitnehmer trifft eine ungeschriebene vertragliche Nebenpflicht, diesen Betriebsfrieden nach Möglichkeit zu wahren. Es stellt einen Verstoß gegen diese Pflicht dar, wenn der Arbeitnehmer sich provozierend parteipolitisch betätigt, so dass andere Belegschaftsangehörige sich belästigt fühlen und dadurch eine Störung des Betriebsablaufs eintritt.

Der Arbeitnehmer **darf** also **nicht**

- die eigene Arbeitspflicht zugunsten der politischen Betätigung verletzen,
- andere dadurch von der Arbeit abhalten oder deren Arbeit erschweren,
- Mitarbeiter so provozieren, dass erhebliche Unruhe in der Belegschaft hervorgerufen wird,
- durch überspitzte politische Äußerungen Kunden und/oder Lieferanten provozieren.

Dabei ist es unerheblich, in welcher Weise die Arbeitsabläufe gestört werden oder die Unruhe hervorgerufen wird. Dies kann sowohl durch verbale Äußerungen als auch durch Aufkleber, Plaketten und Aufnäher geschehen.

Beispiel:

Ein rechtsradikaler Arbeitnehmer trägt einen Aufnäher mit dem Text „Ich bin stolz, ein Deutscher zu sein" auf seiner Arbeitskleidung. Dies kann der Arbeitgeber untersagen, wenn es daraufhin zu erheblicher Unruhe z. B. unter den ausländischen Mitarbeitern kommt. Gemäß § 12 Abs. 1 AGG ist er sogar verpflichtet, Schutzmaßnahmen – auch vorbeugender Art – gegen Benachteiligungen zu treffen.

Auch durch Aufkleber auf einem auf dem Firmenparkplatz abgestellten Privatfahrzeug kann eine Störung des Betriebsfriedens hervorgerufen werden.

Diese Grundsätze gelten auch für ethnische Konflikte. Arbeiten z. B. in einem Betrieb Araber und Mitglieder der jüdischen Gemeinde, so dürfen sie die politischen Konflikte jedenfalls nicht in einer Weise am Arbeitsplatz austragen, die das Zusammenarbeiten konkret stört.

Sachliche Meinungsäußerungen sind jedoch auch im Betrieb von der Meinungsfreiheit geschützt. Die bloße abstrakte Möglichkeit, dass sie zu Störungen führen können, reicht nicht aus, um hiergegen vorzugehen. Es muss vielmehr eine konkrete Störung vorliegen oder unmittelbar bevorstehen. Bei der Beurteilung von Meinungsäußerungen sind auch die Wertungen des AGG zu beachten.

Eine gesteigerte Pflicht zur Rücksichtnahme besteht bei sog. **Tendenzbetrieben.** Dazu gehören

- politischen Parteien,
- Arbeitgeberverbände,
- Gewerkschaften,
- Unternehmen mit konfessionellen, karitativen, erzieherischen, wissenschaftlichen oder künstlerischen Zielen,
- Medien.

Hier müssen Arbeitnehmer bei ihrer politischen Betätigung auf die jeweilige Tendenz des Betriebs Rücksicht nehmen.

III. Straftaten

Die politische Betätigung im Betrieb ist auf jeden Fall unzulässig, wenn dabei Straftaten begangen werden. Typische Fälle sind hier

- Sachbeschädigung durch Aufsprühen oder sonstiges Bemalen von Firmeneigentum,
- Beleidigung (§ 185 StGB),
- Körperverletzung (§ 123 StGB),
- Nötigung (§ 240 StGB),
- Verwendung von Kennzeichen verfassungsfeindlicher Organisationen (§ 86a StGB), wozu auch das Zeigen des „Hitler-Grußes" gehört,
- Verbreiten von Propagandamaterial verfassungsfeindlicher Organisationen (§ 86 StGB),
- Volksverhetzung (§ 130 StGB),
- Aufstachelung zum Rassenhass (§ 131 StGB).

IV. Reaktionsmöglichkeiten des Arbeitgebers

Eine unzulässige politische Betätigung des Arbeitnehmers stellt einen Verstoß gegen seine arbeitsvertraglichen Pflichten dar. Der Arbeitgeber kann somit

- das Entgelt kürzen für den Zeitraum, in dem der Arbeitnehmer nicht gearbeitet, sondern sich politisch betätigt hat,
- den Arbeitnehmer abmahnen und
- im Wiederholungsfall kündigen, wenn der Verstoß gravierend genug ist.

Welche Reaktion im Einzelfall die angemessene ist, hängt von den jeweiligen Umständen ab. Das BAG hat z. B. die fristlose Kündigung eines Auszubildenden für rechtmäßig erachtet, der über dem Arbeitsplatz eines Kollegen ein Schild „Arbeit macht frei" befestigt hatte. Eine Abmahnung wurde für entbehrlich gehalten, ebenso wie bei einem Lehrer, der einen „Judenwitz" im Unterricht wiedergab. Das bloße Weiterreichen eines ausländerfeindlichen Flugblattes wurde in einem Einzelfall nicht als Kündigungsgrund anerkannt, nachdem der Arbeitnehmer glaubhaft dargelegt hatte, nur die Eingangssätze gelesen zu haben.

WICHTIG!

In bestimmten Fällen kann der Arbeitgeber nicht nur berechtigt, sondern auch verpflichtet sein, gegen unzulässige politische Betätigung vorzugehen.

Nach Auffassung des BAG kann eine solche Pflicht aus dem Diskriminierungsverbot des Art. 3 Abs. 3 Satz 1 GG abgeleitet werden, wonach niemand wegen seines Geschlechts, seiner Abstammung, seiner Rasse, seiner Sprache, seiner Heimat und Herkunft, seines Glaubens, seiner religiösen oder politischen Anschauung benachteiligt werden darf. Nach Inkrafttreten des AGG gilt dies in besonderem Maße für die dort genannten Diskriminierungsmerkmale.

Fühlt sich ein Arbeitnehmer durch die politische Betätigung eines anderen Mitarbeiters beeinträchtigt, kann er beim Betriebsrat Beschwerde einlegen, der diese dann mit dem Arbeitgeber zu erörtern hat (§ 85 Abs. 1 BetrVG). In schwerwiegenden Fällen hat der Betriebsrat gem. § 104 BetrVG ein Initiativrecht und kann die Entlassung des störenden Arbeitnehmers aus dem Betrieb verlangen. Kommt der Arbeitgeber in diesem Fall dem Verlangen des Betriebsrats nicht nach, kann er sich mit einem Verfahren vor der → *Einigungsstelle* oder einem Beschlussverfahren vor dem Arbeitsgericht konfrontiert sehen. Der betroffene Arbeitnehmer hat außerdem das Recht, fristlos zu kündigen.

V. Parteipolitische Betätigung von Betriebsrat und Arbeitgeber

Die parteipolitische Betätigung von Arbeitgeber und Betriebsrat im Betrieb ist ausdrücklich verboten (§ 74 Abs. 2 Satz 2 und 3 BetrVG). Dieses Verbot gilt nicht erst, wenn eine konkrete Beeinträchtigung des Betriebsfriedens zu befürchten ist, sondern generell. Das Verbot gilt für

▶ Mitglieder des Betriebsrats, sofern sie in dieser Funktion handeln; ansonsten gelten die für die sonstigen Arbeitnehmer geltenden Regeln,

▶ Mitglieder des Gesamtbetriebsrats,

▶ Mitglieder des Konzernbetriebsrats,

▶ den Jugend- und Auszubildendenvertreter,

▶ den Arbeitgeber, bei einer juristischen Person für deren gesetzlichen Vertreter.

Verboten ist nur die parteipolitische, nicht die allgemeinpolitische Betätigung (BAG v. 17.3.2010, Az. 7 ABR 95/08). Parteien in diesem Sinne sind nicht nur in der Bundesrepublik Deutschland zugelassene Organisationen, sondern auch verbotene oder im Ausland agierende Parteien.

Das Verbot ist räumlich auf den Betrieb beschränkt, wobei auch unselbstständige Betriebsteile und Nebenbetriebe erfasst sind. Mitglieder des Betriebsrats eines Betriebs können somit vor den Toren eines anderen Betriebs desselben Arbeitgebers parteipolitische Flugblätter verteilen, ohne gegen die Vorschrift zu verstoßen. Wenn der Betriebsrat gegen das Verbot parteipolitischer Betätigung verstößt, kann der Arbeitgeber ihn nicht durch ein Beschlussverfahren zur Unterlassung zwingen (BAG v. 17.3.2010, Az. 7 ABR 95/08). Er kann aber die gerichtliche Feststellung verlangen, dass die Betätigung rechtswidrig war. In groben Fällen oder im Wiederholungsfall kann auch die Auflösung des Betriebsrates gem. § 23 Abs. 1 BetrVG beantragt

werden. Dies dürfte insbesondere dann in Betracht kommen, wenn dem Betriebsrat gegenüber schon einmal gerichtlich festgestellt wurde, dass sein Verhalten rechtswidrig ist.

Praktikanten

I. Begriff

II. Praktikantenvertrag

III. Rechte und Pflichten im Praktikantenverhältnis
1. Pflichten des Ausbilders
2. Pflichten des Praktikanten

IV. Beendigung des Praktikums
1. Kündigung
2. Aufhebungsvertrag

I. Begriff

Der Begriff des Praktikanten ist gesetzlich nicht definiert. Charakteristisch für die Ausbildung eines Praktikanten ist, dass sie keine systematische Berufsausbildung in einem Ausbildungsberuf beinhaltet; das Praktikum zielt vielmehr auf die Erlangung von praktischen Kenntnissen und Erfahrungen in einem Betrieb ab. Es dient regelmäßig der Vorbereitung eines späteren Eintritts in den angestrebten Beruf oder dem Nachweis praktischer Erfahrungen aus einem bestimmten Gebiet. Häufig ist das Ablegen eines Praktikums auch Zulassungsvoraussetzung z. B. für ein Studium oder auch für eine Abschlussprüfung.

Abzugrenzen ist das Praktikantenverhältnis insbesondere vom

▶ → *Berufsausbildungsverhältnis* (dient dem erfolgreichen Abschluss in einem gesetzlich anerkannten Ausbildungsberuf),

▶ Volontärverhältnis (in der Regel nicht zwingend vorgeschrieben für späteren Hauptberuf; meist über einen längeren Zeitraum und vertiefte Vermittlung von praktischen Kenntnissen und Erfahrungen),

▶ Anlernverhältnis (die Arbeitsleistung gegen Entgelt steht im Vordergrund, auch wenn der Anzulernende erst noch die erforderlichen Kenntnisse sammeln soll bzw. muss),

▶ Schulpraktikum (kein Praktikant mit Arbeitnehmereigenschaft, da es sich um eine im Betrieb stattfindende schulische Veranstaltung handelt),

▶ (Fach-)Hochschulpraktikum (kein Praktikant mit Arbeitnehmereigenschaft, da das Bestandteil der Fach-/Hochschulausbildung ist),

▶ Werkstudenten (die entgeltliche Arbeitsleistung steht im Vordergrund; deshalb handelt es sich um ein „normales" Arbeitsverhältnis mit sozialversicherungs- und steuerrechtlichen Besonderheiten).

II. Praktikantenvertrag

Der Praktikant ist Arbeitnehmer. Für das Praktikantenverhältnis gelten die Vorschriften des Berufsbildungsgesetzes über Beginn und Beendigung, Rechte und Pflichten sowie Vergütung mit folgenden Ausnahmen:

▶ die gesetzliche Probezeit kann abgekürzt werden,

▶ auf die Niederschrift des Vertrags kann verzichtet werden,

▶ ein Schadensersatz bei vorzeitiger Auflösung des Vertrags nach Ablauf der Probezeit kann nicht verlangt werden, weder vom Ausbilder noch vom Praktikanten.

Auch wenn der Praktikantenvertrag mündlich abgeschlossen werden kann, empfiehlt es sich, die wesentlichen Vereinbarungen schriftlich festzuhalten.

WICHTIG!
Bei minderjährigen Praktikanten müssen auch die gesetzlichen Vertreter (in der Regel die Eltern) den Praktikantenvertrag unterschreiben.

Vor der → *Einstellung* eines Praktikanten muss der Betriebsrat beteiligt werden (§ 99 BetrVG).

III. Rechte und Pflichten im Praktikantenverhältnis

1. Pflichten des Ausbilders

Der Ausbilder muss dem Praktikanten diejenigen Kenntnisse und Erfahrungen vermitteln, die zum Erreichen des vereinbarten Ausbildungsziels erforderlich sind. Diese Vermittlung von Wissen steht im Mittelpunkt des Praktikantenverhältnisses. Darüber hinaus muss er dem Praktikanten

▶ Arbeitsmittel kostenlos zur Verfügung stellen,

▶ eine angemessene Vergütung zahlen,

▶ nach Abschluss des Praktikums ein Zeugnis ausstellen, aus dem sich die vermittelten Kenntnisse sowie die Leistung und Führung des Praktikanten ergeben.

2. Pflichten des Praktikanten

Der Praktikant ist in erster Linie verpflichtet, die sich aus dem vereinbarten Ausbildungsziel ergebenden Fertigkeiten und Kenntnisse zu erwerben. Darüber hinaus ist er verpflichtet,

▶ den Weisungen des Ausbilders Folge zu leisten,

▶ die beim Ausbilder einschlägige Betriebsordnung einzuhalten und besondere Verhaltenspflichten (z. B. Benutzung von Schutzvorrichtungen) zu befolgen,

▶ zur pfleglichen Behandlung der ihm zur Verfügung gestellten Arbeitsmittel,

▶ zur Durchführung der ihm übertragenen Arbeiten und Aufgaben,

▶ zur Wahrung der → *Verschwiegenheitspflicht*, insbesondere im Hinblick auf Geschäfts- und Betriebsgeheimnisse.

IV. Beendigung des Praktikums

1. Kündigung

Praktikantenverhältnisse werden befristet abgeschlossen. Wenn eine Probezeit vereinbart wurde, ist eine → *Kündigung* während der Probezeit jederzeit ohne Einhaltung einer Kündigungsfrist möglich. Die Probezeit im Praktikantenverhältnis beträgt mindestens einen Tag und darf höchstens drei Monate betragen.

Nach Ablauf der Probezeit kann das Praktikantenverhältnis nur noch außerordentlich, d. h. bei Vorliegen eines wichtigen Grundes gekündigt werden (→ *Kündigung*).

WICHTIG!
Die Möglichkeit der ordentlichen Kündigung kann vereinbart werden.

Zusätzlich kann der Praktikant mit einer vierwöchigen Frist kündigen, wenn er den Zweck des Praktikums nicht weiter verfolgen will (also z. B. das Studienfach wechselt oder sein Studium aufgibt).

WICHTIG!
Bei einer Kündigung durch den Ausbilder ist der Betriebsrat vorher gemäß § 102 BetrVG anzuhören.

Die Kündigung sowohl durch den Ausbilder als auch durch den Praktikanten muss in jedem Fall schriftlich erfolgen, sonst ist sie unwirksam (§ 22 BBiG, § 623 BGB). Der Ausbilder muss außerdem die Kündigungsgründe angeben.

2. Aufhebungsvertrag

Die einvernehmliche Beendigung des Praktikantenverhältnisses durch → *Aufhebungsvertrag* ist jederzeit möglich. Der Aufhebungsvertrag ist nur wirksam, wenn er schriftlich abgeschlossen wird (§ 22 BBiG, § 623 BGB). Fristen müssen hierbei nicht beachtet werden. Bei Minderjährigen ist die Zustimmung der gesetzlichen Vertreter (in der Regel die Eltern) erforderlich.

Provision

I.   Begriff und Abgrenzung

II.   Voraussetzungen
   1.   Bestehendes Arbeitsverhältnis
   2.   Geschäftsabschluss zwischen Arbeitgeber und Kunden
   3.   Ursachenzusammenhang
   4.   Bezirksvertretung
   5.   Ausführung des Geschäfts

III. Höhe des Provisionsanspruchs

IV.   Abrechnung des Provisionsanspruchs
   1.   Anspruch auf Abrechnung/Fälligkeit
   2.   Prüfung durch den Arbeitnehmer

V.   Beteiligung des Betriebsrats

VI.   Muster: Befristete Provisionsvereinbarung

I. Begriff und Abgrenzung

Die Provision ist eine Erfolgsvergütung. Sie ist die typische → *Vergütung* des Handelsvertreters, der nicht Arbeitnehmer ist, sondern selbstständig Geschäfte vermittelt und abschließt. Sie ist in den §§ 87 bis 87c HGB gesetzlich geregelt. Arbeitet ein Arbeitnehmer auf Provisionsbasis, gelten diese Regelungen für ihn entsprechend (§ 65 HGB).

Im Allgemeinen werden im Arbeitsverhältnis Provisionsvereinbarungen in Verbindung mit einem Fixum getroffen. Die Vereinbarung einer ausschließlich erfolgsorientierten Provisionsvergütung ist jedoch im Hinblick auf die ausdrückliche gesetzliche Regelung in § 65 HGB auch im Arbeitsverhältnis grundsätzlich zulässig. Dies gilt jedenfalls so lange, wie die Grenzen der Sittenwidrigkeit eingehalten werden. Kann ein

Arbeitnehmer trotz vollen Einsatzes seiner Arbeitskraft kein ausreichendes Einkommen erzielen, etwa weil das zur Verfügung gestellte Adressenmaterial oder eine andere geschuldete Mitwirkung des Arbeitgebers nicht ausreichend ist (vgl. dazu LAG Köln v. 16.2.2009, Az. 2 Sa 824/08), ist die Regelung sittenwidrig. Gleiches gilt, wenn zwischen Leistung und Gegenleistung ein auffälliges Missverhältnis (Vergütung erreicht nicht ⅔ eines in der betreffenden Branche und Wirtschaftsregion üblichen Tariflohns) besteht (BAG v. 16.2.2012, Az. 8 AZR 242/11).

Werden auf eine Provisionsvereinbarung – wie in der Praxis üblich – Provisionsvorschüsse gezahlt, so sind diese zurückzuzahlen, soweit sie nicht ins Verdienen gebracht werden. Etwas anderes gilt nur dann, wenn der Arbeitgeber seiner Verpflichtung zur Rücksichtnahme nicht nachkommt und die Vermittlungs- und Abschlussbemühungen nicht unterstützt und nicht fördert (LAG Hamm v. 3.2.2009, Az. 14 Sa 361/08).

Mit der Provision wird der Arbeitnehmer an dem Wert derjenigen Geschäfte beteiligt, die durch ihn zustande gekommen sind (Vermittlungsprovision). Dabei besteht kein Anspruch, dass der Arbeitgeber mit Rücksicht auf das Einkommen des Arbeitnehmers ein bestimmtes Vertriebssystem oder eine bestimmte Struktur auf Dauer unverändert beibehält (BAG v. 16.2.2012, Az. 8 AZR 242/11). Die Gestaltung des Vertriebssystems, also des Betriebs, liegt grundsätzlich im Bereich der unternehmerischen Freiheit eines Unternehmens. Dies kann im Ergebnis dazu führen, dass ein Arbeitnehmer nach einer Umstrukturierung nur noch eine erheblich geringere Provision erzielen kann.

Ist dem Arbeitnehmer im Rahmen seiner Tätigkeit ein bestimmter Bezirk oder Kundenkreis zugeteilt worden, kann auch eine sog. Bezirksprovision vereinbart werden. Danach erhält er eine Provision für diejenigen Geschäfte, die im zugewiesenen Bezirk oder mit dem zugeteilten Kundenstamm abgeschlossen werden, und zwar unabhängig davon, ob er am konkreten Geschäftsabschluss mitgewirkt hat.

Von der Vermittlungs- und Bezirksprovision sind die Umsatzprovision und die → *Gewinnbeteiligung* (Tantieme) zu unterscheiden. Umsatzprovisionen sind auf den Gesamtumsatz des Unternehmens oder eines Betriebs oder Betriebsteils bezogen. Wie die Gewinnbeteiligung, die auf den Gewinn des Unternehmens oder eines Betriebs oder Betriebsteils bezogen ist, ist sie nicht an die konkrete Tätigkeit des einzelnen Arbeitnehmers geknüpft.

Rechtsgrundlage einer Provision können der Arbeitsvertrag, eine Gesamtzusage, Betriebsvereinbarung oder eine tarifvertragliche Regelung sein.

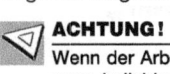 **ACHTUNG!**
Wenn der Arbeitgeber eine Provision nicht mit einzelnen Arbeitnehmern individuell aushandelt, sondern diese einheitlich für den ganzen Betrieb, einzelne Betriebsabteilungen oder Arbeitnehmergruppen einführt, muss er den Gleichbehandlungsgrundsatz beachten.

II. Voraussetzungen

Ein Provisionsanspruch besteht nur unter den folgenden Voraussetzungen:

1. Bestehendes Arbeitsverhältnis

Im Zeitpunkt des Geschäftsabschlusses muss ein rechtswirksamer → *Arbeitsvertrag* bestehen. Stellt sich im Nachhinein heraus, dass der Arbeitsvertrag nichtig ist oder wird er rechtswirksam angefochten, so hat dies nur Auswirkungen für die Zukunft. Der für bereits getätigte Geschäftsabschlüsse entstandene Provisionsanspruch bleibt bestehen.

Das provisionspflichtige Geschäft muss **während** des bestehenden Arbeitsverhältnisses abgeschlossen worden sein (§ 87 Abs. 1 HGB). Ohne Bedeutung ist dabei, ob das vermittelte Geschäft noch während oder erst nach Beendigung des Arbeitsverhältnisses ausgeführt wird. § 87 Abs. 1 S. 1 HGB begründet einen Provisionsanspruch auch für solche Geschäfte, die vor Beendigung des Vertragsverhältnisses abgeschlossen, aber erst danach ausgeführt worden sind (sog. Überhangsprovision). Ob diese Überhangsprovision durch eine arbeitsvertragliche Regelung ausgeschlossen werden kann, wenn ein sachlicher Grund vorliegt, ist zuletzt vom Bundesarbeitsgericht ausdrücklich offen gelassen worden. Eine vom Arbeitgeber vorformulierte Klausel, nach der dem Arbeitnehmer als Überhangsprovision nur die Hälfte der vereinbarten Provision zusteht, ist jedenfalls zu weit gefasst, benachteiligt den Arbeitnehmer unangemessen und ist daher unwirksam (BAG v. 20.2.2008, Az. 10 AZR 125/07).

Für ein **nach** Beendigung des Anstellungsverhältnisses zustande gekommenes Geschäft entsteht nur dann ein Provisionsanspruch, wenn der Arbeitnehmer es noch während des bestehenden Arbeitsvertrags vermittelt, eingeleitet und so vorbereitet hat, dass es überwiegend auf seine Tätigkeit zurückzuführen ist (§ 87 Abs. 3 Nr. 1 HGB). Das Geschäft muss außerdem innerhalb eines angemessenen Zeitraums nach Beendigung des Arbeitsverhältnisses abgeschlossen werden. Die Angemessenheit ergibt sich jeweils aus der Eigenart des Geschäfts; bei Saisonwaren muss z. B. der Abschluss innerhalb der Saison erfolgen.

Ein Provisionsanspruch besteht auch dann, wenn der Kunde noch vor Beendigung des Arbeitsverhältnisses ein Angebot zum Vertragsabschluss abgegeben hat (§ 87 Abs. 3 Nr. 2 HGB).

 **WICHTIG!**
Die Zusage einer Provision kann nicht mit einer Bindungsklausel verbunden werden, nach der das Arbeitsverhältnis auch noch für einen bestimmten Zeitraum nach Abschluss des Geschäfts bestehen muss. Dies würde eine unzulässige Kündigungserschwerung für den Arbeitnehmer bedeuten.

Der Provisionsanspruch entfällt nicht deshalb, weil er bei Vertragsbeendigung zwar entstanden, aber noch nicht fällig war. Ist z. B. vereinbart, dass eine Provision in monatlichen Raten ausgezahlt werden soll, entfällt der Anspruch des Arbeitnehmers nicht, wenn er im Zeitraum der Ratenzahlungen ausscheidet. Eine entgegenstehende Vereinbarung ist unzulässig.

2. Geschäftsabschluss zwischen Arbeitgeber und Kunden

Da der Arbeitnehmer die Provision nicht allein für seine Tätigkeit erhält, sondern für die Herbeiführung eines Erfolgs – nämlich den Abschluss eines Geschäfts –, muss es auch tatsächlich zu einem rechtswirksamen Geschäftsabschluss zwischen dem Arbeitgeber und dem Kunden kommen.

 **ACHTUNG!**
Der Arbeitgeber ist zwar berechtigt, den Abschluss eines vom Arbeitnehmer angebahnten oder vermittelten Geschäfts abzulehnen, doch macht er sich gegenüber dem Arbeitnehmer, für den mit der Ablehnung die Provision entfällt, in Höhe der Provision schadensersatzpflichtig. Das Gleiche gilt für den Fall, dass der Arbeitgeber – schuldhaft oder nicht schuldhaft – von vornherein nicht in der Lage ist, die vom Arbeitnehmer akquirierten Geschäfte zu erfüllen.

Der Provisionsanspruch besteht nur für diejenigen Geschäfte, mit deren Vermittlung der Arbeitnehmer beauftragt worden ist. Vermittelt der Arbeitnehmer ein anderes Geschäft als vertraglich vereinbart, so gibt ihm dies nur dann einen Provisionsanspruch, wenn dieser ausdrücklich vereinbart worden ist.

Bei Verträgen, die mehrere, einander nachfolgende Lieferungen vorsehen (sog. Sukzessivlieferungsverträge), besteht die Provisionspflicht unmittelbar dann, wenn die Nachlieferungen schon fest vereinbart sind. Sind dagegen für nachfolgende Lieferungen innerhalb eines Rahmenvertrags jeweils neue Lieferverträge erforderlich, entsteht der jeweilige Provisionsanspruch erst mit dem Abschluss dieser Verträge.

3. Ursachenzusammenhang

Der Arbeitnehmer hat nur dann einen Anspruch auf die vereinbarte Provision, wenn das Geschäft auf seine Tätigkeit zurückzuführen ist. Dies ist dann der Fall, wenn das Geschäft ohne ihn nicht zustande gekommen wäre. Dabei braucht der Arbeitnehmer jedoch nicht die alleinige Ursache zum Geschäftsabschluss gegeben zu haben; es reicht aus, wenn sein Tätigwerden mitursächlich ist. Will der Arbeitgeber den Provisionsanspruch beschränken bzw. daran knüpfen, dass der Beitrag des Arbeitnehmers überwiegen oder gar allein ursächlich sein muss, so muss dies klar und unzweifelhaft ausdrücklich im Rahmen der Provisionsvereinbarung festgelegt werden (LAG Köln v. 23.10.2006, Az. 14 Sa 459/06).

Ein enger zeitlicher Zusammenhang zwischen der Tätigkeit des Arbeitnehmers und dem Geschäftsabschluss muss nicht bestehen; die Tätigkeit muss lediglich fortwirken und so der Vertragsschluss zustande kommen.

Auf die Mitwirkung des Arbeitnehmers kommt es nur dann nicht an, wenn er zuvor einen Kunden **neu** geworben hat und dieser später gleichartige Geschäfte mit dem Arbeitgeber abschließt. Der Provisionsanspruch erstreckt sich dann auch auf diese Geschäfte (§ 87 Abs. 1 HGB).

> **TIPP!**
> Die Erstreckung des Provisionsanspruchs auf spätere gleichartige Geschäfte, die ohne Mitwirkung des Arbeitnehmers abgeschlossen werden, kann vertraglich ausgeschlossen werden.

> **Formulierungsbeispiel:**
> „Die Provision wird einmalig für den ersten Geschäftsabschluss mit einem neuen vom Arbeitnehmer gewonnenen Kunden gewährt. Schließt die Firma nachfolgend weitere gleichartige Geschäfte mit demselben Kunden ab, begründen diese keine weiteren Provisionsansprüche."

4. Bezirksvertretung

Auch im Rahmen eines Arbeitsverhältnisses kann vereinbart werden, dass der Arbeitnehmer eine Provision für sämtliche Geschäfte mit Kunden eines bestimmten Bezirks oder mit einem bestimmten Kundenkreis erhält (§ 87 Abs. 2 HGB). Der Arbeitnehmer hat dann bei jedem Vertragsabschluss des Arbeitgebers mit diesen Kunden einen Provisionsanspruch und zwar unabhängig davon, ob er am Zustandekommen des Vertrags beteiligt war. Die Provision muss also auch dann gezahlt werden, wenn der Arbeitnehmer krank oder im Urlaub ist.

> **ACHTUNG!**
> Eine Bezirkszuweisung sollte unter dem ausdrücklichen Vorbehalt der Zuweisung eines anderen Bezirks erfolgen. Nur dann kann der Arbeitgeber dem Arbeitnehmer im Wege des Direktionsrechts einen anderen Bezirk zuweisen, wobei er allerdings einen vergleichbaren Bezirk auswählen muss.

> **Formulierungsbeispiel:**
> „Der Arbeitnehmer wird für den Bezirk .... eingestellt. Änderungen des Aufgabengebiets und der Organisation behält sich die Firma ebenso vor wie die Zuweisung eines anderen Bezirks. Über Veränderungen in diesem Zusammenhang und eine vorgesehene Versetzung wird der Arbeitnehmer mindestens einen Monat vorher unterrichtet. Das neue Aufgabengebiet muss gleichwertig bzw. der neue Bezirk muss mit dem bisherigen vergleichbar sein."

5. Ausführung des Geschäfts

Der Anspruch auf eine vereinbarte Position setzt schließlich voraus, dass das vom Arbeitnehmer vermittelte Geschäft auch

tatsächlich ausgeführt wird (§ 87a Abs. 1 HGB). Der Arbeitgeber hat das Geschäft ausgeführt, wenn er die sich aus dem Vertrag mit dem Kunden ergebende Leistung erbracht hat.

Führt der Arbeitgeber das Geschäft **nicht** aus, hängt der Provisionsanspruch davon ab, ob die Nichtausführung auf Gründen beruht, die er zu vertreten oder nicht zu vertreten hat. Muss er sie vertreten, erwirbt der Arbeitnehmer trotz Nichtausführung des Geschäfts einen Provisionsanspruch; muss er sie nicht vertreten, entfällt der Anspruch. Gleiches gilt für den Fall, dass der Arbeitgeber ein vermitteltes Geschäft vertragswidrig nur teilweise, verspätet oder mangelhaft ausführt und es deshalb letztlich nicht zur Vertragsdurchführung kommt.

Der Arbeitgeber hat eine Nicht-/Teilausführung bzw. eine nicht vertragsgemäße Ausführung in aller Regel zu vertreten. Nur in zwei Fällen hat er sie **nicht** zu vertreten:

▸ Die Ausführung des Geschäfts wird nach Vertragsschluss unmöglich, ohne dass dem Arbeitgeber Vorsatz oder Fahrlässigkeit vorzuwerfen wäre.

> **Beispiel:**
> Nach Abschluss des Vertrags mit dem Kunden brennt aufgrund eines Blitzeinschlags die allen Sicherheitsbestimmungen genügende Lagerhalle des Arbeitgebers ab, in der die verkaufte Ware gelagert wird. Der Arbeitnehmer hat in diesem Fall keinen Anspruch auf die Provision.

▸ Eine Ausführung des Geschäfts ist dem Arbeitgeber unzumutbar, weil beim Kunden ein wichtiger Grund für die Nichtausführung besteht.

> **Beispiel:**
> Der Arbeitgeber lehnt das Geschäft wegen Insolvenz des Kunden ab; in diesem Fall hat der Arbeitnehmer keinen Provisionsanspruch. Demgegenüber ist eine Vertragsausführung nicht bereits dann als unzumutbar anzusehen, wenn der Kunde sich von seiner vertraglichen Verpflichtung zu lösen versucht.

> **WICHTIG!**
> Eine Vereinbarung, nach der der Provisionsanspruch auch dann entfallen soll, wenn der Arbeitgeber die Nichtausführung des Geschäfts zu vertreten hat, ist unwirksam (§ 87a Abs. 5 HGB).

Steht fest, dass der Kunde seiner vertraglichen Verpflichtung nicht nachkommt, insbesondere nicht zahlt, entfällt nach § 87a Abs. 2 HGB der Anspruch auf die Provision. Eine bereits ausgezahlte Provision muss der Arbeitnehmer zurückzahlen. Der Arbeitgeber ist jedoch zu sog. „zumutbaren Nachbearbeitungsmaßnahmen" verpflichtet. So muss er den Kunden bei fehlender Zahlungsbereitschaft mehrmalig durch Mahnschreiben zur Vertragserfüllung auffordern. Ebenso kann er verpflichtet sein, den Kunden zu verklagen, wenn eine Klage Aussicht auf Erfolg hat und nicht unzumutbar ist (unzumutbar wäre sie z. B. dann, wenn sie – etwa bei Insolvenz des Kunden – wirtschaftlich sinnlos ist).

> **ACHTUNG!**
> Nimmt der Arbeitgeber diese Maßnahmen nicht vor, bleibt der Provisionsanspruch bestehen, auch wenn der Kunde den Vertrag nicht erfüllt.

III. Höhe des Provisionsanspruchs

Die Höhe der Provision kann zwischen Arbeitgeber und Arbeitnehmer frei vereinbart werden. I. d. R. wird vertraglich festgelegt, dass der Provisionssatz in Prozenten vom Geschäftswert berechnet werden soll (x % von y). Möglich sind jedoch auch andere Kriterien. So kann etwa vereinbart werden, dass die Provision nach Stückzahl oder Gewicht der verkauften Ware (x € je Stück bzw. je Tonne) ermittelt wird.

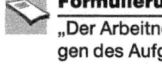 **:: rehm**

Wurde nichts vereinbart, gilt der übliche Satz als vereinbart (§ 87b Abs. 1 HGB), d. h. die Provision, die von vergleichbaren Unternehmen für Geschäfte dieser Art am Sitz des Arbeitsverhältnisses an Arbeitnehmer gezahlt wird. Zur Ermittlung des üblichen Satzes kann auch ein Gutachten der Industrie- und Handelskammer angefordert werden.

Bestimmt ein Tarifvertrag, dass eine bestimmte Entgelthöhe erreicht werden muss, so genügt es, wenn diese durch Fixum und Garantieprovision belegt ist.

Ein vertraglich vereinbarter Provisionssatz kann nur durch eine → *Änderungskündigung* oder eine einverständliche Vertragsänderung verändert werden.

TIPP!

Die Provisionsvereinbarung sollte daher befristet abgeschlossen werden. Als einzelne Arbeitsbedingung unterliegt sie nicht den Regelungen im Teilzeit- und Befristungsgesetz. Hierdurch wird eine regelmäßige Überprüfung und Flexibilisierung möglich.

Möglich, aber im Hinblick auf die restriktive Rechtsprechung zum Widerruf nicht empfehlenswert ist auch eine Provisionszusage unter dem Vorbehalt des jederzeitigen Widerrufs, sofern die Provisionszusage als widerruflicher Teil unter 25 % des Gesamtverdiensts liegt (vgl. dazu auch LAG München v. 22.8.2007, Az. 11 Sa 1168/06). Dazu bedarf es in der Vereinbarung einer präzisen Nennung aller denkbaren Widerrufsgründe. Zudem ist zwingend erforderlich, dass die daneben vereinbarte Festvergütung angemessen ist (dies ist insbesondere dann anzunehmen, wenn sie zumindest die Höhe eines in der jeweiligen Branche üblichen tariflichen Gehalts hat).

Im Krankheitsfalle erhält der Arbeitnehmer die Provisionen weitergezahlt, die er in dieser Zeit ohne Krankheit verdient hätte. Zur Ermittlung dieses Betrags ist auf einen vorangegangenen vergleichbaren Zeitabschnitt abzustellen. Entsprechendes gilt für die Vergütung an Feiertagen. Auch in Urlaubszeiten des Arbeitnehmers muss der Arbeitgeber die durchschnittliche Provision weiterleisten. Gemäß § 11 BUrlG ist dabei der Durchschnitt der letzten 13 Wochen heranzuziehen. Sofern die Provisionshöhe (etwa saisonbedingt) sehr unregelmäßig ausfällt, kann unter Umständen aber auch auf einen längeren Zeitraum oder einen anderen Zeitabschnitt abgestellt werden.

IV. Abrechnung des Provisionsanspruchs

1. Anspruch auf Abrechnung/Fälligkeit

Zur Sicherung und Aufklärung seiner Provisionsansprüche hat der provisionsberechtigte Arbeitnehmer gegen den Arbeitgeber einen Anspruch auf Abrechnung. Dazu muss ihm der Arbeitgeber die Namen oder Kennziffern der Kunden, die Art und Menge der verkauften Waren bzw. Dienstleistungen, den Wert der Geschäfte, die Geschäftsausführung sowie die Höhe und die Fälligkeit der Provisionen angeben.

Grundsätzlich ist über alle Provisionsansprüche – und zwar unabhängig davon, ob die Geschäfte bereits ausgeführt sind – monatlich gleichzeitig abzurechnen; der Abrechnungszeitraum kann durch vertragliche Vereinbarung auf höchstens drei Monate erstreckt werden. Über die Provisionen für bereits ausgeführte Geschäfte muss unverzüglich, spätestens zum Ablauf des Monats abgerechnet werden, der dem Monat folgt, in dem der Anspruch entstanden ist (§ 87c Abs. 1 HGB).

Wenn das Geschäft durch den Arbeitgeber ausgeführt ist, wird der Anspruch auf die Provision am letzten Tag des Monats fällig, in dem er gegenüber dem Arbeitnehmer abzurechnen ist.

2. Prüfung durch den Arbeitnehmer

Zur Überprüfung der vom Arbeitgeber vorgenommenen Provisionsabrechnung kann der Arbeitnehmer einen Auszug aus den Handelsbüchern über all diejenigen Geschäfte verlangen, für die ihm Provisionsansprüche zustehen (§ 87c Abs. 2 HGB). Dabei reicht es zur Begründung aus, dass er darlegt, dass nach den vertraglichen Vereinbarungen provisionspflichtige Geschäfte zustande gekommen sein könnten. Der Anspruch ist nur dann ausgeschlossen, wenn der Arbeitgeber bei jedem Einzelgeschäft einen Einzelbuchauszug erteilt oder wenn sich die Parteien bereits über die Richtigkeit der Abrechnung **ausdrücklich** geeinigt haben. Allein die stillschweigende Hinnahme einer Provisionsabrechnung kann nicht als Einverständnis des Arbeitnehmers mit der Abrechnung verstanden werden.

ACHTUNG!

Erteilt der Arbeitgeber auf Verlangen des Arbeitnehmers keinen Buchauszug oder nur verspätet, macht er sich schadensersatzpflichtig.

Wenn nicht alle für die Provisionsberechnung wesentlichen Umstände aus den Handelsbüchern zu ersehen sind, hat der Arbeitnehmer außerdem einen Anspruch auf eine Mitteilung zu diesen Umständen (§ 87c Abs. 3 HGB).

Weigert sich der Arbeitgeber, einen Buchauszug zu erteilen, oder hat der Arbeitnehmer begründete Zweifel an der Richtigkeit und Vollständigkeit der Abrechnung, kann er Einsicht in die Geschäftsbücher und Geschäftsunterlagen verlangen. Dabei kann der Arbeitgeber bestimmen, ob er dem Arbeitnehmer oder einem von diesem zu bestimmenden Wirtschaftsprüfer oder vereidigten Buchsachverständigen die Einsicht gestattet (§ 87c Abs. 4 HGB). Die Kosten der Einsichtnahme trägt der Arbeitnehmer, es sei denn, dass sich der Arbeitgeber mit der Erteilung eines richtigen oder vollständigen Buchauszugs in Verzug befand.

WICHTIG!

Eine Vereinbarung, nach der das Einverständnis des Arbeitnehmers mit einer Provisionsabrechnung als erteilt gilt, wenn er dieser nicht innerhalb einer bestimmten Frist widerspricht, ist unwirksam (§ 87c Abs. 5 HGB).

V. Beteiligung des Betriebsrats

Es liegt in der alleinigen Entscheidung des Arbeitgebers, ob er eine Provision einführen will oder nicht. Der Betriebsrat hat in dieser Frage kein Mitbestimmungsrecht. Insbesondere kann er die Einführung nicht über ein Einigungsstellenverfahren erzwingen.

Hat der Arbeitgeber sich jedoch für die Einführung einer Provision entschieden, hat der Betriebsrat bei der Ausgestaltung ein erzwingbares Mitbestimmungsrecht (§ 87 Abs. 1 Nr. 10 BetrVG). Dieses erstreckt sich insbesondere auf das Verhältnis der Provision zur Festvergütung, auf das Verhältnis der Provisionen zueinander, auf die Festsetzung der Bezugsgrößen (z. B. ob bei Erreichen einer bestimmten Umsatzgrenze die Provisionssätze linear, progressiv oder degressiv verlaufen) und schließlich auch auf die abstrakte Staffelung der Provisionssätze. Ausgeübt wird das Beteiligungsrecht regelmäßig durch Abschluss einer → *Betriebsvereinbarung*. Dabei handelt es sich um eine sog. teilmitbestimmte Betriebsvereinbarung.

VI. Muster:
Befristete Provisionsvereinbarung

1. Provisionsanspruch

Der Arbeitnehmer erhält befristet für alle während des Zeitraums vom ..... bis ..... abgeschlossenen Geschäfte, die ausschließlich auf seine Tätigkeit zurückzuführen sind, eine Provision in Höhe von .... %. Dabei gelten folgende Ausnahmen:

1. *Der Provisionsanspruch ist ausgeschlossen für Geschäfte mit solchen Kunden, die bei Inkrafttreten des Vertrags mit der Firma bereits in ständiger Geschäftsbeziehung stehen, soweit sie in den letzten zwölf Monaten eine Bestellung aufgegeben haben.*

2. *Die Provision wird einmalig für den ersten Geschäftsabschluss mit einem vom Arbeitnehmer neu gewonnenen bzw. wieder-gewonnenen Kunden gewährt. Schließt die Firma nachfolgend weitere gleichartige Geschäfte mit demselben Kunden ab, begründen diese keine weiteren Provisionsansprüche.*

3. *Der Provisionsanspruch ist ausgeschlossen für Verträge, die vom Arbeitnehmer zwar noch im Befristungszeitraum und bestehenden Arbeitsverhältnis vermittelt, jedoch erst drei Monate (oder später) nach → Beendigung des Arbeitsverhältnisses ausgeführt werden.*

Wirken mehrere Arbeitnehmer bei der Vermittlung des Geschäfts zusammen, entsteht die Provision nur einmal und wird zu gleichen Teilen auf die beteiligten Arbeitnehmer verteilt.

2. Berechnung der Provision

Die Provision wird vom Netto-Verkaufspreis berechnet. Bei Vertragsabschluss eingeräumte Preisnachlässe (Skonti usw.) sind in die Provisionsberechnung einzubeziehen. Sie mindern den Provisionsanspruch.

Die im Brutto-Verkaufspreis enthaltenen, gesondert ausgewiesenen Nebenkosten (Steuern, Fracht, Verpackung usw.) bleiben bei der Provisionsabrechnung unberücksichtigt. Sie sind nicht provisionspflichtig.

Für den Fall der Arbeitsunfähigkeit und der gesetzlichen Entgeltfortzahlungspflicht nach dem EFZG erhält der Arbeitnehmer auch hinsichtlich der während dieses Zeitraums nicht verdienten Provisionen Entgeltfortzahlung. Die Höhe der Entgeltfortzahlung für während der Arbeitsunfähigkeit nicht verdiente Provisionen wird als Pauschale gewährt. Die Höhe der Pauschale ergibt sich aus dem Durchschnitt der an den Mitarbeiter in den letzten sechs Monaten vor der Arbeitsunfähigkeit gezahlten Provisionen.

3. Abrechnung und Auszahlung der Provision

Abrechnung und Auszahlung der Provision erfolgt am Schluss des Monats, der der Ausführung des Geschäfts durch den Kunden folgt.

4. Fortfall der Provision

Der Anspruch auf die Provision entfällt, wenn der Kunde auch nach wiederholter Aufforderung und Mahnung ganz oder teilweise nicht leistet. Die Firma ist nur dann zur Durchführung eines Rechtsstreits verpflichtet, wenn Aussicht auf Erfolg besteht. Insbesondere im Falle der Zahlungsunfähigkeit des Kunden kann der Arbeitnehmer nicht die Durchführung eines Rechtsstreits verlangen.

5. Beendigung

Mit Ablauf des unter Ziff. 1 1. genannten Zeitraums endet die Provisionszusage, ohne dass es einer Kündigung bedarf. Nach diesem Zeitraum abgeschlossene Geschäfte begründen keine Provisionsansprüche.

Rauchverbot

I. Begriff

II. Anordnung des Arbeitgebers
1. Vereinbarung im Arbeitsvertrag
2. Rauchverbot als Nebenpflicht
3. Direktionsrecht

III. „Recht" auf Rauchverbot?

IV. Raucherräume

V. Beteiligung des Betriebsrats

VI. Verstöße gegen das Rauchverbot

I. Begriff

Mit dem zunehmenden Schutz des Nichtrauchers ist in letzter Zeit das Rauchverbot am Arbeitsplatz verstärkt ins Blickfeld des öffentlichen Interesses gerückt.

Zum 1.9.2007 ist das Bundesnichtraucherschutzgesetz in Kraft getreten. Damit ist das Rauchen in Einrichtungen des Bundes sowie der Verfassungsorgane des Bundes, in Verkehrsmitteln des öffentlichen Personenverkehrs sowie in Personenbahnhöfen weitgehend untersagt. Auch auf Länderebene wurde durch Nichtrauchergesetze das Rauchen an zahlreichen Orten untersagt. Insbesondere die unterschiedlichen Regelungen zum Nichtraucherschutz in Gaststätten stehen weiterhin im Mittelpunkt der Rechtsprechung der Verfassungsgerichte. Derzeit ordnen weder das Bundesnichtraucherschutzgesetz noch die unterschiedlichen Landesgesetze ein generelles Rauchverbot für privatrechtliche Betriebe an. Allerdings verpflichtet § 5 Arbeitsstättenverordnung den Arbeitgeber soweit erforderlich ein beschränktes Rauchverbot zu erlassen.

In Betracht kommt ein Rauchverbot

▶ aufgrund gesetzlicher Vorschriften (z. B. im Gewerbe- und Gefahrstoffrecht, im Lebensmittelrecht, im Atom- und Gentechnikrecht, im Bundesnichtraucherschutzgesetz),

▶ aufgrund von Vorschriften der Unfallversicherungsträger (z. B. aus feuer- oder gesundheitspolizeilichen Gründen),

▶ aus betrieblichen Gründen.

Begrifflich ist zu unterscheiden zwischen dem absoluten Rauchverbot, das im gesamten Betrieb für alle Arbeitnehmer gilt, und dem Rauchverbot, das nur bestimmte Betriebe/Betriebsteile oder Arbeitnehmergruppen erfasst.

II. Anordnung des Arbeitgebers

1. Vereinbarung im Arbeitsvertrag

Die Vereinbarung eines Rauchverbots im Arbeitsvertrag ist eher unüblich; teilweise wird eine solche Regelung durch einen Verweis auf die jeweilige Arbeits- oder Betriebsordnung getroffen.

Bei einem im Arbeitsvertrag angeordneten Rauchverbot ist zunächst darauf zu achten, dass die entsprechende Regelung nicht nur in den Verträgen einzelner Mitarbeiter enthalten ist. Dies hätte die Unwirksamkeit des Verbots wegen eines Verstoßes gegen den Gleichbehandlungsgrundsatz zur Folge. Ist ein → *Betriebsrat* vorhanden, kann bei einem Rauchverbot im üblicherweise verwendeten Arbeitsvertragsformular ein Mitbestimmungsrecht bestehen (§ 87 Abs. 1 Nr. 1 BetrVG, s. u. V.).

2. Rauchverbot als Nebenpflicht

Auch wenn das Nichtrauchen nicht im Arbeitsvertrag vereinbart ist, kann sich ein Rauchverbot aus arbeitsvertraglichen Nebenpflichten ergeben. Dies ist der Fall, wenn

▶ der Arbeitgeber im Bereich der kundenorientierten Dienstleistungen auf rauchfreie Zonen angewiesen ist (z. B. Schalterdienst, Zug- oder Flugbegleiter),

▶ für den Betrieb gesetzliche Rauchverbote gelten (z. B. in feuergefährdeten gewerblichen Betrieben),

▶ das Eigentum des Arbeitgebers geschützt werden soll (z. B. Vorführwagen als Nichtraucherfahrzeug).

3. Direktionsrecht

Im Rahmen seines Direktionsrechts kann der Arbeitgeber ein Rauchverbot anordnen, wenn damit die zu erbringende Arbeitsleistung konkretisiert werden soll.

Beispiel:

In der Chipfertigung würde das Rauchen zu einer Verunreinigung des Arbeitsergebnisses führen; das Nichtrauchen gehört damit zur Arbeitsleistung „an sich".

III. „Recht" auf Rauchverbot?

Der Arbeitgeber ist verpflichtet, Räume so einzurichten und zu unterhalten, dass der Arbeitnehmer bestmöglich gegen Gesundheitsgefahren geschützt ist (§ 618 BGB, § 62 HGB). Er muss die Arbeit so organisieren, dass die nicht rauchenden Arbeitnehmer nicht durch tabakrauchdurchsetzte Atemluft gesundheitlich gefährdet sind. Zum 1.9.2007 ist die Änderung der Arbeitsstättenverordnung (ArbStättV) zum Nichtraucherschutz am Arbeitsplatz in Kraft getreten.

§ 5 zum Nichtraucherschutz lautet wie folgt:

(1) Der Arbeitgeber hat die erforderlichen Maßnahmen zu treffen, damit die nichtrauchenden Beschäftigten in Arbeitsstätten wirksam vor den Gesundheitsgefahren durch Tabakrauch geschützt sind. Soweit erforderlich, hat der Arbeitgeber ein allgemeines oder auf einzelne Bereiche der Arbeitsstätte beschränktes Rauchverbot zu erlassen.

(2) In Arbeitsstätten mit Publikumsverkehr hat der Arbeitgeber Schutzmaßnahmen nach Absatz 1 nur insoweit zu treffen, als die Natur des Betriebs und die Art der Beschäftigung es zulassen.

Bereits nach der bis zum 31.8.2007 geltenden Rechtslage war der Arbeitgeber verpflichtet, zum Gesundheitsschutz der nichtrauchenden Beschäftigten wirksame Maßnahmen in der Arbeitsstätte zu ergreifen. Neben z. B. technischen oder organisatorischen Maßnahmen waren damit schon bisher Rauchverbote möglich. Der seit dem 1.9.2007 eingefügte Satz soll zum Ausdruck bringen, dass insbesondere ein allgemeines Rauchverbot für den gesamten Betrieb oder ein auf einzelne Bereiche der Arbeitsstätte beschränktes Rauchverbot geeignete Maßnahmen im Sinne der Verordnung sind.

IV. Raucherräume

Der Arbeitgeber muss bei der Anordnung des Rauchverbots auch die Interessen von Rauchern angemessen berücksichti-

gen. Dies führt z. B. dazu, dass den Rauchern Gelegenheit gegeben wird, unter menschenwürdigen Umständen zu rauchen. Dies kann z. B. in den Pausen erfolgen. Sofern tarifliche oder vertragliche Regelungen nichts Gegenteiliges bestimmen, besteht für (Rauch-)Pausen kein Anspruch auf Vergütung. Ob den Rauchern ein Raucherraum oder ein überdachter Unterstand im Freien zur Verfügung gestellt werden muss, hängt von den Gegebenheiten des Betriebs ab.

V. Beteiligung des Betriebsrats

Ordnet das Gesetz oder eine Unfallverhütungsvorschrift zwingend ein Rauchverbot an, besteht kein Mitbestimmungsrecht. Das Gleiche gilt, wenn die Arbeitsleistung nur in einer rauchfreien Umgebung erbracht werden kann, das Nichtrauchen also zur Arbeit an sich gehört.

Beispiele:

Rauchverbot im Lebensmittelgeschäft oder in der Computerchipfertigung.

Hat der Arbeitgeber in diesen Fällen noch einen Spielraum bei der Ausgestaltung, hat der Betriebsrat bei der Ausgestaltung ein erzwingbares Mitbestimmungsrecht (§ 87 Abs. 1 Nr. 7 BetrVG).

Wenn das Rauchverbot weder vom Gesetz noch durch Unfallverhütungsvorschriften vorgeschrieben ist und auch nicht zur Arbeitsleistung an sich gehört, sondern aus Gründen der betrieblichen Ordnung erlassen werden soll, hat der Betriebsrat ein erzwingbares Mitbestimmungsrecht sowohl bei der Anordnung als auch bei der Ausgestaltung (§ 87 Abs. 1 Nr. 1 BetrVG).

Beispiel:

Arbeitgeber und → *Betriebsrat* können regeln, wo und wie häufig Rauchpausen genommen werden können.

Besteht ein Mitbestimmungsrecht, kann ein Rauchverbot nur im Wege der → *Betriebsvereinbarung* oder durch eine Regelungsabrede mit entsprechender einzelvertraglicher Umsetzung ausgesprochen werden. Der Betriebrat kann hier von sich aus aktiv werden; kommt keine Einigung zustande, entscheidet die → *Einigungsstelle*.

Darüber hinaus hat der Betriebsrat die Aufgabe, die freie Persönlichkeitsentwicklung der Arbeitnehmer (d. h. Nichtraucher und Raucher!) zu schützen und zu fördern (§ 75 Abs. 2 BetrVG). Er muss daher entsprechende Beschwerden behandeln (§ 82 ff. BetrVG).

VI. Verstöße gegen das Rauchverbot

Raucht ein Arbeitnehmer trotz eines wirksamen Rauchverbots, kann der Arbeitgeber nach erfolgter → *Abmahnung* im Wiederholungsfall verhaltensbedingt ordentlich kündigen. Ob auch eine fristlose → *Kündigung* möglich ist, hängt von der Schwere des Verstoßes und damit von den Umständen ab, die das betriebliche Rauchverbot bedingt haben. Bei erheblicher Brandgefahr im Betrieb oder bei der Verarbeitung von Lebensmitteln wird es dem Arbeitgeber wohl nicht zumutbar sein, die Kündigungsfrist abzuwarten.

Nach § 28 Abs. 1 Nr. 12, Abs. 5 Jugendschutzgesetz können diejenigen, die Tabak an Jugendliche unter 18 Jahren abgeben oder ihnen das Rauchen gestatten mit einer Geldbuße von bis zu 50 000,– Euro belegt werden. Vom Arbeitgeber ist dies beispielsweise beim Verkauf von Zigaretten in der Kantine zu beachten.

Rufbereitschaft

I. **Begriff und Abgrenzung**

II. **Anordnung der Rufbereitschaft**

III. **Vergütung**

IV. **Beteiligung des Betriebsrats**

V. **Schutzvorschriften des Arbeitszeitgesetzes**

I. Begriff und Abgrenzung

Rufbereitschaft verpflichtet den Arbeitnehmer, für den Arbeitgeber jederzeit erreichbar zu sein, um auf Abruf die Arbeit unverzüglich alsbald aufnehmen zu können. Anders als bei der Einteilung zum Bereitschaftsdienst kann der zur Rufbereitschaft eingeteilte Arbeitnehmer sich an einem selbstbestimmten Ort, z. B. in der eigenen Wohnung oder in einem Restaurant aufhalten, und ist dementsprechend aufgrund der heutigen modernen Kommunikationsmöglichkeiten in der Wahl des Aufenthaltsortes während der Rufbereitschaft frei und schuldet nur die jederzeitige Erreichbarkeit. Die Wahl des Aufenthaltsortes ist allerdings so zu treffen, dass im Bedarfsfalle die rechtzeitige Arbeitsaufnahme gewährleistet ist. Als Ausgangspunkt wäre es z. B. möglich, die Strecke Arbeitsplatz zur Wohnung als Grundlage für die Entfernung Arbeitsplatz und Aufenthaltsort während der Rufbereitschaft zu vereinbaren.

II. Anordnung der Rufbereitschaft

Der Arbeitgeber kann die Rufbereitschaft nur dann anordnen, wenn er mit den betroffenen Arbeitnehmern eine entsprechende Regelung einzelvertraglich vereinbart hat. Häufig findet sich auch in Tarifverträgen eine diesbezügliche Ermächtigungsvorschrift. Wenn dem Arbeitgeber einzelvertraglich oder tarifvertraglich das Recht zur Anordnung von Rufbereitschaft überlassen ist, kann er die Einteilung zur Rufbereitschaft unter angemessener Berücksichtigung der beiderseitigen Interessen festlegen. Für Teilzeitbeschäftigte gilt das Gleiche.

Die Arbeitnehmer haben aber keinen Anspruch auf Einteilung zur Rufbereitschaft, auch wenn ihre mögliche Heranziehung arbeits- bzw. tarifvertraglich vereinbart ist. Selbstverständlich ist in diesem Zusammenhang aber auch der arbeitsrechtliche Gleichbehandlungsgrundsatz arbeitgeberseits zu beachten.

TIPP!
Bei der Einteilung zur Rufbereitschaft sollte genau festgelegt werden, in welchen Kostenstellen, für welchen Zeitraum und an welchen Wochentagen wieviel Mitarbeiter pro Kostenstelle und welche zur Rufbereitschaft herangezogen sind.

III. Vergütung

Arbeitnehmer, die Rufbereitschaft leisten, haben Anspruch auf eine Vergütung. Die Vergütung ist häufig tarifvertraglich oder in Betriebsvereinbarungen über die Rufbereitschaft geregelt. Soweit die Vergütung nicht kollektivrechtlich (Tarifvertrag oder Betriebsvereinbarung) oder einzelvertraglich geregelt ist, bestimmt sich die Höhe der Vergütung nach § 612 BGB. Auch wenn es sich bei der Rufbereitschaft um keine Arbeitsleistung (Hauptleistung) handelt, sondern um eine Nebenleistung, ist sie grundsätzlich vergütungspflichtig. Als ein „weniger" als Vollarbeit ist die Vergütung der Rufbereitschaft aber geringer anzusetzen. Sofern keine übliche Vergütung nach § 612 Abs. 2 BGB

ermittelt werden kann, gilt § 316 BGB. Die Vergütung kann unter Berücksichtigung der erfahrungsgemäß tatsächlich anfallenden Arbeit während der Rufbereitschaft pauschaliert werden, wobei üblicherweise unterschiedliche Pauschalen für Rufbereitschaft an Wochentagen, Samstagen oder Sonn- und Feiertagen anzusetzen sind. Häufiger wird die Einteilung zur Rufbereitschaft gesondert bezahlt (Tagessatz) und sofern es zu tatsächlichen Arbeitseinsätzen während der Rufbereitschaft kommt, diese als Arbeitszeit gesondert erfasst (Vergütung oder Freizeitausgleich), zum Teil sogar als Mehrarbeit inklusive Mehrarbeitszuschläge erfasst.

IV. Beteiligung des Betriebsrats

Der Betriebsrat hat bei der Einführung und Gestaltung von Rufbereitschaft ein Mitbestimmungsrecht, soweit nicht ausnahmsweise eine tarifliche Regelung besteht, die alle Einzelheiten detailliert regelt (§ 87 Abs. 1 Nr. 2 und Nr. 3 BetrVG). Hat der Arbeitgeber sich nur einzelvertraglich vorbehalten, Rufbereitschaft anzuordnen, muss er in jeden Fall den Betriebsrat beteiligen. Eine Anordnung allein auf der Grundlage einer einzelvertraglichen Vereinbarung ist unwirksam. Kommen Arbeitgeber und Betriebsrat zu keiner Einigung, können beide Seiten die Einigungsstellen anrufen, die eine verbindliche Entscheidung trifft.

TIPP!
Sofern eine Betriebsvereinbarung zur Rufbereitschaft abgeschlossen werden soll, könnte vereinbart werden, dass der Betriebsrat monatlich eine Kopie aller Meldungen aus den Fachabteilungen, über alle tatsächlich in diesem Monat zur Rufbereitschaft eingeteilten Mitarbeiter und deren Einsatzzeiten erhält. Diese Liste ist die Basis für die Entgeltabrechnung zur Abgeltung der Rufbereitschaft.

V. Schutzvorschriften des Arbeitszeitgesetzes

Rufbereitschaft gilt nicht als Arbeitszeit im Sinne des Arbeitszeitgesetzes, sondern ist Ruhezeit. Auch das Urteil des EuGH v. 9.9.2003 zum Bereitschaftsdienst hat hieran nichts geändert. Wird der Arbeitnehmer jedoch im Rahmen der eingeteilten Rufbereitschaft tatsächlich tätig, kommt es also zu einem Arbeitseinsatz während der Rufbereitschaft, so ist dies eine Unterbrechung der vom Arbeitszeitgesetz vorgeschriebenen Ruhezeit von elf Stunden nach Beendigung der täglichen Arbeitszeit. Dies hat zur Folge, dass die elfstündige Ruhezeit nach Abschluss des Arbeitseinsatzes neu einsetzt. Soweit dies dazu führt, dass der Arbeitnehmer seiner regelmäßigen Arbeit nicht nachkommen kann, hat er bei Fehlen einer ausdrücklichen (z. B. tarifvertraglichen oder betrieblichen) Regelung keinen Lohnanspruch.

Scheinselbstständigkeit

I. **Begriff und Abgrenzung**

II. **Anfrageverfahren**
    1. Beteiligte
    2. Eintritt der Versicherungspflicht

III. **Auswirkungen**
    1. Bestehende Verträge
    2. Neue Aufträge
    3. Beendete Vertragsverhältnisse
    4. Auskunftspflicht des Auftragnehmers

IV. Folgen der Fehlbeurteilung für den Auftraggeber

V. Häufig betroffene Branchen

VI. Betriebsprüfungen durch die Rentenversicherungsträger

VII. Checkliste Scheinselbstständigkeit
1. Derzeitige selbstständige Tätigkeit
2. Vergütung
3. Persönliche Abhängigkeit
4. Unternehmerisches Handeln

I. Begriff und Abgrenzung

Unter den sog. Scheinselbstständigen werden erwerbsmäßig tätige Personen verstanden, die mit den Auftraggebern Verträge schließen, die sie als selbstständig tätige Personen ausweisen, mit der Folge, dass keine Sozialversicherungsbeiträge abgeführt werden. Bei näherer Betrachtung der tatsächlichen Verhältnisse ist dann jedoch festzustellen, dass entgegen den vereinbarten vertraglichen Regelungen, der Betroffene nach den Maßstäben der Rechtsprechung in Wirklichkeit ein abhängig Beschäftigter ist. Dies kommt insbesondere häufig in den Fällen vor, in denen ein zuvor bestehendes abhängiges Beschäftigungsverhältnis aufgelöst wird und dann ein Auftragsverhältnis zwischen dem bisherigen Arbeitnehmer und Arbeitgeber vereinbart wird.

Beispiel:

Ein in einer Spedition beschäftigter LKW-Fahrer löst im Einvernehmen mit dem Spediteur sein Arbeitsverhältnis und erhält dann vom Spediteur einen Auftrag, für diesen als „selbstständiger" LKW-Fahrer (ohne eigene Fahrzeuge) mit dessen Fahrzeugen Fuhraufträge durchzuführen.

Für die Frage, ob ein abhängiges Beschäftigungsverhältnis vorliegt, ist eine umfassende Bewertung der Verträge sowie der tatsächlichen Verhältnisse erforderlich.

II. Anfrageverfahren

Bestehen Zweifel, ob im konkreten Fall ein Beschäftigungsverhältnis vorliegt, kann ein Anfrageverfahren bei der Deutschen Rentenversicherung Bund eingeleitet werden.

1. Beteiligte

Sowohl der Auftragnehmer als auch der Auftraggeber sind berechtigt, das Anfrageverfahren bei der Deutschen Rentenversicherung Bund zu beantragen. Das Anfrageverfahren erfolgt schriftlich unter Beteiligung von Auftraggeber und -nehmer (Beteiligte). Ist das Anfrageverfahren eingeleitet worden, setzt die Deutsche Rentenversicherung Bund den Beteiligten eine angemessene Frist, um Tatsachen anzugeben, die für die Klärung des sozialversicherungsrechtlichen Status erforderlich sind. Die Deutsche Rentenversicherung Bund entscheidet die Anfrageverfahren durch Bescheid.

Haben Einzugsstellen oder andere Rentenversicherungsträger bereits schriftlich das Vorliegen einer selbstständigen Tätigkeit festgestellt und ist seitdem keine Änderung in den tatsächlichen Verhältnissen eingetreten, hat die Entscheidung weiterhin Bestand.

2. Eintritt der Versicherungspflicht

Entscheidet die Deutsche Rentenversicherung Bund im Rahmen des Anfrageverfahrens, dass eine abhängige Beschäftigung vorliegt, beginnt die Versicherungspflicht grundsätzlich mit der Aufnahme der Beschäftigung. Es gibt jedoch folgende Ausnahme:

Die Versicherungspflicht tritt bei Antragstellung innerhalb eines Monats nach Aufnahme der Tätigkeit erst mit der Bekanntgabe der Entscheidung der Deutschen Rentenversicherung Bund ein, wenn

▶ der Beschäftigte nach der Entscheidung, dass eine Beschäftigung vorliegt, gegenüber der Deutschen Rentenversicherung Bund dem späteren Beginn der Sozialversicherungspflicht zustimmt und

▶ er für den Zeitraum zwischen Aufnahme der Beschäftigung und der Bekanntgabe der Entscheidung der Deutschen Rentenversicherung Bund eine Absicherung gegen das finanzielle Risiko von Krankheit und zur Altersvorsorge vorgenommen hat, die der Art nach den Leistungen der gesetzlichen Kranken- und Rentenversicherung entspricht.

Die Absicherung gegen das finanzielle Risiko von Krankheit kann durch eine freiwillige Versicherung in der gesetzlichen Krankenversicherung oder durch eine private Krankenversicherung erfolgen. Dabei muss die private Krankenversicherung Leistungen anbieten, die den Leistungen der gesetzlichen Krankenversicherung entsprechen.

Eine Absicherung zur Altersvorsorge kann ebenfalls durch eine freiwillige Versicherung in der gesetzlichen Rentenversicherung oder durch eine private Lebens- oder Rentenversicherung für den Fall des Erlebens des 60. oder eines höheren Lebensjahres erfolgen. Ein ausreichender sozialer Schutz liegt vor, wenn für die private Versicherung Prämien gezahlt werden, die dem jeweiligen freiwilligen Mindestbeitrag zur gesetzlichen Rentenversicherung entsprechen (im Jahr 2013 = € 85,05).

III. Auswirkungen

Da den Auftraggeber die Pflichten eines Arbeitgebers treffen können und er eventuell Sozialversicherungsbeiträge für den Auftragnehmer rückwirkend bis zu vier Jahren zu zahlen hat, sollten bestehende sowie neu zu vergebende Aufträge unter dem Gesichtspunkt der Scheinselbstständigkeit überprüft werden.

TIPP!
Wenn nach der Selbsteinschätzung Zweifel am Status der Selbstständigkeit bestehen, ist das Anfrageverfahren bei der Deutschen Rentenversicherung Bund zu empfehlen.

1. Bestehende Verträge

Zunächst ist anhand der vorhandenen Auftragsunterlagen, sonstiger Vereinbarungen und der tatsächlichen Verhältnisse der Auftragsdurchführung zu prüfen, ob der Auftragnehmer eine echte selbstständige Tätigkeit ausübt. Wurde ein Vertrag an eine selbstständig tätige Einzelperson oder eine Ein-Mann-GmbH vergeben, bieten die Kriterien der Checkliste (s. Checkliste VII) erste Anhaltspunkte für die Prüfung der Feststellung, ob der Auftragnehmer ein Beschäftigter des Betriebes des Auftraggebers oder ein außerhalb des Betriebes stehender Selbstständiger ist.

Kommen der Auftraggeber und der Auftragnehmer nach eingehender Prüfung der Kriterien der Checkliste (s. Checkliste VII) sowie der bestehenden Verhältnisse zu dem Ergebnis, dass eindeutig eine selbstständige Tätigkeit des Auftragnehmers vorliegt, ist für den Auftraggeber gegenüber den Krankenkassen als Einzugsstellen für den Gesamtsozialversicherungsbeitrag nichts weiter zu veranlassen, da Meldepflichten nur bei abhängig Beschäftigten bestehen.

::rehm

 **TIPP!**
Die Prüfung der Kriterien (s. Checkliste VII) und das Gesamtergebnis sollte unbedingt schriftlich festgehalten und zu den Auftragsunterlagen genommen werden. Sie dokumentieren für eine spätere Betriebsprüfung, dass der Auftraggeber sich gewissenhaft mit der Frage des Vorliegens einer Beschäftigung auseinandergesetzt hat, so dass jedenfalls keine wissentliche Unterschlagung von Sozialversicherungsbeiträgen angenommen werden kann. Eine vorsätzliche Unterschlagung von Sozialversicherungsbeiträgen ist eine Straftat (§ 266a StGB) und dehnt den Rückforderungszeitraum für Beiträge von vier auf 30 Jahre aus.

2. Neue Aufträge

Bei neuen Aufträgen muss der Auftraggeber einschätzen können, ob sein Vertragspartner sozialversicherungspflichtig wird oder nicht und ob ggf. Beiträge an die Krankenkasse zu zahlen sind.

Bei der Vergabe neuer Aufträge an Einzelpersonen können ebenfalls die Kriterien der Checkliste (s. Checkliste VII) als Anhaltspunkte herangezogen werden. Je einfacher die Art der Tätigkeit und je größer das Weisungsrecht, das sich der Auftraggeber vorbehält, desto eher wird ein Beschäftigungsverhältnis vorliegen. Bei der Vertragsgestaltung muss klar erkennbar sein, dass ein selbstständiger Auftragnehmer für den Auftraggeber tätig werden soll.

WICHTIG!
Wird vor Vertragsabschluss ein Anfrageverfahren bei der Deutschen Rentenversicherung Bund beantragt, kann kein Bescheid erteilt werden, da tatsächlich noch kein Vertragsverhältnis besteht. In Zweifelsfällen sollte jedoch unmittelbar nach Vertragsabschluss ein Anfrageverfahren eingeleitet werden.

Formulierungsbeispiele für selbstständige Tätigkeit:

„Der Auftragnehmer .... darf auch für andere Unternehmen tätig werden."

„Der Auftragnehmer .... darf ohne Zustimmung des Auftraggebers .... eigenes Personal beschäftigen."

„Der Auftragnehmer .... entscheidet, ob er eigene Geschäfts-/ Betriebs- oder Büroräume unterhält. Der Auftraggeber .... gewährt keine Kostenbeteiligung an den Betriebskosten des Auftragnehmers ...."

„Der Auftragnehmer .... entscheidet, ob und in welchem Umfang er seine Arbeitskraft dem Auftraggeber .... zur Verfügung stellt."

„Der Auftragnehmer .... ist nicht an die Arbeitszeiten des Auftraggebers .... gebunden. Er ist nicht in seinen Dienstplänen eingeteilt und nicht verpflichtet, während der üblichen Bürostunden anwesend zu sein."

„Der Auftragnehmer .... hat keinen Anspruch auf Lohnfortzahlung im Krankheitsfall und kann sich in diesem Fall von einem Dritten vertreten lassen."

„Der Auftragnehmer .... hat keinen Anspruch auf bezahlten → Urlaub."

„Der Auftragnehmer .... wird für den Auftraggeber .... während der Projektdauer von .... Monaten tätig."

ACHTUNG!
Der Vertrag muss auch entsprechend der vereinbarten Regelungen tatsächlich „gelebt" werden. Die Sozialversicherungsträger beurteilen das Vorliegen einer Beschäftigung nicht nur aufgrund des Vertrags, sondern ausschlaggebend sind bei Abweichungen letztendlich die tatsächlichen Verhältnisse.

3. Beendete Vertragsverhältnisse

Auch wenn das Vertragsverhältnis bereits beendet ist, besteht die Möglichkeit ein Statusfeststellungsverfahren zu beantragen.

4. Auskunftspflicht des Auftragnehmers

Zur Bestimmung, ob tatsächlich ein Beschäftigungsverhältnis vorliegt, kann der Auftraggeber in Zweifelsfällen vom Auftrag-

nehmer nach § 28o SGB IV die Auskünfte einholen, die er für diese Entscheidung benötigt und die er selbst nicht beeinflussen kann.

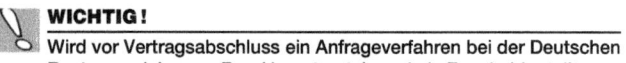 **TIPP!**
Der Auftraggeber sollte insbesondere zu den Merkmalen in der Checkliste (s. u. VII.) eine wahrheitsgemäße Auskunft vom Auftragnehmer verlangen.

Der Auftraggeber darf in regelmäßigen Abständen den Auftragnehmer nach den für die Versicherungspflicht maßgeblichen Tatsachen fragen. Eine Offenbarungspflicht des Auftragnehmers, ungefragt zu den genannten Punkten Angaben zu machen, besteht nicht.

Auch bei der Vergabe neuer Aufträge ist der Auftraggeber auf die Informationen des Auftragnehmers angewiesen, da er nicht wissen kann, ob der Auftragnehmer eigene Arbeitnehmer beschäftigt bzw. einstellen will und ob er für andere Auftraggeber tätig ist/sein wird. Das Informationsrecht des Arbeitgebers/Auftraggebers nach § 28o SGB IV besteht auch vor Begründung eines Beschäftigungs-/Auftragsverhältnisses.

IV. Folgen der Fehlbeurteilung für den Auftraggeber

Ergibt eine spätere → *Betriebsprüfung*, dass die Einschätzung nicht richtig war, gilt Folgendes:

Der Arbeitgeber hat rückwirkend den Gesamtsozialversicherungsbeitrag zu zahlen, und zwar vom Zeitpunkt der Aufnahme der Beschäftigung an, aber höchstens für den gesetzlichen Verjährungszeitraum von vier Jahren. Die nicht abgeführten Arbeitnehmerbeitragsanteile sind nur für die letzten drei Lohn- und Gehaltsabrechnungen nachzuzahlen. Zusätzlich zu den nachzuzahlenden Gesamtsozialversicherungsbeiträgen muss der Arbeitgeber Säumniszuschläge zahlen. Ein Anspruch auf Ersatz der gezahlten Arbeitgeberanteile bestand nach der Rechtsprechung bisher nicht. Er konnte auch nicht vertraglich vereinbart werden, da eine solche Vertragsklausel nach § 32 SGB I immer unwirksam war.

▶ **Wahrheitsgemäße Angaben des Auftragnehmers**

Hat der Auftragnehmer wahrheitsgemäß Auskunft gegeben (s. o. III.4.), hat der Auftraggeber gegen ihn einen Anspruch auf Ersatz der nachgezahlten Arbeitnehmeranteile. Die Erstattung kann nur im Lohnabzugsverfahren erfolgen, d. h. der Anspruch besteht sozialversicherungsrechtlich nur, solange ein Beschäftigungsverhältnis besteht.

▶ **Unrichtige Angaben des Auftragnehmers**

Verstößt der Auftragnehmer jedoch gegen die Verpflichtung, auf Fragen des Auftraggebers wahrheitsgemäß zu antworten, bzw. antwortet er gar nicht, kann der Auftraggeber nach § 28g Satz 3 SGB IV von ihm die Erstattung der geforderten Arbeitnehmeranteile zur Sozialversicherung verlangen, ohne auf das Lohnabzugsverfahren beschränkt zu sein. Der Auftragnehmer ist also auch dann noch zur Zahlung verpflichtet, wenn er nicht mehr für den Auftraggeber/ Arbeitgeber tätig ist.

V. Häufig betroffene Branchen

Bei folgenden Tätigkeitsbereichen treten häufig Probleme der Scheinselbstständigkeit auf:

▶ Bedienungspersonal in Gastronomiebetrieben

▶ Dozenten/Lehrkräfte

- ▶ EDV-Berater
- ▶ Frachtführer/Unterfrachtführer
- ▶ Franchising
- ▶ Kurierdienstfahrer
- ▶ Messehostessen
- ▶ Personen der Toiletten-Service-Betriebe
- ▶ Personen im Baubereich
- ▶ Personen in sozialen Berufen (z. B. Familienhelfer, Eingliederungshelfer, Einzelfallhelfer)
- ▶ Pflegepersonen
- ▶ Promoter
- ▶ Regalauffüller bzw. Platzierungshilfen
- ▶ Taxifahrer
- ▶ Teleheimarbeit
- ▶ Telefonvermittler
- ▶ Verkaufsfahrer
- ▶ Werbedamen/Propagandisten
- ▶ Zerleger, Ausbeiner, Kopfschlächter.

VI. Betriebsprüfungen durch die Rentenversicherungsträger

Die Rentenversicherungsträger kontrollieren regelmäßig alle vier Jahre, ob die Arbeitgeber/Auftraggeber ihre Meldepflichten für die Beschäftigten zur Sozialversicherung erfüllen (§ 28a SGB IV) und die Beiträge richtig abgeführt haben (§ 28e SGB IV). Die Prüfung umfasst neben sämtlichen Lohnunterlagen die gesamte Finanzbuchhaltung. Damit kann festgestellt werden, ob Scheinselbstständige oder freie Mitarbeiter, für die es kein Lohnkonto gibt, ggf. über Werkverträge, tatsächlich beschäftigt worden sind (→ *Betriebsprüfung*).

VII. Checkliste Scheinselbstständigkeit

Folgende Indizien sprechen für eine selbstständige Tätigkeit:

1. Derzeitige selbstständige Tätigkeit

- ❏ Der Auftragnehmer hat noch weitere Auftraggeber
- ❏ Der Auftragnehmer ist Handelsvertreter i. S. v. § 84 Abs. 1 HGB, d. h. er kann seine Tätigkeit im Wesentlichen frei gestalten und seine Arbeitszeit frei bestimmen
- ❏ Der Auftragnehmer beschäftigt eigene versicherungspflichtige Arbeitnehmer
- ❏ Eigene Geschäfts-/Betriebs- oder Büroräume des Auftragnehmers mit gegebenenfalls selbstständiger Betriebsorganisation
- ❏ Tragung sämtlicher Betriebskosten wie Miete, Strom, Wasser, Telefon, Büromaterial, Porto, Reinigung der Geschäftsräume, Telefonbucheintrag, Eintrag in den gelben Seiten durch den Auftragnehmer
- ❏ Der Auftragnehmer hat sich mit anderen Selbstständigen zu einer Gesellschaft (z. B. Sozietät, Praxis- oder Bürogemeinschaft, Partnerschaftsgemeinschaft, GmbH) zusammengeschlossen

2. Vergütung

- ❏ Der Auftragnehmer erhält eine Provision oder erfolgsabhängige Vergütung
- ❏ Der Auftragnehmer hat keinen Anspruch auf Gratifikation oder sonstige Zuwendungen durch den Auftraggeber
- ❏ Der Auftragnehmer erhält keine Erstattung von Auslagen für die Benutzung des eigenen PKW, Fax, PC, Reise- und Übernachtungsspesen, Versicherungsbeiträge
- ❏ Der Auftragnehmer hat keinen Anspruch auf Entgeltfortzahlung im Krankheitsfall; er ist nicht verpflichtet, sich beim Auftraggeber „krankzumelden"
- ❏ Der Auftragnehmer hat keinen Anspruch auf bezahlten Urlaub

3. Persönliche Abhängigkeit

- ❏ Der Auftragnehmer arbeitet (überwiegend) in eigenen Büroräumen, jedenfalls nicht (überwiegend) in den Büroräumen eines Auftraggebers
- ❏ Der Auftragnehmer ist nicht an feste Arbeitszeiten/Kernzeiten/Arbeitszeiterfassung mit eigenem Zeitkonto gebunden
- ❏ Für den Auftragnehmer besteht keine ständige Dienst-/Abrufbereitschaft
- ❏ Der Auftragnehmer führt nicht identische Tätigkeiten wie andere Arbeitnehmer des Auftraggebers aus
- ❏ Der Auftragnehmer wird nicht in Dienstpläne eingeteilt, es wird von ihm keine Anwesenheit während der üblichen Bürostunden erwartet
- ❏ Der Auftragnehmer ist nicht zur Benutzung bestimmter Arbeitsmittel wie Dienstkleidung oder Firmenfahrzeug verpflichtet
- ❏ Der Auftragnehmer hat weitestgehende freie Verfügungsmöglichkeit in rechtlicher und tatsächlicher Hinsicht über die eigene Arbeitskraft (ob und wie)
- ❏ Der Auftragnehmer hat die rechtliche Möglichkeit, sich im Krankheits- oder Urlaubsfall durch eine Ersatzkraft vertreten zu lassen
- ❏ Der Auftragnehmer bestimmt sein Einsatzgebiet selber

4. Unternehmerisches Handeln

- ❏ Dem Auftragnehmer sind eigene Akquisitionsmaßnahmen, Werbung erlaubt
- ❏ Der Auftragnehmer setzt eigenes Kapital ein
- ❏ Der Auftragnehmer erhält keine Finanzierungshilfen (z. B. Darlehen) durch den Auftraggeber
- ❏ Der Auftragnehmer hat die Möglichkeit und das Recht, angetragene Aufträge abzulehnen
- ❏ Der Auftragnehmer gibt ein konkretes Kalkulationsangebot in Konkurrenz zu anderen beim Auftraggeber ab
- ❏ Der Auftragnehmer gestaltet seine Preise selbst
- ❏ Der Auftragnehmer trägt die Ungewissheit hinsichtlich des Erfolgs der eingesetzten Arbeitskraft
- ❏ Der Auftragnehmer erbringt die Leistung ausschließlich im eigenen Namen und auf eigene Rechnung

::rehm

Schwarzarbeit

I. Allgemeines

II. Gesetz zur Intensivierung der Bekämpfung der Schwarzarbeit
1. Begriff
    1.1 Dienst- oder Werkleistungen
    1.2 Erheblicher Umfang
    1.3 Verletzung einer Mitwirkungspflicht
    1.4 Besonderheiten im Baubereich
    1.5 Neue Ausweis- und Meldepflichten in neun Branchen seit 1. Januar 2009
2. Rechtsfolgen für den Schwarzarbeiter
    2.1 Geldbuße
    2.2 Nichtigkeit des Schwarzarbeitervertrags
    2.3 Kündigung
    2.4 Schwarzarbeit während des Urlaubs
3. Rechtsfolgen für den Auftraggeber
    3.1 Geldbuße
    3.2 Öffentliche Aufträge
    3.3 Nichtigkeit des Schwarzarbeitervertrags
    3.4 Beitragsabführung

III. Schwarzarbeit und Sozialversicherung
Folgen für den Arbeitgeber
1. Sozialversicherungsrechtliche Folgen
2. Strafrechtliche Folgen
3. Nebenpflichten

I. Allgemeines

Nach dem allgemeinen Sprachgebrauch leistet derjenige Schwarzarbeit, der seinen Steuer- und Sozialversicherungspflichten nicht nachkommt. Dies kann von der Nichtanmeldung einer Tätigkeit (s. dazu das im selben Verlag erschienene Lexikon für das Lohnbüro, → *„Meldepflichten in der Sozialversicherung"*) bis zur Nichtabführung von Steuern bzw. Sozialversicherungsbeiträgen reichen.
Folgende Formen der Manipulation von Geschäftsunterlagen zur Umgehung der Sozialversicherungspflicht treten in der Praxis sehr häufig auf:

▶ Lohnsplitting, d. h. in den Lohnunterlagen werden neben den tatsächlich Beschäftigten auch Scheinarbeitsverhältnisse geführt. Die Lohnsummen werden so verteilt, dass sie in allen Fällen die Grenzen für geringfügig entlohnte Beschäftigungen nicht übersteigen.

▶ Streckung von Arbeitsentgelten für kurze Arbeitszeiträume auf längere fiktive Zeiträume.

▶ Bruttoarbeitsentgelt wird nicht in voller Höhe in den Lohnunterlagen ausgewiesen – der Restlohn wird gesondert „schwarz" ausgezahlt.

▶ (Schein-)Rechnungen erdachter Subunternehmer.

▶ Bekannte und Verwandte der Beschäftigten unterschreiben Blankoarbeitsverträge und -quittungen, ohne je in dem Betrieb gearbeitet zu haben.

 ACHTUNG!
Illegale Beschäftigung von Ausländerinnen und Ausländern aus Ländern, die nicht zur EU gehören, unterscheidet sich von der Schwarzarbeit. Hier müssen die Arbeitgeber, die

▶ ausländische Arbeitnehmer ohne Arbeitsgenehmigung beschäftigen oder

▶ mit falschen Angaben eine Arbeitsgenehmigung für ausländische Arbeitnehmer erschleichen oder

▶ als Auftraggeber einen Subunternehmer beschäftigen, von dem sie wissen, dass er Ausländer ohne Arbeitsgenehmigung beschäftigt,

mit einer Freiheitsstrafe von bis zu 5 Jahren oder Geldbuße von bis zu € 500.000 rechnen.

II. Gesetz zur Intensivierung der Bekämpfung der Schwarzarbeit

1. Begriff

Schwarzarbeit im Sinne des Gesetzes zur Intensivierung der Bekämpfung der Schwarzarbeit und damit zusammenhängender Steuerhinterziehung (SchwArbG) leistet derjenige, der Dienst- oder Werkleistungen in erheblichem Umfang erbringt und dabei seinen gesetzlichen Melde-, Aufzeichnungs- und Zahlungspflichten nach Steuerrecht und Sozialgesetzbuch nicht nachkommt. Er begeht damit eine Ordnungswidrigkeit.

Leistungen, die von Angehörigen wie z. B. Ehegatten, Verlobten, Geschwistern (vgl. § 15 Abgabenordnung) oder Lebenspartnern oder aus Gefälligkeit, Nachbarschaftshilfe oder als Selbsthilfe im Sinne des 2. Wohnungsbaugesetzes erbracht werden und nicht nachhaltig auf Gewinn ausgerichtet sind, sind keine Schwarzarbeit. Als nicht nachhaltig auf Gewinn ausgerichtet ist insbesondere eine Tätigkeit, die gegen geringes Entgelt erbracht wird.

 **ACHTUNG!**
Die Rechtsfolgen der Schwarzarbeit betreffen nicht nur den Schwarzarbeiter, sondern auch den Auftraggeber, wenn er Dienst- oder Werkleistungen in erheblichem Umfang von Schwarzarbeitern ausführen lässt und er z. B. weiß, dass der Schwarzarbeiter seinen gesetzlichen Mitwirkungspflichten nicht nachkommt (s. u. 1.3). Auch der Auftraggeber begeht damit eine Ordnungswidrigkeit und u. U. eine Straftat.

1.1 Dienst- oder Werkleistungen

Der Schwarzarbeiter muss Dienst- oder Werkleistungen erbringen. Dies liegt vor allem dann vor, wenn er aufgrund eines Dienst- oder Werkvertrags für den Auftraggeber tätig wird. Aber auch andere Vertragsarten kommen in Betracht (z. B. Werklieferungsvertrag, Reisevertrag, Geschäftsbesorgungsvertrag, Maklervertrag, Speditionsvertrag).

 **ACHTUNG!**
Seit 1. August 2004 müssen Unternehmer künftig bei Werklieferungs- oder sonstigen Leistungen im Zusammenhang mit einem Grundstück wie z. B. Bauleistungen, Gartenarbeiten, Instandhaltungsarbeiten in und an Gebäuden, Fensterputzen, die mit einem privaten Leistungsempfänger vereinbart werden, Rechnungen ausstellen. Der private Leistungsempfänger muss diese Rechnungen zwei Jahre aufbewahren. Ansonsten droht ein Bußgeld von bis zu € 5.000.

1.2 Erheblicher Umfang

Für den erheblichen Umfang kommt es auf den objektiven wirtschaftlichen Wert der Dienst- oder Werkleistung an: Ein erheblicher Umfang liegt dann vor, wenn die Einnahmen aus der Schwarzarbeit Auswirkungen auf die Lebensführung, die Bildung von Ersparnissen oder eine Erwerbstätigkeit außerhalb des Schwarzarbeitverhältnisses haben.

Für die Bekämpfung der Schwarzarbeit sind in erster Linie die einzelnen Bundesländer zuständig. Leider gibt es von ihnen keine gemeinsame Festlegung, ab welchem Vergütungsbetrag ein „erheblicher Umfang" vorliegt. Teilweise wurde die Grenze auf € 150, teilweise auf € 325 pro Monat festgelegt. Diese

Beträge können jedoch nicht als abschließender Maßstab herangezogen werden, weil die Gerichte im Streitfall daran nicht gebunden sind. Nachfolgend als Anhaltspunkt zwei Beispiele, in denen der „erhebliche Umfang" eindeutig ist.

Beispiele:

Friseur A bezieht Arbeitslosengeld in Höhe von € 400 monatlich. Er frisiert – ohne dies dem Argentur für Arbeit zu melden – regelmäßig wöchentlich fünf Kundinnen in deren Wohnungen gegen $2/3$ des in Friseurgeschäften üblichen Preises. Hierdurch erzielt A Einnahmen aus der Schwarzarbeit in für ihn erheblichem Umfang.

Der Besitzer B einer Erdbeerplantage beauftragt 30 Arbeitslosengeldbezieher für vier Stunden mit Erdbeerpflücken gegen einen Stundenlohn von € 2,50 und freien Verzehr von Erdbeeren. Bei den einzelnen Arbeitslosen liegt kein erheblicher Umfang vor, wohl aber bei B.

1.3 Verletzung einer Mitwirkungspflicht

Eine Mitwirkungspflicht verletzt der Arbeitgeber, Unternehmer oder versicherungspflichtige Selbstständige, der seinen sich aufgrund der Dienst- oder Werkleistungen ergebenden sozialversicherungspflichtigen Melde-, Beitrags- oder Aufzeichnungspflichten nicht nachkommt. Daneben wird auch der Steuerpflichtige erfasst, der seine sich aufgrund der erbrachten Dienst- oder Werkleistungen ergebenden steuerlichen Pflichten nicht erfüllt.

§ 60 SGB I muss der Empfänger einer Sozialleistung (z. B. Arbeitslosengeld, Arbeitslosengeld II, Vorruhestandsleistungen, Krankengeld, Unfallrenten, gesetzliche Altersrenten, Renten wegen Erwerbsminderung, Sozialhilfe) dem Leistungsträger jede Änderung in seinen Verhältnissen, die für die Leistung erheblich ist oder über die im Zusammenhang mit der Leistung Erklärungen abgegeben worden sind, unverzüglich mitteilen.

Hierzu gehört auch die Mitteilung über Einkünfte aus einer Erwerbstätigkeit gegenüber dem jeweiligen Leistungsträger (Argentur für Arbeit, Krankenkasse, Rentenversicherungsträger, Sozialamt). Unterlässt der Betroffene die Mitteilung vorsätzlich, begeht er eine Ordnungswidrigkeit. Täuscht er den Sozialversicherungsträger über seine Einkünfte, kann der Straftatbestand des Betruges erfüllt sein.

Auch die Verletzung folgender Pflichten führt zur Schwarzarbeit:

► Meldepflicht nach § 8a Asylbewerberleistungsgesetz;

► Anzeigepflicht bei Aufnahme eines stehenden Gewerbes (§ 14 GewO);

► Nichterwerb einer erforderlichen Reisegewerbekarte bei der Aufnahme einer Tätigkeit (§ 55 GewO);

► Betreiben eines Handwerks als stehendes Gewerbe ohne die vorgeschriebene Eintragung in die Handwerksrolle (§ 1 HandwO).

1.4 Besonderheiten im Baubereich

Im Baubereich haften Generalunternehmer, wenn von ihnen direkt beauftragte Subunternehmer keine Sozialversicherungsbeiträge abführen. Dies gilt für Arbeiten an Bauwerken, bei denen der Wert der Bauleistungen € 500000 übersteigt. Für den Mindestlohn, der an die Beschäftigten des Subunternehmers gezahlt werden muss, haftet der Generalunternehmer ebenfalls. Für Subunternehmer der zweiten Stufe (Subsubunternehmer) haftet der Generalunternehmer nur dann, wenn er einen „Strohmann" als ersten Subunternehmer zwischengeschaltet hat.

1.5 Neue Ausweis- und Meldepflichten in neun Branchen seit 1. Januar 2009

Seit dem 1.1.2009 sind Arbeitgeber der Branchen

Bau,

Gaststätten- und Beherbergung,

Personenbeförderung,

Speditions-, Transportgewerbe und Logistik,

Schausteller,

Forstwirtschaft,

Gebäudereiniger,

Messe- und Ausstellungsbau,

Fleischwirtschaft

verpflichtet, neue Beschäftigte sofort (und nicht erst mit der ersten Lohn- oder Gehaltsabrechnung) bei der Deutschen Rentenversicherung elektronisch zu melden. Der Arbeitnehmer muss zwecks Personenidentifikation eindeutige Personaldokumente (z. B. Personalausweis, Reisepass) mitführen. Der Sozialversicherungsausweis oder Führerschein reichen nicht mehr aus, da diese Papiere nicht fälschungssicher sind. Der Arbeitgeber hat seine Beschäftigten schriftlich über die Mitführungs- und Vorlagepflicht von Personaldokumenten zu belehren und hat diese Belehrung auch nachzuweisen. Bei Verletzung der Pflichten zur Aufbewahrung und Vorlage der Belehrung sind Geldbußen zu zahlen.

2. Rechtsfolgen für den Schwarzarbeiter

2.1 Geldbuße

Schwarzarbeit wird als Ordnungswidrigkeit mit Geldbußen zwischen € 500 und € 300000 geahndet.

2.2 Nichtigkeit des Schwarzarbeitervertrags

Der Vertrag zwischen dem Auftraggeber und dem Schwarzarbeiter kann wegen Verstoßes gegen das SchwarzArbG nichtig sein. Dies ist jedenfalls bei beiderseitigem Verstoß gegen das SchwarzArbG der Fall. War ein Arbeitsvertrag geschlossen worden, kommen bei Nichtigkeit die Grundsätze des faktischen Arbeitsverhältnisses (→ *Anfechtung*) zum Tragen. Der Arbeitnehmer kann also seine Vergütungsansprüche für die Vergangenheit geltend machen.

2.3 Kündigung

Schwarzarbeit kann die → *Kündigung* durch den Arbeitgeber rechtfertigen, wobei es nicht unbedingt auf einen Verstoß gegen das SchwarzArbG ankommt. Verstößt der Arbeitnehmer gegen das SchwarzArbG, kann der Arbeitgeber nach → *Abmahnung* außerordentlich kündigen. Dieses Recht zur außerordentlichen Kündigung wird auch in einigen Tarifverträgen konkretisiert.

Auch in weiteren Fällen kann der Arbeitgeber u. U. wegen Schwarzarbeit kündigen: Tritt der Arbeitnehmer z. B. durch die Schwarzarbeit mit dem Arbeitgeber in Konkurrenz, ist das ein Verstoß gegen das → *Wettbewerbsverbot* und der Arbeitgeber ist zur außerordentlichen Kündigung berechtigt. Ist ein Verbot der → *Nebentätigkeit* arbeitsvertraglich wirksam vereinbart, kann die Schwarzarbeit ebenfalls eine außerordentliche Kündigung durch den Arbeitgeber rechtfertigen.

2.4 Schwarzarbeit während des Urlaubs

Einer bezahlten Tätigkeit während des Urlaubs darf der Arbeitnehmer nicht nachgehen, wenn sie dem Urlaubszweck widerspricht (§ 8 BUrlG) oder die ggf. erforderliche Nebentätigkeitserlaubnis nicht erteilt wurde (→ *Urlaub*). Dies gilt für legale Tätigkeiten ebenso wie für Schwarzarbeiten. Verstößt der Arbeitnehmer gegen das in § 8 BUrlG enthaltene Verbot, verliert er zwar nicht seinen Anspruch auf Urlaubsentgelt; der Arbeitgeber kann aber Unterlassung verlangen (z. B. durch einstweilige Verfügung) oder, ggf. nach → *Abmahnung*, dem Arbeitnehmer ordentlich kündigen.

3. Rechtsfolgen für den Auftraggeber

3.1 Geldbuße

Gegen einen Auftraggeber kann eine Geldbuße von bis zu € 300 000 verhängt werden, wenn er jemanden beauftragt, Leistungen unter Verstoß gegen das SchwarzArbG zu erbringen.

3.2 Öffentliche Aufträge

Bewerber für öffentliche Liefer-, Bau- oder Dienstleistungsaufträge können bis zu drei Jahre ausgeschlossen werden, wenn sie gegen das SchwarzArbG verstoßen haben, wegen illegaler Beschäftigung bestraft wurden oder Beiträge zur Sozialversicherung vorenthalten haben.

3.3 Nichtigkeit des Schwarzarbeitervertrags

Verstößt der Auftraggeber gegen das SchwarzArbG, führt dies zur Nichtigkeit des Werk- oder Dienstvertrags und dem Auftraggeber stehen keine Gewährleistungsansprüche bei Schlechtleistung oder Schadensersatzansprüche bei Vertragsbruch zu.

3.4 Beitragsabführung

Hat der Arbeitnehmer mit Zustimmung seines Arbeitgebers in dessen Betrieb Schwarzarbeit geleistet, kann das dazu führen, dass der Arbeitgeber die Beiträge in der Sozialversicherung, d. h. auch die Arbeitnehmerbeiträge, allein zu tragen hat.

III. Schwarzarbeit und Sozialversicherung

Folgen für den Arbeitgeber

Führt der Arbeitgeber den von ihm geschuldeten Gesamtsozialversicherungsbeitrag (Arbeitgeber- und Arbeitnehmeranteil) nicht ab, z. B. weil er der Einzugsstelle (gesetzliche Krankenkassen) zu sozialversicherungsrechtlich erheblichen Tatsachen unrichtige oder unvollständige Angaben macht oder er sie darüber in Unkenntnis lässt, hat dies folgende Konsequenzen:

1. Sozialversicherungsrechtliche Folgen

Entscheidet die zuständige Krankenkasse als Einzugsstelle über die Versicherungspflicht eines Schwarzarbeiters, kann sie rückwirkend für vier Jahre bzw. ab Beginn der Beschäftigung den Gesamtsozialversicherungsbeitrag (also auch den Arbeitnehmeranteil) einschließlich Säumniszuschlägen vom Arbeitgeber verlangen. Kann die Krankenkasse dem Arbeitgeber Vorsatz nachweisen, kann sie Beiträge rückwirkend ab Beschäftigungsbeginn für die letzten 30 Jahre verlangen (Betriebsprüfung).

ACHTUNG!
Der Arbeitgeber kann sich vom Arbeitnehmer dessen Anteile zur Nachzahlung von Sozialversicherungsbeiträgen (aufgrund schuldhaft unterbliebener Abzüge) nur begrenzt zurückholen – nämlich nur von den drei nächsten Lohn- oder Gehaltszahlungen nach Bekanntgabe des Bescheids durch den Sozialversicherungsträger.

2. Strafrechtliche Folgen

Führt der Arbeitgeber Beiträge nicht ordnungsgemäß ab, kann er sich strafbar machen. Hat er sich durch die Beitragshinterziehung bereichert oder zu bereichern versucht, kann neben einer Freiheitsstrafe eine Geldstrafe verhängt werden.

WICHTIG!
Das Nichtanmelden und Nichtabführen von Sozialversicherungsbeiträgen bei geringfügigen Beschäftigungsverhältnissen in Privathaushalten (Minijobs) ist keine Straftat, sondern nur eine Ordnungswidrigkeit.

3. Nebenpflichten

Der Arbeitnehmer ist verpflichtet, bei Beginn der Beschäftigung dem Arbeitgeber seinen Sozialversicherungsausweis vorzule-

gen. Unterlässt er dies, muss der Arbeitgeber gegenüber der Einzugsstelle eine sog. Kontrollmeldung erstatten. Der Verstoß gegen diese Meldepflicht ist eine Ordnungswidrigkeit und kann mit einer Geldbuße geahndet werden.

Schwerbehinderte Menschen

I.   Grundsätze

II.   Betroffener Personenkreis

III.   Beginn und Ende des Schutzes

IV.   Die Schwerbehindertenvertretung
        1. Wahl und Rechtsstellung
        2. Pflichten des Arbeitgebers gegenüber der Vertretung
            2.1 Allgemeine Pflichten
            2.2 Integrationsvereinbarung
            2.3 Prävention

V.   Beschäftigungspflicht

VI.   Ausgleichsabgabe

VII.   Pflichten im Arbeitsverhältnis
        1. Allgemeine Pflichten
        2. Anspruch auf Teilzeitarbeit
        3. Anzeige- und Mitwirkungspflichten
        4. Zusatzurlaub
        5. Mehrarbeit

VIII.   Besonderer Kündigungsschutz
        1. Zustimmungsfreie Beendigungsmöglichkeiten
        2. Beginn des Kündigungsschutzes
        3. Verfahren vor dem Integrationsamt
            3.1 Antrag
            3.2 Entscheidungsgrundlagen
            3.3 Entscheidung
            3.4 Besonderheiten bei der fristlosen Kündigung
        4. Anhörung von Betriebsrat und Vertrauensperson
        5. Kündigungsfrist
        6. Kündigungsschutzverfahren

I. Grundsätze

Der Schutz von schwerbehinderten Menschen ist umfassend im Sozialgesetzbuch IX geregelt.

Die sog. Integrationsfachdienste haben ihre Aufgaben u. a. in der Information und Beratung von Arbeitgebern.

Das Schwerbehindertenrecht ist z. T. außerordentlich kompliziert abgefasst. Seine Anwendbarkeit ist vielfach auch deswegen problematisch, weil es zu einem Nebeneinander von Arbeitsrecht, Sozialrecht und Verwaltungsrecht kommt und arbeitsgerichtliche Entscheidungen bisweilen davon abhängen, wie das Verwaltungsgericht bestimmte Vorfragen entscheidet.

Es kommt hinzu, dass § 1 AGG eine Benachteiligung aus Gründen der Behinderung verbietet und Entschädigungsansprüche für den Fall der Zuwiderhandlung androht.

Ein wegen seiner Schwerbehinderung diskriminierter Bewerber, der auch bei benachteiligungsfreier Auswahl die Stelle nicht erhalten hätte, hat einen gesetzlichen Anspruch auf Entschädigung von bis zu drei Monatsentgelten. Eine Diskriminierung wird vermutet, wenn der Arbeitgeber die Schwerbehindertenvertretung entgegen seiner gesetzlichen Verpflichtung (§ 81 Abs. 1 Satz 4 SGB IX) nicht über die Bewerbung informiert hat. Auch die Verletzung der Pflicht der Prüfung, ob freie Arbeitsplätze mit schwerbehinderten Menschen besetzt werden können, kann Entschädigungsansprüche auslösen (BAG v. 13.10.2011, Az. 8 AZR 608/10). Dies gilt aber nur für schwerbehinderte Menschen und Gleichgestellte, nicht für einfach behinderte Bewerber (BAG v. 27.1.2011, Az. 8 AZR 580/11). Ein Entschädigungsanspruch entsteht nach dem SGB IX allerdings nicht, wenn ein relevanter Grad der Behinderung erst nach dem Vorstellungsgespräch festgestellt wurde, zu dem der Bewerber eingeladen wurde. Allerdings kommt hier ein Anspruch nach dem AGG in Betracht. Wenn ein schwerbehinderter Arbeitnehmer Tatsachen glaubhaft macht, die eine Benachteiligung wegen der Behinderung vermuten lassen, trägt der Arbeitgeber die Beweislast dafür, dass nicht auf die Behinderung bezogene, sachliche Gründe eine unterschiedliche Behandlung rechtfertigen oder eine bestimmte körperliche Funktion, geistige Fähigkeit oder seelische Gesundheit wesentliche und entscheidende berufliche Anforderung für diese Tätigkeit ist (LAG Baden Württemberg v. 2.1.2011, Az. 22 Sa 67/10). Wird ein Schwerbehinderter von einem öffentlichen Arbeitgeber entgegen § 82 Satz 2 SGB IX nicht zum Vorstellungsgespräch eingeladen, ist zunächst von einer Diskriminierung auszugehen. Nur wenn der Bewerber offensichtlich ungeeignet ist, kann die Ladung unterbleiben (BAG v. 16.2.2012, Az. 8 AZR 697/10). Ob die fachliche Eignung offensichtlich fehlt, ist an dem vom öffentlichen Arbeitgeber mit der Stellenausschreibung bekannt gemachten Anforderungsprofil zu messen. Ansprüche nach dem AGG müssen innerhalb einer Frist von zwei Monaten geltend gemacht werden. Diese beginnt spätestens dann zu laufen, wenn der Betreffende Kenntnis von den Umständen hat, die eine Beweislastumkehr begründen (LAG Saarland v. 17.11.2010, Az. 1 Sa 23/10). Bei erfolglosen Bewerbungen beginnt die Ausschlussfrist grundsätzlich mit dem Zugang der Ablehnung, nicht jedoch vor dem Zeitpunkt, ab dem der Bewerber Kenntnis von seiner Benachteiligung erlangt (BAG v. 15.3.2012, Az. 8 AZR 37/11).

Auch Fragen bei einem Vorstellungsgespräch zu Krankheiten können eine Diskriminierung wegen vermuteter Behinderung nahelegen:

Fragt der Arbeitgeber einen Bewerber im Vorstellungsgespräch nach Krankheiten, die häufig zu einer Behinderung führen, kann bei Ablehnung des Bewerbers eine Diskriminierung wegen vermuteter Behinderung vorliegen. Nach § 7 Abs. 1 Hs. 2 AGG liegt eine unzulässige Diskriminierung auch vor, wenn der Arbeitgeber das Vorliegen eines Diskriminierungsmerkmals (z. B. einer Behinderung) nur annimmt.

II. Betroffener Personenkreis

Als schwerbehindert gelten Personen mit einem Grad der Behinderung von mindestens 50, wenn sie sich rechtmäßig in Deutschland aufhalten (§ 2 SGB IX). Behinderung im Sinne des Gesetzes sind die Auswirkungen einer nicht nur vorübergehenden Beeinträchtigung von körperlichen Funktionen. Der Grad der Behinderung lässt keine Rückschlüsse auf eine Einschränkung der Leistungsfähigkeit zu.

Beispiel:

> Eine Sekretärin ist schwerbehindert, weil sie stark gehbehindert ist. Die Schwerbehinderung hat keinerlei Auswirkungen auf ihre berufliche Leistungsfähigkeit.

Maßgeblich ist das objektive Vorliegen einer solchen Behinderung, nicht die Feststellung durch die Behörde. Üblicherweise wird jedoch die Schwerbehinderteneigenschaft in einem Verwaltungsverfahren geprüft und der schwerbehinderte Mensch erhält einen Ausweis, mit dem er diese Eigenschaft nachweisen kann. Personen mit einem Grad der Behinderung von weniger als 50, jedoch mindestens 30, können auf Antrag den schwerbehinderten Menschen gleichgestellt werden. Voraussetzung ist eine besondere Schutzwürdigkeit: sie müssen infolge der Behinderung ohne die Gleichstellung einen geeigneten Arbeitsplatz (§ 73 SGB IX) nicht erlangen oder nicht behalten können (§ 2 Abs. 3 SGB IX). Der Arbeitgeber kann die Gleichstellung nicht mit Rechtsmitteln angreifen. In der Sprache des Gesetzes werden diese Personen „gleichgestellte behinderte Menschen" genannt. Auch behinderte Menschen im Sinne von § 2 Abs. 1 SGB IX werden gleichgestellt, wenn sie sich in einem Ausbildungsverhältnis befinden und die Agentur für Arbeit eine Schwerbehinderung feststellt. Dieser Schutz ist aber nur eingeschränkt und auf die Dauer des Ausbildungsverhältnisses beschränkt.

III. Beginn und Ende des Schutzes

Der Schutz des SGB IX beginnt mit dem objektiven Vorliegen der Schwerbehinderung, also nicht erst, wenn nach behördlicher Anerkennung ein Schwerbehindertenausweis ausgestellt worden ist. Der Arbeitnehmer muss jedoch dem Arbeitgeber nachweisen, dass er schwerbehindert ist und tut dies i. d. R. durch Vorlage des Ausweises.

 **WICHTIG!**

> Der besondere Kündigungsschutz für schwerbehinderte Menschen beginnt erst, nachdem das Arbeitsverhältnis bereits sechs Monate ununterbrochen bestanden hat. Dies gilt auch für die verlängerte Mindestkündigungsfrist.

Die Rechtslage ist bei den Arbeitnehmern, die den schwerbehinderten Menschen gleichgestellt sind, grundlegend anders. Hier ist nicht das objektive Vorliegen der Behinderung maßgeblich, sondern die Entscheidung der Behörde. Die Gleichstellung wirkt jedoch auf den Zeitpunkt der Antragstellung zurück.

Beispiel:

> Der Arbeitnehmer beantragt am 1.6. seine Gleichstellung. Am 15.6. erklärt der Arbeitgeber die Kündigung. Mit Bescheid vom 1.7. wird der Arbeitnehmer gleichgestellt. Die Kündigung ist unwirksam, weil die Zustimmung des Integrationsamtes nicht vorlag und die Gleichstellung auf den 1.6. zurückwirkt. Der Arbeitgeber kann also nur eine neue Kündigung aussprechen. Hierfür muss er zuvor die Zustimmung beantragt und erhalten haben.

Wenn der Grad der Behinderung auf weniger als 50 absinkt, stellt die Behörde dies in einem Bescheid fest. Der Schutz des SGB IX erlischt am Ende des dritten Kalendermonats nach Eintritt der Unanfechtbarkeit dieses Bescheids (§ 116 SGB IX).

Beispiel:

> Die Behörde erlässt am 15.1. einen Bescheid, in dem der Wegfall der Schwerbehinderteneigenschaft festgestellt wird. Der Bescheid wird dem Arbeitnehmer am 20.1. zugestellt. Er hat einen Monat Zeit, hiergegen Widerspruch einzulegen. Unterlässt er dies, wird der Bescheid am 20.2. rechtswirksam. Am 31.5. endet daher der Schutz des SGB IX.

Legt der Arbeitnehmer Widerspruch ein und wird dieser zurückgewiesen, gilt ab der Zustellung dieses Bescheids die gleiche Frist.

Das Integrationsamt kann einem schwerbehinderten Menschen auch vorübergehend den Schutz für bis zu sechs Monate entziehen, wenn er z. B. einen zumutbaren Arbeitsplatz ohne berechtigten Grund zurückweist oder aufgibt oder sonst durch sein Verhalten die Eingliederung in Arbeit und Beruf schuldhaft vereitelt. Der schwerbehinderte Mensch verliert in dieser Zeit sämtliche Rechte nach dem Gesetz, zählt aber bei der Pflichtzahl der im Betrieb zu beschäftigenden schwerbehinderten Menschen weiterhin mit.

Bei gleichgestellten behinderten Menschen entfällt der besondere Schutz durch Widerruf oder Rücknahme der Gleichstellung, aber auch hier erst am Ende des dritten Kalendermonats nach Eintritt der Unanfechtbarkeit.

Geschützt sind nicht nur schwerbehinderte Menschen, die bereits in einem Arbeitsverhältnis stehen. Vielmehr können auch dem erfolglosen Bewerber Ansprüche zustehen, wenn der Arbeitgeber seine Pflicht zur bevorzugten Einstellung schwerbehinderter Menschen nicht genügt. Hier kann gegen ihn ein gesetzlicher Entschädigungsanspruch erhoben werden (§ 81 Abs. 2 SGB IX). Dieser ist nicht nur bei erfolglosen Bewerbungen vorgesehen, sondern auch bei der ungerechtfertigten Verweigerung eines innerbetrieblichen Aufstiegs oder einer innerbetrieblichen Fortbildungsmaßnahme gegenüber einem schwerbehinderten Arbeitnehmer. Die Regelung orientiert sich an § 611a BGB, der einen Entschädigungsanspruch bei beruflicher Benachteiligung wegen des Geschlechts vorsieht. Es entsteht jedoch kein echter Schadensersatzanspruch, sondern nur eine Art pauschalierter Entschädigungsanspruch bis zu einer Höhe von drei Monatsverdiensten. Einen Anspruch auf Abschluss eines Arbeitsverhältnisses sieht das Gesetz ausdrücklich nicht vor. Der Anspruch muss innerhalb von zwei Monaten nach dem Zugang der Ablehnung der Bewerbung geltend gemacht werden.

IV. Die Schwerbehindertenvertretung

1. Wahl und Rechtsstellung

In Betrieben, in denen mindestens fünf schwerbehinderte Menschen nicht nur vorübergehend beschäftigt sind, werden eine Vertrauensperson der schwerbehinderten Menschen und mindestens ein Stellvertreter gewählt. Die Zahl erhöht sich **nicht** bei größeren Betrieben. Auch in einem Gemeinschaftsbetrieb, der von mehreren Unternehmen gebildet wird, findet eine solche Wahl statt.

Beispiel:

Die A-GmbH und die B-GmbH & Co. KG betreiben ein Büro unter einheitlicher Leitung. In dem einen Unternehmen werden drei schwerbehinderte Menschen, in dem anderen zwei beschäftigt. Hier findet die Wahl einer Vertrauensperson statt.

Das Wahlverfahren ist dasselbe wie bei der Betriebsratswahl. Die Amtszeit beträgt vier Jahre. Wahlberechtigt sind alle in dem Betrieb beschäftigten schwerbehinderten Arbeitnehmer. Zur Wahl stellen können sich alle Arbeitnehmer des Betriebs, auch wenn sie nicht schwerbehindert sind. Sie müssen nur am Wahltag das 18. Lebensjahr vollendet haben und dem Betrieb seit mindestens sechs Monaten angehören. Leitende Angestellte können nicht in dieses Amt gewählt werden. Die Vertrauensperson darf ebenso wenig wie ein Betriebsratsmitglied bei der Ausübung des Amts behindert werden und genießt den gleichen Kündigungsschutz. Zur Wahrnehmung ihres Amts und zu notwendigen Schulungsmaßnahmen muss sie ohne Minderung des Entgelts von der Arbeitsleistung freigestellt werden. Eine Schulung der Vertrauensperson der Schwerbehindertenvertretung nach § 96 Abs. 4 Satz 3 SGB IX muss keine spezifische behindertenbezogene Thematik zum Inhalt haben; notwendig ist aber die Vermittlung von Kenntnissen, die für die Arbeit der

Schwerbehindertenvertretung erforderlich ist (Hessisches LAG v. 14.1.2010, Az. 9 TaBVGa 229/09).

> **WICHTIG!**
>
> Die Vertrauensperson ist auf ihren Wunsch freizustellen, wenn in dem Betrieb i. d. R. wenigstens 200 schwerbehinderte Menschen beschäftigt sind (§ 96 SGB IX).

Die von §§ 1, 4 BetrVG abweichend durch Tarifvertrag festgelegten Organisationseinheiten, in denen Betriebsräte gewählt werden, sind auch die Organisationseinheiten, in denen Schwerbehindertenvertretungen gewählt werden. Wenn ein Gesamtbetriebsrat errichtet worden ist, wählen die Schwerbehindertenvertretungen der einzelnen Betriebe eine Gesamtschwerbehindertenvertretung; das Gleiche gilt auch für eine Konzernvertretung.

2. Pflichten des Arbeitgebers gegenüber der Vertretung

2.1 Allgemeine Pflichten

Der Arbeitgeber muss einen Beauftragten bestellen, der ihn in den Angelegenheiten der schwerbehinderten Menschen vertritt. Dieser soll möglichst auch schwerbehindert sein. Wesentlicher Ansprechpartner ist die Schwerbehindertenvertretung, die die Eingliederung schwerbehinderter Menschen zu fördern und ihre Interessen zu vertreten hat und insbesondere über die Einhaltung der Schutzgesetze wachen muss. Nimmt ein schwerbehinderter Mensch Einsicht in seine Personalakte, kann er dabei die Schwerbehindertenvertretung hinzuziehen. Bei Sitzungen des Betriebsrats und des Gesamtbetriebsrats steht der Vertretung ein Teilnahmerecht zu, ebenso bei den Monatsgesprächen zwischen Arbeitgeber und Betriebsrat.

Von besonderer Bedeutung sind die Beratungs- und Unterrichtungsrechte, die gegenüber dem Arbeitgeber bestehen. Dieser muss in allen Angelegenheiten, die einen oder mehrere schwerbehinderte Menschen betreffen (insbesondere bei Einstellungen, Versetzungen oder Kündigungen), die Vertretung rechtzeitig und umfassend unterrichten und vor einer Entscheidung anhören (§ 95 SGB IX). Bei einer anstehenden Stellenbesetzung ist sie nicht bereits vor der Stellenausschreibung gemäß §§ 81 Abs. 1 Satz 6, 95 Abs. 2 SGB IX zu beteiligen, muss auch nicht bei der Formulierung der Stellenausschreibung beteiligt werden und hat aus § 81 Abs 1 SGB IX kein Beteiligungsrecht hinsichtlich Art und Inhalt der Ausschreibung (LAG Rheinland-Pfalz v. 28.6.2012, Az. 10 TaBV 4/12).

Bewerben sich schwerbehinderte Menschen um einen Arbeitsplatz oder werden vom Arbeitsamt entsprechende Vermittlungsvorschläge gemacht, muss die Schwerbehindertenvertretung unmittelbar nach Eingang hiervon unterrichtet werden. Ist die Schwerbehindertenvertretung mit der beabsichtigten Entscheidung nicht einverstanden, muss diese mit ihr erörtert werden. Dabei sind die Gründe darzulegen. Der Arbeitgeber muss seine Entscheidung den Betroffenen unter Darlegung der Gründe unverzüglich mitteilen (§ 81 Abs. 1 SGB IX). Entgegen dem früheren § 25 Abs. 2 SchwbG stellt § 95 SGB IX klar, dass die im Betrieb tätige Schwerbehindertenvertretung im Einzelfall auch dazu berechtigt sein kann, die Bewerbungsunterlagen eines nicht schwerbehinderten Stellenbewerbers einzusehen und an Vorstellungsgesprächen teilzunehmen. Verstößt der Arbeitgeber hiergegen, bleibt die Maßnahme gegenüber dem betroffenen Arbeitnehmer wirksam. Der Arbeitgeber muss aber die Maßnahme zunächst aussetzen und die Anhörung binnen sieben Tagen nachholen. Darüber hinaus kann gegen ihn wegen einer Ordnungswidrigkeit ein Bußgeld von bis zu EUR 2500 festgesetzt werden. Verletzt der Arbeitgeber seine Verpflichtung zur bevorzugten Einstellung eines schwerbehinderten Stellenbewerbers, kann gegen ihn darüber hinaus ein gesetzlicher Entschädigungsanspruch erhoben werden (§ 81 Abs. 2 SGB IX).

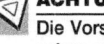 **ACHTUNG!**

Die Vorschriften über die Bewerbung von schwerbehinderten Menschen sind strikt einzuhalten, ansonsten drohen Entschädigungsansprüche (§ 81 Abs. 2 SGB IX).

Beispiel:

Der Arbeitgeber stellt einen schwerbehinderten Menschen nicht ein, weil er in seinem Betrieb keine solchen Arbeitnehmer beschäftigen möchte. Der abgelehnte Bewerber kann einen Entschädigungsanspruch gem. § 81 Abs. 2 SGB IX geltend machen. Nun muss der Arbeitgeber beweisen, dass der andere Bewerber entweder besser war oder der schwerbehinderte Bewerber aufgrund seines Zustandes für die Tätigkeit nicht in Frage kam.

Der Arbeitgeber muss die Schwerbehindertenvertretung unverzüglich von dem Abschluss eines Aufhebungsvertrages unterrichten. Der Zeitpunkt der Unterrichtung liegt aber nicht notwendig vor dem Abschluss des Aufhebungsvertrags. Er ist nicht verpflichtet, die Schwerbehindertenvertretung vor dem Abschluss eines Aufhebungsvertrags mit einem schwerbehinderten Menschen anzuhören (BAG v. 14.3.2012, Az. 7 ABR 67/10). Die Nichtbeteiligung der Schwerbehindertenvertretung vor einer Versetzung stellt einen Zustimmungsverweigerungsgrund für den Betriebsrat dar (LAG Rheinland-Pfalz v. 5.10.2011, Az. 8 TaBV 9/11). In den Versammlungen der schwerbehinderten Arbeitnehmer berichtet der Arbeitgeber über alle Angelegenheiten im Zusammenhang mit der Eingliederung schwerbehinderter Menschen (§ 83 SGB IX).

2.2 Integrationsvereinbarung

Der Arbeitgeber muss eine Vereinbarung mit der Schwerbehindertenvertretung treffen, die Regelungen im Zusammenhang mit der Eingliederung schwerbehinderter Menschen vorsieht. Zu regeln sind insbesondere

▶ Personalplanung,

▶ Arbeitsplatzgestaltung,

▶ Gestaltung des Arbeitsumfelds,

▶ Arbeitsorganisation und

▶ Arbeitszeit.

Nach der bisherigen Rechtsprechung (eine Entscheidung des BAG steht noch aus) besteht jedoch kein Anspruch auf Abschluss einer bestimmten Integrationsvereinbarung nach § 83 SGB IX. Bei der Personalplanung sind besondere Regelungen zur Beschäftigung eines angemessenen Anteils von schwerbehinderten Frauen vorzusehen. Über diese sog. „verbindliche Integrationsvereinbarung" wird auf Antrag der Schwerbehindertenvertretung verhandelt, die auch Vertreter des Integrationsamtes zu den Verhandlungen einladen kann.

2.3 Prävention

Der Arbeitgeber soll überdies bei Eintreten von personen-, verhaltens- oder betriebsbedingten Schwierigkeiten im Arbeitsverhältnis, die zur Gefährdung des Arbeitsverhältnisses führen können, möglichst frühzeitig die Schwerbehindertenvertretung einschalten. Mit ihr sollen alle Möglichkeiten und alle zur Verfügung stehenden Hilfen zur Beratung und mögliche finanzielle Leistungen erörtert werden, mit denen die Schwierigkeiten beseitigt werden können und das Arbeitsverhältnis möglichst dauerhaft fortgesetzt werden kann (§ 84 SGB IX).

V. Beschäftigungspflicht

Die Arbeitgeber sind verpflichtet zu prüfen, ob freie Arbeitsplätze mit schwerbehinderten Menschen, insbesondere mit solchen, die bei der Agentur für Arbeit gemeldet sind, besetzt

werden können und müssen hierzu frühzeitig Verbindung mit der Agentur für Arbeit aufnehmen. Die Agentur für Arbeit hat den Arbeitgebern geeignete schwerbehinderte Menschen vorzuschlagen. Der Gesetzgeber hat den Arbeitgebern nicht nur eine Prüfungspflicht, sondern auch eine Pflicht zur Beschäftigung einer bestimmten Mindestanzahl von schwerbehinderten Menschen auferlegt.

 WICHTIG!

Arbeitgeber, die über mindestens 20 Arbeitsplätze verfügen, müssen mindestens auf 5 % dieser Arbeitsplätze schwerbehinderte Menschen beschäftigen. Dabei sind in angemessenem Umfang schwerbehinderte Frauen zu berücksichtigen (§ 71 SGB IX). Ist der Arbeitgeber eine GbR, so zählen dessen schwerbehinderte Mitglieder nicht dazu.

VI. Ausgleichsabgabe

Erfüllt der Arbeitgeber die Beschäftigungspflicht nicht, muss er eine **Ausgleichsabgabe** zahlen.

 WICHTIG!

Die Ausgleichsabgabe:

Die Abgabe wird auf der Grundlage einer jahresdurchschnittlichen Beschäftigungsquote ermittelt, indem aus den monatlichen Beschäftigungsdaten der Mittelwert der Beschäftigungsquote eines Kalenderjahres gebildet wird (§ 77 SGB IX).

Die Ausgleichsabgabe beträgt pro Monat und unbesetztem Pflichtplatz

▶ EUR 105 bei einer jahresdurchschnittlichen Beschäftigungsquote von 3 % bis weniger als 5 %,

▶ EUR 180 bei einer jahresdurchschnittlichen Beschäftigungsquote von 2 % bis weniger als 3 %,

▶ EUR 260 bei einer jahresdurchschnittlichen Beschäftigungsquote von 0 % bis weniger als 2 %.

Bei Veränderungen der Bezugsgröße ändert sich auch die Höhe der Ausgleichsabgabe, was vom Bundesministerium für Arbeit bekannt gegeben wird. Für kleinere und mittlere Betriebe sind besondere Regelungen getroffen worden. So müssen Arbeitgeber mit jahresdurchschnittlich bis zu 39 zu berücksichtigenden Arbeitsplätzen EUR 105 zahlen, wenn sie im Jahresdurchschnitt weniger als einen schwerbehinderten Menschen beschäftigen. Arbeitgeber, die im Jahresdurchschnitt über bis zu 59 Arbeitsplätzen verfügen, müssen bei einer jahresdurchschnittlichen Beschäftigung von weniger als zwei Schwerbehinderten EUR 105 und von weniger als einem Schwerbehinderten EUR 180 zahlen. Das Integrationsamt kann in begründeten Fällen davon absehen, beim Arbeitgeber einen Säumniszuschlag zu erheben, wenn es um die verspätete (bis zum 31.3. eines jeden Kalenderjahres fällige) Entrichtung der Ausgleichsabgabe geht (§ 77 Abs. 4 SGB IX). Dies ermöglicht eine gewisse Flexibilität der Integrationsämter, jedoch besteht kein Rechtsanspruch auf einen solchen Verzicht.

VII. Pflichten im Arbeitsverhältnis

1. Allgemeine Pflichten

Der Arbeitgeber hat gegenüber schwerbehinderten Arbeitnehmern besondere Pflichten. Er muss

▶ eine Beschäftigung bieten, bei der sie ihre Fähigkeiten und Kenntnisse möglichst voll verwerten und weiterentwickeln können,

▶ sie bevorzugt bei innerbetrieblichen Maßnahmen der beruflichen Bildung zur Förderung ihres beruflichen Fortkommens berücksichtigen,

- Erleichterungen im zumutbaren Umfang zur Teilnahme an außerbetrieblichen Maßnahmen der beruflichen Bildung gewähren,

- die Einrichtung und Unterhaltung der Arbeitsstätten, einschließlich der Betriebsanlagen, Maschinen und Geräte sowie der Gestaltung der Arbeitsplätze, des Arbeitsumfelds, der Arbeitsorganisation und der Arbeitszeit behindertengerecht vornehmen und dabei besonders die Unfallgefahr berücksichtigen,

- den Arbeitsplatz von behinderten Menschen mit den erforderlichen technischen Arbeitshilfen versehen.

Der Arbeitgeber ist aufgrund seiner gesteigerten Fürsorgepflicht Menschen auch verpflichtet, die dem schwerbehinderten Menschen verbliebenen körperlichen und geistigen Fähigkeiten und damit seine behindertengerechten Einsatzmöglichkeiten feststellen zu lassen, es sei denn, insoweit bestehen keinerlei Unklarheiten (§ 81 Abs. 4 Satz 1 Ziff. 1 SGB IX). Er muss versuchen, den Anspruch auf eine behindertengerechte Beschäftigung ggf. auch durch Umorganisation zu erfüllen. Insoweit kann er auch verpflichtet sein, durch Umorganisation einen behindertengerechten Arbeitsplatz zu schaffen, an dem der vertragliche Beschäftigungsanspruch erfüllt werden kann. Der Arbeitnehmer muss seinerseits detailliert darlegen, welche leidensgerechte Tätigkeit er noch ausüben und welchen konkreten Arbeitsplatz er ausfüllen kann. Dabei muss er seine persönlichen und fachlichen Qualifikationen darlegen und diese in Bezug zu dem konkret ins Auge gefassten Arbeitsplatz bringen (LAG Berlin-Brandenburg v. 15.3.2011, Az. 9 Sa 2701/10). Der schwerbehinderte Arbeitnehmer kann ebenso wie andere Arbeitnehmer, die länger als sechs Wochen im innerhalb eines Jahres ununterbrochen oder wiederholt arbeitsunfähig sind, ein betriebliches Eingliederungsmanagement gem. § 84 Abs. 2 SGB IX verlangen.

WICHTIG!

Ein Anspruch auf Beschäftigung entsprechend den Fähigkeiten und Kenntnissen, auf behinderungsgerechte Einrichtung und Gestaltung der Arbeitsstätten und auf Ausrüstung mit den notwendigen technischen Arbeitshilfen besteht nicht, wenn dies dem Arbeitgeber nicht zumutbar oder mit unverhältnismäßigen Aufwendungen verbunden wäre. Der Arbeitgeber muss aber im Einzelnen darlegen können, warum die Beschäftigung unzumutbar ist. Er kann z. B. nicht zum Verzicht auf eine bestimmte bürger- bzw. kundenfreundliche Dienstleistung gezwungen werden, weil der einzelne schwerbehinderte Arbeitnehmer den hierbei auftretenden körperlichen Belastungen nicht gewachsen ist. Eine behinderungsgerechte Beschäftigung ist dann nicht geschuldet, wenn diese unzumutbar oder mit unverhältnismäßig hohen Aufwendungen verbunden ist. Allerdings muss der Arbeitgeber in einem Prozess im Einzelnen darlegen, warum dies nicht der Fall sein soll. Er ist grundsätzlich auch zu einer Umgestaltung der Arbeitsorganisation verpflichtet. Sofern eine behindertengerechte Beschäftigung zwar möglich, aber nicht vom Arbeitsvertrag gedeckt ist, muss der Arbeitnehmer erforderlichenfalls einer Vertragsänderung zustimmen. Ein solcher Beschäftigungsanspruch kann auch dann bestehen, wenn der schwerbehinderte Arbeitnehmer nicht alle an einem Arbeitsplatz anfallenden Tätigkeiten ausüben kann. Entscheidend ist, ob dem Arbeitgeber die anderweitige Verteilung der anfallenden Arbeit zumutbar ist. Allein dessen Wille, dass alle an dem Arbeitsplatz anfallenden Tätigkeiten von dem Arbeitnehmer erbracht werden, reicht nicht aus (LAG Schleswig-Holstein v. 19.6.2012, Az. 1 Sa 225 e/11). Weist der Arbeitgeber keinen leidensgerechten Arbeitsplatz zu, kann er zum Schadensersatz herangezogen werden (LAG Berlin-Brandenburg v. 6.6.2012, Az. 4 Sa 2152/11).

Eine Benachteiligung wegen der Behinderung ist unzulässig. Bei Bewerbungen dürfte auch die Frage danach nicht statthaft sein (Hessisches LAG v. 24.3.2010, Az. 6/7 Sa 1373/09). Der Arbeitgeber hat jedoch nach einem sechsmonatigen Bestand des Arbeitsverhältnisses, wenn der Arbeitnehmer also den besonderen Kündigungsschutz erworben hat, die Befugnis für eine solche Frage. Dies gilt insbesondere, wenn sie der Vor-

bereitung von Kündigungen dient (BAG v. 16.2.2012, Az. 6 AZR 553/10).

2. Anspruch auf Teilzeitarbeit

Schwerbehinderte Menschen haben einen Anspruch auf Teilzeitbeschäftigung, wenn die kürzere Arbeitszeit wegen Art oder Schwere der Behinderung notwendig ist (§ 81 Abs. 5 Satz 3 SGB IX).

Die Ansprüche nach dem SGB IX und dem Teilzeit- und Befristungsgesetz stehen unverbunden nebeneinander. Man muss also für jedes Gesetz getrennt prüfen, ob die jeweiligen Voraussetzungen erfüllt sind.

Beispiel:

Ein Arbeitgeber beschäftigt in der Regel nicht mehr als 15 Arbeitnehmer. Damit kommt für die dort tätigen Arbeitnehmer eine Arbeitszeitreduzierung nach dem Teilzeitgesetz nicht in Betracht. Ist ein Arbeitnehmer aber als Schwerbehinderter anerkannt, kann er grundsätzlich einen solchen Anspruch nach dem SGB IX geltend machen. Der Arbeitnehmer muss darlegen, dass wegen der Art oder der Schwere seiner Behinderung eine Reduzierung der Arbeitszeit angezeigt ist. Der Arbeitgeber kann dem wiederum entgegenhalten, dass eine Teilzeitbeschäftigung für ihn nicht zumutbar oder mit unverhältnismäßigen Aufwendungen verbunden wäre.

Anspruchsberechtigt sind nur schwerbehinderte Menschen im Sinne von § 2 Abs. 2 SGB IX, also Menschen mit einem Grad der Behinderung von mindestens 50 oder Gleichgestellte gem. § 2 Abs. 3 SGB IX. Anders als nach dem TzBfG ist der Anspruch nicht an eine bestimmte Mindestanzahl von Beschäftigten geknüpft. Der Arbeitnehmer muss auch, anders als beim TzBfG und bei der Elternzeit, keine Mindestbeschäftigungsdauer aufweisen, um den Anspruch geltend zu machen.

Beispiel:

Eine schwerbehinderte Arbeitnehmerin kann nach diesen Grundsätzen einen Anspruch auf Verkürzung der Arbeitszeit geltend machen, selbst wenn der Arbeitgeber nur sieben Arbeitnehmer beschäftigt und sie erst seit drei Monaten dort tätig ist.

Im Gesetz nicht geregelt ist die Frage, ob der schwerbehinderte Mensch nur dann eine Verkürzung beanspruchen kann, wenn er zuvor vollzeitig beschäftigt war oder ob er auch eine weitere Verkürzung seiner Teilzeitarbeit verlangen kann. Nach Sinn und Zweck des Gesetzes kann nach Ansicht des Verfassers die Arbeitszeitreduzierung auch dann beansprucht werden, wenn der Arbeitnehmer bereits in Teilzeit beschäftigt ist. Die Verringerung der Arbeitszeit soll dann erfolgen, wenn dies „wegen Art oder Schwere der Behinderung notwendig ist". Dies kann beim Teilzeitbeschäftigten genauso gegeben sein wie beim Vollzeitarbeitnehmer.

Beispiel:

Infolge einer schweren Erkrankung, die zur Anerkennung als schwerbehinderter Mensch führt, hat die Konzentrationsfähigkeit des Arbeitnehmers so nachgelassen, dass er höchstens vier Stunden am Tag seiner Tätigkeit nachgehen kann. Hier kann es für den Anspruch auf Arbeitszeitverringerung keinen Unterschied machen, ob der Arbeitnehmer bislang mit ¾ der normalen Arbeitszeit beschäftigt war oder vollzeitig.

Gesetzlich nicht geregelt ist auch die Frage, ob auch ein befristet beschäftigter schwerbehinderter Arbeitnehmer den Anspruch geltend machen kann. Das Fehlen einer entsprechenden Ausschlussklausel zwingt nach Ansicht des Verfassers zu der Annahme, dass auch befristet Beschäftigte anspruchsberechtigt sind, zumal diese gem. § 4 Abs. 2 Satz 1 TzBfG grundsätzlich nicht wegen der Befristung schlechter behandelt werden dürfen als vergleichbare unbefristet beschäftigte Arbeitnehmer.

Die Notwendigkeit der Reduzierung muss sich gerade aus der Art oder Schwere der Behinderung ergeben. Es ist also ein ursächlicher Zusammenhang zwischen der Schwerbehinderung und der Notwendigkeit der Verringerung der Arbeitszeit nötig. Die Schwerbehinderung muss somit dazu führen, dass er die an sich geschuldete Tätigkeit (entweder Vollzeit oder Teilzeit mit einer längeren als der gewünschten Arbeitszeit) nicht ausüben kann oder dies zu einer Verschlechterung seines Gesundheitszustandes führen würde. Der Arbeitgeber kann dem Begehren aber entgegenhalten, dass er ihn mit anderen, ebenfalls vertragsgemäßen Tätigkeiten beschäftigt, die er noch ausüben kann.

Beispiel:

In dem o. g. Beispiel kann der Arbeitgeber ihm ab der vierten Arbeitsstunde am Tag eine Tätigkeit zuweisen, die keine besondere Konzentration verlangt, sofern es nach dem Arbeitsvertrag zulässig ist. Dann entfiele die Notwendigkeit einer Verringerung der Arbeitszeit.

Der Anspruch besteht nicht, wenn die Verringerung der Arbeitszeit dem Arbeitgeber nicht zumutbar oder mit unverhältnismäßigen Aufwendungen verbunden wäre. Der Gesetzgeber hat keine genaueren Voraussetzungen aufgestellt, sodass eine umfassende Interessenabwägung stattfinden muss. Die „betrieblichen Gründe", die den Arbeitgeber nach § 4 Abs. 2 TzBfG (s. hierzu unter „→ Teilzeit") zur Ablehnung berechtigten, können auch hier zunächst als Anhaltspunkte herangezogen werden, bilden aber nicht den alleinigen Maßstab. Vielmehr ist das betriebliche Interesse des Arbeitgebers gegen das Interesse des schwerbehinderten Menschen abzuwägen.

Kriterien der **Unzumutbarkeit** können sein:

▸ der Arbeitsplatz des schwerbehinderten Menschen ist aufgrund der Art der Tätigkeit nicht teilbar, weil z. B. den ganzen Tag ein Ansprechpartner vorhanden sein muss;

▸ auf dem Arbeitsmarkt ist kein Arbeitnehmer zu finden, der bereit wäre, die verbleibende Teilzeittätigkeit auszuführen;

▸ organisatorisch wäre die Teilung des Arbeitsplatzes mit schweren betrieblichen Ablaufstörungen verbunden.

Unverhältnismäßige Aufwendungen können vorliegen, wenn

▸ der Betrieb wirtschaftlich nicht leistungsfähig genug ist, um die o. g. Änderungen der Organisation tragen zu können;

▸ die Kosten für die Einrichtung des Teilzeitarbeitsplatzes in keinem vernünftigen Verhältnis zu den positiven Auswirkungen für den schwerbehinderten Menschen stehen.

Anders als beim Teilzeitgesetz hat der Gesetzgeber kein besonderes Verfahren vorgesehen, in dem der Anspruch geltend zu machen ist. Insbesondere gibt es auch keine Frist, innerhalb derer sich der Arbeitgeber äußern muss. Somit kommt es auch nicht zu einer automatischen Reduzierung der Arbeitszeit, wenn der Arbeitgeber nicht reagiert. Der schwerbehinderte Arbeitnehmer muss vielmehr seinen Anspruch vor Gericht geltend machen.

Beispiel:

Ein schwerbehinderter Arbeitnehmer begehrt am 1.3. wegen der Art seiner Behinderung eine Reduzierung der Arbeitszeit um 30 % zum 1.6. Der Arbeitgeber reagiert nicht. Nach dem Teilzeitgesetz wäre automatisch eine Reduzierung eingetreten. Das SGB IX kennt diese Folge nicht, sodass das Arbeitsverhältnis am 1.6. zu den bisherigen Bedingungen, also mit der vollen Arbeitszeit fortbesteht. Der Arbeitnehmer muss vor Gericht auf eine Reduzierung der Arbeitszeit klagen.

Da es um eine dauerhafte Veränderung der Dauer der Arbeitszeit geht, ist hier wie beim TzBfG eine Verurteilung auf Abgabe einer Willenserklärung, erforderlichenfalls verbunden mit dem Antrag auf entsprechende Beschäftigung zu beantragen.

Es ist jedoch nicht immer einfach zu erkennen, nach welchem Gesetz der Arbeitnehmer die Reduzierung der Arbeitszeit geltend macht.

Beispiel:

Der schwerbehinderte Arbeitnehmer macht ohne Angabe von Gründen einen Anspruch auf Reduzierung der Arbeitszeit geltend. Hier kommt sowohl die Anwendung des Teilzeitgesetzes als auch die des SGB IX in Betracht.

Stellt sich letztlich heraus, dass der Anspruch nach dem Teilzeitgesetz geltend gemacht wurde, kann das Schweigen des Arbeitgebers zur automatischen Verringerung der Arbeitszeit führen.

 **TIPP!**

Der Arbeitgeber sollte, wenn er der Arbeitszeitverringerung nicht zustimmen möchte, immer bis spätestens einen Monat vor der gewünschten Verringerung schriftlich widersprechen und dieses Schreiben nachweisbar zustellen.

Der schwerbehinderte Arbeitnehmer hat einen Anspruch auf Reduzierung der Arbeitszeit, der nach Ansicht des Verfassers rechtlich nicht anders zu behandeln ist wie der Anspruch nach § 8 Abs. 1 TzBfG. Die Arbeitszeit verringert sich somit nicht automatisch, sondern es bedarf einer Zustimmung des Arbeitgebers, auf die ggf. ein Rechtsanspruch besteht.

⚠ **ACHTUNG!**

Mit der Reduzierung der Arbeitszeit des Schwerbehinderten wird der Arbeitnehmer zum Teilzeitbeschäftigten im Sinne des Teilzeitgesetzes. Er kann daher sämtliche Rechte aus diesem Gesetz in Anspruch nehmen.

Dies betrifft insbesondere das Diskrimierungsverbot und den Gleichbehandlungsgrundsatz, aber auch die Regelungen zur Aus- und Weiterbildung (§ 10 TzBfG).

Das SGB IX spricht nur von einem „Anspruch auf Teilzeitbeschäftigung", ohne dass klargestellt würde, ob sich die Arbeitszeit auf Dauer oder nur vorübergehend verringert. Nach Ansicht des Verfassers liegt es nahe, hier eine dauerhafte Vertragsänderung anzunehmen, durch die die Arbeitszeit auf Dauer reduziert wird. Daher besteht grundsätzlich kein Recht auf Rückkehr zur vorherigen Arbeitszeit. Allerdings kann er sich wie jeder Teilzeitbeschäftigte auf § 9 TzBfG berufen.

 WICHTIG!

Der nunmehr teilzeitbeschäftigte Arbeitnehmer ist, wenn er später einmal eine Verlängerung der Arbeitszeit wünscht, bei gleicher Eignung bevorzugt bei der Stellenbesetzung zu berücksichtigen. Etwas anderes gilt nur, wenn dringende betriebliche Gründe oder die berechtigten Interessen anderer Teilzeitbeschäftigter entgegenstehen (§ 9 TzBfG).

Die Folgen für das Arbeitsentgelt und die Nebenleistungen sind dieselben wie bei einer Reduzierung nach dem Teilzeitgesetz.

Die Vorschrift des SGB IX betrifft, anders als das Teilzeitgesetz, nur die Reduzierung der Arbeitszeit, nicht hingegen deren Lage. Hier kann der Arbeitgeber von seinem Direktionsrecht Gebrauch machen, wobei er jedoch die Interessen des Arbeitnehmers zu berücksichtigen hat (§ 106 GewO). Dabei hat er auch auf Behinderungen des Arbeitnehmers Rücksicht zu nehmen (§ 106 Satz 3 GewO).

Beispiel:

Der schwerbehinderte Arbeitnehmer setzt vor Gericht eine Reduzierung der Arbeitszeit um ⅕ durch. Der Arbeitnehmer möchte gerne freitags nicht arbeiten. Hat der Arbeitgeber betriebliche Interessen, die eine Arbeitsleistung am Freitag notwendig erscheinen lassen, kann er dies ablehnen und einen anderen Tag festlegen. Er darf aber nicht willkürlich den vom Arbeitnehmer gewünschten Tag ablehnen.

3. Anzeige- und Mitwirkungspflichten

Der Arbeitgeber muss für jeden Betrieb ein Verzeichnis mit den dort beschäftigten schwerbehinderten Menschen und gleichgestellten behinderten Menschen erstellen und den Vertretern des Integrationsamtes und des Arbeitsamts auf Verlangen vorzeigen. Bis zum 31.3. eine jeden Jahres muss der Arbeitgeber unaufgefordert dem Arbeitsamt eine Liste mit diesen Angaben

:: **rehm**

einreichen. Dabei muss auch eine ggf. geschuldete Ausgleichsabgabe angegeben werden. Eine Kopie ist für das Integrationsamt beizufügen. Weitere Kopien sind dem Betriebsrat, der Schwerbehindertenvertretung und dem Schwerbehindertenbeauftragten auszuhändigen. Kommt der Arbeitgeber bis zum 30. Juni eines Kalenderjahres seinen Anzeigepflichten etwa über die Anzahl der beschäftigten schwerbehinderten Menschen nicht nach, kann das Integrationsamt gem. § 80 Abs. 3 SGB IX einen Feststellungsbescheid u. a. über die Zahl der mit schwerbehinderten Menschen zu besetzenden Pflichtarbeitsplätze erlassen. Gem. § 80 Abs. 2 Satz 1 BetrVG ist der Arbeitgeber verpflichtet, dem Betriebsrat über die Arbeitnehmer zu informieren, die innerhalb eines Jahres länger als sechs Wochen arbeitsunfähig krank waren und bei denen daher ein betriebliches Eingliederungsmanagement durchzuführen ist. Dabei bedarf es nicht der Zustimmung dieser Arbeitnehmer (LAG München v. 24.10.2010, Az. 11 TaBV 48/10).

Über diese Anzeigepflichten hinaus hat der Arbeitgeber auch **Mitwirkungspflichten.** Er muss den Vertretern des Integrationsamtes Einblick in den Betrieb gewähren und alle Auskünfte erteilen, die für die Durchführung des Gesetzes notwendig sind. Kündigt der Arbeitgeber einem schwerbehinderten Arbeitnehmer innerhalb der ersten sechs Monate, muss er dies innerhalb von vier Tagen nach der Kündigung dem Integrationsamt mitteilen. Ein Verstoß gegen diese Pflicht hat jedoch nicht die Unwirksamkeit der Kündigung zur Folge (zum Zustimmungserfordernis bei sonstigen Kündigungen s. u.). Bei Abschluss eines auf bis zu sechs Monate befristeten Arbeitsvertrags muss die Mitteilung innerhalb von vier Tagen ab Arbeitsaufnahme erfolgen.

4. Zusatzurlaub

Schwerbehinderte Menschen (nicht aber gleichgestellte behinderte Menschen) haben einen Anspruch auf einen bezahlten zusätzlichen Urlaub von fünf Arbeitstagen (nicht Werktagen wie beim BUrlG) pro Kalenderjahr. Die Vorschriften des Bundesurlaubsgesetzes hinsichtlich der Wartezeit von sechs Monaten und der Zwölftelung bei einer darunter liegenden Beschäftigungszeit sind auch hier anzuwenden.

ACHTUNG!
Liegt die Schwerbehinderteneigenschaft nicht während des gesamten Kalenderjahres vor, hat der Arbeitnehmer nicht mehr Anspruch auf den vollen, sondern nur noch auf den anteiligen Sonderurlaub. Bruchteile, die einen halben Tag überschreiten, sind aufzurunden. Darunter liegende Bruchteile sind nicht abzurunden, sondern in dem Umfang des Bruchteils zu gewähren. Wird die Schwerbehinderteneigenschaft rückwirkend festgestellt, kann kein Zusatzurlaub aus den vergangenen Jahren verlangt werden, da der Urlaub grundsätzlich im laufenden Kalenderjahr genommen werden muss (§ 125 Abs. 3 SGB IX).

Dieser Urlaubsanspruch tritt zu dem normalen Anspruch hinzu, den der Arbeitnehmer sonst auch hätte. Der Zusatzurlaub verfällt ebenso wie der Erholungsurlaub, wenn er nicht im Urlaubsjahr genommen wird.

WICHTIG!
Der Zusatzurlaub ist ebenso wie der Mindesturlaub nach dem Ende des Arbeitsverhältnisses abzugelten, wenn er nicht gewährt werden konnte, weil der Arbeitnehmer arbeitsunfähig erkrankt war (BAG v. 23.3.2010, Az. 9 AZR 128/09). Damit überträgt das BAG die Rechtsprechung des EuGH nicht nur auf den gesetzlichen Mindesturlaub, sondern auch auf den Zusatzurlaub. Die Zusatzurlaubsansprüche verfallen 15 Monate nach Ende des Urlaubsjahres (BAG v. 7.8.2012, Az. 9 AZR 353/10).

Hat der Arbeitnehmer die Anerkennung als schwerbehinderter Mensch beantragt und ist hierüber bis zum Ende des Kalenderjahres nicht entschieden worden, ist der Arbeitgeber nicht zur Übertragung des Zusatzurlaubs auf den gesetzlichen oder tariflichen Übertragungszeitraum verpflichtet.

Beispiel:
Der Arbeitnehmer hat im September die Anerkennung als schwerbehinderter Mensch beantragt. Kurz vor Weihnachten bittet er den Arbeitgeber, den Zusatzurlaub von fünf Tagen auf den gesetzlichen Übertragungszeitraum zu übertragen, der bis zum 31.3. des Folgejahres läuft. Er verweist darauf, dass die Anerkennung sicher sei. Hierauf muss sich der Arbeitgeber nicht einlassen.

5. Mehrarbeit

Schwerbehinderte Menschen müssen auf Verlangen von Mehrarbeit freigestellt werden (§ 124 SGB IX). Dabei ist unter Mehrarbeit in diesem Sinne nicht die Arbeitszeit zu verstehen, die über die individuelle Arbeitszeit des schwerbehinderten Arbeitnehmers hinausgeht, sondern diejenige, die die regelmäßige werktägliche Arbeitszeit von acht Stunden überschreitet.

VIII. Besonderer Kündigungsschutz

Die Kündigung eines schwerbehinderten Menschen durch den Arbeitgeber bedarf der vorherigen Zustimmung des Integrationsamtes (§ 85 SGB IX).

1. Zustimmungsfreie Beendigungsmöglichkeiten

Keine Zustimmung ist erforderlich, wenn das Arbeitsverhältnis aus einem der folgenden Gründe enden soll:

▶ Ablauf der Befristung des Arbeitsvertrags,

▶ Anfechtung des Arbeitsvertrags wegen arglistiger Täuschung oder Irrtums,

▶ Berufung auf die Nichtigkeit des Arbeitsvertrags,

▶ Aufhebungsvertrag, wobei der schwerbehinderte Mensch kein Recht zur Anfechtung hat, wenn er bei Abschluss noch nichts von seiner Schwerbehinderung wusste; die Zustimmung des Integrationsamtes ist aber dann erforderlich, wenn die Beendigung im Fall der Berufsunfähigkeit oder der Erwerbsunfähigkeit auf Zeit erfolgt,

▶ Eigenkündigung des schwerbehinderten Menschen,

▶ Kündigung durch den Arbeitgeber innerhalb der ersten sechs Monate des Arbeitsverhältnisses, die dem Integrationsamt innerhalb von 4 Tagen angezeigt werden muss,

▶ Kündigung durch den Arbeitgeber, wenn der Arbeitnehmer bereits das 58. Lebensjahr vollendet hat und Anspruch auf eine Abfindung o. Ä. aufgrund eines Sozialplans oder auf Knappschaftsausgleichsleistungen hat, wenn der Arbeitgeber ihm die Kündigungsabsicht rechtzeitig mitgeteilt hat und er nicht bis zum Ausspruch der Kündigung widersprochen hat,

▶ Kündigung durch den Arbeitgeber aus witterungsbedingten Gründen, wenn die Wiedereinstellung des schwerbehinderten Menschen bei der Wiederaufnahme der Arbeit gewährleistet ist.

2. Beginn des Kündigungsschutzes

Innerhalb der ersten sechs Monate des Arbeitsverhältnisses bedarf die Kündigung nicht der Zustimmung des Integrationsamtes. Auf diese Wartezeit sind Zeiten eines früheren Arbeitsverhältnisses bei demselben Arbeitgeber anzurechnen, wenn das neue Arbeitsverhältnis in einem engen sachlichen Zusammenhang mit dem bisherigen steht. Gem. § 90 Abs. 2a SGB IX bedarf es keiner Zustimmung des Integrationsamtes, wenn zum Zeitpunkt der Kündigung die Eigenschaft als schwerbehinderter Mensch nicht nachgewiesen ist. Dies betrifft den Fall, dass der Arbeitnehmer tatsächlich als schwerbehindert anerkannt ist. In diesem Fall besteht eine Obliegenheit des Arbeitnehmers, dem Arbeitgeber den Bescheid über die Schwerbehinderung bzw. den Schwerbehindertenausweis vor dem Zugang der Kündigung vorzulegen. Der Sonderkündigungsschutz besteht auch dann, wenn der Arbeitgeber nichts von der Schwerbehinderteneigenschaft wusste, sofern der Arbeitnehmer bereits einen Anerkennungsbescheid oder zumindest einen entsprechenden Antrag beim Versorgungsamt gestellt hatte. Der Antrag des Arbeitnehmers muss mindestens drei Wochen vor der Kündigung mit den erforderlichen Angaben beim Integrationsamt eingegangen sein. Wenn der Arbeitgeber von einer Schwerbehinderung des Arbeitnehmers nichts wissen konnte, weil diese nicht offenkundig war, kommt einem Antrag auf Anerkennung einer Schwerbehinderung kündigungsschutzrechtlich allein keine Bedeutung zu, sondern er muss im Fall seiner Stattgabe gemäß § 90 Abs. 2a SGB IX mindestens drei Wochen vor Zugang der Kündigung gestellt worden sein (LAG Berlin-Brandenburg v. 27.1.2012, Az. 6 Sa 2062/11). Der Arbeitnehmer muss dies binnen einer angemessenen Frist nach Zugang der Kündigung dem Arbeitgeber mitteilen. Bei einem Betriebsübergang muss sich der Betriebsübernehmer die Kenntnis des Betriebsveräußerers von der Schwerbehinderteneigenschaft eines Arbeitnehmers zurechnen lassen.

 **ACHTUNG!**

Diese Mitteilungsfrist beträgt drei Wochen (BAG v. 9.6.2011, Az. 2 AZR 703/09). Es ist also dringend zu raten, dem Arbeitgeber binnen drei Wochen nach Zugang der Kündigung die Schwerbehinderteneigenschaft mitzuteilen, da ansonsten der Verlust des Sonderkündigungsrechts droht. Nur bei Vorliegen besonderer Umstände kann die Frist durchbrochen werden. Eine gerichtliche Geltendmachung innerhalb der Dreiwochenfrist reicht in der Regel aus (BAG v. 23.2.2010, Az. 2 AZR 659/08; LAG Berlin-Brandenburg v. 26.7.2011, Az. 3 Sa 633/11). Wenn der Arbeitnehmer dem Arbeitgeber vor Zugang der Kündigung mitgeteilt hat, er habe bei einem bestimmten Versorgungsamt einen Antrag auf „Feststellung über das Vorliegen einer Behinderung" gestellt, ist der Arbeitgeber hinreichend informiert und muss damit rechnen, dass die beabsichtigte Kündigung zustimmungspflichtig ist (BAG v. 9.6.2011, Az. 2 AZR 703/09).

Die zweite Variante der gesetzlichen Regelung betrifft den Fall, dass der Arbeitnehmer die Schwerbehinderteneigenschaft nicht nachweisen kann, weil das Verfahren auf Anerkennung als Schwerbehinderter (nicht als Gleichgestellter) noch nicht abgeschlossen ist. Hier kann sich der Arbeitnehmer nur auf den besonderen Kündigungsschutz berufen, wenn er an den Feststellungen des Versorgungsamtes fristgemäß mitwirkt. Er kann also nicht mehr den aussichtslosen Antrag auf Anerkennung stellen und das Anerkennungsverfahren durch fehlende Mitwirkung in die Länge ziehen, um hieraus Vorteile im Kündigungsschutzprozess zu erlangen. Ist er aber seinen Verpflichtungen nachgekommen, wirkt der Kündigungsschutz auf den Zeitpunkt der Antragstellung zurück. Der Arbeitnehmer muss aber den Arbeitgeber nach der Kündigung binnen angemessener Frist über die Antragstellung unterrichten. Die Zustimmung des Integrationsamtes ist nicht nach § 90 Abs. 2a SGB IX entbehrlich, wenn im Zeitpunkt der Kündigung eine – nicht rechtskräftige und später aufgehobene – Entscheidung des Versorgungsamtes vorliegt, mit der ein unter 50 GdB liegender Grad der Behinderung festgestellt wird. Ein Negativattest muss vor Ausspruch der Kündigung vorliegen.

 **WICHTIG!**

Zur Vorbereitung von Kündigungen darf der Arbeitgeber nach einer Schwerbehinderung fragen, wenn das Arbeitsverhältnis länger als sechs Monate angedauert hat. Verneint der Arbeitnehmer diese Frage wahrheitswidrig, kann er sich im Kündigungsschutzprozess nicht mehr mit Erfolg auf den Sonderkündigungsschutz berufen (BAG v. 16.2.2012, Az. 6 AZR 553/10).

Gem. § 92 SGB IX bedarf die Beendigung des Arbeitsverhältnisses eines schwerbehinderten Menschen auch dann der vorherigen Zustimmung des Integrationsamtes, wenn sie im Falle des Eintritts einer teilweisen Erwerbsminderung, der Erwerbsminderung auf Zeit, der Berufsunfähigkeit oder der Erwerbsunfähigkeit auf Zeit ohne Kündigung erfolgt. Dies betrifft die

auflösende Bedingung des Arbeitsverhältnisses. Die diesbezügliche Klagefrist von drei Wochen nach Beendigung des Arbeitsverhältnisses läuft nicht, wenn der Arbeitgeber um die Schwerbehinderung weiß und trotzdem die Zustimmung des Integrationsamtes nicht einholt (BAG v. 9.2.2011, Az. 7 AZR 221/10).

3. Verfahren vor dem Integrationsamt

3.1 Antrag

Der Arbeitgeber muss die Zustimmung des Integrationsamtes schriftlich in doppelter Ausfertigung beantragen. Dort liegen auch Formulare bereit, deren Verwendung sinnvoll, aber nicht vorgeschrieben ist. Zuständig ist die Behörde, in deren Zuständigkeitsbereich der Betrieb liegt, in dem der schwerbehinderte Mensch beschäftigt wird. Der Antrag sollte ausführlich begründet werden und mindestens folgende Angaben enthalten:

- Name des zu Kündigenden, Geburtsdatum, Familienstand, Unterhaltspflichten,
- genaue Schilderung der Kündigungsgründe,
- Beweismittel,
- Darlegungen, dass die Kündigung entweder nicht im Zusammenhang mit der Schwerbehinderung steht oder warum sie trotzdem unvermeidlich ist.

3.2 Entscheidungsgrundlagen

Die Behörde holt sodann die Stellungnahme der zuständigen Agentur für Arbeit, des Betriebsrats und der Schwerbehindertenvertretung ein und hört den schwerbehinderten Arbeitnehmer zu der beabsichtigten Kündigung an. Danach trifft sie die Entscheidung nach pflichtgemäßem Ermessen, d. h. sie nimmt eine Abwägung zwischen den Interessen des Arbeitgebers und denen des schwerbehinderten Mitarbeiters vor, wobei die Zielsetzungen des SGB IX zu berücksichtigen sind. Das Gesetz nennt einige Fälle, in denen die Zustimmung erteilt werden muss, nämlich bei Kündigungen in Betrieben, die

- nicht nur vorübergehend eingestellt oder aufgelöst werden,
- nicht nur vorübergehend wesentlich eingeschränkt werden, wenn die Gesamtzahl der verbleibenden schwerbehinderten Arbeitnehmern ausreicht, um die gesetzliche Mindestbeschäftigtenzahl zu erfüllen,

wenn zwischen dem Tag der Kündigung und dem Tag, bis zu dem Arbeitsentgelt gezahlt wird, mindestens drei Monate liegen und keine Weiterbeschäftigung auf einem anderen Arbeitsplatz desselben Betriebs oder einem freien Arbeitsplatz im Unternehmen möglich und für den Arbeitgeber zumutbar ist.

Das Integrationsamt „soll" die Zustimmung erteilen, wenn dem schwerbehinderten Arbeitnehmer ein anderer angemessener und zumutbarer Arbeitsplatz gesichert ist (§ 89 SGB IX). Hier ist die Behörde i. d. R. gehalten, die Zustimmung zu erteilen, wenn nicht im Ausnahmefall entgegenstehende Gesichtspunkte überwiegen.

3.3 Entscheidung

Das Integrationsamt hat binnen eines Monats eine Entscheidung zu treffen, wenn ein Betrieb oder eine Dienststelle nicht nur vorübergehend vollständig eingestellt oder aufgelöst und das Arbeitsentgelt mindestens drei Monate fortgezahlt wird. Wenn hier die Entscheidung nicht fristgemäß ergeht, wird die Zustimmung fingiert. Der Arbeitgeber kann dann also ohne eine ausdrückliche Zustimmung kündigen. Dies gilt auch, wenn das Insolvenzverfahren über das Vermögen des Arbeitgebers eröffnet worden ist. In den übrigen Fällen (Ausnahme: fristlose Kündigung, s. u.) bleibt die Nichteinhaltung der Monatsfrist durch das Integrationsamt ohne rechtliche Folgen. Die Entscheidung kann folgenden Inhalt haben:

▶ **Zustimmung:** Erteilt das Integrationsamt seine Zustimmung zur ordentlichen Kündigung, muss der Arbeitgeber eine ordentliche Kündigung innerhalb eines Monats nach Zustellung des Bescheids (nicht schon vorher) erklären. Innerhalb dieser Frist können auch mehrere ordentliche Kündigungen ausgesprochen werden, wenn z. B. Zweifel darüber bestehen, ob die erste Kündigung formal korrekt war. Bei außerordentlichen Kündigungen muss die Kündigung unverzüglich nach Erteilung der Zustimmung erklärt werden. Gegen die Zustimmung kann der Arbeitnehmer Widerspruch einlegen. Hierüber befindet der Widerspruchsausschuss. Der Widerspruch hat keine aufschiebende Wirkung, d. h. die Zustimmung bleibt zunächst wirksam (§ 88 SGB IX). Weist der Widerspruchsausschuss den Widerspruch zurück, kann der Arbeitnehmer hiergegen Anfechtungsklage vor dem Verwaltungsgericht erheben. Wenn dieses die Klage abweist, ist die Kündigung jedenfalls nicht nach den Bestimmungen des SGB IX unwirksam. Hebt der Widerspruchsausschuss die Zustimmung zur Kündigung auf, wird diese rückwirkend unwirksam. Der Arbeitgeber kann seinerseits gegen diesen Bescheid vor dem Verwaltungsgericht klagen. Hat er damit Erfolg, steht das SGB IX der Wirksamkeit der Kündigung nicht entgegen. Wird die Klage abgewiesen, bleibt die Kündigung unwirksam. Wird die Zustimmung erst vom Widerspruchsausschuss erteilt, muss der Arbeitgeber die Kündigung unverzüglich aussprechen.

▶ **Zurückweisung:** Weist das Integrationsamt den Antrag zurück, kann die Kündigung zunächst nicht ausgesprochen werden. Der Arbeitgeber kann gegen diesen Bescheid innerhalb eines Monats ab Zustellung der Entscheidung schriftlich bei dem Integrationsamt Widerspruch einlegen, über den der Widerspruchsausschuss befindet. Erteilt dieser die Zustimmung, muss der Arbeitgeber innerhalb eines Monats die ordentliche Kündigung aussprechen. die außerordentliche muss unverzüglich ausgesprochen werden. Der Arbeitnehmer kann die Zustimmung vor dem Verwaltungsgericht angreifen. Wird der Widerspruch zurückgewiesen, kann der Arbeitgeber Verpflichtungsklage vor dem Verwaltungsgericht erheben.

▶ **Negativattest:** Erteilt das Integrationsamt ein Negativattest (d. h. stellt es fest, dass der Arbeitnehmer gar nicht unter das SGB IX fällt), kann der Arbeitgeber die Kündigung aussprechen. Der Arbeitnehmer kann gegen die Entscheidung Widerspruch einlegen, über den der Widerspruchsausschuss entscheidet. Gegen dessen Entscheidung kann die unterlegene Partei vor dem Verwaltungsgericht vorgehen.

▶ **Verstreichenlassen der Frist:** Durch die bloße Ankündigung des Integrationsamtes, es sei beabsichtigt, die Frist des § 91 Abs. 3 SGB IX verstreichen zu lassen, wird klargestellt, dass das Integrationsamt innerhalb der Frist des § 91 Abs. 3 S. 1 SGB IX keine positive Entscheidung über den Zustimmungsantrag des Arbeitgebers treffen will. Wird bereits im Laufe des Tages, an dem zu Mitternacht die Frist des § 91 Abs. 3 S. 2 SGB IX verstreicht, die betreffende Kündigung ausgesprochen, ist diese rechtsunwirksam.

3.4 Besonderheiten bei der fristlosen Kündigung

Gem. § 626 Abs. 2 BGB muss die außerordentliche Kündigung innerhalb von zwei Wochen ab Kenntnis des Kündigungsberechtigten erklärt werden. Dies wird bei Schwerbehinderten meist nicht möglich sein, weil das Verfahren vor dem Integrationsamt nicht abgeschlossen ist. Daher muss der Antrag auf Zustimmung zu einer **außerordentlichen Kündigung** innerhalb von zwei Wochen ab dem Zeitpunkt gestellt werden, an dem der Arbeitgeber Kenntnis von den Kündigungsgründen erlangt.

Wenn die Behörde zugestimmt hat, beginnt nicht etwa erneut eine Zweiwochenfrist zu laufen, sondern die Kündigung muss unverzüglich ausgesprochen werden (BAG v. 19.4.2012, Az. 2 AZR 118/11). Diese Grundsätze gelten auch für außerordentliche Kündigungen mit einer sozialen Auslauffrist bei Arbeitnehmern, die durch Tarifvertrag ordentlich nicht mehr kündbar sind. Ein verspäteter Antrag wird als unzulässig zurückgewiesen, sodass keine wirksame Kündigung ausgesprochen werden kann. Das Integrationsamt muss innerhalb von zwei Wochen über den Antrag entscheiden.

WICHTIG!
Trifft das Integrationsamt seine Entscheidung nicht innerhalb der gesetzlichen Frist, gilt die Zustimmung als erteilt (§ 91 SGB IX).

Das Schweigen der Behörde wird dann genauso behandelt, als hätte sie dem Antrag ausdrücklich stattgegeben. Es kommt aber nicht auf den Zugang des Bescheids beim Arbeitgeber an, sondern nur darauf, ob eine Entscheidung innerhalb der Frist überhaupt ergangen ist. Der Arbeitgeber sollte sich daher unbedingt am letzten Tag der Frist telefonisch bei dem Integrationsamt erkundigen, ob dieses eine Entscheidung getroffen hat. Ist dies nicht der Fall oder wurde dem Antrag zugestimmt, muss der Arbeitgeber dann unverzüglich die Kündigung aussprechen (BAG v. 19.4.2012, Az. 2 AZR 118/11). Das Integrationsamt ist aber nur verpflichtet, fernmündlich mitzuteilen, ob überhaupt eine Entscheidung getroffen wurde. Es muss nicht den Inhalt wiedergeben. Teilt das Integrationsamt lediglich mit, dass es innerhalb der Frist eine Entscheidung getroffen habe, darf der Arbeitgeber die Zustellung des entsprechenden Bescheids eine gewisse Zeit abwarten. Diese darf jedoch, wie das BAG es formuliert, nicht „gänzlich ungewöhnlich lang" sein (BAG v. 19.4.2012, Az. 2 AZR 118/11). Liegt die Zustimmung des Integrationsamtes im Einzelfall schon vor Ablauf der Zweiwochenfrist vor, so kann der Arbeitgeber diese voll ausschöpfen, muss also nicht unverzüglich kündigen. Dies dürfte jedoch kaum vorkommen.

Das Integrationsamt „soll" seine Zustimmung zur außerordentlichen Kündigung erteilen, wenn die Kündigungsgründe nicht im Zusammenhang mit der Schwerbehinderung stehen. Es prüft also nicht, ob die Kündigungsgründe ausreichend sind, sondern nur, ob das Verhalten des Arbeitnehmers sich aus seiner Schwerbehinderung heraus ergeben hat. Wenn die Kündigungsgründe jedoch offenkundig unzureichend sind, kann die Behörde den Antrag zurückweisen.

Der Arbeitgeber kann die außerordentliche Kündigung bereits dann erklären, wenn das Integrationsamt die zustimmende Entscheidung getroffen und den Arbeitgeber mündlich oder fernmündlich davon in Kenntnis gesetzt hat. Der schriftliche Bescheid muss noch nicht vorliegen. Wird die Zustimmung erst durch den Widerspruchsausschuss erteilt, muss die außerordentliche Kündigung unverzüglich ausgesprochen werden, nachdem der Arbeitgeber sichere Kenntnis von der Entscheidung bekommen hat. Hierfür reicht die mündliche Bekanntgabe aus, dass dem Widerspruch stattgegeben wird.

4. Anhörung von Betriebsrat und Vertrauensperson

Auch vor der Kündigung von schwerbehinderten Arbeitnehmern muss der **Betriebsrat angehört** werden. Die Anhörung kann vor dem Antrag bei dem Integrationsamt erfolgen, aber auch erst während der Dauer des Verfahrens oder dann, wenn die Zustimmung erteilt worden ist. Wurde der Betriebsrat vor Stellung des Antrags bei dem Integrationsamt angehört, ist auch dann keine erneute Anhörung erforderlich, wenn die

Zustimmung erst nach einem jahrelangen verwaltungsgerichtlichen Verfahren erteilt wurde. Eine Ausnahme gilt nur dann, wenn sich der Sachverhalt in der Zwischenzeit verändert hat. Ist jedoch eine Kündigung, zu der der Betriebsrat angehört worden ist, wegen der fehlenden Zustimmung des Integrationsamtes unwirksam, muss der Arbeitgeber ihn erneut anhören, wenn er eine neue Kündigung aussprechen will, zu der dann die Zustimmung vorliegt.

Beispiel:

> Der Arbeitgeber hat nach Anhörung des Betriebsrats eine Kündigung ausgesprochen. Danach erfährt er, dass der Arbeitnehmer schon vorher einen Antrag auf einen Schwerbehindertenausweis gestellt hatte, dem später auch stattgegeben wurde. Die Kündigung ist unwirksam, denn die Anerkennung wirkt auf den Zeitpunkt der Antragstellung zurück. Wenn der Arbeitgeber jetzt die Zustimmung des Integrationsamtes zu einer neuen Kündigung einholt, muss er den Betriebsrat selbst dann anhören, wenn sich an den Kündigungsgründen nichts geändert hat.

Hat der Arbeitgeber den Betriebsrat zu einer fristlosen Kündigung noch nicht angehört, muss er das Anhörungsverfahren sofort nach Erteilung der Zustimmung einleiten. Auch die Schwerbehindertenvertretung ist vor Ausspruch der Kündigung zu hören. Das Unterlassen führt jedoch nicht zur Unwirksamkeit der Kündigung.

5. Kündigungsfrist

Die Kündigungsfrist beträgt bei der Kündigung eines schwerbehinderten Menschen, dessen Arbeitsverhältnis wenigstens sechs Monate bestanden hat, mindestens vier Wochen (§ 86 SGB IX), und zwar auch dann, wenn die Frist z. B. nach dem Tarifvertrag kürzer wäre. Innerhalb der ersten sechs Monate des Arbeitsverhältnisses gilt die gesetzliche bzw. tarifliche Kündigungsfrist.

6. Kündigungsschutzverfahren

In dem Verfahren vor dem Integrationsamt wird nur geklärt, ob der Kündigung die besonderen Schutzvorschriften des SGB IX entgegenstehen. Die Frage, ob die Kündigung auch nach dem Kündigungsschutzgesetz Bestand hat, ist hiervon strikt zu trennen. Hierüber entscheidet das Arbeitsgericht in einem Kündigungsschutzverfahren. Dieses ist innerhalb einer Frist von drei Wochen ab Zugang der Kündigung einzuleiten. Kündigt der Arbeitgeber trotz Kenntnis von der Schwerbehinderteneigenschaft ohne Zustimmung, gilt die Dreiwochenfrist nicht.

Beispiel:

> Das Integrationsamt erteilt die Zustimmung zur ordentlichen betriebsbedingten Kündigung. Der Arbeitnehmer greift diese Entscheidung nicht an, sondern wehrt sich gegen die ausgesprochene Kündigung vor dem Arbeitsgericht. Dieses muss nur davon ausgehen, dass die Kündigung nicht nach den Bestimmungen des SGB IX unwirksam ist. Ob tatsächlich betriebsbedingte Kündigungsgründe bestanden oder der Betriebsrat ordnungsgemäß angehört worden ist, prüft das Arbeitsgericht aber genau wie in anderen Kündigungsschutzverfahren.

Die anzuerkennenden Kündigungsgründe richten sich grundsätzlich zunächst wie bei sonstigen Kündigungen auch nach § 1 KSchG. In bestimmten Fällen, insbesondere bei krankheitsbedingten Kündigungen, ist jedoch eine besondere Schutzpflicht des Arbeitgebers zu beachten (leidensgerechte Umgestaltung des Arbeitsplatzes bzw. Präventionsmaßnahmen). So sind z. B. an die Bemühungen des Arbeitgebers, für den zur Kündigung anstehenden ordentlich unkündbaren Arbeitnehmer eine andere Beschäftigungsmöglichkeit zu finden, erhebliche Anforderungen zu stellen. Der Arbeitnehmer darf diese Bemühungen jedoch nicht dadurch zunichte machen, dass er über einen längeren Zeitraum hinweg die verschiedenartigsten Angebote des Arbeitgebers zur Weiterbeschäftigung an einem anderen Arbeitsplatz ablehnt. Allerdings ist die Nichtdurchführung des Präventionsverfahrens nach § 84 Abs. 1 SGB IX

keine formelle Wirksamkeitsvoraussetzung der Kündigung. Hat der Arbeitgeber ein Betriebliches Eingliederungsmanagement (BEM) unterlassen, kann er dem Gericht darlegen, dass ein solches Verfahren, z. B. aus gesundheitlichen Gründen nicht zu einer Beschäftigungsmöglichkeit geführt hätte. Es bedarf eines umfassenden konkreten Sachvortrags des Arbeitgebers zu einem nicht mehr möglichen Einsatz des Arbeitnehmers auf dem bisher innegehabten Arbeitsplatz. Sodann muss dargelegt werden, warum andererseits eine leidensgerechte Anpassung und Veränderung ausgeschlossen ist oder der Arbeitnehmer nicht auf einem (alternativen) anderen Arbeitsplatz bei geänderter Tätigkeit eingesetzt werden kann. Bei der Sozialauswahl ist zu beachten, dass die Schwerbehinderteneigenschaft nunmehr eines der vier zu berücksichtigenden Kriterien darstellt. Das BEM ist ein nicht formalisiertes Verfahren, das den Beteiligten jeden denkbaren Spielraum lässt. So soll erreicht werden, dass keine der vernünftigerweise in Betracht kommenden Möglichkeiten ausgeschlossen wird. Die Einbeziehung von Arbeitgeber, Arbeitnehmer, Betriebsrat und externen Stellen sowie die abstrakte Beschreibung des Ziels sollen ausreichen, um die Vorstellungen der Betroffenen sowie internen und externen Sachverstand in ein faires und sachorientiertes Gespräch einzubringen. Es geht, so das BAG, um die Etablierung eines unverstellten, verlaufs- und ergebnisoffenen Suchprozesses. Also muss man inhaltlich nach einer Lösung suchen, ohne dass bestimmte formale Vorgaben bestehen. Der Arbeitgeber ist aber grundsätzlich verpflichtet, einen Vorschlag, auf den sich die Teilnehmer eines BEM verständigt haben, auch umzusetzen, ehe er eine Kündigung ausspricht. Die unternehmerische Entscheidung einen leidensgerechten Arbeitsplatz in Wegfall zu bringen, erweist sich dann als unsachlich bzw. willkürlich, wenn der Arbeitgeber aus § 81 Abs. 4 SGB IX gleich wieder verpflichtet wäre, einen solchen zu schaffen (LAG Berlin-Brandenburg v. 30.3.2010, Az. 7 Sa 58/10).

Wenn das Widerspruchsverfahren oder das Verfahren vor dem Verwaltungsgericht noch läuft, während das Kündigungsschutzverfahren schon begonnen hat, kann das Arbeitsgericht den Rechtsstreit aussetzen, bis über die Wirksamkeit der Zustimmung entschieden worden ist. Das geschieht jedoch nur dann, wenn es hierauf ankommt, weil die Kündigung ansonsten für wirksam angesehen wird.

Beispiel:

> Das Integrationsamt erteilt die Zustimmung zur Kündigung. Hiergegen legt der Arbeitnehmer Widerspruch ein und erhebt Kündigungsschutzklage. Wenn das Arbeitsgericht zu dem Ergebnis kommt, dass die vom Arbeitgeber vorgetragenen Kündigungsgründe nicht ausreichend sind oder der Betriebsrat nicht ordnungsgemäß angehört worden ist, gibt es der Kündigungsschutzklage statt. Die Zustimmung des Integrationsamtes spielt keine Rolle, denn diese prüft nur, ob der Kündigung spezielle mit der Schwerbehinderung im Zusammenhang stehende Aspekte entgegenstehen.

Selbstständige mit einem Auftraggeber

I.   Begriff
1. Versicherungspflichtige Arbeitnehmer
2. Ein Auftraggeber

II.   Rentenversicherungspflicht

III. Befreiung von der Rentenversicherungspflicht
1. Jungselbstständige
2. Vollendung des 58. Lebensjahres

::rehm

I. Begriff

Selbstständige mit nur einem Auftraggeber sind rentenversicherungspflichtig, wenn

▶ sie keinen versicherungspflichtigen Arbeitnehmer beschäftigen, dessen Arbeitsentgelt (seit 1.1.2013) mehr als € 450 monatlich beträgt und

▶ auf Dauer und im Wesentlichen nur für einen Auftraggeber tätig sind.

Aufgrund einer gesetzlichen Neuregelung wurde die Entgeltgrenze seit 1.1.2013 von € 400 auf € 450 angehoben. Bei unveränderter Sachlage gilt für die Beurteilung der Versicherungspflicht von Altfällen (Status: 31.12.2012) die bisherige Entgeltgrenze von € 400 bis 31.12.2014 (§ 229 Abs. 7 SGB VI).

1. Versicherungspflichtige Arbeitnehmer

Der Selbstständige darf keinen versicherungspflichtigen Arbeitnehmer beschäftigen, dessen Arbeitsentgelt aus diesem Beschäftigungsverhältnis regelmäßig € 450 monatlich übersteigt. Zu den versicherungspflichtigen Arbeitnehmern gehören auch Familienangehörige, Auszubildende und Praktikanten.

WICHTIG!
Die Beschäftigung mehrerer Arbeitnehmer in geringfügigem Umfang (Arbeitsentgelt weniger als € 450 monatlich), die nur zusammen mehr als € 450 monatlich erhalten, führt zum Wegfall der Versicherungspflicht des Selbstständigen.

Erhält ein Arbeitnehmer weniger als € 450 monatlich und hat aber eine weitere Beschäftigung, sodass er insgesamt wegen der Zusammenrechnung seiner Arbeitsentgelte rentenversicherungspflichtig ist, gilt er nicht als versicherungspflichtiger Arbeitnehmer im Sinne der Regelung.

ACHTUNG!
Geringfügig Beschäftigte (Arbeitsentgelt weniger als € 450 monatlich), gelten in diesem Zusammenhang nicht als versicherungspflichtige Arbeitnehmer.

Beschäftigt eine Personen- oder Kapitalgesellschaft nur einen versicherungspflichtigen Arbeitnehmer, sind die mitarbeitenden Gesellschafter rentenversicherungspflichtig, solange nicht jedem Gesellschafter ein Arbeitsentgeltanteil des beschäftigten Arbeitnehmers von mehr als € 450 monatlich zugeordnet werden kann.

2. Ein Auftraggeber

Der Selbstständige ist auf Dauer und im Wesentlichen nur für einen Auftraggeber tätig, wenn die Tätigkeit im Rahmen eines Dauerauftragsverhältnisses oder eines regelmäßig wiederkehrenden Auftragsverhältnisses zu ein und demselben Auftraggeber erfolgt. Ein Selbstständiger ist im Wesentlichen von einem Auftraggeber abhängig, wenn er mindestens ⅚ seiner gesamten Betriebseinnahmen (nicht Gewinn) aus allen selbstständigen Tätigkeiten allein aus der Tätigkeit für den Auftraggeber bezieht.

ACHTUNG!
Bisher war ein Selbstständiger dann im Wesentlichen von einem Auftraggeber abhängig, wenn er mindestens ⅚ seiner gesamten Einkünfte aus den zu beurteilenden Tätigkeiten allein aus der Tätigkeit für einen Auftraggeber bezogen hat.

Grundsätzlicher Beurteilungszeitraum ist für die Deutsche Rentenversicherung Bund dabei ein Kalenderjahr. Selbstständige Handelsvertreter, die als „Einfirmenvertreter" tätig sind, können unter diese Regelung fallen.

Folgende Indizien sprechen für die Bindung an nur einen Auftraggeber:

▶ Dauerauftrag,

▶ vertragliche Verpflichtung zur ausschließlichen Tätigkeit für den Auftraggeber,

▶ Höhe der Einnahmen aus der Auftragstätigkeit,

▶ Art der Waren bzw. Dienstleistung dient ausschließlich den Bedürfnissen des Auftraggebers,

▶ äußeres Auftreten (z. B. Dienstkleidung, Firmenwagen, Firmenlogo).

Bei einer nur vorübergehenden und zeitlich begrenzten Tätigkeit für einen Auftraggeber (insbesondere bei projektbezogenen Tätigkeiten) liegt keine dauerhafte Bindung an einen Auftraggeber vor, wenn die Tätigkeit regelmäßig auf nicht mehr als ein Jahr begrenzt ist. Bei längeren Projektzeiten liegt dann keine Dauerhaftigkeit vor, wenn im Zeitpunkt der Aufnahme des ersten Auftrags die Tätigkeit für mehrere Auftraggeber beabsichtigt ist. Dies ist durch eine vorausschauende Betrachtung zu ermitteln.

II. Rentenversicherungspflicht

Liegen die beiden unter I. genannten Voraussetzungen vor, tritt für den Selbstständigen nur Versicherungspflicht in der gesetzlichen Rentenversicherungspflicht ein, nicht jedoch in der Kranken- und Arbeitslosenversicherung. Zuständig für die Feststellung, ob Versicherungspflicht für den Selbstständigen besteht, ist der jeweils kontoführende Rentenversicherungsträger.

Der Selbstständige mit einem Auftraggeber hat die gesetzlichen Rentenversicherungsbeiträge allein zu zahlen, d. h. anders als bei einem abhängigen Beschäftigungsverhältnis ist der Auftraggeber nicht verpflichtet, die Hälfte des Versicherungsbeitrags zu zahlen. Die Höhe des Beitrags bemisst sich nach den beitragspflichtigen Einnahmen (= steuerrechtlicher Gewinn) des Selbstständigen. Es gibt jedoch auch die Möglichkeit, einen einkommensunabhängigen Beitrag (= Regelbeitrag) zu zahlen, der im Jahr 2013 monatlich € 509,36 (West) bzw. € 429,98 (Ost) beträgt. Liegt das Einkommen unter € 450 monatlich, ist der Mindestbeitrag in Höhe von € 85,05 zu zahlen.

TIPP!
Jungselbstständige können bis zum Ablauf von drei Kalenderjahren nach dem Jahr der Aufnahme der selbstständigen Tätigkeit den halben o. g. Regelbeitrag zahlen.

Die Höhe des Einkommens muss mit dem letzten Steuerbescheid nachgewiesen werden. Wenn für diese Tätigkeit noch kein Einkommensteuerbescheid vorliegt, kann der Nachweis durch eine Bescheinigung des Steuerberaters erbracht werden.

Bestimmte Gruppen von Selbstständigen, wie z. B.

▶ Lehrer und Erzieher mit keinem versicherungspflichtigen Arbeitnehmer,

▶ Pflegepersonen in der Kranken-, Wochen-, Säuglings- oder Kinderpflege mit keinem versicherungspflichtigen Arbeitnehmer,

▶ Hebammen und Entbindungspfleger,

▶ Künstler und Publizisten,

▶ Handwerker,

sind bereits nach anderen Vorschriften rentenversicherungspflichtig. Sie werden in dieser Tätigkeit nicht von der Versicherungspflicht als Selbstständige mit nur einem Auftraggeber erfasst, auch wenn sie tatsächlich nur einen Auftraggeber haben.

III. Befreiung von der Rentenversicherungspflicht

Selbstständige mit nur einem Auftraggeber können sich unter bestimmten Voraussetzungen befristet oder auf Dauer von der

Rentenversicherungspflicht befreien lassen. Der Antrag muss bei der Deutschen Rentenversicherung gestellt werden.

1. Jungselbstständige

Jungselbstständige können sich für einen Zeitraum von drei Jahren nach der erstmaligen Aufnahme der selbstständigen Tätigkeit, die die Voraussetzungen unter I. erfüllt, befreien lassen. Dies gilt auch für die zweite Existenzgründung, d. h. insgesamt kann die Befreiung höchstens sechs Jahre in Anspruch genommen werden.

Die Befreiung von der Versicherungspflicht beginnt mit der Aufnahme der selbstständigen Tätigkeit, wenn die Befreiung innerhalb von drei Monaten nach Beginn der Tätigkeit beantragt wird. Ist der Antrag später gestellt worden, beginnt die Befreiung erst mit dem Tag des Antragseingangs bei dem Sozialversicherungsträger.

 **TIPP!**
Die Befreiung muss nicht für den gesamten Zeitraum in Anspruch genommen werden. Es kann u. U. sinnvoller sein, dass der Selbstständige einen kürzeren Zeitraum wählt. Dies gilt insbesondere für Personen, die vor ihrer selbstständigen Tätigkeit eine versicherungspflichtige Beschäftigung ausgeübt haben und daher für einen bestimmten Zeitraum noch einen Berufs- und Erwerbsunfähigkeitsschutz haben können. Daher sollten sich Jungselbstständige im Rahmen des Befreiungsantrags grundsätzlich über ihre Rentenanwartschaften beraten lassen.

2. Vollendung des 58. Lebensjahres

Selbstständige, die das 58. Lebensjahr vollendet haben, können sich befreien lassen, wenn sie nach einer zuvor ausgeübten selbstständigen Tätigkeit erstmals als Selbstständige mit einem Auftraggeber versicherungspflichtig werden. Dies sind z. B. die Fälle, in denen durch Kündigung eines Arbeitnehmers oder Einschränkung der Tätigkeit auf einen Auftraggeber erstmals Versicherungspflicht eintritt.

Die Befreiung beginnt mit Vorliegen der unter I. genannten Kriterien, wenn die Befreiung innerhalb von drei Monaten nach Eintritt der Rentenversicherungspflicht beantragt wird. Ist der Antrag später gestellt worden, beginnt die Befreiung erst mit dem Tag des Antragseingangs bei dem Sozialversicherungsträger. Sie ist unbefristet und endet mit der Aufgabe dieser selbstständigen Tätigkeit.

WICHTIG!
Die genannten Befreiungsmöglichkeiten gelten nur für Selbstständige mit einem Auftraggeber, nicht für die unter II. genannten sonstigen rentenversicherungspflichtigen Selbstständigen, wie Lehrer, Erzieher oder Krankenpflegepersonen.

Sexuelle Belästigung

I.   **Begriff**

II.   **Rechte der Belästigten**

III.   **Maßnahmen bei sexueller Belästigung**

I. Begriff

Sexuelle Belästigung am Arbeitsplatz ist jedes vorsätzliche, sexuell bestimmte Verhalten, das die Würde von Beschäftigten am Arbeitsplatz verletzt. Diese Definition war im Gesetz zum

Schutz der Beschäftigten vor sexueller Belästigung am Arbeitsplatz (Beschäftigtenschutzgesetz – BSchG) enthalten, welches am 18.8.2006 durch die umfassenden Regelungen des Allgemeinen Gleichbehandlungsgesetzes (AGG s. Gleichbehandlung II.) ersetzt wurde.

Unter den Begriff „Sexuelle Belästigung" fallen alle sexuellen Handlungen und Verhaltensweisen, die die Menschenwürde am Arbeitsplatz verletzen. Die Handlung musste jedoch bereits nach ursprünglicher Rechtslage nicht am Arbeitsplatz selber vorgenommen werden. Wenn sie vom Arbeitsplatz entfernt stattfindet, dann reicht es, wenn ein Bezug zum Arbeitsverhältnis besteht.

Beispiele:
Sexuelle Belästigung während einer Dienstreise oder bei einer Betriebsfeier

Zur sexuellen Belästigung gehören zunächst die Handlungen, die nach dem Strafrecht unter Strafe gestellt sind. Insbesondere gehören hierzu die Straftaten gegen die sexuelle Selbstbestimmung (z. B. sexueller Missbrauch, sexuelle Nötigung, exhibitionistische Handlungen usw.).

Auch Handlungen unterhalb der Strafbarkeitsgrenze können jedoch bereits eine sexuelle Belästigung darstellen. Zur sexuellen Belästigung gehören auch sonstige unerwünschte sexuelle Handlungen und Aufforderungen zu diesen, sexuell bestimmte körperliche Berührungen, Bemerkungen sexuellen Inhalts (unmittelbar, telefonisch oder in E-Mails) sowie unerwünschtes Zeigen und sichtbares Anbringen von pornographischen Darstellungen, wenn diese Handlungen bezwecken oder bewirken, dass die Würde der betreffenden Person verletzt wird, insbesondere wenn ein von Einschüchterungen, Anfeindungen, Erniedrigungen, Entwürdigungen oder Beleidigungen gekennzeichnetes Umfeld geschaffen wird (§ 3 Abs. 4 AGG).

Beispiele:
Hinterherpfeifen, sexuelle Bemerkungen über das Äußere, scheinbar zufälliges Berühren, unerwünschtes Küssen und Umarmen, Aufforderungen zu sexuellen Handlungen oder Aufdrängen sexueller Handlungen, Zeigen pornographischer Darstellungen

II. Rechte der Belästigten

Die Belästigten haben das Recht, sich beim Arbeitgeber zu beschweren, wenn sie sich am Arbeitsplatz von Vorgesetzten, anderen Beschäftigten oder Dritten sexuell belästigt fühlen. Der Arbeitgeber muss dann die Beschwerde prüfen und geeignete Maßnahmen zur Unterbindung von weiteren sexuellen Belästigungen ergreifen (vgl. hierzu III.).

Ergreift der Arbeitgeber keine oder offensichtlich ungeeignete Maßnahmen, sind die Belästigten berechtigt, ihre Tätigkeit am betreffenden Arbeitsplatz ohne Verlust ihrer Bezüge einzustellen, wenn dies zu ihrem Schutz erforderlich ist.

ACHTUNG!
Der belästigte Beschäftigte hat auch Schadensersatzansprüche gegen den Arbeitgeber, wenn dieser nicht auf die Beschwerde reagiert bzw. ungeeignete Maßnahmen gegen die sexuelle Belästigung ergreift.

Allerdings kann der belästigte Beschäftigte nicht die Durchsetzung einer konkreten, von ihm für richtig gehaltenen Maßnahme gegen den Belästiger verlangen.

III. Maßnahmen bei sexueller Belästigung

Arbeitgeber müssen ihre Beschäftigten vor sexueller Belästigung am Arbeitsplatz schützen.

Kommt es zu einem Vorwurf der sexuellen Belästigung, muss der Arbeitgeber zunächst unverzüglich den Sachverhalt aufklären. Hierbei sollten die Beteiligten unabhängig voneinander zu den Vorfällen angehört werden. Dabei empfiehlt sich auch die Hinzuziehung eines Betriebsratsmitglieds, es sei denn, das potenzielle Opfer lehnt dies ab. Nach Aufklärung des Sachverhalts müssen unverzüglich die notwendigen Maßnahmen ergriffen werden.

Einzelne Maßnahmen, die dem Arbeitgeber im Falle der sexuellen Belästigung zur Verfügung stehen, sind beispielsweise Ermahnung, → *Abmahnung* oder eine Versetzung des Opfers oder des Täters. Im Wiederholungsfall oder bei schwerwiegenden Verstößen kann gegebenenfalls auch eine → *Kündigung* ausgesprochen werden.

Die Frage, welche Maßnahmen im Einzelfall zu ergreifen sind, hängt beispielsweise davon ab, wie stark der Eingriff in das Persönlichkeitsrecht des Opfers ist, wie stark das Opfer durch das Verhalten des Täters belastet ist, ob es sich um einen Wiederholungsfall handelt u. Ä.

Die vom Arbeitgeber ergriffene Maßnahme muss immer in einem angemessenen Verhältnis zur Handlung stehen: Nicht jede sexuell belästigende Handlung rechtfertigt eine (außerordentliche) Kündigung. Das Umlegen eines Arms um die Schultern einer Mitarbeiterin wird in der Regel nur die Abmahnung rechtfertigen. Hat die belästigte Person die sexuellen Handlungen nicht erkennbar abgelehnt, so scheidet eine Kündigung grundsätzlich aus (vgl. BAG v. 25.3.2004, Az. 2 AZR 341/03). In Einzelfällen kann jedoch auch eine fristlose Kündigung ohne vorherige Abmahnung gerechtfertigt sein. Bejaht wurde dies beispielsweise, als ein langjährig beschäftigter Arbeitnehmer unter Ausnutzung seiner Vorgesetztenstellung ihm unterstellte Mitarbeiter(innen) gezielt und wiederholt unerwünscht berührt und ihnen pornografisches Bildmaterial mit der Bemerkung vorlegte, dass er solches auch von ihnen anfertigen könne.

Ferner hat das BAG in einer Entscheidung vom 9.6.2011, Az. 2 AZR 323/10 eine außerordentliche Kündigung als wirksam beurteilt, bei der ein bereits einschlägig abgemahnter Mitarbeiter gegenüber einer Kollegin vier Bemerkungen mit eindeutig sexuellem Inhalt gemacht hatte.

Ausreichend für eine Kündigung kann nach Ansicht des BAG (Urteil v. 19.4.2012, Az. 2 AZR 258/11) ferner auch sog. „Stalking" sein.

Stellt sich hingegen heraus, dass bewusst wahrheitswidrig der Vorwurf sexueller Belästigung erhoben wurde, sind arbeitsrechtliche Sanktionen gegenüber demjenigen zu ergreifen, der diese wahrheitswidrigen Vorwürfe erhoben hat. Auch hier besteht die ganze Bandbreite möglicher Sanktionen von einer Ermahnung über eine → *Abmahnung* bis hin zu einer – ggf. fristlosen – → *Kündigung* je nach Umständen des Einzelfalls.

Streik

I.   **Begriff, Abgrenzung**

II.   **Zulässigkeit**
   1.   Unzulässige Streikformen
   2.   Zulässige Streikformen

III.   **Unzulässigkeit einzelner Streikmaßnahmen**

IV.   **Was kann der Arbeitgeber bei einem Streik tun?**
   1.   Rechtswidriger Streik
   2.   Rechtmäßiger Streik

V.   **Die Rolle des Betriebsrates**

VI.   **Was passiert nach dem Streik?**

VII.   **Checkliste Streik**
   I.   Rechtmäßigkeit des Streiks
   II.   Gegenmaßnahmen des Arbeitgebers

I. Begriff, Abgrenzung

Der Begriff Streik, auch Arbeitsniederlegung genannt, bezeichnet die gemeinsame planmäßig durchgeführte Einstellung der Arbeit durch eine Vielzahl von Arbeitnehmern. Die Arbeitsniederlegung erfolgt zeitlich befristet; Ziel ist der Abschluss eines → *Tarifvertrags*.

Abzugrenzen ist der Streik von der sog. „Ausübung des Zurückbehaltungsrechts". Zahlt der Arbeitgeber seinen Arbeitnehmern keinen Lohn mehr, können diese – und zwar auch alle gemeinsam – die Fortsetzung der Arbeit so lange verweigern, bis er die offenen Lohnforderungen erfüllt. Dabei handelt es sich aber nicht um einen Streik.

Das Streikrecht ist in Deutschland indirekt durch Art. 9 Abs. 3 GG und die Länderverfassungen geschützt. Eine sonstige gesetzliche Regelung fehlt, dafür gibt es eine Fülle von Urteilen des Bundesverfassungsgerichts und des BAG dazu. Sowohl der Deutsche Gewerkschaftsbund (DGB) als auch der Bundesverband der Deutschen Arbeitgeber (BDA) haben Arbeitskampfrichtlinien erarbeitet, die sich mit konkreten Arbeitskampfmaßnahmen befassen. Ein Streikrecht für Beamte und Mitarbeiter kirchlicher Einrichtungen ist bislang verneint worden. Unter dem Einfluss europäischen Rechts wird dieses Thema aber in Literatur und Rechtsprechung (s. LAG Hamburg v. 23.3.2011, Az. 2 Sa 83/10 – kein generelles Streikverbot in kirchlichen Einrichtungen) diskutiert.

Ein Streik kann nicht verhindert werden, solange sich die Gewerkschaft an die vom BAG entwickelten Grundsätze hält. Es gibt insbesondere keine Möglichkeit, den Abschluss von Tarifverträgen mittels einer so genannten Zwangsschlichtung zu erzwingen. Es können Schlichtungsabkommen geschlossen werden; scheitern die Verhandlungen, kann es zum Streik kommen.

Die Rechtsprechung zum Streikrecht ist sehr dynamisch.

II. Zulässigkeit

Das Grundgesetz schützt nur den rechtmäßigen Streik. Gegen einen illegalen Streik kann der betroffene Arbeitgeber vorgehen.

1. Unzulässige Streikformen

▶ **Politischer Streik:**

   Nicht jeder von einer Gewerkschaft ausgerufene Streik ist rechtmäßig. Die Gewerkschaft muss mit dem Arbeitskampf auch das Ziel verfolgen, die Arbeitgeberseite zum Abschluss eines Tarifvertrags zu zwingen. Ist das verfolgte Ziel gar nicht durch einen Tarifvertrag regelbar, liegt ein unzulässiger Demonstrationsstreik vor.

▶ **Wilder Streik:**

   Ein rechtmäßiger Streik muss von der Gewerkschaft geführt werden. Wenn Arbeitnehmer ohne einen Gewerkschaftsbeschluss einfach die Arbeit niederlegen (etwa um gegen die geplante Entlassung eines Betriebsratsmitglieds zu protestieren), ist dies unzulässig. Damit eine Organisation als Gewerkschaft anzuerkennen ist, muss sie bestimmte Mindestvoraussetzungen erfüllen. Insbesondere muss sie über eine Durchsetzungskraft verfügen, die erwarten lässt, dass sie als Tarifpartner vom sozialen Gegenspieler wahr- und ernstgenommen wird.

▶ **Streik trotz Friedenspflicht:**

Während der Laufzeit eines Tarifvertrags gibt es eine relative Friedenspflicht für die Gewerkschaften und Arbeitgeberverbände, die den Vertrag abgeschlossen haben. Es gibt auch Schlichtungsabkommen, die nach Ablauf des Tarifvertrags jedwede Arbeitskampfmaßnahme so lange verbieten, bis das Schlichtungsverfahren durchgeführt worden ist. Ausgenommen hiervon sind lediglich kurzzeitige Warnstreiks. Tritt der Arbeitgeber aus dem Arbeitgeberverband aus, ist er nicht mehr geschützt. Die Gewerkschaft kann ihn bestreiken, um den Abschluss eines Firmentarifvertrags zu erzwingen.

▶ **Unverhältnismäßiger Streik:**

Auch das Streikrecht unterliegt dem Verhältnismäßigkeitsgrundsatz. Das bedeutet, dass zunächst alle Verhandlungsmöglichkeiten ausgeschöpft werden müssen. Warnstreiks sind jedoch auch während der Verhandlungen zulässig. Der Streik kann jedoch auch wegen der unverhältnismäßig starken Folgen für den Streikgegner und Dritte (Einzelheiten sind hier umstritten) unverhältnismäßig und damit rechtswidrig sein. Der Verhältnismäßigkeitsgrundsatz entspricht der ständigen Rechtsprechung des Bundesverfassungsgerichts und ist zuletzt im Zusammenhang mit den Lokführerstreiks vom Sächsischen Landesarbeitsgericht angewandt worden.

2. Zulässige Streikformen

▶ **Bummelstreik:**

Es wird zwar gearbeitet, aber in reduziertem Umfang. Der Vorteil für den Arbeitgeber besteht darin, dass überhaupt Arbeitsleistung erbracht wird. Allerdings lässt sich schwer nachweisen, in welchem Umfang die Arbeit nicht geleistet wird. Darunter kann auch der „Dienst nach Vorschrift" fallen, bei dem Arbeitsabläufe durch eine sinnwidrige Einhaltung von Vorschriften gestört werden.

▶ **Generalstreik:**

Er liegt vor bei vollständiger Arbeitsniederlegung im ganzen Land.

▶ **Pöbelaktionen:**

Nach der neueren Rechtsprechung des BAG sind Aktionen gegen Einzelhandelsunternehmen zulässig, bei denen z. B. volle Einkaufswagen stehen gelassen werden oder Personen von der Gewerkschaft aufgefordert werden, massenhaft geringstwertige Artikel zu kaufen, um den Betrieb lahmzulegen. Hiergegen ist Verfassungsbeschwerde eingelegt worden.

▶ **Sozialplan:**

Auch typische Inhalte eines Sozialplans können Ziel eines Streiks sein.

▶ **Sympathiestreik:**

Entgegen der früher vorherrschenden Auffassung sind Sympathiestreiks nicht von vornherein unzulässig. Vielmehr ist auch hier der Verhältnismäßigkeitsgrundsatz anzuwenden. Der Sympathiestreik ist nur dann unzulässig, wenn er zur Unterstützung des Hauptarbeitskampfes offensichtlich ungeeignet, nicht erforderlich oder unangemessen ist.

▶ **Schwerpunktstreik:**

Es wird nicht zum flächendeckenden Streik im gesamten Arbeitskampfgebiet aufgerufen, sondern es werden gezielt die Firmen bestreikt, die Schlüsselfunktionen für die Branche haben, wie z. B. die Zulieferer für die Automobilindustrie.

▶ **Unterstützungsstreik:**

Auch ein Unterstützungsstreik kann zulässig sein, wenn er das Gebot der Verhältnismäßigkeit wahrt.

▶ **Vollstreik:**

Er umfasst alle Betriebe des Tarifgebiets.

▶ **Warnstreik:**

Hierbei handelt es sich um kurzfristige Arbeitsniederlegungen von meist einigen Stunden, um den Forderungen bei laufenden Tarifverhandlungen Nachdruck zu verleihen.

▶ **Wellenstreik:**

Es finden in einzelnen Abteilungen und Schichten jeweils zu verschiedenen Zeiten Arbeitsniederlegungen von unterschiedlicher Dauer statt.

III. Unzulässigkeit einzelner Streikmaßnahmen

Auch bei einem an sich rechtmäßigen Streik gibt es Verhaltensweisen, die unzulässig sind, wie z. B.

▶ **Betriebsblockaden:**

Hier werden z. B. die Zufahrten zum Betrieb durch Streikende blockiert, sodass weder Arbeitswillige noch Lieferanten hinein können. Die Streikenden dürfen jedoch nur Überzeugungsarbeit bei ihren Kollegen leisten und sie nicht mit Gewalt an der Arbeit hindern.

▶ **Betriebsbesetzung:**

Bei dieser Kampfmaßnahme bleiben die Arbeitnehmer im Betrieb und verhindern die Arbeitsleistung ihrer Kollegen aktiv.

IV. Was kann der Arbeitgeber bei einem Streik tun?

1. Rechtswidriger Streik

Gegen einen rechtswidrigen Streik kann der Arbeitgeber mit einer einstweiligen Verfügung vorgehen und Schadensersatzansprüche geltend machen.

Beispiel:

> Die Gewerkschaft ruft zum Streik auf, um Bestimmungen eines noch laufenden Tarifvertrags zu verändern. Folge: Der Streik ist wegen der bestehenden Friedenspflicht unzulässig, der Arbeitgeber oder auch sein Verband können eine einstweilige Verfügung auf Unterlassung erwirken. Darüber hinaus kann er gegen die Gewerkschaft Schadensersatzansprüche geltend machen, wenn er durch den Produktionsausfall einen nachweisbaren Schaden erlitten hat. Es findet jedoch grundsätzlich keine gerichtliche Kontrolle des Streikziels statt (LAG Baden-Württemberg v. 9.8.2011, Az. 9 SaGa 1147/11).

Auch gegen einzelne unzulässige Streikmaßnahmen kann in dieser Weise vorgegangen werden. Im Einzelfall kann auch die Polizei gerufen werden, wenn etwa Straftaten wie Nötigung oder Hausfriedensbruch begangen werden. Arbeitnehmern, die sich an rechtswidrigen Streiks oder einzelnen Aktionen beteiligen, kann u. U. gekündigt werden, wenn sie erkennen konnten, dass der Streik rechtswidrig ist (→ *Kündigungsschutz*). Es ist aber zu beachten, dass sich auch Arbeitnehmer an einem Streik beteiligen können, die nicht in der Gewerkschaft sind.

2. Rechtmäßiger Streik

Beim rechtmäßigen Streik sind folgende Maßnahmen möglich:

▶ **Einstellung der Entgeltzahlung:**

Die Arbeitnehmer, die sich am Streik beteiligen, müssen nicht arbeiten, erhalten aber auch kein Entgelt. Beteiligt sich ein arbeitsunfähig erkrankter Arbeitnehmer nicht an dem Streik so hängt der Entgeltfortzahlungsanspruch nach § 3 EFZG davon ab, ob dem Arbeitgeber die Beschäftigung möglich und zumutbar gewesen wäre. Die Einrichtung eines Notdienstes spricht allein noch nicht für eine solche Beschäftigungsmöglichkeit (LAG Nürnberg v. 20.7.2010, Az. 5 Sa 666/09). Beteiligt sich der Arbeitnehmer nach einer außerordentlichen Kündigung an einem Streik, hat er keinen Anspruch auf Annahmeverzugsentgelt, auch wenn sich die Kündigung später als unwirksam herausstellt (BAG v. 17.7.2012, Az. 1 AZR 563/11).

▶ **Kürzung der → *Anwesenheitsprämie*:**

Für die streikenden Arbeitnehmer müssen vereinbarte Anwesenheitsprämien nicht gezahlt werden.

▶ **Entscheidung über Betriebsschließung:**

Bei den Arbeitnehmern, die arbeiten wollen, fällt die Pflicht zur Entgeltzahlung nicht ohne weiteres weg. Der Arbeitgeber kann versuchen, den Betrieb mit den restlichen Arbeitnehmern, u. U. auch aus anderen, nicht bestreikten Betrieben des Unternehmens oder mit leitenden Angestellten aufrechtzuerhalten. Tut er dies, muss er den Arbeitswilligen auch dann die Vergütung zahlen, wenn der Versuch misslingt. Er muss diesen Versuch aber nicht unternehmen; vielmehr kann er auch erklären, dass er sich dem Streikgeschehen beuge und deshalb den Betrieb einstellt. Dann muss er auch an die nicht am Streik beteiligten Arbeitnehmer kein Entgelt zahlen.

> 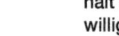 **WICHTIG!**
> Der Arbeitgeber muss sich aber hier eindeutig entscheiden. Verhält er sich unklar, muss er damit rechnen, dass er allen Arbeitswilligen Entgelt zahlen muss.

▶ **Notdienstvereinbarung treffen:**

Die Arbeitnehmer sind trotz des Streiks verpflichtet, Notdienste zu verrichten, die unabweisbar notwendig sind, damit der Betrieb nach dem Streik wieder weitergehen kann (z. B. muss in der Stahlindustrie sichergestellt werden, dass die Hochöfen nicht ausgehen). Diese Notdienstvereinbarungen sind mit der streikführenden Gewerkschaft zu treffen. Häufig macht die Gewerkschaftsseite den Abschluss davon abhängig, dass der Arbeitgeber sich verpflichtet, keine Arbeitswilligen zu beschäftigten. Es können jedoch keine Notdienste angeordnet werden, die etwa dazu führen, dass die Hälfte der Leistungen des Arbeitgebers erbracht werden. Die Gewerkschaften können auch einstweilige Verfügungen gegen die einseitige Notdienstanordnungen beantragen und gegen sonstige Maßnahmen des Arbeitgebers, die rechtswidrig in das Streikrecht eingreifen (LAG Berlin-Brandenburg v. 13.4.2011, Az. 7 Ta 803/11).

▶ **Einstweilige Verfügung auf Einrichtung des Notdienstes:**

Das LAG Hamm vertritt die Auffassung, dass bei Fehlen einer Vereinbarung der Kampfparteien im Wege einer einst-

weiligen Verfügung streikbeschränkende Maßnahmen in Form einer gerichtlich angeordneten Notstandsregelung getroffen werden können, wenn durch Maßnahmen des Arbeitskampfs Gemeinwohlbelange ernsthaft gefährdet werden. Dies wurde angenommen bei einer Beeinträchtigung der Notfallversorgung durch Streik beim Blutspendedienst.

▶ **Streikbruchprämie zahlen:**

Der Arbeitgeber kann versuchen, streikende Arbeitnehmer zur Wiederaufnahme der Arbeit zu bewegen, indem er ihnen eine besondere Prämie hierfür anbietet. Ein solches Vorgehen ist aber nicht ohne Risiko, da nach Ende des Streiks regelmäßig sog. Maßregelungsverbote für Streikteilnehmer vereinbart werden. Diese können dazu führen, dass der Arbeitgeber auch an Streikteilnehmer zahlen muss.

▶ **→ *Aussperrung*.**

▶ **Massenänderungskündigung:**

Der Arbeitgeber kann auch versuchen, mittels einer massenhaften außerordentlichen → *Änderungskündigung* die Arbeitsbedingungen anzupassen. Dies ist aber eine eher theoretische Möglichkeit. Näher liegt hier die Aussperrung.

V. Die Rolle des Betriebsrates

Gem. § 74 Abs. 2 Satz 1 BetrVG sind Maßnahmen des Arbeitskampfes zwischen Arbeitgeber und Betriebsrat unzulässig. Dazu gehört auch die Versendung elektronischer Mitteilungen des GBR-Vorsitzenden unter Angabe seiner Funktion, in denen zur Beteiligung an dem Streik und der Verweigerung von Streikbruchtätigkeiten aufgerufen wird. Hiergegen kann der Arbeitgeber mit einem Antrag auf Erlass einer einstweiligen Verfügung vorgehen (LAG München v. 6.5.2010, Az. 3 TaBVGa 10/10).

Die einzelnen Betriebsratsmitglieder sind zur Teilnahme am Streik befugt.

Die Beteiligungsrechte des Betriebsrats bleiben auch während des Arbeitskampfes bestehen. Ausnahmen gelten nur in den Fällen, in denen ein unmittelbarer Bezug zum Streikgeschehen besteht.

Beispiel:

> Die Kennzeichnung von Werksausweisen nicht ausgesperrter Arbeitnehmer ist mitbestimmungsfrei, ebenso die Verlängerung oder Verkürzung der Arbeitszeit für arbeitswillige Arbeitnehmer.

VI. Was passiert nach dem Streik?

Nach Ende des Streiks, wenn also eine Einigung über einen → *Tarifvertrag* zustande gekommen ist, leben die wechselseitigen Rechte und Pflichten aus dem Arbeitsverhältnis wieder auf. Die Arbeitnehmer können also Weiterbeschäftigung verlangen, auch ohne eine konkrete Wiedereinstellungsklausel im Tarifvertrag.

In der Regel wird im Tarifvertrag ein sog. Maßregelungsverbot vereinbart, das im Einzelfall unterschiedlich ausgestaltet sein kann.

Meist wird dem Arbeitgeber nicht nur untersagt, für die Arbeitnehmer nachteilige Folgen aus der Teilnahme am Streik zu ziehen. Er wird auch verpflichtet, bereits getroffene Maßnahmen wie etwa eine fristlose Kündigung zurückzunehmen.

VII. Checkliste Streik

I. Rechtmäßigkeit des Streiks

Der Streik ist nur dann rechtmäßig, wenn die folgenden Fragen mit „Ja" beantwortet werden können:

❏ Wird der Streik durch eine Gewerkschaft geführt?

❏ Ist Ziel des Streiks der Abschluss eines Tarifvertrags?

❏ Ist der Streik bzw. sind die einzelnen Streikmaßnahmen mit dem Grundsatz der Verhältnismäßigkeit vereinbar?

❏ Besteht keine Friedenspflicht, weil der Tarifvertrag noch läuft oder ein Schlichtungsabkommen besteht (Voraussetzung: Mitgliedschaft im Arbeitgeberverband)?

❏ Sind, wenn der Streik an sich rechtmäßig ist, auch die konkreten Maßnahmen vom Streikrecht gedeckt (nicht: Betriebsblockaden, Betriebsbesetzungen)?

II. Gegenmaßnahmen des Arbeitgebers

Bei rechtswidrigem Streik:

❏ Einstweilige Verfügung

❏ Kündigung

❏ bei Straftaten evtl. Polizeieinsatz

Bei rechtmäßigem Streik:

❏ Entgeltzahlung für Streikende einstellen

❏ Aussperrung

❏ Anwesenheitsprämien überprüfen

❏ Betriebsschließung prüfen

❏ Notdienstvereinbarung anstreben

Tarifvertrag

I. Begriff, Arten

II. Geltung des Tarifvertrags
1. Betriebe
2. Einzelne Arbeitnehmer
3. Zeitliche Geltung

III. Wirkung des Tarifvertrags
1. Mindestarbeitsbedingungen/Günstigkeitsprinzip
2. Kein Verzicht möglich
3. Regelungssperre für Betriebsvereinbarungen

IV. Austritt aus dem Arbeitgeberverband

V. Wechsel des Arbeitgeberverbands

VI. OT-Mitgliedschaft

I. Begriff, Arten

Der Tarifvertrag ist das wichtigste Instrument zur kollektiven Regelung von Arbeitsbedingungen. Es handelt sich dabei um einen schriftlichen Vertrag, in dem Arbeitsbedingungen für eine Vielzahl von Arbeitnehmern vereinbart werden. Auf der einen Seite des Vertrags steht eine Gewerkschaft (oder auch mehrere Gewerkschaften), auf der anderen ein Arbeitgeberverband oder ein einzelner Arbeitgeber.

Nicht jede Gewerkschaft ist allerdings tariffähig. Sie muss eine gewisse Kampfstärke besitzen, um überhaupt Tarifforderungen durchsetzen zu können. Daher sind bisweilen Tarifverträge mit „Mini-Gewerkschaften" unwirksam. So wurde z. B. der „Gewerkschaft Neue Brief- und Zustelldienste" die Anerkennung verweigert, ebenso der „Christlichen Gewerkschaft für Zeitarbeit und Personalserviceagenturen CGZP" (BAG v. 14.12.2010, Az. 1 ABR 19/10). Das Recht der Tarifpartner, die Arbeitsbedingungen eigenständig zu regeln, wird durch Art. 9 Abs. 3 GG geschützt (Tarifautonomie). Allerdings sind auch die Tarifpartner an höheres Recht gebunden. Sie müssen z. B. den Gleichbehandlungsgrundsatz des Art. 3 GG beachten (BAG v. 16.11.2011, Az. 4 AZR 856/09), ebenso wie den Lohngleichheitssatz des Art. 119 EWG-Vertrag.

Man unterscheidet zwischen dem

▶ **Flächentarifvertrag,** der für einen ganzen Wirtschaftsbereich gilt, z. B. für die Metall- und Elektroindustrie Nordwürttemberg-Nordbaden, und dem

▶ **Firmentarifvertrag,** der zwischen der Gewerkschaft und einer einzelnen Firma ausgehandelt wird, die meist nicht im Arbeitgeberverband organisiert ist. Soll eine Firma durch einen anderen vertreten werden, muss dies hinreichend deutlich werden.

Inhaltlich werden Tarifverträge wie folgt unterschieden:

▶ **Lohn- und Gehaltstarifverträge:**

Sie enthalten die konkrete Höhe der Vergütung, die für eine bestimmte Lohn- oder Gehaltsgruppe zu zahlen ist. Häufig werden die Vergütungsgruppen in diesem Tarifvertrag auch inhaltlich bestimmt (also z. B. dass Schweißer in die Lohngruppe 4 eingruppiert sind). Diese Festlegungen können aber auch in einem gesonderten Rahmentarifvertrag erfolgen.

▶ **Manteltarifverträge:**

Sie regeln die Arbeitsbedingungen außerhalb der Vergütung, wie z. B. die Länge der Kündigungsfristen, befristete Arbeitsverhältnisse, die Arbeitszeit, Ausschlussfristen und die bezahlte Freistellung bei bestimmten Anlässen. Wenn kein gesonderter Urlaubstarifvertrag existiert, können hier auch entsprechende Vereinbarungen getroffen werden; Manteltarifverträge haben in der Regel eine längere Laufzeit als Entgeltverträge.

▶ **Rahmentarifverträge:**

Sie regeln die Zuordnung der einzelnen Tätigkeiten zu den Lohngruppen, sofern dies nicht direkt im Lohn- und Gehaltstarifvertrag erfolgt.

▶ **Urlaubstarifverträge:**

Sie regeln die Länge des Urlaubs, die Möglichkeiten der Übertragung in das Folgejahr, die rechtliche Behandlung von Arbeitsunfähigkeit während des Urlaubs und alle sonstigen damit im Zusammenhang stehenden Dinge.

Darüber hinaus können auch über sonstige Arbeitsbedingungen Tarifverträge abgeschlossen werden. Häufig sind z. B. Rationalisierungsschutzabkommen, die abgeschlossen werden können, wenn in einer Branche ein grundlegender Wandel der Arbeitsmethoden stattfindet (wie z. B. in der Druckindustrie geschehen bei der Umstellung vom Bleisatz auf die neuen Computertechniken). Durch Tarifvertrag können auch gemeinsame Einrichtungen der Tarifpartner geschaffen werden, die z. B. die betriebliche Altersversorgung sichern oder Lohnausgleichskassen bilden. Einseitige Festlegungen von Arbeitgebern stellen keinen Tarifvertrag dar.

II. Geltung des Tarifvertrags

1. Betriebe

Der Geltungsbereich eines Tarifvertrags wird meist im einleitenden Paragrafen festgelegt. Beim Firmentarifvertrag bereitet dies keine Schwierigkeiten. Beim Flächentarifvertrag wird genau definiert, welche Betriebe erfasst werden. Man unterscheidet nach folgenden Geltungsbereichen:

- **Räumlicher Geltungsbereich,** also das Tarifgebiet (z. B. Berlin und Brandenburg),
- **Fachlicher Geltungsbereich,** z. B. alle Betriebe und/oder Betriebsteile des Groß- und/oder Außenhandels,
- **Persönlicher Geltungsbereich:** Hier kann unterschieden werden zwischen Angestellten und gewerblichen Arbeitnehmern sowie Auszubildenden. Häufig sind auch Klauseln enthalten, die bestimmte höhere Kategorien von Mitarbeitern von der Geltung ausnehmen, also z. B. Prokuristen, Generalbevollmächtigte und leitende Angestellte.

Wenn für einen Betrieb mehrere Tarifverträge in Betracht kommen (z. B. Baustoffhandel und Einzelhandel), ist eine Zuordnung des Betriebs zur Branche nach seinem überwiegenden Betriebszweck vorzunehmen.

Bei Mischbetrieben, also solchen, die z. B. teilweise Arbeiten ausführen, die zum Bereich des Metalltarifvertrags gehören, und teilweise solche, die zum Chemiebereich gehören, gilt dasselbe. Maßgeblich ist, welche Tätigkeit prägend für den Betrieb ist. Entscheidend ist also die von der Belegschaft überwiegend ausgeübte Tätigkeit. Welcher Betriebsteil den höheren Umsatz erwirtschaftet, spielt keine Rolle.

Beispiel:

In Druckereien werden Schlosser beschäftigt. Auf sie wäre eigentlich aufgrund ihrer Tätigkeit der Metalltarifvertrag anzuwenden. Geprägt wird eine Druckerei jedoch durch die Herstellung von Zeitungen etc. Daher ist hier der Tarifvertrag anzuwenden, der mit der IG Medien abgeschlossen wurde.

WICHTIG!

Das Bundesarbeitsgericht hat den Grundsatz der sog. Tarifeinheit aufgegeben. Wenn nach den o. g. Auslegungskriterien mehrere Tarifverträge auf einen Betrieb anwendbar sind, etwa beim Vorhandensein von Spartengewerkschaften (Pilotenvereinigung Cockpit, Marburger Bund, Lokführergewerkschaften) können diese auch nebeneinander bestehen (Urteil v. 7.7.2010, Az. 4 AZR 549/08).

Die Regelungsbefugnis der Tarifvertragsparteien erstreckt sich auch auf Betriebsrentner. Gewerkschaftsmitglieder, die Betriebsrentner sind, haben einen Anspruch darauf, an den sie betreffenden Entscheidungen tarifpolitisch ebenso mitzuwirken, wie Gewerkschaftsmitglieder, die noch aktive Arbeitnehmer sind.

2. Einzelne Arbeitnehmer

Der Tarifvertrag gilt nicht automatisch für alle Arbeitnehmer in den Betrieben, auf die er anwendbar ist. Er wird von der Gewerkschaft nur für ihre Mitglieder ausgehandelt. Andere Arbeitnehmer haben auch keinen Anspruch auf Gleichbehandlung. Auf der Arbeitgeberseite werden ebenfalls nur die Betriebe erfasst, die Mitglied des entsprechenden Arbeitgeberverbands sind.

Beispiel:

Arbeitnehmer A ist Mitglied der ver.di, die mit dem Einzelhandelsverband in Berlin einen Entgelttarifvertrag ausgehandelt hat. Sein Arbeitgeber ist Mitglied dieses Verbands. A hat also einen Anspruch

darauf, mindestens soviel Entgelt zu erhalten, wie nach diesem Tarifvertrag vorgesehen ist. Wäre A nicht Mitglied einer vertragsschließenden Gewerkschaft oder sein Arbeitgeber nicht im Verband, hätte der Tarifvertrag grundsätzlich keine Bedeutung für das Arbeitsverhältnis. A könnte sich auch nicht auf den Gleichbehandlungsgrundsatz berufen.

Eine Ausnahme bilden die sog. Betriebsnormen. Diese regeln Fragen der Ordnung im Betrieb, z. B. Belüftung von Arbeitsräumen, Sicherheitskleidung etc. Auch Regelungen über die Lage der Arbeitszeit gehören dazu. Diese Regelungen gelten, wenn der Arbeitgeber tarifgebunden ist, für alle Arbeitnehmer (unabhängig von einer Mitgliedschaft in der Gewerkschaft), da nur eine einheitliche Handhabung möglich ist (§ 3 Abs. 2 TVG).

Beispiel:

Im Tarifvertrag ist festgelegt, dass der Arbeitgeber einen bestimmten Anteil der Belegschaft mit einer verlängerten → *Arbeitszeit* beschäftigen darf. Diese Regelung gilt für alle Arbeitnehmer, auch wenn nur der Arbeitgeber tarifgebunden ist. Es wäre auch gar nicht möglich, sie nur auf Gewerkschaftsmitglieder anzuwenden.

Häufig hat der Arbeitgeber jedoch ein Interesse daran, dass in einem Betrieb oder Unternehmen einheitliche Arbeitsbedingungen herrschen. In diesem Fall sollte die Geltung des jeweiligen Tarifvertrags im Einzelarbeitsvertrag vereinbart werden. Dabei hat sich die Rechtsprechung des BAG geändert. Früher wurden die Nicht-Gewerkschaftsmitglieder genauso behandelt wie die Gewerkschaftsmitglieder, d. h. bei einem Verbandsaustritt oder -wechsel waren sie in dem gleichen Maße betroffen. Dies gilt nur noch für Arbeitsverträge, in denen bis zum 31.12.2001 der Verweis auf den Tarifvertrag enthalten ist (BAG v. 27.1.2010, Az. 4 AZR 570/08). Für danach abgeschlossene Vereinbarungen gilt, dass sie als einzelvertragliche Abrede ohne Rücksicht auf die tarifliche Situation ihre Wirkung behalten. Deshalb ist auf eine flexible Formulierung zu achten.

Möglich ist auch eine sog. „große dynamische Verweisung", die auf den jeweils auf den Betrieb anwendbaren Tarifvertrag verweist.

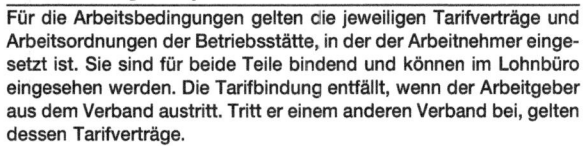

Formulierungsbeispiel:

Für die Arbeitsbedingungen gelten die jeweiligen Tarifverträge und Arbeitsordnungen der Betriebsstätte, in der der Arbeitnehmer eingesetzt ist. Sie sind für beide Teile bindend und können im Lohnbüro eingesehen werden. Die Tarifbindung entfällt, wenn der Arbeitgeber aus dem Verband austritt. Tritt er einem anderen Verband bei, gelten dessen Tarifverträge.

Die geltenden Tarifverträge können näher bestimmt werden, wenn etwa in der Branche Spartentarifverträge für einzelne Arbeitnehmergruppen existieren. In bestimmten Bereichen sind die Tarifverträge durch die entsprechenden Behörden für allgemeinverbindlich erklärt worden. In diesem Fall gilt der einschlägige Tarifvertrag für jedes Arbeitsverhältnis in seinem Geltungsbereich, völlig unabhängig von Gewerkschafts- und Verbandszugehörigkeit. Solche Allgemeinverbindlichkeitserklärungen gibt es meist in Branchen, die durch eine hohe Fluktuation bei den Arbeitsverhältnissen gekennzeichnet sind, wie etwa im Baubereich oder in der Gastronomie.

Ob ein bestimmter Tarifvertrag für allgemein verbindlich erklärt wurde, erfährt man im Tarifregister, in dem sämtliche Tarifverträge registriert sind. Solche Register werden beim Bundesarbeitsministerium und den Landesarbeitsministerien geführt. Die Einsicht ist jedermann gestattet. Häufig werden auch telefonische Auskünfte erteilt.

3. Zeitliche Geltung

Der Tarifvertrag wird entweder auf bestimmte Zeit abgeschlossen und läuft dann aus oder es wird kein fester Endtermin vereinbart. Dann kann er von einem der Vertragspartner gekündigt werden. Dieses Kündigungsrecht steht aber nicht dem einzelnen Arbeitgeber zu. Dieser kann lediglich aus dem Arbeitgeberverband austreten (zu den Folgen s. u. IV.).

Wird ein neuer Tarifvertrag abgeschlossen, geht er dem alten vor. Dies wird meist auch ausdrücklich dort geregelt. Problematisch ist die Lage, wenn der alte Tarifvertrag zwar ausgelaufen, der neue aber noch nicht abgeschlossen ist. Hier gelten die Vorschriften des alten Tarifvertrags solange weiter, bis sie durch eine neue Regelung ersetzt werden (§ 4 Abs. 5 TVG). Diese Nachwirkung gilt jedoch nicht für die Arbeitnehmer, die erst nach Außerkrafttreten des alten Tarifvertrags eingestellt worden waren.

Wird ein anderer Tarifvertrag vereinbart, können darin auch Verschlechterungen für die Arbeitnehmer enthalten sein.

Beispiel:

> In einer Vergütungsgruppe war bislang vorgesehen, dass Arbeitnehmer nach vier Jahren Tätigkeit in eine höhere Vergütungsgruppe aufsteigen, wenn sie sich bei dieser Tätigkeit bewährt haben (Bewährungsaufstieg). Arbeitnehmerin A ist schon drei Jahre in dieser Vergütungsgruppe erfolgreich tätig. Nun wird der Tarifvertrag geändert, der Bewährungsaufstieg entfällt. A bleibt damit in ihrer Vergütungsgruppe, die Tarifpartner konnten die Bestimmungen zu ihren Ungunsten ändern.

Es gibt jedoch auf der anderen Seite „soziale Besitzstände" von Arbeitnehmern, die diese nach früherem Tarifrecht erworben haben und die ihnen nicht mehr genommen werden können.

Der Arbeitgeber kann, wenn noch kein neuer Tarifvertrag abgeschlossen wurde, im Nachwirkungszeitraum einzelvertragliche Abmachungen mit den Arbeitnehmern schließen. Auch der Abschluss eines geänderten Einzelarbeitsvertrags ist eine „andere Vereinbarung" im Sinne des Gesetzes. Besteht also mit den Mitarbeitern Einigkeit über die Änderung von Arbeitsbedingungen, so fällt mit dem Auslaufen des Tarifvertrags das rechtliche Hindernis weg, sie zu vereinbaren. Dies ist insbesondere beim Austritt aus dem Arbeitgeberverband bedeutsam (s. u. IV.).

Solche Modifikationen können auch mit einer → *Änderungskündigung* erreicht werden. Diese werden jedoch vom Arbeitsgericht am strengen Maßstab des Kündigungsschutzgesetzes gemessen.

Mit dem Betriebsrat können nach wie vor keine Regelungen getroffen werden, die üblicherweise in Tarifverträgen enthalten sind (s. u. III.3.).

Die Normen eines Tarifvertrages sind an höherrangigem Recht, insbesondere an Gesetzen auf ihre Wirksamkeit zu prüfen. Dabei kann sich insbesondere ergeben, dass einzelne Vorschriften eines Tarifvertrages etwa gegen das Altersdiskriminierungsverbot des AGG verstoßen.

III. Wirkung des Tarifvertrags

Der Tarifvertrag besteht aus zwei Teilen. Im ersten Teil werden die Rechte und Pflichten der Tarifpartner geregelt, wie z. B. die Kündigungsmöglichkeit und ein nachfolgendes Schlichtungsverfahren. Der zweite Teil ist für die Praxis weit bedeutsamer. In ihm werden nämlich die Arbeitsbedingungen festgelegt, die für die einzelnen Arbeitnehmer gelten sollen. Dieser Teil wirkt quasi wie ein Gesetz und ist auch so auszulegen.

1. Mindestarbeitsbedingungen/Günstigkeitsprinzip

Im Tarifvertrag werden die Leistungen festgelegt, auf die die Arbeitnehmer Anspruch haben. Dies betrifft alle möglichen Bereiche wie z. B. die Vergütung oder die Länge des Urlaubs. Wenn der Tarifvertrag Anwendung findet, dürfen diese Ansprüche nicht unterschritten werden. Der Tarifvertrag wirkt insofern unmittelbar und zwingend auf das Arbeitsverhältnis ein.

Beispiel:

> Der Tarifvertrag sieht einen Mindesturlaub von 28 Tagen vor. Auch wenn der Arbeitgeber im Arbeitsvertrag festlegt, dass der Urlaub nur 25 Tage beträgt, hat der Arbeitnehmer trotzdem Anspruch auf den tariflichen Urlaub.

Der Arbeitgeber kann dem Arbeitnehmer aber mehr geben, als er nach dem Tarifvertrag zu beanspruchen hätte (Günstigkeitsprinzip).

Beispiel:

> Im Tarifvertrag ist ein Stundenlohn von € 8,50 festgelegt. Der Arbeitgeber vereinbart mit dem Arbeitgeber eine übertarifliche Zulage von € 1,25. Diese Vereinbarung ist wirksam, da sie günstiger ist als der Tarifvertrag.

Problematisch ist es jedoch, wenn eine Regelung günstiger ist als die tarifliche (z. B. mehr Urlaub), die andere jedoch ungünstiger (z. B. ein geringerer Stundenlohn).

2. Kein Verzicht möglich

Wenn Arbeitgeber und Arbeitnehmer tarifgebunden sind, kann der Arbeitnehmer auf tarifvertragliche Ansprüche nicht wirksam verzichten (§ 4 Abs. 4 Satz 1 TVG).

Beispiel:

> In einem Arbeitsgerichtsprozess klagt der Arbeitnehmer die Gewährung von 28 Tagen Urlaub ein. Beide Parteien sind tarifgebunden und der Urlaubstarifvertrag sieht diese 28 Tage als Mindesturlaub vor. Es wird ein Vergleich geschlossen, wonach der Arbeitnehmer 24 Tage Urlaub erhält. Dieser Vergleich ist unwirksam. Er kann nur dadurch „gerettet" werden, dass die Tarifparteien ihm zustimmen.

TIPP!

Trotz dieses Verbots ist ein sog. Tatsachenvergleich möglich. In obigem Fall wäre es also denkbar, dass man sich darüber einig ist, dass der Arbeitnehmer bereits vier Tage Urlaub erhalten hat und daher nur noch 24 beanspruchen kann.

3. Regelungssperre für Betriebsvereinbarungen

Außer durch Tarifvertrag können manche Punkte auch durch eine → *Betriebsvereinbarung* geklärt werden. Um ein Nebeneinander der verschiedenen Normen zu verhindern, schreibt § 77 Abs. 3 BetrVG vor, dass in einer Betriebsvereinbarung keine Regelungen getroffen werden können, die durch Tarifvertrag geregelt sind oder üblicherweise durch Tarifvertrag geregelt werden. Die Gewerkschaften haben einen Beseitigungsanspruch bei tarifwidrigen Regelungen (BAG v. 17.5.2011, Az. 1 ARZ 473/09).

Beispiel:

> Der Stundenlohn beträgt nach Tarifvertrag € 8,50. Betriebsrat und Arbeitgeber vereinbaren einen Lohn von € 8,00 pro Stunde, weil sie der Auffassung sind, dass der Betrieb nicht mehr erwirtschaften könne. Die Vereinbarung ist unwirksam, und zwar unabhängig davon, ob der Tarifvertrag tatsächlich Anwendung findet oder ob der Arbeitgeber gar nicht im Verband ist. Es reicht aus, dass solche Vergütungen üblicherweise in Tarifverträgen vereinbart werden.

Dies gilt auch dann, wenn die betriebliche Regelung günstiger ist als die tarifvertragliche. Hintergrund dieser Regelung ist der Umstand, dass die Tarifautonomie der Gewerkschaften nicht durch betriebliche Regelungen gefährdet werden soll. Deswegen können die Gewerkschaften auch gegen solche Betriebsvereinbarungen vorgehen. Von dieser Regel gibt es aber zwei Ausnahmen:

▸ Im Tarifvertrag kann eine sog. Öffnungsklausel enthalten sein. Sie ermöglicht in speziellen Fällen besondere Regelungen auf betrieblicher Ebene.

Beispiel:

> Im Gehaltstarifvertrag ist ein 13. Monatsgehalt vorgesehen. Darin heißt es: „Arbeitgeber und Betriebsrat können in einer Betriebsvereinbarung eine Reduzierung des 13. Monatsgehalts für den Fall vereinbaren, dass Arbeitnehmer krankheitsbedingte

Fehlzeiten aufweisen." Die Betriebspartner können hier wirksam vereinbaren, dass für jeden Fehltag eine gewisse Kürzung des 13. Monatsgehalts erfolgt.

► Selbst wenn eine Regelung üblicherweise durch Tarifvertrag erfolgt, kann eine Betriebsvereinbarung abgeschlossen werden, wenn durch den zu regelnden Punkt Mitbestimmungsrechte des Betriebsrats betroffen werden.

Beispiel:

In einer Branche werden typischerweise tarifvertragliche Regelungen über die Einführungen technischer Einrichtungen zur Überwachung getroffen. Hier kann der Betriebsrat eine Betriebsvereinbarung dazu treffen, wenn kein entsprechender Tarifvertrag Anwendung findet. Dies folgt aus seinem Mitbestimmungsrecht (§ 87 Abs. 1 Nr. 6 BetrVG). Ist aber ein Tarifvertrag anwendbar, der Regelungen dazu enthält, ist eine Betriebsvereinbarung unzulässig.

IV. Austritt aus dem Arbeitgeberverband

Die Zukunft des Flächentarifvertrags wird heftig diskutiert. Vielfach wird die Auffassung vertreten, dass dieser zu starr sei, um sinnvolle Regelungen für eine gesamte Branche zu treffen. Nicht alle Unternehmen in einem Tarifbezirk könnten beispielsweise bestimmte Lohnerhöhungen verkraften. Es wird vielfach gefordert, die Möglichkeiten der betrieblichen Regelungen (Öffnungsklauseln) erheblich zu erweitern. Da dies bislang nicht im großen Umfang geschehen ist, erwägen manche Unternehmen den Austritt aus dem Arbeitgeberverband ("Flucht aus dem Flächentarifvertrag"). Die Wirkungen sind folgende:

► Die Gewerkschaft kann das Unternehmen auffordern, in Verhandlung über einen Firmentarifvertrag einzutreten. Kommt hierüber keine Einigung zustande, kann das Unternehmen bestreikt werden, und zwar unabhängig vom Abschluss von Flächentarifverträgen in der Region. Die Friedenspflicht aus dem alten Tarifvertrag gilt nicht mehr, da keine Verbandszugehörigkeit mehr besteht (→ *Streik*).

► Der bisher geltende Tarifvertrag ist wegen der in § 3 Abs. 3 TVG angeordneten Fortdauer der Tarifgebundenheit weiterhin anwendbar. Diese Geltung dauert so lange, bis der Tarifvertrag endet. Die Nachbindung an einen Tarifvertrag endet mit jeder Änderung der durch den betreffenden Tarifvertrag normierten materiellen Rechtslage. Diese kann durch die Änderung des betreffenden Tarifvertrags erfolgen, aber auch durch die Vereinbarung einer auf den Tarifinhalt einwirkenden Tarifnorm in einem neuen Tarifvertrag. Bei Tarifverträgen, die auf unbestimmte Zeit abgeschlossen wurden, kann der ausgetretene Arbeitgeber also noch Jahre gebunden sein, bis die Kündigung erfolgt. Dies allein reicht aber nicht, um die Tarifbindung zu beseitigen; der gekündigte Tarifvertrag hat ja seinerseits eine Nachwirkung, sodass die Tarifbindung erst endet, wenn tatsächlich auch ein neuer Tarifvertrag abgeschlossen wird.

Beispiel:

Der Arbeitgeber tritt mit Wirkung zum 1.10. aus dem Arbeitgeberverband aus. Der Tarifvertrag gilt bis zum 1.11. Ein neuer Tarifvertrag wird jedoch erst am 1.3. des Folgejahres abgeschlossen. Der Arbeitgeber ist hier wegen der doppelten Nachwirkung bis zum 28. 2. des Folgejahres an den Tarifvertrag gebunden.

Die Nachwirkung eines Tarifvertrages für Angestellte erfasst auch das Arbeitsverhältnis eines Angestellten, das während der Laufzeit des Tarifvertrages als Ausbildungsverhältnis bestanden hat und ohne zeitliche Unterbrechung im Nachwirkungszeitraum als Arbeitsverhältnis fortgeführt worden ist.

ACHTUNG!
Der Tarifvertrag wirkt im vollen Umfang unmittelbar und zwingend auf das Arbeitsverhältnis weiter.

Im Gegensatz zur Nachwirkung beim Auslaufen des Tarifvertrags können also keine abweichenden Vereinbarungen mit den Arbeitnehmern getroffen werden. Auch Tariferhöhungen, die für einen Zeitraum wirken, der nach dem Austritt des Arbeitgebers liegt (und derentwegen er möglicherweise gerade ausgetreten ist) sind von dem ausgetretenen Arbeitgeber zu zahlen.

Beispiel:

Die Tarifparteien schließen am 1.3. einen Tarifvertrag, der rückwirkend ab 1.1. eine Erhöhung des Tariflohns um 1,5 % und ab 1.11. eine Erhöhung um 3,5 % vorsieht. Zusätzlich wird ab 1.12. eine Erhöhung des Weihnachtsgelds um 3 % vereinbart. Der Tarifvertrag wurde mit unbestimmter Laufzeit und einer Kündigungsfrist von 3 Monaten abgeschlossen. Ein Arbeitgeber erklärt daraufhin den Austritt aus dem Arbeitgeberverband, der satzungsgemäß zum 31.7 wirksam wird. Folge: Der Arbeitgeber ist nicht nur weiterhin an die Löhne gebunden, die er zum Zeitpunkt seiner Kündigung gezahlt hat, sondern er muss auch die Erhöhung zum 1.11. sowie das erhöhte Weihnachtsgeld zahlen.

Ist der Tarifvertrag für allgemeinverbindlich erklärt worden, hat der Austritt keinerlei Folgen. Endet dieser Tarifvertrag oder wird die Allgemeinverbindlichkeitserklärung aufgehoben, hat er noch für den Nachwirkungszeitraum Geltung.

Beispiel:

Der Arbeitgeber tritt mit Wirkung zum 1.7. aus dem Arbeitgeberverband aus. Der Tarifvertrag läuft auf unbestimmte Zeit und ist für allgemeinverbindlich erklärt worden. Der Austritt ändert somit gar nichts, denn der Tarifvertrag würde ja auch dann gelten, wenn der Arbeitgeber niemals Verbandsmitglied gewesen wäre. Wird aber nun die Allgemeinverbindlichkeit aufgehoben, dann gelten die ganz normalen Folgen der Nachwirkung. Erst wenn eine neue Regelung getroffen wird, endet die Nachwirkung.

Beim sogenannten „Blitzaustritt" des Arbeitgebers gilt folgendes: Gegenüber einer nach Vereins- und Satzungsrecht wirksamen Vereinbarung über die Beendigung der Mitgliedschaft in einem Arbeitgeberverband ohne Einhaltung der satzungsmäßig vorgesehenen Austrittsfrist bestehen Bedenken, wenn durch eine solche Vereinbarung die Funktionsfähigkeit der Tarifautonomie beeinträchtigt wird. Es kommt hier sehr auf den Einzelfall an.

V. Wechsel des Arbeitgeberverbands

Die gleichen Folgen treten grundsätzlich auch dann ein, wenn der Arbeitgeber nicht ersatzlos aus dem Verband austritt, sondern gleich einem anderen Verband beitritt. Hat jedoch der neue Arbeitgeberverband auch einen Tarifvertrag abgeschlossen, kommt es für die tarifgebundenen Arbeitnehmer zu einer sog. Tarifkonkurrenz, d. h. es sind eigentlich zwei Tarifverträge anwendbar. In diesem Fall tritt der alte Tarifvertrag hinter dem des neuen Arbeitgeberverbands zurück.

Beispiel:

Ein Unternehmen wechselt vom Arbeitgeberverband für das Schlosserhandwerk zu dem der Metallindustrie. Der Tarifvertrag für das Schlosserhandwerk konkurriert mit dem für die Metallindustrie, beide abgeschlossen mit der IG Metall. Der Tarifvertrag für die Metallindustrie hat den Vorrang.

Die Nachwirkung des Tarifvertrags entfällt bei Auflösung des Arbeitgeberverbands.

VI. OT-Mitgliedschaft

Eine weitere Form der „Flucht aus dem Tarifvertrag" besteht in dem Versuch, bei der Mitgliedschaft in einem Arbeitgeberverband eine Zweiteilung einzuführen; es ist einerseits eine vollwertige Mitgliedschaft möglich, andererseits kann ein Unter-

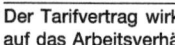

nehmer Mitglied „ohne Tarifbindung (OT)" werden. In diesem Fall stehen ihm die Serviceleistungen des Arbeitgeberverbandes wie z. B. die Vertretung vor den Arbeitsgerichten zu, er wird jedoch nicht durch die Tarifverträge gebunden, die der Arbeitgeberverband abgeschlossen hat. Grundsätzlich kann der Arbeitgeberverband eine solche Form der Mitgliedschaft rechtswirksam in der Satzung vorsehen. Die OT-Mitgliedschaft kann jedoch erst mit dem Wirksamwerden dieser Satzung eintreten, d. h. ab dem Eintrag in das Vereinsregister. Die Trennung zwischen Vollmitgliedern und OT-Mitgliedern muss hinreichend eindeutig sein (BAG v. 15.12.2010, Az. 4 AZR 256/09). Der Arbeitgeberverband kann jedoch seine Tarifzuständigkeit nicht auf die Vollmitglieder beschränken. Diese Form der Mitgliedschaft schützt den Arbeitgeber nicht vor einem Streik, mit dem eine im Betrieb vertretene Gewerkschaft den Abschluss eines Firmentarifvertrags erzwingen will. Wenn ein Unternehmen innerhalb eines Arbeitgeberverbands während laufender Tarifverhandlungen wirksam von einer Mitgliedschaft mit Tarifbindung in eine OT-Mitgliedschaft wechselt, kann die Gewerkschaft grundsätzlich nicht mehr zur Durchsetzung ausschließlich verbandsbezogener Tarifforderungen zu einem Warnstreik in diesem Unternehmen aufrufen. Dies gilt jedenfalls dann, wenn sie über den Statuswechsel rechtzeitig vor Beginn der beabsichtigten Arbeitskampfmaßnahme unterrichtet wurde (BAG v. 19.6.2012, Az. 1 AZR 775/10).

Teilzeitarbeit

I.   Begriff – Grundsätze
   1. Allgemeines
   2. Die Pflichten nach dem Teilzeitgesetz

II.   Anspruch auf Teilzeitbeschäftigung
   1. Voraussetzungen
   2. Prozedere

III.   Die Verlängerung der Arbeitszeit und die Änderung der Lage
   1. Auf Wunsch des Arbeitgebers
   2. Auf Wunsch des Arbeitnehmers

IV.   Reduzierung der Vergütungszahlung und Gleichbehandlungspflicht
   1. Grundvergütung und variable Entgeltbestandteile
   2. Diskriminierungsverbot

V.   Weisungsrecht

VI.   Teilzeit und Betriebsrat

VII.   Sonderfall: Arbeit auf Abruf

VIII. Geringfügige Beschäftigung

IX.   Arbeitsplatzteilung

X.   Turnusarbeitsverhältnis

XI.   Muster: Vereinbarung der Arbeitsplatzteilung

I. Begriff – Grundsätze

1. Allgemeines

Das Recht der Teilzeitarbeit ist im Teilzeit- und Befristungsgesetz (TzBfG) geregelt. Von Teilzeitarbeit spricht man dann, wenn die Wochenarbeitszeit eines Arbeitnehmers kürzer ist als die regelmäßige Arbeitszeit eines vergleichbaren vollbeschäftigten Arbeitnehmers in demselben Betrieb.

 WICHTIG!
Wenn die Teilzeitarbeit nicht vereinbart worden ist, wird im Zweifel ein Vollzeitarbeitsverhältnis begründet. Für beiden Seiten ist es daher ratsam, sich bei Vertragsschluss darüber im Klaren zu sein, ob man ein Vollzeit- oder ein Teilzeitarbeitsverhältnis begründen möchte. Dies sollte dann auch eindeutig im schriftlichen Arbeitsvertrag fixiert werden.

Vergleichbar ist ein vollzeitbeschäftigter Arbeitnehmer des Betriebs immer dann, wenn er in derselben Art des Arbeitsverhältnisses und der gleichen oder einer ähnlichen Tätigkeit beschäftigt wird. Ist in dem konkreten Betrieb kein vergleichbarer Arbeitnehmer tätig, muss der vergleichbare Vollzeitbeschäftigte anhand des Tarifvertrags bestimmt werden.

Beispiel:

Es wird nur ein Facharbeiter für eine Spezialtätigkeit in dem Betrieb beschäftigt. Er arbeitet 30 Stunden in der Woche. Sieht der auf den Betrieb anwendbare Tarifvertrag die 35-Stunden-Woche vor, so ist er teilzeitbeschäftigt.

Wenn auch kein Tarifvertrag anwendbar ist, muss man ermitteln, was in dem jeweiligen Wirtschaftszweig als vergleichbarer vollzeitbeschäftigter Arbeitnehmer angesehen wird.

Beispiel:
Ist in dem obigen Beispiel kein Tarifvertrag anwendbar, so muss – ggf. durch eine Anfrage bei der örtlichen Industrie- und Handelskammer – geklärt werden, wie lange ein solcher Facharbeiter pro Woche üblicherweise arbeitet, wenn er vollzeitbeschäftigt ist.

Wenn mit dem Arbeitnehmer keine wöchentliche Arbeitszeit vereinbart worden ist, sondern z. B. ein Jahresarbeitszeitkonto, muss man auf die regelmäßige Jahresarbeitszeit eines Vollzeitbeschäftigten abstellen (§ 2 Abs. 1 Satz 2 TzBfG).

 **WICHTIG!**
Die Bestimmungen des TzBfG über Teilzeitarbeit gelten uneingeschränkt auch für geringfügig Beschäftigte (§ 2 Abs. 2 TzBfG).

Die Formen der Teilzeitarbeit sind vielfältig: die Arbeitszeit kann jeden Tag verkürzt, die Arbeit auf einige Tage der Woche beschränkt oder ein Monats- bzw. Jahresstundenkontingent vereinbart sein. Auf das Teilzeitarbeitsverhältnis finden sämtliche Schutzvorschriften des Arbeitsrechts Anwendung. Es gelten also insbesondere das Kündigungsschutzgesetz, das Mutterschutzgesetz, das SGB IX für schwerbehinderte Arbeitnehmer, das Bundesurlaubsgesetz und das Entgeltfortzahlungsgesetz. Zeiten der Teilzeitbeschäftigung zählen uneingeschränkt zur Dauer der Betriebszugehörigkeit. Das TzBfG enthält spezielle Rechte der Teilzeitbeschäftigten. Wegen der Inanspruchnahme dieser Rechte dürfen Teilzeitbeschäftigte auch nicht benachteiligt werden (§ 5 TzBfG).

 **WICHTIG!**
Der Arbeitgeber darf das Arbeitsverhältnis nicht kündigen, weil sich der Arbeitnehmer weigert, von einem Vollzeit- in ein Teilzeitarbeitsverhältnis zu wechseln oder umgekehrt (§ 11 TzBfG). Es sind jedoch nur die Kündigungen unwirksam, deren tragendes Motiv die o. g. Weigerung des Arbeitnehmers ist. Es besteht kein Sonderkündigungsschutz für Teilzeitbeschäftigte. Vielmehr lässt das Gesetz ausdrücklich die Kündigung aus anderen Gründen, insbesondere auch betriebsbedingten zu (§ 11 Satz 2 TzBfG).

Beispiel:

Ein Arbeitnehmer reduziert seine Arbeitszeit entsprechend dem Teilzeitgesetz auf die Hälfte. Zu diesem Zeitpunkt gab es keine betrieblichen Gründe, die dem entgegenstanden. Die wirtschaftliche Lage in der Branche entwickelt sich jedoch so gut, dass der Arbeitgeber ihn dringend als Vollzeitkraft braucht. Teilzeitkräfte sind für diese Tätigkeit auf dem Markt nicht zu finden. Für eine weitere Vollzeitkraft reicht das Arbeitsvolumen auch nicht aus, da für 1½ Arbeitnehmer nicht genug zu tun ist. Würde der Arbeitgeber keine Möglichkeit haben, die Arbeitszeit durch Änderungskündigung heraufzusetzen, käme eher eine Beendigungskündigung in Betracht, um eine Vollzeitkraft einstellen zu können. Ob auch diese gegen § 11 TzBfG verstoßen würde oder ob hier ein „sonstiger Grund" vorläge muss die Rechtsprechung noch klären.

Es stellt auch keinen Verstoß gegen das Kündigungsverbot dar, wenn der Arbeitgeber mit der Änderungskündigung eine Verlängerung der Arbeitszeit anstrebt, die unter der Grenze der Vollzeitbeschäftigung bleibt.

Beispiel:

In dem o. g. Beispiel liegt die wöchentliche Arbeitszeit eines Vollzeitarbeitnehmers bei 35,5 Stunden. Der Arbeitgeber erklärt eine Änderungskündigung mit dem Ziel einer 35-Stunden-Woche. Dies verstößt jedenfalls nicht gegen den Wortlaut des Kündigungsverbots.

Ein Teilzeitarbeitsverhältnis kann neben einem Vollzeitarbeitsverhältnis ausgeübt werden. Es ist auch möglich, dass mehrere Teilzeitarbeitsverhältnisse nebeneinander bestehen. Dies darf jedoch nicht dazu führen, dass durch die insgesamt auftretende Arbeitsbelastung Arbeitnehmerschutzrechte verletzt werden.

Beispiel:

Ein Arbeitnehmer arbeitet täglich sechs Stunden bei einem Arbeitgeber. Er geht ein weiteres Teilzeitarbeitsverhältnis bei einem anderen Arbeitgeber ein, bei dem er fünf Stunden am Tag arbeiten muss. Hier wird die gesetzliche Höchstarbeitszeit von acht Stunden überschritten. Der Arbeitnehmer muss daher nach acht Stunden mit der Arbeit aufhören. Hat er für den ersten Arbeitgeber an dem konkreten Tag bereits fünf Stunden gearbeitet, muss er seine Tätigkeit für den zweiten nach zwei Stunden beenden.

Bei der Einstellung hat der Arbeitgeber das Recht, nach bereits bestehenden Teilzeitarbeitsverhältnissen zu fragen. Es kann auch im Arbeitsvertrag vereinbart werden, dass der Arbeitnehmer verpflichtet ist, unverzüglich und ohne Aufforderung Auskunft zu erteilen, wenn er ein weiteres Beschäftigungsverhältnis eingeht.

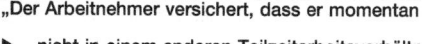 **Formulierungsbeispiel:**

„Der Arbeitnehmer versichert, dass er momentan

▶ nicht in einem anderen Teilzeitarbeitsverhältnis

oder (wahlweise)

▶ in einem weiteren Teilzeitarbeitsverhältnis bei der Fa. .... mit .... Stunden wöchentlicher Arbeitszeit steht.

Er verpflichtet sich, dem Arbeitgeber unverzüglich und ohne Aufforderung Mitteilung zu machen, sobald er beabsichtigt, ein weiteres Teilzeitarbeitsverhältnis einzugehen. Die Mitteilung muss so rechtzeitig erfolgen, dass der Arbeitgeber Gelegenheit zur Prüfung hat, ob die Arbeitsverhältnisse zusammengenommen gegen Arbeitsschutzvorschriften verstoßen. Der Arbeitnehmer hat dazu sämtliche notwendigen Angaben wie Länge und Lage der Arbeitszeit, Name und Anschrift der Firma, Inhalt der Tätigkeit u. Ä. zu machen. Die Aufnahme der weiteren Tätigkeit ist von einer Genehmigung des Arbeitgebers abhängig. Diese kann versagt werden, wenn berechtigte Interessen des Arbeitgebers verletzt werden."

Wechselt der Arbeitnehmer von der Teilzeit- zu einer Vollzeitbeschäftigung, beginnt die Betriebszugehörigkeit nicht neu zu laufen.

Beispiel:

Ein Arbeitnehmer arbeitet zwei Jahre lang halbtags. Er einigt sich dann mit seinem Arbeitgeber, dass er ab sofort eine Vollzeitstelle einnimmt. Ein neuer schriftlicher Arbeitsvertrag wird ausgefertigt. Nach weiteren drei Jahren sind betriebsbedingte Kündigungen vorzunehmen. Bei der Sozialauswahl ist eine Dauer der Betriebszugehörigkeit von fünf Jahren zugrunde zu legen.

2. Die Pflichten nach dem Teilzeitgesetz

Der Arbeitgeber hat den Arbeitnehmern, und zwar auch solchen, die eine leitende Funktion bekleiden, die Teilzeitbeschäftigung zu ermöglichen, sofern die Voraussetzungen des Gesetzes gegeben sind (§ 6 TzBfG). Insbesondere muss er Arbeitsplätze, die er öffentlich oder im Betrieb ausschreibt, auch als Teilzeitarbeitsplatz ausschreiben, wenn sich der Arbeitsplatz hierfür eignet (§ 7 TzBfG). Dabei reicht eine bloß geringfügige Verringerung der normalen Arbeitszeit aus, also z. B. 35 statt 35,5 Wochenstunden. Es ist aber nicht verpflichtet, auch den Bewerber zu nehmen, der sich auf die Teilzeitstelle beworben hat.

Beispiel:

Der Arbeitgeber schreibt den Arbeitsplatz auch als Teilzeitstelle aus. Ein Bewerber ist an der Vollzeitstelle interessiert, ein anderer möchte nur halbtags arbeiten. Der Arbeitgeber ist auch nach dem neuen Gesetz nicht verpflichtet, den Bewerber um die Teilzeitstelle zu nehmen.

Jedoch muss der Arbeitgeber die Arbeitnehmer, die ihren Wunsch nach einer Veränderung von Lage und/oder Dauer der Arbeitszeit angezeigt haben, über entsprechende Stellen zu informieren, die im Betrieb oder Unternehmen besetzt werden sollen (§ 7 Abs. 2 TzBfG).

Weiter muss er dafür Sorge tragen, dass auch teilzeitbeschäftigte Arbeitnehmer an Aus- oder Weiterbildungsmaßnahmen zur Förderung der beruflichen Entwicklung und Mobilität teilnehmen können. Dies gilt jedoch dann nicht, wenn dringende betriebliche Gründe oder die Aus- und Weiterbildungswünsche anderer Arbeitnehmer dem entgegenstehen (§ 10 TzBfG).

Beispiel:

Der Arbeitgeber bietet Wochenendseminare zur Fortbildung an neuen Maschinen an. Er muss auch den Teilzeitbeschäftigten die Teilnahme hieran ermöglichen. Ist jedoch die Teilnehmerzahl begrenzt, hat der Teilzeitbeschäftigte nicht automatisch einen Anspruch auf Teilnahme. Der Arbeitgeber muss dann ein gerechtes Auswahlverfahren durchführen.

Der Arbeitgeber muss auch den Betriebsrat über Teilzeitarbeit im Betrieb oder Unternehmen informieren. Dazu gehören insbesondere Informationen über

▶ vorhandene Teilzeitarbeitsplätze

▶ geplante Teilzeitarbeitsplätze

▶ Umwandlung von Teilzeit- in Vollzeitarbeitsplätze und umgekehrt.

Dem Betriebsrat sind auch die entsprechenden Unterlagen zur Verfügung zu stellen.

Beispiel:

Der Arbeitgeber möchte beim Aufbau einer neuen Abteilung vorrangig Teilzeitarbeitsplätze einrichten, weil er sich hiervon eine größere Flexibilität verspricht. Er muss den Betriebsrat über seine Absicht informieren. Unabhängig von konkreten Veränderungsplänen kann der Betriebsrat aber auch Auskunft darüber verlangen, wie viel Teilzeitarbeitsplätze im Betrieb insgesamt oder in bestimmten Abteilungen existieren und ob hier Veränderungen geplant sind.

Der Gesetzgeber hat hier eine zusätzliche Informationspflicht geschaffen. Die sonstigen Beteiligungsrechte des Betriebsrats bestehen daneben weiter.

II. Anspruch auf Teilzeitbeschäftigung

1. Voraussetzungen

Das Gesetz über Teilzeitarbeit enthält einen Anspruch auf Verringerung der Arbeitszeit. Die Grundvoraussetzungen sind folgende:

▶ Das Arbeitsverhältnis muss länger als sechs Monate bestanden haben.

▶ Der Arbeitgeber muss in der Regel mehr als 15 Arbeitnehmer beschäftigten. Auszubildende werden dabei nicht mitgerechnet. Teilzeitbeschäftigte zählen jedoch, anders als beim Kündigungsschutzgesetz, voll mit.

Beispiel:

Der Arbeitnehmer beschäftigt zehn Arbeitnehmer mit der vollen Arbeitszeit, drei Halbtagskräfte und drei weitere Arbeitnehmer mit einem Viertel der regelmäßigen Arbeitszeit. Die Vollzeitkräfte haben einen Anspruch auf eine Verringerung der Arbeitszeit, wenn auch die übrigen Voraussetzungen vorliegen.

▶ Der Arbeitnehmer muss seinen Wunsch nach Verringerung der Arbeitszeit und die gewünschte Verteilung der Arbeit mindestens drei Monate vorher geltend machen. Dabei reicht die mündliche Geltendmachung. Erfolgt diese nicht rechtzeitig, so verschiebt sich der Beginn der Teilzeitarbeit nach hinten.

Beispiel:

Der Arbeitnehmer macht am 1.3. geltend, dass er ab dem 1.4. nur noch mit ¾ der vollen Arbeitszeit tätig sein wolle. Er kann, sofern die übrigen Voraussetzungen vorliegen, erst am 1.6. die Arbeitszeit reduzieren.

▶ Es dürfen keine betrieblichen Gründe der Arbeitszeitverringerung entgegenstehen. In diesem Fall kann der Arbeitgeber die Zustimmung zur Teilzeitarbeit verweigern. Dabei ist auf den Zeitpunkt abzustellen, zu dem der Arbeitgeber die Ablehnung erklärt. Es handelt sich jedoch um eine Prognoseentscheidung. Wegen der Ankündigungsfrist von drei Monaten muss der Arbeitgeber nicht entscheiden, ob die betrieblichen Gründe heute dagegen stehen, sondern ob sie in drei Monaten zu erwarten sind. Ähnlich wie bei betriebsbedingten Kündigungen müssen bei der Ablehnung greifbare Anhaltspunkte dafür vorliegen, dass der Arbeitszeitreduzierung zum gewünschten Zeitpunkt betriebliche Belange entgegenstehen werden.

Der Gesetzgeber hat nicht definiert, welches Gewicht die betrieblichen Gründe haben müssen. In der Rechtsprechung wurden folgende **Verweigerungsgründe** anerkannt:

▶ Unverhältnismäßig hohe Kosten. Ein Arbeitgeber ist nicht verpflichtet, für eine weitere Arbeitskraft 70 000 EUR im Jahr der Einstellung (Ausbildungs-, Einarbeitungs- und Personalbeschaffungskosten) sowie weitere 30 000 EUR für jedes folgende Beschäftigungsjahr zu tragen. Der Arbeitnehmer drang auch nicht mit dem Argument durch, er könne durch Arbeitsverdichtung das bisherige Arbeitspensum in 30 statt bisher 37,5 Stunden schaffen. Weiter können z. B. lange Einarbeitungszeiten der neu einzustellenden Mitarbeiter oder die Kosten für die Einrichtung des zweiten Arbeitsplatzes einen Verweigerungsgrund darstellen. Hierbei kann es sich sowohl um die Kosten für technische Apparaturen am Arbeitsplatz selber handeln als auch z. B. um Kraftfahrzeuge. Ebenso kommen übermäßig hohe Lohnkosten für Ersatzarbeitnehmer in Betracht. Dazu kann es kommen, wenn die fehlenden Arbeitsstunden durch Überstunden anderer Arbeitnehmer ausgeglichen werden müssen, für die wiederum hohe Zuschläge zu zahlen sind. Ähnliches kann sich im Bereich der Schichtarbeit ergeben. Der Arbeitnehmer kann dem nicht entgegenhalten, dass er selbst durch Arbeitsverdichtung oder Arbeitsbereitschaft das bisherige Arbeitspensum in der verringerten Arbeitszeit erledigen könne.

▶ Das Kindesinteresse an einer täglichen kontinuierlichen Betreuung durch dasselbe Personal in einem heilpädagogischen Kindergarten. Hier wurden der Leiterin mit

Erfolg betriebliche Ablehnungsgründe entgegengehalten.

▶ Ein arbeitgeberseitiges Gesamtkonzept, in dem er nachvollziehbar darlegt, warum er meint, entweder insgesamt oder in bestimmten Bereichen keine Teilzeitkräfte beschäftigen zu können. Betriebliche Gründe liegen in diesem Zusammenhang vor, wenn das Teilzeitverlangen nicht in Übereinstimmung mit Organisationsentscheidungen des Arbeitgebers gebracht werden kann und das betriebliche Organisationskonzept sowie die zugrunde liegende unternehmerische Aufgabenstellung wesentlich beeinträchtigt. Dieses Konzept können die Gerichte für Arbeitssachen nicht auf seine Zweckmäßigkeit überprüfen, denn damit würden sie in den Kernbereich der unternehmerischen Organisationskompetenz eingreifen. Sofern das Konzept von plausiblen wirtschaftlichen bzw. unternehmenspolitischen Gründen getragen ist, muss es grundsätzlich der Entscheidungsfindung zugrunde gelegt werden. Es darf jedoch nicht offenkundig willkürlich sein. Die Gerichte können aber überprüfen, ob das Konzept auch tatsächlich die konkret begehrte Teilzeitbeschäftigung ausschließt. Sie können auch überprüfen, ob der Arbeitgeber das Konzept auch vollständig umsetzt. Wenn er sich in Teilbereichen seiner eigenen Organisationsentscheidung zuwider verhält, kann er diese nicht dem Teilzeitbegehren entgegenhalten.

Beispiel:

Eine Arbeitnehmerin war in einem Teppichhaus beschäftigt, das mindestens wöchentlich 60 Stunden geöffnet ist. Die Arbeitszeit einer Vollzeitkraft dauert im Durchschnitt 37,5 Stunden in der Woche. Sie verlangte eine Verkürzung ihrer durchschnittlichen wöchentlichen Arbeitszeit auf 25 Stunden. Der Arbeitgeber wollte, dass seine Kunden einen festen Ansprechpartner haben, wenn sie zu Rückfragen noch einmal kommen. Dies ist im Prinzip zu billigen. Ist aber auch bei einer Vollzeitbeschäftigung keineswegs sicher, dass die Kunden sie wieder antreffen, kein Verweigerungsgrund vor. Angesichts der 60-stündigen Ladenöffnungszeit werde durch die Teilzeitbeschäftigung das betriebliche Organisationskonzept nicht wesentlich beeinträchtigt. Dadurch erhöht sich lediglich die Wahrscheinlichkeit, dass Kunden sie für Rückfragen nicht antreffen. Der Arbeitgeber musste hier ohnehin Vorkehrungen für den Fall treffen, dass der Kunde den Verkäufer nicht antrifft, an den er sich ursprünglich gewandt hatte.

▶ Die Verpflichtung einer Leiharbeitsfirma, bei einem Kunden nur Arbeitnehmer mit einer bestimmten Mindeststundenzahl einzusetzen, steht dem Teilzeitbegehren nicht zwingend entgegen. Der Arbeitgeber muss jedenfalls die Möglichkeit eines Ringtausches von Arbeitnehmern prüfen (BAG v. 13.11.2012, Az. 9 AZR 259/11).

▶ Eine erhebliche Störung des im Betrieb praktizierten Arbeitszeitsystems kann die Ablehnung begründen, wenn entweder der betroffene Arbeitnehmer oder andere nicht mit ihrer gesamten vertraglichen Arbeitszeit eingesetzt werden können.

▶ Die Notwendigkeit eines kontinuierlichen Einsatzes desselben Arbeitnehmers über mehrere Tage. Ist etwa bei einer Revision einer komplizierten technischen Anlage ein Bauteil zunächst zu zerlegen und später wieder zusammenzusetzen, so liegt es zweifellos im Rahmen einer zweckmäßigen und sachgerechten Arbeitsorganisation, dass ein und derselbe Arbeitnehmer diese Tätigkeit ganzheitlich erledigt, weil etwa das Zusammensetzen zerlegter Bauteile ohne Kenntnis des früheren Zustandes Fehlermöglichkeiten birgt oder zu Verzögerungen führt.

▸ Die Notwendigkeit intensiver bzw. häufiger Übergabegespräche. Entsprechendes gilt für Team- oder Gruppenarbeit. Die Übergabegespräche müssen aber einen für den Arbeitgeber unzumutbaren Umfang haben. Allein der Umstand, dass sie stattfinden müssen reicht nicht aus, weil ein vielfach mit der Teilzeitarbeit einhergehendes Phänomen ist. Man wird hier aber immer zu beachten haben, dass der Arbeitgeber immer mit einer krankheits- oder urlaubsbedingten Abwesenheit des Arbeitnehmers rechnen muss. Allein der pauschal vorgetragene Wunsch nach einer intensiven Kundenbetreuung reicht daher nicht aus. Vielmehr muss der Arbeitgeber darlegen, warum der Arbeitnehmer bei Krankheit oder Urlaub ersetzbar ist, aber Gründe bestehen, die der Teilzeit entgegenstehen. Dabei kann es darauf ankommen, dass eine vorübergehende Überbrückung möglich ist, nicht aber der dauernde Wechsel des Mitarbeiters, der den jeweiligen Kunden betreut.

▸ Betriebsvereinbarungen über die Lage der Arbeitszeit können den Arbeitgeber zur Verweigerung berechtigen, wenn der Arbeitszeitwunsch dagegen verstoßen würde. Dies gilt sowohl bezüglich des Umfangs als auch bezüglich der Verteilung der Arbeitszeit. Zumeist wird es jedoch ein Problem der Verteilung der Arbeitszeit sein. Der Betriebsrat muss aber auch darauf achten, dass die Vereinbarkeit von Familien- und Erwerbstätigkeit gefördert wird. Eine Ausnahme gilt allerdings dann, wenn es sich um einen Einzelfall handelt, bei dem die Interessen anderer Mitarbeiter weder durch Arbeitsverdichtung noch durch Mehrarbeit oder andere Auswirkungen berührt werden.

Beispiel:

Es besteht eine Betriebsvereinbarung, wonach die Arbeitszeit ausnahmslos auf alle fünf Werktage der Woche zu verteilen ist. Ein Arbeitnehmer begehrt eine Arbeitszeitreduzierung und die Verteilung auf vier Wochentage. Der Arbeitgeber kann dieser Verteilung wegen der Betriebsvereinbarung widersprechen, wenn andere Arbeitnehmer dadurch Nachteile hätten. Ob er auch die Arbeitszeitreduzierung widersprechen kann, richtet sich danach, ob er auch hierfür besondere Gründe hat.

Durch eine Betriebsvereinbarung dürfen aber die Teilzeitstellen nicht kontingentiert werden.

▸ Der Arbeitgeber kann weiter einwenden, dass er auf dem Arbeitsmarkt keinen adäquaten Ersatzarbeitnehmer findet. Hierbei muss er aber genau vortragen, mit welcher Qualifikation der Arbeitnehmer gesucht wird und ob nicht auch ein Arbeitnehmer ohne die spezielle Ausbildung des zu ersetzenden Arbeitnehmers ausreicht.

Beispiel:

In dem o. g. Fall wollte ein Betriebselektriker, der eine bestimmte Ausbildung hat, die Arbeitszeit um die Hälfte reduzieren. Der Arbeitgeber legte nachvollziehbar dar, dass ein Arbeitnehmer mit dieser Sonderqualifikation nicht als Halbtagskraft auf dem Markt zu finden sei. Üblicherweise haben aber Betriebselektriker mit einer solchen Aufgabenstellung nicht diese Zusatzqualifikation. Der Arbeitgeber wird darlegen müssen, dass auch andere geeignete Betriebselektriker auf dem Arbeitskräftemarkt nicht zu finden sind.

Der Arbeitnehmer kann weder verlangen, dass zum Ausgleich seiner verminderten Arbeitszeit eine Vollzeitkraft neu eingestellt und gleichzeitig die Überstunden anderer Arbeitnehmer abgesenkt werden. Er kann auch nicht verlangen, dass die fehlende Zeit durch die vermehrte Leistung von Überstunden anderer Arbeitnehmer kompensiert wird.

▸ Teilzeitbegehren anderer Mitarbeiter: Dabei lässt sich jedoch keine starre Regelung aufstellen, dass der Arbeitgeber ab einer bestimmten Anzahl von Teilzeitwünschen zur Ablehnung befugt wäre. Insbesondere kann nicht die 5-%-Grenze für die Altersteilzeit (§ 3 Abs. 1 Nr. 3 AltersteilzeitG) analog herangezogen werden. Zu einem betrieblichen Interesse an der Ablehnung kann es kommen, wenn andere Arbeitnehmer in demselben Tätigkeitsbereich ihre Arbeitszeit ähnlich reduzieren wollen und es durch die Lage der Arbeitszeit dann zu Besetzungslücken käme. Gegenüber welcher Mitarbeiterin er dies tut, muss er nach billigem Ermessen (§ 315 BGB) entscheiden. Dabei kommt es u. a. auf die Motive für die gewünschte Lage der Arbeitszeit an. Äußern sich die Arbeitnehmer nicht zu ihren Motiven für die gewünschte Arbeitszeitverkürzung, kann der Arbeitgeber andere Kriterien wie z. B. die Dauer der Betriebszugehörigkeit heranziehen. Er muss aber keine Sozialauswahl im strengen Sinne durchführen. Sind keine konkreten Anhaltspunkte für die Vorzugswürdigkeit eines bestimmten Arbeitnehmers vorhanden, ist er in seiner Entscheidung frei.

▸ Auch **künstlerische Belange** können die Ablehnung rechtfertigen, denn die Aufzählung der betrieblichen Gründe in § 8 Abs. 4 Satz 2 TzBfG ist nicht abschließend. Dabei kommen auch subjektive künstlerische Vorstellungen in Betracht. An die Darlegung der Beeinträchtigung der Kunstfreiheit des Arbeitgebers durch die begehrte Arbeitszeitreduzierung dürfen keine überzogenen Anforderungen gestellt werden, sie müssen jedoch nachvollziehbar sein.

▸ Sicherheit im Betrieb: Der Arbeitgeber kann auch dann die Verringerung der Arbeitszeit ablehnen, wenn dies die Sicherheit im Betrieb wesentlich gefährden würde. Hier muss es gerade die Reduzierung der Arbeitszeit sein, die zu der Sicherheitsgefährdung führt, indem z. B. Unfallverhütungsvorschriften nicht mehr eingehalten werden können. Der Anwendungsbereich dieser Fallgestaltung dürfte aber nicht allzu groß sein. Am ehesten dürfte sich die Vorschrift in den Fällen auswirken, in denen z. B. eine Fachkraft für die Arbeitssicherheit seine Arbeitszeit reduzieren möchte und geeignete Kräfte zur Schließung der Lücke nicht zu finden sind.

▸ Schwellenwerte: Umstritten ist die Frage, ob das Überschreiten von Schwellenwerten eine unverhältnismäßige Kostenbelastung darstellen kann. Dies kann eine Rolle spielen bei der Größe des Betriebsrats, der Anzahl freizustellender Betriebsratsmitglieder oder der Frage, ob dem Betriebsrat größere Beteiligungsrechte zustehen. Nach Ansicht des Verfassers kann dies keinen Ablehnungsgrund darstellen. Diese Konsequenzen ergeben sich aus dem Betriebsverfassungsgesetz und sind damit nur eine mittelbare Folge der Arbeitszeitreduzierung. Es sind aber nur solche Kosten zu berücksichtigen, die ihre direkte Ursache in der Arbeitszeitreduzierung haben.

▸ Die „normalen" Belastungen des Arbeitgebers, die typischerweise mit einer Verringerung der Arbeitszeit einhergehen, wie z. B. die größere Belastung des Personalbüros, sind hingegen nicht ausreichend. Es reicht auch nicht aus, dass der Arbeitgeber seine Arbeitsabläufe „bestmöglich und effektiv" gestalten möchte. Es bedarf hier einer genaueren Darlegung.

▸ Der Arbeitgeber darf die Teilzeitarbeit auch nicht von der Unterzeichnung eines neuen Arbeitsvertrages abhängig machen, in dem ein anderer Tarifvertrag vereinbart werden soll. Wenn der Arbeitnehmer bisher während der Elternzeit eine Teilzeitbeschäftigung ausgeübt hat, muss der Arbeitgeber im Einzelnen darlegen, warum dies nicht auf Dauer möglich sein soll.

▶ Die Tarifvertragsparteien können auch festlegen, welche Ablehnungsgründe in Betracht kommen. Diese Ablehnungsgründe können zwischen Arbeitnehmer und Arbeitgeber auch dann vereinbart werden, wenn sie nicht tarifgebunden sind, aber grundsätzlich im Geltungsbereich eines solchen Tarifvertrags liegen.

Beispiel:

> In einem bestimmten Tarifvertrag ist festgelegt, dass in dort genau definierten Fällen ein Grund für den Arbeitgeber vorliegt, seine Zustimmung zur Teilzeitarbeit zu verweigern. Der Arbeitgeber ist im Geltungsbereich des Tarifvertrags, hat aber nie seinen Beitritt zum Arbeitgeberverband erklärt. Daher gelten die tariflichen Bestimmungen nicht unmittelbar. Er kann jedoch mit einem Arbeitnehmer im Einzelarbeitsvertrag genau die Ablehnungsgründe vereinbaren, die im Tarifvertrag genannt worden sind.

Die Tarifpartner dürfen jedoch nur die gesetzlichen Regelungen konkretisieren und nicht zu Lasten der Arbeitnehmer davon abweichen.

WICHTIG!

§ 8 TzBfG begründet nicht nur für die Verringerung der Arbeitszeit, sondern auch für ihre Verteilung bis zu den Grenzen des Rechtsmissbrauchs (§ 242 BGB) einen Anspruch auf Vertragsänderung. Der Arbeitnehmer kann deshalb nicht nur eine proportionale Verkürzung der Arbeitszeit an fünf Tagen von Montag bis Freitag verlangen. Er hat auch einen Anspruch darauf, in der Viertagewoche statt in der Fünftagewoche zu arbeiten. Aus dem Gesetz lässt aber kein Anspruch darauf herleiten, die durch die Verringerung der Arbeitszeit auf die Hälfte verbleibende Arbeitszeit in der Weise zu verteilen, dass im Wechsel ein Monat gearbeitet wird und ein Monat arbeitsfrei ist.

2. Prozedere

Der Gesetzgeber hat ein bestimmtes Verfahren vorgeschrieben, das die Arbeitsvertragsparteien einhalten müssen, wenn sie ihre Rechte wahren wollen.

▶ Der Arbeitnehmer muss drei Monate vor Beginn der Teilzeitarbeit sein Begehren an den Arbeitgeber herantragen; dabei muss die Schriftform nicht gewahrt werden; ein zu kurzfristig gestelltes Begehren ist so auszulegen, dass der Arbeitnehmer die Arbeitszeit zum nächst zulässigen Termin reduzieren möchte. Konkretisiert der Arbeitnehmer sein Verlangen auf Verringerung der Arbeitszeit nicht auf einen bestimmten zeitlichen Umfang und räumt er dem Arbeitgeber kein Recht zur Bestimmung des Umfangs der Verringerung ein, liegt kein wirksames Verlangen vor. Entsprechendes gilt, wenn der Arbeitnehmer die Reduzierung nur zeitlich begrenzt fordert.

WICHTIG!

Der Antrag ist ein Angebot auf eine Änderung des bestehenden Arbeitsvertrages. Er muss daher so formuliert sein, dass er vom Arbeitgeber durch ein schlichtes „Ja" angenommen werden kann, d. h. der Inhalt des Angebots muss so bestimmt sein, dass keine Unklarheiten über den Inhalt des dann geänderten Vertrags bestehen (BAG v. 15.11.2011, Az. 9 AZR 729/07). Nur ein so formulierter Antrag ist geeignet, bei einem Schweigen des Arbeitgebers dessen Zustimmung zu fingieren.

▶ Der Arbeitgeber muss dieses Begehren mit dem Arbeitnehmer erörtern, und zwar mit dem Ziel, eine Einigung über die Reduzierung der Arbeitszeit zu erreichen. Die Erörterung muss sich auch auf die Verteilung der Arbeitszeit beziehen. Einklagbar ist diese Verpflichtung jedoch nicht. Im Sinne einer guten Zusammenarbeit und die Aufrechterhaltung der Motivation des Arbeitnehmers wird aber ohnehin jeder verständige Arbeitgeber diese Erörterung vornehmen, so dass die Vorschrift eher einen Appellcharakter hat, zumal der Gesetzgeber keine Konsequenzen für den Fall vorgesehen hat, dass die Erörterung nicht stattfindet. Das Bundesarbeitsgericht hat es auch abgelehnt, derartige Folgen ohne

gesetzliche Grundlage zu entwickeln. Insbesondere gilt die Zustimmung nicht etwa als erteilt, wenn der Arbeitgeber den Wunsch ohne jede Verhandlung zurückweist. Der Arbeitgeber verliert dadurch auch nicht etwa sämtliche Ablehnungsgründe. Der Arbeitgeber kann dabei der Verkürzung zustimmen und dann die Verteilung der Arbeitszeit vornehmen. Dies kann der Arbeitnehmer vermeiden, indem er den Wunsch nach Teilzeitarbeit ausdrücklich an die Bedingung knüpft, dass auch die gewünschte Verteilung der Arbeitszeit erreicht wird. Hier kann der Arbeitgeber das Begehren nur insgesamt annehmen oder ablehnen. Der Arbeitnehmer muss den Antrag auf Verteilung der verbleibenden Arbeitszeit spätestens vor diesen Verhandlungen einbringen. Ansonsten kann der Arbeitgeber sie nach billigem Ermessen verteilen.

▶ Spätestens einen Monat vor dem beabsichtigten Beginn der Teilzeitbeschäftigung muss der Arbeitgeber seine Entscheidung schriftlich mitteilen.

ACHTUNG!

Hat der Arbeitgeber der Arbeitszeitverringerung nicht spätestens einen Monat vor ihrem geplanten Beginn schriftlich widersprochen, verringert sich die Arbeitszeit automatisch in dem vom Arbeitnehmer gewünschten Umfang. Der Arbeitgeber muss den Zugang seines Widerspruchs beim Arbeitnehmer beweisen können. Daher ist dieses Schreiben mit derselben Sorgfalt zuzustellen wie eine Kündigung. Hinsichtlich der Verteilung der Arbeitszeit gilt Entsprechendes.

Die Berechnung der Frist erfolgt gem. §§ 187 Abs. 1, 188 Abs. 2, 2. Alt. BGB. Das bedeutet, dass der Tag, an dem der Antrag beim Arbeitgeber eingeht, bei der Fristberechnung nicht mitzuzählen ist.

Beispiel:

> Will der Arbeitgeber eine Arbeitszeitreduzierung ab dem 1.7. ablehnen, muss die Ablehnungserklärung spätestens am 31.5. beim Arbeitnehmer eingehen.

Wenn dieser ein Sonnabend, Sonntag oder ein gesetzlicher Feiertag ist, muss der Arbeitnehmer den Antrag noch früher stellen. Nach der gesetzlichen Regelung endet zwar eine Frist, deren Ablauf auf einen dieser Tage fällt erst am Tag darauf. Hier geht es jedoch nicht um das Ende, sondern um den Beginn der Frist. Diesen kann der Arbeitnehmer ohne weiteres selbst beeinflussen, während es ansonsten vom Zufall abhängt, wann sie abläuft.

Beispiel:

> Der Arbeitgeber möchte einer Verminderung der Arbeitszeit ab dem 1.8. widersprechen. Die Ablehnung müsste dem Arbeitnehmer spätestens am 30.6. zugehen. Fällt dieser auf einen Sonntag, muss er sie spätestens am 28.6. dem Arbeitnehmer zuleiten.

Die schriftliche Ablehnungserklärung muss nicht begründet werden.

Hat der Arbeitgeber seine Ablehnung rechtzeitig mitgeteilt, bleibt es erst einmal bei der bisherigen Regelung. Der Arbeitnehmer kann jedoch versuchen, die Änderung über das Arbeitsgericht zu erzwingen. In besonders dringenden Fällen ist auch der Erlass einer einstweiligen Verfügung möglich (LAG Berlin-Brandenburg v. 14.3.2012, Az. 15 SaGa 2286/11). Nach der Ablehnung kann der Arbeitnehmer seinen Wunsch nach einer bestimmten Verteilung nicht mehr ändern.

Ein erneutes Verlangen nach Verringerung der Arbeitszeit kann der Arbeitnehmer frühestens nach zwei Jahren verlangen (§ 8 Abs. 6 TzBfG). Die Frist beginnt mit dem Zeitpunkt zu laufen, in dem der Arbeitgeber einer Verringerung zugestimmt oder sie berechtigt abgelehnt hat. Damit trägt der Gesetzgeber dem Interesse des Arbeitgebers an einer Planungssicherheit Rechnung.

Beispiel:

> Der Arbeitgeber hat am 1.5.2013 einer Verringerung der Arbeitszeit um ¼ zugestimmt. Der Arbeitnehmer kann frühestens zum 1.5.2015 eine weitere Verringerung verlangen. Der Arbeitgeber muss dann erneut prüfen, ob dringende betriebliche Gründe der weiteren Verringerung der Arbeitszeit entgegenstehen. Ist das der Fall, muss er das Begehren wiederum fristgerecht ablehnen, um zu vermeiden, dass sich die Arbeitszeit automatisch durch Fristablauf vermindert.

Eine Zustimmung im Sinne dieser Vorschrift liegt auch dann vor, wenn der Arbeitgeber dem Veränderungswunsch nicht rechtzeitig widerspricht oder zur Abgabe einer entsprechenden Erklärung verurteilt wird. Die Veränderungssperre wird auch dann ausgelöst, wenn man sich auf eine andere als vom Arbeitnehmer ursprünglich gewünschte Arbeitszeit einigt. Gleiches gilt für den Fall, dass der Arbeitgeber den Wunsch nach Arbeitszeitverringerung berechtigt ablehnt. Darunter sind allerdings nur die Fälle zu fassen, in denen der Arbeitgeber ausreichende betriebliche Gründe geltend gemacht hat. Wenn der Anspruch von vornherein etwa wegen Nichterfüllung der sechsmonatigen Wartezeit gar nicht bestand, wird durch ein derart unberechtigtes Verlangen keine Sperre ausgelöst. Durch eine unberechtigte Ablehnung wird die Sperrzeit nicht ausgelöst. Es kann jedoch schwierig zu klären sein, ob die erste Ablehnung seinerzeit zu Recht erfolgte oder nicht.

III. Die Verlängerung der Arbeitszeit und die Änderung der Lage

1. Auf Wunsch des Arbeitgebers

Von der Änderung der vertraglichen Arbeitsbedingungen hinsichtlich der Dauer der Arbeitszeit kann der Arbeitgeber nur durch eine Änderungskündigung abrücken, auch wenn dies nicht ausdrücklich im TzBfG geregelt ist. Eine arbeitgeberseitige Änderungskündigung kann jedoch nur Aussicht auf Erfolg haben, wenn sich die Verhältnisse seit der Reduzierung der Arbeitszeit deutlich geändert haben. Insbesondere kann der Arbeitgeber sich nicht mehr auf die Gründe berufen, aus denen er – vergeblich – die Verkürzung der Arbeitszeit abgelehnt hat. Dies gilt auch für die Gründe, die damals schon vorlagen, aber nicht im Prozess um die Arbeitszeitverringerung vorgetragen wurden. Der Arbeitgeber muss darlegen und beweisen, dass er den Arbeitskräftebedarf nicht mit einem weiteren Teilzeitarbeitnehmer decken kann. Arbeitgeber und Arbeitnehmer können sich jederzeit einvernehmlich auf eine Verlängerung der Arbeitszeit verständigen.

Der Arbeitgeber kann erhöhten Arbeitskräftebedarf durch eine Vereinbarung über die Verlängerung der Arbeitszeit teilzeitbeschäftigter Arbeitnehmer decken. Bei der Auswahl, welcher Teilzeitkraft er zu diesem Zweck eine Vertragsänderung anbietet, ist der Arbeitgeber frei. Der Arbeitgeber ist nicht verpflichtet, das gestiegene Arbeitszeitvolumen anteilig auf alle interessierten Teilzeitbeschäftigten zu verteilen. Bei einer Einsatzsteuerung nach Fremdvorgaben aufgrund mitbestimmter Schichtpläne muss der Arbeitgeber im Fall eines Aufstockungsverlangens nach § 9 TzBfG darlegen, dass eine sinnvolle Schichtplangestaltung bei Zuordnung von Arbeitsstunden zu einem Vollzeitarbeitsverhältnis nicht mehr möglich ist. Er muss auch darlegen, dass alle Verhandlungsmöglichkeiten mit dem Betriebsrat zur Schichtplananpassung an die Arbeitszeitwünsche ausgeschöpft sind (LAG Köln v. 25.1.2010, Az. 2 Sa 963/09).

Vollkommen anders sieht die Rechtslage bei einer erneuten Änderung der Verteilung der Arbeitszeit aus. Hier hat das Gesetz eine Regelung getroffen. Der Arbeitgeber kann die Verteilung der Arbeitszeit – nicht deren Länge – wieder ändern, wenn das betriebliche Interesse daran das Interesse des Arbeitnehmers überwiegt und eine Ankündigungsfrist von einem

Monat eingehalten worden ist (§ 8 Abs. 5 Satz 4 TzBfG). Dies gilt aber nicht, wenn eine feste Lage der Arbeitszeit vereinbart wurde, ohne dass der Arbeitnehmer vorher ein Teilzeitverlangen gestellt hätte.

Voraussetzungen für eine einseitige Änderung der Lage der Arbeitszeit ist also, dass

▶ das betriebliche Interesse an der Änderung das Interesse an der Beibehaltung der Regelung durch den Arbeitnehmer überwiegt und

▶ der Arbeitgeber die Änderung spätestens einen Monat vorher angekündigt hat.

Beispiel:

> Arbeitgeber und Arbeitnehmer vereinbaren die Reduzierung der Arbeitszeit auf ⅘, wobei der Freitag frei sein soll. Durch eine Änderung der Produktionsabläufe wird es aber unabdingbar, dass der Arbeitnehmer Freitags im Betrieb anwesend ist. Hier kann der Arbeitgeber eine einseitige Änderung der Lage der Arbeitszeit vornehmen, wenn er dies einen Monat vorher ankündigt.

Bei der Änderung der Lage der Arbeitszeit ist es nicht notwendig, dass sich die Sachlage seit der Reduzierung der Arbeitszeit geändert hat.

Beispiel:

> Der Arbeitgeber widerspricht der Arbeitszeitreduzierung nicht rechtzeitig. Sowohl Dauer als auch Lage der Arbeitszeit gelten danach als in diesem Sinne festgelegt. Der Arbeitgeber kann jedoch sogleich ankündigen, dass er die Lage der Arbeitszeit wegen eines betrieblichen Interesses wieder ändern wird. Nach einem Monat tritt dann diese Änderung der Lage – nicht der Länge! – der Arbeitszeit ein, wenn die betrieblichen Interessen tatsächlich überwiegen.

Diese Änderungsmöglichkeit besteht auch dann, wenn der Arbeitgeber vom Gericht verurteilt worden ist, einer Änderung der Arbeitszeit zuzustimmen.

Dabei muss aber stets das betriebliche Interesse deutlich schwerwiegender sein als das Interesse des Arbeitnehmers an der Beibehaltung der Regelung. Die beiderseitigen Interessen sind umfassend gegeneinander abzuwägen. Dabei kann auch das Ergebnis herauskommen, dass die Änderung nur in bestimmten Punkten wirksam ist, in anderen hingegen nicht. Das Gesetz enthält keine Regelung für den Fall, dass die Gründe für die Änderung nur vorübergehend sind. Nach Ansicht des Verfassers ist der Arbeitgeber verpflichtet, in diesem Fall auf Wunsch des Arbeitnehmers wieder zu der bisherigen Regelung zurückzukehren. Dies ergibt eine Auslegung des Gesetzes, nach der die Interessen des Arbeitnehmers nur dann zurückstehen müssen, wenn, soweit und solange die des Arbeitgebers überwiegen.

Für die Ankündigung ist keine Schriftform vorgesehen.

2. Auf Wunsch des Arbeitnehmers

Ein Teilzeitbeschäftigter, der einen Wunsch nach einer Verlängerung der Arbeitszeit bekundet hat, ist bei der Besetzung einer entsprechenden freien Stelle bei gleicher Eignung bevorzugt zu berücksichtigen. Die Vorschrift begründet einen einklagbaren Rechtsanspruch. Dies gilt jedoch dann nicht, wenn dem dringende betriebliche Gründe oder die Arbeitszeitwünsche anderer Teilzeitbeschäftigter entgegenstehen (§ 9 TzBfG). Die Rechte des Arbeitnehmers sind hier also deutlich schwächer ausgestaltet als bei der Reduzierung der Arbeitszeit.

Im Einzelnen gilt Folgendes:

Der Anspruch kann von jedem teilzeitbeschäftigten Arbeitnehmer geltend gemacht werden.

Der Antrag kann auch an den zuständigen Fachvorgesetzten gerichtet werden. Er muss sich nur auf die Arbeitszeitverlängerung beziehen, es ist also weder notwendig, dass ein bestimmter Umfang noch ein konkreter Arbeitsplatz angegeben wird. Es muss auch keine Form eingehalten werden. Es ist auch nicht notwendig, dass der Arbeitnehmer zuvor die Arbeitszeit reduziert hatte. Auch wenn er von vornherein als Teilzeitkraft eingestellt worden ist, kann er den Wunsch nach Verlängerung der Arbeitszeit anmelden. Dies gilt auch für geringfügig Beschäftigte und Arbeitnehmer mit befristeten Arbeitsverträgen. Anders als bei der Verkürzung der Arbeitszeit besteht keine Wartefrist und es kommt auch nicht auf die Größe des Unternehmens an. Es besteht auch keine Mindestfrist zwischen einer Reduzierung der Arbeitszeit gem. § 8 und der Geltendmachung eines Verlängerungswunsches. Notwendig ist das Vorhandensein eines entsprechenden freien Arbeitsplatzes. Dieser wird bei Kündigung mit Ablauf der Kündigungsfrist und bei Befristung mit Zeitablauf frei. Bei einer neu geschaffenen Stelle bestimmt der Arbeitgeber den Zeitpunkt, zu dem sie besetzt wird. Problematisch kann es werden, wenn der bisher auf diesem Arbeitsplatz Beschäftigte sich gegen die Beendigung des Arbeitsverhältnisses vor dem Arbeitsgericht wehrt. Hier kommt u. U. die Vereinbarung einer Beschäftigung auf diesem Arbeitsplatz für die Dauer des Prozesses in Betracht. Hat der Arbeitgeber zwar einen Arbeitskräftebedarf, aber noch nicht entschieden, ob er hierfür einen Arbeitnehmer einstellt oder den Bedarf auf andere Weise deckt, ist die Stelle nicht frei. Sie wird dies erst, wenn tatsächlich die Neubesetzung entschieden wird. Ein Arbeitsplatz ist auch dann nicht frei, wenn der Arbeitgeber einen ursprünglich freien Arbeitsplatz mit einem anderen Arbeitnehmer besetzt. Dem teilzeitbeschäftigten Arbeitnehmer bleibt die Möglichkeit, Schadensersatzansprüche geltend zu machen (LAG Thüringen v. 26.1.2012, Az. 6 Sa 393/10).

Der zu besetzende Arbeitsplatz muss zumindest eine längere Arbeitszeit aufweisen als der bisherige, ohne eine Vollzeitstelle sein zu müssen. Er kann sich auch aus der Vereinigung des bisherigen mit einem freigewordenen Arbeitsplatz ergeben. Der Arbeitgeber ist jedoch nicht verpflichtet, dem Wunsch des Arbeitnehmers dadurch nachzukommen, dass er einen Arbeitsplatz schafft oder einen freiwerdenden Arbeitsplatz neu besetzt. Vielmehr liegt dies in seiner unternehmerischen Entscheidungsfreiheit. Der Arbeitgeber ist auch frei in seiner Entscheidung, z. B. den bisherigen Halbtagsarbeitsplatz nur noch mit einem Viertel des Stundendeputats auszuschreiben. Grundsätzlich hat der Arbeitnehmer auch keinen Anspruch darauf, dass ein vorhandener freier Arbeitsplatz so zugeschnitten wird, dass er seinem Arbeitszeitwunsch entspricht. Etwas anderes kann sich unter dem Gesichtspunkt von Treu und Glauben nur ergeben, wenn die Abweichungen minimal sind. Der Arbeitsplatz muss nicht in demselben Betrieb frei sein, in dem der Teilzeitarbeitnehmer derzeit tätig ist, es kann auch ein anderer Betrieb desselben Unternehmens sein. Ein freier Arbeitsplatz in einem anderen Unternehmen desselben Konzerns reicht jedoch nicht aus.

Der Arbeitnehmer muss auch für den freien Arbeitsplatz fachlich und persönlich geeignet sein. Er muss ihn also sogleich und ohne eine zusätzliche Ausbildung oder Fortbildung ausfüllen können. Dabei bleibt eine bloße Einarbeitungszeit außer Betracht. Der Arbeitnehmer hat aber grundsätzlich keinen Anspruch darauf, dass ihm eine Beförderungsstelle angeboten wird. Die freie Stelle muss grundsätzlich so ausgestaltet sein, dass der Arbeitnehmer sie – mit Ausnahme der Dauer der Arbeitszeit – ohne jede Vertragsänderung hätte übernehmen können.

Der Anspruch besteht nicht, wenn dringende betriebliche Gründe dagegen sprechen. Diese sind strenger als die Versagungsgründe bei der Verkürzung. Sie werden in der Regel auch eine andere Struktur haben, denn bei § 8 geht es um die betrieblichen Auswirkungen der Reduzierung der Arbeitszeit, die deswegen eintreten, weil die freigewordene Arbeitszeit von

anderen Arbeitnehmern ausgefüllt werden muss und dabei Ablaufprobleme auftreten können. Hier geht es um die Frage, ob für eine Stelle, die ohnehin mit dem vom Arbeitgeber festgelegten Umfang zu besetzen ist, der Teilzeitbeschäftigte oder ein sonstiger Bewerber genommen wird. Die Einwände des Arbeitgebers können also nicht in der Organisation oder dem Arbeitsablauf liegen. Wenn es nicht darum geht, dass der Arbeitgeber den Teilzeitbeschäftigten nicht für geeignet hält (dies ist schon oben zu prüfen), kommen folgende dringende Erfordernisse in Betracht:

▶ der Teilzeitbeschäftigte ist in seiner bisherigen Tätigkeit schwer ersetzbar;

▶ der Arbeitgeber hat die begründete und nachvollziehbare Entscheidung getroffen, die offene Stelle mit mehreren Teilzeitbeschäftigten zu besetzen;

▶ andere Arbeitnehmer haben gleichfalls einen Anspruch auf bevorzugte Berücksichtigung.

Es besteht jedoch keine Verpflichtung des Arbeitgebers, Arbeitsplätze nur deshalb als Vollzeitstellen auszuschreiben, weil auf ihnen Aufgaben anfallen, die zurzeit noch ganz überwiegend von Frauen wahrgenommen werden. Will der Arbeitgeber einem Aufstockungsverlangen entgegenhalten, er wolle nur Teilzeitkräfte beschäftigen, muss dies arbeitsplatzbezogene Gründe haben.

Lehnt der Arbeitgeber den Antrag zu Unrecht ab, kann ein Schadensersatzanspruch des Arbeitnehmers entstehen.

IV. Reduzierung der Vergütungszahlung und Gleichbehandlungspflicht

1. Grundvergütung und variable Entgeltbestandteile

Die Entgeltleistung des Arbeitgebers ist entsprechend der Reduzierung der Arbeitszeit zu vermindern, auch wenn dies nicht ausdrücklich im Gesetz erwähnt ist. Ist das Arbeitsentgelt monatlich vereinbart, wird die reduzierte Arbeitszeit rechnerisch in das Verhältnis zur vereinbarten Arbeitszeit gesetzt und so kann problemlos das neue Arbeitsentgelt errechnet werden. Noch einfacher ist es, wenn eine Stundenvergütung vereinbart worden ist. Der Arbeitnehmer erhält dann eben weniger Stunden zu dem vereinbarten Satz vergütet. Wenn keine feste Arbeitszeit vereinbart wurde, sondern der Arbeitnehmer sich verpflichtet hat, für eine bestimmte monatliche Vergütung dem Arbeitgeber seine gesamte Arbeitskraft zur Verfügung zu stellen, ist nach Ansicht des Verfassers die in der Vergangenheit geleistete Durchschnittsarbeitszeit Basis der Reduzierung. Dies ergibt sich aus einer ergänzenden Vertragsauslegung.

Beispiel:

Der Arbeitnehmer erhält ein Monatsentgelt von 4 500,– EUR. Eine feste Arbeitszeit ist nicht vereinbart. Im Durchschnitt des letzten Jahres hat der Arbeitnehmer 42,3 Stunden pro Woche gearbeitet. Er setzt gegen den Willen des Arbeitgebers im arbeitsgerichtlichen Verfahren eine Reduzierung auf 20 Wochenstunden durch. Nach der hier vertretenen Berechnungsmethode beträgt sein Entgelt jetzt 2 660,– EUR (4 500 × $\frac{25}{42,3}$).

Die Durchschnittsberechnung sollte sich auf den Zeitraum von mindestens einem Jahr beziehen, um Zufallsergebnisse oder Manipulationen zu vermeiden. Nur wenn der Durchschnittswert nicht mit hinreichender Sicherheit zu ermitteln ist, muss man auf die Höchstgrenzen des Arbeitszeitgesetzes abstellen. Dann ergäbe sich im Beispielsfall ein Verdienst von lediglich 2 343,75 EUR (4 500 × $\frac{25}{48}$).

TIPP!

Auch bei Angestellten ohne eine fest vereinbarte Arbeitszeit sollten beiderseits Aufzeichnungen über die tatsächliche Arbeitszeit geführt werden, um derartige Probleme zu vermeiden.

Dazu ist der Arbeitgeber ohnehin im Verhältnis zum Betriebsrat verpflichtet.

Bei den sonstigen Leistungen ist zu differenzieren.

▶ Überstunden: Ist eine bestimmte Anzahl von Überstunden vertraglich vereinbart, müssen diese nach Ansicht des Verfassers in demselben Verhältnis reduziert werden wie die Arbeitszeit. Gleiches gilt für die Anzahl von Bereitschaftsdiensten und Rufbereitschaften.

▶ Sonderzahlungen sind in demselben Verhältnis zu reduzieren.

▶ Erschwerniszulage: Die Tarifvertragsparteien können den Umfang der Erschwernis definieren, der den Anspruch erst begründet. Liegen diese äußeren Umstände nicht in dem erforderlichen Umfang vor, wird ein Teilzeitbeschäftigter regelmäßig nicht ohne sachlichen Grund beim Arbeitsentgelt gegenüber einem Vollzeitbeschäftigten unterschiedlich behandelt, wenn er die Erschwerniszulage nicht erhält.

▶ Funktionszulage: Diese muss zeitanteilig gezahlt werden.

▶ Schichtzulagen sind in voller Höhe auch an Teilzeitbeschäftigte zu leisten, ebenso Provisionen, da diese an den Abschluss eines Geschäftes anknüpfen und nicht an die Arbeitszeit.

▶ Tantiemen vermindern sich hingegeben in demselben Verhältnis wie die Grundvergütung.

▶ Bei Zielvereinbarungen ist zu differenzieren. Sie können zum einen als zusätzliche Vergütung für die Erreichung bestimmter Ziele in Betracht kommen, die den Einsatz der gesamten Arbeitskraft voraussetzt. Sie können aber auch Belohnung für das Erreichen eines ganz bestimmten Geschäftserfolges sein und damit einen provisionsähnlichen Charakter haben. Danach richtet sich auch die rechtliche Behandlung. Ist die Zielerreichung wesentlich von der aufgewandten Arbeitszeit abhängig, so ist die Zielvorgabe entsprechend dem Anteil der Arbeitszeitreduzierung zu vermindern. Kommt es mehr auf den Erfolg an, können die Zielvereinbarungen und ihre Konsequenzen u. U. unverändert bleiben. Es ist eine Frage der Auslegung der konkreten Zielvereinbarung, ob durch die Teilzeitregelung ein Anpassungsbedarf besteht. Die konkrete Anpassung richtet sich dann nach einer ergänzenden Vertragsauslegung. Man muss sich also in diesen Fällen fragen, wie die Parteien die Angelegenheit im Arbeitsvertrag geregelt hätten, wenn sie von vornherein die Möglichkeit einer nachträglichen Verringerung der Arbeitszeit im Auge gehabt hätten. Bei dieser Auslegung besteht ein erhebliches Prognoserisiko.

▶ Konkrete Aufwandserstattungen muss der Arbeitgeber nach wie vor in derselben Höhe wie beim Vollzeitbeschäftigten zahlen. Bei Aufwandspauschalen ist maßgeblich, ob diese im Zusammenhang mit der Arbeitszeit stehen.

Beispiel:

Erhält der Arbeitnehmer eine monatliche Fahrkostenpauschale für den Weg zur Arbeit und kommt er jetzt nicht mehr an fünf, sondern nur noch an drei Tagen in der Woche zur Arbeitsstätte, ist die Pauschale entsprechend zu kürzen. Anders ist z. B. bei einer Übernachtungspauschale bei Dienstreisen zu verfahren. Diese hat nichts mit der Dauer der Arbeitszeit zu tun.

▶ Essenszuschlag: Der Ausschluss eines Teilzeitarbeitnehmers mit ¾ der regulären Arbeitszeit von einem pauschalen Essenszuschlag ist unwirksam, wenn alle Beschäftigten diesen erhalten, von denen zu erwarten ist, dass sie typischerweise das Mittagessen während der Arbeitszeit einnehmen und dies auch auf die Teilzeitbeschäftigten zutrifft.

▶ Dienstwagen: Ist dem Arbeitnehmer ein Dienstwagen auch zur privaten Nutzung vertraglich zugesichert worden, erhöht sich durch die Reduzierung der Arbeitszeit der Anteil der Privatnutzung. Dabei sind mehrere rechtliche Konsequenzen denkbar: Der Arbeitnehmer erhält entweder einen Dienstwagen einer geringeren Kategorie, sofern er nicht aus beruflichen Gründen einen repräsentativen Dienstwagen braucht oder der Dienstwagen steht ihm nach wie vor in vollem Umfang zur Verfügung, er beteiligt sich jedoch anteilig an den Kosten; hat er z. B. einen Sachbezug von 400,– EUR zu versteuern und reduziert er die Arbeitszeit um die Hälfte, dann könnte als Gegenleistung für die weiterhin volle Nutzung 200,– EUR pro Monat zahlen. Weiter ist denkbar, wenn auch schwer praktizierbar, dass der Arbeitnehmer den Wagen nur noch teilweise privat nutzen kann; in dem Umfang, in dem er die Arbeitszeit reduziert, vermindert sich auch die Anzahl der Tage, an denen er das Fahrzeug privat nutzen kann. Schließlich kommt als Lösung in Betracht, dass er den Wagen gar nicht mehr privat nutzen darf und den entsprechenden Anteil zusätzlich zum Arbeitsentgelt erhält. In dem o. g. Beispiel würde er also als Gegenleistung dafür, dass er den Wagen auch nicht entsprechend seiner um die Hälfte reduzierten Arbeitsleistung privat nutzen kann, 200,– EUR brutto pro Monat erhalten. Um welche dieser Möglichkeiten der Vertrag ergänzend ausgelegt wird richtet sich nach den konkreten Umständen des Einzelfalls. Führen auch diese nicht weiter, wird man dem Arbeitgeber ein Auswahlermessen zubilligen müssen, denn die Probleme sind aufgrund der einseitigen Vertragsänderung des Arbeitnehmers entstanden.

▶ Bei der Dienstwohnung ist zunächst zu prüfen, ob und inwieweit diese mit Rücksicht auf das Arbeitsverhältnis verbilligt überlassen worden ist. In diesem Umfang muss der Arbeitnehmer sie als Sachbezug versteuern. Hier erscheint eine sachgerechte Lösung nur darin zu liegen, dass der Arbeitnehmer einen finanziellen Beitrag dafür leisten muss, dass er die Wohnung trotz Arbeitszeitreduzierung weiter voll nutzen kann. Anders ausgedrückt: die „Subvention" der Wohnung durch den Arbeitgeber sinkt in dem Maße, in dem die Arbeitszeit verringert wird.

▶ Sozialeinrichtungen: Betreibt der Arbeitgeber Sozialeinrichtungen wie z. B. einen Betriebskindergarten oder Sportanlagen, so ändern sich die Nutzungsbedingungen durch die Reduzierung der Arbeitszeit nicht. Auch der teilzeitbeschäftigte Arbeitnehmer kann diese Einrichtungen in vollem Umfang nutzen.

▶ Arbeitgeberdarlehen: Auch die Vergabe von solchen günstigen Darlehen ist nicht an die Vollzeitbeschäftigung geknüpft. Vielmehr haben auch teilzeitbeschäftigte Arbeitnehmer einen Anspruch, diese zu denselben Konditionen zu erhalten. Allerdings können die Höchstgrenzen der Kredite von dem jeweiligen Einkommen abhängig gemacht werden. Die Konditionen für den Personaleinkauf dürfen nicht wegen der Teilzeitbeschäftigung verschlechtert werden.

▶ Soweit Sozialpläne Abfindungsansprüche enthalten, knüpfen diese meist an das Bruttoentgelt des Arbeitnehmers an. Dabei ist es zulässig, dass im Sozialplan nach Zeiten der Voll- und Teilzeitbeschäftigung differenziert wird.

Beispiel:

Ein Arbeitnehmer hat nach Jahren der Teilzeitbeschäftigung zu einer Vollzeitstelle gewechselt und wird dann entlassen. Der Sozialplan sah vor, dass es nicht allein auf den letzten Verdienst ankomme, sondern die Jahre der Teilzeitbeschäftigung mit zu berücksichtigen seien. Dies ist zulässig.

▶ Im umgekehrten Fall dürfte ebenso zu verfahren sein, denn das BAG hat den Betriebspartnern einen weiten Spielraum zugebilligt, wie sie die sozialen Nachteile ausgleichen. Ob dies uneingeschränkt auch in Extremfällen gelten kann, muss jedoch bezweifelt werden.

Beispiel:

> Ein Arbeitnehmer arbeitet 20 Jahre lang voll. Er reduziert seine Arbeitszeit um die Hälfte und wird ein halbes Jahr später im Rahmen einer Betriebsänderung entlassen. Der Sozialplan stellt nur auf das aktuelle Einkommen ab. Hier erscheint es zweifelhaft, ob die Betriebspartner einen durch die langjährige Vollzeitbeschäftigung erworbenen sozialen Besitzstand unberücksichtigt lassen können.

▶ Der Urlaubsanspruch des Teilzeitbeschäftigten reduziert sich nicht notwendigerweise im Umfang der Arbeitszeitverminderung, sondern bleibt hinsichtlich der Urlaubsdauer erhalten, wenn sich durch die Reduzierung der Arbeitszeit nichts an der Fünftagewoche ändert. Hier hat also ein Arbeitnehmer mit 30 Urlaubstagen nach wie vor insgesamt sechs Wochen Erholungsurlaub. Führt die Teilzeitbeschäftigung dazu, dass der Arbeitnehmer an weniger Wochentagen arbeitet, ist für die Umrechnung des Urlaubs eines Teilzeitbeschäftigten, der mit dem Arbeitgeber eine Jahresarbeitszeit vereinbart hat, auf die im Kalenderjahr möglichen Arbeitstage abzustellen. Der Urlaub des Teilzeitbeschäftigten verringert sich entsprechend.

Beispiel:

> Mit einem Arbeitnehmer ist eine 40-Stunden-Woche mit fünf Arbeitstagen vereinbart worden. Der Erholungsurlaub beträgt 30 Tage pro Jahr. Der Arbeitnehmer reduziert die Arbeitsleistung um 20 Stunden und verteilt diese auf Montag bis Mittwoch. Er kann nun nicht etwa nur diese Wochentage als Urlaubstage ansehen und seinen Jahresurlaub auf mehr als sechs Wochen ausdehnen. Er bekommt nur für jeden Arbeitstag einen Urlaubstag.
>
> Arbeitet der Arbeitnehmer an bestimmten Tagen nicht voll, zählt trotzdem pro Arbeitstag ein Urlaubstag, und zwar unanhängig davon, wie viel Arbeit an diesem Tag zu leisten ist.

Beispiel:

> Nach der Arbeitszeitreduzierung arbeitet der Arbeitnehmer donnerstags und freitags nur noch halbtags. Diese Tage zählen als volle und nicht etwa als halbe Urlaubstage.

▶ Zusätzliches Urlaubsgeld ist zeitanteilig zu zahlen.

2. Diskriminierungsverbot

Der Arbeitgeber darf einen teilzeitbeschäftigten Arbeitnehmer nicht wegen der Länge seiner Arbeitszeit schlechter behandeln als einen Vollzeitbeschäftigten (§ 4 Abs. 1 TzBfG). Dieser Diskriminierungsschutz gilt unabhängig von dem allgemeinen Gleichbehandlungsgesetz (AGG). Er betrifft sowohl einseitige Maßnahmen als auch vertragliche Vereinbarungen sowie tarifliche Regelungen (LAG Düsseldorf v. 3.2.2011, Az. 5 Sa 1351/10) und konkretisiert für den Bereich der Teilzeitarbeit den allgemeinen Gleichheitsgrundsatz. Dies gilt auch für tarifvertragliche Regelungen und Betriebsvereinbarungen. Die Diskriminierung muss nicht beabsichtigt sein. Sie kann sich auch im Laufe des Arbeitsverhältnisses ergeben, auch wenn die Vereinbarung ursprünglich einmal zulässig gewesen ist (BAG v. 14.12.2011, Az. 5 AZR 457/10 für die Erhöhung des Stundendeputats für vollzeitbeschäftigte Lehrer, die einen entsprechenden Anspruch der Teilzeitbeschäftigten zur Folge hat). Maßgeblich ist allein, ob der Teilzeitbeschäftigte objektiv benachteiligt wird und das wesentliche Motiv für die Ungleichbehandlung darstellt. Das Gesetz schreibt keine beiderseitige Gleichbehandlung vor, verbiete also nicht die Besserstellung der Teilzeitbeschäftigten. Ob die Vollzeitbeschäftigten wegen des allgemeinen arbeitsrechtlichen Gleichbehandlungsgrundsatzes im Einzelfall Gleichbehandlung verlangen können, kann nur von Fall zu Fall unter Berücksichtigung aller Umstände entschieden werden. Eine

Schlechterstellung von Teilzeitbeschäftigten kann nur erfolgen, wenn es aus sachlichen Gründen gerechtfertigt ist. So können Teilzeitbeschäftigte z. B. natürlich nicht eine Vergütung in derselben Höhe wie Vollzeitbeschäftigte beanspruchen. Sie müssen jedoch mindestens das anteilige Entgelt eines vollzeitbeschäftigten Arbeitnehmers erhalten (§ 4 Abs. 1 Satz 2 TzBfG).

Beispiel:

> Eine vollzeitbeschäftigte Sekretärin erhält eine Bruttovergütung von 3 000,– EUR. Eine Halbtagskraft muss mindestens 1 500,– EUR brutto erhalten. Es ist jedoch zulässig, der Halbtagskraft z. B. 1 800,– EUR zu zahlen.

Dies ist nur so lange unproblematisch, wie es ein festes Entgeltgefüge gibt, bei dem man klar absehen kann, welcher Vollzeit-Arbeitnehmer vergleichbar ist (z. B. durch Tarifvertrag oder Betriebsvereinbarung). Schwierig wird es, wenn mehrere unterschiedlich bezahlte Arbeitskräfte eine vergleichbare Tätigkeit ausüben.

Beispiel:

> In dem o. g. Beispiel verdient eine Vollzeitsekretärin 3 000,– EUR, eine andere 3 200,– EUR und eine dritte 3 800,– EUR. Um hier einen Vergleich zu ermöglichen, muss man die genauen Daten der Beschäftigung ermitteln (z. B. Dauer der Betriebszugehörigkeit). Dies führt aber auch nicht immer zu verwertbaren Ergebnissen, denn für die Höhe des Entgelts besteht grundsätzlich Vertragsfreiheit. Der Arbeitgeber kann also die unterschiedliche Vergütung im Beispielsfall nach Gutdünken vereinbaren. Wie die Vergleichbarkeit in einem solchen Fall zu ermitteln ist, sagt das Gesetz nicht.

Diese Gleichbehandlungspflicht gilt nicht nur für das laufende Entgelt, sondern auch z. B. für Jahressonderzahlungen und Urlaubsgeld. Auch geldwerte Leistungen sind anteilig zu gewähren, sofern diese teilbar sind. Das unterschiedliche Arbeitspensum rechtfertigt keine Ungleichbehandlung, etwa eine Musikerin zu verhältnismäßig mehr Proben einzuteilen als vollzeitbeschäftige Arbeitnehmer.

Beispiel:

> Der Arbeitgeber gewährt den Arbeitnehmern regelmäßig Naturalleistungen aus seiner Produktion. Er muss diese auch den Teilzeitbeschäftigten gewähren, allerdings nur in dem Umfang ihrer Tätigkeit.

Auch die Tarifvertragsparteien und die Betriebspartner sind an den Gleichbehandlungsgrundsatz gebunden. Es kommt daher vor, dass einzelne Bestimmungen in Tarifverträgen und Betriebsvereinbarungen unwirksam sind, soweit sie die Teilzeitbeschäftigten benachteiligen (so z. B. die Nichtgewährung der Ausgleichszulage in § 1 Abs. 3b des Sozial-TV BB). Ihnen sind dann dieselben Leistungen zu gewähren wie den Vollzeitkräften. Soweit das unmittelbare Verhältnis von reduzierter Leistung (Arbeit) zu reduzierter Gegenleistung (Entgelt) betroffen ist, wird auf die Ausführungen unter IV.1 verwiesen.

Im Übrigen ist wie folgt zu unterscheiden:

Zulässige Ungleichbehandlung

▶ Abfindung: orientiert sich auch bei Sozialplänen an dem geringeren Verdienst des Teilzeitbeschäftigten

> **✂ WICHTIG!**
> Der EuGH hat entschieden, dass dies nicht gilt, wenn es sich um eine Teilzeitvereinbarung nur für die Elternzeit handelt.

▶ Es ist zulässig, die Zuschläge für Überstunden und Mehrarbeit von Teilzeitbeschäftigten auch nach Überschreiten von deren individueller Arbeitszeit erst dann zu zahlen, wenn die regelmäßige Arbeitszeit eines Vollzeitbeschäftigten überschritten wird. Es verstößt aber gegen die Gleichbehandlungspflicht, wenn Spätarbeitszuschläge für Arbeiten nach 17 Uhr an Teilzeitbeschäftigte nur gezahlt werden, wenn sie in Wechselschicht arbeiten, während Vollzeitbeschäftigte den Zuschlag immer erhalten. Dies gilt auch, wenn eine solche Regelung in einem Tarifvertrag enthalten ist. Auch darf ein Tarifvertrag nicht vorsehen, dass Reinigungspersonal nur wegen der Teilzeitbeschäftigung aus seinem Geltungsbereich herausfällt.

▶ Ebenfalls zulässig ist die nur anteilige Zahlung einer Treueprämie für Teilzeitbeschäftigte.

Unzulässige Ungleichbehandlung

▶ **Arbeitszeitverkürzungen** für Vollzeitbeschäftigte: sind entsprechend auch bei Teilzeitbeschäftigten vorzunehmen

▶ **Altersversorgung:** die vollständige Herausnahme der Teilzeitbeschäftigten aus der betrieblichen Altersversorgung ist unzulässig, und zwar auch dann, wenn noch ein weiteres Arbeitsverhältnis besteht; die Altersversorgung ist anteilig zu gewähren

▶ **Arbeitgeberdarlehen:** weder ein kompletter Ausschluss von Teilzeitbeschäftigten noch die Vergabe zu schlechteren Bedingungen ist zulässig

▶ **Betriebszugehörigkeit:** hier ist die Dauer des Arbeitsverhältnisses zugrunde zu legen; es ist nicht zulässig, bei einer Halbtagskraft etwa nur die Hälfte der Zeit anzurechnen

▶ **Bewährungsaufstieg** ist den Teilzeitbeschäftigten im öffentlichen Dienst nach derselben Anzahl von Dienstjahren zu gewähren wie den Vollzeitbeschäftigten

▶ **Gleitzeitregelungen:** dürfen nicht nur Vollzeitbeschäftigten offen stehen

▶ **Kündigungsfristen:** die Verlängerung der Kündigungsfristen nach langer Betriebszugehörigkeit richtet sich nach der Dauer der Betriebszugehörigkeit, ohne dass Abstriche wegen der Teilzeitarbeit möglich wären

▶ **Lohnerhöhung:** haben Vollzeitbeschäftigte einen Anspruch auf eine Lohnerhöhung, dürfen Teilzeitbeschäftigte nicht davon ausgenommen werden

▶ **Nebenberufliche Tätigkeit:** der Teilzeitbeschäftigte darf nicht deswegen schlechter behandelt werden, weil er seine Tätigkeit nur nebenberuflich ausübt und im Hauptberuf eine ausreichende soziale Sicherheit hat; so darf er z. B. nicht deswegen von der Gewährung des an andere Arbeitnehmer ausgezahlten Arbeitgeberdarlehns ausgeschlossen werden, weil er ein solches auch bei seinem anderen Arbeitgeber erhalten könnte

▶ **Unkündbarkeit** nach tariflichen Bestimmungen: tritt für Teilzeitbeschäftigte nach derselben Betriebszugehörigkeit ein wie für Vollzeitbeschäftigte; es ist also nicht zulässig, für Halbtagskräfte die doppelte Bewährungszeit anzusetzen

▶ **Sozialeinrichtungen** dürfen von Teilzeitbeschäftigten unbeschränkt mitbenutzt werden.

Die Pflicht zur Gleichbehandlung führt aber nicht stets dazu, dass bestimmte Pflichten den Teilzeitarbeitnehmer nur anteilig im Verhältnis zur Länge seiner Arbeitszeit treffen.

Beispiel:

Die Länge der Arbeit an Bildschirmgeräten ist in einem Tarifvertrag beschränkt. Die Regelung bezieht sich nur auf Vollzeitkräfte. Hier kann der Teilzeitbeschäftigte nicht verlangen, dass die Dauer seiner Bildschirmarbeit im Verhältnis zu seiner individuellen Arbeitszeit gekürzt wird. Durch die Regelung soll lediglich der Gesundheitsschutz gewährleistet werden. Es ist also zulässig, dass die Teilzeitbeschäftigten 75 % ihrer Arbeitszeit am Bildschirm verbringen müssen, während es bei den Vollzeitarbeitskräften 50 % sind.

Teilzeitbeschäftigte können nicht zu der gleichen Anzahl von Sonntagsdiensten herangezogen werden wie Vollzeitbeschäftige.

Eine Ermäßigung der Unterrichtsverpflichtung vollzeitbeschäftigter Lehrer ist teilzeitbeschäftigten Lehrern gleichen Alters anteilig zu gewähren. Eine Pauschalierung dieser Unterrichtsermäßigung bei Teilzeitbeschäftigten muss das Diskriminierungsverbot beachten.

V. Weisungsrecht

Innerhalb der reduzierten Arbeitszeit hat der Arbeitgeber das gleiche Weisungsrecht wie bei einem Vollzeitbeschäftigten. Problematisch ist nur die Anordnung von Überstunden. Wenn keine vertragliche Vereinbarung besteht, wonach der Teilzeitbeschäftigte in einem bestimmten Umfang Überstunden zu leisten hat, ist die Anordnung jedenfalls dann unwirksam, wenn der Arbeitnehmer auf eigenen Wunsch in Teilzeit beschäftigt wird. Denn: Der Arbeitnehmer hat durch den Abschluss eines Teilzeitarbeitsvertrags zu verstehen gegeben, dass er nur für eine ganz bestimmte Zeit zur Verfügung steht. Daher ist es sinnvoll, eine Überstundenregelung in den Arbeitsvertrag einzufügen.

Formulierungsbeispiel:

„Die Arbeitszeit beträgt 30 Stunden ohne Pause pro Woche, und zwar verteilt auf die Wochentage Montag bis Donnerstag. Der Arbeitnehmer erklärt sich bereit, bis zu sieben Stunden pro Woche über diese Zeit hinaus zu arbeiten, wenn betriebliche Notwendigkeiten dies erfordern. Die vom Arbeitgeber ausdrücklich angeordneten Überstunden sollen binnen eines Monats durch Freizeit ausgeglichen werden. Ist dies nicht möglich, so sind sie zu vergüten. Ein Mehrarbeitszuschlag von .... % ist jedoch erst dann zu leisten, wenn und soweit die Überstunden die betriebsübliche Regelarbeitszeit (derzeit 35 Wochenstunden) übersteigen."

VI. Teilzeit und Betriebsrat

Der Betriebsrat hat ein Mitbestimmungsrecht bei der Einführung und Verteilung der Teilzeitarbeit im Betrieb. Das Teilzeitgesetz hat hier keine Veränderungen vorgenommen. Es kann daher durchaus zu einem Konflikt zwischen den Interessen des Arbeitnehmers, der an einer Teilzeitarbeit interessiert ist, und dem Betriebsrat kommen. Hierzu wird vertreten, dass die Weigerung des Betriebsrats, einer Änderung zuzustimmen für sich allein nicht ausreicht, die Ablehnung zu begründen. Vielmehr seien deren Gründe zu überprüfen.

Beispiel:

Der Arbeitnehmer möchte die Arbeitszeit auf ⅔ reduzieren und sie in einer ganz bestimmten Weise verteilen. Bei der Verteilung der Arbeitszeit hat der Betriebsrat ein Mitbestimmungsrecht, mit dem er eine andere Verteilung anstreben kann als der Arbeitnehmer. Hier sieht sich der Arbeitgeber unterschiedlichen Ansprüchen ausgesetzt. Der Gesetzgeber hat keine Lösung des Problems vorgegeben. Vielfach wird es darauf ankommen, ob die konkrete Regelung kollektiven Charakter hat und ein Mitbestimmungsrecht auslöst oder lediglich einzelfallbezogen ist.

Teilzeitarbeitnehmer werden betriebsverfassungsrechtlich wie Vollzeitkräfte behandelt. Sie nehmen an den Wahlen zum Betriebsrat teil und können auch in den Betriebsrat gewählt werden. Wenn ein teilzeitbeschäftigtes Betriebsratsmitglied Aufgaben des Betriebsrats außerhalb seiner individuellen Arbeitszeit wahrnimmt, hat es einen Anspruch auf zusätzliche Vergütung dieser Zeit, wenn ein Freizeitausgleich nicht möglich ist. Er muss aber erst um einen Freizeitausgleich nachsuchen (LAG Berlin-Brandenburg v. 11.6.2010, Az. 6 Sa 675/10). Überstundenzuschläge können jedoch nach der bisher geltenden Rechtslage erst dann verlangt werden, wenn die reguläre (d. h. für alle Arbeitnehmer geltende) Arbeitszeit überschritten wird.

Beispiel:

> Betriebsratsmitglied A arbeitet dreieinhalb Stunden am Tag, und zwar jeweils von 9.00 bis 12.30 Uhr. Die reguläre Arbeitszeit geht von 9.00 bis 16.30 Uhr. A nimmt an einer Betriebsratssitzung von 12.00 bis 15.00 Uhr teil. Für die Zeit bis 12.30 Uhr behält er seinen regulären Vergütungsanspruch (§ 37 Abs. 3 Satz 1 BetrVG). Für die Sitzungsdauer bis 12.30 Uhr kann er eine entsprechende Freistellung innerhalb eines Monats verlangen. Ist dies nicht möglich, muss diese Zeit bezahlt werden. Er hat jedoch keinen Anspruch auf Überstundenzuschläge, denn durch die Sitzung wurde die reguläre Arbeitszeit nicht überschritten.

Nimmt ein teilzeitbeschäftigtes Betriebsratsmitglied an einer ganztägigen Schulungsveranstaltung teil, hat es nach der Neufassung des Betriebsverfassungsgesetzes Anspruch auf Vollzeitvergütung (§ 37 Abs. 6 Satz 2 BetrVG).

Teilzeitbeschäftigte zählen auch mit bei der Berechnung der maßgeblichen Betriebsgröße für die Errichtung eines Betriebsrats, dessen Größe und die Notwendigkeit der Errichtung eines Wirtschaftsausschusses.

VII. Sonderfall: Arbeit auf Abruf

Eine besondere Form der Teilzeitarbeit ist die Arbeit auf Abruf. Es wird im Einzelarbeitsvertrag (Betriebsvereinbarungen können nur Einzelheiten hierzu regeln, die Grundabsprache muss individuell erfolgen) vereinbart, dass in einem bestimmten Zeitraum, der nach Wochen, Monaten oder einem Jahr bemessen sein kann, eine im Voraus bestimmte Arbeitszeit geleistet wird, die hinter der Vollzeitarbeit zurückbleibt. Der Arbeitgeber kann die Arbeitsleistung dann abrufen, wenn sie nach seiner subjektiven Einschätzung benötigt wird. Diese Form der Arbeitsleistung ist auch unter der Abkürzung KAPOVAZ (Kapazitätsorientierte variable Arbeitszeit) oder BAVAZ (bedarfsorientierte variable Arbeitszeit) bekannt. Die Vorschrift soll verhindern, dass der Arbeitgeber durch vertragliche Vereinbarung das Risiko der nicht vorhandenen Arbeit einseitig auf die Arbeitnehmer abwälzt.

Sie gilt für alle Teilzeitbeschäftigten mit einer Vereinbarung der Arbeit auf Abruf. Eine bestimmte Mindestanzahl von Beschäftigten ist nicht erforderlich, vielmehr gilt die Vorschrift auch in Kleinbetrieben. Es ist auch möglich, nur einen Teil der Arbeitszeit den Regeln der Arbeit auf Abruf zu unterwerfen, für den dann § 12 gilt. Nicht erfasst werden Arbeitsverhältnisse, bei denen nur eine Rahmenvereinbarung getroffen wird, aber keine Arbeitsverpflichtung besteht.

Beispiel:

> Mit einem Studenten wird eine Rahmenvereinbarung über die Ableistung von Nachtdiensten getroffen. Darin ist festgehalten, dass der Student nicht verpflichtet ist, die ihm angebotenen Dienste auch nur teilweise anzunehmen. Dabei ist zunächst die Regelung des § 12 nicht anzuwenden. Werden aber aufgrund dieser Vereinbarung über einen längeren Zeitraum hinweg regelmäßig Nachtdienste erbracht, kann u. U. von einem einheitlichen Abrufarbeitsverhältnis ausgegangen werden. Die Grenzen sind hier fließend.

Rufbereitschaften und Bereitschaftsdienste von Vollzeitbeschäftigten fallen nicht unter § 12, ebenso wenig deren Überstunden.

Um den Schutzzweck zu erreichen, gilt eine Mindestarbeitszeit von zehn Wochenstunden, wenn die Parteien die Dauer der Arbeitszeit nicht festgelegt haben (§ 12 Abs. 1 TzBfG).

Beispiel:

> Im Arbeitsvertrag ist vereinbart, dass sich die Arbeitszeit nach dem jeweiligen Arbeitsanfall richtet. Eine bestimmte Zeit wird nicht genannt. Hier muss der Arbeitgeber zehn Arbeitsstunden pro Woche bezahlen, auch wenn er den Arbeitnehmer mangels einer Beschäftigungsmöglichkeit gar nicht in diesem Umfang beschäftigen kann.

Die Parteien können aber eine geringere Wochenarbeitszeit als zehn Stunden ausdrücklich vereinbaren.

Beispiel:

> Im Arbeitsvertrag ist vereinbart, dass die wöchentliche Arbeitszeit 7,5 Stunden beträgt. Dies ist rechtlich wirksam, der Arbeitnehmer hat nur einen Anspruch auf Bezahlung dieser Stunden.

Eine bestimmte Mindestanzahl von Stunden ist im Gesetz nicht vorgesehen.

Die Arbeitsvertragsparteien können vereinbaren, dass über eine vertragliche Mindestarbeitszeit Arbeit auf Abruf geleistet werden muss. Diese darf jedoch nicht mehr als 25 % der vereinbarten wöchentlichen Mindestarbeitszeit betragen.

Die Lage der Arbeitszeit kann vom Arbeitgeber bestimmt werden. Er muss dies aber dem Arbeitnehmer, wenn nichts anderes vereinbart ist, mindestens vier Tage vor dem vorgesehenen Einsatz mitteilen, sonst ist der Arbeitnehmer nicht verpflichtet, zur Arbeit anzutreten (§ 12 Abs. 2 TzBfG). Die Aufforderung bedarf keiner Form. Bei der Fristberechnung zählt der Tag der Aufforderung nicht mit.

Im Einzelnen gilt Folgendes:

Arbeitstag	Spätester Termin der Aufforderung
Montag	Mittwoch
Dienstag	Donnerstag
Mittwoch, Donnerstag und Freitag	Freitag
Sonnabend	Montag

Beispiel:

> Der Arbeitgeber fordert einen Arbeitnehmer am Donnerstag auf, am Montag zu arbeiten. Damit ist die Frist nicht eingehalten, und der Arbeitnehmer ist nicht verpflichtet, zur Arbeit zu erscheinen.

Das Gesetz enthält auch keine Verpflichtung, das Nichterscheinen vorher anzukündigen. Eine solche Pflicht dürfte sich aber aus der Regel aus Treu und Glauben ergeben. Etwas anderes kann nur gelten, wenn der Arbeitgeber wiederholt vorsätzlich die Frist nicht einhält. Wenn der Arbeitnehmer – berechtigt – nicht kommt, kann er aber auch keine Vergütung verlangen. Anders ist es, wenn der Arbeitgeber die Arbeitsleistung dann nicht annimmt. In diesem Fall muss er die Vergütung als Annahmeverzugsentgelt zahlen, denn er ist an die Aufforderung gebunden.

Beispiel:

> Der Arbeitgeber fordert den Arbeitnehmer am Mittwoch zur Arbeit am folgenden Montag auf. Einen Tag vor Arbeitsantritt ergibt sich unvorhergesehen, dass er doch nicht benötigt wird. Der Arbeitgeber muss zahlen, auch wenn er keine Gegenleistung erhält.

Unabhängig von der Ankündigungsfrist muss der Arbeitgeber bei der Festlegung der Lage der Arbeitszeit in jedem Fall auch die berechtigten Interessen des Arbeitnehmers berücksichtigen.

Beispiel:

> Eine Arbeitnehmerin wird rechtzeitig am Freitag zur Arbeitsleistung am Mittwoch aufgefordert. Sie bittet darum, nicht an diesem Tag arbeiten zu müssen, da ihr Kind an diesem Tag eingeschult wird. Eine andere Arbeitnehmerin steht für den Mittwoch zur Verfügung. Hier darf der Arbeitgeber nicht auf seiner Rechtsposition beharren, sondern muss den Interessen seiner Mitarbeiterin den Vorrang gewähren.

Wenn nicht von vornherein eine tägliche Arbeitsleistung vertraglich festgelegt ist, muss der Arbeitnehmer mindestens drei Stunden hintereinander beschäftigt werden (§ 12 Abs. 1 Satz 4

TzBfG). Der Arbeitgeber muss in diesem Fall also auf jeden Fall drei Stunden bezahlen, auch wenn er sie nicht in Anspruch nimmt. Aber auch hier kann eine abweichende Vereinbarung im Arbeitsvertrag getroffen werden.

Beispiel:

Im Arbeitsvertrag ist folgende Klausel enthalten: „Die wöchentliche Arbeitszeit beträgt acht Stunden. Sie wird von Montag bis Donnerstag auf jeweils zwei Stunden festgelegt." Der Arbeitgeber muss also auch nur die vereinbarten zwei Stunden bezahlen.

Von den vorstehenden Rechten des Arbeitnehmers kann durch Tarifvertrag auch zuungunsten des Arbeitnehmers abgewichen werden, wenn der Tarifvertrag Regelungen über die tägliche und wöchentliche Arbeitszeit und die Vorankündigungsfrist enthält (§ 12 Abs. 2 TzBfG). Sofern im Einzelfall Arbeitgeber und Arbeitnehmer nicht tarifgebunden sind, können sie die Anwendung dieser tariflichen Regelungen vereinbaren.

Beispiel:

Ein Tarifvertrag enthält die o. g. Regelungen. Er ist aber nicht auf das Arbeitsverhältnis anwendbar, weil der Arbeitgeber nicht Mitglied des Arbeitgeberverbands ist. Im Einzelarbeitsvertrag kann die Geltung dieser tariflichen Bestimmungen vereinbart werden. Dies ist aber nicht möglich, wenn der Tarifvertrag nicht anwendbar ist, weil er z. B. eine andere Branche oder andere Region betrifft. Man muss also immer die Kontrollfrage stellen, ob der Tarifvertrag unmittelbar gelten würde, wenn der Arbeitgeber im Arbeitgeberverband und der Arbeitnehmer in der Gewerkschaft wäre.

Wenn der Arbeitnehmer arbeitsunfähig erkrankt ist, hat er Anspruch auf Entgeltfortzahlung. Deren Höhe richtet sich nach der im Vertrag vereinbarten regelmäßigen durchschnittlichen Arbeitszeit. Die Länge des Urlaubs richtet sich nach den allgemeinen Regeln für Teilzeitbeschäftigte.

VIII. Geringfügige Beschäftigung

Der Begriff der geringfügigen Beschäftigten stammt aus § 8 SGB IV und kennzeichnet zum einen geringfügig entlohnte (EUR 450) Tätigkeiten und zum anderen kurzfristige Tätigkeiten, die nicht länger als zwei Monate oder 50 Arbeitstage andauern. Die Besonderheiten derartiger Beschäftigungsverhältnisse liegen ausschließlich auf sozialversicherungsrechtlichem und steuerrechtlichem Gebiet.

Arbeitsrechtlich handelt es sich um Teilzeitarbeitsverhältnisse, die wie andere auch den gesetzlichen und tariflichen Schutzvorschriften unterliegen (§ 2 Abs. 2 TzBfG). Insbesondere gilt auch hier die Gleichbehandlungspflicht. Die geringfügig Beschäftigen dürfen nicht wegen ihrer verkürzten Arbeitszeit ohne sachlichen Grund schlechter behandelt werden als andere Arbeitnehmer, auch nicht schlechter als andere Teilzeitbeschäftigte.

IX. Arbeitsplatzteilung

Bei der echten Arbeitsplatzteilung teilen sich zwei oder mehr Arbeitnehmer einen Arbeitsplatz, der nicht unbedingt ein Vollzeitarbeitsplatz sein muss. Es handelt sich um eine besondere Form der Teilzeitarbeit, sodass die obigen Ausführungen zum Teilzeitarbeitsverhältnis gelten.

Jobsharing ist nur möglich, wenn eine entsprechende vertragliche Vereinbarung vorliegt (zur Formulierung s. u. X.). Der Arbeitgeber kann nicht verschiedene bereits bestehende Teilzeitarbeitsverhältnisse durch Ausübung seines Direktionsrechts in ein solches besonderes Arbeitsverhältnis umwandeln.

Die Aufteilung der Arbeitszeit kann unterschiedlich erfolgen; die Arbeitnehmer können nacheinander während einer Schicht an demselben Arbeitsplatz arbeiten, an einigen Tagen vollschichtig

und an anderen gar nicht arbeiten oder sich wöchentlich bzw. monatlich abwechseln. Die Arbeitsplatzteilung hat folgende Besonderheiten (§ 12 TzBfG):

▸ Die Arbeitsverhältnisse bestehen unabhängig voneinander zum Arbeitgeber.

▸ Zwischen den Arbeitnehmern bestehen keine Rechtsbeziehungen.

▸ Eine Vertragsklausel, wonach das Arbeitsverhältnis automatisch endet, wenn der andere Teilnehmer ausscheidet, ist unwirksam.

▸ Der Arbeitgeber darf dem einen Arbeitnehmer nicht kündigen, nur weil der andere Arbeitnehmer seinen Arbeitsvertrag gekündigt hat.

▸ Die Verteilung der Lage der Arbeitszeit untereinander ist Sache der Arbeitnehmer, der Arbeitgeber darf nur eingreifen, wenn sie sich nicht einigen können.

▸ Die Arbeitnehmer können – außer bei dringenden betrieblichen Erfordernissen – nicht von vornherein verpflichtet werden, bei einer Erkrankung des anderen Arbeitnehmers diesen stets zu vertreten, sondern es ist eine auf den Einzelfall bezogene Vertretungsregelung erforderlich.

▸ Für Schäden und Schlechtleistungen haftet der jeweils verantwortliche Arbeitnehmer, es sei denn, die Arbeitnehmer haben vertraglich die gemeinsame Verantwortung für das Arbeitsergebnis übernommen.

Von der Vertretungsregel kann durch Tarifvertrag auch zuungunsten des Arbeitnehmers abgewichen werden, wenn der Tarifvertrag Regelungen über die Vertretung der Arbeitnehmer enthält (§ 13 Abs. 4 TzBfG). Sofern im Einzelfall Arbeitgeber und Arbeitnehmer nicht tarifgebunden sind, können sie die Anwendung dieser tariflichen Regelungen vereinbaren.

X. Turnusarbeitsverhältnis

Ein solches liegt vor, wenn sich Gruppen von Arbeitnehmern auf bestimmten Arbeitsplätzen abwechseln, ohne dass eine Arbeitsplatzteilung in dem unter IX. genannten Sinne vereinbart worden ist. Maßgeblich ist der Wechsel zu festgelegten Zeitabschnitten, also ohne ein freies Bestimmungsrecht der Arbeitnehmer. Auch hier gilt, dass die Arbeitnehmer nicht von vornherein zu einer wechselseitigen Vertretung verpflichtet sind, solange keine dringenden betrieblichen Erfordernisse vorliegen. Auch bleiben die Arbeitsverhältnisse durch das Ausscheiden anderer Arbeitnehmer unberührt.

XI. Muster:
Vereinbarung der Arbeitsplatzteilung

Der Arbeitnehmer wird im System der echten Arbeitsplatzteilung eingestellt. Die Arbeitszeit beträgt .... Stunden, die Vergütung EUR .... pro Monat.

Der Arbeitnehmer verpflichtet sich, während der betriebsüblichen Arbeitszeit seinen Arbeitsplatz in Abstimmung mit dem anderen auf diesem Arbeitsplatz Beschäftigten ständig zu besetzen, ohne dass eine gleichzeitige Besetzung durch die Arbeitnehmer erfolgt.

Die am gleichen Arbeitsplatz Beschäftigten haben sich über die Aufteilung der Arbeitszeit im Rahmen der betriebsüblichen Arbeitszeit untereinander abzustimmen. Diese Abstimmung ist jeweils bis zum 20. eines Kalendermonats für den folgenden Kalendermonat schriftlich vorzunehmen und dem Arbeitgeber zur Kenntnis zu geben. Wird der Aufteilungsplan nicht fristgerecht vorgelegt, hat der

Arbeitgeber das Recht, eine verbindliche Aufteilung der Arbeitszeit vorzunehmen. Die Abstimmung hat so zu erfolgen, dass jeder Beteiligte im Verlaufe eines Kalendermonats seine vereinbarte Arbeitsleistung erbringt.

Die Übertragung von Arbeitszeitguthaben oder Arbeitszeitschulden bis zu zehn Arbeitsstunden in den Folgemonat ist zulässig. Eine Übertragung von darüber hinausgehender Arbeitszeitsalden ist nur mit Zustimmung des Arbeitgebers zulässig.

Ist ein Arbeitnehmer an der Arbeitsleistung gehindert, können die an demselben Arbeitsplatz Beschäftigten eine Vertretung untereinander regeln. Kommt eine solche Regelung nicht zustande, regelt der Arbeitgeber die Vertretung.

Bei dringenden betrieblichen Erfordernissen (Arbeiten, die so dringend sind, dass sie nicht verschoben werden können, ohne dass erhebliche Nachteile für den Betrieb entstehen und die auch nicht rechtzeitig durch andere Arbeitnehmer erledigt werden könnten) ist der Arbeitnehmer verpflichtet, den anderen auf demselben Arbeitsplatz Beschäftigten zu vertreten, sofern ihm dies im Einzelfall zumutbar ist. Für die Vertretung erhält der Arbeitnehmer .... EUR pro Stunde. Mehrarbeitszuschläge fallen erst an, wenn und soweit die tarifliche Regelarbeitszeit überschritten wird. Zeiten einer solchen Vertretung werden nicht auf die o. g. Arbeitszeit angerechnet.

Telearbeit

I.   **Begriff**

II. **Formen**
   1. Mobile Telearbeit oder Telearbeit am Wohnort
   2. Ausschließliche oder alternierende Telearbeit

III. **Das Telearbeitsverhältnis**
   1. Einführung und Beendigung des Telearbeitsverhältnisses
   2. Arbeitsort und Arbeitszeit
   3. Kostentragung der Arbeitsmittel
   4. Verschwiegenheitspflicht

IV. **Beteiligungsrechte des Betriebsrats**

I. Begriff

Das Arbeitsleben ist gegenwärtig mehr denn je im Wandel. Arbeitnehmer arbeiten eigenständig und eigenverantwortlich und schulden zunehmend Erfolge. Wie sie diese realisieren ist dem Arbeitgeber zunehmend ebenso wie der Ort, an dem die Arbeitsleistung erzielt wurde, egal. Dies, aber auch die bessere Vereinbarkeit von Familie und Beruf sind die Gründe, warum Telearbeit in einer modernen Arbeitswelt zunehmend an Bedeutung gewinnt. Telearbeit im weiteren Sinne liegt bei Erwerbstätigkeiten vor, die für den Arbeitgeber oder einen Auftraggeber **außerhalb** der bisherigen Betriebsstätten durch Computer und/oder durch den Gebrauch von Telekommunikationsnetzen oder -geräten erbracht werden. In Deutschland gibt es keine speziellen gesetzlichen Regelungen zur Telearbeit.

Telearbeit kann von einem Arbeitnehmer, einem Heimarbeiter, einem Selbstständigen oder auch durch eine arbeitnehmerähnliche Person geleistet werden. Von der Gestaltungsform ist es abhängig, welche gesetzlichen Regelungen Anwendung finden.

Gegenwärtig ist die Telearbeit im Rahmen eines Arbeitsverhältnisses der Regelfall. Entscheidend für die korrekte Zuordnung ist allerdings nicht die vertragliche Gestaltung, sondern die tatsächliche Ausgestaltung der zu erbringenden Arbeitsleistung. Die Feststellung, ob die Telearbeit von einem Arbeitnehmer erbracht wird, erfolgt nach den gleichen Kriterien, wie die Prüfung des Arbeitnehmerbegriffs nach allgemeinem Arbeitsrecht sonst auch. Hauptkriterien für das Vorliegen eines (Tele-)Arbeitsverhältnisses sind u. a.:

▸ Grad der persönlichen Abhängigkeit (Telearbeitsplatz ist mit dem Zentralrechner des Arbeitgebers online verbunden),

▸ vom Arbeitgeber bestimmte Arbeitsorganisation,

▸ Weisungsgebundenheit.

II. Formen

1. Mobile Telearbeit oder Telearbeit am Wohnort

Von einigen Sonderformen (z. B. Telehaus/Telezentrum oder Telearbeit in Satellitenbüros) abgesehen, wird Telearbeit meist in der eigenen Wohnung des Arbeitnehmers erbracht. Daneben gewinnt die sog. mobile Telearbeit weiterhin an Bedeutung bzw. ist in vielen Arbeitsverhältnissen üblich. Die Erbringung der Arbeitsleistung erfolgt ohne festen Arbeitsplatz, z. B. während einer → *Dienstreise* oder im Außendienst unter Zuhilfenahme eines Notebooks oder Smartphones, mit deren Hilfe eine Zugriffsmöglichkeit auf das Firmennetz besteht.

2. Ausschließliche oder alternierende Telearbeit

Selten wird die Arbeitsleistung ausschließlich als Telearbeit von der eigenen Wohnung aus erbracht, da u. a. persönliche Kontakte und Besprechungen unter Anwesenden im Betrieb nicht vollständig zu ersetzen sind bzw. ersetzt werden sollen. Dementsprechend wird Telearbeit heute im Regelfall als sog. alternierende Telearbeit erbracht. Dies bedeutet, dass die Arbeit zum Teil am weiter bestehenden Arbeitsplatz im Betrieb wie auch in der eigenen Wohnung, also am häuslichen Arbeitsplatz erfolgt.

III. Das Telearbeitsverhältnis

Wird die Telearbeit im Rahmen eines Arbeitsverhältnisses erbracht, sind im Wesentlichen folgende arbeitsrechtliche Besonderheiten zu beachten:

 WICHTIG!
Die inhaltliche Ausgestaltung eines Telearbeitsvertrags ist insbesondere davon abhängig, inwieweit durch Tarifvertrag oder durch Betriebsvereinbarung einschlägige Regelungen zur Telearbeit bereits bestehen.

1. Einführung und Beendigung des Telearbeitsverhältnisses

Wird der Arbeitnehmer direkt als Telearbeitnehmer neu eingestellt, können die Besonderheiten der Telearbeit von vornherein im Arbeitsvertrag klar geregelt werden.

Soll dagegen ein schon bestehendes „normales" Arbeitsverhältnis auf Telearbeit umgestellt werden, kann das nur einvernehmlich durch eine entsprechende Vertragsergänzung geschehen, also nicht ohne Zustimmung des Arbeitnehmers. Dieser ist zur Zustimmung nicht verpflichtet. Selbst wenn der Arbeitsvertrag eine Versetzungsklausel enthält, kann der Arbeitgeber im Wege seines Direktionsrecht nicht verlangen, dass der Arbeitnehmer künftig in der privaten Wohnung arbeitet. Dazu ist notfalls eine → *Änderungskündigung* erforderlich.

Da die Grundlage für eine erfolgreiche Telearbeit das beidseitig positive Wollen von Arbeitnehmer und Arbeitgeber ist, sollte die theoretische Möglichkeit der Einführung von Telearbeit im Wege der → *Änderungskündigung* nicht in Erwägung gezogen werden.

Auch die → *Beendigung* der Telearbeit sollte regelmäßig einvernehmlich, möglichst ohne größere Diskussion, erfolgen, da ansonsten die Akzeptanz der Telearbeit im Betrieb Schaden nehmen kann.

2. Arbeitsort und Arbeitszeit

Bei der alternierenden Telearbeit ist die Besonderheit zu beachten, dass der Telearbeitnehmer die Arbeitsleistung an zwei verschiedenen Arbeitsorten erbringen kann. Ebenso wie im Hinblick auf Verteilung, Beginn und Ende der → *Arbeitszeit* ist es sicherlich nicht sinnvoll, wenn der Arbeitgeber den Arbeitsort im Wege des Direktionsrechts z. B. wöchentlich im Voraus festlegt. Letztendlich sollte es dem Telearbeitnehmer und seinem Vorgesetzten überlassen sein, an welchen Tagen der Telearbeitnehmer im Betrieb und wann in seiner Wohnung arbeiten kann. Als Arbeitszeitregelungen sind daher Gleitzeitregelungen oder auch Regelungen über eine Vertrauensarbeitszeit sinnvoll, da der Telearbeitnehmer ohnehin eigenverantwortlich entscheidet, wann und wie er arbeitet (Zeitsouveränität).

WICHTIG!
Der Arbeitgeber ist verpflichtet, auch an Telearbeitsplätzen die Einhaltung der Arbeitszeitvorschriften sicherzustellen. Gleiches gilt für alle einschlägigen arbeitsschutzrechtlichen Vorschriften. Dementsprechend muss er den Telearbeitnehmer anhalten, auch an seinem Telearbeitsplatz diese Vorschriften zu beachten. Die Aufzeichnungspflicht des § 16 Abs. 2 ArbZG sollte auf den Telearbeitnehmer übertragen werden.

3. Kostentragung der Arbeitsmittel

Der Arbeitgeber hat sowohl die sich im Zusammenhang mit der Errichtung des Telearbeitsplatzes ergebenden Kosten als auch die im laufenden Betrieb des Telearbeitsplatzes anfallenden Kosten zu tragen, also insbesondere:

▸ PC-Ausstattung und Telekommunikationseinrichtungen incl. der Anschlüsse,

▸ Büroeinrichtung und -mittel,

▸ Pauschale für Beteiligung an Nebenkosten, die am Telearbeitsplatz entstehen.

Im Telearbeitsvertrag sollte unmissverständlich geregelt sein, dass die arbeitgeberseits zur Verfügung gestellte Ausstattung des Telearbeitsplatzes (vollständige Aufstellung z. B. als Anlage) im Eigentum des Arbeitgebers bleiben und bei Beendigung der Telearbeit bzw. des Arbeitsverhältnisses umgehend zurückzugeben sind.

Dagegen ist der Arbeitgeber bei alternierender Telearbeit nicht verpflichtet, die sich aus den Fahrten zwischen den beiden Arbeitsorten ergebenden Kosten zu übernehmen.

4. Verschwiegenheitspflicht

Besondere Probleme ergeben sich bei einem Telearbeitsplatz im Hinblick auf den Datenschutz wie auch bei der Festlegung besonderer Verschwiegenheits- und Geheimhaltungspflichten für den Telearbeitnehmer, da am häuslichen Arbeitsplatz mit aller Voraussicht größere Zugriffsmöglichkeiten unberechtigter Dritter bestehen. Da der Arbeitgeber aber nur mit Zustimmung des Telearbeitnehmers Zutritt zum häuslichen Telearbeitsplatz erhalten kann, ist letztendlich auch hier gegenseitiges Vertrauen Voraussetzung für das erfolgreiche Tätigwerden im Rahmen der Telearbeit. Der an Telearbeit interessierte Arbeitgeber sollte davon ausgehen, dass die Telearbeitnehmer sorgfältig mit beruflichen Unterlagen und Daten am Telearbeitsplatz umgehen. Dies wird für den Fall, dass ein Arbeitnehmer Arbeit am

Wochenende oder abends mit nach Hause nimmt, auch nicht näher hinterfragt.

IV. Beteiligungsrechte des Betriebsrats

Da der ausgelagerte Telearbeitsplatz in der häuslichen Wohnung grundsätzlich zum Betrieb im Sinne des Betriebsverfassungsgesetzes zählt, hat der Betriebsrat, bezogen auf Telearbeitnehmer, dieselben Rechte und Pflichten wie gegenüber anderen Arbeitnehmern des Betriebs auch. Insbesondere sind folgende Mitwirkungs- und Mitbestimmungsrechte zu beachten:

Der Wechsel vom betrieblichen Arbeitsplatz auf einen Telearbeitsplatz in der eigenen Wohnung bzw. die Einführung von alternierender Telearbeit für einen bestimmten Arbeitnehmer ebenso wie umgekehrt, ist als personelle Einzelmaßnahme eine Versetzung, sodass der Betriebsrat zustimmen muss (§ 99 BetrVG).

Dem Betriebsrat stehen bei der Einführung von Telearbeit umfangreiche Mitbestimmungsrechte nach § 87 Abs. 1 BetrVG zu, insbesondere deshalb, weil u. a. Regelungen zur Ordnung des Betriebs (§ 87 Abs. 1 Nr. 1), zu Beginn, Ende und Verteilung der Arbeitszeit (§ 87 Abs. 1 Nr. 2), ggf. auch zur Entlohnung (§ 87 Abs. 1 Nr. 10 und 11) getroffen werden müssen. Dementsprechend empfiehlt es sich, direkt bei der Einführung von Telearbeit die betrieblich notwendigen Erfordernisse möglichst vollständig in einer → *Betriebsvereinbarung* zu regeln (z. B. Arbeitszeit, Mehrarbeit, Zeiterfassung, Arbeitsmittel, Aufwendungsersatz, Telefongebühren, Arbeitsschutz, Datenschutz). Die so erzielte Transparenz der Regelungen wird die Akzeptanz der Telearbeit bei den Mitarbeitern sicherlich erhöhen. Auf beidseitige Freiwilligkeit sollte geachtet werden, sodass keine Rechtsansprüche auf Telearbeit begründet werden.

Der Betriebsrat hat außerdem Zugangs- und Kontrollrechte am Arbeitsplatz (§§ 2, 80 und 89 BetrVG).

WICHTIG!
Diese Zugangsrechte sind ausgeschlossen, wenn der Telearbeitnehmer mit dem Betreten des Telearbeitsplatzes in seiner eigenen Wohnung nicht einverstanden ist.

Unfallverhütung

I. Begriff

II. Beteiligung des Betriebsrats
1. Erzwingbare Mitbestimmung
2. Freiwillige Betriebsvereinbarungen
3. Allgemeine Aufgaben
4. Arbeitsschutz

III. Rechtsfolgen der Nichtbeachtung
1. Arbeitgeber
2. Führungskräfte/Vorgesetzte
3. Arbeitnehmer

I. Begriff

Unfallverhütungsvorschriften werden von den Trägern der gesetzlichen Unfallversicherung erlassen. Aufgabe der gesetzlichen Unfallversicherung ist es, → *Arbeitsunfälle* und Berufskrankheiten sowie andere arbeitsbedingte Gesundheitsgefahren am Arbeitsplatz zu verhüten. Darüber hinaus sind die Unfallversicherungsträger ihren Mitgliedsunternehmen sowie den Versicherten bei der konkreten Durchführung der Unfallverhütungsvorschriften durch entsprechende Beratung behilflich. Im gewerblichen und industriellen Bereich werden diese Aufgaben von den gewerblichen Berufsgenossenschaften wahrgenommen.

Unfallverhütungsvorschriften werden insbesondere erlassen über

▶ Einrichtungen, Anordnungen und Maßnahmen, die die Unternehmen zur Verhütung von Arbeitsunfällen zu treffen haben,

▶ Form und Möglichkeiten der Übertragung dieser Aufgaben auf andere Personen,

▶ das Verhalten der Versicherten zur Verhütung von Arbeitsunfällen,

▶ die ärztliche Untersuchung von Versicherten, die vor der Beschäftigung eines Versicherten mit bestimmten Arbeiten durchzuführen sind wie z. B. Eignungsuntersuchung für Gabelstaplerfahrer.

Die Unfallverhütungsvorschriften sind für die Mitgliedsunternehmen der Berufsgenossenschaft (Arbeitgeber) sowie für die Versicherten (Arbeitnehmer der Mitgliedsunternehmen) verbindlich und dementsprechend von allen am Arbeitsleben beteiligten Personen zu beachten (Arbeitgeber, Führungskräfte, → *Betriebsrat* und Arbeitnehmer).

II. Beteiligung des Betriebsrats

1. Erzwingbare Mitbestimmung

Der Betriebsrat hat ein erzwingbares Mitbestimmungsrecht bei Regelungen des Arbeitgebers über die Verhütung von Arbeitsunfällen und Berufskrankheiten sowie über den Gesundheitsschutz im Rahmen der gesetzlichen Vorschriften sowie der Unfallverhütungsvorschriften (§ 87 Abs. 1 Nr. 7 BetrVG). Voraussetzung hierfür ist aber, dass von der Regelung das Belegschaftsinteresse insgesamt betroffen ist und nicht nur das individuelle Interesse einzelner Arbeitnehmer und dass die anwendbare Arbeitsschutzvorschrift den Betriebspartnern (also Arbeitgeber und Betriebsrat) überhaupt einen Regelungsspielraum lässt.

Beispiel:

Betriebsrat und Arbeitgeber vereinbaren, dass in der gesamten Produktion Sicherheitsschuhe und besondere Arbeitskleidung getragen werden müssen.

Ein Mitbestimmungsrecht besteht auch über Einzelheiten der Gefährdungsbeurteilung im Betrieb.

2. Freiwillige Betriebsvereinbarungen

Durch freiwillige Betriebsvereinbarungen können die Betriebspartner zusätzliche Maßnahmen zur Verhütung von Arbeitsunfällen und Gesundheitsbeschädigungen – also über den gesetzlich zwingend vorgeschriebenen Mindestschutz hinaus – vereinbaren (§ 88 BetrVG).

3. Allgemeine Aufgaben

Der → *Betriebsrat* hat grundsätzlich darüber zu wachen, dass die zu Gunsten der Arbeitnehmer des Betriebs geltenden Gesetze, Verordnungen, Unfallverhütungsvorschriften, Tarifverträge und Betriebsvereinbarungen ordnungsgemäß angewandt werden (§ 80 Abs. 1 BetrVG). Hierzu muss der Arbeitgeber ihn regelmäßig informieren. Mit den Anregungen und Anträgen des Betriebsrats zu Maßnahmen auf dem Gebiet des Arbeitsschutzes muss sich der Arbeitgeber auseinandersetzen.

4. Arbeitsschutz

Zudem hat sich der Betriebsrat dafür einzusetzen, dass die Vorschriften über den Arbeitsschutz und die Unfallverhütung im Betrieb sowie über den betrieblichen Umweltschutz durchgeführt werden. Er hat bei der Bekämpfung von Unfall- und Gesundheitsgefahren die für den Arbeitsschutz zuständigen Behörden, die Träger der gesetzlichen Unfallversicherung und die sonstigen in Betracht kommenden Stellen durch Anregung, Beratung und Auskunft zu unterstützen (§ 89 Abs. 1 BetrVG).

Beispiel:

Tragen von Sicherheitskleidung; Nichtentfernen von Schutzvorrichtungen im Akkordlohn, die den Arbeitsgang verzögern, aber dem Schutz des Mitarbeiters dienen; Unterlassen von Alkoholkonsum am Arbeitsplatz; Einhaltung eines betrieblichen Rauchverbots als Umsetzung von Unfallverhütungsvorschriften.

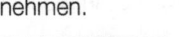 **WICHTIG!**

Der Arbeitgeber hat den Betriebsrat auch bei allen im Zusammenhang mit dem betrieblichen Umweltschutz stehenden Besichtigungen und Fragen hinzuziehen und ihm unverzüglich die den Arbeitsschutz, die Unfallverhütung und den betrieblichen Umweltschutz betreffenden Auflagen und Anordnungen der zuständigen Stellen mitzuteilen (§ 89 Abs. 2 BetrVG).

Der Arbeitgeber hat dem Betriebsrat eine Durchschrift der nach § 193 Abs. 5 SGB VII vom Betriebsrat zu unterschreibenden Unfallanzeige auszuhändigen (§ 89 Abs. 6 BetrVG).

III. Rechtsfolgen der Nichtbeachtung

Die Nichtbeachtung von Unfallverhütungsvorschriften durch den Arbeitgeber, Führungskräfte/Vorgesetzte oder Arbeitnehmer kann insbesondere im Schadensfall nachteilige Folgen mit sich bringen. Hat der Arbeitgeber, ein Vorgesetzter oder ein Arbeitskollege einen → *Arbeitsunfall* vorsätzlich oder grob fahrlässig verursacht, können ihn sämtliche Sozialversicherungsträger (d. h. nicht nur der Unfallversicherungsträger!) in Regress nehmen.

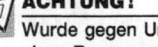 **ACHTUNG!**

Wurde gegen Unfallverhütungsvorschriften verstoßen, wird ein solcher Regressanspruch den Sozialversicherungsträgern von der Rechtsprechung in der Regel zugebilligt.

1. Arbeitgeber

Verantwortlich für die Einhaltung und Durchführung der Unfallverhütungsvorschriften ist der Arbeitgeber, d. h. bei Personengesellschaften der Unternehmer und bei Kapitalgesellschaften deren Organe.

Der Arbeitgeber kann seine Unternehmerpflichten auf Führungskräfte delegieren; tut er dies, treffen ihn weiterhin Organisations-, Aufsichts- und Kontrollpflichten.

Handelt ein Arbeitgeber einer Unfallverhütungsvorschrift zuwider, die am Arbeitsplatz eine bestimmte Betriebsgefahr ausschließen soll und kommt es gerade an diesem Arbeitsplatz zu einem → *Arbeitsunfall*, so wird regelmäßig vermutet, dass der Arbeitsunfall bei Beachtung der Unfallverhütungsvorschrift vermieden worden wäre (Beweislastumkehr). Gelingt dem Arbeitgeber der Gegenbeweis nicht, so steht dem geschädigten Arbeitnehmer grundsätzlich ein Schadensersatzanspruch zu, der sich aber im Regelfall auf die eingetretenen Sachschäden beschränkt. Denn wenn der Arbeitgeber den Arbeitsunfall weder auf einem versicherten Weg (Wegeunfall) noch vorsätzlich herbeigeführt hat, greift zu seinen Gunsten der Haftungsausschluss des § 104 SGB VII, wonach dem geschädigten Arbeitnehmer hinsichtlich seiner Personenschäden ausschließlich die im SGB VII geregelten Ansprüche gegen den zuständigen Unfallversicherungsträger zustehen. Auch Schmerzensgeldansprüche sind dann ausgeschlossen.

Die Nichtbeachtung von Unfallverhütungsvorschriften ist ferner eine Ordnungswidrigkeit und kann mit Bußgeldern bis zu € 10.000 belegt werden. Auch kommt eine strafrechtliche Verantwortlichkeit bei Körperverletzungs- oder Tötungsdelikten (vorsätzlich oder fahrlässig) in Betracht.

2. Führungskräfte/Vorgesetzte

Auch der Vorgesetzte ist unmittelbar in seinem Verantwortungsbereich und insbesondere gegenüber seinen Mitarbeitern für die Einhaltung der Unfallverhütungsvorschriften verantwortlich, sodass er im Falle der Nichtbeachtung ebenfalls mit einem Bußgeld belegt bzw. strafrechtlich zur Verantwortung gezogen werden kann.

Wie auch beim Unternehmer ist privatrechtliche Haftung des Vorgesetzten für Personenschäden eines Versicherten ausgeschlossen, wenn nicht Vorsatz vorliegt oder sich der Unfall auf einem versicherten Weg ereignet hat. Schadensersatzansprüche beschränken sich auf Sachschäden, da für die Personenschäden grundsätzlich der gesetzliche Unfallversicherungsträger einsteht.

3. Arbeitnehmer

Auch die versicherten Arbeitnehmer haben alle Maßnahmen zur Verhütung von Arbeitsunfällen, Berufskrankheiten und arbeitsbedingten Gesundheitsgefahren und damit auch die Einhaltung der im Betrieb einschlägigen Unfallverhütungsvorschriften zu beachten. Dazu dienenden Weisungen des Arbeitgebers bzw. des Vorgesetzten ist Folge zu leisten.

Andererseits ist der Arbeitnehmer nicht verpflichtet, die Arbeitsleistung zu erbringen, wenn sein Arbeitsplatz nicht den aus den einschlägigen Unfallverhütungsvorschriften hervorgehenden Anforderungen entspricht. In einem solchen Fall muss er nicht arbeiten, behält aber seinen Anspruch auf Vergütung.

Urheberrechte im Arbeitsverhältnis

I. Begriff, Abgrenzung
1. Person des Urhebers
2. Urheberrechtlich geschützte Werke
3. Inhalt der Urheberrechte
    3.1 Urheberpersönlichkeitsrecht
    3.2 Verwertungsrechte
    3.3 Nutzungsrechte

II. Rechte des Arbeitgebers
1. Pflichtige Werke
2. Freie Werke

III. Rechte des Arbeitnehmers
1. Vergütungsanspruch
2. Verbleibende Rechte des Urhebers

IV. Muster: Klausel zu Rechten an Arbeitsergebnissen

I. Begriff, Abgrenzung

Durch Urheberrechte wird der Schöpfer eines (neuen) geistigen Werks vor Nachahmung und unberechtigter Nutzung oder Verwertung seines Arbeitsergebnisses geschützt. Wird ein urheberrechtlich geschütztes Werk im Rahmen eines Arbeitsverhältnisses geschaffen, gelten hierfür besondere Regeln, da dem Arbeitgeber grundsätzlich die Rechte an dem Arbeitsergebnis zustehen. Um die Rechte des Arbeitgebers darzustellen (s. u. II.) muss zunächst geklärt werden, ob und wem in welchem Umfang überhaupt Urheberrechte zustehen.

Von den Urheberrechten abzugrenzen, sind Rechte an Erfindungen nach dem Arbeitnehmererfindungsgesetz (ArbNErfG). Die Anwendung des Rechts der Arbeitnehmererfindung ist an das Patentgesetz gekoppelt. Es erfasst Erfindungen, die patent- oder gebrauchsmusterfähig sind und technische Verbesserungsvorschläge, die diese Kriterien nicht erfüllen. Diese Abgrenzung ist in der Praxis nicht einfach, wie sich am Beispiel von Computerprogrammen zeigt, deren Patentfähigkeit von der Rechtsprechung seit den Jahren 1999 und 2000 zunehmend bejaht werden. Danach sind Computerprogramme patentfähig, wenn die ihnen zugrunde liegende Lehre eine auf technischen Überlegungen beruhende Erkenntnis erfordert. Während also das Patent den Erfindungsgedanken, also die technische Idee schützt, erfasst der urheberrechtliche Schutz die konkrete Form, die der zugrunde liegende Gedanke im Computerprogramm gefunden hat, lässt aber die Idee als solche frei.

 WICHTIG!

Nach § 69g UrhG werden bei Computerprogrammen sonstige Rechtsvorschriften, insbesondere die des Erfindungsschutzes, von dem urheberrechtlichen Programmschutz nicht beeinträchtigt. Daher können sich Ansprüche des Arbeitnehmers nebeneinander sowohl aus dem Urheberrecht als auch aus dem ArbNErfG ergeben. Wenn jedoch kein patentfähiges Werk vorliegt, sondern „nur" eine urheberrechtliche Schöpfung, so kann der Arbeitnehmer auch keine Ansprüche wegen eines technischen Verbesserungsvorschlages nach § 20 ArbNErfG geltend machen (BGH v. 23.10.2001, Az. X ZR 72/98).

1. Person des Urhebers

Urheber ist immer derjenige, der eine persönliche geistige Schöpfung erschaffen hat (§ 7 UrhG). Haben mehrere das Werk gemeinsam geschaffen, ohne dass sich ihre Anteile gesondert verwerten lassen, so sind sie Miturheber des Werkes, denen das Recht zur Veröffentlichung und zur Verwertung gemeinsam zusteht.

Beispiel:

Entwickeln mehrere Programmierer gemeinsam oder stufenweise ein neues Computerprogramm, so sind sie Miturheber.

Wird das Werk innerhalb des Arbeitsverhältnisses geschaffen, so ändert dies nichts daran, dass der schöpfende Arbeitnehmer Urheber ist und bleibt. Das Urheberrecht selbst ist auch nicht übertragbar.

2. Urheberrechtlich geschützte Werke

Maßgeblich für die Beurteilung, ob ein Werk eine persönliche geistige Schöpfung darstellt und somit unter den urheberrechtlichen Schutz fällt, ist, ob der Schöpfer aus seinen eigenen Vorstellungen ein neues Werk erschaffen hat und sich nicht nur auf die Nachbildung bereits vorhandener Werke beschränkt. Ausschlaggebend ist hierbei das Arbeitsergebnis, also das geistige Produkt, das eine individuelle Gestaltungsform aufweisen und sich aus der Masse alltäglicher Gebilde hervorheben muss. Die schutzfähigen Werke sind in § 2 UrhG beispielhaft aufgezählt. Hierzu gehören insbesondere:

▶ Sprachwerke, wie Schriftwerke, Reden und Computerprogramme;

▶ Werke der Musik;

▶ Werke der bildenden Künste, einschließlich der Baukunst;

▶ Fotografien, Lichtbildwerke, pantomimische Werke und Filme;

▶ Darstellungen wissenschaftlicher oder technischer Art, wie Zeichnungen, Pläne, Karten, Skizzen, Tabellen und plastische Darstellungen.

An Computerprogramme werden in der Rechtsprechung besondere Anforderungen gestellt. Sie unterliegen nur dann dem urheberrechtlichen Schutz, wenn sie im Gesamtvergleich mit bestehenden Anwendungen individuelle Eigenheiten aufweisen, die durchschnittliche Fähigkeiten überragen. Vom Urheberrecht nicht geschützt sind die dem Programm zugrunde liegenden wissenschaftlichen oder technischen Regeln, insbesondere nicht der vorgegebene Algorithmus (wohl aber u. U. vom ArbNErfG, s. u. Arbeitnehmererfindung). Weitere Besonderheiten für Computerprogramme sind in § 69a ff. UrhG geregelt.

3. Inhalt der Urheberrechte

Das Urheberrecht schützt den Urheber in seinen geistigen und persönlichen Beziehungen zum Werk und in dessen Nutzung.

3.1 Urheberpersönlichkeitsrecht

Das Urheberpersönlichkeitsrecht umfasst das Recht des Urhebers zu bestimmen, ob und wie sein Werk zu veröffentlichen ist (§ 12 UrhG). Ferner gehören hierzu das Recht auf Anerkennung und Benennung des Urhebers (§ 13 UrhG) sowie der Schutz gegen Entstellung oder sonstige Änderungen des Werkes (§§ 14, 39 UrhG).

3.2 Verwertungsrechte

Zu den Verwertungsrechten gehören insbesondere Vervielfältigungs- und Verbreitungsrechte. Grundsätzlich stehen die Verwertungsrechte ausschließlich dem Urheber zu.

Beispiel:

> Ein Architekt kann seine Baupläne beliebig oft ausdrucken oder kopieren und beliebig vielen Personen anbieten.

Im Arbeitsverhältnis würde dies jedoch zu unhaltbaren Ergebnissen führen. Der angestellte Architekt könnte mit seinen Arbeitsergebnissen ebenso hausieren gehen wie der angestellte Programmierer eines Softwareunternehmens mit dem von ihm entwickelten Computerprogramm. Daher gelten die im Folgenden (s. II.) dargelegten Besonderheiten.

3.3 Nutzungsrechte

Der Urheber kann sein Werk, auch über die Verwertungsrechte hinaus, beliebig nutzen und anderen Personen die Nutzung gestatten. Während also das Urheberrecht selbst nicht auf andere Personen übertragbar ist, so kann das Recht zur Nutzung für einzelne oder alle denkbaren Nutzungsarten vom Urheber an Dritte übertragen werden.

Die vertragliche Einräumung von Nutzungsrechten, auch Lizenz genannt, erfolgt i. d. R. so, dass der Urheber sein Werk selbst weiter nutzen und beliebigen Personen weitere Lizenzen erteilen kann. Man spricht hierbei von einem **(einfachen Nutzungsrecht).** Eine Nutzung durch andere Personen ist in diesen Fällen also nicht ausgeschlossen.

Beispiel:

> Dem Nutzer eines im Handel gekauften Computerprogramms wird mit der beigefügten Software-Lizenz ein einfaches Nutzungsrecht für einen Computerarbeitsplatz eingeräumt.

Es kann aber auch vereinbart werden, dass nur noch der Lizenznehmer zu der (evtl. bestimmten) Nutzung des Werkes berechtigt sein soll **(ausschließliches Nutzungsrecht).** In diesem Fall darf der Urheber selbst das Werk nicht weiter nutzen oder weiteren Personen ein Nutzungsrecht einräumen, soweit

nicht anderes vereinbart wurde. Das übertragene Nutzungsrecht kann räumlich, zeitlich oder inhaltlich beschränkt werden.

Wird vereinbart, dass sämtliche Nutzungsrechte von dem Urheber auf den Erwerber übergehen sollen, so beinhaltet dies auch das Recht, anderen Personen (einfache oder ausschließliche) Unterlizenzen zu erteilen.

Ausschließliche und einfache Nutzungsrechte bleiben gegenüber später eingeräumten Nutzungsrechten wirksam. Gleiches gilt, wenn der Inhaber des Rechts, der das Nutzungsrecht eingeräumt hat, wechselt oder wenn er auf sein Recht verzichtet.

Auch hinsichtlich der Nutzungsrechte und ihrer Übertragung gelten im Arbeitsverhältnis besondere Regeln (s. u. II.).

II. Rechte des Arbeitgebers

1. Pflichtige Werke

Der Arbeitgeber erwirbt das Eigentum an der als Arbeitsleistung geschuldeten Sache.

Beispiel:

> Der Arbeitgeber wird Eigentümer der Diskette, auf der ein Computerprogramm gespeichert wurde, oder des Papiers, auf dem sich Konstruktionszeichnungen befinden.

Auch hinsichtlich des Urheberrechts ist entscheidend, ob das Werk vom Arbeitnehmer in Erfüllung seiner arbeitsvertraglichen Verpflichtungen geschaffen wurde (pflichtiges Werk). Das ist generell der Fall, wenn die Entwicklung in der Arbeitszeit und mit Mitteln des Arbeitgebers erfolgt ist. Nur für diesen Fall bestimmt § 43 i. V. m. § 31 Abs. 5 UrhG, dass dem Arbeitgeber, sofern nichts anderes ausdrücklich vereinbart wurde, die Nutzungsrechte an dem Werk (nur) für die Nutzungsarten zu übertragen sind, wie es dem Zweck des Arbeitsverhältnisses entspricht. Seit 1.7.2002 gilt dieser Grundsatz auch für die Fragen, ob ein Nutzungsrecht eingeräumt wird, ob es sich um ein einfaches oder ausschließliches Nutzungsrecht handelt, wie weit Nutzungsrecht und Verbotsrecht reichen und welchen Einschränkungen das Nutzungsrecht unterliegt. Im Ergebnis dürfte sich durch diese Präzisierung der gesetzlichen Regelung jedoch keine Änderung der bereits einschlägigen Rechtsprechung ergeben.

Beispiel:

> Der angestellte Architekt hat seinem Arbeitgeber sämtliche ausschließlichen Nutzungsrechte an den im Arbeitsverhältnis erstellten Bauplänen einzuräumen. Schreibt der Architekt einen Fachaufsatz, so kann der Arbeitgeber grundsätzlich nicht verlangen, dass ihm diesbezüglich irgendwelche Nutzungsrechte eingeräumt werden.

Art und Umfang der übertragenen Nutzungsrechte bestimmen sich also im Einzelfall nach der mit dem Arbeitsvertrag vorgesehenen zweckgerechten Verwertung des Werkes. Im Zweifel soll dem Arbeitgeber nur ein einfaches Nutzungsrecht eingeräumt werden. Der Arbeitgeber muss aber in die Lage versetzt werden, ohne besondere Vereinbarung auf den Fortbestand der erworbenen Rechte über die Beendigung des Arbeitsverhältnisses hinaus vertrauen zu können.

✎ WICHTIG !

Für die Urheberrechte an Computerprogrammen gelten besondere Regeln (§ 69b UrhG). Hiernach erfolgt immer eine vollständige und ausschließliche Übertragung der Nutzungsrechte an den Arbeitgeber; vorausgesetzt, es handelt sich um ein pflichtiges Werk. Ist das Computerprogramm patentfähig, müssen darüber hinaus die Vorschriften über Arbeitnehmererfindungen beachtet werden.

Die Übertragung der Nutzungsrechte an den Arbeitgeber erfolgt i. d. R. stillschweigend mit der Ablieferung des Arbeitsergebnisses. Es ist zu empfehlen, den Umfang der Übertragung bereits im Arbeitsvertrag festzulegen bzw. im Voraus zu vereinbaren (s. u. Formulierungsbeispiel und IV. Muster). Dies ist jederzeit möglich, auch wenn das betroffene Werk noch nicht geschaffen wurde (§ 40 Abs. 1 UrhG).

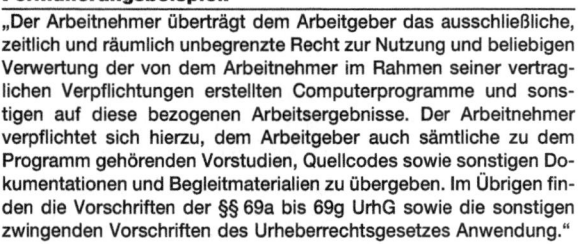

Formulierungsbeispiel:

„Der Arbeitnehmer überträgt dem Arbeitgeber das ausschließliche, zeitlich und räumlich unbegrenzte Recht zur Nutzung und beliebigen Verwertung der von dem Arbeitnehmer im Rahmen seiner vertraglichen Verpflichtungen erstellten Computerprogramme und sonstigen auf diese bezogenen Arbeitsergebnisse. Der Arbeitnehmer verpflichtet sich hierzu, dem Arbeitgeber auch sämtliche zu dem Programm gehörenden Vorstudien, Quellcodes sowie sonstigen Dokumentationen und Begleitmaterialien zu übergeben. Im Übrigen finden die Vorschriften der §§ 69a bis 69g UrhG sowie die sonstigen zwingenden Vorschriften des Urheberrechtsgesetzes Anwendung."

2. Freie Werke

Sofern der Arbeitnehmer in seiner Freizeit irgendwelche urheberrechtlich geschützten Werke schafft, die nicht Inhalt seiner geschuldeten Arbeitsleistung sind, hat der Arbeitgeber hierauf keine Ansprüche. Steht das in der Freizeit geschaffene Werk jedoch im Zusammenhang mit den im Arbeitsverhältnis erlangten Kenntnissen (Know-how) oder verwendeten Mitteln (z. B. Hard- und Software des Arbeitgebers), so kann der Arbeitnehmer verpflichtet sein, dem Arbeitgeber die Nutzung des in der Freizeit geschaffenen Werkes zu einer angemessenen Vergütung anzubieten.

Entsprechendes gilt für solche Werke, die zwar mit Mitteln des Arbeitgebers geschaffen werden, aber nicht von der eigentlichen Arbeitsleistung des Arbeitnehmers umfasst sind, von ihm also nicht vertraglich geschuldet werden.

Beispiel:

Der Architekt entwickelt mit den Mitteln des Arbeitgebers ein Buchhaltungsprogramm.

Auch in diesen Fällen ist von einer Anbietungspflicht des Arbeitnehmers auszugehen. Die betriebsinterne (einfache und auf die Dauer des Arbeitsverhältnisses begrenzte) Nutzung ist auch ohne besondere Vergütung zulässig. Eine darüber hinausgehende Nutzung (insbes. die gewerbliche Verwertung) kann der Arbeitgeber aber nur gegen Zahlung einer angemessenen Vergütung verlangen.

III. Rechte des Arbeitnehmers

1. Vergütungsanspruch

Am 1.7.2002 ist das „Gesetz zur Stärkung der vertraglichen Stellung von Urhebern und ausübenden Künstlern" in Kraft getreten. Hierdurch wurde das UrhG in wesentlichen Punkten reformiert. Kernstück der Reform ist der neu eingeführte Anspruch des Urhebers auf eine angemessene und eine weitere Vergütung.

Soweit es sich bei dem Werk um das Ergebnis der vertraglich geschuldeten Arbeitsleistung handelte und dem Arbeitgeber aus diesem Grunde das zweckgerichtete Recht zur Nutzung und Verwertung zusteht, galt bis zum 30.6.2002 der Grundsatz, dass dieser Erfolg durch die vereinbarte Arbeitsvergütung abgegolten war. Dies hat sich mit der Reform des UrhG (wenn auch nicht unbedingt im Ergebnis) geändert.

Gemäß § 32 UrhG hat der Urheber (auch im Arbeitsverhältnis) einen gesetzlichen Anspruch auf eine „angemessene" Vergütung. Angemessen ist eine Vergütung, wenn sie entweder

▸ tarifvertraglich festgelegt ist, oder

▸ Gegenstand einer gemeinsamen Vergütungsregelung ist, die zwischen Urhebervereinigungen und Nutzervereinigungen oder mit einzelnen Nutzern zustande gekommen ist, oder

▸ im Zeitpunkt des Vertragsschlusses dem entspricht, was im Geschäftsverkehr nach Art und Umfang der eingeräumten Nutzungsmöglichkeit, insbesondere nach Dauer und Zeitpunkt der Nutzung unter Berücksichtigung aller Umstände üblicher- und redlicherweise zu leisten ist.

Trotz der ausführlichen gesetzlichen Regelung, die beim Fehlen eines einschlägigen Tarifvertrages oder einer „gemeinsamen Vergütungsregelung" auf Branchenüblichkeit (und falls nicht vorhanden auf eine umfassende Interessenabwägung) abstellt bleibt letztendlich unklar, wie hoch eine angemessene Vergütung im Einzelfall anzusetzen ist. Es muss bis zum Vorliegen einschlägiger Rechtsprechung auch nach der Reform davon ausgegangen werden, dass mit der Zahlung eines branchen- und marktüblichen Gehalts grundsätzlich (nur) die zweckgerichtete Übertragung von Nutzungsrechten angemessen vergütet wird.

WICHTIG!

Dies gilt nicht, wenn die Nutzung des Werkes und die Gegenleistung (Arbeitsentgelt) in einem auffälligen Missverhältnis stehen, so z. B. wenn durch das Werk besonders hohe Erträge oder Vorteile erzielt werden. In solchen (sog. Bestseller-)Fällen steht dem Urheber gem. § 32a UrhG eine zusätzliche Vergütung zu. Dies gilt unabhängig davon, ob die Vertragsparteien die Höhe der erzielten Erträge oder Vorteile vorhergesehen haben oder hätten können. Es kommt allein auf die objektive Feststellung des Missverhältnisses an.

Unabhängig von dem „Bestsellerparagraphen" hat ein Arbeitnehmer Anspruch auf die Anpassung der Vergütung, wenn diese nicht angemessen ist. Das kann z. B. der Fall sein, wenn

▸ Art und Umfang der Nutzung über das (im Sinne der Zweckmäßigkeit) erforderliche Maß hinausgehen, oder

▸ das Arbeitsentgelt spürbar unter der branchen- und marktgerechten Vergütung liegt, oder

▸ das Werk eine überobligatorische (also über den Arbeitsvertrag hinausgehende) Leistung des Arbeitnehmers darstellt, oder

▸ sich aufgrund eines nur sehr kurzen Arbeitsverhältnisses der auf Dauer angelegte Gehaltsanspruch (noch) nicht amortisiert hat.

In diesen Fällen kann der Arbeitnehmer also eine Gehaltsanpassung bis zur Höhe der angemessenen Vergütung verlangen.

WICHTIG!

Weder von dem Recht auf eine angemessene Vergütung noch auf weitere Vergütungsansprüche (im Bestsellerfall) kann im Voraus und zum Nachteil des Arbeitnehmers vertraglich abgewichen oder verzichtet werden. Die gesetzlichen Vorschriften regeln also zwingend die Mindestansprüche des Arbeitnehmers.

Eine besondere Vergütungspflicht ist auch für den Fall anzunehmen, dass der Arbeitgeber ein arbeitsvertraglich nicht geschuldetes und somit freies Werk nutzen möchte. Wenn das Werk nichts mit dem Arbeitsverhältnis zu tun hat, ist der Arbeitnehmer insoweit wie ein Betriebsfremder zu behandeln. Für die Überlassung des Werkes bzw. dessen Nutzung stehen ihm neben dem Gehalt eine angemessene Vergütung nach § 32 UrhG und (im Bestsellerfall) auf eine weitere Vergütung gem. § 32a UrhG zu.

ACHTUNG!

Neben der Vergütung nach dem UrhG können auch Vergütungsansprüche nach dem ArbNErfG entstehen (s. o. I. u. → *Arbeitnehmererfindungen*). Es ist aber davon auszugehen, dass solche Vergütungen gegeneinander anzurechnen sind, also nur die jeweils höhere Vergütung zu zahlen ist.

2. Verbleibende Rechte des Urhebers

Das Nutzungsrecht steht dem Urheber in dem auf den Arbeitgeber übertragenen Umfang nicht mehr zu. Der Arbeitnehmer behält aber sein Recht auf Urheberanerkennung und auf Urheberbenennung. Auf letzteres kann vertraglich verzichtet werden.

 Formulierungsbeispiel:
> „Der Arbeitnehmer verzichtet auf die Ausübung des Rechtes auf Nennung als Urheber der von ihm erstellten Software."

Änderungen an dem Werk sind nur mit Zustimmung des Arbeitnehmers zulässig. Er kann aber auf sein Änderungsrecht verzichten und diese Befugnis dem Arbeitgeber einräumen. Dies ist aus praktischen Gründen auch dringend zu empfehlen.

Beispiele:
> Bei dem vom Softwareentwickler hergestellten Computerprogramm muss dem Arbeitgeber die Möglichkeit verbleiben, dieses Programm geänderten Anforderungen anzupassen. Auch das vom Architekten geplante Bauwerk muss nachträglich den individuellen Ansprüchen des Bauherrn angepasst werden können.

Der Urheber kann aber nicht dazu verpflichtet werden, Entstellungen seines Werkes hinzunehmen, durch die seine berechtigten Interessen beeinträchtigt werden.

 Formulierungsbeispiel:
> „Es wird vereinbart, dass der Arbeitgeber das Recht hat, die Arbeitsergebnisse unbeschränkt und in jeder denkbaren Weise zu ändern und in gleicher Weise die Änderung zu veröffentlichen bzw. zu verwerten, soweit durch die Änderung keine Entstellung des Werkes erfolgt, die gegen die berechtigten Interessen des Arbeitnehmers verstößt."

IV. Muster:
Klausel zu Rechten an Arbeitsergebnissen

Rechte an Arbeitsergebnissen und Erfindungen

1. *Sämtliche vom Arbeitnehmer erbrachten Arbeitsergebnisse stehen dem Arbeitgeber zu und gehen vorbehaltlich der nachfolgend in dieser Ziffer X. enthaltenen Regelung in das ausschließliche Eigentum der Arbeitgeber über.*

2. *Soweit den Arbeitsergebnissen Urheberrechtsschutz zukommt, räumt der Arbeitnehmer dem Arbeitgeber das ausschließliche, unbefristete, übertragbare und in jeder Hinsicht unbeschränkte Nutzungsrecht für alle jetzt oder in Zukunft bekannten Nutzungsarten ein; auf ihre Aufzählung wird einvernehmlich verzichtet. Das Nutzungsrecht schließt auch das Recht zur Erteilung von Unterlizenzen ohne die Zustimmung des Arbeitnehmers ein. Es wird vereinbart, dass der Arbeitgeber das Recht hat, die Arbeitsergebnisse unbeschränkt und in jeder denkbaren Weise zu ändern und in gleicher Weise die Änderung zu veröffentlichen bzw. zu verwerten, soweit durch die Änderung keine Entstellung des Werkes erfolgt, die gegen die berechtigten Interessen des Arbeitnehmers verstößt. Das Gleiche gilt für etwaige Rechtsnachfolger. Die vorstehend genannten Nutzungsrechte bestehen über die Beendigung des Arbeitsverhältnisses hinaus zeitlich unbegrenzt fort. Für die Behandlung von Urheberrechten an Computerprogrammen finden die gesetzlichen Regelungen in den §§ 69a bis g Urheberrechtsgesetz ergänzend Anwendung.*

3. *Der Arbeitnehmer wird von einem etwaigen Recht auf Autorennennung keinen Gebrauch machen.*

4. *Vergütungsansprüche für Arbeitsergebnisse sind grundsätzlich mit der Arbeitsvergütung abgegolten; ein Anspruch des Arbeitnehmers auf eine Anpassung der oder die Zahlung einer weiteren Vergütung für die eingeräumten Nutzungsrechte besteht*

nicht, soweit nicht zwingende Gesetze etwas anderes vorschreiben.

5. *Nutzungsrechte für vom Arbeitnehmer außerhalb seiner Arbeitsleistung und/oder außerhalb der Arbeitszeit entwickelte Werke/Programme sind dem Arbeitgeber unverzüglich anzubieten. Zur Einbeziehung in die betriebliche Nutzung bedarf es einer gesonderten Vereinbarung. Die Nutzung von Arbeitszeit und Betriebsmitteln für solche Entwicklungen ist nur nach vorheriger Zustimmung des Arbeitgebers zulässig.*

6. *Der Arbeitnehmer verpflichtet sich, dem Arbeitgeber jede von ihm während der Dauer des Arbeitsverhältnisses gemachte Erfindung unverzüglich schriftlich zu melden. Für die Behandlung von Erfindungen und technischen Verbesserungsvorschlägen gelten die Vorschriften des Gesetzes über Arbeitnehmererfindungen in der jeweils gültigen Fassung.*

7. *Für den Fall, dass Schutzrechte im In- und Ausland für den Arbeitgeber erworben werden, ist der Arbeitnehmer zur notwendigen Mitwirkung verpflichtet.*

Urlaub

I. Begriff und Abgrenzung
1. Erholungsurlaub
2. Sonstige Arbeitsbefreiungen
3. Unbezahlter Urlaub

II. Regelung von Urlaubsfragen im Arbeitsvertrag

III. Voraussetzungen und Berechnung des Urlaubsanspruchs
1. Bestehen eines Arbeitsverhältnisses
2. Wartezeit
3. Urlaubsdauer
   3.1 Vollzeitarbeitsverhältnisse
   3.2 Teilzeitarbeitsverhältnisse
   3.3 Schichtarbeit
   3.4 Elternzeit
4. Besondere Arbeitnehmergruppen
   4.1 Jugendliche
   4.2 Schwerbehinderte Arbeitnehmer
   4.3 Urlaubskürzung bei Kurzarbeit
5. Teilurlaub
6. Übertragung auf das nächste Kalenderjahr

IV. Bearbeitung eines Urlaubsantrags
1. Inhalt des Urlaubsantrags
2. Genehmigung und Ablehnung des Urlaubs

V. Betriebsurlaub

VI. Urlaub und Kündigung

VII. Rechte des Arbeitnehmers bei abgelehntem Urlaubsantrag
1. Beschwerde beim Betriebsrat
2. Klage

VIII. Beteiligung des Betriebsrats

IX. **Selbstbeurlaubung**

X. **Widerruf des Urlaubs**

XI. **Rückforderungsverbot bei zu viel gewährtem Urlaub**

XII. **Urlaub und Krankheit**

XIII. **Erwerbstätigkeit während des Urlaubs**

XIV. **Wechsel des Arbeitsverhältnisses**
 1. Teilurlaub
 2. Urlaubseinbringung
 3. Urlaubsbescheinigung

XV. **Urlaubsentgelt**
 1. Begriff, Abgrenzung vom Urlaubsgeld
 2. Berechnung
  2.1 Grundberechnung
  2.2 Verdiensterhöhungen
  2.3 Verdienstkürzungen
 3. Auszahlungstermin

XVI. **Urlaubsgeld**

XVII. **Urlaubsabgeltung**
 1. Beendigung des Arbeitsverhältnisses
 2. Arbeitsunfähigkeit
 3. Erwerbsminderung
 4. Altersteilzeit
 5. Insolvenz
 6. Höhe der Abgeltung

XVIII. **Checkliste Urlaub**
 I. Urlaubsanspruch
 II. Erkrankung im Urlaub
 III. Urlaubsübertragung ins Folgejahr
 IV. Betriebsrat
 V. Urlaubsentgelt
 VI. Urlaubsabgeltung

XIX. **Muster: Urlaubsantrag**

I. Begriff und Abgrenzung

1. Erholungsurlaub

Urlaub im Sinne des Bundesurlaubsgesetzes ist der Anspruch des Arbeitnehmers auf Befreiung von der Arbeitspflicht für eine bestimmte Zeit (Erholungsurlaub). Die übrigen Haupt- und Nebenleistungspflichten, insbesondere die Vergütungspflicht des Arbeitgebers (Urlaubsentgelt), bleiben während der Dauer des Urlaubs unberührt.

2. Sonstige Arbeitsbefreiungen

Neben dem Anspruch auf Erholungsurlaub gibt es eine Fülle von weiteren Ansprüchen auf Arbeitsbefreiung, die teilweise im Gesetz, darüber hinaus – vor allem bei persönlichen oder familiären Anlässen – vielfach tariflich oder betrieblich geregelt sind.

Beispiele:

Bezahlte Arbeitsbefreiung bei Kur (§ 10 BUrlG, § 9 EFZG); tarifliche oder betriebliche Arbeitsbefreiung bei eigener Eheschließung, Geburtstag oder Tod naher Angehöriger, Niederkunft der Ehefrau.

WICHTIG!

Soweit tarifliche oder betriebliche Regelungen zur Arbeitsbefreiung bei persönlichen oder familiären Anlässen nicht bestehen, muss der Arbeitnehmer Erholungsurlaub beantragen.

Eine Betriebsvereinbarung über Kurzarbeit, die die Arbeitszeit auf Null verringert, befreit den Arbeitnehmer auch dann von seiner Arbeitspflicht, wenn der Arbeitgeber vor Einführung der Kurzarbeit für die Zeit der Kurzarbeit Urlaub gewährt hat. Der Urlaub muss also nachgewährt werden.

3. Unbezahlter Urlaub

Unbezahlter Urlaub – z. B. für eine längere Auslandsreise – muss immer zwischen Arbeitnehmer und Arbeitgeber gesondert vereinbart werden; die Vereinbarung sollte zweckmäßigerweise schriftlich erfolgen.

Formulierungsbeispiel:

„Auf Ihren Antrag vom .... gewähren wir Ihnen unbezahlten Urlaub vom .... bis .... Während dieser Zeit ruht das Arbeitsverhältnis. Ansprüche auf Gehalt, Entgeltfortzahlung im Krankheitsfall oder sonstige Entgeltleistungen bestehen während der Zeit des unbezahlten Urlaubs nicht. Ihre Nebenpflichten aus dem Arbeitsverhältnis, insbesondere das Verbot von Konkurrenztätigkeit, bestehen fort."

Ggf. zusätzlich: Hinweis auf die Folgen für die betriebliche Altersversorgung oder sonstige betriebliche Leistungen, etwa Jahresabschlussvergütungen, Gratifikationen, Jubiläumsgelder etc.

Ein Anspruch des Arbeitnehmers besteht nicht; es liegt also im Ermessen des Arbeitgebers, ob und wie lange er unbezahlten Urlaub gewährt.

WICHTIG!

Einen Monat nach Unterbrechung des aktiven Arbeitsverhältnisses erlischt bei Pflichtversicherten die Mitgliedschaft in der gesetzlichen Krankenversicherung. Der Arbeitnehmer muss sich also selbst um Krankenversicherungsschutz bemühen.

Formulierungsbeispiel:

„Wir weisen Sie darauf hin, dass mit Ablauf eines Monats nach Beginn des unbezahlten Urlaubs Ihre Mitgliedschaft in der gesetzlichen Krankenversicherung endet. Bitte tragen Sie daher für die Sicherstellung entsprechenden Krankenversicherungsschutzes Sorge."

II. Regelung von Urlaubsfragen im Arbeitsvertrag

Wenn Urlaubsfragen im Arbeitsvertrag geregelt werden sollen, ist Folgendes zu beachten:

- Zunächst ist der einschlägige Tarifvertrag heranzuziehen. Denn von den Bestimmungen des Tarifvertrags kann im Arbeitsvertrag nicht zuungunsten des Arbeitnehmers abgewichen werden.

- Soweit der Tarifvertrag keine Regelungen enthält (oder ein Tarifvertrag nicht besteht), gelten – wenn vorhanden – die betrieblichen Regelungen (Betriebsvereinbarungen, Anweisungen, Rundschreiben, Aushänge), wobei im Rahmen dieser betrieblichen Regelungen wiederum zuungunsten des Arbeitnehmers weder von den Bestimmungen eines einschlägigen Tarifvertrages noch von den Regelungen des BUrlG abgewichen werden kann. Zum Mitbestimmungsrecht des Betriebsrats bei betrieblichen Regelungen s. u. VII.

ACHTUNG!

Sofern solche betrieblichen Regelungen für alle Arbeitnehmer oder bestimmte Gruppen bestehen, hat der Einzelne Anspruch darauf, gemäß diesen Regelungen behandelt zu werden (Gleichbehandlungsgrundsatz).

▶ Schließlich ist bei der Regelung von Urlaubsfragen im Arbeitsvertrag das BUrlG zu beachten. Es enthält – neben weiteren Vorschriften – den Anspruch der Arbeitnehmer auf den gesetzlichen Mindesturlaub von 24 Werktagen (einschließlich der Samstage). Auch von den Vorschriften des BUrlG kann im Arbeitsvertrag nicht zuungunsten des Arbeitnehmers abgewichen werden.

ACHTUNG!
Von den Vorschriften des BUrlG kann weder durch betriebliche Regelungen noch durch Arbeitsvertrag zum Nachteil des Arbeitnehmers abgewichen werden.

Der über den gesetzlichen und tariflichen Urlaub hinausgehende vertraglich gewährte Urlaub kann inhaltlich weitgehend frei ausgestaltet werden. Dies setzt voraus, dass im Vertrag klar zwischen dem gesetzlichen und dem vertraglichen Urlaub differenziert wird.

Formulierungsbeispiel:
Der gesetzliche Mindesturlaub beträgt derzeit 20 Arbeitstage. Zusätzlich hierzu erhält der Arbeitnehmer einen vertraglichen Zusatzurlaub von acht Arbeitstagen. Sollte sich der gesetzliche Mindesturlaubsanspruch erhöhen, vermindert sich der vertragliche Zusatzurlaub in demselben Maße.

Der Arbeitgeber kann neben den gesetzlichen Ansprüchen vertragliche Ansprüche begründen, z. B. auf Gewährung oder Abgeltung bereits verfallenen Urlaubs (BAG v. 18.10.2011, Az. 9 AZR 303/10). Die auf den Zusatzurlaub bezogenen Regelungen müssen aber bei Formulararbeitsverträgen einer Inhaltskontrolle standhalten, d. h. sie müssen klar formuliert sein und dürfen den Arbeitnehmer nicht ungemessen benachteiligen. So können etwa Regelungen über die Verminderung des Zusatzurlaubs bei langandauernder Krankheit getroffen werden (zum Verfall des Urlaubsanspruchs s. u. XII.2).

Formulierungsbeispiel:
Der Zusatzurlaub vermindert sich für jeden vollen Monat, in dem der Arbeitnehmer arbeitsunfähig erkrankt war und keinen Anspruch auf Entgeltfortzahlung hatte, um ein Zwölftel.

Auch für die Abgeltung des Zusatzurlaubs können Regelungen getroffen werden.

Formulierungsbeispiel:
Der Arbeitnehmer hat keinen Anspruch auf Abgeltung des vertraglichen Zusatzurlaubs, wenn er durch Eigenkündigung oder durch arbeitgeberseitige Kündigung aus verhaltensbedingten Gründen ausgeschieden ist.

III. Voraussetzungen und Berechnung des Urlaubsanspruchs

1. Bestehen eines Arbeitsverhältnisses

Anspruchsberechtigt sind alle Arbeitnehmer und die zu ihrer Berufsausbildung Beschäftigten (Auszubildende, Umschüler, Volontäre, → Praktikanten). Arbeitnehmer sind auch Aushilfs- und Teilzeitkräfte sowie die in Ferienarbeit und → Nebentätigkeit Beschäftigten. Rentenansprüche (z. B. Erwerbsunfähigkeitsrente) hindern die Entstehung des Urlausanspruchs nicht, ebenso wenig die Teilnahme an Maßnahmen der Arbeitsbeschaffung. In Fällen der → Arbeitnehmerüberlassung besteht das Arbeitsverhältnis zum Verleiher, daher schuldet dieser den Urlaub.

Während eines Wiedereingliederungsverhältnisses gemäß § 74 SGB V, in dem der Arbeitnehmer nach langer andauernder Erkrankung beschäftigt wird, entstehen keine Urlaubsansprüche, ebensowenig bei einem Ruhen des Arbeitsverhältnisses auf Initiative des Arbeitnehmers (LAG Schleswig-Holstein v. 21.6.2012, Az. 5 Sa 80/12).

2. Wartezeit

Der volle Urlaubsanspruch wird erstmals nach Ablauf einer sechsmonatigen Wartezeit (berechnet gemäß §§ 187 Abs. 2, 188 Abs. 2 BGB) erworben. Dies bedeutet, dass abgesehen von den Fällen des Teilurlaubs ein Urlaubsanspruch überhaupt erst nach sechs Monaten entsteht, dann aber in voller Höhe.

Beispiel:
Beginn des Arbeitsverhältnisses am 15.11. → Entstehen des vollen Urlaubsanspruchs am 15.5.

Die Rechtswirkungen der erfüllten Wartezeit sollen auch dann eintreten, wenn der Arbeitnehmer gleichzeitig mit Erfüllung der Wartezeit ausscheidet (z. B. Bestehen des Arbeitsverhältnisses vom 1.2. bis 31.7.). Auf die Wartezeit angerechnet werden Ausbildungszeiten, die unmittelbar vor Beginn des Arbeitsverhältnisses beim selben Arbeitgeber zurückgelegt wurden. Nicht angerechnet werden dagegen sonstige Vordienstzeiten, d. h. wenn der Arbeitnehmer beim selben Arbeitgeber bereits früher einmal beschäftigt war (die Anrechnung kann jedoch arbeitsvertraglich vereinbart werden).

Für den Lauf der Wartefrist ist nicht erforderlich, dass tatsächlich gearbeitet wurde; Krankheitszeiten (selbst vom ersten Tag des rechtlichen Bestehens des Arbeitsverhältnisses an) oder sonstige Zeiten, zu denen nicht gearbeitet wurde, dienen also ebenso der Erfüllung der Wartezeit wie Zeiten des Ruhens des Arbeitsverhältnisses. Im Falle des Betriebsübergangs gemäß § 613a BGB werden beim Veräußerer zurückgelegte Wartezeiten angerechnet.

Die Erfüllung der Wartezeit ist nur bei Beginn des Arbeitsverhältnisses Voraussetzung für die Entstehung des vollen Urlaubsanspruchs; in den Folgejahren kommt es auf die Wartezeit nicht an.

3. Urlaubsdauer

3.1 Vollzeitarbeitsverhältnisse

Die Höhe des jährlichen Urlaubsanspruchs ergibt sich in aller Regel aus dem anwendbaren Tarifvertrag. In jedem Fall besteht Anspruch auf den gesetzlichen Mindesturlaub nach dem Bundesurlaubsgesetz von 24 Werktagen (einschließlich der Samstage). Bei weniger Arbeitstagen in der Woche ist die Gesamtdauer des Urlaubs durch 6 zu teilen und mit der für den Arbeitnehmer maßgebenden Anzahl der Arbeitstage in der Woche zu multiplizieren; bei einer Fünf-Tage-Woche ergibt sich also ein Mindesturlaubsanspruch von 20 Arbeitstagen.

3.2 Teilzeitarbeitsverhältnisse

Bei Teilzeitarbeitsverhältnissen ergeben sich keine Schwierigkeiten, wenn an allen fünf Tagen der Woche gearbeitet wird: Auch hier beträgt der Urlaubsanspruch 20 Arbeitstage.

Ist hingegen die Arbeitszeit auf weniger als fünf Arbeitstage in der Woche verteilt oder wird – z. B. bei rollierenden Systemen – nicht an allen Tagen gearbeitet, muss eine Umrechnung erfolgen. Bei dieser Umrechnung muss stets das gesetzliche Ziel beachtet werden, dem Arbeitnehmer vier Wochen Urlaub zu gewähren.

Auch bei einer Fünftagewoche muss diese Umrechnung erfolgen, denn der Sonnabend ist ein Werktag. Der gesetzliche Anspruch von 24 Werktagen Urlaub wird daher bei einer regelmäßigen Fünftagewoche nach der Formel: 24 (Gesamtanspruch an Werktagen) : 6 (Werktage in einer Woche) × 5 (tatsächliche Wochenarbeitstage) ermittelt. Hierbei ist der Arbeitnehmer für 20 Tage von der Arbeitsleistung freizustellen, was wiederum zu vier Wochen Erholungsurlaub führt. Bei einer geringeren Anzahl von Arbeitstagen mit dieser zu multiplizieren. Durch Tarifvertrag kann eine andere Berechnungsmethode gewählt werden. Dadurch darf der gesetzliche Mindesturlaub aber nicht unterschritten werden. Sonn- und Feiertage werden nicht auf den Urlaub angerechnet. Eine Ausnahme gilt nur, wenn der Arbeitnehmer regelmäßig an solchen Tagen zur Arbeit verpflichtet ist. Handelt es sich um einen regionalen Feiertag, ist das Feiertagsrecht am Sitz des Betriebes maßgeblich, nicht das des Arbeitsortes.

Bei einer unregelmäßigen Arbeitszeit ist die gesetzliche bzw. tarifliche oder einzelvertragliche Urlaubsdauer anzusetzen geteilt durch die Jahreswerktage (oder bei einem auf Arbeitstage bezogenen Urlaubsanspruch durch die Jahresarbeitstage) multipliziert mit den Tagen, an denen der Arbeitnehmer zur Arbeit verpflichtet ist.

Beispiel:

Mit dem Arbeitnehmer ist ein Jahresurlaub von 30 Arbeitstagen und eine wöchentliche Arbeitszeit von 19 Stunden vereinbart, die dieser in Absprache mit seinem Vorgesetzten wöchentlich alternierend an zwei bzw. drei Arbeitstagen, jeweils in der Zeit von Montag bis Freitag, einbringen soll.

Lösung:

$$\frac{30 \text{ (Arbeitstage Jahresurlaub)}}{52 \text{ (Wochen)} \times 5 \text{ (regelm. Arbeitstage)}} \times 52 \text{ (Wochen)} \times 2{,}5 \text{ (individuelle Arbeitstage)} = 15 \text{ Urlaubstage}$$

wobei regelm. Arbeitstage = Anzahl der Arbeitstage einer Vollzeitkraft pro Woche

individuelle Arbeitstage = durchschnittliche Anzahl der Arbeitstage der Teilzeitkraft pro Woche

WICHTIG!
Geht der Arbeitnehmer von der Vollzeitbeschäftigung in eine Teilzeitbeschäftigung über, bleibt ihm der bis dahin erworbene Urlaubsanspruch voll bestehen (EuGH v. 22.4.2010, Az. C 486/08).

3.3 Schichtarbeit

Besondere Urlaubsregelungen können durch Tarifverträge für Schichtarbeit getroffen werden. Wenn der nach dem BUrlG vorgeschriebene Mindesturlaub unberührt bleibt, können sie für Arbeitnehmer in einer Schichtplanung, die alle Wochentage umfasst, ein „gemischtes" System von Urlaubs- und Freischichttagen schaffen. Dabei kann als Zeiteinheit der Kalendertag herangezogen werden, um die Berechnung zu vereinfachen. Die Erfüllung eines Anspruchs auf Erholungsurlaub setzt voraus, dass der Arbeitnehmer durch sog. Freistellungserklärung des Arbeitgebers zu Erholungszwecken von seiner sonst bestehenden Arbeitspflicht befreit wird. Gewährt der Arbeitgeber hingegen „Freischichttage", erfüllt er lediglich Ansprüche auf Zeitausgleich (BAG v. 19.1.2010, Az. 9 AZR 246/09). Daher muss in diesen Fällen die Formulierung sehr sorgfältig gewählt werden.

3.4 Elternzeit

Der Arbeitgeber kann den Erholungsurlaub für jeden vollen Kalendermonat, den der Arbeitnehmer sich in → *Elternzeit* befindet, um ¹/₁₂ kürzen.

ACHTUNG!
Anders als für die Berechnung des Teilurlaubs kommt es für die Kürzungsmöglichkeit bei Elternzeit auf den Kalendermonat an.

Die Kürzungsmöglichkeit besteht nicht, wenn der Arbeitnehmer bei seinem Arbeitgeber während der Elternzeit → *Teilzeitarbeit* leistet (§ 15 Abs. 4 BEEG). Auf den Umfang der Teilzeitarbeit kommt es nicht an, sodass im Extremfall ein Tag Arbeit zur Aufrechterhaltung des Urlaubsanspruchs für diesen Monat führt. Hat der Arbeitnehmer den ihm zustehenden Urlaub vor Beginn der Elternzeit nicht oder nicht vollständig erhalten, muss der Arbeitgeber den Resturlaub nach der Elternzeit im laufenden oder im nächsten Urlaubsjahr gewähren (§ 17 Abs. 2

BEEG) und bei Beendigung des Arbeitsverhältnisses während oder mit Ende der Elternzeit abgelten (§ 17 Abs. 3 BEEG).

TIPP!
Da sich mehrere Perioden der Elternzeit aneinander anschließen können und die Geltendmachung von Resturlaubs- oder Abgeltungsansprüchen daher möglicherweise erst nach einigen Jahren erfolgt, sind hier die Urlaubskonten besonders sorgfältig aufzuheben. Der vor der ersten Elternzeit liegende Anspruch auf Erholungsurlaub wird auf die Zeit nach einer weiteren Elternzeit übertragen, die sich unmittelbar an die frühere Elternzeit anschließt.

Wenn der Arbeitnehmer vor dem Beginn der Elternzeit mehr Urlaub erhalten hat, als ihm nach dem o. g. Zwölftelungsprinzip zusteht, kann der Arbeitgeber den Urlaub nach dem Ende der Elternzeit kürzen (§ 17 Abs. 4 BEEG).

4. Besondere Arbeitnehmergruppen

4.1 Jugendliche

Für den Urlaub Jugendlicher enthält § 19 JArbSchG Sondervorschriften vor allem hinsichtlich der Urlaubsdauer:

Alter am 1.1. des Kalenderjahres	Urlaub für dieses Kalenderjahr
15 Jahre	30 Werktage
16 Jahre	27 Werktage
17 Jahre	25 Werktage

Stichtag ist jeweils der 1. Januar; wer also am 1. Januar oder früher 18 Jahre alt wird, hat für dieses Urlaubsjahr keinen Anspruch nach dem JArbSchG mehr.

Der Urlaub soll Berufsschülern in der Zeit der Berufsschulferien gegeben werden, andernfalls ist für jeden Tag, an dem die Berufsschule während des Urlaubs besucht wird, ein weiterer Urlaubstag zu gewähren. Im Übrigen gelten auch für Jugendliche die Vorschriften des BUrlG mit der Besonderheit, dass in Tarifverträgen hiervon nicht zum Nachteil der Jugendlichen abgewichen werden kann.

4.2 Schwerbehinderte Arbeitnehmer

→ *Schwerbehinderte* Arbeitnehmer haben gemäß § 125 SGB IX Anspruch auf zusätzlichen Urlaub von fünf Arbeitstagen im Kalenderjahr; arbeiten sie regelmäßig an mehr oder weniger als an fünf Arbeitstagen in der Kalenderwoche, erhöht oder vermindert sich der Anspruch entsprechend. Dieser Urlaubsanspruch tritt zu dem normalen Anspruch hinzu, den der Arbeitnehmer sonst auch hätte. Der Zusatzurlaub entsteht bei Vorliegen der Schwerbehinderteneigenschaft; darauf, ob sie bereits behördlich festgestellt oder der Feststellungsbescheid dem Arbeitgeber bekannt ist, kommt es nicht an. Im Übrigen folgt der Zusatzurlaub in seinem Entstehen und Erlöschen denselben Regeln wie der Urlaubsanspruch nach dem BUrlG. Gem. § 125 Abs. 2 Satz 1 SGB IX entsteht der Anspruch nur anteilig, wenn die Schwerbehinderteneigenschaft erst während des laufenden Jahres eintritt. Damit hat der Gesetzgeber eine frühere Rechtsprechung des BAG korrigiert.

4.3 Urlaubskürzung bei Kurzarbeit

Der Anspruch auf bezahlten Jahresurlaub kann bei in einem Sozialplan vereinbarter Kurzarbeit entsprechend gekürzt werden. Die Betriebspartner können einen Sozialplan vereinbaren, wonach der Anspruch eines Kurzarbeiters auf bezahlten Jahresurlaub im Verhältnis zur Arbeitszeitverkürzung gekürzt wird, insbesondere wenn ein Teil des Jahres gar nicht gearbeitet wird (Kurzarbeit Null). Die Rechtsprechung des Europäischen Gerichtshofes zur Aufrechterhaltung des Mindesturlaubsanspruchs bei längerer Arbeitsunfähigkeit sind auf die Kurzarbeit nicht übertragbar (EuGH v. 8.11.2012, Az. C 229/11).

5. Teilurlaub

In den Fällen, in denen der Arbeitnehmer mangels Erfüllung der Wartezeit den vollen Urlaubsanspruch nicht mehr erwerben kann, hat er gemäß § 5 Abs. 1 Buchst. a BUrlG einen Anspruch auf Teilurlaub (zu den übrigen gesetzlichen Fällen des Teilurlaubs s. u. XIV.1.). Dies ist der Fall, wenn er im laufenden Urlaubsjahr nach dem 30.6. eintritt.

Der Teilurlaub beträgt $\frac{1}{12}$ des Jahresurlaubs für jeden Monat des Bestehens des Arbeitsverhältnisses. Es muss sich nicht um volle Monate handeln; angefangene Monate bleiben außer Betracht.

Beispiele:

Das Arbeitsverhältnis bestand vom 15.12 bis 14.3. des Folgejahres → Anspruch auf ¼ des Jahresurlaubs.

Das Arbeitsverhältnis bestand vom 15.12 bis 13.4. des Folgejahres → Anspruch auf ¼ des Jahresurlaubs.

Scheidet der Arbeitnehmer mit dem 30.6. aus, hat er nur einen Anspruch auf Teilurlaub. Ergeben sich Bruchteile von Urlaubstagen, die mindestens einen halben Tag ergeben, ist auf volle Urlaubstage aufzurunden (§ 5 Abs. 2 BUrlG); wenn die Bruchteile weniger als einen halben Tag ergeben, ist der Urlaub stundenweise zu gewähren oder abzugelten.

Der Teilurlaub muss erst gewährt werden, wenn feststeht, dass der volle Urlaubsanspruch nicht mehr entsteht.

Der Teilurlaub wird auf Verlangen des Arbeitnehmers, das auch mündlich erklärt werden kann und keiner Begründung bedarf, auf das (gesamte) folgende Kalenderjahr übertragen (§ 7 Abs. 3 Satz 4 BUrlG). Versäumt der Arbeitnehmer dieses Verlangen, erfolgt eine Übertragung lediglich gemäß § 7 Abs. 3 Satz 2 BUrlG mit der Folge, dass dieser Teilurlaub in den ersten drei Kalendermonaten des Folgejahres gewährt und genommen werden muss.

6. Übertragung auf das nächste Kalenderjahr

Grundsätzlich ist der Urlaub auf das Kalenderjahr befristet, d. h., Urlaub, der bis zum Jahresende nicht gewährt und genommen wurde, verfällt ersatzlos (BAG v. 10.7.2012, Az. 9 AZR 11/11). Wenn der Arbeitnehmer im ersten Jahr der Beschäftigung noch keinen vollen Urlaubsanspruch erworben hat, kann er ohne besondere Voraussetzungen die Übertragung in das nächste Kalenderjahr verlangen (§ 7 Abs. 3 Satz 4 BUrlG). Dieses Verlangen muss jedoch in dem Kalenderjahr gestellt werden, in dem der Teilurlaubsanspruch entstanden ist. Der bloße Verzicht auf das Stellen eines Urlaubsantrags reicht nicht aus. In diesem Fall verfällt der Anspruch mit dem Ende des Urlaubsjahres.

Beispiel:

Der Arbeitnehmer fängt am 1.10.2009 an. Bis zum Jahresende erwirbt er $^3/_{12}$ seines Urlaubsanspruchs. Wenn er bis zum 31.12.2009 die Übertragung verlangt, kann er ihn irgendwann im gesamten Jahr 2010 nehmen, ist also nicht an die ersten drei Monate gebunden. Unterlässt er dies aber, kann er nur noch seinen Urlaub für 2010 verlangen.

Ansonsten, also bei einem bereits entstandenen Vollurlaub, kommt eine Übertragung lediglich bei dringenden betrieblichen oder in der Person des Arbeitnehmers liegenden Gründen in Betracht, und dies nur auf das erste Quartal des nächsten Kalenderjahres (§ 7 Abs. 3 Satz 2 BUrlG). Der Arbeitnehmer ist darlegungs- und beweispflichtig für das Bestehen der Voraussetzungen der Übertragung.

Dringende betriebliche Gründe liegen vor, wenn die Sicherstellung oder Aufrechterhaltung eines ordnungsgemäßen Betriebsablaufs ursächlich für die Nichtgewährung des Urlaubs war.

Beispiele:

Inventur- oder sonstige Jahresschlussarbeiten; besonders reges Jahresendgeschäft; Installation neuer Produktionsmaschinen; krankheitsbedingte Ausfälle anderer Arbeitnehmer.

In der Person des Arbeitnehmers liegende Gründe können alle aus seinen persönlichen Verhältnissen sich ergebenden Umstände sein.

Beispiele:

Krankheit, Durchführung eines Familienurlaubs.

Liegen die Voraussetzungen für eine Übertragung vor, so erfolgt diese auch ohne entsprechenden Antrag des Arbeitnehmers. Der übertragene Urlaub ist in den ersten drei Monaten des Folgejahres zu gewähren und zu nehmen (§ 7 Abs. 3 Satz 3 BUrlG). Am 31.3. des Folgejahres verfällt der übertragene Urlaub also ersatzlos, gleich aus welchem Grund er nicht gewährt und genommen worden ist.

Beispiel:

Der Arbeitnehmer ist vom 15.2. bis 15.4. erkrankt. Ein aus dem Vorjahr übertragener Urlaub, der bis zum 15.2. noch nicht genommen ist, verfällt am 30.3.

Allerdings können die Tarifvertragspartner sowie wohl auch (offen gelassen in der Entscheidung des BAG v. 7.8.2012, Az. 9 AZR 760/10) Arbeitnehmer und Arbeitgeber – auch mündlich – eine längere Übertragung vereinbaren. Es kann auch Gegenstand einer betrieblichen Übung sein, die Übertragung auf das gesamte Folgejahr zu ermöglichen.

Unabhängig davon kann der Urlaub auch nach Ablauf des Übertragungszeitraums noch verlangt werden, wenn der Arbeitgeber den Urlaubsantrag grundlos ablehnt. Kann der Urlaub dann wegen der Beendigung des Arbeitsverhältnisses nicht mehr gewährt werden, ist er abzugelten. Der Schadensersatzanspruch auf Ersatzurlaubsgewährung unterliegt der regelmäßigen dreijährigen Verjährungsfrist.

IV. Bearbeitung eines Urlaubsantrags

1. Inhalt des Urlaubsantrags

In aller Regel wird der Arbeitgeber ein Formular zur schriftlichen Beantragung und Genehmigung von Erholungsurlaub verwenden (Muster s. u. XIX.).

TIPP!
Es sollte eindeutig geregelt werden, wer der für den Mitarbeiter zuständige Ansprechpartner in allen Urlaubsfragen ist (z. B. Vorgesetzter, namentlich benannter Sachbearbeiter der Personalabteilung).

Der Urlaubsantrag des Arbeitnehmers muss folgende eindeutige Angaben enthalten:

▶ Zeitraum (unter Angabe des ersten und des letzten Urlaubstags);

▶ die Angabe, dass Erholungsurlaub begehrt wird. Dies ist u. a. von Bedeutung, um späteren Streitigkeiten über den Grund der Abwesenheit vorzubeugen (etwa bei der Behauptung, es hätten auch die Voraussetzungen für eine bezahlte Abwesenheit aus sonstigen Gründen, z. B. Kur, vorgelegen).

Es kann sinnvoll sein, darüber hinaus im Urlaubsantrag Angaben vorzusehen

▶ über den für das laufende Urlaubsjahr noch bestehenden Resturlaub;

▶ über besondere soziale Gesichtspunkte, nach denen die Urlaubswünsche des beantragenden Arbeitnehmers gegenüber den Urlaubswünschen anderer Arbeitnehmer vorrangig zu berücksichtigen sind;

- über den Tag des Dienstantritts nach Urlaubsende;
- über die Erreichbarkeit des Arbeitnehmers in Notfällen während des Urlaubs;
- über die Vertretung des Arbeitnehmers während des Urlaubs;
- bei Urlaubsübertragung: warum dringende betriebliche oder in der Person des Arbeitnehmers liegende Gründe eine Übertragung des beantragten Urlaubs auf das nächste Kalenderjahr rechtfertigen (s. o. III.6.).

Der Urlaubsantrag ist nach Bearbeitung zur Personalakte zu nehmen.

2. Genehmigung und Ablehnung des Urlaubs

Der Arbeitgeber hat den Urlaub durch Festlegung des Urlaubszeitpunkts zu gewähren. Eine wirksame Urlaubsgewährung setzt voraus, dass für den Arbeitnehmer im Vorhinein erkennbar ist, an welchen Tagen und für welchen Zeitraum er von seiner Arbeitspflicht befreit ist (LAG Köln v. 21.6.2010, Az. 5 Sa 288/10).

Urlaubswünsche des Arbeitnehmers muss er berücksichtigen. Dies gilt dann nicht, wenn dem Urlaubswunsch

- Urlaubswünsche anderer Arbeitnehmer, die unter sozialen Gesichtspunkten den Vorrang verdienen, entgegenstehen oder
- dringende betriebliche Belange, deren Nichtberücksichtigung zu Betriebsablaufstörungen führen würden, entgegenstehen. Diese entgegenstehenden Belange müssen vom Arbeitgeber dargelegt werden (§ 7 Abs. 1 Satz 1 BUrlG). Der Urlaub ist zwingend zu gewähren, wenn es der Arbeitnehmer im Anschluss an eine Maßnahme der medizinischen Vorsorge oder Rehabilitation verlangt (§ 7 Abs. 1 Satz 2 BUrlG).

 **TIPP!**
Bereits im Urlaubsantrag sollte abgefragt werden, ob der Arbeitnehmer soziale Gesichtspunkte geltend machen will, unter denen sein Urlaubswunsch gegenüber anderen Arbeitnehmern vorrangig zu berücksichtigen ist.

Beispiele:
Vorrangige Urlaubswünsche anderer Arbeitnehmer: Schulferien bei Arbeitnehmern mit schulpflichtigen Kindern; Urlaub im Anschluss an eine Kur im Sinne des § 7 Abs. 1 Satz 2 BUrlG; Urlaub zum Zweck der Fortbildung, insbesondere bei Prüfungen.

Entgegenstehende dringende betriebliche Belange: Personalengpass; in der Zeit des Urlaubs wird eine neue Maschine geliefert, die nur der den Urlaub beantragende Arbeitnehmer einrichten kann; Arbeitnehmer ist Spezialist in einem Projekt, das ohne seine Mitarbeit zum gegenwärtigen Zeitpunkt zum Erliegen käme.

Wenn mehrere Arbeitnehmer für ihre zeitgleichen Urlaubswünsche soziale Gesichtspunkte geltend machen, ist insofern eine Auswahlentscheidung des Arbeitgebers nach billigem Ermessen erforderlich. Hierfür gelten die Grundsätze des → *Direktionsrechts*.

Formulierungsbeispiel:
„Leider können wir den von Ihnen beantragten vierwöchigen Urlaub nicht im gewünschten Zeitraum genehmigen. Die einzig mögliche Vertretung für Ihren Arbeitsplatz ist Ihre Kollegin K, die für uns wegen ihrer Einbindung in das X-Projekt in diesem Jahr zusammenhängend nur einmal für zwei Wochen abkömmlich ist. Frau K hat den nachvollziehbaren Wunsch, diese beiden Wochen mit ihren zwei schulpflichtigen Kindern in deren Ferienzeit (vom .... bis ....) zu verbringen. Dem Urlaubswunsch von Frau K gebührt daher in diesem Fall der Vorrang. Bitte teilen Sie uns mit, ob Sie Ihren Urlaub in den verbleibenden beiden Wochen wie von Ihnen beantragt nehmen möchten."

Der Urlaub ist aus gesundheitspolitischen Gründen grundsätzlich zusammenhängend zu gewähren, es sei denn, dass drin-

gende betriebliche oder in der Person des Arbeitnehmers liegende Gründe eine Teilung erforderlich machen (§ 7 Abs. 2 Satz 1 BUrlG). Der Wunsch des Arbeitnehmers auf einen geteilten Urlaub ist als ein in der Person des Arbeitnehmers liegender Grund im Sinne von § 7 Abs. 2 Satz 1 anzusehen. Ist aus diesen Gründen eine Teilung des Urlaubs erforderlich, muss – bei entsprechend ausreichendem Anspruch des Arbeitnehmers – einer der Urlaubsteile mindestens zwölf aufeinander folgende Werktage (einschließlich der Samstage) umfassen (§ 7 Abs. 2 Satz 2 BUrlG). Hiervon kann allerdings einvernehmlich (also nicht durch einseitige Weisung des Arbeitgebers!) zuungunsten des Arbeitnehmers abgewichen werden (§ 13 Abs. 1 Satz 3 BUrlG).

Beispiel:
Die Arbeitnehmerin ist zusammen mit einer Kollegin in der Telefonzentrale tätig; beide haben sich gegenseitig zu vertreten, eine anderweitige Vertretung ist betrieblich nicht möglich. Beide haben einen Urlaubsanspruch von 30 Werktagen und beide beantragen Urlaub vom 1. bis 30.9. Während die Kollegin bereit ist, ihren 30-tägigen Urlaub erst am 8.9. anzutreten, beharrt die Arbeitnehmerin auf Ihrem Wunsch.

Da ein Einvernehmen mit der Arbeitnehmerin über eine weitere Aufteilung ihres Urlaubs nicht erreicht werden kann, muss ihr zumindest für zwölf aufeinander folgende Werktage (1.9. bis 14.9.) Urlaub gewährt werden.

Der Arbeitgeber macht sich schadensersatzpflichtig, wenn er den Urlaub trotz Geltendmachung überhaupt nicht oder ohne hinreichende Gründe nicht zum beantragten Zeitpunkt erteilt.

Beispiel:
Der Arbeitnehmer hat für den beantragten Urlaubszeitraum im August bereits eine Reise gebucht. Der Arbeitgeber lehnt den Antrag ab, da er der Meinung ist, dass der Arbeitnehmer in diesem Jahr einmal zu einem anderen Zeitpunkt Urlaub nehmen solle, weil er schon in den letzten Jahren immer im August gegangen sei; weitere (sachliche) Gründe hat der Arbeitgeber nicht.

Hier macht sich der Arbeitgeber schadensersatzpflichtig; der zu ersetzende Schaden besteht (mindestens) in den Stornokosten für die Reise.

V. Betriebsurlaub

Grundsätzlich möglich, z. B. für Zeiten von Rohstoff- oder Auftragsmangel, ist die Festlegung eines Betriebsurlaubs, zu dem der gesamten oder Teilen der gesamten Belegschaft einheitlich Urlaub erteilt wird (zur Mitbestimmung des Betriebsrats s. u. VIII.). Auch in diesen Fällen sind jedoch die Interessen der Arbeitnehmer hinsichtlich der Lage und Dauer des Betriebsurlaubs ausreichend zu berücksichtigen. Es ist z. B. unzulässig, den Betriebsurlaub immer in vollem Umfang in die Wintermonate zu verlegen.

VI. Urlaub und Kündigung

Grundsätzlich kann der Arbeitgeber dem Arbeitnehmer den Resturlaub in der Kündigungsfrist gewähren. Dieser kann nicht auf einer Urlaubsabgeltung bestehen, da die tatsächliche Gewährung des Urlaubs grundsätzlich den Vorrang hat. Auch durch eine Freistellung während der Kündigungsfrist kann der Urlaubsanspruch erfüllt werden. Dies setzt aber voraus, dass der Arbeitgeber eindeutig erklärt, diese erfolge in Anrechnung auf den Urlaubsanspruch. Die Freistellung muss unwiderruflich erfolgen. Zwischenzeitlich wurden Bedenken geäußert, nach denen die unwiderrufliche Freistellung zu sozialversicherungsrechtlichen Problemen führen könnte. Diese sind jedoch unbegründet.

Wenn die Kündigungsfrist über das Jahresende hinausgeht, muss der Arbeitgeber erklären, für welches Kalenderjahr er Urlaub gewährt. Ansonsten wird nur der Urlaub für das laufende Jahr gewährt, der Rest muss abgegolten werden (BAG v. 17.5.2011, Az. 9 AZR 189/10).

Formulierungsbeispiel:
Wir stellen Sie bis zum Ablauf der Kündigungsfrist unwiderruflich von der Arbeitsleistung frei. Diese Freistellung erfolgt unter Anrechnung Ihrer Urlaubsansprüche für das laufende und das folgende Urlaubsjahr sowie eventueller sonstiger Ansprüche auf Freizeitgewährung.

Der Urlaub kann auch vorsorglich für den Fall gewährt werden, dass eine ordentliche oder außerordentliche Kündigung das Arbeitsverhältnis nicht auflöst. Nur bei einer krankheitsbedingten Arbeitsunfähigkeit des Arbeitnehmers gilt dies nicht. Die Kündigungsschutzklage stellt nicht zugleich eine Aufforderung zur Urlaubsgewährung dar (BAG v. 13.12.2011, Az. 9 AZR 420/10).

Wenn das Gericht eine Kündigung für unwirksam erklärt hat und der Arbeitnehmer zwischenzeitlich ein neues Arbeitsverhältnis eingegangen ist, muss der bisherige Arbeitgeber auch die Urlaubsansprüche erfüllen, die während des Kündigungsschutzverfahrens entstanden sind. Wenn der neue Arbeitgeber in der Zeit Urlaub gewährt hat, ist dieser nur dann anzurechnen, wenn der Arbeitnehmer die Pflichten aus beiden Arbeitsverhältnissen nicht gleichzeitig hätte erfüllen können (BAG v. 21.2.2012, Az. 9 AZR 487/10).

Beispiel:
Der Arbeitgeber hat zum 31.12. gekündigt. Am 1.2. geht er ein neues Vollzeitarbeitsverhältnis ein. Das Arbeitsgericht entscheidet am 30.6., dass die Kündigung unwirksam ist. Der Arbeitnehmer kann sich nun gem. § 12 Satz 1 KSchG von dem bisherigen Arbeitsverhältnis lossagen, d. h. mit dem Zugang dieser Erklärung erlischt das alte Arbeitsverhältnis. Er kann aber auch das neue Arbeitsverhältnis ordentlich kündigen und das alte fortsetzen. Auf jeden Fall sind im ersten Halbjahr Urlaubsansprüche beim alten Arbeitgeber begründet worden, auch wenn er dort nicht gearbeitet hat. Wenn ihm der neue Arbeitgeber in der Zeit Urlaub gewährt hat, muss er sich dies aber anrechnen lassen. Anders wäre es, wenn er beim alten und beim neuen Arbeitgeber jeweils in einem Halbtagsarbeitsverhältnis stünde.

VII. Rechte des Arbeitnehmers bei abgelehntem Urlaubsantrag

1. Beschwerde beim Betriebsrat

Zunächst kann sich der Arbeitnehmer im Rahmen seines Beschwerderechts gemäß § 85 Abs. 1 BetrVG an den Betriebsrat wenden, wenn er glaubt, ein Urlaubsantrag sei zu Unrecht abgewiesen worden. Der Betriebsrat wird, wenn er die → *Beschwerde* für berechtigt erachtet, beim Arbeitgeber auf Abhilfe hinwirken. Erzwingen kann der Betriebsrat eine abweichende Entscheidung des Arbeitgebers im Rahmen dieses „Beschwerdeverfahrens" jedoch nicht (anders, wenn der Betriebsrat sein Mitbestimmungsrecht gem. § 87 Abs. 1 Nr. 5 BetrVG geltend macht, s. u. VIII.).

2. Klage

Unabhängig von einem Tätigwerden des Betriebsrats kann der Arbeitnehmer den Urlaub durch Klage gerichtlich geltend machen, wenn der Arbeitgeber den Urlaubsantrag nicht oder nicht in vollem Umfang genehmigt oder der Arbeitnehmer die Urlaubsfestlegung des Arbeitgebers für unbillig hält. In Anbetracht der Dauer der Arbeitsgerichtsverfahren erlangt dieses Vorgehen jedoch in der Mehrzahl der Fälle keine praktische Bedeutung, da bis zu einer rechtskräftigen gerichtlichen Entscheidung der Urlaubszeitpunkt in der Regel verstrichen sein wird. Der Arbeitnehmer kann deshalb durch einstweilige Verfügung im gerichtlichen Eilverfahren versuchen, seinen Anspruch durchzusetzen.

TIPP!
Wenn eine einstweilige Verfügung eines Arbeitnehmers zu befürchten ist und der Urlaubszeitpunkt unmittelbar bevorsteht, kann es sinnvoll sein, vorbeugend eine Schutzschrift beim Arbeitsgericht einzureichen, in der dargelegt wird, warum der Urlaub nicht gewährt werden kann. Der Arbeitgeber erreicht hiermit in der Regel zumindest, dass nicht ohne mündliche Verhandlung gegen ihn entschieden wird.

VIII. Beteiligung des Betriebsrats

Unabhängig von einem Tätigwerden des Betriebsrats auf Antrag des Arbeitnehmers ist darüber hinaus das Mitbestimmungsrecht des Betriebsrats gemäß § 87 Abs. 1 Nr. 5 BetrVG zu beachten. Dieses besteht

▶ bei Festlegung eines Betriebsurlaubs,

▶ bei Aufstellung allgemeiner Urlaubsgrundsätze oder eines Urlaubsplans. Urlaubsplan ist die verbindliche Festlegung des konkreten Urlaubs der einzelnen Arbeitnehmer auf bestimmte Zeiten. Allgemeine Urlaubsgrundsätze sind Richtlinien, nach denen den Arbeitnehmern im Einzelfall Urlaub zu gewähren ist.

Beispiele:
Regelungen über geteilten oder ungeteilten Urlaub, Verteilung des Urlaubs innerhalb des Kalenderjahres, Urlaubssperre für bestimmte Zeiten des Jahres, Regelungen zur Urlaubsvertretung.

▶ wenn zwischen Arbeitgeber und Arbeitnehmer eine Einigung über die zeitliche Lage des Urlaubs nicht zustande kommt. In diesen Fällen besteht ein Einigungszwang zwischen Arbeitgeber und Betriebsrat. Kommt die Einigung nicht zustande, ist die → *Einigungsstelle*, die von Arbeitgeber und Betriebsrat angerufen werden kann, für die verbindliche Entscheidung zuständig.

TIPP!
Wenn der Betriebsrat im Zusammenhang mit einer Arbeitnehmerbeschwerde vorstellig wird, sollte geklärt werden, ob er lediglich gemäß § 85 Abs. 1 BetrVG tätig wird (dann kein Einigungszwang) oder ob er sein Mitbestimmungsrecht gemäß § 87 Abs. 1 Nr. 5 BetrVG geltend macht (dann Einigungszwang). Entscheidend ist die Beschlusslage des Betriebsrats-Gremiums.

IX. Selbstbeurlaubung

Der Arbeitnehmer hat in keinem Fall ein Recht zur Selbstbeurlaubung. Tritt er den Urlaub eigenmächtig an oder verlängert er einen erteilten Urlaub ohne Genehmigung des Arbeitgebers, begeht er eine Verletzung seiner arbeitsvertraglichen Pflichten, die den Arbeitgeber zu Disziplinarmaßnahmen berechtigt.

Beispiel:
Der Arbeitnehmer verlängert den Urlaub eigenmächtig um zwei Tage, weil er während des Urlaubs erkrankt ist. Hier kann eine Abmahnung erfolgen. Im Wiederholungsfall kommt eine ordentliche Kündigung in Betracht. Die eigenmächtige Urlaubsnahme ist jedoch kein absoluter Kündigungsgrund, sondern auch hier muss eine umfassende Interessenabwägung stattfinden (LAG Schleswig-Holstein v. 6.1.2011, Az. 5 Sa 459/10).

X. Widerruf des Urlaubs

Der Widerruf eines einmal erteilten Urlaubs ist grundsätzlich nicht möglich.

XI. Rückforderungsverbot bei zu viel gewährtem Urlaub

Hat der Arbeitnehmer bereits mehr Urlaub erhalten, als ihm zusteht, so kann weder zu viel gezahltes Urlaubsentgelt noch zu viel gewährter Urlaub zurückverlangt werden. Dieses Rückforderungsverbot ist gesetzlich geregelt für den Fall zu viel gewährten Teilurlaubs bei Ausscheiden in der ersten Jahreshälfte (§ 5 Abs. 1 Buchst. c BUrlG); es gilt aber auch in den übrigen Fällen zu viel gewährten Urlaubs. Es ist auch nicht möglich, in einem Jahr zu viel gewährten Urlaub auf das Folgejahr anzurechnen. Gewährt der Arbeitgeber dem Arbeitnehmer im Übertragungszeitraum ausdrücklich Resturlaub aus dem Vorjahr und stellt er nach Urlaubsgewährung fest, dass kein Übertragungsgrund vorlag, kann er den zu viel gewährten Urlaub des Vorjahres nicht auf den Urlaubsanspruch im laufenden Urlaubsjahr anrechnen. Dies gilt nicht nur für den gesetzlichen, sondern auch für den tarifvertraglichen Urlaub. Ob das Rückforderungsverbot auch hinsichtlich des über den gesetzlichen oder tariflichen Mindesturlaub hinausgehenden freiwilligen Urlaubs gilt, wurde noch nicht entschieden.

XII. Urlaub und Krankheit

Der Urlaubsanspruch setzt keine Arbeitsleistung im Urlaubsjahr voraus. Daher entstehen gesetzliche Urlaubsansprüche auch dann, wenn der Arbeitnehmer eine befristete Rente wegen Erwerbsminderung bezieht und eine tarifliche Regelung das Ruhen des Arbeitsverhältnisses an den Bezug dieser Rente knüpft (BAG v. 7.8.2012, Az. 9 AZR 353/10). Eine tarifliche Regelung, die im Gegensatz dazu bestimmt, dass hier keine Urlaubsansprüche entstehen, ist unwirksam (BAG v. 18.9.2012, Az. 9 AZR 623/10).

Erkrankt der Arbeitnehmer während des Urlaubs, werden die durch ärztliches Attest nachgewiesenen Tage der → *Arbeitsunfähigkeit* nicht auf den Jahresurlaub angerechnet (§ 9 BUrlG). Erforderlich ist also die Vorlage einer Arbeitsunfähigkeitsbescheinigung. Erbringt der Arbeitnehmer den ärztlichen Nachweis, ist der Arbeitgeber zur Nachgewährung der entsprechenden Urlaubstage verpflichtet.

Die Arbeitsunfähigkeitsbescheinigung muss unverzüglich, d. h. ohne schuldhaftes Zögern vorgelegt werden; feste Fristen bestehen hierfür nicht. Der Arbeitgeber muss also den Urlaub auch dann nachgewähren, wenn der Arbeitnehmer die Bescheinigung verspätet vorlegt. Der Urlaub verlängert sich aber nicht automatisch, d. h. der Arbeitnehmer muss nach Urlaubsende wieder zurückkehren, wenn nichts anderes vereinbart ist.

Erkrankt der Arbeitnehmer nach Festlegung des Urlaubs, aber vor Urlaubsantritt, ist der Urlaub neu zu beantragen und festzusetzen. Die ursprüngliche Urlaubsgewährung ist durch die Arbeitsunfähigkeit hinfällig geworden.

 **WICHTIG!**

Dauert die Erkrankung des Arbeitnehmers bis zum Ende des Übertragungszeitraums, erlischt der Urlaubsanspruch nicht mehr, wenn der Arbeitnehmer den Urlaub infolge Krankheit nicht nehmen konnte (BAG v. 24.3.2009, Az. 9 AZR 983/07 nach der Grundsatzentscheidung des EuGH „Schulz-Hoff" v. 20.1.2009 – C 350/06). Die Urlaubsansprüche verfallen 15 Monate nach Ende des Urlaubsjahres (BAG v. 7.8.2012, Az. 9 AZR 353/10). Diese Regelung gilt grundsätzlich unmittelbar nur für den gesetzlichen Mindesturlaub und den Zusatzurlaub für schwerbehinderte Menschen (BAG v. 23.3.2010, Az. 9 AZR 128/09). Der darüber hinausgehende arbeitsvertraglich vereinbarte Urlaubsanspruch ist jedoch grundsätzlich genauso zu behandeln, wenn im Arbeitsvertrag nichts Gegenteiliges steht. Man kann aber hinsichtlich des zusätzlichen Urlaubs Sonderregeln treffen, wenn man im Arbeitsvertrag deutlich macht, dass er besonderen Regeln unterliegen soll (s. o. II.). Bezogen auf die o. g. Rechtspre-

chung des BAG dürften gegen folgende Vereinbarung keine rechtlichen Bedenken bestehen:

 Formulierungsbeispiel:

Der vertragliche Zusatzurlaub verfällt am Ende des Kalenderjahres, in dem er entstanden ist. Er kann aufgrund dringender betrieblicher Erfordernisse oder in der Person des Arbeitnehmers liegender Gründe in das Folgejahr übertragen werden, muss aber dann bis zum 31.3. vollständig genommen worden sein. Danach verfällt er, auch wenn der Arbeitnehmer aus nicht von ihm zu vertretenen Gründen gehindert war, ihn zu nehmen.

Tarifverträge können ebenfalls bestimmen, dass bei einem über den gesetzlichen Urlaub hinausgehenden Anspruch der Arbeitnehmer das Risiko trägt, den Urlaub krankheitsbedingt nicht in Anspruch nehmen zu können (BAG v. 12.4.2011, Az. 9 AZR 80/10). Die Ausschlussfristen für die Abgeltung des Urlaubs können auch deutlich kürzer als ein Jahr sein (BAG v. 13.12.2011, Az. 9 AZR 399/10).

WICHTIG!

Wenn der aus dem Vorjahr übertragene Urlaubsanspruch trotz Ablauf des Übertragungszeitraums – etwa wegen andauernder Arbeitsunfähigkeit des Arbeitnehmers – nicht untergegangen ist, erlischt er trotz langwieriger krankheitsbedingter Arbeitsunfähigkeit genau so wie der Anspruch, der zu Beginn des nächsten Urlaubsjahrs neu entstanden ist, wenn der Arbeitnehmer in diesem Kalenderjahr oder im Übertragungszeitraum so rechtzeitig arbeitsfähig wird, dass er in der verbleibenden Zeit seinen Urlaub nehmen kann (BAG v. 9.8.2011, Az. 9 AZR 425/10 und v. 10.7.2012, Az. 9 AZR 11/11).

Beispiel:

Der Arbeitnehmer hat im Kalenderjahr 2011 insgesamt 20 Urlaubstage krankheitsbedingt nicht nehmen können. Diese verfallen nicht, sondern werden zu den im Kalenderjahr 2012 entstehenden Ansprüchen dazugerechnet. Der Arbeitnehmer ist ab dem 1.7.2012 wieder arbeitsfähig. Er kann und muss seinen gesamten Urlaub für 2012 und den Resturlaub für 2011 bis zum 31.12.2012 nehmen, da er sonst verfällt. Bei Vorliegen der Voraussetzungen kann er bis zum 31.3.2013 übertragen werden. Der Resturlaub für 2011 wird also genauso behandelt wie der für 2012.

Auch sonst beeinflusst auch langandauernde Krankheit Entstehen und Höhe des gesetzlichen Urlaubsanspruchs nicht, weder hinsichtlich des Ablaufs der Wartefrist noch im länger bestehenden Arbeitsverhältnis. Allerdings können Tarifverträge Sonderregelungen für den tariflichen Zusatzurlaub vorsehen, insbesondere eigene Verfallregelungen (LAG Mecklenburg-Vorpommern v. 19.5.2010, Az. 2 Sa 10/10). Das führt aber nicht dazu, dass der Arbeitgeber stets angeben müsste, ob eine Urlaubsgewährung im Hinblick auf den gesetzlichen Urlaubsanspruch erfolgt oder auf einen darüber hinausgehenden tariflichen bzw. einzelvertraglichen Anspruch. Es handelt sich um eine einheitliche Forderung. Verlängert eine betriebliche Übung einen tariflichen Übertragungszeitraum, so geht der nur aufgrund der betrieblichen Übung aufrechterhaltende Mehrurlaubsanspruch grundsätzlich am Ende des verlängerten Übertragungszeitraums auch dann unter, wenn der Arbeitnehmer zu diesem Zeitpunkt arbeitsunfähig krank ist (BAG v. 7.8.2012, Az. 9 AZR 760/10).

XIII. Erwerbstätigkeit während des Urlaubs

Nach § 8 BUrlG darf der Arbeitnehmer während des Urlaubs keine dem Urlaubszweck widersprechende Erwerbstätigkeit ausüben. Andererseits ist der Arbeitnehmer nicht verpflichtet, während des Urlaubs seine Erholung zu suchen, er darf vielmehr auch anstrengenden Beschäftigungen nachgehen, wie z. B. einer Abenteuerreise. Verboten ist aber jede selbstständige oder unselbstständige Tätigkeit zum Zweck der Entgelterzielung, wenn sie die Arbeitskraft überwiegend in Anspruch nimmt, es sei denn, die Tätigkeit wäre auch ohne Urlaub als → *Nebentätigkeit* erlaubt.

Bei nachweisbaren Verstößen kommen Ansprüche des Arbeitgebers auf Unterlassung und ggf. Schadensersatz in Betracht; auch sind disziplinarische Maßnahmen bis hin zur → *Kündigung* möglich.

Beispiel:

> Der als Maurer tätige Arbeitnehmer nimmt eine auf die Dauer seines Urlaubs befristete Vollzeittätigkeit als Betonarbeiter auf einer Großbaustelle an. Der Arbeitgeber kann hiergegen mit einer Abmahnung einschreiten. Verunglückt der Arbeitnehmer auf der Großbaustelle mit der Folge dauernder vollständiger Erwerbsminderung, und muss der Arbeitgeber deshalb vorübergehend eine teurere Ersatzkraft einstellen, kommt eine Geltendmachung des Lohndifferenzbetrags als Schadensersatz in Betracht.

Allerdings entfallen durch verbotene Erwerbstätigkeiten weder der Urlaubsanspruch noch der Entgeltanspruch.

XIV. Wechsel des Arbeitsverhältnisses

1. Teilurlaub

Wenn der Arbeitnehmer aus dem Arbeitsverhältnis

▶ vor Ablauf der sechsmonatigen Wartezeit ausscheidet (§ 5 Abs. 1 Buchst. b BUrlG) oder

▶ nach erfüllter Wartezeit, aber in der ersten Hälfte eines Kalenderjahres (spätestens mit dem 30.6.) ausscheidet (§ 5 Abs. 1 Buchst. c BUrlG),

hat er Anspruch auf so viele Zwölftel des Jahresurlaubs, wie das Arbeitsverhältnis volle Monate im Jahr des Ausscheidens bestanden hat (zur Berechnung s. o. III.5.).

Zu viel gewährter Urlaub kann nicht zurückverlangt werden (s. o. XI.).

2. Urlaubseinbringung

Noch bestehende Urlaubsansprüche werden nach herrschender Meinung nicht von einer Ausgleichsquittung anlässlich der Beendigung des Arbeitsverhältnisses erfasst. Deshalb ist eine Gewährung mit dem Arbeitnehmer hier ratsam.

TIPP!

Sobald das Arbeitsverhältnis gekündigt worden ist, sollte mit dem Arbeitnehmer eine Vereinbarung über die Gewährung noch bestehenden Urlaubs getroffen werden.

Wenn der Arbeitnehmer sich nicht äußert, wie der noch bestehende Urlaub gewährt werden soll, kommt eine Freistellung durch einseitige Erklärung des Arbeitgebers unter Anrechnung auf den Erholungsurlaub in Betracht.

Formulierungsbeispiel:

„Hiermit stellen wir Sie unter Anrechnung auf den Erholungsurlaub und zur Erfüllung des Ihnen noch zustehenden Anspruchs von .... Arbeitstagen von .... bis .... von Ihrer Verpflichtung zur Arbeitsleistung frei."

Kann der Urlaub wegen Beendigung des Arbeitsverhältnisses nicht mehr gewährt werden, ist er gemäß § 7 Abs. 4 BUrlG abzugelten (Urlaubsabgeltung). Der Anspruch auf Urlaubsabgeltung entsteht mit dem Ende des Arbeitsverhältnisses als reiner Geldanspruch, auch wenn der Arbeitnehmer über das Ende des Arbeitsverhältnisses hinaus arbeitsunfähig ist (BAG v. 4.5.2010, Az. 9 AZR 183/09).

3. Urlaubsbescheinigung

Der frühere Arbeitgeber muss dem Arbeitnehmer bei Beendigung des Arbeitsverhältnisses eine Bescheinigung über den im laufenden Kalenderjahr gewährten oder abgegoltenen Urlaub aushändigen (§ 6 Abs. 2 BUrlG).

Wird das Arbeitsverhältnis im Laufe eines Jahres beendet, besteht gemäß § 6 Abs. 1 BUrlG der Anspruch auf Urlaub gegen den neuen Arbeitgeber insofern nicht, als der alte Arbeitgeber den Urlaub bereits gewährt hat. Damit soll verhindert werden, dass der Arbeitnehmer durch Wechsel des Arbeitsverhältnisses im Urlaubsjahr einen höheren Urlaubsanspruch erwirbt, als nach dem Bundesurlaubsgesetz vorgesehen. § 6 Abs. 1 BUrlG kommt nur zum Tragen, wenn der Arbeitnehmer im alten Arbeitsverhältnis bereits den vollen Urlaub erhalten hat oder er in den Fällen des Teilurlaubs (s. o. 1.) mehr Urlaub erhalten hat, als ihm nach § 5 Abs. 1 BUrlG zusteht.

Erfüllt sind die Urlaubsansprüche nicht nur, wenn der Arbeitnehmer von der Arbeitspflicht befreit worden ist, sondern auch, wenn der alte Arbeitgeber den Urlaub abgegolten hat. Wenn der Arbeitnehmer im alten Arbeitsverhältnis nicht den vollen Jahresurlaub erhalten hat, entsteht der Urlaubsanspruch im neuen Arbeitsverhältnis neu entsprechend den dafür geltenden Vorschriften.

XV. Urlaubsentgelt

1. Begriff, Abgrenzung vom Urlaubsgeld

Das Urlaubsentgelt ist die gewöhnliche Vergütung des Arbeitnehmers, die ihm während des Urlaubs weiterzuzahlen ist. Davon zu unterscheiden ist das sog. Urlaubsgeld (s. u. XVI.).

2. Berechnung

2.1 Grundberechnung

Erhält der Arbeitnehmer ein gleichbleibendes Monatsgehalt, ergeben sich bei der Berechnung des Urlaubsentgelts keine Probleme. Das Gehalt wird einfach weitergezahlt.

Problematisch kann die Berechnung werden, wenn das Gehalt Bestandteile enthält, deren Höhe ständig schwankt, wie etwa bei Prämien und Provisionen. Der Akkordlohn ist von vornherein insgesamt ungleichmäßig hoch. In diesen Fällen ist für die Urlaubsvergütung der durchschnittliche Arbeitsverdienst maßgeblich, den der Arbeitnehmer in den letzten 13 Wochen (bei monatlicher Abrechnung entspricht das drei Monaten) vor dem Urlaubsbeginn erhalten hat. Daraus wird das Entgelt pro Urlaubstag ermittelt.

Zum Arbeitsverdienst gehören:

▶ Grundgehalt bzw. Lohn,

▶ Überstundenvergütung (hier muss aber nur die reguläre → *Vergütung* gezahlt werden, nicht die Zuschläge),

▶ Leistungsprämien,

▶ Nahauslösungen, die in der Regel nicht für konkrete Aufwendungen gezahlt werden,

▶ Prämien,

▶ Provisionen,

▶ Umsatzbeteiligungen,

▶ Umsatzprovisionen,

▶ Sachbezüge, die erforderlichenfalls in bar abzugelten sind (z. B. freie Kost),

▶ Zulagen, die eine Unannehmlichkeit abgelten, die mit der vom Arbeitnehmer geschuldeten Leistung zwingend verbunden ist, müssen weitergezahlt werden, nicht hingegen solche, die lediglich gelegentlich anfallende Kosten oder Nebenkosten abdecken sollen (EuGH v. 15.9.2011, Az. C-155/10).

Nicht zum Arbeitsverdienst gehören:

- Aufwandsentschädigungen, es sei denn die Aufwendungen fallen auch während des Urlaubs an oder die Entschädigung wird pauschal gezahlt,

- Fernauslösungen,

- Provisionen und Gratifikationen, die für das ganze Jahr gezahlt werden, wie z. B. Weihnachtsgeld,

- tarifliche Ausgleichszahlungen, die einmalig gezahlt werden,

- Trinkgelder in der Gastronomie,

- Erfindervergütungen.

Der Samstag gilt nach dem Bundesurlaubsgesetz als Werktag. Daher muss die Urlaubsvergütung, die pro Urlaubstag zu zahlen ist, umgerechnet werden. Dazu teilt man den Gesamtverdienst der letzten drei Monate durch 65 Werktage. Dieses Ergebnis multipliziert man mit der Anzahl der Urlaubstage, bezogen auf die Fünf-Tage-Woche.

Beispiel:

Arbeitnehmer A verdient EUR 2 500 brutto pro Monat, sein Gesamtverdienst der letzten drei Monate beträgt also EUR 7 500. Geteilt durch 65 ergibt 115,38. Möchte A zwei volle Wochen Urlaub nehmen, so ist dieser Betrag × 10 zu nehmen, denn er hätte in dieser Zeit zehn Tage gearbeitet. Er erhält also eine Urlaubsvergütung von EUR 1 153,84.

Bei Teilzeitarbeitnehmern ist die anteilige Arbeitsvergütung Grundlage des Urlaubsentgelts.

Beispiel:

Arbeitnehmer A arbeitet drei Tage in der Woche. Die Urlaubsvergütung berechnet sich wie folgt: Gesamtarbeitsverdienst der letzten drei Monate geteilt durch 39 Werktage × Anzahl der Urlaubstage bezogen auf die Drei-Tage Woche = Urlaubsentgelt. Verdient A also EUR 1 750 brutto pro Monat, beträgt sein Gesamtverdienst der letzten drei Monate EUR 5 250. Geteilt durch 39 ergibt 134,61. Möchte A drei volle Wochen Urlaub nehmen, so ist dieser Betrag × 9 zu nehmen, denn er hätte in dieser Zeit neun Tage gearbeitet. Er erhält also eine Urlaubsvergütung von EUR 1 211,54.

Bei der flexiblen Arbeitszeit sind nur die Tage zu vergüten, an denen der Arbeitnehmer ohne den Urlaub tatsächlich hätte arbeiten müssen. Die zum Zeitausgleich festgesetzten freien Tage, mit denen die regelmäßige wöchentliche Arbeitszeit erreicht wird, zählen nicht mit. Häufig enthalten die Tarifverträge, in denen die flexible Arbeitszeit festgelegt wird, auch Bestimmungen hinsichtlich der Urlaubsberechnung.

TIPP!
Bei Tarifverträgen über flexible Arbeitszeit halten die entsprechenden Arbeitgeberverbände häufig Informationsmaterial mit Berechnungsbeispielen bereit, das von den Mitgliedern angefordert werden kann.

2.2 Verdiensterhöhungen

Bei Verdiensterhöhungen innerhalb des Drei-Monats-Zeitraums, die nicht nur vorübergehend sind, muss als Berechnungsgrundlage für den **gesamten** Zeitraum das höhere Gehalt herangezogen werden (§ 11 Abs. 1 Satz 2 BUrlG). Das gilt auch, wenn die Verdiensterhöhung während des Urlaubs eintritt. Erfasst werden dabei nicht nur vom Arbeitgeber ausdrücklich gewährte Gehaltserhöhungen, sondern auch z. B. Erhöhungen aufgrund einer Verlängerung der Arbeitszeit. Eine Erhöhung des Urlaubsentgelts tritt also auch dann ein, wenn der Arbeitnehmer im Drei-Monats-Zeitraum oder während des Urlaubs von einer Teilzeit- in eine Vollzeitposition wechselt. Ein Anspruch auf Überstundenvergütung bleibt unberücksichtigt (§ 11 Abs. 1 BUrlG).

Beispiel 1:

Arbeitnehmer A erhielt bis zum 31.12. ein Monatsgehalt von EUR 1 650. Ab 1.1. des Folgejahres erhöht der Arbeitgeber das Gehalt

um EUR 150 pro Monat. Am 1.2. fährt A für einen Monat in den Urlaub. Berechnungsgrundlage ist hier der Betrag von EUR 5 400 (EUR 1 800 × 3), nicht EUR 4 950 (EUR 1 650 + EUR 1 650 + EUR 1 650).

Beispiel 2:

Die Gehaltserhöhung tritt nicht zum 1.1. ein, sondern zum 15.2., also mitten während des Urlaubs. Auch hier ist das Urlaubsentgelt auf der Basis von EUR 1 650 zu berechnen.

2.3 Verdienstkürzungen

Wenn in dem Drei-Monats-Zeitraum vor dem Urlaub oder während des Urlaubs der Verdienst aufgrund von → Kurzarbeit, Arbeitsausfällen oder unverschuldeter Arbeitsversäumnis gekürzt worden ist, darf diese Kürzung das Urlaubsentgelt nicht mindern.

Beispiel 1:

Arbeitnehmer A ist zwei Monate arbeitsunfähig erkrankt. Nach Ablauf der Sechs-Wochen-Frist für die Entgeltfortzahlung erhält er keine Vergütung mehr vom Arbeitgeber, sondern Krankengeld von seiner Kasse. Nach Ende der Krankheit nimmt A drei Wochen Urlaub, um sich weiter zu regenerieren. Die zwei Wochen, in denen er kein Gehalt bekommen hat, dürfen sein Urlaubsentgelt nicht mindern.

Beispiel 2:

Der Arbeitnehmer fehlt drei Tage unentschuldigt am Arbeitsplatz. Für diese Zeit erhält er kein Entgelt. Sechs Wochen später geht er in den Urlaub. Die Verdienstminderung führt hier auch zu einer Reduzierung seiner Urlaubsvergütung, denn der Arbeitsausfall war verschuldet.

Beispiel 3:

In einem Betrieb wird → Kurzarbeit angeordnet. Die Arbeitnehmer erhalten nur noch ¾ ihres Lohns. Arbeitnehmer A nimmt vier Wochen nach Beginn der Kurzarbeit Urlaub. Die Verdienstkürzung der letzten Wochen mindert sein Urlaubsentgelt nicht. Wenn die Kurzarbeit noch andauert, erhält er sogar mehr, als wenn er weiter gearbeitet hätte.

3. Auszahlungstermin

Die Urlaubsvergütung ist vor Beginn des Urlaubs auszuzahlen. In der Praxis wird sie jedoch meist wie das normale Entgelt nachträglich gezahlt. Rechtlich zulässig ist dies jedoch nur bei einer entsprechenden tariflichen Regelung.

XVI. Urlaubsgeld

Beim Urlaubsgeld handelt es sich um eine zusätzliche Leistung des Arbeitgebers, die dem Arbeitnehmer für den Urlaub bezahlt wird. Hierfür gibt es keinen gesetzlichen Anspruch. Häufig bestehen aber tarifvertragliche Regelungen. Ein Anspruch auf das zusätzliche Urlaubsgeld kann auch einzelvertraglich vereinbart werden.

Ein Anspruch auf Urlaubsgeld kann sich auch aus dem Gleichbehandlungsgrundsatz ergeben: Zahlt der Arbeitgeber Urlaubsgeld an alle übrigen Arbeitnehmer, kann der Einzelne Gleichbehandlung verlangen, selbst wenn er keinen vertraglichen Anspruch hat. Wenn der Arbeitgeber mehrere Jahre lang ohne Vorbehalt Urlaubsgeld zahlt, kann sich der Anspruch auch aus einer sog. betrieblichen Übung ergeben. Daher ist es ratsam, solche Zahlungen immer mit einem Freiwilligkeitsvorbehalt zu versehen.

Formulierungsbeispiel:

In jedem Jahr ist folgendes Anschreiben an die Arbeitnehmer zu richten: „Die Zahlung des Urlaubsgelds erfolgt auch in diesem Jahr als freiwillige Leistung. Ob ein Urlaubsgeld gezahlt wird oder nicht, wird jedes Jahr neu entschieden. Die Zahlung in diesem Jahr begründet keine Ansprüche auf künftige Zahlungen."

XVII. Urlaubsabgeltung

1. Beendigung des Arbeitsverhältnisses

Der gesetzliche Urlaub dient der Erholung des Arbeitnehmers. Er muss ihm daher auch tatsächlich gewährt werden, und zwar durch bezahlte Freistellung von der Arbeit. Es ist grundsätzlich unzulässig, ihn in Geld abzugelten und ihn damit sozusagen abzukaufen (§ 7 Abs. 4 BUrlG).

Beispiel:

> Dem Arbeitnehmer stehen am Ende des Kalenderjahres noch zwei Wochen Urlaub zu. Er möchte diese aber nicht nehmen, sondern lieber weiterarbeiten und sich den Urlaub auszahlen lassen, um mit dem Geld seine Schulden zu vermindern. Dies ist unzulässig, selbst wenn Arbeitnehmer und Arbeitgeber sich darüber einig sind.

Nur wenn der Urlaub nicht mehr gewährt werden kann, weil das Arbeitsverhältnis beendet ist, kommt eine Urlaubsabgeltung in Betracht. Dabei ist völlig gleichgültig, warum das Arbeitsverhältnis geendet hat. Entscheidend ist nur, dass es beendet wurde und der Arbeitnehmer seinen Urlaub nicht nehmen konnte. Bei einem → *Betriebsübergang* besteht das Arbeitsverhältnis fort, nur mit einem anderen Arbeitgeber. Eine Urlaubsabgeltung ist daher nicht möglich.

Beispiel 1:

> Das Arbeitsverhältnis endet durch ordentliche Kündigung des Arbeitnehmers am 30.6. Der Arbeitnehmer hat noch einen Urlaubsanspruch von zehn Tagen. Dieser kann ihm wegen der Beendigung des Arbeitsverhältnisses nicht mehr gewährt werden. Daher muss er in Geld abgegolten werden.

Beispiel 2:

> Der Arbeitnehmer erhält wegen Diebstahls am 21.9. die fristlose Kündigung. Das Arbeitsgericht weist die Kündigungsschutzklage ab. Auch hier hat der Arbeitnehmer Anspruch auf Abgeltung aller Urlaubsansprüche, die er bis dahin erworben hat.

Beispiel 3:

> Der Arbeitnehmer geht in Rente. Wenn er noch Urlaub zu bekommen hat, muss dieser abgegolten werden. Es ist völlig gleichgültig, dass er nun keinen Urlaub mehr braucht, um sich zu erholen.

Der Urlaubsanspruch wandelt sich in diesen Fällen automatisch in einen Abgeltungsanspruch um.

WICHTIG!

Dieser Anspruch auf Urlaubsabgeltung unterliegt den Ausschlussfristen eines auf das Arbeitsverhältnis anwendbaren Tarifvertrages (BAG v. 9.8.2011 – 9 AZR 352/10). Er unterliegt nicht den Fristenregelungen des Urlaubsgewährungsanspruchs (BAG v. 19.6.2012, Az. 9 AZR 652/10). Die Ausschlussfristen für die Abgeltung des Urlaubs können auch deutlich kürzer als ein Jahr sein (BAG v. 13.12.2011, Az. 9 AZR 399/10). Hinsichtlich eines über den gesetzlichen Mindesturlaubs hinausgehenden Urlaubsanspruchs haben die Arbeitsvertragsparteien Vertragsfreiheit. Sie können neben den gesetzlichen Ansprüchen vertragliche Ansprüche begründen, z.B. auf Gewährung oder Abgeltung bereits verfallenen Urlaubs (BAG v. 18.10.2011, Az. 9 AZR 303/10). Es sollte immer geprüft werden, ob ein Tarifvertrag anwendbar ist. Dieser kann für den Arbeitgeber günstigere Voraussetzungen für die Urlaubsabgeltung enthalten.

Es ist der gesamte Urlaub des Arbeitnehmers abzugelten, nicht nur der gesetzliche Mindesturlaub. Auch der Sonderurlaub für → *schwerbehinderte Arbeitnehmer* muss abgegolten werden.

Kein Abgeltungsanspruch besteht normalerweise beim Tod des Arbeitnehmers. Ausnahmsweise geht der Anspruch auf die Erben über, wenn der Arbeitgeber bereits vorher den Anspruch ausdrücklich anerkannt hat oder wenn der Arbeitnehmer den Abgeltungsanspruch erst geltend gemacht hat und dann verstorben ist.

Das Arbeitsverhältnis verlängert sich durch die Urlaubsabgeltung nicht. Der Arbeitnehmer kann also sofort nach dem Ende des Arbeitsverhältnisses eine neue Stelle antreten, obwohl er für eine bestimmte Zeit Urlaubsabgeltung erhält.

ACHTUNG!

Hat der Arbeitnehmer bereits ein neues Arbeitsverhältnis, das unmittelbar an das jetzige anschließt, so kann ihn der bisherige Arbeitgeber nicht darauf verweisen, dass er ja dort einen neuen Urlaubsanspruch erwirbt. Er muss den Urlaub abgelten.

2. Arbeitsunfähigkeit

Dauert die Erkrankung des Arbeitnehmers bis zum Ende des Übertragungszeitraums, erlischt der Urlaubsanspruch nicht mehr, wenn der Arbeitnehmer den Urlaub infolge Krankheit nicht nehmen konnte. Daher kann auch ein Urlaubsabgeltungsanspruch entstehen. Dies gilt auch für den Zusatzurlaub für schwerbehinderte Menschen (BAG v. 23.3.2010, Az. 9 AZR 128/09).

WICHTIG!

Auch die hier genannten Urlaubsansprüche verfallen 15 Monate nach Ende des Urlaubsjahres (BAG v. 7.8.2012, Az. 9 AZR 353/10). Stirbt der Arbeitnehmer, erlischt der Urlaubsanspruch. Der Erbe hat keinen Urlaubsabgeltungsanspruch (BAG v. 20.9.2011, Az. 9 AZR 416/10).

3. Erwerbsminderung

Häufig wird das Arbeitsverhältnis beendet, weil dem Arbeitnehmer eine Erwerbsminderungsrente bewilligt wurde. Verlangt der Arbeitnehmer in einem solchen Fall Urlaubsabgeltung, muss man darauf achten, ob nach dem Ende des Arbeitsverhältnisses auch noch eine Arbeitsunfähigkeit vorliegt. Verminderte Erwerbsfähigkeit ist nicht immer gleichbedeutend mit Arbeitsunfähigkeit. Auch jemand, der vermindert erwerbsfähig ist und eine entsprechende Rente bezieht, kann arbeitsfähig sein.

Auch bei einer Beendigung des Arbeitsverhältnisses wegen Erwerbsminderung besteht grundsätzlich ein Urlaubsabgeltungsanspruch. Dem steht nicht entgegen, dass der Arbeitnehmer bis zum Ende des Arbeitsverhältnisses arbeitsunfähig war (s. unter XII.). Wenn das Arbeitsverhältnis wegen einer befristeten Erwerbsunfähigkeit nur ruht, entstehen in diesem Zeitraum sogar neue Urlaubsansprüche, die entweder gewährt oder bei einer Beendigung des Arbeitsverhältnisses abgegolten werden müssen (BAG v. 7.8.2012, Az. 9 AZR 353/10).

4. Altersteilzeit

Wenn die Altersteilzeitarbeit im Blockmodell gewährt wird, bewirkt der Übergang von der Arbeits- in die Freistellungsphase keine Beendigung des Arbeitsverhältnisses i. S. d. § 7 Abs. 4 BUrlG. Urlaubsansprüche, die zu diesem Zeitpunkt noch nicht erfüllt sind, müssen somit nur dann abgegolten werden, wenn sie zum Zeitpunkt der Beendigung des Arbeitsverhältnisses noch nicht verfallen sind und die in der Person des Arbeitnehmers liegenden Voraussetzungen für die Urlaubsgewährung erfüllt sind.

5. Insolvenz

Sowohl Urlaubs- als auch Urlaubsabgeltungsansprüche sind Masseforderungen. Dies gilt auch für Forderungen aus Kalenderjahren vor der Insolvenzeröffnung tarifliche betreffend Urlaubsgeldansprüche, soweit sie vom Bestand des Urlaubsanspruchs abhängig sind. Die Anmeldung von Masseforderungen zur Insolvenztabelle wahrt eine tarifliche Ausschlussfrist, die eine schriftliche Geltendmachung verlangt. Der Anspruch eines Arbeitnehmers auf Urlaubsentgelt und Urlaubsgeld, der vom Insolvenzverwalter unwiderruflich „unter Anrechnung auf offenen Urlaub" von jeder Arbeitsleistung freigestellt ist, begründet keine Neumasseverbindlichkeit im Sinne von § 209 Abs. 2 InsO.

6. Höhe der Abgeltung

Die Höhe des Abgeltungsanspruchs pro Urlaubstag richtet sich nach der → *Vergütung*, die der Arbeitnehmer bekommen hätte, wenn er tatsächlich in den Urlaub gegangen wäre. Sie entspricht also der Höhe nach dem Urlaubsentgelt (s. o. XV.).

XVIII. Checkliste Urlaub

I. Urlaubsanspruch

❑ Ist die Wartefrist erfüllt?

❑ Ist der Anspruch schon durch Urlaubserteilung beim früheren Arbeitgeber erfüllt?

❑ Liegen keine vorrangigen Urlaubswünsche anderer Arbeitnehmer oder vorrangige dringende betriebliche Belange vor?

❑ Besteht Anspruch auf Zusatzurlaub, z. B. als schwerbehinderter Mensch?

II. Erkrankung im Urlaub

❑ Wurde eine Arbeitsunfähigkeitsbescheinigung vorgelegt?

III. Urlaubsübertragung ins Folgejahr

Sind

❑ dringende betriebliche Gründe

oder

❑ in der Person des Arbeitnehmers liegende Gründe gegeben, die die Übertragung rechtfertigen?

IV. Betriebsrat

❑ Wurden die Mitbestimmungsrechte beachtet?

V. Urlaubsentgelt

❑ Gleich bleibendes Gehalt: muss weitergezahlt werden

❑ Wechselndes Gehalt: Durchschnittsverdienst der letzten drei Monate ermitteln und auf die Wochenarbeitstage verteilen

❑ Tarifverträge beachten! Sie können Besonderheiten enthalten.

❑ Dauerhafte Verdiensterhöhungen im Drei-Monats-Zeitraum oder während des Urlaubs führen zur Erhöhung des Urlaubsentgelts

❑ Vom Arbeitnehmer unverschuldete Verdienstkürzungen führen nicht zur Minderung des Urlaubsentgelts

VI. Urlaubsabgeltung

❑ Nur bei Beendigung des Arbeitsverhältnisses zulässig

❑ Tarifverträge beachten! Sie können Besonderheiten enthalten.

❑ Urlaubsabgeltung auch bei Arbeitsunfähigkeit bis zum Übertragungszeitraum (aber Untergang 15 Monate nach Ende des Urlaubsjahres), für den vertraglich vereinbarten Zusatzurlaub können Sonderregeln vereinbart werden

❑ Berechnung: wie Urlaubsentgelt

XIX. Muster: Urlaubsantrag

Name, Vorname: ....

Personalnummer: .... Datum: ....

Antrag auf Erholungsurlaub

vom: .... Dienstantritt am: ....

bis: .... Vertretung: ....

Resturlaub: ..... Tage

In Notfällen erreichbar: ....

Gründe für Urlaubsübertragung (bei Übertragung von Urlaub aus dem Vorjahr):

....

Besondere soziale Gesichtspunkte für die Urlaubsgewährung im beantragten Zeitraum:

....

....

Unterschrift des Mitarbeiters

Stellungnahme der Personalabteilung / des Vorgesetzten:

❑   Genehmigt

❑   Abgelehnt

Gründe: ....

....

Datum   Unterschrift

Vergütung

I.   **Begriff und Abgrenzung**

II.   **Vergütungsvereinbarung**

III.   **Vergütungshöhe**
  1. Tarifliche Vergütung
  2. Mindestlöhne
  3. Gleichbehandlungsgrundsatz
  4. Keine Benachteiligung von Teilzeitbeschäftigten und befristet eingestellten Arbeitnehmern
  5. Angemessene Vergütung für Auszubildende
  6. Lohnwucher

IV.   **Vergütungsformen**
  1. Zeitvergütung
     1.1   Überstundenvergütung
     1.2   Vergütung an Sonn- und Feiertagen
     1.3   Erschwerniszulagen
  2. Leistungsvergütung/Erfolgsvergütung
     2.1   Akkordlohn
     2.2   Prämienlohn
     2.3   Provisionsvergütung
  3. Naturalvergütung
     3.1   Dienstwagen
     3.2   Personalrabatte
     3.3   Trinkgeld
  4. Sonderformen der Vergütung/Zielvereinbarungen

V. Reduzierung der Vergütung

VI. Auszahlung der Vergütung

VII. Verjährung und Verwirkung von Vergütungsansprüchen/Ausschlussfristen

VIII. Rückzahlung

IX. Beteiligung des Betriebsrats

I. Begriff und Abgrenzung

Die Arbeitsvergütung ist die Gegenleistung des Arbeitgebers für die Arbeitsleistung des Arbeitnehmers. Üblicherweise wird die Vergütung von Arbeitern als Lohn und die Vergütung von Angestellten als Gehalt bezeichnet. Es finden sich aber auch weitere Bezeichnungen wie etwa Entgelt oder Bezüge. Die Entlohnung erfolgt grundsätzlich in Geld, doch können dem Arbeitnehmer Teile der Vergütung auch in Form von Naturalbezügen und geldwerten Leistungen (z. B. Dienstwagen) zugewendet werden.

Abzugrenzen ist die Vergütung von Schadenersatzleistungen, die der Arbeitgeber nicht als Gegenleistung für die Arbeitsleistung des Arbeitnehmers erbringt, sondern zum Ausgleich von Schäden. Auch Abfindungen stellen keine Vergütung für erbrachte Arbeit dar.

II. Vergütungsvereinbarung

Über die Vergütung treffen Arbeitgeber und Arbeitnehmer in der Regel eine ausdrückliche Vereinbarung. Wird kein schriftlicher Arbeitsvertrag geschlossen, muss diese Vereinbarung spätestens einen Monat nach dem vereinbarten Arbeitsbeginn vom Arbeitgeber schriftlich niedergelegt, unterzeichnet und dem Arbeitnehmer ausgehändigt werden (Nachweisgesetz).

Ist ausnahmsweise keine Vereinbarung zur Vergütung getroffen worden, ist eine Vergütung als stillschweigend vereinbart anzusehen, wenn die Arbeitsleistung den Umständen nach nur gegen Vergütung zu erwarten ist (§ 612 BGB). Die Höhe der Vergütung bestimmt sich in diesem Fall nach der üblichen Vergütung. Dies ist in der Regel die tarifliche Vergütung. Existiert kein einschlägiger Tarifvertrag, muss die Vergütung ermittelt werden, die vergleichbare Arbeitnehmer in der Region erhalten.

Gleiches gilt in den Fällen, in denen der Arbeitnehmer Sonderleistungen erbringt, die über die vertraglich geschuldete Tätigkeit hinausgehen und die nicht durch die vereinbarte Vergütung abgegolten sind. Ist weder einzelvertraglich noch tarifvertraglich geregelt, wie diese Dienste zu vergüten sind, so folgt auch hier ein Anspruch aus § 612 BGB.

✎ WICHTIG!

Vor Gewährung einer zusätzlichen Vergütung sollte jedoch stets gründlich geprüft werden, ob die vom Arbeitnehmer als Sonderleistung deklarierte Leistung tatsächlich eine solche ist, oder ob sie nicht Teil der vertraglich geschuldeten Tätigkeit ist. So gehört etwa zur Tätigkeit eines Redakteurs einer Tageszeitung die Berichterstattung mit eigenen Wort- und/oder Bildbeiträgen. Das Anfertigen von Fotografien stellt somit keine zusätzlich zu vergütende Sonderleistung dar.

Ein Anspruch auf die übliche Vergütung besteht auch in den Fällen, in denen eine getroffene Vergütungsvereinbarung wegen Lohnwuchers unwirksam ist.

◁ ACHTUNG!

„Schwarzgeldabreden", nach denen der Arbeitgeber für die gezahlten Löhne keinerlei Lohnsteuer anmeldet und abführt und die Arbeitnehmer diese Einkünfte bei der Einkommensteuerveranlagung nicht erklären, sind als Lohnsteuerhinterziehung (§ 370 Abs. 1 Nr. 1 AO) strafbar. Die Strafzumessung ist durch die Rechtsprechung in den letzten Jahren immer weiter verschärft worden. Zuletzt hat der BGH (8.2.2011, Az. 1 StR 651/10) entschieden, dass für die Bemessung des strafrelevanten Steuerschadens keine Feststellungen zu den Besteuerungsmerkmalen der Arbeitnehmer nach dem Einkommensteuergesetz nötig sein, sondern dass der Zumessungsschaden vielmehr dem vollen abzuführenden Lohnsteuerbetrag entspreche. Damit drohen sehr schnell empfindliche Strafen!

Auch jenseits der strafrechtlichen Relevanz sind derartige Abreden hochriskant: Treffen der Arbeitgeber und der Arbeitnehmer etwa eine „Schwarzgeldabrede", wonach der Arbeitgeber das Anstellungsverhältnis als geringfügiges Beschäftigungsverhältnis mit monatlich 400 Euro führt, der Arbeitnehmer aber tatsächlich einen deutlich höheren Betrag ausbezahlt erhält, so fingiert das Sozialversicherungsrecht (§ 14 Abs. 2 Satz 2 SGB IV) die Vereinbarung eines Nettoarbeitsentgelts. Der Arbeitnehmer kann damit verlangen, dass das Unternehmen für das tatsächlich bezahlte Entgelt die Lohnsteuer und auch die gesamten Sozialversicherungsbeiträge übernimmt (LAG München v. 27.2.2009, Az. 9 Sa 807/08).

Inwieweit die häufig mit der Vergütungsvereinbarung zugleich getroffene Verschwiegenheitsklausel, nach der der Arbeitnehmer verpflichtet ist, die Höhe seiner Bezüge vertraulich zu behandeln, rechtlich bindend ist, ist jüngst vom LAG Mecklenburg-Vorpommern (21.10.2009, Az. 2 Sa 237/09) entschieden worden. Danach soll eine Vereinbarung, die den Arbeitnehmer nicht nur nach außen, sondern auch gegenüber anderen Firmenangehörigen, d. h. betriebsintern zur Verschwiegenheit verpflichtet, unwirksam sein. Sie hindere den Arbeitnehmer in unzulässiger Weise daran, Verstöße gegen den Gleichbehandlungsgrundsatz im Rahmen der Lohngestaltung gegenüber dem Arbeitgeber erfolgreich geltend zu machen.

III. Vergütungshöhe

Die Höhe der Vergütung kann grundsätzlich beliebig vereinbart werden, doch ist Folgendes zu beachten:

1. Tarifliche Vergütung

Im Fall der Tarifbindung – der Arbeitgeber ist Mitglied des Verbandes, der Arbeitnehmer Mitglied der Gewerkschaft, die jeweils den Tarifvertrag geschlossen haben – darf die vereinbarte Vergütung nicht geringer als die tarifliche Vergütung sein. Gleiches gilt, wenn ein Tarifvertrag für allgemeinverbindlich erklärt worden ist.

◁ ACHTUNG!

Wer als Arbeitgeber seinen Arbeitnehmern vorsätzlich oder fahrlässig weniger Lohn oder Gehalt zahlt, als er nach geltendem einschlägigen Tarifvertrag zahlen müsste, begeht damit eine Ordnungswidrigkeit nach §§ 8 Abs. 1, 23 Abs. 1 Nr. 1 AEntG. Bei Tariflohnunterschreitungen ist zudem die Höhe der Beitragsschuld zur Sozialversicherung nicht aufgrund des (geringeren) tatsächlich gezahlten oder unwirksam vereinbarten Lohns, sondern nach dem (höheren) geschuldeten Tariflohn zu berechnen. Ein Arbeitgeber, der es bewusst unterlässt, den tariflichen Mindestlohn zu zahlen, um sein eigenes Einkommen auf Kosten seiner Arbeitnehmer zu erhöhen, macht sich wegen des Vorenthaltens und Veruntreuens von Arbeitsentgelt nach § 266a Abs. 1 StGB strafbar (OLG Naumburg v. 1.12.2010, Az. 2 Ss 141/10).

Sofern ausnahmsweise Betriebsvereinbarungen Vergütungsfragen regeln, dürfen Arbeitgeber und Arbeitnehmer auch das dort vorgesehene Entgelt nicht unterschreiten, es sei denn, die Betriebsvereinbarung sieht eine entsprechende Möglichkeit ausdrücklich vor.

2. Mindestlöhne

Mindestlöhne, die durch Rechtsverordnung der Bundesregierung festgelegt worden sind, dürfen nicht unterschritten werden. Für die Frage, ob und inwieweit ein Arbeitgeber diesen Anspruch durch anderweitige Leistungen erfüllen kann, kommt es darauf an, welchen Zweck die anderen Leistungen haben. Sie sind dann als funktional gleichwertig zum Mindestlohn anzusehen, wenn sie dazu dienen, die vorausgesetzte „Normalleistung" abzugelten (etwa Urlaubgeld), nicht jedoch, wenn sie über die vereinbarte Arbeitszeit hinaus geleistete Arbeitsstunden oder besondere Erschwernisse abgelten sollen (BAG v. 18.4.2012, Az. 4 AZR 139/10).

Bei den Mindestlöhnen ist zu unterscheiden zwischen:

- tariflichen Mindestlöhnen, die von der Bundesregierung auf der Grundlage von § 5 TVG und den dortigen Voraussetzungen per Rechtsverordnung für allgemeinverbindlich erklärt worden sind und damit auch von nicht tarifgebundenen Unternehmen mit Sitz in Deutschland eingehalten werden müssen.

- Mindestlöhnen auf der Grundlage einer Allgemeinverbindlichkeitserklärung nach § 7 Arbeitnehmer-Entsendegesetz (AEntG), die sich auch auf Unternehmen mit Sitz im Ausland, aber in Deutschland eingesetzten Arbeitnehmern erstreckt. Voraussetzung ist, dass in einer Branche eine Tarifbindung von 50 % oder mehr erreicht wird und dass die Branche ausdrücklich in den Anwendungsbereich des AEntG aufgenommen ist.

- Lohnuntergrenze in der Arbeitnehmerüberlassung nach § 3a AÜG i. V. m. der Ersten Verordnung über eine Lohnuntergrenze in der Arbeitnehmerüberlassung vom 21.12.2011.

- Mindestlöhnen, die auf der Grundlage des Mindestarbeitsbedingungengesetzes (MiArbG) in Branchen, in denen die Tarifbindung weniger als 50 % beträgt, durch Rechtsverordnung der Bundesregierung für allgemeinverbindlich erklärt werden.

Ein gesetzlicher Mindestlohn ist nach wie vor in der politischen Diskussion. Ob und inwieweit das Mindestarbeitsbedingungengesetz und/oder das Arbeitnehmerentsendegesetz möglicherweise Änderungen erfahren werden, ist offen. Die weitere Entwicklung ist daher zu beobachten.

3. Gleichbehandlungsgrundsatz

Auch im Bereich der Vergütung ist der Arbeitgeber an den Gleichbehandlungsgrundsatz gebunden, wenn er die Leistungen nach einem allgemeinen Prinzip gewährt, indem er bestimmte Voraussetzungen oder Zwecke festlegt. Er ist jedoch durch den Grundsatz der Gleichbehandlung nicht gehindert, nach Wegfall der Tarifbindung neu eingestellte Arbeitnehmer für die gleiche Arbeit allgemein geringer zu vergüten als Arbeitnehmer, deren Arbeitsverhältnis der tarifvertraglichen Nachwirkung unterliegt (BAG v. 2.3.2004, Az. 1 AZR 271/03).

WICHTIG!

Auch unter Geltung des neuen AGG dürften keine Bedenken dagegen bestehen, die Höhe der Vergütung von der Dauer der Betriebszugehörigkeit abhängig zu machen. Der Europäische Gerichtshof hat hier keine mittelbare Benachteiligung von Frauen angenommen (EuGH v. 3.10.2006, Az. C-17/05 [Cadman ./. Health & Safety Executive]. Ob insoweit eine mittelbare Diskriminierung wegen des Alters zu bejahen ist, hatte der EuGH nicht zu entscheiden, doch wird man aus den Entscheidungsgründen ableiten können, dass die Betriebszugehörigkeit ein zulässiger Differenzierungsmaßstab sein kann, vorausgesetzt die Ungleichbehandlung ist verhältnismäßig.

Der von einer Vergütungsregelung ausgenommene Arbeitnehmer hat Anspruch auf Auskunft über die bei der Gewährung verwendeten Regeln, wenn es möglich erscheint, dass er aus dem arbeitsrechtlichen Gleichbehandlungsgrundsatz ebenfalls eine entsprechende (Sonder-)Vergütung verlangen kann (LAG Niedersachsen v. 6.8.2010, Az. 10 Sa 1547/08).

4. Keine Benachteiligung von Teilzeitbeschäftigten und befristet eingestellten Arbeitnehmern

Nach § 4 Abs. 1 TzBfG sind einem teilzeitbeschäftigten Arbeitnehmer Arbeitsentgelt und andere teilbare geldwerte Leistungen (Personalrabatte und sonstige Naturalvergütungen) mindestens in dem Umfang zu gewähren, der dem Anteil seiner Arbeitszeit an der Arbeitszeit eines vergleichbaren vollzeitbeschäftigten Arbeitnehmer entspricht. Einem befristet beschäftigten Arbeitnehmer sind Arbeitsentgelt und andere teilbare geldwerte Leistungen (Personalrabatte und sonstige Naturalvergütungen) mindestens in dem Umfang zu gewähren, der dem Anteil seiner Beschäftigung am Bemessungszeitraum entspricht (§ 4 Abs. 2 TzBfG).

5. Angemessene Vergütung für Auszubildende

Auszubildenden ist eine angemessene Vergütung zu gewähren (§ 17 Abs. 1 BBiG). Sie muss dem Auszubildenden helfen, seine Lebenshaltungskosten zu bestreiten und zugleich eine Mindestentlohnung für seine Leistungen darstellen. Bei Anwendbarkeit eines Tarifvertrages bestimmt sich die Vergütung nach dessen Normen; bei fehlender Tarifbindung richtet sich die Angemessenheit nach dem Tarifvertrag der entsprechenden Branche, hilfsweise nach Tarifverträgen verwandter Branchen oder den Empfehlungen der berufsständischen Kammern oder Innungen. Maßgeblich für die Frage, ob eine Vergütung angemessen ist, ist stets der Zeitpunkt, in dem die Vergütung fällig ist. Ein zu Beginn der Ausbildung für das dritte Ausbildungsjahr vereinbartes Entgelt kann ursprünglich angemessen gewesen sein, doch können sich bei Beginn dieses Zeitabschnitts die Vergleichsmaßstäbe verschoben haben, so dass die Vergütung zu diesem Zeitpunkt nicht mehr angemessen und daher anzupassen ist.

Als unangemessen gilt die Ausbildungsvergütung grundsätzlich dann, wenn der nach den geschilderten Grundsätzen gefundene Vergleichsmaßstab um mehr als 20 % unterschritten wird (BAG v. 23.8.2011, Az. 3 AZR 575/09). Etwas anderes gilt nur bei Ausbildungsverhältnissen, die ausschließlich durch öffentliche Gelder und private Spenden zur Schaffung zusätzlicher Ausbildungsverhältnisse finanziert werden. Hier darf die vereinbarte Vergütung deutlich niedriger liegen (BAG v. 24.10.2002, Az. 6 AZR 626/00; im konkret entschiedenen Fall lag sie 63,47 % unter der tariflichen Ausbildungsvergütung!; ebenso BAG v. 22.1.2008, Az. 9 AZR 999/06). Dagegen rechtfertigt allein die Tatsache, dass ein Ausbildungsträger – etwa im Krankenhausbereich – nur über beschränkte finanzielle Mittel in Form eines ihm zugewiesenen Budgets verfügt, keine Befreiung von der Pflicht, eine angemessene Ausbildungsvergütung zu gewähren. Dementsprechend hat das BAG eine Ausbildungsvergütung, die das Tarifniveau um 35,65 % unterschritt, als unwirksam erachtet (BAG v. 19.2.2008, Az. 9 AZR 1091/06).

6. Lohnwucher

Im Übrigen wird die Möglichkeit zur freien Vereinbarung der Vergütungshöhe durch den Lohnwucher begrenzt. Dieser liegt vor, wenn Arbeitsleistung und Verdienst in einem auffallenden Missverhältnis stehen und die Vergütungsvereinbarung insbesondere unter Ausnutzung einer Zwangslage, der Unerfahrenheit oder einer erheblichen Willensschwäche zustande gekommen ist (§ 138 BGB). Die Leistung des Arbeitnehmers ist nach ihrem objektiven Wert zu beurteilen, der sich nach der verkehrsüblichen Vergütung bestimmt. Zur Ermittlung dieses verkehrsüblichen Wertes ist in der Regel auf den Vergleich mit den Tariflöhnen – auch nachwirkenden Tariflöhnen (LAG Hamm v. 18.3.2009, Az. 6 Sa 1284/08) – des jeweiligen Wirtschaftszweiges abzustellen.

Innerhalb eines Wirtschaftszweigs ist ein Tariflohn dann „üblich", wenn mehr als 50 % der Arbeitgeber eines Wirtschaftsgebiets tarifgebunden sind oder wenn die organisierten Arbeitgeber mehr als 50 % der Arbeitnehmer eines Wirtschaftsgebiets beschäftigen. Sowohl tarifliche Zulagen und Zuschläge auf der einen als auch unregelmäßige Zusatzleistungen zum vereinbarten Lohn auf der anderen Seite sind nicht zu berücksichtigen. Dagegen können **regelmäßige** Sachbezüge – wie etwa kostenloses Wohnrecht – in die Prüfung miteinbezogen werden (BAG v. 22.4.2009, Az. 5 AZR 436/08).

> ◁ **ACHTUNG!**
>
> Wird weniger als ⅔ des tariflichen bzw. üblichen Lohns gezahlt, ist ein auffälliges Missverhältnis und Lohnwucher anzunehmen. Dabei ist zu beachten, dass auch eine zunächst wirksame Entgeltvereinbarung wucherisch werden kann, wenn sie nicht an die allgemeine Lohn- und Gehaltsentwicklung angepasst wird (BAG, a.a.O.).

Werden dagegen in einem bestimmten Wirtschaftszweig üblicherweise keine Tariflöhne gezahlt, so ist auf das allgemeine Lohnniveau des Wirtschaftszweigs abzustellen. Danach ist eine arbeitsvertragliche Vergütungsvereinbarung dann wegen Lohnwuchers nichtig, wenn die vereinbarte Vergütung geringer als zwei Drittel des im betreffenden Wirtschaftszweig üblicherweise gezahlten Lohns ist. Maßgeblich für die Bestimmung des Wirtschaftszweigs ist die Klassifikation der Wirtschaftszweige durch das Statistische Bundesamt auf der Basis der EG-Verordnung 1893/2006 (BAG v. 18.4.2012, Az. 5 AZR 630/10).

Eine möglicherweise geringe Leistungsfähigkeit des Betriebs ist für die Frage des Lohnwuchers irrelevant. Auf der anderen Seite bilden der Sozialhilfesatz und die Pfändungsgrenzen keine Untergrenze, wenn etwa in einer Branche üblicherweise Gehälter gezahlt werden, die nah an diesen Sätzen liegen.

> ◁ **ACHTUNG!**
>
> Liegt das Nettogehalt aber unterhalb der Pfändungsgrenze, darf der Arbeitgeber keine Ansprüche, die er gegen den Arbeitnehmer hat, mit dem Gehalt verrechnen. So kann in diesem Fall auch keine Kostenpauschale für Arbeitskleidung einbehalten werden (BAG v. 17.2.2009, Az. 9 AZR 676/07).

Für die Vergütung von Lehrkräften an privaten Ersatzschulen hat das Bundesarbeitsgericht entschieden, dass diese mindestens 75 % der Gehälter der vergleichbaren im öffentlichen Dienst stehenden Lehrkräfte betragen muss. Wird diese Grenze unterschritten, sei die Vergütungsvereinbarung sittenwidrig. Angeknüpft wurde dabei an die aus Steuergeldern erbrachte Finanzhilfe zu den Personalkosten von privaten Ersatzschulen, die nur dann gewährt wird, wenn die Vergütung der angestellten Lehrkräfte mindestens die Höhe des genannten Prozentsatzes erreicht (BAG v. 26.4.2006, Az. 5 AZR 549/05).

Sittenwidrig ist auch eine Grundvergütung in Höhe von 1.000 – 1.250 € brutto als Einstiegsgehalt für einen anwaltlichen Berufsanfänger, wenn man davon ausgeht, dass das Richtmaß für das Einstiegsgehalt eines Rechtsanwalts mindestens 2.300 € brutto beträgt und sich bereits die Mindestvergütung eines ausgebildeten Rechtsanwalts- und Notarsfachangestellten auf 1 200 bis 1.500 Euro beläuft (BGH v. 30.11.2009, Az. AnwZ (B) 11/08)).

> ◁ **ACHTUNG!**
>
> Mit Vorsicht ist auch bei der Beschäftigung von Praktikanten zu agieren. In der viel diskutierten Problematik um die „Generation Praktikum" hat das LAG Baden-Württemberg zuletzt (8.2.2008, Az. 5 Sa 45/07) für Aufsehen gesorgt. Sofern nicht der Ausbildungszweck in einem sechsmonatigen sogenannten Praktikantenverhältnis im Vordergrund stehe, d. h. der Ausbildungszweck nicht deutlich die für den Betrieb erbrachten Leistungen und Arbeitsergebnisse überwiege, sei eine Vergütung von 375 € monatlich sittenwidrig.

Eine Vergütungsabsprache, die sittenwidrig ist oder sogar als Lohnwucher zu beurteilen ist, ist unwirksam. Der Arbeitnehmer hat Anspruch auf eine übliche Vergütung (vgl. oben II.2.).

IV. Vergütungsformen

Die Vergütung setzt sich oft aus einer Kombination von mehreren Vergütungsformen zusammen. Der größte Anteil entfällt dabei auf eine Form der Zeit- oder Leistungsvergütung bzw. eine Kombination dieser beiden. Hinzukommen können Naturalleistungen sowie sonstige Vergütungsformen.

1. Zeitvergütung

Bei der Zeitvergütung wird die Vergütung für eine bestimmte Zeit der Arbeitsleistung gezahlt. Die Zeitvergütung ist dadurch gekennzeichnet, dass sie nicht an einen besonderen Erfolg oder eine besondere Leistung des Arbeitnehmers geknüpft ist. Es kommt nur darauf an, dass der Arbeitnehmer seine Arbeitsleistung für den entsprechenden Zeitraum erbracht hat.

Der Zeitvergütung sind damit der Monats-, Wochen-, Tages- und Stundenlohn sowie auch der Schichtlohn zuzuordnen. Weiterhin gehören zur Zeitvergütung aber auch alle allein zeitbezogenen, leistungsunabhängigen Zulagen, wie z. B. Überstundenzuschläge oder Erschwerniszulagen.

In Unternehmen mit einem flexiblen Arbeitszeitmodell sind Unterdeckungen wegen reduzierter Arbeitszeiten (aus persönlichen oder betrieblichen Gründen) vom Arbeitnehmer entsprechend den betrieblichen Regelungen wieder auszugleichen. Ergibt sich etwa aus einem Arbeitszeitmodell, dass der Arbeitnehmer verpflichtet ist, bis zu einem bestimmten Zeitpunkt einen Negativsaldo zurückzuführen, so ist der Arbeitgeber aber auf der anderen Seite verpflichtet, dem Arbeitnehmer zum Ausgleich Arbeit zu übertragen, da der Arbeitnehmer nicht berechtigt ist, sich Arbeit zu nehmen. Kommt der Arbeitgeber der Verpflichtung zum Einsatz des Arbeitnehmers aus dem im Arbeitsvertrag festgelegten Umfang nicht nach und fordert er die vertraglich geforderte Stundenzahl nicht ab, so ist ein Lohneinbehalt in diesem Fall unzulässig (LAG Hessen v. 2.6.2005, Az. 11 Sa 1207/04).

1.1 Überstundenvergütung

Besondere praktische Bedeutung kommt im Rahmen der Zeitvergütung der Vergütung von Überstunden zu. Dies sind die Arbeitsstunden, die über die betriebliche Arbeitszeit hinaus geleistet werden. Auszubildende haben bereits aufgrund gesetzlicher Regelung (§ 17 Abs. 3 BBiG) einen Anspruch auf besondere Vergütung oder Freizeitausgleich, sofern sie über die vereinbarte regelmäßige tatsächliche Ausbildungszeit hinaus beschäftigt werden. Im Übrigen finden sich Regelungen hierzu im Allgemeinen im jeweils einschlägigen Tarifvertrag.

Fehlt es jedoch an einer tariflichen Regelung oder ist diese mangels Tarifbindung nicht anzuwenden, sind einzelvertragliche Regelungen nötig. Da solche Regelungen jedoch häufig nicht im Arbeitsvertrag zu finden sind, muss geprüft werden, ob Mehrarbeit nach den konkreten Umständen des Einzelfalls nur gegen eine Vergütung zu erwarten ist. Eine solche entsprechende Vergütungserwartung ist regelmäßig gegeben, wenn der Arbeitnehmer kein herausgehobenes Entgelt bezieht (BAG v. 22.2.2012, Az. 5 AZR 765/10). Dagegen spricht eine Vergütung oberhalb der jeweils geltenden Beitragsbemessungsgrenze in der gesetzlichen Rentenversicherung eher dafür, dass entsprechend tätige Arbeitnehmer nicht berechtigterweise von einer zusätzlichen Vergütung anfallender Mehrarbeitsstunden ausgehen dürfen (BAG v. 17.8.2011, Az. 5 AZR 406/10). Gleiches gilt in den Fällen, in denen ein Arbeitnehmer neben einer arbeitszeitbezogenen Vergütung zusätzlich für einen Teil seiner Arbeitsaufgaben in nicht unerheblichem Maße Provisionen erhält (BAG v. 27.6.2012, Az. 5 AZR 530/11).

> ◁ **ACHTUNG!**
>
> Bei der Gestaltung der Vergütung können potentiell anfallende Überstunden nicht uneingeschränkt und in vollem Umfang pauschal mit dem Grundgehalt abgegolten werden. Derartige Vereinbarungen

sind wegen Verstoßes gegen das Transparenzgebot des § 307 Abs. 1 Satz 2 BGB unwirksam (BAG v. 1.9.2010, Az. 5 AZR 517/09); BAG v. 22.2.2012, Az. 5 AZR 765/10).

Zu den Einzelheiten der Überstundenvergütung s. → *Mehrarbeit*.

1.2 Vergütung an Sonn- und Feiertagen

Soweit nicht ausdrücklich auf tariflicher oder einzelvertraglicher Basis abweichend geregelt, besteht für tagsüber zu leistende Arbeiten an Sonn- und Feiertagen kein Anspruch auf eine höhere Vergütung als an Wochentagen (BAG v. 11.1.2006, Az. 5 AZR 97/05). Nach dem Arbeitszeitgesetz kann ein Arbeitnehmer nur einen Zuschlag für die Nachtarbeit an Sonn- und Feiertagen verlangen. Für eine tagsüber geleistete Sonn- und Feiertagsarbeit ist jedoch ein Ersatzruhetag zu gewähren.

1.3 Erschwerniszulagen

Erschwerniszulagen werden gezahlt, um besondere Erschwernisse, unter denen die Arbeitsleistung zu erbringen ist, zusätzlich zu vergüten.

Beispiele:

> Schmutzzulagen; Lärmzulagen; Zulagen für besonders gefährliche oder gesundheitsschädigende Arbeit; Zulagen für Arbeiten, die mit besonderer psychischer Belastung verbunden sind.

Sie werden im Allgemeinen aufgrund eines Tarifvertrags gezahlt, können aber auch einzelvertraglich vereinbart werden.

2. Leistungsvergütung/Erfolgsvergütung

Anders als die Zeitvergütung wird die Leistungsvergütung in Abhängigkeit von der erbrachten Leistung gezahlt. Die wichtigsten leistungsbezogenen Lohnformen sind der Akkord- und der Prämienlohn.

2.1 Akkordlohn

Der Akkordlohn ist eine von der Arbeitsmenge abhängige Vergütung. Die Vereinbarung dieser Vergütungsform kommt nur dann in Betracht, wenn sich der Arbeitsablauf in bestimmter Weise stets wiederholt und der Arbeitnehmer dazu in der Lage ist, durch eine Steigerung seiner Arbeitsleistung die Menge der Produktion zu beeinflussen. Als Bezugspunkt wird auf die erbrachte Arbeitsmenge (z. B. Stückzahl, Gewicht, Maß) abgestellt und der Arbeitsmengeneinheit ein Geldbetrag (Geldakkord) oder eine feste Vorgabezeit als Verrechnungsfaktor (Zeitakkord) zugeordnet.

Daraus ergibt sich für den Geldakkord die Formel

Arbeitsmenge × Geldfaktor

und für den Zeitakkord die Formel

Arbeitsmenge × Vorgabezeit × Geldfaktor : 60

Beim Akkordlohn trägt der Arbeitnehmer das Risiko einer Minderleistung, es sei denn, der Arbeitgeber hat diese Minderleistung ausnahmsweise zu vertreten, etwa weil er das notwendige Arbeitsmaterial oder Gerät nicht bereitstellt. Aus diesem Grund finden sich gerade in Tarifverträgen häufig Mindestlohngarantien, die gewährleisten, dass das Einkommen der Arbeitnehmer bei unterdurchschnittlicher Leistung nicht unter den dort festgelegten Mindestlohn sinkt.

Für die Höhe der Akkordvergütung ist die Arbeitsqualität unerheblich, wenn nicht etwas anderes tarifvertraglich oder einzelvertraglich vereinbart ist. Ohne besondere Vereinbarung kann der Arbeitgeber den Akkordlohn daher bei Schlechtleistung nicht einseitig herabsetzen. Unbenommen ist es ihm dagegen, Schadensersatzansprüche gegen den Arbeitnehmer geltend zu machen oder ihm nach → *Abmahnung* im Wiederholungsfall zu kündigen.

2.2 Prämienlohn

Ebenso wie der Akkordlohn wird auch der Prämienlohn in der Form festgelegt, dass eine Leistung gemessen und mit einer Bezugsleistung verglichen wird. Der dadurch ermittelte Leistungsgrad bestimmt hier wie dort das Leistungsentgelt in seiner Höhe.

Der Prämienlohn ist damit von den Prämien zu unterscheiden, die nicht an die Leistung des Arbeitnehmers anknüpfen, wie insbesondere Pünktlichkeits- oder Anwesenheitsprämien.

Im Unterschied zum Akkordlohn dient der Prämienlohn häufig der Qualität der Arbeit (Qualitäts- oder Güteprämie).

Beispiel:

> Bezugsbasis kann u. a. der Ausschuss sein. Besteht z. B. eine Ausschussquote von 15 % und kann der Ausschuss – unter Berücksichtigung von material- bzw. maschinenbedingter Ausschussquote – bei optimaler Arbeitsleistung bis auf 5 % gesenkt werden, kann hier ein Prämienlohnsystem ansetzen.

Der Prämienlohn kann aber auch – wie der Akkordlohn – an die Arbeitsmenge anknüpfen (Mengenprämie). Außerdem kann mit ihm eine bessere Nutzung der betrieblichen Anlagen/Materialien (Nutzungsprämie) oder eine Belohnung von Rohstoff- oder Energieersparnis (Ersparnisprämie) bezweckt sein. Soll die Prämie den Arbeitnehmer an der pünktlichen Einhaltung von Lieferterminen interessieren – und damit ggf. hohe Konventionalstrafen vermeiden helfen –, spricht man von einer Terminprämie.

Im Allgemeinen wird eine Grundvergütung gezahlt, auf die ein Prämienlohnsystem aufgestockt ist. Nur in seltenen Fällen ist die gesamte Arbeitsvergütung Prämienlohn. In diesen Fällen steigt oder sinkt die Arbeitsvergütung je nach der erbrachten Arbeitsleistung, es sei denn, dass eine Mindestlohngarantie das Absinken unter eine bestimmte Lohnhöhe verhindert.

Bei der Gewährung von Prämienlohn muss der Arbeitgeber den Gleichbehandlungsgrundsatz beachten.

2.3 Provisionsvergütung

Die Provision ist eine Erfolgsvergütung. Sie ist die typische Vergütung des Handelsvertreters, der nicht Arbeitnehmer ist, sondern selbstständig Geschäfte vermittelt und abschließt. Sie ist in den §§ 87 bis 87c HGB gesetzlich geregelt. Arbeitet ein Arbeitnehmer auf Provisionsbasis, gelten diese Regelungen für ihn entsprechend (§ 65 HGB).

Im Allgemeinen werden im Arbeitsverhältnis Provisionsvereinbarungen in Verbindung mit einem Fixum getroffen. Die Vereinbarung einer ausschließlich erfolgsorientierten Provisionsvergütung ist jedoch im Hinblick auf die ausdrückliche gesetzliche Regelung in § 65 HGB auch im Arbeitsverhältnis nicht stets unzulässig. Eine sittenwidrige Verlagerung des arbeitgeberseitigen Beschäftigungsrisikos liegt erst dann vor, wenn das zur Verfügung gestellte Adressenmaterial oder eine andere geschuldete Mitwirkung des Arbeitgebers nicht ausreichend ist, um in der eingesetzten Zeit einen angemessenen Verdienst zu erzielen (LAG Köln v. 16.2.2009, Az. 2 Sa 824/08).

Mit der Provision wird der Arbeitnehmer in der Regel an dem Wert derjenigen Geschäfte beteiligt, die durch ihn zustande gekommen sind (Vermittlungsprovision).

3. Naturalvergütung

Naturalvergütung ist jede Vergütung, die als Gegenleistung für die Arbeitsleistung des Arbeitnehmers nicht in Geld gewährt wird.

Beispiele:

> Personalrabatte, Verbilligung von Werk- und Dienstleistungen, Einräumung privater kostenloser Nutzungsmöglichkeit an betrieblichem Eigentum (Dienstwagen, Werkdienstwohnung), Verschaffung einer Verdienstmöglichkeit (Trinkgeld), Gewährung von Sachbezügen (z. B. Deputaten in der Landwirtschaft, Bier in Brauereien), Gewährung von Kost und Logis.

Eine Mindestentgeltsicherung enthält § 107 Abs. 2 Satz 5 GewO: Der Wert der (zulässig) vereinbarten Sachbezüge oder die Anrechnung der überlassenen Waren auf das Arbeitsentgelt darf die Höhe des pfändbaren Teils des Arbeitsentgelts nicht übersteigen. Der unpfändbare Betrag muss also stets bar ausgezahlt oder überwiesen werden. Dadurch soll verhindert werden, dass der Arbeitnehmer Waren, die er als Naturallohn erhalten hat, erst weiterverkaufen muss, um seinen Lebensunterhalt bestreiten zu können (vgl. dazu auch BAG v. 24.3.2009, Az. 9 AZR 733/07).

Bei Auszubildenden ist zu beachten, dass Sachleistungen, wie beispielsweise Wohnung, Heizung etc. nur bis zu 75 % auf die Ausbildungsvergütung angerechnet werden können. Mindestens 25 % der Bruttovergütung ist als Geldleistung zu gewähren (§ 17 Abs. 2 BBiG).

Soweit die Vergünstigung nicht im Einzelfall individuell ausgehandelt ist, muss der Arbeitgeber bei der Naturalvergütung den Gleichbehandlungsgrundsatz beachten. Er darf einzelne Arbeitnehmer nicht ohne sachlichen Grund schlechter stellen oder durch sachfremde Gruppenbildung bestimmte Beschäftigte von der Vergünstigung ausschließen.

Von besonderer praktischer Bedeutung sind dabei folgende Naturalbezüge:

3.1 Dienstwagen

Die Überlassung eines Dienstwagens wird dann zum Naturalbezug, wenn der Arbeitnehmer den PKW auch für den Arbeitsweg zwischen Wohnung und Arbeitsstätte oder für private Zwecke nutzen kann. In diesem Fall kann der PKW nicht jederzeit vom Arbeitgeber zurückgefordert werden. Die Zusage zur Überlassung kann, ohne dass dies ausdrücklich vereinbart worden wäre, nicht einseitig widerrufen werden, sondern nur durch → *Änderungskündigung* oder Änderungsvereinbarung beseitigt werden.

ACHTUNG!

Auch wenn der Arbeitgeber kündigt und den Arbeitnehmer bis zum Ablauf der Kündigungsfrist freistellt, muss er ihm den PKW bis zur Beendigung des Arbeitsverhältnisses überlassen, wenn nichts anderes vertraglich vereinbart wurde.

Anderenfalls hat der Arbeitnehmer Anspruch auf eine Nutzungsentschädigung. Bei der Ermittlung der Höhe des Nutzungswerts ist auf die lohnsteuerrechtliche Vorteilsermittlung (für jeden Kalendermonat 1 % des Listenpreises) abzustellen.

Es empfiehlt sich in jedem Fall, die Einzelheiten zur Benutzung eines Dienstwagens in einem Dienstwagenüberlassungsvertrag neben dem → *Arbeitsvertrag* zu regeln.

3.2 Personalrabatte

Unter einem Personalrabatt versteht man die Einräumung verbilligten Wareneinkaufs durch den Arbeitgeber. Besondere Bedeutung hat der Personalrabatt für die Arbeitnehmer der Autoindustrie, da er dort einen erheblichen wirtschaftlichen Vorteil mit sich bringt.

TIPP!

Der Arbeitgeber sollte bei der Einführung von Personalrabatten in die Zusage ausdrücklich eine Freiwilligkeitsklausel aufnehmen, damit er sie jederzeit wieder einstellen kann. Das ist sonst nicht möglich!

Teilzeitbeschäftigte dürfen vom Personalrabatt nicht ausgeschlossen werden.

3.3 Trinkgeld

In verschiedenen Branchen – besonders im Gaststätten- und Hotelgewerbe – erhalten die dort beschäftigten Arbeitnehmer von Dritten Trinkgelder. Der Arbeitgeber, der seinen Mitarbeitern die Möglichkeit einräumt, diese Gelder von Gästen/Kunden

in Empfang zu nehmen, lässt ihnen auf diese Weise einen Naturalbezug zukommen.

Nicht zulässig ist indes, dass der Arbeitgeber die Zahlung eines regelmäßigen Arbeitsentgelts im Hinblick auf den Erhalt von Trinkgeldern gänzlich ausschließt (§ 107 Abs. 3 GewO). Das Trinkgeld kann daher immer nur Teil des Gesamtbezuges sein.

WICHTIG!

Hat der Arbeitnehmer Anspruch auf eine tarifliche Vergütung, darf diese nicht teilweise aus Trinkgeldern bestehen.

4. Sonderformen der Vergütung/Zielvereinbarungen

Neben der Zeit- und Leistungsvergütung werden in vielen Betrieben weitere Vergütungen in Geld erbracht, die sich keiner der Gruppen eindeutig zuordnen lassen. Hier sind z. B. Gewinnbeteiligungen, Gratifikationen, betriebliche Altersversorgung oder auch vermögenswirksame Leistungen zu nennen.

Besondere Bedeutung haben in den letzten Jahren auch Zielvereinbarungen/Bonusregelungen erfahren. Der Bonus ist ein zusätzlicher, in aller Regel variabler Gehaltsbestandteil, der üblicherweise an die Erreichung persönlicher und/oder unternehmensbezogener Ziele anknüpft. Unternehmensbezogene Ziele sind dabei im Allgemeinen wirtschaftliche Kennziffern, wie z. B. der Umsatz und vor allem der Gewinn. Bei der Festlegung persönlicher Ziele sind die unterschiedlichsten Kriterien denkbar, so z. B. das Ergebnis der Abteilung, der der Mitarbeiter angehört bzw. die er leitet. Ebenso kommen aber auch die Aufgabenerfüllung, die Arbeitsqualität, die Führungsleistungen u. Ä. als Kriterien in Betracht.

Ist in einer arbeitsvertraglichen Regelung vereinbart, dass trotz Erfüllung persönlicher Ziele eine Bonuszahlung ausgeschlossen ist, wenn das Unternehmen im relevanten Zeitraum keinen Gewinn erzielt, so ist diese Kombination rechtlich wirksam, da sie weder unklar ist noch den Arbeitnehmer unangemessen benachteiligt (LAG Hessen v. 1.2.2010, Az. 7 Sa 923/09). Auch eine nur „vorläufige" Festsetzung eines Bonus, der nach der arbeitsvertraglichen Regelung im Ermessen des Arbeitgebers liegt, kann im Rahmen „billigen Ermessens" revidiert werden, wenn etwa erhebliche wirtschaftliche Verluste des Unternehmens eingetreten sind (BAG v. 12.10.2011, Az. 10 AZR 756/10). Ist dagegen im Arbeitsvertrag nur geregelt, dass sich der Leistungsbonus nach der individuellen Zielerreichung sowie dem Erfolg des Unternehmens richtet, besteht ein Anspruch auf einen Bonus bei Erreichen der individuellen Ziele selbst dann, wenn das Unternehmen erhebliche wirtschaftliche Schwierigkeiten hat (LAG München v. 30.3.2011, Az. 10 Sa 486/10).

Im Ergebnis stellen Zielvereinbarungen ein finanzielles Anreizsystem zur Motivation der Mitarbeiter dar; sie fördern damit Leistung und Effizienz.

ACHTUNG!

Ist arbeitsvertraglich ein Zielerreichungsbonus vereinbart, werden jedoch tatsächlich für das vertragliche Geschäftsjahr keine Ziele vereinbart, so kann dies dazu führen, dass der Arbeitgeber dem Arbeitnehmer Schadensersatz leisten muss. Obliegt es nämlich dem Arbeitgeber, die Initiative zur Führung des Gesprächs mit dem Arbeitnehmer über eine Zielvereinbarung zu ergreifen und tut er dies nicht oder hat er auf eine entsprechende Aufforderung ein solches Gespräch nicht anberaumt, liegt darin eine vertragliche Nebenpflichtverletzung. Der Arbeitnehmer wiederum hat die Obliegenheit, sich von sich aus um den Abschluss einer Zielvereinbarung zu kümmern. Tut er dies nicht, wird ein möglicher Bonusanspruch aufgrund seines Mitverschuldens erheblich zu reduzieren sein (BAG v. 12.12.2007, Az. 10 AZR 97/07).

Wenn es in einer Bonusvereinbarung heißt, dass die Ziele „gemeinsam mit dem Mitarbeiter" festzulegen sind, soll dies dafür sprechen, dass die alleinige Initiativpflicht beim Arbeitgeber liegt. Kommt er dieser Pflicht nicht nach, indem er es unterlässt, ein Gespräch über die Zielvereinbarung vor Ablauf der Zielperiode anzuregen, ist er dem Arbeitnehmer zum Schadensersatz verpflichtet (LAG Berlin-Brandenburg v. 17.9.2008, Az. 15 Sa 283/08).

Nach Auffassung des BAG (12.5.2010, Az. 10 AZR 390/09) sollen gegen den Arbeitgeber Schadensersatzansprüche selbst dann dem Grunde nach bestehen, wenn in einer bestehenden Zielvereinbarung eine Nachwirkungsklausel aufgenommen ist, wonach im Falle der Nichteinigung die zuletzt vereinbarten Ziele bis zum Abschluss einer neuen Zielvereinbarung auch in der künftigen Zielperiode gelten. Auch in diesem Fall bleibe die Verpflichtung des Arbeitgebers, dem Arbeitnehmer für das Folgejahr ein neues Angebot zu unterbreiten und über eine neue Zielvereinbarung zu verhandeln, regelmäßig bestehen. Ein möglicher Schadensersatzanspruch des Arbeitnehmers hänge somit davon ab, inwieweit der Arbeitgeber im Folgejahr seine Pflicht zum Vorschlag und zur Verhandlung von erreichbaren Zielen gegenüber dem Arbeitgeber erfüllt und in welcher Weise der Arbeitnehmer darauf reagiert habe.

An einer Pflichtverletzung des Arbeitgebers – und damit an einer Voraussetzung für einen Schadensersatzanspruch – fehlt es dagegen dann, wenn er dem Arbeitnehmer Ziele vorgeschlagen hat, die dieser nach einer auf den Zeitpunkt des Angebots bezogenen Prognose hätte erreichen können. In diesem Fall kann sich der Arbeitnehmer nicht einfach dadurch einer Vereinbarung entziehen, dass er seine Zustimmung zu den Zielvorgaben verweigert (BAG v. 10.12.2008, Az. 10 AZR 889/07).

TIPP!

Im Arbeitsvertrag sollte deutlich gemacht werden, dass die Initiative auf Abschluss einer Bonusvereinbarung jährlich neu vom Arbeitnehmer ausgehen muss und ein Bonusanspruch für ein Geschäftsjahr immer nur dann entsteht, wenn eine Zielvereinbarung jeweils schriftlich vor Beginn des neuen Geschäftsjahres getroffen wurde. Der Bonusanspruch ist in diesem Fall nur dann geschuldet, wenn tatsächlich eine Zielvereinbarung geschlossen wurde. Ein Schadensersatzanspruch ist dann auf den Fall beschränkt, dass der Mitarbeiter den Abschluss einer Zielvereinbarung noch während des laufenden Geschäftsjahres gefordert hat, ihm aber ein entsprechendes Gespräch verweigert wurde.

Die Bestimmung der Höhe eines Schadensersatzanspruchs ist nicht unproblematisch. Ohne Bedeutung ist, ob und gegebenenfalls in welchem Umfang der Arbeitnehmer in der Vergangenheit die vereinbarten Ziele erreicht hat. Vielmehr richtet sich der Umfang des Schadens nach dem entgangenen Gewinn (§ 252 BGB), der nach dem gewöhnlichen Lauf der Dinge mit Wahrscheinlichkeit erwartet werden konnte. Dabei stellt das Bundesarbeitsgericht eine Vermutungsregelung auf: Bei der Feststellung des Schadens durch ein Gericht sei zu berücksichtigen, dass mit Blick auf den Motivationszweck eines Zielerreichungsbonus erreichbare Ziele vereinbart worden wären. Es sei deshalb davon auszugehen, dass der Arbeitnehmer die vereinbarten Ziele erreicht hätte, wenn nicht besondere Umstände diese Annahme ausschließen. Solche besonderen Umstände sind vom Arbeitgeber darzulegen und zu beweisen.

Zielvereinbarungen gegenüber Arbeitnehmern unterliegen der Inhaltskontrolle. Sie müssen als befristete Vereinbarungen von Arbeitsbedingungen den Angemessenheitskriterien des § 307 Abs. 1 Satz 1 BGB entsprechen.

TIPP!

Für jeden befristet ausgelobten Zielbonus sollte es möglichst einen konkreten Befristungsgrund geben. Dieser könnte etwa darin bestehen, dass der Arbeitgeber den Zielbonus erstmalig erproben oder mit ihm einmalige Anreize gewähren will, beispielsweise um eine Produktionsumstellung zu gewährleisten oder ein neues Geschäftsfeld zu erproben.

Widerrufsvorbehalte, mit denen der Arbeitgeber sich die Möglichkeit eröffnet, auf veränderte Umstände schnell zu reagieren,

sind nur dann wirksam, wenn die Widerrufsgründe bereits im Widerrufsvorbehalt benannt sind – wie etwa wirtschaftliche Gründe, Leistung des Arbeitnehmers, Verhalten des Arbeitnehmers – und sich der Zielbonus auf maximal 25 % der Gesamtvergütung des Arbeitnehmers beläuft.

Auch im Krankheitsfall entstehen für den Arbeitnehmer, mit dem eine Zielvereinbarung abgeschlossen wurde, Ansprüche auf Bonuszahlungen, denn auch die variablen Vergütungsbestandteile sind im Rahmen der Entgeltfortzahlung zu berücksichtigen. Die Berechnung bereitet häufig Schwierigkeiten, doch haben sich in der Praxis zwei Berechnungswege durchgesetzt: Entweder werden während des Krankheitszeitraums Bonuszahlungen an vergleichbare Arbeitnehmer zugrunde gelegt, oder es wird von der durchschnittlichen variablen Vergütung des betroffenen Mitarbeiters in der Vergangenheit ausgegangen. Welche Berechnungsgrundlage im Krankheitsfall gewählt wird, sollte vorher schriftlich festgelegt werden.

Haben sich der Arbeitgeber und der Arbeitnehmer auf eine Zielvereinbarung und das Geschäftsjahr als Zielperiode geeinigt, so ist auch eine Vereinbarung zulässig, wonach der Anspruch auf die Bonuszahlung daran geknüpft ist, dass das Arbeitsverhältnis am Ende des Geschäftsjahres tatsächlich noch besteht (BAG v. 6.5.2009, Az. 10 AZR 443/08). Dagegen sind Stichtagsklauseln unzulässig und unverhältnismäßig, sofern der Stichtag außerhalb des jeweiligen Bezugszeitraums liegt; durch sie wird die durch Art. 12 Abs. 1 GG geschützte Berufsfreiheit des Arbeitnehmers übermäßig beschränkt:

Beispiel:

Die Höhe einer Erfolgsvergütung ist vom Erreichen bestimmter wirtschaftlicher und individueller Ziele während des Geschäftsjahres abhängig. Als Auszahlungszeitpunkt ist der Juli des Folgejahres vorgesehen. Eine Regelung, wonach der Anspruch auf die Vergütung ausgeschlossen sein soll, wenn der berechtigte Mitarbeiter das Arbeitsverhältnis vor dem Auszahlungstag kündigt, ist unwirksam (BAG v. 12.4.2011, Az. 1 AZR 412/09; ebenso BAG v. 7.6.2011, Az. 1 AZR 807/09).

Gleiches gilt für Sonderzahlungen mit Mischcharakter, mit denen zum einen die Leistung eines Mitarbeiters (das Erreichen bestimmter wirtschaftlicher und individueller Ziele) und zum anderen die Betriebstreue honoriert werden sollen. Auch hier kann die Zahlung nicht vom ungekündigten Bestand des Arbeitsverhältnisses außerhalb des Bezugszeitraums abhängig gemacht werden (BAG v. 18.1.2012, Az. 10 AZR 612/10).

Findet sich in einem Arbeitsvertrag neben einer Zielvereinbarungsregelung eine Ausschlussfrist für die Geltendmachung von Ansprüchen, so kann der Anspruch auf Schadensersatz wegen einer nicht vereinbarten Zielvereinbarung auch nur in der Ausschlussfrist wirksam geltend gemacht werden. Der Lauf der vertraglichen Ausschlussfrist beginnt, wenn feststeht, dass der Arbeitgeber dem Arbeitnehmer keine Ziele mehr vorgeben kann, d. h. mit Ablauf der maßgeblichen Zielperiode (ArbG Offenbach, Az. 1 Ca 415/09).

V. Reduzierung der Vergütung

Eine einmal vereinbarte Arbeitsvergütung kann vom Arbeitgeber nicht einseitig reduziert werden. Auch wenn der Arbeitnehmer fortlaufend eine schlechte Arbeitsleistung oder eine Minderleistung erbringt, rechtfertigt dies nicht eine Kürzung der Vergütung. Der Arbeitnehmer schuldet nämlich allein seine Arbeitsleistung, nicht aber einen bestimmten Erfolg (BAG v. 18.7.2007, Az. 5 AZN 610/07). Der Arbeitgeber hat in diesen Fällen (nur) das Recht, Schadensersatzansprüche gegen den Arbeitnehmer geltend zu machen oder ihm nach Abmahnung bei fortgesetzter Schlecht- bzw. Minderleistung zu kündigen. Die Anforderungen, die die Rechtsprechung an eine wirksame Kündigung in diesem Bereich stellt sind jedoch sehr hoch. So muss der Arbeitgeber etwa eine Leistung, die nicht mehr als ein Drittel unter der durchschnittlichen Leistung anderer Mitarbeiter liegt, hinnehmen.

Möglich ist eine Reduzierung indes dann, wenn sich der Arbeitgeber im Arbeitsvertrag den Widerruf für Lohnbestandteile (wie etwa übertarifliche Zulagen) vorbehalten hat. Dabei darf der widerrufliche Anteil nicht mehr als 25 % der Gesamtvergütung erfassen. Zusätzlich bedarf es sachlicher Gründe, die sich in formularmäßigen Arbeitsverträgen aus der vertraglichen Regelung selbst ergeben müssen. Hierfür genügt eine allgemeine Angabe wie der Verweis auf wirtschaftliche Gründe oder Gründe im Verhalten des Arbeitnehmers.

Tatsächlich müssen dann aber auch im Falle eines Widerrufs entsprechende Gründe vorliegen. So kann ein Arbeitgeber, der sich den Widerruf einer Zuwendung für den Fall vorbehalten hat, dass es die Geschäftslage erfordert, diese nur dann widerrufen, wenn es darum geht, eine negative Geschäftsentwicklung abzuwenden oder ein negatives Geschäftsergebnis zu verbessern. Er kann sie dagegen nicht widerrufen, wenn es darum geht, eine schon sehr positive Geschäftsentwicklung noch weiter zu verstärken. Würde man die Klausel „wenn es die Geschäftslage erfordert" auch auf letztgenannte Konstellation anwenden, stünde es im Belieben des Arbeitgebers sich jederzeit und unabhängig von der konkreten Umsatz- und Gewinnsituation des Unternehmens auf eine solche Widerrufsklausel zu berufen (LAG Köln v. 16.10.2006, Az. 14 [13] Sa 9/06).

ACHTUNG!
Fehlt es in einem formularmäßigen Arbeitsvertrag an Gründen, ist der Widerruf unzulässig. Dies gilt für Verträge, die nach dem 1.1.2002 geschlossen wurden. Für vorher abgeschlossene Verträge wird eine ergänzende Vertragsauslegung vorgenommen, wobei unterstellt wird, dass die Vertragsparteien bei Abschluss des Vertrags wirtschaftliche Gründe als Widerrufsgrund einbezogen hatten.

Dagegen sind Freiwilligkeitsvorbehalte in vorformulierten Arbeitsverträgen, soweit sie laufendes Arbeitsentgelt erfassen, unwirksam. Die Möglichkeit, eine zugesagte Zahlung grundlos und dazu noch ohne jegliche Erklärung einzustellen oder einzuschränken, beeinträchtigt die Interessen des Arbeitnehmers grundlegend. Dies gilt auch dann, wenn es sich nicht um die eigentliche Grundvergütung, sondern um eine zusätzliche Abgeltung der Arbeitsleistung in Form einer Zulage handelt (BAG v. 25.4.2007, Az. 5 AZR 627/06).

Wenn bei Fortzahlung der ursprünglichen Vergütung die wirtschaftliche Existenz des Betriebs bedroht ist oder Arbeitsplätze gefährdet sind und das wirtschaftliche Überleben durch Entgeltreduzierungen gesichert wird, kommt ausnahmsweise auch eine Kürzung der Vergütung im Wege einer → *Änderungskündigung* in Betracht. Abzustellen ist dabei auf den Gesamtbetrieb und nicht allein auf eine unrentable Betriebsabteilung. Der Arbeitgeber muss zuvor einen umfassenden und dezidierten Sanierungsplan vorlegen, der alle milderen Mittel (bspw. Absenkung freiwilliger Zulagen, Sanierungsbeiträge Dritter [wie etwa von Banken]) bereits ausschöpft und die von den Arbeitnehmern zu tragenden Lasten gleichmäßig verteilt (BAG v. 26.6.2008, Az. 2 AZR 139/07). Zur Darlegung der wirtschaftlichen Notlage soll ein Zeitraum von mindestens drei Jahren zu fordern sein, um eine Verstetigung oder Verschlechterung von Entwicklungen erkennen zu können (LAG Rheinland-Pfalz v. 20.7.2006, Az. 6 Sa 1015/05). Liegen diese Voraussetzungen vor und hat sich die große Mehrheit der Arbeitnehmer mit der Reduzierung der Vergütung freiwillig einverstanden erklärt, so kann ein Arbeitnehmer, dem gegenüber die Reduzierung durch Änderungskündigung erfolgt, sich nicht darauf berufen, die Änderungskündigung sei ihm gegenüber nicht mehr erforderlich, weil der Sanierungserfolg schon durch die freiwilligen Gehaltsreduzierungen erreicht sei (BAG, a.a.O.).

TIPP!
Da die Anforderungen an eine Änderungskündigung zum Zwecke der Entgeltreduzierung extrem hoch sind, sollte zunächst immer versucht werden, mit den Arbeitnehmern befristete Gehaltsreduzierungen zu vereinbaren.

Haben Arbeitgeber und Arbeitnehmer eine übertarifliche Vergütung vereinbart, kann der Arbeitgeber den übertariflichen Teil nicht unter Hinweis auf den Gleichbehandlungsgrundsatz im Wege einer Änderungskündigung abbauen.

ACHTUNG!
Eine vertragliche Vereinbarung, nach der der Arbeitgeber die Vergütung einseitig reduzieren darf, ist wegen Umgehung des gesetzlichen Änderungskündigungsschutzes unwirksam.

VI. Auszahlung der Vergütung

Die Vergütung muss an den Arbeitnehmer ausgezahlt werden. Er kann jedoch einen Dritten bevollmächtigen, sie in Empfang zu nehmen. Der Arbeitgeber sollte den Lohn nur dann an Dritte auszahlen, wenn der Arbeitnehmer ihm die Bevollmächtigung mitgeteilt oder der Dritte eine schriftliche Vollmachtsurkunde vorgelegt hat.

ACHTUNG!
Ehepartner sind nicht ohne weiteres bevollmächtigt, die Vergütung in Empfang zu nehmen.

Die Arbeitsvergütung ist im Zeitpunkt der Fälligkeit auszuzahlen. Ist die Vergütung nach Zeitabschnitten bemessen, ist sie nach Ablauf der einzelnen Zeitabschnitte zu zahlen. Der Arbeitnehmer ist also grundsätzlich vorleistungspflichtig, wenn nicht ausdrücklich etwas anderes vereinbart ist.

Grundsätzlich hat der Arbeitnehmer die Vergütung im Betrieb abzuholen. Haben Arbeitgeber und Arbeitnehmer die bargeldlose Lohnzahlung vereinbart, ist die Lohnforderung mit der Gutschrift auf dem Konto des Arbeitnehmers erfüllt. Der Arbeitgeber muss die Kosten der Überweisung, jedoch nicht die beim Arbeitnehmer anfallenden Kontoführungsgebühren tragen.

Die vom Arbeitgeber geschuldete Vergütung ist grundsätzlich eine Bruttovergütung. Von ihr werden Lohnsteuer und Sozialversicherungsbeiträge in Abzug gebracht. Zwar können Arbeitgeber und Arbeitnehmer eine Nettolohnvereinbarung treffen, doch ist davon aus Arbeitgebersicht dringend abzuraten. Der Arbeitgeber müsste in diesem Fall steuer- und sozialversicherungsrechtlich laufend den dazugehörigen Bruttoverdienst ermitteln.

ACHTUNG!
Soll dennoch eine Nettolohnvereinbarung getroffen werden, so ist zu beachten, dass der Arbeitgeber nach neuerer Rechtsprechung grundsätzlich auch dann zur Zahlung des vereinbarten Nettolohns verpflichtet bleibt, wenn der Arbeitnehmer die Steuerklasse wechselt. Damit kann sich für den Arbeitgeber plötzlich eine deutlich höhere Belastung ergeben, als ihm zum Zeitpunkt der Vereinbarung bewusst war. Etwas anders gilt nur dann, wenn der Steuerklassenwechsel rechtsmissbräuchlich erfolgt.

Eine ergänzende Vertragsauslegung kommt in diesen Fällen regelmäßig nicht in Betracht. Ohne ausdrückliche Vereinbarung der Parteien kann nicht davon ausgegangen werden, dass sich der vereinbarte Nettobetrag auf die zum Zeitpunkt des Vertragsschlusses geltende Steuerklasse des Arbeitnehmers beziehen soll (LAG Düsseldorf v. 19.4.2011, Az. 16 Sa 1570/10). Möchte der Arbeitgeber Nachteile vermeiden, sollte daher vertraglich ausdrücklich geregelt sein, für welche Fälle eine Anpassung des Nettolohns erfolgen soll.

VII. Verjährung und Verwirkung von Vergütungsansprüchen/Ausschlussfristen

Ansprüche auf Arbeitsvergütung verjähren in drei Jahren, beginnend mit dem Ende des Jahres, in dem die Arbeitsvergütung fällig geworden ist.

::rehm

Beispiel:

Der Lohnanspruch für den Monat Februar 2011 verjährt mit Ablauf des 31. Dezember 2014.

Häufig gelten sog. Ausschlussfristen, in denen Ansprüche aus dem Arbeitsverhältnis geltend zu machen sind. Wird eine solche Frist vom Arbeitnehmer nicht eingehalten, ist der Vergütungsanspruch unabhängig von der regelmäßig längeren Verjährungsfrist verfallen. Zu den Einzelheiten s. → *Ausschlussfrist*.

Die in einem Mindestentgelttarifvertrag geregelte Ausschlussfrist findet dabei selbst dann Anwendung, wenn der Tarifvertrag im Falle einer fehlenden Vergütungsvereinbarung nur zur Ermittlung eines üblichen Entgelts gemäß § 612 Abs. 2 BGB herangezogen wird (BAG v. 20.4.2011, Az. 5 AZR 171/10).

Ist ein Anspruch weder verjährt noch im Hinblick auf eine abgelaufene Ausschlussfrist verfallen, kann er möglicherweise verwirkt sein. Von einer Verwirkung ist dann auszugehen, wenn

- der Arbeitnehmer das Recht längere Zeit nicht ausgeübt hat,

- der Arbeitgeber nach dem früheren Verhalten des Arbeitnehmers damit rechnen durfte, dass er das Recht auch nicht mehr geltend machen werde und

- er sich hierauf eingerichtet hat, sodass ihm die Erfüllung des Rechts nicht mehr zugemutet werden kann.

Bedeutung erlangt die Verwirkung in der Praxis häufiger im Zusammenhang mit der Abgeltung von Überstunden. Insbesondere in den Fällen, in denen ein Arbeitsverhältnis durch Kündigung des Arbeitgebers beendet wird, legt der Arbeitnehmer plötzlich eine Aufstellung von Überstunden der letzten Monate oder sogar Jahre vor und fordert eine entsprechende Vergütung. Hier lassen sich die Ansprüche häufig mit dem Hinweis auf Verwirkung abwehren.

VIII. Rückzahlung

Hat der Arbeitgeber irrtümlich eine zu hohe Arbeitsvergütung gezahlt, kann er den überbezahlten Betrag vom Arbeitnehmer zurückfordern; dieser ist zur Rückzahlung verpflichtet. Fällig wird der Rückzahlungsanspruch bei überzahlter Vergütung bereits im Zeitpunkt der Überzahlung. Dies kann von Bedeutung sein, wenn etwa tarifliche Ausschlussfristen bestehen.

Beispiel:

Der Arbeitgeber zahlt dem Arbeitnehmer versehentlich monatlich geringfügig zu hohe Beträge aus (etwa zu hohe Zuschläge). Dem Arbeitnehmer fällt die Überzahlung nicht auf. Der Tarifvertrag sieht eine dreimonatige Ausschlussfrist vor. Hier kann der Arbeitgeber nur drei Monate rückwirkend die Rückzahlung verlangen.

Auf eine tarifliche Ausschlussfrist kann sich der Arbeitnehmer indes dann nicht berufen, wenn der Fehler bei der Berechnung in seine Sphäre fällt, etwa weil er Änderungen in seinen persönlichen Verhältnissen, die sich auf die Höhe der Vergütung auswirken, dem Arbeitgeber nicht mitgeteilt hat. In diesem Fall wird der Rückzahlungsanspruch erst fällig, wenn der Arbeitgeber von den rechtsbegründenden Tatsachen Kenntnis erlangt. Gleiches gilt dann, wenn der Arbeitnehmer es pflichtwidrig unterlassen hat, auf den Irrtum des Arbeitgebers hinzuweisen. Davon ist auszugehen, wenn der Irrtum zu einer erheblichen Mehrzahlung geführt hat, die der Arbeitnehmer erkannt haben muss.

Der Anspruch auf Rückzahlung ist ausgeschlossen, wenn der Arbeitnehmer, der eine Überzahlung nicht erkannt hat, nicht mehr „bereichert" ist. Dies ist dann der Fall, wenn er den überbezahlten Betrag ausgegeben hat, ohne dass hierfür noch ein Gegenwert in seinem Vermögen vorhanden ist.

Beispiele:

Der überbezahlte Betrag ist für Luxusaufwendungen (z. B. Reisen) verbraucht worden; der Betrag ist verschenkt worden.

Dagegen ist der Arbeitnehmer noch bereichert, wenn er den Betrag für ohnehin notwendige Aufwendungen eingesetzt oder Schulden vermieden bzw. getilgt hat.

Hatte der Arbeitnehmer von der Überbezahlung Kenntnis, muss er den Betrag auf jeden Fall zurückzahlen; er kann sich nicht darauf berufen, nicht mehr bereichert zu sein.

IX. Beteiligung des Betriebsrats

Wenn keine tarifvertragliche Regelung besteht, hat der Betriebsrat bei Fragen der betrieblichen Lohngestaltung, insbesondere bei der Aufstellung von Entlohnungsgrundsätzen und der Einführung, Anwendung und Änderung von neuen Entlohnungsmethoden mitzubestimmen (§ 87 Abs. 1 Nr. 10 BetrVG). Zum Lohn in diesem Sinne gehören nahezu alle Geldleistungen, die im Rahmen eines Arbeitsverhältnisses gezahlt werden. Auch übertarifliche Lohnbestandteile können Gegenstand des Mitbestimmungsrechts sein. Ausgenommen sind lediglich Zahlungen, mit denen Auslagen ersetzt werden sollen.

Das Mitbestimmungsrecht hat in der Praxis große Bedeutung. Bestehende Tarifverträge lassen den Betriebsparteien häufig Regelungsräume. Außerdem ist der Lohn für viele Arbeitnehmer tarifvertraglich nicht geregelt, z. B. weil es an der Tarifbindung fehlt oder weil es sich um außertarifliche Angestellte handelt. Auch übertarifliche Lohnbestandteile können Gegenstand des Mitbestimmungsrechts des Betriebsrats nach § 87 Abs. 1 Nr. 10 BetrVG sein.

Bei Zielvereinbarungen gilt, dass der Arbeitgeber in seinem Entschluss über die Einführung frei ist. Will er sie einführen, kann er auch die Ziele, die die Beschäftigten erreichen sollen, ohne Beteiligung des Betriebsrats festlegen. Gleiches gilt für die Festlegung des finanziellen Rahmens wie auch für die Entscheidung, für welche Abteilungen, Gruppen oder Hierarchieebenen Zielvereinbarungen geschlossen werden sollen.

Mitbestimmungspflichtig ist dann jedoch das Verhältnis, in welchem sich Festgehalt und leistungsabhängige Entgeltbestandteile verteilen. Ebenso unterliegt die Zuordnung der jeweiligen Zielerreichungsschritte zu bestimmten Entgeltstufen der Mitbestimmung wie auch die Festlegung der Progressionsschritte, in denen die leistungsabhängigen Entgeltbestandteile steigen bzw. sinken sollen.

Das Mitbestimmungsrecht gilt aber nur bei sog. kollektiven Maßnahmen. Ausgenommen sind damit individuelle Lohnvereinbarungen, die mit Rücksicht auf den Einzelfall getroffen werden und nicht in innerem Zusammenhang mit Leistungen anderer Arbeitnehmer stehen.

Beispiel:

Der Arbeitgeber schließt mit einem Mitarbeiter, dessen Leistungen aus persönlichen Gründen sehr stark nachgelassen haben, eine Vereinbarung, in der bestimmte Leistungsziele und Verhaltensweisen festgelegt werden. Danach kann die bisher gezahlte Vergütung um 30 % für höhere Zielerreichung gesteigert und um den gleichen Prozentsatz für verringerte Zielerreichung gesenkt werden.

Der Betriebsrat hat insbesondere mitzubestimmen bei der Frage, ob die Arbeitnehmer im Zeit- oder Leistungslohn vergütet werden sollen und ebenso, ob und für welche Leistungen Prämienlohn oder Provisionen gezahlt werden und wie das Verhältnis von Grundgehalt zu Prämien und Provisionen ausgestaltet sein soll.

Bei Vergütungsbestandteilen, auf die kein Rechtsanspruch der Arbeitnehmer besteht (sog. freiwillige Leistungen), kann der Arbeitgeber nur den Dotierungsrahmen mitbestimmungsfrei vorgeben; die Verteilung erfolgt dagegen unter voller Mitbestimmung des Betriebsrats.

Nach § 87 Abs. 1 Nr. 11 BetrVG hat der Betriebsrat zudem mitzubestimmen bei der Festsetzung von Akkord- und Prämiensätzen und vergleichbarer leistungsbezogener Entgelte einschließlich der Geldfaktoren. Bei leistungsbezogenen Entgeltbestandteilen erhält der Betriebsrat damit unmittelbaren Einfluss auf die Lohnhöhe.

> **ACHTUNG!**
>
> Die Verletzung des Mitbestimmungsrechts des Betriebsrats nach § 87 Abs. 1 Nr. 10 BetrVG bei der Änderung einer im Betrieb geltenden Vergütungsordnung hat zur Folge, dass die Vergütungsordnung mit der vor der Änderung bestehenden Struktur weiter anzuwenden ist. Dies kann bei Neueinstellungen dazu führen, dass Ansprüche auf eine höhere Vergütung als die vertraglich vereinbarte bestehen.

Verschwiegenheitspflicht

I.   Begriff und Abgrenzung

II.   Betriebs- und Geschäftsgeheimnisse

III. Allgemeine Verschwiegenheitspflicht
1. Umfang
2. Beginn und Ende
3. Rechtsfolgen bei Verstoß
4. Geheimhaltungsklausel

IV. Verschwiegenheitspflichten besonderer Beschäftigtengruppen
1. Betriebs- bzw. Aufsichtsräte
2. Organvertreter

V.   Nachvertragliche Verschwiegenheitspflicht
1. Voraussetzungen
2. Abgrenzung zum Wettbewerbsverbot

I. Begriff und Abgrenzung

Die Verschwiegenheitspflicht (auch Geheimhaltungspflicht genannt) bezieht sich auf die Wahrung von Betriebs- oder Geschäftsgeheimnissen durch den Arbeitnehmer. Der Arbeitgeber ist daran interessiert, dass seine Betriebs- und Geschäftsgeheimnisse nicht an Dritte weitergegeben werden. Dies ist ein berechtigtes Anliegen, und das Gesetz schützt ihn hier auf mehrfache Weise.

Die Verschwiegenheitspflicht ist vom → *Wettbewerbsverbot* zu unterscheiden: Sie untersagt dem Arbeitnehmer, Informationen an Dritte weiterzugeben. Das Wettbewerbsverbot verbietet dem Arbeitnehmer, für die Konkurrenz tätig zu werden.

II. Betriebs- und Geschäftsgeheimnisse

Von der Verschwiegenheitspflicht umfasst werden insbesondere Betriebs- und Geschäftsgeheimnisse. Dies sind Tatsachen, die im Zusammenhang mit dem Geschäftsbetrieb stehen, nur einem eng begrenzten Personenkreis bekannt und nicht offenkundig sind und an deren Geheimhaltung ein objektives Interesse besteht. Offenkundig sind Tatsachen, die sich

jeder Interessierte ohne besondere Mühe zur Kenntnis beschaffen kann, unabhängig davon, ob der Arbeitgeber sie als Betriebs- oder Geschäftsgeheimnis bezeichnet.

Zu den Betriebs- und Geschäftsgeheimnissen können z. B. gehören:

- ▶ technische Erfahrung und Information
- ▶ Herstellungsverfahren
- ▶ Warenbezugsquellen
- ▶ Absatzgebiete
- ▶ Kunden- und Preislisten
- ▶ Inventuren

Regelmäßig nicht unter den Begriff der Betriebs- und Geschäftsgeheimnisse fallen bilanzielle Daten, da diese allgemein zugänglich veröffentlicht werden, z. B. unter www.bundesanzeiger.de oder www.unternehmensregister.de.

III. Allgemeine Verschwiegenheitspflicht

Für jeden Arbeitnehmer besteht, auch wenn dies im Arbeitsvertrag nicht ausdrücklich vereinbart wurde, eine allgemeine arbeitsrechtliche Verschwiegenheitspflicht. Sie ergibt sich aus der Treuepflicht als arbeitsvertraglicher Nebenpflicht.

1. Umfang

Der Arbeitnehmer darf **während des bestehenden Arbeitsverhältnisses** keine Betriebs- oder Geschäftsgeheimnisse an Dritte weitergeben. Wie er von dem Geheimnis Kenntnis erlangt hat, ist unerheblich. Es kommt auch nicht darauf an, welche Absicht er mit der Weitergabe verfolgt.

Die Verschwiegenheitspflicht besteht für den Arbeitnehmer nur dann nicht, wenn es um höherwertige Rechtsgüter geht, z. B. wenn er im Rahmen von Ermittlungen den Behörden Auskunft geben muss.

2. Beginn und Ende

Die allgemeine Verschwiegenheitspflicht besteht nur während des Arbeitsverhältnisses. Sie beginnt mit Abschluss des Arbeitsvertrags. Werden aber bereits in den Vorverhandlungen durch den zukünftigen Arbeitgeber Geschäfts- oder Betriebsgeheimnisse mitgeteilt, ist die Weitergabe dieser durch den Arbeitnehmer auch schon eine Pflichtverletzung und kann zu Schadensersatzansprüchen des zukünftigen Arbeitgebers führen.

Die allgemeine Verschwiegenheitspflicht endet mit der rechtlichen (nicht mit der tatsächlichen!) Beendigung des Arbeitsverhältnisses. Will der Arbeitgeber den Arbeitnehmer auch danach zur Verschwiegenheit verpflichten, muss er dies vertraglich mit ihm vereinbaren (s. u. V.).

3. Rechtsfolgen bei Verstoß

Entsteht dem Arbeitgeber aufgrund der unbefugten Weitergabe durch den Arbeitnehmer ein Schaden, kann er hierfür Schadensersatz verlangen. Wurde eine Vertragsstrafe vereinbart, wird sie mit dem Verstoß fällig.

> **Formulierungsbeispiel:**
>
> „Für jeden Fall der Zuwiderhandlung gegen die Verschwiegenheitspflicht verpflichtet sich der Arbeitnehmer zur Zahlung einer Vertragsstrafe in Höhe von € .... an den Arbeitgeber, begrenzt jedoch auf die nachweisliche Höhe des durch die Verletzung verursachten Schadens. Unberührt hiervon bleibt das Recht des Arbeitgebers, einen etwaigen über die Höhe der Vertragsstrafe hinausgehenden Schaden geltend zu machen."

Bei drohender Verletzung oder im Wiederholungsfall kann der Arbeitgeber beim Arbeitsgericht auf Unterlassung klagen.

Darüber hinaus kann eine Verletzung der Verschwiegenheitspflicht je nach Umständen des Einzelfalls zur → *Kündigung* führen.

Ein Arbeitnehmer macht sich außerdem strafbar, wenn er aus einer verwerflichen Motivation heraus (z. B. in Schadensabsicht oder zugunsten eines Dritten) ein Geschäfts- oder Betriebsgeheimnis unbefugt einem anderen mitteilt (§ 17 Abs. 1 UWG). Auch wer nach Beendigung des Arbeitsverhältnisses ein (verkörpertes) Geschäfts- oder Betriebsgeheimnis verwertet oder mitteilt, kann sich strafbar machen (§ 17 Abs. 2 UWG).

4. Geheimhaltungsklausel

Der Arbeitgeber kann durch eine sog. Geheimhaltungsklausel die allgemeine Verschwiegenheitspflicht des Arbeitnehmers vertraglich erweitern. Mit ihr kann er den Arbeitnehmer verpflichten, nicht nur über Betriebs- und Geschäftsgeheimnisse, sondern über **alle** mit dem Arbeitsverhältnis im Zusammenhang stehenden Tatsachen Stillschweigen zu bewahren. Dies kann sich auch auf Informationen bezüglich des persönlichen Rechtsverhältnisses zwischen Arbeitgeber und Arbeitnehmer (z. B. auf das vereinbarte Gehalt) erstrecken.

Formulierungsbeispiel:

„Der Arbeitnehmer verpflichtet sich, über alle Angelegenheiten und Vorgänge, die ihm im Rahmen der Tätigkeit zur Kenntnis gelangen, Stillschweigen zu bewahren.

Die Verschwiegenheitspflicht erstreckt sich insbesondere auf die in § .... getroffene Vergütungsvereinbarung sowie auf weitere Einzelheiten dieses Vertrags und auf Angelegenheiten anderer Unternehmen, mit denen der Arbeitgeber wirtschaftlich und organisatorisch verbunden ist.

Der Bruch einer solchen Geheimhaltungsklausel kann je nach Umständen des Einzelfalls die Kündigung rechtfertigen, wenn der Arbeitgeber an der Verschwiegenheit ein berechtigtes Interesse hatte. In der Praxis wird jedoch eine verhaltensbedingte Kündigung allenfalls dann möglich sein, wenn zuvor bereits eine einschlägige Abmahnung ausgesprochen worden war.

Beispiel:

Die Lohn- und Gehaltsdaten sind Teil der betriebswirtschaftlichen Kalkulation über Umsätze und Gewinnmöglichkeiten und der Arbeitgeber kann an der Geheimhaltung dieser Daten ein berechtigtes Interesse haben.

Relativiert hat sich die Verschwiegenheitspflicht als vertragliche Nebenpflicht allerdings in sog. **Whistleblowing**-Fällen. So hat der Europäische Gerichtshof für Menschenrechte in einer Entscheidung vom 21.7.2011 – anders als noch das LAG Berlin in der Entscheidung vom 28.3.2006 – die Kündigung einer Altenpflegerin nicht für gerechtfertigt angesehen, die ihren Arbeitgeber wegen eines vermeintlich strafbaren Verhaltens gegenüber den zur Pflege anvertrauten Menschen bei der Staatsanwaltschaft angezeigt hatte.

IV. Verschwiegenheitspflichten besonderer Beschäftigtengruppen

1. Betriebs- bzw. Aufsichtsräte

Für Mitglieder (und Ersatzmitglieder) des Betriebsrats bzw. des Gesamt- oder Konzernbetriebsrats, der Jugend- und Auszubildendenvertretung und des Wirtschaftsausschusses besteht eine besondere Geheimhaltungspflicht. Betriebs- oder Geschäftsgeheimnisse, die den genannten Personen in ihrer Funktion als Mitglied der genannten Gremien bekannt geworden und vom Arbeitgeber ausdrücklich als geheimhaltungsbedürftig bezeichnet worden sind, dürfen nicht weitergegeben oder verwertet werden (§ 79 Abs. 1 BetrVG). Voraussetzung ist jedoch auch hier, dass ein objektives Interesse an der Geheimhaltung der Tatsachen besteht, bzgl. derer die Geheimhal-

tungspflicht ausgesprochen wurde. Diese Pflicht gilt auch nach dem Ausscheiden aus dem jeweiligen Amt weiter. Bei Verstoß gegen die Geheimhaltungspflicht macht der Arbeitnehmer sich strafbar.

Die Geheimhaltungspflicht besteht nicht gegenüber anderen Mitgliedern der jeweiligen Gremien.

Auch Mitglieder des Aufsichtsrats machen sich strafbar, wenn sie ein Betriebs- oder Geschäftsgeheimnis unbefugt offenbaren (§ 85 GmbHG, § 404 AktG).

2. Organvertreter

Geschäftsführer einer GmbH oder Vorstandsmitglieder einer Aktiengesellschaft machen sich strafbar, wenn sie ein Betriebs- oder Geschäftsgeheimnis unbefugt offenbaren (§ 85 GmbHG, § 404 AktG). Diese Pflicht gilt auch nach Abberufung von der Organstellung weiter.

V. Nachvertragliche Verschwiegenheitspflicht

1. Voraussetzungen

Die allgemeine arbeitsvertragliche Verschwiegenheitspflicht erlischt mit Beendigung des Arbeitsverhältnisses. Will der Arbeitgeber sie über diesen Zeitpunkt hinaus ausdehnen, kann er dies durch eine nachvertragliche Geheimhaltungsklausel mit dem Arbeitnehmer regeln. Der Arbeitnehmer ist allerdings nicht verpflichtet, eine solche Vereinbarung zu unterzeichnen.

Die Vereinbarung darf den Arbeitnehmer in seiner weiteren beruflichen Laufbahn nicht behindern, sonst liegt u. U. ein → *Wettbewerbsverbot* vor (s. u. 2.). Deshalb ist bei der Formulierung eine Einschränkung zu empfehlen:

Formulierungsbeispiel:

„Diese Geheimhaltungsverpflichtung gilt auch über das Ende des Arbeitsvertrags hinaus, jedoch nur soweit, wie der Arbeitnehmer dadurch nicht in seinem weiteren beruflichen Fortkommen eingeschränkt wird."

2. Abgrenzung zum Wettbewerbsverbot

Soll z. B. ein Außendienstmitarbeiter ohne Einschränkung verpflichtet werden, nach Beendigung eines Arbeitsvertrags Stillschweigen über die Namen sämtlicher Kunden und Kontakte zu bewahren, kann dies zur Folge haben, dass er effektiv nicht mehr als Außendienstmitarbeiter für einen anderen Arbeitgeber in derselben Branche tätig werden kann. Eine solche Vereinbarung wäre keine bloße nachvertragliche Geheimhaltungsklausel mehr, sondern würde sich faktisch als ein nachvertragliches → *Wettbewerbsverbot* auswirken. Als solches ist sie aber nur wirksam, wenn zugleich eine Karenzentschädigung vereinbart wurde.

Ob die nachvertragliche Geheimhaltungsklausel als Wettbewerbsverbot zu verstehen ist, entscheidet sich nach der **faktischen Beeinträchtigung** des Arbeitnehmers in seiner weiteren Berufslaufbahn. Wenn der Arbeitnehmer „spürbar" in seinem Fortkommen beeinträchtigt wird, wird die nachvertragliche Geheimhaltungsklausel zu einem Wettbewerbsverbot. Um dies zu verhindern, sollte bei der Vereinbarung unbedingt die oben unter 1. dargestellte Formulierung gewählt werden.

WICHTIG!

Das Wettbewerbsverbot bietet einen weiterreichenden Schutz als die nachvertragliche Geheimhaltungsklausel, muss allerdings mit einer Karenzentschädigung verbunden werden. Der Arbeitgeber sollte sich ganz genau überlegen, ob eine nachvertragliche Geheimhaltungsklausel ausreicht oder ob in den Arbeitsvertrag ein Wettbewerbsverbot aufgenommen werden sollte.

Wehr- und Bundesfreiwilligendienst

I.   Freiwilliger Wehrdienst
   1. Begriff
   2. Ablauf
   3. Arbeitsplatzschutzgesetz
       3.1 Persönlicher Geltungsbereich
       3.2 Freistellung für Tauglichkeitsuntersuchung
       3.3 Ruhen des Arbeitsverhältnisses
       3.4 Besonderer Kündigungsschutz
       3.5 Benachteiligungsverbot
       3.6 Betriebliche Altersvorsorge

II.   Bundesfreiwilligendienst

I. Freiwilliger Wehrdienst

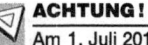 **ACHTUNG!**

Am 1. Juli 2011 ist das Wehrrechtsänderungsgesetz in Kraft getreten, was weitreichende Änderungen zur Folge hat. Die bisherige Wehrpflicht wurde auf unbestimmte Zeit ausgesetzt und ein neuer freiwilliger Wehrdienst eingeführt. Insofern gibt es seit Beginn des Jahres 2012 keine Wehrpflichtigen mehr.

Das Aussetzen hat zur Folge, dass die allgemeine Wehrpflicht bei Bedarf schnell wieder eingeführt werden kann und dass auch bei Feststellung des Spannungs- und Verteidigungsfalles die suspendierten Vorschriften des Wehrpflichtgesetzes wieder aufleben.

Nach alter Rechtslage waren Arbeitnehmer während der Ableistung des Wehr- und Zivildienstes durch das Arbeitsplatzschutzgesetz (ArbPlSchG) vor Nachteilen, insbesondere vor → Kündigung, besonders geschützt.

Das Gesetz bezieht sich vom Wortlaut her nur auf den Wehrdienst, galt aber auch für den Zivildienst, § 78 ZDG. Es hatte in erster Linie den Zweck, Arbeitnehmer, die ihrer rechtsstaatlichen Pflicht nachkommen, indem sie dienen, vor Nachteilen zu schützen.

Der nunmehr neu eingeführte freiwillige Wehrdienst unterliegt ebenfalls einigen der früher schon geltenden Schutzvorschriften.

1. Begriff

Der freiwillige Wehrdienst ist in den §§ 54 ff. Wehrpflichtgesetz geregelt. Frauen und Männer, die Deutsche i. S. d. Grundgesetzes sind, können sich hierzu verpflichten. Es können bis zu 23 Monate freiwilliger Wehrdienst geleistet werden.

2. Ablauf

Bei Ableistung des freiwilligen Wehrdienstes wird zunächst mit dem „freiwilligen Wehrdienst als Probezeit" begonnen. Während dieser Probezeit kann der Soldat auf seinen schriftlichen Antrag hin jederzeit entlassen werden. Auch die Bundeswehr kann den Soldaten jeweils zum 15. oder zum Letzten eines Monats entlassen. Die Entlassungsverfügung ist dann spätestens zwei Wochen vor dem Entlassungstermin bekannt zu geben. Während des Laufes der Probezeit muss der Arbeitgeber also jederzeit mir der Rückkehr des Arbeitnehmers in den Betrieb rechnen.

Im Anschluss an die Probezeit folgt der freiwillige zusätzliche Wehrdienst. Hierfür kann sich der Soldat für einen Zeitraum von bis zu maximal 17 Monaten verpflichten.

3. Arbeitsplatzschutzgesetz

Mit dem Wehrrechtsänderungsgesetz wurde § 16 ArbPlSchG um einen siebten Absatz erweitert. Dieser erklärt die Vorschriften aus dem ArbPlSchG zum Grundwehrdienst auch im Falle des freiwilligen Wehrdienstes für anwendbar.

3.1 Persönlicher Geltungsbereich

Das ArbPlSchG findet Anwendung auf Arbeitnehmer, auf zu ihrer Berufsausbildung Beschäftigte und auf in Heimarbeit Beschäftigte.

3.2 Freistellung für Tauglichkeitsuntersuchung

Nach alter Rechtslage musste der Arbeitnehmer für die Tauglichkeitsuntersuchung im Rahmen der Musterung bezahlt freigestellt werden.

Da die Neuregelungen an den Grundwehrdienst anknüpfen und auch für den freiwilligen Wehrdienst vorab eine Tauglichkeitsuntersuchung vorgeschrieben ist, besteht gemäß § 14 Abs. 1 ArbPlSchG ein Anspruch auf bezahlte Freistellung zur Durchführung dieser Untersuchung.

3.3 Ruhen des Arbeitsverhältnisses

Während der Dauer des freiwilligen Wehrdienstes ruht das Arbeitsverhältnis. Damit bestehen die Hauptleistungspflichten, wie Arbeitsleistung und Vergütung, nicht fort. Die Nebenpflichten aus dem Arbeitsverhältnis, wie die Verschwiegenheitspflicht oder ein Wettbewerbsverbot, gelten dagegen weiter.

Auch bleiben die Wehrdienstleistenden Angehörige ihres Betriebes. Daher haben sie sowohl das aktive also auch das passive Wahlrecht bei der Betriebsratswahl.

Befristete Arbeitsverhältnisse werden jedoch während des Ruhens nicht automatisch verlängert, wenn die Befristung während des Ruhens endet. Dies gilt auch, wenn das Arbeitsverhältnis aus anderen Gründen während des Wehrdienstes geendet hätte.

Für jeden vollen Kalendermonat, den der Arbeitnehmer Wehrdienst leistet, kann der Arbeitgeber den dem Arbeitnehmer für ein Urlaubsjahr zustehenden Erholungsurlaub um ein Zwölftel kürzen.

Das Ruhen des Arbeitsverhältnisses endet gemäß § 2 Abs. 2 Soldatengesetz mit Ablauf des Tages, an dem der Soldat aus dem freiwilligen Wehrdienst ausscheidet. Ab diesem Zeitpunkt leben die suspendierten Hauptleistungspflichten wieder auf.

3.4 Besonderer Kündigungsschutz

Gemäß § 2 Abs. 1 und 2 ArbPlSchG besteht für alle, die freiwilligen Wehrdienst leisten, ein besonderer Kündigungsschutz vor ordentlichen Kündigungen. Nach alter Rechtslage begann dieser Kündigungsschutz mit Zustellung des Einberufungsbescheides. Anstelle des Einberufungsbescheides ist durch das Wehrrechtsänderungsgesetz die Dienstantrittsaufforderung des § 60 Abs. 1 WPflG getreten. Mit Zustellung dieser Aufforderung beginnt nunmehr der besondere Kündigungsschutz.

Das Recht zur außerordentlichen Kündigung des Arbeitgebers bleibt hingegen auch weiterhin bestehen, so z. B. wenn der Arbeitgeber erst während des bereits begonnenen Wehrdienstes von einem wichtigen Grund Kenntnis erlangt.

Bislang stellte die Einberufung selbst **keinen** Grund zur außerordentlichen Kündigung dar. Dies dürfte künftig auch für den freiwilligen Wehrdienst gelten.

Ist streitig, ob der Arbeitgeber aus Anlass des Wehrdienstes gekündigt oder bei der Auswahl der zu Entlassenden den Wehrdienst zu Ungunsten des Arbeitnehmers berücksichtigt hat, so trifft die Beweislast den Arbeitgeber.

::rehm

Geht dem Arbeitnehmer während des Wehrdienstes eine Kündigung zu, beginnt die Dreiwochenfrist des § 4 Satz 1 KSchG erst zwei Wochen nach Ende des Wehrdienstes (§ 2 Abs. 4 ArbPlSchG).

3.5 Benachteiligungsverbot

Aus der Abwesenheit, die durch den Wehrdienst veranlasst war, darf im Anschluss daran dem Arbeitnehmer in beruflicher und betrieblicher Hinsicht kein Nachteil entstehen. Die Zeit des Wehrdienstes wird auf die Berufs- und Betriebszugehörigkeit angerechnet.

3.6 Betriebliche Altersvorsorge

Für Arbeitnehmer, die einer Pensionskasse angehören oder als Leistungsempfänger einer anderen Einrichtung oder Form der betrieblichen oder überbetrieblichen Alters- und Hinterbliebenenversorgung in Betracht kommen, hat der Arbeitgeber während des Wehrdienstes die Beträge weiterzuentrichten, und zwar in der Höhe, in der sie zu entrichten gewesen wären, wenn das Arbeitsverhältnis nicht ruhen würde.

Nach Ende des Wehrdienstes kann der Arbeitgeber die auf die Zeit des Wehrdienstes entfallenden Beträge beim Bundesministerium der Verteidigung oder der von ihm bestimmten Stelle zur Erstattung anmelden (§ 14a ArbPlSchG).

II. Bundesfreiwilligendienst

Im Rahmen des Wehrrechtsänderungsgesetzes wurde mit Wegfall der Wehrpflicht auch der Zivildienst ausgesetzt. Er wurde ersetzt durch den Bundesfreiwilligendienst. Dieser ist im BDFG geregelt.

Anders als für den früheren Zivildienst und den neu eingeführten freiwilligen Wehrdienst findet das ArbPlSchG auf den Bundesfreiwilligendienst **keine** Anwendung. Auch eine entsprechende Anwendung kommt nicht in Betracht, da der Gesetzgeber in § 16 Abs. 7 ArbPlSchG ausdrücklich nur auf den freiwilligen Wehrdienst Bezug genommen hat.

Möchte also ein Arbeitnehmer aus einem laufenden Arbeitsverhältnis heraus den Bundesfreiwilligendienst ableisten, hat er **keinen** gesetzlichen Freistellungsanspruch gegenüber dem Arbeitgeber. Soll der Arbeitnehmer dennoch freigestellt werden und/oder das Arbeitsverhältnis ruhend gestellt werden, unterliegt dies der freien Vereinbarung von Arbeitnehmer und Arbeitgeber.

Weiterbildung

I.   Begriff

II.   Anspruch auf Weiterbildung
    1. Bildungsurlaubsgesetze
    2. Tarifvertrag, Betriebsvereinbarung, Arbeitsvertrag
    3. Freiwilligkeit

III. Weiterbildungskosten
    1. Grundsatz
    2. Rückzahlung von Weiterbildungskosten

IV.   Beteiligung des Betriebsrats

I. Begriff

Eine gesetzliche Begriffsbestimmung der beruflichen/betrieblichen Weiterbildung gibt es nicht. Üblicherweise werden hierunter alle Bildungsmaßnahmen zusammengefasst, die der Verbreitung und Vertiefung des Wissens des Arbeitnehmers dienen. Ausgenommen sind das → *Berufsausbildungsverhältnis* sowie das Umschulungsverhältnis.

Zielrichtung ist also die Vermittlung von neuen Kenntnissen, die für die Ausfüllung des Arbeitsplatzes innerhalb des ausgeübten Berufs wichtig sind, aber auch Kenntnisse und Fachwissen, die dem Arbeitnehmer evtl. einen Aufstieg bei seinem Arbeitgeber ermöglichen, z. B. im Rahmen einer Nachfolgeplanung. Weiterbildung liegt daher regelmäßig sowohl im Interesse des Arbeitgebers als auch im Interesse des Arbeitnehmers, wobei nicht übersehen werden darf, dass aufgrund der ständig steigenden Anforderungen, insbesondere durch die fortschreitende Globalisierung, Technisierung und die neu hinzu gekommenen Kommunikationsformen, Qualifizierungsmaßnahmen häufig eine unerlässliche Voraussetzung für die weitere Durchführung der ausgeübten Tätigkeit sind. Auch durch den weiter fortschreitenden Fachkräftemangel gewinnt Weiterbildung zunehmend an Relevanz.

II. Anspruch auf Weiterbildung

In einigen Länderverfassungen ist das Recht auf Weiterbildung als Staatsziel festgelegt. Ein konkreter Anspruch auf Teilnahme an einer Maßnahme der beruflichen Weiterbildung bzw. auf Durchführung einer solchen durch den Arbeitgeber ist hieraus allerdings nicht begründbar.

1. Bildungsurlaubsgesetze

In mehreren Bundesländern gibt es mittlerweile Bildungsurlaubsgesetze (z. B. das Arbeitnehmerweiterbildungsgesetz in Nordrhein-Westfalen). In der Regel erfassen diese Gesetze neben der beruflichen Weiterbildung auch politische und allgemeine Weiterbildungsmaßnahmen und geben dem Arbeitnehmer einen Anspruch auf Freistellung von der Arbeit unter Fortzahlung des → *Gehalts*. Die Höhe ergibt sich – jeweils nach der landesgesetzlichen Ausgestaltung – aus § 11 BUrlG bzw. nach dem Lohnausfallprinzip.

Voraussetzung ist allerdings, dass der Teilnahme keine betrieblichen Gründe entgegenstehen und die Bildungsmaßnahme von einem anerkannten Bildungsträger durchgeführt wird. Der Anspruch auf Bildungsurlaub ist je nach Bundesland auf fünf bis zehn Tage pro Jahr begrenzt.

2. Tarifvertrag, Betriebsvereinbarung, Arbeitsvertrag

Auch aus diesen Regelungen kann sich der Anspruch eines Arbeitnehmers auf Teilnahme an einer Weiterbildungsmaßnahme ergeben. Vereinzelt gibt es spezielle Weiterbildungstarifverträge z. B. zur Bildungsteilzeit oder auch tarifliche bzw. betriebliche Regelungen über Weiterbildung und Qualifizierung im Rahmen von Rationalisierungsschutzabkommen. Ein Anspruch auf Teilnahme kann sich auch aus einem wegen einer Betriebsänderung abgeschlossenen Interessenausgleich bzw. aus einem Sozialplan ergeben.

Der Arbeitgeber sollte sich aber stets das „Letztentscheidungsrecht" vorbehalten, insbesondere im Hinblick auf die Frage, welche Weiterbildungsmaßnahme in welchem Umfang im Betrieb durchgeführt wird. Das Gleiche gilt für Klauseln zur Weiterbildung in Arbeitsverträgen. Denn: Ansprüche des Arbeitnehmers sollen ja in der Regel nicht begründet werden.

3. Freiwilligkeit

Meist verständigen sich Arbeitnehmer und Arbeitgeber einvernehmlich auf die Teilnahme an einer bestimmten Weiterbildungsmaßnahme. Teilweise wird in Arbeitsverträgen auch eine Verpflichtung zur Weiterbildung geregelt. In diesem Fall sollten stets vor der Teilnahme die Einzelheiten wie z. B. Fortzahlung des Gehalts, Kostentragung und Rückzahlungsklauseln (s. u. III.) geregelt werden. Eine einseitige Anordnung der Teilnahme im Wege des Direktionsrechts ist möglich, sollte aber nur in Ausnahmefällen in Betracht gezogen werden, da die erfolgreiche Teilnahme auch das Engagement und Interesse des Arbeitnehmers voraussetzt.

III. Weiterbildungskosten

1. Grundsatz

Im Regelfall wird der Arbeitgeber – auch wenn es keine tariflichen oder betrieblichen Regelungen diesbezüglich gibt – die Kosten für die betriebliche Weiterbildung tragen, zumindest dann, wenn die Teilnahme durch den jeweiligen Vorgesetzten angeordnet oder genehmigt worden ist. Hierzu gehören die Teilnahmekosten, die Fortzahlung des Gehalts während des Besuchs der Weiterbildungsmaßnahme sowie etwaige angefallene Fahrtkosten. Die konkrete Ausgestaltung der Teilnahme sollte vor dem Beginn vereinbart werden.

TIPP!
Solange Tarifverträge oder Betriebsvereinbarungen nicht entgegenstehen, ist eine Vereinbarung über eine komplette Kostentragung durch den Arbeitnehmer oder eine Beteiligung des Arbeitnehmers an den Kosten der Weiterbildungsmaßnahme zulässig.

2. Rückzahlung von Weiterbildungskosten

Wenn dem Arbeitnehmer durch die Teilnahme an Weiterbildungsmaßnahmen ein eigener – spezieller oder auch genereller – beruflicher Nutzen, insbesondere für sein berufliches Fortkommen entsteht, kann der Arbeitgeber die Rückzahlung der ihm durch die Weiterbildungsmaßnahme entstandenen Kosten verlangen, wenn der Arbeitnehmer innerhalb eines bestimmten Zeitraums im Anschluss an die Weiterbildungsmaßnahme auf eigene Veranlassung das Unternehmen verlässt. Der Anspruch besteht aber nur dann, wenn dies vorher vereinbart wurde.

ACHTUNG!
Nicht möglich ist es, eine Rückzahlungspflicht im Rahmen allgemeiner Geschäftsbedingungen für den Fall zu vereinbaren, dass der Arbeitnehmer das Unternehmen auf Veranlassung des Arbeitgebers (z. B. betriebsbedingte Kündigung) verlässt.

WICHTIG!
Die Rückzahlungsklausel sollte vor Beginn der Weiterbildungsmaßnahme ausdrücklich vereinbart worden sein.

Das Interesse des Arbeitgebers, geförderte Arbeitnehmer an seinen Betrieb zu binden, ist legitim. Andererseits hat der Arbeitnehmer ein berechtigtes Interesse an der freien Wahl seines Arbeitsplatzes. Bei der Vereinbarung müssen daher folgende Punkte berücksichtigt und gegeneinander abgewogen werden:

▶ der durch die Weiterbildungsmaßnahme erlangte geldwerte Vorteil des Arbeitnehmers z. B. Erwerb einer in der Praxis anerkannten Qualifikation,

▶ die dem Arbeitgeber entstandenen Kosten (incl. der Kosten für eine eventuell erfolgte bezahlte Freistellung),

▶ Umfang und Dauer der Weiterbildungsmaßnahme,

▶ die Dauer der vereinbarten Bindung an das Unternehmen.

Als „Faustregel" können folgende Richtwerte herangezogen werden:

Dauer der Weiterbildung	Maximal zulässige Bindung
bis zu 2 Monaten	1 Jahr
3 bis 4 Monate	2 Jahre
6 Monate bis 1 Jahr	3 Jahre
mehr als 2 Jahre	5 Jahre

Diese Richtwerte können allerdings nur als Anhaltspunkt verstanden werden. Eine kürzere oder längere Bindung kann sich bei Abwägung der Vorteile und der Kosten, die dem jeweiligen Arbeitnehmer und dem Arbeitgeber durch die Teilnahme entstehen, ergeben. Insbesondere ist zu beachten, dass die Dauer der Weiterbildungsmaßnahme als Beurteilungskriterium an Bedeutung verliert, wenn für diese Zeit keine bezahlte Freistellung erfolgte. Findet die Fortbildung in mehreren, zeitlich voneinander getrennten Abschnitten statt, so sind diese für die Frage der Zulässigkeit der Bindung zusammenzurechnen, wenn z. B. der Weiterbildungserfolg die Fortbildung in Abschnitten gebietet.

Bei der Vereinbarung der Rückzahlungsklausel ist zu beachten, dass die Pflicht zur Rückzahlung sich während der laufenden Bindungsdauer entsprechend reduziert und zwar entweder monatlich oder für jedes Jahr, das der Arbeitnehmer für den Arbeitgeber nach dem Ende der Weiterbildungsmaßnahme weiter tätig gewesen ist.

Beispiel:
Der Rückzahlungsbetrag reduziert sich (bei vereinbarter dreijähriger Bindungsdauer) um jeweils $1/36$ für jeden Monat, den das Arbeitsverhältnis nach Beendigung der oben benannten Weiterbildungsmaßnahme weiter besteht.

Die Vereinbarung zur Rückzahlung von Weiterbildungskosten muss zudem klar und verständlich formuliert sein.

IV. Beteiligung des Betriebsrats

Betriebliche Regelungen zur beruflichen Weiterbildung sind freiwillige Betriebsvereinbarungen im Sinne des § 88 BetrVG, die u. a. Regelungen über die Freistellung von der Arbeitsleistung, die Gehaltsfortzahlung während der Teilnahme an der Weiterbildungsmaßnahme und die Frage der Kostentragung beinhalten. Der Betriebsrat hat ansonsten die in den §§ 96 bis 98 BetrVG eingeräumten Beteiligungsrechte bei betrieblichen Bildungsmaßnahmen:

Der Arbeitgeber hat auf Verlangen des Betriebsrats den Berufsbildungsbedarf zu ermitteln und mit ihm Fragen der Berufsbildung der Arbeitnehmer des Betriebs zu beraten. Hierzu kann der Betriebsrat Vorschläge machen (§ 96 Abs. 1 S. 2 u. 3 BetrVG), mit denen sich der Arbeitgeber auseinandersetzen muss. Echte Mitbestimmungsrechte bestehen dagegen nach § 98 BetrVG bei der Durchführung von Maßnahmen der betrieblichen Weiterbildung oder bei der Frage, welcher Arbeitnehmer an der betrieblichen Weiterbildungsmaßnahme teilnimmt, wenn der Arbeitgeber ganz oder teilweise die Kosten übernimmt.

ACHTUNG!
Einigen sich Arbeitgeber und Betriebsrat nicht über die Teilnahme eines vom Betriebsrat vorgeschlagenen Arbeitnehmers an einer betrieblichen Weiterbildungsmaßnahme, so kann der Betriebsrat die Einigungsstelle anrufen, deren Spruch entscheidet, sofern die Betriebspartner sich weiterhin nicht einigen können.

Der Betriebsrat hat aufgrund der gesetzlichen Regelung des § 97 Abs. 2 BetrVG ein Mitbestimmungsrecht bei der Einführung von Maßnahmen der betrieblichen Berufsbildung. Dieses Mitbestimmungsrecht greift, sofern der Arbeitgeber Maßnahmen trifft wie z. B. die Einführung von SAP R3 oder neuer Fertigungsmethoden, die die Tätigkeiten von Arbeitnehmern erheblich ändern und die vorhandenen Kenntnisse und Fähigkeiten für die neue (geänderte) Funktion nicht mehr ausreichen. Sollten in einem solchen Zusammenhang betriebliche Bildungsmaßnahmen i. S. d. § 96 ff. BetrVG notwendig sein, kann auch der Betriebsrat bei der Einführung von Maßnahmen der betrieblichen Bildung mitbestimmen. Der Betriebsrat kann sogar die Durchführung von betrieblichen Bildungsmaßnahmen vorschlagen und im Falle, dass sich die Betriebspartner letztendlich auf die Durchführung nicht einigen, die Einigungsstelle anrufen, deren Spruch entscheidet.

Werkwohnung

I.   Begriff
   1. Werkmietwohnung
   2. Werkdienstwohnung

II.   Mieterhöhungen

III. Kündigung
   1. Kündigung von Werkmietwohnungen
      1.1 Kündigung während des Arbeitsverhältnisses
      1.2 Kündigung nach Beendigung des Arbeitsverhältnisses
      1.3 Kündigung von Werkdienstwohnungen

IV.   Beteiligung des Betriebsrats

I. Begriff

Unter dem Oberbegriff „Werkwohnung" werden die Werkmietwohnung und die Werkdienstwohnung zusammengefasst.

1. Werkmietwohnung

Werkmietwohnungen sind Wohnungen, die der Arbeitgeber aus Anlass des Arbeitsverhältnisses an den Arbeitnehmer vermietet (§ 576 BGB). Über das Arbeitsverhältnis und das Mietverhältnis bestehen zwei getrennte und selbstständige Verträge. Der – bereits bestehende oder noch abzuschließende – Arbeitsvertrag muss aber der wesentliche Grund für die Vermietung sein.

Werkmietwohnungen werden wiederum untergliedert in die einfachen und die funktionsgebundenen Werkmietwohnungen. Funktionsgebunden ist eine Werkmietwohnung, wenn die berufliche Tätigkeit die Überlassung des in unmittelbarer Nähe zum Arbeitsort befindlichen Wohnraums erfordert. Dies ist z. B. der Fall bei einem Pförtner oder Hausmeister.

Zu Abschluss und Inhalt des Mietvertrags gelten die allgemeinen mietrechtlichen Regeln des BGB. Arbeitgeber und Arbeitnehmer können im Mietvertrag lediglich zusätzlich vereinbaren, dass die Miete bei der Gehaltsabrechnung einbehalten wird.

> **WICHTIG!**
> Solange der Betriebsrat dem Abschluss eines konkreten Mietvertrags noch nicht zugestimmt hat, sollte zur Vermeidung von Schadensersatzansprüchen die Wirksamkeit des Mietvertrags unter die Bedingung der Zustimmung des Betriebsrats gestellt werden (vgl. zur Mitbestimmung unten IV).

2. Werkdienstwohnung

Werkdienstwohnungen werden dem Arbeitnehmer vom Arbeitgeber im Rahmen des Arbeitsverhältnisses überlassen (§ 576b BGB). Die Wohnraumnutzung ist damit Bestandteil des Arbeitsvertrags und Teil der Arbeitsvergütung. Der Arbeitnehmer muss keine gesonderte Miete zahlen. Die Nutzung der Wohnung gehört zu seinen arbeitsvertraglichen Pflichten. Dies kann etwa bei Pförtnern, Hausmeistern, Heimleitern oder Wachpersonal der Fall sein.

II. Mieterhöhungen

Die Höhe des Mietzinses kann bei **Werkmietwohnungen** frei vereinbart werden. Einseitige Mieterhöhungen sind nicht zulässig; der Arbeitgeber kann jedoch wie jeder andere Vermieter nach §§ 558 a–e BGB die Zustimmung des Mieters zur Erhöhung der Miete verlangen. So besteht insbesondere ein Anspruch auf Erteilung der Zustimmung, wenn der Mietzins seit 15 Monaten unverändert ist, der verlangte Mietzins die ortsübliche Vergleichsmiete nicht übersteigt und der Mietzins sich innerhalb von drei Jahren nicht um mehr als 20 % erhöht hat.

Hat der Arbeitgeber dem Arbeitnehmer eine Werkmietwohnung zu einem unterhalb der ortsüblichen Vergleichsmiete liegenden Mietzins überlassen, folgt daraus **nicht,** dass der Vermieter – der Arbeitgeber – bei einer Mieterhöhung nach § 558a BGB den ursprünglichen proportionalen Abstand zwischen Ausgangsmiete und ortsüblicher Miete einzuhalten hat. In der Überlassung einer mietzinsreduzierten Werkmietwohnung kann jedoch eine Verpflichtung gemäß § 557 Abs. 3 BGB liegen, bei künftigen Erhöhungen nur eine gegenüber der ortsüblichen Vergleichsmiete günstigere Miete zu verlangen. Dieser Verpflichtung wird aber bereits dadurch Rechnung getragen, dass der erhöhte neue Mietzins nominal zumindest in gleicher Höhe unterhalb der aktuellen ortsüblichen Miete liegt wie die ursprüngliche Miete unterhalb der ursprünglichen ortsüblichen Vergleichsmiete lag.

Der für die Nutzung der **Werkdienstwohnung** in Ansatz zu bringende Wert kann demgegenüber als Bestandteil des Arbeitsentgelts nicht über §§ 558 a–e BGB erhöht werden. Will der Arbeitgeber diesen Wert erhöhen und damit die sonstige Arbeitsvergütung verringern, muss er mit dem Arbeitnehmer einen Änderungsvertrag abschließen oder eine → *Änderungskündigung* aussprechen.

III. Kündigung

Wichtig wird die Unterscheidung zwischen Werkmietwohnung und Werkdienstwohnung insbesondere bei der Beendigung des Miet- bzw. Arbeitsverhältnisses.

1. Kündigung von Werkmietwohnungen

1.1 Kündigung während des Arbeitsverhältnisses

Während des laufenden Arbeitsverhältnisses kann das Mietverhältnis nur wie jedes andere Mietverhältnis nach den allgemeinen Vorschriften des BGB gekündigt werden. Der Arbeitgeber muss ein berechtigtes Interesse an der Beendigung des Mietverhältnisses haben. Die Gründe der Kündigung sind im Kündigungsschreiben darzulegen. In Betracht kommen insbesondere eine erhebliche Pflichtverletzung des Mieters oder ein sog. „Betriebsbedarf" des Vermieters (§ 573 BGB). Letzterer kommt nur dann in Betracht, wenn ein Mitarbeiter, der die Wohnung neu beziehen soll, seine Tätigkeit nur oder nur sachgerecht in der betroffenen Wohnung ausführen kann. Kann er zur Umsetzung seiner Aufgaben auch anderweitig wohnen, scheidet ein Betriebsbedarf aus. Das Interesse des Vermieters an der Beendigung des Mietverhältnisses ist danach zu gewichten, ob und gegebenenfalls welche Bedeutung es für das Unternehmen hat, dass der Mitarbeiter seinen Wohnsitz in der vermieteten Wohnung nimmt. Dabei kommt es insbesondere auf die Funktion und die Aufgaben des Mitarbeiters an. So können etwa sicherheitsrelevante oder technische Gründe die Kündigung des bisherigen Mieters rechtfertigen, Reine Zweckmäßigkeitsgesichtspunkte genügen dagegen nicht (vgl. BGH v. 23.5.2007, Az. VIII ZR 122/06).

Der Mieter kann sich auf die Sozialklausel des § 574 BGB berufen und der Kündigung widersprechen, wenn sie für ihn oder seine Familie eine unzumutbare Härte bedeuten würde, die auch unter Berücksichtigung der berechtigten Interessen des Vermieters nicht zu rechtfertigen ist.

Die Kündigung ist spätestens am dritten Werktag eines Kalendermonats für den Ablauf des übernächsten Monats zulässig, wenn die bisherige Mietdauer weniger als fünf Jahre beträgt (§ 573c BGB). Nach fünf und acht Jahren verlängert sich die Frist für den Arbeitgeber um jeweils drei Monate.

> **WICHTIG!**
> Der Kündigung sollte unbedingt die schriftliche Zustimmung des Betriebsrats bzw. die Entscheidung der Einigungsstelle beigelegt werden. Andernfalls kann der Arbeitnehmer die Kündigung zurückweisen, es sei denn, er wurde vom Betriebsrat bzw. der Einigungsstelle bereits über die Zustimmung in Kenntnis gesetzt (vgl. zur Mitbestimmung unten IV.). Im Falle der Zurückweisung müsste die Kündigung – diesmal unter Beifügung der schriftlichen Zustimmung – wiederholt werden (Fristenproblem!).

1.2 Kündigung nach Beendigung des Arbeitsverhältnisses

Nach Beendigung des Arbeitsverhältnisses erleichtert § 576 BGB die Kündigung, indem die Kündigungsfristen verkürzt werden:

Einfache Werkmietwohnungen können danach spätestens am dritten Werktag eines Kalendermonats für den Ablauf des übernächsten Monats gekündigt werden, wenn das Mietverhältnis noch keine zehn Jahre bestanden hat und die Wohnung für einen anderen Arbeitnehmer benötigt wird. Ist die Wohnung länger als zehn Jahre überlassen, gilt die gewöhnliche Kündigungsfrist des § 573c BGB. Eine Kündigung kann danach spätestens am dritten Werktag eines Kalendermonats für den Ablauf des achten Monats ausgesprochen werden. Die Kündigungsfrist beträgt folglich nahezu neun Monate.

Bei funktionsgebundenen Werkmietwohnungen ist die Kündigung unabhängig von der Dauer des Mietverhältnisses spätestens am dritten Werktag eines Kalendermonats für den Ablauf des gleichen Monats zulässig, wenn die Wohnung für einen anderen Arbeitnehmer aus dem gleichen Grund benötigt wird. Bei funktionsgebundenen Werkmietwohnungen kann sich der Mieter nicht auf die Sozialklausel des § 574 BGB berufen und damit der Kündigung nicht widersprechen (§ 576a Abs. 2 Ziff. 1 BGB).

Auch hier sollte der Kündigung stets die schriftliche Zustimmung des Betriebsrats beigefügt werden (vgl. oben III.1.1.).

1.3 Kündigung von Werkdienstwohnungen

Die Überlassung der Werkdienstwohnung ist Bestandteil des Arbeitsvertrags, sodass weder der Arbeitgeber noch der Arbeitnehmer losgelöst vom Arbeitsvertrag kündigen kann. Daraus folgt aber auch, dass das Nutzungsrecht des Arbeitnehmers an der Werkdienstwohnung mit der Beendigung des Arbeitsverhältnisses endet. Die Vorschriften des Mietrechts (einschließlich der Kündigungsfristen) sind nicht anwendbar. Eine Ausnahme gilt jedoch dann, wenn der Arbeitnehmer den Wohnraum ganz oder überwiegend mit Einrichtungsgegenständen ausgestattet hat oder er dort mit seiner Familie einen Hausstand führt. In diesen Fällen gelten die Vorschriften über die funktionsgebundene Werkmietwohnung, d. h. der Arbeitgeber kann die Woh-

nung spätestens am dritten Werktag eines Kalendermonats für den Ablauf dieses Monats kündigen, aber nur, wenn er die Wohnung für einen anderen Arbeitnehmer benötigt.

IV. Beteiligung des Betriebsrats

Der Arbeitgeber ist in der Entscheidung frei, ob er Werkwohnungen zur Verfügung stellen will. Mitbestimmungspflichtig ist nicht das „Ob", sondern nur das „Wie" der Wohnraumüberlassung.

Entscheidet sich der Arbeitgeber für die Bereitstellung von Werkwohnungen, kann er unter Berücksichtigung des Gleichbehandlungsgrundsatzes mitbestimmungsfrei einen begünstigten Personenkreis unter den Arbeitnehmern festlegen aber auch zu einem späteren Zeitpunkt die Schließung oder Teilschließung eines Bestands von Werkmietwohnungen mitbestimmungsfrei beschließen. Unter letztgenanntem Aspekt muss der Arbeitgeber den Betriebsrat folglich nicht hinzuziehen, wenn er sich entschließt, bestimmte Wohnungen künftig ausnahmslos nicht mehr an vom Betriebsrat repräsentierte Mitarbeiter zu vergeben, sondern ausschließlich an Dritte, wie etwa Geschäftsführer, Vorstandsmitglieder, leitende Angestellte oder sonstige Personen.

Im Übrigen entsteht mit der Bereitstellung von Werkmietwohnungen jedoch ein umfassendes Mitbestimmungsrecht des Betriebsrats nach § 87 Abs. 1 Nr. 9 BetrVG. So entscheidet der Betriebsrat im Rahmen des vom Arbeitgeber festgelegten Kreises der möglichen Begünstigten mit, welcher konkrete Bewerber einen Wohnraum erhalten soll.

> **WICHTIG!**
> Ein unter Missachtung des Mitbestimmungsrechts abgeschlossener Mietvertrag ist zwar zivilrechtlich wirksam, doch kann der Betriebsrat die Wiederherstellung des betriebsverfassungsrechtlich gebotenen Zustands und damit die Kündigung eines dieses Mietvertrags sowie den Vertragsschluss mit einem anderen Arbeitnehmer fordern.

Verfügt der Arbeitgeber über einen einheitlichen Bestand von Werkmietwohnungen, ohne einzelne Wohnungen ausdrücklich aus der Vergabe an vom Betriebsrat vertretene Mitarbeiter herausgenommen zu haben, erstreckt sich das Mitbestimmungsrecht auf alle Wohnungen. Einbezogen ist damit auch die Vergabe an dritte Personen, da jede Wohnung, die einem Dritten überlassen wird, nicht mehr an einen vom Betriebsrat repräsentierten Arbeitnehmer vergeben werden kann.

Weiterhin ist vom Mitbestimmungsrecht auch die Festlegung der Nutzungsbedingungen erfasst; hierzu gehören vor allem alle formellen Regelungen, wie sie üblicherweise in Hausordnungen und Mustermietverträgen enthalten sind (z. B. Regelungen über Schönheitsreparaturen, Untervermietung, Tierhaltung usw.).

Zu den Nutzungsbedingungen im Sinne von § 87 Abs. 1 Nr. 9 BetrVG gehört auch die Wohnungsmiete. Der Betriebsrat bestimmt über die Grundsätze für die Mietzinsbildung und deren Änderung mit, sodass auch Mieterhöhungen seiner Zustimmung bedürfen.

Zur Kündigung einer Werkmietwohnung während des Arbeitsverhältnisses, aber wohl auch zur Kündigung nach beendetem Anstellungsverhältnis ist stets die Zustimmung des Betriebsrats erforderlich.

> **ACHTUNG!**
> Die Kündigung einer Werkmietwohnung ohne Zustimmung des Betriebsrats ist unwirksam.

Verweigert der Betriebsrat die Zustimmung, kann der Arbeitgeber die → *Einigungsstelle* anrufen.

Das Mitbestimmungsrecht des Betriebsrats nach § 87 Abs. 1 Nr. 9 BetrVG erstreckt sich ausschließlich auf Werkmietwohnungen, nicht aber auf Werkdienstwohnungen.

Wettbewerbsverbot

I. Begriff und Abgrenzung

II. Wettbewerbsverbot während des bestehenden Arbeitsverhältnisses
1. Gesetzliches Wettbewerbsverbot
2. Vertragliches Wettbewerbsverbot
   - 2.1 Inhalt
   - 2.2 Vertragsstrafe
   - 2.3 Dauer
3. Rechtsfolgen eines Wettbewerbsverstoßes
   - 3.1 Auskunft
   - 3.2 Abmahnung
   - 3.3 Außerordentliche Kündigung
   - 3.4 Unterlassungsanspruch
   - 3.5 Schadensersatz und Eintrittsrecht
   - 3.6 Vertragsstrafe

III. Wettbewerbsverbot nach Beendigung des Arbeitsverhältnisses
1. Grundsatz
   - 1.1 Interessenlagen
   - 1.2 Voraussetzungen und Grenzen
   - 1.3 Unterscheidung zwischen Unwirksamkeit und Unverbindlichkeit
2. Inhalt (Gestaltungsformen)
   - 2.1 Tätigkeitsbezogene Verbote
   - 2.2 Unternehmensbezogene Verbote
   - 2.3 Beteiligungsverbote
   - 2.4 Bedingte Wettbewerbsverbote
   - 2.5 Mandantenschutzklauseln
3. Räumlicher Geltungsbereich
4. Formelle Voraussetzungen
   - 4.1 Schriftform
   - 4.2 Aushändigung der Urkunde
5. Unverbindliche Wettbewerbsverbote
   - 5.1 Unverbindlichkeitsgründe
   - 5.2 Wahlrecht des Arbeitnehmers
6. Nichtige Wettbewerbsverbote
   - 6.1 Typische Nichtigkeitsgründe
   - 6.2 Ehrenwort
7. Karenzentschädigung
   - 7.1 Höhe und Berechnung
   - 7.2 Fälligkeit
   - 7.3 Anzurechnende Leistungen
8. Verzicht des Arbeitgebers
   - 8.1 Verzicht vor oder bei Beendigung des Arbeitsverhältnisses
   - 8.2 Verzicht nach Beendigung des Arbeitsverhältnisses
   - 8.3 Inhalt und Form der Verzichtserklärung
9. Wettbewerbsverbot und Kündigung (Lösungsrecht)
   - 9.1 Kündigung durch den Arbeitnehmer
   - 9.2 Kündigung durch den Arbeitgeber
10. Sonstige Ansprüche des Arbeitgebers

IV. Muster: Nachvertragliches Wettbewerbsverbot

I. Begriff und Abgrenzung

Durch ein Wettbewerbsverbot wird ein Arbeitnehmer in seiner beruflichen und gewerblichen Tätigkeit außerhalb des Arbeitsverhältnisses beschränkt. Wesentlicher Hintergrund dieser Tätigkeitsbeschränkung ist der Gedanke, dass ein Arbeitnehmer Kenntnisse, die er bei seinem Arbeitgeber gewinnt oder gewonnen hat, nicht zugunsten der Konkurrenz einsetzt.

Im Gegensatz zu einer allgemeinen Beschränkung der → *Nebentätigkeit* soll dem Arbeitnehmer mit einem Wettbewerbsverbot lediglich die Tätigkeit für ein Konkurrenzunternehmen untersagt werden.

Ein Konkurrenzverhältnis liegt zwischen den beteiligten Unternehmen immer dann vor, wenn diese ihre Waren oder Dienstleistungen auf einem Markt denselben Nachfragern anbieten.

Beispiel:

> Zwischen einem Großhändler und einem Einzelhändler besteht kein Konkurrenzverhältnis, selbst wenn beide mit gleichen Produkten handeln. Für eine Konkurrenzsituation fehlt es am gemeinsamen Markt und denselben Nachfragern.

Die Auferlegung einer → *Verschwiegenheitspflicht* soll lediglich davor schützen, dass der Arbeitnehmer im Rahmen des Arbeitsverhältnisses erlangte (vertrauliche) Informationen an Dritte weitergibt. Die bloße Verwertung im Rahmen seiner Berufstätigkeit stellt jedoch keine Verletzung der Verschwiegenheitspflicht dar. Will der Arbeitgeber den Arbeitnehmer in der Ausnutzung seiner bei ihm erlangten beruflicher Erfahrungen hindern, muss er ein Wettbewerbsverbot mit ihm vereinbaren.

Hinsichtlich der Voraussetzungen und Wirkungen eines Wettbewerbsverbots ist zwischen dem bestehenden und dem bereits beendeten Arbeitsverhältnis zu unterscheiden.

II. Wettbewerbsverbot während des bestehenden Arbeitsverhältnisses

1. Gesetzliches Wettbewerbsverbot

Während des Arbeitsverhältnisses darf ein Arbeitnehmer mit seinem Arbeitgeber nicht in Wettbewerb treten. § 60 Abs. 1 HGB regelt dies ausdrücklich für kaufmännische Angestellte. Für andere Arbeitnehmer (handwerklich, gewerblich oder technisch tätige Arbeitnehmer) ergibt sich das Wettbewerbsverbot während des bestehenden Arbeitsverhältnisses aus der allgemeinen Treuepflicht, unabhängig davon, ob es sich um teil- oder vollzeitbeschäftigte Arbeitnehmer handelt. Auch während des Bestands eines Ausbildungsverhältnisses hat der Auszubildende Wettbewerb zulasten seines Ausbildungsbetriebs zu unterlassen. Dies folgt aus § 10 Abs. 2 BBiG und der Treuepflicht (BAG v. 20.9.2006, Az. 10 AZR 439/05).

Dem Arbeitnehmer ist es generell untersagt, in dem Geschäftszweig des Arbeitgebers ein eigenes Handelsgewerbe zu betreiben oder für eigene oder fremde Rechnung Geschäfte zu machen. Hierbei ist es unerheblich, in welcher Form der Arbeitnehmer auftritt. Er darf weder als Selbstständiger noch als abhängiger Arbeitnehmer bei einem Konkurrenzbetrieb arbeiten. Eine unzulässige Wettbewerbshandlung liegt auch dann vor, wenn der Arbeitnehmer einen Strohmann einschaltet.

Erlaubt ist ihm jedoch die Vorbereitung für den Betrieb eines (konkurrierenden) Handelsgewerbes. Vorbereitungshandlungen (wie z. B. Anmietung von Geschäftsräumen, Wareneinkauf, Anwerbung von Mitarbeitern) sind ihm auch schon während des bestehenden Arbeitsverhältnisses erlaubt, soweit diese Handlungen für den Arbeitgeber keine unmittelbaren Nachteile (wie z. B. durch die Abwerbung von Arbeitskollegen) bringen.

2. Vertragliches Wettbewerbsverbot

2.1 Inhalt

Das gesetzliche Wettbewerbsverbot kann vertraglich erweitert oder beschränkt werden. Eine vertragliche Erweiterung ist z. B. dann erforderlich, wenn der Arbeitgeber auch die Tätigkeit bei seinen Dienstleistern, Zulieferern oder Abnehmern untersagen will. Dies gilt auch für konzernverbundene Unternehmen.

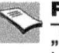 **Formulierungsbeispiel:**

„Das Wettbewerbsverbot gilt auch zugunsten der mit der Firma verbundenen Unternehmen."

Eine vertragliche Einschränkung kommt immer nur dann in Betracht, wenn der Arbeitgeber (bestimmte oder alle) Konkurrenztätigkeiten gestatten will.

Beispiel:

Eine Kfz-Werkstatt gestattet ihrem Gesellen, bestimmte Kleinaufträge auf eigene Rechnung zu erledigen.

Hierbei ist jedoch zu beachten, dass eine Einwilligung nur widerrufen werden kann, wenn sich der Arbeitgeber den Widerruf ausdrücklich vorbehalten hat.

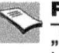 **Formulierungsbeispiel:**

„Dem Arbeitnehmer wird in jederzeit widerruflicher Weise gestattet, Kfz-Schadens-Gutachten auf eigene Rechnung zu erstellen."

2.2 Vertragsstrafe

Zur zusätzlichen Absicherung des Wettbewerbsverbots kann eine Vertragsstrafe für den Fall vereinbart werden, dass der Arbeitnehmer eine unerlaubte Konkurrenztätigkeit durchführt.

Der Vorteil einer Vertragsstrafe liegt darin, dass im Falle eines Verstoßes kein Nachweis über den tatsächlichen Schadenseintritt sowie die Schadenshöhe geführt werden muss. Um sich dennoch die Geltendmachung weiterer Schadensersatzansprüche vorzubehalten, empfiehlt sich ein entsprechender Zusatz.

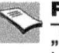 **Formulierungsbeispiel:**

„Der Arbeitnehmer verpflichtet sich, für jeden Fall der Zuwiderhandlung gegen das (gesetzliche) Wettbewerbsverbot eine Vertragsstrafe von € .... zu zahlen. Im Falle eines Dauerverstoßes wird die Vertragsstrafe für jeden angefallenen Monat neu verwirkt. Die Geltendmachung eines darüber hinausgehenden Schadens bleibt vorbehalten."

2.3 Dauer

Das gesetzliche Wettbewerbsverbot gilt nur während des bestehenden Arbeitsverhältnisses. Ausschlaggebend ist hierbei der rechtliche Bestand. Es kommt also nicht darauf an, ob der Arbeitnehmer tatsächlich beschäftigt ist. Auch während einer Beurlaubung, Suspendierung oder eigenmächtigen Abwesenheit des Arbeitnehmers gilt das Wettbewerbsverbot fort.

WICHTIG!

Nach einer Kündigung bleibt der Arbeitnehmer für den Lauf der Kündigungsfrist an das Wettbewerbsverbot gebunden. Dies gilt grundsätzlich auch im Freistellungs- oder Weiterbeschäftigungszeitraum. Bei einer unwiderruflichen Freistellung jedoch, die unter dem Vorbehalt der Anrechnung etwaigen anderweitigen Verdienstes steht, kann der Arbeitnehmer regelmäßig davon ausgehen, dass er in der Verwertung seiner Arbeitsleistung frei und nicht mehr an vertragliche Wettbewerbsverbote (§ 60 HGB) gebunden zu sein. Einen abweichenden Willen hat der Arbeitgeber in der Freistellungserklärung/Freistellungsvereinbarung zum Ausdruck zu bringen. Ist die Freistellungserklärung des Arbeitgebers dahingehend auszulegen, dass abweichend von § 615 Satz 2 BGB eine Anrechnung anderweitigen Verdienstes nicht erfolgen soll, kann der Arbeitnehmer redlicherweise nicht ohne ausdrückliche Erklärung des Arbeitgebers annehmen, der Arbeitgeber habe auf die Einhaltung des vertraglichen Wettbewerbsverbots verzichtet (BAG v. 6.9.2006, Az. 5 AZR 703/05). Das BAG hat in einer neuerlichen Entscheidung offen gelassen, ob das Wettbewerbsverbot nach einer Kündigung in jeder Hinsicht

gleich weit reicht wie in einem ungekündigten Arbeitsverhältnis, gleichzeitig aber festgestellt, dass in jedem Fall die Vermittlung von Konkurrenzgeschäften oder das aktive Abwerben von Kunden sowie die Weitergabe von persönlichen Daten von Patienten des Arbeitgebers an ein Konkurrenzunternehmen eine schuldhafte Vertragspflichtverletzung darstellen, die zu einer außerordentlichen Kündigung berechtigt (BAG v. 28.1.2010, Az. 2 AZR 1008/08).

Nach Rechtsprechung des BAG ist ein Arbeitnehmer an das Wettbewerbsverbot auch dann noch gebunden, wenn der Arbeitgeber eine außerordentliche → *Kündigung* ausspricht, deren Wirksamkeit der Arbeitnehmer bestreitet (BAG v. 25.4.1991, Az. 2 AZR 624/90).

 TIPP!

Wird ein Arbeitnehmer während eines Kündigungsschutzverfahrens bei einem Konkurrenzunternehmen tätig, sollte hilfsweise eine weitere außerordentliche Kündigung wegen des Wettbewerbsverstoßes ausgesprochen werden.

3. Rechtsfolgen eines Wettbewerbsverstoßes

3.1 Auskunft

Hat der Arbeitnehmer erheblichen Anlass zu der Vermutung gegeben, dass er eine unerlaubte Konkurrenztätigkeit ausübt, kann der Arbeitgeber hierüber Auskunft von ihm verlangen.

Beispiel:

Der Arbeitgeber erfährt von einem Kunden, dass der Arbeitnehmer bereits (in eigenem oder fremdem Namen) versucht hat, mit diesem Geschäfte abzuschließen.

Steht der Wettbewerbsverstoß fest, kann der Arbeitgeber neben der Auskunft Rechnungslegung über Art und Umfang der getätigten Geschäfte verlangen.

3.2 Abmahnung

Die Verletzung des Wettbewerbsverbots berechtigt den Arbeitgeber zur → *Abmahnung*.

3.3 Außerordentliche Kündigung

Bei einem Wettbewerbsverstoß handelt es sich in der Regel um einen wichtigen Grund, der den Arbeitgeber zur außerordentlichen → *Kündigung* (ohne vorhergehende → *Abmahnung*) berechtigt (BAG v. 25.4.1991, Az. 2 AZR 624/90).

3.4 Unterlassungsanspruch

Wenn weitere Wettbewerbshandlungen des Arbeitnehmers drohen, kann der Arbeitgeber vor dem Arbeitsgericht einen Unterlassungsanspruch im Wege der einstweiligen Verfügung geltend machen. Hierfür reicht es aus, dass der Arbeitgeber das Bestehen des Anspruchs und seine Verletzung glaubhaft macht, also zumindest durch eine eidesstattliche Versicherung belegt.

3.5 Schadensersatz und Eintrittsrecht

Der Arbeitgeber kann vom Arbeitnehmer verlangen, so gestellt zu werden, wie er stünde, wenn der Arbeitnehmer die verbotene Tätigkeit nicht ausgeführt hätte. Aus diesem Gesichtspunkt heraus kann er den entgangenen Gewinn als Schadensersatz verlangen.

Wenn der Arbeitgeber Aufwendungen (z. B. Detektivkosten) hatte, um den Wettbewerbsverstoß aufzudecken, kann er diese auch erstattet verlangen.

Anstelle des Schadensersatzes kann der Arbeitgeber auch ein sog. Eintrittsrecht geltend machen. Er kann vom Arbeitnehmer verlangen, dass dieser die von ihm abgeschlossenen Geschäfte als für den Arbeitgeber eingegangen akzeptiert. Die aus diesen Geschäften bezogene Vergütung muss er dann an den Arbeitgeber herausgeben oder den Vergütungsanspruch an ihn abtreten. Zur Geltendmachung der Vergütungsansprüche muss der

Arbeitnehmer vollständig Auskunft erteilen. Der Auskunftsanspruch kann vom Arbeitgeber eingeklagt werden.

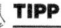 **ACHTUNG!**
Der Abschluss eines Arbeitsvertrages mit einem Wettbewerber ist kein „Geschäft" i. S. d. § 61 HGB, sodass keine Herausgabepflicht bezüglich des vereinbarten Festgehalts beansprucht werden kann (BAG v. 17.10.2012, Az. 10 AZR 809/11).

TIPP!
Der Arbeitgeber kann nur Schadensersatz oder Vertragseintritt verlangen. Die einmal getroffene Wahl ist verbindlich. Steht der Wettbewerbsverstoß fest, sollte deshalb vor Ausübung des Wahlrechts Auskunft und Rechnungslegung verlangt werden.

Die Ansprüche des Arbeitgebers auf Schadensersatz oder Vertragseintritt verjähren innerhalb von drei Monaten von dem Zeitpunkt an, in welchem der Arbeitgeber von der Konkurrenztätigkeit Kenntnis erlangt hat (§ 61 Abs. 2 HGB). Diese Vorschrift gilt ausdrücklich nur für kaufmännische Angestellte. Für sonstige Arbeitnehmergruppen ist die Rechtslage unklar. Noch steht die Rechtsprechung des BAG, wonach die kurze Verjährungsfrist für sonstige Arbeitnehmergruppen nicht gelten soll (BAG v. 16.1.1975, Az. 3 AZR 72/74). Richtigerweise muss jedoch davon ausgegangen werden, dass auch insoweit eine Gleichstellung zwischen kaufmännischen Angestellten und sonstigen Arbeitnehmern berechtigt ist.

 ACHTUNG!
Vorsichtshalber sollte bei allen Arbeitnehmern die dreimonatige Verjährungsfrist beachtet werden.

3.6 Vertragsstrafe

Wenn vertraglich eine Vertragsstrafe vereinbart wurde, kann diese im Falle des Wettbewerbsverstoßes eingefordert werden. Ein konkreter Schadensnachweis ist hierfür nicht erforderlich.

III. Wettbewerbsverbot nach Beendigung des Arbeitsverhältnisses

1. Grundsatz

Nach der (rechtlichen) Beendigung des Arbeitsverhältnisses ist der Arbeitnehmer in der Verwertung seiner Arbeitskraft frei. Er darf dem Arbeitgeber beliebig Konkurrenz machen und hierbei die während des Arbeitsverhältnisses rechtmäßig erlangten Kenntnisse verwerten.

ACHTUNG!
Nach Vertragsbeendigung besteht kein gesetzliches Wettbewerbsverbot.

Der Arbeitgeber kann sich aber durch die Vereinbarung einer (nach-)vertraglichen Wettbewerbsabrede schützen. Dies geschieht meist in Form einer Konkurrenzklausel, die bereits bei Beginn des Arbeitsverhältnisses im Arbeitsvertrag vereinbart wird. Ebenso gut kann es aber in einer eigenständigen Vereinbarung oder einem → *Aufhebungsvertrag* geregelt werden.

1.1 Interessenlagen

Die Vereinbarung eines nachvertraglichen Wettbewerbsverbots setzt voraus, dass der Arbeitgeber hieran ein geschäftliches Interesse hat. Bereits im Vorfeld der Vertragsbeendigung muss sich der Arbeitgeber darüber im Klaren sein, ob und inwieweit eine Beschränkung des nachvertraglichen Wettbewerbs für ihn überhaupt sinnvoll ist. Er muss hierbei auch bedenken, dass eine verbindliche Wettbewerbsbeschränkung in der Regel mit erheblichen Kosten verbunden ist; denn der Arbeitnehmer kann von Gesetzes wegen nicht entschädigungslos daran gehindert werden, seine Arbeitskraft (und insbesondere die beim Arbeitgeber erlangten Kenntnisse) frei zu verwerten.

 ACHTUNG!
Wird ein Wettbewerbsverbot vertraglich vereinbart, treten zwingende gesetzliche Folgen ein.

1.2 Voraussetzungen und Grenzen

Auch durch eine entsprechende Vereinbarung kann ein Arbeitnehmer nicht unbegrenzt dazu verpflichtet werden, nachvertraglichen Wettbewerb zu unterlassen. Der zulässige Rahmen eines (nach-)vertraglichen Wettbewerbsverbots ist in § 74 ff. HGB festgelegt.

Die Vereinbarung eines verbindlichen Wettbewerbsverbots ist nur wirksam, wenn es dem Schutz berechtigter geschäftlicher Interessen des Arbeitgebers dient (§ 74 Abs. 1 HGB). Dies gilt sowohl für den **sachlichen** Inhalt (verbotene Tätigkeiten/Branche/Produktbereich) als auch für die **zeitliche** und **örtliche** Ausdehnung des Wettbewerbsverbots.

Beispiele:
> Soll verhindert werden, dass der Arbeitnehmer in den Kunden- und Lieferantenkreis seines früheren Arbeitgebers einbricht, ist von einem berechtigten geschäftlichen Interesse auszugehen.
>
> Dient das Wettbewerbsverbot lediglich dazu, dem Arbeitnehmer einen Arbeitsplatzwechsel zu erschweren oder Fachkräfte zu Lasten der Konkurrenz zu blockieren, liegt ein berechtigtes geschäftliches Interesse nicht vor.

Eine weitere Grenze ergibt sich aus § 74a Abs. 1 HGB. Hiernach darf ein vertragliches Wettbewerbsverbot das berufliche Fortkommen des Arbeitnehmers nicht „unbillig" erschweren. Wann das der Fall ist, lässt sich nur im Einzelfall klären. Wesentliche Bedeutung kommt hierbei den persönlichen Umständen des Arbeitnehmers (wie z. B. Lebensalter, Stellung im Betrieb, Ausbildung etc.) zu.

1.3 Unterscheidung zwischen Unwirksamkeit und Unverbindlichkeit

Das Gesetz sieht für ein nachvertragliches Wettbewerbsverbot zwingende Form- und Inhaltsvorschriften vor. Wird hiergegen verstoßen, tritt als Folge, je nach Art des Verstoßes, entweder die Unwirksamkeit (= Nichtigkeit) oder die Unverbindlichkeit des Wettbewerbsverbots ein.

▶ Die **Unwirksamkeit/Nichtigkeit** führt dazu, dass sich aus der Vereinbarung keine gegenseitigen Rechte und Pflichten ergeben.

▶ Die **Unverbindlichkeit** führt zu einem Wahlrecht des Arbeitnehmers: Er kann entweder, ohne sich an das Wettbewerbsverbot zu halten, eine Konkurrenztätigkeit ausüben, oder sich an das Wettbewerbsverbot halten und vom Arbeitgeber die Zahlung einer Karenzentschädigung verlangen.

2. Inhalt (Gestaltungsformen)

Vertragliche Wettbewerbsverbote können folgende Inhalte haben:

2.1 Tätigkeitsbezogene Verbote

Sie untersagen dem Arbeitnehmer bestimmte Arten von Tätigkeiten.

Beispiel:
> „Der Arbeitnehmer verpflichtet sich, nach dem Ausscheiden keine Lebensversicherungen mehr zu vermitteln."

Durch ein solches Wettbewerbsverbot wird dem Arbeitnehmer nicht untersagt, für ein Konkurrenzunternehmen tätig zu werden. Lediglich die im Vertrag genannte Tätigkeit – und zwar gleich, ob selbstständig oder in abhängiger Beschäftigung – muss er unterlassen. Im obigen Beispiel darf er keine Lebensversicherungen mehr vermitteln oder verkaufen.

2.2 Unternehmensbezogene Verbote

Sie untersagen dem Arbeitnehmer jede Tätigkeit für namentlich aufgezählte oder durch die Angabe der Branche definierte Unternehmen.

Beispiel:

„Der Arbeitnehmer verpflichtet sich, nicht für ein Versicherungsunternehmen (oder: für die Versicherungsunternehmen A und B) tätig zu werden."

Bei unternehmensbezogenen Wettbewerbsverboten ist es also unerheblich, in welcher Position der Arbeitnehmer im Konkurrenzunternehmen eingesetzt wird. Im genannten Beispiel darf er überhaupt nicht mehr für Versicherungen (bzw. nicht mehr für die Unternehmen A und B) arbeiten.

2.3 Beteiligungsverbote

Die bloße kapitalmäßige Beteiligung an einem Konkurrenzunternehmen oder dessen Erwerb stellen keine Konkurrenztätigkeiten dar. Dennoch kann beides vertraglich ausgeschlossen werden. Solche Beteiligungsverbote können mit einem Wettbewerbsverbot verbunden werden.

Formulierungsbeispiel:

„Dem Arbeitnehmer ist es untersagt, Unternehmen, die mit dem Arbeitgeber in Konkurrenz stehen, zu erwerben oder sich hieran zu beteiligen."

oder:

„Dem Arbeitnehmer ist es untersagt, in selbstständiger, unselbstständiger oder sonstiger Weise für ein Unternehmen tätig zu werden, welches mit dem Arbeitgeber in Konkurrenz steht. In gleicher Weise ist es ihm untersagt, ein solches Unternehmen zu errichten, zu erwerben oder sich hieran unmittelbar oder mittelbar zu beteiligen."

2.4 Bedingte Wettbewerbsverbote

Wettbewerbsverbote können von dem Eintritt oder Wegfall bestimmter Bedingungen abhängig gemacht werden. Durch die Vereinbarung einer Bedingung kann schon im Vorfeld verhindert werden, dass ein – für den Arbeitgeber – völlig nutzloses Wettbewerbsverbot in Kraft tritt. Stets zulässig ist die Vereinbarung objektiver Bedingungen, deren Eintritt nicht vom unmittelbaren Willen der Beteiligten abhängt. Solche objektiven Bedingungen sind z. B.

▶ die tatsächliche Aufnahme der Tätigkeit durch den Arbeitnehmer;

▶ die Vollendung einer bestimmten Dienstzeit;

▶ das Fortbestehen des Arbeitsverhältnisses über die Probezeit hinaus;

▶ das Erreichen oder Innehaben einer bestimmten Position;

▶ das Überschreiten einer bestimmten Gehaltsgrenze;

▶ das Erreichen eines bestimmten Lebensalters.

Wird aber der Eintritt der Bedingung vom subjektiven Willen des Arbeitgebers abhängig gemacht, also eine Option bzw. ein Rücktrittsvorbehalt zugunsten des Arbeitgebers vereinbart (z. B. der Arbeitgeber behält sich die Aussprache eines Wettbewerbsverbots für die Zeit nach Beendigung des Arbeitsverhältnisses vor), führt dies zur Unverbindlichkeit des Wettbewerbsverbots. Das Gleiche gilt, wenn sich der Arbeitgeber den Verzicht auf das Wettbewerbsverbot (auch) für die Zeit nach Beendigung des Arbeitsverhältnisses vorbehält.

ACHTUNG!

Behält sich der Arbeitgeber ein Wahlrecht vor, verschafft er es eigentlich nur dem Arbeitnehmer.

Dem Arbeitgeber ist daher dringend zu empfehlen, die zeitliche Reichweite einer Verzichtsklausel ausdrücklich auf die Zeit vor Beendigung des Arbeitsverhältnisses zu beschränken.

Formulierungsbeispiel:

„Der Arbeitgeber behält sich vor, auf die Einhaltung des Wettbewerbsverbots zu verzichten. Der Verzicht ist bis zur Beendigung des Arbeitsverhältnisses schriftlich zu erklären."

2.5 Mandantenschutzklauseln

Wettbewerbsverbote können auch in Form sog. Mandantenschutzklauseln vereinbart werden.

Beispiel:

„Der Mitarbeiter verpflichtet sich, nach Beendigung des Arbeitsverhältnisses ohne die ausdrückliche Zustimmung der Sozietät keine Mandanten, die während der letzten zwei Jahre vor dem Ausscheiden zu dem Mandantenkreis der Sozietät gehört haben, gleich ob als Angestellter oder Selbstständiger, anzusprechen oder abzuwerben."

Soweit durch eine solche Klausel lediglich die berufsrechtlichen Bestimmungen einer Branche wiedergegeben werden, stellt diese kein entschädigungspflichtiges Wettbewerbsverbot dar. Geht die Mandantenschutzklausel jedoch darüber hinaus – etwa durch das Verbot jeglicher Betreuung von Mandanten des früheren Arbeitgebers – handelt es sich um ein allgemeines Wettbewerbsverbot.

3. Räumlicher Geltungsbereich

Wenn sich das Wettbewerbsverbot räumlich auf ein bestimmtes Gebiet beschränken soll, muss dies vertraglich geregelt werden. Häufig fehlt in Wettbewerbsverboten eine derartige Beschränkung, sodass das Verbot uneingeschränkt, also auch im Ausland, gilt. Ob eine weltweite Geltung durch das berechtigte geschäftliche Interesse des Arbeitgebers getragen wird, ist im Einzelfall zu klären. Ein zu weit gefasstes Wettbewerbsverbot ist für den Arbeitgeber jedoch ungefährlich, da nach § 74a Abs. 1 HGB nur der Teil des Wettbewerbsverbots unverbindlich ist, für den kein berechtigtes Interesse des Arbeitgebers besteht. Im Übrigen bleibt das Wettbewerbsverbot wirksam.

4. Formelle Voraussetzungen

4.1 Schriftform

Ein Wettbewerbsverbot ist nur dann wirksam, wenn es schriftlich vereinbart wurde (§ 74 Abs. 1 HGB). Die Vereinbarung muss in **einer** Urkunde schriftlich festgelegt und von beiden Parteien unterzeichnet werden. Allein der Austausch wechselseitiger schriftlicher Erklärungen oder die einseitige Unterzeichnung der jeweils anderen Vertragspartei reicht nicht aus.

Das Wettbewerbsverbot ist z. B. unwirksam, wenn

▶ der Arbeitnehmer den vom Arbeitgeber per Telefax übermittelten Arbeitsvertrag unterschreibt, oder

▶ der Arbeitnehmer ein vom Arbeitgeber bei Arbeitsaufnahme unterzeichnetes Exemplar des Arbeitsvertrags erhält und dies – ohne gegenzuzeichnen – zu seinen Unterlagen nimmt.

4.2 Aushändigung der Urkunde

Der Arbeitgeber muss dem Arbeitnehmer eine von beiden Parteien unterschriebene Originalurkunde aushändigen (§ 74 Abs. 1 HGB); sonst ist das Wettbewerbsverbot zwar nicht unwirksam, aber unverbindlich (BAG v. 23.11.2004, Az. 595/039; s. u. 5.). Die Aushändigung einer Fotokopie reicht nicht.

TIPP!

Der Arbeitgeber sollte sich den Empfang der von beiden Parteien unterzeichneten Originalurkunde schriftlich bestätigen lassen.

5. Unverbindliche Wettbewerbsverbote

5.1 Unverbindlichkeitsgründe

Immer dann, wenn ein Arbeitnehmer durch ein nachvertragliches Wettbewerbsverbot in seinem beruflichen Fortkommen unangemessen behindert wird oder der Konkurrenzschutz über die berechtigten geschäftlichen Interessen des Arbeitgebers hinausgeht, führt dies zur Unverbindlichkeit des Wettbewerbsverbots. Unverbindlichkeitsgründe können im Einzelnen sein:

▶ Untersagung der Konkurrenztätigkeit, obwohl der Arbeitnehmer seinem bisherigen Arbeitgeber in dieser Hinsicht gar nicht mehr gefährlich werden kann;

▶ Koppelung an eine Bedingung, auf die nur der Arbeitgeber Einfluss hat (= bedingtes Wettbewerbsverbot);

▶ Vorbehalt des Arbeitgebers, auch nach der Beendigung des Arbeitsverhältnisses noch über ein Wettbewerbsverbot einseitig entscheiden zu können;

▶ zu geringe Karenzentschädigung (weniger als 50 % der zuletzt gezahlten Bezüge, s. u. 7.1);

▶ Dauer der Karenzentschädigung ist kürzer als die des Wettbewerbsverbots;

▶ Überschreitung des Höchstzeitraums von zwei Jahren (in diesem Fall ist das Wettbewerbsverbot nur hinsichtlich des übersteigenden Zeitraums unverbindlich).

5.2 Wahlrecht des Arbeitnehmers

Ist ein Wettbewerbsverbot unverbindlich, hat der Arbeitnehmer ein Wahlrecht: Er kann entscheiden, ob er sich an das Wettbewerbsverbot hält oder nicht. Hält er sich daran, kann er vom Arbeitgeber die Zahlung einer Karenzentschädigung verlangen. Dies gilt auch für den Fall, dass Arbeitnehmer letztendlich gar nicht vorhat, bei einem Konkurrenzbetrieb zu arbeiten. Zu Beginn der Karenzzeit muss er sich endgültig für oder gegen das Wettbewerbsverbot entscheiden. Diese Entscheidung kann er auch dadurch „dokumentieren", dass er eine wettbewerbsfreie Tätigkeit aufnimmt (BAG v. 22.5.1990, Az. 3 AZR 647/88).

 **ACHTUNG!**
Das Wahlrecht des Arbeitnehmers kann nicht durch vertragliche Vereinbarung ausgeschlossen oder begrenzt werden.

Im Gegenteil: Eine solche Vereinbarung kann – auch wenn keine weiteren Unverbindlichkeitsgründe vorliegen – dazu führen, dass die gesamte Wettbewerbsklausel unverbindlich wird und sich ein Wahlrecht des Arbeitnehmers erst hieraus begründet!

 **ACHTUNG!**
Nach § 74a Abs. 1 Satz 1 HGB ist ein Wettbewerbsverbot insoweit unverbindlich, als es nicht dem Schutz eines berechtigten geschäftlichen Interesses des Arbeitgebers dient. Das Gesetz regelt nicht ausdrücklich den Anspruch auf Karenzentschädigung bei einem teilweise verbindlichen und teilweise unverbindlichen Wettbewerbsverbot. Das BAG hat nun entschieden, dass der Anspruch auf Karenzentschädigung nicht voraussetzt, dass der Arbeitnehmer das Wettbewerbsverbot insgesamt beachtet; es genügt die Einhaltung des verbindlichen Teils (BAG v. 21.4.2010, Az. 10 AZR 288/09).

6. Nichtige Wettbewerbsverbote

6.1 Typische Nichtigkeitsgründe

Nichtig – also unwirksam – ist ein Wettbewerbsverbot immer dann, wenn die Formerfordernisse des § 74 Abs. 1 HGB nicht eingehalten wurden. Weitere Nichtigkeitsgründe sind:

▶ völliges Fehlen einer Karenzentschädigungsklausel;

▶ Minderjährigkeit des Arbeitnehmers zum Zeitpunkt der Vereinbarung (§ 74a Abs. 2 Satz 2 HGB);

▶ Wettbewerbsverbot mit Auszubildenden, Volontären, Praktikanten etc. (§ 5 Abs. 1 Satz 1 BBiG), es sei denn, es wird in den letzten sechs Monaten der Ausbildung vereinbart und der Ausbilder verpflichtet sich, den Auszubildenden nach der

Beendigung der Ausbildung für einen gewissen Zeitraum zu übernehmen;

▶ Bürgschaft Dritter, die für die Wettbewerbsunterlassung durch den Arbeitnehmer einstehen sollen.

6.2 Ehrenwort

Die altertümliche Vorschrift des § 74a Abs. 2 Satz 2 HGB verbietet es, dass sich Arbeitgeber die Erfüllung eines Wettbewerbsverbots „auf Ehrenwort" versprechen lässt. Auch wenn ein Wettbewerbsverbot den formellen Voraussetzungen entspricht, ist es nichtig, wenn darüber hinaus auch noch das Ehrenwort des Arbeitnehmers „verpfändet" wird. Hierbei spielt es keine Rolle, ob die entsprechende Erklärung in den schriftlichen Vertrag oder die ausgehändigte Urkunde aufgenommen wurde oder mündlich vor, bei oder nach Abschluss des Wettbewerbsverbots abgegeben worden ist.

So wenig zeitgemäß diese Vorschrift ist, so sehr muss ihre taktische Wirkung, gerade in Auseinandersetzungen zur Beendigung eines Arbeitsverhältnisses, beachtet werden.

 **TIPP!**
Ein vom Arbeitnehmer angebotenes Ehrenwort sollte der Arbeitgeber unverzüglich schriftlich zurückweisen.

7. Karenzentschädigung

Das Wettbewerbsverbot ist für den Arbeitnehmer nur dann verbindlich, wenn sich der Arbeitgeber zur Zahlung einer ausreichenden Karenzentschädigung verpflichtet (§ 74 Abs. 2 HGB).

7.1 Höhe und Berechnung

Die Karenzentschädigung muss für jedes Jahr des Verbots mindestens die Hälfte der von dem Arbeitnehmer zuletzt bezogenen vertraglichen Leistungen betragen. Dazu gehören sämtliche Geld- und Sachleistungen; auch Sonderleistungen (wie Gratifikationen, Weihnachtsgeld, Dienstwagen oder Werkwohnungen) und variable Gehaltsbestandteile (Tantiemen, Prämien etc.) sind bei der Berechnung zu berücksichtigen.

Zur Berechnung kommt es bei den festen Gehaltsbestandteilen ausschließlich auf den letzten Monatsbezug an. Für Einmalzahlungen und variable Gehaltsbestandteile ist der Durchschnitt der letzten drei Jahre anzusetzen. Wenn keine andere Vereinbarung getroffen wurde, ist die Hälfte des sich hieraus ergebenden Gesamtbetrags für die Dauer des Wettbewerbsverbots monatlich zu zahlen. Die Vereinbarung einer niedrigeren Karenzentschädigung führt zur Unverbindlichkeit des Wettbewerbsverbots.

 **WICHTIG!**
Sämtliche Gehaltsbestandteile sind zu berücksichtigen.

Eine Vereinbarung, wonach die Karenzentschädigung die Hälfte des zuletzt bezogenen Grundgehalts betragen soll, ist z. B. immer dann unverbindlich, wenn darüber hinaus noch weitere Geld- und Sachleistungen bezogen wurden. Um der Gefahr zu entgehen, dass bei der Vereinbarung der Karenzentschädigung Gehaltsbestandteile unberücksichtigt bleiben, kann zur Höhe auf die gesetzlichen Vorschriften Bezug genommen werden. Ausreichend ist auch, wenn in der Wettbewerbsklausel zur Höhe der Karenzentschädigung der gesetzliche Wortlaut wiedergegeben wird.

Formulierungsbeispiele:
„Der Mitarbeiter erhält für die Dauer des Wettbewerbsverbotes eine Karenzentschädigung in Höhe der nach § 74 Abs. 2 HGB zu leistenden Vergütung."

oder:

„Die Karenzentschädigung beträgt für jedes Jahr des Wettbewerbsverbots die Hälfte der von dem Arbeitnehmer zuletzt bezogenen vertragsmäßigen Leistungen."

7.2 Fälligkeit

Die Karenzentschädigung ist während der Dauer des Wettbewerbsverbots und grundsätzlich am Monatsende zu zahlen. Ein Vorschuss oder eine sonstige Abgeltung während des bestehenden Arbeitsverhältnisses ist nicht zulässig, ebenso wenig eine Streckung über einen Zeitraum von mehr als zwei Jahren oder eine Einmalzahlung erst zum Ende des Wettbewerbsverbots.

Zulässig ist es aber, die Karenzentschädigung jeweils zum Monatsanfang vorzuschießen oder unmittelbar bei Beendigung des Arbeitsverhältnisses als Einmalbetrag auszuzahlen.

 ACHTUNG!
Bei einer Einmalzahlung können sich Probleme hinsichtlich der Anrechenbarkeit anderweitiger Einkünfte ergeben.

Zur steuer- und sozialversicherungsrechtlichen Behandlung der Karenzentschädigung s. das im selben Verlag erschienene Lexikon für das Lohnbüro → „Konkurrenzverbot".

7.3 Anzurechnende Leistungen

Auf die Karenzentschädigung muss sich der Arbeitnehmer anderweitige Einkünfte anrechnen lassen (§ 74c Abs. 1 Satz 1 HGB). Hierunter sind grundsätzlich nur solche zu verstehen, die er durch anderweitige Verwertung seiner Arbeitskraft erwirbt.

Anzurechnen sind z. B.:

▸ Einkünfte aus einem anderen Arbeitsverhältnis;

▸ Gewinne aus einer selbstständigen Tätigkeit;

▸ Sozialleistungen mit „Lohnersatzfunktion" wie z. B. Arbeitslosengeld.

 ACHTUNG!
Hatte der Arbeitnehmer nach Beendigung seines alten Arbeitsverhältnisses kein neues Beschäftigungsverhältnis begründet und meldete er sich bei der Agentur für Arbeit arbeitslos, bestand bis zum 31.12.2003 für den Arbeitgeber aufgrund des Wettbewerbsverbots eine Pflicht zur Erstattung des Arbeitslosengeldes in Höhe von 30 %. Diese vormals in § 148 SGB III geregelte Erstattungspflicht ist mit Wirkung ab 1.1.2004 weggefallen. In einer neuerlichen Entscheidung (BAG v. 14.9.2011, Az. 10 AZR 198/10) hat das BAG daher Bedenken geäußert, ob nach der ersatzlosen Aufhebung des § 148 SGB III noch eine Anrechnung des Arbeitslosengeldes zulässig ist. Auch wenn im Wege der Auslegung oder analogen Anwendung von § 74c Abs. 1 Satz 1 HGB die Anrechnung von Arbeitslosengeld zulässig ist, kann der Arbeitgeber lediglich den tatsächlichen Auszahlungsbetrag, nicht aber einen aus dem Arbeitslosengeld hochgerechneten Bruttobetrag anrechnen (BAG a. a. O.).

Nicht anzurechnen sind:

▸ Einkünfte aus dem beendeten Arbeitsverhältnis;

▸ Sozialleistungen ohne „Lohnersatzfunktion".

Ein Arbeitnehmer ist gehalten, sich um anderweitigen Erwerb zu bemühen. Wenn er dies böswillig unterlässt, muss er sich ggf. die entgangenen Einkünfte auf die Karenzentschädigung anrechnen lassen. Der Aufbau einer selbstständigen Existenz oder die Aufnahme einer Aus- und Weiterbildung ist in der Regel kein böswilliges Unterlassen.

Die Anrechnung anderweitiger Einkünfte erfolgt nur und soweit diese 110 % der früheren Bezüge übersteigen. Diese Hinzuverdienstgrenze erhöht sich auf 125 %, wenn der Arbeitnehmer durch das Wettbewerbsverbot gezwungen wird, seinen Wohnsitz zu verlegen (§ 74c Abs. 1 Satz 2 HGB).

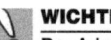 **WICHTIG!**
Der Arbeitnehmer ist verpflichtet, dem Arbeitgeber auf Anforderung über die Höhe seines Erwerbs Auskunft zu erteilen und Nachweise vorzulegen.

8. Verzicht des Arbeitgebers

Der Arbeitgeber hat die Möglichkeit, auf die Einhaltung des Wettbewerbsverbots gegenüber dem Arbeitnehmer zu verzichten. Ob und wie weit er hierdurch von Zahlungsverpflichtungen befreit wird, hängt von Zeitpunkt, Form und Inhalt der Verzichtserklärung ab.

 TIPP!
Der Arbeitgeber sollte frühzeitig prüfen, ob ein nachvertragliches Wettbewerbsverbot vereinbart wurde und ob die Vorteile der Aufrechterhaltung für ihn in einem akzeptablen Verhältnis zu den Zahlungsverpflichtungen stehen.

8.1 Verzicht vor oder bei Beendigung des Arbeitsverhältnisses

Der Arbeitgeber kann vor Beendigung des Arbeitsverhältnisses durch schriftliche Erklärung auf das Wettbewerbsverbot verzichten. Er wird dann mit Ablauf eines Jahres seit der Erklärung von der Verpflichtung zur Zahlung einer Karenzentschädigung frei (§ 75a HGB).

Der Verzicht kann bis zum letzten Tag des Arbeitsverhältnisses erklärt werden. Hierbei ist es unerheblich, ob der Arbeitnehmer tatsächlich noch arbeitet oder ob er während der Kündigungsfrist freigestellt ist. Auch auf den Zeitpunkt der → Kündigung kommt es grundsätzlich nicht an. Wird eine Kündigung jedoch fristlos erklärt, muss der Verzicht spätestens zusammen mit der Kündigung ausgesprochen werden, da das Arbeitsverhältnis ja mit sofortiger Wirkung endet.

Durch den Verzicht wird der Arbeitnehmer nach Beendigung des Arbeitsverhältnisses in der Verwertung seiner Arbeitskraft frei. Er kann also sofort zu einem Konkurrenzunternehmen wechseln. Die Verpflichtung des Arbeitgebers zur Zahlung der Karenzentschädigung fällt hingegen erst ein Jahr nach Zugang der Verzichtserklärung weg. Wurde der Verzicht mehr als ein Jahr vor Beendigung des Arbeitsverhältnisses erklärt, wird überhaupt keine Karenzentschädigung fällig.

 **ACHTUNG!**
Die in Aufhebungs- oder Abwicklungsverträgen üblichen Ausgleichs- oder Erledigungsklauseln, mit denen „alle beiderseitigen Ansprüche aus dem Arbeitsverhältnis abgegolten" sein sollen, können automatisch auch ein nachvertragliches Wettbewerbsverbot umfassen, und zwar selbst dann, wenn der ebenso übliche Zusatz „und seiner Beendigung, seien sie bekannt oder unbekannt" fehlt (BAG v. 22.10.2008, Az. 10 AZR 617/07).

8.2 Verzicht nach Beendigung des Arbeitsverhältnisses

Erklärt der Arbeitgeber erst nach Beendigung des Arbeitsverhältnisses seinen Verzicht auf das nachvertragliche Wettbewerbsverbot, wird der Arbeitnehmer zwar mit sofortiger Wirkung frei; der Arbeitgeber muss jedoch die vollen zwei Jahre Karenzentschädigung zahlen, selbst wenn der Arbeitnehmer zu einem Konkurrenzbetrieb wechselt.

 **ACHTUNG!**
Vereinbarungen, nach denen der Arbeitgeber auch noch nach der Beendigung des Arbeitsverhältnisses auf das Wettbewerbsverbot unter Wegfall seiner Zahlungspflicht verzichten kann, sind unzulässig und führen zur Unverbindlichkeit des Wettbewerbsverbots.

Obwohl die Verpflichtung zur Zahlung der Karenzentschädigung durch einen nachträglichen Verzicht nicht mehr beseitigt werden kann, kann es für den Arbeitgeber gute Gründe geben, auch nachträglich noch zu verzichten:

Wenn z. B. das Interesse des Arbeitgebers an dem Wettbewerbsverbot nachträglich wegfällt (z. B. bei Produktionsänderungen, Betriebs- oder Produktionsstilllegungen), kann es sinnvoll sein, den Arbeitnehmer in seiner ursprünglichen Branche weiterarbeiten zu lassen. Diese Einkünfte muss sich der Arbeitnehmer ja dann auf die Karenzentschädigung anrechnen lassen, was wiederum zu einer Reduzierung der Zahlungsverpflichtung des Arbeitgebers führt.

8.3 Inhalt und Form der Verzichtserklärung

Eine Verzichtserklärung des Arbeitgebers muss inhaltlich eindeutig sein und klar zum Ausdruck bringen, dass er hiermit auf sämtliche Rechte im Zusammenhang mit dem Wettbewerbsverbot verzichtet. Das Wort „Verzicht" braucht nicht verwendet zu werden.

Nach § 75a HGB ist nur ein vollständiger Verzicht zulässig. Ein Teilverzicht, der die Pflicht des Arbeitgebers zur Zahlung der Karenzentschädigung ganz oder teilweise entfallen lassen soll, ist also nicht möglich. Ebenso unzulässig ist es, den Verzicht unter einen Vorbehalt oder eine Bedingung zu stellen.

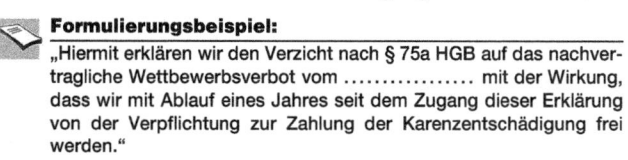

Formulierungsbeispiel:

„Hiermit erklären wir den Verzicht nach § 75a HGB auf das nachvertragliche Wettbewerbsverbot vom .... mit der Wirkung, dass wir mit Ablauf eines Jahres seit dem Zugang dieser Erklärung von der Verpflichtung zur Zahlung der Karenzentschädigung frei werden."

Die Verzichtserklärung muss schriftlich erfolgen und von einer bevollmächtigten Person unterzeichnet sein. Dem Arbeitnehmer muss die Verzichtserklärung im Original übermittelt werden. Ein Telefax genügt nicht!

9. Wettbewerbsverbot und Kündigung (Lösungsrecht)

Grundsätzlich ist ein nachvertragliches Wettbewerbsverbot unabhängig von der Frage, wie das Arbeitsverhältnis beendet wird. In besonderen Fällen wäre es jedoch unangemessen, die Bindung an ein Wettbewerbsverbot mit entsprechender Verpflichtung zur Zahlung einer Karenzentschädigung aufrechtzuerhalten. Aus diesem Grund sieht § 75 HGB ein sog. Lösungsrecht vor. Hierunter versteht man die Möglichkeit, sich durch einseitige Erklärung von den Verpflichtungen aus dem Wettbewerbsverbot zu lösen.

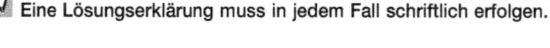

ACHTUNG!

Eine Lösungserklärung muss in jedem Fall schriftlich erfolgen.

9.1 Kündigung durch den Arbeitnehmer

Im Falle der ordentlichen → *Kündigung* durch den Arbeitnehmer bleiben beide Vertragsparteien an das nachvertragliche Wettbewerbsverbot gebunden. Kann der Arbeitnehmer jedoch das Arbeitsverhältnis aus wichtigem Grund wegen vertragswidrigen Verhaltens des Arbeitgebers außerordentlich kündigen, steht ihm für die Dauer eines Monats (ab Zugang der Kündigung) ein Lösungsrecht zu. Dies gilt auch für den Fall, dass das Arbeitsverhältnis auf andere Weise endet, der Arbeitnehmer aber aus den genannten Gründen zur außerordentlichen Kündigung berechtigt gewesen wäre.

9.2 Kündigung durch den Arbeitgeber

Bei ordentlicher → *Kündigung* durch den Arbeitgeber hat der Arbeitnehmer ebenfalls ein Lösungsrecht, allerdings nur bei betriebsbedingter, nicht bei verhaltens- oder personenbedingter Kündigung (§ 75 Abs. 2 HGB). Im Falle der betriebsbedingten Kündigung kann der Arbeitgeber sich aber zur Zahlung einer erhöhten Karenzentschädigung in Höhe von 100 % der bisherigen Bezüge verpflichten und dadurch das Lösungsrecht des Arbeitnehmers beseitigen. Diese Erklärung muss der Arbeitgeber zusammen mit der Kündigung abgeben.

§ 75 Abs. 3 HGB legt fest, dass bei einer außerordentlichen Kündigung durch den Arbeitgeber wegen vertragswidrigen Verhaltens des Arbeitnehmers kein Anspruch auf Zahlung einer Karenzentschädigung besteht. Dies hätte zur Folge, dass der

Arbeitnehmer zwar weiter an das Wettbewerbsverbot gebunden wäre, aber keine Entschädigung beanspruchen könnte. Diese gesetzliche Regelung wurde vom BAG für verfassungswidrig erklärt und ist daher nicht länger anzuwenden (BAG v. 23.2.1977, Az. 3 AZR 620/75).

Wie auch dem Arbeitnehmer wird dem Arbeitgeber von der Rechtsprechung deshalb ein Lösungsrecht für den Fall eingeräumt, dass er wegen des vertragswidrigen Verhaltens des Arbeitnehmers zur außerordentlichen Kündigung berechtigt ist. Dies gilt selbst dann, wenn der Arbeitnehmer bereits aus anderen Gründen ausgeschieden ist und erst später ein vertragswidriges Verhalten festgestellt wird, das den Arbeitgeber zur außerordentlichen Kündigung berechtigt hätte.

Die Lösung muss dem Arbeitnehmer schriftlich innerhalb **eines Monats** ab Kündigung mitgeteilt werden.

Formulierungsbeispiel:

„Hiermit erkläre ich, dass ich mich an das Wettbewerbsverbot vom .... ab sofort nicht mehr gebunden halte."

10. Sonstige Ansprüche des Arbeitgebers

Abgesehen von arbeitsvertraglichen Rechten stehen dem Arbeitgeber die Ansprüche auf Auskunft, Unterlassung und Schadensersatz wie bei bestehendem Arbeitsverhältnis zu. Ferner kann er die Zahlung der Karenzentschädigung für die Dauer des Wettbewerbsverstoßes einstellen und geleistete Überzahlungen zurückfordern.

IV. Muster: Nachvertragliches Wettbewerbsverbot

§ 1   *Der Arbeitnehmer verpflichtet sich, für die Dauer von zwei Jahren nach Beendigung des Arbeitsverhältnisses jegliche selbstständige, unselbstständige oder sonstige Tätigkeit für ein solches Unternehmen zu unterlassen, welches mit dem Arbeitgeber im direkten oder indirekten Wettbewerb steht oder mit einem Wettbewerbsunternehmen verbunden ist. In gleicher Weise ist es dem Mitarbeiter untersagt, während der Dauer des Wettbewerbsverbots ein solches Unternehmen zu errichten, zu erwerben oder sich hieran unmittelbar oder mittelbar zu beteiligen.*

§ 2   *Während der Dauer des Wettbewerbsverbots erhält der Arbeitnehmer eine Entschädigung. Diese beträgt für jedes Jahr des Verbots die Hälfte der von dem Mitarbeiter zuletzt bezogenen vertragsmäßigen Leistungen. Die Karenzentschädigung ist jeweils am Schluss eines Kalendermonats zur Zahlung fällig. Auf die fällige Karenzentschädigung hat sich der Arbeitnehmer anderweitigen Erwerb nach Maßgabe des § 74c HGB anrechnen zu lassen. Der Arbeitnehmer verpflichtet sich, dem Arbeitgeber auf Verlangen jederzeit, unaufgefordert jeweils zum Quartalsende mitzuteilen, ob und in welcher Höhe er anderweitige Einkünfte bezieht. Auf Verlangen des Arbeitgebers sind die Angaben mit entsprechenden Nachweisen zu belegen.*

§ 3   *Der Arbeitnehmer verpflichtet sich, für jeden Fall der Zuwiderhandlung gegen das Wettbewerbsverbot eine Vertragsstrafe von € .... zu zahlen. Die Tätigkeit für ein Konkurrenzunternehmen bis zur Dauer von einem Monat gilt als ein Fall der Zuwiderhandlung. Ist der Arbeitnehmer länger als einen Monat für ein Konkurrenzunternehmen tätig, ist die Vertragsstrafe für jeden angefangenen Monat neu verwirkt. Die Geltendmachung eines darüber hinausgehenden Schadens bleibt vorbehalten.*

§ 4 Das Wettbewerbsverbot tritt nicht in Kraft, wenn der Mitarbeiter bei seinem Ausscheiden das 65. Lebensjahr vollendet oder das Arbeitsverhältnis weniger als ein Jahr bestanden hat.

§ 5 Im Übrigen finden die Vorschriften des § 74 ff. HGB Anwendung.

§ 6 Der Arbeitnehmer bestätigt mit seiner Unterschrift ausdrücklich, eine von beiden Parteien unterzeichnete vollständige Abschrift dieser Vereinbarung erhalten zu haben.

....

Ort, Datum

....

Arbeitgeber   Arbeitnehmer

Zeugnis

I.   Begriff und Abgrenzung

II. Zeugnisanspruch
  1. Anlass und Zeitpunkt
    1.1 Schlusszeugnis
    1.2 Ausbildungszeugnis
    1.3 Zwischenzeugnis
    1.4 Zweitschrift/Ersatzzeugnis
  2. Pflichten des Arbeitgebers
  3. Erlöschen des Zeugnisanspruchs
  4. Rechtsmittel des Arbeitnehmers
    4.1 Erteilungsanspruch
    4.2 Berichtigungsanspruch
    4.3 Schadensersatzanspruch
  5. Haftung des Arbeitgebers gegenüber Dritten
  6. Widerruf eines Zeugnisses

III. Zeugnis
  1. Form
  2. Inhalt
  3. Einfaches Zeugnis
  4. Qualifiziertes Zeugnis
  5. Zeugnissprache
    5.1 Grundsatz
    5.2 Musterformulierungen

IV. Checkliste Zeugnis
  I. Für jedes Zeugnis
  II. Für das qualifizierte Zeugnis

V. Muster: Zeugnis
  1. Einfaches Zeugnis
  2. Qualifiziertes Zeugnis
  3. Ausbildungszeugnis

I. Begriff und Abgrenzung

Dem Arbeitnehmer ist bei verschiedenen Anlässen ein Zeugnis auszustellen. Man unterscheidet je nach dem konkreten Anlass zwischen Schlusszeugnis, Ausbildungszeugnis und Zwischen-zeugnis. Hintergrund der Zeugnispflicht des Arbeitgebers ist immer die Förderung des beruflichen Fortkommens des Arbeitnehmers. Dem Arbeitgeber selbst dienen die vom Arbeitnehmer anlässlich einer Bewerbung vorgelegten Zeugnisse zur Einschätzung seiner beruflichen Leistungsfähigkeit.

Nach dem Inhalt ist zwischen einfachen und qualifizierten Zeugnissen zu unterscheiden. Das einfache Zeugnis erteilt nur Auskunft über Art und Dauer der Beschäftigung. Das qualifizierte Zeugnis äußert sich zusätzlich zu Führung und Leistung.

Bei der Arbeitsbescheinigung gemäß § 312 SGB III handelt es sich nicht um ein Zeugnis, da diese Erklärung ausschließlich zur Vorlage beim Arbeitsamt dient. Auch ein persönliches Empfehlungsschreiben eines Vorgesetzten (sog. Referenzschreiben), das dieser im eigenen Namen erstellt, ist kein Zeugnis im arbeitsrechtlichen Sinne.

II. Zeugnisanspruch

Der Arbeitnehmer hat immer dann Anspruch auf die Erteilung eines Zeugnisses, wenn er dieses zu seinem beruflichen Fortkommen benötigt. Soweit der Zeugnisanspruch nicht gesetzlich, tarifvertraglich oder einzelvertraglich geregelt ist, beruht er auf der Fürsorgepflicht des Arbeitgebers.

Dies gilt auch in Teilzeit-, Nebentätigkeits-, Probearbeits- und Praktikantenverhältnissen sowie in befristeten und geringfügigen Arbeitsverhältnissen. Einen Zeugnisanspruch haben auch leitende Angestellte sowie Familienangehörige, wenn sie ihre Arbeitsleistung nicht ausschließlich aufgrund ihrer familienrechtlichen Beziehung erbringen. Leiharbeiter haben einen Zeugnisanspruch ausschließlich gegenüber dem verleihenden Arbeitgeber.

Ein Zeugnis muss grundsätzlich nur dann ausgestellt werden, wenn der Arbeitnehmer es ausdrücklich verlangt. Nur bei der Beendigung eines Berufsausbildungsverhältnisses ist der Arbeitgeber auch ohne ein solches Verlangen verpflichtet, ein Zeugnis auszustellen (§ 16 BBiG).

1. Anlass und Zeitpunkt

Je nach Anlass des Zeugnisanspruchs ergeben sich unterschiedliche Verpflichtungen des Arbeitgebers:

1.1 Schlusszeugnis

Anlässlich der Beendigung eines Arbeitsverhältnisses haben Arbeitnehmer Anspruch auf Erteilung eines Zeugnisses. Für alle Arbeitnehmer gilt nach § 6 Abs. 2 GewO die Regelung in § 109 GewO.

Der Anspruch auf ein Schlusszeugnis (und nicht lediglich auf ein Zwischenzeugnis) entsteht spätestens mit Ablauf der Kündigungsfrist oder bei tatsächlichem Ausscheiden des Arbeitnehmers.

Bei unbefristeter außerordentlicher → *Kündigung* ist ein Zeugnis sofort zu erteilen. Dabei ist ein Zeitraum von zwei bis vier Tagen für die Formulierung des Zeugnisses angemessen.

Auch wenn die Wirksamkeit einer Kündigung bestritten wird, besteht nach der aktuellen Rechtsprechung des BAG ein Zeugnisanspruch, obwohl sich der Arbeitnehmer damit zu seinem Verlangen nach Fortsetzung des Arbeitsverhältnisses eigentlich in Widerspruch setzt (BAG v. 27.2.1987, Az. 5 AZR 710/85).

Ob bei einer ordentlichen Kündigung vor Ablauf der Kündigungsfrist oder während eines laufenden Kündigungsschutzprozesses nur ein vorläufiges Zeugnis oder bereits ein endgültiges Zeugnis auszustellen ist, haben die Arbeitsgerichte bisher nicht entschieden. Wird während einer laufenden Kündigungsfrist oder während eines fortdauernden Rechtsstreits allerdings weitergearbeitet, empfiehlt sich die Ausstellung eines vorläufigen Zeugnisses, da eine abschließende Beurteilung erst mit tatsächlicher Einstellung der Arbeit möglich ist.

TIPP!
Soweit der Arbeitgeber in diesen Fällen dennoch ein Schlusszeugnis ausstellt, sollte er sich in einem Begleitschreiben dessen Rückforderung vorbehalten, da die zeugnisrelevanten Umstände noch nicht abschließend beurteilt werden können.

Wird ein vorläufiges durch ein endgültiges Zeugnis ersetzt, kann der Arbeitgeber dessen Aushändigung von der Rückgabe des vorläufigen Zeugnisses abhängig machen.

1.2 Ausbildungszeugnis

Der ausbildende Betrieb hat dem Auszubildenden bei Beendigung des Berufsausbildungsverhältnisses ein Zeugnis auszustellen, das zumindest Angaben über Art, Dauer und Ziel der Berufsausbildung sowie über die erworbenen Fertigkeiten und Kenntnisse des Auszubildenden enthält (§ 16 BBiG). Dies gilt auch dann, wenn der Auszubildende in ein festes Arbeitsverhältnis übernommen wird.

WICHTIG!
Unmittelbar bei der → Beendigung eines Ausbildungsverhältnisses muss der Arbeitgeber – auch ohne ausdrückliches Verlangen – ein Zeugnis erteilen.

1.3 Zwischenzeugnis

Anspruch auf ein Zwischenzeugnis besteht, wenn es dem beruflichen Fortkommen des Arbeitnehmers dient und ein besonderer Anlass vorliegt. Dies ist z. B. der Fall wenn:

▸ der Ablauf der Probezeit bevorsteht;

▸ eine Versetzung des Arbeitnehmers innerhalb des Unternehmens erfolgt;

▸ der Vorgesetzte des Arbeitnehmers wechselt;

▸ der Arbeitnehmer sich anderweitig bewerben will;

▸ das Zeugnis für eine Fortbildungsmaßnahme erforderlich ist;

▸ das Unternehmensgefüge sich wesentlich ändert, etwa bei Umwandlung einer Personen- in eine Kapitalgesellschaft oder bei einem → Betriebsübergang;

▸ dem Arbeitnehmer die Beendigung des Arbeitsverhältnisses oder des Ausbildungsverhältnisses ohne Übernahme in Aussicht gestellt wird.

Tarifverträge enthalten oft weitere Bestimmungen zum Zwischenzeugnis.

WICHTIG!
Auch wenn kurz zuvor ein Zwischenzeugnis erstellt worden ist, besteht im Falle der Beendigung des Arbeitsverhältnisses der Anspruch auf ein Schlusszeugnis. Der Inhalt des Schlusszeugnisses darf dann nicht ohne Grund von dem des Zwischenzeugnisses abweichen. Dies ist bei der Abfassung des Zwischenzeugnisses bereits zu bedenken!

Liegt ein nachvollziehbarer Grund für das Verlangen eines Zwischenzeugnisses vor, muss der Arbeitgeber es unverzüglich erteilen.

TIPP!
Der Arbeitgeber sollte mit dem Arbeitnehmer einen Termin für die Erstellung des Zwischenzeugnisses vereinbaren, um eine verspätete Bearbeitung (und hieraus resultierende Haftungsfolgen) zu vermeiden.

1.4 Zweitschrift/Ersatzzeugnis

Bei Verlust oder Beschädigung des Zeugnisses muss der Arbeitgeber ein weiteres Exemplar ausstellen und den ursprünglichen Inhalt rekonstruieren, falls er noch über Unterlagen oder sichere Erinnerung verfügt.

WICHTIG!
Als Ersatz ist eine Kopie des alten Zeugnisses mit Beglaubigungsvermerk nicht ausreichend, es muss vielmehr ein neues Zeugnis im Original ausgestellt werden.

2. Pflichten des Arbeitgebers

Der Arbeitgeber muss das Zeugnis selbst ausstellen oder es von einem Vorgesetzten des Arbeitnehmers ausstellen lassen. Unzulässig wäre z. B. die Ausstellung durch einen vom Arbeitgeber beauftragten Rechtsanwalt. Zulässig ist dagegen die Ausstellung durch einen Personal- oder Abteilungsleiter.

Nach einem → Betriebsübergang richtet sich der Zeugnisanspruch gegen den Betriebserwerber. Kann der Erwerber die Leistungen des Arbeitnehmers aufgrund lediglich kurzer Zeitdauer seit dem → Betriebsübergang nicht selbst beurteilen, muss er beim Betriebsveräußerer Erkundigungen einholen.

Der Arbeitnehmer muss das Zeugnis grundsätzlich beim Arbeitgeber abholen. Den Arbeitgeber trifft lediglich die Pflicht, es am Ort seiner gewerblichen Niederlassung bereitzuhalten.

WICHTIG!
Der Arbeitgeber darf die Herausgabe nicht verweigern, auch wenn er noch Ansprüche gegen den Arbeitnehmer hat.

Eine Verpflichtung zur Versendung ist aber oft in einem Tarifvertrag oder einer Betriebsvereinbarung geregelt und besteht daneben immer in folgenden Fällen:

▸ Das Zeugnis ist dem Arbeitnehmer nicht spätestens bei tatsächlicher Beendigung des Arbeitsverhältnisses ausgehändigt worden.

▸ Die Abholung ist für den Arbeitnehmer mit unzumutbaren Belastungen verbunden (z. B. wegen Krankheit oder großer Entfernung).

▸ Der Arbeitnehmer verweigert die Abholung.

TIPP!
Verweigert der Arbeitnehmer die Selbstabholung oder verlangt er sein Zeugnis erst nach seinem Ausscheiden, können ihm die Kosten der Versendung berechnet werden.

3. Erlöschen des Zeugnisanspruchs

Entspricht das Zeugnis den Voraussetzungen, erlischt der Anspruch mit der Ausstellung und rechtzeitigen Aushändigung.

Der Zeugnisanspruch verjährt erst nach drei Jahren (§ 195 BGB). Er kann jedoch schon vorher nicht mehr geltend gemacht werden, wenn

▸ ihn der Arbeitnehmer eine gewisse Zeitdauer (fünf bis zehn Monate) nicht geltend gemacht hat, **und**

▸ der Arbeitgeber aufgrund des Verhaltens des Arbeitnehmers davon ausgehen konnte, dass die Ausstellung oder Korrektur des Zeugnisses nicht mehr gewünscht wird, **und**

▸ der Arbeitgeber sich darauf eingestellt hat, **und**

▸ ihm die Erfüllung des Zeugnisanspruchs nicht mehr zuzumuten ist (etwa weil ihm die Erinnerung an die dem Zeugnis zugrunde zu legenden Tatsachen fehlt).

Auf seinen Zeugnisanspruch kann der Arbeitnehmer vor und während des Arbeitsverhältnisses nicht verzichten. Nach Beendigung ist ein Verzicht möglich; er setzt jedoch eine unmissverständliche Verzichtserklärung des Arbeitnehmers voraus.

4. Rechtsmittel des Arbeitnehmers

4.1 Erteilungsanspruch

Seinen Anspruch auf Zeugniserteilung kann der Arbeitnehmer beim Arbeitsgericht einklagen oder in eiligen Fällen mit einer einstweiligen Verfügung durchsetzen.

4.2 Berichtigungsanspruch

Enthält ein Arbeitszeugnis formale oder inhaltliche Fehler, hat der Arbeitnehmer einen Anspruch auf Berichtigung des Zeugnisses.

WICHTIG!

Der Arbeitnehmer kann in diesen Fällen die Ausstellung eines neuen Zeugnisses verlangen. Das neue Zeugnis ist auf das Ausstellungsdatum des alten zurückzudatieren. In ihm darf nicht erwähnt werden, dass es nach Beanstandung durch den Arbeitnehmer oder aufgrund gerichtlichen Urteils neu formuliert wurde. Bei der Ausstellung des neuen Zeugnisses ist der Arbeitgeber an den nicht beanstandeten Text des ursprünglichen Zeugnisses gebunden. Diesen darf er nicht zum Nachteil des Arbeitnehmers verändern (BAG v. 21.6.2005, Az. 9 AZR 352/04). Etwas anderes gilt nur, wenn dem Arbeitgeber nachträglich Umstände bekannt werden, die die Leistung oder das Verhalten des Arbeitnehmers in einem anderen Licht erscheinen lassen.

Den Berichtigungsanspruch kann der Arbeitnehmer auch beim Arbeitsgericht einklagen oder im Wege einer einstweiligen Verfügung geltend machen. Dann kommt es im Wesentlichen auf die Beweislast an:

Bei Änderung oder Ergänzung von Bewertungen hat der Arbeitgeber die Tatsachen nachzuweisen, die der Bewertung zugrunde liegen. Der Arbeitnehmer ist hingegen für Unrichtigkeiten im Zeugnis beweispflichtig. Es ist dann Sache des Arbeitgebers, die vom Arbeitnehmer vorgebrachten Tatsachen z. B. durch Zeugenbeweise zu erschüttern und darzulegen, dass sein Beurteilungsspielraum durch die erfolgte Bewertung nicht überschritten ist.

Will der Arbeitnehmer anstatt einer durchschnittlichen eine gute Bewertung, muss er zunächst aus seiner Sicht die Tatsachen schlüssig darlegen, die eine gute Bewertung rechtfertigen. Verlangt er statt einer überdurchschnittlichen Beurteilung eine Bestbenotung, muss sein Tatsachenvortrag so zwingend und eindeutig sein, dass aus Sicht des Gerichts der Arbeitgeber trotz seines Beurteilungsspielraums keine andere Wahl hatte, als die Bestnote zu erteilen.

Das Arbeitsgericht kann eine beantragte Änderung einfügen, eine beanstandete Formulierung streichen oder das Zeugnis insgesamt überprüfen und neu formulieren. Wird der Arbeitgeber zur Änderung des Zeugnisses verurteilt, bleibt ihm die Formulierung im Rahmen seines Beurteilungsspielraums jedoch selbst überlassen.

Auch der Zeugnisberichtigungsanspruch kann vom Arbeitnehmer verwirkt werden (s. o. II.3.). Da der Arbeitgeber die seiner Bewertung zu Grunde liegenden Tatsachen im Streitfall zu beweisen hat, kann ihm eine Berichtigung nach einem Zeitraum von mehr als einem Jahr (gerechnet ab Zeugniserteilung) grundsätzlich nicht mehr zugemutet werden (vgl. LAG Hamm v. 3.7.2002, Az. 3 Sa 248/02).

4.3 Schadensersatzanspruch

Der Arbeitnehmer kann vom Arbeitgeber Schadensersatz verlangen, wenn:

▶ der Arbeitgeber die Erteilung eines Zeugnisses ablehnt oder

▶ der Arbeitgeber das Zeugnis verspätet erteilt oder

▶ der Zeugnisinhalt unrichtig ist oder

▶ die Berichtigung oder Ergänzung eines zu Recht beanstandeten Zeugnisses abgelehnt wird

und dem Arbeitnehmer hierdurch ein Schaden entstanden ist.

Der Schaden liegt in der Regel im Verdienstausfall des Arbeitnehmers, wenn er wegen des fehlenden oder unrichtigen Zeugnisses keine neue Stelle gefunden hat oder zu schlechteren Bedingungen eingestellt wurde.

5. Haftung des Arbeitgebers gegenüber Dritten

Dritte (in der Regel der neue Arbeitgeber) können Schadensersatzansprüche gegen den Arbeitgeber geltend machen, wenn er ihnen einen Schaden dadurch verursacht hat, dass er

▶ bewusst ein falsches Zeugnis ausgestellt hat, bei dem die Unrichtigkeit einen Punkt betrifft, der für die Gesamtbewertung von zentraler Bedeutung ist oder

▶ nach Erkennen der Unrichtigkeit eines unbewusst falsch ausgestellten Zeugnisses den neuen Arbeitgeber nicht unterrichtet hat, obwohl ihm das zuzumuten war

und dieses Verhalten als Verstoß gegen die guten Sitten anzusehen ist. Das ist der Fall, wenn im Zeugnis für die Beurteilung wesentliche Gesichtspunkte (wie z. B. erhebliche Unterschlagungen) vorsätzlich verschwiegen worden sind. Dagegen reicht es nicht aus, dass das Zeugnis nur inhaltlich von der üblichen Bewertung abweicht.

6. Widerruf eines Zeugnisses

Der Arbeitgeber kann ein Zeugnis, das schwerwiegende Unrichtigkeiten enthält, widerrufen, indem er das alte Zeugnis unter Erteilung eines neuen vom Arbeitnehmer zurückverlangt. Der Arbeitgeber muss die Unrichtigkeiten ggf. beweisen.

ACHTUNG!

Dies gilt jedoch nicht für Zeugnisse, deren Inhalt gerichtlich festgelegt wurde oder die nach einem gerichtlichen Vergleich ausgestellt wurden. Solche Zeugnisse können nicht widerrufen werden.

Ein Widerruf ist ratsam, wenn sich aufgrund nachträglich bekannt gewordener Umstände die grobe Unrichtigkeit des Zeugnisses herausstellt und der Arbeitgeber wegen seines Haftungsrisikos ein Interesse an der Berichtigung haben muss.

III. Zeugnis

1. Form

Das Zeugnis ist maschinenschriftlich und in deutscher Sprache zu erteilen. Es muss vom Betriebsinhaber oder vom Dienstvorgesetzten des Arbeitnehmers eigenhändig unterschrieben werden. Im Ausbildungsverhältnis hat neben dem Aussteller der Ausbilder zu unterzeichnen.

Für das Zeugnis ist möglichst Firmenpapier von guter Qualität zu benutzen. Unterstreichungen, Hervorhebungen durch Anführungszeichen, Ausrufungs- und Fragezeichen sind unzulässig. Ebenso dürfen geheime Zeichen nicht verwendet werden.

ACHTUNG!

Rechtschreibfehler, Korrekturen, Radierungen, Einfügungen etc. berechtigen den Arbeitnehmer, eine Neufassung des Zeugnisses zu fordern.

Das Zeugnis muss Ort und Datum der Ausstellung enthalten. Verlangt der Arbeitnehmer erst lange nach → *Beendigung des Arbeitsverhältnisses* ein Zeugnis, hat er grundsätzlich nur dann Anspruch auf Rückdatierung, wenn er die verspätete Ausstellung nicht selbst verschuldet hat.

2. Inhalt

Jedes Zeugnis muss inhaltlich den nachfolgend aufgeführten Ansprüchen eines einfachen Zeugnisses gerecht werden. Verlangt ein Arbeitnehmer zusätzlich eine Beurteilung von Führung und Leistung, ist ein sog. qualifiziertes Zeugnis auszustellen.

WICHTIG!

Jeder Arbeitnehmer kann wahlweise ein einfaches oder ein qualifiziertes Zeugnis verlangen, wenn das Arbeitsverhältnis für eine Beurteilung von Führung und Leistung lange genug angedauert hat.

3. Einfaches Zeugnis

Jedes Arbeitszeugnis muss Angaben über die Personendaten des Arbeitnehmers sowie über Art und Dauer der Beschäftigung enthalten. Es sind Vor- und Nachnamen sowie akademische Titel des Arbeitnehmers aufzunehmen; Beruf, Anschrift sowie Geburtsdatum und -ort dagegen nur, soweit dies vom Arbeitnehmer ausdrücklich gewünscht wird.

Tätigkeiten, die der Arbeitnehmer ausgeübt hat, müssen so vollständig und genau beschrieben werden, dass sich künftige Arbeitgeber ein klares Bild machen können.

Bei einem Hilfsarbeiter mit einfachen Aufgaben ist keine eingehende Beschreibung der Tätigkeit erforderlich. Bei Beschäftigung in einem Ausbildungsberuf oder bei einem Facharbeiter ist dagegen zumindest die Funktion, Fachrichtung und ggf. Abteilung zu bezeichnen, z. B. als Schlosser in der Reparaturwerkstatt. Noch weiter zu differenzieren ist die Tätigkeit von Angestellten. Bei einem Angestellten in leitender Stellung ist z. B. im Einzelnen auszuführen, welche Abteilung er leitete, wie er in die Betriebshierarchie einzuordnen war, welche grundsätzlichen Aufgaben ihm oblagen, welche Vollmachten er hatte und was die wesentlichen Inhalte seines Arbeitsgebiets waren.

Hat der Arbeitnehmer zeitweilig höherqualifizierte Tätigkeiten ausgeübt, ist dies ins Zeugnis aufzunehmen. Bei wechselnden Tätigkeiten sind alle Tätigkeiten von einigem zeitlichen Gewicht der Art und Dauer nach zu benennen, selbst wenn über eine frühere Tätigkeit bereits ein Zwischenzeugnis erteilt worden ist. Die Teilnahme an Fortbildungsmaßnahmen ist im Zeugnis ebenfalls zu vermerken.

WICHTIG!
Bei einem Auszubildenden ist auch im einfachen Zeugnis anzugeben, ob und inwieweit das Ausbildungsziel erreicht worden ist und welche Kenntnisse und Fähigkeiten der Auszubildende erworben hat.

Die Dauer des Beschäftigungsverhältnisses muss korrekt wiedergegeben werden. Dabei ist die im Arbeitsvertrag niedergelegte rechtliche Beschäftigungsdauer und nicht die tatsächliche entscheidend. Eine Ausnahme besteht im Fall der außerordentlichen → *Kündigung*, wo das tatsächliche Ausscheiden anzugeben ist.

Tatsächliche Unterbrechungen, z. B. durch Krankheit oder Streiks, bleiben im Zeugnis grundsätzlich unberücksichtigt. Sie dürfen – jedoch ohne Angabe des Grundes – nur angegeben werden, wenn sie so erheblich sind, dass der neue Arbeitgeber ohne ihre Angabe ein falsches Bild von der Beschäftigungsdauer erhielte (z. B. wenn der Arbeitnehmer länger abwesend war, als er gearbeitet hat).

Grund und Umstände der Beendigung des Arbeitsverhältnisses sowie die Information, wer die Kündigung ausgesprochen hat, dürfen nur auf Wunsch des Arbeitnehmers ins Zeugnis aufgenommen werden. Unzulässig wäre z. B. ohne ausdrückliches Verlangen des Arbeitnehmers der Passus: „Herr X ist durch betriebsbedingte ordentliche Kündigung seitens des Arbeitgebers vom 30.9.2000 mit Wirkung zum 30.11.2000 aus unserem Betrieb ausgeschieden."

4. Qualifiziertes Zeugnis

Verlangt der Arbeitnehmer ein qualifiziertes Zeugnis, ist zusätzlich eine Bewertung seiner Führung und Leistung vorzunehmen. Insbesondere das dem Arbeitnehmer gemäß § 109 Abs. 1 Satz 3 GewO zu erteilende qualifizierte Zeugnis ist für mögliche künftige Arbeitgeber Grundlage der Personalauswahl. Der Inhalt des Zeugnisses muss deshalb wahr sein (Grundsatz der Zeugniswahrheit). Daneben darf das Zeugnis gemäß § 109 Abs. 2 GewO keine unklaren Formulierungen enthalten, durch die der Arbeitnehmer anders beurteilt werden soll, als dies aus dem Zeugniswortlaut ersichtlich ist (Grundsatz der Zeugnisklarheit) (BAG v. 15.11.2011, Az. 9 AZR 386/10).

Weil das Zeugnis ein Gesamtbild des Arbeitnehmers vermitteln soll, ist eine Beschränkung **entweder** auf die Beurteilung der Leistung **oder** auf die Führung unzulässig. Es können auch nicht für verschiedene Funktionen gesonderte Zeugnisse erstellt oder ein Zeugnis auf einen bestimmten Zeitabschnitt der gesamten Beschäftigungsdauer beschränkt werden.

Die Beurteilung muss vollständig sein. Es darf nichts ausgelassen werden, was für die Gesamtbewertung wichtig ist. Andernfalls entsteht die Wirkung des „beredten Schweigens", bei dem zum Nachteil des Arbeitnehmers das Nichtvorliegen der nicht erwähnten Eigenschaft gefolgert wird.

WICHTIG!
Auch der Verdacht der Unehrlichkeit berechtigt den Arbeitgeber nicht dazu, den Zusatz „ehrlich" im Zeugnis zu unterlassen, solange kein Beweis vorliegt.

Das Zeugnis muss klar und verständlich formuliert sein sowie Leistung und Sozialverhalten des Arbeitnehmers bei wohlwollender Beurteilung zutreffend wiedergeben. Der weitere notwendige Zeugnisinhalt bestimmt sich nach dem Zeugnisgebrauch. Dieser kann nach Branchen und Berufsgruppen unterschiedlich sein. Lässt ein erteiltes Zeugnis übliche Formulierungen ohne sachliche Rechtfertigung aus, hat der Arbeitnehmer einen Anspruch auf Ergänzung. Die Auslassung eines bestimmten Inhalts, der von einem einstellenden Arbeitgeber in einem Zeugnis erwartet wird, kann ein unzulässiges Geheimzeichen sein.

Beispiel:
Im Streitfall ist durch das Arbeitsgericht zu klären, ob ein Tageszeitungsredakteur die Hervorhebung der Belastbarkeit in Stresssituationen wegen der Üblichkeit in der Branche verlangen kann (BAG v. 12.8.2008, Az. 9 AZR 632/07).

Ein Anspruch des Arbeitnehmers auf eine bestimmte Beurteilung oder Gewichtung besteht nicht, sie ist Sache des Arbeitgebers. Besteht im Unternehmen ein Betriebsrat, kann der Arbeitnehmer nach § 83 Abs. 1 BetrVG lediglich Einsicht in seine Personalakte fordern und nach § 82 Abs. 2 BetrVG verlangen, dass die Beurteilung seiner Leistung mit ihm erörtert wird. In beiden Fällen kann der Arbeitnehmer ein Mitglied des Betriebsrats hinzuziehen.

WICHTIG!
Der Betriebsrat hat kein Mitbestimmungsrecht hinsichtlich des Inhalts des Zeugnisses, und zwar auch dann nicht, wenn er auf eine Beschwerde des Arbeitnehmers hin tätig wird. Ein Mitbestimmungsrecht besteht dagegen bei der Aufstellung von allgemeinen Bewertungsrichtlinien, wenn diese als Grundlage der Leistungsbeurteilung im Zeugnis dienen sollen (§ 94 Abs. 2 i. V. m. Abs. 1 BetrVG).

Das qualifizierte Zeugnis muss alle wesentlichen Tatsachen und Bewertungen enthalten, die für eine wahrheitsgemäße und sachliche Gesamtbeurteilung des Arbeitnehmers von Bedeutung sind. Es muss detaillierte und individuelle Informationen enthalten, auf nachweisbare Tatsachen gestützt und durch diese auch belegbar sein.

Die Beurteilung der Leistung muss sich an den spezifischen Anforderungen der Funktion des Arbeitnehmers orientieren. Maßstab ist die Leistung vergleichbarer Arbeitskräfte. In die Beurteilung einfließen müssen körperliches und geistiges Leistungsvermögen, Fachkenntnisse, besondere Fähigkeiten, Arbeitsqualität und -tempo, Arbeits- und Verantwortungsbereitschaft ebenso wie Verhandlungsgeschick, Ausdrucksvermögen, Durchsetzungsfähigkeit, Führungsverhalten und Entscheidungsbereitschaft.

Angaben zur Führung beziehen sich auf das äußere Verhalten und Benehmen des Arbeitnehmers im Betrieb. Sie sollen ein

Gesamtbild der für die Beschäftigung wesentlichen Charaktereigenschaften und Persönlichkeitszüge vermitteln. Hierher gehören Pünktlichkeit, Verhalten gegenüber Mitarbeitern und Vorgesetzten, Einfügen in betriebliche Arbeitsabläufe und der Umgang mit Kunden. Dabei ist nur das dienstliche Verhalten zu berücksichtigen. Private Schwächen dürfen nur in das Zeugnis aufgenommen werden, wenn sie das dienstliche Verhalten wesentlich beeinflusst haben. Aussagen hierzu müssen entsprechend belegt werden.

Beispiel:

Zulässig wäre die Aussage: „Aufgrund seines offenbar erheblichen Alkoholkonsums erschien Herr X regelmäßig stark alkoholisiert an seinem Arbeitsplatz. Hierunter litten seine Arbeitsergebnisse bis in die Nachmittagsstunden in beträchtlichem Ausmaß, was sich daran zeigte, dass .... ".

Ebenso dürfen Aktivitäten außerhalb des Betriebs nur erwähnt werden, wenn sie die Führung des Arbeitnehmers während der Arbeitszeit beeinträchtigt haben.

Beispiel:

Hinweise auf parteipolitische Tätigkeit, Gewerkschaftszugehörigkeit usw. sind unzulässig.

Einmalige, für das Gesamtverhalten nicht typische Vorfälle vor- oder nachteiliger Natur dürfen nicht aufgenommen werden. Auch bei Erwähnung negativer Tatsachen muss eine insgesamt wohlwollende Beurteilung erfolgen.

Krankheiten sind in einem Zeugnis nur zu erwähnen, wenn sie die Leistungen des Arbeitnehmers – inhaltlich oder zeitlich – erheblich beeinträchtigt haben. Eine zeitliche Beeinträchtigung liegt erst vor, wenn durch die Krankheit mehr als die Hälfte der Arbeitszeit ausgefallen ist.

Strafverfahren und Straftaten während der Arbeitszeit dürfen nur aufgenommen werden, wenn sie auf sicherer Beweisgrundlage beruhen und für die Gesamtbewertung zwingend relevant sind. Die Erwähnung von Vorstrafen ist selbst dann nicht zulässig, wenn sie im Ergebnis zur Entlassung geführt haben.

Als Grundlage für eine neue Bewerbung des Arbeitnehmers soll das Zeugnis insgesamt von **„verständigem Wohlwollen"** getragen sein. Da es gleichzeitig der Unterrichtung des neuen Arbeitgebers dient, ist als Grundsatz der Zeugniserteilung aber gleichzeitig die Wahrheitspflicht zu beachten, deren Erfüllung in einem Kündigungsprozess überprüfbar ist. Daher gehören schwerwiegende Mängel bei Führung und Leistung in das Zeugnis, nicht jedoch der bloße Verdacht einer strafbaren Handlung, wenn er nicht durch Tatsachen belegt werden kann.

Der Arbeitgeber ist gesetzlich nicht verpflichtet, das Arbeitszeugnis mit Formulierungen abzuschließen, in denen er dem Arbeitnehmer für die geleisteten Dienste dankt, dessen Ausscheiden bedauert oder ihm für die Zukunft alles Gute wünscht. Aussagen über persönliche Empfindungen des Arbeitgebers gehören nicht zum notwendigen Zeugnisinhalt. Ist der Arbeitnehmer mit einer vom Arbeitgeber in das Zeugnis aufgenommenen Schlussformel nicht einverstanden, kann er nur die Erteilung eines Zeugnisses ohne diese Formulierung verlangen (BAG v. 11.12.2012, Az. 9 AZR 227/11).

Der Arbeitnehmer hat nach erneut bestätigter Rechtsprechung des BAG (BAG v. 20.2.2001, Az. 9 AZR 44/00; a. A. ArbG Berlin v. 7.3.2003, Az. 88 Ca 604/03) keinen Anspruch auf die sog. Schluss- oder Wunschformel, wie z. B. „Wir bedauern das Ausscheiden von Herrn X, bedanken uns für die geleistete Arbeit und wünschen ihm für den weiteren Berufsweg alles Gute". Jedoch kann sich durch das Weglassen der Formel eine negative Schlussfolgerung bezüglich der → *Beendigung des Arbeitsverhältnisses* ergeben.

ACHTUNG!

Die ausdrückliche Erwähnung einer fristlosen → *Kündigung* durch den Arbeitgeber ist nicht zulässig, auch wenn sie sich bereits aus einem „ungeraden" Beendigungsdatum ergibt, das von den üblichen Kündigungsfristen abweicht.

Wettbewerbsverbote dürfen keinen Eingang ins Zeugnis finden, weil sie weder mit der Leistung noch mit der Führung des Arbeitnehmers in Zusammenhang stehen.

Der Arbeitgeber ist beweispflichtig bezüglich aller Tatsachen, die der Bewertung zugrunde liegen.

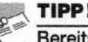

TIPP!

Bereits während des laufenden Arbeitsverhältnisses sollte der Arbeitgeber deshalb schriftliche Zwischenbewertungen für den internen Gebrauch anlegen.

Werden die im Zeugnis dargelegten Aussagen bestritten, muss der Arbeitgeber durch Zeugen (z. B. Vorgesetzte und Kollegen des Arbeitnehmers) diese Aussagen beweisen.

Hat der Arbeitgeber zuvor ein Zwischenzeugnis erteilt, ist er regelmäßig an den Inhalt des Zwischenzeugnisses gebunden, wenn er ein Endzeugnis erteilt. Er darf dann vom Inhalt des Zwischenzeugnisses nur abweichen, wenn die späteren Leistungen und das spätere Verhalten des Arbeitnehmers dies rechtfertigen.

ACHTUNG!

Diese Grundsätze gelten auch bei einem Betriebsübergang. Regelmäßig ist der neue Arbeitgeber an den Inhalt des vom Betriebsveräußerer erteilten Zwischenzeugnisses gebunden und hat das Endzeugnis entsprechend auszustellen.

5. Zeugnissprache

5.1 Grundsatz

Es müssen möglichst klare, unmissverständliche Ausdrücke und Begriffe verwendet werden. Das Zeugnis stellt ein einheitliches Ganzes dar. Mehrdeutigkeiten und Missverständnisse können sich auch aus dem Gesamtzusammenhang ergeben.

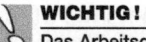

WICHTIG!

Das Arbeitsgericht kann das gesamte Zeugnis überprüfen und u. U. selbst neu formulieren.

Der Arbeitgeber ist zur wohlwollenden Formulierung verpflichtet. Hat der Arbeitnehmer z. B. durch Nichteinhaltung der vereinbarten Kündigungsfrist einen Vertragsbruch begangen, wäre folgende Formulierung unzulässig: „Herr X hat seinen Arbeitsplatz vertragswidrig und vorzeitig zum 31.12.2000 verlassen." Zulässig wäre dagegen die Formulierung: „Herr X hat unsere Gesellschaft aus eigenem Entschluss am 31.12.2000 verlassen, um sofort eine neue Tätigkeit aufzunehmen."

Negativen Charakter kann auch die Hervorhebung von Selbstverständlichkeiten haben, wenn der Hinweis auf besondere Eigenschaften oder Fähigkeiten ansonsten fehlt.

Beispiel:

„Herr X hat alle Arbeiten ordentlich erledigt." Diese Aussage bescheinigt einen Mangel an besonderen Leistungen und darüber hinaus fehlende Eigeninitiative.

Schließlich hat die Vermeidung von aktiven Verben für den verständigen Betrachter die Bedeutung einer Einschränkung.

Beispiel:

„Herr X hatte Kreditverträge unserer Kunden zu bearbeiten" statt „Herr X bearbeitete Kreditverträge unserer Kunden."

Von Bedeutung sind auch Zeitpronomina. Mit den Worten „stets", „jederzeit" oder „immer" wird z. B. signalisiert, dass die abgegebene Beurteilung einheitlich für die gesamte Beschäftigungsdauer gelten soll. Fehlt eine Zeitangabe, so hat dies die Wirkung von „beredtem Schweigen", mit dem der Arbeitgeber eine zeitlich eingeschränkte Geltung der Beurteilung zum Ausdruck bringt.

Auch die Verwendung von Steigerungsformen und Superlativen („zu unserer vollsten Zufriedenheit) hat eindeutige Aussagekraft und weist auf sehr gute Leistungen hin. Weiter wird der Gebrauch bzw. das Fehlen von Ausdrücken wie „außerordentlich" oder „in jeder Hinsicht" negativ interpretiert.

Schließlich wird eine Differenzierung der Beurteilung durch das Hinzufügen oder Weglassen näher bestimmender Adjektive („vollen", „vollsten") beim betreffenden Leistungsmerkmal („Zufriedenheit") erreicht.

5.2 Musterformulierungen

Negative Wertungen werden in der Praxis indirekt ausgedrückt:

Die Wendungen „hat sich Mühe gegeben" oder „seine Arbeitsweise war im Wesentlichen einwandfrei" bringen z. B. zum Ausdruck, dass die erwarteten Leistungen nicht erbracht worden sind. Die Beurteilung „Er führte die ihm übertragenen Aufgaben mit großem Fleiß und Interesse durch" sagt aus, der Arbeitnehmer habe sich bemüht, aber im Ergebnis nichts geleistet. Auch Beurteilungen wie „im Ganzen gut" oder „zufriedenstellend" haben trotz ihres wohlwollenden Klangs in der betrieblichen Praxis eher negativen Charakter und müssen, wenn sie verwendet werden, im Arbeitszeugnis begründet werden. Denselben negativen Charakter trägt eine ungewöhnlich knappe Beurteilung.

Herausgebildet hat sich ein allgemein gebräuchlicher **„Zeugniscode",** der Formulierungen bestimmte Bedeutungen beimisst.

▶ Sehr gute Leistungen (Note 1):

„… stets zu unserer vollsten Zufriedenheit erledigt", „Wir waren stets mit ihren Leistungen außerordentlich zufrieden", „Seine Leistungen haben in jeder Hinsicht unsere volle Anerkennung gefunden", „Sie hat unsere Erwartungen immer und in allerbester Weise erfüllt", „Seine Aufgaben erledigte er stets mit äußerster Sorgfalt und größter Genauigkeit" oder „Seine Leistungen waren stets sehr gut".

▶ Gute Leistungen (Note 2):

„… stets zu unserer vollen Zufriedenheit erledigt", „Seine Leistungen waren stets voll und ganz zufriedenstellend", „Sie hat unseren Erwartungen in jeder Hinsicht und bester Weise entsprochen", „Seine Aufgaben erledigte er stets mit großer Sorgfalt und Genauigkeit" oder „Ihre Leistungen waren gut".

▶ Befriedigende Leistungen (Note 3):

„… zu unserer vollen Zufriedenheit erledigt", „Seine Leistungen waren stets zufriedenstellend", „Seine Aufgaben erledigte er stets mit Sorgfalt und Genauigkeit" oder „Sie hat unseren Erwartungen in jeder Hinsicht entsprochen".

▶ Ausreichende Leistungen (Note 4):

„… zu unserer Zufriedenheit erledigt", „Seine Leistungen waren zufriedenstellend", „Er hat unseren Erwartungen entsprochen", „Mit seinen Leistungen waren wir zufrieden, „Wir waren mit ihr zufrieden", „Seine Aufgaben erledigte er mit Sorgfalt und Genauigkeit", „Er hat zufriedenstellend gearbeitet".

▶ Mangelhafte Leistungen (Note 5):

„… im Großen und Ganzen zu unserer Zufriedenheit erledigt", „Sie hat unsere Erwartungen größtenteils erfüllt", „Er führte die ihm übertragenen Aufgaben mit großem Fleiß und Interesse durch", „Sie hat sich stets bemüht, die ihr übertragenen Aufgaben zu unserer Zufriedenheit zu erledigen", „Er bemühte sich, seine Aufgaben mit Sorgfalt und Genau-

igkeit zu erledigen", „Er machte sich mit großem Eifer an die ihm übertragenen Aufgaben".

▶ Unzureichende Leistungen (Note 6):

„… zu unserer Zufriedenheit zu erledigen versucht", „Sie bemühte sich, die ihr übertragenen Aufgaben zufriedenstellend zu erledigen", „Er hatte Gelegenheit, die ihm übertragenen Aufgaben zu erledigen", „Sie erfasste das Wesentliche und bemühte sich um sinnvolle Lösungen", „Er zeigte für seine Arbeit Verständnis und Interesse", „Sie setzte sich im Rahmen ihrer Möglichkeiten ein" oder „Neue Aufgaben betrachtete er als Herausforderung". Diese Bewertung ist ebenfalls nur bei Belegbarkeit durch entsprechende Tatsachen zulässig.

TIPP!

Im Interesse von Eindeutigkeit und größtmöglicher Objektivität der Beurteilung sollten andere als die gebräuchlichen Formulierungen mit Bedacht gewählt oder ganz vermieden werden.

IV. Checkliste Zeugnis

I. Für jedes Zeugnis

1. Form
   - ❑ Firmenbogen verwenden
   - ❑ Name und Anschrift des Arbeitgebers im Briefkopf
   - ❑ Nicht handschriftlich

2. Überschrift
   - ❑ „Zeugnis"
   - ❑ „Ausbildungszeugnis"
   - ❑ „Zwischenzeugnis"
   - ❑ „Vorläufiges Zeugnis"

3. Angaben zur Person des Arbeitnehmers
   - ❑ Name, Vorname (ggf. Geburtsname und Titel)
   - ❑ Geburtsdatum und -ort bei Verwechslungsgefahr
   - ❑ Dauer des Arbeitsverhältnisses (Wichtig: Zeitpunkt der rechtlichen, nicht der tatsächlichen Beendigung, Ausnahme: außerordentliche Kündigung)

4. Beschreibung der ausgeführten Tätigkeiten
   - ❑ Kompetenzen, Aufgaben, Verantwortung möglichst genau beschreiben
   - ❑ Ggf. Werdegang im Betrieb
   - ❑ Sonderaufgaben und Stellvertretungen
   - ❑ Längere Unterbrechungen nur, wenn für die Beurteilungsgrundlage erheblich (Faustformel: mehr als die Hälfte der Beschäftigungsdauer)
   - ❑ Im Ausbildungszeugnis: durchlaufene Ausbildungsstationen, erworbene Kenntnisse und Fähigkeiten, Berufsschulbesuch

5. Beendigung des Arbeitsverhältnisses:
   - ❑ Austrittstermin
   - ❑ Art der Kündigung und Beendigungsmodalitäten nur auf Wunsch des Arbeitnehmers

6. Schlussformel (vom Arbeitnehmer nicht erzwingbar)
   - ❑ Dankes- und Bedauern-Formel
   - ❑ Zukunftswünsche
   - ❑ Im Ausbildungszeugnis: Aussage, inwieweit Ausbildungsziel erreicht und ggf. ob Übernahme in den Betrieb
   - ❑ Im Zwischenzeugnis: Grund der Erteilung

II. Für das qualifizierte Zeugnis

Zusätzlich zu den Punkten unter I. muss das qualifizierte Zeugnis enthalten:

1. Beurteilung der Arbeitsleistung über die gesamte Beschäftigungsdauer nach folgenden Kriterien (sofern jeweils tätigkeitsbedingt zutreffend)

   ❑ Fachliches Können (ggf. Weiterbildungsmaßnahmen erwähnen)

   ❑ Arbeitserfolg

   ❑ Arbeitsweise

   ❑ Leistungsvermögen und -willen

   ❑ Arbeitsqualität

   ❑ Arbeits- und Verantwortungsbereitschaft

   ❑ Verhandlungsgeschick

   ❑ Ausdrucksvermögen

   ❑ Durchsetzungsfähigkeit

   ❑ Entscheidungsbereitschaft

   ❑ Führungsvermögen

   ❑ Teamfähigkeit

   ❑ Abschließende Gesamtbeurteilung der Arbeitsleistung

   ❑ Beim Ausbildungszeugnis: Lern- und Arbeitsweise, Lernerfolge, Ausbildungsbefähigung und -bereitschaft, besondere fachliche Fähigkeiten

2. Beurteilung der dienstlichen Führung

   ❑ Verhalten gegenüber Vorgesetzten, Mitarbeitern und Kunden

   ❑ Pünktlichkeit

   ❑ Einfügen in betriebliche Arbeitsabläufe

   ❑ Ggf. Führungsverhalten

   ❑ Teamfähigkeit

   ❑ Sonstiges dienstliches Verhalten

   ❑ Im Ausbildungszeugnis: Sozialverhalten gegenüber Vorgesetzten, Ausbildern, Mitarbeitern und anderen Auszubildenden

V. Muster: Zeugnis

1. Einfaches Zeugnis

Firma ....

Zeugnis ....

Herr/Frau , geboren am .... in ...., war vom .... bis zum .... als .... in unserem Betrieb tätig.

Herr/Frau .... arbeitete in der .... Abteilung und hatte alle anfallenden Arbeiten bezüglich .... auszuführen. Insbesondere zählten hierzu ....

Das Arbeitsverhältnis endete mit dem heutigen Tage in gegenseitigem Einvernehmen aufgrund ordentlicher Kündigung von Herrn/Frau ....

Wir bedauern das Ausscheiden von Herrn/Frau .... und wünschen ihm/ihr für die Zukunft alles Gute.

....

Ort, Datum   Unterschrift

2. Qualifiziertes Zeugnis

[mit gehobener Beurteilung]

Firma ....

Zeugnis ....

Herr/Frau ...., geboren am .... in ...., war vom .... bis zum .... als .... in unserem Betrieb tätig.

Sein/Ihr Aufgabengebiet umfasste [ggf.: zunächst] in der Hauptsache .... Daneben bearbeitete er/sie ....

Zu seinem/ihrem Tätigkeitsbereich zählte insbesondere die eigenverantwortliche Bearbeitung von ....

Im Vertretungsfall übernahm Herr/Frau .... außerdem ....

[Ggf.:] Am .... wurde Herr/Frau .... in die Abteilung .... versetzt. Dort umfasste sein/ihr Aufgabengebiet .... [nun ggf. wie anfangs Haupt- und Nebentätigkeiten sowie Vertretungen].

Herr/Frau .... zeigte stets großes Interesse und hohe Motivation.

Bereits nach kurzer Einarbeitungszeit arbeitete er/sie vollkommen selbstständig und bewältigte neue Aufgaben aufgrund seines/ihres soliden Fachwissens erfolgreich. [Hier genaue und detaillierte Beschreibung der Eignung und Qualifikation in den verschiedenen Tätigkeitsbereichen]

Insgesamt hat Herr/Frau .... die ihm/ihr übertragenen Aufgaben stets zu unserer vollsten Zufriedenheit erledigt.

Sein/Ihr Verhalten gegenüber Vorgesetzten und Mitarbeitern war stets einwandfrei. Von unseren Kunden wurde er/sie wegen seiner/ihrer Zuvorkommenheit sehr geschätzt.

Wir danken ihm/ihr für die geleistete Arbeit und wünschen ihm/ihr für die Zukunft alles Gute.

....

Ort, Datum   Unterschrift

3. Ausbildungszeugnis

[mit gehobenem Ergebnis]

Firma ....

Ausbildungszeugnis ....

Herr/Frau ...., geboren am .... in ...., ist vom .... bis zum .... in unserem Betrieb ausgebildet worden.

Im Verlauf seiner/ihrer Ausbildung wurde Herr/Frau .... in die Arbeit der Abteilungen .... eingeführt. Herr/Frau erhielt entsprechend der Ausbildungsordnung für .... fundierte Kenntnisse in den Bereichen ...., die er/sie bei .... mit großem Erfolg anwendete.

Während seiner/ihrer Ausbildung besuchte Herr/Frau .... die Berufsschule sowie den ergänzenden Unterricht in unserem Hause mit großem Erfolg.

Herr/Frau .... verfügt über eine gute Auffassungsgabe und folgte sowohl der praktischen als auch theoretischen Ausbildung stets mit großem Eifer.

Er/sie beherrscht alle Fertigkeiten und Kenntnisse eines/einer .... überdurchschnittlich gut.

Wir waren mit den Leistungen von Herrn/Frau .... stets voll und ganz zufrieden.

Sein/Ihr Verhalten gegenüber Vorgesetzten, Ausbildern, Mitarbeitern und den anderen Auszubildenden war stets einwandfrei. Gleiches gilt für sein/ihr Verhalten gegenüber den Kunden.

Herr/Frau .... legte am .... vor der Industrie- und Handelskammer .... die Abschlussprüfung mit der Note gut ab.

Mit Beendigung der Ausbildung haben wir Herr/Frau .... wunschgemäß als .... in die .... Abteilung übernommen.

....

Ort, Datum   Unterschrift

Zielvereinbarung

I. Begriff

II. Einführung eines entgeltrelevanten Zielvereinbarungssystems
1. Individualrechtliche Einführung
   1.1 Rahmenvereinbarung
   1.2 Vereinbarung konkreter Ziele
2. Kollektivrechtliche Einführung

III. Der Zielvereinbarungsprozess in der Praxis
1. Zielvereinbarung und Zielerreichung
2. Zulässigkeit der Ziele und gerichtliche Inhaltskontrolle
3. Zielanpassung

IV. Arbeitsrechtliche Sonderprobleme
1. Streitigkeiten über die Höhe des erreichten Erfüllungsgrades
2. Verhinderungen
3. Zielvereinbarungen bei Beendigung des Arbeitsverhältnisses
4. Freiwilligkeits- bzw. Widerrufsvorbehalt
5. Befristung
6. Sanktionsmöglichkeiten

V. Muster für eine konkrete Zielvereinbarung

I. Begriff

Zielvereinbarungen sind mittlerweile in modernen Industrieunternehmen als fester Bestandteil innovativer Entgeltregelungen Standard. Das jährliche Vereinbaren von Zielen – zumindest mit den Führungskräften des Unternehmens – über entgeltrelevante Zielvereinbarungen eröffnet dem Unternehmen und seinen Mitarbeitern zahlreiche Chancen. Der Beitrag des Einzelnen zum Unternehmenserfolg wird transparent, der Mitarbeiter wird am Wohl und Wehe des Unternehmens mit einem Teil seines Entgelts beteiligt, ein systematisch an den Unternehmenszielen ausgerichtetes Arbeiten wird ermöglicht, eine „Kultur des Führens mit Zielen" wird erfolgreich im Unternehmen gelebt und somit insgesamt die Produktivität und die Wettbewerbsfähigkeit des eigenen Unternehmens erhöht.

Arbeitsrechtlich betrachtet ergänzt die konkret abgeschlossene Zielvereinbarung das ansonsten dem Arbeitgeber allein zustehende Leistungsbestimmungsrecht – → *Direktionsrecht* – Zeit, Ort und Art der Arbeitsleistung – einseitig zu bestimmen, das sich in erster Linie aus dem Arbeitsvertrag ergibt. Bei der auf diesem Wege konkretisierten Arbeitspflicht tritt die Zielvereinbarung als „Abmachung" insoweit an die Stelle des ansonsten dem Arbeitgeber zustehenden einseitigen Leistungsbestimmungsrechts. Der Arbeitnehmer soll der Durchsetzung der vereinbarten Ziele den Vorrang vor den übrigen Arbeitsinhalten seines Arbeitsgebiets einräumen, ohne diese zu vernachlässigen. Die im Regelfall jährlich zu vereinbarenden 3–5 Ziele sollen für den Geschäftserfolg des Geschäftsjahres wesentliche Arbeitsinhalte umfassen. Üblich ist auch mittlerweile, persönliche Weiterbildungsziele zur Grundlage von Zielvereinbarungen zu machen, z. B. um eine später funktionierende Nachfolgeregelung vorzubereiten.

II. Einführung eines entgeltrelevanten Zielvereinbarungssystems

Zielvereinbarungen mit Führungskräften oder auch mit allen Mitarbeitern des Unternehmens können individual- und/oder kollektivrechtlich eingeführt werden:

1. Individualrechtliche Einführung

Üblicherweise wird zu Beginn des Arbeitsverhältnisses in einer Rahmenvereinbarung – z. B. auch direkt im Arbeitsvertrag – die Grundlage für ein entgeltrelevantes Führen mit Zielen gelegt. Davon zu unterscheiden ist dagegen die hierauf basierende spätere Vereinbarung der konkreten Ziele, die im Regelfall jedes Jahr neu abgeschlossen wird.

 **ACHTUNG!**

Für den Arbeitgeber gilt auch hier die Nachweispflicht nach § 2 Abs. 1 Nr. 6 NachwG.

1.1 Rahmenvereinbarung

Ist bereits zu Beginn des Abschlusses eines Arbeitsvertrages klar, dass die Zahlung eines Zielbonus abhängig vom Grad der Erfüllung der vereinbarten Ziele Inhalt des Arbeitsverhältnisses werden soll, so kann dies direkt im Arbeitsvertrag vereinbart werden, wird dagegen erst im laufenden Arbeitsverhältnis auf ein „Führen mit Zielen" umgestellt, so erfolgt dies im Regelfall einvernehmlich in einer gesonderten Rahmenvereinbarung.

Der Arbeitgeber trägt das Wirtschaftsrisiko des Unternehmens. Nicht zulässig ist es daher, den Teil der Vergütung durch eine Rahmenvereinbarung zur Disposition zu stellen, den der Arbeitgeber zur Verhinderung des Lohnwuchers gemäß § 138 BGB auf jeden Fall schuldet. Als Tendenz gelten ca. 80 % des tarifüblichen Entgelts als nicht zu unterschreitendes Minimum.

 **ACHTUNG!**

Der Arbeitnehmer schuldet nicht den Abschluss einer entgeltrelevanten Zielvereinbarung, so dass der Arbeitgeber dies nur einvernehmlich einführen kann, da der theoretische Fall einer → *Änderungskündigung* in der Praxis regelmäßig nicht funktionieren wird.

Beispiel:

„Die Target AG zahlt unter Berücksichtigung quantitativer und/oder qualitativer Ziele, die Bestandteil einer jährlich neu zu treffenden schriftlichen Zielvereinbarung sind, pro Geschäftsjahr einen variablen Zielbonus von derzeit 30.000 Euro, dessen Höhe vom Grad der Erfüllung abhängt. Die Auszahlung des Zielbonus erfolgt zum 31.3. des auf das Geschäftsjahr folgenden Jahres. Der Zielbonus wird von ihrem Vorgesetzten in Abstimmung mit dem jeweils zuständigen Vorstand ihres Bereichs alle zwei Jahre neu festgelegt. Im Übrigen gelten die in der Anlage beigefügten Leitlinien für den Zielvereinbarungsprozess."

1.2 Vereinbarung konkreter Ziele

Auf Grundlage der Rahmenvereinbarung werden im Regelfall jährlich neu zwischen Vorgesetztem und Mitarbeiter die Ziele für das jeweilige Geschäftsjahr jeweils neu schriftlich vereinbart (Muster V).

 **ACHTUNG!**

Hat sich der Arbeitgeber arbeitsvertraglich verpflichtet, dem Arbeitnehmer unter der Bedingung einen Bonus zu zahlen, dass dieser die vereinbarten Ziele erreicht, und kommt eine solche Zielvereinbarung aus Gründen, die der Arbeitgeber zu vertreten hat, nicht zustande, so steht dem Arbeitnehmer wegen der entgangenen Bonuszahlung ein Schadensersatzanspruch zu. Grundlage für die Berechnung des Schadens ist der für die Zielerreichung zugesagte Bonus. Sollte den Arbeitnehmer am Nichtzustandekommen der Zielvereinbarung ein Mitverschulden treffen, so ist dieses angemessen zu berücksichtigen. Sollte es zu einem Schadensersatzprozess kommen, muss der Arbeitgeber darlegen und beweisen, dass das Angebot der Zielvereinbarung klare und realistische Ziele beinhaltete, die der Arbeitnehmer ausgeschlagen hat.

2. Kollektivrechtliche Einführung

Bei Mitarbeitern des Tarifkreises und bei AT-Angestellten greifen die Mitbestimmungsrechte nach § 87 Abs. 1 Nr. 10 und 11 ggf. auch nach Nr. 1 BetrVG. Bei leitenden Angestellten i. S. d. § 5 Abs. 3 BetrVG ist dagegen nur das Mitwirkungsrecht nach § 30 SprAuG zu beachten.

✍ TIPP!

Die Klärung der exakten Zuständigkeit von Betriebs- und Gesamtbetriebsrat bereitet weiterhin Schwierigkeiten, so dass der Arbeitgeber, der für seine mehreren Betriebe eine unternehmenseinheitliche Regelung anstrebt, auf eine Beauftragung nach § 50 Abs. 2 BetrVG hinwirken soll.

III. Der Zielvereinbarungsprozess in der Praxis

1. Zielvereinbarung und Zielerreichung

Ziele werden heutzutage in innovativen Industrieunternehmen „top down" heruntergebrochen, d. h. dass über den Vorstand und den ihm unmittelbar unterstellten Führungskräften bis hin zu Führungskräften der 3. und 4. Ebene jeweils mit den einzelnen Mitarbeitern Ziele vereinbart werden, die sich an den Unternehmenszielen des Geschäftsjahres orientieren.

Als Ziele werden üblicherweise u. a. vereinbart:

▶ Produktziele

Marktziele

Persönliche Entwicklungsziele

Rentabilitätsziele

Rationalisierungsziele

Betriebswirtschaftliche Ziele (z. B. BBV-Rendite).

Als Anforderungen werden üblicherweise an Ziele gestellt:

▶ Ergebnisziele (angestrebter Zustand)

präzise und verständliche Definition

Erreichbarkeit und Herausforderung

Beeinflussbarkeit

Messbarkeit

Nutzen für das Unternehmen/„Beitrag des Mitarbeiters zum Ganzen transparent machen".

Ziele sind dann gut formuliert, wenn alle Beteiligten wissen, was gewollt und gemeint ist. Sie sollen eine Orientierungshilfe sein. Deshalb ist es notwendig, sie messbar zu machen. Nur konkret formulierte Ziele verhindern im Realisierungs- und Kontrollprozess Konflikte und unnötiger Streit kostet Zeit, Geld sowie Motivation. Üblicherweise werden im Verlauf eines Geschäftsjahres mindestens zwei Zielvereinbarungsgespräche – sog. Meilensteingespräche – zwischen Mitarbeiter und Vorgesetzten geführt.

2. Zulässigkeit der Ziele und gerichtliche Inhaltskontrolle

Für den Inhalt von Zielen gibt es arbeitsrechtlich betrachtet nahezu keine Einschränkungen, solange sie auf keinen gesetzes- oder sittenwidrigen Inhalt gerichtet sind.

Durch Abschluss einer entgeltrelevanten Zielvereinbarung haben Arbeitgeber und Arbeitnehmer eine vertragliche Vergütungsregelung einvernehmlich konkretisiert. Im Einzelfall könnten angerufene Arbeitsgerichte über Billigkeitserwägungen nach § 315 BGB offensichtliche Ungerechtigkeiten aufgrund z. B. völlig unrealistisch vereinbarter Ziele lösen (siehe auch IV.1.) bei Streitigkeiten über den Erfüllungsgrad.

3. Zielanpassung

Sollten sich im laufenden Geschäftsjahr die Umstände, unter denen die Zielerfüllung angestrebt wird, deutlich ändern, da z. B. in einer Vertriebsabteilung unerwartet die drei wichtigsten Stammkunden mit erheblichen Umsatzanteil wegfallen, kann sich im Einzelfalle eine Anpassungspflicht ergeben, zumindest dann, wenn das Risiko eher aus der Sphäre des Unternehmens stammt.

Beispiel:

Das langjährige Hauptprodukt eines Unternehmens wurde nicht auf den aktuellen „Stand der Technik" gehalten und ist nunmehr nicht mehr konkurrenzfähig. In solchen Fällen wird wohl eine Korrektur der vereinbarten Umsatzziele und der zielvereinbarungsgestützten Vergütung unumgänglich sein.

IV. Arbeitsrechtliche Sonderprobleme

1. Streitigkeiten über die Höhe des erreichten Erfüllungsgrades

Am Ende des Geschäftsjahres, insbesondere dann, wenn das Unternehmensergebnis feststeht, wird im Rahmen eines Zielvereinbarungsgesprächs zwischen Vorgesetzten und Mitarbeiter besprochen und zu klären sein, welchen Grad der Zielerfüllung der Mitarbeiter nunmehr erreicht hat. Die Praxis zeigt, dass eine Verständigung regelmäßig erfolgt, insbesondere, wenn die Ziele konkret und messbar formuliert worden sind. Ein Hauptaugenmerk sollte daher direkt bei Abschluss der Zielvereinbarung auf die für die spätere Beurteilung ausschlaggebenden Messgrößen gelegt werden. Sollte es im Einzelfalle dennoch einmal zu einem Streitfall kommen, so hat der Arbeitnehmer Leistungsklage beim zuständigen Arbeitsgericht zu erheben und wird wohl darüber Beweis zu geben haben, dass er einen höheren Erfüllungsgrad als denjenigen, den der Arbeitgeber festgelegt hat, erreicht hat. Die Frage der Beweislast ist in diesen Einzelfällen aber noch nicht ausreichend durch die in solchen Fällen bislang nur selten angerufene Arbeitsgerichtsbarkeit geklärt. Sinnvoll ist es bei Fragen der Zielvereinbarung die Darlegungs- und Beweislast in gleicher Weise wie bei Zeugnisrechtstreitigkeiten zu verteilen.

2. Verhinderungen

Ist der Arbeitnehmer z. B. wegen Langzeiterkrankung an der Erreichung eines ehrgeizigen Umsatzzieles beispielsweise in seinem Vertriebsbereich verhindert, wird der Zielbonus, der stets ausschließlich für die Zielerreichung vereinbart wurde, nicht zu zahlen sein. Anders verhält es sich dagegen bei der Frage, inwieweit ein Zielbonus bei Durchschnittszahlungen wie z. B. Entgeltfortzahlung im Krankheitsfall oder bei auf Tarifvertrag, Betriebsvereinbarung oder Arbeitsvertrag beruhenden Sonderleistungen, wie z. B. Urlaubsgeld zu berücksichtigen sind. Da im Regelfall der Zielbonus als eine Gegenleistung für die erbrachte Arbeitsleistung entrichtet wird, wird er vom Mitarbeiter auch anteilig monatlich erdient und ist daher entsprechend zu berücksichtigen.

3. Zielvereinbarungen bei Beendigung des Arbeitsverhältnisses

In der Praxis ist es üblich und wird daher auch so regelmäßig vereinbart, dass der Mitarbeiter, der im laufenden Geschäftsjahr das Unternehmen verlässt, bzw. vor dem Zeitpunkt der Fälligkeit des Zielbonusses, den Zielbonus des Vorjahres anteilig entsprechend der vollen Monate im Ausscheidensjahr erhält. Dies ist auch sinnvoll, insbesondere, wenn man in der Auszahlung des Zielbonusses eine Gegenleistung für erbrachte Arbeitsleistung sieht. Gegenteiliges sollte ebenfalls ausdrücklich vertraglich geregelt werden.

4. Freiwilligkeits- bzw. Widerrufsvorbehalt

Noch nicht geklärt ist, ob Zielvereinbarungen (auch die Rahmenvereinbarung) unter den Vorbehalt der Freiwilligkeit gestellt werden können. Hinsichtlich der Konkretisierung der Rahmenvereinbarung durch die jeweilige Zielvereinbarung dürfte dies jedoch zu verneinen sein. Als zulässig wird jedoch bei der Rahmenbedingung der Widerrufsvorbehalt angesehen, wobei die Sachverhalte, bei deren Vorliegen die Bonuszahlung widerrufen werden kann, in der Rahmenvereinbarung konkretisiert werden müssen. Darüber hinaus ist der Widerrufsvorbehalt auch nur zulässig, wenn die Prämie weniger als 25 % der Gesamtvergütung ausmacht. Die jeweilige vertragliche Klausel unterliegt der Kontrollmöglichkeit der Arbeitsgerichte nach § 315 BGB sowie der Inhaltskontrolle nach § 307 ff. BGB.

5. Befristung

Eine Befristung der Rahmenvereinbarung bzw. der konkreten Zielvereinbarung z. B. für ein bestimmtes Projekt wie die Einführung von SAP R/3 ist zulässig, sofern der „Kernbereich" des Arbeitsverhältnisses nicht erfasst wird. Dies wird regelmäßig der Fall sein, wenn der Anteil des Zielbonusses an der Gesamtvergütung nicht sehr hoch ist, z. B. bei einer Führungskraft unter 25 %; dann würde in der Befristung dieser Arbeitsbedingung auch keine Umgehung des Kündigungsschutzes gesehen werden (→ *Änderungskündigung*).

6. Sanktionsmöglichkeiten

Die Implementierung eines entgeltrelevanten Zielvereinbarungssystems in einem Unternehmen ist auch eine Frage der Unternehmenskultur, so dass grundsätzlich die „Sanktion" bereits darin zu sehen ist, dass ein Mitarbeiter, der seine Ziele nur unzureichend erreicht hat, einen geringeren Zielbonus erhält. Dies gilt umso mehr, wenn man im Zielbonus eine echte zusätzliche Chance auf einen Mehrverdienst sieht. Der Mitarbeiter schuldet nur das „Bemühen" um die vereinbarten Ziele im Rahmen der vertraglich zu erbringenden Arbeitszeit, sofern die von ihm eingeschlagenen Wege zur Zielerreichung nicht vorwerfbar schlecht sind, bzw. der Arbeitnehmer sogar gar nichts unternimmt. In solchen Extremfällen wird allerdings eine zur Abmahnung berechtigende vorwerfbare Pflichtverletzung zu bejahen sein. Im Wiederholungsfall kommt ggf. auch eine verhaltensbedingte Kündigung in Betracht.

V. Muster für eine konkrete Zielvereinbarung

Jahr:

Zwischen .... (Mitarbeiter)

und .... (Geschäftsführer)

werden nach dem Gespräch am .... folgende Ziele gemeinsam vereinbart:

	Inhalt	Quantität (Messgröße)	Gewichteter Erfüllungsgrad	Meilensteine
Ziel 1				
Ziel 2				
Ziel 3				
Ziel 4				

Datum:

.... (Mitarbeiter)   .... (Geschäftsführer)

Stichwortverzeichnis

A

Abfindung 65, 271
- Lohnsteuerabzug 66
- Sozialversicherungspflicht 66
- Steuerfreibeträge 66
- Trennung zwischen Abfindung und Vergütungsansprüchen 67
- Zahlungsbedingung 66
Abgeltungsklausel 70
Abkehrwille 261
Abmahnung 1
- abmahnungsberechtigte Person 3
- als Kündigungsvoraussetzung 2
- Anhörung des Arbeitnehmers 3
- Bestimmtheit 3
- Betriebsratsmitglieder 3
- Entfernung aus der Personalakte 4
- Folgen 4
- Form 3
- Frist 3
- Inhalt 2
- Kenntnisnahme durch den Arbeitnehmer 3
- Pflichtverstöße 4
- Rechte des Arbeitnehmers 4
Abwerbung 261
Abwicklungsvertrag 62
Änderung der Betriebsanlagen 111
Änderung der Betriebsorganisation 111
Änderung des Betriebszwecks 111
Änderungskündigung 10
- Ablehnung 14
- Annahme 13
- Form 12
- Frist 12
- Inhalt 12
- Klage des Arbeitnehmers 14
- Voraussetzungen 10
Ärztliche Untersuchungen 186, 211
Akkordlohn 415
Alkohol 41
Alkoholismus 261
Alkoholmissbrauch 261
Allgemeiner Kündigungsschutz 277
Allgemeinverbindlichkeitserklärungen 379
Alternierende Telearbeit 394
Altersteilzeit 6
- Betriebsvereinbarungen 8
- Blockmodell 8
- Rechtsanspruch 8
- Staatliche Förderung 7
- Tarifverträge 8
- Voraussetzungen 6
Altersteilzeitarbeitsvertrag 7
Ambulante Behandlungen 195
Anfechtung des Arbeitsvertrags 15
- Anfechtungserklärung 16
- Rechtsfolgen 16
- wegen arglistiger Täuschung/widerrechtlicher Drohung 16
- wegen Irrtums 16
Anforderungsprofil 184
Angriffsaussperrung 77
Anlernverhältnis 88
Ansteckende Krankheit 197

Anwartschaft auf Leistungen der betrieblichen
Altersversorgung 94
Anwesenheitsprämie 17
Anzeige gegen den Arbeitgeber 261
Arbeitgeber 350
- parteipolitische Betätigung 350
Arbeitgeberdarlehen 19
- Rückzahlungsmodalitäten 19
- Verzinsung 19
Arbeitgeberverband 381
- Auflösung 381
- Austritt 381
- Wechsel 381
Arbeitnehmer 278
Arbeitnehmerentsendung ins Ausland 340-341
Arbeitnehmererfindung 20
Arbeitnehmerschutzrecht 33
Arbeitnehmerüberlassung 24
- Befristung von Leiharbeitsverhältnissen 82
- Erlaubnis 25
- fehlende Erlaubnis 27
- Geldbuße 27
- illegale Arbeitnehmerüberlassung 26
- Straftaten 28
Arbeitnehmerüberlassungsvertrag 26
Arbeitsbefreiung 401
Arbeitsbereitschaft 57
Arbeitsbescheinigung 434
Arbeitserlaubnis 262
Arbeitsgerichtsverfahren 28
- Berufung 30
- Beschlussverfahren 30
- Fristen 30
- Güteverhandlung 29
- Kammerverhandlung 29
- Klageerwiderungsschriftsatz 29
- Kosten 30
- Revision 30
- Urteilsverfahren 28
Arbeitskampf 262
Arbeitskampfrichtlinien 78
Arbeitskräfteleasing 24
Arbeitskräfteverleih 24
Arbeitslosengeld
- Erstattungspflicht des Arbeitgebers 71
- Ruhen des Anspruchs 70
- Sperrfrist 70
Arbeitsniederlegung 375
Arbeitspapiere 187, 262
Arbeitspflicht 31
Arbeitsschutz 33, 211, 262, 396
Arbeitsschutzausschuss 34
Arbeitsunfähigkeit 35
- Abmahnung 38
- Anzeigepflicht 36
- Erkrankung im Ausland 37
- Kündigung aus Anlass der Arbeitsunfähigkeit 201
- Nebentätigkeit 343
- Verschulden eines Dritten 201
- Verweigerung der Entgeltfortzahlung 38
- wegen derselben Krankheit 200

Stichwortverzeichnis

- wegen neuer Krankheit 199
- Zweifel an der Arbeitsunfähigkeit 38
Arbeitsunfähigkeitsbescheinigung 37
- Beweiswert 38
Arbeitsunfall 39
- Haftungsbeschränkungen 42
- Meldepflicht 41
Arbeitsvergütung 409, 412
Arbeitsverhältnis
- Beendigung 52
- Beginn 46
- mit bestimmter Dauer 46
- mit unbestimmter Dauer 46
Arbeitsverhinderung 50
Arbeitsvermittlung 24
Arbeitsvertrag 43
- Abschlussverbote 43
- Form 43
- Inhalt 44
- Salvatorische Klausel 54
- Schriftform bei Vertragsänderungen 54
- Unwirksamkeit 44
- Verhandlungen vor Abschluss 184
Arbeitsverweigerung 175, 262
- Abmahnung 176
- Kündigung 176
- Schadensersatz 176
Arbeitswege 41
Arbeitszeit 47, 57
- abweichende tarifliche Regelung 59
- Verkürzung durch Arbeitgeber 175
Arbeitszeitverteilung 58
Arbeitszeitvorschriften 212
Aufbewahrungs- und Aufzeichnungspflichten 61, 344
Aufhebungsvertrag 62
- Abfindung 65
- Abgeltungsklausel 70
- Arbeitslosengeld 70
- Arbeitspapiere 69
- bei älteren Arbeitnehmern 71
- Beteiligung des Betriebsrats 63
- Bezug von Arbeitslosengeld 63
- Darlehen 68
- Dienstwagen 69
- Firmeneigentum/-unterlagen 69
- Form 63
- Freistellung des Arbeitnehmers 67
- Fürsorge- und Belehrungspflichten des Arbeitgebers 63
- Inhalt 65
- Kostenregelung 70
- Rechtsfolgen 70
- Resturlaub 68
- Salvatorische Klausel 70
- Vergütung 67
- Verschwiegenheitspflicht 69
- Werkwohnung 68
- Wettbewerbsverbot 69
- Zeugnis 69
Aufklärungspflichten 212
Aufstockungsbeträge 7
Ausbildungsmittel 351
Ausbildungsvertrag 88
Ausbildungszeugnis 435
Ausgleichsquittung 63
Aushilfsarbeitsverhältnis 84

Ausländerfeindlichkeit 262
Ausländische Arbeitnehmer 73
- ohne Arbeitsgenehmigung 28
Auslagen 50
Auslandseinsatz 175
Ausschlussfristen 53, 76
Außerbetriebliche Berufsbildungsmaßnahmen 102
Außerdienstliches Verhalten 2, 262
Außerordentliche Betriebsprüfung 119
Außerordentliche Kündigung 260, 274
- Angabe des Kündigungsgrunds 269
- Ausschlussfrist 270
- wichtiger Grund 260
Aussperrung 77
Ausübung des Zurückbehaltungsrechts 375
Auswahlrichtlinien 102

B

Beendigung des Arbeitsverhältnisses 78
Befristetes Arbeitsverhältnis 78
- Befristungsvereinbarung 80
- mit sachlichem Grund 80
- ohne sachlichen Grund 82
- unwirksame Befristung 86
- Verlängerung der Befristung 85
- Zeitbefristung 79
- Zweckbefristung 79
Befristungsvereinbarung 80
Beleidigung des Arbeitgebers 263
Bereitschaftsdienst 86-87
Berufliche Fortbildung 88
Berufliche Umschulung 88
Berufsausbildungsverhältnis 88
- Abmahnung 89
Berufsausbildungsvertrag 88
Berufsbildung der Arbeitnehmer 102
Berufskrankheiten 396
Beschäftigungspflicht 212
Beschäftigungssicherung 101
Beschwerde des Arbeitnehmers 90
Bestechung 263
Beteiligungsverbote 430
Betreuung erkrankter Kinder 203
Betriebliche Altersversorgung 92
- Abfindungsverbot 95
- Änderung der Versorgungszusage 95
- Anwartschaft 94
- Auskunftsanspruch 95
- Formen 93
- Insolvenzsicherung 96
- Unverfallbarkeit der Anwartschaft 94
- Versorgungszusage 92
- Voraussetzungen 94
- Wertsicherungs- und Spannenklauseln 96
- Widerruf von Versorgungszusagen 96
Betriebliche Bildungsmaßnahmen 102
Betriebliche Mitbestimmung 97
- erzwingbare Mitbestimmung 99
- in personellen Angelegenheiten 101
- in sozialen Angelegenheiten 99
- in wirtschaftlichen Angelegenheiten 104
- Verfahren 99
- Zustimmungsverweigerung des Betriebsrats 102
Betriebliche Übung 106
Betriebliche Veranstaltungen 40

Betriebliche Weihnachtsfeiern 40
Betriebliche Weiterbildungsmaßnahme 424
Betriebliches Eingliederungsmanagement 108
Betriebsänderung 110
– durch Insolvenz 241
– Formen 110
– Interessenausgleich 112
– Rechte des Betriebsrats 111
– Sozialplan 113
Betriebsarzt 34
Betriebsbeauftragte 35
Betriebsbesetzung 376
Betriebsblockaden 376
Betriebsbuße 115
Betriebsbußenordnung 116
Betriebseinschränkungen 110
Betriebsfrieden 349
Betriebsgeheimnisse 420
Betriebsnachfolge 142
Betriebsnormen 379
Betriebsordnung 355
Betriebsprüfung 117
Betriebsrat 119–120
– Anhörungs- und Beratungsrechte 98
– Auflösung 126
– ausländische Arbeitnehmer 74
– Beteiligung in personellen Angelegenheiten 101
– Beteiligung in sozialen Angelegenheiten 99
– Beteiligung in wirtschaftlichen Angelegenheiten 104
– Büropersonal 133
– Erlöschen des Betriebsratsamts 126
– erzwingbare Mitbestimmungsrechte 98
– Geschäftsführung 127
– Informationsrechte 97
– Initiativrecht 99
– leitende Angestellte 120
– parteipolitische Betätigung 350
– Sprechstunden 127
– Zustimmungs- und Vetorechte 98
Betriebsratskosten 130–131
Betriebsratsmitglieder 122
– Abmahnung 3
– Anspruch auf Freizeitausgleich 128
– Arbeitsbefreiung 128
– Ausschluss 126
– Freistellung 128
– Schulung 135
– Schulungsdauer 138
Betriebsratswahl 73
– Anfechtung der Wahl 125
– ausländische Arbeitnehmer 73
– Kosten der Wahl 126
– Nichtigkeit der Wahl 125
Betriebsrente 7
Betriebsstilllegung 110
Betriebsstörende Arbeitnehmer 104
Betriebsübergang
– Betrieb oder Betriebsteil 143
– bisheriger Arbeitgeber 146
– durch Rechtsgeschäft 144
– Erwerber 145
– in der Insolvenz 242
– Inhaberwechsel 144
– Kündigung 147

– Widerspruch des Arbeitnehmers 147
– Zeugnisanspruch 435
Betriebsurlaub 405
Betriebsvereinbarung 148
– Ablösung durch neue Betriebsvereinbarung 154
– Arten 150
– Bekanntmachung 149
– Form 148
– Günstigkeitsprinzip 152
– Inhalt 149
– in der Insolvenz 241
– Kündigung 154
– Verhältnis zu Gesetz und Tarifvertrag 152
– Verhältnis zum Arbeitsvertrag 152
– Weitergeltung der beendeten Betriebsvereinbarungen 154
– Zeitablauf 153
Betriebsverlegung 110
Betriebsversammlung 155
Beurteilungsbogen 186
Beurteilungsgrundsätze 101
Bewerbungsunterlagen 184
Bezirksvertretung 353
Bezirkszuweisung 353
Bezugsrecht 93
Bildungsurlaubsgesetze 423
Blockmodell 7
Bruttovergütung 418
Bummelstreik 376

D

Datenschutz 160
Datenschutzbeauftragter 162
Detektivkosten 235
Diensterfindungen 21
Dienstreise 164
Dienstwagen 50, 167, 263, 416
Direktionsrecht 172
Direktversicherung 93
Direktzusage 93
Drittschuldnererklärung 311
Drogen 41
Druckkündigung 263

E

Ehrenwort 431
Eigenwirtschaftliche Tätigkeiten 40
Eingruppierung 102
Einigungsstelle 177–178
– Beisitzer 180
– Beschlussfassung 181
– Errichtung 158, 179
– Kosten 181
– Verfahrensgrundsätze 159–160, 181
– Vorsitzender 180
Einigungsstelle beim Arbeitsgericht 179
Einigungsstellenspruch 160, 181
– Anfechtung 182
Einigungsstellenverfahren 156, 178
Einstellung 102, 183
– ärztliche und psychologische Untersuchung 186
– Auskunft vom ehemaligen Arbeitgeber 186
– Auswahl des Bewerbers 186
– Benachteiligungsverbot 184
– Fragen des Arbeitgebers 184

– Vorstellungsgespräch 186
– Vorverhandlungen 184
Einstweilige Verfügung 28
Einwurf-Einschreiben 255
Elternzeit 188
– Anspruch 189
– Auswirkungen auf das Arbeitsverhältnis 191
– Dauer 190
– Ende 190
– Erholungsurlaub 192
– Gesamtdauer 190
– Großelternzeit 189
– Kündigungsschutz 194
– Teilzeitbeschäftigung 192
– Urlaubsanspruch 403
– Verlängerung der Elternzeit 190
– Verlangen des Arbeitnehmers 189
Empfehlungsschreiben 434
Entgeltbuch 238
Entgeltfortzahlung 195, 203
– Betreuung erkrankter Kinder 203
– Höhe 198
– über das Ende des Arbeitsverhältnisses hinaus 201
– Verweigerung der Entgeltfortzahlung 201
– Zeitraum 199
Entgeltfortzahlung bei Arbeitsunfähigkeit 50, 195
– Krankheit während der Kurzarbeitsperiode 307
Entgeltfortzahlung bei persönlicher Arbeitsverhinderung 202
Entgeltfortzahlungsversicherung 201
Entgeltprüfer 238
Entgeltumwandlung 94
Erfindungen 21
Erfindungswert 22
Erholungsurlaub 401
Ermahnung 1
Erschwerniszulagen 415
Erwerbsminderung 204
Erwerbsminderungsrente 204
– Antrag 206
– Hinzuverdienst 205
– Rentenabschlag 205
– Rentenzahlung 205
– Wartezeit 204
– Wegfall der Rente 205
Erzwingbare Betriebsvereinbarungen 150, 154
Essen und Trinken während der Arbeitszeit 40
Europäischer Betriebsrat 141
Existenzgründer 83, 373

F
Fachkräfte für Arbeitssicherheit 34
Fahrtkosten 166
Faktisches Arbeitsverhältnis 17, 44
Familienheimfahrt 41
Familienpflegezeit 206
– Arbeitslosengeld 206
– Arbeitszeitreduzierung 206
– Befristung 206
– Gehaltsvorschuss 206
– Sonderkündigungsschutz 206
– Versicherung 206
Feiertage 208
Feiertagsbezahlung 210
Feiertagszuschlag 210

Firmeneigentum 69
Firmenparkplatz 212
Firmentarifvertrag 378
Firmenunterlagen 69
Flächentarifvertrag 378
Flexible Arbeitszeit 58
Fortsetzungserkrankung 37, 200
Freiheitsstrafe 212
Freistellung 345
Freistellung des Arbeitnehmers 67
Freiwillige Betriebsvereinbarungen 150, 155
Fremdenfeindlichkeit 74
Fristlose Kündigung 260
Fürsorgepflicht 161, 211, 344
Funktionsnachfolge 143

G
Gefahrenanalyse 334
Gehaltsabtretung 50
Gehaltserhöhung 213
Gehaltspfändung 50
Gehaltsumwandelnde Lebensversicherung 94
Geheimhaltungsklausel 421
Gemischte Tätigkeiten 40
Generalstreik 376
Geringfügig Beschäftigte 373
Gesamt-Jugend- und Auszubildendenvertretung 252
Gesamtbetriebsrat 138
Gesamtsozialversicherungsbeitrag 359
– Nichtabführung 363
– rückwirkende Zahlung 359
Gesamtzusage 92
Geschäftsgeheimnisse 420
Gesetzliche Feiertage 208
Gesetzliche Unfallversicherung 39, 395
Gesetzliches Wettbewerbsverbot 427
Gewinnbeteiligung 215
Gewinnbeteiligungszusage 215
Gleichbehandlung 217
Gleichbehandlungsgrundsatz 356
Gleichheitsgrundsatz 217
Gratifikation 48, 226
– Kurzarbeit 307
Gratifikationszusage 226
– Freiwilligkeitsvorbehalt 227
– Gleichbehandlung 226
– Rückzahlungsklauseln 228
Großeltern, Sonderkündigungsschutz 194
Güteverhandlung 29-30

H
Haftung des Arbeitgebers 230
– durch Dritte verursachte Schäden 231
– Haftungsausschluss 232
– Haftungsbeschränkung 232
– Personenschäden 230
– Sachschäden 230
– Verletzungen des Persönlichkeitsrechts 231
Haftung des Arbeitnehmers 233
– Berechnung des Schadens 235
– Beweislast 236
– Durchsetzung des Schadensersatzanspruchs 237
– Fahrlässigkeit 234
– Personenschäden 233
– Sachschäden 233

– Schäden bei Dritten 236
– Verschulden 234
Haftung für Fehlgeld 236
Handelsvertreter 373
Handgreiflichkeiten im Betrieb 41
Heilverfahren 196
Heimarbeit 237
– Arbeitszeitschutz 238
– Entgeltregelung 238
– Entgeltsicherung 239
– Pflichten des Auftraggebers 238
– Urlaub 239
Heimarbeitsausschuss 238
Hinterlegung des Lohns 309
Hinterlegung des Pfändungsbetrags 313
Höchstarbeitszeit 58
– Nebentätigkeit 343

I

Illegale Arbeitnehmerüberlassung 26
Innerbetriebliche Stellenausschreibung 101
Insolvenz 239-240
– Lohn- und Gehaltsansprüche 240
Insolvenzereignis 243
Insolvenzgeld 243
– Antrag 243
Insolvenzgeld-Zeitraum 243
Insolvenzverwalter 240
Interessenausgleich 112, 156-158, 178
– in der Insolvenz 241
– Nachteilsausgleich 114
Internet
– Beteiligung des Betriebsrats 247
– private Nutzung 244
– Überwachungseinrichtungen 245
– unerlaubte private Nutzung 248
Internet und Telekommunikation 243

J

Jugend- und Auszubildendenvertreter 251
Jugend- und Auszubildendenvertretung 249
– Amtszeit 249
– Aufgaben 251
– Beschlüsse 250
– Sitzungen 250
– Sprechstunden 250
– Teilnahme an Betriebsratssitzungen 251
– Wahl 249
Jugendliche
– Ruhepausen 59
– Ruhezeiten 59
– Schichtzeit 61
– Urlaub 403

K

Karenzentschädigung 431
Kaufkraftausgleich bei Gehaltserhöhung 213
Kettenarbeitsverhältnis 85
Kilometerpauschale 166
Konkurrenzklausel 429
Konkurrenzverhältnis zwischen Unternehmen 427
Konzernbetriebsrat 140
Krankheit 35
Krankmeldung 264

Kündigung 52, 253
– Abmahnung 2
– Anhörung des Betriebsrats 104, 258
– befristetes Arbeitsverhältnis 79
– durch den Insolvenzverwalter 241
– eines Heimarbeiters 239
– Form 254
– kündigungsberechtigte Person 254
– Rücknahme 257
– Umdeutung in ein Aufhebungsangebot 63
– Wartezeit 279
Kündigung durch den Arbeitgeber 257
– außerordentliche Kündigung 260
– ordentliche Kündigung 259
– Rechte des Arbeitnehmers 270
– Weiterbeschäftigungsanspruch 273
Kündigung durch den Arbeitnehmer 274
Kündigung unter Abwesenden 255
Kündigung wegen Lohnabtretung 309
Kündigung wegen Lohnpfändung 314
Kündigung wegen Wettbewerbsverstoß 428
Kündigungsbeschränkungen 257
Kündigungserklärung 253
– Zugang 255
Kündigungsfrist 256
– falsche Fristberechnung 256
Kündigungsgrund 253
Kündigungsschutz 277
– Elternzeit 194
– Heimarbeitsverhältnis 239
Kündigungsschutzklage 270
Kündigungsschutzverfahren 70
– Aufhebungsvertrag 70
Kündigungsverbote 257
Kurverfahren 196
Kurzarbeit 306
– Anordnung durch Arbeitgeber 175
– Folgen für das Arbeitsverhältnis 307
Kurzarbeitergeld 307

L

Lebenshaltungskosten 214
Leiharbeit 24
Leiharbeitnehmer 24
Leistungsvergütung 415
Lösende Aussperrung 78
Lösungsrecht 433
Lohn- und Gehaltstarifverträge 378
Lohnabtretung 308
Lohnausfallprinzip 423
Lohnpfändung 265, 310
– Kosten 314
Loyalitätspflicht 32

M

Mandantenschutzklauseln 430
Manko 265
Mankogeld 237
Mankohaftung 236
Mankovereinbarung 237
Manteltarifverträge 378
Medikamente 41
Mehrarbeit 326
– Pflicht zur Mehrarbeit 327
– Vergütung 327

Mehrfacherkrankungen 199
Mindesturlaub 402
Mitbestimmungsrecht des Betriebsrats
– Abmahnung 3
– Anwesenheitsprämie 18
– Arbeitgeberdarlehen 20
– Arbeitnehmerüberlassung 26
– Arbeitsschutz 34
– Arbeitszeit 59
– Aufstellung von allgemeinen Bewertungsrichtlinien 437
– Betriebsänderung 110
– Betriebsbußenordnung 116
– Betriebsübergang 147
– Datenverarbeitung 163
– Direktionsrecht 174
– Einstellung 187
– Einstellung eines Auszubildenden 88
– Fragen der betrieblichen Lohngestaltung 419
– Gewinnbeteiligung 216
– Gratifikation 230
– Internet 247
– Kündigung 258
– Kündigung eines Auszubildenden 89
– Kurzarbeit 307
– Provision 354
– Rauchverbot 356
– Schichtarbeit 60
– Sonn- und Feiertagsarbeit 210
– Telearbeit 395
– Unfallverhütung 396
– Urlaub 406
– Weiterbildung 424
– Werkwohnungen 426
Mitbestimmungsverfahren 99
Mittelbares Arbeitsverhältnis 24
Mobbing 330
Mobile Telearbeit 394
Mutterschaftsgeld 337
Mutterschutz 332
– Arbeitsplatzgestaltung 334
– Behördliche Zustimmung zur Kündigung 339
– Beschäftigungsverbote 334
– Freistellung für Untersuchungen 334
– Kündigungsverbot 338
– Mitteilungspflichten des Arbeitgebers 333
– Sonn- und Feiertagsarbeit 210
– Stillzeiten 336
– Umsetzungen 336
Mutterschutzlohn 336

N
Nachfolgeplanung 423
Nachtarbeit 59
Nachvertragliche Geheimhaltungsklausel 421
Nachvertragliche Verschwiegenheitspflicht 421
Nachvertragliches Wettbewerbsverbot 429
Nachweisgesetz 340
Nachweispflicht des Arbeitgebers 340
Naturalvergütung 415
Nebenarbeiten 174
Nebentätigkeit 51, 265, 342
– Anspruch des Arbeitgebers auf Unterlassung 342
– Anzeigepflicht 342
– Rechte im Nebentätigkeitsverhältnis 344
– unzulässige Nebentätigkeit 343

Nebentätigkeitsverbote 51, 343
Nettolohnvereinbarung 418
Neue Arbeits- und Fertigungsmethoden 111
Nichtverlängerung der Arbeitserlaubnis 262
Nutzungsrechte 398, 400

O
Obhutspflicht 212
Obliegenheitserfindung 21
Öffnungsklausel 380
Ordentliche Kündigung 259, 274

P
Pensionsfonds 97
Pensionskasse 94
Pensionssicherungsverein 96
Persönlichkeitsrecht 212
Persönlichkeitsschutz 161
Personalakte 344
Personalfragebogen 101
Personalinformationssysteme 161
Personalplanung 101
Personalrabatt 416
Personalreduzierung 110
Personenschäden 230, 233
Pfändbares Nettoeinkommen, Berechnung 311
Pfändung und Abtretung 313
Pfändung und Aufrechnung 313
Pfändung wegen Unterhaltsansprüchen 312
Pfändungen mehrerer Gläubiger 313
Pfändungs- und Überweisungsbeschluss 310
Pfändungsbetrag 312
– Hinterlegung 313
Pfändungsfreigrenze 312
Pfändungstabelle 312, 326
Pflegezeit 345
– arbeitnehmerähnliche Personen 346
– Arbeitsverhinderung 348
– nahe Angehörige 346
– Pflege in häuslicher Umgebung 347
– Pflegebedürftigkeit 346
– Sonderkündigungsschutz 348
Pöbelaktionen 376
Politische Betätigung 265, 349
Politischer Streik 375
Prämienlohn 415
Praktikanten 350
Praktikum 88
Probearbeitsverhältnis 46, 84
Probezeit 46
Projektbezogene Tätigkeiten 373
Provision 351
Provisionsabrechnung 354
Provisionsanspruch 352
Provisionssatz 353
Provisionsvergütung 415

R
Rahmentarifverträge 378
Rassismus 74
Rationalisierungsschutzabkommen 378
Raucherräume 356
Rauchverbot 265, 355
Rauschmittelkonsum 41
Recht auf Weiterbildung 423

Referenzschreiben 434
Regelungsabrede 148
Rehabilitationsmaßnahmen 206
Reisen im betrieblichen Interesse 40
Reisezeiten 164
– Vergütung 164
Rentenalter 7
„Riester-Rente" 96
Rückkehrergespräche 39
Rückzahlungsklausel 424
Rufbereitschaft 57, 357
Rufschädigungen 265
Ruhepausen 58
Ruhezeit 58, 357

S

Sachschäden 230, 233
Scheinselbstständigkeit 357
Schichtarbeit 60
Schichtzulagen 60
Schlägereien 197
Schlechterstellung einzelner Arbeitnehmer 225
Schlechtleistung 233
Schlusszeugnis 434
Schmiergeld 263
Schutzrechte 23
Schwangerschaft 60
– Beschäftigungsverbot 60
– Mitteilungspflicht 338
Schwarzarbeit 361
Schweigepflicht 420
Schwerbehinderte Arbeitnehmer, Urlaub 403
Schwerbehinderte Menschen 363
– Altersgrenze für eine Rente 206
Schwerpunktstreik 376
Selbstbeurlaubung 265, 406
Selbstständige mit einem Auftraggeber 372
Sexuelle Belästigung 374
Sicherheitsbeauftragte 34
Sittliche Verfehlungen 265
Sonderausgabenabzug 96
Sonderzuwendung 48, 226
Sonn- und Feiertagsarbeit 208
Sozialauswahl 241
Soziale Auslauffrist 260
Sozialplan 113
– in der Insolvenz 242
Spesen 50
Spesenbetrug 266
Sportunfall 197
Sprecherausschuss 147
Stalking 266
Stellenausschreibung 101, 183
Stempelbetrug 266
Stillende Mütter 335
– Beschäftigungsverbot 335
– Stillzeiten 336
Straftaten 266
Streik 375
Streik trotz Friedenspflicht 376
Streikformen 375
Streikrecht 375
Subunternehmen 24
Suchterkrankung 197
Sympathiestreik 376

T

Tätliche Auseinandersetzung 267
Tantieme 215
Tarifkonkurrenz 381
Tariflohnerhöhung 213
Tarifregister 379
Tarifvertrag 378
– Allgemeinverbindlichkeitserklärungen 379
– Geltungsbereich 379
– Maßregelungsverbot 377
– Regelungssperre für Betriebsvereinbarungen 380
– Wirkung 380
Technische Einrichtungen 163
Technische Verbesserungsvorschläge 23
Teilarbeitsunfähigkeit 36
Teilmitbestimmungspflichtige Betriebsvereinbarungen . 151, 155
Teilurlaub 403, 408
Teilzeitarbeit 382
– Urlaubsanspruch 402
Telearbeit 394
Telearbeitsverhältnis 394
Telefongespräche 267
Tendenzbetrieb 349
Trinkgeld 416

U

Übergabe-Einschreiben 255
Übernachtungskosten 166
Überstunden 175, 326
– Anordnung 327
Überstundenvergütung 414
Übertarifliche Zulagen 215
Umgruppierung 102
Umsatzprovision 215, 352
Umsetzung 212
Umwege 41
Unbezahlter Urlaub 401
Unfall 40, 198
Unfallanzeige 396
Unfallverhütung 395
Unfallverhütungsvorschriften 33, 396
– Nichtbeachtung 396
– Verstoß 42
Unpünktlichkeit 268
Unterhaltsberechtigte 312
Unternehmerpflichten 33
Unterstützungskasse 94
Unterstützungsstreik 376
Unverhältnismäßige Aussperrung 78
Unverhältnismäßiger Streik 376
Urheberpersönlichkeitsrecht 398
Urheberrechte 397
Urlaub 51, 400
– Elternzeit 192
– Erwerbstätigkeit 407
– Nebentätigkeit 343
– Rückforderungsverbot bei zu viel gewährtem Urlaub 406
– Schwarzarbeit 362
– Übertragung auf das nächste Kalenderjahr 404
– Urlaubsansprüche während der Kurzarbeitsperiode 307
– Widerruf 406
Urlaub und Krankheit 407
Urlaubsabgeltung 68, 409
– Arbeitsunfähigkeit 410
– Erwerbsminderungsrente 410

Urlaubsanspruch 402
– Wartezeit 402
Urlaubsantrag 404, 406
Urlaubsbescheinigung 408
Urlaubsdauer 402
Urlaubseinbringung 408
Urlaubsentgelt 408
Urlaubsgeld 409
Urlaubstarifverträge 378
Urlaubsteile 405
Urlaubsüberschreitung 265
Urlaubswünsche des Arbeitnehmers 405

V

Verbot der Kreditierung eigener Waren 20
Verdacht eines strafbaren Verhaltens 268
Verdachtskündigung 268
Vergütung 47, 411-412
– Auszahlung 418
– Reduzierung 417
– Rückzahlung 419
Vergütungsanspruch 418
Vergütungshöhe 412
Vergütungsvereinbarung 412
Verkehrsunfall 42, 198
Verpflegungsmehraufwendungen 166
Verschwiegenheitspflicht 51, 269, 420
– Aufsichtsräte 421
– Betriebsräte 421
– Organvertreter 421
– Verletzung der Verschwiegenheitspflicht ... 421
Versetzung 102
Versicherter Weg 41
– Unterbrechung 41
Verstoß gegen die betriebliche Ordnung ... 115
Vertragliches Wettbewerbsverbot 427
Vertragsbruch 31
Vertragsstrafe 1
– Vereinbarung im Arbeitsvertrag 53
Vertrauensarbeitszeit 395
Verwertungsrechte 398
Vollmachtsmissbrauch 269
Vollstreik 376
Volontariat 88
Vorläufiges Zahlungsverbot 314
Vorpfändung 314
Vorschuss 19
Vorstellungsgespräch 186
Vorstellungskosten 186
Vorzeitiger Rentenbezug 7

W

Warnstreik 376
Wegeunfall 41
Wehr- und Bundesfreiwilligendienst 422
Weisungen zum Arbeitsort 175
Weisungen zum Verhalten 174
Weisungen zur Arbeitszeit 175
Weisungen zur Tätigkeit 174
Weiterbildung 423
Weiterbildungskosten 424
Wellenstreik 376
Werkdienstwohnung 425
Werkmietwohnung 425
Werkwohnung 425

– Regelung über die Räumung und Herausgabe 68
Wettbewerbsverbot 52, 269, 427
– Aushändigung der Urkunde 430
– bedingte Wettbewerbsverbote 430
– Kündigung 433
– Lösungsrecht 433
– nichtige Wettbewerbsverbote 431
– räumlicher Geltungsbereich 430
– unverbindliche Wettbewerbsverbote 430
– Vereinbarung 430
– Vertragsstrafe 428
– Verzicht des Arbeitgebers 432
– Verzichtserklärung 433
Wettbewerbsverstoß 428
Whistleblowing 261
Wiedereingliederungsverhältnis 402
Wilde Aussperrung 78
Wilder Streik 375
Wirtschaftsausschuss 105, 147

Z

Zeitarbeit 24
Zeitsouveränität 395
Zeitvergütung 414
Zeugnis 434, 441
– Berichtigungsanspruch 435
– einfaches Zeugnis 436
– Form 436, 442
– Inhalt 436
– qualifiziertes Zeugnis 437
– Widerruf 436
– Zweitschrift 435
Zeugnisanspruch 434, 441
– Erlöschen 435
Zeugnissprache 438
– Musterformulierungen 439
Zuschuss zum Mutterschaftsgeld 337
Zwangsschlichtung 156, 178
Zwischenmeister 238
Zwischenzeugnis 435